民族文字出版专项资金资助项目

ཕོ་བྲང་པོ་ཏ་ལར་བཞུགས་པའི་དགེ་ལུགས་པའི་དཔེ་དཀོན་ཕྱོགས་བསྒྲིགས་འདོན་ཐེངས་དང་པོ།

༼༨༽

རྒྱུད་སྡེ་སྤྱིའི་སྐོར།

༄། །ཡི་དམ་རྒྱ་མཚོའི་སྒྲུབ་ཐབས་རིན་འབྱུང་དོན་གསལ། གླེགས་བམ་དང་པོ།

རྩོམ་པ་པོ། པཎ་ཆེན་བསྟན་པའི་ཉི་མ།

སྨོན་བཟང་དཔེ་སྐྲིང་འཚོལ་བསྡུ་ཁང་།
སེར་གཙུག་ནང་བསྟན་དཔེ་སྐྲིང་འཚོལ་བསྡུ་ཕྱོགས་སྒྲིག་ཁང་།
བོད་ལྗོངས་བོད་ཡིག་དཔེ་སྐྲིང་དཔེ་སྐྲུན་ཁང་།

图书在版编目（CIP）数据

布达拉宫馆藏格鲁派典籍汇编. 第一辑. 第八卷 :上、下册:
藏文 / (清) 丹白尼玛著. -- 拉萨 : 西藏藏文古籍出版社, 2024.3
ISBN 978-7-5700-0943-5
Ⅰ. ①布… Ⅱ. ①丹… Ⅲ. ①格鲁派—古籍—汇编—
藏语 Ⅳ. ①B946.6

中国国家版本馆CIP数据核字(2024)第073646号

布达拉宫馆藏格鲁派典籍汇编·第一辑·第八卷 上册

作　　者	丹白尼玛
责任编辑	索朗次旦
终　　审	格桑曲珍
封面设计	格次
排　　版	美桑古籍整理室 色昭古籍办公室
出版发行	西藏藏文古籍出版社
印　　刷	成都新凯江印务有限公司
开　　本	787×1092 1/16
总 印 张	93.5
字　　数	526千
印　　数	01－2,000
版　　次	2024年10月第1版
印　　次	2024年10月第1次印刷
书　　号	ISBN 978-7-5700-0943-5
定　　价	215.00元（全二册）

དཀར་ཆག །

དཀར་ཆག །

༄༅། །ཡི་དམ་རྒྱ་མཚོའི་སྒྲུབ་ཐབས་རིན་ཆེན་འབྱུང་གནས་ཀྱི་ ལྷན་ཐབས་རིན་འབྱུང་དོན་གསལ་ལས་ སླེགས་བམ་དང་པོ་བཞུགས་སོ། །

༄༅། །སདནཾརཏྣཀརསྱཧོསཡརཏྣཡུཀྟསྱཧྲིཀཱརཎྟུཨིདཤཾརཀྵཧིཏྣགཡནམཿ
སྒྲུབ་ཐབས་རིན་ཆེན་འབྱུང་གནས་ཀྱི་ལྷན་ཐབས་རིན་འབྱུང་དོན་གསལ་ཞེས་
བྱ་བ་བླ་མ་ཡི་དམ་ཆོས་སྲུང་རྒྱ་མཚོའི་ཚོགས་ལ་ཕྱག་འཚལ་ལོ། །(༡ན)ཧྲཱིཀྲིཡ
སཏྭཡམྣཱཔཀཤུདྡྷིསྣཱཝེཏིཙརྨཏཡཏྲཨུཔལྦྷཿ གང་ཞིག་ཐབས་ཤེས་ཟུང་འཇུག་
བཟོད་པའི་རྒྱ་གཏེར་ལས་འཁྲུངས་གསལ་རྫོགས་མཚན་དཔེའི་དཔལ་འབར་
བ། །(༡བ)བསུཏརེསཔྲཛྙཱཏྲཛྙཱནཔོཏྤཱུཝིཐིསུཔཏཛྫདྲཀཡིཀཱ། སྐུ་གསུམ་རིན་ཆེན་
རང་བཞིན་སྨོན་ལམ་མགྱོགས་འགྲོ་བདུན་ལྡན་ལེགས་བཤད་འོད་སྟོང་རབ་
འཕྲོས་པས། །(༢ན)བྱཏཥིཔྲིཐཾཨཡཾཧྲིཤིརྡྷུཏིཕྱུརཕྱུཔཀཀོཊཀོཨཧིཀཏཿ ལོག་སྨྲ་
འབྱུང་པོའི་བྱ་ཚོགས་རྒྱུ་བ་གཅོད་ཅིང་མདོན་མཐོ་ངེས་ལེགས་ལམ་བཟང་
གསལ་མཛད་པའི། །(༢བ)དྷིཔུལམུཀྟིདྲཤྲཱགརམཧཿཔདཾགྲིཊཤེཔྟཱཝྟཏྭཔཀིམིཿ
དོན་གཉིས་མཐར་ཕྱིན་ཐུབ་དབང་ནམ་མཁའི་ནོར་བུའི་ཞབས་པད་སྤྱི་ཕྲེང་
ཀུན་ཏུ་གཙུག་གིས་མཆོད། །(༣ན)ཕོང་ནས་ཁྲི་བ་རབ་ཏུ་སྤངས་ཀྱང་ལོག་པར་
ལྟ་བ་གཞོམས་པ་དང་། །ཆོས་བརྒྱུད་འཆིང་བའི་འདོར་ལེན་བྲལ་ཡང་རྩིང་
སྤྱོད་མཐའ་དག་རྒྱང་དུ་བསྲིངས། །སྲིད་ཞིའི་བདེ་ལ་ཆགས་པས་དབེན་ཡང་
འགྲོ་ལ་ཆགས་པས་ཟབ་མོའི་དོན། །སྒྲ་དང་ངག་གི་ཡུལ་ལས་འདས་ཀྱང་ངག་
གིས་སྤེལ་མཛད་མཁས་རྣམས་རྒྱལ། །བློ་ཆེན་ཐུབ་པའི་གངས་རི་ལས་འོངས་
པའི། །གདམས་པའི་རླུང་ཆེན་བཟང་དགུ་འདུ་བའི་གཏེར། །གྲགས་དཀར་

སྐབས་ཁྲིད་གཡོ་བའི་ཙོང་ཁ་པ། །ཁམས་གསུམ་འགྲོ་བའི་བླ་མ་ཕྲུག་གི་ཡུལ། །བསླབ་གསུམ་གསེར་གྱི་དྲྭ་བས་རབ་མཛེས་ཤིང་། །འཆད་རྩོད་རྩོམ་པའི་མཆེ་བ་རྡུག་དང་ལྡན། །ཤེས་ཉོན་ཕས་རྒོལ་མ་ལུས་འཇོམས་མཛད་པའི། །ལག་ལྡན་དངོས་བརྒྱུད་བླ་མའི་ཚོགས་ལ་འདུད། །གསང་སྔགས་རྒྱ་མཚོའི་འཛིངས་ལས་རབ་བརྒལ་ནས། །འགྲོ་ལ་དངོས་གྲུབ་འདོད་དགུ་སྩོལ་བའི་ཕྱིར། །སྒྲུབ་ཐབས་རིན་ཆེན་བཤད་སྒྲུབ་རྒྱལ་མཚན་རྩེར། །འགོད་མཛད་སྒྲོལ་བའི་མགོན་པོ་རྒྱལ་གྱུར་ཅིག །བློ་ཆེན་ཐུབ་བསྟན་ཡོངས་རྫོགས་ཁང་(༡)བཟང་རྩེར། །བཤད་སྒྲུབ་བསྟན་པའི་རྒྱལ་མཚན་འཛིན་པའི་གཙོ། །མཁའ་མཉམ་སྐྱེ་རྒུའི་གཉེན་གཅིག་བཀའ་དྲིན་ཅན། །བཤེས་གཉེན་བཟང་པོའི་ཞབས་ལ་སྙིང་ནས་འདུད། །དྲི་མེད་ལུགས་བརྒྱའི་ཆུ་ཀླུང་མང་འདུས་ཤོ། །བློ་བཟང་བཤད་སྒྲུབ་རྒྱ་མཚོ་འཕེལ་ངེས་པས། །རིན་འབྱུང་ལྷན་ཐབས་འདོད་དགུ་འདིར་སྤེལ་གྱི། །ཤེས་ལྡན་རྣམས་ཀྱིས་ཅི་འདོད་གྲུས་པས་ལོངས། །འདིར་རྒྱུད་ཀྱི་སྟོན་པ་རྡོ་རྗེ་འཆང་ཆེན་པོས། གདུལ་བྱ་སོ་སོའི་བསམ་ངོ་དང་མཐུན་པར་རྒྱུད་སྡེ་རིན་པོ་ཆེ་རྣམས་སུ་ལྷའི་སྒྲུབ་ཐབས་མཐའ་ཡས་པ་ཞིག་གསུངས་པ་འཕགས་པའི་ཡུལ་དུ་ཁ་འཐོར་བ་ལྟར་བཞུགས་པ་རྣམས་བདག་ཉིད་ཆེན་པོ་སློབ་དཔོན་ཨ་བྷྱ་ག་ར་སོགས་ཀྱིས་ཕྱོགས་གཅིག་ཏུ་བསྡེབས་པ་སྒྲུབ་ཐབས་བརྒྱ་རྩ་ལ་སོགས་པ་སྤྱི་བཀའི་སྒྲུབ་ཐབས་རྗེས་གནང་བཅས་པ་དང་། ཟུར་བཀའ་གྲགས་ཆེ་ཞིང་ཉེ་བར་མཁོ་བ་འགའ་ཞིག་དང་། རྒྱུན་ཤིན་ཏུ་དཀོན་པ་དག་རྗེ་བཙུན་ཏཱ་ར་ནཱ་ཐས། འཕགས་ཡུལ་གྱི་སློབ་དཔོན་གཉིས་དང་། བོད་ཀྱི་མཁས་གྲུབ་དུ་མ་ལས་གསན་ཏེ། སློབ་མ་རྗེས་འཛིན་གྱི་ཆོ་ག་ལ་བྱིན་རླབས་དང་། རྗེས་གནང་དང་། རིག་གཏད་དང་། བཟླས་ལུང་དང་། ཁ་ཅིག་ལུང་ཙམ་གྱིས་འགྲུབ་པ་ལ་སོགས་པ་རྒྱུད་སྡེའི་དགོངས་པ་དང་། སློབ་དཔོན་སོ་སོའི་བཞེད་སྲོལ་མི་འདྲ་བ་རྣམས་ཕྱོགས་གཅིག་ཏུ་བསྡེབས་ནས་སྒྲུབ་ཐབས་

རིན་ཆེན་འབྱུང་(༥ན)གནས་འདི་མཛད་པས་ན། འདི་ཉིད་ཡང་དག་པར་རྫོགས་པའི་སངས་རྒྱས་ནས་སྐྱེས་བུ་དམ་པ་གཅིག་ནས་གཅིག་ཏུ་བརྒྱུད་ཅིང་བྱིན་རླབས་ཀྱི་མཚན་ཁ་མ་ཉམས་པའི་ལེགས་པར་བཤད་པ་ཁོ་ན་ཡིན་པར་མ་ཟད། རྗེ་ཡབ་སྲས་ཀྱི་གསུང་རབ་དང་། རྒྱུད་སྡེའི་དགོངས་པ་དང་མི་མཐུན་པ་མེད་པར་བརྟེན། རང་ཕྱོགས་ཀྱི་མཁས་གྲུབ་རྒྱལ་བསྟན་ཐུགས་ལ་བཅངས་པ་དུ་མས་ཀྱང་། འདི་ནས་བཤད་པའི་རྗེས་གནང་འཆད་སྤེལ་མང་དུ་མཛད་བཞིན་པ་དང་། ཁྱད་པར་ཟུར་བཀའི་རྗེས་གནང་མཐའ་དག་རེ་རེ་ནས་རྒྱུན་འཚོལ་དགོས་བྱུང་ཚེ་གལ་ཆུང་ཆོས་ལ་བྱེད་པའི་དུས་འདིར་རྒྱུན་ཤིན་ཏུ་དཀོན་པ་དག་མྱུར་དུ་ནུབ་འགྲོ་བ་བཅས་ཉེས་པ་དེ་དག་སྤོང་བའི་ཆེད་དང་། དྲི་མ་མེད་པའི་རིང་ལུགས་དུ་མའི་ཆུ་ཀླུང་མང་དུ་བབས་པར་གྱུར་ཚོ་རྗེ་རྒྱལ་བ་གཉིས་པའི་བསྟན་པའི་རྒྱ་མཚོ་ཆེན་པོའང་གོང་ནས་གོང་དུ་འཕེལ་ངེས་པ་བཅས། དགོས་པ་དེ་དག་བསྒྲུབ་པའི་ཕྱིར། གཞུང་དུ་རྗེས་གནང་བྱ་ཚུལ་སྒྲུབ་ཐབས་བརྒྱ་རྒྱམ་ལ་ཞལ་འཕང་མཛད་པ་དང་། རྒྱབ་བརྟེན་ལུང་དང་བཟླས་བྱའི་སྔགས་རྒྱུད་ནས་འཚོལ་དགོས་ཡོད་པ་རྣམས་སོ་སོའི་ཐད་དུ་ཁ་བཀང་ནས་བཤད་ཅིང་། ལས་རབ་འབྱམས་བསྒྲུབ་པའི་རིམ་པ་སོགས་དོར་ནས། སློབ་མ་རྗེས་འཛིན་འབའ་ཞིག་ལ་ཉེ་བར་མཁོ་བའི་སྦྱོར་དངོས་རྗེས་གསུམ་ཇི་ལྟར་བྱ་བའི་ཚུལ་རྣམས་བརྒྱུད་ལྡན་བླ་མ་དམ་པའི་ཕྱག་ལེན་མཐོང་ཐོས་ཀྱིས་བརྒྱན་ཏེ་ལག་ཏུ་བླངས་བདེ་(༥བ)ཟར་འགོད་པ་ལ། མཁའ་སྤྱོད་མའི་སྐོར་གང་ཡིན་རྗེས་གནང་གི་ཆོ་ག་ཤིན་ཏུ་རྒྱས་པས་ན། འཇུག་པ་བདེ་བའི་ཕྱིར་དུ། ཉིན་དང་པོར་ནཱ་རོ་མཁའ་སྤྱོད་མ། དེ་ནས་སྒྲོལ་དཀར་ཡིད་བཞིན་འཁོར་ལོ་སོགས་རྗེས་གནང་ཇི་ཙམ་བྱེད་ཀྱང་། གཞུང་ནས་བཤད་པའི་གོ་རིམ་ལྟར་བྱ་དགོས་ཤིང་། དེ་མཚུངས་ཉིན་རེ་བཞིན་མཁའ་སྤྱོད་མའི་སྐོར་མ་རྫོགས་ཀྱི་བར་ལ་རིགས་འགྲེ་ཞིང་། དེའི་སྐོར་རྫོགས་མཚམས་སམ། ཡང་ན་རྗེས་གནང་ཡོངས་རྫོགས་ཚར་མཚམས་སུ།

ན་རོ་མཁའ་སྤྱོད་མའི་སིནྡྷུ་རའི་དཀྱིལ་འཁོར་དུ་དབང་བཞི་བྱིན་རླབས་ཀྱི་ཚུལ་དུ་སྟེར་ཚུལ་མཚར་ཆེན་གྱིས་མཛད་པའི་ཆོ་གའི་སྟེང་ནས་བྱ་ཞིང་། བསྐྱེད་རིམ་རྣལ་འབྱོར་བཅུ་གཅིག་དང་། རྫོགས་རིམ་རྩ་དབུ་མའི་ཁྲིད་བཅས་མཛད་པ་ཕྱུག་ལེན་ཡིན་པས་དེ་རྣམས་བློ་ཡུལ་དུ་ངེས་པར་བྱ་དགོས་ཤིང་།

༄ འདིར་ནི་གཞུང་ནས་བཤད་པའི་གོ་རིམ་ལྟར། **ཐོག་མར་ཇོ་ལུགས་ཀྱི་སྒྲོལ་དཀར་ཡིད་བཞིན་འཁོར་ལོའི་སྒྲུབ་ཐབས་**ལ་སྐྱབས་འགྲོ་སེམས་བསྐྱེད་ནི། བདག་དང་འགྲོ་བ་ནམ་མཁའི་མཐའ་དང་མཉམ་པའི་སེམས་ཅན་ཐམས་ཅད་དུས་འདི་ནས་བཟུང་སྟེ་ཇི་སྲིད་བྱང་ཆུབ་སྙིང་པོ་ལ་མཆིས་ཀྱི་བར་དུ་དཔལ་ལྡན་བླ་མ་དམ་པ་རྣམས་ལ་སྐྱབས་སུ་མཆིའོ། །ཡི་དམ་དཀྱིལ་འཁོར་གྱི་ལྷ་ཚོགས་རྣམས་ལ་སྐྱབས་སུ་མཆིའོ། །རྫོགས་པའི་སངས་རྒྱས་བཅོམ་ལྡན་འདས་རྣམས་ལ་སྐྱབས་སུ་མཆིའོ། །དམ་པའི་ཆོས་རྣམས་ལ་སྐྱབས་སུ་མཆིའོ། །འཕགས་པའི་དགེ་འདུན་རྣམས་ལ་སྐྱབས་སུ་མཆིའོ། །ཞེས་ལན་གསུམ་བརྗོད་ནས། (༥ན)སྐྱབས་འགྲོ་བྱ། སངས་རྒྱས་ཆོས་དང་ཚོགས་ཀྱི་མཆོག་རྣམས་ལ་ཞེས་སོགས་ལན་གསུམ་གྱིས་སེམས་བསྐྱེད། སེམས་ཅན་ཐམས་ཅད་ཀྱི་དོན་དུ་རྣམ་པ་ཐམས་ཅད་མཁྱེན་པ་སངས་རྒྱས་ཀྱི་གོ་འཕང་མྱུར་དུ་ཐོབ་པར་བྱ། དེའི་ཕྱིར་དུ་རྗེ་བཙུན་མ་འཕགས་མ་སྒྲོལ་མ་དཀར་མོ་ཡིད་བཞིན་འཁོར་ལོའི་སྒོམ་བཟླས་ལ་འཇུག་པར་བགྱིའོ། །ལན་གསུམ་གྱི་སྒོ་ནས་ཁྱད་པར་གྱི་སེམས་བསྐྱེད། རང་གི་སྙིང་གར་ཟླ་བ་ལ་གནས་པའི་ཧཱུྃ་དཀར་པོའི་འོད་ཟེར་གྱིས་སྒྲོལ་དཀར་ཡིད་བཞིན་གྱི་འཁོར་ལོ་ལ་རྩ་བརྒྱུད་ཀྱི་བླ་མ་དང་སངས་རྒྱས་བྱང་ཆུབ་སེམས་དཔའི་ཚོགས་ཀྱིས་བསྐོར་བ་མདུན་གྱི་ནམ་མཁར་སྤྱན་དྲངས། ཨོཾ་བཛྲ་ས་ཏྭ་ཛཿཔད་མ་ཀ་མ་ལ་ཡེ་སྟྭཾ། ན་མོ་གུ་རུ་བྷྱཿན་མ་ཨཱརྱ་ཏཱ་རེ་ས་པ་རི་ཝཱ་ར་མཎྜ་ལ་བྷྱཿ གང་གི་དྲིན་གྱིས་བདེ་ཆེན་ཉིད། །ཞེས་པ་ནས། པད་ལ་འདུད་དང་། དུས་གསུམ་སངས་རྒྱས་བསྐྱེད་པའི་ཡུམ། །འཆི་མེད་ཚེ་ཡི་དཔལ་སྦྱིན་མ། །འདོད་

པ་ཐམས་ཅད་རབ་སྟོལ་བའི། །སྒྲོལ་མ་ལྷ་ཚོགས་བཅས་ལ་འདུད། །ཨོཾ་ཨཱཪྻ་ཏཱ་རེ་ས་པ་རི་ཝཱ་ར་ཨརྒྷཾ་པྲ་ཏཱིཙྪ་སྭཱཧཱ་མཆོད་ཡོན་དང་། ཨརྒྷཾ་གྱི་སར་པཱ་དྱཾ་བཅུག་པས་ཞབས་བསིལ་ཕུལ། ཨོཾ་ཨཱཪྻ་ཏཱ་རེ་ས་པ་རི་ཝཱ་ར་བཛྲ་པུཥྤེ་ཨཱཿཧཱུཾ། དེ་བཞིན་དུ་རྒྱུ་པེ། ཨཱ་ལོ་ཀེ །གནྡྷེ། ནཻ་ཝི་དྱེ། ཤབྡ་ཨཱཿཧཱུཾ། དོན་ཡིད་ལ་དྲན་བཞིན་པའི་སྒོ་ནས། དཀོན་མཆོག་གསུམ་ལ་བདག་སྐྱབས་མཆི། །ཞེས་པ་ནས། སངས་རྒྱས་འགྲུབ་པར་(༤བ)ཤོག །ལན་གསུམ། ཨོཾ་བཛྲ་མུཿ ཞེས་གཤེགས་སུ་གསོལ། སེམས་ཅན་ཐམས་ཅད་བདེ་བ་དང་བདེ་བའི་རྒྱུ་དང་ལྡན་པར་གྱུར་ཅིག །སྡུག་བསྔལ་དང་སྡུག་བསྔལ་གྱི་རྒྱུ་དང་བྲལ་བར་གྱུར་ཅིག །སྡུག་བསྔལ་མེད་པའི་བདེ་བ་དང་མི་འབྲལ་བར་གྱུར་ཅིག །ཉེ་རིང་ཆགས་སྡང་དང་བྲལ་བའི་བཏང་སྙོམས་ཚད་མེད་པ་ལ་གནས་པར་གྱུར་ཅིག །ཅེས་བརྗོད། ཆོས་ཐམས་ཅད་རང་གི་སེམས་ཙམ་དང་། སེམས་ཉིད་གསལ་སྟོང་ཟུང་འཇུག་ཆུ་ཟླ་ལྟ་བུ་ལ་མཉམ་པར་བཞག་སྟེ། ཨོཾ་ཤཱུ་ནྱ་ཏཱ་ཛྙཱ་ན་བཛྲ་སྭ་བྷཱ་ཝ་ཨཱཏྨ་ཀོ྅ཧཾ། ཞེས་བརྗོད། སྟོང་པའི་ངང་ལས་མ་བཅོས་པའི་སེམས་སྣང་ཧཱུཾ་གི་སྒྲ་གདངས་ནམ་མཁའ་གང་བ། ཧཱུཾ་ལས་རྡོ་རྗེའི་ས་གཞི། ར་གུར། བླ་བྲེ། མེ་དཔུང་འབར་བ་དང་བཅས་པའི་སྲུང་བའི་འཁོར་ལོར་གྱུར། དེའི་དབུས་སུ་རྃ་ལས་སྣོད་ཀྱི་འཇིག་རྟེན་ཟླ་བ་ཆུ་ཤེལ་གྱི་གཞལ་ཡས་ཁང་། དབུས་སུ་པཾ་ལས་པདྨ་དཀར་པོ་འདབ་མ་སྟོང་ལྡན་ཡལ་ག་ལོ་འདབ་རབ་ཏུ་རྒྱས་པའི་སྟོང་པོ་དང་བཅས་པ། པདྨའི་ལྟེ་བར་ཨ་ལས་ཟླ་བ་ཉ་གང་ཞིང་རྙོག་པའི་དྲི་མ་དང་བྲལ་བ། དེའི་སྟེང་དུ་རང་གི་སེམས་ཉིད་ཏྃ་དཀར་པོ་ལས་ཨུཏྤལ་དཀར་པོའི་སྟོང་པོ་ཟེའུ་འབྲུ་ལ་ཏྃ་ཡིག་དཀར་པོས་མཚན་པར་གྱུར། དེ་ལས་འོད་ཟེར་འཕྲོས། འཕགས་པ་མཆོད། སེམས་ཅན་ཐམས་ཅད་ཀྱི་དོན་བྱས། སླར་འདུས་ཤིང་ཐིམ་པ་ཡོངས་སུ་གྱུར་པ་ལས། རང་ཉིད་ལྷ་མོ་སྒྲོལ་མ་ཡིད་བཞིན་འཁོར་ལོ་སྐུ་མདོག་ཟླ་བ་ལྟར་དཀར་བ། ཉོར་བུ་(༥ན)ཆུ་ཤེལ་ལྟར་དྭངས་ལ་དྲི་མ་མེད་པ་འོད་ཟེར་ལྔ་ལྡན་དུ་འཕྲོ་

བ། རབ་ཏུ་ཞི་བ་ཆེན་པོའི་འཇུམ་ཞལ་ཅན། ཨུཏྤ་ལའི་འདབ་མ་ལྟར་རབ་ཏུ་རྒྱས་པའི་སྤྱན་བདུན་དང་ལྡན་མ། ཕྱག་གཡས་མཆོག་སྦྱིན་དང་། གཡོན་པའི་མཐེབ་སྲིན་གྱིས་ཨུཏྤལ་དཀར་པོའི་སྡོང་བུའི་རྩ་བ་ཐུགས་ཀར་འཛིན་ཅིང་རབ་ཏུ་རྒྱས་པའི་སྙན་གྱི་ཐད་ཀར་ཁ་བྱེ་བ་བསྣམས་པ། སྙིག་ཅིང་ཆགས་པའི་ཉམས་ལྡན་ནུ་འབུར་བྲུང་གིས་མཛེས་པ། མུ་ཏིག་དཀར་པོ་གཙོ་བོར་གྱུར་པ་རིན་པོ་ཆེ་སྣ་ཚོགས་ཀྱིས་དབུ་རྒྱན། སྙན་རྒྱན། མགུལ་རྒྱན། དོ་ཤལ། སེ་མོ་དོ། དཔུང་རྒྱན། ཕྱག་གདུབ། རྐེད་རྒྱན། ཞབས་གདུབ། གཡེར་ཁའི་ཕྲེང་བ་དང་བཅས་པ་དང་། ལྷ་རྫས་ཀྱི་མེ་ཏོག་དུ་མས་མཛེས་པ། དར་དཀར་པོའི་སྟོད་གཡོགས་དང་། སྣ་ཚོགས་དར་གྱི་སྨད་དཀྲིས་གསོལ་བ། དབུ་སྐྲ་ལི་བ་ལྟག་ཕར་བཅིངས་པའི་ཐུར་ཕུད་ནམ་པར་གཡོ་ཞིང་། གཞོན་ནུའི་ལུས་ཅན་རྡོ་རྗེའི་སྐྱིལ་ཀྲུང་གིས་འཁྲིལ་ཚུལ་དུ་བཞུགས་ཤིང་། རི་བོང་འཛིན་པའི་རྒྱབ་ཡོལ་ཅན་དུ་གྱུར། དཔྲལ་བར་ཟླ་བ་ལ་ཨོཾ་དཀར་པོ། མགྲིན་པར་པདྨ་ལ་ཨཱཿདམར་པོ། ཐུགས་ཀར་ཉི་མ་ལ་ཧཱུྃ་སྔོན་པོ། ཧཱུྃ་གི་སྟོད་ཙམ་དུ་པད་དཀར་དང་ཟླ་བ་ལ་ཏཱཾ་ཡིག་དཀར་པོ། རང་གི་སྙིང་ག་ནས་འོད་ཟེར་འཕྲོས། རང་བཞིན་གྱི་གནས་ནས་རྗེ་བཙུན་མ་འཕགས་མ་སྒྲོལ་མ་དཀར་མོའི་ལྷ་ཚོགས་ཐམས་ཅད་བཛྲ་ས་མ་ཛཿཨོཾ་བཛྲ་ཨརྒྷཾ་སྭཱཧཱ། ཨོཾ་བཛྲ་པཱ་དྱཾ་སྭཱཧཱ། ཨོཾ་བཛྲ་པུཥྤེ། (༧བ)ཨཱཿཧཱུྃ། ནས་ཨོཾ་བཛྲ་ཤབྡ་ཨཱཿཧཱུྃ། ཞེས་པའི་བར་གྱིས་མཆོད། ཛཿཧཱུྃ་བཾ་ཧོཿགཉིས་སུ་མེད་པར་ཐིམ། དམ་ཚིག་པ་དང་ཡེ་ཤེས་པ་དབྱེར་མེད་པའི་ངོ་བོར་གྱུར། སླར་ཡང་རང་གི་སྙིང་གའི་ཧཱུྃ་ལས་འོད་ཟེར་འཕྲོས། དབང་གི་ལྷ་རྒྱལ་བ་རིགས་ལྔ་འཁོར་དང་བཅས་པ་བཛྲ་ས་མ་ཛཿཨོཾ་པཉྩ་ཀུ་ལ་ས་པ་རི་ཝཱ་ར་ཨརྒྷཾ་ནས་ཤབྡའི་བར་གྱིས་གོང་བཞིན་མཆོད། དེ་བཞིན་གཤེགས་པ་ཐམས་ཅད་ཀྱིས་བདག་ལ་མངོན་པར་དབང་བསྐུར་བ་བསྐུལ་དུ་གསོལ། ཞེས་གསོལ་བ་བཏབ་པས། དབང་གི་ལྷ་རྣམས་ཀྱིས། ཇི་ལྟར་བལྟམས་པ་ཙམ་གྱིས་ནི། །ལྷ་རྣམས་ཀྱིས་ནི་ཁྲུས་གསོལ་ལྟར། །ལྷ་ཡི་ཆུ་ནི་

དག་པ་ཡིས། །དེ་བཞིན་བདག་གིས་སྐུ་ཁྲུས་གསོལ། །ཨོཾ་སརྦ་ཏ་ཐཱ་ག་ཏ་ཨ་བྷི་ཥེ་ཀ་ཏ་ས་མ་ཡ་ཤྲཱི་ཧཱུྃ། ཞེས་གསུངས་ཤིང་། བུམ་པའི་ཆུས་དབང་བསྐུར། སྐུ་ལུས་ཐམས་ཅད་གང་། སྒྲིབ་གཉིས་ཀྱི་དྲི་མ་ཐམས་ཅད་དག །ཆུའི་ལྷག་མ་ཡར་ལུད་པ་ལས། རིན་ཆེན་འབྱུང་ལྡན་གྱིས་དབུ་བརྒྱན། ཨོཾ་ཨཱཪྻ་ཏཱ་རེ་ས་པ་རི་ཝཱ་ར་ཨརྒྷཾ་ནས་ཤབྡའི་བར་གོང་བཞིན། ལྷ་དང་ལྷ་མིན་ཅོད་པན་གྱིས། །ཞབས་ཀྱི་པདྨ་ལ་བཏུད་དེ། །ཕོངས་པ་ཀུན་ལས་སྒྲོལ་མཛད་མ། །སྒྲོལ་མ་ཡུམ་ལ་ཕྱག་འཚལ་ལོ། །

བཟླས་པ་ནི། རང་གི་སྙིང་གར་པད་ཟླའི་གདན་ལ། འཁོར་ལོ་དཀར་པོ་རྩིབས་བརྒྱད་མུ་ཁྱུད་དང་བཅས་པའི་ལྟེ་བར་ཟླ་བ་ལ་ཏཱཾ་ཡིག་དཀར་པོ། མཐའ་སྐོར་དུ་ཨོཾ་བདག་མིང་འདི་ཞེས་བགྱི་བའི་ཚེ་དང་བསོད་ནམས་ཡེ་ཤེས་རྒྱས་པར་(ནན)མཛོད་ཅིག་ཧཱ། ཞེས་པ་རྣམས་གཡས་སྐོར་དང་། རྩིབས་བརྒྱད་ལ། ཏཱ་རེ་ཏུཏྟཱ་རེ་ཏུ་རེ་སྭཱ། ཞེས་ཡི་གེ་བརྒྱད་ཀྱིས་བསྐོར་བ་གསལ་བཏབ། ས་བོན་སྔགས་ཕྲེང་དང་བཅས་པ་ལས་འོད་ཟེར་འཕྲོས། ཕྱོགས་བཅུའི་བླ་མ་ཡི་དམ་སངས་རྒྱས་བྱང་སེམས་ཐམས་ཅད་ལ་མཆོད། སེམས་ཅན་ཐམས་ཅད་ཀྱི་ཚེ་སྤེལ་བ་ལ་སོགས་པའི་དོན་བྱས། སངས་རྒྱས་ཐམས་ཅད་ཀྱི་ཐུགས་རྗེ་བྱིན་རླབས་རྣམས་ཚུར་བསྡུས། འོད་ཟེར་རྣམས་ས་བོན་སྔགས་ཕྲེང་དང་བཅས་པ་ལ་ཐིམ་པས། བཀྲག་མདངས་གཟི་བརྗིད་རབ་ཏུ་འབར་བའི་རྣམ་པར་གྱུར། སྤྲོ་བསྡུའི་དམིགས་པ་དེ་ཉིད་ལ་གནས་བཞིན་པའི་སྒོ་ནས། ཨོཾ་ཏཱ་རེ་ཏུཏྟཱ་རེ་ཏུ་རེ་སྭཱཧཱ། ཞེས་པ་ཡི་གེ་བཅུ་པ་སྡེ་སྙིང་པོའོ། །ཨོཾ་ཏཱ་རེ་ཏུཏྟཱ་རེ་ཏུ་རེ་མ་མ་ཨཱ་ཡུར་པུ་ཎྱེ་ཛྙཱ་ན་པུཥྚིཾ་ཀུ་རུ་སྭཱཧཱ། ཞེས་སྤེལ་ཚིག་དང་བཅས་པ་འདི་ནི་ལས་སྔགས་སོ། །བསྙེན་པ་སོགས་ཐུན་བཞིའི་རྣལ་འབྱོར་ལ་འཇུག་པ་ན། བཟླས་པའི་ངོ་བོ་ཡི་གེ་བཅུ་པ་ལ་བྱེད་ཅིང་། ཐུན་སོ་སོ་རྫོགས་མཚམས་སུ་སྤེལ་ཚིག་དང་བཅས་པ་ཡང་བརྒྱ་རྩ་བརྒྱད་རེ་བཟླ་བར་བྱའོ། །རྒྱུན་གྱི་བཟླས་པ་ལ་ནི། སྤེལ་ཚིག་དང་བཅས་པ་ཁོ་ན་བཟླ་བ་ཡིན་ནོ། །དགེ་བ་འདི་ཡིས་མྱུར་དུ་བདག །

སྒྲོལ་མ་དཀར་མོ་འགྲུབ་གྱུར་ནས། །འགྲོ་བ་གཅིག་ཀྱང་མ་ལུས་པ། །དེ་ཡི་ས་ལ་འགོད་པར་ཤོག ༔ འདིའི་རྗེས་གནང་བྱ་བ་ནི། བདག་བསྐྱེད་སྔར་བཤད་པ་བཞིན་སྔོན་དུ་བཏང་ནས། ཁྲིས་སྐུ་དགྲམ། མདུན་བསྐྱེད་ཀྱི་བཅའ་གཞི། (༤བ)མཎྜལ་ལ་རྡུལ་ཚོན་དཀར་པོས་པདྨ་འདབ་བརྒྱད་བྲིས། ལྟེ་བ་ལ་རྡུལ་ཚོན་དཀར་པོའམ། འབྲུ་དཀར་པོའི་ཚོམ་བུ་བཀོད། དཀར་གཏོར་གཅིག་དང་མཆོད་པ་བཤམས། རང་གི་མདུན་དུ་རྡོ་རྗེ་དྲིལ་བུ། མེ་ཏོག་གིས་གང་བའི་སྣོད། དུང་ཆོས་དྲི་བཟང་གི་ཆུས་གང་བ། ཀུ་ཤའི་འཕོར་ཡབ་དང་བཅས་པ་འདུ་བྱས་ལ། དུང་ཆོས་ཀྱི་ཆུ་ལ་དམིགས་ནས། ཨོཾ་ཨ་མྲི་ཏེ་ཧཱུྃ་ཕཊ། ལན་ཉེར་གཅིག་གམ། བརྒྱ་རྩ་ཙམ་བཟླ་ཞིང་། སེམས་མ་རྡོ་རྗེ་མའི་ཕྱག་རྒྱས་ཀུ་ཤའི་འཕོར་ཡབ་བཟུང་ངོ་། །དེ་ནི་བསངས་ཆུ་སྒྲུབ་པ་ཡིན་ནོ། །བསངས་ཆུ་དེ་ཉིད་གནས་ཁང་དང་མཆོད་རྫས་སོགས་ལ་གཏོར། ཨོཾ་བཛྲ་ཨ་མྲི་ཏ་ཀུཎྜ་ལི་ཧ་ན་ཧ་ན་ཧཱུྃ་ཕཊ་ཀྱིས་བསངས། ཨོཾ་སྭ་བྷཱ་ཝ་ཤུདྡྷཱ་སརྦ་དྷརྨཱ་སྭ་བྷཱ་ཝ་ཤུདྡྷོཧཾ་གིས་སྦྱངས། སྟོང་པའི་ངང་ལས་གནས་ཁང་བྷྲཱུྃ་ལས་རིན་པོ་ཆེ་སྣ་ཚོགས་ལས་གྲུབ་པའི་ཐར་པ་ཆེན་པོའི་གཞལ་མེད་ཁང་མཚན་ཉིད་ཐམས་ཅད་ཡོངས་སུ་རྫོགས་པའི་དབུས་སུ། ཨོཾ་ལས་བྱུང་བའི་རིན་པོ་ཆེ་ལས་གྲུབ་པའི་སྣོད་ཡངས་ཤིང་རྒྱ་ཆེ་བའི་ནང་དུ། ཧཱུྃ་ཞུ་བ་ལས་བྱུང་བའི་ལྷ་རྫས་ལས་གྲུབ་པའི་མཆོད་ཡོན། ཞབས་བསིལ། མེ་ཏོག །བདུག་སྤོས། མར་མེ། དྲི་ཆབ། ཞལ་ཟས། རོལ་མོ་ལ་སོགས་པའི་མཆོད་རྫས་རྣམས་ཡེ་ཤེས་ཀྱི་རང་བཞིན། མཆོད་པའི་རྣམ་པ་ཟག་མེད་བདེ་ཆེན་གྱི་རྒྱུ་བླ་ན་མེད་པས་མཁའ་དབྱིངས་ཐམས་ཅད་ཡོངས་སུ་ཁྱབ་པར་གྱུར། ཨོཾ་བཛྲ་ཨརྒྷཾ་སྭཱཧཱ། ཨོཾ་བཛྲ་པཱ་དྱཾ་སྭཱཧཱ། ཨོཾ་བཛྲ་པུཥྤེ་(༥ན)ཨཱཿཧཱུྃ། ཨོཾ་བཛྲ་དྷཱུ་པེ་ཨཱཿཧཱུྃ། ཨོཾ་བཛྲ་ཨཱ་ལོ་ཀེ་ཨཱཿཧཱུྃ། ཨོཾ་བཛྲ་གནྡྷེ་ཨཱཿཧཱུྃ། ཨོཾ་བཛྲ་ནཻ་ཝི་ཏེ་ཨཱཿཧཱུྃ། ཨོཾ་བཛྲ་ཤབྡ་ཨཱཿཧཱུྃ། ཨོཾ་བཛྲ་ཀརྨ་ར་ཀྵི་ཏ། པྲ་ར་ཀྵི་ཏ། སཾ་པྲ་ར་ཀྵི་ཏ། སརྦ་བུདྡྷ་ཀྵེ་ཏྲ་པྲ་ཙ་ལི་ཏེ། པྲཛྙཱ་པ་ར་མི་ཏ་ན་ད་སྭ་བྷཱ་ཝེ་ཏེ། བཛྲ་ཀརྨ་ཧྲི་ད་ཡ་ན། སརྦ་

ཁ་ཎི་ཧཱུྃ་ཧཱུྃ་ཧཱུྃ་ཧོ་ཧོ་ཧོ་ཨཱ་ཁཾ་སྭཱཧཱ། ལན་གསུམ་གྱིས་བྱིན་དབབ། མདུན་གྱི་བཅའ་གཞི་ཨ་སྦྲི་ཏས་བསངས། སྭ་བྷཱ་ཝས་སྦྱངས། སྟོང་པའི་ངང་ལས། ཧཱུྃ་གི་སྒྲ་གདངས་ནམ་མཁའ་གང་བ་ཞིག་པ་ནས། རྙོག་པའི་དྲི་མ་དང་བྲལ་བ། དེའི་སྟེང་དུ་ཧཱུྃ་དཀར་པོ་ལས་འོད་ཟེར་འཕྲོས། འཕགས་པ་མཆོད། སེམས་ཅན་གྱི་དོན་བྱས། སླར་འདུས་ཤིང་ཐིམ་པ་ཡོངས་སུ་གྱུར་པ་ལས། ལྷ་མོ་སྒྲོལ་མ་ཡིད་བཞིན་འཁོར་ལོ་ཞེས་པ་ནས། རིན་ཆེན་འབྱུང་ལྡན་གྱིས་དབུ་བརྒྱན། ཞེས་པའི་བར་བདག་བསྐྱེད་དང་འདྲ། སླར་ཡང་རང་གི་སྙིང་གའི་འོད་ཟེར་གྱིས། བླ་མ་ཡི་དམ་སངས་རྒྱས་བྱང་སེམས་འཕགས་པ་ཉན་རང་གི་ཚོགས་ཐམས་ཅད་མཆོད་པའི་ཡུལ་དུ་བཛྲ་ས་མཱ་ཛཿཨོཾ་ཨ་སྦྲི་ཏའི་སྔགས་ཀྱིས་ཕྱིར་འབྲང་གི་བགེགས་བསྐྲད། ཨོཾ་པདྨ་ཀ་མ་ལ་ཡེ་སྟྭཾ། གདན་ཕུལ་བར་བསམ། དེ་ནས་མཆོད་པ་འབུལ་བ་ནི། ཨོཾ་ཨཱརྻ་ཏཱ་རེ་གུ་རུ་བུདྡྷ་བོ་དྷི་སཏྭ་ས་པ་རི་ཝཱ་ར་མཎྜལ་བྷྲཱུཿཨརྒྷཾ་པྲ་ཏཱིཙྪ་པུ་ཛ་མེ་གྷ་ས་མུ་དྲ་སྥ་ར་ཎ་ས་མ་ཡེ་ཧཱུྃ། དེ་བཞིན་དུ། ཨརྒྷཾ་གྱི་གནས་སུ་པཱ་དྱཾ་ལ་ཡང་སྦྱར་བས་ཞབས་བསིལ་འབུལ། མི་རྟོག་ལ།(༩བ) ཨོཾ་ཨཱརྻ་ཏཱ་རེ་ས་པ་རི་ཝཱ་ར་བྷྲཱུཿབཛྲ་པུཥྤེ་པྲ་ཏཱིཙྪ་ན་མཿཞེས་བརྗོད། དེ་བཞིན་དུ། དྷཱུ་པེ། བདུག་སྤོས་དང་། ཨཱ་ལོ་ཀེ །མར་མེ་དང་། གནྡྷེ། དྲི་ཆབ་དང་། ནཻ་ཝི་དྱེ། ཞལ་ཟས། ཤཔྟ། རོལ་མོ་རྣམས་འབུལ་ལོ། །དེ་ནས་བསྟོད་པ་ནི། འཁོར་བ་ལས་སྒྲོལ་ཏཱ་རེ་མ། །ཏུཏྟཱ་རེ་ཡིས་འཇིགས་བརྒྱད་སྒྲོལ། །ཏུ་རེས་ན་བ་ཀུན་ལས་སྐྱོབ། །སྒྲོལ་མ་ལ་ནི་ཕྱག་འཚལ་བསྟོད། །མདུན་བསྐྱེད་ཀྱི་ཐུགས་ཀར་འཁོར་ལོ་སྔགས་ཕྲེང་དང་བཅས་པ་བཀོད་ནས་ཞལ་ཤེས་ཀྱི་དམིགས་པ་དང་བཅས་ཏེ་བཟླས་པ་ཅི་འགྲུབ་བྱ། གཏོར་མ་ཨ་སྦྲི་ཏས་བསངས། སྭ་བྷཱ་ཝས་སྦྱངས། སྟོང་པའི་ངང་ལས། གཏོར་སྣོད་ཡངས་ཤིང་རྒྱ་ཆེ་བ་རིན་པོ་ཆེ་ལས་གྲུབ་པའི་ནང་དུ། ཨོཾ་ཨཱཿཧཱུྃ། ཞུ་བ་ལས་བྱུང་བའི་གཏོར་མ་འདོད་རྒུའི་རྒྱ་མཚོ་ཆེན་པོ་ཁ་དོག་དྲི་རོ་ནུས་མཐུ་ཕུན་སུམ་ཚོགས་པར་གྱུར། ཨོཾ་ཨཱཿཧཱུྃ་ལན་གསུམ་མམ། ལན་བདུན་གྱིས་

བྱིན་གྱིས་བརླབས། ཨོཾ་ཏཱ་རེ་ཏུཏྟཱ་རེ་ཏུ་རེ་ཨི་དཾ་བ་ལིཾ་ཏ་ཁ་ཁ་ཁཱ་ཧི་ཁཱ་ཧི། ལན་བདུན་གྱིས་རྗེ་བཙུན་མ་དང་། ཨ་ཀཱ་རོ་ལན་གསུམ་གྱིས་འཁོར་ཚོགས་ཐམས་ཅད་ལ་ཕུལ་བར་བསམ། ཚོགས་ཞིང་གི་སྐབས་ལྟར་མཆོད། དགེ་བ་ཅན་མ་གཟི་བརྗིད་ལྡན། །དབྱངས་ཅན་མ་དང་ནོར་གྱི་བདག །དཔལ་མོ་ལ་སོགས་སྤྲུལ་པ་མཛད། །ལྷ་མོ་སྒྲོལ་མ་ལ་ཕྱག་འཚལ། །མཆོད་སྦྱིན་གཏོར་མ་འདི་བཞེས་ལ། །རྣལ་འབྱོར་བདག་ཅག་འཁོར་བཅས་སོགས་ནས། ཡིད་ལ་འདོད་པ་(70ན)ཀུན་འགྲུབ་ཤོག་གི་བར་བརྗོད་ཅིང་། ཁྱད་པར་ཡིད་ལ་འདོད་པའི་དོན་གང་ཡིན་པ་དེ་ཉིད་འགྲུབ་པར་གསོལ་བ་དྲག་ཏུ་བཏབ། ཡི་གེ་བརྒྱ་པ་ལན་གསུམ་མམ་བདུན་གྱིས་ལྷག་ཆད་ཁ་བསྐངས། མ་འབྱོར་བ་དང་ཉམས་པ་དང་། །ཞེས་སོགས་ཀྱིས་བཟོད་པར་གསོལ། རྗེ་བཙུན་མ་འཕགས་མ་སྒྲོལ་མས་སྐུ་གསུང་ཐུགས་ཀྱི་ཡོན་ཏན་གང་བརྙེས་པ་ཐམས་ཅད་འགྲོ་བའི་དོན་དུ་བརྙེས་པས་ན་བདག་གི་སློབ་མ་འདི་རྣམས་ལའང་བསྐུལ་དུ་གསོལ་ཞེས་ལན་གསུམ་བརྗོད་དེ་སློབ་མའི་དོན་དུ་གསོལ་བ་གདབ། འདི་འོག་མ་ཐམས་ཅད་ལ་རིགས་འགྲེ། ༈ རྗེས་གནང་དངོས་གཞི་ནི། གཏོར་ཚོགས་སོང་བའི་མཚམས་སུ་སློབ་མ་རྗེས་འཛིན་བྱ་སྟེ། སློབ་མ་རྣམས་སྒོ་དྲུང་དུ་ཁྲུས་བྱ་བ་མ་འགྲུབ་ན་ཁ་བཤལ་བས་ཆབ་བཏང་གྲལ་ལ་འཁོད་པ་ལ་མེ་ཏོག་བཀྲི་བསྡུ་བྱས་ཏེ། སློབ་དཔོན་གྱིས་འདི་སྐད་ཅེས་བརྗོད་དེ། ཇོ་བོ་ཆེན་པོ་དཔལ་མར་མེ་མཛད་ཀྱིས། གསང་སྔགས་ཕ་རོལ་ཕྱིན་པ་ལ། །བརྟེན་ནས་བྱང་ཆུབ་འགྲུབ་པོ་ཞེས། །བླ་མ་སངས་རྒྱས་གསུངས་པས་ན། །དེ་དོན་འདིར་ནི་འབྲི་བར་བྱ། །ཞེས་གསུངས་པ་ལྟར། ཡང་དག་པར་རྫོགས་པའི་སངས་རྒྱས་ཐུགས་རྗེ་ཆེན་པོ་དང་ལྡན་པ་དེ་ཉིད་ཀྱིས། གདུལ་བྱ་རྣམས་ཐར་པ་བླ་ན་མེད་པའི་ཁང་བཟང་མཆོག་ཏུ་ཁྲིད་པར་བཞེད་ནས། ཆོས་ཀྱི་ཕུང་པོ་བརྒྱད་ཁྲི་བཞི་སྟོང་བཀའ་བསྩལ་པ་ཐམས་ཅད་ཐེག་པ་ཆེ་ཆུང་གི་སྡེ་སྣོད་གཉིས་(70བ)སུ་འདུ་ཞིང་། ཐེག་པ་ཆེན་པོ་ལ་ཡང་རྒྱུ་ཕ་རོལ་ཏུ་ཕྱིན་

པའི་ཐེག་པ་དང་། འབྲས་བུ་རྡོ་རྗེ་ཐེག་པ་གཉིས་སུ་ཡོད་པ་ལས། རྒྱུ་ཕ་རོལ་ཏུ་ཕྱིན་པའི་ཐེག་པ་ལ་བརྟེན་ནས་ས་བཅུའི་བར་དུ་བགྲོད་ནུས་ཀྱང་། རང་ལམ་ཙམ་ལ་བརྟེན་ནས་རྫོགས་པའི་སངས་རྒྱས་ཀྱི་གོ་འཕང་བསྒྲུབ་པའི་ནུས་པ་མེད་ཅིང་། འབྲས་བུ་རྡོ་རྗེ་ཐེག་པའི་སྒོར་ཞུགས་ཏེ་དམ་ཚིག་དང་སྡོམ་པ་ཚུལ་བཞིན་དུ་བསྲུང་ན་ཐེག་པ་གཞན་ནས་བཤད་པའི་ལམ་གྱི་བསྔོན་མ་འདེབས་མི་དགོས་པར་རང་ལམ་ཙམ་ལ་བརྟེན་ནས་གང་ཟག་དབང་པོ་རབ་ཀྱིས་སྙིགས་དུས་ཀྱི་ཚེ་ཐུང་གཅིག་ལའང་རྫོགས་པའི་སངས་རྒྱས་ཀྱི་གོ་འཕང་འགྲུབ་པ་ཡོད་པས། ལམ་དེ་གཉིས་ཀྱི་མཆོག་དམན་གྱི་ཁྱད་པར་ཤེས་པར་བྱས་ལ། རྡོ་རྗེ་ཐེག་པའི་བསྟན་པ་རིན་པོ་ཆེ་དང་ལན་གཅིག་ཙམ་མཇལ་བའི་དུས་འདིར་རང་རང་གི་ནུས་པ་དང་བསྟུན་པའི་གསང་སྔགས་ཀྱི་ལམ་ལ་བག་ཆགས་ཅི་ཐེབས་ཤིག་མ་བྱས་ན། རིན་པོ་ཆེའི་གླིང་དུ་སླེབས་ནས་སྦར་མོ་སྟོང་པར་རང་ཁྱིམ་དུ་ལོག་འགྲོ་བ་དང་མཚུངས་པ་ཡིན་ཏེ། རྗེ་བདག་ཉིད་ཆེན་པོས། འདི་ན་རྫོགས་སངས་རྒྱས་སུ་བགྲོད་པ་ལ། །ཟབ་མོ་རྡོ་རྗེ་ཐེག་དང་ཕར་ཕྱིན་ཐེག །རྣམ་པ་གཉིས་ཡོད་གསང་སྔགས་ཕར་ཕྱིན་ལས། །ཤིན་ཏུ་ཁྱད་པར་འཕགས་པ་ཡིན་ནོ་ཞེས། །ཉི་མ་ཟླ་བ་ལྟ་བུར་ཀུན་ཏུ་གྲགས། །ཚིག་དེ་བདེན་པའི་ཚིག་ཏུ་འདོད་བཞིན་དུ། །ཟབ་མོའི་ལམ་འདི་ཇི་ལྟ་བུ་ཞིག་ཅེས། །འཚོལ་བར་མི་བྱེད་མཁས་པའི་ཁུར་འཛིན་པ། །དེ་འདྲ་དེ་ཡང་ཤེས་རབ་ཅན་(༡༡ན)ཡིན་ན། །དེ་ལས་གཞན་པའི་དབང་པོ་རྟུལ་པོ་གང་། །ཤིན་ཏུ་འཕྲད་དཀའ་གོང་ན་མེད་པའི་ལམ། །འདི་འདྲ་ཡལ་བར་དོར་ན་ཨེ་མ་མཚར། །དེ་ཉིད་ཕྱིར་ན་རྒྱལ་བའི་ཐེག་པ་མཆོག །སངས་རྒྱས་ལས་ཀྱང་དཀོན་པའི་རྡོ་རྗེ་ཐེག །དངོས་གྲུབ་གཉིས་ཀྱི་གཏེར་གྱུར་ཟབ་མོ་དེར། །ཞུགས་ནས་འབད་པ་དུ་མས་རིང་དུ་སྦྱངས། །ཞེས་གསུངས་པ་ལྟར། སངས་རྒྱས་འཇིག་རྟེན་དུ་བྱོན་པ་ལས་ཀྱང་ཆེས་དཀོན་པའི་འབྲས་བུ་རྡོ་རྗེ་ཐེག་པའི་སྒོར་སྐྱེས་བུའི་རྩལ་ཅི་ཡོད་ཀྱིས་འཇུག་དགོས་ཤིང་། དེ་

ལའང་སྔགས་ཀྱི་སྒོར་འཇུག་པའི་སྣོད་རུང་གི་མཚན་ཉིད་དུ་མ་ཞིག་ཚང་དགོས་པས། སྣོད་རུང་གི་ཡོན་ཏན་ནི། འདུས་པའི་བཤད་རྒྱུད་རྡོ་རྗེ་འཕྲེང་བ་ལས། སློབ་མ་ཡོན་ཏན་གང་ལྡན་ན། །རྣལ་འབྱོར་རྒྱུད་ཀྱི་སྣོད་དུ་འགྱུར། །ཞེས་ཞུས་པའི་ལན་དུ། དད་ཅིང་བླ་མ་ལ་ཡང་གུས། །རྟོག་པ་ངན་པ་རྣམ་པར་སྤངས། །ལུང་ནི་མང་དུ་ཐོས་པ་དང་། །གསོད་པ་དང་ནི་འཚེ་བ་སྤངས། །རྟག་ཏུ་དགེ་བའི་ལམ་ལ་གནས། །སེམས་ཅན་རྣམས་ནི་འདོན་པའི་བློས། །ཀུན་ཏུ་བརྩོན་དང་ཡང་དག་ལྡན། །ཞེས་གསུངས་པ་ལྟར། ཐེག་པ་ཆེན་པོ་སྤྱི་དང་ཁྱད་པར་སྔགས་ཀྱི་ཐེག་པ་ལ་དད་པ། བླ་མ་ལ་གུས་པ། མི་དགེ་བ་བཅུ་སྤངས་ཤིང་། སྡེ་སྣོད་གསུམ་ལ་མང་དུ་ཐོས་པ་དང་ལྡན་པ། སེམས་ཅན་སྡུག་བསྔལ་གྱིས་མནར་བར་མི་བཟོད་པའི་སྙིང་རྗེ་ཤུགས་དྲག་དང་ལྡན་ཅིང་། དེའི་ཐབས་ལ་བརྩོན་པ་ལ་སོགས་པ་ཡོན་ཏན་དུ་མ་ཞིག(༧༧བ)དང་ལྡན་དགོས་པར་བཤད་ཅིང་། ཡོན་ཏན་དེ་དག་ལས་དང་པོ་པ་རྣམས་ལ་རང་འཁྲུངས་སུ་མི་འབྱུང་བས་ན། རིམ་གྱིས་བློ་སྦྱོང་དགོས་ཤིང་། དེའི་ཚུལ་ཡང་། དང་པོར་མཚན་ཉིད་དང་ལྡན་པའི་དགེ་བའི་བཤེས་གཉེན་ཞིག་མཉེས་པ་གསུམ་གྱི་སྒོ་ནས་མཉེས་པར་བྱས། དེས་ཇི་ལྟར་བསྟན་པ་ལྟར་གྱི་དལ་འབྱོར་དོན་ཆེ་ཞིང་རྙེད་དཀའ་བའི་ཚུལ་རྣམས་བསམ་སྟེ། དལ་བའི་རྟེན་ལ་སྙིང་པོ་ལེན་འདོད་སྐྱེས་པ་ན། སྙིང་པོ་ལེན་པའི་མཆོག་ནི། བྱང་ཆུབ་ཏུ་སེམས་བསྐྱེད་པ་ཉིད་ཡིན་ཅིང་། སེམས་དེ་མཚན་ཉིད་ཚང་བ་ཞིག་སྐྱེ་བ་ལ། དེའི་མི་མཐུན་ཕྱོགས་རིམ་གྱིས་བསལ་ནས། གོམས་རྒྱུན་གྱི་ཡན་ལག་དང་མ་བྲལ་བ་གོམས་པ་ཞིག་དགོས་པ་ཡིན་ཏེ། རིག་པའི་དབང་ཕྱུག་གིས། མི་མཐུན་ཕྱོགས་ཀྱི་གནོད་མེད་ན། །སེམས་ལ་དེ་བདག་ཉིད་དུ་འགྱུར། །ཞེས་དང་། རང་གི་རིགས་མཐུན་སྔ་མ་ཡི། །ས་བོན་ལས་ནི་འཕེལ་བ་ཅན། །བརྩེ་བ་ལ་སོགས་བློ་དེ་དག །གོམས་པར་གྱུར་ན་གང་ན་གནས། །ཞེས་བྱམས་སྙིང་རྗེ་བྱང་ཆུབ་ཀྱི་སེམས་དང་བཅས་པའི་

མི་མཐུན་ཕྱོགས་རིམ་གྱིས་སེལ་དགོས་ཤིང་། མི་མཐུན་ཕྱོགས་ཀྱི་གཙོ་བོ་ཡང་། ཚེ་འདིའི་ཕུན་ཚོགས་ལ་ཞེན་ན་ཐེག་པ་ཆེ་ཆུང་གང་གིའང་ལམ་མཚན་ཉིད་ཚང་བ་ཞིག་སྐྱེ་མི་ནུས་པས། འཇིག་རྟེན་འདིར་རིང་དུ་མི་གནས་པའི་འཆི་བ་མི་རྟག་པ་དྲན་པ་དང་། ཤི་བའི་འོག་ཏུ་ངན་སོང་གསུམ་དུ་འཁྱམས་དགོས་པའི་ཚུལ་དང་ངན་འགྲོའི་འཇིགས་པ་ལས་སྐྱོབ་པའི་ནུས་པ་དཀོན་མཆོག(༧༢ན)གསུམ་ལ་ཡོད་པར་ཤེས་པའི་སྒོ་ནས། སྐྱབས་འགྲོའི་བསླབ་བྱ་ལ་སློབ་པ་དང་། དེ་ཡང་རང་ཉིད་ཀྱིས་མི་དགེ་བའི་ལས་བསགས་ན། དཀོན་མཆོག་ཐུགས་རྗེ་ཆེ་ཡང་ཐབས་ཤེས་ཡ་བྲལ་དུ་སོང་ནས་ངན་འགྲོའི་འཇིགས་པ་ལས་སྐྱོབ་མི་ནུས་པས་ན་བདེ་ལེགས་ཐམས་ཅད་ཀྱི་རྩ་བ་ལས་འབྲས་ལ་ཡིད་ཆེས་ཀྱི་དད་པ་བསྐྱེད་ནས། སྡིག་སྤོང་དགེ་སྒྲུབ་ལ་བརྩོན་པ་སོགས་སྐྱེས་བུ་ཆུང་ངུ་དང་ཐུན་མོང་བའི་ལམ་ལ་བློ་ལེགས་པར་སྦྱངས། དེ་རྗེས་སུ་འཁོར་བ་སྤྱིའི་ཉེས་དམིགས་བསམ་སྟེ་ཡིད་ཐར་པའི་ལམ་དུ་ཕྱོགས་པར་བྱས། དེ་ཡང་རང་ཉིད་གཅིག་པུ་འཁོར་བ་ལས་ཐར་བ་ཙམ་ཞིག་གིས་མི་ཚོག་པར། པཎ་ཆེན་བློ་བཟང་ཆོས་ཀྱི་རྒྱལ་མཚན་གྱིས། མར་ཤེས་བསྒོམ་ཚུལ་རྣམ་འགྲེལ་ལས། སྐྱེ་བ་ཡོངས་སུ་ལེན་པ་ན། །འབྱུང་རྟབ་དབང་པོ་བློ་དག་ནི། །ཞེས་སོགས་ལུང་དང་རིགས་པ་ཡི། །ཐབས་མཁས་འཕྲུལ་གྱིས་བསྒོམ་པར་བྱ། །ཞེས་གསུངས་པ་ལྟར། རིག་པའི་ཡ་མཐའ་ཐོག་མེད་དུ་སྒྲུབ་བྱེད་ཀྱི་རིགས་པ་ལ་བརྟེན་ནས། རང་ཉིད་ཀྱི་སྐྱེ་བ་ལ་ཐོག་མ་མེད་པར་བསྒྲུབས། དེ་ལ་བརྟེན་ནས་སེམས་ཅན་ཐམས་ཅད་ལན་ཅིག་མ་ཡིན་པར་མར་གྱུར་པའི་ཚུལ་ལ་ངེས་པ་བརྟན་པོ་རྙེད་པར་འགྱུར་ཞིང་། དེ་རྙེད་ན་དྲིན་དྲན་པ། དྲིན་དུ་གཟོ་བ། ཡིད་འོང་གི་བྱམས་པ། སྙིང་རྗེ་ཆེན་པོ། ལྷག་བསམ་རྣམ་དག་དང་བཅས་པ་མཚན་ཉིད་ཚང་བ་ཞིག་སྐྱེ་ནུས་པས། རྒྱུ་དྲུག་པོ(༧༢བ)དེའི་སྒོ་ནས་འབྲས་བུ་བྱང་ཆུབ་ཀྱི་སེམས་བཅོས་མ་མ་ཡིན་པ་ཞིག་རྒྱུད་ལ་བསྐྱེད་པར་བྱས་ཏེ། ཕྱིན་དྲུག་གིས་བསྡུས་པའི་རྒྱལ་སྲས་ཀྱི་སྤྱོད་པ་རླབས་

པོ་ཆེ་རྣམས་ལ་སློབ་འདོད་དྲག་པོ་བསྐྱེད། དེ་ལྟར་ལམ་ཐུན་མོང་བས་རྒྱུད་ལེགས་པར་སྦྱངས་ཟིན་པ་ན། ལམ་དེ་ཙམ་ཞིག་ལ་མ་ཞེན་པར་རྡོ་རྗེ་ཐེག་པའི་སྒོར་འཇུག་དགོས་ཤིང་། དེ་ལ་ཡང་། གསང་སྔགས་ཐུན་མོང་མ་ཡིན་པའི་བླ་མའི་བསྟེན་ཚུལ་རྣམས་མཚན་ཉིད་ཚང་བ་ཞིག་མ་བྱུང་ན། ཁེ་ལས་ཉེན་ཆེ་བར་རྒྱུད་སྡེ་དུ་མ་ནས་བཤད་པས། ཐོག་མར་བླ་མ་ལྔ་བཅུ་པ་ཉན་ནས། དེ་ནས་བཤད་པ་ལྟར་གྱི་བླ་མའི་བསྟེན་ཚུལ་རྣམས་ལག་ལེན་ལ་ཐེབས་པ་ཞིག་བྱས། དེ་རྗེས་སུ་རྡོ་རྗེ་སློབ་དཔོན་མཚན་ཉིད་དང་ལྡན་པའི་དྲུང་དུ་སྐུ་བཞིའི་ས་བོན་ཐེབས་རེས་ཀྱི་དབང་བཞི་རྣམ་པར་དག་པ་ཞིག་ནོས་ཏེ། དབང་དུས་སུ་ཁས་བླངས་པའི་དམ་ཚིག་དང་སྡོམ་པ་ལ་གནས་པའི་གང་ཟག་དེས། རྒྱུད་སྡེ་འོག་མ་ལྟར་ན་མཚན་བཅས་མཚན་མེད་ཀྱི་རྣལ་འབྱོར་གཉིས་དང་། བླ་མེད་ལྟར་ན་ལམ་རིམ་པ་གཉིས་ཀྱི་རྣལ་འབྱོར་ཉམས་སུ་ལེན་པ་ལ། གང་ལ་བརྟེན་ནས་ལམ་སྒྲུབ་ཡུལ་གྱི་ལྷ་དེའི་ཡེ་ཤེས་རང་རྒྱུད་ལ་སྐྱེ་བའི་རྣ་འདྲེན་བྱེད་རྗེས་གནང་དང་། སྒྲུབ་ཐབས་ཀྱི་ལུང་བཅས་ཐོབ་པ་ཞིག་མེད་དུ་མི་རུང་བ་ཡིན་པས། དེས་ན་སྒྲུབ་ཐབས་རིན་འབྱུང་གི་གཞུང་འདིར་ཐོག་མར་བཤད་པའི་ཇོ་བོ་ཆེན་པོའི་ལུགས་ཀྱི་སྒྲོལ་དཀར་ཡིད་བཞིན་འཁོར་ལོའི་རྗེས་སུ་གནང་བ་ཟབ་མོ་འབུལ་བ་ལ་ཐུགས་བསམ་འདི་བཞིན་(༡༣ན)དུ་མཛོད། སེམས་ཅན་ཐམས་ཅད་ཀྱི་དོན་དུ་བླ་ན་མེད་པ་རྣམ་པ་ཐམས་ཅད་མཁྱེན་པ་སངས་རྒྱས་ཀྱི་གོ་འཕང་ཐོབ་པར་བྱ། དེ་མ་ཐོབ་ཀྱི་བར་དུ་ཡང་ཕྱི་ནང་གི་འཇིགས་པ་བར་ཆད་ཐམས་ཅད་ཞི་བ་དང་། བསམ་པའི་དོན་ཐམས་ཅད་གེགས་མེད་པར་འགྲུབ་ཅིང་། ཁྱད་པར་དུ་ཚེའི་འགལ་རྐྱེན་ཐམས་ཅད་ཞི་ནས་འཆི་མེད་ཚེའི་དངོས་གྲུབ་ཐོབ་པར་བྱ། དེའི་ཕྱིར་དུ་རྗེ་བཙུན་མ་འཕགས་མ་སྒྲོལ་མ་དཀར་མོ་ཡིད་བཞིན་འཁོར་ལོའི་རྗེས་གནང་ཟབ་མོ་ཞུ་སྙམ་པའི་བྱང་ཆུབ་མཆོག་ཏུ་སེམས་བསྐྱེད་པ་དང་། ཆོས་གསན་པའི་ཀུན་ཏུ་སྤྱོད་པ་ཡང་མདོ་རྒྱུད་རིན་པོ་ཆེ་ནས་ཇི་སྐད་བཀའ

བསྐུལ་བ་ལྟར་ལེགས་པར་གསལ་བཏབ་སྟེ་གསན་པར་མཛད་པ་ཞུ། འདིར་གྲུབ་པའི་སློབ་དཔོན་ངག་གི་དབང་ཕྱུག་གྲགས་པ་ཞེས་བྱ་བ་རྗེ་བཙུན་མ་འཕགས་མ་སྒྲོལ་མའི་ཞལ་རྟག་ཏུ་གཟིགས་པ་དེས། རྒྱུད་སྡེ་མང་པོ་ནས་གསུངས་པའི་ཚེ་སྒྲུབ་ཕྱོགས་གཅིག་ཏུ་བསྒྲིགས་པའི་འཆི་བསླུ་ཆེན་མོ་ཞེས་བྱ་བ་ཤློ་ཀ་བཞི་བརྒྱ་ལྔ་བཅུ་པ་ཞིག་མཛད། དེའི་ནང་ན་སྒྲོལ་དཀར་ཡིད་བཞིན་འཁོར་ལོའི་སྒྲུབ་ཐབས་གསལ་བར་བཞུགས། སློབ་དཔོན་དེའི་སློབ་མ་པཎྜི་ཏ་ཐུ་བོ་ཞེས་བྱ་བས་དེ་ལོགས་སུ་ཕྱུང་བའི་སྒྲུབ་ཐབས་ཀྱང་མཛད། དེ་ཆོས་འདིའི་གཞུང་གི་རྩ་བ་ཡིན་ཅིང་། དེ་ཉིད་ཁ་བ་ཅན་གྱི་ཕྱོགས་སུ་སྣ་འགྱུར་ཇོ་བོ་རྗེ་དཔལ་ལྡན་ཨ་ཏི་ཤའི་ལུགས་དང་། བར་འགྱུར་གཉན་ལུགས་དང་། བ་རི་ལུགས། ཕྱི་འགྱུར་(73བ)ནགས་རིན་ལུགས་ཀྱི་ཉེ་བརྒྱུད་དེ་ལུགས་བཞི་ཡོད་པ་ལས། འདི་སྔ་འགྱུར་ཡིན། དེ་ཡང་སློབ་དཔོན་ངག་དབང་གྲགས་པ་ལ་གསེར་གླིང་པས་གསན། དེ་ལ་ཇོ་བོ་རྗེས་གསན། ཇོ་བོས་བོད་དུ་མང་དུ་གནང་ནའང་། འདི་འབྲོམ་སྟོན་ལས་བརྒྱུད་པ་ཡིན་ཅིང་། བར་སྐབས་སུ་སྐམ་པོ་ལུགས་དང་། བཀའ་གདམས་ལུགས་ཞེས་བརྒྱུད་པ་ཐ་དད་དུ་གྱེས་པ་ཡོད་ནའང་། མན་ངག་གི་ངོ་བོ་ལ་དབྱེ་བ་མེད་ཅིང་། འདིར་དེ་གཉིས་ཀ་བརྒྱུད་པ་གཅིག་ཏུ་འདུས་པ་ཡིན་ལ། དེ་ལ་སློབ་དཔོན་གྱི་བྱ་བ་རྣམས་སྔོན་དུ་སོང་། ཁྱེད་རང་རྣམས་ཀྱི་ངོ་སྐལ་དུ་གྱུར་པ་ལ་རྗེས་གནང་ཟབ་མོ་ཞུ་བའི་ཡོན་དུ་མཎྜལ་ཕུལ་མཛོད། ཅེས་བརྗོད། སློབ་མས་ཀྱང་མཎྜལ་ཕུལ། དེ་ལྟར་མཎྜལ་ཕུལ་ནས་གསོལ་བ་འདེབས་པ་འདིའི་རྗེས་ཟློས་མཛོད།

རྡོ་རྗེ་འཛིན་པ་དགོངས་སུ་གསོལ། །བདག་ནི་འགྲོ་ལ་ཕན་དོན་དུ། །གཙོ་ཆེན་ཁྱེད་ལ་གསོལ་འདེབས་ཀྱི། །མ་ལུས་རྗེས་གནང་བསྐུལ་དུ་གསོལ། །ལན་གསུམ།

དེ་ནས་རྒྱུན་བཤགས་སྔོན་དུ་འགྲོ་བའི་སེམས་བསྐྱེད་པ་ནི། སློབ་དཔོན་དང་མདུན་བསྐྱེད་གཉིས་ཀ་འཕགས་མ་སྒྲོལ་མ་ཡིད་བཞིན་འཁོར་ལོའི་སྐུར་གསལ་བའི་སྙིང་གི་ཆ་ལ་བརྒྱུད་པའི་བླ་མ་ཡི་དམ་དཀྱིལ་

འཁོར་གྱི་ལྷ་ཚོགས་སངས་རྒྱས་བྱང་སེམས་ཐམས་ཅད་བཞུགས་པར་བསམ་ལ། སྐྱབས་འགྲོ་སེམས་བསྐྱེད་ཀྱི་འདུན་པ་དང་བཅས་འདིའི་རྗེས་ཟློས་མཛོད། སངས་རྒྱས་ཆོས་དང་སོགས་ལན་(༧༤ན)གསུམ། སྡིག་པ་བཤགས་པ་དང་། དགེ་བ་ལ་ཡི་རང་བ། སྐྱབས་འགྲོ་དང་སྨོན་པ་སེམས་བསྐྱེད་དང་འཇུག་སྡོམ་ལེན་པ་དང་། དགེ་བ་བསྔོ་བ་རྣམས་བཀྲིད་སླམ་པས་འདིའི་རྗེས་ཟློས་མཛོད། དཀོན་མཆོག་གསུམ་ལ་བདག་སྐྱབས་མཆི། །སོགས་ལན་གསུམ། རྗེས་གནང་དངོས་ལ་དམིགས་པ་འདི་བཞིན་དུ་མཛོད། སློབ་དཔོན་གྱི་ཐུགས་ཀ་ནས་འོད་ཟེར་འཕྲོས། མདུན་བསྐྱེད་ཀྱི་ཐུགས་རྒྱུད་བསྐུལ། དེའི་ཐུགས་ཀ་ནས་འོད་ཟེར་འཕྲོས། ཁྱེད་རང་རྣམས་ཀྱི་ལུས་ལ་ཕོག་པས་རྣམ་སྨིན་ཤ་ཁྲག་རྫས་བཅས་ཀྱིས་མཚོན་པའི་མ་དག་པའི་སྣང་བ་ཐམས་ཅད་མི་དམིགས་པའི་སྟོང་པར་སྒྱུར། ཨོཾ་སྭ་བྷཱ་ཝ་ཤུདྡྷ་སརྦ་དྷརྨཱ་སྭ་བྷཱ་ཝ་ཤུདྡྷོ྅ཧཾ། སྟོང་པའི་ངང་ལས་པད་ཟླའི་གདན་ལ་ཁྱེད་རང་རྣམས་ཧཱུཾ་ལས་སྒྲོལ་མ་ཡིད་བཞིན་འཁོར་ལོ་སྐུ་མདོག་ཟླ་བ་ལྟར་དཀར་བ། ནོར་བུ་ཆུ་ཤེལ་ལྟར་དྭངས་ལ་དྲི་མ་མེད་པའི་འོད་ཟེར་ལྔ་ལྡན་དུ་འཕྲོ་བ། རབ་ཏུ་ཞི་བ་ཆེན་པོའི་འཛུམ་ཞལ་ཅན། ཨུཏྤ་ལའི་འདབ་མ་ལྟར་རབ་ཏུ་རྒྱས་པའི་སྤྱན་བདུན་དང་ལྡན་པ། ཕྱག་གཡས་མཆོག་སྦྱིན་དང་། གཡོན་པའི་མཐེབ་སྲིན་གྱིས་ཨུཏྤལ་དཀར་པོའི་སྡོང་བུའི་རྩ་བ་ཐུགས་ཀར་འཛིན་ཅིང་། རབ་ཏུ་རྒྱས་པའི་སྙན་གྱི་ཐད་ཀར་ཁ་བྱེ་བ། སྙིག་ཅིང་ཆགས་པའི་ཉམས་ལྡན་ནུ་འབུར་བྲུང་གིས་མཛེས་པ། སུ་ཧིག་དཀར་པོ་གཙོ་བོར་གྱུར་པ། རིན་པོ་ཆེ་སྣ་ཚོགས་ཀྱི་དབུ་རྒྱན། སྙན་རྒྱན། (༧༤བ)མགུལ་རྒྱན། དོ་ཤལ། སེ་མོ་དོ། དཔུང་རྒྱན། ཕྱག་གདུབ། སྐེད་རྒྱན། ཞབས་གདུབ། གཡེར་ཁའི་ཕྲེང་བ་དང་བཅས་པ་དང་། ལྷ་རྫས་ཀྱི་མེ་ཏོག་དུ་མས་མཛེས་པ། དར་དཀར་པོའི་སྟོད་གཡོགས་དང་། སྣ་ཚོགས་དར་གྱི་སྨད་དཀྲིས་གསོལ་བ། དབུ་སྐྲ་ལི་བ་ལྟག་པར་བཅིངས་པའི་བྲུར་ཕུད་རྣམ་པར་གཡོ་ཞིང་། གཞོན་ནུའི་ལུས་ཅན་རྗོ་

རྗེའི་སྐྱིལ་ཀྲུང་གིས་འཁྱིངས་ཚུལ་དུ་བཞུགས་ཤིང་། རི་བོང་འཛིན་པའི་རྒྱབ་ཡོལ་ཅན་དུ་གྱུར། དཔྲལ་བར་ཟླ་བ་ལ་ཨོཾ་དཀར་པོ། མགྲིན་པར་པདྨ་ལ་ཨཱཿདམར་པོ། ཐུགས་ཀར་ཉི་མ་ལ་ཧཱུྃ་སྔོན་པོ། ཧཱུྃ་གི་སྟོད་ཙམ་དུ་པད་དཀར་དང་ཟླ་བ་ལ་ཧྲཱྃ་ཡིག་དཀར་པོ། དེ་ནས་སློབ་དཔོན་ལ་མོས་གུས་དུང་བ་བྱས་པས། སློབ་དཔོན་གྱི་ཐུགས་ཀ་ནས་འོད་ཟེར་འཕྲོས། སངས་རྒྱས་བྱང་སེམས་ཐམས་ཅད་སྒྲོལ་དཀར་ཡིད་བཞིན་འཁོར་ལོའི་རྣམ་པར་སྤྱན་དྲངས། ཁྱེད་རང་རྣམས་ཀྱི་ལུས་ལ་ཐིམ། ལྷོ་ཕྱོགས་རི་བོ་པོ་ཏ་ལ་ནས། རྗེ་བཙུན་མ་འཕགས་མ་སྒྲོལ་མ་དཀར་མོ་ལ་བླ་མ་ཡི་དམ་སངས་རྒྱས་བྱང་ཆུབ་སེམས་དཔས་བསྐོར་བ་སྤྱན་དྲངས། ཁྱེད་རང་རྣམས་ལ་ཐིམ། སློབ་དཔོན་དང་སྒྲོལ་དཀར་ཡིད་བཞིན་འཁོར་ལོའི་ཐུགས་ཀ་ནས། སྒྲོལ་དཀར་ཡིད་བཞིན་འཁོར་ལོའི་སྐུ་ཆེ་བ་རི་རབ་ཙམ། ཆུང་བ་ཡུངས་འབྲུ་ཙམ། ཡང་ཆུང་རྡུལ་ཕྲན་ཙམ་བསམ་གྱིས་མི་ཁྱབ་པ་ཁ་བ་བུ་ཡུག་འཚུབ་པ་བཞིན་དུ་ཁྱེད་རང་རྣམས་ཀྱི་ལུས་ལ་གཉིས་སུ་མེད་པར་སིབ་སིབ་ཐིམ་པར་མོས་པ་མཛོད་བྱས་(༧༥ན)ལ། དྲི་ཞིམ་པོའི་སྤོས་དུད་དང་། རོལ་མོ་འཛམ་རོལ་རྒྱུན་རིང་བས་བྱིན་དབབ། སློབ་དཔོན་གྱིས་རྡོ་རྗེ་གསོར་ཞིང་དྲིལ་བུ་འཁྲོལ་བཞིན་པས་ཨོཾ་ཨཱརྻ་ཏཱ་རེ་བཛྲ་ཨཱ་བེ་ཤ་ཨ་ཨ། ཞེས་ལན་ཉེར་གཅིག་ནས་བརྒྱ་རྩའི་བར་གང་འོས་པ་བརྗོད་དོ། །དེས་སྐུའི་རྗེས་གནང་གྲུབ་པ་ལགས། ཡང་དམིགས་པ་འདི་བཞིན་དུ་མཛོད། ཁྱེད་རང་རྣམས་ཀྱི་སྙིང་གར་པད་ཟླ་ལ་འཁོར་ལོ་དཀར་པོ་རྩིབས་བརྒྱད་པའི་ལྟེ་བར་ཟླ་བའི་དཀྱིལ་འཁོར་གྱི་སྟེང་དུ་ཧྲཱྃ་ཡིག་དཀར་པོ། མཐའ་སྐོར་དུ་ཨོཾ་མ་མ་ཨཱ་ཡུར་པུཎྱེ་ཛྙཱ་ན་པུཥྚིཾ་ཀུ་རུ་ཧཱ། རྩིབས་བརྒྱད་ལ་ཏཱ་རེ་ཏུཏྟཱ་རེ་ཏུ་རེ་ཧཱ། ཞེས་པའི་སྔགས་ཀྱི་ཡིག་འབྲུ་རྣམས་ཁ་དོག་དཀར་པོ་མགོ་གྱེན་བསྟན། ཁ་ནང་དུ་ཕྱོགས་པ་འོད་ཟེར་དཀར་པོ་འབར་བའི་རྣམ་པ་ཅན་དུ་བཞུགས་པར་མོས། སློབ་དཔོན་གྱི་ཐུགས་ཀ་ནས་འོད་ཟེར་འཕྲོས། མདུན་བསྐྱེད་ཀྱི་ཐུགས་རྒྱུད་བསྐུལ། ཐུགས་ཀའི་སྔགས་ཕྲེང་ལས་

སྔགས་ཕྲེང་གཉིས་པ་ཆད། ཞལ་ནས་ཐོན། ཁྱེད་རང་རྣམས་ཀྱི་ཁ་སྣ་ནས་ཞུགས། སྙིང་གའི་འཁོར་ལོའི་ལྟེ་བ་དང་། རྩིབས་རྣམས་ལ་པར་བཏབ་པ་བཞིན་དུ་འཁོད་པར་མོས་ལ། འདིའི་རྗེས་ཟློས་མཛོད། ཡི་གེ་བརྒྱ་པ་ལན་བདུན་དང་། སྔགས་སྤེལ་ཚིག་ཅན་ལན་གསུམ་རྗེས་ཟློས་བྱར་འཇུག །དེས་སྔགས་ཀྱི་བཟླས་ལུང་ཐོབ། འོན་ཀྱང་བཟླས་བརྗོད་མ་བྱས་ན། ལུང་ཕོག་པ་ཙམ་གྱིས་དངོས་གྲུབ་མི་ཐོབ་པས། བཟླས་བརྗོད་ཀྱི་དོན་དུ་དམ་བཅའ་བའི་ལུང་ནི། དུས་(༧༥བ)འདི་ནས་བཟུང་སྟེ། ཇི་སྲིད་བྱང་ཆུབ་མ་ཐོབ་ཀྱི་བར་དུ། རྗེ་བཙུན་མ་འཕགས་མ་སྒྲོལ་དཀར་ཡིད་བཞིན་འཁོར་ལོ་ཡི་དམ་གྱི་ལྷར་བཟུང་ནས། དེའི་གཟུངས་སྔགས་ཉིན་རེ་ལ་རང་གི་བློ་དང་འཚམས་པ་འདི་ཙམ་རེ་མ་ཆག་པར་བཟླ་སྙམ་པས་འདིའི་རྗེས་ཟློས་མཛོད། ཕྱོགས་བཅུ་ན་བཞུགས་པའི་སངས་རྒྱས་དང་བྱང་ཆུབ་སེམས་དཔའ་ཐམས་ཅད་དང་། སློབ་དཔོན་བདག་ལ་དགོངས་སུ་གསོལ། །བདག་མིང་འདི་ཞེས་བགྱི་བ་དུས་འདི་ནས་བཟུང་སྟེ། ཇི་སྲིད་བྱང་ཆུབ་སྙིང་པོ་ལ་མཆིས་ཀྱི་བར་དུ། སྒྲོལ་དཀར་ཡིད་བཞིན་འཁོར་ལོ་ཡི་དམ་གྱི་ལྷར་བཟུང་ནས། དེའི་གཟུངས་སྔགས་ཉིན་རེ་ལ་ཅི་ནུས་རེ་བཟླ་བར་དམ་འཆའ་ལགས་སོ། །ལན་གསུམ། དེ་ལྟར་སྔགས་བཟླས་པས་ཀྱང་དངོས་གྲུབ་ཙམ་ཐོབ་པར་འགྱུར་བ་ཡིན་མོད་ཀྱི། ལོ་དང་ཟླ་བ་མང་པོར་བསྙེན་པས་མཐར་གྱིས་དངོས་གྲུབ་ཐོབ་པ་ཞིག་ཀྱང་། བླ་མ་དང་ལྷའི་བྱིན་རླབས་ཀྱི་སྟོབས་ཀྱིས་ཉིན་ཞག་འགའ་ཞིག་ཙམ་གྱིས་ཀྱང་འགྲུབ་པའི་ཕྱིར། བྱིན་གྱིས་བརླབ་པའི་ལུང་བྱ་དགོས་པས། སློབ་དཔོན་ལ་མེ་ཏོག་གཏོར་བཞིན་དུ་འདིའི་རྗེས་ཟློས་མཛོད། བཅོམ་ལྡན་བདག་ལ་བསྐྱལ་ལགས་ཀྱི། །བདག་ལ་འགོ་བར་མཛད་དུ་གསོལ། །ཞེས་ལན་གསུམ། དེ་ལྟར་ཕུལ་བའི་མེ་ཏོག་དེ་ཉིད་སྔགས་ཕྲེང་དུ་བྱིན་གྱིས་བརླབས་ཏེ། ཁྱེད་རང་རྣམས་ཀྱི་སྤྱི་བོར་གཏོར་བས། སྤྱི་གཙུག་གི་སྣ་ནས་ཞུགས་ཏེ། སྙིང་གར་སྔགས་ཕྲེང་ལ་ཐིམ་ཞིང་།

བྱིན་གྱིས་བརླབས་པར་མོས་པ་མཛོད། མི་ཏོག་སྤྱི་བོར་(༧༨ན)གཏོར་ཏེ། བཅོམ་ལྡན་འདི་ལ་བསྐུལ་ལགས་ཀྱི། །འདི་ལ་འགོ་བར་མཛད་དུ་གསོལ། །ཞེས་ལན་གསུམ་སྙིང་གར་གཏོར་ཏེ། ཐུགས་ཀྱི་དངོས་གྲུབ་བསྐུལ་དུ་གསོལ། །བརྟུལ་ཞུགས་བརྟན་པར་མཛད་དུ་གསོལ། །རྡོ་རྗེ་སློབ་མ་འདིའི་རྒྱུད་ལ་རྗེ་བཙུན་མ་འཕགས་མ་སྒྲོལ་མ་དཀར་མོའི་གསུང་རིག་སྔགས་ཀྱི་ནུས་མཐུ་ཐམས་ཅད་ཐོགས་མེད་དུ་འཇུག་པར་གྱུར་ཅིག །དེས་གསུང་གི་རྗེས་གནང་ཐོབ་པ་ལགས། ཡང་སློབ་དཔོན་གྱི་ཐུགས་ཀ་ནས་འོད་ཟེར་འཕྲོས། མདུན་བསྐྱེད་ཀྱི་ཐུགས་རྒྱུད་བསྐུལ། ཐུགས་ཀ་ནས་འོད་ཟེར་འཕྲོས། སངས་རྒྱས་ཐམས་ཅད་ཀྱི་ཐུགས་གཉིས་སུ་མེད་པའི་ཡེ་ཤེས་ཐམས་ཅད་ཕྱག་མཚན་ཨུཏྤལ་དཀར་པོ་དྲི་མ་མེད་པའི་འོད་ཟེར་འཕྲོ་བའི་རྣམ་པར་སྤྱན་དྲངས། མདུན་བསྐྱེད་ཀྱི་ཐུགས་ཀར་ཐིམ། མདུན་བསྐྱེད་ལ་མོས་གུས་དུང་བ་བྱས། དེ་ཉིད་རང་གི་སྤྱི་བོར་བྱོན། འོད་ཀྱི་གོང་བུར་ཞུ་བ་སྤྱི་བོ་ནས་ཞུགས་ཏེ་སྙིང་གར་ཐིམ། དེའི་ངང་དེར་སེམས་དུས་གསུམ་གྱི་རྣམ་པར་རྟོག་པའི་སྤྲོས་པ་ཐམས་ཅད་སྤངས་ཏེ། ཙུང་ཟད་མཉམ་པར་ཞོག་མཛོད། ཅེས་བརྗོད་ལ་ཙུང་ཟད་མི་རྟོག་པ་སྒོམ་དུ་འཇུག །དེས་ཐུགས་ཀྱི་རྗེས་གནང་ཐོབ་པ་ལགས། དེ་དག་གི་གནས་སྐབས་སུ་ཐོབ་པའི་དམ་ཚིག་དང་སྡོམ་པ་སྲུང་སྙམ་པས་འདིའི་རྗེས་ཟློས་མཛོད། འདི་མན་ཆད་ཉིན་གཅིག་ལ་རྗེས་གནང་དུ་མ་བྱེད་ན་རྗེས་མའི་མཇུག་ཏུ་བརྗོད། སྟོན་མ་རྣམས་ལ་བརྗོད་མི་དགོས། གཙོ་བོས་(༧༨བ)ཇི་ལྟར་བཀའ་བསྐུལ་པ། །དེ་དག་ཐམས་ཅད་བདག་གིས་བགྱི། །ལན་གསུམ། བཀའ་དྲིན་གཏང་རག་གི་ཡོན་དུ་མཎྜལ་ཕུལ་མཛོད། ཅེས་བརྗོད་ལ། སློབ་མས་མཎྜལ་དབུལ། རང་གི་ལུས་དང་ལོངས་སྤྱོད་དུས་གསུམ་གྱི་དགེ་བའི་དངོས་པོ་ཐམས་ཅད་ལྷ་དང་བླ་མ་ལ་འབུལ། ཆ་ཤས་ཀྱང་ལོངས་སྤྱོད་དུ་གསོལ་སྙམ་པས་འདིའི་རྗེས་ཟློས་མཛོད། དེང་ནས་བཙམ་སྟེ་བདག་བྲན་དུ། །ཁྱོད་ལ་བདག་ནི་འབུལ་ལགས་ཀྱི། །ཁྱོད་ཀྱིས་

སློབ་མར་བཟུང་བ་དང་། །ཆ་ཤས་ཀྱིས་ཀྱང་སྐྱིད་དུ་གསོལ། །ལན་གསུམ། བསོད་ནམས་འདི་ཡིས་སོགས་དང་། སྨོན་ལམ་དང་བཀྲ་ཤིས་ཀྱི་ཚིགས་བཅད་ཅི་རིགས་པ་བརྗོད། དེས་སློབ་མ་རྗེས་སུ་འཛིན་པའི་བྱ་བ་རྫོགས་པ་ཡིན། རྗེས་ཆོག་ནི། མཆོད་པ་རྣམས་ཁ་གསོས་ལ། བྱིན་གྱིས་བརླབས་ནས་མཆོད། འཁོར་བ་ལས་སྒྲོལ་ཏཱ་རེ་མ། །ཏུཏྟཱ་རེ་ཡིས་འཇིགས་བརྒྱད་སྒྲོལ། །ཏུ་རེས་ན་བ་ཀུན་ལས་སྐྱོབ། །སྒྲོལ་མ་ལ་ནི་ཕྱག་འཚལ་བསྟོད། །ཅེས་པས་བསྟོད། ཨོཾ་བཛྲ་སཏྭ་ས་མ་ཡ། ཞེས་སོགས་ཡིག་བརྒྱ་ལན་གསུམ་བརྗོད། མ་འབྱོར་པ་དང་ཉམས་པ་དང་། །གང་ཡང་བདག་རྨོངས་བློ་ཡིས་ནི། །བགྱིས་པ་དང་ནི་བགྱིད་བསྒྱུལ་གང་། །དེ་ཡང་བཟོད་པར་མཛད་དུ་གསོལ། །དུས་ངན་སེམས་ཅན་བསོད་ནམས་དམན། །མ་རིག་ཉོན་མོངས་དང་འདྲེས་པ། །འཕགས་པའི་ཐུགས་དགོངས་མ་རྫོགས་པ། །དེ་ཡང་བཟོད་པར་མཛད་དུ་གསོལ། །སེར་སྣའི་དབང་གྱུར་མི་མཁས་པས། །མཆོད་པ་ངན་ཞིང་བཤམས་(༡༧ན)ཉེས་པ། །མགོན་པོ་ཐུགས་རྗེ་ཆེ་ལྡན་པས། །དེ་ཡང་བཟོད་པར་མཛད་དུ་གསོལ། །ལྷགས་པ་དང་ནི་ཆད་པ་དང་། །ཆོ་གའི་ཡན་ལག་ཉམས་པ་དང་། །བདག་གིས་བརྗེད་ངས་ཅི་མཆིས་པ། །དེ་ཡང་བཟོད་པར་མཛད་དུ་གསོལ། །ཞེས་སོགས་ཀྱིས་ནོངས་པ་བཟོད་པར་གསོལ། རྗེ་བཙུན་མ་འཕགས་མ་སྒྲོལ་མའི་ལྷ་ཚོགས་འཁོར་དང་བཅས་པ་རྣམས་བདག་ལ་དགོངས་སུ་གསོལ། ཁྱེད་རྣམས་ལ་མཁྱེན་པའི་ཡེ་ཤེས། བརྩེ་བའི་ཐུགས་རྗེ། སྐྱོབ་པའི་ནུས་མཐུ་བསམ་གྱིས་མི་ཁྱབ་པ་མངའ་བ་ལགས་པས། ཕན་བདེའི་འབྱུང་གནས་སངས་རྒྱས་ཀྱི་བསྟན་པ་དར་ཞིང་རྒྱས་ལ་ཡུན་རིང་དུ་གནས་པར་མཛད་དུ་གསོལ། བསྟན་འཛིན་སྐྱེས་བུ་དམ་པ་རྣམས་ཀྱི་ཞབས་པད་བརྟན་ཅིང་འཕྲིན་ལས་རྒྱས་པར་མཛད་དུ་གསོལ། བདག་དང་སེམས་ཅན་ཐམས་ཅད་ལ་མཆོག་དང་ཐུན་མོང་གི་དངོས་གྲུབ་མ་ལུས་པ་བསྩལ་དུ་གསོལ། ཞེས་འདོད་དོན་ལ་གསོལ་བ་གདབ། མཆོད་གཏོར་གྱི་མགྲོན་

རྣམས་གཤེགས་སུ་གསོལ་བར་མོས་ཏེ། ཨོཾ་ཁྱེད་ཀྱི་སེམས་ཅན་དོན་ཀུན་མཛད། །རྗེས་སུ་མཐུན་པའི་དངོས་གྲུབ་སྩོལ། །སངས་རྒྱས་ཡུལ་དུ་གཤེགས་ནས་ཀྱང་། །སླར་ཡང་འབྱོན་པར་མཛད་དུ་གསོལ། །ཞེས་བརྗོད། ཨོཾ་བཛྲ་མུཿཚོམ་བུའི་ཡེ་ཤེས་པ་གཤེགས། ཞེས་བརྗོད། ཛཿཧཱུྃ་བཾ་ཧོཿདམ་ཚིག་པ་རང་ཉིད་ལ་ཐིམ་པར་གྱུར། དེ་ནས་ཉེར་བསྡུ་བ། ཤིས་བརྗོད་ནི། ཆེ་བའི་ཆེ་མཆོག་སྟོན་པ་བླ་ན་མེད། །ཆོས་རྗེ་ཉི་མ་རྒྱལ་(༧༧བ)བའི་བྱིན་རླབས་ཀྱིས། །བདུད་དང་བགེགས་རིགས་གནོད་པའི་དགྲ་ཞི་ནས། །རྟག་ཏུ་དཔལ་གནས་ཉིན་མཚན་བཀྲ་ཤིས་ཤོག །ཆོས་ཉིད་བདེན་པའི་ཆོས་མཆོག་བླ་ན་མེད། །དམ་ཆོས་བདུད་རྩི་བདེན་པའི་བྱིན་རླབས་ཀྱིས། །ཉོན་མོངས་སྡུག་བསྔལ་གདུང་བའི་དགྲ་ཞི་ནས། །རྟག་ཏུ་དཔལ་གནས་ཉིན་མཚན་བཀྲ་ཤིས་ཤོག །དགེ་འདུན་ཡོན་ཏན་རིན་ཆེན་དཔལ་འབར་བ། །རྒྱལ་སྲས་ཕན་མཛད་བདེན་པའི་བྱིན་རླབས་ཀྱིས། །ཉེས་པའི་སྐྱོན་བྲལ་དགེ་ཚོགས་རྣམ་པར་འཕེལ། །རྟག་ཏུ་དཔལ་གནས་ཉིན་མཚན་བཀྲ་ཤིས་ཤོག །ཚངས་དང་ལྷ་དབང་སྲུང་མའི་བྱིན་རླབས་ཀྱིས། །ཕན་མཛད་ལྷ་ཡི་བཀྲ་ཤིས་གནས་གྱུར་ཏེ། །དགེ་ལེགས་བསམ་པ་ཡིད་བཞིན་འགྲུབ་པ་དང་། །ཚེ་རིང་ནད་མེད་བདེ་སྐྱིད་ལྡན་པར་ཤོག །ཅེས་ཤིས་པ་བརྗོད་ཅིང་མེ་ཏོག་གི་ཆར་དབབ་པར་བྱའོ། །

༈ བ་རི་ལུགས་ཀྱི་སྒྲོལ་དཀར་ཡིད་བཞིན་འཁོར་ལོ་ལ། སྐྱབས་སེམས་རྒྱས་བསྡུས་གང་རིགས་དང་། ཁྱད་པར་གྱི་སེམས་བསྐྱེད་སྔར་བཞིན་སྔོན་དུ་བཏང་ནས། ཚོགས་ཞིང་སྤྱན་འདྲེན་པ་ནི། རང་གི་སྙིང་གར་ཟླ་བ་ལ་གནས་པའི་ཏཱཾ་ཡིག་དཀར་པོ་ལས་འོད་ཟེར་འཕྲོས། མདུན་གྱི་ནམ་མཁར་བླ་མ་དང་གཉིས་སུ་མེད་པའི་འཕགས་མ་སྒྲོལ་དཀར་ལ་སངས་རྒྱས་དང་། བྱང་ཆུབ་སེམས་དཔའི་ཚོགས་ཀྱིས་བསྐོར་བ་སྤྱན་དྲངས་ཞེས་པ་ནས། ཚད་མེད་བཞི་བསྒོམ་པའི་བར་སྔར་བཞིན། ཨོཾ་སྭ་བྷཱ་ཝའི་སྔགས་ཀྱིས་སྟོང་པར་སྦྱངས། སྟོང་(༧༨ན)པའི་ངང་ལས་མ་བཅོས་པའི་

སེམས་སྣང་ཧཱུྃ་གི་སྒྲ་གདངས་ནམ་མཁའ་གང་བ། ཧཱུྃ་ལས་རྡོ་རྗེའི་ས་གཞི། ར་གུར། བླ་བྲེ། མེ་དཔུང་འབར་བ་དང་བཅས་པའི་སྲུང་བའི་འཁོར་ལོར་གྱུར། དེའི་དབུས་སུ་ཧྲཱུྃ་ལས་སྟོད་ཀྱི་འཇིག་རྟེན་ཟླ་བ་ཆུ་ཤེལ་གྱི་གཞལ་ཡས་ཁང་། དབུས་སུ་པཾ་ལས་པདྨ་དཀར་པོ་འདབ་མ་སྟོང་ལྡན་ཡལ་ག་ལོ་འདབ་རབ་ཏུ་རྒྱས་པའི་སྡོང་པོ་དང་བཅས་པ་པདྨའི་ལྟེ་བར་ཨ་ལས་ཟླ་བ་ཉ་གང་ཞིང་། རྙོག་པའི་དྲི་མ་དང་བྲལ་བ། དེའི་སྟེང་དུ་རང་གི་སེམས་ཉིད་ཧྲཱིཾ་ཡིག་དཀར་པོ་ལས་ཨུཏྤལ་དཀར་པོའི་སྡོང་པོ་ཟེའུ་འབྲུ་ལ་ཧྲཱིཾ་ཡིག་དཀར་པོས་མཚན་པར་གྱུར། དེ་ལས་འོད་ཟེར་འཕྲོས། འཕགས་པ་མཆོད། སེམས་ཅན་ཐམས་ཅད་ཀྱི་དོན་བྱས། སླར་འདུས་ཤིང་ཐིམ་པ་ཡོངས་སུ་གྱུར་པ་ལས། རང་ཉིད་ལྷ་མོ་སྒྲོལ་མ་ཡིད་བཞིན་འཁོར་ལོ་སྐུ་མདོག་ཟླ་བ་ལྟར་དཀར་བ། ནོར་བུ་ཆུ་ཤེལ་ལྟར་དྭངས་ལ་དྲི་མ་མེད་པ་འོད་ཟེར་ལྷུ་ལྡན་དུ་འཕྲོ་བ། རབ་ཏུ་ཞི་བ་ཆེན་པོའི་འཛུམ་ཞལ་ཅན། ཨུཏྤ་ལའི་འདབ་མ་ལྟར་རབ་ཏུ་རྒྱས་པའི་སྤྱན་གཉིས་མ། ཕྱག་གཡས་མཆོག་སྦྱིན་དང་། གཡོན་པའི་མཐེབ་སྲིན་གྱིས་ཨུཏྤལ་དཀར་པོའི་སྡོང་བུའི་རྩ་བ་ཐུགས་ཀར་བཟུང་བ། ཡལ་ག་གསུམ་དུ་གྱེས་པ་སྙན་གྱི་ཐད་ཀར་མེ་ཏོག་ཁ་ཟུམ་ཞིང་ཡལ་བ་དང་། འབུས་པ་དང་། རྒྱས་པ་གསུམ་གྱི་དུས་གསུམ་སངས་རྒྱས་མཚོན་པ། སྒེག་ཅིང་ཆགས་པའི་ཉམས་དང་ནུ་འབུར་ཟུང་གིས་མཛེས་པ། མུ་ཏིག་དཀར་(༧༢བ)པོ་གཙོ་བོར་གྱུར་པ། རིན་པོ་ཆེ་སྣ་ཚོགས་ཀྱི་དབུ་རྒྱན། སྙན་རྒྱན། མགུལ་རྒྱན། དོ་ཤལ། སེ་མོ་དོ། དཔུང་རྒྱན། ཕྱག་གདུབ། རྐེད་རྒྱན། ཞབས་གདུབ། གཡེར་ཁའི་འཕྲེང་བ་དང་བཅས་པ་དང་། ལྷ་རྫས་ཀྱི་མེ་ཏོག་དུ་མས་མཛེས་པ། དར་དཀར་པོའི་སྟོད་གཡོགས་དང་། སྣ་ཚོགས་དར་གྱི་སྨད་དཀྲིས་གསོལ་བ། དབུ་སྐྲ་ལི་བ་ལྟག་པར་བཅིངས་པའི་ཟུར་ཕུད་རྣམ་པར་གཡོ་ཞིང་། གཞོན་ནུའི་ལུས་ཅན་རྡོ་རྗེའི་སྐྱིལ་ཀྲུང་གིས་སྐུ་དྲང་པོར་བཞུགས་ཤིང་། རི་བོང་འཛིན་པའི་རྒྱབ་ཡོལ་ཅན་དུ་གྱུར། རང་གི་སྙིང་ག་ནས་འོད་ཟེར་འཕྲོས།

རང་བཞིན་གྱི་གནས་ནས་རྗེ་བཙུན་མ་འཕགས་མ་སྒྲོལ་མ་དཀར་མོའི་ལྷ་ཚོགས་ཐམས་ཅད་བཛྲ་ས་མ་ཛཿ ཨོཾ་བཛྲ་ཨརྒྷཾ་སྭཱ་ཧཱ། ཨོཾ་བཛྲ་པཱ་དྱཾ་སྭཱ་ཧཱ། ཨོཾ་བཛྲ་པུཥྤེ་ཨཱཿཧཱུཾ་ནས། ཨོཾ་བཛྲ་ཤཔྡ་ཨཱཿཧཱུཾ་ཞེས་པའི་བར་གྱིས་མཆོད། ཛཿཧཱུཾ་བཾ་ཧོཿགཉིས་སུ་མེད་པར་ཐིམ། དམ་ཚིག་པ་དང་ཡེ་ཤེས་པ་དབྱེར་མེད་པའི་ངོ་བོར་གྱུར། སླར་ཡང་རང་གི་སྙིང་ག་ནས་འོད་ཟེར་འཕྲོས། དབང་གི་ལྷ་རྒྱལ་བ་རིགས་ལྔ་འཁོར་དང་བཅས་པ་བཛྲ་ས་མ་ཛཿཨོཾ་པཉྩ་ཀུ་ལ་ས་པ་རི་ཝཱ་ར་ཨརྒྷཾ་ནས། ཤཔྡའི་བར་གྱིས་གོང་བཞིན་མཆོད། དེ་བཞིན་གཤེགས་པ་ཐམས་ཅད་ཀྱིས་བདག་ལ་མངོན་པར་དབང་བསྐུར་བ་བསྩལ་དུ་གསོལ། ཞེས་གསོལ་བ་བཏབ་པས། དབང་གི་ལྷ་རྣམས་ཀྱིས། ཇི་ལྟར་བལྟམས་པ་ནས་ཤྲཱི་ཡེ་ཧཱུཾ་ཞེས་གསུངས་ཤིང་བུམ་པའི་ཆུས་དབང་བསྐུར། སྐུ་ལུས་ཐམས་ཅད་གང་། སྒྲིབ་གཉིས་ཀྱི་དྲི་མ་(༧(ན)ཐམས་ཅད་དག །ཆུའི་ལྷག་མ་ཡར་ལུད་པ་ལས་འོད་དཔག་མེད་ཀྱིས་དབུ་བརྒྱན་པར་གྱུར། ཨོཾ་ཨཱརྱ་ཏཱ་རེ་ས་པ་རི་ཝཱ་ར་ཨརྒྷཾ་པྲ་ཏཱིཙྪ་སྭཱ་ཧཱ། དེ་བཞིན་དུ། ཨརྒྷཾ་གྱི་སར་པཱ་དྱཾ་སྒྱུར། ཨོཾ་ཨཱརྱ་ཏཱ་རེ་ས་པ་རི་ཝཱ་ར་བཛྲ་པུཥྤེ་ཨཱཿཧཱུཾ། ཞེས་པ་ནས། བཛྲ་ཤཔྡ་ཨཱཿཧཱུཾ། ཞེས་པའི་བར་གྱིས་མཆོད། ལྷ་དང་ལྷ་མིན་སོགས་ཀྱིས་བསྟོད། བཟླས་པ་བྱ་བ་ནི། རང་གི་སྙིང་གར་པད་ཟླའི་གདན་ལ་འཁོར་ལོ་དཀར་པོ་རྩིབས་བརྒྱད་མུ་ཁྱུད་རིམ་པ་གསུམ་དང་བཅས་པའི་ལྟེ་བར་ཟླ་བ་ལ་ཏཱཾ་ཡིག་དཀར་པོ། མཐའ་སྐོར་དུ་ཨོཾ་བདག་མིང་འདི་ཞེས་བགྱི་བའི་ཚེ་དང་བསོད་ནམས་ཡེ་ཤེས་རྒྱས་པར་མཛོད་ཅིག་ཧཱ། ཞེས་པ་རྣམས་གཡས་སྐོར་དང་། རྩིབས་བརྒྱད་ལ་ཏཱ་རེ་ཏུཏྟཱ་རེ་ཏུ་རེ་སྭཱ། ཞེས་ཡི་གེ་བརྒྱད་ཀྱིས་བསྐོར་བ། མུ་ཁྱུད་ནང་མ་ལ་ཨཱ་ལི་གཡོན་སྐོར། བར་མ་ལ་ཀཱ་ལི་གཡས་སྐོར། ཕྱི་མ་ལ་རྟེན་འབྲེལ་སྙིང་པོས་གཡས་སྐོར་དུ་བསྐོར་བ་ལ་དམིགས་ནས། སྒྲོ་བསྔུའི་དམིགས་པ་སྔར་བཞིན་བྱས་ལ། ཨོཾ་ཏཱ་རེ་ཏུཏྟཱ་རེ་ཏུ་རེ་མ་མ་ཨཱ་ཡུར་པུ་ཎྱ་ཛྙཱ་ན་པུཥྚིཾ་ཀུ་རུ་སྭཱ་ཧཱ། ཞེས་ཅི་ནུས་སུ་བཟླ། མཇུག་ཏུ་ཡི་གེ་བརྒྱ་པ་བཟློད་དེ་ལྷག་ཆད་

ཁ་བསྐངས་ཤིང་། བྱིན་རླབས་བརྟན་པར་བྱའོ། །དགེ་བ་འདི་ཡིས་མྱུར་དུ་བདག །ཞེས་སོགས། ༈ རྗེས་གནང་དངོས་ལ་བདག་བསྐྱེད་སྔོན་དུ་བཏང་ནས། ཁྲིས་སྐུ་དགྲམ། མཎྜལ་གྱི་ཁར་པདྨ་འདབ་བརྒྱད་དཀར་པོའི་ལྟེ་བར་ལྷའི་སྐུ་མདོག་དང་མཚུངས་པའི་ཆོམ་བུ་དགོད། དེའི་(༡༩ཁ)མདུན་དུ་མཆོད་གཏོར་དང་། བུམ་པ་དྲི་བཟང་གི་ཆུས་བཀང་བ་སོགས་ཡོ་བྱད་རྣམས་ཚོགས་པར་བྱས་ལ། བུམ་པའི་ཆུ་ལ་དམིགས་ནས་ཨོཾ་ཨ་མྲི་ཏ་ཧཱུྃ་ཕཊ་ཅེས་ལན་ཉེར་གཅིག་གམ་བརྒྱ་རྩ་ཙམ་བཟླ་ཞིང་། སེམས་མ་རྡོ་རྗེ་མའི་ཕྱག་རྒྱས་ཀུ་ཤའི་འཁོར་ཡབ་བཟུང་སྟེ་དེས་གནས་ཁང་སོགས་ལ་བསངས་གཏོར་བྱས། མཆོད་པ་བྱིན་གྱིས་བརླབས་ནས། མདུན་བསྐྱེད་ཀྱི་ཆོམ་བུ་བཛྲ་ཨ་མྲི་ཏས་བསངས། སྭ་བྷཱ་ཝས་སྦྱངས། སྟོང་པའི་ངང་ལས་ཧཱུྃ་གི་སྒྲ་གདངས་ནམ་མཁའ་གང་བ་ཞེས་པ་ནས། རྟོག་པའི་དྲི་མ་དང་བྲལ་བ། དེའི་སྙིང་དུ་ཧཱུཾ་ཡིག་དཀར་པོ་དེ་ལས་འོད་ཟེར་འཕྲོས། འཕགས་པ་མཆོད། སེམས་ཅན་གྱི་དོན་བྱས། སླར་འདུས་ཤིང་ཐིམ་པ་ཡོངས་སུ་གྱུར་པ་ལས། ལྷ་མོ་སྒྲོལ་མ་ཡིད་བཞིན་འཁོར་ལོ་ཞེས་པ་ནས། རྗེ་བཙུན་མ་འཕགས་མ་སྒྲོལ་མ་དཀར་མོའི་ལྷ་ཚོགས་ཐམས་ཅད་བཛྲ་ས་མ་ཛཿཞེས་པའི་བར་བདག་བསྐྱེད་དང་འདྲ། མ་ལུས་སེམས་ཅན་ཀུན་གྱི་མགོན་གྱུར་ཅིང་། །ཞེས་པ་ནས། བཅོམ་ལྡན་འཁོར་བཅས་གནས་འདིར་གཤེགས་སུ་གསོལ། །ཨོཾ་བཛྲ་ཨརྒྷཾ་སྭཱཧཱ། ཨོཾ་བཛྲ་པཱ་དྱཾ་སྭཱཧཱ། ཨོཾ་བཛྲ་པུཥྤེ་ཨཱཿཧཱུྃ། ཞེས་པ་ནས། ཨོཾ་བཛྲ་ཤབྡ་ཨཱཿཧཱུྃ། ཞེས་པའི་བར་གྱིས་མཆོད། ཛཿཧཱུྃ་བཾ་ཧོཿགཉིས་སུ་མེད་པར་ཐིམ། དམ་ཚིག་པ་དང་ཡེ་ཤེས་པ་དབྱེར་མེད་པའི་ངོ་བོར་གྱུར། སླར་ཡང་རང་གི་སྙིང་ག་ནས་འོད་ཟེར་འཕྲོས། དབང་གི་ལྷ་རྒྱལ་བ་རིགས་ལྔ་(༢༠ན)འཁོར་དང་བཅས་པ་བཛྲ་ས་མ་ཛཿ ཨོཾ་པཉྩ་ཀུ་ལ་ས་པ་རི་ཝཱ་ར་ཨརྒྷཾ་ནས། ཤབྡའི་བར་གྱིས་གོང་བཞིན་མཆོད། དེ་བཞིན་གཤེགས་པ་ཐམས་ཅད་ཀྱིས་འདི་ལ་མངོན་པར་དབང་བསྐུར་བ་བསྩལ་དུ་གསོལ། ཞེས་གསོལ་བ་བཏབ་པས། དབང་

གི་ལྷ་རྣམས་ཀྱིས། ཇི་ལྟར་བལྟམས་པ་ནས་ཤྲཱི་ཡེ་ཧཱུྃ། ཞེས་གསུངས་ཤིང་། ཁྲུས་པའི་ཆུས་དབང་བསྐུར། སྐུ་གང་དྲི་མ་དག །ཆུའི་ལྷག་མ་ཡར་ལུད་པ་ལས་འོད་དཔག་མེད་ཀྱིས་དབུ་བརྒྱན་པར་གྱུར། སླར་ཡང་རང་གི་སྙིང་གའི་འོད་ཟེར་གྱིས། བླ་མ་ཡི་དམ་སངས་རྒྱས་བྱང་སེམས་འཕགས་པ་ཉན་རང་གི་ཚོགས་ཐམས་ཅད་མཆོད་པའི་ཡུལ་དུ་བཛྲ་ས་མ་ཛཿ ཨོཾ་ཨ་མྲི་ཏའི་སྔགས་ཀྱིས་ཕྱིར་འབྲང་གི་བགེགས་བསྐྲད། ཨོཾ་པདྨ་ཀ་མ་ལ་ཡེ་སྟྭཾ། དེ་ནས་མཆོད་པ་འབུལ་བ་ནི། ཨོཾ་ཨཱརྻ་ཏཱ་རེ་གུ་ཎ་ཝཛྲ་པོ་ཧི་སཏྭ་ས་པ་རི་ཝཱ་ར་མཎྜལ་བྷྱཿཨརྒྷཾ་པྲ་ཏཱིཙྪ་པཱུ་ཛ་མེ་གྷ་ས་མུ་དྲ་སྥ་ར་ཎ་ས་མ་ཡ་ཧཱུྃ། དེ་བཞིན་དུ། ཨརྒྷཾ་གྱི་གནས་སུ་པཱ་དྱཾ་ལ་ཡང་སྦྱར། ཨོཾ་ཨཱརྻ་ཏཱ་རེ་ས་པ་རི་ཝཱ་ར་བྷྱཿབཛྲ་པུཥྤེ་པྲ་ཏཱིཙྪ་ན་མཿདེ་བཞིན་དུ་དྷཱུ་པེ། ཨཱ་ལོ་ཀེ། གནྡྷེ། ནཻ་ཝེ། ཤབྡ་རྣམས་སྦྱར་ཏེ་འབུལ་ལོ། །དེ་ནས་བསྟོད་པ་ནི། འཁོར་བ་ལས་སྒྲོལ་ཏཱ་རེ་མ། །ཏུཏྟཱ་རེ་ཡིས་འཇིགས་བརྒྱད་སྒྲོལ། །ཏུ་རེས་ན་བ་ཀུན་ལས་སྐྱོབ། །སྒྲོལ་མ་ལ་ནི་ཕྱག་འཚལ་བསྟོད། །མདུན་བསྐྱེད་ཀྱི་ཐུགས་ཀར་འཁོར་ལོ་སྔགས་ཕྲེང་དང་བཅས་པ་བཀོད་ནས་བཟླས་པ་ཅི་འགྲུབ་(༢༠བ)བྱ། གཏོར་མ་ཨ་མྲི་ཏས་བསངས། སྭ་བྷཱ་ཝས་སྦྱངས། སྟོང་པའི་ངང་ལས་གཏོར་སྣོད་ཡངས་ཤིང་རྒྱ་ཆེ་བ་རིན་པོ་ཆེ་ལས་གྲུབ་པའི་ནང་དུ་ཨོཾ་ཨཱཿཧཱུྃ། ཞུ་བ་ལས་བྱུང་བའི་གཏོར་མ་འདོད་རྒུའི་རྒྱ་མཚོ་ཆེན་པོ་ཁ་དོག་དྲི་རོ་ནུས་མཐུ་ཕུན་སུམ་ཚོགས་པར་གྱུར། ཨོཾ་ཨཱཿཧཱུྃ་ལན་གསུམ་མམ་ལན་བདུན་གྱིས་བྱིན་གྱིས་བརླབས། ཨོཾ་ཏཱ་རེ་ཏུཏྟཱ་རེ་ཏུ་རེ་ཨི་དཾ་བ་ལིཾ་ཏ་ཁ་ཁ་ཁཱ་ཧི་ཁཱ་ཧི་ལན་བདུན་གྱིས་རྗེ་བཙུན་མ་དང་། ཨ་ཀཱ་རོ་ལན་གསུམ་གྱིས་འཁོར་ཚོགས་ཐམས་ཅད་ལ་ཕུལ་བར་མོས། ཨོཾ་ཨཱརྻ་ཏཱ་རེ་ས་པ་རི་ཝཱ་ར་ཨརྒྷཾ་པྲ་ཏཱིཙྪ་སྭཱ་ཧཱ། ཨརྒྷཾ་གྱི་སར་པཱ་དྱཾ་སྦྱར། ཨོཾ་ཨཱརྻ་ཏཱ་རེ་ས་པ་རི་ཝཱ་ར་བཛྲ་པུཥྤེ་ཨཱཿཧཱུྃ་ནས། ཤབྡ་ཨཱཿཧཱུྃ་ཞེས་པའི་བར་གྱིས་མཆོད། དགེ་བ་ཅན་མ་གཟི་བརྗིད་ལྡན། །དབྱངས་ཅན་མ་དང་ནོར་གྱི་བདག །དཔལ་མོ་ལ་སོགས་སྤྲུལ་པ་མཛད། །ལྷ་མོ་སྒྲོལ་མ་ལ་ཕྱག་

འཚལ། །གང་གི་ཐུགས་རྗེའི་འོད་དཀར་གྱིས། །མ་ལུས་འགྲོ་བའི་དོན་མཛད་ཅིང་། །མགོན་མེད་རྣམས་ཀྱི་མགོན་དང་སྐྱབས། །རྒྱལ་བ་སྲས་དང་བཅས་ལ་འདུད། །མཆོད་སྦྱིན་གཏོར་མ་འདི་བཞེས་ལ། །རྣལ་འབྱོར་བདག་ཅག་འཁོར་བཅས་ལ། །ཞེས་པ་ནས། ཡིད་ལ་འདོད་པ་ཀུན་འགྲུབ་ཤོག །ཅེས་པའི་བར་བརྗོད་ཅིང་། འདོད་དོན་གསོལ་བ་བཏབ། ཡི་གེ་བརྒྱ་པས་ལྷག་ཆད་བསྐངས། བཟོད་གསོལ་རྣམས་བྱ། ༈ སློབ་མ་རྣམས་འཚོགས་ལ་མཎྜལ་འབུལ་དུ་བཅུག་ནས། གསོལ་བ་འདེབས་པ་འདིའི་རྗེས་ཟློས་གསུངས་ཤིག །དུས་གསུམ་སངས་རྒྱས་(༢༧ན)ཐམས་ཅད་དང་། །ལྷག་པའི་ལྷ་ཡི་ངོ་བོ་ཉིད། །དཔལ་ལྡན་བླ་མའི་བཀའ་དྲིན་གྱིས། །བདག་ལ་རྗེས་གནང་བསྩལ་དུ་གསོལ། །ལན་གསུམ། རྒྱུད་དག་པར་བྱ་བའི་ཕྱིར། མདུན་གྱི་ཚོམ་བུ་འདི་ཉིད་ཀྱང་ཡིད་བཞིན་འཁོར་ལོར་དངོས་སུ་མོས་ལ་དེའི་སྙིང་གི་ནམ་མཁར་བཞུགས་པའི་སངས་རྒྱས་བྱང་སེམས་རྣམས་ཀྱི་དྲུང་དུ་སྐྱབས་འགྲོ་སྔོན་དུ་འགྲོ་བའི་བྱང་ཆུབ་ཀྱི་སེམས་བཟུང་བ་ལ་སོགས་པ་བགྱིད་སྙམ་པའི་བསམ་པས་འདིའི་རྗེས་ཟློས་མཛོད། དཀོན་མཆོག་གསུམ་ལ་བདག་སྐྱབས་མཆི། །སོགས་ལན་གསུམ་དང་། ཁྱད་པར་དུ་སྒྲོལ་དཀར་ཡིད་བཞིན་འཁོར་ལོའི་རྗེས་གནང་བསྩལ་དུ་གསོལ་སྙམ་པའི་འདུན་པས་འདིའི་རྗེས་ཟློས་ཀྱང་གསུངས་ཤིག །སློབ་དཔོན་དགོངས་སུ་གསོལ། བདག་ལ་སྒྲོལ་དཀར་ཡིད་བཞིན་འཁོར་ལོའི་རྗེས་གནང་མ་ལུས་པ་བསྩལ་དུ་གསོལ། ཞེས་ལན་གསུམ་གྱིས་གསོལ་བ་བཏབ་ནས། ད་སྦྱོར་བ་རྗེས་གནང་གི་གཞི་དགོད་པའི་སླད་དུ་དམིགས་པ་འདི་བཞིན་དུ་མཛད་པ་ཞུ། ཨོཾ་ཤྲུ་ཏྲུ་ཏྲ་ཧྲཱ་ན་བཛྲ་སྭ་ཧྲཱ་ཕ་ཨཱཏྨ་གོཉྷཾ། ཕྱི་ནང་གི་དངོས་པོ་ཐམས་ཅད་མི་དམིགས་པ་སྟོང་པ་ཉིད་དུ་གྱུར་པའི་ངང་ལས། པད་ཟླའི་གདན་ལ་ཏྃ་ལས་ཁྱེད་རང་རྣམས་ལྷ་མོ་སྒྲོལ་མ་ཡིད་བཞིན་འཁོར་ལོ་སྐུ་མདོག་ཟླ་བ་ལྟར་དཀར་བ། ནོར་བུ་ཆུ་ཤེལ་ལྟར་དྭངས་ལ་དྲི་མ་མེད་པ། འོད་ཟེར་ལྔ་ལྡན་དུ་འཕྲོ་བ། རབ་ཏུ་ཞི་

བ་ཆེན་པོའི་འཛུམ་ཞལ་ཅན། ཨུཏྤ་ལའི་འདབ་མ་(༢༧བ)ལྟར་རབ་ཏུ་རྒྱས་པའི་སྤྱན་གཉིས་མ། ཕྱག་གཡས་མཆོག་སྦྱིན་དང་། གཡོན་པའི་མཐེབ་སྲིན་གྱིས་ཨུཏྤལ་དཀར་པོའི་སྡོང་བུའི་རྩ་བ་ཐུགས་ཀར་བཟུང་བ་ཡལ་ག་གསུམ་དུ་གྱེས་པ། སྙན་གྱི་ཐད་ཀར་མེ་ཏོག་ཁ་ཟུམ་ཞིང་ཡལ་བ་དང་། འབུས་པ་དང་། རྒྱས་པ་གསུམ་གྱིས་དུས་གསུམ་སངས་རྒྱས་མཚོན་པ། སྐེག་ཅིང་ཆགས་པའི་ཉམས་དང་ནུ་འབུར་ཟུང་གིས་མཛེས་པ། སྐུ་ཏིག་དཀར་པོ་གཙོ་བོར་གྱུར་པ། རིན་པོ་ཆེ་སྣ་ཚོགས་ཀྱི་དབུ་རྒྱན། སྙན་རྒྱན། མགུལ་རྒྱན། དོ་ཤལ། སེ་མོ་དོ། དཔུང་རྒྱན། ཕྱག་གདུབ། རྐེད་རྒྱན། ཞབས་གདུབ། གཡེར་ཁའི་འཕྲེང་བ་དང་བཅས་པ་དང་། ལྷ་རྫས་ཀྱི་མེ་ཏོག་དུ་མས་མཛེས་པ། དར་དཀར་པོའི་སྟོད་གཡོགས་དང་། སྣ་ཚོགས་དར་གྱི་སྨད་དཀྲིས་གསོལ་བ། དབུ་སྐྲ་ལི་བ་ལྟག་པར་བཅིངས་པའི་ཟུར་ཕུད་རྣམ་པར་གཡོ་ཞིང་། གཞོན་ནུའི་ལུས་ཅན་རྡོ་རྗེའི་སྐྱིལ་ཀྲུང་གིས་སྐུ་དྲང་པོར་བཞུགས་ཤིང་། རི་བོང་འཛིན་པའི་རྒྱབ་ཡོལ་ཅན་དུ་གྱུར། ཞེས་གསལ་བཏབ་བོ། །དེ་ནས་སློབ་དཔོན་ཡང་རྗེ་བཙུན་སྒྲོལ་མ་དངོས་ཡིན་སྙམ་པའི་མོས་གུས་བྱས་པས། སློབ་དཔོན་གྱི་ཐུགས་ཀ་ནས་འོད་ཟེར་འཕྲོས། མདུན་བསྐྱེད་ཀྱི་ལྷའི་ཐུགས་རྒྱུད་བསྐུལ། དེའི་ཐུགས་ཀ་ནས་འོད་ཟེར་འཕྲོས། ཕྱོགས་བཅུའི་སངས་རྒྱས་དང་བྱང་ཆུབ་སེམས་དཔའ་ཐམས་ཅད་ཀྱི་ཐུགས་རྒྱུད་བསྐུལ་བས། སློབ་དཔོན་དང་མདུན་བསྐྱེད་ཀྱི་ལྷ་དང་། ཕྱོགས་བཅུའི་སངས་རྒྱས་བྱང་ཆུབ་སེམས་དཔའ་ཐམས་ཅད་ཀྱི་ཐུགས་(༢༢ན)ཀ་ནས་སྒྲོལ་དཀར་ཡིད་བཞིན་འཁོར་ལོའི་སྐུ་ཆེ་ཆུང་དཔག་ཏུ་མེད་པ་བྱོན། ཁྱེད་རང་རྣམས་ཀྱི་བ་སྤུའི་བུ་ག་རྣམས་ནས་ཆར་བབས་པ་བཞིན་དུ་སིབ་སིབ་ཐིམ་པར་མོས་པ་མཛོད། ཛཿཧཱུྃ་བཾ་ཧོཿགཉིས་སུ་མེད་པར་ཐིམ། དྲིལ་གསིལ་བྱའོ། །དེ་དག་ནི་རྗེས་གནང་གི་གཞི་དགོད་པའོ། །རྗེས་གནང་དངོས་ལ་ལུང་གསུམ་ལས། དང་པོ་རྗེས་སུ་བཟླས་པའི་ལུང་བླང་བའི་ཕྱིར། དམིགས་པ་འདི་བཞིན་དུ་མཛོད། ཁྱེད་

རང་རྣམས་ཀྱི་སྙིང་གར་པད་ཟླ་ལ་འཁོར་ལོ་དཀར་པོ་རྩིབས་བརྒྱད་སྣུ་ཁྲུད་རིམ་པ་གསུམ་དང་བཅས་པའི་ལྟེ་བར་ཟླ་བ་ལ་ཧཱུཾ་ཡིག་དཀར་པོ། མཐའ་སྐོར་དུ། ཨོཾ་མ་མ་ཨཱ་ཡུར་པུཎྱེ་ཛྙཱ་ན་པུཥྚིཾ་ཀུ་རུ་ཧཱ། རྩིབས་བརྒྱད་ལ། ཏཱ་རེ་ཏུཏྟཱ་རེ་ཏུ་རེ་སྭཱ། ཞེས་པའི་སྔགས་ཀྱི་ཡིག་འབྲུ་རྣམས་ཁ་དོག་དཀར་པོ། སྣུ་ཁྲུད་ནང་མ་ལ་ཨཱ་ལི་དཀར་པོ་གཡོན་སྐོར། བར་མ་ལ་ཀཱ་ལི་དམར་པོ་གཡས་སྐོར། ཕྱི་མ་ལ་རྟེན་འབྲེལ་སྙིང་པོ་ཁ་དོག་སྔོན་པོས་གཡས་སྐོར་དུ་བསྐོར་བ། མགོ་གྱེན་བསྟན། ཁ་ནང་དུ་ཕྱོགས་པ། འོད་ཟེར་འབར་བའི་རྣམ་པ་ཅན་དུ་བཞུགས་པར་མོས། སློབ་དཔོན་གྱི་ཐུགས་ཀ་ནས་འོད་ཟེར་འཕྲོས། མདུན་བསྐྱེད་ཀྱི་ཐུགས་རྒྱུད་བསྐུལ། ཐུགས་ཀའི་སྔགས་ཕྲེང་ལས་སྔགས་ཕྲེང་གཉིས་པ་ཆད། ཞལ་ནས་ཐོན། ཁྱེད་རང་རྣམས་ཀྱི་ཁ་སྒོ་ནས་ཞུགས། སྙིང་གའི་སྔགས་ཕྲེང་ལ་ཐིམ། དེའི་དུས་སུ་ཕྱོགས་བཅུའི་སངས་རྒྱས་བྱང་ཆུབ་སེམས་དཔའ་རྣམས་ཀྱི་མཁྱེན་བརྩེ་ནུས་མཐུ་ཐམས་ཅད་འོད་ཟེར་(༢༢བ)གྱི་རྣམ་པར་སྔགས་ཕྲེང་དང་ལྷན་ཅིག་ཞལ་དུ་ཞུགས། སྙིང་གའི་སྔགས་ཕྲེང་ལ་ཐིམ་པར་མོས་ལ་འདིའི་རྗེས་ཟློས་མཛོད་བྱས་ལ། རྟེན་འབྲེལ་སྙིང་པོ། ཀཱ་ལི། ཨཱ་ལི་རྣམས་ཚར་རེ་དང་། ཨོཾ་ཏཱ་རེ་ཏུཏྟཱ་རེ་ཏུ་རེ་མ་མ་ཨཱ་ཡུར་པུཎྱེ་ཛྙཱ་ན་པུཥྚིཾ་ཀུ་རུ་སྭཱཧཱ། ཞེས་པའི་སྔགས་སྤེལ་ཚིག་ཅན་ལན་གསུམ་རྗེས་ཟློས་བྱེད་དུ་གཞུག །དང་པོས་བྱིན་གྱིས་བརླབས། གཉིས་པས་དབྱེར་མེད་དུ་འདྲེས། གསུམ་པས་བརྟན་པར་བྱས་པའི་མོས་པ་མཛོད། གཉིས་པ་བྱིན་གྱིས་བརླབས་པའི་ལུང་ནི། སློབ་དཔོན་ལ་མེ་ཏོག་གཏོར་བཞིན་དུ་འདིའི་རྗེས་ཟློས་མཛོད་ཅིག །བཅོམ་ལྡན་བདག་གིས་བཟུང་ལགས་ཀྱི། །བདག་ལ་འགོ་བར་མཛད་དུ་གསོལ། །ཞེས་ལན་གསུམ། དེ་ལྟར་ཕུལ་བའི་མེ་ཏོག་དེ་ཉིད་སླར་ཡང་བྱིན་གྱིས་བརླབས་ཏེ་ཁྱེད་རང་རྣམས་ཀྱི་སྤྱི་བོར་ཕུལ་བའི་མོས་པ་མཛོད་ཅིག །སློབ་དཔོན་གྱིས་མེ་ཏོག་གཏོར་བཞིན། བཅོམ་ལྡན་འདི་ལ་བསྐུལ་ལགས་ཀྱི། །འདི་ལ་འགོ་བར་མཛད་དུ

གསོལ། །བརྟུལ་ཞུགས་བརྟན་པར་མཛད་དུ་གསོལ། །རྟགས་ཀྱི་དངོས་གྲུབ་བསྩལ་དུ་གསོལ། །རྗེ་རྗེ་སློབ་མ་འདིའི་རྒྱུད་ལ་སྒྲོལ་དཀར་ཡིད་བཞིན་འཁོར་ལོའི་སྐུ་གསུང་ཐུགས་ཀྱི་བྱིན་རླབས་མ་ལུས་པ་འཇུག་པར་གྱུར་ཅིག །གསུམ་པ་དམ་བཅའ་བའི་ལུང་གི་ཕྱིར་སྒྲོལ་དཀར་ཡིད་བཞིན་འཁོར་ལོ་འདི་ཉིད་ཇི་སྲིད་བྱང་ཆུབ་མ་ཐོབ་བར་གྱི་ཡི་དམ་དུ་བཟུང་ངོ་། །བདག་ཐུགས་ཀྱི་མ་བཏང་ཞིག་སྙམ་པའི་བསམ་པས་འདིའི་རྗེས་གནང་གསུངས་ཤིག །(༢༣ན)སློབ་དཔོན་དགོངས་སུ་གསོལ། བདག་རིག་པ་འཛིན་པ་མིང་འདི་ཞེས་བགྱི་བ་དུས་འདི་ནས་བཟུང་སྟེ་ཇི་སྲིད་བྱང་ཆུབ་སྙིང་པོ་ལ་མཆིས་ཀྱི་བར་དུ་སྒྲོལ་དཀར་ཡིད་བཞིན་འཁོར་ལོ་ཡི་དམ་གྱི་ལྷར་བཟུང་ནས་འདིའི་གསང་སྔགས་ཉིན་རེ་ལ་ཅི་ནུས་སུ་བཟླ་བར་དམ་འཆའ་ལགས་སོ། །ཞེས་ལན་གསུམ་བརྗོད། དེས་དངོས་གཞི་ལུང་གསུམ་སོང་། ད་ནི་རྗེས་བྱིན་གྱིས་བརླབས་པའི་ཕྱིར་མདུན་བསྐྱེད་ཀྱི་ལྷ་ལ་མོས་གུས་དུང་དུང་བ་དང་བདག་གི་རྒྱུད་བྱིན་གྱིས་བརླབ་ཏུ་གསོལ་སྙམ་པ་མཛད་པས། མདུན་བསྐྱེད་ཀྱི་ལྷའི་ཐུགས་ཀ་ནས་རྗེ་བཙུན་སྒྲོལ་མའི་སྐུ་སོར་ཚད་ཙམ་ཞིག་རྒྱུངས་ཏེ་བྱོན། ཁྱེད་རང་རྣམས་ཀྱི་སྙིང་གའི་ས་བོན་དང་དབྱེར་མེད་དུ་འདྲེས། རྒྱུད་བྱིན་གྱིས་བརླབས་པའི་མོས་པ་མཛོད། དེས་རྗེ་བཙུན་སྒྲོལ་མའི་རྗེས་གནང་ཐོབ་པ་ལགས། རྗེས་ཆོག་སྤྱི་དང་འདྲ། །

༄ གཉན་ལུགས་ཀྱི་སྒྲོལ་དཀར་ཡིད་བཞིན་འཁོར་ལོ་ལ་སྐྱབས་སེམས་རྒྱས་བསྡུས་གང་རིགས་དང་ཁྱད་པར་གྱི་སེམས་བསྐྱེད། ཚོགས་ཞིང་ཡན་ཆད་སྔོན་དུ་བཏང་ནས། ཨོཾ་ཤཱུ་ནྱ་ཏཱ་ཛྙཱ་ན་བཛྲ་སྭ་བྷཱ་ཝ་ཨཱཏྨ་ཀོ྅ཧཾ། སྟོང་པ་ཉིད་དུ་གྱུར། སྟོང་པའི་ངང་ལས་ཧཱུྃ་ལས་བྱུང་བའི་སྲུང་འཁོར་གྱི་དབུས་སུ། བྷྲཱུྃ་ལས་སྣོད་ཀྱི་འཇིག་རྟེན་ཟླ་བ་ཚེ་ཤེལ་གྱི་གཞལ་ཡས་ཁང་། དེའི་དབུས་སུ་པད་ཟླའི་གདན་ལ། ཏཾ་ལས་རང་ཉིད་ལྷ་མོ་སྒྲོལ་མ་ཡིད་བཞིན་འཁོར་ལོ་སྐུ་མདོག་ཟླ་བ་ལྟར་དཀར་བ། ནོར་བུ་ཆུ་(༢༣བ)ཤེལ་ལྟར་དྭངས་ལ་དྲི་མ་མེད་པ་འོད་ཟེར་ལྔ་ལྡན་དུ་འཕྲོ་བ། རབ་ཏུ་

ཞི་བ་ཆེན་པོའི་འཇམ་ཞལ་ཅན། ཨུཏྤ་ལའི་འདབ་མ་ལྟར་རབ་ཏུ་རྒྱས་པའི་སྤྱན་བདུན་དང་ལྡན་མ། ཕྱག་གཡས་མཆོག་སྦྱིན་དང་། གཡོན་པའི་མཐེབ་སྲིན་གྱིས་ཨུཏྤལ་དཀར་པོའི་སྡོང་བུའི་རྩ་བ་ཐུགས་ཀར་འཛིན་ཅིང་། རབ་ཏུ་རྒྱས་པའི་སྣན་གྱི་ཐད་ཀར་ཁ་བྱེ་བ། སྣེག་ཅིང་ཆགས་པའི་ཉམས་དང་ནུ་འབུར་བྲུང་གིས་མཛེས་པ། སྨུ་ཏིག་དཀར་པོ་གཙོ་བོར་གྱུར་པ་རིན་པོ་ཆེ་སྣ་ཚོགས་ཀྱི་དབུ་རྒྱན། སྙན་རྒྱན། མགུལ་རྒྱན། ནོ་ཤལ། སེ་མོ་དོ། དཔུང་རྒྱན། ཕྱག་གདུབ། སྐེད་རྒྱན། ཞབས་གདུབ། གཡེར་ཁའི་ཕྲེང་བ་དང་བཅས་པ་དང་ལྷ་རྫས་ཀྱི་མེ་ཏོག་དུ་མས་མཛེས་པ། དར་དཀར་པོའི་སྟོད་གཡོགས་དང་། སྣ་ཚོགས་དར་གྱི་སྨད་དཀྲིས་གསོལ་བ། དབུ་སྐྲ་ལི་བ་ལྟག་པར་བཅིངས་པའི་བྲུར་ཕུད་རྣམ་པར་གཡོ་ཞིང་། གཞོན་ནུའི་ལུས་ཅན་རྡོ་རྗེའི་སྐྱིལ་ཀྲུང་གིས་འཁྲིད་ཚུལ་དུ་བཞུགས་ཤིང་། རི་བོང་འཛིན་པའི་རྒྱབ་ཡོལ་ཅན་དུ་གྱུར། རང་གི་སྙིང་ག་ནས་འོད་ཟེར་འཕྲོས། རང་བཞིན་གྱི་གནས་ནས་རྗེ་བཙུན་མ་འཕགས་མ་སྒྲོལ་མ་དཀར་མོའི་ལྷ་ཚོགས་ཐམས་ཅད་བཛྲ་ས་མ་ཛཿཨོཾ་བཛྲ་ཨརྒྷཾ་སྭཱཧཱ། ཨོཾ་བཛྲ་པཱ་དྱཾ་སྭཱཧཱ། ཨོཾ་བཛྲ་པུཥྤེ་ཨཱཿཧཱུྃ་ནས། ཨོཾ་བཛྲ་ཤབྡ་ཨཱཿཧཱུྃ་ཞེས་པའི་བར་གྱིས་མཆོད། ཛཿཧཱུྃ་བཾ་ཧོཿགཉིས་སུ་མེད་པར་ཐིམ། དམ་ཚིག་པ་དང་ཡེ་ཤེས་པ་དབྱེར་མེད་པའི་ངོ་བོར་གྱུར། སླར་ཡང་རང་གི་སྙིང་ག་ནས་འོད་ཟེར་འཕྲོས། དབང་གི་ལྷ་(༢༩ན)རྒྱལ་བ་རིགས་ལྔ་འཁོར་དང་བཅས་པ་བཛྲ་ས་མ་ཛཿ ཨོཾ་པཉྩ་ཀུ་ལ་ས་པ་རི་ཝཱ་ར་ཨརྒྷཾ་ནས། ཤབྡའི་བར་གྱིས་གོང་བཞིན་མཆོད། དེ་བཞིན་གཤེགས་པ་ཐམས་ཅད་ཀྱིས་བདག་ལ་མངོན་པར་དབང་བསྐུར་དུ་གསོལ། ཞེས་གསོལ་བ་བཏབ་པས། ཇི་ལྟར་བལྟམས་པ་ནས་ཁྲི་ཡེ་ཧཱུྃ། ཞེས་གསུངས་ཤིང་བུམ་པའི་ཆུས་དབང་བསྐུར། སྐུ་ལུས་ཐམས་ཅད་གང་། སྒྲིབ་གཉིས་ཀྱི་དྲི་མ་ཐམས་ཅད་དག །ཆུའི་ལྷག་མ་ཡར་ལུད་པ་ལས་འོད་དཔག་མེད་ཀྱིས་དབུ་བརྒྱན་པར་གྱུར། ཨོཾ་ཨཱཪྻ་ཏཱ་རེ་ས་པ་རི་ཝཱ་ར་ཨརྒྷཾ་པྲ་ཏཱིཙྪ་སྭཱཧཱ། ཨརྒྷཾ་གྱི་སར་པཱ་དྱཾ་སྦྱར། ཨོཾ་

ཨཱཙྪ་ཧཱ་རེ་ས་པ་རི་ཝཱ་ར་བཛྲ་པུཥྤེ་ཨཱཿཧཱུྃ། དེ་བཞིན་དུ་དྷཱུ་པེ། ཨཱ་ལོ་ཀེ ། གནྡྷེ། ནཻ་ཝི་དྱ། ཤབྡ་རྣམས་སྦྱར་ཏེ་མཆོད། ལྷ་དང་ལྷ་མིན་སོགས་ཀྱིས་བསྟོད། བཟླས་པ་བྱ་བ་ནི། རང་གི་སྙིང་གར་པད་ཟླའི་གདན་ལ་འཁོར་ལོ་དཀར་པོ་རྩིབས་བརྒྱད་མུ་ཁྱུད་དང་བཅས་པའི་ལྟེ་བར་ཟླ་བ་ལ་ཧཱུྃ་ཡིག་དཀར་པོའི་མཐའ་སྐོར་དུ ཨོཾ་བདག་མིང་འདི་ཞེས་བགྱི་བའི་ཚེ་དང་བསོད་ནམས་ཡེ་ཤེས་རྒྱས་པར་མཛོད་ཅིག་སྭཱ། ཞེས་པ་རྣམས་གཡས་སྐོར་དང་། རྩིབས་བརྒྱད་ལ་ཏཱ་རེ་ཏུཏྟཱ་རེ་ཏུ་རེ་སྭཱ། ཞེས་པའི་ཡི་གེ་བརྒྱད་དང་། མུ་ཁྱུད་ལ་ཨོཾ་ཡིག་གི་ཕྲེང་བས་བསྐོར་བར་བསམ་ལ། ཨོཾ་ཏཱ་རེ་ཏུཏྟཱ་རེ་ཏུ་རེ་སྭཱཧཱ། ཞེས་པ་ཡི་གེ་བཅུ་པ་སྙིང་པོ་དང་། ཨོཾ་ཏཱ་རེ་ཏུཏྟཱ་རེ་ཏུ་རེ་མ་མ་ཨཱ་ཡུར་པུཎྱེ་ཛྙཱ་ན་པུ་ཥྚིཾ་ཀུ་རུ་སྭཱཧཱ། ཞེས་སྤེལ་(༢༨བ)ཚིག་དང་བཅས་པའི་ལས་སྦྱགས་ཅི་རིགས་བཟླ། མཐར་ཡི་གེ་བརྒྱ་པས་བརྟན་པར་བྱའོ། །དགེ་བ་འདི་ཡིས་ཞེས་སོགས། ༔ མདུན་བསྐྱེད་ནི། ཁྲུས་སྐུ་དང་། བཅའ་གཞི། མཆོད་པ། ཡོ་བྱད་སོགས་སྔ་མ་བཞིན་ཚོགས་པར་བྱས་ལ། མཆོད་པ་ཨ་མྲི་ཏས་བསངས། སྭ་བྷཱ་ཝས་སྦྱངས། སྟོང་པ་ཉིད་དུ་གྱུར། སྟོང་པའི་ངང་ལས་བྷྲཱུཾ་ལས་རིན་པོ་ཆེ་སྣ་ཚོགས་ལས་གྲུབ་པའི་ཐར་པ་ཆེན་པོའི་གཞལ་མེད་ཁང་མཚན་ཉིད་ཐམས་ཅད་ཡོངས་སུ་རྫོགས་པའི་དབུས་སུ། ཨོཾ་ལས་བྱུང་བའི་རིན་པོ་ཆེ་ལས་གྲུབ་པའི་སྣོད་ཡངས་ཤིང་རྒྱ་ཆེ་བ་རྣམས་ཀྱི་ནང་དུ། ཧཱུྃ་ཞུ་བ་ལས་བྱུང་བའི་ལྷ་རྫས་ལས་གྲུབ་པའི་མཆོད་ཡོན། ཞབས་བསིལ། མེ་ཏོག །བདུག་སྤོས། མར་མེ། དྲི་ཆབ། ཞལ་ཟས། རོལ་མོ་ལ་སོགས་པའི་མཆོད་རྫས་རྣམས་ཡེ་ཤེས་ཀྱི་རང་བཞིན་མཆོད་པའི་རྣམ་པ་ཟག་མེད་བདེ་ཆེན་གྱི་རྒྱུ་བླ་ན་མེད་པས་མཁའ་དབྱིངས་ཐམས་ཅད་ཡོངས་སུ་ཁྱབ་པར་གྱུར། ཨོཾ་བཛྲ་ཨརྒྷཾ་སྭཱཧཱ། ཨོཾ་བཛྲ་པཱ་དྱཾ་སྭཱཧཱ། ཨོཾ་བཛྲ་པུཥྤེ་ཨཱཿཧཱུྃ་ནས། ཨོཾ་བཛྲ་ཤབྡ་ཨཱཿཧཱུྃ། མདུན་བསྐྱེད་ཀྱི་དཀྱིལ་འཁོར། ཨ་མྲི་ཏས་བསངས། སྭ་བྷཱ་ཝས་སྦྱངས། སྟོང་པའི་ངང་ལས་ཧཱུྃ་གི་སྒྲ་གདངས་ནམ་མཁའ་གང་བ། ཧཱུྃ་ལས་རྡོ་

རྗེའི་ས་གཞི། རྭ་གུར། ཞྭ་བྲེ། མི་དཔུང་འབར་བ་དང་བཅས་པའི་སྲུང་བའི་འཁོར་ལོར་གྱུར། དེའི་དབུས་སུ་ཧཱུྃ་ལས་སྣོད་ཀྱི་འཇིག་རྟེན་ཟླ་བ་ཆུ་ཤེལ་གྱི་གཞལ་ཡས་ཁང་། དབུས་སུ་པཾ་ལས་པདྨ་དཀར་པོ་འདབ་མ་སྟོང་ལྡན་(༢༥ན)ཡལ་ག་ལོ་འདབ་རབ་ཏུ་རྒྱས་པའི་སྡོང་པོ་དང་བཅས་པ། པདྨའི་ལྟེ་བར་ཨ་ལས་ཟླ་བ་ཉ་གང་ཞིང་། རྣོག་པའི་དྲི་མ་དང་བྲལ་བ། དེའི་སྟེང་དུ་ཧྲཱིཾ་ཡིག་དཀར་པོ་དེ་ལས་འོད་ཟེར་འཕྲོས། འཕགས་པ་མཆོད། སེམས་ཅན་ཐམས་ཅད་ཀྱི་དོན་བྱས། སླར་འདུས་ཤིང་ཐིམ་པ་ཡོངས་སུ་གྱུར་པ་ལས་ལྷ་མོ་སྒྲོལ་མ་ཡིད་བཞིན་འཁོར་ལོ་ཞེས་པ་ནས། རྗེ་བཙུན་མ་འཕགས་མ་སྒྲོལ་མ་དཀར་མོའི་ལྷ་ཚོགས་ཐམས་ཅད་བཛྲ་ས་མ་ཛཿཞེས་པའི་བར་བདག་བསྐྱེད་དང་འདྲ། མ་ལུས་སེམས་ཅན་ཀུན་གྱི་མགོན་གྱུར་ཅིང་། །ཞེས་པ་ནས། བཅོམ་ལྡན་འཁོར་བཅས་གནས་འདིར་གཤེགས་སུ་གསོལ། །ཨོཾ་བཛྲ་ཨརྒྷཾ་སྭཱཧཱ། ཨོཾ་བཛྲ་པཱ་དྱཾ་སྭཱཧཱ། ཨོཾ་བཛྲ་པུཥྤེ་ཨཱཿཧཱུྃ། ཞེས་པ་ནས། ཨོཾ་བཛྲ་ཤབྡ་ཨཱཿཧཱུྃ་ཞེས་པའི་བར་གྱིས་མཆོད། ཛཿཧཱུྃ་བཾ་ཧོཿགཉིས་སུ་མེད་པར་ཐིམ། དམ་ཚིག་པ་དང་ཡེ་ཤེས་པ་དབྱེར་མེད་པའི་ངོ་བོར་གྱུར། སླར་ཡང་རང་གི་སྙིང་ག་ནས་འོད་ཟེར་འཕྲོས། དབང་གི་ལྷ་རྒྱལ་བ་རིགས་ལྔ་འཁོར་དང་བཅས་པ་བཛྲ་ས་མ་ཛཿ ཨོཾ་པཉྩ་ཀུ་ལ་ས་པ་རི་ཝཱ་ར་ཨརྒྷཾ་ནས། ཤབྡའི་བར་གྱིས་གོང་བཞིན་མཆོད། དེ་བཞིན་གཤེགས་པ་ཐམས་ཅད་ཀྱིས་འདི་ལ་མངོན་པར་དབང་བསྐུར་བ་བསྐུལ་དུ་གསོལ། ཞེས་གསོལ་བ་བཏབ་པས། དབང་གི་ལྷ་རྣམས་ཀྱིས། ཇི་ལྟར་བལྟམས་པ་ནས་ཤྲཱི་ཡེ་ཧཱུྃ། ཞེས་གསུངས་ཤིང་བུམ་པའི་ཆུས་དབང་བསྐུར། སྐུ་གང་དྲི་མ་དག །ཆུའི་ལྷག་མ་ཡར་(༢༥བ)ལུད་པ་ལས་འོད་དཔག་མེད་ཀྱིས་དབུ་བརྒྱན་པར་གྱུར། སླར་ཡང་རང་གི་སྙིང་གའི་འོད་ཟེར་གྱིས། བླ་མ་ཡི་དམ་སངས་རྒྱས་བྱང་སེམས་འཕགས་པ་ཉན་རང་གི་ཚོགས་ཐམས་ཅད་མཆོད་པའི་ཡུལ་དུ་བཛྲ་ས་མ་ཛཿ ཨ་ཀྲོ་ཏའི་ཐུགས་ཀྱིས་ཕྱིར་འབྲང་གི་བགེགས་བསྲད། ཨོཾ་པདྨ་ཀ་མ་ལ་ཡེ་སྟྭཾ། ཨོཾ་ཨཱརྻ་ཏཱ་རེ་

ཀུ་རུ་བུདྡྷ་བོ་དྷི་སཏྭ་ས་པ་རི་ཝཱ་ར་མཎྜ་ལ་བྷྱཿ ཨརྒྷཾ་པྲ་ཏཱིཙྪ་སྭཱ་ཧཱ་མེ་གྷཱ་ས་མུ་དྲ་སྥ་ར་ཎ་ས་མ་ཡེ་ཧཱུྃ། དེ་བཞིན་དུ་ཨརྒྷཾ་གྱི་གནས་སུ་པཱ་དྱཾ་ཡང་སྦྱར། ཨོཾ་ཨཱརྱ་ཏཱ་རེ་ས་པ་རི་ཝཱ་ར་བྷྱཿབཛྲ་པུཥྤེ་པྲ་ཏཱིཙྪ་ན་མཿ དེ་བཞིན་དུ་རྟུ་པ། ཨཱ་ལོ་ཀེ །གནྡྷེ། ནཻ་ཝི་དྱེ། ཤབྡ་རྣམས་སྦྱར་ཏེ་འབུལ་ལོ། །དེ་ནས་བསྟོད་པ་ནི། འཁོར་བ་ལས་སྒྲོལ་ཏཱ་རེ་མ། །ཏུཏྟཱ་རེ་ཡིས་འཇིགས་བརྒྱད་སྒྲོལ། །ཏུ་རེས་ན་བ་ཀུན་ལས་སྐྱོབ། །སྒྲོལ་མ་ལ་ནི་ཕྱག་འཚལ་བསྟོད། །བཟླས་པ་གང་འགྲུབ་བྱས་ཏེ་གཏོར་མ་བྱིན་གྱིས་བརླབས་ལ། ཨོཾ་ཏཱ་རེ་ཏུཏྟཱ་རེ་ཏུ་རེ་ཨི་དཾ་བ་ལིཾ་ཏ་ཁ་ཁ་ཁཱ་ཧི་ཁཱ་ཧི། ལན་བདུན་གྱིས་རྗེ་བཙུན་མ་དང་། ཨ་ཀཱ་རོ་སོགས་ལན་གསུམ་གྱིས་འཁོར་ཚོགས་ཐམས་ཅད་ལ་དབུལ། ཨརྒྷཾ་ནས། ཤབྡའི་བར་གྱིས་མཆོད། དགེ་བ་ཅན་མ་གཟི་བརྗིད་ལྡན། །དབྱངས་ཅན་མ་དང་ནོར་གྱི་བདག །དཔལ་མོ་ལ་སོགས་སྤྲུལ་པ་མཛད། །ལྷ་མོ་སྒྲོལ་མ་ལ་ཕྱག་འཚལ། །མཆོད་སྦྱིན་གཏོར་མ་འདི་བཞེས་ལ། །རྣལ་འབྱོར་བདག་ཅག་འཁོར་བཅས་ལ། །ཞེས་པ་ནས། ཡིད་ལ་འདོད་པ་ཀུན་འགྲུབ་ཤོག །ཅེས་པའི་བར་བརྗོད་ཅིང་། འདོད་དོན་(༢༨ན)གསོལ་བ་བཏབ། ཡི་གེ་བརྒྱ་པས་ལྷག་ཆད་ཁ་བསྐངས། བཟོད་པར་གསོལ། མཆིའི་ཁར་བུམ་པ་བཅུད་ལྡན། དུང་ཆོས་རྫོར་གཟུངས་དང་བཅས་པ་བཤམས། བུམ་པའི་ནང་དུ་ལྷ་བསྐྱེད་ལ། བུམ་ཚོག་སྤྱི་འགྲེ་ལྟར་བྱས། དུང་ཆོས་ཀྱི་ཆུ་ཕྱུལ་བས་ལྷ་བདུད་རྩིར་གྱུར་ནས་བུམ་པའི་ཆུ་དང་རོ་གཅིག་ཏུ་གྱུར་པར་བསམས། ༈ རྗེས་གནང་དངོས་ནི། སློབ་མ་རྣམས་གྲལ་ལ་འཁོད་དེ་མཎྜལ་འབུལ་དུ་བཅུག་ལ། གསོལ་བ་འདེབས་པ་འདིའི་རྗེས་ཟློས་མཛོད། དུས་གསུམ་སངས་རྒྱས་ཐམས་ཅད་ནས་བསྐུལ་དུ་གསོལ། ལན་གསུམ། རྒྱུད་དག་པར་བྱ་བའི་ཕྱིར། མདུན་གྱི་ཚོམ་བུ་འདི་ཉིད་ཀྱང་ཡིད་བཞིན་འཁོར་ལོ་དངོས་སུ་མོས་ལ་དེའི་སྙིང་གི་ནམ་མཁར་བཞུགས་པའི་སངས་རྒྱས་བྱང་སེམས་རྣམས་ཀྱི་དྲུང་དུ་སྐྱབས་འགྲོ་སྔོན་དུ་འགྲོ་བའི་བྱང་ཆུབ་ཀྱི་སེམས་བཟུང་བ་ལ་སོགས་

པ་བགྱིད་སྙམ་པའི་བསམ་པས་འདིའི་རྗེས་ཟློས་མཛོད། དཀོན་མཆོག་གསུམ་ལ་བདག་སྐྱབས་མཆི། །ཞེས་སོགས་ལན་གསུམ་དང་། ཁྱད་པར་དུ་སྒྲོལ་དཀར་ཡིད་བཞིན་འཁོར་ལོའི་རྗེས་གནང་བསྐུལ་དུ་གསོལ་སྙམ་པའི་འདུན་པས་འདིའི་རྗེས་ཟློས་མཛོད། སློབ་དཔོན་དགོངས་སུ་གསོལ། བདག་ལ་སྒྲོལ་དཀར་ཡིད་བཞིན་འཁོར་ལོའི་རྗེས་གནང་མ་ལུས་པ་བསྐུལ་དུ་གསོལ། ཞེས་ལན་གསུམ་གྱིས་གསོལ་བ་བཏབ་ནས། ད་སྒྱུར་བ་རྗེས་གནང་གི་གཞི་དགོད་པའི་(༢༨བ)སྣང་དུ་དམིགས་པ་འདི་བཞིན་མཛད་པར་ཞུ། ཨོཾ་ཤཱུ་ནྱ་ཏཱ་ཛྙཱ་ན་བཛྲ་སྭ་བྷཱ་ཝ་ཨཱཏྨ་ཀོ྅་ཧཾ། ཕྱི་ནང་གི་དངོས་པོ་ཐམས་ཅད་མི་དམིགས་པ་སྟོང་པ་ཉིད་དུ་གྱུར། སྟོང་པའི་ངང་ལས་པད་ཟླའི་གདན་ལ་ཁྱིད་རང་རྣམས་ཏཾ་ལས་ལྷ་མོ་སྒྲོལ་མ་ཡིད་བཞིན་འཁོར་ལོ་སྐུ་མདོག་ཟླ་བ་ལྟར་དཀར་བ། ནོར་བུ་ཆུ་ཤེལ་ལྟར་དྭངས་ལ་དྲི་མ་མེད་པ། འོད་ཟེར་ལྔ་ལྡན་དུ་འཕྲོ་བ། རབ་ཏུ་ཞི་བ་ཆེན་པོའི་འཛུམ་ཞལ་ཅན། ཨུཏྤ་ལའི་འདབ་མ་ལྟར་རབ་ཏུ་རྒྱས་པའི་སྤྱན་བདུན་དང་ལྡན་མ། ཕྱག་གཡས་མཆོག་སྦྱིན་དང་། གཡོན་པའི་མཐེབ་སྲིན་གྱིས་ཨུཏྤལ་དཀར་པོའི་སྡོང་བུའི་རྩ་བ་ཐུགས་ཀར་འཛིན་ཅིང་། རབ་ཏུ་རྒྱས་པའི་སྙན་གྱི་ཐད་ཀར་ཁ་བྱེ་བ། སྙིག་ཅིང་ཆགས་པའི་ཉམས་ལྡན་ནུ་འབུར་ཟུང་གིས་མཛེས་པ། མུ་ཏིག་དཀར་པོ་གཙོ་བོར་གྱུར་པ་རིན་པོ་ཆེ་སྣ་ཚོགས་ཀྱི་དབུ་རྒྱན། སྙན་རྒྱན། མགུལ་རྒྱན། དོ་ཤལ། སེ་མོ་དོ། དཔུང་རྒྱན། ཕྱག་གདུབ། རྐང་རྒྱན། ཞབས་གདུབ། གཡེར་ཁའི་ཕྲེང་བ་དང་བཅས་པ་དང་། ལྷ་རྫས་ཀྱི་མེ་ཏོག་དུ་མས་མཛེས་པ། དར་དཀར་པོའི་སྟོད་གཡོགས་དང་། སྣ་ཚོགས་དར་གྱི་སྨད་དཀྲིས་གསོལ་བ། དབུ་སྐྲ་ལི་བ་ལྟག་པར་བཅིངས་པའི་ཟུར་ཕུད་རྣམ་པར་གཡོ་ཞིང་། གཞོན་ནུའི་ལུས་ཅན་རྡོ་རྗེའི་སྐྱིལ་ཀྲུང་གིས་འགྱིང་ཚུལ་དུ་བཞུགས་ཤིང་། རི་བོང་འཛིན་པའི་རྒྱབ་ཡོལ་ཅན་དུ་གྱུར། ཞེས་གསལ་གདབ་པོ། །དེ་ནས་སློབ་དཔོན་ཡང་སྒྲོལ་དཀར་ཡིད་བཞིན་འཁོར་ལོ་དངོས་ཡིན་སྙམ་

པའི་མོས་གུས་བྱས་པས་སློབ་(༢༧ན)དཔོན་གྱི་ཐུགས་ཀ་ནས་འོད་ཟེར་འཕྲོས། མདུན་བསྐྱེད་ཀྱི་ལྷའི་ཐུགས་རྒྱུད་བསྐུལ། དེའི་ཐུགས་ཀ་ནས་འོད་ཟེར་འཕྲོས། ཕྱོགས་བཅུའི་སངས་རྒྱས་དང་བྱང་ཆུབ་སེམས་དཔའ་ཐམས་ཅད་ཀྱི་ཐུགས་རྒྱུད་བསྐུལ་བས། སློབ་དཔོན་དང་མདུན་བསྐྱེད་ཀྱི་ལྷ་དང་ཕྱོགས་བཅུའི་སངས་རྒྱས་དང་། བྱང་ཆུབ་སེམས་དཔའ་ཐམས་ཅད་ཀྱི་ཐུགས་ཀ་ནས་སྒྲོལ་དཀར་ཡིད་བཞིན་འཁོར་ལོའི་སྐུ་ཆེ་ཆུང་དཔག་ཏུ་མེད་པ་བྱོན། ཁྱེད་རང་རྣམས་ཀྱི་བ་སྤུའི་བུ་ག་རྣམས་ནས་ཆར་བབས་པ་བཞིན་དུ་སིབ་སིབ་ཐིམ་པར་མོས་པ་མཛོད། ཛཿཧཱུྃ་བཾ་ཧོཿ གཉིས་སུ་མེད་པར་ཐིམ། དྲིལ་གསིལ་བྱའོ། །དེ་དག་ནི་རྗེས་གནང་གི་གཞི་དགོད་པའོ། །རྗེས་གནང་དངོས་ལ། ལུང་གསུམ་ལས། དང་པོ་རྗེས་སུ་བཟླས་པའི་ལུང་བླང་བའི་ཕྱིར་དམིགས་པ་འདི་བཞིན་དུ་མཛོད། ཁྱེད་རང་རྣམས་ཀྱི་སྙིང་གར་པད་ཟླ་ལ་འཁོར་ལོ་དཀར་པོ་རྩིབས་བརྒྱད་པའི་ལྟེ་བར་ཟླ་བའི་དཀྱིལ་འཁོར་གྱི་སྟེང་དུ་ཧཾ་ཡིག་དཀར་པོ། མཐའ་སྐོར་དུ་ཨོཾ་མ་མ་ཨཱ་ཡུར་པུཎྱེ་ཛྙཱ་ན་པུཥྚིཾ་ཀུ་རུ་ཧཱ། རྩིབས་བརྒྱད་ལ། ཏཱ་རེ་ཏུཏྟཱ་རེ་ཏུ་རེ་སྭཱ། ཞེས་པའི་ཡི་གེ་བརྒྱད་པ་དང་། མུ་ཁྱུད་ལ་ཨོཾ་ཡིག་གི་འཕྲེང་བས་བསྐོར་བའི་ཡིག་འབྲུ་རྣམས་ཁ་དོག་དཀར་པོ་མགོ་གྱེན་དུ་བསྟན། ཁ་ནང་དུ་ཕྱོགས་པ་འོད་ཟེར་དཀར་པོ་འབར་བའི་རྣམ་པ་ཅན་དུ་བཞུགས་པར་མོས། སློབ་དཔོན་གྱི་ཐུགས་ཀ་ནས་འོད་ཟེར་འཕྲོས། མདུན་བསྐྱེད་ཀྱི་ཐུགས་རྒྱུད་བསྐུལ། ཐུགས་ཀའི་སྔགས་ཕྲེང་ལས། སྔགས་ཕྲེང་(༢༧བ)གཉིས་པ་ཆད། ཞལ་ནས་ཐོན། ཁྱེད་རང་རྣམས་ཀྱི་ཁ་སྒོ་ནས་ཞུགས། སྙིང་གའི་ས་བོན་སྔགས་ཕྲེང་དང་བཅས་པ་ལ་ཐིམ། དེའི་དུས་སུ་ཕྱོགས་བཅུའི་སངས་རྒྱས་དང་བྱང་ཆུབ་སེམས་དཔའ་ཐམས་ཅད་ཀྱི་མཁྱེན་བརྩེ་ནུས་མཐུ་ཐམས་ཅད་འོད་ཟེར་གྱི་རྣམ་པར་སྔགས་ཕྲེང་དང་ལྷན་ཅིག་ཞལ་དུ་ཞུགས། སྙིང་གའི་ས་བོན་སྔགས་ཕྲེང་ལ་ཐིམ་པའི་མོས་པ་མཛོད་ལ། འདིའི་རྗེས་ཟློས་ཀྱིས། ཨོཾ་ཏཱ་རེ་ཏུཏྟཱ་རེ་ཏུ་རེ་སྭཱཧཱ། ཞེས་ལན་གསུམ་

དང་། ཨོཾ་ཏཱ་རེ་ཏུཏྟཱ་རེ་ཏུ་རེ་མ་མ་ཨཱ་ཡུར་པུཎྱེ་ཛྙཱ་ན་པུ་ཥྚིཾ་ཀུ་རུ་སྭཱཧཱ། ཞེས་ལན་གསུམ་རྗེས་ཟློས་བྱར་གཞུག །དང་པོས་བྱིན་གྱིས་བརླབས། གཉིས་པས་དབྱེར་མེད་དུ་འདྲེས། གསུམ་པས་བརྟན་པར་བྱས་པའི་མོས་པ་མཛོད། གཉིས་པ་བྱིན་གྱིས་བརླབས་པའི་ལུང་ནི། སློབ་དཔོན་ལ་མེ་ཏོག་གཏོར་བཞིན་དུ། འདིའི་རྗེས་ཟློས་མཛོད་ཅིག །བཅོམ་ལྡན་བདག་གིས་ཞེས་སོགས་ལན་གསུམ། དེ་ལྟར་ཕུལ་བའི་མེ་ཏོག་དེ་ཉིད་སླར་ཡང་བྱིན་གྱིས་བརླབས་ཏེ་ཁྱེད་རང་རྣམས་ཀྱི་སྤྱི་བོར་ཕུལ་བར་མོས་པ་མཛོད་ཅིག །སློབ་དཔོན་གྱིས་མེ་ཏོག་གཏོར་བཞིན། བཅོམ་ལྡན་འདི་ལ་ཞེས་སོགས་དང་། ར་རྗེ་སློབ་མ་འདི་རྣམས་ཀྱི་རྒྱུད་ལ་སྒྲོལ་དཀར་ཡིད་བཞིན་འཁོར་ལོའི་སྐུ་གསུང་ཐུགས་ཀྱི་བྱིན་རླབས་མ་ལུས་པ་འཇུག་པར་གྱུར་ཅིག །གསུམ་པ་དམ་བཅའ་བའི་ལུང་ནི། སྒྲོལ་དཀར་ཡིད་བཞིན་འཁོར་ལོ་འདི་ཉིད་ཇི་སྲིད་བྱང་ཆུབ་མ་ཐོབ་ཀྱི་བར་དུ་ཡི་དམ་དུ་བཟུང་ངོ་། །བདག་ཐུགས་ཀྱིས་(༢༨ན)མ་བཏང་ཞིག་སྙམ་པའི་བསམ་པས་འདིའི་རྗེས་ཟློས་མཛོད། སློབ་དཔོན་དགོངས་སུ་གསོལ། བདག་མིང་འདི་ཞེས་བགྱི་བ་དུས་འདི་ནས་བཟུངས་ཏེ་ཇི་སྲིད་བྱང་ཆུབ་སྙིང་པོ་ལ་མཆིས་ཀྱི་བར་དུ་སྒྲོལ་དཀར་ཡིད་བཞིན་འཁོར་ལོ་ཡི་དམ་གྱི་ལྷར་བཟུང་ནས། དེའི་གཟུངས་སྔགས་ཉིན་རེ་ལ་ཅི་ནུས་སུ་བཟླ་བར་དམ་འཆའ་ལགས་སོ། །ལན་གསུམ། ད་ནི་རྗེས་བྱིན་གྱིས་བརླབས་པའི་ཕྱིར། མདུན་བསྐྱེད་ཀྱི་ལྷ་ལ་མོས་གུས་དུང་དུང་བ་དང་། བདག་གི་རྒྱུད་བྱིན་གྱིས་བརླབ་ཏུ་གསོལ། སྙམ་པ་མཛད་པས་མདུན་བསྐྱེད་ཀྱི་ལྷའི་ཐུགས་ཀ་ནས་རྗེ་བཙུན་སྒྲོལ་མའི་སྐུ་སོར་ཚད་ཙམ་གཅིག་རྒྱང་སྟེ་ཐོན། ཁྱེད་རང་རྣམས་ཀྱི་སྙིང་གའི་ས་བོན་དང་དབྱེར་མེད་དུ་འདྲེས། རྒྱུད་བྱིན་གྱིས་བརླབས་པའི་མོས་པ་མཛོད། དེ་ནས་བཀྲ་བྱབས་བསྔུང་གསུམ་ནི། སྒྲོལ་དཀར་ཡིད་བཞིན་འཁོར་ལོ་ཞུ་བ་ལས་བྱུང་བའི་བདུད་རྩིའི་རྒྱུས་ཁྱེད་རང་རྣམས་ཀྱི་སྤྱི་བོ་ནས་རྐང་མཐིལ་གྱི་བར་ཕྱི་ནང་བར་གསུམ་ཐམས་ཅད་ཁྱབ་པར་བཀྲུས་པས།

ནད་གདོན་སྡིག་སྒྲིབ་ཐམས་ཅད་དབང་པོའི་སྒོ་དང་བ་སྤུའི་བུ་ག་སོགས་ནས་ཐོན་ཏེ་བྱུང་ཞིང་དག་པར་བསམས་ལ། ཨོཾ་ཧཱུ་རེ་ཞེས་སོགས་སྙིང་པོའི་མཐར་སློབ་མ་རྣམས་ཀྱི་སྡིག་པ་དང་སྒྲིབ་པ་ཐམས་ཅད་ཤུདྡྷིཾ་ཀུ་རུ་སྭཱཧཱ། འོག་མ་རྣམས་ལ་དེ་བཞིན་དུ་རིགས་འགྲེ། ནད། གདོན། རིམས། ཕོན། གྲིབ། བྱད། བྱུར། སྐལ་བ་ངན་པ། ལྟས་ངན་པ། བཀྲ་མི་ཤིས་པ། ཉེ་བར་འཚེ་བ། དུས་མ་(༢༨བ)ཡིན་པར་འཆི་བ། གཟའ་དང་རྒྱུ་སྐར་གྱི་གནོད་པ། རྒྱལ་པོ་དང་ཆོམ་རྐུན་གྱི་འཇིགས་པ། བདུད་ཀྱི་ཞགས་པ། གཤིན་རྗེའི་ཕོ་ཉ། བགེགས་དང་ལོག་འདྲེན། བར་གཅོད་མི་མཐུན་པའི་ཕྱོགས་ཐམས་ཅད་ཤུདྡྷིཾ་ཀུ་རུ་སྭཱཧཱ། དེ་ནས་དྲི་བླུད་གཅིག་བཅས་ལ་སྟོད་དུ་བཞག །བཀྲ་བྱ་རྣམས་རང་རང་གི་ཁར་ཆུ་ཙུང་ཟད་རེ་འཛིན་དུ་བཅུག་ལ། རྡོ་རྗེ་དང་བཅས་པའི་རྫ་བྱའི་སྤྲོའི་ཚུན་པོའི་སྟེང་དུ་པད་ཟླ་ལ་གནས་པའི་ཧཱུྃ་ཡིག་སྔགས་ཕྲེང་དང་བཅས་པ་ལས་འོད་ཟེར་འཕྲོས། བཀྲུས་པས་མ་དག་པའི་ནད་གདོན་སྡིག་སྒྲིབ་ཐམས་ཅད་འོད་ཟེར་གྱི་རྩེ་མོས་བྱབས་ཤིང་དེད་པས་ཁ་ནང་གི་ཆུ་ལ་ཐིམ་པར་གྱུར། ཨོཾ་ཧཱུ་རེ་སོགས་ཀྱི་མཐར་སློབ་མ་རྣམས་ཀྱི་སྡིག་པ་དང་སྒྲིབ་པ་ཐམས་ཅད་ཨ་པ་ན་ཡེ་སྭཱཧཱ། ཞེས་པ་ནས། མི་མཐུན་པའི་ཕྱོགས་ཐམས་ཅད་ཨ་པ་ན་ཡེ་སྭཱཧཱ། ཞེས་པའི་བར་དང་། བདེན་བདར་ནི། ན་མོ་རྗེ་བཙུན་རྩ་བ་དང་བརྒྱུད་པར་བཅས་པའི་དཔལ་ལྡན་བླ་མ་དམ་པ་རྣམས་ཀྱི་བཀའ་བདེན་པ་དང་། སངས་རྒྱས་ཀྱི་བདེན་པ་དང་། ཆོས་ཀྱི་བདེན་པ་དང་། དགེ་འདུན་གྱི་བདེན་པ་དང་། སྒྲོལ་དཀར་ཡིད་བཞིན་འཁོར་ལོའི་ལྷ་ཚོགས་ཀྱི་སྐུ་གསུང་ཐུགས་ཀྱི་གསང་བ་བླ་ན་མེད་པའི་བདེན་པ་ལ་བརྟེན་ནས། རྡོ་རྗེ་སློབ་མ་འདི་རྣམས་ལ་གནོད་ཅིང་འཚེ་བའི་གདོན་བགེགས་ཐམས་ཅད་དྲི་ཆུ་འདིས་ཚིམས་པར་གྱིས་ལ་རང་རང་གི་གནས་སུ་སོང་ཞིག །ཨོཾ་སུམྦྷ་ནི་ཞེས་སོགས་སྔགས་དྲག་ཏུ་བརྗོད་ཅིང་། དྲི་ཆུ་ཕྱི་རོལ་འདོར། སངས་རྒྱས་(༢༩ན)རྣམས་ནི་བདུད་ལས་རྒྱལ། །ཆོས་ནི་ཆོས་

མ་ཡིན་ལས་རྒྱལ། །དགེ་འདུན་མུ་སྟེགས་རྣམས་ལས་རྒྱལ། །དབང་པོ་ལྷ་མིན་རྣམས་ལས་རྒྱལ། །ལྷ་མིན་ཟླ་བ་རྣམས་ལས་རྒྱལ། །ནམ་མཁའ་ལྡིང་ནི་རྒྱ་མཚོ་ལས། །མེ་ནི་ཤིང་རྣམས་ཀུན་ལས་རྒྱལ། །ཆུ་ནི་མེ་ལས་རྒྱལ་བ་སྟེ། །རླུང་ནི་སྤྲིན་ལས་རྒྱལ་བར་གྱུར། །རྡོ་རྗེ་ཡིས་ནི་རིན་ཆེན་ཕུག །ལྷ་རྣམས་བདེན་པར་རབ་ཏུ་གནས། །ས་ཡང་བདེན་པར་གནས་པ་ལ། །སངས་རྒྱས་དང་ནི་ཆོས་ཀྱང་བདེན། །བདེན་པ་རྒྱལ་གྱུར་རྫུན་མ་ལགས། །བདེན་པ་དང་བདེན་པའི་ཚིག་འདི་དག་གིས་སློབ་མ་འདི་རྣམས་བདུད་དང་མི་མཐུན་པའི་ཕྱོགས་ཐམས་ཅད་ལས་རྒྱལ་བར་གྱུར་ཅིག །ཛ་ཡ་ཛ་ཡ་སིདྡྷི་སིདྡྷི་སྭཱཧཱ། སློབ་དཔོན་གྱི་ཐུགས་ཀར་པད་ཟླའི་སྟེང་དུ་ཧཱུྃ་ཡིག་དཀར་པོ་དེ་ལས་འོད་ཟེར་འཕྲོས། ཁྱེད་རང་རྣམས་ཀྱི་ལུས་ཀྱི་ཕྱི་ནང་བར་གསུམ་ཐམས་ཅད་ཁྱབ། ཤ་སྐྱི་ལྤགས་མཚམས་ཐམས་ཅད་འོད་ཟེར་ལས་གྲུབ་པའི་རྡོ་རྗེའི་རྡུལ་ཕྲ་རབ་ཀྱི་རང་བཞིན་དུ་གྱུར་ཏེ། ནད་གདོན་སྡིག་སྒྲིབ་ཐམས་ཅད་ཀྱི་གནོད་པས་མི་ཚུགས་པའི་སྲུང་བ་ཆེན་པོར་བྱིན་གྱིས་བརླབས་པར་གྱུར། ཨོཾ་ཏཱ་རེ་སོགས་ཀྱི་མཐར་སློབ་མ་རྣམས་སྡིག་པ་དང་སྒྲིབ་པ་ཐམས་ཅད་ལས་རཀྵ་རཀྵ། ཞེས་པ་ནས་མི་མཐུན་པའི་ཕྱོགས་ཐམས་ཅད་ལ་རཀྵ་རཀྵ། རྒྱལ་བ་སྲས་བཅས་རྣམས་ཀྱི་བྱིན་རླབས་དང་། །རྗེ་བཙུན་འཕགས་མ་སྒྲོལ་མའི་བྱིན་རླབས་ཀྱིས། །སློབ་མ་རྣམས་ལ་བདག་གིས་བསྲུངས་(༤་བ)ཟིན་གྱི། །འདི་ལ་སུས་ཀྱང་གནོད་པ་མ་བྱེད་ཅིག །བཛྲ་རཀྵ་རཀྵ། དེས་རྗེ་བཙུན་སྒྲོལ་མའི་རྗེས་གནང་ཐོབ་པ་ལགས། རྗེས་ཆོག་སྤྱི་དང་འདྲ། །

༄ པཎ་ཆེན་ནགས་རིན་ལུགས་ཀྱི་སྒྲོལ་དཀར་ཡིད་བཞིན་འཁོར་ལོ་ལ། སྐྱབས་འགྲོ་སེམས་བསྐྱེད་དང་། ཁྱད་པར་གྱི་སེམས་བསྐྱེད། ཚད་མེད་བཞི་བསྒོམ་པ་སྔོན་དུ་བཏང་། འདི་ལ་ཚོགས་ཞིང་མི་དགོས། ཨོཾ་ཤཱུ་ནྱ་ཏཱ་ཛྙཱ་ན་བཛྲ་སྭ་བྷཱ་ཝ་ཨཱཏྨ་ཀོ྅ཧཾ། སྟོང་པ་ཉིད་དུ་གྱུར། སྟོང་པའི་ངང་ལས་ཧཱུྃ་ལས་རྡོ་རྗེའི་ས་གཞི་ར་གུར་བླ་བྲེ་མེ་

རིས་བསྐོར་བའི་ནང་དུ་ཧཱུྃ་ལས་ཆུ་ཤེལ་གྱི་གཞལ་ཡས་ཁང་གྲུ་བཞི་སྒོ་བཞི་མཚན་
ཉིད་ཐམས་ཅད་དང་ལྡན་པའི་དབུས་སུ་པཾ་ལས་པདྨ་དཀར་པོ་འདབ་མ་སྟོང་ལྡན་
ཡལ་ག་ལོ་འདབ་རབ་ཏུ་རྒྱས་པའི་སྡོང་པོ་དང་བཅས་པ། པདྨའི་ལྟེ་བར་ཨ་ལས་
ཟླ་བ་ཉ་གང་ཞིང་། རྙོག་པའི་དྲི་མ་དང་བྲལ་བ། དེའི་སྟེང་དུ་རང་གི་སེམས་ཉིད་
ཧཾ་ཡིག་དཀར་པོ་ལས་ཨུཏྤལ་དཀར་པོའི་སྡོང་བུ་ཟེའུ་འབྲུ་ལ་ཧཾ་ཡིག་དཀར་པོས་
མཚན་པར་གྱུར། དེ་ལས་འོད་ཟེར་འཕྲོས། འཕགས་པ་མཆོད། སེམས་ཅན་ཐམས་
ཅད་ཀྱི་དོན་བྱས། སླར་འདུས་ཤིང་ཐིམ་པ་ཡོངས་སུ་གྱུར་པ་ལས། རང་ཉིད་ལྷ་མོ་
སྒྲོལ་མ་ཡིད་བཞིན་འཁོར་ལོ་སྐུ་མདོག་ཟླ་བ་ལྟར་དཀར་བ། ནོར་བུ་ཆུ་ཤེལ་ལྟར་
དྭངས་ལ་དྲི་མ་མེད་པའི་འོད་ཟེར་ལྔ་ལྡན་དུ་འཕྲོ་བ། རབ་ཏུ་ཞི་བ་ཆེན་པོའི་འཛུམ་
ཞལ་ཅན། ཨུཏྤ་ལའི་འདབ་མ་ལྟར་རབ་ཏུ་རྒྱས་པའི་སྤྱན་བདུན་དང་ལྡན་མ། ཕྱག་
གཡས་(༣༠ན)མཆོག་སྦྱིན་དང་གཡོན་པའི་མཐེབ་སྲིན་གྱིས་ཨུཏྤལ་དཀར་པོའི་སྡོང་
བུའི་རྩ་བ་ཐུགས་ཀར་འཛིན་ཅིང་། རབ་ཏུ་རྒྱས་པའི་སྙན་གྱི་ཐད་ཀར་ཁ་བྱེ་བ།
སྒེག་ཅིང་ཆགས་པའི་ཉམས་ལྡན་ནུ་འབུར་ཟུང་གིས་མཛེས་པ། སྨུ་ཏིག་དཀར་པོ་
གཙོ་བོར་གྱུར་པའི་རིན་པོ་ཆེ་སྣ་ཚོགས་ཀྱི་དབུ་རྒྱན། སྙན་རྒྱན། མགུལ་རྒྱན། དོ་
ཤལ། སེ་མོ་དོ། དཔུང་རྒྱན། ཕྱག་གདུབ། རྐེད་རྒྱན། ཞབས་གདུབ། གཡེར་ཁའི་
འཕྲེང་བ་དང་བཅས་པ་དང་། ལྷ་རྫས་ཀྱི་མེ་ཏོག་དུ་མས་མཛེས་པ། དར་དཀར་
པོའི་སྟོད་གཡོགས་དང་། སྣ་ཚོགས་དར་གྱི་སྨད་དཀྲིས་གསོལ་བ། དབུ་སྐྲ་ལི་བ་
ལྟག་པར་བཅིངས་པའི་ཟུར་ཕུད་རྣམ་པར་གཡོ་ཞིང་། གཞོན་ནུའི་ལུས་ཅན་རྡོ་
རྗེའི་སྐྱིལ་ཀྲུང་གིས་འགྱིང་ཚུལ་དུ་བཞུགས་པ། འོད་དཔག་མེད་ཀྱིས་དབུ་བརྒྱན་
ཅིང་། རི་བོང་འཛིན་པའི་རྒྱབ་ཡོལ་ཅན་དུ་གྱུར། བཟླས་པ་བྱ་བ་ནི། རང་གི་སྙིང་
གར་པད་ཟླའི་གདན་ལ་འཁོར་ལོ་དཀར་པོ་རྩིབས་བརྒྱད་མུ་ཁྱུད་རིམ་པ་གསུམ་
དང་བཅས་པའི་ལྟེ་བར་ཟླ་བ་ལ་ཧཾ་ཡིག་དཀར་པོ། མཐའ་སྐོར་དུ་ཨོཾ་བདག་མེད་

འདི་ཞེས་བགྱི་བའི་ཚེ་དང་བསོད་ནམས་ཡེ་ཤེས་རྒྱས་པར་མཛོད་ཅིག་ཏྭཱ། ཞེས་པ་རྣམས་གཡས་སྐོར་དང་། རྩིབས་བརྒྱད་ལ། ཏཱ་རེ་ཏུཏྟཱ་རེ་ཏུ་རེ་སྭཱ། ཞེས་ཡི་གེ་བརྒྱད་ཀྱིས་བསྐོར་བ། མུ་ཁྱུད་ནང་མ་ལ་ཨཱ་ལི་གཡོན་སྐོར། བར་མ་ལ་ཀཱ་ལི་གཡས་སྐོར། ཕྱི་མ་ལ་རྟེན་འབྲེལ་སྙིང་པོས་གཡས་སྐོར་དུ་བསྐོར་བ། ས་བོན་སྔགས་ཕྲེང་དང་བཅས་པ་ལས་འོད་ཟེར་(༣༠བ)འཕྲོས། ཕྱོགས་བཅུའི་བླ་མ་ཡི་དམ་སངས་རྒྱས། བྱང་སེམས་ཐམས་ཅད་ལ་མཆོད། སེམས་ཅན་ཐམས་ཅད་ཀྱི་ཚེ་སྤེལ་བ་ལ་སོགས་པའི་དོན་བྱས། སངས་རྒྱས་ཐམས་ཅད་ཀྱི་ཐུགས་རྗེ་བྱིན་རླབས་རྣམས་ཚུར་བསྡུས། འོད་ཟེར་རྣམས་ས་བོན་སྔགས་ཕྲེང་དང་བཅས་པ་ལ་ཐིམ་པས། བཀྲག་མདངས་གཟི་བརྗིད་རབ་ཏུ་འབར་བའི་རྣམ་པར་གྱུར། སྒྲོ་བསྡུའི་དམིགས་པ་དེ་ཉིད་ལ་གནས་བཞིན་པའི་སྒོ་ནས། ཨོཾ་ཏཱ་རེ་ཏུཏྟཱ་རེ་ཏུ་རེ་མ་མ་ཨཱ་ཡུར་པུཎྱེ་ཛྙཱ་ན་པུཥྚིཾ་ཀུ་རུ་སྭཱཧཱ། ཞེས་སྤེལ་ཚིག་དང་བཅས་པ་འདི་ནི་ལས་སྔགས་སོ། །གཞུང་དུ་ལས་སྔགས་ཁོ་ན་ལ་བཟླས་པ་བྱ་བར་གསུངས། བཟླས་པའི་མཐར་ཡིག་བརྒྱ་བརྗོད། དགེ་བ་འདི་ཡིས་མྱུར་དུ་བདག །ཞེས་སོགས་དགེ་བ་བསྔོ། ༈ མདུན་བསྐྱེད་ནི། ཁྲིས་སྐུ་དགྲམ། མཎྜལ་གྱི་ཁར་པདྨ་འདབ་བརྒྱད་དཀར་པོའི་ལྟེ་བར་ལྷའི་སྐུ་མདོག་དང་མཚུངས་པའི་ཚོམ་བུ་བཀོད། དེའི་མདུན་དུ་མཆོད་པ་དང་། བུམ་ཆུ་བསྒྲུབ་པ་སོགས་སྔར་བཞིན་སྔོན་དུ་བཏང་། མཆོད་པ་བྱིན་གྱིས་བརླབས་ནས། མདུན་བསྐྱེད་ཀྱི་ཚོམ་བུ་བཛྲ་ཨ་མྲྀ་ཏས་བསངས། སྭ་བྷཱ་ཝས་སྦྱངས། སྟོང་པའི་ངང་ལས་བྷྲཱུཾ་ལས་རྡོ་རྗེའི་ས་གཞི་ར་གུར་བླ་བྲེ་མེ་རིས་བསྐོར་བའི་ནང་དུ། ཧྲཱུཾ་ལས་ཆུ་ཤེལ་གྱི་གཞལ་ཡས་ཁང་གྲུ་བཞི་སྒོ་བཞི་མཚན་ཉིད་ཐམས་ཅད་དང་ལྡན་པའི་དབུས་སུ་པཾ་ལས་པདྨ་དཀར་པོ་འདབ་མ་སྟོང་ལྡན་ཡལ་ག་ལོ་འདབ་རབ་ཏུ་རྒྱས་པའི་སྡོང་པོ་དང་བཅས་པ། (༣༡ན)པདྨའི་ལྟེ་བར་ཨ་ལས་ཟླ་བ་ཉ་གང་ཞིང་། རྙོག་པའི་དྲི་མ་དང་བྲལ་བ། དེའི་སྟེང་དུ་ཏཾ་ཡིག་དཀར་པོ་དེ་ལས་འོད་ཟེར་འཕྲོས། འཕགས་པ་

མཆོད། སེམས་ཅན་གྱི་དོན་བྱས། སླར་འདུས་ཤིང་ཐིམ་པ་ཡོངས་སུ་གྱུར་པ་ལས། ལྷ་མོ་སྒྲོལ་མ་ཡིད་བཞིན་འཁོར་ལོ་ཞེས་པ་ནས། རི་བོང་འཛིན་པའི་རྒྱབ་ཡོལ་ཅན་དུ་གྱུར། །དཔལ་བར་ཟླ་བ་ལ། ཨོཾ་དཀར་པོ། མགྲིན་པར་པདྨ་ལ་ཨཱཿདམར་པོ། ཐུགས་ཀར་ཉི་མ་ལ་ཧཱུྃ་སྔོན་པོ། ཧཱུྃ་གི་སྟོད་ཙམ་དུ་པད་དཀར་དང་ཟླ་བ་ལ་ཧཾ་ཡིག་དཀར་པོ། རང་གི་སྙིང་ག་ནས་འོད་ཟེར་འཕྲོས། རང་བཞིན་གྱི་གནས་ནས་རྗེ་བཙུན་མ་འཕགས་མ་སྒྲོལ་མ་དཀར་མོའི་ལྷ་ཚོགས་ཐམས་ཅད་བཛྲ་ས་མ་ཛཿ མ་ལུས་སེམས་ཅན་ཀུན་གྱི་མགོན་གྱུར་ཅིང་། །ཞེས་པ་ནས། བཅོམ་ལྡན་འཁོར་བཅས་གནས་འདིར་གཤེགས་སུ་གསོལ། །ཨོཾ་བཛྲ་ཨརྒྷཾ་སྭཱཧཱ། ཨོཾ་བཛྲ་པཱ་དྱཾ་སྭཱཧཱ། ཨོཾ་བཛྲ་པུཥྤེ་ཨཱཿཧཱུྃ་ནས་ཨོཾ་བཛྲ་ཤབྡ་ཨཱཿཧཱུྃ། ཞེས་པའི་བར་གྱིས་མཆོད། ཛཿཧཱུྃ་བཾ་ཧོཿ གཉིས་སུ་མེད་པར་ཐིམ། དམ་ཚིག་པ་དང་ཡེ་ཤེས་པ་དབྱེར་མེད་པའི་ངོ་བོར་གྱུར། སླར་ཡང་རང་གི་སྙིང་གའི་ཧཱུྃ་ལས་འོད་ཟེར་འཕྲོས། དབང་གི་ལྷ་རྒྱལ་བ་རིགས་ལྔ་འཁོར་དང་བཅས་པ་བཛྲ་ས་མ་ཛཿ ཨོཾ་པཉྩ་ཀུ་ལ་ས་པ་རི་ཝཱ་ར་ཨརྒྷཾ་ནས་ཤབྡའི་བར་གྱིས་གོང་བཞིན་མཆོད། དེ་བཞིན་གཤེགས་པ་ཐམས་ཅད་ཀྱིས་འདི་ལ་མངོན་པར་དབང་བསྐུར་བ་བསྐུལ་དུ་གསོལ། ཞེས་གསོལ་བ་བཏབ་(༣༧བ)པས། དབང་གི་ལྷ་རྣམས་ཀྱིས། ཇི་ལྟར་བལྟམས་པ་ནས་ཤྲཱི་ཡེ་ཧཱུྃ། ཞེས་གསུངས་ཤིང་། བུམ་པའི་ཆུས་དབང་བསྐུར། སྐུ་གང་དྲི་མ་དག །ཆུའི་ལྷག་མ་ཡར་ལུད་པ་ལས། འོད་དཔག་མེད་ཀྱིས་དབུ་བརྒྱན་པར་གྱུར། སླར་ཡང་རང་གི་སྙིང་གའི་འོད་ཟེར་གྱིས། བླ་མ་ཡི་དམ་སངས་རྒྱས་བྱང་སེམས་འཕགས་པ་ཉན་རང་གི་ཚོགས་ཐམས་ཅད་མཆོད་པའི་ཡུལ་དུ་བཛྲ་ས་མ་ཛཿ མ་ལུས་སེམས་ཅན་ཀུན་གྱི་མགོན་གྱུར་ཅིང་། །ཞེས་པ་ནས། ཡོངས་དག་འཁོར་དང་བཅས་ཏེ་གཤེགས་སུ་གསོལ། །ཨོཾ་ཨ་མྲི་ཏའི་སྔགས་ཀྱིས་ཕྱིར་འབྲང་གི་བགེགས་བསྐྲད། ཨོཾ་པདྨ་ཀ་མ་ལ་ཡེ་སྟྭཾ། གདན་ཕུལ་བར་བསམ། མཆོད་པ་འབུལ་བ་ནི། ཨོཾ་ཨཱརྱ་ཏཱ་རེ་གུ་རུ་བུདྡྷ་བོ་དྷི་སཏྭ་ས་པ་རི་

ཝཱ་ར་མཧཱ་ལ་བླཱུཿཨརྒྷཾ་པྲ་ཏཱིཙྪ་སྭཱ་ཧཱ་ཛ་མེ་ཧཱ་ས་མུ་དྲ་སྤྲ་ར་ཎ་ས་མ་ཡེ་ཧཱུཾ། དེ་བཞིན་དུ་ཨརྒྷཾ་གྱི་གནས་སུ། པུཥྤཾ་ལ་ཡང་སྦྱར། ཨོཾ་ཨཱརྻ་ཏཱ་རེ་ས་པ་རི་ཝཱ་ར་བླཱུཿབཛྲ་པུཥྤེ་པྲ་ཏཱིཙྪ་ན་མཿ དེ་བཞིན་དུ། དྷཱུ་པེ། ཨཱ་ལོ་ཀེ །གནྡྷེ། ནཻ་ཝི་ཏྱ། ཤབྡ་རྣམས་སྦྱར་ཏེ་འབུལ་ལོ། །དེ་ནས་བསྟོད་པ་ནི། འཁོར་བ་ལས་སྒྲོལ་ཏཱ་རེ་མ། །ཏུཏྟཱ་རེ་ཡིས་འཇིགས་བརྒྱད་སྒྲོལ། །ཏུ་རེས་ན་བ་ཀུན་ལས་སྐྱོབ། །སྒྲོལ་མ་ལ་ནི་ཕྱག་འཚལ་བསྟོད། །བཟླས་པ་བྱ། གཏོར་མ་ཨ་མྲི་ཏས་བསངས། སྭ་བྷཱ་ཝས་སྦྱངས། སྟོང་པའི་ངང་ལས་གཏོར་སྣོད་ཡངས་ཤིང་རྒྱ་ཆེ་བ་རིན་པོ་ཆེ་ལས་གྲུབ་པའི་ནང་དུ། ཨོཾ་ཨཱཿཧཱུཾ་ཞུ་བ་ལས་བྱུང་བའི་གཏོར་མ་འདོད་(༢༢ན)རྒུའི་རྒྱ་མཚོ་ཆེན་པོ་ཁ་དོག་དྲི་རོ་ནུས་མཐུ་ཕུན་སུམ་ཚོགས་པར་གྱུར། ཨོཾ་ཨཱཿཧཱུཾ། ལན་གསུམ་མམ་ལན་བདུན་གྱིས་བྱིན་གྱིས་བརླབས། ཨོཾ་ཏཱ་རེ་ཏུཏྟཱ་རེ་ཏུ་རེ་ཨི་དཾ་བ་ལིཾ་ཏ་ཁ་ཁ་ཁཱ་ཧི་ཁཱ་ཧི། ལན་བདུན་གྱིས་རྗེ་བཙུན་མ་དང་། ཨ་ཀཱ་རོ་ལན་གསུམ་གྱིས་འཁོར་ཚོགས་ཐམས་ཅད་ལ་ཕུལ་བར་མོས། གོང་ལྟར་མཆོད། དགེ་བ་ཅན་མ་གཟི་བརྗིད་ལྡན། །དབྱངས་ཅན་མ་དང་ནོར་གྱི་བདག །དཔལ་མོ་ལ་སོགས་སྤྲུལ་པ་མཛད། །ལྷ་མོ་སྒྲོལ་མ་ལ་ཕྱག་འཚལ། །གང་གི་ཐུགས་རྗེའི་འོད་དཀར་གྱིས། །མ་ལུས་འགྲོ་བའི་དོན་མཛད་ཅིང་། །མགོན་མེད་རྣམས་ཀྱི་མགོན་དང་སྐྱབས། །རྒྱལ་བ་སྲས་དང་བཅས་ལ་འདུད། །མཆོད་སྦྱིན་གཏོར་མ་འདི་བཞེས་ལ། །རྣལ་འབྱོར་བདག་ཅག་འཁོར་བཅས་ལ། །ཞེས་པ་ནས། ཡིད་ལ་འདོད་པ་ཀུན་འགྲུབ་ཤོག །ཅེས་པའི་བར་བརྗོད་ཅིང་། འདོད་དོན་གསོལ་བ་བཏབ། ཡི་གེ་བརྒྱ་པས་ལྷག་ཆད་ཁ་བསྐངས། ནོངས་པ་བཟོད་པར་གསོལ། ༈ རྗེས་གནང་ནི། རྟུལ་ཚོན་གྱི་པདྨ་འདབ་བརྒྱད་འབྲི་བ་མ་ལྕོགས་ན། མཎྜལ་ལ་ཚོམ་བུ་བཀོད་པ་ཙམ་གྱིས་ཆོག་ཅིང་། སློབ་དཔོན་གྱིས་བདག་བསྐྱེད་བཟླས་པའི་བར་བྱ། མདུན་བསྐྱེད་ཀྱི་བསྟོད་པའི་རྗེས་གཏོར་ཆོག་གི་གོང་དུ་བཟླས་པ་བྱ། དེ་ནས་གཏོར་ཆོག་སོང་མཚམས་སུ། སློབ་མས་མཎྜལ་ཕུལ།

དེ་ལྟར་མཉྫལ་ཕུལ་ནས་གསོལ་བ་འདེབས་པ་འདིའི་རྗེས་ཀློས་མཛོད། (༣༢བ)རྡོ་རྗེ་འཛིན་པ་དགོངས་སུ་གསོལ་ནས། བསྟུལ་དུ་གསོལ། ལན་གསུམ། དེ་ནས་སློབ་དཔོན་དང་མདུན་གྱི་ཚོམ་བུ་གཉིས་ཀ་འཕགས་མ་སྒྲོལ་མ་ཡིད་བཞིན་འཁོར་ལོར་དངོས་སུ་མོས་ལ་དེའི་སྙིང་གི་ཆ་ལ་བརྒྱུད་པའི་བླ་མ་ཡི་དམ་དཀྱིལ་འཁོར་གྱི་ལྷ་ཚོགས་སངས་རྒྱས་བྱང་སེམས་ཐམས་ཅད་བཞུགས་པའི་དྲུང་དུ་སྐྱབས་འགྲོ་སྔོན་དུ་འགྲོ་བའི་བྱང་ཆུབ་ཀྱི་སེམས་བཟུང་བ་ལ་སོགས་པ་བགྱིད་སྙམ་པའི་བསམ་པས་འདིའི་རྗེས་ཀློས་མཛོད། དཀོན་མཆོག་གསུམ་ལ་བདག་སྐྱབས་མཆི། །སོགས་ལན་གསུམ། རྗེས་གནང་དངོས་ལ་དམིགས་པ་འདི་བཞིན་དུ་མཛོད། སློབ་དཔོན་གྱི་ཐུགས་ཀ་ནས་འོད་ཟེར་འཕྲོས། མདུན་བསྐྱེད་ཀྱི་ཐུགས་རྒྱུད་བསྐུལ། དེའི་ཐུགས་ཀ་ནས་འོད་ཟེར་འཕྲོས། ཁྱེད་རང་རྣམས་ཀྱི་ལུས་ལ་ཕོག་པས་རྣམ་སྨིན་ཤ་ཁྲག་རྗོས་བཅས་ཀྱིས་མཚོན་པའི་མ་དག་པའི་སྣང་བ་ཐམས་ཅད་མི་དམིགས་ཏེ་སྟོང་པར་སྒྱུར་ངས། ཨོཾ་སྭ་བྷཱ་ཝ་ཤུདྡྷཱ་སརྦ་དྷརྨཱ་སྭ་བྷཱ་ཝ་ཤུདྡྷོ྅ཧཾ། སྟོང་པའི་ངང་ལས་པད་ཟླའི་གདན་ལ་ཁྱེད་རང་རྣམས་ཏཾ་ལས་ལྷ་མོ་སྒྲོལ་མ་ཡིད་བཞིན་འཁོར་ལོ་སྐུ་མདོག་ཟླ་བ་ལྟར་དཀར་བ་ནོར་བུ་ཆུ་ཤེལ་ལྟར་དྭངས་ལ་དྲི་མ་མེད་པའི་འོད་ཟེར་ལྔ་ལྡན་དུ་འཕྲོ་བ། རབ་ཏུ་ཞི་བ་ཆེན་པོའི་འཛུམ་ཞལ་ཅན། ཨུཏྤ་ལའི་འདབ་མ་ལྟར་རབ་ཏུ་རྒྱས་པའི་སྤྱན་བདུན་དང་ལྡན་པ། ཕྱག་གཡས་མཆོག་སྦྱིན་དང་གཡོན་པའི་མཐེབ་སྲིན་གྱིས་ཨུཏྤལ་དཀར་པོའི་སྡོང་བུའི་རྩ་བ་ཐུགས་(༣༣ན)ཀར་འཛིན་ཅིང་། རབ་ཏུ་རྒྱས་པའི་སྔན་གྱི་ཐད་ཀར་ཁ་བྱེ་བ། སྙིག་ཅིང་ཆགས་པའི་ཉམས་ལྡན་ནུ་འབུར་བྲུང་གིས་མཛེས་པ། སྨུ་ཏིག་དཀར་པོ་གཙོ་བོར་གྱུར་པ། རིན་པོ་ཆེ་སྣ་ཚོགས་ཀྱི་དབུ་རྒྱན། སྙན་རྒྱན། མགུལ་རྒྱན། དོ་ཤལ། སེ་མོ་དོ། དཔུང་རྒྱན། ཕྱག་གདུབ། སྐེད་རྒྱན། ཞབས་གདུབ། གཡེར་ཁའི་འཕྲེང་བ་དང་བཅས་པ་དང་། ལྷ་རྫས་ཀྱི་མེ་ཏོག་དུ་མས་མཛེས་པ། དར་དཀར་པོའི་སྟོད་གཡོགས་དང་། སྨད་

ཚོགས་དར་གྱི་སྨད་དཀྲིས་གསོལ་བ། དབུ་སྐྲ་ལི་བ་ལྷག་པར་བཅིངས་པའི་ཟུར་ཕུད་རྣམ་པར་གཡོ་ཞིང་། གཞོན་ནུའི་ལུས་ཅན་རྡོ་རྗེའི་སྐྱིལ་ཀྲུང་གིས་འགྱིང་ཚུལ་དུ་བཞུགས་པ། འོད་དཔག་མེད་ཀྱིས་དབུ་བརྒྱན་ཅིང་། རི་བོང་འཛིན་པའི་རྒྱབ་ཡོལ་ཅན་དུ་གྱུར། དཔྲལ་བར་ཟླ་བ་ལ་ཨོཾ་དཀར་པོ། མགྲིན་པར་པདྨ་ལ་ཨཱཿདམར་པོ། ཐུགས་ཀར་ཉི་མ་ལ་ཧཱུྃ་སྔོན་པོ། ཧཱུྃ་གི་སྟོད་ཙམ་དུ་པད་དཀར་དང་ཟླ་བ་ལ་ཧྲཾ་དཀར་པོ། དེ་ནས་སློབ་དཔོན་ལ་མོས་གུས་དྲུང་བ་བྱས་པས། སློབ་དཔོན་གྱི་ཐུགས་ཀ་ནས་འོད་ཟེར་འཕྲོས། སངས་རྒྱས་བྱང་སེམས་ཐམས་ཅད་སྒྲོལ་དཀར་ཡིད་བཞིན་འཁོར་ལོའི་རྣམ་པར་སྤྱན་དྲངས། ཁྱེད་རང་རྣམས་ཀྱི་ལུས་ལ་ཐིམ། སྔ་ཕྱོགས་རི་པོ་ཏ་ལ་ནས་རྗེ་བཙུན་མ་འཕགས་མ་སྒྲོལ་མ་དཀར་མོ་ལ། བླ་མ་ཡི་དམ་སངས་རྒྱས་བྱང་ཆུབ་སེམས་དཔས་བསྐོར་བ་སྤྱན་དྲངས། ཁྱེད་རང་རྣམས་ལ་ཐིམ། སློབ་དཔོན་དང་སྒྲོལ་དཀར་ཡིད་བཞིན་འཁོར་(༣༣བ)ལོའི་ཐུགས་ཀ་ནས། སྒྲོལ་དཀར་ཡིད་བཞིན་འཁོར་ལོའི་སྐུ་ཆེ་བ་རི་རབ་ཙམ། ཆུང་བ་ཡུངས་འབྲུ་ཙམ། ཡང་ཆུང་རྡུལ་ཕྲན་ཙམ་བསམ་གྱིས་མི་ཁྱབ་པ་ཁ་བ་བུ་ཡུག་འཚུབ་པ་བཞིན་དུ་ཁྱེད་རང་རྣམས་ཀྱི་ལུས་ལ་གཉིས་སུ་མེད་པར་སིབ་སིབ་ཐིམ་པར་མོས་པ་མཛོད་བྱས་ལ། དྲི་ཞིམ་པོའི་སྤོས་དུད་དང་། རོལ་མོ་འཛམ་རོལ་རྒྱུན་རིང་བས་ཕྱིན་དབབ། སློབ་དཔོན་གྱིས་རྡོ་རྗེ་གསོར་ཞིང་དྲིལ་བུ་འཁྲོལ་བཞིན་པས། ཨོཾ་ཨཱཏྟ་ཏཱ་རེ་བཛྲ་ཨ་བེ་ཤ་ཨ་ཨ། ཞེས་ལན་ཉེར་གཅིག་ནས་བརྒྱ་རྩའི་བར་གང་འོས་པ་བརྗོད་དོ། །

དེས་སྐུའི་རྗེས་གནང་གྲུབ་པ་ལགས། ཡང་དམིགས་པ་འདི་བཞིན་དུ་མཛོད། ཁྱེད་རང་རྣམས་ཀྱི་སྙིང་གར་པད་ཟླ་ལ་འཁོར་ལོ་དཀར་པོ་རྩིབས་བརྒྱད་སུ་ཕྲུད་རིམ་པ་གསུམ་དང་བཅས་པའི་ལྟེ་བར་ཟླ་བའི་དཀྱིལ་འཁོར་གྱི་སྟེང་དུ་ཧྲཾ་ཡིག་དཀར་པོ། མཐའ་སྐོར་དུ་ཨོཾ་མ་མ་ཨཱ་ཡུར་པུཎྱེ་ཛྙཱ་ན་པུཥྚིཾ་ཀུ་རུ་ཧཱ། རྩིབས་བརྒྱད་ལ། ཏཱ་རེ་ཏུཏྟཱ་རེ་ཏུ་རེ་སྭཱ། ཞེས་པའི་སྔགས་ཀྱི་ཡིག་འབྲུ་རྣམས་ཁ་དོག་དཀར་པོ་སུ་ཕྲུད་

ནང་མ་ལ་ཨཱ་ལི་ཁ་དོག་དཀར་པོ་གཡོན་སྐོར། བར་མ་ལ་ཀཱ་ལི་དམར་པོ་གཡས་སྐོར། ཕྱི་མ་ལ་རྟེན་འབྲེལ་སྙིང་པོ་ཁ་དོག་སྔོན་པོས་གཡས་སྐོར་དུ་བསྐོར་བ་མགོ་གྱེན་དུ་བསྟན། ཁ་ནང་དུ་ཕྱོགས་པ་འོད་ཟེར་འབར་བའི་རྣམ་པ་ཅན་དུ་བཞུགས་པར་མོས། སློབ་དཔོན་དང་མདུན་བསྐྱེད་ཀྱི་ཐུགས་ཀའི་འཁོར་ལོ་སྔགས་ཕྲེང་དང་བཅས་པ་ལས་རང་འདྲ་ཞིག་ཆད། ཞལ་ནས་(༣༨ན)ཐོན། ཁྱེད་རང་རྣམས་ཀྱི་ཁ་སྒོ་ནས་ཞུགས། སྙིང་གའི་འཁོར་ལོ་སྔགས་ཕྲེང་དང་བཅས་པ་ལ་ཐིམ་པར་མོས་ལ། འདིའི་རྗེས་ཟློས་མཛོད་བྱས་ལ། རྟེན་འབྲེལ་སྙིང་པོ། ཀཱ་ལི། ཨཱ་ལི་རྣམས་ཚར་རེ་དང་། ཨོཾ་ཏཱ་རེ་ཏུཏྟཱ་རེ་ཏུ་རེ་མ་མ་ཨཱ་ཡུར་པུཎྱེ་ཛྙཱ་ན་པུཥྚིཾ་ཀུ་རུ་སྭཱཧཱ། ཞེས་ལན་གསུམ་རྗེས་བཟླས་བྱར་གཞུག །དེས་སྔགས་ཀྱི་བཟླས་ལུང་ཐོབ། འོན་ཀྱང་བཟླས་བརྗོད་མ་བྱས་ན། ལུང་ཐོག་པ་ཙམ་གྱིས་དངོས་གྲུབ་མི་ཐོབ་པས། བཟླས་བརྗོད་ཀྱི་དོན་དུ་དམ་བཅའ་བའི་ལུང་ནི། དུས་འདི་ནས་བཟུང་སྟེ་ཇི་སྲིད་བྱང་ཆུབ་མ་ཐོབ་བར་དུ། རྗེ་བཙུན་མ་འཕགས་མ་སྒྲོལ་དཀར་ཡིད་བཞིན་འཁོར་ལོ་ཡི་དམ་གྱི་ལྷར་བཟུང་ནས། དེའི་གཟུངས་སྔགས་ཉིན་རེ་ལ་རང་གི་བློ་དང་འཚམས་པ་འདི་ཙམ་རེ་མ་ཆག་པར་བཟླ་སྙམ་པས་འདིའི་རྗེས་ཟློས་མཛོད། ཕྱོགས་བཅུ་ན་བཞུགས་པའི་སངས་རྒྱས་དང་བྱང་ཆུབ་སེམས་དཔའ་ཐམས་ཅད་དང་། སློབ་དཔོན་བདག་ལ་དགོངས་སུ་གསོལ། བདག་མིང་འདི་ཞེས་བགྱི་བ་དུས་འདི་ནས་བཟུང་སྟེ། ཇི་སྲིད་བྱང་ཆུབ་སྙིང་པོ་ལ་མཆིས་ཀྱི་བར་དུ། སྒྲོལ་དཀར་ཡིད་བཞིན་འཁོར་ལོ་ཡི་དམ་གྱི་ལྷར་བཟུང་ནས། དེའི་གཟུངས་སྔགས་ཉིན་རེ་ལ་ཅི་ནུས་རེ་བཟླ་བར་དམ་འཆའ་ལགས་སོ། །ལན་གསུམ། དེ་ལྟར་སྔགས་བཟླས་པས་ཀྱང་དངོས་གྲུབ་ཙམ་ཐོབ་པར་འགྱུར་བ་ཡིན་མོད་ཀྱི། ལོ་དང་ཟླ་བ་མང་པོར་སྒྲུབ་པས་མཐར་གྱིས་དངོས་གྲུབ་ཐོབ་པ་(༣༨བ)ཞིག་ཀྱང་། བླ་མ་དང་ལྷའི་བྱིན་རླབས་ཀྱི་སྟོབས་ཀྱིས་ཉིན་ཞག་འགའ་ཞིག་ཙམ་གྱིས་ཀྱང་འགྲུབ་པའི་ཕྱིར། བྱིན་གྱིས་བརླབས་པའི་ལུང་བྱ་

དགོས་པས། སློབ་དཔོན་ལ་མེ་ཏོག་གཏོར་བཞིན་དུ་འདིའི་རྗེས་ཟློས་མཛོད། བཅོམ་ལྡན་བདག་ལ་ཞེས་སོགས་ལན་གསུམ། དེ་ལྟར་ཕུལ་བའི་མེ་ཏོག་དེ་ཉིད་ཐུགས་ཕྲེང་དུ་བྱིན་གྱིས་བརླབས་ཏེ། ཁྱེད་རང་རྣམས་ཀྱི་སྤྱི་བོར་གཏོར་བས། སྤྱི་གཙུག་གི་སྨ་ནས་ཞུགས་ཏེ། སྙིང་གར་ཐུགས་ཕྲེང་ལ་ཐིམ་ཞིང་། བྱིན་གྱིས་བརླབས་པར་མོས་པ་མཛོད། མེ་ཏོག་སྤྱི་བོར་གཏོར་ཏེ། བཅོམ་ལྡན་འདི་ལ་ཞེས་སོགས་ལན་གསུམ། སྙིང་གར་གཏོར་ཏེ། ཐུགས་ཀྱི་དངོས་གྲུབ་བསྩལ་དུ་གསོལ། བརྟུལ་ཞུགས་བརྟན་པར་མཛད་དུ་གསོལ། རྡོ་རྗེ་སློབ་མ་འདི་རྣམས་ཀྱི་རྒྱུད་ལ་རྗེ་བཙུན་མ་འཕགས་མ་སྒྲོལ་མ་དཀར་མོའི་གསུང་རིག་སྔགས་ཀྱི་ནུས་མཐུ་ཐམས་ཅད་ཐོགས་མེད་དུ་འཇུག་པར་གྱུར་ཅིག །ཅེས་གསུང་གི་རྗེས་གནང་ཐོབ་པ་ལགས། སློབ་དཔོན་གྱི་སྙིང་གའི་སྔགས་འཁོར་གྱི་འོད་ཀྱིས་རིགས་བདག་བསྐུལ། ཕྱག་གི་ལྷུང་བཟེད་ཀྱི་འོད་ཀྱིས་སྣོད་བཅུད་ཐམས་ཅད་ཀྱི་བཅུད་བསྡུས་ནས་ཁྱེད་རང་རྣམས་ཀྱི་སྤྱི་བོ་ནས་ཞུགས་ཏེ། སྙིང་གའི་སྔགས་འཁོར་ལ་ཐིམ་པར་མོས། འདིའི་རྗེས་རྒྱལ་བ་སྲས་བཅས་ཀྱི་བྱིན་རླབས་ཕྱག་མཚན་གྱི་རྣམ་པར་བཀུག་ནས་བསྟིམ་པ་སྤྱི་འགྲོ་ལྟར་བྱ་ཚུལ་གཞུང་དུ་མེད་ཀྱང་ཕྱག་ལེན་ལ་ཡོད་པས་སྦྱོར་ན་བྱ། (༣༥ན)དེས་ཐུགས་ཀྱི་རྗེས་གནང་ཐོབ་པ་ལགས། རྗེས་ཆོག་སྤྱི་ལྟར་བྱའོ། །

༄ དབྱངས་ཅན་མ་དཀར་མོ་ལ། སྐྱབས་འགྲོ་སེམས་བསྐྱེད་ཚད་མེད་བཞི་རྣམས་སྔོན་དང་མཐུན། བླ་མ་ཡི་དམ་སངས་རྒྱས་བྱང་ཆུབ་སེམས་དཔའི་ཚོགས་ཐམས་ཅད་མདུན་དུ་བཞུགས་པར་གྱུར། དཀོན་མཆོག་གསུམ་ལ་བདག་སྐྱབས་མཆི། སོགས་ཡན་ལག་བདུན་པ་ཚར་གསུམ་བྱ། ཨོཾ་སྭ་བྷཱ་ཝ་ཤུདྡྷཿ་སརྦ་དྷརྨཱཿ་སྭ་བྷཱ་ཝ་ཤུདྡྷོ྅ཧཾ། སྟོང་པའི་ངང་ལས་ཧཱུྃ་ལས་སྟོད་ཀྱི་འཇིག་རྟེན་ལྷ་དང་དྲང་སྲོང་དྲི་ཟ་གྲུབ་པའི་ཚོགས་ཀྱིས་བསྟེན་པའི་གནས། རི་བོ་ནགས་ཚལ། སྨན་ལྗོངས་ཉམས་དགའ་བའི་དབུས། འོ་མའི་རྒྱ་མཚོ་དཀར་ལ་དྭངས་བའི་ནང་དུ་པཾ་ལས་པདྨ་དཀར་པོ་འདབ

མ་འབུམ་ཕྲག་རྒྱས་པའི་སྟོང་བུ། དེའི་སྟེང་དུ་ཨ་ལས་ཟླ་བའི་དཀྱིལ་འཁོར། དེའི་སྟེང་དུ་རང་སེམས་ཧཱུྃ་དཀར་པོ་ཡོངས་སུ་གྱུར་པ་ལས་རང་ཉིད་སྒྲ་དབྱངས་ལྷ་མོ་དབྱངས་ཅན་མ་སྐུ་མདོག་དཀར་མོ་ཞལ་གཅིག་ཕྱག་གཉིས། སྐྱིལ་ཀྲུང་ཕྱེད་པ་ཙོག་པུའི་འདུག་སྟངས་ཅན། ཞལ་རས་ཟླ་བ་ཉ་གང་བ་ལྟ་བུ། ཨུཏྤལ་ལྟར་བགྲ་བའི་སྤྱན་ཟུར་གཡོ་བས་མཛེས་པ། ཕྱག་གཡོན་པས་བཻཌཱུརྻའི་རྒྱུད་མང་འཛིན་ཅིང་། གཡས་པའི་ཕྱག་སོར་གྱི་འདུ་བྱེད་ཀྱིས་བསྐུལ་བས་སྒྲ་དབྱངས་རྒྱ་མཚོ་མངོན་པར་སྒྲུབ་པ། བུང་བ་ལྟར་གནག་པའི་སྐྲ་ཚོགས་ཕྱེད་ལྷག་པར་བཅིངས་ཤིང་། ཕྱེད་གསིལ་བུར་གྲོལ་བས་སྐུ་སྟོད་ཁྱབ་པ། (༣༥བ)པདྨ་དཀར་པོའི་ཕྲེང་བའི་ཐོད་བཅིངས་དང་། རིན་པོ་ཆེ་སྣ་ཚོགས་པས་སྐྲའི་གཟར་བུ་མཛེས་པ། བཅུ་དྲུག་ལོན་པའི་ལང་ཚོ་ཅན། ནུ་འབུར་མཐོ་ལ་རྒྱས་པ། རྐེད་སྐབས་ཕྲ་ཞིང་སྙེག་ལ་འཇུམ་པའི་ཉམས་ཅན། ལྷ་རྫས་ཀྱིས་སྟོད་གཡོགས་དཀར་པོ་དང་། སྨད་གཡོགས་དབང་པོའི་གཞུ་ལྟར་བཀྲ་བའི་ལྷབ་ལྷུབ་གཡོ་བ། ནོར་བུ་རིན་པོ་ཆེའི་རྒྱན་དུ་མས་རྣམ་པར་བརྒྱན་པ་ནི། གཙུག་གི་ནོར་བུ། སྙན་རྒྱན། མགུལ་རྒྱན། ཕྱག་གདུབ། ཞབས་གདུབ། སོར་གདུབ། སྐ་རགས། དོ་ཤལ། སེ་མོ་དོ། གཡེར་ཁའི་འཕྲེང་བ་ལ་སོགས་པས་བརྒྱན་པའོ། །རང་གི་སྙིང་ཚུ་ཤིང་གི་མེ་ཏོག་ལྟར་ཁ་ཐུར་དུ་ལྟ་བ། དེ་ཉིད་ཀྱིན་དུ་ལངས་པས་ཨུཏྤལ་དམར་པོ་ཁ་འབུས་པའི་རྣམ་པ་ཅན་དུ་གྱུར་པའི་ནང་དུ་ཨོཾ་དཀར་པོ། ཀླུང་ཙུང་ཟད་ཕྱིར་བསལ། ཨོཾ་གྱི་ན་ད་ལས་འོད་ཟེར་དཀར་པོ་འཕྲོས། སྣ་བུག་གཡས་ནས་ཐོན། ལྷོ་ཕྱོགས་རྒྱ་མཚོའི་འགྲམ་རིག་འཛིན་དགའ་བའི་ཚལ་ན་ལྷ་མོ་དབྱངས་ཅན་མ་བཞུགས་པའི་ཤངས་བུག་གཡོན་ནས་ཞུགས། ཐུགས་ཀ་ནས་ངོ་བོ་ཡེ་ཤེས་སེམས་དཔའ། རྣམ་པ་དབྱངས་ཅན་གྱི་འཁོར་ལོ་འོད་ཟེར་འབར་བ་སྤྱན་དྲངས་ཏེ། ཤངས་བུག་གཡས་ནས་ཐོན། སྐད་ཅིག་གིས་ཕྱིན་ཏེ་རང་གི་མདུན་གྱི་ནམ་མཁར་བཞུགས་པ་ལ་གློ་བུར་དུ་བྱུང་བའི་མཆོད་པ་ནམ་མཁའ་གང་

བས་མཆོད་པར་གྱུར། ཨོཾ་པྲི་ཏི་དེ་ཝཱི་དཱི་བྱ་ཕུཥྤེ་ཧཱུཾ། དེ་བཞིན་དུ་སྦྱར་ཏེ། རྒྱ་པེ། གཏྟེ། ནཻ་ཝི་ཏྱ། ཨཱ་ལོ་ཀེ །ཨོཾ་པྲི་ཏི་དེ་ཝཱི་དཱི་བྱ་བེ་ལེ། (༣༨ན)པ་ནི་ཧཱུཾ། ཞེས་པས་མཆོད། ཨོཾ་པྲི་ཏི་དེ་ཝཱི་མེ་ཧཱུཾཿཧྲཱིཿ ཏིཥྛ་ཧཱུཾཿཞེས་ཤུབ་བུར་བརྗོད་ནས། དབུགས་ནང་དུ་རྔུབས། འཁོར་ལོ་སྣ་བུག་གཡོན་ནས་ཞུགས། འོད་དུ་ཞུ་སྟེ། ཨོཾ་གྱི་ནཱ་ད་ལ་ཐིམ། ཨོཾ་ཡོངས་སུ་གྱུར་པ་ལས། དབྱངས་ཅན་གྱི་འཁོར་ལོ་པདྨ་དཀར་པོ་འདབ་བརྒྱད་ཤིན་ཏུ་རྒྱས་པ། ལྟེ་བ་ལྡིང་ཁུ་ཟེའུ་དམར་སེར། དེའི་སྟེང་དུ་ཟླ་བ་རྟོག་བྲལ་གྱི་དབུས་སུ་ཧྲཱིཿདཀར་པོ་ནཱ་ད་དང་བཅས་པ། འདབ་མ་བརྒྱད་ལ་དབྱངས་ཀྱི་ཡི་གེ་གཉིས་གཉིས་རེ་གཡས་སྐོར་དུ་འཁོད་པ། མར་མེ་དཀར་པོའི་འཕྲེང་བ་ལྟ་བུའོ། །འཁོར་ལོ་ཡིག་འབྲུ་དང་བཅས་པའི་འོད་ཟེར་གྱིས། ལུས་ཀྱི་ཕྱི་ནང་ཐམས་ཅད་ཁྱབ། མི་ཤེས་པའི་མུན་པ་དག །ཤེས་བྱ་ཐམས་ཅད་ལ་ཆགས་ཐོགས་མེད་པའི་བློ་གྲོས་ཀྱི་སྣང་བ་རྒྱས་པར་གྱུར། ཞེས་བརྗོད་ཅིང་བསྒོམ། ༈ སློབ་མ་རྗེས་བཟུང་རྗེས་གནང་དངོས་ལས་སྔགས་གྲུ་བཞི་ཁྲུ་དོ་པ་ཤིན་ཏུ་མཉམ་པའི་སྟེང་དུ་པདྨ་དཀར་པོ་འདབ་བརྒྱད་འབྲི། ལྟེ་བ་དང་འདབ་མ་བརྒྱད་ལ་སོགས་པའི་སྟེང་དུ་དཀར་གསུམ་དང་མངར་གསུམ་བཞི་མཉམ་སྦྱར་བའི་རྒྱུ་ལས་བྱས་པའི་ཏིང་ལོ་ཚུང་དུ་སློབ་མའི་གྲངས་ཚད་དང་མཐུན་པ་བཞག །བཞི་མཉམ་ནི། སླ་རྩི། གུར་གུམ། ཙནྡན། ཀཱ་ཧཾ་སྦྱར་བའི་ལྡེ་གུའོ། །དེའི་སྟེང་དུ་མཆིའི་ཁར་མེ་ལོང་ལ་བ་དཀར་དམར་གང་ཟུང་ལས་བྱུང་བའི་དཀར་གསུམ་དང་། སྤྲང་རྩི་སྦྱར་བ་ལ་བཞི་མཉམ་བཏབ་སྟེ་དེས་པདྨ་འདབ་བརྒྱད་ཡི་གེ་དང་(༣༨བ)བཅས་པ་སྙིང་གའི་སྔགས་འཁོར་ལྟ་བུ་འབྲི། དེ་ལ་འབྲུ་དཀར་སྦྱར་ཏེ་འཁོར་ལོའི་རྣམ་པ་གསལ་པོར་ཡོད་པ་བཞག །འོག་གཞིའི་དཀྱིལ་འཁོར་མ་གྲུབ་ན་ཚོམ་བུ་ཙམ་གྱིས་ཀྱང་རུང་ངོ་། །བཅའ་གཞིའི་རྒྱབ་ཏུ་བྲིས་སྐུ་བཀྲམས། མདུན་དུ་དཀར་གཏོར་ཆེ་ཚུང་གཉིས་དང་། མཆོད་པ་གཙང་ཞིང་བཟང་བ་འཛོམ་ཚད་བཤམས། ཆང་བུའི་གཏོར་མའང་

བཤམས། དེ་ནས་བདག་བསྐྱེད་བཟླས་པ་དང་བཅས་ཚར་གཅིག་བསྒོམས་ཏེ། མདུན་གྱི་དཀྱིལ་འཁོར་ཨ་མྲྀ་ཏས་བསངས། སྭ་བྷཱ་ཝས་སྦྱངས། སྟོང་པའི་ངང་ལས་ཧཱུྃ་ལས་བྱུང་བའི་སྲུང་བའི་འཁོར་ལོའི་དབུས་སུ་ཨོཾ་ཡོངས་སུ་གྱུར་པ་ལས། དབྱངས་ཅན་གྱི་འཁོར་ལོ་པདྨ་དཀར་པོ་འདབ་བརྒྱད་ཤིན་ཏུ་རྒྱས་པ། ལྟེ་བ་ལྡིང་ཁུ་ཟེའུ་དམར་སེར། དེའི་སྟེང་དུ་ཟླ་བ་རྣོག་བྲལ་གྱི་དབུས་སུ་ཧྲཱིཿདཀར་པོ་ནཱ་ད་དང་བཅས་པ། འདབ་མ་བརྒྱད་ལ་དབྱངས་ཀྱི་ཡི་གེ་གཉིས་གཉིས་ཏེ་གཡས་སྐོར་དུ་འཁོད་པ། མར་མེ་དཀར་པོའི་འཕྲེང་བ་ལྟ་བུར་གྱུར། འཁོར་ལོ་ཡིག་འབྲུ་དང་བཅས་པའི་འོད་ཟེར་རིང་དུ་འཕྲོས་པས། ལྷོ་ཕྱོགས་རྒྱ་མཚོའི་འགྲམ་རིག་འཛིན་དགའ་བའི་ཚལ་ན་ལྷ་མོ་དབྱངས་ཅན་མ་བཞུགས་པའི་ཤངས་བུག་གཡོན་ནས་ཞུགས། ཐུགས་ཀ་ནས་ཛོ་བོ་ཡེ་ཤེས་སེམས་དཔའ། རྣམ་པ་དབྱངས་ཅན་གྱི་འཁོར་ལོ་འོད་ཟེར་འབར་བ་སྤྱན་དྲངས་ཏེ། ཤངས་བུག་གཡས་ནས་ཐོན། སྐད་ཅིག་གིས་ཐིམ་ཏེ། རང་གི་མདུན་གྱི་ནམ་མཁར་(༣༧ན)བཞུགས་པ་ལ་གློ་བུར་དུ་བྱུང་བའི་མཆོད་པ་ནམ་མཁའ་གང་བས་མཆོད་པར་གྱུར། ཨོཾ་པྲི་ཏི་དེ་ཝཱི་དཱི་བྱ་པུཥྤེ་ཧཱུྃ། དེ་བཞིན་དུ་སྦྱར་ཏེ། དྷཱུ་པེ། གནྡྷེ། ནཻ་ཝི་དྱ། ཨཱ་ལོ་ཀེ། །ཨོཾ་པྲི་ཏི་དེ་ཝཱི་དཱི་བྱ་བི་ལེ་པ་ནེ་ཧཱུྃ། ཞེས་པས་མཆོད། ཛཿཧཱུྃ་བཾ་ཧོཿ འཁོར་ལོ་དམ་ཚིག་པ་དང་གཉིས་སུ་མེད་པར་གྱུར། ཨོཾ་པྲི་ཏི་དེ་ཝཱི་ཧྲཱིཿཨ་ཨཱ་ཨི་ཨཱི་ཨུ་ཨཱུ་རྀ་རཱྀ་ལྀ་ལཱྀ་ཨེ་ཨཻ་ཨོ་ཨཽ་ཨཾ་ཨཿ ཞེས་བརྒྱ་རྩ་བརྒྱད་བཟླས། འཁོར་ལོ་དེ་ཉིད་གཞལ་མེད་ཁང་དང་བཅས་པ་ལྷ་མོའི་སྐུར་གྱུར། མཆོད་པ་རྣམས་ཨ་མྲྀ་ཏས་བསངས། སྭ་བྷཱ་ཝས་སྦྱངས། སྟོང་པའི་ངང་ལས། ཨོཾ་ལས་བྱུང་བའི་རིན་པོ་ཆེ་ལས་གྲུབ་པའི་སྣོད་ཡངས་ཤིང་རྒྱ་ཆེ་བ་རྣམས་ཀྱི་ནང་དུ། ཧཱུྃ་ཞུ་བ་ལས་བྱུང་བའི་མཆོད་ཡོན། ཞབས་བསིལ། མེ་ཏོག །བདུག་སྤོས། མར་མེ། དྲི་ཆབ་ཞལ་ཟས་རྣམས་ནམ་མཁའི་ཁམས་ཐམས་ཅད་ཁྱབ་པར་གྱུར། ཨོཾ་བཛྲ་ཨརྒྷཾ་སྭཱཧཱ་ནས་ཤབྡ་ཨཱཿཧཱུྃ་གི་བར་གྱིས་བྱིན་གྱིས་བརླབས། ཡེ་ཤེས་བདེ་བ་ཆེན་པོའི་

དངོས། །མཆོད་ཡོན་བདུད་རྩིའི་རྒྱ་མཚོ་འདི། །དཔལ་གྱི་ལྷ་མོ་དབྱངས་ཅན་མ། །རྒྱལ་བ་སྲས་བཅས་རྣམས་ལ་འབུལ། །ཨོཾ་སྭ་ར་སྭ་ཏྱཻ་དེ་ཝཱི་ས་པ་རི་ཝཱ་ར་ཨརྒྷཾ་སོགས་ཉེར་སྤྱོད་འདོད་ཡོན་ལྔ་དང་བཅས་པས་མཆོད། མདུན་བསྐྱེད་ཀྱི་ཐུགས་ཀར་འཁོར་ལོ་པདྨ་དཀར་པོ་འདབ་བརྒྱད་ཤིན་ཏུ་རྒྱས་པ། ལྟེ་བ་ལྷུང་ཁུ་ཟེའུ་དམར་སེར། དེའི་སྟེང་དུ་ཟླ་བ་རྫོགས(༣༧བ)བྲལ་གྱི་དབུས་སུ་ཧྲཱིཿདཀར་པོ་ནཱ་ད་དང་བཅས་པ། འདབ་མ་བརྒྱད་ལ་དབྱངས་ཀྱི་ཡི་གེ་གཉིས་གཉིས་ཏེ་གཡས་སྐོར་དུ་འཁོད་པ། མར་མེ་དཀར་པོའི་འཕྲེང་བ་ལྟ་བུར་གྱུར། འཁོར་ལོའི་དབུས་ཀྱི་ཧྲཱིཿགི་ནཱ་ད་ལས་ཧྲཱིཿཆད། ཞལ་ནས་ཐོན། དེའི་འོད་ཟེར་གྱིས་བཀུག་པའི་དེ་བཞིན་གཤེགས་པ་རྣམས་ཀྱི་བྱིན་རླབས་དང་ལྡན་ཅིག་ལྟེ་བའི་དཀྱིལ་འཁོར་ནས་ཞུགས་ཏེ་འཁོར་ལོའི་དབུས་ཀྱི་ཧྲཱིཿལ་ཐིམ་པར་གྱུར་པར་བསམ་ལ། ཧྲཱིཿཞེས་པ་ཅི་རིགས་བཟླ། བསྟོད་པ་ནི། སྤྱན་རས་གཟིགས་དབང་མཆེ་བའི་རྩེ་མོ་ལས་ནི་མངོན་སྤྲུལ་ཞིང་། །ཐོགས་མེད་རྣམ་འཕྲུལ་མཐའ་ཡས་རོལ་པས་རྗེས་སུ་བཟུང་བའི་ཕྱིར། །ཚངས་པའི་བུ་མོ་ཁྱོད་སྐུ་རབ་ཏུ་གསལ་བའི་རྣམ་འགྱུར་ཅན། །བིཥྞུའི་གཟུགས་བརྙན་གཏུམ་པོ་རབ་དགའ་བསྐྱེད་པའི་ཚུལ་འཛིན་མ། །རྗེས་སུ་ཆགས་བཅས་རོལ་པའི་ལོ་ནི་བརྒྱད་གཉིས་ལོན་པའི་ཉམས། །ཆུ་གཏེར་འགྲམ་ངོགས་ལྷུ་བའི་འཕྲེང་བས་རྩེ་བའི་དགའ་བ་ཅན། །དྲི་ཟའི་བུ་མོས་མངོན་བསྟོད་ཉིད་ཀྱི་རྣམ་ཐར་ཕུལ་བྱུང་རྣམས། །གང་གིས་ཡིད་ལ་དྲན་བྱེད་དེ་ལ་ངག་གི་དངོས་གྲུབ་མྱུར་དུ་སྩོལ། །དེ་ལྟར་ཁྱོད་བསྟོད་ལྷུར་ལེན་གང་ཡིན་དེ་ཉིད་ཡོན་ཏན་གྱིས། །དབུས་འགྱུར་སྨྲ་ཚོགས་རིག་པའི་གཞུང་ལས་རབ་སྐྱེས་ཆོས་ཀྱི་དོན། །མྱུར་རྟོགས་ས་གསུམ་སྐྱེ་རྒུའི་གཞུང་སྒྲོན་གཏི་མུག་མུན་པ་རྣམས། །རབ་གསལ་སྐྱེ་བོས་རྒྱལ་བའི་དབང་པོ་འོད་དཔག་མེད་འདྲ་ཐོབ་པར་ཤོག །(༣༨ན)ཅེས་དང་། གཞན་ཡང་ཚིག་དོན་ཕུན་སུམ་ཚོགས་པའི་བསྟོད་པ་ཅི་ཤེས་ཀྱིས་བསྟོད་དོ། །གཏོར་མ་བསངས་སྦྱངས། སྟོང་པའི་ངང་ལས་བྷྲཱུཾ་ལས་

བྱུང་བའི་གཏོར་སྣོད་རིན་པོ་ཆེ་ལས་གྲུབ་པ་ཡངས་ཤིང་རྒྱ་ཆེ་བ་སྟོང་གསུམ་དང་ཁྱོན་མཉམ་པའི་ནང་དུ། ཨོཾ་ཨཱཿཧཱུྃ། ཞུ་བ་ལས་བྱུང་བའི་གཏོར་མ་འདོད་རྒུའི་རྒྱ་མཚོར་གྱུར། ཨོཾ་ཨཱཿཧཱུྃ། ཉེར་གཅིག་བརྗོད་པས་བྱིན་གྱིས་བརླབས། ཨོཾ་སྭ་ར་སྭ་ཏི་ས་པ་རི་ཝཱ་ར་བྷྲཱུཾ༔ཨོཾ་ཨ་ཀཱ་རོ་མུ་ཁཾ་སརྦ་དྷརྨཱ་ཎཱཾ་ཨཱ་དྱ་ནུཏྤནྣ་ཏྭཏ་ཨོཾ་ཨཱཿཧཱུྃ་ཕཊ་སྭཱཧཱ། ན་མཿསརྦ་ཏ་ཐཱ་ག་ཏ་ཨཱ་ཝ་ལོ་ཀི་ཏེ་ཨོཾ་སམྦྷཱ་ར་སམྦྷཱ་ར་ཧཱུྃ། ཞེས་ལན་བདུན་གྱིས་ལྷ་མོ་དབྱངས་ཅན་མ་ལ་ཕུལ། ཆུ་གཉིས་སྔོན་དུ་འགྲོ་བའི་མེ་ཏོག་ལ་སོགས་པས་མཆོད། མཁྱེན་བཟང་རབ་ཏུ་རྒྱས་པའི་པདྨ་དང་། །ཐུགས་རྗེས་དྲི་མེད་ཟླ་བའི་གདན་ལ་འཁྱིལ། །སྒྲ་དབྱངས་རྒྱ་མཚོ་པི་ཝཾ་གསུང་སྙན་གྱིས། །ཁམས་གསུམ་དགུགས་འདྲེན་ལྷ་མོ་ཁྱོད་ལ་འདུད། །མཆོད་སྦྱིན་གཏོར་མ་འདི་བཞེས་ལ། །རྣལ་འབྱོར་བདག་ཅག་འཁོར་བཅས་ལ། །ཞེས་པ་ནས། ཡིད་ལ་འདོད་པ་ཀུན་འགྲུབ་ཤོག །འཕགས་མ་དབྱངས་ཅན་མ་འཁོར་དང་བཅས་པ་ཐམས་ཅད་ཀྱིས་བདག་ལ་ཐུགས་བརྩེ་བར་མཛད་དུ་གསོལ། བདག་ལ་དངོས་གྲུབ་བསྩལ་དུ་གསོལ། ཕུན་སུམ་ཚོགས་པའི་ཤེས་རབ། ཆགས་ཐོགས་མེད་པའི་སྤོབས་པ། གཞན་དྲིང་མི་འཇོག་པའི་བློ་(༤༨བ)གྲོས། ཚངས་པའི་དབྱངས་ཀྱི་ངག་རྣམས་བསྩལ་དུ་གསོལ། །རིག་པ་དང་གྲོལ་བའི་སྨྲ་བ་ཕུན་སུམ་ཚོགས་པ་དང་། སྡེ་སྣོད་མ་ལུས་པའི་དོན་རྟོགས་པ་དང་། རིག་པའི་གནས་མཐའ་དག་ཁོང་དུ་ཆུད་ཅིང་། རིགས་པ་དྲི་མ་མེད་པའི་རྟོག་གེ་དང་། ཚིག་རྒྱན་ཕུལ་དུ་བྱུང་བའི་སྙན་ངག་སོགས་འཆད་རྩོད་རྩོམ་པ་ལ་ཐོགས་པ་མེད་པའི་བློ་གྲོས་བསྐྱེད་དུ་གསོལ། །གཞན་ཡང་ཕྱི་ནང་གི་བར་ཆད་ཐམས་ཅད་ཞི་བ་དང་། དངོས་གྲུབ་མ་ལུས་པ་ཡིད་བཞིན་དུ་བསྩལ་དུ་གསོལ། གཏོར་མ་གཉིས་པ་ཡང་གོང་བཞིན་བྱིན་གྱིས་བརླབས་ཏེ། ནོར་རྒྱུན་མ་འཁོར་དང་བཅས་པ་ཨོཾ་བཛྲ་ས་མ་ཛཿཞེས་སྤྱན་དྲངས། ཨོཾ་བ་སུ་དྷཱ་ར་ཧཱུྃ་སྭཱཧཱ། ཨོཾ་པྲ་ཀཱར་ཛ་མེ་སྭཱཧཱ། ཞེས་ལན་བདུན་ནམ་ཉི་ཤུ་རྩ་གཅིག་གིས་ཕུལ། བདག་མེད་འདི་ཞེས་

བགྱི་བ་དཔལ་ལྷ་མོ་དབྱངས་ཅན་མ་སྒྲུབ་པ་ལ་ཕྲག་དོག་དང་བར་ཆད་མ་མཛད་པར་ནོར་འཕེལ་བར་མཛད་དུ་གསོལ། ཞེས་གསོལ་བ་གདབ། ཚང་བུའི་གཏོར་མ་ཡོང་བཞིན་བྱིན་གྱིས་བརླབས། ན་མཿས་མནྟ་བུདྡྷ་ནཾ། ན་མཿསརྦ་ཏ་ཐཱ་ག་ཏ་ཨ་བ་ལོ་ཀི་ཏེ་ཨོཾ་སམྦྷ་ར་སམྦྷ་ར་ཧཱུྃ། ཞེས་ལན་བདུན་གྱིས་འབྱུང་པོ་ཐམས་ཅད་ལ་བསྔོས། དེ་བཞིན་གཤེགས་པ་བཞིའི་མཚན་བརྗོད། སྲིད་པ་གསུམ་གྱི་འབྱུང་པོའི་ཚོགས་རྣམས་མཆོད་སྦྱིན་གྱི་གཏོར་མ་རྒྱ་ཆེན་པོ་འདི་བཞེས་ལ་སྒྲུབ་པ་ལ་བར་དུ་གཅོད་པ་མ་མཛད་ཅིག །དཀར་ཕྱོགས་སྐྱོང་བ་མཐུ་ལྡན་རྣམས་ཀྱིས་བར་ཆད་སྲུང་ཞིང་། (༣༥་ན)དངོས་གྲུབ་སྩོལ་བའི་མཐུན་རྐྱེན་མཛོད་ཅིག །ཅེས་དང་ཡི་གེ་བརྒྱ་པ་ལན་མང་དུ་བརྗོད་ཅིང་། ཨོཾ་བཛྲ་སཏྭ་ཧཱུྃ། བརྒྱ་རྩ་བཟླའོ། །མ་འབྱོར་བ་དང་ཉམས་པ་དང་། །ཞེས་སོགས་ཀྱིས་བཟོད་པར་གསོལ། ཨརྒྷཾ་ལ་སོགས་པས་མཆོད། བུམ་པ་གཙང་མ་བུམ་རྫས་དང་བཅས་པའི་ཆུས་བཀང་བ་ལ་བ་དམར་སེར་གྱི་དཀར་གསུམ་དང་མངར་གསུམ་ཙུང་ཟད་བླུག །མེ་ཏོག་གི་འཕྲེང་བ་གཟུང་ཐག་ལ་བཏགས་ཏེ་སྣེ་མོ་ནས་བཟུངས་ལ། ཨོཾ་ཨ་ཨཱ་ཨི་ཨཱི་ཨུ་ཨཱུ་རྀ་རཱྀ་ལྀ་ལཱྀ་ཨེ་ཨཻ་ཨོ་ཨཽ་ཨཾ་ཨཿསྭཱ་ཧཱ། ཞེས་བརྒྱ་རྩ་བརྒྱད་བཟླས། ༈ མཎྜལ་སྔོན་དུ་འགྲོ་བས། སློབ་དཔོན་བདག་ལ་དགོངས་སུ་གསོལ། །སྒྲ་དབྱངས་ལྷ་མོ་དབྱངས་ཅན་མའི། །སྐུ་དང་གསུང་དང་ཐུགས་རྣམས་ཀྱི། །རྗེས་སུ་གནང་བ་བདག་ལ་སྩོལ། །ཞེས་ལན་གསུམ་གསོལ་བ་གདབ། འགྲོ་རྣམས་བསྒྲལ་འདོད་བསམ་པ་ཡིས། །སངས་རྒྱས་ཆོས་དང་དགེ་འདུན་ལ། །བྱང་ཆུབ་སྙིང་པོར་མཆིས་ཀྱི་བར། །རྟག་པར་བདག་ནི་སྐྱབས་སུ་མཆི། །ཤེས་རབ་སྙིང་རྗེ་དང་བཅས་པའི། །བརྩོན་པས་སེམས་ཅན་དོན་དུ་བདག །སངས་རྒྱས་མདུན་དུ་གནས་བཅས་ཏེ། །རྫོགས་པའི་བྱང་ཆུབ་སེམས་བསྐྱེད་བགྱི། །ཞེས་ལན་གསུམ་གྱིས་ཐུན་མོང་གི་སྐྱབས་འགྲོ་སེམས་བསྐྱེད་བྱ། དཀོན་མཆོག་གསུམ་ལ་བདག་སྐྱབས་མཆི། །སོགས་རྒྱུན་བཤགས་ལན་གསུམ། སློབ་དཔོན་

དང་མདུན་བསྐྱེད་དབྱངས་ཅན་(༤་བ)མའི་སྐུར་གསལ་བའི་ཐུགས་ཀའི་ཧྲཱིཿལས་འོད་ཟེར་འཕྲོས། སློབ་མའི་སྤྱི་བོ་ནས་རྐང་མཐིལ་གྱི་བར་གང་བས། སྡིག་སྒྲིབ་ཐམས་ཅད་དག་སྟེ། མ་དག་པའི་སྣང་བ་ཐམས་ཅད་སྟོང་པ་ཉིད་ཀྱི་ངང་དུ་ཐིམ་པར་མོས་སུ་བཅུག་ལ། ཨོཾ་སྭ་བྷཱ་ཝ་ཤུདྡྷཱ་སརྦ་དྷརྨཱ་སྭ་བྷཱ་ཝ་ཤུདྡྷོ྅ཧཾ། སྟོང་པའི་ངང་ལས་ཧྲཱུྃ་ལས་སྣོད་ཀྱི་འཇིག་རྟེན་ལྷ་དང་དྲང་སྲོང་དྲི་ཟ་གྲུབ་པའི་ཚོགས་ཀྱིས་བསྟེན་པའི་གནས་རི་བོ་ནགས་ཚལ་སྨན་ལྗོངས་ཉམས་དགའ་བའི་དབུས་འོ་མའི་རྒྱ་མཚོ་དཀར་ལ་དྭངས་པའི་ནང་དུ་པཾ་ལས་པདྨ་དཀར་པོ་འདབ་མ་འབུམ་ཕྲག་རྒྱས་པའི་སྟོང་པོ། དེའི་སྟེང་དུ་ཨ་ལས་ཟླ་བའི་དཀྱིལ་འཁོར། དེའི་སྟེང་དུ་ཁྱེད་རང་རྣམས་ཀྱི་སེམས་ཧྲཱིཿདཀར་པོ་ཡོངས་སུ་གྱུར་པ་ལས། སློབ་མ་རྣམས་སྒྲ་དབྱངས་ལྷ་མོ་དབྱངས་ཅན་མ་སྐུ་མདོག་དཀར་མོ། ཞལ་གཅིག །ཕྱག་གཉིས། སྐྱིལ་ཀྲུང་ཕྱེད་པ་ཅོག་པུའི་འདུག་སྟངས་ཅན། ཞལ་རས་ཟླ་བ་ཉ་གང་བ་ལྟ་བུ། ཨུཏྤལ་ལྟར་བཀྲ་བའི་སྤྱན་ཟུང་གཡོ་བས་མཛེས་པ། ཕྱག་གཡོན་པས་བཱིཎཱའི་རྒྱུད་མང་འཛིན་ཅིང་། གཡས་པའི་ཕྱག་སོར་གྱི་འདུ་བྱེད་ཀྱིས་བསྐུལ་བས་སྒྲ་དབྱངས་རྒྱ་མཚོ་མངོན་པར་སྒྲུབ་པ། བུང་བ་ལྟར་གནག་པའི་སྐྲ་ཚོགས་ཕྱེད་ལྷག་པར་བཅིངས་ཤིང་། ཕྱེད་གསིལ་བུར་གྲོལ་བས་སྐུ་སྟོད་ཁྱབ་པ། པདྨ་དཀར་པོའི་འཕྲེང་བའི་ཐོད་བཅིངས་དང་། རིན་པོ་ཆེ་སྣ་ཚོགས་པས་སྐྲའི་གཟར་བུ་མཛེས་པ། བཅུ་དྲུག་ལོན་པའི་ལང་ཚོ་ཅན། ནུ་འབུར་མཐོ་ལ་(༦༠ན)རྒྱས་པ། རྐེད་སྐབས་ཕྲ་ཞིང་སྙེག་ལ་འཇུམ་པའི་ཉམས་ཅན། ལྷ་རྫས་ཀྱི་སྟོད་གཡོགས་དཀར་པོ་དང་། སྨད་གཡོགས་དབང་པོའི་གཞུ་ལྟར་བཀྲ་བའི་ལྷབ་ལྷུབ་གཡོ་བ། ནོར་བུ་རིན་པོ་ཆེའི་རྒྱན་དུ་མས་རྣམ་པར་བརྒྱན་པ་ནི་གཙུག་གི་ནོར་བུ། སྙན་རྒྱན། མགུལ་རྒྱན། ཕྱག་གདུབ། ཞབས་གདུབ། སོར་གདུབ། སྐ་རགས། དོ་ཤལ། སེ་མོ་དོ། གཡེར་ཁའི་ཕྲེང་བ་ལ་སོགས་པས་བརྒྱན་པའོ། །ཁྱེད་རང་རྣམས་ཀྱི་སྙིང་ཆུ་ཤིང་གི་མེ་ཏོག་ལྟར་ཁ་ཐུར་དུ་ལྟ་བ་དེ་ཉིད་གྱེན་

ཏུ་ལངས་པས་ཨུཏྤལ་དམར་པོ་ཁ་འབྱུས་པའི་རྣམ་པ་ཅན་དུ་གྱུར་པའི་ནང་དུ། ཨོཾ་དཀར་པོ་གསལ་གདབ། དེ་ནས། སློབ་དཔོན་གྱི་ཐུགས་ཀའི་ཧཱུྃ་ལས་འོད་ཟེར་དཀར་པོ་འཕྲོས། སྣ་བུག་གཡས་ནས་ཐོན། ལྷ་ཕྱོགས་རྒྱ་མཚོའི་འགྲམ་རིག་འཛིན་དགའ་བའི་ཚལ་ན་ལྷ་མོ་དབྱངས་ཅན་མ་བཞུགས་པའི་ཤངས་བུག་གཡོན་ནས་ཞུགས། ཐུགས་ཀ་ནས་ཪྻ་བོ་ཡེ་ཤེས་སེམས་དཔའ། རྣམ་པ་དབྱངས་ཅན་གྱི་འཁོར་ལོ་འོད་ཟེར་འབར་བ་སྤྱན་དྲངས་ཏེ། ཤངས་བུག་གཡས་ནས་ཐོན། སྐད་ཅིག་གིས་ཕྱིན་ཏེ་ཁྱེད་རང་རྣམས་ཀྱི་མདུན་གྱི་ནམ་མཁར་བཞུགས་པ་ལ་སྒོ་གསུམ་དུ་བྱུང་བའི་མཆོད་པ་ནམ་མཁའ་གང་བས་མཆོད་པར་གྱུར། ཨོཾ་ཤྲཱི་ཧྲི་དེ་ལྷི་ཧྲི་ཝཱ་པུཥྤེ་ཧཱུྃ། དེ་བཞིན་དུ་སྦྱར་ཏེ། རྒྱ་པེ། གནྡྷེ། ནཻ་ཝི་ཏྱ། ཤཔྟ་ལོ་ཀེ །ཨོཾ་ཤྲཱི་ཧྲི་དེ་ལྷི་ཧྲི་ཝཱ་བི་ལི་པ་ནི་ཧཱུྃ། ཞེས་པས་མཆོད། ཡང་ན། (༥༠བ)སྐུ་བསྐྱེད་བསྟིམ་སྦྱི་དང་མཐུན་པར་བྱས་ཀྱང་ཉུང་བར་གསུངས་སོ། །ཨོཾ་ཤྲཱི་ཧྲི་དེ་ལྷི་མ་ཧཱུྃཿཧྲིཿཧྲི་ཋཱ་ཧཱུྃ། ཞེས་དྲག་ཏུ་བཟླས་ཤིང་རོལ་མོ་བྱ། འཁོར་ལོ་སློབ་མའི་སྙིང་གའི་ཨོཾ་ལ་བསྟིམ། སྐུའི་རྗེས་གནང་ངོ་། །བླ་མའི་མགྲིན་པར་འཁོར་ལོ་དཀར་པོ་རྩིབས་བཅུ་དྲུག་པའི་ལྟེ་བར་ཧཱུྃ་དཀར་པོ་རྩིབས་རྣམས་ལ་ཨཱ་ལི་བཅུ་དྲུག །དེ་ལས་དེ་འདྲ་བ་རང་སྒྲ་སྒྲོག་པ་ཞིག་ཆད། འོད་ཟེར་གྱིས་སློབ་མའི་ལུས་ཐམས་ཅད་གང་། འཁོར་ལོ་མགྲིན་པར་ཐིམ། ཧཱུྃ་ཉེར་གཅིག་དང་། དབྱངས་ཡིག་གི་སྔགས་ལན་གསུམ་རྗེས་ཟློས་བྱེད་དུ་བཅུག་སྟེ། གསུང་གི་རྗེས་གནང་ངོ་། །བླ་མའི་སྙིང་གའི་ཧཱུྃ་ལས་འོད་ཟེར་འཕྲོས། སློབ་མའི་སྙིང་གའི་ས་བོན་ལ་ཐིམ་པར་མོས། ཉིང་པོ་སྤྱར་ཏེ་མིང་དུ་གཞུག །ཐུགས་ཀྱི་རྗེས་གནང་ངོ་། །མདུན་གྱི་མཆོད་བླངས་ལ་དབྱངས་ཡིག་ཟླ་བཞིན་དུ། བུམ་པའི་ཆུས་བཀྲུས་པའི་ཁྲུ་བ་སློབ་མ་འཐུང་དུ་བཅུག་ལ། ལུས་ངག་ཡིད་གསུམ་གྱི་དྲི་མ་དག །ཤེས་རབ་ཀྱི་སྣང་བ་རྒྱས་པར་མོས་སུ་བཅུག །ཡོན་ཏན་འཕྲིན་ལས་ཀྱི་རྗེས་གནང་ངོ་། །རྗེས་ཀྱི་ཆོ་ག་འདྲ། །

༄ གཉན་སྒྲོལ་ཡན་ལག་དྲུག་པ་ལ། སྐྱབས་སེམས་རྒྱས་བསྡུས་གང་རིགས་དང་། ཁྱད་པར་གྱི་སེམས་བསྐྱེད་ཡན་ཆད་སྔོན་དུ་བཏང་ནས། རང་སྐད་ཅིག་གིས་རྗེ་བཙུན་མར་གསལ་བའི་ཐུགས་ཀར་པཾ་ལས་པདྨ་དང་ཨ་ལས་ཟླ་བའི་དཀྱིལ་འཁོར་གྱི་སྟེང་དུ་ཡི་གེ་ཧཱུྃ་ལྗང་ཁུ། དེ་ལས་འོད་ཟེར་འཕྲོས་པས་བླ་མ་དང་རྗེ་བཙུན་མ་ལ་སངས་རྒྱས་དང་(༦༧ན)བྱང་ཆུབ་སེམས་དཔའ་ཐམས་ཅད་ཀྱིས་བསྐོར་བ། ཨོཾ་བཛྲ་ས་མཱ་ཛཿཞེས་པས་སྤྱན་དྲངས། དེ་ནས། ཨོཾ་བཛྲ་པུཥྤེ་ཨཱཿཧཱུྃ། ཨོཾ་བཛྲ་དྷཱུ་པེ་ཨཱཿཧཱུྃ། ཨོཾ་བཛྲ་ཨཱ་ལོ་ཀེ་ཨཱཿཧཱུྃ། ཨོཾ་བཛྲ་གནྡྷེ་ཨཱཿཧཱུྃ། ཨོཾ་བཛྲ་ནཻ་ཝི་ཏྱ་ཨཱཿཧཱུྃ། ཨོཾ་བཛྲ་ཤབྡ་ཨཱཿཧཱུྃ། ཞེས་པ་རྣམས་ཕྱག་རྒྱ་དང་བཅས་པས་མཆོད། ཐལ་མོ་སྦྱར་ཏེ། དཀོན་མཆོག་གསུམ་ལ་བདག་སྐྱབས་མཆི། །ཞེས་སོགས་ལན་གསུམ་བརྗོད། སེམས་ཅན་ཐམས་ཅད་བདེ་བ་དང་བདེ་བའི་རྒྱུ་དང་ལྡན་པར་གྱུར་ཅིག །ཅེས་སོགས་ཚད་མེད་བཞི་བསྒོམ། ཚོགས་ཞིང་རྣམས་རང་གནས་སུ་གཤེགས་པར་གྱུར། ཨོཾ་ཤཱུ་ནྱ་ཏཱ་ཛྙཱ་ན་བཛྲ་སྭ་བྷཱ་ཝ་ཨཱཏྨ་ཀོ྅་ཧཾ། སྟོང་པའི་ངང་ལས་པཾ་ལས་པདྨ་དང་ཨ་ལས་ཟླ་བའི་དཀྱིལ་འཁོར་གྱི་སྟེང་དུ་རང་གི་སེམས་ཉིད་ཧཱུྃ་ལས་ཨུཏྤལ་ལྗང་ཁུ་ཧཱུྃ་གྱིས་མཚན་པ་དེ་ལས་འོད་ཟེར་འཕྲོས། འཕགས་པ་མཆོད་སེམས་ཅན་གྱི་དོན་བྱས། ཚུར་འདུས་ཧཱུྃ་ཡིག་ཨུཏྤལ་དང་བཅས་པ་ལ་ཐིམ། དེ་ཡོངས་སུ་གྱུར་པ་ལས། རང་ཉིད་རྗེ་བཙུན་མ་སྒྲོལ་མ་སྐུ་མདོག་ལྗང་ཁུ་ཞལ་གཅིག་ཕྱག་གཉིས། གཡས་པས་མཆོག་སྦྱིན་གྱི་ཕྱག་རྒྱ་མཛད་ཅིང་། གཡོན་པའི་མཐེབ་སྲིན་གྱིས་ཨུཏྤལ་སྔོན་པོའི་རྩ་བ་ཐུགས་ཀར་བཟུང་སྟེ་མེ་ཏོག་སྙན་གྱི་ཐད་ཀར་ཁ་བྱེ་བ། ཞལ་འཛུམ་ཞིང་། རབ་ཏུ་ཞི་བ། དབུ་སྐྲ་ལི་བ་གཡོན་ཕྱོགས་སུ་བཅིངས་ནས་གཡས་ངོས་སུ་འཁྱིལ་ཞིང་ཕྱང་བ། ལོ་བཅུ་དྲུག་ལོན་པ་ལྟ་བུའི་ཆ་ལུགས་(༦༧བ)ཅན་ཟླ་བ་ལ་སྐྱ་རྒྱབ་བརྟེན་པ། དར་སྤྲུབ་མོའི་སྟོད་གཡོགས་ཀྱིས་ནུ་མ་བཀབ་ཅིང་། དར་སྣ་ཚོགས་ཀྱི་ཤམ་ཐབས་གསོལ་བ། ཞབས་གཡས་ཙུང་ཟད་བརྐྱངས་ཤིང་། གཡོན་བསྐུམས་

པའི་རོལ་སྟབས་ཀྱིས་བཞུགས་པ་དེའི་ཐུགས་ཀར་པཾ་ལས་པདྨ་དང་ཨ་ལས་ཟླ་བའི་དཀྱིལ་འཁོར་གྱི་སྟེང་དུ་ཧཱུཾ་ཡིག་ལྗང་ཁུ། དེ་ལས་འོད་ཟེར་འཕྲོས་པས་པོ་ཏ་ལ་ནས་རྗེ་བཙུན་མ་སྒྲོལ་མ་ལ་སངས་རྒྱས་དང་བྱང་ཆུབ་སེམས་དཔའི་ཚོགས་ཀྱིས་བསྐོར་བ་ཨོཾ་བཛྲ་ས་མ་ཛཿཞེས་པས་སྤྱན་དྲངས། ཨོཾ་བཛྲ་པུཥྤེ་ཨཱཿཧཱུཾ། ཞེས་པ་ནས། ཨོཾ་བཛྲ་ཤབྡ་ཨཱཿཧཱུཾ། ཞེས་པའི་བར་གྱིས་མཆོད། ཨོཾ་ཨ་ཧྲི་ཊི་ཎྜཧྲུ་མཾ་སཔ་ཏ་སྦ་ག་ཏ་ཞེས་གསོལ་བ་བཏབ་པས། ཇི་ལྟར་བལྟམས་པ་ནས་ཀྲཱི་ཡེ་ཧཱུཾ། ཞེས་གསུངས་ཤིང་བུམ་པ་བདུད་རྩིས་གང་བས་དབང་བསྐུར། སྐུ་གང་། དྲི་མ་དག །ཆུ་ལྷག་མ་ཡར་ལུད་པ་ལས་དོན་ཡོད་གྲུབ་པས་དབུ་བརྒྱན་པར་གྱུར། དབང་གི་ལྷ་དེ་རྣམས་རྗེ་བཙུན་མ་སྒྲོལ་མའི་སྐུར་གྱུར་ཏེ་རང་ལ་ཐིམ། ཛཿཧཱུཾ་བཾ་ཧོཿ ཐལ་མོ་སྦྱར་བའི་མཛུབ་མོ་གཉིས་གུང་མོའི་རྒྱབ་ཏུ་སྦྱར། སྲིན་མཛུབ་གཉིས་བཀུག་སྟེ། མཛུབ་མོ་མནན་པ་ཨུཏྤ་ལའི་ཕྱག་རྒྱ་དཔྲལ་མགྲིན་སྙིང་ག་དཔུང་པ་རྣམས་སུ་རེག་ཅིང་། ཨོཾ་ཏཱ་རེ་ཏུཏྟཱ་རེ་ཏུ་རེ་སྭཱཧཱ། ཞེས་ཡི་གེ་བཅུ་པ་ཚར་རེ་བརྗོད་པས་བྱིན་གྱིས་བརླབས་ཏེ། སྐུ་སྣང་ལ་རང་བཞིན་མེད་པ་ལ་སེམས་ཡུན་རིང་དུ་གཏད། སྐྱོ་ན་ཐུགས་ཀར་ཟླ་བའི་སྟེང་དུ་ཧཱུཾ་ཡིག་གི་མཐར་ཡི་(༥༢ན)གེ་བཅུ་པ་ཁ་དོག་དཀར་པོ་མགོ་བོ་གྱེན་དུ་བལྟ་བས་བསྐོར་བར་བསམ་ལ། དེ་ལ་གློག་པའི་ཚུལ་དུ། ཨོཾ་ཏཱ་རེ་ཏུཏྟཱ་རེ་ཏུ་རེ་སྭཱཧཱ། ཞེས་པའི་ཡི་གེ་བཅུ་པ་གཙོ་བོར་བཟླ། སྔོན། ན་མོ་རཏྣ་ཏྲ་ཡཱ་ཡ། ན་མ་ཨཱརྱཱ་ཨ་ཝ་ལོ་ཀི་ཏེ་ཤྭ་རཱ་ཡ། བོ་དྷི་སཏྭཱ་ཡ། མཧཱ་སཏྭཱ་ཡ། མཧཱ་ཀཱ་རུ་ཎི་ཀཱ་ཡ། ཏདྱ་ཐཱ། ཨོཾ་ཏཱ་རེ་ཏུཏྟཱ་རེ་ཏུ་རེ་མ་མ་ཀྲི་ཏེ་སརྦ་དུཥྚཱཾ། པྲ་དུཥྚཱཾ། ཛཾ་བྷ་ཡ། སྟཾ་བྷ་ཡ། མོ་ཧ་ཡ། བནྡྷ་ཡ། ཧཱུཾ་ཧཱུཾ་ཧཱུཾ་ཕཊ་ཕཊ་ཕཊ། སརྦ་དུཥྚཱཾ་སྟཾ་བྷ་ནེ་ཏཱ་རེ་སྭཱཧཱ། ཞེས་གཟུངས་རིང་ཡང་ཅི་ནུས་བཟླ། མཐར་ཡིག་བརྒྱ་བརྗོད་དེ་ལྷག་ཆད་ཁ་བསྐངས་ཤིང་བྱིན་རླབས་བརྟན་པར་བྱ། ༈ འདིའི་རྗེས་གནང་ནི། ཐུན་མོང་བ་སྤྱི་དང་། ཁྱད་པར་ལུང་འབོགས་ཚུལ་སློབ་མ་མཆོག་ལ་སྟེ། དེ་ཡང་མཎྜལ་གྱི་སྟེང་དུ་རྗེ་བཙུན་མའི་

སྐུ་གཟུགས་སམ། ཆོམ་བུ་ལྷང་ཁུ་བཞག་ལ། མདུན་དུ་ཟླུམ་གཏོར་དཀར་པོ། མཆོད་པ་རྣམས་བཤམས། སློབ་དཔོན་གྱིས་བདག་བསྐྱེད་བཟླས་པ་དང་བཅས་པ་བྱ། དེ་ནས་མདུན་བསྐྱེད་ཀྱི་དཀྱིལ་འཁོར་ཨ་མྲི་ཏས་བསངས། ཨོཾ་ཤུ་ནྱ་ཏཱས་སྦྱངས། སྟོང་པ་ཉིད་དུ་གྱུར། སྟོང་པའི་ངང་ལས་པཾ་ལས་པདྨ་དང་ཨ་ལས་ཟླ་བའི་དཀྱིལ་འཁོར་གྱི་སྟེང་དུ་ཧཱུཾ་ལས་ཨུཏྤལ་ལྷང་ཁུ་ཧཱུཾ་གྱིས་མཚན་པ་དེ་ལས་འོད་ཟེར་འཕྲོས། འཕགས་པ་མཆོད། སེམས་ཅན་གྱི་དོན་བྱས། ཚུར་འདུས་ཧཱུཾ་ཡིག་ཨུཏྤལ་དང་བཅས་པ་ལ་ཐིམ། དེ་ཡོངས་སུ་གྱུར་པ་ལས་རྗེ་བཙུན་མ་སྒྲོལ་མ་ཞེས་པ་(༤༢བ)ནས། ཟླ་བའི་དཀྱིལ་འཁོར་གྱི་སྟེང་དུ་ཧཱུཾ་ཡིག་ལྷང་ཁུས་མཚན་པར་གྱུར། རང་གི་ཐུགས་ཀའི་ས་བོན་ལས་འོད་ཟེར་འཕྲོས་པས་པོ་ཏ་ལ་ནས་རྗེ་བཙུན་མ་སྒྲོལ་མ་ལ་སངས་རྒྱས་དང་བྱང་ཆུབ་སེམས་དཔའི་ཚོགས་ཀྱིས་བསྐོར་བ། ཨོཾ་བཛྲ་ས་མ་ཛཿ པོ་ཏ་ལ་ཡི་གནས་མཆོག་ན། །ཏཾ་ཡིག་ལྷང་ཁུ་ལས་འཁྲུངས་ཤིང་། །ཏཾ་ཡིག་འོད་ཀྱིས་འགྲོ་བ་སྒྲོལ། །སྒྲོལ་མ་འཁོར་བཅས་གཤེགས་སུ་གསོལ། །ཞེས་སྤྱན་དྲངས། ཨོཾ་པདྨ་ཀ་མ་ལ་ཡེ་སྟྭཾ། ཞེས་གདན་དབུལ། ཨོཾ་བཛྲ་པུཥྤེ་ཨཱཿཧཱུཾ། ཞེས་སོགས་ཀྱིས་གོང་བཞིན་མཆོད། དེ་བཞིན་གཤེགས་པ་ཐམས་ཅད་ཀྱིས་འདི་ལ་མངོན་པར་དབང་བསྐུར་དུ་གསོལ། ཞེས་གསོལ་བ་བཏབ་པས་ཇི་ལྟར་བལྟམས་པ་ཞེས་པ་ནས། དབང་གི་ལྷ་དེ་རྣམས་རྗེ་བཙུན་མ་སྒྲོལ་མའི་སྐུར་གྱུར་ཏེ་ཐིམ་པར་གྱུར། ཛཿཧཱུཾ་བཾ་ཧོཿགཉིས་སུ་མེད་པར་གྱུར་པར་བསམས། མཆོད་པ་བྱ་རྒྱུད་ལྟར་བྱིན་གྱིས་བརླབས་ཏེ། ཨོཾ་ཨརྒྷཾ་ཏཱ་རེ་ས་པ་རི་ཝཱ་ར་ཨཀྵོཾ་པྲ་ཏཱིཙྪ་ཡེ་སྭཱཧཱ། ཞེས་པ་ནས། ཤབྡ་པྲ་ཏཱིཙྪ་ཡེ་སྭཱཧཱ། ཞེས་པའི་བར་གྱིས་མཆོད། ལྷ་དང་ལྷ་མིན་སོགས་ཀྱིས་བསྟོད། གཏོར་མ་ཨ་མྲི་ཏས་བསངས། སྭ་བྷཱ་ཝས་སྦྱངས། སྟོང་པའི་ངང་ལས་ཨོཾ་ལས་རིན་པོ་ཆེའི་སྣོད་ཡངས་ཤིང་རྒྱ་ཆེ་བར་གཏོར་མ་བདུད་རྩིའི་རྒྱ་མཚོར་གྱུར། ཨོཾ་ཨཱཿཧཱུཾ། ལན་གསུམ། གཏོར་མ་གསོལ་བར་བསམས་ལ། ན་མཿས་མནྟ། བུདྡྷ་བོ་དྷི་སཏྭ་ནཾ། ཨོཾ་

ཕྲ་ཊི་ཏ་ཏ་ཤ་ས་ཧཱུཾ་ཏེ་ཏེ་ཧ་ག་ཥ་ཊི་མཧཱ་(༧༣ན)སཏྭ་སརྦ་བུདྡྷ་ཨ་བ་ལོ་ཀི་ཏེ། མཱ་བི་ལམྦ་མཱ་བི་ལམྦ། ཨི་མཾ་བ་ལིཾ་གྲིཧྞ་ཕཱ་ཡ། གྲིཧྞ་ཕཱ་ཡ་ཧཱུཾ་ཧཱུཾ་ཛ་ཛ་སརྦ་བི་སརྫ་རེ་སྭཱཧཱ། ཞེས་ལན་ལྔས་ཕུལ། ཨོཾ་ཨཱརྻ་ཏཱ་རེ་ས་པ་རི་ཝཱ་ར་ཨརྒྷཾ་ནས་ཤབྡའི་བར་གྱིས་མཆོད། ལྷ་དང་ལྷ་མིན་སོགས་ཀྱིས་བསྟོད། མཆོད་སྦྱིན་གཏོར་མ་འདི་བཞེས་ལ། ཞེས་སོགས་དང་རྗེ་བཙུན་མ་འཕགས་མ་སྒྲོལ་མས་བདག་ལ་མཆོག་དང་ཐུན་མོང་གི་དངོས་གྲུབ་མ་ལུས་པ་བསྩལ་དུ་གསོལ། འཇིགས་པ་ཆེན་པོ་བརྒྱད་དང་བཅུ་དྲུག་ལ་སོགས་པ་གནོད་བྱེད་ཐམས་ཅད་ལས་སྐྱོབ་ཏུ་གསོལ། འཁོར་བ་སྡུག་བསྔལ་གྱི་རྒྱ་མཚོ་ཆེན་པོ་ལས་བསྒྲལ་དུ་གསོལ། སྡུག་བསྔལ་ཐམས་ཅད་ཞི་བར་མཛད་དུ་གསོལ། ཞེས་འདོད་དོན་ལ་གསོལ་བ་གདབ། མདུན་བསྐྱེད་ཀྱི་ཐུགས་ཀར་ཟླ་བའི་སྟེང་དུ་ཏཱཾ་ཡིག་གི་མཐར་ཡི་གེ་བཅུ་པ་ཁ་དོག་དཀར་པོ་མགོ་གྱེན་དུ་བལྟ་བས་བསྐོར་བར་བསམ་ལ། ཨོཾ་ཏཱ་རེ་ཏུཏྟཱ་རེ་ཏུ་རེ་སྭཱཧཱ། ཞེས་པའི་ཡི་གེ་བཅུ་པ་གཙོ་བོར་བཟླ། སྤྲོ་ན། ན་མོ་རཏྣ་ཏྲ་ཡཱ་ཡ། ཞེས་སོགས་གཟུངས་རིང་ཡང་ཅི་ནུས་བཟླ། ཡིག་བརྒྱ་བརྗོད། ༔ དེ་ནས་སློབ་མ་རྣམས་ཁྲུས་བྱས་མཎྜལ་ཕུལ། གསོལ་བ་འདེབས་པ་འདིའི་རྗེས་ཟློས་མཛོད། དུས་གསུམ་སངས་རྒྱས་ཐམས་ཅད་དང་ནས་བསྩལ་དུ་གསོལ། ལན་གསུམ་གྱིས་གསོལ་བ་གདབ། དཀོན་མཆོག་གསུམ་ལ་བདག་སྐྱབས་མཆི། །སོགས་རྒྱུན་བཤགས་ལན་(༧༣བ)གསུམ། མདུན་གྱི་ཆོམ་བུ་འདི་ཉིད་ཀྱང་རྗེ་བཙུན་མ་སྒྲོལ་མར་དངོས་སུ་མོས་ལ། དེ་ནས་རྗེས་གནང་གི་གཞི་དགོད་པའི་སྐད་དུ། སློབ་དཔོན་ལ་རྗེ་བཙུན་མ་དངོས་ཡིན་སྙམ་པའི་མོས་པ་བྱས་པས། དེའི་ཐུགས་ཀའི་འོད་ཟེར་གྱིས་མདུན་བསྐྱེད་ཀྱི་ཐུགས་རྒྱུད་བསྐུལ། ཐུགས་ཀ་ནས་འོད་ཟེར་ལྷང་ཁྲུ་དཔག་ཏུ་མེད་པ་འཕྲོས་ཏེ་སློབ་མའི་ལུས་ལ་ཐོག་པས་སྡིག་སྒྲིབ་དང་། བར་དུ་གཅོད་པ་ཐམས་ཅད་སྦྱངས། ལུས་འོད་ཀྱི་རང་བཞིན་དུ་གྱུར་པར་བསམ། དེའི་སྐད་ཅིག་ལ་པཾ་ལས་པདྨ་དང་ཨ་ལས་ཟླ་བའི་དཀྱིལ་འཁོར་གྱི་སྟེང་

དུ་ཧཱུྃ་ལས་ཨུཏྤལ་ཧཱུྃ་གྱིས་མཚན་པ། དེ་ལས་འོད་ཟེར་འཕྲོས། དོན་གཉིས་བྱས། ཚུར་འདུས་ཡོངས་སུ་གྱུར་པ་ལས། སློབ་མ་རྗེ་བཙུན་མ་སྒྲོལ་མ་སྐུ་མདོག་ལྗང་ཁུ། ཞལ་གཅིག་ཕྱག་གཉིས་པ། གཡས་པས་མཆོག་སྦྱིན་གྱི་ཕྱག་རྒྱ་མཛད་ཅིང་། གཡོན་པའི་མཐེབ་སྲིན་གྱིས་ཨུཏྤལ་སྔོན་པོའི་རྩ་བ་ཐུགས་ཀར་བཟུང་སྟེ་མེ་ཏོག་སྙན་གྱི་ཐད་ཀར་ཁ་བྱེ་བ། ཞལ་འཛུམ་ཞིང་། རབ་ཏུ་ཞི་བ། དབུ་སྐྲ་ལི་བ་གཡོན་ཕྱོགས་སུ་བཅིངས་ནས། གཡས་ངོས་སུ་འཕྱིལ་ཞིང་འཕྱང་བ། ལོ་བཅུ་དྲུག་ལོན་པ་ལྟ་བུའི་ཆ་ལུགས་ཅན། ཟླ་བ་ལ་སྐུ་རྒྱབ་བརྟེན་པ། དར་སྨུག་མོའི་སྟོད་གཡོགས་ཀྱིས་ནུ་མ་བཀབ་ཅིང་། དར་སྣ་ཚོགས་ཀྱི་ཤམ་ཐབས་གསོལ་བ། ཞབས་གཡས་བརྐྱང་ཞིང་ཟད་བསྐུངས་ཤིང་། གཡོན་བསྐུམས་པའི་རོལ་སྟབས་ཀྱིས་བཞུགས་པ། སླར་ཡང་སློབ་དཔོན་ལ་མོས་གུས་བྱས་(༥༥ན)པས། དེའི་ཐུགས་ཀའི་འོད་ཟེར་གྱིས་མདུན་བསྐྱེད་དང་། ཕྱོགས་བཅུའི་སངས་རྒྱས་བྱང་སེམས་ཐམས་ཅད་ཀྱི་ཐུགས་ཀ་ནས་རྗེ་བཙུན་མའི་སྐུ་བསམ་གྱིས་མི་ཁྱབ་པ་སྤྱན་དྲངས་ཏེ། སློབ་མ་ལ་ཐིམ་པར་བསམ་ལ། སྔགས་བཟླས་ཤིང་། དྲིལ་གསིལ་བྱ་བ་ནི་གཞི་དགོད་པའོ། །དངོས་ལ་གསུམ་ལས། དང་པོ་རྗེས་སུ་བཟླས་པའི་ལུང་ནི། སློབ་དཔོན་གྱིས་བདག་ལ་རྗེ་བཙུན་མ་སྒྲོལ་མའི་མཚན་བརྒྱ་རྩ་བརྒྱད་པའི་ལུང་དང་། གསང་སྔགས་རྗེས་སུ་གནང་བ་མ་ལུས་པ་བསྩལ་དུ་གསོལ། ཞེས་ལན་གསུམ་གྱིས་གསོལ་བ་གདབ། དེ་ནས་སློབ་དཔོན་གྱི་ཐུགས་ཀའི་སྔགས་ཕྲེང་ས་བོན་དང་བཅས་པ་ལས་དེ་འདྲ་བ་དུ་མ་བྱུང་ནས་ཞལ་ནས་ཐོན། སློབ་མའི་ཞལ་དུ་ཞུགས། ཐུགས་ཀར་ཟླ་བ་ལ་ཧཱུྃ་ཡིག་གི་མཐར་འཁོར་བར་མོས་པ་བྱས་ལ། སྙིང་པོ་དང་། གཟུངས་ཀྱི་རྗེས་ཟློས་ལན་གསུམ་བྱ། མཚན་བརྒྱ་རྩ་བརྒྱད་པའི་མགོ །དཔལ་ལྡན་ཡིད་འོང་པོ་ཏ་ལར། །སྣ་ཚོགས་ཁམས་ཀྱིས་རྣམ་པར་སྤྲས། །སྣ་ཚོགས་ལྗོན་པས་བཀྲམ་པ་སྟེ། །སྐྱེ་གཉིས་དུ་མ་སྒྲ་འཕྱིན་པ། །འབབ་ཆུ་སྣ་ཚོགས་ཀུ་ཅོ་ཆེ། །རི་དྭགས་སྣ་ཚོགས་འཁྲུགས་པ་སྟེ། །མེ་

ཏོག་སྣ་ཚོགས་རིགས་རྣམས་ཀྱིས། །ཀུན་ཏུ་དྲི་ཡིས་བཀང་བ་སྟེ། །སྣ་ཚོགས་ཡིད་འོང་འབྲས་བུར་ལྡན། །རྐང་པ་དྲུག་པའི་སྒྲ་ཡི་སྒྲ། །མིའམ་ཅི་ཡིས་གླུ་སླན་ལེན། །གླང་ཆེན་སྨྱོན་པས་ཡང་དག་ཁེངས། །རིག་འཛིན་གྲུབ་པའི་(༥༥བ)ཚོགས་རྣམས་དང་། །དྲི་ཟ་རྣམས་ཀྱང་གླུ་ལེན་པ། །ཐུབ་པ་འདོད་ཆགས་བྲལ་རྣམས་དང་། །བྱང་ཆུབ་སེམས་དཔའི་ཚོགས་གཞན་དང་། །ས་བཅུའི་དབང་ཕྱུག་རྣམས་དང་ནི། །འཕགས་མ་སྒྲོལ་སོགས་ལྷ་མོ་རྣམས། །རིག་པའི་རྒྱལ་མོ་སྟོང་རྣམས་ཀྱིས། །རྟག་ཏུ་ལེགས་པར་བརྟེན་པའོ། །ཁྲོ་བོའི་རྒྱལ་པོ་ཚོགས་གཞན་དང་། །རྟ་མགྲིན་ལ་སོགས་ཀྱིས་བསྐོར་བ། །སེམས་ཅན་ཀུན་ལ་ཕན་པར་བརྩོན། །བཅོམ་ལྡན་འདས་ནི་སྤྱན་རས་གཟིགས། །བཞུགས་ཏེ་དེ་ཕྱིར་དཔལ་དང་ལྡན། །པདྨའི་སྙིང་པོ་ཐུབ་པའི་གདན། །དཀའ་ཐུབ་ཆེན་པོ་དང་ལྡན་པ། །བྱམས་པ་དང་ནི་སྙིང་རྗེ་ལྡན། །ལྷ་ཡི་འཁོར་ནི་ཆེན་པོ་ལ། །ཆོས་གསུང་པོ་ནི་ཡང་དག་བཞུགས། །དེ་ཙ་ཧེར་འདུག་ཡང་དག་ལངས། །ཕྱག་ན་རྡོ་རྗེ་སྟོབས་པོ་ཆེ། །མཆོག་ཏུ་སྙིང་རྗེ་དང་ལྡན་པས། །སྤྱན་རས་གཟིགས་ལ་ཞུས་པ་སྟེ། །རྐུན་པོ་སྤྲུལ་དང་སེང་གེ་དང་། །གླང་པོ་སྟག་དང་ཆུ་འཇིགས་པས། །ཞི་མཛད་ཐུབ་པས་སེམས་ཅན་རྣམས། །འཁོར་བའི་རྒྱ་མཚོར་བྱིང་བ་རྣམས། །འཁོར་བའི་ཞགས་པས་བཅིངས་པ་རྣམས། །ཆགས་སྡང་གཏི་མུག་དྲི་མ་ལས། །གང་གིས་སེམས་ཅན་གྲོལ་འགྱུར་པ། །དེ་གསུངས་བདག་ལ་ཐུབ་ཆེན་པོ། །དེ་སྐད་ཞུས་ནས་བཅོམ་ལྡན་འདས། །འཇིག་རྟེན་མགོན་པོས་འདི་སྐད་གསུངས། །དཔལ་ལྡན་དེ་ནི་སྤྱན་རས་གཟིགས། །ཕྱག་ན་རྡོ་རྗེ་རབ་རྟོགས་བྱེད། །སྔགས་པའི་ཚིག་ནི་འདི་(༥༦ན)སྐད་གསུངས། །ཉོན་ཅིག་གསང་བའི་རྒྱལ་དབང་པོ། །སྐྱོབ་པ་འོད་དཔག་མེད་པ་ཡི། །སྨོན་ལམ་སྟོབས་ཀྱིས་བྱུང་བ་སྟེ། །ང་ཡི་འཇིག་རྟེན་མ་ཧཱ་ཤེས། །སྙིང་རྗེ་ཆེ་དང་ལྡན་པ་ཡིས། །འགྲོ་བ་འདོན་པར་བརྩོན་པ་མོ། །ཉི་མ་ཤར་བ་དང་འདྲ་བ། །ཟླ་བ་ཉ་འདྲ་བྱེད་ཀྱི་འོད། །ལྷ་

བཅས་མི་དང་ལྷ་མིན་དང་། །མི་རྣམས་ཐམས་ཅད་གསལ་བར་བྱེད། །འཇིག་རྟེན་གསུམ་པོ་གཡོ་བར་བྱེད། །གནོད་སྦྱིན་སྲིན་པོ་འཇིགས་པར་བྱེད། །ཕྱག་ན་ཨུཏྤལ་སྔོན་པོ་སྟེ། །མ་འཇིགས་མ་འཇིགས་ཞེས་བརྗོད་མ། །བར་སྣང་དུ་ནི་འབར་བར་གནས། །འགྲོ་བ་ཡང་དག་ཟུང་དོན་དུ། །མཚོན་གྱི་བསྐལ་པ་བྱུང་བ་དང་། །འཇིགས་པ་སྣ་ཚོགས་འཁྲུགས་དོན་དུ། །རྒྱལ་བ་རྣམས་ཀྱིས་བདག་བསྐྱེད་དེ། །མིང་རྣམས་དྲན་པ་ཉིད་ཀྱིས་ནི། །སེམས་ཅན་ཐམས་ཅད་བདག་གིས་བསྲུངས། །སྣ་ཚོགས་འཇིགས་པའི་རྒྱ་མཚོ་ལས། །སེམས་ཅན་ཐམས་ཅད་བདག་གིས་བསྒྲལ། །དེས་ན་བདག་ལ་འཇིག་རྟེན་དུ། །རྒྱལ་བའི་ཚོགས་ཀྱིས་སྒྲོལ་མར་བསྒྲགས། །ཐལ་མོ་སྦྱར་བར་བྱས་ནས་ནི། །སྤྱན་རས་འདུག་སྟེ་འདི་སྐད་གསོལ། །གསུངས་ཤིག་མཚན་བརྒྱ་རྩ་བརྒྱད་པ། །ས་བཅུའི་དབང་ཕྱུག་མགོན་རྣམས་དང་། །བྱང་ཆུབ་སེམས་དཔའ་རབ་དགའ་བའི། །སྡིག་པ་སྤོང་བྱེད་བསོད་ནམས་དང་། །བཀྲ་ཤིས་གྲགས་པ་འཕེལ་བར་བྱེད། །གཏེར་དང་ནོར་རྣམས་འཕེལ་བྱེད་ཉིད། །ནད་རྣམས་ཐམས་ཅད་(༥༥བ)བཏྣག་པར་བྱེད། །དཔལ་དང་ཤེས་པ་འཛོག་པར་བྱེད། །ནད་མེད་ཚེ་ནི་འཕེལ་བར་བྱེད། །སེམས་ཅན་རྣམས་ལ་བྱམས་བསྒོམས་ལ། །དེ་དག་སྒྲོགས་ཤིག་ཐུབ་ཆེན་པོ། །སྤྱན་རས་གཟིགས་དབང་རབ་ཏུ་བཞད། །མཆོག་རྣམས་རབ་ཏུ་རྣམ་གཟིགས་ནས། །འདི་ལྟ་བུ་ཡི་བྱམས་པ་སྒྲོ། །ཕྱག་ནི་གཡས་པས་ཕྱག་ཐབས་མཛད། །བསོད་ནམས་མཚན་ཉིད་ལྡན་པ་ཡིས། །དེ་གསུངས་ཤེས་རབ་ཤིན་ཏུ་ཆེ། །ལེགས་སོ་ལེགས་སོ་དཀའ་ཐུབ་ཆེ། །སེམས་ཅན་ཀུན་ལ་གཅིག་ཏུ་བརྩེ། །བསྐལ་པ་ཆེན་པོའི་མི་རྣམས་ཉོན། །མི་རྣམས་གང་ཞིག་འདི་སྒྲོག་པ། །ནོར་གྱི་དབང་ཕྱུག་ཡང་དག་འགྱུར། །ནད་རྣམས་ཐམས་ཅད་ཡང་དག་སྒྲོལ། །དབང་ཕྱུག་ཀུན་དང་ཡང་དག་ལྡན། །དུས་མིན་འཆི་བ་ངེས་པར་སྲེག །འཆི་བ་བདེ་བ་ཅན་འགྲོ་བ། །དེ་རྣམས་བདག་གི་བཤད་པར་བྱ། །ལྷ་ཡི་དགེ་འདུན་བདག་ལ་

ཉོན། །འདི་ལ་རྗེས་སུ་ཡི་རང་གིས། །ལེགས་པར་བསྔམས་པར་འགྱུར་ལ་
བསྟོད། །ཅེས་པ་ཡན་སློབ་དཔོན་གྱིས་ཚར་གཅིག་གློག །ཨོཾ། དགེ་བ་ཅན་ནི་གཟི་
བརྗིད་ཆེ། །འཇིག་རྟེན་གསོ་བྱེད་སྨན་པ་ཆེ། །དབྱངས་ཅན་མ་ནི་སྨྱུན་ཡངས་
མ། །ཤེས་རབ་དཔལ་དང་བློ་འཕེལ་མ། །གསོ་བྱེད་མ་དང་རྒྱས་འདེབས་མ། །སྭཱཧཱ།
ཞེས་པ་རྗེས་ཟློས་ལན་གསུམ་བྱེད་དུ་གཞུག །ཨོཾ་གྱིས་རྣམ་པའི་འདོད་གཟུགས་
མ། །སེམས་ཅན་ཀུན་ལ་ཕན་པར་བརྩོན། །གཡུལ་ལས་སྒྲོལ་བྱེད་རྒྱལ་བ་མོ། །ལྷ་
མོ་ཤེས་རབ་(༨༦ན)ཕ་རོལ་ཕྱིན། །འཕགས་མ་སྒྲོལ་མ་ཡིད་འོང་མ། །ཛ་ཧ་དུང་ཅན་
རྒྱས་པ་མོ། །རིག་པའི་རྒྱལ་མོ་ཚིག་སྨན་མ། །ཟླ་བའི་གདོང་ཅན་དཀར་མོ་ཆེ། །མི་
ཕམ་གོས་ནི་སེར་མོ་ཅན། །སྒྱུ་མ་ཆེན་མོ་དཀར་མོ་ཆེ། །སྟོབས་པོ་ཆེ་ལ་ཕ་རོལ་
ཕྱིན། །རྩུབ་མོ་ཆེན་མོ་གཏུམ་ཆེན་མོ། །སྡང་བའི་སེམས་ཅན་བརླག་བྱེད་མ། །རབ་
ཏུ་ཞི་བ་ཞི་བའི་གཟུགས། །རྣམ་པར་རྒྱལ་བ་འབར་བའི་འོད། །གློག་གི་ཕྲེང་བའི་
རྒྱལ་མཚན་ཅན། །རལ་གྲི་འཁོར་ལོ་གཞུ་ཐོགས་མཆོན། །འཚོལ་བྱེད་རེངས་བྱེད་
ནག་མོ་ནི། །མཚན་མོ་ནག་མོ་མཚན་སྤྱོད་མ། །སྲུང་བྱེད་རྨོངས་བྱེད་ཞི་པ་མོ། །
མཛེས་མ་དགེ་མ་འདྲ་བའི་ལྷིང་། །ཚངས་པ་མོ་དང་རིག་བྱེད་མོ། །གསང་བ་མོ་
ནི་བྲག་ཕུག་གནས། །བགྲ་ཤེས་དོན་བྱེད་ཞི་བ་མོ། །སྐྱེས་ནས་རིག་བྱེད་
ཡིད་མགྱོགས་མ། །ཐོད་པ་ཅན་ནི་ཤུགས་ཆེན་མོ། །ཚངས་མ་བདེན་མ་གཞན་མི་
རྒྱལ། །དེད་དཔོན་ཆེན་མོ་སྙིང་རྗེ་གནས། །ཚུད་བཟློས་པ་ལ་ལམ་རབ་སྟོན། །
མཆོག་སྟེར་སྟེར་བྱེད་སྟོན་པ་མོ། །བུད་མེད་གཟུགས་ལ་དཔག་མེད་གནོན། །རི་
ཁྲོད་མ་དང་རྣལ་འབྱོར་མ། །གྲུབ་མ་གཏུམ་མ་བདུད་རྩི་མ། །དེས་མ་ནོར་མ་
བསོད་ནམས་མ། །སྐལ་ཆེན་སྐལ་བཟང་མཛེས་སྟོན་མ། །མཐར་བྱེད་འཇིག་བྱེད་
འཇིགས་བྱེད་མ། །དྲག་དང་བརྟུལ་ཞུགས་ཆེན་མོ་མ། །འགྲོ་ལ་གཅིག་ཏུ་ཕན་པར་
བརྩོན། །སྐྱབས་བྱེད་གྲུས་བྱེད་གསོང་པོ་མ། །ངག་གི་(༨༦བ)དབང་ཕྱུག་ཞི་ཕྲ་

མ། །རྟག་མ་ཀུན་འགྲོ་རྗེས་འགྲོ་མ། །དོན་ཀུན་སྒྲུབ་བྱེད་བཟང་མོ་མ། །གསང་
བྱེད་གསོ་བྱེད་ནོར་སྟེར་མ། །མི་འཇིགས་བསོད་ནམས་གཱ་ཏ་མ། །སྤྱན་རས་གཟིགས་
དབང་བདག་ཉིད་སྐྱེས། །ཞེས་པ་ལན་གཅིག་རྗེས་བཟློས་བྱེད། །མཚན་བརྒྱ་རྩ་བརྒྱད་
འདི་དག་ནི། །ཕན་པ་བྱེད་པར་གྲགས་པ་སྟེ། །མཆོག་ཏུ་རྨད་བྱུང་གསང་བ་
པོ། །ལྷ་ཡུལ་ན་ཡང་རྙེད་དཀའ་བ། །སྐལ་བཟང་སྐལ་བ་དང་ལྡན་བྱེད། །ཏུག་
རྣམས་ཐམས་ཅད་ཉམས་བྱེད་པ། །ནད་ནི་ཐམས་ཅད་ཞི་བྱེད་མ། །སེམས་ཅན་
ཀུན་ལ་བདེ་སྟེར་མ། །བློ་ལྡན་གང་ཞིག་ལན་གསུམ་བཀློག །མཉམ་གཞག་གཙང་
སྦྲ་བྱས་པ་ཡིས། །དེས་ནི་དུས་མི་རིང་བ་རུ། །རྒྱལ་སྲིད་དཔལ་ཡང་ཐོབ་པར་
འགྱུར། །རྟག་ཏུ་སྡུག་པའང་བདེ་བར་འགྱུར། །བཀྲེན་པ་ཕྱུག་པོར་འགྱུར་
བའོ། །སྨོངས་པ་ཤེས་རབ་ཆེན་པོར་འགྱུར། །ཡིད་གཞུངས་འགྱུར་བར་ཐེ་ཚོམ་
མེད། །བཅིངས་པ་བཅིངས་ལས་གྲོལ་བར་འགྱུར། །ཐ་སྙད་ལས་ཀྱང་རྒྱལ་བར་
འགྱུར། །དགྲ་བོ་བཤེས་པོར་འགྱུར་བ་སྟེ། །རྣ་ཅན་དང་ནི་མཆེ་བ་ཅན། །དོག་
པའི་འཐབ་མོ་རྒྱལ་དཀའ་དང་། །སྣ་ཚོགས་འཇིགས་པ་འབྲུགས་པ་ལས། །མཚན་
ནི་འདི་རྣམས་དྲན་པ་ཡིས། །འཇིགས་པ་ཀུན་ལས་སྒྲོལ་བར་བྱེད། །དུས་མིན་འཆི་
ལས་སྒྲོལ་བར་བྱེད། །སྐྱེས་བུ་སྐན་པ་ཐོབ་པར་བྱེད། །མི་ནི་སྐྱེ་བ་དོན་དང་
བཅས། །དེ་གཅིག་པུ་ཡིས་ཕན་ཡོན་གྱིས། །གང་ཞིག་འདི་ནི་ཐར་ལངས་(༦༧ན)
ནས། །སྐྱེས་བུ་གང་ཞིག་སྒྲོག་བྱེད་པ། །དེ་ནི་དུས་རིང་ཚེ་དང་ལྡན། །མི་ནི་དཔལ་
གྱིས་དགའ་འགྱུར་ཏེ། །ལྷ་དང་ཀླུ་དང་གནོད་སྦྱིན་དང་། །དྲི་ཟ་དང་ནི་ལུས་སྲུལ་
པོ། །འབྱུང་པོ་གཤེད་བྱེད་སྲིན་པོ་དང་། །མ་མོ་རྩུབ་པའི་སེམས་ལྡན་པ། །གནོད་
སྦྱིན་མོ་དང་ཡི་དྭགས་བྱེད། །སྨྱོ་བྱེད་དང་ནི་གདོན་ཆེན་རྣམས། །གྲིབ་གནོན་དང་
ནི་བརྗེད་བྱེད་དང་། །ཤ་ཟ་ལ་སོགས་པ་རྣམས་དང་། །རོ་ལངས་ལ་སོགས་ལྷ་
ཚོགས་རྣམས། །བསླུལ་བྱེད་གཞན་སེམས་སྡང་བ་རྣམས། །གྲིབ་མ་ཡང་ནི་འགོམས་

མི་འགྱུར། །ཇི་ལྟར་སྨྲར་ནི་མཆོད་པར་འགྱུར། །སྡང་བའི་སེམས་ཅན་འཆིང་
བར་འགྱུར། །ནད་ལ་སོགས་པའི་ཐེབས་མི་འགྱུར། །ཕྱུག་དང་ལོངས་སྤྱོད་ཡོན་ཏན་
ལྡན། །བུ་དང་ཚ་བོ་འཕེལ་བར་གྱུར། །བློ་ལྡན་སྐྱེ་བ་དྲན་པར་འགྱུར། །རིགས་
དང་ལྡན་ཞིང་མཐོང་དགར་འགྱུར། །གཟི་བརྗིད་ལྡན་ཞིང་ཚིག་གསལ་བ། །བསྟན་
བཅོས་ཐམས་ཅད་རིག་པར་འགྱུར། །དགེ་བཤེས་བསྙེན་བཀུར་ཡང་དག་
བསྟེན། །བྱང་ཆུབ་སེམས་ཀྱིས་བརྒྱན་པ་དང་། །གང་དང་གང་དུ་སྐྱེ་བ་དེར། །རྟག་
ཏུ་སངས་རྒྱས་ཀྱིས་མི་སྤོང་ངས། །དཔལ་ལྡན་འཕགས་པ་སྤྱན་རས་གཟིགས་དབང་
ཕྱུག་གིས་གསུངས་པ། ཛེ་བཙུན་མ་འཕགས་མ་སྒྲོལ་མའི་མཚན་བརྒྱ་རྩ་བརྒྱད་པ་
རྫོགས་སོ། །ཞེས་ཕན་ཡོན་རྣམས་སློབ་དཔོན་གྱིས་ལན་གཅིག་ཀློག་གོ། །དེ་ནས་
སློབ་མས་སློབ་དཔོན་(༦༧བ)ལ་མེ་ཏོག་གཏོར་བཞིན་དུ། བཅོམ་ལྡན་བདག་གིས་
ཞེས་སོགས་ལན་གསུམ། སློབ་དཔོན་གྱིས། བཅོམ་ལྡན་འདི་ལ་ཞེས་སོགས་བརྗོད་
ཅིང་མེ་ཏོག་སློབ་མའི་མགོ་བོར་བཞག་གོ། །གཉིས་པ་དམ་བཅའ་བའི་ལུང་ནི།
བྱང་ཆུབ་མ་ཐོབ་ཀྱི་བར་དུ་ཛེ་བཙུན་མ་ཡི་དམ་དུ་བཟུང་སླམ་པའི་བསམ་པས་
སློབ་དཔོན་དགོངས་སུ་གསོལ། བདག་མིང་འདི་ཞེས་བགྱི་བས་དུས་འདི་ནས་
བཟུང་སྟེ་ཇི་སྲིད་བྱང་ཆུབ་སྙིང་པོ་ལ་མཆིས་ཀྱི་བར་དུ་ཛེ་བཙུན་མ་སྒྲོལ་མ་ཡི་དམ་
གྱི་ལྟར་གཟུང་བར་བགྱིའོ། །ཞེས་ལན་གསུམ། རྡོ་ཛེ་སློབ་མ་འདི་རྣམས་ཀྱི་རྒྱུད་
ལ་ཛེ་བཙུན་མ་སྒྲོལ་མའི་སྐུ་གསུང་ཐུགས་ཀྱི་བྱིན་རླབས་མ་ལུས་པ་འཇུག་པར་གྱུར་
ཅིག །ཅེས་བརྗོད་ཅིང་མེ་ཏོག་གཏོར། གསུམ་པ་བྱིན་གྱིས་བརླབས་པའི་ལུང་ནི།
མདུན་བསྐྱེད་ཀྱི་ཛེ་བཙུན་མ་ལ། གུས་འདུད་དྲག་པོ་བྱས་པའི་རྐྱེན་གྱིས་ཐུགས་ཀ་
ནས་དེ་འདྲ་བའི་ཛེ་བཙུན་མ་མཐེ་བོང་ཙམ་ཞིག་བྱོན་ཏེ། སློབ་མའི་སྤྱི་གཙུག་ནས་
ཞུགས། ཐུགས་ཀའི་ཏྃ་ཡིག་དང་དབྱེར་མེད་དུ་འདྲེས་པས་རྒྱུད་བྱིན་གྱིས་བརླབས
པར་བསམས། སློབ་དཔོན་གྱིས་མེ་ཏོག་གཏོར་ཏེ་ཛེ་བཙུན་མ་འཕགས་མ་སྒྲོལ་མས་

རྡོ་རྗེ་སློབ་མ་འདི་རྣམས་གནས་སྐབས་སུ་འཇིགས་པ་ཆེན་པོ་བརྒྱད་དང་བཅུ་དྲུག་ལས་བསྐྱབས་ཏེ་འཁོར་བ་སྡུག་བསྔལ་གྱི་རྒྱ་མཚོ་ཆེན་པོ་ལས་བསྒྲལ་དུ་གསོལ། མཐར་ཐུག་མངོན་པར་རྫོགས་པར་འཚང་རྒྱ་བར་བྱིན་གྱིས་བརླབ་ཏུ་གསོལ། ཞེས་བརྗོད། རྗེས་གནང་ཐུན་མོང་(༤༧ན)བ་ནི། སྐྱེ་བོ་མང་པོ་བྱས་ན་གཞན་རྣམས་འདྲ་བ་ལས། གཟུངས་རིང་དང་། མཚན་བརྒྱ་རྩ་བརྒྱད་པའི་ལུང་དོར་བས་ཐུང་ངོ་། །རྗེས་ཆོག་སྤྱི་དང་འདྲ། །

༄ དམར་པོ་སྐོར་གསུམ་དུ་གྲགས་པའི་ནང་གི་ཀུ་རུ་ཀུལླེ་ལ། སྐྱབས་འགྲོ་སེམས་བསྐྱེད་སྔོན་དུ་བཏང་། རང་ཉིད་སྐད་ཅིག་གིས་ཀུ་རུ་ཀུལླེར་གསལ་བའི་ཐུགས་ཀར་རཾ་ལས་ཉི་མའི་སྟེང་དུ་ཧྲཱིཿདམར་པོ་དེ་ལས་འོད་ཟེར་འཕྲོས་པས་བླ་མ་དང་རྗེ་བཙུན་མ་ཀུ་རུ་ཀུལླེ་མདུན་གྱི་ནམ་མཁར། ཨོཾ་བཛྲ་ས་མཱ་ཛཿན་མོ་གུ་རུ་བྷྱཿན་མཿཀུ་རུ་ཀུལླེ་བྷྱཿཨོཾ་ཀུ་རུ་ཀུལླེ་བཛྲ་པུཥྤེ་ཨཱཿཧཱུཾ། ཞེས་པ་ནས། བཛྲ་ཤབྡ་ཨཱཿཧཱུཾ། ཞེས་པའི་བར་གྱིས་མཆོད། དཀོན་མཆོག་གསུམ་ལ་བདག་སྐྱབས་མཆི། །ཞེས་སོགས་མགུར་ནས་འབྱུང་བའི་རྒྱུན་བཤགས་ཡན་གསུམ་བྱ། ཚད་མེད་བཞི་བསྒོམ། ཨོཾ་ཤཱུ་ནྱ་ཏཱ་ཛྙཱ་ན་བཛྲ་སྭ་བྷཱ་ཝ་ཨཱཏྨ་ཀོ྅ཧཾ། སྟོང་པ་ཉིད་དུ་གྱུར། སྟོང་པའི་ངང་ལས་དུར་ཁྲོད་བརྒྱད་ཀྱི་དབུས་སུ་པཾ་ལས་པདྨ་དམར་པོའི་ལྟེ་བར་རཾ་ལས་ཉི་མའི་དཀྱིལ་འཁོར་གྱི་སྟེང་དུ་ཧྲཱིཿཡིག་དམར་པོ་རིང་ཆ་ཚེག་དྲག་དང་བཅས་པ་དེ་ལས་འོད་ཟེར་ལྕགས་ཀྱུ་དང་ཞགས་པ་ལྟ་བུ་འཕྲོས་པས་འཕགས་པ་མཆོད། སེམས་ཅན་ཐམས་ཅད་རྗེ་བཙུན་མའི་གོ་འཕང་ལ་བཀོད། ཚུར་འདུས་ཧྲཱིཿཡིག་ལ་ཐིམ། དེ་ཡོངས་སུ་གྱུར་པ་ལས་བདག་ཉིད་རྗེ་བཙུན་མ་ཀུ་རུ་ཀུལླེ་སྐུ་མདོག་དམར་པོ་ཞལ་གཅིག་ཕྱག་བཞི་མ། དང་པོ་གཉིས་ཀྱི་(༤༧བ)ཨུཏྤལ་དམར་པོའི་མདེའུ་ཅན་གྱི་མདའ་དང་མེ་ཏོག་གི་གཞུ་སྙན་གྱི་བར་དུ་འགེངས་པ། གཡས་འོག་མས་འགུགས་བྱེད་ལྕགས་ཀྱུ་དང་། གཡོན་འོག་མས་རྩ་བ་ཞགས་པར་བྱས་པའི་ཨུཏྤལ་འཛིན་པ། མཆེ་

བ་ཙུང་ཟད་གཙིགས་ཤིང་། སྤྱན་གསུམ་དང་ལྡན་པ། ནུ་འབུར་རྒྱས་པ། ལོ་བཅུ་དྲུག་ལོན་པ་ལྟ་བུ་དབུ་སྐྲ་དམར་སེར་གྱེན་དུ་བརྫེས་པ། ཐོད་སྐམ་ལྔས་དབུ་བརྒྱན་ཅིང་། རློན་པ་ལྔ་བཅུའི་དོ་ཤལ་ཅན། རུས་པའི་རྒྱན་ལྔས་བརྒྱན་པ། སྟག་གི་ལྤགས་པའི་ཤམ་ཐབས་གསོལ་བ། མི་རོ་མགོ་བོ་གཡོན་དུ་བསྟན་པའི་སྟེང་དུ་ཞབས་གཡོན་བརྐྱངས་པའི་སྐྱིལ་ཀྲུང་ཕྱེད་པའི་གར་སྟབས་ཀྱིས་འོད་ཟེར་དམར་པོ་དང་མེ་དཔུང་འབར་བའི་དབུས་ན་བཞུགས་པའོ། །དེའི་སྤྱི་བོར་ཨོཾ། མགྲིན་པར་ཨཱཿ ཐུགས་ཀར་ཧཱུྃ། ཐུགས་ཀའི་དབུས་སུ་ཨུཏྤལ་དམར་པོའི་ལྟེ་བར་ཉི་མ་ལ་ཧཱུྃཿདམར་པོ། དེ་ལས་འོད་ཟེར་འཕྲོས་པས་རིག་བྱེད་ཀྱི་ཕྱུག་ནས་རྗེ་བཙུན་མ་ཀུ་རུ་ཀུལླེ་ལ་སངས་རྒྱས་བྱང་སེམས་བསམ་གྱིས་མི་ཁྱབ་པས་བསྐོར་བ་ཨོཾ་བཛྲ་ས་མ་ཛཿ ཞེས་པས་སྤྱན་དྲངས་ལ། ཛཿཧཱུྃ་བཾ་ཧོཿ རང་ལ་གཉིས་སུ་མེད་པར་ཐིམ། སླར་ཡང་ཐུགས་ཀའི་ཧཱུྃཿལས་འོད་ཟེར་འཕྲོས་པས། དབང་གི་ལྷ་རིགས་ལྔ་འཁོར་དང་བཅས་པ་ཨོཾ་བཛྲ་ས་མ་ཛཿ ཨོཾ་པཉྩ་ཀུ་ལ་ས་པ་རི་ཝཱ་ར་བཛྲ་པུཥྤེ་ལ་སོགས་པས་མཆོད། དེ་བཞིན་གཤེགས་པ་ཐམས་ཅད་ཀྱིས་བདག་ལ་མངོན་པར་དབང་བསྐུར་བ་བསྐུལ་དུ་(༥༡ན)གསོལ། ཞེས་གསོལ་བ་བཏབ་པས། ཨོཾ་བཛྲི་བྷ་ཝ་ཨ་བྷི་ཥིཉྩ་ཧཱུྃ། ཞེས་གསུངས་ཤིང་བུམ་པའི་ཆུས་སྤྱི་བོ་ནས་དབང་བསྐུར། སྐུ་གང་། དྲི་མ་དག །ཆུ་ལྷག་མ་ཡར་ལུད་པ་ལས་འོད་དཔག་ཏུ་མེད་པས་དབུ་བརྒྱན་པར་གྱུར། ཨོཾ་ཀུ་རུ་ཀུལླེ་ས་པ་རི་ཝཱ་ར་ཨརྒྷཾ་པྲ་ཏཱིཙྪ་ཧཱུྃ་སྭཱཧཱ། ཞེས་པ་ནས། ཤབྡ་པྲ་ཏཱིཙྪ་ཧཱུྃ་སྭཱཧཱ། ཞེས་པའི་བར་གྱིས་མཆོད། བསྟོད་པས་རྗེས་ཆགས་པདྨ་རཱ་གའི་མདོག །ཞལ་གཅིག་ཕྱག་བཞི་ཞབས་གཉིས་མཛེས་པའི་སྐུ། །མདའ་གཞུ་ཨུཏྤལ་ལྕགས་ཀྱུ་ཞགས་པ་འཛིན། །བཅོམ་ལྡན་རིག་བྱེད་མ་ལ་ཕྱག་འཚལ་ལོ། །ཞེས་པས་བསྟོད། ནང་མཆོད། ཨ་མྲི་ཏས་བསངས། སྭ་བྷཱ་ཝས་སྦྱངས། ཨོཾ་ཨཱཿཧཱུྃ། ཏ་ཧོཿཧྲིཿཞེས་ལན་གསུམ་བརྗོད་དེ། ཀྱེ་རྡོར་ལྟར་བྱིན་གྱིས་བརླབས་པའམ། ཡང་ན་སྤྱི་དང་མཐུན་པར་བྱིན་གྱིས་བརླབས། འབྲུ་

གསུམ་བརྗོད་ཅིང་། མྱུངས་ཏེ་བདེ་བས་མཉེས་པར་བསམས། བཟླས་པ་བྱ་བ་ནི། སྙིང་གའི་ཉི་མར་ཧཱུཾཿདམར་པོ་ལ་སྔགས་ཕྲེང་གིས་གཡས་སུ་བསྐོར་བ་ལས་སངས་རྒྱས་བྱང་སེམས་རྣམས་ཀྱི་བྱིན་རླབས་དང་། འཁོར་འདས་ཀྱི་ཡོན་ཏན་ཐམས་ཅད་འོད་ཟེར་དམར་པོའི་རང་བཞིན་དུ་བསྡུས་ཏེ་རང་ལ་ཐིམ་པར་བསམ་ཞིང་། ཨོཾ་ཀུ་རུ་ཀུལླེ་ཧཱུཾཿསྭཱཧཱ། ཞེས་མ་ཡེངས་པར་ཙནྡན་དམར་པོའི་འཕྲེང་བ་མིང་མེད་ཀྱི་སྟེང་ནས་དྲངས་ཤིང་བགྲང་བར་བྱའོ། །ཐུན་འཇོག་པ་ན། བཅོམ་ལྡན་འདས་མ་བདག་དང་སེམས་ཅན་ཐམས་(༧༠བ)ཅད་ལ་མཆོག་དང་ཐུན་མོང་གི་དངོས་གྲུབ་ཐམས་ཅད་བསྩལ་དུ་གསོལ། ཞེས་གསོལ་བ་བཏབ་ལ། རང་གི་སྙིང་ག་ནས་འོད་ཟེར་འཕྲོས་ཏེ། སྣང་བ་ཐམས་ཅད་འོད་ཟེར་གྱི་རྣམ་པར་གྱུར་ཏེ་རང་ལ་ཐིམ་པར་བསམ། ༈ འདིའི་རྗེས་གནང་བྱ་བའི་ཚུལ་ནི། ཐུན་མོང་བ་སྤྱི་དང་འདྲ་བ་ལས་གཏོར་དབང་ཙམ་བྱེད་པ་ཡིན་ལ། ཐུན་མོང་མ་ཡིན་པ་ནི། གཞི་དམར་པོའི་སྟེང་དུ་ཙནྡན་དམར་པོས་བྱུགས་པའི་མཎྜལ་ལ། མེ་ཏོག་དམར་པོས་ཚོམ་བུ་བཀོད། དེའི་སྟེང་དུ་མཉྫེ་ལ་རྟེན་གྱི་གཏོར་མ་བྲག་སྐྱིབས་ཀྱི་དབྱིབས་ཅན་དམར་པོ་རྒྱན་དང་ལྡན་པ་བཀོད། རིག་བྱེད་མའི་བྲིས་སྐུ་ཡོད་ན་དགྲམ། ཆུ་བཞི་ཉེར་སྤྱོད། འབུལ་རྒྱུའི་ཟླུམ་གཏོར་དམར་པོ་དང་། སློབ་དཔོན་གྱི་མདུན་དུ་ནང་མཆོད་རྡོ་རྗེ་དྲིལ་བུ་ཀཱ་མ་རུ་མེ་ཏོག་རྣམས་བཤམས། སློབ་དཔོན་གྱིས་བདག་བསྐྱེད་བཟླས་པ་དང་བཅས་པ་བྱ། མདུན་བསྐྱེད། ཨ་མྲི་ཏས་བསངས། ཤཱུ་ནྱ་ཏཱས་སྦྱངས། སྟོང་པའི་ངང་ལས་དུར་ཁྲོད་བརྒྱད་ཀྱི་དབུས་སུ་པཾ་ལས་པདྨ་དམར་པོ་ལྟེ་བར་རཾ་ལས་ཉི་མའི་དཀྱིལ་འཁོར་གྱི་སྟེང་དུ་ཧཱུཾཿཡིག་དམར་པོ་རིང་ཆ་ཚེག་དྲག་དང་བཅས་པ་དེ་ལས་འོད་ཟེར་ལྕགས་ཀྱུ་དང་ཞགས་པ་ལྟ་བུ་འཕྲོས་པས་འཕགས་པ་མཆོད། སེམས་ཅན་ཐམས་ཅད་རྗེ་བཙུན་མའི་གོ་འཕང་ལ་བཀོད། ཚུར་འདུས་ཧཱུཾཿཡིག་ལ་ཐིམ། དེ་ཡོངས་སུ་གྱུར་པ་ལས་རྗེ་བཙུན་མ་ཀུ་རུ་ཀུལླེ་ཞེས་པ་ནས། ཉི་མ་ལ་

ཧཱུྃ༔དམར་པོས་མཚན་པར་གྱུར། ཐུགས་ཀའི་ས་(༥༠ན)བོན་ལས་འོད་ཟེར་འཕྲོས་པས་
རིག་བྱེད་ཀྱི་ཕྱུག་ནས་རྗེ་བཙུན་མ་ཀུ་རུ་ཀུལླེ་ལ་སངས་རྒྱས་བྱང་སེམས་བསམ་གྱིས་
མི་ཁྱབ་པས་བསྐོར་བ་ཨོཾ་བཛྲ་ས་མ་ཛཿཞེས་པས་སྤྱན་དྲངས་ལ། ཛཿཧཱུྃ་བཾ་ཧོཿགཉིས་
སུ་མེད་པར་ཐིམ། སླར་ཡང་ཐུགས་ཀའི་ཧཱུྃ༔ལས་འོད་ཟེར་འཕྲོས་པས། དབང་གི་
ལྷ་རིགས་ལྔ་འཁོར་དང་བཅས་པ་ཨོཾ་བཛྲ་ས་མ་ཛཿ ཨོཾ་པཉྩ་ཀུ་ལ་ས་པ་རི་ཝཱ་ར་
བཛྲ་པུཥྤེ་ལ་སོགས་པས་མཆོད། དེ་བཞིན་གཤེགས་པ་ཐམས་ཅད་ཀྱིས་འདི་ལ་
མངོན་པར་དབང་བསྐུར་བ་བསྐུལ་དུ་གསོལ། ཞེས་གསོལ་བ་བཏབ་པས། ཨོཾ་བཛྲཱི་
བྷ་བ་ཨ་བྷི་ཥིཉྩ་ཧཱུྃ། ཞེས་གསུངས་ཤིང་བུམ་པའི་ཆུས་སྤྱི་བོ་ནས་དབང་བསྐུར་སྐུ་
གང་། དྲི་མ་དག །ཆུ་ལྷག་མ་ཡར་ལུད་པ་ལས། འོད་དཔག་མེད་ཀྱིས་དབུ་བརྒྱན་
པར་གྱུར། མཆོད་པ་བྱིན་གྱིས་བརླབས་པ་ནི། ཨ་མྲྀ་ཏས་བསངས། སྭ་བྷཱ་ཝས་
སྦྱངས། སྟོང་པ་ཉིད་དུ་གྱུར། སྟོང་པའི་ངང་ལས་ཨ་ལས་བྱུང་བའི་ཐོད་པ་ཡངས་
ཤིང་རྒྱ་ཆེ་བ་རྣམས་ཀྱི་ནང་དུ་ཧཱུྃ་ཧཱུྃ་ཞུ་བ་ལས་བྱུང་བའི་མཆོད་ཡོན། ཞབས་བསིལ།
བསངས་གཏོར། ཞལ་བསིལ། མེ་ཏོག །བདུག་སྤོས། སྣང་གསལ། དྲི་ཆབ། ཞལ་
ཟས། རོལ་མོ་རྣམས་རང་བཞིན་བདེ་སྟོང་རྣམ་པ་མཆོད་རྫས། བྱེད་ལས་དབང་
པོ་དྲུག་གི་སྤྱོད་ཡུལ་དུ་ཟག་པ་མེད་པའི་བདེ་བ་ཁྱད་པར་ཅན་བསྐྱེད་པར་གྱུར།
ཨོཾ་ཨརྒྷཾ་ཨཱཿཧཱུྃ། ཨོཾ་པཱ་དྱཾ་ཨཱཿཧཱུྃ། ཨོཾ་པྲོཀྵ་ཎཾ་ཨཱཿཧཱུྃ། ཨོཾ་ཨཱཙ་མ་ནཾ་ཨཱཿཧཱུྃ། ཨོཾ་པུཥྤེ་ཨཱཿཧཱུྃ།
(༥༠བ)ཨོཾ་དྷཱུ་པེ་ཨཱཿཧཱུྃ། ཨོཾ་ཨཱ་ལོ་ཀེ་ཨཱཿཧཱུྃ། ཨོཾ་གནྡྷེ་ཨཱཿཧཱུྃ། ཨོཾ་ནཻ་ཝི་དྱ་ཨཱཿཧཱུྃ། ཨོཾ་ཤབྡ་
ཨཱཿཧཱུྃ། ཞེས་བྱིན་གྱིས་བརླབས། ཨོཾ་ཀུ་རུ་ཀུལླེ་ས་པ་རི་ཝཱ་ར་ཨརྒྷཾ་པྲ་ཏཱིཙྪ་ཧཱུྃ་སྭཱཧཱ།
ཨརྒྷཾ་གྱི་གནས་སུ་པཱ་དྱཾ། པྲོཀྵ་ཎཾ། ཨཱཙ་མ་ནཾ། པུཥྤེ། དྷཱུ་པེ། ཨཱ་ལོ་ཀེ །གནྡྷེ། ནཻ་
ཝི་དྱ། ཤབྡ་རྣམས་བཅུག་ལ་མཆོད། ཨོཾ་ཀུ་རུ་ཀུལླེ་ཧཱུྃ༔སྭཱཧཱ། ཨོཾ་ཨཱཿཧཱུྃ། ཞེས་ནང་
མཆོད་དབུལ། བརྩེ་བས་རྗེས་ཆགས་པདྨ་རཱ་གའི་མདོག །ཅེས་སོགས་ཀྱིས་བསྟོད།
མཚམས་འདིར་བཟླས་པ་གང་འགྲུབ་བྱ། གཏོར་མ་ནང་མཆོད་ལྟར་བྱིན་གྱིས་

བརྣབས་ལ། ལྷའི་ལྷུགས་འོད་ཟེར་གྱི་སྦུ་གུས་གཏོར་མའི་བཅུད་ཐམས་ཅད་དྲངས་ཏེ་གསོལ་བར་བསམ་ལ། ཨོཾ་ཀུ་རུ་ཀུལླེ་ཧྲཱིཿསྭཱ་ཧཱ། ཨོཾ་ཨ་ཀཱ་རོ་མུ་ཁཾ་སརྦ་དྷརྨཱ་ཎཱཾ་ཨཱ་དྱ་ནུཏྤནྣ་ཏྭ་ཏ་ཨོཾ་ཨཱཿཧཱུྃ་ཕཊ་སྭཱ་ཧཱ། ཞེས་ལན་བདུན་གྱིས་གཏོར་མ་དབུལ། མཆོད་བསྟོད་གོང་བཞིན་བྱ། ༈ སློབ་མས་ཀྱང་མཎྜལ་ཕུལ། སྤྱི་དང་བྱེ་བྲག་གི་ཆོས་བཤད། མི་ཏོག་དང་བཅས་པས་ཐལ་མོ་སྦྱར་ཏེ་གསོལ་བ་འདེབས་པ་འདིའི་རྗེས་ཟློས་ལན་གསུམ་མཛོད། ཀུན་མཁྱེན་ཡེ་ཤེས་ཕུང་པོ་ཅན། །ཞེས་པ་ནས། བློ་མཆོག་བདག་ལ་གནང་བར་མཛོད། །ཅེས་པའི་བར་གྱིས་གསོལ་བ་བཏབ། ཆོམ་བུ་འདི་ཉིད་ཀྱང་རྗེ་བཙུན་མ་ཀུ་རུ་ཀུལླེ་དངོས་སུ་མོས་ལ། རྒྱུད་དག་པའི་སྐད་དུ་དམིགས་པ་འདི་བཞིན་མཛོད། སློབ་དཔོན་གྱི་ཐུགས་ཀ་ནས་འོད་ཟེར་འཕྲོས་པས་རྩ་བརྒྱུད་ཀྱི་བླ་མ་རྣམས་སྟེང་གི་ཆ་ལ་བཞུགས་(༥༧ན)པའི་རྗེ་བཙུན་མ་ཀུ་རུ་ཀུལླེ་ལ་སངས་རྒྱས་དང་བྱང་ཆུབ་སེམས་དཔའི་ཚོགས་དཔག་ཏུ་མེད་པས་བསྐོར་བ་མདུན་གྱི་ནམ་མཁར་ཨོཾ་བཛྲ་ས་མཱ་ཛཿཞེས་པས་སྤྱན་དྲངས་ལ། ཕྱག་དང་མཆོད་པ་ཕུལ་བར་མོས་པ་བྱས་ཏེ། ཐལ་མོ་སྦྱར་ནས་འདི་རྣམས་ཀྱི་རྗེས་ཟློས་མཛོད། ན་མོ་གུ་རུ་བྷྱཿན་མཿཀུ་རུ་ཀུལླེ་བྷྱཿ ཞེས་པས་ཕྱག་བྱས་ནས། ཨོཾ་ཀུ་རུ་ཀུལླེ་ས་པ་རི་ཝཱ་ར་ཨརྒྷཾ་ནས་ཤབྡའི་བར་གྱིས་མཆོད་ལ། ཚེ་ཐོག་མ་མེད་པ་ནས་བསགས་པའི་སྡིག་པ་བཤགས་པ་ལ་སོགས་པའི་ཡན་ལག་བདུན་པ་བགྱིད་སྐམ་པས་འདིའི་རྗེས་ཟློས་ལན་གསུམ་མཛོད། ཐོག་མེད་ནས་བསགས་སྡིག་ལྟུང་ཐམས་ཅད་བཤགས། །ཞེས་པ་ནས། བསྔོ་ཞེས་པས་རྒྱུད་དག་པར་བྱས་ནས། ཚོགས་ཞིང་རྣམས་མདུན་བསྐྱེད་ཀྱི་ལྷ་མོ་ལ་ཐིམ་པར་མོས་པ་མཛོད། དེ་རྣམས་རྗེས་གནང་གི་སྔོན་འགྲོ་ཡིན། དངོས་གཞི་ལ་སྐུའི་རྗེས་གནང་གི་སྐད་དུ་དམིགས་པ་འདི་བཞིན་དུ་མཛོད། མདུན་བསྐྱེད་ཀྱི་ལྷ་མོའི་ཐུགས་ཀ་ནས་འོད་ཟེར་འཕྲོས་པ་ཁྱེད་རང་གི་ལུས་ལ་ཞུགས་པས་ཚེ་ཐོག་མ་མེད་པ་ནས་བསགས་པའི་སྡིག་སྒྲིབ་བག་ཆགས་དང་བཅས་པ་ཐམས་

ཅན་དང་ཀུན་རྫོབ་རྣམ་ཤེས་ཀྱིས་བསྡུས་པའི་ཆོས་ཐམས་ཅད་སྟོང་པར་སྦྱངས། ཨོཾ་ཤཱུ་ནྱ་ཏཱ་ཛྙཱ་ན་བཛྲ་སྭ་བྷཱ་ཝ་ཨཱཏྨ་ཀོ྅ཧཾ། སྟོང་པ་ཉིད་དུ་གྱུར། སྟོང་པའི་ངང་ལས་དུར་ཁྲོད་བརྒྱད་ཀྱི་དབུས་སུ་པཾ་ལས་པདྨ་དམར་པོ་ལྟེ་བར་རཾ་ལས་ཉི་མའི་དཀྱིལ་(༥༧བ)འཁོར་གྱི་སྟེང་དུ་ཧཱུྃཿཡིག་དམར་པོ་རིང་ཆ་ཚེག་དྲག་དང་བཅས་པ་དེ་ལས་འོད་ཟེར་ལྕགས་ཀྱུ་དང་ཞགས་པ་ལྟ་བུ་འཕྲོས་པས་འཕགས་པ་མཆོད། སེམས་ཅན་ཐམས་ཅད་རྗེ་བཙུན་མའི་གོ་འཕང་ལ་བཀོད། ཚུར་འདུས་ཧཱུྃཿཡིག་ལ་ཐིམ། དེ་ཡོངས་སུ་གྱུར་པ་ལས་ཁྱེད་རང་རྣམས་རྗེ་བཙུན་མ་ཀུ་རུ་ཀུལླེ་སྐུ་མདོག་དམར་མོ་ཞལ་གཅིག་ཕྱག་བཞི་མ། དང་པོ་གཉིས་ཀྱིས་ཨུཏྤལ་དམར་པོའི་མདེའུ་ཅན་གྱི་མདའ་དང་མེ་ཏོག་གི་གཞུ་སྣན་གྱི་བར་དུ་འགེངས་པ། གཡས་འོག་མས་འགུགས་བྱེད་ལྕགས་ཀྱུ་དང་། གཡོན་འོག་མས་རྩ་བ་ཞགས་པར་བྱས་པའི་ཨུཏྤལ་འཛིན་པ། མཆེ་བ་ཙུང་ཟད་གཙིགས་ཤིང་། སྤྱན་གསུམ་དང་ལྡན་པ། ནུ་འབུར་རྒྱས་པ། ལོ་བཅུ་དྲུག་ལོན་པ་ལྟ་བུ། དབུ་སྐྲ་དམར་སེར་གྱེན་དུ་བརྫེས་པ། ཐོད་སྐམ་ལྔས་དབུ་བརྒྱན་ཅིང་རློན་པ་ལྔ་བཅུའི་དོ་ཤལ་ཅན། རུས་པའི་རྒྱན་ལྔས་བརྒྱན་པ། སྟག་གི་ལྤགས་པའི་ཤམ་ཐབས་གསོལ་བ། མི་རོ་མགོ་གཡོན་དུ་བསྟན་པའི་སྟེང་དུ་ཞབས་གཡོན་བརྐྱངས་པའི་སྐྱིལ་ཀྲུང་ཕྱེད་པའི་གར་སྟབས་ཀྱིས་འོད་ཟེར་དམར་པོ་དང་མེ་དཔུང་འབར་བའི་དབུས་ན་བཞུགས་པའོ། །དེ་ནས་སློབ་དཔོན་དང་ཁྱེད་རང་གི་ཐུགས་ཀའི་ཧཱུྃཿལས་འོད་ཟེར་འཕྲོས་པ། ལྷ་ཕྱོགས་རིག་བྱེད་ཀྱི་ཞུག་ན་བཞུགས་པའི་རྗེ་བཙུན་མའི་ཐུགས་ཀར་ཕོག་པས་དེའི་ཐུགས་རྒྱུད་བསྐུལ་ཏེ་ཐུགས་ཀ་ནས་འོད་ཟེར་དམར་པོའི་འཕྲེང་བ་བསམ་གྱིས་མི་ཁྱབ་པ་དམར་ཁྲིག་ཁྲིག་ཕྱུང་ཏེ་(༥༢ན)ཁྱེད་རང་གི་ལུས་ལ་ཐིམ་པས་ལུས་འོད་ཀྱི་རང་བཞིན་དུ་གྱུར། ཡང་འོད་ཟེར་འཕྲོས་པས་བརྟན་གཡོ་སྣོད་བཅུད་ཐམས་ཅད་ལ་ཕོག་པས་སྣོད་ཐམས་ཅད་གཞལ་ཡས་ཁང་དང་བཅུད་ཐམས་ཅད་རྗེ་བཙུན་མའི་སྐུར་གྱུར་ཏེ། སླར་ཚུར་འདུས་ནས་ཁྱེད་

རང་ལ་ཐིམ། ཡང་སློབ་དཔོན་དང་མདུན་བསྐྱེད་ཀྱི་ཐུགས་ཀ་ནས་ཀྱང་རིག་བྱེད་མ་དཔག་ཏུ་མེད་པ་བྱུང་། ཁྱེད་རང་ལ་ཐིམ། ཡང་འོད་ཟེར་འཕྲོས་པས། ཕྱོགས་རིག་བྱེད་ཀྱི་ཞུག་ན་བཞུགས་པའི་རྗེ་བཙུན་མའི་སྐུ་ལ་ཕོག་པས། དེ་ལས་དེ་འདྲ་བའི་རྗེ་བཙུན་མའི་སྐུ་བསམ་གྱིས་མི་ཁྱབ་པ་སྤྲུན་དྲངས་ཏེ་ཁྱེད་རང་ལ་ཐིམ་པས་རྒྱུད་བྱིན་གྱིས་བརླབས་པར་མོས་པ་མཛོད། ཅེས་དང་། ཨོཾ་ཀུ་རུ་ཀུལླེ་ཧྲཱིཿསྭཱཧཱ། ཞེས་སྔགས་ཀྱི་མཐར། ཛཿཧཱུྃ་བཾ་ཧོཿ ཞེས་ཡང་ཡང་བརྗོད། དྲིལ་བུ་གསིལ་ཞིང་། གུ་གུལ་གྱིས་བདུག །དེས་རྗེ་བཙུན་མའི་སྐུའི་རྗེས་གནང་ཐོབ། རྗེ་བཙུན་མའི་སྐུ་དང་རང་གི་ལུས་དབྱེར་མེད་དུ་བྱིན་གྱིས་བརླབས་སླམ་དུ་མོས་པ་མཛོད། གསུང་གི་རྗེས་གནང་གི་སྐད་དུ། ཁྱེད་རང་རྗེ་བཙུན་མར་གསལ་བའི་ཐུགས་ཀར་ཨུཏྤལ་དང་ཉི་མའི་སྟེང་དུ་ཧྲཱིཿཡིག་གཅིག་བསམ་སྟེ་སློབ་དཔོན་དང་མདུན་བསྐྱེད་ཀྱི་རྗེ་བཙུན་མ་ལ་གུས་འདུད་དྲག་པོ་དུང་བ་བྱས་པས། དེ་གཉིས་ཀའི་ཐུགས་ཀ་ནས་སྔགས་ཀྱི་འཕྲེང་བ་བྱུང་། ཞལ་ནས་ཐོན། ཁྱེད་རང་གི་ཞལ་དུ་ཞུགས། ཐུགས་ཀའི་ཧྲཱིཿཡིག་གི་མཐར་གཡས་སྐོར་(༥༢བ)དུ་འཁོད་པའི་མོས་པ་བྱས། མེ་ཏོག་དང་བཅས་པས་ཐལ་མོ་སྦྱར་ཏེ་སྔགས་འདིའི་རྗེས་ཟློས་མཛོད། ཨོཾ་ཀུ་རུ་ཀུལླེ་ཧྲཱིཿསྭཱཧཱ། ཞེས་ལན་གསུམ་བཟླས་པས་དང་པོས་རྒྱུད་བྱིན་གྱིས་བརླབས། གཉིས་པས་དབྱེར་མེད་དུ་བྱས། གསུམ་པས་བརྟན་པར་མོས་ཏེ། སློབ་དཔོན་ལ་དྲིན་ལན་གྱི་ཚུལ་དུ་མེ་ཏོག་གཏོར་ནས་འདིའི་རྗེས་ཟློས་མཛོད། བཅོམ་ལྡན་བདག་གིས་ཞེས་སོགས་ལན་གསུམ། སློབ་དཔོན་གྱིས་ཀྱང་མེ་ཏོག་གི་འཕྲེང་བ་སྔགས་སུ་བྱིན་གྱིས་བརླབས་ཏེ། ཁྱེད་རང་གི་སྤྱི་བོར་གདགས་ཤིང་བྱིན་གྱིས་བརླབས་པར་མོས་པ་མཛོད། བཅོམ་ལྡན་འདི་ལ་ཞེས་སོགས་ལན་གསུམ་གྱི་མཐར། རྡོ་རྗེ་སློབ་མ་འདིའི་རྒྱུད་ལ་རྗེ་བཙུན་མ་ཀུ་རུ་ཀུལླེའི་སྔགས་ཀྱི་བྱིན་རླབས་མ་ལུས་པ་འཇུག་པར་གྱུར་ཅིག །དེས་རྗེ་བཙུན་མའི་གསུང་གི་རྗེས་གནང་ཐོབ། རྗེ་བཙུན་མའི་གསུང་དང་རང་གི་ངག་

དབྱེར་མེད་དུ་བྱིན་གྱིས་བརླབས་སྙམ་དུ་མོས་པ་མཛོད། ཐུགས་ཀྱི་རྗེས་གནང་གི་སྐད་དུ་དམིགས་པ་འདི་བཞིན་མཛོད། སློབ་དཔོན་གྱི་ཐུགས་ཀའི་ཧཱུྃ་ལས་འོད་ཟེར་འཕྲོས་པས་ཕྱོགས་བཅུའི་སངས་རྒྱས་དང་བྱང་ཆུབ་སེམས་དཔའ་ཐམས་ཅད་ཀྱི་ཐུགས་གཉིས་སུ་མེད་པའི་ཡེ་ཤེས་དང་སྟོབས་དང་མི་འཇིགས་པ་དང་མ་འདྲེས་པའི་ཆོས་ལ་སོགས་པ་སངས་རྒྱས་ཀྱི་ཡོན་ཏན་ཐམས་ཅད་འོད་ཟེར་ཁ་དོག་དམར་པོའི་རྣམ་པར་སྤྱན་དྲངས་ཏེ། ཁྱེད་རང་གི་ཐུགས་ཀར་ཐིམ་པས། དེ་རྣམས་ཀྱི་བྱིན་རླབས་ཐམས་(༥༣ན)ཅད་རྒྱུད་ལ་ཞུགས་པའི་མོས་པ་མཛོད། སླར་ཡང་ཧཱུྃ་ལས་འོད་ཟེར་འཕྲོས་པས་འཕགས་པ་ཉན་ཐོས་དང་རང་སངས་རྒྱས་རྣམས་ཀྱི་ལུང་དང་མངོན་པར་རྟོགས་པའི་ཡོན་ཏན་ཐམས་ཅད་འོད་ཟེར་ཁ་དོག་དམར་པོའི་རྣམ་པར་སྤྱན་དྲངས་ཏེ། ཁྱེད་རང་གི་ཐུགས་ཀར་ཐིམ་པས། དེ་རྣམས་ཀྱི་བྱིན་རླབས་ཐམས་ཅད་རྒྱུད་ལ་ཞུགས་པའི་མོས་པ་མཛོད། སླར་ཡང་དེ་ལས་འོད་ཟེར་འཕྲོས་པས་ཚངས་པ་དང་བརྒྱ་བྱིན་ལ་སོགས་པ་འཇིག་རྟེན་པའི་ཆེན་པོ་རྣམས་ཀྱི་ཚེ་དང་བསོད་ནམས་དང་དབང་ཐང་ཐམས་ཅད་འོད་ཟེར་ཁ་དོག་དམར་པོའི་རྣམ་པར་སྤྱན་དྲངས་ཏེ། ཁྱེད་རང་རྣམས་ལ་ཐིམ་པས་ཚེ་དང་བསོད་ནམས་དང་དབང་ཐང་ཐམས་ཅད་རྒྱས་པར་མོས་པ་མཛོད། སླར་ཡང་ཐུགས་ཀ་ནས་འོད་ཟེར་འཕྲོས་པས་འཁོར་ལོས་བསྒྱུར་བའི་རྒྱལ་པོ་དང་། པདྨེ་ཏ་དང་། སྐྱེ་འགྲོ་བསོད་ནམས་ཅན་རྣམས་ཀྱི་ལུང་དང་མངོན་པར་རྟོགས་པའི་ཡོན་ཏན་དང་། ཚེ་དང་བསོད་ནམས་དང་དཔལ་འབྱོར་ཐམས་ཅད་ཀྱང་འོད་ཟེར་ཁ་དོག་དམར་པོའི་རྣམ་པར་སྤྱན་དྲངས་ཏེ། ཁྱེད་རང་རྣམས་ལ་ཐིམ་པས། ཚེ་དང་བསོད་ནམས་དང་དཔལ་འབྱོར་ཐམས་ཅད་རྒྱས་པར་བྱས་པ་ཡིན་སྙམ་དུ་མོས་པ་མཛོད། ཨོཾ་ཀུ་རུ་ཀུལླེ་ཧྲཱིཿཧྲཱིཿཧྲཱིཿཨ་བེ་ཤ་ཡ་ཧྲཱིཿཧྲཱིཿཧྲཱིཿ ཞེས་ཡང་ཡང་བརྗོད་ཅིང་།གུ་གུལ་གྱིས་བདུག །དྲིལ་བུའི་སྒྲ་རེས་འཇོག་ཏུ་བྱ། དེས་རྗེ་བཙུན་མའི་ཐུགས་ཀྱི་རྗེས་གནང་ཐོབ། རྗེ་བཙུན་

མའི་ཐུགས་དང་ཁྱེད་རང་གི་(༥༣བ)སེམས་དབྱེར་མེད་དུ་བྱིན་གྱིས་བརླབས་སྙམ་དུ་མོས་པ་མཛོད། དེ་ནས་གཏོར་དབང་སྒྲི་དང་མཐུན་པར་བྱ་བའམ། གཏོར་དབང་མ་བྱས་ཀྱང་ཉུང་ལ། དེ་ལྟ་ན་རྗེན་གཏོར་ཡང་མི་དགོས་སོ། །ཞེས་གསུངས་ལ། གཏོར་དབང་བསྐུས་པ་བྱེད་ན་གཏོར་མ་འདི་ཉིད་བཅོམ་ལྡན་འདས་མ་ཀུ་རུ་ཀུལླེ་དངོས་སུ་མོས། དེ་ལ་མོས་གུས་དུང་བ་བྱས་པས། ཁྱེད་རང་རྣམས་ཀྱི་སྤྱི་བོར་བྱོན། རྒྱུད་བྱིན་གྱིས་བརླབས་པ་ཡིན་སྙམ་པ་གྱིས། གཏོར་མ་མགོ་བོར་བཞག་ལ། ཕྱོགས་བཅུ་དུས་གསུམ་ན་བཞུགས་པའི་རྩ་བ་དང་བརྒྱུད་པར་བཅས་པའི་དཔལ་ལྡན་བླ་མ་དམ་པ་རྣམས་ཀྱིས་བྱིན་གྱིས་རློབས་ཤིག །སངས་རྒྱས་དང་བྱང་ཆུབ་སེམས་དཔའ་ཐམས་ཅད་ཀྱིས་བྱིན་གྱིས་རློབས་ཤིག །ཡི་དམ་དཀྱིལ་འཁོར་གྱི་ལྷ་ཚོགས་རྣམས་ཀྱིས་བྱིན་གྱིས་རློབས་ཤིག །དཔའ་བོ་དང་དཔའ་མོ་རྣལ་འབྱོར་མ་རྣམས་ཀྱིས་བྱིན་གྱིས་རློབས་ཤིག །ཁྱད་པར་དུ་ཡང་རྗེ་བཙུན་མ་ཀུ་རུ་ཀུལླེའི་ལྷ་ཚོགས་རྣམས་ཀྱིས་བྱིན་གྱིས་རློབས་ཤིག །རྡོ་རྗེ་སློབ་མ་འདི་རྣམས་ཀྱི་འགལ་རྐྱེན་ཕྱི་ནང་གི་བར་གཅོད་ཐམས་ཅད་ཞི་བ་དང་། མཐུན་རྐྱེན་ཚེ་དང་བསོད་ནམས་དཔལ་དང་འབྱོར་པ་ཕུན་སུམ་ཚོགས་པ་ཐམས་ཅད་འཕེལ་ཞིང་རྒྱས་པ་དང་། མཆོག་དང་ཐུན་མོང་གི་དངོས་གྲུབ་ཐམས་ཅད་མྱུར་དུ་འགྲུབ་པར་བྱིན་གྱིས་རློབས་ཤིག །ཅེས་གསོལ་བ་བཏབ་པས། དགྱེས་བཞིན་སྤྱི་བོ་ནས་ཐིམ་པར་གྱུར། ཛཿཧཱུྃ་བཾ་ཧོཿ ཞེས་བརྗོད། མཇུག་ཆོག་སྤྱི་དང་(༥༤ན)འདྲ། །

༄ དཔལ་འདོད་རྒྱལ་དམར་པོ་ལ། སྐྱབས་འགྲོ་སེམས་བསྐྱེད་སྔོན་དུ་བཏང་ལ། རང་ཉིད་སྐད་ཅིག་གིས་འདོད་པའི་རྒྱལ་པོར་གསལ་བའི་ཐུགས་ཀར་ཉི་མའི་དཀྱིལ་འཁོར་གྱི་སྟེང་དུ། ཧཱུྃ་དམར་པོ་དེ་ལས་འོད་ཟེར་འཕྲོས་པས། རང་བཞིན་གྱི་གནས་ནས་བླ་མ་འོད་དཔག་མེད་ཀྱི་རྣམ་པ་ཅན་གྱིས་དབུ་བརྒྱན་པའི་འདོད་པའི་རྒྱལ་པོ་སངས་རྒྱས་དང་བྱང་ཆུབ་སེམས་དཔའི་ཚོགས་དང་བཅས་པ་ཨོཾ་བཛྲ་ས་མ་ཛཿན་

ཨོ་གུ་རུ་བཛྲཿན་མཿཏཀྐི་ར་ཛ་བཛྲཿཨོཾ་བཛྲ་པུཥྤེ་སོགས་ཀྱིས་མཆོད། དཀོན་མཆོག་གསུམ་ལ་བདག་སྐྱབས་མཆི། །ཞེས་སོགས་ཀྱང་ནས་འབྱུང་བའི་རྒྱུན་བཤགས་བྱ། ཚད་མེད་བཞི་བསྒོམ། ཚོགས་ཞིང་རྣམས་རང་གནས་སུ་གཤེགས་པར་གྱུར། ཨོཾ་ས་བྷཱ་ཝ་ཤུདྡྷཿསརྦ་དྷརྨཱཿསྭ་བྷཱ་ཝ་ཤུདྡྷོཧཾ། སྟོང་པ་ཉིད་དུ་གྱུར། སྟོང་པའི་ངང་ལས་པཾ་ལས་པདྨ་དམར་པོ་འདབ་མ་སུམ་ཅུ་རྩ་གཉིས་པའི་ལྟེ་བར་རཾ་ལས་ཉི་མའི་དཀྱིལ་འཁོར་གྱི་སྟེང་དུ་ཧྲཱིཾ་དམར་པོ་ལས་བྱུང་བའི་རིན་པོ་ཆེ་པདྨ་རཱ་ག་ལས་གྲུབ་པའི་གཞལ་ཡས་ཁང་ཟླ་གམ་སྒོ་གཅིག་པ་དབུས་སུ་པཾ་ལས་པདྨ་དམར་པོ་འདབ་མ་བརྒྱད་པའི་ལྟེ་བར་རཾ་ལས་ཉི་མའི་དཀྱིལ་འཁོར་གྱི་སྟེང་དུ་རང་སེམས་ཧྲཱིཾ་ཡིག་དམར་པོ། དེ་ལས་འོད་ཟེར་ལྕགས་ཀྱུ་དང་ཞགས་པ་ལྟ་བུ་བསམ་གྱིས་མི་ཁྱབ་པ་འཕྲོས། འཕགས་པ་མཆོད། སྣོད་བཅུད་ཐམས་ཅད་དབང་དུ་བསྡུས་ནས། (༥༨བ) འོད་ཟེར་དམར་པོའི་རྣམ་པར་ཚུར་འདུས་ཏེ་ཧྲཱིཾ་ལ་ཐིམ། དེ་འོད་དུ་ཞུ་བ་ལས་རང་ཉིད་འདོད་པའི་རྒྱལ་པོ་སྐུ་མདོག་པདྨ་རཱ་ག་ལྟར་དམར་ཞིང་འོད་འབར་བ། ཞལ་གཅིག་ཕྱག་གཉིས་སྤྱན་གསུམ་དང་ལྡན་པ། གཡས་ཁམས་གསུམ་འགུགས་པའི་ལྕགས་ཀྱུ་འཕྱར་སྟབས་སུ་འཛིན་ཅིང་། གཡོན་སྡིག་མཛུབ་དང་བཅས་པའི་ཞགས་པ་ཐུགས་ཀར་འཛིན་པ། ཞབས་གཡས་བསྐུམ་ཞིང་གཡོན་བརྐྱངས་པའི་སྟབས་ཀྱིས་བཞུགས་པ། དབུ་སྐྲ་རལ་པའི་ཐོར་ཚུགས་ཅན། རིན་པོ་ཆེ་དང་སྦྲུལ་གྱིས་བརྒྱན་པ། དར་དམར་པོའི་སྟོད་གཡོགས་དང་། དར་སྣ་ཚོགས་ཀྱི་ཤམ་ཐབས་གསོལ་བ། དེའི་པང་དུ་ཡུམ་བདེ་བ་རྒྱས་བྱེད་མ་སྐུ་མདོག་དམར་མོ་ཞལ་གཅིག་ཕྱག་གཉིས་སྤྱན་གསུམ་མ། གཡས་ལྕགས་ཀྱུ་འཕྱར་སྟབས་སུ་འཛིན་ཅིང་། གཡོན་བདུད་རྩིས་གང་བའི་བུམ་པ་འཛིན་པས་ཡབ་ལ་འཁྱུད་པ། ཞབས་གཡས་བརྐྱངས་ཤིང་གཡོན་བསྐུམ་པའི་སྟབས་ཀྱིས་ཡབ་ལ་འཁྲིལ་བ། ཡབ་ཡུམ་གཉིས་ཀ་འང་ཡེ་ཤེས་ཀྱི་མེ་འབར་བའི་དབུས་ན་བཞུགས་པ། ཡབ་ཀྱི་ཐུགས་ཀར་ཧྲཱིཾ་ཡིག་དམར་

པོའི་མཐར་བཟླས་བྱའི་སྔགས་ཁ་དོག་དམར་པོས་གཡས་སྐོར་དུ་བསྐོར་བ། དེ་ལས་འོད་ཟེར་འཕྲོས་པས་བདེ་བ་ཅན་ནས་འདོད་པའི་རྒྱལ་པོ་སངས་རྒྱས་བྱང་ཆུབ་སེམས་དཔའི་ཚོགས་དང་བཅས་པ་ཨོཾ་བཛྲ་ས་ཏྭ་ཛཿཨོཾ་བཛྲ་པུཥྤེ་སོགས་ཀྱིས་མཆོད། ཛཿཧཱུྃ་བཾ་ཧོཿགཉིས་སུ་མེད་པར་ཐིམ། (༥༥ན)སླར་ཡང་ཐུགས་ཀའི་ཧཱུྃ་ལས་འོད་ཟེར་འཕྲོས་པས་དབང་གི་ལྷ་རིགས་ལྔ་འཁོར་དང་བཅས་པ་ཨོཾ་བཛྲ་ས་ཏྭ་ཛཿ དེ་བཞིན་གཤེགས་པ་ཐམས་ཅད་ཀྱིས་བདག་ལ་མངོན་པར་དབང་བསྐུར་བ་བསྐལ་དུ་གསོལ། ཞེས་གསོལ་བ་བཏབ་པས། སངས་རྒྱས་རྣམས་ཀྱིས་ཨོཾ་བཛྲི་ཧྲཱ་ཝ་ཨ་བྷི་ཥིཉྩ་ཧཱུྃ། ཞེས་གསུངས་ཤིང་། བུམ་པའི་ཆུས་སྤྱི་བོ་ནས་དབང་བསྐུར། སྐུ་གང་། དྲི་མ་དག །ཆུ་ལྷག་མ་ཡར་ལུད་པ་ལས་འོད་དཔག་ཏུ་མེད་པས་དབུ་བརྒྱན་པར་གྱུར། དེའི་དཔྲལ་བར་ཨོཾ་ལས་འཁོར་ལོ་ཨོཾ་གྱིས་མཚན་པ་ལས་རྣམ་པར་སྣང་མཛད་དམར་པོ་བྱང་ཆུབ་མཆོག་གི་ཕྱག་རྒྱ་མཛད་པ། མགྲིན་པར་ཨཱཿལས་པདྨ་ཨཱཿས་མཚན་པ་ལས་འོད་དཔག་མེད་དམར་པོ་མཉམ་གཞག་གི་ཕྱག་རྒྱ་མཛད་པ། ཐུགས་ཀར་ཧཱུྃ་ལས་རྡོ་རྗེ་ཧཱུྃ་གིས་མཚན་པ་ལས་མི་བསྐྱོད་པ་གཡས་ས་གནོན། གཡོན་མཉམ་གཞག་གི་ཕྱག་རྒྱ་མཛད་པ། དེ་གསུམ་གྱི་ཐུགས་ཀ་ནས་འོད་ཟེར་འཕྲོས་པས། ཕྱོགས་བཅུའི་སངས་རྒྱས་དང་བྱང་ཆུབ་སེམས་དཔའ་ཐམས་ཅད་དེ་བཞིན་གཤེགས་པ་རིགས་གསུམ་གྱི་རྣམ་པར་ཨོཾ་བཛྲ་ས་ཏྭ་ཛཿཛཿཧཱུྃ་བཾ་ཧོཿལྷ་གསུམ་ལ་སོ་སོར་ཐིམ་ཞིང་། དེ་གསུམ་འོད་ཟེར་ཁ་དོག་དམར་པོའི་རྣམ་པར་ཞུ་ནས་རང་གི་ལུས་ངག་ཡིད་གསུམ་དང་དབྱེར་མེད་དུ་གྱུར་པར་བསམས། བཟླས་པ་བྱ་བ་ནི། ཐུགས་ཀའི་ཧཱུྃ་ཡིག་གི་མཐར་སྔགས་ཕྲེང་གིས་བསྐོར་བ་(༥༥བ)ལས་འོད་ཟེར་འཕྲོས། སངས་རྒྱས་ཐམས་ཅད་ཀྱི་དབང་གི་འཕྲིན་ལས་དང་དངོས་གྲུབ་ཐམས་ཅད་འོད་ཟེར་དམར་པོའི་རྣམ་པར་བསྡུས་ཏེ་སྔགས་ཕྲེང་ས་བོན་དང་བཅས་པ་ལ་ཐིམ། ཡང་འཕྲོས་པའི་འོད་ཀྱི་རྩེ་མོ་ལས་འདོད་རྒྱལ་ལྕགས་ཀྱུ་དང་ཞགས་པ་ཐོགས་པ་དཔག

ཏུ་མེད་པ་བྱུང་བས། ཁམས་གསུམ་དབང་དུ་བསྡུ་བར་བསམས་ཤིང་། ཙན་དན་དམར་པོའམ་པདྨའི་འཕྲེང་བ་སྲིན་ལག་གི་སྟེང་ནས་དྲངས་ཏེ་ཨོཾ་ཧ་ཤྃ་ཀུ་རུ་ཧོཿ ཨོཾ་ཀུ་སུ་མ། ཨཱ་ལི་ཏྲ་ཧྲུཾ་ཛཿ ཨོཾ་བཛྲ་ཀུ་ས་ཛེ་ཀཾ་ཧྲེཿ ཐ་ཐ་ཐ། ཨོཾ་གྲོ་གེ་མ་ཀྲི་ཏེ། འགྲོ་བ་མང་པོ་ཧ་ཤྃ་ཀུ་རུ་ཧོཿ ཀ་ཀ་ཏྲ་ཡ་ཀ་ཏྲ་ཡ། ཁ་ཁ་ཁཱ་ཧི་ཁཱ་ཧི། ག་གརྫ་ཡ་གརྫ་ཡ། ཤྲ་ཤྲ་ཏ་ཡ་ཤྲ་ཏ་ཡ། ཙ་ཙ་ལ་ཡ་ཙ་ལ་ཡ། ཚ་ཚ་ཏ་ཡ་ཚ་ཏ་ཡ། ཛ་ཛཾ་བྷ་ཡ་ཛཾ་བྷ་ཡ། ཛྷ་ཛྷ་ཏ་ཡ་ཛྷ་ཏ་ཡ། ཊ་ཊ་ལ་ཡ་ཊ་ལ་ཡ། ཋ་ཋ་ཀ་ཡ་ཋ་ཀ་ཡ། ཌ་ཌ་བྷ་ཡ་ཌ་བྷ་ཡ། ཌྷ་ཌྷ་ཀ་ཡ་ཌྷ་ཀ་ཡ། ཎ་ཎ་ཤ་ཡ་ཎ་ཤ་ཡ། ཏ་ཏཾ་བྷ་ཡ་ཏཾ་བྷ་ཡ། ཐ་ཐོ་བྷ་ཡ་ཐོ་བྷ་ཡ། ད་ད་ར་ཡ་ད་ར་ཡ། དྷ་དྷ་ར་ཡ་དྷ་ར་ཡ། ན་ནཱ་ཤ་ནཱ་ཤ་ཡ། པ་པ་ཏ་ཡ་པ་ཏ་ཡ། ཕ་ཕ་ཏ་ཡ་ཕ་ཏ་ཡ། བ་བནྡྷ་ཡ་བནྡྷ་ཡ། བྷ་བྷེ་ཏ་ཡ་བྷེ་ཏ་ཡ། མ་མཱ་ར་ཡ་མཱ་ར་ཡ། ཡ་ཡོ་ཏ་ཡ་ཡོ་ཏ་ཡ། ར་རོ་ཏ་ཡ་རོ་ཏ་ཡ། ལ་ལོ་བ་ཡ་ལོ་བ་ཡ། ཝ་ཝ་ཏ་ཡ་ཝ་ཏ་ཡ། ཤ་ཤོ་ཥ་ཡ་ཤོ་ཥ་ཡ། ཥ་ཥཎྜི་ཡ་ཥཎྜི་ཡ། ས་ས་ཏྲ་ཡ་ས་ཏྲ་ཡ། ཧ་ཧ་ན་ཡ་ཧ་ན་ཡ། ཀྵ་ཀྵོ་བྷ་ཡ་ཀྵོ་བྷ་ཡ། འགྲོ་བ་མང་པོ་ཧ་ཤྃ་ཀྲི་ཏི། ཧ་ཤྃ་ཀུ་རུ་ཧོཿ ཤཱཀྟི་ཀུ་རུ། པུཥྚི་ཀུ་རུ། ཀཱ་ཡཾ་ཀུ་རུ། ཀྲོ་དྷཾ་ཀུ་རུ། མ་རཾ་ཀུ་རུ་སྭཱཧཱ། ཨོཾ་སིདྡྷི། སརྦ་སིདྡྷི། (༥༨ན)མནྟྲ་སིདྡྷི། པུ་ཛ་ཨཱཤྲི་ཧཾ། ཏྲ་ན་ཏེ་མ་རཎཾ། འགྲོ་བ་མང་པོ་ཧ་ཤྃ་ཀུ་རུ་ཧོཿཞེས་ཐུན་རེ་ལ་ཉེར་ལྔ་རེ་བཟླ། ཐུན་འཛོག་པ་ན། རང་གི་སྙིང་ག་ནས་འོད་ཟེར་འཕྲོས་པས་གཞལ་ཡས་ཁང་གདན་དང་བཅས་པ་འོད་ཟེར་གྱི་རྣམ་པར་གྱུར་ནས་རང་ལ་ཐིམ། ༈ འདོད་རྒྱལ་འདི་ལ་རྗེས་གནང་ནི། མི་ཟབ་པའི་ལུགས་དང་ཟབ་མོའི་ལུགས་དང་། སྐག་ཚོལ་གྱི་རྗེས་གནང་གསུམ་ཡོད་པ་ལས། དང་པོ་ནི་སྒྲུབ་ཐབས་བརྒྱ་རྩའི་ཆིངས་བཞིན་ཡིན་པ་ལས། གཏོར་དབང་ཙམ་བྱ་བ་ཡིན་ལ། གསུམ་པ་ནི། འཁོར་ལོའི་ལས་ཚོགས་ལ་ཉེ་བར་མཁོ་བའི་བྱིན་རླབས་ཙམ་ཡིན་ཞིང་། ཤིན་ཏུ་བཀའ་དོག་པར་མཛད་པས་འདིར་མི་འབྲིའོ། །གཉིས་པ་ནི། མཎྜལ་ཟླ་གམ་དམར་པོའི་ནང་དུ་པདྨ་འདབ་བརྒྱད་ཚོམ་

བུ་ཅན་ཞིག་བཀོད། དེའི་སྟེང་དུ་མཆི་ལ་རིན་པོ་ཆེ་ལ་སོགས་པའི་སྣོད་དུ་ཟན་ཞིབ་ཟླུམ་པོ་གྲུ་བཞི་གྲུ་གསུམ་ཟླ་གམ་རྣམས་བརྩེགས་པའི་སྟེང་དུ་གཏོར་མའི་སྙིང་པོ་བཞག་ལ་སྨུག་རྩིས་བསྐུར། མཐར་མཐེབ་ཀྱུས་བསྐོར་བ་ཞིག་རྟེན་གཏོར་དུ་བཀོད། མདུན་དུ་འབུལ་གཏོར་དང་མཆོད་པ་རྒྱ་ཆེར་བཤམས། སྔོན་འགྲོའི་གཏོར་མ་བཏང་། མཆོད་པ་བླ་མེད་ལྟར་བྱིན་གྱིས་བརླབས། བདག་བསྐྱེད་འདོད་རྒྱལ་ཉིད་དམ་ཡི་དམ་གང་ཡང་རུང་བ་ཞིག་བསྒོམ། ནང་མཆོད་བྱིན་གྱིས་བརླབས་པ་ནི། ཨ་མྲི་ཏས་བསངས། སྭ་བྷཱ་ཝས་སྦྱངས། སྟོང་པ་ཉིད་དུ་གྱུར། སྟོང་པའི་ངང་ལས་(༥༨བ)ཨ་ལས་ཀ་པཱ་ལའི་ནང་དུ་འབྲུ་གསུམ་ཞུ་བ་ལས་བྱུང་བའི་བདུད་རྩིའི་རྒྱ་མཚོར་གྱུར་པར་བསམས་ལ། ཨོཾ་ཨཱཿཧཱུྃ། ཧ་ཧོ་ཧྲཱིཿ ཞེས་ལན་གསུམ་གྱིས་བྱིན་གྱིས་བརླབས། མདུན་བསྐྱེད། ཨ་མྲི་ཏས་བསངས། སྭ་བྷཱ་ཝས་སྦྱངས། སྟོང་པ་ཉིད་དུ་གྱུར། སྟོང་པའི་ངང་ལས་པཾ་ལས་པདྨ་དམར་པོ་འདབ་མ་སུམ་ཅུ་རྩ་གཉིས་པའི་ལྟེ་བར་རཾ་ལས་ཉི་མའི་དཀྱིལ་འཁོར་གྱི་སྟེང་དུ་ཧྲཱིཾ་དམར་པོ་ལས་བྱུང་བའི་རིན་པོ་ཆེ་པདྨ་རཱ་ག་ལས་གྲུབ་པའི་གཞལ་ཡས་ཁང་ཟླ་གམ་སྒོ་གཅིག་པ། དབུས་སུ་པཾ་ལས་པདྨ་དམར་པོ་འདབ་མ་བརྒྱད་པའི་ལྟེ་བར་རཾ་ལས་ཉི་མའི་དཀྱིལ་འཁོར་གྱི་སྟེང་དུ་ཧྲཱིཾ་ཡིག་དམར་པོ། དེ་ལས་འོད་ཟེར་ལྕགས་ཀྱུ་དང་ཞགས་པ་ལྟ་བུ་བསམ་གྱིས་མི་ཁྱབ་པ་འཕྲོས། འཕགས་པ་མཆོད། སྣོད་བཅུད་ཐམས་ཅད་དབང་དུ་བསྡུས་ནས། འོད་ཟེར་དམར་པོའི་རྣམ་པར་ཚུར་འདུས་ཏེ་ཧྲཱིཾ་ལ་ཐིམ། དེ་འོད་དུ་ཞུ་བ་ལས་འདོད་པའི་རྒྱལ་པོ་སྐུ་མདོག་པདྨ་རཱ་ག་ལྟར་དམར་ཞིང་འོད་འབར་བ། ཞེས་པ་ནས། བཟླས་བྱའི་སྔགས་ཁ་དོག་དམར་པོས་གཡས་སྐོར་དུ་བསྐོར་བ་ཞེས་པའི་བར་བདག་བསྐྱེད་བཞིན་བསྐྱེད། རང་གི་ཐུགས་ཀའི་ཧྲཱིཾ་ལས་འོད་ཟེར་འཕྲོས་པས་བདེ་བ་ཅན་ནས་འདོད་པའི་རྒྱལ་པོ་སངས་རྒྱས་བྱང་ཆུབ་སེམས་དཔའི་ཚོགས་དང་བཅས་པ་ཨོཾ་བཛྲ་ས་མཱ་ཛཿཨོཾ་བཛྲ་པུཥྤེ་སོགས་ཀྱིས་མཆོད། ཛཿཧཱུྃ་བཾ་ཧོཿགཉིས་སུ་

མེད་པར་ཐིམ། སྔར་ཡང་ཐུགས་ཀའི་ཧཱུྃ་ལས་(༥༧ན)འོད་ཟེར་འཕྲོས་པས་དབང་གི་ལྷ་རིགས་ལྔ་འཁོར་དང་བཅས་པ་ཨོཾ་བཛྲ་ས་མ་ཛཿ དེ་བཞིན་གཤེགས་པ་ཐམས་ཅད་ཀྱིས་འདི་ལ་མངོན་པར་དབང་བསྐུར་བ་བསྩལ་དུ་གསོལ། ཞེས་གསོལ་བ་བཏབ་པས། སངས་རྒྱས་རྣམས་ཀྱིས། ཨོཾ་བཛྲཱི་བྷ་ཝ་ཨ་བྷི་ཥིཉྩ་ཧཱུྃ། ཞེས་གསུངས་ཤིང་། བུམ་པའི་ཆུས་སྤྱི་བོ་ནས་དབང་བསྐུར་སྐུ་གང་། དྲི་མ་དག །ཆུ་ལྷག་མ་ཡར་ལུད་པ་ལས་འོད་དཔག་ཏུ་མེད་པས་དབུ་བརྒྱན་པར་གྱུར། དེའི་དཔྲལ་བར་ཨོཾ། མགྲིན་པར་ཨཱཿ ཐུགས་ཀར་ཧཱུྃ་གིས་མཚན་པར་གྱུར། ཞེས་བརྗོད། བཟླས་པ་ཅི་འགྲུབ་བྱ། འབུལ་གཏོར་ཡང་དབྱིབས་རྟེན་གཏོར་དང་མཚུངས་པ་མཐར་ཤིང་ཏོག་སྣ་ཚོགས་སྤུངས་པ་བཤམས་ལ་ནང་མཆོད་ལྷར་བྱིན་གྱིས་བརླབས་ལ། རང་གི་སྙིང་ག་ནས་འཕྲོས་པའི་འོད་ཟེར་གྱིས་གཏོར་མ་བཏེག་སྟེ། འདོད་རྒྱལ་གྱི་ཕྱག་ཏུ་ཕུལ་བ་གསོལ་བར་བསམ་ཞིང་། རྡོ་རྗེ་ཐལ་མོ་ཁ་ཕྱེ་སྟེ། ཨོཾ་ཊཀྐི་ཧཱ་ཛཿཨི་དཾ་བ་ལིཾ་ཏ་ཁ་ཁ་ཁཱ་ཧི་ཁཱ་ཧི། སརྦ་སིདྡྷི་མྨེ་པྲ་ཡཙྪ་ཧཱུྃ། ཞེས་ལན་གསུམ་མམ་ལྔས་ཕུལ། ཨོཾ་ཊཀྐི་ཧཱ་ཛཿཔུཥྤེ་པྲ་ཏཱིཙྪ་ཧཱུྃ་སྭཱཧཱ། ཞེས་པ་ནས། ཤབྡ་པྲ་ཏཱིཙྪ་ཧཱུྃ་སྭཱཧཱ། ཞེས་པའི་བར་གྱིས་མཆོད། ཨོཾ་ཊཀྐི་ཧཱ་ཛཿཨོཾ་ཨཱཿཧཱུྃ། ཞེས་ནང་མཆོད་ཕུལ། དུས་གསུམ་སངས་རྒྱས་ཐམས་ཅད་ཀྱིས། །དབང་བསྐུར་ཕོ་ཉའི་ལས་མཛད་པ། །ཁྲོ་བོ་འདོད་པའི་རྒྱལ་པོ་ནི། །ཁམས་གསུམ་འགུགས་པ་ཁྱོད་ལ་འདུད། །མཆོད་སྦྱིན་གཏོར་མ་འདི་བཞེས་(༥༨བ)ལ། །ཞེས་སོགས་ཀྱིས་འཕྲིན་ལས་བཅོལ། རང་གི་སྙིང་ག་ནས་འོད་ཟེར་ལྕགས་ཀྱུ་ལྟ་བུ་འཕྲོས་པས་གནས་སུམ་ཅུ་རྩ་གཉིས་ཀྱི་མཁའ་འགྲོ་མ་སུམ་ཅུ་རྩ་གཉིས་འཁོར་དང་བཅས་པ་ཨོཾ་སརྦ་ཌཱ་ཀི་ནི་ཧཱུྃ་ཛཿཞེས་པས་སྤྱན་དྲངས་གཙོ་བོ་རྣམས་སྐུ་མདོག་དམར་མོ་ཌཱ་མ་ཏུ་དང་ཐོད་པ་ཏུས་པའི་རྒྱན་དང་། དར་དམར་པོའི་ན་བཟའ་ཅན་ཉི་མའི་གདན་ལ་གར་སྟབས་ཀྱིས་བཞུགས་ཤིང་། འཁོར་རྣམས་སྐུ་མདོག་སྣ་ཚོགས་པ་ཕྱག་མཚན་སྣ་ཚོགས་འཛིན་པར་བསམས། རང་གི་སྙིང་ག་

ནས་སྤྲུལ་པའི་ལྷ་མོ་ཐོད་པ་ཐོགས་པ་མང་པོས་བདུད་རྩི་བཅུས་ཏེ། དེ་རྣམས་ཀྱི་ཕྱག་གི་ཐོད་པར་བླུག་པ་གསོལ་བར་བསམས་ཤིང་། ཨོཾ་སརྦ་ཌཱ་ཀི་ནི་བ་ལིཾ་ཏ་ཁ་ཁ་ཁཱ་ཧི་ཁཱ་ཧི། ཞེས་པ་གསུམ་ལ་སོགས་པས་ཕུལ། ཨོཾ་སརྦ་ཌཱ་ཀི་ནི་པུཥྤེ་སོགས་ཀྱིས་མཆོད། ཨོཾ་སརྦ་ཌཱ་ཀི་ནི་ཨོཾ་ཨཱཿཧཱུྃ། ཞེས་ནང་མཆོད་ཕུལ། ཞིང་སྐྱེས་ཡུལ་གྱི་དུར་ཁྲོད་ནས། །མཁའ་འགྲོ་ཆེན་མོ་རྣམས་བཞུགས་པ། །སྐུ་ཡི་གར་སྟབས་གློག་ལྟར་འཁྱུག །གསུང་གི་གསང་སྔགས་ཕྱོགས་བཅུར་སྒྲོག །ཐུགས་ནི་ཐུགས་རྗེའི་ངང་ལ་བཞུགས། །སྒྲུབ་པོའི་འཕྲིན་ལས་ཅི་ཡང་མཛད། །མཐུ་དང་ནུས་པ་བསམ་མི་ཁྱབ། །སྟོབས་ཆེན་ཁྱོད་ལ་གུས་པས་བསྟོད། །མཆོད་སྦྱིན་གཏོར་མ་སོགས་གོང་ལྟར་བཛོད་པས། དེ་ལྟར་བགྱིའོ། །ཞེས་ཁས་བླངས་པར་བསམས་ཤིང་། སློབ་མ་རྗེས་སུ་འཛིན་པར་གསོལ་བ་གདབ་པའོ། །༄ དེ་ནས་སློབ་མ་རྣམས་ཁྲུས་བྱས། ཡོན་དང་མཎྜལ་དབུལ། (༥༨ན)རྡོ་རྗེ་རྣལ་འབྱོར་དབང་ཕྱུག་གཙོ། །གསང་བའི་ཚོ་ག་བླ་ན་མེད། །དབང་དུ་བྱེད་པའི་རིག་སྔགས་མཆོག །བདག་ལ་ངེས་པར་བསྐུལ་དུ་གསོལ། །ཞེས་གསོལ་བ་གདབ། དཀོན་མཆོག་གསུམ་ལ་བདག་སྐྱབས་མཆི། །སོགས་རྒྱུན་བཤགས་བྱ། ཨོཾ་ཤཱུ་ནྱ་ཏཱ་ཛྙཱ་ན་བཛྲ་སྭ་བྷཱ་ཝ་ཨཱཏྨ་ཀོ྅ཧཾ། སྟོང་པ་ཉིད་དུ་གྱུར། སྟོང་པའི་ངང་ལས་པཾ་ལས་པདྨ་དམར་པོ་འདབ་མ་སུམ་ཅུ་རྩ་གཉིས་པའི་ལྟེ་བར་རཾ་ལས་ཉི་མའི་དཀྱིལ་འཁོར་གྱི་སྟེང་དུ་ཧྲཱིཾ་དམར་པོ་ལས་བྱུང་བའི་རིན་པོ་ཆེ་པདྨ་རཱ་ག་ལས་གྲུབ་པའི་གཞལ་ཡས་ཁང་ཟླ་གམ་སྒོ་གཅིག་པ། དབུས་སུ་པཾ་ལས་པདྨ་དམར་པོ་འདབ་མ་བརྒྱད་པའི་ལྟེ་བར་རཾ་ལས་ཉི་མའི་དཀྱིལ་འཁོར་གྱི་སྟེང་དུ་ཁྱེད་རང་རྣམས་ཀྱི་སེམས་ཧྲཱིཾ་ཡིག་དམར་པོ། དེ་ལས་འོད་ཟེར་ལྕགས་ཀྱུ་དང་ཞགས་པ་ལྟ་བུ་བསམ་གྱིས་མི་ཁྱབ་པ་འཕྲོས། འཕགས་པ་མཆོད། སྣོད་བཅུད་ཐམས་ཅད་དབང་དུ་བསྡུས་ནས། འོད་ཟེར་དམར་པོའི་རྣམ་པར་ཚུར་འདུས་ཏེ་ཧྲཱིཾ་ལ་ཐིམ། དེ་འོད་དུ་ཞུ་བ་ལས་ཁྱེད་རང་རྣམས་འདོད་པའི་རྒྱལ་པོ་སྐུ

མདོག་པདྨ་རཱ་ག་ལྟར་དམར་ཞིང་འོད་འབར་བ། ཞལ་གཅིག་ཕྱག་གཉིས་སྤྱན་གསུམ་དང་ལྡན་པ། གཡས་ཁམས་གསུམ་འགུགས་པའི་ལྕགས་ཀྱུ་འཕྱར་སྟབས་སུ་འཛིན་ཅིང་། གཡོན་སྡིག་མཛུབ་དང་བཅས་པའི་ཞགས་པ་ཐུགས་ཀར་འཛིན་པ། ཞབས་གཡས་བསྐུམས་ཤིང་གཡོན་བརྐྱངས་པའི་སྟབས་ཀྱིས་བཞུགས་པ། (༥༨བ) དབུ་སྐྲ་རལ་པའི་ཐོར་ཚུགས་ཅན། རིན་པོ་ཆེ་དང་སྦྲུལ་གྱིས་བརྒྱན་པ། དར་དམར་པོའི་སྟོད་གཡོགས་དང་། དར་སྣ་ཚོགས་ཀྱི་ཤམ་ཐབས་གསོལ་བ། དེའི་པང་དུ་ཡུམ་བདེ་བ་རྒྱས་བྱེད་མ་སྐུ་མདོག་དམར་མོ་ཞལ་གཅིག་ཕྱག་གཉིས་སྤྱན་གསུམ་མ། གཡས་ལྕགས་ཀྱུ་འཕྱར་སྟབས་སུ་འཛིན་ཞིང་། གཡོན་བདུད་རྩིས་གང་བའི་ཐོད་པ་འཛིན་པས་ཡབ་ལ་འཁྱུད་པ། ཞབས་གཡས་བརྐྱངས་ཤིང་གཡོན་བསྐུམ་པའི་སྟབས་ཀྱིས་ཡབ་ལ་འཁྲིལ་བ། ཡབ་ཡུམ་གཉིས་ཀའང་ཡེ་ཤེས་ཀྱི་མེ་འབར་བའི་དབུས་ན་བཞུགས་པར་བསམས། མདུན་གྱི་གཏོར་རྟེན་འདི་ཉིད་ཀྱང་ཁྱེད་རང་རྣམས་སྒོམ་པ་དང་འདྲ་བའི་འདོད་རྒྱལ་ཡབ་ཡུམ་དུ་དངོས་སུ་བཞུགས་པར་མོས་ལ། སློབ་དཔོན་དང་མདུན་བསྐྱེད་ཀྱི་ཐུགས་ཀ་ནས་འོད་ཟེར་འཕྲོས་པས་བདེ་བ་ཅན་ནས་འདོད་པའི་རྒྱལ་པོ་སངས་རྒྱས་བྱང་ཆུབ་སེམས་དཔའི་ཚོགས་དང་བཅས་པ་ཨོཾ་བཛྲ་ས་མ་ཛཿ རོལ་ཆེན་བྱ། ཨོཾ་བཛྲ་པུཥྤེ་སོགས་ཀྱིས་མཆོད། ཛཿཧཱུྃ་བཾ་ཧོཿ ཁྱེད་རང་རྣམས་ལ་གཉིས་སུ་མེད་པར་ཐིམ། སླར་ཡང་ཐུགས་ཀའི་ཧཱུྃ་ལས་འོད་ཟེར་འཕྲོས་པས་དབང་གི་ལྷ་རིགས་ལྔ་འཁོར་དང་བཅས་པ་ཨོཾ་བཛྲ་ས་མ་ཛཿ དེ་བཞིན་གཤེགས་པ་ཐམས་ཅད་ཀྱིས་འདི་ལ་མངོན་པར་དབང་བསྐུར་བ་བསྐུལ་དུ་གསོལ། ཞེས་གསོལ་བ་བཏབ་པས། སངས་རྒྱས་རྣམས་ཀྱིས། ཨོཾ་བཛྲཱི་བྷ་ཝ་ཨ་བྷི་ཥིཉྩ་ཧཱུྃ། ཞེས་གསུངས་ཤིང་བུམ་པའི་ཆུས་སྤྱི་བོ་ནས་དབང་བསྐུར། སྐུ་གང་། དྲི་མ་དག །ཆུ་ལྷག་མ་(༥༩ན)ཡར་ལུད་པ་ལས། འོད་དཔག་ཏུ་མེད་པས་དབུ་བརྒྱན་པར་མོས། ཁྱེད་རང་རྣམས་ཀྱི་དཔྲལ་བར་ཨོཾ་ལས་འཁོར་ལོ་ཨོཾ་གྱིས་མཚན་པ་ལས་

རྣམ་པར་སྣང་མཛད་དམར་པོ་བྱང་ཆུབ་མཆོག་གི་ཕྱག་རྒྱ་མཛད་པ། མགྲིན་པར་ཨཱཿལས་པདྨ་ཨཱཿས་མཚན་པ་ལས་འོད་དཔག་མེད་དམར་པོ་མཉམ་གཞག་གི་ཕྱག་རྒྱ་མཛད་པ། ཐུགས་ཀར་ཧཱུྃ་ལས་རྡོ་རྗེ་ཧཱུྃ་གིས་མཚན་པ་ལས་མི་བསྐྱོད་པ་དམར་པོ་གཡས་ས་གནོན། གཡོན་མཉམ་གཞག་གི་ཕྱག་རྒྱ་མཛད་པ། སློབ་དཔོན་དང་མདུན་བསྐྱེད་ཀྱི་ཐུགས་ཀ་ནས་འོད་ཟེར་འཕྲོས་པས་ཕྱོགས་བཅུའི་སངས་རྒྱས་དང་བྱང་ཆུབ་སེམས་དཔའ་ཐམས་ཅད་དེ་བཞིན་གཤེགས་པ་རིགས་གསུམ་གྱི་རྣམ་པར་ཨོཾ་བཛྲ་ས་མ་ཛཿ ཛཿཧཱུྃ་བཾ་ཧོཿ ལྷ་གསུམ་ལ་སོ་སོར་ཐིམ་ཞིང་། དེ་གསུམ་འོད་ཟེར་ཁ་དོག་དམར་པོའི་རྣམ་པར་ཞུ་ནས་ཁྱེད་རང་རྣམས་ཀྱི་ལུས་ངག་ཡིད་གསུམ་དང་དབྱེར་མེད་དུ་གྱུར། ཞེས་དམིགས་པ་ཕོག །སྐུའི་རྗེས་གནང་ངོ་། །སློབ་མའི་སྙིང་གར་པད་ཉི་ལ་ཧཱུྃ་དང་། ཐར་སློབ་དཔོན་ཉིད་ཀྱིས་བདག་བསྐྱེད་འདོད་རྒྱལ་ལ་བྱས་ན། སློབ་དཔོན་གྱི་ཐུགས་ཀ་དང་། ཡི་དམ་གཞན་ལ་བྱས་ན། མདུན་བསྐྱེད་ཀྱི་ཐུགས་ཀར་པད་ཉི་ལ་ས་བོན་སྔགས་ཕྲེང་ཨཱ་ལི་ཀཱ་ལིས་བསྐོར་བ་བཀོད། སློབ་མའང་དེ་བཞིན་དུ་གསལ་འདེབས་སུ་བཅུག །མཆོད་ཚུལ་ཅན་དམར་པོས་བྱུགས་པ་ལ། མེ་ཏོག་དམར་པོའི་ཆོམ་བུ་བཀོད་པ། སྐབས་འདིར་སློབ་དཔོན་(ཡ་བ)གྱི་ཕྱག་ཏུ་ཕུལ་ཏེ། ས་གཞི་སྤྱོས་ཀྱི་ཞེས་སོགས་བརྗོད། འདི་ཕྱིས་ཀྱི་ཕྱག་ལེན་ལ་མི་བྱེད་པར་སྣང་ནའང་། སྔོས་ཆོས་ཡིན་པས་འགྲུབ་ན་ལེགས་པར་གསུངས། གསོལ་བ་འདེབས་པ་འདིའི་རྗེས་ཟློས་མཛོད་བྱས་ལ། དུས་གསུམ་སངས་རྒྱས་ཐམས་ཅད་ཀྱི། །དམིགས་མེད་ཐུགས་རྗེ་ལས་འཁྲུངས་པའི། །འཕྲིན་ལས་དངོས་གྲུབ་འབྱུང་བའི་ཕྱིར། །འདིར་ནི་རྗེས་སུ་གནང་བར་མཛོད། །ཅེས་ལན་གསུམ་གསོལ་བ་འདེབས་སུ་གཞུག །སློབ་དཔོན་གྱིས། དུས་གསུམ་སངས་རྒྱས་ཐམས་ཅད་ཀྱི། །དམིགས་མེད་ཐུགས་རྗེ་ལས་འཁྲུངས་པའི། །ཐབས་ཀྱི་འཕྲིན་ལས་ཟབ་མོའི་དོན། །གསང་བ་ཆེ་འདིར་ཁྱེད་དད་དམ། །ཞེས་འདྲི། ཡང་འདིའི་རྗེས་ཟློས་མཛོད་

བྱས་ལ། དུས་གསུམ་སངས་རྒྱས་ཐམས་ཅད་ཀྱི། །དམིགས་མེད་ཐུགས་རྗེ་ལས་འཁྲུངས་པའི། །ཐབས་ཀྱི་འཕྲིན་ལས་ཟབ་མོའི་དོན། །གསང་བ་ཆེ་འདིར་བདག་དང་དོ། །ཞེས་རྗེས་ཟློས་བྱེད་དུ་གཞུག །དེ་ནས་སློབ་དཔོན་ཉིད་ཀྱིས་བདག་བསྐྱེད་འདོད་རྒྱལ་ལ་བྱས་པ་ཡིན་ན། སློབ་དཔོན་འདོད་རྒྱལ་དུ་གསལ་བའི་ཐུགས་ཀའི་ས་བོན་སྔགས་ཕྲེང་ལས་སྔགས་ཕྲེང་གཉིས་པ་བྱུང་། ཞལ་ནས་ཐོན། ཁྱེད་རང་རྣམས་འདོད་རྒྱལ་དུ་གསལ་བའི་ཐུགས་ཀའི་ས་བོན་གྱི་མཐར་གཡས་སྐོར་དུ་འཁོད་པར་མོས་ལ། འདིའི་རྗེས་ཟློས་མཛོད་བྱས་ལ། ཨོཾ་ཕ་ཤཾ་ཀུ་རུ་ཧོཿ ཨོཾ་ཀུ་སུ་མ། སྭཱ་ལི་ཧྲི་ཧྲུཾ་ཛཿ ཨོཾ་བཛྲ་ཀུ་ས་ཛཻ་ཀཾ་ཧྲིཿཕ་ཕ་ཕ། ཨོཾ་གྲོ་(༨༠ན)ཀེ་མ་ཀྲི་ཏེ། འགྲོ་བ་མང་པོ་ཕ་ཤཾ་ཀུ་རུ་ཧོཿ ཀ་ཀ་ཧྣ་ཡ་ཀ་ཧྣ་ཡ། ཁ་ཁྣ་ཧི་ཁྣ་ཧི། ག་གརྫ་ཡ་གརྫ་ཡ། ཧྣ་ཧྣ་ཏ་ཡ་ཧྣ་ཏ་ཡ། ཙ་ཙ་ལ་ཡ་ཙ་ལ་ཡ། ཚ་ཚ་ཏ་ཡ་ཚ་ཏ་ཡ། ཛ་ཛཻ་ཧྣ་ཡ་ཛཻ་ཧྣ་ཡ། ཛྷ་ཛྷ་ཏ་ཡ་ཛྷ་ཏ་ཡ། ཊ་ཊ་ལ་ཡ་ཊ་ལ་ཡ། ཋ་ཋ་ཀ་ཡ་ཋ་ཀ་ཡ། ཌ་ཌ་ཧྣ་ཡ་ཌ་ཧྣ་ཡ། ཌྷ་ཌྷ་ཀ་ཡ་ཌྷ་ཀ་ཡ། ཎ་ཎ་ཤ་ཡ་ཎ་ཤ་ཡ། ཏ་ཏཾ་ཧྣ་ཡ་ཏཾ་ཧྣ་ཡ། ཐ་ཐོ་ཧྣ་ཡ་ཐོ་ཧྣ་ཡ། ད་ད་ར་ཡ་ད་ར་ཡ། དྷ་དྷ་ར་ཡ་དྷ་ར་ཡ། ན་ནཱ་ཤ་ཡ་ནཱ་ཤ་ཡ། པ་པ་ཏ་ཡ་པ་ཏ་ཡ། ཕ་ཕ་ཏ་ཡ་ཕ་ཏ་ཡ། བ་བཀྵ་ཡ་བཀྵ་ཡ། བྷ་བྷ་ཏ་ཡ་བྷ་ཏ་ཡ། མ་མཱ་ར་ཡ་མཱ་ར་ཡ། ཡ་ཡོ་ཏ་ཡ་ཡོ་ཏ་ཡ། ར་རོ་ཏ་ཡ་རོ་ཏ་ཡ། ལ་ལོ་བ་ཡ་ལོ་བ་ཡ། ཤ་ཤ་ཏ་ཡ་ཤ་ཏ་ཡ། ཥ་ཥོ་ཁ་ཡ་ཥོ་ཁ་ཡ། ཁ་ཁྲུ་ཀྟི་ཡ་ཁྲུ་ཀྟི་ཡ། ས་ས་ཧྣ་ཡ་ས་ཧྣ་ཡ། ཏ་ཏ་ན་ཏ་ན་ཡ། ཀྵ་ཀྵོ་ཧྣ་ཡ་ཀྵོ་ཧྣ་ཡ། འགྲོ་བ་མང་པོ་ཕ་ཤཾ་ཀྱི་ཏེ། ཕ་ཤཾ་ཀུ་རུ་ཧོཿཤྲཱིཾ་ཀུ་རུ། པུཥྚིཾ་ཀུ་རུ། ཀྵ་ཡཾ་ཀུ་རུ། ཀྵོ་ཧྣཾ་ཀུ་རུ། མ་རཾ་ཀུ་རུ་སྭཱ་ཧཱ། ཨོཾ་སིདྡྷི། སརྦ་སིདྡྷི། མནྟྲ་སིདྡྷི། ཕུ་ཛ་ཨགྣི་ཧཾ། ཧྣ་ན་ཏེ་མ་ར་ཋཾ། འགྲོ་བ་མང་པོ་ཕ་ཤཾ་ཀུ་རུ་ཧོཿ ཞེས་ལན་གསུམ། སློབ་མས་མེ་ཏོག་གཏོར་ཏེ། བཅོམ་ལྡན་བདག་གིས་ཞེས་སོགས་ལན་གསུམ། སློབ་དཔོན་གྱིས་སྤྱི་བོར་མེ་ཏོག་གཏོར་ཏེ། བཅོམ་ལྡན་འདི་ལ་ཞེས་སོགས་ལན་གསུམ། གསུང་གི་རྗེས་གནང་ངོ་། །ཐུགས་ཀྱི་

རྗེས་གནང་ནི། གཏོར་མ་མགོ་བོར་བཞག་པས། ཁྲོ་བོ་འདོད་པའི་རྒྱལ་པོ་གནས་སུམ་ཅུ་རྩ་གཉིས་ཀྱི་མཁའ་འགྲོ་(༨༠བ)མ་གཙོ་མོ་རེ་རེ་ལ་འཁོར་འབུམ་འབུམ་གྱི་ཚོགས་དང་བཅས་པས་བསྐོར་བ་སྔགས་དང་རོལ་མོའི་སྒྲ་ཆེན་པོ་དང་བཅས་ཞུར་ཞུར་བྱོན་ཏེ། འདོད་རྒྱལ་ཁྱེད་རང་རྣམས་ཀྱི་སྤྱི་བོར་བཞུགས། འཁོར་རྣམས་སྟེང་འོག་ཕྱོགས་མཚམས་ནམ་མཁའ་ཐམས་ཅད་ཁྱབ་པར་བཞུགས་པར་མོས། དེ་རྣམས་ལ་བློ་མས་བཀའ་བསྒོས་པས་འཕྲིན་ལས་རྣམ་བཞི་སོགས་རང་གི་འདོད་དོན་ཐམས་ཅད་ཐོགས་པ་མེད་པར་བསྒྲུབ་པར་མོས་པ་མཛོད། དེ་ནས་རོལ་ཆེན་གྱི་སྒྲ་དང་སྦྱར་ཏེ། དུས་གསུམ་སངས་རྒྱས་ཐམས་ཅད་ཀྱི། །ཞི་བའི་འཕྲིན་ལས་ཆེན་པོ་ཡིས། །ནད་དང་གནོད་པ་ཞི་བར་མཛོད། །ཚེ་དང་བསོད་ནམས་རྒྱས་པར་གྱིས། །གདུལ་བྱ་དབང་དུ་འགྱུར་བར་གྱིས། །བསྟན་ལ་གནོད་པ་བསད་པར་གྱིས། །དུས་གསུམ་སངས་རྒྱས་ཐམས་ཅད་ཀྱིས། །བྱིན་གྱིས་བརླབས་པའི་ཁྲོ་བོ་ནི། །དབང་བསྐུར་ཕོ་ཉའི་ལས་མཛད་པ། །ཁྲོ་བོ་འདོད་པའི་རྒྱལ་པོ་ཡིས། །འདི་ཡི་བསྒྲུབ་བྱ་འགྲུབ་པར་གྱིས། །མཁའ་འགྲོ་སུམ་ཅུ་རྩ་གཉིས་ཀྱིས། །འདི་ཡིས་བསྒྲུབ་བྱ་འགྲུབ་པར་མཛོད། །ཅེས་པའི་མཐར་རྩ་སྔགས་དྲག་ཏུ་བཟླའོ། །དེ་ནས། དུས་གསུམ་སངས་རྒྱས་ཐམས་ཅད་ཀྱི། །དམིགས་མེད་ཐུགས་རྗེ་ལས་འཁྲུངས་པའི། །ཐབས་ཀྱི་འཕྲིན་ལས་ཟབ་མོའི་དོན། །གསང་བ་ཆེ་འདི་སྒྲུབས་པར་གྱིས། །ཞེས་གནང་བ་བྱིན། འདིའི་སྒྲུབ་པ་ལ་བརྩོན་པ་དང་། སྣོད་མིན་ལ་གསང་ཞིང་། སྐལ་ལྡན་རེ་རེ་ཙམ་ལ་སྤེལ་བར་བྱའོ། །(༨༡ན)ཞེས་གདམས་སོ། །མཇུག་ཆོག་སྤྱི་དང་འདྲ། །

༄ དཔལ་ཚོགས་བདག་དམར་ཆེན་ལ། དབེན་པའི་གནས་སུ་མཎྜལ་ལ་པདྨ་འདབ་བརྒྱད་དམར་པོ་བྲིས། དེའི་དབུས་སུ་ཟླ་གམ་དམར་པོ་ལ་ཚོམ་བུ་དམར་པོ་དགོད། དེའི་སྟེང་དུ་རྟེན་གཏོར་དམར་པོ་ནོར་བུའི་དབྱིབས་ཅན་ལ་ཙ་ཀ་ལི་

བརྩུགས་པ་དར་དམར་པོའི་གུར་ཕུབ་ཅན་གཅིག་བཞག །དེའི་གཡས་ངོས་སུ་འདས་གཏོར། མདུན་དུ་རྒྱུན་གཏོར་ལ་ཕུག་དང་ཁ་ཟས་གཙང་མས་བསྐོར་བ། སྟོད་གཅིག་ལ་ལ་དུ་ཞེས་པ་དངོས་གྲུབ་འབྱུང་བའི་རྒྱུད་ལས་གསུངས་པ་ལྟར། དཀར་གསུམ་མངར་གསུམ་དང་། ཨ་ཏྲ། བ་ཏྲ། སྦྲུ་ཏྲ་སྟེ་འབྲས་བུ་གསུམ་དྲི་ཞིམ་པའི་ཕྱོས་སྣ་ཚོགས་རྣམས་སྦྱར་བའི་བག་ཟན་གྱི་རིལ་བུ་མར་ལ་བཙོས་པ། ཆུ་གཉིས་ཉེར་སྤྱོད་ཚར་གཉིས། འདོད་ཡོན་ལྔ། འབྲས་ཆང་། རྒྱུན་ཆང་སོགས་ཀྱི་བཏུང་བ་སྦྲང་རྩི་བུ་རམ་སོགས་མངར་བའི་རོ་རྣམས་བཤམས། མཎྜལ་པདྨ་འདབ་བརྒྱད་དང་བཅས་པའི་སྟེང་དུ་འབྱུང་པོ་འདུལ་བྱེད་ཀྱི་ཚོམ་བུ་སྔོན་པོ་ཞིག་ཀྱང་བཤམས། རང་གི་མདུན་དུ་ནང་མཆོད། རྡོ་རྗེ་དྲིལ་བུ་རྣམས་ཀྱང་བཤམས་ལ། སྐྱབས་འགྲོ་སེམས་བསྐྱེད་སྔོན་དུ་བཏང་ནས། རང་ཉིད་སྐད་ཅིག་གིས་འབྱུང་པོ་འདུལ་བྱེད་དུ་གྱུར་པར་བསམས་ལ། མཆོད་པ་བླ་མེད་ལྟར་བྱིན་གྱིས་བརླབས། རང་ཉིད་འབྱུང་པོ་འདུལ་བྱེད་དུ་གསལ་བའི་ཐུགས་ཀའི་ཧཱུྃ་(༦༧བ)ལས་འོད་ཟེར་འཕྲོས། བླ་མ་དང་འབྱུང་པོ་འདུལ་བྱེད་ལ་སངས་རྒྱས་དང་བྱང་ཆུབ་སེམས་དཔའི་ཚོགས་ཀྱིས་བསྐོར་བ་ཨོཾ་བཛྲ་ས་མཱ་ཛཿ ཨོཾ་ཧྲཱུ་ཏ་ཏྲཱ་མ་ར་ཨཀྲྀཾ་པྲ་ཧྲིཿཚཱ་སྭཱཧཱ། ཞེས་སོགས་ཆུ་གཉིས་སྔོན་དུ་འགྲོ་བའི་ཉེར་སྤྱོད་ཀྱིས་མཆོད། དཀོན་མཆོག་གསུམ་ལ་བདག་སྐྱབས་མཆི། །ཞེས་སོགས་གུར་ནས་འབྱུང་བའི་རྒྱུན་བཤགས་བྱ། ཚད་མེད་བཞི་བསྒོམས། ཨོཾ་ཤཱུ་ནྱ་ཏཱ་ཛྙཱ་ན་བཛྲ་སྭ་བྷཱ་ཝ་ཨཱཏྨ་ཀོ྅ཧཾ། སྟོང་པ་ཉིད་དུ་གྱུར། སྟོང་པའི་ངང་ལས་ཧཱུྃ་ཡིག་ལས་བྱུང་བའི་རྡོ་རྗེའི་ས་གཞི། ར་བ། དྲ་བ། གུར་གླ་བྲེ་ཡེ་ཤེས་ཀྱི་མེ་དཔུང་རབ་ཏུ་འབར་བ་དང་བཅས་པའི་སྲུང་བའི་འཁོར་ལོའི་ནང་དུ་པཾ་ལས་པདྨ་དང་རཾ་ལས་ཉི་མའི་དཀྱིལ་འཁོར་གྱི་སྟེང་དུ་ཧཱུྃ་མཐིང་ནག་ལས་རྡོ་རྗེ་ཧཱུྃ་གིས་མཚན་པ། དེ་ལས་འོད་ཟེར་འཕྲོས་འདུས་ཡོངས་སུ་གྱུར་པ་ལས་རང་ཉིད་ཁྲོ་བོའི་རྒྱལ་པོ་འབྱུང་པོ་འདུལ་བྱེད་སྐུ་མདོག་སྔོན་པོ་ཞལ་གཅིག་ཕྱག་བཞི་པ། གཡས་

དང་པོས་བ་དན་རྩེ་གསུམ་དང་བཅས་པའི་རྡོ་རྗེ། གཡོན་དང་པོས་ཧྲཛྙ་ཁྲག་གང་ཐུགས་ཀར་འཛིན་པ། འོག་མ་གཉིས་མདའ་གཞུ་རྒྱབ་ནས་འགེངས་པ། ཞལ་མཆེ་བ་གཙིགས་ཤིང་སྤྱན་གསུམ་དང་ལྡན་པ། ཧ་ཧའི་གད་རྒྱངས་ཀྱིས་སུམ་ཅུ་རྩ་གསུམ་ལ་སོགས་པའང་འཇིགས་པར་མཛད་པ། སྨ་ར་དང་སྨིན་མ། དབུ་སྐྲ་སེར་པོ་གྱེན་དུ་བརྫེས་པ། མི་མགོ་སྐམ་པོ་ལྔའི་དབུ་རྒྱན་དང་། རློན་པ་ལྔ་བཅུའི་དོ་ཤལ་ཅན། རིན་པོ་ཆེ་དང་སྦྲུལ་གྱིས་བརྒྱན་པ། སྟག་གི་ལྤགས་པའི་(༧༢ན)ཤམ་ཐབས་གསོལ་བ། མི་རོའི་སྟེང་ན་ཞབས་གཡས་བསྐུམས་ཤིང་། གཡོན་བརྐྱངས་པའི་སྟབས་ཀྱིས་ཡེ་ཤེས་ཀྱི་མེ་འབར་བའི་དབུས་ན་བཞུགས་པའོ། །དེའི་དཔྲལ་བར་ཨོཾ་དཀར་པོ། མགྲིན་པར་ཨཱཿདམར་པོ། ཐུགས་ཀར་ཧཱུྃ་སྔོན་པོ། ཐུགས་ཀའི་ཧཱུྃ་ལས་འོད་ཟེར་འཕྲོས་པས་ཕྱོགས་བཅུའི་སངས་རྒྱས་དང་བྱང་ཆུབ་སེམས་དཔའ་ཐམས་ཅད་ཁྲོ་བོའི་རྒྱལ་པོ་འབྱུང་པོ་འདུལ་བྱེད་ཀྱི་རྣམ་པར་ཨོཾ་བཛྲ་ས་མཱ་ཛཿཞེས་པས་སྤྱན་དྲངས། ཛཿཧཱུྃ་བཾ་ཧོཿགཉིས་སུ་མེད་པར་ཐིམ། སླར་ཡང་ཐུགས་ཀ་ནས་འོད་ཟེར་འཕྲོས་པས་དབང་གི་ལྷ་རིགས་ལྔ་འཁོར་དང་བཅས་པ་ཨོཾ་བཛྲ་ས་མཱ་ཛཿཞེས་པས་སྤྱན་དྲངས། ཨོཾ་ཨ་བྷི་ཥིཉྩ་ཏུ་མཾ་སརྦ་ཏ་ཐཱ་ག་ཏ་ཞེས་གསོལ་བ་བཏབ་པས། ཨོཾ་བཛྲི་བྷཱ་ཝ་ཨ་བྷི་ཥིཉྩ་ཧཱུྃ། ཞེས་གསུངས་ཤིང་བུམ་པའི་ཆུས་སྤྱི་བོ་ནས་དབང་བསྐུར། སྐུ་གང་དྲི་མ་དག །ཆུའི་ལྷག་མ་ཡར་ལུད་པ་ལས་མི་བསྐྱོད་པས་དབུ་བརྒྱན་པར་གྱུར། ཨོཾ་ཧྲུ་ཏ་ནྲྀ་མ་ར་ཨརྒྷཾ་པྲ་ཏཱིཙྪ་སྭཱཧཱ། ཞེས་པ་ནས། ཤབྡ་པྲ་ཏཱིཙྪ་སྭཱཧཱ། ཞེས་པའི་བར་གྱིས་མཆོད། འབར་བའི་སྐུ་ཅན་ཉི་མ་འབུམ་གྱི་གཟི། །དཔའ་བོའི་སྟངས་སྟབས་ཞབས་ཀྱིས་ས་འོག་གཡོ། །རབ་ཏུ་ཁྲོས་པའི་ཁྲོ་གཉེར་གློག་སྟོང་འཁྱུག །དཔའ་ཆེན་འབྱུང་པོའི་དགྲ་ལ་ཕྱག་འཚལ་ལོ། །ཞེས་པས་བསྟོད། ནང་མཆོད་ཨ་མྲྀ་ཏས་བསངས། སྭ་བྷཱ་ཝས་སྦྱངས། སྟོང་པ་ཉིད་དུ་གྱུར། སྟོང་པའི་(༧༢བ)ངང་ལས་ཨ་ལས་ཀ་པཱ་ལའི་ནང་དུ་འབྲུ་གསུམ་ཞུ་བ་ལས་བྱུང་བའི་བདུད་རྩིའི་རྒྱ་མཚོར་གྱུར་པར་བསམ

ལ། ཨོཾ་ཨཱཿཧཱུྃ་ཏ་ཐཱ་ཧྲཱིཿ ཞེས་ལན་གསུམ་གྱིས་བྱིན་གྱིས་བརླབས་ལ། ཨོཾ་ཨཱཿཧཱུྃ་གིས་ནང་མཆོད་དབུལ། ཨོཾ་སུཾ་བྷ་ནི་སུཾ་བྷ་ཧཱུྃ་ཧཱུྃ་ཕཊ། ཨོཾ་གྲྀཧྣ་གྲྀཧྣ་ཧཱུྃ་ཧཱུྃ་ཕཊ། ཨོཾ་གྲྀཧྣ་པཱ་ཡ་གྲྀཧྣ་པཱ་ཡ་ཧཱུྃ་ཧཱུྃ་ཕཊ། ཨོཾ་ཨཱ་ན་ཡ་ཧོ་བྷ་ག་ཝན་བཛྲ་ཧཱུྃ་ཧཱུྃ་ཕཊ། ཅེས་པ་བརྒྱ་རྩ་བརྒྱད་ལ་སོགས་པ་བཟླས་པའི་མཐར་སྟོང་བཅུད་ཐམས་ཅད་རང་ལ་ཐིམ་པར་བསམས། དེ་ནས་མདུན་གྱི་ནམ་མཁར་ཁྲོ་བོ་ཆེན་པོ་སྐད་ཅིག་གིས་གྲུབ་པ་ནི། འབྱུང་པོ་འདུལ་བྱེད་ཅེས་པ་ནས་དབུས་ན་བཞུགས་པའོ། །ཞེས་པའི་བར་བསྐྱེད། དེ་ནས་མཆོད་བསྟོད་གོང་བཞིན་བྱ། འདས་གཏོར་ནང་མཆོད་ལྟར་བྱིན་གྱིས་བརླབས་ལ། ཧཱུྃ་ཏ་ཏྲ་མ་རའི་མཐར་ཨ་ཀཱ་རོ་བཏགས་པས་ཕུལ། ༈ རྗེས་གནང་དངོས་ལ་ཚོམ་བུ་རྟེན་གཏོར་ཙ་ཀ་ལི་དང་བཅས་པ་བསངས་སྦྱངས། སྟོང་པའི་ངང་ལས་རང་ཉིད་ཁྲོ་བོ་ཆེན་པོར་གསལ་བའི་མདུན་དུ་བཻཌཱུ་རྱའི་བྲག་རིའི་ཁྲོད་དུ་པདྨ་དམར་པོ་འདབ་མ་བརྒྱད་པའི་ལྟེ་བར་ནོར་བདག་བྱི་བ་སྔོན་པོ་རིན་པོ་ཆེ་སྣ་ཚོགས་སྐྱུག་པའི་སྟེང་དུ་གཿཡིག་དམར་པོ་ཡོངས་སུ་གྱུར་པ་ལས་དཔལ་ཚོགས་ཀྱི་བདག་པོ་སྐུ་མདོག་དམར་པོ་གླང་པོ་ཆེའི་གདོང་པ་ཅན། རྡོ་ཞིང་དཀར་བའི་མཆེ་བ་རབ་ཏུ་གཙིགས་ཤིང་། སྤྱན་གསུམ་དང་ལྡན་པ། དབུ་སྐྲ་ནག་པོ་སྤྱི་བོར་བཅིངས་པའི་རྩེ་མོར་ཡིད་བཞིན་ནོར་བུ་(༥༣ན)མཚན་ཞིང་དར་དམར་པོའི་ཅོད་པན་ཅན། ཕྱག་བཅུ་གཉིས་ཀྱི་གཡས་པ་དྲུག་ན་དགྲ་སྟ། མདའ་ཆེན། ལྕགས་ཀྱུ། རྡོ་རྗེ། རལ་གྲི། འཕང་མདུང་རྣམས་འཛིན་པ། གཡོན་པ་དྲུག་ན་གཏུན་ཤིང་། གཞུ། ཁ་ཊྭཱཾ་ག །ཁྲག་གིས་གང་བའི་ཐོད་པ། ཐོད་པ་ཤ་ཆེན་གྱིས་གང་བ། ཞུབ་དང་ལྷན་ཅིག་མདུང་ལ་བ་དན་བཏགས་པ་རྣམས་འཛིན་པ། རྡོ་རྗེ་དང་ཐོད་ཁྲག་ཐུགས་ཀར་འཛིན་ཅིང་ལྷག་མ་རྣམས་འཕྱར་བ། དར་སྣ་ཚོགས་ཀྱི་ཤམ་ཐབས་གསོལ་ཞིང་། རིན་པོ་ཆེའི་རྒྱན་སྣ་ཚོགས་ཀྱིས་བརྒྱན་པ། ཞབས་གཡོན་བརྐྱངས་པའི་སྐྱིལ་ཀྲུང་ཕྱེད་པའི་གར་སྟབས་ཀྱིས་འོད་ཟེར་དམར་པོ་རབ་ཏུ་འཁྲུགས་པའི་

དབུས་ན་བཞུགས་པ། དེའི་དཔྲལ་བར་ཨོཾ། མགྲིན་པར་ཨཱཿ ཐུགས་ཀར་ཧཱུྃ། ཐུགས་ཀའི་དབུས་སུ་གཿཡིག་དམར་པོ། དེ་ནས་རང་ཉིད་ཁྲོ་བོ་ཆེན་པོར་གསལ་བའི་ཐུགས་ཀ་ནས་འོད་ཟེར་འཕྲོས་པས་སུམ་ཅུ་རྩ་གསུམ་གྱི་གནས་རྗེ་ཆེན་ཨ་མོ་ལིང་ག་ནས་དཔལ་ཚོགས་ཀྱི་བདག་པོའི་སྐུའི་ཚོགས་བསམ་གྱིས་མི་ཁྱབ་པ་སྤྱན་དྲངས་ཏེ་མདུན་གྱི་ཚོགས་ཀྱི་བདག་པོ་ལ་ཐིམ་པར་མོས་ཤིང་། དྲིལ་བུ་གསིལ་ཞིང་། ཨེ་གཿགཿསིདྡྷི་སིདྡྷི་སརྦ་ཨཱརྠ་མ་པྲ་སྭཱ་ཧྲ་ཡ་ཧཱུྃ་ཧཱུྃ་ཛཿཛཿསྭཱཧཱ། ཞེས་བརྒྱ་རྩ་ལ་སོགས་པ་མང་དུ་བརྗོད་པས་བཀུག་ལ། ཛཿཧཱུྃ་བཾ་ཧོཿགཉིས་སུ་མེད་པར་གྱུར་པར་བསམ་སྟེ། དེ་ལ་ཨོཾ་པདྨ་ཀ་མ་ལ་ཡེ་སྟྭཾ། ཞེས་པས་གདན་ཕུལ་ནས། (༨༣བ)ས་མ་ཡ་ཧོ། ཞེས་པས་དམ་ལ་བཞག །སླར་ཡང་ཐུགས་ཀ་ནས་འོད་ཟེར་འཕྲོས་པས་དབང་གི་ལྷ་རིགས་ལྔ་འཁོར་དང་བཅས་པ་ཨོཾ་བཛྲ་ས་མཱ་ཛཿཞེས་པས་སྤྱན་དྲངས། དེ་བཞིན་གཤེགས་པ་ཐམས་ཅད་ཀྱིས་འདི་ལ་མངོན་པར་དབང་བསྐུར་དུ་གསོལ། ཞེས་གསོལ་བ་བཏབ་པས། ཨོཾ་བཛྲི་བྷ་ཝ་ཨ་བྷི་ཥིཉྩ་ཧཱུྃ། ཞེས་གསུངས་ཤིང་བུམ་པའི་ཆུས་སྤྱི་བོ་ནས་དབང་བསྐུར། སྐུ་གང་། དྲི་མ་དག །ཆུ་ལྷག་མ་ཡར་ལུད་པ་ལས་འོད་དཔག་མེད་ཀྱིས་དབུ་བརྒྱན་པར་གྱུར། བྱིན་གྱིས་བརླབས་པའི་མཆོད་པ་རྣམས། ཨོཾ་ག་ན་པ་ཏི་ཨརྒྷཾ་པྲ་ཏཱིཙྪ་སྭཱཧཱ། ཞེས་པ་ནས། ཤབྡ་པྲ་ཏཱིཙྪ་སྭཱཧཱ། ཞེས་པའི་བར་གྱིས་དབུལ། རྒྱལ་བའི་སྐུ་གསུང་ཐུགས་རྗེ་ཛེ། །གཉིས་མེད་ཡེ་ཤེས་ལས་བྱུང་བ། །ཚོགས་ཛེ་ཚོགས་དབང་ཚོགས་ཀྱི་བདག །བགེགས་ཀྱི་གཙོ་ལ་མཆོད་ཅིང་བསྟོད། །རྒྱུན་གཏོར་བསངས་སྦྱངས། ཨོཾ་ཨཱཿཧཱུྃ་ཏ་ཧོ་ཧྲིཿ ཞེས་མཁའ་འགྲོ་སྤྱི་གཏོར་ལྟར་བྱིན་གྱིས་བརླབས། ཨོཾ་ག་ན་པ་ཏི་ཨ་ཀཱ་རོ་མུ་ཁཾ་སརྦ་དྷརྨཱ་ཎཱཾ་ཨཱ་དྱ་ནུཏྤནྣ་ཏྭཏ་ཨོཾ་ཨཱཿཧཱུྃ་ཕཊ་སྭཱཧཱ། ཞེས་ལན་གསུམ་གྱིས་དབུལ། སླར་ཡང་མཆོད་བསྟོད་བྱ་ཞིང་། བདག་ཅག་དཔོན་སློབ་འཁོར་དང་བཅས་པ་རྣམས་ལ་འཇིག་རྟེན་དང་འཇིག་རྟེན་ལས་འདས་པའི་དངོས་གྲུབ་ཐམས་ཅད་འགྲུབ་པར་མཛད་དུ་གསོལ། ཞེས་པ་ལྷ་

བྱུས་ཡིད་ལ་འདོད་པའི་དོན་གང་ཡིན་པ་དེ་ཉིད་འགྲུབ་པར་གསོལ་བ་གདབ་ལ། ཀུསུ་ནི་བརྒྱ་ཕྲག་(༨༤ན)ལ་སོགས་པས་མགོ་བྲངས་ཨོཾ་ཨཱཿགཿཧཱུཾ་སྭཱཧཱ། ཞེས་པ་ཛི་ལྟར་རིགས་པ་བཟླ། ཨོཾ་ཝཱ་ར་ཀཱ་ཏྭ་ཡ་སྭཱཧཱ། ཨོཾ་ཕ་ག་ཏེ་ག་དཾཥྚ་བིཥྞ་ཧཱུཾ་ཕཊ་སྭཱཧཱ། ཨོཾ་ཧཱུཾ་ག་ས་པ་ཏི་ཡེ་སྭཱཧཱ། ཞེས་ཚོགས་བདག་དཀར་པོའི་སྔགས་རྣམས་ཀྱང་བཟླའོ། །མཎྜལ་དང་མཆོད་རྫས་རྣམས་ལ་དམིགས་ལ། མེ་ཏོག་ཕྲེང་བ་ལ་སོགས་རིན་ཆེན་དཔྱིག །ལ་དུ་ལ་ཕུག་འབྲས་བུ་ཡིད་འོང་ཟས། །ཕྱོགས་བཅུའི་ཆུ་སྐྱེས་ཐང་སྐྱེས་ལོངས་སྤྱོད་རྒྱན། །རིས་མ་བཅད་པའི་མཆོད་སྤྲིན་རྒྱས་པར་འབུལ། །མཎྜལ་དམ་པ་རབ་ཏུ་མཛེས་པ་དང་། །བཤོས་གཙང་མར་མེ་ཡོན་ཆབ་སྣ་ཚོགས་དང་། །འབྲས་ཆང་རྒྱུན་ཆང་ལ་སོགས་བཏུང་བའི་མཆོག །སྤྲང་རྩི་བུ་རམ་ལ་སོགས་མངར་བའི་རོ། །ལྷན་ཅིག་སྐྱེས་དང་རབ་ཏུ་སྦྱར་བ་ཡི། །སྣ་ཚོགས་མཆོད་པ་དམ་པ་འདི་དག་བཞེས། །ཏིང་འཛིན་སྔགས་དང་ཕྱག་རྒྱའི་རྣམ་འཕྲུལ་ལས། །བྱུང་བའི་བླ་མེད་མཆོད་པ་འདི་དག་འབུལ། །གཟུགས་སྒྲ་དྲི་རོ་རེག་སོགས་ཀུན་ལྡན་པའི། །འདོད་ཡོན་ཚོགས་ཀྱི་མཆོད་པ་བཞེས་སུ་གསོལ། །བདག་ཉིད་དྭང་བས་བཤམས་ཤིང་ཕྱུལ་པ་ཡི། །མཆོད་པའི་ཚོགས་ཀྱིས་ལྷ་ཆེན་མཉེས་གྱུར་ཅིག །མཆོད་བསྟོད་འདོད་དོན་ཞུ། །༈ སློབ་མ་རྣམས་ཀྱིས་ཁྲུས་དང་མཎྜལ་སྟོན་དུ་བཏང་ནས། གསོལ་བ་འདེབས་པའི་རྗེས་ཟློས་མཛད། ཀུན་མཁྱེན་ཡེ་ཤེས་ཕུང་པོ་ཅན། །ཞེས་སོགས་ལན་གསུམ། (༨༤བ)དེ་ནས་རྒྱུན་བཤགས་འདིའི་རྗེས་ཟློས་མཛད། དཀོན་མཆོག་གསུམ་ལ་སོགས་ནས་འགྲུབ་པར་ཤོག །དེ་རྣམས་རྗེས་གནང་གི་སྔོན་འགྲོ་ཡིན། དངོས་གཞི་ལ་སྐུའི་རྗེས་གནང་གི་སྐབས་སུ་དམིགས་པ་འདི་བཞིན་མཛད། སློབ་དཔོན་དང་མདུན་བསྐྱེད་ཀྱི་ཁྲོ་བོའི་ཐུགས་ཀ་ནས་འོད་ཟེར་འཕྲོས་པ་ཁྲིད་རང་གི་ལུས་ལ་ཕོག་པས་ཚེ་ཐོག་མ་མེད་པ་ནས་བསགས་པའི་སྡིག་སྒྲིབ་བག་ཆགས་དང་བཅས་པ་ཐམས་ཅད་སྦྱངས་ཏེ། ལུས་དྲི་མ་དང་བྲལ་བའི་རང་

བཞིན་དུ་གྱུར་པའི་མོས་པ་མཛོད། དེ་ལ་དམིགས་ཏེ་སློབ་དཔོན་གྱིས། ཨོཾ་ཤཱུ་ནྱ་ཏཱ་ཛྙཱ་ན་བཛྲ་སྭ་བྷཱ་ཝ་ཨཱཏྨ་ཀོ྅ཧཾ། སྟོང་པ་ཉིད་དུ་གྱུར། སྟོང་པའི་ངང་ལས་ཧཱུྃ་ཡིག་ལས་བྱུང་བའི་རྡོ་རྗེའི་ས་གཞི། ཪྨ་བ། དྭ་བ། གུར། ཀླ་གྲི། ཡེ་ཤེས་ཀྱི་མེ་དཔུང་རབ་ཏུ་འབར་བ་དང་བཅས་པའི་སྲུང་བའི་འཁོར་ལོའི་ནང་དུ་པཾ་ལས་པདྨ་དང་རཾ་ལས་ཉི་མའི་དཀྱིལ་འཁོར་གྱི་སྟེང་དུ་ཧཱུྃ་མཐིང་ནག་ལས་རྡོ་རྗེ་ཧཱུྃ་གིས་མཚན་པ། དེ་ལས་འོད་ཟེར་འཕྲོས། ཚུར་འདུས་ཡོངས་སུ་གྱུར་པ་ལས་ཁྱེད་རང་རྣམས་ཁྲོ་བོའི་རྒྱལ་པོ་འབྱུང་པོ་འདུལ་བྱེད་སྐུ་མདོག་སྔོན་པོ་ཞལ་གཅིག་ཕྱག་བཞི་པ་གཡས་དང་པོས་བ་དན་རྩེ་གསུམ་དང་བཅས་པའི་རྡོ་རྗེ། གཡོན་དང་པོས་ཧྲཱིཿཁྲག་གང་ཐུགས་ཀར་འཛིན་པ། འོག་མ་གཉིས་མདའ་གཞུ་རྒྱབ་ནས་འགེངས་པ། ཞལ་མཆེ་བ་གཙིགས་ཤིང་། སྤྱན་གསུམ་དང་ལྡན་པ། ཏ་ཏའི་གད་རྒྱངས་ཀྱིས་སུམ་ཅུ་རྩ་གསུམ་ལ་སོགས་པའང་འཇིགས་པར་མཛད་(༧༥ན)པ། སྨ་ར་དང་སྨིན་མ་དབུ་སྐྲ་སེར་པོ་གྱེན་དུ་བརྫེས་པ། མི་མགོ་སྐམ་པོ་ལྔའི་དབུ་རྒྱན་དང་། རློན་པ་ལྔ་བཅུའི་དོ་ཤལ་ཅན། རིན་པོ་ཆེ་དང་སྦྲུལ་གྱིས་བརྒྱན་པ། སྟག་གི་ལྤགས་པའི་ཤམ་ཐབས་གསོལ་བ། མི་རོའི་སྟེང་ན་ཞབས་གཡས་བསྐུམས་ཤིང་གཡོན་བརྐྱངས་པའི་སྟབས་ཀྱིས་ཡེ་ཤེས་ཀྱི་མེ་འབར་བའི་དབུས་ན་བཞུགས་པའོ། །དཔྲལ་བར་ཨོཾ་དཀར་པོ། མགྲིན་པར་ཨཱཿདམར་པོ། ཐུགས་ཀར་ཧཱུྃ་སྔོན་པོས་མཚན་པར་མོས། སློབ་དཔོན་དང་། མདུན་བསྐྱེད་ཀྱི་ཐུགས་ཀའི་ཧཱུྃ་ལས་འོད་ཟེར་འཕྲོས་པས་ཕྱོགས་བཅུའི་སངས་རྒྱས་དང་བྱང་ཆུབ་སེམས་དཔའ་ཐམས་ཅད་ཁྲོ་བོའི་རྒྱལ་པོ་འབྱུང་པོ་འདུལ་བྱེད་ཀྱི་རྣམ་པར་ཨོཾ་བཛྲ་ས་མ་ཛཿཞེས་པས་སྤྱན་དྲངས། ཛཿཧཱུྃ་བཾ་ཧོཿགཉིས་སུ་མེད་པར་ཐིམ། སླར་ཡང་ཐུགས་ཀ་ནས་འོད་ཟེར་འཕྲོས་པས་དབང་གི་ལྷ་རིགས་ལྔ་འཁོར་དང་བཅས་པ་ཨོཾ་བཛྲ་ས་མ་ཛཿཞེས་པས་སྤྱན་དྲངས། ཨོཾ་ཨ་ཀྲི་ཏི་ཥྛ་ཏུ་སཾ་སཏྭ་ཏ་ཐཱ་ག་ཏ། ཞེས་གསོལ་བ་བཏབ་པས། ཨོཾ་བཛྲི་བྷ་ཝ་ཨ་ཀྲི་ཏི་ཥྛ་ཧཱུྃ། ཞེས་

གསུངས་ཤིང་། བུམ་པའི་ཆུས་སྤྱི་བོ་ནས་དབང་བསྐུར། སྐུ་གང་དྲི་མ་དག །ཆུའི་ལྷག་མ་ཡར་ལུད་པ་ལས་མི་བསྐྱོད་པས་དབུ་བརྒྱན་པར་མོས། དེ་ལྟར་ཁྱེད་རང་ཁྲོ་བོ་ཆེན་པོར་གསལ་བའི་མདུན་དུ། བཻ་ཌཱུརྱའི་བྲག་རིའི་ཁྲོད་དུ་པདྨ་དམར་པོ་འདབ་མ་བརྒྱད་པའི་ལྟེ་བར་ནོར་བདག་བྱེ་བ་སྟོན་པོ་རིན་(༦༥བ)པོ་ཆེ་སྣ་ཚོགས་སྤྲུག་པའི་སྟེང་དུ་གཱཿཡིག་དམར་པོ་ཡོངས་སུ་གྱུར་པ་ལས། དཔལ་ཚོགས་ཀྱི་བདག་པོ་སྐུ་མདོག་དམར་པོ་གླང་པོ་ཆེའི་གདོང་པ་ཅན། རྣོ་ཞིང་དཀར་བའི་མཆེ་བ་རབ་ཏུ་གཙིགས་ཤིང་། སྤྱན་གསུམ་དང་ལྡན་པ། དབུ་སྐྲ་ནག་པོ་སྤྱི་བོར་བཅིངས་པའི་རྩེ་མོར་ཡིད་བཞིན་ནོར་བུས་མཚན་ཞིང་དར་དམར་པོའི་ཅོད་པན་ཅན། ཕྱག་བཅུ་གཉིས་ཀྱི་གཡས་པ་དྲུག་ན་དགྲ་སྟ། མདའ་ཆེན། ལྕགས་ཀྱུ། རྡོ་རྗེ། རལ་གྲི། འཕང་མདུང་རྣམས་འཛིན་པ། གཡོན་པ་དྲུག་ན་གཏུན་ཤིང་། གཞུ། ཁ་ཊྭཱཾ་ག །ཁྲག་གིས་གང་བའི་ཐོད་པ། ཐོད་པ་ཤ་ཆེན་གྱིས་གང་བ། ཕུབ་དང་ལྷན་ཅིག་མདུང་ལ་བ་དན་བཏགས་པ་རྣམས་འཛིན་པ། རྡོ་རྗེ་དང་ཐོད་ཁྲག་ཐུགས་ཀར་འཛིན་ཅིང་ལྷག་མ་རྣམས་འཕྱུར་བ། དར་སྣ་ཚོགས་ཀྱི་ཤམ་ཐབས་གསོལ་ཞིང་། རིན་པོ་ཆེའི་རྒྱན་སྣ་ཚོགས་ཀྱིས་བརྒྱན་པ། ཞབས་གཡོན་བརྐྱངས་པའི་སྐྱིལ་ཀྲུང་ཕྱེད་པའི་གར་སྟབས་ཀྱིས་འོད་ཟེར་དམར་པོ་རབ་ཏུ་འབྲུགས་པའི་དབུས་ན་བཞུགས་པ། དེའི་དཔྲལ་བར་ཨོཾ། མགྲིན་པར་ཨཱཿ ཐུགས་ཀར་ཧཱུཾ། ཐུགས་ཀའི་དབུས་སུ་གཱཿཡིག་དམར་པོ། དེ་ནས་རང་ཉིད་ཁྲོ་བོ་ཆེན་པོར་གསལ་བའི་ཐུགས་ཀ་ནས་འོད་ཟེར་འཕྲོས་པས་སུམ་ཅུ་རྩ་གསུམ་གྱི་གནས་རྡོ་ཆེན་ཨ་མོ་ལིང་ག་ནས་དཔལ་ཚོགས་ཀྱི་བདག་པོའི་སྐུའི་ཚོགས་བསམ་གྱིས་མི་ཁྱབ་པ་སྤྱན་དྲངས་ཏེ་མདུན་གྱི་ཚོགས་ཀྱི་བདག་པོ་ལ་ཐིམ་པར་མོས་ཤིང་། དྲིལ་བུ་(༦༦ན)གསིལ་ཞིང་། ཨོཾ་གཿགཿསིདྡྷི་སིདྡྷི་སརྦ་ཨརྠ་མེ་པྲ་སཱ་དྷ་ཡ་ཧཱུྃ་ཧཱུྃ་ཛཿཛཿསྭཱཧཱ། ཞེས་བརྒྱ་རྩ་ལ་སོགས་པ་མང་དུ་བཟློད་པས་བཀུག་ལ། ཛཿཧཱུྃ་བཾ་ཧོཿགཉིས་སུ་མེད་པར་གྱུར་པར་བསམ་

སྟེ། དེ་ལ། ཨོཾ་པདྨ་ཀ་མ་ལ་ཡེ་སྟྭཾ། ཞེས་པས་གདན་ཕུལ་ནས། ས་མ་ཡ་ཧོ། ཞེས་
པས་དམ་ལ་བཞག །སླར་ཡང་ཐུགས་ཀ་ནས་འོད་ཟེར་འཕྲོས་པས་དབང་གི་ལྷ་
རིགས་ལྔ་འཁོར་དང་བཅས་པ་ཨོཾ་བཛྲ་ས་མཱ་ཛཿཞེས་པས་སྤྱན་དྲངས། དེ་བཞིན་
གཤེགས་པ་ཐམས་ཅད་ཀྱིས་འདི་ལ་མངོན་པར་དབང་བསྐུར་དུ་གསོལ། ཞེས་
གསོལ་བ་བཏབ་པས། ཨོཾ་བཛྲི་བྷ་ཝ་ཨ་བྷི་ཥིཉྩ་ཧཱུྃ། ཞེས་གསུངས་ཤིང་བུམ་པའི་
ཆུས་སྤྱི་བོ་ནས་དབང་བསྐུར། སྐུ་གང་། དྲི་མ་དག །ཆུ་ལྷག་མ་ཡར་ལུད་པ་ལས་
འོད་དཔག་མེད་ཀྱིས་དབུ་བརྒྱན་པར་གྱུར་ཞེས་བརྗོད་དེ། ཚོགས་བདག་སྤྱན་
འདྲེན་སྐབས་རོལ་ཆེན་བྱའོ། །དེ་སྐུའི་རྗེས་གནང་ཡིན། གསུང་གི་རྗེས་གནང་གི་
སླད་དུ་དམིགས་པ་འདི་བཞིན་མཛོད། སློབ་དཔོན་གྱི་ཐུགས་ཀའི་ཧཱུྃ་ཡིག་སྔགས་
ཕྲེང་དང་བཅས་པ་ལས་སྔགས་ཀྱི་ཕྲེང་བ་བྱུང་། ཞལ་ནས་ཐོན། ཁྱེད་རང་གི་ཞལ་
དུ་ཞུགས། ཐུགས་ཀའི་ཧཱུྃ་ཡིག་གི་མཐར་གཡས་སྐོར་དུ་འཁོད་པར་མོས་པ་བྱས་
ནས། མེ་ཏོག་དང་བཅས་པའི་ཐལ་མོ་སྦྱར་ཏེ། འདིའི་རྗེས་ཟློས་ལན་གསུམ་མཛོད།
ཨོཾ་སུམྦྷ་ནི་སུམྦྷ་ཧཱུྃ་ཧཱུྃ་ཕཊ། ཨོཾ་གྲྀཧྞ་གྲྀཧྞ་ཧཱུྃ་ཧཱུྃ་ཕཊ། ཨོཾ་གྲྀཧྞ་པཱ་ཡ་གྲྀཧྞ་པཱ་ཡ་ཧཱུྃ་ཧཱུྃ་
ཕཊ། ཨོཾ་ཨཱ་ན་(༨༨བ)ཡ་ཧོ་བྷ་ག་ཝཱན་བཛྲ་ཧཱུྃ་ཧཱུྃ་ཕཊ། ཅེས་དང་། ཁྱེད་རང་གི་
མདུན་གྱི་དཔལ་ཚོགས་ཀྱི་བདག་པོའི་ཐུགས་ཀའི་གཱཿཡིག་ལས་སྔགས་ཕྲེང་བྱུང་བ་
ཁྱེད་རང་ཁྲོ་བོ་ཆེན་པོར་གསལ་བའི་ལྟེ་བའི་གནས་སུ་ཐིམ་པར་མོས་ནས་སྔགས་
འདི་རྣམས་ཀྱི་རྗེས་ཟློས་ལན་གསུམ་གསུམ་མཛོད། ཨོཾ་ཨཱཿགཿཧཱུྃ་སྭཱཧཱ། ཨོཾ་པྲ་ར་ཀྲཱ་
ཏཱ་ཡ་སྭཱཧཱ། ཨོཾ་པྲ་ཀ་ཏེ་ག་དཾཥྚ་བིཀྲ་ཧཱུྃ་ཕཊ་སྭཱཧཱ། ཨོཾ་ཧྲཱུྃ་ག་ན་པ་ཏེ་ཡེ་སྭཱཧཱ། ཞེས་
སྔགས་ཚན་བཞི་པོ་ལན་གསུམ་ཟློས་པས། དང་པོས་རྒྱུད་བྱིན་གྱིས་བརླབས། གཉིས་
པས་དབྱེར་མེད་དུ་བྱས། གསུམ་པས་བརྟན་པར་བྱས་པར་མོས་ཏེ། སློབ་དཔོན་
ལ་དྲིན་ལན་གྱི་ཚུལ་དུ་མེ་ཏོག་གཏོར་ནས། འདིའི་རྗེས་ཟློས་མཛོད། བཅོམ་ལྡན་
བདག་ལ་བསྟུལ་ལགས་ཀྱི། །ཞེས་སོགས་དང་། སློབ་དཔོན་གྱིས་ཀྱང་མེ་ཏོག་གི་

ཕྲེང་བ་སྔགས་སུ་བྱས་ནས་ཁྱོད་རང་གི་སྤྱི་བོར་བཞག་ཅིང་བྱིན་གྱིས་བརླབས་པར་མོས་པ་མཛོད། བཅོམ་ལྡན་འདི་ལ་ཞེས་སོགས་བརྗོད་པས། ལྷ་གཉིས་ཀྱི་གསུང་གི་རྗེས་གནང་ཐོབ་པ་ཡིན་སྙམ་པའི་མོས་པ་མཛོད། ཐུགས་ཀྱི་རྗེས་གནང་གི་སྐབས་སུ་དམིགས་པ་འདི་བཞིན་མཛོད། སློབ་དཔོན་གྱི་ཐུགས་ཀའི་ཧཱུྃ་ལས་འོད་ཟེར་འཕྲོས་པ་མདུན་གྱི་ཚོགས་ཀྱི་བདག་པོའི་ཐུགས་ཀའི་གཿཡིག་ལ་ཕོག་པས་སྤྲོ་རྒྱུད་བསྐུལ་ཏེ། གཿལས་འོད་ཟེར་དམར་པོ་བསམ་གྱིས་མི་ཁྱབ་པ་འཕྲོས་པས། སུམ་ཅུ་རྩ་གསུམ་གྱི་གནས་ནས་ཚོགས་བདག་དང་གཏེར་བདག་དང་། ནོར་བདག་(༤༧ན)དང་། གཞན་ཡང་འཇིག་རྟེན་གྱི་ཁམས་ཀྱི་དྲེགས་པ་ཅན་ཐམས་ཅད་ཀྱི་ཐུགས་རྒྱུད་བསྐུལ་ནས། དེ་རྣམས་ཀྱིས་སྐྱེ་འགྲོ་བསོད་ནམས་ཅན་རྣམས་ཀྱི་ལུང་དང་རྟོགས་པའི་ཡོན་ཏན་དང་། ཚེ་དང་བསོད་ནམས་དང་། དཔལ་དང་འབྱོར་པ་དང་། ནོར་དང་། འབྲུ་དང་། གཡང་དང་། མདངས་དང་། གཟི་བརྗིད་དང་། འབྱུང་བ་བཞིའི་བཅུད་ཐམས་ཅད་བསྡུས་ནས་ཁྱོད་རང་ལ་བྱིན་པས། རང་གི་གནས་ཁང་དང་། བང་མཛོད་དང་། ཡུལ་ཕྱོགས་ཐམས་ཅད་ཁེངས། ལོངས་སྤྱོད་འདོད་རྒུ་ཕུན་སུམ་ཚོགས་པ་ལ་དབང་བར་བྱས་པ་ཡིན་སྙམ་དུ་མོས་པ་མཛོད། ཁྱད་པར་དུ་ཚོགས་ཀྱི་བདག་པོའི་ཞབས་གཡོན་པའི་རྟེང་པས་ཞབས་འོག་གི་བྱི་བ་ལ་བརྡབ་པས། དེས་མ་བཟོད་དེ་འཇིག་རྟེན་ཁམས་ཀྱི་ཟས་ནོར་ཐམས་ཅད་བསྡུས་ནས་ཁྱོད་རང་ལ་ཕུལ་ཞིང་། བྱི་བའི་ཁ་ནས་རིན་པོ་ཆེ་སྣ་ཚོགས་སྐྱུགས་པས་ཁྱོད་རང་གི་གནས་ཁང་དང་བང་མཛོད་དང་། ཡུལ་ཕྱོགས་ཐམས་ཅད་ཁེངས། ལོངས་སྤྱོད་འདོད་རྒུ་ཕུན་སུམ་ཚོགས་པ་ལ་དབང་བར་བྱས་པ་ཡིན་སྙམ་དུ་མོས་པ་མཛོད་བྱས་ལ། དྲིལ་བུ་གསིལ་ཞིང་། ཨོཾ་གཿགཿསིདྡྷི་སིདྡྷི་སརྦ་ཤཏྲཱུ་མེ་པྲ་སྭ་ཧྲ་ཡ་ཧཱུྃ་ཧཱུྃ་ཛཿཛཿསྭཱཧཱ། ཞེས་མང་དུ་བརྗོད། ཐུགས་རྒྱུད་བསྐུལ་ནས། བཀའ་བསྒོ་བ་ནི། རོལ་ཆེན་དང་བཅས། རྟེན་གཏོར་སློབ་མའི་ལག་ཏུ་གཏད་དེ། སྔགས་རྣམས་ཀྱི་མཐར་

དཔལ་ཚོགས་ཀྱི་(༤༧བ)བདག་པོས་རྡོ་རྗེ་སློབ་མ་འདི་རྣམས་ཀྱི་ལུས་དང་གྲིབ་མ་བཞིན་དུ་འགྲོགས་ནས། དུས་འདི་ནས་བཟུང་སྟེ་བྱང་ཆུབ་མ་ཐོབ་ཀྱི་བར་དུ་འགལ་རྐྱེན་བར་ཆད་མི་མཐུན་པའི་ཕྱོགས་ཐམས་ཅད་ཞི་བ་དང་། སྲུང་བ་དང་། བསྐྱབ་པ་དང་། སྲ་བའི་འཕྲིན་ལས་མཛོད་ཅིག །མཐུན་རྐྱེན་ཚེ་དང་བསོད་ནམས་དང་། དཔལ་འབྱོར་དང་། དབང་ཕྱུག་ཐམས་ཅད་གོང་ནས་གོང་དུ་འཕེལ་ཞིང་རྒྱས་པའི་འཕྲིན་ལས་མཛོད་ཅིག །ལྷ་འདྲེ་མི་གསུམ་གྱི་འགྲོ་བ་མང་པོ་དབང་དུ་བསྡུས་ནས། ཟས་གོས་ལོངས་སྤྱོད་ཐམས་ཅད་ཀྱིས་ཕོངས་པ་མེད་པར་ཡིད་བཞིན་དུ་འབྱོར་པ་དང་། དེ་དག་གིས་ཀྱང་སངས་རྒྱས་ཀྱི་བསྟན་པ་དང་། སེམས་ཅན་མང་པོ་ལ་ཕན་པ་དང་བདེ་བ་བསམ་གྱིས་མི་ཁྱབ་པ་འབྱུང་བ་དང་། མཐར་ཐུག་རྫོགས་པའི་སངས་རྒྱས་ཀྱི་གོ་འཕང་ཐོབ་པའི་འཕྲིན་ལས་མཛོད་ཅིག །ཅེས་བཀའ་བསྒོས་པས་ཚོགས་ཀྱི་བདག་པོས་དེ་ལྟར་ཞལ་གྱིས་བཞེས་ཏེ་ཁྱེད་རང་གི་ཕྱི་བཞིན་དུ་འབྲངས་པའི་མོས་པ་མཛོད། དེ་ནས་མདུན་བསྐྱེད་ཀྱི་ནམ་མཁའ་ན་བཞུགས་པའི་ཁྲོ་བོ་ཆེན་པོའི་ཐུགས་ཀ་ནས། ཁྲོ་བོ་ཆེན་པོའི་སྐུ་དེ་འདྲ་བ་ཞིག་བྱོན་པ་ཁྱེད་རང་གི་སྤྱི་གཙུག་ནས་ཞུགས་ཏེ། སྙིང་གར་པདྨ་དང་ཉི་མའི་གདན་ལ་བཞུགས་ནས་རྒྱུད་བྱིན་གྱིས་བརླབས་པ་ཡིན་སྙམ་དུ་མོས་པ་མཛོད། དེ་རྣམས་ཀྱིས་ཁྲོ་བོ་ཆེན་པོ་དང་དཔལ་ཚོགས་ཀྱི་བདག་པོའི་རྗེས་སུ་གནང་བ་གྲུབ་པ་ཡིན། མཇུག་ཚིག་སྤྱི་དང་(༤༨ན)མཐུན། །

༄ **རྡོ་རྗེ་སེམས་དཔའ་སེར་པོ་ལ།** སྐུ་གཟུགས་ཀྱི་མདུན་དུ་མཆོད་པ་རྒྱ་ཆེར་བཤམས་ལ། སྐྱབས་འགྲོ་སེམས་བསྐྱེད་སྔོན་དུ་སོང་ནས། ཤྲཱུ་ནྱ་ཏཱ་ས་སྟོང་པར་སྦྱངས། རང་གི་སྙིང་གར་ཨ་ལས་ཟླ་བའི་སྟེང་དུ་ཧཱུྃ་སེར་པོ། དེ་ལས་འོད་ཟེར་འཕྲོས། ལས་དང་ཉོན་མོངས་པ་དང་། སྡིག་སྒྲིབ་ཐམས་ཅད་སྦྱངས། རང་ཉིད་རྡོ་རྗེ་སེམས་དཔའ་སྐུ་མདོག་སེར་པོ་འོད་ཟེར་དཀར་པོ་འཕྲོ་བ། ཕྱག་གཡས་རྡོ་

རྗེ་ཐུགས་ཀར་གཏོད་ཅིང་། གཡོན་དྲིལ་བུ་དཀྲུར་བཏེན་པ། སེམས་དཔའི་སྐྱིལ་མོ་ཀྲུང་གིས་བཞུགས་ཤིང་། དར་དང་རིན་པོ་ཆེའི་རྒྱན་ཐམས་ཅད་ཀྱིས་བརྒྱན་པ། པད་ཟླ་ལ་གནས་ཤིང་ཟླ་བའི་འོད་ཀྱི་རྒྱབ་ཡོལ་ཅན། ཐུགས་ཀར་ཟླ་བ་ལ་གནས་པའི་ཧཱུྃ་སེར་པོ། དེའི་འོད་ཀྱིས་ཡེ་ཤེས་སེམས་དཔའ་དང་བླ་མ་དང་སངས་རྒྱས་དང་བྱང་ཆུབ་སེམས་དཔའ་དཔག་ཏུ་མེད་པ་སྤྱན་དྲངས། མདུན་གྱི་ནམ་མཁར་བཞུགས་པ་ལ། ཕྱག་མཆོད་ཡན་ལག་བདུན་པ་ཅི་འགྲུབ་བྱ། ཛཿཧཱུྃ་བཾ་ཧོཿ གཉིས་སུ་མེད་པར་ཐིམ། བཟླས་པའི་དམིགས་པ་གསལ་བཏབ་ལ། ཨོཾ་བཛྲ་སཏྭ་ས་མ་ཡ། མ་ནུ་པཱ་ལ་ཡ། བཛྲ་སཏྭ་ཏྭེ་ནོ་པ་ཏིཥྛ། དྲི་ཌྷོ་མེ་བྷ་ཝ། སུ་ཏོ་ཥྱོ་མེ་བྷ་ཝ། སུ་པོ་ཥྱོ་མེ་བྷ་ཝ། ཨ་ནུ་རཀྟོ་མེ་བྷ་ཝ། སརྦ་སིདྡྷི་མྨེ་པྲ་ཡཙྪ། སརྦ་ཀརྨ་སུ་ཙ་མེ། ཙིཏྟཾ་ཤྲི་ཡཾ་ཀུ་རུ་ཧཱུྃ། ཧ་ཧ་ཧ་ཧ་ཧོཿབྷ་ག་ཝཱན། སརྦ་ཏ་ཐཱ་ག་ཏ་བཛྲ་མ་མེ་མུཉྩ། བཛྲཱི་བྷ་ཝ་མཧཱ་ས་མ་ཡ་སཏྭ་ཨཱཿཧཱུྃ་ཕཊ། ཞེས་(༨༤བ)རྡོ་རྗེ་སེམས་དཔའི་ཡིག་བརྒྱ་མ་ཡིངས་པར་བཟླ། བདག་གི་དམ་ཚིག་ཉམས་ཆགས་ཐམས་ཅད་དག་པར་མཛད་དུ་གསོལ། ཞེས་གསོལ་བ་གདབ། དགེ་བ་བསྔོ། ༔ འདི་ནི་བཟླས་ལུང་ཁོ་ནས་འགྲུབ་པ་ཡིན་ཏེ། སློབ་མས་དཀོན་མཆོག་ལ་མཆོད་པ་རྒྱ་ཆེར་བཤམས་ལ། སློབ་དཔོན་ལ་མཎྜལ་ཕུལ། གསོལ་བ་འདེབས་པ་འདིའི་རྗེས་གནང་མཛོད་བྱས་ལ། སློབ་དཔོན་གྱིས་བདག་ལ་རིག་སྔགས་དམ་པ་བསྩལ་དུ་གསོལ། ཞེས་ལན་གསུམ། སྐྱབས་འགྲོ་སེམས་བསྐྱེད་ཀྱི་འདུན་པ་དང་བཅས་པས་འདིའི་རྗེས་གནང་མཛོད་བྱས་ལ། སངས་རྒྱས་ཆོས་དང་ཚོགས་ཀྱི་མཆོག་རྣམས་ལ། །ཞེས་སོགས་ལན་གསུམ། དེ་ནས་ཨོཾ་སྭ་བྷཱ་ཝ་སོགས་ཀྱིས་སྟོང་པར་སྦྱངས། ཁྱེད་རང་གི་སྙིང་གར་ཨ་ལས་ཟླ་བའི་སྟེང་དུ་ཧཱུྃ་སེར་པོ། དེ་ལས་འོད་ཟེར་འཕྲོས། ལས་དང་ཉོན་མོངས་པ་དང་སྡིག་སྒྲིབ་ཐམས་ཅད་སྦྱངས། ཁྱེད་རང་རྡོ་རྗེ་སེམས་དཔའ་སྐུ་མདོག་སེར་པོ་འོད་ཟེར་དཀར་པོ་འཕྲོ་བ། ཕྱག་གཡས་རྡོ་རྗེ་ཐུགས་ཀར་གཏོད་ཅིང་། གཡོན་དྲིལ་བུ་དཀྲུར་བཏེན་པ།

སེམས་དཔའི་སྐྱིལ་མོ་ཀྲུང་གིས་བཞུགས་ཤིང་། དར་དང་རིན་པོ་ཆེའི་རྒྱན་ཐམས་ཅད་ཀྱིས་བརྒྱན་པ། པད་ཟླ་ལ་གནས་ཤིང་ཟླ་བའི་འོད་ཀྱི་རྒྱབ་ཡོལ་ཅན། ཐུགས་ཀར་ཟླ་བ་ལ་གནས་པའི་ཧཱུཾ་སེར་པོས་མཚན་པར་མོས། སློབ་དཔོན་གྱི་ཐུགས་ཀའི་ཧཱུཾ་གི་འོད་ཟེར་གྱིས་ཡེ་ཤེས་སེམས་དཔའ་དང་བླ་མ་དང་སངས་རྒྱས་དང་བྱང་(༨༩ན)ཆུབ་སེམས་དཔའ་དཔག་ཏུ་མེད་པ་སྤྱན་དྲངས། མདུན་གྱི་ནམ་མཁར་བཞུགས་པར་མོས་ལ། བཟང་སྤྱོད་ཀྱི་ཡན་ལག་བདུན་པ་ཇི་སྐྱིད་སུ་དག་མ་ལན་གསུམ་ཡན་ཆད་ཅི་འགྲུབ་བྱེད་དུ་གཞུག །བསྡུ་ན། ལུས་ངག་ཡིད་གསུམ་གུས་པས་ཕྱག་འཚལ་ལོ། །དངོས་བཤམས་ཡིད་སྤྲུལ་མཆོད་པ་མ་ལུས་འབུལ། །ཞེས་པ་ནས། བདག་གཞན་དགེ་བ་བྱང་ཆུབ་ཕྱིར་བསྔོའོ། །ཞེས་པའི་བར་བྱ། འདིས་ཀུན་ལ་རིགས་འགྲེ། དེ་ནས་ཛཿཧཱུཾ་བཾ་ཧོཿགཉིས་སུ་མེད་པར་གྱུར་པར་མོས། སློབ་དཔོན་རྡོ་རྗེ་སེམས་དཔར་གསལ་བའི་ཐུགས་ཀར་ཟླ་བའི་དཀྱིལ་འཁོར་གྱི་སྟེང་དུ་ཧཱུཾ་སེར་པོའི་མཐར་སྔགས་ཕྲེང་གིས་བསྐོར་བ་ལས་སྔགས་ཕྲེང་གཉིས་པ་བྱུང་། ཞལ་ནས་ཐོན། ཁྱེད་རང་རྡོ་རྗེ་སེམས་དཔར་གསལ་བའི་ཞལ་དུ་ཞུགས། ཐུགས་ཀར་ཟླ་བའི་སྟེང་དུ་ཧཱུཾ་སེར་པོའི་མཐར་གཡས་སྐོར་དུ་འཁོད་པའི་མོས་པ་མཛོད་ལ་སྔགས་འདིའི་རྗེས་ཟློས་ཀྱིས། ཞེས་བརྗོད་ནས། སློབ་དཔོན་གྱི་ཕྲེང་བ་ལ་འཛུས་ཏེ། ཨོཾ་བཛྲ་སཏྭ་ས་མ་ཡ། ཞེས་སོགས་ཡིག་བརྒྱ་ལན་གསུམ། སློབ་དཔོན་གྱི་ཕྲེང་བ་སློབ་མའི་མགོ་བོར་བཞག་སྟེ། བཅོམ་ལྡན་འདི་ལ་བསྔུལ་ལགས་ཀྱི། །བཅོམ་ལྡན་འདི་ལ་བྱིན་གྱིས་རློབས། །ཞེས་བརྗོད་དོ། །རྗེས་ཆོག་སྤྱི་དང་འདྲའོ། །སྒྲུབ་ཐབས་རིན་ཆེན་འབྱུང་གནས་ཀྱི་ལྷན་ཐབས་རིན་འབྱུང་དོན་གསལ་ལས། ཐོག་མར་དགེ་བའི་དོན་དུ་ཉེར་(༨༩བ)མཁོ་སྒྲུབ་ཐབས་འགའ་ཞིག་བཤད་པའི་སྐབས་སོ།། །།

༄ **ཐབ་པ་རྡོ་རྗེ་གདན་ལ།** དེ་ཡང་སྟེགས་བུ་གྲུ་བཞི་པ་རས་བཟང་པོས་གཡོགས་པའི་དབུས་སུ་མཎྜལ་གུར་ཀུམ་གྱིས་བྱུགས་པར། རྡོ་རྗེ་གདན་གཙོ་འཁོར་

གསུམ་གྱི་ཚོམ་བུ་དབུས་མ་ཆེ་བ། གཡས་གཡོན་དུ་ཆུང་བ་རེ་རེ་ཚར་དུ་བསྒྲིགས། ཉེར་སྤྱོད་མཆོད་ཡུལ་གྱི་གཡས་ནས་མགོ་བརྩམས་ཏེ་བཤམས། དེའི་མཐར་དཀར་གཏོར་ཞིག་བཞག །སྐྱབས་སེམས་སྔོན་དུ་བཏང་ལ། རང་སྐད་ཅིག་གིས་ཐུབ་པ་རྡོ་རྗེ་གདན་དུ་གསལ་བའི་སྙིང་གར་ཨ་ལས་ཟླ་བའི་དཀྱིལ་འཁོར་གྱི་སྟེང་དུ། ཡི་གེ་ཧཱུྃ་གསེར་གྱི་མདོག་ཅན། དེ་ལས་འོད་ཟེར་འཕྲོས། མདུན་གྱི་ནམ་མཁར་ཐུབ་པ་ཆེན་པོ་གཙོ་འཁོར་གསུམ་ལ། སངས་རྒྱས་དང་བྱང་ཆུབ་སེམས་དཔའི་ཚོགས་ཀྱིས་བསྐོར་བ། བཛྲ་ས་མཱ་ཛཿཨོཾ་ཤཱཀྱ་མུ་ནི་ས་པ་རི་ཝཱ་ར་ཨརྒྷཾ་པྲ་ཏཱིཙྪ་སྭཱཧཱ། ཨོཾ་བཛྲ་པུཥྤེ་ཨཱཿཧཱུྃ། ཨོཾ་བཛྲ་དྷཱུ་པེ་ཨཱཿཧཱུྃ། ཨོཾ་བཛྲ་ཨཱ་ལོ་ཀ་ཨཱཿཧཱུྃ། ཨོཾ་བཛྲ་གནྡྷེ་ཨཱཿཧཱུྃ། ཨོཾ་བཛྲ་ནཻ་ཝི་དྱ་ཨཱཿཧཱུྃ། ཨོཾ་བཛྲ་ཤབྡ་ཨཱཿཧཱུྃ། དཀོན་མཆོག་གསུམ་ལ་བདག་སྐྱབས་མཆི། །ཞེས་པ་ནས། འགྲོ་ལ་ཕན་ཕྱིར་སངས་རྒྱས་འགྲུབ་པར་ཤོག །ཅེས་པའི་བར་ལན་གསུམ། ཚད་མེད་བཞི་བསྒོམས། ཨོཾ་སྭ་བྷཱ་ཝ་ཤུདྡྷ་སརྦ་དྷརྨཱ་སྭ་བྷཱ་ཝ་ཤུདྡྷོ྅ཧཾ། སྟོང་པའི་ངང་ལས་རིན་པོ་ཆེའི་ཁྲི་ཕྱོགས་བཞིར་བདུད་བཞི། མཚམས་བཞིར་སེང་གེ་བཞིས་བཏེགས་པའི་སྟེང་དུ་པདྨ་དང་ཟླ་བའི་དཀྱིལ་འཁོར་(༧༠ན)ལ་ཧཱུྃ་ལས་རྡོ་རྗེ་སེར་པོ་ཧཱུྃ་གིས་མཚན་པ། དེ་ཡོངས་སུ་གྱུར་པ་ལས་བདག་ཉིད་ཐུབ་པ་རྡོ་རྗེ་གདན་སྐུ་མདོག་གསེར་བཙོ་མ་ལྟ་བུ་ཞལ་གཅིག་ཕྱག་གཉིས་པ། གཡས་ས་གནོན། གཡོན་ཏིང་ངེ་འཛིན་གྱི་ཕྱག་རྒྱ་ཅན། ཞབས་རྡོ་རྗེའི་སྐྱིལ་ཀྲུང་གིས་བཞུགས་ཤིང་། ན་བཟའ་ཆོས་གོས་ངུར་སྨྲིག་གསོལ་བ། དབུ་གཙུག་ཏོར་དང་བཅས་པ། ཚངས་པར་སྤྱོད་པའི་ཆ་ལུགས་ཅན། དེའི་གཡས་སུ་བྱམས་པ་སེར་པོ། གཡས་རིན་པོ་ཆེའི་ཐ་ཡབ། གཡོན་ཀླུ་ཤིང་གི་ཡལ་ག་མེ་ཏོག་དང་བཅས་པ་བསྣམས་པ། གཡོན་ན་སྤྱན་རས་གཟིགས་དཀར་པོ། གཡས་རིན་པོ་ཆེའི་ཐ་ཡབ། གཡོན་པདྨ་བསྣམས་པ། གཉིས་ཀའང་རིན་པོ་ཆེའི་རྒྱན་དང་དར་སྣ་ཚོགས་ཀྱི་ཤམ་ཐབས་ཅན། བཅོམ་ལྡན་འདས་ཀྱི་ཞལ་ལ་བལྟ་བའོ། །དེ་རྣམས་ཀྱི་དཔྲལ་བར་ཨོཾ། མགྲིན་པར་ཨཱཿཐུགས་

ཀར་ཧཱུྃ། ཧཱུྃ་ལས་འོད་ཟེར་འཕྲོས་པས། ཕྱོགས་བཅུའི་སངས་རྒྱས་དང་བྱང་ཆུབ་སེམས་དཔའ་ཐམས་ཅད་ཐུབ་པ་རྡོ་རྗེ་གདན་གཙོ་འཁོར་གྱི་རྣམ་པར་ཨོཾ་བཛྲ་ས་ཏྭ་ཛཿ ཨོཾ་བཛྲ་ཨཾ་ཀུ་ཤ་ཛཿ ཨོཾ་བཛྲ་པཱ་ཤ་ཧཱུྃ། ཨོཾ་བཛྲ་སྥོ་ཊ་བཾ། ཨོཾ་བཛྲ་ཨ་བེ་ཤ་ཨཿགཉིས་སུ་མེད་པར་ཐིམ། དེ་དག་གི་ཕྱག་རྒྱ་སྤྱི་འགྲོ་ལྟར་མཛད། ཡང་སྙིང་གའི་ཧཱུྃ་ལས་འོད་ཟེར་འཕྲོས། དེ་བཞིན་གཤེགས་པ་རིགས་ལྔ་འཁོར་དང་བཅས་པ་བཛྲ་ས་ཏྭ་ཛཿ ཁྱེད་རྣམས་ཀྱིས་བདག་ལ་མངོན་པར་དབང་བསྐུར་བ་བསྩལ་དུ་(༧༠བ)གསོལ། ཞེས་གསོལ་བ་བཏབ་པས། ཨོཾ་སརྦ་ཏ་ཐཱ་ག་ཏ་ཨ་བྷི་ཥེ་ཀ་ཏ་ས་མ་ཡ་ཤྲཱི་ཡེ་ཧཱུྃ། ཞེས་གསུངས་ཤིང་དབང་བསྐུར་བས། བཅོམ་ལྡན་འདས་ལ་མི་བསྐྱོད་པ། བྱམས་པ་ལ་རྣམ་སྣང་། སྤྱན་རས་གཟིགས་ལ་འོད་དཔག་མེད་ཀྱིས་དབུ་བརྒྱན་པར་གྱུར། ཨོཾ་ཨཿབཛྲ་ཧཱུྃ་སྭཱཧཱ། ཞེས་བཟླས་པ་ཅི་འགྲུབ་བྱ། མཐར་ཡིག་བརྒྱ་བརྗོད། སྐུ་གསུང་ཐུགས་ཡོན་ཏན་འཕྲིན་ལས་ཀྱིས་བདག་དང་སེམས་ཅན་ཐམས་ཅད་ལ་བྱིན་གྱིས་བརླབ་ཏུ་གསོལ། ཛཿཧཱུྃ་བཾ་ཧོཿའཁོར་གཉིས་རང་ལ་ཐིམ་པར་བསམས། །

རྗེས་གནང་དངོས་ལ་མཆོད་པ་བྱ་རྒྱུད་ལྟར་བྱིན་གྱིས་བརླབས། མདུན་བསྐྱེད། ཨ་ཀྵི་ཏས་བསངས། སྭ་བྷཱ་ཝས་སྟོང་པར་སྦྱངས། སྟོང་པའི་ངང་ལས་དྲིའི་མཎྜལ་གྱི་དབུས་སུ་རིན་པོ་ཆེའི་ཁྲི་ཕྱོགས་བཞིར་བདུད་བཞི། མཚམས་བཞིར་སེང་གེ་བཞིས་བཏེགས་པའི་སྟེང་དུ་པདྨ་དང་ཟླ་བའི་དཀྱིལ་འཁོར་ལ་ཧཱུྃ་ལས་རྡོ་རྗེ་སེར་པོ་ཧཱུྃ་གིས་མཚན་པ། དེ་ཡོངས་སུ་གྱུར་པ་ལས། ཐུབ་པ་རྡོ་རྗེ་གདན་སྐུ་མདོག་གསེར་བཙོ་མ་ལྟ་བུ་ཞེས་པ་ནས་ཁྱེད་རྣམས་ཀྱིས་འདི་ལ་མངོན་པར་དབང་བསྐུར་བ་བསྩལ་དུ་གསོལ། ཞེས་གསོལ་བ་བཏབ་པས། ཨོཾ་སརྦ་ཏ་ཐཱ་ག་ཏ་ཨ་བྷི་ཥེ་ཀ་ཏ་ས་མ་ཡ་ཤྲཱི་ཡེ་ཧཱུྃ། ཞེས་གསུངས་ཤིང་དབང་བསྐུར་བས། བཅོམ་ལྡན་འདས་ལ་མི་བསྐྱོད་པ། བྱམས་པ་ལ་རྣམ་སྣང་། སྤྱན་རས་གཟིགས་ལ་འོད་དཔག་མེད་ཀྱིས་དབུ་བརྒྱན་པར་གྱུར་པར་བསམས། ཨོཾ་ཤཱཀྱ་མུ་ནི་ས་པ་རི་ཝཱ་ར་ཨརྒྷཾ་པྲ་(༧༡ན)ཏཱིཙྪ་

སྭཱ་ཧཱ། ཨརྒྷཾ་གྱི་གནས་སུ་པཱ་དྱཾ་བཙུག །ཨོཾ་ཤཱཀྱ་མུ་ནི་ས་པ་རི་ཝཱ་ར་བཛྲ་པུཥྤེ་ཨཱཿཧཱུྃ། ཞེས་པ་ནས། བཛྲ་ཤབྡ་ཨཱཿཧཱུྃ། ཞེས་པའི་བར་དང་། ན་མཿསརྦ་བུདྡྷ་བོ་དྷི་སཏྭ་ནཾ། ཨོཾ་སརྦ་བིད། པུ་ར་པུ་ར། སུ་ར་སུ་ར། ཨ་བརྟ་ཡ་ཧོཿསྭཱ་ཧཱ། མཆོད་ཡོན་སོགས་ཀྱི་ཕྱག་རྒྱ་བཅིངས་དགྲོལ། སརྦ་བིད་ལ་གང་བའི་ཕྱག་རྒྱ་མཛད། ཐབས་མཁས་ཐུགས་རྗེས་སོགས་དང་། བྱམས་ཆེན་མེ་ཡིས་སོགས་དང་། སྤྲིན་གྱིས་མ་གོས་སོགས་ཤོ་ལོ་ཀ་རེས་བསྟོད། བཟླས་པ་བྱ། ཨོཾ་ཨཱཿཧཱུྃ། ལན་གསུམ་གྱིས་གཏོར་མ་བྱིན་གྱིས་བརླབས་ལ། ཨོཾ་ཤཱཀྱ་མུ་ནི་ས་པ་རི་ཝཱ་ར་ཨ་ཀཱ་རོ་མུ་ཁཾ་སརྦ་དྷརྨཱ་ཎཾ་ཨཱ་དྱ་ནུཏྤནྣ་ཏྭད་ཨོཾ་ཨཱཿཧཱུྃ་ཕཊ་སྭཱ་ཧཱ། ཞེས་ལན་གསུམ་གྱིས་དབུལ། བཅོམ་ལྡན་འདས་བདག་དང་སེམས་ཅན་ཐམས་ཅད་ལ་དངོས་གྲུབ་མ་ལུས་པ་བསྩལ་དུ་གསོལ། ཞེས་བརྗོད། ༈ སློབ་མས་མཎྜལ་ཕུལ། གསོལ་བ་འདེབས་པ་འདིའི་རྗེས་ཟློས་གསུངས་ཤིག །དུས་གསུམ་སངས་རྒྱས་ཐམས་ཅད་ནས་བསྩལ་དུ་གསོལ། ལན་གསུམ། རྒྱུད་དག་པར་བྱ་བའི་ཕྱིར། མདུན་བསྐྱེད་ཀྱི་ལྷ་དང་སངས་རྒྱས་བྱང་སེམས་རྣམས་ཀྱི་དྲུང་དུ་སྐྱབས་འགྲོ་སྔོན་དུ་འགྲོ་བའི་བྱང་ཆུབ་ཀྱི་སེམས་བཟུང་བ་ལ་སོགས་པ་བགྱིད་སྙམ་པའི་བསམ་པས་འདིའི་རྗེས་ཟློས་མཛོད། དཀོན་མཆོག་གསུམ་ལ་བདག་སྐྱབས་མཆི། སོགས་གསུམ་དང་། ཁྱད་པར་དུ་ཐུབ་པ་རྡོ་རྗེ་(༧༡བ)གདན་གྱི་རྗེས་གནང་བསྩལ་དུ་གསོལ་སྙམ་པའི་འདུན་པས་འདིའི་རྗེས་ཟློས་ཀྱང་གསུངས་ཤིག །སློབ་དཔོན་དགོངས་སུ་གསོལ། བདག་ལ་བཅོམ་ལྡན་འདས་ཐུབ་པ་རྡོ་རྗེ་གདན་གཙོ་འཁོར་གསུམ་གྱི་རྗེས་གནང་མ་ལུས་པ་བསྩལ་དུ་གསོལ། ཞེས་ལན་གསུམ་གྱིས་གསོལ་བ་བཏབ་ནས། ད་སྦྱོར་བ་རྗེས་གནང་གི་གཞི་དགོད་པའི་སླད་དུ་དམིགས་པ་འདི་བཞིན་དུ་མཛད་པར་ཞུ། ཨོཾ་ཤཱུ་ནྱ་ཏཱ་ཛྙཱ་ན་བཛྲ་སྭ་བྷཱ་ཝ་ཨཱཏྨ་ཀོ྅ཧཾ། ཕྱི་ནང་གི་དངོས་པོ་ཐམས་ཅད་མི་དམིགས་པ་སྟོང་པ་ཉིད་དུ་གྱུར་པའི་ངང་ལས། རིན་པོ་ཆེའི་ཁྲི་ཕྱོགས་བཞིར་བདུད་བཞི། མཚམས་བཞིར་སེང་གེ་བཞིས་བཏེགས་

པའི་སྟེང་དུ་པདྨ་དང་ཟླ་བའི་དཀྱིལ་འཁོར་ལ་ཧཱུྃ་ལས་རྡོ་རྗེ་སེར་པོ་ཧཱུྃ་གིས་མཚན་པ། དེ་ཡོངས་སུ་གྱུར་པ་ལས་ཁྱིད་རང་རྣམས་ཐུབ་པ་རྡོ་རྗེ་གདན་སྐུ་མདོག་གསེར་བཙོ་མ་ལྟ་བུ་ཞལ་གཅིག་ཕྱག་གཉིས་པ་གཡས་ས་གནོན། གཡོན་ཧྲིང་ངེ་འཛིན་གྱི་ཕྱག་རྒྱ་ཅན། ཞབས་རྡོ་རྗེའི་སྐྱིལ་ཀྲུང་གིས་བཞུགས་ཤིང་། ན་བཟའ་ཆོས་གོས་དུར་སྨྲིག་གསོལ་བ། དབུ་གཙུག་ཏོར་དང་བཅས་པ། མཚངས་པར་སྤྱོད་པའི་ཆ་ལུགས་ཅན། དེའི་གཡས་སུ་བྱམས་པ་སེར་པོ་གཡས་རིན་པོ་ཆེའི་ཛ་ཡབ། གཡོན་ཀླུ་ཤིང་གི་ཡལ་ག་མེ་ཏོག་དང་བཅས་པ་བསྣམས་པ། གཡོན་ན་སྤྱན་རས་གཟིགས་དཀར་པོ་གཡས་རིན་པོ་ཆེའི་ཛ་ཡབ། གཡོན་པདྨ་བསྣམས་པ། གཉིས་ཀའང་རིན་པོ་ཆེའི་རྒྱན་དང་། དར་སྣ་ཚོགས་ཀྱི་(༧༢ན)ཤམ་ཐབས་ཅན། བཅོམ་ལྡན་འདས་ཀྱི་ཞལ་ལ་བལྟ་བའོ། །ཞེས་གཙོ་འཁོར་གསུམ་གསལ་གདབ་བོ། །དེ་ནས་མདུན་གྱི་ཆོམ་བུ་དང་སློབ་དཔོན་ཡང་རང་གིས་བསྒོམ་པ་དང་འདྲ་བའི་ཐུབ་པ་རྡོ་རྗེ་གདན་དངོས་ཡིན་སྙམ་པའི་མོས་གུས་བྱས་པས། སློབ་དཔོན་གྱི་ཐུགས་ཀ་ནས་འོད་ཟེར་འཕྲོས། མདུན་བསྐྱེད་ཀྱི་ལྷའི་ཐུགས་རྒྱུད་བསྐུལ། དེའི་ཐུགས་ཀ་ནས་འོད་ཟེར་འཕྲོས། ཕྱོགས་བཅུའི་སངས་རྒྱས་དང་བྱང་ཆུབ་སེམས་དཔའ་ཐམས་ཅད་ཀྱི་ཐུགས་རྒྱུད་བསྐུལ་བས། སློབ་དཔོན་དང་མདུན་བསྐྱེད་ཀྱི་ལྷ་དང་། ཕྱོགས་བཅུའི་སངས་རྒྱས་བྱང་ཆུབ་སེམས་དཔའ་ཐམས་ཅད་ཀྱི་ཐུགས་ཀ་ནས་ཐུབ་པ་རྡོ་རྗེ་གདན་འཁོར་དང་བཅས་པའི་སྐུ་ཆེ་ཆུང་མ་ངེས་པ་དཔག་ཏུ་མེད་པ་བྱོན། ཁྱིད་རང་རྣམས་ཀྱི་སྤྱི་གཙུག་ལ་སོགས་པ་དང་། བ་སྤུའི་བུ་ག་རྣམས་ནས་ཆར་བབས་པ་བཞིན་དུ་སིབ་སིབ་ཐིམ་པར་མོས་པ་མཛོད། ཛཿཧཱུྃ་བཾ་ཧོཿགཉིས་སུ་མེད་པར་ཐིམ། དེ་དག་ནི་རྗེས་གནང་གི་གཞི་དགོད་པའོ། །རྗེས་གནང་དངོས་ལ། ལུང་གསུམ་ལས། དང་པོ་རྗེས་སུ་བཟླས་པའི་ལུང་ལྟར་བའི་ཕྱིར། སློབ་དཔོན་གྱི་སྙིང་གར་ཟླ་བའི་དཀྱིལ་འཁོར་གྱི་སྟེང་དུ་ཧཱུྃ་སེར་པོ། དེ་ལས་སྔགས་ཀྱི་འཕྲེང་བ་བྱུང་། སློབ་དཔོན་གྱི་ཞལ་

ནས་ཐོན། ཁྱེད་རང་རྣམས་ཀྱི་ཞལ་དུ་ཞུགས། ཐུགས་ཀར་ཟླ་བའི་སྟེང་དུ་ཧཱུྃ་སེར་པོ་གནས་པ་ལ་ཐིམ། དེའི་དུས་སུ་ཕྱོགས་(༧༢བ)བཅུའི་སངས་རྒྱས་བྱང་ཆུབ་སེམས་དཔའ་རྣམས་ཀྱི་མཁྱེན་བརྩེ་ནུས་མཐུ་ཐམས་ཅད་འོད་ཟེར་གྱི་རྣམ་པར་སྔགས་ཕྲེང་དང་ལྷན་ཅིག་ཞལ་དུ་ཞུགས། སྙིང་གའི་ཧཱུྃ་ལ་ཐིམ་པའི་མོས་པ་མཛོད་ལ། སྔགས་འདིའི་རྗེས་ཟློས་ལན་གསུམ་གསུངས་ཤིག །ཨོཾ་ཨཱཿབཛྲ་ཧཱུྃ་སྟྭཾ། དང་པོས་བྱིན་གྱིས་བརླབས། གཉིས་པས་དབྱེར་མེད་དུ་འདྲེས། གསུམ་པས་བརྟན་པར་བྱས་པའི་མོས་པ་མཛོད། གཉིས་པ་བྱིན་གྱིས་བརླབས་པའི་ལུང་ནི། སློབ་དཔོན་ལ་མེ་ཏོག་གཏོར་བཞིན་དུ་འདིའི་རྗེས་ཟློས་མཛོད་ཅིག །བཅོམ་ལྡན་བདག་གིས་ཞེས་སོགས་ལན་གསུམ། དེ་ལྟར་ཕུལ་བའི་མེ་ཏོག་དེ་ཉིད་སླར་ཡང་བྱིན་གྱིས་བརླབས་ཏེ། ཁྱེད་རང་གི་སྤྱི་བོར་ཕུལ་བར་མོས་པ་མཛོད་ཅིག །སློབ་དཔོན་གྱིས་མེ་ཏོག་གཏོར་བཞིན། བཅོམ་ལྡན་འདི་ལ་ཞེས་སོགས་དང་། རིག་པ་འཛིན་པ་འདི་རྣམས་ཀྱི་རྒྱུད་ལ་བཅོམ་ལྡན་འདས་ཐུབ་པ་རྡོ་རྗེ་གདན་འཁོར་དང་བཅས་པའི་སྐུ་གསུང་ཐུགས་ཀྱི་བྱིན་རླབས་མ་ལུས་པ་འཇུག་པར་གྱུར་ཅིག །གསུམ་པ་དམ་བཅའ་བའི་ལུང་གི་ཕྱིར། བཅོམ་ལྡན་འདས་ཐུབ་པ་རྡོ་རྗེ་གདན་འདི་ཉིད་ཇི་སྲིད་བྱང་ཆུབ་མ་ཐོབ་བར་གྱི་ཡི་དམ་དུ་བཟུང་ངོ་། །བདག་ཐུགས་ཀྱིས་མ་བཏང་ཞིག་སྙམ་པའི་བསམ་པས་འདིའི་རྗེས་ཟློས་གསུངས་ཤིག །སློབ་དཔོན་དགོངས་སུ་གསོལ། བདག་རིག་པ་འཛིན་པ་མིང་འདི་ཞེས་བགྱི་བ་དུས་འདི་ནས་བཟུང་སྟེ་ཇི་སྲིད་བྱང་ཆུབ་སྙིང་པོ་ལ་མཆིས་ཀྱི་བར་དུ། བཅོམ་ལྡན་(༧༣ན)འདས་ཐུབ་པ་རྡོ་རྗེ་གདན་འཁོར་དང་བཅས་པ་ཡི་དམ་གྱི་ལྷར་བཟུང་ནས་འདིའི་གསང་སྔགས་ཉི་མ་རེ་རེ་བཞིན་འདི་ཙམ་རེ་འདོན་པར་དམ་འཆའ་ལགས་སོ། །ཞེས་ལན་གསུམ་བརྗོད། དེས་དངོས་གཞི་ལུང་གསུམ་སོང་། ད་ནི་རྗེས་བྱིན་གྱིས་བརླབས་པའི་ཕྱིར་མདུན་བསྐྱེད་ཀྱི་ལྷ་ལ་མོས་གུས་དྲུང་དྲུང་བ་དང་། བདག་གི་རྒྱུད་བྱིན་གྱིས་བརླབ་ཏུ་གསོལ་སྙམ་པ་

མཛད་པས། མདུན་བསྐྱེད་ཀྱི་ལྷའི་ཐུགས་ཀ་ནས་ཐུབ་པ་རྡོ་རྗེ་གདན་གྱི་སྐུ་སོར་ཚད་ཙམ་ཞིག་རྒྱུངས་ཏེ་བྱོན། ཁྱེད་རང་རྣམས་ཀྱི་སྙིང་གའི་ས་བོན་དང་དབྱེར་མེད་དུ་འདྲེས། རྒྱུད་བྱིན་གྱིས་བརླབས་པའི་མོས་པ་མཛོད། འདི་ཡིག་རྙིང་ན་མེད་ནའང་ཕྱག་ལེན་ལ་མཛད། དེ་ནས་འདིའི་སྒྲུབ་ཐབས་རྒྱ་གཞུང་གི་ལུང་ཡང་སྦྲོན་བྱའོ། །དེ་དག་ནི་ཐུབ་པ་རྡོ་རྗེ་གདན་གྱི་རྗེས་གནང་ལུང་དང་བཅས་པའོ། །རྗེས་ཆོག་སྤྱི་དང་འདྲ། །

༄ **བཅོམ་ལྡན་འདས་དམ་ཚིག་གསུམ་བཀོད་ལ།** དེ་ཡང་རྟེགས་བུ་གྲུ་བཞི་པ་རས་བཟང་པོས་གཡོགས་པའི་སྟེང་དུ་མཎྜལ་རྟུལ་ཚོན་གྱིས་པདྨ་འདབ་བརྒྱད་བྲིས་པའི་ལྟེ་བར་ཚོམ་བུ་སེར་པོ་གསུམ་དབུས་དང་ལྷོ་བྱང་དུ་ཚར་དུ་བསྒྲིགས། གཡས་གཡོན་གྱི་མདུན་དུ་ཚོམ་བུ་དམར་པོ་དང་ལྗང་ཁུ་དགོད། བསྟུ་ན་དྲི་བཟང་བྱུགས་པའི་མཎྜལ་ལ་འབྲུའི་ཚོམ་བུ་འགོད། མདུན་དུ་ཆུ་གཉིས་ཉེར་སྤྱོད་དང་། གཏོར་མ་རྣམས་ཅི་བདེར་བསྒྲིགས། སྐྱབས་འགྲོ་སེམས་(༧༣བ)བསྐྱེད་སྔོན་དུ་བཏང་ལ། རང་སྐད་ཅིག་གིས་ཐུབ་པ་དམ་ཚིག་གསུམ་བཀོད་དུ་གསལ་བའི་སྙིང་གར་ཨ་ལས་ཟླ་བའི་དཀྱིལ་འཁོར་གྱི་སྟེང་དུ་ཧཱུྃ་ཡིག་གསེར་གྱི་མདོག་ཅན། དེ་ལས་འོད་ཟེར་འཕྲོས། མདུན་གྱི་ནམ་མཁར་ཐུབ་པ་ཆེན་པོ་ལ་སངས་རྒྱས་དང་བྱང་ཆུབ་སེམས་དཔའི་ཚོགས་ཀྱིས་བསྐོར་བ། བཛྲ་ས་མཱ་ཛཿ ཨོཾ་སརྦ་ཏ་ཐཱ་ག་ཏ་ས་པ་རི་ཝཱ་ར་ཨརྒྷཾ་པྲ་ཏཱིཙྪ་སྭཱཧཱ། ཨོཾ་བཛྲ་པུཥྤེ་ཨཱཿཧཱུྃ། ཨོཾ་བཛྲ་དྷཱུ་པེ་ཨཱཿཧཱུྃ། ཨོཾ་བཛྲ་ཨཱ་ལོ་ཀེ་ཨཱཿཧཱུྃ། ཨོཾ་བཛྲ་གནྡྷེ་ཨཱཿཧཱུྃ། ཨོཾ་བཛྲ་ནཻ་ཝི་ཏྱ་ཨཱཿཧཱུྃ། ཨོཾ་བཛྲ་ཤཔྟ་ཨཱཿཧཱུྃ། དཀོན་མཆོག་གསུམ་ལ་བདག་སྐྱབས་མཆི། །ཞེས་པ་ནས། འགྲོ་ལ་ཕན་ཕྱིར་སངས་རྒྱས་འགྲུབ་པར་ཤོག །ཅེས་པའི་བར་ལན་གསུམ། ཨོཾ་སྭ་བྷཱ་ཝ་ཤུདྡྷཱ་སརྦ་དྷརྨཱ་སྭ་བྷཱ་ཝ་ཤུདྡྷོ྅ཧཾ། སྟོང་པའི་ངང་ལས་པཾ་ལྗང་ཁུ་ལས་སྣ་ཚོགས་པདྨ་པཾ་གྱིས་མཚན་པ་དང་། ཨ་ལས་ཟླ་བའི་གདན་ལ་ཧཱུྃ་ཡིག་གསེར་གྱི་མདོག་ཅན། དེ་ལས་འོད་ཟེར་འཕྲོས། ཚུར་འདུས་

ཡོངས་སུ་གྱུར་པ་ལས། རང་ཉིད་བཅོམ་ལྡན་འདས་དམ་ཚིག་གསུམ་བཀོད་རྒྱལ་པོ་སྐུ་མདོག་གསེར་ལྟར་འབར་བ། ཚངས་པར་སྤྱོད་པའི་ཆ་ལུགས་ཅན། མཚན་དང་དཔེ་བྱད་ཡོངས་སུ་རྫོགས་པ། ཞབས་རྡོ་རྗེའི་སྐྱིལ་ཀྲུང་ཅན། ཕྱག་གཉིས་ཐུགས་ཀར་ཆོས་འཆད་ཀྱི་ཕྱག་རྒྱ་མཛད་པ། ན་བཟའ་ཆོས་གོས་རྣམ་གསུམ་གསོལ་བའོ། །སྐུའི་གཡས་སུ་རྡོ་རྗེ་འཛིན་སེར་པོ་ཕྱག་གཉིས་ཐུགས་ཀར་ཐལ་མོ་སྦྱར་བས་རྡོ་རྗེ་སེར་པོ་འཛིན་པ། (༧༨ན)གཡོན་དུ་རྡོ་རྗེ་འཛིན་མ་སེར་མོ་གཡས་ནོར་བུ་དང་། གཡོན་རྡོ་རྗེ་འཛིན་པ། གཡོན་གྱི་མདུན་དུ་བུ་མོ་མཐའ་ཡས་མ་ལྗང་ཁུ་གཡས་ཕྱག་འཚལ་ཚུལ་དང་། གཡོན་པདྨ་འཛིན་པ། འཁོར་དེ་གསུམ་ཞི་བ། དར་དང་རིན་པོ་ཆེས་བརྒྱན་ཅིང་བཞུགས་པའོ། །གཡས་ཀྱི་མདུན་དུ་ཁྲོ་བོ་མཐའ་ཡས་པ་དམར་པོ་གཡས་གྲི་གུག་དང་། གཡོན་ཐོད་པ་མེ་ཏོག་གིས་གང་བ་འཛིན་པ། ཁྲོ་བོའི་ཆ་བྱད་རྫོགས་ཤིང་། སྟག་ལྤགས་དང་སྦྲུལ་གྱིས་བརྒྱན་པ། གཡོན་བརྐྱང་བའོ། །དེ་རྣམས་ཀྱི་དཔྲལ་བར་ཨོཾ། མགྲིན་པར་ཨཱཿ ཐུགས་ཀར་ཧཱུྃ། ཧཱུྃ་ལས་འོད་ཟེར་འཕྲོས་པས་ཕྱོགས་བཅུའི་སངས་རྒྱས་དང་བྱང་ཆུབ་སེམས་དཔའ་ཐམས་ཅད་ཐུབ་པ་དམ་ཚིག་གསུམ་བཀོད་གཙོ་འཁོར་གྱི་རྣམ་པར་ཨོཾ་བཛྲ་ས་མ་ཡ་ཛཿ ཨོཾ་བཛྲ་ཨཾ་ཀུ་ཤ་ཛཿ ཨོཾ་བཛྲ་པཱ་ཤ་ཧཱུྃ། ཨོཾ་བཛྲ་སྥོ་ཊ་བཾ། ཨོཾ་བཛྲ་ཨ་བེ་ཤ་ཨཱཿ གཉིས་སུ་མེད་པར་ཐིམ། ཡང་སྙིང་གའི་ཧཱུྃ་ལས་འོད་ཟེར་འཕྲོས། དེ་བཞིན་གཤེགས་པ་རིགས་ལྔ་འཁོར་དང་བཅས་པ་བཛྲ་ས་མ་ཛཿ ཁྱེད་རྣམས་ཀྱིས་བདག་ལ་མངོན་པར་དབང་བསྐུར་བ་བསྐུལ་དུ་གསོལ། ཞེས་གསོལ་བ་བཏབ་པས། ཨོཾ་སརྦ་ཏ་ཐཱ་ག་ཏ་ཨབྷི་ཥེ་ཀ་ཏ་ས་མ་ཡ་ཤྲཱི་ཡེ་ཧཱུྃ། ཞེས་གསུངས་ཤིང་། དབང་བསྐུར་བས། བཅོམ་ལྡན་འདས་ལ་རྣམ་སྣང་། འཁོར་རྣམས་ལ་གཙོ་བོས་དབུ་བརྒྱན་པར་བསམས། ན་མཿསྲཱི་ཡ་དྷྭི་ཀཱ་ནཾ། ཏ་ཐཱ་(༧༨བ)ག་ཏ་ཀཱ་ནཾ། སརྦ་ཏྲ་ཨ་པྲ་ཏི་ཧ་ཏཱ་ཝཱསྟི། ཏྲྀམ་ཏཱ་བཱ་ལི་ནཾ། ཨཾ་ཨ་ས་མ། ས་མནྟ་ཏོ། ཨཱ་ནནྟ་བཱསྟི་ཤ་ས་ནཱཾ། ཧ་ར་ཧ་ར། སྨ་ར་སྨ་ར་ཎ། བི་ག་ཏཱ་

ནཱ་ག །ཁཊྭཱཾ་ཧསྟ་ཏེ། ས་ར་ས་ར། ས་མ་བླ་ལ། ཧ་ས་ཧ་ས། ཧ་ཡ་ཧ་ཡ། ག་ག་ན་མཧཱ་ཕ་ར་ཊ། ལགྷུ་ཊ། ཛྭ་ལ་ཛྭ་ལ། ནཱ་ས་ག་རེ་སྭཱཧཱ། ཞེས་བཟླས་ལ། མཐར་སྐུ་གསུང་ཐུགས་དང་ཡོན་ཏན་འཕྲིན་ལས་ཀྱིས། བདག་དང་སེམས་ཅན་ཐམས་ཅད་ལ་བྱིན་གྱིས་བརླབ་ཏུ་གསོལ། ཛཿཧཱུྃ་བཾ་ཧོཿ འཁོར་བཞི་པོ་རང་ལ་ཐིམ་པར་གྱུར་པར་བསམས། མཆོད་པ་བྱ་རྒྱུད་ལྟར་བྱིན་གྱིས་བརླབས། མདུན་བསྐྱེད་ཨ་མྲི་ཏས་བསངས། སྭ་བྷཱ་ཝས་སྟོང་པར་སྦྱངས། སྟོང་པའི་ངང་ལས་དྲིའི་མཚལ་གྱི་དབུས་སུ་པཾ་ལྷུང་ཁུ་ལས་སྣ་ཚོགས་པདྨ་པཾ་གྱིས་མཚན་པ་དང་། ཨ་ལས་ཟླ་བའི་གདན་ལ་ཏྲཻ་ཡིག་གསེར་གྱི་མདོག་ཅན། དེ་ལས་འོད་ཟེར་འཕྲོས་འདུས་ཡོངས་སུ་གྱུར་པ་ལས། བཅོམ་ལྡན་འདས་དམ་ཚིག་གསུམ་བཀོད་རྒྱལ་པོ་སྐུ་མདོག་གསེར་ལྟར་འབར་བ། ཞེས་པ་ནས། དེ་བཞིན་གཤེགས་པ་རིགས་ལྔ་འཁོར་དང་བཅས་པ་བཛྲ་ས་མ་ཛཿ ཁྱེད་རྣམས་ཀྱིས་འདི་ལ་མངོན་པར་དབང་བསྐུར་བ་བསྐྱུལ་དུ་གསོལ། ཞེས་གསོལ་བ་བཏབ་པས། ཨོཾ་སརྦ་ཏ་ཐཱ་ག་ཏ་ཨ་བྷི་ཥེ་ཀ་ཏ་ས་མ་ཡ་ཤྲཱི་ཡེ་ཧཱུྃ། ཞེས་གསུངས་ཤིང་དབང་བསྐུར་བས། བཅོམ་ལྡན་འདས་ལ་རྣམ་སྣང་། འཁོར་རྣམས་ལ་གཙོ་བོས་དབུ་བརྒྱན་པར་གྱུར། ཨོཾ་སརྦ་ཏ་ཐཱ་ག་ཏ་ས་པ་རི་ཝཱ་ར་ཨརྒྷཾ་པྲ་ཏཱིཙྪ་སྭཱཧཱ། དེ་(༧༥ན)བཞིན་དུ། ཨརྒྷཾ་གྱི་གནས་སུ་པཱ་དྱཾ་བཅུག །ཨོཾ་སརྦ་ཏ་ཐཱ་ག་ཏ་ས་པ་རི་ཝཱ་ར་བཛྲ་པུཥྤེ་ཨཱཿཧཱུྃ། ཞེས་པ་ནས། ཤབྡ་ཨཱཿཧཱུྃ། ཞེས་པའི་བར་གྱིས་མཆོད། མགོན་པོ་ཐུགས་རྗེ་ཆེ་ལྡན་པ་ནས། ཕྱག་འཚལ་ལོ། །གསང་སྔགས་བདག་དང་གཟུངས་སྔགས་རྒྱལ། །རིག་རྒྱལ་རིགས་ཀྱི་ལྷ་མོ་སྟེ། །བཅོམ་ལྡན་དམ་ཚིག་གསུམ་བཀོད་རྒྱལ། །མཉེས་པར་མཛད་ལ་ཕྱག་འཚལ་ལོ། །ཞེས་པས་བསྟོད། དེ་ནས་བཟླས་པ་ཅི་རིགས་བྱ། ཨོཾ་ཨཱཿཧཱུྃ། ལན་གསུམ་གྱིས་གཏོར་མ་བྱིན་གྱིས་བརླབས་ལ། ཨོཾ་སརྦ་ཏ་ཐཱ་ག་ཏ་ས་པ་རི་ཝཱ་ར་ཨ་ཀཱ་རོ་མུ་ཁཾ་སརྦ་དྷརྨཱ་ཎཾ་ཨཱ་དྱ་ནུཏྤནྣ་ཏྭཱཏ་ཨོཾ་ཨཱཿཧཱུྃ་ཕཊ་སྭཱཧཱ། ཞེས་ལན་གསུམ་གྱི་གཏོར་མ་དབུལ། བཅོམ་ལྡན་འདས་བདག་དང་སེམས་

ཅན་ཐམས་ཅད་ལ་དངོས་གྲུབ་མ་ལུས་པ་བསྩལ་དུ་གསོལ། ཞེས་བརྗོད།

༄ སློབ་མས་མཎྜལ་ཕུལ། གསོལ་བ་འདེབས་པ་འདིའི་རྗེས་བློས་གསུངས་ཤིག །རྡོ་རྗེ་འཛིན་པ་ནས་བསྩལ་དུ་གསོལ། ལན་གསུམ། རྒྱུད་དག་པར་བྱ་བའི་ཕྱིར། མདུན་བསྐྱེད་ཀྱི་ལྷ་དང་སངས་རྒྱས་བྱང་སེམས་རྣམས་ཀྱི་དྲུང་དུ་སྐྱབས་འགྲོ་སྔོན་དུ་འགྲོ་བས། བྱང་ཆུབ་ཀྱི་སེམས་བཟུང་སྐམ་པས་འདིའི་རྗེས་བློས་མཛོད། དཀོན་མཆོག་གསུམ་ལ་བདག་སྐྱབས་མཆི། །སོགས་གསུམ་དང་། ཁྱད་པར་དུ་ཐུབ་པ་དམ་ཚིག་གསུམ་བཀོད་ཀྱི་རྗེས་གནང་བསྩལ་དུ་གསོལ་སྐམ་པའི་(༧༥བ)འདུན་པས་འདིའི་རྗེས་བློས་ཀྱང་གསུངས་ཤིག །སློབ་དཔོན་དགོངས་སུ་གསོལ། བདག་ལ་ཐུབ་པ་དམ་ཚིག་གསུམ་བཀོད་ཀྱི་རྗེས་གནང་མ་ལུས་པ་བསྩལ་དུ་གསོལ། ཞེས་ལན་གསུམ་གྱིས་གསོལ་བ་བཏབ་ནས། ད་རྗེས་གནང་གི་གཞི་དགོད་པའི་སླད་དུ་དམིགས་པ་འདི་བཞིན་མཛད་པར་ཞུ། ཨོཾ་སྭ་བྷཱ་ཝ་ཤུདྡྷཱ་ས་རྦ་དྷརྨཱ་སྭ་བྷཱ་ཝ་ཤུདྡྷོ྅ཧཾ། ཕྱི་ནང་གི་དངོས་པོ་ཐམས་ཅད་མི་དམིགས་པ་སྟོང་པ་ཉིད་དུ་གྱུར་པའི་ངང་ལས། པཾ་ལྡིང་ཁྲུ་ལས་སྣ་ཚོགས་པདྨ་པཾ་གྱིས་མཚན་པ་དང་། ཨ་ལས་ཟླ་བའི་གདན་ལ་ཧཱུྃ་ཡིག་གསེར་གྱི་མདོག་ཅན། དེ་ལས་འོད་ཟེར་འཕྲོས་འདུས་ཡོངས་སུ་གྱུར་པ་ལས། ཁྱེད་རང་རྣམས་བཅོམ་ལྡན་འདས་དམ་ཚིག་གསུམ་བཀོད་རྒྱལ་པོ་སྐུ་མདོག་གསེར་ལྟར་འབར་བ། ཚངས་པར་སྤྱོད་པའི་ཆ་ལུགས་ཅན། མཚན་དང་དཔེ་བྱད་ཡོངས་སུ་རྫོགས་པ། ཞབས་རྡོ་རྗེའི་སྐྱིལ་ཀྲུང་ཅན། ཕྱག་གཉིས་ཐུགས་ཀར་ཆོས་འཆད་ཀྱི་ཕྱག་རྒྱ་མཛད་པ། ན་བཟའ་ཆོས་གོས་རྣམ་གསུམ་གསོལ་བའོ། །སྐུའི་གཡས་སུ་རྡོ་རྗེ་འཛིན་སེར་པོ་ཕྱག་གཉིས་ཐུགས་ཀར་ཐལ་མོ་སྦྱར་བས་རྡོ་རྗེ་སེར་པོ་འཛིན་པ། གཡོན་དུ་རྡོ་རྗེ་འཛིན་མ་སེར་མོ་གཡས་ནོར་བུ་དང་། གཡོན་རྡོ་རྗེ་འཛིན་པ། གཡོན་གྱི་མདུན་དུ་བུ་མོ་མཐའ་ཡས་མ་ལྡིང་ཁྲུ་གཡས་ཕྱག་འཚལ་ཚུལ་དང་། གཡོན་པདྨ་འཛིན་པ། འཁོར་དེ་གསུམ་ཞི་བ། དར་དང་རིན་པོ་ཆེས་བརྒྱན་

ཅིང་བཞུགས་པའོ། །གཡས་ཀྱི་མདུན་དུ་ཁྲིའུ་མཐའ་ཡས་པ་དམར་(༧༨ན)པོ་གཡས་ཀྱི་གུག་དང་གཡོན་ཐོད་པ་མེ་ཏོག་གིས་གང་བ་འཛིན་པ། ཁྲོ་བོའི་ཆ་བྱད་རྫོགས་ཤིང་། སྟག་ལྤགས་དང་སྦྲུལ་གྱིས་བརྒྱན་པ། གཡོན་བརྐྱང་བའོ། །དེ་རྣམས་ཀྱི་དཔྲལ་བར་ཨོཾ། མགྲིན་པར་ཨཱཿ ཐུགས་ཀར་ཧཱུྃ། ཞེས་གཙོ་འཁོར་ལྷ་གསལ་བཏབ་པོ། །ད་རྗེས་གནང་དངོས་གཞི་ལ་གསུམ་ལས། དང་པོ་སྐུའི་རྗེས་གནང་ནི། དེ་ནས་མདུན་གྱི་ཚོམ་བུ་དང་སློབ་དཔོན་ཡང་རང་གིས་བསྒོམ་པ་དང་འདྲ་བའི་ཐུབ་པ་དམ་ཚིག་གསུམ་བཀོད་དངོས་ཡིན་སྙམ་པའི་མོས་གུས་བྱས་པས། སློབ་དཔོན་གྱི་ཐུགས་ཀ་ནས་འོད་ཟེར་འཕྲོས། མདུན་བསྐྱེད་ཀྱི་ལྷའི་ཐུགས་རྒྱུད་བསྐུལ། དེའི་ཐུགས་ཀ་ནས་འོད་ཟེར་འཕྲོས། ཕྱོགས་བཅུའི་སངས་རྒྱས་བྱང་སེམས་ཐམས་ཅད་ཀྱི་ཐུགས་རྒྱུད་བསྐུལ་བས། སློབ་དཔོན་དང་མདུན་བསྐྱེད་ཀྱི་ལྷ་དང་ཕྱོགས་བཅུའི་སངས་རྒྱས་དང་བྱང་ཆུབ་སེམས་དཔའ་ཐམས་ཅད་ཀྱི་ཐུགས་ཀ་ནས་ཐུབ་པ་དམ་ཚིག་གསུམ་བཀོད་འཁོར་དང་བཅས་པའི་སྐུ་ཆེ་ཆུང་མ་ངེས་པ་དཔག་ཏུ་མེད་པ་བྱོན། ཁྱེད་རང་རྣམས་ཀྱི་སྤྱི་གཙུག་ལ་སོགས་པ་དང་། བ་སྤུའི་བུ་ག་རྣམས་ནས་ཆར་བབས་པ་བཞིན་དུ་སིབ་སིབ་ཐིམ་པར་མོས་པ་མཛོད། ཛཿཧཱུྃ་བཾ་ཧོཿ གཉིས་སུ་མེད་པར་ཐིམ། དྲིལ་བུའམ་ཧཱུྃ་ཤགས་བྱའོ། །ཡང་ཐུགས་ཀ་ནས་འོད་ཟེར་འཕྲོས། དེ་བཞིན་གཤེགས་པ་རིགས་ལྔ་འཁོར་དང་བཅས་པ་སྤྱན་དྲངས། ཁྱེད་རྣམས་(༧༨བ)ཀྱིས་འདི་ལ་མངོན་པར་དབང་བསྐུར་བ་བསྩལ་དུ་གསོལ། ཞེས་གསོལ་བ་བཏབ་པས། ཨོཾ་སརྦ་ཏ་ཐཱ་ག་ཏ་ཨ་བྷི་ཥི་ཀ་ཏ་ས་མ་ཡ་ཤྲཱི་ཡེ་ཧཱུྃ། ཞེས་གསུངས་ཤིང་དབང་བསྐུར་བས། ཁྱེད་རང་རྣམས་དམ་ཚིག་གསུམ་བཀོད་དུ་གསལ་བ་ལ་རྣམ་སྣང་། འཁོར་རྣམས་ལ་གཙོ་བོས་དབུ་བརྒྱན་པར་མོས་སུ་བཅུག །གཉིས་པ་གསུང་གི་རྗེས་གནང་ནི། སློབ་དཔོན་གྱི་སྙིང་ཁར་ཟླ་བའི་དཀྱིལ་འཁོར་གྱི་སྟེང་དུ་ཧཱུྃ་སེར་པོ། དེ་ལས་སྔགས་ཀྱི་ཕྲེང་བ་བྱུང་། སློབ་དཔོན་གྱི་ཞལ་ནས་ཐོན། ཁྱེད་རང་རྣམས་

ཀྱི་ཞལ་དུ་ཞུགས། ཐུགས་ཀར་ཟླ་བའི་སྟེང་དུ་ཧཱུྃ་སེར་པོ་གནས་པ་ལ་ཐིམ། དེའི་དུས་སུ་ཕྱོགས་བཅུའི་སངས་རྒྱས་དང་། བྱང་ཆུབ་སེམས་དཔའ་རྣམས་ཀྱི་མཁྱེན་བརྩེ་ནུས་མཐུ་ཐམས་ཅད་འོད་ཟེར་གྱི་རྣམ་པར་སྔགས་ཕྲེང་དང་ལྷན་ཅིག་ཞལ་དུ་ཞུགས། སྙིང་གའི་ཧཱུྃ་ལ་ཐིམ་པའི་མོས་པ་མཛོད་ལ། སྔགས་འདིའི་རྗེས་ཟློས་ལན་གསུམ་གསུངས་ཤིག །ན་མཿསྟྲི་ཡ་ཛྷི་ཀཱ་ནཱཾ། ཏ་ཐཱ་ག་ཏ་ཀཱ་ནཱཾ། སརྦ་ཏྲ་ཨ་པྲ་ཏི་ཧ་ཏ་བཱཔྟི། དྷརྨ་ཏཱ་བ་ལི་ནཱཾ། ཨོཾ་ཨ་ས་མ། ས་མནྟ་ཏོ། ཨཱ་ནནྟ་བཱ་སྟི་ཤ་ས་ནཱཾ། ཧ་ར་ཧ་ར། སྨ་ར་སྨ་ར་ཎ། བི་ག་ཏ་རཱ་ག །བུདྡྷ་དྷརྨ་ཏེ། ས་ར་ས་ར། ས་མ་བཱ་ལ། ཧ་ས་ཧ་ས། ཏྲ་ཡ་ཏྲ་ཡ། ག་ག་ན་མཧཱ་ཕ་ར་ཎ། ལཀྵ་ཎ། ཛྭ་ལ་ཛྭ་ལ། ན་སཱ་ག་རེ་སྭཱ་ཧཱ། དང་པོས་བྱིན་གྱིས་བརླབས། གཉིས་པས་དབྱེར་མེད་དུ་འདྲེས། གསུམ་པས་བརྟན་པར་བྱས་པའི་མོས་པ་མཛོད། སློབ་དཔོན་ལ་མེ་ཏོག་འཐོར་བཞིན་དུ་(༧༧ན)འདིའི་རྗེས་ཟློས་མཛོད་ཅིག །བཅོམ་ལྡན་བདག་གིས་ཞེས་སོགས་ལན་གསུམ། དེ་ལྟར་ཕུལ་བའི་མེ་ཏོག་དེ་ཉིད་སླར་ཡང་བྱིན་གྱིས་བརླབས་ཏེ། ཁྱེད་རང་གི་སྤྱི་བོར་ཕུལ་བའི་མོས་པ་མཛོད་ཅིག །སློབ་དཔོན་གྱིས་མེ་ཏོག་གཏོར་བཞིན། བཅོམ་ལྡན་འདི་ལ་ཞེས་སོགས་དང་། རིག་པ་འཛིན་པ་འདི་རྣམས་ལ་བཅོམ་ལྡན་འདས་ཐུབ་པ་དམ་ཚིག་གསུམ་བཀོད་འཁོར་དང་བཅས་པའི་སྐུ་གསུང་ཐུགས་ཀྱི་བྱིན་རླབས་མ་ལུས་པ་འཇུག་པར་གྱུར་ཅིག །གསུམ་པ་ཐུགས་ཀྱི་རྗེས་གནང་ནི། མདུན་བསྐྱེད་ཀྱི་ལྷ་ལ་མོས་གུས་དུང་དུང་བ་དང་། བདག་གི་རྒྱུད་བྱིན་གྱིས་བརླབ་ཏུ་གསོལ་སྙམ་པ་མཛད་པས། མདུན་གྱི་ལྷའི་ཐུགས་ཀ་ནས་ཕྱག་མཚན་གྱི་ཚོགས་དཔག་ཏུ་མེད་པ་རྒྱུངས་ཏེ་བྱོན། ཁྱེད་རང་རྣམས་ཀྱི་སྙིང་གའི་ས་བོན་དང་དབྱེར་མེད་དུ་འདྲེས། རྒྱུད་བྱིན་གྱིས་བརླབས་པའི་མོས་པ་མཛོད། དེ་ནས་འདིའི་སྒྲུབ་ཐབས་རྒྱ་གཞུང་གི་ལུང་ཡང་སྒྲོ་ན་བྱའོ། །དེ་དག་ནི། ཐུབ་པ་དམ་ཚིག་གསུམ་བཀོད་ཀྱི་རྗེས་གནང་ལུང་དང་བཅས་པའོ། །རྗེས་ཆོག་སྤྱི་དང་མཐུན་ནོ། །

༄ ཐུབ་པ་གནས་བརྟན་བཅུ་དྲུག་གིས་བསྐོར་བ་ལ། བསྒོམ་དོན་དང་མཐུན་པའི་དཀྱིལ་འཁོར་རམ། མཎྜལ་པད་འདབ་བཅུ་དྲུག་གམ། དྲི་བཟང་གི་མཎྜལ་གྱི་དབུས་སུ་ཚོམ་བུ་སེར་པོ། དེའི་མཐའ་སྐོར་དུ་ཚོམ་བུ་དམར་སེར་བཅུ་དྲུག །དེའི་ཕྱི་རོལ་གྱི་ཤར་(༧༧བ)དུ་ཚོམ་བུ་དཀར་པོ་གཉིས་རྒྱབ་མདུན་དང་། ལྷོར་སྔོན་པོ། ནུབ་ཏུ་དམར་པོ། བྱང་དུ་སེར་པོ་རེ་དགོད། མདུན་དུ་མཆོད་པ་དང་། རྒྱལ་ཆེན་བཞི་ལ་ཟླུམ་གཏོར་དཀར་པོ་བཞི་དང་། ཆ་གསུམ། གཞིས་བདག་གཏོར་མ་བཤམས་ལ། སྐྱབས་འགྲོ་སེམས་བསྐྱེད་སྔོན་དུ་བཏང་ནས། མཆོད་པ་སྤྱི་དང་མཐུན་པར་བྱིན་གྱིས་བརླབས་པའམ། ཡང་ན། ཨོཾ་ན་མོ་བྷ་ག་ཝ་ཏེ་བཛྲ་སཱ་ར་པྲ་མརྡ་ནཱ་ཡ། ཏ་ཐཱ་ག་ཏཱ་ཡ་ཨརྷ་ཏེ། སམྱཀྶཾ་བུདྡྷཱ་ཡ། ཏདྱ་ཐཱ། ཨོཾ་བཛྲེ་བཛྲེ། མཧཱ་བཛྲེ་མཧཱ་བིདྱཱ་བཛྲེ། མཧཱ་ཏེ་ཛ་བཛྲེ། མཧཱ་བོ་དྷི་ཙིཏྟ་བཛྲེ། མཧཱ་བོ་དྷི་མཎྜོ་པ་སཾ་ཀྲ་མ་ཎེ། སརྦ་ཀརྨ་ཨཱ་ཝ་ར་ཎ་བི་ཤོ་དྷ་ན་བཛྲེ་སྭཱཧཱ། ཞེས་མཆོད་པའི་སྤྲིན་གྱི་གཟུངས་ཀྱིས་བྱིན་གྱིས་བརླབས། བདག་བསྐྱེད་ཡི་དམ་གང་ཡང་རུང་བ་ཞིག་གི་རྣལ་འབྱོར་ལ་གནས་པའམ། འདིའི་རང་ལུགས་ལ་བདག་བསྐྱེད་མེད་ཀྱང་ཆོག་སྟེ། མདུན་བསྐྱེད་ཀྱི་གཞི་སྟོང་པའི་ངང་ལས་ཞིང་ཁམས་རྣམ་པར་དག་པ་རྒྱན་ཐམས་ཅད་ཀྱིས་རྣམ་པར་བརྒྱན་པ། དབུས་སུ་རིན་པོ་ཆེ་སྣ་ཚོགས་ལས་གྲུབ་པའི་གཞལ་ཡས་ཁང་གྲུ་བཞི་སྒོ་བཞི་པ་རིན་པོ་ཆེ་སྣ་ཚོགས་པའི་ཁམས་ལས་གྲུབ་ཅིང་། ཡོ་བྱད་སྣ་ཚོགས་པས་ཡོངས་སུ་གང་བ། དེའི་དབུས་སུ་རིན་པོ་ཆེའི་ཁྲི་པདྨ་དང་། ཟླ་བའི་གདན་དང་བཅས་པ། མཐའ་སྐོར་དུ་པདྨའི་གདན་བཅུ་དྲུག །ཤར་སྒོའི་ནང་དང་སྒོ་བཞིར་རིན་པོ་ཆེའི་གདན་དང་བཅས་པ། ཀུན་ཏུ་བཟང་པོའི་རྣམ་པར་ཐར་པ་ལས་བྱུང་བ་དང་མཚུངས་པའི་མཆོད་སྤྲིན་(༧༨ན)བསམ་གྱིས་མི་ཁྱབ་པ་དང་བཅས་པ་འབྱུང་བར་གྱུར་ཅིག །ཅེས་ལན་གསུམ་བརྗོད། སྤོས་གདུལ་ཞིང་། རོལ་མོའི་སྒྲ་དང་བཅས་ཏེ། མ་ལུས་སེམས་ཅན་ཀུན་གྱི་མགོན་གྱུར་ཅིང་། །ནས་གཤེགས་

སུ་གསོལ། འགྲོ་བའི་མགོན་པོ་ཤཱཀྱ་སེང་གེ་ཡིས། །སངས་རྒྱས་བསྟན་པ་གང་གི་ཕྱག་ཏུ་བཞག །གསུང་རབ་རིན་ཆེན་སྒྲོམ་གྱི་ཁ་འབྱེད་པ། །ཆོས་སྐྱོང་དགྲ་བཅོམ་ཆེན་པོ་བཞུགས་སུ་འཚལ། །དམ་ཆོས་སྤེལ་བའི་སླད་དུ་སྤྱན་འདྲེན་གྱི། །འགྲོ་བའི་དོན་དུ་མཆོད་ཕྱིར་གཤེགས་སུ་གསོལ། །སྤྱངས་དང་ཡེ་ཤེས་ཕུན་ཚོགས་སངས་རྒྱས་ཀྱང་། །གདུལ་བྱའི་དབང་གིས་ཉན་ཐོས་ཚུལ་འཛིན་ཅིང་། །ཁྱད་པར་ཅན་གྱི་འཕྲིན་ལས་ཆོས་སྐྱོང་བའི། །གནས་བརྟན་བཅུ་དྲུག་འདིར་བྱོན་གདན་ལ་བཞུགས། །ཞེས་བརྗོད་པས་རང་བཞིན་གྱི་གནས་ནས་ཐུབ་པ་གནས་བརྟན་ཆེན་པོ་བཅུ་དྲུག་གི་འཁོར་དང་བཅས་པ་ཕྱི་བཞིན་འབྲང་བ་དགེ་བསྙེན་དྷརྨ་ཏཱ་ལ། རྒྱལ་པོ་ཆེན་པོ་སྡེ་བཞིའི་ཚོགས་དང་བཅས་པ་རང་རང་གི་གདན་ལ་བཞུགས་པར་གྱུར། དབུས་སུ་བཅོམ་ལྡན་འདས་དེ་བཞིན་གཤེགས་པ་དཔལ་རྒྱལ་བ་ཤཱཀྱ་ཐུབ་པ་སྐུ་གསེར་མདོག །གཡས་ས་གནོན་དང་། གཡོན་མཉམ་གཞག་གི་ཕྱག་རྒྱ་མཛད་པ། ཞབས་རྡོ་རྗེ་སྐྱིལ་ཀྲུང་གིས་བཞུགས་པ། ཕྱི་སྐོར་གྱི་པདྨ་རྣམས་ལ་ཤར་ནས་རིམ་པ་བཞིན་དུ་གཡས་སྐོར་གྱིས་ཡན་ལག་འབྱུང་(༧༨བ)སྤྱིས་ཕོར་དང་ཛ་ཡབ། མ་ཕམ་པ་མཉམ་གཞག །ནགས་ན་གནས་སྡིག་མཛུབ་དང་ཛ་ཡབ། དུས་ལྡན་གསེར་གྱི་རྣ་བསྐོར། རྡོ་རྗེ་མོའི་བུ་སྡིག་མཛུབ་དང་ཛ་ཡབ། བཟང་པོ་ཆོས་འཆད་མཉམ་གཞག །གསེར་བེའུ་རིན་པོ་ཆེའི་ཞགས་པ། བྷ་ར་དྷྭ་ཛ་གསེར་ཅན་མཉམ་གཞག །བ་ཀུ་ལ་ནེའུ་ལེ། སྒྲ་གཅན་འཛིན་རིན་པོ་ཆེའི་སྤྲོག་ཞུ། ལམ་ཕྲན་བརྟན་མཉམ་གཞག །བྷ་ར་དྷྭ་ཛ་བསོད་སྙོམས་ལེན་གླེགས་བམ་ལྷུང་བཟེད། ལམ་བསྟན་ཆོས་འཆད་གླེགས་བམ། ཀླུའི་སྡེ་བུམ་པ་འཁར་གསིལ། སྦེད་བྱེད་གླེགས་བམ། མི་ཕྱེད་པ་བྱང་ཆུབ་མཆོད་རྟེན་འཛིན་པ་རྣམས་དགྲ་བཅོམ་གནས་བརྟན་དབང་པོ་དུལ་བའི་ཆ་ལུགས་ཅན། ཤར་སྐོའི་ནང་དུ་དགེ་བསྙེན་ཆེན་པོ་ཆོས་ཉིད་ཛ་ཡབ་དང་། བུམ་པ་འཛིན་ཅིང་། དབུ་སྐྲ་ཐོར་ཅོག་ཅན། གླེགས་བམ་གྱི་ཁུར་པོ་བསྣམས་པ། སངས་རྒྱས་སྣང་

བ་མཐའ་ཡས་ལ་གཟིགས་ཤིང་། ཕྱུས་མོ་གཡས་པ་ལས་སྟག་སྤྲུལ་པ། ཤར་སྒོར་ཡུལ་འཁོར་སྲུང་དཀར་པོ་པི་ཝཾ་འཛིན་པ། ལྷོ་སྒོར་འཕགས་སྐྱེས་པོ་སྔོན་པོ་རལ་གྲི་འཛིན་པ། ནུབ་སྒོར་མིག་མི་བཟང་དམར་པོ་སྦྲུལ་ཞགས་དང་མཆོད་རྟེན་འཛིན་པ། བྱང་སྒོར་རྣམ་ཐོས་སྲས་སེར་པོ་ཡིད་བཞིན་གྱི་ནོར་བུས་མཚན་པའི་རྒྱལ་མཚན་དང་ནེའུ་ལེ་འཛིན་པ་རྣམས་རང་རང་གི་འཁོར་བསམ་གྱིས་མི་ཁྱབ་པ་དང་བཅས་ཏེ་བཞུགས་པར་གྱུར། ཨོཾ་ཤཱཀྱ་མུ་ནི་ས་པ་རི་ཝཱ་ར་ཨརྒྷཾ་པྲ་ཏཱིཙྪ་ཡེ་སྭཱཧཱ། ཞེས་པ་ནས། ཤབྡ་པྲ་(༧༤ན)ཏཱིཙྪ་ཡེ་སྭཱཧཱ། ཞེས་པའི་བར་གྱིས་མཆོད། མཚུངས་མེད་ལྷ་བས་མི་ངོམས་ཤིང་། །གསེར་གྱི་མདོག་ཅན་མཛེས་པའི་སྐུ། །ཞལ་གཅིག་ཕྱག་གཉིས་སྐྱིལ་ཀྲུང་བཞུགས། །ས་གནོན་མཉམ་གཞག་མཛད་ཕྱག་འཚལ། །གངས་རི་ཆེན་པོ་ཏི་སེ་ལ། །ཞེས་པ་ནས། རྒྱལ་ཆེན་བཞི་ལ་ཕྱག་འཚལ་ལོ། །ཞེས་པའི་བར་གྱིས་བསྟོད། ཨོཾ་མུ་ནི་མུ་ནི་མཧཱ་མུ་ནི་ཡེ་སྭཱཧཱ། ཞེས་ཅི་ནུས་སུ་བཟླ། སྔོན་རེ་རེ་བཞིན་མཆོད་པ་དང་། བསྟོད་པ་དང་། ཚིག་ལྷུག་པའི་གསོལ་འདེབས་བྱ་ཞིང་། གཙོ་བོའི་སྔགས་ཉིད་བཟླ་བ་ཡིན་ནོ། །ཐུན་གྱི་མཐར་རྒྱལ་ཆེན་བཞི་ལ། གཏོར་མ་འབུལ་བ་ལ། མཆོད་གཏོར་བྱ་རྒྱུད་ལྟར་བྱིན་གྱིས་བརླབས། ཨོཾ་ཧྲི་ཏ་རཥྚ་ཡ། བི་རཱུ་ཌྷ་ཀ་ཡ། བ་རཱུ་པཀྵ་ཡ། བཻ་ཤྲ་ཝ་ཎ་ཡེ། ས་པ་རི་ཝཱ་ར་ན་མཿསརྦ་ཏ་ཐཱ་ག་ཏ་ཧྲྀ། པི་ཤྭ་མུ་ཁེ་བྷྱཿསརྦ་ཏད་ཁཾ་ཨུ་དྒ་ཏེ་སྥ་ར་ཎ་ཨི་མཾ་ག་ག་ན་ཁཾ་གྲྀཧྞ་དཾ་བ་ལིཾ་ཏ་ཡེ་སྭཱཧཱ། ཞེས་ལན་གསུམ་གྱིས་གཏོར་མ་དབུལ། ཨོཾ་ཙ་ཏུ་ར་མཧཱ་རཱ་ཛ་ས་པ་རི་ཝཱ་ར་ཨརྒྷཾ་པྲ་ཏཱིཙྪ་ཡེ་སྭཱཧཱ། ཞེས་པ་ནས། ཤབྡ་པྲ་ཏཱིཙྪ་ཡེ་སྭཱཧཱ། ཞེས་པའི་བར་གྱིས་མཆོད། རྒྱལ་པོ་ཆེན་པོ་དཔལ་ལྡན་པ། །མཀྱད་མདོག་མཚུངས་པི་ཝཾ་འཛིན། །དྲི་ཟའི་ཚོགས་ལ་དབང་བསྒྱུར་བའི། །ཡུལ་འཁོར་སྲུང་ལ་ཕྱག་འཚལ་ལོ། །དཔའ་བོ་ཆེན་པོ་སྟོབས་པོ་ཆེ། །ཁ་དོག་སྔོན་པོ་རལ་གྲི་འཛིན། །གྲུལ་བུམ་ཚོགས་(༧༤བ)ལ་དབང་བསྒྱུར་བའི། །འཕགས་སྐྱེས་པོ་ལ་ཕྱག་འཚལ་ལོ། །མངའ་བདག་ཆེན་པོ་མཐུ་བོ་ཆེ། །ཁ་

དོག་དམར་པོ་སྦྲུལ་ཞགས་འཛིན། །ཀླུ་ཡི་ཚོགས་ལ་མངའ་མཛད་པའི། །མིག་མི་བཟང་ལ་ཕྱག་འཚལ་ལོ། །དེད་དཔོན་ཆེན་པོ་གསེར་མདོག་ཅན། །བེ་ཅོན་དང་ནི་ནེའུ་ལེ་འཛིན། །གནོད་སྦྱིན་ཚོགས་ལ་དབང་བསྒྱུར་བའི། །རྣམ་ཐོས་སྲས་ལ་ཕྱག་འཚལ་ལོ། །ཞེས་པས་བསྟོད། རྒྱལ་ཆེན་བཞི་པོ་འཁོར་བཅས་ཀྱིས། །མཆོད་སྦྱིན་གཏོར་མ་འདི་བཞེས་ལ། །ཞེས་པ་ནས། ཡིད་ལ་འདོད་པ་ཀུན་འགྲུབ་ཤོག །ཅེས་འཕྲིན་ལས་བཅོལ། ཆ་གསུམ་དང་གཉིས་བདག་གཏོར་མ་ཡང་སྦྲོ་ན་བྱ། རྒྱས་པ་ལ་མོས་ཤིང་ཤེས་ན་གནས་བརྟན་སྐྱབ་ཡིག་ལས་འབྱུང་བའི་ཡན་ལག་བདུན་པ་རྒྱས་པ་རྣམས་ཀྱང་བྱ་ཞིང་། བསྡུ་ན་བཟང་སྤྱོད་ཀྱི་ཡན་ལག་བདུན་པ་ཉིད་ཚར་གསུམ་ལ་སོགས་པ་བྱའོ། །༈ འདིའི་རིག་གཏད་བྱེད་པར་འདོད་པས་སློབ་མས་མཎྜལ་ཕུལ། ཐུབ་པ་མཆོག་དང་འཕགས་པའི་ཚོགས། །འགྲོ་བའི་མུན་སེལ་དགྲ་བཅོམ་གྱི། །ཚོགས་ལའང་བདག་ནི་སྐྱབས་སུ་མཆི། །རྗེས་སུ་གནང་བ་བསྐྱལ་དུ་གསོལ། །ཞེས་ལན་གསུམ་གསོལ་བ་བཏབ། མདུན་བསྐྱེད་གསལ་བཏབ་ལ་བཟང་སྤྱོད་ཀྱི་ཡན་ལག་བདུན་པ་ཚར་གསུམ་བྱ། མདུན་དུ་ཐུབ་པ་གནས་བརྟན་བཅུ་དྲུག །དེའི་སྟེང་གི་ཆ་ལ་བརྒྱུད་པའི་བླ་མ་ཡི་དམ་དཀྱིལ་འཁོར་གྱི་ལྷ་ཚོགས། སངས་རྒྱས་བྱང་(༥༠ན)སེམས་ཐམས་ཅད་བཞུགས་པར་བསམ་ལ། སྐྱབས་འགྲོ་སེམས་བསྐྱེད་ཀྱི་འདུན་པ་དང་བཅས་པས་འདིའི་རྗེས་ཟློས་ལན་གསུམ་མཛོད། དཔལ་ལྡན་བླ་མ་དམ་པ་རྣམས་ལ་སྐྱབས་སུ་མཆིའོ། །ཡི་དམ་དཀྱིལ་འཁོར་གྱི་ལྷ་ཚོགས་རྣམས་ལ་སྐྱབས་སུ་མཆིའོ། །རྫོགས་པའི་སངས་རྒྱས་བཅོམ་ལྡན་འདས་རྣམས་ལ་སྐྱབས་སུ་མཆིའོ། །དམ་པའི་ཆོས་རྣམས་ལ་སྐྱབས་སུ་མཆིའོ། །འཕགས་པའི་དགེ་འདུན་རྣམས་ལ་སྐྱབས་སུ་མཆིའོ། །ཞེས་དང་། སངས་རྒྱས་ཆོས་དང་སོགས་ལན་གསུམ། གསོལ་བ་འདེབས་པ་འདིའི་རྗེས་ཟློས་མཛོད། དུས་གསུམ་སངས་རྒྱས་ཐམས་ཅད་ཀྱི་ངོ་བོ་དཔལ་ལྡན་བླ་མ་དམ་པས་བདག་ལ་ཐུབ་པ་གནས་བརྟན་བཅུ་དྲུག་གི་རྗེས་

སུ་གནང་བ་བསྟུལ་དུ་གསོལ། ཞེས་ལན་གསུམ། དེ་ནས་ཁྱེད་རང་རྣམས་སྐད་ཅིག་གིས་ཐུབ་པའི་དབང་པོ་སྐུ་མདོག་སེར་པོ་ཞལ་གཅིག་ཕྱག་གཉིས་གཡས་ས་གནོན་དང་། གཡོན་མཉམ་གཞག །རྡོ་རྗེ་སྐྱིལ་ཀྲུང་གིས་བཞུགས་པར་མོས། ལྷ་ཚོགས་ཐམས་ཅད་ཀྱི་ཐུགས་ཀའི་ས་བོན་སྔགས་ཕྲེང་དང་བཅས་པ་ལས་སྔགས་ཀྱི་འཕྲེང་བ་མར་མེ་གཅིག་ལས་གཉིས་ཆད་ཀྱི་ཚུལ་དུ་བྱུང་། ཞལ་ནས་ཐོན། ཁྱེད་རང་རྣམས་ཀྱི་ཞལ་དུ་ཞུགས། ཐུགས་ཀར་ཟླ་བའི་སྟེང་དུ་ཧཱུྃ་ཡིག་གི་མཐར། གཡས་སྐོར་དུ་འཁོད་པར་མོས་ལ་འདིའི་རྗེས་ཟློས་མཛོད། ཨོཾ་མུ་ནི་མུ་ནི་མཧཱ་མུ་ནི་ཡེ(༢༠བ)སྭཱཧཱ། ཞེས་ལན་གསུམ་བྱའོ། །དེ་ཙམ་གྱིས་དོན་འགྲུབ་པ་ཡིན་པར་གསུངས། རྗེས་ཆོག་སྤྱི་དང་འདྲ། །

༄ བཀའ་གདམས་ལྷ་བཞིའི་ནང་གི་ཤཱཀྱ་ཐུབ་པ་ལ། ཡན་ལག་བདུན་པ་དང་། སྐྱབས་འགྲོ་སེམས་བསྐྱེད་རྣམས་སྔོན་དུ་བཏང་། སྭ་བྷཱ་ཝས་སྟོང་པར་སྦྱངས། སྟོང་པའི་ངང་ལས་རང་གི་སྙིང་གར་ཨ་ལས་ཟླ་བའི་སྟེང་དུ་ཧཱུྃ་སེར་པོའི་འོད་ཀྱིས་ལུས་གང་། རང་ཉིད་ཐུབ་པའི་དབང་པོའི་སྐུར་གྱུར་པ་ནི་སྐུ་མདོག་གསེར་བཙོ་མ་ལྟ་བུ་ཕྱག་གཡས་ས་གནོན་དང་། གཡོན་མཉམ་གཞག་མཛད་པ། ཞབས་རྡོ་རྗེའི་སྐྱིལ་ཀྲུང་གིས་བཞུགས་པ། རབ་ཏུ་བྱུང་བའི་ཆ་ལུགས་ཅན། མཚན་དང་དཔེ་བྱད་ཡོངས་སུ་རྫོགས་ཤིང་ཆོས་གོས་རྣམ་གསུམ་གསོལ་བ། འོད་ཟེར་དཔག་ཏུ་མེད་པ་འཕྲོ་ཞིང་། ཐུགས་མཉམ་པར་བཞག་པའི་བདག་ཉིད་དུ་གྱུར། ཐུགས་ཀར་ཟླ་བ་ལ་གནས་པའི་ཧཱུྃ། དེ་ལས་འོད་ཟེར་འཕྲོས། ཐུབ་པ་ཡེ་ཤེས་སེམས་དཔའི་ལྷ་ཚོགས་བཛྲ་ས་མཱ་ཛཿཡིད་ཀྱིས་ཕྱག་མཚོད་བྱ། ཛཿཧཱུྃ་བཾ་ཧོཿ སྤྱི་བོར་ཨོཾ་དཀར་པོ། མགྲིན་པར་ཨཱཿདམར་པོ། ཐུགས་ཀར་ཧཱུྃ་སྔོན་པོ། ས་བོན་གྱི་མཐར་སྔགས་ཀྱི་ཕྲེང་བས་བསྐོར་བར་བསྒོམ་ལ། ཨོཾ་མུ་ནི་མུ་ནི་མཧཱ་མུ་ནི་ཡེ་སྭཱཧཱ། ཞེས་ཅི་ནུས་སུ་བཟླ། འདོད་དོན་ལ་གསོལ་བ་གདབ། དགེ་བ་བསྔོ། ༄ འདིའི་ལུང་འབོགས་ཚུལ་ནི། ཐུབ་

པའི་སྐུ་གཟུགས་བྲིས་འབུར་གང་རུང་ཞིག་གི་མདུན་དུ་མཎྜལ་ལ་མེ་ཏོག་གི་ཚོམ་(༤༧ན)བུ་བཀོད། མཆོད་པ་རྒྱ་ཆེར་བཤམས། ཨོཾ་ལས་བྱུང་བའི་མཆོད་པར་མོས། ཨོཾ་ན་མོ་བྷ་ག་ཝ་ཏེ། བཛྲ་སཱ་ར་པྲ་མརྡ་ནཱ་ཡ། ཏ་ཐཱ་ག་ཏཱ་ཡ། ཨརྷ་ཏེ་སམྱཀྶཾ་བུདྡྷཱ་ཡ། ཏ་དྱ་ཐཱ། ཨོཾ་བཛྲེ་བཛྲེ། མཧཱ་བཛྲེ། མཧཱ་བིདྱཱ་བཛྲེ། མཧཱ་ཏེ་ཛ་བཛྲེ། མཧཱ་བོ་དྷི་ཙིཏྟ་བཛྲེ། མཧཱ་བོ་དྷི་མཎྜོ་པ་སཾ་ཀྲ་མ་ཎ་སརྦ་ཀརྨ་ཨ་པ་ར་ཎ་བི་ཤོ་དྷ་ནི་སྭཱཧཱ། ཞེས་མཆོད་སྦྱིན་གྱི་གཟུངས་བཟླ། བདག་བསྐྱེད་བཟླས་པའི་བར་བྱ། མདུན་བསྐྱེད་ཨ་མྲྀ་ཏས་བསངས། སྭ་བྷཱ་ཝས་སྦྱངས། སྟོང་པ་ཉིད་དུ་གྱུར། སྟོང་པའི་ངང་ལས་ཨ་ལས་ཟླ་བའི་སྟེང་དུ་ཧཱུྃ་སེར་པོ་ལས་གྲུབ་པའི་དབང་པོ་སྐུ་མདོག་གསེར་བཙོ་མ་ལྟ་བུ་ཞེས་པ་ནས་ཐུགས་ཀར་ཧཱུྃ་སྔོན་པོ། ཞེས་པའི་བར་བདག་བསྐྱེད་བཞིན་བྱ། ཨོཾ་ཤཀྲཱ་ཡ་ས་པ་རི་ཝཱ་ར་ཨརྒྷཾ་པྲ་ཏཱིཙྪ་ཡེ་སྭཱཧཱ། ཞེས་པ་ནས། ཤབྡ་པྲ་ཏཱིཙྪ་ཡེ་སྭཱཧཱ། ཞེས་པའི་བར་གྱིས་མཆོད། ཐབས་མཁས་ཐུགས་རྗེ་ནས་ཕྱག་འཚལ་ལོ། །ཞེས་པས་བསྟོད། མདུན་བསྐྱེད་ཀྱི་ཐུགས་ཀའི་ས་བོན་གྱི་མཐར་སྔགས་ཀྱི་འཕྲེང་བས་བསྐོར་བར་བསྒོམ་ལ། ཨོཾ་མུ་ནེ་མུ་ནེ་མཧཱ་མུ་ནེ་ཡེ་སྭཱཧཱ། ཞེས་ཅི་འགྲུབ་བཟླ། མཐར་ཡིག་བརྒྱ་བརྗོད། བཅོམ་ལྡན་འདས་བདག་དང་སེམས་ཅན་ཐམས་ཅད་ལ་དངོས་གྲུབ་མ་ལུས་པ་བསྩལ་དུ་གསོལ། ཞེས་གསོལ་བ་གདབ། ༈ དེ་ནས་སློབ་མས་མཎྜལ་ཕུལ། བཟང་སྤྱོད་ཀྱི་ཡན་ལག་བདུན་པ་བྱ། གསོལ་བ་འདེབས་(༤༧བ)པ་འདིའི་རྗེས་ཟློས་མཛོད་བྱས་ལ། སློབ་དཔོན་གྱིས་བདག་ལ་རིག་སྔགས་དམ་པ་བསྩལ་དུ་གསོལ། །ཞེས་ལན་གསུམ་གྱིས་གསོལ་བ་འདེབས་སུ་བཅུག །སྐྱབས་འགྲོ་སེམས་བསྐྱེད་ཀྱི་འདུན་པ་དང་བཅས་པས་འདིའི་རྗེས་ཟློས་མཛོད་བྱས་ལ། སྐྱབས་འགྲོ་སེམས་བསྐྱེད་རྒྱས་པར་འདོགས་པའམ། བསྡུ་ན་སངས་རྒྱས་ཆོས་དང་ཚོགས་ཀྱི་མཆོག་བཅས་ལ། །ཞེས་སོགས་ལན་གསུམ་བྱ། དེ་ནས། སྭ་བྷཱ་ཝས་སྦྱངས། སྟོང་པའི་ངང་ལས་ཁྱེད་རང་རྣམས་ཀྱི་སྙིང་གར་ཨ་ལས་ཟླ་བའི་སྟེང་དུ་ཧཱུྃ་སེར་པོའི་འོད་

ཀྱིས་ལུས་གང་། ཁྱེད་རང་རྣམས་ཐུབ་པའི་དབང་པོའི་སྐུར་གྱུར་པ་ནི། སྐུ་མདོག་གསེར་བཙོ་མ་ལྟ་བུ། ཕྱག་གཡས་ས་གནོན་དང་། གཡོན་མཉམ་གཞག་མཛད་པ། ཞབས་རྡོ་རྗེའི་སྐྱིལ་ཀྲུང་གིས་བཞུགས་པ། རབ་ཏུ་བྱུང་བའི་ཆ་ལུགས་ཅན། མཚན་དང་དཔེ་བྱད་ཡོངས་སུ་རྫོགས་ཤིང་། ཆོས་གོས་རྣམ་གསུམ་གསོལ་བ། འོད་ཟེར་དཔག་ཏུ་མེད་པ་འཕྲོ་ཞིང་། ཐུགས་མཉམ་པར་བཞག་པའི་བདག་ཉིད་དུ་གྱུར། ཐུགས་ཀར་ཟླ་བ་ལ་གནས་པའི་ཧཱུྃ། ཞེས་གསལ་འདེབས་སུ་གཞུག །དེ་ནས་སློབ་དཔོན་ཐུབ་པའི་དབང་པོར་གསལ་བའི་ཐུགས་ཀའི་ས་བོན་གྱི་མཐར་སྔགས་ཕྲེང་གིས་བསྐོར་བ་ལས་སྔགས་ཕྲེང་གཉིས་པ་བྱུང་། ཞལ་ནས་ཐོན། ཁྱེད་རང་རྣམས་ཐུབ་པའི་དབང་པོར་གསལ་བའི་ཞལ་དུ་ཞུགས། ཐུགས་ཀར་ཟླ་བའི་སྟེང་(༡༢ན) དུ་ཧཱུྃ་ཡིག་གི་མཐར་གཡས་སྐོར་དུ་འཁོད་པར་མོས་ལ། སྔགས་འདིའི་རྗེས་ཟློས་མཛོད་བྱས་ལ། ཨོཾ་མུ་ནེ་མུ་ནེ་མཧཱ་མུ་ནེ་ཡེ་སྭཱཧཱ། ཞེས་ལན་གསུམ་རྗེས་ཟློས་བྱེད་དུ་གཞུག །རྗེས་ཆོག་སྤྱི་དང་འདྲ། །

༄ **སྨན་བླ་མཆེད་བདུན་ལ།** སྐྱབས་འགྲོ་སེམས་བསྐྱེད་སྔོན་དུ་སོང་ནས། རང་གི་སྙིང་གར་ཨ་ལས་ཟླ་བའི་སྟེང་དུ་ཨོཾ་སྔོན་པོའི་འོད་ཀྱི་འཕྲོ་འདུ་ལས། རང་སྐད་ཅིག་གིས་བཅོམ་ལྡན་འདས་སྨན་གྱི་བླ་བཻཌཱུརྱ་འོད་ཀྱི་རྒྱལ་པོ་སྐུ་མདོག་མཐིང་ག་རབ་ཏུ་བྱུང་བའི་ཆ་ལུགས་ཅན། ཕྱག་གཡས་མཆོག་སྦྱིན་གྱི་མཐིལ་ན་ཨ་རུ་ར་རྒྱས་པ་འཛིན་པ། གཡོན་མཉམ་གཞག་གི་སྟེང་ན་བཻཌཱུརྱའི་ལྷུང་བཟེད་བདུད་རྩིས་གང་བ་བསྣམས་པ། དར་དམར་པོའི་ཆོས་གོས་རྣམ་གསུམ་གསོལ་བ། པད་ཟླ་ལ་རྡོ་རྗེའི་སྐྱིལ་ཀྲུང་གིས་བཞུགས་པ། མཚན་དཔེ་ཡོངས་སུ་རྫོགས་པའི་སྐུར་གྱུར། ཐུགས་ཀར་ཟླ་བ་ལ་ཨོཾ་སྔོན་པོ། དེ་ལས་འོད་ཟེར་ལྕགས་ཀྱུ་དང་ཞགས་པ་ལྟ་བུ་སྤྲོས། ཡེ་ཤེས་པ་བཛྲ་ས་མ་ཛཿཛཿཧཱུྃ་བཾ་ཧོཿ གཡས་སུ་ཨ་ལས་བྱང་སེམས་ཟླ་བ་ལྟར་སྣང་བྱེད་དཀར་པོ། གཡོན་དུ་མཾ་ལས་ཉི་མ་ལྟར་སྣང་བྱེད་དམར་སེར། གཉིས་ཀའང་

ཐལ་མོ་སྦྱར་བ་རྒྱན་ཐམས་ཅད་ཀྱིས་བརྒྱན་པའོ། །རང་གི་སྤྱི་བོར་ཨོཾ། མགྲིན་པར་ཨཱཿ ཐུགས་ཀར་ཧཱུྃ་གིས་མཚན་པར་གྱུར། ན་མོ་བྷ་ག་ཝ་ཏེ། བྷཻ་ཥ་ཛྱེ་གུ་རུ་(༢༢བ)བཻཌཱུརྻ་པྲ་བྷ་རཱ་ཛཱ་ཡ། ཏ་ཐཱ་ག་ཏཱ་ཡ། ཨརྷ་ཏེ་སམྱཀྶཾ་བུདྡྷཱ་ཡ། ཏདྱ་ཐཱ། ཨོཾ་བྷཻ་ཥ་ཛྱེ་བྷཻ་ཥ་ཛྱེ། མ་ཧཱ་བྷཻ་ཥ་ཛྱེ། རཱ་ཛ་ས་མུད་ག་ཏེ་སྭཱ་ཧཱ། ཞེས་པ་དང་། ཨོཾ་མན་ཚད་ཁོ་ན་བཟླ་བའི་ལུགས་ཀྱང་ཡོད་དོ། །འདོན་དོན་གསོལ་བ་བཏབ། དགེ་བ་བསྔོ། ༈ འདིའི་རྗེས་གནང་བྱ་ཚུལ་ནི། མཎྜལ་གཅིག་གི་དབུས་སུ་ཆོམ་བུ་སྔོན་པོ། དེའི་གཡས་སུ་དམར་པོ། དེའི་གཡས་སུ་ཡང་དམར་པོ། དེའི་གཡས་སུ་དམར་སྐྱ། ཆོམ་བུ་སྔོན་པོའི་གཡོན་དུ་དཀར་སེར། དེའི་གཡོན་དུ་དམར་སེར། དེའི་གཡོན་དུ་སེར་པོ་སྟེ་བདུན། ཆོམ་བུ་སྔོན་པོའི་ཤར་ལྟོར་དཀར་པོ། བྱང་ཤར་དུ་དམར་སེར་རེ་དགོད། མདུན་དུ་ཆུ་གཉིས་ཉེར་སྤྱོད། མཆོད་ཡོན་ལྔ། རྒྱལ་སྲིད་སྣ་བདུན། བཀྲ་ཤིས་རྟགས་བརྒྱད། རྫས་བརྒྱད་སོགས་ཀྱི་མཆོད་གཏོར་རྒྱ་ཆེར་བཤམས། དམར་གཏོར་ཟུར་གསུམ། ཆ་གསུམ་གཏོར་མ་ཡང་སྔ་གོན་བྱ། མཆོད་པ་བྱ་རྒྱུད་ལྟར་བྱིན་གྱིས་བརླབས། བདག་བསྐྱེད་གོང་བཞིན་སྔོན་དུ་བཏང་ནས་མཎྜལ་ཧཱུྃ་ལས་བྱུང་བའི་གཞལ་ཡས་ཁང་གི་དབུས་སུ། ཆོམ་བུ་རྣམས་པད་ཟླའི་གདན་རེ་རེར་གྱུར། རང་གི་སྙིང་ག་ནས་འོད་ཟེར་འཕྲོས། བདེ་བར་གཤེགས་པ་བདུན་འཁོར་དང་བཅས་པ་བཛྲ་ས་མཱ་ཛཿ མ་ལུས་སེམས་ཅན་ཀུན་གྱི་མགོན་གྱུར་ཅིང་། །ནས་གཤེགས་སུ་གསོལ། ཞེས་སྤྱན་དྲངས། གདན་ཕུལ་བར་བསམ་སྟེ། པདྨ་ཀ་མ་ལ་ཡེ་སྟྭཾ། ལན་བདུན། དབུས་སུ་བཅོམ་ལྡན་འདས་(༢༣ན)སྨན་གྱི་བླ་བཻཌཱུརྻ་འོད་ཀྱི་རྒྱལ་པོ། ཞེས་པ་ནས། རྒྱན་ཐམས་ཅད་ཀྱིས་བརྒྱན་པའོ། །གཡས་ཀྱི་གདན་གསུམ་ལ་རིམ་པས་དེ་བཞིན་གཤེགས་པ་མངོན་མཁྱེན་རྒྱལ་པོ་སྐུ་མདོག་དམར་པོ། གཡས་མཆོག་སྦྱིན་དང་། གཡོན་མཉམ་གཞག །ཆོས་བསྒྲགས་རྒྱ་མཚོའི་དབྱངས་སྐུ་མདོག་དམར་པོ་གཡས་མཆོག་སྦྱིན་དང་། གཡོན་མཉམ་གཞག །མྱ་ངན་མེད་མཆོག་

དཔལ་སྐུ་མདོག་དམར་སྐྱ་ཕྱག་གཉིས་མཉམ་གཞག །གཡོན་གྱི་གདན་གསུམ་ལ་རིམ་པས་གསེར་བཟང་དྲི་མེད་སྐུ་མདོག་དཀར་སེར་གཡས་ཆོས་འཆད། གཡོན་མཉམ་གཞག །རིན་ཆེན་ཟླ་བ་སྐུ་མདོག་དམར་སེར་གཡས་ཆོས་འཆད། གཡོན་མཉམ་གཞག །མཚན་ལེགས་སྐུ་མདོག་སེར་པོ་གཡས་ཆོས་འཆད། གཡོན་མཉམ་གཞག་མཛད་པའོ། །ཨོཾ་སརྦ་ཏ་ཐཱ་ག་ཏཱ་ས་པ་རི་ཝཱ་ར་ཨརྒྷཾ་པྲ་ཏཱིཙྪ་ཡེ་སྭཱཧཱ། ཞེས་པ་ནས། ཤབྡ་པྲ་ཏཱིཙྪ་ཡེ་སྭཱཧཱ། ཞེས་པའི་བར་གྱིས་མཆོད། ཐབས་སྟོང་ལྡན་པའི་འཁོར་ལོ་རིན་པོ་ཆེ། །ཡིད་བཞིན་ནོར་བུ་བཙུན་མོ་རིན་ཆེན་དང་། །བློན་པོ་གླང་པོ་རྟ་མཆོག་དམག་དཔོན་ཏེ། །རྒྱལ་སྲིད་རིན་ཆེན་བདུན་གྱིས་མཆོད་པར་བགྱི། །ཨོཾ་སརྦ་ཏ་ཐཱ་ག་ཏཱ་ས་པ་རི་ཝཱ་ར་མཎྜ་སཔྟ་རཏྣ་པཱུ་ཛ་མེ་གྷ་ས་མུ་དྲ་སྥ་ར་ཎ་ས་མ་ཡ་ཨཱ་ཡེ་ཧཱུཾ། ཞེས་རྒྱལ་སྲིད་སྣ་བདུན་དབུལ། ལྷ་ཡི་དབང་པོ་ལྷ་མིན་གཡུལ་རྒྱལ་ཚེ། །བཀྲ་ཤིས་ལྷ་(༢༣བ)མོ་བརྒྱད་ཀྱིས་མཆོད་པ་ལྟར། །བདེ་བར་གཤེགས་པ་མཆེད་བདུན་འཁོར་བཅས་ལ། །བཀྲ་ཤིས་རྟགས་བརྒྱད་དག་གིས་མཆོད་པར་བགྱི། །ཨོཾ་སརྦ་ཏ་ཐཱ་ག་ཏཱ་ས་པ་རི་ཝཱ་ར་ཨཥྚ་མཾ་ག་ལ་པཱུ་ཛ་མེ་གྷ་ས་མུ་དྲ་སྥ་ར་ཎ་ས་མ་ཡ་ཨཱ་ཡེ་ཧཱུཾ། ཞེས་བཀྲ་ཤིས་རྟགས་བརྒྱད་དབུལ། དྲི་མེད་མེ་ལོང་གི་ཝཾ་སྨན་གྱི་མཆོག །བ་ཝ་དུར་བ་ཤིང་ཏོག་ཐལ་བ་དང་། །ཆོས་དུང་གཡས་འཁྱིལ་ལི་ཁྲི་ཡུངས་ཀར་ཏེ། །བཀྲ་ཤིས་རྫས་བརྒྱད་དག་གིས་མཆོད་པར་བགྱི། །ཨོཾ་སརྦ་ཏ་ཐཱ་ག་ཏཱ་ས་པ་རི་ཝཱ་ར་ཨཥྚ་མཾ་ག་ལ་དྲ་བྱ་པཱུ་ཛ་མེ་གྷ་ས་མུ་དྲ་སྥ་ར་ཎ་ས་མ་ཡ་ཨཱ་ཡེ་ཧཱུཾ། ཞེས་བཀྲ་ཤིས་རྫས་བརྒྱད་དབུལ། བཟང་སྤྱོད་ཀྱི་ཡན་ལག་བདུན་པ་ཚར་གསུམ་བྱ། མཚན་ལེགས་རིན་ཆེན་གསེར་བཟང་མྱ་ངན་མེད། །ཆོས་བསྒྲགས་མངོན་མཁྱེན་སངས་རྒྱས་སྨན་གྱི་བླ། །རྒྱ་ཆེན་སྨོན་ལམ་ཡོངས་སུ་རྫོགས་པ་ཡི། །བདེ་བར་གཤེགས་པ་བདུན་ལ་ཕྱག་འཚལ་ལོ། །ཞེས་པས་བསྟོད། དེ་ནས་བཟླས་པ་ཅི་འགྲུབ་བྱའོ། །༄ སློབ་མའི་བྱ་བ་ནི་ཁྲུས་བྱས་མཎྜལ་ཕུལ་ཞིང་། བླ་མ་རྡོ་རྗེ་འཛིན་པ་ལ་

སོགས་པ་ཕྱོགས་བཅུའི་སངས་རྒྱས་དང་བྱང་ཆུབ་སེམས་དཔའ་ཐམས་ཅད་བདག་ལ་དགོངས་སུ་གསོལ། བདག་མིང་འདི་ཞེས་བགྱི་བ་དུས་འདི་ནས་བཟུངས་ཏེ། སྙིང་པོ་བྱང་ཆུབ་ལ་མཆིས་ཀྱི་བར་དུ། བཅོམ་ལྡན་འདས་སྨན་གྱི་བླ་བཻ་ཌཱུརྻ་འོད་ཀྱི་རྒྱལ་པོ་ཡི་དམ་དུ་འཚལ་(༨༤ན)གྱི། སློབ་དཔོན་གྱིས་བདག་ལ་ལུང་བསྟལ་དུ་གསོལ། ལན་གསུམ། བཟང་སྤྱོད་ཀྱི་ཡན་ལག་བདུན་པ་ལན་གསུམ། སངས་རྒྱས་ཆོས་དང་མ་ལན་གསུམ། དེ་ནས་འདི་སྐད་ཅེས། ཁྱེད་རང་རྣམས་ཐ་མལ་པར་གནས་པའི་སྤྱི་བོར་བཅོམ་ལྡན་འདས་སྨན་གྱི་བླ་བཻ་ཌཱུརྻ་འོད་ཀྱི་རྒྱལ་པོ་སྐུ་མདོག་མཐིང་ག་རབ་ཏུ་བྱུང་བའི་ཆ་ལུགས་ཅན། ཕྱག་གཡས་མཆོག་སྦྱིན་གྱི་མཐིལ་ན་ཨ་རུ་ར་རྒྱས་པ་འཛིན་པ། གཡོན་མཉམ་གཞག་གི་སྟེང་ན་བཻ་ཌཱུརྻའི་ལྷུང་བཟེད་བདུད་རྩིས་གང་བ་བསྣམས་པ། དར་དམར་པོའི་ཆོས་གོས་རྣམ་གསུམ་གསོལ་བ། པད་ཟླ་ལ་རྡོ་རྗེའི་སྐྱིལ་ཀྲུང་གིས་བཞུགས་པ། མཚན་དཔེ་ཡོངས་སུ་རྫོགས་པའི་སྐུར་གྱུར། གཡས་སུ་ཨ་ལས་ཟླ་བ་ལྟར་སྣང་བྱེད་དཀར་པོ། གཡོན་དུ་ མཾ་ལས་ཉི་མ་ལྟར་སྣང་བྱེད་དམར་སེར། གཉིས་ཀའང་ཐལ་མོ་སྦྱར་བ་རྒྱན་ཐམས་ཅད་ཀྱིས་བརྒྱན་པའོ། །སྨན་པའི་རྒྱལ་པོའི་དབུ་གཙུག་ཏུ་བླ་མའི་ངོ་བོ་ནོར་བུ་རིན་པོ་ཆེ་དབང་གི་རྒྱལ་པོ་དང་། དེའི་དབུ་གཙུག་ཏུ་མངོན་མཁྱེན་རྒྱལ་པོ་སྐུ་མདོག་དམར་པོ་གཡས་མཆོག་སྦྱིན་དང་། གཡོན་མཉམ་གཞག །དེའི་དབུ་གཙུག་ཏུ་ཆོས་བསྒྲགས་རྒྱ་མཚོའི་དབྱངས་སྐུ་མདོག་དམར་པོ་གཡས་མཆོག་སྦྱིན་དང་གཡོན་མཉམ་གཞག །དེའི་དབུ་གཙུག་ཏུ་མྱ་ངན་མེད་མཆོག་དཔལ་སྐུ་མདོག་དམར་སྐྱ་ཕྱག་གཉིས་མཉམ་གཞག །དེའི་དབུ་གཙུག་ཏུ་(༨༤བ)གསེར་བཟང་དྲི་མེད་སྐུ་མདོག་དཀར་སེར་གཡས་ཆོས་འཆད། གཡོན་མཉམ་གཞག །དེའི་དབུ་གཙུག་ཏུ་རིན་ཆེན་ཟླ་བ་སྐུ་མདོག་དམར་སེར་གཡས་ཆོད་འཆད། གཡོན་མཉམ་གཞག །དེའི་དབུ་གཙུག་ཏུ་མཚན་ལེགས་སྐུ་མདོག་སེར་པོ་གཡས་ཆོས་འཆད། གཡོན་མཉམ་གཞག་མཛད་པའོ། །དེ་ལྟར་

གསལ་འདེབས། བཅོམ་ལྡན་འདས་དེ་བཞིན་གཤེགས་པ་དགྲ་བཅོམ་པ་ཡང་དག་པར་རྫོགས་པའི་སངས་རྒྱས་མཚན་ལེགས་པར་ཡོངས་བསྒྲགས་དཔལ་གྱི་རྒྱལ་པོ་ལ་ཕྱག་འཚལ་ལོ། །མཆོད་དོ་སྐྱབས་སུ་མཆིའོ། །བདེ་བར་གཤེགས་པ་མཚན་ལེགས་ཀྱིས་སྔོན་གྱི་སྨོན་ལམ་ཇི་ལྟར་བཏབ་པ་བཞིན་བདག་དང་སེམས་ཅན་ཐམས་ཅད་ཀྱིས་སྐད་ཅིག་ལ་འགྲུབ་པར་བྱིན་གྱིས་བརླབ་ཏུ་གསོལ། ཞེས་གསོལ་བ་བཏབ་པས། དེ་བཞིན་གཤེགས་པ་མཚན་ལེགས་འོད་དུ་ཞུ་ནས། རིན་ཆེན་ཟླ་བའི་སྐུ་ལ་ཐིམ་པར་མོས། དེ་ནས་བཅོམ་ལྡན་འདས་དེ་བཞིན་གཤེགས་པ་དགྲ་བཅོམ་པ་ཡང་དག་པར་རྫོགས་པའི་སངས་རྒྱས་རིན་པོ་ཆེ་དང་ཟླ་བ་དང་པདྨས་རབ་ཏུ་བརྒྱན་པ་མཁས་པ་གཟི་བརྗིད་སྒྲ་དབྱངས་ཀྱི་རྒྱལ་པོ་ལ་ཕྱག་འཚལ་ལོ། །མཆོད་དོ་སྐྱབས་སུ་མཆིའོ། །བདེ་བར་གཤེགས་པ་རིན་ཆེན་ཟླ་བས་སྔོན་གྱི་སྨོན་ལམ་ཇི་ལྟར་བཏབ་པ་བཞིན་བདག་དང་སེམས་ཅན་ཐམས་ཅད་ཀྱིས་སྐད་ཅིག་ལ་འགྲུབ་པར་བྱིན་གྱིས་བརླབ་ཏུ་གསོལ་ཞེས་གསོལ་བ་(༥༥ན)བཏབ་པས། རིན་ཆེན་ཟླ་བ་འོད་དུ་ཞུ་ནས། གསེར་བཟང་དྲི་མེད་ཀྱི་སྐུ་ལ་ཐིམ་པར་མོས། དེ་ནས་བཅོམ་ལྡན་འདས་དེ་བཞིན་གཤེགས་པ་དགྲ་བཅོམ་པ་ཡང་དག་པར་རྫོགས་པའི་སངས་རྒྱས་གསེར་བཟང་དྲི་མེད་རིན་ཆེན་སྣང་བརྟུལ་ཞུགས་གྲུབ་པ་ལ་ཕྱག་འཚལ་ལོ། །མཆོད་དོ་སྐྱབས་སུ་མཆིའོ། །བདེ་བར་གཤེགས་པ་གསེར་བཟང་དྲི་མེད་ཀྱིས་སྔོན་གྱི་སྨོན་ལམ་ཇི་ལྟར་བཏབ་པ་བཞིན་བདག་དང་སེམས་ཅན་ཐམས་ཅད་ཀྱིས་སྐད་ཅིག་ལ་འགྲུབ་པར་བྱིན་གྱིས་བརླབ་ཏུ་གསོལ། ཞེས་གསོལ་བ་བཏབ་པས། དེ་བཞིན་གཤེགས་པ་གསེར་བཟང་དྲི་མེད་འོད་དུ་ཞུ་ནས། མྱ་ངན་མེད་མཆོག་དཔལ་གྱི་སྐུ་ལ་ཐིམ་པར་མོས། དེ་ནས་བཅོམ་ལྡན་འདས་དེ་བཞིན་གཤེགས་པ་དགྲ་བཅོམ་པ་ཡང་དག་པར་རྫོགས་པའི་སངས་རྒྱས་མྱ་ངན་མེད་མཆོག་དཔལ་ལ་ཕྱག་འཚལ་ལོ། །མཆོད་དོ་སྐྱབས་སུ་མཆིའོ། །བདེ་བར་གཤེགས་པ་མྱ་ངན་མེད་མཆོག་དཔལ་གྱིས་སྔོན་གྱི་

སྨོན་ལམ་ཇི་ལྟར་བཏབ་པ་བཞིན་བདག་དང་སེམས་ཅན་ཐམས་ཅད་ཀྱིས་སྐད་ཅིག་ལ་འགྲོར་པར་བྱིན་གྱིས་བརླབ་ཏུ་གསོལ། ཞེས་གསོལ་བ་བཏབ་པས། དེ་བཞིན་གཤེགས་པ་མྱ་ངན་མེད་མཆོག་དཔལ་འོད་དུ་ཞུ་ནས། ཆོས་བསྒྲགས་རྒྱ་མཚོའི་དབྱངས་ཀྱི་སྐུ་ལ་ཐིམ་པར་མོས། དེ་ནས་བཅོམ་ལྡན་འདས་དེ་བཞིན་གཤེགས་པ་དགྲ་བཅོམ་པ་ཡང་དག་པར་རྫོགས་(༥༥བ)པའི་སངས་རྒྱས་ཆོས་བསྒྲགས་རྒྱ་མཚོའི་དབྱངས་ལ་ཕྱག་འཚལ་ལོ། །མཆོད་དོ་སྐྱབས་སུ་མཆིའོ། །བདེ་བར་གཤེགས་པ་ཆོས་བསྒྲགས་རྒྱ་མཚོའི་དབྱངས་ཀྱིས་སྔོན་གྱི་སྨོན་ལམ་ཇི་ལྟར་བཏབ་པ་བཞིན་བདག་དང་སེམས་ཅན་ཐམས་ཅད་ཀྱིས་སྐད་ཅིག་ལ་འགྲོར་པར་བྱིན་གྱིས་བརླབ་ཏུ་གསོལ། ཞེས་གསོལ་བ་བཏབ་པས། དེ་བཞིན་གཤེགས་པ་ཆོས་བསྒྲགས་རྒྱ་མཚོའི་དབྱངས་འོད་དུ་ཞུ་ནས། མངོན་མཁྱེན་རྒྱལ་པོའི་སྐུ་ལ་ཐིམ་པར་མོས། དེ་ནས་བཅོམ་ལྡན་འདས་དེ་བཞིན་གཤེགས་པ་དགྲ་བཅོམ་པ་ཡང་དག་པར་རྫོགས་པའི་སངས་རྒྱས་ཆོས་རྒྱ་མཚོ་མཆོག་གི་བློས་རྣམ་པར་རོལ་པ་མངོན་པར་མཁྱེན་པའི་རྒྱལ་པོ་ལ་ཕྱག་འཚལ་ལོ། །མཆོད་དོ་སྐྱབས་སུ་མཆིའོ། །བདེ་བར་གཤེགས་པ་མངོན་མཁྱེན་རྒྱལ་པོས་སྔོན་གྱི་སྨོན་ལམ་ཇི་ལྟར་བཏབ་པ་བཞིན་བདག་དང་སེམས་ཅན་ཐམས་ཅད་ཀྱིས་སྐད་ཅིག་ལ་འགྲོར་པར་བྱིན་གྱིས་བརླབ་ཏུ་གསོལ། ཞེས་གསོལ་བ་བཏབ་པས། དེ་བཞིན་གཤེགས་པ་མངོན་མཁྱེན་རྒྱལ་པོ་འོད་དུ་ཞུ་ནས། སྨན་པའི་རྒྱལ་པོ་ལ་ཐིམ་པར་མོས། དེ་ནས་བཅོམ་ལྡན་འདས་དེ་བཞིན་གཤེགས་པ་དགྲ་བཅོམ་པ་ཡང་དག་པར་རྫོགས་པའི་སངས་རྒྱས་སྨན་གྱི་བླ་བཻཌཱུརྱ་འོད་ཀྱི་རྒྱལ་པོ་ལ་ཕྱག་འཚལ་ལོ། །མཆོད་དོ་སྐྱབས་སུ་མཆིའོ། །བདེ་བར་གཤེགས་པ་སྨན་པའི་རྒྱལ་པོས་སྔོན་གྱི་སྨོན་ལམ་ཇི་ལྟར་བཏབ་པ་བཞིན་བདག་དང་སེམས་ཅན་ཐམས་ཅད་ཀྱིས་(༥༦ན)སྐད་ཅིག་ལ་འགྲོར་པར་བྱིན་གྱིས་བརླབ་ཏུ་གསོལ། ཞེས་གསོལ་བ་བཏབ་པས། སྨན་པའི་རྒྱལ་པོའི་སྐུ་ལས་འོད་ཟེར་དཔག་ཏུ་མེད་པ་བྱུང་

སྟེ། སྤྱི་བོ་ནས་རྐང་མཐིལ་གྱི་བར་ཐམས་ཅད་གང་། ནད་གདོན་སྡིག་སྒྲིབ་ཐམས་ཅད་སྦྱངས། ལུས་ཤེལ་གོང་གཡའ་དག་པ་བཞིན་དུ་གྱུར་པར་མོས། ཡང་སྨན་པའི་རྒྱལ་པོའི་དབུ་གཙུག་ཏུ་མདོན་མཁྱེན་རྒྱལ་པོ་གསལ་འདེབས་པ་ནས། སྡིག་སྒྲིབ་བཀྲུས་པའི་བར་གོང་བཞིན་ལན་གཉིས་ཏེ། ཡོངས་རྫོགས་ལན་གསུམ་གྱི་མཐར། སྨན་པའི་རྒྱལ་པོ་འོད་དུ་ཞུ་ནས་ཐིམ་པ་ལས། ཁྱེད་རང་རྣམས་བཅོམ་ལྡན་འདས་སྨན་གྱི་བླ་སྐུ་མདོག་མཐིང་ག་རབ་ཏུ་བྱུང་བའི་ཆ་ལུགས་ཅན། ཕྱག་གཡས་མཆོག་སྦྱིན་གྱི་མཐིལ་ན་ཨ་རུ་ར་རྒྱས་པ་འཛིན་པ། གཡོན་མཉམ་གཞག་གི་སྟེང་ན་བཻ་ཌཱུརྱའི་ལྷུང་བཟེད་བདུད་རྩིས་གང་བ་བསྣམས་པ། དར་དམར་པོའི་ཆོས་གོས་རྣམ་གསུམ་གསོལ་བ། པད་ཟླ་ལ་རྡོ་རྗེའི་སྐྱིལ་ཀྲུང་གིས་བཞུགས་པ། མཚན་དཔེ་ཡོངས་སུ་རྫོགས་པའི་སྐུར་གྱུར། ཐུགས་ཀར་ཟླ་བ་ལ་ཨོཾ་སྔོན་པོ། གཡས་སུ་བྱང་སེམས་ཟླ་བ་ལྟར་སྣང་བྱེད་དཀར་པོ། གཡོན་དུ་ཉི་མ་ལྟར་སྣང་བྱེད་དམར་སེར། གཉིས་ཀ་འང་ཐལ་མོ་སྦྱར་བ་རྒྱན་ཐམས་ཅད་ཀྱིས་བརྒྱན་པའོ། །སློབ་དཔོན་གྱི་ཐུགས་ཀའི་འོད་ཟེར་གྱིས། ཕྱོགས་བཅུའི་སངས་རྒྱས་བྱང་སེམས་ཐམས་ཅད་སངས་རྒྱས་(༤༨བ) སྨན་གྱི་བླའི་རྣམ་པར་སྤྱན་དྲངས། ཁྱེད་རང་རྣམས་ཀྱི་སྤྱི་བོ་ནས་ཞུགས། སྙིང་གའི་ཨོཾ་སྔོན་པོ་ལ་ཐིམ། དཔྲལ་བར་ཨོཾ། མགྲིན་པར་ཨཱཿ ཐུགས་ཀར་ཧཱུཾ་གིས་མཚན་པར་མོས། སློབ་དཔོན་གྱིས། ཨོཾ་ཨཱཿཧཱུཾ། ཞེས་བརྗོད་བཞིན་དུ། མེ་ཏོག་སློབ་མའི་སྤྱི་བོར་བཞག །དེ་ནས་སློབ་དཔོན་སྨན་པའི་རྒྱལ་པོར་གསལ་བའི་ཐུགས་ཀའི་ས་བོན་ སྔགས་ཕྲེང་དང་བཅས་པ་ལས་སྔགས་ཕྲེང་གཉིས་པ་བྱུང་། ཞལ་ནས་ཐོན། ཁྱེད་རང་རྣམས་ཀྱི་ཞལ་དུ་ཞུགས། དེ་ནས་ཐུགས་ཀའི་ཨོཾ་ཡིག་གི་མཐར་གཡས་སྐོར་དུ་འཁོད་པར་མོས་ལ། འདིའི་རྗེས་ཟློས་མཛོད། ན་མོ་བྷ་ག་ཝ་ཏེ། བྷཻ་ཥ་ཛྱེ་གུ་རུ་བཻཌཱུརྱ་པྲ་བྷཱ་རཱ་ཛཱ་ཡ། ཏ་ཐཱ་ག་ཏཱ་ཡ། ཨརྷ་ཏེ་སམྱཀྶཾ་བུདྡྷཱ་ཡ། ཏདྱ་ཐཱ། ཨོཾ་བྷཻ་ཥཛྱེ་བྷཻ་ཥཛྱེ། མཧཱ་བྷཻ་ཥཛྱེ། རཱ་ཛཱ་ས་མུད་ག་ཏེ་སྭཱཧཱ། དེ་ལྟར་ལན་གསུམ་བཟླས་

པས་དང་པོས་རྒྱུད་བྱིན་གྱིས་བརླབས། གཉིས་པས་དབྱེར་མེད་དུ་བྱས། གསུམ་པས་བརྟན་པར་བྱས་པར་མོས། ཞེས་བཟླས་ལུང་ཐོན། དུས་འདི་ནས་བཟུངས་ཏེ། ཇི་སྲིད་བྱང་ཆུབ་སྙིང་པོ་མ་ཐོབ་བར་དུ་སངས་རྒྱས་སྨན་པའི་རྒྱལ་པོ་ཡི་དམ་གྱི་ལྷར་བཟུང་ནས། དེའི་གཟུངས་སྔགས་ཉིན་རེ་ལ་རང་གི་བློ་དང་འཚམས་པ་འདི་ཙམ་རེ་མ་ཆག་པ་བཟླ་སྙམ་པས་འདིའི་རྗེས་གནང་མཛོད། སློབ་དཔོན་དགོངས་སུ་གསོལ། བདག་མིང་འདི་ཞེས་བགྱི་བས་དུས་འདི་ནས་བཟུང་སྟེ་ཇི་སྲིད་བྱང་ཆུབ་སྙིང་པོ་ལ་མཆིས་ཀྱི་བར་དུ་སངས་རྒྱས་སྨན་(༤༧ན)པའི་རྒྱལ་པོ་ཡི་དམ་གྱི་ལྷར་བཟུང་ནས། དེའི་གཟུངས་སྔགས་ཉིན་རེ་ལ་ཅི་ནུས་རེ་བཟླ་བར་དམ་འཆའ་ལགས་སོ། །ཞེས་ལན་གསུམ་གྱིས་དམ་བཅའ་བའི་ལུང་སྦྱིན། སླར་ཡང་མཆོད་པ་གསར་པ་ཞིག་བཤམས་ལ། དཔོན་སློབ་རྣམས་ལྷན་ཅིག་པས་བྱིན་གྱིས་བརླབས། ཨོཾ་སརྦ་ཏ་ཐཱ་ཏ་ཏྭ་ས་པ་རི་ཝཱ་ར་ཨརྒྷཾ་པྲ་ཏཱིཙྪ་ཡེ་སྭཱཧཱ། དེ་བཞིན་དུ། ཨརྒྷཾ་གྱི་གནས་སུ་པཱདྱཾ་སོགས་བཅུག་ལ་མཆོད། མཐར་རོལ་ཆེན་བྱ། མཆོད་པའི་སྤྲིན་གྱི་གཟུངས་བརྗོད། དེ་ནས་བྱིན་གྱིས་བརླབས་པའི་ལུང་གི་སྐད་དུ། སློབ་དཔོན་ལ་མེ་ཏོག་གཏོར་བཞིན་དུ་འདིའི་རྗེས་གནང་མཛོད། བཅོམ་ལྡན་བདག་ལ་ཞེས་སོགས་ལན་གསུམ། དེ་ལྟར་ཕུལ་བའི་མེ་ཏོག་དེ་ཉིད་སྔགས་ཕྲེང་དུ་བྱིན་གྱིས་བརླབས་ཏེ། ཁྱེད་རང་རྣམས་ཀྱི་སྤྱི་བོར་གཏོར་བས། སྤྱི་གཙུག་གི་སྒོ་ནས་ཞུགས་ཏེ། སྙིང་གར་སྔགས་ཕྲེང་ལ་ཐིམ་ཞིང་བྱིན་གྱིས་བརླབས་པར་མོས་མཛོད། མེ་ཏོག་སྤྱི་བོར་གཏོར་ཏེ། བཅོམ་ལྡན་འདི་ལ་ཞེས་སོགས་ལན་གསུམ། སྙིང་གར་གཏོར་ཏེ། སྔགས་ཀྱི་དངོས་གྲུབ་བསྩལ་དུ་གསོལ། །བརྟུལ་ཞུགས་བརྟན་པར་མཛད་དུ་གསོལ། རྡོ་རྗེ་སློབ་མ་འདི་རྣམས་ཀྱི་རྒྱུད་ལ་སངས་རྒྱས་སྨན་པའི་རྒྱལ་པོའི་སྔགས་ཀྱི་བྱིན་རླབས་མ་ལུས་པ་འཇུག་པར་གྱུར་ཅིག །ཅེས་བྱིན་གྱིས་བརླབས་པའི་ལུང་བྱའོ། །རྗེས་ཆོག་སྤྱི་དང་འདྲ། །

༄ བླ་དབང་རྒྱལ་པོ་ལ། སྐྱབས་འགྲོ་སེམས་(༤༧བ)བསྐྱེད་ཚད་མེད་བཞི་བསྒོམ་

པ་སྔོན་དུ་བཏང་ནས། ཨོཾ་ཨ་ཀཱ་རོ་མུ་ཁཾ་སརྦ་དྷརྨཱ་ཎཾ་ཨཱདྱ་ནུ་ཏྤནྣ་ཏྭཱཏ། ཨོཾ་ཨཱཿཧཱུྃ་ཕཊ་སྭཱཧཱ། ཞེས་པས་བྱིན་གྱིས་བརླབས་ལ་ཆ་གསུམ་གྱི་མགྲོན་སོ་སོའི་རང་གནས་སུ་ཟག་པ་མེད་པའི་བདུད་རྩིའི་ཆར་བབས་པ་གསོལ་བས་དགྱེས་ཤིང་ཚིམས་པར་བསམ་ལ་གོང་གི་སྔགས་ལན་གསུམ་བརྗོད་དེ། སྔོན་འགྲོ་གཏོར་མ་བཏང་། ཨོཾ་ཨཱཿཝིགྣན་ཏ་ཀྲྀཏ་ཧཱུྃ་ཕཊ། ལན་བདུན་གྱིས་བགེགས་བསྐྲད། རང་ཉིད་སྐད་ཅིག་གིས་ཀླུ་དབང་རྒྱལ་པོར་གསལ་བའི་ཐུགས་ཀའི་ས་བོན་གྱི་འོད་ཟེར་གྱིས་བླ་མ་དང་ཀླུ་དབང་རྒྱལ་པོ་ལ་སངས་རྒྱས་དང་བྱང་ཆུབ་སེམས་དཔའི་ཚོགས་ཀྱིས་བསྐོར་བ་མདུན་གྱི་ནམ་མཁར་ཨོཾ་བཛྲ་ས་མ་ཛཿ ན་མོ་གུ་རུ་བུདྡྷ་བོ་དྷི་སཏྭ་ས་པ་རི་ཝཱ་ར་བྷྱཿ ཞེས་སྤྱན་དྲངས། ཨོཾ་གུ་རུ་བུདྡྷ་བོ་དྷི་སཏྭ་ས་པ་རི་ཝཱ་ར་ཨརྒྷཾ་པྲ་ཏཱིཙྪ་ཡེ་སྭཱཧཱ། ཞེས་པ་ནས། ཤབྡ་པྲ་ཏཱིཙྪ་ཡེ་སྭཱཧཱ། ཞེས་པའི་བར་གྱིས་མཆོད། དཀོན་མཆོག་གསུམ་ལ་བདག་སྐྱབས་མཆི། །ཞེས་པ་ནས། འགྲོ་ལ་ཕན་ཕྱིར་སངས་རྒྱས་འགྲུབ་པར་ཤོག །ཅེས་པའི་བར་ལན་གསུམ། ཚད་མེད་བཞི་བསྒོམ། མདོར་བསྡུས་པའི་ཚེ་མ་བྱས་ཀྱང་རུང་ངོ་། །ཨོཾ་སྭ་བྷཱ་ཤས་སྟོང་པར་སྦྱངས། སྟོང་པའི་ངང་ལས་པཾ་ལས་པདྨ། ཨ་ལས་ཟླ་བ། དེའི་སྟེང་དུ་ཧཱུྃ་སྔོན་པོའི་འོད་ཀྱི་འཕྲོ་འདུ་ལས། རང་ཉིད་དེ་བཞིན་གཤེགས་པ་ཀླུ་དབང་གི་རྒྱལ་པོ་རིན་པོ་ཆེ་མི་དཔོག་པའི་ཁ་དོག་ལྟ་བུ། ཞལ་རས་དཀར་ཞིང་སྐུ་སྔོ་བ། ཞབས་(༢༢ན)རྡོ་རྗེའི་སྐྱིལ་ཀྲུང་གིས་བཞུགས་ཤིང་། ཕྱག་གཉིས་ཐུགས་ཀར་སེམས་ཅན་རྣམས་ངན་འགྲོའི་སྐྱེ་གནས་ལས་འདྲེན་པར་མཛད་པའི་ཕྱག་རྒྱ་མཛད་པ། མཚན་དང་དཔེ་བྱད་ཡོངས་སུ་རྫོགས་ཤིང་། ན་བཟའ་ཆོས་གོས་དུར་སྨྲིག་རྣམ་གསུམ་གསོལ་བ། ཚངས་པར་སྤྱོད་པའི་ཆ་ལུགས་ཅན། མེ་ཏོག་སྣ་ཚོགས་པའི་རྒྱབ་ཡོལ་དང་། སྦྲུལ་མགོའི་གདེངས་ཀ་བདུན་དང་ལྡན་པ། དེའི་མདུན་དུ་སྒྲིབ་པ་རྣམ་སེལ་དཀར་པོ་ཕྱག་གཡས་རིན་པོ་ཆེའི་མྱུ་གུ་དང་། གཡོན་ན་བུམ་པ་བསྣམས་པ། གཡས་སུ་བྱམས་པ་དམར་པོ་ཀླུ་ཤིང་གི་མེ་

ཏོག་དང་། སྤྱི་བླུགས་འཛིན་པ། རྒྱབ་ཏུ་འཇམ་དཔལ་སེར་པོ་ཨུཏྤལ་བསྣམས་པ། གཡོན་དུ་སྤྱན་རས་གཟིགས་དཀར་པོ་པདྨ་བསྣམས་པ། དེ་ཐམས་ཅད་པད་ཟླའི་གདན་ལ་བཞུགས་ཤིང་། བཅོམ་ལྡན་འདས་ཀྱི་ཞལ་ལ་ལྟ་བའོ། །གཞན་ཡང་གཡས་ཕྱོགས་སུ་བྱང་ཆུབ་སེམས་དཔའི་དགེ་འདུན་དང་། གཡོན་ཕྱོགས་སུ་དགྲ་བཅོམ་པའི་ཚོགས་དང་། འོག་ཕྱོགས་སུ་ཀླུའི་ཚོགས་དཔག་ཏུ་མེད་པ་དང་བཅས་པའོ། །རང་གི་སྙིང་ག་ནས་འོད་ཟེར་འཕྲོས། ཡེ་ཤེས་སེམས་དཔའ་བཛྲ་ས་མཱ་ཛཿ ཨོཾ་སརྦ་ཏ་ཐཱ་ག་ཏ་ས་པ་རི་ཝཱ་ར་པུཥྤེ་པྲ་ཏཱིཙྪ་ཡེ་སྭཱཧཱ། ཞེས་པ་ནས། ནཻ་ཝི་དྱ་པྲ་ཏཱིཙྪ་ཡེ་སྭཱཧཱ། ཞེས་པའི་བར་གྱིས་མཆོད། བཅོམ་ལྡན་འདས་དེ་བཞིན་གཤེགས་པ་ཀླུ་དབང་རྒྱལ་པོས་བདག་ལ་བྱིན་གྱིས་བརླབ་(༢༢༨)ཏུ་གསོལ། ཞེས་གསོལ་བ་གདབ། ཛཿཧཱུྃ་བཾ་ཧོཿ གཉིས་སུ་མེད་པར་ཐིམ། ཏདྱ་ཐཱ། ཏ་ཐཱ་ག་ཏེ་ཧྲ་ག་ཥན་ནཱ་ག་ར་ཛེ་ཤྭ་ར་ཨ་ཏིཥྛ་ན་ཨ་ཏིཥྛི་ཏེ་སྭཱཧཱ། ཞེས་ཅི་ནུས་སུ་བཟླ། མཐར་ཡིག་བརྒྱས་ལྷག་ཆད་ཁ་བསྐངས། དགེ་བ་བྱང་ཆུབ་ཏུ་བསྔོ། ༈ འདིའི་རྗེས་གནང་བྱ་བར་འདོད་ན། མཎྜལ་གཅིག་གི་དབུས་སུ་ཚོམ་བུ་རྩེ་མོ་དཀར་ལ། ལྷག་མ་སྔོན་པོ། དེའི་ཤར་དུ་དཀར་པོ། ལྷོར་དམར་པོ། ནུབ་ཏུ་སེར་པོ། བྱང་དུ་དཀར་པོ་རེ་དགོད། མདུན་དུ་མཆོད་པ་རྒྱ་ཆེར་བཤམས། ཀླུམ་གཏོར་དཀར་པོ་ཆེ་ཆུང་གཉིས། ཆུང་བ་དེ་ལ་ཀླུ་སྨན་སྣ་ཚོགས་བསྲེས། སྔོན་འགྲོའི་གཏོར་མ་རྣམས་ཀྱང་བཤམས། གོང་དུ་བསྟན་པ་ལྟར་བདག་བསྐྱེད་བཟླས་པའི་བར་སྔོན་དུ་འགྲོ་བས་མཆོད་པ་བྱ་རྒྱུད་ལྟར་བྱིན་གྱིས་བརླབས། མདུན་བསྐྱེད་ཨ་མྲི་ཏས་བསངས། སྭ་བྷཱ་ཝས་སྦྱངས། སྟོང་པ་ཉིད་དུ་གྱུར། སྟོང་པའི་ངང་ལས་པཾ་ལས་པདྨ། ཨ་ལས་ཟླ་བ། དེའི་སྟེང་དུ་ཧཱུྃ་སྔོན་པོའི་འོད་ཀྱི་འཕྲོ་འདུ་ལས། དེ་བཞིན་གཤེགས་པ་ཀླུ་དབང་རྒྱལ་པོ། །ཞེས་པ་ནས། ཛཿཧཱུྃ་བཾ་ཧོཿ གཉིས་སུ་མེད་པར་ཐིམ། ཞེས་པའི་བར་བདག་བསྐྱེད་དང་འདྲ། ཨོཾ་སརྦ་ཏ་ཐཱ་ག་ཏཱ་ས་པ་རི་ཝཱ་ར་ཨརྒྷཾ་པྲ་ཏཱིཙྪ་ཡེ་སྭཱཧཱ། ཞེས་པ་ནས། ནཻ་ཝི་དྱ་པྲ་ཏཱིཙྪ་

ཡེ་སྭཱཧཱ། ཞེས་པའི་བར་གྱིས་མཆོད། རོལ་མོ་སོགས་མཆོད་པ་ཐམས་ཅད་བསྔོ་བའི་ཚེ། ཨོཾ་སརྦ་བི་ཤྭ་ཀྲ་ར་ཧཱུ་ཛ་མེ་ཀྵ་སྥ་ར་ན་ས་མུད་དྲེ་ཧཱུྃ། ཞེས་བརྗོད། ཆོས་དབྱིངས་སྐྱེ་མེད་ངང་(༥་ན)ལས་ཆོས་སྐུར་བཞེངས། །གཟི་བརྗིད་རྒྱལ་པོ་ཉི་མ་འབུམ་ཤར་འདྲ། །མཚན་དང་དཔེ་བྱད་འབར་བ་དཔལ་གྱི་སྐུ། །འགྲོ་བའི་སྡུག་བསྔལ་དུག་སེལ་མཆོག་ལ་འདུད། །ཅེས་བསྟོད། བཟླས་པ་ཅི་འགྲུབ་བྱ། གཏོར་མ་ཨ་མྲི་ཏས་བསངས། སྭ་བྷཱ་ཝས་སྦྱངས། གཏོར་མ་དང་པོ་ཨོཾ་ལས་བྱུང་བའི་རིན་པོ་ཆེའི་སྣོད་ཡངས་ཤིང་རྒྱ་ཆེ་བའི་ནང་དུ། གཏོར་མ་བདུད་རྩིའི་རྒྱ་མཚོ་ཆེན་པོར་གྱུར། ཨོཾ་ཨཱཿཧཱུྃ་ལན་གསུམ་གྱིས་བྱིན་གྱིས་བརླབས། ཏ་ཐཱ་ག་ཏེ་ཧྲ་ག་ཕན་ནཱ་ག་ནྟ་ཛེ་ཤྭ་ར་ཨ་ཏེ་བྷྲ་ན་ཨ་ཏེ་བྷྲི་ཏེ་སྭཱཧཱ། ཞེས་སྙིང་པོ་ལན་གསུམ་གྱིས་བཅོམ་ལྡན་འདས་ལ་ཕུལ། ཡང་ཨ་ཀཱ་རོ་མུ་ཁཾ་སརྦ་དྷརྨ་ཎཾ་ཨཱདྱ་ནུཏྤནྣ་ཏྭད་ཨོཾ་ཨཱཿཧཱུྃ་ཕཊ་སྭཱཧཱ། ཞེས་དང་། ན་མཿས་མནྟ་བུདྡྷཱ་ནཾ་ན་མཿསརྦ་ཏ་ཐཱ་ག་ཏཱ་ཨ་ཝ་ལོ་ཀི་ཏེ་ཨོཾ་སམྦྷ་ར་སམྦྷ་ར་ཧཱུྃ། ཞེས་ཁ་འབར་མའི་སྔགས་ལན་བདུན་བརྗོད་པས་བརྟན་པར་བྱིན་གྱིས་བརླབས་ནས། ཨོཾ་བ་ལིཾ་ཏ་ཁ་ཁ་ཁཱ་ཧི་ཁཱ་ཧི། ཞེས་ལན་གསུམ་གྱིས་འཁོར་ཐམས་ཅད་ལ་ཕུལ་ནས། བླ་མ་དཀོན་མཆོག་གསུམ་པོ་དང་། །ཡི་དམ་མཁའ་འགྲོ་རིག་པ་འཛིན། །བཅོམ་ལྡན་གླུ་རྒྱལ་དཀྱིལ་འཁོར་ཚོགས། །ལྷན་ཅིག་སྐྱེད་དང་སྲུང་བྱེད་པའི། །འཇིག་རྟེན་སྐྱོང་བ་ཐམས་ཅད་དང་། །ལན་ཆགས་ཞིང་རྗེར་བཅས་པ་རྣམས། །མཆོད་སྦྱིན་འདི་ཡིས་མཉེས་ཚིམས་ནས། །ཚོགས་གསོག་བར་ཆད་ཞི་གྱུར་ཅིག །ཅེས་(༥་བ)སོགས་འདོད་དོན་གསོལ་བ་བཏབ། གཏོར་མ་གཙང་སར་བཏང་། གཏོར་མ་གཉིས་པ་ལ་དམིགས་ནས། གཏོར་སྣོད་པཾ་སེར་པོ་ལས་པདྨའི་སྣོད་དུ་ཧྲཱིཿཡིག་དཔག་ཏུ་མེད་པ་གནས་པ། སྟེང་དུ་སྤྲིན་འཁྲིགས་ནས་བདུད་རྩིའི་ཆར་ཆེན་པོ་བབས་ནས་འདོད་རྒུའི་རྒྱ་མཚོར་གྱུར། རང་གི་སྙིང་ག་ནས་འོད་ཟེར་འཕྲོས། ནོར་རྒྱུས་སེར་པོ་སྙིང་གར་ཐལ་མོ་སྦྱར་བས་རིན་པོ་ཆེའི་སྒྲོམ་བུ་འཛིན་པ

ལ་སོགས་པ་སྐུ་ཐམས་ཅད་བཛྲ་ས་ཏྭ་ཛཿ ཨོཾ་དེ་བཞིན་གཤེགས་པ་སྐུ་དབང་རྒྱལ་པོ་ལ་ཕྱག་འཚལ་ལོ། །ནཱ་ག་རཱ་ཛ་ས་པ་རི་ཝཱ་ར་ཧཱུཿ ཞེས་པ་ལ་ཁ་འབར་མའི་ཐུགས་བཏགས་པ་ལན་བདུན་གྱིས་བསྔོས་ནས། ཡི་ཧྲར་ཀྱི་མཐར། སྡིག་པ་ཅི་ཡང་མི་བྱེ་ཞིང་། །ནས་བསྟན་པ་ཡིན། ཞེས་སོགས་ཆོས་བཤད། ཨོཾ་བཛྲ་སུཿ ཞེས་གཤེགས་སུ་གསོལ། གཏོར་མ་དེ་སྐུ་གནས་སར་བཏང་ངོ་། །༈ སློབ་མའི་བྱ་བ་ནི། མཇལ་ཕྱུལ། སློབ་དཔོན་དང་མདུན་གྱི་ཚོམ་བུ་གཉིས་ག་དེ་བཞིན་གཤེགས་པ་སྐུ་དབང་རྒྱལ་པོའི་སྐུར་གསལ་བའི་སྟེང་གི་ཆ་ལ་བླ་མ་ཡི་དམ་སངས་རྒྱས་དང་བྱང་ཆུབ་སེམས་དཔའི་ཚོགས་བསམ་གྱིས་མི་ཁྱབ་པ་སྤྲིན་ཕུང་འཐིབས་པ་བཞིན་མདོན་སུམ་ལྷ་བུར་བཞུགས་པར་བསམ་ལ། སངས་རྒྱས་ཆོས་དང་ཚོགས་ཀྱི་མཆོག་རྣམས་ལ། །ཞེས་སོགས་ལན་གསུམ། དཀོན་མཆོག་གསུམ་ལ་བདག་སྐྱབས་མཆི། །ཞེས་སོགས་(༡༠ན)ལན་གསུམ། དངོས་གཞི་ལ་གསོལ་བ་འདེབས་པ་འདིའི་རྗེས་ཟློས་མཛོད། སློབ་དཔོན་བདག་ལ་དགོངས་སུ་གསོལ། །བདག་ནི་སྐུ་དབང་རྒྱལ་པོ་ཡི། །དམ་ཚིག་དངོས་གྲུབ་འཚལ་བ་སྟེ། །བདག་ལ་གཟུངས་ཐུགས་བསྐུལ་དུ་གསོལ། །ཞེས་ལན་གསུམ་གསོལ་བ་གདབ། ཁྱེད་རང་རྣམས་དམིགས་པ་འདི་བཞིན་མཛད་པར་ཞུ། ཨོཾ་སྭ་བྷཱ་ཝ་ཤུདྡྷ་སརྦ་དྷརྨ་སྭ་བྷཱ་ཝ་ཤུདྡྷོ྅ཧཾ། ཕྱི་ནང་གི་དངོས་པོ་ཐམས་ཅད་མི་དམིགས་པ་སྟོང་པ་ཉིད་དུ་གྱུར། སྟོང་པའི་ངང་ལས་པཾ་ལས་པདྨ་ཨ་ལས་ཟླ་བ། དེའི་སྟེང་དུ་ཧཱུཾ་སྔོན་པོའི་འོད་ཀྱི་འཕྲོ་འདུ་ལས། ཁྱེད་རང་རྣམས་དེ་བཞིན་གཤེགས་པ་སྐུ་དབང་རྒྱལ་པོ་རིན་པོ་ཆེ་མི་དཔག་པའི་ཁ་དོག་ལྟ་བུ། ཞལ་རས་དཀར་ཞིང་སྐུ་སྔོ་བ། ཞབས་རྡོ་རྗེ་སྐྱིལ་ཀྲུང་གིས་བཞུགས་ཤིང་། ཕྱག་གཉིས་ཐུགས་ཀར་སེམས་ཅན་རྣམས་ངན་འགྲོའི་སྐྱེ་གནས་ལས་འདོན་པར་མཛད་པའི་ཕྱག་རྒྱ་མཛད་པ། མཚན་དང་དཔེ་བྱད་ཡོངས་སུ་རྫོགས་ཤིང་ན་བཟའ་ཆོས་གོས་ངུར་སྨྲིག་རྣམ་གསུམ་གསོལ་བ། ཚངས་པར་སྤྱོད་པའི་ཆ་ལུགས་ཅན། མི་

ཧོག་སྣ་ཚོགས་པའི་རྒྱབ་ཡོལ་དང་། སྤྲུལ་མགོའི་གདེངས་ཀ་བདུན་དང་ལྡན་པ། དེའི་མདུན་དུ་སྒྲིབ་པ་རྣམ་སེལ་དཀར་པོ་ཕྱག་གཡས་ན་རིན་པོ་ཆེའི་སྦྲུ་གུ་དང་། གཡོན་ན་བུམ་པ་བསྣམས་པ། གཡས་སུ་བྱམས་པ་དམར་པོ་ཀླུ་ཤིང་གི་མེ་(༡༠བ)ཧོག་དང་སྤྱི་བླུགས་འཛིན་པ། རྒྱབ་ཏུ་འཇམ་དཔལ་སེར་པོ་ཨུཏྤལ་བསྣམས་པ། གཡོན་དུ་སྤྱན་རས་གཟིགས་དཀར་པོ་པདྨ་བསྣམས་པ། དེ་ཐམས་ཅད་པད་ཟླའི་གདན་ལ་བཞུགས་ཤིང་། བཅོམ་ལྡན་འདས་ཀྱི་ཞལ་ལ་ལྟ་བའོ། །གཞན་ཡང་གཡས་ཕྱོགས་སུ་བྱང་ཆུབ་སེམས་དཔའི་དགེ་འདུན་དང་། གཡོན་ཕྱོགས་སུ་དགྲ་བཅོམ་པའི་ཚོགས་དང་འོག་ཕྱོགས་སུ་ཀླུའི་ཚོགས་དཔག་ཏུ་མེད་པ་དང་བཅས་པའོ། །དེ་ཐམས་ཅད་ཀྱི་སྤྱི་བོར་ཨོཾ། མགྲིན་པར་ཨཱཿ ཐུགས་ཀར་ཧཱུྃ། ཞེས་གསལ་གདབ་པོ། །སློབ་དཔོན་ལ་མོས་གུས་དུང་བ་བྱས་པས་སློབ་དཔོན་གྱི་ཐུགས་ཀ་ནས་འོད་ཟེར་འཕྲོས། མདུན་བསྐྱེད་དང་ཕྱོགས་བཅུའི་སངས་རྒྱས་བྱང་སེམས་ཐམས་ཅད་ཀྱི་ཐུགས་ཀར་ཕོག་པས་ཐུགས་རྒྱུད་བསྐུལ། ཐུགས་ཀ་ནས་དེ་བཞིན་གཤེགས་པ་ཀླུ་དབང་རྒྱལ་པོ་འཁོར་དང་བཅས་པའི་སྐུ་ཆེ་ཆུང་བསམ་གྱིས་མི་ཁྱབ་པ་སྤྱན་དྲངས། ཁྱེད་རང་རྣམས་ཀྱི་ལུས་ལ་ཆར་ཆེན་པོ་བབས་པ་ལྟར་སིབ་སིབ་ཐིམ་པའི་མོས་པ་མཛོད། ཛཿཧཱུྃ་བཾ་ཧོཿགཉིས་སུ་མེད་པར་ཐིམ། སྐུའི་རྗེས་གནང་ངོ་། །གསུང་གི་རྗེས་གནང་ནི། སློབ་དཔོན་གྱི་ཐུགས་ཀར་ཟླ་བའི་དཀྱིལ་འཁོར་གྱི་དབུས་སུ་ཧཱུྃ་ཡིག་གི་མཐར་བཀོད་པའི་སྔགས་ཕྲེང་ལས་སྔགས་ཕྲེང་གཉིས་པ་བྱུང་། ཞལ་ནས་ཐོན། ཁྱེད་རང་རྣམས་ཀྱི་ཞལ་དུ་ཞུགས། ཐུགས་ཀར་ཟླ་བའི་སྟེང་དུ་ཧཱུྃ་(༡༡ན)ཡིག་སྔོན་པོའི་མཐར་གཡས་སྐོར་དུ་འཁོད་པའི་མོས་པ་མཛོད་ལ། སྔགས་འདིའི་རྗེས་ཟློས་ཀྱིས། ཏདྱ་ཐཱ། ཏ་ཐཱ་ག་ཏི་ཛྷ་ག་ཕན་ནཱ་ག་ནཱ་ཛེ་ཤྭ་ར་ཨ་ཏི་ཊྲི་ན་ཨ་ཏི་ཊྲི་ཏེ་སྭཱཧཱ། ཞེས་ལན་གསུམ་བྱ། སློབ་དཔོན་ལ་མེ་ཏོག་གཏོར་བཞིན་དུ་འདིའི་རྗེས་ཟློས་མཛོད། བཅོམ་ལྡན་བདག་ལ་བསྐུལ་ལགས་ཀྱི། །བཅོམ་ལྡན་བདག་ལ་བྱིན་གྱིས་

རྫོགས། །ཞེས་སོགས་ལན་གསུམ། སློབ་དཔོན་གྱིས་མེ་ཏོག་གཏོར་ཏེ། བཅོམ་ལྡན་འདི་ལ་བསྐུལ་ལགས་ཀྱི། །བཅོམ་ལྡན་འདི་ལ་བྱིན་གྱིས་རློབས། །ཞེས་སོགས་ལན་གསུམ། གསུང་གི་རྗེས་གནང་ངོ་། །ཐུགས་ཀྱི་རྗེས་གནང་ནི། ཁྱེད་རང་རྣམས་ལྷར་གསལ་བའི་སྙིང་གའི་འོད་ཀྱིས་ཁམས་གསུམ་སྣོད་བཅུད་ཐམས་ཅད་འོད་དུ་ཞུ་ནས་ལྷ་ལ་ཐིམ། ལྷ་ཡང་ཐུགས་ཀའི་ཧཱུྃ་ལ་ཐིམ། ཧཱུྃ་དེ་ཡང་མི་དམིགས་པ་སྟོང་པ་ཉིད་དུ་གྱུར་པར་བསམ་ལ་མཉམ་པར་བཞག །ཐུགས་ཀྱི་རྗེས་གནང་ངོ་། །རྗེས་ཀྱི་བྱ་བ་སྤྱི་དང་འདྲ། སྒྲུབ་ཐབས་རིན་ཆེན་འབྱུང་གནས་ཀྱི་ལྷན་ཐབས་རིན་འབྱུང་དོན་གསལ་ལས་དེ་བཞིན་གཤེགས་པ་ཆགས་བྲལ་གྱི་རྣམ་པ་ཅན་གྱི་སྒྲུབ་ཐབས་བཤད་པའི་སྐབས་སོ། །

༄ གསང་འདུས་འཇམ་པའི་རྡོ་རྗེ་ལ། སྐྱབས་འགྲོ་སེམས་བསྐྱེད་ཚད་མེད་བཞི་བསྒོམ་པ་སྔོན་དུ་བཏང་ནས། རང་འཇམ་པའི་རྡོ་རྗེར་གསལ་བའི་སྙིང་གའི་མཾ་ལས་འོད་(༡༧བ)ཟེར་འཕྲོས། བླ་མ་དང་དཀྱིལ་འཁོར་གྱི་འཁོར་ལོ་མདུན་གྱི་ནམ་མཁར་སྤྱན་དྲངས། ན་མོ་གུ་རུ་མཉྫུ་ལེ་ཧྲཱུཿ ཞེས་ཕྱག་བྱ། ཨརྒྷཾ་སོགས་ཀྱིས་མཆོད། དཀོན་མཆོག་གསུམ་ལ་བདག་སྐྱབས་མཆི། །སོགས་ཤློ་ཀ་གཅིག་གིས་རྒྱུན་བཤགས་བྱ། རྣམ་ཐར་སྒོ་གསུམ་དྲན་བཞིན་པས། ཤཱུ་ནྱ་ཏཱའི་སྔགས་བརྗོད། ནམ་མཁར་ཨོཾ་ཨཱཿཧཱུྃ་ཧོཿདམར་པོ་གཉིས་ཀྱི་མཐའ་བརྟེན་པ་བར་དོའི་རྣམ་ཤེས་སོ། །འོག་ཏུ་རྡོ་རྗེའི་ར་གུར་གྱི་དབུས་སུ། སྣ་ཚོགས་ཆུ་སྐྱེས་ལ་གནས་པའི་སྣ་ཚོགས་རྡོ་རྗེའི་ལྟེ་བར་གཞལ་ཡས་ཁང་། དེའི་ནང་དུ་པད་ཟླའི་གདན་ལ་སྐད་ཅིག་གིས་རྡོ་རྗེ་སེམས་དཔའ་དཀར་པོ་དཀར་ནག་དམར་བའི་ཞལ་གསུམ་ཕྱག་དྲུག་གི་དང་པོ་གཉིས་ཀྱིས་རང་སྣང་གི་ཡུམ་ལ་འཁྱུད་པ། ལྷག་མ་གཡས་གཉིས་ཀྱིས་རྡོ་རྗེ་དང་རལ་གྲི། གཡོན་གཉིས་ཀྱིས་པདྨ་དང་འཁོར་ལོ་འཛིན་པའོ། །ཡབ་ཡུམ་རྗེས་སུ་ཆགས་པ་སྙོམས་པར་ཞུགས་པས་ནམ་མཁའི་ཡི་གེ་ལྡེ་བ་ཡབ་ཀྱི་ཞལ་དུ་ཞུགས།

སྐུའི་དབྱིབས་བརྒྱུད་ཡུམ་གྱི་མཁར་བབས། ཡི་གེ་ཀླུའི་འོད་ཟེར་གྱིས་ཡབ་ཡུམ་བྱང་ཆུབ་ཀྱི་སེམས་ཀྱི་ངོ་བོར་ཞུ། ཐིག་ལེ་ལས་ལྷ་མོ་བཞི་སྤྲོས། སེམས་ཅན་ཁམས་ན་གནས་ཀྱི་དབང་ཕྱུག་ཁྱོད་ནི་རྡོ་རྗེའི་ཐུགས། །དགའ་བ་ཡིད་འོང་དོན་ཆེན་འདོད་པས་བདག་ལ་བསྐྱབ་ཏུ་གསོལ། །མགོན་པོ་གལ་ཏེ་དེ་རིང་བདག་ནི་གསོན་པར་མཆི་ཞེ་ན། །སེམས་ཅན་(༡༢༤ན)ཡབ་ཆེན་གཉེན་མཆོག་བདག་ལ་དགྱེས་པར་མཛོད་དུ་གསོལ། །རྡོ་རྗེའི་སྐུ་ཁྱོད་བཀའ་ཡི་འཁོར་ལོ་སེམས་ཅན་ཀུན་ལ་ཕན། །སངས་རྒྱས་དོན་དུ་བྱང་ཆུབ་དོན་དམ་རྗེས་སུ་ཕན་འདོད་པ། །མགོན་པོ་×། འདོད་ཆགས་དམ་ཚིག་ཆགས་པས་བདག་ལ་×། ཁྱོད་ནི་རྡོ་རྗེའི་གསུང་སྙེ་ཀུན་ལ་ཕན་ཅིང་ཐུགས་བརྩེ་བ། །འཇིག་རྟེན་དག་གི་དགོས་པའི་དོན་མཛད་པ་ལ་རྟག་ཏུ་བརྩོན། །མགོན་པོ་×། རབ་དགའི་སྤྱོད་པ་ཀུན་ཏུ་བཟང་པོས་བདག་ལ་×། ཁྱོད་ནི་རྡོ་རྗེ་འདོད་པ་དམ་ཚིག་མཆོག་གི་ཕན་དོན་ཆེ། །ཡང་དག་རྫོགས་སངས་རྒྱས་ཀྱི་གདུང་མཆོག་མཉམ་པ་ཉིད་གཟིགས་པ། །མགོན་པོ་×། ཡོན་ཏན་རིན་ཆེན་མང་པོའི་གཏེར་གྱུར་བདག་ལ་དགྱེས་པར་མཛོད། །ཅེས་བསྐུལ་ནས་ཐིམ་པ་ལས། ཐིག་ལེ་དེ་ཉིད་ མཾ་ལས་རལ་གྲི་མཾ་གྱིས་མཚན་པར་གྱུར། དེ་ལས་དཀྱིལ་འཁོར་སྤྲོས། སེམས་ཅན་གྱི་དོན་བྱས། སངས་རྒྱས་ཐམས་ཅད་ཚུར་འདུས་ཐིམ་པ་ཡོངས་སུ་གྱུར་པ་ལས། རང་ཉིད་འཇམ་པའི་རྡོ་རྗེ་ཞལ་གསུམ་ཕྱག་དྲུག་པ། རྩ་ཞལ་དང་སྐུ་ལུས་གུར་གུམ་གཞོན་ནུ་ལྟར་དམར་སེར། གཡས་སྔོ། གཡོན་དཀར་བའི་ཞལ། ཕྱག་དང་པོ་གཉིས་རང་སྣང་གི་ཡུམ་ལ་འཁྱུད་པ། ལྷག་མ་གཡས་གཉིས་རལ་གྲི་དང་མདའ། གཡོན་གཉིས་ཨུཏྤ་ལ་སྟོན་པོའི་སྟོང་བུ་དང་། གཞུ་འཛིན་པ། པད་ཟླའི་གདན་ལ་རྡོ་རྗེ་སྐྱིལ་མོ་ཀྲུང་(༡༢༤བ)གིས་བཞུགས་པ། རལ་པའི་ཟུར་ཕུད་ལྔ་དང་ལྡན་ཞིང་། ཉི་མའི་འོད་ཟེར་འཕྲོ་བ། དར་དང་རིན་པོ་ཆེས་སྤྲས་པའོ། །ཡུམ་ཡང་ཡབ་དང་མཚུངས་པ་ལས་ལྷ་མོའི་ཆ་བྱད་རྫོགས་ཤིང་། པདྨའི་སྐྱིལ་ཀྲུང་གིས་འཁྱུད་པ།

ཀླུ་འོད་འཕྲོ་བའོ། །ཨོཾ་རྣམ་ཏླ་ཏུ་སྭ་བྷཱ་ཝ་ཤུདྡྷ་ཀོཉྷཾ། མིག་ཏུ་ཏྲཱི་ལས་ས་སྙིང་། རྣ་བར་ཛྲཱི་ལས་ཕྱག་རྡོར། སྣར་ཁཾ་ལས་ནམ་སྙིང་། ལྗེར་གཾ་ལས་སྤྱན་རས་གཟིགས། དཔྲལ་བར་ཀཾ་ལས་སྒྲིབ་སེལ། ལྟེ་བར་སཾ་ལས་ཀུན་བཟང་། དཔྲལ་བར་ཨོཾ་ལས་སྐུ་རྡོ་རྗེ། མགྲིན་པར་ཨཱཿལས་གསུང་རྡོ་རྗེ། སྙིང་གར་ཧཱུྃ་ལས་ཐུགས་རྡོ་རྗེ། དེ་རྣམས་ལས་འོད་འཕྲོས། སངས་རྒྱས་ཐམས་ཅད་སྐུ་གསུང་ཐུགས་རྡོ་རྗེའི་རྣམ་པར་སྤྱན་དྲངས། གནས་གསུམ་གྱི་རྡོ་རྗེ་གསུམ་ལ་ཐིམ། ཨོཾ་སརྦ་ཏ་ཐཱ་ག་ཏཱ་ཀཱ་ཡ་བཛྲ་སྭ་བྷཱ་ཝ་ཤུདྡྷ་ཀོཉྷཾ། ཨོཾ་སརྦ་ཏ་ཐཱ་ག་ཏཱ་ཝཱ་ཀ་བཛྲ་སྭ་བྷཱ་ཝ་ཤུདྡྷ་ཀོཉྷཾ། ཨོཾ་སརྦ་ཏ་ཐཱ་ག་ཏཱ་ཙིཏྟ་བཛྲ་སྭ་བྷཱ་ཝ་ཤུདྡྷ་ཀོཉྷཾ། རང་གི་སྙིང་གར་རང་དང་འདྲ་བའི་ཡེ་ཤེས་སེམས་དཔའ། དེའི་ཐུགས་ཀར་རལ་གྲི་ཡུ་བར་མཾ་གྱིས་མཚན་པ་ནི་ཏིང་ངེ་འཛིན་སེམས་དཔའ་འོ། །དེའི་འོད་ཟེར་གྱིས་དབང་གི་ལྷ་སྤྱན་དྲངས། བྱང་ཆུབ་རྡོ་རྗེས་སངས་རྒྱས་ལ། །མཆོད་ཆེན་ཇི་ལྟར་བསྩལ་བ་ལྟར། །བདག་ཀྱང་རབ་ཏུ་བསྒྲལ་བའི་ཕྱིར། །ནམ་མཁའི་རྡོ་རྗེ་དེང་བདག་སྩོལ། །ཞེས་གསོལ་བ་གདབ། དབང་བསྐུར་རྡོ་རྗེ་ཆེན་པོ་ནི། །ཁམས་གསུམ་པ་ཡིས་ཕྱག་བྱས་པ། །སངས་(༡༢ན) རྒྱས་ཀུན་གྱི་གསང་གསུམ་པའི། །གནས་ལས་བྱུང་བ་སྦྱིན་པར་བྱ། །ཞེས་དབང་བསྐུར། མི་བསྐྱོད་པས་དབུ་བརྒྱན་པར་གྱུར། དམིགས་པ་གསལ་ན། སྐྱེ་མཆེད་དང་སྐུ་གསུང་ཐུགས་ཀྱི་ལྷ་རྣམས་ལའང་རང་རང་གི་རིགས་ཀྱི་བདག་པོས་དབུ་བརྒྱན་པར་བསམ། ཡུམ་གྱི་སྤྱི་བོར་ཨོཾ་དཀར་པོ། སྙིང་གར་ཧཱུྃ་སྔོན་པོ། ལྟེ་བར་སྭཱ་སེར་པོ། གསང་བར་ཨཱཿདམར་པོ། བཀྲ་གཉིས་ལ་ཏྲཱ་ལྷང་ཁུ་རྣམས་དེ་བཞིན་གཤེགས་པ་ལྔའི་ངོ་བོར་གྱུར། དེ་རྣམས་ཀྱི་འོད་ཟེར་གྱིས་ཡུམ་གྱི་སྐུ་གང་། ཧཱུྃ་ལས་བྱུང་བའི་རྡོ་རྗེ་དང་། ཨ་ལས་བྱུང་བའི་པདྨ། ཨོཾ་སརྦ་ཏ་ཐཱ་ག་ཏཱ་ཨ་ནུ་རཱ་ག་ན་བཛྲ་སྭ་བྷཱ་ཝ་ཤུདྡྷ་ཀོཉྷཾ། ཞེས་རྗེས་སུ་ཆགས་པས་སྙོམས་པར་ཞུགས། ཡང་སངས་རྒྱས་ཐམས་ཅད་འདོད་པའི་ཡོན་ཏན་དང་བཅས་པ་ཡབ་ཀྱི་སྐུ་ལ་བཅུག །མཁའ་

ནང་དུ་སྨྲོས་པ་ལྷ་མོ་བཅུར་གྱུར། ཕྱིར་སྤྲོས་ནས་བདག་ཉིད་ལ་མཆོད་པར་གྱུར། ཨོཾ་སརྦ་ཏ་ཐཱ་ག་ཏཱ་པཱུ་ཛ་བཛྲ་སྭ་བྷཱ་ཝ་ཨཱཏྨ་ཀོ྅ཧཾ། མཆོག་སྦྱིན་རྡོ་རྗེ་མཆོག་ཁྱོད་འདུད། །ཡང་དག་མཐར་གྱུར་ཁྱོད་ལ་འདུད། །སྟོང་ཉིད་སྙིང་པོ་ཁྱོད་ལ་འདུད། །སངས་རྒྱས་བྱང་ཆུབ་ཁྱོད་ལ་འདུད། །སངས་རྒྱས་ཆགས་པ་ཁྱོད་ལ་འདུད། །སངས་རྒྱས་འདོད་ལ་ཕྱག་འཚལ་འདུད། །སངས་རྒྱས་དགྱེས་པ་ཁྱོད་ལ་འདུད། །སངས་རྒྱས་རོལ་ལ་ཕྱག་འཚལ་འདུད། །སངས་རྒྱས་འཛུམ་པ་ཁྱོད་ལ་(༨༣བ)འདུད། །སངས་རྒྱས་བཞད་ལ་ཕྱག་འཚལ་འདུད། །སངས་རྒྱས་གསུང་ཉིད་ཁྱོད་ལ་འདུད། །སངས་རྒྱས་ཐུགས་ལ་ཕྱག་འཚལ་འདུད། །མེད་པ་ལས་བྱུང་ཁྱོད་ལ་འདུད། །སངས་རྒྱས་འབྱུང་བ་ཁྱོད་ལ་འདུད། །ནམ་མཁའ་ལས་བྱུང་ཁྱོད་ལ་འདུད། །ཡེ་ཤེས་ལས་བྱུང་ཁྱོད་ལ་འདུད། །སྒྱུ་འཕྲུལ་དྲྭ་བ་ཁྱོད་ལ་འདུད། །སངས་རྒྱས་རོལ་སྟོན་ཁྱོད་ལ་འདུད། །ཐམས་ཅད་ཐམས་ཅད་ཁྱོད་ལ་འདུད། །ཡེ་ཤེས་སྐུ་ཉིད་ཁྱོད་ལ་འདུད། །ཅེས་པས་བསྟོད། ནང་མཆོད། ཨོཾ་ཨཱཿཝིཤྭནྟ་ཀྲིཏ་ཧཱུྃ་གིས་བསངས། སྭ་བྷཱ་ཝས་སྦྱངས། ཨ་ལས་ཀ་པཱ་ལ་ཡངས་ཤིང་རྒྱ་ཆེ་བའི་ནང་དུ། བི་ར་མ་མུ་ཤུ་ལས་བདུད་རྩི་ལྔ། གོ་ཀུ་ད་ཧ་ན་ལས་ཤ་ལྔ་རྣམས་ཧཱུྃ་ཨོཾ་ཛྲཱི་ཁཾ་ཧཱུྃ་གིས་མཚན་པ། སྦྱངས་རྟོགས་སྤར་བས་བདུད་རྩིའི་རྒྱ་མཚོར་གྱུར། ཨོཾ་ཨཱཿཧཱུྃ། ཡན་གསུམ་གྱིས་བྱིན་གྱིས་བརླབས། སླར་ཡང་ཨོཾ་ཨཱཿཧཱུྃ་གིས་བདུད་རྩི་མྱངས་ཏེ། ཕྱི་ནང་གི་ལྷ་རྣམས་མཉེས་པར་བསམས། དེ་ནས་བཟླས་པའི་དམིགས་པ་གསལ་བཏབ་ལ། ཨོཾ་ཨཱཿམཾ་ཧཱུྃ། ཞེས་ཅི་ནུས་སུ་བཟླ། ཡིག་བརྒྱ་བརྗོད། འདོད་དོན་གསོལ་བ་གདབ་པ་སོགས་བྱ།འདིའི་རྗེས་གནང་བྱ་ཚུལ་ནི། མཎྜལ་གཅིག་གི་དབུས་སུ་ཚོམ་བུ་དམར་སེར་བཀོད་པའི་མདུན་དུ། གླུམ་གཏོར་དམར་པོ། ཕྱོགས་སྐྱོང་གི་གཏོར་མ། ཉེར་སྤྱོད་ལྔ། ནང་མཆོད་རྣམས་བཤམས་ལ། བདག་(༨༤ན)བསྐྱེད་བཟླས་པའི་བར་བྱ། མཆོད་པ་བླ་མེད་ལྟར་བྱིན་གྱིས་བརླབས། མདུན་བསྐྱེད། ཨོཾ་ཨཱཿཝིཤྭནྟ་ཀྲིཏ་ཧཱུྃ་གིས་བསངས།

ཤུ་ཏྲ་ཏྟས་སྦྱངས། སྟོང་པའི་ངང་ལས་འོག་ཏུ་རྡོ་རྗེའི་ས་གཞི་ར་གུར་གྱི་དབུས་སུ་ནས། ཡབ་ཡུམ་རྗེས་སུ་ཆགས་པ་སྙོམས་པར་ཞུགས་པས་ཡབ་ཡུམ་བྱང་ཆུབ་ཀྱི་སེམས་ཀྱི་ངོ་བོར་ཞུ། ཞེས་པ་ནས། དབང་གི་ལྷ་སྤྱན་དྲངས། ཞེས་པའི་བར་བདག་བསྐྱེད་དང་འདྲ་བ་ལས། རང་ཉིད་ཅེས་པ་དོར། དེ་ནས། དེ་བཞིན་གཤེགས་པ་ཐམས་ཅད་ཀྱིས་འདི་ལ་མངོན་པར་དབང་བསྐུར་དུ་གསོལ། ཞེས་གསོལ་བ་བཏབ་པས། ཨོཾ་བཛྲི་བྷཱ་ཝ་ཨ་བྷི་ཥིཉྩ་ཧཱུཾ། ཞེས་གསུངས་ཤིང་དབང་བསྐུར་བས། སྐུ་གང་དྲི་མ་དག །ཆུའི་ལྷག་མ་ཡར་ལུད་པ་ལས་མི་བསྐྱོད་པས་དབུ་བརྒྱན་ཅིང་། སྐྱེ་མཆེད་སྐུ་གསུང་ཐུགས་ཀྱི་ལྷ་རྣམས་ལའང་རང་རང་གི་རིགས་ཀྱི་བདག་པོས་དབུ་བརྒྱན་པར་གྱུར་པར་བསམས། ཡུམ་གྱི་སྤྱི་བོར་ཨོཾ་དཀར་པོ། ཞེས་པ་ནས། བཟླས་པའི་བར་གོང་བཞིན་ལས་བདག་ཉིད་ལ། ཞེས་པ་ལྷ་ལ་ཞེས་འདོན་པ་བསྒྱུར། གཏོར་མ་ནང་མཆོད་ལྟར་བྱིན་གྱིས་བརླབས་ལ། ཨོཾ་ཨཱཿམཉྫུ་བཛྲ་པཉྩ་ཨ་མྲི་ཏ་ཧཱུཾ། ཞེས་ལན་ལྔའམ་བདུན་གྱིས་ཕུལ། ཨོཾ་ཨ་ཀཱ་རོ་མུ་ཁཾ་སརྦ་དྷརྨཱ་ཎཱཾ་ཨཱདྱ་ནུཏྤ་ནྣ་ཏྭཏ་ཨོཾ་ཨཱཿཧཱུཾ་ཕཊ་སྭཱཧཱ། ཞེས་ལན་གསུམ་གྱིས་ཕྱོགས་སྐྱོང་སོགས་ལ་དབུལ། ཨོཾ་སརྦ་ཏ་ཐཱ་ག་ཏཱ་(༡༥༠)ས་པ་རི་ཝཱ་ར་པུཥྤེ་པྲ་ཏཱིཙྪ་ཧཱུཾ་སྭཱཧཱ། ཞེས་པ་ནས། ནཻ་ཝི་ཏྱ་པྲ་ཏཱིཙྪ་ཧཱུཾ་སྭཱཧཱ། ཞེས་པའི་བར་གྱིས་མཆོད། མཆོག་སྦྱིན་རྡོ་རྗེ་མཆོག་ཁྱོད་འདུད། །ཅེས་སོགས་ཀྱིས་བསྟོད། འདོད་དོན་ལ་གསོལ་བ་གདབ། ༈ སློབ་མའི་བྱ་བ་ནི། མཎྜལ་ཕུལ། གསོལ་བ་འདེབས་པ་འདིའི་རྗེས་ཟློས་མཛོད། རྡོ་རྗེ་འཛིན་པ་ནས་བསྐུལ་དུ་གསོལ། ལན་གསུམ། རྒྱུད་དག་པར་བྱ་བའི་ཕྱིར། མདུན་བསྐྱེད་ཀྱི་ལྷ་དང་སངས་རྒྱས་བྱང་སེམས་རྣམས་ཀྱི་དྲུང་དུ་སྐྱབས་འགྲོ་སྔོན་དུ་འགྲོ་བས་བྱང་ཆུབ་ཀྱི་སེམས་བཟུང་སྙམ་པས་འདིའི་རྗེས་ཟློས་མཛོད། དཀོན་མཆོག་གསུམ་ལ་བདག་སྐྱབས་མཆི། །སོགས་གསུམ་དང་། ཁྱད་པར་དུ་འཇམ་པའི་རྡོ་རྗེའི་རྗེས་གནང་བསྐུལ་དུ་གསོལ་སྙམ་པའི་འདུན་པས་འདིའི་རྗེས་ཟློས་ཀྱང་གསུངས་ཤིག །སློབ་

དཔོན་དགོངས་སུ་གསོལ། བདག་ལ་འཇམ་པའི་རྡོ་རྗེའི་རྗེས་གནང་མ་ལུས་པ་བསྐུལ་དུ་གསོལ། ཞེས་ལན་གསུམ་གྱིས་གསོལ་བ་བཏབ་ནས། ད་རྗེས་གནང་གི་གཞི་དགོད་པའི་སླད་དུ་དམིགས་པ་འདི་བཞིན་མཛད་པར་ཞུ། ཨོཾ་ཤཱུ་ནྱ་ཏཱ་ཛྙཱ་ན་བཛྲ་སྭ་བྷཱ་ཝ་ཨཱཏྨ་ཀོ྅ཧཾ། ནམ་མཁར། ཨོཾ་ཨཱཿཧཱུཾ་ཧོཿ དམར་པོ་གཉིས་ཀྱིས་མཐའ་བརྟེན་པ་བར་དོའི་རྣམ་ཤེས་སོ། །འོག་ཏུ་རྡོ་རྗེའི་ར་གུར་གྱི་དབུས་སུ། སྣ་ཚོགས་ཆུ་སྐྱེས་ལ་གནས་པའི་སྣ་ཚོགས་རྡོ་རྗེའི་ལྟེ་བར་གཞལ་ཡས་ཁང་དེའི་ནང་དུ་པད་ཟླའི་གདན་ལ་སྐད་ཅིག་གིས་རྡོ་རྗེ་སེམས་དཔའ་དཀར་པོ་དཀར་(༥༥ན)ནག་དམར་བའི་ཞལ་གསུམ་ཕྱག་དྲུག་གི་དང་པོ་གཉིས་ཀྱིས་རང་སྣང་གི་ཡུམ་ལ་འཁྱུད་པ། ལྷག་མ་གཡས་གཉིས་ཀྱིས་རྡོ་རྗེ་དང་། རལ་གྲི། གཡོན་གཉིས་ཀྱིས་པདྨ་དང་འཁོར་ལོ་འཛིན་པའོ། །ཡབ་ཡུམ་རྗེས་སུ་ཆགས་པ་སྙོམས་པར་ཞུགས་པས་ནམ་མཁའི་ཡི་གེ་ལྔ་པོ་ཡབ་ཀྱི་ཞལ་དུ་ཞུགས། སྐུའི་དབྱིབས་བརྒྱུད། ཡུམ་གྱི་མཁར་བབས། ཡི་གེ་ལྔའི་འོད་ཟེར་གྱིས་ཡབ་ཡུམ་བྱང་ཆུབ་ཀྱི་སེམས་ཀྱི་ངོ་བོར་ཞུ། ཐིག་ལེ་ལས་ལྷ་མོ་བཞི་སྤྲོས། སེམས་ཅན་ཁམས་ན་གནས་ཀྱི་དབང་ཕྱུག་ཁྱོད་ནི་རྡོ་རྗེའི་ཐུགས། །དགའ་བ་ཡིད་འོང་དོན་ཆེན་འདོད་པས་བདག་ལ་བསྐྱབ་ཏུ་གསོལ། །མགོན་པོ་གལ་ཏེ་དེ་རིང་བདག་ནི་གསོན་པར་མཆི་ཞེ་ན། །སེམས་ཅན་ཡབ་ཆེན་གཉེན་མཆོག་བདག་ལ་དགྱེས་པར་མཛད་དུ་གསོལ། །རྡོ་རྗེའི་སྐུ་ཁྱོད་བཀའ་ཡི་འཁོར་ལོ་སེམས་ཅན་ཀུན་ལ་ཕན། །སངས་རྒྱས་དོན་དུ་བྱང་ཆུབ་དོན་དམ་རྗེས་སུ་ཕན་འདོད་པ། །མགོན་པོ་×། འདོད་ཆགས་དམ་ཚིག་ཆགས་པས་བདག་ལ་×། ཁྱོད་ནི་རྡོ་རྗེའི་གསུང་སྟེ་ཀུན་ལ་ཕན་ཅིང་ཐུགས་བརྩེ་བ། །འཇིག་རྟེན་ངག་གི་དགོས་པའི་དོན་མཛད་པ་ལ་རྟག་ཏུ་བརྩོན། །མགོན་པོ་×། རབ་དགའི་སྤྱོད་པ་ཀུན་ཏུ་བཟང་པོས་བདག་ལ་×། ཁྱོད་ནི་རྡོ་རྗེའི་འདོད་པ་དམ་ཚིག་མཆོག་གི་ཕན་དོན་ཆེ། །ཡང་དག་རྫོགས་སངས་རྒྱས་ཀྱི་གདུང་(༥༥བ)མཆོག་མཉམ་པ་ཉིད་གཟིགས་

པ། །མགོན་པོ་×། ཡོན་ཏན་རིན་ཆེན་མང་པོའི་གཏེར་གྱུར་བདག་ལ་དགྱེས་པར་མཛོད། །ཅེས་བསྐུལ་ནས་ཐིམ་པ་ལས། ཐིག་ལེ་དེ་ཉིད་མཾ་ལས་རལ་གྲི་མཾ་གྱིས་མཚན་པར་གྱུར། དེ་ལས་དཀྱིལ་འཁོར་སྤྲོས། སེམས་ཅན་གྱི་དོན་བྱས། སངས་རྒྱས་ཐམས་ཅད་ཚུར་འདུས་ཐིམ་པ་ཡོངས་སུ་གྱུར་པ་ལས། ཁྱིད་རང་རྣམས་འཇམ་པའི་རྡོ་རྗེ་ཞལ་གསུམ་ཕྱག་དྲུག་པ་རྩ་ཞལ་དང་སྐུ་ལུས་གུར་ཀུམ་གཞོན་ནུ་ལྟར་དམར་སེར་གཡས་སྔོ། གཡོན་དཀར་བའི་ཞལ། ཕྱག་དང་པོ་གཉིས་རང་སྣང་གི་ཡུམ་ལ་འཁྱུད་པ། ལྷག་མ་གཡས་གཉིས་རལ་གྲི་དང་མདའ། གཡོན་གཉིས་ཨུཏྤལ་སྔོན་པོའི་སྡོང་བུ་དང་། གཞུ་འཛིན་པ། པད་ཟླའི་གདན་ལ་རྡོ་རྗེའི་སྐྱིལ་མོ་ཀྲུང་གིས་བཞུགས་པ། རལ་པའི་ཟུར་ཕུད་ལྔ་དང་ལྡན་ཞིང་། ཉི་མའི་འོད་ཟེར་འཕྲོ་བ། དར་དང་རིན་པོ་ཆེས་སྤྲས་པའོ། །ཡུམ་ཡང་ཡབ་དང་མཚུངས་པ་ལས་ལྷ་མོའི་ཆ་བྱད་རྫོགས་ཤིང་། པདྨའི་སྐྱིལ་ཀྲུང་གིས་འཁྱུད་པ། ཟླ་འོད་འཕྲོ་བའོ། །ཨོཾ་ཧཀྵ་ཧླུ་ཏུ་ཥྭ་ཧླ་ཕ་ཨཱཧྣ་ཀཱཡ་ཧཾཿ མིག་ཏུ་ཀྵཱི་ལས་ས་སྙིང་། རྣ་བར་ཛྲཱི་ལས་ཕྱག་རྡོར། སྣར་ཁཾ་ལས་ནམ་སྙིང་། ལྕེར་གཾ་ལས་སྤྱན་རས་གཟིགས། དཔྲལ་བར་ཀཾ་ལས་སྒྲིབ་སེལ། ལྟེ་བར་སཾ་ལས་ཀུན་བཟང་། དཔྲལ་བར་ཨོཾ་ལས་སྐུ་རྡོ་རྗེ། མགྲིན་པར་ཨཱཿལས་གསུང་རྡོ་རྗེ། སྙིང་གར་ཧཱུཾ་ལས་ཐུགས་རྡོ་རྗེས་མཚན་པ་ཞིག་ཏུ་གྱུར་པར་མོས།

(༡༨ན)མདུན་གྱི་ཚོམ་བུ་འདི་ཉིད་ཀྱང་བསྐྱབས་ཟིན་པ་ལྟར་ཁྱིད་རང་རྣམས་སྒོམ་པ་དང་འདྲ་བའི་འཇམ་པའི་རྡོ་རྗེ་ཡབ་ཡུམ་དངོས་སུ་བཞུགས་འདུག་སྙམ་པའི་མོས་པ་མཛོད། ད་རྗེས་གནང་དངོས་གཞི་ལ་གསུམ་ལས། དང་པོ་སྐུའི་རྗེས་གནང་ནི། དེ་ནས་སློབ་དཔོན་ཡང་འཇམ་པའི་རྡོ་རྗེ་དངོས་ཡིན་སྙམ་པའི་མོས་གུས་བྱས་པས། སློབ་དཔོན་གྱི་ཐུགས་ཀ་ནས་འོད་ཟེར་འཕྲོས། མདུན་བསྐྱེད་ཀྱི་ལྷའི་ཐུགས་རྒྱུད་བསྐུལ། དེའི་ཐུགས་ཀ་ནས་འོད་ཟེར་འཕྲོས། ཕྱོགས་བཅུའི་སངས་རྒྱས་བྱང་སེམས་ཐམས་ཅད་ཀྱི་ཐུགས་རྒྱུད་བསྐུལ་བས། སློབ་དཔོན་དང་མདུན་བསྐྱེད་ཀྱི་

ལྷ་དང་ཕྱོགས་བཅུའི་སངས་རྒྱས་དང་བྱང་ཆུབ་སེམས་དཔའ་ཐམས་ཅད་ཀྱི་ཐུགས་ཀ་ནས་འཛམ་པའི་རྡོ་རྗེའི་སྐུ་ཆེ་ཆུང་དཔག་ཏུ་མེད་པ་ཕྱོན། ཁྱེད་རང་རྣམས་ཀྱི་བ་སྤུའི་བུ་ག་རྣམས་ནས་ཆར་བབ་པ་བཞིན་དུ་སིབ་སིབ་ཐིམ་པར་མོས་པ་མཛོད། རོལ་མོ་བྱ། ཛཿཧཱུྃ་བཾ་ཧོཿགཉིས་སུ་མེད་པར་ཐིམ། ཡང་སློབ་དཔོན་གྱི་ཐུགས་ཀའི་ས་བོན་ལས་འོད་ཟེར་འཕྲོས། དབང་གི་ལྷ་རྣམས་སྤྱན་དྲངས། དབང་ལྷ་ལ་གསོལ་བ་འདེབས་པ་འདིའི་རྗེས་ཟློས་མཛོད། བྱང་ཆུབ་རྡོ་རྗེས་སངས་རྒྱས་ལ། །མཆོད་ཆེན་ཇི་ལྟར་བསྟལ་བ་ལྟར། །བདག་ཀྱང་རབ་ཏུ་བསྒྲལ་བའི་ཕྱིར། །ནམ་མཁའི་རྡོ་རྗེ་དེང་བདག་སྩོལ། །ཞེས་གསོལ་བ་བཏབ། དབང་གི་ལྷ་རྣམས་ཀྱིས། དབང་བསྐུར་རྡོ་རྗེ་(༩༨བ)ཆེན་པོ་ནི། །ཁམས་གསུམ་པ་ཡིས་ཕྱག་བྱས་པ། །སངས་རྒྱས་ཀུན་གྱི་གསང་གསུམ་པའི། །གནས་ལས་བྱུང་བ་སྦྱིན་པར་བྱ། །ཞེས་གསུངས་ཤིང་། དབང་བསྐུར་བས་ལུས་ཐམས་ཅད་གང་། བདེ་བ་ཆེན་པོ་མྱོང་། དྲི་མ་ཐམས་ཅད་དག །ཆུའི་ལྷག་མ་སྤྱི་གཙུག་ཏུ་འཁྱིལ་པ་ཡོངས་སུ་གྱུར་པ་ལས། མི་བསྐྱོད་པས་དབུ་བརྒྱན་པར་གྱུར། སྐྱེ་མཆེད་དང་སྐུ་གསུང་ཐུགས་ཀྱི་ལྷ་རྣམས་ལའང་རང་རང་གི་རིགས་ཀྱི་བདག་པོས་དབུ་བརྒྱན་པར་མོས། གཉིས་པ་གསུང་གི་རྗེས་གནང་ནི། སློབ་དཔོན་གྱི་སྙིང་གར། ཟླ་བའི་དཀྱིལ་འཁོར་གྱི་སྟེང་དུ་ཨཾ་དམར་སེར་དེ་ལས་སྔགས་ཀྱི་ཕྲེང་བ་བྱུང་། སློབ་དཔོན་གྱི་ཞལ་ནས་ཐོན། ཁྱེད་རང་རྣམས་ཀྱི་ཞལ་དུ་ཞུགས། ཐུགས་ཀར་ཟླ་བའི་སྟེང་དུ་ཨཾ་དམར་སེར་གནས་པ་ལ་ཐིམ། དེའི་དུས་སུ་ཕྱོགས་བཅུའི་སངས་རྒྱས་དང་བྱང་ཆུབ་སེམས་དཔའ་རྣམས་ཀྱི་མཁྱེན་བརྩེ་ནུས་མཐུ་ཐམས་ཅད་འོད་ཟེར་གྱི་རྣམ་པར་སྔགས་ཕྲེང་དང་ལྷན་ཅིག་ཞལ་དུ་ཞུགས། སྙིང་གའི་ཨཾ་ལ་ཐིམ་པའི་མོས་པ་མཛོད་ལ། སྔགས་འདིའི་རྗེས་ཟློས་ལན་གསུམ་གསུངས་ཤིག །ཨོཾ་ཨཱཿཨཾ་ཧཱུྃ། ཞེས་ལན་གསུམ་བྱ། དང་པོས་བྱིན་གྱིས་བརླབས། གཉིས་པས་དབྱེར་མེད་དུ་འདྲེས། གསུམ་པས་བརྟན་པར་བྱས་པའི་མོས་པ་མཛོད།

སློབ་དཔོན་ལ་མེ་ཏོག་གཏོར་བཞིན་དུ་འདིའི་རྗེས་ཟློས་མཛོད་ཅིག །བཅོམ་ལྡན་བདག་གིས་ཞེས་སོགས་ལན་གསུམ། དེ་ལྟར་ཕུལ་བའི་མེ་(༡༧ན)ཏོག་དེ་ཉིད་སླར་ཡང་བྱིན་གྱིས་བརླབས་ཏེ། ཁྱེད་རང་གི་སྤྱི་བོར་ཕུལ་བའི་མོས་པ་མཛོད་ཅིག །སློབ་དཔོན་གྱིས་མེ་ཏོག་གཏོར་བཞིན། བཅོམ་ལྡན་འདི་ལ་སོགས་དང་། རིག་པ་འཛིན་པ་འདི་རྣམས་ལ་འཇམ་པའི་རྡོ་རྗེའི་སྐུ་གསུང་ཐུགས་ཀྱི་བྱིན་རླབས་མ་ལུས་པ་འཇུག་པར་གྱུར་ཅིག །གསུམ་པ་ཐུགས་ཀྱི་རྗེས་གནང་ནི། མདུན་བསྐྱེད་ཀྱི་ལྷ་ལ་མོས་གུས་དྲག་དྲག་པ་དང་། བདག་གི་རྒྱུད་བྱིན་གྱིས་བརླབ་ཏུ་གསོལ། སྙམ་དུ་མཛད་པས། མདུན་གྱི་ལྷའི་ཐུགས་ཀ་ནས། ཕྱག་མཚན་གྱི་ཚོགས་དཔག་ཏུ་མེད་པ་རྒྱངས་ཏེ་ཐོན། ཁྱེད་རང་རྣམས་ཀྱི་སྙིང་གའི་ས་བོན་དང་དབྱེར་མེད་དུ་འདྲེས། རྒྱུད་བྱིན་གྱིས་བརླབས་པའི་མོས་པ་མཛོད། དེ་ནས་འདིའི་སྒྲུབ་ཐབས་རྒྱ་གཞུང་གི་ལུང་ཡང་སྒྲོ་ན་བཟོའོ། །དེ་དག་ནི་འཇམ་པའི་རྡོ་རྗེའི་རྗེས་གནང་དང་བཅས་པའོ། །རྗེས་ཆོག་སྤྱི་དང་འདྲ། །

༄ གསང་འདུས་ལྷན་སྐྱེས་ལ། སྐྱབས་འགྲོ་སེམས་བསྐྱེད་ཚད་མེད་བཞི་བསྒོམ་པ་སྔོན་དུ་བཏང་ནས། རང་ཉིད་རྡོ་རྗེ་འཆང་དུ་གསལ་བའི་ཐུགས་ཀའི་ཧཱུྃ་ལས་འོད་ཟེར་འཕྲོས། བླ་མ་དང་དཀྱིལ་འཁོར་གྱི་འཁོར་ལོ་མདུན་གྱི་ནམ་མཁར་སྤྱན་དྲངས། ན་མོ་གུ་རུ་མཧྨ་ལེ་ཧྲཱུཿ ཞེས་ཕྱག་བྱ། ཨརྒྷཾ་སོགས་ཀྱིས་མཆོད། དཀོན་མཆོག་གསུམ་ལ་བདག་སྐྱབས་མཆི། །ཞེས་སོགས་ཀྱིས་རྒྱུན་བཤགས་བྱ། ཚད་མེད་བཞི་བསྒོམ། ཨོཾ་ཤཱུ་(༡༧བ)ནྱ་ཏཱ་ཛྙཱ་ན་བཛྲ་སྭ་བྷཱ་ཝ་ཨཱཏྨ་ཀོ྅ཧཾ། སྟོང་པ་ཉིད་དུ་གྱུར། སྟོང་པའི་ངང་ལས་ཧཱུྃ་ལས་རྡོ་རྗེའི་ས་གཞི་ར་བ་གུར་བླ་རེ་མེ་རི་ས་དང་བཅས་པའི་སྲུང་འཁོར་གྱི་དབུས་སུ་ཆོས་འབྱུང་གི་ནང་དུ་པད་ཉི་སྣ་ཚོགས་རྡོ་རྗེ་གཞལ་ཡས་ཁང་དང་བཅས་པའི་དབུས་སུ་དབྱངས་བཅུ་དྲུག་ཉིས་འགྱུར་ལས་ཟླ་བ། གསལ་བྱེད་སོ་བཞི་ཉིས་འགྱུར། དབྱངས་བཅུ་གཉིས་དང་བཅས་པ་ལས་ཉི་མ། དབུས་

སུ་ཧཱུྃ་ཡིག་དང་བཅས་པའི་འཕྲོ་འདུ་གཅིག་ཏུ་གྱུར་པ་ལས། རྡོ་རྗེ་འཆང་ཆེན་པོ་མཐིང་ག་ནག་དཀར་དམར་བའི་ཞལ་གསུམ། ཕྱག་དང་པོ་གཉིས་རྡོ་རྗེ་དང་དྲིལ་བུ་འཛིན་པས་ཡུམ་རྡོ་རྗེ་དབྱིངས་ཀྱི་དབང་ཕྱུག་མ་རང་དང་འདྲ་བ་ལ་འཁྱུད་པ། ལྷག་མ་གཡས་གཉིས་འཁོར་ལོ་དང་པདྨ། གཡོན་གཉིས་རིན་པོ་ཆེ་དང་རལ་གྲི་འཛིན་པ། རྡོ་རྗེའི་སྐྱིལ་ཀྲུང་ཅན། དར་དང་རིན་པོ་ཆེས་བརྒྱན་པ། དཔྲལ་བར་ཨོཾ། མགྲིན་པར་ཨཱཿ ཐུགས་ཀར་ཧཱུྃ། ཡེ་ཤེས་སེམས་དཔའ་དབང་ལྷ་དང་བཅས་པ་བཛྲ་ས་མ་ཛཿ ཛཿཧཱུྃ་བཾ་ཧོཿ དབང་གི་ལྷ་རྣམས་ཀྱིས། ཨོཾ་ཨཱཿཧཱུྃ། ཞེས་གསུངས་ཤིང་། དབང་བསྐུར་རྡོ་རྗེ་ཆེན་པོ་ནས་སྦྱིན་པར་བྱ། ཞེས་དབང་བསྐུར་བས། ལུས་ཐམས་ཅད་གང་། བདེ་བ་ཆེན་པོ་སྐྱོང་། དྲི་མ་ཐམས་ཅད་དག །ཆུའི་ལྷག་མ་སྤྱི་གཙུག་ཏུ་གནས་པ་ཡོངས་སུ་གྱུར་པ་ལས། མི་བསྐྱོད་པས་དབུ་བརྒྱན་པར་གྱུར། རྗེས་སུ་ཆགས་པ་བྱང་ཆུབ་ཀྱི་སེམས་སུ་ཞུ་བར་གྱུར་པ། (༥༤ན)རང་བཞིན་གྱི་གནས་ན་བཞུགས་པའི་ལྷ་མོ་སྤྱན་མ་ལ་སོགས་པ་རྣམས་ཀྱིས། སེམས་ཅན་ཁམས་ན་གནས་ཀྱི་དབང་ཕྱུག་ཁྱོད་ནི་རྡོ་རྗེའི་ཐུགས། །དགའ་བ་ཡིད་འོང་དོན་ཆེན་འདོད་པས་བདག་ལ་བསྐྱབ་ཏུ་གསོལ། །མགོན་པོ་གལ་ཏེ་དེ་རིང་བདག་ནི་གསོན་པར་མཆི་ཞེ་ན། །སེམས་ཅན་ཡབ་ཆེན་གཉེན་མཆོག་བདག་ལ་དགྱེས་པར་མཛད་དུ་གསོལ། །རྡོ་རྗེའི་སྐུ་ཁྱོད་བཀའ་ཡི་འཁོར་ལོ་སེམས་ཅན་ཀུན་ལ་ཕན། །སངས་རྒྱས་དོན་དུ་བྱང་ཆུབ་དོན་དམ་རྗེས་སུ་ཕན་འདོད་པ། །མགོན་པོ་གལ་ཏེ་དེ་རིང་བདག་ནི་གསོན་པར་མཆི་ཞེ་ན། །འདོད་ཆགས་དམ་ཚིག་ཆགས་པས་བདག་ལ་བསྐྱབ་ཏུ་གསོལ། །ཁྱོད་ནི་རྡོ་རྗེའི་གསུང་སྟེ་ཀུན་ལ་ཕན་ཅིང་ཐུགས་བརྩེ་བ། །འཇིག་རྟེན་དག་གི་དགོས་པའི་དོན་མཛད་པ་ལ་རྟག་ཏུ་བརྩོན། །མགོན་པོ་གལ་ཏེ་དེ་རིང་བདག་ནི་གསོན་པར་མཆི་ཞེ་ན། །རབ་དགའི་སྤྱོད་པ་ཀུན་ཏུ་བཟང་པོས་བདག་ལ་བསྐྱབ་ཏུ་གསོལ། །ཁྱོད་ནི་རྡོ་རྗེ་འདོད་པ་དམ་ཚིག་མཆོག་གི་ཕན་དོན་ཆེ། །ཡང་དག་རྫོགས་

སངས་རྒྱས་ཀྱི་གདུང་མཆོག་མཉམ་པ་ཉིད་གཟིགས་པ། །མགོན་པོ་གལ་ཏེ་དེ་རིང་བདག་ནི་གསོན་པར་མཆི་ཞེ་ན། །ཡོན་ཏན་རིན་ཆེན་མང་པོའི་གཏེར་གྱུར་བདག་ལ་དགྲེས་པར་མཛོད། །ཅེས་པའམ། ཨོཾ་མནྟྲ་སུ་པྲ་བཛྲ་སཏྭ་ཛཿཧཱུྃ་བཾ་ཧོཿ སུ་ར་ཏ་སྟྭཾ་དྲི་ཤྲ་ཧཾ། ཞེས་བསྐུལ་བས། སྔོན་བཞིན་དུ་བཞུགས་པར་གྱུར། སྙིང་གར་ཟླ་བ་ལ་ཧཱུྃ། མཁྲེན་པར་པདྨ་ལ་ཨཱཿ སྤྱི་བོར་འཁོར་ལོ་ལ་ཨོཾ་རྣམས་ཐུགས་གསུང་སྐུ་རྡོ་རྗེའི་རང་བཞིན། ཕྱོགས་བཅུའི་སངས་(༨༧བ)རྒྱས་དང་བྱང་ཆུབ་སེམས་དཔའ་ཐམས་ཅད་རྡོ་རྗེ་གསུམ་གྱི་རང་བཞིན་དུ་སྤྱན་དྲངས། གནས་གསུམ་དུ་ཐིམ། ཨོཾ་སརྦ་ཏ་ཐཱ་ག་ཏཱ་ཙིཏྟ་བཛྲ་སྭ་བྷཱ་ཝ་ཨཱཏྨ་ཀོ྅ཧཾ། དེ་བཞིན་དུ་ཕྱགས་ཀྱི་ཐིག་མཐའ་འདྲ་བ་ལ་ཙིཏྟའི་གནས་སུ། ཡྻཱ་ཀ །ཀཱ་ཡ། ཞེས་པ་རིམ་བཞིན་བཅུག །ཕྱོགས་བཅུར་བཞུགས་པའི་སངས་རྒྱས་རྣམས། །རྡོ་རྗེ་མི་ཕྱེད་གསུམ་བསྒོམ་པས། །དེང་བདག་བྱིན་གྱིས་བརླབས་ནས་སུ། །རྡོ་རྗེ་ཐུགས་གསུང་སྐུར་མཛད་གསོལ། །ཞེས་བསྐུལ། རྗེས་ཆགས་ཀྱི་བདེ་བ་བསྒོམ་ཞིང་། ཨོཾ་སརྦ་ཏ་ཐཱ་ག་ཏཱ་ཨ་ནུ་རཱ་ག་ཎ་བཛྲ་སྭ་བྷཱ་ཝ་ཨཱཏྨ་ཀོ྅ཧཾ། དེ་ནས་བརླབས་པའི་དམིགས་པ་གསལ་བཏབ་ལ། ཨོཾ་ཨཱཿབཛྲ་ཧྲཱིཀ་ཧཱུྃ་ཧཱུྃ་ཕཊ྄ཕཊ྄། ཞེས་པ་གཙོ་བོར་བཟླ་ཞིང་། དེའི་བཅུ་ཆ། ཨོཾ་ཨཱཿབཛྲ་ཧྲཱ་ཊྲཱི་ཤྭ་རི་ཧཱུྃ་ཕཊ྄ཕཊ྄། ཞེས་པ་བཟླའོ། །འདིའི་རྗེས་གནང་ནི། མཎྜལ་གཅིག་གི་དབུས་སུ་ཚོམ་བུ་སྔོན་པོ་བཀོད། མདུན་དུ་གླུམ་གཏོར་དམར་པོ། ནང་མཆོད་ཀྱང་བཤམས། སློབ་དཔོན་གྱིས་བདག་བསྐྱེད་བརླབས་པའི་བར་བྱ། མདུན་བསྐྱེད་ཨོཾ་ཨཱཿ བིགྷྣཱནྟ་ཀྲྀཏ་ཧཱུྃ་གིས་བསངས། ཨོཾ་ཤཱུནྱ་ཏཱ་སོགས་ཀྱིས་སྟོང་པར་སྦྱངས། སྟོང་པའི་ངང་ལས་ཧཱུྃ་ལས་རྡོ་རྗེའི་ས་གཞི་ཞེས་པ་ནས། གནས་ལས་བྱུང་བ་སྤྱིན་པར་བྱ། །ཞེས་དབང་བསྐུར་བས། སྐུ་གང་དྲི་མ་དག །ཆུའི་ལྷག་མ་སྤྱི་གཙུག་ཏུ་གནས་པ་ཡོངས་སུ་གྱུར་པ་ལས་མི་བསྐྱོད་པས་དབུ་བརྒྱན་པར་གྱུར། རྗེས་སུ་ཆགས་པ་བྱང་ཆུབ་ཀྱི་སེམས་(༨༨ན)སུ་ཞུ་བར་གྱུར་པ། ཞེས་པ་ནས། སྤྱི་བོར་འཁོར་ལོ་ཨོཾ་གྱིས་མཚན་པར་གྱུར། ཨོཾ་སརྦ་ཏ་ཐཱ་ག་ཏཱ་ཨ་ནུ་

ཧྲཱ་ག་ན་བཛྲ་སྭ་བྷཱ་ཝ་ཨཱཏྨ་ཀོ྅ཧཾ། དེ་ནས་བཟླས་པ་བྱ། གཏོར་མ་ཨོཾ་ཨཱཿཝིགྷྣཱནྟ་ཀྲྀཏ་ཧཱུཾ་གིས་བསངས། སྭ་བྷཱ་ཝས་སྦྱངས། སྟོང་པ་ཉིད་དུ་གྱུར། སྟོང་པའི་ངང་ལས་ཨ་ལས་ཀ་པཱ་ལ་ཡངས་ཤིང་རྒྱ་ཆེ་བའི་ནང་དུ། པི་ར་མ་མུ་ཤ་ལས་བདུད་རྩི་ལྔ། གོ་ཀུ་ད་ཧ་ན་ལས་ཤ་ལྔ། ཧཱུྃ་ཨཾ་ཛྲཱིཾ་ཁཾ་ཧཱུཾ་གིས་མཚན་པ། སྦྱངས་རྟོགས་སྤར་བས་བདུད་རྩིའི་རྒྱ་མཚོར་གྱུར། ཨོཾ་ཨཱཿཧཱུཾ། ལན་གསུམ་གྱིས་བྱིན་གྱིས་བརླབས་ལ། ཨོཾ་ཨཱཿབཛྲ་ཧྲཱིཀ་ཧཱུཾ་ཧཱུཾ་སྭཱཧཱ། ཨོཾ་ཨཱཿཧཱུཾ། ཞེས་ལན་གསུམ་མམ་བདུན་གྱིས་ཕུལ། ཨོཾ་ཨཱཿཧཱུཾ་གིས་ནང་མཆོད་ཕུལ། འདོད་དོན་གསོལ་བ་གདབ། ༔ སློབ་མའི་བྱ་བ་ནི། ཁྲུས་བྱས། མནྡལ་ཕུལ། གསོལ་བ་འདེབས་པ་འདིའི་རྗེས་ཟློས་མཛོད། ཀུན་མཁྱེན་ཡེ་ཤེས་ཞེས་སོགས་ལན་གསུམ་བྱ། རྒྱུད་དག་པར་བྱ་བའི་ཕྱིར། མདུན་བསྐྱེད་ཀྱི་ལྷ་དང་སངས་རྒྱས་བྱང་སེམས་རྣམས་ཀྱི་དྲུང་དུ་སྐྱབས་འགྲོ་སྔོན་དུ་འགྲོ་བའི་བྱང་ཆུབ་སེམས་བཟུང་ལ་སོགས་བགྱི་སྙམ་པའི་བསམ་པས་འདིའི་རྗེས་ཟློས་མཛོད། དཀོན་མཆོག་གསུམ་ལ་བདག་སྐྱབས་མཆི། །ཞེས་སོགས་ལན་གསུམ་དང་། ཁྱད་པར་གསང་བ་འདུས་པའི་རྗེས་གནང་བསྐུལ་དུ་གསོལ་སྙམ་པའི་འདུན་པས་འདིའི་རྗེས་ཟློས་(༡༡བ)མཛོད། སློབ་དཔོན་དགོངས་སུ་གསོལ། བདག་ལ་གསང་བ་འདུས་པའི་རྗེས་གནང་མ་ལུས་པ་བསྐུལ་དུ་གསོལ། ཞེས་ལན་གསུམ་གྱིས་གསོལ་བ་བཏབ་ནས། ཁྱེད་རང་རྣམས་དམིགས་པ་འདི་བཞིན་དུ་མཛད་པར་ཞུ། ཨོཾ་ཤཱུ་ནྱ་ཏཱ་ཛྙཱ་ན་བཛྲ་སྭ་བྷཱ་ཝ་ཨཱཏྨ་ཀོ྅ཧཾ། ཕྱི་ནང་གི་དངོས་པོ་ཐམས་ཅད་མི་དམིགས་པ་སྟོང་པ་ཉིད་དུ་གྱུར། སྟོང་པའི་ངང་ལས་ཧཱུྃ་ལས་རྡོ་རྗེའི་ས་གཞི་རྭ་བ་གུར་བླ་བྲེ་མེ་རིས་དང་བཅས་པའི་སྲུང་འཁོར་གྱི་དབུས་སུ་ཆོས་འབྱུང་གི་ནང་དུ་པད་ཉི་སྣ་ཚོགས་རྡོ་རྗེ་གཞལ་ཡས་ཁང་དང་བཅས་པའི་དབུས་སུ་དབྱངས་བཅུ་དྲུག་ཉིས་འགྱུར་ལས་ཟླ་བ། གསལ་བྱེད་སོ་བཞི་ཉིས་འགྱུར། དབྱངས་བཅུ་གཉིས་དང་བཅས་པ་ལས་ཉི་མ། དབུས་སུ་ཧཱུྃ་ཡིག་དང་བཅས་པའི་འཛག་འདུ་གཅིག་ཏུ་གྱུར་པ་ལས། ཁྱེད་རང་

རྣམས་རྡོ་རྗེ་འཆང་ཆེན་པོ་མཐིང་ག་ནག་དཀར་དམར་བའི་ཞལ་གསུམ། ཕྱག་དང་པོ་གཉིས་རྡོ་རྗེ་དྲིལ་བུ་འཛིན་པས་ཡུམ་རྡོ་རྗེ་དབྱིངས་ཀྱི་དབང་ཕྱུག་མ་རང་དང་འདྲ་བ་ལ་འཁྱུད་པ། ལྷག་མ་གཡས་གཉིས་འཁོར་ལོ་དང་པདྨ། གཡོན་གཉིས་རིན་པོ་ཆེ་དང་རལ་གྲི་འཛིན་པ། རྡོ་རྗེའི་སྐྱིལ་ཀྲུང་ཅན། དར་དང་རིན་པོ་ཆེས་བརྒྱན་པ། དཔྲལ་བར་ཨོཾ། མགྲིན་པར་ཨཱཿ ཐུགས་ཀར་ཧཱུྃ། ཞེས་གསལ་བཏབ་བོ། །མདུན་གྱི་ཚོམ་བུ་འདི་ཉིད་ཀྱང་བསྒྲུབས་ཟིན་པ་ལྟར་ཁྱེད་རང་རྣམས་སྒོམ་པ་དང་འདྲ་བའི་གསང་འདུས་ལྷན་སྐྱེས་དངོས་སུ་བཞུགས་(༧༠༠ན)པར་མོས། དེ་ནས་སློབ་དཔོན་ལ་མོས་གུས་དྲང་བ་བྱས་པས། སློབ་དཔོན་གྱི་ཐུགས་ཀ་ནས་འོད་ཟེར་འཕྲོས། མདུན་བསྐྱེད་དང་ཕྱོགས་བཅུའི་སངས་རྒྱས་བྱང་སེམས་ཐམས་ཅད་ཀྱི་ཐུགས་ཀར་ཕོག་པས་ཐུགས་རྒྱུད་བསྐུལ། ཐུགས་ཀ་ནས་ཐུགས་གཉིས་སུ་མེད་པའི་ཡེ་ཤེས་ཀྱི་ངོ་བོ་ཡིན་པ་ལ་རྣམ་པ་གསང་བ་འདུས་པའི་སྐུ་ཚེ་ཆུང་བསམ་གྱིས་མི་ཁྱབ་པ་སྤྲིན་དྲངས། ཁྱེད་རང་རྣམས་ཀྱི་ལུས་ལ་ཆར་ཆེན་པོ་བབས་པ་བཞིན་དུ་སིབ་སིབ་ཐིམ་པས་ལུས་ཀྱི་སྡིག་སྒྲིབ་ཐམས་ཅད་དག །ལུས་ལྷའི་སྐུ་དང་དབྱེར་མེད་དུ་བྱིན་གྱིས་བརླབས་པའི་མོས་པ་མཛོད། ཛཿཧཱུྃ་བཾ་ཧོཿ གཉིས་སུ་མེད་པར་ཐིམ། སྐུའི་རྗེས་གནང་ངོ་། །དེ་ནས་སློབ་དཔོན་གྱི་ཐུགས་ཀ་ནས་འོད་ཟེར་འཕྲོས། མདུན་བསྐྱེད་ཀྱི་ཐུགས་རྒྱུད་བསྐུལ། ཐུགས་ཀར་ཟླ་བའི་དཀྱིལ་འཁོར་གྱི་དབུས་སུ་ཧཱུྃ་ཡིག་གི་མཐར་སྔགས་ཕྲེང་གིས་བསྐོར་བ་ལས་སྔགས་ཕྲེང་གཉིས་པ་བྱུང་། ཞལ་ནས་ཐོན། ཁྱེད་རང་རྣམས་ཀྱི་ཞལ་དུ་ཞུགས། ཐུགས་ཀར་ཟླ་བའི་སྟེང་དུ་ཧཱུྃ་ཡིག་སྔོན་པོའི་མཐར་གཡས་སྐོར་དུ་འཁོད་པའི་འོད་ཟེར་གྱིས་ངག་གི་སྒོ་ནས་བསགས་པའི་སྡིག་སྒྲིབ་སྦྱངས། གསུང་གི་བྱིན་རླབས་ངག་ལ་ཞུགས། ངག་ནུས་པ་དང་ལྡན་པར་བྱིན་གྱིས་བརླབས་པའི་མོས་པ་མཛོད་ལ་སྔགས་འདིའི་རྗེས་ཟློས་ཀྱིས། ཨོཾ་ཨཱཿབཛྲ་ཧྲིག་ཧཱུྃ་ཧཱུྃ་སྭཱ་ཧཱ། ཞེས་ལན་གསུམ་དང་། ཨོཾ་ཨཱཿ(༧༠༠བ)བཛྲ་ཛྙཱ་ཧྲི་ཤྲ་རི་ཧཱུྃ་སྭཱ་ཧཱ། ཞེས་ལན་

གསུམ་བྱ། སློབ་དཔོན་ལ་མེ་ཏོག་གཏོར་བཞིན་དུ་འདིའི་རྗེས་ཟློས་མཛོད། བཅོམ་ལྡན་བདག་ལ་བསྐྱལ་ལགས་ཀྱི། །བཅོམ་ལྡན་བདག་ལ་བྱིན་གྱིས་རློབས། །ཞེས་ལན་གསུམ། སློབ་དཔོན་གྱིས་མེ་ཏོག་གཏོར་ཏེ། བཅོམ་ལྡན་འདི་ལ་བསྐྱལ་ལགས་ཀྱི། །བཅོམ་ལྡན་འདི་ལ་བྱིན་གྱིས་རློབས། །ཞེས་ལན་གསུམ། གསུང་གི་རྗེས་གནང་ངོ་། །དེ་ནས་སློབ་དཔོན་གྱི་ཐུགས་ཀའི་འོད་ཟེར་དང་། མདུན་བསྐྱེད་ཀྱི་ཐུགས་ཀའི་ཧཱུྃ་གི་འོད་ཟེར་གྱིས་ཕྱོགས་བཅུའི་སངས་རྒྱས་བྱང་སེམས་ཐམས་ཅད་དང་། ཁྱད་པར་གསང་བ་འདུས་པའི་ཐུགས་ཀྱི་བྱིན་རླབས་ཐམས་ཅད་ཕྱག་མཚན་དང་ས་བོན་གྱི་རྣམ་པར་སྤྱན་དྲངས། ཁྱེད་རང་རྣམས་ཀྱི་ལུས་དང་ཉེ་བའི་ཆར་བདུད་རྩི་སྣ་ལྔའི་རྣམ་པར་ཞུ་བ་ལས་ལུས་ལ་སིབ་སིབ་ཐིམ་པས་ཡིད་ཀྱི་སྡིག་སྒྲིབ་དང་། ནད་གདོན་བར་དུ་གཅོད་པ་ཐམས་ཅད་སྦྱངས། ཐུགས་ཀྱི་བྱིན་རླབས་ཐོབ་པའི་མོས་པ་མཛོད། ཅེས་བརྗོད་ནས། སྙིང་པོ་ཅི་རིགས་བཟློད། ཐུགས་ཀྱི་རྗེས་གནང་ངོ་། །རྗེས་ཀྱི་བྱ་བ་སྤྱི་དང་འདྲའོ། །

༈ **མཧཱ་མཱ་ཡ་ལ།** སྐྱབས་འགྲོ་སེམས་བསྐྱེད་ཚད་མེད་བཞི་བསྒོམ་པ་སྔོན་དུ་བཏང་ནས། རང་ཧེ་རུ་ཀར་གསལ་བའི་སྙིང་གའི་ཧྲཱིཿའི་འོད་ཀྱིས། བླ་མ་དང་དཀྱིལ་འཁོར་གྱི་འཁོར་ལོ་མདུན་གྱི་ནམ་མཁར་ཡཾ། ཞེས་སྤྱན་དྲངས་ཡིད་ཀྱིས་སྤྲུལ་པའི་ཕྱི་ནང་གསང་བའི་མཆོད་པས་མཆོད་པར་གྱུར། དཀོན་མཆོག་གསུམ་ལ་བདག་སྐྱབས་(༧༠༧ན)མཆི། །སོགས་ཡན་ལག་བདུན་པ་ཚར་གསུམ་བྱ། ཨོཾ་ཤཱུ་ནྱ་ཏཱ་ཛྙཱ་ན་བཛྲ་སྭ་བྷཱ་ཝ་ཨཱཏྨ་ཀོ྅ཧཾ། སྟོང་པ་ཉིད་དུ་གྱུར། སྟོང་པའི་ངང་ལས་ཧཱུྃ་ཡིག་ལས་རང་གི་མདུན་དུ་སྣོད་ཀྱི་འཇིག་རྟེན་རྣམ་པར་དག་པ་པདྨ་དང་། ཟླ་བ་དམར་སྐྱའི་གདན་ལ་ཧྲཱིཿལས་དཔལ་སྒྱུ་འཕྲུལ་ཆེན་མོ་སྐུ་མདོག་སྔོན་མོ་ཞལ་བཞི་སྔོ་སེར་དམར་ལྗང་བ། ཕྱག་དང་པོ་གཉིས་ཀྱིས་ཐོད་པ་དང་། ཁ་ཊྭཱཾ་ག་འཛིན་པས་ཡུམ་ལ་འཁྱུད་པ། འོག་མ་གཉིས་ཀྱིས་མདའ་གཞུ་འཕྱར་བ། ཞབས་གཡོན་བརྐྱང་བའི་

སྐྱིལ་ཀྲུང་ཕྱེད་པའི་གར་སྟབས་ཀྱིས་བཞུགས་པ། མི་ལྤགས་ཀྱི་སྟོད་གཡོགས་འཕྱར་བ། ཡུམ་སངས་རྒྱས་མཁའ་འགྲོ་མ་དམར་མོ་རང་མཚུངས་དང་མཉམ་པར་སྦྱོར་བ་ཐོད་སྐམ་གྱི་དབུ་རྒྱན། མགོ་ཕྲེང་ཕྱག་རྒྱ་ལྔའི་རྒྱན་དང་བཅས་པ། དེ་ལ་ཡིད་ཀྱིས་མཆོད་པ་ཕུལ། དེ་ཉིད་རང་གི་སྙིང་ནང་དུ་ཐིམ་པས། རང་ཉིད་ཧེ་རུ་ཀའི་སྐུ་སྦྱ་མ་བཞིན་དུ་གྱུར་པའི་སྙིང་གར་ཨོཾ་ཧཱ། མགོ་བོར་ན་མ་ཧེ། ཤྲཱི་གཙུག་ཏུ་སྭཱཧཱ། ཁྲག་པ་གཉིས་སུ་བཾ་ཁ་ཏ་ཧེ། མིག་གཉིས་སུ་ཧཱུཾ་ཧཱུཾ་ཧོ། དཔྲལ་བར་ཕཊ་ཕེཾ། གཙོ་མོའི་ལྟེ་བར་ཨོཾ་བཾ། སྙིང་གར་ཧཾ་ཡཾ། མགྲིན་པར་ཧྲཱིཾ་མོཾ། མགོ་བོར་ཧྲཱིཾ་ཧྲཱིཾ། ཤྲཱི་གཙུག་ཏུ་ཧཱུཾ་ཧཱུཾ། དཔྲལ་བར་ཕཊ་ཕཊ། མགྲིན་པར་ཨཱཿ ཟླ་བ་གཉིས་ལ་ཨ། མིག་ལ་ཨོཾ་རྣམས་དམར་པོ། སྣ་ལ་ཁ་དཀར་པོ། དཔྲལ་བར་ཅི་སེར་པོ། སྙིང་གར་ར་དམར་པོ། དཔྲལ་བར་ཨོཾ། (༧༠༧བ)མགྲིན་པར་ཨཱཿ ཐུགས་ཀར་ཧཱུཾ་གིས་མཚན་པར་གྱུར། བཟླས་པའི་དམིགས་པ་གསལ་གདབ་ལ། ཨོཾ་ཨཱཿཧྲཱིཿཧཱུཾ། ཨོཾ་ཨཱཿཤཾ་ཧཱུཾ། ཞེས་བཟླས་པ་ཅི་ནུས་སུ་བྱའོ། །༄ འདིའི་བྱིན་རླབས་བྱ་ཚུལ་ནི། ཆོས་འབྱུང་དམར་པོ་གྲུ་གསུམ་གྱི་དབུས་སུ། ཐིག་ལེ་དཀར་པོ་ཡོད་པ་ཞིག་འབྲི། མཆོད་པ་དང་གཏོར་མ་བཤམས། བདག་བསྐྱེད་བཟླས་པ་དང་བཅས་པ་བྱ། མདུན་བསྐྱེད་ཨ་ཤྲི་ཏས་བསངས། ཤཱུ་ནྱ་ཏཱས་སྦྱངས། སྟོང་པའི་ངང་ལས་ཧཱུཾ་ཡིག་ལས་མདུན་དུ་སྣོད་ཀྱི་འཇིག་རྟེན་རྣམ་པར་དག་པ་པདྨ་དང་ཟླ་བ་དམར་སྐྱའི་གདན་ལ། ཧྲཱིཿལས་དཔལ་སྐུ་འཕྲུལ་ཆེན་མོ། ཞེས་པ་ནས། མགོ་འཕྲེང་ཕྱག་རྒྱ་ལྔའི་རྒྱན་དང་བཅས་པ་ཡབ་ཀྱི་ཐུགས་ཀར་ཨོཾ་ཧཱ། མགོ་བོར་ན་མ་ཧེ། ཞེས་པ་ནས་བཟླས་པའི་བར་བྱ། གཏོར་མ་ཨོཾ་ཨཱཿཧཱུཾ་ལན་གསུམ་གྱིས་བྱིན་གྱིས་བརླབས་ལ། ཨོཾ་ཨ་ཀཱ་རོ་ཨཱ་རྡཱ་ཡཱ་རྡཱ་ཡཱི་ཧཱུཾ། ཞེས་ལན་བདུན་གྱིས་ཕུལ། མཆོད་པའང་འབྲུ་གསུམ་གྱིས་བྱིན་གྱིས་བརླབས་ནས་ཡིད་ཀྱིས་དབུལ། མཆེ་བ་གཙིགས་ཤིང་འཇིགས་པ་ཆེ། །སྔགས་ཀྱི་མེ་ཏོག་ཕྲེང་བས་བརྒྱན། །ཤ་ཆེན་རབ་ཏུ་གསོལ་མཛད་པའི། །ཧེ་རུ་ཀ་དཔལ་ཕྱག་འཚལ་

པོ། །ཞེས་པས་བསྟོད། འདོད་དོན་ལ་གསོལ་བ་གདབ། ༈ སློབ་མས་མཎྜལ་ཕུལ། གསོལ་བ་འདེབས་པ་འདིའི་རྗེས་ཟློས་མཛོད། མཆེ་བ་གཙིགས་ཤིང་འཛིགས་པ་ཆེ། །སྟག་གི་མེ་ཏོག་འཕྲེང་བས་བརྒྱན། །(༧༠༢ན)ཤ་ཆེན་རབ་ཏུ་གསོལ་མཛད་པའི། །ཧེ་རུ་ཀ་དཔལ་ཕྱག་འཚལ་བསྟོད། །བདག་ལ་བྱིན་གྱིས་བརླབ་ཏུ་གསོལ། །ཞེས་ལན་གསུམ་གྱིས་གསོལ་བ་འདེབས་སུ་གཞུག །ཁྱེད་རང་རྣམས་དམིགས་པ་འདི་བཞིན་དུ་མཛོད། ཨོཾ་ཤཱུ་ནྱ་ཏཱ་ཛྙཱ་ན་བཛྲ་སྭ་བྷཱ་ཝ་ཨཱཏྨ་ཀོ྅ཧཾ། ཕྱི་ནང་གི་ཆོས་ཐམས་ཅད་མི་དམིགས་པ་སྟོང་པ་ཉིད་དུ་གྱུར། སྟོང་པའི་ངང་ལས་ཧཱུྃ་ཡིག་ལས་སྣོད་ཀྱི་འཛིག་རྟེན་རྣམ་པར་དག་པ་པདྨ་དང་ཟླ་བ་དམར་སྐྱའི་གདན་ལ། ཁྱེད་རང་རྣམས་ཧྲཱིཿལས་དཔལ་སྒྲུ་འཁྲུལ་ཆེན་མོ་སྐུ་མདོག་སྔོན་མོ་ཞལ་བཞི་སྔོ་སེར་དམར་ལྗང་བ། ཕྱག་དང་པོ་གཉིས་ཀྱིས་ཐོད་པ་དང་། ཁ་ཊྭཱཾ་ག་འཛིན་པས་ཡུམ་ལ་འཁྱུད་པ། འོག་མ་གཉིས་ཀྱིས་མདའ་གཞུ་འཕྲེར་བ། ཞབས་གཡོན་བརྐྱང་བའི་སྐྱིལ་ཀྲུང་ཕྱེད་པའི་གར་སྟབས་ཀྱིས་བཞུགས་པ། མི་ལྤགས་ཀྱི་སྟོད་གཡོགས་འཕྲེར་བ། ཡུམ་སངས་རྒྱས་མཁའ་འགྲོ་མ་དམར་མོ་རང་མཚུངས་དང་མཉམ་པར་སྦྱོར་བ། ཐོད་སྐམ་གྱི་དབུ་རྒྱན། མགོ་འཕྲེང་ཕྱག་རྒྱ་ལྔའི་རྒྱན་དང་བཅས་པ། ཡབ་ཀྱི་སྙིང་གར་ཨོཾ་ཧ། མགོ་བོར་ན་མ་ཧི། སྤྱི་གཙུག་ཏུ་སྭཧཱ་ཧུ། ཕྲག་པ་གཉིས་སུ་བཽ་ཥ་ཊ་ཧེ། མིག་གཉིས་སུ་ཧཱུྃ་ཧཱུྃ་ཧོ། དཔྲལ་བར་ཕཊ་ཧཾ། གཙོ་མོའི་ལྟེ་བར་ཨོཾ་བཾ། སྙིང་གར་ཧཾ་ཡོཾ། མགྲིན་པར་ཧྲཱིཾ་མོཾ། མགོ་བོར་ཧྲེཾ་ཧྲཱིཾ། སྤྱི་གཙུག་ཏུ་ཧཱུྃ་ཧཱུྃ། དཔྲལ་བར་ཕཊ་ཕཊ། མགྲིན་པར་ཨཱཿ(༧༠༢བ)རྣ་བ་གཉིས་ལ་ཨ། མིག་ལ་ཨོཾ་རྣམས་དམར་པོ། སྣ་ལ་ཁ་དཀར་པོ། དཔྲལ་བར་ཙེ་སེར་པོ། སྙིང་གར་ར་དམར་པོའོ། །དཔྲལ་བར་ཨོཾ། མགྲིན་པར་ཨཱཿ ཐུགས་ཀར་ཧཱུྃ། ཞེས་གསལ་གདབ། དེ་ནས་མདུན་བསྐྱེད་ཀྱི་ཐུགས་ཀར་ཟླ་བའི་དཀྱིལ་འཁོར་གྱི་དབུས་སུ། ཧྲཱིཿཡིག་གི་མཐར་བཀོད་པའི་སྔགས་ཕྲེང་ལས་སྔགས་ཕྲེང་གཉིས་པ་བྱུང་། ཞལ་ནས་ཐོན། ཁྱེད་རང་རྣམས་ཀྱི་

ཞལ་དུ་ཞུགས། ཐུགས་ཀར་ཟླ་བའི་སྟེང་དུ་ཧྲཱིཿཡིག་གི་མཐར་འཁོད་པའི་མོས་པ་མཛོད་ལ་འདིའི་རྗེས་ཟློས་ཀྱིས། ཨོཾ་ཨཱཿཧྲཱིཿཧཱུྃ།ཞེས་དང་།ཨོཾ་ཨཱཿཨཾ་ཧཱུྃ། རྗེས་ཟློས་ཀྱིས་སྔགས་ལན་གསུམ་གསུམ་བཟླར་བཅུག །བུམ་དབང་ངོ་། །ཞེས་བརྗ་སྤྲད། སྙིང་གར་ཉི་ཟླ་ཁ་སྦྱོར་རྒྱ་སྲན་ཙམ་པའི་དབུས་སུ། ཐིག་ལེ་ཡུངས་འབྲུ་ཙམ་ལ་སེམས་གཏོད་དུ་གཞུག །བརྗོད་བྲལ་གྱི་ཉམས་སྨྱོང་ངོ་སྤྲད་ལ་གསང་དབང་ངོ་། །ཞེས་བརྗོད། ལྟེ་བའི་ཨ་ཡིག་འབར་བས་སྤྱི་བོའི་ཧཾ་ཞུ་བར་དམིགས་ལ་རླུང་བཟུང་དུ་བཅུག །ཐུར་སེལ་བསྣམས་པས་བདེ་སྟོང་གི་ཉམས་སྐྱེས་པར་བསམས་ཤེར་དབང་ངོ་། །མདུན་གྱི་མཎྜལ་ལ་བྲིས་པའི་ཆོས་འབྱུང་ནི་དབྱིངས་ཕྱོགས་བྲལ། ཐིག་ལེ་ནི་རིག་པ་བདེ་བ་ཆེན་པོའི་བརྡའོ་ཞེས་དབང་བཞི་པའོ། །འདི་ལ་རྗེས་ཆོག་མི་དགོས་སོ། །ཞེས་གསུངས་སོ། །

༄ **བདེ་མཆོག་ལྷན་སྐྱེས་ལ།** སྐྱབས་འགྲོ་སེམས་བསྐྱེད་ཚད་མེད་བཞི་བསྒོམ་(༧༠༣ན)པ་སྔོན་དུ་བཏང་ནས། ཤཱུ་ནྱ་ཏཱས་སྟོང་པར་སྦྱངས། སྟོང་པའི་ངང་ལས་པད་ཉིའི་སྟེང་དུ་རང་སེམས་ཧཱུྃ་ལས་རྡོ་རྗེ་ཧཱུྃ་གིས་མཚན་པ་ལས། རང་ཉིད་འཁོར་ལོ་བདེ་མཆོག་སྐུ་མདོག་སྔོན་པོ་ཞལ་གཅིག་ཕྱག་གཉིས་སྤྱན་གསུམ་རྡོ་རྗེ་དང་དྲིལ་བུ་འཛིན་པས་ཡུམ་ལ་འཁྱུད་པ། ཞབས་གཡོན་བསྐུམས་པས་འཇིགས་བྱེད་དང་། གཡས་བརྐྱངས་པས་དུས་མཚན་མ་མནན་པ། རལ་པའི་ཐོར་ཚུགས་དང་། ཡིད་བཞིན་གྱི་ནོར་བུ་དང་ཟླ་བ་ཕྱེད་པ་དང་། སྣ་ཚོགས་རྡོ་རྗེས་བརྒྱན་པ། ཕྱག་རྒྱ་དྲུག་དང་། མགོ་ཕྲེང་དང་། སྟག་ལྤགས་ཀྱི་ཤམ་ཐབས་ཅན། གར་གྱི་ཉམས་དགུ་དང་ལྡན་པ། ཡུམ་རྡོ་རྗེ་ཕག་མོ་དམར་མོ། གྲི་གུག་དང་ཐོད་པ་འཛིན་པ། སྐྲ་གྲོལ་ཞིང་ཕྱག་རྒྱ་ལྔ་དང་ཐོད་པ་སྐམ་པོའི་ཕྲེང་བ་ཅན། ཞབས་གཡོན་བརྐྱངས་པའི་སྟབས་ཅན་གྱིས་ཡབ་ལ་འཁྱུད་པ། གཉིས་ཀའང་ཡེ་ཤེས་ཀྱི་མེ་འབར་བའི་དབུས་ན་བཞུགས་པ། ཡབ་ལ་མི་བསྐྱོད་པ་དང་། ཡུམ་ལ་རྣམ་པར་སྣང་མཛད་

ཀྱི་དབུ་རྒྱན་ཅན། དཔྲལ་བར་ཨོཾ། མགྲིན་པར་ཨཱཿ ཐུགས་ཀར་ཧཱུྃ། ཧཱུྃ་གི་འོད་ཀྱིས་སངས་རྒྱས་ཐམས་ཅད་བདེ་མཆོག་ཡབ་ཡུམ་གྱི་རྣམ་པར་ཡཾ་ཞེས་སྤྱན་དྲངས། ཛཿཧཱུྃ་བཾ་ཧོཿ ཨོཾ་ཡོ་ག་ཤུདྡྷ་སརྦ་དྷརྨཱ་ཡོ་ག་ཤུདྡྷོ྅ཧཾ། བཟླས་པའི་དམིགས་པ་གསལ་བཏབ་ལ། ཨོཾ་ཧྲཱི་ཧ་ཧ་ཧཱུྃ་ཧཱུྃ་ཕཊ། ཅེས་བཟླའོ། །མཐར་ཡིག་བརྒྱ་བརྗོད། དགེ་བ་བསྔོ། ༈ འདིའི་བྱིན་རླབས་ནི། (༧༠༣བ)ཆོས་བཅུ་ལ་མཇལ་པདྨ་འདབ་བཞི་ཉི་གདན་ལ་ཆོམ་བུ་སྔོན་པོ་ཅན། མདུན་དུ་མཆོད་གཏོར་བཟང་བ་དང་བཅས་པ། སློབ་དཔོན་གྱི་མདུན་དུ་བུམ་པ་བཅའ། ཚོགས་འཁོར་སོགས་དགོས་པའི་ཡོ་བྱད་ཐམས་ཅད་ཚང་བར་བྱས། སྐྱབས་འགྲོ་སེམས་བསྐྱེད་ཚད་མེད་བཞི་བསྒོམ་པ་སྔོན་དུ་བཏང་། ནང་མཆོད་སྲུམ་རླས་བསངས། སྭ་བྷཱ་ཝས་སྦྱངས། ཨ་ལས་ཀ་པཱ་ལའི་ནང་དུ་འབྲུ་གསུམ་ཞུ་བ་ལས་བྱུང་བའི་བདུད་རྩིའི་རྒྱ་མཚོར་གྱུར། ཨོཾ་ཨཱཿཧཱུྃ་ཧ་ཧོ་ཧྲཱིཿ ལན་གསུམ་གྱིས་བྱིན་གྱིས་བརླབས། མཆོད་པ་སྲུཾ་རླས་བསངས། སྭ་བྷཱ་ཝས་སྦྱངས། སྟོང་པ་ཉིད་དུ་གྱུར། སྟོང་པའི་ངང་ལས་ཀཾ་ལས་བྱུང་བའི་ཐོད་པ་ཡངས་ཤིང་རྒྱ་ཆེ་བ་རྣམས་ཀྱི་ནང་དུ། ཨོཾ་ཞུ་བ་ལས་བྱུང་བའི་མཆོད་རྫས་རྣམས་རང་བཞིན་བདེ་སྟོང་རྣམ་པ་མཆོད་རྫས་སོ་སོའི་རྣམ་པ་ཅན་བྱེད་ལས་དབང་པོ་དྲུག་གི་སྤྱོད་ཡུལ་དུ་ཟག་པ་མེད་པའི་བདེ་བ་ཁྱད་པར་ཅན་སྐྱེར་བར་གྱུར། ཨོཾ་ཨརྒྷཾ་ཨཱཿཧཱུྃ། ཨོཾ་པཱ་དྱཾ་ཨཱཿཧཱུྃ། ཨོཾ་བཛྲ་པུཥྤེ་ཨཱཿཧཱུྃ་ནས་ཤབྡ་ཨཱཿཧཱུྃ་གི་བར་བརྗོད་ཅིང་བྱིན་གྱིས་བརླབས། གཏོར་མའང་ནང་མཆོད་ལྟར་བྱིན་གྱིས་བརླབས། ཡཾ་རང་གི་ཐུགས་ཀའི་ཉི་གདན་ལ་གནས་པའི་ཧཱུྃ་ཡིག་ལས་འཕྲོས་པའི་འོད་ཟེར་གྱིས། དུར་ཁྲོད་བརྒྱད་ན་གནས་པའི་ཕྱོགས་སྐྱོང་དང་། ཞིང་སྐྱོང་དང་ཀླུ་ལ་སོགས་པ་ཐམས་ཅད་སྤྱན་དྲངས་ཏེ། ཕྱོགས་མཚམས་བརྒྱད་དུ་འཁོད་པ་རྣམས་སྐད་ཅིག་གིས་འོད་གསལ་དུ(༧༠༤ན)བཅུག་པ་ལས། བདེ་མཆོག་གི་ལྷ་ཡབ་ཡུམ་གྱི་སྐུར་བཞེངས་པའི་མགྲོན་རྣམས་ཀྱི་ལྗགས་ཧཱུྃ་དཀར་པོ་ལས་བྱུང་བའི་རྡོ་རྗེ་རྩེ་གསུམ་པ་དཀར་པོ་ནས་འབྲུ་ཙམ་འཁོད་པའི་རྡོ་རྗེའི་འོད་

ཟེར་གྱི་སྲུ་གུས་དྲངས་ནས་གསོལ་བར་གྱུར་པར་བསམ་ལ། ཨོཾ་ཁ་ཁ་ཁཱ་ཧི་ཁཱ་ཧི། སརྦ་ཡཀྴ། རཀྵ་ས་བྷཱུ་ཏ། པྲེ་ཏ། པི་ཤཱ་ཙ། ཨུནྨཱ་ད། ཨ་པསྨཱ་ར། བཛྲ་ཌཱ་ཀ། ཌཱ་ཀི་ཏྱཱ་ད་ཡཿཨི་མཾ་བ་ལིཾ་གྲྀཧྞ་ན། ས་མ་ཡ་རཀྵནྟུ། མ་མ་སརྦ་སིདྡྷི་མྨེ་པྲ་ཡཙྪནྟུ། ཡ་ཐེ་པཾ། ཡ་ཐེཥྛཾ། བྷུཉྫ་ཐ། པི་བ་ཐ། ཛ་གྷྲི་ཐ། མཱ་ཏི་ཀྲ་མ་ཐ། མ་མ་སརྦ་ཀཱརྻ་ཡ། སད་སུ་ཁཾ་བི་ཤུད་དྷ་ཡེ། ས་ཧ་ཡི་ཀ་སརྦ་བཛྲ་ཧཱུཾ་ཧཱུཾ་ཕཊ་ཕཊ་སྭཱཧཱ། ཞེས་ལན་གཉིས་བརྗོད་དེ། ཨོཾ་ཨརྒྷཾ་པྲ་ཏཱིཙྪ་ཧཱུཾ་སྭཱཧཱ། ཞེས་པ་ནས། པཱདྱཾ་པྲ་ཏཱིཙྪ་ཧཱུཾ་སྭཱཧཱ། ཞེས་པའི་བར་གྱིས་མཆོད་དེ། ཕྱོགས་སྐྱོང་དང་ཞིང་སྐྱོང་དང་ཀླུ་ལ་སོགས་པ་རྣམས་ཀྱི་ཞལ་དུ་ཨོཾ་ཨཱཿཧཱུཾ། ཞེས་ནང་མཆོད་དབུལ། ལྷ་ཡི་ཚོགས་རྣམས་མ་ལུས་དང་། །ཀླུ་ཡི་ཚོགས་རྣམས་མ་ལུས་དང་། །གནོད་སྦྱིན་ཚོགས་རྣམས་མ་ལུས་དང་། །སྲིན་པོའི་ཚོགས་རྣམས་མ་ལུས་དང་། །འབྱུང་པོའི་ཚོགས་རྣམས་མ་ལུས་དང་། །ཡི་དྭགས་ཚོགས་རྣམས་མ་ལུས་དང་། །ཤ་ཟའི་ཚོགས་རྣམས་མ་ལུས་དང་། །སྨྱོ་བྱེད་ཚོགས་རྣམས་མ་ལུས་དང་། །བརྗེད་བྱེད་ཚོགས་རྣམས་མ་ལུས་དང་། །མཁའ་འགྲོའི་ཚོགས་རྣམས་མ་ལུས་དང་། །མ་མོའི་ཚོགས་(༧༠༨བ)རྣམས་མ་ལུས་དང་། །མ་ལུས་པ་ནི་ཐམས་ཅད་དག །འདིར་གཤེགས་བདག་ལ་དགོངས་སུ་གསོལ། །བསྟན་པ་སྲུང་དང་འགྲོ་བའི་དོན་མཛད་ཕྱིར། །ཐུགས་དམ་བཅས་ཤིང་ཞལ་གྱིས་འཆེས་པ་རྣམས། །དཔལ་ཆེན་བཀའ་སྡོད་ཡིད་ལྟར་མགྱོགས་པ་དང་། །འཇིགས་པའི་གཟུགས་ཅན་དྲག་གཏུམ་མི་བཟད་པ། །གདུག་པ་འདུལ་མཛད་ནག་པོའི་ཕྱོགས་རྣམས་འཇོམས། །རྣལ་འབྱོར་ལས་ལ་འབྲས་བུ་སྟེར་མཛད་ཅིང་། །མཐུ་སྟོབས་བྱིན་རླབས་བསམ་གྱིས་མི་ཁྱབ་པའི། །གནོད་སྦྱིན་ཚོགས་སོགས་བརྒྱད་ལ་ཕྱག་འཚལ་ལོ། །སྡེ་བརྒྱད་བཙུན་མོ་སྲས་དང་གཡོག་བཅས་པས། །དངོས་གྲུབ་ཀུན་གྱི་བཀའ་དྲིན་བདག་ལ་སྩོལ། །རྣལ་འབྱོར་ཡོན་མཆོད་འཁོར་བཅས་ལ། །ནད་མེད་ཚེ་དང་དབང་ཕྱུག་དང་། །དཔལ་དང་གྲགས་དང་སྐལ་བ་བཟང་། །ལོངས་སྤྱོད་

རྒྱ་ཆེན་ཀུན་ཐོབ་ཅིང་། །ཞི་དང་རྒྱས་ལ་སོགས་པ་ཡི། །ལས་ཀྱི་དངོས་གྲུབ་བདག་ལ་སྩོལ། །སྲུང་མས་རྟག་ཏུ་གྲོགས་མཛོད་ཅིག །དུས་མིན་འཆི་དང་ནད་རྣམས་དང་། །གདོན་དང་བགེགས་རྣམས་ཞི་བ་དང་། །རྨི་ལམ་ངན་དང་མཚན་མ་ངན། །བྱ་བྱེད་ངན་པ་མེད་པར་མཛོད། །འཇིག་རྟེན་བདེ་ཞིང་ལོ་ལེགས་དང་། །འབྲུ་རྣམས་འཕེལ་ཞིང་ཆོས་འཕེལ་དང་། །བདེ་ལེགས་ཐམས་ཅད་འབྱུང་བ་དང་། །ཡིད་ལ་འདོད་པ་ཀུན་འགྲུབ་ཤོག །ཅེས་འདོད་པའི་དོན་ལ་གསོལ་བ་གདབ་བོ། །དེ་ནས་ཡི་གེ་(༧༠༥ན)བརྒྱ་པ་བཟློད་ལ། ཨོཾ་བཛྲ་མུཿ ཞེས་བཟློད་དེ། འཇིག་རྟེན་པ་རྣམས་རང་གནས་སུ་གཤེགས་པར་གྱུར། ཞེས་མཁའ་འགྲོ་སྤྱི་གཏོར་གྱི་སྔོན་འགྲོ་གཏོར་མ་བཏང་ངོ་། །གནས་དང་ཡོ་བྱད་བྱིན་གྱིས་བརླབས་པ་ནི། སུམྦྷ་བསངས། སྭ་བྷཱ་ཤས་སྦྱངས། སྟོང་པའི་ངང་ལས་གནས་ཁང་བྷྲཱུཾ་ལས་རིན་པོ་ཆེ་སྣ་ཚོགས་ལས་གྲུབ་པའི་ཐར་པ་ཆེན་པོའི་གཞལ་མེད་ཁང་མཚན་ཉིད་ཐམས་ཅད་ཡོངས་སུ་རྫོགས་པའི་དབུས་སུ། ཨ་ལས་བྱུང་བའི་མེའི་ཐོད་པ་ཡངས་ཤིང་རྒྱ་ཆེ་བའི་ནང་དུ་ཧཱུྃ་ཞུ་བ་ལས་བྱུང་བའི་མཆོད་ཡོན། ཞབས་བསིལ། མེ་ཏོག །བདུག་སྤོས། མར་མེ། དྲི་ཆབ། ཞལ་ཟས། རོལ་མོ་ལ་སོགས་པའི་མཆོད་རྫས་རྣམས་ཡེ་ཤེས་ཀྱི་རང་བཞིན་མཆོད་པའི་རྣམ་པ་ཟག་མེད་བདེ་ཆེན་གྱི་རྒྱུ་བླ་ན་མེད་པས་མཁའ་དབྱིངས་ཐམས་ཅད་ཡོངས་སུ་ཁྱབ་པར་གྱུར། ཨོཾ་བཛྲ་ཨརྒྷཾ་སྭཱཧཱ། ཨོཾ་བཛྲ་པཱ་དྱཾ་སྭཱཧཱ། ཨོཾ་བཛྲ་པུཥྤེ་ཨཱཿཧཱུྃ་ནས། ཨོཾ་བཛྲ་ཤབྡ་ཨཱཿཧཱུྃ། ཨོཾ་བཛྲ་ཧྣཨྨ་ར་ཊི་ཏ་ནས་ཧོ་ཨཱ་ཧཾ་སྭཱཧཱ། ལན་གསུམ་གྱིས་བྱིན་དབབ། བདག་བསྐྱེད་བཟླས་པའི་བར་གོང་བཞིན་བསྒོམས་ནས། མདུན་བསྐྱེད་དང་བུམ་པ། སུམྦྷ་བསངས། ཤྲུ་ཏྲ་ཧྲཱས་སྦྱངས། སྟོང་པའི་ངང་ལས་མཎྜལ་གྱི་དབུས་དང་བུམ་པའི་ནང་དུ་པད་ཉིའི་སྟེང་དུ་ཧཱུྃ་ལས་རྡོ་རྗེ་ཧཱུྃ་གིས་མཚན་པ་ལས་འཁོར་ལོ་བདེ་མཆོག་ཅེས་པ་ནས། བཟླས་པའི་བར་བདག་བསྐྱེད་བཞིན་གཉིས་ཀ་ལ་(༧༠༥བ)དམིགས་ནས་བཟླས་པ་ཅི་འགྲུབ་

ཕྱ། གཏོར་མ་ནང་མཆོད་ལྟར་བྱིན་གྱིས་བརླབས་ལ། ཨོཾ་ཨ་ར་ལླི་ཧོཿབཛྲ་ཌཱ་ཀི་ནཱི་ས་མ་ཡ་སྟྭཾ། ཧྲཱི་བྷྲ་ཧོཿ ཨོཾ་ཨཱཿཧཱུྃ། ཞེས་ལན་གསུམ་གྱིས་ཕུལ། ཨརྒྷཾ་ནས་ཤབྡའི་བར་གྱིས་མཆོད། ཆོས་དབྱིངས་རྣམ་དག་དབྱིངས་ལས་མ་གཡོས་ཀྱང་། །ཐབས་ཀྱིས་ཁྲོ་བོའི་སྐུར་སྟོན་གདུག་པ་འདུལ། །ཆེ་བའི་ཆེ་མཆོག་ལྷ་ཡི་ལྷར་གྱུར་པ། །ཀུན་བཟང་ཧེ་རུ་ཀ་ལ་ཕྱག་འཚལ་ལོ། །ཞེས་པས་བསྟོད། མཆོད་སྦྱིན་གཏོར་མ་འདི་བཞེས་ལ། །ཞེས་སོགས་ཀྱིས་འདོད་དོན་ལ་གསོལ་བ་གདབ། འཇིག་རྟེན་པ་ལ་མཁའ་འགྲོ་སྤྱི་གཏོར་གྱི་གཏོར་མ་བཏང་། ཚོགས་མཆོད་ཡེ་མ་གྲུབ་ན་ཡིད་ཀྱིས་ཀྱང་རུང་། བུམ་པའི་ལྷ་ཆགས་པ་ཆེན་པོའི་མེས་ཞུ་ནས་བྱང་ཆུབ་ཀྱི་སེམས་ཀྱི་ངོ་བོར་བུམ་པའི་ཆུ་དང་རོ་གཅིག་ཏུ་གྱུར་པར་བསམས། ༔ སློབ་མས་མནྡལ་ཕུལ། གསོལ་བ་འདེབས་པ་འདིའི་རྗེས་ཟློས་མཛོད། །ཀུན་མཁྱེན་ཡེ་ཤེས་ནས་བཀའ་དྲིན་སྩོལ། ཞེས་ལན་གསུམ། རྒྱུད་དག་པར་བྱ་བའི་ཕྱིར། མདུན་བསྐྱེད་ཀྱི་ལྷ་དང་སངས་རྒྱས་བྱང་སེམས་རྣམས་ཀྱི་དྲུང་དུ་སྐྱབས་འགྲོ་སྔོན་དུ་འགྲོ་བའི་བྱང་ཆུབ་སེམས་བཟུང་ལ་སོགས་པ་བགྱིད་སྙམ་པའི་བསམ་པས་འདིའི་རྗེས་ཟློས་མཛོད། དཀོན་མཆོག་གསུམ་ལ་བདག་སྐྱབས་མཆི། །ཞེས་སོགས་ལན་གསུམ། མདུན་གྱི་ཚོམ་བུ་དང་སློབ་དཔོན་ཡང་འཁོར་ལོ་བདེ་(༡༠༨ན)མཆོག་སྐུ་མདོག་སྔོན་པོ་ཞལ་གཅིག་ཕྱག་གཉིས་སྤྱན་གསུམ་རྡོ་རྗེ་དང་དྲིལ་བུ་འཛིན་པས་ཡུམ་ལ་འཁྱུད་པ། ཞབས་གཡོན་བསྐུམས་པས་འཇིགས་བྱེད་དང་། གཡས་བརྐྱངས་པས་དུས་མཚན་མ་མནན་པ། རལ་པའི་ཐོར་ཚུགས་དང་། ཡིད་བཞིན་གྱི་ནོར་བུ་དང་ཟླ་བ་ཕྱེད་པ་དང་། སྣ་ཚོགས་རྡོ་རྗེས་བརྒྱན་པ། ཕྱག་རྒྱ་དྲུག་དང་། མགོ་ཕྲེང་དང་། སྟག་ལྤགས་ཀྱི་ཤམ་ཐབས་ཅན། གར་གྱི་ཉམས་དགུ་དང་ལྡན་པ། ཡུམ་རྡོ་རྗེ་ཕག་མོ་དམར་མོ། གྲི་གུག་དང་ཐོད་པ་འཛིན་པ། སྐྲ་གྲོལ་ཞིང་ཕྱག་རྒྱ་ལྔ་དང་ཐོད་པ་སྐམ་པོའི་ཕྲེང་བ་ཅན། ཞབས་གཡོན་བརྐྱངས་པའི་སྟབས་ཅན་གྱིས་ཡབ་ལ་འཁྱུད་པ།

གཉིས་ཀའང་ཡེ་ཤེས་ཀྱི་མེ་འབར་བའི་དབུས་ན་བཞུགས་པ། ཡབ་ལ་མི་བསྐྱོད་པ་དང་། ཡུམ་ལ་རྣམ་པར་སྣང་མཛད་ཀྱི་དབུ་རྒྱན་ཅན་དུ་བཞུགས་པར་མོས་སུ་བཅུག་ལ། གསོལ་བ་འདེབས་པ་འདིའི་རྗེས་ཟློས་མཛོད། སངས་རྒྱས་ཀུན་གྱི་རང་བཞིན་སྐུ། །སློབ་དཔོན་བདག་ལ་དགོངས་སུ་གསོལ། །ལུས་ཀྱི་དྲི་མ་སྦྱང་བ་དང་། །དེ་ཉིད་བདེ་ཆེན་བདག་ལ་སྩོལ། །ཞེས་ལན་གསུམ་གྱིས་གསོལ་བ་བཏབ། དེ་ནས་སློབ་དཔོན་དང་། སློབ་མའི་སྤྱི་བོར་ཨོཾ། མགྲིན་པར་ཨཱཿ ཐུགས་ཀར་ཧཱུཾ། ཞེས་གནས་གསུམ་དུ་ཡི་གེ་འབྲུ་གསུམ་བསྒོམ་དུ་བཅུག་ལ། སློབ་དཔོན་གྱི་དཔྲལ་བའི་ཨོཾ་ལས་སངས་རྒྱས་ཐམས་ཅད་ཀྱི་སྐུའི་ངོ་བོ་ཨོཾ་དཀར་པོ་(༧༠༨བ)དཔག་ཏུ་མེད་པ་བྱུང་། སློབ་མའི་དཔྲལ་བའི་ཨོཾ་ལ་ཐིམ་པས་བུམ་དབང་ཐོབ། ལུས་ཀྱི་དྲི་མ་དག་པར་མོས་ཤིག །ཅེས་བརྗོད་ལ་བུམ་པ་སྤྱི་བོར་བཞག །བུམ་ཆུ་ཀུ་ཤས་དཔྲལ་བར་གཏོར་རོ། །ཨོཾ་ལས་བྱུང་བའི་བདུད་རྩིའི་རྒྱུན་གྱིས་མགྲིན་པ་ཡན་ཆད་གང་བར་མོས། གསོལ་བ་འདེབས་པ་འདིའི་རྗེས་ཟློས་མཛོད། སངས་རྒྱས་ཀུན་གྱི་རང་བཞིན་གསུང་། །སློབ་དཔོན་བདག་ལ་དགོངས་སུ་གསོལ། །ངག་གི་དྲི་མ་སྦྱང་བ་དང་། །དེ་ཉིད་བདེ་ཆེན་བདག་ལ་སྩོལ། །ཞེས་ལན་གསུམ། སློབ་དཔོན་གྱི་མགྲིནཔའི་ཨཱཿལས་ཨཱཿསྤྲོས་ཏེ། སློབ་མའི་མགྲིན་པའི་ཨཱཿལ་བསྟིམ། གསང་དབང་ཐོབ། ངག་གི་དྲི་མ་དག །བུམ་ཆུ་མགྲིན་པར་གཏོར། ཨཱཿལས་བྱུང་བའི་བདུད་རྩིའི་རྒྱུན་གྱིས་སྙིང་ག་ཡན་ཆད་གང་བར་མོས། ཡང་གསོལ་བ་འདེབས་པ་འདིའི་རྗེས་ཟློས་མཛོད། སངས་རྒྱས་ཀུན་གྱི་རང་བཞིན་ཐུགས། །སློབ་དཔོན་བདག་ལ་དགོངས་སུ་གསོལ། །ཡིད་ཀྱི་དྲི་མ་སྦྱང་བ་དང་། །དེ་ཉིད་བདེ་ཆེན་བདག་ལ་སྩོལ། །ཞེས་ལན་གསུམ། སློབ་དཔོན་གྱི་ཐུགས་ཀའི་ཧཱུཾ་ལས་ཧཱུཾ་སྤྲོས་ཏེ། སློབ་མའི་སྙིང་གའི་ཧཱུཾ་ལ་བསྟིམ། ཤེར་དབང་ཐོབ། ཡིད་ཀྱི་དྲི་མ་དག །བུམ་ཆུ་སྙིང་གར་གཏོར། ཧཱུཾ་ལས་བྱུང་བའི་བདུད་རྩིའི་རྒྱུན་གྱིས་ལྟེ་བ་ཡན་ཆད་གང་བར་མོས། ཡང་

གསོལ་བ་འདེབས་པ་འདིའི་རྗེས་ཟློས་མཛོད། སངས་རྒྱས་ཀུན་གྱི་སྐུ་གསུང་
ཐུགས། །སློབ་དཔོན་བདག་ལ་དགོངས་སུ་གསོལ། །སྒོ་གསུམ་དྲི་(༡༠༧ན)མ་སྦྱང་བ་
དང་། །དེ་ཉིད་བདེ་ཆེན་བདག་ལ་སྩོལ། །ཞེས་ལན་གསུམ། སློབ་དཔོན་གྱི་ཡི་གེ་
འབྲུ་གསུམ་ལས། འབྲུ་གསུམ་ཆར་བྱུང་། སློབ་མའི་གནས་གསུམ་དུ་ཐིམ། དབང་
བཞི་པ་ཐོབ། སྒོ་གསུམ་དྲི་མ་བག་ཆགས་དང་བཅས་པ་དག །ཁྱུམ་ཚུ་གནས་གསུམ་
ཆར་དུ་གཏོར་ལ་འཐུང་དུ་གཞུག །ཨོཾ་ཨཱཿཧཱུྃ་ལས་བྱུང་བའི་བདུད་རྩིའི་རྒྱུན་གྱིས་
ཁང་མཐིལ་ཡན་ཆད་གང་བར་མོས། དེ་ནས་དམིགས་པ་འདི་བཞིན་དུ་མཛོད།
ཨོཾ་སྭ་བྷཱ་ཝ་ཤུདྡྷཱ་ཿ་ས་ཪྺ་དྷརྨཱ་ཿ་སྭ་བྷཱ་ཝ་ཤུདྡྷོ྅ཧཾ། ཕྱི་ནང་གི་དངོས་པོ་ཐམས་ཅད་མི་
དམིགས་པ་སྟོང་པ་ཉིད་དུ་གྱུར། སྟོང་པའི་ངང་ལས་པད་ཉིའི་སྟེང་དུ་ཧཱུྃ་ལས་རྡོ་
རྗེ་ཧཱུྃ་གིས་མཚན་པ་ལས། ཁྱེད་རང་རྣམས་འཁོར་ལོ་བདེ་མཆོག་སྐུ་མདོག་སྔོན་
པོ་ཞལ་གཅིག་ཕྱག་གཉིས་སྤྱན་གསུམ་རྡོ་རྗེ་དང་དྲིལ་བུ་འཛིན་པས་ཡུམ་ལ་འཁྱུད་
པ། ཞབས་གཡོན་བསྐུམས་པས་འཇིགས་བྱེད་དང་གཡས་བརྐྱངས་པས་དུས་མཚན་
མ་མནན་པ། རལ་པའི་ཐོར་ཚུགས་ཅན། ཡིད་བཞིན་གྱི་ནོར་བུ་དང་། ཟླ་བ་ཕྱེད་
པ་དང་། སྣ་ཚོགས་རྡོ་རྗེས་བརྒྱན་པ། ཕྱག་རྒྱ་དྲུག་དང་། མགོ་ཕྲེང་དང་། སྟག་
ལྤགས་ཀྱི་ཤམ་ཐབས་ཅན། གར་གྱི་ཉམས་དགུ་དང་ལྡན་པ། ཡུམ་རྡོ་རྗེ་ཕག་མོ་
དམར་མོ། གྲི་གུག་དང་ཐོད་པ་འཛིན་པ། སྐྲ་གྲོལ་ཞིང་ཕྱག་རྒྱ་ལྔ་དང་ཐོད་པ་སྐམ་
པོའི་ཕྲེང་བ་ཅན། ཞབས་གཡོན་བརྐྱང་བའི་སྟབས་ཅན་གྱིས་ཡབ་ལ་འཁྱུད་པ།
གཉིས་ཀའང་(༡༠༧བ)ཡེ་ཤེས་ཀྱི་མེ་འབར་བའི་དབུས་ན་བཞུགས་པ། ཡབ་ལ་མི་
བསྐྱོད་པ་དང་། ཡུམ་ལ་རྣམ་པར་སྣང་མཛད་ཀྱི་དབུ་རྒྱན་ཅན། དཔྲལ་བར་ཨོཾ།
མགྲིན་པར་ཨཱཿ ཐུགས་ཀར་ཧཱུྃ། ཞེས་གསལ་གདབ། དེ་ནས་སློབ་དཔོན་གྱི་ཐུགས་
ཀ་ནས་འོད་ཟེར་འཕྲོས། མདུན་བསྐྱེད་ཀྱི་ཐུགས་རྒྱུད་བསྐུལ། ཐུགས་ཀར་ཉི་མའི་
དཀྱིལ་འཁོར་གྱི་དབུས་སུ་ཧཱུྃ་ཡིག་གི་མཐར་སྔགས་ཕྲེང་གིས་བསྐོར་བ་ལས་སྔགས་

ཕྲེང་གཉིས་པ་བྱུང་། ཞལ་ནས་ཐོན། ཁྲིད་རང་རྣམས་ཀྱི་ཞལ་དུ་ཞུགས། ཐུགས་ཀར་ཉི་མའི་སྟེང་དུ་ཧཱུྃ་ཡིག་གི་མཐར་འཁོད་པའི་མོས་པ་མཛོད་ལ། འདིའི་རྗེས་ཟློས་ཀྱིས། ཨོཾ་ཧྲཱིཿཧ་ཧ་ཧཱུྃ་ཧཱུྃ་ཕཊ། ཅེས་ལན་གསུམ་བྱ། མཇུག་ཆོག་སྤྱི་དང་མཐུན། །

༄ **གོ་ཆའི་དཔའ་བོ་དྲུག་ལ།** མཉལ་པདྨ་འདབ་མ་ལྔ་པའི་ལྟེ་བར་ཚོམ་བུ་དཀར་པོ། འདབ་མ་ལྔ་ལ་མདུན་ནས་གཡོན་སྐོར་དུ། སེར་པོ། དམར་པོ། ནག་པོ། དམར་སེར། ལྗང་ཁུ་རེ་དགོད། མཉིའི་སྟེང་དུ། ཐོད་པ་ནང་མཆོད་དང་བཅས་པ་བཤམས། མཐའ་མཆོད་གཏོར་གྱིས་བསྐོར། བདེ་མཆོག་བཞིན་སྔོན་འགྲོའི་གཏོར་མ་བཏང་། མཆོད་པ་བླ་མེད་ལྟར་བྱིན་གྱིས་བརླབས། ལྷུ་ནག་ལྟ་བུ་བདེ་མཆོག་གི་མངོན་རྟོགས་མཚན་ཉིད་ཚང་བ་ཞིག་རྫོགས་པར་བསྒོམ། མདུན་བསྐྱེད། སུམྦྷ་བསངས། སྭ་བྷཱ་ཤས་སྦྱངས། ཐོད་པ་དང་མཉལ་གྱི་གནས་སུ་སྟོང་པའི་ངང་ལས། ཧཱུྃ་ལས་བྱུང་བའི་སྲུང་(70ན)འཁོར་གྱི་དབུས་སུ། པཾ་ལས་པདྨ་འདབ་ལྔ་ལྟེ་བ་ལ། ཨོཾ་ཧ་ལས་རྡོ་རྗེ་སེམས་དཔའ་དཀར་པོ་དཀར་ནག་དམར་བའི་ཞལ་གསུམ་ཕྱག་དྲུག་གི་དང་པོ་གཉིས་རྡོ་རྗེ་དང་དྲིལ་བུ་འཛིན་པས་ཡུམ་ལ་འཁྱུད་པ། ལྷག་མ་གཡོན་གཉིས་ཀྱིས་ཐོད་པ་བདུད་རྩིས་གང་བ་དང་ཁ་ཊྭཾ་ག །གཡས་གཉིས་ཀྱིས་ཅང་ཏེའུ་དང་ཚངས་པའི་མགོ་བོ་འཛིན་པ། མི་ལྤགས་ཀྱི་སྟོད་གཡོགས་ཅན་ཟླ་བ་ལ་གནས་པ། མདུན་ནས་བརྩམས་ཏེ་འདབ་མ་རྣམས་ལ་གཡོན་སྐོར་གྱིས། ན་མ་ཧི་ལས་རྣམ་པར་སྣང་མཛད་སེར་པོ་འཁོར་ལོ་འཛིན་པ། སྭཱ་ཧཱ་ཧུ་ལས་པདྨ་གར་དབང་དམར་པོ་པདྨ། བཽ་ཥ་ཊ་ཧེ་ལས་དཔལ་ཧེ་རུ་ཀ་ནག་པོ་རྡོ་རྗེ། ཧཱུྃ་ཧཱུྃ་ཧོ་ལས་རྡོ་རྗེ་ཉི་མ་དམར་སེར་རིན་པོ་ཆེ། ཕཊ་ཧཾ་ལས་རྟ་མཆོག་ལྗང་ཁུ་རལ་གྲི་འཛིན་པ། དེ་རྣམས་ཕྱག་དང་པོ་གཉིས་ཀྱིས་རང་རྟགས་དང་། དྲིལ་བུ་ཐུགས་ཀར་བསྣོལ་བ། འོག་མ་གཉིས་ཀྱིས་གཡས་ཌཱ་མ་རུ་དང་། གཡོན་ཐོད་པ་དང་ཁ

ཝཱ་ག་འཛིན་པ། ཉི་མའི་གདན་ལ་གནས་པ། གཙོ་འཁོར་ཐམས་ཅད་ཀྱང་ཕྱག་རྒྱ་དྲུག་གིས་བརྒྱན་པ། ཐོད་པའི་དབུ་རྒྱན་དང་། མགོ་བོའི་དོ་ཤལ་དང་། སྟག་གི་ལྤགས་པའི་ཤམ་ཐབས་ཅན། སྤྱན་གསུམ་པ་ཡི་དྭགས་ཀྱི་གདན་ལ་གཡས་བརྐྱང་གི་སྟབས་ཀྱིས་བཞུགས་པ། དེ་རྣམས་ཀྱི་དཔྲལ་བར་ཨོཾ། མགྲིན་པར་ཨཱཿ ཐུགས་ཀར་ཧཱུཾ། ཛྃ་ཞེས་ཡེ་ཤེས་པ་སྤྱན་དྲངས། ཛཿཧཱུཾ་བཾ་ཧོཿས་བསྟིམ། (༧༠༢བ)ཡོ་ག་ཤུདྡྷས་ང་རྒྱལ་བཟུང་། ཨརྒྷཾ་སོགས་ཀྱིས་མཆོད། ཨོཾ་ཨཱཿཧཱུཾ་གིས་ནང་མཆོད་ཕུལ། ཡབ་ཀྱི་གསང་གནས་མི་དམིགས་པའི་ངང་ལས་ཧཱུཾ་ལས་བྱུང་བའི་རྡོ་རྗེ་དཀར་པོ་རྩེ་ལྔ་པ་ཕཊ་དམར་པོ་ལས་བྱུང་བའི་ནོར་བུ་དམར་པོ་རྩེ་མོར་ཕཊ་སེར་པོས་མཚན་པ། ཡུམ་གྱི་གསང་གནས་མི་དམིགས་པའི་ངང་ལས་ཨཱཿལས་བྱུང་བའི་པདྨ་དམར་པོ་འདབ་མ་གསུམ་པ་ཕཊ་དཀར་པོ་ལས་བྱུང་བའི་བྱང་ཆུབ་ཀྱི་སེམས་མཚོན་པའི་ལྡེ་བ་དཀར་པོ་རྩེ་མོར་ཕཊ་སེར་པོས་མཚན་པ། ཨོཾ་སརྦ་ཏ་ཐཱ་ག་ཏ་ཨ་ནུ་རཱ་ག་ན་བཛྲ་སྭ་བྷཱ་ཝ་ཨཱཏྨ་ཀོ྅ཧཾ། ཡབ་ཡུམ་སྙོམས་པར་ཞུགས་པས་ལྷན་ཅིག་སྐྱེས་པའི་དགའ་བ་སྐྱེས། ལྷ་ཐམས་ཅད་ཀྱིས་ཀྱང་ལྷན་ཅིག་སྐྱེས་པའི་དགའ་བ་ཉམས་སུ་མྱོང་སྟེ་བདེ་བ་ཆེན་པོ་དང་དེ་ཁོ་ན་ཉིད་དབྱེར་མི་ཕྱེད་པའི་ཏིང་ངེ་འཛིན་ལ་སྙོམས་པར་ཞུགས་པས་གསང་བ་དང་དེ་ཁོ་ན་ཉིད་ཀྱི་མཆོད་པས་དགྱེས་པར་གྱུར། རྡོ་རྗེ་སེམས་དཔའ་ཧེ་རུ་ཀ །སྣང་མཛད་རྡོ་རྗེ་ཉི་མ་དང་། །གར་དབང་རྡོ་རྗེ་ཏ་རྒྱལ་པོ། །རིགས་དྲུག་འཁོར་ལོས་བསྒྱུར་བ་ནི། །ཀུན་ཏུ་སྤྱོད་དང་ཕྱིན་རླབས་དང་། །རྒྱལ་བ་སྲས་དང་བཅས་རྣམས་ཀྱི། །སྐུ་ལ་ཞུགས་ནས་འཕྲིན་ལས་མཛད། །གོ་ཆའི་ལྷ་ཚོགས་རྣམས་ལ་འདུད། །ཅེས་པས་བསྟོད། ཨོཾ་ཧཱ། ན་མ་ཧི། སྭཱཧཱ་ཧུ། བཽ་ཥཊ་ཧེ། ཧཱུཾ་ཧཱུཾ་ཧོ། ཕཊ་ཧཾ། ཞེས་ཅི་ནུས་བཟླ། གཏོར་མ་སུམྦྷས་བསངས། སྭ་བྷཱ་ཝས་སྦྱངས། ཨ་ལས་ཀ་པཱ་ལའི་ནང་དུ་འབྲུ་གསུམ་ཞུ་བ་ལས་བྱུང་བའི་(༧༠༣ན)བདུད་རྩིའི་རྒྱ་མཚོར་གྱུར། ཨོཾ་ཨཱཿཧཱུཾ་ཧ་ཧོ་ཧྲཱིཿལན་གསུམ་གྱིས་བྱིན་གྱིས་བརླབས། ཨོཾ་ཨ་རལླི་ཧོཿབཛྲ་ཌཱ་ཀི་ནཱི་

ས་མ་ཡ་སྟྭཾ། དྲྀ་ཤྱ་ཧོཿ ཨོཾ་ཧཱ། ན་མ་ཧི། སྭཱཧཱ་ཧཱུ། བཽ་ཥ་ཊ་ཧེ། ཧཱུཾ་ཧཱུཾ་ཧོ། ཕཊ་ཧཾ། ཞེས་ལན་གསུམ་གྱིས་དབུལ། ཨརྒྷཾ་ནས། ཤབྡའི་བར་གྱིས་མཆོད། གོང་བཞིན་བསྟོད། སྲིད་དང་ཞི་བ་མཉམ་དང་ཆགས་འཛོམས་ཀུན་ཏུ་རྟོག་པ་འཛོམས། །ཁྱོད་ནི་དངོས་པོ་མཐའ་དག་མཁའ་ལྟར་གཟིགས་པ་དང་ལྡན་པ། །མགོན་པོ་ཤིན་ཏུ་བརྩེ་བ་ལྡི་བའི་ཚུལ་བརྟན་ཐུགས་ཀྱི་ཆུ། །མཛོད་ཅིག་ལྷ་མོ་རྣམས་ཀྱིས་བདག་ལ་ཤིན་ཏུ་རྗེས་བརྩེར་མཛོད། །ཅེས་འདོད་དོན་གསོལ་བ་གདབ། ཁ་ཁ་སོགས་ཀྱིས་མཁའ་འགྲོ་སྤྱི་ལ་འབུལ་ཚུལ་སྤྱི་དང་འདྲ། ༈ དེ་ནས་སློབ་མས་མཎྜལ་ཕུལ། གང་གི་དྲིན་གྱིས་བདེ་ཆེན་གནས། །ནས་པད་ལ་འདུད། ཅེས་དང་། སངས་རྒྱས་ཀུན་གྱི་རང་བཞིན་སྐུ། །སློབ་དཔོན་ལ་ནི་སྐྱབས་སུ་མཆི། །བཅོམ་ལྡན་ཧེ་རུ་ཀ་དཔལ་གྱིས། །བདག་ལ་བྱིན་གྱིས་བརླབས་ཏུ་གསོལ། །ཞེས་དང་། དོན་དམ་སྨྲ་བའི་སེང་གེའི་རྣལ་འབྱོར་ཞེས་བྱ་བ། །ཉོན་མོངས་གཅོད་པའི་དོན་ལ་ཤིན་ཏུ་མཁས་གྱུར་པ། །སྲིད་པའི་ཉེས་བརྒྱ་བསྐྱེད་རྩ་ཉོན་མོངས་ཆོད་མཛོད་ལ། །རྣལ་འབྱོར་དོན་དམ་རྒྱལ་པོ་དེ་ཉིད་འགྲུབ་པར་མཛོད། །ཅེས་པས་གསོལ་བ་བཏབ། དཀོན་མཆོག་གསུམ་ལ་བདག་སྐྱབས་མཆི། །ཞེས་སོགས་ཀྱི་རྒྱུན་བཤགས་དང་། (༧༠(བ)སྲས་བཅས་སངས་རྒྱས་ཐམས་ཅད་དང་། །དཔའ་བོ་དཔའ་མོའི་ཚོགས་བཅས་ཀུན། །ཐམས་ཅད་བདག་ལ་དགོངས་སུ་གསོལ། །བདག་མིང་འདི་ཞེས་བྱ་བ་ནི། །དུས་འདི་ནས་ནི་བཟུང་ནས་ནི། །བྱང་ཆུབ་སྙིང་པོར་མཆིས་ཀྱི་བར། །ཇི་ལྟར་དུས་གསུམ་མགོན་པོ་རྣམས། །བྱང་ཆུབ་ཏུ་ནི་ངེས་མཛད་པའི། །བྱང་ཆུབ་སེམས་ནི་བླ་ན་མེད། །དམ་པ་བདག་གིས་བསྐྱེད་པར་བགྱི། །ཚུལ་ཁྲིམས་ཀྱི་ནི་བསླབ་པ་དང་། །དགེ་བའི་ཆོས་ནི་སྡུད་པ་དང་། །སེམས་ཅན་དོན་བྱེད་ཚུལ་ཁྲིམས་གསུམ། །སོ་སོར་བརྟན་པོར་བདག་གིས་བཟུང་། །སངས་རྒྱས་ཆོས་དང་དགེ་འདུན་ཏེ། །བླ་ན་མེད་པའི་དཀོན་མཆོག་གསུམ། །སངས་རྒྱས་རྣལ་འབྱོར་ལས་སྐྱེས་

པའི། །སྡོམ་པ་དེང་ནས་བདག་གིས་བཟུང་། །རྡོ་རྗེ་རིགས་མཆོག་ཆེན་པོ་ཡི། །རྡོ་རྗེ་དྲིལ་བུ་ཕྱག་རྒྱ་ཡང་། །ཡང་དག་ཉིད་དུ་བཟུང་བར་བགྱི། །སློབ་དཔོན་དག་ཀྱང་བཟུང་བར་བགྱི། །རིན་ཆེན་རིགས་མཆོག་ཆེན་པོ་ཡི། །དམ་ཚིག་ཡིད་དུ་འོང་བ་ལ། །ཉིན་རེ་བཞིན་ནི་དུས་དྲུག་ཏུ། །སྦྱིན་པ་རྣམ་བཞི་རྟག་ཏུ་སྦྱིན། །བྱང་ཆུབ་ཆེན་པོ་ལས་བྱུང་བའི། །པདྨའི་རིགས་ཆེན་དག་པ་ལ། །ཕྱི་དང་གསང་བ་ཐེག་པ་གསུམ། །དམ་ཆོས་སོ་སོར་བཟུང་བར་བགྱི། །ལས་ཀྱི་རིགས་མཆོག་ཆེན་པོ་ལ། །སྡོམ་པ་ཐམས་ཅད་ལྡན་པར་ནི། །ཡང་དག་ཉིད་དུ་སོ་སོར་བཟུང་། །མཆོད་པའི་ལས་ནི་ཅི་ནུས་བགྱི། །བྱང་ཆུབ་སེམས་ནི་བླ་ན་མེད། །དམ་པ་བདག་གིས་བསྐྱེད་པར་(༡༡༠ན)བགྱི། །སེམས་ཅན་ཀུན་གྱི་དོན་གྱི་ཕྱིར། །བདག་གིས་སྡོམ་པ་མ་ལུས་བཟུང་། །མ་བསྒྲལ་བ་རྣམས་བདག་གིས་བསྒྲལ། །མ་གྲོལ་བ་རྣམས་བདག་གིས་དགྲོལ། །དབུགས་མ་ཕྱིན་པ་དབུགས་དབྱུང་ཞིང་། །སེམས་ཅན་མྱ་ངན་འདས་ལ་དགོད། །ཅེས་རིགས་ལྔའི་སྡོམ་བཟུང་བྱ། དམ་ཚིག་ཉེར་གཉིས་བཟུང་བ་ནི། །སངས་རྒྱས་ཆོས་དང་དགེ་འདུན་ལ། །རྟག་པར་བདག་ནི་སྐྱབས་སུ་མཆི། །རྣལ་འབྱོར་གསང་སྔགས་མཁའ་འགྲོ་མ། །འཁོར་ལོ་གསུམ་གྱི་བདག་ཉིད་ཅན། །ཀུན་ལ་བདག་ནི་སྐྱབས་སུ་མཆི། །དཔའ་བོ་དཔའ་མོ་དབང་ལྷ་མོ། །བྱང་ཆུབ་སེམས་དཔའ་བདག་ཉིད་ཆེ། །ཁྱད་པར་དུ་ཡང་སློབ་དཔོན་ལ། །རྟག་པར་བདག་ནི་སྐྱབས་སུ་མཆི། །དཔལ་ལྡན་ཁྲག་འཐུང་སོགས་དཔའ་བོ། །རྣལ་འབྱོར་མ་དང་སྲུང་མཛད་སོགས། །བྱང་ཆུབ་སེམས་དཔའ་དཔག་མེད་པ། །ཐམས་ཅད་བདག་ལ་དགོངས་སུ་གསོལ། །བདག་གིས་དུས་འདི་ནས་བཟུང་སྟེ། །ཇི་སྲིད་གཉིས་མེད་ལ་གནས་བར། །དེ་ཡི་ཚངས་སྤྱོད་གཉིས་མེད་པ། །ཉི་ཤུ་རྩ་གཉིས་ལེགས་པར་སྲུང་། །ཞེས་རྩ་ལྟུང་བཅུ་བཞིའི་ཁར་སྦོམ་པོ་བརྒྱད་བསྣན་པས་དམ་ཚིག་ཉེར་གཉིས་བཟུང་བའོ། །དེ་ནས་མདུན་གྱི་ཆོས་བུ་འདི་ཉིད་བསྐྲུབས་ཟིན་པ་ལྟར་ཏེ་ཙ་ཀ་གོ་ཆའི་

དཔའ་བོ་དྲུག་དངོས་སུ་བཞུགས་པར་མོས་ནས། སློབ་དཔོན་དང་མདུན་བསྐྱེད་ལ་མོས་གུས་དྲུང་བ་བྱས་པས་(༡༡༠བ)སྐུ་ལས་བདུད་རྩིའི་རྒྱུན་བྱུང་སྟེ། ལུས་ཐམས་ཅད་བཀྲུས་པའི་དམིགས་པ་ལན་གསུམ་འདོགས། དེ་ནས། ཁྱེད་རང་རྣམས་སྐད་ཅིག་གིས་ཧེ་རུ་ཀ་སྔོན་པོ་ཞལ་གཅིག་ཕྱག་གཉིས་ཀྱིས་རྡོ་རྗེ་དང་དྲིལ་བུ་འཛིན་པས་གཡས་བརྐྱང་གིས་བཞུགས་པ་ལ། རྡོ་རྗེ་ཕག་མོ་དམར་མོ་ཞལ་གཅིག་ཕྱག་གཉིས་ཀྱིས་གྲི་གུག་དང་ཐོད་པ་འཛིན་པས་འཁྱུད་པར་གྱུར་པར་མོས། ཁྱེད་རང་རྣམས་ཀྱི་སྙིང་གར་ཨོཾ་ཧ་ལས་རྡོ་རྗེ་སེམས་དཔའ་དཀར་པོ་དཀར་ནག་དམར་བའི་ཞལ་གསུམ་ཕྱག་དྲུག་གི་དང་པོ་གཉིས་རྡོ་རྗེ་དང་དྲིལ་བུ་འཛིན་པས་ཡུམ་ལ་འཁྱུད་པ། ལྷག་མ་གཡོན་གཉིས་ཀྱིས་ཐོད་པ་བདུད་རྩིས་གང་བ་དང་ཁ་ཊྭཾ་ག །གཡས་གཉིས་ཀྱིས་ཅང་ཏེའུ་དང་ཚངས་པའི་མགོ་བོ་འཛིན་པ། མི་ལྤགས་ཀྱི་སྟོད་གཡོགས་ཅན་ཟླ་བ་ལ་གནས་པ། མགོ་བོར་ན་མ་ཧེ་ལས་རྣམ་པར་སྣང་མཛད་སེར་པོ་འཁོར་ལོ་འཛིན་པ། སྤྱི་གཙུག་ཏུ་སྭཱ་ཧཱ་ཏུ་ལས་པདྨ་གར་དབང་དམར་པོ་པདྨ། ཕྲག་པ་གཉིས་སུ་པཾ་ཕཊ་ཧེ་ལས་དཔལ་ཧེ་རུ་ཀ་ནག་པོ་རྡོ་རྗེ། མིག་གཉིས་སུ་ཧཱུྃ་ཧཱུྃ་ཧོ་ལས་རྡོ་རྗེ་ཉི་མ་དམར་སེར་རིན་པོ་ཆེ། དཔྲལ་བར་ཕཊ་ཧཾ་ལས་རྟ་མཆོག་ལྗང་ཁུ་རལ་གྲི་འཛིན་པ། དེ་རྣམས་ཕྱག་དང་པོ་གཉིས་ཀྱིས་རང་རྟགས་དང་། དྲིལ་བུ་ཐུགས་ཀར་བསྣོལ་བ། འོག་མ་གཉིས་ཀྱིས་གཡས་ཌཱ་མ་རུ་དང་། གཡོན་ཐོད་པ་དང་ཁ་ཊྭཾ་ག་འཛིན་པ། ཉི་མའི་གདན་ལ་གནས་པ། ཐམས་ཅད་ཀྱང་ཕྱག་རྒྱ་དྲུག་གིས་བརྒྱན་པ། ཐོད་པའི་དབུ་རྒྱན་དང་། (༡༡༡ན)མགོ་བོའི་དོ་ཤལ་དང་། སྟག་གི་ལྤགས་པའི་ཤམ་ཐབས་ཅན། སྤྱན་གསུམ་པ་ཡི་དྭགས་ཀྱི་གདན་ལ་གཡས་བརྐྱང་གི་སྟབས་ཀྱིས་བཞུགས་པར་མོས། སློབ་དཔོན་དང་མདུན་བསྐྱེད་ཀྱི་ཐུགས་ཀ་ནས་འོད་ཟེར་འཕྲོས། ཕྱོགས་བཅུའི་སངས་རྒྱས་ཐམས་ཅད་གོ་ཆའི་དཔའ་བོ་དྲུག་གི་སྐུའི་རྣམ་པར་སྤྱན་དྲངས། ཁྱེད་རང་རྣམས་ཀྱི་ལུས་ལ་བཀོད་པའི་གོ་ཆའི་ལྷ་རྣམས་ལ་ཐིམ་

པར་གྱུར་པའི་མོས་པ་མཛོད་ཅིག །སྤོས་དང་རོལ་མོ་བྱ། ཡང་སློབ་དཔོན་དང་མདུན་བསྐྱེད་ཀྱི་ཐུགས་ཀ་ནས་འོད་ཟེར་འཕྲོས། ཕྱོགས་བཅུའི་སངས་རྒྱས་ཐམས་ཅད་ཀྱི་གསུང་གི་བྱིན་རླབས་ཐམས་ཅད་གོ་ཆའི་ལྷ་དྲུག་གི་སྔགས་ཡིག་འབྲུའི་རྣམ་པར་སྤྱན་དྲངས་ཏེ་ཐིམ་པར་གྱུར་པའི་མོས་པ་མཛོད་ཅིག །སྤོས་དང་རོལ་མོ་བྱ། ཡང་སློབ་དཔོན་དང་མདུན་བསྐྱེད་ཀྱི་ཐུགས་ཀ་ནས་འོད་ཟེར་འཕྲོས། ཕྱོགས་བཅུའི་སངས་རྒྱས་ཐམས་ཅད་ཀྱི་ཐུགས་ཀྱི་བྱིན་རླབས་ཐམས་ཅད་གོ་ཆའི་ལྷ་རྣམས་རང་རང་གི་ཕྱག་མཚན་གྱི་རྣམ་པར་སྤྱན་དྲངས་ཏེ་ཐིམ་པར་གྱུར་པའི་མོས་པ་མཛོད་ཅིག །ཅེས་བརྗོད་ཅིང་སྤོས་དང་རོལ་མོའི་སྒྲ་བྱའོ། །དེ་ནས་མདུན་གྱི་མཎྜལ་སློབ་མ་རྣམས་ཀྱི་སྙིང་གར་རེག་ལ། མདུན་བསྐྱེད་ཀྱི་རྡོ་རྗེ་སེམས་དཔའ་ལས་རྡོ་རྗེ་སེམས་དཔའ་དཀར་པོ་དཔག་ཏུ་མེད་པ་བྱུང་སྟེ། ཁྱེད་རང་རྣམས་ཀྱི་སྙིང་གའི་རྡོ་རྗེ་སེམས་དཔའ་ལ་ཐིམ་པར་གྱུར་པའི་མོས་པ་མཛོད། དེ་བཞིན་དུ། མགོ་བོར་རེག་ལ། (༧༧༠བ)རྣམ་སྣང་ལས་རྣམ་སྣང་སེར་པོ་དཔག་ཏུ་མེད་པ་བྱུང་སྟེ། ཁྱེད་རང་རྣམས་ཀྱི་མགོ་བོའི་རྣམ་པར་སྣང་མཛད་ལ་ཐིམ་པ་དང་། སྤྱི་གཙུག་ཏུ་རེག་ལ། པདྨ་གར་དབང་ལས་པདྨ་གར་དབང་དམར་པོ་དཔག་ཏུ་མེད་པ་བྱུང་སྟེ། ཁྱེད་རང་རྣམས་ཀྱི་སྤྱི་གཙུག་གི་པདྨ་གར་དབང་ལ་ཐིམ་པ་དང་། ཕྲག་པར་རེག་ལ། དཔལ་ཧེ་རུ་ཀ་ལས་ཧེ་རུ་ཀ་ནག་པོ་དཔག་ཏུ་མེད་པ་བྱུང་སྟེ། ཁྱེད་རང་རྣམས་ཀྱི་ཕྲག་པ་གཉིས་ཀྱི་ཧེ་རུ་ཀ་ལ་ཐིམ་པ་དང་། མིག་གཉིས་སུ་རེག་ལ། རྡོ་རྗེ་ཉི་མ་ལས་རྡོ་རྗེ་ཉི་མ་དམར་སེར་དཔག་ཏུ་མེད་པ་བྱུང་སྟེ། ཁྱེད་རང་རྣམས་ཀྱི་མིག་གཉིས་ཀྱི་རྡོ་རྗེ་ཉི་མ་ལ་ཐིམ་པ་དང་། དཔྲལ་བར་རེག་ལ། རྟ་མཆོག་ལས་རྟ་མཆོག་ལྗང་ཁུ་དཔག་ཏུ་མེད་པ་བྱུང་སྟེ། ཁྱེད་རང་རྣམས་ཀྱི་དཔྲལ་བའི་རྟ་མཆོག་ལ་ཐིམ་པར་གྱུར་པའི་མོས་པ་མཛོད་ཅིག །ཅེས་བརྗོད། དེ་ནས་ཐོད་པའི་བདུད་རྩིས་ཀྱང་སློབ་མ་རྣམས་ཀྱི་སྙིང་ག་དང་། མགོ་བོ་དང་། སྤྱི་གཙུག་དང་།

ཕྲག་པ་གཉིས་དང་། མིག་གཉིས་དང་། དཔྲལ་བ་རྣམས་སུ་རིམ་བཞིན་ཐིག་ལེ་བྱེད་ཅིང་། ལུས་ཐམས་ཅད་ལ་གཏོར། ཅུང་ཟད་འཕྲུང་དུ་བཅུག་པས་ཀྱང་དེ་བཞིན་དུ་བསྒོམས་ལ། མདུན་བསྐྱེད་ཀྱི་རྡོ་རྗེ་སེམས་དཔའ་ལས་རྡོ་རྗེ་སེམས་དཔའ་དཀར་པོ་དཔག་ཏུ་མེད་པ་བྱུང་སྟེ། ཞེས་པ་ནས། དཔྲལ་བའི་རྟ་མཆོག་ལ་ཐིམ་པར་གྱུར། ཞེས་པའི་བར་སྔར་བཞིན་བསྒོམ་དུ་བཅུག །སྔགས་ཀྱི་བཟླས་ལུང་ལ། སློབ་དཔོན་གྱི་ཐུགས་ཀ་ནས་འོད་ཟེར་འཕྲོས། (༧༢༠ན)མདུན་བསྐྱེད་ཀྱི་ལྷ་རྣམས་ཀྱི་ཐུགས་རྒྱུད་བསྐུལ། ཐུགས་ཀའི་ས་བོན་ལས་སྔགས་འབྲུ་རྣམས་བྱུང་། ཞལ་ནས་ཐོན། ཁྱེད་རང་རྣམས་ཀྱི་ལུས་ལ་བཀོད་པའི་གོ་ཆའི་ལྷ་རྣམས་ཀྱི་ཞལ་དུ་ཞུགས། ཐུགས་ཀའི་ས་བོན་ལ་ཐིམ་པའི་མོས་པ་མཛོད་ལ། འདིའི་རྗེས་ཟློས་གྱིས། ཨོཾ་ཧ། ན་མ་ཧི། སྭཱ་ཧཱ་ཧུ། བཽ་ཥཊ་ཧེ། ཧཱུྃ་ཧཱུྃ་ཧོ། ཕཊ་ཧཾ། ཞེས་ལན་གསུམ་བྱ། དེང་ཕྱིན་ཆད་ལྷའི་སྐུ་ལ་གོ་ཆ་བཀོད་པ་དང་། གོ་ཆའི་ལྷ་རེ་རེ་བསྒོམ་པ་དང་། དཔའ་བོ་དྲུག་གི་དཀྱིལ་འཁོར་བསྒོམ་ཡང་རུང་སྟེ། གོ་ཆའི་ལེགས་ཚོགས་རྣམས་སྒྲུབ་པ་ལ་ནུས་མཐུ་དང་ལྡན་པར་བྱས་པ་ཡིན་ནོ། །ཞེས་རྟོགས་པ་བསྐྱེད། མཇུག་ཆོག་ཕྱི་དང་འདྲ། །

༄ **གོ་ཆའི་དཔའ་མོ་དྲུག་ལ།** མཚལ་པདྨ་འདབ་ལྔ་པའི་དབུས་སུ་ཚོམ་བུ་དམར་པོ། མདུན་ནས་གཡས་སྐོར་དུ་སྔོན་པོ། དཀར་པོ། སེར་པོ། ལྗང་ཁུ། དུད་ཁ་རྣམས་དགོད། མཐིའི་སྟེང་དུ་ཐོད་པ་ནང་མཆོད་དང་བཅས་པ་བཤམས། མཐའ་མཆོད་གཏོར་གྱིས་བསྐོར། བདེ་མཆོག་བཞིན་སྔོན་འགྲོའི་གཏོར་མ་བཏང་། གནས་དང་ཡོ་བྱད་སྤྱི་ལྟར་བྱིན་གྱིས་བརླབས། ལྷུ་ནག་ལྟ་བུ་བདེ་མཆོག་གི་མངོན་རྟོགས་མཚན་ཉིད་ཚང་བ་ཞིག་རྫོགས་པར་བསྒོམ། མདུན་བསྐྱེད། སུམྦྷས་བསངས། སྭ་བྷཱ་ཤས་སྦྱངས། ཐོད་པ་དང་མཚལ་གྱི་གནས་སུ་སྟོང་པའི་ངང་ལས། ཧཱུྃ་ལས་བྱུང་བའི་སྲུང་འཁོར་གྱི་དབུས་(༧༧༢བ)སུ། པཾ་ལས་པདྨ་འདབ་ལྔ་ལྟེ་བར་ཨོཾ་བཾ་ལས་རྡོ་

རྗེ་ཕག་མོ་དམར་མོ་དམར་སྐྱོ་ལྗང་བའི་ཞལ་གསུམ་ཕྱག་དྲུག་གི་གཡས་གསུམ་གྱིས་གྲི་གུག །ཚངས་མགོ །ལྕགས་ཀྱུ། གཡོན་གསུམ་གྱིས་ཐོད་པ། ཁ་ཊྭཱཾ། ཞགས་པ་བསྣམས་པ། མདུན་ནས་བཅམས་ཏེ་འདབ་མ་རྣམས་ལ་གཡས་སྐོར་གྱི་རིམ་པས། ཧཾ་ཡཾ་ལས་གཤིན་རྗེ་མ་སྔོན་མོ། ཧྲིཾ་མོཾ་ལས་རྨོངས་བྱེད་མ་དཀར་མོ། ཧྲིཾ་ཧྲིཾ་ལས་བསྐྱོད་བྱེད་མ་སེར་མོ། ཧྲུཾ་ཧྲུཾ་ལས་སྐྲག་བྱེད་མ་ལྗང་ཁུ། ཕཊ་ཕཊ་ལས་ཙཎྜི་ཀཱ་དུད་ཁ། རྨོངས་བྱེད་མ་ཟླ་བ་དང་གཞན་རྣམས་ཉི་མའི་དཀྱིལ་འཁོར་ལ་གནས་པ། དེ་རྣམས་ཞལ་གཅིག་ཕྱག་བཞི་གཡས་གཉིས་གྲི་གུག་དང་ཌཱ་མ་རུ། གཡོན་གཉིས་ཐོད་པ་དང་ཁ་ཊྭཱཾ་ག་འཛིན་པ། གཙོ་འཁོར་ཐམས་ཅད་ཀྱང་སྤྱན་གསུམ་པ། གཅེར་མོ་སྐྲ་གྲོལ་ཞིང་ཕྱག་རྒྱ་ལྔས་བརྒྱན་པ་མི་མགོ་སྐམ་པོ་ལྔའི་དབུ་རྒྱན་དང་། རློན་པ་ལྔ་བཅུའི་དོ་ཤལ་ཅན། ཡི་དྭགས་ཀྱི་གདན་ལ་གཡས་བརྐྱང་གི་སྟབས་ཀྱིས་བཞུགས་པ། དེ་རྣམས་ཀྱི་དཔྲལ་བར་ཨོཾ། མགྲིན་པར་ཨཱཿ ཐུགས་ཀར་ཧཱུཾ། ཛཾ་ཞེས་ཡེ་ཤེས་པ་སྤྱན་དྲངས། ཛཿཧཱུཾ་བཾ་ཧོཿས་བསྟིམ། ཡོ་ག་ཤུདྡྷོ་ང་རྒྱལ་བཟུང་། དབང་བསྐུར་རྒྱས་བཏབ་མི་དགོས། ཨརྒྷཾ་སོགས་ཀྱིས་མཆོད། ཨོཾ་ཨཱཿཧཱུཾ་གིས་ནང་མཆོད་ཕུལ། གཙོ་མོ་ཡབ་རྡོ་རྗེ་སེམས་དཔའ་དང་མཉམ་པར་སྦྱོར་བའམ། གཙོ་མོ་ཡབ་ཀྱི་རྟགས་ཅན་དུ་གྱུར་ཏེ་རང་འདྲའི་ཡུམ་རྡོ་རྗེ་ཕག་མོ་ལ་(༡༡༣ན)འཁྱུད་པར་གྱུར། ཡབ་ཀྱི་གསང་གནས་མི་དམིགས་པའི་ངང་ལས་ཧཱུཾ་ལས་བྱུང་བའི་རྡོ་རྗེ་དཀར་པོ་རྩེ་ལྔ་པ་ཧཱུྃ་དམར་པོ་ལས་བྱུང་བའི་ནོར་བུ་དམར་པོ་རྩེ་མོར་ཧཱུྃ་སེར་པོས་མཚན་པ། ཡུམ་གྱི་གསང་གནས་མི་དམིགས་པའི་ངང་ལས་ཨ་ལས་བྱུང་བའི་པདྨ་དམར་པོ་འདབ་མ་གསུམ་པ་ཧཱུྃ་དཀར་པོ་ལས་བྱུང་བའི་བྱང་ཆུབ་ཀྱི་སེམས་མཚོན་པའི་ལྟེ་བ་དཀར་པོ་རྩེ་མོར་ཧཱུྃ་སེར་པོས་མཚན་པ། ཨོཾ་སརྦ་ཏ་ཐཱ་ག་ཏ་ཨ་ནུ་རཱ་ག་ན་བཛྲ་སྭ་བྷཱ་ཝ་ཨཱཏྨ་ཀོཧཾ། ཡབ་ཡུམ་སྙོམས་པར་ཞུགས་པས་ལྷན་ཅིག་སྐྱེས་པའི་དགའ་བ་སྐྱེས། ལྷ་ཐམས་ཅད་ཀྱིས་ཀྱང་ལྷན་ཅིག་སྐྱེས་པའི་དགའ་བ་ཉམས་སུ་མྱོང་སྟེ། བདེ་བ་

ཆེན་པོ་དང་དེ་ཁོ་ན་ཉིད་དབྱེར་མི་ཕྱེད་པའི་ཏིང་ངེ་འཛིན་ལ་སྙོམས་པར་ཞུགས་པ་ལས་གསང་བ་དང་དེ་ཁོ་ན་ཉིད་ཀྱི་མཆོད་པས་དགྱེས་པར་གྱུར། རིགས་དྲུག་གི་ནི་རྣལ་འབྱོར་མ། །བར་ཆད་སྲུང་བའི་ལས་མཛད་ཅིག །འཕྲིན་ལས་རྣམ་བཞི་ཐོགས་མེད་པས། །དབང་བསྒྱུར་ཁྱོད་ལ་ཕྱག་འཚལ་ལོ། །ཞེས་བསྟོད། ཨོཾ་བཾ། ཧཾ་ཡཾ། ཧྲི་མཾ། ཧྲེཾ་ཧྲཱི། ཧྲུཾ་ཧྲུཾ། ཕཊ་ཕཊ། ཅེས་ཅི་ནུས་སུ་བཟླ། གཏོར་མ་སུ་སྦྲུས་བསངས། སྭ་བྷཱ་ཝས་སྦྱངས། ཨ་ལས་ཀ་པཱ་ལའི་ནང་དུ་འབྲུ་གསུམ་ཞུ་བ་ལས་བྱུང་བའི་བདུད་རྩིའི་རྒྱ་མཚོར་གྱུར། ཨོཾ་ཨཱཿཧཱུྃ་ཧ་ཧོ་ཧྲཱིཿ ལན་གསུམ་གྱིས་བྱིན་གྱིས་བརླབས། ཨོཾ་ཨ་རླི་ཧོཿ བཛྲ་ཌཱ་ཀི་ནི་ས་མ་ཡེ་སྟྭཾ། དྲྀ་ཤྲ་ཧོཿ ཨོཾ་བཾ། ཧཾ་ཡཾ། ཧྲི་མཾ། (༡༡༣བ) ཧྲེཾ་ཧྲཱི། ཧྲུཾ་ཧྲུཾ། ཕཊ་ཕཊ། ཅེས་ལན་གསུམ་གྱིས་ཕུལ། ཨརྒྷཾ་ནས་ཤབྡའི་བར་གྱིས་མཆོད། གོང་བཞིན་བསྟོད། སྲིད་དང་ཞི་བ་མཉམ་དང་ཆགས་འཛོམས་ཀུན་ཏུ་རྟོག་པ་འཛོམས། །ཁྱོད་ནི་དངོས་པོ་མཐའ་དག་མཁའ་ལྟར་གཟིགས་པ་དང་ལྡན་པ། །མགོན་པོ་ཤིན་ཏུ་བརྩེ་བ་ཆེ་བའི་ཚུལ་བརྟན་ཐུགས་ཀྱི་རྒྱུ། །མཛོད་ཅིག་ལྷ་མོ་རྣམས་ཀྱིས་བདག་ལ་ཤིན་ཏུ་རྗེས་བརྩེར་མཛོད། །ཅེས་འདོད་དོན་ལ་གསོལ་བ་གདབ། ཁ་ཁ་སོགས་ཀྱིས་མཁའ་འགྲོ་སྤྱི་ལ་འབུལ་ཚུལ་སྤྱི་དང་འདྲ། ༔

དེ་ནས་སློབ་མས་མཎྜལ་ཕུལ། གསོལ་བ་འདེབས་པ་འདིའི་རྗེས་ཟློས་མཛོད་བྱས་ལ། གང་གི་དྲིན་གྱིས་སོགས་དང་། སངས་རྒྱས་ཀུན་གྱི་རང་བཞིན་སྐུ། །སློབ་དཔོན་ལ་ནི་བདག་སྐྱབས་མཆི། །བཅོམ་ལྡན་ཧེ་རུ་ཀ་དཔལ་གྱིས། །བདག་ལ་བྱིན་གྱིས་བརླབ་ཏུ་གསོལ། །དོན་དམ་སྨྲ་བའི་སེང་གེའི་རྣལ་འབྱོར་ཞེས་བྱ་བ། །ཉོན་མོངས་གཅོད་པའི་དོན་ལ་ཤིན་ཏུ་མཁས་གྱུར་པ། །སྲིད་པའི་ཉེས་བརྒྱ་བསྐྱེད་རྩ་ཉོན་མོངས་ཚོད་མཛོད་ལ། །རྣལ་འབྱོར་དོན་དམ་རྒྱལ་པོ་དེ་ཉིད་འགྲུབ་པར་མཛོད། །ཅེས་པས་གསོལ་བ་གདབ། དཀོན་མཆོག་གསུམ་ལ་བདག་སྐྱབས་མཆི། །ཞེས་སོགས་ཀྱི་རྒྱུན་བཤགས་བྱ། སྲས་བཅས་སངས་རྒྱས་ཐམས་ཅད་

དང་། །དཔའ་བོ་དཔའ་མོའི་ཚོགས་བཅས་ཀུན། །ཐམས་ཅད་བདག་ལ་དགོངས་སུ་གསོལ། །ཞེས་པ་ནས། སེམས་ཅན་མྱ་ངན་འདས་ལ་(༧༧༤ན)དགོད། །ཅེས་པའི་བར་གྱིས་རིགས་ལྔའི་སྡོམ་བཟུང་བྱ། དམ་ཚིག་ཉེར་གཉིས་བཟུང་བ་ནི། སངས་རྒྱས་ཆོས་དང་དགེ་འདུན་ལ། །རྟག་པར་བདག་ནི་སྐྱབས་སུ་མཆི། །རྣལ་འབྱོར་གསང་སྔགས་མཁའ་འགྲོ་མ། །འཁོར་ལོ་གསུམ་གྱི་བདག་ཉིད་ཅན། །ཀུན་ལ་བདག་ནི་སྐྱབས་སུ་མཆི། །དཔའ་བོ་དཔའ་མོ་དབང་ལྷ་མོ། །བྱང་ཆུབ་སེམས་དཔའ་བདག་ཉིད་ཆེ། །ཁྱད་པར་དུ་ཡང་སློབ་དཔོན་ལ། །རྟག་པར་བདག་ནི་སྐྱབས་སུ་མཆི། །དཔལ་ལྡན་ཁྲག་འཐུང་སོགས་དཔའ་བོ། །རྣལ་འབྱོར་མ་དང་སྣང་མཛད་སོགས། །བྱང་ཆུབ་སེམས་དཔའ་དཔག་མེད་པ། །ཐམས་ཅད་བདག་ལ་དགོངས་སུ་གསོལ། །བདག་གིས་དུས་འདི་ནས་བཟུང་སྟེ། །ཇི་སྲིད་གཉིས་མེད་ལ་གནས་བར། །དེ་ཡི་ཚངས་སྤྱོད་གཉིས་མེད་པ། །ཉི་ཤུ་རྩ་གཉིས་ལེགས་པར་སྲུང་། །ཞེས་རྩ་ལྟུང་བཅུ་བཞིའི་ཁར་སྦོམ་པོ་བརྒྱད་བསྣན་པའི་དམ་ཚིག་ཉེར་གཉིས་བཟུང་བའོ། །དེ་ནས་མདུན་གྱི་ཚོམ་བུ་འདི་ཉིད་བསྐྱབས་ཟིན་པ་ལྟར་རྡོ་རྗེ་ཕག་མོ་དང་གོ་ཆའི་དཔའ་མོ་དྲུག་དངོས་སུ་བཞུགས་པར་མོས་ནས། སློབ་དཔོན་དང་མདུན་བསྐྱེད་ལ་མོས་གུས་དུང་བ་བྱས་པས་སྐུ་ལས་བདུད་རྩིའི་རྒྱུན་བྱུང་སྟེ། ལུས་ཐམས་ཅད་བཀྲུས་པའི་དམིགས་པ་ལན་གསུམ་འདོགས། ཁྱེད་རང་རྣམས་སྐད་ཅིག་གིས་བཅོམ་ལྡན་འདས་མ་རྡོ་རྗེ་ཕག་མོ་དམར་མོ་ཞལ་གཅིག་ཕྱག་གཉིས་ཀྱིས་གྲི་གུག་དང་། (༧༧༤བ)ཐོད་པ་འཛིན་པར་གྱུར་པའི་མོས་པ་མཛོད། ཁྱེད་རང་རྣམས་ཀྱི་ལྟེ་བར་ཨོཾ་བཾ་ལས་རྡོ་རྗེ་ཕག་མོ་དམར་མོ། སྙིང་གར་ཧཾ་ཡོཾ་ལས་གཤིན་རྗེ་མ་སྔོན་མོ། མགྲིན་པར་ཧྲཱི་མོཾ་ལས་རྨོངས་བྱེད་མ་དཀར་མོ། མགོ་བོར་ཧྲེཾ་ཧྲཱིཾ་ལས་བསྐྱོད་བྱེད་མ་སེར་མོ། སྤྱི་གཙུག་ཏུ་ཧཱུཾ་ཧཱུཾ་ལས་སྐྲག་བྱེད་མ་ལྗང་ཁུ། དཔྲལ་བར་ཕཊ་ཕཊ་ལས་ཙཎྜི་ཀཱ་དུད་ཁ། རྨོངས་བྱེད་མ་ཟླ་བ་དང་གཞན་རྣམས་ཉི་མའི་དཀྱིལ་འཁོར་

ལ་གནས་པ། དེ་རྣམས་ཞལ་གཅིག་ཕྱག་བཞི་གཡས་གཉིས་གྲི་གུག་དང་ཌ་མ་རུ། གཡོན་གཉིས་ཐོད་པ་དང་ཁ་ཊྺཱཾ་ག་འཛིན་པ། ཐམས་ཅད་ཀྱང་སྤྱན་གསུམ་པ། གཅེར་མོ་སྐྲ་གྲོལ་ཞིང་ཕྱག་རྒྱ་ལྔས་བརྒྱན་པ། མི་མགོ་སྐམ་པོ་ལྔའི་དབུ་རྒྱན་དང་། རློན་པ་ལྔ་བཅུའི་དོ་ཤལ་ཅན། ཡི་དྭགས་ཀྱི་གདན་ལ་གཡས་བརྐྱང་གི་སྟབས་ཀྱིས་བཞུགས་པར་མོས། སློབ་དཔོན་དང་མདུན་བསྐྱེད་ཀྱི་ཐུགས་ཀ་ནས་འོད་ཟེར་འཕྲོས། ཕྱོགས་བཅུའི་སངས་རྒྱས་ཐམས་ཅད་གོ་ཆའི་དཔའ་མོ་དྲུག་གི་སྐུའི་རྣམ་པར་སྤྱན་དྲངས། ཁྱེད་རང་རྣམས་ཀྱི་ལུས་ལ་བཀོད་པའི་གོ་ཆའི་ལྷ་རྣམས་ལ་ཐིམ་པར་གྱུར་པའི་མོས་པ་མཛོད། ཧཱུྃ་དང་རོལ་མོ་བྱ། ཡང་སློབ་དཔོན་དང་མདུན་བསྐྱེད་ཀྱི་ཐུགས་ཀ་ནས་འོད་ཟེར་འཕྲོས། ཕྱོགས་བཅུའི་སངས་རྒྱས་ཐམས་ཅད་ཀྱི་གསུང་གི་བྱིན་རླབས་ཐམས་ཅད་གོ་ཆའི་ལྷ་རྣམས་ཀྱི་སྔགས་ཡིག་འབྲུའི་རྣམ་པར་སྤྱན་དྲངས་ཏེ་ཐིམ་པར་གྱུར་པའི་མོས་པ་མཛོད། ཧཱུྃ་དང་རོལ་མོ་བྱ། ཡང་སློབ་དཔོན་དང་མདུན་(༡༡༥ན)བསྐྱེད་ཀྱི་ཐུགས་ཀ་ནས་འོད་ཟེར་འཕྲོས། ཕྱོགས་བཅུའི་སངས་རྒྱས་ཐམས་ཅད་ཀྱི་ཐུགས་ཀྱི་བྱིན་རླབས་ཐམས་ཅད་གོ་ཆའི་ལྷ་རྣམས་རང་རང་གི་ཕྱག་མཚན་གྱི་རྣམ་པར་སྤྱན་དྲངས་ཏེ་ཐིམ་པར་གྱུར་པའི་མོས་པ་མཛོད་ཅིག །ཧཱུྃ་དང་རོལ་མོ་བྱ། དེ་ནས་མདུན་གྱི་མནྡལ་སློབ་མ་རྣམས་ཀྱི་ལྟེ་བར་རེག་ལ། མདུན་བསྐྱེད་ཀྱི་རྡོ་རྗེ་ཕག་མོ་ལས་རྡོ་རྗེ་ཕག་མོ་དམར་མོ་དཔག་ཏུ་མེད་པ་བྱུང་སྟེ། ཁྱེད་རང་རྣམས་ཀྱི་ལྟེ་བའི་རྡོ་རྗེ་ཕག་མོ་ལ་ཐིམ་པར་གྱུར་པའི་མོས་པ་མཛོད། དེ་བཞིན་དུ། སྙིང་གར་རེག་ལ། གཤིན་རྗེ་མ་ལས་གཤིན་རྗེ་མ་སྔོན་མོ་དཔག་ཏུ་མེད་པ་བྱུང་སྟེ། ཁྱེད་རང་རྣམས་ཀྱི་སྙིང་གའི་གཤིན་རྗེ་མ་ལ་ཐིམ་པ་དང་། མགྲིན་པར་རེག་ལ། རྨོངས་བྱེད་མ་ལས་རྨོངས་བྱེད་མ་དཀར་མོ་དཔག་ཏུ་མེད་པ་བྱུང་སྟེ། ཁྱེད་རང་རྣམས་ཀྱི་མགྲིན་པའི་རྨོངས་བྱེད་མ་ལ་ཐིམ་པ་དང་། མགོ་བོར་རེག་ལ། བསྐྱོད་བྱེད་མ་ལས་བསྐྱོད་བྱེད་མ་སེར་མོ་དཔག་ཏུ་མེད་པ་བྱུང་སྟེ། ཁྱེད་རང་

རྣམས་ཀྱི་མགོ་བོའི་བསྐྱོད་བྱེད་མ་ལ་ཐིམ་པ་དང་། སྤྱི་གཙུག་ཏུ་རེག་ལ། སྐྲག་བྱེད་མ་ལས། སྐྲག་བྱེད་མ་ལྗང་ཁུ་དཔག་ཏུ་མེད་པ་བྱུང་སྟེ། ཁྱེད་རང་རྣམས་ཀྱི་སྤྱི་གཙུག་གི་སྐྲག་བྱེད་མ་ལ་ཐིམ་པ་དང་། དཔྲལ་བར་རེག་ལ། ཙཀྲ་ཀ་ལས་ཙཀྲ་ཀ་དུད་ཁ་དཔག་ཏུ་མེད་པ་བྱུང་སྟེ། ཁྱེད་རང་རྣམས་ཀྱི་དཔྲལ་བའི་ཙཀྲ་ཀ་ལ་ཐིམ་པར་གྱུར་པའི་མོས་པ་མཛོད། ཅེས་བརྗོད་དེ་ལྷ་རྣམས་བསྡིམ་མོ། །(༧༧༥ཁ)དེ་ནས་ཐོད་པའི་བདུད་རྩིས་ཀྱང་སློབ་མ་རྣམས་ཀྱི་ལྟེ་བ་དང་། སྙིང་ག་དང་། མགྲིན་པ་དང་། མགོ་བོ་དང་། སྤྱི་གཙུག་དང་། དཔྲལ་བ་རྣམས་སུ་རིམ་བཞིན་ཐིག་ལེ་བྱེད་ཅིང་ལུས་ཐམས་ཅད་ལ་གཏོར། ཅུང་ཟད་འཐུང་དུ་བཅུག་པས་ཀྱང་དེ་བཞིན་དུ་བསྒོམ་པ་ལ། མདུན་བསྐྱེད་ཀྱི་རྡོ་རྗེ་ཕག་མོ་ལས་རྡོ་རྗེ་ཕག་མོ་དམར་མོ་དཔག་ཏུ་མེད་པ་བྱུང་སྟེ། ཞེས་པ་ནས། དཔྲལ་བའི་ཙཀྲ་ཀ་ལ་ཐིམ་པར་གྱུར། ཞེས་པའི་བར་སྔར་བཞིན་བསྒོམ་དུ་བཅུག །སྔགས་ཀྱི་བཟླས་ལུང་ལ། སློབ་དཔོན་གྱི་ཐུགས་ཀ་ནས་འོད་ཟེར་འཕྲོས། མདུན་བསྐྱེད་ཀྱི་ལྷ་རྣམས་ཀྱི་ཐུགས་རྒྱུད་བསྐུལ། ཐུགས་ཀའི་ས་བོན་ལས་སྔགས་འབྲུ་རྣམས་བྱུང་། ཞལ་ནས་ཐོན། ཁྱེད་རང་རྣམས་ཀྱི་ལུས་ལ་བཀོད་པའི་གོ་ཆའི་ལྷ་རྣམས་ཀྱི་ཞལ་དུ་ཞུགས། ཐུགས་ཀའི་ས་བོན་ལ་ཐིམ་པའི་མོས་པ་མཛོད་ལ། འདིའི་རྗེས་ཟློས་ཀྱིས། ཨོཾ་བཾ། ཧཾ་ཡོཾ། ཧྲཱིཾ་མོཾ། ཧྲེཾ་ཧྲཱིཾ། ཧཱུཾ་ཧཱུཾ། ཕཊ་ཕཊ། ཅེས་ལན་གསུམ་བྱ། དེང་ཕྱིན་ཆད་ལྷའི་སྐུ་ལ་གོ་ཆ་བཀོད་པ་དང་། གོ་ཆའི་ལྷ་རེ་རེ་བསྒོམ་པ་དང་། དཔའ་མོ་དྲུག་གི་དཀྱིལ་འཁོར་བསྒོམ་ཡང་ཅུང་སྟེ། གོ་ཆའི་ལས་ཚོགས་རྣམས་བསྒྲུབ་པ་ལ་ནུས་མཐུ་དང་ལྡན་པར་བྱས་པ་ཡིན་ནོ། །ཞེས་རྟོགས་པ་བསྐྱུང་། མཇུག་ཆོག་སྤྱི་དང་འདྲའོ། །

༄ **བདེ་མཆོག་དཀར་པོ་ལ།** སྐྱབས་འགྲོ་སེམས་བསྐྱེད་ཚད་མེད་བཞི་རྣམས་སྔོན་དུ་བཏང་ནས། ཤྲཱི་ཧེ་རུ་ཀོ་ཧྣཾ། ཤྲཱི་ནི་གཉིས་མེད་ཡེ་ཤེས་ཏེ། །ཧེ་ནི་རྒྱུ་(༧༧༦ཀ)སོགས་སྟོང་པ་ཉིད། །རུ་ནི་ཚོགས་དང་བྲལ་བ་སྟེ། །ཀ་ནི་གང་དུ་མི་གནས་པའོ། །

སྟོང་པ་ཉིད་ལ་ཟུང་ཟད་མཉམ་པར་བཞག །བདག་ཉིད་ལྷན་ཅིག་སྐྱེས་པའི་དཔལ་ཧེ་རུ་ཀ་སྐུ་མདོག་སྔོན་ཀའི་ཟླ་བ་ལྟར་དཀར་བ། ཞལ་གཅིག་ཕྱག་གཉིས་རྡོ་རྗེ་དང་དྲིལ་བུ་འཛིན་པས་ཡུམ་ལ་འཁྱུད་པ། ཞབས་གཡོན་བསྐུམས་པས་འཇིགས་བྱེད་ནག་པོ་དང་། གཡས་བརྐྱངས་པས་དུས་མཚན་མ་དམར་མོ་མནན་པ། སྤྱན་གསུམ་དང་ལྡན་ཞིང་། མཆེ་བ་གཙིགས་པ། རལ་པའི་ཐོར་ཚུགས་ཀྱི་རྩེ་མོར་ཡིད་བཞིན་གྱི་ནོར་བུ་དང་། ངོས་ལ་སྣ་ཚོགས་རྡོ་རྗེས་བརྒྱན་པ། དེ་ལ་འཁྱུད་པའི་ཡུམ་རྡོ་རྗེ་ཕག་མོ་སྐུ་མདོག་དམར་མོ་ཞལ་གཅིག་ཕྱག་གཉིས། སྤྱན་གསུམ་མ། སྐྲ་གྲོལ་བ། ཐོད་སྐམ་ལྔའི་དབུ་རྒྱན་དང་། རློན་པ་ལྔ་བཅུའི་དོ་ཤལ་ཅན། ཕྱག་རྒྱ་ལྔ་དང་ལྡན་པ། གཡས་གྲི་གུག་དང་། གཡོན་ཐོད་པ་ཁྲག་གིས་གང་བ་འཛིན་ཅིང་། ཞབས་གཡས་བསྐུམས། གཡོན་བརྐྱངས་པས་ཡབ་ལ་འཁྱུད་པ། གཉིས་ཀའང་ཁྲོ་སྒེག་ལང་ཚོ་ལ་བབ་ཅིང་། བདེ་བ་རྒྱས་པའི་སྐུ་སྣང་སྟོང་སྒྱུ་མ་ལྟ་བུ། ཡེ་ཤེས་ཀྱི་མེ་འབར་བའི་དབུས་ན་བཞུགས་པའོ། །འཁོར་འདས་སྣོད་བཅུད་ཐམས་ཅད་ཀྱང་རང་དང་འདྲ་བར་ལྟས་ལ་ཟུང་ཟད་མཉམ་པར་བཞག །བཟླས་པའི་དམིགས་པ་གསལ་བཏབ་ལ། ཨོཾ་ཧྲཱིཿཧ་ཧ་ཧཱུཾ་ཧཱུཾ་ཕཊ། ཅེས་ཅི་ནུས་སུ་བཟླའོ། །མཐར་རང་ཧེ་རུ་ཀ་ཡབ་ཡུམ་(༧༧༨བ)སྙོམས་པར་ཞུགས་པའི་གསང་གནས་གཉིས་བསྐྱོད་པའི་སྒྲུ་མའི་དགའ་བའི་སྒྲས། འགྲོ་བ་རྣམས་བཀུག་སྟེ། རང་ལ་ཐིམ། རང་ཡབ་ཡུམ་སྙོམས་པར་ཞུགས་པས་ཞུ་བར་གྱུར། ཞུ་བ་དེ་ཡོངས་སུ་གྱུར་པ་ལས། སིནྡྷུ་རས་བྱུགས་པའི་མུ་ཏིག་ལྟ་བུའི་ཧཱུཾ་ཡིག་བདེ་བ་ཆེན་པོའི་རང་བཞིན་དུ་གྱུར། ཧཱུཾ་གི་ཞབས་ཀྱུ་ཨུ་ནི་ཧ་ལ། ཧ་ནི་ཧའི་མགོ་བོ་ལ། དེ་ཟླ་ཚེས་ལ། དེ་ཐིག་ལེ་ལ། དེ་ནཱ་ད་ལ་ཐིམ་ཞིང་ནཱ་ད་ཡང་སྐྲའི་རྩེ་མོ་བརྒྱ་སྟོང་གི་ཆའི་ཚད་ཙམ་དུ་གནས་པར་གྱུར། ཞེས་ཉེར་བསྡུ་བྱ། སྟོང་པའི་ངང་ལས་རང་ཉིད་སྐད་ཅིག་གིས་དཔལ་ཧེ་རུ་ཀ་ཡབ་ཡུམ་གྱི་སྐུར་བཞེངས་པར་གྱུར་པར་བསམས། ༑ འདིའི་བྱིན་རླབས་བྱེད་པར་འདོད་པས།

མཉྫལ་པདྨ་འདབ་བརྒྱད་ཚོམ་བུ་དཀར་པོ་ཅན། མཐའ་མཆོད་གཏོར་གྱིས་བསྐོར།
སྟོན་འགྲོའི་གཏོར་མ་བཏང་། ནང་མཆོད་བྱིན་གྱིས་བརླབས་པ་ནི། ཀུཎྜལཱི་བསངས།
སྭ་བྷཱ་ཝས་སྦྱངས། ཨོཾ་ཨཱཿཧཱུྃ་ཧ་ཧོ་ཧྲཱིཿས་བྱིན་གྱིས་བརླབས། མཆོད་པ་བྱིན་གྱིས་
བརླབས་པ་ནི། ཀུཎྜལཱི་བསངས། སྭ་བྷཱ་ཝས་སྦྱངས། སྟོང་པ་ཉིད་དུ་གྱུར། སྟོང་
པའི་ངང་ལས་ཀཾ་ལས་བྱུང་བའི་ཐོད་པ་ཡངས་ཤིང་རྒྱ་ཆེ་བ་རྣམས་ཀྱི་ནང་དུ་ཧཱུྃ་ཧཱུྃ་
ཞུ་བ་ལས་བྱུང་བའི་མཆོད་ཡོན། ཞབས་བསིལ། མེ་ཏོག །བདུག་སྤོས། མར་མེ།
དྲི་ཆབ། ཞལ་ཟས། རོལ་མོ་རྣམས་རང་བཞིན་བདེ་སྟོང་རྣམ་པ་མཆོད་རྫས་བྱེད་
ལས་དབང་པོ་དྲུག་གི་སྤྱོད་ཡུལ་དུ་ཟག་པ་མེད་པའི་བདེ་བ་ཁྱད་པར་ཅན་(༡༡༧ན)
བསྐྱེད་པར་གྱུར། ཨོཾ་ཨརྒྷཾ་ཨཱཿཧཱུྃ། ཞེས་པ་ནས་ཤབྡ་ཨཱཿཧཱུྃ། ཞེས་པའི་བར་གྱིས་བྱིན་
གྱིས་བརླབས། བདག་བསྐྱེད་བཟླས་པ་དང་བཅས་པ་བྱ། མདུན་བསྐྱེད་བསངས།
ཧྲཱི་ཧེ་རུ་ཀོཉྷཾ། ཧྲཱི་ནི་གཉིས་མེད་ཡེ་ཤེས་ཏེ། །ཧེ་ནི་རྒྱུ་སོགས་སྟོང་པ་ཉིད། །རུ་
ནི་ཚོགས་དང་བྲལ་བ་སྟེ། །ཀ་ནི་གང་དུ་མི་གནས་པའོ། །ལྷན་ཅིག་སྐྱེས་པའི་
དཔལ་ཧེ་རུ་ཀ་སྐུ་མདོག་སྔོན་ཀའི་ཟླ་བ་ལྟར་དཀར་བ། ཞེས་པ་ནས། ཡེ་ཤེས་ཀྱི་
མེ་འབར་བའི་དབུས་ན་བཞུགས་པའི་དཔྲལ་བར་ཨོཾ། མགྲིན་པར་ཨཱཿ ཐུགས་ཀར་
ཧཱུྃ་གིས་མཚན་པར་གྱུར། ཐུགས་ཀའི་ཧཱུྃ་ལས་འོད་ཟེར་འཕྲོས། སངས་རྒྱས་ཐམས་
ཅད་བདེ་མཆོག་ཡབ་ཡུམ་གྱི་རྣམ་པར་ཕཻ་ཞེས་སྤྱན་དྲངས། ཛཿཧཱུྃ་བཾ་ཧོཿགཉིས་སུ་
མེད་པར་གྱུར། ཡེ་ཤེས་པ་དགུག་གཞུག་བྱ་ཚུལ་འདི་ནི་གཞུང་དུ་གསལ་ཁ་མེད་
པས་མ་བྱས་ཀྱང་རུང་། ཨརྒྷཾ་ནས། ཤབྡའི་བར་གྱིས་ཕྱི་མཆོད་དང་། འབྲུ་གསུམ་
གྱིས་ནང་མཆོད་དང་། གསང་བའི་མཆོད་པ་ཡིད་ཀྱིས་དབུལ། །ཧེ་རུ་ཀ་དཔལ་
དཔའ་བོ་ཆེ། །རྣམ་དག་རྡོ་རྗེ་དབང་ཕྱུག་དང་། །རྗེས་ཆགས་ཆགས་པ་ཆེ་རྣམས་
ཀྱི། །རྡོ་རྗེ་ཕག་མོ་དེ་ལ་འདུད། །ཅེས་བསྟོད། གཏོར་མ་ནང་མཆོད་ལྟར་བྱིན་གྱིས་
བརླབས་ལ། ཨོཾ་བཛྲ་ཨ་རལླི་ཧོཿས་མ་ཡ་སྟྭཾ། དྲྀ་ཤྲཱ་ཧོ། ཞེས་ལན་བདུན་གྱིས་འཇིག་

རྗེན་ལས་འདས་པའི་ལྷ་ལ་དབུལ། ཨརྒྷཾ་ནས། ཤབྡའི་བར་གྱིས་མཆོད། ཧེ་རུ་ཀ་དཔལ་(༧༧༤བ)སོགས་ཀྱིས་བསྟོད། ཨོཾ་ཁ་ཁ་སོགས་མཁའ་འགྲོ་སྤྱི་གཏོར་འབུལ་བ་སྤྱི་དང་འདྲ་བའོ། །དེ་ནས་བཟླས་པ་ཅི་འགྲུབ་བྱ། སློབ་མ་ལ་བྱེད་པ་ལྟར་ཏིང་ངེ་འཛིན་གྱི་དབང་བཞི་བླངས། ༑ སློབ་མས་མཎྜལ་དབུལ། གང་གི་དྲིན་གྱིས་སོགས་དང་། སངས་རྒྱས་ཀུན་གྱི་རང་བཞིན་སྐུ། །སློབ་དཔོན་ལ་ནི་བདག་སྐྱབས་མཆི། །བཅོམ་ལྡན་ཧེ་རུ་ཀ་དཔལ་གྱིས། །བདག་ལ་བྱིན་གྱིས་བརླབ་ཏུ་གསོལ། །ཞེས་དང་། དོན་དམ་སྨྲ་བའི་སེང་གེའི་རྣལ་འབྱོར་ཞེས་བྱ་བ། ཉོན་མོངས་གཅོད་པའི་དོན་ལ་ཤིན་ཏུ་མཁས་གྱུར་པ། །སྲིད་པའི་ཉེས་བརྒྱ་བསྐྱེད་རྩ་ཉོན་མོངས་ཆོད་མཛད་ལ། །རྣལ་འབྱོར་དོན་དམ་རྒྱལ་པོ་དེ་ཉིད་འགྲུབ་པར་མཛོད། །ཅེས་པས་གསོལ་བ་གདབ། འགྲོ་རྣམས་བསྒྲལ་འདོད་བསམ་པ་ཡིས། །སངས་རྒྱས་ཆོས་དང་དགེ་འདུན་ལ། །བྱང་ཆུབ་སྙིང་པོར་མཆིས་ཀྱི་བར། །རྟག་པར་བདག་ནི་སྐྱབས་སུ་མཆི། །ཤེས་རབ་སྙིང་རྗེ་དང་བཅས་པའི། །བརྩོན་པས་སེམས་ཅན་དོན་དུ་བདག །སངས་རྒྱས་མདུན་དུ་གནས་བཅས་ཏེ། །རྫོགས་པའི་བྱང་ཆུབ་སེམས་བསྐྱེད་བགྱི། །ཞེས་སྐྱབས་འགྲོ་སེམས་བསྐྱེད་བྱ། དཀོན་མཆོག་གསུམ་ལ་བདག་སྐྱབས་མཆི། །ཞེས་སོགས་ཀྱི་རྒྱུན་བཤགས་བྱ། སྲས་བཅས་སངས་རྒྱས་ཐམས་ཅད་དང་། །དཔའ་བོ་དཔའ་མོའི་ཚོགས་བཅས་ཀུན། །ཐམས་ཅད་བདག་ལ་དགོངས་སུ་གསོལ། །ཞེས་པ་ནས། སེམས་ཅན་མྱ་ངན་འདས་ལ་འགོད། །(༧༧༥ན)ཅེས་པའི་བར་གྱིས་རིགས་ལྔའི་སྡོམ་བཟུང་བྱ། སྤྲོ་ན། སངས་རྒྱས་ཆོས་དང་དགེ་འདུན་ལ། །རྟག་ཏུ་བདག་ནི་སྐྱབས་སུ་མཆི། །རྣལ་འབྱོར་གསང་སྔགས་མཁའ་འགྲོ་མ། །འཁོར་ལོ་གསུམ་གྱི་བདག་ཉིད་ཅན། །ཀུན་ལ་བདག་ནི་སྐྱབས་སུ་མཆི། །དཔའ་བོ་དཔའ་མོ་དབང་ཕྱུ་མོ། །བྱང་ཆུབ་སེམས་དཔའ་བདག་ཉིད་ཆེ། །ཁྱད་པར་དུ་ཡང་སློབ་དཔོན་ལ། །རྟག་པར་བདག་ནི་སྐྱབས་སུ་མཆི། །དཔལ་ལྡན་ཁྲག་འཐུང་སོགས་དཔའ་

པོ། །རྣལ་འབྱོར་མ་དང་སྣང་མཛད་སོགས། །བྱང་ཆུབ་སེམས་དཔའ་དཔག་མེད་པ། །ཐམས་ཅད་བདག་ལ་དགོངས་སུ་གསོལ། །བདག་གི་དུས་འདི་ནས་བཟུངས་ཏེ། །ཇི་སྲིད་གཉིས་མེད་ལ་གནས་བར། །དེ་ཡི་ཚངས་སྤྱོད་གཉིས་མེད་པ། །ཉི་ཤུ་རྩ་གཉིས་ལེགས་པར་སྲུང་། །ཞེས་དམ་ཚིག་ཉེར་གཉིས་བཟུང་། མ་བྱས་ཀྱང་ཆོག །

དེ་ནས་སློབ་དཔོན་དང་མདུན་བསྐྱེད་དབྱེར་མ་མཆིས་པ་ལྷན་ཅིག་སྐྱེས་པའི་དཔལ་ཧེ་རུ་ཀ་སྐུ་མདོག་སྔོན་ཀའི་ཟླ་བ་ལྟར་དཀར་བ། ཞལ་གཅིག་ཕྱག་གཉིས་རྡོ་རྗེ་དང་དྲིལ་བུ་འཛིན་པས་ཡུམ་ལ་འཁྱུད་པ། ཞབས་གཡོན་བསྐུམས་པས་འཇིགས་བྱེད་ནག་པོ་དང་གཡས་བརྐྱངས་པའི་དུས་མཚན་མ་དམར་མོ་མནན་པ། སྤྱན་གསུམ་དང་ལྡན་ཞིང་། མཆེ་བ་གཙིགས་པ། རལ་པའི་ཐོར་ཚུགས་ཀྱི་རྩེ་ནོར་ཡིད་བཞིན་གྱི་ནོར་བུ་དང་། ངོས་ལ་སྣ་ཚོགས་རྡོ་རྗེས་བརྒྱན་པ། དེ་ལ་འཁྱུད་(༧༧༤བ)པའི་ཡུམ་རྡོ་རྗེ་ཕག་མོ་སྐུ་མདོག་དམར་མོ་ཞལ་གཅིག་ཕྱག་གཉིས། སྤྱན་གསུམ་མ། སྐྲ་གྲོལ་བ། ཐོད་སྐམ་ལྔའི་དབུ་རྒྱན་དང་། རློན་པ་ལྔ་བཅུའི་དོ་ཤལ་ཅན། ཕྱག་རྒྱ་ལྔ་དང་ལྡན་པ། གཡས་ཀྱི་གྲུག་དང་། གཡོན་ཐོད་པ་ཁྲག་གིས་གང་བ་འཛིན་ཞིང་། ཞབས་གཡས་བསྐུམས། གཡོན་བརྐྱངས་པས་ཡབ་ལ་འཁྱུད་པ། གཉིས་ཀའང་ཁྲོ་སྒེག་ལང་ཚོ་ལ་བབ་ཅིང་། བདེ་བ་རྒྱས་པའི་སྐུ་སྣང་སྟོང་སྒྱུ་མ་ལྟ་བུ། ཡེ་ཤེས་ཀྱི་མེ་འབར་བའི་དབུས་ན་དངོས་སུ་བཞུགས་པར་མོས་ལ། དེའི་ཐུགས་ཀ་ནས་འོད་ཟེར་འཕྲོས། སློབ་མའི་ལུས་ལ་ཕོག་པས་སྡིག་སྒྲིབ་མཐའ་དག་སྦྱང་བར་མོས་སུ་བཅུག །དེ་ནས་ཁྱེད་རང་རྣམས་སྟོང་པ་ཉིད་ལ་ཅུང་ཟད་མཉམ་པར་བཞག །ཧེ་རུ་ཀཿ ཧེ་ནི་གཉིས་མེད་ཡེ་ཤེས་ཏེ། །ཧེ་ནི་རྒྱུ་སོགས་སྟོང་པ་ཉིད། །རུ་ནི་ཚོགས་དང་བྲལ་བ་སྟེ། །ཀ་ནི་གང་དུ་མི་གནས་པའོ། །ཁྱེད་རང་རྣམས་ལྷན་ཅིག་སྐྱེས་པའི་དཔལ་ཧེ་རུ་ཀ་སྐུ་མདོག་སྔོན་ཀའི་ཟླ་བ་ལྟར་དཀར་བ། ཞལ་གཅིག་ཕྱག་གཉིས་རྡོ་རྗེ་དང་དྲིལ་བུ་འཛིན་པས་ཡུམ་ལ་འཁྱུད་པ། ཞབས་གཡོན་བསྐུམས

པས་འཇིགས་བྱེད་ནག་པོ་དང་། གཡས་བརྐྱངས་པས་དུས་མཚན་མ་དམར་མོ་མནན་པ་སྤྱན་གསུམ་དང་ལྡན་ཞིང་མཆེ་བ་གཙིགས་པ། རལ་པའི་ཐོར་ཚུགས་ཀྱི་རྩེ་མོར་ཡིད་བཞིན་གྱི་ནོར་བུ་དང་ངོས་ལ་སྣ་ཚོགས་རྡོ་རྗེས་བརྒྱན་པ། དེ་ལ་འཁྱུད་པའི་ཡུམ་རྡོ་རྗེ་ཕག་མོ་སྐུ་མདོག་དམར་མོ་ཞལ་གཅིག་ཕྱག་གཉིས་(༡༡༩ན)སྤྱན་གསུམ་མ། སྲ་གྲོལ་བ། ཐོད་སྐམ་ལྔའི་དབུ་རྒྱན་དང་། རློན་པ་ལྔ་བཅུའི་དོ་ཤལ་ཅན། ཕྱག་རྒྱ་ལྔ་དང་ལྡན་པ་གཡས་གྲི་གུག་དང་། གཡོན་ཐོད་པ་ཁྲག་གིས་གང་བ་འཛིན་ཞིང་། ཞབས་གཡས་བསྐུམས་གཡོན་བརྐྱངས་པས་ཡབ་ལ་འཁྱུད་པ། གཉིས་ཀའང་ཁྲོ་སྐྱིག་ལང་ཚོ་ལ་བབ་ཅིང་། བདེ་བ་ཆེན་པོའི་སྐུ་སྣང་སྟོང་སྒྱུ་མ་ལྟ་བུ། ཡེ་ཤེས་ཀྱི་མེ་འབར་བའི་དབུས་ན་བཞུགས་པ། ཞེས་གསལ་གདབ། སློབ་དཔོན་གྱི་ཐུགས་ཀ་ནས་འོད་ཟེར་འཕྲོས། མདུན་བསྐྱེད་ཀྱི་ཐུགས་ཀར་ཕོག་པས་ཐུགས་རྒྱུད་བསྐུལ། ཐུགས་ཀ་ནས་འོད་ཟེར་འཕྲོས། ཕྱོགས་བཅུའི་སངས་རྒྱས་ཐམས་ཅད་བདེ་མཆོག་ཡབ་ཡུམ་གྱི་རྣམ་པར་སྤྱན་དྲངས། ཁྱེད་རང་རྣམས་ཀྱི་ལུས་ལ་ཆར་ཆེན་པོ་བབས་པ་བཞིན་དུ་སིབ་སིབ་ཐིམ་པའི་མོས་པ་མཛོད། ཛཿཧཱུྃ་བཾ་ཧོཿགཉིས་སུ་མེད་པར་གྱུར། རོལ་མོའི་སྒྲ་བྱ། སློབ་དཔོན་དང་སློབ་མ་གཉིས་ཀའི་སྤྱི་བོར་ཨོཾ། མགྲིན་པར་ཨཱཿ ཐུགས་ཀར་ཧཱུྃ་ཞེས་གནས་གསུམ་དུ་ཡི་གེ་འབྲུ་གསུམ་གསལ་བཏབ་ལ། སློབ་དཔོན་གྱི་དཔྲལ་བའི་ཨོཾ་ལས་འོད་ཟེར་འཕྲོས། སངས་རྒྱས་ཐམས་ཅད་ཀྱི་སྐུའི་བྱིན་རླབས་མ་ལུས་པ་ཐམས་ཅད་ཨོཾ་དཀར་པོའི་རྣམ་པར་སྤྱན་དྲངས། སློབ་དཔོན་གྱི་དཔྲལ་བའི་ཨོཾ་ལ་ཐིམ། ཡང་སློབ་དཔོན་གྱི་དཔྲལ་བ་ནས་སྐུའི་བྱིན་རླབས་མ་ལུས་པ་ཐམས་ཅད་ཨོཾ་དཀར་པོ་དཔག་ཏུ་མེད་པའི་རྣམ་པར་བྱོན། (༡༡༩བ)སློབ་མའི་དཔྲལ་བའི་ཨོཾ་ལ་ཐིམ། རོལ་མོའི་སྒྲ་བྱ་སྟེ། བུམ་དབང་ངོ་། །

སློབ་དཔོན་གྱི་མགྲིན་པའི་ཨཱཿལས་འོད་ཟེར་འཕྲོས། སངས་རྒྱས་ཐམས་ཅད་ཀྱི་གསུང་གི་བྱིན་རླབས་མ་ལུས་པ་ཐམས་ཅད་ཨཱཿདམར་པོའི་རྣམ་པར་སྤྱན་དྲངས།

སློབ་དཔོན་གྱི་མགྲིན་པའི་ཨཱཿལ་ཐིམ། ཡང་སློབ་དཔོན་གྱི་མགྲིན་པ་ནས་གསུང་གི་བྱིན་རླབས་མ་ལུས་པ་ཐམས་ཅད་ཨཱཿདམར་པོ་དཔག་ཏུ་མེད་པའི་རྣམ་པར་བྱོན། སློབ་མའི་མགྲིན་པའི་ཨཱཿལ་ཐིམ་པར་མོས། རོལ་མོའི་སྒྲ་བྱ་སྟེ། གསང་དབང་ངོ་། ། བརླས་ལུང་བྱ་བ་ནི་སློབ་དཔོན་དང་མདུན་བསྐྱེད་གཉིས་ཀའི་ཐུགས་ཀར་ཟླ་གདན་གྱི་སྟེང་དུ་ཧཱུྃ་ཡིག་གི་མཐར་སྔགས་ཕྲེང་གིས་བསྐོར་བ་གསལ་བཏབ། ཁྱེད་རང་རྣམས་ཀྱི་སྙིང་གར་ཟླ་བའི་སྟེང་དུ་ཧཱུྃ་ཡིག་རེ་གསལ་བཏབ་ལ། སྔགས་འདིའི་རྗེས་ཟློས་དང་པོ་མཛད་པའི་ཚེ་དེ་གཉིས་ཀའི་ཐུགས་ཀའི་སྔགས་ཕྲེང་ལས་སྔགས་ཕྲེང་གཉིས་པ་ཞིག་མར་མེ་གཅིག་ལས་གཉིས་ཆད་ཀྱི་ཚུལ་དུ་ཆད། ཞལ་ནས་ཐོན་ཁྱེད་རང་རྣམས་ཀྱི་ཞལ་དུ་ཞུགས། སྙིང་གའི་ཧཱུྃ་ཡིག་གི་མཐའ་སྐོར་དུ་འཁོད། རྗེས་ཟློས་གཉིས་པའི་ཚེ་སྔགས་ཕྲེང་སྔར་བཞིན་བྱུང་སྙིང་གའི་སྔགས་ཕྲེང་ལ་ཡེ་ཤེས་སེམས་དཔའི་ཚུལ་གྱི་ཐིམ། གསུམ་པའི་ཚེ་སྔགས་ཕྲེང་སྔར་ལྟར་ཐིམ་པས། ཡེ་ཤེས་སེམས་དཔའ་དེ་ཉིད་བརྟན་པར་གྱུར་པའི་མོས་པ་མཛོད་གྱུར་ལ། ཨོཾ་ཧྲཱིཿཥ་ཊ་ཧཱུྃ་ཧཱུྃ་ཕཊ། ཅེས་པའི་རྗེས་ཟློས་ལན་གསུམ་བྱེད་དུ་བཅུག་ལ། (༧༢༠ན)སློབ་དཔོན་ལ་མེ་ཏོག་གཏོར་བ་དང་བཅས་ཏེ། བཅོམ་ལྡན་བདག་ལ་སོགས་ཀྱི་རྗེས་ཟློས་དང་། ཁྱེད་རང་རྣམས་ཀྱིས་ཕུལ་བའི་མེ་ཏོག་དེ་ཉིད་སྔགས་ཕྲེང་དུ་བྱིན་གྱིས་བརླབས་ནས་སྙིང་གའི་སྔགས་ཕྲེང་ལ་ཐིམ་པས་སྔགས་ལ་བརྟེན་ནས་དངོས་གྲུབ་འགྲུབ་པའི་ནུས་པ་བཞག་པ་དེ་ཉིད་བརྟན་པར་གྱུར་སོང་སྙམ་པའི་མོས་པ་མཛོད་གྱུར་ལ། སློབ་དཔོན་གྱིས་བཅོམ་ལྡན་འདི་ལ་སོགས་བྱ། སློབ་དཔོན་གྱི་ཐུགས་ཀའི་ཧཱུྃ་ལས་འོད་ཟེར་འཕྲོས། སངས་རྒྱས་ཐམས་ཅད་ཀྱི་ཐུགས་ཀྱི་བྱིན་རླབས་མ་ལུས་པ་ཐམས་ཅད་ཧཱུྃ་སྔོན་པོའི་རྣམ་པར་སྤྱན་དྲངས། སློབ་དཔོན་གྱི་ཐུགས་ཀའི་ཧཱུྃ་ལ་ཐིམ། ཡང་སློབ་དཔོན་གྱི་ཐུགས་ཀ་ནས་ཐུགས་ཀྱི་བྱིན་རླབས་མ་ལུས་པ་ཐམས་ཅད་ཧཱུྃ་སྔོན་པོ་དཔག་ཏུ་མེད་པའི་རྣམ་པར་བྱོན། སློབ་མའི་ཐུགས་ཀའི་ཧཱུྃ་ལ་ཐིམ་

པའི་མོས་པ་མཛོད། རོལ་མོའི་སྒྲ་བྱ་སྟེ། ཤེར་དབང་ངོ་། །སློབ་དཔོན་གྱི་གནས་གསུམ་གྱི་ཨོཾ་ཨཱཿཧཱུྃ་ལས་འོད་ཟེར་འཕྲོས། སངས་རྒྱས་ཐམས་ཅད་ཀྱི་སྐུ་གསུང་ཐུགས་ཀྱི་བྱིན་རླབས་མ་ལུས་པ་ཐམས་ཅད་ཨོཾ་ཨཱཿཧཱུྃ་དཀར་དམར་མཐིང་གསུམ་གྱི་རྣམ་པར་སྤྱན་དྲངས། སློབ་དཔོན་གྱི་གནས་གསུམ་གྱི་ཡི་གེ་འབྲུ་གསུམ་ལ་ཐིམ། ཡང་སློབ་དཔོན་གྱི་གནས་གསུམ་ནས་སྐུ་གསུང་ཐུགས་ཀྱི་བྱིན་རླབས་མ་ལུས་པ་ཐམས་ཅད་ཨོཾ་ཨཱཿཧཱུྃ་དཀར་དམར་མཐིང་གསུམ་དཔག་ཏུ་མེད་པའི་རྣམ་པར་བྱོན། སློབ་མའི་གནས་གསུམ་གྱི་ཡིག་(༧༢༠བ)འབྲུ་གསུམ་ལ་ཐིམ་པའི་མོས་པ་མཛོད་ཅིག །རོལ་མོའི་སྒྲ་བྱ་སྟེ། དབང་བཞི་པའོ། །མཇུག་ཆོག་སྤྱི་དང་འདྲ། །

༄ བདེ་མཆོག་དཀར་པོ་ཆེ་སྒྲུབ་ལ། སྐྱབས་འགྲོ་སེམས་བསྐྱེད་ཚད་མེད་བཞི་རྣམས་སྔོན་དུ་བཏང་ནས། ཤྲཱི་ཧེ་རུ་ཀོཪྐ། ཤྲཱི་ནི་གཉིས་མེད་ཡེ་ཤེས་ཏེ། །ཧེ་ནི་རྒྱུ་སོགས་སྟོང་པ་ཉིད། །རུ་ནི་ཚོགས་དང་བྲལ་བ་སྟེ། །ཀ་ནི་གང་དུ་མི་གནས་པའོ། །སྟོང་པ་ཉིད་ལ་ཅུང་ཟད་མཉམ་པར་བཞག །བདག་ཉིད་དཔལ་ཧེ་རུ་ཀ་སྐུ་མདོག་སྟོན་ཀའི་ཟླ་བ་ལྟར་དཀར་བ། ཞལ་གཅིག་ཕྱག་གཉིས་རྡོ་རྗེ་དང་དྲིལ་བུ་འཛིན་པས་ཡུམ་ལ་འཁྱུད་པ། ཞབས་གཡོན་བསྐུམས་པས་འཇིགས་བྱེད་ནག་པོ་དང་། གཡས་བརྐྱངས་པས་དུས་མཚན་མ་དམར་མོ་མནན་པ། སྤྱན་གསུམ་དང་ལྡན་ཞིང་། མཆེ་བ་གཙིགས་པ། རུས་པའི་རྒྱན་དྲུག་དང་། སྟག་ལྤགས་ཀྱིས་བརྒྱན་པ། དེ་ལ་འཁྱུད་པའི་ཡུམ་རྡོ་རྗེ་ཕག་མོ་སྐུ་མདོག་དམར་མོ་ཞལ་གཅིག་ཕྱག་གཉིས་སྤྱན་གསུམ་མ། སྐྲ་གྲོལ་བ། ཐོད་སྐམ་ལྔའི་དབུ་རྒྱན་དང་། ཐོད་སྐམ་གྱི་དོ་ཤལ་ཅན། ཕྱག་རྒྱ་ལྔ་དང་ལྡན་པ། གཡས་གྲི་གུག་དང་། གཡོན་ཐོད་པ་ཁྲག་གིས་གང་བ་འཛིན་ཅིང་། ཞབས་གཡས་བསྐུམས། གཡོན་བརྐྱངས་པས་ཡབ་ལ་འཁྱུད་པ། གཉིས་ཀའང་ཁྲོ་སྒེག་ལང་ཚོ་ལ་བབ་ཅིང་། བདེ་བ་རྒྱས་པའི་སྐུ་སྣང་སྟོང་སྒྱུ་མ་ལྟ་བུ། ཡེ་ཤེས་ཀྱི་མེ་འབར་བའི་དབུས་ན་བཞུགས་པའོ། །འཁོར་འདས་སྣོད་བཅུད་ཐམས་(༧༢༡ན)ཅད་

ཀྱང་རང་དང་འདྲ་བར་ལྟས་ལ་ཅུང་ཟད་མཉམ་པར་བཞག །བཟླས་པ་ནི། ཚེ་སྒྲུབ་ཀྱི་དམིགས་པ་དང་བཅས། ཨོཾ་ཧྲཱིཿཧ་ཧ་ཧཱུཾ་ཧཱུཾ་ཕཊ་མ་མ་ཨཱ་ཡུར་པུཎྱེ་ཀུ་རུ་ཨོཾ། ཞེས་ཅི་ནུས་སུ་བཟླའོ། །འདི་ལ་ཡིག་སྙིང་འགའ་ན་ཞབས་སྐྱིལ་ཀྲུང་གིས་བཞུགས་པར་བྱས་པའང་ཡོད་པས་གང་མོས་སུ་བྱའོ། །ཞེས་གསུངས། ༈ འདིའི་བྱིན་རླབས་ནི། མཎྜལ་གྱི་སྟེང་དུ་བུམ་ཐོད་བརྩེགས་པ་བཤམས། མཐའ་མཆོད་གཏོར་གྱིས་བསྐོར། སྔོན་འགྲོའི་གཏོར་མ་བཏང་། བདག་བསྐྱེད་བཟླས་པ་དང་བཅས་པ་བྱ། མཆོད་པ་བྱིན་རླབས་བདེ་མཆོག་སྤྱི་དང་མཐུན་པར་བྱ། མདུན་བསྐྱེད་བསངས། ཧྲཱི་ཧེ་རུ་ཀོཉྟ། ཧྲཱི་ནི་གཉིས་མེད་ཡེ་ཤེས་ཏེ། །ཧེ་ནི་རྒྱུ་སོགས་སྟོང་པ་ཉིད། །རུ་ནི་ཚོགས་དང་བྲལ་བ་སྟེ། །ཀ་ནི་གང་དུ་མི་གནས་པའོ། །བུམ་པ་དང་ཐོད་པའི་ནང་དུ་དཔལ་ཧེ་རུ་ཀ་སྐུ་མདོག་སྟོན་ཀའི་ཟླ་བ་ལྟར་དཀར་བ། ཞེས་པ་ནས། ཡེ་ཤེས་ཀྱི་མེ་འབར་བའི་དབུས་ན་བཞུགས་པའི་དཔྲལ་བར་ཨོཾ། མགྲིན་པར་ཨཱཿ ཐུགས་ཀར་ཧཱུཾ་གིས་མཚན་པར་གྱུར། ཐུགས་ཀའི་ཧཱུཾ་ལས་འོད་ཟེར་འཕྲོས། སངས་རྒྱས་ཐམས་ཅད་བདེ་མཆོག་ཡབ་ཡུམ་གྱི་རྣམ་པར་ཕེཾ། ཞེས་སྤྱན་དྲངས། ཛཿཧཱུཾ་བཾ་ཧོཿགཉིས་སུ་མེད་པར་གྱུར། ཨརྒྷཾ་ནས། ཤབྡའི་བར་གྱིས་ཕྱི་མཆོད་དང་། འབྲུ་གསུམ་གྱིས་ནང་མཆོད་དང་། གསང་བའི་མཆོད་པ་ཡིད་ཀྱིས་དབུལ། ཧེ་རུ་ཀ་དཔལ་(༡༢༧བ)དཔའ་བོ་ཆེ། །རྣམ་དག་རྡོ་རྗེ་དབང་ཕྱུག་དང་། །རྗེས་ཆགས་ཆགས་པ་ཆེ་རྣམས་ཀྱི། །རྡོ་རྗེ་ཕག་མོ་དེ་ལ་འདུད། །ཅེས་བསྟོད། གཏོར་མ་སུམ་སྦྱས་བསངས། སྭ་བྷཱ་ཝས་སྦྱངས། ཨོཾ་ཨཱཿཧཱུཾ་ཧ་ཧོ་ཧྲཱིཿས་བྱིན་གྱིས་བརླབས། ཨོཾ་བཛྲ་ཨ་རལླི་ཧོཿས་མ་ཡ་སྟྭཾ། དྲི་བྲུ་ཧོ། ཞེས་ལན་བདུན་གྱིས་འཇིག་རྟེན་ལས་འདས་པའི་ལྷ་ལ་དབུལ། ཨརྒྷཾ་ནས། ཤབྡའི་བར་གྱིས་མཆོད། ཧེ་རུ་ཀ་དཔལ་སོགས་ཀྱིས་བསྟོད། ཨོཾ་ཁ་ཁ་སོགས་མཁའ་འགྲོ་སྤྱི་གཏོར་འབུལ་བ་སྤྱི་དང་འདྲའོ། །དེ་ནས་བཟླས་པ་ཅི་འགྲུབ་བྱ། སློབ་མ་ལ་བྱེད་པ་ལྟར་ཏིང་ངེ་འཛིན་གྱི་དབང་བཞི་བླངས། ༈ སློབ་མས་མཎྜལ་ཕུལ།

གང་གི་དྲིན་གྱིས་སོགས་དང་། སངས་རྒྱས་ཀུན་གྱི་རང་བཞིན་སྐུ། །སློབ་དཔོན་ལ་ནི་བདག་སྐྱབས་མཆི། །བཅོམ་ལྡན་ཧེ་རུ་ཀ་དཔལ་གྱིས། །བདག་ལ་བྱིན་གྱིས་བརླབ་ཏུ་གསོལ། །ཞེས་དང་། དོན་དམ་སྨྲ་བའི་སེང་གེའི་རྣལ་འབྱོར་ཞེས་བྱ་བ། །ཉོན་མོངས་གཅོད་པའི་དོན་ལ་ཤིན་ཏུ་མཁས་གྱུར་པ། །སྲིད་པའི་ཉེས་བརྒྱ་བསྐྱེད་རྩ་ཉོན་མོངས་ཆོད་མཛོད་ལ། །རྣལ་འབྱོར་དོན་དམ་རྒྱལ་པོ་དེ་ཉིད་འགྲུབ་པར་མཛོད། །ཅེས་པས་གསོལ་བ་གདབ། འགྲོ་རྣམས་བསྒྲལ་འདོད་བསམ་པ་ཡིས། །སངས་རྒྱས་ཆོས་དང་དགེ་འདུན་ལ། །བྱང་ཆུབ་སྙིང་པོར་མཆིས་ཀྱི་བར། །རྟག་པར་བདག་ནི་སྐྱབས་སུ་མཆི། །ཤེས་རབ་སྙིང་རྗེ་དང་བཅས་པས། །བརྩོན་པས་སེམས་ཅན་དོན་དུ་བདག །སངས་རྒྱས་མདུན་དུ་གནས་བཅས་ཏེ། །རྫོགས་པའི་(༧༢༢ན)བྱང་ཆུབ་སེམས་བསྐྱེད་བགྱི། །ཞེས་སྐྱབས་འགྲོ་སེམས་བསྐྱེད་དང་། དཀོན་མཆོག་གསུམ་ལ་བདག་སྐྱབས་མཆི། །ཞེས་སོགས་ཀྱིས་རྒྱུན་བཤགས་དང་། སྲས་བཅས་སངས་རྒྱས་ཐམས་ཅད་དང་། །ཞེས་སོགས་ཀྱིས་རིགས་ལྔའི་སྡོམ་པ་བཟུང་། དངོས་གཞི་ལ། ཁྱེད་རང་རྣམས་སྟོང་པ་ཉིད་ལ་ཙུང་ཟད་མཉམ་པར་འཛོག་པར་ཞུ། ཨོཾ་ཧེ་རུ་ཀོཧཾ། ཨོཾ་ནི་གཉིས་མེད་ཡེ་ཤེས་ཏེ། །ཧེ་ནི་རྒྱུ་སོགས་སྟོང་པ་ཉིད། །རུ་ནི་ཚོགས་དང་བྲལ་བ་སྟེ། །ཀ་ནི་གང་དུ་མི་གནས་པའོ། །སྟོང་པའི་ངང་ལས་ཁྱེད་རང་རྣམས་ལྷན་ཅིག་སྐྱེས་པའི་དཔལ་ཧེ་རུ་ཀ་སྐུ་མདོག་སྔོན་ཀའི་ཟླ་བ་ལྟར་དཀར་བ། ཞལ་གཅིག་ཕྱག་གཉིས་རྡོ་རྗེ་དང་དྲིལ་བུ་འཛིན་པས་ཡུམ་ལ་འཁྱུད་པ། ཞབས་གཡོན་བསྐུམས་པས་འཇིགས་བྱེད་ནག་པོ་དང་གཡས་བརྐྱངས་པས་དུས་མཚན་མ་དམར་མོ་མནན་པ། སྤྱན་གསུམ་དང་ལྡན་ཞིང་། མཆེ་བ་གཙིགས་པ། རུས་པའི་རྒྱན་དྲུག་དང་། སྟག་ལྤགས་ཀྱིས་བརྒྱན་པ། དེ་ལ་འཁྱུད་པའི་ཡུམ་རྡོ་རྗེ་ཕག་མོ་སྐུ་མདོག་དམར་མོ་ཞལ་གཅིག་ཕྱག་གཉིས། སྤྱན་གསུམ་མ། སྐྲ་གྲོལ་བ། ཐོད་སྐམ་ལྔའི་དབུ་རྒྱན་དང་། ཐོད་སྐམ་གྱི་དོ་ཤལ་ཅན། ཕྱག་རྒྱ་ལྔ་དང་ལྡན་པ།

གཡས་གྲི་གུག་དང་། གཡོན་ཐོད་པ་ཁྲག་གིས་གང་བ་འཛིན་ཞིང་། ཞབས་གཡས་བསྐུམས། གཡོན་བརྐྱངས་པས་ཡབ་ལ་འཁྱུད་པ། གཉིས་ཀའང་ཁྲོ་སྐེག་ལང་ཚོ་ལ་བབ་(༧༢༢བ)ཅིང་། བདེ་བ་རྒྱས་པའི་སྐུ་སྣང་སྟོང་ཟུ་མ་ལྟ་བུ། ཡེ་ཤེས་ཀྱི་མེ་འབར་བའི་དབུས་ན་བཞུགས་པ། མདུན་བསྐྱེད་ཀྱི་བུམ་ཐོད་འདི་གཉིས་ཀྱི་ནང་དུ་ཁྱིད་རང་རྣམས་བསྒོམ་པ་དང་འདྲ་བའི་བདེ་མཆོག་ལྷན་སྐྱེས་དཀར་པོ་ཡབ་ཡུམ་དངོས་སུ་བཞུགས་པར་མོས་པ་མཛོད། དེ་ནས་བཟླས་ལུང་ལ། སློབ་དཔོན་གྱི་ཐུགས་ཀ་ནས་འོད་ཟེར་འཕྲོས། མདུན་བསྐྱེད་ཀྱི་ཐུགས་རྒྱུད་བསྐུལ། ཐུགས་ཀའི་ས་བོན་སྔགས་ཕྲེང་ལས་སྔགས་ཕྲེང་གཉིས་པ་བྱུང་། ཞལ་ནས་ཐོན། ཁྱིད་རང་རྣམས་དཔལ་ཧེ་རུ་ཀར་གསལ་བའི་ཞལ་དུ་ཞུགས། ཐུགས་ཀར་ཉི་མའི་དཀྱིལ་འཁོར་གྱི་སྟེང་དུ་ཧཱུྃ་ཡིག་གི་མཐར་གཡོན་སྐོར་དུ་འཁོད་པའི་མོས་པ་བྱས་ནས་འདིའི་རྗེས་ཟློས་མཛོད། ཨོཾ་ཧྲཱིཿཧ་ཧ་ཧཱུྃ་ཧཱུྃ་ཕཊ་ས་མ་ཨཱ་ཡུར་པུ་ཥྚིཾ་ཀུ་རུ་ཨོཾ། ཞེས་ལན་གསུམ་རྗེས་ཟློས་བྱེད་དུ་གཞུག །བུམ་པའི་ལྷའི་ཐུགས་ཀ་ནས་ལྷ་མོ་རྣམས་སྤྲོས་ཏེ་དབང་བསྐུར་བའི་མོས་པ་མཛོད་བྱས་ལ། ཇི་ལྟར་བལྟམས་པ་ནས་ཧྲཱི་ཡེ་ཧཱུྃ། ཞེས་བུམ་པའི་ཆུས་དབང་བསྐུར། བུམ་དབང་ངོ་། །ཐོད་པ་ལ་བརྟེན་ནས་ཚེ་བསྲིང་བའི་དམིགས་པ་ནི། སློབ་མ་རྣམས་ཡབ་རྐྱང་དུ་གསལ་བའི་ཐུགས་ཀ་ནས་ལྷ་མོ་ལྔ་ཐོད་པ་ཐོགས་པ་སྤྲོས། ཁམས་གསུམ་གྱི་བཅུད་རྣམས་འཆི་མེད་ཚེའི་བདུད་རྩི་དཔག་ཏུ་མེད་པའི་རྣམ་པ་ཐོད་པར་བསྡུས་ཏེ། སློབ་མ་རྣམས་ཀྱི་སྣ་བུག་གཡོན་ནས་ཐུགས་པས་ཞུགས་གང་ལྷ་མོ་རྣམས་གཅིག་ཏུ་འདྲེས། སློབ་མ་རྣམས་ལ་འཁྱུད་སྦྱོར་གྱིས་བཞུགས་པར་(༧༢༣ན)མོས་སུ་བཅུག་སྟེ། ནང་མཆོད་སྦྱིན། གསང་དབང་ངོ་། །ཁ་ཊྭཾ་ག་ལ་བརྟེན་པའི་དམིགས་པ་ནི། སློབ་མ་རྣམས་ཀྱི་སྤྱི་བོར་ཁ་ཊྭཾ་ག་དཀར་པོ་ཧཱུྃ་གིས་མཚན་པ་མགོ་ཐུར་བསྟན། དེའི་འོད་ཀྱིས་འཁོར་འདས་ཀྱི་བཅུད་བསྡུས་ནས་ཁ་ཊྭཾ་ག་ནས་བརྒྱུད་སྤྱི་བོ་ནས་ཞུགས་འཁོར་ལོ་བཞིར་དགའ་བཞི་ཉམས་སུ་མྱོང་།

ལུས་ཐམས་ཅད་བདུད་རྩི་རླན་དྲོད་ཅན་གྱིས་གང་བར་བསམས། ཤེར་དབང་ངོ་། །གནས་ལུགས་ཀྱི་ལྟ་བ་སྐྱོང་དུ་བཅུག་སྟེ་དབང་བཞི་པའོ་ཞེས་བརྗོད་སྤྲད། མཇུག་ཚིག་སྤྱི་དང་འདྲ། །

༄ འཇིག་རྟེན་དབང་ཕྱུག་ཡི་གེ་བདུན་པ་ལ། སྐྱབས་འགྲོ་སེམས་བསྐྱེད་ཚད་མེད་བཞི་བསྒོམ་པ་སྔོན་དུ་བཏང་ནས། རང་ཉིད་དཔལ་ཆེན་སྤྱན་རས་གཟིགས་སུ་གསལ་བའི་ཐུགས་ཀའི་ས་བོན་གྱི་འོད་ཟེར་གྱིས་རང་བཞིན་གྱི་གནས་ནས་བླ་མ་དང་དཀྱིལ་འཁོར་གྱི་འཁོར་ལོ་མདུན་གྱི་ནམ་མཁར་སྤྱན་དྲངས། ན་མོ་གུ་རུ་མཉྫ་ལི་ཧྲཱིཿཞེས་ཕྱག་བྱ། ཨརྒྷཾ་སོགས་ཀྱིས་མཆོད། དཀོན་མཆོག་གསུམ་ལ་བདག་སྐྱབས་མཆི། །ཞེས་སོགས་ཀྱིས་རྒྱུན་བཤགས་དང་། ཚད་མེད་བཞི་བསྒོམ། ཨོཾ་ཤཱུ་ནྱ་ཏཱ་ཛྙཱ་ན་བཛྲ་སྭ་བྷཱ་ཝ་ཨཱཏྨ་ཀོ྅ཧཾ། སྟོང་པ་ཉིད་དུ་གྱུར། སྟོང་པའི་ངང་ལས་ཡཾ་རཾ་བཾ་ལཾ་སུཾ་ལས་འབྱུང་བཞི་རི་རབ་དང་བཅས་པའི་རྩེ་མོར་ཧཱུཾ་ལས་སྲུང་བའི་འཁོར་ལོར་གྱུར། ཨོཾ་མེ་དྷི་ནི་བཛྲ་ཧཱ་ཡ་བཛྲ་བནྡྷ་ཧཱུཾ། ཨོཾ་བཛྲ་པྲཱ་ཀཱ་ར་ཧཱུཾ་བཾ་ཧཱུཾ། ཨོཾ་བཛྲ་པཉྫ་ར་ཧཱུཾ་བཾ་ཧཱུཾ། ཨོཾ་བཛྲ་བི་ཏཱ་ན་(༧༢༣ན)ཧཱུཾ་ཁཾ་ཧཱུཾ། ཨོཾ་བཛྲ་ཤཱ་ར་ཛཱ་ལ་ཏྲཾ་སཾ་ཏྲཾ། ཨོཾ་བཛྲ་ཛྭ་ལ་ཨ་ན་ལཀྐ་ཧཱུཾ་ཧཱུཾ་ཧཱུཾ། དབུས་སུ་འཁོར་ལོ་རྩིབས་དྲུག་པ་ལྟེ་བར་པད་ཉིའི་གདན་ལ། ཨཱ་ལི་ལས་ཟླ་བ་དཀར་པོ། ཀཱ་ལི་ལས་ཟླ་བ་དམར་པོ། དེའི་དབུས་སུ་ཧཱུཾ། འོད་ཟེར་འཕྲོ་འདུ་ལས་རང་ཉིད་དཔལ་ཆེན་སྤྱན་རས་གཟིགས་སྐུ་མདོག་མཐིང་ག་ནག་དཀར་དམར་བའི་ཞལ་གསུམ། ཕྱག་དང་པོ་གཉིས་ཀྱིས་རྡོར་དྲིལ་འཛིན་པས་ཡུམ་སྐྱེག་མོ་དམར་མོ་མདའ་གཞུ་འཛིན་པ་ལ་འཁྱུད་པ། གཉིས་པ་གཉིས་ཀྱིས་མི་ལྤགས་སྟོད་གཡོགས་སུ་འཕྱར་བ། ཐ་མ་གཉིས་ཌཱ་མ་རུ་དང་ཐོད་ཁྲག་འཛིན་ཅིང་། མཆན་ཁུང་ན་ཁ་ཊྭཱཾ་ག །རུས་དུམ་གྱི་དོ་ཤལ། མེ་ཏོག་དང་རིན་པོ་ཆེས་ཀྱང་བརྒྱན་པ། ཞབས་གཡོན་བསྐུམས་པས་དབང་ཕྱུག་དང་། གཡས་བརྐྱངས་པས་དཀར་མོ་མནན་པ། དབུ་སྐྲ་དམར་སེར་འཕྱིལ་བ་ལ་ཨུ་དུམ་ཝ་རའི་

མེ་ཏོག་ཅན། ཧེ་རུ་ཀའི་ཆ་བྱད་རྫོགས་པའོ། །རྩིབས་དྲུག་ལ་མདུན་ནས་གཡོན་སྐོར་གྱིས། ཕཊ་ཧཱུྃ་ཧ་ཧ་ཧཱིཿ ཨོཾ་ལས་ཧེ་རུ་ཀ་མ་སྔོན་མོ། འཇིགས་མ་སེར་མོ། དྲག་མོ་དམར་མོ། དབང་བྱེད་མ་ལྗང་ཁུ། རྨ་ལྷས་མ་དུད་ཁ། རོ་རྗེ་མཁའ་འགྲོ་མ་དཀར་མོ། ཐམས་ཅད་ཞལ་གཅིག །ཕྱག་བཞི། ཌཱ་མ་རུ་དང་། དྲིལ་བུ། མི་ལྤགས་བསྣམས་པ་ཉི་མ་དང་རོའི་གདན་ལ་བཞུགས་ཤིང་། རྣམ་པ་གཙོ་བོ་དང་མཚུངས་པའོ། །རང་གི་ཐུགས་ཀ་ནས་འོད་ཟེར་འཕྲོས། ཡེ་ཤེས་སེམས་དཔའ་དབང་ལྷ་དང་བཅས་པ་བཛྲ་ས་མཱ་ཛཿཛཿཧཱུྃ་བཾ་ཧོཿ གཉིས་སུ་མེད་(༧༢༨ན)པར་གྱུར། ལཾ་མཾ་པཾ་ཏཾ་ཁཾ་ཁམས་ལྔ་ཡུམ་ལྔར་གྱུར། ཨོཾ་ཨཾ་ཧྲཱིཿཧོ་ཧཱུྃ། ཕུང་པོ་ལྔ་རིགས་ལྔར་གྱུར། ཧྲཱུྃ་ཧཱུྃ་ཨཾ་ཁཾ་ཧཾ་ཧཾ། སྐྱེ་མཆེད་དྲུག་ལ་གནས་པ་སེམས་དཔའ་དྲུག་གི་བདག་ཉིད་དུ་གྱུར། ཡབ་ཀྱི་གནས་རྣམས་སུ། ཨོཾ་ཧ། ན་མ་ཧི། སྭཱ་ཧཱ་ཧུ། བཽ་ཥཊ་ཧེ། ཧཱུྃ་ཧཱུྃ་ཧོ། ཕཊ་ཧཾ། ཡུམ་གྱི་གནས་རྣམས་སུ། ཨོཾ་བཾ། ཧཾ་ཡོཾ། ཧྲིཾ་མོཾ། ཧྲེཾ་ཧྲིཾ། ཧཱུྃ་ཧཱུྃ། ཕཊ་ཕཊ། གནས་གསུམ་དུ་ཨོཾ་ཨཱཿཧཱུྃ། དབང་གི་ལྷ་རྣམས་ཀྱིས། ཨོཾ་བཛྲི་བྷ་ཝ་ཨ་བྷི་ཥིཉྩ་ཧཱུྃ། ཞེས་དབང་བསྐུར། གཙོ་འཁོར་ཐམས་ཅད་ལ་རྡོ་རྗེ་སེམས་དཔས་དབུ་བརྒྱན་པར་བསམས། ཨོཾ་ཧྲཱཿཧ་ཧ་ཧཱུྃ་ཕཊ། ཅེས་ཅི་ནུས་སུ་བཟླའོ། །༈ འདིའི་བྱིན་རླབས་བྱེད་ཚུལ་ནི། མཎྜལ་ལ་འཁོར་ལོ་སེར་པོ་རྩིབས་དྲུག་ལྟེ་བ་ཉི་གདན་དུ་བྱ། རྩིབས་རྣམས་ལའང་ཉི་གདན་ཚང་དུ་རེ་དགོད། གདན་དེ་རྣམས་ཀྱི་སྟེང་དུ་དབུས་སུ་ཚོམ་བུ་མཐིང་ག །རྩིབས་དྲུག་ལ་མདུན་ནས་གཡོན་སྐོར་དུ། སྔོན་པོ། སེར་པོ། དམར་པོ། ལྗང་ཁུ། དུད་ཁ། དཀར་པོ་རེ་དགོད། འཁོར་ལོའི་ཕྱི་རོལ་པད་རྭ། རྡོ་རྭ། མེ་རིས་བསྐོར། ནང་དུ་གཏོར་མ་གཉིས་དང་མཆོད་པ་བཟང་དུ་བཤམས། ཡོལ་བས་མཚམས་བཅད། སྔོན་འགྲོའི་གཏོར་མ། བགེགས་གཏོར་གྱི་ཚུལ་དུ་བཏང་། གནས་ཡོ་བྱིན་གྱིས་བརླབས་པ་ནི། ཨ་མྲྀ་ཏས་བསངས། སྭ་བྷཱ་ཝས་སྦྱངས། སྟོང་པའི་ངང་ལས་གནས་ཁང་ཧྲཱུྃ་ལས་རིན་པོ་ཆེ་སྣ་ཚོགས་ལས་གྲུབ་པའི་ཐར་པ་ཆེན་

པོའི་གཞལ་(༧༢༤བ)མེད་ཁང་མཚན་ཉིད་ཐམས་ཅད་ཡོངས་སུ་རྫོགས་པའི་དབུས་སུ་ཨ་ལས་བྱུང་བའི་མིའི་ཐོད་པ་ཡངས་ཤིང་རྒྱ་ཆེ་བ་རྣམས་ཀྱི་ནང་དུ་ཧཱུྃ་ཞུ་བ་ལས་བྱུང་བའི་མཆོད་ཡོན། ཞབས་བསིལ། མེ་ཏོག །བདུག་སྤོས། མར་མེ། དྲི་ཆབ། ཞལ་ཟས། རོལ་མོ་ལ་སོགས་པའི་མཆོད་རྫས་རྣམས་ཡེ་ཤེས་ཀྱི་རང་བཞིན་མཆོད་པའི་རྣམ་པ་ཟག་མེད་བདེ་ཆེན་གྱི་རྒྱུ་བླ་ན་མེད་པས་མཁའ་དབྱིངས་ཐམས་ཅད་ཡོངས་སུ་ཁྱབ་པར་གྱུར། ཨོཾ་བཛྲ་ཨརྒྷཾ་སྭཱཧཱ། ཨོཾ་བཛྲ་པཱ་དྱཾ་སྭཱཧཱ། ཨོཾ་བཛྲ་པུཥྤེ་ཨཱཿཧཱུྃ་ནས། ཨོཾ་བཛྲ་ཤབྡ་ཨཱཿཧཱུྃ། ཨོཾ་བཛྲ་ཧྣཀྵ་ར་ཊི་ཏ་ནས། ཧོ་ཨཱ་ཁཾ་སྭཱཧཱ། ཞེས་པའི་བར་ལན་གསུམ་གྱིས་བྱིན་དབབ། སྐྱབས་འགྲོ་སེམས་བསྐྱེད་སྔོན་དུ་བཏང་ནས། མདུན་བསྐྱེད་ཀྱི་དཀྱིལ་འཁོར་ལ་ཨ་མྲྀ་ཏས་བསངས། སྭ་བྷཱ་ཝས་སྦྱངས། དཀྱིལ་འཁོར་གྱི་དབུས་སུ་རང་ཉིད་འདུག་པར་མོས་ལ། ཡཾ་རཾ་བཾ་ལཾ་སུཾ་ལས་འབྱུང་བཞི་རི་རབ་དང་བཅས་པའི་རྩེ་མོར་ཧཱུྃ་ལས་སྲུང་བའི་འཁོར་ལོར་གྱུར། ཞེས་པ་ནས། བཟླས་པའི་བར་བདག་བསྐྱེད་བཞིན་བྱ། གཏོར་མ་དང་པོ་བསངས་སྦྱངས། འབྲུ་གསུམ་གྱིས་བྱིན་གྱིས་བརླབས་ཏེ། ཨ་ཀཱ་རོ་མུ་ལན་གསུམ་གྱིས་འཇིག་རྟེན་ལས་འདས་པ་ལ་ཕུལ། ཉེར་སྤྱོད་དང་། མཆོད་སྤྲིན་གཏོར་མ་ཞེས་སོགས་བྱ། ༈ དེ་ནས་སློབ་མ་ཁྲུས་བྱས། མཎྜལ་ཕུལ། ཨོཾ་ཙཀྵུ་བནྡྷ་ཕ་ར་མ་ཊ་ཡེ་ཧཱུྃ། ཞེས་པས་མིག་དར་བཅིངས། ཨ་ཁཾ་བི་ར་ཧཱུྃ་གིས་མེ་ཏོག་གི་ཕྲེང་(༧༢༥ན)བ་བཟུང་། གསོལ་བ་འདེབས་པ་འདིའི་རྗེས་ཟློས་མཛོད་བྱས་ལ། དགའ་ཆེན་ཁྱོད་བདག་སྟོན་པ་སྟེ། །སློབ་དཔོན་ཁྱོད་ནི་དགོངས་སུ་གསོལ། །བྱང་ཆུབ་ཆེན་པོའི་ཚུལ་བསྟན་པ། །མགོན་པོ་ཆེན་པོ་བདག་འཚལ་ལོ། །དམ་ཚིག་དེ་ཉིད་བདག་ལ་སྩོལ། །བྱང་ཆུབ་སེམས་ཀྱང་བདག་ལ་སྩོལ། །སངས་རྒྱས་ཆོས་དང་དགེ་འདུན་སྟེ། །སྐྱབས་གསུམ་བདག་ལ་བསྩལ་དུ་གསོལ། །ཐར་པ་ཆེན་པོའི་གྲོང་མཆོག་ཏུ། །མགོན་པོས་བདག་ནི་གཞུག་ཏུ་གསོལ། །ཞེས་ལན་གསུམ་གྱིས་གསོལ་བ་འདེབས་སུ་

གཞུག །དཀོན་མཆོག་གསུམ་ལ་བདག་སྐྱབས་མཆི། །ཞེས་སོགས་ཀྱིས་རྒྱུན་བཤགས་
བྱ། སངས་རྒྱས་བྱང་ཆུབ་སེམས་དཔའ་ཀུན། །ཞེས་པ་ནས། སེམས་ཅན་མྱ་ངན་
འདས་ལ་འགོད། །ཅེས་པའི་བར་ལན་གསུམ་གྱིས་རིགས་ལྔའི་སྡོམ་པ་བཟུང་།
སེམས་ཅན་ཐམས་ཅད་ཀྱི་དོན་དུ་སངས་རྒྱས་ཐོབ་པར་བྱའོ་སྙམ་པའི་སྨོན་པའི་
སེམས་ཀུན་རྫོབ་པ་དེ་ཉིད་སྙིང་གར་ཟླ་བའི་དཀྱིལ་འཁོར་ཡོངས་སུ་རྫོགས་པའི་
རྣམ་པར་གྱུར། ཆོས་ཐམས་ཅད་རང་བཞིན་མེད་པའི་སྟོང་པ་ཉིད་དང་ཁྱིད་རང་
རྣམས་ཀྱི་སེམས་རོ་གཅིག་ཏུ་གྱུར་པའི་དོན་དམ་པའི་བྱང་ཆུབ་ཀྱི་སེམས་ཟླ་བའི་
སྙིང་དུ་རྡོ་རྗེ་དཀར་པོ་རྩེ་ལྔ་པའི་རྣམ་པ་ཅན་དུ་གྱུར། ཨོཾ་སརྦ་ཡོ་ག་ཙིཏྟཾ་ཨུཏྤཱ་ད་
ཡ་མི། ཞེས་བརྗོད་ཅིང་སེམས་བསྐྱེད་དུ་གཞུག །བླ་མས་རྡོ་རྗེ་མེ་ཏོག་དང་བཅས་
པ་སྙིང་གར་གཏུགས་(༡༢༥བ)པས་བརྟན་པར་བྱས་པར་སྒོམས་ཤིག་བྱས་ལ། སློབ་
མའི་སྙིང་གར་རྡོ་རྗེ་མེ་ཏོག་དང་བཅས་པ་གཏུགས་ལ། ཨོཾ་སུ་ར་ཏེ་ས་མ་ཡ་སྟྭཾ་ཧོ་
སིདྡྷི་བཛྲ་ཡ་ཐཱ་སུ་ཁཾ། ཞེས་བརྗོད། མནའ་ཆུ་བླུད་ལ། འདི་ནི་ཁྱོད་ཀྱི་དམྱལ་བའི་
ཆུ། །དམ་ཚིག་འདས་ན་བསྲེག་པར་བྱེད། །དམ་ཚིག་སྲུང་ན་དངོས་གྲུབ་སྟེར། །རྡོ་
རྗེ་བདུད་རྩིའི་ཆུ་འཐུངས་ཤིག །ཨོཾ་བཛྲ་ཨ་མྲི་ཏ་ཨུཏ་ད་ཀ་ཋ་ཋ་ཧཱུྃ། ཞེས་བརྗོད།
མདུན་བསྐྱེད་ཀྱི་ཐུགས་ཀ་ནས་ལྷ་ཚོགས་དཔག་ཏུ་མེད་པ་འཕྲོས་ནས། སློབ་མ་
རྣམས་ལ་ཐིམ་པར་མོས་ལ། ཨོཾ་ཏྲི་ཥ་ཥ་ཧཱུྃ་ཧཱུྃ་ཕཊ་ཨ་བེ་ཤ་ཡ། ཞེས་མང་དུ་བཟླ།
ཧེ་རུ་ཀ་དཔལ་དེང་ཁྱོད་ཀྱིས། །མིག་འབྱེད་པར་ནི་བརྩོན་པར་མཛོད། །ཁྱི་བས་
ཐམས་ཅད་མཐོང་བ་ཡང་། །རྡོ་རྗེའི་མིག་ནི་བླ་ན་མེད། །ཨོཾ་བཛྲ་ནཻ་ཏྲ་ཨ་པ་ཧ་
ར་པ་ཊ་ལཾ་ཧྲི་ཧྲིཾ། ཞེས་པས་གདོང་གཡོགས་བཀྲོལ། ཨོཾ་པྲ་ཏཱིཙྪ་བཛྲ་ཧོས་གཙོ་བོ་
ལ་མེ་ཏོག་གཏོར། དེ་ནས་མདུན་བསྐྱེད་ཀྱི་ཚོམ་བུ་འདི་དག་འབྱུང་བཞི་རི་རབ་
དང་བཅས་པའི་རྩེ་མོར་སྲུང་བའི་འཁོར་ལོའི་དབུས་སུ་འཁོར་ལོ་རྩིབས་དྲུག་པའི་
ལྟེ་བར་དཔལ་ཆེན་སྤྱན་རས་གཟིགས་རྩིབས་དྲུག་མདུན་ནས་གཡོན་སྐོར་གྱིས། དེ་

ཏུ་ཀ །འཇིགས་མ། དྲག་མོ། དབང་བྱེད་མ། རྣམ་ལྷས་མ། རྡོ་རྗེ་མཁའ་འགྲོ་མ་སྟེ་རྟེན་དང་བརྟེན་པའི་དཀྱིལ་འཁོར་ཐམས་ཅད་མངོན་སུམ་དུ་བཞུགས་པར་མོས་ཞེས་ལྷ་ངོ་བསྟན། དངོས་གཞིའི་དོན་དུ་མཎྜལ་ཕུལ། སློབ་མ་རྣམས་ལྷར་(༧༢༨ན)བསྐྱེད་པ་ལ། ཨོཾ་ཤཱུ་ཉྰ་ཏཱས་སྦྱངས། སྟོང་པའི་ངང་ལས་ཡཾ་རཾ་བཾ་ལཾ་སུཾ་ལས་འབྱུང་བཞི་རི་རབ་དང་བཅས་པའི་སྟེང་མོར་ཧཱུྃ་ལས་སྲུང་བའི་འཁོར་ལོར་གྱུར། ཨོཾ་ནེ་ཧྲི་ཧྲི་བཛྲ་ཀྲོ་དྷ་བཛྲ་ཀྲཱནྟ་ཧཱུྃ། ཨོཾ་བཛྲ་པྲ་ཀཱ་ར་ཧཱུྃ་བཾ་ཧཱུྃ། ཨོཾ་བཛྲ་པཉྫ་ར་ཧཱུྃ་པཾ་ཧཱུྃ། ཨོཾ་བཛྲ་བི་ཏཱ་ན་ཧཱུྃ་ཁཾ་ཧཱུྃ། ཨོཾ་བཛྲ་ཤཱ་ར་ཛྭ་ལ་ཧཱུྃ་སཾ་ཧཱུྃ། ཨོཾ་བཛྲ་ཛྭ་ལ་ཨ་ན་ལཱརྐ་ཧཱུྃ་ཧཱུྃ་ཧཱུྃ་དབུས་སུ་འཁོར་ལོ་རྩིབས་དྲུག་པ་ལྟེ་བར་པད་ཉིའི་གདན་ལ། ཨཱ་ལི་ལས་ཟླ་བ་དཀར་པོ། ཀཱ་ལི་ལས་ཟླ་བ་དམར་པོ། དེའི་དབུས་སུ་ཧཱུྃ། འོད་ཟེར་འཕྲོ་འདུ་ལས་སློབ་མ་རྣམས་དཔལ་ཆེན་སྤྱན་རས་གཟིགས་སྐུ་མདོག་མཐིང་ནག་ག་དཀར་དམར་བའི་ཞལ་གསུམ། ཕྱག་དང་པོ་གཉིས་ཀྱིས་རྡོར་དྲིལ་འཛིན་པས་ཡུམ་སྐེག་མོ་དམར་མོ་མདའ་གཞུ་འཛིན་པ་ལ་འཁྱུད་པ། གཉིས་པ་གཉིས་ཀྱིས་མི་ལྤགས་སྟོད་གཡོགས་སུ་འཕྱར་བ། ཐ་མ་གཉིས་ཌཱ་མ་རུ་དང་ཐོད་ཁྲག་འཛིན་ཅིང་། མཆན་ཁུང་ན་ཁ་ཊྭཱཾ་ག །རུས་དུམ་གྱི་དོ་ཤལ་དང་། མེ་ཏོག་དང་རིན་པོ་ཆེས་ཀྱང་བརྒྱན་པ། ཞབས་གཡོན་བསྐུམས་པས་དབང་ཕྱུག་དང་། གཡས་བརྐྱངས་པས་དཀར་པོ་མནན་པ། དབུ་སྐྲ་དམར་སེར་འཁྱིལ་བ་ལ་ཨུ་དུམ་ཝ་རའི་མེ་ཏོག་ཅན། ཧེ་རུ་ཀའི་ཆ་བྱད་ཡོངས་སུ་རྫོགས་པའོ། །ཞེས་གཙོ་བོ་གསལ་གདབ་བོ། །སློབ་དཔོན་དཔལ་ཆེན་སྤྱན་རས་གཟིགས་སུ་གསལ་བའི་ཐུགས་ཀའི་ས་བོན་ལས་འོད་ཟེར་འཕྲོས།(༧༢༨བ)ཕྱོགས་བཅུའི་སངས་རྒྱས་བྱང་སེམས་ཐམས་ཅད་ཀྱི་ཐུགས་ཀར་ཕོག་པས་ཐུགས་རྒྱུད་བསྐུལ། ཐུགས་ཀ་ནས་ཐུགས་གཉིས་སུ་མེད་པའི་ཡེ་ཤེས་ཀྱི་ངོ་བོ་ཡིན་པ་ལ་རྣམ་པ་དཔལ་ཆེན་སྤྱན་རས་གཟིགས་ཀྱི་སྐུ་ཆེ་ཆུང་བསམ་གྱིས་མི་ཁྱབ་པ་སྤྱན་དྲངས། སློབ་མ་རྣམས་ཀྱི་ལུས་ལ་ཆར་ཆེན་པོ་བབས་པ་བཞིན་དུ་སིབ་སིབ་ཐིམ་

པའི་མོས་པ་མཛོད་བྱས་ལ། ཛཿཧཱུྃ་བཾ་ཧོཿགཉིས་སུ་མེད་པར་གྱུར། སླར་ཡང་སློབ་དཔོན་གྱི་ཐུགས་ཀའི་ས་བོན་ལས་འོད་ཟེར་འཕྲོས། དབང་གི་ལྷ་རྣམས་སྤྱན་དྲངས། ཁྱེད་རྣམས་ཀྱིས་སློབ་མ་འདི་རྣམས་ལ་མངོན་པར་དབང་བསྐུར་དུ་གསོལ། ཞེས་གསོལ་བ་བཏབ་པས། ཨོཾ་བཛྲཱི་བྷ་ཝ་ཨ་བྷི་ཥིཉྩ་ཧཱུྃ་ཞེས་གསུངས་ཤིང་། དབང་བསྐུར་བས། སྐུ་གང་དྲི་མ་དག །ཆུའི་ལྷག་མ་ཡར་ལུད་པ་ལས་རྡོ་རྗེ་སེམས་དཔས་དབུ་བརྒྱན་པར་གྱུར་པར་མོས། བུམ་དབང་ངོ་། །ཨོཾ་ཧྲི་ཏ་ཏ་ཧཱུྃ་ཧཱུྃ་ཕཊ། ཅེས་པས་ནང་མཆོད་སྦྱིན། གསང་བའི་དབང་ངོ་། །ལྟེ་བའི་གཏུམ་མོ་འབར་ཏེ་སྤྱི་བོའི་ཧཾ་ཡིག་ཞུ་བས་དགའ་བ་བཞིའི་དོན་ལ་ངོ་སྤྲད། ཤེར་དབང་ངོ་། །སེམས་ཕྱག་རྒྱ་ཆེན་པོར་ངོ་སྤྲད་པ་དབང་བཞི་པའོ། །དེ་ནས་བཟླས་ལུང་ལ། སློབ་དཔོན་དཔལ་ཆེན་སྤྱན་རས་གཟིགས་སུ་གསལ་བའི་ཐུགས་ཀར་ཉི་མའི་དཀྱིལ་འཁོར་གྱི་དབུས་སུ་ཧཱུྃ་ཡིག་གི་མཐར་སྔགས་ཕྲེང་གིས་བསྐོར་བ་ལས། སྔགས་ཕྲེང་གཉིས་པ་བྱུང་། ཞལ་ནས་ཐོན། སློབ་མ་རྣམས་དཔལ་ཆེན་(༡༢༧ན)སྤྱན་རས་གཟིགས་སུ་གསལ་བའི་ཐུགས་ཀར་ཉི་མའི་དཀྱིལ་འཁོར་གྱི་དབུས་སུ་ཧཱུྃ་ཡིག་གི་མཐར་འཁོད་པའི་མོས་པ་མཛོད་བྱས་ལ། ཨོཾ་ཧྲི་ཏ་ཏ་ཧཱུྃ་ཧཱུྃ་ཕཊ། ཅེས་ལན་གསུམ་རྗེས་ཟློས་བྱར་གཞུག །མཇུག་ཆོག་སྔོན་འགྲོ་བ་ལས་མཆོད་བསྟོད་སོང་བའི་རྗེས་སུ་གཏོར་མ་གཉིས་པ་དེ་བཙོ་བ་ཡིན་ནོ། །

༄ དགྲེས་པ་རྡོ་རྗེ་ལྷན་སྐྱེས་ལ། སྐྱབས་འགྲོ་སེམས་བསྐྱེད་སྔོན་དུ་བཏང་སྟེ། ཚད་མེད་བཞི་སྤྱི་དང་མཐུན་པར་བསྒོམ། ཤཱུ་ཉྱ་ཏཱས་སྟོང་པར་སྦྱངས། སྟོང་པའི་ངང་ལས་རཾ་ལས་ཉི་མའི་དཀྱིལ་འཁོར་གྱི་སྟེང་དུ་ཧཱུྃ་ལས་སྣ་ཚོགས་རྡོ་རྗེའི་ལྟེ་བ་ལ་ཧཱུྃ་གིས་མཚན་པ་ལས་འོད་ཟེར་འཕྲོས། སྲུང་བའི་འཁོར་ལོར་གྱུར། ཨོཾ་རཀྵ་རཀྵ་ཧཱུྃ་ཧཱུྃ་ཧཱུྃ་ཕཊ་སྭཱཧཱ། རང་གི་སྙིང་ནང་དུ་ཉི་མའི་སྟེང་དུ་ཟླ་བ། དེ་གཉིས་ཀྱི་བར་དུ་སྣ་ཚོགས་རྡོ་རྗེ་ཧཱུྃ་གིས་མཚན་པ། དེ་ལས་འོད་ཟེར་འཕྲོས། ལུས་ཐམས་

ཅན་གང་། སྡིག་སྒྲིབ་ཐམས་ཅད་དག །རང་ཉིད་ཧེ་རུ་ཀའི་སྐུར་གྱུར་པ་ནི། སྐུ་མདོག་མཐིང་ནག །ཞལ་གཅིག་ཕྱག་གཉིས། སྤྱན་གསུམ་དམར་བ། མི་བསྐྱོད་པས་སྤྱི་བོ་མཚན་པ། ཧཱུྃ་གི་སྒྲས་འཇིགས་པའང་འཇིགས་པར་མཛད་པ། སྣ་སེར་གྱེན་དུ་བརྫེས་པ། ཕྱག་གཡས་རྡོ་རྗེ་རྩེ་དགུ་པ་འཕྱར་བ། གཡོན་ཐོད་ཁྲག་ཐུགས་ཀའི་ཐད་དུ་འཛིན་པ། མཆན་ཁུང་དུ་ཁ་ཊྭཱཾ་ག་དཀར་པོ། ཐོད་སྐམ་ལྔའི་དབུ་རྒྱན་དང་། རློན་པ་ལྔ་བཅུའི་དོ་ཤལ་ཅན། ཕྱག་རྒྱ་ལྔ་དང་ཐལ་(༧༢༧བ)བས་བརྒྱན་པ། གཡོན་བརྐྱངས་པའི་སྐྱིལ་ཀྲུང་ཕྱེད་པའི་གར་སྟབས་སམ། གཡས་བརྐྱང་གི་སྟབས་ཀྱིས་པད་ཉི་དབུགས་བྲལ་དང་བཅས་པའི་གདན་ལ་བཞུགས་པ། ཡུམ་རྡོ་རྗེ་བདག་མེད་མ་སྔོན་མོ་གྲི་གུག་དང་། ཐོད་པ་འཛིན་པ་དང་མཉམ་པར་སྦྱོར་བ། གཉིས་ཀའང་ཡེ་ཤེས་ཀྱི་མེ་འབར་བའི་ཀློང་ན་བཞུགས་པའི་དཔྲལ་བར་ཨོཾ། མགྲིན་པར་ཨཱཿ ཐུགས་ཀར་ཧཱུྃ། ཡེ་ཤེས་སེམས་དཔའ་བཛྲ་ས་མ་ཛཿ ཛཿཧཱུྃ་བཾ་ཧོཿ གཉིས་སུ་མེད་པར་ཐིམ། དེ་ནས་འཁོར་ལོའི་བཟླས་དམིགས་གསལ་བཏབ་ལ། ཨོཾ་དེ་བ་པི་ཙུ་བཛྲ་ཧཱུྃ་ཧཱུྃ་ཧཱུྃ་ཕཊ་སྭཱཧཱ། ཞེས་ཅི་ནུས་སུ་བཟླ། ༈ འདིའི་བྱིན་རླབས་ཀྱི་ཆོ་ག་ནི། མནྡལ་པདྨ་འདབ་བཞི་ལྟེ་བར་ཉི་གདན་ཆོམ་བུ་མཐིང་ནག་དང་བཅས་པ། མཐའ་མཆོད་གཏོར་གྱིས་བསྐོར། རྡོར་དྲིལ་དང་ནང་མཆོད་ཞིག་ཀྱང་བཤམས་ལ། མཁའ་འགྲོའི་སྤྱི་གཏོར་རམ་ཀྱི་རྡོར་གྱི་མདོན་རྟོགས་ལྟར་སྔོན་འགྲོ་གཏོར་མ་བཏང་། མཆོད་པ་བླ་མེད་ལྟར་བྱིན་གྱིས་བརླབས། བདག་བསྐྱེད་བཟླས་པའི་བར་དུ་སོང་ནས། མདུན་བསྐྱེད་བསངས་སྦྱངས། སྟོང་པའི་ངང་ལས་རཾ་ལས་ཉི་མའི་དཀྱིལ་འཁོར་གྱི་སྟེང་དུ་ཧཱུྃ་ལས་སྣ་ཚོགས་རྡོ་རྗེའི་ལྟེ་བ་ལ་ཧཱུྃ་གིས་མཚན་པ་ལས་འོད་ཟེར་འཕྲོས། སླར་བའི་འཁོར་ལོར་གྱུར། ཨོཾ་རཀྵ་རཀྵ་ཧཱུྃ་ཧཱུྃ་ཧཱུྃ་ཕཊ་སྭཱཧཱ། དེའི་ནང་དུ་ཉི་མའི་སྟེང་དུ་ཟླ་བ། དེ་གཉིས་ཀྱི་བར་དུ་སྣ་ཚོགས་རྡོ་རྗེ་ཧཱུྃ་གིས་མཚན་པ། དེ་ཡོངས་སུ་གྱུར་པ་ལས་(༧༢༨ན)དཔལ་ཧེ་རུ་ཀ་སྐུ་མདོག་མཐིང་ནག་ཞལ་གཅིག་ཕྱག་གཉིས་

ཞེས་པ་ནས། གཉིས་ཀའང་ཡེ་ཤེས་ཀྱི་མེ་འབར་བའི་ཀློང་ན་བཞུགས་པའི་དཔྲལ་བར་ཨོཾ། མགྲིན་པར་ཨཱཿ ཐུགས་ཀར་ཧཱུྃ། རང་གི་ཐུགས་ཀའི་ཧཱུྃ་ལས་འོད་ཟེར་འཕྲོས། ཡེ་ཤེས་སེམས་དཔའ་བཛྲ་ས་མ་ཛཿ ཛཿཧཱུྃ་བཾ་ཧོཿ གཉིས་སུ་མེད་པར་ཐིམ། གཏོར་མ་ཨ་མྲྀ་ཏར་བསངས། སྭ་བྷཱ་ཝས་སྦྱངས། ཨོཾ་ཨཱཿཧཱུྃ་ཧ་ཧོ་ཧྲཱིཿ ལན་གསུམ་གྱིས་བྱིན་གྱིས་བརླབས། ཨོཾ་ཨ་ཀཱ་རོ་མུ་ཁཾ་སོགས་ལན་བདུན་གྱིས་གཏོར་མ་ཕུལ་ལ། ཨརྒྷཾ་ནས། ཤཔྟའི་བར་གྱིས་མཆོད། མཆེ་བ་གཙིགས་ཤིང་འཛིགས་པ་ཆེ། །སྡིགས་ཀྱི་མེ་ཏོག་ཕྲེང་བས་བརྒྱན། །ཤ་ཆེན་རབ་ཏུ་གསོལ་མཛད་པའི། །ཧེ་རུ་ཀ་དཔལ་ཕྱག་འཚལ་བསྟོད། །མཆོད་སྦྱིན་གཏོར་མ་འདི་བཞེས་ལ། །ཞེས་སོགས་ཀྱིས་འདོད་དོན་གསོལ་བ་གདབ། བཟླས་པ་ཅི་ནུས་བྱ། དེ་ནས་མཆོད་བསྟོད་བྱས་ལ། ཀ་པཱ་ལའི་བདུད་རྩི་ལ་དམིགས་ནས་བཟླས་པ་ཅི་ནུས་ཞིག་བྱའོ། །མཐར་འབྲུ་གསུམ་ལན་ཉེར་གཅིག་ཙམ་བརྗོད། བདུད་རྩིར་སོས་པ་ཙམ་ལས་དམིགས་པ་གཞན་མི་དགོས། ༈ སློབ་མས་མཎྜལ་ཕུལ། ཀུན་མཁྱེན་ཡེ་ཤེས་ཕུང་པོ་ཅན་ནས། བློ་མཆོག་བདག་ལ་གནང་བར་མཛོད། །ཞེས་ལན་གསུམ་གྱིས་གསོལ་བ་འདེབས་སུ་གཞུག །དཀོན་མཆོག་གསུམ་ལ་བདག་སྐྱབས་མཆི། །(༧༢༨བ)ཞེས་སོགས་ཀྱིས་རྒྱུན་བཤགས་དང་། སངས་རྒྱས་བྱང་ཆུབ་སེམས་དཔའ་ཀུན། །ཞེས་པ་ནས། སེམས་ཅན་མྱ་ངན་འདས་ལ་འགོད། །ཅེས་པའི་བར་གྱིས་རིགས་ལྔའི་སྡོམ་བཟུང་བྱ། སློབ་མ་བསངས་སྦྱངས། སྟོང་པའི་ངང་ལས་རཾ་ལས་ཉི་མའི་དཀྱིལ་འཁོར་གྱི་སྟེང་དུ་ཧཱུྃ་ལས་སྣ་ཚོགས་རྡོ་རྗེའི་ལྟེ་བ་ལ་ཧཱུྃ་གིས་མཚན་པ་ལས་འོད་ཟེར་འཕྲོས། སྲུང་བའི་འཁོར་ལོར་གྱུར། ཨོཾ་རཀྴ་རཀྴ་ཧཱུྃ་ཧཱུྃ་ཧཱུྃ་ཕཊ་སྭཱཧཱ། སློབ་མ་རྣམས་ཀྱི་སྙིང་ནང་དུ་ཉི་མའི་སྟེང་དུ་ཟླ་བ། དེ་གཉིས་ཀྱི་བར་དུ་སྣ་ཚོགས་རྡོ་རྗེ་ཧཱུྃ་གིས་མཚན་པ། དེ་ལས་འོད་ཟེར་འཕྲོས། ལུས་ཐམས་ཅད་གང་། སྡིག་སྒྲིབ་ཐམས་ཅད་དག །སློབ་མ་རྣམས་དཔལ་ཧེ་རུ་ཀའི་སྐུར་གྱུར་པ་ནི། སྐུ་མདོག་མཐིང་ནག་ཞལ་གཅིག་ཕྱག་

གཉིས་སྤྱན་གསུམ་དམར་བ། མི་བསྐྱོད་པས་སྤྱི་བོ་མཚན་པ། ཧཱུྃ་གི་སྒྲས་འཇིགས་པའང་འཇིགས་པར་མཛད་པ། སྒྲ་སེར་གྱེན་དུ་བརྗེས་པ། ཕྱག་གཡས་རྡོ་རྗེ་རྩེ་དགུ་པ་འཕྱར་བ། གཡོན་ཐོད་ཁྲག་ཐུགས་ཀའི་ཐད་དུ་འཛིན་པ། མཆན་ཁུང་དུ་ཁ་ཊྭཱ་ག་དཀར་པོ་ཐོད་སྐམ་ལྔའི་དབུ་རྒྱན་དང་། རྣོན་པ་ལྔ་བཅུའི་དོ་ཤལ་ཅན། ཕྱག་རྒྱ་ལྔ་དང་ཐལ་བས་བརྒྱན་པ། གཡོན་བརྐྱངས་པའི་སྐྱིལ་ཀྲུང་ཕྱེད་པའི་གར་སྟབས་ཀྱིས་པད་ཉི་དབུགས་བྲལ་དང་བཅས་པའི་གདན་ལ་བཞུགས་པ། ཡུམ་རྡོ་རྗེ་བདག་མེད་མ་སྔོན་མོ་གྲི་གུག་དང་ཐོད་པ་འཛིན་པ་དང་མཉམ་པར་སྦྱོར་བ། གཉིས་ཀའང་ཡེ་ཤེས་ཀྱི་མེ་འབར་བའི་ཀློང་ན་(༡༧༥ན)བཞུགས་པའོ། །དཔྲལ་བར་ཨོཾ། མགྲིན་པར་ཨཱཿ ཐུགས་ཀར་ཧཱུྃ་གིས་མཚན་པར་གྱུར། ཞེས་གསལ་བཏབ། དེ་ནས་སློབ་དཔོན་དང་མདུན་བསྐྱེད་ཀྱི་ཚོམ་བུ་གཉིས་ཀ་ཡང་ཁྱེད་རང་གི་བསྒོམ་པ་དང་འདྲ་བའི་ཀྱི་རྡོ་རྗེ་དངོས་ཡིན་སྙམ་པའི་མོས་གུས་བྱས་པས། སློབ་དཔོན་གྱི་ཐུགས་ཀ་ནས་འོད་ཟེར་འཕྲོས། མདུན་བསྐྱེད་ཀྱི་ཐུགས་ཀར་ཕོག་པས། ཐུགས་རྒྱུད་བསྐུལ་ཏེ། ཐུགས་ཀ་ནས་འོད་ཟེར་འཕྲོས། ཕྱོགས་བཅུའི་སངས་རྒྱས་དང་བྱང་ཆུབ་སེམས་དཔའ་ཐམས་ཅད་ཀྱི་སྐུའི་བྱིན་རླབས་ཐམས་ཅད་ཀྱི་རྡོ་རྗེའི་སྐུ་དཔག་ཏུ་མེད་པའི་རྣམ་པར་སྤྲུན་དྲངས། ཁྱེད་རང་རྣམས་ཀྱི་ལུས་ལ་མཚོ་ཆེན་པོ་ལ་ཁ་བ་བབས་པ་བཞིན་དུ་སིབ་སིབ་ཐིམ་པའི་མོས་པ་མཛོད། ཛཿཧཱུྃ་བཾ་ཧོཿ གཉིས་སུ་མེད་པར་གྱུར། སློབ་དཔོན་གྱི་རྡོ་རྗེར་གསལ་བས། སངས་རྒྱས་རྣམས་ནི་ཐམས་ཅད་ཀྱིས། །གསང་གསུམ་གནས་ལས་བྱུང་བ་ཡི། །ཁམས་གསུམ་ཀུན་གྱི་ཕྱག་བྱས་པ། །རྡོ་རྗེ་དབང་བསྐུར་ཆེན་པོ་སྩོལ། །ཞེས་བརྗོད་ཅིང་། ནང་མཆོད་ཐོད་པ་སྤྱི་བོར་བཞག །བདུད་རྩི་སྲིན་ལག་གིས་གཏོར་བས་ལུས་གང་བས་དུམ་དབང་ཐོབ་པར་མོས་སུ་གཞུག །རྡོ་རྗེ་དྲིལ་བུ་བྱིན་ལ། རྡོ་རྗེ་ཆེ་དང་དྲིལ་བུ་ཆེ། །བཟུང་ཞིག་རྡོ་རྗེ་རབ་གནས་པ། །དེ་རིང་རྡོ་རྗེ་སློབ་དཔོན་གྱུར། །སློབ་མ་བསྡུ་བ་ཉིད་

དུ་གྱིས། །ཞེས་བརྗོད། བདུད་རྩི་བྱིན་ལ། ཇི་ལྟར་འདས་པའི་སངས་རྒྱས་(༡༢༩བ)ཀྱིས། །བྱང་ཆུབ་སྲས་རྣམས་དབང་བསྐུར་ལྟར། །བདག་གིས་གསང་བའི་དབང་གིས་ནི། །སེམས་ཀྱི་རྒྱུན་གྱི་དབང་བསྐུར་རོ། །ཞེས་བརྗོད། གསང་དབང་ངོ་། །སློབ་དཔོན་གྱི་ཐུགས་ཀ་ནས་རྡོ་རྗེ་བདག་མེད་མ་ཕྱོས་ཏེ་སློབ་མ་རྣམས་ཀྱི་ལུས་ལ་འཁྲུད་པས་བདེ་སྟོང་སྐྱེས་པར་མོས་སུ་བཅུག །དགའ་སྟེར་གནས་དེར་ལྷ་མོ་འདི། །སྣ་ཚོགས་གཟུགས་ཅན་ཡིད་འོང་མ། །བཟུང་ཞིག་བཟུང་ཞིག་སེམས་དཔའ་ཆེ། །བཟུང་ནས་རབ་ཏུ་མཆོད་པར་བྱ། །ཞེས་བརྗོད། ཤེས་རབ་ཡེ་ཤེས་སོ། །སྟོང་ཉིད་ལ་མཉམ་པར་འཇོག་ཏུ་བཅུག་ལ། ཡེ་ཤེས་འདི་ནི་ཆེ་བྲ་ཞིང་། །རྡོ་རྗེ་སྙིང་པོ་མཁའ་དང་མཚུངས། །རྟུལ་བྲལ་ཐར་སྟེར་ཞི་བ་ཉིད། །ཁྱོད་རང་ཡང་ནི་དེ་ཡི་ཕ། །ཞེས་བརྗོད་དེ། དབང་བཞི་པའོ། །དེ་ནས་བཟླས་ལུང་ནི། སློབ་དཔོན་གྱི་ཐུགས་ཀ་ནས་འོད་ཟེར་འཕྲོས། མདུན་བསྐྱེད་ཀྱི་ཐུགས་རྒྱུད་བསྐུལ། ཐུགས་ཀའི་ས་བོན་སྔགས་ཕྲེང་དང་བཅས་པ་ལས་སྔགས་ཕྲེང་གཉིས་པ་བྱུང་། ཞལ་ནས་ཐོན། ཁྱེད་རང་རྣམས་ཀྱི་ཞལ་དུ་ཞུགས། ཐུགས་ཀར་ཉི་མའི་དཀྱིལ་འཁོར་གྱི་སྟེང་དུ་ཧཱུྃ་ཡིག་གི་མཐར་འཁོད་པའི་མོས་པ་བྱས་ནས་འདིའི་རྗེས་ཟློས་མཛོད། ཨོཾ་དེ་བ་པི་ཙུ་བཛྲ་ཧཱུྃ་ཧཱུྃ་ཧཱུྃ་ཕཊ་སྭཱཧཱ། ཞེས་ལན་གསུམ་རྗེས་ཟློས་བྱེད་དུ་གཞུག །དེ་ལྟར་དབང་བཞི་ཐོབ་པས་ཁྱེད་རང་རྣམས་ཀྱི་ལུས་ངག་ཡིད་གསུམ་གྱི་སྒོ་ནས་བསགས་པའི་སྡིག་སྒྲིབ་བག་ཆགས་དང་བཅས་པ་ཐམས་ཅད་བྱང་ཞིང་(༡༣༠ན)དག །ཀྱཻ་རྡོ་རྗེའི་སྐུ་གསུང་ཐུགས་ཡོན་ཏན་འཕྲིན་ལས་ཀྱི་བྱིན་རླབས་ཐོབ་པ་དང་། རྒྱལ་བ་རྡོ་རྗེ་འཆང་གི་གོ་འཕང་མྱུར་དུ་ཐོབ་པའི་སྐལ་བ་དང་ལྡན་པར་གྱུར་པའི་མོས་པ་མཛོད་ཅིག །མཇུག་ཆོག་སྤྱི་དང་འདྲ། །

༄ **དུས་འཁོར་ལྷན་སྐྱེས་ལ།** སྐྱབས་འགྲོ་སེམས་བསྐྱེད་ཚད་མེད་བཞི་བསྒོམ་པ་སྔོན་དུ་བཏང་ནས། ཨོཾ་ཤཱུ་ཉྱ་ཏྣས་སྟོང་པར་སྦྱངས། སྟོང་པའི་ངང་ལས་རང་སྐད་

ཅིག་གིས་དུས་འཁོར་ལྷན་སྐྱེས་སུ་གྱུར་པ་ནི། ཆུང་མེ་ཆུ་དང་ས་ཡི་དཀྱིལ་འཁོར་ལྷན་པོ་པདྨ་དང་། །ཟླ་ཉི་དུས་མེའི་སྟེང་དུ་དབང་ཕྱུག་དང་ནི་བདུད་ཀྱི་མགོར། ། ཞབས་ནི་སྲིད་པའི་ཡུམ་གྱི་ཞབས་དང་ལྷན་ཅིག་བགོད་གྱུར་པ། །ལྷའི་དབང་པོས་བཏུད་པའི་གཙོ་ལ་སྤྱི་བོས་ཕྱག་འཚལ་ལོ། །སྐུ་མདོག་སྔོན་པོ་ཞལ་གཅིག་ཕྱག་གཉིས་རྡོ་རྗེ་དང་དྲིལ་བུ་འཛིན་པས་ཡུམ་ལ་འཁྱུད་པ། ཞབས་གཡོན་པ་དཀར་པོ་བསྐུམས་པས་དབང་ཕྱུག་དཀར་པོ་དང་། གཡས་པ་དམར་པོ་བརྐྱངས་པས་འདོད་ལྷ་དམར་པོའི་སྙིང་ག་མནན་པ། རལ་པའི་ཐོར་ཚུགས་དང་། ཡིད་བཞིན་གྱི་ནོར་བུ་དང་ཟླ་བ་ཕྱེད་པས་དབུ་ལ་བརྒྱན་པ། རྡོ་རྗེའི་རྒྱན་དང་། སྟག་གི་ལྤགས་པའི་ཤམ་ཐབས་ཅན། མཐེ་བོང་སེར་པོ། མཛུབ་མོ་དཀར་པོ། གུང་མོ་དམར་པོ། སྲིན་ལག་ནག་པོ། མཐེའུ་ཆུང་ལྗང་ཁུ། ཕྱག་སོར་རྣམས་ཀྱི་ཚིགས་ཀྱི་ཕྲེང་བ་དང་པོ་ནག་པོ། གཉིས་(༧༣༠བ)པ་དམར་པོ། གསུམ་པ་དཀར་པོའོ། །རྡོ་རྗེ་སེམས་དཔས་དབུ་རྒྱན་ཅིང་། མེ་རི་ཁ་དོག་སྣ་ལྔ་པའི་དབུས་ན་བཞུགས་པའོ། །དེ་ལ་འཁྱུད་པའི་སྣ་ཚོགས་ཡུམ་སྐུ་མདོག་སེར་མོ་ཞལ་གཅིག་ཕྱག་གཉིས་སྤྱན་གསུམ་མ། གྲི་གུག་དང་ཐོད་པ་འཛིན་པས་ཡབ་ལ་འཁྱུད་པ། ཞབས་གཡས་བསྐུམས་གཡོན་བརྐྱངས་པས་ཡབ་དང་སྦྱོར་བ། གཅེར་བུ་ཕྱག་རྒྱ་ལྔས་བརྒྱན་ཅིང་། དབུ་སྐྲ་ཕྱེད་གྲོལ་བའོ། ། གཉིས་ཀའི་དཔྲལ་བར་ཨོཾ། མགྲིན་པར་ཨཱཿ ཐུགས་ཀར་ཧཱུྃ། ལྟེ་བར་ཧོཿསེར་པོ། གཙུག་ཏོར་དུ་ཧཾ་ལྗང་ཁུ། གསང་བ་རཀྵ་སྔོན་པོ་རྣམས་སུ་གྱུར། ཨོཾ་ཨཱཿཧཱུྃ་ཧོ་ཧཾ་ཀྵཿཞེས་པའོ། །སྙིང་གར་རྣམ་བཅུ་དབང་ལྡན་བརྩེགས་པར་བསམ་ནས་ཨོཾ་ཀྵྨལཝརཡཱུཾ་སྭཱཧཱ། ཞེས་པ་ཅི་ནུས་བཟླ། ཐུན་མཚམས་སུ་དགེ་བ་བསྔོ། ༈ འདིའི་རྗེས་གནང་བྱ་ཚུལ་ནི། མཎྜལ་གྱི་སྟེང་དུ་ཚོམ་བུ་སྔོན་པོ་ཞིག་དགོད། མདུན་དུ་གླུམ་གཏོར་དམར་པོ་དང་མཆོད་པ་རྣམས་བཤམས། མཆོད་པ་སྤྱི་དང་མཐུན་པར་བྱིན་གྱིས་བརླབས། བདག་བསྐྱེད་བཟླས་པའི་བར་བྱས་ལ། མདུན་བསྐྱེད་ཨོཾ་ཨཱཿཧཱུྃ་ཧྲཱིཿཕཊ་གྱིས་བསངས།

ཨོཾ་ཤྲུ་ཧྭ་ཏྲཱས་སྦྱངས། སྟོང་པའི་ངང་ལས་སྐད་ཅིག་གིས་དུས་འཁོར་ལྷན་སྐྱེས་སུ་གྱུར་པ་ནི། ཞེས་པ་ནས། དབུ་སྐྲ་ཕྱེད་གྲོལ་བའོ། །ཞེས་པའི་བར་བསྐྱེད། སངས་རྒྱས་ཡབ་ཡུམ་སྲས་དང་བཅས་པ་གཡོག་འཁོར་དང་། གྲོགས་བཅས་གཉེན་རྣམས་དག་(༡༣༧ན)གིས་བསྐོར་བས་ཚོགས་པ་ནི། ལྷ་དང་ལྷ་མོ་དག་གིས་མཉེས་པར་བྱེད་རྣམས་དང་། །མཆོག་གི་རྡོ་རྗེ་སེམས་དཔའ་དག་ནི་གཤེགས་སུ་གསོལ། །ཛཿཧཱུྂ་བཾ་ཧོཿགཉིས་སུ་མེད་པར་གྱུར། དབྲལ་བར་ཨོཾ། མགྲིན་པར་ཨཱཿ ཐུགས་ཀར་ཧཱུྂ། ལྟེ་བར་ཧོཿསེར་པོ། གཙུག་ཏོར་དུ་ཧཾ་ལྗང་ཁུ། གསང་བར་ཀྵ་སྔོན་པོ་རྣམས་སུ་གྱུར་པར་བསམས། ཨཱཿཧཾ་ནས། ཤཱཀྱའི་བར་གྱིས་མཆོད། སྟོང་ཉིད་སྙིང་རྗེའི་བདག་ཉིད་ཅན། །སྲིད་གསུམ་སྐྱེ་འཇིག་མེད་པའི་དངོས། །ཤེས་དང་ཤེས་བྱ་གཅིག་པའི་སྐུ། །དཔལ་ལྡན་དུས་འཁོར་ལ་ཕྱག་འཚལ། །ཞེས་པས་བསྟོད། ཐུགས་ཀར་རྣམ་བཅུ་དབང་ལྡན་བརྩེགས་པར་བསམ་ནས། ཨོཾ་ཧཀྵམལཝརཡཾ་སྭཱ་ཧཱ། ཞེས་པ་ཅི་ནུས་སུ་བཟླ། ཡིག་བརྒྱས་ལྷག་ཆད་ཁ་བསྐངས། གཏོར་མ་བྱིན་རླབས་ནི། ཨོཾ་ཨཱཿཧཱུྂ་ཧྲཱིཿཕཊ་གྱིས་བསངས། སྭ་བྷཱ་ཝས་སྦྱངས། ཨོཾ་ཨཱཿཧཱུྂ་ཧོཿ ཞེས་ལན་གསུམ་བྱིན་གྱིས་བརླབས་ལ། ཨོཾ་ཧཀྵམལཝརཡཾ་སྭཱ་ཧཱ་ཨ་ཀཱ་རོ་མུ་ཁཾ་སརྦ་དྷརྨ་ཎཱཾ་ཨཱདྱ་ནུཏྤནྣ་ཏྭཏ་ཨོཾ་ཨཱཿཧཱུྂ་ཕཊ་སྭཱ་ཧཱ། ཞེས་ལན་གསུམ་གྱིས་གཏོར་མ་ཕུལ། མཆོད་བསྟོད་བྱ། མཆོད་སྦྱིན་གཏོར་མ་འདི་བཞེས་ལ། །ཞེས་སོགས་ཀྱིས་འདོད་དོན་ལ་གསོལ་བ་གདབ། ༈ སློབ་མ་ཁྲུས་བྱས་མཎྜལ་ཕུལ། མི་བཟད་འཁོར་བས་འཇིགས་པ་དག་ནི་དེ་རིང་ཉིད་ནས་རྒྱལ་བ་རྣམས་ལ་སྐྱབས་སུ་(༡༣༧བ)ལྷག་པར་མཆི། །ཁྱོད་ཀྱི་ཞབས་ཀྱི་ཆུ་སྐྱེས་ངེས་པར་སྲིད་པའི་འཇིགས་འཕྲོག་དག་ལ་ལུས་ངག་སེམས་ནི་དག་པས་སོ། །ཞེས་ལན་གསུམ། སྲིད་འགྲོ་ཉམས་ངར་བྱེས་པའི་བློ་ཡིས་ནི། །ཤིན་ཏུ་མི་བཟད་སྡིག་པ་གང་བགྱིས་པ། །སྟོབས་བཅུ་མངའ་བའི་སྤྱན་སྔར་མཆིས་ནས་ནི། །སྡིག་པ་དེ་ཀུན་སོ་སོར་བཤགས་པར་བགྱི། །རྫོགས་སངས་རྒྱས་དང་བྱང་ཆུབ་སེམས་དཔའ་རྣམས་དང་འཕགས་

པའི་ཚོགས་ཀྱིས་རྣམ་མང་དགེ་བ་གང་མཛད་པ། །དེ་དག་མཐའ་དག་ལ་ནི་སྡིག་པ་རྣམ་བྲལ་བྱང་ཆུབ་སྤྱོད་ལ་རྗེས་སུ་གནས་པའི་རྗེས་ཡི་རང་། །སངས་རྒྱས་ཆོས་དང་དགེ་འདུན་སྲིད་པའི་འཇིགས་འཕྲོག་ལ་ཡང་བྱང་ཆུབ་བར་དུ་བདག་ནི་སྐྱབས་སུ་མཆི། །དག་པ་གསུམ་གྱིས་བདག་གི་དངོས་འབུལ་ཆོས་ཀྱི་འཁོར་ལོ་བསྐོར་ཞིང་མྱ་ངན་མི་འདའ་བཞུགས་སུ་གསོལ། །རྫོགས་སངས་རྒྱས་སུ་བདག་གྱུར་ཅིག་ཅེས་འདིར་ནི་སྨོན་ལམ་སེམས་ཅན་དོན་གྱི་སླད་དུ་བདག་བགྱིད་དོ། །ཞེས་ལན་གསུམ་གྱིས་རྒྱུན་བཤགས་བྱ། འདོད་པའི་རྡོ་རྗེ་ལ་ནི་རྡོ་རྗེ་དྲིལ་བུ་ཕྱག་རྒྱ་བླ་མ་དག་ཀྱང་སྤྱི་བོས་བཟུང་བར་བགྱི། །རིན་ཆེན་ལ་ནི་སྦྱིན་པ་སྦྱིན་བགྱི་འཁོར་ལོ་འདི་ལ་རྒྱལ་བ་མཆོག་གི་དམ་ཚིག་བསྐྱང་བར་བགྱི། །རལ་གྲི་ལ་ནི་མཆོད་པ་བགྱི་སྟེ་གསལ་བར་ཆུ་སྐྱེས་རིགས་ལ་སྡོམ་པ་དག་ནི་བསྐྱང་བར་བགྱི། །སེམས་ཅན་རྣམས་ནི་ཐར་པའི་སླད་དུ་རྒྱལ་བ་བསྐྱེད་མཛད་རིགས་ལ་བྱང་(༡༣༢ན)ཆུབ་བདག་གིས་བསྐྱེད་པར་བགྱི། །ཞེས་ལན་གསུམ་གྱིས་རིགས་དྲུག་གི་སྡོམ་པ་བཟུང་། ཁྱེད་རང་རྣམས་དམིགས་པ་འདི་བཞིན་མཛད་པར་ཞུ། ཨོཾ་ཤཱུ་ཉྱ་ཏཱ་ཛྙཱ་ན་བཛྲ་སྭ་བྷཱ་ཝ་ཨཱཏྨ་ཀོ྅ཧཾ། ། ཕྱི་ནང་གི་དངོས་པོ་ཐམས་ཅད་མི་དམིགས་པ་སྟོང་པ་ཉིད་དུ་གྱུར། སྟོང་པའི་ངང་ལས་སློབ་མ་རྣམས་སྐད་ཅིག་གིས་དུས་འཁོར་ལྷན་སྐྱེས་སུ་གྱུར་པ་ནི། རླུང་མེ་ཆུ་དང་ས་ཡི་དཀྱིལ་འཁོར་ལྷུན་པོ་པདྨ་དང་། །ཟླ་ཉི་དུས་མེའི་སྟེང་དུ་དབང་ཕྱུག་དང་ནི་བདུད་ཀྱི་མགོར། །ཞབས་ནི་སྲིད་པའི་ཡུམ་གྱི་ཞབས་དང་ལྷན་ཅིག་བཀོད་གྱུར་པ། །སྐུ་ཡི་དབང་པོས་བཏུད་པའི་གཙོ་ལ་སྤྱི་བོས་ཕྱག་འཚལ་ལོ། །སྐུ་མདོག་སྔོན་པོ་ཞལ་གཅིག་ཕྱག་གཉིས་རྡོ་རྗེ་དང་དྲིལ་བུ་འཛིན་པས་ཡུམ་ལ་འཁྱུད་པ། ཞབས་གཡོན་པ་དཀར་པོ་བསྐུམས་པས་དབང་ཕྱུག་དཀར་པོ་དང་། གཡས་པ་དམར་པོ་བརྐྱངས་པས་འདོད་ལྷ་དམར་པོའི་སྙིང་ག་མནན་པ། རལ་པའི་ཐོར་ཚུགས་དང་། ཡིད་བཞིན་གྱི་ནོར་བུ་དང་ཟླ་བ་ཕྱེད་པས་དབུ་ལ་བརྒྱན་པ། རྡོ་རྗེའི་

རྒྱན་དང་སྔགས་ཀྱི་ལུགས་པའི་ཤམ་ཐབས་ཅན། མཐེ་བོང་སེར་པོ་མཛུབ་མོ་དཀར་པོ། གུང་མོ་དམར་པོ་སྲིན་ལག་ནག་པོ། མཐེའུ་ཆུང་ལྗང་ཁུ། ཕྱག་སོར་རྣམས་ཀྱི་ཚིགས་ཀྱི་ཕྲེང་བ་དང་པོ་ནག་པོ། གཉིས་པ་དམར་པོ། གསུམ་པ་དཀར་པོའོ། །རྡོ་རྗེ་སེམས་དཔས་དབུ་བརྒྱན་ཅིང་། མེ་རི་ཁ་དོག་སྣ་ལྔ་པའི་དབུས་ན་བཞུགས་པའོ། །དེ་ལ་འཁྲུད་(༧༣༢བ)པའི་སྣ་ཚོགས་ཡུམ་སྐུ་མདོག་སེར་མོ་ཞལ་གཅིག་ཕྱག་གཉིས། སྤྱན་གསུམ་མ་གྲི་གུག་དང་ཐོད་པ་འཛིན་པས་ཡབ་ལ་འཁྲུད་པ། ཞབས་གཡས་བསྐུམས། གཡོན་བརྐྱངས་པས་ཡབ་དང་སྦྱོར་བ། གཅེར་བུ་ཕྱག་རྒྱ་ལྔས་བརྒྱན་ཅིང་། དབུ་སྐྲ་ཕྱེད་གྲོལ་བའོ། །གཉིས་ཀའི་དཔྲལ་བར་ཨོཾ། མགྲིན་པར་ཨཱཿཐུགས་ཀར་ཧཱུྃ། ལྟེ་བར་ཧོཿསེར་པོ། གཙུག་ཏོར་དུ་ཧཾ་ལྗང་ཁུ། གསང་བར་ཀླཱ་སྔོན་པོ་རྣམས་སུ་གྱུར། ཞེས་གསལ་གདབ་བོ། །མདུན་གྱི་ཚོམ་བུ་འདི་ཉིད་ཀྱང་བསྒྲུབས་ཟིན་པ་ལྟར་དུས་ཀྱི་འཁོར་ལོ་ལྷན་སྐྱེས་ཡབ་ཡུམ་དངོས་སུ་བཞུགས་པར་མོས། དེ་ནས་སློབ་དཔོན་ལ་མོས་གུས་དྲུང་བ་བྱས་པས། སློབ་དཔོན་གྱི་ཐུགས་ཀ་ནས་འོད་ཟེར་འཕྲོས། མདུན་བསྐྱེད་དང་ཕྱོགས་བཅུའི་སངས་རྒྱས་བྱང་སེམས་ཐམས་ཅད་ཀྱི་ཐུགས་ཀར་ཕོག་པས་ཐུགས་རྒྱུད་བསྐུལ། ཐུགས་ཀ་ནས་ཐུགས་གཉིས་སུ་མེད་པའི་ཡེ་ཤེས་ཀྱི་ངོ་བོ་ཡིན་པ་ལ་རྣམ་པ་དུས་ཀྱི་འཁོར་ལོའི་སྐུ་ཆེ་ཆུང་དཔག་ཏུ་མེད་པ་སྤྲིན་དྲངས། ཁྱེད་རང་རྣམས་ཀྱི་ལུས་ལ་ཆར་ཆེན་པོ་བབས་པ་བཞིན་དུ་སིབ་སིབ་ཐིམ་པས་ལུས་ཀྱི་སྡིག་སྒྲིབ་དག །ལུས་ལྷའི་སྐུ་དང་དབྱེར་མེད་དུ་བྱིན་གྱིས་བརླབས་པའི་མོས་པ་མཛོད། ཛཿཧཱུྃ་བཾ་ཧོཿ གཉིས་སུ་མེད་པར་གྱུར། སྐུའི་རྗེས་གནང་ངོ་། །དེ་ནས་སློབ་དཔོན་གྱི་ཐུགས་ཀ་ནས་འོད་ཟེར་འཕྲོས། མདུན་བསྐྱེད་ཀྱི་ཐུགས་རྒྱུད་བསྐུལ། ཐུགས་ཀར་ཉི་མའི་དཀྱིལ་འཁོར་གྱི་དབུས་སུ་སྔགས་རྣམ་བཅུ་(༧༣༣ན)དབང་ལྡན་བརྩེགས་པར་བཀོད་པ་ལས། མར་མེ་གཅིག་ལས་གཉིས་ཆད་ཀྱི་ཚུལ་དུ་བྱུང་། ཞལ་ནས་ཐོན། སློབ་མ་རྣམས་དུས་ཀྱི་འཁོར་ལོར་གསལ་བའི་ཞལ་དུ་ཞུགས།

སྙིང་གར་ཉི་མའི་དཀྱིལ་འཁོར་གྱི་དབུས་སུ་འཁོད་པའི་འོད་ཟེར་གྱིས་ངག་གི་སྒོ་ནས་བསགས་པའི་སྡིག་སྒྲིབ་སྦྱངས། གསུང་གི་བྱིན་རླབས་ངག་ལ་ཞུགས། ངག་ནུས་པ་དང་ལྡན་པར་བྱིན་གྱིས་བརླབས་པའི་མོས་པ་མཛོད་ལ། འདིའི་རྗེས་ཟློས་གྱིས། ཨོཾ་ཧཾཀྵམལཝརཡཱཾ་སྭཱཧཱ། ཞེས་ལན་གསུམ་བྱ། གསུང་གི་རྗེས་གནང་ངོ་། །དེ་ནས་སློབ་དཔོན་དང་། མདུན་བསྐྱེད་ཀྱི་ཐུགས་ཀའི་ས་བོན་གྱི་འོད་ཟེར་གྱིས་ཕྱོགས་བཅུའི་སངས་རྒྱས་བྱང་སེམས་ཐམས་ཅད་དང་། ཁྱད་པར་དུས་ཀྱི་འཁོར་ལོའི་ཐུགས་ཀྱི་བྱིན་རླབས་ཐམས་ཅད་ཕྱག་མཚན་དང་། ས་བོན་གྱི་རྣམ་པར་སྤྱན་དྲངས། སློབ་མ་རྣམས་ཀྱི་ལུས་དང་ཉེ་བའི་ཆར་བདུད་རྩི་སྣ་ལྔའི་རྣམ་པར་ཞུ་བ་ལུས་ལ་སིབ་སིབ་ཐིམ་པས་ཡིད་ཀྱི་སྡིག་སྒྲིབ་དང་། ནད་གདོན་བར་དུ་གཅོད་པ་ཐམས་ཅད་སྦྱངས། ཐུགས་ཀྱི་བྱིན་རླབས་ཐོབ་པའི་མོས་པ་མཛོད། ཅེས་བརྗོད་ནས། སྙིང་པོ་ཅི་རིགས་བཟློད། རྗེས་ཀྱི་བྱ་བ་སྤྱི་དང་འདྲའོ། །

༈ ཁྲོ་རྒྱལ་རྡོ་རྗེ་ཤུགས་ལ། སྐྱབས་སེམས་སྔོན་དུ་འགྲོ་བས་སྟོང་པའི་ངང་ལས་རྡོ་རྗེའི་ར་བའི་དབུས་ན། ཨོཾ་པཾ་བི་ཤྭ་བཛྲ་པདྨཾ་ཀུ་རུ་ཀུ་རུ་སྭཱཧཱ། དེའི་ལྟེ་བར་ཉི་མའི་གདན། ཨོཾ་(༧༣༣བ)ར་བཛྲ་སུཏྲ་བཛྲ་སུཏྲ་ཨ་ས་ནཾ་ཀུ་རུ་ཀུ་རུ་སྭཱཧཱ། དེའི་སྟེང་དུ་ཧཱུྃ་ལས་རྡོ་རྗེ་ནག་པོ་ཧཱུྃ་ལྷུ་པ་ཡོངས་སུ་གྱུར་པ་ལས་བདག་ཉིད་ཁྲོ་བོའི་དབང་པོ་རྡོ་རྗེ་ཤུགས་སྐུ་མདོག་དུས་མཐའི་སྤྲིན་དང་མཚུངས་པ་ཞལ་བཞི་པ་ཕྱག་པ་དྲུག་པ། དཔུང་པ་བཅུ་གཉིས་པ། ཕྱག་ཉི་ཤུ་རྩ་དྲུག་པ། གཡས་དང་གཡོན་དང་དབུས་ཀྱི་མགྲིན་པ་དམར་པོ་དང་། དཀར་པོ་དང་། ནག་པོའི་མདོག་ཅན། མདུན་ཞལ་ནག་པོ། གཡས་ཞལ་དམར་པོ། གཡོན་ཞལ་དཀར་པོ། རྒྱབ་ཞལ་སེར་པོ། ཞལ་རེ་རེ་བཞིན་སྤྱན་དམར་པོ་གསུམ་གསུམ་དང་ལྡན་ཞིང་། དབུ་སྐྲ་དམར་སེར་གྱེན་དུ་བརྫེས་པ། གཡས་དང་གཡོན་གྱི་ཕྲག་པ་དང་པོ་ནག་པོ། གཉིས་པ་དམར་པོ། གསུམ་པ་དཀར་པོ། དཔུང་པ་གཉིས་ནག་པོ། གཉིས་དམར་པོ། གཉིས་དཀར་

པོ། ཕྱག་ངར་བཞི་ནག་པོ། བཞི་དམར་པོ། བཞི་དཀར་པོ། དེ་རྣམས་རེ་རེ་ལ་ཡང་མཐེ་བོང་སེར་པོ། མཛུབ་མོ་དཀར་པོ། གུང་མོ་དཀར་པོ། སྲིན་ལག་ནག་པོ། མཐེའུ་ཆུང་ལྗང་ཁུའོ། །དེ་རྣམས་རེ་རེ་ལ་ཡང་ཚོགས་ཀྱི་ཕྲེང་བ་དང་པོ་ནག་པོ། གཉིས་པ་དམར་པོ། གསུམ་པ་དཀར་པོ། དེ་ལྟ་བུའི་གཡས་ཀྱི་ཕྱག་བཅུ་གཉིས་རྣམས་ན་ཁྲི་བོའི་རྡོ་རྗེ། རལ་གྲི། ཏྲི་གསུམ། གྲི་གུག །མདའ། རྡོ་རྗེའི་ལྕགས་ཀྱུ། ཌ་མ་རུ། ཐོ་བ། འཁོར་ལོ། མདུང་། དབྱུག་པ། དགྲ་སྟ་རྣམས་འཛིན་པ། གཡོན་གྱི་ཕྱག་བཅུ་གཉིས་རྣམས་ན་རྡོ་རྗེའི་དྲིལ་བུ། ཕུབ། ཁ་ཊྭཾ་ག །ཁྲག་གིས་གང་བའི་ཐོད་པ། གཞུ། ཞགས་པ། རིན་པོ་ཆེ། (༧༣༤ན)པདྨ། དུང་། མེ་ལོང་། རྡོ་རྗེའི་ལྕགས་སྒྲོག །ཚངས་པའི་མགོ་བོ་གདོང་བཞི་པ་འཛིན་པ། ལྷག་པའི་ཕྱག་གཉིས་གཡས་པ་ནག་པོ་དང་། གཡོན་པ་སེར་པོས་སྡིག་མཛུབ་དང་བཅས་ཏེ་གླང་པོ་ཆེའི་ལྤགས་པ་སྟོད་གཡོགས་སུ་གྱོན་པ། བདུད་ཀྱི་མགོ་བོ་དང་ཁྲག་གིས་གང་བའི་ཐོད་པ་བསྣམས་པ། ཞབས་གཡོན་བསྐུམས་གཡས་བརྐྱངས་པའི་སྟབས་ཀྱིས་བདུད་དང་ཉོན་མོངས་པ་དང་། ཡི་དྭགས་ཀྱི་རྒྱལ་པོ་རྣམས་ཀྱི་སྙིང་གར་མནན་པ། སྐུའི་དབང་པོ་རྒྱལ་བ་རལ་པའི་ཅོད་པན་ལ་བཅིངས་ཤིང་། རྣམ་པར་རྒྱལ་བ་དར་དཔྱངས་ལ་བཅིངས་ཏེ་གནས་པ། སྟོབས་ཀྱི་རྒྱུ་དང་པདྨ་རྣ་རྒྱན་ལ་གནས་པ། ནོར་རྒྱས་དང་། དུང་སྐྱོང་ཕྱག་གདུབ་ལ་གནས་པ། མཐའ་ཡས་དང་རིགས་ལྡན་འོག་པག་དང་མགུལ་རྒྱན་ལ་གནས་པ། འཇོག་པོ་དང་པདྨ་ཆེན་པོ་ཞབས་གདུབ་ལ་གནས་པ། ཕྲག་པར་བདུད་རིགས་བརྒྱའི་མགོ་བོའི་ཕྲེང་བ་འཆང་བ། སྐྱི་བོར་ཐོད་པ་ལྔའི་ཕྲེང་བས་བརྒྱན་པ། མེ་དཔུང་འབར་བའི་དབུས་ན་བཞུགས་པའོ། །ཐུགས་ཀར་ཉི་མའི་དཀྱིལ་འཁོར་གྱི་སྟེང་དུ་ཧཱུྃ། དེ་ལས་འོད་ཟེར་འཕྲོས་པས་རང་དང་འདྲ་བའི་ཡེ་ཤེས་སེམས་དཔའ་བཛྲ་ས་ཏྭ་ཛཿ ཛཿཧཱུྃ་བཾ་ཧོཿཧྲཱི། དབྲལ་བར་ཨོཾ། མགྲིན་པར་ཨཱཿ ཐུགས་ཀར་ཧཱུྃ། ལྟེ་བར་ཧོཿ གཙུག་ཏོར་དུ་ཧཾ། གསང་བར་ཀྵཱ།

རང་གི་སྙིང་གའི་ཧཱུྃ་གི་འོད་ཟེར་གྱིས་དབང་གི་ལྷ་ཚོགས་བཅུའི་རྒྱལ་བ་ཡབ་(༧༣༤བ)ཡུམ་ཐམས་ཅད་སྤྱན་དྲངས། ཨོཾ་བཛྲ་གནྡྷེ་པྲ་ཏཱིཙྪ་ན་མཿ དེ་བཞིན་དུ་གནྡྷེ་ཀྱི་གནས་སྭཱ། པུཥྤེཾ། དྷཱུ་པཾ། དཱི་པཾ། ནཻ་ཝི་དྱཾ། ཨརྒྷཾ། ལཱ་སྱཾ། ཧཱ་སྱཾ། ནྲྀ་ཏྱཾ། ནི་ཏྱཾ། གི་ཏྱཾ། སྭཱ་ཧཾ་རྣམས་བཅུག་པས་མཆོད། དབང་གི་ལྷ་རྣམས་ཀྱིས་བདག་ལ་མངོན་པར་དབང་བསྐུར་དུ་གསོལ། ཞེས་གསོལ་བ་བཏབ་པས། ཨོཾ་ཨ་ཨི་རི་ཨུ་ལི་པཉྩ་ཀྲ་ཏུ་བི་ཤོ་ཀྲ་ནི་སྭཱ་ཧཱ། ཞེས་དབང་གི་ལྷ་རྣམས་ཀྱིས་དབང་བསྐུར། མི་བསྐྱོད་པས་དབུ་བརྒྱན་པར་གྱུར་པར་བསམས། ཨོཾ་བཛྲ་གནྡྷེ་པྲ་ཏཱིཙྪ་ན་མཿ ཞེས་པ་ནས། ཨོཾ་བཛྲ་ཀཱ་མཾ་པྲ་ཏཱིཙྪ་ན་མཿ ཞེས་པའི་བར་གྱིས་མཆོད། རྡོ་རྗེ་འཇིགས་བྱེད་འཇིགས་པར་བྱེད། །དཔའ་བོ་གདུལ་དཀའ་འདུལ་བ་པོ། །དུས་ཀྱི་འཁོར་ལོ་ཐོད་པ་ཅན། །ཁམས་གསུམ་རྣམ་རྒྱལ་ལ་ཕྱག་འཚལ། །རྗེ་བོ་སྣ་ཚོགས་རྡོ་རྗེ་འཛིན། །ཁྲོ་བོའི་དབང་པོ་ཀུན་གྱི་གཙོ། །དུས་མཐའི་སྤྲིན་མཚུངས་ཧེ་རུ་ཀ །རྡོ་རྗེའི་ཞབས་ལ་ཕྱག་འཚལ་ལོ། །ཞེས་བསྟོད། རང་གི་ཐུགས་ཀའི་ས་བོན་ལ་སྔགས་ཕྲེང་གིས་བསྐོར་བར་དམིགས་ལ། ཨོཾ་ཨཱཿཧཱུྃ་ཧོ་ཧཾ་ཀྵ་བཛྲ་བི་ག་ཧཱུྃ་ཧཱུྃ་ཕཊ། ཅེས་པ་ཅི་ནུས་སུ་བཟླ། ཨོཾ་ཧཱུྃ་ཀོཾ་ཀྲ་ཨིན་དྲཱཉྷཾ། ཀྲོ་ཀྲ་ནྟི། ཨ་ཛྙཱ་ནྟ་ཡ་ཀ་སྭཱ་ཧཱ། ཞེས་པའང་ཁྲོ་བོ་རྣམས་བསྐུལ་བའི་དོན་དུ་བཟླ་ཞིང་། ཨོཾ་ཨ་ར་ར་ར་ར། ལ་ལ་ལ་ལ། བཛྲ་ཨ་བི་ཤ་ཡ་ཧཱུྃ། ཅེས་པའང་ཡེ་ཤེས་དབབ་པའི་དོན་དུ་བཟླ། འདིའི་རྗེས་གནང་བྱ་བར་འདོད་པས། མཎྜལ་པདྨ་ལྡང་ཁྲུ། ཉི་བར་ཉི་ཟླ་སྒྲ་གཅན་(༧༣༥ན)མཚོན་བྱེད་ཀྱི་གདན་དམར་དཀར་ནག་གསུམ་བརྩེགས་པ་ལ། ཚོམ་བུ་ལྡང་ཁྲུ་གཅིག་དགོད། མཆོད་པ་བཅུ་གཉིས་པོ་ཕྲེང་ལ་བསྒྲིགས་པའམ། ཕྱོགས་ཕྱོགས་སུ་བཀོད་ན་སྟེང་གི་གཉིས་ཤར་དང་། འོག་གི་གཉིས་ནུབ་ཀྱི་གྲལ་ལ་བཀོད། དེ་ལ་ཤར་དུ་དྲི་ཆབ་དང་མེ་ཏོག །ལྷོར་སྤོས་དང་མར་མེ། བྱང་དུ་ཞལ་ཟས་དང་ཤིང་ཏོག །ནུབ་ཏུ་སྙིག་མོ་བཞད་མ་མཆོན་པའི་ན་བཟའ་དང་མེ་ལོང་། སྟེང་གི་སྒྲ་མའི་ཏིང་ཤགས་སོགས་རོལ་མོ་

གང་ཙུང་དང་གར་མའི་རྫོར་དྲིལ་ལྷ་བུ་འོག་གི་འདོད་མའི་ཆོས་འབྱུང་དང་། སྒྲུ་མ་མཆོད་བྱེད་ཀྱི་པི་ཝཾ་རྣམས་བཤམས། དབུས་སུ་གཏོར་མ་རླུམ་གཏོར་དཔལ་ཅན་འགོད། འབུལ་གཏོར་གཙོ་འཁོར་བདུན་པའི་ཟུར་དྲུག་པ་བཤམས། སྒྲུབ་པ་པོའི་མདུན་དུ་ནང་མཆོད་རྫོར་དྲིལ། ཅང་ཏེའུ་སོགས་ཚང་བར་བྱས་ལ། ནང་མཆོད་ཨོཾ་ཨཱཿཧཱུྃ་ཧོཿ ཞེས་བྱིན་གྱིས་བརླབས། མཆོད་པ་རྣམས་ཨོཾ་ཨཱཿཧཱུྃ་ཧྲ་ཕཊ་གྱིས་བསངས། སྭ་བྷཱ་ཝས་སྦྱངས། སྟོང་པའི་ངང་ལས་ཤེལ་གྱི་སྣོད་སོར་བཅུ་གཉིས་པ་རྣམས་ཀྱི་ནང་དུ་ཨོཾ་ཨཱཿཧཱུྃ་ཧོ་རྣམས་ལས་བྱུང་བའི་ཆུ་དང་། མཆོད་ཡོན་དང་། དྲི་དང་མེ་ཏོག་ལ་སོགས་པའི་མཆོད་རྫས་རྣམས་དང་། ཨིནྡྲ་ནཱི་ལ་ལ་སོགས་པའི་རྣམ་པ་མང་པོའི་རིན་པོ་ཆེ་དང་། ནང་གི་དམ་ཚིག་དང་། དམ་ཚིག་རྣམ་པ་བཞིའི་རྫས་ལ་སོགས་པ་ཀུན་ཏུ་བཟང་པོའི་རྣམ་པར་ཐར་པ་ལས་བྱུང་བའི་མཆོད་པའི་སྤྲིན་(༧༣༥བ)རབ་འབྱམས་ཀྱི་ངོ་བོར་གྱུར། ཨོཾ་བཛྲ་གནྡྷཾ་པྲ་ཏཱིཙྪ་ན་མཿ ཨོཾ་བཛྲ་པུཥྤཾ་པྲ་ཏཱིཙྪ་ན་མཿ དེ་བཞིན་དུ་དྷཱུ་པཾ། དཱི་པཾ། ནཻ་ཝི་ཏྱཾ། ཨཀྵཱ་ཏྱཾ། ལཱ་སྱཾ། ཧཱ་སྱཾ། ལཱ་ཏྱཾ། ཝཱ་ཏྱཾ། གཱི་ཏྱཾ། ཨོཾ་བཛྲ་ཀཱ་མཾ་པྲ་ཏཱིཙྪ་ན་མཿ རོལ་མོ་བྱིན་འབེབས་ཀྱི་དང་མཐུན་པས་བྱིན་དབབ། མདུན་བསྐྱེད་བསངས་སྦྱངས། སྟོང་པའི་ངང་ལས་རྡོ་རྗེའི་ར་བའི་དབུས་ན། ཨོཾ་པཾ་བི་ཤྭ་བཛྲ་པདྨ་ཀུ་ཊ་ཀུ་ཊ་སྭཱཧཱ། དེའི་ལྟེ་བར་ཉི་མའི་གདན། ཨོཾ་ར་བཛྲ་སུཏྲ་བཛྲ་སུཏྲ་ཨ་ས་ཝཾ་ཀུ་ཊ་ཀུ་ཊ་སྭཱཧཱ། དེའི་སྟེང་དུ་ཧཱུྃ་ལས་རྡོ་རྗེ་ནག་པོ་རྩེ་ལྔ་པ་ཡོངས་སུ་གྱུར་པ་ལས་ཁྲོ་བོའི་དབང་པོ་རྡོ་རྗེ་ཤུགས་ཞེས་པ་ནས། མེ་དཔུང་འབར་བའི་དབུས་ན་བཞུགས་པའོ། །ཊ་ཊཱ། ཡི་ཡཱི། ཛེ་ཛཻ། ཤུ་ཤཱུ། ལྀ་ལཱྀ་རྣམས་ལས་བྱུང་བའི་ཁྲོ་བོ་བཅུ་དང་། ད་དཱ། ཉི་ཉཱི། ཧྲྀ་ཧྲཱྀ། སུ་སཱུ། ཞི་ཞཱི། རྣམས་ལས་བྱུང་བའི་ཟད་པར་བཅུ་དང་། ཕ་ཕཱ་ཧི་ཧཱི། ཧེ་ཧཻ། སྭ་སྭཱ། སྒྲི་སྒྲཱི་རྣམས་ལས་བྱུང་བའི་ཕྱོགས་སྐྱོང་བཅུ་དང་། ག་གཱ། ཛི་ཛཱི། ཛེ་ཛཻ། ཁུ་ཁཱུ། ལྀ་ལཱྀ་རྣམས་ལས་བྱུང་བའི་གཟའ་བཅུ་དང་། ཁ་ཁཱ། ཚི་ཚཱི། ཞེ་ཞཻ། ཕུ་ཕཱུ། ཤྲི་ཤྲཱི་རྣམས་ལས་བྱུང་

བའི་སྐུ་བཅུ་དང་། ཀ་ཀཱ། ཙི་ཙཱི། ཊྀ་ཊཱྀ། པུ་པཱུ། ལྀ་ལཱྀ་རྣམས་ལས་བྱུང་བའི་འབྱུང་པོ་བཅུ་རྣམས་ཀྱང་འཕོད་པར་གྱུར། རང་གི་ཐུགས་ཀའི་ས་བོན་ལས་འོད་ཟེར་འཕྲོས་པས། ཁྲོ་བོའི་དབང་པོ་རྡོ་རྗེ་ཤུགས་སྡེ་དྲུག་སྲུང་མ་དྲུག་ཅུའི་ཚོགས་དང་བཅས་པ་བཛྲ་ས་མ་ཛཿ ཛཿཧཱུྃ་བྃ་ཧོཿཧི། དཔྲལ་བར་ཨོཾ། མགྲིན་པར་ཨཱཿ ཐུགས་ཀར་ཧཱུྃ། ལྟེ་བར་ཧོ། གཙུག་ཏོར་དུ་ཧཾ། (༧༣༨ན)གསང་བར་ཀླཱཿ ཐུགས་ཀའི་ཧཱུྃ་གི་འོད་ཟེར་གྱིས་དབང་གི་ལྷ་ཕྱོགས་བཅུའི་རྒྱལ་བ་ཡབ་ཡུམ་ཐམས་ཅད་སྤྱན་དྲངས། ཨོཾ་བཛྲ་གནྡྷཾ་སོགས་མཆོད་པ་བཅུ་གཉིས་མཆོད། དབང་གི་ལྷ་རྣམས་ཀྱིས་འདི་ལ་མངོན་པར་དབང་བསྐུར་དུ་གསོལ། ཞེས་གསོལ་བ་བཏབ་པས། ཨོཾ་ཨཿཨི་རི་ཨུ་ལི་པཉྩ་ཧྲ་ཏུ་བི་ཤུ་དྡྷ་ནི་སྭཱ་ཧཱ། ཞེས་དབང་གི་ལྷ་རྣམས་ཀྱིས་དབང་བསྐུར་ལྷ་རྣམས་ཀྱི་སྤྱི་བོར་རང་རང་གི་རིགས་ཀྱི་བདག་པོས་དབུ་བརྒྱན་པར་གྱུར། ཨོཾ་བཛྲ་གནྡྷཾ་པྲ་ཏཱི་ཙྪ་ན་མཿ ཞེས་པ་ནས། ཨོཾ་བཛྲ་ཀཱ་མཾ་པྲ་ཏཱི་ཙྪ་ན་མཿ ཞེས་པའི་བར་གྱིས་མཆོད། ཨོཾ་ཨཱཿཧཱུྃ་ཧོ། བཛྲ་ཤྲཱི་ར་ཥ་ཧ་ཡ་ར་ཥ་ལ། ང་ཉ་ཎ་མ་ན་ཧྨ་ཧྥ་ཧྣ་ཧྨ་ཧྣ། ག་ཛ་ཌ་བ་ད། ཁ་ཚ་ཋ་ཕ་ཐ། ཀ་ཙ་ཊ་པ་ཏ། ཨོཾ་ཨཱཿཧཱུྃ་ཧོ། ཞེས་ནང་མཆོད་ཕུལ། རྡོ་རྗེ་འཇིགས་བྱེད་འཇིགས་པར་བྱེད། །དཔའ་བོ་གདུལ་དཀའ་འདུལ་བ་པོ། །དུས་ཀྱི་འཁོར་ལོ་ཐོད་པ་ཅན། །ཁམས་གསུམ་རྣམ་རྒྱལ་ལ་ཕྱག་འཚལ། །རྗེ་བོ་སྣ་ཚོགས་རྡོ་རྗེ་འཛིན། །ཁྲོ་བོའི་དབང་པོ་ཀུན་གྱི་གཙོ། །དུས་མཐའི་སྤྲིན་མཚུངས་ཧེ་རུ་ཀ །རྡོ་རྗེ་ཤུགས་ལ་ཕྱག་འཚལ་ལོ། །ཁྲོ་བོ་བཅུ་དང་ཟད་པར་བཅུ། །ཕྱོགས་སྐྱོང་བཅུ་དང་གཟའ་མཆོག་བཅུ། །ཀླུ་རྒྱལ་བཅུ་དང་འབྱུང་པོ་བཅུ། །སྲུང་མ་དྲུག་ཅུའི་ཚོགས་ལ་འདུད། །ཅེས་བསྟོད། དེ་ནས་གཏོར་མ་འབུལ་བ་ནི། གཏོར་མ་བསངས་སྦྱངས། ཨོཾ་ཕྲེཾ་བཛྲ་ཌཱ་ཀི་ཎི་བཛྲ་དྷཱ་ཏྭཱི་ཤྭ་རི་ག་ག་ན་སྭ་བྷཱ་ཝ་སརྦ་དུ་ཥྚ་བི་ཤྭ་ཧྣ་ནི (༧༣༨བ)སརྦ་དུ་ཥྚ་ཙི་བི་ཤྭ་ཧྣ་ཡ་ཧཱུྃ་ཕྲེཾ་ཕཊ། ཅེས་ལན་གསུམ་གྱིས་བྱིན་གྱིས་བརླབས། ཨོཾ་ཨཱཿཧཱུྃ་ཧོ། ཞེས་ལན་མང་དུ་བརྗོད། སངས་རྒྱས་ཡབ་ཡུམ་སྲས་དང་བཅས་པ་

གཡོག་འཁོར་དང་། །གྲོགས་བཅས་གཉེན་རྣམས་དག་གིས་བསྐོར་བའི་ཚོགས་པ་ནི། །ལྷ་དང་ལྷ་མོ་དག་གིས་མཉེས་པར་བྱེད་རྣམས་དང་། །མཆོག་གི་རྡོ་རྗེ་སེམས་དཔའ་དག་ནི་གཤེགས་སུ་གསོལ། །ཞེས་སྤྱན་དྲངས། ཨོཾ་ཨཱཿཧཱུཾ་ཧོ་བཛྲ་ཛྙཻ་ར་ཕ་ཡ་ཛྙཻ་ས་ག་ར་ཡ། ཨོཾ་ཨཱཿཧཱུཾ་ཧོ་ཨུཥྞཱི་ཥ། སུམྦྷ་ནི་སུམྦྷ། བིགྷྣཱནྟ་ཀ །ནཱི་ལ་དཎྜ། པྲཛྙཱནྟ་ཀ །ཊཀྐི་རཱ་ཛ་ཡ། པདྨཱནྟ་ཀ །ཨ་ཙ་ལ། ཡ་མཱནྟ་ཀ །མཧཱ་བ་ལེ་ཧཱུཾ་ཞེས་རྡོ་རྗེ་རྩེ་ལྔ་པའི་ཕྱག་རྒྱ་གཙོ་བོ་དང་ཁྲོ་བོ་རྣམས་དང་། ཨོཾ་ཨཱཿཧཱུཾ་ཧོ། ཨ་ཀ་ཤ །ཝཱ་ཡུ། ཏེ་ཛ། སུད་ཀ་ཁྲི་ཐི་བི། ས་ཧྲི་ཏེ་ཧཱུཾ་ཞེས་གྲི་གུག་གི་ཕྱག་རྒྱ་ཟད་པར་རྣམས་དང་། ཨོཾ་ཨཱཿཧཱུཾ་ཧོ། བྲཧྨ། བིཥྞུ། ནཻ་རྀ་ཏྱ། ཝཱ་ཡུ། ཡཱ་མ། ཨགྣི། ས་མུ་དྲ། ཀུ་བེ་ར། ཨིནྡྲ། ཡཀྵ་ཧཱུཾ་ ཞེས་རལ་གྲིའི་ཕྱག་རྒྱ་ཕྱོགས་སྐྱོང་རྣམས་དང་། ཨོཾ་ཨཱཿཧཱུཾ་ཧོ། ར་ཝི། སོ་ལཀྵྨཱི། ཙནྡྲ། སུཏྲ། བུ་ཧྲ། མངྒ་ལ། ཤུ་ཀྲ། ཤྲཱི། ཏ་ས་པ་ཏི། ཀེ་ཏུ་ཤ་ནི་ཧཱུཾ་ ཞེས་རིན་པོ་ཆེའི་ཕྱག་རྒྱ་གཟའ་རྣམས་དང་། ཨོཾ་ཨཱཿཧཱུཾ་ཧོ། ཛ་ཡ། བི་ཛ་ཡ། པདྨ། ཀརྐོ་ཊ། བ་སུ་ཀི། ཤངྑ་བ་ལ། ཀུ་ལི་ཀ །ཨ་ནནྟ། ཏཀྵ་ཀ །མཧཱ་པདྨེ་ཧཱུཾ་ ཞེས་པདྨའི་ཕྱག་རྒྱ་ཀླུ་རྣམས་དང་། ཨོཾ་ཨཱཿཧཱུཾ་ཧོ། པེ་ཏ་ཊ། ཤི་གྲི་ཏ་མུ་ཁ། ཤྭ་ཀཱ་ཀ །སུ་ཀཱ་ར། གྲིདྷ། བྱཱ་གྷྲ། ཨཱུ་ལུ་ཀ །ཛཾ་བུ་ཀ །ཀ་ཀ(༡༣༧ན)ཊ་མུ་ཁེ་ཧཱུཾ་ ཞེས་འཁོར་ལོའི་ཕྱག་རྒྱ་འབྱུང་པོ་རྣམས་སོ་སོར་སྤྱན་དྲངས་ཤིང་བཞུགས་སུ་གསོལ་ལ། སྔགས་སྔེ་ཚན་དྲུག་པོ་རེ་རེའི་མཐར་རམ་བསྡུ་ན་སྔེ་ཚན་དྲུག་པོའི་མཐར། ཨི་དཾ་བ་ལིཾ། གནྡྷེཾ། པུཥྤེཾ། དྷཱུ་པེཾ། ཨཱ་ལོ་ཀེཾ། ཧྲ་ཏྲ་མཧེ། ཏེ་ཛ་ཨ་ག་ཏྲ་ས་པ་རི་ཕྲ་ར་ཐྲཻ་ཕྲཾ་ཨི་དཾ་བ་ལིཾ་གྲིཧྣནྟུ། ཁ་དནྟུ། པི་ཝནྟུ། ཛཿཧཱུཾ་བཾ་ཧོཿ སཾ་ཧི་ཏྭཱ། སརྦ་སཏྭཱ་ནཾ། ཤཱནྟིཾ། པུཥྚིཾ། རཀྵཱཾ་ཨ་ཝ་ར་ཎ། གུཧྱེ་གུཧྱ་ཧཱུཾ་ཧཱུཾ་ཕཊ། བཛྲ་ཀྲ་ར་ཨཀྵོ་ཕ་ཡ་ཏེ་སྭཱཧཱ། ཞེས་ཐུན་མོང་དུ་ལན་གསུམ་ཕུལ། སྒྲོ་ན། མཁའ་འགྲོ་མ་རྣམས་དང་། ཡུལ་བདག །གྲོང་བདག་རྣམས་ལའང་སྦྱིན། འདི་ནི་མཆོད་གཏོར་ལྷན་ཅིག་ཏུ་འབུལ་བའི་ཚུལ་ཡིན་པས། གཏོར་མའི་རྗེས་ལ་མཆོད་པ་བཅུ་གཉིས་འབུལ་བ་མེད་ཀྱང་

ཆོག །དེང་སང་གི་ལག་ལེན་ལྟར་ན་མཆོད་པ་བཅུ་གཉིས་ཕུལ། ཨོཾ་ཨཱཿཧཱུྃ་ཧོ། བཛྲ་ཀྵི་ར་ཥ་ཏ་ཡ་ར་ཥ་ལ། ང་ཉ་ཊ་མ་ན། ཛྷ་ཛྷ་ཛྷ་ཛྷ་ཛྷ། ག་ཛ་ཊ་བ་ད། ཁ་ཚ་ཐ་ཕ་ཐ། ག་ཙ་ཏ་པ་ཏ། ཨོཾ་ཨཱཿཧཱུྃ་ཧོ། ཞེས་ནང་མཆོད་ཕུལ། བསྟོད་པས་བསྟོད། བཅོམ་ལྡན་འདས་བདག་ཅག་དཔོན་སློབ་འཁོར་དང་བཅས་པ་རྣམས་ལ་མཆོག་དང་ཐུན་མོང་གི་དངོས་གྲུབ་མ་ལུས་པ་བསྩལ་དུ་གསོལ། ཞེས་འདོད་དོན་ལ་གསོལ་བ་གདབ། མདུན་བསྐྱེད་ལ་དམིགས་ནས་བཟླས་པ་ཅི་འགྲུབ་བྱ། ༈ དེ་ནས་སློབ་མས་མཎྜལ་ཕུལ། མི་བཟད་འཁོར་བས་འཇིགས་པ་དག་ནི་དེ་རིང་(༡༣༧བ)ཉིད་ནས་རྒྱལ་བ་རྣམས་ལ་སྐྱབས་སུ་ལྷག་པར་མཆི། །ཁྱོད་ཀྱི་ཞབས་ཀྱི་ཆུ་སྐྱེས་ངེས་པར་སྲིད་པའི་འཇིགས་འཕྲོག་དག་ལ་ལུས་ངག་སེམས་ནི་དག་པས་སོ། །ཞེས་ལན་གསུམ། སྲིད་འགྲོ་ཉམས་ངར་བྱིས་པའི་བློ་ཡིས་ནི། །ཤིན་ཏུ་མི་བཟད་སྡིག་པ་གང་བགྱིས་པ། །སྟོབས་བཅུ་མངའ་བའི་སྤྱན་སྔར་མཆིས་ནས་ནི། །སྡིག་པ་དེ་ཀུན་སོ་སོར་བཤགས་པར་བགྱི། །རྫོགས་སངས་རྒྱས་དང་བྱང་ཆུབ་སེམས་དཔའ་རྣམས་དང་འཕགས་པའི་ཚོགས་ཀྱིས་རྣམ་མང་དགེ་བ་གང་མཛད་པ། །དེ་དག་མཐའ་དག་ལ་ནི་སྡིག་པ་རྣམ་བྲལ་བྱང་ཆུབ་སྤྱོད་ལ་རྗེས་སུ་གནས་པའི་རྗེས་ཡི་རང་། །སངས་རྒྱས་ཆོས་དང་དགེ་འདུན་སྲིད་པའི་འཇིགས་འཕྲོག་ལ་ཡང་བྱང་ཆུབ་བར་དུ་བདག་ནི་སྐྱབས་སུ་མཆི། །དག་པ་གསུམ་གྱིས་བདག་གི་དངོས་འབུལ་ཆོས་ཀྱི་འཁོར་ལོ་བསྐོར་ཞིང་མྱ་ངན་མི་འདའ་བཞུགས་སུ་གསོལ། །རྫོགས་སངས་རྒྱས་སུ་བདག་གྱུར་ཅིག་ཅེས་འདིར་ནི་སྨོན་ལམ་སེམས་ཅན་དོན་གྱི་སླད་དུ་བདག་བགྱིད་དོ། །ཞེས་ལན་གསུམ་གྱིས་རྒྱུན་བཤགས་བྱ། འདོད་པའི་རྡོ་རྗེ་ལ་ནི་རྡོ་རྗེ་དྲིལ་བུ་ཕྱག་རྒྱ་བླ་མ་དག་ཀྱང་སྤྱི་བོས་བཟུང་བར་བགྱི། །རིན་ཆེན་ལ་ནི་སྦྱིན་པ་སྦྱིན་བགྱི་འཁོར་ལོ་འདི་ལ་རྒྱལ་བ་མཆོག་གི་དམ་ཚིག་བསྐྱང་བར་བགྱི། །རལ་གྲི་ལ་ནི་མཆོད་པ་བགྱི་སྟེ་གསལ་བར་ཆུ་སྐྱེས་རིགས་ལ་སྡོམ་པ་དག་ནི་བསྐྱང་བར་བགྱི། །སེམས་

ཅན་རྣམས་ནི་ཐར་པའི་སྐད་དུ་(༧༣༨ན)རྒྱལ་བ་བསྐྱེད་མཛད་རིགས་ལ་བྱང་ཆུབ་བདག་གིས་བསྐྱེད་པར་བགྱི། །ཞེས་ལན་གསུམ་གྱིས་རིགས་དྲུག་གི་སྡོམ་པ་བཟུང་། འབྲུ་གསུམ་གྱིས་སློབ་མ་ལ་བདུད་རྩི་སྦྱིན། ཨོཾ་ཨཱཿཧཱུྃ་ཧོ་ཧཾ་ཀྵཿམྲ་ཧླཱི་པྲ་ཡ་ཨཪྒྷ་ཀ ། ཀཱ་ཡ་ཝཱ་ཀ་ཙིཏྟ་ཛྙཱ་ན་ཨ་ཥིཉྩ་པ་ཏེ། མ་མ་ཀཱ་ཡ་ཝཱ་ཀ་ཙིཏྟ་ཛྙཱ་ན་བཛྲཾ་བཛྲ་ཤྲི་ཏ་སུ་ཧླཱ་ཕཾ་ཀུ་ཙ་ཀུ་ཙ་སྭན་ཧྲ་ཧྲ་དྷཱ་ཡ་ཏ་ནཾ་ནིཿསུ་ཧླཱ་ཕཾ་སྭཱཧཱ། རང་གི་གཙུག་ཏོར་དུ་ཕཾ་ཡོངས་སུ་གྱུར་པ་ལས་རྡོ་རྗེ་ཟླ་བའི་དཀྱིལ་འཁོར་ཆ་བཅུ་དྲུག་ཡོངས་སུ་རྫོགས་པ། དེས་གཙུག་ཏོར་ནས་རྐང་མཐིལ་གྱི་བར་རང་གི་ལུས་སྤྲུལ་བཤུན་པ་བརྗེས་པ་བཞིན་དུ་ལན་གསུམ་དོར་ཏེ། རང་གི་ལུས་ཟླ་བའི་དཀྱིལ་འཁོར་ལྟར་དཀར་བར་གྱུར། ཨོཾ་སྭ་བྷཱ་ཝ་ཤུདྡྷ་སརྦ་དྷརྨཱཿསྭ་བྷཱ་ཝ་ཤུདྡྷོ྅ཧཾ། རང་གི་དཔྲལ་བར་ཟླ་བའི་དཀྱིལ་འཁོར་དཀར་པོ་ལ་ཨོཾ་དཀར་པོ་ལས་རྡོ་རྗེ་དཀར་པོ་རྩེ་མོ་བཅུ་བདུན་པ། མགྲིན་པར་ཉི་མའི་དཀྱིལ་འཁོར་དམར་པོ་ལ་ཨཱཿདམར་པོ་ལས་རྡོ་རྗེ་དམར་པོ་རྩེ་མོ་སུམ་ཅུ་རྩ་གསུམ་པ། སྙིང་གར་སྒྲ་གཅན་གྱི་དཀྱིལ་འཁོར་ནག་པོ་ལ་ཧཱུྃ་ནག་པོ་ལས་རྡོ་རྗེ་ནག་པོ་རྩེ་མོ་དགུ་པ། ལྟེ་བར་དུས་མེའི་དཀྱིལ་འཁོར་སེར་པོ་ལ་ཧོཿསེར་པོ་ལས་རྡོ་རྗེ་སེར་པོ་རྩེ་མོ་དྲུག་ཅུ་རྩ་ལྔ་པ། གཙུག་ཏོར་དུ་ནམ་མཁའི་དཀྱིལ་འཁོར་ལྗང་ཁུ་ལ་ཧཾ་ལྗང་ཁུ་ལས་རྡོ་རྗེ་ལྗང་ཁུ་རྩེ་ལྔ་པ། གསང་བར་ཡེ་ཤེས་ཀྱི་དཀྱིལ་འཁོར་སྔོན་པོ་ལ་ཀྵཿསྔོན་པོ་ལས་རྡོ་རྗེ་སྔོན་པོ་རྩེ་མོ་སུམ་ཅུ་རྩ་གསུམ་པ། རྡོ་རྗེ་(༧༣༨བ)དེ་རྣམས་ལས་རྡོ་རྗེ་འབར་བའི་འོད་ཟེར་ཕྱོགས་བཅུར་འཕྲོས། བདག་ཉིད་རྡོ་རྗེའི་སྐུར་གྱུར་ཅིང་། སེམས་ཅན་རྣམས་ལ་རྣམ་པར་འཚེ་བར་བྱེད་པའི་བདུད་དང་། བགེགས་ཀྱི་ཚོགས་རྣམས་ངེས་པར་བསྲེག་པར་མོས་སུ་བཅུག་ལ། ཨོཾ་ཨཱཿཧཱུྃ་ཧཱུཿཕཊ། ཅེས་བརྗོད། སློབ་དཔོན་དང་མདུན་བསྐྱེད་རྡོ་རྗེ་ཤུགས་གཙོ་རྒྱང་དེ་ཞེ་དྲུག་སྤུང་མ་དྲུག་ཅུའི་ཚོགས་དང་བཅས་པར་མོས་སུ་བཅུག །སློབ་དཔོན་གྱི་ཐུགས་ཀའི་འོད་ཀྱིས་སློབ་མའི་ལུས་སྦྱངས། སྟོང་པའི་ངང་ལས་རྡོ་རྗེའི་ར་བའི་དབུས་ན་ཨོཾ་པཾ་བི་

ཤྲཱ་བཛྲ་པདྨཾ་ཀུ་ཊ་ཀུ་ཊ་སྭཱཧཱ། དེའི་ལྟེ་བར་ཉི་མའི་གདན་ཨོཾ་ར་བཛྲ་ཤུཊྲ་བཛྲ་ཤུཊྲ་ཨ་ས་ཝཾ་ཀུ་ཊ་ཀུ་ཊ་སྭཱཧཱ། དེའི་སྟེང་དུ་ཧཱུྃ་ལས་རྡོ་རྗེ་ནག་པོ་རྩེ་ལྔ་པ་ཡོངས་སུ་གྱུར་པ་ལས། སློབ་མ་ཁྲོ་བོའི་དབང་པོ་རྡོ་རྗེ་ཤུགས་སྐུ་མདོག་དུས་མཐའི་སྤྲིན་དང་མཚུངས་པ་ཞལ་བཞི་པ། ཕྱག་པ་དྲུག་པ། དཔུང་པ་བཅུ་གཉིས་པ། ཕྱག་ཉི་ཤུ་རྩ་དྲུག་པ། གཡས་དང་གཡོན་དང་། དབུས་ཀྱི་མགྲིན་པ་དམར་པོ་དང་དཀར་པོ་དང་། ནག་པོའི་མདོག་ཅན། མདུན་ཞལ་ནག་པོ། གཡས་ཞལ་དམར་པོ། གཡོན་ཞལ་དཀར་པོ། རྒྱབ་ཞལ་སེར་པོ། ཞལ་རེ་རེ་བཞིན་སྤྱན་དམར་པོ་གསུམ་གསུམ་དང་ལྡན་ཞིང་། དབུ་སྐྲ་དམར་སེར་གྱེན་དུ་བརྫེས་པ། གཡས་དང་གཡོན་གྱི་ཕྱག་པ་དང་པོ་ནག་པོ། གཉིས་པ་དམར་པོ། གསུམ་པ་དཀར་པོ། དཔུང་པ་གཉིས་ནག་པོ། གཉིས་དམར་པོ། གཉིས་དཀར་པོ། ཕྱག་ངར་བཞི་ནག་པོ། བཞི་དམར་པོ། བཞི་དཀར་(༧༣་ན)པོ། དེ་རྣམས་རེ་རེ་ལ་ཡང་མཐེ་བོང་སེར་པོ། མཛུབ་མོ་དཀར་པོ། གུང་མོ་དམར་པོ། སྲིན་ལག་ནག་པོ། མཐེའུ་ཆུང་ལྗང་ཁུ། དེ་རྣམས་རེ་རེ་ལ་ཡང་ཚིགས་ཀྱི་ཕྲེང་བ་དང་པོ་ནག་པོ། གཉིས་པ་དམར་པོ། གསུམ་པ་དཀར་པོ། དེ་ལྟ་བུའི་གཡས་ཀྱི་ཕྱག་བཅུ་གཉིས་རྣམས་ན་ཁྲོ་བོའི་རྡོ་རྗེ། རལ་གྲི། རྩེ་གསུམ། གྲི་གུག །མདའ། རྡོ་རྗེའི་ལྕགས་ཀྱུ། ཌ་མ་རུ། ཐོ་བ། འཁོར་ལོ། མདུང་། དབྱུག་པ། དགྲ་སྟ་རྣམས་འཛིན་པ། གཡོན་གྱི་ཕྱག་བཅུ་གཉིས་རྣམས་ན་རྡོ་རྗེའི་དྲིལ་བུ། ཕུབ། ཁ་ཊྭཱཾ་ག །ཁྲག་གིས་གང་བའི་ཐོད་པ། གཞུ། ཞགས་པ། རིན་པོ་ཆེ། པདྨ། དུང་། མེ་ལོང་། རྡོ་རྗེའི་ལྕགས་སྒྲོག །ཚངས་པའི་མགོ་བོ་གདོང་བཞི་པ་འཛིན་པ། ལྷག་པའི་ཕྱག་གཉིས་གཡས་པ་ནག་པོ་དང་། གཡོན་པ་སེར་པོས་སྡིག་མཛུབ་དང་བཅས་ཏེ་གླང་པོ་ཆེའི་ལྤགས་པ་སྟོད་གཡོགས་སུ་གྱོན་པ། བདུད་ཀྱི་མགོ་བོ་དང་ཁྲག་གིས་གང་བའི་ཐོད་པ་བསྣམས་པ། ཞབས་གཡོན་བསྐུམས། གཡས་བརྐྱངས་པའི་སྟབས་ཀྱིས་བདུད་དང་ཉོན་མོངས་པ་དང་། ཡི་

དྭགས་ཀྱི་རྒྱལ་པོ་རྣམས་ཀྱི་སྙིང་གར་མནན་པ། ཀླུའི་དབང་པོ་རྒྱལ་བ་རལ་པའི་ཅོད་པན་ལ་བཅིངས་ཤིང༌། རྣམ་པར་རྒྱལ་བ་དར་དཔྱངས་ལ་བཅིངས་ཏེ་གནས་པ། སྟོབས་ཀྱི་རྒྱུ་དང་པདྨ་ར་རྒྱན་ལ་གནས་པ། ནོར་རྒྱས་དང་དུང་སྐྱོང་ཕྱག་གདུབ་ལ་གནས་པ། མཐའ་ཡས་དང་རིགས་ལྡན་འོག་པག་དང་མགུལ་རྒྱན་ལ་(༧༧༩བ)གནས་པ། འཇོག་པོ་དང་པདྨ་ཆེན་པོ་ཞབས་གདུབ་ལ་གནས་པ། ཕྲག་པར་བདུད་རིགས་བརྒྱའི་མགོ་བོའི་ཕྲེང་བ་འཆང་བ། སྐུ་བོར་ཐོད་པ་ལྔའི་ཕྲེང་བས་བརྒྱན་པ། མེ་དཔུང་འབར་བའི་དབུས་ན་བཞུགས་པའོ། །ཞེས་གསལ་གདབ། སློབ་དཔོན་གྱི་ཐུགས་ཀའི་ས་བོན་ལས་འོད་ཟེར་འཕྲོས། བསྒོམ་པ་དང་འདྲ་བའི་ཡེ་ཤེས་པ་སྤྱན་དྲངས། ཛཿཧཱུྃ་བཾ་ཧོཿཧྲཱི། གཉིས་སུ་མེད་པར་གྱུར། སློབ་མའི་དཔྲལ་བར་ཨོཾ། མགྲིན་པར་ཨཱཿ ཐུགས་ཀར་ཧཱུྃ། ལྟེ་བར་ཧོཿ ཞེས་གནས་བཞི་བྱིན་གྱིས་བརླབས། སླར་ཡང་ཐུགས་ཀའི་ས་བོན་གྱི་འོད་ཟེར་གྱིས་དབང་གི་ལྷ་ཕྱོགས་བཅུའི་རྒྱལ་བ་ཡབ་ཡུམ་ཐམས་ཅད་སྤྱན་དྲངས། གཉྫཿ སོགས་མཆོད་པ་བཅུ་གཉིས་ཕུལ་ལ། དབང་གི་ལྷ་རྣམས་ཀྱིས་སློབ་མ་ལ་མངོན་པར་དབང་བསྐུར་དུ་གསོལ། ཞེས་གསོལ་བ་བཏབ་པས། ཡུམ་རྣམས་ཀྱིས། ཨོཾ་ཨ་ཨི་རི་ཨུ་ལི་པཉྩ་བྷྲ་ཏུ་བི་ཤུ་དྷ་ནི་སྭཱཧཱ། ཞེས་བདུད་རྩིའི་ཆུས་དབང་བསྐུར། མི་བསྐྱོད་པས་དབུ་བརྒྱན་པར་གྱུར་པར་མོས། སློབ་དཔོན་དང༌། མདུན་བསྐྱེད་དབྱེར་མ་མཆིས་པའི་དཔྲལ་བ་ནས་ཀླུ་བཅུ་དང༌། འབྱུང་པོ་བཅུ་དཔག་ཏུ་མེད་པ་སྤྲོས་ནས་སློབ་མའི་དཔྲལ་བར་ཐིམ། རོལ་མོའི་སྒྲ་བྱ། སྐུའི་རྗེས་གནང་ངོ༌། །མགྲིན་པ་ནས་ཕྱོགས་སྐྱོང་བཅུ་དང་གཟའ་བཅུ་སྤྲོས་ཏེ། སློབ་མའི་མགྲིན་པར་ཐིམ། གསུང་གི་རྗེས་གནང་ངོ༌། །སློབ་དཔོན་གྱི་ཐུགས་ཀ་ནས་འོད་ཟེར་འཕྲོས། མདུན་བསྐྱེད་ཀྱི་ཐུགས་ཀར་ཕོག །ཐུགས་(༧༨༠ན)རྒྱུད་བསྐུལ། ཐུགས་ཀའི་སྔགས་ཕྲེང་ལས་སྔགས་ཕྲེང་གཉིས་པ་ཆད། ཞལ་ནས་ཐོན། ཁྱེད་རང་རྣམས་ཀྱི་ཞལ་དུ་ཞུགས། སྙིང་གར་འཁོད་པ་ལ་སོགས་པ་བཟླས་ལུང་གི་དམིགས་

པ་ཕོག་ལ། ཨོཾ་ཨཱཿཧཱུྃ་ཧོ་ཧཾ་ཀྵ་བཛྲ་བི་ག་ཧཱུྃ་ཧཱུྃ་ཕཊ། ཞེས་པ་དང་། ཁྲོ་བོ་བསྐུལ་བའི་ཐུགས། ཨོཾ་ཧཱུྃ་ཀྲོ་དྷ་ཨིན་དྲཎཧཾ། ཀྲོ་དྷ་ཝཾ་ཨཛྙ་དྷ་ཡ་ཀ་སྭཱཧཱ། ཞེས་པ་དང་། ཨོཾ་ཨ་ར་ར་ར་ར། ལ་ལ་ལ་ལ། བཛྲ་ཨ་བེ་ཤ་ཡ་ཧཱུྃ། ཞེས་པ་རྣམས་ལན་གསུམ་རེའི་རྗེས་ཟློག་ཕོག་ལ། བཅོམ་ལྡན་བདག་གིས་སོགས་ཀྱང་རྗེས་ཟློས་དང་། སློབ་དཔོན་གྱིས། བཅོམ་ལྡན་འདི་ལ་སོགས་བྱ། ཐུགས་ཀ་ནས་ཟད་པར་བཙུ་དང་། ཁྲོ་བོ་བཙུ་སྤྲོས་ཏེ། སློབ་མའི་སྙིང་གར་བསྟིམ། ཐུགས་ཀྱི་རྗེས་གནང་ངོ་། །ལྟེ་བ་ནས་ཁྲོ་བོ་རྡོ་རྗེ་ཞགས་ཉིད་དཔག་ཏུ་མེད་པ་སྤྲོས་ཏེ། སློབ་མའི་ལྟེ་བར་ཐིམ། ཡེ་ཤེས་ཀྱི་རྗེས་གནང་ངོ་། །དེ་ནས་འཕྲིན་ལས་གཏོར་མའི་བཀའ་བསྒོ་ནི། གཏོར་མ་འདི་ཉིད་ཁྲོ་རྒྱལ་རྡོ་རྗེ་ཞགས་རྩ་བརྒྱུད་ཀྱི་བླ་མ་སངས་རྒྱས་བྱང་སེམས་ཀྱི་ཚོགས་དང་བཅས་པ་དངོས་སུ་མོས། དེ་རྣམས་ལ་མོས་གུས་དྲུང་བ་བྱས་པས། ཁྱེད་རང་གི་སྤྱི་བོར་བྱོན་ཏེ། སྡིག་སྒྲིབ་ནད་གདོན་བར་གཅོད་ཐམས་ཅད་སྦྱངས། ཚེ་དང་བསོད་ནམས་ལ་སོགས་པའི་ཡོན་ཏན་ཐམས་ཅད་འཕེལ་ཞིང་རྒྱས་པར་མཛད། མཐར་འོད་དུ་ཞུ་ནས་ཁྱེད་རང་ལ་ཐིམ་པས་ཁྲོ་རྒྱལ་རྡོ་(༡༩༠བ)རྗེ་ཞགས་དངོས་སུ་གྱུར་པ་ཡིན་སྙམ་པ་གྱིས། ཞེས་རྒྱས་བསྡུས་ཅི་རིགས་པར་བརྗོད་ནས་གཏོར་མ་སློབ་མའི་སྤྱི་བོར་བཞག་ལ། རྗེ་བཙུན་རྩ་བ་དང་བརྒྱུད་པར་བཅས་པའི་དཔལ་ལྡན་བླ་མ་དམ་པ་རྣམས་ཀྱིས་བྱིན་གྱིས་རློབས་ཤིག །སངས་རྒྱས་དང་བྱང་ཆུབ་སེམས་དཔའ་རྣམས་ཀྱིས་བྱིན་གྱིས་རློབས་ཤིག །ཡི་དམ་དཀྱིལ་འཁོར་གྱི་ལྷ་ཚོགས་རྣམས་ཀྱིས་བྱིན་གྱིས་རློབས་ཤིག །དཔའ་བོ་མཁའ་འགྲོ་ཆོས་སྐྱོང་སྲུང་མ་རྣམས་ཀྱིས་བྱིན་གྱིས་རློབས་ཤིག །ཁྱད་པར་དུ་འང་ཁྲོ་རྒྱལ་རྡོ་རྗེ་ཞགས་ཀྱི་ལྷ་ཚོགས་རྣམས་ཀྱིས་བྱིན་གྱིས་རློབས་ཤིག །རྡོ་རྗེ་སློབ་མའི་ལུས་ཀྱི་ན་ཚ། སེམས་ཀྱི་སྡུག་བསྔལ་སོགས་འགལ་རྐྱེན་ཕྱི་ནང་གི་བར་གཅོད་ཐམས་ཅད་ཞི་བ་དང་། མཐུན་རྐྱེན་ཚེ་དང་བསོད་ནམས་དཔལ་འབྱོར་ཕུན་སུམ་ཚོགས་པ་ཐམས་ཅད་འཕེལ་ཞིང་རྒྱས་

པ་དང་། མཆོག་དང་ཐུན་མོང་གི་དངོས་གྲུབ་ཐམས་ཅད་མྱུར་དུ་འགྲུབ་པར་བྱིན་གྱིས་བརླབ་ཏུ་གསོལ། ཞེས་གསོལ་བ་བཏབ་པས། དགྱེས་བཞིན་དུ་སློབ་མའི་ལུས་ལ་ཐིམ་པས་བྱིན་གྱིས་བརླབས་པར་གྱུར་པར་བསམ་ལ། ཛཿཧཱུྃ་བཾ་ཧོཿཧཱི། ཞེས་བརྗོད། མཇུག་ཆོག་སྤྱི་དང་འདྲ་བ་ལས། གསང་བར་ཧཾ་ཡིག་ལ་ཁྲོ་བོའི་འཁོར་ལོ་རྣམས་དང་། གཙུག་ཏོར་དུ་ཨཾ་ཡིག་ལ་ཟད་པར་འཁོར་ལོ། དཔྲལ་བར་ཨེ་ཡིག་ལ་ཕྱོགས་སྐྱོང་གི་འཁོར་ལོ། མགྲིན་པར་རི་ཡིག་ལ་གཟའི་འཁོར་ལོ། སྙིང་གར་ཨུ་ཡིག་ལ་ཀླུའི་(༧༨༧ན)འཁོར་ལོ། ལྟེ་བར་ལི་ཡིག་ལ་འབྱུང་པོའི་འཁོར་ལོ་རྣམས་གཤེགས་སུ་གསོལ། །

༄ གཤེད་དམར་ལྷན་སྐྱེས་ལ། སྐྱབས་འགྲོ་སེམས་བསྐྱེད་སྔོན་དུ་འགྲོ་བས་རང་ཉིད་སྐད་ཅིག་གིས་གཤིན་རྗེའི་གཤེད་དམར་པོར་གསལ་བའི་ཐུགས་ཀར་ཨ་ལས་ཉི་མའི་སྟེང་དུ་ཧཱུྃ་ལས་དབྱུག་པ་ཧཱུྃ་གིས་མཚན་པའི་འོད་ཀྱིས་བླ་མ་དང་གཤིན་རྗེའི་གཤེད་དམར་པོ་མདུན་གྱི་ནམ་མཁར་བཛྲ་ས་མཱ་ཛཿ ཨརྒྷཾ་ནས་ཤབྡའི་བར་གྱིས་མཆོད། དཀོན་མཆོག་གསུམ་ལ་བདག་སྐྱབས་མཆི། །ཞེས་སོགས་གྲུད་ནས་འབྱུང་བའི་ཡན་ལག་བདུན་པ་བྱ། ཚད་མེད་བཞི་སྤྱི་དང་མཐུན་པར་བསྒོམ། ཤཱུ་ནྱ་ཏཱས་སྟོང་པར་སྦྱངས། སྟོང་པའི་ངང་ལས་སྐད་ཅིག་གིས་སྲུང་འཁོར་གཞལ་ཡས་ཁང་དང་བཅས་པའི་དབུས་སུ་པཾ་ལས་པད་མའི་ལྟེ་བར་ཉི་མ། དེའི་སྟེང་དུ་ཧཱུྃ་ལས་དབྱུག་པ་ཧཱུྃ་གིས་མཚན་པ། དེ་ལས་འོད་ཟེར་འཕྲོས་འདུས་ཡོངས་སུ་གྱུར་པ་ལས། བདག་ཉིད་བཅོམ་ལྡན་འདས་གཤིན་རྗེ་གཤེད་དམར་པོ་ཉི་མ་བྱེ་བའི་གཟི་ཅན། མཆེ་བ་རྣོན་པོ་གཙིགས་ཤིང་བཞད་པ། ཕྱག་གཡས་པས་རྡོ་རྗེ་དབྱུག་པ་དཀར་པོ་མི་མགོ་རྣོན་པས་མཚན་པ་འཕྱར་བས་འཇིག་རྟེན་གསུམ་འདུལ་བ། གཡོན་བདུད་བཞིའི་ཁྲག་གིས་གང་བའི་ཐོད་པ་འཛིན་པས་ཡུམ་ལ་འཁྱུད་པ། ཞབས་གཡས་བསྐུམས་(༧༨༧བ)གཡོན་བརྐྱངས་པས་མ་ཧེའི་སྟེང་དུ་ལས་ཀྱི་གཤིན་རྗེ་

བསྐྱིལ་ནས་བཟིས་པ། སྟག་ལྤགས་ཀྱི་ཤམ་ཐབས། ཐོད་སྐམ་གྱི་དབུ་རྒྱན། མགོ་རློན་གྱི་དོ་ཤལ། ཀླུ་བརྒྱད་ཀྱི་རྒྱན་དང་བཅས་པ། སྤྱན་གསུམ། སྐྲ་སེར་གྱེན་དུ་འབར་བ། རང་མཚུངས་ཀྱི་ཡུམ་རྡོ་རྗེ་རོ་ལངས་མ་ཐོད་སྐམ་གྱི་ཕྲེང་བ་ཅན་གྱིས་འཁྱུད་པ། བདུད་དང་གཤིན་རྗེ་མཐའ་དག་བརྣག་པར་མཛད་ཅིང་། སྐུ་ལ་འབར་བའི་ཕྲེང་བས་འཁྲུགས་པའོ། །སྙིང་གར་པད་ཉི་ལ་ཧཱུྃ་ལས་དབྱུག་པ་དཀར་པོ་ཧཱུྃ་གིས་མཚན་པ། ཧཱུྃ་ལས་ཡབ་ཀྱི་རྡོ་རྗེ། ཨ་ལས་ཡུམ་གྱི་པདྨ། ཡབ་ཡུམ་སྙོམས་པར་ཞུགས། ཨོཾ་སརྦ་ཏ་ཐཱ་ག་ཏ་ཨ་ནུ་རཱ་ག་ཎ་བཛྲ་ས་བྷཱ་ཝ་ཨཱཏྨ་ཀོ྅ཧཾ། ལྷ་མོའི་ལྟེ་བའི་འོག་ཏུ་པདྨ་དམར་པོའི་ལྟེ་བར་ཧྲཱིཿདམར་པོ། ཁྱོ་བོའི་ཧཾ་ལས་བྱུང་བའི་རེ་ག་དམར་པོ་འབབ་བཞིན་པར་གྱུར། རང་གི་སྙིང་གའི་འོད་ཀྱིས་གཤིན་རྗེའི་གཤེད་རིགས་ལྔ་བཛྲ་ས་མ་ཛཿ ཨོཾ་ཨ་བྷི་ཥིཉྩ་ཏུ་མཾ་སརྦ་ཏ་ཐཱ་ག་ཏ་ཞེས་གསོལ་བ་བཏབ་པས་ཨོཾ་བཛྲི་བྷ་ཝ་ཨ་བྷི་ཥིཉྩ་ཧཱུྃ། ཞེས་དབང་བསྐུར་ཏེ། རྡོ་རྗེ་སེམས་དཔས་དབུ་བརྒྱན་པར་བསམས། ཛཿཧཱུྃ་བཾ་ཧོཿ ཞེས་རང་ལ་གཉིས་སུ་མེད་པར་ཐིམ། ཨརྒྷཾ་ནས་ཤཔྟའི་བར་གྱིས་མཆོད། ནང་མཆོད། ཨ་མྲྀ་ཏས་བསངས། སྭ་བྷཱ་ཝས་སྦྱངས། སྟོང་པ་ཉིད་དུ་གྱུར། སྟོང་པའི་ངང་ལས་ཡཾ་ལས་རླུང་། རཾ་ལས་མེ། ཧཱུྃ་ལས་ཐོད་པའི་ནང་དུ་ཨོཾ་ཨཱཿཧཱུྃ་ཞུ་བ་ལས་བྱུང་བའི་(༧༢ན)ཡེ་ཤེས་ཀྱི་བདུད་རྩིའི་རྒྱ་མཚོ་ཆེན་པོར་གྱུར། ཨོཾ་ཨཱཿཧཱུྃ་ཧ་ཧོ་ཧྲཱི། ཞེས་ལན་གསུམ་གྱིས་བྱིན་གྱིས་བརླབས་ལ། ཨོཾ་ཧྲཱིཿཥྚྲཱིཿཝི་ཀྲི་ཏཱ་ན་ན་ཧཱུྃ་ཧཱུྃ་ཕཊ་ཕཊ་སྭཱཧཱ། ཨོཾ་ཨཱཿཧཱུྃ། ཞེས་ནང་མཆོད་དབུལ། སངས་རྒྱས་ཀུན་གྱི་རང་བཞིན་ཁྱོད། །སངས་རྒྱས་ཐམས་ཅད་གཅིག་བསྡུས་པ། །སངས་རྒྱས་ཀུན་རབ་མཆོག་གི་མཆོག །དཀྱིལ་འཁོར་གཙོ་ལ་ཕྱག་འཚལ་བསྟོད། །ཅེས་པས་བསྟོད། དེ་ནས་ཡིད་ཀྱིས་སྟོང་པར་བསྡུས་ལ་སླར་ཡང་ལྷ་སྐུར་ལངས་ལ། ཨོཾ་ཧྲཱིཿཥྚྲཱིཿཝི་ཀྲི་ཏཱ་ན་ན་ཧཱུྃ་ཧཱུྃ་ཕཊ་ཕཊ་སྭཱཧཱ། ཞེས་ཅི་ནུས་སུ་བཟླས། དགེ་བ་བསྔོ། །༄

འདིའི་བྱིན་རླབས་བྱ་ཚུལ་ནི། མཎྜལ་གྱི་སྟེང་དུ་ཚོམ་བུ་དམར་པ་ཞིག་དགོད། གང་

འོས་ཕྱོགས་སུ་བུམ་པ་བཅུད་ལྡན་ཞིག་བཤམས། མཚལ་གྱི་མདུན་དུ་དམར་གཏོར་ཟུར་གསུམ། མཁའ་འགྲོ་སྤྱི་གཏོར། མཆོད་པ་ནང་མཆོད། རལ་གྲི། གྲི་གུག །ཐོད་པ་བདུད་རྩིས་གང་བ། མི་མགོ་རྣོན་པས་མཚན་པའི་དབྱུག་པ་དཀར་པོ་རྣམས་ཀྱང་བཤམས། སྐྱབས་འགྲོ་ནས་བཟླས་པའི་བར་བདག་མདུན་དབྱེར་མེད་དུ་བསྒོམས། གཏོར་མ་ནང་མཆོད་ལྷར་བྱིན་གྱིས་བརླབས་ནས། ཆོས་སྐྱོང་སོ་སོ་དང་། མཁའ་འགྲོ་སྤྱི་གཏོར་འབུལ། བུམ་པ་ལ་དམིགས་ནས། ཧྲཱིཿཧྲཱིཿགང་མང་བཟླ། ༈ དེ་ནས་སློབ་མས་མཚལ་ཕུལ། གསོལ་བ་(༧༤༢བ)འདེབས་པ་འདིའི་རྗེས་ཟློས་མཛོད་བྱས་ལ། ཀུན་མཁྱེན་ཡེ་ཤེས་ཞེས་སོགས་ལན་གསུམ། དཀོན་མཆོག་གསུམ་ལ་བདག་སྐྱབས་མཆི། །ཞེས་སོགས་ཀྱིས་རྒྱུན་བཤགས་དང་། སངས་རྒྱས་བྱང་ཆུབ་སེམས་དཔའ་ཀུན། །ཞེས་པ་ནས། སེམས་ཅན་མྱ་ངན་འདས་ལ་འགོད། །ཅེས་པའི་བར་གྱིས་རིགས་ལྔའི་སྡོམ་བཟུང་བྱ། དེ་ནས་སློབ་མ་རྣམས་ཨ་མྲྀ་ཏས་བསངས། རང་དང་གཙོ་བོ་ཐ་མི་དད་པའི་ཐུགས་ཀའི་ཧཱུྃ་གི་འོད་ཟེར་གྱིས་སློབ་མ་རྣམས་དྲངས་པ་ཞལ་ནས་ཞུགས། སྐུའི་དབྱིབས་བརྒྱུད་རྡོ་རྗེའི་ལམ་ནས་ཡུམ་གྱི་པདྨར་ཐོན་པ་སྐད་ཅིག་གིས་སྟོང་པ་ཉིད་དུ་གྱུར། སྟོང་པའི་ངང་ལས། སློབ་མ་རྣམས་ཧཱུྃ་དང་དབྱུག་པ་ལས་བཅོམ་ལྡན་འདས་གཤིན་རྗེའི་གཤེད་དམར་པོ་ཉི་མ་བྱེ་བའི་གཟི་ཅན། མཆེ་བ་རྣོན་པོ་གཙིགས་ཤིང་བཞད་པ། ཕྱག་གཡས་པས་རྡོ་རྗེ་དབྱུག་པ་དཀར་པོ་མི་མགོ་རྣོན་པས་མཚན་པ་འཕྱར་བས་འཇིག་རྟེན་གསུམ་འདུལ་བ། གཡོན་བདུད་བཞིའི་ཁྲག་གིས་གང་བའི་ཐོད་པ་འཛིན་པས་ཡུམ་ལ་འཁྱུད་པ། ཞབས་གཡས་བསྐུམ། གཡོན་བརྐྱང་པས་མ་ཧེའི་སྟེང་དུ་ལས་ཀྱི་གཤིན་རྗེ་བསྙིལ་ནས་བརྫིས་པ། སྟག་ལྤགས་ཀྱི་ཤམ་ཐབས། ཐོད་སྐམ་གྱི་དབུ་རྒྱན། མགོ་རྣོན་གྱི་དོ་ཤལ། ཀླུ་བརྒྱད་ཀྱི་རྒྱན་དང་བཅས་པ། སྤྱན་གསུམ། སྐྲ་སེར་གྱེན་དུ་འབར་བ། རང་མཚུངས་ཀྱི་ཡུམ་རོ་ལངས་མ། ཐོད་(༧༤༣ན)སྐམ་གྱི་ཕྲེང་བ་ཅན་གྱིས་འཁྱུད་

པ། བདུད་དང་གཤིན་རྗེ་མཐའ་དག་བཏྲག་པར་མཛད་ཅིང་། སྐུ་ལ་འབར་བའི་ཕྲེང་བས་འཁྲུགས་པའོ། །རང་དང་གཙོ་བོ་ཐ་མི་དད་པའི་ཐུགས་ཀའི་ཧཱུྃ་གི་འོད་ཟེར་གྱིས་ཕྱོགས་བཅུ་ན་བཞུགས་པའི་རྒྱལ་བ་ཡབ་ཡུམ་མདུན་གྱི་ནམ་མཁར་སྤྱན་དྲངས། ཨོཾ་སརྦ་ཏ་ཐཱ་ག་ཏ་ཨརྒྷཾ་ནས། ཤབྡའི་བར་གྱིས་མཆོད། རྡོ་རྗེ་ཅན་གྱིས་སངས་རྒྱས་ལ། །འགྲོ་བ་བསྐྱབས་པའི་ཆེད་དུ་དབང་། །ཡོན་ཏན་འབྱུང་གནས་ཇི་ལྟར་བསྐུལ། །དེ་ལྟར་འདི་ལ་བསྐུལ་དུ་གསོལ། །ཞེས་གསོལ་བ་བཏབ་པས། ནམ་མཁའི་རྒྱལ་བ་ཡབ་ཡུམ་སྙོམས་པར་ཞུགས། འདོད་ཆགས་ཆེན་པོའི་མེས་ཞུ། རང་དང་གཙོ་བོ་ཐ་མི་དད་པའི་སྤྱི་བོ་ནས་ཞུགས། རྡོ་རྗེའི་ལམ་ནས་བྱུང་བའི་བྱང་ཆུབ་ཀྱི་སེམས་ཀྱིས་སློབ་མ་རྣམས་གཤིན་རྗེའི་གཤེད་པོར་བྱས་པ་ལ་དབང་བསྐུར། ཡུམ་གྱི་པདྨ་ནས་ཕྱུང་སྟེ་རང་གནས་སུ་འཁོད་པར་མོས་སུ་བཅུག །དེ་ནས་སློབ་དཔོན་གྱི་ཐུགས་ཀ་ནས་འོད་ཟེར་འཕྲོས། ཕྱོགས་བཅུའི་སངས་རྒྱས་ཐམས་ཅད་གཤིན་རྗེའི་གཤེད་དམར་པོ་དཔག་ཏུ་མེད་པའི་རྣམ་པར་སྤྱན་དྲངས། སློབ་མ་རྣམས་ཀྱི་ལུས་ལ་ཆར་ཆེན་པོ་བབ་པ་བཞིན་དུ་སིབ་སིབ་ཐིམ་པའི་མོས་པ་མཛོད། རོལ་མོ་བྱ། ཛཿཧཱུྃ་བཾ་ཧོཿ གཉིས་སུ་མེད་པར་གྱུར། (༡༤༣བ)ཞེས་བརྗོད། བུམ་ཆུས་དབང་བསྐུར་བ་ལ། སླར་ཡང་སློབ་དཔོན་གྱི་ཐུགས་ཀ་ནས་འོད་ཟེར་འཕྲོས། དབང་གི་ལྷ་རྣམས་སྤྱན་དྲངས། བཅོམ་ལྡན་དེ་བཞིན་གཤེགས་པ་ཀུན། །བཅོམ་ལྡན་མངའ་བདག་ཆེན་པོ་རྣམས། །ཐུགས་རྗེའི་རང་བཞིན་ཅན་རྣམས་ཀྱིས། །བདག་ལ་དབང་བསྐུར་བསྐུལ་དུ་གསོལ། །ཞེས་གསོལ་བ་བཏབ་པས། སངས་རྒྱས་རྣམས་ནི་ཐམས་ཅད་ཀྱིས། །གསང་གསུམ་གནས་ལས་བྱུང་བ་ཡི། །ཁམས་གསུམ་ཀུན་གྱི་ཕྱག་བྱས་པ། །རྡོ་རྗེའི་དབང་བསྐུར་ཆེན་པོ་སྦྱིན། །ཨོཾ་སརྦ་ཏ་ཐཱ་ག་ཏ་ཨབྷི་ཥེ་ཀ་ཏ་ས་མ་ཡ་ཤྲཱི་ཡེ་ཧཱུྃ། ཞེས་བུམ་པའི་ཆུས་དབང་བསྐུར་བས་ལུས་ཐམས་ཅད་གང་བདེ་བ་ཆེན་པོ་མྱོང་། དྲི་མ་ཐམས་ཅད་དག །ཆུའི་ལྷག་མ་ཡར་ལུད་པ་ལས་མི་བསྐྱོད་པས་དབུ་བརྒྱན་

པར་གྱུར་པར་མོས་སུ་བཅུག །བུམ་དབང་ངོ་། །ནང་མཆོད་བྱིན་རླབས་བསྡུས་པ་གཅིག་བྱ། ནང་མཆོད་ཀྱི་སྟེང་དུ་སྐད་ཅིག་གིས་གཤིན་རྗེའི་གཤེད་ཡབ་ཡུམ་གསལ་བར་གྱུར། དེ་སྙོམས་པར་ཞུགས་པའི་བྱང་སེམས་སུ་ཞུ་ནས་བདུད་རྩི་དང་འདྲེས་པར་གྱུར་པར་བསམ་ལ། ཧྲཱིཿཥྚྲཱིཿའབྲུ་གསུམ་དང་བཅས་བཟླས་ཀྱིན་སློབ་མ་ལ་སྦྱིན་ཏེ། གསང་དབང་ངོ་། །ཡང་སློབ་མ་ལྷ་སྐུ་གསལ་དྭངས་བདུད་རྩི་རོ་མྱོང་བ་བཟོད་བྲལ་ལ་ཅུང་ཟད་མཉམ་པར་བཞག །ཤེས་རབ་ཡེ་ཤེས་སོ། །སྤྲོས་མེད་ལྷར་སེམས་འཛིན་མེད་དུ་བཞག(༧༤༤ན)ཏུ་བཅུག །སྐྱེ་མེད་དུ་ངོ་སྤྲད། དབང་བཞི་པའོ། །

བཟླས་ལུང་ལ། སློབ་དཔོན་གཤིན་རྗེའི་གཤེད་པོར་གསལ་བའི་ཐུགས་ཀར་ཉི་མའི་དཀྱིལ་འཁོར་གྱི་དབུས་སུ་ཧཱུྃ་ཡིག་གི་མཐར་སྔགས་ཕྲེང་གིས་བསྐོར་བ་ལས། སྔགས་ཕྲེང་གཉིས་པ་བྱུང་། ཞལ་ནས་ཐོན། སློབ་མ་རྣམས་ལྷར་གསལ་བའི་ཐུགས་ཀར་ཉི་མའི་དཀྱིལ་འཁོར་གྱི་དབུས་སུ་ཧཱུྃ་ཡིག་གི་མཐར་གཡས་སྐོར་དུ་འཁོད་པའི་མོས་པ་མཛོད་བྱས་ལ། ཨོཾ་ཧྲཱིཿཥྚྲཱིཿཝི་ཀྲི་ཏཱ་ན་ན་ཧཱུྃ་ཧཱུྃ་ཕཊ་ཕཊ་སྭཱཧཱ། ཞེས་ལན་གསུམ་རྗེས་ཟློས་བྱར་གཞུག །དམ་བཅའ་བའི་ལུང་གི་སྐད་དུ་འདིའི་རྗེས་ཟློས་མཛོད། སློབ་དཔོན་བདག་ལ་དགོངས་སུ་གསོལ། བདག་མིང་འདི་ཞེས་བགྱི་བ་དུས་འདི་ནས་བཟུང་སྟེ་ཇི་སྲིད་བྱང་ཆུབ་སྙིང་པོ་ལ་མཆིས་ཀྱི་བར་དུ། བཅོམ་ལྡན་འདས་གཤིན་རྗེའི་གཤེད་དམར་པོ་ཡི་དམ་གྱི་ལྷར་བཟུང་ནས། དེའི་གཟུངས་སྔགས་ཉིན་རེ་ལ་ཅི་ནུས་རེ་བཟླ་བར་དམ་འཆའ་ལགས་སོ། །ཞེས་ལན་གསུམ། བྱིན་གྱིས་བརླབས་པའི་ལུང་གི་སྐད་དུ་སློབ་དཔོན་ལ། མི་རྟག་འཐོར་བཞིན་དུ། འདིའི་རྗེས་ཟློས་མཛོད། བཅོམ་ལྡན་བདག་ལ་སོགས་ལན་གསུམ། སློབ་དཔོན་གྱིས་ཀྱང་མི་རྟག་དེ་ཉིད་སྔགས་ཕྲེང་དུ་བྱས་ཏེ། སློབ་མ་རྣམས་ཀྱི་སྤྱི་བོར་བཞག་ཅིང་བྱིན་གྱིས་བརླབས་པའི་མོས་པ་མཛོད། བཅོམ་ལྡན་འདི་ལ་སོགས་དང་། རྡོ་རྗེ་སློབ་མ་འདི་རྣམས་ཀྱི་རྒྱུད་ལ་བཅོམ་ལྡན་(༧༤༤བ)འདས་གཤིན་རྗེའི་གཤེད་ཀྱི་སྔགས་ཀྱི་བྱིན་

རླབས་མ་ལུས་པ་འཇུག་པར་གྱུར་ཅིག །ཅེས་བརྗོད། སངས་རྒྱས་ཀུན་གྱི་རལ་གྲི་ཆེ། །ཁམས་གསུམ་ཀུན་གྱིས་ཕྱག་བྱས་པ། །འདི་ནི་ལས་ཀྱི་རལ་གྲི་མཆོག །དགྲ་རྣམས་ལས་རྒྱལ་བྱ་ཕྱིར་བཟུངས། །ཞེས་པས་རལ་གྲི་སྦྱིན། རལ་གྲིའི་རྗེས་གནང་ངོ་། །ཨེ་མའོ་གསོད་པ་འདི་ནི་བཟང་། །གསོད་པ་གསོད་པ་མ་ཡིན་ཏེ། །ཇི་སྲིད་སྡིག་པ་ལས་གྲོལ་བའི། །འཆི་བ་འཆི་བ་ཉིད་མ་ཡིན། །སྡིག་པ་སྟོང་ཕྲག་རྣམས་བྱས་ནས། །མནར་མེད་སོགས་པར་གནས་གྱུར་ལ། །ཨེ་མ་སངས་རྒྱས་བདག་ཉིད་ཆེ། །གསོད་པ་བྱང་ཆུབ་ཐོབ་པར་མཛོད། །ཅེས་པས་གྲི་གུག་དང་ཐོད་པ་སྦྱིན། མངོན་སྤྱོད་ཀྱི་རྗེས་གནང་ངོ་། །སློབ་མ་གཤེད་དམར་དུ་བསྒོམ་པའི་ལག་ཏུ་དབྱུག་པ་དང་ཐོད་པ་གཏད། གཤིན་རྗེ་གཤེད་པོའི་ཕྱག་རྒྱ་འདི། །ཕྱི་དང་ནང་དུ་ཡང་དག་གནས། །རྡོ་རྗེ་དབྱུག་པ་ཀ་པཱ་ལ། །དཔའ་བོས་ཡང་དག་བཟུང་བར་བགྱི། །ཞེས་པས་གཏད། མདུན་བསྐྱེད་སློབ་མ་ལ་ཐིམ་པར་མོས་སུ་བཅུག །ཨོཾ་སུ་པྲ་ཏིཥྛ་བཛྲ་ཡེ་སྭཱཧཱ། ཞེས་བརྗོད་ཅིང་། མེ་ཏོག་གཏོར་ཏེ་བརྟན་བཞུགས་བྱ། སློབ་མ་རྣམས་ལྷར་གསལ་བ་ལ་ཨརྒྷཾ་ནས་ཤབྡའི་བར་གྱིས་མཆོད། བཀྲ་ཤིས་ཅི་རིགས་བརྗོད། མཇུག་ཆོག་སྤྱི་དང་འདྲ། །(༧༥ན)

༈ **རྡོ་རྗེ་འཇིགས་བྱེད་བསྡུས་པ་ལ།** སྐབས་འགྲོ་སེམས་བསྐྱེད་ཚད་མེད་བཞི་བསྒོམ་པ་སྔོན་དུ་བཏང་ནས། ཤཱུ་ནྱ་ཏཱས་སྟོང་པར་སྦྱངས། སྟོང་པའི་ངང་ལས་སྐད་ཅིག་ཙམ་གྱིས་སྲུང་འཁོར་དུར་ཁྲོད་དང་བཅས་པའི་དབུས་སུ། པད་ཉི་ལ་ཧཱུྃ་ལས་རྡོ་རྗེ་ཧཱུྃ་གིས་མཚན་པ་ཡོངས་སུ་གྱུར་པ་ལས། བདག་ཉིད་རྡོ་རྗེ་འཇིགས་བྱེད་དུས་མཐའི་སྤྲིན་ལྟར་གནག་པ། ཞལ་བཞི་ཕྱག་བརྒྱད་ཞབས་བཞི་པ། རྩ་བའི་ཞལ་མ་ཧེའི་གདོང་མཐིང་ནག །གཡས་དཀར་གཡོན་དམར་སྟེང་ཞལ་འཇམ་པའི་དབྱངས་ཀྱི་ཞལ་སེར་པོའོ། །ཕྱག་གཡས་པ་རྣམས་ཀྱིས་རྡོ་རྗེས་མཚན་པའི་གཏུན་ཤིང་དང་། རལ་གྲི་དང་། འཁོར་ལོ་དང་། ཙང་ཏེའུ་འཛིན་པ། གཡོན་པ་རྣམས

ཀྱིས་ཁ་ཊྭཾ་ག་དང་། ཐོད་པ་དང་། མདའ་གཞུ་དང་། ཞགས་པ་བསྣམས་པ། ཞབས་བཞི་གཡོན་བརྐྱང་དང་གར་སྟབས་ཀྱིས་བདུད་བཞི་མནན་པ། ཐོད་སྐམ་གྱི་དབུ་རྒྱན་དང་། མགོ་བོའི་འཕྲེང་བ་དང་། རུས་པའི་རྒྱན་དྲུག་ལ་སོགས་པ་རྒྱན་རྣམས་རྫོགས་པ། ཤིང་ག་ཤེན་དུ་བསྒྲེང་བ། སྤྲུལ་པའི་ཕོ་ཉ་དཔག་ཏུ་མེད་པ་འཕྱེད་པ། མེ་དཔུང་འབར་བའི་དབུས་ན་བཞུགས་པའི། མིག་ཏུ་ཀླཱི། རྣ་བར་ཛྲཱི། སྣ་ལ་ཁཾ། ལྕེ་ལ་གཾ །དཔྲལ་བར་སྐཾ། ལྟེ་བར་ས། དཔྲལ་བར་ཨོཾ། མགྲིན་པར་ཨཱཿ ཐུགས་ཀར་ཧཱུྃ། རྡོ་རྗེ་འཇིགས་བྱེད་མདུན་གྱི་ནམ་མཁར་སྤྱན་དྲངས། ཨོཾ་བཛྲ་བྷཻ་ར་ཝ་ཨ་ཛ་ཡེ་ཤྭ་ཧཱུྃ། ཞེས་རང་ལ་དབང་བསྐུར། ཛཿཧཱུྃ་བཾ་ཧོཿ(༧༥༥བ)རང་ལ་གཉིས་སུ་མེད་པར་ཐིམ། རང་གི་མདུན་དུ་རཾ་ལས་རྡོ་རྗེ་སྲིན་པོ་རལ་གྲི་དང་ཐོད་པ་འཛིན་པ་ཁྲོའི་གདོང་ཅན། དེའི་གཡས་སུ་ཡ་ལས་གཤིན་རྗེ་ནག་པོ་བེ་ཅོན་ཐོགས་པ། གཡོན་དུ་མ་ལས་དུས་མཚན་མ་ནག་མོ་རྩེ་གསུམ་འཛིན་པ་རྣམས་བཀའ་ཉན་གྱི་ཚུལ་དུ་བསྒོམ་ལ། ཨརྒྷཾ་ནས་ཤབྡའི་བར་གྱིས་མཆོད། ནང་མཆོད་ཧྲཱིཿཥྚྲཱིཿས་བསངས། སྭ་བྷཱ་ཝས་སྦྱངས། སྟོང་པ་ཉིད་དུ་གྱུར། སྟོང་པའི་ངང་ལས་ཡཾ་ལས་རླུང་རཾ་ལས་མེ་ཧཱུྃ་ལས་ཐོད་པའི་ནང་དུ། ཨོཾ་ཨཱཿཧཱུྃ་ཞུ་བ་ལས་བྱུང་བའི་ཡེ་ཤེས་ཀྱི་བདུད་རྩིའི་རྒྱ་མཚོ་ཆེན་པོར་གྱུར། ཨོཾ་ཨཱཿཧཱུྃ་ཧ་ཧོ་ཧྲི་ཞེས་ལན་གསུམ་གྱིས་བྱིན་གྱིས་བརླབས་ལ། ཨོཾ་ཧྲཱིཿཥྚྲཱིཿཝི་ཀྲི་ཏཱ་ན་ན་ཧཱུྃ་ཕཊ་ཨོཾ་ཨཱཿཧཱུྃ། ཞེས་པས་བདུད་རྩི་མྱང་། ཧཱུྃ་དུར་ཁྲོད་རྒྱན་གྱིས་རྣམ་བརྒྱན་པའི། །ཞེ་སྡང་གཤིན་རྗེའི་གཤེད་པོ་ནི། །དངོས་མེད་ནམ་མཁའ་ལྟ་བུ་ལ། །ཐུགས་རྗེས་སྤྲུལ་པའི་སྐུར་བསྟན་པ། །ཡེ་ཤེས་ཁྲོ་རྒྱལ་རབ་འཇིགས་པ། །དུད་ཁ་མུན་འཇིག་ཁྱོད་ལ་འདུད། །མིའུ་ཐུང་སྡིག་པ་སྦྲིན་འདྲའི་མདོག །འོད་ཟེར་འཕྲོ་བ་རྣམ་པར་བཞེངས། །མཚན་མ་འཁྲིང་པ་མ་ཧེའི་ཞལ། །འཇིགས་བྱེད་སྐུ་ལ་ཕྱག་འཚལ་བསྟོད། །ཅེས་པས་བསྟོད། ཐུགས་ཀར་ཟླ་གདན་ལ་ཡེ་ཤེས་སེམས་དཔའ་འཇམ་དཔལ་གཞོན་ནུར་གྱུར་པ་སྐུ་མདོག་སེར་པོ་ཡིད་

ཅམ་ཁྲོས་པ་ཕྱག་གཡས་རལ་གྲི་འཕྱར་ཞིང་། གཡོན་གྱིས་གླེགས་བམ་ཐུགས་ཀར་བསྣམས་པ། ཞབས་རྡོ་རྗེའི་སྐྱིལ་ཀྲུང་གིས་བཞུགས་པ་མཚན་(༧༥༨ན)སོ་གཉིས་དང་དཔེ་བྱད་བརྒྱད་ཅུས་བརྒྱན་པ། རལ་པའི་ཟུར་ཕུད་ལྔ་དང་ལྡན་ཞིང་། རྒྱན་ཐམས་ཅད་ཀྱིས་བརྒྱན་པ། དེའི་ཐུགས་ཀར་ཨ་ལས་བྱུང་བའི་ཉི་མའི་དཀྱིལ་འཁོར་གྱི་དབུས་སུ་ཏིང་ངེ་འཛིན་སེམས་དཔའ་ཧཱུྃ་ཡིག་མཐིང་ག་འོད་ཟེར་ལྔ་འཁྲོ་བར་གྱུར་པར་བསྒོམ་ལ། བཟླས་པའི་དམིགས་པ་གསལ་བཏབ་ནས། ཨོཾ་ཡ་མ་རཱ་ཛཱ་ས་དོ་མེ་ཡཱ། ཡ་མེ་དོ་རུ་ཎ་ཡོ་ད་ཡཱ། ཡ་ད་ཡོ་ནི་ར་ཡ་ཀྵེ་ཡཱ། ཡཀྵེ་ཡཙྪ་ནི་རཱ་མ་ཡཱ། ཧཱུྃ་ཧཱུྃ་ཕཊ་ཕཊ་སྭཱཧཱ། ཞེས་རྩ་སྔགས་དང་། ཨོཾ་ཧྲཱིཿཥྚྲཱིཿཝི་ཀྲྀ་ཏཱ་ན་ན་ཧཱུྃ་ཕཊ། ཅེས་སྙིང་པོ་དང་། ཨོཾ་ཡ་མཱནྟ་ཀ་ཧཱུྃ་ཕཊ། ཅེས་ཉེ་སྙིང་སྟེ། ཡི་གེ་བཅུ་པ་གཙོ་བོར་གྱུར་པའི་སྔགས་གསུམ་གའང་བཟླའོ། །ཁྱད་པར། ཨོཾ་བཛྲ་རཀྵ་ས་ཧཀྵ་ས། ཨི་ཧི་ཕཊ། ཅེས་པ་རྡོ་རྗེ་སྲིན་པོའི་སྔགས་དང་། ཨོཾ་ཀཱ་ལ་རཱུ་པ་ཧཱུྃ་ཕཊ། ཅེས་པ་ལས་གཤིན་གྱི་སྔགས་དང་། ཧྲཱུཿཀཱ་ལ་རཱ་ཏྲི་ཧྲཱུཿཞེས་པ་དུས་མཚན་མའི་སྔགས་རྣམས་ཀྱང་ཅི་འགྲུབ་བཟླ། གཙོ་བོའི་སྔགས་ཧྲཱིཿཥྚྲཱིཿཡི་གེ་བཅུ་བཞི་པ་བཟླ་བར་ཡང་རྒྱུད་ནས་གསུངས་སོ། །

༈ འདིའི་བྱིན་རླབས་ཀྱི་ཆོ་ག་ནི། སྟེགས་བུ་ཡངས་པ་ལ་རྡུལ་ཚོན་ནག་པོས་ཆོས་འབྱུང་མཐིང་ག་མེ་རིས་ཅན། ཕྱི་རོལ་རྡོ་རྭ་མེ་ཡིས་བསྐོར་ཞིང་། གྲུ་བཅད་དམར་པོ། དབུས་སུ་ཉི་གདན་དང་བཅས་པ་བྲིས་པའི་སྟེང་དུ་ཚོམ་བུ་ནག་པོ་ལྔ་དབུས་དང་ཕྱོགས་བཞིར་དགོད། དེའི་སྟེང་དུ་མཆིའི་ཁར་ཐོད་པ་དམ་རྫས་དང་བཅས་(༧༥༨བ)པའི་དཀྱིལ་དུ་འཁྲུལ་འཁོར་དང་རལ་གྲི་བཞག །དེའི་ཕྱོགས་བཞིར་མཆི་བཞིའི་སྟེང་དུ་དམར་གཏོར་ཟུར་གསུམ་བཞི། མདུན་དུ་ཟླུམ་གཏོར་དམར་པོ། དམར་གཏོར་ཟུར་གསུམ། སྔོན་འགྲོའི་གཏོར་མ། ཆུ་གཉིས་ཉེར་སྤྱོད། ཁྲག་གི་ཨརྒྷཾ་དང་། ཤ་ཆེན་གྱི་བདུག་སྤོས། ཤ་རུས་ཀྱི་ཞལ་ཟས་རྣམས་ཁྱད་པར་དུ་བཤམས། ནང་མཆོད། ཚོགས་འཁོར་གྱི་ཟས་རྣམས་བཤམས། གང་འོས་ཕྱོགས་

སུ་ཛ་བུམ་ནག་པོ་ཁྲག་ཆང་དང་སྤྲོས་ཆུས་བཀང་བ། དེའི་སྟེང་དུ་ཐོད་པ་ཆང་གིས་བཀང་བ། གཞན་ཡང་རྡོ་རྗེའི་ཕྲེང་བ་ལ་མེ་ཏོག་སྣ་ཚོགས་བཅིངས་པ། རྡོར་དྲིལ། ཏིལ། བགེགས་གཏོར་རྣམས་བཤམས། སྔོན་འགྲོའི་གཏོར་མ་བཏང་། གནས་ཡོ་བྱིན་གྱིས་བརླབས་པ་ནི། ཧྲཱིཿཥྚྲཱིཿས་བསངས། གཞན་སྲུ་དང་འདྲ། མདུན་བསྐྱེད་བསངས་སྦྱངས། ཚོམ་བུ་དང་དམ་རྫས་རྣམས་གཉིས་སུ་མེད་པར་དམིགས་ལ། སྟོང་པའི་ངང་ལས་ཧཱུཾ་ལས་རྡོ་རྗེ་ཧཱུཾ་གིས་མཚན་པ་ཡོངས་སུ་གྱུར་པ་ལས་དཔལ་རྡོ་རྗེ་འཇིགས་བྱེད་དུས་མཐའི་སྤྲིན་ལྟར་གནག་པ་ནས། མེ་དཔུང་འབར་བའི་དབུས་ན་བཞུགས་པའོ། །མདུན་དུ་རཾ་ལས་རྡོ་རྗེ་སྲིན་པོ་རལ་གྲི་དང་ཐོད་པ་འཛིན་པ་ཁྱིའི་གདོང་ཅན། དེའི་གཡས་སུ་ཡ་ལས་གཤིན་རྗེ་ནག་པོ་བེ་ཅོན་ཐོགས་པ། གཡོན་དུ་མ་ལས་དུས་མཚན་མ་ནག་མོ་ཟེ་གསུམ་འཛིན་པ། རྒྱབ་ཏུ་ཧཱུཾ་ལས་ནག་པོ་ཆེན་པོ་སྲིན་པོའི་གཟུགས་ཅན། གཡས་གྲི་གུག་དང་། གཡོན་ཐོད་ཁྲག་འཛིན་པ། གཙོ་(༡༥༧ན)འཁོར་ཐམས་ཅད་ཀྱི་མིག་ཏུ་ཀླཱྀཾ། རྣ་བར་ཛྲཱིཾ། སྣ་ལ་ཁཾ། ལྕེ་ལ་གཾ །དཔྲལ་བར་སྐཾ། ལྟེ་བར་སཾ། དཔྲལ་བར་ཨོཾ། མགྲིན་པར་ཨཱཿ ཐུགས་ཀར་ཧཱུཾ། རྡོ་རྗེ་འཇིགས་བྱེད་འཁོར་དང་བཅས་པ་མདུན་གྱི་ནམ་མཁར་སྤྱན་དྲངས། ཨོཾ་བཛྲ་བྷཻ་ར་ཝ་ཨ་ཀ་ར་ཥ་ཡ་ཛཿ་ཧཱུཾ། ཞེས་དབང་བསྐུར་སྐུ་གང་། དྲི་མ་དག །ཆུ་ལྷག་མ་སྤྱི་གཙུག་ཏུ་གནས་པ་ཡོངས་སུ་གྱུར་པ་ལས། གཙོ་འཁོར་ཐམས་ཅད་ལ་མི་བསྐྱོད་པས་དབུ་བརྒྱན་པར་བསམས། ཛཿཧཱུཾ་བཾ་ཧོཿམདུན་བསྐྱེད་ཀྱི་ལྷ་ལ་གཉིས་སུ་མེད་པར་ཐིམ། ཕྱི་མཆོད་ནང་མཆོད་བསྟོད་པ་རྣམས་བྱས་ལ། བཟླས་པ་ཅུང་ཟད་བྱ། ཡི་དམ་གྱི་གཏོར་མ་ཕུལ། དེའི་ལྷག་མ་རྡོ་རྗེ་སྲིན་པོ་སོགས་འཁོར་གསུམ་ལ་རང་སྔགས་ཀྱི་མཐར་ཨ་ཀཱ་རོ་བཏགས་པས་ཕུལ། གཏོར་མ་གཉིས་པ། ཨོཾ་མཧཱ་ཀཱ་ལ་ཧྲཱུ་པ་ཤ་ཧཱུཾ་ཕཊ། ཅེས་པ་ལ། ཤྲཱ་ས་ན་བཏགས་ལ། ནག་པོ་ཆེན་པོ་ལ་འབུལ་ཞིང་། དེའི་ལྷག་ཕྱོགས་སྐྱོང་བཅུ་ལ་འབུལ། ཐམས་ཅད་ལ་སྤྱི་མཐུན་དུ། མཆོད་བསྟོད་འདོད་དོན་

གསོལ་བ་བཏབ། ཐོད་པ་ཆང་གིས་བཀང་བའི་དབུས་སུ་ལྷ་ལྔ་པོ་སྣད་ཅིག་གིས་གསལ་བཏབ་ནས་སྔགས་བརྒྱ་བརྒྱ་བཟླའོ། །ཀ་པཱ་ལའི་སྦྱོར་བྱེད་སོ་སོའི་སྔགས་ཀྱི་མཐར། འབྲུ་གསུམ་བཏགས་པས་ཕུལ། རྡོ་རྗེའི་ཕྲེང་བ་ལ་གཙོ་བོའི་སྔགས་ལན་བརྒྱ་བཟླ་ཞིང་། ཧཱུྃ་ལས་བྱུང་བ་རྒྱལ་བ་མི་བསྐྱོད་པའི་བདག་ཉིད་དུ་མོས། ཨོཾ་ཨཱཿབཛྲ་ཧྲིག་ཧཱུྃ་སྭཱཧཱ། ཞེས་པའང་(༧༤༧བ)བརྒྱ་བརྒྱ་བཟླའོ། །༈ དེ་ནས་སློབ་མ་རྣམས་ཁྲུས་བྱས། བགེགས་གཏོར་བླ་མེད་ལྟར་བཏང་། སློབ་མའི་སྡིག་པ་སྦྱང་བ་ནི། རང་གི་མདུན་དུ་སྲོས་ཕོར་སོགས་ཀྱི་ནང་དུ་མེ་བཤམས་ལ། བསངས་སྦྱངས། སྟོང་པའི་ངང་ལས་རཾ་ལས་ཡེ་ཤེས་ཀྱི་མེ་གྲུ་གསུམ་པ་རབ་ཏུ་འབར་བའི་ནང་དུ་ཧཱུྃ་ལས་རྡོ་རྗེ་ཧཱུྃ་གིས་མཚན་པ་ལས་ཟ་བྱེད་རྡོ་རྗེ་མཁའ་འགྲོ་སྐུ་མདོག་མཐིང་ནག་ཞལ་གཅིག་ཕྱག་གཉིས་ཀྱིས་ཧཱུྃ་མཛད་ཀྱི་ཕྱག་རྒྱ་འཆིང་བས་རྡོ་རྗེ་དང་དྲིལ་བུ་འཛིན་པ། དབུ་སྐྲ་དམར་སེར་གྱེན་དུ་བརྫེས་ཤིང་ཞལ་རབ་ཏུ་གདངས་པ། ལྟོ་བ་འཕྱང་ཞིང་ཡན་ལག་རགས་པ་གཡས་བརྐྱང་གིས་བཞུགས་པའི་སྤྱི་བོར་ཨོཾ། མགྲིན་པར་ཨཱཿ ཐུགས་ཀར་ཧཱུྃ། ཐུགས་ཀའི་ཧཱུྃ་ལས་འོད་ཟེར་འཕྲོས་པས་རང་བཞིན་གྱི་གནས་ནས་བསྐོམ་པ་དང་འདྲ་བའི་ཡེ་ཤེས་པ་དབང་ལྷ་དང་བཅས་པ་སྤྱན་དྲངས། ཛཿཧཱུྃ་བཾ་ཧོཿ གཉིས་སུ་མེད་པར་གྱུར། དབང་ལྷས་དབང་བསྐུར་མི་བསྐྱོད་པས་དབུ་བརྒྱན་པར་གྱུར། ཨོཾ་བཛྲ་ཌཱ་ཀ་ཨརྒྷཾ་སོགས་ཀྱིས་མཆོད། ཨོཾ་ཨཱཿཧཱུྃ་གིས་ནང་མཆོད་ཕུལ། མི་བསྐྱོད་རྡོ་རྗེ་ཡེ་ཤེས་ཆེ། །རྡོ་རྗེའི་དབྱིངས་ནི་མཁས་པ་ཆེ། །རྡོ་རྗེ་གསུམ་མཆོག་དཀྱིལ་འཁོར་གསུམ། །རྡོ་རྗེ་མཁའ་འགྲོ་ལ་ཕྱག་འཚལ། །སློབ་མའི་གསང་གནས་སུ་ཡཾ་ལས་རླུང་གི་དཀྱིལ་འཁོར་སྔོན་པོ་གཞུ་ལྟ་བུ་དང་། ལྟེ་བར་རཾ་ལས་མེའི་དཀྱིལ་འཁོར་དམར་པོ་གྲུ་གསུམ་པ། སྙིང་གར་པཾ་ནག་པོ་དེ་ལས་འོད་ཟེར་ནག་པོ་ལུས་ཀྱི་སྟོད་སྨད་ཐམས་ཅད་ཁྱབ་(༧༤༨ན)པར་འཕྲོས་པས་སྡིག་སྒྲིབ་དང་དམ་ཚིག་ཉམས་ཆགས་ཐམས་ཅད་འོད་ཟེར་ནག་པོའི་རྣམ་པར་བསྡུས་ནས་པཾ་ལ་ཐིམ་པ་དང་མཉམ་

དུ་གསང་གནས་ཀྱི་རླུང་གཡོས་ལྟེ་བའི་མེ་སྦར་བས། ཡཾ་དེ་མགྲིན་པ་ནས་ཡར་བརྒྱུད་དེ། སྣ་རྩེར་སླེབས་པ་ན་སྡིག་པ་ར་ཙན་གྱི་རྣམ་པར་གྱུར་ནས་ཏིལ་རྣམས་དང་གཉིས་སུ་མེད་པར་བསམ་ལ། ལག་པ་གཉིས་ཀྱིས་མཐེབ་སྲིན་སྦྱར་བས་ཏིལ་བཟུང་ནས་མེའི་ནང་གི་ཁྲོ་བོའི་ཞལ་དུ་ཕུལ་བར་བསམ་ཞིང་། ཨོཾ་བཛྲ་ཀྲ་ཀ་ཁ་ཁ་ཁཱ་ཧི་ཁཱ་ཧི་སརྦ་པཱ་པཾ་ད་ན་བྷསྨི་ཀུ་རུ་སྭཱཧཱ། ཞེས་བརྗོད་ཅིང་ཏིལ་མེར་དོར། མཐུག་ཏུ་སྣང་བཞིན་མཆོད་ཅིང་བསྟོད་ནས་ཡིག་བརྒྱ་བརྗོད། བཟོད་པར་གསོལ། ཡེ་ཤེས་པ་རང་བཞིན་གྱི་གནས་སུ་གཤེགས། དམ་ཚིག་པ་མེ་འབར་བའི་རྣམ་པར་གྱུར་པར་བསམ་མོ། །དེ་ནས་སློབ་མས་མཎྜལ་ཕུལ། དགའ་ཆེན་ཁྱོད་བདག་ནས། གཞུག་ཏུ་གསོལ། ཞེས་ལན་གསུམ་གྱིས་གསོལ་བ་གདབ། སློབ་མ་རྣམས་ཀྱི་ཁར་མནའ་ཆུ་བླུད་ཅིང་། འདི་ནི་ཁྱོད་ཀྱི་དམྱལ་བའི་ཆུ། །དམ་ཚིག་འདས་ན་བསྲེག་པར་བྱེད། །དམ་ཚིག་སྲུང་ན་དངོས་གྲུབ་སྟེར། །རྡོ་རྗེ་བདུད་རྩིའི་ཆུ་འཐུངས་ཤིག །ཨོཾ་བཛྲ་ཨ་མྲྀ་ཏ་ཨུ་ད་ཀ་ཋ་ཋ་ཋ། ཞེས་བརྗོད་ཅིང་དམ་ལ་བཞག །དེ་བཞིན་གཤེགས་པ་ཐམས་ཅད་ཀྱིས་བྱིན་གྱིས་རློབས་ཤིག །དཔལ་གཤིན་རྗེའི་གཤེད་བདག་ལ་དབབ་པར་མཛད་དུ་གསོལ། ཞེས་ལན་གསུམ་གསོལ་བ་འདེབས་སུ་གཞུག །སློབ་མ་རྣམས་(༧༤༨བ)ཤྲུ་ཏྲ་ཧྲུས་སྦྱངས། སྟོང་པའི་ངང་ལས་སློབ་མ་རྣམས་རྡོ་རྗེ་འཇིགས་བྱེད་ཞལ་གཅིག་ཕྱག་གཉིས་པར་གསལ་བའི་སྤྱི་བོར་བཾ་ལས་ཆུའི་དཀྱིལ་འཁོར་དཀར་པོ་ཟླུམ་པོ་བུམ་པས་མཚན་པའི་དབུས་སུ་ཧཿ སྙིང་གར་ལཾ་ལས་སའི་དཀྱིལ་འཁོར་གྲུ་བཞི་པ་སེར་པོ་ཟུར་བཞིར་རྡོ་རྗེ་རྩེ་གསུམ་པས་མཚན་པའི་དབུས་སུ་ཧཱུྃ། ལྟེ་བར་རཾ་ལས་མེའི་དཀྱིལ་འཁོར་གྲུ་གསུམ་པ་དམར་པོ་རྣོ་ཞིང་འབར་བའི་དབུས་སུ་ཨཱཿ རྐང་འོག་ཏུ་ཡཾ་ལས་རླུང་གི་དཀྱིལ་འཁོར་སྔོན་པོ་གཞུའི་དབྱིབས་ཅན་གཡོ་བའི་བ་དན་གྱིས་མཚན་པ། དེ་ལ་ཧྲཱིཿདྲག་ཅིང་བཟོད་པར་དཀའ་བ་འབར་བའི་གཟུགས་ཅན་རླུང་གིས་བསྐྱོད་པས་རྐང་མཐིལ་ནས་ཞུགས་ཏེ། ལྟེ་བའི་

མེའི་དཀྱིལ་འཁོར་དང་མཉམ་པར་ཕྱིན་ནས། དེ་ལའང་དེས་བསྐྱོད་ནས་ཤིན་ཏུ་དྲག་ཏུ་འབར་བས་སྙིང་གའི་སའི་དཀྱིལ་འཁོར་བསྙེགས། དཔྲལ་བའི་ཆུ་ཕོལ། དེ་ལས་བདུད་རྩིའི་ཐིགས་བབས། རྒྱུད་ཚིམས་པར་གྱུར་ནས། ཁང་འོག་གི་ཀླུང་གིས་འདེགས་བཞིན་པར་བསམས། དེའི་ཚེ་སློབ་དཔོན་གྱི་ཐུགས་ཀ་ནས་འཕྲོས་པའི་འོད་ཟེར་གྱིས་ཕྱོགས་བཅུའི་སངས་རྒྱས་ཐམས་ཅད་གཤིན་རྗེ་གཤེད་ཀྱི་རྣམ་པར་སྤྱན་དྲངས། སློབ་མ་རྣམས་ཀྱི་ལུས་ལ་ཆར་ཆེན་པོ་བབས་པ་བཞིན་དུ་སིབ་སིབ་ཐིམ་པས། ལུས་ངག་ཡིད་གསུམ་བཅོམ་ལྡན་འདས་ཀྱི་སྐུ་གསུང་ཐུགས་ཀྱི་ངོ་བོར་གྱུར་པའི་མོས་པ་བྱེད་དུ་བཅུག་ལ། གུ་གུལ་སོགས་ཀྱི་དུད་པས་བདུག་ཅིང་། རྡོ་རྗེ་གསོར་དྲིལ་བུ་གསིལ་ཞིང་རོལ་ཆེན་བྱ། ཧྲཱིཿཥྚྲཱིཿའི་(༧༥(ན)མཐར། ཨ་བེ་ཤ་ཡ་སྟཾ་བྷ་ཡ། ར་ར་ར་ར། ཙཱ་ལ་ཡ་ཙཱ་ལ་ཡ། ཧཱུྃ་ཏཿཨཱཿཧྲཱིཿཧཱུྃ་ཕཊ། ཅེས་མང་དུ་བརྗོད་ཅིང་དབབ་བོ། །མདུན་བསྐྱེད་ཀྱི་དཀྱིལ་འཁོར་འདི་ནི། སྲུང་འཁོར་དུར་ཁྲོད་དང་བཅས་པའི་དབུས་སུ་རྡོ་རྗེ་འཇིགས་བྱེད། དེའི་མདུན་དུ་རྡོ་རྗེ་སྲིན་པོ། གཡས་སུ་གཤིན་རྗེ། གཡོན་དུ་དུས་མཚན་མ། རྒྱབ་ཏུ་ནག་པོ་ཆེན་པོ་སྟེ། རྟེན་དང་བརྟེན་པའི་དཀྱིལ་འཁོར་མངོན་སུམ་དུ་མཐོང་བར་གྱུར་པར་མོས་སུ་བཅུག་སྟེ་ལྷ་ངོ་བསྟན། གསོལ་བ་འདེབས་པ་འདིའི་རྗེས་ཟློས་མཛོད་བྱས་ལ། ཨེ་མ་ཧོ་སངས་རྒྱས་སློབ་དཔོན་ཆེ། །ཨེ་མ་ཧོ་ཆོས་དང་ཚོགས་ཀྱི་མཆོག །དམ་ཚིག་དེ་ཉིད་བདག་ལ་སྩོལ། །བྱང་ཆུབ་སེམས་ཀྱང་བདག་ལ་སྩོལ། །ཞེས་ལན་གསུམ། དེ་ནས་སློབ་མ་རྣམས། ཤུ་ཐུ་ཏས་སྟོང་པར་སྦྱངས། སྟོང་པའི་ངང་ལས་སྐད་ཅིག་ཙམ་གྱིས་སྲུང་འཁོར་དུར་ཁྲོད་དང་བཅས་པའི་དབུས་སུ། པད་ཉི་ལ་ཧཱུྃ་ལས་རྡོ་རྗེ་ཧཱུྃ་གིས་མཚན་པ་ཡོངས་སུ་གྱུར་པ་ལས། སློབ་མ་རྣམས་རྡོ་རྗེ་འཇིགས་བྱེད་དུས་མཐའི་སྲིན་ལྟར་གནག་པ། ཞལ་བཞི་ཕྱག་བརྒྱད་ཞབས་བཞི་པ། རྩ་བའི་ཞལ་མ་ཧེའི་གདོང་མཐིང་ནག །གཡས་དཀར་གཡོན་དམར་སྟེང་ཞལ་འཇམ་པའི་དབྱངས་ཀྱི་ཞལ་སེར་

པོའོ། །ཕྱག་གཡས་པ་རྣམས་ཀྱིས་རྡོ་རྗེས་མཚན་པའི་གཏུན་ཤིང་དང་། རལ་གྲི་དང་། འཁོར་ལོ་དང་། ཅང་ཏེའུ་འཛིན་པ། གཡོན་པ་རྣམས་ཀྱིས་ཁ་ཊྭཱཾ་ག་དང་། ཐོད་པ་དང་། མདའ་གཞུ་དང་། ཞགས་པ་བསྣམས་པ། ཞབས་བཞི་(༧༤༩ན)གཡོན་བརྐྱང་དང་གར་སྟབས་ཀྱིས་བདུད་བཞི་མནན་པ། ཐོད་སྐམ་གྱི་དབུ་རྒྱན་དང་། མགོ་བོའི་ཕྲེང་བ་དང་། རུས་པའི་རྒྱན་དྲུག་ལ་སོགས་པ་རྒྱན་རྣམས་རྫོགས་པ། ཞིང་ག་གྱེན་དུ་བསྒྲེང་བ། སྤྲུལ་པའི་ཕོ་ཉ་དཔག་ཏུ་མེད་པ་འགྱེད་པ། མེ་དཔུང་འབར་བའི་དབུས་ན་བཞུགས་པ། ཞེས་རྡོ་རྗེ་འཇིགས་བྱེད་དུ་གསལ་བའི་ཐུགས་ཀར་ཡང་རྡོ་རྗེ་འཇིགས་བྱེད་གོང་བཞིན་བསྒོམ་དུ་བཅུག །ལྟེ་བར་རཾ་ལས་རྡོ་རྗེ་སྲིན་པོ་རལ་གྲི་དང་ཐོད་པ་འཛིན་པ་ཁྱིའི་གདོང་ཅན། ཡ་ལས་གཤིན་རྗེ་ནག་པོ་བེ་ཅོན་ཐོགས་པ། མ་ལས་དུས་མཚན་མ་ནག་མོ་རྩེ་གསུམ་འཛིན་པ། ཧཱུྃ་ལས་ནག་པོ་ཆེན་པོ་སྲིན་པོའི་གཟུགས་ཅན། གཡས་གྲི་གུག་དང་། གཡོན་ཐོད་ཁྲག་འཛིན་པ། ཞེས་འཇིག་རྟེན་པ་བཞིའང་བསྒོམ་དུ་བཅུག །སློབ་དཔོན་གྱི་ཐུགས་ཀ་ནས་འོད་ཟེར་འཕྲོས། མདུན་བསྐྱེད་ཀྱི་ཐུགས་རྒྱུད་བསྐུལ། ཐུགས་ཀར་ཉི་མའི་དཀྱིལ་འཁོར་གྱི་དབུས་སུ་ཧཱུྃ་ཡིག་གི་མཐར་སྔགས་ཕྲེང་གིས་བསྐོར་བ་ལས་སྔགས་ཕྲེང་གཉིས་པ་བྱུང་། ཞལ་ནས་ཐོན། སློབ་མ་རྣམས་རྡོ་རྗེ་འཇིགས་བྱེད་དུ་གསལ་བའི་ཐུགས་ཀའི་རྡོ་རྗེ་འཇིགས་བྱེད་ཀྱི་ཞལ་དུ་ཞུགས། ཐུགས་ཀར་ཉི་མའི་དཀྱིལ་འཁོར་གྱི་དབུས་སུ་ཧཱུྃ་ཡིག་གི་མཐར་འཁོད་པའི་མོས་པ་མཛོད་བྱས་ལ། རྩ་སྔགས་སྙིང་པོ་ཉེ་སྙིང་ལན་གསུམ་གསུམ་རྗེས་ཟློས་བྱར་གཞུག །ཡང་མདུན་བསྐྱེད་ཀྱི་རྡོ་རྗེ་སྲིན་པོའི་ཐུགས་ཀར་ཉི་མའི་སྟེང་དུ་རཾ་ཡིག་གི་མཐར་བཀོད་པའི་སྔགས་(༧༥༠ན)ཕྲེང་ལས་སྔགས་ཕྲེང་གཉིས་པ་བྱུང་། ཞལ་ནས་ཐོན། ཁྱེད་རང་རྣམས་ཀྱི་ལྟེ་བའི་རྡོ་རྗེ་སྲིན་པོའི་ཞལ་དུ་ཞུགས། ཐུགས་ཀར་ཉི་མའི་སྟེང་དུ་རཾ་ཡིག་གི་མཐར་འཁོད་པའི་མོས་པ་མཛོད་བྱས་ལ། ཨོཾ་བཛྲ་རཀྵ་ས་ཧཀྵ་ས། ཨི་ཧི་ཕཊ། ཅེས་ལན་གསུམ།

འོག་མ་རྣམས་ལ་རིགས་འགྲེ། ཁྱད་པར་ནི་གཤིན་རྗེ་ལ། ཡ་ཡིག་གི་མཐར། ཨོཾ་ཀཱ་ལ་རཱུ་པ་ཧཱུཾ་ཕཊ། ཅེས་དང་། དུས་མཚན་མ་ལ། མ་ཡིག་གི་མཐར། ཧྲཱིཿཀཱ་ལ་ནཱ་ཊི་ཧྲཱིཿ ཞེས་དང་། ནག་པོ་ཆེན་པོ་ལ། ཧཱུཾ་ཡིག་གི་མཐར། ཨོཾ་མཧཱ་ཀཱ་ལ་རཱུ་པ་ཤ་ཧཱུཾ་ཕཊ། ཅེས་པ་སྟེ། རེ་རེ་བཞིན་བཟླས་ལུང་ཕོག །རེ་རེ་བཞིན་སྔགས་བཟླས་པའི་བུམ་པའི་ཆུས་དབང་ལན་ལྔ་བསྐུར། དེ་ནས་སློབ་དཔོན་གྱི་ཐུགས་ཀའི་ཧཱུཾ་གི་འོད་ཟེར་གྱིས་མདུན་གྱི་རྡོ་རྗེ་འཇིགས་བྱེད་ལ་བླ་མ་དང་སངས་རྒྱས་བྱང་ཆུབ་སེམས་དཔའི་ཚོགས་ཀྱིས་བསྐོར་བ་སྤྱན་དྲངས། ཁྱེད་རང་རྣམས་ཀྱི་སྤྱི་བོར་ཞུགས་པའི་མོས་པ་མཛོད། དེ་ཉིད་ལ་ངས་གསོལ་བ་བཏབ་ཅིང་ཐུགས་རྗེ་བསྐུལ་བའི་སྐུའི་ཆ་ལས་འོད་ཟེར་འཕྲོས། ཁྱེད་རང་རྣམས་ཀྱི་སྡིག་སྒྲིབ་ནད་གདོན་བར་གཅོད་ཐམས་ཅད་སྦྱངས། ཚེ་དང་བསོད་ནམས་ལ་སོགས་པའི་ཡོན་ཏན་ཐམས་ཅད་འཕེལ་ཞིང་རྒྱས་པར་མཛད། མཐར་ཪ་བརྒྱུད་ཀྱི་བླ་མ་དང་སངས་རྒྱས་བྱང་སེམས་ཐམས་ཅད་སྤྱི་བོའི་རྡོ་རྗེ་འཇིགས་བྱེད་ལ་ཐིམ། དེ་ཉིད་ཀྱང་ཁྱེད་རང་རྣམས་ཀྱི་ལུས་ལ་ཐིམ་པས་ཁྱེད་རང་རྣམས་ཀྱི་སྒོ་གསུམ་རྡོ་རྗེ་འཇིགས་བྱེད་(༧༥༠བ)ཀྱི་སྐུ་གསུང་ཐུགས་རྡོ་རྗེ་གསུམ་གྱི་ངོ་བོར་གྱུར་པའི་མོས་པ་མཛོད། ཅེས་བརྗོད་ནས། གཙོ་བོའི་ཐོད་པ་དམ་རྫས་སློབ་མའི་མགོ་བོར་བཞག་ལ། ན་མོ་རྗེ་བཙུན་ཪ་བ་དང་བརྒྱུད་པར་བཅས་པའི་དཔལ་ལྡན་བླ་མ་དམ་པ་རྣམས་ཀྱིས་བྱིན་གྱིས་རློབས་ཤིག །སངས་རྒྱས་དང་བྱང་ཆུབ་སེམས་དཔའ་རྣམས་ཀྱིས་བྱིན་གྱིས་རློབས་ཤིག །ཡི་དམ་དཀྱིལ་འཁོར་གྱི་ལྷ་ཚོགས་རྣམས་ཀྱིས་བྱིན་གྱིས་རློབས་ཤིག །དཔའ་བོ་དང་དཔའ་མོ་རྣལ་འབྱོར་མ་རྣམས་ཀྱིས་བྱིན་གྱིས་རློབས་ཤིག །ཁྱད་པར་དུ་ཡང་བཅོམ་ལྡན་འདས་དཔལ་རྡོ་རྗེ་འཇིགས་བྱེད་ཀྱི་ལྷ་ཚོགས་རྣམས་ཀྱིས་བྱིན་གྱིས་རློབས་ཤིག །ཁྱེད་རྣམས་ལ་མཁྱེན་པའི་ཡེ་ཤེས། བརྩེ་བའི་ཐུགས་རྗེ། སྐྱོབ་པའི་ནུས་མཐུ་བསམ་གྱིས་མི་ཁྱབ་པ་མངའ་བས། རྡོ་རྗེ་སློབ་མ་འདི་རྣམས་ཀྱི་ལུས་ཀྱི་ན་ཚ།

སེམས་ཀྱི་སྡུག་བསྔལ་སོགས་འགལ་རྐྱེན་ཕྱི་ནང་གི་བར་གཅོད་ཐམས་ཅད་ཞི་བ་དང་། མཐུན་རྐྱེན་ཚེ་དང་བསོད་ནམས་དཔལ་འབྱོར་ཕུན་སུམ་ཚོགས་པ་ཐམས་ཅད་འཕེལ་ཞིང་རྒྱས་པ་དང་། མཆོག་དང་ཐུན་མོང་གི་དངོས་གྲུབ་ཐམས་ཅད་མྱུར་དུ་འགྲུབ་པར་བྱིན་གྱིས་བརླབ་ཏུ་གསོལ། ཞེས་གསོལ་བ་བཏབ་པས། དགྱེས་བཞིན་དུ་སློབ་མ་རྣམས་ཀྱི་ལུས་ལ་ཐིམ་པས་བྱིན་གྱིས་བརླབས་པར་བསམ་ལ། ཛཿཧཱུྃ་བཾ་ཧོཿ ཞེས་བརྗོད། མདུན་གྱི་རྡོ་རྗེ་སྤྲིན་པོའི་གཏོར་མ་སློབ་མའི་མགོ་བོར་བཞག་ལ། རྡོ་རྗེ་འཆང་ནས་རྩ་བའི་བླ་མའི་བར། །ཇི་ལྟར་བཀའ་བསྒོ་དམ་བཅའ་དྲན་པར་མཛོད། །སྐལ་ལྡན་བུ་ཡི་འགལ་རྐྱེན་ཀུན་སེལ་ཞིང་། །མཐུན་རྐྱེན་མཆོག་མཐུན་དངོས་གྲུབ་(༧༥༧ན)ཆར་ལྟར་ཕོབས། །ཛཿཧཱུྃ་བཾ་ཧོཿ ཞེས་བརྗོད། དེ་བཞིན་དུ། གཞན་གསུམ་གྱི་གཏོར་དབང་ཡང་རིམ་བཞིན་དུ་བྱ། རྡོ་རྗེའི་ཕྲེང་བ་ལ་མེ་ཏོག་སྣ་ཚོགས་བཅིངས་ཏེ། སློབ་མའི་མགོ་བོར་དབང་བསྐུར་ཏེ། ཨུ་དུམ་ཝ་ར་མཛ་ར། །ཡོངས་སུ་དག་ནི་མ་ལི་ཀ །ཀར་ནི་ཀ་ཡི་ཕྲེང་བ་ནི། །ལེགས་པར་མནོས་ཏེ་བུས་བཟུང་ཞིག །ཅེས་བརྗོད། ཐོད་པའི་དབུས་ཀྱི་རལ་གྲི་ལག་ཏུ་གཏད་ལ། སངས་རྒྱས་ཀུན་གྱི་རལ་གྲི་ཆེ། །ཁམས་གསུམ་ཀུན་གྱི་ཕྱུག་བྱས་པ། །ལས་ཀྱི་རལ་གྲི་གཅིག་པུ་མཆོག །བདུད་རྣམས་ལས་ནི་རྒྱལ་བ་བཟུང་། །ཞེས་བརྗོད་རྡོར་དྲིལ་གཏད་ལ། ཤེས་རབ་ཐབས་ཀྱི་རང་བཞིན་བདག །གྲུབ་པའི་རྡོ་རྗེ་དྲིལ་བུ་འདི། །ཁྱོད་ཀྱིས་དད་པས་རབ་བཟུང་ལ། །རྡོ་རྗེ་ཁྱོད་ཀྱིས་སློབ་མ་བསྡུས། །ཞེས་དང་། བདུད་རྩི་ལྔའི་རང་བཞིན་དུ་བྱིན་གྱིས་བརླབས་པའི་ནང་མཆོད་སྦྱིན་ལ། བཏུང་བ་རིན་ཆེན་འདི་དེ་ནི། །རྡོ་རྗེ་ལུས་སུ་རབ་སྒྲུབ་བྱེད། །བུ་ཁྱོད་རྟག་ཏུ་ཤེས་ཀྱིས་ལ། །ཡིད་ལས་བྱུང་བའི་ཆུ་འདི་འཐུངས། །ཞེས་དང་། གཉེན་རྗེའི་འཁོར་ལོ་ལག་ཏུ་གཏད་ལ། ཨེ་མའོ་གསོད་པ་འདི་ནི་བཟང་། །གསོད་པ་གསོད་པ་མ་ཡིན་ཏེ། །ཇི་སྲིད་སྡིག་པ་ལས་སྒྲོལ་བའི། །འཆི་བ་འཆི་བ་ཉིད་མ་ཡིན། །སྡིག་པ་སྟོང་

ཕྲག་རྣམས་བྱས་ནས། །མནར་མེད་སོགས་པར་གནས་འགྱུར་ལ། །ཨེ་མ་སངས་རྒྱས་བདག་ཉིད་ཆེ། །གསོད་པ་བྱང་ཆུབ་ཐོབ་པར་མཛོད། །ཅེས་བརྗོད། དེ་ནས། མཇུག་ཆོག་སྦྱི་དང་འདྲ་བ་ལས། བསྡུ་ཆོག་ནི། རང་གི་ཐུགས་(༧༥༧བ)ཀའི་ཧཱུྃ་ལས་འོད་ཟེར་འཕྲོས་པས་དུར་ཁྲོད་སྲུང་འཁོར་དང་བཅས་པ་རང་ལ་ཐིམ། རང་ཡང་ཐུགས་ཀའི་ས་བོན་ལ་ཐིམ། ས་བོན་དེ་ཡང་མི་དམིགས་པ་སྟོང་པ་ཉིད་དུ་གྱུར་པར་བསམས། སྟོང་པའི་ངང་ལས་རང་ཉིད་སྐད་ཅིག་གིས་རྡོ་རྗེ་འཇིགས་བྱེད་ཞལ་གཅིག་ཕྱག་གཉིས་པའི་སྐུར་བཞེངས་པར་གྱུར། དེའི་མིག་ཏུ་ཀྲཱྀ་ཞེས་པ་ནས། ཐུགས་ཀར་ཧཱུྃ་གིས་མཚན་པར་གྱུར་པར་བསམས། སྒྲུབ་ཐབས་རིན་ཆེན་འབྱུང་གནས་ཀྱི་ལྷན་ཐབས་རིན་འབྱུང་དོན་གསལ་ལས་དཀྱིལ་འཁོར་གྱི་གཙོ་བོ་རྣམས་ཀྱི་སྒྲུབ་ཐབས་བཤད་པའི་སྐབས་སོ། །

༄ ནཱ་རོ་མཁའ་སྤྱོད་ལ། གནས་དུས་བཟང་པོར་མཎྜལ་ཆོས་འབྱུང་ཉིས་བརྩེགས་རྟུལ་ཚོན་གྱིས་བྲིས་ལ། དར་མཱུ་ལ་ཀ་པཱ་ལ་ཆང་ལ་བདུད་རྩི་སྦྱར་བས་བཀང་། མེ་ལོང་ལ་སིན་རྡུ་ར་བཀྲམས། གསེར་གྱི་ཕུར་མས་ཆོས་འབྱུང་ཉིས་བརྩེགས་ཀྱི་དབུས་སུ་བཾ་དེའི་མཐར་གཡོན་སྐོར་དུ། ཨཱཿཨཱཿཨཱཿ། སརྦ་བུདྡྷ་ཌཱ་ཀི་ནཱི་ཡེ། བཛྲ་ཝརྞ་ནི་ཡེ། བཛྲ་བཻ་རོ་ཙ་ནཱི་ཡེ། ཧཱུྃ་ཧཱུྃ་ཧཱུྃ་ཕཊ་ཕཊ་ཕཊ་སྭཱ་ཧཱ། ཞེས་པ་དང་། ཕྱོགས་བཞིར་དགའ་འཁྱིལ་བཞི་འབྲི། སྟེང་ནས་དར་དམར་པོས་བཀབ། ནང་གི་གཏོར་མ་གཉིས་དང་། དཀྱིལ་འཁོར་གྱི་མཆོད་པ་རྣམས་གཡོན་སྐོར་དུ་བཤམས། ཚོགས་ཀྱི་ཡོ་བྱད་དང་། སྔོན་འགྲོའི་གཏོར་མ། རོལ་མོ་དང་རྫོར་དྲིལ། ཌཱ་མ་རུ། ནང་མཆོད། གོས་ཟུང་སོགས་སྒྲུབ་མཆོད་ཀྱི་ཡོ་བྱད་དང་། བུམ་པ། དུང་ཆོས། གཟུངས་ཐག །ཚུ་གཉིས་ཉེར་སྤྱོད་ལྷ་རྫས་བུམ་སྒྲུབ་ལ་དགོས་པ་དང་། མིག་(༧༥༨ན)དར། མེ་ཏོག །ཏིང་ལོ་རྣམས་ཚང་བར་བྱས་ལ། རང་སྐད་ཅིག་གིས་རྡོ་རྗེ་རྣལ་འབྱོར་མ་ཞལ་གཅིག་ཕྱག་གཉིས་མར་གྱུར། ནང་མཆོད་ཤོདྷ་ནས་

བསངས། སྭ་བྷཱ་ཝས་སྦྱངས། སྟོང་པའི་ངང་ལས་ཡཾ་ལས་རླུང་དང་། རཾ་ལས་མེའི་དཀྱིལ་འཁོར་གྱི་སྟེང་དུ། ཨ་ལས་ཐོད་པ་དཀར་པོ་དུམ་བུ་གསུམ་པ་དཔྲལ་བ་རང་ལ་བསྟན་པ་ཡངས་ཤིང་རྒྱ་ཆེ་བའི་ནང་དུ། ཨ་ལས་ཟླ་བའི་དཀྱིལ་འཁོར་གྱི་སྟེང་དུ་ཤ་ལྔ་བདུད་རྩི་ལྔ་ཡེ་ཤེས་ལྔ་ཞུ་བ་ལས་བྱུང་བའི་ཡེ་ཤེས་ཀྱི་བདུད་རྩིའི་རྒྱ་མཚོ་ཆེན་པོར་གྱུར། ཨོཾ་ཨཱཿཧཱུྃ་ཧ་ཧོ་ཧྲཱིཿ ཞེས་ལན་གསུམ། མཆོད་པ་སུམྦྷ་བསངས། སྭ་བྷཱ་ཝས་སྦྱངས། སྟོང་པའི་ངང་ལས་ཡེ་ཤེས་ཀྱི་ཀ་པཱ་ལ་ཡངས་ཤིང་རྒྱ་ཆེ་བ་རྣམས་ཀྱི་ནང་དུ། ཨོཾ་ཨཱཿཧཱུྃ། ཞུ་བ་ལས་ལྷ་རྫས་ལས་གྲུབ་པའི་མཆོད་ཡོན། ཞབས་བསིལ། མེ་ཏོག །བདུག་སྤོས། མར་མེ། དྲི་ཆབ། ཞལ་ཟས། རོལ་མོ་རྣམས་བཟང་ཞིང་རྒྱ་ཆེ་བ། དྭངས་ཤིང་ཐོགས་པ་མེད་པ། ནམ་མཁའི་ཁམས་ཐམས་ཅད་གང་བར་གྱུར། ཨོཾ་བཛྲ་ཨརྒྷཾ། པཱ་དྱཾ། པུཥྤེ། དྷཱུ་པེ། ཨཱ་ལོ་ཀེ །གནྡྷེ། ནཻ་ཝི་དྱ། ཤབྡ་ཨཱཿཧཱུྃ། ཞེས་བྱིན་གྱིས་བརླབས། སྟོན་འགྲོའི་གཏོར་མ་ནང་མཆོད་ལྟར་བྱིན་གྱིས་བརླབས། འབར་བའི་ཕྱག་རྒྱ་བསྐོར་ལ་ཛཱི་རང་གི་ཐུགས་ཀར་ཉི་གདན་ལ་གནས་པའི་ཧཱུྃ་ཡིག་གི་འོད་ཟེར་གྱིས་དུར་ཁྲོད་བརྒྱད་ན་གནས་པའི་ཕྱོགས་སྐྱོང་དང་ཞིང་སྐྱོང་ལ་སོགས་པ་ཐམས་ཅད་སྤྱན་དྲངས་ཏེ་ཕྱོགས་མཚམས་བརྒྱད་དུ་འཁོད་པ་རྣམས་(༧༥༢བ)སྐད་ཅིག་གིས་འོད་གསལ་དུ་བཅུག་པ་ལས་རྡོ་རྗེ་རྣལ་འབྱོར་མའི་སྐུར་བཞེངས་པའི་མགྲོན་རྣམས་ཀྱི་ལྗགས་ཧཱུྃ་དཀར་པོ་ལས་སྐྱེས་པའི་རྡོ་རྗེ་རྩེ་གསུམ་པ་དཀར་པོ་ནས་འབྲུ་ཙམ་འཁོད་པའི་རྡོ་རྗེའི་འོད་ཟེར་གྱི་སྦུ་གུས་དྲངས་ཏེ་གསོལ་བར་གྱུར། ཨོཾ་ཁ་ཁ་ཁཱ་ཧི་ཁཱ་ཧི། སརྦ་ཡཀྵ། རཀྵ་ས། བྷཱུ་ཏ། པྲེ་ཏ། པི་ཤཱ་ཙ། ཨུནྨཱ་ད། ཨ་པ་སྨཱ་ར། བཛྲ་ཌཱ་ཀ །ཌཱ་ཀི་ནྱ་ད་ཡ། ཨི་མཾ་བ་ལིཾ་གྲྀཧྞནྟུ། ས་མ་ཡ་རཀྵནྟུ། མ་མ་སརྦ་སིདྡྷིམྨེ་པྲ་ཡཙྪནྟུ། ཡ་ཐེ་བཾ། ཡ་ཐེ་ཏཾ། བྷུ་ཛ་ཐ། པི་བ་ཐ། ཛི་གྷྲ་ཐ། མ་ཏི་ཀྲ་མ་ཐ། མ་མ་སརྦ་ཀཱརྻ་ཡ། སད་སུ་ཁཾ་བི་ཤུདྡྷ་ཡེ། ས་ཧ་ཡི་ཀ་བྷ་ཝནྟུ་ཧཱུྃ་ཧཱུྃ་ཕཊ་ཕཊ་སྭཱཧཱ། ལན་གསུམ་བརྗོད། ཨོཾ་ཨརྒྷཾ་པྲ་ཏཱིཙྪ་ཧཱུྃ་སྭཱཧཱ། ནས་ཤབྡ་པྲ་ཏཱིཙྪ་

ཧཱུྃ་སྭཱཧཱ། ཕྱོགས་སྐྱོང་དང་ཞིང་སྐྱོང་འཁོར་དང་བཅས་པ་རྣམས་ཀྱི་ཞལ་དུ་ཨོཾ་ཨཱཿཧཱུྃ། ལྷ་ཡི་ཚོགས་རྣམས་མ་ལུས་དང་། །ཀླུ་ཡི་ཚོགས་རྣམས་མ་ལུས་དང་། །གནོད་སྦྱིན་ཚོགས་རྣམས་མ་ལུས་དང་། །སྲིན་པོའི་ཚོགས་རྣམས་མ་ལུས་དང་། །འབྱུང་པོའི་ཚོགས་རྣམས་མ་ལུས་དང་། །ཡི་དྭགས་ཚོགས་རྣམས་མ་ལུས་དང་། །ཤ་ཟའི་ཚོགས་རྣམས་མ་ལུས་དང་། །སྨྱོ་བྱེད་ཚོགས་རྣམས་མ་ལུས་དང་། །བརྗེད་བྱེད་ཚོགས་རྣམས་མ་ལུས་དང་། །མཁའ་འགྲོའི་ཚོགས་རྣམས་མ་ལུས་དང་། །མ་མོའི་ཚོགས་རྣམས་མ་ལུས་དང་། །མ་ལུས་པ་ནི་ཐམས་ཅད་དག །འདིར་གཤེགས་བདག་ལ་དགོངས་སུ་གསོལ། །བསྟན་པ་སྲུང་དང་འགྲོ་བའི་དོན་མཛད་ཕྱིར། །ཐུགས་དམ་བཅས་ཤིང་ཞལ་གྱིས་འཆེས་པ་རྣམས། །(75༣ན)དཔལ་ཆེན་བཀའ་སྡོད་ཡིད་ལྟར་མགྱོགས་པ་དང་། །འཇིགས་པའི་གཟུགས་ཅན་དྲག་གཏུམ་མི་བཟད་པ། །གདུག་པ་འདུལ་མཛད་ནག་པོའི་ཕྱོགས་རྣམས་འཇོམས། །རྣལ་འབྱོར་ལས་ལ་འབྲས་བུ་སྟེར་མཛད་ཅིང་། །མཐུ་སྟོབས་བྱིན་རླབས་བསམ་གྱིས་མི་ཁྱབ་པའི། །གནོད་སྦྱིན་ཚོགས་སོགས་བརྒྱད་ལ་ཕྱག་འཚལ་ལོ། །སྡེ་བརྒྱད་བཙུན་མོ་སྲས་དང་གཡོག་བཅས་པས། །དངོས་གྲུབ་ཀུན་གྱི་བཀའ་དྲིན་བདག་ལ་སྩོལ། །རྣལ་འབྱོར་དཔོན་སློབ་འཁོར་བཅས་ལ། །ནད་མེད་ཚེ་དང་དབང་ཕྱུག་དང་། །དཔལ་དང་གྲགས་དང་སྐལ་པ་བཟང་། །ལོངས་སྤྱོད་རྒྱ་ཆེན་ཀུན་ཐོབ་ཅིང་། །ཞི་དང་རྒྱས་ལ་སོགས་པ་ཡི། །ལས་ཀྱི་དངོས་གྲུབ་བདག་ལ་སྩོལ། །སྲུང་མས་རྟག་ཏུ་གྲོགས་མཛོད་ཅིག །དུས་མིན་འཆི་དང་ནད་རྣམས་དང་། །གདོན་དང་བགེགས་རྣམས་མེད་པར་མཛོད། །རྨི་ལམ་ངན་དང་མཚན་མ་ངན། །བྱ་བྱེད་ངན་རྣམས་མེད་པར་མཛོད། །འཇིག་རྟེན་བདེ་ཞིང་ལོ་ལེགས་དང་། །འབྲུ་རྣམས་རྒྱས་ཤིང་ཆོས་འཕེལ་དང་། །བདེ་ལེགས་ཐམས་ཅད་འབྱུང་བ་དང་། །ཡིད་ལ་འདོད་པ་ཀུན་འགྲུབ་ཤོག །ཡིག་བརྒྱ་བརྗོད་ཅིང་། མ་ཚང་ཡོངས་སུ་མ་ཤེས་དང་། སོགས། ཨོཾ་ཨཱཿཧཱུྃ།

བཛྲ་མུཿའཇིག་རྟེན་པ་རྣམས་སྟེང་འོག་ཕྱོགས་མཚམས་རྣམས་སུ་འཕོད་ནས། བདག་གི་དགེ་བའི་བྱ་བ་རྣམས་མཐར་ཕྱིན་པ་དང་དེའི་བར་ཆད་ཞི་བའི་འཕྲིན་ལས་མཛོད་ཅིག །ཅེས་མཚམས་བཅད་བྱའོ། །དེ་ནས་སྲུང་བ་ནི། རང་(༧༥༣བ)སྐད་ཅིག་གིས་རྡོ་རྗེ་རྣལ་འབྱོར་མར་གསལ་བའི་གནས་རྣམས་སུ་ཟླ་བའི་དཀྱིལ་འཁོར་གྱི་སྟེང་དུ། ཨོཾ་བཾ། ཧཾ་ཡོཾ། ཧྲཱིཾ་མོཾ། ཧྲེཾ་ཧྲཱིཾ། ཧཱུཾ་ཧཱུཾ། ཕཊ་ཕཊ། ཅེས་བདག་དང་རྣལ་འབྱོར་སྲུང་བ་དང་། ཨོཾ་སུམྦྷ་ནི་སུམྦྷ་ཧཱུཾ་ཧཱུཾ་ཕཊ། ཨོཾ་གྲྀཧྞ་གྲྀཧྞ་ཧཱུཾ་ཧཱུཾ་ཕཊ། ཨོཾ་གྲྀཧྞ་པ་ཡ་གྲྀཧྞ་པ་ཡ་ཧཱུཾ་ཧཱུཾ་ཕཊ། ཨོཾ་ཨཱ་ན་ཡ་ཧོ་བྷ་ག་ཝན་བཛྲ་ཧཱུཾ་ཧཱུཾ་ཕཊ། ཅེས་ལན་གཉིས་བརྗོད། སོ་སོའི་ཕྱོགས་བཅུར་བརྡབ་པའི་ཚམ་ཟམ་ལག་ལེན་བཞིན་བྱས་ལ། སྲུང་འཁོར་དུ་གྱུར་པར་མོས་པ་ནི་གནས་སྲུང་བའོ། །ནང་མཆོད་ཀྱི་བདུད་རྩི་མྱང་ལ། ཨོཾ་ཨཱཿཧཱུཾ་ཞེས་བརྗོད། ཚད་མེད་ནི། སེམས་ཅན་ཐམས་ཅད་འཁོར་བ་སྡུག་བསྔལ་གྱི་རྒྱ་མཚོ་ལས་བསྒྲལ་ནས་བླ་ན་མེད་པའི་བྱང་ཆུབ་ལ་འགོད་པར་བྱ། དེའི་ཆེད་དུ་རྡོ་རྗེ་རྣལ་འབྱོར་མ་བསྒོམ་པར་བགྱིའོ། །ལན་གསུམ་བྱ། དེ་ནས་བླ་མ་བསྒོམ་པ་ནི། རང་གི་མདུན་གྱི་ནམ་མཁར་རིན་པོ་ཆེའི་ཁྲིའི་སྟེང་དུ། རྩ་བའི་བླ་མ་རྡོ་རྗེ་ཆོས་ཀྱི་རྣམ་པ་ཅན་སྐུ་མདོག་དམར་པོ་ཞལ་གཅིག་ཕྱག་གཉིས་སྤྱན་གསུམ་པ། ནཱ་མ་རུ་དང་ཁ་ཊྭཱཾ་ག་དང་ཐོད་པ་བསྣམས་པ། རུས་པའི་རྒྱན་དྲུག་གིས་བརྒྱན་པ། རྡོ་རྗེའི་སྐྱིལ་མོ་ཀྲུང་དུ་བཞུགས་པ། བླ་མ་སངས་རྒྱས་བླ་མ་ཆོས། །དེ་བཞིན་བླ་མ་དགེ་འདུན་ཏེ། །བླ་མ་དཔལ་ལྡན་རྡོ་རྗེ་འཆང་། །ཀུན་གྱི་བྱེད་པོ་བླ་མ་ཡིན། །དུས་གསུམ་སངས་རྒྱས་ཐམས་ཅད་ཀྱི་ངོ་བོ་བླ་མ་དང་རྡོ་རྗེ་རྣལ་འབྱོར་མ་གཉིས་སུ་མེད་པ་ལ་ཕྱག་འཚལ་ཞིང་སྐྱབས་སུ་མཆིའོ། །བྱིན་གྱིས་བརླབ་ཏུ་གསོལ། བླ་མ་(༧༥༤ན)འོད་དུ་ཞུ་ནས་རང་ལ་ཐིམ། དེ་ནས་བདག་ཉིད་ལྷར་བསྐྱེད་པ་ནི། རང་གི་སྙིང་གར་ཨེ་ཨེ་ཡོངས་སུ་གྱུར་པ་ལས་ཆོས་འབྱུང་གྲུ་གསུམ་ཉིས་བརྩེགས་ཀྱི་དབུས་སུ། ཟླ་བའི་དཀྱིལ་འཁོར་གྱི་སྟེང་དུ་བཾ་ཡིག་དམར་

པོ་དེའི་མཐར་གཡོན་སྐོར་དུ། ཨོཾ་ཨོཾ་ཨོཾ་སརྦ་བུདྡྷ་ཌཱ་ཀི་ནཱི་ཡེ། བཛྲ་ཝརྞ་ནཱི་ཡེ། བཛྲ་བཻ་རོ་ཙ་ནཱི་ཡེ་ཧཱུཾ་ཧཱུཾ་ཧཱུཾ་ཕཊ་ཕཊ་ཕཊ་སྭཱཧཱ། ཞེས་པས་བསྐོར་བ་ལས་འོད་འཕྲོས་པས། རང་གི་ལུས་ཐམས་ཅད་གང་བས་ཚེ་འཁོར་བ་ཐོག་མ་མེད་པ་ནས་བསགས་པའི་སྡིག་སྒྲིབ་ཐམས་ཅད་བསྲེགས་སྦྱངས། ལུས་འོད་ཀྱི་གོང་བུར་གྱུར་པའི་སྐད་ཅིག་ལས། རང་ཉིད་རྡོ་རྗེ་རྣལ་འབྱོར་མ་སྣ་ཚོགས་པད་མ་དང་ཉི་མའི་གདན་ལ་ཞབས་གཡས་བརྐྱང་པས་དུས་མཚན་མ་དམར་མོ་དང་། གཡོན་བསྐུམས་པས་འཇིགས་བྱེད་ནག་པོ་མནན་པ། སྐུ་མདོག་དམར་མོ་ཞལ་གཅིག་ཕྱག་གཉིས་སྤྱན་གསུམ་མ། ཕྱག་གཡས་པས་རྡོ་རྗེས་མཚན་པའི་གྲི་གུག་གམ་རྡོ་རྗེ་ལ་ཌཱ་མ་རུ་དཔྱངས་པ་ཐུར་དུ་སྡིག་པ། གཡོན་པས་ཐོད་པ་ཁྲག་གིས་གང་བ་སྙིང་གི་ཕྱོགས་སུ་བཟུང་ནས་གདོང་གྱེན་དུ་ཕྱོགས་པས་གསོལ་བ། མཆན་ཁུང་ནམ་ཕྲག་པ་གཡོན་པར་རྡོ་རྗེས་མཚན་པའི་ཁ་ཊྭཱཾ་ག་ལ་དྲིལ་བུ་གཡེར་ཁ་དང་། འཕན་ལྕེ་གསུམ་པ་རྣམས་འཕྱུར་བཞིན་དུ་བསྣམས་པ། ཁྲོ་ཆགས་འདྲེས་པ། བདེ་བ་རྒྱས་པའི་ཉམས་ཅན། བཞད་ཅིང་མཆེ་བ་གཙིགས་པ། སྨིག་ཅིང་མཛེས་ལ་ནུ་འབུར་རྒྱས་ཤིང་། སྐེད་སྐབས་ཕྲ་བ། སྐུ་(༧༥༨བ)ཤིང་གི་མེ་ཏོག་སྣ་ལྔས་བརྒྱན་པའི་དབུ་སྐྲ་ནག་པོ་གསིལ་བུར་གྲོལ་བ། ཐོད་པ་སྐམ་པོ་ལྔའི་དབུ་རྒྱན་དང་། རློན་པ་ལྔ་བཅུའི་དོ་ཤལ་ཅན། གཅེར་བུ་རུས་པའི་རྒྱན་ལྔས་བརྒྱན་པ། ཡེ་ཤེས་ཀྱི་མེ་འབར་བའི་དབུས་ན་བཞུགས་པའི་གནས་རྣམས་སུ། ཟླ་བའི་དཀྱིལ་འཁོར་གྱི་སྟེང་དུ་ལྟེ་བར་ཨོཾ་བཾ་དམར་མོ་རྡོ་རྗེ་ཕག་མོ། སྙིང་གར་ཧཾ་ཡོཾ་སྔོན་མོ་གཤིན་རྗེ་མ། ཁར་ཧྲཱིཾ་མོཾ་དཀར་མོ་རྨོངས་བྱེད་མ། དཔྲལ་བར་ཧྲཱིཾ་ཧྲཱིཾ་སེར་མོ་བསྐྱོད་བྱེད་མ། སྤྱི་གཙུག་ཏུ་ཧཱུཾ་ཧཱུཾ་ལྗང་གུ་སྐྲག་བྱེད་མ། ཡན་ལག་ཐམས་ཅད་ལ་ཕཊ་ཕཊ་དུད་ཁ་ཙཎྜི་ཀའི་རང་བཞིན་ནོ། །དེ་ནས་དཔའ་བོ་དཔའ་མོས་བྱིན་གྱིས་བརླབས་པ་ནི། འབར་བས་ཕྱག་རྒྱ་བསྐོར་ལ། ཕཻཾ་རང་གི་སྙིང་གའི་བཾ་ལས་འོད་འཕྲོས་པས། འོག་མིན་ནས་རྡོ་རྗེ་རྣལ་འབྱོར་མ་

ལ་སངས་རྒྱས་བྱང་ཆུབ་སེམས་དཔའ་དཔའ་བོ་རྣལ་འབྱོར་མའི་ཚོགས་བསམ་གྱིས་མི་ཁྱབ་པས་བསྐོར་བ་ཨོཾ་བཛྲ་ས་ཏྭ་ཛཿ ཛཿཧཱུྃ་བཾ་ཧོཿ གཉིས་སུ་མེད་པར་ཐིམ། ཨོཾ་ཡོ་ག་ཤུདྡྷ་སརྦ་དྷརྨ་ཡོ་ག་ཤུདྡྷོཧཾ། དེ་ནས་འགྲོ་བ་དག་པ་ནི་སྙིང་གའི་ས་བོན་སྔགས་ཕྲེང་དང་བཅས་པ་ལས་འོད་ཟེར་འཕྲོས། བ་སྤུའི་བུ་ག་ནས་བྱུང་། སེམས་ཅན་ཐམས་ཅད་ཀྱི་སྡིག་སྒྲིབ་སྦྱངས། རྡོ་རྗེ་རྣལ་འབྱོར་མའི་སྐུར་གྱུར། ཡང་འོད་ཟེར་འཕྲོས། དེ་རྣམས་དང་སངས་རྒྱས་བྱང་ཆུབ་སེམས་དཔའ་དཔའ་བོ་རྣལ་འབྱོར་མ་ཐམས་ཅད་རྡོ་རྗེ་རྣལ་འབྱོར་མར་གྱུར་པ་མཉེས་པར་བྱས། འོད་ཟེར་ཚུར་འདུས་རང་ལ་ཐིམ་པར་བསམས། དེ་ནས་དང་པོར་ངག་(༧༥༥ན)བཟླས་དང་། ཕྱི་ནས་ཡིད་བཟླས་བྱ་སྟེ། སྙིང་གའི་སྔགས་འཁོར་རམ་གསང་བའམ་ལྟེ་བར་བསྒོམ་ནས། ཨོཾ་ཨོཾ་ཨོཾ་སརྦ་བུདྡྷ་ཌཱ་ཀི་ནཱི་ཡེ། བཛྲ་ཝརྞྞ་ནཱི་ཡེ། བཛྲ་བཻ་རོ་ཙ་ནཱི་ཡེ། ཧཱུྃ་ཧཱུྃ་ཧཱུྃ་ཕཊ་ཕཊ་ཕཊ་སྭཱཧཱ། ཞེས་བཟླས་པ་བྱའོ། །མཐར་བསམ་མི་ཁྱབ་ནི། སྙིང་གའི་སྔགས་ཕྲེང་ལས་འོད་ཟེར་འཕྲོས། ཁམས་གསུམ་འོད་ཀྱི་རྣམ་པར་གྱུར། ཚུར་འདུས་གཟུགས་མེད་ཁམས་པ་ཐམས་ཅད་རང་ལུས་སྟོད་ཀྱི་ཆ་ལ་ཐིམ། གཟུགས་ཁམས་པ་ཐམས་ཅད་བར་གྱི་ཆ་ལ་ཐིམ། འདོད་ཁམས་པ་ཐམས་ཅད་སྨད་ཀྱི་ཆ་ལ་ཐིམ། རང་ཡང་སྙིང་གའི་ཟླ་བ་ལ། དེ་སྔགས་ཕྲེང་ལ། དེ་ཡང་བཾ་ལ། དེ་ཡང་ཐིག་ལེ་ལ། དེ་ཡང་ནཱ་དར་གྱུར། ནཱ་ད་ཡང་མི་དམིགས་པར་གྱུར། དེ་ལ་བློ་བཞག །སླར་ཡང་རང་ཉིད་རྡོ་རྗེ་རྣལ་འབྱོར་མའི་སྐུར་གྱུར། ཞེས་བརྗོད། སྤྲོ་ན། བཛྲ་ཡོ་གི་ནི་ཨརྒྷཾ་ནས་ཤབྡའི་བར་གྱིས་མཆོད། ཨོཾ་གསུམ་མ་ཚར་གཅིག་བརྗོད་ནས། རྡོ་རྗེ་རྣལ་འབྱོར་མའི་ཞལ་དུ་མཆོད་པར་འབུལ་ལོ། །ཨོཾ་ཨཱཿཧཱུྃ། དཔལ་ལྡན་རྡོ་རྗེ་མཁའ་འགྲོ་མ། །ཞེས་སོགས་ཤོ་ལོ་ཀ་གཅིག་གིས་བསྟོད། མཐར་རྗེ་བཙུན་རྡོ་རྗེ་རྣལ་འབྱོར་མས་བདག་མཁའ་སྤྱོད་དག་པའི་གནས་སུ་ཁྲིད་པ་དང་། མཐར་ཐུག་ཟུང་འཇུག་རྡོ་རྗེ་འཆང་ཆེན་པོའི་གོ་འཕང་ཐོབ་པར་བྱིན་གྱིས་བརླབ་ཏུ་གསོལ། །ཞེས་

གསོལ་བ་བཏབ་སྟེ་བདག་བསྐྱེད་དོ། །༈ དེ་ནས་མདུན་བསྐྱེད་སྤྱན་འདྲེན་བསྔངས། སྭ་བྷཱ་ཤས་སྦྱངས། མདུན་(༧༥༥བ)བསྐྱེད་ཀྱི་དཀྱིལ་འཁོར་མི་དམིགས་ཏེ་སྟོང་པའི་ངང་ལས་ཆོས་འབྱུང་ཉིས་བརྩེགས་ཀྱི་དབུས་སུ། ཀཾ་ལས་ཐོད་པ་དཀར་པོ་དུམ་བུ་གསུམ་པ་དཔྲལ་བ་རང་ལ་བསྟན་པ་ཡངས་ཤིང་རྒྱ་ཆེ་བ་ནང་བདུད་རྩི་ལྔས་ཡོངས་སུ་གང་བའི་སྟེང་མ་སྐྱ་ཚོགས་རྡོ་རྗེའི་ཚུལ་དུ་གནས་པའི་ལྟེ་བའི་ཧཱུྃ་ལས་འོད་ཟེར་ཕྱོགས་བཅུར་འཕྲོས་པས། རྡོ་རྗེའི་ས་གཞི། ར་བ་དྲ་བ། གུར་བླ་བྲེ། ཡེ་ཤེས་ཀྱི་མེ་འབར་བའི་སྲུང་བའི་འཁོར་ལོ་ཡངས་ཤིང་རྒྱ་ཆེ་བའི་ནང་དུ། དུར་ཁྲོད་ཆེན་པོ་བརྒྱད་ཀྱིས་ཡོངས་སུ་བསྐོར་བའི་དབུས་སུ། ཨེ་ཨེ་ཡོངས་སུ་གྱུར་པ་ལས་ཆོས་འབྱུང་གྲུ་གསུམ་ཉིས་བརྩེགས་ཕྱི་དཀར་ལ་ནང་དམར་བ། ཡངས་ཤིང་རྒྱ་ཆེ་བའི་མདུན་རྒྱབ་སྤངས་པའི་གྲྭ་བཞིར་དགའ་བ་འཁྱིལ་བ་བཞི་གཡོན་དུ་བསྐོར་བ། དེའི་དབུས་སུ་ཟླ་བའི་དཀྱིལ་འཁོར་གྱི་སྟེང་དུ་བཾ་ཡིག་དམར་པོ། དེའི་མཐར་གཡོན་བསྐོར་དུ ཨོཾ་ཨོཾ་ཨོཾ་སརྦ་བུདྡྷ་ཌཱ་ཀི་ནཱི་ཡེ། བཛྲ་ཝརྞ་ནཱི་ཡེ། བཛྲ་བཻ་རོ་ཙ་ནཱི་ཡེ། ཧཱུྃ་ཧཱུྃ་ཧཱུྃ། ཕཊ་ཕཊ་ཕཊ་སྭཱཧཱ། ཞེས་པས་བསྐོར་བ་ལས་ས་གསུམ་ཁྱབ་པའི་འོད་ཟེར་འཕྲོས། འཕགས་པ་མཆོད། སེམས་ཅན་གྱི་དོན་བྱས། ཚུར་འདུས་ཡོངས་སུ་གྱུར་པ་ལས། རྡོ་རྗེ་རྣལ་འབྱོར་མ་སྐྱ་ཚོགས་པདྨ་དང་ཉི་མའི་གདན་ལ་ཞེས་པ་ནས། ཡན་ལག་ཐམས་ཅད་ལ་ཕཊ་ཕཊ་དུད་ཀ་ཙརྀ་གའི་ངོ་བོ་ཞེས་པའི་བར་སྔར་བཞིན་དང་། དེ་ནས་དཔྲལ་བར་ཨོཾ། མགྲིན་པར་ཨཱཿ ཐུགས་ཀར་ཧཱུྃ། ཡཻཾ། རང་གི་སྙིང་གའི་བཾ་ལས་འོད་(༧༥༦ན)ཟེར་འཕྲོས་པས་འོག་མིན་ནས་རྡོ་རྗེ་རྣལ་འབྱོར་མ་ལ་སངས་རྒྱས་དང་བྱང་ཆུབ་སེམས་དཔའ། དཔའ་བོ་རྣལ་འབྱོར་མའི་ཚོགས་བསམ་གྱིས་མི་ཁྱབ་པས་བསྐོར་བ་ཨོཾ་བཛྲ་ས་མ་ཛཿ ཛཿཧཱུྃ་བཾ་ཧོཿ གཉིས་སུ་མེད་པར་ཐིམ། ཨོཾ་ཡོ་ག་ཤུདྡྷ་སརྦ་དྷརྨཱ་ཡོ་ག་ཤུདྡྷོ྅ཧཾ། ཐུགས་ཀའི་བཾ་ཡིག་ཟླ་བ་སྔགས་ཕྲེང་དང་བཅས་པ་ལས་ས་གསུམ་ཁྱབ་པའི་འོད་ཟེར་འཕྲོས། འཕགས་པ་མཆོད། སེམས་ཅན་ཐམས་

ཅན་ཀྱི་སྡིག་སྒྲིབ་སྦྱངས། རྡོ་རྗེ་རྣལ་འབྱོར་མའི་གོ་འཕང་ལ་བཀོད། སྣར་འདུས་སྙིང་གའི་ཆོས་ཀྱི་ཡི་གེ་ལ་ཐིམ་པར་བསམས། དེ་ནས་བཟླས་པ་བྱེད། རྟེན་དང་བརྟེན་པར་བཅས་པའི་དཀྱིལ་འཁོར་པ་ཐམས་ཅད་གཤེགས་གསོལ་གྱི་ཚོ་ག་མ་བྱས་ཀྱི་བར་བརྟན་པར་བཞུགས་སུ་གསོལ། བརྟན་པར་བཞུགས་ནས་ཀྱང་བདག་དང་སེམས་ཅན་ཐམས་ཅད་ལ་མཆོག་དང་ཐུན་མོང་གི་དངོས་གྲུབ་མ་ལུས་པ་བསྩལ་དུ་གསོལ། ཞེས་གསོལ་བ་གདབ། རང་གི་སྙིང་གའི་ས་བོན་ལས་འོད་ཟེར་འཕྲོས་པས། སངས་རྒྱས་བྱང་ཆུབ་སེམས་དཔའ་དཔའ་བོ་དང་རྣལ་འབྱོར་མའི་ཚོགས་བསམ་གྱིས་མི་ཁྱབ་པ་ཨོཾ་བཛྲ་ས་མཱ་ཛཿ ཞེས་མགྱོན་སྤྱན་དྲངས། མཆོད་པ་བླ་མེད་ལྟར་བྱིན་གྱིས་བརླབས་ནས་ཉེར་སྤྱོད་རིག་མ་བཅུ་དྲུག་འདོད་ཡོན་ལྔ་བཅས་ཀྱི་མཆོད་པ་རྣམས་སྔགས་ཙམ་གྱི་སྒོ་ནས་འབུལ། ནང་མཆོད་ནི། སྒྲོན་བླ་མ་རྣམས་ཀྱི་མཚན་གྱི་མཐར་འབྲུ་གསུམ་བཏགས་ལ་འབུལ། བསྡུ་ན། ཨོཾ་མཆོད་དོ་ཛ་(༧༥༨བ) བརྒྱུད་ཀྱི་དཔལ་ལྡན་བླ་མ་དམ་པ་རྣམས་ཀྱི་ཞལ་དུ་ཨོཾ་ཨཱཿཧཱུྃ། ཨོཾ་ཨོཾ་ཨོཾ་སརྦ་བུདྡྷ་ཌཱ་ཀི་ནཱི་ཡེ། བཛྲ་ཝརྞ་ནཱི་ཡེ། བཛྲ་བཻ་རོ་ཙ་ནཱི་ཡེ། ཧཱུྃ་ཧཱུྃ་ཧཱུྃ་ཕཊ་ཕཊ་ཕཊ་སྭཱཧཱ། ཨོཾ་ཨཱཿཧཱུྃ། ཨོཾ་སརྦ་ཏ་ཐཱ་ག་ཏེ་ཨ་མྲྀ་ཏ་སྭཱ་ད་ན་བཛྲ་སྭ་བྷཱ་ཝ་ཨཱཏྨ་ཀོ྅ཧཾ། བདུད་རྩི་མྱངས། མཉེས་མཆོད་ནི། ཨོཾ་ཨོཾ་ཨོཾ་སརྦ་བུདྡྷ་ཌཱ་ཀི་ནཱི་ཡེ། བཛྲ་ཝརྞ་ནཱི་ཡེ། བཛྲ་བཻ་རོ་ཙ་ནཱི་ཡེ། ཧཱུྃ་ཧཱུྃ་ཧཱུྃ་ཕཊ་ཕཊ་ཕཊ་སྭཱཧཱ། ལན་ལྔ་ཙམ་བྱེད། ཨོཾ་སརྦ་ཏ་ཐཱ་ག་ཏ་ཨ་ནུ་ར་ག་ཎ་བཛྲ་སྭ་བྷཱ་ཝ་ཨཱཏྨ་ཀོ྅ཧཾ། ཞེས་འཕྲུད་རྒྱ་བྱ། དེ་ནས་བསྟོད་པ་ནི། དཔལ་ལྡན་རྡོ་རྗེ་མཁའ་འགྲོ་མ། །མཁའ་འགྲོ་མ་ཡི་འཁོར་ལོས་བསྐོར། །ཡེ་ཤེས་ལྔ་དང་སྐུ་གསུམ་ཉིད། །འགྲོ་བ་སྐྱོབ་ལ་ཕྱག་འཚལ་ལོ། །ཇི་སྙེད་རྡོ་རྗེ་མཁའ་འགྲོ་མ། །ཀུན་ཏུ་རྟོག་པའི་འཆིང་གཅོད་ཅིང་། །འཇིག་རྟེན་བྱ་བ་རབ་འཇུག་མ། །དེ་སྙེད་རྣམས་ལ་ཕྱག་འཚལ་ལོ། །ཨོཾ་ན་མོ་བྷ་ག་ཝ་ཏེ་བཛྲ་ཝཱ་རཱ་ཧཱི་ཡེ་ཧཱུྃ་ཧཱུྃ་ཕཊ། ཨོཾ་ན་མོ་ཨཱརྱ་ཨ་པ་ར་ཛི་ཏེ་ཏྲཻ་ལོ་ཀྱ་མ་ཏེ་མཧཱ་བིདྱ་ཤྭ་རི་ཡེ་ཧཱུྃ་ཧཱུྃ་ཕཊ། ཨོཾ་

ན་མོ་སརྦ་ཏྲུ་ཏ་ཏྲ་ཡ་ཕ་ཏེ་མཧཱ་བཛྲེ་ཧཱུ་ཧཱུ་ཕཊ། ཨོཾ་ན་མོ་བཛྲ་ཤཱ་ས་ནེ་ཨ་ཛི་ཏེ་
ཨ་པ་ར་ཛི་ཏ་ཕ་ཤཾ་ཀ་རི་ནཻ་ཊ་ཏྲ་མ་ནི་ཧཱུ་ཧཱུ་ཕཊ། ཨོཾ་ན་མོ་ཤྭེ་ཁ་ཎི་རོ་ཁ་ཎི་ཀྲོ་དྷ་
ཀ་ར་ལི་ནི་ཧཱུྃ་ཧཱུྃ་ཕཊ། ཨོཾ་ན་མཿཧྲཱུ་ས་ནི་སྨཱ་ར་ན་པྲ་བེ་ད་ནི་ཨ་པ་ཏྲཱ་ཛ་ཡེ་ཧཱུྃ་ཧཱུྃ་
ཕཊ། ཨོཾ་ན་མོ་བི་ཛ་ཡེ་ཛམྦྷ་ནི་སྟམྦྷ་ནི་མོ་ཧ་ནི་ཧཱུྃ་ཧཱུྃ་ཕཊ། ཨོཾ་ན་མོ་བཛྲ་ཕྲཱ་ཏྲཱ་ཧྲི་
མཧཱ་ཡོ་གེ་ནི་ཀཱ་མེ་ཤྭ་རི་ཁ་གེ་ཧཱུྃ་ཧཱུྃ་ཕཊ། དེ་ནས་གཏོར་མ་ནི། སུམྦྷ་བསངས།
སྭ་བྷཱ་ཝས་(༧༥༧ན)སྦྱངས། སྟོང་པའི་ངང་ལས་གཏོར་མ་རྣམས་ཀྱི་འོག་ཏུ་ཡཾ་ལས་
རླུང་གི་དཀྱིལ་འཁོར་དང་། རཾ་ལས་མེའི་དཀྱིལ་འཁོར་གྱི་སྟེང་དུ། ཨ་ལས་ཐོད་
པ་དཀར་པོ་དུམ་བུ་གསུམ་པ། དཔྲལ་བ་རང་ལ་བསྟན་པ། ཕྱི་དཀར་ལ་ནང་
དམར་བ་ཡངས་ཤིང་རྒྱ་ཆེ་བའི་ནང་དུ། ན་གོ་ཏ་ད་ཀུ་ལས་ཤ་ལྔ། མུ་བི་མ་ར་ཤུ
ལས་བདུད་རྩི་ལྔ་རྣམས་ཧཱུྃ་ཧྲཱུྃ་བཾ་ཛྲེ་ཨཾ་ཡེ་ཞེས་ལྔའི་ངོ་བོས་མཚན་པ། རླུང་གཡོས་
མེ་སྦར་ཞུ་ཞིང་ཁོལ། རང་གི་སྙིང་གའི་འོད་ཀྱིས་ཡེ་ཤེས་ཀྱི་བདུད་རྩི་སྤྱན་དྲངས་
ཏེ་བསྟིམ་པས། གཏོར་མ་ཟག་པ་མེད་པ་ཡེ་ཤེས་ཀྱི་བདུད་རྩིའི་རྒྱ་མཚོ་ཆེན་པོར་
གྱུར། ཨོཾ་ཨཱཿཧཱུྃ་ཧ་ཧོ་ཧྲཱི། ཨོཾ་ཨོཾ་ཨོཾ་སརྦ་བུདྡྷ་ཌཱ་ཀི་ནཱི་ཡེ། བཛྲ་ཝརྞཱ་ནཱི་ཡེ། བཛྲ་བཻ་
རོ་ཙ་ནཱི་ཡེ་ཧཱུྃ་ཧཱུྃ་ཧཱུྃ་ཕཊ་ཕཊ་ཕཊ་སྭཱཧཱ། ཨ་ཀཱ་རོ་མུ་ཁཾ་སརྦ་དྷརྨཱ་ཎཱཾ་ཨཱདྱ་ནུཏྤནྣ་
ཏྭཱཏ། ཨོཾ་ཨཱཿཧཱུྃ་ཕཊ་སྭཱཧཱ། ལན་ལྔས་དབུལ། བཛྲ་ཡོ་གི་ནི་ཨརྒྷཾ་ནས་ཤབྡའི་བར་
གྱིས་མཆོད། ཨོཾ་གསུམ་མ་ཚར་གཅིག་བརྗོད་ནས། རྡོ་རྗེ་རྣལ་འབྱོར་མའི་ཞལ་དུ་
མཆོད་པར་འབུལ་ལོ། །ཨོཾ་ཨཱཿཧཱུྃ། དཔལ་ལྡན་རྡོ་རྗེ་མཁའ་འགྲོ་མ། །ཞེས་པ་ནས།
དེ་སྙེད་རྣམས་ལ་ཕྱག་འཚལ་ལོ། །ལྷ་མོ་ཚད་མ་དམ་ཚིག་ཚད་མ་དང་། །དེས་
གསུངས་ཚིག་ཀྱང་ཚད་མའི་མཆོག་ཡིན་ཏེ། །བདེན་པ་དེ་ཡིས་ལྷ་མོ་དེ་དག་
གིས། །བདག་ལ་རྗེས་སུ་འཛིན་པའི་རྒྱུར་གྱུར་ཅིག །འཇིག་རྟེན་འདས་པའི་གཏོར་
ཚིག་གོ། ཨོཾ་ཨཱཿཧཱུྃ་ཧ་ཧོ་ཧྲཱི། ཕཻཾ། ཨོཾ་བཛྲ་ཨ་ར་ལི་ཧོ་ཛཿཞེས་(༧༥༧བ)པས་འཇིག་རྟེན་
པ་སྤྱན་དྲངས་ཏེ། ཨོཾ་ཁ་ཁ་ཁཱ་ཧི་ཁཱ་ཧི་ཞེས་པ་ནས་ཀུན་འགྲུབ་ཤོག་གི་བར་མཁའ་

འགྲོ་སྤྱི་གཏོར་བྱ་སྟེ། འཇིག་རྟེན་པའི་གཏོར་ཆོག་གོ། །བུམ་པའི་མཆོད་པ་གོང་ལྟར་བྱིན་གྱིས་བརླབས་ལ་བུམ་པ་སུམྦྷ་བསངས། སྭ་བྷཱ་ཝས་སྦྱངས། སྟོང་པའི་ངང་ལས་པཾ་ལས་པདྨ་དང་ཨ་ལས་ཟླ་བའི་དཀྱིལ་འཁོར་གྱི་སྟེང་དུ། ཧཱུྃ་ལས་བུམ་པ་ཡངས་ཤིང་རྒྱ་ཆེ་བ། ལྷ་རྫས་ཀྱི་གོས་ཀྱི་མགུལ་ཆིངས་དང་། དཔག་བསམ་གྱི་ཤིང་གིས་ཁ་བརྒྱན་པ། ནང་ཆུ་དང་བཅུད་ཐམས་ཅད་ཀྱིས་ཡོངས་སུ་གང་བའི་དབུས་སུ། ཨེ་ཨེ་ཡོངས་སུ་གྱུར་པ་ལས། ཞེས་པ་ནས། ཡོ་ག་ཤུདྡྷ་སརྦ་དྷརྨཱ་ཡོ་ག་ཤུདྡྷོ྅ཧཾ། ཞེས་པའི་བར་མདུན་བསྐྱེད་བཞིན་བྱེད། ཨོཾ་སརྦ་ཏ་ཐཱ་ག་ཏ་བཛྲ་ཡོ་གི་ས་པ་རི་པཱུ་ར་ཨཀྲྃ་པྲ་ཏཱིཙྪ་སྭཱཧཱ། ཞེས་པ་ནས། ཤབྡའི་བར་བརྗོད། ཨོཾ་བཛྲ་གྷེ་ར་ཧི་ཏ་ནས་ཧོ་ཨཱ་ཁཾ་སྭཱཧཱ། ཞེས་པས་མཆོད། ཨོཾ་གསུམ་མའི་རྗེས་སུ། རྡོ་རྗེ་རྣལ་འབྱོར་མའི་ཞལ་དུ་མཆོད་པར་འབུལ་ལོ། །ཨོཾ་ཨཱཿཧཱུྃ། ཞེས་ནང་མཆོད་ཕུལ། དཔལ་ལྡན་རྡོ་རྗེ་མཁའ་འགྲོ་མ། ནས། དེ་སྙེད་རྣམས་ལ་ཕྱག་འཚལ་ལོ། །ཞེས་པས་བསྟོད། རང་གི་སྙིང་ག་ནས་སྔགས་ཀྱི་ཕྲེང་བ་གཟུངས་ཐག་ལ་ཞོན་ནས་སོང་བས། བུམ་ནང་གི་རྗེ་བཙུན་མའི་ཐུགས་རྒྱུད་བསྐུལ། དེའི་བ་སྤུའི་བུ་ག་ནས་བདུད་རྩིའི་ཆུ་རྒྱུན་བྱུང་བས་བུམ་པ་ཡེ་ཤེས་ཀྱི་བདུད་རྩིས་གང་བར་གྱུར། དེ་ནས་བཟླས་པ་བྱེད། མཐར་ཨོཾ་སུམྦྷ་སོགས་དང་། ཨོཾ་སརྦ་ཏ་ཐཱ་ག་ཏ་ཨ་བྷི་ཥི་ཀ་ཏ་ས་མ་ཡེ་ཤྲཱི་ཡེ
(༧༥ན)ཧཱུྃ། ཞེས་པའང་བཟླས། མཆོད་བསྟོད་རྣམས་གོང་བཞིན་བྱའོ། །མ་འབྱོར་པ་དང་ཉམས་པ་དང་། །གང་ཡང་བདག་རྨོངས་བློ་ཡིས་ནི། །བགྱིས་པ་དང་ནི་བགྱིད་བསྒྱུལ་བ། །དེ་ཀུན་མགོན་པོས་བཟོད་པར་གསོལ། །དུང་ཆོས་ཀྱི་ཆུ་བུམ་པར་བླུགས། ཨོཾ་ཨཱཿཧཱུྃ། མཆོད་ཡོན་ཕུལ་བའི་རྐྱེན་གྱིས་བུམ་ནང་གི་རྗེ་བཙུན་མ་འོད་དུ་ཞུ་ནས་བུམ་པའི་ཆུ་ནུས་པ་ཀུན་དང་ལྡན་པར་གྱུར། དུང་ཆོས་ཀྱི་ཆུ་བླངས་ལ། ཇི་ལྟར་བལྟམས་པ་ནས། ཤྲཱི་ཡེ་ཧཱུྃ། ཞེས་ཁྲུས་བྱས་ལ། སློབ་མ་ལ་བྱ་བ་ལྟར་བདག་འཇུག་རྫོགས་པར་བླངས། ༈ དེ་ནས་སློབ་མ་རྣམས་ལ་ཆབ་བཏང་། མེ་

ཏོག་བཀྲི་བསྟུ་བྱ། སློབ་དཔོན་གྱིས་ཆོས་བཤད། མཎྜལ་འབུལ་བར་བསྐུལ། སློབ་མས་ཀྱང་ཆོམ་བུ་གཡོན་སྐོར་དུ་བཀོད་ལ། འཇུག་པའི་ཆོས་འཁོར་བཅས་ཞུ་བའི་ཡོན་དུ་མཎྜལ་ཕུལ། གང་གི་དྲིན་གྱིས་བདེ་ཆེན་ཉིད། ནས། པད་ལ་འདུད། དཔལ་ལྡན་རྡོ་རྗེ་མཁའ་འགྲོ་མ། ནས། འགྲོ་བ་སྐྱོབ་ལ་ཕྱག་འཚལ་ལོ། །སངས་རྒྱས་ཀུན་གྱི་རང་བཞིན་སྐུ། །སློབ་དཔོན་ལ་ནི་བདག་སྐྱབས་མཆི། །དཔལ་ལྡན་རྡོ་རྗེ་རྣལ་འབྱོར་མས། །བདག་ལ་བྱིན་གྱིས་བརླབ་ཏུ་གསོལ། །ལན་གསུམ་གྱིས་གསོལ་བ་བཏབ། དཀོན་མཆོག་ལ་བདག་སྐྱབས་མཆི། །ནས། འགྲོ་ལ་ཕན་ཕྱིར་སངས་རྒྱས་འགྲུབ་པར་ཤོག །ཅེས་རྒྱུན་བཤགས་ལན་གསུམ་བརྗོད། སྲུས་བཅས་སངས་རྒྱས་ཐམས་ཅད་དང་། །དཔའ་(༧༥༤བ)བོ་དཔའ་མོའི་ཚོགས་བཅས་ཀུན། །ཐམས་ཅད་བདག་ལ་དགོངས་སུ་གསོལ། །བདག་མིང་འདི་ཞེས་བྱ་བ་ཡིས། །དུས་འདི་ནས་བཟུང་ནས་ནི། ཞེས་པ་ནས། སེམས་ཅན་མྱ་ངན་འདས་ལ་འགོད། །ཅེས་ལན་གསུམ་གྱིས་སྡོམ་པ་བཟུང་། སངས་རྒྱས་ཆོས་དང་དགེ་འདུན་ལ། །རྟག་པར་བདག་ནི་སྐྱབས་སུ་མཆི། །རྣལ་འབྱོར་གསང་སྔགས་མཁའ་འགྲོ་མ། །འཁོར་ལོ་གསུམ་གྱི་བདག་ཉིད་ཅན། །ཀུན་ལ་བདག་ནི་སྐྱབས་སུ་མཆི། །དཔའ་བོ་དཔའ་མོ་དབང་ལྷ་མོ། །བྱང་ཆུབ་སེམས་དཔའ་བདག་ཉིད་ཆེ། །ཁྱད་པར་དུ་ཡང་སློབ་དཔོན་ལ། །རྟག་པར་བདག་ནི་སྐྱབས་སུ་མཆི། །དཔལ་ལྡན་ཁྲག་འཐུང་སོགས་དཔའ་བོ། །རྣལ་འབྱོར་མ་དང་སྔང་མཛད་སོགས། །བྱང་ཆུབ་སེམས་དཔའ་དཔག་མེད་པ། །ཐམས་ཅད་བདག་ལ་དགོངས་སུ་གསོལ། །བདག་ནི་དུས་འདི་ནས་བཟུང་སྟེ། །ཇི་སྲིད་གཉིས་མེད་ལ་གནས་བར། །དེ་ཡི་ཚངས་སྤྱོད་གཉིས་མེད་པ། །ཉི་ཟླ་རྩ་གཉིས་ལེགས་པར་སྦྱང་། །ཞེས་ལན་གསུམ་གྱིས་ཐུན་མོང་མ་ཡིན་པའི་སྡོམ་པ་བཟུང་། ཨོཾ་ཙནྡྲུ་བན་ཧྲ་ཕ་ནྟ་མ་ན་ཡ་ཧཱུྃ། ཞེས་མིག་དར་གདད། ཨ་ཕཾ་བི་ར་ཧཱུྃ་གིས་མེ་ཏོག་གཏད། བུམ་ཆུ་སློབ་མ་ལ་གཏོར་ལ། སུམྦྷ་ནིས་བསངས། ཨོཾ་ཨཱཿཧཱུྃ།

བདུད་རྩི་སྤྲིན། བུ་ཁྱོད་སུ་ཡིན་ཅི་ལ་དགའ། །ཞེས་འདྲི། སྐལ་བཟང་བདག་བདེ་བ་ཆེན་པོ་ལའོ། །ཞེས་རྗེས་ཟློས་བྱ། དེ་ཡིས་བུ་ལ་ཅི་ཞིག་བྱ། །ཞེས་འདྲི། སངས་རྒྱས་མཆོག་གི་དམ་ཚིག་གོ། །ཞེས་རྗེས་ཟློས་བྱ། སློབ་(༧༥༤ན)མའི་སྙིང་གར་ཟླ་བ་ལ་རྡོ་རྗེ་དཀར་པོ་བསམ་དུ་བཅུག་ནས། ཨོཾ་སརྦ་ཡོ་ག་ཙིཏྟ་ཨུཏྤ་ད་ཡཱ་མི། ཞེས་རྗེས་ཟློས་བྱར་བཅུག །རྡོ་རྗེ་སྙིང་གར་གཏུགས་པས་བརྟན་པར་བྱས་པར་བསམས་ཤིག་བྱས་ལ། སློབ་མའི་སྙིང་གར་རྡོ་རྗེས་གཏུགས་ལ། སུ་ར་ཏེ་ས་མ་ཡ་སྟྭཾ་ཧོཿསིདྡྷི་བཛྲ་ཡ་ཐཱ་སུ་ཁཾ། རྡོ་རྗེ་སྤྱི་བོར་བཞག་ལ། དེང་ཁྱོད་རྡོ་རྗེ་རྣལ་འབྱོར་མའི་རིགས་སུ་ཞུགས་ཀྱི། དེ་བཞིན་གཤེགས་པ་ཐམས་ཅད་ཀྱི་མཆོག་ཏུ་གསང་བ་དམ་པ་འདི། དེ་བཞིན་གཤེགས་པ་ཐམས་ཅད་ཀྱི་དཀྱིལ་འཁོར་དུ་མ་ཞུགས་པ་རྣམས་ལ་སྨྲ་བར་མི་བྱ་སྟེ། མ་དད་པ་རྣམས་ལ་ཡང་མ་ཡིན་ནོ། །ཞེས་གསང་བར་གདམས། ཛཿཧཱུྃ་བཾ་ཧོཿ ཅེས་པས་ཡོལ་བའི་ནང་དུ་བཅུག །ཡེ་ཤེས་དབབ་པ་ཞུ་བའི་ཡོན་དུ་མཎྜལ་འབུལ། ཡེ་ཤེས་དབབ་པའི་དོན་དུ་མོས་པ་འདི་བཞིན་མཛོད་བྱས་ལ། མདུན་བསྐྱེད་བཅོམ་ལྡན་འདས་མའི་ཐུགས་ཀའི་བཾ་ཡིག་ལས་འོད་བྱུང་། ཁྱེད་རང་གི་ལྟེ་བར་ཐིམ། འོད་འདུས་པ་ལས་ཆོས་འབྱུང་ཉིས་བརྩེགས་བཾ་ཡིག་ཟླ་བ་སྔགས་ཕྲེང་དང་བཅས་པ་ལས་འོད་ཟེར་འཕྲོས། ཁྱེད་རང་གི་ལུས་ཐམས་ཅད་གང་། ཚེ་འཁོར་བ་ཐོག་མ་མེད་པ་ནས་བསགས་པའི་སྡིག་སྒྲིབ་ཐམས་ཅད་བསྲེགས་སྦྱངས་ལུས་འོད་ཀྱི་གོང་བུར་གྱུར་པའི་སྐད་ཅིག་ལས་ཁྱེད་རང་རྣམས་རྡོ་རྗེ་རྣལ་འབྱོར་མ་སྣ་ཚོགས་པད་ཉི་མ་འཇིགས་བྱེད་དུས་མཚན་མའི་གདན་ལ་གཡས་བརྐྱང་བས་བཞུགས་(༧༥༤བ)པ། སྐུ་མདོག་དམར་མོ་ཞལ་གཅིག་ཕྱག་གཉིས་སྤྱན་གསུམ་མ། གྲི་གུག་དང་ཐོད་པ་ཁ་ཊྭཱཾ་ག་བསྣམས་པ། རུས་པ་དང་མི་མགོའི་ཕྲེང་བས་བརྒྱན་པ། ཡེ་ཤེས་ཀྱི་མེ་འབར་བའི་དབུས་ན་བཞུགས་པའི་གནས་རྣམས་སུ་ཟླ་བའི་དཀྱིལ་འཁོར་གྱི་སྟེང་དུ། ཨོཾ་བཾ་ཧཾ་ཡོཾ་ཧྲཱིཾ་མོཾ་ཧྲིཾ་ཧྲཱིཾ་ཧཱུྃ་ཧཱུྃ་ཕཊ་ཕཊ། རྣམས་གསལ་བཏབ་ལ།

རྗེས་གནོས་མཛོད། བླ་མ་དང་རྣལ་འབྱོར་མ་གཉིས་སུ་མ་མཆིས་པས་བདག་ལ་ཕྱོགས་བཅུ་དུས་གསུམ་གྱི་དེ་བཞིན་གཤེགས་པ་ཐམས་ཅད་ཀྱི་སྐུ་གསུང་ཐུགས་ཡོན་ཏན་འཕྲིན་ལས་དང་བཅས་པའི་དངོས་གྲུབ་དང་། འཇིག་རྟེན་དང་འཇིག་རྟེན་ལས་འདས་པའི་དངོས་གྲུབ་མ་ལུས་པ་བསྩལ་ཞིང་བརྟན་པར་མཛད་དུ་གསོལ། ལན་གསུམ། དེ་ནས་ཉིང་ལོ་སློབ་མའི་ཁར་སྦྱིན་ལ། མདུན་བསྐྱེད་བཅོམ་ལྡན་འདས་མའི་ཐུགས་ཀའི་བཾ་ཡིག་ལས་ངོ་བོ་རྡོ་རྗེ་རྣལ་འབྱོར་མ་རྣམ་པ་སྨུན་སེལ་གྱི་ཉིང་ལོ་འོད་གསལ་བ་བྱུང་། ཁྱེད་རང་གི་ཁ་སྒོ་ནས་ཞུགས། དབུ་མའི་ལམ་ནས་བརྒྱུད། ལྟེ་བའི་བཾ་ཡིག་དང་རོ་གཅིག་ཏུ་འདྲེས་པ་ལས། ནང་གི་རྣལ་འབྱོར་མ་མཆོན་གང་བར་གྱུར། དེས་བདེ་བ་ཆེན་པོའི་གར་མཛད། ཆོས་འབྱུང་གི་གྲུ་བཞིར་ཡང་དགའ་བ་འཁྱིལ་བ་བཞི་གཡོན་དུ་འཁོར། སྨིན་མཚམས་དང་གསང་སྒོར་ཡང་དགའ་བ་འཁྱིལ་བ་གཡོན་དུ་འཁོར། ཕྱོགས་བཅུའི་སངས་རྒྱས་བྱང་ཆུབ་སེམས་དཔའ་ཐམས་ཅད་རྡོ་རྗེ་རྣལ་འབྱོར་མའི་རྣམ་པར་(༧༨༠ན)ཐོན་ནས་ཁྱེད་རང་ལ་ཐིམ་པས། ཁྱེད་རང་གི་ལུས་ངག་ཡིད་གསུམ་རྡོ་རྗེ་རྣལ་འབྱོར་མའི་སྐུ་གསུང་ཐུགས་ཀྱི་ངོ་བོ་དམ་པར་བྱིན་གྱིས་བརླབས། རོལ་ཆེན་བྱ། ཨོཾ་གསུམ་མ་བརྗོད། ཨོཾ་བཛྲ་ཨ་བེ་ཤ་ཨ། ཡེ་ཤེས་དབབ་པའི་རྒྱུན་དེ་སྤྱི་བོར་རྡོ་རྗེ་རྒྱ་གྲམ་དུ་བཞག་པས་བརྟན་པར་མོས་པ་མཛོད། ཏིཥྛ་བཛྲ་ལན་གཉིས། མདུན་བསྐྱེད་རྡོ་རྗེ་རྣལ་འབྱོར་མའི་སྐུ་ལ་མེ་ཏོག་ཕུལ་བར་མོས་ལ། མེ་ཏོག་གཏོར་བཞིན་དུ་འདིའི་རྗེས་གནོས་ཀྱིས་བྱས་ལ། ཨོཾ་པྲ་ཏཱིཙྪ་བཛྲ་ཧོ། སླར་ཡང་མེ་ཏོག་དེ་ཉིད་རང་གི་སྤྱི་བོར་བཅིངས་པར་མོས་ཤིག་བྱས་ལ། ཨོཾ་པྲ་ཏི་གྲིཧྞ་སྟྭཾ་ཨི་མཾ་སཏྭ་མཧཱ་བ་ལ། རྣལ་འབྱོར་མ་དཔལ་དེང་ཁྱོད་ཀྱིས། མིག་འབྱེད་བར་ནི་བརྩོན་པར་མཛད། །ཁྱེ་བས་ཐམས་ཅད་མཐོང་བ་ཡང་། །རྡོ་རྗེའི་མིག་ནི་བླ་ན་མེད། །ཨོཾ་བཛྲ་ནེ་ཏྲ་ཨ་པ་ཧ་ར་པ་ཊ་ལཾ་ཧྲི་ཧྲཾ། རྟེན་དང་བརྟེན་པར་བཅས་པའི་དཀྱིལ་འཁོར་པ་ཐམས་ཅད་མངོན་སུམ་བཞིན་དུ་

གསལ་བར་གྱུར། དབང་དངོས་གཞི་ཞུ་བའི་ཡོན་དུ་མཎྜལ་དབུལ། རྣལ་འབྱོར་མ་དཔལ་དབང་བསྐུར་བ། །འགྲོ་བ་སྐྱོབ་པའི་གཟི་བརྗིད་ཅན། །ཇི་ལྟར་ཡོན་ཏན་འབྱུང་གནས་གཙོ། །དེ་བཞིན་བདག་ལ་དེང་སྩོལ་ཅིག །ཅེས་ལན་གསུམ་རྗེས་ཟློས་ཀྱིས་གསོལ་བ་བཏབ། རིན་པོ་ཆེའི་ཁྲི་ཡངས་ཤིང་རྒྱ་ཆེ་བའི་དབུས་སུ། ཁྱེད་རང་རྣམས་རྡོ་རྗེ་རྣལ་འབྱོར་མར་གསལ་བའི་སྟེང་དུ་གདུགས་དཀར་པོ་མཐའ་སྐོར་དུ་མཆོད་(༧༤༠བ)པའི་སྤྲིན་གྱི་ཕུང་པོ་ས་དང་བར་སྣང་ཐམས་ཅད་གང་བར་གྱུར། མདུན་བསྐྱེད་བཅོམ་ལྡན་འདས་མའི་ཐུགས་ཀ་ནས་དབང་གི་ལྷ་སྤྱུལ་ཏེ་དབང་བསྐུར་བའི་ལས་མཛད་པར་མོས་ཤིག་བྱས་ལ། བུམ་པ་བཟུང་། མེ་ཏོག་གཏོར་ཞིང་། ཏེ་རུ་ཀ་དཔལ་འབར་བའི་སྐུ་མངའ་བ། །ཏ་ཏའི་གད་མོས་ས་གསུམ་གཡོ་བར་མཛད། །ཧཱུྃ་ཧཱུྃ་ཕཊ་ཀྱིས་བདུད་ཀྱི་སྡེ་པ་འགེམས། །བདེ་མཆོག་འཁོར་ལོའི་བཀྲ་ཤིས་དེང་འདིར་སྩོལ། །ཨེ་ཝཾ་མཉམ་པར་སྦྱོར་བ་བདེ་བའི་སྐུ། །ཨཱ་ལི་ཀཱ་ལི་རོལ་པའི་གསུང་མངའ་ཞིང་། །ཨོཾ་གི་ངོ་བོར་སོན་པའི་ཐུགས་མངའ་བ། །ཤེས་རབ་ཕག་མོས་བཀྲ་ཤིས་དེང་འདིར་སྩོལ། །ཞེས་ཤིས་པ་བརྗོད། དབང་ལྷ་ལ་གསོལ་བ་འདེབས་པ་འདིའི་རྗེས་ཟློས་མཛོད་བྱས་ལ། དེ་བཞིན་གཤེགས་པ་ཁྱེད་རྣམས་ཀྱིས་བདག་ལ་མངོན་པར་དབང་བསྐུར་བ་བསྩལ་དུ་གསོལ། དེ་ནས་དབང་གི་ལྷ་རྣམས་ཀྱིས། ཇི་ལྟར་བལྟམས་པ་ནས། ཧྲཱི་ཡེ་ཧཱུྃ། ཨོཾ་ཙཀྲ་ཝརྟི་ར་ཏྣ་ཨ་བྷི་ཥིཉྩ་ཧཱུྃ། ཞེས་ཆུ་དབང་བསྐུར། ཨོཾ་སརྦ་བུདྡྷ་ཌཱ་ཀི་ནི་ཡེ། བཛྲ་ཝརྞ་ནི་ཡེ། མཧཱ་སུ་ཁུ་ཏ་ཧོཾ། ཨོཾ་བཛྲ་ཀྲོ་ཏ་ཨ་བྷི་ཥིཉྩ་ཧཱུྃ། ཞེས་གསུངས་ཤིང་། བུམ་པའི་ཆུས་སྤྱི་བོ་ནས་དབང་བསྐུར། སྐུ་གང་དྲི་མ་དག་ཆུའི་ལྷག་མ་ཡར་ལུད་པ་ལས། ཁྱེད་རང་གི་སྤྱི་བོའི་གཙུག་ཏུ་རྣམ་པར་སྣང་མཛད། དཔྲལ་བར་མི་བསྐྱོད་པ། རྣ་བ་གཡས་པར་རིན་ཆེན་འབྱུང་ལྡན། ལྟག་པར་འོད་དཔག་མེད། རྣ་བ་གཡོན་པར་དོན་ཡོད་གྲུབ་པ་(༧༤༡ན)རྣམས་ཀྱིས་དབུ་བརྒྱན་པར་བསམས། དེ་ནས་བརྟན་པར་བཞུགས་སུ་གསོལ་

བའི་མོས་པ་གྱིས་བྱས་ལ། རོལ་ཆེན་དང་བཅས་སློབ་མ་ལ་མེ་ཏོག་གཏོར་ལ། ཨོཾ་སུ་པྲ་ཏི་ཙྪ་བཛྲ་ཡེ་སྭཱཧཱ། ཞེས་བརྗོད། དེ་ནས་བཟླས་ལུང་ནི། མདུན་བསྐྱེད་བཅོམ་ལྡན་འདས་མའི་ཐུགས་ཀའི་བཾ་ཡིག་ལས་སྔགས་རྣམས་ཀྱི་ཕྲེང་བ་བྱུང་། ཁྱེད་རང་གི་ཁ་སྒོ་ནས་ཞུགས། སྙིང་གའི་གཟུངས་སྔགས་ལ་ཐིམ་པས་སྔགས་ནུས་པ་མཐུ་དང་ལྡན་པར་བྱིན་གྱིས་བརླབས་པར་མོས་ལ། འདིའི་རྗེས་ཟློས་མཛོད་བྱས་ལ། ཨོཾ་གསུམ་མ་ལན་གསུམ་བརྗོད། དམ་བཅའ་བའི་ལུང་འདིའི་རྗེས་ཟློས་མཛོད་བྱས་ལ། བླ་མ་དང་རྡོ་རྗེ་རྣལ་འབྱོར་མ་གཉིས་སུ་མ་མཆིས་པ་བདག་ལ་དགོངས་སུ་གསོལ། བདག་མིང་འདི་ཞེས་བགྱི་བ་དུས་འདི་ནས་བཟུང་སྟེ་ཇི་སྲིད་བྱང་ཆུབ་སྙིང་པོ་ལ་མཆིས་ཀྱི་བར་དུ། རྡོ་རྗེ་རྣལ་འབྱོར་མ་ཡི་དམ་གྱི་ལྷར་བཟུང་ནས། དེའི་གཟུངས་སྔགས་ཉིན་རེ་ལ་ཙི་ནུས་རེ་བཟླ་བར་དམ་འཆའ་ལགས་སོ། །སློབ་དཔོན་ལ་མེ་ཏོག་གཏོར་ལ། འདིའི་རྗེས་ཟློས་མཛོད། བཅོམ་ལྡན་བདག་གིས་བཟུང་ལགས་ཀྱི། །བདག་ལ་འགོ་བར་མཛད་དུ་གསོལ། །མེ་ཏོག་དེ་ཉིད་སྣར་ཡང་ཁྱེད་རང་རྣམ་པའི་སྤྱི་བོར་གཏོར་བས་སྔགས་ཕྲེང་གི་རྣམ་པས་སྙིང་གར་ཐིམ་ཏེ་རྒྱུད་བྱིན་གྱིས་བརླབས་པར་མོས་མཛོད་བྱས་ལ། མེ་ཏོག་སློབ་མའི་སྤྱི་བོ་དང་སྙིང་གར་གཏོར་ཏེ། སྔགས་ཀྱི་དངོས་གྲུབ་བསྩལ་(༧༦༧བ)དུ་གསོལ། །བརྟུལ་ཞུགས་བརྟན་པར་མཛད་དུ་གསོལ། །རིག་པ་འཛིན་པ་ཁྱེད་ཀྱི་རྒྱུད་ལ་རྡོ་རྗེ་རྣལ་འབྱོར་མའི་གསུང་རིག་སྔགས་ཀྱི་བྱིན་རླབས་དང་ནུས་མཐུ་མ་ལུས་པ་ཡོངས་སུ་འཇུག་པར་གྱུར་ཅིག །ཅེས་བརྗོད་དོ། །དེས་བུམ་དབང་ཐོབ་པས་བསྐྱེད་རིམ་བསྒོམ་པ་ལ་དབང་བར་བྱས་སོ། །མདུན་བསྐྱེད་ཀྱི་ཐུགས་ཀ་ནས་འོད་ཟེར་འཕྲོས། སངས་རྒྱས་ཐམས་ཅད་སྤྱན་དྲངས། ཞལ་དུ་ཞུགས། བྱང་ཆུབ་ཀྱི་སེམས་སུ་ཞུ། གསང་བ་ནས་ཐོན། ཀ་པཱ་ལའི་བདུད་རྩི་དང་འདྲེས། དེ་ཉིད་ལྕེ་ཐོག་ཏུ་བཞག་པར་མོས་ཤིག །ཅེས་ཨོཾ་གསུམ་མའི་མཐར་འབྲུ་གསུམ་བརྗོད་ཅིང་། དཀྱིལ་འཁོར་གྱི་ནང་མཆོད་

ནས་བླངས་ལ་སློབ་མ་ལ་བྱིན། དེས་གསང་དབང་ཐོབ་པས། ལམ་རང་ལུས་ལ་བརྟེན་ནས་རྩ་དབུ་མ་ཁ་དབྱེ་བའི་ཐབས་བསྒོམ་པ་ལ་དབང་ངོ་། །དེ་ནས་སིན་རྡུ་རའི་དཀྱིལ་འཁོར་ལས་སིན་རྡུ་ར་སློབ་དཔོན་གྱི་མཐེབ་སྲིན་གཡོན་པས་བླངས་ལ། སློབ་མའི་དཔྲལ་བ། མགྲིན་པ། སྙིང་ག །ལྟེ་བ་རྣམས་སུ་བྱུགས། འབྲུ་གསུམ་བརྗོད། དེ་ལྟར་གནས་བཞི་བྱིན་གྱིས་བརླབས་པའི་རྗེན་གྱིས་ལྟེ་བའི་གཏུམ་མོ་འབར། སྤྱི་བོའི་ཧཾ་ཡིག་ཞུ་བའི་དགའ་བ་བཞིའི་ཡེ་ཤེས་བསྐྱེད་པར་མོས་ལ། སྔགས་དང་ཕྱག་རྒྱ་འདིའི་རྗེས་ཟློས་གྱིས། ཞེས་བརྗོད་ལ། ཨོཾ་སརྦ་ཏ་ཐཱ་ག་ཏ་ཨ་ནུ་རཱ་ག་ཎ་བཛྲ་སྭ་བྷཱ་ཝ་ཨཱཏྨ་ཀོཉྷཾ། ཞེས་པ་དང་། འཁྱུད་རྒྱ་བྱར་བཅུག །དེས་ཤེས་རབ་ཡེ་ཤེས་ཀྱི་དབང་བསྐུར་བ་ཐོབ་པས། ཕོ་ཉའི་ལམ་བསྒོམ་པ་ལ་དབང་བ་ཡིན་ནོ། །དེ་ལྟ་བུའི་ཞུ་བདེ་(༧༤༢ན)དེ་ཉིད་དཔེར་བྱས་ཏེ། དོན་རང་སེམས་བདེ་བ་ཆེན་པོ་ལྷན་ཅིག་སྐྱེས་པའི་དོན་བསྒོམ་པ་ནི་བཞི་པའི་ཡེ་ཤེས་ཏེ། དངོས་པོ་མེད་པའི་ཆོས་ཉིད་ཆོས། །ནམ་མཁའ་ལྟ་བུར་དྲི་མ་མེད། །སྟོང་ཉིད་ཡེ་ཤེས་རྡོ་རྗེ་ཡིས། །སྟོང་པ་ཉིད་ནི་རྣམ་པར་བསྒོམ། །ཞེས་པ་ཡིན་པས་སྤྲོས་བྲལ་བདེ་སྟོང་ལ་ཙུང་ཟད་མཉམ་པར་ཞོག་མཛོད། དེ་ནི་དབང་བཞི་པ་སྟེ། ལམ་དེ་ཁོ་ན་ཉིད་དངོས་སུ་བསྒོམ་པར་བྱེད་པ་ལ་དབང་བ་ཡིན་ནོ། །རྗེས་ཆོག་སྤྱི་དང་འདྲ། །

༄ རྡོ་རྗེ་ཕག་མོ་ཞལ་གཉིས་མ་དབྱལ་ལུགས་ལ། དབང་བཞི་ཡོངས་སུ་རྫོགས་ནས། འདི་ཉིད་ཀྱི་བྱིན་རླབས་ཐོབ་པའི་རྣལ་འབྱོར་པས་ཚུལ་འདི་ལ་འཇུག་པར་བྱའོ། །དེ་ལ་སྟོང་པ་ཉིད་དུ་ཤེས་པའི་སྒོ་ནས། སྐྱབས་འགྲོ་སེམས་བསྐྱེད་ཚད་མེད་བཞི་རྣམས་སྤྱི་དང་མཐུན་པར་བྱ། གདོང་ནུབ་ཏུ་ཕྱོགས་བཞིན་པས་འདི་སྐད་ཅེས་བྱ་སྟེ། བདག་ཉིད་གང་དུ་གནས་པའི་ས་ཕྱོགས་འདི་ཉིད་ཆོས་ཀྱི་དབྱིངས་ཆོས་ཀྱི་འབྱུང་གནས། ཨོ་ཌི་ཡ་ན་རྡོ་རྗེའི་གནས་སུ་གྱུར་པར་བསམས། རང་གི་སྤྱི་བོར་རྩ་བའི་བླ་མ་ཏེ་ཙུ་ཀ་དང་གཉིས་སུ་མེད་པ་འཇམ་བག་དང་བཅས་ཤིང་ཙུས་པའི་

རྒྱན་གྱི་སྤྲས་པ་སྐྱབས་གནས་ཐམས་ཅད་ཀྱི་ངོ་བོར་བཞུགས། གང་གི་དྲིན་གྱིས་བདེ་ཆེན་ཉིད། །ནས། པད་ལ་འདུད། བླ་མ་སངས་རྒྱས་བླ་མ་ཆོས། །དེ་བཞིན་བླ་མ་དགེ་འདུན་ཏེ། །བླ་མ་དཔལ་ལྡན་རྡོ་རྗེ་འཆང་། །གསོལ་བ་འདེབས་སོ་བྱིན་གྱིས་རློབས། །ཞེས་ལན་གསུམ། བླ་མ་ཡི་དམ་སངས་(༧༨༢བ)རྒྱས་བྱང་ཆུབ་སེམས་དཔའ་མཁའ་འགྲོའི་ཚོགས་དང་བཅས་པ་རྣམས་ཀྱང་སྟེང་གི་ནམ་མཁའ་ལ་བཞུགས་པར་གྱུར། ཨོཾ་བཛྲ་ཨརྒྷཾ་པྲ་ཏཱིཙྪ་སྭཱཧཱ། ཨོཾ་བཛྲ་པཱདྱཾ་པྲ་ཏཱིཙྪ་སྭཱཧཱ། ཨོཾ་བཛྲ་པུཥྤེ་ཨཱཿཧཱུྃ་ནས། ཨོཾ་བཛྲ་ཤབྡ་ཨཱཿཧཱུྃ། ཐལ་མོ་སྙིང་གར་སྦྱོར་བཞིན་པས། དཀོན་མཆོག་གསུམ་ལ་བདག་སྐྱབས་མཆི། །ཞེས་པ་ནས། སངས་རྒྱས་བྱང་ཆུབ་ཡིད་ཀྱིས་བཟུང་། །ཐེག་ཆེན་བདུད་རྩི་རབ་བཤད་པར། །འཁོར་ལོ་བསྐོར་བར་གསོལ་བ་འདེབས། །ཇི་སྲིད་འཁོར་བ་གནས་ཀྱི་བར། །མྱ་ངན་མི་འདའ་གསོལ་བར་འཚལ། །སངས་རྒྱས་ཆོས་དང་ཚོགས་རྣམས་ལ། །བྱང་ཆུབ་བར་དུ་བདག་སྐྱབས་མཆི། །ནས། འགྲོ་ལ་ཕན་ཕྱིར་སངས་རྒྱས་འགྲུབ་པར་ཤོག །ལན་གསུམ། བླ་མ་ཡི་དམ་སངས་རྒྱས་བྱང་ཆུབ་སེམས་དཔའ་མཁའ་འགྲོའི་ཚོགས་དང་བཅས་པ་འོད་དུ་ཞུ་ནས་བདག་ཉིད་ལ་ཐིམ། རང་གི་གནས་རྣམས་སུ་ཟླ་བའི་དཀྱིལ་འཁོར་གྱི་སྟེང་དུ། ཨོཾ་བཾ་ཧཾ་ཡཾ་ཧྲཱི་མཾ་ཧྲཱི་ཧྲཱི་ཧཱུྃ་ཧཱུྃ་ཕཊ་ཕཊ། ནང་མཆོད། ཤཱུྃ་ཧྣས་བསངས། སྭ་བྷཱ་ཤས་སྦྱངས། སྟོང་པའི་ངང་ལས་ཀ་པཱ་ལ་ཡངས་ཤིང་རྒྱ་ཆེ་བ་ཡེ་ཤེས་ཀྱི་བདུད་རྩིས་གང་བར་གྱུར། གཡོན་པའི་མཐེབ་སྲིན་གྱིས་མདུན་ནས་བཙམས་ཏེ་ཆོས་འབྱུང་གཡོན་སྐོར་དུ་འབྲི་ཚུལ་བྱ་ཞིང་། ཨོཾ་གསུམ་མ་ཚར་གཅིག་བརྗོད། མཐེ་བོང་གི་རྩེར་ཨོཾ། མཐེ་ཆུང་གི་རྩེར་ཨཱཿ མཁྲིག་མའི་ངོས་ལ་ཧཱུྃ། ལག་མཐིལ་དུ་བཾ། དེ་ཉིད་ཀྱི་གཟུགས་བརྙན་ཤར་བ་ལྟར། ཆོས་འབྱུང་གི་ནང་དུ་ཡི་གེ་བཞི་འཁོད་པར་གྱུར་པ་ལས་(༧༨༣ན)འོད་ཟེར་འཕྲོས། ཕྱོགས་བཅུའི་རྒྱལ་བ་ཡབ་ཡུམ་ཐམས་ཅད་ཀྱི་ཐུགས་རྒྱུད་བསྐུལ། ཡེ་ཤེས་ཀྱི་བདུད་རྩིས་བྱང་ཆུབ་ཀྱི་སེམས་དཀར་དམར་གྱི་རྣམ་པ་ཅན་སྦྱོར་མཚམས

ནས་སྤྱན་དྲངས་ལ། ཐོད་པའི་ནང་གི་བདུད་རྩི་ལ་ཐིམ། ཨོཾ་ཨཱཿཧཱུྃ། ལན་གསུམ། གཡས་པའི་མཐེབ་སྲིན་གྱིས་བདུད་རྩི་བླངས་ལ། གཡོན་པའི་མཐེའུ་ཆུང་ནས་མཐེ་བོའི་བར་སོར་མོ་ལྔ་དང་། ཐམས་ཅད་འདུས་པའི་སེན་མོའི་ངོས་ལ་བདུད་རྩིའི་ཐིག་ལེ་བྱ་ཞིང་། ཨོཾ་བཾ་ཧཾ་ཡཾ་ཧྲཱིཾ་མཾ་ཧྲཱི་ཧྲཱི་ཧཱུྃ་ཧཱུྃ་ཕཊ་ཕཊ། ཅེས་བརྗོད། ཡི་གེ་འབྲུ་གསུམ་བརྗོད་ཅིང་། དེ་རྣམས་ལ་བདུད་རྩི་གཏོར། ཡང་འབྲུ་གསུམ་བརྗོད་ཅིང་ལུས་ཐམས་ཅད་ལ་བྱུགས་པས། གོ་ཆ་དྲུག་པོ་རང་ལུས་ལ་ཐིམ་པར་བསམས། གཡོན་པའི་མཐེབ་སྲིན་གྱིས་གནས་དང་། ཟས་ལ་ཕྱོགས་ཀུན་ཏུ་གཏོར། ཨོཾ་ཨཱཿཧཱུྃ། ཨོཾ་ཧྲིཿཥྚ་ཥྚ་ཥྚ་ཏ་ཡ། ཥྚ་ཏ་ཡ། སརྦ་དུཥྚཾ་ཧཱུྃ་ཕཊ། ལན་གསུམ། བགེགས་ཐམས་ཅད་བསྐྲད། སྟེང་འོག་ཕྱོགས་མཚམས་ཐམས་ཅད་དུ་རྡོ་རྗེའི་ས་གཞི་ར་བ་དྲྭ་བ་གུར་བླ་རེ་ཡེ་ཤེས་ཀྱི་མེ་དཔུང་འབར་བ་དང་བཅས་པའི་སྲུང་བའི་འཁོར་ལོར་གྱུར། དེ་ནས་སྒོ་གསུམ་སྦྱངས་ཤིང་། གཞི་ལམ་འབྲས་གསུམ་རྣམ་པར་དག་པའི་སྟོང་པ་ཉིད་ཀྱི་དོན་དྲན་བཞིན་པས། ཨོཾ་སྭ་བྷཱ་ཝ་ཤུདྡྷ་སརྦ་དྷརྨ་སྭ་བྷཱ་ཝ་ཤུདྡྷོ྅ཧཾ། ཨོཾ་བཛྲ་ཤུདྡྷ་སརྦ་དྷརྨ་བཛྲ་ཤུདྡྷོ྅ཧཾ། ཨོཾ་ཡོ་ག་ཤུདྡྷ་སརྦ་དྷརྨ་ཡོ་ག་ཤུདྡྷོ྅ཧཾ། ཞེས་པས་དག་པ་གསུམ་གྱི་སྔགས་བརྗོད། (༧༨༣བ)སྟོང་པའི་ངང་ལས་རང་ལུས་གཞལ་ཡས་ཁང་གྲུ་བཞི་སྒོ་བཞི་རྟ་བབས་དང་བཅས་པ། རྒྱན་ཐམས་ཅད་ཀྱིས་བརྒྱན་པ། མཚན་ཉིད་ཐམས་ཅད་ཡོངས་སུ་རྫོགས་པ། ཕྱི་རོལ་དུ་དུར་ཁྲོད་ཆེན་པོ་བརྒྱད་སྲུང་བའི་འཁོར་ལོ་དང་བཅས་པས་ཡོངས་སུ་བསྐོར་བའི་དབུས་སུ། ཆོས་འབྱུང་གྲུ་གསུམ་ཕྱི་དཀར་ལ་ནང་དམར་བ་རྩ་བ་ཕྲ་ཞིང་གདེངས་ཀ་རྒྱས་པའི་སྟེང་རུས་སྦལ་གྱི་རྒྱབ་ལྟར་མཐོ་བ། དེའི་ནང་དུ་ངག་སྔགས་ཀྱི་ཡིག་འབྲུ་དང་། སེམས་ལྷ་སྐུའི་རྣམ་པར་གྱུར་པ་ནི། པཾ་ལས་སྣ་ཚོགས་པདྨ་འདབ་མ་བརྒྱད་པའི་ལྟེ་བར་མི་རོ་སེར་པོ་མགོ་གཡོན་དུ་བསྟན་པའི་སྟེང་གར་ཨོཾ་ལས་ཉི་མའི་དཀྱིལ་འཁོར། དེའི་སྟེང་དུ་བཾ་དམར་པོ་ལས་འོད་ཟེར་འཕྲོས། ས་གསུམ་གྱི་དྲི་མ་སྦྱངས། ཕྱོགས་བཅུའི་

ཀྱིལ་བ་ཐམས་ཅད་བསྡུས་ཤིང་ཐིམ་པ་ལས་བདག་ཉིད་རྡོ་རྗེ་རྣལ་འབྱོར་མ་སྐུ་མདོག་པདྨ་རཱ་ག་ལྟར་དམར་ཞིང་ཡིད་ཙམ་སྨུག་པ་ཉི་མ་བྱེ་བའི་འོད་དང་མཚུངས་པའི་གཟི་བརྗིད་ཅན། རྩ་ཞལ་ལྷ་མོའི་རྣམ་པ་འཛུམ་འཁྲོ་ཆགས་པའི་ཉམས་ཅན་མཆེ་བ་གཙིགས་ཤིང་བཞད་པ། གཡས་ཞལ་ཕག་གདོང་ཁྲོ་ཞིང་གྱེན་དུ་ཕྱོགས་པས་གཟིགས་པ། ཕྱག་གཡས་རྡོ་རྗེ་གྲི་གུག་འཕྱར་ཞིང་། གཡོན་ཐོད་ཁྲག་ཐུགས་ཀར་འཛིན་པ། མཆན་ཁུང་གཡོན་དུ་རྡོ་རྗེའི་ཁ་ཊྭཱཾ་ག་དཀར་པོ་གྱེན་དུ་བསྙེང་བ། དབུ་སྐྲ་ནག་པོ་ཙུང་ཟད་ལི་བ་གསིལ་བུར་གྲོལ་ཞིང་ཐུར་དུ་འཕྱང་བ། དམར་ཞིང་བཀྲ་ལ་ཐྲུམ་པོར་གཡོ་བའི་(༧༨༢ན)སྤྱན་གསུམ་དང་ལྡན་པ། རྡོ་རྗེ་ནག་པོའི་འཕྲེང་བ་ལ་བརྒྱུས་པའི་ཐོད་སྐམ་ལྔའི་ཕྲེང་བ་ཅན། རྒྱུ་མས་སྤྲེལ་བའི་ཁྲག་འཛག་མི་མགོ་ལྔ་བཅུའི་དོ་ཤལ་འཕྱང་བ། འཁོར་ལོ་དང་། རྣ་ཆ་དང་། མགུལ་རྒྱན་དང་། གདུ་བུ་སྐེ་མི་རུས་ཀྱི་ཕྱག་རྒྱ་ལྔས་བརྒྱན་པ། གཅེར་བུ་ལོ་བཅུ་དྲུག་ལོན་པ་ལྟར་ལང་ཚོ་ལ་བབས་ཤིང་ནུ་མ་རྒྱས་པ། ཞབས་གཡོན་བརྐྱངས་པའི་སྐྱིལ་ཀྲུང་ཕྱེད་པའི་གར་སྟབས་ཀྱིས་བཞུགས་པ། མ་ལུས་པའི་སྤྲུལ་པ་འཆང་བའི་སྐུ་ཅན། བསྐལ་པའི་མེ་ལྟ་བུའི་ཡེ་ཤེས་ཀྱི་མེ་འབར་བའི་དབུས་ན་སྟེག་ཅིང་རོལ་པའོ། །ལྟེ་བར་ཉི་མའི་དཀྱིལ་འཁོར་གྱི་སྟེང་དུ་བཾ་དམར་པོ། དེ་ལས་འོད་ཟེར་འཕྲོས། རང་བཞིན་གྱི་གནས་ནས་རྡོ་རྗེ་རྣལ་འབྱོར་མ་ལ་དཔའ་བོ་དང་རྣལ་འབྱོར་མའི་ཚོགས་ཐམས་ཅད་ཀྱིས་བསྐོར་བ་སྤྱན་དྲངས། འབར་བའི་ཕྱག་རྒྱ་དཔྲལ་བར་བསྐོར་བཞིན་པས། ཛཾ་ཞེས་བརྗོད། ཛཿཧཱུྃ་བཾ་ཧོཿ གནས་རྣམས་སུ་ཟླ་བའི་དཀྱིལ་འཁོར་གྱི་སྟེང་དུ། ལྟེ་བར་ཨོཾ་བཾ་དམར་མོ་རྡོ་རྗེ་ཕག་མོ། སྙིང་གར་ཧཾ་ཡོཾ་སྔོན་མོ་གཤིན་རྗེ་མ། ཁར་ཧྲིཾ་མོཾ་དཀར་མོ་རྨོངས་བྱེད་མ། དཔྲལ་བར་ཧྲིཾ་ཧྲིཾ་སེར་མོ་བསྐྱོད་བྱེད་མ། སྤྱི་གཙུག་ཏུ་ཧཱུྃ་ཧཱུྃ་ལྗང་གུ་སྐྲག་བྱེད་མ། ཚོགས་ཆེན་ཐམས་ཅད་ལ་ཕཊ་ཕཊ་དུད་ཀ་ཙཎྜི་ཀའི་ངོ་བོ་རྣམས་སུ་གྱུར། སླར་ཡང་བཾ་ལས་འོད་ཟེར་འཕྲོས། དབང་གི་ལྷ་(༧༨༢བ)

དཔལ་ཧེ་རུ་ཀའི་དཀྱིལ་འཁོར་མདུན་གྱི་ནམ་མཁར་ཡཾ། བདུད་རྩིས་གང་བའི་སྣོད་ཐོགས་ཏེ། མདུན་གྱི་ནམ་མཁར་བཞུགས་པ་ལ་བདག་ལ་དབང་བསྐུར་དུ་གསོལ། ཞེས་གསོལ་བ་བཏབ་པས། རང་སྔགས་གསུང་བཞིན་པས་དབང་བསྐུར། སྐུ་གང་། དྲི་མ་དག །ཆུའི་ལྷག་མ་ཡར་ལུད་པ་ལས་མི་བསྐྱོད་པའི་ངོ་བོ་རྡོ་རྗེ་སྔོན་པོ་རྩེ་ལྔ་པས་དབུ་བརྒྱན་ཅིང་། དབང་གི་ལྷ་རྣམས་རང་ལ་ཐིམ་པར་བསམས། དེ་ནས་དག་པ་དྲན་པ་ནི། ངག་ཏུ་མ་བརྗོད་ཀྱང་ཉུང་མོད་ཀྱི། དོན་ནི་འདི་ལྟར་དྲན་དགོས་སོ། །པདྨའི་གདན་ནི་ཉོན་མོངས་པས་མ་གོས་པའོ། །མི་རོའི་གདན་ནི་རྟོག་པ་ཐམས་ཅད་དང་བྲལ་བའི་སྟོང་པ་ཉིད་དོ། །ཉི་མ་ནི་བདེ་བ་ཆེན་པོའི་སྣང་བ་རྒྱས་པའོ། །སྐུ་མདོག་དམར་མོ་ནི་ཐུགས་རྗེས་སེམས་ཅན་ལ་ཆགས་པའོ། །ཞབས་གཉིས་ནི་བདེན་གཉིས་ཟུང་དུ་འཇུག་པའོ། །གྲི་གུག་ནི་དུག་གསུམ་གཅོད་པའོ། །ཐོད་པ་ནི་བདེ་བ་སྐྱོང་བའོ། །ཐོད་སྐམ་ལྔ་ནི་རིགས་ལྔའོ། །མགོ་རློན་གྱི་ཕྲེང་བ་ནི་ཡི་གེ་ལྔ་བཅུ་དག་པའོ། །ཕྱག་རྒྱ་ལྔ་ནི་ཕ་རོལ་ཏུ་ཕྱིན་པ་ལྔའོ། །ཞབས་གཡས་བསྐུམས་ཤིང་གཡོན་བརྐྱངས་པ་ནི་མི་གནས་པའི་མྱ་ངན་ལས་འདས་པའོ། །སྐྲ་གྲོལ་བ་ནི་མཚན་མས་མ་བཅིངས་པའོ། །ཁ་ཊྭཱཾ་ག་ནི་ཐབས་དང་མ་བྲལ་བའོ། །སྐུ་གཅིག་པུ་ནི་ཤེས་རབ་ཀྱི་ཕ་རོལ་ཏུ་ཕྱིན་པའོ། །གཅེར་བུ་ནི་སྒྲིབ་པ་ཐམས་(༧༤༥ན) ཅད་དང་བྲལ་བའོ། །མེ་དཔུང་འབར་བ་ནི་ཡེ་ཤེས་ཀྱི་སྣང་བ་སྤྲོ་བའོ། །ཞེས་སོ། །ལྟེ་བའི་བཾ་ཡིག་ལས་སྔོ་མཚམས་མ་བརྒྱད་སྐུ་མདོག་ལྗང་སྔོན་ཅང་ཏེའུ་དང་ཐོད་པ་བདུད་རྩིས་གང་བ་ཐོགས་པ། མཆོད་རྫས་སྣ་ཚོགས་འཛིན་པའི་མཁའ་འགྲོ་མའི་ཚོགས་ཀྱིས་བསྐོར་བ་སྤྲོས་ཏེ། མཆོད་པ་དང་བསྟོད་པའི་ལས་མཛད་པར་གྱུར། ཨརྒྷཾ་ནས་ཤབྡའི་བར་གྱིས་མཆོད། ཨོཾ་ཨཱཿཧཱུྃ་གིས་ནང་མཆོད་ཕུལ། ཨོཾ་བཅོམ་ལྡན་འདས་མ་རྡོ་རྗེ་ཕག་མོ་ལ་ཕྱག་འཚལ་ཧཱུྃ་ཧཱུྃ་ཕཊ། ཨོཾ་འཕགས་མ་རིག་མའི་དབང་ཕྱུག་ཁམས་གསུམ་གྱིས་མི་ཐུབ་ཧཱུྃ་ཧཱུྃ་ཕཊ། ཨོཾ་འབྱུང་པོའི་འཇིགས་པ་ཐམས་

ཙད་རྡོ་རྗེ་ཆེན་པོས་འཇོམས་ཧཱུྃ་ཧཱུྃ་ཕཊ། ཨོཾ་རྡོ་རྗེ་གདན་བཞུགས་གཞན་གྱིས་མི་ཐུབ་དབང་བྱེད་ཙན་ཧཱུྃ་ཧཱུྃ་ཕཊ། ཨོཾ་གཏུམ་མོ་ཁྲོ་མོའི་གཟུགས་ཀྱིས་ཚངས་པ་སྙེམས་པར་ལྡན་ཧཱུྃ་ཧཱུྃ་ཕཊ། ཨོཾ་བདུད་རྣམས་སྐྲག་ཅིང་སྙེམས་པས་གཞན་གྱིས་ཕྱོགས་ལས་རྒྱལ་ཧཱུྃ་ཧཱུྃ་ཕཊ། ཨོཾ་རྨུགས་བྱེད་རེངས་བྱེད་རྨོངས་བྱེད་ཀུན་ལས་རྣམ་པར་རྒྱལ་ཧཱུྃ་ཧཱུྃ་ཕཊ། ཨོཾ་རྡོ་རྗེ་ཕག་མོ་སྦྱོར་ཆེན་འདོད་དབང་མ་ལ་འདུད་ཧཱུྃ་ཧཱུྃ་ཕཊ། ཅེས་རྐང་བརྒྱད་ཀྱིས་བསྟོད། ལྷ་མོ་རྣམས་ལྟེ་བའི་བཾ་ལ་ཐིམ། ཡི་གེ་འབྲུ་གསུམ་ལན་གསུམ་བརྗོད་ཅིང་བདུད་རྩི་ལན་གསུམ་མྱངས། གསང་གནས་སུ་ཆོས་འབྱུང་ཡི་གེ་བཞི་དང་བཅས་པ་རྩ་ཐིགས་ཕྲེང་གསུམ་(༧༥༤བ)མམ། བདུན་དུ་བཀོད་ལ། འོད་ཟེར་སྤྲོ་བསྡུའི་དམིགས་པ་དང་བཅས་ཏེ། ཨོཾ་ཨོཾ་ཨོཾ་སརྦ་བུདྡྷ་ཌཱ་ཀི་ནཱི་ཡེ། བཛྲ་ཝརྞ་ནཱི་ཡེ། བཛྲ་བཻ་རོ་ཙ་ནཱི་ཡེ་ཧཱུྃ་ཧཱུྃ་ཧཱུྃ་ཕཊ་ཕཊ་ཕཊ་སྭཱཧཱ། ཞེས་ངག་བཟླས་དང་། ཡིད་བཟླས་དང་། འགོག་པའི་བཟླས་པ་རྣམས་ཅི་རིགས་པར་བྱའོ། །ཐུན་འཇོག་པའི་ཚེ་ལྷའི་སྐུ་སྣང་སྟོང་སྒྱུ་མ་ལྟ་བུ་ལ་ཅུང་ཟད་མཉམ་པར་བཞག་སྟེ། སུཾ་བྷའི་སྔགས་ཀྱིས་བསྲུང་བ་བྱས་ལ་དགེ་བ་བསྔོས་ཏེ་འཇུག་གོ། །༈ གཏོར་མའི་ཆོ་ག་ནི། ཁ་ཟས་བཟང་དགུ་ལས་བྱས་པའི་གཏོར་མ་ཤ་ཁྲག་མྱོས་བྱེད། བྱི་རུ་ལ་སོགས་པས་བརྒྱན་པའི་མཆོད་པ་དང་བཅས་པ་བཤམས། གཏོར་མ་གཅིག་ཏུ་བསྡུས་ཀྱང་རུང་ལ། གཉིས་སུ་བྱེད་ན། འཇིག་རྟེན་དང་འཇིག་རྟེན་ལས་འདས་པའི་གཏོར་མ་གཉིས། གསུམ་དུ་བྱེད་ན། ཡེ་ཤེས་ཀྱི་མཁའ་འགྲོ། ལས་ཀྱི་མཁའ་འགྲོ། འཇིག་རྟེན་མཁའ་འགྲོའི་གཏོར་མ་དང་གསུམ་མོ། །གང་ལྟར་ཡང་རུང་སྟེ། སུམྦྷས་བསངས། སྭ་བྷཱ་ཝས་སྦྱངས། ཡཾ་ལས་རླུང་། རཾ་ལས་མེ། ཀཾ་ལས་མི་མགོའི་སྒྱེད་བུ་གསུམ་གྱི་སྟེང་དུ། ཨ་ལས་ཐོད་པ་དཀར་པོ་དུམ་བུ་གསུམ་པ། དེའི་ནང་དུ་གོ་ལས་བ་ལང་གི་ཤ་གྷཱུཾ་གྱིས་མཚན་པ། བྱང་དུ་ཧ་ལས་གླང་པོ་ཆེའི་ཤ་ཧཾ་གིས་མཚན་པ། ནུབ་ཏུ་ད་ལས་རྟའི་ཤ་ཧྲཱི་གིས་མཚན་པ། ལྷོ་རུ་ཀུ་ལས་ཁྱིའི་ཤ་ཨཾ་གིས་མཚན་

པ། དབུས་(༧༨༨ན)སུ་ན་ལས་མིའི་ཤ་ཧཱུྃ་གིས་མཚན་པ། ཤར་ལྷོར་པི་ལས་དྲི་ཆེན་ལཾ་གྱིས་མཚན་པ། ལྷོ་ནུབ་ཏུ་ར་ལས་རཀྟ་མཾ་གྱིས་མཚན་པ། ནུབ་བྱང་དུ་མ་ལས་ཁང་མར་པཾ་གྱིས་མཚན་པ། བྱང་ཤར་དུ་ཨུ་ལས་དྲི་ཆུ་ཏཾ་གྱིས་མཚན་པ། དབུས་སུ་ཤུ་ལས་བྱང་སེམས་བཾ་གྱིས་མཚན་པ། དེའི་སྟེང་གི་ནམ་མཁའ་ལ་ཁ་ཊྭཱཾ་ག་དཀར་པོ་མགོ་ཐུར་དུ་བལྟ་བའི་སྟེང་དུ་བཾ་དམར་པོ། དེ་ལས་འོད་ཟེར་འཕྲོས། ཕྱོགས་བཅུའི་སངས་རྒྱས་དང་བྱང་ཆུབ་སེམས་དཔའ་དཔའ་བོ་དང་མཁའ་འགྲོ་མ་ཐམས་ཅད་ཀྱི་བྱིན་རླབས་ཡེ་ཤེས་ཀྱི་བདུད་རྩི་བྱང་སེམས་ཀྱི་རྣམ་པར་སྤྱན་དྲངས་ཏེ་བཾ་ལ་ཐིམ། བཾ་ཡིག་ཁ་ཊྭཱཾ་ག་དང་བཅས་པ་ཞུ་ནས་རྫས་ལ་ཐིམ། རླུང་གིས་མེ་སྦར། རྫས་རྣམས་ཞུ་ཞིང་ཁོལ་བས་མང་པོར་སྤེལ་བས་བདུད་རྩིའི་རྒྱ་མཚོར་གྱུར། ཨོཾ་ཨཱཿཧཱུྃ་ལན་གསུམ་དུ་བརྗོད་ནས། མདུན་བསྐྱེད་དང་འབྲེལ་ན་སྤྱན་འདྲེན་མི་དགོས། མ་འབྲེལ་ན་དགོས་པས། འབར་བའི་ཕྱག་རྒྱ་དང་བཅས་པ་ཡིཾ། བཛྲ་ཨ་ར་ལླི་ཧོཿ ཛཿཧཱུྃ་བཾ་ཧོཿ བཛྲ་ཌཱ་ཀི་ནི་ས་མ་ཡ་སྟྭཾ། དྲྀ་ཤྱ་ཧོ། ལྗགས་རྡོ་རྗེའི་སྦུ་གུ་ཅན་གྱིས་གཏོར་མ་གསོལ་བར་གྱུར། ཨོཾ་ཨོཾ་ཨོཾ་སརྦ་བུདྡྷ་ཌཱ་ཀི་ནཱི་ཡེ། བཛྲ་ཝརྞཱ་ནཱི་ཡེ། བཛྲ་བཻ་རོ་ཙ་ནཱི་ཡེ། ཨི་དཾ་པུཥྤེ། དྷཱུ་པེ། དཱི་པེ། གནྡྷེ། བ་ལིཾ་གྲིཧྣ་གྲིཧྣ་མ་མ་རཀྵ་རཀྵ་ཧཱུྃ་ཧཱུྃ་ཧཱུྃ་ཕཊ་ཕཊ་ཕཊ་སྭཱཧཱ། ཞེས་ལན་གསུམ་གྱིས་ཡེ་ཤེས་ཀྱི་(༧༨༨བ)མཁའ་འགྲོ་ལ་དབུལ། ཨོཾ་ཧྲཱིཾ་ཧཾ་ཧཾ་ཧེ་ཧེ་ཧ་ཧ་ཧི་ཧི་ཕེཾ་ཕེཾ་ཅེས་པ་ལན་གསུམ་ལ་སོགས་པས་ལས་ཀྱི་མཁའ་འགྲོ་དང་། ཨོཾ་ཁ་ཁ་ཁཱ་ཧི་ཁཱ་ཧི། སརྦ་ཡཀྵ། རཀྵ་ས། བྷུ་ཏ། པྲེ་ཏ། པི་ཤ་ཙ། ཨུནྨ་ད། ཨ་པསྨ་ར། བཛྲ་ཌཱ་ཀ །ཌཱ་ཀི་ཎྱ་ད་ཡ། ཨི་དཾ་བ་ལིཾ་གྲིཧྣནྟུ། ས་མ་ཡ་རཀྵནྟུ་མ་མ་སརྦ་སིདྡྷི་མྨེ་པྲ་ཡཙྪནྟུ། ཡ་ཐེ་བཾ། ཡ་ཐེ་ཏཾ། བྷུ་ཛ་ཐ། པི་བ་ཐ། ཛི་གྲ་ཐ། མ་ཏི་ཀྲ་མ་ཐ། མ་མ་སརྦ་ཀཱརྻ་ཡ། སཏྭ་ཁཾ་བི་ཤུདྡྷ་ས་ཧ་ཡི་ཀ་སྭ་ཧཱ་ཧཱུྃ་ཧཱུྃ་ཕཊ་ཕཊ་སྭཱཧཱ། ཞེས་ལན་གསུམ་གྱིས་འཇིག་རྟེན་མཁའ་འགྲོའི་ཚོགས་ལ་དབུལ། ཨརྒྷཾ་ནས་ཤབྡའི་བར་གྱིས་མཆོད། ཨོཾ་ཨཱཿཧཱུྃ་ལན་གསུམ་གྱིས་ནང་མཆོད་

དབུལ། དཔལ་ལྡན་རྡོ་རྗེ་མཁའ་འགྲོ་མ། །མཁའ་འགྲོ་མ་ཡི་འཁོར་ལོས་བསྐྱར། །
ཡེ་ཤེས་ལྔ་དང་སྐུ་གསུམ་ཉིད། །འགྲོ་བ་སྐྱོབ་ལ་ཕྱག་འཚལ་ལོ། །ཧཱུྃ་སྙིང་རྡོ་རྗེ་
མཁའ་འགྲོ་མ། །ཀུན་ཏུ་རྟོག་པའི་འཆིང་གཅོད་ཅིང་། །འཇིགས་རྗེན་བྱ་བ་རབ་
འཇུག་མ། །དེ་སྙིང་རྣམས་ལ་ཕྱག་འཚལ་ལོ། །ཞེས་ཤྲཱི་ཧེ་རུ་ཀ་གཉིས་ཀྱིས་བསྟོད།
ལྷ་ཡི་ཚོགས་རྣམས་མ་ལུས་དང་། །སོགས་ཀྱིས་འདོད་དོན་གསོལ་བ་བཏབ། ལྷ་
མོ་ཚད་མ་དམ་ཚིག་ཚད་མ་དང་། །སོགས་དང་། ཡིག་བརྒྱ་ལན་གསུམ། མ་འབྱོར་
བ་དང་སོགས་ཀྱིས་བཟོད་པར་གསོལ། ཨོཾ་བཛྲ་མུཿ ཞེས་གཤེགས་སུ་གསོལ། སྨོན་
ལམ་དང་བཀྲ་ཤིས་ཅི་རིགས་པར་བྱ་སྟེ། ཕལ་ཆེར་ན་རོ་མཁའ་(༧༤༧ན)སྤྱོད་དང་
མཐུན་པར་ཤེས་པར་བྱའོ། །༈ འདིའི་བྱིན་རླབས་བྱ་བར་འདོད་ན། ཡར་ངོ་དང་
མར་ངོའི་ཚེས་བཅུ་གང་རུང་ལ་བྱ་སྟེ། སྟེགས་བུའི་སྟེང་དུ་མནྜལ་པད་མ་དམར་
པོ་འདབ་བརྒྱད་ལྟེ་བར་ཆོས་འབྱུང་དམར་པོ་གྲུ་བཅད་ལྡང་གྲུ། ཕྱི་དུར་ཁྲོད་དང་
རྡོ་རྗེ་མེ་རིས་བསྐོར་བར་བྱ། དུར་ཁྲོད་མ་བྲིས་ཀྱང་འགལ་བ་མེད། ཤིན་ཏུ་བསྡུ་
ན་རྡོ་རྗེ་དང་མེ་རིའང་བོར་རོ། །དེའི་སྟེང་དུ་མཎྜི་ལ་སོགས་པའི་ཁར་ཐོད་པ་བདུད་
རྩིས་གང་བ་བཞག །དེའི་སྟེང་དུ་མེ་ལོང་ལ་ཆང་གིས་བརླན་ཅིང་སིནྡཱུ་ར་སྙོམས་
པར་བཀྲམས། གསེར་གྱི་སླ་གུ་ལག་པ་གཡོན་པའི་མཐེབ་སྲིན་གྱིས་བཟུང་ལ། ཆོས་
འབྱུང་གྲུ་གསུམ་ནང་དུ་རྩ་ སྔགས་ཕྲེང་གསུམ་མམ། བདུན་མ་དང་། ཕྱོགས་བཞིར་
དགའ་འཁྱིལ་རེ་དང་བཅས་པ་འབྲི། སྟེང་ནས་དར་དམར་པོའི་གུར་ཁང་ཕུབ་སྟེ།
སིནྡཱུ་རའི་དཀྱིལ་འཁོར་མི་མཐོང་བར་བྱ། ཚུ་གཉིས་སྔོན་དུ་འགྲོ་བའི་མཆོད་པ་
དང་། མདུན་དུ་ཀླུམ་གཏོར་དམར་པོ། གཡས་སུ་མགོན་པོའི་གཏོར་མ། དེའི་
གཡས་སུ་ཕྱོགས་སྐྱོང་གི་གཏོར་མ། གཡོན་དུ་མཁའ་འགྲོའི་གཏོར་མ། དེའི་གཡོན་
དུ་གཞིས་བདག་གཏོར་མ། སྔོན་འགྲོའི་གཏོར་མ། རིགས་དྲུག་གི་གཏོར་མ།
བགེགས་གཏོར། ནང་མཆོད། ཅང་ཏེའུ། རྡོ་རྗེ། དྲིལ་བུ། སྲུང་(༧༤༧བ)སྐུད། མིག་

དར། མེ་ཏོག །ཕྱིར་ཆུ། མནའ་ཆུ། རྟུལ་གྱི་རས་དང་། ཁྲི་ལ་ནག་པོའི་བྲུན། གུ་
གུལ། དབུ་རྒྱན། དར་དཔྱངས། འཕོར་ལོ། དུང་། པོ་ཏི་རྣམས་དང་། ཁྱད་པར་
བུམ་པ་མཚན་ཉིད་དང་ལྡན་པ་སྤྱི་དང་མཐུན་པར་བཤམས། སྟོན་འགྲོ་གཏོར་མ་
མཁའ་འགྲོ་སྤྱི་གཏོར་བཞིན་བཏང་། སྐྱབས་འགྲོ་ནས་བཟླས་པའི་བར་བདག་བསྐྱེད་
རྫོགས་པར་བྱས། མདུན་བསྐྱེད་ཀྱི་དཀྱིལ་འཁོར་སྦྱངས་བསངས། ཨོཾ་སྭ་བྷཱ་ཝ་ཤུདྡྷ་
སརྦ་དྷརྨ་སྭ་བྷཱ་ཝ་ཤུདྡྷོ྅ཧཾ། ཨོཾ་བཛྲ་ཤུདྡྷ་སརྦ་དྷརྨ་བཛྲ་ཤུདྡྷོ྅ཧཾ། ཨོཾ་ཡོ་ག་ཤུདྡྷ་
སརྦ་དྷརྨ་ཡོ་ག་ཤུདྡྷོ་྅ཧཾ། ཅེས་དག་པ་གསུམ་གྱི་སྔགས་བརྗོད། སྟོང་པའི་ངང་
ལས་པདྨའི་ལྟེ་བར་ཆོས་འབྱུང་དམར་པོའི་དབུས་སུ། གཞལ་ཡས་ཁང་གྲུ་བཞི་སྒོ་
བཞི་རྟ་བབས་དང་བཅས་པ། རྒྱན་ཐམས་ཅད་ཀྱིས་བརྒྱན་པ། མཚན་ཉིད་ཐམས་
ཅད་ཡོངས་སུ་རྫོགས་པ། ཕྱི་རོལ་དུ་དུར་ཁྲོད་ཆེན་པོ་བརྒྱད། སྲུང་བའི་འཁོར་ལོ་
དང་བཅས་པས་ཡོངས་སུ་བསྐོར་བའི་དབུས་སུ་མི་མགོའི་སྒྱེད་བུ་གསུམ་གྱི་སྟེང་།
ཨཾ་ལས་བྱུང་བའི་ཐོད་པའི་ནང་དུ། ཨོཾ་ཨཱཿཧཱུྃ་བཾ་རྣམས་གནས་པའི་འོད་ཀྱིས། སངས་
རྒྱས་ཐམས་ཅད་བྱང་ཆུབ་ཀྱི་སེམས་ཀྱི་རྣམ་པར་སྤྱན་དྲངས་པ། བདུད་རྩི་ལ་ཐིམ་
པས་ཡེ་ཤེས་རྣམ་པ་ལྔའི་ངོ་བོར་གྱུར། ཨོཾ་ཨཱཿཧཱུྃ། དེའི་ནང་དུ་ཆོས་འབྱུང་གྲུ་གསུམ་
(༡༥༨ན)ཕྱི་དཀར་ལ་ནང་དམར་བ་རྩ་བ་ཕྲ་ཞིང་གདེངས་ཀ་རྒྱས་པའི་སྟེང་རུས་སྦལ་
གྱི་རྒྱབ་ལྟར་མཐོ་བ། དེའི་ནང་དུ་བཾ་ལས་སྣ་ཚོགས་པདྨ་འདབ་མ་བརྒྱད་པའི་ལྟེ་
བར་མི་རོ་སེར་པོ་མགོ་བོ་གཡོན་དུ་བསྟན་པའི་སྟེང་གར་ཨོཾ་ལས་ཉི་མའི་དཀྱིལ་
འཁོར་ཞེས་པ་ནས་ཙཎྜི་ཀའི་ངོ་བོ་རྣམས་སུ་གྱུར། ཞེས་པའི་བར་བདག་བསྐྱེད་
བཞིན་བསྐྱེད། དེ་ནས་སླར་ཡང་བཾ་ལས་འོད་ཟེར་འཕྲོས། དབང་གི་ལྷ་དཔལ་ཧེ་
རུ་ཀའི་དཀྱིལ་འཁོར་མདུན་གྱི་ནམ་མཁར་ཕེཾ། བདུད་རྩིས་གང་བའི་སྣོད་ཐོགས་
ཏེ། མདུན་གྱི་ནམ་མཁར་བཞུགས་པ་ལ། འདི་ལ་དབང་བསྐུར་དུ་གསོལ་ཞེས་
གསོལ་བ་བཏབ་པས། ཨོཾ་སརྦ་ཏ་ཐཱ་ག་ཏ་བཛྲ་བྷཱ་ཝ་ཨ་བྷི་ཥིཉྩ་ཧཱུྃ། ཞེས་གསུངས་

ཤིང་དབང་བསྐུར། སྐུ་གང་། དྲི་མ་དག །ཆུའི་ལྷག་མ་ཡར་ལུད་པ་ལས། མི་བསྐྱོད་པའི་ང་བོ་རྡོ་རྗེ་སྟོན་པོ་རྩེ་ལྔ་པས་དབུ་བརྒྱན་ཅིང་། དབང་གི་ལྷ་ཐམས་ཅད་ཀྱང་མདུན་བསྐྱེད་ལ་ཐིམ་པར་བསམས། ཨརྒྷཾ་ནས་ཤབྡའི་བར་དང་། འབྲུ་གསུམ་གྱིས་ནང་མཆོད་ཕུལ། དཔལ་ལྡན་རྡོ་རྗེ་མཁའ་འགྲོ་སོགས་ཀྱིས་བསྟོད། མདུན་བསྐྱེད་ཀྱི་གསང་གནས་སུ་ཆོས་འབྱུང་ཡི་གེ་བཞི་དང་བཅས་པ། རྩ་རྟགས་ཕྲེང་གསུམ་མམ། བདུན་དུ་བཀོད་ལ། འོད་ཟེར་སྤྲོ་བསྡུའི་དམིགས་པ་དང་བཅས་ཏེ། བཟླས་པ་བྱ། མཆོད་པ་སུམྦྷ་བསངས། བླ་མེད་ལྟར་བྱིན་གྱིས་(༧༨བ)བརླབས། ཨརྒྷཾ་ནས་ཤབྡའི་བར་གྱིས་མཆོད། ནང་མཆོད་གཏོར་མ་ལྟར་བྱིན་གྱིས་བརླབས་ནས། ཨོཾ་གསུམ་མའི་མཐར་འབྲུ་གསུམ་སྦྱར་བ་བཟླ་ཞིང་འཐོར་བའམ། བཟེད་ཞལ་དུ་འབུལ་བ་ལན་བརྒྱ་རྩ་སོགས་ཅི་རིགས་པ་བྱེད་པ་ནི། ཁྱད་པར་གྱི་མཆོད་པ་བདུད་རྩི་འབུལ་བ་ཞེས་བྱ་བ་ཡིན་ལ། མཆོད་པའི་ཁྱད་པར་སྣ་ཚོགས་པ་རྣམས་ནམ་མཁའ་མཛོད་ཀྱི་ཕྱག་རྒྱས་དབུལ། བསྟོད་པ་ནི། རོལ་མོ་སྣ་ཚོགས་པའི་སྒྲ་དང་བཅས་པའམ། མེད་ན་ཅང་ཏེའུ་འཁྲོལ་བཞིན་དུ། རྐང་པ་བརྒྱད་པས་ཐོག་དྲངས་ནས་བསྟོད་པ་ཅི་ཤེས་པས་བསྟོད་པར་བྱའོ། །གཏོར་མ་གོང་བཞིན་བྱིན་གྱིས་བརླབས་ནས། གཏོར་མ་དང་པོ་གཉིས་གོང་བཞིན་འབུལ་བ་ལས། ཡེ་ཤེས་མཁའ་འགྲོ་ཡི་དམ་གྱི་ཚོགས་ལ་ཐུན་མོང་དུ་འབུལ་ན། ཧཱུཾ་བཛྲ་ཨ་རལླི་ཧོ། བཛྲ་ཌཱ་ཀི་ནི། ཨི་དཾ་བ་ལིཾ་ཏ་ཁ་ཁ་ཁཱ་ཧི་ཁཱ་ཧི་ཞེས་ལན་བདུན་གྱིས་དབུལ། གཏོར་མ་གསུམ་པ་ཨ་ཀྲོ་རོས་ནག་པོ་ཆེན་པོ་དང་ཕྱོགས་སྐྱོང་སོགས་ལ་དབུལ། བཞི་པ་གཞིས་བདག་ལ་ཁ་འབར་མའི་ཕྱག་གིས་བསྔོས་ཏེ་དེ་བཞིན་གཤེགས་པ་བཞིའི་མཚན་བརྗོད། བདུད་རྩིའི་རྒྱ་མཚོ་གཏོར་མ་འདི། །ཡུལ་ལྷ་གཞིས་བདག་རྣམས་ལ་འབུལ། །བཞེས་ནས་ཙ་ང་མ་མཛད་པར། །སྟོང་གྲོགས་གནས་པོ་བཟང་པོ་མཛོད། །ལྷ་པ་རིགས་དྲུག་ལ་སྔར་(༧༩ན)བཞིན་བསྔོས་ཏེ། བདུད་རྩིའི་རྒྱ་མཚོ་

གཏོར་མ་འདི། །རིགས་དྲུག་འགྲོ་བའི་ཚོགས་ལ་འབུལ། །བཞེས་ནས་སྡུག་བསྔལ་ལས་གྲོལ་ཏེ། །མྱུར་དུ་སངས་རྒྱས་ཐོབ་པར་ཤོག །བགེགས་ལ་སྔར་བཞིན་བསྔོས་ཏེ། བདུད་རྩིའི་རྒྱ་མཚོ་གཏོར་མ་འདི། །གདོན་བགེགས་འབྱུང་པོའི་ཚོགས་ལ་འབུལ། །བཞེས་ནས་གནོད་འཚེའི་སེམས་ཐོར་ལ། །མ་གྱུར་བྱམས་པས་སྐྱོང་བར་མཛོད། །བདག་གིས་བསམ་པའི་སོགས་བརྗོད། གཏོར་མ་ཕྱི་མ་གསུམ་པོ་བསྔོས་ཚར་རིམ་གྱིས་འཕྲལ་དུ་གཏོང་། བུམ་པ་བསངས་སྦྱངས། སྟོང་པའི་ངང་ལས་པཾ་ལས་པདྨ་དང་། ཨ་ལས་ཟླ་བའི་སྟེང་དུ། ཧཱུྃ་ལས་བྱུང་བའི་བུམ་པ་མཚན་ཉིད་ཐམས་ཅད་ཡོངས་སུ་རྫོགས་པའི་ནང་དུ། སྣ་ཚོགས་པདྨའི་སྟེང་དུ་མི་རོའི་སྙིང་གར་གནས་པའི་ཉི་མའི་གདན་དེའི་སྟེང་དུ་རྡོ་རྗེ་རྣལ་འབྱོར་མ་ཞེས་པ་ནས། ཙཀྲ་ཀའི་ངོ་བོ་རྣམས་སུ་གྱུར་གྱི་བར་མདུན་བསྐྱེད་བཞིན། རང་གི་སྙིང་ག་ནས་སྔགས་ཀྱི་ཕྲེང་བ་བྲེང་མ་ཆད་པར་སྒྲོས། བུམ་བསྐྱེད་ཀྱི་ལྷའི་ཐུགས་རྒྱུད་བསྐུལ། སྐུ་ལས་བདུད་རྩིའི་རྒྱུན་བབས་པས་བུམ་པ་གང་བར་གྱུར། བཟླས་པ་ཅི་འགྲུབ་བྱ། ཨཀྵྃ་ནས་ཤཔྟའི་བར་གྱིས་མཆོད། འབྲུ་གསུམ་གྱིས་ནང་མཆོད་དང་། བསྟོད་པ་བསྡུས་པ་ཙམ་བྱ། བུམ་(༧༨(ཁ)པའི་ལྷ་ཞུ་བ་དང་གཤེགས་སུ་གསོལ་བ་སོགས་མི་དགོས། བར་འདིར་ཚོགས་མཆོད་ནཱ་རོ་མཁའ་སྤྱོད་བཞིན་བྱ། འཇིག་རྟེན་པའི་གཏོར་མའང་བཏང་། སློབ་མ་ལ་ཇི་ལྟར་བྱ་བ་ལྟར་བདག་འཇུག་བླངས། ༈ དབང་གིས་སྨིན་པའི་སློབ་མ་རྣམས་ཁྲུས་བྱས། མཎྜལ་ཕུལ། དཀའ་ཆེན་ཁྱོད་བདག་སྟོན་པ་སྟེ། །སོགས་ལན་གསུམ་གྱིས་གསོལ་བ་བཏབ། བགེགས་གཏོར་སློབ་མ་ལ་ཕྱིར་བསྐོར་ལ། སརྦ་བིགྷྣཱན་ཧཱུཿ ན་མ་སརྦ་ཏ་ཐཱ་ག་ཏ་ཧོཿ སོགས་ལན་གསུམ་གྱིས་བསྔོས། བདེན་པ་བདར་ཞིང་། གཏོར་མ་ཕྱི་རོལ་དུ་དོར་ལ་བགེགས་བསྐྲད། སུམྦྷ་ནི་དྲག་ཏུ་བཟླའོ། །སློབ་དཔོན་རྗེ་བཙུན་རྡོ་རྗེ་རྣལ་འབྱོར་མར་གསལ་བའི་ལྟེ་བའི་བཾ་ལས་མེ་འོད་བྱུང་། དབུ་མ་ནས་བརྒྱུད། སྤྱིན་ལག་གཡོན་གྱི་རྩེ་ནས་ཐོན། སློབ་མའི་

སྤྱི་བོ་ནས་ཞུགས། སྡིག་ཅའི་ནང་གང་བས། ནང་གི་བགེགས་དང་དྲི་མ་ཐམས་ཅད་བསལ་ཞིང་སྦྱངས་པར་གྱུར། སྲིན་ལག་སློབ་མའི་སྤྱི་བོར་བཞག་ལ། ཨོཾ་ཨཱཿཝིཥྞུ་ཀྲིཏ་ཧཱུྃ། ཞེས་བདུན་བདུན་བརྗོད་ཅིང་། སྤྱི་བོར་ཕུས་བཏབ། ཚངས་བུག་རྡོ་རྗེ་རྒྱ་གྲམ་གྱིས་བཀག་པར་གྱུར། སློབ་མ་རྣམས་ཀྱི་གནས་རྣམས་སུ་ལྟེ་བར་ཨོཾ་བཾ་དམར་མོ་རྡོ་རྗེ་ཕག་མོ། སྙིང་གར་ཧཾ་ཡོཾ་སྔོན་མོ་གཤིན་རྗེ་མ། ཁར་ཧྲི་མོཾ་དཀར་མོ་རྨོངས་བྱེད་མ། དཔྲལ་བར་ཧྲཱིཾ་ཧྲཱི་(༧༧༠ན)སེར་མོ་བསྐྱོད་བྱེད་མ། སྤྱི་གཙུག་ཏུ་ཧཱུྃ་ཧཱུྃ་ལྗང་ཁུ་སྐྲག་བྱེད་མ། ཚིགས་ཆེན་ཐམས་ཅད་ལ་ཕཊ་ཕཊ་དུད་ཁ་ཙཎྜི་ཀའི་ངོ་བོ་རྣམས་སུ་གྱུར། ཨོཾ་བཾ་ཧཾ་ཡོཾ་ཧྲི་མོཾ་ཧྲཱིཾ་ཧྲཱི་ཧཱུྃ་ཧཱུྃ་ཕཊ་ཕཊ། ཅེས་བརྗོད་ཅིང་། གནས་དེ་རྣམས་སུ་རྡོ་རྗེ་རྒྱ་གྲམ་རེག །དེ་ནས་འབྲུ་གསུམ་གྱིས་ནང་མཆོད་བླུད་དོ། །དཀོན་མཆོག་གསུམ་ལ་བདག་སྐྱབས་མཆི། །སོགས་ལན་གསུམ། ཨརྒྷཾ་ནས་ཤབྡའི་བར་གྱིས་སློབ་མ་སེམས་བསྐྱེད་པ་ལ་མཆོད། ཨོཾ་ཧྲཱི་བི་ཤུདྡྷ་དྷརྨ་སརྦ་པཱ་པཾ་ནི་ཙ་ཨ་སུ་ཤོ་དྷ་ཡ་སརྦ་བི་ཀལྤ་ན་ཨ་པ་ན་ཡ་ཧཱུྃ། ཞེས་ཁྱོར་ཆུ་སྦྱིན། སྡོམ་བཟུང་གི་དོན་དུ་སློབ་མས་མཎྜལ་ཕུལ། སངས་རྒྱས་ཀུན་གྱི་རང་བཞིན་སྐུ། །བླ་མའི་སྐུ་ལ་སྐྱབས་སུ་མཆི། །གསུང་དང་ཐུགས་ལའང་དེས་འགྲོ། སངས་རྒྱས་གྲོང་ཁྱེར་ཉམས་དགའ་བར། །རྣལ་འབྱོར་མ་མཆོག་འཁོར་ལོ་ཡི། །སྙིང་པོའི་དཀྱིལ་འཁོར་འདི་རུ་ནི། །མགོན་པོས་བདག་ནི་འཇུག་པར་མཛོད། །ལན་གསུམ། ཇི་ལྟར་དུས་གསུམ་མགོན་པོ་རྣམས། །བྱང་ཆུབ་ཏུ་ནི་ངེས་མཛད་པའི། །བྱང་ཆུབ་སེམས་ནི་བླ་ན་མེད། །ཅེས་པ་ནས། མྱ་ངན་འདས་ལ་འགོད་ཀྱི་བར་ལན་གསུམ་གྱིས་རིགས་ལྔའི་སྡོམ་པ་བཟུང་། སངས་རྒྱས་ཆོས་དང་དགེ་འདུན་ལ། །རྟག་ཏུ་བདག་ནི་སྐྱབས་སུ་མཆི། །རྣལ་འབྱོར་གསང་སྔགས་མཁའ་འགྲོ་མ། །འཁོར་ལོ་གསུམ་གྱི་བདག་ཉིད་ཅན། །ཀུན་ལ་བདག་ནི་སྐྱབས་སུ་མཆི། །དཔའ་བོ་དཔའ་མོ་དབང་(༧༧༠བ)ལྷ་མོ། །བྱང་ཆུབ་སེམས་དཔའ་བདག་ཉིད་ཆེ། །ཁྱད་པར་དུ་ཡང་སློབ་དཔོན་

ལ། །རྟག་པར་བདག་ནི་སྐྱབས་སུ་མཆི། །དཔལ་ལྡན་ཁྲག་འཐུང་སོགས་དཔའ་བོ། །རྣལ་འབྱོར་མ་དང་སྐྱོང་མཛད་སོགས། །བྱང་ཆུབ་སེམས་དཔའ་དཔག་མེད་པ། །ཐམས་ཅད་བདག་ལ་དགོངས་སུ་གསོལ། །བདག་ནི་དུས་འདི་ནས་བཟུང་སྟེ། །ཇི་སྲིད་གཉིས་མེད་ལ་གནས་པ། །དེ་ཡི་ཚངས་སྤྱོད་གཉིས་མེད་པ། །ཉི་ཟླ་གཉིས་ལེགས་པར་སྲུང་། །ཞེས་བདེ་མཆོག་གི་ཐུན་མོང་མ་ཡིན་པའི་སྡོམ་བཟུང་བྱ། ཨོཾ་ཙཀྲ་བཛྲ་ཕ་ར་མ་ན་ཡེ་ཧཱུཾ་གིས་མིག་དར། ཨ་ཁཾ་བི་ར་ཧཱུཾ་གིས་མེ་ཏོག་བཟུང་། སློབ་མའི་གནས་གསུམ་དུ་འབྲུ་གསུམ་བཀོད་ལ། རྡོ་རྗེ་དང་བཅས་པའི་ནང་མཆོད་ཀྱིས་ཐིག་ལེ་བྱ། བླ་བ་རྡོ་རྗེའི་དམིགས་པ་ཐོག་ལ། ཨོཾ་སརྦ་ཡོ་ག་ཙིཏྟ་ཨུཏྤ་ད་ཡ་མི། བརྗོད་དུ་བཅུག །སྙིང་གར་རྡོ་རྗེ་གཏུགས་ཏེ། སུ་ར་ཏེ་ས་མ་ཡ་སྟྭཾ་ཧོ་སིདྡྷི་བཛྲ་ཡ་ཐ་སུ་ཁཾ་ཞེས་བརྗོད། ཛཿཧཱུཾ་བཾ་ཧོཿ ཞེས་དཀྱིལ་འཁོར་དུ་བཅུག་པར་མོས་ལ། ཡོལ་བ་བསལ། སྐྱེ་བོར་རྡོ་རྗེ་བཞག་ལ། དེང་ཁྱོད་དེ་བཞིན་གཤེགས་པ་ཐམས་ཅད་དང་རྡོ་རྗེ་རྣལ་འབྱོར་མས་བྱིན་གྱིས་བརླབས་ཀྱི་དེ་བས་ན་ངས་ཁྱོད་ལ་རྡོ་རྗེ་ཡེ་ཤེས་བསྐྱེད་པར་བྱ་སྟེ། ཡེ་ཤེས་གང་གིས་ཁྱོད་དཔལ་ཧེ་རུ་ཀ་དང་རྡོ་རྗེ་རྣལ་འབྱོར་མའི་དངོས་གྲུབ་ཀྱང་ཐོབ་པར་འགྱུར་ན། དངོས་གྲུབ་གཞན་ལྟ་སྨོས་ཀྱང་ཅི་དགོས། ཁྱོད་ཀྱིས་འདི་དཀྱིལ་འཁོར་ཆེན་པོ་མ་མཐོང་བ་རྣམས་ཀྱི་མདུན་དུ་སྨྲ་བར་(༡༧༡ན)མ་བྱེད་ཅིག །སྨྲས་ན་དམ་ཚིག་ཉམས་པར་འགྱུར་ཏ་རེ། ཞེས་བརྗོད། རྡོ་རྗེ་སྙིང་གར་གཏུགས་ཏེ། རྣལ་འབྱོར་མ་དཔལ་དེང་ཁྱོད་ཀྱི། །སྙིང་ལ་ཡང་དག་ཞུགས་པར་གྱུར། །གལ་ཏེ་ཚུལ་འདི་སྨྲ་ན་ནི། །དེ་མ་ཐག་ཏུ་དྲལ་ཏེ་གཤེགས། ཡང་སྤྱི་བོར་བཞག་ལ། དེང་ཕྱིན་ཆད་བུ་ཁྱོད་ཀྱི་རྡོ་རྗེ་རྣལ་འབྱོར་མ་ང་ཡིན་གྱིས། ངས་འདི་བྱོས་ཤིག་ཅེས་བྱ་བ་འདི་ཁྱོད་ཀྱིས་བྱ་དགོས་སོ། །ཁྱོད་ཀྱིས་ང་ལ་བརྙས་པར་ཡང་མ་བྱེད་ཅིག །བྱས་ན་ཁྱོད་ཡ་ང་བ་མ་སྤངས་པར་འཆི་བའི་དུས་བྱས་ནས་དམྱལ་བར་ལྟུང་བར་འགྱུར་ཏ་རེ། འབྲུ་གསུམ་བརྗོད་ཅིང་བདུད་རྩི་ བླུད་ལ། འདི་

ནི་ཁྱོད་ཀྱི་དམྱལ་བའི་རྒྱུ། །དམ་ཚིག་འདས་ན་བསྲེག་པར་བྱེད། །དམ་ཚིག་སྲུང་ན་དངོས་གྲུབ་སྟེར། །རྡོ་རྗེ་བདུད་རྩིའི་ཆུ་འཐུང་ཞིག །ཨུ་ད་ཀ་ཋ་ཋ་ཧྂ། ཡེ་ཤེས་དབབ་པ་ནི། སློབ་མ་སྐྱིལ་ཀྲུང་བཅས་ཤིང་རླུང་བཟུང་དུ་བཅུག །སློབ་མ་རྣམས་ཀྱི་སྤྱི་བོར་བླ་མ་ཧེ་རུ་ཀའི་རྣམ་པ་ཅན། ལྟེ་བར་ཆོས་འབྱུང་གི་ནང་དུ་རྡོ་རྗེ་ཕག་མོ་མར་མེ་ལྟར་འབར་བ་མཚོན་གང་བ་གར་བསྒྱུར་བ་གཅིག་བཞུགས་པར་གྱུར། སློབ་དཔོན་གྱི་ལྟེ་བའི་བཾ་ལས་འོད་ཟེར་འཕྲོས། སློབ་མའི་ལྟེ་བར་གནས་པའི་རྡོ་རྗེ་ཕག་མོའི་སྐུ་ལ་ཕོག་པས། ཡེ་ཤེས་ཀྱི་མེ་ལྕེའི་ཚོགས་དཔག་ཏུ་མེད་པ་འཕྲོས་ཤིང་འབར་ཏེ། ལུས་ཀྱི་ཕྱི་ནང་ཐམས་ཅད་གང་བས་སྡིག་སྒྲིབ་ཐམས་ཅད་བསྲེགས་པར་མོས་མཛོད། ཅེས་བརྗོད་ལ་རོལ་མོའི་སྒྲ་བྱ་ཞིང་། རྟུལ་གྱི་(༡༧༡ན)རས་དང་། བྱི་ལ་ནག་པོའི་བྲུན་དང་། གུ་གུལ་སྦྱར་བའི་དུད་པས་བདུག་ཅིང་། ཨོཾ་བཛྲ་ཛྙཱ་ནཱ་ཧྲི་ཧྲྀ་ན་ཨ་བེ་ཤ་ཡ་ཨ་ཨ་ཧྲི་ཧྲི་སྭཱཧཱ། དེ་ནས་ཏིཥྛ་བཛྲ་གྱིས་བརྟན་པར་བྱིན་གྱིས་བརླབས། ཡང་དག་པ་ཡི་དཀྱིལ་འཁོར་འདིར། །བདག་གིས་སློབ་མ་གཞུག་པར་བགྱི། །ལྷ་ཡི་རིགས་ཀྱི་རིམ་པ་དང་། །བསོད་ནམས་རིམ་པའང་དེ་བཞིན་ཤོག །ཅེས་སློབ་དཔོན་གྱིས་ལྷ་ལ་གསོལ་བ་བཏབ་ལ། ཨོཾ་པྲ་ཏཱིཙྪ་བཛྲ་ཧོཿ ཞེས་སློབ་མ་མེ་ཏོག་འཐུལ་དུ་བཅུག །པྲ་ཏཱི་གྲྀཧྞ་ཏྭཾ་ཨི་མཾ་སཏྭ་མཧཱ་བླཱ་ལ། ཞེས་པས་མེ་ཏོག་སློབ་མའི་མགོ་བོར་བཅིངས། མིག་འབྲས་གཉིས་ཨོཾ་འོད་དུ་འབར་བར་གྱུར། རྣལ་འབྱོར་མ་དཔལ་དེང་ཁྱོད་ཀྱི། །མིག་འབྱེད་པར་ནི་བརྩོན་པར་མཛད། །ཕྱེ་བས་ཐམས་ཅད་མཐོང་འགྱུར་བས། །རྡོ་རྗེའི་མིག་ནི་བླ་ན་མེད། །ཧེ་བཛྲ་པ་ཤྱ། ཞེས་པས་མིག་དར་ཕྱེ། དཀྱིལ་འཁོར་བཟང་པོ་འདི་ལ་ལྟོས། །ད་ནི་དད་པ་རབ་ཏུ་སྐྱེས། །ཁྱོད་ནི་རྣལ་འབྱོར་མ་རིགས་སྐྱེས། །ཐུགས་དང་ཕྱག་རྒྱས་བྱིན་གྱིས་བརླབས། །འགྲོ་བ་ཕུན་ཚོགས་དངོས་གྲུབ་ཀུན། །ཁྱོད་ལ་མྱུར་དུ་མངོན་དུ་གྱུར། །དམ་ཚིག་ཐམས་ཅད་བསྐྱང་བ་དང་། །གསང་སྔགས་སྒྲུབ་ལ་བརྩོན་པར་

གྱིས། །ཞེས་བལྟ་བར་བསྐུལ། དཀྱིལ་འཁོར་གྱི་རྣམ་པ་བསྟན་ལ། རྟུལ་ཚོན་གྱི་དཀྱིལ་འཁོར་གྱི་ཆོས་འབྱུང་ནི་དུག་གསུམ་གྱི་ཆོས་ཉིད། བདུད་རྩིའི་ནང་གི་ཆོས་འབྱུང་ནི་ཁམས་གསུམ་གྱི་དེ་བཞིན་ཉིད། མེ་ལོང་གི་ཆོས་འབྱུང་ནི་སྐུ་གསུམ་གྱི་(༧༦༢ན)ཡེ་ཤེས་མཚོན་ནོ། །གཡུང་དྲུང་རིས་ནི་ཆོས་ཉིད་མི་འགྱུར་བ། བཞི་ནི་དགའ་བ་བཞི། ཡིག་འབྲུ་རྣམས་སྐུ་གསུང་ཐུགས་གཅིག་ཏུ་འདུས་པ། ཟུར་གསུམ་ནི་རྣམ་ཐར་གསུམ། ནང་སྟོང་པ་ཉིད་སྤྲོས་བྲལ། དམར་བ་ནི་སྙིང་རྗེ། རྩ་བ་ཕྲ་བ་ནི་ཉོན་མོངས་སྤངས་པ། གདེངས་ཀ་ཆེ་བ་ནི་ཡེ་ཤེས་དང་ཡོན་ཏན་རྒྱས་པ་མཚོན་ནོ། །ཞེས་བརྗོད། སློབ་དཔོན་རྡོ་རྗེ་ཕག་མོར་བསྒོམ་ལ་མོས་གུས་དྲུང་བ་ཕྱོས་ཤིག་ཅེས་དང་། མདུན་བསྐྱེད་ཀྱི་ལྷའི་རྣམ་པ་མངོན་རྟོགས་ལྟར་བཤད་ལ། ཕག་ཞལ་དོན་དམ་རྟོག་མེད་མཚོན། གྲི་གུག་ཤེས་རབ་སྟོང་ཉིད། ཐོད་པ་ཐབས་བདེ་ཆེན། ཞབས་གཡོན་བརྐྱང་བ་སྙིང་རྗེས་མྱང་འདས་ལ་མི་གནས་པ། གཡས་བསྐུམས་པ་ཤེས་པས་འཁོར་བ་ལ་མི་གནས་པ་སྟེ། མདོར་ན་ཐམས་ཅད་ཀྱང་ཟུང་དུ་འཇུག་པའི་བདག་ཉིད་ཡིན་ནོ་ཞེས་བཤད་དེ། དཀྱིལ་འཁོར་དང་། བླ་མ་དང་། ལྷའི་དེ་ཁོ་ན་ཉིད་བསྟན་པའོ། །དེ་ནས་དབང་གི་དངོས་གཞིའི་དོན་དུ་མཎྜལ་ཕུལ་ལ། བྱང་ཆུབ་རྡོ་རྗེས་སངས་རྒྱས་ལ། །ནས་དེང་བདག་སྐྱོལ། ཞེས་ལན་གསུམ་གྱིས་གསོལ་བ་བཏབ། སློབ་དཔོན་དང་དཀྱིལ་འཁོར་གྱི་ལྷ་དབྱེར་མ་མཆིས་པས་བུམ་པའི་ཆུས་དབང་བསྐུར་བར་མོས་ཤིག །དབང་བསྐུར་རྡོ་རྗེ་ཆེན་པོ་སྟེ། ནས་སྒྲིན་པར་བྱ། ཨོཾ་གསུམ་མའི་མཐར། ཨོཾ་སརྦ་ཏ་ཐཱ་ག་ཏ་ཨ་བྷི་ཥེ་ཀ་ཏ་ས་མ་ཡ་ཤྲཱི་ཡེ་ཧཱུྃ། ཞེས་བརྗོད་ལ། བུམ་པ་སྤྱི་བོར་བཞག །བུམ་ཆུ་(༧༦༢བ)བླུད། ཡེ་ཤེས་ཀྱི་ཆུས་སློབ་མའི་ལུས་ཐམས་ཅད་གང་། སྤྱི་བོར་ལུད་པ་ལས་རྒྱལ་བ་རིགས་ལྔས་དབུ་བརྒྱན་པར་གྱུར། དབང་བསྐུར་རྡོ་རྗེ་སོགས་དང་། ཨོཾ་གསུམ་མའི་མཐར། ཨོཾ་རཏྣ་མུ་ཀུ་ཊ་ཨ་བྷི་ཥིཉྩ་ཧཱུྃ། ཞེས་བརྗོད་ཅིང་། དབུ་རྒྱན་དར་དཔྱངས་དང་བཅས་པ་བཅིང་

ངོ་། །བུམ་དབང་ངོ་། །གསང་དབང་གི་དོན་དུ་མཎྜལ་ཕུལ། ཁྱོད་ཞབས་པཱདྨོ་སྤྲངས་ནས་ནི། །གཙོ་བོ་གཞན་ལ་སྐྱབས་མ་མཆིས། །ངག་གི་དྲི་མ་སྦྱོང་མཛད་པའི། །གསང་བའི་དབང་བསྐུར་བདག་ལ་སྩོལ། །ཞེས་གསོལ་གསུམ་གདབ། མེ་ལོང་གི་འོག་གི་ཐོད་པ་ནས་བདུད་རྩི་བླངས་ལ། ཨོཾ་གསུམ་མ་ཟླ་བཞིན་དུ་སློབ་མ་ལ་སྦྱིན། དེ་ལྟར་བདུད་རྩི་མྱངས་པས་རྩ་ཐམས་ཅད་བདུད་རྩིས་གང་། དུག་གསུམ་གྱི་རྣམ་རྟོག་འགགས། །བདེ་བའི་ཡེ་ཤེས་སྐྱེས་པར་མོས་ཤིག །ཅེས་བརྗོད་དེ་གསང་དབང་ངོ་། །ཤེར་དབང་གི་དོན་དུ་མཎྜལ་ཕུལ། སློབ་དཔོན་བདག་ལ་དགོངས་སུ་གསོལ། །དཔལ་ལྡན་ཆོས་ཀྱི་རྡོ་རྗེ་ལ། །གསང་བའི་དེ་ཉིད་བསྟན་པ་ལྟར། །དབང་བསྐུར་བ་ནི་བདག་ལ་སྩོལ། །ཞེས་གསོལ་གསུམ་གདབ། སིནྡྷུ་རའི་ཡིག་འབྲུའམ་དཀའ་འགྲེལ་ལས་སློབ་དཔོན་གྱི་སྤྱིན་ལག་གིས་བླངས་ནས། སློབ་མའི་ལྟེ་བར་བྱུགས་པས་སིནྡྷུ་རའི་དཀྱིལ་འཁོར་གྱི་ཡེ་ཤེས་པ་ལས་ཡེ་ཤེས་པ་གཉིས་པ་ཞིག་རྒྱང་གིས་ཆད་དེ། སློབ་མའི་ལྟེ་བའི་བཾ་ལ་ཐིམ་པས་དེ་ཉིད་རྡོ་རྗེ་རྣལ་འབྱོར་མའི་སྐུར་ཁྲིང་གིས་གྱུར་པར་བསམས། ད་(༡༧༣ན)ཕྱིན་ཆད་ཕྱི་དང་ནང་གི་བདག་ཉིད་ཅན་གྱི་ཡི་དམ་ལྷ་རྡོ་རྗེ་རྣལ་འབྱོར་མ་བསྒོམ་པ་དང་མ་བྲལ་བར་གྱིས་ཤིག །ཅེས་བརྗོད། སྤྱི་བོར་བྱུགས་ཤིང་། སྤྱི་བོར་རྡོ་རྗེ་སློབ་དཔོན་བསྒོམ་པ་དང་མ་བྲལ་བར་གྱིས་ཤིག །ཅེས་དང་། དཔྲལ་མགྲིན་སྙིང་ག་གསུམ་དུ་རེག་ལ། ལུས་ངག་ཡིད་གསུམ་བདེ་སྟོང་ཟུང་འཇུག་ཏུ་སྒོམས་ཤིག །ཅེས་བརྗོད། དེ་ནི་ཤེས་རབ་ཡེ་ཤེས་ཀྱི་དབང་ངོ་། །དབང་བཞི་པའི་དོན་དུ་མཎྜལ་ཕུལ་ཏེ། ཁྱོད་ཞབས་པདྨོའི་བཀའ་དྲིན་གྱིས། །གཙོ་བོའི་དབང་བསྐུར་རྣམ་གསུམ་ཐོབ། །དེ་རིང་རིན་ཆེན་བཞི་པ་ཡང་། །བདག་ལ་བཀའ་དྲིན་བསྐྱང་དུ་གསོལ། །ཞེས་གསོལ་གསུམ་གདབ། དེ་ནས་སློབ་དཔོན་གྱིས་འདི་སྐད་ཅེས་བརྗོད་དེ། ལྟོས་ཤིག་རང་གི་སེམས་ལ་ལྟོས། །སེམས་ཉིད་ཅིར་ཡང་གྲུབ་པ་མེད། །གྲུབ་པ་མེད་པའི་སེམས་ཉིད་ལ། །སྣ་ཚོགས་

སྣང་བ་ངོ་མཚར་ཆེ། །སྣང་ཙམ་ཉིད་ཀྱང་སེམས་སུ་འདུག །སྣང་བ་སེམས་ཀྱི་དེ་ཉིད་ནི། །བདེ་བ་ཆེན་པོའི་ཡེ་ཤེས་ཡིན། །རྣམ་པར་མི་རྟོག་བསམ་མི་ཁྱབ། །གསལ་བ་དེ་ཡི་ངོ་བོར་སྣང་། །སོས་པ་དུ་མའི་སེམས་ཅན་ལ། །ཐབས་རྣམས་སྣ་ཚོགས་ཀུན་ཏུ་སྟོན། །སྣ་ཚོགས་སྒྱུ་མའི་སྤྱོར་བ་ཡིས། །དཔའ་བོ་སེང་གེ་བཞིན་དུ་སྤྱོད། །བསམ་གྱིས་མི་ཁྱབ་གོ་འཕང་ཐོབ། །འདི་ནི་རྗེ་བཙུན་བྱིན་རླབས་ཏེ། །སྣ་ཚོགས་ནོར་བུ་ཇི་བཞིན་དུ། །སྐལ་ལྡན་རྣམས་ཀྱི་སྤྱོད་ཡུལ་ཡིན། །ཞེས་(༧༧༣བ)གསུངས་པའི་དོན་ལྟར་ཆོས་ཐམས་ཅད་རང་བཞིན་གྱིས་མ་གྲུབ་པའི་སྟོང་པའི་ངང་ལས་རྩེ་གཅིག་ཏུ་མཉམ་པར་འཇོག་པར་ཞུ། ཞེས་བརྗོད། དབང་བཞི་པའོ། །དེས་བྱིན་རླབས་ཀྱི་དངོས་གཞི་སོང་ནས། རྗེས་ལ་རྗེས་སུ་གནང་བ་དྲུག་ལས། དང་པོ་སྐུའི་རྗེས་གནང་ནི། ཨོཾ་སྭ་བྷཱ་ཝ་ཤུདྡྷ་སརྦ་དྷརྨཱ་སྭ་བྷཱ་ཝ་ཤུདྡྷོ྅ཧཾ། ཨོཾ་བཛྲ་ཤུདྡྷ་སརྦ་དྷརྨཱ་བཛྲ་ཤུདྡྷོ྅ཧཾ། ཨོཾ་ཡོ་ག་ཤུདྡྷ་སརྦ་དྷརྨཱ་ཡོ་ག་ཤུདྡྷོ྅ཧཾ། སློབ་མ་རྣམས་ཀྱི་ཕུང་ཁམས་དབང་པོ་སྐྱེ་མཆེད་ལ་སོགས་པའི་ཕྱི་ནང་གི་ཆོས་ཐམས་ཅད་རང་བཞིན་གྱིས་མི་དམིགས་པའི་སྟོང་པ་ཉིད་དུ་གྱུར། སྟོང་པའི་ངང་ལས་ཁྱེད་རང་རྣམས་ཀྱི་ལུས་གཞལ་ཡས་ཁང་གྲུ་བཞི་སྒོ་བཞི་རྟ་བབས་དང་བཅས་པ། རྒྱན་ཐམས་ཅད་ཀྱིས་བརྒྱན་པ། མཚན་ཉིད་ཐམས་ཅད་ཡོངས་སུ་རྫོགས་པ། ཕྱི་རོལ་ཏུ་དུར་ཁྲོད་ཆེན་པོ་བརྒྱད་སྲུང་བའི་འཁོར་ལོ་དང་བཅས་པས་ཡོངས་སུ་བསྐོར་བའི་དབུས་སུ། ཆོས་འབྱུང་གྲུ་གསུམ་ཕྱི་དཀར་ལ་ནང་དམར་བ་རྩ་བ་ཕྲ་ཞིང་གདེངས་ཀ་རྒྱས་པའི་སྟེང་ཉས་སྦལ་གྱི་རྒྱབ་ལྟར་མཐོ་བ། དེའི་ནང་དུ་ཁྱེད་རང་རྣམས་ཀྱི་ངག་སྔགས་ཀྱི་ཡིག་འབྲུ་དང་། སེམས་ལྷ་སྐུའི་རྣམ་པར་གྱུར་པ་ནི། པཾ་ལས་སྣ་ཚོགས་པདྨ་འདབ་མ་བརྒྱད་པའི་ལྟེ་བར་མི་ཪོ་སེར་པོ་མགོ་གཡོན་དུ་བསྟན་པའི་སྙིང་གར་ཨོཾ་ལས་ཉི་མའི་དཀྱིལ་འཁོར། དེའི་སྟེང་དུ་པཾ་དམར་པོ་ལས་འོད་ཟེར་འཕྲོས། ས་གསུམ་གྱི་དྲི་མ་སྦྱངས། ཕྱོགས་བཅུའི་རྒྱལ་བ་ཐམས་ཅད་བསྡུས་ཤིང་། ཐིམ་(༧༧༤ན)པ་ལས་

རྡོ་རྗེ་རྣལ་འབྱོར་མ་སྐུ་མདོག་པདྨ་རཱ་ག་ལྟར་དམར་ཞིང་ཡིད་ཙམ་སྨུག་པ་ཉི་མ་ཤར་བའི་འོད་དང་མཚུངས་པའི་གཟི་བརྗིད་ཅན། རྩ་ཞལ་ལྷ་མོའི་རྣམ་པ་འཛུམ་ཁྲོ་ཆགས་པའི་ཉམས་ཅན། མཆེ་བ་གཙིགས་ཤིང་བཞད་པ། གཡས་ཞལ་ཕག་གདོང་ཁྲོ་ཞིང་གྱེན་དུ་ཕྱོགས་པས་གཟིགས་པ། ཕྱག་གཡས་རྡོ་རྗེ་གྲི་གུག་འཕྱར་ཞིང་། གཡོན་ཐོད་ཁྲག་ཐུགས་ཀར་འཛིན་པ། མཆན་ཁུང་གཡོན་དུ་རྡོ་རྗེའི་ཁ་ཊྭཱཾ་ག་དཀར་པོ་གྱེན་དུ་བསྙེང་བ། དབུ་སྐྲ་ནག་པོ་ཅུང་ཟད་ལི་བ་བསིལ་བུར་གྲོལ་ཞིང་ཐུར་དུ་འཕྱང་བ། དམར་ཞིང་བཀྲ་ལ་ཧྲུམ་པོར་གཡོ་བའི་སྤྱན་གསུམ་དང་ལྡན་པ། རྡོ་རྗེ་ནག་པོའི་ཕྲེང་བ་ལ་བརྒྱུས་པའི་ཐོད་སྐམ་ལྔའི་འཕྲེང་བ་ཅན། རྒྱུ་མས་སྤྲེལ་བའི་ཁྲག་འཛག་མི་མགོ་ལྔ་བཅུའི་དོ་ཤལ་འཕྱང་བ། འཁོར་ལོ་དང་། རྣ་ཆ་དང་། མགུལ་རྒྱན་དང་། གདུ་བུ་སྟེ་མི་རུས་ཀྱི་ཕྱག་རྒྱ་ལྔས་བརྒྱན་པ། གཅེར་བུ་ལོ་བཅུ་དྲུག་ལོན་པ་ལྟར་ལང་ཚོ་ལ་བབ་ཅིང་། ནུ་མ་རྒྱས་པ། ཞབས་གཡོན་བརྐྱངས་པའི་སྐྱིལ་ཀྲུང་ཕྱེད་པའི་གར་སྟབས་ཀྱིས་བཞུགས་པ་མ་ལུས་པའི་སྤྲུལ་པ་འཆར་བའི་སྐུ་ཅན། བསྐལ་པའི་མེ་ལྟ་བུའི་ཡེ་ཤེས་ཀྱི་མེ་འབར་བའི་དབུས་ན་སྐྲག་ཅིང་རོལ་བའོ། །ལྟེ་བར་ཉི་མའི་དཀྱིལ་འཁོར་གྱི་སྟེང་དུ་བཾ་དམར་པོ། སྤྱོབ་དཔོན་གྱི་ལྟེ་བའི་བཾ་ལས་འོད་ཟེར་འཕྲོས་པས། མདུན་བསྐྱེད་དང་། རང་བཞིན་གྱི་གནས་ནས་རྡོ་རྗེ་རྣལ་འབྱོར་མ་ལ་དཔའ་བོ་དང་རྣལ་འབྱོར་མའི་(༡༧༨བ)ཚོགས་ཐམས་ཅད་ཀྱིས་བསྐོར་བ་སྤྱན་དྲངས། འབར་བའི་ཕྱག་རྒྱ་དཔྲལ་བར་བསྐོར་བཞིན་པས། ཛཿ ཞེས་བརྗོད། ཛཿཧཱུྃ་བཾ་ཧོཿ གནས་རྣམས་སུ་ཐྣ་བའི་དཀྱིལ་འཁོར་གྱི་སྟེང་དུ། ལྟེ་བར་ཨོཾ་བཾ་དམར་མོ་རྡོ་རྗེ་ཕག་མོ། སྙིང་གར་ཧཾ་ཡོཾ་སྔོན་མོ་གཤིན་རྗེ་མ། ཁར་ཧྲཱིཿམོཾ་དཀར་མོ་རྨོངས་བྱེད་མ། དཔྲལ་བར་ཧྲེྃ་ཧྲཱིཿསེར་མོ་བསྐྱོད་བྱེད་མ། སྤྱི་གཙུག་ཏུ་ཧཱུྃ་ཧཱུྃ་ལྗང་ཁུ་སྐྲག་བྱེད་མ། ཚིགས་ཆེན་ཐམས་ཅད་ལ་ཕཊ་ཕཊ་དུད་ཁ་ཙཎྜི་ཀའི་ངོ་བོ་རྣམས་སུ་གྱུར། སླར་ཡང་བཾ་ལས་འོད་ཟེར་འཕྲོས། དབང་གི་ལྷ་དཔལ་ཧེ་

ཙུ་ཀའི་དཀྱིལ་འཁོར་མདུན་གྱི་ནམ་མཁར་ཕཻཾ། བདུད་རྩིས་གང་བའི་སྣོད་ཐོགས་ཏེ། མདུན་གྱི་ནམ་མཁར་བཞུགས་པ་ལ། འདི་རྣམས་ལ་དབང་བསྐུར་དུ་གསོལ་ཞེས་གསོལ་བ་བཏབ་པས། ཨོཾ་སརྦ་ཏ་ཐཱ་ག་ཏ་ཨ་བྷི་ཥི་ཀ་ཏ་ས་མ་ཡ་ཤྲཱི་ཡེ་ཧཱུཾ། ཞེས་གསུངས་ཤིང་དབང་བསྐུར། སྐུ་གང་དྲི་མ་དག་ཆུའི་ལྷག་མ་ཡར་ལུད་པ་ལས། མི་བསྐྱོད་པའི་ངོ་བོ་རྡོ་རྗེ་སྔོན་པོ་རྩེ་ལྔ་པས་དབུ་བརྒྱན་པའི་སེམས་པ་མཛོད། ཅེས་དམིགས་པ་ཕོག །དེས་ལྷ་བསྒོམ་པའི་ལུང་ཐོབ་པ་ཡིན་པས་ཐུན་བཞིར་སྒོམས་ཤིག །གཉིས་པ་གསུང་བརླབས་པའི་རྗེས་གནང་ནི། སློབ་དཔོན་གྱི་ཐུགས་ཀར་ཆོས་འབྱུང་སྟགས་ཁྲིང་དང་བཅས་པ་དང་། སློབ་མའི་སྙིང་གར་ཆོས་འབྱུང་ཙམ་གསལ་བཏབ་ལ། སློབ་དཔོན་ལ་མོས་གུས་བྱས་པའི་རྐྱེན་གྱིས། སློབ་དཔོན་གྱི་ཐུགས་ཀའི་སྟགས་ཁྲིང་ལས་སྟགས་ཁྲིང་གཉིས་(༧༤༥ན)པ་ཞིག་ཆད། ཞལ་ནས་ཐོན། སློབ་མའི་ཁ་སྒོ་ནས་ཞུགས། སྙིང་གའི་ཆོས་འབྱུང་དུ་པར་བཏབ་པ་བཞིན་བྱུང་བར་མོས་ལ། ཨོཾ་གསུམ་མ་ལན་གསུམ་རྗེས་བཟློས་བྱ། བཅོམ་ལྡན་བདག་ལ་བསྟུལ་ལགས་ཏེ། སོགས་ལན་གསུམ། མེ་ཏོག་གཏོར་བཞིན་དུ། རྗེས་བཟློས་བྱས་པ་ལ། བཅོམ་ལྡན་འདི་ལ་བསྟུལ་ལགས་ཀྱི། །སོགས་བརྗོད་ཅིང་། སློབ་མའི་སྤྱི་བོར་མེ་ཏོག་གཏོར། དེང་ཕྱིན་ཆད་སྟགས་བཟླས་པ་ལ་བརྩོན་པར་གྱིས་ཤིག །གསུམ་པ་ལྷ་མཆོད་པའི་རྗེས་གནང་ནི། སློབ་མས། སློབ་དཔོན་དཀྱིལ་འཁོར་དང་བཅས་པ་ལ་མཆོད་པ་སྣ་ལྔ་སྟགས་དང་ཕྱག་རྒྱས་འབུལ་དུ་བཅུག་ལ། བདག་ཉིད་དཔའ་བོ་ཀུན་གྱི་དངོས། །བདག་ཉིད་ལྷ་མོ་ཀུན་གྱི་གནས། །དེ་ཕྱིར་བདག་གིས་ཐམས་ཅད་བྱ། །བདག་ཉིད་རྣལ་འབྱོར་མ་དཔལ་མཆོད། །དེང་ཕྱིན་ཆད་ལྷ་དང་བླ་མ་མཆོད་པ་ལ་བརྩོན་པར་གྱིས་ཤིག །བཞི་པ་སྤྱོད་པའི་རྗེས་གནང་ནི། དེ་ཉིད་རིག་པའི་རྣལ་འབྱོར་པས། །མི་བྱ་བ་ནི་ཅི་ཡང་མེད། །དེ་ཉིད་ཤེས་ནས་དེ་ནས་ནི། །དཔའ་བོས་འདོད་པ་ལྔ་སྤྱོད་དོ། །དེང་ཕྱིན་གྱི་ལས་དང་པོ་པའི་སྤྱོད་པ་དང་། བརྟན་པ་ཐོབ་

པའི་སྤྱོད་པ་དང་། བརྟན་པ་ཆེར་ཐོབ་པའི་རིག་པ་བརྟུལ་ཞུགས་ཀྱི་སྤྱོད་པ་རྣམས་སོ་སོའི་དུས་དང་འཚམས་པར་མ་འཁྲུལ་པའི་སྤྱོད་པ་གྱིས་ཤིག །ལྟ་པ་ཆོས་བཤད་པ་ལ་སོགས་པ་གཞན་དོན་གྱི་རྗེས་གནང་ནི། འཁོར་ལོ། དུང་། པོ་ཏི་རྣམས་གཏད་ཅིང་། རྟེན་ཅིང་(༧༢༥བ)འབྲེལ་པར་འབྱུང་བཅས་ཤིང་། །སེམས་ཅན་སྒྱུ་མའི་རང་བཞིན་ནོ། །ཁམས་གསུམ་དེ་ལྟར་ཤེས་ནས་ནི། །འགྲོ་བའི་དོན་ནི་མཉམ་མེད་ཀྱིས། །དེང་ཕྱིན་ཆད་རང་གི་ནུས་པ་དང་འཚམས་པར་སྐལ་བར་ལྡན་པ་གཞན་དག་ལ་འགྲོ་བའི་དོན་ཅི་ནུས་པར་སྒྲུབས་ཤིག །དྲུག་པ་སྲུང་བའི་རྗེས་གནང་ནི། ལྟེ་བར་ཨོཾ་བཾ་དམར་མོ་རྡོ་རྗེ་ཕག་མོ། སྙིང་གར་ཧཾ་ཡཾ་སྔོན་མོ་གཤིན་རྗེ་མ། ཁར་ཧྲིཾ་མོཾ་དཀར་མོ་རྨོངས་བྱེད་མ། དཔྲལ་བར་ཧྲིཾ་ཧྲིཾ་སེར་མོ་བསྐྱོད་བྱེད་མ། སྤྱི་གཙུག་ཏུ་ཧྲུཾ་ཧྲུཾ་ལྗང་ཁུ་སྐྲག་བྱེད་མ། ཚོགས་ཆེན་ཐམས་ཅད་ལ་ཕཊ་ཕཊ་དུད་ཁ་ཙཎྜི་ཀའི་ངོ་བོ་རྣམས་སུ་གྱུར། ཞེས་སློབ་མའི་ལུས་ལ་གོ་ཆ་བཀོད་ནས། རྡོ་རྗེས་རེག་པར་བྱ། གོ་ཆའི་ཐུགས་བརྗོད། སྤྱི་བོར་རྡོ་རྗེ་རྒྱ་གྲམ་དུ་བཞག་ལ། ཨོཾ་གསུམ་མ་དང་། སུམྦྷ་ཚར་གཅིག་བརྗོད། མན་ངག་ལས་འབྱུང་བ་བཞིན་སྲུང་བའི་འཁོར་ལོ་ཡོད་ན་གདགས་ཤིང་། མེད་ན་སྲུང་སྐུད་དམར་པོ་གཡོན་པར་སྤྱི་དང་མཐུན་པར་བཅིངས། སྲུང་བའི་ཐུགས་བཟླ་ཞིང་། སྲུང་བར་བྱའོ།། ༎ ༄ རྗེས་ཆོག་སྤྱི་དང་འདྲ། བླ་མ་དཔྱལ་པ་རྣམས་ཀྱི་ཕྱག་ལེན་ལ། ཞལ་གཉིས་མ་འདིའི་བྱིན་རླབས་མ་ཐོབ་པ་ལ་དབུ་བཅད་མ་དང་དོན་གྲུབ་མའི་བྱིན་རླབས་མི་མཛད་མོད། བླ་མེད་ཀྱི་དབང་རྫོགས་པར་ཐོབ་ཕྱིན་ཆད། ཞལ་གཉིས་མའི་བྱིན་རླབས་སྔོན་དུ་མ་སོང་ཡང་དེ་དག་བྱིན་དུ་རུང་བ་ཁོ་ནའོ།། ༎

༄ མཻ་ཏྲི་མཁའ་སྤྱོད་རིག་པ་འཛིན་པ་རྗེན་མ་ཞེས་བྱ་བ་ལ། སྐྱབས་སེམས་(༧༢༦ན)སྔོན་དུ་འགྲོ་བས་རང་སྐད་ཅིག་གིས་རྡོ་རྗེ་རྣལ་འབྱོར་མར་གྱུར། སྲིན་ལག་གཡོན་པས་ནང་མཆོད་ལ་ཆོས་འབྱུང་གྲུ་གསུམ་འབྲི་ཚུལ་དུ་བྱེད་ཅིང་། ཨོཾ་ཨཱཿཧཱུྃ། དབུས་

སྤུ་བཾ་བདུད་རྩིའི་རྒྱ་མཚོར་གྱུར། གཡས་པའི་སྲིན་ལག་གིས་གཡོན་པའི་ལག་མཐིལ་དང་མཐེའུ་ཆུང་ལ་སོགས་པ་སོ་སོའི་རྩེ་མོར་བདུད་རྩི་གཏོར་ཞིང་། ཨོཾ་བཾ། ཧཾ་ཡཾ། ཧྲཱིཾ་མཾ། ཧྲི་ཧྲཱི། ཧྲུཾ་ཧྲཱུཾ། ཕཊ་ཕཊ། ལག་པ་ཕན་ཚུན་མཉེ་ཞིང་ཡིག་འབྲུ་རྣམས་རང་གནས་སུ་འོད་དུ་ཞུ་ཞིང་ཐིམ། ཨོཾ་ཨཱཿཧཱུཾ་ཞེས་བདུད་རྩི་མྱང་། ཨོཾ་ཨཱཿཧཱུཾ་ཞེས་གནས་གསུམ་དུ་ཐིག་ལེ་བྱ། དེ་ནས་སྟོང་པར་སྦྱང་བ་ནི་གོང་བུ་བསྡུ་བ་དང་། རྗེས་སུ་གཞིག་པ་གང་རུང་ལས་དང་པོ་ལྟར་ན། རང་ལུས་སུམ་ཙུ་རྩ་དྲུག་ཁམས་ཀྱི་ཚོགས། །མིག་སྣ་རྣ་ལྕེ་ལུས་ཏེ་དབང་པོ་ལྔ། །ངག་དང་རྐང་ལག་བཤང་གཅི་ལས་དབང་ལྔ། །རང་བཞིན་དག་ཀྱང་དེ་ལྟར་མ་རྟོགས་པའི། །མ་ལུས་འགྲོ་དྲུག་སེམས་ཅན་ཚོགས། །ལས་དང་ཉོན་མོངས་སྡུག་བསྔལ་གྱི། །འཁོར་ལོ་བསྐོར་བ་འདི་དག་ནི། །ངེས་པར་བྱང་ཆུབ་ལ་གཞུག་བྱ། །སྙིང་གའི་བཾ་ལས་འོད་ཟེར་འཕྲོས། །ཁམས་གསུམ་སྣོད་བཅུད་འོད་དུ་ཞུ། །རང་ལུས་ལ་ཐིམ། རང་གི་རྐང་པ་གཉིས་ནི་བརླ་གཉིས་ལ། དེ་ལྟོ་བ་ལ། དེ་རྐེད་པ་ལ། དེ་ཡང་སྙིང་ག་ལ། ལག་པ་གཉིས་ནི་དཔུང་པ་ལ་ཐིམ། དེ་ཡང་སྙིང་ག་ལ། དེ་མགྲིན་པ་ལ། དེ་མགོ་བོ་ལ་ཐིམ། དེ་ཡང་སེམས་ལ་ཐིམ། སེམས་(༡༧༨བ)ཉིད་ཀྱང་ནམ་མཁའ་ལ་ཐིམ། ནམ་མཁའ་ཡང་རང་བཞིན་གྱི་འོད་གསལ་བ་ལ་ཐིམ། སྟོང་པའི་ངང་ལས་སྐད་ཅིག་གིས་བསྐྱེད་པའམ། ཆོས་འབྱུང་ནམ་མཁའི་ཁམས་ཀྱི་ནང་དུ་པད་ཉི་ལ་གནས་པའི་བཾ་ཡིག་ལས་རང་ཉིད་བཅོམ་ལྡན་འདས་མ་རྡོ་རྗེ་ཕག་མོ་རིག་པ་འཛིན་པ་རྩེན་མའི་སྐུར་གྱུར་པ་ནི། ཛ་བའི་མེ་ཏོག་ལྟར་རབ་ཏུ་དམར་བའི་མདངས་ཅན། ཞལ་གཅིག་ཕྱག་གཉིས་མཆེ་བ་གཙིགས་ཤིང་། ཁྲོ་གཉེར་དང་བཅས་པའི་གདོང་སྟེང་དུ་ཕྱོགས་པ། དམར་ལ་རླུམ་པའི་སྤྱན་གསུམ་སྟེང་དུ་གཟིགས་པ། དབུ་སྐྲ་ནག་པོ་གསིལ་བུར་གྲོལ་ཞིང་། ཐུར་དུ་འཕྱང་བ། ཕྱག་གཡོན་པས་ཐོད་པ་བདུད་རྩིས་གང་བ་བཟུང་ནས་ཞབས་གཡོན་པའི་སྙིད་ཁུང་ནས་འཕྱུད་དེ་སྟེང་དུ་བཏེགས་ནས་བདུད་

རྩེའི་རྒྱུན་ཞལ་དུ་འབབ་པ། ཕྱག་གཡས་རྡོ་རྗེ་རྩེ་ལྔ་པ་འཛིན་པས་ཞབས་གཡས་ཀྱི་རྟིང་པའི་ཕྱོགས་སུ་བསྟུན་པ། ཞབས་གཡས་འཕྱར་སྟངས་སུ་ཙུང་ཟད་བརྐྱང་བ། གླུ་ཤིང་གི་མེ་ཏོག་གི་ཕྲེང་བ་ཕྱག་གཡོན་པ་ན་བསྣམས་པ། གཅེར་བུ་རྒྱན་སྤྲངས་ཤིང་། ཡེ་ཤེས་ཀྱི་མེ་དཔུང་འབར་བའི་དབུས་ན་བཞུགས་པའོ། །གནས་རྣམས་སུ་ཟླ་བའི་གདན་ལ་ལྟེ་བར་ཨོཾ་བཾ་དམར་མོ་རྡོ་རྗེ་ཕག་མོ། སྙིང་གར་ཧཾ་ཡོཾ་སྔོན་མོ་གཤིན་རྗེ་མ། ཁར་ཧྲཱིཾ་མོཾ་དཀར་མོ་རྨོངས་བྱེད་མ། དཔྲལ་བར་ཧྲེཾ་ཧྲཱིཾ་སེར་མོ་བསྐྱོད་བྱེད་མ། སྤྱི་གཙུག་ཏུ་ཧཱུཾ་ཧཱུཾ་ལྗང་ཁུ་སྐྲག་བྱེད་མ། ཚོགས་ཆེན་ཐམས་ཅད་ལ་ཕཊ་ཕཊ་དུད་ཁ་ཙཎྜི་ཀའི་ངོ་བོ་རྣམས་སུ་གྱུར། (༡༧༧ན)ཞེས་གོ་ཆ་བཅིངས། རང་བཞིན་གྱི་གནས་ནས་རྡོ་རྗེ་ཕག་མོའི་ལྷ་ཚོགས་ཐམས་ཅད་ཡཻཾ། ཛཿཧཱུཾ་བཾ་ཧོཿ སྙིང་གའི་བཾ་ལས་འོད་ཟེར་འཕྲོས། དབང་གི་ལྷ་རིགས་ལྔ་མདུན་གྱི་ནམ་མཁར་སྤྱན་དྲངས། ཨོཾ་ཨ་བྷི་ཥིཉྩ་ཏུ་མཾ་སརྦ་ཏ་ཐཱ་ག་ཏ་ཞེས་གསོལ་བ་བཏབ་པས། དབང་གི་ལྷ་རྣམས་ཀྱིས། ཇི་ལྟར་བལྟམས་པ་ན་ཞེས། ཤྲཱི་ཡེ་ཧཱུཾ། ཞེས་གསུངས་ཤིང་བུམ་པའི་ཆུས་དབང་བསྐུར། སྐུ་གང་དྲི་མ་དག །ཆུའི་ལྷག་མ་ཡར་ལུད་པ་ལས་མི་བསྐྱོད་པས་དབུ་བརྒྱན་པར་བསམས། མཆོད་པ་ཕྱིན་གྱིས་བརླབས་ལ། ཨརྒྷཾ་ནས། ཤབྡའི་བར་གྱིས་མཆོད། དཔལ་ལྡན་རྡོ་རྗེ་མཁའ་འགྲོ་མ། །མཁའ་འགྲོ་མ་ཡི་འཁོར་ལོས་བསྐོར། །ཡེ་ཤེས་ལྔ་དང་སྐུ་གསུམ་ཉིད། །འགྲོ་བ་སྐྱོབ་ལ་ཕྱག་འཚལ་ལོ། །ཇི་སྙེད་རྡོ་རྗེ་མཁའ་འགྲོ་མ། །ཀུན་ཏུ་རྟོག་པའི་འཆིང་གཅོད་ཅིང་། །འཇིག་རྟེན་བྱ་བ་རབ་འཇུག་མ། །དེ་སྙེད་རྣམས་ལ་ཕྱག་འཚལ་ལོ། །དེ་ནས་བཟླས་པ་ནི་ཐིག་མའི་གནས་སུ་བྱོན་པར་མོས་ལ། སྙིང་གར་ཆོས་འབྱུང་དང་། སྔགས་འཁོར་གསལ་བཏབ། འདིའི་རྒྱུད་གཞུང་ལ་སྔགས་ཚན་གསུམ་ལ་ཨོཾ་རེ་རེ་སྦྱར་བ་ཡོད་ནའང་། ལག་ལེན་དང་མན་ངག་ལ་ཨོཾ་གསུམ་མ་ཁོ་ན་བཟླ་བར་མཛད་དེ། སྤྲོ་བསྡུའི་དམིགས་པ་དང་བཅས་བཞིན་པས། ཨོཾ་ཨོཾ་ཨོཾ་སརྦ་བུདྡྷ་ཌཱ་ཀི་ནཱི་ཡེ། བཛྲ་ཝརྞ་ནཱི་

ཡེ། བཛྲ་བཻ་རོ་ཙ་ན་ཡེ་ཧཱུྃ་ཧཱུྃ་ཧཱུྃ་ཕཊ་ཕཊ་ཕཊ་སྭཱཧཱ། ཞེས་བཟླའོ། །༔ འདིའི་བྱིན་རླབས་ཀྱི་སྒོ་ནས་སློབ་མ་རྗེས་སུ་བཟུང་བར་(༡༧༧བ)འདོད་པས། བྲིས་སྐུ་ལ་སོགས་པའི་དྲུང་དུ། མཎྜལ་ཆོས་འབྱུང་དམར་པོ་གྲུ་གསུམ་རེ་ཁ་དཀར་པོའི་པད་མ་འདབ་བརྒྱད་བྲིས་པའི་སྟེང་དུ་མཆི་ལ་ཐོད་པ་བདུད་རྩིས་གང་བ། དེའི་སྟེང་དུ་མེ་ལོང་ལ་ཆོས་འབྱུང་གི་དབུས་སུ་རྗེ་བཙུན་མའི་སྐུ་བརྙན་མེ་རིས་དང་བཅས་པ། རི་གཉིས་དང་། ཤིང་དང་། ཁང་བཟང་སོགས་ཀྱང་འབྲི། ཕྱོགས་བཞིར་དགའ་འཁྱིལ་བཞི་ཡང་བཀོད། སྟེང་ནས་དར་དམར་པོའི་གུར་ཕུབ། ཆུ་གཉིས་ཉེར་སྤྱོད་ལྔ། ཤ་ཁྲག་གིས་བརྒྱན་པའི་གཏོར་མ་བརྒྱད། ཀ་པཱ་ལའམ། གང་ཡང་རུང་བའི་སྣོད་བཙུ་ལས་ཤ་ལྔ་དང་། ལྔ་ཆང་གིས་བཀང་། བུམ་པ་སྤྱི་དང་མཐུན་པར་བྱས་པ་ཞིག་གི་ཕྱོགས་བཞིར་ཐོད་གཟུགས་སམ། དུང་ཆོས་བདུད་རྩིའི་ཆུས་གང་བ་བཞི་བཞག །རང་གི་མདུན་དུ་རྗེར་དྲིལ་ནང་མཆོད། ཌཱ་མ་རུ། སྟོན་འགྲོའི་གཏོར་མ་རྣམས་དང་། མིག་དར་མེ་ཏོག་སོགས་དགོས་པའི་ཡོ་བྱད་རྣམས་ཀྱང་ཚང་བར་བྱས་ལ། བདེ་མཆོག་གི་ཆོ་ག་ལྟར། སྟོན་འགྲོའི་གཏོར་མ་གནས་ཡོ་བྱིན་བརླབས་རྣམས་བྱ། བདུད་རྩི་བྱིན་རླབས་ནས་བཟླས་པའི་བར་གོང་དུ་བསྟན་པ་བཞིན་བདག་བསྐྱེད་དང་། མདུན་བསྐྱེད་བསངས་སྦྱངས། སྟོང་པའི་ངང་ལས་ཆོས་འབྱུང་ནམ་མཁའི་ཁམས་ཀྱི་ནང་དུ་པད་ཉི་ལ་གནས་པའི་བཾ་ཡིག་ལས། བཅོམ་ལྡན་འདས་མ་རྡོ་རྗེ་ཕག་མོ་རིག་པ་འཛིན་པ་རྩེན་མའི་སྐུར་གྱུར་པ་ནི་ཞེས་པ་ནས། ཚོགས་ཆེན་ཐམས་ཅད་ལ་ཕཊ་ཕཊ་དུད་ཁ་ཙཎྜི་ཀའི་ངོ་བོ་རྣམས་སུ་གྱུར། ཞེས་གོ་ཆ་བཅིངས། (༡༧༨ན) རང་བཞིན་གྱི་གནས་ནས་རྗེ་རྗེ་ཕག་མོའི་ལྷ་ཚོགས་ཐམས་ཅད་ཕཻཾ། ཛཿཧཱུྃ་བཾ་ཧོཿ སྙིང་གའི་བཾ་ལས་འོད་ཟེར་འཕྲོས། དབང་གི་ལྷ་རིགས་ལྔ་མདུན་གྱི་ནམ་མཁར་སྤྱན་དྲངས། དེ་བཞིན་གཤེགས་པ་ཐམས་ཅད་ཀྱིས་འདི་ལ་མངོན་པར་དབང་བསྐུར་དུ་གསོལ། ཞེས་གསོལ་བ་བཏབ་པས། དབང་གི་ལྷ་རྣམས་ཀྱིས་ཇི་ལྟར

བལྟམས་པ་ནས། ཀླཱི་ཡེ་ཧཱུྃ། ཞེས་གསུངས་ཤིང་། བུམ་པའི་ཆུས་དབང་བསྐུར། སྐུ་གང་། དྲི་མ་དག །ཆུའི་ལྷག་མ་ཡར་ལུད་པ་ལས་མི་བསྐྱོད་པས་དབུ་བརྒྱན་པར་བསམས། ལྟེ་བར་ཆོས་འབྱུང་ཟུར་དྲུག་པའི་ནང་དུ་ཟླ་བ་ལ་སྔགས་ཕྲེང་། གྲྭ་བཞིར་དགའ་བ་འཁྱིལ་བ་བཞི་དང་བཅས་པ་གསལ་བཏབ་ནས། འོད་ཟེར་སྤྲོ་བསྡུ་ལ་སེམས་གཏད་དེ་བཟླས་པ་བྱ། མཆོད་པ་སྣ་མེད་ལྟར་བྱིན་གྱིས་བརླབས། མཆོད་བསྟོད་བདག་བསྐྱེད་ཀྱི་སྐབས་སུ་བཤད་པ་བཞིན་བྱེད། གཏོར་མ་བྱིན་རླབས་ནི། སུམྦྷས་བསངས། སྭ་བྷཱ་ཝས་སྦྱངས། སྟོང་པའི་ངང་ལས་གཏོར་མ་རྣམས་ཀྱི་འོག་ཏུ་ཡཾ་ལས་རླུང་གི་དཀྱིལ་འཁོར་དང་། རཾ་ལས་མེའི་དཀྱིལ་འཁོར་གྱི་སྟེང་དུ་ཨ་ལས་ཐོད་པ་དཀར་པོ་དུམ་བུ་གསུམ་པ། དཔྲལ་བ་རང་ལ་བསྟན་པ། ཕྱི་དཀར་ལ་ནང་དམར་བ། ཡངས་ཤིང་རྒྱ་ཆེ་བའི་ནང་དུ་ན་གོ་ཧ་ད་ཀུ་ལས་ཤ་ལྔ། མུ་བི་མ་ར་ཤུ་ལས་བདུད་རྩི་ལྔ་རྣམས་ཧཱུྃ་བྷྲཱུྃ་ཁཾ་ཛྲཱིཾ་ཨཾ་ཡེ་ཤེས་ལྔའི་ངོ་བོས་མཚན་པ་རླུང་གཡོས་མེ་སྦར་ཞུ་ཞིང་ཁོལ། རང་གི་སྙིང་གའི་(༡༧༨བ)འོད་ཀྱིས་ཡེ་ཤེས་ཀྱི་བདུད་རྩི་སྤྱན་དྲངས་ཏེ་བསྟིམ་པས། གཏོར་མ་ཟག་པ་མེད་པའི་ཡེ་ཤེས་ཀྱི་བདུད་རྩིའི་རྒྱ་མཚོ་ཆེན་པོར་གྱུར། ཨོཾ་ཨཱཿཧཱུྃ་ཧ་ཧོ་ཧྲཱི། ཞེས་བྱིན་གྱིས་བརླབས་ནས། གཏོར་མ་རེ་རེ་བཞིན། ཨོཾ་ཨཱཿཧཱུྃ་ལན་གསུམ་གསུམ་བརྗོད། གཏོར་མ་དང་པོ་བླ་མ་དང་དཀྱིལ་འཁོར་གྱི་གཙོ་མོ་གཉིས་སུ་མེད་པར་མོས་ལ། ཨོཾ་ཨོཾ་ཨོཾ་སརྦ་བུདྡྷ་ཌཱ་ཀི་ནཱི་ཡེ། བཛྲ་ཝརྞ་ནཱི་ཡེ། བཛྲ་བཻ་རོ་ཙ་ནཱི་ཡེ་ཧཱུྃ་ཧཱུྃ་ཧཱུྃ་ཕཊ་ཕཊ་ཕཊ་སྭཱཧཱ། ཨོཾ་བཛྲ་ཨ་རལླི་ཧོ་ཛཿཧཱུྃ་བཾ་ཧོཿབཛྲ་ཌཱ་ཀི་ནཱི་ས་མ་ཡ་སྟྭཾ། དྲྀ་ཤྱ་ཧོ། ཞེས་བཏགས་པ་ལན་བདུན་གྱིས་ཕུལ། མཆོད་བསྟོད་དང་། ལྷ་མོ་ཚད་མ་དམ་ཚིག་ཚད་མ་དང་། །དེས་གསུངས་ཚིག་ཀུན་ཚད་མའི་མཆོག་ཡིན་ཏེ། །བདེན་པ་དེ་ཡིས་ལྷ་མོ་དེ་དག་གིས། །བདག་ལ་རྗེས་སུ་འཛིན་པའི་རྒྱུར་གྱུར་ཅིག །ཅེས་གསོལ་བ་བཏབ། གཏོར་མ་གཉིས་པ་ནག་པོ་ཆེན་པོ་སོགས་འཇིག་རྟེན་ལས་འདས་པའི་ཆོས་སྐྱོང་རྣམས་ལ་

འབུལ། དེ་ནས་གཏོར་མ་ལྷ་གོང་དུ་བསྟན་པ་ལྟར་མཁའ་འགྲོ་སྡེ་ལྔ་ལ་འབུལ་ཏེ། མཐར་ཨཀྐྃ་ལ་སོགས་པས་ཕྱི་མཆོད་དང་། འབྲུ་གསུམ་གྱིས་ནང་མཆོད་དང་། མི་བསྐྱོད་རྡོ་རྗེ་ཡེ་ཤེས་ཆེ། །རྡོ་རྗེ་དབྱིངས་ནི་མཁས་པ་ཆེ། །རྡོ་རྗེ་གསུམ་མཆོག་དཀྱིལ་འཁོར་གསུམ། །གསང་བའི་དབྱངས་ལ་ཕྱག་འཚལ་ལོ། །རྣམ་པར་སྣང་མཛད་དག་པ་ཆེ། །རྡོ་རྗེ་ཞི་བ་དགའ་བ་ཆེ། །རང་བཞིན་འོད་གསལ་མཆོག་གི་མཆོག །སྟོན་པ་རྡོ་རྗེ་ཕྱག་འཚལ་ལོ། །རིན་(༡༧(ན)ཆེན་རྒྱལ་པོ་རབ་ཏུ་ཟབ། །རྡོ་རྗེ་མཁའ་འདྲ་དྲི་མ་མེད། །རང་བཞིན་དག་པ་གོས་པ་མེད། །རྡོ་རྗེའི་སྐུ་ལ་ཕྱག་འཚལ་ལོ། །རྡོ་རྗེ་དཔག་མེད་རྒྱལ་པོ་ཆེ། །མི་རྟོག་ནམ་མཁའ་རྡོ་རྗེ་འཛིན། །འདོད་ཆགས་ཕ་རོལ་ཕྱིན་པ་བརྙེས། །རྡོ་རྗེའི་གསུང་ལ་ཕྱག་འཚལ་ལོ། །དོན་ཡོད་རྡོ་རྗེ་རྫོགས་སངས་རྒྱས། །བསམ་པ་ཐམས་ཅད་རྫོགས་མཛད་པ། །དག་པ་ངོ་བོ་ཉིད་ལས་བྱུང་། །རྡོ་རྗེ་སེམས་དཔར་ཕྱག་འཚལ་ལོ། །ཞེས་དེ་ཉིད་ལྷ་པས་བསྟོད། མཆོད་སྦྱིན་གཏོར་མ་སོགས་འདོད་དོན་གསོལ་བ་བཏབ། གཏོར་མ་ཐ་མ་དང་པོར་གཞིས་བདག་ལ་འབུལ་ཞིང་ལྷག་མ་ཨ་ཀཱ་རོས་རིགས་དྲུག་སྤྱི་ལ་བསྔོ། དེ་ནས་སྲུས་དང་བཅས་པས་རྗོར་དྲིལ་འཛིན་པས། བཅོམ་ལྡན་ཡེ་ཤེས་རྒྱལ་མོ་མཆོག །རིག་འཛིན་རྒྱལ་མོ་ལ་ཕྱག་འཚལ། །སྙིང་རྗེའི་བདག་ཉིད་དཀྱིལ་འཁོར་དུ། །སློབ་མ་འཇུག་པར་འཚལ་ལགས་ན། །ཇི་ལྟར་རྒྱལ་བ་ཀུན་གྱིས་ཁྱོད། །ཡེ་ཤེས་རྒྱ་མཚོར་བྱིན་བརླབས་པ། །དེ་བཞིན་དུ་ནི་ཡེ་ཤེས་རོས། །སེམས་ཅན་འདི་ལ་བྱིན་བརླབས་རིགས། །ཞེས་ལན་གསུམ་གྱིས་སློབ་མའི་དོན་དུ་གསོལ་བ་བཏབ། བུམ་པའི་མཆོད་པ་གོང་ལྟར་བྱིན་གྱིས་བརླབས། བུམ་པ་སུམྦྷས་བསངས། སྭ་བྷཱ་ཞས་སྦྱངས། སྟོང་པའི་ངང་ལས་པཾ་ལས་པདྨ་དང་ཨ་ལས་ཟླ་བའི་དཀྱིལ་འཁོར་གྱི་སྟེང་དུ་ཧཱུྃ་ལས་བུམ་པ་ཡངས་ཤིང་རྒྱ་ཆེ་བ་ལྷ་རྫས་ཀྱི་གོས་ཀྱི་མགུལ་འཆིང་དང་། དཔག་བསམ་གྱི་ཤིང་(༡༧(བ)གིས་ཁ་བརྒྱན་པ། ནང་ཆུ་དང་བཅུད་ཐམས་ཅད་ཀྱིས་ཡོངས་སུ་གང་

བའི་དབུས་སུ་ཆོས་འབྱུང་ནམ་མཁའི་ཁམས་ཀྱི་ནང་དུ་པད་ཉི་ལ་གནས་པའི་བཾ་ཡིག་ལས་བཅོམ་ལྡན་འདས་མ་རྡོ་རྗེ་ཕག་མོ་ཞེས་པ་ནས་ཡར་ལྡུད་པ་ལས་མི་བསྐྱོད་པས་དབུ་བརྒྱན་པར་བསམས། ཞེས་པའི་བར་མདུན་བསྐྱེད་བཞིན་བྱེད། ཨོཾ་སརྦ་ཏ་ཐཱ་ག་ཏ་བཛྲ་ཡོ་གི་ནི་ས་པ་རི་ཝཱ་ར་ཨརྒྷཾ་པྲ་ཏཱིཙྪ་སྭཱཧཱ། ཞེས་པ་ནས། ཤབྡའི་བར་བརྗོད། ཨོཾ་བཛྲ་གཉྫེ་ར་ཧཱ་ཏ་ནས། ཨ་ཁཾ་སྭཱཧཱ། ཞེས་པས་མཆོད། ཨོཾ་གསུམ་མའི་རྗེས་སུ་རྡོ་རྗེ་རྣལ་འབྱོར་མའི་ཞལ་དུ་མཆོད་པར་འབུལ་ལོ། །ཨོཾ་ཨཱཿཧཱུྃ། ཞེས་ནང་མཆོད་ཕུལ། དཔལ་ལྡན་རྡོ་རྗེ་མཁའ་འགྲོ་མ། །ནས། དེ་སྙེད་རྣམས་ལ་ཕྱག་འཚལ་ལོ། །ཞེས་པས་བསྟོད། རང་གི་སྙིང་ག་ནས་སྔགས་ཀྱི་ཕྲེང་བ་གཟུངས་ཐག་ལ་ཞོན་ནས་སོང་བས་བུམ་ནང་གི་རྗེ་བཙུན་མའི་ཐུགས་རྒྱུད་བསྐུལ། དེའི་བ་སྤུའི་བུ་ག་ནས་བདུད་རྩིའི་ཆུ་རྒྱུན་བྱུང་བས་བུམ་པ་ཡེ་ཤེས་ཀྱི་བདུད་རྩིས་གང་བར་གྱུར། དེ་ནས་བཟླས་པ་བྱེད། མཐར་སུམྦྷ་སོགས་དང་། ཨོཾ་སརྦ་ཏ་ཐཱ་ག་ཏ་ཨ་བྷི་ཥེ་ཀ་ཏ་ས་མ་ཡ་ཤྲཱི་ཡེ་ཧཱུྃ། ཞེས་པའང་བཟླ། མཆོད་བསྟོད་རྣམས་གོང་བཞིན་བྱའོ། །མ་འཁྱོར་བ་དང་ཉམས་པ་དང་། །གང་ཡང་བདག་རྨོངས་བློ་ཡིས་ནི། །བགྱིས་པ་དང་ནི་བགྱིད་བསྐུལ་བ། །དེ་ཀུན་མགོན་པོས་བཟོད་པར་གསོལ། །དུང་ཆོས་ཀྱི་ཆུ་བུམ་པར་བླུགས། ཨོཾ་ཨཱཿཧཱུྃ། མཆོད་ཡོན་ཕུལ་བའི་རྐྱེན་གྱིས་བུམ་ནང་གི་(༧༨༠ན) རྗེ་བཙུན་མ་འོད་དུ་ཞུ་ནས། བུམ་པའི་ཆུ་ནུས་པ་ཀུན་དང་ལྡན་པར་གྱུར། དུང་ཆོས་ཀྱི་ཆུ་བླངས་ལ། ཇི་ལྟར་བལྟམས་པ་ནས། ཤྲཱི་ཡེ་ཧཱུྃ། ཞེས་ཁྲུས་བྱས་ལ། དེ་ནས་སློབ་མ་ལ། ཇི་ལྟར་བྱ་བའི་རིམ་པ་རྣམས། སློབ་དཔོན་ཉིད་ཀྱིས་བདག་འཇུག་གི་ཚུལ་དུ་བླངས། ༈ སློབ་མ་རྣམས་ཁྲུས་བྱས། མཎྜལ་ཕུལ། མཻ་ཏྲི་མཁའ་སྤྱོད་མའི་རྗེས་སུ་གནང་བ་འབུལ་བ་ལ། སློབ་དཔོན་མཁའ་སྤྱོད་མར་གསལ་བ་ལ་གསོལ་བ་འདེབས་པ་འདིའི་རྗེས་ཟློས་མཛོད། གང་གི་དྲིན་གྱིས་བདེ་ཆེན་ཉིད། །ནས། པད་ལ་འདུད། དཔལ་ལྡན་རྡོ་རྗེ་མཁའ་འགྲོ་མ། །མཁའ་འགྲོ་མ་ཡི་འཁོར་ལོ་

བསྒྱུར། །ཡེ་ཤེས་ལྔ་དང་སྐུ་གསུམ་ཉིད། །འགྲོ་བ་སྐྱོབ་ལ་ཕྱག་འཚལ་ལོ། །སངས་
རྒྱས་ཀུན་གྱི་རང་བཞིན་སྐུ། །སློབ་དཔོན་ལ་ནི་བདག་སྐྱབས་མཆི། །དཔལ་ལྡན་
རྡོ་རྗེ་རྣལ་འབྱོར་མས། །བདག་ལ་བྱིན་གྱིས་བརླབ་ཏུ་གསོལ། །ལན་གསུམ་གྱིས་
གསོལ་བ་བཏབ། ཨོཾ་ཙཎྜ་བཛ་ཀྲ་ཤ་ར་མ་ན་ཡེ་ཧཱུཾ། ཞེས་མིག་དར་གདད། ཨ་ཁཾ་
བི་ར་ཧཱུཾ་གིས་མེ་ཏོག་གཏད། བུམ་ཆུ་སློབ་མ་ལ་གཏོར་ལ། ཕྱུལླས་བགེགས་བསྐྲད།
ཨོཾ་ཨཱཿཧཱུཾ། ཞེས་བདུད་རྩི་སྦྱིན། བུ་ཁྱོད་སུ་ཡིན་ཅི་ལ་དགའ། །ཞེས་འདྲི། སྐལ་
བཟང་བདག་བདེ་བ་ཆེན་པོ་ལའོ། །ཞེས་རྗེས་ཟློས་བྱ། དེ་ཡིས་བུ་ལ་ཅི་ཞིག་བྱ། །
ཞེས་འདྲི། སངས་རྒྱས་མཆོག་གི་དམ་ཚིག་གོ །ཞེས་རྗེས་ཟློས་བྱ། སློབ་མའི་སྙིང་
གར་ཟླ་བ་ལ་རྡོ་རྗེ་(༧༨༠བ)དཀར་པོ་བསྒོམ་དུ་བཅུག་ནས། ཨོཾ་སརྦ་ཡོ་ག་ཙིཏྟ་ཨུཏྤ་
ད་ཡཱ་མི། ཞེས་རྗེས་ཟློས་བྱར་བཅུག །རྡོ་རྗེ་སྙིང་གར་གཏུགས་པས་བརྟན་པར་
བྱས་པར་སྒོམས་ཤིག་བྱས་ལ། སློབ་མའི་སྙིང་གར་རྡོ་རྗེས་གཏུགས་ལ། སུ་ར་ཏེ་
ས་མ་ཡ་སྟྭཾ་ཧོཿསིདྡྷ་བཛྲ་ཡ་ཐཱ་སུ་ཁཾ། རྡོ་རྗེ་སྤྱི་བོར་བཞག་ལ། དེང་ཁྱོད་རྡོ་རྗེ་རྣལ་
འབྱོར་མའི་རིགས་སུ་ཞུགས་ཀྱི། དེ་བཞིན་གཤེགས་པ་ཐམས་ཅད་ཀྱི་མཆོག་ཏུ་
གསང་བ་དམ་པ་འདི། དེ་བཞིན་གཤེགས་པ་ཐམས་ཅད་ཀྱི་དཀྱིལ་འཁོར་དུ་མ་
ཞུགས་པ་རྣམས་ལ་སྨྲ་བར་མི་བྱ་སྟེ། མ་དད་པ་རྣམས་ལ་ཡང་མ་ཡིན་ནོ། །ཞེས་
གསང་བར་གདམས། ཛཿཧཱུཾ་བཾ་ཧོཿ ཞེས་ཡོལ་བའི་ནང་དུ་བཅུག །དེ་ནས་སློབ་
མས་བླ་མ་ལ་མཎྜལ་ལན་གཅིག་ཕུལ་ཏེ། གསོལ་བ་བཏབ་པ་ནི། ཇི་ལྟར་རྡོ་རྗེ་
སེམས་དཔའ་ཡིས། །འགྲོ་བ་བྱང་ཆུབ་སྒྲུབ་པའི་ཐབས། །ཡེ་ཤེས་དཔལ་རྡོར་རྣལ་
འབྱོར་མ། །ཐམས་ཅད་རིག་པ་རང་གིས་སྦྱིན། །དེ་བཞིན་བདག་ལའང་མགོན་པོ་
ཀྱི། །ད་ལྟ་ཉིད་དུ་སྦྱིན་པར་རིགས། །ཞེས་ལན་གསུམ། སློབ་མ་དཀྱིལ་འཁོར་གྱི་
ཕྱོགས་བཞི་ནས་མཎྜལ་རེ་རེ་དང་། གསོལ་བ་རེ་གདབ་ཏུ་འཇུག་དགོས་པས་དང་
པོར་ཤར་སྒོ་ནས་མཎྜལ་ཚར་གཅིག་ཕུལ་ལ་གསོལ་བ་འདེབས་པ་འདིའི་རྗེས་ཟློས་

མཛོད། ལྷ་མོ་ལུས་ངག་ཡིད་ཀྱིས་སུ། །ཡེ་ཤེས་རྒྱ་མཚོ་ཁྱོད་ཕྱག་འཚལ། །ཇི་ལྟར་སངས་རྒྱས་སྟོབས་ཆེན་གྱིས། །ཐམས་ཅད་ཡེ་ཤེས་བྱིན་བརླབས་པ། །(༧༨༧ན)དེ་བཞིན་བདག་རྒྱུད་དག་པ་ལ། །ཡེ་ཤེས་རྒྱུན་གྱིས་མཛད་དུ་གསོལ། །ཞེས་རྗེས་སྙོམས་བྱེད་དུ་བཅུག །དེས་ཕྱོགས་གཞན་གསུམ་ལའང་རིགས་འགྲེ། དེ་ནས་མདུན་བསྐྱེད་ཀྱི་བཞུགས་ཚུལ་རྣམས་ལྷ་ངོ་བསྟན་ཏེ། རྟེན་དང་བརྟེན་པར་བཅས་པའི་དཀྱིལ་འཁོར་པ་ཐམས་ཅད་མངོན་སུམ་བཞིན་དུ་གསལ་བར་གྱུར། མདུན་བསྐྱེད་རྡོ་རྗེ་རྣལ་འབྱོར་མའི་སྐུ་ལ་མེ་ཏོག་ཕུལ་བར་མོས་ལ། མེ་ཏོག་འཐོར་བཞིན། འདིའི་རྗེས་སྙོམས་ཀྱིས་བྱས་ལ། ཨོཾ་པྲ་ཏཱིཙྪ་བཛྲ་ཧོ། སྐར་ཡང་མེ་ཏོག་དེ་ཉིད་རང་གི་སྤྱི་བོར་བཅིངས་པར་མོས་ཤིག་བྱས་ལ། ཨོཾ་པྲ་ཏི་གྲྀཧྞ་ཧཱུྃ་ཨི་མཾ་སཏྭ་མཧྞ་པྲྀ་ལ། རྣལ་འབྱོར་མ་དཔལ་དེང་ཁྱོད་ཀྱི། །མིག་འབྱེད་པར་ནི་བརྩོན་པར་མཛད། །ཁྱེ་བས་ཐམས་ཅད་མཐོང་བ་ཡང་། །རྡོ་རྗེའི་མིག་ནི་བླ་ན་མེད། །ཨོཾ་བཛྲ་ནཻ་ཏྲ་ཨ་པ་ཧ་ར་པཊ་ལཾ་ཧྲཱི་ཧྲཾ། དེ་ནས་སློབ་མ་ལ་ཡུངས་ཀར་གྱིས་བྲབས། གུ་གུལ་གྱིས་བདུག །བུམ་ཆུ་གཏོར་ཞིང་། སུམྦྷ་བཟླས་པས་བགེགས་བསྐྲད། ཆོས་ཐམས་ཅད་མ་དམིགས་པར་གྱུར། སྟོང་པའི་ངང་ལས་སློབ་མ་སྐད་ཅིག་གིས་བཅོམ་ལྡན་འདས་མ་རྡོ་རྗེ་ཕག་མོ་རིག་པ་འཛིན་པ་རྩེན་མའི་སྐུར་གྱུར་པ་ནི། ཛ་བའི་མེ་ཏོག་ལྟར་རབ་ཏུ་དམར་བའི་མདངས་ཅན་ཞལ་གཅིག་ཕྱག་གཉིས། མཆེ་བ་གཙིགས་ཤིང་། ཁྲོ་གཉེར་དང་བཅས་པའི་གདོང་སྟེང་དུ་ཕྱོགས་པ། དམར་ལ་ཟླུམ་པའི་སྤྱན་གསུམ་སྟེང་དུ་གཟིགས་པ། དབུ་སྐྲ་ནག་(༧༨༧བ)པོ་གསིལ་བུར་གྲོལ་ཞིང་ཐུར་དུ་འཕྱང་བ། ཕྱག་གཡོན་པས་ཐོད་པ་བདུད་རྩིས་གང་བ་བཟུང་ནས་ཞབས་གཡོན་པའི་སྙིང་ཁུང་ནས་འཕྱུད་དེ་སྟེང་དུ་བཏེགས་ནས་བདུད་རྩིའི་རྒྱུན་ཞལ་དུ་འབབ་པ། ཕྱག་གཡས་རྡོ་རྗེ་རྩེ་ལྔ་པ་འཛིན་པས་ཞབས་གཡས་ཀྱི་རྟིང་པའི་ཕྱོགས་སུ་བསྣུན་པ། ཞབས་གཡས་འཕྱུར་སྟངས་སུ་ཅུང་ཟད་བཀྱང་བ། ཀླུ་ཤིང་གི་མེ་ཏོག་གི་ཕྲེང་བ་ཕྱག་

གཡོན་པ་ན་བསྣམས་པ། གཅེར་བུ་རྒྱན་སྤྱངས་ཤིང་། ཡེ་ཤེས་ཀྱི་མེ་དཔུང་འབར་བའི་དབུས་ན་བཞུགས་པའི་གནས་རྣམས་སུ་བློ་བའི་གདན་ལ། ལྟེ་བར་ཨོཾ་བཾ་དམར་མོ་རྡོ་རྗེ་ཕག་མོ། སྙིང་གར་ཧཾ་ཡཾ་སྔོན་མོ་གཤིན་རྗེ་མ། ཁར་ཧྲཱི་མཾ་དཀར་མོ་རྨོངས་བྱེད་མ། དཔྲལ་བར་ཧྲེཾ་ཧྲཱི་སེར་མོ་བསྐྱོད་བྱེད་མ། སྤྱི་གཙུག་ཏུ་ཧཱུྃ་ཧཱུྃ་ལྗང་ཁུ་སྐྲག་བྱེད་མ། ཚིགས་ཆེན་ཐམས་ཅད་ལ་ཕཊ་ཕཊ་དུད་ཁ་ཙཎྜ་ཀའི་ངོ་བོ་རྣམས་སུ་གྱུར་པའི་སྤྱི་བོར་ཨོཾ། མགྲིན་པར་ཨཱཿ ཐུགས་ཀར་ཧཱུྃ། མིག་རྣ་བ། སྣ་ལ་སོགས་པ་བུ་ག་ཐམས་ཅད་ལ་ཧཱུྃ་རེ་རེ་གསལ་འདེབས་པར་མཛད། སློབ་དཔོན་དང་མདུན་བསྐྱེད་ཀྱི་ཐུགས་ཀའི་ས་བོན་ལས་འོད་ཟེར་འཕྲོས་པས་དབང་གི་ལྷ་རིགས་ལྔ་མདུན་གྱི་ནམ་མཁར་སྤྱན་དྲངས། དེ་བཞིན་གཤེགས་པ་ཐམས་ཅད་ཀྱིས་སློབ་མ་འདི་རྣམས་ལ་མངོན་པར་དབང་བསྐུར་དུ་གསོལ། ཞེས་གསོལ་བ་བཏབ་པས། དབང་གི་ལྷ་རྣམས་ཀྱིས། ཇི་ལྟར་བལྟམས་ནས། ཞེ་ཡེ་ཧཱུྃ། ཞེས་གསུངས་ཤིང་། བུམ་པའི་ཆུས་དབང་བསྐུར། སྐུ་གང་དྲི་(༡༤༢ན)མ་དག །ཆུའི་ལྷག་མ་ཡར་ལུད་པ་ལས་མི་བསྐྱོད་པས་དབུ་བརྒྱན་པར་བསམ་ནས། དངོས་སུ་བུམ་པའི་ཆུས་དབང་བསྐུར། དེ་ནས་སློབ་མ་ལ་མཆོད་པ་ཕུལ་མཆོད། དེ་ནི་བུམ་དབང་གི་དོད་ཡིན་ནོ། །ཤ་ཆེན་ནམ། མ་རྙེད་ན་ཤ་ཕལ་པ་མར་དུ་བཙོས་པ་ལག་པ་གཡས་སུ་གཏད། ཆང་ལ་བདུད་རྩི་སྦྱར་བ་གཡོན་དུ་གཏད་དེ། ཨོཾ་གསུམ་མའི་མཐར། འབྲུ་གསུམ་བཏགས་པས་བྱིན་གྱིས་བརླབས་ནས། ཟ་ཞིང་འཐུང་དུ་བཅུག །དེ་ནི་གསང་དབང་གི་དོད་ཡིན་ནོ། །བྱིན་རླབས་ཀྱི་དངོས་གཞི་ནི། སློབ་མ་དཀྱིལ་འཁོར་གྱི་ནུབ་ནས་ཤར་དུ་བལྟས་པ་འདུག་ལ། སྙིང་གའི་བཾ་ལས་འོད་ཟེར་འཕྲོས། ཁམས་གསུམ་སྣོད་བཅུད་འོད་དུ་ཞུ། ཁྱེད་རང་གི་ལུས་ལ་ཐིམ། ཁྱེད་རང་གི་རྐང་པ་གཉིས་ནི་བརྐྱ་གཉིས་ལ། དེ་ལྟོ་བ་ལ། དེ་རྐེད་པ་ལ། དེ་ཡང་སྙིང་ག་ལ། ལག་པ་གཉིས་ནི་དཔུང་པ་ལ་ཐིམ། དེ་ཡང་སྙིང་ག་ལ། དེ་མགྲིན་པ་ལ། དེ་མགོ་བོ་ལ་ཐིམ། དེ་

ཡང་སེམས་ལ་ཐིམ། སེམས་ཉིད་ཀྱང་ནམ་མཁའ་ལ་ཐིམ། ནམ་མཁའ་ཡང་རང་བཞིན་གྱི་འོད་གསལ་བ་ལ་ཐིམ། འོད་གསལ་གྱི་ངང་ལས་ཁྱེད་རང་རྣམས་སྐད་ཅིག་གིས་བཅོམ་ལྡན་འདས་མ་རྡོ་རྗེ་ཕག་མོ་རིག་པ་འཛིན་པ་རྒྱན་མའི་སྐུར་ལམ་གྱིས་གྱུར་པའི་མོས་པ་མཛོད། ཞེས་དམིགས་པ་ཕོག །སློབ་དཔོན་གྱི་ལག་པ་གཡོན་པ་སློབ་མའི་མགོ་བོར་བཞག་སྟེ། སེ་གོལ་གཏོགས་ལ། ཨོཾ་བཅོམ་ལྡན་འདས་མ་རྡོ་རྗེ་ཕག་(༧༤༢བ)མོ་ལ་ཕྱག་འཚལ་ཧཱུྃ་ཧཱུྃ་ཕཊ། ཨོཾ་འཕགས་མ་རིག་མའི་དབང་ཕྱུག་ཁམས་གསུམ་གྱིས་མི་ཐུབ་ཧཱུྃ་ཧཱུྃ་ཕཊ། ཨོཾ་འབྱུང་པོའི་འཇིགས་པ་ཐམས་ཅད་རྡོ་རྗེ་ཆེན་པོས་འཇོམས་ཧཱུྃ་ཧཱུྃ་ཕཊ། ཨོཾ་རྡོ་རྗེ་གདན་བཞུགས་གཞན་གྱིས་མི་ཐུབ་དབང་བྱེད་ཅན་ཧཱུྃ་ཧཱུྃ་ཕཊ། ཨོཾ་གཏུམ་མོ་ཁྲོ་མོའི་གཟུགས་ཀྱིས་ཚངས་པ་སྐེམས་པར་ལྡན་ཧཱུྃ་ཧཱུྃ་ཕཊ། ཨོཾ་བདུད་རྣམས་སྐྲག་ཅིང་སྐེམས་པས་གཞན་གྱི་ཕྱོགས་ལས་རྒྱལ་ཧཱུྃ་ཧཱུྃ་ཕཊ། ཨོཾ་རྨུགས་བྱེད་རེངས་བྱེད་རྨོངས་བྱེད་ཀུན་ལས་རྣམ་པར་རྒྱལ་ཧཱུྃ་ཧཱུྃ་ཕཊ། ཨོཾ་རྡོ་རྗེ་ཕག་མོ་སྦྱོར་ཆེན་འདོད་དབང་མ་ལ་འདུད་ཧཱུྃ་ཧཱུྃ་ཕཊ། ཅེས་ཚར་གཅིག་བརྗོད་པས་བྱིན་གྱིས་བརླབས། མདུན་བསྐྱེད་ཀྱི་ཐོད་པའི་བདུད་རྩི་ནས་མཐེབ་སྲིན་གྱིས་བླངས་ཏེ་སློབ་མའི་ལུས་ལ་གཏོར། ལུས་ཐམས་ཅད་གང་། བདེ་བ་ཆེན་པོའི་ཡེ་ཤེས་རྒྱས་པར་བསམས། དེ་ནས་རིམ་པ་ལྟར་བྱིན་གྱིས་བརླབས་པར་བྱ་བ་ལ། སློབ་དཔོན་ཉིད་དཔལ་ཧེ་རུ་ཀའི་ཡུམ་དུ་མོས་ལ་མོས་གུས་དུང་དུང་བྱེད་པ་དང་། ཆོས་ཐམས་ཅད་སྒྱུ་མ་ལྟ་བུ་ཡིན་སྙམ་དུ་མོས་པ་མཛོད། འདི་ལ་དམིགས་སྐོར་ལྔ་ཡོད་པའི་དང་པོ་ནི། གོང་བུ་བསྒྱུ་བ་སྟེ། རང་ལུས་སུམ་ཅུ་རྩ་དྲུག་ཁམས་ཀྱི་ཚོགས། །མིག་སྣ་རྣ་ལྕེ་ལུས་ཏེ་དབང་པོ་ལྔ། །ངག་དང་རྐང་ལག་བཤང་གཅི་ལས་དབང་ལྔ། །རང་བཞིན་དག་ཀྱང་དེ་ལྟར་མ་རྟོགས་པའི། །མ་ལུས་འགྲོ་དྲུག་སེམས་ཅན་ཚོགས། །ལས་དང་ཉོན་མོངས་སྡུག་བསྔལ་གྱི། །འཁོར་ལོ་བསྐོར་བ་འདི་དག་(༧༤༣ན)ནི། །ངེས་པར་བྱང་ཆུབ་ལ་གཞུག་བྱ། །སྙིང་གའི་བཾ་ལས་འོད་ཟེར་

འཁྲོས། ཁམས་གསུམ་སྣོད་བཅུད་འོད་དུ་ཞུ་ཁྱེད་རང་གི་ལུས་ལ་ཐིམ། ཁྱེད་རང་གི་རྐང་པ་གཉིས་ནི་བརླ་གཉིས་ལ། དེ་ལྟོ་བ་ལ། དེ་རྐེད་པ་ལ། དེ་ཡང་སྙིང་ག་ལ། ལག་པ་གཉིས་ནི་དཔུང་པ་ལ་ཐིམ། དེ་ཡང་སྙིང་ག་ལ། དེ་མགྲིན་པ་ལ། དེ་མགོ་བོ་ལ་ཐིམ། དེ་ཡང་སེམས་ལ་ཐིམ། སེམས་ཉིད་ཀྱང་ནམ་མཁའ་ལ་ཐིམ། ནམ་མཁའ་ཡང་རང་བཞིན་གྱི་འོད་གསལ་བ་ལ་ཐིམ། ཞེས་དམིགས་པ་བསྒོམ་དུ་བཅུག་ལ། ཨོཾ་ཨོཾ་ཨོཾ་སརྦ་བུདྡྷ་ཌཱ་ཀི་ནཱི་ཡེ། བཛྲ་ཝརྞ་ནཱི་ཡེ། བཛྲ་བཻ་རོ་ཙ་ནཱི་ཡེ་ཧཱུྃ་ཧཱུྃ་ཧཱུྃ་ཕཊ་ཕཊ་ཕཊ་སྭཱཧཱ། ཞེས་བཟླས་ནས། རོལ་མོའི་སྒྲ་རྫས་ཀྱི་དུད་པ་དང་བཅས་པས་བྱིན་དབབ། གཉིས་པ་ནི། རྗེས་སུ་གཞིག་པ་སྟེ། སྟོང་པའི་ངང་ལས་ཁྱེད་རང་ཉིད་བཾ་ཡིག་ཆེན་པོ་གཅིག་ཏུ་གྱུར་པར་བསམས། དེ་ཧེ་ཆེ་ཧེ་ཆེ་ལ་མཐར་ནམ་མཁའ་དང་འདྲེས་པའི་སྟོང་པ་ལ་སེམས་འཇོག་གོ། །ཕྱགས་དང་རོལ་མོ་བྱའོ། །གསུམ་པ་ནི། གཏུམ་མོ་སྟེ། སྟོང་པའི་ངང་ལས་སྐར་ཡང་མཁའ་སྤྱོད་མའི་སྐུར་ལམ་གྱི་བཞེངས་པའི་ལྟེ་བར་ཆོས་འབྱུང་ཟུར་དྲུག་པའི་དབུས་སུ་འཁོར་ལོ་ཕྱགས་ཕྲེང་དང་བཅས་པ། ཆོས་འབྱུང་གཡོན་སྐོར་དུ་དྲག་ཏུ་འཁོར་བ་ལ་སེམས་གཏོད་དུ་བཅུག །དར་གཅིག་བཞག །ཕྱགས་དང་རོལ་མོ་བྱའོ། །ཡང་ལྟེ་བའི་ཕྱགས་འཁོར་ཨོཾ་དུ་གྱུར། དེ་ལས་གཏུམ་མོ་འབར། སྤྱི་བོའི་ཧཾ་ཡིག་ཞུ་བའི་འབབ་(༧༨༣བ)འཛག་ལ་སེམས་གཏད་ནས་རླུང་འཛིན་དུ་འཇུག་པའོ། །ཕྱགས་དང་རོལ་མོ་བྱའོ། །བཞི་པ་ནི། མི་རྟོག་པ་བསྒོམ་པ་སྟེ། སྣ་སྒོར་དཀར་བ་འཕྱིལ་བ་དྲག་ཏུ་འཁོར་བ་ལ་སེམས་གཏོད་དུ་གཞུག །ཕྱགས་དང་རོལ་མོ་བྱའོ། །ལྔ་པ་ནི་བདེ་བ་སྟེ། གསང་གནས་སུ་དཀར་བ་འཕྱིལ་དྲག་ཏུ་འཁོར་བ་ལ་སེམས་གཏོད་པའོ། །སློབ་དཔོན་གྱིས་རྩ་ཕྱགས་དྲག་ཏུ་བཟླས་ཤིང་། རོལ་མོའི་སྒྲ་རྫས་ཀྱི་དུད་པ་དང་བཅས་པས་བྱིན་དབབ་པའོ། །དེ་རྣམས་ཤེས་རབ་ཡེ་ཤེས་བཞི་པར་བཅས་པའི་དོན་ཡིན་ནོ། །དེ་ལས་ཡེ་ཤེས་ཕེབས་པའི་རྟགས་གང་ཡང་རུང་བ་བྱུང་བ་དང་། ཧཱུྃ་བཛྲ་

གྱིས་བརྟན་པར་བྱའོ། །སྤྱོད་པའི་རྗེས་གནང་ལ། དམིགས་པ་གསུམ་ལས། དང་པོ་ནི། བདག་ཉིད་ཁང་བཟང་དང་། ལྷུམ་རྣ་རྩེ་མོ་བརྒྱད་པའི་དབུས་ན་གནས་པ་ལས། དེའི་མདུན་ན་རིན་པོ་ཆེའི་བྲག་རི་ཤིན་ཏུ་མཐོ་བ་རྩེ་མོ་མིག་གིས་ཀྱང་བལྟར་མི་བཟོད་པ་གསུམ་ཡོད་པར་བསམས། རང་ཉིད་ཇེ་མཐོ་ཇེ་མཐོར་འཕུར་བས་རིའི་སྟེང་གི་ནམ་མཁར་སླེབས་ནས་རི་གསུམ་གྱི་རྩེ་མོ་ལ་རྐང་པ་རེག་ཙམ་འདུག་པ་ལ་སེམས་གཏོད་དུ་གཞུག །རོལ་མོའི་སྒྲ་བྱ། གཉིས་པ་ནི། ཡང་དེ་བས་ཀྱང་མཐོ་བར་ཕྱིན་ཏེ། རང་གི་ལུས་ལས་རིགས་ལྔ་དང་། རྣལ་འབྱོར་མ་དཔག་ཏུ་མེད་པ་སྤྲོས། སེམས་ཅན་གྱི་དོན་བྱས། འཁོར་འདས་སྣོད་བཅུད་ཀྱི་དྭངས་མ་རྣམས་དངུལ་ཆུ་ལྟར་བསྡུས་ཏེ་རང་ལ་ཐིམ་པས་རྒྱུད་བདེ་བས་གང་། ཡང་སྤྲོས་ཡང་ཐིམ་པ་ལན་མང་དུ་བྱ། (༧༨༤ན)མཐར་དེ་ནས་ཀྱང་ཇེ་མཐོ་ཇེ་མཐོར་འཕུར་ཏེ་མཁའ་དབྱིངས་སུ་ཐིམ་པའི་མོས་པ་མཛོད། ཡང་ལྷ་སྐུར་ཤར་བ་སྐམ་བྱེད་པ་ལ་སེམས་གཏོད་དུ་བཅུག །དེ་ལའང་རོལ་མོའི་སྒྲ་བྱ། གསུམ་པ་ནི། སློབ་མ་ལྷ་མོའི་འདུག་སྟངས་བྱར་བཅུག །ལག་པ་གཡས་སུ་ཧཱུྃ་ཞེས་ཡེ་ཤེས་ལྔའི་རང་བཞིན་གྱི་རྡོ་རྗེ་རྩེ་ལྔ་གཏད། གཡོན་དུ་དཀྱིལ་འཁོར་གྱི་ཀ་པཱ་ལ་གཏད་ལ། ནང་མཆོད་ཅུང་ཟད་འཐུང་དུ་བཅུག་ལ། དམིགས་པ་ནི། ཁྱེད་རང་རྣམས་ཀྱི་སྙིང་གའི་བཾ་ལས་འོད་ཟེར་འཕྲོས། སྣོད་བཅུད་ཐམས་ཅད་འོད་དུ་ཞུ་ནས་བཾ་ལ་ཐིམ། དེ་ཡང་མི་དམིགས་པའི་སྟོང་པའི་ངང་ལ་མཉམ་པར་ཞོག་མཛོད། སླར་ཡང་མཁའ་སྤྱོད་མའི་སྐུར་ལམ་གྱི་བཞེངས་པར་མོས། དེང་ཁྱོད་ཀྱིས་བྱིན་རླབས་ལེགས་པར་ཐོབ་པ་ཡིན་པས། བསྙེན་པ་དང་། བསྒྲུབ་པ་དང་། མཁའ་སྤྱོད་ཀྱི་དངོས་གྲུབ་དང་། རིག་པ་བརྟུལ་ཞུགས་ཀྱི་སྤྱོད་པ་དང་། འཕྲིན་ལས་རྣམ་པ་བཞི་ལ་སོགས་པའི་སྒོ་ནས་སེམས་ཅན་གྱི་དོན་གྱིས་ཤིག་ཅེས་བརྗོད་ནས། རྗེ་བཙུན་མའི་གནས་གསུམ་ནས་སློབ་མའི་གནས་གསུམ་དུ་ཐིག་ལེ་བྱ། རྗེས་ཆོག་སྤྱི་དང་འདྲའོ།། ||

༄ ཕག་མོ་ཞལ་གཉིས་མ་ཨིནྡྲ་མཁའ་སྤྱོད་ལ། སྐྱབས་སེམས་སྔོན་དུ་བཏང་། ནང་མཆོད་བདུད་རྩིར་བྱིན་གྱིས་བརླབས་པར་མོས་ཏེ། ཨོཾ་ཨཱཿཧཱུྃ། དེར་ཆོས་འབྱུང་འབྲི་ཚུལ་བྱེད་ཅིང་། དབུས་ཀྱི་བཾ་ལས་འོད་ཟེར་འཕྲོས། དཔའ་བོ་དཔའ་མོ་རྣམས་ཀྱིས་བདུད་རྩིའི་(༧༤༤བ)ཆར་ཕབ་པས་ཐོད་པ་གང་། གནས་གསུམ་དུ་ཐིག་ལེ་བྱ་ཞིང་། ཨོཾ་ཨཱཿཧཱུྃ། ལག་པ་བྱིན་རླབས་སྦྲོ་ན་ཕག་མོ་ཞལ་གཉིས་མ་བཞིན་དང་། འདི་མ་བྱས་ཀྱང་ཆད་པའི་སྐྱོན་མེད། ཨོཾ་སྭ་བྷཱ་ཝ་ཤུདྡྷ་སརྦ་དྷརྨ་སྭ་བྷཱ་ཝ་ཤུདྡྷོ྅ཧཾ། ཨོཾ་བཛྲ་ཤུདྡྷ་སརྦ་དྷརྨ་བཛྲ་ཤུདྡྷོ྅ཧཾ། ཨོཾ་ཡོ་ག་ཤུདྡྷ་སརྦ་དྷརྨ་ཡོ་ག་ཤུདྡྷོ྅ཧཾ། སྟོང་པའི་ངང་ལས་རང་ལུས་དང་ཁམས་གསུམ་རྣམ་པར་དག་པ་གཞལ་ཡས་ཁང་གི་ངོ་བོ་ཆོས་འབྱུང་། དེའི་དབུས་སུ་ཟླ་བའི་སྟེང་དུ་ཨཾ་ཡིག་ཡོངས་སུ་གྱུར་པ་ལས་བཾ། རང་སེམས་དང་ལྟེ་བའི་གཏུམ་མོ་འབར་བའི་ངོ་བོ། དེ་ཉིད་ཡོངས་སུ་གྱུར་པ་ལས་རྗེ་བཙུན་རྡོ་རྗེ་རྣལ་འབྱོར་མ་སྐུ་མདོག་དམར་པོ་ཉི་མ་བྱེ་བའི་འོད་དང་མཚུངས་པའི་གཟི་བརྗིད་ཅན། རྩ་ཞལ་ལྷ་མོའི་རྣམ་པ་འཛུམ་ཁྲོ་ཆགས་པའི་ཉམས་ཅན། མཆེ་བ་གཙིགས་ཤིང་བཞད་པ། གཡས་ཞལ་ཕག་གདོང་ཁྲོ་ཞིང་གྱེན་དུ་ཕྱོགས་པས་གཟིགས་པ། ཕྱག་གཡས་རྡོ་རྗེའི་གྲི་གུག་འཕྱར་ཞིང་། གཡོན་ཐོད་ཁྲག་ཐུགས་ཀར་འཛིན་པ། མཆན་ཁུང་གཡོན་དུ་རྡོ་རྗེའི་ཁ་ཊྭཱཾ་ག་དཀར་པོ་གྱེན་དུ་བསྒྲེང་བ། དབུ་སྐྲ་ནག་པོ་ཅུང་ཟད་ལི་བ་གསིལ་བུར་གྲོལ་ཞིང་། ཐུར་དུ་འཕྱང་བ། དམར་ཞིང་བཀྲ་ལ་ཉམས་པོར་གཡོ་བའི་སྤྱན་གསུམ་དང་ལྡན་པ། རྡོ་རྗེ་ནག་པོའི་ཕྲེང་བ་ལ་བརྒྱུས་པའི་ཐོད་སྐམ་ལྔའི་འཕྲེང་བ་ཅན། རྒྱུ་མས་སྤྲེལ་བའི་ཁྲག་འཛག་མི་མགོ་ལྔ་བཅུའི་དོ་ཤལ་འཕྱང་བ། འཁོར་ལོ་དང་རྣ་ཆ་དང་། མགུལ་རྒྱན་དང་། གདུ་བུ་སྟེ་མི་རུས་ཀྱི་ཕྱག་རྒྱ་(༧༤༥ན)ལྔས་བརྒྱན་པ། གཅེར་བུ། ལོ་བཅུ་དྲུག་ལོན་པ་ལྟར་ལང་ཚོ་ལ་བབ་ཅིང་། ནུ་མ་རྒྱས་པ། ཞབས་གཡོན་བརྐྱངས་པའི་སྐྱིལ་ཀྲུང་ཕྱེད་པའི་གར་སྟབས་ཀྱིས་བཞུགས་པ་མ་ལུས་པའི་སྤྲུལ་པ་འཆང་བའི་སྐུ་ཅན། བསྐལ་

པའི་མེ་ལྷ་བུའི་ཡེ་ཤེས་ཀྱི་མེ་འབར་བའི་དབུས་ན་སྙེག་ཅིང་རོལ་པའོ། །ལྟེ་བར་ཉེ་མའི་དཀྱིལ་འཁོར་གྱི་སྟེང་དུ་བཾ་དམར་པོ་དེ་ལས་འོད་ཟེར་འཕྲོས། རང་བཞིན་གྱི་གནས་ནས་རྡོ་རྗེ་རྣལ་འབྱོར་མ་ལ་དཔའ་བོ་དང་རྣལ་འབྱོར་མའི་ཚོགས་ཐམས་ཅད་ཀྱིས་བསྐོར་བ་སྤྱན་དྲངས། འབར་བའི་ཕྱག་རྒྱ་དཔྲལ་བར་བསྐོར་བཞིན་པས། ཕེཾ། ཞེས་བརྗོད། ཛཿཧཱུྃ་བཾ་ཧོཿ གནས་རྣམས་སུ་ཐྨ་བའི་དཀྱིལ་འཁོར་གྱི་སྟེང་དུ་ལྟེ་བར་ཨོཾ་བཾ་དམར་མོ་རྡོ་རྗེ་ཕག་མོ། སྙིང་གར་ཧཾ་ཡོཾ་སྔོན་མོ་གཤིན་རྗེ་མ། ཁར་ཧྲཱིཾ་མོཾ་དཀར་མོ་རྨོངས་བྱེད་མ། དཔྲལ་བར་ཧཱི་ཧཱི་སེར་མོ་བསྐྱོད་བྱེད་མ། སྤྱི་གཙུག་ཏུ་ཧཱུྃ་ཧཱུྃ་ལྗང་ཁུ་སྐྲག་བྱེད་མ། ཚོགས་ཆེན་ཐམས་ཅད་ལ་ཕཊ་ཕཊ་དུད་ཁ་ཙཀྲི་ཀའི་ཇོ་བོ་རྣམས་སུ་གྱུར། སླར་ཡང་བཾ་ལས་འོད་ཟེར་འཕྲོས། དབང་གི་ལྷ་དཔལ་ཧེ་རུ་ཀའི་དཀྱིལ་འཁོར་མདུན་གྱི་ནམ་མཁར། ཕེཾ། བདུད་རྩིས་གང་བའི་སྣོད་ཐོགས་ཏེ་མདུན་གྱི་ནམ་མཁར་བཞུགས་པ་ལ། བདག་ལ་དབང་བསྐུར་དུ་གསོལ་ཞེས་གསོལ་བ་བཏབ་པས། ཨོཾ་སརྦ་ཏ་ཐཱ་ག་ཏ་ཨ་བྷི་ཥེ་ཀ་ཏ་ས་མ་ཡ་ཤྲཱི་ཡེ་ཧཱུྃ། ཞེས་གསུངས་ཤིང་དབང་བསྐུར། སྐུ་གང་དྲི་མ་དག །ཆུའི་ལྷག་མ་ཡར་ལུད་པ་ལས་མི་བསྐྱོད་པའི་(༧༥༥བ)ངོ་བོ་རྡོ་རྗེ་སྔོན་པོ་རྩེ་ལྔ་པས་དབུ་བརྒྱན་ཅིང་། དབང་གི་ལྷ་རྣམས་ཀྱང་རང་ལ་ཐིམ་པར་བསམས། ལྟེ་བའི་བཾ་ཡིག་ལས་སྒོ་མཚམས་མ་བརྒྱད་སྐུ་མདོག་ལྗང་སྔོན། ཅང་ཏེའུ་དང་། ཐོད་པ་བདུད་རྩིས་གང་བ་ཐོགས་པ། མཆོད་རྫས་སྣ་ཚོགས་འཛིན་པའི་མཁའ་འགྲོ་མའི་ཚོགས་ཀྱིས་བསྐོར་བ་སྤྲོས་ཏེ། མཆོད་པ་དང་། བསྟོད་པའི་ལས་མཛད་པར་གྱུར། ཨརྒྷཾ་ནས། ཤབྡའི་བར་གྱིས་མཆོད། ཨོཾ་ཨཱཿཧཱུྃ་གིས་ནང་མཆོད་ཕུལ། དཔལ་ལྡན་རྡོ་རྗེ་མཁའ་འགྲོ་མ། །མཁའ་འགྲོ་མ་ཡི་འཁོར་ལོ་བསྒྱུར། །ཡེ་ཤེས་ལྔ་དང་སྐུ་གསུམ་ཉིད། །འགྲོ་བ་སྐྱོབ་ལ་ཕྱག་འཚལ་ལོ། །ཇི་སྙེད་རྡོ་རྗེ་མཁའ་འགྲོ་མ། །ཀུན་ཏུ་རྟོག་པའི་འཆིང་གཅོད་ཅིང་། །འཇིག་རྟེན་བྱ་བར་རབ་འཇུག་མ། །དེ་སྙེད་རྣམས་ལ་ཕྱག་འཚལ་ལོ། །ཞེས་

པས་བསྟོད། ཨོཾ་གསུམ་མའི་བཟླས་པའང་ཅི་འགྲུབ་བྱ། ཡིག་བརྒྱ་བརྗོད། རྗེ་བཙུན་རྡོ་རྗེ་རྣལ་འབྱོར་མས་བདག་མཁའ་སྤྱོད་དག་པའི་གནས་སུ་ཁྲིད་པ་དང་། མཐར་ཐུག་ཟུང་འཇུག་རྡོ་རྗེ་འཆང་ཆེན་པོའི་གོ་འཕང་ཐོབ་པར་བྱིན་གྱིས་བརླབ་ཏུ་གསོལ། ཞེས་གསོལ་བ་བཏབ། བདག་དང་སྣང་བའི་དངོས་པོ་ཐམས་ཅད་རྡོ་རྗེ་རྣལ་འབྱོར་མའི་སྐུའི་རང་བཞིན། ཨོཾ་གསུམ་མ་ཚར་གཅིག་བརྗོད་ནས། བརྗོད་པ་དང་གྲགས་པའི་སྒྲ་ཐམས་ཅད་རྡོ་རྗེ་རྣལ་འབྱོར་མའི་གསུང་གི་རང་བཞིན། དྲན་རིག་རྣམ་རྟོག་ཐམས་ཅད་རྡོ་རྗེ་རྣལ་འབྱོར་མའི་ཐུགས་ཡེ་ཤེས་ཆེན་པོའི་ཆོ་འཕྲུལ་དུ་རྣམ་པར་དག་པ་(༧༤༨ན)ཡིན་ནོ། །དེ་ནས་སྨོན་ལམ་ནི། བདག་གི་དུས་གསུམ་དགེ་བ་ཅི་སྤྱད་པས། །ནམ་མཁའི་མཐའ་ཀླས་གྱུར་པའི་སེམས་ཅན་རྣམས། །ཟླ་མེད་རྡོ་རྗེ་ཐེག་པའི་སྤྱོད་གྱུར་ཏེ། །ཀུན་ཀྱང་རྡོ་རྗེ་འཛིན་པ་ཉིད་གྱུར་ཅིག །༈ སློབ་མ་རྗེས་བཟུང་གི་བྱ་བ་ལ། འོག་གཞིའི་དཀྱིལ་འཁོར་ལ། ཆོས་འབྱུང་ཉིས་བརྩེགས་ཀྱི་དབུས་སུ་ཚོམ་བུ་དཀར་པོ། རྩིབས་དྲུག་ལ་གོ་ཆའི་སྔགས་དྲུག །དེའི་ཕྱི་བསྐོར་ལ་ཚོམ་བུ་ལྷུང་ཁུ་བརྒྱད་བཀོད། དེའི་སྟེང་དུ་མཐེའི་ཁར་ཀ་པཱ་ལ་ཆང་ལ་བདུད་རྩི་སྦྱར་བས་བཀང་། མེ་ལོང་ལ་སིནྡྷཱུ་ར་བཏབ་ལ་ཆོས་འབྱུང་ཉིས་བརྩེགས་བྲིས་པའི་ནང་དུ། ལག་ལེན་བཞིན། ཨོཾ་གསུམ་མའི་སྔགས་ཕྲེང་བདུན་ལ་ཚང་བ་བཀོད། ཟུར་དྲུག་ལ་གོ་ཆའི་སྔགས་དྲུག་བཀོད། ཕྱོགས་བཞིར་དགའ་འཁྱིལ་བཞི་འབྲི། སྟེང་ནས་དར་དམར་པོས་བཀབ། མདུན་དུ་ཀླུམ་གཏོར་དམར་པོ། མཁའ་འགྲོ་སྤྱི་གཏོར། མཆོད་པ་གཡོན་སྐོར། ནང་མཆོད། གོས་བཟུང་། གང་འོས་ཕྱོགས་སུ་བུམ་པ་ཕྱག་ལེན་བཞིན་བཤམས། སྔོན་འགྲོའི་གཏོར་མ་མིག་དར། མེ་ཏོག་སོགས་སློབ་མ་ལ་དགོས་པ་རྣམས་ཚང་བར་བྱས་ལ། སྔོན་འགྲོའི་གཏོར་མ་མཁའ་འགྲོ་སྤྱི་གཏོར་གྱི་ཚོགས་བཏང་། བདག་བསྐྱེད་བཟླས་པ་དང་བཅས་པ་གོང་བཞིན་བྱ། དེ་ནས་མདུན་བསྐྱེད་སུམྦྷས་བསངས། དག་པ་གསུམ་གྱི་སྔགས་བརྗོད། སྟོང་པའི་ངང་

ལས་ཆོས་འབྱུང་གྲུ་གསུམ་ཉིས་(༧༤༨བ)བརྩེགས་ཕྱི་དཀར་ལ་ནང་དམར་བ། ཡངས་ཤིང་རྒྱ་ཆེ་བའི་མདུན་རྒྱབ་སྤངས་པའི་གྲྭ་བཞིར་དགའ་བ་འཁྱིལ་བ་བཞི་གཡོན་དུ་འཁོར་བ་དེའི་དབུས་སུ་ཟླ་བའི་དཀྱིལ་འཁོར་གྱི་སྟེང་དུ་བཾ་ཡིག་དམར་པོ། དེའི་མཐར་གཡོན་དུ། ཨོཾ་ཨོཾ་ཨོཾ་ནས། སྭཱ་ཧཱ། ཞེས་པས་བསྐོར་བ་ལས་ས་གསུམ་ཁྱབ་པའི་འོད་ཟེར་འཕྲོས། འཕགས་པ་མཆོད། སེམས་ཅན་གྱི་དོན་བྱས། ཚུར་འདུས་ཡོངས་སུ་གྱུར་པ་ལས། རྗེ་བཙུན་རྡོ་རྗེ་རྣལ་འབྱོར་མ་སྐུ་མདོག་དམར་པོ་ཉི་མ་བྱེ་བའི་འོད་དང་མཚུངས་པའི་གཟི་བརྗིད་ཅན། ཞེས་པ་ནས། བསྐལ་པའི་མེ་ལྟ་བུའི་ཡེ་ཤེས་ཀྱི་མེ་འབར་བའི་དབུས་ན་སྙེག་ཅིང་རོལ་བའོ། །འཁོར་གོ་ཆའི་དཔའ་མོ་དྲུག་དང་། སྒོ་མཚམས་མ་བརྒྱད་ཀྱང་སྐད་ཅིག་གིས་གྲུབ་པར་གྱུར། ལྟེ་བར་ཉི་མའི་དཀྱིལ་འཁོར་གྱི་སྟེང་དུ་བཾ་ཞེས་པ་ནས། ཛཿཧཱུཾ་བཾ་ཧོཿ ཞེས་པའི་བར་དང་། སླར་ཡང་བཾ་ལས་འོད་ཟེར་འཕྲོས་དབང་གི་ལྷ་ཞེས་པ་ནས་མདུན་གྱི་ནམ་མཁར་བཞུགས་པ་ལ། འདི་ལ་དབང་བསྐུར་དུ་གསོལ། ཞེས་གསོལ་བ་བཏབ་པས། ཨོཾ་སརྦ་ཏ་ཐཱ་གཱ་ཏ་ཨ་བྷི་ཥེ་ཀ་ཏ་ས་མ་ཡ་ཤྲཱི་ཡེ་ཧཱུཾ། ཞེས་གསུངས་ཤིང་དབང་བསྐུར། སྐུ་གང་། དྲི་མ་དག །ཆུའི་ལྷག་མ་ཡར་ལུད་པ་ལས་མི་བསྐྱོད་པའི་ངོ་བོ་རྡོ་རྗེ་སྔོན་པོ་རྩེ་ལྔ་པས་དབུ་བརྒྱན་ཅིང་། དབང་གི་ལྷ་རྣམས་ཀྱང་དེ་ཉིད་ལ་ཐིམ་པར་བསམས། མཆོད་པ་བླ་མེད་ལྟར་བྱིན་གྱིས་བརླབས། ནང་མཆོད་ཀྱང་བདེ་མཆོག་ལྟར་བྱིན་གྱིས་བརླབས་ནས། མཆོད་(༧༤༩ན)བསྟོད་བྱ། ཨོཾ་གསུམ་མའི་བཟླས་པའང་ཅི་འགྲུབ་བྱ། གཏོར་མ་བདེ་མཆོག་ལྟར་བྱིན་གྱིས་བརླབས་ནས། ཨ་རལླི་ཧོ་སོགས་ཀྱིས་ཕུལ། བུམ་པའི་མཆོད་པ་བྱིན་གྱིས་བརླབས་ལ། བུམ་པ་སུམྦྷ་བསངས། སྭ་བྷཱ་ཤས་སྦྱངས། སྟོང་པའི་ངང་ལས་པཾ་ལས་པདྨ་དང་། ཨ་ལས་ཟླ་བའི་དཀྱིལ་འཁོར་གྱི་སྟེང་དུ། ཧཱུཾ་ལས་བུམ་པ་ཡངས་ཤིང་རྒྱ་ཆེ་བ་ལྷ་རྫས་ཀྱི་གོས་ཀྱི་མགུལ་ཆིངས་དང་། དཔག་བསམ་གྱི་ཤིང་གིས་ཁ་བརྒྱན་པ། ནང་ཆུ་དང་བདུད་ཐམས་

ཅན་གྱིས་ཡོངས་སུ་གང་བའི་དབུས་སུ་ཨེ་ཨེ་ཡོངས་སུ་གྱུར་པ་ལས་ཆོས་འབྱུང་གྲུ་གསུམ་ཉིས་བརྩེགས་ཕྱི་དཀར་ལ་ནང་དམར་བ། ཞེས་པ་ནས། དབང་གི་ལྷ་རྣམས་ཀྱང་དེ་ཉིད་ལ་ཐིམ་པར་བསམ་གྱི་བར་མདུན་བསྐྱེད་བཞིན་བྱ། ཨོཾ་སརྦ་ཏ་ཐཱ་ག་ཏ་བཛྲ་ཡོ་གི་ནི་ས་པ་རི་ཝཱ་ར་ཨརྒྷཾ་པྲ་ཏཱིཙྪ་སྭཱཧཱ། ཞེས་པ་ནས། ཤབྡའི་བར་བརྗོད། ཨོཾ་བཛྲ་གྷེ་ར་ཧེ་ཏ་ནས་ཨ་ཁཾ་སྭཱཧཱ། ཞེས་པས་མཆོད། ཨོཾ་གསུམ་མའི་རྗེས་སུ་རྡོ་རྗེ་རྣལ་འབྱོར་མའི་ཞལ་དུ་མཆོད་པར་འབུལ་ལོ། །ཨོཾ་ཨཱཿཧཱུྃ། ཞེས་ནང་མཆོད་ཕུལ། དཔལ་ལྡན་རྡོ་རྗེ་མཁའ་འགྲོ་མ། །ནས། དེ་སྙེད་རྣམས་ལ་ཕྱག་འཚལ་ལོ། །ཞེས་པས་བསྟོད། རང་གི་སྙིང་ག་ནས་སྔགས་ཀྱི་ཕྲེང་བ་གཟུངས་ཐག་ལ་ཞོན་ནས་སོང་བས་བུམ་ནང་གི་རྗེ་བཙུན་མའི་ཐུགས་རྒྱུད་བསྐུལ། དེའི་བ་སྤུའི་བུ་ག་ནས་བདུད་རྩིའི་ཆུ་རྒྱུན་བྱུང་བས་བུམ་པ་ཡེ་ཤེས་ཀྱི་(༡༤༧བ)བདུད་རྩིས་གང་བར་གྱུར། དེ་ནས་བཟླས་པ་བྱེད། མཐར་ཨོཾ་སུམྦྷ་སོགས་དང་། ཨོཾ་སརྦ་ཏ་ཐཱ་ག་ཏ་ནས། ཧྲཱི་ཡེ་ཧཱུྃ། ཞེས་པའང་བཟླས། མཆོད་བསྟོད་རྣམས་གོང་བཞིན་བྱ། མ་འབྱོར་པ་དང་ཉམས་པ་དང་། །ནས། དེ་཈ུན་མགོན་པོས་བཟོད་པར་གསོལ། དུང་ཆོས་ཀྱི་ཆུ་བུམ་པར་བླུགས། ཨོཾ་ཨཱཿཧཱུྃ། མཆོད་ཡོན་ཕུལ་བའི་རྐྱེན་གྱིས་བུམ་ནང་གི་རྗེ་བཙུན་མ་འོད་དུ་ཞུ་ནས་བུམ་པའི་ཆུ་དྲུས་པ་ཀུན་དང་ལྡན་པར་གྱུར། དུང་ཆོས་ཀྱི་ཆུ་བླངས་ལ། རི་ལྟར་བལྟམས་པ་ནས། ཧྲཱི་ཡེ་ཧཱུྃ། ཞེས་ཁྲུས་བྱས་ལ་སློབ་མ་ལ་བྱ་བ་ལྟར་བདག་འཇུག་རྫོགས་པར་བླངས། ༈ དེ་ནས་སློབ་མ་རྣམས་ལ་ཆབ་བཏང་། མཎྜལ་ཕུལ། གང་གི་དྲིན་གྱིས་བདེ་ཆེན་ཉིད་ནས་པད་ལ་འདུད། དཔལ་ལྡན་རྡོ་རྗེ་མཁའ་འགྲོ་མ། །ནས། འགྲོ་བ་སྐྱོབ་ལ་ཕྱག་འཚལ་ལོ། །སངས་རྒྱས་ཀུན་གྱི་རང་བཞིན་སྐུ། །སློབ་དཔོན་ལ་ནི་བདག་སྐྱབས་མཆི། །དཔལ་ལྡན་རྡོ་རྗེ་རྣལ་འབྱོར་མས། །བདག་ལ་བྱིན་གྱིས་བརླབ་ཏུ་གསོལ། །ལན་གསུམ་གྱིས་གསོལ་བ་གདབ། དཀོན་མཆོག་གསུམ་ལ་བདག་སྐྱབས་མཆི། །ནས། འགྲོ་ལ་ཕན་ཕྱིར་སངས་རྒྱས་འགྲུབ་པར་

ཤོག །ཅེས་རྒྱན་བཤགས་ལན་གསུམ་བརྗོད། ཨོཾ་ཙཀྲ་བརྟ་ཥ་ཏྲ་མ་ན་ཡེ་ཧཱུྃ། ཞེས་མིག་དར་བཅིངས་ཤིང་། ཨ་ཁཾ་བི་ར་ཧཱུྃ་གིས་མེ་ཏོག་གཏད། དེ་ནས་སློབ་མ་རྣམས་ལག་ཕྲེལ། སློབ་མའི་གཙོ་བོའི་ལག་པའི་མཐེ་བོང་ནས་སློབ་དཔོན་གྱིས་བཟུང་སྟེ། རྟོག་པས་(༧༢༢ན)གཡོགས་པའི་སེམས་ཀྱིས་ནི། །ལེགས་པའི་སངས་རྒྱས་ཕྱིར་བཟློག་སྟེ། །དད་པའི་རྒྱུ་ཡིས་བཀྲུས་པའི་སེམས། །ཕན་པའི་སེམས་ཀྱིས་འདིར་འཇུག་བྱ། །དད་པ་མེད་པའི་སེམས་ཅན་ལ། །དཀར་པོའི་ཆོས་ནི་མི་འབྱུང་སྟེ། །ས་བོན་མེ་ཡིས་འཚིག་པ་ལ། །མྱུ་གུ་སྔོན་པོ་སྐྱེ་མི་སྲིད། །ཁྱོད་རྣམས་རྣམ་རྟོག་ཐམས་ཅད་སྤོངས་ལ་ལྷ་དང་བླ་མ་ལ་མོས་གུས་དྲག་པོ་བསྐྱེད་ཅིག །ཅེས་བརྗོད་ལ། བུམ་ཆུ་དང་། སུམྦྷ་བསངས། ཡང་ཚམ་ཇམས་ཀྱི་ཕྱག་རྒྱ་དང་། སུམྦྷ་སྲུང་བ་བྱ། གུ་གུལ་སོགས་ཀྱི་དུད་པས་བདུག་ཅིང་རྐང་མཐིལ་གྱི་རླུང་གིས་གསུམ་མདོའི་མེ་སྤར། ཕུང་ཁམས་སྐྱེ་མཆེད་ཐམས་ཅད་བསྲེགས་ཏེ་སྟོང་པར་སྦྱངས་པར་མོས་ལ། ཨོཾ་སྭ་བྷཱ་ཝ་ཤུདྡྷ་སརྦ་དྷརྨཱ་སྭ་བྷཱ་ཝ་ཤུདྡྷོ྅ཧཾ། ཨོཾ་བཛྲ་ཤུདྡྷ་སརྦ་དྷརྨ་བཛྲ་ཤུདྡྷོ྅ཧཾ། ཨོཾ་ཡོ་ག་ཤུདྡྷ་སརྦ་དྷརྨ་ཡོ་ག་ཤུདྡྷོ྅ཧཾ། ཞེས་བརྗོད། སྐད་ཅིག་གིས་སློབ་མ་རྣམས་རྗེ་བཙུན་རྡོ་རྗེ་རྣལ་འབྱོར་མ་སྐུ་མདོག་དམར་པོ་ཉི་མ་བྱེ་བའི་འོད་དང་མཚུངས་པའི་གཟི་བརྗིད་ཅན། རྩ་ཞལ་ལྷ་མོའི་རྣམ་པ་འཛུམ་ཁྲོ་ཆགས་པའི་ཉམས་ཅན་མཆེ་བ་གཙིགས་ཤིང་བཞད་པ། གཡས་ཞལ་ཕག་གདོང་ཁྲོ་ཞིང་གྱེན་དུ་ཕྱོགས་པས་གཟིགས་པ། ཕྱག་གཡས་རྡོ་རྗེ་གྲི་གུག་འཕྱར་ཞིང་། གཡོན་ཐོད་ཁྲག་ཐུགས་ཀར་འཛིན་པ། མཆན་ཁུང་གཡོན་དུ་རྡོ་རྗེ་ཁ་ཊྭཱཾ་ག་དཀར་པོ་གྱེན་དུ་བསྒྲེང་བ། དབུ་སྐྲ་ནག་པོ་ཅུང་ཟད་ལི་བ་གསེལ་(༧༢༢བ)བུར་གྲོལ་ཞིང་ཐུར་དུ་འཕྱང་བ། དམར་ཞིང་བཀྲ་ལ་གླུམ་པོར་གཡོ་བའི་སྤྱན་གསུམ་དང་ལྡན་པ། རྡོ་རྗེ་ནག་པོའི་འཕྲེང་བ་ལ་བརྒྱུས་པའི་ཐོད་སྐམ་ལྔའི་ཕྲེང་བ་ཅན་རྒྱུ་མས་སྤྲེལ་བའི་ཁྲག་འཛག་མི་མགོ་ལྔ་བཅུའི་དོ་ཤལ་འཕྱང་བ། འཁོར་ལོ་དང་། རྣ་ཆ་དང་། མགུལ་རྒྱན་དང་། གདུ་བུ་སྟེ་མི་

རུས་ཀྱི་ཕྱག་རྒྱ་ལྡན་བརྒྱན་པ། གཅེར་བུ། ལོ་བཅུ་དྲུག་ལོན་པ་ལྟར་ལང་ཚོ་ལ་བབ་ཅིང་ནུ་མ་རྒྱས་པ། ཞབས་གཡོན་བརྐྱངས་པའི་སྐྱིལ་ཀྲུང་ཕྱེད་པའི་གར་སྟབས་ཀྱིས་བཞུགས་པ། མ་ལུས་པའི་སྤྲུལ་པ་འཆང་བའི་སྐུ་ཅན། བསྐལ་པའི་མེ་ལྟ་བུའི་ཡེ་ཤེས་ཀྱི་མེ་འབར་བའི་དབུས་ན་སྙིག་ཅིང་རོལ་བའོ། །དེའི་ལྟེ་བར་ཆོས་འབྱུང་ཉིས་བརྩེགས་ཀྱི་ནང་དུ་བཾ་ཡིག་སྔགས་ཕྲེང་དང་བཅས་པ་གསལ་བཏབ། དེ་ལས་འོད་ཟེར་འཕྲོས། གཡས་རོ་མ་ནས་སོང་། སྤྱི་བོ་ནས་ཐོན། ཕྱོགས་བཅུའི་སངས་རྒྱས་བྱང་སེམས་ཐམས་ཅད་སྤྱན་དྲངས། སྤྱི་བོར་ཐིམ། ཧཾ་ཡིག་ཞུ་བའི་རྒྱུན་དབུ་མ་ནས་བྱུང་། ལྟེ་བར་བབས་པ་ལ་སེམས་གཏད་དུ་བཅུག་ལ། ཨོཾ་གསུམ་མ་འདོན་ཅིང་། རོལ་མོའི་སྦྲ་བྱ། ཡང་ལྟེ་བ་ནས་འོད་འཕྲོས། རོ་མའི་ལམ་བརྒྱུད་ཕག་གདོང་གི་སྣོན་མཚམས་ནས་ཐོན། གཡུང་དྲུང་གཡོན་སྐོར་དུ་དྲག་ཏུ་འཁོར་བ་ལ་སེམས་གཏད་དུ་བཅུག་ལ། རོལ་ཆེན་དང་སྔགས་བཟླ། ཡང་ལྟེ་བའི་སྔགས་འཁོར་དེ་ཉིད་གསང་གནས་སུ་ཕབ་ལ། གཡོན་སྐོར་དུ་འཁོར་བ་ལ་སེམས་གཏད་དུ་བཅུག་ལ། རོལ་ཆེན་དང་སྔགས་བཟླ། དེ་ནས་ཡེ་ཤེས་དབབ་པ་ཞུ་བའི་ཡོན་དུ་མཎྜལ་འབུལ། ཡེ་ཤེས་དབབ་པའི་དོན་དུ་སོས་པ་འདི་བཞིན་མཛོད་བྱས་ལ། མདུན་བསྐྱེད་བཙོམ་(༧༥་ན)ལྡན་འདས་མའི་ཐུགས་ཀའི་བཾ་ཡིག་ལས་འོད་བྱུང་། ཁྱེད་རང་གི་ལྟེ་བར་ཐིམ། འོད་འདུས་པ་ལས་ཆོས་འབྱུང་ཉིས་བརྩེགས་བཾ་ཡིག་ཟླ་བ་སྔགས་ཕྲེང་དང་བཅས་པ་ལས་འོད་ཟེར་འཕྲོས། ཁྱེད་རང་གི་ལུས་ཐམས་ཅད་གང་། ཚེ་འཁོར་བ་ཐོག་མ་མེད་པ་ནས་བསགས་པའི་སྡིག་སྒྲིབ་ཐམས་ཅད་བསྲེགས་སྦྱངས། ལུས་འོད་ཀྱི་གོང་བུར་གྱུར་པའི་སྐད་ཅིག་ལས། ཁྱེད་རང་རྣམས་རྡོ་རྗེ་རྣལ་འབྱོར་མ་སྐུ་མདོག་དམར་པོ་རྩ་ཞལ་ལྷ་མོའི་རྣམ་པ་འཛུམ་ཁྲོ་ཆགས་པའི་ཉམས་ཅན། གཡས་ཞལ་ཕག་གདོང་ཁྲོ་ཞིང་གྱེན་དུ་ཕྱོགས་པས་གཟིགས་པ། གྲི་གུག་དང་། ཐོད་པ། ཁ་ཊྭཱཾ་ག་བསྣམས་པ། རུས་པ་དང་། མི་མགོའི་ཕྲེང་བས་བརྒྱན་པ། ཞབས་གཡོན་

བཀྲུངས་པའི་སྐྱིལ་ཀྲུང་ཕྱེད་པའི་གར་སྟབས་ཀྱིས་ཟླ་གདན་ལ་བཞུགས་པའི་གནས་རྣམས་སུ། ཟླ་བའི་དཀྱིལ་འཁོར་གྱི་སྟེང་དུ་ཨོཾ་བཾ། ཧཾ་ཡོཾ། ཧྲཱིཾ་མོཾ། ཧྲེཾ་ཧྲཱིཾ། ཧཱུཾ་ཧཱུཾ། ཕཊ་ཕཊ་རྣམས་གསལ་བཏབ་ལ། འདིའི་རྗེས་ཟློས་མཛོད། བླ་མ་དང་རྡོ་རྗེ་རྣལ་འབྱོར་མ་གཉིས་སུ་མ་མཆིས་པས་བདག་ལ་ཕྱོགས་བཅུ་དུས་གསུམ་གྱི་དེ་བཞིན་གཤེགས་པ་ཐམས་ཅད་ཀྱི་སྐུ་གསུང་ཐུགས་ཡོན་ཏན་འཕྲིན་ལས་དང་བཅས་པའི་དངོས་གྲུབ་དང་། འཇིག་རྟེན་དང་འཇིག་རྟེན་ལས་འདས་པའི་དངོས་གྲུབ་མ་ལུས་པ་སྩོལ་ཞིང་བརྟན་པར་མཛད་དུ་གསོལ། ལན་གསུམ། མདུན་བསྐྱེད་བཅོམ་ལྡན་འདས་མའི་ཐུགས་ཀའི་ཕཾ་ཡིག་ལས་རྡོ་རྗེ་རྣལ་འབྱོར་མ་(༡༥ཁ)བྱུང་། ཁྱེད་རང་རྣམས་ཀྱི་ཁ་སྒོ་ནས་ཞུགས། དབུ་མའི་ལམ་ནས་བརྒྱུད། ལྟེ་བའི་བཾ་ཡིག་དང་རོ་གཅིག་ཏུ་འདྲེས་པ་ལས། ནང་གི་རྣལ་འབྱོར་མ་མཆོན་གང་བར་གྱུར། དེས་བདེ་བ་ཆེན་པོའི་གར་མཛད། ཆོས་འབྱུང་གི་གྲུ་བཞིར་ཡང་དགའ་བ་འཁྱིལ་བ་བཞི་གཡོན་དུ་འཁོར། སྨིན་མཚམས་དང་གསང་སྒོར་ཡང་དགའ་བ་འཁྱིལ་བ་བཞི་གཡོན་དུ་འཁོར། ཕྱོགས་བཅུའི་སངས་རྒྱས་བྱང་ཆུབ་སེམས་དཔའ་ཐམས་ཅད་རྡོ་རྗེ་རྣལ་འབྱོར་མའི་རྣམ་པར་བྱོན་ནས། ཁྱེད་རང་རྣམས་ལ་ཐིམ་པས། ཁྱེད་རང་རྣམས་ཀྱི་ལུས་ངག་ཡིད་གསུམ་རྡོ་རྗེ་རྣལ་འབྱོར་མའི་སྐུ་གསུང་ཐུགས་ཀྱི་ངོ་བོར་བྱིན་གྱིས་བརླབས། རོལ་ཆེན་བྱ། ཨོཾ་གསུམ་མ་བརྗོད། ཨོཾ་བཛྲ་ཨ་བེ་ཤ་ཡ། ཡེ་ཤེས་དབབ་པའི་རྒྱུན་དེ་སྤྱི་བོར་རྡོ་རྗེ་རྒྱ་གྲམ་དུ་བཞག་པས་བརྟན་པར་མོས་པ་མཛོད། ཏིཥྛ་བཛྲ། ལན་གཉིས། མདུན་བསྐྱེད་རྡོ་རྗེ་རྣལ་འབྱོར་མའི་སྐུ་ལ་མེ་ཏོག་ཕུལ་བར་མོས་ལ། མེ་ཏོག་འཐོར་བཞིན་དུ། འདིའི་རྗེས་ཟློས་ཀྱིས་བྱས་ལ། ཨོཾ་པྲ་ཏཱིཙྪ་བཛྲ་ཧོ། སྐར་ཡང་མེ་ཏོག་དེ་ཉིད་རང་གི་སྤྱི་བོར་བཅིངས་པར་མོས་ཤིག་བྱས་ལ། ཨོཾ་པྲ་ཏི་གྲྀཧྞ་སྟྭཾ་ཨི་མཾ་སཏྭ་མཧཱ་བཱ་ལ། རྣལ་འབྱོར་མ་དཔལ་དེང་ཁྱོད་ཀྱི། །མིག་འབྱེད་པར་ནི་བརྩོན་པར་མཛད། །ཕྱི་བས་ཐམས་ཅད་མཐོང་བ་ཡང་། །རྡོ་

རྡོ་རྗེའི་མིག་ནི་བླ་ན་མེད། །ཨོཾ་བཛྲ་ནེ་ཏྲ་ཨ་པ་ཧ་ར་པ་ཊ་ལཾ་ཧྲི་ཧཾ། རྟེན་དང་བརྟེན་པར་བཅས་པའི་དཀྱིལ་འཁོར་པ་ཐམས་ཅད་མངོན་སུམ་དུ་གསལ་བར་གྱུར། དབང་གི་དངོས་གཞི་(༧༨༠ན)ཞུ་བའི་ཡོན་དུ་མཎྜལ་ཕུལ། བྱང་ཆུབ་རྡོ་རྗེ་སངས་རྒྱས་ལ། །ནས། དེང་བདག་སྐྱོལ། ཞེས་ལན་གསུམ། རྗེས་ཟློས་ཀྱིས་གསོལ་བ་བཏབ། རིན་པོ་ཆེའི་ཁྲི་ཡངས་ཤིང་རྒྱ་ཆེ་བའི་དབུས་སུ་ཁྱེད་རང་རྣམས་རྡོ་རྗེ་རྣལ་འབྱོར་མར་གསལ་བའི་སྙིང་དུ་གདུགས་དཀར་པོའི་མཐའ་སྐོར་དུ། མཆོད་པའི་སྤྲིན་གྱི་ཕུང་པོས་ས་དང་བར་སྣང་ཐམས་ཅད་གང་བར་གྱུར། མདུན་བསྐྱེད་བཅོམ་ལྡན་འདས་མའི་ཐུགས་ཀ་ནས་དབང་གི་ལྷ་སྤྲུལ་ཏེ་དབང་བསྐུར་བའི་ལས་མཛད་པར་མོས་ཤིག་བྱས་ལ། བུམ་པ་བཟུང་། མི་རྟོག་གཏོར་ཞིང་། ཨོཾ། ཕུན་སུམ་ཚོགས་པ་མངའ་བ་གསེར་གྱི་རི་བོ་འདྲ། །འཇིག་རྟེན་གསུམ་གྱི་མགོན་པོ་དྲི་མ་གསུམ་སྤངས་པ། །སངས་རྒྱས་པད་མ་འདབ་མ་རྒྱས་འདྲའི་སྤྱན་མངའ་བ། །དེ་ནི་འཇིག་རྟེན་དགེ་བའི་བཀྲ་ཤིས་དང་པོའོ། །དེ་ཡི་ཉེ་བར་བསྟན་པའི་མཆོག་རབ་མི་གཡོ་བ། །འཇིག་རྟེན་གསུམ་ན་བསྔགས་ཤིང་ལྷ་དང་མིས་མཆོད་པ། །ཆོས་ཀྱི་དམ་པ་སྐྱེ་རྒུ་རྣམས་ལ་ཞི་བྱེད་པ། །དེ་ནི་འཇིག་རྟེན་དགེ་བའི་བཀྲ་ཤིས་གཉིས་པའོ། །དགེ་འདུན་དམ་པ་ཆོས་དང་ཐོས་པའི་བཀྲ་ཤིས་ཕྱུག །མི་དང་ལྷ་དང་ལྷ་མ་ཡིན་གྱི་མཆོད་པའི་གནས། །ཚོགས་ཀྱི་མཆོག་རབ་ངོ་ཚ་ཤེས་དང་དཔལ་གྱི་གཞི། །དེ་ནི་འཇིག་རྟེན་དགེ་བའི་བཀྲ་ཤིས་གསུམ་པའོ། །ཞེས་ཤིས་པ་བརྗོད། དབང་ལྷ་ལ་གསོལ་བ་འདེབས་པ་འདིའི་རྗེས་ཟློས་མཛོད་བྱས་ལ། དེ་བཞིན་(༧༨༠བ)གཤེགས་པ་ཁྱེད་རྣམས་ཀྱིས་བདག་ལ་མངོན་པར་དབང་བསྐུར་བ་བསྩལ་དུ་གསོལ། དེ་ནས་དབང་གི་ལྷ་རྣམས་ཀྱིས། ཇི་ལྟར་བལྟམས་པ་ནས། ཧྲཱི་ཡེ་ཧཱུྃ། ཨོཾ་ཙཀྲ་ཤྲཱི་ར་ཧཱུ་ཨ་བྷི་ཥིཉྩ་ཧཱུྃ། ཞེས་ཆུ་དབང་བསྐུར། ཨོཾ་སརྦ་བུདྡྷ་ཌཱ་ཀི་ནཱི་ཡེ། ཨོཾ་བཛྲ་ཝརྞ་ནཱི་ཡེ། མཧཱ་སུ་ཀུ་ཊ་ཧ། ཨོཾ་བཛྲི་ཎཱི་ཥ་ཨ་བྷི་ཥིཉྩ་ཧཱུྃ། ཞེས་གསུངས་ཤིང་བུམ་པའི་ཆུས་སྤྱི་

པོ་ནས་དབང་བསྐུར། སྐུ་གང་དྲི་མ་དག །ཆུའི་ལྷག་མ་ཡར་ལུད་པ་ལས་མི་བསྐྱོད་པས་དབུ་བརྒྱན་པར་བསམས། དེས་བུམ་དབང་ཐོབ། གསང་དབང་ལ། མདུན་བསྐྱེད་ཀྱི་ཐུགས་ཀ་ནས་འོད་ཟེར་འཕྲོས། སངས་རྒྱས་ཐམས་ཅད་སྤྱན་དྲངས་ཞལ་དུ་ཞུགས། བྱང་ཆུབ་ཀྱི་སེམས་སུ་ཞུ། གསང་བ་ནས་ཐོན། ཀ་པཱ་ལའི་བདུད་རྩི་དང་འདྲེས། དེ་ཉིད་ལྕེ་ཐོག་ཏུ་བཞག་པར་མོས་ཤིག །ཨོཾ་གསུམ་མའི་མཐར་འབྲུ་གསུམ་བརྗོད་ཅིང་། དཀྱིལ་འཁོར་གྱི་ནང་མཆོད་ནས་བླངས་ལ་སློབ་མ་ལ་སྦྱིན། དེས་གསང་དབང་ཐོབ། ཤེས་རབ་ཡེ་ཤེས་ཀྱི་དབང་ལ་ སྔགས་ཕྲེང་ནས་སིནྡྷུ་ར་བླངས་ཏེ་ལྟེ་བར་བྱུགས། ཨོཾ་གསུམ་མ་བཟླས། སྔགས་རྣམས་ལྟེ་བར་ཐིམ། དགའ་འཁྱིལ་ལས་བླངས་ཏེ་དཔྲལ་བར་བྱུགས། སྔགས་བཟླས་དགའ་འཁྱིལ་དཔྲལ་བར་ཐིམ། ཟུར་དྲུག་ལས་བླངས་ཏེ་སྤྱི་གཙུག་ཏུ་གཏུགས། ཁོ་ཆའི་ལྷ་ཚོགས་མང་པོ་བྱོན་ཏེ་སྤྱི་གཙུག་ཏུ་ཐིམ་པར་བསམས། དེས་ཤེས་རབ་ཡེ་ཤེས་ཀྱི་དབང་ཐོབ། དབང་བཞི་པ་ལ། རང་སེམས་བདེ་བ་ཆེན་པོ་ལྷན་ཅིག་སྐྱེས་པའི་དོན་བསྒོམ་པ་ནི་བཞི་པའི་(༡༠༡ན)ཡེ་ཤེས་ཏེ། དངོས་པོ་མེད་པའི་ཆོས་ཉིད་ཆོས། །ནམ་མཁའ་ལྟ་བུར་དྲི་མ་མེད། །སྟོང་ཉིད་ཡེ་ཤེས་རྡོ་རྗེ་ཡི། །སྟོང་པ་ཉིད་ནི་རྣམ་པར་བསྒོམ། །ཞེས་པ་ཡིན་པས་སྤྲོས་བྲལ་བདེ་སྟོང་ལ་ཙུང་ཟད་མཉམ་པར་ཞོག་མཛོད། དེས་དབང་བཞི་པ་ཐོབ། བཟླས་ལུང་བྱེད་པར་འདོད་ན་སྐབས་འདིར་བྱེད་པའོ། །རྗེས་ཀྱི་ཚོ་ག་ནི་སྤྱི་དང་འདྲའོ། །

༄ ཕག་མོ་དོན་གྲུབ་མ་ལ། རྣལ་འབྱོར་པ་དབང་བསྐུར་བ་ཐོབ་ཅིང་། དམ་ཚིག་དང་ལྡན་པས་ཡིད་དང་རྗེས་སུ་མཐུན་པའི་གནས་སུ། འདི་ཉིད་ཀྱི་གསང་བའི་རས་བྲིས་བཀྲམ་སྟེ། དེའི་སྤྱན་སྔར་རྗེ་བཙུན་རྡོ་རྗེ་རྣལ་འབྱོར་མ་འདིའི་སྒྲུབ་པ་བརྩམས་ཏེ། སྐྱབས་འགྲོ་སེམས་བསྐྱེད་སྤྱི་དང་མཐུན་པར་བྱས་ལ། དམ་ཚིག་གིས་བཀང་བའི་ཀ་པཱ་ལ། སུམྦྷའམ། ཁཎྜ་རོ་ཧིའི་སྔགས་ཀྱིས་བསངས། སྭ་བྷཱ་ཝས་

སྒྲུངས། སྟོང་པའི་ངང་ལས་ཡཾ་ལས་རླུང་། རཾ་ལས་མེ། ཨ་ལས་ཐོད་པ་དཀར་པོ་དུམ་བུ་གསུམ་པའི་ནང་དུ། ཧཱུྃ་ཧྲཱུྃ་ཨཾ་ཛྲིཾ་ཁཾ་ལས་ཤ་ལྔ། པཾ་བཾ་ལཾ་མཾ་ཏཾ་ལས་བདུད་རྩི་ལྔ། དེ་རྣམས་འོད་དུ་ཞུ། བདུད་རྩིའི་རྒྱ་མཚོ་ཆེན་པོར་གྱུར་པའི་དབུས་སུ་ཆོས་འབྱུང་གི་ལྟེ་བར་ཧྲཱིཿཟུར་གསུམ་ལ་གཡོན་སྐོར་གྱི། ཨོཾ་ཧཱུྃ་ཏ་དེའི་འོད་ཀྱིས་སྣོད་བཅུད་ཐམས་ཅད་དང་། ཁྱད་པར་རྒྱལ་བ་སྲས་བཅས་ཐམས་ཅད་ཀྱི་སྐུ་གསུང་ཐུགས་ཀྱི་བདུད་རྩི་བྱང་ཆུབ་སེམས་སུ་སྤྱན་དྲངས་ནས་ཐིམ། ཨོཾ་ཨཱཿཧཱུྃ་ཏ་ཧོ་ཧྲཱིཿབདུད་རྩི་བདག་དང་གནས་ལ་(༡༧༡བ)གཏོར་ཏེ། ཨོཾ་ཧྲཱིཿཧྲ་ཧྲ་ཧྲ་ཏ་ཡ་ཧླ་ཏ་ཡ། སརྦ་དུ་ཥྚཱཾ་ཧཱུྃ་ཕཊ་སྭཱཧཱ། ཁྲོ་མོ་རྣམས་ཀྱིས་བགེགས་རྣམས་ཚར་བཅད་སྲུང་བའི་འཁོར་ལོ་གྲུབ་པར་གྱུར། རང་གི་གནས་རྣམས་སུ། ཨོཾ་པཾ། ཧཾ་ཡོཾ། ཧྲིཾ་མོཾ། ཧྲིཾ་ཧྲཱིཾ། ཧཱུྃ་ཧཱུྃ། ཕཊ་ཕཊ། ཅེས། གོ་ཆ་དྲུག་དགོད། ཨོཾ་སུ་ཁ་ཝ་ཤུདྡྷ་སརྦ་ཛྙཱ་སུ་ཁ་ཝ་ཤུདྡྷོཨཧཾ། ཨོཾ་བཛྲ་ཤུདྡྷ་སརྦ་ཛྙཱ་བཛྲ་ཤུདྡྷོ་ཨཧཾ། ཨོཾ་ཡོ་ག་ཤུདྡྷ་སརྦ་ཛྙཱ་ཡོ་ག་ཤུདྡྷོཨཧཾ། སྟོང་པའི་ངང་ལས་ཆོས་འབྱུང་གི་དབུས་སུ་པད་མ་དམར་པོ་འདབ་མ་བཞི་པའི་ལྟེ་བར་འོད་སྟོང་བདག་པོའི་དཀྱིལ་འཁོར་ལ་གནས་པའི་དབུགས་བྲལ་གྱི་སྙིང་གར་རང་སེམས་ཧྲཱིཿཡིག་དམར་པོ་བསྐལ་བའི་མེ་ལྟར་སྣང་བ། དེ་ཡོངས་སུ་གྱུར་པ་ལས་བདག་ཉིད་རྡོ་རྗེ་ཕག་མོ་ལི་ཁྲིའི་མདངས་ལྟར་དམར་བའི་མདོག་ཅན་པདྨ་དང་ཉི་མ་ཡི་དྭགས་ཀྱི་གདན་ལ་གཡས་བརྐྱངས་པའི་གྱད་ཀྱི་དོར་སྟབས་ཀྱིས་ས་གསུམ་གནོན་པ། ཞལ་གཅིག་པ། སྤྱན་གསུམ་པ། ཁྲོ་གཉེར་བསྡུས་པ། དྲག་མོ་ཆེན་མོ། འཇིགས་སུ་རུང་བའི་ཞལ་ཕག་གི་གདོང་ཅན་ཤིན་ཏུ་ཁྲོས་པ། རྡོ་རྗེའི་མེ་འོད་འབར་ཞིང་། ལྗགས་བསྐྱོད་པ། དབུ་སྐྲ་ཁམ་པ་གྱེན་དུ་འཁྱིལ་བ། བ་སྤུ་དང་། གསང་བའི་སྤུ་གྱེན་དུ་བསྒྲེང་བ། ཐུང་ཞིང་གསུས་པ་འཕྱང་བ། ཐོད་སྐམ་ལྔས་དབྱལ་བར་བརྒྱན་པ། ཁྲག་འཛག་མགོ་བོའི་ཕྲེང་བས་སྐུ་ལ་བརྒྱན་པ། ཕྱག་རྒྱ་ལྔས་མཛེས་པ། གཅེར་བུ། ཕྱག་བཞི་པ། གཡས་ན་རྡོ་རྗེ་དང་རྡོ་རྗེ་ལྕགས་ཀྱུ།

གཡོན་ན་ཐོད་ཁྲག་(༡༩༢ན)དང་། སྡིག་མཛུབ་དང་བཅས་པའི་ཞགས་པ་འཛིན་པ། མཚན་ཁྲོད་དུ་ཁ་ཊྭཱཾ་ག །གདུག་པ་ཅན་ཐམས་ཅད་ཀྱིས་བཟོད་པར་དཀའ་བའི་གད་མོ་གོད་པ། མེ་དཔུང་འབར་བའི་དབུས་ན་བཞུགས་པ། འབར་བའི་ཕྱག་རྒྱ་དང་བཅས་པ་ཕཻཾ་ཞེས་ཡེ་ཤེས་པ་སྤྱན་དྲངས། ཛཿཧཱུྃ་བཾ་ཧོཿ ཨོཾ་ཡོ་ག་ཤུདྡྷ་སོགས་བརྗོད། ལྟེ་བར་ཨོཾ་བཾ་དམར་མོ་རྡོ་རྗེ་ཕག་མོ། སྙིང་གར་ཧཾ་ཡཾ་སྔོན་མོ་གཤིན་རྗེ་མ། ཁར་ཧྲིཾ་མོཾ་དཀར་མོ་རྨོངས་བྱེད་མ། དཔྲལ་བར་ཧྲེཾ་ཧྲིཾ་སེར་མོ་བསྐྱོད་བྱེད་མ། སྤྱི་གཙུག་ཏུ་ཧཱུྃ་ཧཱུྃ་ལྗང་ཁུ་སྐྲག་བྱེད་མ། ཚོགས་ཆེན་ཐམས་ཅད་ལ་ཕཊ་ཕཊ་དུད་ཁ་ཙཀྲི་ཀའི་ངོ་བོ་རྣམས་སུ་གྱུར། ཞེས་གོ་ཆ་དགོད། སླར་ཡང་ལྟེ་བའི་ཧྲཱིཿལས་འོད་ཟེར་འཕྲོས། དབང་གི་ལྷ་ཧེ་རུ་ཀ་ཡབ་ཡུམ་འཁོར་བཅས་སྤྱན་དྲངས། ཨོཾ་བཛྲི་བྷ་ཝ་ཨ་བྷི་ཥིཉྩ་ཧཱུྃ། ཞེས་དབང་བསྐུར་བ་ལས་རིགས་ལྔའི་ངོ་བོ་སྣ་ཚོགས་རྡོ་རྗེས་དབུ་བརྒྱན་པར་བསམས། ཨརྒྷཾ་སོགས་ཀྱི་མཆོད་པ་རྣལ་འབྱོར་མ་སྤྱི་དང་མཐུན་པར་བྱས་ལ། འབྲུ་གསུམ་གྱིས་བདུད་རྩི་མྱངས། སྟོང་ཉིད་སྙིང་རྗེ་དབྱེར་མེད་པ། །ཁམས་གསུམ་པ་ཡི་ངོ་བོ་ཉིད། །བསྐལ་པའི་མེ་བཞིན་གཟི་བརྗིད་འབར། །རྡོ་རྗེ་ཕག་མོ་ལ་འདུད་དོ། །ཞེས་བསྟོད། གསང་བར་རྒྱལ་བའི་ཕོ་བྲང་དམར་པོ་ཟུར་གསུམ་པའི་ནང་དུ་ཨོཾ་ཧྲཱིཿཧཱུྃ་ཏ། ཐུགས་ཀྱི་ཕྲེང་བ་སྒྲོ་བསྐྱུ་དང་བཅས་པར་ཡིད་གཏད་ནས། ཨོཾ་བཛྲ་ཝཱ་རཱ་ཧི་ཨ་བེ་ཤ་ཡ་སཏ་ཏྲུཾ་ཧྲཱིཿསྭཱཧཱ། ཞེས་བཟླས་པ་(༡༩༢བ)བྱའོ། །༈ འདིའི་བྱིན་རླབས་བྱ་བར་འདོད་ན། སྟེགས་བུའི་སྟེང་དུ་མཎྜལ་སྣ་ཚོགས་པདྨ་འདབ་བཞི་འབྲི། དེའི་སྟེང་དུ་མཎྜི་ལ་སོགས་པའི་ཁར་ཐོད་པ་བདུད་རྩིས་བཀང་བ་བཞག །དེའི་སྟེང་དུ་མེ་ལོང་ལ་ཚང་གིས་བརྣན་ཅིང་སིནྡྷུ་ར་སྙོམས་པར་བཀྲམས། གསེར་གྱི་སྨྱུ་གུ་ལག་པ་གཡོན་པའི་མཐེབ་སྲིན་གྱིས་བཟུང་ལ་ཆོས་འབྱུང་གྲུ་གསུམ་ནང་དུ་ཐུགས་ཕྲེང་ཚར་གཅིག་དང་། ཕྱོགས་བཞིར་རྡོ་རྗེ་རྒྱ་གྲམ་རྣམས་འབྲི། སྟེང་དུ་དར་དམར་པོས་དགབ། ཤ་ཆེན་གྱི་བདུག་པ་དང་། ཐུམ་

གཏོར་དམར་པོ། མཁའ་འགྲོ་སྤྱི་གཏོར། ཆུ་གཉིས། ཉེར་སྤྱོད། ནང་མཆོད། གང་འོས་ཕྱོགས་སུ་བྲུམ་པ་མཚན་ཉིད་དང་ལྡན་པ་སྤྱི་དང་མཐུན་པར་བཤམས། བགེགས་གཏོར། སྲུང་སྐུད་དམར་པོ། མིག་དར། མེ་ཏོག །ཁྲོར་ཆུ། མནའ་ཆུ། རྡུལ་གྱི་རས། ཐྱི་ལ་ནག་པོའི་བྲུན། གུ་གུལ། དབྱུ་རྒྱན། དར་དཔྱངས། འཁོར་ལོ། དུང་། པོ་ཏི། ཚོགས་འཁོར་གྱི་ཟས་བཟང་པོ་རྣམས་སྔ་གོན་བྱས་ལ། སྔོན་འགྲོའི་གཏོར་མ་མཁའ་འགྲོ་སྤྱི་གཏོར་བཞིན་བཏང་། མཆོད་པ་བྱིན་དབབ་ཀྱང་བླ་མེད་སྤྱི་དང་མཐུན། སྐབས་འགྲོ་ནས་བཟླས་པའི་བར་བདག་བསྐྱེད་རྫོགས་པར་བྱས། མདུན་བསྐྱེད་ཀྱི་དཀྱིལ་འཁོར་སུམ་སྦྲུས་བསངས། དག་པ་གསུམ་གྱི་སྔགས་བརྗོད། སྟོང་པའི་ངང་ལས་པདྨའི་ལྟེ་བར་ཆོས་འབྱུང་དམར་བའི་དབུས་སུ་གཞལ་ཡས་ཁང་གྲུ་བཞི་སྒོ་བཞི་ལ་སོགས་པ་མཚན་ཉིད་ཐམས་ཅད་ཡོངས་སུ་རྫོགས་པ། ཕྱི་རོལ་(༡༩༣ན)དུ་དུར་ཁྲོད་སྲུང་འཁོར་དང་བཅས་པས་བསྐོར་བའི་དབུས་སུ། མི་མགོའི་སྒྲིད་བུ་གསུམ་གྱི་སྟེང་། ཨ་ལས་བྱུང་བའི་ཐོད་པའི་ནང་དུ། ཨོཾ་ཨཱཿཧཱུྃ་བཾ་རྣམས་གནས་པའི་འོད་ཀྱིས་སངས་རྒྱས་ཐམས་ཅད་བྱང་ཆུབ་ཀྱི་སེམས་ཀྱི་རྣམ་པར་སྤྱན་དྲངས་པ་བདུད་རྩི་ལ་ཐིམ་པས་ཡེ་ཤེས་རྣམ་པ་ལྔའི་ངོ་བོར་གྱུར། ཨོཾ་ཨཱཿཧཱུྃ། དེའི་ནང་ཆོས་འབྱུང་གི་དབུས་སུ་པདྨ་དམར་པོ་འདབ་མ་བཞི་པའི་ལྟེ་བར་འོད་སྟོང་བདག་པོའི་དཀྱིལ་འཁོར་ལ་གནས་པའི་དབུགས་བྲལ་གྱི་སྟེང་ཁར་ཧྲཱིཿཡིག་དམར་པོ་བསྐལ་པའི་མེ་ལྟར་སྣང་བ། དེ་ཡོངས་སུ་གྱུར་པ་ལས། རྡོ་རྗེ་ཕག་མོ་ལི་ཁྲིའི་མདངས་ལྟར་ཞེས་པ་ནས་རིགས་ལྔའི་ངོ་བོ་སྣ་ཚོགས་རྡོ་རྗེས་དབུ་བརྒྱན་ཅིང་། དབང་གི་ལྷ་ཐམས་ཅད་ཀྱང་མདུན་བསྐྱེད་ལ་ཐིམ་པར་བསམས། ཨརྒྷཾ་ནས། ཤབྡའི་བར་གྱིས་མཆོད། འབྲུ་གསུམ་གྱིས་ནང་མཆོད་དབུལ། སྟོང་ཉིད་སྙིང་རྗེ་དབྱེར་མེད་པ། །ཁམས་གསུམ་པ་ཡི་ངོ་བོ་ཉིད། །བསྐལ་པའི་མེ་བཞིན་གཟི་བརྗིད་འབར། །རྡོ་རྗེ་ཕག་མོ་ལ་འདུད་དོ། །ཞེས་བསྟོད། མདུན་བསྐྱེད་ཀྱི་གསང་བར་རྒྱལ་བའི་

པོ་བྲང་དམར་པོ་ཟུར་གསུམ་པའི་ནང་དུ། ཨོཾ་ཧྲཱིཿཧཱུྃ་ཕཊ། ཐུགས་ཀྱི་ཕྲེང་བ་སྦྱོ་བསྒྱུ་དང་བཅས་པར་ཡིད་གཏད་ནས། ཨོཾ་བཛྲ་ཡཀྵ་ཀྲོ་དྷ་ཨ་བེ་ཤ་ཡ་སརྦ་དུཥྚཱཾ་ཧྲཱིཿསྭཱཧཱ། ཞེས་བཟླས་པ་བྱའོ། །གཏོར་མ་ནང་མཆོད་ལྟར་བྱིན་གྱིས་བརླབས་ཤིང་། ཨོཾ་ཧྲཱིཿཧཾ་ཧཾ་ཧེ་ཧེ་ཧ་ཧ་ཧི་(༧༨བ)ཧི། ཛཿཛཿཛཿ ཞེས་ལན་བདུན་གྱིས་ཕུལ་ནས། མཆོད་བསྟོད་བྱ། ཤ་ཆེན་གྱི་བདུག་པ་འབུལ་བའི་ཐུགས་ནི། ཨོཾ་ཨཱཿཧཱུྃ་ཧ་ཧ། ཞེས་ལན་ཉི་ཤུ་རྩ་གཅིག་གིས་འབུལ་ལོ། །འཇིག་རྟེན་པའི་གཏོར་མ་འབུལ་བར་འདོད་ན། ཧ་ཧོ་ཧྲཱིཿས་ཁ་དོག་དྲི་རོ་ནུས་པའི་སྐྱོན་སྦྱངས། ཟག་པ་མེད་པའི་ཡེ་ཤེས་ཀྱི་བདུད་རྩིའི་རྒྱ་མཚོ་ཆེན་པོར་གྱུར་པར་བསམས། ཛཿ ཞེས་འཇིག་རྟེན་པའི་གཏོར་མགྲོན་ཐམས་ཅད་སྤྱན་དྲངས་ཏེ། ཨོཾ་ཁ་ཁ་ཁཱ་ཧི། ཞེས་པ་ནས། ཀུན་འགྲུབ་ཤོག་གི་བར་བྱ། ཐུམ་པ་བསངས་སྦྱངས། སྟོང་པའི་ངང་ལས་པཾ་ལས་པདྨ་དང་། ཨ་ལས་ཟླ་བའི་སྟེང་དུ། ཧཱུྃ་ལས་བྱུང་བའི་ཐུམ་པ་མཚན་ཉིད་ཐམས་ཅད་ཡོངས་སུ་རྫོགས་པའི་ནང་དུ། ཆོས་འབྱུང་གི་དབུས་སུ་པདྨ་དམར་པོ་འདབ་མ་བཞི་པའི་ལྟེ་བར་འོད་སྟོང་བདག་པོའི་དཀྱིལ་འཁོར་ཞེས་པ་ནས། རིགས་ལྔའི་ངོ་བོ་སྣ་ཚོགས་རྫོ་རྗེས་དབུ་བརྒྱན་པར་བསམས། ཞེས་པའི་བར་མདུན་བསྐྱེད་བཞིན། རང་གི་སྙིང་ག་ནས་ཐུགས་ཀྱི་ཕྲེང་བ་བྲེང་མ་ཆད་པར་སྤྲོས། ཐུམ་བསྐྱེད་ཀྱི་ལྷའི་ཐུགས་རྒྱུད་བསྐུལ། སྐུ་ལས་བདུད་རྩིའི་རྒྱུན་བབས་པས་ཐུམ་པ་གང་བར་གྱུར། ཨོཾ་བཛྲ་ཡཀྵ་ཀྲོ་དྷ་ཨ་བེ་ཤ་ཡ་སརྦ་དུཥྚཱཾ་ཧྲཱིཿསྭཱཧཱ། ཞེས་ཅི་འགྲུབ་བཟླ། ཨརྒྷཾ་ནས་ཤབྡའི་བར་གྱིས་མཆོད། འབྲུ་གསུམ་གྱིས་ནང་མཆོད་དབུལ། སྟོང་ཉིད་སྙིང་རྗེ་དབྱེར་མེད་པ། །ཁམས་གསུམ་པ་ཡི་ངོ་བོ་ཉིད། །བསྐལ་པའི་མེ་(༧༩ན)བཞིན་གཟི་བརྗིད་འབར། །ཧོ་རྗེ་ཕག་མོ་ལ་འདུད་དོ། །ཞེས་བསྟོད། ཐུམ་པའི་ལྷ་ཞུ་བ་དང་། གཤེགས་སུ་གསོལ་བ་སོགས་མི་དགོས། བར་འདིར་ཚོགས་མཆོད་བྱ། འཇིག་རྟེན་པའི་གཏོར་མའང་གོང་བཞིན་བྱ། སློབ་མ་ལ་ཇི་ལྟར་བྱ་བ་ལྟར་བདག་འཇུག་བླངས།༑ དབང་

གིས་སྨིན་པའི་སློབ་མ་རྣམས་ཁྲུས་བྱས་མཎྜལ་ཕུལ། དགའ་ཆེན་ཁྱོད་བདག་སྟོན་པ་སྟེ། །སོགས་ལན་གསུམ་གྱིས་གསོལ་བ་བཏབ། བགེགས་གཏོར་སློབ་མ་ལ་ཁྱེར་བསྐོར་ལ། སརྦ་བིགྷྣཱན་བྷྱོཿན་མ་སརྦ་ཏ་ཐཱ་ག་ཏ་བྷྱོ་སོགས་ལན་གསུམ་གྱིས་བསྔོས། བདེན་པ་བདར་ཞིང་། གཏོར་མ་ཕྱི་རོལ་ཏུ་དོར་ལ་བགེགས་བསྐྲད། སུམྦྷ་དྲག་ཏུ་བཟླའོ། །སློབ་དཔོན་རྡོ་རྗེ་ཕག་མོ་དོན་གྲུབ་མར་གསལ་བའི་ལྟེ་བའི་ཧྲཱིཿལས་མེ་འོད་བྱུང་། དབུ་མ་ནས་བརྒྱུད། སྲིན་ལག་གཡོན་གྱི་རྩེ་ནས་ཐོན། སློབ་མའི་སྤྱི་བོ་ནས་ཞུགས། སྲོག་རྩའི་ནང་གང་བས་ནང་གི་བགེགས་དང་དྲི་མ་ཐམས་ཅད་བསལ་ཞིང་། སྦྱངས་པར་གྱུར། སྲིན་ལག་སློབ་མའི་སྤྱི་བོར་བཞག་ལ། ཨོཾ་ཨཱཿབིགྷྣཱནྟ་ཀྲྀཏ་ཧཱུྃ། ཞེས་བདུན་བདུན་བརྗོད་ཅིང་། སྤྱི་བོར་ཕུས་བཏབ། ཚངས་བུག་རྡོ་རྗེ་རྒྱ་གྲམ་གྱིས་བཀག་པར་གྱུར། སློབ་མ་རྣམས་ཀྱི་གནས་རྣམས་སུ་ལྟེ་བར། ཨོཾ་བཾ་དམར་མོ་རྡོ་རྗེ་ཕག་མོ། སྙིང་གར་ཧཾ་ཡཾ་སྔོན་མོ་གཤིན་རྗེ་མ། ཁར་ཧྲཱིཾ་མཾ་དཀར་མོ་རྨོངས་བྱེད་མ། དཔྲལ་བར་ཧྲཱིཾ་ཧྲཱིཾ་སེར་མོ་བསྐྱོད་བྱེད་མ། སྤྱི་གཙུག་ཏུ་ཧཱུྃ་ཧཱུྃ་ལྗང་ཁུ་(ཀ(ལྟབ)སྐྲག་བྱེད་མ། ཚིགས་ཆེན་ཐམས་ཅད་ལ་ཕཊ་ཕཊ་དུད་ཁ་ཙཎྜི་ཀའི་ང་བོ་རྣམས་སུ་གྱུར། ཨོཾ་བཾ། ཧཾ་ཡཾ། ཧྲཱིཾ་མཾ། ཧྲཱིཾ་ཧྲཱིཾ། ཧཱུྃ་ཧཱུྃ། ཕཊ་ཕཊ། ཅེས་བརྗོད་ཅིང་། གནས་དེ་རྣམས་སུ་རྡོ་རྗེ་རྒྱ་གྲམ་རེག །དེ་ནས་འབྲུ་གསུམ་གྱིས་ནང་མཆོད་གླུད་དོ། །དཀོན་མཆོག་གསུམ་ལ་བདག་སྐྱབས་མཆི། །སོགས་ལན་གསུམ། ཨརྒྷཾ་ནས་ཤབྡའི་བར་གྱིས་སློབ་མ་སེམས་བསྐྱེད་པ་ལ་མཆོད། ཨོཾ་ཧྲཱིཿབི་ཤུདྡྷ་དྷརྨ་སརྦ་པཱ་པཾ་ནི་ཙ་ཨ་སྱ་ཤོ་དྷ་ཡ་སརྦི་ཀལྤ་ན་ཨ་པ་ན་ཡ་ཧཱུྃ། ཞེས་ཁྱོར་ཆུ་སྦྱིན། སྡོམ་བཟུང་གི་དོན་དུ་སློབ་མས་མཎྜལ་ཕུལ། སངས་རྒྱས་ཀུན་གྱི་རང་བཞིན་སྐུ། །བླ་མའི་སྐུ་ལ་སྐྱབས་སུ་མཆི། །གསུང་དང་ཐུགས་ལའང་དེས་འགྲོ། །སངས་རྒྱས་གྲོང་ཁྱེར་ཉམས་དགའ་བར། །རྣལ་འབྱོར་མ་མཆོག་འཁོར་ལོ་ཡི། །སྙིང་པོའི་དཀྱིལ་འཁོར་འདི་ཙ་ན། །མགོན་པོས་བདག་ནི་འཇུག་པར་མཛོད། །ལན་གསུམ། ཇི་

ལྟར་དུས་གསུམ་མགོན་པོ་རྣམས། ནས། མྱ་ངན་འདས་ལ་འགོད་ཀྱི་བར། །ལན་གསུམ་གྱིས་རིགས་ལྔའི་སྡོམ་པ་བཟུང་། སངས་རྒྱས་ཆོས་དང་དགེ་འདུན་ལ། །རྟག་ཏུ་བདག་ནི་སྐྱབས་སུ་མཆི། །རྣལ་འབྱོར་གསང་སྔགས་མཁའ་འགྲོ་མ། །འཁོར་ལོ་གསུམ་གྱི་བདག་ཉིད་ཅན། །ཀུན་ལ་བདག་ནི་སྐྱབས་སུ་མཆི། །དཔའ་བོ་དཔའ་མོ་དབང་ལྷ་མོ། །བྱང་ཆུབ་སེམས་དཔའ་བདག་ཉིད་ཆེ། །ཁྱད་པར་དུ་ཡང་སློབ་དཔོན་ལ། །རྟག་པར་བདག་ནི་སྐྱབས་སུ་མཆི། །དཔལ་ལྡན་ཁྲག་(༡༨༥ན)འཐུང་སོགས་དཔའ་བོ། །རྣལ་འབྱོར་མ་དང་སྣང་མཛད་སོགས། །བྱང་ཆུབ་སེམས་དཔའ་དཔག་མེད་པ། །ཐམས་ཅད་བདག་ལ་དགོངས་སུ་གསོལ། །བདག་ནི་དུས་འདི་ནས་བཟུང་སྟེ། །ཇི་སྲིད་གཉིས་མེད་ལ་གནས་པར། །དེ་ཡི་ཚངས་སྤྱོད་གཉིས་མེད་པ། །ཉི་ཤུ་རྩ་གཉིས་ལེགས་པར་སྲུང་། །ཞེས་ཐུན་མོང་མ་ཡིན་པའི་སྡོམ་བཟུང་བྱ། ཨོཾ་ཙཀྲ་བཛྲ་པྲ་ར་མ་ཎ་ཡེ་ཧཱུཾ་གིས་མིག་དར་དང་། ཨ་ཀཾ་པི་ར་ཧཱུཾ་གིས་མེ་ཏོག་བཟུང་། སློབ་མའི་གནས་གསུམ་དུ་འབྲུ་གསུམ་བཀོད་ལ། རྡོ་རྗེ་དང་བཅས་པའི་ནང་མཆོད་ཀྱིས་ཐིག་ལེ་བྱ། ཟླ་བ་རྡོ་རྗེའི་དམིགས་པ་ཕོག་ལ། ཨོཾ་སརྦ་ཡོ་ག་ཙིཏྟ་ཨུཏྤ་ད་ཡ་མི། བརྗོད་དུ་བཅུག །སྙིང་གར་རྡོ་རྗེ་གཏུགས་ཏེ། སུ་ར་ཏེ་ས་མ་ཡ་སྟྭཾ་ཧོ་སིདྡྷི་བཛྲ་ཡ་ཐཱ་སུ་ཁཾ། ཞེས་བརྗོད། ཛཿཧཱུཾ་བཾ་ཧོཿ ཞེས་དཀྱིལ་འཁོར་དུ་བཅུག་པར་མོས་ལ། ཡོལ་བ་བསལ། སྤྱི་བོར་རྡོ་རྗེ་བཞག །དེང་ཁྱོད་དེ་བཞིན་གཤེགས་པ་ཐམས་ཅད་དང་རྡོ་རྗེ་ཕག་མོ་དོན་གྲུབ་མས་བྱིན་གྱིས་བརླབས་ཀྱི། དེ་བས་ན་ངས་ཁྱོད་ལ་རྡོ་རྗེ་ཡེ་ཤེས་བསྐྱེད་པར་བྱ་སྟེ། ཡེ་ཤེས་གང་གི་ཁྱོད་དཔལ་ཧེ་རུ་ཀ་དང་། རྡོ་རྗེ་ཕག་མོ་དོན་གྲུབ་མའི་དངོས་གྲུབ་ཀྱང་ཐོབ་པར་འགྱུར་ན། དངོས་གྲུབ་གཞན་ལྟ་སྨོས་ཀྱང་ཅི་དགོས། ཁྱོད་ཀྱིས་འདི་དཀྱིལ་འཁོར་ཆེན་པོ་མ་མཐོང་བ་རྣམས་ཀྱི་མདུན་དུ་སྨྲ་བར་མ་བྱེད་ཅིག །སྨྲས་ན་དམ་ཚིག་ཉམས་པར་འགྱུར་ཏ་རེ། ཞེས་བརྗོད། (༡༨༥བ)སྙིང་གར་གཏུགས་ཏེ། རྣལ་འབྱོར་མ་དཔལ་དེང་ཁྱོད་

ཀྱི། །སྙིང་ལ་ཡང་དག་ཞུགས་པར་གྱུར། །གལ་ཏེ་ཚུལ་འདི་སྨྲས་ན་ནི། །དེ་མ་ཐག་ཏུ་དྲལ་ཏེ་གཤེགས། །ཡང་སྤྱི་བོར་བཞག་ལ། དེང་ཕྱིན་ཆད་བུ་ཁྱོད་ཀྱི་རྡོ་རྗེ་ཕག་མོ་དོན་གྲུབ་མ་ང་ཡིན་གྱི། ངས་འདི་ཕྱོས་ཤིག་ཅེས་བྱ་བ་འདི་ཁྱོད་ཀྱིས་བྱ་དགོས་སོ། །ཁྱོད་ཀྱིས་ང་ལ་བརྙས་པར་ཡང་མ་བྱེད་ཅིག །བྱས་ན་ཁྱོད་ཡ་ང་བ་མ་སྤངས་པར་འཆི་བའི་དུས་བྱས་ནས་དམྱལ་བར་ལྟུང་བར་འགྱུར་ཏ་རེ། འབྲུ་གསུམ་བརྗོད་ཅིང་བདུད་རྩི་བླུད་ལ། འདི་ནི་ཁྱོད་ཀྱི་དམྱལ་བའི་ཆུ། །དམ་ཚིག་འདས་ན་བསྲེག་པར་བྱེད། །དམ་ཚིག་སྲུང་ན་དངོས་གྲུབ་སྟེར། །རྡོ་རྗེ་བདུད་རྩིའི་ཆུ་འཐུང་ཞིག །བཛྲ་ཨུ་ད་ཀ་ཋ་ཋ་ཧཱུཾ། ཡེ་ཤེས་དབབ་པ་ནི། སློབ་མ་སྐྱིལ་ཀྲུང་བཅས་ཤིང་ཧྲུང་བཟུང་དུ་བཅུག །སློབ་མ་རྣམས་ཀྱི་སྤྱི་བོར་བླ་མ་ཧེ་རུ་ཀའི་རྣམ་པ་ཅན། ལྟེ་བར་ཆོས་འབྱུང་གི་ནང་དུ་རྡོ་རྗེ་ཕག་མོ་དོན་གྲུབ་མ་མར་མེ་ལྟར་འབར་བ་མཆོན་གང་བ་གར་བསྒྱུར་བ་གཅིག་བཞུགས་པར་གྱུར། སློབ་དཔོན་གྱི་ལྟེ་བའི་ཧཱུཿལས་འོད་ཟེར་འཕྲོས། སློབ་མའི་ལྟེ་བར་གནས་པའི་རྡོ་རྗེ་ཕག་མོ་དོན་གྲུབ་མའི་སྐུ་ལ་ཕོག་པས་ཡེ་ཤེས་ཀྱི་མེ་ལྕེའི་ཚོགས་དཔག་ཏུ་མེད་པ་འཕྲོས་ཤིང་འབར་ཏེ་ལུས་ཀྱི་ཕྱི་ནང་ཐམས་ཅད་གང་བས་སྡིག་སྒྲིབ་ཐམས་ཅད་བསྲེགས་པར་མོས་མཛོད། ཅེས་བརྗོད་ལ་རོལ་མོའི་སྒྲ་བྱ་ཞིང་། རྟུལ་གྱི་རས་དང་། བྱི་ལ་ནག་པོའི་བྲུན་དང་། གུ་གུལ་སྦྱར་བའི་དུད་པས་བདུག་ཅིང་། ཨོཾ་བཛྲ་ཝཱ་རཱ་ཧཱི་ཌཱ་ཀ་ན་(༡༧༨ན)ཨ་བེ་ཤ་ཡ་ཨ་ཨ་ཧཱི་ཧི་སྭཱཧཱ། ཏིཥྛ་བཛྲ་གྱིས་བརྟན་པར་བྱིན་གྱིས་བརླབས། ཡང་དག་པ་ཡི་དཀྱིལ་འཁོར་འདིར། །བདག་གི་སློབ་མ་གཞུག་པར་བགྱི། །ལྷ་ཡི་རིགས་ཀྱི་རིམ་པ་དང་། །བསོད་ནམས་རིམ་པའང་དེ་བཞིན་ཤོག །ཅེས་སློབ་དཔོན་གྱིས་གསོལ་བ་བཏབ་ལ། ཨོཾ་པྲ་ཏཱིཙྪ་བཛྲ་ཧོཿ ཞེས་སློབ་མ་མེ་ཏོག་འབུལ་དུ་བཅུག །པྲ་ཏཱི་གྲིཧྞ་ཏྭཾ་ཨི་མཾ་སཏྭ་མཧཱ་བ་ལ། ཞེས་པས་མེ་ཏོག་སློབ་མའི་མགོ་བོར་བཅིངས། མིག་འབྲས་གཉིས་ཨོཾ་འོད་དུ་འབར་བར་གྱུར། རྣལ་འབྱོར་མ་དཔལ་དེང་ཁྱོད་ཀྱི། །མིག

འབྱེད་པར་ནི་བསྟོན་པར་མཛད། །ཕྱི་བས་ཐམས་ཅད་མཐོང་འགྱུར་བའི། །རྡོ་རྗེའི་མིག་ནི་བླ་ན་མེད། །ཧེ་བཛྲ་བ་ཕྱི། ཞེས་པས་མིག་དར་ཕྱེ། དཀྱིལ་འཁོར་བཟང་པོ་འདི་ལ་ལྟོས། །ད་ནི་དད་པ་རབ་ཏུ་སྐྱེས། །ཁྱོད་ནི་རྒྱལ་འབྱོར་མ་རིགས་སྐྱེས། །སྔགས་དང་ཕྱག་རྒྱས་བྱིན་གྱིས་བརླབས། །འགྲོ་བ་ཕུན་ཚོགས་དངོས་གྲུབ་ཀུན། །ཁྱོད་ལ་མྱུར་དུ་མངོན་དུ་གྱུར། །དམ་ཚིག་ཐམས་ཅད་བསྐྱང་བ་དང་། །གསང་སྔགས་སྒྲུབ་ལ་བསྟོན་པར་གྱིས། །ཞེས་བལྟ་བར་བསྐུལ། དཀྱིལ་འཁོར་གྱི་རྣམ་པ་བསྟན་ལ། རྫུལ་ཚོན་གྱི་དཀྱིལ་འཁོར་གྱི་ཆོས་འབྱུང་ནི་དུག་གསུམ་གྱི་ཆོས་ཉིད། བདུད་རྩིའི་ནང་གི་ཆོས་འབྱུང་ནི་ཁམས་གསུམ་གྱི་དེ་བཞིན་ཉིད། མེ་ལོང་གི་ཆོས་འབྱུང་ནི་སྐུ་གསུམ་གྱི་ཡེ་ཤེས་མཚོན་ནོ། །རྡོ་རྗེ་རྒྱ་གྲམ་བཞི་ནི་འཕྲིན་ལས་རྣམ་པ་བཞིས(༧༩༨བ)སེམས་ཅན་གྱི་དོན་མཛད་པ་མཚོན། ཡིག་འབྲུ་རྣམས་སྐུ་གསུང་ཐུགས་གཅིག་ཏུ་འདུས་པ། ཟུར་གསུམ་ནི་རྣམ་ཐར་གསུམ། ནང་སྟོང་པ་ཉིད་སྤྲོས་བྲལ། དམར་བ་ནི་སྙིང་རྗེ། རྩ་བ་སྲ་བ་ནི་ཉོན་མོངས་སྤངས་པ། གདེངས་ཀ་ཆེ་བ་ནི་ཡེ་ཤེས་དང་ཡོན་ཏན་རྒྱས་པ་མཚོན་ནོ། །སློབ་དཔོན་རྡོ་རྗེ་ཕག་མོར་བསྒོམ་ལ་མོས་གུས་དུང་བ་ཐོས་ཤིག །ཅེས་དང་། མདུན་བསྐྱེད་ཚོམ་བུ་འདི་ཉིད་ཆོས་འབྱུང་གི་དབུས་སུ་པད་ཉིའི་གདན་ལ་རྡོ་རྗེ་ཕག་མོ་སྐུ་མདོག་དམར་མོ། ཞལ་གཅིག །ཕྱག་བཞི་པ། ཕག་ཞལ་ཤིན་ཏུ་ཁྲོས་པ་རྡོ་རྗེའི་མེ་ལྕར་འབར་བ། གཡས་གཉིས་རྡོ་རྗེ་དང་ལྕགས་ཀྱུ། གཡོན་ཐོད་ཁྲག་དང་སྡིག་མཛུབ་དང་བཅས་པའི་ཞགས་པ་མཆན་ཁུང་ན་ཁ་ཊྭཱཾ་ག་བསྣམས་པ། ཕྱག་རྒྱ་ལྔས་བརྒྱན་པ། གཡས་བརྐྱང་པའི་གར་སྟབས་ཀྱིས་བཞུགས་པ་ཞིག་དངོས་སུ་མཐོང་བྱུང་སྙམ་པའི་མོས་པ་མཛོད། དེ་དག་གི་མཚོན་དོན། ཕག་ཞལ་ནི་རྟོག་མེད་དེ་བཞིན་ཉིད་དུ་ཆོས་ཐམས་ཅད་རོ་གཅིག་པ་དང་། ཕྱག་བཞི་ལས་བཞི་གྲུབ་ཅིང་སྐུ་བཞི་འགྲུབ་པ་མཚོན། མདོར་ན་ཐམས་ཅད་ཀུང་ཟུང་དུ་འཇུག་པའི་བདག་ཉིད་ཡིན་ནོ་ཞེས་བཤད་དེ། དཀྱིལ་

འཁོར་དང་། བླ་མ་དང་ལྷའི་དེ་ཁོ་ན་ཉིད་བསྟན་པའོ། །དེ་ནས་དབང་གི་དངོས་གཞིའི་དོན་དུ་མཎྜལ་ཕུལ། བྱང་ཆུབ་རྡོ་རྗེས་སངས་རྒྱས་ལ། །སོགས་ལན་གསུམ་གྱིས་གསོལ་བ་བཏབ། སློབ་དཔོན་དང་དཀྱིལ་འཁོར་གྱི་ལྷ་དབྱེར་མ་མཆིས་(༡༨༢ན)པའི་བུམ་པའི་ཆུས་དབང་བསྐུར་བར་མོས་ཤིག །དབང་བསྐུར་རྡོ་རྗེ་ཆེན་པོ་ནས་སྦྱིན་པར་བྱ། ཨོཾ་བཛྲ་ཨྱཱ་ནྡྲ་ཧྲཱི་ཞེས་སོགས་ཀྱི་མཐར། ཨོཾ་སརྦ་ཏ་ཐཱ་ག་ཏ་ཨ་བྷི་ཥི་ཀ་ཏ་ས་མ་ཡ་ཤྲཱི་ཡེ་ཧཱུྃ། ཞེས་བརྗོད་ལ། བུམ་པ་སྤྱི་བོར་བཞག །བུམ་ཆུ་བླུད། བུམ་པའི་ལྷ་སློབ་མ་ལ་ཐིམ་པར་གྱུར། ཡེ་ཤེས་ཀྱི་ཆུས་སློབ་མའི་ལུས་ཐམས་ཅད་གང་། སྤྱི་བོར་ལུད་པ་ལས་རྒྱལ་བ་རིགས་ལྔའི་ངོ་བོ་སྣ་ཚོགས་རྡོ་རྗེས་དབུ་བརྒྱན་པར་བསམས། དབང་བསྐུར་རྡོ་རྗེ་སོགས་དང་། ཨོཾ་བཛྲ་ཨྱཱ་ནྡྲ་ཧྲཱི་ཞེས་སོགས་ཀྱི་མཐར། ཨོཾ་རཏྣ་སུ་ཀུ་ཏ་ཨ་བྷི་ཥིཉྩ་ཧཱུྃ། ཞེས་བརྗོད་ཅིང་དབུ་རྒྱན་དར་དཔྱངས་དང་བཅས་པ་བཅིང་ངོ་། །བུམ་དབང་ངོ་། །ཡང་མཎྜལ་ཕུལ་ལ། ཁྱོད་ཞབས་པདྨ་སྤངས་ནས་ནི། །གཙོ་བོ་གཞན་ལ་སྐྱབས་མ་མཆིས། །ངག་གི་དྲི་མ་སྦྱོང་མཛད་པའི། །གསང་བའི་དབང་བསྐུར་བདག་ལ་སྩོལ། །ཞེས་གསོལ་གསུམ་གདབ། མེ་ལོང་གི་འོག་གི་ཐོད་པ་ནས་བདུད་རྩི་བླངས་ལ། ཨོཾ་བཛྲ་ཨྱཱ་ནྡྲ་ཧྲཱི་ཞེས་སོགས་བཟླ་བཞིན་དུ་སློབ་མ་ལ་སྦྱིན། དེ་ལྟར་བདུད་རྩི་མྱང་བས། རྩ་ཐམས་ཅད་བདུད་རྩིས་གང་། དུག་གསུམ་གྱི་རྣམ་རྟོག་འགགས། བདེ་བའི་ཡེ་ཤེས་སྐྱེས་པར་མོས་ཤིག །ཅེས་བརྗོད་དེ། གསང་དབང་ངོ་། །ཡང་མཎྜལ་ཕུལ། སློབ་དཔོན་བདག་ལ་དགོངས་སུ་གསོལ། །དཔལ་ལྡན་ཆོས་ཀྱི་རྡོ་རྗེ་ལ། །གསང་བའི་དེ་ཉིད་བསྟན་པ་ལྟར། དབང་བསྐུར་བ་ནི་བདག་ལ་སྩོལ། །(༡༨༢བ)ཞེས་གསོལ་གསུམ་གདབ། སིནྡྷུ་རའི་ཡིག་འབྲུའམ། རྡོ་རྗེ་རྒྱ་གྲམ་ལས། སློབ་དཔོན་གྱི་སྲིན་ལག་གིས་བླངས་ནས། སློབ་མའི་ལྟེ་བར་བྱུགས་པས་སིནྡྷུ་རའི་དཀྱིལ་འཁོར་གྱི་ཡེ་ཤེས་པ་ལས་ཡེ་ཤེས་པ་གཉིས་པ་ཞིག་རྒྱང་གིས་ཆད་དེ། སློབ་མའི་ལྟེ་བའི་ཧྲཱིཿལ་ཐིམ་པས། དེ་ཉིད་རྡོ་རྗེ་

ཕག་མོའི་སྐུར་དཀྱིལ་གྱིས་གྱུར་པར་བསམས། ད་ཕྱིན་ཆད་ཕྱི་དང་ནང་གི་བདག་ཉིད་ཅན་གྱི་ཡི་དམ་ལྷ་རྡོ་རྗེ་ཕག་མོ་བསྒོམ་པ་དང་མ་བྲལ་བར་གྱིས་ཤིག །ཅེས་བརྗོད། སྤྱི་བོར་བྱུགས་ཤིང་། སྤྱི་བོར་རྡོ་རྗེ་སློབ་དཔོན་བསྒོམ་པ་དང་མ་བྲལ་བར་གྱིས་ཤིག །ཅེས་དང་། དཔྲལ་མགྲིན་སྙིང་ག་གསུམ་དུ་རེག་ལ། ལུས་ངག་ཡིད་གསུམ་བདེ་སྟོང་ཟུང་འཇུག་ཏུ་སྒོམས་ཤིག །ཅེས་བརྗོད། དེ་ནི་ཤེས་རབ་ཡེ་ཤེས་ཀྱི་དབང་ངོ་། །ཡང་མཇལ་ཕྱུལ་ཏེ། ཁྱོད་ཞབས་པདྨའི་བཀའ་དྲིན་གྱིས། །གཙོ་བོའི་དབང་བསྐུར་རྣམ་གསུམ་ཐོབ། །དེ་རིང་རིན་ཆེན་བཞི་པ་ཡང་། །བདག་ལ་བཀའ་དྲིན་བསྐྱང་དུ་གསོལ། །ཞེས་གསོལ་གསུམ་གདབ། དེ་ནས་སློབ་དཔོན་གྱིས་འདི་སྐད་ཅེས་བརྗོད་དེ། ལྟོས་ཤིག་རང་གི་སེམས་ལ་ལྟོས། །སེམས་ཉིད་ཅིར་ཡང་གྲུབ་པ་མེད། །གྲུབ་པ་མེད་པའི་སེམས་ཉིད་ལ། །སྣ་ཚོགས་སྣང་བ་ངོ་མཚར་ཆེ། །སྣང་ཙམ་ཉིད་ཀྱང་སེམས་སུ་འདུག །སྣང་བ་སེམས་ཀྱི་དེ་ཉིད་ནི། །བདེ་བ་ཆེན་པོའི་ཡེ་ཤེས་ཡིན། །རྣམ་པར་མི་རྟོག་བསམ་མི་ཁྱབ། །གསལ་བ་དེ་ཡི་ངོ་བོར་སྣང་། །སོས་པ་དུ་མའི་སེམས་ཅན་ལ། །ཐབས་རྣམས་(༡༧༤ན)སྣ་ཚོགས་ཀུན་ཏུ་སྟོན། །སྣ་ཚོགས་སྒྱུ་མའི་སྤྲོར་བ་ཡིས། །དཔའ་བོ་སེང་གེ་བཞིན་དུ་སྤྱོད། །བསམ་གྱིས་མི་ཁྱབ་གོ་འཕང་ཐོབ། །འདི་ནི་རྗེ་བཙུན་བྱིན་རླབས་ཏེ། །སྣ་ཚོགས་ནོར་བུ་ཇི་བཞིན་དུ། །སྐལ་ལྡན་རྣམས་ཀྱི་སྤྱོད་ཡུལ་ཡིན། །ཞེས་བརྗོད་ཅིང་། དེ་དག་གི་དོན་ཆོས་ཐམས་ཅད་རང་བཞིན་གྱིས་མ་གྲུབ་པའི་སྟོང་པའི་ངང་དུ་རྩེ་གཅིག་ཏུ་མཉམ་པར་འཇོག་པར་ཞུ། དབང་བཞི་པའོ། །དེས་བྱིན་རླབས་ཀྱི་དངོས་གཞི་སོང་ནས། རྗེས་ལ་རྗེས་སུ་གནང་བ་དྲུག་ལས། དང་པོ་སྐུའི་རྗེས་གནང་ནི། ཨོཾ་སྭ་བྷཱ་ཝ་ཤུདྡྷཱ་སརྦ་དྷརྨཱ་སྭ་བྷཱ་ཝ་ཤུདྡྷོ྅ཧཾ། ཨོཾ་བཛྲ་ཤུདྡྷཱ་སརྦ་དྷརྨཱ་བཛྲ་ཤུདྡྷོ྅ཧཾ། ཨོཾ་ཡོ་ག་ཤུདྡྷཱ་སརྦ་དྷརྨཱ་ཡོ་ག་ཤུདྡྷོ྅ཧཾ། སློབ་མ་རྣམས་ཀྱི་ཕུང་ཁམས་དབང་པོ་སྐྱེ་མཆེད་ལ་སོགས་པའི་ཕྱི་ནང་གི་ཆོས་ཐམས་ཅད་རང་བཞིན་མི་དམིགས་པའི་སྟོང་པ་ཉིད་

 དུ་གྱུར། སྟོང་པའི་ངང་ལས་ཆོས་འབྱུང་གི་དབུས་སུ་པད་མ་དམར་པོ་འདབ་མ་བཞི་པའི་ལྟེ་བར་འོད་སྟོང་བདག་པོའི་དཀྱིལ་འཁོར་ལ་གནས་པའི་དབུགས་བྲལ་གྱི་སྟེང་དུ་ཁྱེད་རང་གི་སེམས་ཉིད་ཧྲཱིཿཡིག་དམར་པོ་བསྐལ་པའི་མེ་ལྟར་སྣང་བ། དེ་ཡོངས་སུ་གྱུར་པ་ལས་ཁྱེད་རང་རྣམས་རྡོ་རྗེ་ཕག་མོ་ལི་ཁྲིའི་མདངས་ལྟར་དམར་བའི་མདོག་ཅན་པདྨ་དང་ཉི་མ། ཡི་དྭགས་ཀྱི་གདན་ལ་གཡས་བརྐྱངས་པའི་གྱད་ཀྱི་དོར་སྟབས་ཀྱིས་ས་གསུམ་གནོན་པ། ཞལ་གཅིག་པ། སྤྱན་གསུམ་པ། ཁྲོ་གཉེར་བསྡུས་པ། དྲག་མོ་(༧༨༨བ)ཆེན་མོ་འཇིགས་སུ་རུང་བའི་ཞལ་ཕག་གི་གདོང་ཅན་ཤིན་ཏུ་ཁྲོས་པ། རྡོ་རྗེའི་མེ་འོད་འབར་ཞིང་། ལྗགས་བསྐྱོད་པ། དབུ་སྐྲ་ཁམ་པ་གྱེན་དུ་འཁྱིལ་བ། བ་སྤུ་དང་གསང་བའི་སྤུ་གྱེན་དུ་འགྲེང་བ། ཐུང་ཞིང་གསུས་པ་འཕྱང་བ། ཐོད་སྐམ་ལྔས་དཔྲལ་བར་བརྒྱན་པ། ཁྲག་འཛག་མགོ་བོའི་ཕྲེང་བས་སྐུ་ལ་བརྒྱན་པ། ཕྱག་རྒྱ་ལྔས་མཛེས་པ། གཅེར་བུ་ཕྱག་བཞི་པ། གཡས་ན་རྡོ་རྗེ་དང་རྡོ་རྗེ་ལྕགས་ཀྱུ། གཡོན་ན་ཐོད་ཁྲག་དང་སྡིག་མཛུབ་དང་བཅས་པའི་ཞགས་པ་འཛིན་པ། མཆན་ཁུང་དུ་ཁ་ཊྭཱཾ་ག །གདུག་པ་ཅན་ཐམས་ཅད་ཀྱིས་བཟོད་པར་དཀའ་བའི་གད་མོ་གོད་པ། མེ་དཔུང་འབར་བའི་དབུས་ན་བཞུགས་པ། འབར་བའི་ཕྱག་རྒྱ་དང་བཅས་པཾ་ཞེས་ཡེ་ཤེས་པ་སྤྱན་དྲངས། ཛཿཧཱུྃ་བཾ་ཧོཿ ཨོཾ་ཡོ་ག་ཤུདྡྷ་སོགས་བརྗོད། ལྟེ་བར་ཨོཾ་བཾ་དམར་མོ་རྡོ་རྗེ་ཕག་མོ། སྙིང་གར་ཧཾ་ཡཾ་སྔོན་མོ་གཤིན་རྗེ་མ། ཁར་ཧྲཱིཿམོཾ་དཀར་མོ་རྨོངས་བྱེད་མ། དཔྲལ་བར་ཧྲེཾ་ཧྲཱིཾ་སེར་མོ་བསྐྱོད་བྱེད་མ། སྤྱི་གཙུག་ཏུ་ཧཱུྃ་ཧཱུྃ་ལྗང་ཁུ་སྐྲག་བྱེད་མ། ཚིགས་ཆེན་ཐམས་ཅད་ལ་ཕཊ་ཕཊ་དུད་ཁ་ཙཎྜི་ཀའི་ངོ་བོ་རྣམས་སུ་གྱུར། ཞེས་གོ་ཆ་དགོད། སླར་ཡང་ཧྲཱིཿལས་འོད་ཟེར་འཕྲོས། དབང་གི་ལྷ་ཧེ་རུ་ཀ་ཡབ་ཡུམ་འཁོར་བཅས་སྤྱན་དྲངས། ཨོཾ་བཛྲ་བླ་བ་ཨ་ཥེ་ཀ་ཏ་ཧཱུྃ། ཞེས་དབང་བསྐུར་བ་ལས་རིགས་ལྔའི་ངོ་བོ་སྣ་ཚོགས་རྡོ་རྗེས་དབུ་བརྒྱན་པའི་མོས་པ་མཛོད་བྱས་ལ། སློབ་མ་ལ་དམིགས་པ་ཕོག །དེས་ལྷ་(༧༨༩ན)

བསྒོམ་པའི་ལུང་ཐོབ་པ་ཡིན་པས་ཐུན་བཞིར་བསྒོམས་ཤིག །གཉིས་པ་གསུང་བཟླས་པའི་རྗེས་གནང་ནི། སློབ་དཔོན་གྱི་ཐུགས་ཀར་ཆོས་འབྱུང་སྔགས་ཕྲེང་དང་བཅས་པ་དང་། སློབ་མའི་སྙིང་གར་ཆོས་འབྱུང་ཙམ་གསལ་བཏབ་ལ། སློབ་དཔོན་ལ་མོས་གུས་བྱས་པའི་རྐྱེན་གྱིས་སློབ་དཔོན་གྱི་ཐུགས་ཀའི་སྔགས་ཕྲེང་ལས་སྔགས་ཕྲེང་གཉིས་པ་ཞིག་ཆད། ཞལ་ནས་ཐོན། སློབ་མའི་ཁ་སྒོ་ནས་ཞུགས། སྙིང་གའི་ཆོས་འབྱུང་ལ་པར་བཏབ་པ་བཞིན་བྱུང་བར་མོས་ལ། སྔགས་འདིའི་རྗེས་ཟློས་ལན་གསུམ་མཛོད་བྱས་ལ། ཨོཾ་བཛྲ་ཝཱ་རཱ་ཧཱི་ཨ་བེ་ཤ་ཡ་སརྦ་དུཿཁཾ་ཧྲཱིཿསྭཱཧཱ། བཅོམ་ལྡན་བདག་ལ་བསྒྲུབ་ལགས་ཏེ། སོགས་ལན་གསུམ་མི་ཏོག་གཏོར་བཞིན་རྗེས་ཟློས་བྱས་པ་ལ། བཅོམ་ལྡན་འདི་ལ་བསྒྲུབ་ལགས་ཀྱི། །སོགས་བརྗོད་ཅིང་སློབ་མའི་སྤྱི་བོར་མེ་ཏོག་གཏོར། དེང་ཕྱིན་ཆད་སྔགས་བཟླས་པ་ལ་བརྩོན་པར་གྱིས་ཤིག །གསུམ་པ་ལྷ་མཆོད་པའི་རྗེས་གནང་ནི། སློབ་མས་སློབ་དཔོན་དཀྱིལ་འཁོར་དང་བཅས་པ་ལ་མཆོད་པ་སྣ་ལྔ་སྔགས་དང་ཕྱག་རྒྱས་འབུལ་དུ་བཅུག་ལ། བདག་ཉིད་དཔའ་བོ་ཀུན་གྱི་དངོས། །བདག་ཉིད་ལྷ་མོ་ཀུན་གྱི་གནས། །དེ་ཕྱིར་བདག་གི་ཐམས་ཅད་བྱ། །བདག་ཉིད་རྣལ་འབྱོར་མ་དཔལ་མཆོད། །དེང་ཕྱིན་ཆད་ལྷ་དང་བླ་མ་མཆོད་པ་ལ་བརྩོན་པར་གྱིས་ཤིག །བཞི་པ་སྤྱོད་པའི་རྗེས་གནང་ནི། དེ་ཉིད་རིག་པའི་(༡༦༦བ)རྣལ་འབྱོར་པས། །མི་བྱ་བ་ནི་ཅི་ཡང་མེད། །དེ་ཉིད་ཤེས་ནས་དེ་ནས་ནི། །དཔའ་བོས་འདོད་པ་ལྔ་སྤྱད་དོ། །དེང་ཕྱོད་ཀྱི་ལས་དང་པོ་པའི་སྤྱོད་པ་དང་། བརྟན་པ་ཐོབ་པའི་སྤྱོད་པ་དང་། བརྟན་པ་ཆེར་ཐོབ་པའི་རིག་པ་བརྟུལ་ཞུགས་ཀྱི་སྤྱོད་པ་རྣམས་སོ་སོའི་དུས་དང་འཚམས་པར་མ་འཁྲུལ་བའི་སྤྱོད་པ་གྱིས་ཤིག །ལྔ་པ་ཆོས་བཤད་པ་ལ་སོགས་པ་གཞན་དོན་གྱི་རྗེས་གནང་ནི། འཁོར་ལོ། དུང་། པོ་ཏི་རྣམས་གཏད་ཅིང་། རྟེན་ཅིང་འབྲེལ་པར་འབྱུང་བཅས་ཤིང་། སེམས་ཅན་སྒྱུ་མའི་རང་བཞིན་ནོ། །ཁམས་གསུམ་དེ་ལྟར་ཤེས་ནས་ནི། །འགྲོ་བའི་དོན་ནི་

མཉམ་མེད་ཕྱོས། །དེང་ཕྱིན་ཆད་རང་གི་ནུས་པ་དང་འཚམས་པར་སྐལ་བར་ལྡན་པ་གཞན་དག་ལ་འགྲོ་བའི་དོན་ཅི་ནུས་པར་སྒྲུབས་ཤིག །དྲུག་པ་སྲུང་བའི་རྗེས་གནང་ནི། ལྟེ་བར་ཨོཾ་བཾ་དམར་མོ་རྡོ་རྗེ་ཕག་མོ། སྙིང་གར་ཧཾ་ཡཾ་སྔོན་མོ་གཤིན་རྗེ་མ། ཁར་ཧྲིཾ་མཾ་དཀར་མོ་རྨོངས་བྱེད་མ། དཔྲལ་བར་ཧྲཾ་ཧྲིཾ་སེར་མོ་བསྐྱོད་བྱེད་མ། སྤྱི་གཙུག་ཏུ་ཧྲུཾ་ཧྲུཾ་ལྗང་ཁུ་སྐྲག་བྱེད་མ། ཚོགས་ཆེན་ཐམས་ཅད་ལ་ཕཊ་ཕཊ་ཏུད་ཁ་ཙཎྜི་ཀའི་ངོ་བོ་རྣམས་སུ་གྱུར། ཞེས་གོ་ཆ་བཀོད་ནས། རྡོ་རྗེས་རེག་པར་བྱ། ཨོཾ་བཾ་ཧཾ་ཡཾ། ཧྲིཾ་མཾ། ཧྲཾ་ཧྲིཾ་ཧྲུཾ་ཧྲུཾ་ཕཊ་ཕཊ། ཅེས་གོ་ཆའི་སྔགས་བརྗོད། སྤྱི་བོར་རྡོ་རྗེ་རྒྱ་གྲམ་དུ་བཞག་ལ། ཨོཾ་བཛྲ་ཡཀྵ་རཀྵ་ཧཱུཾ་ཞེས་སོགས་དང་། སུམྦྷ་ཚར་གཅིག་བརྗོད། མན་ངག་ལས་འབྱུང་བ་བཞིན་སྲུང་བའི་འཁོར་ལོ་ཡོད་ན་གདགས་ཤིང་། མེད་(༢༠༠ན)ན་སྲུང་སྐུད་དམར་པོ་གཡོན་པར་སྤྱི་དང་མཐུན་པར་བཅིངས། སྲུང་བའི་སྔགས་བཟླ་ཞིང་སྲུང་བར་བྱའོ། །རྗེས་ཚོག་སྤྱི་དང་འདྲ། །

༄ རྡོ་རྗེ་རྣལ་འབྱོར་མ་དབུ་བཅད་མ་ལ་དབེན་པའི་གནས་སུ་ཙཎྜན་དམར་པོས་བྱུགས་པའི་མཎྜལ་ཚོམ་བུ་གསུམ་པ། མཆོད་པ་དང་བཅས་པ་འདུ་བྱས་ལ། གདོང་སྔོའམ། ནུབ་ཏུ་ཕྱོགས་པས། སྐྱབས་འགྲོ་སེམས་བསྐྱེད་སྤྱི་དང་མཐུན་པར་བྱས་ལ། དམ་ཚིག་གི་བཀང་བའི་ཀ་པཱ་ལ། སུམྦྷའམ། ཁཎྜ་རོ་ཧིའི་སྔགས་ཀྱིས་བསངས། སྭ་བྷཱ་ཤས་སྦྱངས། སྟོང་པའི་ངང་ལས་ཡཾ་ལས་རླུང་། རཾ་ལས་མེ། ཨ་ལས་ཐོད་པ་དཀར་པོ་དུམ་བུ་གསུམ་པའི་ནང་དུ། ཧྲུཾ་བྷྲཱུཾ་ཨཾ་ཛྲིཾ་ཁཾ་ལས་ཤ་ལྔ། པཾ་བཾ་ལཾ་མཾ་ཏཾ་ལས་བདུད་རྩི་ལྔ། དེ་རྣམས་འོད་དུ་ཞུ། བདུད་རྩིའི་རྒྱ་མཚོ་ཆེན་པོར་གྱུར་པའི་དབུས་སུ་ཆོས་འབྱུང་གི་ལྟེ་བར་ཧྲཱིཿ ཟུར་གསུམ་ལ་གཡོན་སྐོར་གྱི་ཨོཾ་ཨཱཿཧཱུཾ། དེའི་འོད་ཀྱིས་སྣོད་བཅུད་ཐམས་ཅད་དང་ཁྱད་པར་རྒྱལ་བ་སྲས་བཅས་ཐམས་ཅད་ཀྱི་སྐུ་གསུང་ཐུགས་ཀྱི་བདུད་རྩི་བྱང་ཆུབ་སེམས་སུ་སྤྱན་དྲངས་ནས་ཐིམ། ཨོཾ་ཨཱཿཧཱུཾ་ཧ་ཧོ་ཧྲཱིཿ བདུད་རྩི་བདག་དང་གནས་ལ་གཏོར་ཏེ། ཨོཾ་ཧྲཱིཿཥྚ་ཥྚ་ཧླ་ཧ་ཡ་ཧླ་ཧ་ཡ།

སརྦ་དུཥྚཱཾ་ཧཱུཾ་ཕཊ་སྭཱཧཱ། ཁྲོ་མོ་རྣམས་ཀྱིས་བགེགས་རྣམས་ཚར་བཅད། སྲུང་བའི་འཁོར་ལོ་གྲུབ་པར་གྱུར། རང་གི་གནས་རྣམས་སུ། ཨོཾ་བཾ། ཧཾ་ཡཾ། ཧྲིཾ་མཾ། ཧྲཾ་ཧྲཾ། ཧཱུཾ་ཧཱུཾ། ཕཊ་ཕཊ། ཨོཾ་སུ་མྦྷ་(༢༠༠བ)ཎི་ཤུདྡྷ་སརྦ་ཧྲཱུཾ་སུ་མྦྷ་ཎི་ཤུདྡྷོཊཧཾ། ཨོཾ་བཛྲ་ཤུདྡྷ་སརྦ་ཧྲཱུཾ་བཛྲ་ཤུདྡྷོཊཧཾ། ཨོཾ་ཡོ་ག་ཤུདྡྷ་སརྦ་ཧྲཱུཾ་ཡོ་ག་ཤུདྡྷོཊཧཾ། སྟོང་པའི་ངང་ལས་རང་གི་ལྟེ་བར་རཾ་ལས་འོད་ཟེར་འཕྲོས་པས་རང་གི་ལུས་ཚོས་འབྱུང་དམར་པོ་གྲུ་གསུམ་དུ་གྱུར་པའི་དབུས་སུ། རྒྱ་སྐྱེས་དཀར་པོ་འདབ་མ་བཞི་པ་ལ། རང་སེམས་ཟླ་བའི་སྟེང་དུ་ཉི་མ། ཉི་ཟླ་ཁ་སྦྱོར་གྱི་དབུས་སུ་ཧྲིཿགསུམ་ལས་གྲི་གུག་ཧྲིཿས་མཚན་པ་གསུམ། དེ་ཐམས་ཅད་གཅིག་ཏུ་འདྲེས་པ་ཡོངས་སུ་གྱུར་པ་ལས། དབུས་སུ་སངས་རྒྱས་མཁའ་འགྲོ་མ་དམར་སེར། ཞབས་གཡས་བརྐྱང་གིས་འཇིགས་བྱེད་དང་དུས་མཚན་མ་མནན་པ། ཕྱག་གཡས་གྲི་གུག་ཐུར་དུ་བརྐྱང་ནས་འཛིན་པ། གཡོན་ཐོད་ཁྲག་སྣང་ཕྱོགས་སུ་འཛིན་པ། མཆན་ཁུང་གཡོན་དུ་ཐབས་ཀྱི་རང་བཞིན་གྱི་ཁ་ཊྭཱཾ་ག་དཀར་པོ། གཡོན་དུ་རོ་རྗེ་རབ་བསྒྲགས་མ་ལྷང་ཁུ་ཞབས་གཡོན་བརྐྱང་། གཡས་གྲི་གུག་དང་གཡོན་ཐོད་པ་འཛིན་པ། གཡས་སུ་རྣམ་སྣང་མ་སེར་མོ་ཞབས་གཡས་བརྐྱང་། ཕྱག་གཡས་གྲི་གུག །གཡོན་ཐོད་པ་འཛིན་པ། གསུམ་ཀའང་ཐོད་སྐམ་ལྔའི་དབུ་རྒྱན་དང་། རློན་པ་ལྔ་བཅུའི་འཕྲེང་བ་འཕྱང་བ། ཕྱག་རྒྱ་ལྔ་དང་ལྡན་པ། གཅེར་མོ་སྤྱན་གསུམ་དབུ་སྐྲ་ནག་པོ་གསིལ་བུར་གྲོལ་བ། མི་བཟད་པའི་ཞལ་ཁྲོ་ཞིང་འཛུམ་པ། འཇིགས་པའང་འཇིགས་པར་མཛད་ཅིང་། མེ་དཔུང་འབར་བའི་དབུས་ན་གནས་པ་རྣམས་ཀྱི་གསང་གནས་སུ་(༢༠༡ན)ཆོས་འབྱུང་རེ་རེ། དབུས་ཀྱི་ནང་དུ། ཨོཾ་སརྦ་བུདྡྷ་ཌཱ་ཀི་ནི་ཧཱུཾ་ཕཊ་སྭཱཧཱ། གཡོན་གྱི་ལ། ཨོཾ་བཛྲ་ཝརྞྞི་ཡེ་ཧཱུཾ་ཕཊ། གཡས་ཀྱི་ལ། ཨོཾ་བཛྲ་བཻ་རོ་ཙ་ནི་ཡེ་ཧཱུཾ་ཕཊ། ཡི་གེ་རྣམས་ཡོངས་སུ་བསྐོགས་པ། གཙོ་མོའི་ཕྱག་གཡས་ཀྱི་གྲི་གུག་གིས་ཉིད་ཀྱི་དབུ་བཅད་ནས་ཐོད་པ་འཛིན་པའི་ཕྱག་གིས་དབུ་སྐྲའི་ཕྱེད་བཟུང་སྤྱན་གསུམ་ཐུར་དུ་གཟིགས།

རྩ་གསུམ་བཅད་མཚམས་ནས་དབུས་ནས་བྱང་སེམས་དཀར་དམར་འདྲེས་པའི་རྒྱུན་བྱུང་བ་རང་ཉིད་ཀྱི་ཞལ་དུ་འབབ་པར་གྱུར། གཡོན་རྐྱང་མ་ནས་མི་བསྐྱོད་པ་དང་འདྲེས་པའི་ཀུནྡའི་རྒྱུན་གཡོན་གྱི་ཞལ་དུ་བབས། གཡས་རོ་མ་ནས་ཁྲག་ཐལ་བ་དང་འདྲེས་པའི་རྫུལ་གཡས་ཀྱི་ཞལ་དུ་བབས། ཡུན་ཙམ་རིགས་པར་གསལ་ལ་དྲག་པར་བསྒོམ། དེ་ནས་ཐུར་སེལ་གྱེན་དུ་དྲངས་པས་གསང་གནས་ཀྱི་ཐིགས་ལས་འོད་ཟེར་སྙིང་དུ་འཕྲོས། ལམ་གསུམ་ནས་བྱུང་། གཡས་གཡོན་གྱི་ལྷ་མོ་གཉིས་འོད་ཟེར་གྱིས་དྲངས། རོ་རྐྱང་གི་ལམ་བརྒྱུད་ལྷ་མོ་གཉིས་ཆོས་འབྱུང་དང་བཅས་པ་བདག་ཉིད་ཆོས་འབྱུང་དང་བཅས་པ་དང་དབྱེར་མེད་དུ་གྱུར། ཐིགས་གཉིས་ཆོས་འབྱུང་གི་ནང་གཡས་གཡོན་དུ་བརྟེགས་ཏེ་གནས་པས་གསུམ་བསྒྲིགས་སུ་གནས་པར་བསམས། མཉྫལ་མི་དམིགས་པའི་སྟོང་པའི་ངང་ལས་ཆོས་འབྱུང་དམར་པོ་གྲུ་གསུམ་དུ་གྱུར་པའི་དབུས་སུ། ཆུ་སྐྱེས་དཀར་པོ་འདབ་མ་བཞི་པ་ལ་ཟླ་བའི་སྙིང་དུ་ཉི་མ། (༢༠༧བ)ཉི་ཟླ་ཁ་སྦྱོར་གྱི་དབུས་སུ་ཧྲཱིཿགསུམ་ལས་གྲི་གུག་ཧྲཱིཿས་མཚན་པ་གསུམ། དེ་ཐམས་ཅད་གཅིག་ཏུ་འདྲེས་པ་ཡོངས་སུ་གྱུར་པ་ལས། དབུས་སུ་སངས་རྒྱས་མཁའ་འགྲོ་མ་ཞེས་པ་ནས། ཡི་གེ་རྣམས་ཡོངས་སུ་བརྟེགས་པ་ཞེས་པའི་བར་བདག་བསྐྱེད་བཞིན་དང་། གནས་རྣམས་སུ་ཟླ་བའི་དཀྱིལ་འཁོར་གྱི་སྟེང་དུ་ལྟེ་བར་ཨོཾ་བཾ་དམར་མོ་རྡོ་རྗེ་ཕག་མོ། སྙིང་གར་ཧཾ་ཡོཾ་སྔོན་མོ་གཤིན་རྗེ་མ། ཁར་ཧྲིཾ་མོཾ་དཀར་མོ་རྨོངས་བྱེད་མ། དཔྲལ་བར་ཧྲིཾ་ཧྲིཾ་སེར་མོ་བསྐྱོད་བྱེད་མ། སྤྱི་གཙུག་ཏུ་ཧཱུཾ་ཧཱུཾ་ལྗང་ཁུ་སྐྲག་བྱེད་མ། ཡན་ལག་ཐམས་ཅད་ལ་ཕཊ་ཕཊ་དུད་ཁ་ཙཎྜི་ཀའི་རང་བཞིན་ནོ། ཛཾ། རང་གི་སྙིང་གའི་བཾ་ལས་འོད་ཟེར་འཕྲོས་པས། འོག་མིན་ནས་རྡོ་རྗེ་རྣལ་འབྱོར་མ་ལ་སངས་རྒྱས་བྱང་ཆུབ་སེམས་དཔའ། དཔའ་བོ། རྣལ་འབྱོར་མའི་ཚོགས་བསམ་གྱིས་མི་ཁྱབ་པས་བསྐོར་བ་ཨོཾ་བཛྲ་ས་མཱ་ཛཿ ཛཿཧཱུཾ་བཾ་ཧོཿ གཉིས་སུ་མེད་པར་ཐིམ། ཨོཾ་ཡོ་ག་ཤུདྡྷ་སརྦ་དྷརྨཱ་ཡོ་ག་ཤུདྡྷོ྅ཧཾ། རང་རང་གི་ཐུགས་

གསུམ་གྱི་མཐར། ཨོཾ་བཛྲ་པུཥྤེ་ཨཱཿཧཱུཾ། ཞེས་བཏགས་ལ་མེ་ཏོག་དབུལ། དེ་ནས་ཆུ་གཉིས་སྔོན་དུ་འགྲོ་བའི་ཉེར་སྤྱོད་རྣམས་སྔགས་ཀྱིས་འབུལ་ཞིང་། འབྲུ་གསུམ་གྱིས་ནང་མཆོད་དང་། ཨོཾ་ཏྲཻ་ཡ་པུཥྤི་ར་མ་ལ་གི་རི་ཀ་མ་ཀླི་ཤླི་ཏཏྟ། ཞེས་ལམ་དང་། ཧྲཱ་ཛ་སམྦྷོ་ག་ནིཥྐ་ཊ་མཏྣ་སུ་ཁ་ག་ཡ། ཞེས་འཐམས་བུའི་སྒོ་ནས་བསྟོད། དེ་ནས་བཟླས་པ་ནི་ཐུན་ཕྱིར་འགྲོ་བའི་ཚེ། མདུན་བསྐྱེད་ཀྱི་གསང་བར་བཀོད་པའི་སྔགས་གསུམ་དང་། ནང་དུ་(༢༠༢ན)འོང་བ་དང་བསྡུན་ནས་རང་གི་གསང་བའི་སྔགས་གསུམ་སླར་ཡང་གསལ་བཏབ། ཐུར་སེལ་བསྐྱོད་པས་སྔགས་གསུམ་གྱིས་དབུ་མའི་ལམ་བརྒྱུད་སྣ་བུག་གཡས་ནས་ཐོན། མདུན་བསྐྱེད་ལྷ་མོ་གསུམ་གྱི་ཤངས་ཀྱི་བུ་ག་གཡོན་པ་ནས་ཞུགས། གསང་བའི་སྔགས་ལས་འོད་ཟེར་གྱི་ཚོགས་རྣམས་སྤྲིན་དྲངས་ཏེ། རང་རང་གི་ཤངས་བུག་གཡས་ནས་ཐོན། རང་གི་སྣ་བུག་གཡོན་ནས་ཞུགས། རྩ་ཧྣིའི་ལམ་བརྒྱུད་གསང་བའི་སྔགས་ལ་ཐིམ། དེ་ནས་སྔགས་བཟླ་བའི་ཚེ། དམིགས་པ་དེ་ཉིད་དང་འདྲ་བ་ལས་འོད་ཟེར་ཕྱིར་འཕྲོས་པ་ལས་སངས་རྒྱས་མཆོད། སེམས་ཅན་གྱི་དོན་བྱས་པར་བསམ་ཞིང་། ཨོཾ་སརྦ་བུདྡྷ་ཌཱ་ཀི་ནཱི། ཨོཾ་བཛྲ་ཝརྞ་ནཱི། ཨོཾ་བཛྲ་བཻ་རོ་ཙ་ནཱི་ཡེ་ཧཱུཾ་ཧཱུཾ་ཧཱུཾ་ཕཊ་ཕཊ་ཕཊ་སྭཱཧཱ། ཞེས་ཅི་ནུས་སུ་བཟླ་ཞིང་། གཏོར་མ་འབུལ་བར་འདོད་ན། གཞན་ཀུན་རྣལ་འབྱོར་མ་སྤྱི་དང་འདྲ་བ་ལས། ཨོཾ་བཛྲ་ཨ་རལླི་ཧོ། ཛཿཧཱུཾ་བཾ་ཧོཿ བཛྲ་ཌཱ་ཀི་ནཱི་ས་མ་ཡ་སྟྭཾ། དྲྀ་ཤྱ་ཧོ། ཞེས་ལན་གཅིག་དང་། རྩ་སྔགས་ཀྱི་ཧཱུཾ་གསུམ་གྱི་སྔོན་དུ་པུཥྤེ། དྷཱུ་པེ། དཱི་པེ། གནྡྷེ། ནཻ་ཝིཾ་གྲིདྡྷ་གྲིདྡྷ་མ་མ་རཀྵ་རཀྵ། ཞེས་པ་བཅུག་པའི་སྔགས་ལན་བདུན་གྱིས་དབུལ། ནང་མཆོད་དང་བསྟོད་པ་སྔར་བཞིན། ༈ འདིའི་བྱིན་རླབས་བྱ་བར་འདོད་ན། སྙིགས་བུའི་སྟེང་དུ་མཉལ་ལ་སྣ་ཚོགས་པདྨ་འཁྲི། དེའི་སྟེང་དུ་མཐིའི་ཁར་ཐོད་པ་བདུད་རྩིས་གང་བའི་སྟེང་དུ་མེ་ལོང་ལ་སིནྡྷུ་ར་བཏབ་ལ། (༢༠༢བ)གསེར་གྱི་སྐུ་གཟུ་ལག་པ་གཡོན་པའི་མཐེབ་སྲིན་གྱིས་ཆོས་འབྱུང་གྲུ་གསུམ་ནང་དུ་ལྷ་མོ་གསུམ་གྱི་

ཐུགས་བརྩེགས་ནས་འབྲི། ཕྱོགས་བཞིར་དགའ་འཁྱིལ་བཞི་འབྲི། སྟེང་ནས་དར་དམར་པོའི་གུར་ཁང་ཕུབ། མདུན་དུ་གླུམ་གཏོར་དམར་པོ། མཁའ་འགྲོ་སྤྱི་གཏོར། ཆུ་གཉིས་ཉེར་སྤྱོད། ནང་མཆོད། གང་འོས་ཕྱོགས་སུ་བུམ་པ་མཚན་ཉིད་དང་ལྡན་པ་སྤྱི་དང་མཐུན་པར་བཤམས། སྲུང་སྐུད་དམར་པོ། མིག་དར། མེ་ཏོག །ཁྱེར་ཆ། མནའ་ཆ། རྟུལ་གྱི་རས། བྱི་ལ་ནག་པོའི་བྲུན། གུ་གུལ། དབུ་རྒྱན། དར་དཔྱངས། ཕོར་ལོ། དུང་། པོ་ཏི། ཚོགས་འཁོར་གྱི་ཟས་བཟང་པོ་རྣམས་སྟ་གོན་བྱས་ལ། སྔོན་འགྲོའི་གཏོར་མ། མཁའ་འགྲོ་སྤྱི་གཏོར་བཞིན་བཏང་། མཆོད་པ་བྱིན་དབབ་ཀྱང་བླ་མེད་སྤྱི་དང་མཐུན། བདག་བསྐྱེད་དང་མདུན་བསྐྱེད་གོང་བཞིན་བྱ། བུམ་པའི་མཆོད་པ་བྱིན་གྱིས་བརླབས། བུམ་པ་བསངས་སྦྱངས། སྟོང་པའི་ངང་ལས་པཾ་ལས་པདྨ་དང་། ཨ་ལས་ཟླ་བའི་སྟེང་དུ། ཧཱུཾ་ལས་བྱུང་བའི་བུམ་པ་མཚན་ཉིད་ཐམས་ཅད་ཡོངས་སུ་རྫོགས་པའི་ནང་དུ། ཆོས་འབྱུང་དམར་པོ་གྲུ་གསུམ་ཞེས་པ་ནས། ཙཀྲི་ཀའི་ངོ་བོ་རྣམས་སུ་གྱུར་གྱི་བར་མདུན་བསྐྱེད་བཞིན། རང་གི་སྙིང་ག་ནས་ཐུགས་ཀྱི་འཕྲེང་བ་བྲེང་མ་ཆད་པར་སྤྲོས། བུམ་བསྐྱེད་ཀྱི་ལྷའི་ཐུགས་རྒྱུད་བསྐུལ། སྐུ་ལས་བདུད་རྩིའི་རྒྱུན་བབས་པས་བུམ་པ་གང་བར་གྱུར། བཟླས་པ་ཅི་འགྲུབ་བྱ། ཨརྒྷཾ་ནས་ཤབྡའི་བར་གྱིས་མཆོད། འབྲུ་གསུམ་(༢༠༣ན)གྱིས་ནང་མཆོད་དང་། བསྟོད་པ་བྱ། བུམ་པའི་ལྷ་ཞུ་བ་དང་། གཤེགས་སུ་གསོལ་བ་སོགས་མི་དགོས། བར་འདིར་ཚོགས་མཆོད་བྱ། འཇིག་རྟེན་པའི་གཏོར་མའང་བཏང་། སློབ་མ་ལ་ཇི་ལྟར་བྱ་བ་ལྟར་བདག་འཇུག་བླངས། ༈ དབང་གིས་སྨིན་པའི་སློབ་མ་རྣམས་ཁྲུས་བྱས། མཎྜལ་དབུལ། དགའ་ཆེན་ཁྱོད་བདག་སྟོན་པ་སྟེ། །ཞེས་པ་ནས། གཞུག་ཏུ་གསོལ། ཞེས་ལན་གསུམ་གྱིས་གསོལ་བ་བཏབ། བགེགས་གཏོར་སློབ་མ་ལ་ཁྱེར་བསྐོར་བ་སོགས་གོང་བཞིན་ནོ། །སློབ་དཔོན་རྗེ་བཙུན་རྡོ་རྗེ་རྣལ་འབྱོར་མ་དབུ་བཅད་མར་གསལ་བའི་ལྟེ་བའི་ཧྲཱིཿལས་མེ་འོད་བྱུང་།

དབུ་མ་ནས་བརྒྱུད། སྦྱིན་ལག་གཡོན་གྱི་རྩེ་ནས་ཐོན། སློབ་མའི་སྤྱི་བོ་ནས་ཞུགས། སྲོག་རྩའི་ནང་གང་བས་ནང་གི་བགེགས་དང་དྲི་མ་ཐམས་ཅད་བསལ་ཞིང་སྦྱངས་པར་གྱུར། སྦྱིན་ལག་སློབ་མའི་སྤྱི་བོར་བཞག་ལ། ཨོཾ་ཨཱཿཝིཤྭཱཏྨ་ཀྲིཏ་ཧཱུྃ། ཞེས་བདུན་བདུན་བརྗོད་ཅིང་། སྤྱི་བོར་ཕུས་བཏབ། ཚངས་བུག་རྡོ་རྗེ་རྒྱ་གྲམ་གྱིས་བཀག་པར་གྱུར། སློབ་མ་རྣམས་ཀྱི་གནས་རྣམས་སུ་ལྟེ་བར་ཨོཾ་བཾ་དམར་མོ་རྡོ་རྗེ་ཕག་མོ། སྙིང་ཁར་ཧཾ་ཡཾ་སྔོན་མོ་གཤིན་རྗེ་མ། ཁར་ཧྲིཾ་མོཾ་དཀར་མོ་རྨོངས་བྱེད་མ། དཔྲལ་བར་ཧྲེཾ་ཧྲིཾ་སེར་མོ་བསྐྱོད་བྱེད་མ། སྤྱི་གཙུག་ཏུ་ཧཱུྃ་ཧཱུྃ་ལྗང་ཁུ་སྐྲག་བྱེད་མ། ཚོགས་ཆེན་ཐམས་ཅད་ཕཊ་ཕཊ་དུད་ཁ་ཙཎྜི་ཀའི་ངོ་བོ་རྣམས་སུ་གྱུར། ཨོཾ་བཾ། ཧཾ་ཡཾ། ཧྲིཾ་མོཾ། ཧྲེཾ་ཧྲིཾ། ཧཱུྃ་ཧཱུྃ། ཕཊ་ཕཊ་(༢༠༣བ)ཅེས་བརྗོད་ཅིང་། གནས་དེ་རྣམས་སུ་རྡོ་རྗེ་རྒྱ་གྲམ་རེག །དེ་ནས་འབྲུ་གསུམ་གྱིས་ནང་མཆོད་བླུད་དོ། །དཀོན་མཆོག་གསུམ་ལ་བདག་སྐྱབས་མཆི། །སོགས་ལན་གསུམ། ཨཀྲོཾ་ནས། ཤཱནྟིའི་བར་གྱིས་སློབ་མ་སེམས་བསྐྱེད་པ་ལ་མཚོད། ཨོཾ་ཧྲཱི་བི་ཤུདྡྷ་དྷརྨ་སརྦ་པཱ་པཾ་ནི་ཙ་ཨ་སྱ་ཤོ་དྷ་ཡ། སརྦ་བི་ཀལྤ་ན་ཨ་པ་ན་ཡ་ཧཱུྃ། ཞེས་ཁྱོར་ཆུ་སྦྱིན། སྡོམ་བཟུང་གི་དོན་དུ་སློབ་མས་མཎྜལ་ཕུལ། སངས་རྒྱས་ཀུན་གྱི་རང་བཞིན་སྐུ། །བླ་མའི་སྐུ་ལ་སྐྱབས་སུ་མཆི། །གསུང་དང་ཐུགས་ལའང་དེས་འགྲེ། །སངས་རྒྱས་གྲོང་ཁྱེར་ཉམས་དགའ་བར། །རྣལ་འབྱོར་མ་མཆོག་འཁོར་ལོ་ཡི། །སྙིང་པོའི་དཀྱིལ་འཁོར་འདི་རུ་ནི། །མགོན་པོས་བདག་ནི་འཇུག་པར་མཛོད། །ལན་གསུམ། ཇི་ལྟར་དུས་གསུམ་མགོན་པོ་རྣམས། །ནས། མྱ་ངན་འདས་ལ་འགོད་ཀྱི་བར། །ལན་གསུམ་གྱིས་རིགས་ལྔའི་སྡོམ་པ་བཟུང་། སངས་རྒྱས་ཆོས་དང་དགེ་འདུན་ལ། །རྟག་ཏུ་བདག་ནི་སྐྱབས་སུ་མཆི། །རྣལ་འབྱོར་གསང་སྔགས་མཁའ་འགྲོ་མ། །འཁོར་ལོ་གསུམ་གྱི་བདག་ཉིད་ཅན། །ཀུན་ལ་བདག་ནི་སྐྱབས་སུ་མཆི། །དཔའ་བོ་དཔའ་མོ་དབང་ལྷ་མོ། །བྱང་ཆུབ་སེམས་དཔའ་བདག་ཉིད་ཆེ། །ཁྱད་པར་དུ་ཡང་སློབ་དཔོན་ལ། །རྟག་པར་བདག་

ཉི་སྐྱབས་སུ་མཆི། །དཔལ་ལྡན་ཁྲག་འཐུང་སོགས་དཔའ་བོ། །རྣལ་འབྱོར་མ་དང་སྣང་མཛད་སོགས། །བྱང་ཆུབ་སེམས་དཔའ་དཔག་མེད་པ། །ཐམས་ཅད་བདག་ལ་དགོངས་སུ་གསོལ། །བདག་གི་དུས་འདི་(༢༠༨ན)ནས་བཟུང་སྟེ། །ཇི་སྲིད་གཉིས་མེད་ལ་གནས་བར། །དེ་ཡི་ཚངས་སྤྱོད་གཉིས་མེད་པ། །ཉི་ཤུ་རྩ་གཉིས་ལེགས་པར་སྲུང་། །ཞེས་ཐུན་མོང་མ་ཡིན་པའི་སྡོམ་བཟུང་བྱ། ཨོཾ་ཙཎྜ་བཛྲ་ཕ་ར་མ་ན་ཡེ་ཧཱུྃ་གིས་མིག་དར། ཨཱ་ཕཾ་བི་ར་ཧཱུྃ་གིས་མེ་ཏོག་བཟུང་། སློབ་མའི་གནས་གསུམ་དུ་འབྲུ་གསུམ་བཀོད་ལ། རྡོ་རྗེ་དང་བཅས་པས་ནང་མཆོད་ཀྱིས་ཐིག་ལེ་བྱ། ཟླ་བ་རྡོ་རྗེའི་དམིགས་པ་ཐོག་ལ། ཨོཾ་སརྦ་ཡོ་ག་ཙིཏྟ་ཨུཏྤཱ་ད་ཡ་མི། བརྗོད་དུ་བཅུག །སྙིང་གར་རྡོ་རྗེ་གཏུགས་ཏེ། སུ་ར་ཏེ་ས་མ་ཡ་སྟྭཾ་ཧོ་སིདྡྷི་བཛྲ་ཡ་ཐཱ་སུ་ཁཾ་ཞེས་བརྗོད། ཛཿཧཱུྃ་བཾ་ཧོཿ ཞེས་དཀྱིལ་འཁོར་དུ་བཅུག་པར་མོས་ལ། ཡོལ་བ་བསལ། སྤྱི་བོར་རྡོ་རྗེ་བཞག་ལ། དེང་ཁྱོད་དེ་བཞིན་གཤེགས་པ་ཐམས་ཅད་དང་། རྡོ་རྗེ་རྣལ་འབྱོར་མས་བྱིན་གྱིས་བརླབས་ཀྱི། དེ་བས་ན་ངས་ཁྱོད་ལ་རྡོ་རྗེ་ཡེ་ཤེས་བསྐྱེད་པར་བྱ་སྟེ། ཡེ་ཤེས་གང་གིས་ཁྱོད་དཔལ་ཧེ་རུ་ཀ་དང་། རྡོ་རྗེ་རྣལ་འབྱོར་མ་དབུ་བཅད་མའི་དངོས་གྲུབ་ཀྱང་ཐོབ་པར་འགྱུར་ན། དངོས་གྲུབ་གཞན་ལྟ་སྨོས་ཀྱང་ཅི་དགོས། ཁྱོད་ཀྱིས་འདི་དཀྱིལ་འཁོར་ཆེན་པོ་མ་མཐོང་བ་རྣམས་ཀྱི་མདུན་དུ་སྨྲ་བར་མ་བྱེད་ཅིག །སྨྲ་ན་དམ་ཚིག་ཉམས་པར་འགྱུར་ཏ་རེ། ཞེས་བརྗོད། སྙིང་གར་གཏུགས་ཏེ། རྣལ་འབྱོར་མ་དཔལ་དེང་ཁྱོད་ཀྱི། །སྙིང་ལ་ཡང་དག་ཞུགས་པར་གྱུར། །གལ་ཏེ་ཚུལ་འདི་སྨྲས་ན་ནི། །དེ་མ་ཐག་ཏུ་དྲལ་ཏེ་གཤེགས། །ཡང་སྤྱི་བོར་བཞག་ལ། (༢༠༨བ)དེང་ཕྱིན་ཆད་བུ་ཁྱོད་ཀྱི་རྡོ་རྗེ་རྣལ་འབྱོར་མ་དབུ་བཅད་མ་ང་ཡིན་གྱི་ངས་འདི་བྱོས་ཤིག་ཅེས་བྱ་བ་འདི་ཁྱོད་ཀྱིས་བྱ་དགོས་སོ། །ཁྱོད་ཀྱིས་ང་ལ་བརྙས་པར་ཡང་མ་བྱེད་ཅིག་བྱས་ན་ཁྱོད་ཡ་ང་བ་མ་སྤངས་པར་འཆི་བའི་དུས་བྱས་ནས་དམྱལ་བར་ལྟུང་བར་གྱུར་ཏ་རེ། འབྲུ་གསུམ་བརྗོད་ཅིང་། བདུད་

ཅེ་བླུད་ལ། འདི་ནི་ཁྱོད་ཀྱི་དམྱལ་བའི་ཆུ། །དམ་ཚིག་འདས་ན་བསྲེག་པར་བྱེད། །དམ་ཚིག་སྲུང་ན་དངོས་གྲུབ་སྟེར། །རྡོ་རྗེ་བདུད་རྩིའི་ཆུ་འཐུང་ཞིག །ཨུ་ད་ཀ་ཋ་ཋ་ཧྃ། ཡེ་ཤེས་དབབ་པ་ནི། སློབ་མ་སྐྱིལ་ཀྲུང་བཅས་ཤིང་། རླུང་བཟུང་དུ་བཅུག །སློབ་མ་རྣམས་ཀྱི་སྤྱི་བོར་བླ་མ་ཧེ་རུ་ཀའི་རྣམ་པ་ཅན། ལྟེ་བར་ཆོས་འབྱུང་གི་ནང་དུ་རྡོ་རྗེ་ཕག་མོ་མར་མེ་ལྟར་འབར་བ་མཚོན་གང་བ་གར་བསྒྱུར་བ་གཅིག་བཞུགས་པར་གྱུར། སློབ་དཔོན་གྱི་ལྟེ་བའི་བཾ་ལས་འོད་ཟེར་འཕྲོས། སློབ་མའི་ལྟེ་བར་གནས་པའི་རྡོ་རྗེ་ཕག་མོའི་སྐུ་ལ་ཕོག་པས་ཡེ་ཤེས་ཀྱི་མེ་ལྕེའི་ཚོགས་དཔག་ཏུ་མེད་པ་འཕྲོས་ཤིང་འབར་ཏེ། ལུས་ཀྱི་ཕྱི་ནང་ཐམས་ཅད་གང་བས་སྡིག་སྒྲིབ་ཐམས་ཅད་བསྲེག་པར་མོས་མཛོད། ཅེས་བརྗོད་ལ། རོལ་མོའི་སྒྲ་བྱ་ཞིང་། རྟུལ་གྱི་རས་དང་། བྱི་ལ་ནག་པོའི་བྲུན་དང་། གུ་གུལ་སྦྱར་བའི་དུད་པས་བདུག་ཅིང་། ཨོཾ་བཛྲ་ཨཱ་ཀྲ་ཧཱི་ཛྙཱ་ན་ཨ་བེ་ཤ་ཡ་ཨ་ཨ་ཧཱི་ཧཱི་སྭཱཧཱ། དེ་ནས། ཏིཥྛ་བཛྲ་གྱིས་བརྟན་པར་བྱིན་གྱིས་བརླབས། ཡང་དག་པ་ཡི་དཀྱིལ་འཁོར་འདིར། །བདག་གིས་སློབ་མ་གཞུག་པར་བགྱི། །ལྷ་ཡི་རིགས་(༢༠༥ན)ཀྱི་རིམ་པ་དང་། །བསོད་ནམས་རིམ་པའང་དེ་བཞིན་ཤོག །ཅེས་སློབ་དཔོན་གྱིས་ལྷ་ལ་གསོལ་བ་བཏབ་ལ་ཨོཾ་པྲ་ཏཱིཙྪ་བཛྲ་ཧོཿ ཞེས་སློབ་མ་མེ་ཏོག་འབུལ་དུ་བཅུག །པྲ་ཏཱི་གྲྀཧྞ་ཏྭཾ་ཨི་མཾ་སཏྭ་མཧཱ་བ་ལ། ཞེས་པས་མེ་ཏོག་སློབ་མའི་མགོ་བོར་བཅིངས། མིག་འབྲས་གཉིས་ཨོཾ་འོད་དུ་འབར་བར་གྱུར། རྣལ་འབྱོར་མ་དཔལ་དེང་ཁྱོད་ཀྱི། །མིག་འབྱེད་པར་ནི་བརྩོན་པར་མཛོད། །ཕྱེ་བས་ཐམས་ཅད་མཐོང་འགྱུར་བའི། །རྡོ་རྗེའི་མིག་ནི་བླ་ན་མེད། །ཧེ་བཛྲ་པ་ཤྱ། ཞེས་པས་མིག་དར་ཕྱེ། དཀྱིལ་འཁོར་བཟང་པོ་འདི་ལ་ལྟོས། །ད་ནི་དད་པ་རབ་ཏུ་སྐྱེས། །ཁྱོད་ནི་རྣལ་འབྱོར་མ་རིགས་སྐྱེས། །སྔགས་དང་ཕྱག་རྒྱས་བྱིན་གྱིས་བརླབས། །འགྲོ་བ་ཕུན་ཚོགས་དངོས་གྲུབ་ཀུན། །ཁྱོད་ལ་མྱུར་དུ་མངོན་དུ་འགྱུར། །དམ་ཚིག་ཐམས་ཅད་བསྐྱང་བ་དང་། །གསང་སྔགས་བསྒྲུབ་ལ་བརྩོན་

པར་གྱིས། །ཞེས་བལྟ་བར་བསྐུལ། དཀྱིལ་འཁོར་གྱི་རྣམ་པ་བསྟན་ལ། རྟུལ་ཚོན་གྱི་དཀྱིལ་འཁོར་གྱི་ཆོས་འབྱུང་ནི་དུག་གསུམ་གྱི་ཆོས་ཉིད། བདུད་རྩིའི་ནང་གི་ཆོས་འབྱུང་ནི་ཁམས་གསུམ་གྱི་དེ་བཞིན་ཉིད། མེ་ལོང་གི་ཆོས་འབྱུང་ནི་སྐུ་གསུམ་གྱི་ཡེ་ཤེས་མཚོན་ནོ། །གཡུང་དྲུང་རིས་ནི་ཆོས་ཉིད་མི་འགྱུར་བ། བཞི་ནི་དགའ་བ་བཞི། ཡིག་འབྲུ་རྣམས་སྐུ་གསུང་ཐུགས་གཅིག་ཏུ་འདུས་པ། ཟུར་གསུམ་ནི་རྣམ་ཐར་གསུམ། ནང་སྟོང་པ་ཉིད་སྤྲོས་བྲལ། དམར་བ་ནི་སྙིང་རྗེ། རྩ་བ་(༢༠༥བ)ཕྲ་བ་ནི་ཉོན་མོངས་སྤངས་པ། གདེངས་ཀ་ཆེ་བ་ནི་ཡེ་ཤེས་དང་ཡོན་ཏན་རྒྱས་པ་མཚོན་ནོ། །སློབ་དཔོན་རྡོ་རྗེ་ཕག་མོར་བསྒོམ་ལ་མོས་གུས་དྲུང་བ་ཕྱོས་ཤིག་ཅེས་དང་། མདུན་བསྐྱེད་ཀྱི་ཚོམ་བུ་འདི་ཉིད་ཆོས་འབྱུང་གི་སྟེང་དུ་པད་ཟླ་ཉི་མའི་གདན་ལ་དབུས་སུ་སངས་རྒྱས་མཁའ་འགྲོ་མ་དམར་སེར་ཞབས་གཡས་བརྐྱང་གིས་འཇིགས་བྱེད་དང་དུས་མཚན་མ་མནན་པ། ཕྱག་གཡས་གྲི་གུག་ཐུར་དུ་བརྐྱངས་ནས་འཛིན་ཅིང་། གཡོན་ཐོད་ཁྲག་སྟེང་ཕྱོགས་སུ་འཛིན་པ། མཆན་ཁུང་ན་ཁ་ཊཾ་ག་བསྣམས་པ། གཡོན་ན་རྡོ་རྗེ་རབ་བརྟགས་མ་ལྷུང་ཁུ་དང་། གཡས་སུ་རྣམ་སྣང་མ་སེར་མོ་གཉིས་ཀའང་གྲི་ཐོད་འཛིན་པ། གཙོ་མོའི་ཕྱག་གཡས་ཀྱི་གྲི་གུག་གིས་ཉིད་ཀྱི་དབུ་བཅད་ནས་ཐོད་པ་འཛིན་པའི་ཕྱག་གིས་དབུ་སྐྲའི་ཕྱེད་བཟུང་། སྤྱན་གསུམ་ཐུར་དུ་གཟིགས་པ། རྩ་གསུམ་བཅད་མཚམས་ནས་དབུས་ནས་བྱང་སེམས་དཀར་དམར་འདྲེས་པའི་རྒྱུན་རང་ཉིད་ཀྱི་ཞལ་དུ་འབབ་པ། གཡོན་རྐྱང་མ་ནས་ཀུནྡའི་རྒྱུན་གཡོན་ཞལ་དུ་འབབ་པ། གཡས་རོ་མ་ནས་ཁྲག་ཕལ་པ་དང་འདྲེས་པའི་རྟུལ་གཡས་ཞལ་དུ་འབབ་པ་གཟིགས་པའི་མོས་པ་མཛོད། དེ་དག་གི་མཚོན་དོན་ནི་དབུ་བཅད་མའི་རྩ་གསུམ་བཅད་པ་དེ། དུག་གསུམ་བཅད་པ་མཚོན། ལྷ་གསུམ་ནི་སྐུ་གསུམ་མཚོན་པ་ཡིན་ནོ། །གྲི་གུག་ཤེས་རབ་སྟོང་ཉིད། ཐོད་པ་ཐབས་བདེ་ཆེན། ཞབས་གཡས་བརྐྱང་བ་སྙིང་རྗེས་མྱང་འདས་ལ་མི་(༢༠༦ན)གནས་པ། གཡོན་བསྐུམ་པ་ཤེས་

པས་འཁོར་བ་ལ་མི་གནས་པ་སྟེ། མདོར་ན་ཐམས་ཅད་ཀུང་ཟུང་དུ་འཇུག་པའི་བདག་ཉིད་ཡིན་ནོ། །ཞེས་བཤད་དེ། དཀྱིལ་འཁོར་དང་། བླ་མ་དང་། ལྷའི་དེ་ཁོ་ན་ཉིད་བསྟན་པའོ། །དེ་ནས་དབང་གི་དངོས་གཞིའི་དོན་དུ་མཎྜལ་ཕུལ་ལ། བྱང་ཆུབ་རྡོ་རྗེས་ནས་དེང་བདག་སྐྱོལ། ཞེས་ལན་གསུམ་གྱིས་གསོལ་བ་བཏབ། སློབ་དཔོན་དང་དཀྱིལ་འཁོར་གྱི་ལྷ་དབྱེར་མ་མཆིས་པས་བུམ་པའི་ཆུས་དབང་བསྐུར་བར་མོས་ཤིག །དབང་བསྐུར་རྡོ་རྗེ་ཆེན་པོ་ནས་སྦྱིན་པར་བྱ། ཆུ་སྣགས་ཀྱི་མཐར། ཨོཾ་སརྦ་ཏ་ཐཱ་ག་ཏ་ཨ་བྷི་ཥི་ཀ་ཏ་ས་མ་ཡ་ཤྲཱི་ཡེ་ཧཱུྃ། ཞེས་བརྗོད་ལ། བུམ་པ་སྤྱི་བོར་བཞག །བུམ་ཆུ་བླུད། བུམ་པའི་ལྷ་སློབ་མ་ལ་ཐིམ་པར་གྱུར། ཡེ་ཤེས་ཀྱི་ཆུས་སློབ་མའི་ལུས་ཐམས་ཅད་གང་། སྤྱི་བོར་ལུད་པ་ལས་རྒྱལ་བ་རིགས་ལྔས་དབུ་བརྒྱན་པར་གྱུར། དབང་བསྐུར་རྡོ་རྗེ་སོགས་དང་། ཆུ་སྣགས་ཀྱི་མཐར། ཨོཾ་རཏྣ་མུ་ཀུ་ཊ་ཨ་བྷི་ཥིཉྩ་ཧཱུྃ། ཞེས་བརྗོད་ཅིང་། དབུ་རྒྱན་དར་དཔྱངས་དང་བཅས་པ་བཅིང་ངོ་། །བུམ་དབང་ངོ་། །ཡང་མཎྜལ་ཕུལ་ལ། ཁྱོད་ཞབས་པདྨོ་ནས་བདག་ལ་སྐྱོལ། །ཞེས་གསོལ་གསུམ་བཏབ། མེ་ལོང་གི་འོག་གི་ཐོད་པ་ནས་བདུད་རྩི་བླངས་ལ། ཆུ་སྣགས་བཟླས་བཞིན་དུ་སློབ་མ་ལ་སྦྱིན། དེ་ལྟར་བདུད་རྩི་མྱངས་པས་ཆུ་ཐམས་ཅད་བདུད་རྩིས་གང་། དུག་གསུམ་གྱི་རྣམ་རྟོག་འགགས། (༢༠༨བ) བདེ་བའི་ཡེ་ཤེས་སྐྱེས་པར་མོས་ཤིག །ཅེས་བརྗོད་དེ་གསང་དབང་ངོ་། །ཡང་མཎྜལ་ཕུལ། སློབ་དཔོན་བདག་ལ་དགོངས་སུ་གསོལ། ནས་བདག་ལ་སྐྱོལ། ཞེས་གསོལ་གསུམ་གདབ། སིནྡྷུ་རའི་ཡིག་འབྲུའམ། དགའ་འཁྱིལ་ལས་སློབ་དཔོན་གྱི་སྤྱིན་ལག་གིས་བླངས་ནས། སློབ་མའི་ལྟེ་བར་བྱུགས་པས་སིནྡྷུ་རའི་དཀྱིལ་འཁོར་གྱི་ཡེ་ཤེས་པ་ལས་ཡེ་ཤེས་པ་གཉིས་པ་ཞིག་རྒྱུང་གིས་ཆད་དེ་སློབ་མའི་ལྟེ་བའི་ཧྲཱིཿལ་ཐིམ་པས་དེ་ཉིད་རྡོ་རྗེ་རྣལ་འབྱོར་མ་དབུ་བཅད་མའི་སྐུར་ཁྲིང་གིས་གྱུར་པར་བསམས། ད་ཕྱིན་ཆད་ཕྱི་དང་། ནང་གི་བདག་ཉིད་ཅན་གྱི་ཡི་དམ་ལྷ་རྡོ་རྗེ་རྣལ་

འཁོར་མ་དབུ་བཅད་མ་བསྒོམ་པ་དང་མ་བྲལ་བར་གྱིས་ཤིག །ཅེས་བརྗོད། ཕྱི་
ཁོར་བྱུགས་ཤིང་། ཕྱི་ཁོར་རྡོ་རྗེ་སློབ་དཔོན་བསྒོམ་པ་དང་མ་བྲལ་བར་གྱིས་ཤིག་
ཅེས་དང་། དཔྲལ་མགྲིན་སྙིང་ག་གསུམ་དུ་རེག་ལ། ལུས་ངག་ཡིད་གསུམ་བདེ་
སྟོང་ཟུང་འཇུག་ཏུ་སྒོམས་ཤིག །ཅེས་བརྗོད། དེ་ནི་ཤེས་རབ་ཡེ་ཤེས་ཀྱི་དབང་
ངོ་། །ཡང་མཆོད་ཕུལ་ཏེ། ཁྱོད་ཞབས་པདྨའི་ནས་སྐྱབ་ཏུ་གསོལ། ཞེས་གསོལ་
གསུམ་གདབ། དེ་ནས་སློབ་དཔོན་གྱིས་འདི་སྐད་ཅེས་བརྗོད་དེ། ལྟོས་ཤིག་རང་
གི་སེམས་ལ་ལྟོས། །སེམས་ཉིད་ཅིར་ཡང་གྲུབ་པ་མེད། །གྲུབ་པ་མེད་པའི་སེམས་
ཉིད་ལ། །སྣ་ཚོགས་སྣང་བ་ངོ་མཚར་ཆེ། །སྣང་ཙམ་ཉིད་ཀྱང་སེམས་སུ་འདུག །
སྣང་བ་སེམས་ཀྱི་དེ་ཉིད་ནི། །བདེ་བ་ཆེན་པོའི་ཡེ་ཤེས་ཡིན། །རྣམ་པར་མི་(༢༠༧ན)
རྟོག་བསམ་མི་ཁྱབ། །གསལ་བ་དེ་ཡི་ངོ་བོར་སྣང་། །མོས་པ་དུ་མའི་སེམས་ཅན་
ལ། །ཐབས་རྣམས་སྣ་ཚོགས་ཀུན་ཏུ་སྟོན། །སྣ་ཚོགས་སྒྱུ་མའི་སྦྱོར་བ་ཡིས། །དཔའ་
བོ་སེནྡྷེ་བཞིན་དུ་སྤྱོད། །བསམ་གྱིས་མི་ཁྱབ་གོ་འཕང་ཐོབ། །འདི་ནི་རྗེ་བཙུན་བྱིན་
རླབས་ཏེ། །སྣ་ཚོགས་ནོར་བུ་ཇི་བཞིན་དུ། །སྐལ་ལྡན་རྣམས་ཀྱི་སྤྱོད་ཡུལ་ཡིན། །
ཞེས་བརྗོད་ཅིང་། ཆོས་ཐམས་ཅད་ནང་སེམས་ཀྱི་བཏགས་པ་ཙམ་དང་། སེམས་
ཀྱང་བརྟགས་ན་རང་བཞིན་གྱི་མེད་པའི་གནས་ལུགས་ཟབ་མོའི་ངང་ལ་ཙུང་ཟད་
མཉམ་པར་འཇོག་པར་ཞུ། དབང་བཞི་པའོ། །དེས་བྱིན་རླབས་ཀྱི་དངོས་གཞི་སོང་
ནས། རྗེས་ལ་རྗེས་སུ་གནང་བ་དྲུག་ལས། དང་པོ་སྐུའི་རྗེས་གནང་ནི། ཨོཾ་སྭ་བྷཱ་
ཝ་ཤུདྡྷ་སརྦ་དྷརྨ་སྭ་བྷཱ་ཝ་ཤུདྡྷོ྅ཧཾ། ཨོཾ་བཛྲ་ཤུདྡྷ་སརྦ་དྷརྨ་བཛྲ་ཤུདྡྷོ྅ཧཾ། ཨོཾ་ཡོ་ག་
ཤུདྡྷ་སརྦ་དྷརྨ་ཡོ་ག་ཤུདྡྷོ྅ཧཾ། སྟོང་པའི་ངང་ལས་ཁྱེད་རང་རྣམས་ཀྱི་ལྟེ་བར་རཾ་
ལས་འོད་ཟེར་འཕྲོས་པས་ཁྱེད་རང་རྣམས་ཀྱི་ལུས་ཆོས་འབྱུང་དམར་པོ་གྲུ་གསུམ་
དུ་གྱུར་པའི་དབུས་སུ། ཚ་སྐྱེས་དཀར་པོ་འདབ་མ་བཞི་པ་ལས། ཁྱེད་རང་རྣམས་
ཀྱི་སེམས་ཟླ་བའི་སྟེང་དུ་ཉི་མ། ཉི་ཟླ་ཁ་སྦྱོར་གྱི་དབུས་སུ་ཧྲཱིཿགསུམ་ལས་གྲི་གུག་

ཧྲཱིཿས་མཚན་པ་གསུམ། དེ་ཐམས་ཅད་གཅིག་ཏུ་འདྲེས་པ་ཡོངས་སུ་གྱུར་པ་ལས་དབུས་སུ་སངས་རྒྱས་མཁའ་འགྲོ་མ་དམར་སེར། ཞབས་གཡས་བརྐྱང་གིས་འཇིགས་བྱེད་དང་། (༢༠༧བ)དུས་མཚན་མ་མནན་པ། ཕྱག་གཡས་གྲི་གུག་ཐུར་དུ་བརྐྱངས་ནས་འཛིན་པ། གཡོན་ཐོད་ཁྲག་སྙིང་ཕྱོགས་སུ་འཛིན་པ། མཆན་ཁུང་གཡོན་དུ་ཐབས་ཀྱི་རང་བཞིན་གྱི་ཁ་ཊྭཱཾ་ག་དཀར་པོ། གཡོན་དུ་རྡོ་རྗེ་རབ་བརྟགས་མ་ལྗང་ཁུ་ཞབས་གཡོན་བརྐྱངས། ཕྱག་གཡས་གྲི་གུག་དང་། གཡོན་ཐོད་པ་འཛིན་པ། གཡས་སུ་རྣམ་སྣང་མ་སེར་མོ་ཞབས་གཡས་བརྐྱངས། ཕྱག་གཡས་གྲི་གུག །གཡོན་ཐོད་པ་འཛིན་པ། གསུམ་ཀའང་ཐོད་སྐམ་ལྔའི་དབུ་རྒྱན་དང་། རྣོན་པ་ལྔ་བཅུའི་ཕྲེང་བ་འཕྱང་བ། ཕྱག་རྒྱ་ལྔ་དང་ལྡན་པ། གཅེར་མོ། སྤྱན་གསུམ། དབུ་སྐྲ་ནག་པོ་གསིལ་བུར་གྲོལ་བ། མི་བཟད་པའི་ཞལ་ཕྲོ་ཞིང་འཛུམ་པ། འཇིགས་པའང་འཇིགས་པར་མཛད་ཅིང་། མེ་དཔུང་འབར་བའི་དབུས་ན་གནས་པ་རྣམས་ཀྱི་གསང་གནས་སུ་ཆོས་འབྱུང་རེ་རེ། དབུས་ཀྱི་ནང་དུ། ཨོཾ་སརྦ་བུདྡྷ་ཌཱ་ཀི་ནཱི་ཧཱུྃ་ཕཊ་སྭཱཧཱ། གཡོན་གྱི་ལ། ཨོཾ་བཛྲ་ཝརྞ་ནཱི་ཡེ་ཧཱུྃ་ཕཊ། གཡས་ཀྱི་ལ། ཨོཾ་བཛྲ་བཻ་རོ་ཙ་ནཱི་ཡེ་ཧཱུྃ་ཕཊ། ཡི་གེ་རྣམས་ཡོངས་སུ་བསྐེགས་པ། གཙོ་མོའི་ཕྱག་གཡས་ཀྱི་གྲི་གུག་གིས་ཉིད་ཀྱི་དབུ་བཅད་ནས། ཐོད་པ་འཛིན་པའི་ཕྱག་གིས་དབུ་སྐྲའི་ཕྲེད་བཟུང་། སྤྱན་གསུམ་ཐུར་དུ་གཟིགས། རྩ་གསུམ་བཅད་མཚམས་ནས། དབུས་ནས་བྱུང་སེམས་དཀར་དམར་འདྲེས་པའི་རྒྱུན་བྱུང་བ། རང་ཉིད་ཀྱི་ཞལ་དུ་འབབ་པར་གྱུར། གཡོན་རྐྱང་མ་ནས་མི་བསྐྱོད་པ་དང་འདྲེས་པའི་ཀུན་དའི་རྒྱུན་གཡོན་གྱི་ཞལ་དུ་བབས། གཡས་རོ་(༢༠༨ན)མ་ནས་ཁྲག་ཕལ་པ་དང་འདྲེས་པའི་རྡུལ་གཡས་ཀྱི་ཞལ་དུ་བབས། ཡུན་ཅི་རིགས་པར་གསལ་ལ་དྲག་པར་བསྒོམ། དེ་ནས་ཐུར་སེལ་གྱིན་དུ་དྲངས་པས། གསང་གནས་ཀྱི་སྣགས་ལས་འོད་ཟེར་སྙིང་དུ་འཕྲོས། ལམ་གསུམ་ནས་བྱུང་། གཡས་གཡོན་གྱི་ལྷ་མོ་གཉིས་འོད་ཟེར་གྱིས་དྲངས། རོ་རྐྱང་གི་ལམ་

བརྒྱུད་ལྷ་མོ་གཉིས་ཆོས་འབྱུང་དང་བཅས་པ་བདག་ཉིད་ཆོས་འབྱུང་དང་བཅས་པ་དང་དབྱེར་མེད་དུ་གྱུར། སྔགས་གཉིས་ཆོས་འབྱུང་གི་ནང་གཡས་གཡོན་དུ་བརྩེགས་ཏེ་གནས་པས་གསུམ་བསྒྲིགས་སུ་གནས་པར་མོས། གནས་རྣམས་སུ་ཟླ་བའི་དཀྱིལ་འཁོར་གྱི་སྟེང་དུ་ལྟེ་བར་ཨོཾ་བཾ་དམར་མོ་རྡོ་རྗེ་ཕག་མོ། སྙིང་གར་ཧཾ་ཡཾ་སྔོན་མོ་གཤིན་རྗེ་མ། ཁར་ཧྲཱི་མོཾ་དཀར་མོ་རྨོངས་བྱེད་མ། དཔྲལ་བར་ཧྲཱིཾ་ཧྲཱིཾ་སེར་མོ་བསྐྱོད་བྱེད་མ། སྤྱི་གཙུག་ཏུ་ཧཱུྃ་ཧཱུྃ་ལྗང་ཁུ་སྐྲག་བྱེད་མ། ཡན་ལག་ཐམས་ཅད་ལ་ཕཊ་ཕཊ་དུད་ཁ་ཙཎྜི་ཀའི་ངོ་བོས་མཚན་པར་གྱུར། ཕཻཾ་ཡེ་ཤེས་པ་སྤྱན་དྲངས། ཛཿཧཱུྃ་བཾ་ཧོཿགཉིས་སུ་མེད་པར་ཐིམ་པའི་མོས་པ་མཛོད། དེས་ལྷ་བསྒོམ་པའི་ལུང་ཐོབ་པ་ཡིན་པས་ཐུན་བཞིར་སྒོམས་ཤིག །གཉིས་པ་གསུང་བཟླས་པའི་རྗེས་གནང་ནི། སློབ་དཔོན་གྱི་གསང་གནས་སུ་ཆོས་འབྱུང་སྔགས་(༢༠༨བ)ཕྲེང་དང་བཅས་པ་དང་། སློབ་མའི་གསང་གནས་སུ་ཆོས་འབྱུང་ཙམ་གསལ་བཏབ་ལ། སློབ་དཔོན་ལ་མོས་གུས་བྱས་པའི་རྐྱེན་གྱིས་སློབ་དཔོན་གྱི་གསང་གནས་ཀྱི་སྔགས་ཕྲེང་ལས་སྔགས་ཕྲེང་གཉིས་པ་ཞིག་ཆད། ཞལ་ནས་ཐོན། སློབ་མའི་ཞལ་དུ་ཞུགས། གསང་གནས་ཀྱི་ཆོས་འབྱུང་དུ་པར་བཏབ་པ་བཞིན་བྱུང་བར་མོས་ལ། ཨོཾ་སརྦ་བུདྡྷ་ཌཱ་ཀིཎཱི། ཨོཾ་བཛྲ་ཝརྞ་ཎཱི། ཨོཾ་བཛྲ་བཻ་རོ་ཙ་ནཱི་ཡེ་ཧཱུྃ་ཧཱུྃ་ཧཱུྃ་ཕཊ་ཕཊ་ཕཊ་སྭཱཧཱ། ཞེས་ལན་གསུམ་རྗེས་ཟློས་བྱ། བཅོམ་ལྡན་བདག་ལ་བསྐུལ་ལགས་ཏེ། །སོགས་ལན་གསུམ་མི་རྟོག་འཁོར་བཞིན་དུ་རྗེས་ཟློས་བྱས་པ་ལ། བཅོམ་ལྡན་འདི་ལ་བསྐུལ་ལགས་ཀྱི། །སོགས་བརྗོད་ཅིང་། སློབ་མའི་སྤྱི་བོར་མི་རྟོག་གཏོར། དེང་ཕྱིན་ཆད་སྔགས་བཟླས་པ་ལ་བརྩོན་པར་གྱིས་ཤིག །གསུམ་པ་ལྷ་མཆོད་པའི་རྗེས་གནང་ནི། སློབ་མས་སློབ་དཔོན་དཀྱིལ་འཁོར་དང་བཅས་པ་ལ་མཆོད་པ་སྣ་ལྔ་སྔགས་དང་ཕྱག་རྒྱས་འབུལ་དུ་བཅུག་ལ། བདག་ཉིད་དཔའ་བོ་ཀུན་གྱི་དངོས། །བདག་ཉིད་ལྷ་མོ་ཀུན་གྱི་གནས། །དེ་ཕྱིར་བདག་གིས་ཐམས་ཅད་བྱ། །བདག་ཉིད་རྣལ་འབྱོར་མ་

དཔལ་མཆོད། །དེང་ཕྱིན་ཆད་ལྷ་དང་བླ་མ་མཆོད་པ་ལ་བརྩོན་པར་གྱིས་ཤིག ། བཞི་པ་སྤྱོད་པའི་རྗེས་གནང་ནི། དེ་ཉིད་རིག་པའི་རྣལ་འབྱོར་པས། །མི་བྱ་བ་ནི་ཅི་ཡང་མེད། །དེ་ཉིད་ཤེས་ནས་དེ་ནས་ནི། །དཔའ་བོས་འདོད་པ་ལྷུར་སྤྱད་དོ། ། དེང་ཁྱོད་ཀྱིས་ལས་དང་པོ་པའི་སྤྱོད་པ་དང་། བརྟན་པ་ཐོབ་པའི་སྤྱོད་པ་དང་བརྟན་པ་ཆེར་ཐོབ་པའི་རིག་པ་བརྟུལ་ཞུགས་ཀྱི་སྤྱོད་པ་རྣམས་སོ་སོའི་དུས་དང་འཚམས་པར་མ་འཁྲུལ་བའི་སྤྱོད་པ་གྱིས་ཤིག །ལྔ་པ་ཆོས་བཤད་པ་ལ་སོགས་པ་གཞན་དོན་གྱི་རྗེས་(༢༠༩ན)གནང་ནི། འཁོར་ལོ། དུང་། པོ་ཏི་རྣམས་གཏད་ཅིང་། རྟེན་ཅིང་འབྲེལ་པར་འབྱུང་བཅས་ཤིང་། །སེམས་ཅན་སྒྱུ་མའི་རང་བཞིན་ནོ། ། ཁམས་གསུམ་དེ་ལྟར་ཤེས་ནས་ནི། །འགྲོ་བའི་དོན་ནི་མཉམ་མེད་ཕྱོས། །དེང་ཕྱིན་ཆད་རང་གི་ནུས་པ་དང་འཚམས་པར་སྐལ་བར་ལྡན་པ་གཞན་དག་ལ་འགྲོ་བའི་དོན་ཅི་ནུས་པར་སྒྲུབས་ཤིག །དྲུག་པ་སྲུང་བའི་རྗེས་གནང་ནི་ལྟེ་བར་ཨོཾ་བཾ་དམར་མོ་རྡོ་རྗེ་ཕག་མོ། སྙིང་གར་ཧཾ་ཡཾ་སྔོན་མོ་གཤིན་རྗེ་མ། ཁར་ཧྲཱིཾ་མཾ་དཀར་མོ་རྨོངས་བྱེད་མ། དཔྲལ་བར་ཧྲཱིཾ་ཧྲཱིཾ་སེར་མོ་བསྐྱོད་བྱེད་མ། སྤྱི་གཙུག་ཏུ་ཧུཾ་ཧུཾ་ལྗང་ཁུ་སྐྲག་བྱེད་མ། ཚོགས་ཆེན་ཐམས་ཅད་ལ་ཕཊ་ཕཊ་དུད་ཁ་ཙཎྜི་ཀའི་ངོ་བོ་རྣམས་སུ་གྱུར། ཞེས་སློབ་མའི་ལུས་ལ་གོ་ཆ་བཀོད་ནས། རྡོ་རྗེས་རེག་པར་བྱ། གོ་ཆའི་སྔགས་བརྗོད། སྤྱི་བོར་རྡོ་རྗེ་རྒྱ་གྲམ་དུ་བཞག་ལ་རྩ་སྔགས་དང་། སུམྦྷ་ཚར་གཅིག་བརྗོད། མན་ངག་ལས་བྱུང་བ་བཞིན་སྲུང་བའི་འཁོར་ལོ་ཡོད་ན་གདགས་ཤིང་། མེད་ན་སྲུང་སྐུད་དམར་པོ་གཡོན་པར་སྤྱི་དང་མཐུན་པར་བཅིངས། སྲུང་བའི་སྔགས་བཟླ་ཞིང་། སྲུང་བར་བྱའོ། །མཇུག་ཆོག་སྤྱི་དང་མཐུན། །

༄ རྡོ་རྗེ་ཕག་མོ་གནམ་ཞབས་མ་ལ། སྐྱབས་འགྲོ་སེམས་བསྐྱེད་ཚད་མེད་བཞི་རྣམས་སྔོན་དུ་འགྲོ་བས། སྭ་བྷཱ་ཝའི་སྔགས་དང་། ཤཱུ་ནྱ་ཏཱའི་སྔགས་ཀྱིས་སྟོང་པར་སྦྱངས། སྟོང་པའི་ངང་ལས་ཨེ་ཝཾ་གྱི་ཡི་གེ་ཤིན་ཏུ་ཡངས་ཤིང་རྒྱ་ཆེ་བའི་དབུས་སུ་

ཏུཾ་(༢༠/ཁ)ལས་སྣ་ཚོགས་པདྨ་དང་། ཨོཾ་དཀར་པོ་ལས་ཉི་མའི་དཀྱིལ་འཁོར། དེའི་སྟེང་དུ་རང་སེམས་ཧཱུྃ་དཀར་པོ་དེ་ཐམས་ཅད་ལས་འོད་ཟེར་འཕྲོས། འདུས་ཡོངས་སུ་གྱུར་པ་ལས། བཅོམ་ལྡན་འདས་མ་རྡོ་རྗེ་རྣལ་འབྱོར་མ་སྐུ་མདོག་དཀར་མོ་ཞལ་གཅིག་ཕྱག་གཉིས་བརྒྱ་ལྟར་དམར་བའི་སྤྱན་གསུམ་དང་ལྡན་པ། ཁྲོ་གཉེར་བསྡུས་ཤིང་མཆེ་བ་གཙིགས་པ། ཤིན་ཏུ་གཏུམ་པའི་ཚུལ་ཅན། གཅེར་བུ་སྐྲ་གྲོལ་བ། ཕྱག་གཡས་རྡོ་རྗེས་མཚན་པའི་གྲི་གུག་གམ། རྡོ་རྗེ་བསྡིགས་པའི་ལྷ་མིན་གྱི་གདོན་ཐམས་ཅད་སྐྲག་པར་མཛད་པ། གཡོན་ཞབས་གཡོན་པ་ལ་ཡོངས་སུ་འཁྱིལ་ཞིང་། ཀ་པཱ་ལ་བདུད་རྩིས་གང་བ་སྟེང་གི་ཕྱོགས་སུ་བཟུང་བ་ལ་ཞལ་གྱེན་དུ་ཕྱོགས་པས་བདུད་རྩི་གསོལ་བ། ནམ་མཁའ་ལ་དེ་བཞིན་གཤེགས་པའི་ཚོགས་རྣམས་ཡབ་ཡུམ་རྗེས་སུ་ཆགས་པ་སྙོམས་པར་ཞུགས་པའི་བདུད་རྩི་དཀར་དམར་ཐོད་པར་འབེབས་ཤིང་བྱམ་པས་དབང་བསྐུར་བ། ཕྲག་པ་ལ་རྡོ་རྗེས་མཚན་པའི་ཁ་ཊྭཱཾ་ག་བགལ་བ། ཞབས་གཡས་པ་ས་འོག་བདུན་གྱི་འཇིག་རྟེན་དུ་བརྐྱང་པས་འཇིགས་བྱེད་དང་དུས་མཚན་མ་མནན་པ། གཡོན་སྟེང་ཕྱོགས་ཚངས་པའི་འཇིག་རྟེན་དུ་བསྐུང་པས་ཚངས་པ་དང་བརྒྱ་བྱིན་སྟེང་ཕྱོགས་ཀྱི་འཇིག་རྟེན་ལ་མནན་པ། རྒྱན་སྤངས་པ། ཞལ་ནས་བདུད་རྩི་འབབ་པ། སྐུ་ལས་རང་མཚུངས་ཀྱི་རྡོ་རྗེ་རྣལ་འབྱོར་མ་དང་སངས་རྒྱས་བྱང་ཆུབ་སེམས་དཔའ་དང་། ཁྲོ་བོ་ཁྲོ་མོ་དཔག་ཏུ་མེད་པ་འགྱེད་པ། མེ་དཔུང་འབར་བའི་དབུས་ན་བཞུགས་(༢༡༠/ན)ཤིང་། དུར་ཁྲོད་ཆེན་པོ་བརྒྱད་ཀྱིས་ཡོངས་སུ་བསྐོར་བ། ཕྱི་རོལ་སྲུང་བའི་འཁོར་ལོ་དང་བཅས་པའོ། །རང་གི་ལྟེ་བ་ནས་ཧཱུྃ་གཅིག་སྤྲོས་པས་མདུན་དུ་སྤྲུལ་པའི་ཕོ་ཉ་ཕྱག་ན་རྡོ་རྗེ་ཧེ་རུ་ཀའི་ཆ་བྱད་ཅན། གཡས་རྡོ་རྗེ་དང་གཡོན་ཕུར་བུ་ཐོགས་པ། ཡང་སྤྲུལ་ལྡུགས་ཀྱུ་དང་ཞགས་པ་ཐོགས་པ་དཔག་ཏུ་མེད་པ་སྤྲོས། ཁྱབ་འཇུག་ཆེན་པོ་མི་ཡི་སེནྡྷེ་ལ་སོགས་པ་བགེགས་ཐམས་ཅད་བཀུག །ཧཱུྃ་ལས་བྱུང་བའི་རྡོ་རྗེའི་ཁྲོན་པར་བཙུག །ཕུར་བུས་

བཏབ་ཅིང་རྡོ་རྗེས་རྡུལ་ཙམ་དུ་བརླག་པར་བྱས། ཨོཾ་ཧྲཱིཿཥྚ་ཥྚ་ཥྚ་ཏ་ཡ་ཥྚ་ཏ་ཡ། ཧཱུཾ་ཕཊ། ཅེས་ཞེར་གཅིག་ཙམ་དྲག་ཏུ་བཟླ། ལྟེ་བར་ཨོཾ་པཾ་དམར་མོ་རྡོ་རྗེ་ཕག་མོ། སྙིང་གར་ཧཾ་ཡཾ་སྔོན་མོ་གཤིན་རྗེ་མ། ཁར་ཧྲིཾ་མཾ་དཀར་མོ་རྨོངས་བྱེད་མ། དཔྲལ་བར་ཧྲེཾ་ཧྲཱིཾ་སེར་མོ་བསྐྱོད་བྱེད་མ། སྤྱི་གཙུག་ཏུ་ཧཱུཾ་ཧཱུཾ་ལྗང་ཁུ་སྐྲག་བྱེད་མ། ཡན་ལག་ཐམས་ཅད་ལ་ཕཊ་ཕཊ་དུད་ཁ་ཙཎྜི་ཀའི་ངོ་བོ་རྣམས་སུ་གྱུར། ཨོཾ་བཛྲ་ཤུདྡྷ་སརྦ་དྷརྨ་བཛྲ་ཤུདྡྷོའཧཾ། ཡེ་ཤེས་འཁོར་ལོ་ཕྱི་ཞེས་སྤྱན་དྲངས། ཛཿཧཱུཾ་བཾ་ཧོཿགཉིས་སུ་མེད་པར་ཐིམ། ཡོ་ག་ཤུདྡྷ་སརྦ་དྷརྨ་ཡོ་ག་ཤུདྡྷོའཧཾ། ཆོས་ཐམས་ཅད་སྒྱུ་མ་ལྟར་ཤེས་པའི་སྒོ་ནས་རང་བཞིན་མཉམ་པ་ཉིད་ལ་མཉམ་པར་བཞག་སྟེ། ཨོཾ་པྲ་ཀྲི་ཏ་པ་རི་ཤུདྡྷ་སརྦ་དྷརྨ་པྲ་ཀྲི་ཏ་པ་རི་ཤུདྡྷོའཧཾ། ལྟེ་བར་ཆོས་འབྱུང་གཡོན་དུ་འཁོར་བའི་དབུས་སུ། ཉི་མ་ལ་ཧཱུཾ་ཡིག་སྔགས་ཕྲེང་དང་བཅས་པ་གསལ་བཏབ། ཨོཾ་སརྦ་བུདྡྷ་ཌཱ་ཀི་(༢༧༠བ)ནི་ཡེ། བཛྲ་ཝརྞ་ནི་ཡེ། བཛྲ་བཻ་རོ་ཙ་ནི་ཡེ་ཧཱུཾ་ཧཱུཾ་ཧཱུཾ་ཕཊ་སྭཱཧཱ། རྩ་སྔགས་སོ། །ཨོཾ་བཛྲ་ཌཱ་ཀི་ནི་ཧྲི་ཧཱུཾ་ཕཊ་སྭཱཧཱ། ཉེ་བའི་སྙིང་པོའོ། །ཨོཾ་བཛྲ་ཡོ་གི་ནི་ཧཱུཾ་ཕཊ་སྭཱཧཱ། སྙིང་པོའོ། །ཨོཾ་བཾ་ཧཱུཾ། ས་བོན་གྱི་སྔགས་སོ། །དེ་ལྟར་ཡིད་རྩེ་གཅིག་པས་ཅི་ནུས་སུ་བཟླའོ། །བདག་བསྐྱེད་ཀྱི་ལྷ་ལ་མཆོད་པར་མོས་ནས། ཨརྒྷཾ་མ་ནཾ་པྲ་ཏཱིཙྪ་ན་མཿདེ་བཞིན་དུ་སྤྲོཀྵ་ཎཾ། པུཥྤེ། ཨཀྵཾ་སྟེ་ཚུ་བཞི་དང་། པུཥྤེ་ནས་ཤབྡའི་བར་གྱིས་མཆོད། ཨོཾ་ན་མོ་བྷ་ག་ཝ་ཏེ་བཛྲ་ཝཱ་རཱ་ཧི་ཥཾ་ཧཱུཾ་ཧཱུཾ་ཕཊ། ཨོཾ་ན་མོ་ཨཱརྱ་ཨ་པ་ར་ཛི་ཏེ་ཏྲཻ་ལོ་ཀྱ་མ་ཏེ་མནྟ་བིདྱེ་ཤྭ་རི་ཡེ་ཧཱུཾ་ཧཱུཾ་ཕཊ། ཨོཾ་ན་མཿསརྦ་བུདྡྷ་ཌཱ་ཡ་ཥ་ཏེ་མནྟ་བཛྲེ་ཧཱུཾ་ཧཱུཾ་ཕཊ། ཨོཾ་ན་མོ་བཛྲ་ཨ་ས་ནེ་ཨ་ཛི་ཏེ་ཨ་པ་ར་ཛི་ཏེ་ཥ་ཕཾ་ཀ་རི་ནཻ་ཊ་བྷྱ་མ་ན་ཧཱུཾ་ཧཱུཾ་ཕཊ། ཨོཾ་ན་མ་ཨཾ་ཁ་ཝཾ་རཾ་ཁ་ནི་ཀྲོ་ཏྲ་ཀ་ར་ལི་ནི་ཧཱུཾ་ཧཱུཾ་ཕཊ། ཨོཾ་ན་མཿསྟུ་ཨོཾ་ས་ནི་སྨ་ར་ནི་པྲ་བེ་ད་ནི་ཨ་པ་རཱ་ཛ་ཡེ་ཧཱུཾ་ཧཱུཾ་ཕཊ། ཨོཾ་ན་མོ་བི་ཛ་ཡེ་ཛམྦྷེ་ནི་སྟམྦྷེ་ནི་མོ་ཧ་ནི་ཧཱུཾ་ཧཱུཾ་ཕཊ། ཨོཾ་ན་མོ་བཛྲ་ཝརྞ་ཏྲི་མ་ཧཱ་ཡོ་ག་ནི་ཀཱ་མེ་ཤྭ་རི་ཁ་གེ་ཧཱུཾ་ཧཱུཾ་ཕཊ། ཅེས་རྐང་པ་བརྒྱད་ཀྱིས་བསྟོད། ཐོད་པའི་ནང་དུ་

གཏོར་མ་ཁ་ཟས་བཟང་རྒྱུ་ལས་བྱས་པ་ཤ་ཆང་གིས་བརྒྱན་པ་གཅིག་དང་། ཉ་ཁྲག་ཤ་ཆང་ལ་ཕུག་འབྲུ་སྣ་དང་ཁ་ཟས་སྣ་ཚོགས་ཀྱི་གཏོར་མ་ཁམ་ཕོར་གང་བཤམས། གཏོར་མ་བྱིན་རླབས་ནི། སུམྦྷས་བསངས། སྭ་བྷཱ་ཝས་སྦྱངས། ཐོད་པ་ཤ་ལྔ་བདུད་རྩི་ལྔས་གང་བར་གྱུར། ཨོཾ་ཨཱཿཧཱུྃ། ལན་བཅུ་བརྗོད། ཨོཾ་ཏ་ཏོ་ཧྲིཿསྭཱ་ཧཱ། ལན་གསུམ་གྱིས་བྱིན་གྱིས་བརླབས། འབར་བའི་ཕྱག་རྒྱ་དང་བཅས་(༢༡༡ན)ཏེ་ཛཾ། རྡོ་རྗེ་རྣལ་འབྱོར་མ་སྤྱན་དྲངས། གཏོར་མ་གསོལ་བར་བསམ་ལ། ཨོཾ་བཛྲ་ཡོ་གི་ནི་ཨི་མཾ་བླ་ལིཾ་གྲིཧྣ་གྲིཧྣ་ཙུ་ཙུ། ཁ་ཁ་ཁ་ཁ། ཛཾ་ཛཾ་ཛཾ་ཛཾ། ཨ་ཨ་ཨ་ཨ། མ་མ་སརྦ་སིདྡྷི་པྲ་ཡཙྪ་ཧཱུྃ་ཕཊ་སྭཱ་ཧཱ། ལན་བདུན་ལ་སོགས་པས་ཕུལ། གཏོར་མ་གཉིས་པ་ལ་དམིགས་ཏེ། ཛཾ། འཇིག་རྟེན་པའི་གཏོར་མགྲོན་ཐམས་ཅད་སྤྱན་དྲངས་ཏེ། ཨོཾ་ཁ་ཁ་ཁཱ་ཧི། ཞེས་པ་ནས། ཀུན་འགྲུབ་ཤོག་གི་བར་མཁའ་འགྲོ་སྤྱི་གཏོར་སྤྱི་དང་མཐུན་པར་བཏང་། ཡིག་བརྒྱ། བཟོད་གསོལ། གཤེགས་གསོལ་རྣམས་སྤྱི་དང་འདྲ་བར་བྱ། དེ་ནས་སླར་ཡང་སྙིང་ག་ནས་འོད་ཟེར་འཕྲོས། སྲིད་པ་གསུམ་གྱི་སེམས་ཅན་ཐམས་ཅད་ལ་ཕོག །སྡིག་སྒྲིབ་སྦྱངས། རྡོ་རྗེ་རྣལ་འབྱོར་མའི་སྐུར་གྱུར། དེ་ནས་ལྷ་གསུམ་ལ་སོགས་པ་སྲིད་པ་གསུམ་གྱི་གདོན་རྣམས་ལ་གསུངས་པ། ཆོས་རྣམས་སྒྱུ་མ་ལྟ་བུ་ལ། །གང་ཞིག་གནོན་ཅིང་གང་གིས་གནོན། །གང་ཞིག་གསོད་ཅིང་གང་གིས་གསོད། །ཐམས་ཅད་སེམས་ཀྱི་རྣམ་འཕྲུལ་ཡིན། །བཅིང་བ་མེད་ཅིང་བསད་པ་མེད། །རང་གི་སེམས་ཀྱི་རྣམ་འཕྲུལ་ལ། །བདག་དང་གཞན་དུ་སྣང་བ་དང་། །འཇོམས་བྱ་འཇོམས་བྱེད་སྣང་བར་གྱུར། །བདག་དང་ཁྱོད་དག་རང་བཞིན་གཅིག །གཅིག་མིན་དུ་མ་རྣམས་ལས་གྲོལ། །རང་བཞིན་དག་པའི་ངང་དུ་ལྟོས། །ཀྱི་ལགས་དབང་པོ་ལྟོས་ཤིག་དང་། །ངས་ནི་ཅི་ཡང་མ་མཐོང་ངོ་། །བསམ་དུ་མེད་ཅིང་བརྗོད་དུ་(༢༡༡བ)མེད། །གྲོལ་བའི་མཚན་མ་ཀུན་དང་བྲལ། །ཞེས་པའི་དོན་བསམ་ཞིང་མཉམ་པར་བཞག་གོ། །ལྷ་སྐུར་སྣང་བ་ཡང་དམིགས་པ་མེད་པའི་ངང་

ཏུ་སྟོང་ཉིད་བསྒོམ། དེ་ནས་གོ་ཆ་བཀོད་ནས་དགེ་བ་བསྔོ། །༔ འདིའི་བྱིན་རླབས་བྱེད་ཐབས་ནི། ཆོས་བརྒྱད་དང་བཅུ་གཅིག་གང་རིགས་ལ་ཉིན་ཕྱེད་མན་ཆད་ནས། ཐོ་རངས་ཚུན་ཆད་ཀྱི་དུས་ལ་བྱ་སྟེ། སྟེགས་བུ་ལ་ཚང་གི་ཆོས་འབྱུང་ཞིག་བྲིས། དེའི་སྟེང་དུ་མེ་ཏོག་དམར་པོ་བཀྲམས། དབུས་སུ་ཕྱེ་མར་གྱི་ཏིང་ལོ་གཅིག་བཞག །དེའི་སྟེང་མཐིལ་ལ་ཐོད་པ་བདུད་རྩིས་གང་བ། སྟེང་དུ་མེ་ལོང་ལ་སིནྡྷུ་ར་བརྡལ་ལ། ཆོས་འབྱུང་ཕྱགས་བཞི་དགའ་འཁྱིལ་དང་བཅས་པ་ཞིག་བྲིས། ཡོགས་གཅིག་ཏུ་སྡོད་ཆུང་དུ་གཉིས་སུ་ཤ་ཆེན་མར་ལ་བཙོས་པ་དང་། ཆང་ལ་རཀྟ་ཅུང་ཟད་བསྲེས་པ་ཞིག་བཞག །མཆོད་གཏོར་བཤམས། སྟོན་འགྲོའི་གཏོར་མ་བཏང་། གནས་ཡོ་བྱིན་རླབས་བྱ། གཏོར་ཆོག་མ་གཏོགས་བདག་བསྐྱེད་གོང་བཞིན་མདུན་བསྐྱེད་བསངས་སྦྱངས། སྟོང་པའི་ངང་ལས་ཨེ་ཝཾ་གྱི་ཡི་གེ་ཤིན་ཏུ་ཡངས་ཤིང་རྒྱ་ཆེ་བའི་དབུས་སུ། པཾ་ལས་སྣ་ཚོགས་པདྨ་དང་། ཨཾ་དཀར་པོ་ལས་ཉི་མའི་དཀྱིལ་འཁོར། དེའི་སྟེང་དུ་ཧཱུཾ་དཀར་པོ་དེ་ལས་འོད་ཟེར་འཕྲོས། ཞེས་པ་ནས། འཁོར་ལོ་དང་བཅས་པའོ། །ལྟེ་བ་ནས་ཧཱུཾ་གཅིག་སྤྲོས་པས། །ཞེས་པ་ནས། བཟླས་པའི་བར་བདག་བསྐྱེད་བཞིན། ཕྱི་མཆོད་ཀྱི་མཐར་འབྲུ་གསུམ་གྱིས་ནང་མཆོད་དབུལ། ཨ་ནུ་རཱ་གས་(༡༧༢ན)གསང་མཆོད་ཕུལ་ལ་བསྟོད་པ་བྱ། གོང་གི་གཏོར་ཆོག་གི་གཏོར་མ་ཆ་གཅིག་ཕུལ། སིནྡྷུ་རའི་དཀྱིལ་འཁོར་ལ་དམིགས་ནས་རྩ་ཕྱགས་དང་བདུད་རྩི་ལ་དམིགས་ནས་ཉེ་སྙིང་དང་། ཏིང་ལོ་ལ་དམིགས་ནས་སྙིང་པོ་དང་། ཤ་ཆང་ལ་དམིགས་ནས་ས་བོན་རྣམས་བརྒྱ་རྩ་རེ་བཟླའོ། །བར་འདིར་གཞོན་ནུ་མའི་སྟོན་མོ་དང་ཚོགས་འཁོར་བྱ། ༔ དེ་ནས་མཎྜལ་ཕུལ། སློབ་མས་ཀུན་མཁྱེན་ཡེ་ཤེས་ཕུང་པོ་ཅན། སོགས་ཀྱིས་གསོལ་བཏབ། རྒྱུན་བཤགས་དང་རིགས་ལྔའི་སྡོམ་བཟུང་བྱ། སློབ་མའི་ལྟེ་བར་ཆོས་འབྱུང་གཡོན་དུ་འཁོར་བའི་དབུས་སུ་ཉི་མ་ལ་ས་བོན་གྱི་མཐར་སྔགས་ཕྲེང་གིས་བསྐོར་བ་གསལ་བཏབ། དེ་ལས་འོད་ཟེར་

འཕྲོས། གཡས་རོ་མ་ནས་སོང་། སྤྱི་བོ་ནས་ཐོན། ཕྱོགས་བཅུའི་སངས་རྒྱས་བྱང་སེམས་ཐམས་ཅད་ཀྱི་བྱིན་རླབས་ནུས་མཐུ་རྣམས་འདུས་ནས་སྤྱི་བོར་ཐིམ། ཧཾ་ཡིག་ཞུ་བའི་རྒྱུན་དབུ་མ་ནས་བྱུང་། ལྟེ་བར་བབས་པ་ལ་སེམས་གཏོད་དུ་བཅུག་ལ། རྩ་སྟགས་འདོན་ཅིང་རོལ་མོའི་སྒྲ་བྱ། ཡང་ལྟེ་བ་ནས་འོད་ཟེར་འཕྲོས། རོ་མའི་ལམ་བརྒྱུད་དེ་སྨིན་མཚམས་ནས་ཐོན་ཏེ། སྟོད་བཅུད་རྣམས་འོད་དུ་ཞུ་ནས་ལྟེ་བར་ཐིམ། ལྟེ་བའི་ཆོས་འབྱུང་གཡོན་དུ་དྲག་ཏུ་འཁོར་བས་ལུས་ཀྱི་སྟོད་སྨད་ནས་འོད་དུ་ཞུ་ནས་འོད་གསལ་དུ་བཅུག་ལ་རོལ་མོའི་སྒྲ་བྱའོ། །འོད་གསལ་གྱི་ངང་ལས་རྗེ་བཙུན་མའི་སྐུར་གྱུར་པའི་ལྟེ་བའི་སྟགས་(༡༧༢བ)འཁོར་གཡོན་སྐོར་དུ་འཁོར་བ་ལས་འོད་ཟེར་འཕྲོས། སངས་རྒྱས་བྱང་སེམས་ཐམས་ཅད་རྗེ་བཙུན་མའི་རྣམ་པར་སྤྱན་དྲངས་ཏེ་ལྟེ་བའི་ཡིག་འབྲུ་ལ་ཐིམ་པའི་མོས་པ་མཛོད་བྱས་ལ། རོལ་མོའི་སྒྲ་བྱའོ། །སླར་ཡང་ཡེ་ཤེས་འབེབས་པ་ལ། སློབ་མ་སྐྱིལ་ཀྲུང་བཅས་ཤིང་རླུང་བཟུང་དུ་བཅུག །སློབ་མ་རྣམས་ཀྱི་སྤྱི་བོར་བླ་མ་ཧེ་རུ་ཀའི་རྣམ་པ་ཅན། ལྟེ་བར་ཆོས་འབྱུང་གི་ནང་དུ་རྡོ་རྗེ་ཕག་མོ་མར་མེ་ལྟར་འབར་བ་མཐོན་གང་བ་གར་བསྒྱུར་བ་གཅིག་བཞུགས་པར་གྱུར། སློབ་དཔོན་གྱི་ལྟེ་བའི་བཾ་ལས་འོད་ཟེར་འཕྲོས། སློབ་མའི་ལྟེ་བར་གནས་པའི་རྡོ་རྗེ་ཕག་མོའི་སྐུ་ལ་ཕོག་པས། ཡེ་ཤེས་ཀྱི་མེ་ལྕེའི་ཚོགས་དཔག་ཏུ་མེད་པ་འཕྲོས་ཤིང་འབར་ཏེ། ལུས་ཀྱི་ཕྱི་ནང་ཐམས་ཅད་གང་བས། སྡིག་སྒྲིབ་ཐམས་ཅད་བསྲེགས་པར་མོས་པ་མཛོད། ཨོཾ་བཛྲ་ཝཱ་རཱ་ཧཱི་ཛླ་ན་ཨ་བེ་ཤ་ཡ་ཨ་ཨ་ཧྲཱི་ཧྲི་སྭཱཧཱ། ཞེས་དང་། ཛཿཧཱུྃ་བཾ་ཧོཿ ཞེས་དཀྱིལ་འཁོར་དུ་བཅུག་པར་མོས་ལ། ཡོལ་བ་བསལ། རྟེན་དང་བརྟེན་པར་བཅས་པའི་དཀྱིལ་འཁོར་པ་ཐམས་ཅད་མངོན་སུམ་བཞིན་དུ་གསལ་བར་གྱུར། ཞེས་ལྷ་ངོ་བསྟན། དངོས་གཞི་ཞུ་བའི་ཡོན་དུ་མཎྜལ། བྱང་ཆུབ་རྡོ་རྗེ་སོགས་ཀྱིས་ལན་གསུམ་གསོལ་བ་བཏབ། མེ་ལོང་སྤྱི་བོར་བཞག་ལ། ཨོཾ་ན་མོ་བྷ་ག་ཝ་ཏེ་བཛྲ་ཝཱ་རཱ་ཧཱི་ཕཾ་ཧུཾ་ཧཱུཾ་ཕཊ། ཨོཾ་ན་མོ་ཨཱརྻ་ཨ་

པ་ར་ཛཱི་ཏེ་ཏྲཻ་ལོ་ཀྱ་མ་ཏེ་མནྟྲ་བིནྡྷ་ཤྭ་རི་ཡེ་ཧུ་ཧཱུྃ་ཕཊ། ཨོཾ་ན་མཿསརྦ་ཏྲཻ་ཏ་ཏྲཻ་ཡེ་བ་ཏེ་མནྟྲ་བཛྲེ་ཧུྃ་ཧཱུྃ་ཕཊ། (༢༧༣ན)ཨོཾ་ན་མོ་བཛྲ་ཨ་ས་ནེ་ཨ་ཛཱི་ཏེ་ཨ་པ་ར་ཛཱི་ཏེ་ཕ་ཤཾ་ག་རི་ནཻ་ཊ་ཧྲཱ་མ་ནི་ཧུྃ་ཧཱུྃ་ཕཊ། ཨོཾ་ན་མོ་ཤོ་ཁ་ནི་རོ་ཁ་ནི་ཀྲོ་དྷ་ག་ར་ཕི་ནི་ཧུྃ་ཧཱུྃ་ཕཊ། ཨོཾ་ན་མཿསྟྲ་ས་ནི་སྨ་ར་ནི་པྲ་བེ་ད་ནི་ཨ་བ་རྣ་ཛ་ཡེ་ཧུྃ་ཧཱུྃ་ཕཊ། ཨོཾ་ན་མོ་བི་ཛ་ཡེ་ཛམྦྷ་ནི་སྟམྦྷ་ནི་མོ་ཧ་ནི་ཧུྃ་ཧཱུྃ་ཕཊ། ཨོཾ་ན་མོ་བཛྲ་ཡཀྵ་རྣ་ཧི་མནྟྲ་ཡོ་ག་ནི་ཀྲྀ་མི་ཤྭ་རི་ཁ་གེ་ཧུྃ་ཧཱུྃ་ཕཊ། ཅེས་ཆང་བརྒྱུད་ཀྱི་སྔགས་བརྗོད་དོ། །དཔྲལ་བར་སིནྡྷུ་ར་བྱུགས། ཨོཾ་སརྦ་བུདྡྷ་ཌཱ་ཀི་ནཱི་ཡེ། བཛྲ་ཝརྞྞ་ནཱི་ཡེ། བཛྲ་བཻ་རོ་ཙ་ནཱི་ཡེ་ཧུྃ་ཧུྃ་ཧུྃ་ཕཊ་སྭཱཧཱ། ཞེས་རྩ་སྔགས་བརྗོད། མི་ལོང་གི་ལྷ་ལས་མར་མེ་གཅིག་ལས་གཉིས་ཆད་ཀྱི་ཚུལ་དུ་བྱུང་ནས། ཁྱེད་རང་གི་དཔྲལ་བར་ཐིམ་པས་སྐད་ཅིག་གིས་ལྷ་སྐུར་གྱུར་པར་བསམས། བུམ་དབང་ངོ་། །ནང་མཆོད་བྱིན་ལ། ཨོཾ་བཛྲ་ཌཱ་ཀི་ནཱི་ཧྲི་ཧཱུྃ་ཕཊ་སྭཱཧཱ། ཞེས་བརྗོད། གསང་དབང་ངོ་། །ཨོཾ་བཛྲ་ཡོ་གི་ནཱི་ཧཱུྃ་ཕཊ་སྭཱཧཱ། ཞེས་སྙིང་པོས་ཏིང་ལོ་བྱིན་ལ། སློབ་མ་རྣམས་ཀྱི་ལྟེ་བའི་གཏུམ་མོའི་མེ་འབར་སྤྱི་བོའི་ཧཾ་ཡིག་དབུ་མར་ཞུ་བ་ལས་བྱུང་བའི་བདེ་སྟོང་དབྱེར་མེད་དུ་བསྒོམས། ཤེར་དབང་ངོ་། ཨོཾ་བཾ་ཧཱུྃ། ཞེས་ས་བོན་གྱི་སྔགས་ཀྱིས་ཤ་ཆང་ལག་པ་གཡས་གཡོན་དུ་སྦྱིན། ཟུང་འཇུག་གི་བརྡའོ། །ཞེས་བྱས་ལ་མིང་དུ་གཞུག་དབང་བཞི་པའོ། །སློབ་དཔོན་གྱིས་སློབ་མའི་ལག་ཏུ་མེ་ཏོག་དམར་པོ་གཏད། སློབ་མས་གཞོན་ནུ་མ་ཚུང་དུ་ཞིག་གི་ལག་ཏུ་གཏད་ནས་དཀྱིལ་འཁོར་ལ་འབུལ་དུ་གཞུག །རྩ་སྔགས་ཀྱི་མཐར་པུཥྤེ་པྲ་ཏཱིཙྪ་ན་མ་ཞེས་(༢༧༣བ)བརྗོད། དེ་ནས་སྒྲུབ་ཐབས་ཉམས་སུ་ལེན་ཚུལ་རྫོགས་པར་བཤད་ལ། སྔགས་ལ་བཟླས་ལུང་བྱ་བ་ནི། སློབ་དཔོན་གྱི་ཐུགས་ཀར་ཆོས་འབྱུང་སྔགས་ཕྲེང་དང་བཅས་པ་དང་། སློབ་མའི་སྙིང་གར་ཆོས་འབྱུང་ཙམ་གསལ་བཏབ་ལ། སློབ་དཔོན་ལ་མོས་གུས་བྱས་པའི་རྐྱེན་གྱིས། སློབ་དཔོན་གྱི་ཐུགས་ཀའི་སྔགས་ཕྲེང་ལས་སྔགས་ཕྲེང་གཉིས་པ་ཞིག་ཆད་ཞལ་ནས་ཐོན། སློབ་མའི་ཁ་སྒོ

ནས་ཞུགས། སྙིང་ཁའི་ཆོས་འབྱུང་དུ་པར་བཏབ་པ་བཞིན་བྱུང་བར་མོས་ལ། ཨོཾ་སརྦ་བུདྡྷ་ཌཱ་ཀི་ནཱི་ཡེ། བཛྲ་ཝརྞྞ་ནཱི་ཡེ། བཛྲ་བཻ་རོ་ཙ་ནཱི་ཡེ་ཧཱུྃ་ཧཱུྃ་ཧཱུྃ་ཕཊ་སྭཱཧཱ། ཨོཾ་བཛྲ་ཌཱ་ཀི་ནཱི་ཧྲཱི་ཧཱུྃ་ཕཊ་སྭཱཧཱ། ཨོཾ་བཛྲ་ཡོ་གི་ནཱི་ཧཱུྃ་ཕཊ་སྭཱཧཱ། ཨོཾ་བཾ་ཧཱུྃ། ཞེས་སྔགས་བཞིའི་རྗེས་ཟློས་བྱར་གཞུག །བཅོམ་ལྡན་བདག་ལ་བསྐུལ་ལགས་ཏེ། །སོགས་ལན་གསུམ་མེ་ཏོག་གཏོར་བཞིན་དུ་རྗེས་ཟློས་བྱས་པ་ལ། བཅོམ་ལྡན་འདི་ལ་སོགས་བརྗོད་ཅིང་། སློབ་མའི་སྤྱི་བོར་མེ་ཏོག་གཏོར། དེང་ཕྱིན་ཆད་སྔགས་བཟླས་པ་ལ་བརྩོན་པར་གྱིས་ཤིག །རྗེས་ཀྱི་བྱ་བ་ནི་ཕག་མོ་སྤྱི་དང་འདྲའོ། །རིན་ཆེན་ལྔར་བསྐྱེད་མཆོད་པ་འབུལ། །བུམ་དབང་འཛིན་བྱེད་གསང་དབང་འཆང་། །སྙིང་ག་ཤེས་རབ་བཞི་པ་ནི། །སྔ་གཉིས་བཅིང་བ་ཡིན་ནོ་ཞེས། །ཞེས་པ་ལྟར་གྱི་དབང་ནི་ཞལ་ལས་ཤེས་སོ། །འདི་དུས་མ་ཡིན་པ་དང་། སློབ་མ་གཉིས་ལ་དུས་གཅིག་ཏུ་མི་བྱ་བར་གསུངས་སོ།། །།

༄ ཕག་མོ་ཀུརྐ་ལླ་དྲི་ལ། སྐྱབས་འགྲོ་སེམས་བསྐྱེད། གུར་ནས་བྱུང་བའི་ཡན་ལག་(༢༧༨ན)བདུན་པ་རྣམས་སོང་རྗེས། ཨ་ཨུ་ཏྲམ་སྟོང་པར་སྦྱངས། སྟོང་པའི་ངང་ལས་རང་གི་ལྟེ་བར་བཾ་ཡིག་འོད་ཀྱི་འཕྲོ་འདུ་ལས། རང་ཉིད་རྗེ་བཙུན་རྡོ་རྗེ་རྣལ་འབྱོར་མ་སྐུ་མདོག་གསེར་བཙོ་མ་ལྟ་བུ་ཞལ་གཅིག་ཕྱག་གཉིས་སྤྱན་གསུམ་མ། གཡས་གྲི་གུག་ཐུར་དུ་བརྒྱང་བ། གཡོན་ཐོད་ཁྲག་ཐུགས་ཀར་འཛིན་པ། དབུ་སྐྲ་ནག་པོ་བསིལ་བུར་གྲོལ་བ། མི་མགོ་སྐམ་པོ་ལྔའི་དབུ་རྒྱན་དང་། རློན་པ་ལྔ་བཅུའི་དོ་ཤལ་ཅན་རུས་པའི་ཕྱག་རྒྱ་ལྔས་བརྒྱན་པ། ཞབས་གཉིས་རུས་སྦལ་གྱི་འདུག་སྟངས་ཀྱིས་པདྨ་དཀར་པོ་དང་ཉི་མ་ལ་རྡྫི་ར་བ་ནག་པོ་གྲི་ཐོད་ཅན་སྟག་ཤམ་དང་། མི་ལྤགས་གྱོན་པ་ཁ་བུབ་ཏུ་མནན་པ། མེ་དཔུང་འབར་བའི་དབུས་ན་བཞུགས་པའི་ལྟེ་བར་ཆོས་འབྱུང་གི་དབུས་སུ་བཾ། ཡཻ་ཞེས་འབར་བའི་ཕྱག་རྒྱ་བཅའ། ཡེ་ཤེས་པ་སྤྱན་དྲངས། ཛཿཧཱུྃ་བཾ་ཧོཿབཟླས་པའི་དམིགས་པ་གསལ་བཏབ་

ལ། ཨོཾ་བཛྲ་བཻ་རོ་ཙ་ནི་ཡེ་ཧཱུྃ་ཕཊ་སྭཱཧཱ། གང་མང་བཟླས་པའི་མཐར། ཡིག་བརྒྱ་བརྗོད། གཏོར་མ་འབུལ་ན། ཐོད་པའི་ནང་དུ་གཏོར་མ་བཤམས། འབྲུ་གསུམ་ལན་མང་དུ་བརྗོད་པས་བྱིན་གྱིས་བརླབས། རང་གི་ལྟེ་བའི་ས་བོན་ལས་འོད་ཟེར་འཕྲོས། རང་བཞིན་གྱི་གནས་ནས་རྗེ་བཙུན་རྡོ་རྗེ་རྣལ་འབྱོར་མའི་ཡེ་ཤེས་པ་མདུན་གྱི་ནམ་མཁར་སྤྱན་དྲངས། ལྕགས་རྡོ་རྗེའི་སྦྲུ་གུས་དྲངས་ཏེ་གསོལ་བར་གྱུར་པར་བསམས། སྙིང་པོའི་མཐར་ཁ་ཁ་ཧཱུྃ་བཏགས་པ་ལན་བདུན་གྱིས་འབུལ། ཨོཾ་ཨཱཿཧྲཱི་ཧཱུྃ་ཧ་ཧ་ལན་བདུན་གྱིས་ཤ་ཆེན་(༧༧-བ)བཏགས་པའི་སྦྱོར་ཕུལ། གཏོར་མའི་ལྷག་མ་དེ་མཁའ་འགྲོ་སྤྱི་གཏོར་དུ་བཏང་། འདོད་དོན་གསོལ་བ་བཏབ། ཡིག་བརྒྱ། བཟོད་གསོལ། གཤེགས་གསོལ་རྣམས་བྱ། འདིའི་རྗེས་གནང་ནི་འོག་གཞིའི་ཆོས་འབྱུང་དང་། མཐིའི་སྟེང་དུ་ཐོད་པ་དང་སིནྡཱུ་རའི་དཀྱིལ་འཁོར་སོགས་ཕག་མོ་སྤྱི་དང་མཚུངས་པ་ལས། ཆོས་འབྱུང་གྲུ་གསུམ་ཉིས་བརྩེགས་བཾ་ཡིག་དེའི་མཐར་སྙིང་པོས་བསྐོར་བ། ཕྱོགས་བཞིར་རྡོ་རྗེ་རྒྱ་གྲམ་རེ་རེ་དང་བཅས་པ་བྲིས། གང་འོས་ཕྱོགས་སུ་རྗེ་བཙུན་མའི་བྲིས་སྐུ་བཞུགས་སུ་གསོལ། བུམ་པ་བཅུད་ལྡན་ཞིག་བཅའ། མདུན་དུ་ཐོད་པའི་སྟོད་དུ་དམར་གཏོར་དང་། ཤ་ཆེན་གྱི་སྦྱོར་སོགས་མཆོད་པ་རྣམས་ཅི་བདེར་བཤམས། སྔོན་འགྲོ་གཏོར་མ་དང་གནས་ཡོ་བྱིན་རླབས་བྱ། བདག་བསྐྱེད་གོང་བཞིན་བྱས་ནས་མདུན་བསྐྱེད་བསངས་སྦྱངས། སྟོང་པའི་ངང་ལས་ཧཱུྃ་ཡིག་ལས་བྱུང་བའི་སྲུང་འཁོར་གྱི་ནང་དུ། དུར་ཁྲོད་ཀྱི་ས་གཞི་ལ་པདྨ་དཀར་པོ་དང་ཉི་མའི་གདན། དེའི་སྟེང་དུ་ཆོས་འབྱུང་དཀར་པོའི་ནང་དུ་བཾ་སེར་པོ་སྔགས་ཕྲེང་དང་བཅས་པ་ཡོངས་སུ་གྱུར་པ་ལས། རྗེ་བཙུན་རྡོ་རྗེ་རྣལ་འབྱོར་མ་ནས། མེ་དཔུང་འབར་བའི་དབུས་ན་བཞུགས་པ་ཞེས་པའི་བར་བདག་བསྐྱེད་ལྟར་དང་། ཕཻཾ་ཞེས་པ་ནས་མཁའ་འགྲོ་སྤྱི་གཏོར་བཏང་བ་ཡན་ཆད་ཀྱང་གོང་བཞིན། བུམ་པ་ལ་སྙིང་པོ་བརྒྱ་ཙམ་བཟླས། དམིགས་པ་སོགས་གང་ཡང་མི་

དགོས། ༈ དེ་ནས་སློབ་མས་མཎྜལ་ཕུལ། དོན་དམ་སྨྲ་བའི་སེང་(༢༧༥ན)གེའི་རྣལ་འབྱོར་ཞེས་བྱ་བ། ཉོན་མོངས་གཅོད་པའི་དོན་ལ་ཤིན་ཏུ་མཁས་གྱུར་པ། །སྲིད་པའི་ཉེས་བརྒྱ་བསྐྱེད་རྩ་ཉོན་མོངས་ཆོད་མཛོད་ལ། །རྣལ་འབྱོར་དོན་དམ་རྒྱལ་པོ་དེ་ཉིད་བདག་གྲུབ་མཛོད། །ཅེས་ལན་གསུམ་གསོལ་བ་བཏབ། དཀོན་མཆོག་གསུམ་ལ་བདག་སྐྱབས་མཆི། །ཞེས་སོགས་རྒྱུན་བཤགས་བྱ། སྲུས་བཅས་སངས་རྒྱས་ཐམས་ཅད་དང་། །ཞེས་སོགས་རིགས་ལྔའི་སྡོམ་བཟུང་དང་། སངས་རྒྱས་ཆོས་དང་དགེ་འདུན་ལ། །རྟག་ཏུ་བདག་ནི་སྐྱབས་སུ་མཆི། །རྣལ་འབྱོར་གསང་སྔགས་མཁའ་འགྲོ་མ། །འཁོར་ལོ་གསུམ་གྱི་བདག་ཉིད་ཅན། །ཀུན་ལ་བདག་ནི་སྐྱབས་སུ་མཆི། །དཔའ་བོ་དཔའ་མོ་དབང་ལྷ་མོ། །བྱང་ཆུབ་སེམས་དཔའ་བདག་ཉིད་ཆེ། །ཁྱད་པར་དུ་ཡང་སློབ་དཔོན་ལ། །རྟག་པར་བདག་ནི་སྐྱབས་སུ་མཆི། །དཔལ་ལྡན་ཁྲག་འཐུང་སོགས་དཔའ་བོ། །རྣལ་འབྱོར་མ་དང་སྣང་མཛད་སོགས། །བྱང་ཆུབ་སེམས་དཔའ་དཔག་མེད་པ། །ཐམས་ཅད་བདག་ལ་དགོངས་སུ་གསོལ། །བདག་ནི་དུས་འདི་ནས་བཟུང་སྟེ། །ཇི་སྲིད་གཉིས་མེད་ལ་གནས་པར། །དེ་ཡི་ཚངས་སྤྱོད་གཉིས་མེད་པ། །ཉི་ཤུ་རྩ་གཉིས་ལེགས་པར་སྲུང་། །ཞེས་དམ་ཚིག་ཉེར་གཉིས་བཟུང་བར་བྱ། སློབ་དཔོན་དང་མདུན་བསྐྱེད་གཉིས་ཀ་རྗེ་བཙུན་རྡོ་རྗེ་རྣལ་འབྱོར་མ་སྐུ་མདོག་གསེར་བཙོ་མ། ཞེས་པ་ནས། མི་དཔྱུང་འབར་བའི་དབུས་ན་བཞུགས་པའི་བར་བསྒོམ་དུ་གཞུག །བྱང་ཆུབ་རྡོ་རྗེས་(༢༧༥བ)ནས་དེང་བདག་སྐྱོལ། ཞེས་གསོལ་བ་ལན་གསུམ་བཏབ། དབང་བསྐུར་རྡོ་རྗེ་ཆེན་པོ་ནི། །ནས་སྦྱིན་པར་བྱ། ཨོཾ་བཛྲ་ཝཱ་ཁ་ཨ་ཧི་ཏིཥྛ་ཧཱུྃ། ཞེས་དབང་བསྐུར་བས་སྟེག་སྒྲིབ་དག །རྣམ་སྨིན་གྱི་ལུས་སྦྱངས་པར་མོས། ཨོཾ་ཤུ་ནྱ་ཏཱ་སློབ་མ་རྣམས་སྟོང་པར་སྦྱངས། སྟོང་པའི་ངང་ལས་སློབ་མ་རྣམས་ཀྱི་ལྟེ་བར་བཾ་ཡིག་འོད་ཀྱི་འཕྲོ་འདུ་ལས། ཁྱོད་རང་རྣམས་རྗེ་བཙུན་རྡོ་རྗེ་རྣལ་འབྱོར་མ་སྐུ་མདོག་གསེར་བཙོ་མ་ལྟ་བུ་ཞལ་

གཅིག་ཕྱག་གཉིས་སྤྱན་གསུམ་མ། གཡས་གྲི་གུག་ཐུར་དུ་བརྐྱང་བ། གཡོན་ཐོད་ཁྲག་ཐུགས་ཀར་འཛིན་པ། དབུ་སྐྲ་ནག་པོ་བསིལ་བུར་གྲོལ་བ། མི་མགོ་སྐམ་པོ་ལྔའི་དབུ་རྒྱན་དང་། རྣོན་པ་ལྔ་བཅུའི་དོ་ཤལ་ཅན། རུས་པའི་ཕྱག་རྒྱ་ལྔས་བརྒྱན་པ། ཞབས་གཉིས་རུས་སྦལ་གྱི་འདུག་སྟངས་ཀྱིས་པདྨ་དཀར་པོ་དང་། ཉི་མ་ལ་ཧྲི་ར་བ་ནག་པོ་གྲི་ཐོད་ཅན་སྟག་ཤམ་དང་། མི་ལྤགས་གྱོན་པ་ཁ་བུབ་ཏུ་མནན་པ། མེ་དཔུང་འབར་བའི་དབུས་ན་བཞུགས་པའི་ལྟེ་བར་ཆོས་འབྱུང་གི་དབུས་སུ་བཾ། ཞེས་འབར་བའི་ཕྱག་རྒྱ་བཅའ། ཡེ་ཤེས་པ་སྤྱན་དྲངས། ཛཿཧཱུྃ་བཾ་ཧོཿ ཞེས་བརྗོད་ནས་སློབ་མ་རྣམས་ལ་དམིགས་པ་ཐོག །ཡང་སློབ་དཔོན་གྱི་ཐུགས་ཀ་ནས་འོད་ཟེར་འཕྲོས། ཕྱོགས་བཅུའི་སངས་རྒྱས་བྱང་སེམས་དཔའ་བོ་མཁའ་འགྲོ་ཐམས་ཅད་རྗེ་བཙུན་མའི་རྣམ་པར་སྤྱན་དྲངས། སྟེང་ཕྱོགས་ནས་ཆར་བཞིན་བབས། ལྟེ་བར་བཾ་ཡིག་ལ་ཐིམ་པར་མོས་སུ་བཅུག་ལ། སྙིང་པོའི་མཐར་ཨ་བེ་ཤ་ཡ་ཨ་ཞེས་བཏགས་པས་(༢༧༨ན)ཡེ་ཤེས་པ་དབབ་ཅིང་། ཅང་ཏེའུའི་སྒྲ་བྱ། གསུང་བཟླས་ལུང་གི་རྗེས་གནང་ནི། སློབ་དཔོན་གྱི་ཐུགས་ཀར་ཆོས་འབྱུང་སྔགས་ཕྲེང་དང་བཅས་པ་དང་། སློབ་མའི་སྙིང་གར་ཆོས་འབྱུང་ཙམ་གསལ་བཏབ་ལ། སློབ་དཔོན་ལ་མོས་གུས་བྱས་པའི་རྐྱེན་གྱིས། སློབ་དཔོན་གྱི་ཐུགས་ཀའི་སྔགས་ཕྲེང་ལས་སྔགས་ཕྲེང་གཉིས་པ་ཞིག་ཆད། ཞལ་ནས་ཐོན། སློབ་མའི་ཁ་སྒོ་ནས་ཞུགས། སྙིང་གའི་ཆོས་འབྱུང་དུ་པར་བཏབ་པ་བཞིན་བྱུང་བར་མོས་ལ། ཨོཾ་བཛྲ་བཻ་རོ་ཙ་ནཱི་ཡེ་ཧཱུྃ་ཕཊ་སྭཱཧཱ། ཞེས་ལན་གསུམ། བཅོམ་ལྡན་བདག་ལ་བསྐུལ་ལགས་ཏེ། སོགས་ལན་གསུམ་མེ་ཏོག་འཐོར་བཞིན་དུ་རྗེས་བཟློས་བྱས་པ་ལ། བཅོམ་ལྡན་འདི་ལ་བསྐུལ་ལགས་ཀྱི། །སོགས་བརྗོད་ཅིང་། སློབ་མའི་སྤྱི་བོར་མེ་ཏོག་གཏོར། ཐོད་པའི་ནང་གི་བདུད་རྩི་སྦྱིན། སྙིང་པོའི་མཐར་འབྲུ་གསུམ་བཏགས་པ་ལན་གསུམ་བརྗོད་དེ། ཐུགས་ཀྱི་རྗེས་གནང་གི་དོད་ཡིན། ཆོས་འབྱུང་གི་ཟུར་གསུམ་ནས་སིནྡྷུ་ར་བླངས་

ཏེ། སློབ་མའི་གནས་གསུམ་དུ་བྱུགས། སྐུ་གསུང་ཐུགས་ཀྱི་བྱིན་རླབས་བརྟན་པར་མོས། འོག་གཞི་ཆོས་འབྱུང་གི་དཀྱིལ་འཁོར་རམ། ཁྲིས་སྐུ་ཡོད་ན་སློབ་མའི་སྤྱི་བོར་བཞག་ལ། ཀུན་རྟོག་འཇིགས་པར་བྱེད་ཅིང་རླུང་བཙོམ་ནས། །ཡེ་ཤེས་མེ་ལྕེ་འབར་བའི་ལུས་ཅན་མ། །ལྷ་བའི་དཀྱིལ་འཁོར་མཆོག་གི་གནས་ནས་བཞེངས། །ལྷ་མོ་མཆོག་གིས་འདི་ལ་དགྱེས་པར་མཛོད། །ཅེས་བརྗོད་པས། མདུན་བསྐྱེད་ཀྱི་རྗེ་བཙུན་(༢༧༨བ)མ་འོད་དུ་ཞུ། སྤྱི་བོ་ནས་ཞུགས། ལྷ་བའི་ས་བོན་ལ་ཐིམ་པར་མོས། རྗེས་ཀྱི་བྱ་བ་སྤྱི་དང་འདྲའོ།། །།

༄ བྲམ་ཟེ་དཔལ་འཛིན་ལུགས་ཀྱི་རྡོ་རྗེ་ཕག་མོ་ལ། སྐྱབས་སེམས་སྔོན་དུ་འགྲོ་བས། ཨོཾ་ཨཱཿཧཱུྃ། ལུས་ངག་ཡིད་གསུམ་དག་པར་གྱུར། ལྷ་བར་པདྨ་དཀར་པོའི་སྟེང་དུ་ཆོས་འབྱུང་དམར་པོའི་ནང་དུ་རང་སེམས་ཧྲཱིཿཡིག་གི་འཕྲོ་འདུ་ལས། གྲི་གུག་ཧྲཱིཿས་མཚན་པ། དེ་ལས་འོད་ཟེར་འཕྲོས། འཕགས་པ་མཆོད། སེམས་ཅན་གྱི་དོན་བྱས། སླར་འདུས་པ་ལས་རང་ཉིད་རྡོ་རྗེ་ཕག་མོ་དམར་མོ་ཕག་ཞལ་ཅན་ཤིན་ཏུ་ཁྲོས་པ། གཡས་སུ་སྐྱན་གྲགས་མ་སྔོན་མོ་སྣེག་ཅིང་ཁྲོས་པ། གཡོན་དུ་རྣམ་སྣང་མ་སེར་མོ་ཙུང་ཟད་ཞི་བ། དེ་གཉིས་ལྷ་ཞལ་ཅན། གསུམ་ཀར་ཞལ་གཅིག་ཕྱག་གཉིས་གྲི་གུག་དང་ཐོད་པ་འཛིན་པ། གཡས་བརྐྱང་གི་སྟབས་ཀྱིས་རོ་གདན་གཅིག་ལ་བཞུགས་པ། ཕྱག་རྒྱ་ལྔ་དང་། མི་མགོའི་དོ་ཤལ་ཅན། མེ་དཔུང་འབར་བའི་དབུས་ན་བཞུགས་པའོ། །ཕཾ་ཞེས་ཡེ་ཤེས་པ་སྤྱན་དྲངས། ཛཿཧཱུྃ་བཾ་ཧོཿགཉིས་སུ་མེད་པར་ཐིམ། ཨོཾ་བཛྲ་ཝ་ར་ཧི་ཨ་བྷི་ཥིཉྩ་ཧཱུྃ། ཞེས་དབང་གི་ལྷ་རྣམས་ཀྱིས་དབང་བསྐུར་བར་གྱུར། རིགས་བདག་རྒྱས་འདེབས་ནི་མེད་དོ། །ཨརྒྷཾ་ནས་ཤབྡའི་བར་གྱིས་མཆོད། ནང་མཆོད་འབྲུ་གསུམ་གྱིས་བྱིན་གྱིས་བརླབས་ཤིང་མྱངས། བདེ་ཆེན་དཀྱིལ་འཁོར་དབུས་མ་ཉིད། །གཙོ་བོ་འཇིག་རྟེན་གསུམ་གྱི་མགོན། །སྟོང་ཉིད་སྙིང་རྗེའི་ཐིག་ལེ་(༢༧༩ན)མཆོག །རྡོ་རྗེ་རྣལ་འབྱོར་མ་དཔལ་བསྟོད། །སྙིང་

གར་པདྨ་ལ་ས་བོན་སྔགས་ཕྲེང་གསལ་བཏབ། དེ་ལས་མེ་འབར་བའི་སྡིག་སྒྲིབ་བསྲེག་པར་བསམ་ལ། ཨོཾ་ཀྲོ་དྷ་བུདྡྷ་ཌཱ་ཀི་ནཱི་ཡེ་ཧཱུྃ་ཕཊ་སྭཱཧཱ། ཨོཾ་བཛྲ་ཕཎྜཱ་ནཱི་ཡེ་ཧཱུྃ་ཕཊ་སྭཱཧཱ། ཨོཾ་བཛྲ་བཻ་རོ་ཙ་ནཱི་ཡེ་ཧཱུྃ་ཕཊ་སྭཱཧཱ། ཞེས་ཅི་ནུས་སུ་བཟླས་ལ་མཐར་ལྷའི་སྐུ་མི་དམིགས་པར་སྦྱངས་ལ་དགེ་བ་བསྔོ། འདིར་གཏོར་ཆོག་ནི་ཐོད་པའི་ནང་དུ་རླུམ་གཏོར་ཤས་བརྒྱན་པ་ལ་ཆང་རླུག་སྟེ། ཐོད་པ་ཁེངས་པ་ཙམ་བྱ། ཨོཾ་ཨཱཿཧཱུྃ་ཧ་ཧོ་ཧྲཱིཿས་ཁ་དོག་དྲི་རོ་ནུས་པའི་སྐྱོན་སྦྱངས། ཟག་པ་མེད་པའི་ཡེ་ཤེས་ཀྱི་བདུད་རྩིའི་རྒྱ་མཚོ་ཆེན་པོར་གྱུར་པར་བསམས། ཡཾ་ཞེས་འཇིག་རྟེན་དང་འཇིག་རྟེན་ལས་འདས་པའི་གཏོར་མགྲོན་ཐམས་ཅད་སྤྱན་དྲངས་ཏེ། ཨོཾ་བཛྲ་ཨ་རལླི་ཧོ་ཛཿཧཱུྃ་བཾ་ཧོཿ བཛྲ་ཌཱ་ཀི་ནཱི་ས་མ་ཡ་སྟྭཾ་དྲྀ་ཤྱ་ཧོ། ཞེས་ལན་བདུན་གྱིས་དབུལ། གོང་བཞིན་མཆོད་བསྟོད་བྱེད། ཨོཾ་ཁ་ཁ་ཁཱ་ཧི་ཞེས་པ་ནས། ཀུན་འགྲུབ་ཤོག་གི་བར་བྱ། འདིའི་རྗེས་གནང་བྱེད་ན་མདུན་བསྐྱེད་མི་དགོས་པས། མངོན་རྟོགས་ཚར་གཅིག་བླངས། གཏོར་མ་གཉིས་བཅས་ལ་གཅིག་གཙང་སར་བཏང་། མནྜལ་ཕུལ། དོན་དམ་སྨྲ་བའི་སེངྒེ་རྣལ་འབྱོར་ཞེས་བྱ་བ། །ཉོན་མོངས་གཅོད་པའི་དོན་ལ་ཤིན་ཏུ་མཁས་གྱུར་པ། །སྲིད་པའི་ཉེས་བརྒྱ་བསྐྱེད་རྩ་ཉོན་མོངས་ཆོད་མཛད་ལ། །རྣལ་འབྱོར་དོན་དམ་རྒྱལ་པོ་དེ་ཉིད་འགྲུབ་པར་མཛོད། །ཅེས་(༢༧༧བ)གསོལ་བ་བཏབ། དེ་ནས་དཀོན་མཆོག་གསུམ་ལ་སོགས་ཀྱིས་རྒྱུན་བཤགས་བྱ། དེ་ནས་ཨོཾ་ཨཱཿཧཱུྃ། སློབ་མའི་ལུས་ངག་ཡིད་གསུམ་དག་པར་གྱུར། སློབ་མའི་ལྟེ་བར་པདྨ་དཀར་པོའི་སྟེང་དུ་ཆོས་འབྱུང་དམར་པོའི་ནང་དུ་སློབ་མའི་སེམས་ཧྲཱིཿཡིག་གི་འཕྲོ་འདུ་ལས། གྲི་གུག་ཧྲཱིཿས་མཚན་པ། དེ་ལས་འོད་ཟེར་འཕྲོས། འཕགས་པ་མཆོད། སེམས་ཅན་གྱི་དོན་བྱས། སླར་འདུས་པ་ལས་སློབ་མ་རྣམས་རྡོ་རྗེ་ཕག་མོ་དམར་མོ་ཕག་ཞལ་ཅན་ཤིན་ཏུ་ཁྲོས་པ། གཡས་སུ་སྐན་གྲགས་མ་སྔོན་མོ་སྐེག་ཅིང་ཁྲོས་པ། གཡོན་དུ་རྣམ་སྣང་མ་སེར་མོ་ཙུང་ཟད་ཞི་བ། དེ་གཉིས་ཀའང་ལྷ་ཞལ་ཅན། གསུམ་ཀར་ཕྱག་གཉིས་

ཀྱིས་གྲི་གུག་དང་ཐོད་པ་འཛིན་པ། གཡས་བརྐྱང་གི་སྟབས་ཀྱིས་རོ་གདན་གཅིག་ལ་བཞུགས་པ། ཕྱག་རྒྱ་ལྔ་དང་། མི་མགོའི་དོ་ཤལ་ཅན། མེ་དཔུང་འབར་བའི་དབུས་ན་བཞུགས་པའོ། །ཨཱཿཡེ་ཤེས་པ་སྤྱན་དྲངས། ཛཿཧཱུྃ་བཾ་ཧོཿ གཉིས་སུ་མེད་པར་ཐིམ་པའི་མོས་པ་མཛོད་བྱས་ལ། སློབ་མ་ལ་དམིགས་པ་ཕོག །ཐུན་མོང་མ་ཡིན་པའི་གསོལ་བཏབ་ནི། དུས་གསུམ་སངས་རྒྱས་ཐམས་ཅད་ཀྱི། །སྐུ་གསུང་ཐུགས་ཀྱི་སློབ་དཔོན་གྱིས། །རྡོ་རྗེ་ཕག་མོ་ལྷ་གསུམ་གྱི། །སྐུ་གསུང་ཐུགས་ཀྱི་རྗེས་གནང་སྩོལ། །ཞེས་ལན་གསུམ་གསོལ་བ་གདབ་ཏུ་བཅུག །སློབ་དཔོན་ལྷར་གསལ་བའི་སྐུ་ལས་རྡོ་རྗེ་ཕག་མོ་གཙོ་འཁོར་གསུམ་གྱི་སྐུ་དཔག་ཏུ་མེད་པ་བྱུང་ནས། སློབ་མ་རྣམས་ཀྱི་ལུས་ལ་ཐིམ་པས་བྱིན་གྱིས་(༢༧༤ན)བརླབས་པའི་མོས་པ་མཛོད། །སྔགས་གསུམ་གྱི་མཐར་བཛྲ་ཨ་བི་ཤ་ཡ་ཨ་ཞེས་བརྗོད་ནས། རོལ་མོའི་སྒྲ་བྱའོ། །སྐུ་ཡི་རྗེས་གནང་ངོ་། །སློབ་དཔོན་གྱི་ཐུགས་ཀའི་ས་བོན་གྱི་མཐར། སྔགས་ཕྲེང་གིས་བསྐོར་བ་ལས་སྔགས་ཕྲེང་མར་མེ་གཅིག་ལས་གཉིས་ཆད་ཀྱི་ཚུལ་དུ་ཞལ་ནས་ཐོན། སློབ་མ་རྣམས་ཀྱི་ཁ་ནས་ཞུགས། སྙིང་གར་ཐིམ་པའི་མོས་པ་མཛོད་ལ། འདིའི་རྗེས་ཟློས་ཀྱིས། ཨོཾ་ཀྲོ་དྷ་བུདྡྷ་ཌཱ་ཀི་ནཱི་ཡེ་ཧཱུྃ་ཕཊ་སྭཱཧཱ། ཞེས་དང་། ཨོཾ་བཛྲ་ཝརྞ་ནཱི་ཡེ་ཧཱུྃ་ཕཊ་སྭཱཧཱ། ཞེས་དང་། ཨོཾ་བཛྲ་བཻ་རོ་ཙ་ནཱི་ཡེ་ཧཱུྃ་ཕཊ་སྭཱཧཱ། ཞེས་ལན་གསུམ་གསུམ་རྗེས་ཟློས་བྱར་གཞུག །སློབ་མས་མེ་ཏོག་གཏོར་བཞིན་པས། བཅོམ་ལྡན་བདག་ལ་བསྐུལ་ལགས་ཀྱི། །བཅོམ་ལྡན་བདག་ལ་བྱིན་གྱིས་རློབས། །ཞེས་བརྗོད་དུ་བཅུག །སློབ་དཔོན་གྱིས་མེ་ཏོག་འཐོར་བཞིན་པས། བཅོམ་ལྡན་འདི་ལ་ནས། མཛད་དུ་གསོལ། ཞེས་བརྗོད། གསུང་གི་རྗེས་གནང་ངོ་། །ལྕེ་བ་ལ་པདྨ་འདབ་གསུམ་ཧྲཱིཿའབར་བ་དང་བཅས་པ་ལ་སེམས་གཏད་དེ། ལྕུང་བཟུང་དུ་བཅུག་པས། དེ་ལས་གཏུམ་མོ་འབར། སྤྱི་བོའི་ཐིག་ལེ་ཞུ་བས་བདེ་སྟོང་བསྒོམ་དུ་བཅུག །ཐུགས་ཀྱི་རྗེས་གནང་ངོ་། །གཙོ་བོས་ཇི་ལྟར་སོགས་སྤྱི་དང་འདྲ། རྗེས་ཆོག་མི་དགོས། གཏོར་

མ་གཉིས་པ་དེ་གཏོར་ཆོག་གིས་བཏང་ངོ་།། །།

༄ ཁོ་གླིག་ལྷན་སྐྱེས་མ་ལ། སྐྱབས་སེམས་རྡོ་རྗེ་སེམས་དཔའི་བསྒོམ་བཟླས་སྔོན་དུ་འགྲོ་བས། རང་ཉིད་(༢༧༨བ)རྡོ་རྗེ་རྣལ་འབྱོར་མར་གསལ་བའི་ཐུགས་ཀའི་ས་བོན་ལས་འོད་ཟེར་འཕྲོས། བླ་མ་ཡི་དམ་སངས་རྒྱས་བྱང་སེམས་དཔའ་བོ་མཁའ་འགྲོའི་ཚོགས་དང་བཅས་པ་རྣམས་སྤྱན་དྲངས། མདུན་གྱི་ནམ་མཁའ་ལ་བཞུགས་པར་གྱུར། གང་གི་དྲིན་གྱིས་བདེ་ཆེན་ཉིད། །ནས་པད་ལ་འདུད། བླ་མ་སངས་རྒྱས་བླ་མ་ཆོས། །དེ་བཞིན་བླ་མ་དགེ་འདུན་ཏེ། །བླ་མ་དཔལ་ལྡན་རྡོ་རྗེ་འཆང་། །གསོལ་བ་འདེབས་སོ་བྱིན་གྱིས་རློབས། །ཨོཾ་བཛྲ་ཨརྒྷཾ་ནས་ཤབྡའི་བར་གྱིས་མཆོད། གུར་ནས་འབྱུང་བའི་རྒྱུན་བཤགས་བྱ། ཚད་མེད་བཞི་བསྒོམ། ཚོགས་ཞིང་རྣམས་འོད་དུ་ཞུ་ནས་བདག་ཉིད་ལ་ཐིམ་པར་བསམས། ཤཱུ་ནྱ་ཏཱས་སྟོང་པར་སྦྱངས། སྟོང་པའི་ངང་ལས་ཧཱུྃ་ལས་སྲུང་འཁོར། ཧྲཱུྃ་ལས་གཞལ་ཡས་ཁང་། དབུས་སུ་པདྨ་ཉི་ཟླའི་གདན་ལ་བཾ་དང་ཧཱུྃ་གི་འོད་ཟེར་གྱི་འཕྲོ་འདུ་ལས། རང་ཉིད་རྡོ་རྗེ་རྣལ་འབྱོར་མ་སྐུ་མདོག་དཀར་མོ་ཞལ་གཅིག་ཕྱག་གཉིས་རྡོ་རྗེ་དང་དྲིལ་བུས་མཚན་པའི་པདྨའི་སྡོང་བུ་འཛིན་པས་ཡབ་ལ་འཁྱུད་པ། ཀྲིཥྞ་ས་རའི་ལྤགས་པའི་གདན་ལ་རྡོ་རྗེའི་སྐྱིལ་ཀྲུང་གིས་བཞུགས་པ། ཡང་ན་བདེ་མཆོག་དཀར་པོ་གཡས་གྱི་གྲུག་འཁྱུར་ཞིང་། གཡོན་ཐོད་ཁྲག་འཁྱུད་པའི་ཚུལ་གྱིས་སྟོབ་པ། པདྨའི་སྐྱིལ་ཀྲུང་། གཉིས་ཀའང་རལ་པའི་ཐོར་ཚུགས་ཅན། མི་དཔུང་དང་འོད་ཕུང་འཁྲིགས་ཤིང་། རྒྱན་དང་ན་བཟའ་སྤྲངས་པའོ། །ཨོཾ་བཛྲ་བཻ་རོ་ཙ་ནཱི་ཡེ་ཧཱུྃ་ཧཱུྃ་ཕཊ། ཨོཾ་ཧྲཱིཿཧ་ཧ་ཧཱུྃ་ཧཱུྃ་ཕཊ། ཅེས་ཅི་འགྲུབ་བཟླ། (༢༧༩ན)གཏོར་མ་བསངས་སྦྱངས། ཡཾ་ལས་རླུང་། རཾ་ལས་མེ། ཀཾ་ལས་སྒྲིད་བུ། ཨ་ལས་ཐོད་པ། དེའི་ནང་དུ། གོ་ཀུ་ད་ཧ་ན་ལས་ཤ་ལྔ། བི་ར་ཤུ་མ་མུ་ལས་བདུད་རྩི་ལྔ། ཧྲཱུྃ་ཨཾ་ཛྲཱི་ཁཾ་ཧཱུྃ་ཡེ་ཤེས་ལྔ། དམ་རྫས་ཞུ་ཡེ་ཤེས་བདུད་རྩི་སྤྱན་དྲངས་ཏེ་བསྟིམ། ཨོཾ་ཨཱཿཧཱུྃ་ཧ་ཧོ་ཧྲཱིཿ ལྷག་པའི་ལྷ་མདུན་གྱི་ནམ་

མཁར་བཞུགས་པར་མོས། སྔགས་ཀྱི་མཐར་འབྲུ་གསུམ་སྦྱར་བ་ལན་གསུམ་གྱིས་ཕུལ། མཆོད་བསྟོད་འདོད་དོན་གསོལ་བ་བཏབ། གཏོར་མགྲོན་མི་དམིགས་པར་སྦྱངས། ཁ་ཟས་ཕྱིན་རླབས་ཀྱང་དེ་དང་འདྲའོ། །༈ འདིའི་སློབ་མ་རྗེས་འཛིན་ནི། མདུན་དུ་མཆོད་གཏོར་བཤམས། བདག་བསྐྱེད་གཏོར་བསྔོ་དང་བཅས་པ་གོང་བཞིན་བྱ། བདུད་རྩི་གཏོར་མ་ལྟར་ཕྱིན་གྱིས་བརླབས་ནས་མྱངས། ཚོགས་འཁོར་གྱི་ཡོ་བྱད་ཀྱང་གཏོར་མ་ལྟར་ཕྱིན་གྱིས་བརླབས་ལ་བཞག །སློབ་མས་མཎྜལ་ཕུལ། ཀྱེ་སྟོན་པ་རྡོ་རྗེ་འགྲོ་བའི་བླ། །བདག་ཅག་འཁོར་བ་ལས་བསྒྲལ་ཕྱིར། །ཧེ་རུ་ཀ་དཔལ་གོ་འཕང་མཆོག །དཔའ་བོ་ཆེན་པོས་དེང་འདིར་སྩོལ། །ལན་གསུམ་གྱིས་གསོལ་བ་བཏབ། དམ་ཚིག་ཐམས་ཅད་བསྲུང་བ་དང་། བླ་མེད་མཆོག་ལ་ཁྱོད་དགའ་འམ། །ཞེས་དྲིས། བདག་དགའ་འོ་ཞེས་ལན་གདབ། ཡིག་བརྒྱ་ལན་གསུམ་བཟླ་རུ་གཞུག །རྒྱུན་བཤགས་དང་། རིགས་ལྔའི་སྡོམ་བཟུང་བྱ། དེ་ནས་སློབ་མ་ལྷར་བསྐྱེད་པ་ལ། ཨོཾ་ཤཱུ་ཉྙ་ཏྣས་སློབ་མ་སྟོང་པར་སྦྱངས། སྟོང་པའི་ངང་(༢༧(ཁ)ལས་ཧཱུྃ་ལས་སྲུང་འཁོར། ཧྲཱུྃ་ལས་གཞལ་ཡས་ཁང་། དབུས་སུ་པདྨ་ཉི་ཟླའི་གདན་ལ། ཁྱེད་རང་གི་སེམས་ཉིད་བཾ་དང་ཧཱུྃ་གི་འོད་ཀྱི་འཕྲོ་འདུ་ལས། ཁྱེད་རང་རྡོ་རྗེ་རྣལ་འབྱོར་མ་སྐུ་མདོག་དཀར་མོ་ཞལ་གཅིག་ཕྱག་གཉིས་རྡོ་རྗེ་དྲིལ་བུས་མཚན་པའི་པདྨའི་སྡོང་བུ་འཛིན་པས་ཡབ་ལ་འཁྱུད་པ། ཀྲཱིཥྞ་ས་རའི་ལྤགས་པའི་གདན་ལ་རྡོ་རྗེའི་སྐྱིལ་ཀྲུང་གིས་བཞུགས་པ། པང་ན་བདེ་མཆོག་དཀར་པོ་གཡས་གྲི་གུག་འཕྱར་ཞིང་། གཡོན་ཐོད་ཁྲག་འཁྱུད་པའི་ཚུལ་གྱིས་སྟོབ་པ། པདྨའི་སྐྱིལ་ཀྲུང་། གཉིས་ཀའང་རལ་པའི་ཐོར་ཚུགས་ཅན། མི་དཔུང་དང་འོད་ཕུང་འཁྲིགས་ཤིང་། རྒྱན་དང་ན་བཟའ་སྤྲངས་པའོ། །ཞེས་གསལ་གདབ། དཔོན་སློབ་གཉིས་ཀའི་གནས་གསུམ་དུ་ཡི་གེ་འབྲུ་གསུམ་བཀོད། ཛཾ་ཡེ་ཤེས་པ་སྤྱན་དྲངས། ཛཿཧཱུྃ་བཾ་ཧོཿགཉིས་སུ་མེད་པར་ཐིམ་པར་མོས། སློབ་དཔོན་གྱི་ཐུགས་ཀ་ནས་འོད་ཟེར་འཕྲོས། ཕྱོགས་བཅུའི་

སངས་རྒྱས་བྱང་ཆུབ་སེམས་དཔའ་ཐམས་ཅད་རྡོ་རྗེ་རྣལ་འབྱོར་མའི་རྣམ་པར་སྤྱན་དྲངས། ཁྱེད་རང་རྣམས་ལ་ཐིམ་པས་ལུས་ངག་ཡིད་གསུམ་རྡོ་རྗེ་རྣལ་འབྱོར་མའི་སྐུ་གསུང་ཐུགས་ཀྱི་ངོ་བོ་དམ་པར་བྱིན་གྱིས་བརླབས། རོལ་ཆེན་བྱ། སྔགས་ཀྱི་མཐར། ཨོཾ་བཛྲ་ཨ་བི་ཤ་ཨ། ཡེ་ཤེས་དབབ་པའི་རྒྱུན་དེ་སྤྱི་བོར་རྡོ་རྗེ་རྒྱ་གྲམ་དུ་བཞག་པས་བརྟན་པར་མོས་མཛོད། ཏིཥྛ་བཛྲ། ཞེས་ལན་གཉིས་བརྗོད། སློབ་དཔོན་གྱི་སྤྱི་བོ་ལས་ཨོཾ་དཀར་པོ་འོད་ཟེར་དཀར་པོ་དང་(༢༢༠ན)བཅས་པ་དཔག་ཏུ་མེད་པ་འཕྲོས། སློབ་མ་རྣམས་ཀྱི་དཔྲལ་བར་ཐིམ་པས་བུམ་པའི་དབང་ཐོབ། ལུས་ཀྱི་སྡིག་སྒྲིབ་ཐམས་ཅད་བྱང་ཞིང་དག་ནས་ལུས་ལྷ་བསྒོམ་པ་ལ་དབང་བར་བྱས། ཡང་སློབ་དཔོན་གྱི་མགྲིན་པ་ནས་ཨཱཿདམར་པོ་འོད་ཟེར་དམར་པོ་དང་བཅས་པ་འཕྲོས། སློབ་མ་རྣམས་ཀྱི་མགྲིན་པར་ཐིམ་པས་གསང་བའི་དབང་ཐོབ། ངག་གི་སྡིག་སྒྲིབ་ཐམས་ཅད་བྱང་ཞིང་དག་ནས་གསུང་རྡོ་རྗེའི་བཟླས་པ་ལ་དབང་བར་བྱས། སློབ་དཔོན་གྱི་ཐུགས་ཀ་ནས་ཧཱུྃ་མཐིང་ག་འོད་ཟེར་སྔོན་པོ་དང་བཅས་པ་དཔག་ཏུ་མེད་པ་འཕྲོས། སློབ་མ་རྣམས་ཀྱི་སྙིང་གར་ཐིམ་པས་ཤེས་རབ་ཡེ་ཤེས་ཀྱི་དབང་ཐོབ། ཡིད་ཀྱི་སྡིག་སྒྲིབ་ཐམས་ཅད་བྱང་ཞིང་དག་ནས་ཡིད་ཏིང་ངེ་འཛིན་བསྒོམ་པ་ལ་དབང་བར་བྱས། སློབ་དཔོན་གྱི་གནས་གསུམ་ལས་འབྲུ་གསུམ་དཀར་དམར་མཐིང་གསུམ་འོད་ཟེར་དང་བཅས་པ་དཔག་ཏུ་མེད་པ་འཕྲོས། སློབ་མ་རྣམས་ཀྱི་གནས་གསུམ་ལ་ཐིམ་པས་དབང་བཞི་པ་ཐོབ། ལུས་ངག་ཡིད་གསུམ་གྱི་སྡིག་སྒྲིབ་བག་ཆགས་དང་བཅས་པ་ཐམས་ཅད་བྱང་ཞིང་དག་ནས་རྡོ་རྗེ་རྣལ་འབྱོར་མའི་སྐུ་གསུང་ཐུགས་ཡོན་ཏན་འཕྲིན་ལས་དང་དབྱེར་མེད་དུ་གྱུར། རང་སེམས་སྤྲོས་བྲལ་ལྷན་ཅིག་སྐྱེས་པར་མོས། གཙོ་བོས་ཇི་ལྟར་སོགས་འདྲ། རྗེས་ཆོག་མི་དགོས།། ||

༄ ཕག་མོ་ཁྲོས་ནག་ལྷ་དགུ་ལ། མཎྜལ་ཐོད་པ། སིནྡྷུ་རའི་དཀྱིལ་འཁོར་རྣམས་བརྩེགས་མར་བཤམས། མཐར་(༢༢༠བ)མཆོད་གཏོར་གྱིས་བསྐོར། སྐྱབས་སེམས་

སྔོན་དུ་འགྲོ་བས། དམ་རྫས་འབར་བའི་སྣོད་དུ་སྤྱིན་ལག་གཡོན་པས་ཆོས་འབྱུང་འབྲི་ཚུལ་བྱས་ལ། དབུས་སུ་པདྨ་འདབ་མ་བཞི་ལ་ཨ་ཏ་རི་ནི་ས་ཞེས་པ་ཡིད་ཀྱིས་བཀོད། སངས་རྒྱས་ཐམས་ཅད་ཀྱི་ཐུགས་ཀ་ནས་བདུད་རྩི་བཀུག་སྟེ། དེ་ལ་བསྙིམ་པས་ཞུ་ཞིང་། བདུད་རྩིའི་རྒྱ་མཚོར་གྱུར། ཨོཾ་ཨཱཿཧཱུྃ། ཞེས་བྱིན་གྱིས་བརླབས། དེ་ནས་ལག་པ་གཡོན་པར་བླུགས། ལུས་ཐམས་ཅད་ལ་གཏོར་ཁྲུས་བྱ་ཞིང་། འབྲུ་གསུམ་མང་དུ་བརྗོད། ཕྱོགས་མཚམས་རྣམས་སུ་གཏོར་ཞིང་སྙིང་པོ་བརྗོད་པས་བགེགས་ཐམས་ཅད་བསྐྲད་པར་བསམ། ཤཱུ་ཉྱ་ཏཱའི་སྔགས་བརྗོད་ཅིང་། བདག་དང་ཆོམ་བུ་སྟོང་པ་ཉིད་དུ་གྱུར། སྟོང་པའི་ངང་ལས་རང་ལུས་སྐྱུང་བའི་འཁོར་ལོ་དུར་ཁྲོད་བརྒྱད་གཞལ་ཡས་ཁང་གི་དབུས་སུ་སྣ་ཚོགས་པདྨ་འདབ་མ་བཞིའི་གདན་དང་བཅས་པར་གྱུར། རང་སེམས་ལྷའི་འཁོར་ལོར་རྫོགས་པ་ནི། དབུས་ཀྱི་པདྨའི་ལྟེ་བ་ལ་བཅོམ་ལྡན་འདས་མ་དུས་ཀྱི་མུན་པའི་སྐུ་ཅན་ཆེར་ཁྲོས་ཤིང་འཁྲུགས་པ། མཚན་ཁྱུང་དུ་ཐབས་ཀྱི་རང་བཞིན་ཁ་ཊྭཱཾ་ག་འཆང་བ། ཙ་ཞལ་ཀུན་རྫོབ་རྣམ་པར་དག་པ་རབ་ཁྲོས་ལྷ་མོའི་ཞལ། སྙིང་ཞལ་དོན་དམ་རྣམ་པར་དག་པ་ཕག་གདོང་གཡས་ཕྱོགས་ནས་གྱེན་དུ་ཕྱོགས་པ། སྤྱན་གསུམ་སྟག་ལྤགས་ཀྱི་ཤམ་ཐབས་དང་། སྦྲུལ་དང་རུས་པས་བརྒྱན་པ། དབུ་སྐྲ་ཁམ་སེར་གྱེན་དུ་བརྫེས་ཤིང་། མི་མགོ་སྐམ་པོ་ལྔའི་དབུ་རྒྱན་དང་། རློན་(༢༢༧ན)པ་ལྔ་བཅུའི་དོ་ཤལ་ཅན། ཕྱག་གཡས་གྲི་གུག་འཕྱར་ཞིང་། གཡོན་ཐོད་ཁྲག་ཐུགས་ཀར་འཛིན་པ། ཞབས་གཡོན་བརྐྱངས་པའི་སྐྱིལ་ཀྲུང་ཕྱེད་པའི་གར་སྟབས་ཀྱིས་མི་རོའི་སྙིང་གར་ཉི་མ་ལ་གནས་པ། ལང་ཚོ་ལ་བབ་ཅིང་། མེ་དཔུང་འབར་བའི་དབུས་ན་བཞུགས་པའོ། །ཡང་མི་ལྤགས་ཀྱི་སྟོད་གཡོགས་བྱེད་པའི་ལུགས་ཀྱང་ཡོད་དོ། །འདབ་མ་བཞི་ལ་བུམ་པ་བདུད་རྩིས་གང་བ་ཀ་པཱ་ལ་ཁྲག་གིས་གང་བའི་ཁ་གཙོད་ཅན། སྒོ་མཚམས་བརྒྱད་ལ། ཤར་དུ་རྡོ་རྗེ་མཁའ་འགྲོ་མ་དཀར་མོ། ལྷོར་རིན་ཆེན་མཁའ་འགྲོ་མ་སེར་མོ། ནུབ་

ཏུ་པདྨ་མཁའ་འགྲོ་མ་དམར་མོ། བྱང་དུ་ལས་ཀྱི་མཁའ་འགྲོ་མ་ལྗང་ཁུ། ཤར་ལྷོར་དམ་ཚིག་མཁའ་འགྲོ་མ་གཡས་དཀར། གཡོན་སེར། ལྷོ་ནུབ་ཏུ་སྣ་ཚོགས་མཁའ་འགྲོ་མ་གཡས་སེར་གཡོན་དམར་བ། ནུབ་བྱང་དུ་ཐམས་ཅད་མཁའ་འགྲོ་མ་གཡས་དམར་གཡོན་ལྗང་བ། བྱང་ཤར་དུ་འཇིག་རྟེན་མཁའ་འགྲོ་མ་གཡས་ལྗང་གཡོན་དཀར་བ། དེ་རྣམས་ཞལ་གཅིག་མ་ཉི་གདན་སྟངས་ཤིང་། རྣམ་པ་གཞན་རྣམས་གཙོ་མོ་དང་མཚུངས་པའོ། །སྤྱི་བོར་བླ་མ་ཧེ་རུ་ཀ །སྙིང་གར་ཡེ་ཤེས་སེམས་དཔའ་ཞལ་གཅིག་པ། གསུམ་པར་དཔའ་བོ་སྡེ་བཞི། ལྟེ་བར་འཁོར་ལོ་རྩིབས་བཞི་པ་ལ་འཁོར་ལོའི་ལྟེ་བར་བཅོམ་ལྡན་འདས་མ། རྩིབས་བཞི་པོ་ལ་མཁའ་འགྲོ་སྡེ་བཞི། སྤྱི་བོར་ཨཿདཔུང་པ་གཡས་པ་ལ་ཧཱ། གཡས་ཀྱི་བོལ་གོང་ལ་རི། གཡོན་གྱི་བོལ་གོང་ལ་ནི། དཔུང་པ་(༢༢༧བ)གཡོན་པ་ལ་ས། སྙིང་གའི་འཁོར་ལོ་ལ་ཨ། སྤྱི་བོར་ཧཱ། མགྲིན་པར་ནི། ལྟེ་བར་རི། གསང་བར་ས་ཡིག་རྣམས་ཀྱིས་རྒྱས་བཏབ། སྙིང་གར་ཡང་པདྨ་དང་ས་བོན་ལྷ་གསལ་བཏབ་ལ། ཨོཾ་ཤྲཱི་བཛྲ་ཧཱ་རྣ་ཧྲཱི་ཀྲོ་དྷཱ་ཀཱ་ལཱི་ཨ་ཏ་རི་ནི་ས་ཨ་བེ་ཤ་ཡ། སརྦ་གྷ་ཧཱི་ཧཱུྃ་ཕཊ་སྭཱཧཱ། ཞེས་པ་ཉིད་ཅི་འགྲུབ་བཟླ་ཞིང་། འཁོར་རྣམས་ལ། ཨོཾ་བཛྲ་ཌཱ་ཀི་ནཱི་ཧཱུྃ་ཕཊ་སྭཱཧཱ། ཞེས་པ་ལ་སོགས་པ་མཚན་སྔགས་ཉིད་གང་འགྲུབ་ཏུ་བཟླ་བ་ཡིན་ནོ། །ཉེ་སྙིང་བཟླ་ན། ས་བོན་ལྷ་དང་སརྦ་གྷ་བོར་བས་ཆོག །གཏོར་ཆོག་ནི། གཏོར་མ་བསངས་སྦྱངས། སྟོང་པའི་ངང་ལས་ཡཾ་ལས་རླུང་། རཾ་ལས་མེའི་སྟེང་དུ་ཨ་ལས་ཐོད་པ་ཤ་ལྔ་བདུད་རྩི་ལྔས་གང་བ། སྟེང་དུ་ཟླ་ཐྲེད་རྡོ་རྗེས་བརྒྱན་པ། རླུང་གཡོས་མེ་སྦར་རྫས་རྣམས་ཞུ། ཡེ་ཤེས་ཀྱི་བདུད་རྩིས་བཀུག་སྟེ་ཐིམ། ཨོཾ་ཨཱཿཧཱུྃ། ཨོཾ་ཤྲཱི་བཛྲ་ཧཱ་རྣ་ཧྲཱི་མཧཱ་ཡོ་གི་ནཱི་ཨི་དཾ་བ་ལིཾ་ཏ་གྲྀཧྞ་གྲྀཧྞ་ཧཱུྃ་ཧོ་ཕི་པ་ཧོ། མ་ཧེ་ཀྲ་མ་ཐ། ས་མ་ཡེ་ཁ་ཁ་ཁཱ་ཧེ་ཁཱ་ཧེ། ཞེས་ལན་བདུན་གྱིས་གཙོ་མོ་དང་། ཨོཾ་བཛྲ་ཌཱ་ཀི་ནཱི་ཡཾ། བུདྡྷ་ཌཱ་ཀི་ནཱི་ཡཾ། པདྨ་ཌཱ་ཀི་ནཱི་ཡཾ། ཀརྨ་ཊ་ཌཱ་ཀི་ནཱི་ཡཾ། ས་མ་ཡ་ཌཱ་ཀི་ནཱི་ཡཾ། བི་ཤྭ་ཌཱ་ཀི་ནཱི་ཡཾ། སརྦ་ཌཱ་ཀི་ནཱི་ཡཾ། ལོ་ཀ་

ཧྲ་ཀི་ནྲི་ཡཾ། ཨི་དཾ་བ་ལིཾ་སོགས་བཏགས་པས་འཁོར་རྣམས་ལ་དབུལ། ཨཀྂ་ནས་ཤབྡའི་བར་གྱིས་མཆོད། འབྲུ་གསུམ་གྱིས་ནང་མཆོད་དབུལ། བཅོམ་ལྡན་རྡོ་རྗེ་ཕག་མོ་ཆེན་མོ་ནི། །འཇིག་རྟེན་གསུམ་གསུམ་ཕྱོགས་གཞན་རྐྱལ་བ་འཇོམས། །སྒྲོངས་བྱེད་སྐྲག་བྱེད་རེངས་པར་བྱེད་པ་མོ། །རྡོ་རྗེ་(༢༢༢ན)རྣལ་འབྱོར་མ་ལ་ཕྱག་འཚལ་ལོ། །མཐུ་ཆེན་སྟེ་བརྒྱད་མཁའ་འགྲོའི་ཚོགས། །བུད་མེད་སྟོང་ཕྲག་ཉི་ཤུ་གཅིག །སུམ་ཅུ་རྩ་བདུན་རིགས་བདག་ཉིད། །མདོར་བསྡུས་རྡོ་རྗེ་ཕག་མོའི་རིགས། །མངོན་ཤེས་རྫུ་འཕྲུལ་མཐུ་དང་ལྡན། །རེ་རེ་བྱེ་བའི་འཁོར་བཅས་ལ། །ཕྱག་འཚལ་བསྟོད་ཅིང་གུས་པས་མཆོད། །ཆེད་དུ་བྱུང་བའི་གཏོར་མ་འབུལ། །མཆོད་སྦྱིན་གཏོར་མ་འདི་བཞེས་ལ། །སོགས་སྤྱི་དང་མཐུན་པར་འདོད་དོན་གསོལ་བ་བཏབ། ༄ སློབ་མ་རྗེས་འཛིན་ནི་སྔེགས་བུ་གྲུ་བཞི་པར་ཆོས་འབྱུང་དམར་པོའི་ནང་དུ་པདྨ་འདབ་བརྒྱད་དང་བཅས་པ་ལ། ལྷ་གྲངས་དང་མཉམ་པའི་ཚོམ་བུ་བཀོད། དེའི་སྟེང་དུ་བུམ་པ་ལ་གཏོར་མ་ནག་མོ་ཟུར་གསུམ་པ་བཀོད། ཤར་དུ་ཐོད་སྐྱའམ་མ་འབྱོར་ན་ཙ་ག་ལི། ལྷོར་བདུད་རྩིས་གང་བའི་ཐོད་པ། ནུབ་ཏུ་མེ་ལོང་ལ་སིནྡྷུ་ར་བཀྲམ་སྟེ་ཆོས་འབྱུང་གི་ནང་དུ་ས་བོན་ལྷུ་ཙ་སྔགས་ཀྱིས་བསྐོར་བ་ཞིག་བྲིས། བྱང་དུ་སྔགས་བྱང་རྣམས་བཀོད། མཐའ་མཆོད་གཏོར་གྱིས་བསྐོར། སྔོན་འགྲོའི་གཏོར་མ་མཁའ་འགྲོ་སྤྱི་གཏོར་གྱི་ཚོགས་བཏང་། མཆོད་པ་བྱིན་རླབས་སྤྱི་དང་མཐུན། བདག་མདུན་དབྱེར་མེད་ཀྱི་ཚུལ་གྱི་བཟླས་པ་ཡན་ཆད་སོང་བ་ན། ཨཀྂ་ནས། ཤབྡའི་བར་གྱིས་ཕྱི་མཆོད་དང་། སྔགས་རྣམས་ཀྱི་མཐར་འབྲུ་གསུམ་བཏགས་པས་ནང་མཆོད་དང་། རྡོ་རྗེ་ཕག་མོའི་ཕང་བརྒྱད་ཀྱི་བསྟོད་པ་བྱ། གཏོར་ཆོག་(༢༢༢བ)ལྟར་གཏོར་མ་དབུལ། འོག་གི་སློབ་མའི་བྱ་བ་རྣམས་བདག་འཇུག་ཏིང་ངེ་འཛིན་དབང་བསྐུར་གྱི་ཚུལ་དུ་བླངས། ༄ སློབ་མའི་བྱ་བ་ནི། མཎྜལ་ཕུལ་ཏེ། དགའ་ཆེན་ཁྱོད་བདག་སྟོན་པ་སྟེ། །སོགས་ཀྱིས་གསོལ་བ་བཏབ། མདུན་བསྐྱེད་

ཀྱི་གནས་སུ་བླ་མ་དང་ཁྲོས་ནག་ལྷ་དགུའི་ལྷ་ཚོགས་དབྱེར་མ་མཆིས་པ་བཀྲ་ལམ་མེ་བཞུགས་ཡོད་སྙམ་པ་དང་། དེ་དག་གི་སྙིང་གི་ནམ་མཁའ་ལ། ཁྲོས་ནག་ལྷ་དགུའི་ལྷ་ཚོགས་ལ་རྒྱལ་བ་སྲས་བཅས་ཀྱིས་བསྐོར་བ་གསལ་བཏབ་སྟེ། སེམས་ཅན་ཐམས་ཅད་ཀྱི་དོན་དུ་སངས་རྒྱས་ཀྱི་གོ་འཕང་ཐོབ་པར་བྱ། དེའི་ཕྱིར་དུ་སྐྱབས་ཡུལ་འདི་རྣམས་ཀྱི་སྤྱན་སྔར་བྱང་ཆུབ་སེམས་དཔའི་སྡོམ་པ་བླངས་ལ་སངས་རྒྱས་མ་ཐོབ་ཀྱི་བར་དུ་ཚུལ་བཞིན་དུ་སྲུང་སྙམ་པས་འདིའི་རྗེས་ཟློས་ཀྱིས། ཞེས་བརྗོད་ལ། དཀོན་མཆོག་གསུམ་ལ་བདག་སྐྱབས་མཆི། །ཞེས་པ་ནས། འགྲོ་ལ་ཕན་ཕྱིར་སངས་རྒྱས་འགྲུབ་པར་ཤོག །ཅེས་པའི་བར་རྗེས་ཟློས་ལན་གསུམ་བྱེད་དུ་གཞུག ། སླར་ཡང་སེམས་ཅན་ཐམས་ཅད་ཀྱི་དོན་དུ་སངས་རྒྱས་ཐོབ་པར་བྱ། དེའི་ཕྱིར་དུ་སྐྱབས་ཡུལ་འདི་རྣམས་ཀྱི་སྤྱན་སྔར་ཐུན་མོང་མ་ཡིན་པ་སྔགས་ཀྱི་སྡོམ་པ་བླངས་ལ་སངས་རྒྱས་མ་ཐོབ་ཀྱི་བར་དུ་ཚུལ་བཞིན་དུ་སྲུང་སྙམ་པས། འདིའི་རྗེས་ཟློས་ཀྱིས་ཞེས་བརྗོད་ལ། སྲས་བཅས་སངས་རྒྱས་ཐམས་ཅད་དང་། །དཔའ་བོ་དཔའ་མོའི་ཚོགས་བཅས་ཀུན། །ཐམས་ཅད་བདག་ལ་དགོངས་སུ་གསོལ། །ཞེས་པ་ནས། སེམས་(༢༢༣ན)ཅན་མྱ་ངན་འདས་ལ་འགོད། །ཅེས་པའི་བར་ལན་གསུམ་རྗེས་ཟློས་བྱེད་དུ་བཅུག་སྟེ་སྔགས་སྡོམ་ཕོག །དེ་ནས། ཨཱ་ཁཾ་བི་ར་ཧཱུྃ་གིས་མེ་ཏོག་གཏད། སླར་ཡང་ཨཱ་ཁཾ་བི་ར་ཧཱུྃ་གིས་མིག་དར་དམར་སེར་གང་རུང་བཅིངས། དེ་ནས། སེམས་ཅན་ཐམས་ཅད་ཀྱི་དོན་དུ་སངས་རྒྱས་ཐོབ་པར་བྱ་སྙམ་པས་སྨོན་སེམས་དུང་བ་རེ་བསྐྱེད་དུ་བཅུག་ལ། སེམས་ཅན་ཐམས་ཅད་ཀྱི་དོན་དུ་སངས་རྒྱས་ཐོབ་པར་བྱའོ་སྙམ་པའི་སེམས་དེ་ཉིད་ཁྱེད་རང་གི་སྙིང་གར་ཟླ་བའི་དཀྱིལ་འཁོར་ཡོངས་སུ་རྫོགས་པར་གྱུར་པའི་མོས་པ་མཛོད། ཅེས་བརྡའ་སྤྲད། སླར་ཡང་ཆོས་ཐམས་ཅད་རང་བཞིན་མེད་པའི་སྟོང་པ་ཉིད་དང་ཁྱེད་རང་གི་སེམས་དབྱེར་མེད་རོ་གཅིག་ཏུ་གྱུར་པའི་དོན་དམ་པའི་བྱང་ཆུབ་ཀྱི་སེམས་དེ་ཉིད་ཟླ་བའི་སྟེང་དུ་རྡོ་རྗེ་རྩེ་ལྔ་

པར་གྱུར་པའི་མོས་པ་མཛོད། ཅེས་བརྡའ་སྤྲད། དེ་ནས་སློབ་མའི་མགོར་རྡོ་རྗེ་བཞག་སྟེ། དེང་ཁྱོད་ལ་དེ་བཞིན་གཤེགས་པ་ཐམས་ཅད་ཀྱིས་བྱིན་གྱིས་རློབས་པར་འགྱུར་གྱི། ཁྱོད་ཀྱིས་ཀྱང་དེ་བཞིན་གཤེགས་པ་ཐམས་ཅད་ཀྱི་གསང་བའི་དཀྱིལ་འཁོར་འདི། དཀྱིལ་འཁོར་དུ་མ་ཞུགས་པ་རྣམས་ལ་སྨྲ་བར་མི་བྱ་ཞིང་། མ་དད་པ་རྣམས་ལའང་མ་ཡིན་ནོ། །ཞེས་བརྗོད་དེ་གསང་བར་གདམས། དེ་ནས་སློབ་མ་ཁྲིད་དེ་དཀྱིལ་འཁོར་གྱི་ནང་དུ་བཙུག་པར་མོས་ལ། ཛཿཧཱུྃ་བཾ་ཧོཿ ཞེས་བརྗོད་ཅིང་། ཡོལ་བ་བསལ། དེ་ནས་འབྲུ་གསུམ་གྱིས་བྱིན་གྱིས་བརླབས་(༢༢༣བ)པའི་དུང་ཆོས་ཀྱི་ཆུ་ལག་པར་བཟུང་ལ། འདི་ནི་ཁྱོད་ཀྱི་དམྱལ་བའི་ཆུ། །དམ་ཚིག་འདས་ན་བསྲེག་པར་བྱེད། །དམ་ཚིག་སྲུང་ན་དངོས་གྲུབ་སྟེར། །རྡོ་རྗེ་བདུད་རྩིའི་ཆུ་འཐུང་ཞིག །ཨོཾ་བཛྲ་ཨུ་ད་ཀ་ཋཿ ཞེས་མནའ་ཆུ་བྱིན་ཏེ་དམ་ལ་བཞག །བླ་མ་དང་མདུན་བསྐྱེད་ཀྱི་གཙོ་བོ་ཐ་མི་དད་པའི་ཐུགས་ཀ་ནས་འོད་ཟེར་འཕྲོས་ཏེ་ཨུ་རྒྱན་མཁའ་འགྲོའི་གནས་ནས་ཡེ་ཤེས་ཀྱི་མཁའ་འགྲོ་མ་དཔག་ཏུ་མེད་པ་སྤྱན་དྲངས། ཁྱེད་རང་གི་ལུས་ཀྱི་སྟོད་སྨད་ཐམས་ཅད་ནས་རྡོ་ཚན་ལ་ཁ་བ་བབས་པ་བཞིན་ཐིམ་པའི་མོས་པ་མཛོད་བྱས་ལ། སྤོས་རོལ་བྱ་ཞིང་སྙིང་པོའི་མཐར། ཨ་བེ་ཤ་ཨཿཞེས་བཏགས་པ་མང་དུ་བརྗོད་ནས་ཡེ་ཤེས་ཕབ། བླ་མ་དང་གཙོ་བོ་ཐ་མི་དད་པས་ཁྱེད་རང་གི་སྤྱན་བསལ་བའི་མོས་པ་མཛོད་བྱས་ལ། རྡོ་རྗེ་ཕག་མོ་དེང་ཁྱོད་ཀྱི། །མིག་འབྱེད་པར་ནི་བརྩོན་པར་མཛད། །ཁྱེ་བས་ཐམས་ཅད་མཐོང་འགྱུར་བས། །རྡོ་རྗེའི་མིག་ནི་བླ་ན་མེད། །ཨོཾ་ཛྙཱ་ན་ཙཀྵུ་མཎྜ་ལ་ཛྙཱ་ན་པྲ་བེ་ཤ་ཡ་ཕཊ། ཅེས་བརྗོད་དེ། མིག་དར་ཕྱེ། དེ་ནས་ཁྱེད་རང་རྣམས་ཀྱི་ཕྱག་གི་མེ་ཏོག་གི་ཕྲེང་བ་དཀྱིལ་འཁོར་གྱི་གཙོ་བོ་ལ་ཕུལ་བའི་མོས་པ་མཛོད་བྱས་ལ། མེ་ཏོག་གཏོར་བཞིན་པྲ་ཏཱིཙྪ་བཛྲ་ཧོཿ ཞེས་བརྗོད་དུ་གཞུག །དེ་ནས་ལྷ་ལ་ཕུལ་བའི་མེ་ཏོག་དེ་ཉིད། ཁྱེད་རང་གི་སྤྱི་བོར་བཅིངས་པའི་མོས་པ་མཛོད་བྱས་ལ། མེ་ཏོག་སློབ་མའི་

མགོ་བོར་བཅིངས་ཤིང་། ཨོཾ་བྲ་ཧི་གྲིཧྣ་ཧཱུཾ་ཨི་མཾ་སཏྭ་མཏྣ་བླ་ལ། ཞེས་བརྗོད། དེ་ནས་ཐོད་སྐུ་ལག་ཏུ་ཐོགས་ཏེ་སྒྲུབ་ཐབས་བཞིན་མདུན་བསྐྱེད་ཀྱི་ལྷ་ངོ་(༢༢༩ན)སྟོན་པ་ནི། དབུས་ཀྱི་པདྨའི་ལྟེ་བ་ལ་བཅོམ་ལྡན་འདས་མ་དུས་ཀྱི་མུན་པའི་སྐུ་ཅན་ཆེར་ཁྲོས་ཤིང་འཁྲུགས་པ། མཚན་ཁུང་དུ་ཐབས་ཀྱི་རང་བཞིན་ཁ་ཊྭཱཾ་ག་འཆང་བ། ཛ་ཞལ་ཀུན་རྫོབ་རྣམ་པར་དག་པ་རབ་ཁྲོས་ལྷ་མོའི་ཞལ། སྟེང་ཞལ་དོན་དམ་རྣམ་པར་དག་པ་ཕག་གདོང་གཡས་ཕྱོགས་ནས་གྱེན་དུ་ཕྱོགས་པ། སྤྱན་གསུམ། སྟག་ལྤགས་ཀྱི་ཤམ་ཐབས་དང་། སྦྲུལ་དང་རུས་པས་བརྒྱན་པ། དབུ་སྐྲ་ཁམ་སེར་གྱེན་དུ་བརྫེས་ཤིང་། མི་མགོ་སྐམ་པོ་ལྔའི་དབུ་རྒྱན་དང་། རློན་པ་ལྔ་བཅུའི་དོ་ཤལ་ཅན། ཕྱག་གཡས་གྲི་གུག་འཕྱར་ཞིང་། གཡོན་ཐོད་ཁྲག་ཐུགས་ཀར་འཛིན་པ། ཞབས་གཡོན་བརྐྱང་བའི་སྐྱིལ་ཀྲུང་ཕྱེད་པའི་གར་སྟབས་ཀྱིས་མི་རོའི་སྙིང་གར་ཉི་མ་ལ་གནས་པ། ལང་ཚོ་ལ་བབ་ཅིང་། མེ་དཔུང་འབར་བའི་དབུས་ན་བཞུགས་པའོ། །འདབ་མ་བཞི་ལ་བུམ་པ་བདུད་རྩིས་གང་བ་ཀ་པཱ་ལ་ཁྲག་གིས་གང་བའི་ཁ་གཙོད་ཅན་སྒོ་མཚམས་བརྒྱད་ལ། ཤར་དུ་རྡོ་རྗེ་མཁའ་འགྲོ་མ་དཀར་མོ། ལྷོར་རིན་ཆེན་མཁའ་འགྲོ་མ་སེར་མོ། ནུབ་ཏུ་པདྨ་མཁའ་འགྲོ་མ་དམར་མོ། བྱང་དུ་ལས་ཀྱི་མཁའ་འགྲོ་མ་ལྗང་ཁུ། ཤར་ལྷོར་དམ་ཚིག་མཁའ་འགྲོ་མ་གཡས་དཀར་གཡོན་སེར། ལྷོ་ནུབ་ཏུ་སྣ་ཚོགས་མཁའ་འགྲོ་མ་གཡས་སེར་གཡོན་དམར་བ། ནུབ་བྱང་དུ་ཐམས་ཅད་མཁའ་འགྲོ་མ་གཡས་དམར་གཡོན་ལྗང་བ། བྱང་ཤར་དུ་འཇིག་རྟེན་མཁའ་འགྲོ་མ་གཡས་ལྗང་གཡོན་(༢༢༩བ)དཀར་བ། དེ་རྣམས་ཞལ་གཅིག་མ་ཉི་གདན་སྤྲངས་ཤིང་། རྣམ་པ་གཞན་རྣམས་གཙོ་མོ་དང་མཚུངས་པ་མངོན་སུམ་དུ་གཟིགས་པའི་མོས་པ་མཛོད། ཁྱེད་རང་གི་ལུས་ཀྱང་འདི་ལྟ་བུའི་ལྷའི་གཙོ་འཁོར་དུ་སྒོམས་ཤིག །ཅེས་བརྗོད་ལ། བསྒོམ་དུ་གཞུག །དེ་རྣམས་ཀྱི་བུམ་པའི་དབང་ཐོབ་བྱུང་སྙམ་པའི་མོས་པ་མཛོད། ཅེས་བརྡའ་སྤྲད། དེ་ནས་བདུད་རྩི་འདི་ཉིད་

ཡེ་ཤེས་ལྔའི་ངོ་བོ་ཡིན་སྙམ་པའི་མོས་པ་མཛོད་བྱས་ལ། འབྲུ་གསུམ་བརྗོད་དེ། བདུད་རྩི་སྦྱིན། དེ་ལྟར་བདུད་རྩི་མྱངས་པས་ལུས་སེམས་ལ་བདེ་བ་ཆེན་པོ་སྐྱེས་ཤིང་གསང་དབང་ཐོབ་བྱུང་བསམ་པའི་མོས་པ་མཛོད། ཅེས་བརྡའ་སྤྲད། དེ་ནས་སིནྡྷུ་རའི་དཀྱིལ་འཁོར་དཔྲལ་བ་མགྲིན་པ་སྙིང་ག་སྤྱི་བོ་རྣམས་སུ་རིམ་པ་བཞིན་གཏུགས་ལ་སྙིང་པོ་བརྗོད་ཅིང་གནས་དེ་རྣམས་སུ་ཐིག་ལེ་བྱས་ལ། དེ་ལྟར་བྱས་པས་ཤེར་དབང་ཐོབ་བྱུང་སྙམ་པའི་མོས་པ་མཛོད། ཅེས་བརྡའ་སྤྲད། དེ་ནས་ཁྱེད་རང་གི་སེམས་ཉིད་སེམས་ཞེས་ཕར་བཏགས་པ་ཙམ་མ་གཏོགས། དེ་ལ་རང་ངོས་སུ་གྲུབ་པའི་ སྤྲོས་དང་བྲལ་བའོ་སྙམ་དུ་རྩེ་གཅིག་མཉམ་པར་ཞོག་མཛོད། ཅེས་བརྡའ་སྤྲད་དབང་བཞི་པའོ། །དེ་རྣམས་ནི་བརྡའི་དབང་བཞིའོ། །ཞེས་བརྗོད། དེ་ནས། ཨོཾ་ཤྲཱི་ཧེ་རུ་ཀཱ། སློབ་མ་རྣམས་སྟོང་པར་སྦྱངས། སྟོང་པའི་ངང་ལས་སྣ་ཚོགས་པདྨ་འདབ་མ་བཞི་པའི་ལྟེ་བ་ལ་སློབ་མ་རྣམས་བཅོམ་ལྡན་འདས་མ་དུས་ཀྱི་མུན་པའི་སྐུ་ཅན་ཆེར་ཁྲོས་ཤིང་འཁྲུགས་པ། མཚན་ཁུང་(༢༢༥ན)དུ་ཐབས་ཀྱི་རང་བཞིན་གྱི་ཁ་ཊྭཱཾ་ག་འཆང་བ། རྩ་ཞལ་ཀུན་རྫོབ་རྣམ་པར་དག་པ་རབ་ཁྲོས་ལྷ་མོའི་ཞལ། སྟེང་ཞལ་དོན་དམ་རྣམ་པར་དག་པ་ཕག་གདོང་གཡས་ཕྱོགས་ནས་གྱེན་དུ་ཕྱོགས་པ། སྤྱན་གསུམ་སྟག་ལྤགས་ཀྱི་ཤམ་ཐབས་དང་སྦྲུལ་དང་རུས་པས་བརྒྱན་པ། དབུ་སྐྲ་ཁམས་སེར་གྱེན་དུ་བརྫེས་ཤིང་། མི་མགོ་སྐམ་པོ་ལྔའི་དབུ་རྒྱན་དང་། ཀླྀན་པ་ལྔ་བཅུའི་དོ་ཤལ་ཅན། ཕྱག་གཡས་གྲི་གུག་འཕྱར་ཞིང་། གཡོན་ཐོད་ཁྲག་ཐུགས་ཀར་འཛིན་པ། ཞབས་གཡོན་བརྐྱང་བའི་སྐྱིལ་ཀྲུང་ཕྱེད་པའི་གར་སྟབས་ཀྱིས་མི་རོའི་སྙིང་གར་ཉི་མ་ལ་གནས་པ། ལང་ཚོ་ལ་བབ་ཅིང་། མེ་དཔུང་འབར་བའི་དབུས་ན་བཞུགས་པའི་སྤྱི་བོར་ཨཱཿདཔུང་པ་གཡས་པ་ལ་ཧ། གཡས་ཀྱི་བོལ་གོང་ལ་རི། གཡོན་གྱི་བོལ་གོང་ལ་ནི། དཔུང་པ་གཡོན་པ་ལ་ས། སྙིང་གའི་འཁོར་ལོ་ལ་ཨ། སྤྱི་བོར་ཧ། མགྲིན་པར་ནི། ལྟེ་བར་རི། གསང་བར་ས་ཡིག་རྣམས་ཀྱིས་

མཚན་པར་གྱུར་པར་མོས། ཞེས་དམིགས་པ་ཕོག །བུམ་དབང་ཐོབ་པའི་མོས་པ་དང་། སྔགས་བྱང་གཏད། ཨོཾ་ཧྲཱི་བཛྲ་ཡཱ་ནཱ་ཧྲཱི་ཀྲོ་ཏྲ་ཀཱ་ལཱི་ཨ་ཧ་རི་ནི་ས་ཨ་བེ་ཤ་ཡ། སརྦ་ཀརྨ་ཧཱུྃ་ཧཱུྃ་ཕཊ་སྭཱཧཱ། སྔགས་ཀྱི་བཟླས་ལུང་སྦྱིན། གསང་དབང་ཐོབ་པའི་མོས་པ་དང་། ངེད་ཀྱི་གཏོར་མ་གནས་བཞིར་གཏུགས་པའི་སྐབས་སུ། མདུན་བསྐྱེད་ཀྱི་ལྷ་ཚོགས་དཔག་ཏུ་མེད་པ་བྱོན་ཏེ། ཁྱེད་རང་གི་གནས་བཞིར་རིམ་པ་བཞིན་ཐིམ་པའི་མོས་པ་མཛོད་བྱས་ལ། (༢༢༥བ)གཏོར་མ་གནས་བཞིར་རིམ་པ་བཞིན་གཏུགས་ཏེ། སྙིང་པོ་ཚར་རེ་རེ་བརྗོད་དེ། དེས་ཤེར་དབང་ཐོབ་པའི་མོས་པ་དང་། ཁྱེད་རང་རྗེ་བཙུན་མར་གསལ་བའི་ལྟེ་བའི་ཐད་ཀྱི་ནང་དུ་སྔགས་ཀྱི་འཁོར་ལོ་འཁོར་བ་གསལ་བཏབ་ལ། དེ་ལ་སེམས་རྩེ་གཅིག་ཏུ་གཏོད་བྱས་ལ། སེམས་ཅུང་ཟད་མཉམ་པར་འཇོག་ཏུ་བཅུག །དེས་དབང་བཞི་པ་ཐོབ་པའི་མོས་པ་མཛོད། ཅེས་བརྡའ་སྤྲད། དེ་རྣམས་ནི་འཕྲིན་ལས་སྒྲུབ་པའི་དབང་བཞིའོ། །ཞེས་བརྗོད། དེ་ནས། ཇི་ལྟར་བལྟམས་པ་ཙམ་གྱིས་ནི། །ཞེས་པ་ནས། ས་མ་ཡ་ཧྲཱི་ཡེ་ཧཱུྃ། ཞེས་པའི་བར་བརྗོད་ཅིང་། བུམ་པའི་ཆུས་དབང་བསྐུར། དེས་བུམ་དབང་ཐོབ་པའི་མོས་པ་མཛོད། དེ་ནས། ཇི་ལྟར་འདས་པའི་སངས་རྒྱས་ཀྱིས། །བྱང་ཆུབ་སྲས་རྣམས་དབང་བསྐུར་ལྟར། །བདག་གིས་གསང་བའི་དབང་གིས་ནི། །སེམས་ཀྱི་རྒྱུན་གྱིས་དབང་བསྐུར་རོ། །ཨོཾ་ཨཱཿཧཱུྃ། ཞེས་བརྗོད་ཅིང་། བདུད་རྩི་སྦྱིན། དེས་གསང་དབང་ཐོབ་པའི་མོས་པ་མཛོད། ཅེས་བརྗོད། བླ་མ་དང་མདུན་བསྐྱེད་དབྱེར་མ་མཆིས་པའི་ཐུགས་ཀ་ནས་ཧེ་རུ་ཀ་སྦྱོར་ཏེ། ཁྱེད་རང་ཁྲོས་མ་ནག་མོར་གསལ་བ་ལ་སྙོམས་པར་ཞུགས་པས་རྒྱུད་ལ་བདེ་བ་ཆེན་པོ་སྐྱེས་བྱུང་སྙམ་པའི་མོས་པ་མཛོད་བྱས་ལ། ཅུང་ཟད་བསྒོམ་དུ་བཅུག །དེས་ཤེར་དབང་ཐོབ་པའི་མོས་པ་མཛོད། ཅེས་བརྗོད། སེམས་སྤྲོས་བྲལ་ལ་སྟོང་བཞིན་ངོ་སྤྲོད་ལ། དེས་དབང་བཞི་པ་ཐོབ་པའི་མོས་པ་མཛོད། ཅེས་བརྗོད། དེ་རྣམས་(༢༢༦ན)ནི་ཡེ་ཤེས་

བསྐྱེད་པའི་དབང་བཞིའོ། །ཞེས་བརྗོད། རྗེས་ཆོག་ཕྱི་དང་འདྲའོ། །

༄ ཕག་དཀར་ཤེས་རབ་གསལ་བྱེད་ལ། སྐྱབས་སེམས་སྔོན་དུ་འགྲོ་བས། རང་གི་སྙིང་གར་ཉི་མ་ལ་གནས་པའི་ཧྲཱིཿ དེ་ལས་འོད་ཟེར་འཕྲོས། མདུན་དུ་ཟླ་མ་ཡི་དམ་དབྱེར་མ་མཆིས་པ་ཡཾ། ཞེས་སྤྱན་དྲངས། རང་གི་སྙིང་ག་ནས་སྤྲུལ་པའི་དཔའ་མོ་ཉི་ཤུ་རྩ་བཞིས་མཆོད་པར་གྱུར། ཨརྒྷཾ་ནས་ཤབྡའི་བར་གྱིས་མཆོད། ཨོཾ་ཨཱཿཧཱུྃ་གིས་ནང་མཆོད་ཕུལ། གུར་ནས་འབྱུང་བའི་རྒྱན་བཤགས་བྱ། ཚད་མེད་བཞི་སྤྱི་དང་མཐུན་པར་བསྒོམས། ཨོཾ་སྭ་བྷཱ་ཝ་སོགས་དང་། ཨོཾ་ཤཱུ་ནྱ་ཏཱ་སོགས་བརྗོད། སྟོང་པའི་ངང་ལས་སྐད་ཅིག་གིས་སྲུང་བའི་འཁོར་ལོའི་ནང་དུ། པཾ་ལས་པདྨ་དམར་པོ་དང་ཨཾ་ལས་ཉི་མའི་དཀྱིལ་འཁོར་གྱི་སྟེང་དུ་རང་སེམས་སྣར་ཡང་ཉི་མའི་དཀྱིལ་འཁོར་ལ་གནས་པའི་ཧྲཱིཿ ཡིག་དཀར་པོ་དེ་ལས་འོད་ཟེར་འཕྲོས་འདུས་ཡོངས་སུ་གྱུར་པ་ལས། རང་ཉིད་རྗེ་བཙུན་རྡོ་རྗེ་རྣལ་འབྱོར་མ་ཤེས་རབ་གསལ་བྱེད་ཀྱི་སྐུར་གྱུར་པ་ནི་ལོ་བཅུ་དྲུག་ལོན་པའི་ལང་ཚོ་ཅན། བཙྷ་ལྷ་བུའི་སྤྱན་གསུམ་དང་ལྡན་པ་མཆེ་བའི་སྨུ་གུ་ཅུང་ཟད་གཙིགས་པ། ཕྱག་གཡས་པས་རྡོ་རྗེ་དམར་པོ་རྩེ་ལྔ་པ་བ་དན་གསུམ་གྱིས་མཚན་པ་འཕྱར་སྟབས་སུ་འཛིན་པ། གཡོན་པས་ཀ་པཱ་ལ་བདུད་བཞིའི་ཁྲག་གིས་གང་བ་ཐུགས་ཀར་བཟུང་ནས་ཞལ་དུ་གསོལ་བ། ཞབས་གཡས་བསྐུམ་གཡོན་བརྐྱང་(༢༢༨བ)བའི་པདྨ་ཉི་མ་དབུགས་བྲལ་གྱི་གདན་ལ་འགྱིང་བ། མི་མགོ་སྐམ་པོ་ལྔའི་དབུ་རྒྱན་དང་། རློན་པ་ལྔ་བཅུའི་དོ་ཤལ་ཅན། གཅེར་བུ་ཕྱག་རྒྱ་ལྔས་བརྒྱན་པ། ཡེ་ཤེས་ཀྱི་མེ་དཔུང་འབར་བའི་དབུས་ན་བཞུགས་པའོ། །རང་གི་སྙིང་གའི་ཧྲཱིཿ ཡིག་ལས་འོད་ཟེར་འཕྲོས་པས་སངས་རྒྱས་བྱང་སེམས་ཐམས་ཅད་རྡོ་རྗེ་ཕག་མོའི་ལྷ་ཚོགས་ཀྱི་རྣམ་པར་ཡཾ། ཛཿཧཱུྃ་བཾ་ཧོཿ གཉིས་སུ་མེད་པར་ཐིམ། ཨོཾ་ཡོ་ག་ཤུདྡྷ་སརྦ་དྷརྨཱ་ཡོ་ག་ཤུདྡྷོ྅ཧཾ། སྣར་ཡང་དབང་གི་ལྷ་རིགས་ལྔ་འཁོར་བཅས་བཛྲ་ས་མ་ཛཿ ཇི་ལྟར་བལྟམས་པ་ནས། ཧྲཱི་ཡེ་ཧཱུྃ། ཞེས་གསུངས་

ཤིང་དབང་བསྐུར། སྐུ་གང་། དྲི་མ་དག །ཆུའི་ལྷག་མ་ཡར་ལུད་པ་ལས་མི་བསྐྱོད་པས་དབུ་བརྒྱན་པར་བསམ། རང་གི་མགྲིན་པར་ཧྲཱིཿ ལས་པདྨ་དམར་པོ་འདབ་མ་བཅུ་དྲུག་པའི་ལྟེ་བར་ཨཱ་ཧཱུྃ་ལས་རྡོ་རྗེ་དམར་པོ་རྩེ་ལྔ་པའི་ལྟེ་བར། ཨོཾ་བཛྲ་ཛཱི་ཧྭ་རཀྵ་རཀྵ་སྭཱཧཱ། འདབ་མ་བཅུ་དྲུག་པ་ལ་དབྱངས་ཀྱི་ཡི་གེ་རྣམས་ཀུནྡ་ལྟར་དཀར་བ་ཨཱ་ཚུང་གི་རྩེ་མོར་ཡང་ཧྲཱིཿདེ་ལས་བདུད་རྩིའི་རྒྱུན་བབས་པར་གྱུར། ལྟེ་བར་ཆོས་འབྱུང་གི་ནང་དུ། པད་ཉི་ལ་ཧྲཱིཿཡིག །དེ་ལས་འོད་ཟེར་འཕྲོས། སངས་རྒྱས་དང་བྱང་སེམས་ཐམས་ཅད་ཀྱི་ཐུགས་རྗེ་དང་། སྣོད་བཅུད་ཐམས་ཅད་ཀྱི་བཅུད་བསྡུས་ཏེ་ཧྲཱིཿལ་ཐིམ་པར་བསམ། དོ་ལིའི་དམིགས་པ་ནི་ལྟེ་བའི་ཧྲཱིཿཡིག་ལས་ཧྲཱིཿདམར་པོ་ཕྲེང་བ་ལྟར་བྱུང་། གསང་བ་ནས་ཕྱིར་ཐོན། ཞལ་དུ་ཞུགས་ཏེ་རིམ་པར་འཁོད་པར་བསམ་ལ། ཧྲཱིཿཞེས་ཅི་ནུས་སུ་(༢༢༧ན)བཟླའོ། །༈ འདིའི་བྱིན་རླབས་བྱེད་ཚུལ་ནི། མནྡལ་ཆོས་འབྱུང་གྲུ་གསུམ་དཀར་པོ། གྲུ་བཅད་ལྟོང་ཁྲུ་ཟླུམ་སྐོར་སྔོན་པོ་ཅན་འབྲི། དེའི་སྟེང་མཎྜི་ལ་ཐོད་པ་མ་ད་ནས་གང་བའི་སྟེང་དུ་མེ་ལོང་ལ་ལི་ཁྲི་བཏྲལ་ཏེ། ཆོས་འབྱུང་གྲུ་གསུམ་གྱི་དབུས་སུ་ཧྲཱིཿ ཕྱིའི་ཕྱོགས་བཞིར་དགའ་འཁྱིལ་བཞི་དང་བཅས་པ་འབྲི། ཆུ་གཉིས་སྔོན་དུ་འགྲོ་བའི་ཉེར་སྤྱོད་ལྔ། ཤ་ཆང་གིས་བརྒྱན་པའི་གཏོར་མ་གཉིས་དང་བཅས་པ་བཤམས། སློབ་དཔོན་གྱི་མདུན་དུ་རྡོར་དྲིལ་ནང་མཆོད་ཅང་ཏེའུ་སོགས་ཚོགས་པར་བྱ། སྔོ་ན་སྔོན་འགྲོའི་གཏོར་མ་བཏང་། ནང་མཆོད་དང་། གནས་ཡོ་བྱིན་རླབས་བདེ་མཆོག་བཞིན་བྱ། བདག་བསྐྱེད་བཟླས་པའི་བར་སོང་བ་ན། མདུན་བསྐྱེད་བསངས་སྦྱངས། སྟོང་པའི་ངང་ལས་ཞེས་པ་ནས། བཟླས་པའི་བར་བདག་བསྐྱེད་ཉིད་འདོན་པ་སྤྱོས་པས་ཆོག །ཨོཾ་བཛྲ་ཡཱ་ཀྣ་ཧྲཱི་ཨརྒྷཾ་པྲ་ཏཱིཙྪ་སྭཱཧཱ། ནས། ཤབྡ་ཨཱཿཧཱུྃ་གིས་ཕྱི་མཆོད། འབྲུ་གསུམ་གྱིས་ནང་མཆོད། ཨ་ནུ་རཱ་གའི་སྔགས་ཀྱིས་གསང་མཆོད་དང་། བསྟོད་པ་རྒྱས་བསྡུས་གང་རུང་ཞིག་གིས་བསྟོད། གཏོར་མ་འབྲུ་གསུམ་གྱིས་བྱིན་གྱིས་བརླབས། ཨོཾ་བཛྲ་

ཨ་རླི་སོགས་ལན་གསུམ་གྱིས་ཕུལ། ཨརྒྷཾ་སོགས་ཀྱིས་མཆོད། བསྟོད་པས་བསྟོད། ཨོཾ་ཁ་ཁ་སོགས་ཀྱིས་སྔོན་འགྲོའི་གཏོར་མ་བཏང་། སློབ་མས་མཎྜལ་ཕུལ། ཀུན་མཁྱེན་ཡེ་ཤེས་ཕུང་པོ་ཅན། །སོགས་དང་། ཁྱོད་(༢༢༧བ)ཞབས་པདྨོ་ནས། བདག་ལ་གནང་བར་མཛོད། །ཅེས་ལན་གསུམ་གྱིས་གསོལ་བ་བཏབ། རྒྱུན་བཤགས་དང་། རིགས་ལྔའི་སྡོམ་བཟུང་བྱ། སློབ་དཔོན་གྱི་ཐུགས་ཀ་ནས་འོད་ཟེར་འཕྲོས། སློབ་མ་ལ་ཕོག་པའི་རྐྱེན་གྱིས་འོད་གསལ་དུ་སྦྱངས། ཨོཾ་སྭ་བྷཱ་ཝ་སོགས་དང་། ཨོཾ་ཤཱུ་ནྱ་ཏཱ་སོགས་བརྗོད། སྟོང་པའི་ངང་ལས་པཾ་ལས་པདྨ་དམར་པོ་དང་། ཨཾ་ལས་ཉི་མའི་དཀྱིལ་འཁོར་གྱི་སྟེང་དུ། སེམས་ཉིད་སྣར་ཡང་ཉི་མའི་དཀྱིལ་འཁོར་ལ་གནས་པའི་ཧྲཱིཿཡིག་དཀར་པོ་དེ་ལས་འོད་ཟེར་འཕྲོས་འདུས་ཡོངས་སུ་གྱུར་པ་ལས། ཁྱེད་རང་རྣམས་རྗེ་བཙུན་རྡོ་རྗེ་རྣལ་འབྱོར་མ་ཤེས་རབ་གསལ་བྱེད་ཀྱི་སྐུར་གྱུར་པ་ནི་ལོ་བཅུ་དྲུག་ལོན་པའི་ལང་ཚོ་ཅན། བཀྲ་ལྷ་བུའི་སྤྱན་གསུམ་དང་ལྡན་པ། མཆེ་བའི་སྨྱུ་གུ་ཙུང་ཟད་གཙིགས་པ། ཕྱག་གཡས་པས་རྡོ་རྗེ་དམར་པོ་རྩེ་ལྔ་པ་བ་དན་གསུམ་གྱིས་མཚན་པ་འཕྱར་སྟབས་སུ་འཛིན་པ། གཡོན་པས་ཀ་པཱ་ལ་བདུད་བཞིའི་ཁྲག་གིས་གང་བ་ཐུགས་ཀར་བཟུང་ནས་ཞལ་དུ་གསོལ་བ། ཞབས་གཡས་བསྐུམ་གཡོན་བརྐྱང་པས་པདྨ་ཉི་མ་དབུགས་བྲལ་གྱི་གདན་ལ་འཁྲིང་བ། མི་མགོ་སྐམ་པོ་ལྔའི་དབུ་རྒྱན་དང་། རྣོན་པ་ལྔ་བཅུའི་དོ་ཤལ་ཅན། གཅེར་བུ་ཕྱག་རྒྱ་ལྔས་བརྒྱན་པ། ཡེ་ཤེས་ཀྱི་མེ་དཔུང་འབར་བའི་དབུས་ན་བཞུགས་པའི་སྙིང་གར་ཧྲཱིཿཡིག་གིས་མཚན་པའི་མོས་པ་མཛོད། སློབ་དཔོན་གྱི་ལྟེ་བའི་ཧྲཱིཿལས་འོད་ཟེར་འཕྲོས་པས་སངས་རྒྱས་བྱང་སེམས་ཐམས་ཅད་རྡོ་རྗེ་ཕག་མོའི་ལྷ་ཚོགས་ཀྱི་(༢༢༨ན)རྣམ་པར་ཡོཾ། སློབ་མ་རྣམས་ཀྱི་བ་སྤུའི་བུ་ག་རྣམས་ནས་སིབ་སིབ་ཐིམ་པའི་མོས་པ་མཛོད། རོལ་མོ་བྱ་ཞིང་། ཨོཾ་བཛྲ་ཝཱ་རཱ་ཧཱི་ཨ་བེ་ཤ་ཡ་ཧྲཱིཿཧྲཱིཿཧྲཱིཿཞེས་བཟླ། སྣར་ཡང་དབང་གི་ལྷ་རིགས་ལྔ་འཁོར་བཅས་བཛྲ་ས་མ་ཛཿ ཇི་ལྟར་བསྟིམས་པ་ནས་ཧྲཱི་ཡེ་ཧུཾ། ཞེས་

གསུངས་ཤིང་། དབང་བསྐུར། སྐུ་གང་། དྲི་མ་དག །ཚུའི་ལྷག་མ་ཡར་ལུད་པ་ལས་མི་བསྐྱོད་པས་དབུ་བརྒྱན་པར་མོས། བུམ་དབང་དང་སྐུ་ཡི་རྗེས་གནང་ངོ་། །ཀ་པཱ་ལའི་བདུད་རྩིའི་སྟེང་ན་ཧྲཱིཿདེ་ལས་འོད་ཟེར་འཕྲོས། སངས་རྒྱས་ཐམས་ཅད་སྤྱན་དྲངས་ནས། ཐོད་པའི་བདུད་རྩི་ལ་ཐིམ། ཧྲཱིཿཧྲཱིཿཧྲཱིཿཨོཾ་ཨཱཿཧཱུྃ། ཞེས་ནང་མཆོད་སྦྱིན། སློབ་མ་རྣམས་ཀྱི་མགྲིན་པར་ཧྲཱིཿལས་པདྨ་དམར་པོ་འདབ་མ་བཅུ་དྲུག་པའི་ལྟེ་བར་ལྕེ་ཧཱུྃ་ལས་རྡོ་རྗེ་དམར་པོ་རྩེ་ལྔ་པའི་ལྟེ་བར། ཨོཾ་བཛྲ་ཛི་ཧྭ་རཀྟ་རཀྟ་སྭཱཧཱ། འདབ་མ་བཅུ་དྲུག་ལ་དབྱངས་ཀྱི་ཡི་གེ་རྣམས་ཀུནྡ་ལྟར་དཀར་བ་ལྕེ་ཆུང་གི་རྩེ་མོར་ཡང་ཧྲཱིཿ དེ་ལས་བདུད་རྩིའི་རྒྱུན་བབས་པར་གྱུར། ལྟེ་བར་ཆོས་འབྱུང་གི་ནང་དུ། པད་ཉི་ལ་ཧྲཱིཿཡིག་དེ་ལས་འོད་ཟེར་འཕྲོས། སངས་རྒྱས་བྱང་སེམས་ཐམས་ཅད་ཀྱི་ཐུགས་རྗེ་དང་། སྣོད་བཅུད་ཐམས་ཅད་ཀྱི་བཅུད་བསྡུས་ཏེ་ཧྲཱིཿལ་ཐིམ་པའི་དམིགས་པ་ཐོག་ལ། ཧྲཱིཿབརྒྱ་རྩ་དང་དབྱངས་ཡིག་དང་ཨོཾ་བཛྲ་ཛི་ཧྭ་རཀྟ་རཀྟ་སྭཱཧཱ། ཞེས་ལན་གསུམ་རྗེས་ཟློས་བྱར་གཞུག །བྱིན་གྱིས་བརླབས་པའི་ལུང་ནི། སློབ་དཔོན་ལ་མེ་ཏོག་(༢༢༨བ)འཐོར་བཞིན་དུ་འདིའི་རྗེས་ཟློས་མཛོད། བཅོམ་ལྡན་བདག་གིས་ཞེས་སོགས་ལན་གསུམ། མེ་ཏོག་དེ་ཉིད་སླར་ཡང་ཁྱེད་རང་རྣམ་པའི་སྤྱི་བོར་གཏོར་བས་ཐུགས་ཁྲིང་གི་རྣམ་པས་སྙིང་གར་ཐིམ་སྟེ། རྒྱུད་བྱིན་གྱིས་བརླབས་པར་མོས་པ་མཛོད་བྱས་ལ། མེ་ཏོག་སློབ་མའི་སྤྱི་བོ་དང་སྙིང་གར་གཏོར་ཏེ། བཅོམ་ལྡན་འདི་ལ་ཞེས་སོགས་དང་། རིག་པ་འཛིན་པ་འདི་རྣམས་ཀྱི་རྒྱུད་ལ་རྗེ་བཙུན་མ་ཕག་དཀར་ཤེས་རབ་གསལ་བྱེད་ཀྱི་གསུང་ཐུགས་ཀྱི་བྱིན་རླབས་དང་ནུས་མཐུ་མ་ལུས་པ་ཡོངས་སུ་འཇུག་པར་གྱུར་ཅིག །ཅེས་བརྗོད། གསང་དབང་དང་གསུང་གི་རྗེས་གནང་ངོ་། །ལྟེ་བའི་ཧྲཱིཿཡིག་ལས་གཏུམ་མོ་འབར། སྤྱི་བོའི་ཧཾ་ཡིག་ཞུ་སྟེ་དགའ་བཞི་སྐྱེས་པར་མོས་སུ་བཅུག་ལ་སློབ་དཔོན་གྱིས་འབྲུ་གསུམ་བརྗོད་ཅིང་། གནས་གསུམ་དུ་སིནྡྷུ་རའི་ཐིག་ལེ་བྱའོ། །ཤེར་དབང་དང་ཐུགས་ཀྱི་

རྗེས་གནང་ངོ་། །དེ་ནས་རྣམ་རྟོག་གི་སྤྲོས་པ་བཅད་ལ། འཛིན་མེད་ཁྲབ་གདལ་གྱི་ངང་དུ་འཇོག་ཏུ་བཅུག་སྟེ། དབང་བཞི་པའོ། །འདི་ཡོན་ཏན་གྱི་རྗེས་གནང་ཡིན་གསུངས། རྗེས་ཆོག་སྤྱི་དང་འདྲ། །

༄ ཕག་དཀར་ཤེས་རབ་གསལ་བྱེད་ཡིག་སྙིང་ནས་བཤད་པ་ལྟར་ན། སྐྱབས་སེམས་སྔོན་དུ་འགྲོ་བས། རང་གི་སྙིང་གར་ཉི་མ་ལ་གནས་པའི་ཧྲཱིཿ དེ་ལས་འོད་ཟེར་འཕྲོས། མདུན་དུ་བླ་མ་ཡི་དམ་དབྱེར་མ་མཆིས་པ་ཕཾ། ཞེས་སྤྱན་དྲངས། རང་གི་སྙིང་ག་ནས་སྤྲུལ་པའི་དཔའ་མོ་ཉི་ཤུ་རྩ་(༢༢༥ན)བཞིས་མཆོད་པར་གྱུར། ཨརྒྷཾ་ནས་ཤབྡའི་བར་གྱིས་མཆོད། ཨོཾ་ཨཱཿཧཱུྃ་གིས་ནང་མཆོད་ཕུལ། གུར་ནས་འབྱུང་བའི་རྒྱན་བཤགས་བྱ། ཚད་མེད་བཞི་སྤྱི་དང་མཐུན་པར་བསྒོམ། ཨོཾ་སྭ་བྷཱ་ཝ་སོགས་དང་། ཨོཾ་ཤཱུ་ཉྱ་ཏཱ་སོགས་བརྗོད། སྟོང་པའི་ངང་ལས་སྐད་ཅིག་གིས་སྲུང་བའི་འཁོར་ལོའི་ནང་དུ་པཾ་ལས་པདྨ་དམར་པོ་དང་། ཨཱ་ལས་ཉི་མའི་དཀྱིལ་འཁོར་གྱི་སྟེང་དུ། རང་སེམས་སྣར་ཡང་ཉི་མའི་དཀྱིལ་འཁོར་ལ་གནས་པའི་ཧྲཱིཿཡིག་དཀར་པོ་དེ་ལས་འོད་ཟེར་འཕྲོས། འདུས་ཡོངས་སུ་གྱུར་པ་ལས་རང་ཉིད་རྗེ་བཙུན་རྡོ་རྗེ་རྣལ་འབྱོར་མ་ཤེས་རབ་གསལ་བྱེད་ཀྱི་སྐུར་གྱུར་པ་ནི་ལོ་བཅུ་དྲུག་ལོན་པའི་ལང་ཚོ་ཅན། བནྡྷུ་ཛཱི་བུའི་སྤྱན་གསུམ་དང་ལྡན་པ། མཆེ་བའི་སྨྱུ་གུ་ཙུང་ཟད་གཙིགས་པ། ཕྱག་གཡས་པས་རྡོ་རྗེ་དམར་པོ་རྩེ་ལྔ་པ་བ་དན་གསུམ་གྱིས་མཚན་པ་འཕྱར་སྟབས་སུ་འཛིན་པ། གཡོན་པས་ཀ་པཱ་ལ་བདུད་བཞིའི་ཁྲག་གིས་གང་བ་ཐུགས་ཀར་བཟུང་ནས་ཞལ་དུ་གསོལ་བ། ཞབས་གཡས་བསྐུམ་གཡོན་བརྐྱངས་པས་པདྨ་ཉི་མ་དབུགས་བྲལ་གྱི་གདན་ལ་འགྲིང་བ། མི་མགོ་སྐམ་པོ་ལྔའི་དབུ་རྒྱན་དང་། རློན་པ་ལྔ་བཅུའི་དོ་ཤལ་ཅན། གཅེར་བུ་ཕྱག་རྒྱ་ལྔས་བརྒྱན་པ། ཡེ་ཤེས་ཀྱི་མེ་དཔུང་འབར་བའི་དབུས་ན་བཞུགས་པའོ། །དེའི་སྤྱི་བར་ཨོཾ་བཾ་དམར་མོ་རྡོ་རྗེ་ཕག་མོ། སྙིང་གར་ཧཾ་ཡཾ་སྔོན་མོ་གཤིན་རྗེ་མ། ཁར་ཧྲཱི་མོཾ་དཀར་མོ་རྨོངས་བྱེད་མ། (༢༢༥བ)དཔྲལ་བར་ཧྲཱིཾ་

ཧྲཱི་སེར་མོ་བསྐྱོད་བྱེད་མ། སྤྱི་གཙུག་ཏུ་ཧཱུྃ་ཧཱུྃ་ལྡང་ཁུ་སྐྲག་བྱེད་མ། ཚོགས་ཆེན་ཐམས་ཅད་ལ་ཕཊ་ཕཊ་ཏུད་ཁ་ཙཀྲེ་ཀའི་ངོ་བོ་རྣམས་སུ་གྱུར། ཞེས་གོ་ཆ་བགོས། རང་གི་སྙིང་གའི་ཧྲཱིཿཡིག་ལས་འོད་ཟེར་འཕྲོས་པས་སངས་རྒྱས་བྱང་སེམས་ཐམས་ཅད་རྡོ་རྗེ་ཕག་མོའི་ལྷ་ཚོགས་ཀྱི་རྣམ་པར་ཕྱིཾ། ཛཿཧཱུྃ་བཾ་ཧོཿ གཉིས་སུ་མེད་པར་གྱུར། ཨོཾ་ཡོ་ག་ཤུདྡྷ་སརྦ་དྷརྨ་ཡོ་ག་ཤུདྡྷོ྅ཧཾ། སླར་ཡང་དབང་གི་ལྷ་རིགས་ལྔ་འཁོར་བཅས་བཛྲ་ས་མ་ཛཿ ཇི་ལྟར་བལྟམས་པ་ནས་ཁྲི་ཡེ་ཧཱུྃ། ཞེས་གསུངས་ཤིང་དབང་བསྐུར། སྐུ་གང་། དྲི་མ་དག །ཆུ་ལྷག་མ་ཡར་ལུད་པ་ལས་མི་བསྐྱོད་པས་དབུ་བརྒྱན་པར་བསམ། ཨོཾ་བཛྲ་པུ་ཥྤེ་ཨཱཿཧཱུྃ་ནས་ཤབྡའི་བར་གྱིས་མཆོད། དཔལ་ལྡན་རྡོ་རྗེ་མཁའ་འགྲོ་མ། །མཁའ་འགྲོ་མ་ཡི་འཁོར་ལོས་བསྐྱུར། །ཡེ་ཤེས་ལྔ་དང་སྐུ་གསུམ་ཉིད། །འགྲོ་བ་སྐྱོབ་ལ་ཕྱག་འཚལ་ལོ། །ཇི་སྙིང་རྡོ་རྗེ་མཁའ་འགྲོ་མ། །ཀུན་ཏུ་རྟོག་པའི་འཆིང་གཅོད་ཅིང་། །འཇིག་རྟེན་བྱ་བར་རབ་འཇུག་མ། །དེ་སྙིང་རྣམས་ལ་ཕྱག་འཚལ་ལོ། །འབྲུ་གསུམ་གྱིས་ནང་མཆོད་ལན་གསུམ་མྱང་། བཟླས་པ་ནི། ལྟེ་བར་ཆོས་འབྱུང་གི་ནང་དུ། པད་ཉི་ལ་ཧྲཱིཿཡིག །དེ་ལས་འོད་ཟེར་འཕྲོས། སངས་རྒྱས་བྱང་སེམས་ཐམས་ཅད་ཀྱི་ཐུགས་རྗེ་དང་། སྣོད་བཅུད་ཐམས་ཅད་ཀྱི་བཅུད་བསྡུས་ཏེ་ཧྲཱིཿལ་ཐིམ་པར་བསམ། དོ་ལིའི་དམིགས་པ་ནི། ལྟེ་བའི་ཧྲཱིཿཡིག་ལས་ཧྲཱིཿདམར་པོ་འཕྲེང་བ་ལྟར་(༢༣༠ན)བྱུང་། གསང་བ་ནས་ཕྱིར་ཐོན་ཞལ་དུ་ཞུགས་ཏེ་རིམ་པར་འཁོར་བར་བསམ་ལ། ཧྲཱིཿཞེས་ཅི་ནུས་སུ་བཟླའོ། །མཐར་ལྷ་སྐུ་འོད་གསལ་དུ་བསྡུས་ཏེ། ཅུང་ཟད་མཉམ་པར་བཞག །སླར་ཡང་ཆུ་ལས་ཉ་ལྡང་གི་ཚུལ་སྣང་སྟོང་སྒྱུ་མ་ལྟ་བུའི་ལྷ་མོར་གསལ་བཏབ་ལ་དགེ་བ་བསྔོ། ཐུན་མཚམས་སུ་གཏོར་མ་གཏོང་བར་འདོད་ན། གཏོར་མ་སུམྦྷས་བསངས། སྭ་བྷཱ་ཝས་སྦྱངས། སྟོང་པའི་ངང་ལས་ཡཾ་ལས་རླུང་། རཾ་ལས་མེ། ཨ་ལས་ཡེ་ཤེས་ཀྱི་ཀ་པཱ་ལ་ཡངས་ཤིང་རྒྱ་ཆེ་བའི་ནང་དུ། ཤ་ལྔ་བདུད་རྩི་ལྔ་ཞུ་བ་ལས་བྱུང་བའི་གཏོར་མ་བདུད་

སྟེའི་རྒྱ་མཚོ་ཆེན་པོར་གྱུར། ཨོཾ་ཨཱཿཧཱུྃ་ཧ་ཧོ་ཧྲཱིཿ ཡན་གསུམ་གྱིས་བྱིན་གྱིས་བརླབས། ཕཾ་ཞེས་སྤྱན་དྲངས། ཨོཾ་བཛྲ་ཨ་རླི་ཧོཿ ཛཿཧཱུྃ་བཾ་ཧོཿ བཛྲ་ཌཱ་ཀི་ནི། ས་མ་ཡ་སྟྭཾ། དྲྀ་ཤྱ་ཧོཿ ཞེས་ཡན་བདུན་གྱིས་ཕུལ། མཆོད་བསྟོད་བྱ། ལྷ་མོ་ཚད་སོགས་ཀྱིས་གསོལ་བ་བཏབ། ཨོཾ་ཁ་ཁ་ཁཱ་ཧི་ཁཱ་ཧི། སོགས་མན་ཆད་མཁའ་འགྲོ་སྤྱི་གཏོར་གྱི་དང་མཐུན་པར་བཏང་། མགྲོན་གཤེགས་གསོལ། དམ་ཚིག་པ་རང་ལ་བསྡུ་བ་སྤྱི་དང་འདྲའོ། །༄ འདིའི་བྱིན་རླབས་བྱེད་ཚུལ་ནི། མཉལ་ཆོས་འབྱུང་དཀར་པོ། གྲུ་བཅད་ལྗང་ཁུ་ཟླུམ་སྐོར་སྔོན་པོ་ཅན་འབྲི། དེའི་སྟེང་མཐིལ་ལ་ཐོད་པ་མ་ད་ནས་བཀང་བའི་སྟེང་དུ་མེ་ལོང་ལ་ལི་ཁྲི་བརྡལ་ཏེ། ཆོས་འབྱུང་གྲུ་གསུམ་གྱི་དབུས་སུ་ཧྲཱིཿཕྱིའི་ཕྱོགས་བཞིར་དགའ་འཁྱིལ་བཞི་དང་བཅས་པ་འབྲི། ཡོལ་བས་(༢༣༠བ)མཚམས་བཅད། ཆུ་གཉིས་སྔོན་དུ་འགྲོ་བའི་ཉེར་སྤྱོད་ལྔ། ཤ་ཆང་གིས་བརྒྱན་པའི་གཏོར་མ་གཉིས་དང་བཅས་པ། གང་འོས་ཕྱོགས་སུ་བུམ་པ་སྤྱི་དང་མཐུན་པར་བཤམས། ཏིང་ལོ། མིག་དར། མེ་ཏོག །དབུ་རྒྱན་རྣམས་བཤམས། སློབ་དཔོན་གྱི་མདུན་དུ་རྫོར་དྲིལ་ནང་མཆོད་ཅང་ཏེའུ་སོགས་ཚོགས་པར་བྱ། སྒྲོ་ན་སྔོན་འགྲོའི་གཏོར་མ་བཏང་། ནང་མཆོད་དང་། གནས་བྱིན་རླབས་བྱ་བ་ནི། རང་ཉིད་ལྷར་གསལ་བའི་སྐུ་ལས་འོད་ཟེར་འཕྲོས་ནས་ཕོག་པས་གང་དུ་གནས་པའི་ས་ཕྱོགས་འདི་ཉིད་ཆོས་ཀྱི་དབྱིངས་ཆོས་ཀྱི་འབྱུང་གནས་ཙྭ་རི་མཁའ་སྤྱོད་ཨོ་ཊི་ཡ་ན་སོགས་རྫོ་རྗེའི་གནས་སུ་གྱུར་པར་བསམ། ཡོ་བྱད་བྱིན་རླབས་ནི། བསངས་སྦྱངས། སྟོང་པའི་ངང་ལས་མཆོད་རྫས་རྣམས་རང་རང་གི་མིང་ཡིག་དང་པོ་ཐིག་ལེས་བརྒྱན་པ་ཞུ་བ་ལས་བྱུང་བའི་མཆོད་རྫས་ཡོ་བྱད་རྣམས་ཟག་མེད་ཀྱི་བདེ་བ་ཁྱད་པར་ཅན་བསྐྱེད་པས་ས་དང་བར་སྣང་གི་ཁྱོན་ཐམས་ཅད་གང་བར་གྱུར་པར་བསམ། འབྲུ་གསུམ་བརྗོད། བདག་བསྐྱེད་བཟླས་པའི་བར་སོང་བ་ན། མདུན་བསྐྱེད་བསངས་སྦྱངས། སྟོང་པའི་ངང་ལས་ཞེས་པ་ནས། བཟླས་པའི་བར་བདག་བསྐྱེད་

ཉིད་འདོན་པ་སྦྱོར་པས་ཆོག །ཨོཾ་བཛྲ་པྲཱ་ནྲཏྟྱ་ཨཱཿཧཱུཾ་ནས། ཤཔྟའི་བར་གྱིས་མཆོད། འབྲུ་གསུམ་གྱི་ནང་མཆོད། ཨ་ནུ་ཏྟ་རའི་སྔགས་ཀྱིས་གསང་མཆོད་དང་། བསྟོད་པ་རྒྱས་བསྡུས་གང་རུང་ཞིག་གིས་བསྟོད། གོང་བཞིན་གཏོར་མ་ཕུལ། བུམ་པའི་(༢༣༧ན)མཆོད་པ་བྱིན་གྱིས་བརླབས། བུམ་པ་བསངས་སྦྱངས། སྟོང་པའི་ངང་ལས་བུམ་པ་མཚན་ཉིད་ཐམས་ཅད་དང་ལྡན་པའི་ནང་དུ་པདྨ་དམར་པོ་དང་། ཉི་མའི་དཀྱིལ་འཁོར་གྱི་སྟེང་དུ་ཧྲཱིཿཡིག་དཀར་པོ་དེ་ལས་འོད་ཟེར་འཕྲོས། ཞེས་པ་ནས་མཆོད་བསྟོད་ཀྱི་བར་བྱ། བཟླས་པ་ནི། རང་གི་སྙིང་ག་ནས་སྔགས་ཀྱི་འཕྲེང་བ་བྲེང་མ་ཆད་པར་སྤྲོས། བུམ་བསྐྱེད་ཀྱི་ལྷའི་ཐུགས་རྒྱུད་བསྐུལ། སྐུ་ལས་བདུད་རྩིའི་རྒྱུན་བབས་པས་བུམ་པ་གང་བར་གྱུར། བཟླས་པ་ཅི་འགྲུབ་བྱ། ཨཱཿཧཱུཾ་ནས་ཤཔྟའི་བར་གྱིས་མཆོད། འབྲུ་གསུམ་གྱིས་ནང་མཆོད་དང་བསྟོད་པ་བསྡུས་པ་བྱ། བུམ་པའི་ལྷ་ཞུ་བ་དང་གཉིགས་གསོལ་སོགས་མི་དགོས་སོ། །འགྲུབ་ན་ཚོགས་འཁོར་རམ་གཞན་ནུ་མའི་མཆོད་པ་ངེས་པར་བྱ། དེ་ནས་བར་ཆད་སྲུང་བའི་དོན་དུ་སུམྦྷ་ཅི་རིགས་པར་བཟླའོ། །སློབ་མ་ལ་བྱ་བ་ལྟར་བདག་འཇུག་ཇོགས་པར་བླངས། དེ་ནས་སློབ་མས་མནྡལ་ཕུལ། གང་གི་དྲིན་གྱིས་བདེ་ཆེན་ཉིད། །ཅེས་སོགས་དང་། དཔལ་ལྡན་རྡོ་རྗེ་མཁའ་འགྲོ་མ། །ཞེས་སོགས་དང་། སངས་རྒྱས་ཀུན་གྱི་རང་བཞིན་སྐུ། །སློབ་དཔོན་ལ་ནི་སྐྱབས་སུ་མཆི། །དཔལ་ལྡན་རྡོ་རྗེ་མཁའ་འགྲོ་མས། །བདག་ལ་བྱིན་གྱིས་བརླབ་ཏུ་གསོལ། །ལན་གསུམ་གྱིས་གསོལ་བ་བཏབ། དཀོན་མཆོག་གསུམ་ལ་བདག་སྐྱབས་མཆི། །ཞེས་སོགས་ཀྱིས་རྒྱུན་བཤགས་ལན་གསུམ་བརྗོད། སྲས་བཅས་སངས་རྒྱས་ཐམས་ཅད་དང་། །(༢༣༧བ)དཔའ་བོ་དཔའ་མོའི་ཚོགས་བཅས་ཀུན། །ཐམས་ཅད་བདག་ལ་དགོངས་སུ་གསོལ། །བདག་མིང་འདི་ཞེས་བྱ་བ་ཡིས། །ཞེས་པ་ནས། སེམས་ཅན་མྱ་ངན་འདས་ལ་འགོད། །ཅེས་ལན་གསུམ་གྱིས་སྡོམ་པ་བཟུང་། སངས་རྒྱས་ཆོས་དང་དགེ་འདུན་ལ། །རྟག་ཏུ

བདག་ནི་སྐྱབས་སུ་མཆི། །རྣལ་འབྱོར་གསང་སྔགས་མཁའ་འགྲོ་མ། །འཁོར་ལོ་གསུམ་གྱི་བདག་ཉིད་ཅན། །ཀུན་ལ་བདག་ནི་སྐྱབས་སུ་མཆི། །དཔའ་བོ་དཔའ་མོ་དབང་ལྷ་མོ། །བྱང་ཆུབ་སེམས་དཔའ་བདག་ཉིད་ཆེ། །ཁྱད་པར་དུ་ཡང་སློབ་དཔོན་ལ། །རྟག་པར་བདག་ནི་སྐྱབས་སུ་མཆི། །དཔལ་ལྡན་ཁྲག་འཐུང་སོགས་དཔའ་བོ། །རྣལ་འབྱོར་མ་དང་སྣང་མཛད་སོགས། །བྱང་ཆུབ་སེམས་དཔའ་དཔག་མེད་པ། །ཐམས་ཅད་བདག་ལ་དགོངས་སུ་གསོལ། །བདག་ནི་དུས་འདི་ནས་བཟུང་སྟེ། །ཇི་སྲིད་གཉིས་མེད་ལ་གནས་བར། །དེ་ཡི་ཚངས་སྤྱོད་གཉིས་མེད་པ། །ཉི་ཤུ་རྩ་གཉིས་ལེགས་པར་སྲུང་། །ཞེས་ལན་གསུམ་གྱིས་ཐུན་མོང་མ་ཡིན་པའི་སྡོམ་པ་བཟུང་། ཨོཾ་ཙཀྲ་བཛྲ་ཕ་ར་མ་ན་ཡེ་ཧཱུྃ། ཞེས་མིག་དར་གདད། ཨཱ་ཁཾ་བཱི་ར་ཧཱུྃ་གིས་མེ་ཏོག་གཏད། བུམ་ཆུ་སློབ་མ་ལ་གཏོར་ལ་སུམྦྷ་ནིས་བསངས། ཨོཾ་ཨཱཿཧཱུྃ། བདུད་རྩི་སྦྱིན། བུ་ཁྱོད་སུ་ཡིན་ཅི་ལ་དགའ། །ཞེས་འདྲི། སྐལ་བཟང་བདག་བདེ་བ་ཆེན་པོ་ལའོ། །ཞེས་རྗེས་ཟློས་བྱ། དེ་ཡིས་བུ་ལ་ཅི་ཞིག་བྱ། །ཞེས་འདྲི། སངས་རྒྱས་མཆོག་གི་དམ་ཚིག་གོ། ཞེས་རྗེས་ཟློས་བྱ། སློབ་མའི་སྙིང་གར་ཟླ་བ་(༢༣༢ན)ལ་རྡོ་རྗེ་དཀར་པོ་བསྒོམ་དུ་བཅུག་ནས། ཨོཾ་སརྦ་ཡོ་ག་ཙིཏྟ་ཨུཏྤ་ད་ཡཱ་མི། ཞེས་རྗེས་ཟློས་བྱར་བཅུག །རྡོ་རྗེ་སྙིང་གར་གཏུགས་པས་བརྟན་པར་བྱས་པར་སྒོམས་ཤིག་བྱས་ལ་སློབ་མའི་སྙིང་གར་རྡོ་རྗེ་གཏུགས་ལ། སུ་ར་ཏེ་ས་མ་ཡ་སྟྭཾ་ཧོཿསིདྡྷི་བཛྲ་ཡ་ཐཱ་སུ་ཁཾ། རྡོ་རྗེ་སྤྱི་བོར་བཞག་ལ། དེང་ཁྱོད་རྡོ་རྗེ་རྣལ་འབྱོར་མའི་རིགས་སུ་ཞུགས་ཀྱི། དེ་བཞིན་གཤེགས་པ་ཐམས་ཅད་ཀྱི་མཆོག་ཏུ་གསང་བ་དམ་པ་འདི། དེ་བཞིན་གཤེགས་པ་ཐམས་ཅད་ཀྱི་དཀྱིལ་འཁོར་དུ་མ་ཞུགས་པ་རྣམས་ལ་སྨྲ་བར་མི་བྱ་སྟེ། མ་དད་པ་རྣམས་ལ་ཡང་མ་ཡིན་ནོ། །ཞེས་གསང་བར་གདམས། ཛཿཧཱུྃ་བཾ་ཧོཿ ཞེས་པས་ཡོལ་བའི་ནང་དུ་བཅུག །ཡེ་ཤེས་དབབ་པའི་དོན་དུ་མོས་པ་འདི་བཞིན་མཛོད་བྱས་ལ། མདུན་བསྐྱེད་བཅོམ་ལྡན་འདས་མའི་ཧྲཱིཿཡིག་ལས་འོད་བྱུང་། ཁྱེད་

རང་གི་ལྟེ་བར་ཐིམ། འོད་འདུས་པ་ལས་ཆོས་འབྱུང་ཉིས་བརྩེགས་ཧྲཱིཿཡིག་པད་ཉི་སྔགས་ཕྲེང་དང་བཅས་པ་ལས་འོད་ཟེར་འཕྲོས། ཁྱེད་རང་གི་ལུས་ཐམས་ཅད་གང་། ཚེ་འཁོར་བ་ཐོག་མ་མེད་པ་ནས་བསགས་པའི་སྡིག་སྒྲིབ་ཐམས་ཅད་བསྲེགས་སྦྱངས། ལུས་འོད་ཀྱི་གོང་བུར་གྱུར་པའི་སྐད་ཅིག་ལས་ཉི་མའི་དཀྱིལ་འཁོར་གྱི་སྟེང་དུ་ཁྱེད་རང་རྣམས་རྗེ་བཙུན་རྣལ་འབྱོར་མ་ཤེས་རབ་གསལ་བྱེད་ཀྱི་སྐུར་གྱུར་པ་ནི་ལོ་བཅུ་དྲུག་ལོན་པའི་ལང་ཚོ་ཅན། བརྒྱ་ལྟ་བུའི་སྤྱན་གསུམ་དང་ལྡན་པ། མཆེ་བའི་མྱུ་གུ་(༢༡༢བ)ཙུང་ཟད་གཙིགས་པ། ཕྱག་གཡས་པས་རྡོ་རྗེ་དམར་པོ་རྩེ་ལྔ་པ་བ་དན་གསུམ་གྱིས་མཚན་པ་འཕྱར་སྟབས་སུ་འཛིན་པ། གཡོན་པས་ཀ་པཱ་ལ་བདུད་བཞིའི་ཁྲག་གིས་གང་བ་ཐུགས་ཀར་བཟུང་ནས་ཞལ་དུ་གསོལ་བ། ཞབས་གཡས་བསྐུམ་གཡོན་བརྐྱངས་པས་པདྨ་ཉི་མ་དབུགས་བྲལ་གྱི་གདན་ལ་འགྱིང་བ། མི་མགོ་སྐམ་པོ་ལྔའི་དབུ་རྒྱན་དང་། རློན་པ་ལྔ་བཅུའི་དོ་ཤལ་ཅན། གཅེར་བུ་ཕྱག་རྒྱ་ལྔས་བརྒྱན་པ། ཡེ་ཤེས་ཀྱི་མེ་དཔུང་འབར་བའི་དབུས་ན་བཞུགས་པའི་གནས་རྣམས་སུ། ཟླ་བའི་དཀྱིལ་འཁོར་གྱི་སྟེང་དུ། ཨོཾ་བཾ་ཧཾ་ཡཾ་ཧྲཱིཾ་མཾ་ཧྲིཾ་ཧྲིཾ་ཧྲུཾ་ཧྲུཾ་ཕཊ་ཕཊ་རྣམས་གསལ་བཏབ། དེ་ནས་ཏིང་ལོ་སློབ་མའི་ཁར་སྦྱིན་ལ། མདུན་བསྐྱེད་བཅོམ་ལྡན་འདས་མའི་ཐུགས་ཀའི་ཧྲཱིཿཡིག་ལས་ངོ་བོ་རྗེ་བཙུན་མ་ཕག་དཀར་ཤེས་རབ་གསལ་བྱེད་རྣམ་པ་མུན་སེལ་གྱི་ཏིང་ལོ་འོད་གསལ་བ་བྱུང་། ཁྱེད་རང་གི་ཁ་སྒོ་ནས་ཞུགས། དབུ་མའི་ལམ་ནས་བརྒྱུད། ལྟེ་བའི་ཧྲཱིཿཡིག་དང་རོ་གཅིག་ཏུ་འདྲེས། ལྟེ་བའི་ཧྲཱིཿཡིག་ལས་གཏུམ་མོ་འབར་ཏེ་འོད་ཀྱིས་སྣང་བ་ཐམས་ཅད་ཁྱབ་པར་བསྒོམ། ཕྱོགས་བཅུའི་སངས་རྒྱས་བྱང་ཆུབ་སེམས་དཔའ་ཐམས་ཅད་རྡོ་རྗེ་རྣལ་འབྱོར་མའི་རྣམ་པར་བྱོན་ནས་ཁྱེད་རང་ལ་ཐིམ་པས་ལུས་ངག་ཡིད་གསུམ་རྡོ་རྗེ་རྣལ་འབྱོར་མའི་སྐུ་གསུང་ཐུགས་ཀྱི་ངོ་བོ་དམ་པར་བྱིན་གྱིས་བརླབས། རོལ་ཆེན་བྱ། ཧྲཱིཿཞེས་དང་། ཨོཾ་བཛྲ་ཨ་བེ་ཤ་ཨ། ཡེ་ཤེས་དབབ་པའི་རྒྱུན་དེ་སྤྱི་བོར་རྡོ་རྗེ་རྒྱ་གྲམ་དུ་

བཞག་པས་བརྟན་(༢༣༣ན)པར་མོས་པ་མཛོད། ཏིཥྛ་བཛྲ། ལན་གཉིས། མདུན་བསྐྱེད་རྡོ་རྗེ་རྣལ་འབྱོར་མའི་སྐུ་ལ་མི་རྟོག་ཐུལ་བར་མོས་ལ། མི་རྟོག་འཁོར་བཞིན་དུ་འདིའི་རྗེས་ཟློས་ཀྱིས་བྱས་ལ། ཨོཾ་པྲ་ཀྲྀཥྚ་བཛྲ་ཧོ། སླར་ཡང་མི་རྟོག་དེ་ཉིད་རང་གི་སྙིང་པོར་བཅིངས་པར་མོས་ཤིག་བྱས་ལ། ཨོཾ་པྲ་ཏི་གྲྀཧྞ་སྭཱ་ཨི་མཾ་སཏྭ་མཧཱ་བཱ་ལ། རྣལ་འབྱོར་མ་དཔལ་དེང་ཁྱོད་ཀྱི། །མིག་འབྱེད་པར་ནི་བརྩོན་པར་མཛད། །ཕྱེ་བས་ཐམས་ཅད་མཐོང་བ་ཡང་། །རྡོ་རྗེའི་མིག་ནི་བླ་ན་མེད། །ཨོཾ་བཛྲ་ནཻ་ཏྲ་ཨ་པ་ཧ་ར་པ་ཊ་ལཾ་ཧྲཱི་ཧཱུཾ། རྟེན་དང་བརྟེན་པར་བཅས་པའི་དཀྱིལ་འཁོར་པ་ཐམས་ཅད་མངོན་སུམ་བཞིན་དུ་གསལ་བར་གྱུར། དབང་གི་དངོས་གཞི་ཞུ་བའི་ཡོན་དུ་མཎྜལ་དབུལ། རྣལ་འབྱོར་མ་དཔལ་དབང་བསྐུར་བ། །འགྲོ་བ་སྐྱོབ་པའི་གཟི་བརྗིད་ཅན། །ཇི་ལྟར་ཡོན་ཏན་འབྱུང་གནས་གཙོ། །དེ་བཞིན་བདག་ལ་དེང་སྩོལ་ཅིག །ཅེས་ལན་གསུམ་རྗེས་ཟློས་ཀྱིས་གསོལ་བ་བཏབ། རིན་པོ་ཆེའི་ཁྲི་ཡངས་ཤིང་རྒྱ་ཆེ་བའི་དབུས་སུ་ཁྱེད་རང་རྣམས་རྡོ་རྗེ་རྣལ་འབྱོར་མར་གསལ་བའི་སྟེང་དུ། གདུགས་དཀར་པོ་མཐའ་སྐོར་དུ་མཆོད་པའི་སྤྲིན་གྱི་ཕུང་པོས་ས་དང་བར་སྣང་ཐམས་ཅད་གང་བར་གྱུར། མདུན་བསྐྱེད་བཅོམ་ལྡན་འདས་མའི་ཐུགས་ཀ་ནས་དབང་གི་ལྷ་སྤྲུལ་ཏེ་དབང་བསྐུར་བའི་ལས་མཛད་པར་མོས་ཤིག་བྱས་ལ། བུམ་པ་བཟུང་། མི་རྟོག་འཛིན་ཞིང་། ཨོཾ་ཕུན་སུམ་ཚོགས་པ་སོགས་ཀྱིས་ཤིས་པ་(༢༣༣བ)བརྗོད། དབང་ལྷ་ལ་གསོལ་བ་འདེབས་པ་འདིའི་རྗེས་ཟློས་མཛོད་བྱས་ལ། དེ་བཞིན་གཤེགས་པ་ཁྱེད་རྣམས་ཀྱིས་བདག་ལ་མངོན་པར་དབང་བསྐུར་དུ་གསོལ། ཞེས་གསོལ་བ་བཏབ་པས། ཇི་ལྟར་བལྟམས་པ་ནས་ཤྲཱི་ཡེ་ཧཱུཾ། ཨོཾ་བཛྲ་ཤྲཱི་ར་ཧཱུཾ་ཨ་བྷི་ཥིཉྩ་ཧཱུཾ། ཞེས་གསུངས་ཤིང་བུམ་པའི་ཆུས་སྤྱི་བོ་ནས་དབང་བསྐུར། སྐུ་གང་དྲི་མ་དག །ཆུའི་ལྷག་མ་ཡར་ལུད་པ་ལས། ཁྱེད་རང་གི་སྤྱི་བོའི་གཙུག་ཏུ་རྣམ་པར་སྣང་མཛད། དཔྲལ་བར་མི་བསྐྱོད་པ། རྣ་བ་གཡས་པར་རིན་ཆེན་འབྱུང་ལྡན། ལྟག་པར་འོད་

དཔག་མེད། ཇ་བ་གཡོན་པར་དོན་ཡོད་གྲུབ་པ་རྣམས་ཀྱིས་དབུ་བརྒྱན་པར་མོས་སུ་བཅུག་ལ། དབུ་རྒྱན་མགོ་བོར་འཇོག །དེ་ནས་བརྟན་པར་བཞུགས་སུ་གསོལ་བའི་མོས་པ་གྱིས་བྱས་ལ། རིན་ཆེན་དང་བཅས་པས་སློབ་མ་ལ་མེ་ཏོག་གཏོར་ལ། ཨོཾ་སུ་པྲ་ཏིཥྛ་བཛྲ་ཡེ་སྭཱཧཱ། ཞེས་བརྗོད། དེ་ནས་བཟླས་ལུང་ནི། མདུན་བསྐྱེད་བཅོམ་ལྡན་འདས་མའི་ཐུགས་ཀའི་ཧྲཱིཿཡིག་ལས་ཧྲཱིཿཡིག་གཉིས་པ་བྱུང་། ཞལ་ནས་ཐོན། ཁྱེད་རང་གི་ཁ་སྒོ་ནས་ཞུགས། སྙིང་གའི་ཧྲཱིཿཡིག་ལ་ཐིམ་པས་ཐུགས་ནུས་མཐུ་དང་ལྡན་པར་བྱིན་གྱིས་བརླབས་པར་མོས་ལ། འདིའི་རྗེས་ཟློས་མཛོད། ཧྲཱིཿཞེས་བརྒྱ་རྩ་དང་། དམ་བཅའ་བའི་ལུང་འདིའི་རྗེས་ཟློས་མཛོད་བྱས་ལ། བླ་མ་དང་རྡོ་རྗེ་རྣལ་འབྱོར་མ་གཉིས་སུ་མ་མཆིས་པ་བདག་ལ་དགོངས་སུ་གསོལ། བདག་མིང་འདི་ཞེས་བགྱི་བ་དུས་འདི་ནས་བཟུང་སྟེ། ཇི་སྲིད་བྱང་ཆུབ་སྙིང་པོ་(༢༧༨ན)ལ་མཆིས་ཀྱི་བར་དུ། རྡོ་རྗེ་རྣལ་འབྱོར་མ་ཡི་དམ་གྱི་ལྷར་བཟུང་ནས། དེའི་གཟུངས་སྔགས་ཉིན་རེ་ལ་ཅི་ནུས་རེ་བཟླ་བར་དམ་འཆའ་ལགས་སོ། །སློབ་དཔོན་ལ་མེ་ཏོག་གཏོར་ལ། འདིའི་རྗེས་ཟློས་མཛོད། བཅོམ་ལྡན་བདག་གིས་བཟུང་ལགས་ཀྱི། །བདག་ལ་འགོ་བར་མཛད་དུ་གསོལ། །མེ་ཏོག་དེ་ཉིད་སླར་ཡང་ཁྱེད་རང་རྣམ་པའི་སྤྱི་བོར་གཏོར་བས་ཐུགས་ཕྲེང་གི་རྣམ་པས་སྙིང་གར་ཐིམ་སྟེ་རྒྱུད་བྱིན་གྱིས་བརླབས་པར་མོས་མཛོད་བྱས་ལ། མེ་ཏོག་སློབ་མའི་སྤྱི་བོ་དང་སྙིང་གར་གཏོར་ཏེ། སྔགས་ཀྱི་དངོས་གྲུབ་བསྩལ་དུ་གསོལ། །བརྟུལ་ཞུགས་བརྟན་པར་མཛད་དུ་གསོལ། །རིག་པ་འཛིན་པ་ཁྱེད་ཀྱི་རྒྱུད་ལ་རྡོ་རྗེ་རྣལ་འབྱོར་མའི་གསུང་རིག་སྔགས་ཀྱི་བྱིན་རླབས་དང་ནུས་མཐུ་མ་ལུས་པ་ཡོངས་སུ་འཇུག་པར་གྱུར་ཅིག །ཅེས་བརྗོད་དོ། །དེས་བུམ་དབང་ཐོབ་པས་བསྐྱེད་རིམ་བསྒོམ་པ་ལ་དབང་བར་བྱས་སོ། །མདུན་བསྐྱེད་ཀྱི་ཐུགས་ཀ་ནས་འོད་ཟེར་འཕྲོས། སངས་རྒྱས་ཐམས་ཅད་སྤྱན་དྲངས། ཞལ་དུ་ཞུགས་བྱང་ཆུབ་ཀྱི་སེམས་སུ་ཞུ། གསང་བ་ནས་ཐོན། ཀ་

པྲ་ལའི་བདུད་རྩི་དང་འདྲེས། དེ་ཉིད་ལྕེ་ཐོག་ཏུ་བཞག་པར་མོས་ཤིག །ཧྲཱིཿཨོཾ་ཨཱཿཧཱུྃ། ཞེས་བརྗོད་ཅིང་། དཀྱིལ་འཁོར་གྱི་ནང་མཆོད་ནས་བླངས་ལ་སློབ་མ་ལ་སྦྱིན། དེས་གསང་དབང་ཐོབ་པས་ལམ་རང་ལུས་ལ་བརྟེན་ནས་རྩ་དབུ་མ་ཁ་དབྱེ་བའི་ཐབས་བསྒོམ་པ་ལ་དབང་ངོ་། །དེ་ནས་སིནྡྷུ་རའི་དཀྱིལ་འཁོར་ལས། སིནྡྷུ་ར་སློབ་དཔོན་གྱི་མཐེབ་སྲིན་གཡོན་(༢༣༤བ)པས་བླངས་ལ། སློབ་མའི་དཔྲལ་བ། མགྲིན་པ། སྙིང་ག །ལྟེ་བ་རྣམས་སུ་བྱུགས། འབྲུ་གསུམ་བརྗོད། དེ་ལྟར་གནས་བཞི་བྱིན་གྱིས་བརླབས་པའི་རྐྱེན་གྱིས་ལྟེ་བའི་གཏུམ་མོ་འབར། སྤྱི་བོའི་ཧཾ་ཡིག་ཞུ་བས་དགའ་བ་བཞིའི་ཡེ་ཤེས་སྐྱེས་པར་མོས་ལ། ཐུགས་དང་ཕྱག་རྒྱ་འདིའི་རྗེས་ཟློས་གྱིས་ཞེས་བརྗོད། ཨོཾ་སརྦ་ཏ་ཐཱ་ག་ཏ་ཨ་ནུ་རཱ་ག་ན་བཛྲ་སྭ་བྷཱ་ཝ་ཨཱཏྨ་ཀོཧཾ། ཞེས་པ་དང་། འཕྲུལ་རྒྱ་བྱར་བཅུག །དེ་ནས་ཤེས་རབ་ཡེ་ཤེས་ཀྱི་དབང་བསྐུར་བ་ཐོབ་པས། ཕོ་ཉའི་ལམ་བསྒོམ་པ་ལ་དབང་བ་ཡིན་ནོ། །དེ་ལྟ་བུའི་ཞུ་བ་དེ་ཉིད་དཔེར་བྱས་ཏེ། དོན་རང་སེམས་བདེ་བ་ཆེན་པོ་ལྷན་ཅིག་སྐྱེས་པའི་དོན་བསྒོམ་པ་ནི་བཞི་པའི་ཡེ་ཤེས་ཏེ། དངོས་པོ་མེད་པའི་ཆོས་ཉིད་ཆོས། །ནམ་མཁའ་ལྟ་བུར་དྲི་མ་མེད། །སྟོང་ཉིད་ཡེ་ཤེས་རྡོ་རྗེ་ཡི། །སྟོང་པ་ཉིད་ནི་རྣམ་པར་བསྒོམ། །ཞེས་པ་ཡིན་པས་སྦྱོར་བྲལ་བདེ་སྟོང་ལ་ཙུང་ཟད་མཉམ་པར་ཞོག་མཛོད། དེ་ནི་དབང་བཞི་པ་སྟེ། ལམ་དེ་ཁོ་ན་ཉིད་དངོས་སུ་བསྒོམ་པར་བྱེད་པ་ལ་དབང་བ་ཡིན་ནོ། །རྗེས་ཆོག་སྤྱི་དང་འདྲའོ། །༄ སྒྲུབ་ཐབས་རིན་ཆེན་འབྱུང་གནས་ཀྱི་ལྷན་ཐབས་རིན་འབྱུང་དོན་གསལ་ལས་རྡོ་རྗེ་ཕག་མོའི་སྒྲུབ་ཐབས་བཤད་པའི་སྐབས་སོ།། །།

༄ **སྤྱན་རས་གཟིགས་ཡི་གེ་དྲུག་མ་ཇོ་བོ་ལུགས་ལ།** དང་པོར་སངས་རྒྱས་ཆོས་དང་ཚོགས་ཀྱི་མཆོག་རྣམས་ལ། སོགས་ལན་གསུམ། རང་སྤྱན་རས་གཟིགས་སུ་གསལ་བའི་སྙིང་གའི་ཧྲཱིཿལས་འོད་ཟེར་འཕྲོས། ཐུགས་རྗེ་ཆེན་པོ་གཙོ་འཁོར་གསུམ་མདུན་(༢༣༥ན)གྱི་ནམ་མཁར་བཛྲ་ས་མ་ཛཿ ཨོཾ་བཛྲ་པུཥྤེ་ཨཱཿཧཱུྃ། ནས། ནཻ་ཝི་དྱའི་

བར་གྱིས་མཆོད། དེ་བཞིན་གཤེགས་པ་ཐམས་ཅད་ཀྱིས་དབང་བསྐུར་དུ་གསོལ། ཨོཾ་ཨ་བྷི་ཥིཉྩ་ཏུ་མཾ་སརྦ་ཏ་ཐཱ་ག་ཏཱ། ཞེས་གསོལ་བ་བཏབ་པས། ལྷ་རྣམས་ཀྱི་ཕྱག་གཡས་པ་ལས་བདུད་རྩིའི་རྒྱུན་བྱུང་། སྤྱི་བོ་ནས་བཙམས་ཏེ་ལུས་ཐམས་ཅད་བཀྲུས་པས་སྒྲིབ་གཉིས་དག་པར་གྱུར། ཨོཾ་སརྦ་ཏ་ཐཱ་ག་ཏ་ཨ་བྷི་ཥེ་ཀ་ཏ་ས་མ་ཡ་ཤྲཱི་ཡེ་ཧཱུཾ། བུམ་པའམ། དུང་ཆོས་ཀྱི་ཆུས་གདོང་དང་ཁ་ལན་གསུམ་དུ་བཀྲུས། གཙོ་བོ་འོད་དུ་ཞུ། རང་གི་སྤྱི་བོ་ནས་ཐིམ། བུམ་དབང་ཐོབ། ཡི་གེ་དྲུག་མ་ཡང་ཐིམ་པས་གསང་དབང་ཐོབ། ནོར་བུ་འཛིན་པའང་ཐིམ་པས་ཤེས་རབ་ཡེ་ཤེས་བཞི་པར་བཅས་པ་ཐོབ་སྟེ། ལྷ་སྐུ་སྣང་སྟོང་ཟུང་འཇུག་ཕྱག་རྒྱ་ཆེན་པོའི་ངང་དུ་གྱུར། ལག་པ་གཡས་གཡོན་གྱི་མཐིལ་དུ་ཨ་ལས་ཟླ་བ་ལ་ཧྲཱིཿ དེ་ལས་བདུད་རྩིའི་ཆུ་བླུག་པས་ཧྲཱིཿཡིག་བཀྲུས་ཏེ་འོ་མའི་རྒྱུན་དུ་གྱུར་ནས། ཡི་དྭགས་རྣམས་ཀྱིས་འཐུངས་པས་ཚིམས་ཤིང་། ཆོས་སྐུའི་བདེ་བ་དང་ལྡན་པས་རང་གི་གནས་སུ་དེངས་པར་གྱུར། ཧྲཱིཿབཟླ་ཞིང་ལག་པ་བཀྲུ། དེ་ནས་སྐྱབས་སེམས་ཚད་མེད་བཞི་རྣམས་སྔོན་དང་འདྲ་བར་བྱ། ཨོཾ་སྭ་བྷཱ་ཝ་ཤུདྡྷཱ་སརྦ་དྷརྨཱ་སྭ་བྷཱ་ཝ་ཤུདྡྷོ྅ཧཾ། ཞེས་སྟོང་པར་སྦྱངས། སྟོང་པའི་ངང་ལས་སྙིང་གའི་ཐད་ཙམ་གྱི་ནམ་མཁར་ཧྲཱིཿདཀར་པོ་ཞུ་བ་ལས་དབུས་སུ་ཐིག་ལེ་དཀར་པོ་ཆེན་པོ། གཡས་གཡོན་དུ་ཐིག་ལེ་དཀར་པོ་ཆུང་དུ་རེ་རེ་དང་བཅས་པར་གྱུར། དེ་རྣམས་(༢༣༥བ)ཡོངས་སུ་གྱུར་པ་ལས། གཙོ་འཁོར་གསུམ་དུ་གྱུར་པ་ནི། དབུས་སུ་འཕགས་པ་སྤྱན་རས་གཟིགས་དབང་ཕྱུག་སྐུ་མདོག་དཀར་པོ་གངས་རི་ལ་ཉི་མ་ཤར་བ་ལྟ་བུ་སྟོན་ཟླ་འབུམ་གྱི་གཟི་བརྗིད་ཅན། ཞལ་གཅིག་ཕྱག་བཞིའི་དང་པོ་གཉིས་ཐུགས་ཀར་ཐལ་མོ་སྦུག་པོར་སྦྱར་བ། གཡས་འོག་མས་མུ་ཏིག་གི་འཕྲེང་བ་དང་། གཡོན་འོག་མས་པདྨ་དཀར་པོ་འདབ་མ་བརྒྱད་པ་ཡུ་བ་དང་བཅས་པ་སྙན་གྱི་ཐད་ཀར་ཁ་བྱེ་བ་འཛིན་པ། ཞལ་གྱི་དཀྱིལ་འཁོར་རབ་ཏུ་ཞི་ཞིང་འཛུམ་པ། སྤྱན་གཉིས་སེམས་དཔའི་ལྟ་སྟངས་ཀྱིས་ས་ལ་འདོམ་གང་

ཙམ་དུ་གཟིགས་པ། དབུ་སྐྲ་རལ་པའི་ཐོར་ཚུགས་ཀྱི་བོར་བཅིངས་པའི་ཕྱེད་དཔུང་པ་གཉིས་ཀྱི་སྟེང་དུ་འཁྱིལ་ཞིང་། རྩེ་མོ་ཀླུང་གིས་བསྐྱོད་པ། རི་དྭགས་ཀྱི་ལྤགས་པས་ནུ་མ་གཡོན་པ་བཀབ་པ་དར་སྣ་ཚོགས་པའི་སྟོད་གཡོགས་དང་། དམར་པོའི་སྨད་དཀྲིས་གསོལ་བ། རིན་པོ་ཆེའི་རྒྱན་ཐམས་ཅད་ཀྱིས་བརྒྱན་པ། ཞབས་རྡོ་རྗེའི་སྐྱིལ་ཀྲུང་གིས་བཞུགས་ཤིང་། འཁོར་ལོས་བསྒྱུར་བའི་ཆ་ལུགས་ཅན། མཚན་དཔེ་ཡོངས་སུ་རྫོགས་ཤིང་། འོད་དཔག་མེད་ཀྱིས་དབུ་བརྒྱན་པ། འོད་དང་འོད་ཟེར་དཔག་ཏུ་མེད་པ་འཕྲོ་ཞིང་པད་ཟླ་རྒྱས་པའི་གདན་ལ་རོལ་པའོ། །དེའི་གཡས་སུ་ནོར་བུ་འཛིན་པ་སྐུ་མདོག་སེར་པོ། ཕྱག་དང་པོ་གཉིས་ཐལ་མོ་སྦྱར་བ། གཡས་གཉིས་པའི་མཐེབ་མཛུབ་སྦྱར་བས་རིན་པོ་ཆེ་དབང་གི་རྒྱལ་པོ་ཡུ་བ་དང་བཅས་པ་འཛིན་ཅིང་། གཡོན་གཉིས་པས་རིན་པོ་ཆེའི་ལྕུག་ཕྲན་གྱི་(༢༣༨ན)ཡལ་ག་འབྲས་བུའི་སྙེ་མ་ལྡུང་བར་འགྱུར་བའི་ངང་ཚུལ་ཅན་བསྣམས་པ། གཡོན་དུ་ཡི་གེ་དྲུག་མ་གཙོ་བོ་དང་མཚུངས་པ་ལས་ལྷ་མོའི་ཆ་བྱད་འཛིན་སྐྱེག་གི་ཉམས་འགྱུར་དང་ལྡན་པ། འཁོར་གཉིས་ཀ་གཙོ་བོའི་ཞལ་རས་ལ་བལྟ་ཞིང་། ཕུས་མོ་ཕྱོགས་གཅིག་ས་ལ་བཙུགས་པའོ། །ཡང་ན་པདྨ་དཀར་པོའི་ཚབ་ཏུ་ཨུཏྤལ་དཀར་པོ་འཛིན་པ་དང་། གཙོ་འཁོར་གསུམ་ཅར་གདན་ཅན་ནམ། གསུམ་ཀར་གདན་མེད་བྱས་ཀྱང་རུང་ངོ་། །རང་གི་སྙིང་ཀར་ཨ་ལས་ཟླ་བ་ཉ་གང་བའི་སྟེང་དུ། ཧྲཱིཿདཀར་པོ་དེ་ལས་འོད་ཟེར་འཕྲོས། ཡེ་ཤེས་སེམས་དཔའ་འཕགས་པ་སྤྱན་རས་གཟིགས་གཙོ་འཁོར་གསུམ་བཛྲ་ས་མ་ཛཿཨརྒྷཾ་ནས་ཤབྡའི་བར་གྱིས་མཆོད་པ་ལན་གསུམ་བྱ། ཐུགས་རྗེ་ཆེན་པོས་བདག་ལ་སེམས་ཅན་ཐམས་ཅད་ཀྱི་དོན་དུ་ཕྱག་རྒྱ་ཆེན་པོ་མཆོག་གི་དངོས་གྲུབ་མྱུར་དུ་ཐོབ་པར་མཛད་དུ་གསོལ། ལན་གསུམ། ལྷ་གསུམ་པོ་དམ་ཚིག་པ་སོ་སོའི་སྤྱི་བོ་ནས་གཉིས་སུ་མེད་པར་ཐིམ། ཛཿཧཱུྃ་བཾ་ཧོཿ སྙིང་ཀར་ཟླ་བ་ལ་ཧྲཱིཿཡིག་སྔགས་ཕྲེང་དང་བཅས་པར་གྱུར། ཨོཾ་མ་ཎི་པདྨེ་ཧཱུྃ། ཞེས་ཅི་ནུས་སུ་

བཟླ་ཞིང་། སྐུ་སྣང་སྟོང་། ངག་གྲགས་སྟོང་། སེམས་སྟོང་ཉིད་སྙིང་རྗེའི་རང་བཞིན་ཐུགས་ཀྱི་སྒྲས་སེམས་ཅན་རྣམས་ཀྱི་ཉོན་མོངས་པ་དག་པའི་འཕྲིན་ལས་རྣམས་ཡིད་ལ་བྱའོ། །ཐུན་འཇོག་ཁར་རང་གི་སྙིང་གའི་ཧྲཱིཿཡིག་གི་འོད་ཟེར་གྱིས་སྣོད་ཀྱི་འཇིག་རྟེན་འོད་དུ་ཞུ། བཅུད་(༢༣༨བ)ཀྱི་སེམས་ཅན་ལ་ཐིམ། དེ་རྣམས་གཙོ་འཁོར་གསུམ་ལ་ཐིམ། འཁོར་གཉིས་ཀྱང་བདག་ཉིད་ལ་ཐིམ། རང་ཡང་སྙིང་གའི་ཧྲཱིཿལ་ཐིམ། ཧྲཱིཿཐིག་ལེ་ཡུངས་འབྲུ་ཙམ་དུ་གྱུར། དེ་མཐའ་ནས་ཡལ་ཏེ་སྟོང་ཉིད་དུ་གྱུར། ཅུང་ཟད་མཉམ་པར་བཞག །སྟོང་པའི་ངང་ལས་ཐིག་ལེ་ལས་ཧྲཱིཿདེ་ལས་གཙོ་འཁོར་གསུམ། དེ་ལས་བཅུད་ལྷ་དང་། སྣོད་གཞལ་ཡས་ཁང་དུ་གྱུར། འཁོར་གཉིས་པོ་རང་ཉིད་ལ་ཐིམ། གཏོར་ཆོག་ནི། དཀར་གཏོར་ཆ་གཉིས་དང་། མཆོད་པ་གཙང་སྤྲ་ཅན་དུ་བཤམས་ལ་བྱ་རྒྱུད་ལྟར་བྱིན་གྱིས་བརླབས། རང་གི་སྙིང་ག་ནས་འོད་ཟེར་འཕྲོས། པོ་ཏཱ་ལ་ནས་འཕགས་པ་སྤྱན་རས་གཟིགས་འཁོར་དང་བཅས་པ། བཛྲ་ས་མཱ་ཛཿན་མ་སརྦ་ཏ་ཐཱ་ག་ཏ་ཨ་ཝ་ལོ་ཀི་ཏེ། ཨོཾ་སམྦྷ་ར་སམྦྷ་ར་ཧཱུྃ། ཡན་བདུན་དང་། ཡི་གེ་འབྲུ་གསུམ་ཉེ་ཤུ་རྩ་གཅིག་བརྗོད་དེ་དབུལ། ཨརྒྷཾ་ནས་ཤབྡའི་བར་གྱིས་མཆོད། སངས་རྒྱས་ཀུན་གྱིས་རབ་ཏུ་བསྔགས། །ཡོན་ཏན་དམ་པ་ཀུན་གྱི་གཞི། །སྤྱན་རས་གཟིགས་ཞེས་མཚན་གསོལ་བ། །རྟག་པར་བརྩེ་ལ་ཕྱག་འཚལ་ལོ། །སྐྱོན་གྱི་མ་གོས་སོགས་དང་། མཚན་དཔེ་ཆ་ཤས་ཡོངས་སུ་རྫོགས་པའི་སྐུ། །སྟོན་ཀའི་ཟླ་བ་འབུམ་ཕྲག་འཁྲིགས་པའི་གཟི། །རིན་ཆེན་བྱེ་བའི་རྒྱན་གྱིས་རྣམ་པར་བརྒྱན། །ཐུགས་རྗེ་ཆེན་པོ་ཁྱོད་ལ་ཕྱག་འཚལ་ལོ། །གཏོར་མ་གཉིས་པའང་སྔར་བཞིན་བྱིན་གྱིས་བརླབས། ཀླུ་སྨན་དང་། འབྲུ་ཆན་བཏབ། རང་གི་སྙིང་ག་ནས་འོད་ཟེར་འཕྲོས། (༢༣༩ན)ཕྱིའི་རྒྱ་མཚོ་ཆེན་པོ་ནས། ཀླུ་རྒྱལ་ཕ་ཏུ་ཊ་བཛྲ་ས་མཱ་ཛཿ ལྷགས་ཧཱུྃ་ལས་བྱུང་བའི་རྡོ་རྗེའི་སྦྲུ་གུས་གཏོར་མ་གསོལ་བར་གྱུར། ཨོཾ་ཕ་ཏུ་ཊ་ཡེ་ཁ་ཁ་ཁཱ་ཧི་ཁཱ་ཧི། ལན་ཉེར་གཅིག་གིས་ཕུལ། ཨརྒྷཾ་ལ་སོགས་པས་མཆོད།

གདེངས་ཀ་བདུན་ནི་ཕྱིར་བསྟན་སྦྲུལ་མཇུག་ཅན། །ཐུགས་ཀར་ཐལ་སྦྱར་སངས་རྒྱས་ཀུན་ལ་འདུད། །ལྷག་མའི་ཕྱག་གིས་རིན་ཆེན་དབང་རྒྱལ་གྱི། །ཆར་འབེབས་ཀླུ་རྒྱལ་ཁྱོད་ལ་བསྟོད་པ་འབུལ། །གསོལ་བཏབ་ལྷན་ཅིག་ཏུ་བྱ་སྟེ། འཁོར་ལོས་བསྒྱུར་རྒྱལ་སྤྱན་རས་གཟིགས། །སྲས་དང་བཙུན་མོར་བཅས་པ་ནི། །ཕྱུགས་བདག་ཆེན་པོས་ཞབས་བསྟེན་པ། །རྒྱ་ཆེན་གཏོར་མས་དགྱེས་པར་མཛོད། །རྣལ་འབྱོར་བདག་ཅག་ནས། ཀུན་འགྲུབ་ཤོག་གི་བར་བཟློད། མ་འབྱོར་པ་དང་སོགས་ཀྱིས་བཟོད་གསོལ། ཁྱེད་ཀྱི་སེམས་ཅན་སོགས་ཀྱི་མཐར། བཛྲ་མུཿ གཤེགས་སུ་གསོལ། ༈ འདིའི་རྗེས་གནང་གི་བྱ་བ་ནི། པདྨ་འདབ་བརྒྱད་གསུམ་སྒྲིགས་ཤིང་རྟུལ་ཚོན་དཀར་པོས་བྲིས། དབུས་མའི་སྟེང་དུ་མཎྜལ་བུམ་པ་བཙུད་དང་ཁ་རྒྱན་དང་བཅས་པ་བཀོད། ཕྱིས་ཀྱི་ཕྱག་ལེན་ལྟར་ན། མནྟྲལ་ཚོམ་བུ་གསུམ་པ་ཙམ་ལ་བརྟེན་ཀྱང་ཉུང་། གང་ལྟར་ཡང་མཆོད་གཏོར་རྒྱ་ཆེན་བཤམས་བདག་བསྐྱེད་གོང་བཞིན་བྱས་ནས། མཆོད་པ་སྤྱི་དང་མཐུན་པར་བྱིན་གྱིས་བརླབས། མདུན་བསྐྱེད་བསངས་སྦྱངས། སྟོང་པའི་ངང་ལས་བུམ་པ་མེད་ན་ཚོམ་བུའི་སྟེང་དུ་དང་། (༢༣༧བ)ཡོད་ན་བུམ་པའི་སྟེང་དུ་ཧྲཱིཿདཀར་པོ་ཞུ་བ་ལས་ཞེས་པ་ནས་ས་ལ་བཙུགས་པའོ། །རང་གི་སྙིང་ག་ནས་འོད་ཟེར་འཕྲོས། ཡེ་ཤེས་སེམས་དཔའ་འཕགས་པ་སྤྱན་རས་གཟིགས་གཙོ་འཁོར་གསུམ་བཛྲ་ས་མཱ་ཛཿཨཱཀྵོཾ་ནས་ཤབྡའི་བར་གྱིས་མཆོད་པ་ལན་གསུམ་བྱ། ཐུགས་རྗེ་ཆེན་པོས་སློབ་མ་འདི་རྣམས་ལ་སེམས་ཅན་ཐམས་ཅད་ཀྱི་དོན་དུ་ཕྱག་རྒྱ་ཆེན་པོ་མཆོག་གི་དངོས་གྲུབ་མྱུར་དུ་ཐོབ་པར་མཛད་དུ་གསོལ། ལན་གསུམ། ལྷ་གསུམ་པོ་དམ་ཚིག་པ་སོ་སོའི་སྤྱི་བོ་ནས་གཉིས་སུ་མེད་པར་ཐིམ། ཛཿཧཱུྃ་བཾ་ཧོཿ བར་འདིར་བརླས་པ་ཅི་འགྲུབ་བྱ། གཏོར་མ་བདག་བསྐྱེད་ཀྱི་སྐབས་སུ་བཤད་པ་བཞིན་མདུན་བསྐྱེད་ལ་དམིགས་ནས་ཕུལ། མཆོད་པ་བྱིན་གྱིས་བརླབས་ཏེ་འབུལ་བ་ནས། འདོད་དོན་གསོལ་གདབ་ཀྱི་བར་གོང་བཞིན་བྱ། དེ་

ནས་སློབ་མས་མཎྜལ་ཕུལ། སློབ་དཔོན་དགོངས་སུ་གསོལ། བདག་མིང་འདི་ཞེས་བགྱི་བས་དུས་འདི་ནས་བཟུང་སྟེ་ཇི་སྲིད་བྱང་ཆུབ་སྙིང་པོ་ལ་མཆིས་ཀྱི་བར་དུ་འཕགས་པ་སྤྱན་རས་གཟིགས་དབང་ཕྱུག་ཡི་དམ་དུ་འཚལ་གྱི། སློབ་དཔོན་གྱིས་བདག་ལ་རྗེས་སུ་གནང་བ་བསྩལ་དུ་གསོལ། ལན་གསུམ་གྱིས་གསོལ་བ་བཏབ། བཟང་སྤྱོད་ཀྱི་ཡན་ལག་བདུན་པ་ཚར་གསུམ་བྱ། སངས་རྒྱས་ཆོས་ཚོགས་མ་ཚར་གསུམ། རྗེས་གནང་གི་དངོས་གཞི་ལ། ཨོཾ་སྭ་བྷཱ་ཝ་བི་ཤུདྡྷ་སརྦ་དྷརྨ་སྭ་བྷཱ་ཝ་བི་ཤུདྡྷོ྅ཧཾ། ཞེས་སློབ་མ་རྣམས་སྟོང་པར་སྦྱངས། སྟོང་པའི་ངང་ལས་ཁྱེད་(༢༣༨ན)རང་གི་སྙིང་གའི་ཐད་ཙམ་གྱི་དབུས་སུ་ཧྲཱིཿདཀར་པོ་ཞུ་བ་ལས་དབུས་སུ་ཐིག་ལེ་དཀར་པོ་ཆེན་པོ། གཡས་གཡོན་དུ་ཐིག་ལེ་དཀར་པོ་ཆུང་དུ་རེ་རེ་དང་བཅས་པར་གྱུར། དེ་རྣམས་ཡོངས་སུ་གྱུར་པ་ལས། གཙོ་འཁོར་གསུམ་དུ་གྱུར་པ་ནི། དབུས་སུ་འཕགས་པ་སྤྱན་རས་གཟིགས་དབང་ཕྱུག་སྐུ་མདོག་དཀར་པོ་གངས་རི་ལ་ཉི་མ་ཤར་བ་ལྟ་བུ་སྟོན་ཟླ་འབུམ་གྱི་གཟི་བརྗིད་ཅན། ཞལ་གཅིག་ཕྱག་བཞིའི་དང་པོ་གཉིས་ཐུགས་ཀར་ཐལ་མོ་སྦྱར་བ། གཡས་འོག་མས་མུ་ཏིག་འཕྲེང་བ་དང་། གཡོན་འོག་མས་པདྨ་དཀར་པོ་འདབ་མ་བརྒྱད་པ་ཡུ་བ་དང་བཅས་པ་སྙན་གྱི་ཐད་ཀར་ཁ་བྱེ་བ་འཛིན་པ། ཞལ་གྱི་དཀྱིལ་འཁོར་རབ་ཏུ་ཞི་ཞིང་འཛུམ་པ། སྤྱན་གཉིས་སེམས་དཔའི་ལྟ་སྟངས་ཀྱིས་ས་ལ་འདོམ་གང་ཙམ་དུ་གཟིགས་པ། དབུ་སྐྲ་རལ་པའི་ཐོར་ཚུགས་སྤྱི་བོར་བཅིངས་པའི་ཕྱེད་དཔུང་པ་གཉིས་ཀྱི་སྟེང་དུ་འཁྱིལ་ཞིང་། རྩེ་མོ་ཀླུང་གིས་བསྐྱོད་པ། རི་དྭགས་ཀྱི་ལྤགས་པས་ནུ་མ་གཡོན་པ་བཀབ་པ། དར་སྣ་ཚོགས་པའི་སྟོད་གཡོགས་དང་། དམར་པོའི་ སྨད་དཀྲིས་གསོལ་བ། རིན་པོ་ཆེའི་རྒྱན་ཐམས་ཅད་ཀྱིས་བརྒྱན་པ། ཞབས་རྡོ་རྗེའི་སྐྱིལ་ཀྲུང་གིས་བཞུགས་ཤིང་འཁོར་ཡོལ་བསྐྱར་བའི་ཆ་ལུགས་ཅན། མཚན་དཔེ་ཡོངས་སུ་རྫོགས་ཤིང་། འོད་དཔག་མེད་ཀྱིས་དབུ་བརྒྱན་པ། འོད་དང་འོད་ཟེར་དཔག་ཏུ་མེད་པ་འཕྲོ་

ཞིང་པད་ཟླ་རྒྱས་པའི་གདན་ལ་རོལ་པའོ། །གཡས་སུ་ནོར་བུ་འཛིན་པ་སྐུ་མདོག་སེར་པོ་(༢༤༨བ)ཕྱག་དང་པོ་གཉིས་ཐལ་མོ་སྦྱར་བ། གཡས་གཉིས་པའི་མཐེབ་མཛུབ་སྦྱར་བས་རིན་པོ་ཆེ་དབང་གི་རྒྱལ་པོ་ཡུ་བ་དང་བཅས་པ་འཛིན་ཅིང་། གཡོན་གཉིས་པས་རིན་པོ་ཆེའི་ལྷུག་ཕྲན་གྱི་ཡལ་ག་འབྲས་བུའི་སྙེ་མ་ལྷུང་བར་འགྱུར་བའི་ངང་ཚུལ་ཅན་བསྣམས་པ། གཡོན་དུ་ཡི་གེ་དྲུག་མ་གཙོ་བོ་དང་མཚུངས་པ་ལས་ལྷ་མོའི་ཆ་བྱད་འཛུམ་སྣེག་གི་ཉམས་འགྱུར་དང་ལྡན་པ། འཁོར་གཉིས་ཀ་གཙོ་བོའི་ཞལ་རས་ལ་བལྟ་ཞིང་། ཕྱུས་མོ་ཕྱོགས་གཅིག་ས་ལ་བཙུགས་པ། ཁྱེད་རང་རྣམས་ཀྱི་སྙིང་གར་ཟླ་བའི་སྟེང་དུ་ཧྲཱིཿཡིག་གིས་མཚན་པར་གྱུར་པའི་མོས་པ་མཛོད། མདུན་གྱི་ཚོམ་བུ་འདི་རྣམས་ཀྱང་ཁྱེད་རང་རྣམས་བསྒོམས་པ་དང་འདྲ་བའི་སྤྱན་རས་གཟིགས་གཙོ་འཁོར་དུ་དངོས་སུ་བཞུགས་པར་མོས་པ་མཛོད་བྱས་ལ་སློབ་མ་ལ་དམིགས་པ་ཕོག །སློབ་དཔོན་གྱི་ཐུགས་ཀ་ནས་འོད་ཟེར་འཕྲོས། པོ་ཏ་ལ་ནས་འཕགས་པ་སྤྱན་རས་གཟིགས་དབང་ཕྱུག་གཙོ་འཁོར་གསུམ་ལ་སངས་རྒྱས་དང་བྱང་ཆུབ་སེམས་དཔས་བསྐོར་བ་མདུན་གྱི་ནམ་མཁར་སྤྱན་དྲངས། ཨོཾ་བཛྲ་ས་མཱ་ཛཿ སློབ་མའི་སྤྱི་བོ་ནས་ཐིམ་པས་ལུས་ཀྱི་སྡིག་སྒྲིབ་ཐམས་ཅད་བྱང་ཞིང་དག་ནས་འཕགས་པ་སྤྱན་རས་གཟིགས་ཀྱི་སྐུ་བསྒོམས་པའི་སྐལ་བ་ཅན་དུ་གྱུར་པའི་མོས་པ་མཛོད། དེ་སྐུའི་རྗེས་གནང་ངོ་། །གསུང་བརླས་ལུང་ནི། མདུན་བསྐྱེད་སྤྱན་རས་གཟིགས་ཀྱི་ཐུགས་ཀའི་ཧྲཱིཿཡིག་ལས་སྔགས་ཀྱི་ཕྲེང་བ་བྱུང་། ཁྱེད་རང་གི་ཁ་སྒོ་ནས་ཞུགས། སྙིང་གའི་གཟུངས་(༢༤༩ན)སྔགས་ལ་ཐིམ་པས་སྔགས་ནུས་མཐུ་དང་ལྡན་པར་བྱིན་གྱིས་བརླབས་པར་མོས་ལ། འདིའི་རྗེས་ཟློས་མཛོད་བྱས་ལ། ཨོཾ་མ་ཎི་པདྨེ་ཧཱུྃ། ལན་མང་དུ་བརྗོད། དམ་བཅའ་བའི་ལུང་འདིའི་རྗེས་ཟློས་མཛོད་བྱས་ལ། བླ་མ་དང་འཕགས་པ་སྤྱན་རས་གཟིགས་གཉིས་སུ་མ་མཆིས་པ་བདག་ལ་དགོངས་སུ་གསོལ། བདག་མིང་འདི་ཞེས་བགྱི་བས་དུས་འདི་ནས་བཟུང་སྟེ། ཇི་

སྲིད་བྱང་ཆུབ་སྙིང་པོ་ལ་མཆིས་ཀྱི་བར་དུ་འཕགས་པ་སྤྱན་རས་གཟིགས་ཡི་དམ་གྱི་ལྷར་བཟུང་ནས། དེའི་གཟུངས་སྔགས་ཉིན་རེ་ལ་ཅི་ནུས་བཟླ་བར་དམ་འཆའ་ལགས་སོ། །བྱིན་གྱིས་བརླབས་པའི་ལུང་གི་དོན་དུ། སློབ་དཔོན་ལ་མེ་ཏོག་གཏོར་ལ། འདིའི་རྗེས་གནང་མཛོད། བཅོམ་ལྡན་བདག་གིས་ཞེས་སོགས་ལན་གསུམ། མེ་ཏོག་དེ་ཉིད་སླར་ཡང་ཁྱེད་རང་རྣམ་པའི་སྤྱི་བོར་གཏོར་བས་སྔགས་ཕྲེང་གི་རྣམ་པས་སྙིང་གར་ཐིམ་སྟེ། རྒྱུད་བྱིན་གྱིས་བརླབས་པར་མོས་མཛོད་བྱས་ལ། མེ་ཏོག་སློབ་མའི་སྤྱི་བོ་དང་སྙིང་གར་གཏོར་ཏེ། བཅོམ་ལྡན་འདི་ལ་ནས། འགོ་བར་མཛད་དུ་གསོལ། རིག་པ་འཛིན་པ་འདི་རྣམས་ཀྱི་རྒྱུད་ལ་འཕགས་པ་སྤྱན་རས་གཟིགས་ཀྱི་གསུང་རིག་སྔགས་ཀྱི་བྱིན་རླབས་དང་ནུས་མཐུ་མ་ལུས་པ་འཇུག་པར་གྱུར་ཅིག །ཅེས་བརྗོད། གསུང་གི་རྗེས་གནང་ངོ་། །རང་དང་མདུན་བསྐྱེད་ཀྱི་ཐུགས་ཀའི་ས་བོན་ལས་ཕྱག་མཚན་ཕྲེང་བ་དང་པད་དཀར་རྣམས་འཕྲོས། ཁྱེད་རང་རྣམས་(༢༣༥བ)ཀྱི་སྙིང་གར་ཐིམ་པས་ཡིད་ཀྱི་སྡིག་སྒྲིབ་ཐམས་ཅད་བྱང་ཞིང་དག་ནས་བྱམས་སྙིང་རྗེ་དང་ཏིང་ངེ་འཛིན་བསྒོམས་པའི་སྐལ་བ་ཅན་དུ་གྱུར་པའི་མོས་པ་མཛོད། དེ་ནི་ཐུགས་ཀྱི་རྗེས་གནང་ངོ་། །བུམ་པ་ཡོད་ན། ཇི་ལྟར་བལྟམས་པ་ནས་ཨཱི་ཡེ་ཧཱུྃ་གི་བར་བརྗོད་ཅིང་བུམ་པ་མགོ་བོག་ཏུ་བཞག །ཡིག་བརྒྱ་བརྗོད་བཞིན་འཐུང་བ་དང་། ཁྲུས་བྱེད་དུ་བཅུག །རྗེས་ཀྱི་བྱ་བ་སྤྱི་དང་འདྲའོ། །

༄ བཀའ་གདམས་ལྷ་བཞིའི་ནང་གི་སྤྱན་རས་གཟིགས་ལ། ཡན་ལག་བདུན་པ་དང་སྐྱབས་སེམས་སྔོན་དུ་སོང་ནས། སྟོང་པའི་ངང་ལས་རང་གི་སྙིང་གར་ཨ་ལས་ཟླ་བའི་སྟེང་དུ་ཧྲཱིཿདཀར་པོ། དེའི་འོད་ཀྱིས་ལུས་གང་། རང་ཉིད་སྤྱན་རས་གཟིགས་སུ་གྱུར་པ་ནི། སྐུ་མདོག་དཀར་པོ་ཞལ་གཅིག་ཕྱག་བཞིའི་དང་པོ་གཉིས་ཐུགས་ཀར་ཐལ་མོ་སྦྱར་བ་གཡས་གཉིས་པས་ཤེལ་གྱི་འཕྲེང་བ། གཡོན་གཉིས་པས་ཨུཏྤལ་དཀར་པོའི་སྡོང་བུ་འཛིན་པ། ཞབས་རྡོ་རྗེའི་སྐྱིལ་ཀྲུང་གིས་བཞུགས་པ།

རལ་པའི་ཐོར་ཚུགས་ཀྱི་ངོས་ལ་འོད་དཔག་མེད་དང་བཅས་པ། དར་དང་རིན་པོ་ཆེས་བརྒྱན་པ། བ་སྤུའི་བུ་ག་རེ་རེ་བཞིན་ཡང་སངས་རྒྱས་ཀྱི་ཞིང་གྲངས་མེད་པ་དང་བཅས་པ། ཐུགས་ཀར་ཟླ་བ་ལ་གནས་པའི་ཧྲཱིཿདེ་ལས་འོད་ཟེར་འཕྲོས། སྤྱན་རས་གཟིགས་ཡེ་ཤེས་སེམས་དཔའི་ལྷ་ཚོགས་བཛྲ་ས་མ་ཛཿ ཡིད་ཀྱིས་ཕྱག་མཆོད་བྱ། ཛཿཧཱུྃ་བྃ་ཧོཿ དཔྲལ་བར་ཨོཾ་དཀར་པོ། མགྲིན་པར་ཨཱཿདམར་པོ། ཐུགས་ཀར་ཧཱུྃ་སྔོན་པོ། ས་བོན་སྔགས་ཕྲེང་དང་(༢༥༠ན)བཅས་པ་ལ་དམིགས་ཤིང་། སེམས་ཅན་ལ་སྙིང་རྗེ་ཆེན་པོ་བསྒོམ་བཞིན་པས། ཨོཾ་མ་ཎི་པདྨེ་ཧཱུྃ། ཞེས་ཅི་འགྲུབ་ཏུ་བཟླའོ། །འདོད་དོན་ལ་གསོལ་བ་བཏབ། དགེ་བ་བསྔོ། ༈ འདིའི་བཟླས་ལུང་བྱེད་ཐབས་ནི། སྤྱན་རས་གཟིགས་ཀྱི་སྐུ་གཟུགས་བྲིས་འབུར་གང་རུང་ཞིག་གི་མདུན་དུ། མཎྜལ་ལ་མེ་ཏོག་ཚོམ་བུ་བཀོད། མཆོད་པ་རྒྱ་ཆེར་བཤམས། ཆོས་སྐྱོང་དང་ཆ་གསུམ་སོགས་འཇིག་རྟེན་པའི་གཏོར་མའང་ཅི་རིགས་སུ་བཤམ་མོ། །མཆོད་པ་བྱིན་རླབས་སྤྱི་དང་མཐུན་པར་བྱས་ཀྱང་རུང་། སྐད་ཅིག་གིས་ཨོཾ་ལས་བྱུང་བའི་མཆོད་པར་མོས་པ་ཙམ་བྱས་ནས། ཨོཾ་ན་མོ་བྷ་ག་ཝ་ཏེ་བཛྲ་ས་ར་པྲ་མརྡ་ནི། ཏ་ཐཱ་ག་ཏ་ཡ་ཨརྷ་ཏེ། སམྱཀྶཾ་བུདྡྷཱ་ཡ། ཏདྱ་ཐཱ། ཨོཾ་བཛྲེ་བཛྲེ། མཧཱ་བཛྲེ། མཧཱ་ཏེ་ཛ་བཛྲེ། མཧཱ་བིདྱཱ་བཛྲེ། མཧཱ་བོ་དྷི་ཙིཏྟ་བཛྲེ། མཧཱ་བོ་དྷི་མཎྜོ་པ་སཾ་ཀྲ་མ་ཎ་བཛྲེ། སརྦ་ཀརྨ་ཨ་ཝ་ར་ཎ་བི་ཤོ་དྷ་ནི་བཛྲེ་སྭཱཧཱ། ཞེས་མཆོད་པའི་སྤྲིན་གྱི་གཟུངས་ལན་གསུམ་བརྗོད་པ་ཙམ་གྱིས་ཆོག །སྔོན་པར་སྦྱངས་པ་ནས་བཟླས་པ་ཅི་འགྲུབ་ཀྱི་བར་བྱ། མདུན་བསྐྱེད་ཀྱང་བདག་བསྐྱེད་འདོན་པ་སྤོས་པས་ཆོག །ཨརྒྷཾ་ནས་ཤབྡའི་བར་གྱིས་མཆོད། སྐྱོན་གྱིས་མ་གོས་སོགས་བསྟོད་པ་གང་ཤེས་ཀྱིས་བསྟོད། གསོལ་བཏབ་གང་ཤེས་ཀྱིས་གསོལ་བ་བཏབ། ཆོས་སྐྱོང་དང་འཇིག་རྟེན་པ་ལའང་གཏོར་མ་དབུལ། ༈ སློབ་མས་མཎྜལ་ཕུལ། སློབ་དཔོན་གྱིས་བདག་ལ་རིག་སྔགས་དམ་པ་བསྐུལ་དུ་གསོལ། ཞེས་ལན་(༢༥༠བ)གསུམ་གསོལ་བ་འདེབས་

སུ་གཞུག །བཟང་སྤྱོད་ཀྱི་ཡན་ལག་བདུན་པ་བྱ། སངས་རྒྱས་ཆོས་ཚོགས་མ་ལན་གསུམ་དང་། རྒྱུན་བཤགས་ལན་གསུམ་བྱ། དེ་ནས། སྭ་བྷཱ་ཝས་སྟོང་པར་སྦྱངས། སྟོང་པའི་ངང་ལས་སློབ་མ་རྣམས་ཀྱི་སྙིང་གར་ཨ་ལས་ཟླ་བའི་སྟེང་དུ་ཧྲཱིཿདཀར་པོ། དེའི་འོད་ཀྱིས་ལུས་གང་ཁྱིད་རང་རྣམས་སྤྱན་རས་གཟིགས་སུ་གྱུར་པ་ནི། སྐུ་མདོག་དཀར་པོ་ཞལ་གཅིག་ཕྱག་བཞིའི་དང་པོ་གཉིས་ཐུགས་ཀར་ཐལ་མོ་སྦྱར་བ་གཡས་གཉིས་པས་ཤེལ་གྱི་ཕྲེང་བ། གཡོན་གཉིས་པས་ཨུཏྤལ་དཀར་པོའི་སྡོང་བུ་འཛིན་པ། ཞབས་རྡོ་རྗེའི་སྐྱིལ་ཀྲུང་གིས་བཞུགས་པ། རལ་པའི་ཐོར་ཚུགས་ཀྱི་ངོས་ལ་འོད་དཔག་མེད་དང་བཅས་པ། དར་དང་རིན་པོ་ཆེས་བརྒྱན་པ། བ་སྤུའི་བུ་ག་རེ་རེ་བཞིན་ཡང་སངས་རྒྱས་ཀྱི་ཞིང་ཁྲངས་མེད་པ་དང་བཅས་པ། ཐུགས་ཀར་ཟླ་བ་ལ་གནས་པའི་ཧྲཱིཿགསལ་བཏབ། དེ་ནས་མདུན་གྱི་ཚོམ་བུ་ཡང་ཁྱིད་རང་རྣམས་བསྒོམ་པ་དང་འདྲ་བའི་སྤྱན་རས་གཟིགས་དངོས་སུ་བཞུགས་འདུག་སྙམ་དུ་མོས་ལ། སློབ་དཔོན་གྱི་ཐུགས་ཀ་ནས་འོད་ཟེར་འཕྲོས། མདུན་བསྐྱེད་ཀྱི་ཐུགས་རྒྱུད་བསྐུལ། ཐུགས་ཀར་ཟླ་བའི་དཀྱིལ་འཁོར་གྱི་དབུས་སུ་ཧྲཱིཿཡིག་གི་མཐར་སྔགས་ཕྲེང་གིས་བསྐོར་བ་ལས་སྔགས་ཕྲེང་གཉིས་པ་བྱུང་། ཞལ་ནས་ཐོན། སློབ་མ་རྣམས་སྤྱན་རས་གཟིགས་སུ་གསལ་བའི་ཞལ་དུ་ཞུགས། ཐུགས་ཀར་ཟླ་བའི་དཀྱིལ་འཁོར་གྱི་དབུས་སུ་ཧྲཱིཿཡིག་གི་མཐར་འཁོད་པའི་མོས་པ་(༢༦༧ན)མཛོད་བྱས་ལ། ཨོཾ་མ་ཎི་པདྨེ་ཧཱུྃ། ཞེས་ལན་གསུམ་རྗེས་ཟློས་བྱར་གཞུག །རྗེས་ཀྱི་བྱ་བ་སྤྱི་དང་འདྲའོ། །

༄ **སྤྱན་རས་གཟིགས་བཅུ་གཅིག་ཞལ་དཔལ་མོ་ལུགས་ལ།** སྐྱབས་སེམས་སྔོན་དུ་འགྲོ་བས་ཕྱག་མཆོད་ཡན་ལག་བདུན་པ་ཅི་འགྲུབ་ཞིག་བྱ། མདོར་བསྡུས་ཀྱི་ཚེ་མེད་ཀྱང་རུང་། ཚད་མེད་བཞི་སྤྱི་དང་མཐུན། སྭ་བྷཱ་ཝས་སྟོང་པར་སྦྱངས། སྟོང་པའི་ངང་ལས་པཾ་ལས་པདྨ་འདབ་བརྒྱད་ཀྱི་ལྟེ་བར་ཨ་ལས་ཟླ་བའི་སྟེང་དུ། ཧྲཱིཿཡིག་འོད་ཀྱི་འཕྲོ་འདུ་ལས་གསེར་གྱི་པདྨ་ལྟེ་བར་ཧྲཱིཿས་མཚན་པ། དེ་ལས་འོད་ཟེར་

ལྕགས་ཀྱུ་དང་ཞགས་པ་ལྟ་བུ་དཔག་ཏུ་མེད་པ་འཕྲོས། སངས་རྒྱས་བྱང་སེམས་ཐམས་ཅད་སྤྱན་དྲངས་ཐིམ་པ་ཡོངས་སུ་གྱུར་པ་ལས། རང་ཉིད་འཕགས་པ་སྤྱན་རས་གཟིགས་སྟོན་ཀའི་ཟླ་བ་ལྟར་དཀར་བ་ཞལ་བཅུ་གཅིག་གི་རྩ་བའི་ཞལ་དཀར་བ། གཡས་ལྗང་བ། གཡོན་དམར་བ། དེའི་སྟེང་གི་ཞལ་གསུམ་ལྗང་དམར་དཀར་བ། དེའི་སྟེང་གི་ཞལ་གསུམ་དམར་དཀར་ལྗང་བ། དེ་རྣམས་ཞི་བའི་ཞལ་སྐྱེག་པའི་ཉམས་པ་ཅན། དེའི་སྟེང་དུ་ཁྲོ་བོའི་ཞལ་ནག་པོ་སྨྲ་སེར་གྱེན་དུ་བརྫེས་པ། དེའི་སྟེང་དུ་སངས་རྒྱས་འོད་དཔག་མེད་ཀྱི་ཞལ་དམར་པོ་གཙུག་ཏོར་དང་བཅས་པ། རྩ་བའི་ཕྱག་དང་པོ་ཐུགས་ཀར་ཐལ་མོ་སྦྱར་བ། གཡས་གཉིས་པས་ཕྲེང་བ། གསུམ་པས་མཆོག་སྦྱིན་གྱི་མཐིལ་ནས་བདུད་རྩིའི་རྒྱུན་བབས་པས་ཡི་དྭགས་ཀྱི་བཀྲེས་སྐོམ་སེལ་བ། བཞི་པས་འཁོར་ལོ། གཡོན་གཉིས་པས་པདྨ་དཀར་(༢༩༧བ)པོ་འདབ་མ་བརྒྱད་པ། གསུམ་པས་རིལ་བ་སྤྱི་བླུགས། བཞི་པས་མདའ་གཞུ་བསྣམས་པ། ཕྱག་ལྷག་མ་དགུ་བརྒྱ་དང་དགུ་བཅུ་རྩ་གཉིས་མཆོག་སྦྱིན་གྱི་ཕྱག་རྒྱ་རྣམ་པར་བཀྲངས་པ། ཕྱག་ཐམས་ཅད་ཀྱི་མཐིལ་ན་སྤྱན་རེ་རེ་དང་བཅས་པ། ཞབས་གཉིས་མཉམ་པའི་སྟབས་ཀྱིས་བཞེངས་ཤིང་། རས་གསར་པའི་ཤམ་ཐབས་དང་། རི་དྭགས་ཀྱི་ལྤགས་པས་ནུ་མ་གཡོན་པ་བཀབ་པ། རིན་པོ་ཆེའི་རྒྱན་ཐམས་ཅད་ཀྱིས་རྣམ་པར་སྤྲས་པ། མཚན་དཔེ་ཡོངས་སུ་རྫོགས་པ། འོད་ཟེར་དཔག་ཏུ་མེད་པ་འཕྲོ་བའི་སྐུ་ཅན། དཔྲལ་བར་ཨོཾ། མགྲིན་པར་ཨཱཿ ཐུགས་ཀར་ཧཱུྃ། ཐུགས་ཀའི་དབུས་སུ་ཟླ་བའི་སྟེང་དུ་ཧྲཱིཿ དེ་ལས་འོད་ཟེར་འཕྲོས། རང་བཞིན་གྱི་གནས་དང་། ལྷོ་ཕྱོགས་པོ་ཏ་ལ་ནས་འཕགས་པ་སྤྱན་རས་གཟིགས་ལ་སངས་རྒྱས་དང་བྱང་ཆུབ་སེམས་དཔའ་ཐམས་ཅད་ཀྱིས་བསྐོར་བ་བཛྲ་ས་མ་ཛཿ ཨོཾ་སརྦ་ཏ་ཐཱ་ག་ཏ་ཨཱརྱ་ཨ་ཝ་ལོ་ཀི་ཏེ་ཨརྒྷཾ་ནས་ཤབྡའི་བར་གྱིས་མཆོད་ལ་བསྟིམ། ཡང་འོད་ཟེར་འཕྲོས། དབང་གི་ལྷ་རིགས་ལྔ་བཛྲ་ས་མ་ཛཿ ཨརྒྷཾ་ནས་ཤབྡའི་བར་གྱིས་མཆོད། དེ་བཞིན་

གཤེགས་པ་ཐམས་ཅད་ཀྱིས་བདག་ལ་དབང་བསྐུར་དུ་གསོལ་ཞེས་གསོལ་བ་བཏབ་པས། ཇི་ལྟར་བལྟམས་པ་ནས་ཤྲཱི་ཡེ་ཧཱུྃ། ཞེས་གསུངས་ཤིང་དབང་བསྐུར། སྤྱི་བོར་འོད་དཔག་མེད། དཔྲལ་བར་མི་བསྐྱོད་པ། རྣ་བ་གཡས་པར་རིན་འབྱུང་། ལྟག་པར་འོད་དཔག་མེད། རྣ་ལྟག་གཡོན་པར་དོན་གྲུབ་ཀྱིས་དབུ་(༢༨༩ན)བརྒྱན་པར་བསམ། བཟླས་པའི་དམིགས་པ་གསལ་བཏབ་ལ། ན་མོ་རཏྣ་ཏྲ་ཡཱ་ཡ། ན་མ་ཨཱརྻ་ཛྙཱ་ན་སཱ་ག་ར། བཻ་རོ་ཙ་ནཱ། བྱཱུ་ཧ་རཱ་ཛཱ་ཡ། ཏ་ཐཱ་ག་ཏཱ་ཡ། ཨརྷ་ཏེ་སམྱཀྶཾ་བུདྡྷཱ་ཡ། ན་མཿསརྦ་ཏ་ཐཱ་ག་ཏེ་བྷྱཿཨརྷ་ཏེ་བྷྱཿསམྱཀྶཾ་བུདྡྷེ་བྷྱཿན་མ་ཨཱརྻ་ཨ་བ་ལོ་ཀི་ཏེ་ཤྭ་རཱ་ཡ། བོདྷི་སཏྭཱ་ཡ། མཧཱ་སཏྭཱ་ཡ། མཧཱ་ཀཱ་རུ་ཎི་ཀཱ་ཡ། ཏདྱ་ཐཱ། ཨོཾ་དྷ་ར་དྷ་ར། དྷི་རི་དྷི་རི། དྷུ་རུ་དྷུ་རུ། ཨི་ཊྟེ་ཝ་ཊྟེ། ཙ་ལེ་ཙ་ལེ། པྲ་ཙ་ལེ་པྲ་ཙ་ལེ། ཀུ་སུ་མེ་ཀུ་སུ་མེ་ཝ་རེ། ཨི་ལི་མི་ལི་ཙི་ཏི་ཛྭ་ལ་ཨ་པ་ན་ཡེ་སྭཱཧཱ། ཞེས་པ་གཙོ་བོར་བཟླ་བ་ཡིན་ཅིང་། མི་ནུས་ན་གཟུངས་ཉིད་ཙུང་ཟད་བཟླས་ནས་ཡིག་དྲུག་གཙོ་བོར་བཟླའོ། །དེ་ནས་འདོད་དོན་ལ་གསོལ་བ་བཏབ། ༈ འདིའི་རྗེས་གནང་བྱེད་པར་འདོད་པས། མཎྜལ་པདྨ་འདབ་བརྒྱད། དབུས་དང་ཕྱོགས་བཞིར་ཟླ་གདན་ལ། དབུས་སུ་ཚོམ་བུ་དམར་པོ། ཤར་སྔོ། ལྷོ་སེར། ནུབ་དཀར། བྱང་ལྗང་ཁུ་རྣམས་བཀོད། མཚམས་ཀྱི་འདབ་མ་བཞི་ལ་ཚོམ་བུ་སེར་པོ་རེ་བྱ། གཏོར་མ་འདུས་གཏོར་གཅིག་བྱ། ཆ་གསུམ་གཏོར་མ་དང་། ཀླུ་གཏོར་ལ་སོགས་པ་གང་འོས་བཤམས། མཆོད་པ་ཡང་ཅི་བདེར་བཀྲིགས། བདག་བསྐྱེད་སྔོན་དུ་འགྲོ་བས་མཆོད་པ་བྱིན་རླབས་ཀྱི་དང་མཐུན། མདུན་བསྐྱེད་བསངས་སྦྱངས། སྟོང་པའི་ངང་ལས་རང་གི་སྙིང་གའི་ཧྲཱིཿལས་ཧཱུྃ་ཆད་དེ། མདུན་བསྐྱེད་ཀྱི་གནས་སུ་བབས་པ། གཞལ་མེད་ཁང་གྲུ་བཞི་སྒོ་བཞི་རྟ་བབས་བཞི་དང་ལྡན་(༢༩༠ན)པ། མཚན་ཉིད་ཐམས་ཅད་ཡོངས་སུ་རྫོགས་པའི་དབུས་སུ་པདྨ་འདབ་མ་བརྒྱད་པའི་དབུས་དང་ཕྱོགས་བཞིའི་འདབ་མར་ཟླ་བའི་གདན་རེ་རེ། དབུས་སུ་ཧྲཱིཿཡིག་དཀར་པོ་ཡོངས་སུ་གྱུར་པ་ལས།

འཕགས་པ་སྤྱན་རས་གཟིགས་སྟོན་ཀའི་ཟླ་བ་ལྟར་དཀར་བ་ཞེས་པ་ནས་འགྲོ་བའི་སྐུ་ཅན་ཞེས་པའི་བར་གོང་བཞིན། དེའི་དབུ་གཙུག་ཏུ་སངས་རྒྱས་འོད་དཔག་མེད་དམར་པོ་མཉམ་གཞག་གི་ཕྱག་རྒྱ་མཛད་པ། ཤར་དུ་ཧཱུྃ་ལས་མི་བསྐྱོད་པ་སྔོན་པོ་ས་གནོན་གྱི་ཕྱག་རྒྱ་ཅན། ལྷོར་ཏྲཾ་ལས་རིན་ཆེན་འབྱུང་ལྡན་སེར་པོ་མཆོག་སྦྱིན་གྱི་ཕྱག་རྒྱ་ཅན། ནུབ་ཏུ་ཨོཾ་ལས་རྣམ་སྣང་དཀར་པོ་བྱང་ཆུབ་མཆོག་གི་ཕྱག་རྒྱ་ཅན། བྱང་དུ་ཨ་ལས་དོན་ཡོད་གྲུབ་པ་ལྗང་ཁུ་སྐྱབས་སྦྱིན་གྱི་ཕྱག་རྒྱ་ཅན། གཤེགས་པ་གཞན་གསུམ་གཡོན་མཉམ་གཞག་མཛད་པ། ཐམས་ཅད་ཀྱང་རྡོ་རྗེ་སྐྱིལ་ཀྲུང་གིས་བཞུགས་ཤིང་། སངས་རྒྱས་རབ་ཏུ་བྱུང་བའི་ཆ་ལུགས་ཅན་ནོ། །མཚམས་ཀྱི་འདབ་མ་བཞིར་བུམ་པ་བཞི་གྲུབ་པར་གྱུར། ལྷ་དེ་ཐམས་ཅད་ཀྱི་དཔྲལ་བར་ཨོཾ་ཞེས་པ་ནས་ཨཱ་ཡེ་ཧཱུྃ་དབང་བསྐུར་བར་གྱུར། ཞེས་བརྗོད་ཀྱི་རིགས་བདག་གི་རྒྱས་འདེབས་མི་དགོས་སོ། །དེ་ནས་མཆོད་པ་ཨརྒྷཾ་ནས་ཤབྡའི་བར་གྱིས་མཆོད་དེ་དུས་གསུམ་བདེ་བར་གཤེགས་པ་ཆོས་ཀྱི་སྐུ། ཞེས་སོགས་ཀྱིས་བསྟོད། འདས་གཏོར་བསངས་སྦྱངས། སྟོང་པའི་ངང་ལས་བྷྲཱུྃ་ལས་བྱུང་བའི་རིན་པོ་ཆེའི་སྣོད་ཡངས་ཤིང་རྒྱ་ཆེ་བའི་ནང་དུ་ཧཱུྃ་ལས་བྱུང་བའི་གཏོར་མ་(༢༨༣ན)བདུད་རྩིའི་རྒྱ་མཚོར་གྱུར། ཨོཾ་ཨཱཿཧཱུྃ། ལན་གསུམ་གྱིས་བྱིན་གྱིས་བརླབས། ཨོཾ་ཨཱཪྻ་ཨ་ཝ་ལོ་ཀི་ཏེ་ཤྭ་ར་ཨི་དཾ་བ་ལིཾ་ཏ་ཁ་ཁ་ཁཱ་ཧི་ཁཱ་ཧི། ཞེས་པ་ལན་གསུམ་གྱིས་ཕུལ། ཨརྒྷཾ་ལ་སོགས་པས་མཆོད། སྐྱོན་གྱིས་མ་གོས་སྐུ་མདོག་དཀར། །སོགས་ཀྱིས་བསྟོད། མཆོད་སྦྱིན་གཏོར་མ་འདི་བཞེས་ལ། །སོགས་ཀྱིས་འདོད་དོན་གསོལ་བ་བཏབ། ཆོས་སྐྱོང་དང་ཆ་གསུམ་སོགས་རང་རང་གི་ཚི་གས་བཏང་། བུམ་པ་དྲུག་གམ་གཉིས་བཅའ། མཆོད་པ་བཤམས། མཆོད་པ་བྱིན་བརླབས་བྱ། བུམ་པ་དྲུག་བཅའ་ན། གཙོ་བུམ་གྱི་དབུས་སུ་ཐུགས་རྗེ་ཆེན་པོ་དང་། བཞིར་རྒྱལ་བ་རིགས་བཞི་བསྐྱེད། བུམ་པ་གཉིས་བཅའ་ན། འདི་ལྟར། བུམ་པ་བསངས་སྦྱངས། སྟོང་པའི་ངང་ལས་བུམ་པ་མཚན་ཉིད་

ཐམས་ཅད་ཡོངས་སུ་རྫོགས་པའི་དབུས་སུ་པདྨ་འདབ་མ་བརྒྱད་པའི་དབུས་དང་ཕྱོགས་བཞིའི་འདབ་མར་ཟླ་བའི་གདན་རེ་རེ། དེའི་སྟེང་དུ་སྐད་ཅིག་གིས་འཕགས་པ་སྤྱན་རས་གཟིགས་སྟོན་ཀའི་ཟླ་བ་ལྟར་དཀར་བ་ཞེས་པ་ནས། འགྲོ་བའི་སྐྱུ་ཅན། ཞེས་པའི་བར་གོང་བཞིན། དེའི་དབུ་གཙུག་ཏུ་སངས་རྒྱས་འོད་དཔག་མེད་དམར་པོ་མཉམ་གཞག་གི་ཕྱག་རྒྱ་མཛད་པ། ཤར་དུ་མི་བསྐྱོད་པ་སྔོན་པོ་ས་གནོན་གྱི་ཕྱག་རྒྱ་ཅན། ལྷོར་རིན་ཆེན་འབྱུང་ལྡན་སེར་པོ་མཆོག་སྦྱིན་གྱི་ཕྱག་རྒྱ་ཅན། ནུབ་ཏུ་རྣམ་སྣང་དཀར་པོ་བྱང་ཆུབ་མཆོག་གི་ཕྱག་རྒྱ་ཅན། བྱང་དུ་དོན་ཡོད་གྲུབ་པ་ལྗང་ཁུ་སྐྱབས་སྦྱིན་གྱི་ཕྱག་རྒྱ་ཅན། གཤེགས་(འ~ཞན)པ་གཞན་གསུམ་གཡོན་མཉམ་གཞག་མཛད་པ། ཐམས་ཅད་ཀྱང་རྡོ་རྗེ་སྐྱིལ་ཀྲུང་གིས་བཞུགས་ཤིང་། སངས་རྒྱས་རབ་ཏུ་བྱུང་བའི་ཆ་ལུགས་ཅན་ནོ། །ལས་བུམ་གྱི་ནང་དུ་པད་ཉིའི་གདན་ལ་སྐད་ཅིག་གིས་རྟ་མགྲིན་སྐུ་མདོག་དམར་པོ་སྤྱི་བོར་རྟ་མགོ་ཅན་ཞལ་གཅིག་ཕྱག་གཉིས་གཡས་དབྱུག་པ་དང་། གཡོན་ཞགས་པ་འཛིན་པར་གྱུར། ལྷ་དེ་ཐམས་ཅད་ཀྱི་དཔྲལ་བར་ཨོཾ་ཞེས་པ་ནས། ཧྲཱི་ཡེ་ཧཱུྃ། དབང་བསྐུར་བར་གྱུར། ཞེས་པའི་བར་བརྗོད། གཟུངས་འདོན། ཨོཾ་ཧ་ཡ་གྲཱི་ཝ་ཧཱུྃ། ཞེས་གང་འོས་སུ་བཟླ། མཐར་མཆོད་བསྟོད་བྱས། དེ་འོད་དུ་ཞུ་བས་བུམ་ཆུར་སོས། ༈ སློབ་མའི་བྱ་བ་ནི། དུས་གསུམ་སངས་རྒྱས་ཐམས་ཅད་དང་། །ལྷག་པའི་ལྷ་ཡི་ངོ་བོ་ཉིད། །དཔལ་ལྡན་བླ་མའི་བཀའ་དྲིན་གྱིས། །རྗེས་སུ་གནང་བ་བདག་ལ་སྩོལ། །ཞེས་ལན་གསུམ་གསོལ་བ་འདེབས་སུ་གཞུག །ཀུར་ནས་འབྱུང་བའི་རྒྱུན་བཤགས་བྱ། སློབ་མ་རྣམས་བསངས་སྦྱངས། སྟོང་པའི་ངང་ལས་པཾ་ལས་པདྨ་འདབ་བརྒྱད་ཀྱི་ལྟེ་བར་ཨ་ལས་ཟླ་བའི་སྟེང་དུ། ཁྱེད་རང་རྣམས་ཀྱི་སེམས་ཉིད་ཀྱི་ངོ་བོ་ཧྲཱིཿཡིག་འོད་ཀྱི་འགྲོ་འདུ་ལས་གསེར་གྱི་པདྨའི་ལྟེ་བར་ཧྲཱིཿས་མཚན་པ། དེ་ལས་འོད་ཟེར་ལྕགས་ཀྱུ་དང་ཞགས་པ་ལྟ་བུ་དཔག་ཏུ་མེད་པ་འཕྲོས། སངས་རྒྱས་བྱང་སེམས་ཐམས་ཅད་སྤྱན་དྲངས།

ཐིམ་པ་ཡོངས་སུ་གྱུར་པ་ལས། ཁྱེད་རང་རྣམས་འཕགས་པ་སྤྱན་རས་གཟིགས་སྟོན་ཀའི་ཟླ་བ་ལྟར་དཀར་བ་ཞལ་བཅུ་(༢༥༥ན)གཅིག་གི་རྩ་བའི་ཞལ་དཀར་བ། གཡས་ལྗང་བ། གཡོན་དམར་བ། དེའི་སྟེང་གི་ཞལ་གསུམ་ལྗང་དམར་དཀར་བ། དེའི་སྟེང་གི་ཞལ་གསུམ་དམར་དཀར་ལྗང་བ། དེ་རྣམས་ཞི་བའི་ཞལ་སྒེག་པའི་ཉམས་པ་ཅན། དེའི་སྟེང་དུ་ཁྲོ་བོའི་ཞལ་ནག་པོ་སྨ་སེར་གྱེན་དུ་བརྫེས་པ། དེའི་སྟེང་དུ་སངས་རྒྱས་འོད་དཔག་མེད་ཀྱི་ཞལ་དམར་པོ་གཙུག་ཏོར་དང་བཅས་པ། རྩ་བའི་ཕྱག་དང་པོ་ཐུགས་ཀར་ཐལ་མོ་སྦྱར་བ། གཡས་གཉིས་པས་ཕྲེང་བ། གསུམ་པས་མཆོག་སྦྱིན་གྱི་མཐིལ་ནས་བདུད་རྩིའི་རྒྱུན་བབས་པས་ཡི་དྭགས་ཀྱི་བཀྲེས་སྐོམ་སེལ་བ། བཞི་པས་འཁོར་ལོ། གཡོན་གཉིས་པས་པདྨ་དཀར་པོ་འདབ་མ་བརྒྱད་པ། གསུམ་པས་རིལ་བ་སྤྱི་བླུགས། བཞི་པས་མདའ་གཞུ་བསྣམས་པ། ཕྱག་ལྷག་མ་དགུ་བརྒྱ་དང་དགུ་བཅུ་རྩ་གཉིས་མཆོག་སྦྱིན་གྱི་ཕྱག་རྒྱ་རྣམ་པར་བཀྲང་བ། ཕྱག་ཐམས་ཅད་ཀྱི་མཐིལ་ན་སྤྱན་རེ་རེ་དང་བཅས་པ། ཞབས་གཉིས་མཉམ་པའི་སྟབས་ཀྱིས་བཞེངས་ཤིང་། རས་གསར་པའི་ཤམ་ཐབས་དང་རི་དྭགས་ཀྱི་ལྤགས་པས་ནུ་མ་གཡོན་པ་བཀབ་པ། རིན་པོ་ཆེའི་རྒྱན་ཐམས་ཅད་ཀྱིས་རྣམ་པར་སྤྲས་པ། མཚན་དཔེ་ཡོངས་སུ་རྫོགས་པ། འོད་ཟེར་དཔག་ཏུ་མེད་པ་འཕྲོ་བའི་སྐུ་ཅན། དཔྲལ་བར་ཨོཾ། མགྲིན་པར་ཨཱཿ ཐུགས་ཀར་ཧཱུཾ། ཧྲཱིཿཡིག་གིས་མཚན་པར་གྱུར་པའི་མོས་པ་མཛོད། དེ་ནས་མདུན་གྱི་ཆོས་བུ་འདི་ཡང་ཁྱེད་རང་རྣམས་སྒོམ་པ་དང་འདྲ་བའི་སྤྱན་རས་གཟིགས་ཞལ་བཅུ་གཅིག་(༢༥༥བ)པར་དངོས་སུ་བཞུགས་པར་མོས་ལ། སློབ་དཔོན་གྱི་ཐུགས་ཀ་ནས་འོད་ཟེར་འཕྲོས། རང་བཞིན་གྱི་གནས་དང་། ལྷོ་ཕྱོགས་པོ་ཏ་ལ་ནས་འཕགས་པ་སྤྱན་རས་གཟིགས་ལ་སངས་རྒྱས་དང་བྱང་ཆུབ་སེམས་དཔའ་ཐམས་ཅད་ཀྱིས་བསྐོར་བ་བཛྲ་ས་མཱ་ཛཿ ཛཿཧཱུཾ་བཾ་ཧོཿ གཉིས་སུ་མེད་པར་ཐིམ་པར་མོས། སློབ་དཔོན་གྱི་ཐུགས་ཀ་ནས་འོད་ཟེར་འཕྲོས། དབང་

གི་ལྷ་འཕགས་པ་སྤྱན་རས་གཟིགས་དང་རྒྱལ་བ་རིགས་ལྔ་བཛྲ་ས་ཏྭ་ཛཿ ཨརྒྷཾ་ལ་སོགས་པས་མཆོད། སློབ་མས་གསོལ་བ་འདེབས་པ་འདིའི་རྗེས་ཟློས་བྱེད་དུ་བཅུག །ཁྱེད་ནི་མགོན་པོ་ཐུགས་རྗེ་ཅན། །ཀུན་ནས་ཁྱབ་པའི་ཡེ་ཤེས་ཀྱིས། །ཐམས་ཅད་མ་ལུས་སྒྲོལ་མཛད་པ། །བདག་སོགས་བྱིན་གྱིས་བརླབ་ཏུ་གསོལ། །ཞེས་ལན་གསུམ་ཧ་མགྲིན་གྱི་སྔགས་བཟླས་ཤིང་། ལས་བུམ་གྱི་ཆུ་གཏོར་བས་བགེགས་བསྐྲད། ཇི་ལྟར་བལྟམས་པ་ནས་ཤྲཱི་ཡེ་ཧཱུྃ། ཞེས་དབང་བསྐུར། སྐུ་གང་། དྲི་མ་དག །ཆུའི་ལྷག་མ་ཡར་ལུད་པ་ལས། སྤྱི་བོའི་གཙུག་ཏུ་འོད་དཔག་མེད། དཔྲལ་པར་མི་བསྐྱོད་པ། རྣ་ལྟག་གཡས་སུ་རིན་འབྱུང་། ལྟག་པར་རྣམ་སྣང་། རྣ་ལྟག་གཡོན་དུ་དོན་གྲུབ་རྣམས་ཀྱིས་དབུ་བརྒྱན་པར་བསམ། དེ་ནི་སྐུའི་རྗེས་གནང་ངོ་། །གསུང་བཟླས་ལུང་ནི་མདུན་བསྐྱེད་སྤྱན་རས་གཟིགས་ཀྱི་ཐུགས་ཀའི་ཧྲཱིཿཡིག་ལས་སྔགས་ཀྱི་ཕྲེང་བ་བྱུང་། ཞལ་ནས་ཐོན། ཁྱེད་རང་རྣམས་སྤྱན་རས་གཟིགས་སུ་གསལ་བའི་ཞལ་དུ་ཞུགས། ཐུགས་ཀའི་གཟུངས་སྔགས་ལ་ཐིམ་པས་སྔགས་ནུས་མཐུ་དང་ལྡན་པར་(༢༥༥ན)བྱིན་གྱིས་བརླབས་པར་མོས་ལ། འདིའི་རྗེས་ཟློས་མཛོད་བྱས་ལ། ན་མོ་རཏྣ་ཏྲ་ཡཱ་ཡ། ན་མ་ཨཱརྱ་ཛྙཱ་ན་སཱ་ག་ར། བཻ་རོ་ཙ་ན། བྱཱུ་ཧ་རཱ་ཛཱ་ཡ། ཏ་ཐཱ་ག་ཏ་ཡ། ཨརྷ་ཏེ་སམྱཀྶཾ་བུདྡྷཱ་ཡ། ན་མཿསརྦ་ཏ་ཐཱ་ག་ཏེ་བྷྱཿ ཨརྷ་ཏེ་བྷྱཿ སམྱཀྶཾ་བུདྡྷ་བྷྱཿ ན་མཿཨཱརྱ་ཨ་ཝ་ལོ་ཀི་ཏེ་ཤྭ་ར་ཡ། བོ་དྷི་སཏྭཱ་ཡ། མཧཱ་སཏྭཱ་ཡ། མཧཱ་ཀཱ་རུ་ཎི་ཀཱ་ཡ། ཏདྱ་ཐཱ། ཨོཾ་དྷ་ར་དྷ་ར། དྷི་རི་དྷི་རི། དྷུ་རུ་དྷུ་རུ། ཨི་ཊྚེ་ཝ་ཊྚེ། ཙ་ལེ་ཙ་ལེ། པྲ་ཙ་ལེ་པྲ་ཙ་ལེ། ཀུ་སུ་མེ་ཀུ་སུ་མེ། ཝ་རེ། ཨི་ལི་མི་ལི་ཙ་ཏེ་ཛྭ་ལ་ཨ་པ་ན་ཡེ་སྭཱཧཱ། ཞེས་གཟུངས་རིང་ལན་གསུམ་དང་མ་ཎི་མང་དུ་བརྗོད་དེ། དམ་བཅའ་བའི་ལུང་འདིའི་རྗེས་ཟློས་མཛོད་བྱས་ལ། བླ་མ་དང་འཕགས་པ་སྤྱན་རས་གཟིགས་གཉིས་སུ་མ་མཆིས་པ་བདག་ལ་དགོངས་སུ་གསོལ། བདག་མིང་འདི་ཞེས་བགྱི་བ་དུས་འདི་ནས་བཟུང་སྟེ། ཇི་སྲིད་བྱང་ཆུབ་སྙིང་པོ་ལ་མཆིས་ཀྱི་བར་དུ། འཕགས་པ་

སྤྱན་རས་གཟིགས་ཡི་དམ་གྱི་ལྷར་བཟུང་ནས། དེའི་གཟུངས་སྔགས་ཉིན་རེ་ལ་ཅི་ནུས་རེ་བཟླ་བར་དམ་འཆའ་ལགས་སོ། །ཞེས་ལན་གསུམ། བྱིན་གྱིས་བརླབས་པའི་ལུང་གི་དོན་དུ། སློབ་དཔོན་ལ་མེ་ཏོག་གཏོར་ལ། འདིའི་རྗེས་བློས་མཛོད། བཅོམ་ལྡན་བདག་གིས་ནས། མཛད་དུ་གསོལ། ཞེས་ལན་གསུམ། མེ་ཏོག་དེ་ཉིད་སླར་ཡང་ཁྲིད་རང་རྣམ་པའི་སྤྱི་བོར་གཏོར་བས་སྔགས་ཕྲེང་གི་རྣམ་པས་སྙིང་གར་ཐིམ་སྟེ། རྒྱུད་བྱིན་གྱིས་བརླབས་པར་མོས་མཛོད་བྱས་ལ། མེ་ཏོག་སློབ་མའི་སྤྱི་བོ་དང་སྙིང་གར་(༢༥༥བ)གཏོར་ཏེ། བཅོམ་ལྡན་འདི་ལ××། རིག་པ་འཛིན་པ་འདི་རྣམས་ཀྱི་རྒྱུད་ལ་འཕགས་པ་སྤྱན་རས་གཟིགས་ཀྱི་གཟུངས་སྔགས་ཀྱི་བྱིན་རླབས་དང་ནུས་མཐུ་མ་ལུས་པ་འཇུག་པར་གྱུར་ཅིག །ཅེས་བརྗོད། གསུང་གི་རྗེས་གནང་ངོ་། །རང་དང་མདུན་བསྐྱེད་ཀྱི་ཐུགས་ཀའི་ས་བོན་ལས་ཕྱག་མཚན་རྣམས་འཕྲོས། སློབ་མ་རྣམས་ཀྱི་སྙིང་གར་ཐིམ་པས་ཡིད་ཀྱི་སྡིག་སྒྲིབ་ཐམས་ཅད་བྱང་ཞིང་དག་ནས་བྱམས་སྙིང་རྗེ་དང་ཏིང་ངེ་འཛིན་བསྒོམ་པའི་སྐལ་བ་ཅན་དུ་གྱུར་པའི་མོས་པ་མཛོད། ཐུགས་ཀྱི་རྗེས་གནང་ངོ་། །རྗེས་ཀྱི་བྱ་བ་ནི་སྤྱི་དང་འདྲའོ།། །།

༄ **སྤྱན་རས་གཟིགས་དོན་ཡོད་ཞགས་པ་ལ།** སྐྱབས་འགྲོ་སེམས་བསྐྱེད་སྔོན་དུ་འགྲོ་བས། རང་གི་སྙིང་གར་པཾ་ལས་པདྨ་དང་། ཨ་ལས་ཟླ་བའི་སྟེང་དུ་ཧྲཱིཿདཀར་པོ་དེ་ལས་འོད་ཟེར་འཕྲོས། བླ་མ་དང་དོན་ཡོད་ཞགས་པའི་ལྷ་ཚོགས་འཁོར་དང་བཅས་པ་བཛྲ་ས་མ་ཛཿཔདྨ་ཀ་མ་ལ་ཡེ་སྟྭཾ། གང་གི་དྲིན་གྱིས་བདེ་ཆེན་ཉིད། །སོགས་དང་། མགོན་པོ་སྤྱན་རས་གཟིགས་དབང་ཐུགས་རྗེ་ཅན། །དོན་ཡོད་ཞགས་པ་ཁྲོ་རྒྱལ་རྟ་མགྲིན་དང་། །རལ་གཅིག་མ་དང་ཁྲོ་གཉེར་ཅན་མ་སྟེ། །འཕགས་པ་ལྷ་ལྔའི་ཚོགས་ལ་ཕྱག་འཚལ་ལོ། །ཨརྒྷཾ་ནས། ཤབྡའི་བར་གྱིས་མཆོད། གུར་ནས་འབྱུང་བའི་རྒྱུན་བཤགས་དང་། ཚད་མེད་བཞི་སྤྱི་དང་མཐུན་པར་བྱ། ཨོཾ་སྭ་བྷཱ་ཝ་ཤུདྡྷ་སརྦ་དྷརྨ་སྭ་བྷཱ་ཝ་ཤུདྡྷོ྅ཧཾ། སྟོང་པའི་ངང་ལས་རང་

སེམས་ཧྲཱིཿཡིག་ནམ་(༢༤༨ན)མཁར་གནས་པ། དེ་ལས་འོག་ཏུ་ཆད་པའི་རཾ་ལས་ཉི་མ། ཧཱུཾ་ལས་སྣ་ཚོགས་རྡོ་རྗེ་ལ་སོགས་པའི་སྲུང་འཁོར། ཧྲཱུཾ་ལས་གཞལ་ཡས་ཁང་མཚན་ཉིད་ཐམས་ཅད་ཡོངས་སུ་རྫོགས་པའི་དབུས་སུ་པཾ་ལྷ་ལས། པདྨ་ལྷ་རྣམས་ཀྱི་ཁ་དོག་དང་མཚུངས་པ་ལྷ་ཚོམ། དེ་རྣམས་ཀྱི་སྟེང་སྟོ་དང་། ནུབ་ཏུ་རཾ་ལས་ཉི་མ། གཞན་རྣམས་སུ་ཨ་ལས་ཟླ་བ། ནམ་མཁའི་ཧྲཱིཿཡིག་དབུས་ཀྱི་གདན་གྱི་སྟེང་དུ་བབས་པ་ལས། པདྨ་དཀར་པོ་ཧྲཱིཿས་མཚན་པ། དེ་ལས་འོད་ཟེར་འཕྲོས། འདུས་ཡོངས་སུ་གྱུར་པ་ལས། ང་ཉིད་འཕགས་པ་སྤྱན་རས་གཟིགས་སྐུ་མདོག་སྟོན་ཀའི་ཟླ་བ་ལྟར་དཀར་བ། ཞལ་གཅིག་ཕྱག་གཉིས་གཡས་མཆོག་སྦྱིན་དང་། གཡོན་པདྨ་དཀར་པོ་འཛིན་པ། ཞབས་གཡས་བརྐྱངས་པའི་རོལ་པའི་སྟབས་ཀྱིས་བཞུགས་ཤིང་། རི་དྭགས་ཀྱི་ལྤགས་པས་སྨད་དཀྲིས་པ། ཕྱུགས་བདག་གི་ཆ་ལུགས་འཆང་བ། རལ་པའི་ཐོར་ཚུགས་ཅན། སངས་རྒྱས་འོད་དཔག་མེད་ཀྱི་དབུ་ལ་བརྒྱན་པ། གཡོན་གྱི་ལྷ་མོ་ལ་གཟིགས་པའོ། །ཐུགས་ཀར་ཟླ་བའི་སྟེང་དུ་པདྨ་དཀར་པོ་ཧྲཱིཿཡིག་གིས་མཚན་པར་གྱུར། ཤར་དུ་ཏྲཾ་ལས་ཞགས་པ་ཏྲཾས་མཚན་པ་ལས་དོན་ཡོད་ཞགས་པ་དམར་པོ་ཕྱག་གཡས་གཉིས་ན་ཞགས་པ་དང་རྡོ་རྗེ། གཡོན་གཉིས་ན་ལྕགས་ཀྱུ་དང་བགྲང་ཕྲེང་འཛིན་པ་རྒྱན་ཐམས་ཅད་ཀྱིས་བརྒྱན་པ། མཉམ་པར་བཞེངས་པའོ། །ལྷོར་ཧཱུཾ་ལས་དབྱུག་པ་ཧཱུཾ་གིས་མཚན་པ་ལས་ཏ་མགྲིན་དབུའི་སྟེང་དུ་ཏ་མགོ་(༢༤༨བ)ལྗང་ཁུ་ཅན། ཕྱག་གཉིས་ན་དབྱུག་པ་དང་སྡིགས་མཛུབ། གཡོན་གཉིས་ན་འཁོར་ལོ་སེར་པོ་དང་། པདྨ་དམར་པོའི་སྡོང་བུ་འཛིན་པ། གཡོན་བརྐྱང་གི་སྟབས་ཅན་ནོ། །ནུབ་ཏུ་ཕ་ལས་རལ་གྲི་ཕས་མཚན་པ་ལས་རལ་གཅིག་མ་སྔོན་མོ་ཕྱག་གཡས་པ་བཞིས་རལ་གྲི། ཞགས་པ། པདྨ། མདའ། གཡོན་པ་བཞིས་འཁོར་ལོ། དབྱུག་པ། རྩེ་གསུམ། གཞུ་རྣམས་འཛིན་པ། གཡས་བརྐྱང་གི་སྟབས་ཅན། དེ་གཉིས་ཀ་ཡང་། སྟག་ལྤགས་དང་།

སྦྲུལ་དང་། རིན་པོ་ཆེས་བརྒྱན་པ། ཤིན་ཏུ་ཁྲོས་པའོ། །ཕྱང་དུ་ཊ་ལས་དགུག་ཐོ་
ཊས་མཚན་པ་ལས་ཁྲོ་གཉེར་ཅན་མ་དཀར་ཤམ། ཕྱག་གཡས་གཉིས་ཀྱིས་རྡོ་རྗེ་
དགུག་པ་དང་། པདྨ་དཀར་པོ། གཡོན་གཉིས་ཀྱིས་བགྲང་ཕྲེང་དང་སྤྱི་བླུགས་
འཛིན་པ། ཞབས་གཡས་རོལ་པའི་སྟབས་ཀྱིས་བཞེངས་པ། གཙོ་བོའི་ཞལ་ལ་བལྟ་
བ། རྒྱན་ཐམས་ཅད་ཀྱིས་བརྒྱན་པའོ། །ལྷ་ཐམས་ཅད་ཀྱི་དཔྲལ་བར་ཨོཾ། མགྲིན་
པར་ཨཱཿ ཐུགས་ཀར་ཧཱུྃ། རང་གི་སྙིང་གའི་ཧྲཱིཿལས་འོད་ཟེར་འཕྲོས། པོ་ཏ་ལ་ནས་
དོན་ཡོད་ཞགས་པ་ལྷ་ལྔའི་དཀྱིལ་འཁོར་བཛྲ་ས་མཱ་ཛཿཛཿཧཱུྃ་བཾ་ཧོཿ རང་གི་སྙིང་
ག་ནས་འོད་ཟེར་འཕྲོས། དབང་གི་ལྷ་རིགས་ལྔ་བཛྲ་ས་མཱ་ཛཿཨཀྲྀཾ་ནས་ཤཀྱའི་བར་
ཀྱིས་མཆོད། དེ་བཞིན་གཤེགས་པ་ཐམས་ཅད་ཀྱིས་བདག་ལ་མངོན་པར་དབང་
བསྐུར་དུ་གསོལ་ཞེས་གསོལ་བ་བཏབ་པས། དབང་གི་ལྷ་རྣམས་ཀྱིས། ཇི་ལྟར་
བལྟམས་པ་ནས། ཧྲཱི་ཡེ་ཧཱུྃ། ཞེས་དབང་བསྐུར། གཙོ་བོ་ལ་འོད་དཔག་མེད། དོན་
(༢༥༧ན)ཡོད་ཞགས་པ་ལ་རྣམ་སྣང་། རྟ་མགྲིན་ལ་རིན་འབྱུང་། རལ་གཅིག་མ་ལ་
མི་བསྐྱོད་པ། ཁྲོ་གཉེར་ཅན་མ་ལ་དོན་གྲུབ་ཀྱིས་དབུ་བརྒྱན་པར་བསམ། བདག་
བསྐྱེད་ཀྱི་བཟླས་པ་ཉིད་གཙོ་བོར་བྱ་བར་འདོད་ན་སྐབས་འདིར་བྱའོ། །མདུན་
བསྐྱེད་བཟླས་པ་གཙོ་བོར་བྱེད་ན། མདུན་དུ་མཎྜལ་གྲུ་བཞི་པ་དབུས་སུ་པདྨ་འདབ་
བརྒྱད་ལྟེ་ཚོམ་ལ། མངོན་རྟོགས་དང་མཐུན་པའི་གདན་དང་། ལྷའི་ཁ་དོག་དང་
མཐུན་པའི་ཚོམ་བུ་བཀོད། བསྡུ་ན། པདྨ་འདབ་བཞིའི་ལྟེ་བ་དང་འདབ་མ་ལ་
བཀོད་ཀྱང་རུང་། གྲུ་བཅད། ཤར་དཀར། ལྷོ་སེར། ནུབ་དམར། བྱང་ལྗང་།
མཐའ་མཆོད་གཏོར་གཙང་མས་བསྐོར། ཨ་ཀྲོ་ཏས་བསངས། སྭ་བྷཱ་ཝས་སྦྱངས།
སྟོང་པའི་ངང་ལས་ཧཱུྃ་ལས་བྱུང་བའི་སྲུང་འཁོར་གྱི་དབུས་སུ་ཧྲཱིཾ་ལས་གཞལ་ཡས་
ཁང་། ཞེས་པ་ནས། དོན་གྲུབ་ཀྱིས་དབུ་བརྒྱན་གྱི་བར་གོང་བཞིན་ལ། འདོན་པ་
བསྡུར། མཆོད་པ་རྣམས་སྤྱི་དང་མཐུན་པར་བྱིན་གྱིས་བརླབས། ཨོཾ་ཨཱཿཏ་ཨ་ཕ་ཡོ་

ཀི་ཤྭ་ར་ས་པ་རི་ཝཱ་ར་ཨརྒྷཾ་པྲ་ཏཱིཙྪ་སྭཱཧཱ། དེ་བཞིན་དུ། ཤབྡའི་བར་དུ་འདོན་པ་སྟེ། བཟང་སྤྱོད་ཀྱི་ཡན་ལག་བདུན་པ་བྱ་ཞིང་། བསྟོད་པ་ཅི་ཤེས་ཀྱིས་བསྟོད། དཀར་གཏོར་བྱ་རྒྱུད་ལྟར་བྱིན་གྱིས་བརླབས། ཨོཾ་ལོ་ཀི་ཤྭ་ར་ཨ་མོ་གྷ་པཱ་ཤ་ཧ་ཡ་གྲཱི་ཝ་ཨེ་ཀ་ཛ་ཊི་ས་པ་རི་ཝཱ་རེ་བྷྱཿན་མཿསརྦ་ཏ་ཐཱ་ག་ཏ་བྷྱོཿཝི་ཤྭ་མུ་ཁེ་བྷྱཿ ལན་གསུམ་མམ་ལྔའམ། བདུན་གྱིས་ཕུལ། ཨརྒྷཾ་ནས་ཤབྡའི་བར་གྱིས་མཆོད། མགོན་པོ་སྤྱན་(༢༥༧བ)རས་གཟིགས་དབང་སོགས་ཀྱིས་བསྟོད། མཆོད་སྦྱིན་གཏོར་མ་འདི་བཞེས་ལ། །སོགས་འདོད་དོན་གསོལ་བ་བཏབ། དེ་ནས་བཟླས་པ་ནི། དམིགས་པ་གསལ་བཏབ་ལ། ན་མཿས་མནྟ་བུདྡྷཱ་ནཱཾ། སརྦ་ཏ་ཐཱ་ག་ཏ་ཨ་ཝ་ལོ་ཀི་ཏེ་ཀཱ་རུ་ཎ་མ་ཡ། མུཏྟ་ཡེ་ཧཱུཾ་ཛ་སྭཱཧཱ། སྤྱན་རས་གཟིགས་ཀྱིའོ། །ཨོཾ་ཧྲཱིཿཧྲཱི་ལོ་ཀྱ་བི་ཛ་ཡ་ཨ་མོ་གྷ་པཱ་ཤ་ཨ་པྲ་ཏི་ཧ་ཏ་ཧྲཱིཿཧ་ཧཱུཾ་ཕཊ་སྭཱཧཱ། དོན་ཞགས་ཀྱིའོ། །ན་མཿས་མནྟ་བུདྡྷཱ་ནཱཾ་ཧཾ་ཁ་ཏ་ཧྲུལླ་སཏྭ་ཡེ་སྭཱཧཱ། རྟ་མགྲིན་གྱིའོ། །ཨོཾ་ཨེ་ཀ་ཛ་ཊཱི་མཧཱ་རཻ་ཀྵ་ཎ་ཧཱ་ས་ཡ་ཧཱ་ས་ཡ། ས་མ་ས་མ། པྲ་ཤྲ་མ་ཎ་ཡ་སྭཱཧཱ། རལ་གཅིག་མའི་འོ། །ན་མཿས་མནྟ་བུདྡྷཱ་ནཱཾ། སརྦ་ཛྭ་ཝ་པནྟ་ར་ཎི་ཧཱུཾ་ཧཱུཾ་ཕཊ་པ་ཏ་ཡ་སྭཱཧཱ། ཁྲོ་གཉེར་ཅན་མའི་འོ། །བཟླས་པའི་སྙིང་པོ་དོན་ཡོད་ཞགས་པ་ཉིད་ལ་བྱ་ཞིང་། དེའི་བཅུ་ཆ་གཙོ་བོ་དང་། དེའི་ལྔ་ཆ་ཙམ་ལྷ་གཞན་གསུམ་ལ་བཟླ་བར་བླ་མ་རྣམས་བཞེད་དོ། །མཇུག་ཏུ་སླར་ཡང་མཆོད་བསྟོད་བྱ་ཞིང་། འཇིག་རྟེན་པའི་གཏོར་མ་ཆ་གསུམ་མམ། ཕྱོགས་སྐྱོང་གི་གཏོར་མ་ཙམ་བྱའོ། །འདོད་དོན་གསོལ་བ་བཏབ། ཡིག་བརྒྱ། བཟོད་གསོལ། ༈ རྗེས་གནང་བྱ་བར་འདོད་ན་བདག་བསྐྱེད་མདུན་བསྐྱེད་གོང་དུ་བཤད་པ་དེ་ཁོ་ནས་འགྲུབ་ཅིང་། སློབ་མས་མཎྜལ་ཕུལ། གསོལ་བ་འདེབས་པ་འདིའི་རྗེས་ཟློས་མཛོད། སློབ་དཔོན་དགོངས་སུ་གསོལ། བདག་ལ་འཕགས་པ་སྤྱན་རས་གཟིགས་དབང་ཕྱུག་གི་རྗེས་སུ་གནང་བ་མ་ལུས་པ་བསྩལ་དུ་གསོལ། ཞེས་ལན་གསུམ། སློབ་དཔོན་གྱིས་མདུན་བསྐྱེད་ལ་(༢༥༨ན)གསོལ་བ་འདེབས་པ་ནི། འཕགས་

པ་སྤྱན་རས་གཟིགས་དབང་ཕྱུག་གིས་སློབ་མ་འདི་རྣམས་ཀྱི་རྒྱུད་ལ་བྱམས་སྙིང་རྗེ་བྱང་ཆུབ་ཀྱི་སེམས་ཁྱད་པར་ཅན་སྐྱེ་བ་དང་། འཕེལ་བ་དང་། བྱིན་གྱིས་བརླབ་ཏུ་གསོལ། དབང་བསྐུར་དུ་གསོལ། ཞེས་ལན་གསུམ་གྱིས་གནང་བ་ཐོབ་པར་བསམ། བཟང་སྤྱོད་ཀྱི་ཡན་ལག་བདུན་པ་སྔོན་དུ་འགྲོ་བས། མགུར་ནས་འབྱུང་བའི་ཡན་ལག་བདུན་པ་བྱ། སྐུའི་རྗེས་གནང་གི་གསོལ་བཏབ་ནི། སློབ་དཔོན་དགོངས་སུ་གསོལ། བདག་ལ་འཕགས་པ་སྤྱན་རས་གཟིགས་དབང་ཕྱུག་གི་སྐུའི་རྗེས་སུ་གནང་བ་བསྩལ་དུ་གསོལ། ལུས་ཀྱི་སྡིག་སྒྲིབ་སྦྱང་དུ་གསོལ། ལུས་བདེ་བ་དང་ལྡན་པར་བྱིན་གྱིས་བརླབ་ཏུ་གསོལ། ལན་གསུམ། རྗེས་གནང་དངོས་ལ་དམིགས་པ་འདི་བཞིན་དུ་མཛོད། སློབ་དཔོན་གྱི་ཐུགས་ཀ་ནས་འོད་ཟེར་འཕྲོས། མདུན་བསྐྱེད་ཀྱི་ཐུགས་རྒྱུད་བསྐུལ། དེའི་ཐུགས་ཀ་ནས་འོད་ཟེར་འཕྲོས། ཁྱེད་རང་རྣམས་ཀྱི་ལུས་ལ་ཕོག་པས་རྣམ་སྨིན་ཤ་ཁྲག་རྫས་བཅས་ཀྱིས་མཚོན་པའི་མ་དག་པའི་སྣང་བ་ཐམས་ཅད་མི་དམིགས་ཏེ་སྟོང་པར་སྦྱངས། སྟོང་པའི་ངང་ལས་ཁྱེད་རང་རྣམས་ཀྱི་སེམས་ཉིད་པདྨ་དཀར་པོ་ཧྲཱིཿས་མཚན་པ། དེ་ལས་འོད་ཟེར་འཕྲོས་འདུས་ཡོངས་སུ་གྱུར་པ་ལས། ཁྱེད་རང་རྣམས་འཕགས་པ་སྤྱན་རས་གཟིགས་སྐུ་མདོག་སྟོན་ཀའི་ཟླ་བ་ལྟར་དཀར་བ། ཞལ་གཅིག་ཕྱག་གཉིས། གཡས་མཆོག་སྦྱིན་དང་། གཡོན་པདྨ་དཀར་པོ་འཛིན་པ། ཞབས་གཡས་བརྐྱང་(༢༥༨བ)པའི་རོལ་པའི་སྟབས་ཀྱིས་བཞུགས་ཤིང་། རི་དྭགས་ཀྱི་པགས་པས་སྨད་དཀྲིས་པ། ཕྱུགས་བདག་གི་ཆ་ལུགས་འཆང་བ། རལ་པའི་ཐོར་ཚུགས་ཅན། སངས་རྒྱས་འོད་དཔག་མེད་ཀྱིས་དབུ་ལ་བརྒྱན་པ། གཡོན་གྱི་ལྷ་མོ་ལ་གཟིགས་པའོ། །ཐུགས་ཀར་ཟླ་བའི་སྟེང་དུ་པདྨ་དཀར་པོ་ཧྲཱིཿཡིག་གིས་མཚན་པར་གྱུར། ཤར་དུ་ཏ་ལས་ཞགས་པ་ཏས་མཚན་པ་ལས་དོན་ཡོད་ཞགས་པ་དམར་པོ་ཕྱག་གཡས་གཉིས་ན་ཞགས་པ་དང་རྡོ་རྗེ། གཡོན་གཉིས་ན་ལྕགས་ཀྱུ་དང་བགྲང་ཕྲེང་འཛིན་པ། རྒྱན་ཐམས་ཅད་ཀྱིས

བརྒྱན་པ། མཉམ་པར་བཞེངས་པའོ། །ལྷོར་ཧཱུྃ་ལས་དབྱུག་པ་ཧཱུྃ་གིས་མཚན་པ་ལས་ཧ་མགྲིན་དབུའི་སྟེང་དུ་ཧ་མགོ་ལྗང་ཁུ་ཅན། ཕྱག་གཡས་གཉིས་ན་དབྱུག་པ་དང་སྡིགས་མཛུབ། གཡོན་གཉིས་ན་འཁོར་ལོ་སེར་པོ་དང་། པདྨ་དམར་པོའི་སྡོང་བུ་འཛིན་པ། གཡོན་བརྐྱང་གི་སྟབས་ཅན་ནོ། །ནུབ་ཏུ་ཕ་ལས་རལ་གྲི་ཕས་མཚན་པ་ལས་རལ་གཅིག་མ་སྔོན་མོ་ཕྱག་གཡས་པ་བཞིས་རལ་གྲི། ཞགས་པ། པདྨ། མདའ། གཡོན་པ་བཞིས་འཁོར་ལོ། དབྱུག་པ། རྩེ་གསུམ། གཞུ་རྣམས་འཛིན་པ། གཡས་བརྐྱང་གི་སྟབས་ཅན། དེ་གཉིས་ཀ་སྟག་ལྤགས་དང་སྦྲུལ་དང་རིན་པོ་ཆེས་བརྒྱན་པ། ཤིན་ཏུ་ཁྲོས་པའོ། །བྱང་དུ་ཊ་ལས་དབྱུག་ཐོ་ཊས་མཚན་པ་ལས་ཁྲོ་གཉེར་ཅན་མ་དཀར་ཤམ། ཕྱག་གཡས་གཉིས་ཀྱི་རྡོ་རྗེ་དབྱུག་པ་དང་པདྨ་དཀར་པོ། གཡོན་གཉིས་ཀྱིས་བགྲང་འཕྲེང་དང་སྤྱི་བླུགས་འཛིན་པ། ཞབས་གཡས་རོལ་པའི་སྟབས་(༢༥༡ན)ཀྱིས་བཞེངས་པ། གཙོ་བོའི་ཞལ་ལ་བལྟ་བ། རྒྱན་ཐམས་ཅད་ཀྱིས་བརྒྱན་པ། དཔྲལ་བར་ཨོཾ། མགྲིན་པར་ཨཱཿ ཐུགས་ཀར་ཧཱུྃ་གིས་མཚན་པར་གྱུར་པའི་མོས་པ་མཛོད། མདུན་གྱི་ཚོམ་བུ་འདི་རྣམས་ཀྱང་ཁྱེད་རང་རྣམས་སྒོམ་པ་དང་འདྲ་བའི་སྤྱན་རས་གཟིགས་དོན་ཡོད་ཞགས་པ་གཙོ་འཁོར་དུ་དངོས་སུ་བཞུགས་པར་མོས་ལ། དེ་ནས་སློབ་དཔོན་ལ་མོས་གུས་དུང་བ་བྱས་པས། སློབ་དཔོན་གྱི་ཐུགས་ཀ་ནས་འོད་ཟེར་འཕྲོས། སངས་རྒྱས་བྱང་སེམས་ཐམས་ཅད་འཕགས་པ་སྤྱན་རས་གཟིགས་ཀྱི་རྣམ་པར་སྤྱན་དྲངས། ཁྱེད་རང་རྣམས་ཀྱི་ལུས་ལ་ཐིམ། པོ་ཏ་ལ་ནས་དོན་ཡོད་ཞགས་པ་ལྷ་ལྔ་ལ། བླ་མ་ཡི་དམ་སངས་རྒྱས་དང་བྱང་ཆུབ་སེམས་དཔས་བསྐོར་བ་སྤྱན་དྲངས། ཁྱེད་རང་རྣམས་ལ་ཐིམ། སློབ་དཔོན་དང་མདུན་བསྐྱེད་ཀྱི་ཐུགས་ཀ་ནས། འཕགས་པ་དོན་ཡོད་ཞགས་པའི་སྐུ་ཆེ་བ་རི་རབ་ཙམ། ཆུང་བ་ཡུངས་འབྲུ་ཙམ། ཡང་ཆུང་རྡུལ་ཕྲན་ཙམ་བསམ་གྱིས་མི་ཁྱབ་པ་ཁ་བ་བུ་ཡུག་འཚུབ་པ་བཞིན་དུ་ཁྱེད་རང་རྣམས་ཀྱི་ལུས་ལ་གཉིས་སུ་

མེད་པར་སིབ་སིབ་ཐིམ་པར་མོས་པ་མཛོད་བྱས་ལ། དྲི་ཞིམ་པོའི་སྤོས་དུད་དང་།
རོལ་མོ་འཛམ་རོལ་རྒྱུན་རིང་བས་བྱིན་དབབ། སློབ་དཔོན་གྱིས་རྡོ་རྗེ་གསོར་ཞིང་
དྲིལ་བུ་འཁྲོལ་བཞིན་པས། ཨོཾ་ཨཱཀྲྟ་ཡོ་གི་ཤྭ་ར་ཨ་བེ་ཤ་ཨ་ཨ། ཞེས་ལན་ཉེར་གཅིག
ནས་བརྒྱ་རྩའི་བར་གང་འོས་བརྗོད་དོ། །དེས་སྐུའི་རྗེས་གནང་གྲུབ་པ་ལགས།
གསོལ་(༢༤༩བ)བ་འདེབས་པ་འདིའི་རྗེས་ཟློས་མཛོད། སློབ་དཔོན་དགོངས་སུ་གསོལ།
བདག་ལ་འཕགས་པ་སྤྱན་རས་གཟིགས་དབང་ཕྱུག་གི་གསུང་གི་རྗེས་སུ་གནང་བ
བསྩལ་དུ་གསོལ། ངག་གི་སྡིག་སྒྲིབ་སྦྱོང་དུ་གསོལ། ངག་ནུས་པ་དང་ལྡན་པར
བྱིན་གྱིས་བརླབ་ཏུ་གསོལ། ཞེས་ལན་གསུམ། སློབ་དཔོན་ལ་མེ་ཏོག་གཏོར་བཞིན
དུ་འདིའི་རྗེས་ཟློས་མཛོད། བཅོམ་ལྡན་བདག་ལ་བསྩལ་ལགས་ཀྱི། །བདག་ལ་ཉེ
བར་མཛད་དུ་གསོལ། །ཞེས་ལན་གསུམ། སློབ་མའི་སྤྱི་བོར་མེ་ཏོག་གཏོར་ཏེ།
བཅོམ་ལྡན་འདི་ལ་ཞེས་སོགས་དང་། རྡོ་རྗེ་སློབ་མ་འདི་རྣམས་ཀྱི་རྒྱུད་ལ་སྤྱན
རས་གཟིགས་དོན་ཡོད་ཞགས་པ་ལྷ་ལྔའི་གསུང་ཐུགས་ཀྱི་བྱིན་རླབས་མ་ལུས་པ
འཇུག་པར་གྱུར་ཅིག །ཅེས་བརྗོད། དེ་ནས། ཁྱེད་རང་རྣམས་ཀྱི་སྙིང་གར་པད
ཟླའི་སྟེང་དུ་ཧྲཱིཿཡིག་དཀར་པོའི་མཐའ་བསྐོར་དུ། ཐུགས་ཀྱི་ཡིག་འབྲུ་རྣམས་ཁ
དོག་དཀར་པོ་མགོ་གྱེན་བསྟན། ཁ་ནང་དུ་ཕྱོགས་པ། འོད་ཟེར་དཀར་པོ་འབར
བའི་རྣམ་པ་ཅན་བཞུགས་པར་མོས། སློབ་དཔོན་གྱི་ཐུགས་ཀ་ནས་འོད་ཟེར་འཕྲོས།
མདུན་བསྐྱེད་ཀྱི་ཐུགས་རྒྱུད་བསྐུལ། ཐུགས་ཀའི་སྔགས་ཕྲེང་ལས་སྔགས་ཕྲེང་གཉིས
པ་ཆད། ཞལ་ནས་ཐོན། ཁྱེད་རང་རྣམས་ཀྱི་ཁ་སྣ་ནས་ཞུགས། སྙིང་གའི་ས་བོན
སྔགས་ཕྲེང་དང་བཅས་པ་ལ་ཐིམ་པར་མོས་ལ། འདིའི་རྗེས་ཟློས་མཛོད་བྱས་ལ།
ན་མཿས་མནྟ་བུདྡྷཱ་ནཱཾ། སརྦ་ཏ་ཐཱ་ག་ཏ་ཨ་ཝ་ལོ་ཀི་ཏེ་ཀཱ་རུ་ཎ་མ་ཡ། ཨྲཏ་ཡེ་ཧཱུྃ་
ཛ་སྭཱཧཱ། སྤྱན་རས་གཟིགས་ཀྱིའོ། །ཨོཾ་ཧྲཱིཿཏྲཻ་ལོཀྱ་བི་ཛ་ཡ་ཨ་མོ་(༢༥༠ན)གྷ་པཱ་ཤ་ཨ་
པྲ་ཏི་ཧ་ཏ་ཧྲཱིཿཧ་ཧཱུྃ་ཕཊ་སྭཱཧཱ། དོན་ཞགས་ཀྱིའོ། །ན་མཿས་མནྟ་བུདྡྷཱ་ནཱཾ་ཧཾ་ཁ་ཏ་

པ་ཏུ་ཨཱ་སཏ་ཡ་སྭཱཧཱ། རྟ་མགྲིན་གྱིའོ། །ཨོཾ་ཨེ་ཀ་ཛ་ཊི་མཏླ་རེ་ཁ་ཋ། ཧླ་ས་ཡ་ཧླ་ས་ཡ། ས་མ་ས་མ། པྲ་ཕྲ་མ་ཋ་ཡ་སྭཱཧཱ། རལ་གཅིག་མའིའོ། །ན་མཿས་མནྟ་བུདྡྷཱ་ནཱཾ། སརྦ་ཛྙཱ་ཕ་པཏྨ་ར་ཀྵི་ཧུཾ་ཧུཾ་ཕཊ་པ་ཏ་ཡ་སྭཱཧཱ། ཁྲོ་གཉེར་ཅན་མའིའོ། །ཞེས་སྔགས་རྣམས་ལན་གསུམ་གསུམ་རྗེས་བཟློས་བྱར་གཞུག །དོན་ཞགས་ཀྱི་གཟུངས་མདོ་བསྐྲགས། གཟུངས་རིང་ལ་རྗེས་བཟློས་ལན་གསུམ་གྲུབ་ན་ཤིན་ཏུ་ལེགས་པར་གསུངས་སོ། །༄ གཟུངས་མདོ་ནི། རྒྱ་གར་སྐད་དུ། ཨཱརྻ་ཨ་མོ་གྷ་པཱ་ཤ་ཧྲི་ད་ཡཾ་མཧཱ་ཡ་ན་ནཱ་མ་སཱུ་ར་ཋ། བོད་སྐད་དུ། འཕགས་པ་དོན་ཡོད་ཞགས་པའི་སྙིང་པོ་ཞེས་བྱ་བའི་གཟུངས། སངས་རྒྱས་དང་བྱང་ཆུབ་སེམས་དཔའ་དུས་གསུམ་དུ་གཤེགས་ཤིང་བཞུགས་པ་ཐམས་ཅད་ལ་ཕྱག་འཚལ་ལོ། །འདས་པ་དང་། མ་བྱོན་པ་དང་། ད་ལྟར་བྱུང་བའི་སངས་རྒྱས་དང་། འཕགས་པ་ཉན་ཐོས་ཐམས་ཅད་ལ་ཕྱག་འཚལ་ལོ། །ཡང་དག་པར་སོང་བ་དང་། ཡང་དག་པར་བཞུགས་པ་རྣམས་ལ་ཕྱག་འཚལ་ལོ། །བློ་གྲོས་ཆེན་པོ་ཤཱ་རི་དྭ་ཏིའི་བུ་ལ་ཕྱག་འཚལ་ལོ། །འཕགས་པ་བྱམས་པ་ལ་སོགས་པ་བྱང་ཆུབ་སེམས་དཔའ་རྣམས་ལ་ཕྱག་འཚལ་ལོ། །འཕགས་པ་དེ་བཞིན་གཤེགས་པ་དགྲ་བཅོམ་པ་ཡང་དག་པར་རྫོགས་པའི་སངས་རྒྱས་འོད་དཔག་མེད་ལ་ཕྱག་འཚལ་(༢༥༠བ)ལོ། །དཀོན་མཆོག་གསུམ་ལ་ཕྱག་འཚལ་ལོ། །བྱང་ཆུབ་སེམས་དཔའ་སེམས་དཔའ་ཆེན་པོ་འཕགས་པ་སྤྱན་རས་གཟིགས་དབང་ཕྱུག་སྙིང་རྗེ་ཆེན་པོ་དང་ལྡན་པ་ལ་ཕྱག་འཚལ་ལོ། །མཐུ་ཆེན་པོ་ཐོབ་པ་ལ་ཕྱག་འཚལ་ལོ། །དེ་རྣམས་ལ་ཕྱག་འཚལ་ནས། འཕགས་པ་སྤྱན་རས་གཟིགས་དབང་ཕྱུག་གི་ཁ་ནས་བརྗོད་པ་དེ་བཞིན་གཤེགས་པའི་སྤྱན་སྔར་འཁོར་མང་པོའི་དབུས་སུ་སྨྲས་པ། དོན་ཡོད་ཞགས་པའི་སྙིང་པོ་ཞེས་བགྱི་བ་ད་ལྟར་བདག་གིས་བཤད་པར་བགྱིའོ། །བདག་གི་སྔགས་ཀྱི་ཚིག་དང་དགོས་པ་ཐམས་ཅད་ནི་གྲུབ་པར་གྱུར་ཅིག །བདག་འཇིགས་པ་ཐམས་ཅད་ལས་སྲུངས་ཤིག །ཏདྱ་ཐཱ། ཨོཾ་ཙ་ར་ཙ་ར།

ཚི་རི་ཚི་རི། ཚུ་རུ་ཚུ་རུ། མ་ར་མ་ར། མི་རི་མི་རི། མུ་རུ་མུ་རུ། མཧཱ་ཀཱ་རུ་ཎི་ཀ །ས་ར་ས་ར། སི་རི་སི་རི། སུ་རུ་སུ་རུ། ཚི་རི་ཚི་རི། བི་རི་བི་རི། ཕི་རི་ཕི་རི། མི་རི་མི་རི། མཧཱ་པདྨ་ཧ་སྟ། ཀ་ལ་ཀ་ལ། ཀི་ལི་ཀི་ལི། ཀུ་ལུ་ཀུ་ལུ། མཧཱ་ཤུད་དྷ་སཏྭ། བུད་དྷ་བུད་དྷ། བོ་དྷི་བོ་དྷི། བོ་དྷ་ཡ་བོ་དྷ་ཡ། ཀ་ཊ་ཀ་ཊ། ཀི་ཊི་ཀི་ཊི། ཀུ་ཊུ་ཀུ་ཊུ། པ་ར་བ་ཤུད་དྷ་སཏྭ། ཀ་ར་ཀ་ར། ཀི་རི་ཀི་རི། ཀུ་རུ་ཀུ་རུ། མཧཱ་སྠཱ་མ་སྠཱཔྲཱ། ཙ་ལ་ཙ་ལ། སཙྪ་སཙྪ། བི་ཙ་ལ་བི་ཙ་ལ། ཨེ་ཏ་ཏ་ཨེ་ཏ་ཏ། ཧྲ་ར་ཧྲ་ར། ཧྲི་རི་ཧྲི་རི། ཧྲུ་རུ་ཧྲུ་རུ། ཏ་ར་ཏ་ར། ཏི་རི་ཏི་རི། ཏུ་རུ་ཏུ་རུ། ཨེ་ཧྱེ་ཧི་མཧཱ་ཀཱ་རུ་ཎི་ཀ །མཧཱ་པ་ཤུ་པ་ཏི་བི་ཊ་ཧྲ་ར། ཧྲ་ར་ཧྲ་ར། ཧྲི་རི་ཧྲི་རི། ཧྲུ་རུ་ཧྲུ་རུ། ཏ་ར་ཏ་ར། ས་ར་ས་ར། ཙ་ར་ཙ་ར། པ་ར་པ་ར། བ་ར་བ་ར། མ་ར་མ་ར། ལ་ར་ལ་ར། ཧ་ར་ཧ་ར། ཧ་ཧྣ་ཧི་ཧྣི་ཧུ་ཧྣུ། ཨོཾ་ཀཱ་(༢༥༧ན)ར་བཛྲ་བི་ཊ་ཧྲ་ར། ཧྲ་ར་ཧྲ་ར། ཧྲི་རི་ཧྲི་རི། ཧྲུ་རུ་ཧྲུ་རུ། ཏ་ར་ཏ་ར། ས་ར་ས་ར། ཙ་ར་ཙ་ར། ན་ར་ན་ར། བ་ར་བ་ར། ཧ་ར་ཧ་ར། རསྨི་ཤ་ཏ་ས་ཧ་སྲ་པྲ་ཏི་མཎྜི་ཏ་ཤ་རཱི་རཾ། ཛྭ་ལ་ཛྭ་ལ། ཏ་པ་ཏ་པ། བྷཱ་ས་བྷཱ་ས། བྷྲ་མ་བྷྲ་མ། ཧྲ་ག་ཤ་ན་སོ་མ། ཤྲཱ་དེ་ཏྲ། ཡ་མ། བ་རུ་ཎ། ཀུ་བེ་ར། བྲཧྨེནྡྲ། བཱ་ཡུ། ཨགྣི། ཧྲ་ན་ད། དེ་བ། རེ་ཛི་ཀ་ན་ཨ་ཛྭར་ཚི་ཏ་ཙ་ར་ཊ། སུ་རུ་སུ་རུ། ཚུ་རུ་ཚུ་རུ། མུ་རུ་མུ་རུ། སྨུ་རུ་སྨུ་རུ། ས་ནད་ཀུ་མཱ་ར། རུ་དྲ། བཱ་ས་བ། བིཥྞུ། ཧྲ་ན་ད། བཱ་ཡུ། ཨགྣི། རེ་ཛི། ནཱ་ཡ་ཀ །བི་ནཱ་ཡ་ཀ་བ་ཏུ་ཕི་བི་ཊ་ཧྲ་ར། ཧྲ་ར་ཧྲ་ར། ཧྲི་རི་ཧྲི་རི། ཧྲུ་རུ་ཧྲུ་རུ། ཏ་ར་ཏ་ར། ཐ་ར་ཐ་ར། སྐ་ར་སྐ་ར། ཡ་ར་ཡ་ར། ལ་ར་ལ་ར། ཧ་ར་ཧ་ར། པ་ར་པ་ར། ས་ར་ས་ར། བ་ར་བ་ར། བ་ར་དཱ་ཡ་ཀ །ས་མན་ཨ་བ་ལོ་ཀི་ཏེ། བི་ལོ་ཀི་ཏེ། ལོ་ཀི་ཤྭ་ར། མ་ཧེ་ཤྭ་ར། ཏྲི་བྷུ་བ་ནེ་ཤྭ་ར། སརྦ་ཀུ་ཊ་ས་མ་ཡ་ཨ་ལཾ་ཀྲི་ཏ། ཨ་བ་ལོ་ཀི་ཏེ་ཤྭ་ར། མུ་ཏུ་མུ་ཏུ། མུ་རུ་མུ་རུ། མུ་ཡ་མུ་ཡ། མུ་ཙྪ་མུ་ཙྪ། ཧྲི་ཧཱུཾ་ཧྲི་ཧཱུཾ། བདག་འཇིགས་པ་ཐམས་ཅད་དང་། གདོན་ཐམས་ཅད་དང་། གནོད་པ་ཐམས་ཅད་

དང་། ནད་འགོ་བ་ཐམས་ཅད་དང་། འཁྲུག་པ་ཐམས་ཅད་དང་། དུག་ཐམས་ཅད་དང་། ནད་ཐམས་ཅད་ལས་སྲུངས་ཤིག་སྲུངས་ཤིག །དེ་བཞིན་དུ་བསད་པ་དང་། བཅིང་བ་དང་། བརྡེག་པ་དང་། སྤྱོ་བ་དང་། རྒྱལ་པོ་དང་། མེ་དང་། ཆུ་དང་། དུག་དང་། མཚོན་ལས་ཡོངས་སུ་ཐར་བར་གྱུར་ཅིག །ཀ་ཊ་ཀ་ཊ། ཀི་ཊི་ཀི་ཊི། ཀུ་ཊུ་ཀུ་ཊུ། ཙ་ར་ཙ་ར། ཙི་རི་ཙི་རི། ཙུ་རུ་ཙུ་རུ། (༢༥༧བ)ཨི་ཊྲི་ཡ། བ་ལ། པོ་ཏྲི་ག །ཙ་ཏུར་ཨཱརྱ་སཏྱ་སཾ་པྲ་ཀཱ་ཤ་ཀ །ཧ་པ་ཧ་པ། ཧ་མ་ཧ་མ། ད་མ་ད་མ། ས་མ་ས་མ། ཀྵ་མ་ཀྵ་མ། མཧཱ་ཀཱ་རུ་ཎི་ཀ །མཧཱ་བ་སོ། ཨན་ཀྵ་ཀཱ་ར་བིཀྵ་མ་ན། ཛ་ཏ་པཱ་ར་མི་ཏཱ་པ་རི་པཱུ་ར་ཀ །མ་ལ་མ་ལ། མི་ལི་མི་ལི། མུ་ལུ་མུ་ལུ། ཏ་ཏ་ཏ་ཏ། ཐ་ཐ་ཐ་ཐ། ཏི་ཏི་ཏི་ཏི། ཏུ་ཏུ་ཏུ་ཏུ། ཐི་ཐི་ཐི་ཐི། ཐུ་ཐུ་ཐུ་ཐུ། ཨེ་ནེ་ཡེ་ཙཀྵུ་གྲཱི་ཧ་པ་རི་ཀ་ར། ཨེ་ཧྱེ་ཧི་མཧཱ་ཀཱ་རུ་ཎི་ཀཱ། ཨཱི་ཤྭ་ར། མ་ཧེ་ཤྭ་ར། མཧཱ་ཀྲུ་ཧ་ག་ན་སཾ་ཀྵ་ཀྵུ་ག །ཀ་ར་ཀ་ར། ཀི་རི་ཀི་རི། ཀུ་རུ་ཀུ་རུ། པ་ར་པ་ར། ཧ་ར་ཧ་ར། བ་ར་བ་ར། ས་ར་ས་ར། ཀ་ར་ཀ་ར། ཀ་ཏ་ཀ་ཏ། ཀི་ཏི་ཀི་ཏི། ཀུ་ཏུ་ཀུ་ཏུ། མ་ཏ་མ་ཏ། མཧཱ་བི་ཤུད་དྷ་བི་ཛ་ཡ་ནི་བྷཱ་སི་ན། མཧཱ་ཀཱ་རུ་ཎི་ཀ་ཤྭེ་ཏེ་ཡ་ཛྙཱ་ཨུ་པ་བཱི་ཏ། རཏྣ་མུ་ཀུ་ཏ། མཱ་ལྱ་དྷ་ར། སརྦ་ཛྙཱ་ཤི་ར་སི་ཀྲི་ཏ་ཛ་ཏ་མུ་ཀུ་ཏ། མཧཱ་ཨ་ཏ་སྟུ་ཏ། ཀ་མ་ལ་ཨ་ལཾ་ཀྲི་ཏ་ཀ་ར་ཏ་ལ། དྷྱཱ་ན་ས་མཱ་དྷི། བི་མོ་ཀྵ། ཨ་པྲ་ཀམྤྱ། བ་ཧུ་སཏྭ་ས་ན་ཏ་ཏེ་པ་རི་པཱ་ཙ་ཀ །མཧཱ་ཀཱ་རུ་ཎི་ཀ་སརྦ་ཀརྨ་ཨཱ་ཝ་ར་ཎ་བི་ཤོ་དྷ་ཀ །སརྦ་རྡྷཱ་རྡྷཱ་ན་པ་རི་པཱུ་ར་ཀ །སརྦ་བྱཱ་དྷི་པ་རི་མ་ཙ་ཀ །སརྦ་སཏྭ་ཨ་ཤཱ་པ་རི་པཱུ་ར་ཀ །སརྦ་སཏྭ་མ་ཤྭཱ་ས་ན་ཀ་ར་ན་མོ་སྟུ་ཏེ་སྭཱ་ཧཱ། ཨ་མོ་གྷཱ་ཡ་སྭཱ་ཧཱ། ཨ་མོ་གྷ་པཱ་ཤཱ་ཡ་སྭཱ་ཧཱ། ཨ་ཛི་ཏཱ་ཡ་སྭཱ་ཧཱ། ཨ་པ་རཱ་ཛི་ཏཱ་ཡ་སྭཱ་ཧཱ། ཨ་མི་ཏཱ་བྷཱ་ཡ་སྭཱ་ཧཱ། ཨ་མི་ཏཱ་བྷཱ་སུ་ཏ་ཡ་སྭཱ་ཧཱ། མ་ར་སེ་ཧུ་བྲ་ཧྨ་དཏྟཱ་ཡ་སྭཱ་ཧཱ། ཨ་ཀྵཱ་ཡཱ་ཡ་སྭཱ་ཧཱ། ཨ་ཀྵ་ཡ་བྲ་དྟཱ་ཡ་སྭཱ་ཧཱ། ཛ་ཡཱ་ཡ་སྭཱ་ཧཱ། བི་ཛ་ཡཱ་ཡ་སྭཱ་ཧཱ། ཛ་ཡ་བི་ཛ་ཡཱ་ཡ་སྭཱ་ཧཱ། བ་ར་དཱ་ཡ་སྭཱ་ཧཱ། བ་ར་པྲ་དཱ་ཡ་སྭཱ་ཧཱ། ཨ་ཀཱ་ལ་མྲི་ཏྱུ་པྲ་ཤ་མ་ནཱ་ཡ་སྭཱ་ཧཱ། ཨི་ད་ཧྲུ་མེ་

ཀརྨ་ཀུ་རུ་(༢༥༡༢ན)ན་མོ་སྟུ་ཏེ་སྭཱ་ཧཱ། ཨོཾ་ར་ཊ་ར་ཊ་ཧཱུཾ་ཕཊ། ཨོཾ་ཛ་ཡ་ཧཱུཾ་ཕཊ། ཨོཾ་ཛྲཱ་ཛྲཱིཾ་ཛྲུ་སྭཱ་ཧཱ། ཨོཾ་ཧཱུཾ་ཛ་ཡ་སྭཱ་ཧཱ། ཨོཾ་ཧླཱིཿཧྲཱི་ལོ་ཀྲ་བི་ཛྲ་ཡ་ཨ་མོ་གྷ་པཱ་ཤ་ཨ་བྲ་ཏི་ཧ་ཏ་ཧླཱིཿཧཿཧཱུཾ་ཕཊ་སྭཱ་ཧཱ། གཟུངས་སྔགས་འདིའི་ཆོ་ག་ནི་ཨ་མོ་གྷ་པཱ་ཤའི་གཟུངས་བུམ་པ་ལ་བཟླས་པས་མི་བགེགས་ཀྱིས་བརླམས་པའམ། འདྲེ་གདོན་གྱིས་ཟིན་པའམ། བྱད་འོག་ཏུ་ཚུད་པའམ། བུད་མེད་བྱུར་དང་ཅིང་བུ་མེད་པའམ། བུ་མི་འཚོ་བ་ལ་སོགས་པ་ལ་ཕན་པར་བྱ་བའི་ཕྱིར་ཆོ་ག་བྱ་ན། འབབ་ཆུའི་འགྲམ་མམ། ཤིང་གཅིག་པའི་དྲུང་ངམ། ལམ་གྱི་བཞི་མདོའམ། ཁང་སྟོང་ལ་སོགས་པའི་དབུས་ནས་དཀྱིལ་འཁོར་གྱི་ས་བླང་བར་བྱ་སྟེ། དཀྱིལ་འཁོར་གྲུ་བཞི་པ། སྒོ་བཞི་པ། ནུབ་ཕྱོགས་སམ། བྱང་ཕྱོགས་ཀྱི་སྒོ་གཏོད་པ་ཅིག་ཚོན་རྩི་དཀར་པོ་སྣ་གཅིག་གིས་བྲིས་ཏེ། དབུས་སུ་ཡང་པདྨ་དཀར་པོ་འདབ་མ་བརྒྱད་པ་གཅིག་བྲིས་ལ། གསེར་དངུལ་ལམ་ཟངས་ཀྱི་བུམ་པ་མ་ཞུམ་པ། མི་འཇིགས་པའམ། ཁང་པའི་བུམ་པ་གསར་པ་སོ་བཏང་བའི་ནག་པོ་དང་ར་རི་མེད་པ་གཅིག་སྦྱོས་ཆུས་བཀང་སྟེ། རིན་པོ་ཆེ་སྣ་ལྔ། སྨན་སྣ་ལྔ། འབྲུ་སྣ་ལྔ་རླུགས་ལ། མགུལ་རས་དཀར་པོ་གསར་པ་ཁ་ཚར་མ་བཅད་པ་དང་། མེ་ཏོག་གི་ཕྲེང་བས་བཅིངས་ཏེ། ཁར་ཤུག་པའམ། ཐང་ཤིང་གི་མགོ་ལྕོགས་བཅུག་ལ་མེ་ཏོག་དང་འབྲས་བུས་བརྒྱན་པ་གཅིག་པདྨའི་སྟེང་བཞག་ལ། གཟུངས་ཀློག་པ་ཉིད་འཕགས་པ་སྤྱན་རས་གཟིགས་དབང་ཕྱུག་གི་སྐུར་(༢༥༡༢བ)བསྒྱུར་ཏེ། བུམ་པ་དེ་ཡང་རིན་ཆེན་རྫིང་བུ་བདུད་རྩིའི་ཆུས་གང་བར་བསམས་ལ། ཆུ་དེའི་ནང་ནས་པདྨ་དཀར་པོ་གཅིག་བྱུང་བར་བསམས་ཏེ། པདྨ་དེ་ལ་འཕགས་པ་སྤྱན་རས་གཟིགས་དབང་ཕྱུག་གི་སྙིང་པོ་ཡི་གེ་དཀར་པོ་བསམས་ཏེ། ཡི་གེ་དེ་ལས་འཕགས་པ་སྤྱན་རས་གཟིགས་དབང་ཕྱུག་ཏུ་གྱུར་པར་བསམས་ལ་མཆོད་པ་དང་། བསྟོད་པ་བྱས་ཏེ། གང་བསྒྲུབས་པའི་དངོས་པོ་གྲུབ་པར་གྱུར་ཅིག་ཅེས་གསོལ་བ་བཏབ་པས། ཨ་མོ་གྷ་པཱ་ཤའི་གཟུངས་མང་པོས་བུམ་པ་དེ་ལ་ལན་བཅུ

གསུམ་དུ་ཆོག་གཞན་མི་སྦྱར་བར་བཟླས་ཏེ། བུམ་པ་དེའི་ཆུས་དེའི་སྤྱི་བོ་ནས་བླུགས་ན་བགེགས་དང་གདོན་ལ་སོགས་པ་ལས་ཐར་བར་འགྱུར་རོ། །དེ་ལ་གོས་དང་བཅས་པར་སྤྱི་བོ་ནས་བླུགས་ལ་བླུགས་པའི་ཚེ་ཡང་གཟུངས་ཀློག་པ་དང་། ཀློག་པར་བྱ་བ་གཉིས་ཀས་ཀྱང་ལུས་ཕྱི་ནང་གཉིས་དག་པ་དང་། འདྲེ་གདོན་ལས་ཐར་བར་སེམས་རྩེ་གཅིག་ཏུ་སེམས་ཤིང་བཟླག་གོ། །གོས་གཤེར་བ་དེ་ཡང་ཡུགས་དོར་བའི་ཐབས་སུ་བོར་ལ། གོས་དཀར་པོ་གསར་བ་གོན་ཏེ་སྤོས་དང་། མེ་ཏོག་ལ་སོགས་པས་ལུས་བསྟན་པ་དེ་ཉིད་ལན་གཅིག་བཟླགས་པས་ལུས་བསྲུངས་ཏེ་བཀྲ་ཤིས་ཀྱང་སླག་གོ། །དཀྱིལ་འཁོར་དེའི་ཁོ་ར་ཁོར་ཡུག་ཏུ་འཛིག་རྟེན་སྐྱོང་བ་བརྒྱད་ཀྱང་སོ་སོའི་མིང་སྨོས་ཏེ། སྤྱན་དྲངས་ལ་མཆོད་ནས། ལས་གང་བསྒྲུབ་པ་དེ་གྲུབ་པར་གྱུར་ཅིག་ཅེས་སྨོན་ལམ་བཏབ་ནས། མཆོད་པ་རྣམ་པ་ལྔ་པ་གཅིག་གིས་མཆོད་ལ། འབྱུང་པོ་ཕལ་(༢༥༩ན)པ་རྣམས་ལ་ཡང་གཏོར་མ་རྒྱ་ཆེན་སྦྱིན་ནོ། །བདག་སྲུང་བ་དང་། མཚམས་བཅད་པ་ཡང་ཨ་མོ་ဃ་པཱ་ཤའི་གཟུངས་དེ་ཉིད་ཀྱིས་ཚུལ་བཞིན་དུ་བྱས་ན། དེ་ཡང་ཆོས་བརྒྱད་ལ་བྱ་བའི་རིགས་སོ། །ཚ་ག་འདི་བགེགས་ཀྱིས་བརླམས་པ་ལ་སོགས་པ་གང་དུ་སྨོས་པ་རྣམས་ལ་ཐར་བར་འགྱུར་བ་འབའ་ཞིག་ཏུ་ཟད་ཀྱི། མི་ཐ་མལ་པ་ལ་བྱས་ན་ཡང་ཕྱིས་བགེགས་དང་། བྱད་སྟེམས་ཀྱིས་མི་ཚུགས། ནད་འགོ་བས་མི་ཐེབས། དཔལ་ཆེ་ཞིང་བསམས་སོ་ཅོག་འགྲུབ་པར་འགྱུར་རོ། །རིན་པོ་ཆེ་སྣ་ལྔ་ལ་གསེར་དྲུ་ཏྲ། མུ་ཏིག །དུང་། ཤེལ། སྨན་ལྔ་ལ། སེང་ཏ། བྲྀ་ཧ་ཏཱི། གི་རི། ཀནྟ་ཀཱ་རི། ས་ཧ་དེ་བ། འབྲུ་སྣ་ལྔ་ལ། ནས་སོ་བ། འབྲས་སོ་བ། ཏིལ། གྲོ། མོན་སྲན། མ་ཤའོ། །འཕགས་པ་དོན་ཡོད་ཞགས་པའི་སྙིང་པོ་ཞེས་བྱ་བའི་གཟུངས་རྫོགས་སོ། །

༄ དེས་ སྔགས་ཀྱི་བཟླས་ལུང་ཐོབ། འོན་ཀྱང་བཟླས་བརྗོད་མ་བྱས་ན། ལུང་ཐོག་པ་ཙམ་གྱིས་དངོས་གྲུབ་མི་ཐོབ་པས། བཟླས་བརྗོད་ཀྱི་དོན་

ཏུ་དམ་བཅའ་བའི་ལུང་ནི། དུས་འདི་ནས་བཟུངས་ཏེ་ཇི་སྲིད་བྱང་ཆུབ་མ་ཐོབ་བར་དུ། སྤྱན་རས་གཟིགས་དོན་ཡོད་ཞགས་པ་ལྷ་ལྔ་ཡི་དམ་གྱི་ལྷར་བཟུང་ནས། དེའི་གཟུངས་སྔགས་ཉིན་རེ་ལ་རང་གི་བློ་དང་འཚམས་པ་འདི་ཙམ་རེ་མ་ཆག་པར་བཟླ་སྙམ་པས། འདིའི་རྗེས་ཟློས་མཛོད། ཕྱོགས་བཅུ་ན་བཞུགས་པའི་སངས་རྒྱས་དང་བྱང་ཆུབ་སེམས་དཔའ་ཐམས་ཅད་དང༌། སློབ་དཔོན་བདག་ལ་དགོངས་སུ་གསོལ། བདག་(༢༥༤བ)མིང་འདི་ཞེས་བགྱི་བ་དུས་འདི་ནས་བཟུང་སྟེ་ཇི་སྲིད་བྱང་ཆུབ་སྙིང་པོ་ལ་མཆིས་ཀྱི་བར་དུ། འཕགས་པ་སྤྱན་རས་གཟིགས་དོན་ཡོད་ཞགས་པ་ལྷ་ལྔ་ཡི་དམ་གྱི་ལྷར་བཟུང་ནས་དེའི་གཟུངས་སྔགས་ཉིན་རེ་ལ་ཅི་ནུས་རེ་བཟླ་བར་དམ་འཆའ་ལགས་སོ། །ཞེས་ལན་གསུམ། དེས་གསུང་གི་རྗེས་གནང་ཐོབ་པ་ལགས། གསོལ་བ་འདེབས་པ་འདིའི་རྗེས་ཟློས་མཛོད། སློབ་དཔོན་དགོངས་སུ་གསོལ། བདག་ལ་འཕགས་པ་སྤྱན་རས་གཟིགས་དབང་ཕྱུག་གི་ཐུགས་ཀྱི་རྗེས་གནང་བསྩལ་དུ་གསོལ། སེམས་ཀྱི་སྡིག་སྒྲིབ་སྦྱོང་དུ་གསོལ། སེམས་ཏིང་ངེ་འཛིན་དང་ལྡན་པར་བྱིན་གྱིས་བརླབ་ཏུ་གསོལ། ཞེས་ལན་གསུམ། སློབ་དཔོན་གྱི་ཐུགས་ཀ་ནས་འོད་ཟེར་འཕྲོས། མདུན་བསྐྱེད་ཀྱི་ཐུགས་རྒྱུད་བསྐུལ། ཐུགས་ཀ་ནས་འོད་འཕྲོས། སངས་རྒྱས་ཐམས་ཅད་ཀྱི་ཐུགས་གཉིས་སུ་མེད་པའི་ཡེ་ཤེས་ཐམས་ཅད་ཕྱག་མཚན་པདྨ་དཀར་པོ་འོད་ཟེར་འཕྲོ་བའི་རྣམ་པར་སྤྱན་དྲངས། མདུན་བསྐྱེད་ཀྱི་ཐུགས་རྒྱུད་བསྐུལ། ཐུགས་ཀ་ནས་འོད་འཕྲོས། སངས་རྒྱས་ཐམས་ཅད་ཀྱི་ཐུགས་གཉིས་སུ་མེད་པའི་ཡེ་ཤེས་ཐམས་ཅད་ཕྱག་མཚན་པདྨ་དཀར་པོ་འོད་ཟེར་འཕྲོ་བའི་རྣམ་པར་སྤྱན་དྲངས། མདུན་བསྐྱེད་ཀྱི་ཐུགས་ཀར་ཐིམ། མདུན་བསྐྱེད་ལ་མོས་གུས་དུང་བ་བྱས། དེ་ཉིད་ཁྱེད་རང་གི་སྤྱི་བོར་བྱོན། འོད་ཀྱི་གོང་བུར་ཞུ་བ། སྤྱི་བོ་ནས་ཞུགས་ཏེ་སྙིང་གར་ཐིམ། དེའི་ངང་དེར་སེམས་དུས་གསུམ་གྱི་རྣམ་པར་རྟོག་པའི་སྤྲོས་པ་ཐམས་ཅད་

སྤྱངས་ཏེ་ཙུང་ཟད་མཉམ་པར་ཞོག་མཛོད། ཅེས་བརྗོད་ལ། སེམས་མི་རྟོག་པ་སྤྲོས་བྲལ་དུ་ངོ་སྤྲོད། དེས་ཐུགས་ཀྱི་རྗེས་གནང་ཐོབ་པ་ལགས། རྗེས་ཆོག་སྤྱི་དང་འདྲ། །

༈ **དོན་ཞགས་སེར་པོ་ལ།** སྐྱབས་འགྲོ་(༢༥༨ན)སེམས་བསྐྱེད་སྔོན་དུ་འགྲོ་བས། རང་གི་སྙིང་གར་པཾ་ལས་པདྨ་དང་ཨ་ལས་ཟླ་བའི་སྟེང་དུ། ཧྲཱིཿསེར་པོ། དེ་ལས་འོད་ཟེར་འཕྲོས། བླ་མ་དང་དོན་ཡོད་ཞགས་པའི་ལྷ་ཚོགས་འཁོར་དང་བཅས་པ་བཛྲ་ས་མ་ཛཿཔདྨ་ཀ་མ་ལ་ཡེ་སྟྭཾ། གང་གི་དྲིན་གྱིས་བདེ་ཆེན་ཉིད་སོགས་དང་། མགོན་པོ་སྤྱན་རས་གཟིགས་དབང་ཐུགས་རྗེ་ཅན། །དོན་ཡོད་ཞགས་པ་ཁྲོ་རྒྱལ་རྟ་མགྲིན་དང་། །རལ་གཅིག་མ་དང་ཁྲོ་གཉེར་ཅན་མ་སྟེ། །འཕགས་པ་ལྷ་ལྔའི་ཚོགས་ལ་ཕྱག་འཚལ་ལོ། །ཨརྒྷཾ་ནས་ཤབྡའི་བར་གྱིས་མཆོད། གུར་ནས་འབྱུང་བའི་རྒྱུན་བཤགས་དང་། ཚད་མེད་བཞི་སྤྱི་དང་མཐུན་པར་བྱས། ཨོཾ་སྭ་བྷཱ་ཝ་ཤུདྡྷཱ་སརྦ་དྷརྨཱ་སྭ་བྷཱ་ཝ་ཤུདྡྷོ྅ཧཾ། སྟོང་པའི་ངང་ལས་རང་སེམས་ཧྲཱིཿཡིག་ནམ་མཁར་གནས་པ། དེ་ལས་འོག་ཏུ་ཆད་པའི་རཾ་ལས་ཉི་མ། ཧཱུཾ་ལས་སྣ་ཚོགས་རྡོ་རྗེ་ལ་སོགས་པའི་སྲུང་འཁོར། བྷྲཱུཾ་ལས་གཞལ་ཡས་ཁང་མཚན་ཉིད་ཐམས་ཅད་ཡོངས་སུ་རྫོགས་པའི་དབུས་སུ་པཾ་ལྷ་ལས་པདྨ་ལྷ་རྣམས་ཀྱི་ཁ་དོག་དང་མཚུངས་པ་ལྔ་ཚོམ། དེ་རྣམས་ཀྱི་སྟེང་སྔོ་དང་ནུབ་ཏུ་རཾ་ལས་ཉི་མ། གཞན་རྣམས་སུ་ཨ་ལས་ཟླ་བ། ནམ་མཁའི་ཧྲཱིཿཡིག་དབུས་ཀྱི་གདན་གྱི་སྟེང་དུ་བབས་པ་ལས། པདྨ་དཀར་པོ་ཧྲཱིཿས་མཚན་པ། དེ་ལས་འོད་ཟེར་འཕྲོས་འདུས་ཡོངས་སུ་གྱུར་པ་ལས། རང་ཉིད་འཕགས་པ་སྤྱན་རས་གཟིགས་སྐུ་མདོག་སེར་པོ། ཞལ་གཅིག་ཕྱག་གཉིས་གཡས་མཆོག་སྦྱིན་དང་གཡོན་པདྨ་དཀར་པོ་འཛིན་པ། ཞབས་(༢༥༨བ)གཡས་བརྐྱངས་པའི་རོལ་པའི་སྟབས་ཀྱིས་བཞུགས་ཤིང་། རི་དྭགས་ཀྱི་པགས་པས་སྨད་དཀྲིས་པ། ཕྱུགས་བདག་གི་ཆ་ལུགས་འཆང་བ། རལ་པའི་ཐོར་ཚུགས་ཅན། སངས་རྒྱས་འོད་དཔག་མེད་ཀྱིས་དབུ་ལ་བརྒྱན་པ། གཡོན་གྱི་ལྷ་མོ་ལ་གཟིགས་པའོ། །ཐུགས་ཀར་ཟླ་བའི་སྟེང་དུ་

པདྨ་དཀར་པོ་ཧྲཱིཿཡིག་གིས་མཚན་པར་གྱུར། ཤར་དུ་ཏ་ལས་ཞགས་པ་ཏས་མཚན་པ་ལས་དོན་ཡོད་ཞགས་པ་དམར་པོ་ཕྱག་གཡས་གཉིས་ན་ཞགས་པ་དང་རྡོ་རྗེ། གཡོན་གཉིས་ན་ལྕགས་ཀྱུ་དང་བགྲང་འཕྲེང་འཛིན་པ། རྒྱན་ཐམས་ཅད་ཀྱིས་བརྒྱན་པ། མཉམ་པར་བཞེངས་པའོ། །ལྷོར་ཧཱུྃ་ལས་དབྱུག་པ་ཧཱུྃ་གིས་མཚན་པ་ལས་རྟ་མགྲིན་དབུའི་སྟེང་དུ་རྟ་མགོ་ལྗང་ཁུ་ཅན། ཕྱག་གཡས་གཉིས་ན་དབྱུག་པ་དང་སྡིགས་མཛུབ། གཡོན་གཉིས་ན་འཁོར་ལོ་སེར་པོ་དང་པདྨ་དམར་པོའི་སྡོང་བུ་འཛིན་པ། གཡོན་བརྐྱང་གི་སྟབས་ཅན་ནོ། །ནུབ་ཏུ་ཕ་ལས་རལ་གྲི་ཕས་མཚན་པ་ལས་རལ་གཅིག་མ་སྔོན་མོ་ཕྱག་གཡས་པ་བཞིས་རལ་གྲི། ཞགས་པ། པདྨ། མདའ། གཡོན་པ་བཞིས་འཁོར་ལོ། དབྱུག་པ། རྩེ་གསུམ། གཞུ་རྣམས་འཛིན་པ། གཡས་བརྐྱང་གི་སྟབས་ཅན། དེ་གཉིས་ཀ་ཡང་སྟག་ལྤགས་དང་སྦྲུལ་དང་རིན་པོ་ཆེས་བརྒྱན་པ། ཤིན་ཏུ་ཁྲོས་པའོ། །བྱང་དུ་ཊ་ལས་དབྱུག་ཏོ་ཊས་མཚན་པ་ལས་ཁྲོ་གཉེར་ཅན་མ་དཀར་ཤམ། ཕྱག་གཡས་གཉིས་ཀྱིས་རྡོ་རྗེ་དབྱུག་པ་དང་། པདྨ་དཀར་པོ། གཡོན་གཉིས་ཀྱིས་བགྲང་ཕྲེང་དང་སྤྱི་བླུགས་འཛིན་པ། ཞབས་གཡས་རོལ་པའི་(༢༥༥ན)སྟབས་ཀྱིས་བཞེངས་པ། གཙོ་བོའི་ཞལ་ལ་བལྟ་བ། རྒྱན་ཐམས་ཅད་ཀྱིས་བརྒྱན་པའོ། །རང་གི་སྙིང་གའི་ཧྲཱིཿལས་འོད་ཟེར་འཕྲོས། པོ་ཏ་ལ་ནས་དོན་ཡོད་ཞགས་པ་ལྷ་ལྔའི་དཀྱིལ་འཁོར་བཛྲ་ས་མ་ཛཿཛཿཧཱུྃ་བཾ་ཧོཿ ཡང་རང་གི་སྙིང་ག་ནས་འོད་ཟེར་འཕྲོས། དབང་གི་ལྷ་རིགས་ལྔ་བཛྲ་ས་མ་ཛཿཨརྒྷཾ་ནས་ཤབྡའི་བར་གྱིས་མཆོད། དེ་བཞིན་གཤེགས་པ་ཐམས་ཅད་ཀྱིས་བདག་ལ་མངོན་པར་དབང་བསྐུར་དུ་གསོལ། ཞེས་གསོལ་བ་བཏབ་པས། དབང་གི་ལྷ་རྣམས་ཀྱིས། ཧེ་ལྷུར་བལྟམས་པ་ནས། ཨཱི་ཡེ་ཧཱུྃ། ཞེས་དབང་བསྐུར། གཙོ་བོ་ལ་འོད་དཔག་མེད། དོན་ཡོད་ཞགས་པ་ལ་རྣམ་སྣང་། རྟ་མགྲིན་ལ་རིན་འབྱུང་། རལ་གཅིག་མ་ལ་མི་བསྐྱོད་པ། ཁྲོ་གཉེར་ཅན་མ་ལ་དོན་གྲུབ་ཀྱིས་དབུ་བརྒྱན་པར་བསམ། བཟླས་པའི་

དམིགས་པ་གསལ་བཏབ་ལ། ན་མཿས་མནྟ་བུདྡྷ་ནཱ། སརྦ་ཏ་ཐཱ་ག་ཏ་ཨ་ཝ་ལོ་ཀི་ཏེ་ཀྲཱ་ཧྲུ་ཊ་མ་ཡ། ཨུཏ་ཡ་ཧཱུྃ་ཛ་སྭཱཧཱ། སྤྱན་རས་གཟིགས་ཀྱིའོ། །ཨོཾ་ཧྲཱིཿཧྲཱི་ལོ་ཀྱ་བི་ཛ་ཡ་ཨ་མོ་གྷ་པཱ་ཤ་ཨ་པྲ་ཏི་ཧ་ཏ་ཧྲཱིཿཧ་ཧཱུྃ་ཕཊ་སྭཱཧཱ། དོན་ཞགས་ཀྱིའོ། །ན་མཿས་མནྟ་བུདྡྷ་ནཱ་ཧཱུྃ་ཁ་ཏ་ཧྲཱུྃ་ཛཱ་སཏྭ་ཡ་སྭཱཧཱ། ཧ་མགྲིན་གྱིའོ། །ཨོཾ་ཨེ་ཀ་ཛ་ཊི་མནྟྲ་རཀྵ་ཊ། ཧཱུ་ས་ཡ་ཧཱུ་ས། ས་མ་ས་མ། པྲ་ཕྲ་མ་ཊ་ཡ་སྭཱཧཱ། རལ་གཅིག་མའི་འོ། །ན་མཿས་མནྟ་བུདྡྷ་ནཱཾ། སརྦ་ཧྲཱ་ཤ་པཱུ་ར་ཧི་ཧཱུྃ་ཧཱུྃ་ཕཊ་པ་ཏ་ཡ་སྭཱཧཱ། ཁྲོ་གཉེར་ཅན་མའི་འོ། །བཟླས་པའི་སྙིང་པོ་དོན་ཡོད་ཞགས་པ་ཉིད་ལ་བྱ་ཞིང་། དེའི་བཅུ་ཆ་གཙོ་བོ་དང་། (༢༥༠ན)དེའི་ལྔ་ཆ་ཙམ་ལྷ་གཞན་གསུམ་ལ་བཟླ་བར་བླ་མ་རྣམས་བཞེད་དོ། །འདིའི་རྗེས་གནང་བྱ་བར་འདོད་ན། མདུན་དུ་མཎྜལ་གྲུ་བཞི་པ། དབུས་སུ་པདྨ་འདབ་བརྒྱད་ལྔ་ཚོམ་ལ་མངོན་རྟོགས་དང་མཐུན་པའི་གདན་འདི། ལྷའི་ཁ་དོག་དང་མཐུན་པའི་ཚོམ་བུ་བཀོད། བསྡུ་ན། པདྨ་འདབ་བཞིའི་ལྟེ་བ་དང་འདབ་མ་ལ་བཀོད་ཀྱང་རུང་། གུ་བཅད། ཤར་དཀར། ལྷོ་སེར། ནུབ་དམར། བྱང་ལྗང་། མཐའ་མཆོད་པས་བསྐོར། ཨ་མྲི་ཏས་བསངས། སྭ་བྷཱ་ཝས་སྦྱངས། སྟོང་པའི་ངང་ལས་ཧཱུྃ་ལས་བྱུང་བའི་སྲུང་འཁོར་གྱི་དབུས་སུ་ཧྲཱུྃ་ལས་གཞལ་ཡས་ཁང་། ཞེས་པ་ནས། དོན་གྲུབ་ཀྱིས་དབུ་བརྒྱན་གྱི་བར་གོང་བཞིན་ལ་འདོན་པ་བསྒྱུར། མཆོད་པ་རྣམས་སྤྱི་དང་མཐུན་པར་བྱིན་གྱིས་བརླབས། ཨོཾ་ཨཱརྱ་ལོ་ཀི་ཤྭ་ར་ས་པ་རི་ཝཱ་ར་ཨརྒྷཾ་པྲ་ཏཱིཙྪ་ཧཱུྃ་སྭཱཧཱ། དེ་བཞིན་དུ། ཤབྡའི་བར་དུ་འདོན་པ་སྦྱོ། བཟང་སྤྱོད་ཀྱི་ཡན་ལག་བདུན་པ་བྱ་ཞིང་། བསྟོད་པ་ཅི་ཤེས་ཀྱིས་བསྟོད། དེ་ནས་བཟླས་པ་བྱ། མཇུག་ཏུ་སྔར་ཡང་མཆོད་བསྟོད་བྱ་ཞིང་། འདོད་དོན་ལ་གསོལ་བ་བཏབ། སློབ་མས་མཎྜལ་ཕུལ། གསོལ་བ་འདེབས་པ་འདིའི་རྗེས་གནོས་མཛོད། དུས་གསུམ་སངས་རྒྱས་ཐམས་ཅད་དང་། ནས་བསྐུལ་དུ་གསོལ། ལན་གསུམ། རྒྱུད་དག་པར་བྱ་བའི་ཕྱིར་མདུན་བསྐྱེད་ཀྱི་ལྷ་དང་སངས་རྒྱས་བྱང་སེམས་རྣམས་ཀྱི་

ཏྲུང་དུ་སྐྱབས་འགྲོ་སྔོན་དུ་འགྲོ་བའི་བྱང་ཆུབ་ཀྱི་སེམས་བཟུང་བ་ལ་སོགས་པ་བགྱི་སྐལ་པའི་བསམ་པས་འདིའི་རྗེས་སྣོས་མཛོད། དཀོན་མཆོག་(༢༥༨ན)གསུམ་ལ་བདག་སྐྱབས་མཆི། །ཞེས་སོགས་རྒྱུན་བཤགས་ལན་གསུམ་དང་། ཁྱད་པར་དུ་སྤྱན་རས་གཟིགས་ཀྱི་རྗེས་གནང་བསྐུལ་དུ་གསོལ་སྐལ་པའི་འདུན་པས་འདིའི་རྗེས་སྣོས་ཀྱང་གསུངས་ཤིག །སློབ་དཔོན་དགོངས་སུ་གསོལ། བདག་ལ་འཕགས་པ་སྤྱན་རས་གཟིགས་དབང་ཕྱུག་གི་རྗེས་སུ་གནང་བ་མ་ལུས་པ་བསྐུལ་དུ་གསོལ། ཞེས་ལན་གསུམ་གྱིས་གསོལ་བ་བཏབ་ནས། ད་སྔོར་བ་རྗེས་གནང་གི་གཞི་དགོད་པའི་སླད་དུ་དམིགས་པ་འདི་བཞིན་དུ་མཛད་པར་ཞུ། ཨོཾ་ཤཱུ་ནྱ་ཏཱ་ཛྙཱ་ན་བཛྲ་སྭ་བྷཱ་ཝ་ཨཱཏྨ་ཀོ྅ཧཾ། ཕྱི་ནང་གི་དངོས་པོ་ཐམས་ཅད་མི་དམིགས་པ་སྟོང་པ་ཉིད་དུ་གྱུར་པའི་ངང་ལས་ཁྱེད་རང་གི་སེམས་ཉིད་ཀྱི་ངོ་བོ་པཾ་ལས་པདྨ་དཀར་པོ་ཧྲཱིཿས་མཚན་པ། དེ་ལས་འོད་ཟེར་འཕྲོས་འདུས་ཡོངས་སུ་གྱུར་པ་ལས། ཁྱེད་རང་རྣམས་འཕགས་པ་སྤྱན་རས་གཟིགས་སྐུ་མདོག་སེར་པོ། ཞལ་གཅིག་ཕྱག་གཉིས། གཡས་མཆོག་སྦྱིན་དང་། གཡོན་པདྨ་དཀར་པོ་འཛིན་པ། ཞབས་གཡས་བརྐྱང་བའི་རོལ་པའི་སྟབས་ཀྱིས་བཞུགས་ཤིང་། རི་དྭགས་ཀྱི་ལྤགས་པས་སྨད་དཀྲིས་པ། ཕྱུགས་བདག་གི་ཆ་ལུགས་འཆང་བ། རལ་པའི་ཐོར་ཚུགས་ཅན། སངས་རྒྱས་འོད་དཔག་མེད་ཀྱིས་དབུ་ལ་བརྒྱན་པ། གཡོན་གྱི་ལྷ་མོ་ལ་གཟིགས་པའོ། །ཐུགས་ཀར་ཟླ་བའི་སྟེང་དུ་པདྨ་དཀར་པོ་ཧྲཱིཿཡིག་གིས་མཚན་པར་གྱུར། ཤར་དུ་ཏ་ལས་ཞགས་པ་མཚན་པ་ལས་དོན་ཡོད་ཞགས་པ་དམར་པོ་ཕྱག་གཡས་གཉིས་ན་ཞགས་(༢༥༨བ)པ་དང་རྡོ་རྗེ། གཡོན་གཉིས་ན་ལྕགས་ཀྱུ་དང་བགྲང་ཕྲེང་འཛིན་པ། རྒྱན་ཐམས་ཅད་ཀྱིས་བརྒྱན་པ། མཉམ་པར་བཞེངས་པའོ། །ལྷོར་ཧཱུྃ་ལས་དབྱུག་པ་ཧཱུྃ་གིས་མཚན་པ་ལས་རྟ་མགྲིན་དབུའི་སྟེང་དུ་རྟ་མགོ་ལྗང་ཁུ་ཅན་ཕྱག་གཡས་གཉིས་ན་དབྱུག་པ་དང་སྡིགས་མཛུབ། གཡོན་གཉིས་ན་འཁོར་ལོ་སེར་པོ་དང་པདྨ་དམར་པོའི་སྟོང་

བུ་འཛིན་པ། གཡོན་བརྐྱང་གི་སྟབས་ཅན་ནོ། །ཞབ་ཏུ་ཕ་ལས་རལ་གྲི་ཕས་མཚན་པ་ལས་རལ་གཅིག་མ་སྔོན་མོ། ཕྱག་གཡས་པ་བཞིས་རལ་གྲི། ཞགས་པ། པདྨ། མདའ། གཡོན་པ་བཞིས་འཁོར་ལོ། དབྱུག་པ། རྩེ་གསུམ། གཞུ་རྣམས་འཛིན་པ། གཡས་བརྐྱང་གི་སྟབས་ཅན། དེ་གཉིས་ཀ་ཡང་སྟག་ལྤགས་དང་། སྦྲུལ་དང་རིན་པོ་ཆེས་བརྒྱན་པ། ཤིན་ཏུ་ཁྲོས་པའོ། །བྱང་དུ་ཊ་ལས་དབྱུག་ཐོ་ཊས་མཚན་པ་ལས་ཁྲོ་གཉེར་ཅན་མ་དཀར་ཤམ། ཕྱག་གཡས་གཉིས་ཀྱིས་རྡོ་རྗེ་དབྱུག་པ་དང་པདྨ་དཀར་པོ། གཡོན་གཉིས་ཀྱིས་བགྲང་འཕྲེང་དང་སྤྲི་བླུགས་འཛིན་པ། ཞབས་གཡས་རོལ་པའི་སྟབས་ཀྱིས་བཞེངས་པ། གཙོ་བོའི་ཞལ་ལ་བལྟ་བ། རྒྱན་ཐམས་ཅད་ཀྱིས་བརྒྱན་པ། ཞེས་གསལ་གདབ། མདུན་གྱི་ཚོམ་བུ་འདི་ཡང་ཁྱེད་རང་རྣམས་སྒོམ་པ་འདྲ་བའི་སྤྱན་རས་གཟིགས་དོན་ཡོད་ཞགས་པ་སེར་པོ་གཙོ་འཁོར་དུ་དངོས་སུ་བཞུགས་པར་མོས་ལ། དེ་ནས་སློབ་དཔོན་ཡང་འཕགས་པ་སྤྱན་རས་གཟིགས་དངོས་ཡིན་སྙམ་པའི་མོས་གུས་བྱས་པས། སློབ་དཔོན་གྱི་ཐུགས་ཀ་ནས་འོད་(༢༥༧ན)ཟེར་འཕྲོས། མདུན་བསྐྱེད་ཀྱི་ལྷའི་ཐུགས་རྒྱུད་བསྐུལ། དེའི་ཐུགས་ཀ་ནས་འོད་ཟེར་འཕྲོས། ཕྱོགས་བཅུའི་སངས་རྒྱས་དང་བྱང་ཆུབ་སེམས་དཔའ་ཐམས་ཅད་ཀྱི་ཐུགས་རྒྱུད་བསྐུལ་བས། སློབ་དཔོན་དང་མདུན་བསྐྱེད་ཀྱི་ལྷ་དང་། ཕྱོགས་བཅུའི་སངས་རྒྱས་དང་བྱང་ཆུབ་སེམས་དཔའ་ཐམས་ཅད་ཀྱི་ཐུགས་ཀ་ནས། འཕགས་པ་སྤྱན་རས་གཟིགས་འཁོར་དང་བཅས་པའི་སྐུ་ཆེ་ཆུང་དཔག་ཏུ་མེད་པ་བྱོན། ཁྱེད་རང་རྣམས་ཀྱི་བ་སྤུའི་བུ་ག་རྣམས་ནས་ཆར་བབས་པ་བཞིན་དུ་སིབ་སིབ་ཐིམ་པར་མོས་མཛོད། ཛཿཧཱུྃ་བཾ་ཧོཿགཉིས་སུ་མེད་པར་ཐིམ། དེ་དག་ནི་རྗེས་གནང་གི་གཞི་དགོད་པའོ། །རྗེས་གནང་དངོས་ལ། ལུང་གསུམ་ལས། དང་པོ་རྗེས་སུ་བཟླས་པའི་ལུང་ནི། སློབ་དཔོན་གྱི་སྙིང་གར་ཟླ་བའི་དཀྱིལ་འཁོར་གྱི་སྟེང་དུ་ཧྲཱིཿསེར་པོ། དེ་ལས་སྔགས་ཀྱི་ཕྲེང་བ་བྱུང་། སློབ་དཔོན་གྱི་ཞལ་ནས་ཐོན། ཁྱེད་རང་རྣམས་ཀྱི་

ཁ་སྒོ་ནས་ཞུགས། ཐུགས་ཀར་ཟླ་བའི་སྟེང་དུ་ཧྲཱིཿསེར་པོ་གནས་པ་ལ་ཐིམ། དེའི་དུས་སུ་ཕྱོགས་བཅུའི་སངས་རྒྱས་བྱང་ཆུབ་སེམས་དཔའ་རྣམས་ཀྱི་མཁྱེན་བརྩེ་ནུས་མཐུ་ཐམས་ཅད་འོད་ཟེར་གྱི་རྣམ་པར་སྔགས་ཕྲེང་དང་ལྡན་ཅིག་ཞལ་དུ་ཞུགས། སྙིང་གའི་ཧྲཱིཿལ་ཐིམ་པའི་མོས་པ་དང་བཅས་པའི་སྒོ་ནས་སྔགས་འདིའི་རྗེས་ཟློས་ལན་གསུམ་མཛོད་བྱས་ལ། ན་མཿས་མནྟ་བུདྡྷ་ནཱཾ། སརྦ་ཏ་ཐཱ་ག་ཏ་ཨ་ཝ་ལོ་ཀི་ཏེ་ཀཱ་རུ་ཎ་མ་ཡ། སུཏྲ་ཡ་ཧཱུཾ་ཛ་སྭཱཧཱ། སྤྱན་རས་གཟིགས་ཀྱིའོ། །ཨོཾ་ཧྲཱིཿཏྲཻ་ལོ་ཀྱ་བི་ཛ་ཡ་(༢༥༧བ)ཨ་མོ་གྷ་པཱ་ཤ་ཨ་པྲ་ཏི་ཧ་ཏ་ཧྲཱིཿཧ་ཧཱུཾ་ཕཊ་སྭཱཧཱ། དོན་ཞགས་ཀྱིའོ། །ན་མཿས་མནྟ་བུདྡྷ་ནཱཾ། ཧཾ་ཁ་ཏ་ཧཱུཾ་སད་ཡ་སྭཱཧཱ། ཏ་མགྲིན་གྱིའོ། །ཨོཾ་ཨེ་ཀ་ཛ་ཊི་མནྟ་རེ་ཀྵ་ཀྵ། ཏྲཱ་ས་ཡ་ཏྲཱ་ས་ཡ། ས་མ་ས་མ། པྲ་ཤྲ་མ་ཎ་ཡ་སྭཱཧཱ། རལ་གཅིག་མའི་འོ། །ན་མཿས་མནྟ་བུདྡྷ་ནཱཾ། སརྦ་ཀྲོ་ཏ་པ་ཏྲ་ར་ཧྲི་ཧཱུཾ་ཧཱུཾ་ཕཊ་པ་ཏ་ཡ་སྭཱཧཱ། ཁྲོ་གཉེར་ཅན་མའི་འོ། །དང་པོས་བྱིན་གྱིས་བརླབས། གཉིས་པས་དབྱེར་མེད་དུ་འདྲེས། གསུམ་པས་བརྟན་པར་བྱས་པའི་མོས་པ་མཛོད། གཉིས་པ་བྱིན་གྱིས་བརླབས་པའི་ལུང་ནི། སློབ་དཔོན་ལ་མེ་ཏོག་གཏོར་བཞིན་དུ་འདིའི་རྗེས་ཟློས་མཛོད། བཅོམ་ལྡན་བདག་གིས། ཞེས་སོགས་ལན་གསུམ། དེ་ལྟར་ཕུལ་བའི་མེ་ཏོག་དེ་ཉིད་སླར་ཡང་བྱིན་གྱིས་བརླབས་ཏེ། ཁྱེད་རང་གི་སྤྱི་བོར་ཕུལ་བར་མོས་པ་མཛོད་ཅིག །སློབ་དཔོན་གྱིས་མེ་ཏོག་གཏོར་ཞིང་། བཅོམ་ལྡན་འདི་ལ་ཞེས་སོགས་དང་། བརྟུལ་ཞུགས་བརྟན་པར་མཛད་དུ་གསོལ། རིག་པ་འཛིན་པ་འདི་རྣམས་ལ་འཕགས་པ་སྤྱན་རས་གཟིགས་འཁོར་དང་བཅས་པའི་སྐུ་གསུང་ཐུགས་ཀྱི་བྱིན་རླབས་མ་ལུས་པ་འཇུག་པར་གྱུར་ཅིག །གསུམ་པ་དམ་བཅའ་བའི་ལུང་གི་ཕྱིར། བཅོམ་ལྡན་འདས་འཕགས་པ་སྤྱན་རས་གཟིགས་འདི་ཉིད་ཇི་སྲིད་བྱང་ཆུབ་མ་ཐོབ་བར་གྱི་ཡི་དམ་དུ་བཟུང་ངོ་། །བདག་ཐུགས་ཀྱི་མ་བཏང་ཞིག་སྙམ་པའི་བསམ་པས་འདིའི་རྗེས་ཟློས་གསུངས་ཤིག །སློབ་དཔོན་དགོངས་སུ་གསོལ། བདག་

རིག་པ་འཛིན་པ་མིང་འདི་ཞེས་བགྱི་བས་དུས་འདི་ནས་བཟུང་སྟེ་ཇི་སྲིད་བྱང་ཆུབ་སྙིང་པོ་ལ་མཆིས་ཀྱི་(༢༥༤ན)བར་དུ། བཅོམ་ལྡན་འདས་འཕགས་པ་སྤྱན་རས་གཟིགས་འཁོར་དང་བཅས་པ་ཡི་དམ་གྱི་ལྷར་བཟུང་ནས། འདིའི་གསང་སྔགས་ཉི་མ་རེ་རེ་བཞིན་འདི་ཙམ་རེ་འདོན་པར་དམ་འཆའ་ལགས་སོ། །ཞེས་ལན་གསུམ་བརྗོད། དེས་དངོས་གཞི་ལུང་གསུམ་སོང་། ད་ནི་རྗེས་བྱིན་གྱིས་བརླབས་པའི་ཕྱིར། མདུན་བསྐྱེད་ཀྱི་ལྷ་ལ་མོས་གུས་དུང་དུང་བ་དང་བདག་གི་རྒྱུད་བྱིན་གྱིས་བརླབ་ཏུ་གསོལ་སྙམ་པ་མཛད་པས། མདུན་བསྐྱེད་ཀྱི་ལྷའི་ཐུགས་ཀ་ནས་འཕགས་པ་དོན་ཡོད་ཞགས་པའི་སྐུ་སོར་ཚད་ཙམ་གཅིག་རྒྱངས་ཏེ་བྱོན། ཁྱེད་རང་རྣམས་ཀྱི་སྙིང་གའི་ས་བོན་དང་དབྱེར་མེད་དུ་འདྲེས། རྒྱུད་བྱིན་གྱིས་བརླབས་པའི་མོས་པ་མཛོད། རྗེས་ཀྱི་བྱ་བ་རྣམས་སྤྱི་དང་འདྲའོ། །

༄ **དོན་ཞགས་ལྷ་ལྔ་ཁ་ཆེ་པཎ་ཆེན་གྱི་ལུགས་ལ།** སྐྱབས་སེམས་སྔོན་དུ་སོང་བས། སྙིང་གར་ཧྲཱིཿདམར་པོ་ལས་པདྨ་དམར་པོ། དེའི་སྟེང་དུ་ཨ་ལས་ཟླ་བ་ལ་ཨ་དཀར་པོ། དེ་ལས་འོད་ཟེར་འཕྲོས། པོ་ཏ་ལ་ནས་དོན་ཞགས་ལྷ་ལྔའི་དཀྱིལ་འཁོར་བཛྲ་ས་མཱ་ཛཿམགོན་པོ་ཧྲཱིཿཡིག་ལས་བྱུང་ཞིང་། ཐུགས་ནི་བདེ་བ་ཆེས་བརྟན་པ། །དོན་ཡོད་ཞགས་པ་ཞེས་བྱ་བའི། །འཇིག་རྟེན་མགོན་ལ་བདག་ཕྱག་འཚལ། །ཨོཾ་ཨ་མོ་གྷ་པཱ་ཤ། ལོ་ཀེ་ཤྭ་ར་ཡ། ཨརྒྷཾ་པྲ་ཏཱིཙྪ་ཧཱུཾ་སྭཱཧཱ། པཱདྱཾ། པཉྩ་མ་ནི། པུཥྤེ། ནས་ཤབྡའི་བར་གྱིས་མཆོད། དཀོན་མཆོག་གསུམ་ལ་བདག་སྐྱབས་མཆི། །སོགས་བྱ། ཚད་མེད་བཞི་སྤྱི་དང་མཐུན་པར་བསྒོམ། ཨོཾ་སྭ་བྷཱ་(༢༥༤བ)ཝའི་སྔགས་ཀྱིས་སྒྱུ་མ་ལྟ་བུར་སྦྱངས། སྙིང་གའི་ཧྲཱིཿཡིག་གི་འོད་ཀྱིས་རྗེས་གཞིག་གིས་སྟོང་པར་བསྒྱུས་ལ། ཤཱུ་ནྱ་ཏཱའི་སྔགས་བརྗོད། སྟོང་པའི་ངང་ལས་པཾ་ལས་སྣ་ཚོགས་པདྨ། ཨ་ལས་ཟླ་བ། དེའི་སྟེང་དུ་ཧྲཱིཿཡིག་འོད་ཀྱི་འཕྲོ་འདུ་ལས་ལྷ་ལྔའི་རྣམ་པར་གྱུར་པ་ནི། རང་ཉིད་དབུས་སུ་དོན་ཡོད་ཞགས་པ་དཀར་པོ་ཞལ་གཅིག་ཕྱག་བརྒྱད་པ། གཡས་པ་

རྣམས་རིམ་པས་སྐྱབས་སྦྱིན། མཆོག་སྦྱིན། ཞགས་པ། བགྲང་འཕྲེང་། གཡོན་པ་རྣམས་རིམ་པས་དབྱུ་གུ་རྩེ་གསུམ། གླེགས་བམ། པདྨ། སྤྱི་བླུགས་འཛིན་པ། དར་དཀར་པོའི་ན་བཟའ་དང་། སྟག་གི་པགས་པའི་སྨད་དཀྲིས་ཅན། དཀའ་ཐུབ་ཀྱི་ཆ་བྱད་དང་ལྡན་པ། དེའི་གཡས་སུ་ནོར་བཟང་གཞོན་ནུ་སེར་པོ་མཆན་ཁུང་གཡོན་པར་པོ་ཏི་བཙུག་ནས་ཐལ་མོ་སྦྱར་བ། དེའི་གཡས་ཟུར་དུ་སྒྲོལ་མ་ལྗང་ཁུ་གཡོན་པས་ཨུཏྤལ་བསྣམས་ཤིང་གཡས་པས་ཁ་འབྱེད་པ། དེ་གཉིས་དར་དང་རིན་པོ་ཆེ་སྣ་ཚོགས་པས་བརྒྱན་པ། གཙོ་བོའི་གཡོན་ངོས་སུ་རྟ་མགྲིན་དམར་པོ་མིའུ་ཐུང་གི་རྣམ་པ་ཅན། སྤྱན་གསུམ། མཆེ་གཙིགས། སྐྲ་སེར་གྱེན་དུ་བརྫེས་པ་སོགས་ཁྲོ་བོའི་མཚན་ཉིད་ཡོངས་སུ་རྫོགས་པ། སྟག་ལྤགས་དང་སྦྲུལ་གྱིས་བརྒྱན་པ། གཡས་ཕྱག་འཚལ་བའི་ཚུལ་དང་། གཡོན་དབྱུག་པ་དཀར་པོ་ལ་བརྟེན་པ། དེ་ཉིད་ཀྱི་གཡོན་ངོས་སུ་ཁྲོ་གཉེར་ཅན་དམར་སེར་ཕྱག་གཡོན་གཉིས་ན་སྤྱི་བླུགས་དང་། དབྱུ་གུ་རྩེ་གསུམ། གཡས་གཉིས་ན་བགྲང་འཕྲེང་དང་ཕྱག་བྱེད་པའི་ཚུལ། དཀའ་ཐུབ་ཀྱི་ཆ་བྱད་འཛིན་པ། འཁོར་(༢༥༥ན)རྣམས་གཙོ་བོའི་ཞལ་ལ་བལྟ་བ། གཙོ་འཁོར་ཐམས་ཅད་མཉམ་པར་བཞེངས་པ། རང་གི་སྙིང་གར་པད་ཟླའི་གདན་ལ་ཧྲཱིཿདེ་ལས་འོད་ཟེར་འཕྲོས། པོ་ཏ་ལས་ན་ལྷ་ལྔ་བཛྲ་ས་མ་ཛཿ ཛཿཧཱུཾ་བཾ་ཧོཿ དེ་དང་སྟབས་གཅིག་ཏུ་ཕྱོན་པའི་དབང་གི་ལྷ་རིགས་ལྔ་ཡུམ་བཞི་ལ། བྱང་ཆུབ་རྗེ་རྗེས་སངས་རྒྱས་ལ་སོགས་ཀྱིས་གསོལ་བ་བཏབ་པས། ཨོཾ་བཛྲ་བྷ་ཝ་ཨ་བྷི་ཥིཉྩ་ཧཱུཾ། ཞེས་གསུངས་ཤིང་དབང་བསྐུར། གཙོ་འཁོར་ཐམས་ཅད་ལ་འོད་དཔག་མེད་ཀྱིས་དབུ་བརྒྱན་པར་བསམ། ཨོཾ་ཨ་མོ་གྷ་པཱུ་ཛ་ཧྲཱིཿསྭཱཧཱ། ཞེས་བཟླའོ། །ཟྲོ་ན་འཁོར་རྣམས་ཀྱི་སྔགས་ཀྱང་བཟླ་སྟེ། ཨོཾ་སུཾ་སུ་ཧྲ་ན་ཀུ་མ་ར་ཡ་སྭཱཧཱ། ཨོཾ་ཏཾ་ཏ་ར་ཡེ་སྭཱཧཱ། ཨོཾ་ཧཾ་ཧ་ཡ་གྲཱི་ཝ་ཡ་སྭཱཧཱ། ཨོཾ་བྷྲཱི་ཀྲི་ཀུཊྚཻ་སྭཱཧཱ། ཞེས་པའོ། །རང་གི་སྙིང་ག་ནས་འོད་ཟེར་འཕྲོས། འཁོར་རྣམས་རང་ལ་ཐིམ། རང་ཉིད་ཕྱག་གཉིས་པར་གྱུར། དགེ་བ་བསྔོ། འདིའི་རྗེས་

གནང་བྱེད་པར་འདོད་པས་པདྨ་འདབ་བརྒྱད་ཟླ་གདན་ཚོམ་བུ་དཀར་པོ་དང་
བཅས་པ་ཞིག་བཀོད། དེའི་གཡས་གཡོན་དུ་དྲི་བཟང་གི་ཐིག་ལེ་གཉིས་གཉིས་ལ་
ཚོམ་བུ་རེ་བཀོད། ལྷ་གྲངས་དང་མཉམ་པའི་མཆོད་པ་བཤམས། སྣོད་གཙང་མར་
དཀར་གཏོར་ཞིག་དང་། འཇིག་རྟེན་པའི་གཏོར་མ་ཆ་གསུམ་ཡང་བཤམས། མཎྜལ་
གྱི་སྟེང་དུ་མཆི་ལ་བུམ་པ་སྤྱི་དང་མཐུན་པར་བཤམས། བདག་བསྐྱེད་བཟླས་པ་
དང་བཅས་པ་སྔོན་དུ་འགྲོ་བས། མཆོད་པ་སྤྱི་དང་མཐུན་པར་བྱིན་གྱིས་བརླབས།
མདུན་བསྐྱེད་(༢༥༨བ)བསངས་སྦྱངས། སྟོང་པའི་ངང་ལས་ཧཱུྃ་ལས་བྱུང་བའི་སྲུང་
འཁོར་གྱི་དབུས་སུ་བྷྲཱུྃ་ལས་གཞལ་ཡས་ཁང་། དེའི་དབུས་སུ་པཾ་ལས་སྣ་ཚོགས་པདྨ།
ཨ་ལས་ཟླ་བ། དེའི་སྟེང་དུ་ཧྲཱིཿཡིག་འོད་ཀྱི་འཕྲོ་འདུ་ལས་ལྷ་ལྟའི་རྣམ་པར་གྱུར་པ་
ནི་དབུས་སུ་དོན་ཡོད་ཞགས་པ། ཞེས་པ་ནས། བཞེངས་པའོ། །ཞེས་པའི་བར་
བདག་བསྐྱེད་བཞིན། གཙོ་བོའི་དབུ་ལ་འོད་དཔག་མེད། འདབ་མ་བརྒྱད་ལ་ཤར་
དུ་རྣམ་སྣང་། ལྷོར་རིན་འབྱུང་། ནུབ་ཏུ་མི་བསྐྱོད་པ། བྱང་དུ་དོན་ཡོད་གྲུབ་པ།
ཤར་ལྷོར་སྤྱན་མ། ལྷོ་ནུབ་ཏུ་མཱ་མ་ཀཱི །ནུབ་བྱང་དུ་གོས་དཀར་མོ། བྱང་ཤར་དུ་
དམ་ཚིག་སྒྲོལ་མ་རྣམས་བཞུགས་པར་གྱུར། རང་གི་སྙིང་ག་ནས་འོད་ཟེར་འཕྲོས།
པོ་ཏ་ལ་ནས་ཞེས་པ་ནས་བཟླས་པའི་བར་གོང་བཞིན་གཙོ་འཁོར་ཐམས་ཅད་ཀྱི་
བཟླས་པ་ཅི་འགྲུབ་བྱ། ཚ་གསུམ་གོང་ལྟར་ཕུལ། དེ་མན་ཆད་སོ་སོར་འབུལ་ཏེ།
ཨོཾ་ཧྲཱིཿཨ་མོ་གྷ་པཱ་ཤ་བཛྲ་པུཥྤེ་ཧཱུྃ་སྭཱཧཱ། ཨོཾ་ཧྲཱིཿཨ་མི་ཏ་བྷ་ཡ་བཛྲ་པུཥྤེ་ཧཱུྃ་སྭཱཧཱ། ཨོཾ་
སུཾ་སུ་དྷ་ན་ཀུ་མ་ར་ཡ་བཛྲ×། ཨོཾ་ཏཾ་ཏ་ར་ཡེ་བཛྲ×། ཨོཾ་ཧཾ་ཧ་ཡ་གྲཱི་ཝ་ཡ་བཛྲ×།
ཨོཾ་བྷྲཱི་བྷྲི་ཀུ་ཊེ་བཛྲ×། བྷྲཱུྃ་བཻ་རོ་ཙ་ན་ཡ་བཛྲ×། ཏྲཱཾ་རཏྣ་སམྦྷ་ཝ་ཡ་བཛྲ×། ཧཱུྃ་ཨཀྵོ་
བྷྱ་ཡ་བཛྲ×། ཁཾ་ཨ་མོ་གྷ་སིདྡྷ་ཡ་བཛྲ×། ལཾ་ལོ་ཙ་ན་ཡེ་བཛྲ×། མཾ་མཱ་མ་ཀཱི་ཡེ་
བཛྲ×། པཾ་པཎྜ་རེ་ཡེ་བཛྲ×། ཨོཾ་ཏཾ་ཏ་ར་ཡེ་བཛྲ་པུཥྤེ་ཧཱུྃ་སྭཱཧཱ། དེ་བཞིན་དུ། དྷཱུ་
པེ། ནས་ཤབྡའི་བར་དུ་སྦྱར་རོ། །སངས་རྒྱས་ཀུན་གྱིས་བྱིན་གྱིས་བརླབས། །ཡོན་

ཏན་དམ་པ་ཀུན་གྱིས་བརྒྱན། །སྤྱན་རས་གཟིགས་ཞེས་མཚན་(༢༨༠ན)གསོལ་བ། །རྟག་པར་བརྩེ་ལ་ཕྱག་འཚལ་ལོ། །མགོན་པོ་ཧྲཱིཿཡིག་ལས་བྱུང་ཞིང་། །ཐུགས་ནི་བདེ་བ་ཆེས་བརྙན་པ། །དོན་ཡོད་ཞགས་པ་ཞེས་བྱ་བའི། །འཇིག་རྟེན་མགོན་ལ་བདག་ཕྱག་འཚལ། །ནོར་བཟང་འཕགས་མ་སྒྲོལ་མ་དང་། །རྟ་མཆོག་ཁྲོ་གཉེར་ལྡན་མ་སྟེ། །རྒྱས་དང་དབང་དང་དྲག་པོ་དང་། །ཞི་བས་གཞན་དོན་མཛད་ལ་འདུད། །ཆོས་སྐུ་ནམ་མཁའ་བཞིན་དུ་དབྱེར་མེད་ཀྱང་། །སོགས་དང་། སྤྱན་མ་ཛེ་ཛྷེ་མཱ་མ་གི །གོས་དཀར་མོ་དང་སྒྲོལ་མ་ནི། །འབྱུང་བ་བཞི་པོ་རྣམ་དག་ཅིང་། །ཚད་མེད་བཞི་ཡི་དངོས་ལ་འདུད། །དཀར་གཏོར་ཨ་ཁྲི་ཏས་བསངས། ཨོཾ་ཨཱཿཧཱུྃ་ལན་བདུན་གྱིས་བྱིན་གྱིས་བརླབས། ཨོཾ་ཨ་མོ་གྷ་པཱ་ཤ་ལོ་ཀི་ཏེ་ཤྭ་ར་ཨི་དཾ་བ་ལིཾ་ཏ་ཁ་ཁ་ཁཱ་ཧི་ཁཱ་ཧི། གྲྀཧྣ་གྲྀཧྣ་མ་མ་སརྦ་བི་གན་ཤཱནྟིཾ་ཀུ་རུ་སྭཱཧཱ། ལན་ལྔས་ཕུལ། གཟུངས་ཐག་ནས་བཟུང་ཞིང་། ཐུམ་པའི་ནང་ཐུགས་ཀྱི་ཡིག་འབྲུ་ས་གང་བར་དམིགས་ལ། གཙོ་བོའི་ཐུགས་བརྒྱ་རྩ་ཙམ་བཟླ། གཞན་རྣམས་ཉེར་གཅིག་རེ་བཟླ། བར་འདིར་ཆ་གསུམ་གྱི་གཏོར་མ་གཏོང་། འགྲུབ་ན་གཟུངས་མདོ་འདོན་ཞིང་། གཟུངས་རིང་ཡང་མང་དུ་བཟླའོ། །སློབ་མ་རྣམས་ཀྱིས་མཎྜལ་ཕུལ། དུས་གསུམ་སངས་རྒྱས་ཐམས་ཅད་དང་། །སོགས་ཀྱིས་གསོལ་བ་བཏབ། འགྲོ་རྣམས་བསྒྲལ་འདོད་བསམ་པ་ཡིས། །སངས་རྒྱས་ཆོས་དང་དགེ་འདུན་ལ། །བྱང་ཆུབ་སྙིང་པོར་མཆིས་ཀྱི་བར། །རྟག་པར་བདག་ནི་སྐྱབས་སུ་མཆི། །ཤེས་རབ་སྙིང་རྗེ་དང་བཅས་(༢༨༠བ)པའི། །བརྩོན་པས་སེམས་ཅན་དོན་དུ་བདག །སངས་རྒྱས་མདུན་དུ་གནས་བཅས་ཏེ། །རྫོགས་པའི་བྱང་ཆུབ་སེམས་བསྐྱེད་བགྱི། །ཞེས་སྐྱབས་འགྲོ་སེམས་བསྐྱེད་བྱ། དཀོན་མཆོག་གསུམ་ལ་སོགས་ཀྱིས་རྒྱུན་བཤགས་བྱ། སྐུའི་རྗེས་གནང་ནི། སྭ་བྷཱ་ཝ་དང་། ཤཱུ་ནྱ་ཏས་སྟོང་པར་སྦྱངས། སྟོང་པའི་ངང་ལས་པཾ་ལས་སྣ་ཚོགས་པདྨ། ཨ་ལས་ཟླ་བ། དེའི་སྟེང་དུ་ཧྲཱིཿཡིག་འོད་ཀྱི་འཕྲོ་འདུ་ལས་

སློབ་མ་རྣམས་སྤྱན་རས་གཟིགས་དོན་ཡོད་ཞགས་པ་དཀར་པོ་ཞལ་གཅིག་ཕྱག་བརྒྱད་པ། གཡས་པ་རྣམས་རིམ་པས་སྐྱབས་སྦྱིན། མཆོག་སྦྱིན། ཞགས་པ། བགྲང་འཕྲེང་། གཡོན་པ་རྣམས་རིམ་པས་དབྱུ་གུ་རྩེ་གསུམ། གླེགས་བམ། པདྨ། སྤྱི་བླུགས་འཛིན་པ། དར་དཀར་པོའི་ན་བཟའ་དང་། སྟག་གི་ཤུགས་པས་སྨད་དཀྲིས་ཅན། དཀའ་ཐུབ་ཀྱི་ཆ་བྱད་དང་ལྡན་པ། ཞབས་གཉིས་མཉམ་པར་བཞེངས་པའི་ཐུགས་ཀར་པད་ཟླའི་གདན་ལ་ཧྲཱིཿཡིག་གིས་མཚན་པར་གྱུར་པའི་མོས་པ་མཛོད། དེ་ནས་མདུན་གྱི་ཚོམ་བུ་འདི་ཡང་སྤྱན་རས་གཟིགས་དོན་ཡོད་ཞགས་པ་གཙོ་འཁོར་དུ་དངོས་སུ་བཞུགས་པར་མོས་ལ། སློབ་དཔོན་གྱི་ཐུགས་ཀའི་ས་བོན་ལས་འོད་ཟེར་འཕྲོས། པོ་ཏ་ལ་ནས་ལྷ་ལྷ་བཛྲ་ས་མ་ཛཿ ཛཿཧཱུྃ་བཾ་ཧོཿ ཁྱེད་རང་རྣམས་ཀྱི་ལུས་ལ་གཉིས་སུ་མེད་པར་ཐིམ་པར་མོས། དེ་དང་སྟབས་གཅིག་ཏུ་ཅོན་པའི་དབང་གི་ལྷ་རིགས་ལྔ་ཡུམ་བཞི་ལ། བྱང་ཆུབ་རྗེ་རྗེས་སངས་རྒྱས་ལ། ནས་དེང་བདག་སྐལ། ཞེས་གསོལ་བ་བཏབ་པས། བཛྲ་ཛྙ་(༢༥༧ན)ཨ་ཨ་བྷི་ཥིཉྩ་ཧཱུྃ། ཞེས་གསུངས་ཤིང་། དབང་བསྐུར་བར་མོས་སུ་བཅུག་ལ་བུམ་ཆུ་སྦྱིན། འོད་དཔག་མེད་ཀྱིས་དབུ་བརྒྱན་པར་མོས། ཨོཾ་པདྨ་བྷྲ་ཨ་ཨ་བྷི་ཥིཉྩ་ཧཱུྃ། ཞེས་པདྨ་ཁ་འབུས་ཀྱི་ཕྱག་རྒྱ་སྤྱི་བོར་གཏུགས། དེ་སྐུའི་རྗེས་གནང་ངོ་། །ཁྱེད་རང་རྣམས་ཀྱི་སྙིང་གར་པད་ཟླའི་སྟེང་དུ་ཧྲཱིཿཡིག་དཀར་པོའི་མཐའ་སྐོར་དུ། སྔགས་ཀྱི་ཡིག་འབྲུ་རྣམས་ཁ་དོག་དཀར་པོ་མགོ་གྱེན་བསྟན། ཁ་ནང་དུ་ཕྱོགས་པ་འོད་ཟེར་དཀར་པོ་འབར་བའི་རྣམ་པ་ཅན་དུ་བཞུགས་པར་མོས། སློབ་དཔོན་གྱི་ཐུགས་ཀ་ནས་འོད་ཟེར་འཕྲོས། མདུན་བསྐྱེད་ཀྱི་ཐུགས་རྒྱུད་བསྐུལ། ཐུགས་ཀའི་སྔགས་ཕྲེང་ལས་སྔགས་ཕྲེང་གཉིས་པ་ཆད། ཞལ་ནས་ཐོན། ཁྱེད་རང་རྣམས་ཀྱི་ཁ་སྒོ་ནས་ཞུགས། སྙིང་གའི་ས་བོན་གྱི་མཐར་བཀོད་པའི་སྔགས་ཕྲེང་ལ་ཐིམ་པར་མོས་ལ་སྔགས་འདི་རྣམས་ཀྱི་རྗེས་ཟློས་ལན་གསུམ་རེ་མཛོད་བྱས་ལ། ཨོཾ་ཨ་མོ་གྷ་པ་ཤ་ཧྲཱིཿསྭཱཧཱ། ཨོཾ་སུཾ་སུ་རྦ་ན་ཀུ་མ་ར་

ཡ་སྭཱ་ཧཱ། ཨོཾ་ཧཾ་ཏ་ར་ཡེ་སྭཱ་ཧཱ། ཨོཾ་ཧྃ་ཏ་ཡ་གྲཱི་ཝ་ཡ་སྭཱ་ཧཱ། ཨོཾ་ཧྲཱི་ཧྲི་ཀུ་ལླེ་སྭཱ་ཧཱ། དེས་སྔགས་ཀྱི་བཟླས་ལུང་ཐོབ། འོན་ཀྱང་བཟླས་བརྗོད་མ་བྱས་ན་ལུང་ཐོག་པ་ཙམ་གྱིས་དངོས་གྲུབ་མི་ཐོབ་པས། བཟླས་བརྗོད་ཀྱི་དོན་དུ་དམ་བཅའ་བའི་ལུང་ནི། དུས་འདི་ནས་བཟུང་སྙེ་ཇི་སྲིད་བྱང་ཆུབ་མ་ཐོབ་བར་དུ་སྤྱན་རས་གཟིགས་དོན་ཡོད་ཞགས་པ་ལྷ་ལྔ་ཡི་དམ་གྱི་ལྷར་བཟུང་ནས། དེའི་གཟུངས་སྔགས་ཉིན་རེ་ལ་རང་གི་བློ་དང་འཚམས་པ་འདི་ཙམ་རེ་མ་ཆག་(༢༦༧བ)པར་བཟླ་སྙམ་པས་འདིའི་རྗེས་ཟློས་མཛོད། ཕྱོགས་བཅུ་ན་བཞུགས་པའི་སངས་རྒྱས་དང་བྱང་ཆུབ་སེམས་དཔའ་ཐམས་ཅད་དང་། སློབ་དཔོན་བདག་ལ་དགོངས་སུ་གསོལ། བདག་མིང་འདི་ཞེས་བགྱི་བ་དུས་འདི་ནས་བཟུང་སྙེ་ཇི་སྲིད་བྱང་ཆུབ་སྙིང་པོ་ལ་མཆིས་ཀྱི་བར་དུ་འཕགས་པ་སྤྱན་རས་གཟིགས་དོན་ཡོད་ཞགས་པ་ལྷ་ལྔ་ཡི་དམ་གྱི་ལྷར་བཟུང་ནས། དེའི་གཟུངས་སྔགས་ཉིན་རེ་ལ་ཅི་ནུས་རེ་བཟླ་བར་དམ་འཆའ་ལགས་སོ། །ལན་གསུམ། དེ་ལྟར་སྔགས་བཟླས་པས་ཀྱང་དངོས་གྲུབ་ཙམ་ཐོབ་པར་གྱུར་པ་ཡིན་མོད་ཀྱི། ལོ་དང་ཟླ་བ་མང་པོར་བསྒྲུབ་པས་མཐར་གྱིས་དངོས་གྲུབ་ཐོབ་པ་ཞིག་ཀྱང་། བླ་མ་དང་ལྷའི་བྱིན་རླབས་ཀྱི་སྟོབས་ཀྱིས་ཉིན་ཞག་འགའ་ཞིག་ཙམ་གྱིས་ཀྱང་འགྲུབ་པའི་ཕྱིར། བྱིན་གྱིས་བརླབས་པའི་ལུང་བྱ་དགོས་པས་སློབ་དཔོན་ལ་མེ་ཏོག་འཐོར་བཞིན་དུ་འདིའི་རྗེས་ཟློས་མཛོད། བཅོམ་ལྡན་བདག་ལ་བསྟུལ་ལགས་ཀྱི། །བདག་ལ་འགོ་བར་མཛད་དུ་གསོལ། །ཞེས་ལན་གསུམ། དེ་ལྟར་ཕུལ་བའི་མེ་ཏོག་དེ་ཉིད་སྔགས་ཕྲེང་དུ་བྱིན་གྱིས་བརླབས་ཏེ་ཁྲིད་རང་རྣམས་ཀྱི་སྤྱི་བོ་ནས་གཏོར་བས་སྤྱི་གཙུག་གི་སྨྱོ་ནས་ཞུགས་ཏེ། སྙིང་གའི་སྔགས་ཕྲེང་ལ་ཐིམ་ཞིང་། བྱིན་གྱིས་བརླབས་པའི་མོས་པ་མཛོད། མེ་ཏོག་སྤྱི་བོར་གཏོར་ཏེ། བཅོམ་ལྡན་འདི་ལ་བསྟུལ་ལགས་ཀྱི། །འདི་ལ་འགོ་བར་མཛད་དུ་གསོལ། །སྙིང་གར་གཏོར་ཏེ། སྔགས་ཀྱི་དངོས་གྲུབ་བསྩལ་དུ་གསོལ། །བརྟུལ་ཞུགས་བརྟན་པར་མཛད་དུ་

གསོལ། །རྡོ་རྗེ་སློབ་མ་འདི་རྣམས་ཀྱི་རྒྱུད་ལ་འཕགས་པ་སྤྱན་རས་གཟིགས་(༢༦༧བ)དོན་ཡོད་ཞགས་པ་ལྷ་ལྔའི་གསུང་རིག་སྔགས་ཀྱི་ནུས་མཐུ་ཐམས་ཅད་ཐོགས་མེད་དུ་འཇུག་པར་གྱུར་ཅིག །དེ་གསུང་གི་རྗེས་གནང་ངོ་། །སླར་ཡང་བུམ་པའི་ཆུས་སྤྱི་བོ་ནས་བླུག་ཅིང་འཕྱང་དུ་བཅུག །ཡེ་ཤེས་ཀྱི་བདུད་རྩིས་ལུས་ཐམས་ཅད་གང་ཞིང་། སྡིག་སྒྲིབ་སྦྱངས། བདེ་བས་ཁྱབ་པར་མོས། དེ་ནི་ཐུགས་ཀྱི་རྗེས་གནང་གི་དོད་ཡིན་ནོ། །རྗེས་ཆོག་སྤྱི་དང་འདྲ། །

༄ ཁ་སརྤ་ཎི་ལྷ་ལྔ་ལ། ཁྲུས་བྱས་སྐྱབས་སེམས་སྔོན་དུ་བཏང་རང་གི་སྙིང་གར་ཨ་ལས་ཟླ་བའི་དཀྱིལ་འཁོར་གྱི་སྟེང་དུ་ཧྲཱིཿདཀར་པོ། དེ་ལས་འོད་ཟེར་འཕྲོས། མདུན་གྱི་ནམ་མཁར་རྗེ་བཙུན་སྤྱན་རས་གཟིགས་གཙོ་བོར་གྱུར་པའི་བླ་མ་ཡི་དམ། སངས་རྒྱས་དང་བྱང་ཆུབ་སེམས་དཔའ་ཐམས་ཅད་སྤྱན་དྲངས་ཏེ་བཞུགས་པར་གྱུར། ཨོཾ་བཛྲ་ཨརྒྷཾ་པྲ་ཏཱིཙྪ་སྭཱཧཱ། ཨོཾ་བཛྲ་པུཥྤེ་ཨཱཿཧཱུཾ་ནས་ཤབྡའི་བར་དང་། ནམ་མཁའ་མཛོད་ཀྱི་སྔགས་རྒྱས་སྣ་ཚོགས་པའི་མཆོད་པ་ཐམས་ཅད་འབུལ་བར་བསམ། ལུས་དང་ངག་དང་ཡིད་ཀྱིས་གང་བགྱིས་པའི། །སྡིག་རྣམས་རྒྱལ་བ་རྣམས་ཀྱི་སྤྱན་སྔར་བཤགས། །འཇིག་རྟེན་གསུམ་གྱི་དགེ་བ་ཐམས་ཅད་ལ། །རབ་ཏུ་དགའ་བས་རྟག་ཏུ་རྗེས་ཡི་རང་། །དཀོན་མཆོག་གསུམ་ལ་རྟག་ཏུ་བདག་སྐྱབས་མཆི། །རྒྱལ་བའི་གསུང་ལ་སྐྱབས་ཤིང་བརྟེན་པར་བགྱི། །ཇི་སྲིད་སྲིད་པ་བརྟན་གྱུར་དེ་སྲིད་དུ། །སྐྱེ་རྒུའི་ཡབ་རྣམས་མྱ་ངན་མི་འདའ་ཞིང་། །འདིར་ཡང་རྟག་ཏུ་སེམས་ཅན་དོན་(༢༦༨བ)མཛད་པས། །སངས་རྒྱས་སྲས་བཅས་དེ་རྣམས་བཞུགས་སུ་གསོལ། །ཐེ་ཚོམ་མཐར་བྱེད་ཇི་ལྟ་བ་ཡི་ཆོས། །ཀྱེ་ཀྱེ་མཐུ་ཆེན་ཁྱོད་ཀྱིས་བསྟན་དུ་གསོལ། །འཁོར་བའི་རྒྱ་མཚོར་འགྲོ་རྣམས་ལྷན་ཅིག་དེར། །གང་གིས་ཕ་རོལ་འགྲོ་ཞིང་དགེ་བསགས་པ། །བསོད་ནམས་རབ་ཏུ་གང་བསགས་འདི་ཀུན་ཀྱང་། །རྫོགས་པའི་བྱང་ཆུབ་བདག་གིས་བསྔོ་བར་བགྱི། །རྒྱལ་བ་རྣམས་དང་དེ་ཡི་སྲས། །འགྲོ་བའི་

བླ་མ་དག་བཅས་ལ། །བདག་གིས་དངོས་པོ་ཐམས་ཅད་ནི། །ཐམས་ཅད་དུ་ནི་དབུལ་བར་བགྱི། །ཞེས་ལན་གསུམ་རྒྱན་བཤགས་བྱ། ཨོཾ་ཨཱཿཧཱུཾ་ཧུཿཞེས་གཤེགས་སུ་གསོལ། ཚད་མེད་བཞི་སྦྱི་དང་མཐུན་པར་བསྒོམ། ཨོཾ་སྭ་བྷཱ་ཝ་ཤུདྡྷ་སརྦ་དྷརྨ་སྭ་བྷཱ་ཝ་ཤུདྡྷོ྅ཧཾ། ཨོཾ་ཤཱུ་ནྱ་ཏཱ་ཛྙཱ་ན་བཛྲ་སྭ་བྷཱ་ཝ་ཨཱཏྨ་ཀོ྅ཧཾ། སྟོང་པའི་ངང་ལས་རང་སེམས་ཟླ་བ་ལ་གནས་པའི་ཧྲཱིཿདཀར་པོ་ཡོངས་སུ་གྱུར་པ་ལས། རང་ཉིད་འཕགས་པ་སྤྱན་རས་གཟིགས་དཔལ་ལྡན་མཁའ་སྤྱོད་ཀྱི་སྐུར་གྱུར་པ་ནི། ཟླ་བ་དྲི་མ་མེད་པའི་མདོག་ཅན་རྒྱལ་བ་འོད་དཔག་ཏུ་མེད་པས་དབུ་ལ་བརྒྱན་པ། ཕྱག་གཡས་མཆོག་སྦྱིན་མཛད་པ། དེ་ལས་བདུད་རྩིའི་རྒྱུན་འབབ་པ་སྲེད་པ་ཅན་མཐའ་དག་ཚིམས་པར་མཛད་པ། སྔན་གྱི་ཐད་ཀར་ཁ་འབུས་པའི་པདྨ་དཀར་པོའི་སྡོང་བུའི་རྩ་བ་ཕྱག་གཡོན་པའི་མཐེབ་སྲིན་གྱིས་ཐུགས་ཀར་འཛིན་པ། ཞབས་གཡས་བརྐྱང་བའི་སྐྱིལ་ཀྲུང་ཕྱེད་པའི་རོལ་པས་བཞུགས་པ། འཇམ་བག་དང་བཅས་ཤིང་རལ་པའི་(༢༨༣ན)ཅོད་པན་ཅན། པདྨའི་འདབ་མ་ལྟར་རབ་ཏུ་ཡངས་པའི་སྤྱན་ཟུང་རྣམ་པར་བཀྲ་བ་ལ་སོགས་པ་མཚན་དང་དཔེ་བྱད་ཡོངས་སུ་རྫོགས་པ། རི་དྭགས་ཀྱི་པགས་པས་ནུ་མ་གཡོན་པ་བཀབ་ཅིང་། དར་དཀར་གྱི་སྨད་དཀྲིས་པ། རྒྱན་ཐམས་ཅད་ཀྱིས་སྤྲས་ཤིང་། འོད་དང་འོད་ཟེར་རབ་ཏུ་འབར་བའི་སྐུ་ཅན། ཤིང་རྟའི་འཕང་ལོ་ཙམ་གྱི་པདྨ་དཀར་པོའི་ལྟེ་བར། རི་དྭགས་ཀྱི་རྟོག་པ་དང་བྲལ་བའི་བསིལ་ཟེར་ཅན་གྱི་གདན་ལ་བཞུགས་པའོ། །གཡས་སུ་སྒྲོལ་མ་ལྗང་ཁུ་མཆོག་སྦྱིན་དང་། ཨུཏྤལ་འཛིན་པ། ལང་ཚོ་ལ་བབ་ཅིང་། ནུ་མ་རྒྱས་པ། དར་དང་རིན་པོ་ཆེའི་རྒྱན་གྱིས་བརྒྱན་པ། དེའི་གཡས་སུ་ནོར་བཟང་གཞོན་ནུ་གསེར་གྱི་མདོག་ཅན་ཐལ་མོ་སྦྱར་བ། མཆན་ཁུང་གཡོན་དུ་པོ་ཏི་བཅུག་པ། ཕྱིས་པའི་རྒྱན་དང་ཆ་ལུགས་ཀྱིས་སྤྲས་པ། གཙོ་བོའི་གཡོན་དུ་ཁྲོ་གཉེར་ཅན་མ་གསེར་མདོག་རྒྱན་སྤངས་པ། རལ་པའི་ཅོད་པན་ཅན། ཕྱག་བཞིའི་གཡས་གཉིས་ཕྱག་འཚལ་བའི་ཚུལ་དང་།

བགྲང་འཕྲེང་། གཡོན་གཉིས་དབྱུ་གུ་རྩ་གསུམ་དང་། སྤྱི་བླུགས་བསྣམས་པ། ཞི་བའི་སྤྱན་གསུམ་དང་ལྡན་ཞིང་། ན་བཟའ་དམར་པོ་གསོལ་བའི། དེའི་གཡོན་དུ་ཧ་མགྲིན་དམར་པོ་བསྐལ་པའི་མེ་ལྟར་འབར་བ། ལྟོ་བ་འཕྱང་ཞིང་། སྤྱན་གསུམ་པ། མཆེ་བ་གཙིགས་ཤིང་། སྨ་ར། སྨིན་མ། དབུ་སྐྲ་གྱེན་དུ་བརྫེས་པ། དབུའི་སྟེང་དུ་ཧ་མགོ་ལྗང་ཁུ་དང་བཅས་པ། གཡས་ཕྱག་འཚལ་བའི་ཚུལ་དང་། གཡོན་པས་རྡོ་རྗེའི་དབྱུག་པ(༢༧༤བ)དཀར་པོ་ཨོཾ་ཚུགས་སུ་འཛིན་པ། ཁྲོ་བོའི་ཆ་བྱད་ཡོངས་སུ་རྫོགས་པའོ། །འཁོར་བཞི་པོ་རྣམས་བཞེངས་པ་དང་བཞུགས་པ་སོགས་ཞབས་ཀྱི་བཞུགས་སྟངས་ཅི་བདེ་བར་བསྒོམ་པར་བྱའོ། །རང་གི་སྤྱི་བོར་ཟླ་བ་ལ་ཨོཾ། མགྲིན་པར་ཟླ་བ་དམར་སྐྱ་ལ་ཨཱཿ སྙིང་གར་པདྨ་དཀར་པོ་ལ་གནས་པའི་ཟླ་བ་ལ་ཧཱུཾ། དེའི་སྟེང་དུ་ཟླ་བ་ལ་གནས་པའི་ཧྲཱིཿདེ་ལས་འོད་ཟེར་འཕྲོས། སེམས་ཅན་ཐམས་ཅད་ཀྱི་སྡིག་སྒྲིབ་སྦྱངས། འཇིག་རྟེན་མགོན་པོའི་གོ་འཕང་ལ་བཀོད། གདོང་ནས་གྲུབ་པའི་འཕགས་པ་སྤྱན་རས་གཟིགས་ཡེ་ཤེས་སེམས་དཔའ་འཁོར་དང་བཅས་པ་སྤྱན་དྲངས། བཛྲ་ས་མ་ཛཿ གོང་བཞིན་མཆོད། སྐྱོན་གྱིས་མ་གོས་སྐུ་མདོག་དཀར། །ཞེས་སོགས་ཀྱིས་བསྟོད། ཛཿཧཱུཾ་བཾ་ཧོཿརང་ལ་གཉིས་སུ་མེད་པར་ཐིམ། ཐལ་མོ་སྦུག་པོར་སྦྱར་བ་ལས་གུང་མོ་གཉིས་རྩེ་མོར་བྱས་ཤིང་། སོར་མོ་གཞན་རྣམས་ཀྱང་རྩེ་མོ་ཙུང་ཟད་མ་རེག་པ་པདྨ་ཁ་འབུས་པའི་ཕྱག་རྒྱ་བྱས་ལ་སྤྱན་འདྲེན་པ་དང་། མཉེས་པར་བྱེད་པ་དང་། དམ་ཡེ་བསྲེ་བ་རྣམས་བྱའོ། །སླར་ཡང་ཡི་གེ་གསུམ་གྱིས་བྱིན་གྱིས་བརླབས། སྙིང་གའི་ཧྲཱིཿཡིག་ལས་རྗེ་བཙུན་གྱི་སྐུ་དཔག་ཏུ་མེད་པ་འཕྲོས། འཇིག་རྟེན་གྱི་ཁམས་ཐམས་ཅད་དུ་རིན་པོ་ཆེ་དང་། བདུད་རྩིའི་ཆར་ཕབས། སེམས་ཅན་རྣམས་ལ་ཆོས་བསྟན་ཏེ། འཕགས་པ་སྤྱན་རས་གཟིགས་ཀྱི་གོ་འཕང་ལ་བཀོད། ཐམས་ཅད་ཀྱི་ཐུགས་ཀར་ཡང་ཧྲཱིཿཡིག་བསྒོམ་ལ། ཡང་དེ་རྣམས་སྤྲུལ་པ་དང་བཅས་པ་སྙིང་གར་བསྡུ་བའི(༢༧༥ན)སྤྲོ་བསྡུ་བསྒོམ་བཞིན་དུ།

ཨོཾ་ཧྲཱིཿསྭཱཧཱ། ཞེས་ཅི་ནུས་སུ་བཟླ་བར་བྱའོ། །ཐུན་འཇོག་པའི་ཚེ་འཁོར་བཞི་པོ་རང་
གི་སྙིང་གར་བསྡུ་ཞིང་། རང་ཉིད་ལྷ་སྐུ་སྒྱུ་མ་ལྟ་བུ་ལ་མཉམ་པར་བཞག་ནས།
དགེ་བ་བསྔོ། མཆོད་གཏོར་འབུལ་བར་འདོད་པས་མཎྜལ་དྲི་བཟང་གི་ཐིག་ལེ་མེ་
ཏོག་གི་ཚོམ་བུ་ལྡེ་དང་བཅས་པ། མདུན་དུ་མཆོད་ཡོན་གྱི་དུང་ཆོས་མེ་ཏོག་གི་
ཕོར་པ། མཆོད་པ་སྣ་ལྔ་སོགས་མཆོད་རྫས་རྣམས་དང་། གཙང་ཞིང་བཟང་བའི་
དཀར་གཏོར་དང་བཅས་པ་བཤམས། བདག་བསྐྱེད་སྔོན་དུ་འགྲོ་བའི་སྒོ་ནས། ཨ་
མྲི་ཏས་བསངས། སྭ་བྷཱ་ཤས་སྦྱངས། སྟོང་པའི་ངང་ལས་བྷྲཱུཾ་ལས་རིན་པོ་ཆེའི་སྣོད་
ཡངས་ཤིང་རྒྱ་ཆེ་བ་རྣམས་ཀྱི་ནང་དུ་ཨོཾ་འོད་དུ་ཞུ་བ་ལས་བྱུང་བའི་མཆོད་རྫས་
རྣམས་ཕུལ་དུ་བྱུང་བའི་ལྷ་རྫས་སུ་གྱུར། ཨོཾ་ཨརྒྷཾ་ཨཱཿཧཱུཾ་ནས། ཤབྡ་ཨཱཿཧཱུཾ། ཨོཾ་སརྦ་
ཏ་ཐཱ་ག་ཏ་སྟུ་ཛ་མེ་ཁ་པྲ་ས་ར་ས་མུ་དྲེ་ཧཱུཾ། ཞེས་ལན་གསུམ་གྱིས་བྱིན་གྱིས་བརླབས།
མདུན་བསྐྱེད་བསངས་སྦྱངས། ཨོཾ་མ་ཧཱ་ཀྲ་རི་བཛྲི་ཧཱ་མཏྭ་པྲ་ཏི་ས་རི་རཀྵ་མཾ་ཧཱུཾ་
ཕཊ་སྭཱཧཱ། ཞེས་པས་བསྲུང་བར་བྱ། ཨོཾ་བཛྲ་རེ་གེ་ཧཱུཾ། ཞེས་བྱིན་གྱིས་བརླབས།
ཞིང་ཁམས་རྣམ་པར་དག་པའི་དབུས་སུ་སེང་གེའི་ཁྲི་པདྨ་དཀར་པོ་དང་། ཟླ་བའི་
གདན་དང་བཅས་པ། དེའི་གཡས་གཡོན་དུ་སྣ་ཚོགས་པདྨའི་གདན་བཞི་ལ། གཡོན་
གྱི་ཐ་མ་ལ་ཉི་མ། གཞན་རྣམས་ལ་ཟླ་བ་དང་བཅས་པར་གྱུར། རང་གི་སྙིང་ག་
ནས་འོད་ཟེར་འཕྲོས། འཕགས་(༢༧༨བ)པ་སྤྱན་རས་གཟིགས་ལྷ་ལྔ་འཁོར་དང་བཅས་
པ་སྤྱན་དྲངས། ཨོཾ་ཨཱཿགཙྪ་ཧྲ་ག་ཕན་མཎྜལ་ཀ་སིདྡྷ་ཨ་ས་ནེ་ཨོཾ་ཨ་ཨོཾ་པདྨ་ཀ་མ་ལ་
ཡེ་སྭཱཾ། གྱིས་གདན་ཕུལ་བཞུགས་པར་བསམ། ཨོཾ་ཧཾ་སུཾ་ཧྲཱིཾ་ཧཾ་ཕཊ་སྭཱཧཱ། ཞེས་ས་
བོན་གྱི་སྔགས་ལན་གསུམ་གྱིས་གསོལ་བ་བཏབ་ནས། ཨོཾ་སརྦ་ཏ་ཐཱ་ག་ཏ་སྟུ་ཛ་ལ་
ལི་ན་ཏ་ན་མ་མི་ཧི་རན་ན་མི་ཧྲ་ག་ཕན་ཧཾ། ཛཿཧཱུཾ་བཾ་ཧོཿཔྲ་ཏཱིཙྪ་ཀུ་སུ་མ་ཨཉྫ་ལི་
ན་ཐ་ཧོ། ཞེས་མེ་ཏོག་འཐོར་ཞིང་ཕྱག་འཚལ། ས་བོན་གྱི་སྔགས་ཀྱི་མཐར། ཨོཾ་
བཛྲ་ཨརྒྷཾ་པྲ་ཏཱིཙྪ་ན་མ། ལན་ལྔས་མཆོད་ཡོན་དང་། ཡང་ས་བོན་གྱི་སྔགས་ཀྱི་

མཐར། ཨོཾ་བཛྲ་པུཥྤེ་ཧཱུྃ། ཨོཾ་བཛྲ་དྷཱུ་པེ་ཧཱུྃ། ཨོཾ་བཛྲ་གནྡྷེ་ཧཱུྃ། ཨོཾ་བཛྲ་དཱི་པེ་ཧཱུྃ། ཨོཾ་བཛྲ་ཨཱ་ལོ་ཀེ་ཧཱུྃ། ནམ་མཁའ་མཛོད་ཀྱི་ཕྱག་རྒྱ་དང་། རོལ་མོའི་སྒྲས་མཆོད། གཏོར་མ་འབྲུ་གསུམ་གྱིས་བྱིན་གྱིས་བརླབས་ནས། ས་བོན་གྱི་ཕྱག་རྒྱའི་མཐར། ཨོཾ་ཁ་ཁ་ཁཱ་ཧི་ཁཱ་ཧི། གྲིཧྞ་གྲིཧྞ། གྲི་ཧྞཱནྟུ། སརྦ་བྷུ་ཏེ་བྷྱཿ། ཨི་དཾ་བ་ལིཾ་ཏ་སྭཱཧཱ། ཞེས་ལན་བདུན་གྱིས་དབུལ། བསྟོད་པ་ཅི་ཤེས་པས་བསྟོད། འདོད་དོན་གསོལ་བ་བཏབ། ཡིག་བརྒྱ། བཟོད་གསོལ་རྣམས་སྤྱི་དང་མཐུན་པར་བྱ། འདིའི་སློབ་མ་རྗེས་བཟུང་ནི་མཉལ་ལ་དྲི་བཟང་གི་ཐིག་ལེ་ལྷ་བྱས་པའི་དབུས་མའི་སྟེང་དུ་ཚོམ་བུ་དཀར་པོ་གཡས་སུ་ལྷུང་ཁྱུ། དེའི་གཡས་སུ་གསེར་མདོག །གཙོ་བོའི་གཡོན་དུ་གསེར་མདོག །དེའི་གཡོན་དུ་དམར་པོ་རེ་དགོད། ཚོམ་བུའི་སྟེང་དུ་མཆེའི་ཁར་བུམ་པ། དེའི་སྟེང་དུ་ཐོད་པ་ཀ་ར་བུ་རམ་གྱིས་བཀང་བ། དེའི་སྟེང་དུ་མེ་ལོང་ལ་(༢༧༥ན)སིནྡྷུ་ར་བཀྲམས་ལ། ཆོས་འབྱུང་གི་དབུས་སུ་ཧྲཱིཿཡིག་བྲིས་པ། དེའི་སྟེང་དུ་རྡོ་རྗེ་བཞག །མཆོད་གཏོར་བཤམས་ལ། བཤད་མ་ཐག་པའི་ཆོ་ག་རྣམས་ཚང་བར་བྱས་ནས། རྗེས་གནང་ཞུ་བའི་ཡོན་དུ་མཎྜལ་ཕུལ། སློབ་དཔོན་སྤྱན་རས་གཟིགས་ཁ་སརྦ་ཙིར་གསལ་བ་ལ། གསོལ་བ་འདེབས་པ་འདིའི་རྗེས་གནོས་གསུངས་ཤིག །རྗེ་འཛིན་པ་ནས་བསྐུལ་དུ་གསོལ། ལན་གསུམ། རྒྱུད་དག་པར་བྱ་བའི་ཕྱིར་མདུན་བསྐྱེད་ཀྱི་ལྷ་དང་སངས་རྒྱས་བྱང་སེམས་རྣམས་ཀྱི་དྲུང་དུ་སྐྱབས་འགྲོ་སྔོན་དུ་འགྲོ་བའི་བྱང་ཆུབ་ཀྱི་སེམས་བཟུང་བ་ལ་སོགས་པ་བགྱིད་སྙམ་པའི་བསམ་པས། འདིའི་རྗེས་གནོས་མཛོད། དཀོན་མཆོག་གསུམ་ལ་བདག་སྐྱབས་མཆི། །སོགས་གསུམ་དང་། ཁྱད་པར་དུ་ཁ་སརྦ་ཙིའི་རྗེས་གནང་བསྐུལ་དུ་གསོལ་སྙམ་པའི་འདུན་པས། འདིའི་རྗེས་གནོས་ཀྱང་གསུངས་ཤིག །སློབ་དཔོན་དགོངས་སུ་གསོལ། བདག་ལ་བཅོམ་ལྡན་འདས་ཁ་སརྦ་ཙིའི་རྗེས་གནང་མ་ལུས་པ་བསྐུལ་དུ་གསོལ། ཞེས་ལན་གསུམ་གྱིས་གསོལ་བ་བཏབ་ནས། རྗེས་གནང་གི་གཞི་དགོད་པའི་སླད་དུ་དམིགས་པ་

འདི་བཞིན་དུ་མཛད་པར་ཞུ། ཨོཾ་ཤྲཱ་ཝ་ཧྲ་ཧཱུཾ་ན་བཛྲ་སྭ་ཧླ་ཕ་ཨཱཏྨ་ཀོ྅་ཧཾ། ཕྱི་ནང་གི་དངོས་པོ་ཐམས་ཅད་མི་དམིགས་པ་སྟོང་པ་ཉིད་དུ་གྱུར་པའི་ངང་ལས། ཁྱེད་རང་རྣམས་ཀྱི་སེམས་ཟླ་བ་ལ་གནས་པའི་ཧྲཱིཿདཀར་པོ་ཡོངས་སུ་གྱུར་པ་ལས། ཁྱེད་རང་རྣམས་འཕགས་པ་སྤྱན་རས་གཟིགས་དཔལ་ལྡན་མཁའ་སྤྱོད་ཀྱི་(༢༨༥བ)སྐུར་གྱུར་པ་ནི། ཟླ་བ་དྲི་མ་མེད་པའི་མདོག་ཅན་རྒྱལ་བ་འོད་དཔག་ཏུ་མེད་པས་དབུ་ལ་བརྒྱན་པ། ཕྱག་གཡས་མཆོག་སྦྱིན་མཛད་པ། དེ་ལས་བདུད་རྩིའི་རྒྱུན་འབབ་པ་སྲིད་པ་ཅན་མཐའ་དག་ཚིམས་པར་མཛད་པ། སྙན་གྱི་ཐད་ཀར་ཁ་འབུས་པའི་པདྨ་དཀར་པོའི་སྡོང་བུའི་རྩ་བ་ཕྱག་གཡོན་པའི་མཐེབ་སྲིན་གྱིས་ཐུགས་ཀར་འཛིན་པ། ཞབས་གཡས་བརྐྱངས་པའི་སྐྱིལ་ཀྲུང་ཕྱེད་པའི་རོལ་པས་བཞུགས་པ། འཛུམ་བག་དང་བཅས་ཤིང་། རོལ་པའི་ཆོད་པན་ཅན། པདྨའི་འདབ་མ་ལྟར་རབ་ཏུ་ཡངས་པའི་སྤྱན་ཟུང་རྣམ་པར་བཀྲ་བ་ལ་སོགས་པ། མཚན་དང་དཔེ་བྱད་ཡོངས་སུ་རྫོགས་པ། རི་དྭགས་ཀྱི་པགས་པས་ནུ་མ་གཡོན་པ་བཀབ་ཅིང་། དར་དཀར་གྱིས་སྨད་དཀྲིས་པ། རྒྱན་ཐམས་ཅད་ཀྱིས་སྤྲས་ཤིང་། འོད་དང་འོད་ཟེར་རབ་ཏུ་འབར་བའི་སྐུ་ཅན། ཤིང་རྟའི་འཕང་ལོ་ཙམ་གྱི་པདྨ་དཀར་པོའི་ལྟེ་བར། རི་དྭགས་ཀྱི་རྟོག་པ་དང་བྲལ་བའི་བསིལ་ཟེར་ཅན་གྱི་གདན་ལ་བཞུགས་པ། གཡས་སུ་སྒྲོལ་མ་ལྗང་ཁུ་མཆོག་སྦྱིན་དང་། ཨུཏྤལ་འཛིན་པ། ལང་ཚོ་ལ་བབ་ཅིང་། ནུ་མ་རྒྱས་པ། དར་དང་རིན་པོ་ཆེའི་རྒྱན་གྱིས་བརྒྱན་པ། དེའི་གཡས་སུ་ནོར་བཟང་གཞོན་ནུ་གསེར་གྱི་མདོག་ཅན་ཐལ་མོ་སྦྱར་བ། མཆན་ཁུང་གཡོན་དུ་པོ་ཏི་བཅུག་པ། བྱིས་པའི་རྒྱན་དང་ཆ་ལུགས་ཀྱིས་སྤྲས་པ། གཙོ་བོའི་གཡོན་དུ་ཁྲོ་གཉེར་ཅན་མ་གསེར་མདོག་རྒྱན་སྤངས་པ་རོལ་པའི་ཅོད་པན་ཅན། ཕྱག་བཞིའི་གཡས་གཉིས་ཕྱག་འཚལ་བའི་ཚུལ་དང་། བགྲང་འཕྲེང་། གཡོན་གཉིས་དབྱུ་གུ་རྩེ་གསུམ་དང་སྤྱི་(༢༨༨ན)བླུགས་བསྣམས་པ། ཞི་བའི་སྤྱན་གསུམ་དང་ལྡན་ཞིང་། ན་བཟའ་དམར་

པོ་གསོལ་བའོ། །དེའི་གཡོན་དུ་རྟ་མགྲིན་དམར་པོ་བསྐལ་པའི་མེ་ལྟར་འབར་བ།
ཕྱོ་བ་ཕྲུང་ཞིང་། སྤྱན་གསུམ་པ། མཆེ་བ་གཙིགས་ཤིང་། སྨྲ་ར། སྨིན་མ། དབུ་
སྐྲ་གྱེན་དུ་བརྫེས་པ། དབུའི་སྟེང་དུ་རྟ་མགོ་ལྗང་ཁུ་དང་བཅས་པ། གཡས་ཕྱག་
འཚལ་བའི་ཚུལ་དང་། གཡོན་པས་རྡོ་རྗེ་དབྱུག་པ་དཀར་པོ་ཨོཾ་ཚུགས་སུ་འཛིན་
པ། ཁྲོ་བོའི་ཆ་བྱད་ཡོངས་སུ་རྫོགས་པ། སྤྱི་བོར་ཟླ་བ་ལ་ཨོཾ། མགྲིན་པར་ཟླ་བ་
དམར་སྐྱ་ལ་ཨཱཿ སྙིང་གར་པདྨ་དཀར་པོ་ལ་གནས་པའི་ཟླ་བ་ལ་ཧཱུྃ། དེའི་སྟེང་དུ་
ཟླ་བ་ལ་གནས་པའི་ཧྲཱིཿཡིག་གིས་མཚན་པར་གྱུར་པའི་མོས་པ་མཛོད། དེ་ནས་
མདུན་གྱི་ཚོམ་བུ་འདི་རྣམས་ཁྱེད་རང་རྣམས་བསྒོམས་པ་དང་འདྲ་བའི་སྤྱན་རས་
གཟིགས་ཁ་སརྤ་ཎི་གཙོ་འཁོར་དུ་དངོས་སུ་བཞུགས་པར་མོས་ལ། ད་རྗེས་གནང་
དངོས་གཞི་ལ་གསུམ་ལས། དང་པོ་སྐུའི་རྗེས་གནང་ནི། དེ་ནས་སློབ་དཔོན་ཡང་
ཁ་སརྤ་ཎི་དངོས་ཡིན་སྙམ་པའི་མོས་གུས་བྱས་པས། སློབ་དཔོན་གྱི་ཐུགས་ཀ་ནས་
འོད་ཟེར་འཕྲོས། མདུན་བསྐྱེད་ཀྱི་ལྷའི་ཐུགས་རྒྱུད་བསྐུལ། དེའི་ཐུགས་ཀ་ནས་
འོད་ཟེར་འཕྲོས། ཕྱོགས་བཅུའི་སངས་རྒྱས་དང་བྱང་ཆུབ་སེམས་དཔའ་ཐམས་ཅད་
ཀྱི་ཐུགས་རྒྱུད་བསྐུལ་བས། སློབ་དཔོན་དང་། མདུན་བསྐྱེད་ཀྱི་ལྷ་དང་། ཕྱོགས་
བཅུའི་སངས་རྒྱས་དང་བྱང་ཆུབ་སེམས་དཔའ་ཐམས་ཅད་ཀྱི་ཐུགས་ཀ་(༢༨༨བ)ནས་
ཁ་སརྤ་ཎི་འཁོར་དང་བཅས་པའི་སྐུ་ཆེ་ཆུང་དཔག་ཏུ་མེད་པ་བྱོན། ཁྱེད་རང་
རྣམས་ཀྱི་བ་སྤུའི་བུ་ག་རྣམས་ནས་ཆར་བབ་པ་བཞིན་དུ་སིབ་སིབ་ཐིམ་པར་མོས་
པ་མཛོད། ཛཿཧཱུྃ་བཾ་ཧོཿགཉིས་སུ་མེད་པར་ཐིམ། རོལ་མོ་བྱ། གཉིས་པ་གསུང་གི་
རྗེས་གནང་ནི། སློབ་དཔོན་གྱི་སྙིང་གར་ཟླ་བའི་དཀྱིལ་འཁོར་གྱི་སྟེང་དུ་ཧྲཱིཿདཀར་
པོ། དེ་ལས་སྔགས་ཀྱི་འཕྲེང་བ་བྱུང་། སློབ་དཔོན་གྱི་ཞལ་ནས་ཐོན། ཁྱེད་རང་
རྣམས་ཀྱི་ཞལ་དུ་ཞུགས། ཐུགས་ཀར་ཟླ་བའི་སྟེང་དུ་ཧྲཱིཿདཀར་པོ་གནས་པ་ལ་ཐིམ།
དེའི་དུས་སུ་ཕྱོགས་བཅུའི་སངས་རྒྱས་དང་བྱང་ཆུབ་སེམས་དཔའ་རྣམས་ཀྱི་མཁྱེན་

བཅེ་ནུས་མཐུ་ཐམས་ཅད་འོད་ཟེར་གྱི་རྣམ་པར་སྔགས་ཕྲེང་དང་ལྡན་ཅིག་ཞལ་དུ་ཞུགས། སྙིང་གའི་ཧྲཱིཿལ་ཐིམ་པའི་མོས་པ་མཛད་ལ། སྔགས་འདིའི་རྗེས་བཟླས་ལན་གསུམ་མཛད་བྱས་ལ། ཨོཾ་ཧྲཱིཿསྭཱཧཱ། དང་པོས་བྱིན་གྱིས་བརླབས། གཉིས་པས་དབྱེར་མེད་དུ་འདྲེས། གསུམ་པས་བརྟན་པར་བྱས་པའི་མོས་པ་མཛད། སློབ་དཔོན་ལ་མེ་ཏོག་གཏོར་བཞིན་དུ། འདིའི་རྗེས་བཟླས་མཛད་ཅིག །བཅོམ་ལྡན་བདག་གིས་སོགས་བྱ། དེ་ལྟར་ཕུལ་བའི་མེ་ཏོག་དེ་ཉིད་སླར་ཡང་བྱིན་གྱིས་བརླབས་ཏེ། ཁྱེད་རང་རྣམས་ཀྱི་སྤྱི་བོར་ཕུལ་བའི་མོས་པ་མཛད་ཅིག །སློབ་དཔོན་གྱིས་མེ་ཏོག་གཏོར་ཞིང་། བཅོམ་ལྡན་འདི་ལ་སོགས་དང་། རིག་པ་འཛིན་པ་འདི་རྣམས་ལ་བཅོམ་ལྡན་འདས་ཁ་སརྦ་ཎི་འཁོར་དང་བཅས་པའི་སྐུ་གསུང་ཐུགས་ཀྱི་བྱིན་རླབས་མ་ལུས་པ་འཇུག་(༢༨༧ན)པར་གྱུར་ཅིག །གསུམ་པ་ཐུགས་ཀྱི་རྗེས་གནང་ནི། མདུན་བསྐྱེད་ཀྱི་ལྷ་ལ་མོས་གུས་དྲུང་དྲུང་བ་དང་། བདག་གི་རྒྱུད་བྱིན་གྱིས་བརླབ་ཏུ་གསོལ་སྙམ་པ་མཛད་པས། མདུན་བསྐྱེད་ཀྱི་ལྷའི་ཐུགས་ཀ་ནས་ཕྱག་མཚན་གྱི་ཚོགས་དཔག་ཏུ་མེད་པ་རྒྱུངས་ཏེ་ཐོན། ཁྱེད་རང་རྣམས་ཀྱི་སྙིང་གའི་ས་བོན་དང་དབྱེར་མེད་དུ་འདྲེས། རྒྱུད་བྱིན་གྱིས་བརླབས་པའི་མོས་པ་མཛད། ཏུམ་པ་དང་། ཐོད་པ་དང་། རྡོ་རྗེ་དང་། མེ་ལོང་གི་སྟེང་དུ་སིནྡྷུ་ར་བཀྲམས་པ་ལ་ཆོས་འབྱུང་ཧྲཱིཿཡིག་དང་བཅས་པ་བྲིས་པ་རྣམས། རྗེ་བཙུན་སྤྱན་རས་གཟིགས་ལྷ་ལྟར་དཔོན་སློབ་གཉིས་ཀྱིས་བསྐྱེད། ཡི་གེ་འབྲུ་གསུམ་མང་དུ་བཟླ། སློབ་མ་ལ་ཏུམ་ཚ་བྱིན་ཏེ་ཁྲུས་བྱེད་དུ་གཞུག །དྲི་མ་རགས་པ་འཁྲུ་བ་ཏུམ་དབང་གི་བརྗོད། །ཐོད་པ་མགོ་བོར་གཏུགས་ཤིང་། ཏུ་རམ་ལ་སོགས་པའི་རོ་མངར་བ་སྦྱིན། ཐོད་པ་མི་རྟོག་པ་དང་། རོ་ཉམས་མྱོང་མཚོན་ཏེ། གསང་དབང་གི་བརྗོད། །རྡོ་རྗེ་སྙིང་གར་གཏུགས། ཨོཾ་ཨཱཿཧཱུཾ། ཞེས་བརྗོད། ཀུན་རྫོབ་ཀྱི་རྐྱེན་གྱིས་དོན་དམ་འགྱུར་བ་མེད་པའི་གནས་ལ་ཁྲིད་པ་ཤེས་རབ་ཡེ་ཤེས་ཀྱི་བརྗོད། །མེ་ལོང་སྙིང་གར་གཏུགས་ལ་སིནྡྷུ་རས་སྤྱི་

པོར་བཞུགས། མི་ཡོང་ལ་གཟུགས་བརྙན་འཆར་བ། ཡེ་ཤེས་ཀྱི་དཀྱིལ་འཁོར་རྫུལ་ཕྲ་རབ་ཀྱི་ཚོས་ལས་འདས་པ། ཚོས་འབྱུང་སྟོང་པ་ཉིད། ཧྲཱིཿཡིག་བདེ་བ་ཆེན་པོ་མཚོན་ཏེ། དབང་བཞི་པའི་བརྡའོ། །ཞེས་སློབ་མ་ལ་ངོ་སྤྲད། རྗེས་ཆོག་སྤྱི་དང་འདྲ། །(༢༤༧བ)

༄ སྨན་རས་གཟིགས་ཡིད་བཞིན་ནོར་བུ་ལྷ་ལ། སྐྱབས་སེམས་སྔོན་དུ་འགྲོ་བས། སྤྲོ་ན་ཚོགས་ཞིང་སྤྱན་དྲངས་ཏེ། བདུན་རྣམ་དག་བྱ། ཤཱུ་ནྱ་ཏཱས་སྟོང་པར་སྦྱངས། ཡཾ་རཾ་བཾ་ལཾ་སུཾ་ལས་འབྱུང་བཞི་རི་རབ་དང་བཅས་པའི་སྟེ་མོར་པཾ་ལས་པདྨ་འདབ་བརྒྱད་ཀྱི་ལྟེ་བར་ཨ་ལས་ཟླ་བ་དེར་ཧྲཱིཿཡིག་འོད་ཀྱི་འཕྲོ་འདུ་ལས་འཕགས་པ་སྤྱན་རས་གཟིགས་སྐུ་མདོག་དམར་པོ། ཕྱག་དང་པོ་གཉིས་པདྨ་དམར་པོའི་སྡོང་བུ་འཛིན་ཅིང་ཁ་འབྱེད་པ། གཉིས་པ་གཉིས་ཀྱིས་བགྲང་འཕྲེང་དང་། སྦྲུལྦྱེ་འཛིན་པ། རྡོ་རྗེའི་སྐྱིལ་ཀྲུང་གིས་བཞུགས་པ། རིགས་ཀྱི་པགས་པ་དང་། རྒྱན་ཐམས་ཅད་ཀྱིས་བརྒྱན་པ། འོད་དཔག་མེད་ཀྱིས་དབུ་ལ་བརྒྱན་པ། ཐུགས་ཀར་ཟླ་བ་ལ་རྡོ་རྗེའི་ལྟེ་བར་པདྨ་ཧྲཱིཿས་མཚན་པ། དེ་ལས་ལྷ་མོ་བཞི་སྤྲོས་ཏེ་ཕྱོགས་ཀྱི་འདབ་མར་འཁོད་པ་ནི། ཤར་དུ་ཏ་ལས་རྡོ་རྗེ་ཞགས་པ་མ་ཞགས་པ་དང་ནོར་བུ་འཛིན་པ། ལྷོར་ཧཱུཾ་ལས་རྡོ་རྗེ་རིན་ཆེན་མ་ནོར་བུ་དང་དྲིལ་བུ་འཛིན་པ། ནུབ་ཏུ་ཧྲཱིཿལས་རལ་གཅིག་མ་པདྨ་དང་བགྲང་འཕྲེང་འཛིན་པ། བྱང་དུ་ཏ་ལས་ཁྲོ་གཉེར་མ་སྔ་ཚོགས་རྡོ་རྗེ་དང་། སྦྲུལྦྱེ་བསྣམས་པ། བཞི་ཀའང་སྐུ་མདོག་དམར་པོ། རིགས་ཀྱི་པགས་པ་དང་། རྒྱན་ཐམས་ཅད་ཀྱིས་བརྒྱན་པ། རྡོ་རྗེའི་སྐྱིལ་ཀྲུང་གིས་བཞུགས་པ། རང་གི་ཐུགས་ཀའི་ཧྲཱིཿཡིག་དེ་ལས་འོད་ཟེར་འཕྲོས། སེམས་ཅན་ཐམས་ཅད་ཀྱི་སྡིག་སྒྲིབ་སྦྱངས། འཇིག་རྟེན་མགོན་པོའི་གོ་འཕང་ལ་བཀོད། གདོད་ནས་གྲུབ་པའི་འཕགས་པ་སྤྱན་རས་གཟིགས་ཡེ་(༢༤༨ན)ཤེས་སེམས་དཔའ་འཁོར་དང་བཅས་པ་སྤྱན་དྲངས། བཛྲ་ས་མཱ་ཛཿཛཿཧཱུཾ་བཾ་ཧོཿརང་ལ་གཉིས་སུ་མེད་པར་ཐིམ་པར་

བསམ། སླར་ཡང་ཐུགས་ཀའི་ཧྲཱིཿཡིག་ལས་འོད་ཟེར་འཕྲོས། དབང་གི་ལྷ་རྣམས་སྤྱན་དྲངས་ཁྱེད་རྣམས་ཀྱིས་བདག་ལ་མངོན་པར་དབང་བསྐུར་དུ་གསོལ། ཞེས་གསོལ་བ་བཏབ་པས། ལྷ་རྣམས་ཀྱི་ཐུགས་ཀ་ནས་ཡུམ་བཞི་ཕྱིར་འཕྲོས། དེ་རྣམས་ཀྱི་ཡེ་ཤེས་ཀྱི་བདུད་རྩིས་གང་བའི་བུམ་པ་ཐོགས་ནས། ཨོཾ་སརྦ་ཏ་ཐཱ་ག་ཏ་ཨ་བྷི་ཥེ་ཀ་ཏ་ས་མ་ཡ་ཤྲཱི་ཡེ་ཧཱུཾ། ཞེས་གསུངས་ཤིང་བུམ་པའི་ཆུས་དབང་བསྐུར་བར་གྱུར་པར་བསམ། རིགས་བདག་རྒྱས་གདབ་མི་དགོས། གནས་གསུམ་བྱིན་རླབས་དྲན་པར་བྱས་ནས། བཟླས་པ་བྱ་སྟེ། སྙིང་གར་འཁོར་ལོ་རྩིབས་དྲུག་པའི་ལྟེ་བ་དང་། རྩིབས་ལ་ཉེ་སྙིང་བཀོད། སྤུ་ཁྲུད་ལ་རྩ་བའི་སྔགས་བསྐོམས་ཏེ། ན་མོ་རཏྣ་ཏྲ་ཡཱ་ཡ། ན་མོ་ཨཱརྱཱ་ཨ་བ་ལོ་ཀི་ཏེ་ཤྭ་རཱ་ཡ། བོ་དྷི་སཏྭཱ་ཡ། མཧཱ་སཏྭཱ་ཡ། མཧཱ་ཀཱ་རུ་ཎི་ཀཱ་ཡ། ཏདྱ་ཐཱ། ཨོཾ་ཙཀྲ་ཝརྟི་ཙིནྟཱ་མ་ཎི་མཧཱ་པདྨ་རུ་རུ་ཏིཥྛ་ཛྭ་ལ། ཨ་ཀརྵ་ཡ་ཧཱུཾ་ཕཊ་སྭཱཧཱ། ཞེས་རྩ་སྔགས་དང་། ཨོཾ་ཝ་ར་ད་པདྨེ་ཧཱུཾ། ཞེས་ཉེ་སྙིང་གང་ནུས་བཟླས་ལ། སྙིང་པོ་བཟླ་བ་ལ་མོས་ན། ཨོཾ་པདྨ་ཙིནྟཱ་མ་ཎི་ཛྭ་ལ་ཧཱུཾ། ཞེས་བཟླའོ། །

འདིའི་རྗེས་གནང་བྱ་ཚུལ་ནི། རྡུལ་ཚོན་གྱིས་པདྨ་འདབ་བརྒྱད་འབྲི་བ་མ་ཕྱོགས་ན། མཎྜལ་ལ་ཚོམ་བུ་ལྔ་བཀོད་པ་ཙམ་གྱིས་ཆོག་ཅིང་། མཆོད་(༢༧༨བ)པ་བཤམས། སྤྱི་དང་མཐུན་པར་བྱིན་གྱིས་བརླབས། བདག་བསྐྱེད་བཟླས་པ་དང་བཅས་པ་བྱ། མདུན་བསྐྱེད་བདག་བསྐྱེད་འདོན་པ་སྔོན་པས་ཆོག །མཎྜལ་ཕུལ་ནས། གསོལ་བ་འདེབས་པ་འདིའི་རྗེས་གནང་མཛོད། དུས་གསུམ་སངས་རྒྱས་ཐམས་ཅད་ནས་བསྟུལ་དུ་གསོལ། ལན་གསུམ། རྒྱུད་དག་པར་བྱ་བའི་ཕྱིར་མདུན་བསྐྱེད་ཀྱི་ལྷ་དང་སངས་རྒྱས་བྱང་སེམས་རྣམས་ཀྱི་དྲུང་དུ། སྐྱབས་འགྲོ་སྔོན་དུ་འགྲོ་བའི་བྱང་ཆུབ་ཀྱི་སེམས་བཟུང་བ་ལ་སོགས་པ་བགྱིད་སྙམ་པའི་བསམ་པས་འདིའི་རྗེས་གནང་མཛོད། དཀོན་མཆོག་གསུམ་ལ་བདག་སྐྱབས་མཆི། །ཞེས་སོགས་རྒྱུན་བཤགས་ལན་གསུམ་དང་། ཁྱད་པར་དུ་སྤྱན་རས་གཟིགས་ཡིད་བཞིན་ནོར་བུའི་

རྗེས་གནང་བསྐུལ་དུ་གསོལ། སྔམ་པའི་འདུན་པས་འདིའི་རྗེས་ཟློས་ཀྱང་གསུངས་ཤིག །སློབ་དཔོན་དགོངས་སུ་གསོལ། བདག་ལ་བཅོམ་ལྡན་འདས་སྤྱན་རས་གཟིགས་ཡིད་བཞིན་ནོར་བུའི་རྗེས་གནང་མ་ལུས་པ་བསྐུལ་དུ་གསོལ། ཞེས་ལན་གསུམ་གྱིས་གསོལ་བ་བཏབ། ད་སྦྱོར་བ་རྗེས་གནང་གི་གཞི་དགོད་པའི་སླད་དུ་དམིགས་པ་འདི་བཞིན་དུ་མཛད་པར་ཞུ། ཨོཾ་ཤཱུ་ནྱ་ཏཱ་ཛྙཱ་ན་བཛྲ་སྭ་བྷཱ་ཝ་ཨཱཏྨ་ཀོ྅ཧཾ། ཕྱི་ནང་གི་དངོས་པོ་ཐམས་ཅད་མི་དམིགས་པ་སྟོང་པ་ཉིད་དུ་གྱུར་པའི་ངང་ལས་ཡཾ་རཾ་བཾ་ལཾ་སུཾ་ལས་འབྱུང་བཞི་རི་རབ་དང་བཅས་པའི་རྩེ་མོར་པཾ་ལས་པདྨ་འདབ་བརྒྱད་ཀྱི་ལྟེ་བར་ཨ་ལས་ཟླ་བའི་སྟེང་དུ། ཧྲཱིཿཡིག་འོད་ཀྱི་འཕྲོ་འདུ་ལས། ཁྱེད་རང་རྣམས་འཕགས་པ་སྤྱན་རས་གཟིགས་སྐུ་(༢༧༨ན)མདོག་དམར་པོ། ཕྱག་དང་པོ་གཉིས་པདྨ་དམར་པོའི་སྡོང་བུ་འཛིན་ཅིང་ཁ་འབྱེད་པ། གཉིས་པ་གཉིས་ཀྱིས་བགྲང་འཕྲེང་དང་། སྒྲུབྷཱ་འཛིན་པ། རྡོ་རྗེའི་སྐྱིལ་ཀྲུང་གིས་བཞུགས་པ། རིན་པོ་ཆེའི་རྒྱན་ཐམས་ཅད་ཀྱིས་བརྒྱན་པ། འོད་དཔག་མེད་ཀྱིས་དབུ་བརྒྱན་པར་བསམས། ཐུགས་ཀར་ཟླ་བ་ལ་རྡོ་རྗེའི་ལྟེ་བར་པདྨ་ཧྲཱིཿས་མཚན་པ། དེ་ལས་ལྷ་མོ་བཞི་སྤྲོས་ཏེ་ཕྱོགས་ཀྱི་འདབ་མར་འཁོད་པ་ནི། ཤར་དུ་ཏ་ལས་རྡོ་རྗེ་ཞགས་པ་མ་ཞགས་པ་དང་ནོར་བུ་འཛིན་པ། ལྷོར་ཧཾ་ལས་རྡོ་རྗེ་རིན་ཆེན་མ་ནོར་བུ་དང་དྲིལ་བུ་འཛིན་པ། ནུབ་ཏུ་ཧྲཱིཿལས་རལ་གཅིག་མ་པདྨ་དང་བགྲང་འཕྲེང་འཛིན་པ། བྱང་དུ་ཏ་ལས་ཕྲོ་གཉེར་མ་སྣ་ཚོགས་རྡོ་རྗེ་དང་སྒྲུབྷཱ་བསྣམས་པ། བཞི་ཀའང་སྐུ་མདོག་དམར་པོ་རིན་པོ་ཆེའི་རྒྱན་ཐམས་ཅད་ཀྱིས་བརྒྱན་པ། རྡོ་རྗེའི་སྐྱིལ་ཀྲུང་གིས་བཞུགས་པར་བསྒོམ་དུ་བཅུག །དེ་ནས་མདུན་གྱི་ཚོམ་བུ་འདི་རྣམས་ཀྱང་ཁྱེད་རང་རྣམས་བསྒོམས་པ་དང་འདྲ་བའི་སྤྱན་རས་གཟིགས་ཡིད་བཞིན་ནོར་བུ་གཙོ་འཁོར་དུ་དངོས་སུ་བཞུགས་པར་མོས་ལ། སློབ་དཔོན་ཡང་སྤྱན་རས་གཟིགས་ཡིད་བཞིན་ནོར་བུ་དངོས་ཡིན་སྙམ་པའི་མོས་གུས་

བྱས་པས། སློབ་དཔོན་གྱི་ཐུགས་ཀ་ནས་འོད་ཟེར་འཕྲོས། མདུན་བསྐྱེད་ཀྱི་ལྷའི་ཐུགས་རྒྱུད་བསྐུལ། དེའི་ཐུགས་ཀ་ནས་འོད་ཟེར་འཕྲོས། ཕྱོགས་བཅུའི་སངས་རྒྱས་དང་བྱང་ཆུབ་སེམས་དཔའ་ཐམས་ཅད་ཀྱི་ཐུགས་རྒྱུད་བསྐུལ་བས། སློབ་དཔོན་དང་(༢༦༩བ)མདུན་བསྐྱེད་ཀྱི་ལྷ་དང་། ཕྱོགས་བཅུའི་སངས་རྒྱས་དང་བྱང་ཆུབ་སེམས་དཔའ་ཐམས་ཅད་ཀྱི་ཐུགས་ཀ་ནས་སྤྱན་རས་གཟིགས་ཡིད་བཞིན་ནོར་བུ་འཁོར་དང་བཅས་པའི་སྐུ་ཆེ་ཆུང་དཔག་ཏུ་མེད་པ་བྱོན། ཁྱེད་རང་རྣམས་ཀྱི་བ་སྤུའི་བུ་ག་རྣམས་ནས་ཆར་བབས་པ་བཞིན་དུ་སིབ་སིབ་ཐིམ་པར་མོས་པ་མཛོད། ཛཿཧཱུྃ་བཾ་ཧོཿགཉིས་སུ་མེད་པར་ཐིམ། དེ་དག་ནི་རྗེས་གནང་གི་གཞི་དགོད་པའོ། །རྗེས་གནང་དངོས་ལ། ལུང་གསུམ་ལས། དང་པོ་རྗེས་སུ་བཟླས་པའི་ལུང་སྣང་བའི་ཕྱིར། ཁྱེད་རང་རྣམས་ཀྱི་སྙིང་གར་ཟླ་བ་ལ་འཁོར་ལོ་རྩིབས་དྲུག་པའི་ལྟེ་བར་ཟླ་བའི་དཀྱིལ་འཁོར་གྱི་སྟེང་དུ་ཧྲཱིཿལྟེ་བ་དང་རྩིབས་ལ་ཎེ་སྙིང་དང་སྙིང་པོ། མུ་ཁྱུད་ལ་རྩ་སྔགས་ཀྱི་ཡིག་འབྲུ་རྣམས་མགོ་གྱེན་བསྟན། ཁ་ནང་དུ་ཕྱོགས་པ་འོད་ཟེར་འབར་བའི་རྣམ་པ་ཅན་དུ་བཞུགས་པར་མོས། སློབ་དཔོན་གྱི་ཐུགས་ཀ་ནས་འོད་ཟེར་འཕྲོས། མདུན་བསྐྱེད་ཀྱི་ཐུགས་རྒྱུད་བསྐུལ། ཐུགས་ཀའི་སྔགས་ཕྲེང་ལས། སྔགས་ཕྲེང་གཉིས་པ་ཆད། ཞལ་ནས་ཐོན། ཁྱེད་རང་རྣམས་ཀྱི་ཁ་སྒོ་ནས་ཞུགས། སྙིང་གའི་འཁོར་ལོའི་སྔགས་ཕྲེང་ལ་ཐིམ་པར་མོས་ལ། སྔགས་འདི་རྣམས་ཀྱི་རྗེས་ཟློས་ལན་གསུམ་རེ་མཛོད་བྱས་ལ། ཨོ་ལྷ་ར་ཏ་པདྨེ་ཧཱུྃ། ཨོཾ་པདྨ་ཙིནྟ་མ་ཎི་ཛྭ་ལ་ཧཱུྃ། ན་མོ་རཏྣ་ཏྲ་ཡཱ་ཡ། ན་མོ་ཨཱརྻ་ཨ་བ་ལོ་ཀི་ཏེ་ཤྭ་རཱ་ཡ། བོ་དྷི་སཏྭཱ་ཡ། མཧཱ་སཏྭཱ་ཡ། མཧཱ་ཀཱ་རུ་ཎི་ཀཱ་ཡ། ཏདྱ་ཐཱ། ཨོཾ་ཙཀྲ་ཝ་རྟི་ཙིནྟ་མ་ཎི་མཧཱ་པདྨ་རུ་རུ་ཏིཥྛ་ཛྭ་ལ། ཨ་ཀཱརྵ་ཡ་ཧཱུྃ་ཕཊ་སྭཱཧཱ། དང་པོས་བྱིན་གྱིས་བརླབས། (༢༧༠ན)གཉིས་པས་དབྱེར་མེད་དུ་འདྲེས། གསུམ་པས་བརྟན་པར་བྱས་པའི་མོས་པ་མཛོད། གཉིས་པ་བྱིན་གྱིས་བརླབས་པའི་ལུང་ནི། སློབ་དཔོན་ལ་མེ་ཏོག་གཏོར་བཞིན་དུ། འདིའི་རྗེས་

ཟློས་མཛོད་ཅིག །བཅོམ་ལྡན་བདག་གིས་སོགས་བྱ། དེ་ལྟར་ཕུལ་བའི་མེ་ཏོག་དེ་ཉིད་སྣར་ཡང་བྱིན་གྱིས་བརླབས་ཏེ། ཁྱེད་རང་གི་སྤྱི་བོར་ཕུལ་བའི་མོས་པ་མཛོད་ཅིག །སློབ་དཔོན་གྱི་མེ་ཏོག་གཏོར་ཞིང་། བཅོམ་ལྡན་འདི་ལ་སོགས་དང་། རིག་པ་འཛིན་པ་འདི་རྣམས་ལ་བཅོམ་ལྡན་འདས་སྤྱན་རས་གཟིགས་ཡིད་བཞིན་ནོར་བུ་འཁོར་དང་བཅས་པའི་སྐུ་གསུང་ཐུགས་ཀྱི་བྱིན་རླབས་མ་ལུས་པ་འཇུག་པར་གྱུར་ཅིག །གསུམ་པ་དམ་བཅའ་བའི་ལུང་གི་ཕྱིར། བཅོམ་ལྡན་འདས་སྤྱན་རས་གཟིགས་ཡིད་བཞིན་ནོར་བུ་འདི་ཉིད་ཇི་སྲིད་བྱང་ཆུབ་མ་ཐོབ་བར་གྱི་ཡི་དམ་དུ་བཟུང་ངོ་། །བདག་ཐུགས་ཀྱིས་མ་བཏང་ཞིག་སྙམ་པའི་བསམ་པས། འདིའི་ཚེས་ཟློས་གསུངས་ཤིག །སློབ་དཔོན་དགོངས་སུ་གསོལ། བདག་རིག་པ་འཛིན་པ་མིང་འདི་ཞེས་བགྱི་བ་དུས་འདི་ནས་བཟུང་སྟེ། ཇི་སྲིད་བྱང་ཆུབ་སྙིང་པོ་ལ་མཆིས་ཀྱི་བར་དུ་བཅོམ་ལྡན་འདས་སྤྱན་རས་གཟིགས་ཡིད་བཞིན་ནོར་བུ་འཁོར་དང་བཅས་པ། ཡི་དམ་གྱི་ལྷར་བཟུང་ནས་འདིའི་གསང་སྔགས་ཉེ་མ་རེ་རེ་བཞིན་འདི་ཙམ་རེ་འདོན་པར་དམ་འཆའ་ལགས་སོ། །ཞེས་ལན་གསུམ་བརྗོད། དེས་དངོས་གཞི་ལུང་གསུམ་སོང་། ད་ནི་རྗེས་བྱིན་གྱིས་བརླབས་པའི་ཕྱིར། (༢༧༠བ)མདུན་བསྐྱེད་ཀྱི་ལྷ་ལ་མོས་གུས་དུང་དུང་བ་དང་། བདག་གི་རྒྱུད་བྱིན་གྱིས་བརླབ་ཏུ་གསོལ་སྙམ་པ་མཛད་པས། མདུན་བསྐྱེད་ཀྱི་ལྷའི་ཐུགས་ཀ་ནས་སྤྱན་རས་གཟིགས་ཀྱི་སྐུ་སོར་ཚད་ཙམ་གཅིག་རྒྱུངས་ཏེ་བྱོན། ཁྱེད་རང་རྣམས་ཀྱི་སྙིང་གའི་ས་བོན་དང་དབྱེར་མེད་དུ་འདྲེས། རྒྱུད་བྱིན་གྱིས་བརླབས་པའི་མོས་པ་མཛོད། མཇུག་ཚོག་སྤྱི་དང་འདྲ། །

༈ ཁ་སརྤ་ཎི་སེམས་ཉིད་ངལ་བསོ་ལ། སྐྱབས་འགྲོ་སེམས་བསྐྱེད་སྔོན་དུ་བཏང་། སྟོང་པའི་ངང་ལས་པད་ཟླའི་གདན་ལ་རང་སྐད་ཅིག་གིས་ཇོ་བོ་ཁ་སརྤ་ཎི་སྐུ་མདོག་དཀར་པོ། ཞལ་གཅིག །ཕྱག་གཉིས་གཡས་མཆོག་སྦྱིན་དང་། གཡོན་གདན་ལ་བརྟེན་པས་པདྨ་དཀར་པོ་འདབ་མ་བརྒྱད་པ་ཡུ་བ་དང་བཅས་པ་འཛིན་པ། ཞབས་

གཡས་བརྐྱངས་པའི་སྐྱིལ་ཀྲུང་ཕྱེད་པའི་རོལ་པས་བཞུགས་པ། དར་དང་རིན་པོ་ཆེས་བརྒྱན་པ། རི་དྭགས་ཀྱི་པགས་པས་ནུ་མ་གཡོན་པ་བཀབ་པ། སྐུ་ལས་འོད་ཟེར་སྣ་ལྔ་འཕྲོས། བདག་དང་སེམས་ཅན་ཐམས་ཅད་ཀྱི་དོན་བྱས་པར་གྱུར། ཨོཾ་ཨཱཿཧྲཱིཿཧཱུྃ། ཞེས་ཅི་ནུས་བཟླས། མཇུག་ཏུ་དགེ་བ་བསྔོས་ལ། ཐུན་མཚམས་ལྷའི་ང་རྒྱལ་བྱ། འདོད་དོན་གསོལ་བ་བཏབ། འདིའི་རྗེས་གནང་ནི་ཙན་དན་དཀར་པོའམ་ས་དཀར་གྱིས་བྱུགས་པའི་མཎྜལ་གྱི་དབུས་སུ་མེ་ཏོག་དཀར་པོའི་ཚོམ་བུ་བཀོད། མདུན་དུ་མཆོད་གཏོར་བཤམས། བདག་བསྐྱེད་བཟླས་པ་དང་བཅས་པ་བྱ། མཆོད་པ་བྱིན་གྱིས་བརླབས། ཚོམ་བུ་བསངས་(༢༧༡ན)སྦྱངས་ནས། བདག་བསྐྱེད་བཞིན་འདོན་པ་སྤྱོས་པས་ཚོག །བཟླས་པའི་མཇུག་ཏུ། གཏོར་སྔོད་རིན་པོ་ཆེའི་སྣོད་དུ། ཨོཾ་ཨཱཿཧཱུྃ་ལན་གསུམ་བརྗོད་པས། གཏོར་མ་བདུད་རྩིའི་རྒྱ་མཚོར་གྱུར། ཨོཾ་ཤྲཱི་ལོ་ཀ་ནཱ་ཐ་ས་པ་རི་ཝཱ་ར་ཨ་མྲི་ཏ་ཁ་ཁ་ཁཱ་ཧི་ཁཱ་ཧི། མ་མ་རཀྵ་རཀྵ་ཧཱུྃ། ཞེས་ལན་གསུམ་གྱིས་ཕུལ། ཨརྒྷཾ་སོགས་ཀྱིས་མཆོད། སྨྲྀན་གྱིས་མ་གོས་ཞེས་སོགས་ཀྱིས་བསྟོད། སློབ་མའི་དོན་དུ་གསོལ་བ་བཏབ། དེ་ནས་སློབ་མ་རྣམས་ཁྲུས་བྱས། མཎྜལ་ཕུལ། གསོལ་བ་འདེབས་པ་འདིའི་རྗེས་གནང་མཛོད་བྱས་ལ། རྡོ་རྗེ་འཛིན་པ་སོགས་ལན་གསུམ་གྱིས་གསོལ་བ་འདེབས་སུ་གཞུག །རྒྱུན་བཤགས་གྱུར་བཞིན་བྱ། སློབ་མ་རྣམས་བསངས་སྦྱངས། སྟོང་པའི་ངང་ལས་པད་ཟླའི་གདན་ལ། ཁྱེད་རང་རྣམས་སྐད་ཅིག་གིས་རྗེ་བོ་ཁ་སརྤ་ཎི་སྐུ་མདོག་དཀར་པོ་ཞལ་གཅིག་ཕྱག་གཉིས་གཡས་མཆོག་སྦྱིན་དང་། གཡོན་གདན་ལ་བརྟེན་པས་པདྨ་དཀར་པོ་འདབ་མ་བརྒྱད་པ་ཡུ་བ་དང་བཅས་པ་འཛིན་པ། ཞབས་གཡས་བརྐྱངས་པའི་སྐྱིལ་ཀྲུང་ཕྱེད་པའི་རོལ་པས་བཞུགས་པ། དར་དང་རིན་པོ་ཆེས་བརྒྱན་པ། རི་དྭགས་ཀྱི་པགས་པས་ནུ་མ་གཡོན་པ་བཀབ་པ། སྐུ་ལས་འོད་ཟེར་སྣ་ལྔ་འཕྲོ་བར་གྱུར་པའི་མོས་པ་མཛོད། སློབ་དཔོན་གྱི་སྤྱི་བོ་ནས་རྗེ་བོ་ཁ་སརྤ་ཎི་དཀར་པོའི་ཚོགས

འཕྲོས་ནས་ཁྱེད་རང་རྣམས་ལྷར་གསལ་བའི་དཔྲལ་བར་ཐིམ་པས། ལུས་ཀྱི་སྡིག་སྒྲིབ་ཐམས་ཅད་བྱང་ཞིང་དག །ལུས་ལྷ་བསྒོམས་པའི་(༢༧༡བ)སྐལ་བ་ཅན་དུ་གྱུར་པའི་མོས་པ་མཛོད་བྱས་ལ། ཨོཾ་ཨཱཿཧྲཱིཿཧཱུྃ་ཨ་བི་ར་ཡ་ཨ། ཞེས་བརྗོད། རོལ་མོའི་སྒྲ་བྱ། སྐུའི་རྗེས་གནང་ངོ་། །སློབ་དཔོན་གྱི་མགྲིན་པ་ནས་ཇོ་བོ་ཁ་སརྤ་ཎི་དམར་པོའི་ཚོགས་འཕྲོས་ནས་ཁྱེད་རང་རྣམས་ལྷར་གསལ་བའི་མགྲིན་པར་ཐིམ་པས། ངག་གི་སྡིག་སྒྲིབ་ཐམས་ཅད་བྱང་ཞིང་དག །ངག་གསུང་བཟླས་པའི་སྐལ་བ་ཅན་དུ་གྱུར་པའི་མོས་པ་མཛོད་བྱས་ལ། སྔགས་ཀྱི་མཐར་ཨ་བི་ར་ཡ་ཨ། ཞེས་བརྗོད། རོལ་མོའི་སྒྲ་བྱ། གསུང་གི་རྗེས་གནང་ངོ་། །སློབ་དཔོན་གྱི་ཐུགས་ཀ་ནས་ཇོ་བོ་ཁ་སརྤ་ཎི་མཐིང་ཁའི་ཚོགས་འཕྲོས་ནས། ཁྱེད་རང་རྣམས་ལྷར་གསལ་བའི་སྙིང་གར་ཐིམ་པས་ཡིད་ཀྱི་སྡིག་སྒྲིབ་ཐམས་ཅད་བྱང་ཞིང་དག །ཡིད་ཏིང་ངེ་འཛིན་དང་ལྷ་བསྒོམ་པའི་སྐལ་བ་ཅན་དུ་གྱུར་པའི་མོས་པ་མཛོད་བྱས་ལ། སྔགས་ཀྱི་མཐར་ཨ་བི་ར་ཡ་ཨ། ཞེས་བརྗོད། རོལ་མོའི་སྒྲ་བྱ། ཐུགས་ཀྱི་རྗེས་གནང་ངོ་། །བཟླས་ལུང་ལ་ཁྱེད་རང་རྣམས་ལྷར་གསལ་བའི་ཐུགས་ཀར་ཟླ་བའི་གདན་ལ་ཧྲཱ་ཡིག་གི་མཐར་སྔགས་ཀྱིས་བསྐོར་བར་བསམ། སློབ་དཔོན་དང་མདུན་བསྐྱེད་གཉིས་ཀའི་ཐུགས་ཀ་ནས་སྔགས་ཕྲེང་འོད་ཟེར་དང་བཅས་པ་མར་མེ་གཅིག་ལས་གཉིས་ཆད་ཀྱི་ཚུལ་དུ་འཕྲོས། ཁྱེད་རང་རྣམས་ཀྱི་ཐུགས་ཀའི་སྔགས་ཕྲེང་ལ་ཐིམ་པས། འོད་ཟེར་འཕྲོས། ལུས་ཀྱི་ནང་ཐམས་ཅད་གང་། ཚེ་ཐོག་མ་མེད་པ་ནས་བསགས་པའི་སྡིག་སྒྲིབ་བག་ཆགས་དང་བཅས་པ་དག་འོད་ཟེར་བ་སྤུའི་བུ་ག་ནས་ཕྱིར་འཕྲོས། ཕྱོགས་བཅུའི་སངས་(༢༧༢ན)རྒྱས་བྱང་སེམས་ཐམས་ཅད་ཀྱི་སྐུ་གསུང་ཐུགས་ཀྱི་བྱིན་རླབས་ཐམས་ཅད་འོད་ཟེར་བདུད་རྩིའི་རྒྱུན་དང་བཅས་པ་སྤྱན་དྲངས་ཏེ། ཐུགས་ཀའི་སྔགས་ཕྲེང་ལ་ཐིམ་པར་བསམ། ཞེས་བརྗོད་ལ། སྔགས་ཀྱི་རྗེས་ཟློས་ལན་བརྒྱ་ཙམ་མཛོད་བྱས་ལ། ཨོཾ་ཨཱཿཧྲཱིཿཧཱུྃ། སློབ་དཔོན་ལ་མེ་ཏོག་གཏོར་བཞིན་པས།

བཅོམ་ལྡན་བདག་ལ་བསྟུལ་ལགས་ཀྱི། །བདག་ལ་ཉེ་བར་མཛད་དུ་གསོལ། །ཞེས་ལན་གསུམ་རྗེས་ཟློས་བྱ། སློབ་དཔོན་གྱིས་མེ་ཏོག་གཏོར་ཏེ། བཅོམ་ལྡན་འདི་ལ་སོགས་བྱ་བ་རྗེས་ཀྱི་བྱ་བ་སྤྱི་དང་འདྲ། །

༄ འཇིག་རྗེན་དབང་ཕྱུག་གསང་སྒྲུབ་མི་ཏྲ་ཛོ་ཀིའི་ལུགས་ལ། སྐྱབས་སེམས་སྔོན་དུ་འགྲོ་བས། སྭ་བྷཱ་ཝས་སྟོང་པར་སྦྱངས། སྟོང་པའི་ངང་ལས་སྲུང་འཁོར་གྱི་ནང་དུ་ཆོས་འབྱུང་གི་དབུས་སུ་འབྱུང་བཞི་རི་རབ་དང་བཅས་པའི་རྩེ་མོར་གཞལ་ཡས་ཁང་དབུས་སུ་པད་ཟླའི་གདན་ལ་ཧྲཱིཿལས་པདྨ་ཧྲཱིཿས་མཚན་པ་ཡོངས་སུ་གྱུར་པ་ལས། རང་ཉིད་འཇིག་རྟེན་མགོན་པོ་སྐུ་མདོག་དཀར་ལ་དམར་བའི་མདངས་ཆགས་པ། ཞལ་གཅིག་ཕྱག་གཉིས། ཡིད་ཙམ་ཁྲོ་བ། སྤྱན་གསུམ་དང་ལྡན་པ། ཕྱག་གཡས་མྱུ་ཏིག་གི་འཕྲེང་བ་དང་། གཡོན་པདྨའི་སྡོང་པོ་འཛིན་པས་ཡུམ་ལ་འཁྱུད་པ། རུས་པའི་རྒྱན་གྱིས་བརྒྱན་པ། གཡོན་བརྐྱང་གི་སྟབས་ཀྱིས་བཞུགས་པ། དེ་ལ་འཁྱུད་པའི་ཡུམ་གསང་བ་ཡེ་ཤེས་ཀྱི་མཁའ་འགྲོ་མ་དམར་མོ་ནཱ་མ་རུ་དང་ཐོད་ཁྲག་འཛིན་(༢༧༢བ)པ། རྡོ་རྗེ་ཕག་མོ་དང་མཚུངས་པ། རིགས་བཞི་མཁའ་འགྲོའི་འཁོར་གྱིས་བསྐོར་བ། ཕྱི་སྐོར་དུ། ཐུབ་པ་འཇམ་དཔལ་འོད་དཔག་མེད། །ཕྱག་རྡོར་ཤེས་རབ་ཕ་རོལ་ཕྱིན། །སྒྲོལ་མ་དང་ནི་རིག་བྱེད་མ། །ཁྲོ་གཉེར་ཅན་སོགས་དཔག་ཡས་བཞུགས། །གཙོ་འཁོར་ཐམས་ཅད་ཀྱི་སྤྱི་བོར་ཨོཾ། མགྲིན་པར་ཨཱཿ ཐུགས་ཀར་ཧཱུྃ། ཐུགས་ཀའི་ས་བོན་ལས་འོད་ཟེར་འཕྲོས། རང་བཞིན་གྱི་གནས་ནས་བསྒོམ་པ་དང་འདྲ་བའི་ཡེ་ཤེས་པ་དང་དབང་གི་ལྷ་རྣམས་བཛྲ་ས་མཱ་ཛཿཛཿཧཱུྃ་བཾ་ཧོཿགཉིས་སུ་མེད་པར་ཐིམ། དབང་གི་ལྷ་རྣམས་ལ་དེ་བཞིན་གཤེགས་པ་ཐམས་ཅད་ཀྱིས་བདག་ལ་མངོན་པར་དབང་བསྐུར་དུ་གསོལ། ཞེས་གསོལ་བ་བཏབ་པས། དེ་རྣམས་ཀྱིས་ཡེ་ཤེས་ཀྱི་བདུད་རྩིས་གང་བའི་བུམ་པ་ཐོགས་ནས། ཇི་ལྟར་བལྟམས་པ་ནས། ཨཱ་ཡེ་ཧཱུྃ། ཞེས་གསུངས་ཤིང་དབང་བསྐུར་བས། སྐུ་གང་།

དྲི་མ་དག །ཚུ་ལྷག་མ་ཡར་ལྷུད་པ་ལས་ཡབ་ཡུམ་གཉིས་ཀ་ལ་འོད་དཔག་མེད་དང་། འཁོར་རྣམས་ལ་རང་རང་གི་རིགས་བདག་གིས་དབུ་བརྒྱན་པར་བསམ། རང་གི་ལྟེ་བ་དང་ཡུམ་གྱི་མཁའ་ནང་དུ་དགའ་འཁྱིལ་གྱི་ལྟེ་བར་གཙོ་བོ་ཡབ་ཡུམ། ལག་བཞི་ལ་མཁའ་འགྲོ་མ་བཞི། དེ་གཡོན་སྐོར་དུ་འཁོར་བ་ལ་སེམས་གཏད་དེ། འགོག་པའི་བཟླས་པ་བྱའོ། །དེ་ནས་སྦྱོ་བསྟུའི་དམིགས་པ་གསལ་བཏབ་སྟེ། ཨོཾ་མ་ཧི་པདྨེ་ཧཱུཾ། ཀྵ་ཀི་ཎི་ཏ་རི་ཎི་ས་ཧཱུཾ། གང་འགྲུབ་བཟླའོ། །ཨརྒྷཾ་ནས་ཤབྡའི་བར་གྱིས་མཆོད། སྐྱོན་གྱིས་མ་གོས་(༢༧༣ན)སྐུ་མདོག་དཀར། །སོགས་དང་། བདེ་སྟོང་གཉིས་སུ་མེད་པ་ཡི། །གསང་བ་ཡེ་ཤེས་ལ་འདུད་དོ། །འཕྲིན་ལས་རྣམ་བཞི་སྒྲུབ་མཛད་པ། །མཁའ་འགྲོའི་ཚོགས་ལ་ཕྱག་འཚལ་ལོ། །མཐར་སྣོད་བཅུད་ཐམས་ཅད་དཀྱིལ་འཁོར་ལ་བསྟུ། དེ་ཡང་འོད་གསལ་དུ་བསྟིམ། ཐུན་མཚམས་སུ་ལྷ་སྐུར་ལངས་ཏེ་དགེ་བ་བསྔོ། གཏོར་ཆོག་ནི་བླ་མེད་སྤྱི་དང་འདྲ་བ་ལས། སྙིང་པོའི་མཐར། ཨི་དཾ་བ་ལི་ཏ་ཁ་ཁ་ཁཱ་ཧི་ཁཱ་ཧི། བཏགས་པས་དབུལ། འདིའི་བྱིན་རླབས་བྱ་ཚུལ་ནི། དཀྱིལ་འཁོར་ལ་ལྷ་རྣམས་ཀྱི་ཁ་དོག་དང་མཐུན་པའི་ཚོམ་བུ་དགོད། ནང་དུ་གཏོར་མ་གཉིས་དང་མཆོད་པ་བཟང་དུ་བཤམས། ཡོལ་བས་མཚམས་བཅད། སྔོན་འགྲོ་གཏོར་མ་བགེགས་གཏོར་གྱི་ཚུལ་དུ་བཏང་། གནས་དང་ཡོ་བྱད་བྱིན་རླབས་སྤྱི་དང་འདྲ། སྐྱབས་འགྲོ་སེམས་བསྐྱེད་སྔོན་དུ་སོང་ནས། མདུན་བསྐྱེད་ཀྱི་དཀྱིལ་འཁོར་བསངས་སྦྱངས། དེའི་དབུས་སུ་རང་ཉིད་འདུག་པར་བསམ་ལ། སྟོང་པའི་ངང་ལས་སྲུང་འཁོར་གྱི་ནང་ཆོས་འབྱུང་གི་དབུས་སུ། འབྱུང་བཞི་རི་རབ་དང་བཅས་པའི་རྩེ་མོར་གཞལ་ཡས་ཁང་དབུས་སུ་པད་ཟླའི་གདན་ལ་ཧྲཱིཿལས་པདྨ་ཧྲཱིཿས་མཚན་པ། ཡོངས་སུ་གྱུར་པ་ལས་འཇིག་རྟེན་མགོན་པོ་ཞེས་པ་ནས། བཟླས་པའི་བར་གོང་བཞིན་བསྒོམ། གཏོར་མ་དང་པོ་དེ་བསྔོས་ལ་གཙང་སར་བཏང་། སློབ་མས་མཎྜལ་ཕུལ། ཨོཾ་ཙཀྵུ་བན་དྷ་ཕ་ཏྲ་མ་ན་ཡེ་ཧཱུཾ། ཞེས་(༢༧༣བ)མིག་དར་

གཏད། ཨ་ཁཾ་བི་ར་ཧཱུྃ་གིས་མེ་ཏོག་གཏད། དགའ་ཆེན་ཁྱོད་བདག་སོགས་ཀྱིས་གསོལ་བ་བཏབ། རྒྱན་བཤགས་བྱ། སངས་རྒྱས་བྱང་ཆུབ་སེམས་དཔའ་ཀུན། །ནས། སེམས་ཅན་མྱ་ངན་འདས་ལ་འགོད། །ཅེས་པའི་བར་ལན་གསུམ་གྱིས་རིགས་ལྔའི་སྡོམ་པ་བཟུངས། སློབ་མའི་སྙིང་གར་ཟླ་བ་ལ་རྡོ་རྗེ་དཀར་པོ་བསྒོམ་དུ་བཅུག་ནས། ཨོཾ་སརྦ་ཡོ་ག་ཙིཏྟ་ཨུཏྤ་ད་ཡཱ་མི། ཞེས་རྗེས་ཟློས་བྱར་བཅུག །འདི་ནི་ཁྱོད་ཀྱི་དམྱལ་བའི་ཆུ། །དམ་ཚིག་འདས་ན་བསྲེག་པར་བྱེད། །དམ་ཚིག་སྲུང་ན་དངོས་གྲུབ་སྟེར། །རྡོ་རྗེ་བདུད་རྩིའི་ཆུ་འཐུང་ཞིག །ཨོཾ་བཛྲ་ཨུ་ད་ཀ་ཋ་ཋ་ཧཱུྃ། ཞེས་མནའ་ཆུ་སྦྱིན། མདུན་བསྐྱེད་ཀྱི་ཐུགས་ཀ་ནས་ལྷ་ཚོགས་དཔག་ཏུ་མེད་པ་འཕྲོས་ནས། སློབ་མ་ལ་བསྟིམ། སྔགས་ཀྱི་མཐར་ཨ་བེ་ཤ་ཡ་བཏགས་པ་མང་དུ་བཟླ། འཇིག་རྟེན་མགོན་པོ་དེང་ཁྱོད་ཀྱི། །མིག་འབྱེད་པར་ནི་བརྩོན་པར་མཛད། །ཕྱི་བས་ཐམས་ཅད་མཐོང་བ་ཡང་། །རྡོ་རྗེའི་མིག་ནི་བླ་ན་མེད། །ཧེ་བཛྲ་པ་ཤྱ། ཞེས་གདོང་གཡོགས་བཀྲོལ། ཨོཾ་པྲ་ཏཱིཙྪ་བཛྲ་ཧོས་གཙོ་བོ་ལ་མེ་ཏོག་དོར། རྟེན་དང་བརྟེན་པར་བཅས་པའི་དཀྱིལ་འཁོར་པ་ཐམས་ཅད་མངོན་སུམ་བཞིན་དུ་གསལ་བར་གྱུར། ཞེས་ལྷ་ངོ་བསྟན། དངོས་གཞིའི་དོན་དུ། མཎྜལ་ཕུལ། སྭ་བྷཱ་ཝས་སྟོང་པར་སྦྱངས། སྟོང་པའི་ངང་ལས་སྲུང་འཁོར་གྱི་ནང་ཆོས་འབྱུང་གི་དབུས་སུ་འབྱུང་བཞི་རི་རབ་དང་བཅས་པའི་རྩེ་མོར་གཞལ་ཡས་ཁང་། དབུས་སུ་པད་ཟླའི་གདན་ལ་ཁྱེད་རང་རྣམས་ཀྱི་སེམས་ཉིད་ཀྱི་ངོ་བོ་ཧྲཱིཿལས་པདྨ་ཧྲཱིཿས་མཚན་པ་(༢༧༨ན)ཡོངས་སུ་གྱུར་པ་ལས། ཁྱེད་རང་རྣམས་འཇིག་རྟེན་མགོན་པོ་སྐུ་མདོག་དཀར་ལ་དམར་བའི་མདངས་ཆགས་པ་ཞལ་གཅིག་ཕྱག་གཉིས་ཡིད་ཙམ་ཁྲོས་པ། སྤྱན་གསུམ་དང་ལྡན་པ། ཕྱག་གཡས་མུ་ཏིག་གི་འཕྲེང་བ་དང་། གཡོན་པདྨའི་སྡོང་བུ་འཛིན་པས་ཡུམ་ལ་འཁྱུད་པ། རུས་པའི་རྒྱན་གྱིས་བརྒྱན་པ། གཡོན་བརྐྱང་གི་སྟབས་ཀྱིས་བཞུགས་པ། དེ་ལ་འཁྱུད་པའི་ཡུམ་གསང་བ་ཡེ་ཤེས་ཀྱི་མཁའ་འགྲོ་མ་དམར་མོ་ཌཱ་མ་རུ་

དང་ཐོད་ཁྲག་འཛིན་པ་རྡོ་རྗེ་ཕག་མོ་དང་མཚུངས་པའི་སྤྱི་བོར་ཨོཾ། མགྲིན་པར་ཨཱཿ ཐུགས་ཀར་ཧཱུྃ་གིས་མཚན་པར་གྱུར་པའི་མོས་པ་མཛོད། ཡེ་ཤེས་པ་བསྐྱིམ་པ་ནི། སློབ་དཔོན་གྱི་ཐུགས་ཀའི་ས་བོན་ལས་འོད་ཟེར་འཕྲོས། རང་བཞིན་གྱི་གནས་ནས་ཡེ་ཤེས་པ་དང་། དབང་གི་ལྷ་རྣམས་བཛྲ་ས་མཱ་ཛཿ ཛཿཧཱུྃ་བཾ་ཧོཿསློབ་མ་རྣམས་ལ་ཐིམ་པས་གཉིས་སུ་མེད་པར་གྱུར། དབང་གི་ལྷ་རྣམས་ལ། དེ་བཞིན་གཤེགས་པ་ཐམས་ཅད་ཀྱིས་སློབ་མ་འདི་རྣམས་ལ་མངོན་པར་དབང་བསྐུར་དུ་གསོལ། ཞེས་གསོལ་བ་བཏབ་པས། དེ་རྣམས་ཀྱི་ཡེ་ཤེས་ཀྱི་བདུད་རྩིས་གང་བའི་བུམ་པ་ཐོགས་ནས་ཇི་ལྟར་བལྟམས་པ་ནས། ཨཱི་ཡེ་ཧཱུྃ། ཞེས་གསུངས་ཤིང་དབང་བསྐུར། ལུས་གང་། དྲི་མ་དག །ཆུའི་ལྷག་མ་ཡར་ལུད་པ་ལས་ཡབ་ཡུམ་གཉིས་ཀ་ལ་འོད་དཔག་མེད་ཀྱིས་དབུ་བརྒྱན་པར་མོས། བུམ་དབང་ངོ་། །ཡི་གེ་དྲུག་པས་ནང་མཆོད་སྦྱིན། གསང་དབང་(༢༧༨བ)ངོ་། །ལྟེ་བའི་གཏུམ་མོ་འབར་ཏེ། སྤྱི་བོའི་ཧཾ་ཡིག་ཞུ་བའི་བྱང་ཆུབ་ཀྱི་སེམས་སྤྱི་བོ་ནས་མགྲིན་པར་སླེབས་པ་ན་དགའ་བ། མགྲིན་པ་ནས་སྙིང་གར་སླེབས་པ་ན་མཆོག་དགའ། སྙིང་ག་ནས་ལྟེ་བའི་བར་སླེབས་པ་ན་ཁྱད་དགའ། ལྟེ་བ་ནས་ནོར་བུའི་རྩེར་སླེབས་པ་ན་ལྷན་ཅིག་སྐྱེས་དགའི་ཡེ་ཤེས་མངོན་དུ་བྱས། དེ་ལྟ་བུའི་བདེ་སྟོང་དབྱེར་མེད་ཀྱི་ངོ་བོར་གྱུར་པར་མོས། ཤེར་དབང་ངོ་། །སེམས་ཕྱག་རྒྱ་ཆེན་པོར་ངོ་སྤྲད། དབང་བཞི་པའོ། །དེ་ནས་བཟླས་ལུང་ནི། སློབ་དཔོན་གྱི་ཐུགས་ཀའི་ས་བོན་ལས་སྔགས་ཀྱི་འཕྲེང་བ་བྱུང་། ཁྱེད་རང་གི་ཁ་སྒོ་ནས་ཞུགས། སྙིང་གའི་གཟུངས་སྔགས་ལ་ཐིམ་པས་སྔགས་ནུས་མཐུ་དང་ལྡན་པར་བྱིན་གྱིས་བརླབས་པར་མོས་ལ། འདིའི་རྗེས་ཟློས་མཛོད་བྱས་ལ། ཨོཾ་མ་ཎི་པདྨེ་ཧཱུྃ། ཌཱ་ཀི་ནི་ཧ་རི་ནི་ས་ཧཱུྃ། ཞེས་ལན་གསུམ། དམ་བཅའ་བའི་ལུང་འདིའི་རྗེས་ཟློས་མཛོད་བྱས་ལ། བླ་མ་དང་འཇིག་རྟེན་མགོན་པོ་གཉིས་སུ་མ་མཆིས་པ་བདག་ལ་དགོངས་སུ་གསོལ། བདག་མིང་འདི་ཞེས་བགྱི་བ་དུས་འདི་ནས་བཟུང་

སྟེ། ཇི་སྲིད་བྱང་ཆུབ་སྙིང་པོ་ལ་མཆིས་ཀྱི་བར་དུ། འཇིག་རྟེན་མགོན་པོ་ཡི་དམ་གྱི་ལྷར་བཟུང་ནས་དེའི་གཟུངས་སྔགས་ཉིན་རེ་ལ་ཅི་ནུས་རེ་བཟླ་བར་དམ་འཆའ་བར་ལགས་སོ། །ཞེས་ལན་གསུམ། སློབ་དཔོན་ལ་མེ་ཏོག་གཏོར་ལ་འདིའི་རྗེས་ཟློས་མཛོད། བཅོམ་ལྡན་བདག་གིས་ཞེས་སོགས་ལན་གསུམ། མེ་ཏོག་དེ་ཉིད་སླར་ཡང་ཁྱེད་རང་རྣམས་ཀྱི་སྤྱི་བོར་གཏོར་བས་སྔགས་ཕྲེང་གི་རྣམ་པར་སྙིང་ཁར་ཐིམ་སྟེ་(༢༧༥ན)རྒྱུད་བྱིན་གྱིས་བརླབས་པར་མོས་པ་མཛོད་བྱས་ལ། མེ་ཏོག་སློབ་མའི་སྤྱི་བོ་དང་སྙིང་ཁར་གཏོར་ཏེ། བཅོམ་ལྡན་འདི་ལ་སོགས་དང་། རིག་པ་འཛིན་པ་འདི་རྣམས་ཀྱི་རྒྱུད་ལ་འཇིག་རྟེན་མགོན་པོའི་གསུང་རིག་སྔགས་ཀྱི་བྱིན་རླབས་དང་ནུས་མཐུ་མ་ལུས་པ་འཇུག་པར་གྱུར་ཅིག །རྗེས་ཆོག་སྤྱི་དང་འདྲའོ། །

༄ **སྤྱན་རས་གཟིགས་ནམ་མཁའི་རྒྱལ་པོ་ལ།** བཟང་སྤྱོད་ནས་འབྱུང་བའི་ཡན་ལག་བདུན་པ་ཚར་གསུམ་བྱ། སྐྱབས་འགྲོ་སེམས་བསྐྱེད་སྤྱི་དང་མཐུན། སྟོང་ཉིད་བསམ་བཞིན། སྭ་བྷཱ་ཝ་བརྗོད་ཅིང་། སྙིང་རྗེ་དུང་བ་བསྒོམས། པད་ཟླ་ལ་ཧྲཱིཿལས་རང་ཉིད་འཕགས་པ་སྤྱན་རས་གཟིགས་ནམ་མཁའི་རྒྱལ་པོ་སྐུ་མདོག་དཀར་ལ་དམར་བའི་མདངས་ཆགས་པ། རྩ་ཞལ་གསུམ་དཀར་ལ་ཞི་བ། དེ་སྟེང་གསུམ་སེར་ལ་བཞད་པ། དེ་སྟེང་གཉིས་མཐིང་ནག་ཁྲོས་པ། དེ་སྟེང་གཉིས་དམར་སྨུག་མཆེ་བ་གཙིགས་པ། དེ་རྣམས་སྤྱན་གསུམ་གསུམ་དང་ལྡན་ཞིང་། ཀུན་གྱི་སྟེང་ན་འོད་དཔག་མེད་ཀྱི་ཞལ་ཡོ། །ཆོས་སྐུའི་རྩ་ཕྱག་བཅུ་ལས་དང་པོ་གཉིས་ཐལ་མོ་སྦྱར་བ། ལྷག་མ་གཡས་པས་མུ་ཏིག་གི་འཕྲེང་བ། འཁོར་ལོ། མཆོག་སྦྱིན། སངས་རྒྱས་ཀྱི་སྐུ་གཟུགས། གཡོན་པས་པདྨ། སྤྱི་བླུགས། རིན་པོ་ཆེ། མདའ་གཞུ་སྤྲགས་མའོ། །ཡན་ལག་གི་ཕྱག་སུམ་ཙུ་རྩ་བརྒྱད་ལས་གཡས་རྣམས་རིན་ཆེན་ཞགས་པ། ལྕང་བཟེད། རལ་གྲི། རྡོ་རྗེ་རྒྱ་གྲམ། ཆུ་ཤེལ། མེ་ཤེལ། གཞུ་སེར་པོ། ལྕུག་མ། ཛ་ཡབ་དང་ཕུབ། ཐུམ་(༢༧༥བ)པ། དགྲ་སྟ། འཕྲེང་བ། པད་སྔོན། སྟུ་ཀྵ། ཉི་མ་

དཀར་པོའོ། །གཡོན་རྣམས་སྦྱིན་དཀར། རིལ་བ། པད་སེར། རལ་གྲི། དུང་དང་ཐོད་དབྱུག །ཕྲེང་བ། དྲིལ་བུ། རྡོ་རྗེ། ལྕགས་ཀྱུ། བསིལ་ཡབ། སྤྲུལ་སྐུ། ཁང་བཟང་། གླེགས་བམ། འཁོར་ལོ། སྤྲུལ་གཟུགས། དགུན་འབྲུ། པད་དམར། ནོར་བུའོ། །ཉིང་ལག་གི་ཕྱག་སྟོང་རྩ་གཉིས་མཆོག་སྦྱིན་མཛད་པ། ཕྱག་ཐམས་ཅད་ཀྱི་མཐིལ་ན་སྤྱན་མངའ་བ། ཞབས་གཉིས་མཉམ་པར་བཞེངས་པ། རི་དྭགས་ཀྱི་པགས་པ་ཕྲག་པ་ལ་གཟར་བ། དར་དང་རིན་པོ་ཆེ་དང་སྤྲུལ་གྱིས་བརྒྱན་པ། མཚན་དཔེ་ཡོངས་སུ་རྫོགས་པའི་གནས་གསུམ་དུ་ཨོཾ་ཨཱཿཧཱུྃ། དེ་བཞིན་གཤེགས་པ་རྣམས་ཀྱིས་བུམ་པའི་ཆུས་དབང་བསྐུར་བར་གྱུར། ལོངས་སྐུ་དང་སྤྲུལ་སྐུའི་ཞིང་ཁམས་ཐམས་ཅད་དུ་འགྲོ་དོན་མཛད་པར་བསམ། བཟླས་དམིགས་གསལ་བཏབ་ལ། ཡིག་དྲུག་འདིའི་སྔགས་ཀྱི་གཙོ་བོའང་ཡིན་པས་མ་ཎི་ཉིད་ཅི་ནུས་སུ་བཟླའོ། །མཐར་རྩ་བྲལ་གྱི་ངང་ལ་བློ་བཞག །འདིའི་སློབ་མ་རྗེས་འཛིན་ནི། བཤད་མ་ཐག་པའི་བདག་བསྐྱེད་སྟོན་དུ་སོང་ནས། སློབ་མ་རྣམས་ཁྲུས་བྱ། མཎྜལ་ཕུལ། སློབ་དཔོན་གྱིས་བདག་ལ་རིག་སྔགས་དམ་པ་བསྩལ་དུ་གསོལ། ཞེས་ལན་གསུམ་གྱིས་གསོལ་བ་འདེབས་སུ་གཞུག །བཟང་སྤྱོད་ལྟར་ཡན་ལག་བདུན་པ་དང་། སྐྱབས་འགྲོ་སེམས་བསྐྱེད་གང་འོས་ཐོག་ནས་ཁྱེད་རང་རྣམས། དམིགས་པ་འདི་བཞིན་དུ་མཛོད། ཕྱི་ནང་གི་ཆོས་ཐམས་ཅད་མི་དམིགས་པའི་སྟོང་པ་ཉིད་དུ་གྱུར། ཨོཾ་(༢༧༨ན)སྭ་བྷཱ་ཝ་ཤུདྡྷ་ཨ་སྭ་བྷཱ་ཝ་ཤུདྡྷོ྅ཧཾ། སྙིང་རྗེ་དུང་བ་བསྒོམ། པད་ཟླ་ལ་ཧྲཱིཿལས་ཁྱེད་རང་རྣམས། འཕགས་པ་སྤྱན་རས་གཟིགས་ནམ་མཁའི་རྒྱལ་པོ་སྐུ་མདོག་དཀར་ལ་དམར་བའི་མདངས་ཆགས་པ། རྩ་ཞལ་གསུམ་དཀར་ལ་ཞི་བ། དེའི་སྟེང་གསུམ་སེར་ལ་བཞད་པ། དེའི་སྟེང་གཉིས་མཐིང་ནག་ཁྲོས་པ། དེ་སྟེང་གཉིས་དམར་སྨུག་མཆེ་བ་གཙིགས་པ། དེ་རྣམས་སྤྱན་གསུམ་གསུམ་དང་ལྡན་ཞིང་། །ཀུན་གྱི་སྟེང་ན་འོད་དཔག་མེད་ཀྱི་ཞལ་ལོ། །ཆོས་སྐུའི་རྩ་ཕྱག་བཅུ་ལས་དང་པོ་གཉིས་ཐལ་མོ་

སྒྲུར་བ། ལྷག་མ་གཡས་པས་ཤུ་ཏིག་འཛིན་པ། འཁོར་ལོ། མཆོག་སྦྱིན། སངས་རྒྱས་ཀྱི་སྐུ་གཟུགས། གཡོན་པས་པདྨ། སྲི་བླུགས། རིན་པོ་ཆེ། མདའ་གཞུ་སྒྲུགས་མའོ། །ཡན་ལག་གི་ཕྱག་སུམ་ཅུ་རྩ་བརྒྱད་ལས། གཡས་རྣམས་རིན་ཆེན། ཞགས་པ། ལྕང་བཟེད། རལ་གྲི། རྡོ་རྗེ་རྒྱ་གྲམ། ཆུ་ཤེལ། མེ་ཤེལ། གཞུ་སེར་པོ། ལྕུག་མ། ཛ་ཡབ། ཐུབ། བུམ་པ། དགྲ་སྟ། འཛིན་བ། པད་སྔོན། ཀྲུཀྵེ། ཉི་མ་དཀར་པོའོ། །གཡོན་རྣམས་སྦྱིན་དཀར། རིལ་བ། པད་སེར། རལ་གྲི། དུང་། ཐོད་དབྱུག །ཐྲེང་བ། དྲིལ་བུ། རྡོ་རྗེ། ལྕགས་ཀྱུ། བསིལ་ཡབ། སྤྲུལ་སྐུ། ཁང་བཟང་། གླེགས་བམ། འཁོར་ལོ། སྤྲུལ་གཟུགས། དཀུན་འབྲུ། པད་དམར། ནོར་བུའོ། །ཉིང་ལག་གི་ཕྱག་སྟོང་རྩ་གཉིས་མཆོག་སྦྱིན་མཛད་པ། ཕྱག་ཐམས་ཅད་ཀྱི་མཐིལ་ན་སྤྱན་མངའ་བ། ཞབས་གཉིས་མཉམ་པར་བཞེངས་པ་(༢༧༨བ)རི་དྭགས་ཀྱི་པགས་པ་ཐྲག་པ་ལ་གཟར་བ། དར་དང་རིན་པོ་ཆེ་དང་སྤྲུལ་གྱིས་བརྒྱན་པ། མཚན་དཔེ་ཡོངས་རྫོགས་པའི་སྤྱི་བོར་ཨོཾ། མགྲིན་པར་ཨཱཿ ཐུགས་ཀར་ཧཱུྃ། ཞེས་བསྒོམ་དུ་བཙུག །ཁྱེད་རང་རྣམས་འཕགས་པ་སྤྱན་རས་གཟིགས་སུ་གསལ་བའི་ཐུགས་ཀར་ཟླ་བའི་དཀྱིལ་འཁོར་གྱི་དབུས་སུ་ཧྲཱིཿཡིག་གསལ་གདབ་ལ། སློབ་དཔོན་ལ་མོས་གུས་དུང་བ་བྱས་པས། སློབ་དཔོན་འཕགས་པ་སྤྱན་རས་གཟིགས་སུ་གསལ་བའི་ཐུགས་ཀར་ཟླ་བའི་སྟེང་དུ་ཧྲཱིཿཡིག་གི་མཐར། སྔགས་ཕྲེང་གིས་བསྐོར་བ་ལས། སྔགས་ཕྲེང་གཉིས་པ་ཞིག་ཆད། ཞལ་ནས་ཐོན། ཁྱེད་རང་རྣམས་ཀྱི་ཞལ་དུ་ཞུགས། ཐུགས་ཀའི་ཧྲཱིཿཡིག་གི་མཐར་གཡས་སྐོར་དུ་འཁོད་པའི་མོས་པ་མཛོད་བྱས་ལ། ཡིག་དྲུག་ལན་གསུམ་རྗེས་ཟློས་བྱར་གཞུག །རྗེས་ཆོག་སྤྱི་དང་འདྲ། །

༄ སྤྱན་རས་གཟིགས་ཡིད་བཞིན་འཁོར་ལོ་ལ། སྐྱབས་སེམས་སྔོན་དུ་བཏང་། སྭ་བྷཱ་ཝས་སྟོང་པར་སྦྱངས། སྟོང་པའི་ངང་ལས་པད་ཟླ་ལ་རང་སེམས་ཧྲཱིཿལས་འཕགས་པ་སྤྱན་རས་གཟིགས་དབང་ཕྱུག་རྩ་བའི་ཞལ་དཀར་བ། དེའི་སྟེང་དུ་ཁྲོ་ཞལ་སྔོན་པོ།

སྙིང་ཞལ་འོད་དཔག་མེད་ཀྱི་ཞལ་དམར་བ། ཕྱག་གཡས་པ་ཡིད་བཞིན་གྱི་ནོར་བུ། གཡོན་གྱི་འཁོར་ལོ་ཐུགས་ཀར་གཏོད་པ། ཞབས་མཉམ་པའི་སྟབས་ཀྱིས་བཞེངས་པ། དར་དང་རིན་པོ་ཆེའི་རྒྱན་གྱིས་བརྒྱན་པ། སྙིང་གར་ཟླ་བའི་དཀྱིལ་འཁོར་གྱི་སྟེང་དུ་ཧྲཱིཿདེ་ལས་འོད་ཟེར་འཕྲོས། རྒྱལ་བ་འོད་དཔག་མེད་དང་། འཕགས་(༢༧༧ན)པ་སྤྱན་རས་གཟིགས་གཙོ་བོར་གྱུར་པའི་སངས་རྒྱས་བྱང་ཆུབ་སེམས་དཔའ་ཐམས་ཅད་མདུན་གྱི་ནམ་མཁར་སྤྱན་དྲངས། མ་ལུས་སེམས་ཅན་ཀུན་གྱི་སོགས་ཤོ་ལོ་ཀ་གཅིག་བརྗོད། རང་གི་སྙིང་གའི་ཧྲཱིཿཡིག་གི་མཐར་གཟུངས་སྔགས་གསལ་བཏབ་སྟེ། གཟུངས་བཟླས་པས་དེའི་འོད་ཟེར་གྱིས་མདུན་དུ་བཞུགས་པའི་སངས་རྒྱས་བྱང་སེམས་ཐམས་ཅད་ཀྱི་ཐུགས་རྒྱུད་བསྐུལ། སྐུ་གསུང་ཐུགས་ཀྱི་བྱིན་རླབས་རྣམས་འོད་ཟེར་གྱི་རྣམ་པས་ཕྱིར་འཕྲོས། རང་གི་སྤྱི་བོ་ནས་ཞུགས། སྙིང་གའི་གཟུངས་ལ་ཐིམ་པར་བསམ། ཨོཾ་ཙིནྟ་མ་ཎི་ཙཀྲ་ཥྷེ་མ་ཎི་པདྨེ་ཨ་ཧྲཱིཿཕཊ་སྭཱཧཱ། ཙ་སྔགས་སོ། ། ཨོཾ་པདྨ་ཧ་ར་ཏ་ཀེ་ཨ་ཧྲཱིཿཧཱུྃ་ཕཊ་སྭཱཧཱ། སྙིང་པོའོ། །དེ་ལྟར་ཅི་ནུས་སུ་བཟླས་ནས། སངས་རྒྱས་བྱང་སེམས་རྣམས་རང་ལ་བསྟིམ་པའམ། བཛྲ་མུཿགཤེགས་སུ་གསོལ། དགེ་བ་བསྔོ། ཤིན་ཏུ་བསྡུས་པར་ན་རང་སྤྱན་རས་གཟིགས་སུ་གསལ་བཏབ་ནས། སྔགས་བཟླས་པས་ཀྱང་རུང་ངོ་། །འདིའི་བཟླས་ལུང་ལ། སྔོན་དུ་མཎྜལ། མཆོད་པ་གྲུབ་ན་ལེགས། མ་གྲུབ་ཀྱང་འགལ་བ་མེད་དོ། །དངོས་གཞི་ནི། མཎྜལ་ཕུལ། སངས་རྒྱས་ཆོས་དང་སོགས་ལན་གསུམ་རྗེས་ཟློས་བྱེད་དུ་བཅུག །གོང་དུ་བཤད་པའི་མངོན་རྟོགས་ཀྱི་དམིགས་པ་རྣམས་འབོགས་པ་ཡིན་པ་ལ་སློབ་མ་སུ་ཟླ་ཕ་ནས། སྙིང་གར་ཟླ་བའི་དཀྱིལ་འཁོར་གྱི་སྟེང་དུ་ཧྲཱིཿཞེས་པའི་བར་བསྒོམ་དུ་བཅུག །ཐུགས་ཀའི་ཧྲཱིཿལས་འོད་ཟེར་(༢༧༧བ)འཕྲོས། རྒྱལ་བ་འོད་དཔག་མེད་དང་འཕགས་པ་སྤྱན་རས་གཟིགས་གཙོ་བོར་གྱུར་པའི་སངས་རྒྱས་བྱང་ཆུབ་སེམས་དཔའ་ཐམས་ཅད་མདུན་གྱི་ནམ་མཁར་སྤྱན་དྲངས་པར་མོས་ལ། འདིའི་རྗེས་ཟློས་མཛོད་

བྱས་ལ་མ་ལུས་སེམས་ཅན་སོགས་ཤྭ་ལོ་ཀ་གཅིག་དང་། གདན་འབུལ་བར་མོས་ལ་པདྨ་ཀ་མ་ལ་ཡེ་སྭཱཧཱ། ཞེས་རྗེས་ཟློས་བྱེད་དུ་གཞུག །དཔོན་སློབ་གཉིས་ཀས། ཨོཾ་ཨཱཪྻ་ལོ་ཀེ་ཤྭ་ར་ཨརྒྷཾ་ནས། ཤབྡའི་བར་གྱིས་མཆོད། སྐྱོན་གྱིས་མ་གོས་སོགས་ལྷན་ཅིག་གིས་བསྟོད། སློབ་དཔོན་སྤྱན་རས་གཟིགས་སུ་གསལ་བའི་ཐུགས་ཀའི་ས་བོན་གྱི་མཐར་སྔགས་ཕྲེང་གིས་བསྐོར་བ་ལས་སྔགས་ཕྲེང་མར་མེ་གཅིག་ལས་གཉིས་ཆད་ཀྱི་ཚུལ་དུ་ཞལ་ནས་ཐོན། ཁྱེད་རང་རྣམས་ཀྱི་ཁ་སྒོ་ནས་ཞུགས། སྙིང་གའི་ས་བོན་གྱི་མཐར་འཁོད། དེའི་དུས་སུ་མདུན་དུ་བཞུགས་པའི་སངས་རྒྱས་བྱང་སེམས་ཐམས་ཅད་ཀྱི་སྐུ་གསུང་ཐུགས་ཀྱི་བྱིན་རླབས་རྣམས་འོད་ཟེར་གྱི་རྣམ་པར་ཕྱིར་འཕྲོས། ཁྱེད་རང་རྣམས་ཀྱི་ཐུགས་ཀའི་ས་བོན་སྔགས་ཕྲེང་དང་བཅས་པ་ལ་ཐིམ་པར་མོས་ལ་འདིའི་རྗེས་ཟློས་མཛོད་བྱས་ལ། ཨོཾ་ཙིནྟ་མ་ཎི་ཙཀྲ་ཕཏྟེ་མ་ཎི་པདྨེ་ཨ་ཧྲཱིཿཧཱུཾ་ཕཊ་སྭཱཧཱ། ཞེས་རྩ་སྔགས་གསུམ། ཨོཾ་པདྨ་ཧྲ་ར་ཏ་ཀེ་ཨ་ཧྲཱིཿཧཱུཾ་ཕཊ་སྭཱཧཱ། ཞེས་སྙིང་པོ་ལན་གསུམ་རྗེས་ཟློས་བྱར་གཞུག །མདུན་གྱི་སངས་རྒྱས་བྱང་སེམས་རྣམས་སློབ་མ་ལ་བསྟིམ། རྗེས་ཚིག་སྤྱི་དང་འདྲ། །

༄ འཕགས་པ་བཅུ་གཅིག་ཞལ་འཛིགས་པ་བརྒྱད་སྐྱོབ་(༢༧༨ན)ནི་ལུང་ཙམ་གྱིས་འགྲུབ་པ་ཡིན་པས། སྐྱབས་སེམས་སྔོན་དུ་འགྲོ་བས་ཕྱག་མཆོད་ཡན་ལག་བདུན་པ་ཅི་འགྲུབ་ཞིག་བྱ། མདོར་བསྡུས་ཀྱི་ཚེ་མེད་ཀྱང་རུང་། ཚད་མེད་བཞི་སྤྱི་དང་མཐུན། སྭ་བྷཱ་ཝས་སྟོང་པར་སྦྱངས། སྟོང་པའི་ངང་ལས་པཾ་ལས་པདྨ་འདབ་མ་བརྒྱད་པའི་དབུས་སུ་འཕགས་པ་བཅུ་གཅིག་ཞལ་རྩ་བའི་ཞལ་དཀར་བ། གཡས་ལྗང་བ། གཡོན་དམར་བ། དེའི་སྟེང་གི་ཞལ་གསུམ་ལྗང་དམར་དཀར་བ། དེའི་སྟེང་གི་ཞལ་གསུམ་དམར་དཀར་ལྗང་བ། དེ་རྣམས་ཞི་བའི་ཞལ་སྒེག་པའི་ཉམས་ཅན། དེའི་སྟེང་དུ་ཁྲོ་བོའི་ཞལ་ནག་པོ་སྐྲ་སེར་གྱེན་དུ་བརྫེས་པ། དེའི་སྟེང་དུ་སངས་རྒྱས་འོད་དཔག་མེད་ཀྱི་ཞལ་དམར་པོ་གཙུག་ཏོར་དང་བཅས་པ། རྩ་བའི་

ཕྱག་དང་པོ་ཐུགས་ཀར་ཐལ་མོ་སྦྱར་བ། གཡས་གཉིས་པས་ཐྲེང་བ། གསུམ་པས་མཆོག་སྦྱིན་གྱི་མཐིལ་ནས་བདུད་རྩིའི་རྒྱུན་འབབ་པས་ཡི་དྭགས་ཀྱི་བཀྲེས་སྐོམ་སེལ་བ། བཞི་པས་འཁོར་ལོ། གཡོན་གཉིས་པས་པདྨ་དཀར་པོ་འདབ་མ་བརྒྱད་པ། གསུམ་པས་རིལ་བ་སྤྱི་བླུགས། བཞི་པས་མདའ་གཞུ་བསྣམས་པ། ཕྱག་ལྷག་མ་དགུ་བརྒྱ་དང་དགུ་བཅུ་རྩ་གཉིས་མཆོག་སྦྱིན་གྱི་ཕྱག་རྒྱ་རྣམ་པར་བཀྲམ་པ། ཕྱག་ཐམས་ཅད་ཀྱི་མཐིལ་ན་སྤྱན་རེ་རེ་དང་བཅས་པ། ཞབས་རྡོ་རྗེའི་སྐྱིལ་ཀྲུང་གིས་བཞུགས་པ། འདབ་མ་བརྒྱད་ལ་ཧྲཱིཿཡིག་རེ་རེ་ལས། འཇིགས་པ་བརྒྱད་སྐྱོབ་པའི་འཕགས་པ་སྤྱན་རས་གཟིགས་བརྒྱད་དུ་གྱུར་པ་ནི། ཤར་དུ་མེའི་འཇིགས་པ་ལས་(༢༧༨བ)སྐྱོབ་པ་དཀར་པོ། གཡས་སྐྱབས་སྦྱིན་དང་ཟ་ཡབ། གཡོན་པདྨ་དང་ཚུ་ཤེལ་འཛིན་པ། ལྷོར་ཆུའི་འཇིགས་སྐྱོབ་དཀར་པོ་གཡས་སྐྱབས་སྦྱིན་དང་རིན་པོ་ཆེ། གཡོན་པདྨ་དང་འཁོར་ལོ། ནུབ་ཏུ་སེངྒེའི་འཇིགས་སྐྱོབ་སེར་པོ་ཕྱག་དང་པོ་གཉིས་སྐྱབས་སྦྱིན་དང་པདྨ། ཐ་མ་གཉིས་ནོར་བུ་དང་པོ་ཏི། བྱང་དུ་གླང་པོའི་འཇིགས་སྐྱོབ་དམར་སེར་ཕྱག་དང་པོ་གཉིས་སྐྱབས་སྦྱིན་དང་པདྨ། ཐ་མ་གཉིས་ཨུཏྤལ་དང་མེ་ཤེལ། ཤར་ལྷོར་ཆད་པའི་འཇིགས་སྐྱོབ་དམར་པོ་ཕྱག་དང་པོ་གཉིས་སྐྱབས་སྦྱིན་དང་པདྨ། ཐ་མ་གཉིས་ལྕགས་ཀྱུ་དང་ཞགས་པ། ལྷོ་ནུབ་ཏུ་སྲུའི་འཇིགས་སྐྱོབ་ལྗང་གུ་ཕྱག་དང་པོ་གཉིས་སྐྱབས་སྦྱིན་དང་པདྨ། ཐ་མ་གཉིས་རྒྱལ་མཚན་དང་སྤུཏྲི་ཅན་ཚ་སྲིན་ལ་གནས་པ། ནུབ་བྱང་དུ་མཁའ་འགྲོའི་འཇིགས་སྐྱོབ་ནག་པོ་ཕྱག་དང་པོ་གཉིས་སྐྱབས་སྦྱིན་དང་པདྨ། ཐ་མ་གཉིས་རྩེ་གསུམ་དང་བ་དན་ཅན། བྱང་ཤར་དུ་མི་རྒོད་འཇིགས་སྐྱོབ་དམར་པོ་ཕྱག་དང་པོ་གཉིས་སྐྱབས་སྦྱིན་དང་པདྨ། ཐ་མ་གཉིས་རྡོ་རྗེ་དང་དྲིལ་བུ། དེ་ཐམས་ཅད་ཀྱང་ཁྲོ་བོའི་ཉམས་ཅན། ཁྲོ་བོའི་རྒྱན་དང་ཆ་ལུགས་ཡོངས་སུ་རྫོགས་པ། གཡོན་བརྐྱང་གི་སྟབས་ཀྱིས་བཞུགས་པ། དཔྲལ་བར་ཨོཾ། མགྲིན་པར་ཨཱཿ ཐུགས་ཀར་ཧཱུྃ། ཐུགས་ཀའི་དབུས་སུ་ཟླ་བའི་

སྙིང་དུ་ཧྲཱིཿདེ་ལས་འོད་ཟེར་འཕྲོས། རང་བཞིན་གྱི་གནས་དང་། ལྷོ་ཕྱོགས་པོ་ཏ་ལ་ནས་འཕགས་པ་སྤྱན་རས་གཟིགས་ལ་སངས་རྒྱས་དང་བྱང་ཆུབ་སེམས་དཔའ་ཐམས་ཅད་ཀྱིས་བསྐོར་བ་བཛྲ་ས་མ་ཛཿ ཨོཾ་སརྦ་ཏ་ཐཱ་ག་ཏ་ཨཱརྻ་ཨ་ཝ་ལོ་(༢༧ན)ཀི་ཏེ་ཨརྒྷཾ་ནས་ཤབྡའི་བར་གྱིས་མཆོད། ཡང་འོད་ཟེར་འཕྲོས། དབང་གི་ལྷ་རིགས་ལ་བཛྲ་ས་མ་ཛཿཨརྒྷཾ་ནས་ཤབྡའི་བར་གྱིས་མཆོད། དེ་བཞིན་གཤེགས་པ་ཐམས་ཅད་ཀྱིས་བདག་ལ་དབང་བསྐུར་དུ་གསོལ། ཞེས་གསོལ་བ་བཏབ་པས། ཇི་ལྟར་བལྟམས་པ་ནས། ཧྲཱི་ཡེ་ཧཱུཾ། ཞེས་གསུངས་ཤིང་དབང་བསྐུར། ཕྱི་བོར་འོད་དཔག་མེད། དཔྲལ་བར་མི་བསྐྱོད་པ། རྣ་ལྟག་གཡས་པར་རིན་འབྱུང་། ལྟག་པར་འོད་དཔག་མེད། རྣ་ལྟག་གཡོན་པར་དོན་གྲུབ་ཀྱིས་དབུ་བརྒྱན་པར་བསམ། བཟླས་པའི་དམིགས་པ་གསལ་བཏབ་ལ། ན་མོ་རཏྣ་ཏྲ་ཡཱ་ཡ། ན་མཿཨཱརྻ་ཛྙཱ་ན་སཱ་ག་ར། བཻ་རོ་ཙ་ན། བྱཱུ་ཧ་རཱ་ཛ་ཡ། ཏ་ཐཱ་ག་ཏ་ཡ། ཨརྷ་ཏེ་སམྱཀྶཾ་བུདྡྷཱ་ཡ། ན་མཿསརྦ་ཏ་ཐཱ་ག་ཏེ་བྷྱཿཨརྷ་ཏེ་བྷྱཿསམྱཀྶཾ་བུདྡྷེ་བྷྱཿན་མཿཨཱརྻ་ཨ་ཝ་ལོ་ཀི་ཏེ་ཤྭ་ར་ཡ། བོ་དྷི་སཏྭཱ་ཡ། མཧཱ་སཏྭཱ་ཡ། མཧཱ་ཀཱ་རུ་ཎི་ཀཱ་ཡ། ཏདྱ་ཐཱ། ཨོཾ་དྷ་ར་དྷ་ར། དྷི་རི་དྷི་རི། དྷུ་རུ་དྷུ་རུ། ཨིཊྟེ་ཝཊྟེ། ཙ་ལེ་ཙ་ལེ། པྲ་ཙ་ལེ་པྲ་ཙ་ལེ། ཀུ་སུ་མེ་ཀུ་སུ་མེ། ཝ་རེ། ཨི་ལི་མི་ལི་ཙི་ཏི་ཛྭ་ལ་ཨ་པ་ན་ཡ་སྭཱ་ཧཱ། ཞེས་པ་གཙོ་བོར་བཟླ་བ་ཡིན་ཅིང་། མི་ནུས་ན་གཟུངས་ཉིད་ཙུང་ཟད་བཟླས་ནས་ཡིག་དྲུག་གཙོ་བོར་བཟླའོ། །ཐུན་འཇོག་ཁར། ཡེ་ཤེས་པ་མདུན་དུ་བཞུགས་པ་ལ་ཨརྒྷཾ་ནས། ཤབྡའི་བར་གྱིས་མཆོད། དུས་གསུམ་བདེ་བར་གཤེགས་པ་ཆོས་ཀྱི་སྐུ། །འགྲོ་དྲུག་སེམས་ཅན་རྣམས་ལ་སྤྱན་རས་གཟིགས། །ནམ་མཁའ་ལྟ་བུར་ཁྱབ་པའི་(༢༧བ)བཅུ་གཅིག་ཞལ། །གཟི་བརྗིད་འོད་དཔག་མེད་ལ་ཕྱག་འཚལ་ལོ། །དེ་ནས་འདོད་དོན་གསོལ་བ་བཏབ། ཡིག་བརྒྱའི་མཐར་བཛྲ་མུཿཞེས་གཤེགས་སུ་གསོལ། རང་སྤྱན་རས་གཟིགས་ཞལ་གཅིག་ཕྱག་གཉིས་པར་གྱུར་པར་བསམ། དགེ་བ་བསྔོ། །

༄ **སྤྱན་རས་གཟིགས་རྡོ་རྗེ་སྙིང་པོ་རབ་ཏུ་འཇོམས་པ་**ནི་ལུང་ཙམ་གྱིས་འགྲུབ་པ་ཡིན་པས་ཐུན་གྱི་མགོར་སྡིག་བཤགས་གང་འགྲུབ་དང་། སྐྱབས་འགྲོ་སེམས་བསྐྱེད་བྱས་ལ། རང་ཉིད་སྐད་ཅིག་གིས་ཇོ་བོ་སྤྱན་རས་གཟིགས་སྐུ་མདོག་དཀར་ལ་ཞལ་དབུས་མ་ལྷ་བརྩེགས་ཤིན་ཏུ་ཁྲོས་པ་སྔོན་པོ། གཡས་གསུམ་བརྩེགས་དཀར་བ་དང་། གཡོན་གསུམ་བརྩེགས་དམར་བ་ཞི་བ། ཕྱག་དང་པོ་གཉིས་སྔོན་པོ་ཐུགས་ཀར་ཐལ་མོ་སྦྱར་བ། གཞན་མ་རྣམས་དཀར་བའི་གཉིས་པ་གཉིས་རྡོ་རྗེའི་འཕྲེང་བ་དང་པདྨ་དམར་པོ། གསུམ་པ་གཉིས་འཁོར་ལོ་དང་མདའ་གཞུ། བཞི་པ་གཉིས་ལྕགས་ཀྱུ་དང་མེ་དཔུང་བསྣམས་པ། མེ་དཔུང་འབར་བའི་དབུས་ན་མཉམ་པར་བཞེངས་པ། མཚན་ཉིད་གཞན་སྤྱི་དང་མཐུན། སྙིང་གར་ཧྲཱིཿཡིག་ལ་སྔགས་གསུམ་རིམ་དུ་བསྐོར་བར་བསམ་ནས། ཨོཾ་ཨཱཿཧྲཱིཿཧཱུྃ་ཞེས་པ་དང་། ཨོཾ་མ་ཎི་པདྨེ་ཧཱུྃ་དང་། ན་མོ་རཏྣ་ཏྲ་ཡཱ་ཡ། ན་མོ་བྷ་ག་ཝ་ཏེ། མཧཱ་ཀཱ་རུ་ཎི་ཀཱ་ཡ། བཛྲ་ས་ར་པྲ་མརྡ་ནི། ཏ་ཐཱ་ག་ཏ་ཡ། ཨརྷ་ཏེ། སམྱཀྶཾ་བུདྡྷཱ་ཡ། ཏདྱ་ཐཱ། ཨོཾ་ཀྲ་ར་ཀྲ་ར། ཀྲི་རི་ཀྲི་རི། ཀྲུ་རུ་ཀྲུ་རུ། ཨིཊྚེ་ཝཊྚེ། ཙ་ལེ་ཙ་ལེ། པྲ་ཙ་ལེ་པྲ་ཙ་ལེ། སརྦ་ཀླེ་ཤ། སརྦ་ཀརྨ་ཨ་ཝ་ར་ཎ་ནི། ཤུདྡྷེ་ཤུདྡྷེ། བི་ཤུདྡྷེ་བི་ཤུདྡྷེ། ག་ག་ན་(༢༨༠ན)སྭ་བྷཱ་ཝ་བི་ཤུདྡྷེ་སྭཱཧཱ། ཞེས་པ་རྣམས་ཅི་འགྲུབ་ཏུ་བཟླའོ། །མཇུག་ཏུ་སྟོང་པ་ཉིད་ཀྱི་དོན་བསྒོམ། དགེ་བ་བསྔོ། འདི་ནི་མི་ཏྲ་ཛྫ་ཀིའི་གདམས་ངག་སྟེ། སྤྱན་རས་གཟིགས་ཀྱི་ཆོས་སྐོར་གཞན་ཐོབ་པ་ལ་ལུང་གིས་འགྲུབ་པའོ། །

༄ **འཕགས་པ་སྤྱན་རས་གཟིགས་སེང་གེ་སྒྲ་**ལ། སྐྱབས་འགྲོ་སེམས་བསྐྱེད་སྔོན་དུ་འགྲོ་བས། རང་གི་སྙིང་གར་ཟླ་བའི་སྟེང་དུ་ཧྲཱིཿདེའི་འོད་ཀྱིས་ལུས་གང་། ལུས་འོད་ཀྱི་གོང་བུར་གྱུར། སྡིག་སྒྲིབ་སྦྱངས། ཕྱིར་འཕྲོས་ཏེ། རང་བཞིན་གྱི་གནས་ནས་བླ་མ་དང་། རྗེ་བཙུན་སེང་གེ་སྒྲ་འཁོར་བཅས་བཛྲ་ས་མ་ཛཿ ན་མོ་གུ་རུ་བྷྱཿན་མོ་རཏྣ་ར་ཀ་སིཧྣ་ན་ད་བྷྱཿན་མཿསཏ་བུདྡྷ་བོ་དྷི་སཏྭ་བྷྱཿཨོཾ་སིཧྣ་ན་ད་ས་པ་

རི་ལྷ་ར་ཨཀྵྃ་ནས། ཤཱཀྱ་པྲ་ཏིཥྛ་སྭཱཧཱའི་བར་གྱིས་མཆོད། དཀོན་མཆོག་གསུམ་ལ་བདག་སྐྱབས་མཆི། །སོགས་ལན་གསུམ། ཚད་མེད་བཞི་སྦྱོ་དང་མཐུན། ཤཱུ་ནྱ་ཏཱས་སྟོང་པར་སྦྱངས། སྟོང་པའི་ངང་ལས་པདྨ་དམར་པོའི་སྟེང་དུ། སཾ་ལས་སེང་གེ་དཀར་པོ་ཉལ་སྟབས་མགོ་གཡས་སུ་ཕྱོགས་ཤིང་། གདོང་པ་གྱེན་དུ་ཕྱོགས་པ། རལ་པ་དམར་སེར་ཐུར་དུ་འཕྱང་ཞིང་རིན་པོ་ཆེའི་དྲ་བས་གཡོགས་པའི་སྟེང་དུ། ཨ་ལས་ཟླ་བ་ལ་ཧྲཱིཿདཀར་པོ་དེ་ལས་འོད་ཟེར་འཕྲོས། འཕགས་པ་མཆོད། སེམས་ཅན་གྱི་སྡིག་སྒྲིབ་སྦྱངས། འཕགས་པ་སྤྱན་རས་གཟིགས་ཀྱི་གོ་འཕང་ལ་བཀོད། ཚུར་འདུས་ཧྲཱིཿལ་ཐིམ་པ་ཡོངས་སུ་གྱུར་པ་ལས། རང་ཉིད་(༢༢༠བ)ཇོ་བཙུན་སེངྒེ་སྒྲ་སྐུ་མདོག་དཀར་པོ་ཞལ་གཅིག་ཕྱག་གཉིས། ཕྱག་གཡས་མཆོག་སྦྱིན་གྱི་ཕྱག་རྒྱ་པུས་མོ་གཡས་ཀྱི་སྟེང་དུ་བརྐྱང་ཞིང་། གཡོན་རྒྱབ་ཀྱི་ཆར་གདན་ལ་བརྟེན་པ། སྤྱན་གསུམ་དང་ལྡན་ཞིང་། རལ་པའི་ཐོར་ཚུགས་ཅན། ཞབས་གཡོན་བརྐྱངས་པའི་རྒྱལ་པོ་རོལ་པའི་སྟབས་ཀྱིས་བཞུགས་པ། རྒྱན་སྤངས་པ་དཀའ་ཐུབ་ཀྱི་ཆ་ལུགས་ཅན། ཚངས་པའི་སྐད་པ་དང་ལྡན་པ། དར་དམར་པོའི་ཤམ་ཐབས་དང་། རི་དྭགས་ནག་པོའི་པགས་པས་ནུ་མ་གཡོན་པ་བཀབ་པ། སྐུའི་གཡས་ཕྱོགས་སུ་ཏྲི་ཤཱུ་ལ་ལྷང་གུ་ལ་སྦྲུལ་དཀར་པོས་དཀྲིས་པ་དང་། གཡོན་ཕྱོགས་སུ་པདྨའི་སྟེང་དུ་ཐོད་པ་མེ་ཏོག་སྣ་ཚོགས་ཀྱིས་གང་བ་དང་། པད་དཀར་གྱི་སྟོང་པོ་སྔོན་གྱི་ཐད་ཀར་ཁ་བྱེ་བའི་སྟེང་དུ་ཤེས་རབ་ཀྱི་རལ་གྲི་མེ་འབར་བ་དང་བཅས་པའོ། །དཔྲལ་བར་ཨོཾ། མགྲིན་པར་ཨཱཿ ཐུགས་ཀར་ཧཱུྃ། ཐུགས་ཀའི་དབུས་སུ་ཟླ་བ་ལ་ཧྲཱིཿདེ་ལས་འོད་ཟེར་འཕྲོས། ཇོ་བཙུན་སེང་གེ་སྒྲ་ལ་སངས་རྒྱས་དང་བྱང་ཆུབ་སེམས་དཔས་བསྐོར་བ་ཨོཾ་བཛྲ་ས་མ་ཛཿགོང་ལྟར་མཆོད། ཛཿཧཱུྃ་བཾ་ཧོཿཡང་འོད་ཟེར་འཕྲོས། དབང་གི་ལྷ་རྒྱལ་བ་རིགས་ལྔ་བཛྲ་ས་མ་ཛཿཨོཾ་པཉྩ་ཀུ་ལ་ས་པ་རི་ལྷ་ར་ཨཀྵྃ་སོགས་ཀྱིས་མཆོད། དེ་བཞིན་གཤེགས་པ་ཐམས་ཅད་ཀྱིས་བདག་ལ་མངོན་པར་དབང་བསྐུར་དུ་གསོལ།

ཞེས་གསོལ་བ་བཏབ་པས། དབང་གི་ལྷ་རྣམས་ཀྱིས། ཇི་ལྟར་བལྟམས་པ་ཙམ་གྱིས་ནི། །ཞེས་པ་ནས། ཨོཾ་ཡེ་ཧཱུྃ། ཞེས་གསུངས་ཤིང་བུམ་པའི་ཆུས་དབང་བསྐུར། སྐུ་གང་དྲི་མ་དག །ཆུའི་ལྷག་(༢༨༧ན)མ་ཡར་ལུད་པ་ལས་འོད་དཔག་མེད་ཀྱིས་དབུ་བརྒྱན་པར་བསམ། སྤྱི་གཙུག་ཏུ་རྣམ་སྣང་། དཔུང་པ་གཡས་པར་མི་བསྐྱོད་པ། གཡོན་པར་འོད་དཔག་མེད། དཔྲི་གཡས་པར་རིན་འབྱུང་། གཡོན་པར་དོན་གྲུབ་རྣམས་སྤྲུལ་པ་དཔག་ཏུ་མེད་པ་འཁྲོ་ཞིང་བཞུགས་པར་གྱུར། བཟླས་དམིགས་གསལ་བཏབ་ལ། ཨོཾ་ཨཱཿཧྲཱིཿསིདྡྷ་ན་ད་ཧཱུྃ་ཕཊ། ཅེས་སྙིང་པོ་དང་། ན་མོ་རཏྣ་ཏྲ་ཡཱ་ཡ། ན་མཿཨཱརྻ་ཨ་ཝ་ལོ་ཀི་ཏེ་ཤྭ་རཱ་ཡ། བོ་དྷི་སཏྭཱ་ཡ། མཧཱ་སཏྭ་ཡ། མཧཱ་ཀཱ་རུ་ཎི་ཀཱ་ཡ། ཏདྱ་ཐཱ། ཨོཾ་ཨ་ཀ་ཏེ། བི་ཀ་ཏེ། ནི་ཀ་ཏེ། ཀ་ཏཾ་ཀ་ཏེ། ཀ་རྃ་ཏེ་ཀ་རྃ་ཏེ། བྷིཙ་སྭཱཧཱ། ཞེས་པ་གཟུངས་ཏེ་ཙི་འགྲུབ་ཏུ་བཟླའོ། །རྗེས་གནང་གི་ཚིག་ནི། ནཱ་རོ་པའི་མན་ངག་གི་ལུགས་དེ་དང་མཐུན་པར་བྱས་ན་གཅིག་ཤོས་ཞོར་ལ་ཐོབ་པར་འགྱུར་བ་ཡིན་པས་དེ་བཞིན་བྱ་སྟེ། མཎྜལ་པཉྩ་འདབ་བརྒྱད་དཀར་པོ་ཚོམ་བུ་ཅན་ཞིག་བྱ། ཕྱོགས་གང་ཡང་རུང་བར་བུམ་པ་སྤྱི་དང་མཐུན་པར་བཤམས། མཆོད་པ་དང་། དཀར་གཏོར་གང་འོས་བཤམས། བདག་བསྐྱེད་སྔོན་དུ་འགྲོ་བས་མཆོད་པ་སྤྱི་དང་མཐུན་པར་བྱིན་གྱིས་བརླབས། མདུན་བསྐྱེད་བུམ་པ་དང་བཅས་པ་བསངས་སྦྱངས། སྟོང་པའི་ངང་ལས་མཎྜལ་གྱི་སྙིང་དང་བུམ་པའི་ནང་དུ་པཾ་ལས་ཞེས་པ་ནས། དབུ་རྒྱན་གྱི་བར་གོང་བཞིན། ཨཱཿཀྵཱུྃ་ནས་ཤཔྟའི་བར་གྱིས་མཆོད། མི་འཇིགས་ཐོགས་མེད་སེང་གེའི་ཁྲི་སྟེང་དུ། །རྣམ་དག་འོད་གསལ་ཟླ་བའི་དཀྱིལ་འཁོར་མཛེས། །སྐུ་མདོག་དཀར་གསལ་གངས་རིའི་ཕུང་པོ་འདྲ། །རྗེ་བཙུན་(༢༨༧བ)སེངྒེ་སྒྲ་ལ་ཕྱག་འཚལ་ལོ། །ཞེས་བསྟོད་ཅིང་། གསོལ་བ་བཏབ་ནས། མཎྜལ་དང་། བུམ་པའི་ལྷ་ལ་དམིགས་ནས་བཟླས་པ་ཅི་འགྲུབ་བྱ། དེ་གཉིས་ལ་ཐུན་མོང་དུ་གཏོར་མ་བྱ་རྒྱུད་ལྟར་བྱིན་གྱིས་བརླབས། གཟུངས་རིང་གི་སྭཱཧཱའི་གོང་དུ་བ་ལིཾ་ཏ་

ཁ་ཁ་ཁཱ་ཧི་ཁཱ་ཧི་བཅུག་པ་ལན་ལྔས་མདུན་བསྐྱེད་དང་བུམ་པ་གཉིས་ཅར་ལ་དམིགས་ནས་དབུལ། ཨརྒྷཾ་ལ་སོགས་པས་མཆོད། ཆོས་སྐུ་མཉམ་ཉིད་ངང་ལས་མ་གཡོས་ཀྱང་། །མཐའ་ཡས་འགྲོ་བའི་སྡུག་བསྔལ་ཞི་བའི་ཕྱིར། །སྒྱུ་འདུལ་བྱམས་པའི་རང་བཞིན་གཟུགས་སྐུར་བསྟན། །འཕགས་པ་སེང་གེ་སྒྲ་ལ་ཕྱག་འཚལ་ལོ། །ཞེས་བསྟོད། མཆོད་སྦྱིན་གཏོར་མ་འདི་བཞེས་ལ། །སོགས་ཀྱིས་འདོད་དོན་གསོལ་བ་བཏབ། མཆོད་ཡོན་ཕུལ་བས་བུམ་ནང་གི་ཡེ་ཤེས་པ་གཤེགས། དམ་ཚིག་པ་འོད་དུ་ཞུ་བར་བསམ། སྤྲོ་ན་གླུ་གཏོར། རྒྱལ་ཆེན་བཞིའི་གཏོར་མ་ཆ་གསུམ་དང་བཅས་པ་རྣམས་བཏང་། སློབ་མ་ལ་བྱ་བ་ནི། ཐོག་མར་བགེགས་གཏོར་བཏང་། སྤྱན་རས་གཟིགས་སེངྒེ་སྒྲ་འོད་དུ་ཞུ་བའི་བུམ་རྫས་ཁྲིད་རང་རྣམས་ལ་ཁྲུས་བྱས་པས་སྡིག་སྒྲིབ་དག་པའི་མོས་པ་མཛོད་བྱས་ལ། ཨོཾ་ཨཱཿཧྲཱིཿསཏྭ་ན་ད་ཧཱུྃ་ཕཊ། ཆེ་གེ་མོའི་སྡིག་པ་དང་སྒྲིབ་པ་ཐམས་ཅད་ཤནྟིཾ་ཀུ་རུ་ཡེ་སྭཱཧཱ། དེ་བཞིན་དུ་སྦྱར་ཏེ། ནད་ཐམས་ཅད། ཉེ་བར་འཚེ་བ་ཐམས་ཅད། དུས་མ་ཡིན་པར་འཆི་བ་ཐམས་ཅད། ཁོན་ཐམས་ཅད། གྲིབ་ཐམས་ཅད། བྱད་ཐམས་ཅད། བྱུར་ཐམས་ཅད། སྐལ་བ་ངན་པ་ཐམས་ཅད། ལྟས་(༢༧༧ན)ངན་པ་ཐམས་ཅད། མཚན་མ་ངན་པ་ཐམས་ཅད། རྨི་ལམ་ངན་པ་ཐམས་ཅད། བཀྲ་མི་ཤིས་པ་ཐམས་ཅད། མཚན་མོ་ནག་མོའི་གདོན་ཐམས་ཅད། བདུད་ཀྱི་ཞགས་པ་ཐམས་ཅད། གཤིན་རྗེའི་ཕོ་ཉ་ཐམས་ཅད། བགེགས་དང་ལོག་འདྲེན་ཐམས་ཅད་ཤནྟིཾ་ཀུ་རུ་ཡེ་སྭཱཧཱ། ཞེས་བརྗོད་ཅིང་བཀྲུའོ། །དེ་ནས་ཁ་རུ་ཚུ་ཙུང་ཟད་རེ་འཛིན་དུ་བཅུག་ལ། རྡོ་རྗེ་དང་བཅས་པའི་རྨ་བྱའི་སྒྲོའི་ཚན་པོའི་སྙིང་དུ་པད་ཟླ་ལ་གནས་པའི་ཧྲཱིཿཡིག་སྔགས་ཕྲེང་དང་བཅས་པ་ལས་འོད་ཟེར་འཕྲོས། བཀྲུས་པས་མ་དག་པའི་ནད་གདོན་སྡིག་སྒྲིབ་ཐམས་ཅད་འོད་ཟེར་གྱི་རྩེ་མོས་བྱབས་ཤིང་དེད་པས་ཁ་ནང་གི་ཆུ་ལ་ཐིམ་པར་མོས་སུ་བཅུག་ལ། སྙིང་པོའི་མཐར། ཆེ་གེ་མོའི་སྡིག་པ་དང་སྒྲིབ་པ་ཐམས་ཅད་ཨ་པ་

ན་ཡེ་སྭཱ་ཧཱ། ཞེས་པ་ནས། བགེགས་དང་ལོག་འདྲེན་ཐམས་ཅད་ཨ་པ་ན་ཡེ་སྭཱ་ཧཱ།
ཞེས་པའི་བར་དང་། རང་ཉིད་སྤྱན་རས་གཟིགས་སེངྒེ་སྒྲར་གསལ་བའི་ཐུགས་ཀའི་
ས་བོན་ལས་འོད་ཟེར་འཕྲོས། སློབ་མ་རྣམས་ཀྱི་ལུས་ལ་ཕོག་པས་སྲུང་བ་ཆེན་པོར་
བྱིན་གྱིས་བརླབས་པའི་མོས་པ་མཛོད་བྱས་ལ། སྙིང་པོའི་མཐར་ཆེ་གེ་མོའི་སྡིག་པ་
དང་སྒྲིབ་པ་ཐམས་ཅད་རཀྵ་རཀྵ་ཡེ་སྭཱ་ཧཱ། ཞེས་སོགས་བརྗོད། མགོ་བོར་རྡོ་རྗེ་
བཞག་སྟེ། རྒྱལ་བ་སྲས་བཅས་བདེན་པའི་བྱིན་རླབས་དང་། །འཕགས་པ་སེངྒེ་སྒྲ་
ཡི་བྱིན་རླབས་ཀྱིས། །སློབ་མ་འདི་ལ་བདག་གིས་བསྲུང་ཟིན་གྱིས། །འདི་ལ་སུས་
ཀྱང་གནོད་པ་མ་བྱེད་ཅིག །ཅེས་བརྗོད་ཅིང་། སྲུང་བར་(༢༨༢བ)བྱའོ། །དེ་ནས།
སློབ་མས་མཎྜལ་ཕུལ། གསོལ་བ་འདེབས་པ་འདིའི་རྗེས་ཟློས་མཛོད། རྡོ་རྗེ་འཛིན་
པ་དགོངས་སུ་གསོལ་ནས། བསྐུལ་དུ་གསོལ། ལན་གསུམ། དཀོན་མཆོག་གསུམ་
ལ་བདག་སྐྱབས་མཆི། །ཞེས་སོགས་རྒྱུན་བཤགས་ལན་གསུམ་དང་། ཁྱད་པར་དུ་
སྤྱན་རས་གཟིགས་སེངྒེ་སྒྲའི་རྗེས་གནང་བསྐུལ་དུ་གསོལ་སྙམ་པའི་འདུན་པས།
འདིའི་རྗེས་ཟློས་ཀྱང་གསུངས་ཤིག །སློབ་དཔོན་དགོངས་སུ་གསོལ། བདག་ལ་
སྤྱན་རས་གཟིགས་སེངྒེ་སྒྲའི་རྗེས་གནང་མ་ལུས་པ་བསྐུལ་དུ་གསོལ། ཞེས་ལན་
གསུམ་གྱིས་གསོལ་བ་བཏབ་ནས། ད་ནི་རྗེས་གནང་གི་གཞི་དགོད་པའི་སླད་དུ་
དམིགས་པ་འདི་བཞིན་དུ་མཛད་པར་ཞུ། སློབ་མ་རྣམས་ཨོཾ་ཤཱུནྱ་ཏཱ་བཛྲ་སྭ་བྷཱ་ཝ་
ཨཱཏྨ་ཀོ྅་ཧཾ། ཕྱི་ནང་གི་དངོས་པོ་ཐམས་ཅད་མི་དམིགས་ཏེ་སྟོང་པ་ཉིད་དུ་གྱུར་
པའི་ངང་ལས་པདྨ་དམར་པོའི་སྟེང་དུ་སཾ་ལས་སེངྒེ་དཀར་པོ་ཉལ་སྟབས་མགོ་
གཡས་སུ་ཕྱོགས་ཞིང་། གདོང་གྱེན་དུ་ཕྱོགས་པ། རལ་པ་དམར་སེར་ཐུར་དུ་ཕྱང་
ཞིང་རིན་པོ་ཆེའི་དྲ་བས་གཡོགས་པའི་སྟེང་དུ་ཨ་ལས་ཟླ་བ་ལ་ཁྱེད་རང་རྣམས་ཀྱི་
སེམས་ཉིད་ཀྱི་ངོ་བོ་ཧྲཱིཿདཀར་པོ་དེ་ལས་འོད་ཟེར་འཕྲོས། འཕགས་པ་མཆོད།
སེམས་ཅན་གྱི་སྡིག་སྒྲིབ་སྦྱངས། འཕགས་པ་སྤྱན་རས་གཟིགས་ཀྱི་གོ་འཕང་ལ་

བཀོད། ཚུར་འདུས་ཧྲཱིཿལ་ཐིམ་པ་ཡོངས་སུ་གྱུར་པ་ལས་ཁྱེད་རང་རྣམས་རྗེ་བཙུན་སེངྒེ་སྒྲ་སྐུ་མདོག་དཀར་པོ་ཞལ་གཅིག་ཕྱག་གཉིས་ཕྱག་གཡས་མཆོག་སྦྱིན་གྱི་ཕྱག་རྒྱ་ཕུས་མོ་གཡས་ཀྱི་སྙིང་དུ་བརྐྱང་ཞིང་། གཡོན་རྒྱབ་ཀྱི་ཆར་(༢༢༣ན)གདན་ལ་བརྟེན་པ། སྤྱན་གསུམ་དང་ལྡན་ཞིང་། རལ་པའི་ཐོར་ཚུགས་ཅན། ཞབས་གཡོན་བརྐྱང་པའི་རྒྱལ་པོ་རོལ་པའི་སྟབས་ཀྱིས་བཞུགས་པ། རྒྱན་སྤངས་པ། དཀའ་ཐུབ་ཀྱི་ཆ་ལུགས་ཅན། ཚངས་པའི་སྐུད་པ་དང་ལྡན་པ། དར་དམར་པོའི་ཤམ་ཐབས་དང་། རི་དྭགས་ནག་པོའི་པགས་པས་ནུ་མ་གཡོན་པ་བཀབ་པ། སྐུའི་གཡས་ཕྱོགས་སུ་ཏྲི་ཤཱུ་ལ་ལྷུང་གུ་ལ་སྦྲུལ་དཀར་པོས་དཀྲིས་པ་དང་། གཡོན་ཕྱོགས་སུ་པདྨའི་སྟེང་དུ་ཐོད་པ་མེ་ཏོག་སྣ་ཚོགས་ཀྱིས་གང་བ་དང་། པད་དཀར་གྱི་སྟོང་པོ་སྔོན་གྱི་ཐད་ཀར་ཁ་ཕྱེ་བའི་སྟེང་ན་ཤེས་རབ་ཀྱི་རལ་གྲི་མེ་འབར་བ་དང་བཅས་པའོ། །དཔྲལ་བར་ཨོཾ། མགྲིན་པར་ཨཱཿ ཐུགས་ཀར་ཧཱུྃ། ཐུགས་ཀའི་དབུས་སུ་ཟླ་བ་ལ་ཧྲཱིཿཡིག་གིས་མཚན་པར་གྱུར་པའི་མོས་པ་མཛོད། དེ་ནས་མདུན་གྱི་ཚོམ་བུ་འདི་ཡང་ཁྱེད་རང་རྣམས་སྒོམ་པ་དང་འདྲ་བའི་སྤྱན་རས་གཟིགས་སེང་གེ་སྒྲ་དངོས་སུ་བཞུགས་པར་མོས་པ་མཛོད། ད་རྗེས་གནང་དངོས་གཞི་ལ་གསུམ་ལས། དང་པོ་སྐུའི་རྗེས་གནང་ནི། དེ་ནས་སློབ་དཔོན་ཡང་སྤྱན་རས་གཟིགས་སེང་གེ་སྒྲ་དངོས་ཡིན་སྙམ་པའི་མོས་གུས་བྱས་པས་སློབ་དཔོན་གྱི་ཐུགས་ཀ་ནས་འོད་ཟེར་འཕྲོས། མདུན་བསྐྱེད་ཀྱི་ལྷའི་ཐུགས་རྒྱུད་བསྐུལ། དེའི་ཐུགས་ཀ་ནས་འོད་ཟེར་འཕྲོས། ཕྱོགས་བཅུའི་སངས་རྒྱས་བྱང་སེམས་ཐམས་ཅད་ཀྱི་ཐུགས་རྒྱུད་བསྐུལ་བས། སློབ་དཔོན་དང་མདུན་བསྐྱེད་ཀྱི་ལྷ་དང་ཕྱོགས་བཅུའི་སངས་རྒྱས་དང་བྱང་ཆུབ་སེམས་དཔའ་(༢༢༣བ)ཐམས་ཅད་ཀྱི་ཐུགས་ཀ་ནས་སྤྱན་རས་གཟིགས་སེང་གེ་སྒྲ་འཁོར་དང་བཅས་པའི་སྐུ་ཆེ་ཆུང་དཔག་ཏུ་མེད་པ་བྱོན། ཁྱེད་རང་རྣམས་ཀྱི་བ་སྤུའི་བུ་ག་རྣམས་ནས་ཆར་བབས་པ་བཞིན་དུ་སིབ་སིབ་ཐིམ་པར་མོས་པ་མཛོད། ཛཿཧཱུྃ་བཾ་ཧོཿགཉིས་

སུ་མེད་པར་ཐིམ། རོལ་མོ་བྱ། བུམ་ཆུས་དབང་བསྐུར་བ་ལ་སློབ་དཔོན་གྱི་ཐུགས་ཀ་ནས་འོད་ཟེར་འཕྲོས། དབང་གི་ལྷ་རྒྱལ་བ་རིགས་ལྔ་སྤྱན་དྲངས། དེ་བཞིན་གཤེགས་པ་ཐམས་ཅད་ཀྱིས་སློབ་མ་འདི་རྣམས་ལ་མངོན་པར་དབང་བསྐུར་དུ་གསོལ། ཞེས་གསོལ་བ་བཏབ་པས། དབང་གི་ལྷ་རྣམས་ཀྱིས། ཇི་ལྟར་བལྟམས་པ་ཙམ་གྱིས་ནི། །ཞེས་པ་ནས། ཨཱ་ཡེ་ཧཱུྃ། ཞེས་གསུངས་ཤིང་བུམ་པའི་ཆུས་དབང་བསྐུར། སྐུ་གང་། དྲི་མ་དག །ཆུ་ལྷག་མ་ཡར་ལུད་པ་ལས། འོད་དཔག་མེད་ཀྱིས་དབུ་བརྒྱན་པར་བསམ། སྤྱི་གཙུག་ཏུ་རྣམ་སྣང་། དཔུང་པ་གཡས་པར་མི་བསྐྱོད་པ། གཡོན་པར་འོད་དཔག་མེད། དཔྱི་གཡས་པར་རིན་འབྱུང་། གཡོན་པར་དོན་གྲུབ་རྣམས་སྤྲུལ་པ་དཔག་ཏུ་མེད་པ་འཕྲོ་ཞིང་བཞུགས་པར་གྱུར། སློབ་དཔོན་སྤྱན་རས་གཟིགས་སུ་གསལ་བའི་སྐུའི་རིགས་ལྔ་ལས། རིགས་ལྔ་དཔག་ཏུ་མེད་པ་སྤྲོས་ཏེ་ཁྱེད་རང་རྣམས་ཀྱི་ལུས་ལ་བཀོད་པའི་རིགས་ལྔ་ལ་ཐིམ་པར་མོས། སྐུའི་རྗེས་གནང་ངོ་། །གཉིས་པ་གསུང་གི་རྗེས་གནང་ནི། སློབ་དཔོན་གྱི་སྙིང་གར་ཟླ་བའི་དཀྱིལ་འཁོར་གྱི་སྟེང་དུ་ཧྲཱིཿདཀར་པོ། དེ་ལས་སྔགས་ཀྱི་འཕྲེང་བ་བྱུང་། སློབ་དཔོན་གྱི་ཞལ་ནས་ཐོན། ཁྱེད་རང་རྣམས་ཀྱི་ཞལ་དུ་ཞུགས། ཐུགས་ཀར་ཟླ་བའི་སྙིང་དུ་ཧྲཱིཿདཀར་པོ་(༢༥༨ན)གནས་པ་ལ་ཐིམ། དེའི་དུས་སུ་ཕྱོགས་བཅུའི་སངས་རྒྱས་དང་བྱང་ཆུབ་སེམས་དཔའ་རྣམས་ཀྱི་མཁྱེན་བརྩེ་ནུས་མཐུ་ཐམས་ཅད་འོད་ཟེར་གྱི་རྣམ་པར་སྔགས་ཕྲེང་དང་ལྷན་ཅིག་ཞལ་དུ་ཞུགས། སྙིང་གའི་ཧྲཱིཿལ་ཐིམ་པའི་མོས་པ་མཛོད་ལ། སྔགས་འདིའི་རྗེས་ཟློས་ལན་གསུམ་གསུངས་ཤིག །ཨོཾ་ཨཱཿཧྲཱིཿསིཧྣ་ན་ད་ཧཱུྃ་ཕཊ། ཅེས་སྙིང་པོ་དང་། ན་མོ་རཏྣ་ཏྲ་ཡཱ་ཡ། ན་མཿཨཱརྻ་ཨ་ཝ་ལོ་ཀི་ཏེ་ཤྭ་རཱ་ཡ། བོ་དྷི་སཏྭཱ་ཡ། མཧཱ་སཏྭཱ་ཡ། མཧཱ་ཀཱ་རུ་ཎི་ཀཱ་ཡ། ཏདྱ་ཐཱ། ཨོཾ་ཨ་ཀ་ཏེ། བི་ཀ་ཏེ། ནི་ཀ་ཏེ། ཀ་ཏཾ་ཀ་ཏེ། ཀ་རེཾ་ཏེ། ཀ་རེཾ་ཏེ། ཝི་ཛེ་སྭཱཧཱ། སྙིང་པོ་དང་གཟུངས་རིང་ལན་གསུམ་རྗེས་ཟློས་བྱར་གཞུག །དང་པོས་བྱིན་གྱིས་བརླབས།

གཉིས་པས་དབྱེར་མེད་དུ་འདྲེས། གསུམ་པས་བརྟན་པར་བྱས་པའི་མོས་པ་མཛོད། སློབ་དཔོན་ལ་མེ་ཏོག་གཏོར་བཞིན་དུ་འདིའི་རྗེས་ཟློས་མཛོད་ཅིག །བཅོམ་ལྡན་བདག་གིས་ཞེས་སོགས་ལན་གསུམ། དེ་ལྟར་ཕུལ་བའི་མེ་ཏོག་དེ་ཉིད་སླར་ཡང་བྱིན་གྱིས་བརླབས་ཏེ། ཁྱེད་རང་གི་སྤྱི་བོར་ཕུལ་བའི་མོས་པ་མཛོད་ཅིག །སློབ་དཔོན་གྱིས་མེ་ཏོག་གཏོར་ཞིང་། བཅོམ་ལྡན་འདི་ལ་སོགས་དང་། རིག་པ་འཛིན་པ་འདི་རྣམས་ལ་བཅོམ་ལྡན་འདས་སྤྱན་རས་གཟིགས་སེངྒེ་སྒྲ་འཁོར་དང་བཅས་པའི་སྐུ་གསུང་ཐུགས་ཀྱི་བྱིན་རླབས་མ་ལུས་པ་འཇུག་པར་གྱུར་ཅིག །གསུམ་པ་ཐུགས་ཀྱི་རྗེས་གནང་ནི། མདུན་བསྐྱེད་ཀྱི་ལྷ་ལ་མོས་གུས་དུང་དུང་བ་དང་། བདག་གི་རྒྱུད་བྱིན་གྱིས་བརླབ་ཏུ་གསོལ་སྙམ་(༢༨༨བ)པ་མཛད་པས། མདུན་གྱི་ལྷའི་ཐུགས་ཀ་ནས་ཕྱག་མཚན་གྱི་ཚོགས་དཔག་ཏུ་མེད་པ་རྒྱུངས་ཏེ་ཐོན། ཁྱེད་རང་རྣམས་ཀྱི་སྙིང་གའི་ས་བོན་དང་དབྱེར་མེད་དུ་འདྲེས། རྒྱུད་བྱིན་གྱིས་བརླབས་པའི་མོས་པ་མཛོད། རྗེས་ཆོག་སྤྱི་དང་འདྲའོ། །

༄ **སྤྱན་རས་གཟིགས་རྒྱལ་བ་རྒྱ་མཚོ་ལ།** སྐྱབས་སེམས་ཡན་ལག་བདུན་པ་དང་བཅས་པ་སྔོན་དུ་བཏང་། ཤཱུ་ནྱ་ཏཱས་བདག་མདུན་གཉིས་ཀ་སྟོང་པར་སྦྱངས། དེ་བཞིན་ཉིད་ཀྱི་ཏིང་ངེ་འཛིན་ནོ། །སྙིང་རྗེ་དུང་བ་བསྒོམས་ཏེ། ཀུན་ཏུ་སྣང་བའི་ཏིང་ངེ་འཛིན་ནོ། །པད་ཟླ་ལ་རང་སེམས་ཧྲཱིཿཡིག་བསྒོམས་ཏེ། རྒྱུའི་ཏིང་ངེ་འཛིན་ནོ། །དེ་ལས་རང་དང་མདུན་བསྐྱེད་ཀྱི་གནས་སུ་སྤྱན་རས་གཟིགས་རྒྱལ་བ་རྒྱ་མཚོ་སྐུ་མདོག་དམར་པོ། ཕྱག་དང་པོ་གཉིས་ཐལ་མོ་སྦྱར་བ། གཡས་འོག་མས་ལྕུ་ཏིག་དམར་པོའི་འཕྲེང་བ། གཡོན་འོག་མས་པདྨ་དམར་པོ་བསྣམས་པ། ཞབས་རྡོ་རྗེའི་སྐྱིལ་ཀྲུང་གིས་བཞུགས་ཤིང་། དར་དང་རིན་པོ་ཆེས་བརྒྱན་པ། སྤྱི་བོར་སངས་རྒྱས་འོད་དཔག་མེད། ཐུགས་ཀར་ཏྲ་མགྲིན་རྡོ་རྗེ་འཕྱུར་ཞིང་། ཕྱོགས་མཛུབ་མཛད་པ། ལྟེ་བར་གསང་བ་ཡེ་ཤེས་ཀྱི་མཁའ་འགྲོ་མ་དམར་མོ་ཕྱག་གཡས་གཉིས་ན་རལ་

གྲི་དང་ཀྲྀ་ས་ཏུ། གཡོན་གཉིས་ན་རྡོ་གསུམ་དང་ཐོད་ཁྲག་འཛིན་པ། ཏུས་པའི་རྒྱན་ཅན་ནོ། །ལྷ་ཐམས་ཅད་ཀྱི་སྤྱི་བོར་ཨོཾ། མགྲིན་པར་ཨཱཿ ཐུགས་ཀར་ཧཱུྃ་གིས་མཚན་པར་གྱུར། ཐུགས་ཀའི་ཧཱུྃ་ལས་འོད་ཟེར་འཕྲོས། བསྒོམ་པ་དང་འདྲ་བའི་ཡེ་ཤེས་པ་དང་དབང་གི་ལྷ་རྣམས་སྤྱན་དྲངས། ཛཿཧཱུྃ་བཾ་ཧོཿགཉིས་སུ་མེད་པར་ཐིམ། དབང་(༢༥༥ན)གི་ལྷ་རྣམས་ལ་དེ་བཞིན་གཤེགས་པ་ཐམས་ཅད་ཀྱིས་མངོན་པར་དབང་བསྐུར་དུ་གསོལ། ཞེས་གསོལ་བ་བཏབ། ཨོཾ་བཛྲི་བྷཱ་ཝ་ཨ་བྷི་ཥིཉྩ་ཧཱུྃ། ཞེས་གསུངས་ཤིང་། དབང་བསྐུར་བར་བསམ། ཨོཾ་ཨཱཿཧཱུྃཿ ཨོཾ་མ་ཎི་པདྨེ་ཧཱུྃ། ཨོཾ་ཧྲུ་ས་ཧཱ་ཡེ་ན་མ་ཏ་རི་ནི་ས། ར་ཙ་ཧྲཱིཿཡཱ། ཞེས་བཟླས་པ་བྱ། གཏོར་མ་འབྲུ་གསུམ་གྱིས་བདུད་རྩིར་བྱིན་གྱིས་བརླབས། ཨ་ཀཱ་རོས་གཏོར་མ་དབུལ། བདག་བསྐྱེད་ལ་ཡང་གཏོར་མ་འབུལ་དགོས་གསུངས། ཨརྒྷཾ་ནས། ཤཔྟའི་བར་གྱིས་མཆོད། མགོན་པོ་ཐུགས་རྗེ་ཆེན་པོ་ནི། །འོད་དཔག་མེད་པས་དབུ་ལ་བརྒྱན། །ཁྲོ་བོས་མཁའ་འགྲོ་ལས་ལ་བསྐུལ། །ཕྱག་འཚལ་བྱིན་གྱིས་བརླབ་ཏུ་གསོལ། །ཞེས་བསྟོད། འདིའི་བྱིན་རླབས་ནི། མདུན་བསྐྱེད་ཀྱི་རྟེན་པདྨ་འདབ་བཞི་ཚོམ་བུ་ཅན་ལ་བུམ་པ་བཅུད་ལྡན་དང་ཐོད་པ་ཆང་གིས་གང་བ། སིནྡྷུ་རའི་དཀྱིལ་འཁོར་སྤུགས་ཅན། རྡོ་རྗེ་རྣམས་བཅེགས་ཏེ་བཞག །བདག་མདུན་དབྱེར་མེད་བཟླས་པ་དང་བཅས་པ་སོང་ནས། གཏོར་མ་དབུལ། མཆོད་བསྟོད་བྱ། མཎྜལ་ཕུལ། དགའ་ཆེན་ཁྱོད་བདག་སོགས་ཀྱིས་གསོལ་བ་བཏབ། མགུར་ནས་འབྱུང་བའི་རྒྱུན་བཤགས་བྱ། མཎྜལ་དབུས་ཀྱི་ལྷས་བུམ་པའི་དབང་བསྐུར་བར་བསམ་ལ། ཇི་ལྟར་བལྟམས་པ་སོགས་བརྗོད་ནས། བུམ་ཆུ་སྦྱིན། ཐོད་པའི་དབུས་ན་བཞུགས་པའི་འཕགས་པ་སྤྱན་རས་གཟིགས་ཡབ་ཡུམ་གྱིས་བྱང་ཆུབ་སེམས་ཀྱི་དབང་བསྐུར་བར་བསམ་ལ། ཨོཾ་ཨཱཿཧཱུྃ་ཧྲཱིཿ ཨོཾ་མ་(༢༥༥བ)ཎི་པདྨེ་ཧཱུྃ། ཞེས་ནང་མཆོད་སྦྱིན། སིནྡྷུ་རའི་ལྷས་རིག་མ་གཏད་ཅིང་། ཤེས་རབ་ཡེ་ཤེས་ཀྱི་དབང་བསྐུར་བར་བསམ་ཞིང་། ཨོཾ་ཧྲུ་ས་ཧཱ་ཡེ་ན་མ་ཧཱུྃ།

ཞེས་མེ་ལོང་སྙིང་གར་བཏགས། ཏ་རི་ནི་ས་ར་ཙ་ཧྲིཿཡ། ཞེས་བརྗོད་ཅིང་། སིནྡྷུ་ར་གནས་བཞིར་བྱུགས། རྡོ་རྗེ་བསྟན་ཏེ་སེམས་སྣང་སྟོང་བརྗོད་བྲལ་དབང་བཞི་པའི་དོན་དུ་ངོ་སྤྲད། རྗེས་ཆོག་སྤྱི་དང་འདྲ། སྒྲུབ་ཐབས་རིན་ཆེན་འབྱུང་གནས་ཀྱི་ལྷན་ཐབས་རིན་འབྱུང་དོན་གསལ་ལས་འཕགས་པ་སྤྱན་རས་གཟིགས་ཀྱི་སྒྲུབ་ཐབས་བཤད་པའི་སྐབས་སོ། །

༄ བཀའ་གདམས་ལྷ་བཞིའི་ནང་གི་སྒྲོལ་མ་ལ། སྐྱབས་འགྲོ་སེམས་བསྐྱེད་སྔོན་དུ་བཏང་། སྟོང་པའི་ངང་ལས་རང་གི་སྙིང་གར་ཨ་ལས་ཟླ་བའི་སྟེང་དུ་ཧཾ་ལྗང་གུ། དེའི་འོད་ཀྱིས་ལུས་གང་། རྣམ་སྨིན་རྫས་བཅས་དང་སྡིག་སྒྲིབ་ལྷན་ཅིག་ཏུ་སྦྱངས། རང་ཉིད་སྒྲོལ་མའི་སྐུར་གྱུར་པ་ནི། སྐུ་མདོག་ལྗང་གུ་ཞལ་གཅིག་ཕྱག་གཉིས་གཡས་མཆོག་སྦྱིན་དང་། གཡོན་ཨུཏྤལ་སྔོན་པོའི་རྩ་བ་བཟུང་བ་སྙན་གྱི་ཐད་ཀར་ཁ་ཕྱེ་བ། ཞབས་གཡས་བརྐྱངས་གཡོན་བསྐུམས་པའི་སྐྱིལ་ཀྲུང་ཕྱེད་པའི་རོལ་པས་བཞུགས་པ། དར་དང་རིན་པོ་ཆེའི་རྒྱན་ཐམས་ཅད་ཀྱིས་བརྒྱན་པ། པད་ཟླའི་གདན་ལ་བཞུགས་པར་གྱུར། ཐུགས་ཀར་ཟླ་བ་ལ་གནས་པའི་ཧཾ། དེ་ལས་འོད་ཟེར་འཕྲོས། རྗེ་བཙུན་འཕགས་མ་སྒྲོལ་མ་ཡེ་ཤེས་སེམས་དཔའི་ལྷ་ཚོགས་བཛྲ་ས་མ་ཛཿ ཕྱག་དང་མཆོད་པ་ཡིད་ལ་བྱ་ཞིང་། ངག་ནས་མི་བརྗོད། ཛཿཧཱུྃ་བཾ་ཧོཿགཉིས་སུ་མེད་པར་(༢༤༨ན)ཐིམ། སྤྱི་བོར་ཨོཾ་དཀར་པོ། མགྲིན་པར་ཨཱཿདམར་པོ། ཐུགས་ཀར་ཧཱུྃ་སྔོན་པོ། ལྷ་སྐུ་ལ་སེམས་རྩེ་གཅིག་ཏུ་གཏད་ལ་མཉམ་པར་བཞག །བཟླས་པ་ནི། ཧཾ་ཡིག་གི་མཐའ་སྐོར་དུ། ཡི་གེ་བཅུ་པས་བསྐོར་བ་བསྒོམ་ལ། ཨོཾ་ཏཱ་རེ་ཏུཏྟཱ་རེ་ཏུ་རེ་སྭཱཧཱ། ཞེས་པ་དང་། གཟུངས་སྔགས་ཀྱིས་བསྐོར་བ་གསལ་བཏབ་ལ། ན་མོ་རཏྣ་ཏྲ་ཡཱ་ཡ། ན་མོ་ཨཱརྻ་ཨ་བ་ལོ་ཀི་ཏེ་ཤྭ་ར་ཡ། བོ་དྷི་སཏྭཱ་ཡ། མཧཱ་སཏྭཱ་ཡ། མཧཱ་ཀཱ་རུ་ཎི་ཀཱ་ཡ། ཏདྱ་ཐཱ། ཨོཾ་ཏཱ་རེ་ཏུཏྟཱ་རེ་སརྦ་དུཥྚཱཾ། པྲ་དུཥྚཾ། མ་མ་ཀྲྀ་ཏེ། ཛམྦྷ་ཡ། སྟམྦྷ་ཡ། མོ་ཧ་ཡ། བནྡྷ་ཡ། ཧཱུྃ་ཧཱུྃ་ཧཱུྃ། ཕཊ་

ཕཊ་ཕཊ། སརྦ་དུཥྚ་སྟཾ་བྷ་ནི་ཧཱུ་རེ་སྭཱཧཱ། ཞེས་པའང་ཅི་འགྲུབ་ཏུ་བཟླ། ཨརྒྷཾ་ནས་ཤབྡའི་བར་གྱིས་མཆོད། འདོད་དོན་གསོལ་བ་བཏབ། དགེ་བ་བསྔོ། འདིའི་བཟླས་ལུང་བྱེད་ཐབས་ནི། སྒྲོལ་མའི་སྐུ་གཟུགས་བྲིས་འབུར་གང་རུང་ཞིག་གི་མདུན་དུ་མཎྜལ་ལ་མེ་ཏོག་གི་ཚོམ་བུ་བཀོད། མཆོད་པ་རྒྱ་ཆེར་བཤམས། ཆོས་སྐྱོང་དང་ཆ་གསུམ་སོགས་འཇིག་རྟེན་པའི་གཏོར་མའང་ཅི་རིགས་སུ་བཤམ་མོ། །མཆོད་པ་བྱིན་རླབས་སྦྱི་དང་མཐུན་པར་བྱས་ཀྱང་རུང་། སྐད་ཅིག་གིས་ཨོཾ་ལས་བྱུང་བའི་མཆོད་པར་མོས་ཙམ་བྱས་ནས། ཨོཾ་ན་མོ་བྷ་ག་ཝ་ཏེ། བཛྲ་སཱ་ར་པྲ་མརྡ་ནི། ཏ་ཐཱ་ག་ཏཱ་ཡ་ཨརྷ་ཏེ། སཾམྱཀྶཾ་བུདྡྷཱ་ཡ། ཏདྱ་ཐཱ། ཨོཾ་བཛྲེ་བཛྲེ། མཧཱ་བཛྲེ། མཧཱ་ཏེ་ཛ་བཛྲེ། མཧཱ་བིདྱ་བཛྲེ། མཧཱ་བོ་དྷི་ཙིཏྟ་བཛྲེ། མཧཱ་བོ་དྷི་མཎྜོ་པ་སཾ་ཀྲ་མ་ཎ་བཛྲེ། སརྦ་ཀརྨ་ཨ་ཝ་ར་ཎ་བི་ཤོ་དྷ་ནི་བཛྲེ་སྭཱཧཱ། ཞེས་མཆོད་(༢༤༨བ)པའི་སྤྲིན་གྱི་གཟུངས་ལན་གསུམ་བརྗོད་པ་ཙམ་གྱིས་ཆོག །སྟོང་པར་སྦྱངས་པ་ནས་བཟླས་པ་གྲུབ་ཀྱི་བར་བྱ། མདུན་བསྐྱེད་ཀྱང་བདག་བསྐྱེད་འདོན་པ་ཕྱོགས་པས་ཆོག །ཨརྒྷཾ་ནས་ཤབྡའི་བར་གྱིས་མཆོད། ཕྱག་འཚལ་ཉེར་གཅིག་སོགས་བསྟོད་པ་གང་ཤེས་ཀྱིས་བསྟོད། གསོལ་བཏབ་ཅི་ཤེས་ཀྱིས་གསོལ་བ་བཏབ། སློབ་མས་མཎྜལ་ཕུལ། བཟང་སྤྱོད་ཀྱི་ཡན་ལག་བདུན་པ་བྱ། སངས་རྒྱས་ཆོས་དང་མ་ལན་གསུམ་བྱ། རྗེ་བཙུན་འཕགས་མ་སྒྲོལ་མ་དང་། །ཞེས་སོགས་ཐུན་མོང་མ་ཡིན་པའི་རྒྱུན་བཤགས་ལན་གསུམ་བྱ། སྟོང་པའི་ངང་ལས་ཁྱེད་རང་རྣམས་ཀྱི་སྙིང་གར་ཨ་ལས་ཟླ་བའི་སྟེང་དུ་ཏཾ་ལྗང་གུ། དེའི་འོད་ཀྱིས་ལུས་གང་། རྣམ་སྨིན་རྫས་བཅས་དང་སྡིག་སྒྲིབ་ལྷན་ཅིག་ཏུ་སྦྱངས། ཁྱེད་རང་རྣམས་སྒྲོལ་མའི་སྐུར་གྱུར་པ་ནི། སྐུ་མདོག་ལྗང་གུ། ཞལ་གཅིག་ཕྱག་གཉིས། གཡས་མཆོག་སྦྱིན་དང་གཡོན་ཨུཏྤལ་ལའི་རྩ་བ་བཟུང་བ་སྣན་གྱི་ཐད་ཀར་ཁ་བྱེ་བ། ཞབས་གཡས་བརྐྱངས་གཡོན་བསྐུམས་པའི་སྐྱིལ་ཀྲུང་ཕྱེད་པའི་རོལ་པས་བཞུགས་པ། དར་དང་རིན་པོ་ཆེའི་རྒྱན་ཐམས་ཅད་

ཀྱིས་བརྒྱན་པ། པད་ཟླའི་གདན་ལ་བཞུགས་པར་གྱུར། ཐུགས་ཀར་ཟླ་བ་ལ་གནས་པའི་ཧཱུྃ་གིས་མཚན་པ་བསྒོམ་དུ་བཅུག །དེ་ནས་སློབ་དཔོན་དང་མདུན་བསྐྱེད་ཀྱི་ཐུགས་ཀའི་ས་བོན་གྱི་མཐར། སྔགས་ཕྲེང་གིས་བསྐོར་བ་ལས་མར་མེ་གཅིག་ལས་གཉིས་ཆད་ཀྱི་ཚུལ་དུ་བྱུང་། ཞལ་ནས་ཐོན། ཁྱིད་རང་རྣམས་ཀྱི་ཞལ་དུ་(༢༤༧ན) ཞུགས། ཐུགས་ཀའི་ས་བོན་གྱི་མཐར་འཁོད་པའི་མོས་པ་མཛོད་ལ། སྔགས་འདིའི་རྗེས་ཟློས་ལན་གསུམ་མཛོད་བྱས་ལ། ཨོཾ་ཏཱ་རེ་ཏུཏྟཱ་རེ་ཏུ་རེ་སྭཱཧཱ། རྗེས་ཚིག་སྤྱི་དང་འདྲ། བཟླས་ལུང་ཙམ་སྦྱིན་པ་ཉིད་ཀྱིས་འགྲུབ་པ་ཡིན་ནོ། །འདི་ནི་བཟླས་ལུང་ལ་བརྟེན་པའི་སྒྲུབ་ཐབས་ཞེས་གསུངས་སོ། །

༄ **སྒྲོལ་ལྗང་ཁ་ཆེ་པཎ་ཆེན་ལུགས་ལ།** སྐྱབས་སེམས་སྔོན་དུ་བཏང་། རང་གི་སྙིང་གར་ཟླ་བ་ལ་ཧཱུྃ། དེའི་འོད་ཀྱིས་འཕགས་མ་སྒྲོལ་མ་ལ་མཆོད་འོས་ཐམས་ཅད་ཀྱིས་བསྐོར་བ་བཛྲ་ས་མ་ཛཿ འཕགས་མའི་དབུ་གཙུག་ཏུ་བླ་མ་རྡོ་རྗེ་སེམས་དཔའི་རྣམ་པ་ཅན་དུ་བཞུགས་པར་གྱུར། ཡིད་ཀྱིས་མཆོད་པ་དཔག་ཏུ་མེད་པ་སྤྲུལ། ཨོཾ་བཛྲ་པུཥྤེ་ནས། ནཻ་ཝི་དྱའི་བར་གྱིས་མཆོད། དཀོན་མཆོག་གསུམ་ལ་བདག་སྐྱབས་མཆི། །སོགས་གསུམ། ཚད་མེད་བཞི་སྤྱི་དང་མཐུན། ཚོགས་ཞིང་གཤེགས་ནས། སྭ་བྷཱ་ཝའི་སྔགས་དོན་དང་། ཤཱུ་ནྱ་ཏཱའི་སྔགས་དོན་བསམ། པད་ཟླ་ལ་རང་སེམས་ཧཱུྃ་ལས་ཨུཏྤལ་ཧཱུྃ་ཡིག་གིས་མཚན་པ་ལས་འོད་ཟེར་འཕྲོས། སེམས་ཅན་གྱི་དོན་བྱས། ཚུར་འདུས་ཡོངས་སུ་གྱུར་པ་ལས། རང་ཉིད་སྒྲོལ་མ་སྐུ་མདོག་ལྗང་གུ། མཆོག་སྦྱིན། ཨུཏྤལ་ཅན་གཡས་བརྐྱང་པའི་ཕྱེད་ཀྲུང་གིས་བཞུགས་པ། མཚན་ཉིད་ཐམས་ཅད་ཡོངས་སུ་རྫོགས་པའི་ཐུགས་ཀར་རང་དང་འདྲ་བའི་ཡེ་ཤེས་སེམས་དཔའ་དེའི་ཐུགས་ཀར་ཏིང་ངེ་འཛིན་སེམས་དཔའ་ཧཱུྃ་ཡིག་གིས་མཚན་པར་བསམ། (༢༤༧བ)དེ་ལས་འོད་ཟེར་འཕྲོས། བསྒོམ་པ་དང་འདྲ་བའི་ཡེ་ཤེས་པ་དང་དབང་གི་ལྷ་རྣམས་བཛྲ་ས་མ་ཛཿཛཿཧཱུྃ་བཾ་ཧོཿགཉིས་སུ་མེད་པར་གྱུར། དབང་གི་ལྷས་དབང་

བསྐུར་དོན་ཡོད་གྲུབ་པས་དབུ་བརྒྱན་པར་བསམ། སྐབས་འདིར་མཆོད་བསྟོད་བྱ། སྙིང་གའི་ཧཱུྃ་ཡིག་གི་འོད་ཟེར་གྱིས་སྣོད་བཅུད་ཐམས་ཅད་རྗེ་བཙུན་མའི་རྣམ་པར་བསྒྱུར། འོད་ཟེར་སྤྲོ་བསྡུ་དང་སྣང་སྟོང་སྒྱུ་མ་ལྟ་བུ་ལ་མཉམ་པར་བཞག །ཡི་གེ་བཅུ་པ་དོ་ཤིའི་བཟླས་པས་བྱའོ། །ཐུན་འཛོག་པ་ན་མཆོད་བསྟོད་བྱ། དགེ་བ་བསྔོ། འདིའི་རྗེས་གནང་ནི། བྲིས་སྐུ་དགྲམ། མཎྜལ་ལ་རྡུལ་ཚོན་དཀར་པོས་པདྨ་འདབ་བརྒྱད་བྲིས། ལྟེ་བ་ལ་ཚོམ་བུ་ལྗང་གུ་དགོད། བུམ་པ་ཞིག་བཅལ། དཀར་གཏོར་གཅིག་དང་མཆོད་པ་བཤམས། མཆོད་པ་བྱིན་རླབས་སྤྱི་དང་མཐུན་པར་བྱ། བདག་བསྐྱེད་བཟླས་པ་དང་བཅས་པ་བྱ། མདུན་བསྐྱེད་བསངས་སྦྱངས། སྭ་བྷཱ་ཤ་སོགས་དང་། ཤཱུ་ནྱ་ཏཱ་སོགས་ཀྱིས་སྟོང་པར་སྦྱངས། སྟོང་པའི་ངང་ལས་པད་ཟླ་ལ་ཧཱུྃ་ལས་ཨུཏྤལ་ཧཱུྃ་ཡིག་གིས་མཚན་པ་ལས་འོད་ཟེར་འཕྲོས། སེམས་ཅན་གྱི་དོན་བྱས། ཚུར་འདུས་ཡོངས་སུ་གྱུར་པ་ལས། སྒྲོལ་མ་སྐུ་མདོག་ལྗང་གུ། མཆོག་སྦྱིན། ཨུཏྤལ་ཅན། གཡས་བརྐྱང་ཕྱེད་ཀྲུང་གིས་བཞུགས་པ། མཚན་ཉིད་ཐམས་ཅད་ཡོངས་སུ་རྫོགས་པའི་ཐུགས་ཀར་རང་དང་འདྲ་བའི་ཡེ་ཤེས་སེམས་དཔའ། དེའི་ཐུགས་ཀར་ཏིང་ངེ་འཛིན་སེམས་དཔའ་ཧཱུྃ་ཡིག་གིས་མཚན་པར་གྱུར། ཐུགས་ཀའི་ས་བོན་ལས་འོད་ཟེར་འཕྲོས། བསྒོམ་པ་དང་(༢༨༨ན)འདྲ་བའི་ཡེ་ཤེས་པ་དང་དབང་གི་ལྷ་རྣམས་བཛྲ་ས་མ་ཛཿཛཿཧཱུྃ་བཾ་ཧོཿགཉིས་སུ་མེད་པར་གྱུར། དབང་གི་ལྷས་དབང་བསྐུར་དོན་ཡོད་གྲུབ་པས་དབུ་བརྒྱན་པར་བསམ། ཨོཾ་ཨཱརྻ་ཏཱ་རེ་ཨརྒྷཾ་ནས་ཤབྡའི་བར་གྱིས་མཆོད། ལྷ་དང་ལྷ་མིན་སོགས་ཀྱིས་བསྟོད། མདུན་བསྐྱེད་ལ་དམིགས་ནས་བཟླས་པ་བྱ། གཏོར་མ་བྱིན་གྱིས་བརླབས་ནས་དབུལ། མཆོད་བསྟོད་འདོད་དོན་གསོལ་བཏབ་བྱ། བུམ་པ་བསངས་སྦྱངས། སྟོང་པའི་ངང་ལས་བུམ་པ་མཚན་ཉིད་ཐམས་ཅད་དང་ལྡན་པའི་ནང་དུ་ཆུ་ཡེ་ཤེས་ཀྱི་བདུད་རྩིའི་རྒྱ་མཚོ་ཆེན་པོར་གྱུར་པའི་དབུས་སུ་པད་ཟླའི་སྟེང་དུ་སྒྲོལ་མ་སྐུ་མདོག་ལྗང་

གུ། མཆོག་སྦྱིན། ཨུཏྤལ་ཅན། ཞེས་པ་ནས། དབུ་བརྒྱན་གྱི་བར་མདུན་བསྐྱེད་
བཞིན། མཆོད་བསྟོད་སྔར་བཞིན་བྱ། བཟླས་པ་ནི་གཟུངས་ཐག་ནས་བཟུང་། སྐུ་
ལས་བདུད་རྩི་དང་སྔགས་ཀྱི་ཡིག་འབྲུའི་ཚོགས་བྱུང་། བདུད་རྩིའི་རྒྱ་མཚོ་དང་
གཅིག་ཏུ་འདྲེས་པར་གྱུར་པར་བསམ་ལ། ཨོཾ་ཏཱ་རེ་ཏུཏྟཱ་རེ་ཏུ་རེ་སྭཱཧཱ། ཞེས་ཡི་གེ་
བཅུ་པ་བཟླ། མཇུག་ཏུ་མཆོད་བསྟོད། མཆོད་ཡོན་ཕུལ་བས། སྒྲོལ་མ་སྔགས་ཀྱི་
ཡིག་འབྲུ་དང་བཅས་པ་འོད་དུ་ཞུ། དག་པ་ཡེ་ཤེས་ཀྱི་ཆུར་གྱུར་པར་བསམ། དེ་
ནས་སློབ་མའི་བྱ་བ་ནི། མཎྜལ་ཕུལ། རྡོ་རྗེ་འཛིན་པ་ནས་བསྐུལ་དུ་གསོལ། ཞེས་
ལན་གསུམ་གསོལ་བ་འདེབས་སུ་གཞུག །འགྲོ་རྣམས་བསྒྲལ་འདོད་བསམ་པ་
ཡིས། །སངས་རྒྱས་ཆོས་དང་དགེ་འདུན་ལ། །བྱང་ཆུབ་སྙིང་པོར་(༢༤༤བ)མཆིས་ཀྱི་
བར། །རྟག་པར་བདག་ནི་སྐྱབས་སུ་མཆི། །ཤེས་རབ་སྙིང་རྗེ་དང་བཅས་པའི། །
བརྩོན་པར་སེམས་ཅན་དོན་དུ་བདག །སངས་རྒྱས་མདུན་དུ་གནས་བཅས་ཏེ། །
རྫོགས་པའི་བྱང་ཆུབ་སེམས་བསྐྱེད་བགྱི། །ཞེས་སྐྱབས་འགྲོ་སེམས་བསྐྱེད་བྱ། སློབ་
མ་རྣམས་སྭ་བྷཱ་ཝ་དང་། ཤཱུ་ནྱ་ཏཱས་སྟོང་པར་སྦྱངས། སྟོང་པའི་ངང་ལས་པད་ཟླ་
ལ་ཁྱེད་རང་རྣམས་ཀྱི་སེམས་ཉིད་ཀྱི་ངོ་བོ་ཧཱུཾ་ལས་ཨུཏྤལ་ཧཱུཾ་ཡིག་གིས་མཚན་པ་
ལས་འོད་ཟེར་འཕྲོས། སེམས་ཅན་གྱི་དོན་བྱས། ཚུར་འདུས་ཡོངས་གྱུར་པ་ལས།
ཁྱེད་རང་རྣམས་སྒྲོལ་མ་སྐུ་མདོག་ལྗང་གུ། མཆོག་སྦྱིན། ཨུཏྤལ་ཅན། གཡས་
བརྐྱང་བའི་ཕྱེད་ཀྲུང་གིས་བཞུགས་པ། མཚན་ཉིད་ཐམས་ཅད་ཡོངས་སུ་རྫོགས་
པའི་ཐུགས་ཀར་རང་དང་འདྲ་བའི་ཡེ་ཤེས་སེམས་དཔའ། དེའི་ཐུགས་ཀར་ཏིང་
ངེ་འཛིན་སེམས་དཔའ་ཧཱུཾ་ཡིག་གིས་མཚན་པར་གྱུར་པའི་མོས་པ་མཛོད། མདུན་
གྱི་ཆོམ་བུ་འདི་ཡང་ཁྱེད་རང་རྣམས་སྒོམ་པ་དང་འདྲ་བའི་སྒྲོལ་མ་སྐུ་མདོག་ལྗང་
གུ་དངོས་སུ་བཞུགས་པར་མོས་ལ་དེ་ནས་སློབ་དཔོན་དང་མདུན་བསྐྱེད་ཀྱི་ཐུགས་
ཀ་ནས་འོད་ཟེར་འཕྲོས། པོ་ཏ་ལ་ནས་རྗེ་བཙུན་སྒྲོལ་མ་ལ་སངས་རྒྱས་བྱང་སེམས་

ཀྱིས་བསྐོར་བ་སྤྱན་དྲངས། ཛཿཧཱུྃ་བཾ་ཧོཿ ཁྱེད་རང་རྣམས་ཀྱི་ལུས་ལ་ཐིམ་པའི་མོས་
པ་མཛོད་ཅེས་ལ་རོལ་མོའི་སྒྲ་བྱ། སླར་ཡང་ཐུགས་ཀའི་ས་བོན་ལས་འོད་ཟེར་
འཕྲོས། དབང་གི་ལྷ་རྣམས་སྤྱན་དྲངས། ཁྱེད་རྣམས་ཀྱིས་སློབ་མ་འདི་རྣམས་ལ་
དབང་བསྐུར་དུ་གསོལ། ཞེས་གསོལ་བ་བཏབ་(༢༥༩ན)པས། དབང་བསྐུར་བར་མོས་
ནས་བུམ་ཆུ་སྦྱིན་ཏེ། ཨོཾ་སརྦ་ཏ་ཐཱ་ག་ཏ་སོགས་བརྗོད། དེ་ལྟར་དབང་བསྐུར་བས་
ལུས་གང་། དྲི་མ་དག །ཆུའི་ལྷག་མ་ཡར་ལུད་པ་ལས་དོན་ཡོད་གྲུབ་པས་དབུ་
བརྒྱན་པར་མོས། སྐུའི་རྗེས་གནང་ངོ་། །ཁྱེད་རང་རྣམས་ལྷར་གསལ་བའི་ཐུགས་
ཀར་པད་ཟླའི་གདན་ལ་ཧཾ་ཡིག་གི་མཐར་སྔགས་ཀྱིས་བསྐོར་བ་གསལ་བཏབ་ལ།
སློབ་དཔོན་ལ་མོས་གུས་བྱས་པས། སློབ་དཔོན་དང་མདུན་བསྐྱེད་གཉིས་ཀའི་
ཐུགས་ཀ་ནས་སྔགས་ཕྲེང་འོད་ཟེར་དང་བཅས་པ་མར་མེ་གཅིག་ལས་གཉིས་ཆད་
ཀྱི་ཚུལ་དུ་འཕྲོས། ཁྱེད་རང་རྣམས་ཀྱི་ཐུགས་ཀའི་སྔགས་ཕྲེང་ལ་ཐིམ་པ་ལས་འོད་
ཟེར་འཕྲོས། ལུས་ཀྱི་ནང་ཐམས་ཅད་གང་། ཚེ་ཐོག་མ་མེད་པ་ནས་བསགས་པའི་
སྡིག་སྒྲིབ་བག་ཆགས་དང་བཅས་པ་དག་འོད་ཟེར་བ་སྤུའི་བུ་ག་ནས་ཕྱིར་འཕྲོས།
ཕྱོགས་བཅུའི་སངས་རྒྱས་བྱང་སེམས་ཐམས་ཅད་ཀྱི་སྐུ་གསུང་ཐུགས་ཀྱི་བྱིན་རླབས་
ཐམས་ཅད་འོད་ཟེར་བདུད་རྩིའི་རྒྱུན་དང་བཅས་པ་སྤྱན་དྲངས་ཏེ་ཐུགས་ཀའི་
སྔགས་ཕྲེང་ལ་ཐིམ་པར་བསམ། ཞེས་བརྗོད་ལ་སྔགས་ལན་གསུམ་རྗེས་ཟློས་བྱར་
གཞུག །སློབ་དཔོན་ལ་མེ་ཏོག་གཏོར་བཞིན་པས། བཅོམ་ལྡན་བདག་ལ་བསྐྱལ་
ལགས་ཀྱི། །བདག་ལ་ཉེ་བར་མཛད་དུ་གསོལ། །ཞེས་ལན་གསུམ་རྗེས་ཟློས་བྱ།
སློབ་དཔོན་གྱིས་མེ་ཏོག་གཏོར་ཏེ། བཅོམ་ལྡན་འདི་ལ་སོགས་བརྗོད། གསུང་གི་
རྗེས་གནང་ངོ་། །སློབ་དཔོན་དང་མདུན་བསྐྱེད་གཉིས་ཀའི་ཐུགས་(༢༥༩བ)ཀའི་ས་
བོན་ལས་འོད་ཟེར་འཕྲོས་པས། སྒྲོལ་མའི་ཐུགས་ཀྱི་བྱིན་རླབས་ཐམས་ཅད་ཕྱག་
མཚན་གྱི་རྣམ་པར་སྤྱན་དྲངས་ཏེ་ཁྱེད་རང་རྣམས་ལྷར་གསལ་བའི་ཐུགས་ཀའི་ས་

ཐོན་ལ་ཐིམ་པར་མོས། ཐུགས་བརྗོད་ཅིང་རོལ་མོའི་སྒྲ་བྱའོ། །སྙིང་གའི་ཧཱུཾ་ཡིག་གི་འོད་ཟེར་གྱིས་སྣོད་བཅུད་ཐམས་ཅད་རྗེ་བཙུན་མའི་རྣམ་པར་བསྒྱུར། འོད་ཟེར་སྤྲོ་བསྡུ་དང་སྣང་སྟོང་སྒྱུ་མ་ལྟ་བུ་ལ་མཉམ་པར་འཇོག་ཏུ་གཞུག་གོ །ཐུགས་ཀྱི་རྗེས་གནང་ངོ་། །རྗེས་ཀྱི་བྱ་བ་སྤྱི་དང་འདྲའོ། །

༄ སྒྲོལ་དཀར་ཁ་ཆེ་པཎ་ཆེན་ལུགས་ལ། སྐྱབས་འགྲོ་སེམས་བསྐྱེད་སྔོན་དུ་བཏང་། ཨོཾ་སྭ་བྷཱ་ཝ་བི་ཤུདྡྷཱ་སརྦ་དྷརྨཱ་སྭ་བྷཱ་ཝ་བི་ཤུདྡྷོཿ་ཧཾ། སྟོང་པའི་ངང་ལས་འོ་མའི་རྒྱ་མཚོའི་དབུས་སུ་པཾ་ལས་པདྨའི་སྟེང་དུ། དབུས་སུ་པད་དཀར་འདབ་བརྒྱད་རབ་ཏུ་རྒྱས་པའི་ལྟེ་བར། ཨ་ལས་ཟླ་བའི་དཀྱིལ་འཁོར་གྱི་སྟེང་དུ་ཧཾ་ལས་རང་ཉིད་འཕགས་མ་སྒྲོལ་མ་དཀར་མོ། འོད་དཔག་མེད་ཀྱི་དབུ་རྒྱན་ཅན། ཞབས་རྡོ་རྗེའི་སྐྱིལ་ཀྲུང་གིས་བཞུགས་པ། ཕྱག་གཡས་མཆོག་སྦྱིན། གཡོན་ཨུཏྤལ་དཀར་པོའི་ཡུ་བ་ཐུགས་ཀར་འཛིན་ཅིང་། སྤྱན་གྱི་ཐད་ཀར་ཁ་བྱེ་བ། བཅུ་དྲུག་ལོན་པའི་ན་ཚོད་ཅན། དར་དང་རིན་པོ་ཆེའི་རྒྱན་ཐམས་ཅད་ཀྱིས་བརྒྱན་པ། འོད་ཟེར་དཔག་ཏུ་མེད་པ་འཕྲོ་བའི་སྐུ་ཅན་དུ་གྱུར། འདབ་མ་བརྒྱད་ལ་ལུས་དང་གྲིབ་མའི་ཚུལ་དུ་རང་དང་འདྲ་བའི་སྒྲོལ་མ་དཀར་མོ་བརྒྱད་ཞལ་ནང་དུ་བསྟན་པ། འཁོར་གྱི་ཚུལ་ཅན། རང་གི་ཐུགས་ཀར་ཨ་ལས་ཟླ་བ་ལ་ཏཱི་དཀར་པོ། དེ་ལས་(༤༠ན)འོད་ཟེར་འཕྲོས། ཡེ་ཤེས་སེམས་དཔའ་བཛྲ་ས་མ་ཛཿཛཿཧཱུཾ་བཾ་ཧོཿས་ཐོན་གྱི་མཐར་ཐུགས་ཀྱིས་བསྐོར་བར་བསམ་ལ། ཨོཾ་ཨ་མ་ར་ཎི་ཛཱི་ཝནྟི་ཡེ་སྭཱཧཱ། ཞེས་ཅི་འགྲུབ་ཏུ་བཟླ། འཁོར་ཐམས་ཅད་ཀྱི་ཐུགས་ཀྱང་ཟློས་པར་བསམ། བཅོམ་ལྡན་འདས་མ་སྒྲོལ་མས་བདག་དང་སེམས་ཅན་ཐམས་ཅད་ཀྱི་ཚེའི་བར་ཆད་ཞི་བར་མཛད་དུ་གསོལ། ཚེ་དང་བསོད་ནམས་དང་ཡེ་ཤེས་ཀྱི་ཚོགས་འཕེལ་བར་མཛད་དུ་གསོལ། ཞེས་གསོལ་བ་བཏབ། མི་དམིགས་པའི་ངང་ནས་དགེ་བ་བསྔོ། འདིའི་རྗེས་གནང་གི་ཚོ་ག་ནི། བྲིས་སྐུ་བཀྲམ། མཎྜལ་ལ་རྟུལ་ཚོན་དཀར་པོས་པདྨ་འདབ་བརྒྱད་བྲིས། ལྟེ་བར་

རྡུལ་ཚོན་ནམ། འབྲུ་དཀར་པོའི་ཚོམ་བུ་རྣམས་བཀོད། བུམ་པ་ཞིག་བཅའ། དཀར་གཏོར་གཅིག་དང་མཆོད་པ་བཤམས། མཆོད་པ་བྱིན་རླབས་སྤྱི་དང་མཐུན་པར་བྱ། བདག་བསྐྱེད་གོང་བཞིན། མདུན་བསྐྱེད་བསངས་སྦྱངས། སྟོང་པའི་ངང་ལས་འོ་མའི་རྒྱ་མཚོའི་དབུས་སུ་པཾ་ལས་པདྨའི་སྡོང་བུ་ནས་འཕྲོ་བའི་སྐུ་ཅན་དུ་གྱུར། ཞེས་པའི་བར་བདག་བསྐྱེད་དང་འདྲ་བ་ལས་རང་ཉིད་ཅེས་པ་དོར། འདབ་མ་བརྒྱད་ལ་ལུས་དང་གྲིབ་མའི་ཚུལ་དུ་གཙོ་བོ་དང་འདྲ་བའི་སྒྲོལ་མ་དཀར་མོ་བརྒྱད་ཞལ་ནང་དུ་བསྟན་པ། འཁོར་གྱི་ཚུལ་ཅན། ཐུགས་ཀར་ཨ་ལས་ཟླ་བ་ལ་ཏཾ་དཀར་པོས་མཚན་པར་གྱུར། ཐུགས་ཀའི་ས་བོན་ལས་འོད་ཟེར་འཕྲོས། ཡེ་ཤེས་སེམས་དཔའ་བཛྲ་ས་མ་ཛཿཛཿཧཱུྃ་བཾ་ཧོཿགཉིས་སུ་(༥༠༠བ)མེད་པར་གྱུར་པར་བསམ། མཆོད་བསྟོད་བྱ། མདུན་བསྐྱེད་ལ་དམིགས་པའི་བཟླས་པ་བྱ། གཏོར་མ་བྱིན་གྱིས་བརླབས་ནས་དབུལ། མཆོད་བསྟོད་བྱ། བུམ་པ་བསངས་སྦྱངས། སྟོང་པའི་ངང་ལས་བུམ་པ་མཚན་ཉིད་ཐམས་ཅད་དང་ལྡན་པའི་ནང་དུ་ཆུ་ཡེ་ཤེས་ཀྱི་བདུད་རྩིའི་རྒྱ་མཚོ་ཆེན་པོར་གྱུར་པའི་དབུས་སུ་འོ་མའི་རྒྱ་མཚོའི་དབུས་སུ། ཞེས་པ་ནས། ཛཿཧཱུྃ་བཾ་ཧོཿགཉིས་སུ་མེད་པར་གྱུར། ཞེས་པའི་བར་མདུན་བསྐྱེད་བཞིན། མཆོད་བསྟོད་བྱ། བཟླས་པ་ནི། གཟུངས་ཐག་ནས་བཟུང་ལ། སྐུ་ལས་བདུད་རྩི་དང་སྔགས་ཀྱི་ཡིག་འབྲུའི་ཚོགས་བྱུང་། བདུད་རྩིའི་རྒྱ་མཚོ་དང་གཅིག་ཏུ་འདྲེས་པར་གྱུར་པར་བསམ་ལ་སྔགས་བཟླ། མཇུག་ཏུ་མཆོད་བསྟོད་བྱ། མཆོད་ཡོན་ཕུལ་བས། སྒྲོལ་མ་སྔགས་ཀྱི་ཡིག་འབྲུ་དང་བཅས་པ་འོད་དུ་ཞུ་ནས། དག་པ་ཡེ་ཤེས་ཀྱི་ཆུར་གྱུར་པར་བསམ། དེ་ནས་སློབ་མའི་བྱ་བ་ནི། མཎྜལ་ཕུལ། རྡོ་རྗེ་འཛིན་པ་ནས་བསྐུལ་དུ་གསོལ། ཞེས་ལན་གསུམ་གསོལ་བ་འདེབས་སུ་གཞུག །འགྲོ་རྣམས་བསྒྲལ་འདོད་བསམ་པ་ཡིས། །ནས། རྫོགས་པའི་བྱང་ཆུབ་སེམས་བསྐྱེད་བགྱི། ཞེས་པས་སྐྱབས་འགྲོ་སེམས་བསྐྱེད་བྱ། སློབ་མ་རྣམས་སྭ་བྷཱ་ཝས་སྦྱངས། སྟོང་པའི་ངང་ལས་འོ་མའི་རྒྱ་

མཚོའི་དབུས་སུ་པཾ་ལས་པདྨའི་སྡོང་པོ། དབུས་སུ་པད་དཀར་འདབ་བརྒྱད་རབ་ཏུ་རྒྱས་པའི་ལྟེ་བར། ཨ་ལས་ཟླ་བའི་དཀྱིལ་འཁོར་གྱི་སྟེང་དུ་ཧཾ་ལས་ཁྱེད་རང་རྣམས་འཕགས་མ་སྒྲོལ་མ་དཀར་མོ། འོད་དཔག་མེད་ཀྱི་(༢༠༧ན)དབུ་རྒྱན་ཅན། ཞབས་རྡོ་རྗེའི་སྐྱིལ་ཀྲུང་གིས་བཞུགས་པ། ཕྱག་གཡས་མཆོག་སྦྱིན། གཡོན་ཨུཏྤལ་དཀར་པོའི་ཡུ་བ་ཐུགས་ཀར་འཛིན་ཅིང་། སྤྱན་གྱི་ཐད་ཀར་ཁ་བྱེ་བ། བཅུ་དྲུག་ལོན་པའི་ན་ཚོད་ཅན། དར་དང་རིན་པོ་ཆེའི་རྒྱན་ཐམས་ཅད་ཀྱིས་བརྒྱན་པ། འོད་ཟེར་དཔག་ཏུ་མེད་པ་འཕྲོ་བའི་སྐུ་ཅན་དུ་གྱུར། འདབ་མ་བརྒྱད་ལ་ལུས་དང་གྲིབ་མའི་ཚུལ་དུ་ཁྱེད་རང་རྣམས་དང་འདྲ་བའི་སྒྲོལ་མ་དཀར་མོ་བརྒྱད་ཞལ་ནང་དུ་བསྟན་པ་འཁོར་གྱི་ཚུལ་ཅན། ཁྱེད་རང་རྣམས་ཀྱི་ཐུགས་ཀར་ཨ་ལས་ཟླ་བ་ལ་ཧཾ་དཀར་པོ་ཞིག་གསལ་བཏབ། མདུན་གྱི་ཚོམ་བུ་འདི་ཉིད་ཀྱང་ཁྱེད་རང་རྣམས་སྒོམ་པ་དང་འདྲ་བའི་རྗེ་བཙུན་སྒྲོལ་དཀར་གཙོ་འཁོར་དུ་དངོས་སུ་བཞུགས་པར་མོས་ལ། དེ་ནས་སློབ་དཔོན་གྱི་ཐུགས་ཀ་ནས་འོད་ཟེར་འཕྲོས། པོ་ཏ་ལ་ནས་རྗེ་བཙུན་སྒྲོལ་མ་ལ་སངས་རྒྱས་བྱང་སེམས་ཀྱིས་བསྐོར་བ་སྤྱན་དྲངས། ཛཿཧཱུྃ་བཾ་ཧོཿཁྱེད་རང་རྣམས་ཀྱི་ལུས་ལ་ཐིམ་པའི་མོས་མཛོད་བྱས་ལ་རོལ་མོའི་སྒྲ་བྱ། སླར་ཡང་ཐུགས་ཀའི་ས་བོན་ལས་འོད་ཟེར་འཕྲོས། དབང་གི་ལྷ་རྣམས་སྤྱན་དྲངས། ཁྱེད་རྣམས་ཀྱིས་སློབ་མ་འདི་རྣམས་ལ་དབང་བསྐུར་དུ་གསོལ། ཞེས་གསོལ་བ་བཏབ་པས། དབང་བསྐུར་བར་མོས་ནས་བུམ་ཆུ་སྦྱིན་ཏེ། ཨོཾ་སརྦ་ཏ་ཐཱ་ག་ཏ་སོགས་བརྗོད། སྐུའི་རྗེས་གནང་ངོ་། །ཁྱེད་རང་རྣམས་ལྷར་གསལ་བའི་ཐུགས་ཀར་ཟླ་བའི་གདན་ལ་ས་བོན་གྱི་མཐར་སྔགས་ཀྱིས་བསྐོར་བ་གསལ་(༢༠༧བ)བཏབ་ལ། སློབ་དཔོན་ལ་མོས་གུས་བྱས་པས། སློབ་དཔོན་དང་མདུན་བསྐྱེད་གཉིས་ཀའི་ཐུགས་ཀ་ནས་སྔགས་ཕྲེང་འོད་ཟེར་དང་བཅས་པ་མར་མེ་གཅིག་ལས་གཉིས་ཆད་ཀྱི་ཚུལ་དུ་འཕྲོས། ཁྱེད་རང་རྣམས་ཀྱི་ཐུགས་ཀའི་སྔགས་ཕྲེང་ལ་ཐིམ་པ་ལས་འོད་ཟེར་འཕྲོས་ལུས་ཀྱི་ནང་

ཐམས་ཅད་གང་། ཚོ་ཐོག་མ་མེད་པ་ནས་བསགས་པའི་སྡིག་སྒྲིབ་བག་ཆགས་དང་བཅས་པ་དག །འོད་ཟེར་བ་སྤུའི་བུ་ག་ནས་ཕྱིར་འཕྲོས། ཕྱོགས་བཅུའི་སངས་རྒྱས་བྱང་སེམས་ཐམས་ཅད་ཀྱི་སྐུ་གསུང་ཐུགས་ཀྱི་བྱིན་རླབས་ཐམས་ཅད་དང་འོད་ཟེར་བདུད་རྩིའི་རྒྱུན་དང་བཅས་པ་སྤྱན་དྲངས་ཏེ་ཐུགས་ཀའི་སྟགས་ཕྲེང་ལ་ཐིམ་པར་བསམ། ཞེས་བརྗོད་ལ། ཨ་མ་ར་ནི་ཛཱི་ཝནྟི་ཡེ་སྭཱཧཱ། ལན་གསུམ་རྗེས་ཟློས་བྱར་གཞུག །སློབ་དཔོན་ལ་མེ་ཏོག་གཏོར་བཞིན་པས། བཅོམ་ལྡན་བདག་ལ་བསྐལ་ལགས་ཀྱི། །བདག་ལ་ཉེ་བར་མཛད་དུ་གསོལ། །ཞེས་ལན་གསུམ་རྗེས་ཟློས་བྱ། སློབ་དཔོན་གྱིས་མེ་ཏོག་གཏོར་ཏེ། བཅོམ་ལྡན་འདི་ལ་སོགས་བརྗོད། གསུང་གི་རྗེས་གནང་ངོ་། །སློབ་དཔོན་དང་མདུན་བསྐྱེད་གཉིས་ཀའི་ཐུགས་ཀའི་ས་བོན་ལས་འོད་ཟེར་འཕྲོས་པས། སྒྲོལ་མའི་ཐུགས་ཀྱི་བྱིན་རླབས་ཐམས་ཅད་ཕྱག་མཚན་གྱི་རྣམ་པར་སྤྱན་དྲངས་ཏེ་ཁྱེད་རང་རྣམས་ལྷར་གསལ་བའི་ཐུགས་ཀའི་ས་བོན་ལ་ཐིམ་པར་མོས། སྔགས་བརྗོད་ཅིང་རོལ་མོའི་སྒྲ་བྱའོ། །སྙིང་གའི་ཧཾ་ཡིག་གི་འོད་ཟེར་གྱིས་སྣོད་བཅུད་ཐམས་ཅད་རྗེ་བཙུན་མ་(༢༡༢༤)སྒྲོལ་མ་དཀར་མོའི་རྣམ་པར་བསྒྱུར། འོད་ཟེར་སྤྲོ་བསྡུ་དང་སྔང་སྟོང་སྒྱུ་མ་ལྟ་བུ་ལ་མཉམ་པར་འཇོག་ཏུ་གཞུག་གོ། །ཐུགས་ཀྱི་རྗེས་གནང་ངོ་། །རྗེས་ཀྱི་བྱ་བ་སྤྱི་དང་འདྲའོ། །

༄ སྒྲོལ་མ་ཉིན་ཞི་མཆན་ཁྲ་ལ། སྐྱབས་སེམས་སྔོན་དུ་འགྲོ་བས། རང་གི་མདུན་དུ་སྟོང་པ་དང་བཅས་པའི་པད་གདན་དང་། ཟླ་བ་ལ་ཏྟཱཾ་ལས་འཕགས་པ་སྤྱན་རས་གཟིགས་སྐུ་མདོག་དཀར་པོ། ཕྱག་གཡས་མཆོག་སྦྱིན་དང་གཡོན་པདྨ་དཀར་པོའི་སྡོང་བུ་འཛིན་པ། པདྨ་ཐུགས་ཀར་ཁ་བྱེ་བའི་སྟེང་དུ་ཏྟཱཾ་ལས་རྗེ་བཙུན་མ་སྒྲོལ་མ་ཞི་བ། རང་ཉིད་ལ་དགྱེས་པའི་སྤྱན་གྱི་གཟིགས་པ། ཕུཥྤེ་ནས། ནཻ་ཝི་དྱའི་བར་གྱིས་མཆོད། མགུར་ནས་འབྱུང་བའི་རྒྱུན་བཤགས་ཚར་གསུམ། ཕྱག་འཚལ་ཉེར་གཅིག་ཚར་གཅིག །ཡིད་ཀྱིས་གསོལ་བ་དྲག་ཏུ་བཏབ་པས། རྗེ་བཙུན་མ་རང་ཉིད་

ལ་ཐིམ། རང་ཉིད་སྒྲོལ་མ་ཞི་བ་ལྗང་སྔོན། གཡས་མཆོག་སྦྱིན། གཡོན་ཨུཏྤལ་སྔོན་པོ་འཛིན་པ། ཞབས་གཡས་བརྐྱང་གི་རོལ་པས་བཞུགས་ཤིང་། དར་དང་རིན་པོ་ཆེས་བརྒྱན་པ། དབུ་སྐྲ་ཕྱེད་གཡོན་པར་བཅིངས་ཤིང་གཡས་ཅུང་ཟད་ཕྱང་བ། སྤྱི་བོ་ན་ཟླ་བ་ཆོས་པའི་སྟེང་དུ་འོད་དཔག་མེད་ཀྱིས་མཚན་པའོ། །བསྟོད་པ་ཚར་གཉིས་བརྗོད་དེ། རང་ཉིད་ལྟར་གསལ་དྲག་ཏུ་བཏབ། བསྟོད་སྒྲུབ་ཏུ་བྱེད་ན། ལྷ་ལ་དམིགས་ནས་སྔར་ཚར་ལྔ་བརྗོད་པས་བདུན་དུ་འགྱུར་ལ། དེ་ཉིད་ཐུན་བཞི་ལ་སོགས་པར་བསྒོམ་པ་ནི་མ་མཐའ་ཡིན་ལ། (༥༡༢བ)བསྟོད་པ་ཇི་ཙམ་མང་བ་དེ་བཟང་བ་ཡིན་ནོ། །བཟླས་པ་ལ་སོས་ན་མན་ངག་ལྟར་དམིགས་པ་གསལ་བཏབ་ལ། ཨོཾ་ཏཱ་རེ་ཏུཏྟཱ་རེ་ཏུ་རེ་སྭཱཧཱ། ཞེས་བཟླའོ། །རྗེས་སྤྱན་རས་གཟིགས་ལ་མཆོད་བསྟོད་ཞིག་བྱས་ལ་དགེ་བ་བསྔོ། མཚན་མོ་གཞན་སྔ་མ་དང་འདྲ་བ་ལས། པདྨ་ཐུགས་ཀར་ཁ་བྱེ་བའི་སྟེང་དུ། ཧཱུྃ་ལས་རྗེ་བཙུན་མ་སྒྲོལ་མ་ཁྲོ་མོ་ཞེས་པ་དང་། རྗེ་བཙུན་མ་བདག་ལ་ཐིམ་པས། རང་ཉིད་སྒྲོལ་མ་སྐུ་མདོག་དཀར་མོ་ལྷག་པར་ཁྲོས་པ། སྤྱན་གསུམ་སྐྲ་སེར་གྱེན་དུ་བརྫེས་པ། ཕྱག་གཡས་ཀྱི་རྡོ་རྗེ་འཕྱར་ཞིང་། གཡོན་ས་ལ་བཙེབས་ཅིང་ཐུགས་ཀར་སྡིགས་མཛུབ་མཛད་པ། སྟག་ལྤགས་ཀྱི་སྟོད་གཡོགས་དང་། གཟིག་ལྤགས་ཀྱི་ཤ་འགག་ཅན། རིན་པོ་ཆེའི་རྒྱན་དང་སྦྲུལ་ལྗང་གུའི་སེ་རལ་ཁ་འཆང་བ། སྤྱི་བོ་ན་ཟླ་ཆོས་ཀྱི་སྟེང་དུ་འོད་དཔག་མེད་ཀྱིས་མཚན་པ། མེ་དཔུང་འབར་བའི་དབུས་ན་པད་ཉི་ལ་གཡས་བསྐུམ་གཡོན་བརྐྱང་བས་བཞུགས་པའོ། །ཞེས་དང་། བཟླས་པའི་སྐབས། ཨོཾ་ན་མ་ཏཱ་རེ། ན་མཿཏ་རེ་ཧཱུྃ་ཏ་རེ་སྭཱཧཱ། ཞེས་བཟླ་བ་རྣམས་ཁྱད་པར་རོ། །འདིའི་རྗེས་གནང་ནི། མཎྜལ་ཚོམ་བུ་གསུམ་མཆོད་གཏོར་དང་བཅས་པ་བཤམས། མཆོད་གཏོར་བྱིན་རླབས་སྤྱི་དང་མཐུན་པར་བྱ། བདག་བསྐྱེད་སྔོན་དུ་འགྲོ་བས། ཚོམ་བུ་རྣམས་བསངས། སྭ་བྷཱ་ཝས་སྟོང་པར་སྦྱངས། སྟོང་པའི་ངང་ལས་མདུན་དུ་སྟོང་པོ་དང་བཅས་པའི་

པད་གདན་དང་། ཟླ་བ་ལ་ཧྲཱིཿལས་འཕགས་པ་སྤྱན་རས་གཟིགས་སྐུ་མདོག་དཀར་(༢༠༤ན)པོ། ཕྱག་གཡས་མཆོག་སྦྱིན་དང་གཡོན་པདྨ་དཀར་པོའི་སྡོང་བུ་འཛིན་པ། གཡས་སུ་པད་ཟླའི་གདན་ལ་ཏཱཾ་ལས་སྒྲོལ་མ་ཞི་བ་ལྗང་སྔོན། གཡས་མཆོག་སྦྱིན་གཡོན་ཨུཏྤལ་སྔོན་པོ་འཛིན་པ། ཞབས་གཡས་བརྐྱང་གི་རོལ་པས་བཞུགས་ཤིང་། དར་དང་རིན་པོ་ཆེས་བརྒྱན་པ། དབུ་སྐྲ་ཕྱེད་གཡོན་པར་བཅིངས་ཤིང་གཡས་ཅུང་ཟད་ཕྱང་བ། སྤྱི་བོ་ན་ཟླ་བ་ཚེས་པའི་སྟེང་དུ་འོད་དཔག་མེད་ཀྱིས་མཚན་པའོ། ། གཡོན་དུ་ཧཱུྃ་ལས་རྗེ་བཙུན་མ་སྒྲོལ་མ་སྐུ་མདོག་དཀར་མོ་ལྷག་པར་ཁྲོས་པ། སྤྱན་གསུམ་སྐྲ་སེར་གྱེན་དུ་བརྫེས་པ། ཕྱག་གཡས་ཀྱིས་རྡོ་རྗེ་འཕྱར་ཞིང་། གཡོན་ས་ལ་བརྡེབ་ཅིང་ཐུགས་ཀར་སྡིགས་མཛུབ་མཛད་པ། སྟག་ལྤགས་ཀྱི་སྟོད་གཡོགས་དང་། གཟིག་ལྤགས་ཀྱི་ཤ་འགག་ཅན། རིན་པོ་ཆེའི་རྒྱན་དང་སྦྲུལ་ལྗང་གུའི་སེ་རལ་ཁ་འཆང་བ། སྤྱི་བོ་ན་ཟླ་ཚེས་ཀྱི་སྟེང་དུ་འོད་དཔག་མེད་ཀྱིས་མཚན་པ། མེ་དཔུང་འབར་བའི་དབུས་ན་པད་ཉི་ལ་གཡས་བསྐུམ་གཡོན་བརྐྱང་པས་བཞུགས་པའོ། །རང་གི་ཐུགས་ཀའི་ས་བོན་ལས་འོད་ཟེར་འཕྲོས། ཡེ་ཤེས་སེམས་དཔའ་བཛྲ་ས་མ་ཛཿཛཿཧཱུྃ་བཾ་ཧོཿགཉིས་སུ་མེད་པར་གྱུར། མཆོད་བསྟོད་བྱ། བཟླས་པའི་དམིགས་པ་གསལ་བཏབ་ལ། ཨོཾ་ཏཱ་རེ་ཏུཏྟཱ་རེ་ཏུ་རེ་སྭཱཧཱ། ཁྲོ་མོའི་བཟླས་པ་ནི། ཨོཾ་ན་མ་ཏཱ་རེ། ན་མཿཏ་རེ་ཧཱུྃ་ཏ་རེ་སྭཱཧཱ། ཞེས་བཟླས་པ་ཅི་འགྲུབ་བྱ། དེ་ནས་གཏོར་མ། ཨ་མྲྀ་ཏས་བསངས། སྭ་བྷཱ་ཝས་སྦྱངས། སྟོང་པའི་ངང་(༢༠༤བ)ལས་བྷྲཱུྃ་ལས་རིན་པོ་ཆེའི་སྣོད་ཡངས་ཤིང་རྒྱ་ཆེ་བའི་ནང་དུ་ཨོཾ་འོད་དུ་ཞུ་བ་ལས་བྱུང་བའི་གཏོར་མ་ཟག་པ་མེད་པའི་ཡེ་ཤེས་ཀྱི་བདུད་རྩིའི་རྒྱ་མཚོ་ཆེན་པོར་གྱུར། ཨོཾ་ཨཱཿཧཱུྃ། ལན་གསུམ་གྱིས་བྱིན་གྱིས་བརླབས་ནས་ཕུལ། མཆོད་བསྟོད་བྱ། འདོད་དོན་གསོལ་བཏབ་བྱ། སློབ་མས་ཀྱང་མཎྜལ་ཕུལ། གསོལ་བ་འདེབས་པ་འདིའི་རྗེས་ཟློས་མཛོད། དུས་གསུམ་སངས་རྒྱས་ཐམས་ཅད་དང་ནས་བསྐུལ་དུ་གསོལ། ལན་

གསུམ། དཀོན་མཆོག་གསུམ་ལ་བདག་སྐྱབས་མཆི། །ཞེས་སོགས་རྒྱུན་བཤགས་ལན་གསུམ། ཁྱད་པར་དུ་སྒྲོལ་མ་ཉིན་ཞི་མཚན་ཁྲོའི་རྗེས་གནང་བསྐུལ་དུ་གསོལ་སྙམ་པས་འདིའི་རྗེས་གླེང་ཀྱང་གསུངས་ཤིག །སློབ་དཔོན་དགོངས་སུ་གསོལ། བདག་ལ་རྗེ་བཙུན་མ་སྒྲོལ་མ་ཉིན་ཞི་མཚན་ཁྲོའི་རྗེས་གནང་མ་ལུས་པ་བསྐུལ་དུ་གསོལ། ཞེས་ལན་གསུམ་གྱིས་གསོལ་བ་བཏབ་ནས། ད་སྒྱུར་བ་རྗེས་གནང་གི་གཞི་དགོད་པའི་སྣད་དུ་དམིགས་པ་འདི་བཞིན་དུ་མཛད་པར་ཞུ། ཨོཾ་སྭ་བྷ་ཝ་ཤུདྡྷ་ན་བཛྲ་ས་ཏྭ་ཡ་ཨཱཏྨ་ཀོ྅ཧཾ། ཕྱི་ནང་གི་དངོས་པོ་ཐམས་ཅད་མི་དམིགས་པ་སྟོང་པ་ཉིད་དུ་གྱུར་པའི་ངང་ལས། པད་ཟླའི་གདན་ལ་ཁྱེད་རང་རྣམས་ཧྃ་ལས་སྒྲོལ་མ་ཞི་བ་ལྗང་སྔོན། གཡས་མཆོག་སྦྱིན། གཡོན་ཨུཏྤ་ལའི་སྡོང་བུ་འཛིན་པ། ཞབས་གཡས་བརྐྱང་གི་རོལ་པས་བཞུགས་ཤིང་། དར་དང་རིན་པོ་ཆེས་བརྒྱན་པ། དབུ་སྐྲ་ཕྱེད་གཡོན་པར་བཅིངས་ཤིང་གཡས་ཅུང་ཟད་ཕྱང་བ། སྐྱི་བོ་(༢༠༨ན)ན་ཟླ་བ་ཆེས་པའི་སྟེང་དུ་འོད་དཔག་མེད་ཀྱིས་མཚན་པའོ། །ཡེ་ཤེས་པ་ཞི་ཁྲོ་གཉིས་བསྟིམ་པ་སོ་སོར་བྱ་ཆེ་སྐབས་འདིར་བྱ། ཧྃ་ལས་སྒྲོལ་མ་སྐུ་མདོག་དཀར་མོ་ལྗག་པར་ཁྲོས་པ། སྤྱན་གསུམ་སྐྲ་སེར་གྱེན་དུ་བརྫེས་པ། ཕྱག་གཡས་ཀྱིས་རྡོ་རྗེ་འཕྱར་ཞིང་། གཡོན་ས་ལ་བརྟེབ་ཅིང་ཐུགས་ཀར་སྡིག་མཛུབ་མཛད་པ། སྟག་ལྤགས་ཀྱི་སྟོད་གཡོགས་དང་། གཟིག་ལྤགས་ཀྱི་ཤ་འགག་ཅན། རིན་པོ་ཆེའི་རྒྱན་དང་། སྦྲུལ་ལྗང་གུའི་སེ་རལ་ཁ་འཕྱང་བ། སྤྱི་བོ་ན་ཟླ་ཆེས་ཀྱི་སྟེང་དུ་འོད་དཔག་མེད་ཀྱིས་མཚན་པ། མེ་དཔུང་འབར་བའི་དབུས་ན་པད་ཉི་ལ་གཡས་བསྐུམ་གཡོན་བརྐྱང་པས་བཞུགས་པར་གྱུར། ཞེས་སྒྲོལ་མ་ཞི་ཁྲོ་གཉིས་གསལ་བཏབ་བོ། །དེ་ནས་མདུན་གྱི་ཚོམ་བུ་དང་སློབ་དཔོན་ཡང་སྒྲོལ་མ་དངོས་ཡིན་སྙམ་པའི་མོས་གུས་བྱས་པས་སློབ་དཔོན་གྱི་ཐུགས་ཀ་ནས་འོད་ཟེར་འཕྲོས། མདུན་བསྐྱེད་ཀྱི་ལྷའི་ཐུགས་རྒྱུད་བསྐུལ། དེའི་ཐུགས་ཀ་ནས་འོད་ཟེར་འཕྲོས། ཕྱོགས་བཅུའི་སངས་རྒྱས་དང་བྱང་ཆུབ་སེམས་

དཔའ་ཐམས་ཅད་ཀྱི་ཐུགས་རྒྱུད་བསྐུལ་བས། སློབ་དཔོན་དང་མདུན་བསྐྱེད་ཀྱི་ལྷ་དང་། ཕྱོགས་བཅུའི་སངས་རྒྱས་དང་བྱང་ཆུབ་སེམས་དཔའ་ཐམས་ཅད་ཀྱི་ཐུགས་ཀ་ནས་སྒྲོལ་མ་ཞི་ཁྲོའི་སྐུ་ཆེ་ཆུང་དཔག་ཏུ་མེད་པ་བྱོན། ཁྱེད་རང་རྣམས་ཀྱི་བ་སྤུའི་བུ་ག་རྣམས་ནས་ཆར་བབས་པ་བཞིན་དུ་སིབ་སིབ་ཐིམ་པར་མོས་པ་མཛོད། ཛཿཧཱུྃ་བཾ་ཧོཿགཉིས་སུ་མེད་པར་ཐིམ། དེ་དག་(༢༥༤བ)ནི་རྗེས་གནང་གི་གཞི་དགོད་པའོ། །རྗེས་གནང་དངོས་ལ། ལུང་གསུམ་ལས། དང་པོ་རྗེས་སུ་བཟླས་པའི་ལུང་བླངས་པ་ལ། ཁྱེད་རང་རྣམས་སྒྲོལ་མ་ཞི་བའི་སྐུར་གསལ་བའི་ཐུགས་ཀར་ཟླ་བའི་སྟེང་དུ་ཏྃ་ཡིག་གི་མཐར་སྔགས་ཀྱི་ཡིག་འབྲུ་རྣམས་མགོ་གྱེན་དུ་བསྟན། ཁ་ནང་དུ་ཕྱོགས་པ་འོད་ཟེར་འབར་བའི་རྣམ་པ་ཅན་དུ་བཞུགས་པར་མོས། སློབ་དཔོན་གྱི་ཐུགས་ཀ་ནས་འོད་ཟེར་འཕྲོས། མདུན་བསྐྱེད་ཀྱི་ཐུགས་རྒྱུད་བསྐུལ། ཐུགས་ཀའི་སྔགས་ཕྲེང་ལས་སྔགས་ཕྲེང་གཉིས་པ་ཆད། ཞལ་ནས་ཐོན། ཁྱེད་རང་རྣམས་ཀྱི་ཁ་སྒོ་ནས་ཞུགས། ཐུགས་ཀའི་ས་བོན་གྱི་མཐར་བཀོད་པའི་སྔགས་ཕྲེང་རྣམས་ལ་ཐིམ་པར་མོས་ལ། འདིའི་རྗེས་ཟློས་མཛོད། ཨོཾ་ཏཱ་རེ་ཏུཏྟཱ་རེ་ཏུ་རེ་སྭཱཧཱ། ལན་གསུམ་རྗེས་ཟློས་བྱར་གཞུག །ཡང་དམིགས་པ་འདི་བཞིན་དུ་མཛོད། ཁྱེད་རང་རྣམས་སྒྲོལ་མ་ཁྲོ་མོའི་སྐུར་གསལ་བའི་ཐུགས་ཀར་ཉི་མའི་སྟེང་དུ་ཧཱུྃ་ཡིག་གི་མཐར། ཨོཾ་ན་མ་ཏཱ་རེ། ན་མཿཏ་རེ་ཧཱུྃ་ཏ་རེ་སྭཱཧཱ། ཞེས་པའི་སྔགས་ཀྱི་ཡིག་འབྲུ་རྣམས་མགོ་གྱེན་བསྟན། ཁ་ནང་དུ་ཕྱོགས་པ་འོད་ཟེར་འབར་བའི་རྣམ་པ་ཅན་དུ་བཞུགས་པར་མོས། སློབ་དཔོན་གྱི་ཐུགས་ཀ་ནས་འོད་ཟེར་འཕྲོས། མདུན་བསྐྱེད་ཀྱི་ཐུགས་རྒྱུད་བསྐུལ། ཐུགས་ཀའི་སྔགས་ཕྲེང་ལས་སྔགས་ཕྲེང་གཉིས་པ་ཆད། ཞལ་ནས་ཐོན། ཁྱེད་རང་རྣམས་ཀྱི་ཁ་སྒོ་ནས་ཞུགས། ཐུགས་ཀའི་ས་བོན་གྱི་མཐར་བཀོད་པའི་སྔགས་ཕྲེང་རྣམས་ལ་ཐིམ་པར་མོས་ལ། འདིའི་རྗེས་ཟློས་མཛོད། (༢༥༥ན)ཨོཾ་ན་མ་ཏཱ་རེ། ན་མཿཏ་རེ་ཧཱུྃ་ཏ་རེ་སྭཱཧཱ། ཞེས་ལན་གསུམ་རྗེས་ཟློས་བྱར་གཞུག །དང་

པོས་བྱིན་གྱིས་བརླབས། གཉིས་པས་དབྱེར་མེད་དུ་འདྲེས། གསུམ་པས་བརྟན་པར་བྱས་པའི་མོས་པ་མཚོན། གཉིས་པ་བྱིན་གྱིས་བརླབས་པའི་ལུང་ནི། སློབ་དཔོན་ལ་མེ་ཏོག་གཏོར་བཞིན་དུ་འདིའི་རྗེས་ཟློས་མཚོད་ཅིག །བཅོམ་ལྡན་བདག་གིས་སོགས་ལན་གསུམ། དེ་ལྟར་ཕུལ་བའི་མེ་ཏོག་དེ་ཉིད་སླར་ཡང་བྱིན་གྱིས་བརླབས་ཏེ། ཁྱེད་རང་གི་སྤྱི་བོར་ཕུལ་བའི་མོས་པ་མཚོད་ཅིག །སློབ་དཔོན་གྱིས་མེ་ཏོག་གཏོར་ཞིང་། བཅོམ་ལྡན་འདི་ལ་སོགས་དང་རིག་པ་འཛིན་པ་འདི་རྣམས་ལ་རྗེ་བཙུན་མ་འཕགས་མ་སྒྲོལ་མ་ཞི་ཁྲོའི་སྐུ་གསུང་ཐུགས་ཀྱི་བྱིན་རླབས་མ་ལུས་པ་འཇུག་པར་གྱུར་ཅིག །གསུམ་པ་དམ་བཅའི་ལུང་གི་ཕྱིར། བཅོམ་ལྡན་འདས་སྒྲོལ་མ་ཞི་ཁྲོ་འདི་ཉིད་ཇི་སྲིད་བྱང་ཆུབ་མ་ཐོབ་བར་གྱི་ཡི་དམ་དུ་བཟུང་ངོ་། །བདག་ཐུགས་ཀྱིས་མ་བཏང་ཞིག་སྙམ་པའི་བསམ་པས་འདིའི་རྗེས་ཟློས་གསུངས་ཤིག །སློབ་དཔོན་དགོངས་སུ་གསོལ། བདག་རིག་པ་འཛིན་པ་མིང་འདི་ཞེས་བགྱི་བ་དུས་འདི་ནས་བཟུང་སྟེ། ཇི་སྲིད་བྱང་ཆུབ་སྙིང་པོ་ལ་མཆིས་ཀྱི་བར་དུ། བཅོམ་ལྡན་འདས་སྒྲོལ་མ་ཞི་ཁྲོ་ཡི་དམ་གྱི་ལྷར་བཟུང་ནས་འདིའི་གསང་སྔགས་ནི་ཉི་མ་རེ་རེ་བཞིན་འདི་ཙམ་རེ་འདོན་པར་དམ་འཆའ་བ་ལགས་སོ། །ཞེས་ལན་གསུམ་བརྗོད། དེས་དངོས་གཞི་ལུང་གསུམ་སོང་། ད་ནི་རྗེས་བྱིན་གྱིས་(༢༥༥བ)བརླབས་པའི་ཕྱིར། མདུན་བསྐྱེད་ཀྱི་ལྷ་ལ་མོས་གུས་དུང་དུང་བ་དང་བདག་གི་རྒྱུད་བྱིན་གྱིས་བརླབ་ཏུ་གསོལ་སྙམ་པ་མཛད་པས། མདུན་བསྐྱེད་ཀྱི་ཐུགས་ཀ་ནས་སྒྲོལ་མ་ཞི་ཁྲོའི་སྐུ་སོར་ཚད་ཙམ་གཅིག་རྒྱུངས་ཏེ་བྱོན། ཁྱེད་རང་རྣམས་ཀྱི་སྙིང་གའི་ས་བོན་དང་དབྱེར་མེད་དུ་འདྲེས། རྒྱུད་བྱིན་གྱིས་བརླབས་པའི་མོས་པ་མཚོད། རྗེས་ཀྱི་བྱ་བ་རྣམས་སྤྱི་དང་འདྲའོ། །

༄ ཨུ་རྒྱན་སྒྲོལ་མ་གནས་ཀྱི་དབང་ལྷུག་མ་ལ། སྐྱབས་སེམས་སྔོན་དུ་སོང་སྟེ། ཨྠུ་ཙྪ་ཧྣས་སྟོང་པར་སྦྱངས། སྟོང་པའི་ངང་ལས་པད་ཉིའི་སྟེང་དུ་ཏྃ་ལས་སྒྲུང་བའི་

འཁོར་ལོ། དེའི་ནང་དུ་ཨེ་ལས་ཆོས་འབྱུང་གི་དབུས་སུ་པཾ་ལས་པདྨ་དམར་པོའི་ལྟེ་བར་རཾ་ལས་ཉི་མ། དེའི་སྟེང་དུ། ཧྲཱིཾ་ལས་ཨུཏྤལ་དམར་པོ་ཧྲཱིཾ་ཡིག་གིས་མཚན་པའི་འོད་ཀྱི་འཕྲོ་འདུ་ལས། རང་ཉིད་རྗེ་བཙུན་མ་འཕགས་མ་སྒྲོལ་མ་སྐུ་མདོག་དམར་མོ། ཞལ་བཞི་ཕྱག་བརྒྱད་མ། རྩ་བའི་ཞལ་དམར་བ། གཡས་ནག །གཡོན་ལྗང་། སྟེང་ཞལ་སེར་བ་སྤྱན་གསུམ་གསུམ་དང་ལྡན་པ། ཕྱག་གཡས་པ་རྣམས་ཀྱིས་ཅང་ཏེའུ། ཐོད་ཁྲག །རལ་གྲི། རྡོ་རྗེ། གཡོན་རྣམས་ཀྱིས་ཨུཏྤལ། ནོར་བུ། ཁ་ཊྭཱཾ་ག །དྲིལ་བུ་བསྣམས་པ། ཞབས་གཡོན་བརྐྱངས་པའི་གར་སྟབས་ཅན། ཐོད་སྐམ་གྱི་དབུ་རྒྱན། ཐོད་རློན་གྱི་དོ་ཤལ། ཕྱག་རྒྱ་ལྔ་རྣམས་ཀྱིས་བརྒྱན་པ། སྟག་ལྤགས་ཀྱི་ཤམ་ཐབས་ཅན། སྐེག་ཅིང་ཁྲོ་ལ་སྒེག་སེར་གྱིན་དུ་བརྗིད་པ། མེ་དཔུང་གི་དབུས་ན་བཞུགས་པའོ། །སྤྱི་བོར་ཨོཾ་དཀར་པོ། མགྲིན་པར་ཨཱཿདམར་པོ། སྙིང་(༢༥༨ན)གར་ཧཱུྃ་སྔོན་པོ། ལྟེ་བར་ཨ་སེར་པོ། བརླ་གཉིས་ལ་ཕཾ་ལྗང་གུ། སྙིང་གའི་འོད་ཟེར་གྱིས་ཨུ་རྒྱན་གྱི་གནས་ནས། རྗེ་བཙུན་མ་འཁོར་དང་བཅས་པ་བཛྲ་ས་མཱ་ཛཿཨཱརྒྷཾ་ནས་ནཻ་ཝི་དྱའི་བར་གྱིས་མཆོད། ཛཿཧཱུྃ་བཾ་ཧོཿ སླར་ཡང་ཐུགས་ཀའི་འོད་ཟེར་གྱིས་རིགས་ལྔ་བཛྲ་ས་མཱ་ཛཿདེ་བཞིན་གཤེགས་པ་ཐམས་ཅད་ཀྱིས་བདག་ལ་མངོན་པར་དབང་བསྐུར་དུ་གསོལ། ཞེས་གསོལ་བ་བཏབ་པས། ཨོཾ་བཛྲ་ཨུ་ད་ཀཿཨ་བྷི་ཥིཉྩ་ཧཱུྃ། སུ་ར་ཏ་སྟྭཾ་ཞེས་གསུངས་ཤིང་དབང་བསྐུར། ནང་གི་དབང་བཞི་ཐོབ། རྒྱལ་བ་རིགས་ལྔས་དབུ་བརྒྱན་པར་བསམ། ཨོཾ་བཛྲ་ཤྲཱི་ཡཱ་རི་ཨ་བྷི་ཥིཉྩ་ཧཱུྃ། ཨོཾ་སཏྭ་བཛྲ་ཨ་བྷི་ཥིཉྩ་ཧཱུྃ། ཨོཾ་རཏྣ་བཛྲ་ཨ་བྷི་ཥིཉྩ་ཏྲཱཾ། ཨོཾ་ཧྲཱིཿ་བཛྲ་ཨ་བྷི་ཥིཉྩ་ཧྲཱིཿ ཨོཾ་ཀརྨ་བཛྲ་ཨ་བྷི་ཥིཉྩ་ཨཿ། དེ་ནས་བཟླས་པའི་དམིགས་པ་གསལ་བཏབ་ནས། ཨོཾ་ཏཱ་རེ་ཏུཏྟཱ་རེ་ཏུ་རེ་ཧཱུྃ་ཕཊ། ཅེས་ཅི་འགྲུབ་བཟླ། ཐུན་མཐུག་ཏུ་དགེ་བ་བསྔོ། གཏོར་མ་འབུལ་བ་ནི། གཏོར་མ་བདེ་མཆོག་ལྟར་བྱིན་གྱིས་བརླབས། བསྟུ་ན། ལས་སྔགས་ཀྱིས་བསངས། སྭ་བྷཱ་ཝས་སྦྱངས། སྟོང་པའི་ངང་ལས་ཡཾ་ལས་རླུང་། རཾ་ལས་མེ།

ཨ་ལས་ཡེ་ཤེས་ཀྱི་ཀ་པཱ་ལ་ཡངས་ཤིང་རྒྱ་ཆེ་བའི་ནང་དུ། ཤ་ལྔ་བདུད་རྩི་ལྔ་ཞུ་བ་ལས་བྱུང་བའི་གཏོར་མ་བདུད་རྩིའི་རྒྱ་མཚོ་ཆེན་པོར་གྱུར། ཨོཾ་ཨཱཿཧཱུྃ་ཧ་ཧོ་ཧྲཱིཿ ལན་གསུམ་གྱིས་བྱིན་གྱིས་བརླབས། རང་གི་སྙིང་ག་ནས་འོད་ཟེར་འཕྲོས། ཨོ་རྒྱན་གྱི་གནས་ནས་རྗེ་བཙུན་མ་འཁོར་དང་བཅས་པ་བཛྲ་ས་མཱ་ཛཿཔདྨ་ཀ་མ་ལ་ཡེ་སྟྭཾ། ཨོཾ་(༥༡༨བ)ཧྲཱ་རེ་ཧུཧྲཱ་རེ་ཧུ་རེ་ད་ཧ་ད་ཧ་པ་ཙ་པ་ཙ་མ་ཐ་མ་ཐ་སརྦ་དུཥྚཱཾ་ཨཱ་མཾ་བ་ལཱི་གྲྀཧྞ་གྲྀཧྞ་མ་མ་སརྦ་ཀཱཪྻན་སཱ་དྷ་ཡ་སཱ་དྷ་ཧཱུྃ་ཕཊ། ཅེས་ལན་བདུན་གྱིས་དབུལ། ཨརྒྷཾ་ནས། ཤབྡའི་བར་གྱིས་མཆོད། ཨོ་ཌི་ཡ་ནར་རྣམ་འཕྲུལ་ཞིང་། །རབ་འཕྲུལ་གཞན་དུའང་ཀུན་འཕྲུལ་ལ། །གནས་རྣམས་ཀུན་ལ་དབང་མཛད་མ། །གནས་ཀྱི་དབང་ཕྱུག་མ་ལ་འདུད། །སྐུ་ལས་རྒྱལ་བའི་སྤྲུལ་པ་འཕྲོ། །གསུང་གི་རིག་སྔགས་འབྲུག་ལྟར་སྒྲོག །ཀུན་ཏུ་ཁྱབ་པའི་མཐུ་མངའ་བ། །སྣ་ཚོགས་དབང་ཕྱུག་མ་ལ་འདུད། །མི་མཐུན་ཕྱོགས་ཀུན་ཞི་བ་དང་། །དོན་ཀུན་ཡིད་བཞིན་འགྲུབ་པ་དང་། །སྐུ་གསུང་ཐུགས་ཀྱི་དངོས་གྲུབ་ཀུན། །བདག་ལ་ཉེ་བར་བསྩལ་དུ་གསོལ། །ཡིག་བརྒྱ་བཟླ། བཟོད་པར་གསོལ། བཛྲ་མུཿགཤེགས་སུ་གསོལ། །

༄ དཔའ་མོ་གཅིག་པ་འདི་ལ་བརྟའི་དབང་གི་བྱིན་རླབས་ཙམ་ཡིན་ཏེ། དེ་ཡང་མཎྜལ་ཚོམ་བུ་དང་བཅས་པ། མཆོད་གཏོར་ནང་མཆོད་སོགས་བཤམས། བུམ་པ་ཐོད་ཆང་། ཆོས་འབྱུང་། མེ་ལོང་སྟེ་རྫས་བཞི་པོ་དེ་སྟེགས་བུ་གཞན་ཞིག་ལ་བཀོད། བདག་བསྐྱེད་བཟླས་པའི་བར་སོང་ནས། མཆོད་པ་སྤྱི་དང་མཐུན་པར་བྱིན་གྱིས་བརླབས། མདུན་བསྐྱེད་བསངས་སྦྱངས། སྟོང་པའི་ངང་ལས་པད་ཉིའི་སྟེང་དུ་ཧཱུྃ་ལས་སྲུང་བའི་འཁོར་ལོ། དེའི་ནང་དུ་ཨེ་ལས་ཆོས་འབྱུང་གི་དབུས་སུ་པཾ་ལས་པདྨ་དམར་པོའི་ལྟེ་བར་རཾ་ལས་ཉི་མ་དེའི་སྟེང་དུ་ཧྲཱི་ལས་ཨུཏྤལ་དམར་པོ་ཧྲཱི་ཡིག་གིས་མཚན་པའི་འོད་ཀྱི་འཕྲོ་འདུ་ལས། (༥༡༧ན)རྗེ་བཙུན་མ་འཕགས་མ་ཞེས་པ་ནས། ཨོཾ་ཀརྨ་བཛྲ་ཨ་ཧྲི་ཊི་ཧཱུྃ་ཨཱ། གོང་བཞིན་མཆོད་བསྟོད་

བྱ། བཟླས་པ་ཅི་འགྲུབ་ཞིག་བྱས་ནས། གཏོར་མ་འབུལ་ཚུལ་ཡང་གོང་བཞིན། རྫས་བཞི་པོ་དེ་ལ་གཟུངས་ཐག་བཏགས་ནས། བུམ་པ་ལ་དམིགས་ནས་སྙིང་པོ་བརྒྱ་རྩ། གཞན་གསུམ་ལ་དམིགས་ནས་འབྲུ་གསུམ་བརྒྱ་རྩ་རེ་རེ་བཟླ། དེ་ནས་བུམ་པ་སོགས་རྫས་བཞི་པོ་དེ་ལ་དར་རམ་རས་དམར་པོས་བཀབ་བོ། །སློབ་མའི་བྱ་བ་ནི། མཎྜལ་ཕུལ། ཛོ་ཧཱི་འཛིན་པ་ནས་བསྐུལ་དུ་གསོལ། ཞེས་ལན་གསུམ་གསོལ་བ་བཏབ། དཀོན་མཆོག་གསུམ་ལ་བདག་སྐྱབས་མཆི། །ཞེས་སོགས་ཀྱིས་ཡན་ལག་བདུན་པ་དང་། སངས་རྒྱས་བྱང་ཆུབ་སེམས་དཔའ་ཀུན། །ཞེས་སོགས་ཀྱིས་རིགས་ལྔའི་སྡོམ་བཟུང་བྱ། སློབ་མ་རྣམས་བསངས་སྦྱངས། སྟོང་པའི་ངང་ལས་པད་ཉིའི་སྟེང་དུ་ཧཱུྃ་ལས་སྲུང་བའི་འཁོར་ལོ། དེའི་ནང་དུ་ཨེ་ལས་ཆོས་འབྱུང་གི་དབུས་སུ་པཾ་ལས་པདྨ་དམར་པོའི་ལྟེ་བར་རཾ་ལས་ཉི་མ། དེའི་སྟེང་དུ་ཁྱེད་རང་རྣམས་ཀྱི་སེམས་ཉིད་ཀྱི་ངོ་བོ་ཧྲཱིཿལས་ཀུརུཀུལླེ་དམར་པོ་ཧྲཱིཿཡིག་གིས་མཚན་པའི་འོད་ཀྱི་འཁྲོ་འདུ་ལས། ཁྱེད་རང་རྣམས་རྗེ་བཙུན་མ་འཕགས་མ་སྒྲོལ་མ་སྐུ་མདོག་དམར་མོ་ཞལ་བཞི་ཕྱག་བརྒྱད་མ། རྩ་བའི་ཞལ་དམར་བ། གཡས་ནག །གཡོན་ལྗང་། སྟེང་ཞལ་སེར་བ། སྤྱན་གསུམ་གསུམ་དང་ལྡན་པ། ཕྱག་གཡས་པ་རྣམས་ཀྱིས་ཙང་ཏེའུ། ཐོད་ཁྲག །རལ་གྲི། ཛོ་ཧཱི། གཡོན་རྣམས་ཀྱིས་(༤༡༧བ)ཨུཏྤལ། མོར་བུ། ཁ་ཊྭཱཾ་ག །དྲིལ་བུ་བསྣམས་པ། ཞབས་གཡོན་བརྐྱང་བའི་གར་སྟབས་ཅན། ཐོད་སྐམ་གྱི་དབུ་རྒྱན། ཐོད་རློན་གྱི་དོ་ཤལ། ཕྱག་རྒྱ་ལྔ་རྣམས་ཀྱིས་བརྒྱན་པ། སྟག་ལྤགས་ཀྱི་ཤམ་ཐབས་ཅན། སྐེག་ཅིང་ཁྲོ་ལ་སྒྲ་སེར་གྱེན་དུ་བརྫེས་པ། མེ་དཔུང་གི་དབུས་ན་བཞུགས་པའོ། །སྤྱི་བོར་ཧཱུྃ་དཀར་པོ། མགྲིན་པར་ཧྲཱིཿདམར་པོ། སྙིང་གར་ཧཱུྃ་སྔོན་པོ། ལྟེ་བར་ཨ་སེར་པོ། བཀྲ་གཉིས་ལ་ཕཾ་ལྗང་གུས་མཚན་པར་གྱུར་པའི་མོས་པ་མཛོད། མདུན་གྱི་ཆོམ་བུ་འདི་ཡང་ཁྱེད་རང་རྣམས་སྒོམ་པ་དང་འདྲ་བའི་རྗེ་བཙུན་མ་སྒྲོལ་མ་གནས་ཀྱི་དབང་ཕྱུག་མར་

དངོས་སུ་བཞུགས་པར་མོས་ལ། དེ་ནས་སློབ་དཔོན་གྱི་སྙིང་གའི་འོད་ཟེར་གྱིས་ཞུ་རྒྱུན་གྱི་གནས་ནས། ཛཿ་བཙུན་མ་འཁོར་དང་བཅས་པ། བཛྲ་ས་མ་ཛཿཛཿཧཱུྃ་བཾ་ཧོཿ ཁྱེད་རང་རྣམས་ཀྱི་ལུས་ལ་གཉིས་སུ་མེད་པར་ཐིམ་པར་བསམ། ཁྱེད་རང་རྣམས་ལྷར་གསལ་བའི་ཐུགས་ཀར་ཉི་མའི་གདན་ལ་ས་བོན་གྱི་མཐར་སྔགས་ཀྱིས་བསྐོར་བ་གསལ་བཏབ། སློབ་དཔོན་དང་མདུན་བསྐྱེད་གཉིས་ཀའི་ཐུགས་ཀ་ནས་སྔགས་ཕྲེང་འོད་ཟེར་དང་བཅས་པ་མར་མེ་གཅིག་ལས་གཉིས་ཆད་ཀྱི་ཚུལ་དུ་འཕྲོས། ཁྱེད་རང་རྣམས་ཀྱི་ཐུགས་ཀའི་སྔགས་ཕྲེང་ལ་ཐིམ་པ་ལས་འོད་ཟེར་འཕྲོས་ལུས་ཀྱི་ནང་ཐམས་ཅད་གང་། ཚེ་ཐོག་མ་མེད་ནས་བསགས་པའི་སྡིག་སྒྲིབ་བག་ཆགས་དང་བཅས་པ་དག་འོད་ཟེར་བ་སྤུའི་བུ་ག་ནས་ཕྱིར་འཕྲོས། ཕྱོགས་བཅུའི་སངས་རྒྱས་བྱང་སེམས་ཐམས་ཅད་ཀྱི་སྐུ་གསུང་ཐུགས་ཀྱི་(༧༥་༤ན)བྱིན་རླབས་ཐམས་ཅད་འོད་ཟེར་བདུད་རྩིའི་རྒྱུན་དང་བཅས་པ་སྤྱན་དྲངས་ཏེ། ཐུགས་ཀའི་སྔགས་ཕྲེང་ལ་ཐིམ་པར་བསམ། ཞེས་བརྗོད་ལ། ཨོཾ་ཏཱ་རེ་ཏུཏྟཱ་རེ་ཏུ་རེ་ཧཱུྃ་ཕཊ། ཅེས་སྔགས་ཀྱི་རྗེས་ཟློས་ལན་མང་བརྗོད་ལ། སློབ་དཔོན་ལ་མེ་ཏོག་གཏོར་བཞིན་པར། བཅོམ་ལྡན་བདག་ལ་བསྐུལ་ལགས་ཀྱི། །བདག་ལ་ཉེ་བར་མཛད་དུ་གསོལ། །ཞེས་ལན་གསུམ་རྗེས་ཟློས་བྱ། སློབ་དཔོན་གྱིས་མེ་ཏོག་གཏོར་ཏེ། བཅོམ་ལྡན་འདི་ལ་སོགས་བརྗོད། དེ་ནས་མཎྜལ་ཕུལ་ལ་ཟས་བཞི་པོའི་ཁེབས་བསལ་ཏེ། སློབ་དཔོན་གྱི་ཐུགས་ཀའི་འོད་ཟེར་གྱིས་རིགས་ལྔ་བཛྲ་ས་མ་ཛཿདེ་བཞིན་གཤེགས་པ་ཐམས་ཅད་ཀྱིས་སློབ་མ་འདི་རྣམས་ལ་མངོན་པར་དབང་བསྐུར་དུ་གསོལ། ཞེས་གསོལ་བ་བཏབ་པས། ཨོཾ་བཛྲ་ཨུ་ད་ཀཱཿཨ་བྷི་ཥིཉྩ་ཧཱུྃ། ཞེས་གསུངས་ཤིང་དབང་བསྐུར་བར་བསམ། བུམ་པ་སྤྱི་བོར་བཞག་ཅིང་། ཁྲུས་ཀྱང་བྱར་བཅུག །དེས་ནང་གི་དབང་བཞི་ཐོབ། རྒྱལ་བ་རིགས་ལྔས་དབུ་བརྒྱན་པར་བསམ། ཨོཾ་བཛྲ་ཧྲ་ཏྲི་ཤྲཱ་ཏྲཱི་ཨ་བྷི་ཥིཉྩ་ཧཱུྃ། ཨོཾ་སཏྭ་བཛྲ་ཨ་བྷི་ཥིཉྩ་ཧཱུྃ། ཨོཾ་རཏྣ་བཛྲ་ཨ་བྷི་ཥིཉྩ་ཏྲཱཾ། ཨོཾ་པདྨ་བཛྲ་ཨ་བྷི་ཥིཉྩ་ཧྲཱིཿཨོཾ་ཀརྨ་

བཛྲ་ཨ་རྷི་ཊི་ཥྛ་ཨ། ཞེས་བརྗོད། བུམ་དབང་ངོ་། །ནང་མཆོད་སྦྱིན། གསང་དབང་གི་བརྡ་འོ། །ཆོས་འབྱུང་བསྟན། ཤེར་དབང་གི་བརྡ་འོ། །མེ་ལོང་བསྟན་ཏེ། དབང་བཞི་པའི་བརྡ་འོ། །རྗེས་ཀྱི་བྱ་བ་སྤྱི་དང་འདྲའོ། །

༄ **སྒྲོལ་མ་ཡིད་བཞིན་ནོར་བུ་ལ།** སྐྱབས་སེམས་སྔོན་དུ་འགྲོ་བས། (༢༠༨བ)རང་སྒྲོལ་མར་གསལ་བའི་སྙིང་གར་ཏཾ། དེའི་འོད་ཀྱིས་རྗེ་བཙུན་མ་འཁོར་བཅས་མདུན་གྱི་ནམ་མཁར་བཛྲ་ས་མ་ཛཿཨརྒྷཾ་ནས། ཤཔྟའི་བར་གྱིས་མཆོད། གུར་ནས་འབྱུང་བའི་རྒྱུན་བཤགས་དང་། ཚད་མེད་བཞི་སྤྱི་དང་མཐུན་པར་བསྒོམ། སྭ་བྷཱ་ཝ་བརྗོད་པས་དེ་ཐམས་ཅད་རང་བཞིན་མེད་པར་བསྒོམ། ཤཱུ་ནྱ་ཏཱས་སྟོང་པར་སྦྱངས། པཾ་ལས་པདྨ་དང་། ཨ་ལས་ཟླ་བའི་སྟེང་དུ་ཏྲཱཾ་ལས་དཔག་བསམ་ཤིང་གི་ཡལ་ག་ཏྲཱཾ་གྱིས་མཚན་པ་ཡོངས་སུ་གྱུར་པ་ལས། རང་ཉིད་སྒྲོལ་མ་ཡིད་བཞིན་ནོར་བུ་སྐུ་མདོག་སེར་མོ་ལང་ཚོ་དར་ལ་བབ་པ། གཡོན་ངོས་སུ་བརྟེན་པའི་དཔག་བསམ་ཤིང་གི་ཡལ་ག་ལས་ཕྱུག་གཡོན་པས་ཡིད་བཞིན་ནོར་བུའི་འབྲས་བུ་འཐོག་པར་མཛད་ཅིང་། གཡས་པས་སེམས་ཅན་ལ་སྦྱིན་པའི་ཚུལ་གྱིས་བསྣམས་པ། པད་ཟླའི་གདན་ལ་སྐྱིལ་པའི་སྟབས་ཀྱིས་བཞེངས་པ། དར་དང་རིན་པོ་ཆེའི་རྒྱན་ཐམས་ཅད་ཀྱིས་བརྒྱན་པ། སྙིང་གར་ཟླ་བ་ལ་ཏྲཱཾ། དཔྲལ་བར་ཨོཾ། མགྲིན་པར་ཨཱཿ ཐུགས་ཀར་ཧཱུྃ། ཏྲཱཾ་ལས་འོད་ཟེར་འཕྲོས། ཡེ་ཤེས་པ་དབང་ལྷ་དང་བཅས་པ་བཛྲ་ས་མ་ཛཿཛཿཧཱུྃ་བཾ་ཧོཿདབང་གི་ལྷ་རྣམས་ཀྱིས་ཨོཾ་བཛྲ་བྷ་ཝ་ཨ་བྷི་ཥིཉྩ་ཧཱུྃ། ཞེས་གསུངས་ཤིང་། དབང་བསྐུར། རིན་ཆེན་འབྱུང་ལྡན་གྱིས་དབུ་བརྒྱན་པར་བསམ། རང་མཚུངས་ཀྱི་སྐུ་དཔག་ཏུ་མེད་པ་སྤྲུལ་ནས། སེམས་ཅན་རྣམས་ཀྱི་དབུལ་བའི་སྡུག་བསྔལ་ཞི་བར་བྱས་པར་བསམ་ལ། ཨོཾ་ཏཱ་རེ་ཏུཏྟཱ་རེ་ཏུ་རེ་སྭཱཧཱ། ཞེས་བཟླའོ། །མཇུག་ཏུ་དགེ་བ་བསྔོ། མཎྜལ་གྲུ་བཞི་པ་ཆོམ་བུ་ཅན། མཆོད་(༢༠༩ན)གཏོར་གཙང་མས་བསྐོར་བ་ཞིག་བཤམས། བསངས་སྦྱངས། སྟོང་པའི་ངང་ལས་མཎྜལ་འབྱུང་བཞིའི་དཀྱིལ་

འཁོར་ལ་གནས་པའི་རི་རབ་ལྷུན་པོར་གྱུར། དེའི་སྟེང་དུ་པཾ་ལས་པདྨ་ནས་དབུ་བརྒྱན་གྱི་བར་བདག་བསྐྱེད་བཞིན་ལྷ་མོ་བསྐྱེད། མཆོད་པ་ཕྱི་དང་མཐུན་པར་བྱིན་གྱིས་བརླབས། ཨོཾ་ཏཱ་རེ་ཏུཏྟཱ་རེ་ཏུ་རེ་ཨརྒྷཾ་པྲ་ཏཱིཙྪ་ཧཱུཾ་སྭཱཧཱ། དེ་བཞིན་དུ་ཤབྡའི་བར་དུ་སྦྱར་ནས་ཕུལ། སྣ་ཚོགས་ཆུ་སྐྱེས་བསིལ་ཟེར་ཅན་སྟེང་བྲཱི་ལས་བྱུང་བའི་ལྷ་མོ་ནི། དཔག་མེད་གཟི་ལྡན་གཞོན་སྨིག་ཉི་མའི་འོད་འདྲ་རྒྱན་རྣམས་ཀྱིས་སྤྲས་པ། །ཉེས་པའི་སྐྱོན་སྤངས་སྲིད་པའི་མཚོ་ལས་འགྲོ་བ་སྒྲོལ་ཞིང་དེའི་རེ་བ་སྐོང་ཕྱིར། །འཕགས་མ་སྒྲོལ་མ་ཡིད་བཞིན་ནོར་བུ་ཞེས་གྲགས་དེ་ཡིས་སྐྱབ་པོ་བདག་སྐྱོངས་ཤིག །ཨོཾ་ཏཱ་རེ་ཏུཏྟཱ་རེ་ཏུ་རེ་ཛྙ་ནཾ་མེ་དེ་ཧི་སྭཱཧཱ། ཞེས་བཟླ། གཏོར་མ་བསངས་སྦྱངས། སྐད་ཅིག་གིས་པདྨའི་དབྱིབས་ཅན་རིན་པོ་ཆེའི་གཏོར་སྣོད་ཡངས་པར་གཏོར་མ་བདུད་རྩིའི་རྒྱ་མཚོར་གྱུར། སྙིང་གའི་ས་བོན་གྱི་འོད་ཟེར་གྱིས་འཕགས་མ་འཁོར་འཇིག་རྟེན་སྐྱོང་བ་དཔག་ཏུ་མེད་པ་དང་བཅས་པ་བཛྲ་ས་མ་ཛཿམཆོད་ཡུལ་གྱི་གཙོ་བོ་དང་འཕགས་མ་གཉིས་སུ་མེད་པར་ཐིམ། ཛཿཧཱུཾ་བཾ་ཧོཿཨ་ཀཱ་རོ་ལན་གསུམ་གྱིས་གཏོར་མ་ཕུལ། གོང་གི་སྔགས་དང་བཅས་པས་འདོད་དོན་གསོལ་བ་བཏབ། དགེ་བའི་རྩ་བ་བསྔོ། རྗེས་གནང་བྱེད་པར་འདོད་པས་བསྒྲུབ་ཚུལ་ནི། གོང་དུ་བཤད་མ་ཐག་པའི་བདག་མདུན་དེ་ཉིད་ཡིན་ལ། ལས་སྔགས་ཀྱིས་གསོལ་བ་འདེབས་(ཡ་(བ)པ་ལན་གཉིས་པོ་དེ་མི་དགོས། རྗེས་གནང་ནི། སློབ་མས་མཎྜལ་ཕུལ། དུས་གསུམ་སངས་རྒྱས་སོགས་ཀྱིས་གསོལ་བ་གདབ་ཏུ་བཅུག །དཀོན་མཆོག་གསུམ་སོགས་ཀྱིས་རྒྱུན་བཤགས་བྱ། སློབ་མ་རྣམས་བསངས་སྦྱངས། སྟོང་པའི་ངང་ལས་པཾ་ལས་པདྨ་དང་། ཨ་ལས་ཟླ་བའི་སྟེང་དུ་ཁྱེད་རང་རྣམས་ཀྱི་སེམས་ཉིད་ཀྱི་ངོ་བོ་བྲཱི་ལས་དཔག་བསམ་ཤིང་གི་ཡལ་ག་བྲཱི་གིས་མཚན་པ་ཡོངས་སུ་གྱུར་པ་ལས། ཁྱེད་རང་རྣམས་སྒྲོལ་མ་ཡིད་བཞིན་ནོར་བུ་སྐུ་མདོག་སེར་མོ་ལང་ཚོ་དར་ལ་བབ་པ། གཡོན་ངོས་སུ་བརྟེན་པའི་དཔག་བསམ་ཤིང་གི་ཡལ་ག་ལས་ཕྱུག་གཡོན་པས་

ཡིད་བཞིན་ནོར་བུའི་འབྲས་བུ་འཐོབ་པར་མཛད་ཅིང་། གཡས་པས་སེམས་ཅན་ལ་སྦྱིན་པའི་ཚུལ་གྱིས་བསྟམས་པ། པད་ཟླའི་གདན་ལ་སྐྱིག་པའི་སྟབས་ཀྱིས་བཞེངས་པ། དར་དང་རིན་པོ་ཆེའི་རྒྱན་ཐམས་ཅད་ཀྱིས་བརྒྱན་པ། སྙིང་གར་ཟླ་བ་ལ་བྲཱི། དཔྲལ་བར་ཨོཾ། མགྲིན་པར་ཨཱཿ ཐུགས་ཀར་ཧཱུཾ་གིས་མཚན་པར་གྱུར་པའི་མོས་པ་མཛོད། ཅེས་གསོལ་བ་བཏབ་བོ། །མདུན་གྱི་ཚོམ་བུ་འདི་ཡང་ཁྱེད་རང་རྣམས་སྒོམ་པ་དང་འདྲ་བའི་སྒྲོལ་མ་ཡིད་བཞིན་ནོར་བུ་དངོས་སུ་བཞུགས་པར་མོས་ལ། དེ་ནས་སློབ་དཔོན་ལ་མོས་གུས་དུང་བ་བྱས་པས། སློབ་དཔོན་གྱི་ཐུགས་ཀ་ནས་འོད་ཟེར་འཕྲོས། མདུན་བསྐྱེད་དང་ཕྱོགས་བཅུའི་སངས་རྒྱས་བྱང་སེམས་ཐམས་ཅད་ཀྱི་ཐུགས་ཀར་ཕོག་པས་ཐུགས་རྒྱུད་བསྐུལ། ཐུགས་ཀ་ནས་སྒྲོལ་མ་ཡིད་བཞིན་ནོར་བུ་འཁོར་དང་བཅས་(༣༠༠ན)པའི་སྐུ་ཆེ་ཆུང་བསམ་གྱིས་མི་ཁྱབ་པ་སྤྲུན་དྲངས། ཁྱེད་རང་རྣམས་ཀྱི་ལུས་ལ་ཆར་ཆེན་པོ་བབས་པ་ལྟར་ཐིམ་པའི་མོས་པ་མཛོད། ཛཿཧཱུྃ་བཾ་ཧོཿགཉིས་སུ་མེད་པར་ཐིམ། སྐུའི་རྗེས་གནང་ངོ་། །སློབ་དཔོན་གྱི་ཐུགས་ཀ་ནས་འོད་ཟེར་འཕྲོས། མདུན་བསྐྱེད་ཀྱི་ཐུགས་རྒྱུད་བསྐུལ། ཐུགས་ཀར་ཟླ་བའི་དཀྱིལ་འཁོར་གྱི་དབུས་སུ་བྲཱི་ཡིག་གི་མཐར་སྔགས་ཕྲེང་གིས་བསྐོར་བ་ལས་སྔགས་ཕྲེང་གཉིས་པ་བྱུང་། ཞལ་ནས་ཐོན། སློབ་མ་རྣམས་སྒྲོལ་མར་གསལ་བའི་ཞལ་དུ་ཞུགས། ཐུགས་ཀར་ཟླ་བའི་དཀྱིལ་འཁོར་གྱི་དབུས་སུ་བྲཱི་ཡིག་གི་མཐར་འཁོད་པའི་མོས་པ་མཛོད་བྱས་ལ། ཨོཾ་ཏཱ་རེ་ཏུཏྟཱ་རེ་ཏུ་རེ་སྭཱཧཱ། ཞེས་སྙིང་པོ་དང་། ཨོཾ་ཏཱ་རེ་ཏུཏྟཱ་རེ་ཏུ་རེ་ཧྲ་ཝཾ་མེ་དེ་ཧི་སྭཱཧཱ། ཞེས་ལས་སྔགས་ཏེ་ལན་གསུམ་གསུམ་རྗེས་ཟློས་བྱར་གཞུག །སློབ་དཔོན་ལ་མེ་ཏོག་འཐོར་བཞིན་པར། བཅོམ་ལྡན་བདག་ལ་བརྩལ་ལགས་ཀྱིས། །བདག་ལ་ཉེ་བར་མཛད་དུ་གསོལ། །ཞེས་ལན་གསུམ་རྗེས་ཟློས་བྱ། སློབ་དཔོན་གྱིས་མེ་ཏོག་འཐོར་ཏེ། བཅོམ་ལྡན་འདི་ལ་སོགས་པ་བརྗོད་གསུང་གི་རྗེས་གནང་ངོ་། །སློབ་དཔོན་དང་མདུན་བསྐྱེད་གཉིས་ཀའི་ཐུགས་ཀའི་ས་བོན་ལས་འོད་

ཟེར་འཕྲོས་པས། སྒྲོལ་མ་ཡིད་བཞིན་ནོར་བུའི་ཐུགས་ཀྱི་བྱིན་རླབས་ཐམས་ཅད་ཕྱག་མཚན་གྱི་རྣམ་པར་སྤྱན་དྲངས་ཏེ་ཁྱེད་རང་རྣམས་ལྷར་གསལ་བའི་ཐུགས་ཀའི་ས་བོན་ལ་ཐིམ་པའི་མོས་པ་མཛོད། སྔགས་བཟློད་ཅིང་རོལ་མོའི་སྒྲ་བྱའོ། །ཐུགས་(༣༠༠བ)ཀྱི་རྗེས་གནང་ངོ་། །རྗེས་ཀྱི་བྱ་བ་སྤྱི་དང་འདྲའོ། །

༄ **སྒྲོལ་མ་དམར་མོ་ས་ལུགས་ལ།** སྐྱབས་སེམས་ཚད་མེད་བཞི་སྔོན་དུ་བཏང་སྟེ། ཤཱུ་ནྱ་ཏཱས་སྟོང་པར་སྦྱངས། སྟོང་པའི་ངང་ལས་རང་སེམས་ཨ་ལས་ཟླ་བ་དམར་པོའི་སྟེང་དུ་ཏྲི་ལས་ཨུཏྤལ་ཏྲཾ་ཡིག་གིས་མཚན་པའི་འོད་ཀྱི་འཕྲོ་འདུ་ལས། རང་ཉིད་སྒྲོལ་མ་དམར་མོ་བཞད་ཅིང་ཆགས་པའི་ཉམས་ཅན། གཡས་ལྕགས་ཀྱུ་པུས་མོའི་སྟེང་དུ་འཛིན་ཅིང་། གཡོན་ཨུཏྤལ་དམར་པོའི་སྡོང་བུ་སྙན་གྱི་ཐད་ཀར་ཁ་བྱེ་ཞིང་རྩ་བ་ཞགས་པའི་རྣམ་པ་ཅན་ཐུགས་ཀར་འཛིན་པ། སེམས་དཔའི་སྐྱིལ་མོ་ཀྲུང་གིས་བཞུགས་ཤིང་། དར་དང་རིན་པོ་ཆེས་བརྒྱན་པ། སྤྱན་གསུམ་དང་ལྡན་པའོ། །སྙིང་གར་ཟླ་བ་ལ་ཧྲཱིཿ དཔྲལ་བར་ཨོཾ། མགྲིན་པར་ཨཱཿ ཐུགས་ཀར་ཧཱུཾ། ཡེ་ཤེས་སེམས་དཔའ་བཛྲ་ས་མ་ཛཿཛཿཧཱུཾ་བཾ་ཧོཿ དབང་གི་ལྷ་རྣམས་ཀྱིས་ཨོཾ་བཛྲ་ཨ་བྷི་ཥིཉྩ་ཧཱུཾ། ཞེས་གསུངས་ཤིང་དབང་བསྐུར། སྐུ་གང་དྲི་མ་དག །ཆུ་ལྷག་མ་ཡར་ལུད་པ་ལས་འོད་དཔག་མེད་ཀྱིས་དབུ་བརྒྱན་པར་བསམ། སྙིང་གར་ཨུཏྤལ་དང་ཟླ་བ་ལ་ས་བོན་སྔགས་ཕྲེང་དང་བཅས་པ་གསལ་བཏབ་སྟེ། ཨོཾ་ཏཱ་རེ་ཏུཏྟཱ་རེ་སཾ་ཏ་ར་ཎི་ཧྲཱིཿསྭཱཧཱ། ཞེས་ཅི་འགྲུབ་བཟླ། ཐུན་མཚམས་སུ་དགེ་བ་བསྔོ། དཀར་གཏོར་དང་མེ་ཏོག་དམར་པོ་ལ་སོགས་པའི་མཆོད་པ་བཤམས། མཆོད་པ་བྱིན་རླབས་སྤྱི་དང་མཐུན། གཏོར་མ་བྱ་རྒྱུད་ལྟར་བྱིན་གྱིས་བརླབས། རང་གི་སྙིང་ག་ནས་འོད་ཟེར་འཕྲོས། སྒྲོལ་མ་འཁོར་བཅས་(༣༠༧ན)བཛྲ་ས་མ་ཛཿཔདྨ་ཀ་མ་ལ་ཡེ་སྟྭཾ། སྙིང་པོའི་མཐར་ཨི་དཾ་བ་ལིཾ་ཏ་ཁ་ཁ་ཁཱ་ཧི་ཁཱ་ཧི། ཞེས་བཏགས་པ་ལན་བདུན་གྱིས་དབུལ། ཨརྒྷཾ་ལ་སོགས་པས་མཆོད། འདོད་ཆགས་རྣམ་དག་ལྷ་མོ་ནི། །དབང་གི་

ལྷ་མོ་དཔག་ཆེན་མོ། །འཇིག་རྟེན་གསུམ་རྣམས་གཡོ་མཛད་མ། །སྒྲོལ་མ་དེ་ལ་གུས་པས་འདུད། །ཅེས་བསྟོད། མཆོད་སྦྱིན་གཏོར་མ་འདི་བཞེས་ལ་སོགས་འདོད་དོན་གསོལ་བ་བཏབ། ཡིག་བརྒྱ། བཟོད་གསོལ། གཤེགས་གསོལ་རྣམས་སྔར་དང་འདྲ། འདིའི་རྗེས་གནང་བྱ་བ་ལ། པདྨ་དམར་པོ་འདབ་བརྒྱད་ཀྱི་ལྟེ་བར་ཚོམ་བུ་དམར་པོ་དང་། མཆོད་གཏོར་རྣམས་བཤམས། བདག་བསྐྱེད་སྔོན་དུ་འགྲོ་བས། མཆོད་པ་སྦྱི་དང་མཐུན་པར་བྱིན་གྱིས་བརླབས། མདུན་བསྐྱེད་བསངས། ཤྲཱི་ཧེ་རུ་ཀས་སྟོང་པར་སྦྱངས། སྟོང་པའི་ངང་ལས་ཟླ་བ་དམར་པོའི་སྟེང་དུ་ཧྃ་ལས་ཨུཏྤལ་ཧྃ་ཡིག་གིས་མཚན་པའི་འོད་ཀྱི་འཕྲོ་འདུ་ལས། སྒྲོལ་མ་དམར་མོ་ཞེས་པ་ནས། དབུ་བརྒྱན་གྱི་བར་གོང་བཞིན། དེ་ནས་མཆོད་བསྟོད་སྔར་བཞིན་བྱ། མདུན་བསྐྱེད་ལ་དམིགས་པའི་བཟླས་པ་ཅི་འགྲུབ་བྱ། གཏོར་མ་བྱིན་གྱིས་བརླབས་ཏེ་དབུལ་བ་ནས་འདོད་དོན་གསོལ་བཏབ་ཀྱི་བར་སྔར་བཞིན་བྱའོ། །

༈ སློབ་མའི་བྱ་བ་ནི། མཎྜལ་ཕུལ། གསོལ་བ་འདེབས་པ་འདིའི་རྗེས་གནང་གསུངས་ཤིག །དུས་གསུམ་སངས་རྒྱས་སོགས་ཀྱིས་གསོལ་བ་ལན་གསུམ་བཏབ། རྒྱུད་དག་པར་བྱ་བའི་ཕྱིར། མདུན་བསྐྱེད་ཀྱི་ལྷ་དང་སངས་(༣༠༧བ)རྒྱས་བྱང་སེམས་རྣམས་ཀྱི་དྲུང་དུ་སྐྱབས་འགྲོ་སྔོན་དུ་འགྲོ་བས། བྱང་ཆུབ་ཀྱི་སེམས་བཟུང་བ་ལ་སོགས་པ་བཀྲིད་སློམ་པའི་བསམ་པས་འདིའི་རྗེས་གནང་མཛོད། དཀོན་མཆོག་གསུམ་ལ་བདག་སྐྱབས་མཆི། །ཞེས་སོགས་རྒྱུན་བཤགས་ལན་གསུམ་དང་། ཁྱད་པར་དུ་སྒྲོལ་མའི་རྗེས་གནང་བསྩལ་དུ་གསོལ། སློམ་པའི་འདུན་པས་འདིའི་རྗེས་གནང་ཀྱང་གསུངས་ཤིག །སློབ་དཔོན་དགོངས་སུ་གསོལ། བདག་ལ་རྗེ་བཙུན་སྒྲོལ་མའི་རྗེས་གནང་མ་ལུས་པ་བསྩལ་དུ་གསོལ། ཞེས་ལན་གསུམ་གྱིས་གསོལ་བ་བཏབ་ནས། ད་སྦྱོར་བ་རྗེས་གནང་གི་གཞི་དགོད་པའི་སླད་དུ་དམིགས་པ་འདི་བཞིན་དུ་མཛད་པར་ཞུ། ཨོཾ་ཤྲཱི་ཧེ་རུ་ཀ་ཛྙཱ་ན་བཛྲ་སུ་ཁཱ་ཤ་ཨཱཏྨ་ཀོ྅ཧཾ། ཕྱི་ནང་གི་དངོས་པོ་ཐམས་ཅད་མི་

དམིགས་པ་སྟོང་པ་ཉིད་དུ་གྱུར་པའི་ངང་ལས་ཨ་ལས་ཟླ་བ་དམར་པོའི་སྟེང་དུ་ཁྱེད་རང་རྣམས་ཀྱི་སེམས་ཉིད་ཀྱི་ངོ་བོ་ཧཾ་ལས་ཨུཏྤལ་ཧཾ་ཡིག་གིས་མཚན་པའི་འོད་ཀྱི་འཕྲོ་འདུ་ལས། ཁྱེད་རང་རྣམས་རྗེ་བཙུན་མ་སྒྲོལ་མ་དམར་མོ་བཞད་ཅིང་ཆགས་པའི་ཉམས་ཅན། གཡས་ལྕགས་ཀྱུ་པུས་མོའི་སྟེང་དུ་འཛིན་ཅིང་། གཡོན་ཨུཏྤལ་དམར་པོའི་སྡོང་བུ་སྣན་གྱི་ཐད་ཀར་ཁ་བྱེ་ཞིང་རྩ་བ་ཞགས་པའི་རྣམ་པ་ཅན་ཐུགས་ཀར་འཛིན་པ། སེམས་དཔའི་སྐྱིལ་མོ་ཀྲུང་གིས་བཞུགས་ཤིང་། དར་དང་རིན་པོ་ཆེས་བརྒྱན་པ། སྤྱན་གསུམ་དང་ལྡན་པའོ། །སྙིང་གར་ཟླ་བ་ལ་ཧྲཱིཿ དཔྲལ་བར་ཨོཾ། མགྲིན་པར་ཨཱཿ ཐུགས་ཀར་ཧཱུྃ་གིས་མཚན་པར་གྱུར་པའི་(༣༠༢ན)མོས་པ་མཛོད། དེ་ནས་མདུན་གྱི་ཚོམ་བུ་དང་སློབ་དཔོན་ཡང་རྗེ་བཙུན་མ་སྒྲོལ་མ་དངོས་ཡིན་སྙམ་པའི་མོས་གུས་བྱས་པས། སློབ་དཔོན་གྱི་ཐུགས་ཀ་ནས་འོད་ཟེར་འཕྲོས། མདུན་བསྐྱེད་ཀྱི་ལྷའི་ཐུགས་རྒྱུད་བསྐུལ། དེའི་ཐུགས་ཀ་ནས་འོད་ཟེར་འཕྲོས། ཕྱོགས་བཅུའི་སངས་རྒྱས་དང་བྱང་ཆུབ་སེམས་དཔའ་ཐམས་ཅད་ཀྱི་ཐུགས་རྒྱུད་བསྐུལ་བས། སློབ་དཔོན་དང་མདུན་བསྐྱེད་ཀྱི་ལྷ་དང་། ཕྱོགས་བཅུའི་སངས་རྒྱས་དང་བྱང་ཆུབ་སེམས་དཔའ་ཐམས་ཅད་ཀྱི་ཐུགས་ཀ་ནས་རྗེ་བཙུན་སྒྲོལ་མའི་སྐུ་ཆེ་ཆུང་དཔག་ཏུ་མེད་པ་བྱོན། ཁྱེད་རང་རྣམས་ཀྱི་བ་སྤུའི་བུ་ག་རྣམས་ནས་ཆར་བབས་པ་བཞིན་དུ་སིབ་སིབ་ཐིམ་པར་མོས་པ་མཛོད། ཛཿཧཱུྃ་བཾ་ཧོཿགཉིས་སུ་མེད་པར་ཐིམ། དེ་དག་ནི་རྗེས་གནང་གི་གཞི་དགོད་པའོ། །རྗེས་གནང་དངོས་ལ། ལུང་གསུམ་ལས། དང་པོ་རྗེས་སུ་བཟླས་པའི་ལུང་ནི། སློབ་དཔོན་གྱི་སྙིང་གར་ཟླ་བའི་དཀྱིལ་འཁོར་གྱི་སྟེང་དུ་ཧཾ་དམར་པོ། དེ་ལས་སྔགས་ཀྱི་འཕྲེང་བ་བྱུང་སློབ་དཔོན་གྱི་ཞལ་ནས་ཐོན། ཁྱེད་རང་རྣམས་ཀྱི་ཞལ་དུ་ཞུགས། ཐུགས་ཀར་ཟླ་བའི་སྟེང་དུ་ཧཾ་དམར་པོ་གནས་པ་ལ་ཐིམ། དེའི་དུས་སུ་ཕྱོགས་བཅུའི་སངས་རྒྱས་བྱང་ཆུབ་སེམས་དཔའ་རྣམས་ཀྱི་མཁྱེན་བརྩེ་ནུས་མཐུ་ཐམས་ཅད་འོད་ཟེར་གྱི་རྣམ་པར་སྔགས་ཕྲེང་དང་

ལྷན་ཅིག་ཞལ་དུ་ཞུགས། སྙིང་གའི་ཧཾ་ལ་ཐིམ་པའི་མོས་པ་མཛོད་བྱས་ལ། ཨོཾ་ཏཱ་རེ་ཏུཏྟཱ་རེ་སཾ་ཏ་ར་ཊེ་ཊེ་ཧྲཱིཿསྭཱཧཱ། ཞེས་སྙིང་པོ་ལན་(༣༠༢བ)གསུམ་དང་། ཨོཾ་ཏཱ་རེ་ཏུཏྟཱ་རེ་སཾ་ཏ་རེ་ཧྲི་ཡེ་ཚེ་གེ་མོ་དབང་དུ་བསྡུས་ཤིག་རདྣ་སིདྡྷི་ཕ་ཤཾ་ཀུ་རུ་ཧྲཱིཿསྭཱཧཱ། ཞེས་ལས་སྔགས་ལན་གསུམ་རྗེས་ཟློས་བྱར་གཞུག །དང་པོས་བྱིན་གྱིས་བརླབས། གཉིས་པས་དབྱེར་མེད་དུ་འདྲེས། གསུམ་པས་བརྟན་པར་བྱས་པའི་མོས་པ་མཛོད། གཉིས་པ་བྱིན་གྱིས་བརླབས་པའི་ལུང་ནི། སློབ་དཔོན་ལ་མེ་ཏོག་གཏོར་བཞིན་དུ་འདིའི་རྗེས་ཟློས་མཛོད་ཅིག །བཅོམ་ལྡན་བདག་གིས་བཟུང་ལགས་ཀྱི། །བདག་ལ་འགོ་བར་མཛད་དུ་གསོལ། །ཞེས་ལན་གསུམ། དེ་ལྟར་ཞུལ་བའི་མེ་ཏོག་དེ་ཉིད་སླར་ཡང་བྱིན་གྱིས་བརླབས་ཏེ། ཁྱེད་རང་གི་སྤྱི་བོར་ཕུལ་བའི་མོས་པ་མཛོད་ཅིག །སློབ་དཔོན་གྱིས་མེ་ཏོག་གཏོར་ཞིང་། བཅོམ་ལྡན་འདི་ལ་སོགས་དང་། རིག་པ་འཛིན་པ་འདི་རྣམས་ལ་རྗེ་བཙུན་མ་སྒྲོལ་མའི་སྐུ་གསུང་ཐུགས་ཀྱི་བྱིན་རླབས་མ་ལུས་པ་འཇུག་པར་གྱུར་ཅིག །གསུམ་པ་དམ་བཅའ་བའི་ལུང་གི་ཕྱིར། བཅོམ་ལྡན་འདས་རྗེ་བཙུན་སྒྲོལ་མ་འདི་ཉིད་ཇི་སྲིད་བྱང་ཆུབ་མ་ཐོབ་བར་གྱི་ཡི་དམ་དུ་བཟུང་ངོ་། །བདག་ཐུགས་ཀྱིས་མ་བཏང་ཞིག་སྙམ་པའི་བསམ་པས་འདིའི་རྗེས་ཟློས་གསུངས་ཤིག །སློབ་དཔོན་དགོངས་སུ་གསོལ། བདག་རིག་པ་འཛིན་པ་མིང་འདི་ཞེས་བགྱི་བ་དུས་འདི་ནས་བཟུང་སྟེ། ཇི་སྲིད་བྱང་ཆུབ་སྙིང་པོ་ལ་མཆིས་ཀྱི་བར་དུ། བཅོམ་ལྡན་འདས་རྗེ་བཙུན་སྒྲོལ་མ་འཁོར་དང་བཅས་པ་ཡི་དམ་གྱི་ལྷར་བཟུང་ནས་འདིའི་གསང་སྔགས་ཉི་མ་རེ་རེ་བཞིན་འདི་ཙམ་རེ་འདོན་པར་དམ་(༣༠༣ན)འཆའ་ལགས་སོ། །ཞེས་ལན་གསུམ་བརྗོད། དེས་དངོས་གཞི་ལུང་གསུམ་སོང་། རྗེས་ཀྱི་བྱ་བ་རྣམས་སྤྱི་དང་འདྲའོ། །

༄ སྒྲོལ་མ་ནོར་སྦྱིན་མ་ལ། སྐྱབས་སེམས་སྔོན་དུ་འགྲོ་བས། སྭ་བྷཱ་ཝས་སྟོང་པར་སྦྱངས། སྲུང་འཁོར་གཞལ་ཡས་ཁང་དང་བཅས་པའི་དབུས་སུ་པདྨ་འདབ་མ་

བརྒྱད་པའི་ལྟེ་བར་ཧཱུྃ། དེའི་འོད་ཀྱི་འཕྲོ་འདུ་ལས། རང་ཉིད་སྒྲོལ་མ་ནོར་སྦྱིན་མ་ལྗང་གུ་ཕྱག་གཡས་གཉིས་མཆོག་སྦྱིན་དང་འཕྲེང་བ་ཅན། གཡོན་གཉིས་ཨུཏྤལ་དང་པོ་ཏི་བསྣམས་པ། དར་དང་རིན་པོ་ཆེས་བརྒྱན་པ། སེམས་དཔའི་སྐྱིལ་མོ་ཀྲུང་གིས་བཞུགས་པའོ། །སྤྱི་བོ་དཔྲལ་བ་སྨིན་དང་མགྲིན། །དཔུང་པ་སྙིང་ག་ལྟེ་བ་གསང་། །པུས་མོ་གཉིས་དང་ཞབས་དག་ལ། །གསང་སྔགས་རྒྱལ་པོ་ཡི་གེ་བཅུའི། །ཡི་གེ་རེ་རེ་བཀོད་པར་བྱ། །ཤར་དུ་རྡོ་རྗེ་སྒྲོལ་མ་ནག་མོ་རྡོ་རྗེ་འཛིན་པ། ལྷོར་རིན་ཆེན་སྒྲོལ་མ་སེར་མོ་རིན་པོ་ཆེ་འཛིན་པ། ནུབ་ཏུ་པདྨ་སྒྲོལ་མ་དམར་མོ་པདྨ་འཛིན་པ། བྱང་དུ་སངས་རྒྱས་སྒྲོལ་མ་དཀར་མོ་འཁོར་ལོ་འཛིན་པ། མེ་སོགས་མཚམས་བཞིར་མེ་ཏོག་སྒྲོལ་མ་དཀར་མོ། བདུག་པ་སྒྲོལ་མ་ནག་མོ། མར་མེ་སྒྲོལ་མ་སེར་མོ། དྲིའི་སྒྲོལ་མ་དམར་མོ། དེ་རྣམས་ཟླ་བ་ལ་གནས་ཤིང་། ཞི་བའི་ཉམས་ཅན་ནོ། །ཤར་སྒོར་རྡོ་རྗེ་ལྕགས་ཀྱུ་མ་ནག་མོ། ལྷོ་སྒོར་ཞགས་པ་མ་སེར་མོ། ནུབ་སྒོར་ལྕགས་སྒྲོག་མ་དམར་མོ། བྱང་སྒོར་དྲིལ་བུ་མ་སེར་མོ། འདི་རྣམས་གཡས་བརྐྱང་གིས་ཉི་མ་ལ་(༣༠༣བ)གནས་ཤིང་། ཁྲོ་མོའི་ཆ་བྱད་རྫོགས་པའོ། །ཐུགས་ཀའི་ས་བོན་ལས་འོད་ཟེར་འཕྲོས། རང་བཞིན་གྱི་གནས་ནས་བསྒོམས་པ་དང་འདྲ་བའི་ཡེ་ཤེས་པ་སྤྱན་དྲངས། ཛཿཧཱུྃ་བཾ་ཧོཿགཉིས་སུ་མེད་པར་ཐིམ། སླར་ཡང་ཐུགས་ཀའི་ས་བོན་ལས་འོད་ཟེར་འཕྲོས། དབང་གི་ལྷ་རྣམས་སྤྱན་དྲངས། དེ་བཞིན་གཤེགས་པ་ཐམས་ཅད་ཀྱིས་བདག་ལ་མངོན་པར་དབང་བསྐུར་དུ་གསོལ། ཞེས་གསོལ་བ་བཏབ་པས། ཨོཾ་བཛྲཱི་བྷཱ་ཥ་ཨ་བྷི་ཥིཉྩ་ཧཱུྃ། ཞེས་གསུངས་ཤིང་དབང་བསྐུར་བས། སྐུ་གང་དྲི་མ་དག །ཆུའི་ལྷག་མ་སྤྱི་གཙུག་ཏུ་གནས་པ་ལས། གཙོ་བོ་ལ་དོན་གྲུབ་ཀྱིས་དབུ་བརྒྱན་ཅིང་། འཁོར་རྣམས་ལ་གཙོ་མོ་ཉིད་ཀྱི་ཇོ་བོར་གྱུར་པ་རིན་པོ་ཆེ་རེ་རེས་དབུ་བརྒྱན་པར་བསམ། ཨོཾ་ཏཱ་རེ་ཏུཏྟཱ་རེ་ཏུ་རེ་ད་ནཾ་མེ་ད་ད་སྭཱཧཱ། ཞེས་ཅི་འགྲུབ་བཟླའོ། །སྙིང་གའི་འོད་ཟེར་གྱིས་སྣོད་བཅུད་ཐམས་

ཅན་དཀྱིལ་འཁོར་གྱི་འཁོར་ལོར་གྱུར། དེ་རྣམས་འོད་དུ་ཞུ། དཀྱིལ་འཁོར་ལ་ཐིམ། དཀྱིལ་འཁོར་ཡང་རང་གི་སྙིང་གར་བསྡུ། གཏོར་མ་བསངས་སྦྱངས། འབྲུ་གསུམ་གྱིས་བྱིན་གྱིས་བརླབས། མཆོད་པ་བྱིན་རླབས་སྤྱི་དང་མཐུན། རང་གི་སྙིང་ག་ནས་འོད་ཟེར་འཕྲོས། ཡེ་ཤེས་སེམས་དཔའ་བཛྲ་ས་མ་ཛཿཨུཏྤ་ལའི་ཕྱག་རྒྱ་བཅས་ཏེ། ཨ་ཀཱ་རོ་ལན་གསུམ་གྱིས་ཕུལ། ཨརྒྷཾ་ནས་ཤབྡའི་བར་གྱིས་མཆོད། ལྷ་དང་ལྷ་མིན་སོགས་ཀྱིས་བསྟོད། འདོད་དོན་ལ་གསོལ་བ་བཏབ། འདིའི་རྗེས་གནང་གི་བྱ་བ་ལ། མཎྜལ་པདྨ་འདབ་བརྒྱད་དཀར་པོ་ཚོམ་བུ་ཅན་ཞིག་བྱ། ཕྱོགས་(༣༠༨ན)གང་ཡང་རུང་བར་བུམ་པ་སྤྱི་དང་མཐུན་པར་བཤམས། མཆོད་པ་དང་དཀར་གཏོར་གང་འོས་བསྒྲིགས། བདག་བསྐྱེད་སྔོན་དུ་འགྲོ་བས་མཆོད་པ་སྤྱི་དང་མཐུན་པར་བྱིན་གྱིས་བརླབས། མདུན་བསྐྱེད་བསངས་སྦྱངས། སྟོང་པའི་ངང་ལས་སྲུང་འཁོར་གཞལ་ཡས་ཁང་དང་བཅས་པའི་དབུས་སུ་པདྨ་འདབ་མ་བརྒྱད་པའི་ལྟེ་བར་ཏཱཾ། དེའི་འོད་ཀྱི་འཕྲོ་འདུ་ལས། སྒྲོལ་མ་ནོར་སྒྲིན་མ་ལྗང་གུ་ཞེས་པ་ནས་སྔར་ཡང་ཐུགས་ཀའི་ས་བོན་ལས་འོད་ཟེར་འཕྲོས། དབང་གི་ལྷ་རྣམས་སྤྱན་དྲངས། དེ་བཞིན་གཤེགས་པ་ཐམས་ཅད་ཀྱིས་འདི་ལ་མངོན་པར་དབང་བསྐུར་དུ་གསོལ། ཞེས་གསོལ་བ་བཏབ་པས། ཨོཾ་བཛྲཱི་བྷ་ཝ་ཨ་བྷི་ཥིཉྩ་ཧཱུཾ། ཞེས་གསུངས་ཤིང་དབང་བསྐུར་བས། སྐུ་གང་དྲི་མ་དག །ཆུའི་ལྷག་མ་སྤྱི་གཙུག་ཏུ་གནས་པ་ལས། གཙོ་མོ་ལ་དོན་གྲུབ་ཀྱིས་དབུ་བརྒྱན་ཅིང་། འཁོར་རྣམས་ལ་གཙོ་མོ་ཉིད་ཀྱི་ངོ་བོར་གྱུར་པ་རིན་པོ་ཆེ་རེ་རེས་དབུ་བརྒྱན་པར་བསམ། ཨོཾ་ཨཱརྱ་ཏཱ་རེ་ས་པ་རི་ཝཱ་ར་ཨརྒྷཾ་ནས་ཤབྡའི་བར་གྱིས་མཆོད། ལྷ་དང་ལྷ་མིན་སོགས་ཀྱིས་བསྟོད། མདུན་བསྐྱེད་ལ་དམིགས་ནས་བཟླས་པ་བྱ། གཏོར་མ་གོང་བཞིན་ཕུལ། མཆོད་བསྟོད་དང་འདོད་དོན་གསོལ་བ་བཏབ། བུམ་པ་བསངས་སྦྱངས། སྟོང་པའི་ངང་ལས་བུམ་པ་མཚན་ཉིད་ཐམས་ཅད་དང་ལྡན་པའི་ནང་དུ་ཡེ་ཤེས་ཀྱི་བདུད་རྩིའི་རྒྱ་མཚོར་གྱུར་པའི་དབུས་སུ་སྒྲོལ་

མ་མདུན་བསྐྱེད་ལྟར་བསྐྱེད། གཟུངས་ཐག་ནས་(༣༠༤བ)བཟུངས། སྐུ་ལས་བདུད་རྩི་དང་སྔགས་ཀྱི་ཡིག་འབྲུའི་ཚོགས་བྱུང་། བདུད་རྩིའི་རྒྱ་མཚོ་དང་གཅིག་ཏུ་འདྲེས་པར་གྱུར་པར་བསམས་ལ་བཟླས་པ་བྱ། མཐར་མཆོད་བསྟོད་བྱ། མཆོད་ཡོན་ཕུལ་བས། སྒྲོལ་མའི་ལྷ་ཚོགས་སྔགས་ཀྱི་ཡིག་འབྲུ་དང་བཅས་པ་འོད་དུ་ཞུ། དག་པ་ཡེ་ཤེས་ཀྱི་ཆུར་གྱུར་པར་བསམ། དེ་ནས་སློབ་མའི་བྱ་བ་ནི། མཎྜལ་ཕུལ། རྡོ་རྗེ་འཛིན་པ་སོགས་ཀྱིས་གསོལ་བ་འདེབས་སུ་གཞུག །འགྲོ་རྣམས་བསྒྲལ་འདོད་བསམ་པ་ཡིས་ནས། རྫོགས་པའི་བྱང་ཆུབ་སེམས་བསྐྱེད་བགྱི། །ཞེས་སྐྱབས་འགྲོ་སེམས་བསྐྱེད་བྱ། སློབ་མ་རྣམས་བསངས། ཤཱུ་ནྱ་ཏཱས་སྟོང་པར་སྦྱངས། སྟོང་པའི་ངང་ལས་སྲུང་འཁོར་གཞལ་ཡས་ཁང་དང་བཅས་པའི་དབུས་སུ་པདྨ་འདབ་མ་བརྒྱད་པའི་ལྟེ་བར་ཁྱེད་རང་རྣམས་ཀྱི་སེམས་ཀྱི་ངོ་བོ་ཏཾ། དེའི་འོད་ཀྱི་འཕྲོ་འདུ་ལས། ཁྱེད་རང་རྣམས་སྒྲོལ་མ་ནོར་སྦྱིན་མ་ལྗང་གུ་ཕྱག་གཡས་མཆོག་སྦྱིན་དང་འཕྲེང་བ་ཅན། གཡོན་གཉིས་ཨུཏྤལ་དང་པོ་ཏི་བསྣམས་པ། དར་དང་རིན་པོ་ཆེས་བརྒྱན་པ། སེམས་དཔའི་སྐྱིལ་ཀྲུང་གིས་བཞུགས་པའི་སྤྱི་བོར་ཨོཾ་དཔྲལ་བར་ཏཱ་སྤྱན་ལ་རེ་མགྲིན་པར་ཏུཏ་དཔུང་པར་ཏཱ་སྙིང་གར་རེ་ལྟེ་བར་ཏུ་གསང་བར་རེ་པུས་མོ་གཉིས་ལ་སྭཱ་ཞབས་དག་ལ་ཧཱ་ཏེ་གསང་སྔགས་རྒྱལ་པོ་ཡི་གེ་བཅུའི་ཡི་གེ་རེ་རེས་མཚན་པ། ཤར་དུ་རྡོ་རྗེ་སྒྲོལ་མ་ནག་མོ་རྡོ་རྗེ་འཛིན་པ། ལྷོར་རིན་ཆེན་སྒྲོལ་མ་སེར་མོ་རིན་པོ་ཆེ་འཛིན་པ། ནུབ་ཏུ་པདྨ་སྒྲོལ་མ་དམར་(༣༠༥ན)མོ་པདྨ་འཛིན་པ། བྱང་དུ་སངས་རྒྱས་སྒྲོལ་མ་དཀར་མོ་འཁོར་ལོ་འཛིན་པ། མེ་སོགས་མཚམས་བཞིར་མེ་ཏོག་སྒྲོལ་མ་དཀར་མོ། བདུག་པ་སྒྲོལ་མ་ནག་མོ། མར་མེ་སྒྲོལ་མ་སེར་མོ། དྲིའི་སྒྲོལ་མ་དམར་མོ། དེ་རྣམས་ཟླ་བ་ལ་གནས་ཤིང་། ཞི་བའི་ཉམས་ཅན་ནོ། །ཤར་སྒོར་རྡོ་རྗེ་ལྕགས་ཀྱུ་མ་ནག་མོ། ལྷོ་སྒོར་ཞགས་པ་མ་སེར་མོ། ནུབ་སྒོར་ལྕགས་སྒྲོག་མ་དམར་མོ། བྱང་སྒོར་དྲིལ་བུ་མ་སེར་མོ། འདི་རྣམས་གཡས་བརྐྱང་གིས་ཉི་མ་ལ་གནས་ཤིང་།

ཁྲོ་མོའི་ཆ་བྱད་རྫོགས་པར་གྱུར་པའི་མོས་པ་མཛོད། མདུན་གྱི་ཚོམ་བུ་འདི་རྣམས་
ཀྱང་ཁྱེད་རང་རྣམས་བསྒོམས་པ་དང་འདྲ་བའི་སྒྲོལ་མ་ནོར་སྦྱིན་མ་གཙོ་འཁོར་དུ་
དངོས་སུ་བཞུགས་པར་མོས་ལ། དེ་ནས་སློབ་དཔོན་དང་མདུན་བསྐྱེད་ཀྱི་ཐུགས་ཀ་
ནས་འོད་ཟེར་འཕྲོས། རང་བཞིན་གྱི་གནས་ནས་སྒྲོལ་མའི་ལྷ་ཚོགས་ལ་སངས་རྒྱས་
བྱང་སེམས་ཀྱིས་བསྐོར་བ་སྤྱན་དྲངས། ཛཿཧཱུྃ་བཾ་ཧོཿ ཁྱེད་རང་རྣམས་ཀྱི་ལུས་ལ་
གཉིས་སུ་མེད་པར་ཐིམ་པའི་མོས་པ་མཛོད་བྱས་ལ། སྔགས་བརྗོད་ཅིང་རོལ་མོའི་
སྒྲ་བྱའོ། །སླར་ཡང་ཐུགས་ཀའི་ས་བོན་ལས་འོད་ཟེར་འཕྲོས། དབང་གི་ལྷ་རྣམས་
སྤྱན་དྲངས། ཁྱེད་རྣམས་ཀྱིས་སློབ་མ་འདི་རྣམས་ལ་དབང་བསྐུར་དུ་གསོལ། ཞེས་
གསོལ་བ་བཏབ་པས། དབང་བསྐུར་བར་མོས་ནས་བུམ་ཆུ་སྦྱིན་ནས། ཨོཾ་སརྦ་ཏ་
ཐཱ་ག་ཏ་སོགས་བརྗོད། དེ་ལྟར་དབང་བསྐུར་བས། ལུས་གང་། དྲི་མ་དག །ཆུ་
ལྷག་མ་ཡར་ལུད་པ་ལས་དོན་གྲུབ་ཀྱིས་(༣༠༥བ)དབུ་བརྒྱན་པར་མོས། སྐུའི་རྗེས་
གནང་ངོ་། །ཁྱེད་རང་རྣམས་ལྷར་གསལ་བའི་ཐུགས་ཀར་ཟླ་བའི་གདན་ལ་ས་བོན་
གྱི་མཐར་སྔགས་ཕྲེང་གིས་བསྐོར་བ་གསལ་བཏབ། སློབ་དཔོན་དང་མདུན་བསྐྱེད་
གཉིས་ཀའི་ཐུགས་ཀ་ནས་སྔགས་ཕྲེང་འོད་ཟེར་དང་བཅས་པ་མར་མེ་གཅིག་ལས་
གཉིས་ཆད་ཀྱི་ཚུལ་དུ་འཕྲོས། ཁྱེད་རང་རྣམས་ཀྱི་ཐུགས་ཀའི་སྔགས་ཕྲེང་ལ་ཐིམ་
པ་ལས་འོད་ཟེར་འཕྲོས། ལུས་ཀྱི་ནང་ཐམས་ཅད་གང་། ཚེ་ཐོག་མ་མེད་པ་ནས་
བསགས་པའི་སྡིག་སྒྲིབ་བག་ཆགས་དང་བཅས་པ་དག །འོད་ཟེར་བ་སྤུའི་བུ་ག་ནས་
ཕྱིར་འཕྲོས། ཕྱོགས་བཅུའི་སངས་རྒྱས་བྱང་སེམས་ཐམས་ཅད་ཀྱི་སྐུ་གསུང་ཐུགས་
ཀྱི་བྱིན་རླབས་ཐམས་ཅད་འོད་ཟེར་བདུད་རྩིའི་རྒྱུན་དང་བཅས་པ་སྤྱན་དྲངས་ཏེ་
ཐུགས་ཀའི་སྔགས་ཕྲེང་ལ་ཐིམ་པའི་མོས་པ་མཛོད་བྱས་ལ། ཨོཾ་ཏཱ་རེ་ཏུཏྟཱ་རེ་ཏུ་
རེ་ད་ནཾ་མེ་ད་ད་སྭཱཧཱ། ཞེས་ལན་གསུམ་རྗེས་ཟློས་བྱེད་དུ་གཞུག །གསུང་གི་རྗེས་
གནང་ངོ་། །སློབ་དཔོན་དང་མདུན་བསྐྱེད་གཉིས་ཀའི་ཐུགས་ཀའི་ས་བོན་ལས་

འོད་ཟེར་འཕྲོས་པས། སྒྲོལ་མའི་ལྷ་ཚོགས་ཀྱི་ཐུགས་ཀྱི་བྱིན་རླབས་ཐམས་ཅད་ཕྱག་མཚན་གྱི་རྣམ་པར་སྤྱན་དྲངས་ཏེ་ཁྱིད་རང་རྣམས་ལྷར་གསལ་བའི་ཐུགས་ཀའི་ས་བོན་ལ་ཐིམ་པའི་མོས་པ་མཛོད། སྔགས་བརྗོད་ཅིང་རོལ་མོའི་སྒྲ་བྱའོ། །སྙིང་གའི་ཧཱུྃ་ཡིག་གི་འོད་ཟེར་གྱིས་སྣོད་བཅུད་ཐམས་ཅད་རྗེ་བཙུན་མའི་རྣམ་པར་བསྒྱུར། འོད་ཟེར་སྤྲོ་བསྡུ་དང་སྣང་སྟོང་སྒྱུ་མ་ལྟ་བུ་ལ་མཉམ་པར་(༣༠༨ན)འཇོག་ཏུ་གཞུག་གོ། །ཐུགས་ཀྱི་རྗེས་གནང་ངོ་། །རྗེས་ཀྱི་བྱ་བ་སྤྱི་དང་འདྲའོ། །

༄ **སྒྲོལ་མ་སེར་མོ་གཙོ་འཁོར་གསུམ་ལ།** སྐྱབས་འགྲོ་སེམས་བསྐྱེད་སྔོན་དུ་འགྲོ་བས། རང་གི་སྙིང་གར་ཟླ་བ་ལ་ཏྃ་སེར་པོའི་འོད་ཀྱིས་ཐ་མལ་གྱི་ལུས་སྦྱངས་ཏེ། སྒྲོལ་མ་གཙོ་འཁོར་གསུམ་དུ་གྱུར་པ་ནི། དབུས་སུ་རང་ཉིད་སྒྲོལ་མ་སེར་མོ། གཡས་མཆོག་སྦྱིན་དང་། གཡོན་རིན་པོ་ཆེས་མཚན་པའི་ཨུཏྤལ་སེར་པོ་བསྣམས་པ། པད་ཟླ་ལ་སེམས་དཔའི་སྐྱིལ་ཀྲུང་གིས་བཞུགས་པ། གཡས་སུ་ཛམྦྷ་ལ་སེར་པོ། གཏེར་གྱི་བུམ་པ་ལ་གནས་པ། བི་ཛ་ཡུ་ར་ཀ་དང་། ནེའུ་ལེ་འཛིན་པ། གཡོན་དུ་རྣམ་ཐོས་སྲས་སེར་པོ། སེངྒེ་ལ་ཆིབས་པ། ནོར་བུས་མཚན་པའི་བེ་ཅོན་དང་། ནེའུ་ལེ་འཛིན་པ། ཐུགས་ཀར་ཟླ་བ་ལ་ཏྃ། ཡེ་ཤེས་སེམས་དཔའ་བཛྲ་ས་མ་ཛཿཨརྒྷཾ་ནས་ཤབྡའི་བར་གྱིས་མཆོད། ལྷ་དང་ལྷ་མིན་ཅོད་པན་གྱིས་སོགས་ཀྱིས་བསྟོད། ཡོངས་སྤྱོད་ཕུན་སུམ་ཚོགས་པ་འགྲུབ་པར་གསོལ་བ་བཏབ། ཛཿཧཱུྃ་བཾ་ཧོཿགཉིས་སུ་མེད་པར་ཐིམ། དཔྲལ་བར་ཨོཾ། མགྲིན་པར་ཨཱཿ ཐུགས་ཀར་ཧཱུྃ། ཨོཾ་ཛམྦྷེ་མོ་ཧེ་སྭཱཧཱ། ཨོཾ་ཛམྦྷེ་མོ་ཧེ་བ་སུ་མ་མ་ཀུ་རུ་སྭཱཧཱ། ཞེས་ཅི་ནུས་བཟླ། བྲིས་སྐུ་ལ་སྟོད་གཡོགས་སེར་པོ་དང་། མེ་ཏོག་སེར་པོས་མཆོད། གཏོར་མ་བསངས་སྦྱངས། འབྲུ་གསུམ་གྱིས་བྱིན་གྱིས་བརླབས། མཆོད་པ་བྱིན་རླབས་སྤྱི་དང་མཐུན། རང་གི་སྙིང་ག་ནས་འོད་ཟེར་འཕྲོས། ཡེ་ཤེས་སེམས་(༣༠༨བ)དཔའ་བཛྲ་ས་མ་ཛཿཨུཏྤ་ལའི་ཕྱག་རྒྱ་བཅས་ཏེ། ཨ་ཀཱ་རོ་ལན་གསུམ་གྱིས་ཕུལ། ཨརྒྷཾ་ནས་ཤབྡའི་བར་གྱིས་

མཆོད། ལྷ་དང་ལྷ་མིན་སོགས་ཀྱིས་བསྟོད། འདོད་དོན་གསོལ་བ་བཏབ། འདིའི་བཟླས་ལུང་ལ། སློབ་དཔོན་གྱིས་བདག་བསྐྱེད་གཏོར་འབུལ་དང་བཅས་པ་སྔར་བཞིན་བྱ། སློབ་མས་མཎྜལ་ཕུལ། སློབ་དཔོན་གྱིས་བདག་ལ་རིག་སྔགས་དམ་པ་བསྩལ་དུ་གསོལ། ཞེས་གསོལ་བ་གདབ་ཏུ་བཅུག །བཟང་སྤྱོད་ཀྱི་ཡན་ལག་བདུན་པ་བྱ། སངས་རྒྱས་ཆོས་དང་མ་ལན་གསུམ་བྱ། རྗེ་བཙུན་འཕགས་མ་སྒྲོལ་མ་དང་། །ཞེས་སོགས་ཐུན་མོང་མ་ཡིན་པའི་རྒྱུན་བཤགས་ལན་གསུམ་བྱ། ཁྱེད་རང་རྣམས་དམིགས་པ་འདི་བཞིན་དུ་མཛོད། ཁྱེད་རང་རྣམས་ཀྱི་ཐུགས་ཀར་ཟླ་བ་ལ་ཏྃ་སེར་པོའི་འོད་ཀྱིས་ཐ་མལ་གྱི་ལུས་སྦྱངས་ཏེ། སྒྲོལ་མ་གཙོ་འཁོར་གསུམ་དུ་གྱུར་པ་ནི། དབུས་སུ་སྒྲོལ་མ་སེར་མོ། ཞེས་པ་ནས། ཐུགས་ཀར་ཟླ་བ་ལ་ཏྃ། ཞེས་གཙོ་འཁོར་གསུམ་གསལ་བཏབ། དེ་ནས། སློབ་དཔོན་རྗེ་བཙུན་སྒྲོལ་མར་གསལ་བའི་ཐུགས་ཀར་ཟླ་བའི་དཀྱིལ་འཁོར་གྱི་སྟེང་དུ་ཏྃ་ཡིག་གི་མཐར་སྔགས་ཕྲེང་གིས་བསྐོར་བ་ལས་སྔགས་ཕྲེང་གཉིས་པ་བྱུང་། ཞལ་ནས་ཐོན། ཁྱེད་རང་རྣམས་ཀྱི་ཞལ་དུ་ཞུགས། ཐུགས་ཀར་ཟླ་བའི་སྟེང་དུ་ཏྃ་ཡིག་གི་མཐར་འཁོད་པའི་མོས་པ་མཛོད་བྱས་ལ། ཨོཾ་ཛམྦྷི་མོ་ཧེ་སྭཱཧཱ། ཞེས་པ་དང་། ཨོཾ་ཛམྦྷི་མོ་ཧེ་བ་སུ་མ་མ་ཀུ་རུ་སྭཱཧཱ། ཞེས་སྔགས་སོ་སོ་ལན་(༣༠༧ན)གསུམ་གསུམ་རྗེས་ཟློས་བྱེད་དུ་གཞུག །རྗེས་ཀྱི་བྱ་བ་རྣམས་སྤྱི་དང་འདྲའོ། །

༄ **ཚེ་ལམ་སྟོན་པའི་སྒྲོལ་མ་ལ།** ཤུ་ཀ་ཏ་ཤྲཱི་ལས་བརྒྱུད་པའི་མན་ངག་འདི་ལ་གཙང་སྦྲ་དང་ལྡན་པས་སྐྱབས་སེམས་ཡན་ལག་བདུན་པ་སྤྱི་དང་མཐུན་པར་བྱ། ཨོཾ་ཨ་མྲི་ཏ་ཀུཎྜ་ལི་ཧ་ན་ཧ་ན་སརྦ་བིགྣཱ་ནྟ་ཀ་ར་ཧ། སརྦ་པ་པཾ་ཧཱུྃ་ཕཊ་སྭཱཧཱ། ཞེས་དྲག་ཏུ་བཟླས་པས་བགེགས་བསལ། ནམ་མཁའ་སྔོན་པོའི་དབུས་སུ་པཾ་ལས་པད་དཀར་དང་ཟླ་བ་ལ་ཏྃ་ལས་རང་ཉིད་སྒྲོལ་མ་སྐུ་མདོག་དཀར་མོ། ཞལ་གཅིག་ཕྱག་གཉིས་གཡས་མཆོག་སྦྱིན་དང་། གཡོན་ཨུཏྤལ་སྔོན་པོ་འཛིན་པ། ཞབས་གཡོན་

བརྐྱང་བའི་སྐྱིལ་ཀྲུང་ཕྱེད་པའི་སྟབས་ཅན། དར་མཐིང་གའི་སྟོད་གཡོགས་དང་། སྨུ་ཏིག་གི་རྒྱན་ཅན། དོན་ཡོད་གྲུབ་པས་དབུ་བརྒྱན་པ། ཐུགས་ཀར་ཟླ་བ་ལ་ཧཾ། ཐུགས་ཀའི་ས་བོན་ལས་འོད་ཟེར་འཕྲོས། ཡེ་ཤེས་སེམས་དཔའ་བཛྲ་ས་ཏྭ་ཛཿཛཿཧཱུྃ་བཾ་ཧོཿདབྱལ་བར་ཨོཾ། མགྲིན་པར་ཨཱཿ ཐུགས་ཀར་ཧཱུྃ། མདུན་དུ་མཎྜལ་མཆོད་པ་དང་བཅས་པ་བཤམས་ལ། མཎྜལ་གྱི་དབུས་སུ་སྒྲོལ་མ་སྐད་ཅིག་གིས་བཞུགས་པར་མོས་ལ། ཨརྒྷཾ་ནས་ཤབྡའི་བར་གྱིས་མཆོད། ཨོཾ་སུཔྲ་ཏྲ་རེ་སྭཱཧཱ། །སྒོམ་ལུང་འབོགས་ཚུལ་ནི། བདག་བསྐྱེད་སྔོན་དུ་སོང་བའི་རྗེས་སུ། སློབ་མས་མཎྜལ་ཕུལ། སློབ་དཔོན་གྱིས་བདག་ལ་རིག་སྔགས་དམ་པ་བསྒྲུལ་དུ་གསོལ། ཞེས་གསོལ་བ་འདེབས་སུ་བཅུག །བཟང་སྤྱོད་(༣༠༧བ)ཀྱི་ཡན་ལག་བདུན་པ་བྱ། སངས་རྒྱས་ཆོས་དང་མ་ལན་གསུམ་བྱ། དེ་ནས། ཨོཾ་ཨ་མྲྀ་ཏ་ཀུཎྜ་ལི་ཧ་ན་ཧ་ན་སརྦ་བིགླ་ཏྣ་ཊ་ཏ། སརྦ་པ་པཾ་ཧཱུྃ་ཕཊ་སྭཱཧཱ། ཞེས་དྲག་ཏུ་བཟླས་པས་བགེགས་བསལ། ནམ་མཁའ་སྟོན་པོའི་དབུས་སུ་པཾ་ལས་པད་དཀར་དང་ཟླ་བ་ལ། ཧཾ་ལས་ཁྱེད་རང་རྣམས་སྒྲོལ་མ་སྐུ་མདོག་དཀར་མོ། ཞལ་གཅིག་ཕྱག་གཉིས་གཡས་མཆོག་སྦྱིན་དང་། གཡོན་ཨུཏྤལ་སྔོན་པོ་འཛིན་པ། ཞབས་གཡོན་བརྐྱང་བའི་སྐྱིལ་ཀྲུང་ཕྱེད་པའི་སྟབས་ཅན་དར་མཐིང་གའི་སྟོད་གཡོགས་དང་། སྨུ་ཏིག་གི་རྒྱན་ཅན། དོན་ཡོད་གྲུབ་པས་དབུ་བརྒྱན་པར་བསམ། ཐུགས་ཀར་ཟླ་བ་ལ་ཧཾ་ཡིག་གིས་མཚན་པར་གྱུར་པའི་མོས་པ་མཛོད། དེ་ནས། སློབ་དཔོན་རྗེ་བཙུན་མར་གསལ་བའི་ཐུགས་ཀར་ཟླ་བའི་དཀྱིལ་འཁོར་གྱི་དབུས་སུ་ཧཾ་ཡིག་གི་མཐར་སྔགས་ཕྲེང་གིས་བསྐོར་བ་ལས་སྔགས་ཕྲེང་གཉིས་པ་བྱུང་། ཞལ་ནས་ཐོན། ཁྱེད་རང་རྣམས་ཀྱི་ཞལ་དུ་ཞུགས། ཐུགས་ཀར་ཟླ་བའི་སྟེང་དུ་ཧཾ་ཡིག་གི་མཐར་འཁོད་པའི་མོས་པ་མཛོད་བྱས་ལ། ཨོཾ་སུཔྲ་ཏྲ་རེ་སྭཱཧཱ། ཞེས་ལན་གསུམ་དང་། ཨོཾ་སུཔྲ་ཏྲ་ར། སུཔྲ་ཨ་བ་ལོ་ཀི་ནི། ཏྲཻ་ལོཀྱ་ནི། དཀྵ་ནི། ཏྲཻ་ལོཀྱ་གི་ར་ཛ་ནི། ཧྲུ་ཧཾ་ཧྲ་ཕཾ། ཧྲི་ཕེ་ཤཾ །ཤུ་ཧྲ་ཤུ་ཧྲཾ་ཧཾ་མཾ་སཧ་

ཀ་ཏ་ཡ་སྭཱ་ཧཱ། ཞེས་ལན་གསུམ་རྗེས་བཟློས་བྱེད་དུ་གཞུག །རྗེས་ཀྱི་བྱ་བ་རྣམས་ཀྱི་དང་འདྲའོ། །

༄ **སྒྲོལ་མ་ལྷ་ལྔ་ལ།** སྐྱབས་སེམས་ཚད་མེད་བཞི་སྔོན་དུ་སོང་ནས། ཤཱུ་ནྱ་ཏཱས་སྟོང་པར་སྦྱངས། སྟོང་པའི་ངང་(༣༠༤ན)ལས་པཾ་ལས་པདྨ་དམར་པོ་ཡོངས་སུ་གྱུར་པ་ལས་སྣ་ཚོགས་པདྨ། དེའི་སྟེང་དུ་ཨ་ལས་ཟླ་བ་ལ་ཧྲཱིཾ་ཞུ་བ་ལས་ཐིག་ལེ་དཀར་པོ། དེ་ལས་ཨུཏྤལ་ཧྲཱིཾ་ཡིག་གིས་མཚན་པ་འོད་ཀྱི་འཕྲོ་འདུ་ཅན། དེ་ཡོངས་སུ་གྱུར་པ་ལས་རང་ཉིད་སྒྲོལ་མ་ལྗང་སྔོན་ཕྱག་གཡས་སྐྱབས་སྦྱིན་དང་། གཡོན་ཨུཏྤལ་འཛིན་པ། གཡས་བརྐྱང་གི་ཕྱེད་ཀྱུང་གིས་བཞུགས་པ། དེའི་ཤར་དུ་སོ་སོར་འབྲང་མ་དཀར་མོ། ནོར་བུ་དང་བུམ་པས་མཚན་པའི་པད་དཀར་འཛིན་པ། ལྷོར་འོད་ཟེར་ཅན་མ་སེར་མོ་རྡོ་རྗེ་དང་མྱ་ངན་མེད་པའི་ཤིང་གི་ཡལ་ག་འཛིན་པ། ནུབ་ཏུ་ཕག་མོ་དམར་མོ་ཕག་གདོང་ཅན། བྱང་དུ་རལ་གཅིག་མ་ནག་མོ་ཤིན་ཏུ་ཁྲོས་པ། དེ་གཉིས་ཀའང་སྟག་ལྤགས་དང་བཅས་ཤིང་གྲི་ཐོད་འཛིན་པ། ཐམས་ཅད་ཀྱང་སྤྱན་གསུམ་མ། སྐྱིལ་ཀྲུང་གིས་བཞུགས་པའོ། །སྙིང་གར་པད་ཟླ་ལ་ཏཾ་ཡིག་གིས་མཚན་པར་བསམ། ཐུགས་ཀའི་ས་བོན་ལས་འོད་ཟེར་འཕྲོས། རང་བཞིན་གྱི་གནས་ནས་བསྒོམས་པ་དང་འདྲ་བའི་ཡེ་ཤེས་པ་བཛྲ་ས་མཱ་ཛཿ ཛཿཧཱུྃ་བཾ་ཧོཿ གཉིས་སུ་མེད་པར་གྱུར། སླར་ཡང་དེ་ལས་འོད་ཟེར་འཕྲོས། དབང་གི་ལྷ་རྣམས་སྤྱན་དྲངས། དེ་བཞིན་གཤེགས་པ་ཐམས་ཅད་ཀྱིས་བདག་ལ་མངོན་པར་དབང་བསྐུར་དུ་གསོལ། ཞེས་གསོལ་བ་བཏབ་པས། དེ་རྣམས་ཀྱིས་ཡེ་ཤེས་ཀྱི་བདུད་རྩིས་གང་བའི་བུམ་པ་ཐོགས་ནས། ཇི་ལྟར་བལྟམས་པ་ནས་ཀླི་ཡེ་ཧཱུྃ། ཞེས་དབང་བསྐུར་བས་ལུས་གང་དྲི་མ་དག །ཆུའི་(༣༠༤བ)ལྷག་མ་ཡར་ལུད་པ་ལས་གཙོ་མོ་ལ་དོན་གྲུབ། འཁོར་རྣམས་ལ་རིམ་པས་རྣམ་སྣང་། རིན་འབྱུང་། སྣང་མཐའ། མི་བསྐྱོད་པ་རྣམས་ཀྱིས་དབུ་བརྒྱན་པར་བསམ། རང་གི་དཔྲལ་བར་ཨོཾ། མགྲིན་པར་ཨཱཿ ཐུགས་ཀར་ཧཱུྃ་གིས

མཚན་པར་བསམ། ཨོཾ་ཨཱརྻ་ཏཱ་རེ་ས་པ་རི་ཝཱ་ར་ཨརྒྷཾ་ནས་ཤབྡའི་བར་གྱིས་མཆོད།
ལྷ་དང་ལྷ་མིན་ཅོད་པན་གྱིས། །ཞེས་པ་ནས། སྒྲོལ་མ་འཁོར་བཅས་ལ་ཕྱག་འཚལ། །
ཞེས་པས་བསྟོད། བཟླས་པའི་དམིགས་པ་གསལ་གདབ། ཨོཾ་ཏཱ་རེ་ཏུཏྟཱ་རེ་ཏུ་རེ་
སྭཱཧཱ། ཡི་གེ་བཅུ་པ་བཟླ། ཐུན་འཇོག་ཁར་འཁོར་རྣམས་རང་གི་སྙིང་གར་བསྡུ།
དགེ་བ་བསྔོ། གཏོར་མ་འབུལ་བར་འདོད་ན། དཀར་གཏོར་མཆོད་པ་སྤྱི་མཐུན་
དང་བཅས་པ་བཤམས། མཆོད་པ་བྱིན་རླབས་སྤྱི་དང་མཐུན། གཏོར་མ་བྱ་རྒྱུད་
ལྟར་བྱིན་གྱིས་བརླབས། རང་གི་སྙིང་ག་ནས་འོད་ཟེར་འཕྲོས། འཕགས་མ་སྒྲོལ་མ་
འཁོར་བཅས་ཨོཾ་བཛྲ་ས་མཱ་ཛཿ པོ་ཏ་ལ་ཡི་གནས་མཆོག་ནས། །ཞེས་སོགས་བརྗོད།
པདྨ་ཀ་མ་ལ་ཡེ་སྟྭཾ། གཏོར་མ་གསོལ་བར་བསམས་ལ། ན་མཿས་མནྟ། བུདྡྷ་བོ་དྷི་
སཏྭ་ནཾ། ཨ་པྲ་ཏི་ཧ་ཏ་ཤ་ས་ནཱཾ་ཏེ་ཏེ་ཛ་ག་ཕ་ཏཾ་མནྟ་སཏྭ་སརྦ་བུདྡྷ་ཨ་ཕ་ལོ་ཀི་ཏེ།
སྭ་བི་ལམྦ་སྭ་བི་ལམྦ། ཨི་མཾ་བ་ལིཾ་གྲིཧྣ་སྭཱ་ཡ། གྲིཧྣ་སྭཱ་ཡ་ཧཱུཾ་ཧཱུཾ་ཛ་ཛ་སརྦ་བི་སཛྫ་
རེ་སྭཱཧཱ། ལན་ལྔས་ཕུལ། ཨརྒྷཾ་ནས་ཤབྡའི་བར་གྱིས་མཆོད། ལྷ་དང་ལྷ་མིན་སོགས་
ཀྱིས་བསྟོད། །མཆོད་སྤྲིན་གཏོར་མ་འདི་བཞེས་ལ། །སོགས་དང་། རྗེ་བཙུན་མ་
འཕགས་མ་སྒྲོལ་མས་བདག་(༣༠/ན)ལ་མཆོག་དང་ཐུན་མོང་གི་དངོས་གྲུབ་མ་ལུས་
པ་བསྩལ་དུ་གསོལ། འཇིགས་པ་ཆེན་པོ་བརྒྱད་དང་བཅུ་དྲུག་ལ་སོགས་པ་གནོད་
བྱེད་ཐམས་ཅད་ལས་སྐྱོབ་ཏུ་གསོལ། འཁོར་བ་སྡུག་བསྔལ་གྱི་རྒྱ་མཚོ་ཆེན་པོ་ལས་
བསྒྲལ་དུ་གསོལ། སྡུག་བསྔལ་ཐམས་ཅད་ཞི་བར་མཛད་དུ་གསོལ། ཞེས་འདོད་དོན་
གསོལ་བ་གདབ། ༈ འདིའི་བྱིན་རླབས་ཀྱི་ཆོ་ག་ནི། མཎྜལ་པདྨ་འདབ་བརྒྱད་ཀྱི་
ལྟེ་བར་ཚོམ་བུ་ལྗང་གུ། ཤར་དུ་དཀར་པོ། ལྷོར་སེར་པོ། ནུབ་ཏུ་དམར་པོ། བྱང་
དུ་ནག་པོ་རེ་དགོད། མཐའ་མཆོད་གཏོར་གྱིས་བསྐོར། བདག་བསྐྱེད་གོང་བཞིན།
མཆོད་པ་བྱིན་རླབས་བྱ། མདུན་བསྐྱེད་ནི། ཤཱུ་ནྱ་ཏཱས་སྟོང་པར་སྦྱངས། སྟོང་པའི་
ངང་ལས་མཎྜལ་གྱི་དབུས་སུ་པཾ་ལས་པདྨ་དམར་པོ་ཡོངས་སུ་གྱུར་པ་ལས་ཟླ་ཚོགས་

པདྨ། དེའི་སྟེང་དུ་ཨ་ལས་ཟླ་བ་ལ་ཧྲཱྀཾ་ཞུ་བ་ལས་ཐིག་ལེ་དཀར་པོ། དེ་ལས་ཨུཏྤལ་ཧྲཱྀཾ་ཡིག་གིས་མཚན་པ་འོད་ཀྱི་འཕྲོ་འདུ་ཅན། དེ་ཡོངས་སུ་གྱུར་པ་ལས་སྒྲོལ་མ་ལྗང་སྔོན་ཕྱག་གཡས་སྐྱབས་སྦྱིན་ཞེས་པ་ནས། བཞུགས་པའི་སྙིང་གར་པད་ཟླ་ལ་ཧྲཱྀཾ་ཡིག་གིས་མཚན་པར་བསམ། ཐུགས་ཀའི་ས་བོན་ལས་འོད་ཟེར་འཕྲོས། རང་བཞིན་གྱི་གནས་ནས་བསྒོམས་པ་དང་འདྲ་བའི་ཡེ་ཤེས་པ་བཛྲ་ས་མ་ཛཿ ཛཿཧཱུྃ་བཾ་ཧོཿ གཉིས་སུ་མེད་པར་ཐིམ། སླར་ཡང་ཐུགས་ཀའི་ས་བོན་ལས་འོད་ཟེར་འཕྲོས། དབང་གི་ལྷ་རྣམས་སྤྱན་དྲངས། དེ་བཞིན་གཤེགས་པ་ཐམས་ཅད་ཀྱིས་འདི་ལ་མངོན་པར་དབང་(༣༠/བ)བསྐུར་དུ་གསོལ། ཞེས་གསོལ་བ་བཏབ་པས། དེ་རྣམས་ཀྱི་ཡེ་ཤེས་ཀྱི་བདུད་རྩིས་གང་བའི་བུམ་པ་ཐོགས་ནས། ཇི་ལྟར་བལྟམས་པ་ནས་ཤྲཱི་ཡེ་ཧཱུྃ། ཞེས་དབང་བསྐུར་བས། ལུས་གང་དྲི་མ་དག །ཆུའི་ལྷག་མ་ཡར་ལུད་པ་ལས་གཙོ་མོ་ལ་དོན་གྲུབ། འཁོར་རྣམས་ལ་རིམ་པས་རྣམ་སྣང་། རིན་འབྱུང་། སྣང་མཐའ། མི་བསྐྱོད་པ་རྣམས་ཀྱིས་དབུ་བརྒྱན་པར་བསམ། དེ་རྣམས་ཀྱི་དཔྲལ་བར་ཨོཾ། མགྲིན་པར་ཨཱཿ ཐུགས་ཀར་ཧཱུྃ་གིས་མཚན་པར་བསམ། ཨོཾ་ཨཱརྱ་ཏཱ་རེ་ས་པ་རི་ཝཱ་ར་ཨརྒྷཾ་ནས་ཤབྡའི་བར་གྱིས་མཆོད། ལྷ་དང་ལྷ་མིན་སོགས་ཀྱིས་བསྟོད། བཟླས་པའི་དམིགས་པ་གསལ་བཏབ་ལ། ཡི་གེ་བཅུ་པ་ཉིད་བཟླ་ཞིང་། གཏོར་མ་བྱིན་གྱིས་བརླབས་ཏེ་འབུལ་བ་ནས། འདོད་དོན་གསོལ་བཏབ་ཀྱི་བར་སྔར་བཞིན་བྱའོ། ། ༈ སློབ་མས་མཎྜལ་ཕུལ། གསོལ་བ་འདེབས་པ་འདིའི་རྗེས་ཟློས་གསུངས་ཤིག །རྡོ་རྗེ་འཛིན་པ་ནས་བསྐུལ་དུ་གསོལ། ལན་གསུམ། རྒྱུད་དག་པར་བྱ་བའི་ཕྱིར་མདུན་བསྐྱེད་ཀྱི་ལྷ་དང་སངས་རྒྱས་བྱང་སེམས་རྣམས་ཀྱི་དྲུང་དུ་སྐྱབས་འགྲོ་སྔོན་དུ་འགྲོ་བས་བྱང་ཆུབ་ཀྱི་སེམས་བཟུང་སྙམ་པས་འདིའི་རྗེས་ཟློས་མཛོད། དཀོན་མཆོག་གསུམ་ལ་བདག་སྐྱབས་མཆི། །ཞེས་སོགས་རྒྱུན་བཤགས་ལན་གསུམ་བྱ། ཁྱད་པར་དུ་རྗེ་བཙུན་མ་སྒྲོལ་མའི་རྗེས་གནང་བསྐུལ་དུ་གསོལ་

སྙམ་པའི་འདུན་པས་འདིའི་རྗེས་སྣོས་ཀྱང་གསུངས་ཤིག །སློབ་དཔོན་དགོངས་སུ་གསོལ། བདག་ལ་རྗེ་བཙུན་མ་སྒྲོལ་མ་གཙོ་འཁོར་(༣༧༠ན)ལྔའི་རྗེས་གནང་མ་ལུས་པ་བསྩལ་དུ་གསོལ། ཞེས་ལན་གསུམ་གྱིས་གསོལ་བ་བཏབ་ནས། ད་རྗེས་གནང་གི་གཞི་དགོད་པའི་སླད་དུ་དམིགས་པ་འདི་བཞིན་དུ་མཛད་པར་ཞུ། ཨོཾ་ཤཱུ་ནྱ་ཏཱ་ཛྙཱ་ན་བཛྲ་སྭ་བྷཱ་ཝ་ཨཱཏྨ་ཀོ྅ཧཾ། ཕྱི་ནང་གི་དངོས་པོ་ཐམས་ཅད་མི་དམིགས་པ་སྟོང་པ་ཉིད་དུ་གྱུར་པའི་ངང་ལས། པཾ་ལས་པདྨ་དམར་པོ་ཡོངས་སུ་གྱུར་པ་ལས་སྣ་ཚོགས་པདྨ། དེའི་སྟེང་དུ་ཨ་ལས་ཟླ་བ་ལ་ཁྱེད་རང་རྣམས་ཀྱི་སེམས་ཉིད་ཀྱི་ངོ་བོ་ཏཾ་ཞུ་བ་ལས་ཐིག་ལེ་དཀར་པོ། དེ་ལས་ཨུཏྤལ་ཏཾ་ཡིག་གིས་མཚན་པ་འོད་ཀྱི་འཕྲོ་འདུ་ཅན། དེ་ཡོངས་སུ་གྱུར་པ་ལས་ཁྱེད་རང་རྣམས་སྒྲོལ་མ་ལྗང་སྔོན་ཕྱག་གཡས་སྐྱབས་སྦྱིན་དང་། གཡོན་ཨུཏྤལ་འཛིན་པ། གཡས་བརྐྱང་གི་ཕྱེད་ཀྱང་གིས་བཞུགས་པ། ཤར་དུ་སོ་སོར་འབྲང་མ་དཀར་མོ་ནོར་བུ་དང་བུམ་པས་མཚན་པའི་པད་དཀར་འཛིན་པ། ལྷོར་འོད་ཟེར་ཅན་མ་སེར་མོ་རྡོ་རྗེ་དང་མྱུ་ངན་མེད་པའི་ཤིང་གི་ཡལ་ག་འཛིན་པ། ནུབ་ཏུ་ཕག་མོ་དམར་མོ་ཕག་གདོང་ཅན། བྱང་དུ་རལ་གཅིག་མ་ནག་མོ་ཤིན་ཏུ་ཁྲོས་པ། དེ་གཉིས་ཀའང་སྟག་ལྤགས་དང་བཅས་ཤིང་གྲི་ཐོད་འཛིན་པ། ཐམས་ཅད་ཀྱང་སྤྱན་གསུམ་མ་སྐྱིལ་ཀྲུང་གིས་བཞུགས་པ། སྙིང་གར་པད་ཟླ་ལ་ཏཾ་ཡིག་དང་། དཔྲལ་བར་ཨོཾ། མགྲིན་པར་ཨཱཿ ཐུགས་ཀར་ཧཱུྃ་གིས་མཚན་པར་གྱུར་པའི་མོས་པ་མཛོད། ད་རྗེས་གནང་དངོས་གཞི་ལ་གསུམ་ལས། དང་པོ་སྐུའི་རྗེས་གནང་ནི། དེ་ལས་སློབ་དཔོན་དང་མདུན་(༣༧༠བ)བསྐྱེད་ཀྱི་ཚོམ་བུ་ཡང་སྒྲོལ་མ་དངོས་ཡིན་སྙམ་པའི་མོས་གུས་བྱས་པས། སློབ་དཔོན་གྱི་ཐུགས་ཀ་ནས་འོད་ཟེར་འཕྲོས། མདུན་བསྐྱེད་ཀྱི་ལྷའི་ཐུགས་རྒྱུད་བསྐུལ། དེའི་ཐུགས་ཀ་ནས་འོད་ཟེར་འཕྲོས། ཕྱོགས་བཅུའི་སངས་རྒྱས་བྱང་ཆུབ་སེམས་དཔའ་ཐམས་ཅད་ཀྱི་ཐུགས་རྒྱུད་བསྐུལ་བས་སློབ་དཔོན་དང་མདུན་བསྐྱེད་ཀྱི་ལྷ་དང་། ཕྱོགས་

བཅུའི་སངས་རྒྱས་དང་བྱང་ཆུབ་སེམས་དཔའ་ཐམས་ཅད་ཀྱི་ཐུགས་ཀ་ནས་སྤྲོ་ལ་མ་འཁོར་དང་བཅས་པའི་སྐུ་ཆེ་ཆུང་དཔག་ཏུ་མེད་པ་བྱོན། ཁྱེད་རང་རྣམས་ཀྱི་བ་སྤུའི་བུ་ག་རྣམས་ནས་ཆར་བབས་པ་བཞིན་དུ་སིབ་སིབ་ཐིམ་པར་མོས་པ་མཛོད། ཛཿཧཱུྃ་བཾ་ཧོཿ གཉིས་སུ་མེད་པར་ཐིམ། རོལ་མོ་བྱ། སློབ་དཔོན་གྱི་ཐུགས་ཀའི་ས་བོན་ལས་འོད་ཟེར་འཕྲོས། དབང་གི་ལྷ་རྣམས་སྤྱན་དྲངས། དེ་བཞིན་གཤེགས་པ་ཐམས་ཅད་ཀྱིས་འདི་ལ་མངོན་པར་དབང་བསྐུར་དུ་གསོལ། ཞེས་གསོལ་བ་བཏབ་པས། དེ་རྣམས་ཀྱིས་ཡེ་ཤེས་ཀྱི་བདུད་རྩིས་གང་བའི་བུམ་པ་ཐོགས་ནས། ཇི་ལྟར་བལྟམས་པ་ནས་ཐྲི་ཡེ་ཧཱུྃ། ཞེས་དབང་བསྐུར་བས། ལུས་གང་དྲི་མ་དག །ཆུའི་ལྷག་མ་ཡར་ལུད་པ་ལས་གཙོ་མོ་ལ་དོན་གྲུབ། འཁོར་རྣམས་ལ་རིམ་པས་རྣམ་སྣང་། རིན་འབྱུང་། སྣང་མཐའ། མི་བསྐྱོད་པ་རྣམས་ཀྱིས་དབུ་བརྒྱན་པར་མོས། གཉིས་པ་གསུང་གི་རྗེས་གནང་ནི། སློབ་དཔོན་གྱི་སྙིང་ཁར་ཟླ་བའི་དཀྱིལ་འཁོར་གྱི་སྟེང་དུ་ཧྂ་ལྗང་གུ། དེ་ལས་སྔགས་ཀྱི་ཕྲེང་བ་བྱུང་། སློབ་དཔོན་གྱི་ཞལ་ནས་ཐོན། ཁྱེད་རང་རྣམས་ཀྱི་ཞལ་དུ་(༣༡༡ན)ཞུགས། ཐུགས་ཀར་ཟླ་བའི་སྟེང་དུ་ཧྂ་ལྗང་གུ་གནས་པ་ལ་ཐིམ། དེའི་དུས་སུ་ཕྱོགས་བཅུའི་སངས་རྒྱས་དང་བྱང་ཆུབ་སེམས་དཔའ་རྣམས་ཀྱི་མཁྱེན་བརྩེ་ནུས་མཐུ་ཐམས་ཅད་འོད་ཟེར་གྱི་རྣམ་པར་སྔགས་ཕྲེང་དང་ལྷན་ཅིག་ཞལ་དུ་ཞུགས། སྙིང་ཁའི་ཧྂ་ལ་ཐིམ་པའི་མོས་པ་མཛོད་ལ། སྔགས་འདིའི་རྗེས་ཟློས་ལན་གསུམ་གསུངས་ཤིག །ཨོཾ་ཏཱ་རེ་ཏུཏྟཱ་རེ་ཏུ་རེ་སྭཱཧཱ། དང་པོས་བྱིན་གྱིས་བརླབས། གཉིས་པས་དབྱེར་མེད་དུ་འདྲེས། གསུམ་པས་བརྟན་པར་བྱས་པའི་མོས་པ་མཛོད། སློབ་དཔོན་ལ་མེ་ཏོག་གཏོར་བཞིན་དུ་འདིའི་རྗེས་ཟློས་མཛོད་ཅིག །བཅོམ་ལྡན་བདག་གིས་ཞེས་སོགས་ལན་གསུམ། དེ་ལྟར་ཕུལ་བའི་མེ་ཏོག་དེ་ཉིད་སླར་ཡང་བྱིན་གྱིས་བརླབས་ཏེ། ཁྱེད་རང་གི་སྤྱི་བོར་ཕུལ་བའི་མོས་པ་མཛོད་ཅིག །སློབ་དཔོན་གྱིས་མེ་ཏོག་གཏོར་ཞིང་། བཅོམ་ལྡན་འདི་ལ་སོགས་

དང་། རིག་པ་འཛིན་པ་འདི་རྣམས་ལ་རྗེ་བཙུན་མ་སྒྲོལ་མ་འཁོར་དང་བཅས་པའི་སྐུ་གསུང་ཐུགས་ཀྱི་བྱིན་རླབས་མ་ལུས་པ་འཇུག་པར་གྱུར་ཅིག །གསུམ་པ་ཐུགས་ཀྱི་རྗེས་གནང་ནི། མདུན་བསྐྱེད་ཀྱི་ལྷ་ལ་མོས་གུས་དུང་དུང་བ་དང་། བདག་གི་རྒྱུད་བྱིན་གྱིས་བརླབ་ཏུ་གསོལ་སྙམ་པ་མཛད་པས། མདུན་གྱི་ལྷའི་ཐུགས་ཀ་ནས། ཕྱག་མཚན་གྱི་ཚོགས་དཔག་ཏུ་མེད་པ་རྒྱུངས་ཏེ་ཕྱོན། ཁྱེད་རང་རྣམས་ཀྱི་སྙིང་གའི་ས་བོན་དང་དབྱེར་མེད་དུ་འདྲེས། རྒྱུད་བྱིན་གྱིས་བརླབས་པའི་མོས་པ་མཛོད། རྗེས་ཀྱི་བྱ་བ་སྤྱི་དང་འདྲའོ། |(༣༧༧བ)

༄ ཕྱག་བརྒྱད་སྒྲོལ་མ་ལ། སྐྱབས་སེམས་ཚད་མེད་བཞི་སྔོན་དུ་བཏང་ནས། སྭ་བྷཱ་ཝས་སྟོང་པར་སྦྱངས། སྟོང་པའི་ངང་ལས་པཾ་ལས་པདྨ་དང་། ཨ་ལས་ཟླ་བའི་སྟེང་དུ་ཏཱཾ་ལས་ཨུཏྤལ་ཏཱཾ་ཡིག་གིས་མཚན་པ་ཡོངས་སུ་གྱུར་པ་ལས། རང་ཉིད་སྒྲོལ་མ་སྐུ་ལུས་དང་ཞལ་བཞི་ལྡང་བ་ལ་སྤྱན་གསུམ་གསུམ་མངའ་བ། ཕྱག་དང་པོ་གཉིས་ཨུཏྤ་ལའི་ཕྱག་རྒྱ་ཐུགས་ཀར་འཆིང་བ། ལྷག་མ་གཡས་གསུམ། བགྲང་འཕྲེང་། མདའ། འཁོར་ལོ། གཡོན་གསུམ། རྒྱལ་མཚན། གཞུ། ཞགས་པ་འཛིན་པ། གཡས་བརྐྱང་གི་རོལ་པས་བཞུགས་ཤིང་། དར་དང་རིན་པོ་ཆེས་བརྒྱན་པའི་སྤྱི་བོར་ཨོཾ། མགྲིན་པར་ཨཱཿ ཐུགས་ཀར་ཧཱུྃ་གིས་མཚན་པར་བསམ། ཐུགས་ཀའི་ས་བོན་ལས་འོད་ཟེར་འཕྲོས། རང་བཞིན་གྱི་གནས་ནས་བསྒོམས་པ་དང་འདྲ་བའི་ཡེ་ཤེས་པ་དང་དབང་གི་ལྷ་རྣམས་སྤྱན་དྲངས། ཛཿཧཱུྃ་བཾ་ཧོཿ གཉིས་སུ་མེད་པར་གྱུར། དབང་གི་ལྷ་རྣམས་ཀྱིས་དབང་བསྐུར་དོན་ཡོད་གྲུབ་པས་དབུ་བརྒྱན་པར་བསམ། ཨརྒྷཾ་ལ་སོགས་པས་མཆོད། ལྷ་དང་ལྷ་མིན་སོགས་ཀྱིས་བསྟོད། འཇིགས་པ་བརྒྱད་སྐྱོབ་ཀྱི་ལྷ་མོ་སྒྲོས་ནས། སེམས་ཅན་རྣམས་སྐྱོབ་པར་མོས་ཤིང་། ཨོཾ་ཏཱ་རེ་ཏུཏྟཱ་རེ་ཏུ་རེ་སྭཱཧཱ། ཞེས་ཡི་གེ་བཅུ་པ་ཅི་ནུས་སུ་བཟླ། ན་མོ་རཏྣ་ཏྲ་ཡཱ་ཡ། ན་མོ་ཨཱརྱ་ཨ་ཝ་ལོ་ཀི་ཏེ་ཤྭ་ར་ཡ། བོ་དྷི་སཏྭཱ་ཡ། མཧཱ་སཏྭཱ་ཡ། མཧཱ་ཀཱ་རུ་ཎི་ཀཱ་ཡ། ཏདྱ་ཐཱ།

ཨོཾ་ཏཱ་རེ་ཏུཏྟཱ་རེ་སརྦ་དུཥྚཾ། །པྲ་དུཥྚཾ་མ་མ་གྲཱི་ཧེ། ཛམྦྷ་ཡ། སྟམྦྷ་ཡ། མོ་ཧ་ཡ། བནྡྷ་
ཡ། ཧཱུྃ་ཧཱུྃ་ཧཱུྃ། ཕཊ་ཕཊ་ཕཊ། སརྦ་དུཥྚཾ་སྟམྦྷ་ནི་ཏཱ་རེ་(༣༧༢ན)སྭཱ་ཧཱ། ཞེས་རྩ་སྔགས་
ཀྱང་བཟླའོ། །རྗེས་སུ་དགེ་བ་བསྔོ། དཀར་གཏོར་བྱ་རྒྱུད་ལྟར་བྱིན་གྱིས་བརླབས།
རང་གི་སྙིང་ག་ནས་འོད་ཟེར་འཕྲོས། འཕགས་མ་སྒྲོལ་མ་འཁོར་དང་བཅས་པ་ཨོཾ་
བཛྲ་ས་མཱ་ཛཿ པོ་ཏ་ལ་ཡི་གནས་མཆོག་ནས། །ཞེས་སོགས་བརྗོད། པདྨ་ཀ་མ་ལ་
ཡེ་སྟྭཾ། གཏོར་མ་གསོལ་བར་བསམ་ལ། ན་མཿས་མནྟ་བུདྡྷཱ་བོདྡྷི་སཏྭ་ནཾ། ཨ་པྲ་ཏི་
ཧ་ཏ་ཤ་ས་ནཾ་ཏེ་ཏེ་ཛྷ་ག་ཝ་ཏི་མནྟ་སཏྭ་སརྦ་བུདྡྷ་ཨ་ཝ་ལོ་ཀི་ཏེ་སུ་བི་ལམྦ་སུ་བི་
ལམྦ་ཨི་མཾ་བ་ལིཾ་གྲིཧྣ་ཧྣ་ཡ་གྲིཧྣ་ཧྣ་ཡ་ཧཱུྃ་ཧཱུྃ་ཛཿཛཿསརྦ་བི་སརྫ་རེ་སྭཱ་ཧཱ། ལན་ལྔས་
ཕུལ། ཨརྒྷཾ་ནས་ཤབྡའི་བར་གྱིས་མཆོད། ལྷ་དང་ལྷ་མིན་སོགས་ཀྱིས་བསྟོད། རྗེ་
བཙུན་མ་འཕགས་མ་སྒྲོལ་མས་བདག་དང་སེམས་ཅན་ལ་མཆོག་དང་ཐུན་མོང་གི་
དངོས་གྲུབ་མ་ལུས་པ་བསྩལ་དུ་གསོལ། འཇིགས་པ་ཆེན་པོ་བརྒྱད་དང་བཅུ་དྲུག་
ལ་སོགས་པ། གནོད་བྱེད་ཐམས་ཅད་ལས་སྐྱོབ་ཏུ་གསོལ། །འཁོར་བ་སྡུག་བསྔལ་
གྱི་རྒྱ་མཚོ་ཆེན་པོ་ལས་བསྒྲལ་དུ་གསོལ། སྡུག་བསྔལ་ཐམས་ཅད་ཞི་བར་མཛད་དུ་
གསོལ། །ཞེས་འདོད་དོན་གསོལ་བ་བཏབ། ཡིག་བརྒྱ་བཟོད་གསོལ་གཤེགས་གསོལ་
སོགས་སྤྱི་དང་འདྲའོ། །༄ འདིའི་བཟླས་ལུང་བྱེད་ཐབས་ནི། སྒྲོལ་མའི་སྐུ་གཟུགས་
བྲིས་འབུར་གང་རུང་ཞིག་གི་མདུན་དུ། མཎྜལ་ལ་མེ་ཏོག་གི་ཚོམ་བུ་བཀོད། མཆོད་
གཏོར་བཤམས། བདག་བསྐྱེད་སྔོན་དུ་འགྲོ་བས། མཆོད་པ་སྤྱི་དང་མཐུན་པར་བྱིན་
གྱིས་བརླབས། མདུན་བསྐྱེད་ཀྱང་(༣༧༢བ)བདག་བསྐྱེད་འདོན་པ་སྤྱོས་པས་ཆོག །
བཟླས་པ། གཏོར་འབུལ། མཆོད་བསྟོད། འདོད་དོན་གསོལ་བཏབ་རྣམས་
བྱའོ། །༄ སློབ་མས་མཎྜལ་ཕུལ། སློབ་དཔོན་གྱིས་བདག་ལ་རིག་སྔགས་དམ་པ་
བསྩལ་དུ་གསོལ། ཞེས་ལན་གསུམ་གསོལ་བ་བཏབ། བཟང་སྤྱོད་ཀྱི་ཡན་ལག་
བདུན་པ་བྱ། སངས་རྒྱས་ཆོས་དང་མ་ལན་གསུམ་བྱ། རྗེ་བཙུན་འཕགས་མ་སྒྲོལ་མ་

དང་། །ཞེས་སོགས་ཀྱིས་ཐུན་མོང་མ་ཡིན་པའི་རྒྱུན་བཤགས། ལན་གསུམ་བྱ། དེ་ནས་སློབ་མ་རྣམས། སྭ་བྷཱ་ཝས་སྦྱངས། སྟོང་པའི་ངང་ལས་པཾ་ལས་པདྨ་དང་། ཨ་ལས་ཟླ་བའི་སྟེང་དུ་ཧཱུྃ་ལས་ཨུཏྤལ་ཧཱུྃ་ཡིག་གིས་མཚན་པ་ཡོངས་སུ་གྱུར་པ་ལས། ཁྱེད་རང་རྣམས་སྒྲོལ་མ་སྐུ་ལུས་དང་ཞལ་བཞི་ལྗང་བ་ལ་སྤྱན་གསུམ་གསུམ་མངའ་བ། ཕྱག་དང་པོ་གཉིས་ཨུཏྤ་ལའི་ཕྱག་རྒྱ་ཐུགས་ཀར་འཆིང་བ། ལྷག་མ་གཡས་གསུམ་བགྲང་འཕྲེང་། མདའ། འཁོར་ལོ། གཡོན་གསུམ་རྒྱལ་མཚན། གཞུ། ཞགས་པ་འཛིན་པ། གཡས་བརྐྱང་གི་རོལ་བས་བཞུགས་ཤིང་། དར་དང་རིན་པོ་ཆེས་བརྒྱན་པའི་སྤྱི་བོར་ཨོཾ། མགྲིན་པར་ཨཱཿ ཐུགས་ཀར་ཧཱུྃ། ཞེས་གསལ་གདབ། སློབ་དཔོན་རྗེ་བཙུན་སྒྲོལ་མར་གསལ་བའི་ཐུགས་ཀར་ཟླ་བའི་དཀྱིལ་འཁོར་གྱི་སྟེང་དུ་ཧཱུྃ་ཡིག་གི་མཐར་སྔགས་ཕྲེང་གིས་བསྐོར་བ་ལས་སྔགས་ཕྲེང་གཉིས་པ་བྱུང་། ཞལ་ནས་ཐོན། ཁྱེད་རང་རྣམས་ཀྱི་ཞལ་དུ་ཞུགས། ཐུགས་ཀར་ཟླ་བའི་སྟེང་དུ་ཧཱུྃ་ཡིག་གི་མཐར་འཁོད་པའི་མོས་པ་མཛོད་(༣༧༣ན)བྱས་ལ། ཨོཾ་ཏཱ་རེ་ཏུཏྟཱ་རེ་ཏུ་རེ་སྭཱཧཱ། ཞེས་ཡི་གེ་བཅུ་པ་དང་། ཨོཾ་ན་མོ་རཏྣ་ཏྲ་ཡཱ་ཡ། ན་མོ་ཨཱརྱ་ཨ་ཝ་ལོ་ཀི་ཏེ་ཤྭ་རཱ་ཡ། བོ་དྷི་ས་ཏྭཱ་ཡ། མཧཱ་སཏྭཱ་ཡ། མཧཱ་ཀཱ་རུ་ཎི་ཀཱ་ཡ། ཏདྱ་ཐཱ། ཨོཾ་ཏཱ་རེ་ཏུཏྟཱ་རེ་སརྦ་དུཥྚཱཾ། པྲ་དུཥྚཱཾ་མ་མ་ཀྲྀ་ཏེ། ཛམྦྷ་ཡ། སྟམྦྷ་ཡ། མོ་ཧ་ཡ། བནྡྷ་ཡ། ཧཱུྃ་ཧཱུྃ་ཧཱུྃ། ཕཊ་ཕཊ་ཕཊ། སརྦ་དུཥྚཱཾ་སྟམྦྷ་ནི་ཏཱ་རེ་སྭཱཧཱ། ཞེས་རྩ་སྔགས་ཏེ་ལན་གསུམ་རྗེས་ཟློས་བྱེད་དུ་གཞུག །རྗེས་ཀྱི་བྱ་བ་རྣམས་སྤྱི་དང་འདྲའོ། །

༄ **རྗེ་བཙུན་མ་ཀཱ་པཱ་ལི་ཏཱ་ར་ལ།** སྐྱབས་སེམས་སྔོན་དུ་བཏང་ནས། རང་གི་སྙིང་གའི་འོད་ཀྱིས་བླ་མ་ཡི་དམ་མདུན་གྱི་ནམ་མཁར་བཛྲ་ས་མ་ཛཿ ཨརྒྷཾ་ནས་ཤབྡའི་བར་གྱིས་མཆོད། དཀོན་མཆོག་གསུམ་ལ་བདག་སྐྱབས་མཆི། །སོགས་དང་ཚད་མེད་བཞི་སྤྱི་དང་མཐུན། སྭ་བྷཱ་ཝས་སྟོང་པར་སྦྱངས། པད་ཟླའི་སྟེང་དུ་རང་སེམས་ཧཱུྃ་ཡིག་ལྗང་གུའི་འཕྲོ་འདུ་ལས་རང་ཉིད་འཕགས་མ་སྒྲོལ་མ་ལྗང་

སྟོན་ཞལ་གཅིག་ཕྱག་གཉིས་འཇམ་བག་དང་ལྡན་ཞིང་། སིན་རྡུ་རའི་མདོག་ཅན་གྱི་རས་བཟང་པོས་དབུ་སྐྲ་བཅིངས་པ། གཡས་མཆོག་སྦྱིན་དང་། གཡོན་སྐྱབས་སྦྱིན་གྱི་ཕྱག་རྒྱས་ཨུཏྤལ་སྔོན་པོའི་སྡོང་བུ་འཛིན་པ། དར་དང་རིན་པོ་ཆེའི་རྒྱན་གྱིས་བརྒྱན་ཅིང་། མཉམ་པའི་སྟབས་ཀྱིས་བཞེངས་པ། ལྗོན་ཤིང་རབ་ཏུ་རྒྱས་པ་ལ་རྒྱབ་བརྟེན་པའི་རྣམ་པ་ཅན་དུ་གྱུར་པའི་སྤྱི་བོར་ཨོཾ། མགྲིན་པར་ཨཱཿ ཐུགས་ཀར་ཧཱུྃ་གིས་མཚན་པར་བསམ། ཐུགས་ཀའི་ས་བོན་ལས་འོད་ཟེར་འཕྲོས། རང་(༣༧༢བ)བཞིན་གྱི་གནས་ནས་བསྒོམས་པ་དང་འདྲ་བའི་ཡེ་ཤེས་པ་དང་དབང་གི་ལྷ་རྣམས་སྤྱན་དྲངས། བཛྲ་ས་མ་ཛཿཛཿཧཱུྃ་བཾ་ཧོཿགཉིས་སུ་མེད་པར་གྱུར། དབང་གི་ལྷ་རྣམས་ཀྱིས་དབང་བསྐུར་དོན་ཡོད་གྲུབ་པས་དབུ་བརྒྱན་པར་བསམ། སྙིང་གར་པད་ཟླ་ལ་ས་བོན་སྔགས་ཕྲེང་དང་བཅས་པ་གསལ་བཏབ་སྟེ། ཨོཾ་ཏཱ་རེ་ཏུཏྟཱ་རེ་ཏུ་རེ་སྭཱཧཱ། ཞེས་ཅི་ནུས་སུ་བཟླ། མཐར་སྣོད་བཅུད་ཐམས་ཅད་རང་ལ་ཐིམ། རང་ཡང་ཏཱྃ་ལ་ཐིམ། དེ་ཡང་མི་དམིགས་པར་བསམ། སླར་ཡང་རང་གི་སྙིང་གའི་འོད་ཀྱིས་མདུན་གྱི་ནམ་མཁར་རྗེ་བཙུན་མ་སྒྲོལ་མ་འཇིགས་པ་བརྒྱད་སྐྱོབ་འཁོར་དང་བཅས་པ་བཛྲ་ས་མ་ཛཿཕྱག་འཚལ་ཉེར་གཅིག་ཅི་ནུས་འདོན། དཀར་གཏོར་ཞིག་བཤམས་ལ། བྱ་རྒྱུད་ལྟར་བྱིན་གྱིས་བརླབས། ཡི་གེ་བརྒྱ་པའི་མཐར་ཨོཾ་ཨཱཿཧཱུྃ་ལན་བདུན་གྱིས་ཕུལ། མཆོད་བསྟོད་བྱས་ལ་གསོལ་བ་དྲག་ཏུ་བཏབ། རྗེ་བཙུན་མ་རང་གི་སྤྱི་བོར་ཐིམ་དགེ་བ་བསྔོ། འདི་ལ་རྗེས་གནང་མེད། སློབ་མ་རྣམས་ལ་བསྒོམ་ལུང་འབོགས་པ་ཙམ་ཡིན་ཏེ། སློབ་མས་མཎྜལ་ཕུལ། སློབ་དཔོན་གྱིས་བདག་ལ་རིགས་སྔགས་དམ་པ་བསྒྲུལ་དུ་གསོལ། ཞེས་གསོལ་བ་གདབ་ཏུ་བཅུག །བཟང་སྤྱོད་ཀྱི་ཡན་ལག་བདུན་པ་བྱ། སངས་རྒྱས་ཆོས་དང་མ་ལན་གསུམ་བྱ། ཁྱེད་རང་རྣམས་ཀྱི་ལུས་གཞི་ལྟར་བསྐྱེད་པའི་དམིགས་པ་མཛོད། སློབ་མ་བསངས་སྦྱངས། སྟོང་པའི་ངང་ལས་པད་ཟླའི་སྟེང་དུ་སློབ་མ་རྣམས་ཀྱི་སེམས་ཉིད་ཏཱྃ་ཡིག་ཡོངས་

སུ་གྱུར་པ་ལས་སློབ་མ་རྣམས་འཕགས་མ་སྒྲོལ་མ་ལྗང་(༣༧༨ན)སྔོན་ཞལ་གཅིག་ཕྱག་གཉིས་འཛུམ་བག་དང་ལྡན་ཞིང་། སེན་རྒྱ་རའི་མདོག་ཅན་གྱི་རས་བཟང་པོས་དབུ་སྐྲ་བཅིངས་པ། གཡས་མཆོག་སྦྱིན་དང་། གཡོན་སྐྱབས་སྦྱིན་གྱི་ཕྱག་རྒྱས་ཨུཏྤལ་སྔོན་པོའི་སྡོང་བུ་འཛིན་པ། དར་དང་རིན་པོ་ཆེའི་རྒྱན་གྱིས་བརྒྱན་ཅིང་མཉམ་པའི་སྟབས་ཀྱིས་བཞེངས་པ། ལྗོན་ཤིང་རབ་ཏུ་རྒྱས་པ་ལ་རྒྱབ་བརྟེན་པའི་རྣམ་པ་ཅན་ཏུ་གྱུར་པའི་སྤྱི་བོར་ཨོཾ། མགྲིན་པར་ཨཱཿ ཐུགས་ཀར་ཧཱུྃ་གིས་མཚན་པར་བསམ། ཐུགས་ཀའི་ས་བོན་ལས་འོད་ཟེར་འཕྲོས། རང་བཞིན་གྱི་གནས་ནས་བསྐོམས་པ་དང་འདྲ་བའི་ཡེ་ཤེས་པ་དང་དབང་གི་ལྷ་རྣམས་སྤྱན་དྲངས། བཛྲ་ས་མ་ཛཿ ཛཿཧཱུྃ་བཾ་ཧོཿ གཉིས་སུ་མེད་པར་གྱུར། དབང་གི་ལྷ་རྣམས་ཀྱིས་དབང་བསྐུར་དོན་ཡོད་གྲུབ་པས་དབུ་བརྒྱན་པར་གྱུར་པའི་མོས་པ་མཛོད། སློབ་དཔོན་གྱི་ཐུགས་ཀར་ཏཱཾ་ཡིག་གི་མཐར་ཡི་གེ་བཅུ་པའི་སྔགས་ཕྲེང་གིས་བསྐོར་བ་གསལ་བཏབ་ལ་བཟླས་ལུང་གི་དམིགས་པ་སྔོན་མ་རྣམས་བཞིན་མཛད་དེ་འདིའི་རྗེས་ཟློས་མཛོད། ཨོཾ་ཏཱ་རེ་ཏུཏྟཱ་རེ་ཏུ་རེ་སྭཱཧཱ། ཞེས་ཡི་གེ་བཅུ་པ་ལན་གསུམ་གྱི་རྗེས་ཟློས་བྱེད་དུ་བཅུག །འདིའི་སྒྲུབ་ཐབས་ཉམས་སུ་ལེན་པའི་ཚེ། བཟླས་པའི་མཐར་སྣོད་བཅུད་ཐམས་ཅད་རང་ལ་ཐིམ། རང་ཡང་ཏཱཾ་ཡིག་ལ་ཐིམ། དེ་ཡང་མི་དམིགས་པར་བསམ་སྟེ། སྟོང་པའི་ངང་ལ་ཅུང་ཟད་མཉམ་པར་བཞག །སླར་ཡང་ལྷའི་སྐུར་ལྡང་ལ། རང་གི་སྙིང་གའི་འོད་ཀྱིས་མདུན་གྱི་ནམ་མཁར་རྗེ་བཙུན་མ་སྒྲོལ་མ་འཁོར་(༣༧༨བ)བཅས་སྤྱན་དྲངས་ལ་ཕྱག་འཚལ་ཉེར་གཅིག་ཅི་ནུས་འདོན། གཏོར་མ་བྱིན་གྱིས་བརླབས་ཏེ་འབུལ་བ་དང་གསོལ་བཏབ། མདུན་གྱི་སྒྲོལ་མ་རང་ལ་བསྟིམ་པ་སོགས་སྒྲུབ་ཐབས་ནས་བཤད་པ་ལྟར་བྱ་དགོས་སོ་ཞེས་བརྗོད་དོ། །

༄ འཕགས་མ་ཙུནྡཱ་ཏཱ་ར་ལ། སྐྱབས་སེམས་ཚད་མེད་བཞི་སྔོན་དུ་འགྲོ་བས་སེམས་དམིགས་མེད་དུ་མཉམ་པར་བཞག །དེ་ནས་སེང་ལྡེང་གི་སྡོང་པོ་ཡལ་ག་ལོ་

འདབ་རྒྱས་པའི་ཟེ་བར་པད་ཟླ་ལ་ཧཱུྃ་ལས་རང་ཉིད་སྒྲོལ་མ་སྐུ་མདོག་དམར་ཞིང་དྭངས་པ། བ་སྤུའི་ཁུང་བུ་རེ་རེ་ནས་འོད་ཟེར་དམར་པོའི་དྲ་བ་འཁྲིགས་པ། དབུ་སྐྲ་གྲོལ་བ་མུ་ཏིག་དམར་པོའི་ཆུན་པོ་བཅིངས་པ། ཕྱག་གཡས་བི་ཛུ་རའི་ཤིང་གི་འབྲས་བུ་ནང་སེར་ལ་ཁ་སྔོ་བ་ཕུས་མོའི་སྟེང་དུ་འཛིན་ཅིང་། གཡོན་པོ་ཏིས་མཚན་པའི་ཨུཏྤལ་དམར་པོ་ཐུགས་ཀར་འཛིན་པ། ཞབས་སྐྱིལ་ཀྲུང་དུ་བཞུགས་པ། མུ་ཏིག་གཙོ་བོར་གྱུར་པའི་དར་དང་རིན་པོ་ཆེས་བརྒྱན་པ། ཐུགས་ཀར་པད་ཟླ་ལ་ཧཱུྃ་ཡིག་སྔགས་ཕྲེང་དང་བཅས་པ་གསལ་བཏབ་སྟེ། ཨོཾ་ཏཱ་རེ་ཏུཏྟཱ་རེ་ཏུ་རེ་སྭཱཧཱ། ཞེས་ཅི་ནུས་བཟླ། མཐར་ལྷ་སྐུ་མི་དམིགས་པར་བསམ་ལ་དགེ་བ་བསྔོ། སླར་ཡང་རང་གི་སྙིང་གའི་འོད་ཀྱིས་མདུན་གྱི་ནམ་མཁར་རྗེ་བཙུན་མ་སྒྲོལ་མ་འཁོར་དང་བཅས་པ་བཛྲ་ས་མཱ་ཛཿ དཀར་གཏོར་ཞིག་བཤམས་ལ། བྱ་རྒྱུད་ལྟར་བྱིན་གྱིས་བརླབས། ཡི་གེ་བརྒྱ་པའི་མཐར་ཨོཾ་ཨཱཿཧཱུྃ་ལན་བདུན་གྱིས་ཕུལ། མཆོད་བསྟོད་བྱས་ལ་གསོལ་བ་དྲག་ཏུ་བཏབ། རྗེ་བཙུན་མ་རང་གི་སྤྱི་བོར(༣༦༥ན)ཐིམ། དགེ་བ་བསྔོ། ༈ སློབ་མ་རྣམས་ལ་སྨོམ་ལུང་འབོགས་ཚུལ་ནི། སློབ་མས་མཎྜལ་ཕུལ། སློབ་དཔོན་གྱིས་བདག་ལ་རིག་སྔགས་དམ་པ་བསྐུལ་དུ་གསོལ། ཞེས་གསོལ་བ་གདབ་ཏུ་བཅུག །སངས་རྒྱས་ཆོས་དང་མ་ལན་གསུམ་བྱ། རྗེ་བཙུན་འཕགས་མ་སྒྲོལ་མ་དང་ཞེས་སོགས་ཐུན་མོང་མ་ཡིན་པའི་རྒྱུན་བཤགས་ལན་གསུམ་བྱ། ཁྱེད་རང་རྣམས་དམིགས་པ་འདི་བཞིན་དུ་མཛོད། སེམས་དམིགས་མེད་དུ་མཉམ་པར་བཞག །དེ་ནས་སེང་ལྡེང་གི་སྡོང་པོ་ཡལ་ག་ལོ་འདབ་རྒྱས་པའི་ཟེ་བར་པད་ཟླ་ལ་ཁྱེད་རང་རྣམས་ཧཱུྃ་ལས་སྒྲོལ་མ་སྐུ་མདོག་དམར་ཞིང་དྭངས་པ། ཕྱག་གཡས་བི་ཛུ་རའི་ཤིང་གི་འབྲས་བུ་ནང་སེར་ལ་ཁ་སྔོ་བ་ཕུས་མོའི་སྟེང་དུ་འཛིན་ཅིང་། གཡོན་པོ་ཏིས་མཚན་པའི་ཨུཏྤལ་དམར་པོ་ཐུགས་ཀར་འཛིན་པ། ཞབས་སྐྱིལ་ཀྲུང་གིས་བཞུགས་པ་རིན་པོ་ཆེའི་རྒྱན་གྱིས་བརྒྱན་པའོ། །ཐུགས་ཀར་པད་ཟླ་ལ་ཧཱུྃ་ཡིག་གིས་

མཚན་པར་བསྒོམ་དུ་བཙུག །དེ་ནས་སློབ་དཔོན་རྡོ་རྗེ་བཙུན་མར་གསལ་བའི་ཐུགས་ཀར་ཟླ་བའི་དཀྱིལ་འཁོར་གྱི་སྟེང་དུ་ཧཱུྃ་ཡིག་གི་མཐར་སྔགས་ཕྲེང་གིས་བསྐོར་བ་ལས་སྔགས་ཕྲེང་གཉིས་པ་བྱུང་། ཞལ་ནས་ཐོན། ཁྱེད་རང་རྣམས་ཀྱི་ཞལ་དུ་ཞུགས། ཐུགས་ཀར་ཟླ་བའི་སྟེང་དུ་ཧཱུྃ་ཡིག་གི་མཐར་འཁོད་པར་མོས་ལ་འདིའི་རྗེས་ཟློས་མཛོད་བྱས་ལ། ཨོཾ་ཧྲཱ་རེ་ཧུཧླཱ་རེ་ཧུ་རེ་སྭཱཧཱ། ཞེས་ལན་གསུམ་གྱི་བཟླས་ལུང་སྦྱིན་པས་འགྲུབ་པ་ཉིད་དོ། །རྗེས་ཀྱི་བྱ་བ་རྣམས་(༣༧༥བ)སྤྱི་དང་འདྲའོ། །སྒྲུབ་ཐབས་རིན་ཆེན་འབྱུང་གནས་ཀྱི་ལྷན་ཐབས་རིན་འབྱུང་དོན་གསལ་ལས། འཕགས་མ་སྒྲོལ་མའི་སྒྲུབ་ཐབས་བཤད་པའི་སྐབས་སོ།། །།

༄ དཔལ་ཕྱག་ན་རྡོ་རྗེ་ཨུ་ཙ་ཊ་ལ། སྐྱབས་འགྲོ་སེམས་བསྐྱེད་སྤྱི་དང་མཐུན། རང་གི་སྤྱི་བོར་བླ་མ་མི་བསྐྱོད་པའི་རྣམ་པ་ཅན། དཔལ་ལྡན་བླ་མ་དམ་པས་བདག་ལ་བྱིན་གྱིས་བརླབ་ཏུ་གསོལ། ལན་གསུམ། བླ་མ་འོད་དུ་ཞུ། རང་ལ་ཐིམ། ཆོས་ཐམས་ཅད་སྟོང་པར་གྱུར། ཨོཾ་སྭ་བྷཱ་ཝ་ཤུདྡྷཿསརྦ་དྷརྨཱ་སྭ་བྷཱ་ཝ་ཤུདྡྷོཧཾ། ལན་གསུམ་བརྗོད། སྟོང་པའི་ངང་ལས་རང་སེམས་ཧཱུྃ་དུ་གྱུར། བཛྲ་ཧཱུྃ་ལས་གནམ་ལྕགས་ཀྱི་རྡོ་རྗེར་གྱུར། ཨོཾ་བཛྲ་པཱ་ཎི་ས་མ་ཡ་ཧཱུྃ། ལན་གསུམ། རྡོ་རྗེ་ཡོངས་སུ་གྱུར་པ་ལས། རང་ཉིད་ཕྱག་ན་རྡོ་རྗེ་སྐུ་མདོག་དུས་མཐའི་སྤྲིན་ལྟར་གནག་པ། ཕྱག་གཡས་གནམ་ལྕགས་ཀྱི་རྡོ་རྗེ་རྩེ་དགུ་པ་འཕྱར་བ། གཡོན་ཞགས་པ་དང་བཅས་པའི་སྡིགས་མཛུབ་ཐུགས་ཀའི་ཐད་ནས་གདོན་བགེགས་ལ་བསྡིགས་པ། སྤྱན་གསུམ་མི་སྡུག་ལྟར་འབར་བ། ཞབས་གཡས་བསྐུམ་གཡོན་བརྐྱང་བས་ཉི་འབུམ། གཉན་ཁྲི། ས་བདག་སྟོང་སྲུངས་པའི་སྟེང་དུ། པདྨ་ཟླ་བ་ཉི་མའི་གདན་ལ་རྣམ་པར་འཁྱིལ་བ། སྟག་ལྤགས་ཀྱི་ཤམ་ཐབས་དང་། ཐོད་སྐམ་ལྔའི་དབུ་རྒྱན་དང་། རློན་པ་ལྔ་བཅུའི་དོ་ཤལ་ཅན། ཁྲག་གི་ཐིག་ལེ་ཞག་གི་ཟོ་རིས། ཐལ་ཆེན་གྱི་ཚོམ་བུས་བརྒྱན་པ། རིན་པོ་ཆེ་དང་རུས་པའི་རྒྱན་དང་། དར་གྱི་སྟོད་གཡོགས་ཅན། སྐྲ་ར་

སྨིན་མ་དབུ་སྐྲ་ཁམ་སེར་(༣༧༤ན)གྱེན་དུ་འབར་ཞིང་། ནོར་རྒྱས། དུང་སྐྱོང་སེར་པོས་དབུ་ལ་བརྒྱན་པ། དགའ་བོ། ཉེར་དགའ་དམར་པོའི་སྙན་ཆ། པདྨ། ཆུ་ལྷ་དཀར་པོའི་དཔུང་རྒྱན་དང་། འདབ་བཟང་དང་རིགས་ལྡན་ནག་པོས་སེ་རལ་ཁ་བྱས་པ། ཞལ་མཆེ་བ་གཙིགས་ཤིང་ལྗགས་འཁྱིལ་གཤིན་རྗེ་ལྟར་ཁྲོས་པ། སྐུ་བོངས་ཆེ་བས་ཞབས་རྒྱ་མཚོའི་གླིང་དུ་སླེབ་ཅིང་། དབུས་ཚངས་པའི་གནས་རིགས་ཁྱབ་པ། ཞལ་ནས་དྲག་སྔགས་ཀྱི་སྒྲ་སྒྲོག་པ། ཁྱུང་ཆེན་རིགས་ལྔ་པོ་ཉར་འཁྱེད་པ། བ་སྤུའི་བུ་ག་ནས་ཁྲོ་བོའི་ཚོགས་སྤྲོ་ཞིང་། ཁྲོ་བོས་བལྷམས་པ། དུག་ལྔ་སྲེག་བྱེད་མེ་དཔུང་ཁ་དོག་སྣ་ལྔ་པའི་ཀློང་ན་བཞུགས་པའོ། །དབྲལ་བར་ཨོཾ། མགྲིན་པར་ཨཱཿ ཐུགས་ཀར་ཧཱུྃ། དེ་ལས་འོད་ཟེར་འཕྲོས། ཡེ་ཤེས་སེམས་དཔའ་གསང་བདག་འཁོར་དང་བཅས་པ་བཛྲ་ས་མ་ཛཿ ཨོཾ་སརྦ་ཏ་ཐཱ་ག་ཏ་ཨ་བྷི་ཥི་ཀེ་ཏ་ས་མ་ཡ་ཤྲཱི་ཡེ་ཧཱུྃ། ཞེས་ཡེ་ཤེས་སེམས་དཔས་བདག་ལ་དབང་བསྐུར། སྐུ་གང་། དྲི་མ་དག །ཆུའི་ལྷག་མ་ཡར་ལུད་པ་ལས་མི་བསྐྱོད་པས་དབུ་བརྒྱན་པར་བསམ། ཛཿཧཱུྃ་བཾ་ཧོཿ རང་དང་གཉིས་སུ་མེད་པར་ཐིམ། ཐུགས་ཀར་ཉི་མའི་དབུས་སུ་ཧཱུྃ། དེ་ལས་འོད་ཟེར་འཕྲོས། སེམས་ཅན་གྲོལ་བར་བྱས་ཏེ་བདག་ཉིད་ལ་ཐིམ་པར་གྱུར། རྡོ་རྗེ་ཁུ་ཚུར་ཁ་སྦྱོར་བཅིངས་ལ། རང་གི་ལྟེ་རྡོ་རྗེ་རྩེ་མོ་དགུ་པ་རྩ་རེ་རེ་ལ་སྙིང་པོའི་སྔགས་དང་བཅས་པ། སྙིང་གར་ཡང་རྡོ་རྗེ་རྩེ་དགུ་པ། ལྟེ་བར་ཁྲོ་ཆུང་མཚོན་གང་བ། དེའི་ཐུགས་ཀར་ཉི་མ་ལ་གནས་པའི་ཧཱུྃ་གི་མཐའ་སྐོར་དུ་སྔགས་(༣༧༤བ)ཕྲེང་དམར་པོས་བསྐོར་བ། ཧཱུྃ་ལས་སྟེང་འོག་ཏུ་རཾ་གཉིས་གཉིས་སྤྲོས། སྤྱི་བོ་དང་རྐང་མཐིལ་གཉིས་སུ་གནས་པར་གྱུར། སྔགས་ཀྱི་འཁོར་ལོ་གཡས་སུ་བསྐོར་བ་ལས། མེའི་ཚ་ཚ་སྤྲོས་རྒྱ་ཆེར་སྟེང་འོག་ཏུ་ཆད་དེ། ལུས་ཀྱི་ནང་ཐམས་ཅད་གང་། རཾ་གཉིས་པ་ལས་བྱུང་བའི་མེ་དང་ལྷན་ཅིག་ཏུ་གྱུར། སྟོད་ཀྱི་ཡེ་ཤེས་ཀྱི་མེ་ཐུར་ལ་འབར་ཞིང་སྨད་ཀྱི་མེ་གྱེན་ལ་འབར་བས་རང་གི་ནད་གདོན་སྡིག་སྒྲིབ་ཐམས་ཅད་བསྲེགས་པར་

གྱུར། མནྟྲ་རོ་ཁ་ཊ་ཨེ་རཾ་ཕཊ། ལན་གསུམ་བརྗོད། བ་སྤུའི་རྩ་བར་གནས་པའི་ཁྲོ་ཆུང་རྣམས་ཀྱིས་སྤྲུགས་དི་རི་རི་བརླམས། དེ་རྣམས་ལས་ཁྲོ་བོ་མཚོན་ཆ་ཐོགས་པ་མི་དཔུང་དང་བཅས་པ་ཕྱོགས་བཅུར་སྤྲོས། གནོད་བྱེད་ཐམས་ཅད་ཚར་བཅད། ཞལ་དུ་གསོལ། སླར་ཡང་ཁྲོ་ཆུང་རྣམས་ལ་ཐིམ། ཨུ་ཙ་ཙཎྜ་ཡཀྵ་སེ་ན་ཨཀྲུ་ཤ་ཛ་ཛ་ཧཱུྃ་ཧཱུྃ་ཕཊ། ཅི་འགྲུབ་བཟླའོ། །གཏོར་མ་འབུལ་བ་ནི་ཐོད་པའི་ནང་དུ་དམར་གཏོར་ཞིག་དང་། རིན་པོ་ཆེའི་ནང་དུ་དཀར་གཏོར་ཞིག་དང་། གཞན་ཟས་སྣོད་ལྷ་བུ་ཞིག་ཏུ་ཤོས་བུ་ཆངས་བུ་དང་མཐེབ་ཀྱུ་ཅན་གཅིག་བྱ། ཨ་མྲྀ་ཏས་བསངས། སྭ་བྷཱ་ཝས་སྦྱངས། སྟོང་པའི་ངང་ལས་གཏོར་མ་དང་པོ་གཉིས་ཡཾ་ལས་རླུང་། རཾ་ལས་མེ། ཀཾ་ལས་མི་མགོའི་སྒྱེད་བུ། ཨ་ལས་ཐོད་པ། དེའི་ནང་དུ་ཧཱུྃ་ཧྲཱུྃ་ཛྲཱིཨཾ་ཁཾ། དེ་རྣམས་འོད་ཟེར་ཁ་དོག་སྣ་ལྔ་པ་འཕྲོས། གནོད་བྱེད་དགྲ་བགེགས་ཐམས་ཅད་བཀུག །སེམས་ཡིག་འབྲུ་ལྔ་ལ་ཐིམ་པ་ཡེ་ཤེས་ལྔར་གྱུར། ལུས་ཤ་ལྔ་བདུད་རྩི་ལྔར་གྱུར། དེ་ཐམས་(༣༧༧ན)ཅད་ཞུ་བ་ལས་བྱུང་བའི་གཏོར་མ་བདུད་རྩིའི་རྒྱ་མཚོར་གྱུར། ཨོཾ་ཨཱཿཧཱུྃ་ལན་ལྔ་བརྗོད། རང་གི་སྙིང་ག་ནས་འོད་ཟེར་འཕྲོས། རང་བཞིན་གྱི་གནས་ནས་གསང་བའི་བདག་པོ་ཕྱག་ན་རྡོ་རྗེ་སངས་རྒྱས་བྱང་སེམས་སྤྲུལ་པ་ཡེ་ཤེས་ཁྲོ་བོའི་ཚོགས་བསམ་གྱིས་མི་ཁྱབ་པ་དང་བཅས་པ། ནང་གི་ལས་མཁན་གསུམ། ཕྱིའི་ལས་མཁན་དཔལ་མགོན་བདུན་ཅུ་རྩ་ལྔ་འཁོར་དང་བཅས་པ་བཛྲ་ས་མ་ཛཿ པདྨ་ཀ་མ་ལ་ཡེ་སྟྭཾ། མཆོད་པ་སྤྱི་དང་མཐུན་པར་བྱིན་གྱིས་བརླབས། ནང་མཆོད་བསངས་སྦྱངས། ཨོཾ་ཨཱཿཧཱུྃ་ལན་ལྔས་བྱིན་གྱིས་བརླབས། དེ་ནས། ཨོཾ་བཛྲ་ཡཀྵ་ཊི་ས་པ་རི་ཝཱ་ར་ཨརྒྷཾ་ནས་ཤབྡའི་བར་གྱིས་མཆོད། གཏོར་མ་དང་པོ་དེ། སྙིང་པོའི་མཐར་སརྦ་དུཥྚཱཾ་སརྦ་ཤཱ་ཧཱུྃ་ཕྲུ་སྨ་ར་ཡ་ཁ་ཁ་ཁཱ་ཧི་ཁཱ་ཧི། བཏགས་པ་ལན་གསུམ་གྱིས་གཙོ་བོ་ལ་ཕུལ། གཏི་མུག་ཤ་ཡི་མཆོད་པ་བཞེས། །ཞེ་སྡང་རུས་པའི་མཆོད་པ་བཞེས། །འདོད་ཆགས་ཁྲག་གི་མཆོད་པ་བཞེས། །བདག་འཛིན་ལ་སོགས་དགྲ་

བགེགས་རྣམས། །བདག་མེད་དབྱིངས་སུ་བསྒྲལ་དུ་གསོལ། །དེ་ལྟར་བསྒྲལ་བའི་དགྲ་བགེགས་དེ། །གནོད་པའི་བསམ་པ་ཞི་བ་དང་། །གཉིས་མེད་ཡེ་ཤེས་རྟོགས་པར་ཤོག །སླར་ཡང་གོང་བཞིན་མཆོད། སྙིང་པོའི་མཐར། ཨོཾ་ཨཱཿཧཱུྃ། ཞེས་པས་ནང་མཆོད་ཕུལ། གཉིས་པ་དཀར་གཏོར་དེ་ལས་མཁའ་རྣམས་ལ་འབུལ་ཏེ། ཨ་ཀཱ་རོའི་མཐར་བ་ལིཾ་ཏ་ཁ་ཁ་ཁཱ་ཧི་ཁཱ་ཧི་ཞེས་བཏགས་པ་ལན་གསུམ་གྱིས་ཕུལ། མཆོད་སྦྱིན་གྱི་གཏོར་མ་རྒྱན་ཐམས་ཅད་(༣༡༧བ)ཀྱིས་བརྒྱན་པ་འདི་ཕྱི་ནང་གསང་བའི་ལས་མཁའ་རྣམས་ལ་འབུལ་ལོ། །བར་ཆད་ཐམས་ཅད་ཞི་བ་དང་། དངོས་གྲུབ་ཐམས་ཅད་བསྩལ་དུ་གསོལ། ཨོཾ་བཛྲ་ཨམྲྀ་ཏ་སྭཱ་ཧཱ། ནས་ཤཔྟའི་བར་གྱིས་མཆོད། དྲིལ་བུ་སོགས་རོལ་མོའི་སྒྲ་དང་བཅས་པས་བསྟོད་པ་ནི། གདུག་པ་འདུལ་བྱེད་གནོད་སྦྱིན་རྒྱལ། །འདུལ་དབང་ཆེན་པོ་སྤྲུལ་པའི་སྐུ། །འཇིགས་བྱེད་ཆེན་པོ་དྲག་པོ་ནི། །སྐུ་མདོག་མཐིང་ནག་གོས་སྔོན་ཅན། །ཕྱག་གཡས་ལྕགས་ཀྱི་རྡོ་རྗེ་བསྣམས། །བགེགས་རིགས་བརྒྱད་ཁྲི་རྡུལ་དུ་རློག །གཡོན་པ་སྡིགས་མཛུབ་སྡེ་བརྒྱད་འདུལ། །ཉི་ཟླ་པདྨ་ལ་སོགས་དང་། །གླུ་འབུམ་ཁྲི་སྟོང་གདན་ལ་བཞུགས། །སྐུ་ཞལ་ཤིན་ཏུ་རྒྱས་པ་སྟེ། །སྤྲུལ་གྱི་ཆས་ཀྱིས་རྣམ་པར་བརྒྱན། །སྟག་ལྤགས་རློན་པའི་ཤམ་ཐབས་ཅན། །སྤྱན་གསུམ་གདུག་པ་ཅན་ལ་གཟིར། །འཇིག་རྟེན་འདུལ་བའི་དབང་ཕྱུག་ཅན། །དྲེགས་པ་འཇོམས་པའི་སྟོབས་པོ་ཆེ། །འཇིག་རྟེན་སྐྱོང་བའི་ཐུགས་རྗེ་ཅན། །ཁྱོད་ལ་བདག་ཅག་ཕྱག་འཚལ་བསྟོད། །ཚངས་བུ་མཐེབ་ཀྱུར་བཅས་པའི་གཏོར་མ་དེ། །ཨ་ཀཱ་རོ་ལན་གསུམ་གྱིས་བྱིན་གྱིས་བརླབས། ལྷ་སྲིན་སྡེ་བརྒྱད་གཞིས་བདག་དང་བཅས་པ་བཛྲ་ས་ཏྭ་ཛཿཐམས་ཅད་ཀྱང་ཕྱག་ན་རྡོ་རྗེའི་སྐུར་གྱུར། ན་མཿསརྦ་ཏ་ཐཱ་ག་ཏ་ཨ་ཝ་ལོ་ཀི་ཏེ། ཨོཾ་སམྦྷ་ར་སམྦྷ་ར་ཧཱུྃ་ལན་བདུན་ནམ་ཉེར་གཅིག་གིས་བསྔོས། སྣང་སྲིད་ལྷ་སྲིན་སྡེ་བརྒྱད་གནས་བདག་གཞིས་བདག་གྲོང་བདག་གཉུག་མར་གནས་པ་ཐམས་ཅད་ལ་འབུལ་ལོ། །འགལ་

རྐྱེན་བར་ཆད་ཞི་བ་དང་། མཐུན་རྐྱེན་(༣༧༨ན)ཐམས་ཅད་ཡིད་བཞིན་དུ་འགྲོར་པ་དང་། འཕྲིན་ལས་རྣམ་བཞི་ཐོགས་པ་མེད་པར་འགྲུབ་པའི་སྟོང་གྲོགས་མཛད་དུ་གསོལ། ཡི་གེ་བརྒྱ་པ་ལན་གསུམ། བཟློད་གསོལ། ཨོཾ་བཛྲ་མུཿཞེས་འཁོར་འཛིག་རྟེན་པ་རྣམས་གཤེགས་སུ་གསོལ། ཨརྒྷཾ་ནས་ཤབྡའི་བར་དང་། ནང་མཆོད་ཀྱིས་སྣར་ཡང་གཙོ་བོ་ལ་མཆོད། ལྕང་ལོ་ཅན་གྱི་གནས་མཆོག་དམ་པ་ན། །ཞེས་སོགས་ཀྱིས་བསྟོད། འདོད་དོན་གསོལ་བཏབ་གཤེགས་གསོལ་རྣམས་བྱ། ༔ འདིའི་རྗེས་གནང་བྱེད་པར་འདོད་པས། མཎྜལ་ཀླུམ་པོའི་དབུས་སུ་ཆོས་འབྱུང་གྲུ་གསུམ་མཐིང་ནག །གྲུ་བཅད་དམར་པོ། མཐའ་རྫོར་རྣ་མེ་རིས་བསྐོར་བ་རྡུལ་ཚོན་གྱིས་འབྲི། བསྡུ་ན་མཎྜལ་ལ་ཚོམ་བུ་བཀོད་པས་ཀྱང་བཏུབ། དེའི་སྟེང་དུ་མཐེ་ལ་གཏོར་མ་ནག་པོ་གྲུ་གསུམ་རྩེན་གཏོར་དུ་བཀོད། མདུན་དུ་མཆོད་གཏོར་རྒྱ་ཆེར་བཤམས། བུམ་ཚོག་བྱེད་པ་ལྟར་ན། བུམ་པའང་སྤྱི་དང་མཐུན་པར་བཅའ། མཆོད་པ་བྱིན་རླབས་སྤྱི་དང་མཐུན་པར་བྱས་ལ། བཟླས་པའི་བར་བདག་བསྐྱེད་གོང་བཞིན། མདུན་བསྐྱེད་བསངས་སྦྱངས། སྟོང་པའི་ངང་ལས་མཎྜལ་དང་། གཏོར་མ་དང་། བུམ་པའི་ནང་དུ་པདྨ་ཟླ་ཉིའི་གདན་ལ། ཧཱུཾ་ལས་རྡོ་རྗེ་ཧཱུཾ་གིས་མཚན་པ་རེ་རེ་ཡོངས་སུ་གྱུར་པ་ལས། ཕྱག་ན་རྡོ་རྗེའི་སྐུ་རེ་རེར་གྱུར་པ་ནི། སྐུ་མདོག་དུས་མཐའི་སྤྲིན་ལྟར་གནག་པ་ཞེས་པ་ནས། ཡེ་ཤེས་སེམས་དཔའ་གསང་བདག་འཁོར་དང་བཅས་པ་བཛྲ་ས་མ་ཛཿ ཨོཾ་སརྦ་ཏ་ཐཱ་ག་ཏ་ཨ་བྷི་ཥེ་ཀ་ཏ་ས(༣༧༨བ)མ་ཡ་ཤྲཱི་ཡེ་ཧཱུཾ། ཞེས་ཡེ་ཤེས་སེམས་དཔས་འདི་ལ་དབང་བསྐུར། སྐུ་གང་། དྲི་མ་དག །ཆུའི་ལྷག་མ་ཡར་ལུད་པ་ལས་མི་བསྐྱོད་པས་དབུ་བརྒྱན། ཛཿཧཱུཾ་བཾ་ཧོཿ དམ་ཚིག་སེམས་དཔའ་དང་ཡེ་ཤེས་སེམས་དཔའ་གཉིས་སུ་མེད་པར་ཐིམ། གཏོར་མ་ཨ་མྲྀ་ཏས་བསངས་པ་ནས། ཨོཾ་ཨཱཿཧཱུཾ་ལན་ལྔའི་བར་གོང་བཞིན། རང་གི་སྙིང་ག་ནས་འོད་ཟེར་འཕྲོས། སངས་རྒྱས་བྱང་སེམས་སྤྲུལ་པ་ཞེས་པ་ནས། ཐོགས་པ་མེད་པར་འགྲུབ་པའི་སྟོང་

གྲོགས་མཛད་དུ་གསོལ་གྱི་བར་གོང་བཞིན། ཨོཾ་བཛྲ་མུཿ ཞེས་སྡེ་བརྒྱད་དང་གཞིས་བདག་རྣམས་རང་རང་གི་གནས་སུ་གཤེགས་སུ་གསོལ། ཞེས་བརྗོད། ཨརྒྷཾ་ནས་བསྟོད་པའི་བར་ཀྱང་གོང་བཞིན། མདུན་བསྐྱེད་མཎྜལ་དང་གཏོར་མ་ལ་ཆབས་ཅིག་ཏུ་དམིགས་ནས་བསྣམས་པ་ཙུང་ཟད་བྱ། ཐུམ་ནང་གི་ལྷའི་སྐུ་ལས་བདུད་རྩིའི་རྒྱུན་བབས། ཐུམ་པ་གང་བར་གྱུར། གཟུངས་ཐག་ནས་བཟུང་སྟེ་སྙིང་པོ་བཟླ། སླར་ཡང་ཨརྒྷཾ་སོགས་ཀྱིས་མཆོད། ལྟུང་ལོ་ཙན་སོགས་ཤོ་ལོ་ཀ་གཅིག་གིས་བསྟོད། ཨོཾ་ཨཱཿཧཱུྃ། ཞེས་ནང་མཆོད་ཐིགས་པ་གཅིག་ཐུམ་ནང་དུ་བླུག །ཐུམ་པའི་ལྷ་འོད་དུ་ཞུ་སྟེ་ཡེ་ཤེས་ཀྱི་བདུད་རྩིའི་ངོ་བོར་གྱུར། ཡི་གེ་བརྒྱ་པ་ལན་གསུམ་བརྗོད།༔

རྗེས་གནང་དངོས་ནི། སློབ་མས་མཎྜལ་ཕུལ། གསོལ་བ་འདེབས་པ་འདིའི་རྗེས་ཟློས་མཛོད་བྱས་ལ། རྡོ་རྗེ་འཛིན་པ་དགོངས་སུ་གསོལ་སོགས་ལན་གསུམ། རྒྱུན་བཤགས་ཀྱི་དམིགས་པ་བཏའ་ཐྲད་ལ། དཀོན་མཆོག་གསུམ་ལ་བདག་སྐྱབས་མཆི། །སོགས་ལན་གསུམ། སྐུའི་རྗེས་(༣༧)(ན)གནང་གི་དོན་དུ་གསོལ་བ་འདེབས་པ་འདིའི་རྗེས་ཟློས་མཛོད་བྱས་ལ། སློབ་དཔོན་དགོངས་སུ་གསོལ། བདག་ལ་གསང་བའི་བདག་པོ་ཕྱག་ན་རྡོ་རྗེ་འཕགས་པ་ཨུ་ཙྪུའི་སྐུའི་རྗེས་སུ་གནང་བ་མ་ལུས་པ་བསྩལ་དུ་གསོལ། ལུས་ཀྱི་སྡིག་སྒྲིབ་སྦྱོང་དུ་གསོལ། ལུས་བདེ་བ་དང་ལྡན་པར་བྱིན་གྱིས་བརླབ་ཏུ་གསོལ། ཞེས་ལན་གསུམ། སློབ་དཔོན་ལ་མོས་གུས་དྲུང་བ་བྱས་པས། སློབ་དཔོན་གྱི་ཐུགས་ཀ་ནས་འོད་ཟེར་འཕྲོས། མདུན་བསྐྱེད་ཀྱི་ཐུགས་རྒྱུད་བསྐུལ། དེའི་ཐུགས་ཀ་ནས་འོད་ཟེར་འཕྲོས། ཁྱེད་རང་རྣམས་ཀྱི་ལུས་ལ་ཕོག་པས། རྣམ་སྨིན་ཤ་ཁྲག་རྡོས་བཅས་ཀྱི་ཕུང་པོས་མཚོན་པའི་མ་དག་པའི་སྣང་བ་ཐམས་ཅད་སྟོང་པ་ཉིད་དུ་སྦྱངས། ཨོཾ་སྭ་བྷཱ་ཝ་ཤུདྡྷཱ་སརྦ་དྷརྨཱ་སྭ་བྷཱ་ཝ་ཤུདྡྷོ྅ཧཾ། ལན་གསུམ་བརྗོད། ཧཱུྃ་སྟོང་པའི་ངང་ལས་ཁྱེད་རང་རྣམས་ཀྱི་སེམས་ཉིད་ཧཱུྃ་དུ་གྱུར། བཛྲ་ཧཱུྃ་ལས་གནམ་ལྕགས་ཀྱི་རྡོ་རྗེར་གྱུར། ཨོཾ་བཛྲ་པཱ་ཎི་ས་མ་ཡ་

སྭཱ། ལན་གསུམ། རྡོ་རྗེ་ཡོངས་སུ་གྱུར་པ་ལས། ཁྱེད་རང་རྣམས་ཕྱག་ན་རྡོ་རྗེ་སྐུ་
མདོག་དུས་མཐའི་སྤྲིན་ལྟར་གནག་པ། ཕྱག་གཡས་གནམ་ལྕགས་ཀྱི་རྡོ་རྗེ་རྩེ་དགུ་
པ་འཕྱར་བ། གཡོན་ཞགས་པ་དང་བཅས་པའི་སྡིགས་མཛུབ་ཐུགས་ཀའི་ཐད་ནས་
གནོད་བྱེད་ལ་བསྡིགས་པ། སྤྱན་གསུམ་མེ་སྟག་ལྟར་འབར་བ། ཞབས་གཡས་
བསྐུམ་གཡོན་བརྐྱང་བས་ཀླུ་འབུམ། གཉན་ཁྲི། ས་བདག་སྟོང་སྲུངས་པའི་སྟེང་
དུ། པདྨ་ཟླ་བ་ཉི་མའི་གདན་ལ་རྣམ་པར་འགྱིང་བ། སྟག་ལྤགས་ཀྱི་ཤམ་(༣༧་བ)
ཐབས་དང་། ཐོད་སྐམ་ལྔའི་དབུ་རྒྱན་དང་། རློན་པ་ལྔ་བཅུའི་དོ་ཤལ་ཅན། ཁྲག་
གི་ཐིག་ལེ་ཞག་གི་ཟོ་རིས། ཐལ་ཆེན་གྱི་ཚོམ་བུས་བརྒྱན་པ། རིན་པོ་ཆེ་དང་རུས་
པའི་རྒྱན་དང་། དར་གྱི་སྟོད་གཡོགས་ཅན། སྨ་ར་སྨིན་མ་དབུ་སྐྲ་ཁམ་སེར་གྱེན་
དུ་འབར་ཞིང་། ནོར་རྒྱས། དུང་སྐྱོང་སེར་པོས་དབུ་ལ་བརྒྱན་པ། དགའ་བོ། ཉེར་
དགའ་དམར་པོའི་སྙན་ཆ། པདྨ་ཚུ་ལྷ་དཀར་པོའི་དཔུང་རྒྱན་དང་། འདབ་བཟང་
དང་རིགས་ལྡན་ནག་པོས་སེ་རལ་ཁ་བྱས་པ། ཞལ་མཆེ་བ་གཙིགས་ཤིང་ལྗགས་
འཁྱིལ་གཤིན་རྗེ་ལྟར་ཁྲོས་པ། སྐུ་བོངས་ཆེ་བས་ཞབས་རྒྱ་མཚོའི་གླིང་དུ་སླེབ་ཅིང་།
དབུས་ཚངས་པའི་གནས་རིགས་ཁྱབ་པ། ཞལ་ནས་དྲག་སྔགས་ཀྱི་སྒྲ་སྒྲོག་པ། ཁྱུང་
ཆེན་རིགས་ལྔ་ཕོ་ཉར་འཁྱེད་པ། བ་སྤུའི་བུ་ག་ནས་ཁྲོ་བོའི་ཚོགས་སྤྲོ་ཞིང་། ཁྲོ་
བོས་བསྐྲམས་པ། དུག་ལྔ་སྲེག་བྱེད་མེ་དཔུང་ཁ་དོག་སྔ་ལྔ་པའི་ཀློང་ན་བཞུགས་
པའི་དཔྲལ་བར་ཨོཾ། མགྲིན་པར་ཨཱཿ ཐུགས་ཀར་ཧཱུྃ་གིས་མཚན་པར་གྱུར་པའི་མོས་
པ་མཛོད། མདུན་གྱི་ཚོམ་བུ་འདི་ཉིད་ཀྱང་ཁྱེད་རང་རྣམས་བསྒོམས་པ་དང་འདྲ་
བའི་ཕྱག་ན་རྡོ་རྗེ་དངོས་སུ་བཞུགས་པར་མོས་ལ། དེ་ནས་སློབ་དཔོན་ལ་མོས་གུས་
དྲང་བ་བྱས་པས། སློབ་དཔོན་གྱི་ཐུགས་ཀ་ནས་འོད་ཟེར་འཕྲོས། མདུན་བསྐྱེད་
ཀྱི་ཐུགས་རྒྱུད་བསྐུལ། དེའི་ཐུགས་ཀ་ནས་ཀྱང་འོད་ཟེར་འཕྲོས་ཏེ། ཕྱོགས་བཅུའི་
སངས་རྒྱས་དང་བྱང་ཆུབ་སེམས་དཔའ་ཐམས་ཅད་གསང་བདག་ཕྱག་ན་རྡོ་རྗེའི་

རྣམ་པར་སྤྱན་དྲངས། ཁྱེད་རང་རྣམས་ཀྱི་(༣༢༠ན)ལུས་ལ་ཐིམ། ཁྱད་པར་ལྕང་ལོ་ཅན་གྱི་གནས་ནས། གསང་བདག་ཕྱག་ན་རྡོ་རྗེའི་ལྷ་ཚོགས་འཁོར་དང་བཅས་པ་སྤྱན་དྲངས། སློབ་དཔོན་དང་མདུན་བསྐྱེད་ཀྱི་ཐུགས་ཀ་ནས་ཀྱང་། ཕྱག་ན་རྡོ་རྗེའི་སྐུ་ཆེ་བ་རི་རབ་ཙམ། ཆུང་བ་ཡུངས་འབྲུ་ཙམ། ཡང་ཆུང་རྡུལ་ཕྲན་ཙམ་བསམ་གྱིས་མི་ཁྱབ་པ་བྱོན། དེ་དག་ཐམས་ཅད་ཁྱེད་རང་རྣམས་ལ་སིབ་སིབ་ཐིམ་པར་མོས་པ་མཛོད། ཅེས་བརྗོད། རོལ་མོའི་སྒྲ་དྲག་ཏུ་བྱ་ཞིང་། ཨུ་ཙ་ཙནྡ་ཡཀྵ་སེ་ན་ཨཀྲུ་ཤ་ཛ་ཛ་ཧཱུྃ་ཧཱུྃ་ཕཊ། ཅེས་སྙིང་པོ་ལན་གསུམ་བརྗོད། ཨུ་ཙ་ཙནྡ་ཡཀྵ་སེ་ན་ཨཀྲུ་ཤ་ཛ་ཛ། ཤུ་ཤུ་དན་ཏུ། ནག་པོ་བབ། ཅི་ཅི་ཀྱུ་ས། ཊག་ཤ་སྙིང་ལ་ཐུར། ཉམས་ཉམས་རྩ་བཞི་བསྐུམས། ཤན་ཤན་སྲོག་ལ་ཤན། ཙ་ཏུར་ནག་པོ་སོད། གནོད་བྱེད་འབྱུང་པོའི་སྙིང་ལ་སྣ་ར་ཡ་ཐད། ཏྲིཥྛ་ཨ་བེ་ཤ་ཡ་ཐད། ནཱ་ག་གུ་ཧྱེ་ཐུད། པི་པི་པ། ལི་ལི་ག །ཧྲ་ཧྲ་ཧཱུྃ་ཧཱུྃ་ཕཊ། ཅེས་ཚར་གཅིག་གི་མཐར། ཨོཾ་བཛྲ་ཕཱ་ཏེ་ཀཱ་ཡ་ཨ་ཧྲིཿཏྲིཥྛ་ཨོཾ། ཞེས་བཟླ། དེ་བརྟན་པར་བྱ་བའི་ཕྱིར་བུམ་པའི་ཆུས་དབང་བསྐུར་བར་ཡང་མོས་པ་གྱིས། ཞེས་བརྗོད་ལ། སློབ་དཔོན་གྱི་ཐུགས་ཀ་ནས་འོད་ཟེར་འཕྲོས། དབང་གི་ལྷ་རྣམས་བཛྲ་ས་མཱ་ཛཿ ཁྱེད་རྣམས་ཀྱིས་སློབ་མ་འདི་རྣམས་ལ་དབང་བསྐུར་དུ་གསོལ། ཞེས་གསོལ་བ་བཏབ་པས། ཇི་ལྟར་བལྟམས་པ་ནས་ཐྲི་ཡེ་ཧཱུྃ། དབང་བསྐུར། སྐུ་གང་། དྲི་མ་དག །ཆུའི་ལྷག་མ་ཡར་ལུད་པ་ལས་མི་བསྐྱོད་པས་དབུ་བརྒྱན་པར་བསམ། ཞེས་བརྗོད་ཅིང་བུམ་ཆུས་དབང་བསྐུར་རོ། །དེ་ལྟར་སྐུའི་(༣༢༠བ)རྗེས་གནང་ཐོབ་པས་ལུས་ཀྱི་སྡིག་སྒྲིབ་སྦྱངས། བར་ཆད་ཞི། ལུས་ལྷ་སྐུར་བསྒོམ་པ་ལ་དབང་། གསང་བའི་བདག་པོའི་སྐུ་དང་། རང་གི་ལུས་དབྱེར་མེད་པར་གྱུར་པའི་མོས་པ་མཛོད། ཅེས་བརྗོད། དེ་ནས་གསུང་གི་རྗེས་གནང་ལ་སློབ་དཔོན་དགོངས་སུ་གསོལ། བདག་ལ་གསང་བའི་བདག་པོ་ཕྱག་ན་རྡོ་རྗེ་འཕགས་པ་ཨུ་ཙནྡའི་གསུང་གི་རྗེས་སུ་གནང་བ་མ་ལུས་པ་བསྩལ་དུ་གསོལ།

ངག་གི་སྡིག་སྒྲིབ་སྦྱོང་དུ་གསོལ། ངག་ནུས་པ་དང་ལྡན་པར་བྱིན་གྱིས་བརླབ་ཏུ་གསོལ། ཞེས་ལན་གསུམ། ཁྱེད་རང་རྣམས་གསང་བའི་བདག་པོའི་སྐུར་གསལ་བའི་སྙིང་གར་གནམ་ལྕགས་ཀྱི་རྡོ་རྗེ་རྩེ་དགུ་པའི་ལྟེ་བ་སྦུབས་སྟོང་དུ་གནས་པའི་ནང་དུ་ཉི་མ་ལ་ཧཱུྃ་མཐིང་ནག །ཧཱུ་ཡང་ཧཱུྃ་ལས་བྱུང་བའི་རྡོ་རྗེ་རྩེ་དགུ་པར་གྱུར། མདུན་བསྐྱེད་ཀྱི་ཐུགས་ཀར་རྡོ་རྗེའི་ལྟེ་བར་ཉི་མའི་སྟེང་དུ། དབུས་སུ་ཧཱུྃ། མཐའ་སྐོར་དུ་རྩ་སྔགས་གཡས་སྐོར་དུ་བསྐོར་བ། དེའི་ཕྱི་སྐོར་དུ་ཕྲེང་བའི་སྔགས་ཀྱིས་བསྐོར་བ་གསལ་བཏབ་ལ། སློབ་དཔོན་ལ་མོས་གུས་དྲུང་བ་བྱས། སློབ་དཔོན་གྱི་ཐུགས་ཀ་ནས་འོད་ཟེར་འཕྲོས། མདུན་བསྐྱེད་ཀྱི་ཐུགས་རྒྱུད་བསྐུལ། ཐུགས་ཀའི་སྔགས་ཕྲེང་ལས་སྔགས་ཕྲེང་གཉིས་པ་ཞིག་ཆད། ཞལ་ནས་ཐོན། ཁྱེད་རང་གི་ཞལ་དུ་ཞུགས། ཐུགས་ཀའི་ཧཱུྃ་གི་མཐའ་སྐོར་དང་ཧཱེའི་རྡོ་རྗེའི་རྩ་རྣམས་ལ་པར་བཏབ་པ་བཞིན་དུ་འཁོད་པར་མོས་ལ། འདིའི་རྗེས་ཟློས་མཛོད། ཅེས་བརྡའ་སྤྲད་ལ། ཨུ་ཙ་ཙཎྜ་ཡཀྵ་སེ་ན་ཨཀྲུ་ཤ་ཛ་ཛ་ཧཱུྃ་ཧཱུྃ་ཕཊ། ལན་གསུམ། ཨུ་ཙ་ཙཎྜ་ཡཀྵ་སེ་ན་ཨཀྲུ་ཤ་ཛ་ཛ། (༤༢༧ན)ཕུ་ཕུ་དན་ཏུ། ནག་པོ་བབ། ཙི་ཙི་རྒྱས། ཧྲག་ཤ་སྙིང་ལ་ཐུར། ཉམས་ཉམས་རྩ་བཞི་བསྐུམས། ཤན་ཤན་སྲོག་ལ་ཤན། ཙ་ཏུ་ར་ནག་པོ་སད། གནོད་བྱེད་འབྱུང་པོའི་སྙིང་ལ་མ་ར་ཡ་ཐད། ཏིཥྛ་ཨ་བེ་ཤ་ཡ་ཐད། ན་ག་གུ་ཧྱེ་ཐུད། པི་པི་པ། ལི་ལི་ཀ །ཧྲ་ཧྲ་ཧཱུྃ་ཧཱུྃ་ཕཊ། ལན་གཅིག་རྗེས་ཟློས་བྱེད་དུ་བཅུག །ཡང་སློབ་དཔོན་གྱི་ཐུགས་ཀ་ནས་འོད་ཟེར་འཕྲོས་ནས། མདུན་བསྐྱེད་དང་སངས་རྒྱས་བྱང་ཆུབ་སེམས་དཔའ་ཐམས་ཅད་ཀྱི་ཐུགས་ཀ་ནས་རང་རང་གི་གསུང་གི་རིག་སྔགས་ཐམས་ཅད་གསང་བདག་ཕྱག་ན་རྡོ་རྗེ་ཨུ་ཙཎྜའི་སྔགས་ཀྱི་ཡིག་འབྲུའི་རྣམ་པར་སྤྱན་དྲངས། ཁྱེད་རང་རྣམས་ཀྱི་སྙིང་ག་དང་། ཧཱེ་སྟེང་གི་སྔགས་ཀྱི་ཡིག་འབྲུ་རྣམས་ལ་ཐིམ། ཞེས་བརྗོད་རོལ་མོའི་སྒྲ་བྱ། སྙིང་པོ་དྲག་སྔགས་དང་བཅས་པའི་མཐར། ཨོཾ་བཛྲ་པཱ་ཎི་ཧཱ་ཀ་ཨ་ཧྲི་ཏིཥྛ་ཨཱཿཞེས་བཟླ། ཡང་སྔགས་

ཀྱི་དངོས་གྲུབ་མྱུར་དུ་འགྲུབ་པའི་དོན་དུ། སློབ་དཔོན་ལ་མེ་ཏོག་གཏོར་བཞིན་པས་འདིའི་རྗེས་ཟློས་ཀྱིས། བཅོམ་ལྡན་བདག་ལ་ནས་མཛད་དུ་གསོལ། ལན་གསུམ། དེ་ལྟར་ཕུལ་བའི་མེ་ཏོག་དེ་ཉིད་ སྔགས་ཕྲེང་དུ་བྱིན་གྱིས་བརླབས་ཏེ། ཁྱེད་རང་རྣམས་ལ་གཏོར་བ་སྤྱི་བོ་ནས་ཞུགས་ཏེ། སྙིང་གའི་སྔགས་ཕྲེང་ལ་ཐིམ་པས་སྔགས་རྣམས་ནུས་པ་མཐུ་ཅན་དུ་བགྱིས་པར་མོས་པ་མཛོད། ཅེས་བརྗོད་ཅིང་། མེ་ཏོག་གཏོར་བཞིན་དུ། བཅོམ་ལྡན་འདི་ལ་སོགས་དང་། རྡོ་རྗེ་སློབ་མ་འདི་རྣམས་ཀྱི་རྒྱུད་ལ་གསང་བདག་ཕྱག་ན་རྡོ་རྗེ་འཕགས་པ་ཨུ་(༣༢༧བ)ཙནྡའི་གསུང་རིག་སྔགས་ཀྱི་ནུས་མཐུ་ཐམས་ཅད་ཐོགས་མེད་དུ་འཇུག་པར་གྱུར་ཅིག །སླར་ཡང་བུམ་པའི་ཆུས་ཇི་ལྟར་བལྟམས་པ་སོགས་སྔར་བཞིན། དབང་བསྐུར་བས། སྐུ་གང་། དྲི་མ་དག །ཆུའི་ལྷག་མ་ཡར་ལུད་པ་ལས་མི་བསྐྱོད་པར་གྱུར་པ། སྔར་གྱི་རིགས་བདག་དང་གཉིས་སུ་མེད་པར་ཐིམ། དེ་ལྟར་གསུང་གི་རྗེས་སུ་གནང་བ་ཐོབ་པས་ངག་གི་སྡིག་སྒྲིབ་སྦྱངས། བར་ཆད་ཞི། ངག་སྔགས་བཟླ་བ་ལ་དབང་། གསང་བའི་བདག་པོའི་གསུང་དང་རང་གི་ངག་དབྱེར་མེད་དུ་གྱུར་པར་མོས་མཛོད། དེ་ནས་ཐུགས་ཀྱི་རྗེས་གནང་ལ་གསོལ་བཏབ་ནི། སློབ་དཔོན་དགོངས་སུ་གསོལ། བདག་ལ་གསང་བའི་བདག་པོ་ཕྱག་ན་རྡོ་རྗེ་འཕགས་པ་ཨུ་ཙནྡའི་ཐུགས་ཀྱི་རྗེས་སུ་གནང་བ་མ་ལུས་པ་བསྩལ་དུ་གསོལ། ཡིད་ཀྱི་སྡིག་སྒྲིབ་སྦྱང་དུ་གསོལ། ཡིད་ཏིང་ངེ་འཛིན་དང་ལྡན་པར་བྱིན་གྱིས་བརླབ་ཏུ་གསོལ། ཞེས་ལན་གསུམ། སློབ་དཔོན་ལ་མོས་གུས་དུང་བ་བྱས་པས། སློབ་དཔོན་གྱི་ཐུགས་ཀ་ནས་འོད་ཟེར་འཕྲོས། མདུན་བསྐྱེད་དང་ཕྱོགས་བཅུའི་སངས་རྒྱས་དང་བྱང་ཆུབ་སེམས་དཔའ་ཐམས་ཅད་ཀྱི་ཐུགས་ཀ་ནས་ཐུགས་གཉིས་སུ་མེད་པའི་ཡེ་ཤེས་རྣམས་རྡོ་རྗེ་རྩེ་དགུ་པ་དཔག་ཏུ་མེད་པའི་རྣམ་པར་སྤྱན་དྲངས། ཁྱེད་རང་རྣམས་ཀྱི་ཐུགས་ཀའི་ཧཱུྃ་གི་ཡི་གེ་ལ་གཉིས་སུ་མེད་པར་ཐིམ་པའི་མོས་པ་མཛོད། ཅེས་བརྗོད་ལ། རོལ་མོ་དང་

སྔགས་ཀྱི་མཐར། ཨོཾ་བཛྲ་པུཥྤེ་ཙིཏྟ་ཨ་ཧྲི་ཏ་ཊྚ་ཧཱུྃ། ཞེས་བཟླ། སླར་ཡང་བུམ་པའི་ཆུས་དབང་བསྐུར་བ་གསུང་(༤༢༢ན)གི་རྗེས་གནང་བཞིན། དེ་ལྟར་ཐུགས་ཀྱི་རྗེས་སུ་གནང་བ་ཐོབ་པས་ཡིད་ཀྱི་སྡིག་སྒྲིབ་བྱང་། བར་ཆད་ཞི། ཡིད་སྟོང་ཉིད་བསྒོམ་པ་ལ་དབང་། གསང་བདག་གི་ཐུགས་དང་ཁྱེད་རང་གི་ཡིད་དབྱེར་མེད་དུ་གྱུར་པའི་མོས་པ་མཛོད། དེ་ནས་གཏོར་དབང་ནི། གཏོར་མ་འདི་ཉིད་བཅོམ་ལྡན་འདས་ཕྱག་ན་རྡོ་རྗེ་ཞུ་ཙཎྜ་དངོས་སུ་མོས། དེ་ལ་མོས་གུས་དུང་བ་བྱས་པས། ཁྱེད་རང་རྣམས་ཀྱི་སྤྱི་བོར་ཐོན། རྒྱུད་བྱིན་གྱིས་བརླབས་པ་ཡིན་སྙམ་པ་གྱིས། གཏོར་མ་མགོ་བོར་བཞག་ལ། དུས་གསུམ་སངས་རྒྱས་ཐམས་ཅད་ཀྱི། །སྐུ་གསུང་ཐུགས་ཀྱིས་བྱིན་རླབས་ཤིང་། །དངོས་གྲུབ་རྣམ་གཉིས་འབྱུང་འགྱུར་བའི། །གཏོར་མའི་དབང་བསྐུར་བྱིན་པར་བྱ། །རོལ་མོའི་སྒྲ་དང་བཅས་ཏེ། སྔགས་ཉིད་དྲག་ཏུ་བརྗོད། མཐར་ཕྱག་ན་རྡོ་རྗེ་འོད་དུ་ཞུ་ནས་ཁྱེད་རང་རྣམས་ལ་ཐིམ་པས་གསང་བདག་དངོས་སུ་གྱུར་པ་ཡིན་སྙམ་པ་གྱིས། ཞེས་བརྗོད། སླར་ཡང་གསུང་གི་རྗེས་གནང་གི་སྐབས་ལྟར་བུམ་པའི་ཆུས་དབང་བསྐུར། དེ་ནས་སློབ་མ་ལ་མཆོད་བསྟོད། བརྟན་བཞུགས། བཀྲ་ཤིས་རྣམས་བྱེད་པའི་ལུགས་ཀྱང་ཡོད་པས་སྦྱོར་ན་བྱ། བསྡུ་ན་བུམ་ཚོག་མི་བྱེད་པས། ཆུ་དབང་ལན་བཞི་པོ་དེ་རྣམས་བསྐུར་མི་དགོས་སོ། །མཇུག་ཚིག་སྤྱི་དང་འདྲ། །

༄ **ཕྱག་རྡོར་གོས་སྔོན་ཅན་གྱི་གཟུངས་ལས་བྱུང་བ་ལ།** སྔོན་འགྲོ་བསོད་ནམས་ཚོགས་གསོག་ནི་སྤྱི་དང་མཐུན། ཡེ་ཤེས་ཚོགས་གསོག་ནི། དེ་ཡང་རང་གི་སྙིང་གའི་ཧཱུྃ་གིས་ཕུང་ཁམས་སྐྱེ་(༤༢༢བ)མཆེད་ནད་གདོན་ཉོན་མོངས་ཐམས་ཅད་བསྲེགས། ཆོས་ཐམས་ཅད་སེམས་ཙམ། ཨོཾ་སྭ་བྷཱ་ཝ་སོགས་བརྗོད། སེམས་དེ་ཡང་སྒྱུ་མ་ལྟ་བུའོ། །སྒྱུ་མར་སྣང་བ་ཡང་མི་དམིགས་པར་གྱུར། ཨོཾ་ཤཱུ་ནྱ་ཏཱ་སོགས་བརྗོད། ཧཱུྃ་ཞེས་བརྗོད་པ་ཙམ་གྱིས་རང་ཉིད་དཔལ་ཕྱག་ན་རྡོ་རྗེ། སྐུ་མདོག་མཐིང་ནག་ཞལ་

གཅིག་ཕྱག་གཉིས་གཡས་རྡོ་རྗེ། གཡོན་སྡིགས་མཛུབ་མཛད་པ། པདྨའི་གདན་ལ་ཞབས་གཡས་བསྐུམ་པས་ཉི་མ་དང་། གཡོན་བརྐྱང་བས་ཟླ་བ་མནན་པ། སྟག་ལྤགས་ཀྱི་ཤམ་ཐབས་དང་། སྦྲུལ་གྱི་རྒྱན་དང་རིན་པོ་ཆེའི་ཅོད་པན་ཅན། སྤྱན་གསུམ་མཆེ་བ་གཙིགས་པ། སྐྲ་ར་དང་སྨིན་མ་དང་དབུ་སྐྲ་མེ་ལྟར་འབར་བ། མེ་དཔུང་འབར་བའི་ཀློང་ན་བཞུགས་པའི་དཔྲལ་བར་ཨོཾ། མགྲིན་པར་ཨཱཿ ཐུགས་ཀར་ཧཱུྃ། ཐུགས་ཀའི་ཧཱུྃ་ལས་འོད་ཟེར་འཕྲོས། དེ་བཞིན་གཤེགས་པ་ཐམས་ཅད་སྤྱན་དྲངས་རང་ལ་ཐིམ། ཡང་ཧཱུྃ་ལས་འོད་ཟེར་འཕྲོས། དབང་གི་ལྷ་སྤྱན་དྲངས། ཡིད་ཀྱིས་མཆོད་བསྟོད་གསོལ་བ་བཏབ་པས་དབང་བསྐུར་ཏེ། མི་བསྐྱོད་པས་དབུ་བརྒྱན་པར་བསམ། བཟླས་པ་བྱ་བ་ནི། སྙིང་གའི་ཧཱུྃ་ལས་འོད་ཟེར་འཕྲོས། སངས་རྒྱས་བྱང་སེམས་མདུན་གྱི་ནམ་མཁར་སྤྱན་དྲངས། ཡིད་ཀྱིས་མཆོད་པས་སྔགས་བཟླ་བར་གནང་བ་བསྐུལ། སྔགས་བཟླ་གྲོགས་མཛད་པར་བསམས་ལ། བཟླས་བྱའི་སྔགས་དངོས་ནི། ཏདྱ་ཐཱ། ཛྙོ་ཛྙོ་པཾ་ནཱ་ག་ཨ་ཧྲི་པ་ཏ་ཡེ། ཨི་དཾ་ནྲི་ལཱུཾ་བ་ར་ཀྲ་ར་ཤ་རི་རཾ་བཛྲ་པཱ་ཎི་ཧྲི་ད་ཡཾ། ཡཿས་མཱ་ཏི་ཀྲ་མ་ཐཱ། ཨུཏ་པཱ་ཏ་ནཾ་ཀྵ་བི་ཕྱུ་ཏི། ཏདྱ་ཐཱ། ཝཛྲ་ཝཛྲ། བི་ཝཛྲ་བི་ཝཛྲ། མ་ཏི་ཀྲ་མ་(༢༢༢ན)ཐཱ། ཏ་ར་ཏ་ར། ནཱ་ག་ནཾ། པྲ་ཏ་ར་པྲ་ཏ་ར། ནཱ་ག་ནཾ། ཚིནྡ་ཚིནྡ། ནཱ་ག་ཧྲི་ད་ཡ་ནི། ཛྙིཾ་ད་ཛྙིཾ་ད། ནཱ་ག་མཀྵ་ནི། ཛྙི་ཤིཏྲཱ། ནཱ་ག་ཤྲཱི་ནྲི་ར་ཊི། བི་སྥོ་ཊ་ཡ་ནཱ་ག་ན་ཡ་ནི། ཏདྱ་ཐཱ། ཧཱུྃ་ཕཊ། ནཱ་ག་བི་དྲཱ་ར་ཎ་ཡ་ཕཊ། ནཱ་གོ་ཏ་པཱ་དྲཱ་ན་ཡ་ཕཊ། ནི་ལ་བ་ས་ནཱ་ཡ་ཕཊ། ཨ་པྲ་ཏི་ཧ་ཏ་པཱ་ལ་བ་ཊཱ་ཀྲ་མཱ་ཡ་ཕཊ། གྲི་དྲཾ་དྲཱ་ཡ་ཕཊ། གྲི་དྲཱ་ན་ཏ་ཏུ་བ་ཡ་ཕཊ། རཱ་ཁ་ནཱ་ཡ་ཕཊ། ཐ་པ་ནཱ་ཡ་ཕཊ། ཀུམྦྷཱིནྡྲཱ་དྲཱ་ནཱ་ཡ་ཕཊ། པྲེ་ཏ་པི་ཤཱ་ཙ་བི་ནཱ་ཤ་ཀ་ར་ཡ་ཕཊ། ཡཀྵ་ཨ་པསྨཱ་ར། བི་ནཱ་ཤ་ཀ་ར་ཡ་ཕཊ། ཏ་ས་ཏ་ས། ཀྲ་ར་ཀྲ་ར། སྨཱ་ར་ཡ་སྨཱ་ར་ཡ། ནཱ་ཤ་ཡ་ནཱ་ཤ་ཡ། སརྦ་བིགྷྣཱན། བི་ནཱ་ཤཱ་ཀ་ར་ཡ་ཕཊ། སརྦ་ཤ་ཏྲུཾ་སཾ་ཀྵ་བི་ནཱ་ཤཱ་ཀ་ར་ཡ་ཕཊ། ནྲི་ལཱུཾ་བ་ར་ཀྲ་ར་བཛྲ་པཱ་ཎི་ནཱ་ཛྙཱ་པ་ཡ་ཏི་སྭཱཧཱ།

དེ་ནས་སངས་རྒྱས་རྣམས་ལ་ཡི་གེ་བརྒྱ་པས་བཟོད་པར་གསོལ། སངས་རྒྱས་རྣམས་ཀྱིས་ཀྱང་རྗེས་སུ་ཡི་རང་མཛད་དོ། །མི་དམིགས་པར་གཤེགས། དགེ་བའི་རྩ་བ་བྱང་ཆུབ་ཏུ་བསྔོ། གཏོར་མ་འབྲུ་གསུམ་གྱིས་བྱིན་གྱིས་བརླབས་ལ། རང་གི་སྙིང་ག་ནས་འོད་ཟེར་འཕྲོས། ལྷུང་ཡོ་ཅན་ནས་གསང་བའི་བདག་པོ་ཡེ་ཤེས་པ་སྤྱན་དྲངས། གཟུངས་རིང་ལན་གསུམ་བཟླས་ལ་ཕུལ། མཆོད་བསྟོད་སོགས་བྱ། ༈ འདིའི་རྗེས་གནང་བྱ་བར་འདོད་ན། མཎྜལ་ལ་མེ་ཏོག་ཚོམ་བུ་བཀོད། དཀར་གཏོར་གཅིག་བཤམས། མཆོད་པ་རྒྱ་ཆེར་བཤམས། གོང་དུ་བསྟན་པ་ལྟར་བདག་བསྐྱེད་བཟླས་པའི་བར་སྔོན་དུ་འགྲོ་བས། མཆོད་པ་རྣམས་སྤྱི་དང་མཐུན་པར་བྱིན་གྱིས་བརླབས། (༣༢༣བ)མདུན་བསྐྱེད་ཨ་མྲི་ཏས་བསངས། ཤཱུ་ནྱ་ཏཱས་སྟོང་པར་སྦྱངས། སྟོང་པའི་ངང་ལས་ཧཱུྃ་ལས་དཔལ་ཕྱག་ན་རྡོ་རྗེ་སྐུ་མདོག་མཐིང་ནག་ཞལ་གཅིག་ཕྱག་གཉིས་ནས། ཐུགས་ཀར་ཧཱུྃ། ཐུགས་ཀའི་ཧཱུྃ་ལས་འོད་ཟེར་འཕྲོས། དེ་བཞིན་གཤེགས་པ་ཐམས་ཅད་སྤྱན་དྲངས། མདུན་བསྐྱེད་ལ་ཐིམ། ཡང་ཧཱུྃ་ལས་འོད་ཟེར་འཕྲོས། དབང་གི་ལྷ་སྤྱན་དྲངས། ཡིད་ཀྱིས་མཆོད་བསྟོད་གསོལ་བ་བཏབ་པས། དབང་བསྐུར་ཏེ་མི་བསྐྱོད་པས་དབུ་བརྒྱན་པར་བསམ། མདུན་བསྐྱེད་ལ་དམིགས་ནས་བཟླས་པ་བྱ། གཏོར་མ་འབྲུ་གསུམ་གྱིས་བྱིན་གྱིས་བརླབས་ལ། གཟུངས་རིང་ལན་གསུམ་བཟླས་པས་ཕུལ། ཨོཾ་བཛྲ་པཱ་ཎི་ས་པ་རི་ཝཱ་ར་ཨརྒྷཾ་ནས་ཤབྡའི་བར་གྱིས་མཆོད། ལྷུང་ཡོ་ཅན་གྱི་སོགས་ཀྱིས་བསྟོད། འདོད་དོན་ལ་གསོལ་བ་བཏབ། ༈ དེ་ནས་སློབ་མའི་བྱ་བ་ནི། མཎྜལ་ཕུལ། སངས་རྒྱས་ཆོས་ཚོགས་མ་དང་། གུར་ནས་འབྱུང་བའི་རྒྱུན་བཤགས་བྱ། དངོས་གཞི་ལ། སློབ་དཔོན་བདག་ལ་དགོངས་སུ་གསོལ། །བདག་ནི་ཕྱག་ན་རྡོ་རྗེ་ཡི། །དམ་ཚིག་དངོས་གྲུབ་འཚལ་བ་སྟེ། །བདག་ལ་གཟུངས་སྔགས་བསྐུལ་དུ་གསོལ། །ཞེས་ལན་གསུམ་གསོལ་བ་བཏབ། ཁྱེད་རང་རྣམས་དམིགས་པ་འདི་བཞིན་དུ་མཛོད། ཁྱེད་རང་རྣམས་ཀྱི་

སྙིང་གའི་ཧཱུྃ་གིས་ཕྱུང་ཁམས་སྐྱེ་མཆེད་ནད་གདོན་ཉོན་མོངས་ཐམས་ཅད་བསྲེགས། ཆོས་ཐམས་ཅད་སེམས་ཙམ། ཨོཾ་སྭ་བྷཱ་ཝ་ཤུདྡྷཱ་སརྦ་དྷརྨཱ་སྭ་བྷཱ་ཝ་ཤུདྡྷོ྅ཧཾ། སེམས་དེ་ཡང་སྒྱུ་མ་ལྟ་བུའོ། །(༣༢༨ན)སྒྱུ་མར་སྣང་བ་ཡང་མི་དམིགས་པར་གྱུར། ཨོཾ་ཤཱུ་ནྱ་ཏཱ་ཛྙཱ་ན་བཛྲ་སྭ་བྷཱ་ཝ་ཨཱཏྨ་ཀོ྅ཧཾ། སྟོང་པའི་ངང་ལས་ཁྱེད་རང་རྣམས་ཧཱུྃ་ལས་དཔལ་ཕྱག་ན་རྡོ་རྗེ། སྐུ་མདོག་མཐིང་ནག་ཞལ་གཅིག་ཕྱག་གཉིས་གཡས་རྡོ་རྗེ། གཡོན་སྡིགས་མཛུབ་མཛད་པ། པདྨའི་གདན་ལ་ཞབས་གཡས་བསྐུམས་པས་ཉི་མ། གཡོན་བརྐྱངས་པས་ཟླ་བ་མནན་པ། སྟག་ལྤགས་ཀྱི་ཤམ་ཐབས། སྦྲུལ་གྱི་རྒྱན་དང་རིན་པོ་ཆེའི་ཅོད་པན་ཅན། སྤྱན་གསུམ་མཆེ་གཙིགས། སྨ་ར་དང་སྨིན་མ། དབུ་སྐྲ་མེ་ལྟར་འབར་བ། མེ་དཔུང་འབར་བའི་ཀློང་ན་བཞུགས་པའི་དཔྲལ་བར་ཨོཾ། མགྲིན་པར་ཨཱཿ ཐུགས་ཀར་ཧཱུྃ་གིས་མཚན་པར་གྱུར་པའི་མོས་པ་མཛོད། སློབ་དཔོན་དང་མདུན་བསྐྱེད་གཉིས་ཀ་ཁྱེད་རང་རྣམས་བསྒོམས་པ་དང་འདྲ་བའི་ཕྱག་ན་རྡོ་རྗེར་དངོས་སུ་བཞུགས་པར་མོས་པ་དང་། དེ་གཉིས་ཀའི་ཐུགས་ཀའི་ས་བོན་ལས་འོད་ཟེར་འཕྲོས་པས་ཕྱག་ན་རྡོ་རྗེའི་ལྷ་ཚོགས་ལ་སངས་རྒྱས་དང་བྱང་ཆུབ་སེམས་དཔའི་ཚོགས་ཀྱིས་བསྐོར་བ་སྤྱན་དྲངས། སློབ་མ་རྣམས་ཀྱི་ལུས་ལ་ཆར་ཆེན་པོ་བབ་པ་བཞིན་སིབ་སིབ་ཐིམ་པའི་མོས་པ་མཛོད། རོལ་མོ་དང་བཅས་པས་མཚན་སྔགས་ཀྱི་མཐུག་ཏུ། ཨེ་ཧྱེ་ཧི་བཛྲ་ས་ཏྭ་ཛཿཛཿ ཞེས་བརྗོད་ལ། ཛཿཧཱུྃ་བཾ་ཧོཿ ཞེས་བསྟིམ། དེས་སྐུའི་རྗེས་གནང་ཐོབ། ལུས་ཀྱི་སྒོ་ནས་བསགས་པའི་སྡིག་སྒྲིབ་བག་ཆགས་དང་བཅས་པ་ཐམས་ཅད་བྱང་ཞིང་དག །ལུས་ལྷར་བསྒོམ་པའི་སྐལ་བ་ཅན་དུ་གྱུར་སོ། །ཞེས་བརྗོད། མེ་ཏོག་གཏོར་(༣༢༨བ)ཞིང་། ཨོཾ་སུ་པྲ་ཏིཥྛ་བཛྲ་ཡེ་སྭཱཧཱ། ཞེས་བརྗོད་ཅིང་བརྟན་པར་བྱ། ཁྱེད་རང་རྣམས་ལྷར་གསལ་བའི་ཐུགས་ཀར་ཉི་མའི་གདན་ལ་ས་བོན་གྱི་མཐར་སྔགས་ཀྱིས་བསྐོར་བ་བསྒོམ། སློབ་དཔོན་དང་མདུན་བསྐྱེད་གཉིས་ཀའི་ཐུགས་ཀ་ནས་སྔགས་ཕྲེང་འོད་ཟེར་དང་བཅས་པ་ལས་

མར་མེ་གཅིག་ལས་གཉིས་ཆད་ཀྱི་ཚུལ་དུ་འཕྲོས། ཁྱིད་རང་རྣམས་ཀྱི་ཐུགས་ཀའི་སྔགས་ཕྲེང་ལ་ཐིམ་པ་ལས་འོད་ཟེར་འཕྲོས། ལུས་ཀྱི་ནང་ཐམས་ཅད་གང་། ཚེ་ཐོག་མ་མེད་པ་ནས་བསགས་པའི་སྡིག་སྒྲིབ་བག་ཆགས་དང་བཅས་པ་དག །འོད་ཟེར་བ་སྤུའི་བུ་ག་ནས་ཕྱིར་འཕྲོས། ཕྱོགས་བཅུའི་སངས་རྒྱས་བྱང་སེམས་ཐམས་ཅད་ཀྱི་སྐུ་གསུང་ཐུགས་ཀྱི་བྱིན་རླབས་ཐམས་ཅད་འོད་ཟེར་བདུད་རྩིའི་རྒྱུན་དང་བཅས་པ་སྤྱན་དྲངས་ཏེ། ཐུགས་ཀའི་སྔགས་ཕྲེང་ལ་ཐིམ་པའི་མོས་པ་མཛོད་བྱས་ལ། ཏདྱ་ཐཱ། རྡོ་རྡོ་པཾ་ནཱ་ག་ཨ་ཧྲི་པ་ཏ་ཡེ། ཨི་དཾ་ནྲི་ལཾ་བ་ར་ཧྲ་ར་ཤ་རི་རཾ་བཛྲ་པཱ་ཎི་ཧི་ད་ཡཾ། ཡཿས་སྭཱ་ཧི་ཀྲ་མ་ཐཱ། ཨུ་ཏ་པཱ་ཏ་ནཾ་ཛ་བི་ཙྪ་ཏི། ཏདྱ་ཐཱ། བུདྡྷ་བུདྡྷ། བི་བུདྡྷ་བི་བུདྡྷ། མ་ཧཱ་ཀྲ་མ་ཐཱ། ཏ་ར་ཏ་ར། ནཱ་ག་ནཾ། པྲ་ཏ་ར་པྲ་ཏ་ར། ནཱ་ག་ནཾ། ཚིནྡ་ཚིནྡ། ནཱ་ག་ཧྲི་ད་ཡ་ནི། ཧྲི་ད་ཧྲི་ད། ནཱ་ག་མཛ་ནི། བི་ཤིདྡྷཱ། ནཱ་ག་ཀླི་རྣི་ར་ཊི། བི་ཥྛི་ཏ་ཡ་ནཱ་ག་ན་ཡ་ནི། ཏདྱ་ཐཱ། ཧྲུཾ་ཕཊ། ནཱ་ག་བི་དྲཱ་ར་ཎ་ཡ་ཕཊ། ནཱ་གོ་ཏ་པཱ་དྲཱ་ན་ཡ་ཕཊ། ནི་ལ་བ་ས་ནཱ་ཡ་ཕཊ། ཨ་པྲ་ཏི་ཏ་ཏ་པཱ་ལ་བ་ཊྲ་ཀྲ་མཱ་ཡ་ཕཊ། ཀྲི་དྲཾ་དྲཱ་ཡ་ཕཊ། ཀྲི་དྲཱ་ན་ཏ་ཏུ་པ་ཡ་ཕཊ། རྀ་ཊ་ཊཱ་ཡ་ཕཊ། ཏ་པ་ནཱ་ཡ་ཕཊ། ཀུམྦྷཎྜ་དྲཱ་ནཱ་ཡ་ཕཊ། པྲེ་ཏ་པི་ཤཱ་ཙ་བི་ནཱ་ཤ་ཀ་ར་ཡ་ཕཊ། ཡཀྵ(༣༢༥ན)ཨ་བསྨཱ་ར། བི་ནཱ་ཤཱ་ཀ་ར་ཡ་ཕཊ། ཏ་ས་ཏ་ས། ཧྲ་ར་ཧྲ་ར། སྭཱ་ར་ཡ་སྭཱ་ར་ཡ། ནཱ་ཤ་ཡ་ནཱ་ཤ་ཡ། སརྦ་བིགྷྣཱན། བི་ནཱ་ཤཱ་ཀ་ར་ཡ་ཕཊ། སརྦ་ཤ་ཏྲུཾ་སཾ་ཧྲ་བི་ཤཱ་ཀཱ་ར་ཡ་ཕཊ། ནྲི་ལཾ་བ་ར་ཧྲ་ར་བཛྲ་པཱ་ཎི་ཧྲ་ཛ་པ་ཡ་ཏི་སྭཱཧཱ། ཞེས་རྗེས་བཟློས་ལན་གསུམ་བྱེད་དུ་བཅུག །༄ གོས་སྔོན་ཅན་གྱི་གཟུངས་མདོའི་ལུང་ལ། རྒྱ་གར་སྐད་དུ། ཨཱརྱ་ནཱི་ལམ་བ་ར་ཧྲ་ར་བཛྲ་པཱ་ཎི་ཀལྤ་ནཱ་མ་ཧྲ་ར་ཎི། བོད་སྐད་དུ། འཕགས་པ་ལག་ན་རྡོ་རྗེ་གོས་སྔོན་པོ་ཅན་གྱི་ཆོ་ག་ཞེས་བྱ་བའི་གཟུངས། དཀོན་མཆོག་གསུམ་ལ་ཕྱག་འཚལ་ལོ། །གནོད་སྦྱིན་གྱི་སྡེ་དཔོན་ཆེན་པོ་ལག་ན་རྡོ་རྗེ་གོས་སྔོན་པོ་ཅན། སངས་རྒྱས་གངྒའི་གླིང་གི་བྱེ་མ་ཕྲག་འབུམ་གྱི་བྱེ་མ་སྙེད་ཀྱིས་

རྗེས་སུ་གནང་བ། མཆེ་བ་གཙིགས་པ་དང་འཚམ་པ་མིག་མི་མདག་གི་ཕུང་པོ་འདྲ་བ། དབུགས་མེ་ལྕེ་ལྟར་འབར་བ་འཇིགས་པའི་ང་རོ་ཅན། ལག་པ་དང་རྐང་པ་ཀླུ་ནོར་རྒྱས་ཀྱི་དབུས་བརྒྱན་པ། ཀླུ་ནག་པོ་སེ་རལ་ཁར་ཐོགས་པ། ཀླུ་དཀར་པོ་དང་། ཉེ་དཀར་པོ་འབར་བས་རྣ་ཆ་བྱས་པ། སྦྲུལ་འབར་བའི་རིན་པོ་ཆེའི་ཅོད་པན་ཐོགས་པ། སྦྲུལ་གདུག་པ་འབར་བ་ཟ་བ། བཞིན་རྒྱས་པ། སྨིན་མ་དང་དཔྲལ་བ་བསྐུས་པ། ཡ་སོས་མ་མཆུ་མནན་པ། གཤིན་རྗེའི་ཆ་བྱད་ཅན། ལྕེ་གློག་ལྟར་འགྱུ་བ། གསུས་པོ་ཆེ་སྦྲུལ་ཟ་བ། ལག་པ་བརྡབས་པའི་སྒྲས་འཇིགས་པར་བྱེད་པ། ཀླུའི་རྒྱལ་པོ་འདབ་བཟང་སྣ་རགས་སུ་བཅིངས་པ། ཨ་ལ་ལ་ཞེས་སྒྲོག་པར་བྱེད་པ། རྒྱ་མཚོ་གཟབས་སུ་དཔག་ཚད་བརྒྱད་ཁྲི་ཡོད་པ་(༣༢༥བ)རྐང་པའི་སྤུས་མཐོར་ཕྱིན་པ། དབང་པོ་དང་ཉེ་མ་ཕྲག་པ་ལ་བཀུར་བ། ཀླུ་ཐམས་ཅད་བརླག་པར་བྱེད་པ། གད་རྒྱངས་ཆེན་པོ་སྒྲོགས་པས་ཀུན་ཏུ་འཁྲུགས་པར་བྱེད་པ། གཤིན་རྗེའི་གཟུགས་ཅན། ཁམས་གསུམ་པ་འཇིགས་པར་བྱེད་པ། ཀླུ་རྣམས་འཆི་བར་བྱེད་པ་ལ་ཕྱག་འཚལ་ལོ། །དེ་ནས་སངས་རྒྱས་བཅོམ་ལྡན་འདས་གངྒཱའི་ཀླུང་གི་བྱེ་མ་སྙེད་ཀྱིས་གསུངས་པའི་རིག་སྔགས་འདི་བརྗོད་པར་བྱའོ། །ཏདྱ་ཐཱ། ཧྲཱི་ཧྲཱི་པཾ་ནཱ་ག །ཨ་ཧྲི་བ་ཏ་ཡེ། ཨོ་དཾ་ནྲི་ལྀཾ་པ་ར་ཧྲ་ར་ཤ་ནྟི་རཾ། བཛྲ་པཱ་ཎི་ཧྲི་ད་ཡཾ། ཡཿས་མཱ་ཏི། ཀྲ་མ་ཐཱ། ཨུ་ཏ་པཱ་ད་ནམ་ཧྲ་བི་ཁྱ་ཏི། ཏདྱ་ཐཱ། ཙུད་ཧྲ་ཙུད་ཧྲ། བི་ཙུད་ཧྲ་བི་ཙུད་ཧྲ། མ་ཏི་ཀྲ་མ་ཐཱ། ཏ་ར་ཏ་ར། ནཱ་གཱ་ནཾ། ཕྲ་ཏ་ར་ཕྲ་ཏ་ར། ནཱ་ག་ནཱ། ཚིཊ་ཚིཊ། ནཱ་ག་ཧྲི་ད་ཡཱ་ནི། ཆིཊ་ཆིཊ། ནཱ་ག་མཛྫ་ཊི་བི་ཊི་མརྡ། ནཱ་ག་ཤ་ནྟི་ནྟ་ཊི། བི་སྦྱོ་ཊ་ཡ། ནཱ་ག་ན་ཡ་ནི། ཏདྱ་ཐཱ། ཧྲུཾ་ཕཊ། ནཱ་ག་བི་དྲཱ་ནྟ་ཀ་ཡ་ཕཊ། ནཱ་ག་གོ་ཏ་པཱ་དྲཱ་ན་ཡ་ཕཊ། ནྲི་ལིཾ་བ་ས་ནཱ་ཡ་ཕཊ། ཨ་པྲ་ཏི་ཧ་ཏ་བ་ལཱ་ཡ་ཕཊ། པ་ནྟ་ཀྲ་མཱ་ཡ་ཕཊ། གྲི་དྲཱ་ན་དྲཱ་ཡ་ཕཊ། གྲི་དྲཱཀྵ་ཙ་པཱ་ཡ་ཕཊ། རོ་ཊི་ཊཱ་ཡ་ཕཊ། དྲཱ་པ་ནཱ་ཡ་ཕཊ། ཀུསྨཻཏ་པཱ་དྲཱ་ནཱ་ཡ་ཕཊ། བྲེ་ཏ་པི་ཤཱ་ཙ། བི་ནཱ་ཤ་ཀཱ་ར་ཡ་ཕཊ། ཡཀྵ་ཨ་པ་སྨཱ་

ར། པི་ནྣ་ཤྣ་ཀ་ར་ཡ་ཕཊ། ཏ་ས་ཏ་ས། ཧྣ་ར་ཧྣ་ར། སྣ་ར་ཡ་སྣ་ར་ཡ། ནྣ་ཤ་ཡ་ནྣ་ཤ་ཡ། སརྦ་བིགྣཾ་བི་ནྣ་ཤ་ཀ་ནྣ་ཡ་ཕཊ། སརྦ་ཤ་ཏྲུཾ་སཾ་བཏྟ་ན་བི་ན་ཤ་ཀ་ནྣ་ཡ་ཕཊ། ནྲི་ལྨྲ་ར་ཧྣ་ར། བཛྲ་པྣ་ཎི་ནྣ་ཧླ་པ་ཡ་ཏི་སྭཱཧཱ། དེའི་ཆོ་ག་ལ། གནོད་སྦྱིན་གྱིས་ཟིན་པ་ལ་ནི། ཆུ་ལ་སྔགས་ཀྱིས་བཏབ་ལ་གཏོར་ན་བཏང་བར་འགྱུར་རོ། །སྐྲ་(༣༢༨ན)བཟློག་པར་བྱ་ན། སྨུག་ཤད་ཀྱི་ལྷུག་མའམ། བལ་པོ་སེའུ་ཡི་ལྷུག་མས་བྱའོ། །ཡི་དྭགས་དང་བརྗེད་བྱེད་རྣམས་ལ་ནི་སྐྱུད་པས་བྱའོ། །རིམས་ནད་མེད་པར་བྱ་བ་དང་། གཞོགས་ཕྱེད་ན་བ་དང་། ཡི་ག་འཆུས་པ་ལ་ནི་སྐྱུད་པ་སྔོན་པོས་བྱའོ། །ནོར་འདོད་ན་ཞག་གཅིག་སྲུང་བ་བྱས་ཏེ། པོག་ཕོར་གྱིས་བདུགས་ན་རྨི་ལམ་དུ་དགེ་བ་དང་། མི་དགེ་བའི་དོན་ཐམས་ཅད་སྟོན་ལ་གསེར་གྱི་དོང་ཙེ་བདུན་སྟོང་སྦྱིན་པར་བྱེད་དོ། །རྒྱས་བཏབ་པ་དགྲོལ་བར་འདོད་ན་ཐལ་བས་བྱའོ། །སྒོ་ལྕུགས་དབྱེ་བར་འདོད་ན་ཡུངས་ཀར་གྱིས་བྱའོ། །འཇིགས་པ་ཐམས་ཅད་ལས་སྲུང་བའི་ལས་ནི་མར་སྙིང་པའམ། ཐལ་བའམ་ཡུངས་ཀར་གྱིས་བྱའོ། །ནད་ཀྱིས་འཇིགས་པ་ཐམས་ཅད་ལ་ནི་སྐྱུད་པ་སྔོན་པོ་ལས་སྲུང་བའི་མདུད་པ་བྱས་ཏེ། མགུལ་དུ་བཏགས་ན་སྲུང་བའི་མཆོག་ཏུ་འགྱུར་རོ། །བྱིས་པ་གདོན་གྱིས་ཉེན་པ་ཐམས་ཅད་ལ་ནི་ཚོན་སྣ་ལྔའི་སྐྱུད་པ་མགུལ་དུ་བཏགས་ན་སྲུང་བའི་མཆོག་ཏུ་འགྱུར་རོ། །ཆོམ་རྐུན་བཟློག་པར་འདོད་ན་སས་བྱའོ། །དུག་ལ་ནི་རྩ་ཀུ་ཤས་བྱབས་པར་བྱའོ། །བདག་སྲུང་བ་ལ་ནི་ཡིད་ཀྱིས་སམ་ཆུས་བྱའོ། །གཞན་སྲུང་བ་ལ་ནི་སྐྱུད་པ་སྔོན་པོས་བྱའོ། །ལས་དེ་ཐམས་ཅད་ལ་སྔགས་བརྗོད་པ་ནི། སྔགས་ལན་གསུམ་མམ། བདུན་ནམ། བཅུ་བཞི་པའམ། ཉི་ཤུ་རྩ་གཅིག་གམ། བརྒྱ་རྩ་བརྒྱད་པར་བྱའོ། །དེ་ལྟར་བྱས་ན་འགྲུབ་པར་འགྱུར་རོ། །མཆོད་རྟེན་སྐུ་གདུང་དང་ལྡན་པའི་དྲུང་དུ། མེ་ཏོག་སྔོན་པོས་(༣༢༨བ)མཆོད་དེ། སྔགས་སྟོང་བཟླས་བརྗོད་བྱས་ན་འགྲུབ་པར་འགྱུར་རོ། །འཕགས་པ་ལག་ན་རྡོ་རྗེ་གོས་སྔོན་པོ་ཅན་ཞེས་བྱ་བའི་གཟུངས་རྫོགས་སོ།། །།

རྒྱ་གར་གྱི་མཁན་པོ་ཛྙཱ་ན་གརྦྷ་དང་། ལོ་ཙཱ་བ་བཛྲ་ཀཱིའི་དབང་པོས་བསྒྱུར། ཞེས་ལན་གསུམ་བཟླགས། སློབ་དཔོན་ལ་མེ་ཏོག་གཏོར་བཞིན་དུ། བཅོམ་ལྡན་བདག་ལ་སོགས་ལན་གསུམ། བླ་མས་མེ་ཏོག་གཏོར་ཏེ། བཅོམ་ལྡན་འདི་ལ་ནས་མཛད་དུ་གསོལ། ཞེས་བརྗོད། དེས་གསུང་གི་རྗེས་གནང་ངག་གི་སྡིག་སྒྲིབ་དག །སྔགས་བཟླ་བའི་སྐལ་བ་ཅན་དུ་བྱས་སོ། །ཞེས་བརྗོད། ཐུགས་ཀྱི་རྗེས་གནང་ནི། སློབ་མའི་སྙིང་གའི་འོད་ཀྱིས་ཁམས་གསུམ་སྣོད་བཅུད་ཕྱག་ན་རྡོ་རྗེ་ལ་བསྟུ། ལྷ་ཡང་ཧཱུྃ་ལ་ཐིམ། དེ་ཡང་མི་དམིགས་པའི་སྟོང་པ་ཉིད་དུ་གྱུར་པར་བསམ་ལ་མཉམ་པར་ཞོག་མཛོད། ཐུགས་ཀྱི་རྗེས་གནང་ངོ་། །རྗེས་ཀྱི་བྱ་བ་སྤྱི་དང་འདྲའོ། །

༈ ཕྱག་རྡོར་ས་ལུགས་ལ། སྐྱབས་འགྲོ་སེམས་བསྐྱེད་སྔོན་དུ་བཏང་ནས། རང་གི་སྙིང་ནང་དུ་ཉི་མའི་སྟེང་དུ་ཧཱུྃ་སྔོན་པོ་དེ་ལས་འོད་ཟེར་འཕྲོས། སྤྱི་གཙུག་ནས་ཁང་མཐིལ་ཡན་ཆད་གང་། ཐ་མལ་པའི་ལུས་དང་སྡིག་སྒྲིབ་སྦྱངས་ནས། རང་ཉིད་ཕྱག་ན་རྡོ་རྗེར་གྱུར་པ་ནི་པདྨ་དང་ཉི་མའི་གདན་ལ་གཡས་བསྐུམས་གཡོན་བརྐྱང་གི་སྟབས་ཀྱིས་བཞེངས་པ། སྐུ་མདོག་སྔོན་པོ་ཞལ་གཅིག་ཕྱག་གཉིས་གཡས་རྡོ་རྗེ་རྩེ་ལྔ་པ་ནམ་མཁའ་ལ་འཕྱར་བ། གཡོན་སྡིགས་མཛུབ་ཐུགས་ཀར་མཛད་པ། དམར་ལ་ཞྭམ་(༣༢༧ན)པའི་སྤྱན་གསུམ་དང་ལྡན་ཞིང་། སྐྲ་སེར་གྱེན་དུ་བརྫེས་པ། སྐུ་ཆེན་པོ་བརྒྱད་དང་རིན་པོ་ཆེས་བརྒྱན་ཅིང་། སྟག་ལྤགས་ཀྱི་ཤམ་ཐབས་ཅན། མི་བསྐྱོད་པས་དབུ་བརྒྱན་ཅིང་། ཡེ་ཤེས་ཀྱི་མེ་དཔུང་འབར་བའི་དབུས་ན་བཞུགས་པའོ། །བཟླས་པ་བྱ་བར་འདོད་པས་སྙིང་གི་ནང་དུ་ཉི་མའི་སྟེང་དུ་ཧཱུྃ་གི་མཐའ་སྐོར་དུ་སྔགས་ཀྱི་འཕྲེང་བས་བསྐོར་བར་དམིགས་ལ། སྔགས་བཟླས་པ་དེ་ལས་འོད་ཟེར་འཕྲོས། རང་གི་སྡིག་སྒྲིབ་སྦྱངས། བགེགས་རྣམས་བཅོམས་འཕགས་པ་མཆོད། སེམས་ཅན་གྱི་དོན་བྱས། བྱིན་རླབས་ཐམས་ཅད་ཚུར་འདུས་ཏེ་ས་བོན་

སྔགས་ཕྲེང་དང་བཅས་པ་ལ་ཐིམ་པར་བསམ་ལ། ཨོཾ་ནྲྀ་ཡཾ་བ་ར་ཧཱ་ར་བཛྲ་པཱ་ཎི་ར་ཀྵ་པ་ཡ་ཧི་སྭཱཧཱ། ཞེས་བཟླ། མཇུག་ཏུ་དགེ་བ་བྱང་ཆུབ་ཏུ་བསྔོ། གཏོར་མ་དཀར་གཏོར་བྱ་རྒྱུད་ལྟར་བྱིན་གྱིས་བརླབས། རང་གི་སྙིང་གའི་ཧཱུྃ་ལས་འོད་ཟེར་འཕྲོས་པས། གསང་བའི་བདག་པོ་ཕྱག་ན་རྡོ་རྗེ་ལ་སངས་རྒྱས་བྱང་ཆུབ་སེམས་དཔའི་ཚོགས་ཕྱོགས་སྐྱོང་འཇིག་རྟེན་སྐྱོང་བ་དང་བཅས་པ་ཐམས་ཅད་ཀྱིས་བསྐོར་བ་བཛྲ་ས་ཏྭ་ཛཿཔདྨ་ཀ་མ་ལ་ཡེ་སྟྭཾ། ཨོཾ་ནྲྀ་ཡཾ་བ་ར་ཧཱ་ར་བཛྲ་པཱ་ཎི་ར་ཀྵ་པ་ཡ་ཧི་ས་པ་རི་ཝཱ་ར་ཨི་དཾ་བ་ལིཾ་ཏ་ཁ་ཁ་ཁཱ་ཧི་ཁཱ་ཧི་སྭཱཧཱ། ལན་གསུམ་གྱིས་ཕུལ། ཉེར་སྤྱོད་ལྔས་མཆོད། འཇིགས་པའི་ཧཱུྃ་སྒྲ་ངེས་སྒྲོག་ཅིང་། །སོགས་ཀྱིས་བསྟོད། འདོད་དོན་གསོལ་བ་བཏབ། གཤེགས་གསོལ་སོགས་བྱ། ༈ འདིའི་རྗེས་གནང་བྱེད་པར་འདོད་པས། པདྨ་འདབ་བརྒྱད་ཀྱི་ལྟེ་བར་(༣༢༧བ)ཚོམ་བུ་སྔོན་པོ་བཀོད། དེའི་སྟེང་དུ་མཱཻ་ལ་གཏོར་མ་བཞག །མདུན་དུ་དཀར་གཏོར་གཅིག་བཤམས། མཐའ་ཉེར་སྤྱོད་ལྔས་བསྐོར། མཆོད་པ་བྱིན་རླབས་སྦྱི་དང་མཐུན། བདག་བསྐྱེད་སྔོན་དུ་འགྲོ་བས། མདུན་བསྐྱེད་ཨ་ མྲི་ཏས་བསངས། སྭ་བྷཱ་ཝས་སྟོང་པར་སྦྱངས། སྟོང་པའི་ངང་ལས་པད་ཉི་ལ་ཧཱུྃ་ལས་ཕྱག་ན་རྡོ་རྗེར་གྱུར་པ་ནི། པདྨ་དང་ཉི་མའི་གདན་ལ་གཡས་བསྐུམ་གཡོན་བརྐྱང་གི་སྟབས་ཀྱིས་བཞེངས་པ་ཞེས་པ་ནས། ཡེ་ཤེས་ཀྱི་མེ་དཔུང་འབར་བའི་དབུས་ན་བཞུགས་པའི་ཐུགས་ཀར་ཉི་མའི་སྟེང་དུ་ཧཱུྃ་ཡིག་གིས་མཚན་པར་གྱུར་པར་བསམ། ཐུགས་ཀའི་ས་བོན་ལས་འོད་ཟེར་འཕྲོས། ཡེ་ཤེས་སེམས་དཔའ་བཛྲ་ས་མ་ཛཿ ཛཿཧཱུྃ་བཾ་ཧོཿ གཉིས་སུ་མེད་པར་གྱུར། མདུན་བསྐྱེད་ལ་དམིགས་ནས་བཟླས་པ་བྱ། མཇུག་ཏུ་དགེ་བ་བསྔོ། དེ་ནས་གཏོར་མ་དབུལ། མཆོད་བསྟོད་བྱ། འདོད་དོན་ལ་གསོལ་བ་གདབ། ༈ སློབ་མས་མཎྜལ་ཕུལ། གསོལ་བ་འདེབས་པ་འདིའི་རྗེས་ཟློས་མཛོད། དུས་གསུམ་སངས་རྒྱས་ནས་བསྟུལ་དུ་གསོལ། ལན་གསུམ། རྒྱུད་དག་པར་བྱ་བའི་ཕྱིར། མདུན་བསྐྱེད་ཀྱི་ལྷ་

དང་སངས་རྒྱས་བྱང་སེམས་རྣམས་ཀྱི་དྲུང་དུ་སྐྱབས་འགྲོ་སྔོན་དུ་འགྲོ་བའི་བྱང་ཆུབ་ཀྱི་སེམས་བཟུང་བ་ལ་སོགས་པ་བགྱིད་སྙམ་པའི་བསམ་པས་འདིའི་རྗེས་གནོས་མཛོད། དཀོན་མཆོག་གསུམ་ལ་བདག་སྐྱབས་མཆི། །ཞེས་སོགས་རྒྱུན་བཤགས་ལན་གསུམ་བྱ། ཁྱད་པར་དུ་ཕྱག་ན་རྡོ་རྗེའི་རྗེས་གནང་བསྐུལ་དུ་གསོལ། སྙམ་པའི་འདུན་པས་འདིའི་རྗེས་གནོས་(༣༢༨ན)ཀྱང་གསུངས་ཤིག །སློབ་དཔོན་དགོངས་སུ་གསོལ། བདག་ལ་བཅོམ་ལྡན་འདས་ཕྱག་ན་རྡོ་རྗེའི་རྗེས་གནང་མ་ལུས་པ་བསྐུལ་དུ་གསོལ། ཞེས་ལན་གསུམ་གྱིས་གསོལ་བ་བཏབ་ནས། ད་སྦྱོར་བ་རྗེས་གནང་གི་གཞི་དགོད་པའི་སླད་དུ་དམིགས་པ་འདི་བཞིན་དུ་མཛད་པར་ཞུ། ཨོཾ་ཤཱུ་ནྱ་ཏཱ་ཛྙཱ་ན་བཛྲ་སྭ་བྷཱ་ཝ་ཨཱཏྨ་ཀོ྅ཧཾ། ཕྱི་ནང་གི་དངོས་པོ་ཐམས་ཅད་མི་དམིགས་པ་སྟོང་པ་ཉིད་དུ་གྱུར་པའི་ངང་ལས་པདྨ་དང་ཉི་མའི་སྟེང་དུ་ཁྱེད་རང་རྣམས་ཧཱུྃ་ལས་ཕྱག་ན་རྡོ་རྗེར་གྱུར་པ་ནི། གཡས་བསྐུམ་གཡོན་བརྐྱང་གི་སྟབས་ཀྱིས་བཞེངས་པ། སྐུ་མདོག་སྔོན་པོ་ཞལ་གཅིག་ཕྱག་གཉིས་གཡས་རྡོ་རྗེ་རྩེ་ལྔ་པ་ནམ་མཁའ་ལ་འཕྱར་བ། གཡོན་སྡིགས་མཛུབ་ཐུགས་ཀར་མཛད་པ། དམར་ལ་ཟླུམ་པའི་སྤྱན་གསུམ་དང་ལྡན་ཞིང་སྨ་སེར་གྱེན་དུ་བརྫེས་པ། ཀླུ་ཆེན་པོ་བརྒྱད་དང་རིན་པོ་ཆེས་བརྒྱན་ཅིང་། སྟག་ལྤགས་ཀྱི་ཤམ་ཐབས་ཅན་མི་བསྐྱོད་པས་དབུ་བརྒྱན་ཅིང་། ཡེ་ཤེས་ཀྱི་མེ་དཔུང་འབར་བའི་དབུས་ན་བཞུགས་པའི་ཐུགས་ཀར་ཉི་མའི་སྟེང་དུ་ཧཱུྃ་ཡིག་གིས་མཚན་པར་གྱུར་པའི་མོས་པ་མཛོད། དེ་ནས་སློབ་དཔོན་དང་མདུན་བསྐྱེད་ཆོམ་བུ་ཡང་གསང་བའི་བདག་པོ་ཕྱག་ན་རྡོ་རྗེ་དངོས་ཡིན་སྙམ་པའི་མོས་གུས་བྱས་པས། སློབ་དཔོན་གྱི་ཐུགས་ཀ་ནས་འོད་ཟེར་འཕྲོས། མདུན་བསྐྱེད་ཀྱི་ལྷའི་ཐུགས་རྒྱུད་བསྐུལ། དེའི་ཐུགས་ཀ་ནས་འོད་ཟེར་འཕྲོས། ཕྱོགས་བཅུའི་སངས་རྒྱས་དང་བྱང་ཆུབ་སེམས་དཔའ་ཐམས་ཅད་ཀྱི་ཐུགས་(༣༢༨བ)རྒྱུད་བསྐུལ་བས། སློབ་དཔོན་དང་མདུན་བསྐྱེད་ཀྱི་ལྷ་དང་ཕྱོགས་བཅུའི་སངས་རྒྱས་བྱང་ཆུབ་སེམས་དཔའ་ཐམས་

ཅད་ཀྱི་ཐུགས་ཀ་ནས་ཕྱག་ན་རྡོ་རྗེའི་སྐུ་ཆེ་ཆུང་དཔག་ཏུ་མེད་པ་བྱོན། ཁྱིད་རང་རྣམས་ཀྱི་བ་སྤུའི་བུ་ག་རྣམས་ནས་ཆར་བབས་པ་བཞིན་དུ་སིབ་སིབ་ཐིམ་པར་མོས་པ་མཛོད། ཛཿཧཱུྃ་བཾ་ཧོཿ གཉིས་སུ་མེད་པར་ཐིམ། དེ་དག་ནི་རྗེས་གནང་གི་གཞི་དགོད་པའོ། །རྗེས་གནང་དངོས་ལ་ལུང་གསུམ་ལས། དང་པོ་རྗེས་སུ་བཟླས་པའི་ལུང་བླང་བའི་ཕྱིར། སློབ་དཔོན་གྱི་སྙིང་གར་ཉི་མའི་དཀྱིལ་འཁོར་གྱི་སྟེང་དུ་ཧཱུྃ་སྔོན་པོ། དེ་ལས་སྔགས་ཀྱི་ཕྲེང་བ་བྱུང་། སློབ་དཔོན་གྱི་ཞལ་ནས་ཐོན། ཁྱིད་རང་རྣམས་ཀྱི་ཞལ་དུ་ཞུགས། ཐུགས་ཀར་ཉི་མའི་སྟེང་དུ་ཧཱུྃ་སྔོན་པོ་གནས་པ་ལ་ཐིམ། དེའི་དུས་སུ་ཕྱོགས་བཅུའི་སངས་རྒྱས་བྱང་ཆུབ་སེམས་དཔའ་རྣམས་ཀྱི་མཁྱེན་བརྩེ་ནུས་མཐུ་ཐམས་ཅད་འོད་ཟེར་གྱི་རྣམ་པར་སྔགས་ཕྲེང་དང་ལྷན་ཅིག་ཞལ་དུ་ཞུགས། སྙིང་གའི་ཧཱུྃ་ལ་ཐིམ་པའི་མོས་པ་མཛོད་ལ། སྔགས་འདིའི་རྗེས་ཟློས་ལན་གསུམ་གསུངས་ཤིག །ཨོཾ་ནཱི་ལཾ་བ་ར་དྷ་ར་བཛྲ་པཱ་ཎི་ར་ཀྵ་པ་ཡ་ཧི་སྭཱཧཱ། ཞེས་ལན་གསུམ་རྗེས་ཟློས་བྱར་གཞུག །དང་པོས་བྱིན་གྱིས་བརླབས། གཉིས་པས་དབྱེར་མེད་དུ་འདྲེས། གསུམ་པས་བརྟན་པར་བྱས་པའི་མོས་པ་མཛོད། གཉིས་པ་བྱིན་གྱིས་བརླབས་པའི་ལུང་ནི། སློབ་དཔོན་ལ་མེ་ཏོག་གཏོར་བཞིན་དུ་འདིའི་རྗེས་ཟློས་མཛོད། བཅོམ་ལྡན་བདག་གིས་སོགས་ལན་གསུམ་དང་། དེ་ལྟར་ཕུལ་བའི་མེ་ཏོག་དེ་(༣༥༨་ན)ཉིད་སླར་ཡང་བྱིན་གྱིས་བརླབས་ཏེ། ཁྱིད་རང་རྣམས་ཀྱི་སྤྱི་བོར་ཕུལ་བའི་མོས་པ་མཛོད་ཅིག །སློབ་དཔོན་གྱིས་མེ་ཏོག་གཏོར་ཏེ། བཅོམ་ལྡན་འདི་ལ་སོགས་བྱ་ཞིང་། རིག་པ་འཛིན་པ་འདི་རྣམས་ལ་གསང་བའི་བདག་པོ་ཕྱག་ན་རྡོ་རྗེའི་སྐུ་གསུང་ཐུགས་ཀྱི་བྱིན་རླབས་མ་ལུས་པ་འཇུག་པར་གྱུར་ཅིག །གསུམ་པ་དམ་བཅའ་བའི་ལུང་གི་ཕྱིར། གསང་བའི་བདག་པོ་ཕྱག་ན་རྡོ་རྗེ་འདི་ཉིད་ཁྱེ་སྲིད་བྱང་ཆུབ་མ་ཐོབ་བར་གྱི་ཡི་དམ་དུ་བཟུང་ངོ་། །བདག་ཐུགས་ཀྱིས་མ་བཏང་ཞིག་སྙམ་པའི་བསམ་པས་འདིའི་རྗེས་ཟློས་གསུངས་ཤིག །སློབ་དཔོན་དགོངས་སུ་

གསོལ། བདག་རིག་པ་འཛིན་པ་མིང་འདི་ཞེས་བགྱི་བས་དུས་འདི་ནས་བཟུང་སྟེ་ཇི་སྲིད་བྱང་ཆུབ་སྙིང་པོ་ལ་མཆིས་ཀྱི་བར་དུ་གསང་བའི་བདག་པོ་ཕྱག་ན་རྡོ་རྗེ་ཡི་དམ་གྱི་ལྷར་བཟུང་ནས་འདིའི་གསང་སྔགས་ཉི་མ་རེ་རེ་བཞིན་འདི་ཙམ་རེ་འདོན་པར་དམ་འཆའ་ལགས་སོ། །ཞེས་ལན་གསུམ་བརྗོད། དེས་དངོས་གཞི་ལུང་གསུམ་སོང་། ད་ནི་རྗེས་བྱིན་གྱིས་བརླབས་པའི་ཕྱིར། མདུན་བསྐྱེད་ཀྱི་ལྷ་ལ་མོས་གུས་དྲུང་དྲུང་བ་དང་། བདག་གི་རྒྱུད་བྱིན་གྱིས་བརླབ་ཏུ་གསོལ་སྙམ་པ་མཛད་པས། མདུན་བསྐྱེད་ཀྱི་ལྷའི་ཐུགས་ཀ་ནས་གསང་བའི་བདག་པོ་ཕྱག་ན་རྡོ་རྗེའི་སྐུ་སོར་ཚད་ཙམ་གཅིག་རྒྱངས་ཏེ་བྱོན། ཁྱེད་རང་རྣམས་ཀྱི་སྙིང་གའི་ས་བོན་དང་དབྱེར་མེད་དུ་འདྲེས། རྒྱུད་བྱིན་གྱིས་བརླབས་པའི་མོས་པ་མཛོད། དེ་ནས་གཏོར་དབང་ནི། གཏོར་མ་འདི་ཉིད་བཅོམ་ལྡན་འདས་(༣༥༥བ)ཕྱག་ན་རྡོ་རྗེ་དངོས་སུ་མོས། དེ་ལ་མོས་གུས་དྲུང་བ་བྱས་པས། ཁྱེད་རང་རྣམས་ཀྱི་སྤྱི་བོར་བྱོན། རྒྱུད་བྱིན་གྱིས་བརླབས་པ་ཡིན་སྙམ་པ་གྱིས། གཏོར་མ་མགོ་བོར་བཞག་ལ། དུས་གསུམ་སངས་རྒྱས་ཐམས་ཅད་ཀྱི། །སྐུ་གསུང་ཐུགས་ཀྱིས་བྱིན་བརླབས་ཤིང་། །དངོས་གྲུབ་རྣམ་གཉིས་འབྱུང་འགྱུར་བའི། །གཏོར་མའི་དབང་བསྐུར་བྱིན་པར་བྱ། །རོལ་མོའི་སྒྲ་དང་བཅས་ཏེ། ཨོཾ་ནཱི་ལཾ་བ་ར་དྷ་ར་བཛྲ་པཱ་ཎི་ར་ཀྵ་པ་ཡ་ཧི་སྭཱཧཱ། ཞེས་དྲག་ཏུ་བརྗོད། མཐར་ཕྱག་ན་རྡོ་རྗེ་འོད་དུ་ཞུ་ནས། ཁྱེད་རང་རྣམས་ལ་ཐིམ་པས་གསང་བདག་དངོས་སུ་གྱུར་པ་ཡིན་སྙམ་པ་གྱིས། ཞེས་བརྗོད། མཇུག་ཆོག་སྤྱི་དང་འདྲ། །

༄ ཕྱག་རྡོར་གཏུམ་ཆེན་སྲུང་བའི་མཁར་རས་ཆུང་ལུགས་ལ། སྐྱབས་སེམས་སྔོན་དུ་སོང་ནས། རང་རྡོ་རྗེ་གཏུམ་པོར་གསལ་བའི་ཐུགས་ཀའི་འོད་ཀྱིས་བླ་མ་དང་ཡི་དམ་མདུན་གྱི་ནམ་མཁར་བཛྲ་ས་མཱ་ཛཿ གང་གིས་འཁོར་བའི་ཉེས་པ་ནི། །དྲན་པ་ཙམ་གྱིས་འཇོམས་མཛད་ཅིང་། །བླ་མེད་བྱང་ཆུབ་ཐོབ་མཛད་པ། །བླ་མའི་ཞབས་ལ་ཕྱག་འཚལ་ལོ། །ལྕང་ལོ་ཅན་གྱི་གནས་མཆོག་ན། །བཅོམ་ལྡན་རྡོ་

རྗེ་གཏུམ་པོ་ནི། །ཡོན་ཏན་ཐམས་ཅད་སྐུ་ལ་རྫོགས། །སྐྱོན་མེད་སྐུ་ལ་ཕྱག་འཚལ་ལོ། །ནམ་མཁའ་མཛོད་ཀྱི་ཕྱག་རྒྱས་མཆོད་པ་ཕྱུལ། ཇི་ལྟར་བལྟམས་པ་སོགས་ཀྱིས་ཁྲུས་གསོལ། ཨོཾ་བཛྲ་ཨཀྲྀཾ་ཨྲཱཿཧཱུྃ་ནས། ཤཔྟའི་བར་གྱིས་མཆོད། དཀོན་མཆོག་གསུམ་ལ་བདག་སྐྱབས་མཆི་སོགས་ཡན་ལག་བདུན་པ་བྱ། ཚོགས་ཞིང་རྣམས་རང་(༣༣༠ན)ལ་ཐིམ། རང་དང་མདུན་གྱི་ཚོམ་བུ་སོགས་ཆོས་ཐམས་ཅད་སྟོང་པ་ཉིད་དུ་བསྒོམ། ཨོཾ་སྭ་བྷཱ་ཝ་ཤུདྡྷ་སརྦ་དྷརྨ་སྭ་བྷཱ་ཝ་ཤུདྡྷོ྅ཧཾ། སྙིང་རྗེ་ཆེན་པོ་བསྐྱེད་ལ། སྟོང་ཉིད་མ་རྟོགས་པའི་སེམས་ཅན་ཐམས་ཅད་ཕྱག་རྒྱ་ཆེན་པོའི་གོ་འཕང་ལ་འགོད་པར་བྱའོ། །ཞེས་བརྗོད། སྟོང་པའི་ངང་ལས་པད་ཉི་ལ་གནས་པའི་ཧཱུྃ་ལས་འོད་ཟེར་འཕྲོས། འདུས་ཡོངས་སུ་གྱུར་པ་ལས་རྡོ་རྗེ་ཧཱུྃ་གིས་མཚན་པར་གྱུར། དེ་ལས་སྲུང་བའི་འཁོར་ལོ་སྤྲོས། རྡོ་རྗེ་ཉིད་འོད་དུ་ཞུ། ཨོཾ་བཛྲ་པཱ་ཎི་ཧཱུྃ་ཕཊ། རང་དང་མདུན་བསྐྱེད་ཀྱི་གནས་སུ་སྐད་ཅིག་གིས་བཅོམ་ལྡན་འདས་རྡོ་རྗེ་གཏུམ་པོ་སྐུ་མདོག་མཐིང་ནག་ཞལ་གཅིག་ཕྱག་གཉིས་སྤྱན་གསུམ། སྨ་ར་སྨིན་མ། དབུ་སྐྲ་མེ་ལྟར་འབར་ཞིང་། མཆེ་བ་རྣོན་པོ་གཙིགས་པ། ཕྱག་གཡས་རྡོ་རྗེ་རྩེ་ལྔ་པ་འཕྱར་ཞིང་གསོར་བ། གཡོན་དྲིལ་བུ་དཀུར་བརྟེན་པ། ཞབས་གཡས་བསྐུམས་པས་དབང་ཕྱུག་དང་། གཡོན་བརྐྱངས་པས་དབུ་མ་མནན་པ། སྟག་ལྤགས་ཀྱི་ཤམ་ཐབས་ཅན། སྦྲུལ་དཀར་པོས་དབུ་རྒྱན། སེར་པོས་རྣ་ཆ་དང་དཔུང་གདུབ། དམར་པོས་མགུལ་རྒྱན་དང་སྐ་རགས། ནག་པོས་ཞབས་གདུབ་དང་ག་ཞོ། ལྗང་གུས་ཕྱག་གདུབ་བྱས་པའོ། །ཨོཾ་བཛྲ་རཀྵ་རཀྵ་ཧཱུྃ། སྤྱི་བོར་རྡོ་རྗེ་རྒྱ་གྲམ་ཧཱུྃ་གིས་མཚན་པ། དེ་ལས་སྤྲོས་པའི་རྡོ་རྗེའི་གོ་ཁྲབ་ཀྱིས་ཀྲང་མཐིལ་ཡན་ཆད་གཏམས། བུདྡྷ་ག་ཏ་ཊ་ཨོཾ། སྤྱི་བོར་འཁོར་ལོའི་ཁྲུང་དཀར་པོ་འཁོར་ལོ་འཛིན་པ། པདྨ་ག་ཏ་ཊ་ཧྲཱིཿ མགྲིན་པར་པདྨའི་ཁྲུང་དམར་པོ་པདྨ། བཛྲ་(༣༣༠བ)ག་ཏ་ཊ་ཧཱུྃ། སྙིང་གར་རྡོ་རྗེའི་ཁྲུང་སྔོན་པོ་རྡོ་རྗེ། རཏྣ་ག་ཏ་ཊ་ཧཾ། ལྟེ་བར་རིན་པོ་ཆེའི་ཁྲུང་སེར་པོ་རིན་པོ་ཆེ། ཀརྨ་ག་ཏ་ཊ་ཨཿ

གསང་གནས་སུ་ལས་ཀྱི་ཁྲུང་ལྗང་གུ་རལ་གྲི། ཨེ། དཔྱི་གཡས་སུ་མེ་ཏོག་གི་ཁྲུང་དམར་པོ་མེ་ཏོག །བཾ་གཡོན་པར་བདུག་སྤོས་ཀྱི་ཁྲུང་སྔོན་མོ་བདུག་སྤོས། མ། དཔུང་པ་གཡས་པར་མར་མེའི་ཁྲུང་དམར་མོ་མར་མེ། ཡ། གཡོན་པར་དྲི་ཆབ་ཀྱི་ཁྲུང་ལྗང་མོ་དྲི་ཆབ། ཨ། བྲང་གཞོལ་དུ་གནོད་སྦྱིན་འདུལ་བའི་ཁྲུང་སྔོན་པོ་རལ་གྲི། ས྄། སོག་ཐྲག་ཏུ་གཤིན་རྗེ་འདུལ་བའི་ཁྲུང་བེ་ཅོན། ཀླིཿ ལྟེ་འོག་ཏུ་ཀླུ་འདུལ་བའི་ཁྲུང་དམར་པོ་ལྕགས་སྒྲོག །ཧཱུྃ། མཚང་རར་དྲི་ཟ་འདུལ་བའི་ཁྲུང་ལྗང་གུ་རྡོ་རྗེ། ཛཿ སྣ་ལ་ལྕགས་ཀྱུའི་ཁྲུང་དཀར་པོ། ཧཱུྃ། ཁ་ལ་ཞགས་པའི་ཁྲུང་སེར་པོ། བཾ། གསང་བར་ལྕགས་སྒྲོག་གི་ཁྲུང་དམར་པོ། ཧོཿ བཤང་སྒོར་དྲིལ་བུའི་ཁྲུང་སྔོ་སང་ཐམས་ཅད་ཀྱང་ཕྱག་གཡོན་པས་རང་མདོག་དང་མཚུངས་པའི་སྤྲུལ་བཟུང་ནས་ཞལ་དུ་གསོལ་བའོ། །ཨོཾ་ཨཱཿཧཱུྃ། ས་མ་ཡ་ཧཱུྃ། སྤྱི་བོ་ནས་སྙིང་གའི་བར་སྤྲུལ་པའི་བྱ་ཁྲུང་ཞལ་གཅིག་ཕྱག་གཉིས་པ་རྣམས་དང་། ཨོཾ་ཨཱཿཧཱུྃ། ས་མཱ་ཡ་ཛཿ དེ་ནས་ལྟེ་བའི་ཡང་སྤྲུལ་གྱི་ཁྲུང་ཞལ་གཅིག་ཕྱག་བཞི་པ་རྣམས་དང་། ཨོཾ་ཨཱཿཧཱུྃ། ས་མ་ཡ་ཨཱཿ དེ་ནས་རྐང་མཐིལ་གྱི་བར་ཉིང་སྤྲུལ་གྱི་ཁྲུང་ཞལ་གཅིག་ཕྱག་དྲུག་པ་དང་། ཨོཾ་ཨཱཿཧཱུྃ། ས་མཱ་ཡ་ཧོ། སྤྱི་བོ་ནས་རྐང་མཐིལ་གྱི་བར་ཕྱི་ནང་ཐམས་ཅད་དུ་བསམ་གྱིས་མི་ཁྱབ་པའི་ཁྲུང་དབུ་དགུ་པ་ལ་སོགས་པའི་དབུ་ཕྱག་མ་ངེས་(༣༣༧ན)པ་རྣམས་ཀྱིས་གང་བར་གྱུར། རྣམ་སྤྲུལ་གྱི་ཁྲུང་དེ་རྣམས་ཐམས་ཅད་སྐུ་མདོག་དང་ཕྱག་མཚན་སྣ་ཚོགས་པའོ། །ཨོཾ་བཛྲ་ཛྭ་ལ་རཾ། བདག་ལུས་དང་ཁྲུང་ཐམས་ཅད་ལས་མེ་དཔུང་འབར་བར་གྱུར། རང་གི་སྙིང་གར་པད་ཉི་ལ་ཧཱུྃ་སྔགས་ཀྱི་ཕྲེང་བས་བསྐོར་བ། དེ་ལས་འོད་ཟེར་འཕྲོས། ཡེ་ཤེས་སེམས་དཔའ་བཛྲ་ས་མཱ་ཛཿ ཛཿཧཱུྃ་བཾ་ཧོཿ ཡང་འོད་ཟེར་འཕྲོས། དབང་གི་ལྷ་བཛྲ་ས་མཱ་ཛཿ པུཥྤེ་ནས། ནཻ་ཝི་ཏྲ་བར་གྱིས་མཆོད། ཨོཾ་ཨ་བྷི་ཥིཉྩ་ཏུ་མཾ་སརྦ་ཏ་ཐཱ་ག་ཏ། ཞེས་གསོལ་བ་བཏབ་པས། ཨོཾ་སརྦ་ཏ་ཐཱ་ག་ཏ་ཨ་བྷི་ཥེ་ཀ་ཏ་ས་མ་ཡ་ཤྲཱི་ཡེ་ཧཱུྃ། ཞེས་གསུངས་ཤིང་དབང་བསྐུར།

མི་བསྐྱོད་པ་གཙོ་བོར་གྱུར་པའི་རིགས་ལྔས་དབུ་བརྒྱན་པར་བསམ། ཨོཾ་བཛྲ་པུཥྤེ་ཧཱུཾ་ཧཱུཾ་ཧཱུཾ་ཕཊ་ཕཊ་སྭཱཧཱ། སྐུའི་སྔགས་སོ། །ཨོཾ་བཛྲ་ཀྲོ་དྷ་ནཱི་ལཾ་བ་ར་དྷ་ར་བཛྲ་པུཥྤེ་ཧཱུཾ་ཧཱུཾ་ཕཊ་ཕཊ་སྭཱཧཱ། གསུང་གི་སྔགས་སོ། །ཨོཾ་བཛྲ་ཙཎྜ་མཧཱ་རོ་ཥ་ཎ་ཧཱུཾ་ཕཊ། ཐུགས་ཀྱི་སྔགས་སོ། །ཤམ་བུ་ཐུང་འདོགས་ནི། རོ་ཥ་ཎའི་རྗེས་སུ་བཛྲ་ག་རུ་ཌ་ཧཱུཾ་ཧཱུཾ་ཕཊ་ཕཊ། ག་རུ་ཌ་ཙ་ལེ་ཙ་ལེ་ཧཱུཾ་ཕཊ། དྷུ་ཏ་མཱ་ར་ཡ་སྭཱཧཱ། རིང་འདོགས་ནི། ཕཊ་ཕཊ་ཀྱི་རྗེས་སུ་བཛྲ་བ་ཏེ་བ་རུ་ཌ་བེ་ག་ཧཱུཾ་ཧཱུཾ་ཛ་ཛ་རི་ཛ་ཕྲི་ཛ་ཧཱུཾ་ཕཊ། ག་རུ་ཌ་ཙ་ལེ་སོགས་འདྲ། དྲག་སྔགས་ནི། ཧཱུཾ་ཧི་ལ་ཧི་ལ། དྷི་མ་དྷི་མ། ཕབ་ཕབ། ཤར་ཤར། དི་རི་དི་རི། ཁ་ཐམ་ཁ་ཐམ་ཐུམ། ཛ་རེ་ཛ་རེ་ཕྱོ། ཏ་ས་ཏ་ས། ཏེ་པ་ཏེ་པ། ཀྲི་ད་ཏ་ཀྲི་ད་ཏ། ཀྲི་ཁུག་ཀྲི་ཁུག །ཚལ་པ་ཚལ་པ། སྲོག་ཆིག་ནན་ཐད། ལུས་དུལ་མཱ་ར་ཡ་ཐད། རཾ་རཾ་ཛྭ་ལ་ཛྭ་ལ། ཤི་(༣༣༧བ)ཤི། རྡུལ་བུན་ཐད་སོད། ཅེས་འདོགས་པའོ། །དགེ་བ་བསྔོ། གཏོར་མ་བསངས་སྦྱངས། ཡཾ་ལས་རླུང་རཾ་ལས་མེ། འབྲུ་གསུམ་ལས་བྱུང་བའི་མི་མགོའི་སྒྱེད་པུ། ཨ་ལས་ཐོད་པ། དེའི་ནང་ཉི་མའི་སྟེང་དུ་ཧཱུཾ་ཧྲཱུཾ་བ་ཨཾ་ཛྲཱི་ཁཾ་ལས་བདུད་རྩི་ལྔ། ན་གོ་ཀུ་གོ་ཏ་ལས་ཤ་ལྔ། སྟེང་གི་ནམ་མཁའ་ལ་ཨ་ལས་ཟླ་བ་དང་ཧཱུཾ་ལས་རྡོ་རྗེ། རླུང་གཡོས་མེ་སྦར་རྫས་རྣམས་སྐོལ་ཞིང་དྲི་མ་སྦྱངས། ཟླ་བ་རྡོ་རྗེ་ཞུ་ཞིང་ཐིམ་པས་བདུད་རྩིར་གྱུར། སྣོད་བཅུད་ཀྱི་བདུད་རྩི་ཐམས་ཅད་བཀུག་སྟེ་བསྟིམ་པས་རྒྱ་ཆེར་སྤེལ། ཨོཾ་ཨཱཿཧཱུཾ། ཞེས་བྱིན་གྱིས་བརླབས། སྟེང་པོའི་མཐར་ཨ་ཀཱ་རོ་བཏགས་པས་འབུལ། ཚོགས་ཞིང་གི་སྐབས་སུ་བཤད་པ་ལྟར་མཆོད་བསྟོད་བྱ། མཆོད་སྦྱིན་གཏོར་མ་འདི་བཞེས་ལ་ནས། ཡིད་ལ་འདོད་པ་ཀུན་འགྲུབ་ཤོག་གི་བར་འདོད་དོན་གསོལ་བ་བཏབ། ཡིག་བརྒྱ་ལན་གསུམ་བརྗོད། ༈ འདིའི་བྱིན་རླབས་བྱེད་པར་འདོད་པས། མཉྫལ་པདྨ་འདབ་བརྒྱད་མེ་རིས་བསྐོར་བའི་དབུས་སུ་ཉི་གདན་ལ་ཚོམ་བུ་སྔོན་པོ་བཀོད་སྟེང་དུ་མཱེ་ལ་བུམ་པ་སྤྱི་དང་མཐུན་པར་བཤམས། མཆོད་གཏོར་སྤྱི་དང་མཐུན་པར་བསྐོར།

སློབ་དཔོན་གྱིས་མཁའ་འགྲོའི་སྤྱི་གཏོར་གྱི་ཚིགས་སྔོན་འགྲོ་གཏོར་མ་བཏང་། གནས་ཡོ་བྱིན་རླབས་ནི། ཨ་མྲི་ཏས་བསངས། སྭ་བྷཱ་ཝས་སྦྱངས། སྟོང་པའི་ངང་ལས་གནས་ཁང་བྷྲཱུྃ་ལས་རིན་པོ་ཆེ་སྣ་ཚོགས་ལས་གྲུབ་པའི་ཐར་པ་ཆེན་པོའི་གཞལ་མེད་ཁང་མཚན་ཉིད་ཐམས་ཅད་ཡོངས་སུ་རྫོགས་པའི་དབུས་སུ་ཨ་ལས་བྱུང་བའི་ཐོད་པ་ཡངས་ཤིང་རྒྱ་(༣༣༢ན)ཆེ་བའི་ནང་དུ། ཧཱུྃ་ཞུ་བ་ལས་བྱུང་བའི་ལྷ་རྫས་ལས་གྲུབ་པའི་མེ་ཏོག །བདུག་སྤོས། མར་མེ། དྲི་ཆབ། ཞལ་ཟས། རོལ་མོ་ལ་སོགས་པའི་མཆོད་རྫས་རྣམས་ཡེ་ཤེས་ཀྱི་རང་བཞིན་མཆོད་པའི་རྣམ་པ་ཟག་མེད་བདེ་ཆེན་གྱི་རྒྱུ་བླ་ན་མེད་པས་མཁའ་དབྱིངས་ཐམས་ཅད་ཡོངས་སུ་ཁྱབ་པར་གྱུར། ཨོཾ་བཛྲ་ཨརྒྷཾ་སྭཱཧཱ། ཨོཾ་བཛྲ་པཱདྱཾ་སྭཱཧཱ། ཨོཾ་བཛྲ་པུཥྤེ་ཨཱཿཧཱུྃ་ནས། ཤབྡ་ཨཱཿཧཱུྃ། ཨོཾ་བཛྲ་ཧྶཀྵ་ར་ཊི་ཏ་ནས། ཏེ་ཨ་ཁཾ་སྭཱཧཱ། ལན་གསུམ་གྱིས་བྱིན་དབབ། སྐྱབས་འགྲོ་ནས་ཚོགས་ཞིང་རང་ལ་བསྟིམ་པའི་བར་སོང་བཞིན་བྱས་ལ། མདུན་བསྐྱེད་མཎྜལ་དང་བུམ་པ་བསངས། སྭ་བྷཱ་ཝ་ནས་བཟླས་པའི་བར་སོང་བཞིན་བྱ། བུམ་པ་རིན་པོ་ཆེ་སྣ་ཚོགས་ལས་གྲུབ་པའི་ནང་དུ་པད་ཉི་ལ་གནས་པའི་ཧཱུྃ་ལས་འོད་ཟེར་འཕྲོས་འདུས་ཡོངས་སུ་གྱུར་པ་ལས་རྡོ་རྗེ་ཧཱུྃ་གིས་མཚན་པར་གྱུར། དེ་ལས་སྤྲུང་བའི་འཁོར་ལོ་སྡོམ། རྡོ་རྗེ་ཉིད་འོད་དུ་ཞུ། ཨོཾ་བཛྲ་པཱ་ཎི་ཧཱུྃ་ཕཊ། སྐད་ཅིག་གིས་བཅོམ་ལྡན་འདས་རྡོ་རྗེ་གཏུམ་པོ་ཞེས་པ་ནས། ཕྱག་གདུབ་བྱས་པ་མེ་དཔུང་འབར་བའི་དབུས་ན་བཞུགས་པའི་དཔྲལ་བར་ཨོཾ། མགྲིན་པར་ཨཱཿ ཐུགས་ཀར་ཧཱུྃ། དེ་ལས་འོད་ཟེར་འཕྲོས། ཡེ་ཤེས་སེམས་དཔའ་བཛྲ་ས་མ་ཛཿ ཛཿཧཱུྃ་བཾ་ཧོཿ ཡང་འོད་ཟེར་འཕྲོས། དབང་གི་ལྷ་བཛྲ་ས་མ་ཛཿ པུཥྤེ་ནས། ནཻ་ཝི་ཏྱའི་བར་གྱིས་མཆོད། དེ་བཞིན་གཤེགས་པ་ཐམས་ཅད་ཀྱིས་འདི་ལ་མངོན་པར་དབང་བསྐུར་དུ་གསོལ། ཞེས་གསོལ་བ་བཏབ་པས། ཨོཾ་སརྦ་ཏ་ཐཱ་ག་ཏ་ཨ་བྷི་ཥེ་ཀ་ཏ་(༣༣༢བ)ས་མ་ཡ་ཤྲཱི་ཡེ་ཧཱུྃ། ཞེས་གསུངས་ཤིང་དབང་བསྐུར། མི་བསྐྱོད་པ་གཙོ་བོར་གྱུར་པའི་རིགས་ལྔས་

དབུ་བརྒྱན་པར་བསམ། གཟུངས་ཐག་ནས་བཟུང་ལ་སྔགས་བཟླ། མཆོད་བསྟོད་བྱ། དུང་ཆོས་ཀྱི་ཆུ་ཕྱུལ་བས་ལྷ་ཞུ་ནས་བུམ་ཆུར་གྱུར། གཏོར་ཆོག་ལྟར་མདུན་བསྐྱེད་ལ་གཏོར་མ་དབུལ། མཁའ་འགྲོ་སྤྱི་གཏོར། གླུ་གཏོར། གཞིས་བདག་གཏོར་མ་སོགས་ཀྱང་བཏང་། ༈ སློབ་མ་རྣམས་ཁྲུས་བྱས་མཎྜལ་ཕུལ། སློབ་དཔོན་གྱིས་བདག་ལ་རྡོ་རྗེ་གཏུམ་པོའི་རྗེས་སུ་གནང་བ་བསྐུལ་དུ་གསོལ། ལན་གསུམ་གྱིས་གསོལ་བ་བཏབ། དཀོན་མཆོག་གསུམ་ལ་བདག་སྐྱབས་མཆི། །སོགས་ལན་གསུམ། ཁྱེད་རང་རྣམས་དམིགས་པ་འདི་བཞིན་དུ་མཛོད། ཆོས་ཐམས་ཅད་སྟོང་པ་ཉིད་དུ་བསྒོམ། ཨོཾ་སྭ་བྷཱ་ཝས་སྟོང་པར་སྦྱངས། སྙིང་རྗེ་ཆེན་པོ་བསྐྱེད་ལ། སྟོང་ཉིད་མ་རྟོགས་པའི་སེམས་ཅན་ཐམས་ཅད་ཕྱག་རྒྱ་ཆེན་པོའི་གོ་འཕང་ལ་དགོད་པར་བྱའོ་སྙམ་དུ་བསམ། སྟོང་པའི་ངང་ལས་པད་ཉི་ལ་གནས་པའི་ཧཱུཾ་ལས་འོད་ཟེར་འཕྲོས། འདུས་ཡོངས་སུ་གྱུར་པ་ལས། རྡོ་རྗེ་ཧཱུཾ་གིས་མཚན་པར་གྱུར། དེ་ལས་སྲུང་བའི་འཁོར་ལོ་སྤྲོས། རྡོ་རྗེ་ཉི་འོད་དུ་ཞུ། ཨོཾ་བཛྲ་པཱ་ཎི་ཧཱུཾ་ཕཊ། ཁྱེད་རང་རྣམས་སྐད་ཅིག་གིས་བཅོམ་ལྡན་འདས་རྡོ་རྗེ་གཏུམ་པོ་སྐུ་མདོག་མཐིང་ནག་ཞལ་གཅིག་ཕྱག་གཉིས་སྤྱན་གསུམ། སྨ་ར་སྨིན་མ་དབུ་སྐྲ་མེ་ལྟར་འབར་ཞིང་། མཆེ་བ་རྣོན་པོ་གཙིགས་པ། ཕྱག་གཡས་རྡོ་རྗེ་རྩེ་ལྔ་པ་འཕྱར་ཞིང་གསོར་བ། གཡོན་དྲིལ་བུ་དཀུར་བརྟེན་པ། ཞབས་(༣༣༣ན)གཡས་བསྐུམས་པས་དབང་ཕྱུག་དང་། གཡོན་བརྐྱང་བས་ཨུ་མ་མནན་པ། སྟག་ལྤགས་ཀྱི་ཤམ་ཐབས་ཅན། སྦྲུལ་དཀར་པོས་དབུ་བརྒྱན། སེར་པོས་རྣ་ཆ་དང་དཔུང་གདུབ། དམར་པོས་མགུལ་རྒྱན་དང་སྐ་རགས། ནག་པོས་ཞབས་གདུབ་དང་ག་ཤ །ལྗང་གུས་ཕྱག་གདུབ་བྱས་པའོ། །ཨོཾ་བཛྲ་རཀྵ་རཀྵ་ཧཱུཾ། སྤྱི་བོར་རྡོ་རྗེ་རྒྱ་གྲམ་ཧཱུཾ་གིས་མཚན་པ། དེ་ལས་སྤྲོས་པའི་རྡོ་རྗེའི་གོ་ཁྲབ་ཀྱིས་རྐང་མཐིལ་ཡན་ཆད་གཏམས། བུདྡྷ་ག་རུ་ཌ་ཨོཾ། སྤྱི་བོར་འཁོར་ལོའི་ཁྱུང་དཀར་པོ་འཁོར་ལོ་འཛིན་པ། པདྨ་ག་རུ་ཌ་ཧྲཱིཿ མགྲིན་པར་པདྨའི་ཁྱུང་

དམར་པོ། བཛྲ་ག་ཙ་ཊ་ཧཱུྃ། སྙིང་གར་རྡོ་རྗེའི་ཁྲུང་སྔོན་པོ་རྡོ་རྗེ། རཏྣ་ག་ཙ་ཊ་ཏྲཱྃ། ལྟེ་བར་རིན་པོ་ཆེའི་ཁྲུང་སེར་པོ་རིན་པོ་ཆེ། ཀརྨ་ག་ཙ་ཊ་ཨ། གསང་གནས་སུ་ལས་ཀྱི་ཁྲུང་ལྗང་གུ་རལ་གྲི། ཨེ། དཔྱི་གཡས་སུ་མེ་ཏོག་གི་ཁྲུང་དམར་པོ་མེ་ཏོག །བཾ། གཡོན་པར་བདུག་སྤོས་ཀྱི་ཁྲུང་སྔོན་མོ་བདུག་སྤོས། མ། དཔུང་པ་གཡས་པར་མར་མེའི་ཁྲུང་དམར་མོ་མར་མེ། ཡ། གཡོན་པར་དྲི་ཆབ་ཀྱི་ཁྲུང་ལྗང་མོ་དྲི་ཆབ། ཨ། བྲང་གཞོལ་དུ་གནོད་སྦྱིན་འདུལ་བའི་ཁྲུང་སྔོན་པོ་རལ་གྲི། སྭཱ། སོག་ཐྲག་ཏུ་གཤིན་རྗེ་འདུལ་བའི་ཁྲུང་བེ་ཅོན། ཧཱུཿ ལྟེ་འོག་ཏུ་ཀླུ་འདུལ་བའི་ཁྲུང་དམར་པོ་ལྕགས་སྒྲོག །ཧཱུྃ། མཚང་རར་དྲི་ཟ་འདུལ་བའི་ཁྲུང་ལྗང་གུ་རྡོ་རྗེ། ཛཿ རྣ་ལ་ལྕགས་ཀྱུའི་ཁྲུང་དཀར་པོ། ཧཱུྃ། ཁ་ལ་ཞགས་པའི་ཁྲུང་སེར་པོ། བཾ། གསང་བར་ལྕགས་སྒྲོག་གི་ཁྲུང་དམར་པོ། ཧོཿ བཤང་སྒོར་དྲིལ་བུའི་ཁྲུང་སྔོ་སང་། (༣༣༣བ) ཐམས་ཅད་ཀྱང་ཕྱག་གཡོན་པས་རང་མདོག་དང་མཚུངས་པའི་སྤྲུལ་བཟུང་ནས་ཞལ་དུ་གསོལ་བའོ། །ཨོཾ་ཨཱཿཧཱུྃ་ས་མ་ཡ་སྭཱཾ། སྤྱི་བོ་ནས་སྙིང་གའི་བར་སྤྲུལ་པའི་བྱ་ཁྲུང་ཞལ་གཅིག་ཕྱག་གཉིས་པ་རྣམས་དང་། ཨོཾ་ཨཱཿཧཱུྃ་ས་མ་ཡ་ཛཿདེ་ནས་ལྟེ་བའི་བར་ཡང་སྤྲུལ་གྱི་ཁྲུང་ཞལ་གཅིག་ཕྱག་བཞི་པ་རྣམས་དང་། ཨོཾ་ཨཱཿཧཱུྃ་ས་མ་ཡ་ཨཿདེ་ནས་རྐང་མཐིལ་གྱི་བར་ཉིང་སྤྲུལ་གྱི་ཁྲུང་ཞལ་གཅིག་ཕྱག་དྲུག་པ་དང་། ཨོཾ་ཨཱཿཧཱུྃ་ས་མ་ཡ་ཧོ། སྤྱི་བོ་ནས་རྐང་མཐིལ་གྱི་བར་ཕྱི་ནང་ཐམས་ཅད་དུ་བསམ་གྱིས་མི་ཁྱབ་པའི་ཁྲུང་དབུ་དགུ་པ་ལ་སོགས་པ་དབུ་ཕྱག་མ་ངེས་པ་རྣམས་ཀྱིས་གང་བར་གྱུར། རྣམ་སྤྲུལ་གྱི་ཁྲུང་དེ་རྣམས་ཐམས་ཅད་སྐུ་མདོག་དང་ཕྱག་མཚན་སྣ་ཚོགས་པའོ། །ཨོཾ་བཛྲ་ཛྭ་ལ་རཾ། ཁྱེད་རང་རྣམས་ཀྱི་ལུས་དང་ཁྲུང་ཐམས་ཅད་ལས་མེ་དཔུང་འབར་བར་གྱུར་པའི་སྤྱི་བོར་ཨོཾ། མགྲིན་པར་ཨཱཿ ཐུགས་ཀར་ཧཱུྃ་གིས་མཚན་པར་གྱུར་པའི་མོས་པ་མཛོད། མདུན་གྱི་ཚོམ་བུ་ཡང་ཁྱེད་རང་རྣམས་བསྒོམས་པ་དང་འདྲ་བའི་ཕྱག་ན་རྡོ་རྗེ་གཏུམ་པོ་དངོས་སུ་བཞུགས་པར་མོས་ལ།

དེ་ནས་སློབ་དཔོན་གྱི་ཐུགས་ཀ་ནས་འོད་ཟེར་འཕྲོས། རང་བཞིན་གྱི་གནས་ནས་དཔལ་ཕྱག་ན་རྡོ་རྗེ་གཙུམ་པོ་ལ་སངས་རྒྱས་དང་བྱང་ཆུབ་སེམས་དཔའི་ཚོགས་ཀྱིས་བསྐོར་བ་སྤྱན་དྲངས། ཁྱེད་རང་རྣམས་ཀྱི་ལུས་ལ་མཚོ་ལ་ཁ་བ་བབས་པ་བཞིན་དུ་སིབ་སིབ་ཐིམ་པའི་མོས་པ་མཛོད། ཛཿཧཱུྃ་བཾ་ཧོཿ སླར་ཡང་ཐུགས་ཀའི་ས་བོན་ལས་འོད་ཟེར་འཕྲོས། དབང་གི་ལྷ་རྣམས་བཛྲ་ས་མཱ་ཛཿ དེ་བཞིན་གཤེགས་པ་(༣༣༨ན)ཐམས་ཅད་ཀྱིས་སློབ་མ་འདི་རྣམས་ལ་དབང་བསྐུར་དུ་གསོལ། ཞེས་གསོལ་བ་བཏབ་པས། དབང་གི་ལྷ་རྣམས་ཀྱིས་དབང་བསྐུར་བར་མོས་ནས། སློབ་དཔོན་གྱིས་བུམ་པ་ཐོགས་ནས། ཇི་ལྟར་བལྟམས་པ་ཞེས་སོགས་དང་། ཨོཾ་ཙཎྜ་མཧཱ་རོ་ཥ་ཎ་ཨ་ཧྲི་ཁི་ཀ་ཏ་ག་ཊ་ཛྭཱ་ལི་ཛྭཱ་ལི། དུ་ཏ་སྨཱ་ར་ཡ་ཧཱུྃ་ཕཊ། ཅེས་བརྗོད་ཅིང་། བུམ་པ་སྤྱི་བོར་བཞག །བུམ་ཆུ་སྦྱིན། དེ་ལྟར་དབང་བསྐུར་བས་ལུས་གང་། དྲི་མ་དག །ཆུའི་ལྷག་མ་ཡར་ལུད་པ་ལས་མི་བསྐྱོད་པ་གཙོ་བོར་གྱུར་པའི་རིགས་ལྔས་དབུ་བརྒྱན་པར་མོས། ཁྱེད་རང་རྣམས་ལྷར་གསལ་བའི་ཐུགས་ཀར་ཉི་མའི་སྟེང་དུ་ས་བོན་གྱི་མཐར་སྔགས་ཕྲེང་གིས་བསྐོར་བ་བསྒོམ། སློབ་དཔོན་དང་མདུན་བསྐྱེད་གཉིས་ཀའི་ཐུགས་ཀ་ནས་སྔགས་ཕྲེང་འོད་ཟེར་དང་བཅས་པ་མར་མེ་གཅིག་ལས་གཉིས་ཆད་ཀྱི་ཚུལ་དུ་འཕྲོས། ཁྱེད་རང་རྣམས་ཀྱི་ཐུགས་ཀའི་སྔགས་ཕྲེང་ལ་ཐིམ་པ་ལས་འོད་ཟེར་འཕྲོས། ལུས་ཀྱི་ནང་ཐམས་ཅད་གང་། ཚེ་ཐོག་མ་མེད་པ་ནས་བསགས་པའི་སྡིག་སྒྲིབ་བག་ཆགས་དང་བཅས་པ་དག །འོད་ཟེར་བ་སྤུའི་བུ་ག་ནས་ཕྱིར་འཕྲོས། ཕྱོགས་བཅུའི་སངས་རྒྱས་བྱང་སེམས་ཐམས་ཅད་ཀྱི་སྐུ་གསུང་ཐུགས་ཀྱི་བྱིན་རླབས་ཐམས་ཅད་འོད་ཟེར་བདུད་རྩིའི་རྒྱུན་དང་བཅས་པ་སྤྱན་དྲངས་ཏེ་ཐུགས་ཀའི་སྔགས་ཕྲེང་ལ་ཐིམ་པའི་མོས་པ་མཛོད་བྱས་ལ། ཨོཾ་བཛྲ་པཱ་ཎི་ཧཱུྃ་ཧཱུྃ་ཧཱུྃ་ཕཊ་ཕཊ་སྭཱཧཱ། སྐུའི་སྔགས། ཨོཾ་བཛྲ་ཀྲོ་དྷ་ཧྲཱི་ལཾ་བ་ར་དྷ་ར་བཛྲ་པཱ་ཎི་ཧཱུྃ་ཧཱུྃ་ཕཊ་ཕཊ་སྭཱཧཱ། གསུང་(༣༣༨བ)གི་སྔགས། ཨོཾ་བཛྲ་ཙཎྜ་མཧཱ་རོ་ཥ་ཎ་ཧཱུྃ་ཕཊ།

ཐུགས་ཀྱི་སྔགས་ཏེ་ལན་གསུམ་བཟླས་བྱེད་དུ་གཞུག །ཨོཾ་བཛྲ་ཙཎྜ་མཧཱ་རོ་ཥ་ཎ་བཛྲ་ག་རུ་ཌ་ཧཱུྃ་ཧཱུྃ་ཕཊ་ཕཊ། ག་རུ་ཌ་ཙ་ལེ་ཙ་ལེ་ཧཱུྃ་ཕཊ། དུ་ཏ་མཱ་ར་ཡ་སྭཱཧཱ། ཞེས་ཤམ་བུ་ཐུང་འདོགས་དང་བཅས་པ་དང་། ཨོཾ་བཛྲ་ཙཎྜ་མཧཱ་རོ་ཥ་ཎ་བཛྲ་ག་རུ་ཌ་ཧཱུྃ་ཧཱུྃ་ཕཊ་ཕཊ། བཛྲ་བ་ཧཾ་བ་རུ་ཌ་བེ་གེ་ཧཱུྃ་ཧཱུྃ་ཛ་ཛ་རི་ཛ་ཕྲི་ཛ་ཧཱུྃ་ཕཊ། ག་རུ་ཌ་ཙ་ལེ་ཙ་ལེ་ཧཱུྃ་ཕཊ། དུ་ཏ་མཱ་ར་ཡ་སྭཱཧཱ། ཞེས་རིང་འདོགས་དང་བཅས་པ་དང་། ཧཱུྃ་ཧྲིལ་ཧྲིལ། དྷིམ་དྷིམ། ཕབ་ཕབ། ཤར་ཤར། དི་རི་དི་རི། ཁ་ཐམ་ཁ་ཐམ་ཐུམ། ཛ་རེ་ཛ་རེ་ཛྭོ། ཏ་ས་ཏ་ས། ཏེ་པ་ཏེ་པ། ཀྲི་ད་ཏ་ཀྲི་ད་ཏ། ཀྲི་ཁྲུག་ཀྲི་ཁྲུག །ཚལ་པ་ཚལ་པ། སྲོག་ཆིག་ནན་ཐད། ལུས་དུལ་མཱ་ར་ཡ་ཐད། རཾ་རཾ་ཛྷ་ལ་ཛྷ་ལ། ཤེ་ཤེ། རྡུལ་བུན་ཐད་སོད། ཅེས་པ་དྲག་སྔགས་ཏེ་ལན་གཅིག་བཟླས་བྱར་གཞུག །སློབ་དཔོན་ལ་མེ་ཏོག་གཏོར་བཞིན་པར། བཅོམ་ལྡན་བདག་ལ་སོགས་ལན་གསུམ་བཟླས་བྱ། སློབ་དཔོན་གྱིས་མེ་ཏོག་གཏོར་ཞིང་། བཅོམ་ལྡན་འདི་ལ་སོགས་བརྗོད། ཁྱེད་ཀྱི་རྡོ་རྗེ་གཏུམ་པོའི་སྒོ་ནས་འཕྲིན་ལས་རྣམ་བཞིས་སེམས་ཅན་གྱི་དོན་སྒྲུབ་པར་མཛོད་ཅིག །ཅེས་གནང་བ་སྦྱིན། རྗེས་ཆོག་སྤྱི་དང་འདྲ་བ་ལས་མདུན་བསྐྱེད་དང་ཆོས་སྐྱོང་ལ་གཏོར་མ་འབུལ་བ་ནི་ཁྱད་པར་རོ། །

༄ ཕྱག་རྡོར་གཏུམ་པོ་ཁྲ་ཐོགས་ལ། སྐྱབས་འགྲོ་སེམས་བསྐྱེད་སྤྱི་དང་མཐུན། ཨོཾ་ཤཱུ་ནྱ་ཏཱའི་སྔགས་ཀྱིས་སྟོང་པར་སྦྱངས། སྟོང་པའི་ངང་ལས། ཨོཾ་བཛྲ་པཱ་ཎི་ཧཱུྃ་ཕཊ། ཅེས་པའི་སྒྲ་ལས་རང་ཉིད་རྡོ་རྗེ་(༣༣༥ན)གཏུམ་པོ་སྐུ་མདོག་མཐིང་ནག་ཞལ་གཅིག་ཕྱག་གཉིས་སྤྱན་གསུམ་མཆེ་བ་གཙིགས་པ། ཕྱག་གཡས་རྡོ་རྗེ་སེར་པོ་རྩེ་ལྔ་པ་ནམ་མཁའ་ལ་འཕྱར་བ། གཡོན་སྡིགས་མཛུབ་བརྒྱང་བས་བགེགས་རྣམས་ལ་གཟིར་བ། སྣ་ཚོགས་པདྨ་ཉི་མའི་སྟེང་དུ་གཡོན་བརྐྱང་གི་སྟབས་ཀྱིས་བཞུགས་པ། སྦྲུལ་ནག་པོས་བརྒྱན་པ། ཁྲོ་བོའི་རྒྱན་དང་ཆ་ལུགས་ཡོངས་སུ་རྫོགས་པ། བ་སྤུའི་བུ་ག་ཐམས་ཅད་ཁྱུང་སྔོ་ནག་གིས་བཀྲམས་ཤིང་མེ་དཔུང་འབར་བའི་དབུས་

ན་བཞུགས་པའོ། །སྡིགས་མཛུབ་ཐུགས་ཀར་གཏོང་བས་ཀྱང་ཏུང་ངོ་། །དམ་ཡེ་དབྱེར་མེད་ཀྱི་ངོ་བོར་མོས་པ་བྱ། སྐུ་འདུལ་གཙོ་བོར་འདོད་ན་སྤྲུལ་རིགས་ལྷའི་ཚུན་པོ་ཞབས་འོག་ཏུ་མནན་པ་སྒོམ་གསུངས། དྲེགས་པ་རྣམས་ལྷ་ཅི་སྒོམས། ཡེ་ཤེས་ཀྱི་ལྷ་རྣམས་ཀྱང་བཀའ་འོག་ཏུ་འདུས་སོ་སྙམ་པའི་ང་རྒྱལ་བསྐྱེད་ལ། སྤྱི་བོར་བླ་མ་མི་བསྐྱོད་པ། དཔྲལ་བར་ཨོཾ། མགྲིན་པར་ཨཱཿ ཐུགས་ཀར་ཧཱུྃ། ཐུགས་ཀའི་དབུས་སུ་ཉི་མ་ལ་ཧཱུྃ་མཐིང་གའི་མཐར་སྔགས་ཀྱིས་བསྐོར་བ། དེ་རྣམས་ལས་མེ་གཡས་སྐོར་དུ་འབར་ཞིང་ལུས་གང་། སྡིག་སྒྲིབ་བསྲེགས། ཕྱིའི་མེ་དང་འདྲེས་ཏེ་ཆེར་འབར་བས་དགྲ་བགེགས་ཐམས་ཅད་ཚར་བཅད། ཧཱུྃ་གི་འོད་ཟེར་གྱིས་རྡོ་རྗེའི་གཞལ་ཡས་ཁང་དང་། སྲུང་བའི་འཁོར་ལོ་གྲུབ་པར་གྱུར། ཨོཾ་བཛྲ་ཙཎྜ་མཧཱ་རོ་ཥ་ཎ་ཧཱུྃ་ཕཊ། ཅེས་བཟླ། དེ་ནས་ཕྱག་གཡོན་གྱི་སྡིགས་མཛུབ་ཀྱི་རྩེ་ལ་ཁྲུང་ནག་པོ། སྤྲུལ་ནག་པོ་ཐོགས་པ་བསྐྱེད་ལ་ག་ཏུ་ཊ་ཙླ་ལེ་ཙླ་ལེ་ཧཱུྃ་ཕཊ། ཅེས་པ་བཏགས་ལ་བཟླའོ། །(༣༣༥བ)དེ་ནས་སྣོད་བཅུད་ཐམས་ཅད་ཕྱག་ན་རྡོ་རྗེའི་དཀྱིལ་འཁོར་དུ་བསྒོམ་ཞིང་། མི་དང་བྱ་ཁྲུང་ནམ་མཁའ་གང་བ་སྤྲོས་ཏེ་གོང་གི་སྔགས་ཤམ་བུ་ཅན་ལ། ཧཱུྃ་ཕཊ་ཥ་ན་རོ་མཧཱ་ཙཎྜ་ག་ཏུ་དེ་བ་ཐེན་བྱུང་། ས་ག་ནླ་གའི་སྙིང་ལ་གཟེར། གནོད་བྱེད་འབྱུང་པོ་ཐྲུྃ་རི་ལི་ལི་ཐད། ཅེས་བཏགས་ལ་བཟླའོ། །གཏོར་མ་འབུལ་བར་འདོད་ན། བྱ་རྒྱུད་ལྟར་བྱིན་གྱིས་བརླབས་ལ། རང་གི་སྙིང་ག་ནས་འོད་ཟེར་འཕྲོས། ལྕང་ལོ་ཅན་ནས་གསང་བའི་བདག་པོ་འཁོར་དང་བཅས་པ་སྤྱན་དྲངས། ཨོཾ་བཛྲ་པཱ་ཎི་ཧཱུྃ་ཕཊ། ཨི་དཾ་བ་ལིཾ་ཏ་ཁ་ཁ་ཁཱ་ཧི་ཁཱ་ཧི། མཧཱ་པཉྩ་ཨ་མྲི་ཏ་ཁཱ་ཧི། མཧཱ་རཀྟ་ཁཱ་ཧི། ཞེས་ལན་གསུམ་གྱིས་ཕུལ། ཨརྒྷཾ་ལ་སོགས་པས་མཆོད། ལྕང་ལོ་ཅན་གྱི་གནས་མཆོག་སོགས་ཀྱིས་བསྟོད། འདོད་དོན་གསོལ་བ་བཏབ། གཤེགས་གསོལ་རྣམས་བྱ། ༔ འདིའི་རྗེས་གནང་ནི། མཎྜལ་གྱི་སྟེང་དུ་ཚོམ་བུ་སྔོན་པོ་དགོད། དེའི་སྟེང་དུ་མཐླི་ལ་གཏོར་མ་ཟུར་གསུམ་པ་བཞག །མཆོད་གཏོར་སྤྱི་དང་མཐུན་

པར་བཤམས། བདག་བསྐྱེད་སྔོན་དུ་འགྲོ་བས་མཆོད་པ་བྱིན་རླབས་བྱ། མདུན་བསྐྱེད་བསངས། ཤཱུ་ནྱ་ཏཱས་སྟོང་པར་སྦྱངས། སྟོང་པའི་ངང་ལས། ཨོཾ་བཛྲ་ཕཱ་ཊི་ཧཱུཾ་ཕཊ། ཅེས་པའི་སྔགས་ལས་རྡོ་རྗེ་གཏུམ་པོ་སྐུ་མདོག་མཐིང་ནག་ཅེས་པ་ནས། ཐུགས་ཀར་ཧཱུཾ་གིས་མཚན་པར་གྱུར་པར་བསམ། དེ་ནས་མདུན་བསྐྱེད་ལ་དམིགས་ནས་བཟླས་པ་བྱ། གཏོར་འབུལ་མཆོད་བསྟོད་རྣམས་གོང་བཞིན་བྱ། གསོལ་བ་གདབ། ༈ སློབ་མས་མཎྜལ་ཕུལ། སློབ་དཔོན་གྱིས་བདག་ལ་རྡོ་རྗེ་གཏུམ་པོ་ཁྲ་ཐོགས་(༣༣༨ན)ཀྱི་རྗེས་སུ་གནང་བ་བསྐུལ་དུ་གསོལ། ལན་གསུམ་གྱིས་གསོལ་བ་བཏབ། དཀོན་མཆོག་གསུམ་ལ་བདག་སྐྱབས་མཆི། སོགས་ལན་གསུམ། ཤཱུ་ནྱ་ཏཱའི་སྔགས་ཀྱིས་སློབ་མ་རྣམས་སྟོང་པར་སྦྱངས། སྟོང་པའི་ངང་ལས་ཨོཾ་བཛྲ་ཕཱ་ཊི་ཧཱུཾ་ཕཊ། ཅེས་པའི་སྔགས་ལས་ཁྱེད་རང་རྣམས་རྡོ་རྗེ་གཏུམ་པོ་སྐུ་མདོག་མཐིང་ནག །ཞལ་གཅིག་ཕྱག་གཉིས་སྤྱན་གསུམ་མཆེ་བ་གཙིགས་པ། ཕྱག་གཡས་རྡོ་རྗེ་སེར་པོ་རྩེ་ལྔ་པ་ནམ་མཁའ་ལ་འཕྱར་བ། གཡོན་སྡིགས་མཛུབ་བརྐྱང་བས་བགེགས་རྣམས་གཟིར་བ། སྣ་ཚོགས་པདྨ་ཉི་མའི་སྟེང་དུ་གཡོན་བརྐྱང་གི་སྟབས་ཀྱིས་བཞུགས་པ། སྦྲུལ་ནག་པོས་བརྒྱན་པ། ཁྲོ་བོའི་རྒྱན་དང་ཆ་ལུགས་ཡོངས་སུ་རྫོགས་པ། བ་སྤུའི་བུ་ག་ཐམས་ཅད་ཁྲུང་སྔོ་ནག་གིས་བལྟམས་ཤིང་། མེ་དཔུང་འབར་བའི་དབུས་ན་བཞུགས་པའི་སྤྱི་བོར་བླ་མ་མི་བསྐྱོད་པ། དཔྲལ་བར་ཨོཾ། མགྲིན་པར་ཨཱཿ ཐུགས་ཀར་ཧཱུཾ་གིས་མཚན་པར་གྱུར་པའི་མོས་པ་མཛོད། མདུན་གྱི་ཚོམ་བུ་འདི་ཡང་ཁྱེད་རང་རྣམས་བསྒོམས་པ་དང་འདྲ་བའི་ཕྱག་ན་རྡོ་རྗེ་གཏུམ་པོ་ཁྲ་ཐོགས་དངོས་སུ་བཞུགས་པར་མོས་ལ། དེ་ནས་སློབ་དཔོན་གྱི་ཐུགས་ཀ་ནས་འོད་ཟེར་འཕྲོས། རང་བཞིན་གྱི་གནས་ནས་དཔལ་ཕྱག་ན་རྡོ་རྗེ་གཏུམ་པོ་ཁྲ་ཐོགས་ལ་སངས་རྒྱས་དང་བྱང་ཆུབ་སེམས་དཔའི་ཚོགས་ཀྱིས་བསྐོར་བ་སྤྱན་དྲངས། ཁྱེད་རང་རྣམས་ཀྱི་ལུས་ལ་མཚོ་ལ་ཁ་བ་བབས་པ་བཞིན་དུ་སིབ་སིབ་ཐིམ་པའི་(༣༣༨བ)མོས་པ་མཛོད། ཛཿཧཱུཾ་

བཾ་ཧཱུཿ ཡང་སློབ་དཔོན་གྱི་སྤྱི་བོ་ནས་ཁྱུང་དཀར་པོ། མགྲིན་པ་ནས་ཁྱུང་དམར་པོ། ཐུགས་ཀ་ནས་ཁྱུང་སྔོན་པོ། ལྟེ་བ་ནས་ཁྱུང་སེར་པོ། གསང་གནས་ནས་ཁྱུང་ལྗང་གུ་རྣམས་འཕྲོས་ནས། ཁྱེད་རང་རྣམས་ཀྱི་གནས་ལྔར་ཐིམ་པའི་མོས་པ་མཛོད་བྱས་ལ། ཨོཾ་བཛྲ་ཙཎྜ་མཧཱ་རོ་ཥ་ཎ་ཧཱུཾ་ཕཊ། ག་རུ་ཌ་ཛྭ་ལི་ཛྭ་ལི་ཧཱུཾ་ཕཊ། ཅེས་བརྗོད་ཅིང་རོལ་མོའི་སྒྲ་བྱའོ། །ཁྱེད་རང་རྣམས་ལྷར་གསལ་བའི་ཐུགས་ཀར་ཉི་མའི་སྟེང་དུ་ས་བོན་གྱི་མཐར་སྔགས་ཕྲེང་གིས་བསྐོར་བ་བསྒོམ། སློབ་དཔོན་དང་མདུན་བསྐྱེད་གཉིས་ཀའི་ཐུགས་ཀ་ནས་སྔགས་ཕྲེང་འོད་ཟེར་དང་བཅས་པ་མར་མེ་གཅིག་ལས་གཉིས་ཆད་ཀྱི་ཚུལ་དུ་འཕྲོས། ཁྱེད་རང་རྣམས་ཀྱི་ཐུགས་ཀའི་སྔགས་ཕྲེང་ལ་ཐིམ་པ་ལས་འོད་ཟེར་འཕྲོས། ལུས་ཀྱི་ནང་ཐམས་ཅད་གང་། ཚེ་ཐོག་མ་མེད་པ་ནས་བསགས་པའི་སྡིག་སྒྲིབ་བག་ཆགས་དང་བཅས་པ་དག །འོད་ཟེར་བ་སྤུའི་བུ་ག་ནས་ཕྱིར་འཕྲོས། ཕྱོགས་བཅུའི་སངས་རྒྱས་བྱང་སེམས་ཐམས་ཅད་ཀྱི་སྐུ་གསུང་ཐུགས་ཀྱི་བྱིན་རླབས་ཐམས་ཅད་འོད་ཟེར་བདུད་རྩིའི་རྒྱུན་དང་བཅས་པ་སྤྱན་དྲངས་ཏེ་ཐུགས་ཀའི་སྔགས་ཕྲེང་ལ་ཐིམ་པའི་མོས་པ་མཛོད་བྱས་ལ། ཨོཾ་བཛྲ་ཙཎྜ་མཧཱ་རོ་ཥ་ཎ་ཧཱུཾ་ཕཊ། ཅེས་ལན་གསུམ་དང་། ཨོཾ་བཛྲ་ཙཎྜ་མཧཱ་རོ་ཥ་ཎ་ཧཱུཾ་ཕཊ། ག་རུ་ཌ་ཛྭ་ལི་ཛྭ་ལི་ཧཱུཾ་ཕཊ། ཅེས་ལན་གསུམ་དང་། ཨོཾ་བཛྲ་ཙཎྜ་མཧཱ་རོ་ཥ་ཎ་ཧཱུཾ་ཕཊ། ག་རུ་ཌ་ཛྭ་ལི་ཛྭ་ལི་ཧཱུཾ་ཕཊ། ཧཱུཾ་ཕཊ་ཥ་ཎ་རོ་མཧཱ་ཙཎྜ་ག་རུ་དེ་བ་ཐེན་བྱུང་། ས་ག་ཟླ་གའི་སྙིང་ལ་གཟེར། གནོད་བྱེད་འབྱུང་(༣༣༧ན)པོ་ཕྱུཾ་རི་ལི་ལི་ཐད། ཅེས་ལན་གཅིག་རྗེས་ཟློས་བྱར་གཞུག །སློབ་དཔོན་ལ་མེ་ཏོག་གཏོར་བཞིན་དུ་བཅོམ་ལྡན་བདག་ལ་སོགས་ལན་གསུམ་རྗེས་ཟློས་བྱ། སློབ་མའི་མགོ་བོར་མེ་ཏོག་གཏོར་ཏེ། བཅོམ་ལྡན་འདི་ལ་སོགས་བྱ། གཏོར་དབང་ནི། གཏོར་མ་འདི་ཉིད་བཅོམ་ལྡན་འདས་ཕྱག་ན་རྡོ་རྗེ་གཏུམ་པོ་ཁྲ་ཐོགས་དངོས་སུ་མོས། དེ་ལ་མོས་གུས་དུང་བ་བྱས་པས་ཁྱེད་རང་རྣམས་ཀྱི་སྤྱི་བོར་ཕྱོན། རྒྱུད་བྱིན་གྱིས་བརླབས་པ་ཡིན་སྙམ་པ་གྱིས།

གཏོར་མ་མགོ་བོར་བཞག་ལ། དུས་གསུམ་སངས་རྒྱས་ཐམས་ཅད་ཀྱི། །སྐུ་གསུང་ཐུགས་ཀྱིས་བྱིན་རླབས་ཤིང་། །དངོས་གྲུབ་རྣམ་གཉིས་འབྱུང་འགྱུར་བའི། །གཏོར་མའི་དབང་བསྐུར་བྱིན་པར་བྱ། །རོལ་མོའི་སྒྲ་དང་བཅས་ཏེ་སྔགས་ཉིད་དྲག་ཏུ་བརྗོད། མཐར་ཕྱག་ན་རྡོ་རྗེ་འོད་དུ་ཞུ་ནས་ཁྱིད་རང་རྣམས་ལ་ཐིམ་པས། གསང་བདག་དངོས་སུ་གྱུར་པ་ཡིན་སྙམ་པ་གྱིས། ཞེས་བརྗོད། རྗེས་ཚིག་སྤྱི་དང་འདྲ། །

༄ ཕྱག་རྡོར་གཏུམ་ཆུང་དམར་པོ་ལ། སྐྱབས་སེམས་སྔོན་དུ་འགྲོ་བས། སྟོང་པར་བསྒོམ། སྟོང་པའི་ངང་ལས་པདྨ་དང་ཟླ་བ་ལ་རང་སེམས་ཧཱུྃ་དམར་པོ་ཡོངས་སུ་གྱུར་པ་ལས་རང་ཉིད་ཕྱག་ན་རྡོ་རྗེ་སྐུ་མདོག་དམར་པོ་གཡས་རྡོ་རྗེ་ནག་པོ་རྩེ་ལྔ་པ་འཕྱར་བ། གཡོན་ཐུགས་ཀར་ཞགས་པ་འཛིན་པ། སྟག་ཤམ་དང་དར་གྱི་ཤམ་ཐབས་ཅན། རིན་པོ་ཆེ་དང་སྦྲུལ་གྱིས་བརྒྱན་པ་མི་བསྐྱོད་པས་དབུ་བརྒྱན་ཅིང་། ཁྲོ་བོའི་རྒྱན་དང་ཆ་ལུགས་ཡོངས་སུ་རྫོགས་པ། མེ་དཔུང་འབར་བའི་དབུས་ན་བཞུགས་པ། སྙིང་གར་རང་འདྲའི་ཡེ་ཤེས་སེམས་དཔའ་(༣༣༧བ)ནག་པོ། དེའི་ཐུགས་ཀར་ཏིང་ངེ་འཛིན་སེམས་དཔའ་རྡོ་རྗེའི་ལྟེ་བར་ཧཱུྃ། དེ་ལས་འོད་ཟེར་འཕྲོས། གསང་བདག་མཐིང་ཀའི་ལྷ་ཚོགས་བཛྲ་ས་མ་ཛཿ ཛཿཧཱུྃ་བཾ་ཧོཿ གཉིས་སུ་མེད་པར་ཐིམ་པས་རང་ཉིད་སྐུ་མདོག་དམར་མཐིང་དུ་གྱུར། རང་གི་ཕྲག་གོང་གཡས་སུ་བྱ་ཁྱུང་ནག་པོ་དང་། གཡོན་དུ་གཞོག་པ་གཡུ་མདོག་ཅན། གཉིས་ཀར་སྦྲུལ་ཟ་བར་བསྒོམས་ལ་རང་འདྲའི་འཁོར་དཔག་ཏུ་མེད་པས་བསྐོར་བར་བསམ། ཨོཾ་བཛྲ་པཱ་ཎི་ཧཱུྃ་ཕཊ། ཅེས་གནམ་ས་ཐམས་ཅད་སྔགས་ཀྱི་སྒྲ་དི་རི་རི་ཁེངས་པར་བསམ་དྲག་ཏུ་བཟླས། གཏོར་མ་འབུལ་བར་འདོད་ན། བསངས་སྦྱངས། སྟོང་པ་ཉིད་དུ་གྱུར། སྟོང་པའི་ངང་ལས་བྷྲཱུྃ་ལས་རིན་པོ་ཆེའི་སྣོད་ཡངས་ཤིང་རྒྱ་ཆེ་བའི་ནང་དུ་གཏོར་མ་ཟག་པ་མེད་པའི་ཡེ་ཤེས་ཀྱི་བདུད་རྩིའི་རྒྱ་མཚོ་ཆེན་པོར་གྱུར་པར་བསམས་ལ། འབྲུ་གསུམ་གྱིས་བྱིན་གྱིས་བརླབས། རང་གི་སྙིང་ག་ནས་འོད་ཟེར

འཁྲོས། ལྷུང་ལོ་ཅན་ནས་གསང་བའི་བདག་པོ་འཁོར་དང་བཅས་པ་སྤྱན་དྲངས། ཨོཾ་བཛྲ་པཱ་ཎི་ཧཱུྃ་ཕཊ། ཨི་དཾ་བ་ལིཾ་ཏ་ཁ་ཁ་ཁཱ་ཧི་ཁཱ་ཧི། མནྟྲ་པཉྩ་ཨ་མྲི་ཏ་ཁཱ་ཧི། མནྟྲ་རཀྟ་ཁཱ་ཧི། ཞེས་ལན་གསུམ་གྱིས་ཕུལ། མཆོད་བསྟོད་གཤེགས་གསོལ་རྣམས་བྱ། ༈ འདིའི་བཟླས་ལུང་སྟེར་ཚུལ་ནི། མངོན་རྟོགས་གཏོར་མ་དང་བཅས་པ་གོང་ལྟར་བྱ། སློབ་མས་མཎྜལ་ཕུལ། སློབ་དཔོན་གྱིས་བདག་ལ་རིག་སྔགས་དམ་པ་བསྐུལ་དུ་གསོལ། ཞེས་ལན་གསུམ་གསོལ་བ་བཏབ། བཟང་སྤྱོད་ཀྱི་ཡན་ལག་བདུན་པ་བྱ། སངས་རྒྱས་(༤༤༨ན)ཆོས་ཚོགས་མ་ལན་གསུམ། དཀོན་མཆོག་གསུམ་ལ་བདག་སྐྱབས་མཆི། །ཞེས་སོགས་རྒྱུན་བཤགས་ལན་གསུམ། སློབ་མ་རྣམས་སྭ་བྷཱ་ཝས་སྟོང་པར་སྦྱངས། སྟོང་པའི་ངང་ལས་པདྨ་དང་ཟླ་བ་ལ་ཁྱེད་རང་རྣམས་ཀྱི་སེམས་ཧཱུྃ་དམར་པོ་ཡོངས་སུ་གྱུར་པ་ལས། ཁྱེད་རང་རྣམས་ཕྱག་ན་རྡོ་རྗེ་སྐུ་མདོག་དམར་པོ། གཡས་རྡོ་རྗེ་ནག་པོ་རྩེ་ལྔ་པ་འཕྱར་བ། གཡོན་ཐུགས་ཀར་ཞགས་པ་འཛིན་པ། སྟག་ཤམ་དང་དར་གྱི་ཤམ་ཐབས་ཅན། རིན་པོ་ཆེ་དང་སྦྲུལ་གྱིས་བརྒྱན་པ། མི་བསྐྱོད་པས་དབུ་བརྒྱན་ཅིང་། ཁྲོ་བོའི་རྒྱན་དང་ཆ་ལུགས་ཡོངས་སུ་རྫོགས་པ། མེ་དཔུང་འབར་བའི་དབུས་ན་བཞུགས་པ། སྙིང་གར་རང་འདྲའི་ཡེ་ཤེས་སེམས་དཔའ་ནག་པོ། དེའི་ཐུགས་ཀར་ཏིང་ངེ་འཛིན་སེམས་དཔའ་རྡོ་རྗེའི་ལྟེ་བར་ཧཱུྃ་གིས་མཚན་པར་གྱུར་པའི་མོས་པ་མཛོད། ཁྱེད་རང་རྣམས་ལྷར་གསལ་བའི་ཐུགས་ཀར་ཉི་མའི་སྟེང་དུ་ས་བོན་གྱི་མཐར་སྔགས་ཕྲེང་གིས་བསྐོར་བ་གསལ་བཏབ། སློབ་དཔོན་གྱི་ཐུགས་ཀ་ནས་སྔགས་ཕྲེང་རྣམས་འོད་ཟེར་དང་བཅས་པ་མར་མེ་གཅིག་ལས་གཉིས་ཆད་ཀྱི་ཚུལ་དུ་འཁྲོས། ཁྱེད་རང་རྣམས་ཀྱི་ཐུགས་ཀའི་སྔགས་ཕྲེང་ལ་ཐིམ་པའི་མོས་པ་མཛོད། ཨོཾ་བཛྲ་པཱ་ཎི་ཧཱུྃ་ཕཊ། ཅེས་ལན་གསུམ་རྗེས་ཟློས་བྱ། སློབ་དཔོན་ལ་མེ་ཏོག་གཏོར་བཞིན་དུ། བཅོམ་ལྡན་བདག་ལ་སོགས་ལན་གསུམ་རྗེས་ཟློས་བྱ། སློབ་མའི་མགོ་བོར་མེ་ཏོག་གཏོར་ཏེ། བཅོམ་ལྡན་འདི་

ལ་སོགས་བྱ། རྗེས་(༡༡༨བ)ཆོག་སྤྱི་དང་འདྲ། །

༄ ཕྱག་རྡོར་གོས་སྔོན་ཅན་འགྲོ་བཟང་ལུགས་ལ། སྐྱབས་སེམས་ཚད་མེད་བཞི་སྔོན་དུ་འགྲོ་བས། རང་སྐད་ཅིག་གིས་ཕྱག་ན་རྡོ་རྗེར་གསལ་བའི་སྙིང་གར་ཧྲཱིཿལས་སྣ་ཚོགས་པདྨ་དང་ཨ་ལས་ཟླ་བའི་དཀྱིལ་འཁོར་གྱི་སྟེང་དུ། ཧཱུྃ་མཐིང་ནག་དེ་ལས་འོད་ཟེར་འཕྲོས། རང་བཞིན་གྱི་གནས་ནས་རྒྱལ་བ་མི་བསྐྱོད་པ་ཕྱག་ན་རྡོ་རྗེ་རིགས་བརྒྱད་ཀྱིས་བསྐོར་བ། སྙིང་གི་ཆ་ལ་རྩ་བའི་བླ་མ། མཐའ་སྐོར་དུ་སངས་རྒྱས་བྱང་ཆུབ་སེམས་དཔའི་ཚོགས་ཀྱིས་བསྐོར་བ། ཨོཾ་བཛྲ་ས་མ་ཛཿ ན་མོ་གུ་རུ་བྷྱཿ བཛྲ་པཱ་ཎི་བཛྲ་ནཾ་ག་རོ་མི། ཞེས་ཕྱག་བྱས། ཨོཾ་ནཱི་ལཾ་བ་ར་དྷ་ར་བཛྲ་པཱ་ཎི་ཨརྒྷཾ་པྲ་ཏཱིཙྪ་སྭཱཧཱ། པཱ་དྱཾ། ཨོཾ་བཛྲ་པུཥྤེ་ཨཱཿཧཱུྃ་སྭཱཧཱ། དེ་བཞིན་དུ། དྷཱུ་པེ། ཨཱ་ལོ་ཀེ །གནྡྷེ། ནཻ་ཝེ་ཏྱ། ཤབྡ་རྣམས་སྦྱར། ཕྱག་ན་རྡོ་རྗེ་ཁྲོ་བོ་ཆེ། །གཏུམ་པོ་དྲག་པོ་རྡོ་རྗེའི་སྐུ། །མི་བཟད་ནམ་མཁའི་མདོག་འདྲ་བ། །འཇོམས་མཛད་ཁྱོད་ལ་ཕྱག་འཚལ་ལོ། །དཀོན་མཆོག་གསུམ་ལ་བདག་སྐྱབས་མཆི། །སོགས་ལན་གསུམ། ཚོགས་ཞིང་གི་ཐུགས་ཀ་ནས་འོད་ཟེར་བྱུང༌། རང་གི་ཚངས་བུག་ནས་ཞུགས། འཁོར་བ་ཐོག་མ་མེད་པ་ནས་བསགས་པའི་སྡིག་སྒྲིབ་ཐམས་ཅད་སྦྱངས། རང་ཉིད་ལྷའི་སྐུ་དྭངས་ཤིང་གསལ་བ་འོད་ཀྱི་རང་བཞིན་དུ་གྱུར། རང་གི་སྙིང་གའི་ཧཱུྃ་ལས་འོད་ཟེར་ཕར་འཕྲོས་ཏེ། གཙོ་བོའི་ཐུགས་ཀར་རེག །འོད་ཀྱི་ལམ་དེ་ལ་བརྒྱུད་ནས་རང་ཉིད་གཙོ་བོའི་ཐུགས་ཀར་ཐིམ། བདག་གི་དགེ་བའི་རྩ་བ་དེས་སེམས་ཅན་ཐམས་ཅད་སངས་རྒྱས་ཀྱི་གོ་(༡༡༩ན)འཕང་མྱུར་དུ་ཐོབ་པར་གྱུར་ཅིག །ཨོཾ་ཤཱུ་ནྱ་ཏཱ་ཛྙཱ་ན་བཛྲ་སྭ་བྷཱ་ཝ་ཨཱཏྨ་ཀོ྅ཧཾ། སྣོད་ཀྱི་འཇིག་རྟེན་འོད་དུ་ཞུ། བཅུད་ཀྱི་སེམས་ཅན་ལ་ཐིམ། དེ་རྣམས་ཚོགས་ཞིང་གི་ལྷ་ཚོགས་ལ་ཐིམ། དེ་རྣམས་རང་ལ་ཐིམ། དེ་ཧཱུྃ་ལ་ཐིམ། ཧཱུྃ་ཡང་ནཱ་དའི་བར་དུ་བསྡུས་ཏེ། ནཱ་ད་ཡང་མི་དམིགས་པ་སྟོང་པ་ཉིད་དུ་གྱུར། སྟོང་པའི་ངང་ལས་པཾ་ལས་པདྨ་དང་རཾ་ལས་ཉི་མའི་དཀྱིལ་འཁོར་གྱི་སྟེང་དུ་ཧཱུྃ་ལས་སྣ་ཚོགས་རྡོ་

རྗེའི་ལྟེ་བ་ལ་ཧཱུྃ་གིས་མཚན་པ་ལས་འོད་ཟེར་འཕྲོས། རྡོ་རྗེའི་ས་གཞི། ར་བ། དྲ་བ། གུར་བླ་བྲེ། སྲུང་བའི་འཁོར་ལོའི་དབུས་སུ་པཾ་ལས་སྣ་ཚོགས་པདྨ་དང་། ཨ་ལས་ཟླ་བའི་དཀྱིལ་འཁོར་གྱི་སྟེང་དུ་ཧཱུྃ་མཐིང་ནག་ལས་འོད་ཟེར་འཕྲོས། སྣོད་ཐམས་ཅད་གཞལ་ཡས་ཁང་དང་བཅུད་ཐམས་ཅད་ཕྱག་ན་རྡོ་རྗེའི་སྐུར་གྱུར། ཚུར་འདུས་ཡོངས་སུ་གྱུར་པ་ལས། རྡོ་རྗེ་ནག་པོ་རྩེ་ལྔ་པ་ལ་ཧཱུྃ་མཐིང་ནག་གིས་མཚན་པ། དེ་ལས་ཀྱང་འོད་ཟེར་འཕྲོས། འདུས་ཡོངས་སུ་གྱུར་པ་ལས་རང་ཉིད་ཕྱག་ན་རྡོ་རྗེ་སྐུ་མདོག་མཐིང་ནག་ཞལ་གཅིག་ཕྱག་གཉིས་དམར་ལ་ཟླུམ་པའི་སྤྱན་གསུམ་དང་ལྡན་པ། ཁྲོ་ཞིང་དྲེགས་པ་བཅུ་དྲུག་ལོན་པའི་ལང་ཚོ་ཅན། ཞལ་མཆེ་བ་གཙིགས་ཤིང་བཞད་པ། དབུ་སྐྲ་ཁམ་པ་གྱེན་དུ་བརྫེས་པ། རྡོ་རྗེའི་ཅོད་པན་ཅན། སྨ་ར་དང་སྨིན་མ་རབ་ཏུ་འབར་བ། སྤྱན་གཡས་ཟླ་བ། གཡོན་ཉི་མ། དབུས་མའི་རང་བཞིན་ཅན། ཕྱག་གཡས་རྡོ་རྗེ་རྩེ་ལྔ་པ་འཕྱར་བའི་སྟབས་དང་། གཡོན་ཐུགས་ཀར་སྡིགས་(༣༣་བ)མཛུབ་གནོད་བྱེད་ཐམས་ཅད་ལ་བསྡིགས་པ། ཞབས་གཡས་བསྐུམས་གཡོན་བརྐྱངས་པའི་སྟབས་ཀྱིས་བཞུགས་ཤིང་། སྟག་ལྤགས་ཀྱི་ཤམ་ཐབས་དང་དར་སྔོན་པོའི་སྟོད་གཡོགས་ཅན། རིན་པོ་ཆེའི་ཅོད་པན་དང་གླུ་ཆེན་པོ་བརྒྱད་ཀྱིས་བརྒྱན་པ། ཡེ་ཤེས་ཀྱི་མེ་དཔུང་འབར་བའི་དབུས་ན་བཞུགས་པའི་སྐུར་གྱུར། དཔྲལ་བར་ཨོཾ། མགྲིན་པར་ཨཱཿ ཐུགས་ཀར་ཧཱུྃ། ཐུགས་ཀའི་ཧཱུྃ་ལས་འོད་ཟེར་འཕྲོས། ཡེ་ཤེས་སེམས་དཔའ་སངས་རྒྱས་བྱང་ཆུབ་སེམས་དཔའི་འཁོར་དང་བཅས་པ་བཛྲ་ས་མ་ཛཿ གོང་བཞིན་ཕྱག་འཚལ་དང་མཆོད་བསྟོད་བྱ། ཛཿཧཱུྃ་བཾ་ཧོཿ གཉིས་སུ་མེད་པར་ཐིམ། སླར་ཡང་ཐུགས་ཀའི་ཧཱུྃ་ལས་འོད་ཟེར་འཕྲོས། དབང་གི་ལྷ་བཛྲ་ས་མ་ཛཿ གོང་བཞིན་མཆོད་བསྟོད་བྱས་ལ། བྱང་ཆུབ་རྡོ་རྗེས་ནས་དེང་བདག་སྐྱོལ། ཞེས་གསོལ་བ་བཏབ་པས་དབང་གི་ལྷ་རྣམས་ཀྱིས། ཇི་ལྟར་བལྟམས་པ་ཙམ་གྱིས་ནི། །ཞེས་པ་ནས། དེ་བཞིན་བདག་གིས་དབང་བསྐུར་རོ། །ཞེས་པའི་

བར་གསུང་ཞིང་། བུམ་པའི་ཆུས་སྤྱི་བོ་ནས་དབང་བསྐུར། སྐུ་གང་དྲི་མ་དག །ཆུའི་ལྷག་མ་ཡར་ལུད་པ་ལས་མི་བསྐྱོད་པས་དབུ་བརྒྱན་པར་བསམ། ཨརྒྷཾ་ནས་ཤབྡའི་བར་གྱིས་གོང་བཞིན་མཆོད། བཅོམ་ལྡན་ཕྱག་ན་རྡོ་རྗེ་ནི། །སྐུ་མཆོག་འབར་བའི་འོད་ཟེར་ཅན། །གདུག་པ་ཐམས་ཅད་འདུལ་མཛད་པ། །རྡོ་རྗེ་བསྣམས་ལ་ཕྱག་འཚལ་ལོ། །བཅོམ་ལྡན་ཕྱག་ན་རྡོ་རྗེ་ནི། །གསུང་མཆོག་འབར་བའི་འོད་ཟེར་ཅན། །ངག་གི་ཉེས་པ་འཇོམས་མཛད་པ། །རིག་སྔགས་(༣༢༠ན)གསུང་ལ་ཕྱག་འཚལ་ལོ། །བཅོམ་ལྡན་ཕྱག་ན་རྡོ་རྗེ་ནི། །ཐུགས་མཆོག་འབར་བའི་འོད་ཟེར་ཅན། །རྟོག་པའི་དྲྭ་བ་གཅོད་མཛད་པ། །རྡོ་རྗེ་ཅན་ལ་ཕྱག་འཚལ་ལོ། །ཞེས་པས་བསྟོད། བཟླས་པའི་དམིགས་པ་ནི། དཔྲལ་བར་ཨོཾ་ལས་འཁོར་ལོ་དཀར་པོ་རྩིབས་བཅུ་གཉིས་པའི་ལྟེ་བར་། རྩིབས་ལ་ཡི་གེ་བཅུ་གསུམ་པ། མགྲིན་པར་ཨཱཿལས་པདྨ་འདབ་མ་བརྒྱད་པའི་ལྟེ་བར་ཨཱཿའདབ་མ་ལ་ཡི་གེ་བཅུ་གསུམ་པ། སྙིང་གར་ཧཱུྃ་ལས་རྡོ་རྗེ་སྔོན་པོ་རྩེ་ལྔ་པའི་ལྟེ་བར་ཉི་མ་ལ་ཧཱུྃ། དེའི་མཐའ་མར་ཡི་གེ་བཅུ་གསུམ་པས་བསྐོར་བར་གྱུར། ཨོཾ་ནཱི་ལཾ་བ་ར་དྷ་ར་བཛྲ་པཱ་ཎི་ཧཱུྃ་ཕཊ། ཅེས་ཅི་ནུས་སུ་བཟླ། སླར་ཡང་མཆོད་བསྟོད་བྱ། ༈ འདིའི་རྗེས་གནང་གི་ཚོ་ག་ནི། མཎྜལ་པདྨ་འདབ་བརྒྱད་དབུས་སུ་ཧཱུྃ་ཡིག་དང་བཅས་པ་འབྲི། མ་ལྡོགས་ན་ཚོམ་བུ་ཙམ་གྱིས་ཀྱང་ཆོག །དེའི་སྟེང་དུ་མཉྫི་ལ་གཏོར་མ་བཀོད། མཐའ་མཆོད་གཏོར་གྱིས་བསྐོར། མཆོད་པ་ཕྱིན་རླབས་སྤྱི་དང་མཐུན། བདག་བསྐྱེད་བཟླས་པའི་བར་དུ་བྱ། མདུན་བསྐྱེད་བསངས་སྦྱངས། སྟོང་པའི་ངང་ལས་པཾ་ལས་པདྨ་དང་། རཾ་ལས་ཉི་མའི་དཀྱིལ་འཁོར་གྱི་སྟེང་དུ་ཧཱུྃ་ལས་སྣ་ཚོགས་རྡོ་རྗེའི་ལྟེ་བ་ལ་ཧཱུྃ་གིས་མཚན་པ་ལས་འོད་ཟེར་འཕྲོས། ཞེས་པ་ནས། དབུ་རྒྱན་གྱི་བར་གོང་དང་འདྲ་བ་ལས་རང་ཉིད་ཅེས་པ་དོར། གོང་བཞིན་མཆོད། བཅོམ་ལྡན་རྡོ་རྗེ་གོས་སྔོན་པོ། །ཀླུ་ཆེན་བརྒྱད་ཀྱིས་སྐུ་ལ་བརྒྱན། །ཞི་སྡང་ཅན་ནི་འཇོམས་པའི་རྟགས། །ཉོན་མོངས་སྤངས་ལ་

ཕྱག་འཚལ་ལོ། །ཞེས་(༤༩༠བ)བསྟོད། མདུན་བསྐྱེད་ལ་དམིགས་ནས་བཟླས་པ་བྱ། འབུལ་གཏོར་ནི། ཨོཾ་ཨ་མྲྀ་ཏ་ཀུཎྜ་ལི་ཧ་ན་ཧ་ན་ཧཱུྃ་ཕཊ་གྱིས་བསངས། སྭ་བྷཱ་ཝས་སྦྱངས། སྟོང་པའི་ངང་ལས་ཨོཾ་ལས་བྱུང་བའི་རིན་པོ་ཆེའི་སྣོད་ཀྱི་ནང་དུ་ཁཾ་ཞུ་བ་ལས་བྱུང་བའི་གཏོར་མ་བདུད་རྩིའི་རྒྱ་མཚོ་ཆེན་པོར་གྱུར། ཨོཾ་ཨཱཿཧཱུྃ། ལན་གསུམ། ཨོཾ་ཨ་ཀཱ་རོ་མུ་ཁཾ་སརྦ་དྷརྨཱ་ཎཾ་ཨཱདྱ་ནུ་ཏྤནྣ་ཏྭཏ། ཨོཾ་ཏུ་ཏུ་སྟུ་ཏུ་ཧྲེ་ལ་ཧི་ཊྛ་སིདྡྷ་ཡོ་ཙ་ནི་སརྦ་ཨརྠ་ས་དྷ་ནི་སྭཱཧཱ། ཨོཾ་སརྦ་ཏ་ཐཱ་ག་ཏ་བྷྱོཿབི་ཤྭ་མུ་ཁེ་བྷྱཿསརྦ་ཐཱ་ཁཾ་ཨུདྒ་ཏ་སྥ་ར་ཎ་ཨི་མཾ་ག་ག་ན་ཁཾ་སྭཱཧཱ། ལན་གསུམ་བརྗོད་པས་བྱིན་གྱིས་བརླབས། ཨོཾ་ཨཱི་ལཾ་བ་ར་ཧཱ་ར་བཛྲ་ཡུ་ཊི་ཨ་རྒྷ་པ་ཡ་ཧི་ཨི་དཾ་བ་ལིཾ་གྲིཧྣནྟུ། ས་མ་ཡ་རཀྵནྟུ་མ་མ་སརྦ་སིདྡྷིམྨེ་པྲ་ཡཙྪནྟུ། སརྦ་ཀརྨ་ས་དྷ་ཨ་མོ་གྷ་ཡ་སྭཱཧཱ། ཞེས་ལན་གསུམ་མམ། བདུན་གྱིས་ཕུལ། གོང་བཞིན་མཆོད་བསྟོད་བྱ། མཆོད་སྦྱིན་གཏོར་མ་འདི་བཞེས་ལ། སོགས། འདོད་དོན་གསོལ་བ་བཏབ། ༈ དེ་ནས་སློབ་མས་མཎྜལ་ཕུལ། སངས་རྒྱས་ཀུན་གྱི་རང་བཞིན་སྐུ། །སློབ་དཔོན་ལ་ནི་བདག་སྐྱབས་མཆི། །གཙོ་བོ་འཁོར་དང་བཅས་པ་ཡི། །ལྷ་རྣམས་ལ་ཡང་ཕྱག་འཚལ་ལོ། །ཐར་པ་ཆེན་པོའི་གྲོང་མཆོག་ཏུ། །མགོན་པོས་བདག་ནི་གཞུག་ཏུ་གསོལ། །ཞེས་ལན་གསུམ་གྱིས་གསོལ་བ་བཏབ། ཀུར་ནས་འབྱུང་བའི་རྒྱུན་བཤགས་ལན་གསུམ་བྱ། སློབ་མ་རྣམས། སྭ་བྷཱ་ཝས་སྟོང་པར་སྦྱངས། སྟོང་པའི་ངང་ལས་པཾ་ལས་སྣ་ཚོགས་པད་མ་དང་། ཨ་ལས་ཟླ་བའི་དཀྱིལ་འཁོར་གྱི་སྟེང་དུ་ཁྱེད་རང་རྣམས་ཀྱི་སེམས་ཉིད་ཀྱི་ངོ་(༤༩༡ན)བོ་ཧཱུྃ་མཐིང་ནག་ལས་འོད་ཟེར་འཕྲོས། སྣོད་ཐམས་ཅད་གཞལ་ཡས་ཁང་དང་བཅུད་ཐམས་ཅད་ཕྱག་ན་རྡོ་རྗེའི་སྐུར་གྱུར། ཚུར་འདུས་ཡོངས་སུ་གྱུར་པ་ལས་རྡོ་རྗེ་ནག་པོ་རྩེ་ལྔ་པ་ལ་ཧཱུྃ་མཐིང་ནག་གིས་མཚན་པ། དེ་ལས་ཀྱང་འོད་ཟེར་འཕྲོས་འདུས་ཡོངས་སུ་གྱུར་པ་ལས་ཁྱེད་རང་རྣམས་ཕྱག་ན་རྡོ་རྗེ་སྐུ་མདོག་མཐིང་ནག །ཞལ་གཅིག་ཕྱག་གཉིས་དམར་ལ་ཟླུམ་པའི་སྤྱན་གསུམ་དང་ལྡན་པ་ཁྲོ་ཞིང་དྲེགས་པ་བཅུ་དྲུག་

ལོན་པའི་ལང་ཚོ་ཅན། ཞལ་མཆེ་བ་གཙིགས་ཤིང་བཞད་པ། དབུ་སྐྲ་ཁམ་པ་གྱེན་དུ་བརྫེས་པ། རྡོ་རྗེའི་ཅོད་པན་ཅན། སྨ་ར་དང་སྨིན་མ་རབ་ཏུ་འབར་བ། སྤྱན་གཡས་ཟླ་བ། གཡོན་ཉི་མ། དབུས་མེའི་རང་བཞིན་ཅན། ཕྱག་གཡས་རྡོ་རྗེ་རྩེ་ལྔ་པ་འཕྱར་བའི་སྟབས་དང་གཡོན་ཐུགས་ཀར་སྡིགས་མཛུབ་གནོད་བྱེད་ཐམས་ཅད་ལ་བསྡིགས་པ། ཞབས་གཡས་བསྐུམ་གཡོན་བརྐྱང་བའི་སྟབས་ཀྱིས་བཞུགས་ཤིང་། སྟག་ལྤགས་ཀྱི་ཤམ་ཐབས་དང་དར་སྔོན་པོའི་སྟོད་གཡོགས་ཅན། རིན་པོ་ཆེའི་ཅོད་པན་དང་སྦྲུ་ཆེན་པོ་བརྒྱད་ཀྱིས་བརྒྱན་པ། ཡེ་ཤེས་ཀྱི་མེ་འབར་བའི་དབུས་ན་བཞུགས་པའི་དཔྲལ་བར་ཨོཾ། མགྲིན་པར་ཨཱཿ ཐུགས་ཀར་ཧཱུྃ་གིས་མཚན་པར་གྱུར་པའི་མོས་པ་མཛོད། མདུན་གྱི་ཚོམ་བུ་འདི་ཡང་ཁྱེད་རང་རྣམས་བསྒོམས་པ་དང་འདྲ་བའི་ཕྱག་ན་རྡོ་རྗེ་དངོས་སུ་བཞུགས་པར་མོས་ལ། དེ་ནས་སློབ་དཔོན་གྱི་ཐུགས་ཀ་ནས་འོད་ཟེར་འཕྲོས། ཡེ་ཤེས་སེམས་དཔའ་སངས་རྒྱས་བྱང་(༣༤༧བ)ཆུབ་སེམས་དཔའི་འཁོར་དང་བཅས་པ་བཛྲ་ས་མ་ཛཿ ཛཿཧཱུྃ་བཾ་ཧོཿ ཁྱེད་རང་གི་ལུས་ལ་གཉིས་སུ་མེད་པར་ཐིམ་པའི་མོས་པ་མཛོད། སྐུའི་རྗེས་གནང་ངོ་། །ཁྱེད་རང་རྣམས་ལྷར་གསལ་བའི་ཐུགས་ཀར་ཉི་མའི་སྟེང་དུ་ས་བོན་གྱི་མཐར་སྔགས་ཕྲེང་གིས་བསྐོར་བ་གསལ་བཏབ། སློབ་དཔོན་དང་མདུན་བསྐྱེད་གཉིས་ཀའི་ཐུགས་ཀ་ནས་སྔགས་ཕྲེང་འོད་ཟེར་དང་བཅས་པ་མར་མེ་གཅིག་ལས་གཉིས་ཆད་ཀྱི་ཚུལ་དུ་འཕྲོས། ཁྱེད་རང་རྣམས་ཀྱི་ཐུགས་ཀའི་སྔགས་ཕྲེང་ལ་ཐིམ་པ་ལས་འོད་ཟེར་འཕྲོས། ལུས་ཀྱི་ནང་ཐམས་ཅད་གང་། ཚེ་ཐོག་མ་མེད་པ་ནས་བསགས་པའི་སྡིག་སྒྲིབ་བག་ཆགས་དང་བཅས་པ་དག །འོད་ཟེར་བ་སྤུའི་བུ་ག་ནས་ཕྱིར་འཕྲོས། ཕྱོགས་བཅུའི་སངས་རྒྱས་བྱང་སེམས་ཐམས་ཅད་ཀྱི་སྐུ་གསུང་ཐུགས་ཀྱི་བྱིན་རླབས་ཐམས་ཅད་འོད་ཟེར་བདུད་རྩིའི་རྒྱུན་དང་བཅས་པ་སྤྱན་དྲངས་ཏེ་ཐུགས་ཀའི་སྔགས་ཕྲེང་ལ་ཐིམ་པའི་མོས་པ་མཛོད། ཨོཾ་ནཱི་ལཾ་བ་ར་དྷ་ར་བཛྲ་པཱ་ཎི་ཧཱུྃ་ཕཊ། ཅེས་ལན་གསུམ་

རྗེས་ཟློས་བྱར་གཞུག །སློབ་དཔོན་ལ་མེ་ཏོག་གཏོར་བཞིན་དུ། བཅོམ་ལྡན་བདག་ལ་སོགས་ལན་གསུམ་རྗེས་ཟློས་བྱ། སློབ་མའི་མགོ་བོར་མེ་ཏོག་གཏོར་ཏེ། བཅོམ་ལྡན་འདི་ལ་སོགས་བྱ། གསུང་གི་རྗེས་གནང་ངོ་། །ཐུགས་ཀྱི་རྗེས་གནང་ནི། སློབ་དཔོན་དང་མདུན་བསྐྱེད་ཀྱི་ཐུགས་ཀ་ནས་འོད་ཟེར་འཕྲོས། སངས་རྒྱས་དང་བྱང་ཆུབ་སེམས་དཔའ་ཐམས་ཅད་ཀྱི་བྱིན་རླབས་མ་ལུས་པ་རྣམས་འོད་ཟེར་སྣ་ལྔ་པའི་རྣམ་པར་བསྡུས། སློབ་(༣༤༢ན)མའི་སྤྱི་གཙུག་ནས་ཞུགས། སྤྱི་མགྲིན་སྙིང་ལྟེ་གསང་བ་ནས་བརྒྱུད་ལུས་ཐམས་ཅད་འཇའ་འོད་ཀྱིས་གང་བས་འཁོར་བ་ཐོག་མ་མེད་པ་ནས་བསགས་པའི་སྡིག་སྒྲིབ་རྣམས་སང་སང་དག །ལུས་སེམས་ཐམས་ཅད་བདེ་བས་གང་བར་བསམ། དེ་ལྟར་ལན་གསུམ་བསྒོམ་པའི་རྗེས་སུ། སློབ་དཔོན་གྱི་ཐུགས་ཀའི་འོད་ཟེར་གྱིས་གསང་བདག་གཙོ་བོར་གྱུར་པའི་སངས་རྒྱས་བྱང་སེམས་ཐམས་ཅད་ཀྱི་སྐུ་གསུང་ཐུགས་ཡོན་ཏན་གྱི་བྱིན་རླབས་མ་ལུས་པ་བདུད་རྩིའི་རྣམ་པར་ཚུར་བསྡུས། སློབ་མའི་སྤྱི་བོ་ནས་ཞུགས། ལུས་ཐམས་ཅད་གང་བར་བསམ་པའི་ངང་དུ་ཅུང་ཟད་མཉམ་པར་བཞག་གོ། །དེ་ནས་གཏོར་དབང་ནི། གཏོར་མ་འདི་ཉིད་བཅོམ་ལྡན་འདས་ཕྱག་ན་རྡོ་རྗེ་གོས་སྔོན་ཅན་དངོས་སུ་མོས། དེ་ལ་མོས་གུས་དུང་བ་བྱས་པས་ཁྱེད་རང་རྣམས་ཀྱི་སྤྱི་བོར་ཕྱོན། རྒྱུད་བྱིན་གྱིས་བརླབས་པ་ཡིན་སྙམ་པ་གྱིས། གཏོར་མ་མགོ་བོར་བཞག་ལ། དུས་གསུམ་སངས་རྒྱས་ཐམས་ཅད་ཀྱི། །སྐུ་གསུང་ཐུགས་ཀྱིས་བྱིན་རླབས་ཤིང་། །དངོས་གྲུབ་རྣམ་གཉིས་འབྱུང་འགྱུར་བའི། །གཏོར་མའི་དབང་བསྐུར་བྱིན་པར་བྱ། །རོལ་མོའི་སྒྲ་དང་བཅས་ཏེ། ཨོཾ་ཀྲི་ལཾ་བ་ར་ཧྲ་ར་བཛྲ་པཱ་ཎི་ཧཱུཾ་ཕཊ། ཅེས་དྲག་ཏུ་བརྗོད། མཐར་ཕྱག་ན་རྡོ་རྗེ་འོད་དུ་ཞུ་ནས། ཁྱེད་རང་རྣམས་ལ་ཐིམ་པས་གསང་བདག་དངོས་སུ་གྱུར་པ་ཡིན་སྙམ་པ་གྱིས། ཞེས་བརྗོད། རྗེས་ཆོག་སྤྱི་དང་འདྲ། །

༄ ཕྱག་རྡོར་ཁང་བརྩེགས་མ་ལ། སྐྱབས་འགྲོ་སེམས་བསྐྱེད་ཚད་མེད་བཞི་བསྒོམ་

པ་སྔོན་དུ་(༣༤༢བ)བཏང་ནས། སྭ་བྷཱ་ཝས་སྦྱངས། སྟོང་པ་ཉིད་དུ་གྱུར། སྟོང་པའི་
ངང་ལས་པད་ཉིའི་སྟེང་དུ་རང་སེམས་ཧཱུྃ་གི་འཕྲོ་འདུ་ལས། རང་ཉིད་ཕྱག་ན་རྡོ་
རྗེ་ནམ་མཁའི་མདོག་ཅན་ཕྱག་གཡས་གསེར་གྱི་རྡོ་རྗེ་རྩེ་ལྔ་པ་ནམ་མཁའ་ལ་འཕྱར་
ཞིང་། གཡོན་ཐོད་ཁྲག་ཐུགས་ཀར་འཛིན་པ། ཞབས་གཡས་བསྐུམས་གཡོན་བརྐྱང་
བའི་སྟབས་ཀྱིས་པད་ཉི་ལ་དབང་ཕྱུག་ཆེན་པོ་དང་ཨུ་མ་དེ་བ་མནན་པ། སྟག་
ལྤགས་དང་དར་སྔོན་པོའི་ཤ་བཟའ་ཅན། སེང་གེའི་པགས་པའི་སྟོད་གཡོགས་ཅན།
རིན་པོ་ཆེ་དང་སྦྲུལ་དང་མི་མགོའི་ཕྲེང་བས་བརྒྱན་པ། མེ་དཔུང་འབར་བའི་དབུས་
ན་བཞུགས་པའི་སྤྱི་བོར་ཨོཾ། མགྲིན་པར་ཨཱཿ ཐུགས་ཀར་ཧཱུྃ། ཐུགས་ཀའི་ཧཱུྃ་ལས་
འོད་ཟེར་འཕྲོས། ཡེ་ཤེས་སེམས་དཔའ་བཛྲ་ས་མ་ཛཿ ཛཿཧཱུྃ་བཾ་ཧོཿགཉིས་སུ་མེད་
པར་གྱུར། སླར་ཡང་ཐུགས་ཀའི་ཧཱུྃ་ལས་འོད་ཟེར་འཕྲོས། དབང་གི་ལྷ་བཛྲ་ས་
མ་ཛཿ དེ་བཞིན་གཤེགས་པ་ཐམས་ཅད་ཀྱིས་བདག་ལ་མངོན་པར་དབང་བསྐུར་
དུ་གསོལ། ཞེས་གསོལ་བ་བཏབ་པས། ཨོཾ་སརྦ་ཏ་ཐཱ་ག་ཏ་ཨ་བྷི་ཥེ་ཀ་ཏ་ས་མ་ཡ་
ཤྲཱི་ཡེ་ཧཱུྃ། ཞེས་གསུངས་ཤིང་དབང་བསྐུར། མི་བསྐྱོད་པས་དབུ་བརྒྱན་པར་གྱུར་
པར་བསམ། ཨོཾ་བཛྲ་པཱ་ཎི་ས་པ་རི་ཝཱ་ར་ཨརྒྷཾ་པྲ་ཏཱིཙྪ་ཡེ་སྭཱཧཱ། ཞེས་པ་ནས། ཤབྡ་
པྲ་ཏཱིཙྪ་ཡེ་སྭཱཧཱ། ཞེས་པའི་བར་གྱིས་མཆོད། ལྷུང་པོ་ཅན་གྱི་གནས་མཆོག་དམ་
པ་ན། ཞེས་པ་ནས། བཅོམ་ལྡན་རྡོ་རྗེ་བསྣམས་ལ་ཕྱག་འཚལ་ལོ། །ཞེས་པས་
བསྟོད། བཟླས་པའི་དམིགས་པ་གསལ་བཏབ་ལ། ཨོཾ་ནཱི་ལཾ་པ་ར་དྷ་ར་བཛྲ་པཱ་
ཎི་ར་ཧྣཱ་པ་(༣༤༣ན)ཡ་ཧཱུ་སྭཱཧཱ། ཞེས་ཅི་ནུས་བཟླ། ཡིག་བརྒྱ་བརྗོད། ༈ འདིའི་རྗེས་
གནང་བྱ་ཚུལ་ནི། མཎྜལ་པདྨ་འདབ་བརྒྱད་ཀྱི་ལྟེ་བར་རྟེན་གཏོར་བཞག །མདུན་
དུ་ལྷུམ་གཏོར་དམར་པོ་མཐའ་མཆོད་པས་བསྐོར། བདག་བསྐྱེད་བཟླས་པ་དང་
བཅས་པ་བྱ། མཆོད་པ་བྱ་རྒྱུད་ལྟར་བྱིན་གྱིས་བརླབས། མདུན་བསྐྱེད་བསངས་
སྦྱངས། སྟོང་པའི་ངང་ལས་པད་ཉིའི་སྟེང་དུ་ཧཱུྃ་གི་འཕྲོ་འདུ་ལས། ཕྱག་ན་རྡོ་རྗེ་

ནམ་མཁའི་མདོག་ཅན་ཞེས་པ་ནས། དེ་བཞིན་གཤེགས་པ་ཐམས་ཅད་ཀྱིས་འདི་ལ་མངོན་པར་དབང་བསྐུར་དུ་གསོལ། ཞེས་གསོལ་བ་བཏབ་པས། ཨོཾ་སརྦ་ཏ་ཐཱ་ག་ཏ་སོགས་ཀྱིས་དབང་བསྐུར། མི་བསྐྱོད་པས་དབུ་བརྒྱན་པར་བསམ། ཨོཾ་བཛྲ་པུཥྤེ་ས་པ་རི་ཝ་ར་ཨཱཿཧཱུྃ་སོགས་ཀྱིས་མཆོད། ལྷང་ལོ་ཅན་གྱི་སོགས་ཀྱིས་བསྟོད། བཟླས་པ་ཅི་འགྲུབ་བྱ། གཏོར་མ་འབྲུ་གསུམ་གྱིས་བྱིན་གྱིས་བརླབས་ལ། ཨོཾ་ནྲི་ཡིཾ་བ་ར་ཧྲ་ར་བཛྲ་པུཥྤེ་ར་ཀྵེ་པ་ཡ་ཧི་ཨི་དཾ་བྷུ་ལིཾ་གྲིཧྣ་གྲིཧྣ་ཧཱུྃ། ཞེས་ལན་བདུན་གྱིས་ཕུལ། མཆོད་བསྟོད་བྱ། འདོད་དོན་ལ་གསོལ་བ་བཏབ། ༈ དེ་ནས་སློབ་མ་ཁྲུས་བྱས། མཎྜལ་ཕུལ། གསོལ་བ་འདེབས་པ་འདིའི་རྗེས་ཟློས་མཛོད། རྡོ་རྗེ་འཛིན་པ་སོགས་ལན་གསུམ། དཀོན་མཆོག་གསུམ་ལ་བདག་སྐྱབས་མཆི། །ཞེས་སོགས་ཀྱིས་རྒྱུན་བཤགས་བྱ། སློབ་དཔོན་ལ་མོས་གུས་དུང་བ་བྱས་པས། སློབ་དཔོན་གྱི་ཐུགས་ཀ་ནས་འོད་ཟེར་འཕྲོས། མདུན་བསྐྱེད་ཀྱི་ཐུགས་རྒྱུད་བསྐུལ། དེའི་ཐུགས་ཀ་ནས་འོད་ཟེར་འཕྲོས། ཁྱེད་རང་རྣམས་(༣༤༢བ)ཀྱི་ལུས་ལ་ཕོག་པས་རྣམ་སྨིན་ཤ་ཁྲག་རྗེས་བཅས་ཀྱི་ཕུང་པོས་མཚོན་པའི་མ་དག་པའི་སྣང་བ་ཐམས་ཅད་སྟོང་པ་ཉིད་དུ་སྦྱངས། ཨོཾ་སྭ་བྷཱ་ཝ་ཤུདྡྷ་སརྦ་དྷརྨཱ་སྭ་བྷཱ་ཝ་ཤུདྡྷོ྅ཧཾ། སྟོང་པའི་ངང་ལས་པད་ཉིའི་སྟེང་དུ་ཁྱེད་རང་རྣམས་ཀྱི་སེམས་ཧཱུྃ་གི་འཕྲོ་འདུ་ལས། ཁྱེད་རང་རྣམས་ཕྱག་ན་རྡོ་རྗེ་ནམ་མཁའི་མདོག་ཅན། ཕྱག་གཡས་གསེར་གྱི་རྡོ་རྗེ་རྩེ་ལྔ་པ་ནམ་མཁའ་ལ་འཕྱར་ཞིང་། གཡོན་ཐོད་ཁྲག་ཐུགས་ཀར་འཛིན་པ། ཞབས་གཡས་བསྐུམ་གཡོན་བརྐྱང་བའི་སྟབས་ཀྱིས་པད་ཉི་ལ་དབང་ཕྱུག་ཆེན་པོ་དང་ཨུ་མ་དེ་བ་མནན་པ། སྟག་ལྤགས་དང་དར་སྔོན་པོའི་ན་བཟའ་ཅན་སེང་གེའི་ལྤགས་པའི་སྟོད་གཡོགས་ཅན། རིན་པོ་ཆེ་དང་སྦྲུལ་དང་མི་མགོའི་ཕྲེང་བས་བརྒྱན་པ། མེ་དཔུང་འབར་བའི་དབུས་ན་བཞུགས་པའི་སྤྱི་བོར་ཨོཾ། མགྲིན་པར་ཨཱཿ ཐུགས་ཀར་ཧཱུྃ། ཞེས་གསལ་བཏབ་པོ། །མདུན་གྱི་རྟེན་གཏོར་འདི་ཡང་ཁྱེད་རང་རྣམས་བསྒོམས་

པ་དང་འདྲ་བའི་ཕྱག་ན་རྡོ་རྗེ་ནམ་མཁའི་མདོག་ཅན་དུ་དངོས་སུ་བཞུགས་པར་མོས་ལ། དེ་ནས་སློབ་དཔོན་ལ་མོས་གུས་དྲང་བ་བྱས་པས་ཐུགས་ཀ་ནས་འོད་ཟེར་འཕྲོས། མདུན་བསྐྱེད་ཀྱི་ཐུགས་རྒྱུད་བསྐུལ། དེའི་ཐུགས་ཀ་ནས་ཀྱང་འོད་ཟེར་འཕྲོས། ཕྱོགས་བཅུའི་སངས་རྒྱས་དང་བྱང་ཆུབ་སེམས་དཔའ་ཐམས་ཅད་གསང་བདག་ཕྱག་ན་རྡོ་རྗེའི་རྣམ་པར་སྤྱན་དྲངས། ཁྱེད་རང་རྣམས་ཀྱི་ལུས་ལ་ཐིམ། ཁྱད་པར་ལྕང་ལོ་ཅན་གྱི་གནས་ནས་གསང་བདག་ཕྱག་ན་རྡོ་རྗེའི་ལྷ་ཚོགས་འཁོར་དང་བཅས་པ་སྤྱན་དྲངས། སློབ་དཔོན་དང་(༣༥༥ན)མདུན་བསྐྱེད་ཀྱི་ཐུགས་ཀ་ནས་ཀྱང་། ཕྱག་ན་རྡོ་རྗེའི་སྐུ་ཆེ་བ་རི་རབ་ཙམ། ཆུང་བ་ཡུངས་འབྲུ་ཙམ། ཡང་ཆུང་རྡུལ་ཕྲན་ཙམ་བསམ་གྱིས་མི་ཁྱབ་པ་བྱོན། དེ་དག་ཐམས་ཅད་ཁྱེད་རང་རྣམས་ལ་སིབ་སིབ་ཐིམ་པར་མོས་པ་མཛོད། སྙིང་པོ་བཟླ། ཛཿཧཱུྃ་བཾ་ཧོཿགཉིས་སུ་མེད་པར་གྱུར་ཅེས་བརྗོད། ཁྱེད་རང་རྣམས་གསང་བའི་བདག་པོའི་སྐུར་གསལ་བའི་ཐུགས་ཀར་ཉི་མ་ལ་ཧཱུྃ་མཐིང་ནག །མདུན་བསྐྱེད་ཀྱི་ཐུགས་ཀར་ཉི་མའི་སྟེང་དུ་ཧཱུྃ་ཡིག་གི་མཐར་སྔགས་ཀྱིས་བསྐོར་བ་གསལ་བཏབ་ལ། སློབ་དཔོན་ལ་མོས་གུས་དྲང་བ་བྱས་པས། སློབ་དཔོན་གྱི་ཐུགས་ཀ་ནས་འོད་ཟེར་འཕྲོས། མདུན་བསྐྱེད་ཀྱི་ཐུགས་རྒྱུད་བསྐུལ། ཐུགས་ཀའི་སྔགས་ཕྲེང་ལས་སྔགས་ཕྲེང་གཉིས་པ་ཞིག་ཆད། ཞལ་ནས་ཐོན། ཁྱེད་རང་རྣམས་ཀྱི་ཞལ་དུ་ཞུགས། ཐུགས་ཀའི་ཧཱུྃ་གི་མཐའ་སྐོར་དུ་འཁོད་པར་མོས་ལ་འདིའི་རྗེས་ཟློས་མཛོད། ཨོཾ་ནཱི་ལཾ་བ་ར་དྷ་ར་བཛྲ་པཱ་ཎི་ར་ཀྵ་པ་ཡ་ཧི་སྭཱཧཱ། ཞེས་ལན་གསུམ་རྗེས་ཟློས་བྱར་གཞུག །དེ་ནས་སློབ་དཔོན་ལ་མོས་གུས་དྲང་བ་བྱས་པས་སློབ་དཔོན་གྱི་ཐུགས་ཀ་ནས་འོད་ཟེར་འཕྲོས། མདུན་བསྐྱེད་དང་། ཕྱོགས་བཅུའི་སངས་རྒྱས་དང་བྱང་ཆུབ་སེམས་དཔའ་ཐམས་ཅད་ཀྱི་ཐུགས་ཀ་ནས་ཐུགས་གཉིས་སུ་མེད་པའི་ཡེ་ཤེས་རྣམས་རྡོ་རྗེ་རྩེ་ལྔ་པ་དཔག་ཏུ་མེད་པའི་རྣམ་པར་སྤྱན་དྲངས། ཁྱེད་རང་རྣམས་ཀྱི་ཐུགས་ཀའི་ཧཱུྃ་ཡིག་ལ་

གཉིས་སུ་མེད་པར་ཐིམ་པའི་མོས་པ་མཛོད་བྱས་ལ་རོལ་མོ་བྱ། སྔགས་བཟླ། དེ་(༣༨༨བ)ནས་གཏོར་དབང་ནི། གཏོར་མ་འདི་ཉིད་བཅོམ་ལྡན་འདས་ཕྱག་ན་རྡོ་རྗེ་དངོས་སུ་མོས། དེ་ལ་མོས་གུས་དྲུང་བ་བྱས་པས། ཁྱེད་རང་རྣམས་ཀྱི་སྤྱི་བོར་ཕྱིན། རྒྱུད་བྱིན་གྱིས་བརླབས་པ་ཡིན་སྙམ་པ་གྱིས། གཏོར་མ་མགོ་བོར་བཞག་ལ། དུས་གསུམ་སངས་རྒྱས་ཐམས་ཅད་ཀྱི། །སྐུ་གསུང་ཐུགས་ཀྱིས་བྱིན་རླབས་ཤིང་། །དངོས་གྲུབ་རྣམ་གཉིས་འབྱུང་འགྱུར་བའི། །གཏོར་མའི་དབང་བསྐུར་བྱིན་པར་བྱ། །ཞེས་རོལ་མོའི་སྒྲ་དང་བཅས་ཏེ་སྔགས་ཉིད་བརྗོད། མཐར་ཕྱག་ན་རྡོ་རྗེ་འོད་དུ་ཞུ་ནས་ཁྱེད་རང་རྣམས་ལ་ཐིམ་པས་གསང་བདག་དངོས་སུ་གྱུར་པ་ཡིན་སྙམ་པ་གྱིས། ཞེས་བརྗོད། མཇུག་ཚོག་སྤྱི་དང་འདྲ། །

༄ ཕྱག་རྡོར་འབྱུང་པོ་འདུལ་བྱེད་ལ། སྐྱབས་འགྲོ་སེམས་བསྐྱེད་ཚད་མེད་བཞི་བསྒོམ་པ་སྔོན་དུ་སོང་ནས། ཤཱུ་ནྱ་ཏཱས་སྟོང་པར་སྦྱངས། སྟོང་པའི་ངང་ལས་ཧྲཱིཿལས་པད་མ་འདབ་བརྒྱད་ཀྱི་ལྟེ་བར་རཾ་ལས་ཉི་མའི་དཀྱིལ་འཁོར་གྱི་སྟེང་དུ་རང་སེམས་ཧཱུཾ་ལས་རྡོ་རྗེ་ནག་པོ་ཧཱུཾ་གི་ཡིག་ཞབས་བདུད་རྩི་ཞལ་མཐུང་པས་ཧཱུཾ་གིས་མཚན་པ་ལས་འོད་ཟེར་འཕྲོས་འདུས་ཡོངས་སུ་གྱུར་པ་ལས་རང་ཉིད་ཕྱག་ན་རྡོ་རྗེ་འབྱུང་པོ་འདུལ་བྱེད་སྐུ་མདོག་མིག་སྨན་ལྟར་གནག་པ། དམར་ལ་ཟླུམ་པའི་སྤྱན་གསུམ་དང་ལྡན་ཞིང་ཞལ་གདངས་པ། ལྗགས་འཁྱིལ་བ། མཆེ་བ་གཙིགས་པ། སྨ་ར་སྨིན་མ་དབུ་སྐྲ་དམར་སེར་གྱེན་དུ་བརྗེས་པ། ཕྱག་དང་པོ་གཉིས་ཐུགས་ཀར་འབྱུང་པོ་འདུལ་བྱེད་ཀྱི་ཕྱག་རྒྱ་འཆིང་བར་མཛད་པ། གཡས་འོག་མས་འབར་བའི་རྡོ་རྗེ་འཕྱར་བ། (༣༨༩ན)གཡོན་འོག་མས་སྡིགས་མཛུབ་ཞགས་པ་དང་བཅས་པས་བསྡིགས་པ། ཞབས་གཡས་བསྐུམ་གཡོན་བརྐྱང་བས་ཚོགས་བདག་སྐྲང་པོ་ཆེའི་གདོང་ཅན་མནན་པ། སྟག་ལྤགས་ཀྱི་ཤམ་ཐབས་ཅན། མི་མགོ་སྐམ་པོ་ལྔའི་དབུ་རྒྱན་དང་། རློན་པ་ལྔ་བཅུའི་དོ་ཤལ་ཅན། ཀླུ་ཆེན་པོ་བརྒྱད་ཀྱིས་བརྒྱན་པ། སངས་རྒྱས་མི་བསྐྱོད་པས་དབུ་ལ་བརྒྱན་

ཅིང་མེ་དཔུང་འབར་བའི་དབུས་ན་བཞུགས་པའོ། །དཔྲལ་བར་ཨོཾ། མགྲིན་པར་ཨཱཿ ཐུགས་ཀར་ཧཱུྃ། ཐུགས་ཀའི་ཧཱུྃ་ལས་འོད་ཟེར་འཕྲོས། སངས་རྒྱས་ཐམས་ཅད་ཕྱག་ན་རྡོ་རྗེའི་རྣམ་པར་བཛྲ་ས་མཱ་ཛཿཛཿཧཱུྃ་བཾ་ཧོཿ ཨོཾ་བྷུ་ཏ་ཌཱ་མ་ར་ས་པ་རི་ཝཱ་ར་ཨརྒྷཾ་པྲ་ཏཱིཙྪ་ཡེ་སྭཱཧཱ། ནས་ཤབྡའི་བར་གྱིས་མཆོད། དཔལ་ཆེན་དྲི་མེད་ནམ་མཁའི་མདངས་དང་ལྡན། །དུས་མཐའི་སྤྲིན་ལྟར་ཧཱུྃ་སྒྲ་འབྲུག་སྟོང་ཆེ། །འབར་བའི་རྡོ་རྗེས་བགེགས་ཀྱི་སྙད་པ་འགེམས། །ཕྱག་ན་རྡོ་རྗེ་བསྣམས་ལ་ཕྱག་འཚལ་ལོ། །ཞེས་པས་བསྟོད། དེ་ནས་ཧཱུྃ་བཛྲ་ཕཊ། ཅེས་ཅི་ནུས་བཟླ་ཞིང་། ཨོཾ་བྷུ་ཏ་ཌཱ་མ་ར་བྷུ་ཏ་ཨཏཾ་པ་ཏི་ཨཱཪྻ་ཧྲཱུཿ ཀི་རི་ཏྲི་ན། སརྦ་བྷུ་ཏ་པྲེ་ཏ་པི་ཤ་ཙ་ས་ཏྲ་ཡ་སྭཱཧཱ། ཞེས་པའང་བཟླས་ལ་ཐུན་གྱི་མཐར་ཡིག་བརྒྱས་ལྷག་ཆད་ཁ་བསྐངས། དགེ་བ་བསྔོ། འདོད་དོན་ལ་གསོལ་བ་བཏབ། ༈ འདིའི་རྗེས་གནང་གི་བྱ་བ་ནི། མཎྜལ་གྱི་སྟེང་དུ་ཚོམ་བུ་ནག་པོ་དགོད། དེའི་སྟེང་དུ་མཛེའི་ཁར་དམར་གཏོར་ཟུར་གསུམ་པ་བཞག །མདུན་དུ་གཏོར་མ་མཆོད་པ་རྣམས་བཤམས། བདག་བསྐྱེད་བཟླས་པའི་བར་གོང་བཞིན་(༤༥༥བ)བྱ། མཆོད་པ་བྱ་རྒྱུད་ལྟར་བྱིན་གྱིས་བརླབས། མདུན་བསྐྱེད་བསངས་སྦྱངས། སྟོང་པའི་ངང་ལས་ཧྲཱིཿལས་པདྨ་འདབ་བརྒྱད་ཀྱི་ལྟེ་བར་རཾ་ལས་ཉི་མའི་དཀྱིལ་འཁོར་གྱི་སྟེང་དུ་ཧཱུྃ་ལས་རྡོ་རྗེ་ནག་པོ་རྩེ་ལྔ་པ་ཧཱུྃ་གིས་མཚན་པ་ལས་འོད་ཟེར་འཕྲོས་འདུས་ཡོངས་སུ་གྱུར་པ་ལས་ཕྱག་ན་རྡོ་རྗེ་འབྱུང་པོ་འདུལ་བྱེད་ཅེས་པ་ནས། བཟླས་པའི་བར་བདག་བསྐྱེད་བཞིན་བྱ། གཏོར་མ་བསངས་སྦྱངས། སྟོང་པའི་ངང་ལས་ཨ་ལས་ཡེ་ཤེས་ཀྱི་ཀ་པཱ་ལ་ཡངས་ཤིང་རྒྱ་ཆེ་བའི་ནང་དུ་ཧཱུྃ་ཞུ་བ་ལས་བྱུང་བའི་གཏོར་མ་བདུད་རྩིའི་རྒྱ་མཚོར་གྱུར། ཨོཾ་ཨཱཿཧཱུྃ། ཨོཾ་བྷུ་ཏ་ཌཱ་མ་ར་ས་པ་རི་ཝཱ་ར་ཧྲཱུཿཨ་ཀཱ་རོ་སོགས་ལན་བདུན་གྱིས་ཕུལ། མཆོད་བསྟོད་བྱ། འདོད་དོན་ལ་གསོལ་བ་གདབ། ༈ དེ་ནས་སློབ་མས་མཎྜལ་ཕུལ། གསོལ་བ་འདེབས་པ་འདིའི་རྗེས་གནང་གསུངས་ཤིག །རྡོ་རྗེ་འཛིན་པ་སོགས་ལན་གསུམ་བྱ། རྒྱུད་དག་པར་བྱ་

བའི་ཕྱིར་མདུན་བསྐྱེད་ཀྱི་ལྷ་དང་སངས་རྒྱས་བྱང་སེམས་རྣམས་ཀྱི་དྲུང་དུ་སྐྱབས་འགྲོ་སྔོན་དུ་འགྲོ་བས་བྱང་ཆུབ་ཀྱི་སེམས་བཟུང་སྙམ་པས་འདིའི་རྗེས་ཟློས་མཛོད། དཀོན་མཆོག་གསུམ་ལ་བདག་སྐྱབས་མཆི། །སོགས་གསུམ་དང་། ཁྱད་པར་དུ་ཕྱག་རྡོར་འབྱུང་པོ་འདུལ་བྱེད་ཀྱི་རྗེས་གནང་བསྐུལ་དུ་གསོལ་སྙམ་པའི་འདུན་པས་འདིའི་རྗེས་ཟློས་ཀྱང་གསུངས་ཤིག །སློབ་དཔོན་དགོངས་སུ་གསོལ། བདག་ལ་ཕྱག་ན་རྡོ་རྗེ་འབྱུང་པོ་འདུལ་བྱེད་ཀྱི་རྗེས་གནང་མ་ལུས་པ་བསྐུལ་དུ་གསོལ། ཞེས་ལན་གསུམ་གྱིས་གསོལ་བ་བཏབ་ནས། ད་རྗེས་གནང་(༣༩༨ན)གི་གཞི་དགོད་པའི་སྐད་དུ་དམིགས་པ་འདི་བཞིན་མཛད་པར་ཞུ། ཨོཾ་ཤཱུ་ནྱ་ཏཱ་ཛྙཱ་ན་བཛྲ་སྭ་བྷཱ་ཝ་ཨཱཏྨ་ཀོ྅ཧཾ། ཕྱི་ནང་གི་དངོས་པོ་ཐམས་ཅད་མི་དམིགས་པ་སྟོང་པ་ཉིད་དུ་གྱུར་པའི་ངང་ལས་ཧྲཱིཿལས་པདྨ་འདབ་བརྒྱད་ཀྱི་ལྟེ་བར་རཾ་ལས་ཉི་མའི་དཀྱིལ་འཁོར་གྱི་སྟེང་དུ་ཁྱེད་རང་རྣམས་ཀྱི་སེམས་ཧཱུྃ་ལས་རྡོ་རྗེ་ནག་པོ་རྩེ་ལྔ་པ་ཧཱུྃ་གིས་མཚན་པ་ལས་འོད་ཟེར་འཕྲོས་འདུས་ཡོངས་སུ་གྱུར་པ་ལས། ཁྱེད་རང་རྣམས་ཕྱག་ན་རྡོ་རྗེ་འབྱུང་པོ་འདུལ་བྱེད་སྐུ་མདོག་མིག་སྨན་ལྟར་གནག་པ། དམར་ལ་ཟླུམ་པའི་སྤྱན་གསུམ་དང་ལྡན་ཞིང་། ཞལ་གདངས་པ། ལྗགས་འགྲིལ་བ། མཆེ་བ་གཙིགས་པ། སྨ་ར་སྨིན་མ་དབུ་སྐྲ་དམར་སེར་གྱེན་དུ་བརྫེས་པ། ཕྱག་དང་པོ་གཉིས་ཐུགས་ཀར་འབྱུང་པོ་འདུལ་བྱེད་ཀྱི་ཕྱག་རྒྱ་འཆིང་བར་མཛད་པ། གཡས་འོག་མས་འབར་བའི་རྡོ་རྗེ་འཕྱར་བ། གཡོན་འོག་མས་སྡིགས་མཛུབ་ཞགས་པ་དང་བཅས་པས་བསྡིགས་པ། ཞབས་གཡས་བསྐུམ་གཡོན་བརྐྱང་བས་ཚོགས་བདག་གླང་པོ་ཆེའི་གདོང་ཅན་མནན་པ། སྟག་ལྤགས་ཀྱི་ཤམ་ཐབས་ཅན། མི་མགོ་སྐམ་པོ་ལྔའི་དབུ་རྒྱན་དང་། རློན་པ་ལྔ་བཅུའི་དོ་ཤལ་ཅན། ཀླུ་ཆེན་པོ་བརྒྱད་ཀྱིས་བརྒྱན་པ། སངས་རྒྱས་མི་བསྐྱོད་པས་དབུ་ལ་བརྒྱན་ཅིང་། མེ་དཔུང་འབར་བའི་དབུས་ན་བཞུགས་པའོ། །དཔྲལ་བར་ཨོཾ། མགྲིན་པར་ཨཱཿ ཐུགས་ཀར་ཧཱུྃ། ཞེས་གསལ་གདབ། མདུན་གྱི་

ཚོམ་བུ་འདི་ཡང་ཁྱེད་རང་རྣམས་བསྒོམས་པ་དང་འདྲ་བའི་ཕྱག་ན་རྡོ་རྗེ་འབྱུང་(༣༥༨བ)པོ་འདུལ་བྱེད་དུ་དངོས་སུ་བཞུགས་པར་མོས་ལ། དེ་ནས། ད་རྗེས་གནང་དངོས་གཞི་ལ་གསུམ་ལས་དང་པོ་སྐུའི་རྗེས་གནང་ནི། དེ་ནས་སློབ་དཔོན་ཡང་ཕྱག་ན་རྡོ་རྗེ་འབྱུང་པོ་འདུལ་བྱེད་དངོས་ཡིན་སྙམ་པའི་མོས་གུས་དྲུང་བ་བྱས་པས། སློབ་དཔོན་གྱི་ཐུགས་ཀ་ནས་འོད་ཟེར་འཕྲོས། མདུན་བསྐྱེད་ཀྱི་ལྷའི་ཐུགས་རྒྱུད་བསྐུལ། དེའི་ཐུགས་ཀ་ནས་འོད་ཟེར་འཕྲོས། ཕྱོགས་བཅུའི་སངས་རྒྱས་བྱང་སེམས་ཐམས་ཅད་ཀྱི་ཐུགས་རྒྱུད་བསྐུལ། སློབ་དཔོན་དང་མདུན་བསྐྱེད་ཀྱི་ལྷ་དང་ཕྱོགས་བཅུའི་སངས་རྒྱས་དང་བྱང་ཆུབ་སེམས་དཔའ་ཐམས་ཅད་ཀྱི་ཐུགས་ཀ་ནས་ཕྱག་ན་རྡོ་རྗེ་འབྱུང་པོ་འདུལ་བྱེད་ཀྱི་སྐུ་ཆེ་ཆུང་དཔག་ཏུ་མེད་པ་བྱོན། ཁྱེད་རང་རྣམས་ཀྱི་བ་སྤུའི་བུ་ག་རྣམས་ནས་ཆར་བབས་པ་བཞིན་དུ་སིབ་སིབ་ཐིམ་པའི་མོས་པ་མཛོད། ཛཿཧཱུྃ་བཾ་ཧོཿགཉིས་སུ་མེད་པར་ཐིམ། རོལ་མོ་བྱ། གཉིས་པ་གསུང་གི་རྗེས་གནང་ནི། སློབ་དཔོན་གྱི་སྙིང་གར་ཉི་མའི་དཀྱིལ་འཁོར་གྱི་སྟེང་དུ་ཧཱུྃ་མཐིང་ནག །དེ་ལས་སྔགས་ཀྱི་འཕྲེང་བ་བྱུང་། སློབ་དཔོན་གྱི་ཞལ་ནས་ཐོན། ཁྱེད་རང་རྣམས་ཀྱི་ཞལ་དུ་ཞུགས། ཐུགས་ཀར་ཉི་མའི་སྟེང་དུ་ཧཱུྃ་མཐིང་ནག་གནས་པ་ལ་ཐིམ། དེའི་དུས་སུ་ཕྱོགས་བཅུའི་སངས་རྒྱས་དང་བྱང་ཆུབ་སེམས་དཔའ་རྣམས་ཀྱི་མཁྱེན་བརྩེ་ནུས་མཐུ་ཐམས་ཅད་འོད་ཟེར་གྱི་རྣམ་པར་སྔགས་ཕྲེང་དང་ལྷན་ཅིག་ཞལ་དུ་ཞུགས། སྙིང་གའི་ཧཱུྃ་ལ་ཐིམ་པའི་མོས་པ་མཛོད་ལ། སྔགས་འདིའི་རྗེས་ཟློས་ལན་གསུམ་གསུངས་ཤིག་ཧཱུྃ་བཛྲ་ཕཊ། ཅེས་ལན་གསུམ་དང་། ཨོཾ་ཧྲུ་ཏ་ཊྐ་མ་(༣༥༩ན)ར་ཧྲུ་ཏ་ཨ་ཧི་པ་ཧི་ཨཀྵོ་བྷྱཿཀི་རི་ཊི་ན། སརྦ་ཧྲུ་ཏ་ཕྲེ་ཏ་བི་ཤ་ཙི་ས་ཧྣ་ཡ་སྭཱཧཱ། ཞེས་པའང་ལན་གསུམ་རྗེས་ཟློས་བྱར་གཞུག །དང་པོས་བྱིན་གྱིས་བརླབས། གཉིས་པས་དབྱེར་མེད་དུ་འདྲེས། གསུམ་པས་བརྟན་པར་བྱས་པའི་མོས་པ་མཛོད། སློབ་དཔོན་ལ་མེ་ཏོག་འཐོར་བཞིན་དུ་འདིའི་རྗེས་

ཀློས་མཛོད་ཅིག །བཅོམ་ལྡན་བདག་གིས་སོགས་ལན་གསུམ། དེ་ལྟར་ཕུལ་བའི་མེ་ཏོག་དེ་ཉིད། སླར་ཡང་བྱིན་གྱིས་བརླབས་ཏེ། ཁྱེད་རང་གི་སྤྱི་བོར་ཕུལ་བའི་མོས་པ་མཛོད་ཅིག །སློབ་དཔོན་གྱིས་མེ་ཏོག་གཏོར་ཞིང་། བཅོམ་ལྡན་འདི་ལ་སོགས་དང་རིག་པ་འཛིན་པ་འདི་རྣམས་ལ་ཕྱག་ན་རྡོ་རྗེ་འབྱུང་པོ་འདུལ་བྱེད་ཀྱི་སྐུ་གསུང་ཐུགས་ཀྱི་བྱིན་རླབས་མ་ལུས་པ་འཇུག་པར་གྱུར་ཅིག་བརྗོད། གསུམ་པ་ཐུགས་ཀྱི་རྗེས་གནང་ནི། མདུན་བསྐྱེད་ཀྱི་ལྷ་ལ་མོས་གུས་དུང་དུང་བ་དང་བདག་གི་རྒྱུད་བྱིན་གྱིས་བརླབ་ཏུ་གསོལ་སྙམ་པ་མཛད་པས། མདུན་གྱི་ལྷའི་ཐུགས་ཀ་ནས་ཕྱག་མཚན་གྱི་ཚོགས་དཔག་ཏུ་མེད་པ་རྒྱུངས་ཏེ་ཐོན། ཁྱེད་རང་རྣམས་ཀྱི་སྙིང་གའི་ས་བོན་དང་དབྱེར་མེད་དུ་འདྲེས། རྒྱུད་བྱིན་གྱིས་བརླབས་པའི་མོས་པ་མཛོད། དེ་ནས་གཏོར་དབང་ནི། གཏོར་མ་འདི་ཉིད་ཕྱག་ན་རྡོ་རྗེ་འབྱུང་པོ་འདུལ་བྱེད་དངོས་སུ་མོས། དེ་ལ་མོས་གུས་དུང་བ་བྱས་པས་ཁྱེད་རང་རྣམས་ཀྱི་སྤྱི་བོར་ཐོན། རྒྱུད་བྱིན་གྱིས་བརླབས་པ་ཡིན་སྙམ་པ་གྱིས། གཏོར་མ་མགོ་བོར་བཞག །དུས་གསུམ་སངས་རྒྱས་ཐམས་ཅད་ཀྱི། །ཞེས་པ་ནས། དབང་བསྐུར་བྱིན་པར་བྱ། རོལ་མོའི་སྒྲ་(༤༧བ)དང་བཅས་ཏེ། སྔགས་ཉིད་དྲག་ཏུ་བརྗོད། མཐར་ཕྱག་ན་རྡོ་རྗེ་འོད་དུ་ཞུ་ནས་ཁྱེད་རང་རྣམས་ལ་ཐིམ་པས། ཕྱག་ན་རྡོ་རྗེ་འབྱུང་པོ་འདུལ་བྱེད་དངོས་སུ་གྱུར་པ་ཡིན་སྙམ་པ་གྱིས། ཞེས་བརྗོད། རྗེས་ཆོག་སྤྱི་དང་འདྲའོ། །

༄ ཕྱག་རྡོར་འབྱུང་འདུལ་གསར་མ་ལ། སྐྱབས་འགྲོ་སེམས་བསྐྱེད་ཚད་མེད་བཞི་བསྒོམ་པ་སྔོན་དུ་བཏང་ནས། སྭ་བྷཱ་ཝས་སྟོང་པར་སྦྱངས། སྟོང་པའི་ངང་ལས། ཧྲཱིཿཔདྨ་འདབ་བརྒྱད་ཀྱི་ལྟེ་བར་རཾ་ལས་ཉི་མའི་དཀྱིལ་འཁོར་གྱི་སྟེང་དུ་རང་སེམས་ཧཱུཾ་ལས་རྡོ་རྗེ་ནག་པོ་རྩེ་ལྔ་པ་ཧཱུཾ་གིས་མཚན་པ་ལས་འོད་ཟེར་འཕྲོས། འདུས་ཡོངས་སུ་གྱུར་པ་ལས་རང་ཉིད་ཕྱག་ན་རྡོ་རྗེ་འབྱུང་པོ་འདུལ་བྱེད་སྐུ་མདོག་མིག་སྨན་ལྟར་གནག་པ། དམར་ལ་ཟླུམ་པའི་སྤྱན་གསུམ་དང་ལྡན་ཞིང་། ཞལ་གདངས་པ།

ལྷུགས་འདྲིལ་བ། མཆེ་བ་གཙིགས་པ། སྨ་ར་སྨིན་མ་དབུ་སྐྲ་དམར་སེར་གྱེན་དུ་བརྫེས་པ། ཕྱག་དང་པོ་གཉིས་ཐུགས་ཀར་འབྱུང་པོ་འདུལ་བྱེད་ཀྱི་ཕྱག་རྒྱ་འཆིང་བར་མཛད་པ། གཡས་འོག་མས་འབར་བའི་རྡོ་རྗེ་འཕྱར་བ། གཡོན་འོག་མས་སྡིགས་མཛུབ་ཞགས་པ་དང་བཅས་པས་བསྡིགས་པ། ཞབས་གཡས་བསྐུམས་གཡོན་བརྐྱངས་པས་ཚོགས་བདག་གླང་པོ་ཆེའི་གདོང་ཅན་མནན་པ། སྟག་ལྤགས་ཀྱི་ཤམ་ཐབས་ཅན། མི་མགོ་སྐམ་པོ་ལྔའི་དབུ་རྒྱན་དང་རློན་པ་ལྔ་བཅུའི་དོ་ཤལ་ཅན། སྐུ་ཆེན་པོ་བརྒྱད་ཀྱིས་བརྒྱན་པ། སངས་རྒྱས་མི་བསྐྱོད་པས་དབུ་ལ་བརྒྱན་ཅིང་། མེ་དཔུང་འབར་བའི་དབུས་ན་བཞུགས་པ། ཐུགས་(༤༥༨)ཀར་རང་དང་འདྲ་བའི་ཡེ་ཤེས་སེམས་དཔའ་དང་། དེའི་ཐུགས་ཀར་ཏིང་ངེ་འཛིན་སེམས་དཔའ་ཧཱུྃ་མཐིང་ནག་སྲུ་ཤད་ཙམ་གསལ་བཏབ། དཔྲལ་བར་ཨོཾ། མགྲིན་པར་ཨཱཿ ཐུགས་ཀར་ཧཱུྃ། ཐུགས་ཀའི་ཧཱུྃ་ལས་འོད་ཟེར་འཕྲོས། སངས་རྒྱས་ཐམས་ཅད་ཕྱག་ན་རྡོ་རྗེའི་རྣམ་པར་བཛྲ་ས་མཱ་ཛཿཛཿཧཱུྃ་བཾ་ཧོཿཨོཾ་བཛྲ་ཏ་ཊ་མ་ར་ས་པ་རི་ཝཱ་ར་ཨརྒྷཾ་པྲ་ཏཱིཙྪ་ཡེ་སྭཱཧཱ། ནས་ཤབྡའི་བར་གྱིས་མཆོད། དཔལ་ཆེན་དྲི་མེད་ནམ་མཁའི་མདངས་དང་ལྡན། །དུས་མཐའི་སྤྲིན་ལྟར་ཧཱུྃ་སྒྲ་འབྲུག་སྟོང་ཆེ། །འབར་བའི་རྡོ་རྗེས་བགེགས་ཀྱི་གླད་པ་འགེམས། །ཕྱག་ན་རྡོ་རྗེ་བསྣམས་ལ་ཕྱག་འཚལ་ལོ། །ཞེས་པས་བསྟོད། དེ་ནས། ཧཱུྃ་བཛྲ་ཕཊ། ཅེས་ཅི་ནུས་བཟླ་ཞིང་། ཨོཾ་བཛྲ་ཏ་ཊ་མ་ར་བཛྲ་ཏ་ཨ་ཏི་པ་ཏི་ཨགྣི་ཙཀྲཿཀི་རི་ཊི་ན། སརྦ་བཛྲ་ཏ་པྲེ་ཏ་པི་ཤ་ཙི་ས་ཧཱ་ཡ་སྭཱཧཱ། ཞེས་པའང་བཟླས་ལ། ཐུན་གྱི་མཐར་ཡིག་བརྒྱས་ལྷག་ཆད་ཁ་བསྐངས། འདོད་དོན་ལ་གསོལ་བ་གདབ། འདིའི་རྗེས་གནང་བྱ་བ་ནི། མཎྜལ་གྱི་སྟེང་དུ་ཚོམ་བུ་ནག་པོ་དགོད། དེའི་སྟེང་དུ་མཐེའི་ཁར་དམར་གཏོར་ཟུར་གསུམ་པ་བཞག །མདུན་དུ་གཏོར་མ། མཆོད་པ་རྣམས་བཤམས། བདག་བསྐྱེད་བཟླས་པའི་བར་བྱ། མཆོད་པ་བྱིན་གྱིས་བརླབས། མདུན་བསྐྱེད་བསངས་སྦྱངས། སྟོང་པའི་ངང་ལས་ཧཱུྃ་ལས་པདྨ་འདབ་བརྒྱད་ཀྱི་

ལྟེ་བར་རཾ་ལས་ཉི་མའི་དཀྱིལ་འཁོར་གྱི་སྟེང་དུ། ཧཱུྃ་ལས་རྡོ་རྗེ་ནག་པོ་རྩེ་ལྔ་པ་ཧཱུྃ་གིས་མཚན་པ་ལས་འོད་ཟེར་འཕྲོས། འདུས་ཡོངས་(༣༤༨བ)སུ་གྱུར་པ་ལས། ཕྱག་ན་རྡོ་རྗེ་འབྱུང་པོ་འདུལ་བྱེད་ཅེས་པ་ནས་བཟླས་པའི་བར་བདག་བསྐྱེད་བཞིན་བྱ། གཏོར་མ་བྱིན་གྱིས་བརླབས་ལ། ཨོཾ་བཛྲ་ཏ་ཊ་མ་ར་ས་པ་རི་ཝཱ་ར་བྷྱཿཨ་ཀཱ་རོ་སོགས་ལན་བདུན་གྱིས་ཕུལ། མཆོད་བསྟོད་བྱ། འདོད་དོན་ལ་གསོལ་བ་གདབ། དེ་ནས་སློབ་མས་མཎྜལ་ཕུལ། གསོལ་བ་འདེབས་པ་འདིའི་རྗེས་ཟློས་གསུངས་ཤིག །རྡོ་རྗེ་འཛིན་པ་དགོངས་སུ་གསོལ། ཞེས་སོགས་ལན་གསུམ། རྒྱུད་དག་པར་བྱ་བའི་ཕྱིར་མདུན་བསྐྱེད་ཀྱི་ཆོམ་བུ་ཕྱག་ན་རྡོ་རྗེ་འབྱུང་པོ་འདུལ་བྱེད་དུ་གསལ་བ་དང་སངས་རྒྱས་བྱང་སེམས་རྣམས་ཀྱི་དྲུང་དུ་སྐྱབས་འགྲོ་སྔོན་དུ་འགྲོ་བའི་བྱང་ཆུབ་ཀྱི་སེམས་བཟུང་སྙམ་པས། འདིའི་རྗེས་ཟློས་མཛོད། དཀོན་མཆོག་གསུམ་ལ་བདག་སྐྱབས་མཆི། །སོགས་གསུམ་དང་ཁྱད་པར་དུ་ཕྱག་རྡོར་འབྱུང་པོ་འདུལ་བྱེད་ཀྱི་རྗེས་གནང་བསྐུལ་དུ་གསོལ་སྙམ་པའི་འདུན་པས་འདིའི་རྗེས་ཟློས་ཀྱང་གསུངས་ཤིག །སློབ་དཔོན་དགོངས་སུ་གསོལ། བདག་ལ་ཕྱག་ན་རྡོ་རྗེ་འབྱུང་པོ་འདུལ་བྱེད་ཀྱི་རྗེས་གནང་མ་ལུས་པ་བསྐུལ་དུ་གསོལ། ཞེས་ལན་གསུམ་གྱིས་གསོལ་བ་བཏབ་ནས། ད་རྗེས་གནང་གི་གཞི་དགོད་པའི་སླད་དུ་དམིགས་པ་འདི་བཞིན་དུ་མཛད་པར་ཞུ། ཨོཾ་ཤཱུ་ནྱ་ཏཱ་ཛྙཱ་ན་བཛྲ་སྭ་བྷཱ་ཝ་ཨཱཏྨ་ཀོ྅ཧཾ། ཕྱི་ནང་གི་དངོས་པོ་ཐམས་ཅད་མི་དམིགས་པ་སྟོང་པ་ཉིད་དུ་གྱུར་པའི་ངང་ལས་ཧྲཱིཿལས་པདྨ་འདབ་བརྒྱད་ཀྱི་ལྟེ་བར་རཾ་ལས་ཉི་མའི་དཀྱིལ་འཁོར་གྱི་སྟེང་དུ་ཁྱེད་རང་རྣམས་ཀྱི་སེམས་ཧཱུྃ་ལས་རྡོ་རྗེ་ནག་པོ་རྩེ་ལྔ་པ་ཧཱུྃ་གིས་(༣༤༩ན)མཚན་པ་ལས་འོད་ཟེར་འཕྲོས་འདུས་ཡོངས་སུ་གྱུར་པ་ལས། ཁྱེད་རང་རྣམས་ཕྱག་ན་རྡོ་རྗེ་འབྱུང་པོ་འདུལ་བྱེད་སྐུ་མདོག་མིག་སྔོན་ལྟར་གནག་པ། དམར་ལ་ལྗུམ་པའི་སྤྱན་གསུམ་དང་ལྡན་ཞིང་། ཞལ་གདངས་པ། ལྗགས་འདྲིལ་བ། མཆེ་བ་གཙིགས་པ། སྨ་ར་སྨིན་མ་དབུ་སྐྲ་

དམར་སེར་ཁྱེན་དུ་བརྗེས་པ། ཕྱག་དང་པོ་གཉིས་ཐུགས་ཀར་འཁྱུད་པོ་འདུལ་བྱེད་ཀྱི་ཕྱག་རྒྱ་འཆིང་བར་མཛད་པ། གཡས་འོག་མས་འབར་བའི་རྡོ་རྗེ་འཕྱར་བ། གཡོན་འོག་མས་སྡིགས་མཛུབ་ཞགས་པ་དང་བཅས་པས་བསྡིགས་པ། ཞབས་གཡས་བསྐུམས་གཡོན་བརྐྱངས་པས་ཚོགས་བདག་གླང་པོ་ཆེའི་གདོང་ཅན་མནན་པ། སྟག་ལྤགས་ཀྱི་ཤམ་ཐབས་ཅན། མི་མགོ་སྐམ་པོ་ལྔའི་དབུ་རྒྱན་དང་། རློན་པ་ལྔ་བཅུའི་དོ་ཤལ་ཅན། སྦྲུ་ཆེན་པོ་བརྒྱད་ཀྱིས་བརྒྱན་པ། སངས་རྒྱས་མི་བསྐྱོད་པས་དབུ་ལ་བརྒྱན་ཅིང་། མེ་དཔུང་འབར་བའི་དབུས་ན་བཞུགས་པ། ཐུགས་ཀར་རང་དང་འདྲ་བའི་ཡེ་ཤེས་སེམས་དཔའ་དང་། དེའི་ཐུགས་ཀར་ཏིང་ངེ་འཛིན་སེམས་དཔའ་ཧཱུྃ་མཐིང་ནག་སྲུ་ཤད་ཙམ་དང་། དཔྲལ་བར་ཨོཾ། མགྲིན་པར་ཨཱཿ ཐུགས་ཀར་ཧཱུྃ། ཞེས་གསལ་གདབ། དེ་ནས། སློབ་དཔོན་གྱི་སྤྱི་བོ་ནས་སྐུའི་རིགས་ཀྱི་ཕྱག་རྡོར་དཀར་པོ་དཔག་ཏུ་མེད་པ་བྱུང་། ཁྱེད་རང་རྣམས་ཀྱི་སྤྱི་བོ་ནས་ཐིམ་པའི་མོས་པ་མཛོད། སྡིགས་དང་རོལ་མོ་བྱ། སྐུའི་རྗེས་གནང་ཐོབ་པར་མོས། ཡང་སློབ་དཔོན་གྱི་མགྲིན་པ་ནས་གསུང་གི་རིགས་ཀྱི་ཕྱག་རྡོར་དམར་པོ་དཔག་ཏུ་མེད་པ་བྱུང་། ཁྱེད་རང་(༣༥བ)རྣམས་ཀྱི་མགྲིན་པ་ནས་ཐིམ་པའི་མོས་པ་མཛོད། སྡིགས་དང་རོལ་མོ་བྱ། གསུང་གི་རྗེས་གནང་ཐོབ་པར་མོས། སློབ་དཔོན་གྱི་ཐུགས་ཀ་ནས་ཐུགས་ཀྱི་རིགས་ཀྱི་ཕྱག་རྡོར་སྔོན་པོ་དཔག་ཏུ་མེད་པ་བྱུང་། ཁྱེད་རང་རྣམས་ཀྱི་ཐུགས་ཀ་ནས་ཐིམ་པའི་མོས་པ་མཛོད། སྡིགས་དང་རོལ་མོ་བྱ། ཐུགས་ཀྱི་རྗེས་གནང་ཐོབ་པར་མོས། སློབ་དཔོན་གྱི་ལྟེ་བ་ནས་ཡོན་ཏན་གྱི་རིགས་ཀྱི་ཕྱག་རྡོར་སེར་པོ་དཔག་ཏུ་མེད་པ་ཕྲོས། ཁྱེད་རང་རྣམས་ཀྱི་ལྟེ་བ་ནས་ཐིམ་པའི་མོས་པ་མཛོད། སྡིགས་དང་རོལ་མོ་བྱ། ཡོན་ཏན་གྱི་རྗེས་གནང་ཐོབ་པར་མོས། སློབ་དཔོན་གྱི་གསང་གནས་ནས་ལས་ཀྱི་རིགས་ཀྱི་ཕྱག་རྡོར་ལྗང་གུ་དཔག་ཏུ་མེད་པ་བྱུང་། ཁྱེད་རང་རྣམས་ཀྱི་གསང་གནས་ནས་ཐིམ་པའི་མོས་པ་མཛོད། སྡིགས་དང་རོལ་མོ་བྱ།

འཕྲིན་ལས་ཀྱི་རྗེས་གནང་ཐོབ་པར་མོས། ཡང་སྐུའི་རྗེས་གནང་ནི། སློབ་དཔོན་ཡང་ཕྱག་ན་རྡོ་རྗེ་འབྱུང་པོ་འདུལ་བྱེད་དངོས་ཡིན་སྙམ་པའི་མོས་གུས་བྱས་པས། སློབ་དཔོན་གྱི་ཐུགས་ཀ་ནས་འོད་ཟེར་འཕྲོས། མདུན་བསྐྱེད་ཀྱི་ལྷའི་ཐུགས་རྒྱུད་བསྐུལ། དེའི་ཐུགས་ཀ་ནས་འོད་ཟེར་འཕྲོས། ཕྱོགས་བཅུའི་སངས་རྒྱས་བྱང་སེམས་ཐམས་ཅད་ཀྱི་ཐུགས་རྒྱུད་བསྐུལ་བས། སློབ་དཔོན་དང་མདུན་བསྐྱེད་ཀྱི་ལྷ་དང་ཕྱོགས་བཅུའི་སངས་རྒྱས་དང་བྱང་ཆུབ་སེམས་དཔའ་ཐམས་ཅད་ཀྱི་ཐུགས་ཀ་ནས་ཕྱག་ན་རྡོ་རྗེ་འབྱུང་པོ་འདུལ་བྱེད་ཀྱི་སྐུ་ཆེ་ཆུང་དཔག་ཏུ་མེད་པ་ཕྱོན། ཁྱེད་རང་རྣམས་ཀྱི་བ་སྤུའི་བུ་ག་རྣམས་ནས་ཆར་བབས་པ་བཞིན་དུ་སིབ་སིབ་ཐིམ་པར་མོས་(༣༥༠ན)པ་མཛོད། ཛཿཧཱུྃ་བཾ་ཧོཿགཉིས་སུ་མེད་པར་ཐིམ། རོལ་མོ་བྱ། གསུང་གི་རྗེས་གནང་ནི། སློབ་དཔོན་གྱི་སྙིང་གར་ཉི་མའི་དཀྱིལ་འཁོར་གྱི་སྟེང་དུ་ཧཱུྃ་མཐིང་ནག །དེ་ལས་སྔགས་ཀྱི་འཕྲེང་བ་བྱུང་། སློབ་དཔོན་གྱི་ཞལ་ནས་ཐོན། ཁྱེད་རང་རྣམས་ཀྱི་ཞལ་དུ་ཞུགས། ཐུགས་ཀར་ཉི་མའི་སྟེང་དུ་ཧཱུྃ་མཐིང་ནག་གནས་པ་ལ་ཐིམ། དེའི་དུས་སུ་ཕྱོགས་བཅུའི་སངས་རྒྱས་དང་བྱང་ཆུབ་སེམས་དཔའ་རྣམས་ཀྱི་མཁྱེན་བརྩེ་ནུས་མཐུ་ཐམས་ཅད་འོད་ཟེར་གྱི་རྣམ་པར་སྔགས་ཕྲེང་དང་ལྷན་ཅིག་ཞལ་དུ་ཞུགས། སྙིང་གའི་ཧཱུྃ་ལ་ཐིམ་པའི་མོས་པ་མཛོད། སྔགས་འདིའི་རྗེས་ཟློས་ལན་གསུམ་གསུངས་ཤིག །ཧཱུྃ་བཛྲ་ཕཊ། ཅེས་ལན་གསུམ་དང་། ཨོཾ་ཧྲུ་ཏ་ཏྲ་མ་ར་ཧྲུ་ཏ་ཨ་ཏི་པ་ཏི་ཨཀྵོ་ཧྲཱུཿགི་རི་ཊི་ན། སརྦ་ཧྲུ་ཏ་པྲེ་ཏ་པི་ཤ་ཙི་ས་ཧྲ་ཡ་སྭཱཧཱ། ཞེས་པའང་ལན་གསུམ། རྗེས་ཟློས་བྱར་གཞུག །དང་པོས་བྱིན་གྱིས་བརླབས། གཉིས་པས་དབྱེར་མེད་དུ་འདྲེས། གསུམ་པས་བརྟན་པར་བྱས་པའི་མོས་པ་མཛོད། སློབ་དཔོན་ལ་མི་རྟོག་འཛིར་བཞིན་དུ་འདིའི་རྗེས་ཟློས་མཛོད་ཅིག །བཅོམ་ལྡན་བདག་གིས་སོགས་ལན་གསུམ། དེ་ལྟར་ཕུལ་བའི་མི་རྟོག་དེ་ཉིད་སླར་ཡང་བྱིན་གྱིས་བརླབས་ཏེ་ཁྱེད་རང་གི་སྤྱི་བོར་ཕུལ་བའི་མོས་པ་མཛོད་ཅིག །སློབ་དཔོན་

གྱིས་མེ་ཏོག་གཏོར་ཞིང་། བཅོམ་ལྡན་འདི་ལ་སོགས་པ་དང་། རིག་པ་འཛིན་པ་འདི་རྣམས་ལ་ཕྱག་ན་རྡོ་རྗེ་འབྱུང་པོ་འདུལ་བྱེད་ཀྱི་སྐུ་གསུང་ཐུགས་ཀྱི་བྱིན་རླབས་མ་ལུས་པ་འཇུག་པར་གྱུར་ཅིག །དེ་(༣༥༠བ)ནས་སློབ་དཔོན་དང་། མདུན་བསྐྱེད་གཉིས་ཀ་ཕྱག་ན་རྡོ་རྗེ་འབྱུང་པོ་འདུལ་བྱེད་སེམས་དཔའ་སུམ་བརྩེགས་ཅན་དུ་མོས། འདུ་འཕྲོ་ཁྲོ་བོའི་ཏིང་ངེ་འཛིན་ནི། ཁྱེད་རང་རྣམས་ཕྱག་ན་རྡོ་རྗེ་འབྱུང་པོ་འདུལ་བྱེད་སེམས་དཔའ་སུམ་བརྩེགས་ཅན་དུ་གསལ་བ་ལས། རང་འདྲའི་ཕྱག་ན་རྡོ་རྗེ་ནམ་མཁའ་གང་བ་འཕྲོས། དགྲ་བགེགས་ཐམས་ཅད་ཚར་བཅད། སེམས་ཅན་ཐམས་ཅད་ཕྱག་ན་རྡོ་རྗེའི་གོ་འཕང་ལ་བཀོད། ཚུར་འདུས་ཁྱེད་རང་རྣམས་ལ་ཐིམ་པའི་མོས་པ་མཛོད། ཡིག་འབྲུ་སྔགས་ཀྱི་ཏིང་ངེ་འཛིན་ནི། ཁྱེད་རང་རྣམས་ཀྱི་ཐུགས་ཀ་ནས་སྔགས་ཕྲེང་ནམ་མཁའ་གང་བ་འཕྲོས། དགྲ་བགེགས་ཐམས་ཅད་ཚར་བཅད། སེམས་ཅན་ཐམས་ཅད་ཕྱག་ན་རྡོ་རྗེའི་གོ་འཕང་ལ་བཀོད། ཚུར་འདུས་ཁྱེད་རང་རྣམས་ཀྱི་ཐུགས་ཀའི་སྔགས་ཕྲེང་ལ་ཐིམ་པའི་མོས་པ་མཛོད། གནམ་ལྕགས་ཞུར་མོའི་ཏིང་ངེ་འཛིན་ནི། ཁྱེད་རང་རྣམས་ཀྱི་ཐུགས་ཀའི་ས་བོན་ལས་ཕྱག་མཚན་ནམ་མཁའ་གང་བ་འཕྲོས། དགྲ་བགེགས་ཐམས་ཅད་ཚར་བཅད། སེམས་ཅན་ཐམས་ཅད་ཕྱག་ན་རྡོ་རྗེའི་གོ་འཕང་ལ་བཀོད། ཚུར་འདུས་ཁྱེད་རང་རྣམས་ཀྱི་ཕྱག་མཚན་ལ་ཐིམ་པའི་མོས་པ་མཛོད། མེ་འབར་གློང་ཆེན་གྱི་ཏིང་ངེ་འཛིན་ནི། ཁྱེད་རང་རྣམས་ཀྱི་ཐུགས་ཀའི་ས་བོན་ལས་མེ་འོད་འཕྲོས། ལུས་གང་། སྡིག་སྒྲིབ་སྦྱངས། ཕྱིར་འཕྲོས། ཡེ་ཤེས་ཀྱི་མེ་དང་འདྲེས་པ་དེ་ལས་མེ་དཔུང་ནམ་མཁའ་གང་བ་འཕྲོས། དགྲ་བགེགས་ཐམས་ཅད་ཚར་བཅད། སེམས་ཅན་ཐམས་ཅད་ཕྱག་ན་རྡོ་རྗེའི་གོ་འཕང་ལ་བཀོད། ཚུར་འདུས་(༣༥༡ན)ཁྱེད་རང་རྣམས་ཀྱི་སྐུ་ལས་སྐྱེས་པའི་མེ་ལ་ཐིམ་པའི་མོས་པ་མཛོད། དེ་རེ་རེ་ལ་གསོལ་གདབ་རེ་མཛད་པའི་ལུགས་གདའ། དེ་ནས་ཐུགས་ཀྱི་རྗེས་གནང་ནི། གཏོར་མ་འདི་ཉིད་ཕྱག་ན་

རྡོ་རྗེ་འབྱུང་པོ་འདུལ་བྱེད་དངོས་སུ་མོས། དེ་ལ་མོས་གུས་དུང་བ་བྱས་པས། ཁྱེད་རང་རྣམས་ཀྱི་སྤྱི་བོར་བྱོན། རྒྱུད་བྱིན་གྱིས་བརླབས་པ་ཡིན་སྙམ་པ་གྱིས། གཏོར་མ་མགོ་བོར་བཞག་ལ། དུས་གསུམ་སངས་རྒྱས་ཐམས་ཅད་ཀྱི། །ཞེས་པ་ནས། དབང་བསྐུར་བྱིན་པར་བྱ། ཞེས་བརྗོད། རོལ་མོའི་སྒྲ་དང་བཅས་ཏེ་སྔགས་ཉིད་དྲག་ཏུ་བརྗོད། མཐར་ཕྱག་ན་རྡོ་རྗེ་འོད་དུ་ཞུ་ནས་ཁྱེད་རང་རྣམས་ལ་ཐིམ་པས་ཕྱག་ན་རྡོ་རྗེ་འབྱུང་པོ་འདུལ་བྱེད་དངོས་སུ་གྱུར་པ་ཡིན་སྙམ་པ་གྱིས། ཞེས་བརྗོད། རྗེས་ཆོག་སྤྱི་དང་འདྲའོ། །

སྒྲུབ་ཐབས་རིན་ཆེན་འབྱུང་གནས་ཀྱི་ལྷན་ཐབས་རིན་འབྱུང་དོན་གསལ་ལས་ཕྱག་ན་རྡོ་རྗེའི་སྒྲུབ་ཐབས་བཤད་པའི་སྐབས་སོ། །

༄ རྟ་མགྲིན་དཔལ་གཅིག་ལྷན་སྐྱེས་ཇོ་བོའི་ལུགས་ལ། སྐྱབས་འགྲོ་སེམས་བསྐྱེད་ཚད་མེད་བཞི་བསྒོམ་པ་སྔོན་དུ་བཏང་ནས། སྭ་བྷཱ་ཝ་ལན་གསུམ་གྱིས་སྟོང་པར་སྦྱངས། སྟོང་པའི་ངང་ལས་རང་གི་སྙིང་གར་རཾ་སེར་པོ་ལས་ཉི་མའི་སྟེང་དུ་ཧྲཱིཿདམར་པོ་དེ་ལས་འོད་ཟེར་འཕྲོས་འདུས་ཡོངས་སུ་གྱུར་པ་ལས། རང་ཉིད་དཔལ་ཁྲོ་བོའི་རྒྱལ་པོ་རྟ་མགྲིན་དུ་གྱུར་པ་ནི། སྐུ་མདོག་པདྨ་རཱ་ག་ལྟར་འབར་བ་ཞལ་གཅིག་ཕྱག་གཉིས་སྤྱན་གསུམ་པ། གཡས་སེང་ལྡེང་གི་དབྱུག་ཏོ་རྡོ་རྗེས་མཚན་པ་འཕྱར་བ། གཡོན་སྡིགས་(༣༥༧བ)མཛུབ་ཐུགས་ཀར་གཏོད་པ། དབུའི་སྟེང་དུ་རྟ་མགོ་ལྗང་ཁུར་རྟ་སྐད་འཚེར་བ། ཞབས་གཡས་བསྐུམས་གཡོན་བརྐྱང་པས་ཀླུ་ཕོ་མོ་མནན་པ། སྟག་ལྤགས་དང་སྦྲུལ་རྒྱན་སོགས་ཁྲོ་བོའི་རྒྱན་དང་ཆ་ལུགས་ཐམས་ཅད་ཡོངས་སུ་རྫོགས་ཤིང་མེ་དཔུང་འབར་བའི་དབུས་ན་བཞུགས་པའོ། །དཔྲལ་བར་ཨོཾ། མགྲིན་པར་ཨཱཿ ཐུགས་ཀར་ཧཱུྃ། རང་གི་སྙིང་གའི་འོད་ཟེར་གྱིས་སངས་རྒྱས་ཐམས་ཅད་རྟ་མགྲིན་གྱི་རྣམ་པར་བཛྲ་ས་མཱ་ཛཿཛཿཧཱུྃ་བཾ་ཧོཿགཉིས་སུ་མེད་པར་ཐིམ། སླར་ཡང་སྙིང་གའི་འོད་ཟེར་གྱིས་དབང་གི་ལྷ་རྣམས་སྤྱན་དྲངས། དབང་

གི་ལྷས་དབང་བསྐུར། རང་གི་སྤྱི་བོར་འོད་དཔག་ཏུ་མེད་པས་དབུ་བརྒྱན་པར་བསམ། གནས་གསུམ་བྱིན་རླབས་མན་ཆད་བོར་ཡང་རུང་ངོ་། །ཨོཾ་བཛྲ་ཀྲོ་དྷ་ཧ་ཡ་གྲཱི་ཝ་ཧུ་ལུ་ཧུ་ལུ་ཧཱུཾ་ཕཊ། ཅེས་ཅི་ནུས་སུ་བཟླ། ཐུན་མཚམས་སུ་དགེ་བ་བྱང་ཆུབ་ཏུ་བསྔོ། གཏོར་མ་གཏོང་བར་འདོད་ན། ཨ་མྲྀ་ཏས་བསངས། སྭ་བྷཱ་ཝས་སྦྱངས། སྟོང་པའི་ངང་ལས་གཏོར་སྣོད་པཾ་ལས་པདྨ་དམར་པོ་པཾ་གྱིས་མཚན་པ། དེ་ལས་འོད་ཟེར་འཕྲོས་འདུས་ཡོངས་སུ་གྱུར་པ་ལས། པད་མ་རཱ་གའི་སྣོད་ཆེན་པོར་གྱུར། དེའི་ནང་གཏོར་རྫས་ཀྱིས་གང་བ། ནམ་མཁར་ཧྲཱིཿདཀར་དམར་མཐིང་གསུམ་བརྩེགས་པ། རང་གི་སྙིང་གའི་ཧྲཱིཿལས་འོད་ཟེར་འཕྲོས་གསུམ་ལ་ཐོག་པས། བདུད་རྩིའི་རྒྱུན་འཛགས་གཏོར་སྣོད་གང་། ཨོཾ་སརྦ་ག་རི་ཞེས་པ་ལན་གསུམ་དང་། ན་མཿསརྦ་ཏ་ཐཱ་ག་ཏ་ཨ་ཝ་ལོ་ཀི་ཏེ། ཨོཾ་སམྦྷཱ་ར་སམྦྷཱ་ར་ཧཱུཾ། ལན་གསུམ་བརྗོད་པས་(༣༥༢ན)བདུད་རྩིའི་རྒྱ་མཚོ་ཆེན་པོར་གྱུར། རང་གི་སྙིང་ག་ནས་འོད་ཟེར་འཕྲོས། ཁྲོ་བོའི་རྒྱལ་པོ་ཧ་ཡ་གྲཱིན་སྤྱན་དྲངས། གཏོར་མའི་སྟེང་གི་ནམ་མཁར་བཞུགས་པར་བསམ། སླར་ཡང་ཧྲཱིཿཡིག་གི་འོད་ཟེར་གྱིས་སེམས་ཅན་ཐམས་ཅད་ཁྲོ་བོའི་རྒྱལ་པོ་ཧ་ཡ་གྲཱིན་དུ་བྱས་པ་དང་། འཇིག་རྟེན་དང་འཇིག་རྟེན་ལས་འདས་པའི་སྲུང་མ་ཐམས་ཅད་སྤྱན་དྲངས། སྙིང་པོའི་སྔགས་ལན་གསུམ་གྱིས་གཏོར་མ་གཙོ་བོ་ལ་ཕུལ། ཨོཾ་ཨཱཿཧཱུཾཿཧྲཱིཿ། ལན་ཉི་ཤུ་རྩ་གཅིག་གིས་འཇིག་རྟེན་ལས་འདས་པའི་སྲུང་མ་དང་། ལན་བདུན་གྱིས་འཇིག་རྟེན་པ་རྣམས་ལ་ཕུལ། མཆོད་སྦྱིན་གཏོར་མ་འདི་བཞེས་ལ་སོགས་ཀྱིས་གསོལ་བ་བཏབ་ནས། བཛྲ་མུཿཡིས་གཤེགས་སུ་གསོལ། དགེ་བ་བསྔོ། ༈ འདིའི་རིག་གཏད་ཀྱི་དབང་བསྐུར་ནི། མཎྜལ་གྲུ་བཞི་པའི་དབུས་སུ་པདྨ་དམར་པོ་འདབ་བརྒྱད་རེ་ཁ་དཀར་པོས་བྲིས། གྲུ་བཅད་བཞི་ཕྱོགས་མདོག་ཏུ་བཏང་། དེའི་དབུས་སུ་མཎྜིའི་སྟེང་དུ་བུམ་པ་མཚན་ཉིད་དང་ལྡན་པ་དུང་ཆོས་གཟུངས་ཐག་དང་བཅས་པ། ཕྱོགས་གང་ཡང་རུང་བ་ཞིག་ཏུ་སྟེགས་བུ་ལ་གཏོར

མ་དང་སེང་ལྡེང་གི་དབྱུག་ཏོ་ཞིག་ཀྱང་བཞག །མདུན་དུ་མཆོད་གཏོར་རྒྱ་ཆེར་བཤམས་ཤིང་། སྤྱིར་དགོས་པའི་ཡོ་བྱད་རོལ་མོ་སྣ་ཚོགས་དང་། སྔོན་འགྲོ་གཏོར་མ། དཀར་དམར་མཐིང་གསུམ་བརྩེགས་གཏོར། གློ་གཉིས་སུ་ཆངས་བུ་དང་མཐེབ་ཀྱུ་རེ། དེ་ལ་རིལ་བུ་བརྒྱ་བརྒྱད་སྤུངས་པ་ཞིག་བྱ། ཕྱོགས་གང་ཡང་རུང་བ་ཞིག་ཏུ་སྡིགས་བུ་ལ་གཏོར་(༣༥༢བ)མ་དང་། སེང་ལྡེང་གི་དབྱུག་ཐོ་ཞིག་ཀྱང་བཞག །སྔོན་འགྲོའི་གཏོར་མ་བསངས་སྦྱངས། འབྲུ་གསུམ་གྱིས་བྱིན་གྱིས་བརླབས། ན་མཿསམནྟ་བུདྡྷཱ་ནཾ་ན་མཿསརྦ་ཏ་ཐཱ་ག་ཏ་ཨ་བ་ལོ་ཀི་ཏེ། ཨོཾ་སམྦྷཱ་ར་སམྦྷཱ་ར་ཧཱུྃ། ཞེས་ལན་གསུམ་གྱིས་བསྔོས་ལ། ཡེ་དྷརྨཱ་དང་། སྡིག་པ་ཅི་ཡང་མི་བྱ་ཞིང་། །དགེ་བ་ཕུན་སུམ་ཚོགས་པར་སྤྱོད། །རང་གི་སེམས་ནི་ཡོངས་སུ་འདུལ། །འདི་ནི་སངས་རྒྱས་བསྟན་པ་ཡིན། །ཞེས་ཆོས་བཤད། ཨ་བ་ར་སྦྲ་ནཾ་གཙྪ། ཞེས་པས་རང་གནས་སུ་སོང་བར་བསམ་སྟེ། རྗེ་བཙུན་རྩ་བ་དང་བརྒྱུད་པར་བཅས་པའི་དཔལ་ལྡན་བླ་མ་དམ་པ་རྣམས་ཀྱི་བཀའ་བདེན་པ་དང་། སངས་རྒྱས་ཀྱི་བདེན་པ་དང་། ཆོས་ཀྱི་བདེན་པ་དང་། དགེ་འདུན་གྱི་བདེན་པ་དང་། ཆོས་ཀྱི་དབྱིངས་རྣམ་པར་དག་ཅིང་རྒྱུ་འབྲས་རྟེན་འབྲེལ་བསླུ་བ་མེད་པའི་བདེན་པ་དང་། བདེན་པ་ཆེན་པོའི་བྱིན་གྱིས་བརླབས་ཀྱིས་བདག་ཅག་དཔོན་སློབ་འཁོར་དང་བཅས་པ་རྣམས་ལ་གནོད་ཅིང་འཚེ་བར་བྱེད་པའི་བགེགས་དང་ལོག་འདྲེན་གྱི་རིགས་གང་ཡིན་པ་དེ་དག་ཐམས་ཅད་མཆོད་སྦྱིན་གྱི་གཏོར་མ་རྒྱ་ཆེན་པོ་འདིས་ཚིམས་པར་གྱིས་ལ་ཞི་བའི་སེམས་དང་ལྡན་པས་རང་རང་གི་གནས་སུ་སོང་ཞིག །གལ་ཏེ་མི་འགྲོ་ན་ཁྲོ་བོ་ཡེ་ཤེས་ཀྱི་རྡོ་རྗེ་མེ་རབ་ཏུ་འབར་བས་མགོ་བོ་ཚལ་པ་བརྒྱར་འགས་པར་འགྱུར་བ་གདོན་མི་ཟའོ། །ཨོཾ་སུམྦྷ་ནི་སོགས་སྔགས་བཟླས་པས་བསྐྲད། མཆོད་པ་སྤྱི་དང་མཐུན་པར་བྱིན་གྱིས་བརླབས། བདག་བསྐྱེད་གོང་བཞིན་བྱ། མདུན་བསྐྱེད་བསངས་སྦྱངས། སྟོང་པའི་ངང་ལས་མཎྜལ་དང་བུམ་(༣༥༣ན)པ་གཞལ་མེད་ཁང་མཚན་ཉིད་

ཐམས་ཅད་ཡོངས་སུ་རྫོགས་པར་གྱུར་པའི་དབུས་སུ་རཾ་སེར་པོ་ལས་ཉི་མའི་སྟེང་དུ་ཧྲཱིཿདམར་པོ། དེ་ལས་འོད་ཟེར་འཕྲོས་འདུས་ཡོངས་སུ་གྱུར་པ་ལས་དཔལ་ཁྲོ་བོའི་རྒྱལ་པོ་རྟ་མགྲིན་ཞེས་པ་ནས། དབང་གི་ལྷས་དབང་བསྐུར་འོད་དཔག་ཏུ་མེད་པས་དབུ་བརྒྱན་པར་གྱུར། དབང་རྫས་ཀྱི་གཏོར་མ་དང་ཕྱག་མཚན་སྣད་ཅིག་གིས་རྟ་མགྲིན་ཞལ་ཕྱག་ཡོངས་སུ་རྫོགས་པར་གྱུར། ཨརྒྷཾ་ནས་ཤབྡའི་བར་གྱིས་མཆོད། ཧྲཱིཿ རྒྱལ་བ་ཀུན་གྱི་ཆོས་སྐུ་པད་མའི་གསུང་། །ཆོས་ཉེ་འོད་དཔག་མེད་པ་རྗེ་ཉེ་ཆོས། །སྤྱན་རས་གཟིགས་དབང་ཧྲཱིཿལས་ཧམ་ཆེན་སྐུ། །རྟ་མགྲིན་རྟ་སྐད་བཞད་ལ་ཕྱག་འཚལ་བསྟོད། །ཅེས་བསྟོད། དབང་རྫས་ཀྱི་རྟ་མགྲིན་གཉིས་པ་ཞུ་བ་ལས་གཏོར་མ་དང་དབྱུག་པར་གྱུར། གཟུངས་ཐག་བཟུང་ཞིང་སྔགས་བཟླས་པས། བུམ་པའི་ནང་གི་ལྷའི་ཐུགས་རྒྱུད་བསྐུལ། ཐུགས་ཀ་ནས་འོད་ཟེར་འཕྲོས། སངས་རྒྱས་ཐམས་ཅད་ཀྱི་ཐུགས་ཀྱི་སྙིང་པོ་བདུད་རྩིར་སྤྱན་དྲངས། བུམ་པའི་ནང་གི་ལྷའི་ཐུགས་ཀར་ཐིམ། སྐུ་ལས་བདུད་རྩིའི་རྒྱུན་བབས་བུམ་པ་གང་བར་གྱུར་པར་བསམས་ལ། ཨོཾ་བཛྲ་ཀྲོ་དྷ་ཧ་ཡ་གྲི་ཝ་ཧུ་ལུ་ཧུ་ལུ་ཧཱུཾ་ཕཊ། ཅེས་སྙིང་པོ་བཟླ། མཇལ་གཏོར་མ་དབྱུག་པ་གསུམ་ལ་དམིགས་ནས་ཉེར་གཅིག་ཙམ་རེ་བཟླའོ། །གོང་བཞིན་གཏོར་མ་ཕུལ། མཆོད་བསྟོད། མཆོད་སྦྱིན་གཏོར་མ་འདི་བཞེས་ལ། །སོགས་འདོད་དོན་ལ་གསོལ་བ་གདབ། དུང་ཆོས་ཀྱི་ཆུ་བུམ་པར་བླུགས། ཨོཾ་ཨཱཿཧཱུཾ། (༣༥༣བ) བུམ་པའི་ནང་གི་ལྷ་ཡེ་ཤེས་ཀྱི་བདུད་རྩིར་ཞུ་བར་གྱུར་པར་བསམ་མོ། །དེ་ནས་སློབ་མས་མཇལ་ཕྱུལ། སངས་རྒྱས་དང་བྱང་ཆུབ་སེམས་དཔའ་ཐམས་ཅད་བདག་ལ་དགོངས་སུ་གསོལ། སློབ་དཔོན་བདག་ལ་དགོངས་སུ་གསོལ། བདག་མིང་འདི་ཞེས་བགྱི་བ། སེམས་ཅན་ཐམས་ཅད་འཁོར་བ་སྡུག་བསྔལ་གྱི་རྒྱ་མཚོ་ལས་བསྒྲལ་ནས་བླ་ན་མེད་པའི་བྱང་ཆུབ་ལ་འགོད་པའི་ཕྱིར་དུ། དུས་འདི་ནས་བཟུང་སྟེ་ཇི་སྲིད་བྱང་ཆུབ་སྙིང་པོ་ལ་མཆིས་ཀྱི་བར་དུ་དཔལ་རྟ་མགྲིན་ཡི་དམ་དུ་འཚལ་གྱི།

བདག་ལ་བྱིན་གྱིས་བརླབས་པ་བསྐུལ་དུ་གསོལ། ཞེས་ལན་གསུམ། དེ་ནས་སློབ་དཔོན་གྱིས་རིགས་ཀྱི་བུ་ཁྱོད་ཀྱིས་དཔལ་རྟ་མགྲིན་ཡི་དམ་དུ་བཟུང་བ་ལེགས་སོ་ཞེས་སྤྲོ་བ་བསྐྱེད་ཅིང་། སླར་ཡང་བརླས་བརྗོད་ལ་བརྩོན་པར་བགྱིས་ཤིག །ཅེས་གདམས། དེ་ནས་བཟང་སྤྱོད་ནས་འབྱུང་བའི་ཡན་ལག་བདུན་པ་དང་། སྐྱབས་འགྲོ་སེམས་བསྐྱེད་སངས་རྒྱས་ཆོས་དང་མ། བུ་ཚུར་ཐེག་པ་ཆེན་པོ་ཡིས། །ཁྱེད་ནི་ཚུལ་ཆེན་སྣོད་ཡིན་ཏེ། །གསང་སྔགས་སྤྱོད་པའི་ཆོ་ག་ནི། །ཁྱོད་ལ་ཡང་དག་བཤད་པར་བྱ། །དུས་གསུམ་བྱུང་བའི་རྫོགས་སངས་རྒྱས། །སྐུ་གསུང་ཐུགས་ཀྱི་རྡོ་རྗེ་ཅན། །རྡོ་རྗེ་གསང་སྔགས་མཐུ་ཡིས་ནི། །ཡེ་ཤེས་མཉམ་པ་མེད་པ་བརྙེས། །ཤཱཀྱ་སེང་གེ་སོགས་མཆོག་གི །གསང་སྔགས་སྤྱོར་བ་མཉམ་མེད་པ། །གང་གི་སྟོབས་ཀྱིས་བདུད་ཀྱི་སྡེ། །ཤིན་ཏུ་མི་བཟད་ཆེ་བཅོམ་ནས། །འཇིག་རྟེན་རྗེས་འཇུག་བཅད་ནས་ནི། །འཁོར་ལོ་བསྐོར་ནས་མྱ་ངན་འདས། །དེ་བས་ཀུན་(༣༥༨ན)མཁྱེན་ཐོབ་བྱའི་ཕྱིར། །བུ་ཡིས་བློ་གྲོས་འདི་གྱིས་ཤིག །ཅེས་པས་སྔགས་ཀྱི་ཆེ་བ་བརྗོད། སློབ་མའི་སྤྱི་བོར་རྟ་མགྲིན་དང་། སྙིང་གའི་ནང་དུ་ཧྲཱིཿཡིག་མར་མེ་འབར་བ་ལྟ་བུ་གསལ་བཏབ། མདུན་བསྐྱེད་མཎྜལ་གཏོར་རྟེན་བཅས་དཔལ་རྟ་མགྲིན་དུ་དངོས་སུ་བཞུགས་འདུག་སྙམ་པ་མཛོད། རྟ་མགྲིན་གྱི་གནས་གསུམ་ནས་འོད་ཟེར་འབར་བ་དཔག་ཏུ་མེད་པ་བྱུང་། སློབ་མའི་ལུས་གང་སྡིག་སྒྲིབ་བསྲེགས། བདེ་བ་སྐྱེས་པར་མོས། སྔགས་བཟླ་ཞིང་རོལ་མོའི་སྒྲ་བྱ། དེས་ཡེ་ཤེས་ཕེབས་པར་འགྱུར། དེ་ནས་སློབ་མ། སྭ་བྷཱ་ཝ་ལན་གསུམ་གྱིས་སྟོང་པར་སྦྱངས། སྟོང་པའི་ངང་ལས་སློབ་མའི་སྙིང་གར་རཾ་སེར་པོ་ལས་ཉི་མའི་སྟེང་དུ་ཧྲཱིཿདམར་པོ། དེ་ལས་འོད་ཟེར་འཕྲོས་འདུས་ཡོངས་སུ་གྱུར་པ་ལས། སློབ་མ་དཔལ་ཁྲོ་བོའི་རྒྱལ་པོ་རྟ་མགྲིན་དུ་གྱུར་པ་ནི། སྐུ་མདོག་པདྨ་རཱ་ག་ལྟར་འབར་བ་ཞལ་གཅིག་ཕྱག་གཉིས་སྤྱན་གསུམ་པ། གཡས་སེང་ལྡེང་གི་དབྱུག་ཏོ་རྡོ་རྗེས་མཚན་པ་འཕྱར་བ། གཡོན་སྡིགས་མཛུབ་

ཐུགས་ཀར་གཏོད་པ། དབུའི་སྟེང་དུ་ཧ་མགོ་ལྗང་ཁུར་ཧ་སྐད་འཁྱིན་པ། ཞབས་གཡས་བསྐུམས་གཡོན་བརྐྱང་བས་ཟླུ་ཕོ་མོ་མནན་པ། སྟག་ལྤགས་དང་སྦྲུལ་རྒྱན་སོགས་ཁྲོ་བོའི་རྒྱན་དང་ཆ་ལུགས་ཐམས་ཅད་ཡོངས་སུ་རྫོགས་ཤིང་མེ་དཔུང་འབར་བའི་དབུས་ན་བཞུགས་པའོ། །དཔྲལ་བར་ཨོཾ། མགྲིན་པར་ཨཱཿ ཐུགས་ཀར་ཧཱུྃ། ཞེས་གསལ་གདབ། དེ་ནས་སློབ་དཔོན་ལ་མོས་གུས་དྲུང་བ་བྱས་པས། སློབ་དཔོན་གྱི་ཐུགས་ཀ་ནས་འོད་ཟེར་འཕྲོས། མདུན་བསྐྱེད་(༣༥༨བ)དང་ཕྱོགས་བཅུའི་སངས་རྒྱས་བྱང་སེམས་ཐམས་ཅད་ཀྱི་ཐུགས་ཀར་ཕོག །ཐུགས་རྒྱུད་བསྐུལ། ཐུགས་ཀ་ནས་ཐུགས་གཉིས་སུ་མེད་པའི་ཡེ་ཤེས་ཡིན་པ་ལ། རྣམ་པ་ཁྲོ་བོའི་རྒྱལ་པོ་དཔལ་ཧ་མགྲིན་གྱི་སྐུ་ཆེ་ཆུང་དཔག་ཏུ་མེད་པ་སྤྱན་དྲངས། སློབ་མ་རྣམས་ཀྱི་ལུས་ལ་ཆར་ཆེན་པོ་བབས་པ་བཞིན་དུ་སིབ་སིབ་ཐིམ་པའི་མོས་པ་བྱེད་དུ་གཞུག །ཛཿཧཱུྃ་བཾ་ཧོཿགཉིས་སུ་མེད་པར་ཐིམ། ཞེས་བརྗོད། བུམ་པའི་ཆུས་དབང་བསྐུར་བ་ལ་སླར་ཡང་སློབ་དཔོན་གྱི་ཐུགས་ཀ་ནས་འོད་ཟེར་འཕྲོས། དབང་གི་ལྷ་རྣམས་སྤྱན་དྲངས། ཁྱེད་རྣམས་ཀྱིས་སློབ་མ་འདི་རྣམས་ལ་མངོན་པར་དབང་བསྐུར་དུ་གསོལ། ཞེས་གསོལ་བ་བཏབ་པས། ཇི་ལྟར་བལྟམས་པ་ནས་ཤྲཱི་ཡེ་ཧཱུྃ། ཞེས་གསུངས་ཤིང་བུམ་པའི་ཆུས་དབང་བསྐུར་བས་ལུས་ཐམས་ཅད་གང་། དྲི་མ་ཐམས་ཅད་དག །ཆུའི་ལྷག་མ་ཡར་ལུད་པ་ལས་འོད་དཔག་མེད་གཙོ་བོར་གྱུར་པའི་རིགས་ལྔས་དབུ་བརྒྱན་པར་གྱུར་པར་མོས། མེ་ཏོག་སྤྲོ་བོར་བཞག །སྙིང་པོ་ལན་གསུམ་ཙམ་བཟླས་ཏེ་བརྟན་པར་བསམ། བཟླས་ལུང་ལ། སློབ་དཔོན་གྱི་ཐུགས་ཀ་ནས་འོད་ཟེར་འཕྲོས། མདུན་བསྐྱེད་ཀྱི་ཐུགས་རྒྱུད་བསྐུལ། ཐུགས་ཀར་ཉི་མའི་དཀྱིལ་འཁོར་གྱི་དབུས་སུ་ཧྲཱིཿདམར་པོའི་མཐར་སྔགས་ཕྲེང་གིས་བསྐོར་བ་ལས་སྔགས་ཕྲེང་གཉིས་པ་བྱུང་། ཞལ་ནས་ཐོན། སློབ་མ་ལྟར་གསལ་བའི་ཞལ་དུ་ཞུགས། ཐུགས་ཀར་ཉི་མའི་དཀྱིལ་འཁོར་གྱི་སྟེང་དུ་ཧྲཱིཿདམར་པོའི་མཐར་གཡས་སྐོར་དུ་འཁོད་པ་སོགས་

བརླས་ལུང་གི་དམིགས་པ་སྔར་བཞིན་བཅས་(༣༥༥ན)འདིའི་རྗེས་ཟློས་མཛོད་བྱས་ལ། ཨོཾ་བཛྲ་ཀྲོ་དྷ་ཏ་ཡ་གྲི་ཁ་ཧུ་ལུ་ཧུ་ལུ་ཧཱུཾ་ཕཊ། ཅེས་ལན་གསུམ་རྗེས་ཟློས་བྱར་གཞུག །སློབ་དཔོན་ལ་མེ་ཏོག་འཐོར་བཞིན་དུ། འདིའི་རྗེས་ཟློས་མཛོད་བྱས་ལ། བཅོམ་ལྡན་བདག་གིས་སོགས་ལན་གསུམ། མེ་ཏོག་གི་འཕྲེང་བ་དེ་ཉིད་སློབ་དཔོན་གྱིས་ཐུགས་ཀྱི་འཕྲེང་བའི་རང་བཞིན་དུ་བྱས་ཏེ། སློབ་མའི་སྤྱི་བོར་བཞག་ཅིང་བྱིན་གྱིས་བརླབས་པའི་མོས་པ་མཛོད་བྱས་ལ། བཅོམ་ལྡན་འདི་ལ་སོགས་དང་། རྡོ་རྗེ་སློབ་མ་འདི་རྣམས་ཀྱི་རྒྱུད་ལ་དཔལ་རྟ་མགྲིན་གྱི་ཐུགས་ཀྱི་བྱིན་རླབས་དང་ནུས་མཐུ་མ་ལུས་པ་འཇུག་པར་གྱུར་ཅིག །ཅེས་བརྗོད། འཇིག་རྟེན་འདི་ན་གདུག་ཅན་དྲེགས་པ་ཆེ། །འོག་གི་ཀླུ་དང་སྟེང་གི་ཚངས་པ་སོགས། །འཇོམས་བྱེད་དབྱུག་པ་བཟུང་ཞིང་གདུག་པ་ཐུལ། །ཕྱོགས་ལས་རྣམ་པར་རྒྱལ་བའི་དབང་ཐོབ་ཤོག །ཅེས་དང་སྙིང་པོ་ལན་གསུམ་གྱིས་དབྱུག་པ་གཏད་དེ། ཐུགས་ཀྱི་བྱིན་རླབས་སོ། །

དེ་ནས་གཏོར་དབང་ནི། གཏོར་མ་འདི་ཉིད་དཔལ་རྟ་མགྲིན་དངོས་སུ་མོས། དེ་ལ་མོས་གུས་དུང་བ་བྱས་པས་སློབ་མ་རྣམས་ཀྱི་སྤྱི་བོར་ཕྱིན། རྒྱུད་བྱིན་གྱིས་བརླབས་པ་ཡིན་སྙམ་པ་གྱིས། ཞེས་རྒྱས་བསྡུས་ཅི་རིགས་པར་བརྗོད་ནས། གཏོར་མ་མགོ་བོར་བཞག་ལ། རྗེ་བཙུན་རྩ་བ་དང་བརྒྱུད་པར་བཅས་པའི་དཔལ་ལྡན་བླ་མ་དམ་པ་རྣམས་ཀྱིས་བྱིན་གྱིས་རློབས་ཤིག །སངས་རྒྱས་དང་བྱང་ཆུབ་སེམས་དཔའ་ཐམས་ཅད་ཀྱིས་བྱིན་གྱིས་རློབས་ཤིག །ཡི་དམ་དཀྱིལ་འཁོར་གྱི་ལྷ་ཚོགས་རྣམས་ཀྱིས་བྱིན་གྱིས་རློབས་ཤིག །དཔའ་(༣༥༥བ)བོ་དང་དཔའ་མོ་རྣལ་འབྱོར་མ་རྣམས་ཀྱིས་བྱིན་གྱིས་རློབས་ཤིག །ཁྱད་པར་དུ་ཡང་དཔལ་རྟ་མགྲིན་གྱི་ལྷ་ཚོགས་འཁོར་དང་བཅས་པ་རྣམས་ཀྱིས་བྱིན་གྱིས་རློབས་ཤིག །ཁྱེད་རྣམས་ལ་མཁྱེན་པའི་ཡེ་ཤེས། བརྩེ་བའི་ཐུགས་རྗེ། སྐྱོབ་པའི་ནུས་མཐུ་བསམ་གྱིས་མི་ཁྱབ་པ་མངའ་བ་ལགས་པས། རྡོ་རྗེ་སློབ་མ་འདི་རྣམས་ཀྱི་ལུས་ཀྱི་ན་ཚ། སེམས་ཀྱི་སྡུག་

བསྐལ་སོགས་འགལ་རྐྱེན་ཕྱི་ནང་གི་བར་གཅོད་ཐམས་ཅད་ཞི་བ་དང་། མཐུན་རྐྱེན་ཚེ་དང་བསོད་ནམས་དཔལ་འབྱོར་ཕུན་སུམ་ཚོགས་པ་ཐམས་ཅད་འཕེལ་ཞིང་རྒྱས་པ་དང་། མཆོག་དང་ཐུན་མོང་གི་དངོས་གྲུབ་ཐམས་ཅད་མྱུར་དུ་འགྲུབ་པར་བྱིན་གྱིས་བརླབ་ཏུ་གསོལ། ཞེས་གསོལ་བ་བཏབ་པས། དགྱེས་བཞིན་དུ་སློབ་མ་རྣམས་ཀྱི་ལུས་ལ་ཐིམ་པས་བྱིན་གྱིས་བརླབས་པར་བསམ། ཛཿཧཱུྃ་བཾ་ཧོཿ ཞེས་བརྗོད། མཇུག་ཆོག་སྤྱི་དང་འདྲ། །

༄ རྟ་མགྲིན་ཁྱུང་གཤོག་ཅན་ཇོ་བོའི་ལུགས་ལ། སྐྱབས་འགྲོ་སེམས་བསྐྱེད་ཚད་མེད་བཞི་བསྒོམ་པ་སྔོན་དུ་བཏང་ནས། ཨོཾ་སྭ་བྷཱ་ཝ་བི་ཤུདྡྷཿསརྦ་དྷརྨཱ་སྭ་བྷཱ་ཝ་བི་ཤུདྡྷོཧཾ། རང་གི་སྙིང་གར་རཾ་སེར་པོའི་འོད་ཀྱི་འཕྲོ་འདུ་ལས་ཉི་མ་དང་དེ་ལ་གནས་པའི་ཧྲཱིཿལས་འོད་ཟེར་ལྕགས་ཀྱུ་དང་ཞགས་པ་ལྟ་བུ་འཕྲོས། སངས་རྒྱས་དང་བྱང་ཆུབ་སེམས་དཔའ་ཐམས་ཅད་སྤྱན་དྲངས། གང་གི་དྲིན་གྱིས་བདེ་ཆེན་ཉིད། །སོགས་དང་། སྐུ་མདོག་ཆགས་མེད་ནམ་མཁའི་དམར་ཐག་འདྲ། །འབར་བའི་དབུ་ལ་རལ་པ་གྱེན་དུ་བརྫེས། །མ་རིག་ཚངས་པ་ཁ་བུབ་གནོན་པའི་ལྷ། །པདྨ་རིག་སྔགས་རྒྱལ་ལ་ཕྱག་འཚལ་ལོ། །(༣༥༨ན)ཞེས་བསྟོད་ཅིང་ཕྱག་འཚལ། སྙིང་ག་ནས་འོད་ཟེར་འཕྲོས་པའི་ལྷ་མོ་རྣམས་ཀྱིས་མཆོད་པར་གྱུར། པུཥྤེ་ནས་ནཻ་ཝི་དྱའི་བར་གྱིས་མཆོད། གང་ཡང་བདག་གིས་དུས་ཀུན་ཏུ། །སྡིག་པ་བགྱིས་པར་གང་གྱུར་པ། །སྙིག་པས་རྩི་ལྟར་བཤགས་བགྱིད་ཅིང་། །དེང་ནས་བཙམས་ཏེ་འབྱུང་མི་བགྱིད། །དགེ་བ་རྣམས་ལ་རྗེས་ཡི་རང་། །སངས་རྒྱས་བྱང་ཆུབ་ཡིད་ཀྱིས་བཟུང་། །ཐམས་ཅད་བྱང་ཆུབ་མཆོག་ཏུ་བསྔོ། །དེ་ཐོབ་ལམ་ལ་གནས་བགྱིད་ཅིང་། །དམ་པའི་སྐྱབས་གསུམ་ལ་སྐྱབས་མཆི། །ཞེས་རྒྱུན་བཤགས་དང་། དེ་ནས་ཚད་མེད་བཞི་སྤྱི་དང་མཐུན་པར་བསྒོམ། ཨོཾ་ཤཱུ་ནྱ་ཏཱ་སོགས་ལན་གསུམ། སྟོང་པའི་ངང་ལས་རཾ་ལས་ཉི་མའི་སྟེང་དུ་ཧཱུྃ་ལས་རྡོ་རྗེ་ནག་པོ་ཧཱུྃ་གིས་མཚན་པ། དེ་

ལས་འོད་ཟེར་འཕྲོས། སྤུང་བའི་འཁོར་ལོར་གྱུར། དེའི་ནང་དུ་ཉི་མ་ལ་ཧཱུྃ་དཀར་པོ་ཡོངས་སུ་གྱུར་པ་ལས། རིན་པོ་ཆེ་སྣ་ཚོགས་ལས་གྲུབ་པའི་གཞལ་ཡས་ཁང་གྲུ་བཞི་སྒོ་བཞི། རྒྱན་ཐམས་ཅད་ཀྱིས་བརྒྱན་པ། ཤར་དཔུལ། ལྷོ་བཻ་ཌཱུཪྻ། ནུབ་པད་མ་རཱ་ག །བྱང་གསེར་ལས་གྲུབ་པའམ། ཡང་ན་ཧཱུྃ་ལས་ཐོད་རུས་འབར་བའི་གཞལ་ཡས་ཁང་སྟོང་གསུམ་གྱི་ཁྱོན་དང་མཉམ་པ། ཤ་རུས་ཀྱི་རྒྱན་གྱིས་བརྒྱན་པར་བསྒོམ། དེའི་དབུས་སུ་རཾ་ལས་ཉི་མའི་དཀྱིལ་འཁོར་གྱི་སྟེང་དུ་ཧྲཱིཿཡིག་འོད་ཀྱི་འཕྲོ་འདུ་ལས། རང་ཉིད་བཅོམ་ལྡན་འདས་ཧ་མགྲིན་དབུ་གསུམ་ཕྱག་དྲུག་པ། སྐུ་མདོག་དམར་པོ་དབུས་དམར། གཡས་དཀར། གཡོན་གནག་པའི་ཞལ་སྤྱན་གསུམ་དང་ལྡན་པ། (༣༥༨བ)དབུ་གསུམ་གྱི་སྟེང་དུ་ཧ་མགོ་ལྗང་གུ་གསུམ་ཡོད་པ། ཞལ་ནས་འབྲུག་སྟོང་ལྡིར་བ། ཕྱག་གཡས་ཀྱི་དང་པོས་རྡོ་རྗེ་རྩེ་ལྔ་པ། གཉིས་པ་ན་གསེར་གྱི་ཞགས་པ། གསུམ་པ་ན་དབྱུག་ཏོ་བསྣམས་པ། གཡོན་གྱི་དང་པོ་ན་དུང་ཆེན་དམར་གྱིས་བཀང་བ་བསྣམས་པ། གཉིས་པ་ན་རལ་གྲི། ཐ་མ་སྦར་བ་གདངས་པའི་མཐེ་བོང་ལས་བྱ་ཁྱུང་དཀར་པོ། མཛུབ་མོ་ལས་མཐིང་ཁ། གུང་མོ་ལས་སེར་པོ། སྲིན་ལག་ནས་དམར་པོ། མཐེའུ་ཆུང་ལས་ལྗང་གུ་རྣམས། བྱེ་བ་བྱེ་བའི་སྤྲུལ་པ་འཕྲོད་པ། ཞབས་དྲུག་གིས་ཀླུ་བརྒྱད་བརྫིས་པ། རྡོ་རྗེ་གཤོག་པ་གཡས་གཡོན་ལས་བྱ་ཁྱུང་གི་སྤྲུལ་པ་འཕྲོད་པ། སྟག་ལྤགས་ཀྱི་ཤམ་ཐབས། གླང་ཆེན་གྱི་ཀོ་རློན། ཐོད་སྐམ་གྱི་དབུ་རྒྱན། ཐོད་རློན་གྱི་སེ་རལ་ཁ། སྦྲུལ་དཀར་ནག་གིས་ཡན་ལག་རྣམས་བརྒྱན་པ། མེ་དཔུང་འབར་བའི་དབུས་ན་བཞུགས་པའོ། །ཨོཾ་རྡོ་རྗེ་རྩེ་ལྔ་པ། ཨོཾ་སརྦ་ཀ་རི་ཞེས་པས་མཚན། སྙིང་ག་གཡོན་པར་ཉི་མ་ལ་གནས་པའི་རྡོ་རྗེ་དཀར་པོ་རྩེ་ལྔ་པ། གཡས་པར་ཟླ་བ་ལ་གནས་པའི་རྒྱ་གྲམ་ལྗང་གུ། སྤྱི་བོར་ཨོཾ། མགྲིན་པར་ཨཱཿ ཐུགས་ཀར་ཧཱུྃ། སྙིང་གའི་རྡོ་རྗེ་རྩེ་ལྔ་ལས་འོད་ཟེར་འཕྲོས། དབང་གི་ལྷ་རྒྱལ་བ་རིགས་ལྔ་སྤྱན་དྲངས། ཨོཾ་ཧཱུྃ་ཏྲཱཾ་ཧྲཱིཿཨཱ། ཞེས་དབང་བསྐུར། རྒྱ་གྲམ་ལས་འོད་ཟེར་འཕྲོས།

ཡེ་ཤེས་སེམས་དཔའ་སྤྱན་དྲངས། པུཥྤེ་སོགས་ཀྱིས་མཆོད། ཧཱུྃ། སྐུ་མདོག་ཆགས་མེད་ནམ་མཁའི་དམར་ཐག་འདྲ། །འབར་བའི་དབུ་ལ་རལ་པ་གྱེན་དུ་བརྫེས། །མ་རིག་ཚངས་པ་ཁ་བུབ་མནན་པའི་ལྷ། །པདྨ་རིག་(༣༥༧ན)སྔགས་རྒྱལ་ལ་ཕྱག་འཚལ་ལོ། །ཡེ་ཤེས་ཧ་ཡ་གྲཱི་ཝ་ཧ་མཆོག་དཔལ། །ཞལ་ནས་ཧཱུྃ་ཕཊ་འབྲུག་སྒྲོང་དི་རི་རི། །ཞལ་བགྲད་མཆེ་བ་གཙིགས་པའི་ཆེམས་ནང་ན། །གདུག་པ་འདུལ་བའི་མེ་སྟག་ཁྲིམ་ཁྲིམ་འབར། །ཁྲོ་རྒྱལ་དབང་གི་ཧ་སྐད་ཆེར་ཆེར་འཚེར། །ཧ་མགྲིན་ཧ་སྐད་འཚེར་ལ་ཕྱག་འཚལ་ལོ། །ཞེས་བསྟོད། ཛཿཧཱུྃ་བཾ་ཧོཿཞེས་རང་དང་གཉིས་སུ་མེད་པར་ཐིམ། ཨོཾ་བཛྲ་ཀྲོ་དྷ་ཧ་ཡ་གྲཱི་ཝ་ཧུ་ལུ་ཧུ་ལུ་ཧཱུྃ་ཕཊ། ཅེས་ཅི་ནུས་སུ་བཟླ། གཏོར་མ་འབུལ་བར་འདོད་ན། ཨ་མྲྀ་ཏས་བསངས། སྭ་བྷཱ་ཝས་སྦྱངས། སྟོང་པའི་ངང་ལས་གཏོར་སྣོད་པཾ་ལས་པད་མ་དམར་པོ་པཾ་ཀྱིས་མཚན་པ། དེ་ལས་འོད་ཟེར་འཕྲོས་འདུས་ཡོངས་སུ་གྱུར་པ་ལས། པདྨ་རྣ་གའི་སྣོད་ཆེན་པོར་གྱུར། དེའི་ནང་གཏོར་རྫས་ཀྱིས་གང་བ། ནམ་མཁར་ཧྲཱིཿདཀར་དམར་མཐིང་གསུམ་བརྩེགས་པ། རང་གི་སྙིང་གའི་ཧྲཱིཿལས་འོད་ཟེར་འཕྲོས་གསུམ་ལ་ཕོག་པས། བདུད་རྩིའི་རྒྱུན་འཛགས་གཏོར་སྣོད་གང་། ཨོཾ་སརྦ་ཀ་རི་ཞེས་པ་ལན་གསུམ་དང་། ན་མཿསརྦ་ཏ་ཐཱ་ག་ཏ་ཨ་ཝ་ལོ་ཀི་ཏེ། ཨོཾ་སམྦྷ་ར་སམྦྷ་ར་ཧཱུྃ། ལན་གསུམ་བརྗོད་པས་བདུད་རྩིའི་རྒྱ་མཚོ་ཆེན་པོར་གྱུར། རང་གི་སྙིང་ག་ནས་འོད་ཟེར་འཕྲོས། ཁྲོ་བོའི་རྒྱལ་པོ་ཧ་མགྲིན་སྤྱན་དྲངས། གཏོར་མའི་སྟེང་གི་ནམ་མཁར་བཞུགས་པར་བསམ། སླར་ཡང་ཧྲཱིཿཡིག་གི་འོད་ཟེར་གྱིས་སེམས་ཅན་ཐམས་ཅད་ཁྲོ་བོའི་རྒྱལ་པོ་ཧ་མགྲིན་དུ་བྱས་པ་དང་། འཇིག་རྟེན་དང་འཇིག་རྟེན་ལས་འདས་པའི་སྲུང་མ་ཐམས་ཅད་སྤྱན་དྲངས། སྙིང་པོའི་སྔགས་(༣༥༧བ)ལན་གསུམ་གྱིས་གཏོར་མ་གཙོ་བོ་ལ་ཕུལ། ཨོཾ་ཨཱཿཧྲཱིཿཧཱུྃ་ལན་ཉི་ཤུ་རྩ་གཅིག་གིས་འཇིག་རྟེན་ལས་འདས་པའི་སྲུང་མ་དང་། ལན་བདུན་གྱིས་འཇིག་རྟེན་པ་རྣམས་ལ་ཕུལ། མཆོད་སྦྱིན་གཏོར་མ་འདི་བཞེས་ལ། །

སོགས་ཀྱིས་གསོལ་བ་བཏབ་ནས། བཛྲ་མུཿགཤེགས། དགེ་བ་བསྔོ། འདིའི་རྗེས་གནང་གི་བྱ་བ་ནི། མནྜལ་གྲུ་བཞི་པའི་དབུས་སུ་པད་མ་དམར་པོ་འདབ་བརྒྱད་རེ་ཁ་དཀར་པོས་བྲིས། གྲུ་བཅད་བཞི་ཕྱོགས་མདོག་ཏུ་བཏང་། དེའི་དབུས་སུ་ཚོམ་བུ་དམར་པོ་དགོད། མཆིའི་ཁར་བུམ་པ་དུང་ཆོས་གཟུངས་ཐག་དང་བཅས་པ་བཤམས། གང་འོས་ཀྱི་ཕྱོགས་སུ་སྟེགས་བུ་ལ་ཞགས་པ་སེར་པོ་དང་རལ་གྲི། རྟེན་གཏོར་རྣམས་ཀྱང་བཞག །མདུན་དུ་བཅེགས་གཏོར། ཚང་བུ་མཐེབ་ཀྱུ་རིལ་བུ་དང་བཅས་པ། སྔོན་འགྲོའི་གཏོར་མ་མཆོད་པ་རྣམས་བཤམས། རྟ་མགྲིན་དཔའ་གཅིག་ལྷན་སྐྱེས་ཀྱི་སྐབས་ལྟར་སྔོན་འགྲོའི་གཏོར་མ་བཏང་། མཆོད་པ་ཕྱི་དང་མཐུན་པར་བྱིན་གྱིས་བརླབས། བདག་བསྐྱེད་གོང་བཞིན་བྱ། མདུན་བསྐྱེད་བསངས་སྦྱངས། སྟོང་པའི་ངང་ལས་མནྜལ་དང་བུམ་པ་གཞལ་མེད་ཁང་མཚན་ཉིད་ཐམས་ཅད་ཡོངས་སུ་རྫོགས་པར་གྱུར་པའི་དབུས་སུ་རཾ་ལས་ཉི་མའི་དཀྱིལ་འཁོར་གྱི་སྟེང་དུ། ཧྲཱིཿཡིག་འོད་ཀྱི་འཕྲོ་འདུ་ལས་བཅོམ་ལྡན་འདས་རྟ་མགྲིན་ཞེས་པ་ནས། ཛཿཧཱུྃ་བཾ་ཧོཿགཉིས་སུ་མེད་པར་གྱུར། དབང་རྫས་ཀྱི་གཏོར་མ་དང་ཕྱག་མཚན་སྐད་ཅིག་གིས་རྟ་མགྲིན་ཞལ་ཕྱག་ཡོངས་སུ་རྫོགས་པར་གྱུར་པར་བསམ་ལ། མཆོད་(༣༥༤ན)བསྟོད་བྱ། དབང་རྫས་ཀྱི་རྟ་མགྲིན་གསུམ་པོ་ཞུ་བ་ལས་གཏོར་མ་དང་། ཞགས་པ་དང་། རལ་གྲིར་གྱུར། གཟུངས་ཐག་ནས་བཟུང་ཞིང་། བུམ་པའི་ནང་གི་ལྷའི་ཐུགས་རྒྱུད་བསྐུལ། ཐུགས་ཀ་ནས་འོད་ཟེར་འཕྲོས། སངས་རྒྱས་ཐམས་ཅད་ཀྱི་ཐུགས་ཀྱི་སྙིང་པོ་བདུད་རྩིར་སྤྱན་དྲངས། བུམ་པའི་ནང་གི་ལྷའི་ཐུགས་ཀར་ཐིམ། སྐུ་ལས་བདུད་རྩིའི་རྒྱུན་བབས། བུམ་པ་གང་བར་གྱུར་པར་བསམ་ལ། ཨོཾ་བཛྲ་ཀྲོ་དྷ་ཧ་ཡ་གྲཱི་ཝ་ཧུ་ལུ་ཧུ་ལུ་ཧཱུྃ་ཕཊ། ཅེས་བརྒྱ་རྩ་ཙམ་བཟླ། མནྜལ་གཏོར་མ་ཞགས་པ་རལ་གྲི་རྣམས་ལ་དམིགས་ནས་ཉེར་གཅིག་ཙམ་རེ་བཟླའོ། །གོང་བཞིན་གཏོར་མ་ཕུལ། མཆོད་བསྟོད། མཆོད་སྦྱིན་གཏོར་མ་འདི་བཞེས་ལ་སོགས་འདོད་དོན་

ལ་གསོལ་བ་གདབ། དུང་ཆོས་ཀྱི་ཆུ་བུམ་པར་བླུག །ཨོཾ་ཨཱཿཧཱུྃ། བུམ་ནང་གི་ལྷ་ཡེ་ཤེས་ཀྱི་བདུད་རྩིར་ཞུ་བར་གྱུར་པར་བསམ་མོ། །དེ་ནས་སློབ་མས་མཎྜལ་ཕུལ། སངས་རྒྱས་དང་བྱང་ཆུབ་སེམས་དཔའ་ཐམས་ཅད་བདག་ལ་དགོངས་སུ་གསོལ། སློབ་དཔོན་བདག་ལ་དགོངས་སུ་གསོལ། བདག་མིང་འདི་ཞེས་བགྱི་བ། སེམས་ཅན་ཐམས་ཅད་འཁོར་བ་སྡུག་བསྔལ་གྱི་རྒྱ་མཚོ་ལས་བསྒྲལ་ནས་བླ་ན་མེད་པའི་བྱང་ཆུབ་ལ་འགོད་པའི་ཕྱིར་དུ་དུས་འདི་ནས་བཟུང་སྟེ་ཇི་སྲིད་བྱང་ཆུབ་སྙིང་པོ་ལ་མཆིས་ཀྱི་བར་དུ་དཔལ་རྟ་མགྲིན་ཡི་དམ་དུ་འཚལ་གྱི་བདག་ལ་བྱིན་གྱིས་བརླབས་པ་བསྐྱལ་དུ་གསོལ། ཞེས་ལན་གསུམ། དེ་ནས་སློབ་དཔོན་གྱིས། རིགས་ཀྱི་བུ་ཁྱོད་ཀྱིས་དཔལ་རྟ་(༢༥༥ན)མགྲིན་ཡི་དམ་དུ་བཟུང་བ་ལེགས་སོ། །ཞེས་སྤྲོ་བ་བསྐྱེད་ཅིང་། སླར་ཡང་བཟླས་བརྗོད་ལ་བསྔོན་པར་བགྱིས་ཤིག་ཅེས་གདམས། སྐྱབས་འགྲོ་སེམས་བསྐྱེད་སངས་རྒྱས་ཆོས་དང་མ། །བུ་ཚུར་ཐེག་པ་ཆེན་པོ་ཡིས། །ཁྱོད་ནི་ཚུལ་ཆེན་སྣོད་ཡིན་ཏེ། །གསང་སྔགས་སྤྱོད་པའི་ཚོ་ག་ནི། །ཁྱོད་ལ་ཡང་དག་བཤད་པར་བྱ། །དུས་གསུམ་བྱུང་བའི་རྫོགས་སངས་རྒྱས། །སྐུ་གསུང་ཐུགས་ཀྱི་རྡོ་རྗེ་ཅན། །རྡོ་རྗེ་གསང་སྔགས་མཐུ་ཡིས་ནི། །ཡེ་ཤེས་མཉམ་པ་མེད་པ་བརྙེས། །ཤཱཀྱ་སེང་གེ་སོགས་མཆོག་གི །གསང་སྔགས་སྤྱོར་བ་མཉམ་མེད་པ། །གང་གི་སྟོབས་ཀྱིས་བདུད་ཀྱི་སྡེ། །ཤིན་ཏུ་མི་བཟད་ཆེ་བཅོམ་ནས། །འཇིག་རྟེན་རྗེས་འཇུག་བཅད་ནས་ནི། །འཁོར་ལོ་བསྐོར་ནས་མྱ་ངན་འདས། །དེ་བས་ཀུན་མཁྱེན་ཐོབ་བྱའི་ཕྱིར། །བུ་ཡིས་བློ་གྲོས་འདི་གྱིས་ཤིག །ཅེས་པས་སྔགས་ཀྱི་ཆེ་བ་བརྗོད། སློབ་མའི་སྤྱི་བོར་རྟ་མགྲིན་དང་། སྙིང་གའི་ནང་དུ་ཧྲཱིཿཡིག་མར་མེ་འབར་བ་ལྟ་བུ་གསལ་བཏབ། རྟ་མགྲིན་གྱི་གནས་གསུམ་ནས་འོད་ཟེར་འབར་བ་དཔག་ཏུ་མེད་པ་བྱུང་། སློབ་མའི་ལུས་གང་། སྡིག་སྒྲིབ་བསྲེགས། བདེ་བ་སྐྱེས་པར་མོས། སྔགས་བཟླ་ཞིང་རོལ་མོའི་སྒྲ་བྱ། དེས་ཡེ་ཤེས་ཕེབས་པར་འགྱུར། དེ་ནས་སློབ་མ།

ཤྲཱི་ཧེ་རུ་ཀ་ལན་གསུམ་གྱིས་སྟོང་པར་སྦྱངས། སྟོང་པའི་ངང་ལས་རཾ་ལས་ཉི་མའི་སྟེང་དུ་ཧཱུཾ་ལས་རྡོ་རྗེ་ནག་པོ་ཧཱུཾ་གིས་མཚན་པ། དེ་ལས་འོད་ཟེར་འཕྲོས། སྡུད་པའི་འཁོར་ཡོར་གྱུར། དེའི་ནང་དུ་ཉི་མ་ལ་ཧྲཱུྃ་དཀར་པོ་ཡོངས་སུ་གྱུར་པ་ལས། རིན་པོ་ཆེ་སྣ་ཚོགས་ལས་གྲུབ་པའི་གཞལ་(༣༥༧་ན)ཡས་ཁང་གྲུ་བཞི་སྒོ་བཞི། རྒྱན་ཐམས་ཅད་ཀྱིས་བརྒྱན་པ། ཤར་དཔུང་ལ། ལྷོ་བཻ་ཌཱུརྱ། ནུབ་པདྨ་རཱ་ག །བྱང་གསེར་ལས་གྲུབ་པའི་དབུས་སུ། རཾ་ལས་ཉི་མའི་དཀྱིལ་འཁོར་གྱི་སྟེང་དུ་ཧྲཱིཿཡིག་འོད་ཀྱི་འཕྲོ་འདུ་ལས། སློབ་མ་རྣམས་བཅོམ་ལྡན་འདས་རྟ་མགྲིན་དབུ་གསུམ་ཕྱག་དྲུག་པ། སྐུ་མདོག་དམར་པོ་དབུས་དམར། གཡས་དཀར། གཡོན་གནག་པའི་ཞལ། སྤྱན་གསུམ་དང་ལྡན་པ། དབུ་གསུམ་གྱི་སྟེང་དུ་རྟ་མགོ་ལྗང་གུ་གསུམ་ཡོད་པ། ཞལ་ནས་འབྲུག་སྟོང་ལྡིར་བ། ཕྱག་གཡས་ཀྱི་དང་པོས་རྡོ་རྗེ་རྩེ་ལྔ་པ། གཉིས་པ་ན་གསེར་གྱི་ཞགས་པ། གསུམ་པ་ན་དབྱུག་ཏོ་བསྣམས་པ། གཡོན་གྱི་དང་པོ་ན་དུང་ཆེན་དམར་གྱིས་བཀང་བ་བསྣམས་པ། གཉིས་པ་ན་རལ་གྲི། ཐ་མ་སྨྲར་བ་གདངས་པའི་མཐེ་བོང་ལས་བྱ་ཁྱུང་དཀར་པོ། མཛུབ་མོ་ལས་མཐིང་ཁ། གུང་མོ་ལས་སེར་པོ། སྲིན་ལག་ལས་དམར་པོ། མཐེའུ་ཆུང་ལས་ལྗང་གུ་རྣམས་བྱེ་བ་བྱེ་བའི་སྤྲུལ་པ་འཕྲོད་པ། ཞབས་དྲུག་གིས་ཀླུ་བརྒྱད་བརྫིས་པ། རྡོ་རྗེ་གཞོག་པ། གཡས་གཡོན་ལས་བྱ་ཁྱུང་གི་སྤྲུལ་པ་འཕྲོད་པ། སྟག་ལྤགས་ཀྱི་ཤམ་ཐབས། གླང་ཆེན་གྱི་ཀོ་རློན། ཐོད་སྐམ་གྱི་དབུ་རྒྱན། ཐོད་རློན་གྱི་སེ་རལ་ཁ། སྦྲུལ་དཀར་ནག་གིས་ཡན་ལག་རྣམས་བརྒྱན་པ། མེ་དཔུང་འབར་བའི་དབུས་ན་བཞུགས་པའོ། །ཤྭེ་རྡོ་རྗེ་རྩེ་ལྔ་པ། ཨོཾ་ས་ཏྭ་ཀ་རི་ཞེས་པས་མཚན། སྙིང་ག་གཡོན་པར་ཉི་མ་ལ་གནས་པའི་རྡོ་རྗེ་དཀར་པོ་རྩེ་ལྔ་པ། གཡས་པར་ཟླ་བ་ལ་གནས་པའི་(༣༥༧་བ)རྒྱ་གྲམ་ལྗང་གུ། སྤྱི་བོར་ཨོཾ། མགྲིན་པར་ཨཱཿ ཐུགས་ཀར་ཧཱུཾ། ཞེས་གསལ་གདབ། མདུན་གྱི་མཎྜལ་གཏོར་རྫེན་བཅས་ཁྱེད་རང་རྣམས་བསྒོམས་པ་དང་འདྲ་བའི་རྟ་མགྲིན་ཁྲུང་གཞོག་ཅན་

དངོས་སུ་བཞུགས་པར་མོས་ལ། དེ་ནས་སློབ་དཔོན་ལ་མོས་གུས་དུང་བ་བྱས་པས། སློབ་དཔོན་གྱི་ཐུགས་ཀ་ནས་འོད་ཟེར་འཕྲོས། མདུན་བསྐྱེད་དང་ཕྱོགས་བཅུའི་སངས་རྒྱས་བྱང་སེམས་ཐམས་ཅད་ཀྱི་ཐུགས་ཀར་ཕོག །ཐུགས་རྒྱུད་བསྐུལ། ཐུགས་ཀ་ནས་ཐུགས་གཉིས་སུ་མེད་པའི་ཡེ་ཤེས་ཡིན་པ་ལ། རྣམ་པ་ཁྲོ་བོའི་རྒྱལ་པོ་དཔལ་རྟ་མགྲིན་གྱི་སྐུ་ཆེ་ཆུང་དཔག་ཏུ་མེད་པ་སྤྲུལ་དྲངས། སློབ་མ་རྣམས་ཀྱི་ལུས་ལ་ཆར་ཆེན་པོ་བབས་པ་བཞིན་དུ་སིབ་སིབ་ཐིམ་པའི་མོས་པ་བྱེད་དུ་གཞུག །ཛཿཧཱུྃ་བཾ་ཧོཿགཉིས་སུ་མེད་པར་ཐིམ། ཞེས་བརྗོད། བུམ་པའི་ཆུས་དབང་བསྐུར་བ་ལ། སྔར་ཡང་སློབ་དཔོན་གྱི་ཐུགས་ཀ་ནས་འོད་ཟེར་འཕྲོས། དབང་གི་ལྷ་རྣམས་སྤྱན་དྲངས། ཁྱེད་རྣམས་ཀྱིས་སློབ་མ་འདི་རྣམས་ལ་མངོན་པར་དབང་བསྐུར་དུ་གསོལ། ཞེས་གསོལ་བ་བཏབ་པས། ཇི་ལྟར་བལྟམས་པ་ཙམ་གྱིས་ནི། །ཞེས་པ་ནས། ཤྲཱི་ཡེ་ཧཱུྃ། ཞེས་གསུངས་ཤིང་བུམ་པའི་ཆུས་དབང་བསྐུར་བས་ལུས་ཐམས་ཅད་གང་། དྲི་མ་ཐམས་ཅད་དག །ཆུའི་ལྷག་མ་ཡར་ལུད་པ་ལས་འོད་དཔག་མེད་གཙོ་བོར་གྱུར་པའི་རིགས་ལྔས་དབུ་བརྒྱན་པར་གྱུར་པར་མོས། མེ་ཏོག་སྤྱི་བོར་བཞག །སྙིང་པོ་ལན་བདུན་ཙམ་བཟླས་ཏེ་བརྟན་པར་བསམ། བཟླས་ལུང་ལ། སློབ་དཔོན་གྱི་ཐུགས་ཀ་ནས་འོད་ཟེར་(༣༤༠ན)འཕྲོས། མདུན་བསྐྱེད་ཀྱི་ཐུགས་རྒྱུད་བསྐུལ། ཐུགས་ཀར་ཉི་མའི་དཀྱིལ་འཁོར་གྱི་དབུས་སུ་ཧྲཱིཿདམར་པོའི་མཐར་སྔགས་ཕྲེང་གིས་བསྐོར་བ་ལས། སྔགས་ཕྲེང་གཉིས་པ་བྱུང་། ཞལ་ནས་ཐོན། སློབ་མ་ལྷར་གསལ་བའི་ཞལ་དུ་ཞུགས། ཐུགས་ཀར་ཉི་མའི་དཀྱིལ་འཁོར་གྱི་སྟེང་དུ་ཧྲཱིཿདམར་པོའི་མཐར་གཡས་སྐོར་དུ་འཁོད་པར་མོས་ལ། འདིའི་རྗེས་ཟློས་མཛོད་བྱས་ལ། ཨོཾ་བཛྲ་ཀྲོ་དྷ་ཧ་ཡ་གྲཱི་ཝ་ཧུ་ལུ་ཧུ་ལུ་ཧཱུྃ་ཕཊ། ཅེས་ལན་གསུམ་རྗེས་ཟློས་བྱར་གཞུག །སློབ་དཔོན་ལ་མེ་ཏོག་འཐོར་བཞིན་དུ་འདིའི་རྗེས་ཟློས་མཛོད་བྱས་ལ། བཅོམ་ལྡན་བདག་གིས་སོགས་ལན་གསུམ། མེ་ཏོག་གི་འཕྲེང་བ་དེ་ཉིད་སློབ་དཔོན་གྱིས་སྔགས་ཀྱི་འཕྲེང་

བའི་རང་བཞིན་དུ་བྱས་ཏེ་སློབ་མའི་སྤྱི་བོར་བཞག་ཅིང་། བྱིན་གྱིས་བརླབས་པའི་མོས་པ་མཛོད་བྱས་ལ། བཅོམ་ལྡན་འདི་ལ་སོགས་དང་། རྡོ་རྗེ་སློབ་མ་འདི་རྣམས་ཀྱི་རྒྱུད་ལ་དཔལ་ཧེ་རུ་ཀ་མཆོག་གི་ཐུགས་ཀྱི་བྱིན་རླབས་དང་། ནུས་མཐུ་མ་ལུས་པ་འཇུག་པར་གྱུར་ཅིག །ཅེས་བརྗོད། ཐབས་དང་ཤེས་རབ་རང་བཞིན་གྱི། །ཞགས་པ་རལ་གྲི་བུ་ལ་སྦྱིན། །ཞགས་པས་ཆིངས་ལ་རལ་གྲིས་གཏུབས། །སྟོང་ཉིད་སྙིང་རྗེ་རྟོགས་པར་ཤོག །ཅེས་དང་སྙིང་པོ་ལན་གསུམ་གྱིས་ཕྱག་མཚན་གསེར་མདོག་གི་ཞགས་པ་དང་རལ་གྲི་གཏད་དེ། ཐུགས་ཀྱི་བྱིན་རླབས་སོ། །དེ་ནས་གཏོར་དབང་ནི། གཏོར་མ་འདི་ཉིད་དཔལ་ཧེ་རུ་ཀ་དངོས་སུ་མོས། དེ་ལ་མོས་གུས་དུང་བ་བྱས་པས་སློབ་མ་རྣམས་ཀྱི་སྤྱི་བོར་ཕྱིན། རྒྱུད་བྱིན་གྱིས་(༣༥༠བ)བརླབས་པ་ཡིན་སྙམ་པ་གྱིས། ཞེས་རྒྱུས་བསྐུས་ཅི་རིགས་པར་བརྗོད་ནས། གཏོར་མ་མགོ་བོར་བཞག་ལ། རྗེ་བཙུན་རྩ་བ་དང་བརྒྱུད་པར་བཅས་པའི་དཔལ་ལྡན་བླ་མ་དམ་པ་རྣམས་ཀྱིས་བྱིན་གྱིས་རློབས་ཤིག །སངས་རྒྱས་དང་བྱང་ཆུབ་སེམས་དཔའ་ཐམས་ཅད་ཀྱིས་བྱིན་གྱིས་རློབས་ཤིག །ཡི་དམ་དཀྱིལ་འཁོར་གྱི་ལྷ་ཚོགས་རྣམས་ཀྱིས་བྱིན་གྱིས་རློབས་ཤིག །དཔའ་བོ་དང་དཔའ་མོ་རྣལ་འབྱོར་མ་རྣམས་ཀྱིས་བྱིན་གྱིས་རློབས་ཤིག །ཁྱད་པར་དུ་ཡང་དཔལ་ཧེ་རུ་ཀ་མཆོག་གི་ལྷ་ཚོགས་དང་བཅས་པ་རྣམས་ཀྱིས་བྱིན་གྱིས་རློབས་ཤིག །ཁྱེད་རྣམས་ལ་མཁྱེན་པའི་ཡེ་ཤེས། བརྩེ་བའི་ཐུགས་རྗེ། སྐྱོབ་པའི་ནུས་མཐུ་བསམ་གྱིས་མི་ཁྱབ་པ་མངའ་བ་ལགས་པས། རྡོ་རྗེ་སློབ་མ་འདི་རྣམས་ཀྱི་ལུས་ཀྱི་ན་ཚ། སེམས་ཀྱི་སྡུག་བསྔལ་སོགས་འགལ་རྐྱེན་ཕྱི་ནང་གི་བར་གཅོད་ཐམས་ཅད་ཞི་བ་དང་། མཐུན་རྐྱེན་ཚེ་དང་བསོད་ནམས་དཔལ་འབྱོར་ལུང་རྟོགས་ཚོགས་པ་ཐམས་ཅད་འཕེལ་ཞིང་རྒྱས་པ་དང་། མཆོག་དང་ཐུན་མོང་གི་དངོས་གྲུབ་ཐམས་ཅད་མྱུར་དུ་འགྲུབ་པར་བྱིན་གྱིས་བརླབ་ཏུ་གསོལ། ཞེས་གསོལ་བ་བཏབ་པས། དགྱེས་བཞིན་དུ་སློབ་མ་རྣམས་ཀྱི་ལུས་ལ་ཐིམ་པས་བྱིན་

གྱིས་བསྣུབས་པར་བསམས་ལ། ཛཿཧཱུྃ་བཾ་ཧོཿཞེས་བརྗོད། རྗེས་ཆོག་སྤྱི་དང་འདྲ། །

༄ རྟ་མགྲིན་ཕྭ་ན་བཞི་སྐོར་ཛ་བོའི་ལུགས་ལ། མཚལ་དམར་པོ་ལེགས་པར་བརྒྱན་ལ། ཚོམ་བུ་ལྔ་བཀྲམས། མཆོད་པ་དང་། གཏོར་མ་གསུམ་བཤམས། སྐྱབས་འགྲོ་སེམས་བསྐྱེད་སྔོན་དུ་འགྲོ་བས། རང་ཉིད་ཁྲོ་རྒྱལ་རྟ་མགྲིན་དུ་གསལ་བའི་སྙིང་གར་པཾ་ལས་པདྨ། རཾ་(༣༦༧ན)ལས་ཉི་མ། དེ་ལ་གནས་པའི་ཧཱུྃ་ལས་འོད་ཟེར་འཕྲོས། བླ་མ་དང་རྟ་མགྲིན་སངས་རྒྱས་དང་བྱང་ཆུབ་སེམས་དཔའི་ཚོགས་དང་བཅས་པ་བཛྲ་ས་མ་ཛཿཨརྒྷཾ་ནས་ཤབྡའི་བར་གྱིས་མཆོད། བཟང་སྤྱོད་ནས་འབྱུང་བ་ལྟར་ཡན་ལག་བདུན་པ་བྱ། རྒྱལ་དང་དེ་སྲས་རྣམས་ལ་བདག་གིས་ནི། །བདག་གི་ལུས་ཀུན་རྟག་ཏུ་དབུལ་བར་བགྱི། །ཞེས་བརྗོད། དེ་ནས་ཚད་མེད་བཞི་སྤྱི་དང་མཐུན་པར་བསྒོམ། ཤཱུ་ནྱ་ཏཱའི་སྔགས་ཀྱིས་སྟོང་པར་སྦྱངས། སྟོང་པའི་ངང་ལས་པཾ་ལས་པདྨ། ཨ་ལས་ཟླ་བ། མཾ་ལས་ཉི་མ་བརྩེགས་པའི་སྟེང་དུ་ཧཱུྃ་ལས་རྡོ་རྗེ་ཧཱུྃ་གིས་མཚན་པའི་སྲུང་འཁོར་དང་། རྡོ་རྗེ་ཧཱུྃ་དང་བཅས་པ་གཞལ་ཡས་ཁང་དུ་གྱུར། དེའི་དབུས་སུ་རང་སེམས་རྡོ་རྗེ་ཧཱུྃ་གིས་མཚན་པ་ལས། རང་ཉིད་ཁྲོ་རྒྱལ་རྟ་མཆོག་རོལ་པ་པདྨ་རཱ་ག་ལྟར་དམར་ཞིང་། དམར་སྔོ་དཀར་བའི་ཞལ་གསུམ་དབུས་མའི་སྟེང་དུ། རྟ་མགོ་ལྗང་ཞུར་གྱེན་དུ་བལྟས་ཏེ་རྟ་སྐད་འཚེར་བ། ཕྱག་བཞིའི་དང་པོ་གཉིས་རྡོ་རྗེ་དང་པདྨ། ཐ་མ་གཉིས་ཀྱིས་མདའ་གཞུ་འགེངས་པ། ཞབས་བཞིའི་གཡོན་བརྐྱང་བའི་བརྐྱང་བསྐུམ་དང་གར་སྟབས་ཀྱིས་ཚངས་པ་ཁྱབ་འཇུག་དབང་པོ་མདྷུ་དེ་ཥ་རྣམས་མནན་པ། རྒྱལ་བ་རིགས་ལྔས་དབུ་ལ་བརྒྱན་པ། སྟག་ལྤགས་སྦྲུལ་རྒྱན་མི་མགོའི་དོ་ཤལ་ཅན། ཁྲོ་བོའི་ཆ་ལུགས་ཡོངས་སུ་རྫོགས་པ་མེ་དཔུང་འབར་བའི་དབུས་ན་བཞུགས་པའོ། །ཤར་དུ་རྡོ་རྗེ་ལས་བྱེད་མ་མཐིང་སྐྱ། ལྷོར་གཤིན་རྗེ་ལས་བྱེད་མ་མཐིང་ནག །ནུབ་ཏུ་སྨྲུ་མོ་ལས་བྱེད་མ་(༣༦༧བ)དཀར་མོ། བྱང་དུ་གནོད་སྦྱིན་ལས་བྱེད་མ་ལྗང་གུ། ཐམས་ཅད་ཀྱང་ཁྲོ་གདོང་ཞལ་གཅིག

ཕྱག་གཉིས་མ་གྲི་གུག་དང་ཐོད་ཁྲག་འཛིན་པའོ། །རང་གི་སྙིང་ག་ནས་འོད་ཟེར་འཕྲོས། ཡེ་ཤེས་སེམས་དཔའ་ཧླ་ལྷཱ་བཛྲ་ས་མ་ཛཿཛཿཧཱུྃ་བཾ་ཧོཿ རང་གི་དཔྲལ་བར་ཨོཾ། མགྲིན་པར་ཨཱཿ ཐུགས་ཀར་ཧཱུྃ། བཟླས་པའི་དམིགས་པ་སྔོ་དང་མཐུན་པར་བསྒོམ་ལ། ཨོཾ་ཧ་ཧ་ཧེ་ཧེ་ཧཱུྃ་ཧཱུྃ་ཧྲི་ཧྲི་ཧཱུྃ་ཧཱུྃ་ཕཊ་ཕཊ། ཅེས་རྩ་བའི་སྔགས་ཅི་འགྲུབ་བཟླ་ཞིང་། བཛྲ་ཤྭ་ན་ས་མ་ཡ། ཡ་མ་ཤྭ་ན་ས་མ་ཡ། ནཱ་ག་ཤྭ་ན་ས་མ་ཡ། ཁ་རག་ཤྭ་ན་ས་མ་ཡ། ཞེས་བཏགས་པ་བཟླ་ཞིང་། ཨོཾ་བཛྲ་ཀྲོ་དྷ་ཧ་ཡ་གྲཱི་ཝ་ཧུ་ལུ་ཧུ་ལུ་ཧཱུྃ་ཕཊ། ཅེས་པ་དང་། ཨོཾ་ཏ་ཀྲི་ཏ་ཙ་ཊི་བི་ཙ་ཊི་ཧྲུ་ཡ་ཧུ་ཡ། ཧུ་ལུ་ཧུ་ལུ། པུ་ཌུ་ཊེ་པུ་ཌུ་ཊེ་སྭཱཧཱ། ཞེས་པ་སྐུ་དང་གསུང་དང་ཐུགས་ཀྱི་སྔགས་སོ། རྩ་སྔགས་དང་ཉེ་བའི་སྙིང་པོ་སྟེ། དེ་དག་ཀྱང་ཅི་འགྲུབ་བཟླའོ། །མཆོད་པ་ཕྱི་རྒྱུད་ལྟར་བྱིན་གྱིས་བརླབས། གཏོར་མ་ཨ་མྲྀ་ཏས་བསངས། སྭ་བྷཱ་ཝས་སྦྱངས། གཙོ་བོའི་གཏོར་སྣོད་བྷྲཱུྃ་ལས་རིན་པོ་ཆེའི་པད་གཞོང་ཡངས་ཤིང་རྒྱ་ཆེ་བར་གྱུར། དེའི་ནང་དུ་བཅུད་ཡི་གེ་འབྲུ་གསུམ་ལས་བྱུང་བའི་ལྷའི་བདུད་རྩི་དཀར་དམར་དུ་གྱུར། ལས་བྱེད་མ་བཞིའི་གཏོར་མ། ཨ་ལས་བྱུང་བའི་ཐོད་པའི་སྣོད་ཀྱི་ནང་དུ་འབྲུ་གསུམ་ལས་བྱུང་བའི་བདུད་རྩིའི་ངོ་བོར་གྱུར། རང་གི་སྙིང་གའི་ཧཱུྃ་ལས་འོད་ཟེར་འཕྲོས། སངས་རྒྱས་ཐམས་ཅད་ཀྱི་ཐུགས་ཀ་ནས་ཡེ་ཤེས་ཀྱི་བདུད་རྩི་བཀུག །གཏོར་མའི་བདུད་རྩི་དང་འདྲེས་པས་ཟག་མེད་བདུད་རྩིའི་རྒྱ་མཚོ་ཆེན་པོར་གྱུར། ཨོཾ་ཨཱཿཧཱུྃ། (༣༤༢ན)ལན་བདུན་གྱིས་བྱིན་གྱིས་བརླབས། རང་གི་སྙིང་ག་ནས་འོད་ཟེར་འཕྲོས། ཁྲོ་བོའི་རྒྱལ་པོ་རྟ་མགྲིན་འཁོར་བཅས་སྤྱན་དྲངས། ཨོཾ་བཛྲ་ཀྲོ་དྷ་ཧ་ཡ་གྲཱི་ཝ་ཧུ་ལུ་ཧུ་ལུ་ཧཱུྃ་ཕཊ། ཨི་དཾ་བ་ལིཾ་ཏ་ཁ་ཁ་ཁཱ་ཧི་ཁཱ་ཧི། ཞེས་ལན་བདུན་གྱིས་གཙོ་བོ་ལ་ཕུལ། ཨོཾ་བཛྲ་ཤྭ་ན་ས་མ་ཡ་ཧཱུྃ། ཨོཾ་ཡ་མ་ཤྭ་ན་ས་མ་ཡ་ཧཱུྃ། ཨོཾ་ནཱ་ག་ཤྭ་ན་ས་མ་ཡ་ཧཱུྃ། ཨོཾ་ཁ་རག་ཤྭ་ན་ས་མ་ཡ་ཧཱུྃ། ཞེས་པའི་སྔགས་རེ་རེའི་མཐར་ཨི་དཾ་བ་ལིཾ་ཏ་ཁ་ཁ་ཁཱ་ཧི་ཁཱ་ཧི། བཏགས་པ་ལན་གསུམ་གྱིས་འཁོར་རྣམས་ལ་ཕུལ། སླར་ཡང་

མཆོད་བསྟོད། མཆོད་སྦྱིན་གཏོར་མ་འདི་བཞེས་ལ་སོགས་ཀྱིས་འདོད་དོན་ལ་གསོལ་བ་གདབ། ཡི་གེ་བརྒྱ་པ། མ་འབྱོར་པ་དང་སོགས་བྱ། དགེ་བ་བསྔོ། འདིའི་རྗེས་གནང་བྱ་ཚུལ་ནི། མནྡལ་གྲུ་བཞི་པའི་དབུས་སུ་པདྨ་འདབ་བརྒྱད་རེ་ཁ་དཀར་པོས་བྲིས། གྲུ་བཅད་བཞི་ཕྱོགས་མདོག་ཏུ་བཏང་། དེའི་དབུས་སུ་ཚོམ་བུ་དམར་པོ། ཤར་དུ་མཐིང་སྔོ། ལྷོར་མཐིང་ནག །ནུབ་ཏུ་དཀར་པོ། བྱང་དུ་ལྗང་གུ་རེ་དགོད། དེའི་སྟེང་དུ་བུམ་པ་དུང་ཆོས་གཟུངས་ཐག་དང་བཅས་པ། གང་འོས་ཕྱོགས་སུ་སྟེགས་བུ་ལ་རྟེན་གཏོར། རྡོ་རྗེ། པདྨ་དམར་པོ་རྣམས་དང་། མདུན་དུ་གཙོ་འཁོར་ལྔའི་གཏོར་མ། སློན་འགྲོའི་གཏོར་མ་མཆོད་པ་རྣམས་བཤམས། རྟ་མགྲིན་དཔའ་གཅིག་ལྷན་སྐྱེས་ཀྱི་སྐབས་ལྟར་སློན་འགྲོའི་གཏོར་མ་བཏང་། མཆོད་པ་གོང་བཞིན་བྱིན་གྱིས་བརླབས། བདག་བསྐྱེད་བཟླས་པ་དང་བཅས་པ་བྱ། མདུན་བསྐྱེད་ཨ་ སྨྲི་ཏས་(༤༥༢བ)བསངས། ཤུ་ནྱ་ཏཱའི་སྔགས་ཀྱིས་སྟོང་པར་སྦྱངས། སྟོང་པའི་ངང་ལས་མནྡལ་དང་བུམ་པ་པཾ་ལས་པདྨ། ཨ་ལས་ཟླ་བ། མཾ་ལས་ཉི་མ་བརྩེགས་པའི་སྟེང་དུ། ཧཱུྃ་ལས་རྡོ་རྗེ་ཧཱུྃ་གིས་མཚན་པའི་སྲུང་འཁོར་དང་། རྡོ་རྗེ་ཧཱུྃ་དང་བཅས་པ་གཞལ་ཡས་ཁང་དུ་གྱུར་པའི་དབུས་སུ་རྡོ་རྗེ་ཧཱུྃ་གིས་མཚན་པ་ལས། ཁྲོ་རྒྱལ་རྟ་མཆོག་རོལ་པ་ཞེས་པ་ནས། ཛཿཧཱུྃ་བཾ་ཧོཿ དབྱེར་མེད་པར་གྱུར། མགྲིན་པར་ཨཱཿ ཐུགས་ཀར་ཧཱུྃ། སླར་ཡང་རང་གི་སྙིང་གའི་འོད་ཟེར་གྱིས་དབང་གི་ལྷ་བཛྲ་ས་མ་ཛཿབྱང་ཆུབ་རྡོ་རྗེས་སངས་རྒྱས་ལ། །ཞེས་སོགས་ཀྱིས་གསོལ་བ་བཏབ་པས། དབང་གི་ལྷ་རྣམས་ཀྱིས་དབང་བསྐུར། གཙོ་བོ་ལ་འོད་དཔག་མེད་དང་། འཁོར་རྣམས་ལ་གཙོ་བོས་དབུ་བརྒྱན་པར་གྱུར། ཅེས་པའི་བར་སྔར་ལྟར་བྱ། དེ་ནས་དབང་རྫས་ཀྱི་གཏོར་མ་དང་ཕྱག་མཚན་སྐད་ཅིག་གིས་རྟ་མགྲིན་ཞལ་ཕྱག་ཡོངས་སུ་རྫོགས་པར་བསམས་ལ། མཆོད་བསྟོད་བྱ། དབང་རྫས་ཀྱི་རྟ་མགྲིན་གསུམ་པོ་ཞུ་བ་ལས་གཏོར་མ་དང་། རྡོ་རྗེ་དང་པདྨར་གྱུར་པར་བསམ། གཟུངས་

ཐག་ནས་བཟུང་ཞིང་། བུམ་པའི་ནང་གི་ལྷའི་ཐུགས་རྒྱུད་བསྐུལ། ཐུགས་ཀ་ནས་འོད་ཟེར་འཕྲོས། སངས་རྒྱས་ཐམས་ཅད་ཀྱི་ཐུགས་ཀྱི་སྙིང་པོ་བདུད་རྩིར་སྤྱན་དྲངས་བུམ་པའི་ནང་གི་ལྷའི་ཐུགས་ཀར་ཐིམ། སྐུ་ལས་བདུད་རྩིའི་རྒྱུན་བབས། བུམ་པ་གང་བར་གྱུར་པར་བསམས་ལ། སྐུ་གསུང་ཐུགས་ཀྱི་སྔགས་བརྒྱ་རྩ་ཙམ་བཟླ། མཎྜལ་གཏོར་མ་རྡོ་རྗེ་པདྨ་རྣམས་ལ་དམིགས་ནས་ཉེར་གཅིག་ཙམ་རེ་བཟླའོ། །གོང་བཞིན་གཏོར་མ་ཕུལ། མཆོད་(༣༥༣ན)བསྟོད། མཆོད་སྦྱིན་གཏོར་མ་འདི་བཞེས་ལ་སོགས་འདོད་དོན་ལ་གསོལ་བ་གདབ། དུང་ཆོས་ཀྱི་ཆུ་བུམ་པར་བླུགས། ཨོཾ་ཨཱཿཧཱུྃ། བུམ་ནང་གི་ལྷ་ཡེ་ཤེས་ཀྱི་བདུད་རྩིར་ཞུ་བར་གྱུར། དེ་ནས་སློབ་མས་མཎྜལ་ཕུལ། སངས་རྒྱས་དང་བྱང་ཆུབ་སེམས་དཔའ་ཐམས་ཅད་བདག་ལ་དགོངས་སུ་གསོལ། སློབ་དཔོན་བདག་ལ་དགོངས་སུ་གསོལ། བདག་མིང་འདི་ཞེས་བགྱི་བ་སེམས་ཅན་ཐམས་ཅད་འཁོར་བ་སྡུག་བསྔལ་གྱི་རྒྱ་མཚོ་ལས་བསྒྲལ་ནས་བླ་ན་མེད་པའི་བྱང་ཆུབ་ལ་འགོད་པའི་ཕྱིར་དུ་དུས་འདི་ནས་བཟུང་སྟེ། ཇི་སྲིད་བྱང་ཆུབ་སྙིང་པོ་ལ་མཆིས་ཀྱི་བར་དུ་དཔལ་རྟ་མགྲིན་ཡི་དམ་དུ་འཚལ་གྱི། བདག་ལ་བྱིན་གྱིས་བརླབས་པ་བསྐྱལ་དུ་གསོལ། ཞེས་ལན་གསུམ། སློབ་དཔོན་གྱིས་རིགས་ཀྱི་བུ་ཁྱོད་ཀྱིས་དཔལ་རྟ་མགྲིན་ཡི་དམ་དུ་བཟུང་བ་ལེགས་སོ། །ཞེས་སྤྲོ་བ་བསྐྱེད་ཅིང་། སླར་ཡང་བཟླས་བརྗོད་ལ་བརྩོན་པར་བགྱིས་ཤིག་ཅེས་གདམས། སྐྱབས་འགྲོ་སེམས་བསྐྱེད། སངས་རྒྱས་ཆོས་དང་མ། བུ་ཚུར་ཐེག་པ་ཆེན་པོ་ཡིས། །ཁྱོད་ནི་ཚུལ་ཆེན་སྣོད་ཡིན་ཏེ། །གསང་སྔགས་སྤྱོད་པའི་ཚོ་ག་ནི། །ཁྱོད་ལ་ཡང་དག་བཤད་པར་བྱ། །དུས་གསུམ་བྱུང་བའི་རྫོགས་སངས་རྒྱས། །སྐུ་གསུང་ཐུགས་ཀྱི་རྡོ་རྗེ་ཅན། །རྡོ་རྗེ་གསང་སྔགས་མཐུ་ཡིས་ནི། །ཡེ་ཤེས་མཉམ་པ་མེད་པ་བརྙེས། །ཤཱཀྱ་སེང་གེ་སོགས་མཆོག་གི །གསང་སྔགས་སྦྱོར་བ་མཉམ་མེད་པ། །གང་གི་སྟོབས་ཀྱིས་བདུད་ཀྱི་སྡེ། །ཤིན་ཏུ་མི་བཟད་ཆེ་བཅོམ་ནས། །འཇིག་རྟེན་

རྗེས་(༣༧༣བ)འཇུག་བཅད་ནས་ནི། །འཁོར་ལོ་བསྐོར་ནས་མྱ་ངན་འདས། །དེ་བས་ཀུན་མཁྱེན་ཐོབ་བྱའི་ཕྱིར། །བྱ་ཡིས་བློ་གྲོས་འདི་གྱིས་ཤིག །ཅེས་པས་སྔགས་ཀྱི་ཆེ་བ་བརྗོད། མདུན་གྱི་མཉྫལ་གཏོར་རྟེན་བཅས་རྟ་མགྲིན་ཤྭ་ན་བཞི་སྐོར་དུ་དངོས་སུ་བཞུགས་པར་མོས་ལ། དེ་ནས་སློབ་མའི་སྤྱི་བོར་རྟ་མགྲིན་དང་། སྙིང་གའི་ནང་དུ་ཧྲཱིཿཡིག་མར་མེ་འབར་བ་ལྟ་བུ་གསལ་བཏབ། རྟ་མགྲིན་གྱི་གནས་གསུམ་ནས་འོད་ཟེར་འབར་བ་དཔག་ཏུ་མེད་པ་བྱུང་། སློབ་མའི་ལུས་གང་། སྡིག་སྒྲིབ་བསྲེགས། བདེ་བ་སྐྱེས་པར་མོས། སྔགས་བཟླ་ཞིང་རོལ་མོའི་སྒྲ་བྱ། དེས་ཡེ་ཤེས་ཕེབས་པར་འགྱུར། དེ་ནས་སློབ་མ། ཤྭ་ཏྭ་ཏྭས་སྟོང་པར་སྦྱངས། སྟོང་པའི་ངང་ལས་པཾ་ལས་པད་མ། ཨ་ལས་ཟླ་བ། མཾ་ལས་ཉི་མ་བརྩེགས་པའི་སྟེང་དུ། ཧཱུྃ་ལས་རྡོ་རྗེ་ཧཱུྃ་གིས་མཚན་པའི་སྲུང་འཁོར་དང་། རྡོ་རྗེ་ཧཱུྃ་དང་བཅས་པ་གཞལ་ཡས་ཁང་དུ་གྱུར། དེའི་དབུས་སུ་ཁྱེད་རང་རྣམས་ཀྱི་སེམས་རྡོ་རྗེ་ཧཱུྃ་གིས་མཚན་པ་ལས། ཁྱེད་རང་རྣམས་ཁྲོ་རྒྱལ་རྟ་མཆོག་རོལ་པ་པདྨ་ནྲི་ཏྱ་ཀ་སྐུ་མདོག་དམར་ཞིང་། དམར་སྨུག་དཀར་བའི་ཞལ་གསུམ་དབུས་མའི་སྟེང་དུ་རྟ་མགོ་ལྗང་ཞུར་གྱིན་དུ་བལྟས་ཏེ་རྟ་སྐད་འབྱིན་པ། ཕྱག་བཞིའི་དང་པོ་གཉིས་རྡོ་རྗེ་དང་པད་མ། ཐ་མ་གཉིས་ཀྱིས་མདའ་གཞུ་འགེངས་པ། ཞབས་བཞི་གཡོན་བརྐྱངས་པའི་བརྒྱད་བསྒྱུམས་དང་གར་སྟབས་ཀྱིས་ཚངས་པ་ཁྱབ་འཇུག་དབང་པོ་མཧཱ་དེ་ཝ་རྣམས་མནན་པ། སྟག་ལྤགས་སྤྲུལ་རྒྱན་མི་མགོའི་དོ་ཤལ་ཅན། ཁྲོ་བོའི་ཆ་ལུགས་ཡོངས་སུ་རྫོགས་པ། མེ་དཔུང་འབར་བའི་དབུས་ན་བཞུགས་པའོ། །ཤར་དུ་རྡོ་(༣༧༤ན)རྗེ་ལས་བྱེད་མ་མཐིང་སྐྱ། ལྷོར་གཤིན་རྗེ་ལས་བྱེད་མ་མཐིང་ནག །ནུབ་ཏུ་ཀླུ་མོ་ལས་བྱེད་མ་དཀར་མོ། བྱང་དུ་གནོད་སྦྱིན་ལས་བྱེད་མ་ལྗང་གུ། ཐམས་ཅད་ཀྱང་ཁྲི་གདོང་ཞལ་གཅིག་ཕྱག་གཉིས་མ་གྲི་གུག་དང་ཐོད་ཁྲག་འཛིན་པའོ། །དཔྲལ་བར་ཨོཾ། མགྲིན་པར་ཨཱཿ ཐུགས་ཀར་ཧཱུྃ། ཞེས་གསལ་གདབ། དེ་ནས་སློབ་དཔོན་ལ་མོས་གུས་དུང་བ་བྱས་པས།

སློབ་དཔོན་གྱི་ཐུགས་ཀ་ནས་འོད་ཟེར་འཕྲོས། མདུན་བསྐྱེད་དང་ཕྱོགས་བཅུའི་སངས་རྒྱས་བྱང་སེམས་ཐམས་ཅད་ཀྱི་ཐུགས་ཀར་ཕོག །ཐུགས་རྒྱུད་བསྐུལ། ཐུགས་ཀ་ནས་ཐུགས་གཉིས་སུ་མེད་པའི་ཡེ་ཤེས་ཡིན་པ་ལ། རྣམ་པ་ཁྲོ་བོའི་རྒྱལ་པོ་དཔལ་རྟ་མགྲིན་གྱི་སྐུ་ཆེ་ཆུང་དཔག་ཏུ་མེད་པ་སྤྱན་དྲངས། སློབ་མ་རྣམས་ཀྱི་ལུས་ལ་ཆར་ཆེན་པོ་བབས་པ་བཞིན་དུ་སིབ་སིབ་ཐིམ་པའི་མོས་པ་བྱེད་དུ་གཞུག །ཛཿཧཱུྃ་བཾ་ཧོཿགཉིས་སུ་མེད་པར་ཐིམ། ཞེས་བརྗོད། བུམ་པའི་ཆུས་དབང་བསྐུར་བ་ལ། སྔར་ཡང་སློབ་དཔོན་གྱི་ཐུགས་ཀ་ནས་འོད་ཟེར་འཕྲོས། དབང་གི་ལྷ་རྣམས་སྤྱན་དྲངས། ཁྱེད་རྣམས་ཀྱིས་སློབ་མ་འདི་རྣམས་ལ་མངོན་པར་དབང་བསྐུར་དུ་གསོལ། ཞེས་གསོལ་བ་བཏབ་པས། ཇི་ལྟར་བལྟམས་པ་ནས་ཨཱ་ཡེ་ཧཱུྃ། ཞེས་གསུངས་ཤིང་བུམ་པའི་ཆུས་དབང་བསྐུར་བས། ལུས་ཐམས་ཅད་གང་། དྲི་མ་ཐམས་ཅད་དག །ཆུའི་ལྷག་མ་ཡར་ལུད་པ་ལས་འོད་དཔག་མེད་གཙོ་བོར་གྱུར་པའི་རིགས་ལྔ་དང་། འཁོར་རྣམས་ལ་གཙོ་བོས་དབུ་བརྒྱན་པར་མོས། མེ་ཏོག་སྤྱི་བོར་བཞག །སྙིང་པོ་ལན་བདུན་ཙམ་བཟླས་ཏེ་བརྟན་(༣༥༨བ)པར་བསམ། བཟླས་ལུང་ལ། སློབ་དཔོན་གྱི་ཐུགས་ཀ་ནས་འོད་ཟེར་འཕྲོས། མདུན་བསྐྱེད་ཀྱི་ཐུགས་རྒྱུད་བསྐུལ། ཐུགས་ཀར་ཉི་མའི་དཀྱིལ་འཁོར་གྱི་དབུས་སུ་རང་རང་གི་ས་བོན་གྱི་མཐར་སྔགས་ཕྲེང་གིས་བསྐོར་བ་ལས། སྔགས་ཕྲེང་གཉིས་པ་བྱུང་། ཞལ་ནས་ཐོན། སློབ་མ་ལྷར་གསལ་བའི་ཞལ་དུ་ཞུགས། ཐུགས་ཀར་ཉི་མའི་དཀྱིལ་འཁོར་གྱི་སྟེང་དུ་ས་བོན་གྱི་མཐར་གཡས་སྐོར་དུ་འཁོད་པར་མོས་ལ་འདིའི་རྗེས་ཟློས་མཛོད་བྱས་ལ། ཨོཾ་ཧ་ཧ་ཧེ་ཧེ་ཧྲི་ཧྲི་ཧྲེ་ཧྲེ་ཧཱུྃ་ཧཱུྃ་ཕཊ་ཕཊ། ཅེས་རྩ་སྔགས་དང་། ཨོཾ་བཛྲ་ཀྲོ་དྷ་ཧ་ཡ་གྲཱི་ཝ་ཧུ་ལུ་ཧུ་ལུ་ཧཱུྃ་ཕཊ། ཅེས་ཉེ་སྙིང་དང་། ཨོཾ་ཏ་ཁྲི་ཏ་ཙ་ཧི་བི་ཙ་ཧི་ཧུ་ཡ་ཧུ་ཡ། ཧུ་ལུ་ཧུ་ལུ། ཕུ་ཙ་ཧེ་ཕུ་ཙ་ཧེ་སྭཱ་ཧཱ། ཞེས་སྐུ་གསུང་ཐུགས་ཀྱི་སྔགས་དང་། ཨོཾ་བཛྲ་ཤྭ་ན་ས་མ་ཡ་ཧཱུྃ། ཨོཾ་ཡ་མ་ཤྭ་ན་ས་མ་ཡ་ཧཱུྃ། ཨོཾ་ནཱ་ག་ཤྭ་ན་ས་མ་ཡ་ཧཱུྃ།

ཨོཾ་ཁ་རག་ཤ་ན་ས་མ་ཡ་ཧཱུཾ། ཞེས་ལས་བྱེད་མ་བཞིའི་ཕྱག་རྣམས་རིམ་པ་བཞིན་ལན་གསུམ་རྗེས་སྣོས་བྱེད་དུ་གཞུག །སློབ་དཔོན་ལ་མེ་ཏོག་འཐོར་བཞིན་དུ་འདིའི་རྗེས་སྣོས་མཛོད་བྱས་ལ། བཅོམ་ལྡན་བདག་གིས་སོགས་ལན་གསུམ། མེ་ཏོག་དེ་ཉིད། སློབ་དཔོན་གྱིས་ཕྱགས་ཀྱི་འཕྲེང་བའི་རང་བཞིན་དུ་བྱས་ཏེ། སློབ་མའི་སྤྱི་བོར་བཞག་ཅིང་། བྱིན་གྱིས་བརླབས་པའི་མོས་པ་མཛོད་བྱས་ལ། བཅོམ་ལྡན་འདི་ལ་སོགས་དང་། རྡོ་རྗེ་སློབ་མ་འདི་རྣམས་ཀྱི་རྒྱུད་ལ་དཔལ་རྟ་མགྲིན་གྱི་ཕྱགས་ཀྱི་བྱིན་རླབས་དང་ནུས་མཐུ་མ་ལུས་པ་འཇུག་པར་གྱུར་ཅིག །ཅེས་བརྗོད། ཤེས་རབ་སྟོང་ཉིད་རྡོ་རྗེ་དང་། །སྙིང་རྗེ་མ་ཆགས་པདྨ་དམར། །ཐབས་(༣༧༥ན)དང་ཐབས་བྱུང་ཟུང་དུ་འཇུག །ཡེ་ཤེས་ཐུགས་ཀྱི་དབང་ཐོབ་ཤོག །ཅེས་དང་ཕྱགས་ལན་གསུམ་གྱིས་རྡོ་རྗེ་དང་པདྨ་གཏད་དེ་ཐུགས་ཀྱི་བྱིན་རླབས་སོ། །དེ་ནས་གཏོར་དབང་ནི། གཏོར་མ་འདི་ཉིད་དཔལ་རྟ་མགྲིན་དངོས་སུ་མོས། དེ་ལ་མོས་གུས་དྲང་བ་བྱས་པས། སློབ་མ་རྣམས་ཀྱི་སྤྱི་བོར་ཕྱོན། རྒྱུད་བྱིན་གྱིས་བརླབས་པ་ཡིན་སྙམ་པ་གྱིས། ཞེས་རྒྱས་བསྡུས་ཅི་རིགས་པར་བརྗོད་སྦྲད་ནས། གཏོར་མ་མགོ་བོར་བཞག་ལ། རྗེ་བཙུན་རྩ་བ་དང་བརྒྱུད་པར་བཅས་པའི་དཔལ་ལྡན་བླ་མ་དམ་པ་རྣམས་ཀྱིས་བྱིན་གྱིས་རློབས་ཤིག །སངས་རྒྱས་དང་བྱང་ཆུབ་སེམས་དཔའ་ཐམས་ཅད་ཀྱིས་བྱིན་གྱིས་རློབས་ཤིག །ཡི་དམ་དཀྱིལ་འཁོར་གྱི་ལྷ་ཚོགས་རྣམས་ཀྱིས་བྱིན་གྱིས་རློབས་ཤིག །དཔའ་བོ་དང་དཔའ་མོ་རྣལ་འབྱོར་མ་རྣམས་ཀྱིས་བྱིན་གྱིས་རློབས་ཤིག །ཁྱད་པར་དུ་ཡང་དཔལ་རྟ་མགྲིན་གྱི་ལྷ་ཚོགས་འཁོར་དང་བཅས་པ་རྣམས་ཀྱིས་བྱིན་གྱིས་རློབས་ཤིག །ཁྱེད་རྣམས་ལ་མཁྱེན་པའི་ཡེ་ཤེས། བརྩེ་བའི་ཐུགས་རྗེ། སྐྱོབ་པའི་ནུས་མཐུ་བསམ་གྱིས་མི་ཁྱབ་པ་མངའ་བ་ལགས་པས། རྡོ་རྗེ་སློབ་མ་འདི་རྣམས་ཀྱི་ལུས་ཀྱི་ན་ཚ། སེམས་ཀྱི་སྡུག་བསྔལ་སོགས་འགལ་རྐྱེན་ཕྱི་ནང་གི་བར་གཅོད་ཐམས་ཅད་ཞི་བ་དང་། མཐུན་རྐྱེན་ཚེ་དང་བསོད་ནམས་དཔལ་

འཁོར་ཕུན་སུམ་ཚོགས་པ་ཐམས་ཅད་འཕེལ་ཞིང་རྒྱས་པ་དང་། མཆོག་དང་ཐུན་མོང་གི་དངོས་གྲུབ་ཐམས་ཅད་མྱུར་དུ་འགྲུབ་པར་བྱིན་གྱིས་བརླབ་ཏུ་གསོལ། ཞེས་གསོལ་བ་བཏབ་པས་དགྱེས་བཞིན་དུ་སློབ་མ་རྣམས་ཀྱི་ལུས་ལ་ཐིམ་པས་བྱིན་གྱིས་བརླབས་པར་བསམས་ལ། ཛཿཧཱུྃ་བཾ་ཧོཿཞེས་(༣༦༥བ)བརྗོད། རྗེས་ཆོག་ཕྱི་དང་འདྲ།

༄ **རྟ་མགྲིན་ཁ་ཆེ་པཎ་ཆེན་ལུགས་ལ།** སྐྱབས་འགྲོ་སེམས་བསྐྱེད་ཚད་མེད་བཞི་བསྒོམ་པ་སྔོན་དུ་བཏང་ནས། ཤཱུ་ནྱ་ཏཱའི་སྔགས་དོན་བསམ། དཀོན་མཆོག་གསུམ་ལ་བདག་སྐྱབས་མཆི། །སོགས་ཞེ་ལོ་གཅིག་བྱ། ཕྱི་པོར་ཟླ་བ་ལ་ཨོཾ། སྙིང་གར་ཉི་མ་ལ་ཨཱཿ ལྟེ་བར་པདྨ་ལ་ཧཱུྃ། དེ་རྣམས་ཀྱི་འོད་ཀྱིས་བདག་དང་ཁམས་གསུམ་གྱི་ལུས་ངག་ཡིད་གསུམ་དག་པར་བྱས། སྟོང་པའི་ངང་ལས་སའི་དཀྱིལ་འཁོར་གྲུ་བཞི་ཉིས་བརྩེགས་བསྟོལ་མའི་སྟེང་དུ་རི་རབ་དེའི་རྩེ་མོར་ཉི་མ་ལ་ཧཱུྃ། ན་མཿས་མནྟ་ཀཱ་ཡ་ཝཱ་ཀ་ཙིཏྟ་བཛྲ་ཎཾ། ཨོཾ་ཨཱཿཧཱུྃ། དེ་ལས་འོད་ཟེར་འཕྲོས། སངས་རྒྱས་ཐམས་ཅད་སྤྱན་དྲངས་ཏེ་ཧཱུྃ་ལ་ཐིམ། ཡང་ཧཱུྃ་ཞེས་བརྗོད་པས། འོག་མིན་ནས་རྟ་མགྲིན་སྤྱན་དྲངས་ཏེ་ཐིམ་པ་ལས། རང་ཉིད་རྟ་མགྲིན་དམར་པོ་ཆེས་ཁྲོས་ཤིང་འཇིགས་པའི་སྐུ་ཅན། ཕྱག་གཡས་པས་རྡོ་རྗེ་འཕྱར་ཞིང་། གཡོན་པས་སྡིགས་མཛུབ་ཐུགས་ཀར་མཛད་པས་རྡོ་རྗེས་མཚན་པའི་དབྱུག་ཏོ་འཛིན་པ། ཞབས་གཡས་བསྐུམས་གཡོན་བརྐྱང་པས་སྲིད་རྩེ་མན་གྱི་བགེགས་ཐམས་ཅད་གནོན་པ། དབུའི་སྟེང་དུ་རྟ་མགོ་ནག་པོ་ཅན། འོད་དཔག་མེད་ཀྱིས་དབུ་བརྒྱན་པ། ཐོད་སྐམ་གྱི་དབུ་རྒྱན་དང་། སྦྲུལ་དང་། རུས་པ་དང་། རིན་པོ་ཆེས་བརྒྱན་པ། ཡ་སོས་མ་མཆུ་མནན་ཅིང་། ཧི་ཧིའི་སྒྲ་སྒྲོག་པ། སངས་རྒྱས་ཀུན་གྱིས་བྱིན་གྱིས་རླབས་ཤིང་ནོར་རྒྱས་ལ་སོགས་ཀླུ་རྣམས་བཀའ་ནོད་པ། འོད་ཟེར་སྣ་ལྔ་དང་མེ་དཔུང་འཕྲོ་བའི་སྐུ་ཁྲོ་བོའི་ཆ་བྱད་ཡོངས་སུ་རྫོགས་པའོ། །སྙིང་(༣༦༦ན)གར་སྔགས་འཁོར་གསལ་བཏབ་ལ། ཨོཾ་ཨཱཿཧཱུྃ་ཧ་ཡ་གྲི་ཝ་བཛྲ་ཀྲོ་དྷ་ཧཱུྃ་ཧུ་ལུ་ཧུ་ལུ་ཧཱུྃ་ཕཊ་སྭཱཧཱ། ཞེས་ཅི་ནུས་སུ་བཟླ། མཇུག་ཏུ་

དགེ་བ་བསྔོ། འདིའི་རྗེས་གནང་བྱ་ཚུལ་ནི། མཎྜལ་གྱི་སྟེང་དུ་ཚོམ་བུ་དམར་པོ་དགོད། དེའི་སྟེང་དུ་མཆིའི་ཁར་རྟེན་གཏོར་བཞག །གང་འོས་ཕྱོགས་སུ་བུམ་པ་དུང་ཆོས་གཟུངས་ཐག་དང་བཅས་པ། མདུན་དུ་གཏོར་མ། མཆོད་པ་རྣམས་བཤམས། མཆོད་པ་སྤྱི་དང་མཐུན་པར་བྱིན་གྱིས་བརླབས། བདག་བསྐྱེད་བཟླས་པ་དང་བཅས་པ་བྱ། མདུན་བསྐྱེད་བསངས་སྦྱངས། སྟོང་པའི་ངང་ལས་སའི་དཀྱིལ་འཁོར་གྲུ་བཞི། ཞེས་པ་ནས། ཁྲོ་བོའི་ཆ་བྱད་ཡོངས་སུ་རྫོགས་པའོ། །ཞེས་པའི་བདག་བསྐྱེད་བཞིན་ལས། རང་ཉིད་ཅེས་པ་དོར། དེའི་དཔྲལ་བར་ཨོཾ། མགྲིན་པར་ཨཱཿ ཐུགས་ཀར་ཧཱུྃ་གིས་མཚན་པར་གྱུར། རང་གི་ཐུགས་ཀའི་ས་བོན་གྱི་འོད་ཟེར་གྱིས་ཡེ་ཤེས་སེམས་དཔའ་བཛྲ་ས་མཱ་ཛཿཛཿཧཱུྃ་བཾ་ཧོཿགཉིས་སུ་མེད་པར་གྱུར། ཨོཾ་ཧ་ཡ་གྲཱི་ཝ་ས་པ་རི་ཝཱ་ར་ཨརྒྷཾ་ནས་ཤབྡའི་བར་གྱིས་མཆོད། དུས་གསུམ་སངས་རྒྱས་ཐམས་ཅད་ཀྱི། །མཁྱེན་བརྩེ་ནུས་པའི་ངོ་བོ་ཉིད། །སྒྲུབ་ལ་དངོས་གྲུབ་མཆོག་སྩོལ་བའི། །ཁྲོ་རྒྱལ་རྟ་མགྲིན་ལ་ཕྱག་འཚལ། །ཞེས་པས་བསྟོད། བཟླས་པའི་དམིགས་པ་གསལ་བཏབ་ལ། བཟླས་པ་ཅི་འགྲུབ་བྱ། གཏོར་མ་བྱ་རྒྱུད་ལྟར་བྱིན་གྱིས་བརླབས། ཨོཾ་ཨཱཿཧཱུྃ་ཧ་ཡ་གྲཱི་ཝ་བཛྲ་ཀྲོ་དྷ་ཧཱུྃ་ཧུ་ལུ་ཧུ་ལུ་ཧཱུྃ་ཕཊ་སྭཱཧཱ། ཨ་ཀཱ་རོ་མུ་ཁཾ་སརྦ་དྷརྨཱ་ཎཱཾ་ཨཱདྱ་ནུཏྤནྣ་ཏྭཱད་ཨོཾ་ཨཱཿཧཱུྃ་ཕཊ་སྭཱཧཱ། ཞེས་ལན་བདུན་གྱིས་ཕུལ། སླར་ཡང་མཆོད་(༣༨༨བ)བསྟོད་བྱ། བཅོམ་ལྡན་འདས་ཕྱག་ན་རྡོ་རྗེ་ཆེན་པོ་དང་ལྡན་པས་བདག་དང་སེམས་ཅན་ཐམས་ཅད་ལ་མཆོག་དང་ཐུན་མོང་གི་དངོས་གྲུབ་མ་ལུས་པ་བསྩལ་དུ་གསོལ། ཞེས་གསོལ་བ་གདབ། བུམ་པ་བསངས་སྦྱངས། བདུད་རྩིའི་རྒྱ་མཚོར་གྱུར་པའི་དབུས་སུ་སའི་དཀྱིལ་འཁོར་གྲུ་བཞི། ཞེས་པ་ནས། ཁྲོ་བོའི་ཆ་བྱད་ཡོངས་སུ་རྫོགས་པའོ། །ཞེས་པའི་བར་བདག་བསྐྱེད་བཞིན་ལས། རང་ཉིད་ཅེས་པ་དོར། དེའི་དཔྲལ་བར་ཨོཾ། མགྲིན་པར་ཨཱཿ ཐུགས་ཀར་ཧཱུྃ་གིས་མཚན་པར་གྱུར། རང་གི་ཐུགས་ཀའི་ས་བོན་གྱི་འོད་ཟེར་གྱིས་ཡེ་ཤེས་སེམས་དཔའ་བཛྲ་ས་མཱ་ཛཿཛཿཧཱུྃ་བཾ་

ཧཱུཾ་གཉིས་སུ་མེད་པར་གྱུར། གཟུངས་ཐག་ནས་བཟུང་སྟེ། བྱམས་པའི་ལྷའི་སྐུ་ལས་བདུད་རྩི་དང་སྔགས་ཀྱི་ཡིག་འབྲུའི་ཚོགས་བྱུང་། བདུད་རྩིའི་རྒྱ་མཚོ་དང་གཅིག་ཏུ་འདྲེས་པར་གྱུར་པར་བསམས་ལ། བཟླས་པ་ཅི་རིགས་བྱ། མཇུག་ཏུ། མཆོད་བསྟོད་བྱ། དུང་ཆོས་ཀྱི་ཆུ་བུམ་པར་བླུག །ཨོཾ་ཨཱཿཧཱུཾ། མཆོད་ཡོན་ཕུལ་བའི་རྐྱེན་གྱིས་བུམ་པའི་ལྷ་སྔགས་ཀྱི་ཡིག་འབྲུ་དང་བཅས་པ་འོད་དུ་ཞུ་ནས་དག་པ་ཡེ་ཤེས་ཀྱི་ཆུར་གྱུར་པར་བསམ་མོ། །༔ དེ་ནས་སློབ་མས་མཎྜལ་ཕུལ། གསོལ་བ་འདེབས་པ་འདིའི་རྗེས་ཟློས་མཛོད། རྡོ་རྗེ་འཛིན་པ་ནས་བསྐུལ་དུ་གསོལ། ཞེས་ལན་གསུམ། སྐྱབས་འགྲོ་སེམས་བསྐྱེད་ཀྱི་འདུན་པ་དང་བཅས་པས་འདིའི་རྗེས་ཟློས་མཛོད། འགྲོ་རྣམས་བསྒྲལ་འདོད་བསམ་པ་ཡིས། །སངས་རྒྱས་ཆོས་དང་དགེ་འདུན་ལ། །བྱང་ཆུབ་སྙིང་པོར་མཆིས་ཀྱི་བར། །རྟག་པར་བདག་ནི་སྐྱབས་སུ་མཆི། །ཤེས་རབ་སྙིང་རྗེ་དང་(༣༥༧ན)བཅས་པའི། །བརྩོན་པས་སེམས་ཅན་དོན་དུ་བདག །སངས་རྒྱས་མདུན་དུ་གནས་བཅས་ཏེ། །རྫོགས་པའི་བྱང་ཆུབ་སེམས་བསྐྱེད་བགྱི། །ཞེས་ལན་གསུམ། ཁྱེད་རང་རྣམས་དམིགས་པ་འདི་བཞིན་མཛད་པར་ཞུ། ཨོཾ་ཤཱུ་ཉྱ་ཏཱ་ཛྙཱ་ན་བཛྲ་སྭ་བྷཱ་ཝ་ཨཱཏྨ་ཀོ྅ཧཾ། ཕྱི་ནང་གི་ཆོས་ཐམས་ཅད་མི་དམིགས་པ་སྟོང་པ་ཉིད་དུ་གྱུར་པར་མོས། སྟོང་པའི་ངང་ལས་སའི་དཀྱིལ་འཁོར་གྲུ་བཞི་ཉིས་བརྩེགས་བསྟོལ་མའི་སྟེང་དུ་རི་རབ་དེའི་རྩེ་མོར་ཉི་མ་ལ་ཧཱུཾ། ན་མཿས་མནྟ་ཀཱ་ཡ་ཝཱཀ་ཙིཏྟ་བཛྲ་ཎཱཾ། ཨོཾ་ཨཱཿཧཱུཾ། དེ་ལས་འོད་ཟེར་འཕྲོས། སངས་རྒྱས་ཐམས་ཅད་སྤྱན་དྲངས་ཏེ་ཧཱུཾ་ལ་ཐིམ། ཡང་ཧཱུཾ་ཞེས་བརྗོད་པས། འོག་མིན་ནས་རྟ་མགྲིན་སྤྱན་དྲངས་ཏེ་ཐིམ་པ་ལས། ཁྱེད་རང་རྣམས་རྟ་མགྲིན་དམར་པོ་ཆེས་ཁྲོས་ཤིང་འཇིགས་པའི་སྐུ་ཅན། ཕྱག་གཡས་པས་རྡོ་རྗེ་འཕྱར་ཞིང་། གཡོན་པས་སྡིགས་མཛུབ་ཐུགས་ཀར་མཛད་པས་རྡོ་རྗེས་མཚན་པའི་དབྱུག་ཏོ་འཛིན་པ། ཞབས་གཡས་བསྐུམ་གཡོན་བརྐྱང་བས་སྲིད་རྩེ་མན་གྱི་བགེགས་ཐམས་ཅད་གནོན་པ། དབུའི་སྟེང་དུ་རྟ་མགོ་ནག

པོ་ཅན། འོད་དཔག་མེད་ཀྱིས་དབུ་བརྒྱན་པ། ཐོད་སྐམ་གྱི་དབུ་རྒྱན་དང་། སྤྲུལ་དང་། ཉུས་པ་དང་། རིན་པོ་ཆེས་བརྒྱན་པ། ཡ་སོས་མ་མཆུ་མནན་ཅིང་། ཧེ་ཧེའི་སྒྲ་སྒྲོག་པ། སངས་རྒྱས་ཀུན་གྱིས་བྱིན་གྱིས་བརླབས་ཤིང་། ནོར་རྒྱས་ལ་སོགས་ཀླུ་རྣམས་བཀའ་ནོད་པ། འོད་ཟེར་སྣ་ལྔ་དང་མེ་དཔུང་འཁྲོ་(༣༥༧བ)བའི་སྐུ་ཁྲོ་བོའི་ཆ་བྱད་ཡོངས་སུ་རྫོགས་པའོ། །ཞེས་གསལ་བཏབ། མདུན་གྱི་མཉྫལ་རྟེན་གཏོར་བཅས་ཀུང་ཁྱེད་རང་རྣམས་བསྒོམས་པ་དང་འདྲ་བའི་དཔལ་རྟ་མགྲིན་དངོས་སུ་བཞུགས་པར་མོས་ལ། སྐུའི་རྗེས་གནང་ནི། སློབ་དཔོན་ལ་མོས་གུས་དུང་བ་བྱས་པས། སློབ་དཔོན་གྱི་ཐུགས་ཀ་ནས་འོད་ཟེར་འཕྲོས། མདུན་བསྐྱེད་དང་ཕྱོགས་བཅུའི་སངས་རྒྱས་བྱང་སེམས་ཐམས་ཅད་ཀྱི་ཐུགས་ཀར་ཕོག །ཐུགས་རྒྱུད་བསྐུལ། ཐུགས་ཀ་ནས་ཐུགས་གཉིས་སུ་མེད་པའི་ཡེ་ཤེས་ཡིན་པ་ལ་རྣམ་པ་ཁྲོ་བོའི་རྒྱལ་པོ་དཔལ་རྟ་མགྲིན་གྱི་སྐུ་ཆེ་ཆུང་དཔག་ཏུ་མེད་པ་སྤྲུན་དྲངས། སློབ་མ་རྣམས་ཀྱི་ལུས་ལ་ཆར་ཆེན་པོ་བབས་པ་བཞིན་དུ་སིབ་སིབ་ཐིམ་པའི་མོས་པ་བྱེད་དུ་གཞུག །ཛཿཧཱུྃ་བཾ་ཧོཿགཉིས་སུ་མེད་པར་ཐིམ། ཞེས་བརྗོད། བུམ་པའི་ཆུས་དབང་བསྐུར་བ་ལ། སླར་ཡང་སློབ་དཔོན་གྱི་ཐུགས་ཀ་ནས་འོད་ཟེར་འཕྲོས། དབང་གི་ལྷ་རྣམས་སྤྱན་དྲངས། ཁྱེད་རྣམས་ཀྱིས་སློབ་མ་འདི་རྣམས་ལ་མངོན་པར་དབང་བསྐུར་དུ་གསོལ། ཞེས་གསོལ་བ་བཏབ་པས། ཇི་ལྟར་བལྟམས་པ་ནས་ཧྲཱིཿཡེ་ཧཱུྃ། ཞེས་གསུངས་ཤིང་བུམ་པའི་ཆུས་དབང་བསྐུར་བས་ལུས་ཐམས་ཅད་གང་། དྲི་མ་ཐམས་ཅད་དག །ཆུའི་ལྷག་མ་ཡར་ལུད་པ་ལས་འོད་དཔག་མེད་ཀྱིས་དབུ་བརྒྱན་པར་གྱུར་པར་མོས། གསུང་གི་རྗེས་གནང་ནི། སློབ་དཔོན་གྱི་ཐུགས་ཀ་ནས་འོད་ཟེར་འཕྲོས། མདུན་བསྐྱེད་ཀྱི་ཐུགས་རྒྱུད་བསྐུལ། ཐུགས་ཀར་ཉི་མའི་དཀྱིལ་འཁོར་གྱི་སྟེང་དུ་ཧྲཱིཿདམར་པོའི་མཐར་སྔགས་ཕྲེང་གིས་བསྐོར་བ་ལས་(༣༥༨ན)སྔགས་ཕྲེང་གཉིས་པ་བྱུང་། ཞལ་ནས་ཐོན། སློབ་མ་ལྟར་གསལ་བའི་ཞལ་དུ་ཞུགས། ཐུགས་ཀར་ཉི་

མའི་དཀྱིལ་འཁོར་གྱི་སྟེང་དུ་ཧྲཱིཿདམར་པོའི་མཐར་གཡས་སྐོར་དུ་འཁོད་པར་མོས་ལ། འདིའི་རྗེས་ཟློས་མཛོད། ཨོཾ་ཨཱཿཧཱུྃ་ཏ་ཡ་གྲཱི་ཝ་བཛྲ་ཀྲོ་དྷ་ཧཱུྃ་ཧུ་ལུ་ཧུ་ལུ་ཧཱུྃ་ཕཊ་སྭཱཧཱ། ཞེས་ལན་གསུམ་བྱ། ཐུགས་ཀྱི་རྗེས་གནང་ནི། སློབ་དཔོན་གྱི་ཐུགས་ཀ་ནས་འོད་ཟེར་འཕྲོས། མདུན་བསྐྱེད་དང་། ཕྱོགས་བཅུའི་སངས་རྒྱས་བྱང་སེམས་ཐམས་ཅད་ཀྱི་ཐུགས་ཀྱི་བྱིན་རླབས་ཐམས་ཅད་ཕྱག་མཚན་རྡོ་རྗེ་དཔག་ཏུ་མེད་པའི་རྣམ་པར་སྤྱན་དྲངས། ཁྱེད་རང་རྣམས་ཀྱི་ཐུགས་ཀའི་ས་བོན་ལ་གཉིས་སུ་མེད་པར་ཐིམ་པའི་མོས་པ་མཛོད། ཅེས་བརྗོད་ལ། སྔགས་དང་རོལ་མོ་བྱ། སློབ་མའི་སྙིང་གའི་ས་བོན་གྱི་འོད་ཟེར་གྱིས་སྣོད་བཅུད་ཐམས་ཅད་ལྷའི་རྣམ་པར་བསྒྱུར། འོད་ཟེར་སྲོ་བསྡུ་དང་། སྣང་སྟོང་སྒྱུ་མ་ལྟ་བུ་ལ་མཉམ་པར་འཇོག་ཏུ་གཞུག །གཏོར་དབང་ནི། གཏོར་མ་འདི་ཉིད་དཔལ་རྟ་མགྲིན་དངོས་སུ་མོས། དེ་ལ་མོས་གུས་དྲུང་བ་བྱས་པས། སློབ་མ་རྣམས་ཀྱི་སྤྱི་བོར་ཕྱོན། རྒྱུད་བྱིན་གྱིས་བརླབས་པ་ཡིན་སྙམ་པ་གྱིས། ཞེས་རྒྱས་བསྡུས་ཅི་རིགས་པར་བརྗོད་ནས། གཏོར་མ་མགོ་བོར་བཞག་ལ། རྗེ་བཙུན་རྩ་བ་དང་བརྒྱུད་པར་བཅས་པའི་དཔལ་ལྡན་བླ་མ་དམ་པ་རྣམས་ཀྱིས་བྱིན་གྱིས་རློབས་ཤིག །སངས་རྒྱས་དང་བྱང་ཆུབ་སེམས་དཔའ་ཐམས་ཅད་ཀྱིས་བྱིན་གྱིས་རློབས་ཤིག །ཡི་དམ་དཀྱིལ་འཁོར་གྱི་ལྷ་ཚོགས་རྣམས་ཀྱིས་བྱིན་གྱིས་རློབས་ཤིག །དཔའ་བོ་དང་དཔའ་མོ་རྣལ་འབྱོར་མ་རྣམས་ཀྱིས་བྱིན་གྱིས་རློབས་ཤིག །ཁྱད་པར་དུ་ཡང་དཔལ་རྟ་མགྲིན་(༣༥༨བ)གྱི་ལྷ་ཚོགས་འཁོར་དང་བཅས་པ་རྣམས་ཀྱིས་བྱིན་གྱིས་རློབས་ཤིག །ཁྱེད་རྣམས་ལ་མཁྱེན་པའི་ཡེ་ཤེས་དང་བརྩེ་བའི་ཐུགས་རྗེ། སྐྱོབ་པའི་ནུས་མཐུ་བསམ་གྱིས་མི་ཁྱབ་པ་མངའ་བ་ལགས་པས། རྡོ་རྗེ་སློབ་མ་འདི་རྣམས་ཀྱི་ལུས་ཀྱི་ན་ཚ། སེམས་ཀྱི་སྡུག་བསྔལ་སོགས་འགལ་རྐྱེན་ཕྱི་ནང་གི་བར་གཅོད་ཐམས་ཅད་ཞི་བ་དང་། མཐུན་རྐྱེན་ཚེ་དང་བསོད་ནམས་དཔལ་འབྱོར་ལུང་རྟོགས་ཚོགས་པ་ཐམས་ཅད་འཕེལ་ཞིང་རྒྱས་པ་དང་། མཆོག་དང་ཐུན་

མོང་གི་དངོས་གྲུབ་ཐམས་ཅད་མྱུར་དུ་འགྲུབ་པར་བྱིན་གྱིས་བརླབ་ཏུ་གསོལ། ཞེས་གསོལ་བ་བཏབ་པས་དགྱེས་བཞིན་དུ་སློབ་མ་རྣམས་ཀྱི་ལུས་ལ་ཐིམ་པས་བྱིན་གྱིས་བརླབས་པར་བསམས་ལ། ཛཿཧཱུྃ་བཾ་ཧོཿཞེས་བརྗོད། མཇུག་ཆོག་སྤྱི་དང་འདྲའོ། །

༈ ཧ་མགྲིན་སྐྱེར་སྒང་ལུགས་ལ། སྐྱབས་འགྲོ་སེམས་བསྐྱེད་ཚད་མེད་བཞི་བསྒོམ་པ་སྔོན་དུ་བཏང་ནས། སྭ་བྷཱ་ཝས་སྟོང་པར་སྦྱངས། སྟོང་པའི་ངང་ལས་པདྨ་དང་ཉི་མའི་གདན་ལ་རང་སེམས་ཧྲཱིཿདམར་པོ་ལས། རང་ཉིད་ཁྲོ་བོའི་རྒྱལ་པོ་རྟ་མགྲིན་སྐུ་མདོག་དམར་པོ། ཞལ་གསུམ་ཕྱག་དྲུག །ཐ་བའི་ཞལ་དམར་པོ། གཡས་ལྗང་བ། གཡོན་དཀར་བ། དབུ་གསུམ་གྱི་སྟེང་ན་རྟ་མགོ་ལྗང་ནག་གསུམ་མངོན་པར་འཕགས་ཏེ་རྟ་སྐད་འཚེར་བ། ཪོག་མའི་གསེབ་ནས་མེ་སྟག་འཕྲོས་པས་ཚངས་པའི་འཇིག་རྟེན་ནས་དམྱལ་བ་ཡན་ཆད་མེའི་དྲྭ་གུར་གྱིས་ཁེབས་པར་མཛད་པ། སྤྱན་གསུམ་པ། ཞལ་གདངས་པ་མཆེ་བ་གཙིགས་པ། ཕྱག་གཡས་ཀྱི་དང་པོ་ན་རྡོ་རྗེ། གཉིས་པ་ན་མདུང་རྩེ་གསུམ་པ། ཐ་མ་ན་རལ་གྲི། གཡོན་གྱི་དང་(༣༥༩(ན)པོ་ན་སྡིགས་མཛུབ། བར་པ་ན་མདུང་ཐུང་། ཐ་མ་ན་རྒྱ་མའི་ཞགས་པ་བསྣམས་པ། ཞབས་བརྒྱད་ཀྱིས་པད་ཉིའི་སྟེང་དུ་སྒྱུལ་བརྒྱད་མནན་པ། དབུ་རེ་རེ་ལ་མི་མགོ་སྐམ་པོ་ལྔ་ལྔའི་དབུ་རྒྱན་དང་། རློན་པ་ལྔ་བཅུའི་དོ་ཤལ་ཅན། སྟག་ལྤགས་ཀྱི་ཤམ་ཐབས་ཅན། མི་ལྤགས་ཀྱི་གཡང་གཞི། གླང་ཆེན་གྱི་ཀོ་རློན། ཐུས་པའི་རྒྱན་དྲུག །ཁྲག་གི་ཐིག་ལེ། ཞག་གི་ཟོ་རིས། ཐལ་ཆེན་གྱི་ཚོམ་བུ། སྦྲུལ་ནག་གི་ཆུན་པོ་རྣམས་ཀྱིས་བརྒྱན་པ། བསྐལ་པའི་མེ་ལྟ་བུའི་མེ་དཔུང་ཚ་བ་རྩུབ་པའི་ཀློང་དཀྱིལ་ན་བཞུགས་པ། མགྲིན་པ་མན་ཆད་ནས་བྱིན་པ་ཡན་ཆད་དུ་རང་དང་འདྲ་བའི་སྤྲུལ་པའི་ཁྲོ་བོ་གཏུག་པ་ཅན་མ་ཐུང་བ་ཚར་གཅོད་པའི་རྣམ་པ་ཅན་དཔག་ཏུ་མེད་པ་ཁྲབ་ཀྱི་བྱང་བུ་ལྟར་བལྟམས་པ། དཔྲལ་བར་ཨོཾ། མགྲིན་པར་ཨཱཿ ཐུགས་ཀར་ཧཱུྃ། ཧཱུྃ་གི་སྟོད་དུ་ཉི་མ་ལ་ཧྲཱིཿ ཕྱི་ནང་ཐམས་ཅད་དུ་ཡེ་ཤེས་ཀྱི་མེ་སྦྱུལ་པའི་

ཕོ་ཉ་དང་བཅས་པས་ཁྱབ་པར་བསམས་ལ། ཨོཾ་ཧྲཱིཿཔདྨ་ཏ་ཀྲིཏ་བཛྲ་ཀྲོ་དྷ་ཏ་ཡ་ གྲི་ཕ་ཧུ་ལུ་ཧུ་ལུ་ཧཱུྃ་ཕཊ། ཅེས་ཅི་མང་བཟླ། མཇུག་ཏུ་སྙིང་པོའི་མཐར། ཁཾ་རཀྵ་ ས་མ་ཡ་ཛཿཁཾ་རཀྵ་ས་མ་ཡ་ སྟྭཾཿཁཾ་རཀྵ་ས་མ་ཡ་བཟློག །ཁཾ་རཀྵ་ས་མ་ཡ་གཏུབས། ཁཾ་རཀྵ་ས་མ་ཡ་ཕྱེར། ཁཾ་རཀྵ་ས་མ་ཡ་ཐད། ཁཾ་རཀྵ་ས་མ་ཡ་ཐུད། ཁཾ་རཀྵ་ས་མ་ ཡ་ཐད་ཐུད་ཕཊ་ཡ་འབྱུང་པོ་མ་ར་ཡ་ཛཿཛཿ ཞེས་པ་བཏགས་པ་དང་། ཨོཾ་བཛྲ་ ཏུ་ན་སྟྭཾཿཏིག་ནན་ཛཿཛཿས་མ་ཡ་ཧཱུྃ། ཞེས་པའང་བཏགས་ལ་ལན་ལྔ་ཙམ་ བཟློའོ། །མཇུག་ཏུ་དགེ་བའི་རྩ་བ་བྱང་ཆུབ་ཏུ་བསྔོའོ། །འདིའི་རྗེས་གནང་བྱ་ཚུལ་ (༣༨༩བ)ནི། སྟེགས་བུའི་སྟེང་དུ་ཆོས་འབྱུང་དམར་པོ་གྲུ་གསུམ། མཐའ་ཟླུམ་སྐོར། གྲུ་བཅད་ལྟེང་གྲུ། དབུས་སུ་ཉི་གདན་ལ་ཚོམ་བུ་དམར་པོ། དེའི་སྟེང་དུ་མཆིལ་ ཁར་གཏོར་མ་དམར་པོ་ནོར་གཟུགས་རྩེ་མོར་ཧ་མགོས་མཚན་པ་ཞིག་དགོད། མདུན་དུ་དམར་གཏོར་ཟུར་གསུམ། སྨན། རཀྟ། ནང་མཆོད། མཆོད་པ། ཚོགས་ འཁོར་གྱི་ཟས་རྣམས་བཤམས་ལ། མཆོད་པ་བླ་མེད་ལྟར་བྱིན་གྱིས་བརླབས། བདག་ བསྐྱེད་བཟླས་པ་དང་བཅས་པ་སོང་ནས། ཨོཾ་སརྦ་པཉྩ་ཨ་མྲི་ཏ་ཧཱུྃ་ཧྲཱིཿཐཿ ཞེས་ སྨན་མཆོད་བྱིན་གྱིས་བརླབས། ཨོཾ་མཧཱ་རཀྟ་ཛྭ་ལ་མཎྜ་ལ་ཧཱུྃ་ཧྲཱིཿཐཿ ཞེས་རཀྟ་བྱིན་ གྱིས་བརླབས། མདུན་བསྐྱེད་བསངས་སྦྱངས། སྟོང་པའི་ངང་ལས་པདྨ་དང་ཉི་ མའི་གདན་ལ་ཧྲཱིཿདམར་པོ་ལས། ཁྲོ་བོའི་རྒྱལ་པོ་ཧ་མགྲིན། ཞེས་པ་ནས། ཧཱུྃ་གི་ སྟོད་དུ་ཉི་མ་ལ་ཧྲཱིཿཞེས་པའི་བར་གོང་བཞིན་བསྐྱེད། རང་གི་སྙིང་ག་ནས་འོད་ ཟེར་འཕྲོས། ཁྲོ་བོའི་རྒྱལ་པོ་ཧ་མགྲིན་འཁོར་དང་བཅས་པ་བཛྲ་ས་མ་ཛཿཛཿཧཱུྃ་བཾ་ ཧོཿགཉིས་སུ་མེད་པར་ཐིམ། གཏོར་མ་ཨ་མྲི་ཏས་བསངས། སྭ་བྷཱ་ཝས་སྦྱངས། སྟོང་ པའི་ངང་ལས་གཏོར་མ་ཤ་ལྔ་བདུད་རྩི་ལྔ་ཞུ་བ་ལས་བྱུང་བའི་བདུད་རྩིའི་རྒྱ་མཚོ་ ཆེན་པོར་གྱུར། རང་གི་སྙིང་གའི་འོད་ཟེར་གྱིས་དགྲ་བགེགས་ཐམས་ཅད་བཀུག ། རྟ་རྗེ་ཁྲོ་བོ་རྣམས་ཀྱིས་ཚར་བཅད་པའི་ཤ་ཁྲག་གི་ཕུང་པོ་གཏོར་མ་དང་གཅིག་ཏུ་

འདྲིས། ཨོཾ་ཨཱཿཧཱུྃ་ཧ་ཧོ་ཧྲཱིཿ ཨོཾ་མཏླ་བ་ལིང་ཏ། ཏེ་ཛོ་བ་ལིང་ཊ། བ་ལ་བ་ཏེ། གུ་རུ་སནྡྷི་ས་མ་ཡ་ཧཱུྃ་ཧྲཱིཿཛ། ཞེས་བྱིན་གྱིས་བརླབས། སྙིང་པོའི་མཐར་ཨི་དཾ་བ་ལིང་ཏ་ཁ་ཁ་ཁཱ་ཧི་ཁཱ་ཧི། ཧུཾ་ཛྫ་ཧོ། རཀྟཱ་བི་(༣༧༠ན)ཥ་ཏོ་ས་མ་ཡ་སྭཱཧཱ། ཞེས་ལན་གསུམ་གྱིས་ཕུལ། ཨོཾ་ཧ་ཡ་གྲཱི་ཥ་ས་པ་རི་ཝཱ་ར་ཨརྒྷཾ་ནས་ཤབྟའི་བར་གྱིས་མཆོད། ནང་མཆོད་དང་སྨན་གཏོར་མ་ལ་བྲན། བཛྲ་སྟོད་བཟང་ཡངས་པ་རུ། །རང་བྱུང་གདོད་ནས་རྣམ་དག་པ། །རྩ་བརྒྱུད་སྟོང་ལ་སྦྱར་བའི་སྨན། །ཨ་ལ་ལ་སྟེ་བཞེས་སུ་གསོལ། །ཨོཾ་ཨཱཿཧཱུྃ། ཞེས་བརྗོད། རཀྟ་ནས་བྲན་ལ། དུར་ཁྲོད་ཆེན་པོའི་གནས་བརྒྱད་དང་། །ཧེ་རུ་ཀ་ཡི་གནས་བཅུ་ནས། །དཔལ་ཆེན་འཁོར་བཅས་སྤྱན་འདྲེན་གྱིས། །ཤ་ཁྲག་དམར་གྱི་རྒྱ་མཚོ་བཞེས། །ཨོཾ་ཨཱཿཧཱུྃ། ཞེས་བརྗོད། རྒྱལ་བ་ཀུན་གྱི་ཆོས་སྐུ་པདྨའི་གསུང་། །ཆོས་རྗེ་འོད་དཔག་མེད་པ་རྡོ་རྗེ་ཆོས། །སྤྱན་རས་གཟིགས་དབང་ཧྲཱིཿལས་དབང་ཆེན་སྐུ། །རྟ་མགྲིན་རྟ་སྐད་བཞད་ལ་ཕྱག་འཚལ་ལོ། །མཆོད་སྦྱིན་གཏོར་མ་འདི་བཞེས་ལ། །ཞེས་སོགས་འདོད་དོན་གསོལ་བཏབ་བྱས་ལ། བཟླས་པའང་ཅི་འགྲུབ་དང་། སློབ་མའི་བྱ་བ་རྣམས་བདག་འཇུག་གི་ཚུལ་གྱིས་བླང་ངོ་། །དེ་ནས་སློབ་མས་མཎྜལ་ཕུལ། རྡོ་རྗེ་འཛིན་པ་ནས་བསྐུལ་དུ་གསོལ། ཞེས་རྗེས་ཟློས་ཀྱིས་ལན་གསུམ་གསོལ་བ་འདེབས་སུ་གཞུག །དཀོན་མཆོག་གསུམ་ལ་བདག་སྐྱབས་མཆི། །ཞེས་སོགས་གུར་ནས་འབྱུང་བའི་རྒྱུན་བཤགས་བྱ། དངོས་གཞི་ནི། སློབ་དཔོན་གྱི་ཐུགས་ཀའི་འོད་ཀྱིས་སློབ་མའི་སྡིག་སྒྲིབ་ནད་གདོན་བར་ཆད་ཐམས་ཅད་བསྲེགས། སྟོང་པ་ཉིད་དུ་སྦྱངས། ཨོཾ་སྭ་བྷཱ་ཝ་ཤུདྡྷ་སརྦ་དྷརྨཱ་སྭ་བྷཱ་ཝ་ཤུདྡྷོ྅ཧཾ། སྟོང་པའི་ངང་ལས། པདྨ་དང་ཉི་མའི་གདན་ལ་ཁྲིད་རང་རྣམས་ཀྱི་(༣༧༠བ)སེམས་ཧྲཱིཿདམར་པོ་ལས། ཁྲིད་རང་རྣམས་ཁྲོ་བོའི་རྒྱལ་པོ་རྟ་མགྲིན་སྐུ་མདོག་དམར་པོ། ཞལ་གསུམ་ཕྱག་དྲུག་རྩ་བའི་ཞལ་དམར་པོ། གཡས་ལྗང་བ། གཡོན་དཀར་བ། དབུ་གསུམ་གྱི་སྟེང་ན་རྟ་མགོ་ལྗང་ནག་གསུམ་མངོན་པར་

འཕགས་ཏེ་རྟ་སྐད་འཚེར་བ། རྫོག་མའི་གསེབ་ནས་མེ་སྟག་འཕྲོས་པས་ཚངས་པའི་འཛིག་རྟེན་ནས་དམྱལ་བ་ཡན་ཆད་མེའི་དྲྭ་གུར་གྱིས་ཁེབས་པར་མཛད་པ། སྤྱན་གསུམ་པ། ཞལ་གདངས་པ་མཆེ་བ་གཙིགས་པ། ཕྱག་གཡས་ཀྱི་དང་པོ་ན་རྡོ་རྗེ། གཉིས་པ་ན་མདུང་རྩེ་གསུམ་པ། ཐ་མ་ན་རལ་གྲི། གཡོན་གྱི་དང་པོ་ན་སྡིགས་མཛུབ། བར་པ་ན་མདུང་ཐུང་། ཐ་མ་ན་རྒྱ་མའི་ཞགས་པ་བསྣམས་པ། ཞབས་བརྒྱད་ཀྱིས་པད་ཉིའི་སྟེང་དུ་སྤྲུལ་བརྒྱད་མནན་པ། དབུ་རེ་རེ་ལ་མི་མགོ་སྐམ་པོ་ལྔ་ལྔའི་དབུ་རྒྱན་དང་། རློན་པ་ལྔ་བཅུའི་དོ་ཤལ་ཅན། སྟག་ལྤགས་ཀྱི་ཤམ་ཐབས། མི་ལྤགས་ཀྱི་གཡང་གཞི། གླང་ཆེན་གྱི་གོ་རློན། རུས་པའི་རྒྱན་དྲུག །ཁྲག་གི་ཐིག་ལེ། ཞག་གི་ཟོ་རིས། ཐལ་ཆེན་གྱི་ཚོམ་བུ། སྦྲུལ་ནག་གི་ཆུན་པོ་རྣམས་ཀྱིས་བརྒྱན་པ། བསྐལ་པའི་མེ་ལྟ་བུ་མེ་དཔུང་ཚ་བ་རྩུབ་པའི་ཀློང་དཀྱིལ་ན་བཞུགས་པ། མགྲིན་པ་མན་ཆད་ནས་བྱིན་པ་ཡན་ཆད་དུ་རང་དང་འདྲ་བའི་སྤྲུལ་པའི་ཁྲོ་བོ་གདུག་པ་ཅན་མ་རུངས་པ་ཚར་གཅོད་པའི་རྣམ་པ་ཅན་དཔག་ཏུ་མེད་པ་ཁྲབ་ཀྱི་ཕྱིང་བུ་ལྟར་བལྟམས་པ། དཔྲལ་བར་ཨོཾ། མགྲིན་པར་ཨཱཿ ཐུགས་ཀར་ཧཱུྃ། ཞེས་གསལ་གདབ། མདུན་གྱི་མཎྜལ་རྟེན་གཏོར་བཅས་ཀྱང་ཁྱེད་རང་རྣམས་བསྒོམས་པ་དང་འདྲ་བའི་རྟ་མགྲིན་དངོས་སུ་བཞུགས་པར་མོས་ལ། དེ་ནས་སློབ་དཔོན་གྱི་ཐུགས་(༣༧༡ན)ཀ་ནས་འོད་ཟེར་འཕྲོས། མདུན་བསྐྱེད་དང་། ཕྱོགས་བཅུའི་སངས་རྒྱས་བྱང་སེམས་ཐམས་ཅད་ཀྱི་ཐུགས་ཀར་ཕོག་པས་ཐུགས་རྒྱུད་བསྐུལ། ཐུགས་ཀ་ནས་ཐུགས་གཉིས་སུ་མེད་པའི་ཡེ་ཤེས་ཡིན་པ་ལ་རྣམ་པ་དཔལ་རྟ་མགྲིན་གྱི་སྐུ་ཆེ་ཆུང་དཔག་ཏུ་མེད་པ་སྤྱན་དྲངས། ཁྱེད་རང་རྣམས་ཀྱི་ལུས་ལ་ཆར་ཆེན་པོ་བབས་པ་བཞིན་དུ་སིབ་སིབ་ཐིམ་པའི་མོས་པ་མཛོད། རོལ་མོའི་སྒྲ་བྱ། ཛཿཧཱུྃ་བཾ་ཧོཿ ཞེས་བརྗོད། སློབ་དཔོན་གྱི་དཔྲལ་བའི་ཨོཾ་ལས་རྟ་མགྲིན་དཀར་པོ་སྤྲོས་ཏེ་སློབ་མའི་དཔྲལ་བའི་ཨོཾ་ལ་ཐིམ་པའི་མོས་པ་མཛོད། རོལ་མོའི་སྒྲ་བྱ། བུམ་དབང་ངོ་། །ཡང་སློབ་དཔོན་

གྱི་མགྲིན་པའི་ཨཱཿལས་རྟ་མགྲིན་དམར་པོ་སྤྲོས་ཏེ། སློབ་མའི་མགྲིན་པའི་ཨཱཿལ་ཐིམ་པའི་མོས་པ་མཛོད། རོལ་མོའི་སྒྲ་བྱ། གསང་དབང་ངོ་། །སློབ་དཔོན་གྱི་ཐུགས་ཀའི་ཧཱུྃ་ལས་རྟ་མགྲིན་མཐིང་ག་སྤྲོས་ཏེ། སློབ་མའི་ཐུགས་ཀའི་ཧཱུྃ་ལ་ཐིམ་པའི་མོས་པ་མཛོད། རོལ་མོའི་སྒྲ་བྱ། ཤེར་དབང་ངོ་། །སློབ་དཔོན་གྱི་ལྟེ་བ་ནས་རྟ་མགྲིན་ཁ་དོག་སྣ་ཚོགས་པ་སྤྲོས་ཏེ། སློབ་མའི་ལྟེ་བ་ལ་ཐིམ་པའི་མོས་པ་མཛོད། རོལ་མོའི་སྒྲ་བྱ། དབང་བཞི་པའོ། །བཟླས་ལུང་ལ། སློབ་དཔོན་གྱི་ཐུགས་ཀ་ནས་འོད་ཟེར་འཕྲོས། མདུན་བསྐྱེད་ཀྱི་ཐུགས་རྒྱུད་བསྐུལ། ཐུགས་ཀར་ཉི་མའི་དཀྱིལ་འཁོར་གྱི་དབུས་སུ་ཧྲཱིཿདམར་པོའི་མཐར་སྔགས་ཕྲེང་གིས་བསྐོར་བ་ལས་སྔགས་ཕྲེང་གཉིས་པ་བྱུང་། ཞལ་ནས་ཐོན། ཁྱེད་རང་རྣམས་ལྷར་གསལ་བའི་ཞལ་དུ་ཞུགས། ཐུགས་ཀར་ཉི་མའི་དཀྱིལ་འཁོར་གྱི་(༣༦༡བ)སྟེང་དུ་ཧྲཱིཿདམར་པོའི་མཐར་གཡས་སྐོར་དུ་འཁོད་པར་མོས་ལ། འདིའི་རྗེས་ཟློས་མཛོད་བྱས་ལ། ཨོཾ་ཧྲཱིཿཔདྨ་ཏ་ཀྲྀཏ་བཛྲ་ཀྲོ་དྷ་ཧ་ཡ་གྲཱི་ཝ་ཧུ་ལུ་ཧུ་ལུ་ཧཱུྃ་ཕཊ། ཅེས་ལན་གསུམ་དང་། ཨོཾ་ཧྲཱིཿཔདྨ་ཀྲྀཏ་བཛྲ་ཀྲོ་དྷ་ཧ་ཡ་གྲཱི་ཝ་ཧུ་ལུ་ཧུ་ལུ་ཧཱུྃ་ཕཊ། ཕཻ་ར་ཀྵ་ས་མ་ཡ་ཛཿཕཻ་ར་ཀྵ་ས་མ་ཡ་ཧཱུྃཿཕཻ་ར་ཀྵ་ས་མ་ཡ་བཟློག །ཕཻ་ར་ཀྵ་ས་མ་ཡ་གཏུབས། ཕཻ་ར་ཀྵ་ས་མ་ཡ་བྱེར། ཕཻ་ར་ཀྵ་ས་མ་ཡ་ཐོད། ཕཻ་ར་ཀྵ་ས་མ་ཡ་ཐུད། ཕཻ་ར་ཀྵ་ས་མ་ཡ་ཐོད་ཐུད་ཕཊ་ཡ་འབྱུང་པོ་སྨ་ར་ཡ་ཛཿཛཿ ཅེས་ལན་གཅིག་དང་། ཨོཾ་ཧྲཱིཿཔདྨ་ཏ་ཀྲྀཏ་བཛྲ་ཀྲོ་དྷ་ཧ་ཡ་གྲཱི་ཝ་ཧུ་ལུ་ཧུ་ལུ་ཧཱུྃ་ཕཊ། ཨོཾ་བཛྲ་ཧུན་ཧཱུྃཿཏིག་ནན་ཛཿཛཿས་མ་ཡ་སྟྭཾ། རྗེས་ཟློས་བྱེད་དུ་གཞུག །སྔགས་ཀྱི་བྱིན་གྱིས་བརླབས་པའོ། །དེ་ནས་གཏོར་དབང་ནི། གཏོར་མ་འདི་ཉིད་དཔལ་རྟ་མགྲིན་དངོས་སུ་མོས། དེ་ལ་མོས་གུས་དུང་བ་བྱས་པས། སློབ་མ་རྣམས་ཀྱི་སྤྱི་བོར་ཕྱིན། རྒྱུད་བྱིན་གྱིས་བརླབས་པ་ཡིན་སྙམ་པ་གྱིས། ཞེས་རྒྱས་བསྡུས་ཅི་རིགས་པར་བརྗོད་ནས། གཏོར་མ་མགོ་བོར་བཞག་ལ། རྗེ་བཙུན་རྩ་བ་དང་བརྒྱུད་པར་བཅས་པའི་དཔལ་ལྡན་བླ་མ་དམ་པ་རྣམས་ཀྱིས་བྱིན་གྱིས་རློབས་

ཤིག །ཁྱད་པར་དུ་ཡང་དཔལ་རྟ་མགྲིན་གྱི་ལྷ་ཚོགས་འཁོར་དང་བཅས་པ་རྣམས་ཀྱིས་བྱིན་གྱིས་རློབས་ཤིག །ཁྱེད་རྣམས་ལ་མཁྱེན་པའི་ཡེ་ཤེས། བརྩེ་བའི་ཐུགས་རྗེ། སྐྱོབ་པའི་ནུས་མཐུ་བསམ་གྱིས་མི་ཁྱབ་པ་མངའ་བ་ལགས་པས། རྡོ་རྗེ་སློབ་མ་འདི་རྣམས་ཀྱི་ལུས་ཀྱི་ན་ཚ། སེམས་ཀྱི་སྡུག་བསྔལ་སོགས་འགལ་རྐྱེན་ཕྱི་ནང་གི་བར་གཅོད་ཐམས་ཅད་ཞི་བ(༣༧༢ན)དང་། མཐུན་རྐྱེན་ཚེ་དང་བསོད་ནམས་དཔལ་འབྱོར་ཕུན་སུམ་ཚོགས་པ་ཐམས་ཅད་འཕེལ་ཞིང་རྒྱས་པ་དང་། མཆོག་དང་ཐུན་མོང་གི་དངོས་གྲུབ་ཐམས་ཅད་མྱུར་དུ་འགྲུབ་པར་བྱིན་གྱིས་བརླབ་ཏུ་གསོལ། ཞེས་གསོལ་བ་བཏབ་པས། ཁྲོ་བོའི་རྒྱལ་པོ་རྟ་མགྲིན་འོད་དུ་ཞུ་ནས་ཁྱེད་རང་རྣམས་ཀྱི་སྤྱི་བོ་ནས་ཞུགས་ཏེ་ཐིམ་པས། ཁྱེད་རང་རྣམས་ཀྱི་ལུས་ངག་ཡིད་གསུམ། རྟ་མགྲིན་གྱི་སྐུ་གསུང་ཐུགས་སུ་ཞུ་ལུགས་སུ་ཆུད་པར་གྱུར་པའི་མོས་པ་མཛོད། སྐུ་དངོས་ཀྱི་བྱིན་གྱིས་བརླབས་པའོ། །མཇུག་ཆོག་སྤྱི་དང་འདྲ། །

༈ རྟ་མགྲིན་ལྟུགས་རལ་ཅན་ལ། སྐྱབས་འགྲོ་སེམས་བསྐྱེད་སྔོན་དུ་བཏང་ནས། རང་ཉིད་རྟ་མགྲིན་དུ་གསལ་བའི་སྙིང་གའི་ཧཱུཾ་ལས་འོད་ཟེར་འཕྲོས། བླ་མ་སངས་རྒྱས་བྱང་སེམས་ཐམས་ཅད་མདུན་དུ་སྤྱན་དྲངས་པར་གྱུར། ཨརྒྷཾ་ནས་ཤབྡའི་བར་གྱིས་མཆོད། དཀོན་མཆོག་གསུམ་ལ་བདག་སྐྱབས་མཆི། །སོགས་རྒྱུན་བཤགས་དང་ཚད་མེད་བཞི་སྤྱི་དང་མཐུན། སྭ་བྷཱ་ཝས་སྟོང་པར་སྦྱངས། སྟོང་པའི་ངང་ལས་པཾ་ལས་པདྨ་དང་། རཾ་ལས་ཉི་མའི་སྟེང་དུ་ཧྲཱིཿཡིག་དམར་ནག་གི་འོད་ཟེར་འཕྲོ་འདུ་ལས། རང་ཉིད་བཅོམ་ལྡན་འདས་རྟ་མགྲིན་སྐུ་མདོག་མིག་སྨན་ལྟར་གནག་པ། ཞལ་གཅིག་ཕྱག་གཉིས་སྤྱན་གསུམ་པ། སྤྱི་བོ་ནས་རྟ་མགོ་ལྗང་གུ་རྟ་སྐད་འདོན་པས་ཁམས་གསུམ་དབང་དུ་སྡུད་པ། ཕྱག་གཡས་པས་རལ་གྲི་འཕྱར་ཞིང་། གཡོན་སྡིགས་མཛུབ་ཀྱི་རྩེ་ལ་མེ་དཔུང་འབར་བ། ཀླུ་རྒྱལ་རིགས་དཀར་པོས་དབུ་རྒྱན། བྲམ་ཟེ་དམར་པོས་མགུལ་རྒྱན། (༣༧༢བ)རྗེ་རིགས་སེར་པོས་ཕྱག་

གཏུབ། གདོལ་པ་ནག་པོས་ག་ཤ །དམངས་རིགས་སེར་ཁྲས་ཞབས་གཏུབ་བྱས་པ། ཐོད་སྐམ་ལྔའི་དབུ་རྒྱན་དང་། རློན་པ་ལྔ་བཅུའི་དོ་ཤལ་བྱས་པ། དཔལ་གྱི་ཆས་བརྒྱད་ཡོངས་སུ་རྫོགས་པ། ཙུ་ཌ་ཕོ་མོ་བསྣོལ་བའི་སྟེང་དུ་གཡོན་བརྐྱང་གི་སྟབས་ཀྱིས་མི་དཔུང་འབར་བའི་དབུས་ན་བཞུགས་པའོ། །རང་གི་སྙིང་གར་ཧྲཱིཿདེ་ལས་འོད་ཟེར་འཕྲོས། ཡེ་ཤེས་སེམས་དཔའ་བཛྲ་ས་མ་ཛཿཛཿཧཱུྃ་བཾ་ཧོཿགཉིས་སུ་མེད་པར་ཐིམ། ཡང་འོད་ཟེར་འཕྲོས། དབང་གི་ལྷ་ཐམས་ཅད་སྤྱན་དྲངས། ཨོཾ་སརྦ་ཏ་ཐཱ་ག་ཏ་ཨ་བྷི་ཥིཉྩ་ཏུ་མཾ། ཞེས་གསོལ་བ་གདབ་པས། ཨོཾ་བཛྲ་བྷཱ་ཝ་ཨ་བྷི་ཥིཉྩ་ཧཱུྃ། ཞེས་དབང་བསྐུར། སྐུ་གང་། དྲི་མ་དག །ཆུ་ལྷག་མ་ཡར་ལུད་པ་ལས་འོད་དཔག་མེད་པས་དབུ་བརྒྱན་པར་བསམ། སྤྱི་བོར་ཨོཾ། མགྲིན་པར་ཨཱཿ ཐུགས་ཀར་ཧཱུྃ། ཧཱུྃ་གི་སྟོད་དུ་ཧྲཱིཿའི་མཐར་སྔགས་ཀྱི་འཕྲེང་བས་བསྐོར་བར་བསམས་ལ། ཧྲཱིཿཔདྨ་ཏ་ཀྲིཏ་བཛྲ་ཀྲོ་དྷ་ཧ་ཡ་གྲི་ཝ་ཧུ་ལུ་ཧུ་ལུ་ཧཱུྃ་ཕཊ། ཅེས་སྙིང་པོ་དང་། ཧྲཱིཿབཛྲ་ཀྲོ་དྷ་ཧ་ཡ་གྲི་ཝ་སརྦ་ཤི་ཏ་ཀ་ལ་མི་དཔུང་གཏུབས། ཧ་ཧ་ནན་ཐད་ཐད་གཏུབས། ཤག་ཧ་ཧ་ནན། ཐད་ཐད་གཏུབས། གྲི་ཊ་རྣ་ཛ་ཡ་ཐད། སྣ་ར་ཡ་ཐད། ཅེས་དྲག་སྔགས་དང་སྦྱར་བ་གང་འགྲུབ་བཟླས། ཐུན་འཇོག་ཁར་དགེ་བའི་རྩ་བ་བྱང་ཆུབ་ཏུ་བསྔོ། གཏོར་མ་འབུལ་བར་འདོད་ན། ཨ་མྲི་ཏས་བསངས། སྭ་བྷཱ་ཝས་སྦྱངས། འབྲུ་གསུམ་ལས་དམ་རྫས་བདུད་རྩིའི་རྒྱ་མཚོ་ཆེན་པོར་གྱུར། ཨོཾ་ཨཱཿཧཱུྃ། ལན་གསུམ་གྱིས་བྱིན་གྱིས་བརླབས། རང་གི་སྙིང་གའི་ཧཱུྃ་ལས་འོད་ཟེར་འཕྲོས། རྟ་མགྲིན་འཁོར་བཅས་སྤྱན་དྲངས། ཧཱུྃ་གཉིས་མེད་རང་བྱུང་དག་པའི་དཀྱིལ་(༣༧༣ན)འཁོར་ནས། །བརྗོད་མེད་ཆོས་དབྱིངས་དོན་གསལ་མ་གཡོས་ཀྱང་། །དགྲ་བགེགས་གདུག་པ་འདུལ་བའི་དོན་སླད་དུ། །བརྩེ་བའི་ཐུགས་ཀྱིས་གནས་འདིར་གཤེགས་སུ་གསོལ། །བཛྲ་ས་མ་ཛཿཛཿཧཱུྃ་བཾ་ཧོཿ འཇིག་རྟེན་རྣམ་པར་དག་པའི་དཀྱིལ་འཁོར་འདིར། །ཉི་ཟླ་པདྨ་བརྩེགས་པའི་ཁྲི་ཡི་སྟེང་། །ཙུ་ཌ་ཞིང་

ཆེན་བསྐོལ་བའི་གདན་སྟེང་དུ། །ཇམ་བརྗིད་ངར་དང་བཅས་ཏེ་བཞུགས་སུ་གསོལ། །ས་མ་ཡ་སྟྭཾ། ཨ་ཏི་པུ་ཧོ། ཞེས་བཞུགས་སུ་གསོལ་ཞིང་ཕྱག་འཚལ། ཧྲཱིཿཔདྨ་ཏ་ཀྲྀཏ་བཛྲ་ཀྲོ་དྷ་ཧ་ཡ་གྲཱི་ཝ་ཨི་དཾ་བ་ལིཾ་ཏ་ཁ་ཁ་ཁཱ་ཧི་ཁཱ་ཧི། མཧཱ་རཀྟ་ཁཱ་ཧི། མཧཱ་མཾ་ས་ཁཱ་ཧི། མཧཱ་ཙིཏྟ་ཁཱ་ཧི། མཧཱ་བ་སུ་ཏ་ཁཱ་ཧི། མཧཱ་གོ་རོ་ཙ་ན་ཁཱ་ཧི། ཞེས་ལན་གསུམ་གྱིས་ཕུལ། ཨརྒྷཾ་ནས་ཤབྡའི་བར་གྱིས་མཆོད། ཧཱུྃ། གདུག་པ་འདུལ་མཛད་ཡེ་ཤེས་ལྷ་ཡི་སྐུ། །སྐུ་མདོག་མཐིང་ནག་དབྱར་གྱི་ཆར་སྤྲིན་འདྲ། །ཁམས་གསུམ་དབང་དུ་སྡུད་པའི་རྟ་སྐད་འཚེར། །ཡེ་ཤེས་རོལ་པའི་སྐུ་ལ་ཕྱག་འཚལ་ལོ། །ཞེས་བསྟོད་དོ། །མཆོད་སྦྱིན་གཏོར་མ་འདི་བཞེས་ལ། །ཞེས་སོགས་འདོད་དོན་ལ་གསོལ་བ་གདབ། བཛྲ་མུཿགཤེགས། ༈ འདིའི་རྗེས་གནང་ནི། མཎྜལ་ནག་པོ་གྲུ་གསུམ་ཚོམ་བུ་དང་བཅས་པའི་སྟེང་དུ་མཆི་ལ་གཏོར་མ་དམར་ནག་ཟོར་གཟུགས་མ་ཞིག་འགོད། གང་འོས་ཕྱོགས་སུ་ཙ་ཀ་ལི། སྔགས་བྱང་། ཕུར་བུ་རྣམས་བཞག །མདུན་དུ་དམར་གཏོར་ཟུར་གསུམ་ཁྲག་གིས་བརྒྱན་པ། མཆོད་པ་རྣམས་བཤམས། མཆོད་པ་ཨ་མྲྀ་ཏས་བསངས་ལ་བླ་མེད་ལྟར་བྱིན་གྱིས་བརླབས། བདག་བསྐྱེད་(༢༧༢བ)བཟླས་པའི་བར་དུ་སོང་ནས། མདུན་བསྐྱེད་བསངས་སྦྱངས། སྟོང་པའི་ངང་ལས་པཾ་ལས་པདྨ་དང་། རཾ་ལས་ཉི་མའི་སྟེང་དུ་ཧྲཱིཿཡིག་དམར་ནག་གི་འོད་ཟེར་འཕྲོ་འདུ་ལས། བཅོམ་ལྡན་འདས་རྟ་མགྲིན། ཞེས་པ་ནས། མེ་དཔུང་འབར་བའི་དབུས་ན་བཞུགས་པའོ། །ཞེས་པའི་བར་སྔར་བཞིན་བསྐྱེད། རང་གི་སྙིང་གའི་ཧྲཱིཿལས་འོད་ཟེར་འཕྲོས། ཡེ་ཤེས་སེམས་དཔའ་བཛྲ་ས་མ་ཛཿཛཿཧཱུྃ་བཾ་ཧོཿགཉིས་སུ་མེད་པར་ཐིམ། ཡང་འོད་ཟེར་འཕྲོས། དབང་གི་ལྷ་ཐམས་ཅད་སྤྱན་དྲངས། དེ་བཞིན་གཤེགས་པ་ཐམས་ཅད་ཀྱིས་འདི་ལ་མངོན་པར་དབང་བསྐུར་དུ་གསོལ། ཞེས་གསོལ་བ་བཏབ་པས། ཨོཾ་བཛྲཱི་བྷ་ཝ་ཨ་བྷི་ཥིཉྩ་ཧཱུྃ། ཞེས་དབང་བསྐུར། སྐུ་གང་། དྲི་མ་དག །ཆུའི་ལྷག་མ་ཡར་ལུད་པ་ལས་འོད་དཔག་

མེད་པས་དབུ་བརྒྱན་པར་བསམ། སྤྱི་བོར་ཨོཾ། མགྲིན་པར་ཨཱཿ ཐུགས་ཀར་ཧཱུྃ་གིས་
མཚན་པར་གྱུར། ཨོཾ་ཏ་ཡ་གྲི་ཥ་ས་པ་རི་ཝཱ་ར་ཨརྒྷཾ་པྲ་ཏཱིཙྪ་ཧཱུྃ་སྭཱཧཱ། ནས། ཤབྡ་
པྲ་ཏཱིཙྪ་ཧཱུྃ་སྭཱཧཱའི་བར་གྱིས་མཆོད། ཧཱུྃ་གདུག་པ་འདུལ་མཛད་སོགས་ཀྱིས་བསྟོད།
བཟླས་པ་གང་འགྲུབ་བྱ། གཏོར་ཆོག་དང་འདོད་དོན་གསོལ་གདབ་སོགས་གོང་
ལྟར་བྱ། སློབ་མས་མཎྜལ་ཕུལ། གུར་ནས་འབྱུང་བའི་ཡན་ལག་བདུན་པ་བྱ། སློབ་
དཔོན་དགོངས་སུ་གསོལ། བདག་མིང་འདི་ཞེས་བགྱི་བ་དུས་འདི་ནས་བཟུང་སྟེ་
ཇི་སྲིད་བྱང་ཆུབ་སྙིང་པོ་ལ་མཆིས་ཀྱི་བར་དུ། བཅོམ་ལྡན་འདས་ཁྲོ་བོའི་རྒྱལ་པོ་
རྟ་མགྲིན་ཡི་དམ་དུ་འཚལ་གྱི། སློབ་དཔོན་གྱིས་བདག་ལ་བྱིན་གྱིས་བརླབ་ཏུ་གསོལ།
ཞེས་ལན་གསུམ་གསོལ་བ་བཏབ། (༣༧༨ན)སློབ་མའི་སྤྱི་བོར་མེ་ཏོག་བཞག །དེ་སྭ་
བྷཱ་ཝས་སྟོང་པར་སྦྱངས། སྟོང་པའི་ངང་ལས་པཾ་ལས་པདྨ་དང་། རཾ་ལས་ཉི་མའི་
སྟེང་དུ་ཧྲཱིཿཡིག་གི་འཕྲོ་འདུ་ལས། བཅོམ་ལྡན་འདས་རྟ་མགྲིན་སྐུ་མདོག་མིག་སྨན་
ལྟར་གནག་པ། ཞལ་གཅིག་ཕྱག་གཉིས་སྤྱན་གསུམ་པ། སྤྱི་བོ་ནས་རྟ་མགོ་ལྗང་གུ
རྟ་སྐད་འདོན་པས་ཁམས་གསུམ་དབང་དུ་སྡུད་པ། ཕྱག་གཡས་པས་རལ་གྲི་འཕྱར་
ཞིང་། གཡོན་ཕྱོགས་མཛུབ་ཀྱི་རྩེ་ལ་མེ་དཔུང་འབར་བ། ཀླུ་རྒྱལ་རིགས་དཀར་
པོས་དབུ་རྒྱན། བྲམ་ཟེ་དམར་པོས་མགུལ་རྒྱན། རྗེ་རིགས་སེར་པོས་ཕྱག་གདུབ།
གདོལ་བ་ནག་པོས་ག་ཤ །དམངས་རིགས་སེར་ཁྲས་ཞབས་གདུབ་བྱས་པ། ཐོད་
སྐམ་ལྔའི་དབུ་རྒྱན་དང་། རློན་པ་ལྔ་བཅུའི་དོ་ཤལ་བྱས་པ། དཔལ་གྱི་ཆས་བརྒྱད་
ཡོངས་སུ་རྫོགས་པ། ཝ་ཏྲ་ཕོ་མོ་བསྣོལ་བའི་སྟེང་དུ་གཡོན་བརྐྱང་གི་སྟབས་ཀྱིས་
མེ་དཔུང་འབར་བའི་དབུས་ན་བཞུགས་པའོ། །རང་གི་སྙིང་གར་ཧྲཱིཿདེ་ལས་འོད་
ཟེར་འཕྲོས། ཡེ་ཤེས་སེམས་དཔའ་བཛྲ་ས་མ་ཛཿ ཛཿཧཱུྃ་བཾ་ཧོཿགཉིས་སུ་མེད་པར་
ཐིམ། ཡང་འོད་ཟེར་འཕྲོས། དབང་གི་ལྷ་ཐམས་ཅད་སྤྱན་དྲངས། ཨོཾ་སརྦ་ཏ་ཐཱ་
ག་ཏ་ཨ་བྷི་ཥིཉྩ་ཏུ་མཾ། ཞེས་གསོལ་བ་བཏབ་པས། ཨོཾ་བཛྲ་བྷཱ་ཝ་ཨ་བྷི་ཥིཉྩ་ཧཱུྃ། ཞེས་

དབང་བསྐུར། སྐུ་གང་། ཐྲི་མ་དག །ཚུ་ལྷག་མ་ཡར་ལུད་པ་ལས་འོད་དཔག་མེད་པས་དབུ་བརྒྱན་པར་བསམ། སྤྱི་བོར་ཨོཾ། མགྲིན་པར་ཨཱཿ ཐུགས་ཀར་ཧཱུཾ་གི་བར་བདག་བསྐྱེད་བཞིན། སློབ་མའི་སྤྱི་བོར་མེ་ཏོག་གཏོར་ལ། བཅོམ་ལྡན་འདི་ལ་བསྐུལ་ལགས་ཀྱི། །འདི་ལ་འགོ་(༣༧༤བ)བར་མཛད་དུ་གསོལ། །བཅོམ་ལྡན་འདི་ལ་བྱིན་གྱིས་རློབས། །ཏྲ་མགྲིན་འདི་ལ་དབང་བསྐུར་ཅིག །དུས་འདི་ནས་ནི་བཟུང་ནས་སུ། །ཏྲ་མཆོག་གོ་འཕང་མ་ཐོབ་བར། །ཏྲག་ཏུ་ཡི་དམ་ལྷ་ཡིན་གྱི། །ཡི་དམ་ལྷ་རུ་མཛད་དུ་གསོལ། །ཞེས་ལན་གསུམ་བརྗོད་པས་ཏྲ་མགྲིན་འོད་དུ་ཞུ། སློབ་མ་ལ་ཐིམ་པས་སྐད་ཅིག་གིས་ཏྲ་མགྲིན་དུ་གྱུར་པ་ནི། སྐུ་མདོག་མིག་སྨན་ལྟར་གནག་པ། ཞལ་གཅིག་ཕྱག་གཉིས་སྤྱན་གསུམ་པ། སྤྱི་བོ་ནས་ཏྲ་མགོ་ལྗང་གུ་ཏྲ་སྐད་འདོན་པས་ཁམས་གསུམ་དབང་དུ་སྡུད་པ། ཕྱག་གཡས་པས་རལ་གྲི་འཕྱར་ཞིང་། གཡོན་སྡིགས་མཛུབ་ཀྱི་རྩེ་ལ་མེ་དཔུང་འབར་བ། ཀླུ་རྒྱལ་རིགས་དཀར་པོས་དབུ་རྒྱན། བྲམ་ཟེ་དམར་པོས་མགུལ་རྒྱན། རྗེ་རིགས་སེར་པོས་ཕྱག་གདུབ། གདོལ་པ་ནག་པོས་ག་ཤ །དམངས་རིགས་སེར་ཁྲས་ཞབས་གདུབ་བྱས་པ། ཐོད་སྐམ་ལྔའི་དབུ་རྒྱན་དང་། རློན་པ་ལྔ་བཅུའི་དོ་ཤལ་བྱས་པ། དཔལ་གྱི་ཆས་བརྒྱད་ཡོངས་སུ་རྫོགས་པ། ཝ་ཏྲ་ཕོ་མོ་བསྣོལ་བའི་སྟེང་དུ་གཡོན་བརྐྱང་གི་སྟབས་ཀྱིས་མེ་དཔུང་འབར་བའི་དབུས་ན་བཞུགས་པའོ། །ཞེས་བརྗོད། མདུན་གྱི་མཎྜལ་གཏོར་རྟེན་བཅས་ཁྲིད་རང་རྣམས་བསྒོམས་པ་དང་འདྲ་བའི་ཏྲ་མགྲིན་ལྷུགས་རལ་ཅན་དངོས་སུ་བཞུགས་པར་མོས་ལ། དེ་ནས་སློབ་དཔོན་ལ་མོས་གུས་དྲུང་བ་བྱས་པས། སློབ་དཔོན་གྱི་ཐུགས་ཀ་ནས་འོད་ཟེར་འཕྲོས། མདུན་བསྐྱེད་དང་ཕྱོགས་བཅུའི་སངས་རྒྱས་བྱང་སེམས་ཐམས་ཅད་ཀྱི་ཐུགས་ཀར་ཕོག །ཐུགས་རྒྱུད་བསྐུལ། ཐུགས་ཀ་ནས་ཐུགས་གཉིས་སུ་མེད་པའི་ཡེ་ཤེས་ཡིན་པ་ལ། རྣམ་པ་ཁྲོ་བོའི་རྒྱལ་པོ་དཔལ་ཏྲ་མགྲིན་གྱི་(༣༧༥ན)སྐུ་ཆེ་ཆུང་དཔག་ཏུ་མེད་པ་སྤྱན་དྲངས། སློབ་མ་རྣམས་ཀྱི་ལུས་

ལ་ཆར་ཆེན་པོ་བབས་པ་བཞིན་དུ་སིབ་སིབ་ཐིམ་པའི་མོས་པ་མཛོད་བྱས་ལ། རོལ་མོའི་སྒྲ་དང་བཅས་ཏེ་ཙ་ཀ་ལི་སྤྱི་བོར་བཞག །ཛཿཧཱུྃ་བཾ་ཧོཿགཉིས་སུ་མེད་པར་ཐིམ། ཞེས་བརྗོད། སྐུའི་རྗེས་གནང་ངོ་། །དེ་ནས་ཕྱག་ཕྱང་ལག་ཏུ་གཏད་དེ་བཟླས་ལུང་སྦྱིན་པ་ནི་སློབ་དཔོན་གྱི་ཐུགས་ཀ་ནས་འོད་ཟེར་འཕྲོས། མདུན་བསྐྱེད་ཀྱི་ཐུགས་རྒྱུད་བསྐུལ། ཐུགས་ཀར་ཉི་མའི་དཀྱིལ་འཁོར་གྱི་དབུས་སུ་ཧྲཱིཿཡིག་དམར་ནག་གི་མཐར་ཕྱག་ཕྲེང་གིས་བསྐོར་བ་ལས་ཕྱག་ཕྲེང་གཉིས་པ་བྱུང་། ཞལ་ནས་ཐོན། ཁྱེད་རང་རྣམས་ལྷར་གསལ་བའི་ཞལ་དུ་ཞུགས། ཐུགས་ཀར་ཉི་མའི་དཀྱིལ་འཁོར་གྱི་སྟེང་དུ་ཧྲཱིཿཡིག་དམར་ནག་གི་མཐར་གཡས་སྐོར་དུ་འཁོད་པའི་མོས་པ་མཛོད་བྱས་ལ། ཧྲཱིཿཔདྨ་ཏ་ཀྲིཏ་བཛྲ་ཀྲོ་དྷ་ཧ་ཡ་གྲཱི་ཝ་ཧུ་ལུ་ཧུ་ལུ་ཧཱུྃ་ཕཊ། ཅེས་ལན་གསུམ་དང་། ཧྲཱིཿབཛྲ་ཀྲོ་དྷ་ཧ་ཡ་གྲཱི་ཝ་སཏ་ཤེ་ཏ་ཀ་ལ་མེ་དཔུང་གཏུབས། ཏ་ཏ་ནན། ཐད་ཐད་གཏུབས། ཤག་ཏ་ཏ་ནན། ཐད་ཐད་གཏུབས། གྲཱི་ཊ་ནྣ་ཛ་ཡ་ཐད། ནྲ་ར་ཡ་ཐད། ཅེས་ཚར་གཅིག་རྗེས་ཟློས་བྱེད་དུ་གཞུག །གསུང་གི་རྗེས་གནང་ངོ་། །སློབ་དཔོན་གྱི་ཐུགས་ཀ་ནས་འོད་ཟེར་འཕྲོས། མདུན་བསྐྱེད་དང་ཕྱོགས་བཅུའི་སངས་རྒྱས་བྱང་སེམས་ཐམས་ཅད་ཀྱི་ཐུགས་ཀྱི་བྱིན་རླབས་ཐམས་ཅད་ཕྱག་མཚན་རལ་གྲི་དཔག་ཏུ་མེད་པའི་རྣམ་པར་སྤྱན་དྲངས། ཁྱེད་རང་རྣམས་ཀྱི་ཐུགས་ཀའི་ས་བོན་ལ་གཉིས་སུ་མེད་པར་ཐིམ་པའི་མོས་པ་མཛོད། ཕྱག་དང་རོལ་མོ་བྱ། ཐུགས་(༣༢༥བ)ཀྱི་རྗེས་གནང་ངོ་། །སྙིང་པོ་ལན་གསུམ་བཟླས་པའི་ཕུར་པ་ལག་ཏུ་གཏད་དེ། ཁྲོ་བོའི་རྒྱལ་པོ་རྟ་མགྲིན་གྱི་སྐུ་གསུང་ཐུགས་གསུམ་དང་། སློབ་མ་འདིའི་ལུས་ངག་ཡིད་གསུམ་ནུས་པ་མཉམ་པར་གྱུར་ཅིག །ཅེས་བརྗོད། འཕྲིན་ལས་ཀྱི་རྗེས་གནང་ངོ་། །གཏོར་དབང་ནི། གཏོར་མ་འདི་ཉིད་དཔལ་རྟ་མགྲིན་དངོས་སུ་མོས། དེ་ལ་མོས་གུས་དུང་བ་བྱས་པས། སློབ་མ་རྣམས་ཀྱི་སྤྱི་བོར་བྱོན། རྒྱུད་བྱིན་གྱིས་བརླབས་པ་ཡིན་སྙམ་པ་གྱིས། ཞེས་རྒྱས་བསྡུས་ཅི་རིགས་པར་

བཟ་སྦྲུད་ནས་གཏོར་མ་མགོ་བོར་བཞག་ལ། རྗེ་བཙུན་རྩ་བ་དང་བརྒྱུད་པར་བཅས་པའི་དཔལ་ལྡན་བླ་མ་དམ་པ་རྣམས་ཀྱིས་བྱིན་གྱིས་རློབས་ཤིག །ཁྱད་པར་དུ་ཡང་དཔལ་རྟ་མགྲིན་གྱི་ལྷ་ཚོགས་འཁོར་དང་བཅས་པ་རྣམས་ཀྱིས་བྱིན་གྱིས་རློབས་ཤིག །ཁྱེད་རྣམས་ལ་མཁྱེན་པའི་ཡེ་ཤེས། བརྩེ་བའི་ཐུགས་རྗེ། སྐྱོབ་པའི་ནུས་མཐུ་བསམ་གྱིས་མི་ཁྱབ་པ་མངའ་བ་ལགས་པས། རྡོ་རྗེ་སློབ་མ་འདི་རྣམས་ཀྱི་ལུས་ཀྱི་ན་ཚ། སེམས་ཀྱི་སྡུག་བསྔལ་སོགས་འགལ་རྐྱེན་ཕྱི་ནང་གི་བར་གཅོད་ཐམས་ཅད་ཞི་བ་དང་། མཐུན་རྐྱེན་ཚེ་དང་བསོད་ནམས་དཔལ་འབྱོར་ཕུན་སུམ་ཚོགས་པ་ཐམས་ཅད་འཕེལ་ཞིང་རྒྱས་པ་དང་། མཆོག་དང་ཐུན་མོང་གི་དངོས་གྲུབ་ཐམས་ཅད་མྱུར་དུ་འགྲུབ་པར་བྱིན་གྱིས་བརླབ་ཏུ་གསོལ། ཞེས་གསོལ་བ་བཏབ་པས་དགྱེས་བཞིན་དུ་སློབ་མ་རྣམས་ཀྱི་ལུས་ལ་ཐིམ་པས་བྱིན་གྱིས་བརླབས་པར་བསམས་ལ། ཛཿཧཱུྃ་བཾ་ཧོཿ ཞེས་བརྗོད་ཡོན་ཏན་གྱི་རྗེས་གནང་ངོ་། །རྗེས་ཀྱི་བྱ་བ་སྤྱི་དང་འདྲའོ། །སྒྲུབ་ཐབས་རིན་ཆེན་(༣༧༨ན)འབྱུང་གནས་ཀྱི་ལྷན་ཐབས་རིན་འབྱུང་དོན་གསལ་ལས་རྟ་མགྲིན་གྱི་སྒྲུབ་ཐབས་བཤད་པའི་སྐབས་སོ། །

༄ ཁྲོ་བོའི་རྒྱལ་པོ་འཕགས་པ་མི་གཡོ་བ་སྔོན་པོ་ལྷུས་བརྩེགས་མ་ལ། སྐྱབས་འགྲོ་སེམས་བསྐྱེད་ཚད་མེད་བཞི་བསྒོམ་པ་སྔོན་དུ་བཏང་ནས། ཆོས་ཐམས་ཅད་སྟོང་པ་ཉིད་དུ་བསྒོམ་ལ། ཨོཾ་སྭ་བྷཱ་ཝ་ཤུདྡྷ་སརྦ་དྷརྨཱ་སྭ་བྷཱ་ཝ་ཤུདྡྷོ྅ཧཾ། སྟོང་པའི་ངང་ལས་ལུས་འོད་ཀྱི་ཕུང་པོ་རང་གི་སྙིང་གའི་ནང་དུ་པཾ་ལས་པདྨ། རཾ་ལས་ཉི་མའི་སྟེང་དུ་ཧཱུྃ་སྔོན་པོ་འོད་འབར་བ། དེ་ལས་འོད་ཟེར་འཕྲོས། ལུས་གང་ཞིང་སྡིག་སྒྲིབ་ཐམས་ཅད་སྦྱངས། ཕྱིར་འཕྲོས་སེམས་ཅན་གྱི་དོན་བྱས། སླར་འདུས་པ་ལས་རང་ཉིད་གཏུམ་པོ་ཆེན་པོའི་སྐུར་གྱུར་པ་ནི། སྐུ་མདོག་ཟར་མའི་མེ་ཏོག་ལྟར་སྔོ་བའམ། དུས་མཐའི་སྤྲིན་ལྟར་གནག་པ། ཞལ་གཅིག་ཕྱག་གཉིས་གཡས་ཡེ་ཤེས་ཀྱི་རལ་གྲི་ནམ་མཁའ་ལ་འཕྱར་བ། གཡོན་རྡོ་རྗེ་ཞགས་པ་སྡིགས་མཛུབ་ལ་ལན་གཉིས་

སུ་དཀྲིས་ཤིང་ཐུགས་ཀར་གཏོད་པ། ཞབས་གཡོན་གྱི་ཕུས་མོ་དང་། གཡས་ཀྱི་
མཐིལ་སྣ་ཚོགས་པདྨ་དང་ཉི་མའི་གདན་ལ་བཞེངས་སྟབས་ཀྱི་ཚུལ་དུ་བཞུགས་པ།
དམར་ལ་ཧྲུམ་པའི་སྤྱན་གསུམ་གྱི་གཡས་པ་སྙིང་དུ་གཟིགས་པས་ལྷའི་བུའི་བདུད་
ཚར་གཅོད་ཅིང་། གཡོན་པ་འོག་ཏུ་གཟིགས་པས་ལྷ་མིན་དང་ཀླུའི་གདོན་འདུལ་
བ་དང་། དབུས་ཐད་ཀར་གཟིགས་པས་ས་སྟེང་གི་བགེགས་ཐམས་ཅད་འཇོམས་
པ། ཆེར་འཁྲུགས་ཤིང་ཁྲོས་པས་ཁྲོ་གཉེར་བསྡུས་ཤིང་། ཡ་སོས་མ་མཆུ་མནན་
པས་མཆེ་བ་རྣམ་(༣༧༨བ)པར་གཙིགས་པ། དབུ་སྐྲ་སེར་པོ་ཐོར་ཚུགས་སུ་བཅིངས་
ཤིང་ཟུར་ཕུད་ལྔ་དང་ལྡན་པ། སངས་རྒྱས་མི་བསྐྱོད་པས་དབུ་ལ་བརྒྱན་པ། དར་
སྣ་ཚོགས་པའི་ཤམ་ཐབས་དང་། རིན་པོ་ཆེའི་རྒྱན་དང་། སྦྲུལ་དཀར་པོ་སེ་རལ་
ཁར་བྱས་པ། ཤིན་ཏུ་འཇིགས་པའི་སྐུ་ཅན་ཡེ་ཤེས་ཀྱི་མེ་འབར་བའི་དབུས་ན་
བཞུགས་པའོ། །རང་གི་ཐུགས་ཀར་རང་དང་འདྲ་བའི་ཡེ་ཤེས་སེམས་དཔའ་མཆོན་
གང་བ། དེའི་ཐུགས་ཀར་ཏིང་ངེ་འཛིན་སེམས་དཔའ་པད་ཉི་ལ་གནས་པའི་ཧཱུྃ་
ནས་འབྲུ་ཙམ། ཏིང་ངེ་འཛིན་སེམས་དཔའི་མཐར་སྔགས་ཀྱིས་བསྐོར་བ། དེའི་
འོད་ཀྱིས་བདག་གི་སྡིག་སྒྲིབ་སྦྱངས། གདོན་བགེགས་ཐམས་ཅད་ཚར་བཅད།
སངས་རྒྱས་ཐམས་ཅད་ཀྱི་ཐུགས་རྒྱུད་བསྐུལ་ཏེ། བྱིན་རླབས་འོད་ཟེར་གྱི་རྣམ་པས་
བདག་ལ་ཐིམ་པར་བསམས་ལ། ཨོཾ་ཙཀྲ་མཧཱ་རཱ་ཛ་ཧ་ཧཱུྃ་ཕཊ། ཅེས་བཟླ། རྗེས་
དགེ་བའི་རྩ་བ་བྱང་ཆུབ་ཏུ་བསྔོའོ། །གཏོར་མ་དཀར་གཏོར་ལེགས་པར་བཤམས་
ལ། ཨ་སྠི་ཏས་བསངས། སྭ་བྷཱ་ཝས་སྦྱངས། སྟོང་པའི་ངང་ལས་ཨོཾ་ལས་རིན་པོ་
ཆེའི་སྣོད། དེའི་ནང་དུ་ཨ་ལས་ལྷའི་བདུད་རྩིས་གང་བ། དེའི་དབུས་སུ་ཧཱུྃ་ཡེ་ཤེས་
ཀྱི་བདུད་རྩིའི་རང་བཞིན་དུ་གྱུར། ཨོཾ་ཨཱཿཧཱུྃ། ཞེས་བརྗོད་པས་བྱིན་གྱིས་བརླབས།
སྙིང་གའི་ཧཱུྃ་གི་འོད་ཟེར་གྱིས་རང་བཞིན་གྱི་གནས་ནས། བཅོམ་ལྡན་འདས་མི་
གཡོ་བ་ལ་སངས་རྒྱས་བྱང་ཆུབ་སེམས་དཔའི་ཚོགས་ཐམས་ཅད་ཀྱིས་བསྐོར་བ་བཛྲ་

ས་མ྄་ཛཿཞེས་སྤྱན་དྲངས། ཨོཾ་ཙཀྲ་མཏྲ་རོ་ཁ་ཊ་ཧཱུྃ་ཕཊ། ཨཱརྻ་ཨ་ཙ་ལ་ས་པ་རི་ཝཱ་ར་ཨི་དཾ་བ་ལིཾ་ཏ་ཁ་ཁ་ཁཱ་ཧི་ཁཱ་ཧི། ཞེས་ལན་བདུན་གྱིས་ཕུལ། ཨོཾ་ཨཱརྻ་ཨ་ཙ་ལ་ས་(༣༧༧ན)པ་རི་ཝཱ་ར་བཛྲ་པུཥྤེ་པྲ་ཏཱིཙྪ་ཡེ་སྭཱཧཱ། ཞེས་པ་ནས། ནཻ་ཝི་དྱ་པྲ་ཏཱིཙྪ་ཡེ་སྭཱཧཱའི་བར་གྱིས་མཆོད། ཀྱེ་ཀྱེ་མཐའ་གཉིས་རྣམ་པར་མ་གཡོས་ཀྱང་། །སྤྲུལ་པའི་གཟུགས་ཀྱིས་འགྲོ་དོན་དཔག་མེད་མཛད། །འཇིགས་བྱེད་ཆེན་པོ་འགྲོ་བ་ཀུན་སྒྲོལ་ཞིང་། །སྲིད་པ་གསུམ་ན་དགྱེས་པར་གར་མཛད་པ། །སྲིད་པའི་རྒྱུ་བོ་སྐམས་ཤིང་བདུད་རྣམས་འཇོམས། །སྲིད་པའི་རླུང་གིས་མི་གཡོ་ཐུགས་རྗེའི་མགོན། །རབ་བརྗིད་མི་གཡོ་མགོན་ལ་ཕྱག་འཚལ་བསྟོད། །བཅོམ་ལྡན་འདས་མི་གཡོ་བ་འཁོར་དང་བཅས་པ་རྣམས་ཀྱིས་བདག་ལ་འཇིག་རྟེན་དང་འཇིག་རྟེན་ལས་འདས་པའི་དངོས་གྲུབ་མ་ལུས་པ་བསྩལ་དུ་གསོལ། བཛྲ་མུཿགཤེགས་སུ་གསོལ། འདིའི་རྗེས་གནང་ནི། མཎྜལ་སྣ་ཚོགས་པདྨ་འདབ་མ་བརྒྱད་པའི་ལྟེ་བར་ཉི་མ་ལ་ཚོམ་བུ་སྔོན་པོ་ཞིག་དགོད། མ་འགྲུབ་ན། མཎྜལ་ལ་འབྲུའི་ཚོམ་བུ་བཀོད་ཀྱང་རུང་། མདུན་དུ་བླུམ་གཏོར་དཀར་པོ། ཕྱོགས་སྐྱོང་གི་གཏོར་མ་དཀར་པོ། གཞི་བདག་གཏོར་མ། མཆོད་པ་རྣམས་བཤམས། བྱིན་རླབས་ཆུ་སྲུང་རྗེས་གནང་དང་འབྲེལ་བར་བྱེད་ན། འོག་ནས་འབྱུང་བ་ལྟར་བཤམས། མཆོད་པ་བྱ་རྒྱུད་ལྟར་བྱིན་གྱིས་བརླབས། བདག་བསྐྱེད་བཟླས་པ་དང་བཅས་པ་སྔོན་དུ་འགྲོ་བས། མདུན་བསྐྱེད་བསངས་སྦྱངས། སྟོང་པའི་ངང་ལས་པཾ་ལས་པདྨ། རཾ་ལས་ཉི་མའི་སྟེང་དུ་ཧཱུྃ་སྔོན་པོ་འོད་འབར་བ། དེ་ལས་འོད་ཟེར་འཕྲོས། སེམས་ཅན་གྱི་དོན་བྱས། སླར་འདུས་པ་ལས། གཏུམ་པོ་ཆེན་པོའི་སྐུར་གྱུར་པ་ནི། ཞེས་པ་ནས། (༣༧༧བ)བཟླས་པའི་བར་བདག་བསྐྱེད་དང་འདྲ་བ་ལས། རང་གི་ཞེས་པ་དང་བདག་ལ་ཞེས་པ། དེའི་དང་འདི་ལ་ཞེས་བསྒྱུར། གཏོར་མ་བྱིན་གྱིས་བརླབས་ཏེ་འབུལ་བ་ནས། འདོད་དོན་ལ་གསོལ་བཏབ་ཀྱི་བར་དུ་བྱ། དཀར་གཏོར་གཉིས་ཕྱོགས་སྐྱོང་དང་གཞི་བདག་ལ་

བཟློ། དེ་ནས་སློབ་མས་མཎྜལ་ཕུལ། གསོལ་བ་འདེབས་པ་འདིའི་རྗེས་ཟློས་གསུངས་ཤིག །དུས་གསུམ་སངས་རྒྱས་ནས་བསྟལ་དུ་གསོལ། ལན་གསུམ། རྒྱུད་དག་པར་བྱ་བའི་ཕྱིར། མདུན་བསྐྱེད་ཀྱི་ལྷ་དང་སངས་རྒྱས་བྱང་སེམས་རྣམས་ཀྱི་དྲུང་དུ་སྐྱབས་འགྲོ་སྔོན་དུ་འགྲོ་བའི་བྱང་ཆུབ་ཀྱི་སེམས་བཟུང་བ་ལ་སོགས་པ་བགྱིད་སྙམ་པའི་བསམ་པས་འདིའི་རྗེས་ཟློས་མཛོད། དཀོན་མཆོག་གསུམ་ལ་བདག་སྐྱབས་མཆི། །སོགས་ལན་གསུམ་གྱིས་རྒྱུན་བཤགས་བྱ། ད་སྦྱོར་བ་རྗེས་གནང་གི་གཞི་དགོད་པའི་སྐད་དུ་དམིགས་པ་འདི་བཞིན་དུ་མཛད་པར་ཞུ། ཨོཾ་སྭ་བྷཱ་ཝ་ཤུདྡྷཿ་སརྦ་དྷརྨཱཿ་སྭ་བྷཱ་ཝ་ཤུདྡྷོ྅ཧཾ། ཕྱི་ནང་གི་དངོས་པོ་ཐམས་ཅད་མི་དམིགས་པ་སྟོང་པ་ཉིད་དུ་གྱུར་པའི་ངང་ལས། ཁྱེད་རང་རྣམས་ཀྱི་ལུས་འོད་ཀྱི་ཕུང་པོ། སྙིང་གའི་ནང་དུ་པཾ་ལས་པདྨ། རཾ་ལས་ཉི་མའི་སྟེང་དུ་ཧྲཱིཾ་སྔོན་པོ་འོད་འབར་བ། དེ་ལས་འོད་ཟེར་འཕྲོས། ལུས་གང་ཞིང་སྡིག་སྒྲིབ་ཐམས་ཅད་སྦྱངས། ཕྱིར་འཕྲོས། སེམས་ཅན་གྱི་དོན་བྱས། སླར་འདུས་པ་ལས་ཁྱེད་རང་རྣམས་གཏུམ་པོ་ཆེན་པོའི་སྐུར་གྱུར་པ་ནི། སྐུ་མདོག་ཟར་མའི་མེ་ཏོག་ལྟར་སྔོ་བའམ། དུས་མཐའི་སྤྲིན་ལྟར་གནག་པ། ཞལ་གཅིག་ཕྱག་གཉིས་གཡས་ཡེ་ཤེས་ཀྱི་(༣༧༨ན)རལ་གྲི་ནམ་མཁའ་ལ་འཕྱར་བ། གཡོན་རྡོ་རྗེ་ཞགས་པ་སྡིགས་མཛུབ་ལ་ལན་གཉིས་སུ་དཀྲིས་ཤིང་ཐུགས་ཀར་གཏོད་པ། ཞབས་གཡོན་གྱི་པུས་མོ་དང་། གཡས་ཀྱི་མཐིལ་སྣ་ཚོགས་པདྨ་དང་ཉི་མའི་གདན་ལ་བཞེངས་སྟབས་ཀྱི་ཚུལ་དུ་བཞུགས་པ། དམར་ལ་སྣུམ་པའི་སྤྱན་གསུམ་གྱི་གཡས་པ་སྟེང་དུ་གཟིགས་པས་ལྷའི་བུའི་བདུད་ཚར་གཅོད་ཅིང་། གཡོན་པ་འོག་ཏུ་གཟིགས་པས་ལྷ་མིན་དང་ཀླུའི་གདོན་འདུལ་བ་དང་། དབུས་ཐད་ཀར་གཟིགས་པས་ས་སྟེང་གི་བགེགས་ཐམས་ཅད་འཇོམས་པ། ཆེར་འཁྲུགས་ཤིང་ཁྲོས་པས་ཁྲོ་གཉེར་བསྡུས་ཤིང་། ཡ་སོས་མ་མཆུ་མནན་པས་མཆེ་བ་རྣམ་པར་གཙིགས་པ། དབུ་སྐྲ་སེར་པོ་ཐོར་ཚུགས་སུ་བཅིངས་ཤིང་ཟུར་ཕུད་ལྔ་དང་ལྡན་པ། སངས་རྒྱས་

མི་བསྐྱོད་པས་དབུ་ལ་བརྒྱན་པ། དར་སྣ་ཚོགས་པའི་ཤམ་ཐབས་དང་། རིན་པོ་ཆེའི་རྒྱན་དང་། སྙིལ་དཀར་པོ་སེ་རལ་ཁར་བྱས་མ། ཤིན་ཏུ་འཛིགས་པའི་སྐུ་ཅན་ཡེ་ཤེས་ཀྱི་མེ་འབར་བའི་དབུས་ན་བཞུགས་པའོ། །ཁྱིད་རང་གི་ཐུགས་ཀར་རང་དང་འདྲ་བའི་ཡེ་ཤེས་སེམས་དཔའ་མཚོན་གང་བ། དེའི་ཐུགས་ཀར་ཏིང་ངེ་འཛིན་སེམས་དཔའ་པད་ཉི་ལ་གནས་པའི་ཧཱུྃ་ནས་འབྲུ་ཙམ་གསལ་བཏབ་བོ། །དེ་ནས་སློབ་དཔོན་དང་མདུན་བསྐྱེད་ཀྱི་ཆོམ་བུ་ཡང་མི་གཡོ་བ་དངོས་ཡིན་སྙམ་པའི་མོས་གུས་བྱས་པས། སློབ་དཔོན་གྱི་ཐུགས་ཀ་ནས་འོད་ཟེར་འཕྲོས། མདུན་བསྐྱེད་ཀྱི་ལྷའི་ཐུགས་རྒྱུད་བསྐུལ། དེའི་ཐུགས་ཀ་ནས་འོད་ཟེར་འཕྲོས། ཕྱོགས་བཅུའི་སངས་རྒྱས་དང་བྱང་ཆུབ་(༣༧༤བ)སེམས་དཔའ་ཐམས་ཅད་ཀྱི་ཐུགས་རྒྱུད་བསྐུལ་བས། སློབ་དཔོན་དང་མདུན་བསྐྱེད་ཀྱི་ལྷ་དང་། ཕྱོགས་བཅུའི་སངས་རྒྱས་དང་བྱང་ཆུབ་སེམས་དཔའ་ཐམས་ཅད་ཀྱི་ཐུགས་ཀ་ནས་འཕགས་པ་མི་གཡོ་བའི་སྐུ་ཆེ་ཆུང་དཔག་ཏུ་མེད་པ་བྱོན། ཁྱིད་རང་རྣམས་ཀྱི་བ་སྤུའི་བུ་ག་རྣམས་ནས་ཆར་བབས་པ་བཞིན་དུ་སིབ་སིབ་ཐིམ་པར་མོས་པ་མཛོད། ཛཿཧཱུྃ་བཾ་ཧོཿགཉིས་སུ་མེད་པར་ཐིམ། དེ་དག་ནི་རྗེས་གནང་གི་གཞི་དགོད་པའོ། །རྗེས་གནང་དངོས་ལ་ལུང་གསུམ་ལས། དང་པོ་རྗེས་སུ་བཟླས་པའི་ལུང་བླང་བའི་ཕྱིར། སློབ་དཔོན་གྱི་སྙིང་གར་ཉི་མའི་དཀྱིལ་འཁོར་གྱི་སྟེང་དུ་ཧཱུྃ་སྔོན་པོ། དེ་ལས་སྔགས་ཀྱི་འཕྲེང་བ་བྱུང་། སློབ་དཔོན་གྱི་ཞལ་ནས་ཐོན། ཁྱིད་རང་རྣམས་ཀྱི་ཞལ་དུ་ཞུགས། ཐུགས་ཀར་ཉི་མའི་སྟེང་དུ་ཧཱུྃ་སྔོན་པོ་གནས་པ་ལ་ཐིམ། དེའི་དུས་སུ་ཕྱོགས་བཅུའི་སངས་རྒྱས་བྱང་ཆུབ་སེམས་དཔའ་རྣམས་ཀྱི་མཁྱེན་བརྩེ་ནུས་མཐུ་ཐམས་ཅད་འོད་ཟེར་གྱི་རྣམ་པར་སྔགས་ཕྲེང་དང་ལྷན་ཅིག་ཞལ་དུ་ཞུགས། སྙིང་གའི་ཧཱུྃ་ལ་ཐིམ་པའི་མོས་པ་མཛོད། སྔགས་འདིའི་རྗེས་ཟློས་ལན་གསུམ་གསུངས་ཤིག །ཨོཾ་ཙཀྲ་མཎྜ་རེ་ཋ་ཊ་ཧཱུྃ་ཕཊ། དང་པོས་བྱིན་གྱིས་བརླབས། གཉིས་པས་དབྱེར་མེད་དུ་འདྲེས། གསུམ་པས་བརྟན་པར་

བྱས་པའི་མོས་པ་མཇོད། གཉིས་པ་བྱིན་གྱིས་བརླབས་པའི་ལུང་ནི། སློབ་དཔོན་ལ་མེ་ཏོག་འཐོར་བཞིན་དུ། འདིའི་རྗེས་ཟློས་མཛོད་ཅིག །བཅོམ་ལྡན་བདག་གིས་སོགས་ལན་གསུམ། དེ་ལྟར་ཕུལ་བའི་མེ་ཏོག་དེ་ཉིད་སླར་ཡང་བྱིན་གྱིས་བརླབས་ཏེ། ཁྱེད་རང་གི་སྤྱི་བོར་ཕུལ་བར་མོས་པ་མཛོད་ཅིག །སློབ་དཔོན་གྱིས་མེ་ཏོག (༣༧(ན)འཐོར་ཞིང་། བཅོམ་ལྡན་འདི་ལ་བསྟུལ་ལགས་སོགས་ནས། རིག་པ་འཛིན་པ་འདི་རྣམས་ལ་འཕགས་པ་མི་གཡོ་བའི་སྐུ་གསུང་ཐུགས་ཀྱི་བྱིན་རླབས་མ་ལུས་པ་འཇུག་པར་གྱུར་ཅིག །གསུམ་པ་དམ་བཅའ་བའི་ལུང་གི་ཕྱིར། འཕགས་པ་མི་གཡོ་བ་འདི་ཉིད་ཇི་སྲིད་བྱང་ཆུབ་མ་ཐོབ་ཀྱི་བར་གྱི་ཡི་དམ་དུ་བཟུང་ངོ་། །བདག་ཐུགས་ཀྱིས་མ་བཏང་ཞིག་སྙམ་པའི་བསམ་པས་འདིའི་རྗེས་ཟློས་གསུངས་ཤིག །སློབ་དཔོན་དགོངས་སུ་གསོལ། བདག་རིག་པ་འཛིན་པ་མིང་འདི་ཞེས་བགྱི་བས་དུས་འདི་ནས་བཟུང་སྟེ་ཇི་སྲིད་བྱང་ཆུབ་སྙིང་པོ་ལ་མཆིས་ཀྱི་བར་དུ། འཕགས་པ་མི་གཡོ་བ་ཡི་དམ་གྱི་ལྷར་བཟུང་ནས་འདིའི་གསང་སྔགས་ཉེ་མ་རེ་རེ་བཞིན་འདི་ཙམ་རེ་འདོན་པར་དམ་འཆའ་ལགས་སོ། །ཞེས་ལན་གསུམ་བརྗོད། དེས་དངོས་གཞི་ལུང་གསུམ་སོང་། སློབ་དཔོན་ལ་མོས་གུས་དུང་བ་བྱས་པས། སློབ་དཔོན་གྱི་ཐུགས་ཀ་ནས་འོད་ཟེར་འཕྲོས། མདུན་བསྐྱེད་དང་ཕྱོགས་བཅུའི་སངས་རྒྱས་བྱང་སེམས་ཐམས་ཅད་ཀྱི་ཐུགས་ཀྱི་བྱིན་རླབས་ཐམས་ཅད་ཕྱག་མཚན་རལ་གྲི་དཔག་ཏུ་མེད་པའི་རྣམ་པར་སྤྱན་དྲངས། ཁྱེད་རང་རྣམས་ཀྱི་ཐུགས་ཀའི་ས་བོན་དང་དབྱེར་མེད་དུ་འདྲེས། རྒྱུད་བྱིན་གྱིས་བརླབས་པའི་མོས་པ་མཛོད། མཇུག་ཆོག་སྤྱི་དང་འདྲ། འདིའི་ཁྱད་པར་གྱི་བྱིན་རླབས་ཆུ་སྲུང་བྱེད་ཐབས་ནི། ཐོ་རངས་སྐར་ཁུངས་གཉིས་གསུམ་ཙམ་ལ་བུམ་པ་གཙང་མར་ཆུའི་གཏིང་ནས་ཆུ་བླངས་ཏེ་ནམ་མཁའ་མ་མཐོང་བར་བྱ། སྔར་གྱི་རྗེས་གནང་དང་འབྲེལ་བར་བྱེད་ན་ཤིན་ཏུ (༣༧(བ)ལེགས། ཐོག་མཐའ་གང་དུ་བྱས་ཀྱང་ཆོག །ལོགས་སུ་བྱེད་ན་མཇལ་ཕུལ། དུས་གསུམ་སངས་

རྒྱུས་སོགས་ཀྱིས་གསོལ་བ་གདབ། བླ་མའི་ལག་པ་གཡས་ཀྱིས་བུམ་པའི་ཁ་བཅད། ན་མཿཙཎྜ་མཧཱ་རོ་ཥ་ཎཱ་ཡ། ཨོཾ་ཙཎྜ་མཧཱ་རོ་ཥ་ཎ། ཧཱཾ་ཧཾ། ཏྲཱ་ས་ཡ་ཏྲཱ་ས་ཡ། སཾ་ཏྲཱ་ཡ་སཾ་ཏྲཱ་ཡ། ཧཱུྃ་ཧཱུྃ་ཧཱུྃ་ཕཊ་ཕཊ་ཕཊ་སྭཱཧཱ། ཞེས་བརྒྱ་རྩ་བཟླའོ། །བླ་མ་མི་གཡོ་བར་སྒོམ་དུ་གཞུག །སློབ་མས་མེ་ཏོག་བཟུང་ལ་ཐལ་མོ་སྦྱར། སྔགས་འདིའི་རྗེས་བཟློས་ལན་གསུམ་བྱ། བླ་མས་ལན་བདུན་བཟླས་ལ། སློབ་མའི་ལག་པ་གཡས་པར་བླུགས་ལ་འཐུང་དུ་གཞུག །རྗེས་བཟློས་དང་འཐུང་ཐེངས་ལན་གསུམ་བྱས་ལ། བཅོམ་ལྡན་བདག་གིས་བཟུང་ལགས་ཀྱི། །ནས། འཇུག་པར་གྱུར་ཅིག་གི་བར་ཕྱིན་གྱིས་བརླབས་པའི་ལུང་སྤྱི་དང་མཐུན་པར་བྱས་ནས་གཏང་རག་གི་ཡོན་འབུལ་བ་སོགས་བྱའོ། །དེ་ཐོབ་ནས་རང་གིས་ཆུ་སྲུང་ཉམས་སུ་ལེན་ན། ཆུ་ལ་སྔགས་བརྒྱ་རྩ་བཟླས། དེ་ལ་ཁྲུས་བྱ། ལག་པ་གཡས་པར་ཆུ་བླུགས་ལ་གཡོན་པས་དེའི་རྒྱབ་ནས་མནན། སྔགས་ལན་གསུམ་བཟླས་ནས་འཐུང་། དེ་འདྲ་ལན་གསུམ་བྱའོ། །རྗེས་ཆོག་སྤྱི་དང་འདྲ། །

༄ མི་གཡོ་བ་སྔོན་པོ་བཀའ་གདམས་ལུགས་ལ། རང་གི་སྙིང་གའི་ཧཱུྃ་ལས་འོད་ཟེར་འཕྲོས། ལུས་ཐམས་ཅད་གསལ་ཞིང་དག་པར་བྱས། ཨོཾ་སརྦ་ཏ་ཐཱ་ག་ཏ་པཱུ་ཛ་བཛྲ་སྭ་བྷཱ་ཝ་ཨཱཏྨ་ཀོ྅ཧཾ། འོད་ཟེར་དེས་སངས་རྒྱས་ཐམས་ཅད་སྤྱན་དྲངས། པུཥྤེ་སོགས་ཀྱིས་མཆོད། ཨོཾ་སརྦ་བི་ཤྭ་པཱུ་ཛ་མེ་གྷ་ས་མུ་དྲ་ཨཱཿཧཱུྃ་སྭཱཧཱ། རྡོ་རྗེ་གུང་རིམ་བཟང་སྤྱོད་ནས་འབྱུང་བ་ལྟར་ཡན་ལག་(༤༨༠ན)བདུན་པ་དང་། སྐྱབས་འགྲོ་སེམས་བསྐྱེད་ཚད་མེད་བཞི་རྣམས་བསྒོམ། སྭ་བྷཱ་ཝ་དང་ཤཱུ་ནྱ་ཏཱས་སྟོང་པར་སྦྱངས། སྟོང་པའི་ངང་ལས་པཾ་རཾ་ལས་པད་ཉིའི་གདན་ལ་རང་སེམས་ཧཱུྃ་ལས་རྡོ་རྗེའི་ལྟེ་བར་ཉི་མ་ལ་ཧཱུྃ་གིས་མཚན་པ། ཨོཾ་སརྦ་ཏ་ཐཱ་ག་ཏ་ཛྙཱ་ན་ཀཱ་ཡ་བཛྲ་སྭ་བྷཱ་ཝ་ཨཱཏྨ་ཀོ྅ཧཾ། དེ་ལས་རང་ཉིད་ཁྲོ་བོའི་རྒྱལ་པོ་མི་གཡོ་བ་སྐུ་མདོག་མཐིང་ནག་ཞལ་གཅིག་ཕྱག་གཉིས་དམར་ལ་ཟླུམ་པའི་སྤྱན་གཉིས་སྟེང་འོག་ཏུ་ཡོན་པོར་གཟིགས་པ། ཕྱག་

གཡས་ཡེ་ཤེས་ཀྱི་རལ་གྲི་མེ་འབར་བ་ནམ་མཁའ་ལ་འཕྱར་བ། གཡོན་རྡོ་རྗེ་ཞགས་པ་དང་བཅས་པའི་སྡིགས་མཛུབ་ཐུགས་ཀར་གཏོད་པ། ཞབས་གཡས་བསྐུམས་གཡོན་བརྐྱངས་པས་ཚོགས་བདག་གླང་སྣ་དང་དབང་ཕྱུག་ཆེན་པོ་ལ་སོགས་པའི་གདོན་བགེགས་ཐམས་ཅད་བརྫིས་པ། སྨ་ར་དང་སྨིན་མ་དང་དབུ་སྐྲ་དམར་སེར་གྱེན་དུ་བརྫེས་པ། ཡ་སོས་མ་མཆུ་མནན་ཅིང་། མཆེ་བ་རྣོན་པོ་གཙིགས་པ། སྟག་ལྤགས་ཀྱི་ཤམ་ཐབས་དང་། རིན་པོ་ཆེ་དང་སྦྲུལ་གྱིས་བརྒྱན་པ། སྦྲུལ་པའི་ཁྲོ་བོ་ནམ་མཁའ་གང་བ་འཕྲོ་བ། མེ་དཔུང་འབར་བའི་དབུས་ན་བཞུགས་པའོ། །ཐུགས་ཀར་རཾ་ལས་ཉི་མ་ལ་ཧཱུྃ་འོད་འབར་བ། དེའི་འོད་ཀྱིས་ཡེ་ཤེས་པ་སྤྱན་དྲངས། སྤྲོ་ན་གོང་ལྟར་མཆོད། ཛཿཧཱུྃ་བཾ་ཧོཿ ཡང་འོད་ཀྱིས་དབང་ལྷ་སྤྱན་དྲངས། ཨོཾ་ཨ་བྷི་ཥིཉྩ་ཏུ་མཾ་སརྦ་ཏ་ཐཱ་ག་ཏ། ཞེས་གསོལ་བ་བཏབ་པས། དབང་བསྐུར། སྐུ་གང་། དྲི་མ་དག །ཆུ་ལྷག་མ་ཡར་ལུད་པ་ལས་མི་བསྐྱོད་པས་དབུ་བརྒྱན་པར་གྱུར། སྤྱི་བོར་ཨོཾ། མགྲིན་པར་(༣༨༠བ)ཨཱཿ ཐུགས་ཀར་ཧཱུྃ་གིས་མཚན་པར་གྱུར། ཐུགས་ཀར་ཉི་གདན་ལ་ཧཱུྃ་ཡིག་སྔོན་པོའི་མཐར་སྔགས་ཕྲེང་ཁ་དོག་དམར་པོ་འོད་ཟེར་དུས་མཐའི་མེ་འོད་ཚ་བ་འཕྲོས་པས་བསྐོར་བ། དེ་ལས་སྤྲུལ་པའི་ཁྲོ་བོ་ནམ་མཁའ་གང་བ་འཕྲོས། གནོད་བྱེད་ཐམས་ཅད་ཚར་བཅད། ཡང་འོད་ཟེར་འཕྲོས། ལུས་ཀྱི་ནང་ཐམས་ཅད་གང་། ནད་གདོན་སྡིག་སྒྲིབ་ཐམས་ཅད་དག །བ་སྤུའི་སྒོ་ནས་ཕྱིར་འཕྲོས། སྣང་སྲིད་ཐམས་ཅད་མེ་འབར་བའི་ཀློང་དཀྱིལ་གཅིག་ཏུ་གྱུར། བགེགས་གདུག་པ་ཅན་ཐམས་ཅད་བསྲེག་པར་བསམས་ལ། ཨོཾ་ཙཀྲ་མཎྜ་རེ་ཁ་ཁ་ཧཱུྃ་ཕཊ། ཞེས་ཅི་ནུས་སུ་བཟླའོ། །གཏོར་མ་འབུལ་བར་འདོད་ན། དཀར་གཏོར་སྣོད་ཆུ་གཙང་གིས་བཀང་བ་བཤམས་ལ། ཨོཾ་ཨཱཿབིགྷྣཱན་ཏ་ཀྲྀཏ་ཧཱུྃ་གིས་བསངས། ཨོཾ་གྱི་སྒྲ་དང་འོད་ཀྱིས་གཏོར་མ་སྣོད་དང་བཅས་པ་སྟོང་པར་སྦྱངས། ཨཱཿརིན་པོ་ཆེའི་སྣོད་ཟབ་ཅིང་རྒྱ་ཆེ་བ་བདུད་རྩི་དཀར་པོས་གང་བ། ཧཱུྃ་སངས་རྒྱས་ཐམས་ཅད་

ཀྱི་ཐུགས་ཀ་ནས་བདུད་རྩི་བཀུག་སྟེ་ཐིམ་པས། གཏོར་མ་བདུད་རྩིའི་རྒྱ་མཚོ་ཆེན་པོར་གྱུར། ཨོཾ་ཨཱཿཧཱུྃ། ལན་གསུམ། རང་གི་སྙིང་ག་ནས་འོད་ཟེར་འཕྲོས། ཡི་དམ་སངས་རྒྱས་བྱང་སེམས་བླ་མ་ཆོས་སྐྱོང་སེམས་ཅན་ཐམས་ཅད་ཁྲོ་བོ་མི་གཡོ་བའི་རྣམ་པར་བཛྲ་ས་ཏྭ་ཛཿཞེས་སྤྱན་དྲངས། སྙིང་པོའི་མཐར་བ་ལིཾ་ཏ་ཁ་ཁ་ཁཱ་ཧི་ཁཱ་ཧི་སྭཱཧཱ། ལན་བདུན་གྱིས་ཡི་དམ་དང་། ཨ་ཀཱ་རོ་ལན་བདུན་གྱིས་གཞན་རྣམས་ལ་ཕུལ། ཨརྒྷཾ་ནས་ཤབྡའི་བར་གྱིས་མཆོད། ཆོས་དབྱིངས་རང་བཞིན་ཨིནྡྲ་ནཱི་ལའི་མདོག །ཞལ་གཅིག་ཕྱག་(༣༨༧ན)གཉིས་ཞབས་ཟུང་བརྗིད་པའི་སྐུ། །ཡེ་ཤེས་རལ་གྲི་རྡོ་རྗེ་ཞགས་པ་བསྣམས། །ཁྲོ་རྒྱལ་མི་གཡོ་མགོན་ལ་ཕྱག་འཚལ་བསྟོད། །ཅེས་བརྗོད། བཅོམ་ལྡན་འདས་མི་གཡོ་བ་འཁོར་དང་བཅས་པ་རྣམས་ཀྱིས་བདག་ལ་འཇིག་རྟེན་དང་འཇིག་རྟེན་ལས་འདས་པའི་དངོས་གྲུབ་མ་ལུས་པ་བསྩལ་དུ་གསོལ། ཞེས་འདོད་པའི་དོན་ལ་གསོལ་བ་བཏབ་ལ། ཨོཾ་མུཿཞེས་པས་གཤེགས་སུ་གསོལ། འདིའི་རྗེས་གནང་ནི། ཐུན་མོང་བ་བཀའ་གདམས་ལྷ་བཞི་གཞན་རྣམས་ཀྱི་བཟླས་ལུང་འབོགས་ཚུལ་དེ་ཉིད་འདོན་པ་སྤྲོས་པས་ཆོག་པ་ཡིན་ཞིང་། ཁྱད་པར་ཅན་ནི། མནྜལ་གྲུ་བཞི། གྲུ་བཅད་སྔོན་པོ་ལ་དབུས་སུ་སྣ་ཚོགས་པདྨ་འདབ་མ་བརྒྱད་པ་དང་བཅས་པ། ལྟེ་བར་ཉི་གདན་ལ་ཚོམ་བུ་སྔོན་པོ། མེ་ཏོག་སྔོན་པོ་གསིལ་མར་བཀྲམ། མདུན་དུ་སྟོད་ཆུ་གཙང་གིས་བཀང་བའི་ནང་དུ་ཟླུམ་གཏོར་དཀར་པོ་གཅིག་བཞག །མཆོད་པ་རྒྱ་ཆེར་བཤམས། གཞི་བདག་གཏོར་མ། གང་འོས་ཕྱོགས་སུ་དཀར་གསུམ་གྱི་ཚྭ་ཙྭའི་བཟའ་བ་རྣམས་ཀྱང་བཤམས། བདག་བསྐྱེད་གོང་བཞིན་བྱ། མཆོད་པ་བྱིན་གྱིས་བརླབས་པ་ནི། ཨོཾ་ཨཱཿབིགྷྣཱན་ཏ་ཀྲིཏ་ཧཱུྃ་གིས་བསངས། སྭ་བྷཱ་ཤས་སྦྱངས། སྟོང་པའི་ངང་ལས་བྷྲཱུྃ་ལས་རིན་པོ་ཆེའི་སྣོད་ཡངས་ཤིང་རྒྱ་ཆེ་བ་རྣམས་ཀྱི་ནང་དུ་ཨོཾ་འོད་དུ་ཞུ་བ་ལས་བྱུང་བའི་ལྷ་རྫས་ལས་གྲུབ་པའི་མཆོད་ཡོན། ཞབས་བསིལ། མེ་ཏོག །བདུག་སྤོས། སྣང་གསལ། དྲི་ཆབ། ཞལ་

ཟས། རོལ་མོ་རྣམས་དྭངས་(༣༨༧བ)ཤིང་ཐོགས་པ་མེད་པ་ནམ་མཁའ་དང་མཉམ་པར་གྱུར། ཨོཾ་ཨརྒྷཾ་ཨཱཿཧཱུྃ་ནས་ཤབྡ་ཨཱཿཧཱུྃ་གི་བར་བརྗོད་ཅིང་ཕྱིན་གྱིས་བརླབས། མདུན་བསྐྱེད་བསངས་སྦྱངས། སྟོང་པའི་ངང་ལས་པཾ་རཾ་ལས་པད་ཉིའི་གདན་ལ་ཧཱུྃ་ལས་རྡོ་རྗེའི་ལྟེ་བར་ཉི་མ་ལ་ཧཱུྃ་གིས་མཚན་པ། ཨོཾ་སརྦ་ཏ་ཐཱ་ག་ཏ་ཛྙཱ་ན་ཀཱ་ཡ་བཛྲ་སྭ་བྷཱ་ཝ་ཨཱཏྨ་ཀོཧཾ། དེ་ལས་ཁྲོ་བོའི་རྒྱལ་པོ་མི་གཡོ་བ་ཞེས་པ་ནས། མི་དཔུང་འབར་བའི་དབུས་ན་བཞུགས་པ། རང་གི་ཐུགས་ཀའི་ཧཱུྃ་གི་འོད་ཟེར་གྱིས་ཡེ་ཤེས་པ་སྤྱན་དྲངས། སྒྲོ་ན་གོང་ལྟར་མཆོད། ཛཿཧཱུྃ་བཾ་ཧོཿ སླར་ཡང་ཐུགས་ཀའི་ཧཱུྃ་གི་འོད་ཟེར་གྱིས་དབང་གི་ལྷ་རྣམས་སྤྱན་དྲངས། ཁྱེད་རྣམས་ཀྱིས་འདི་ལ་མངོན་པར་དབང་བསྐུར་དུ་གསོལ། ཞེས་གསོལ་བ་བཏབ་པས། དབང་བསྐུར། སྐུ་གང་། དྲི་མ་དག །ཆུ་ལྷག་མ་ཡར་ལུད་པ་ལས་མི་བསྐྱོད་པས་དབུ་བརྒྱན་པར་གྱུར། སྤྱི་བོར་ཨོཾ། མགྲིན་པར་ཨཱཿ ཐུགས་ཀར་ཧཱུྃ་གིས་མཚན་པར་གྱུར་པར་བསམ། ཨོཾ་ཨཱཀྲོ་ཨ་ཙ་ལ་ས་པ་རི་ཝཱ་ར་ཨརྒྷཾ་པྲ་ཏཱིཙྪ་ཡེ་སྭཱཧཱ། ཞེས་པ་ནས། ཤབྡ་པྲ་ཏཱིཙྪ་ཡེ་སྭཱཧཱ། ཞེས་པའི་བར་གྱིས་མཆོད། ཆོས་དབྱིངས་རང་བཞིན་ཨིནྡྲ་ནཱི་ལའི་མདོག །ཅེས་སོགས་ཀྱིས་བསྟོད། དེ་ནས་བཟླས་པ་ཅི་འགྲུབ་བྱ། གཏོར་མ་ཕྱིན་གྱིས་བརླབས་ཏེ་འབུལ་བ་ནས། འདོད་དོན་གསོལ་བཏབ་ཀྱི་བར་དུ་བྱ། གཞི་བདག་གཏོར་མ་བཏང་། སློབ་མས་མཎྜལ་ཕུལ། བཟང་སྤྱོད་ཀྱི་ཡན་ལག་བདུན་པ་ཚར་གསུམ་བྱ། སངས་རྒྱས་ཆོས་དང་ཚོགས་ཀྱི་མཆོག་བཅས་ལ། །ཞེས་སོགས་ལན་གསུམ། སློབ་མ་རྣམས། སྭ་བྷཱ་ཝ་དང་ཤུ་དྡྷ་ནས་(༣༨༨ན)སྟོང་པར་སྦྱངས། སྟོང་པའི་ངང་ལས་པཾ་རཾ་ལས་པད་ཉིའི་གདན་ལ་ཁྱེད་རང་རྣམས་ཀྱི་སེམས་ཧཱུྃ་ལས་རྡོ་རྗེའི་ལྟེ་བར་ཉི་མ་ལ་ཧཱུྃ་གིས་མཚན་པ། ཨོཾ་སརྦ་ཏ་ཐཱ་ག་ཏ་ཛྙཱ་ན་ཀཱ་ཡ་བཛྲ་སྭ་བྷཱ་ཝ་ཨཱཏྨ་ཀོཧཾ། དེ་ལས་ཁྱེད་རང་རྣམས་ཁྲོ་བོའི་རྒྱལ་པོ་མི་གཡོ་བ་སྐུ་མདོག་མཐིང་ནག་ཞལ་གཅིག་ཕྱག་གཉིས་དམར་ལ་ཟླུམ་པའི་སྤྱན་གཉིས་སྟེང་འོག་ཏུ་ཡོན་པོར་གཟིགས་པ། ཕྱག་གཡས་ཡེ་

ཤེས་ཀྱི་རལ་གྲི་མེ་འབར་བ་ནམ་མཁར་འཕྱར་བ། གཡོན་རྡོ་རྗེ་ཞགས་པ་དང་བཅས་
པའི་སྡིགས་མཛུབ་ཐུགས་ཀར་གཏོད་པ། ཞབས་གཡས་བསྐུམས་གཡོན་བརྐྱངས་
པས་ཚོགས་བདག་གླང་སྣ་དང་དབང་ཕྱུག་ཆེན་པོ་ལ་སོགས་པའི་གདོན་བགེགས་
ཐམས་ཅད་བརྫིས་པ། སྨ་ར་དང་སྨིན་མ་དང་དབུ་སྐྲ་དམར་སེར་གྱེན་དུ་བརྫེས་
པ། ཡ་སོས་མ་མཆུ་མནན་ཅིང་། མཆེ་བ་རྣོན་པོ་གཙིགས་པ། སྟག་ལྤགས་ཀྱི་ཤམ་
ཐབས་དང་། རིན་པོ་ཆེ་དང་སྦྲུལ་གྱིས་བརྒྱན་པ། སྦྲུལ་པའི་ཁྲོ་བོ་ནམ་མཁའ་གང་
བ་འཁྲོ་བ། མེ་དཔུང་འབར་བའི་དབུས་ན་བཞུགས་པའོ། །ཐུགས་ཀར་རཾ་ལས་ཉི་
མ་ལ་ཧཱུྃ་འོད་འབར་བ་ཞིག་གསལ་བཏབ། ལྷ་སྐུ་སྣང་སྟོང་ལ་མཉམ་པར་འཇོག་ཏུ་
བཅུག །མདུན་གྱི་ཚོམ་བུ་འདི་ཉིད་ཀྱང་ཁྱེད་རང་རྣམས་སྒོམ་པ་དང་འདྲ་བའི་མི་
གཡོ་བ་དངོས་སུ་བཞུགས་པར་མོས་ལ། དེ་ནས་བཟླས་ལུང་ལ། ཁྱེད་རང་རྣམས་
འཕགས་པ་མི་གཡོ་བར་གསལ་བའི་ཐུགས་ཀར་ཉི་མའི་སྟེང་དུ་ཧཱུྃ་མཐིང་ནག །
མདུན་བསྐྱེད་ཀྱི་ཐུགས་(༣༤༢བ)ཀར་ཡང་ཉི་མའི་དཀྱིལ་འཁོར་གྱི་དབུས་སུ་ཧཱུྃ་ཡིག་
སྔོན་པོའི་མཐར་སྔགས་ཕྲེང་གིས་བསྐོར་བ་གསལ་བཏབ་ལ། སློབ་དཔོན་ལ་མོས་
གུས་དྲུང་བ་བྱས་པས། སློབ་དཔོན་གྱི་ཐུགས་ཀ་ནས་འོད་ཟེར་འཕྲོས། མདུན་བསྐྱེད་
ཀྱི་ཐུགས་རྒྱུད་བསྐུལ། ཐུགས་ཀའི་སྔགས་ཕྲེང་ལས་སྔགས་ཕྲེང་གཉིས་པ་ཞིག་ཆད།
ཞལ་ནས་ཐོན། ཁྱེད་རང་རྣམས་ཀྱི་ཞལ་དུ་ཞུགས། ཐུགས་ཀའི་ཧཱུྃ་ཡིག་གི་མཐར་
གཡས་སྐོར་དུ་འཁོད་པར་མོས་ལ། འདིའི་རྗེས་ཟློས་མཛོད། ཅེས་བརྗོད། ཨོཾ་
ཙཀྲ་མཧཱ་རེ་ཁ་ཊ་ཧཱུྃ་ཕཊ། ཅེས་ལན་གསུམ་བྱེད་དུ་གཞུག །སློབ་དཔོན་གྱི་བགྲང་
འཕྲེང་མགོ་ཐོག་ཏུ་བཞག་ལ་སྙིང་པོ་བརྒྱ་རྩ་བརྒྱད་བཟླས་ཏེ། ཁྱེད་རང་རྣམས་
ཀྱི་ཐུགས་ཀར་བཀོད་པའི་ཧཱུྃ་ལས་མེ་འོད་འཕྲོས། ལུས་གང་། སྡིག་སྒྲིབ་དག །
དགྲ་བགེགས་བསྲེགས། ཕྱིར་འཕྲོས་འཇིག་རྟེན་གང་། སེམས་ཅན་གྱི་དོན་བྱས་ཏེ།
ཐུགས་ཀར་ཧཱུྃ་ལ་བསྡུ་བར་མོས་སུ་བཅུག་སྟེ་མི་དམིགས་ཀྱི་སྒྲོ་བསྡུའི་དམིགས་པ་

ཕོག །ཆོས་ཐམས་ཅད་སྒྱུ་མ་ལྟར་བསྒོམ་དུ་བཅུག །ཨོཾ་ཙཎྜ་མཧཱ་རོ་ཥ་ཎ་ཧཱུྃ་ཞེས་བརྗོད། མི་དམིགས་པར་བཞག་ལ་ཕཊ་ཅེས་བརྗོད་དུ་བཅུག །སློབ་མའི་རྗེས་ཀྱི་བྱ་བ་སྤྱི་དང་འདྲ་བ་ལས། མཆོད་པ་གསར་པ་རྒྱ་ཆེར་བཤམས་ནས་བྱིན་གྱིས་བརླབས། དཔོན་སློབ་ལྷན་ཅིག་ཏུ་འབུལ། ཡན་ལག་བདུན་པ་ལན་གསུམ་ཡང་བྱ། དཀར་གསུམ་གྱི་ཙྪ་ཙུའི་སྟོན་མོ་བྱའོ། །རྗེས་ཆོག་སྤྱི་དང་འདྲ། །

༄ འཕགས་པ་མི་གཡོ་བ་དཀར་པོ་ལ། ཚད་མེད་བཞི་སྤྱི་དང་མཐུན་པར་བསྒོམ། འགྲོ་རྣམས་(༤༢༤ན)བསྒྲལ་འདོད་བསམ་པ་ཡིས། །ནས། རྫོགས་པའི་བྱང་ཆུབ་སེམས་བསྐྱེད་བགྱི། །ལན་གསུམ་གྱིས་སྐྱབས་འགྲོ་སེམས་བསྐྱེད་བྱ། སྭ་བྷཱ་ཝས་སྟོང་པར་སྦྱངས། སྟོང་པའི་ངང་ལས་པཾ་ལས་པདྨ་དཀར་པོ། ཨ་ལས་ཟླ་བ། རཾ་ལས་ཉི་མ་རྣམས་བརྩེགས་པའི་སྟེང་དུ། རང་གི་རྣམ་ཤེས་ཧཱུྃ་དཀར་པོ་ལས་འོད་ཟེར་འཕྲོས། མི་ཤེས་པའི་མུན་པ་བསལ། སངས་རྒྱས་བྱང་སེམས་ཐམས་ཅད་ཀྱི་བྱིན་རླབས་བསྡུས། སླར་འདུས་པ་ལས་རང་ཉིད་གཏུམ་པོ་དཀར་པོ་སྐུ་མདོག་གངས་ལ་ཉི་མ་ཤར་བ་ལྟར་དཀར་བ། ཞལ་གཅིག་ཕྱག་གཉིས་པ། ཞབས་གཡོན་པའི་པུས་མོའི་ལྷ་ང་དང་། གཡས་པའི་མཐིལ་ཉི་མའི་གདན་ལ་བརྟེན་པ། ཕྱག་གཡས་ཡེ་ཤེས་ཀྱི་མེ་རབ་ཏུ་འབར་བའི་རལ་གྲི་འཕྱར་བ། གཡོན་སྡིགས་མཛུབ་ཐུགས་ཀར་མཛད་དེ། རྡོ་རྗེ་ཞགས་པ་ལན་གཉིས་སུ་དཀྲིས་པའི་སྡེ་གཉིས་ཕྲག་གོང་དུ་ལྡིང་བ། དམར་ལ་ཟླུམ་པའི་སྤྱན་གསུམ་སྟེང་འོག་བར་དུ་གཟིགས་ཤིང་བགྲད་པ། མཆེ་བ་མ་མཆུའི་སྟེང་དུ་གཙིགས་པ། དབུ་སྐྲ་སྨ་ར་སྨིན་མ་དམར་སེར་གྱེན་དུ་འབར་བ། རིན་པོ་ཆེའི་རྒྱན་སྣ་ཚོགས་ཀྱིས་མཛེས་པ། སྦྲུལ་གྱི་སྐ་རགས་བཅིངས་པ། དར་གྱི་ཤམ་ཐབས་ཀྱིས་སྐུ་སྨད་མཛེས་པར་བྱས་ཤིང་། སྤྱི་བོར་མི་བསྐྱོད་པ་དཀར་པོ་བཞུགས་པའོ། །དཔྲལ་བར་ཨོཾ། མགྲིན་པར་ཨཱཿ ཐུགས་ཀར་ཧཱུྃ། མདུན་དུ་ཁྲུ་གང་ཙམ་ལ་པད་ཉིའི་སྟེང་དུ་ཧཱུྃ་དཀར་པོ་ལས་འོད་ཟེར་འཕྲོས། མི་ཤེས་པའི་མུན་པ་བསལ།

སངས་(༣༨༣བ)རྒྱས་བྱང་སེམས་ཐམས་ཅད་ཀྱི་བྱིན་རླབས་བསྡུས། སླར་འདུས་པ་ལས་གདུམ་པོ་དཀར་པོ། ཞེས་པ་ནས། ཐུགས་ཀར་ཧཱུྃ། ཞེས་པའི་བར་རང་དང་འདྲ་བའི་བཅོམ་ལྡན་འདས་བསྐྱེད། སྙིང་གར་ཉི་དཀྱིལ་སྟེང་དུ་འཁོར་ལོ་དཀར་པོ་རྩིབས་བཅུ་པ་ལྟེ་བ་མུ་ཁྱུད་དང་བཅས་པ་གཡས་སྐོར་དུ་འཁོར་བ། དེའི་ལྟེ་བར་ཧཱུྃ། རྩིབས་བཅུ་ལ། ཨོཾ་ཙཎྜ་མཧཱ་རོ་ཥ་ཎ་ཧཱུྃ་ཕཊ་བསམ་སྟེ། སྲོག་རྩོལ་ནས་དྲངས། བསྙེན་པ་ཅི་རིགས་བྱའོ། །ཕྱི་བཟླས་སོ། །ནང་བཟླས་ནི་བདག་གི་སྙིང་གར་ཧཱུྃ་ཡི་གེ་བཅུ་པོ་ཞལ་ནས་ཐོན། མདུན་བསྐྱེད་ཀྱི་ཞལ་དུ་ཞུགས། ཐུགས་ཀར་འཁོར་ལོ་བཞིན་དུ་བསམ། སླར་མདུན་གྱི་ལྷའི་ལྟེ་བ་ནས་ཐོན། བདག་གི་ལྟེ་བར་ཞུགས། སྙིང་གའི་འཁོར་ལོ་ལ་ཐིམ་པར་བསམ། སྲོག་རྩོལ་བསྡམས་ལ་བཟླའོ། །མཆོད་པ་བྱ་རྒྱུད་ལྟར་བྱིན་གྱིས་བརླབས་ལ། ཨོཾ་ཨཱཪྻ་ཨ་ཙ་ལ་ཨརྒྷཾ་པྲ་ཏཱིཙྪ་ཡེ་སྭཱཧཱ། ཞེས་པ་ནས། ཤབྡ་པྲ་ཏཱིཙྪ་ཡེ་སྭཱཧཱ། ཞེས་པའི་བར་གྱིས་མཆོད། བསྟོད་པ་ནི། རབ་མཛེས་གངས་ཀྱི་བུ་མོ་ཉེ་གཞོན་གྱིས། །འཁྱུད་པའི་སྐུ་བརྟན་འཇུམ་ཁྲོ་བརྗིད་པའི་གར། །པདྨ་གཞོན་ནུ་ཉིན་བྱེད་ལྟ་བུའི་སྟེང་། །ཁྱོད་ཞབས་པུས་བཙུགས་ལྡིང་གྱིས་འགྱིང་ཞིང་བརྗེས། །རབ་རླུམ་སྤྱན་གསུམ་སྟེང་འོག་བར་གཡོ་ཞིང་། །མཆེ་གཙིགས་མ་མཆུའི་སྟེང་ན་རྗེས་རྩེན་པ། །རལ་གྲིས་འདེགས་ཤིང་ཞགས་པས་འཆིང་བའི་ཚུལ། །བདུད་བཞིའི་དགྲ་དཔུང་མ་ལུས་འཇོམས་པར་མཛད། །རབ་བཀྲའི་སྟག་ལྤགས་དར་གྱིས་དཀྲིས་པའི་གོས། །སྨད་གཡོགས་སྤྲུལ་ལྡང་རྐེད་(༣༨༤ན)ཆིངས་བརྟེན་པའི་ཚུལ། །རང་འོད་ལས་བྱུང་མེ་འོད་འཁྲིལ་བའི་ཀློང་། །གཡས་བསྐུམས་ཞབས་མཐིལ་འཁོར་ལོས་མནན་པའི་སྟབས། །རབ་གྲུས་ལུས་ཀྱི་བ་སྤུའི་ཕྲ་གོས་གཡོ། །ངག་ཚིག་སྨྲ་བའི་སྙན་ངག་དབྱངས་སུ་འཆོར། །ཡིད་གཉིས་མ་མཆིས་སྙིང་ནས་སྐྱབས་མཆིས་པས། །དེང་ནས་བྱང་ཆུབ་བར་དུ་བརྩེ་བས་སྐྱོང་། །རབ་བརྗིད་ཡིད་འཕྲོག་ལྷ་ཁྱོད་བདག་བསྟུབ་ན། །སྟོང་ཉིད་བློ་དང་རྗེས་འབྲེལ་སྙིང་རྗེ་དང་། །འཆད་

རྫོང་རྫོམ་པའི་སྟོབས་པ་དགེ་བ་ཅན། །ཁྱོད་ཀྱི་མཐུ་ལས་གེགས་མེད་མངོན་གྱུར་ཤོག །གཏོར་མ་དཀར་པོ་ཞིགས་པར་བཤམས་ལ། བྱ་རྒྱུད་ལྟར་བྱིན་གྱིས་བརླབས། སྙིང་གའི་ཧཱུྃ་གི་འོད་ཟེར་གྱིས་རང་བཞིན་གྱི་གནས་ནས་བཅོམ་ལྡན་འདས་མི་གཡོ་བ་ལ་སངས་རྒྱས་བྱང་ཆུབ་སེམས་དཔའི་ཚོགས་ཐམས་ཅད་ཀྱིས་བསྐོར་བ་བཛྲ་ས་མ་ཛཿཞེས་སྤྱན་དྲངས། སྙིང་པོའི་མཐར། ཨཱཙ་ཨ་ཙ་ལ་ས་པ་རི་ཝཱ་ར་ཨི་དཾ་བ་ལིཾ་ཏ་ཁ་ཁ་ཁཱ་ཧི་ཁཱ་ཧི། ཞེས་བཏགས་ལ་ལན་བདུན་གྱིས་ཕུལ། གོང་བཞིན་མཆོད་བསྟོད་བྱ། རྗེ་བཙུན་མི་གཡོ་མགོན་པོས་བདག་ཅག་དཔོན་སློབ་འཁོར་དང་བཅས་པ་རྣམས་ལ་འཇིག་རྟེན་དང་འཇིག་རྟེན་ལས་འདས་པའི་དངོས་གྲུབ་མ་ལུས་པ་བསྩལ་དུ་གསོལ། ཞེས་འདོད་དོན་ལ་གསོལ་བ་གདབ། གཤེགས་གསོལ་རྣམས་བྱ། འདིའི་རྗེས་གནང་བྱེད་པར་འདོད་པས། ཐུན་མོང་བ་ནི་རྗེས་གནང་སྤྱི་དང་འདྲ་བ་ལས། གསུང་ལ་སྔགས་འཁོར་བསྐྱིམ་པ་དང་། ཐུགས་ལ་(༢༤༨བ)ཕྱག་མཚན་དཀར་པོ་བསྐྱིམ་པ་ཉིད་ཡིན་ཞིང་། ཐུན་མོང་མ་ཡིན་པ་ཟབ་མོའི་ལུགས་ནི། མཎྜལ་པདྨ་འདབ་བརྒྱད་དཀར་པོ་ཞིག་བྲིས། དེའི་དབུས་སུ་ལུགས་སྐུའམ་ཙ་ཀ་ལི་བཞུགས་སུ་བཅུག །གཡས་སུ་མེ་ཏོག་དཀར་པོ། གཡོན་དུ་དྲི་བཟང་གི་ཆུ་སྣོད་བཞག །མཐའ་མཆོད་གཏོར་གཙང་མས་བསྐོར། མཆོད་པ་སྤྱི་དང་མཐུན་པར་བྱིན་གྱིས་བརླབས། ཚད་མེད་བཞི་ནས་སྙིང་གར་ཐིམ་གྱི་བར་བདག་བསྐྱེད་གོང་བཞིན། མདུན་བསྐྱེད་བསངས་སྦྱངས། སྟོང་པའི་ངང་ལས་སྣ་གཟུགས། མེ་ཏོག །དྲི་བཟང་གསུམ་གའི་གནས་སུ་པཾ་གསུམ་ལས་པདྨ་དཀར་པོ་གསུམ། ཨ་གསུམ་ལས་ཟླ་བ་གསུམ། རཾ་གསུམ་ལས་ཉི་མ་གསུམ་རྣམས་སོ་སོར་བརྩེགས་པའི་སྟེང་དུ་ཧཱུྃ་དཀར་པོ་རེ་རེ། དེ་རྣམས་ཡོངས་སུ་གྱུར་པ་ལས་སྐུ་ཡོངས་སུ་རྫོགས་པ་གསུམ་དུ་གྱུར་པ་ནི། གཏུམ་པོ་དཀར་པོ་ཞེས་པ་ནས་ཐུགས་ཀར་ཧཱུྃ་གི་བར་གོང་བཞིན། རང་གི་སྙིང་ག་ནས་འོད་ཟེར་འཕྲོས། སངས་རྒྱས་སྲས་དང་བཅས་པ་

ཐམས་ཅད་ཡེ་ཤེས་སེམས་དཔའི་རྣམ་པ་བཛྲ་ས་མཱ་ཛཿཛཿཧཱུྃ་བཾ་ཧོཿ དབང་གི་ལྷ་རྣམས་ཀྱིས་ཨོཾ་བཛྲཱི་བྷ་ཝ་ཨ་བྷི་ཥིཉྩ་ཧཱུྃ་ཞེས་དབང་བསྐུར། སྐུ་གང་། དྲི་མ་དག །ཆུ་ལྷག་མ་ཡར་ལུད་པ་ལས་མི་བསྐྱོད་པས་དབུ་བརྒྱན་པར་བསམ། རྟེན་གསུམ་པོ་ལ་དམིགས་ནས་སྔགས་བརྒྱ་རྩ་རེ་རེ་བཟླའོ། །མེ་ཏོག་དང་དྲི་བཟང་གི་གནས་སུ་བཞུགས་པའི་མི་གཡོ་བ་འོད་དུ་ཞུ་སྟེ། ཤེས་རབ་སྦེལ་བའི་རྫས་ཁྱད་པར་ཅན་དུ་གྱུར། ཨོཾ་ཨཱཿཧཱུྃ། ལན་མང་དུ་བརྗོད། གསུམ་ཀར་ལ་དམིགས་(༣༤༥ན)ནས་ཡི་གེ་བརྒྱ་པ་ཚར་རེས་བརྟན་པར་བྱ། བར་འདིར་གཏོར་མ་དབུལ། བདག་བསྐྱེད་ལྟར་མཆོད་བསྟོད་བྱ། སློབ་མས་མཎྜལ་ཕུལ། རྡོ་རྗེ་འཛིན་པ་སོགས་ལན་གསུམ་གྱིས་གསོལ་བ་འདེབས་སུ་བཅུག །དཀོན་མཆོག་གསུམ་ལ་བདག་སྐྱབས་མཆི། །སོགས་ཀྱིས་རྒྱུན་བཤགས་བྱ། སློབ་མ་རྣམས་བསངས་སྦྱངས། སྟོང་པའི་ངང་ལས་པཾ་ལས་པདྨ་དཀར་པོ། ཨ་ལས་ཟླ་བ། རཾ་ལས་ཉི་མ་རྣམས་བརྩེགས་པའི་སྟེང་དུ། ཁྱེད་རང་རྣམས་ཀྱི་རྣམ་ཤེས་ཧཱུྃ་དཀར་པོ་ལས་འོད་ཟེར་འཕྲོས། མི་ཤེས་པའི་མུན་པ་བསལ། སངས་རྒྱས་བྱང་སེམས་ཐམས་ཅད་ཀྱི་བྱིན་རླབས་བསྡུས། སླར་འདུས་པ་ལས་ཁྱེད་རང་རྣམས་གཏུམ་པོ་དཀར་པོ་སྐུ་མདོག་གངས་ལ་ཉི་མ་ཤར་བ་ལྟར་དཀར་བ། ཞལ་གཅིག་ཕྱག་གཉིས་པ། ཞབས་གཡོན་པའི་པུས་མོའི་ལྷ་ང་དང་། གཡས་པའི་མཐིལ་ཉི་མའི་གདན་ལ་བརྟེན་པ། ཕྱག་གཡས་ཡེ་ཤེས་ཀྱི་མེ་རབ་ཏུ་འབར་བའི་རལ་གྲི་འཕྱར་བ། གཡོན་སྡིགས་མཛུབ་ཐུགས་ཀར་མཛད་དེ། རྡོ་རྗེ་ཞགས་པ་ལན་གཉིས་སུ་དཀྲིས་པའི་སྣེ་གཉིས་ཕྲག་གོང་དུ་ལྡིང་བ། དམར་ལ་ཉྫུམ་པའི་སྤྱན་གསུམ་སྟེང་འོག་བར་དུ་གཟིགས་ཤིང་བགྲད་པ། མཆེ་བ་མ་མཆུའི་སྟེང་དུ་གཙིགས་པ། དབུ་སྐྲ་སྨ་ར་སྨིན་མ་དམར་སེར་གྱེན་དུ་འབར་བ། རིན་པོ་ཆེའི་རྒྱན་སྣ་ཚོགས་ཀྱིས་མཛེས་པ། སྦྲུལ་གྱི་སྐ་རགས་བཅིངས་པ། དར་གྱི་ཤམ་ཐབས་ཀྱིས་སྐུ་སྨད་མཛེས་པར་བྱས་ཤིང་། སྤྱི་བོར་མི་བསྐྱོད་པ་དཀར་(༣༤༥བ)པོ་བཞུགས་

པའོ། །དཔྲལ་བར་ཨོཾ། མགྲིན་པར་ཨཱཿ ཐུགས་ཀར་ཧཱུྃ་ཞེས་གསལ་གདབ། མདུན་གྱི་སྐུ་རྟེན་འདི་ཉིད་ཀྱང་ཁྱིད་རང་རྣམས་སྐོམ་པ་དང་འདྲ་བའི་མི་གཡོ་བ་དཀར་པོ་དངོས་སུ་བཞུགས་པར་མོས་ལ། དེ་ནས་སློབ་དཔོན་ལ་མོས་གུས་དུང་བ་བྱས་པས། སློབ་དཔོན་གྱི་ཐུགས་ཀ་ནས་འོད་ཟེར་འཕྲོས། མདུན་བསྐྱེད་དང་ཕྱོགས་བཅུའི་སངས་རྒྱས་བྱང་སེམས་ཐམས་ཅད་ཀྱི་ཐུགས་ཀར་ཕོག །ཐུགས་རྒྱུད་བསྐུལ། ཐུགས་ཀ་ནས་ཐུགས་གཉིས་སུ་མེད་པའི་ཡེ་ཤེས་ཀྱི་ངོ་བོ་ཡིན་པ་ལ་རྣམ་པ་འཕགས་པ་མི་གཡོ་བའི་སྐུ་ཆེ་ཆུང་བསམ་གྱིས་མི་ཁྱབ་པ་སྤྲུན་དྲངས། ཁྱིད་རང་རྣམས་ཀྱི་ལུས་ལ་ཆར་ཆེན་པོ་བབས་པ་བཞིན་དུ་སིབ་སིབ་ཐིམ་པའི་མོས་པ་མཛོད་བྱས་ལ། སྤྱི་བོར་སྐུ་གཟུགས་བཞག་སྙེ་སྙིང་པོ་བརྒྱ་རྩ་བཟླ། མདུན་བསྐྱེད་ཡེ་ཤེས་པའི་ཚུལ་དུ་ཐིམ་པར་མོས་སུ་བཅུག་ལ། ཛཿཧཱུྃ་བཾ་ཧོཿ ཞེས་བརྗོད། སྐུའི་རྗེས་གནང་ངོ་། །ཁྱིད་རང་རྣམས་འཕགས་པ་མི་གཡོ་བའི་སྐུར་གསལ་བའི་སྙིང་གར་ཉི་མའི་སྟེང་དུ་འཁོར་ལོ་དཀར་པོ་རྩིབས་བཅུ་པ་ལྟེ་བ་མུ་ཁྱུད་དང་བཅས་པའི་ལྟེ་བར་ཧཱུྃ། མདུན་བསྐྱེད་ཀྱི་ཐུགས་ཀར་ཡང་ཉི་མའི་དཀྱིལ་འཁོར་གྱི་སྟེང་དུ་འཁོར་ལོ་དཀར་པོ་རྩིབས་བཅུ་པ། ལྟེ་བ་མུ་ཁྱུད་དང་བཅས་པའི་ལྟེ་བར་ཧཱུྃ། རྩིབས་བཅུ་པ་ལ་ཡི་གེ་བཅུ་པ་གསལ་བཏབ་ལ། སློབ་དཔོན་ལ་མོས་གུས་དུང་བ་བྱས་པས། སློབ་དཔོན་གྱི་ཐུགས་ཀ་ནས་འོད་ཟེར་འཕྲོས། མདུན་བསྐྱེད་ཀྱི་ཐུགས་རྒྱུད་བསྐུལ། ཐུགས་ཀའི་སྔགས་ཕྲེང་ལ་སྔགས་ཕྲེང་གཉིས་པ་ཞིག་ཆད། ཞལ་ནས་ཐོན། (༣༤༨ན)ཁྱིད་རང་རྣམས་ཀྱི་ཞལ་དུ་ཞུགས། ཐུགས་ཀའི་ཧཱུྃ་གི་མཐར་རྩིབས་བཅུ་ལ་པར་བཏབ་པ་བཞིན་དུ་འཁོད་པར་མོས་ལ། འདིའི་རྗེས་ཟློས་མཛོད། ཨོཾ་ཙཎྜ་མཧཱ་རོ་ཥ་ཎ་ཧཱུྃ་ཕཊ། ཅེས་ལན་གསུམ། སློབ་དཔོན་གྱི་འཕྲེང་བ་སློབ་མའི་མགུལ་དང་ལག་ཏུ་གཏོད། མེ་ཏོག་དཀར་པོ་སྤྱི་བོར་བཞག་ནས་སྙིང་པོ་བརྒྱ་རྩ་བཟླ། གསུང་གི་རྗེས་གནང་ངོ་། །སློབ་དཔོན་གྱི་མཐེབ་སྲིན་གྱིས་དྲི་བཟང་གི་ཆུ་དེ་སློབ་མའི་སྤྱི་བོ་ནས་བརྡམས་ཏེ་

ལུས་ཐམས་ཅད་ལ་ཅུང་ཟད་འཐོར་བཞིན་དུ་སྙིང་པོ་བརྒྱ་རྩ་བཟླས་པའི་མཐར་དྲི་བཟང་གི་ཆུ་མ་ལུས་པར་འཐུང་དུ་གཞུག །བདུད་རྩི་བདེ་བ་ཆེན་པོས་ལུས་ཐམས་ཅད་ལ་ཁྱབ་པ་ལ་ཤེས་པ་གཏད་ནས་མཉམ་པར་འཇོག །ཐུགས་ཀྱི་རྗེས་གནང་ངོ། །རྗེས་ཀྱི་བྱ་བ་སྤྱི་དང་འདྲའོ། །

༄ **མི་གཡོ་བ་ཕྱག་བཞི་པ་ལ།** སྐྱབས་འགྲོ་སེམས་བསྐྱེད་ཚད་མེད་བཞི་བསྒོམ་པ་སྔོན་དུ་བཏང་ནས། སྭ་བྷཱ་ཝས་སྟོང་པར་སྦྱངས། སྟོང་པའི་ངང་ལས་པཾ་ལས་པདྨ་དང་། རཾ་ལས་ཉི་མ་ལ་གནས་པའི་ཧཱུཾ་ལས་སྣ་ཚོགས་རྡོ་རྗེའི་ལྟེ་བར་ཧཱུཾ། དེ་ལས་འོད་ཟེར་འཕྲོས། རྡོ་རྗེའི་ས་གཞིར་གྱུར། ཕྱི་རོལ་རལ་གྲིའི་ར་བ་མེ་དཔུང་འབར་བ་དང་བཅས་པའི་སྲུང་འཁོར། དེའི་ནང་དུ་པད་ཉི་དང་བདུད་བཞི་མཉམ་པར་འཁྱིལ་བའི་གདན་ལ་ཧཱུཾ་ལས་རལ་གྲི་ཧཱུཾ་གིས་མཚན་པ་ལས་འོད་ཟེར་འཕྲོས། གདུག་པ་ཅན་རྣམས་བཏུལ། སླར་འདུས་པ་ལས་བདག་ཉིད་རྗེ་བཙུན་མི་གཡོ་བ་མཐིང་ག་ཞལ་བཞི་ཀར་ནག་པ། ཞབས་བཞི་བརྐྱངས་བསྐུམས་སྣ་ཚོགས་པས(༣༥༨བ)བདུད་བཞི་མནན་པའམ། གཡས་བརྐྱང་དུ་བྱ། ཕྱག་གཡས་པ་གཉིས་ཀྱིས་རལ་གྲི་འདེབས་ཚུལ་དང་། རྡོ་རྗེ་གསོར་བ། གཡོན་གཉིས་ཀྱིས་ཞགས་པ་དང་བཅས་པའི་སྡིགས་མཛུབ་ཐུགས་ཀར་གཏོད་པ་དང་། ཁྲག་གིས་གང་བའི་ཐོད་པ་འཛིན་པ། སྤྱན་གསུམ་དང་ལྡན་ཞིང་། སྐྲ་སེར་པོ་གྱེན་དུ་བརྫེས་པ། མཆེ་བ་རྣོན་པོ་གཙིགས་ཤིང་། སྟག་ལྤགས་ཀྱི་ཤམ་ཐབས་དང་མི་ལྤགས་ཀྱི་སྟོད་གཡོགས་ཅན་སྦྲུལ་དང་། རིན་པོ་ཆེ་དང་། རུས་པས་བརྒྱན་པ། ཁྲོ་བོ་སྤྲུལ་པའི་སྤྲིན་ཕྲོ་བ། མེ་རི་འབར་བས་བསྐོར་བའི་སྤྱི་བོར་ཨོཾ། མགྲིན་པར་ཨཱཿ ཐུགས་ཀར་ཧཱུཾ། ཐུགས་ཀའི་ཧཱུཾ་ལས་འོད་ཟེར་འཕྲོས། རང་བཞིན་གྱི་གནས་ནས་ཡེ་ཤེས་སེམས་དཔའ་བཛྲ་ས་མ་ཛཿཛཿཧཱུཾ་བཾ་ཧོཿགཉིས་སུ་མེད་པར་གྱུར། སླར་ཡང་ཐུགས་ཀའི་ཧཱུཾ་ལས་འོད་ཟེར་འཕྲོས། དབང་གི་ལྷ་རྣམས་སྤྱན་དྲངས། ཁྱེད་རྣམས་ཀྱིས་བདག་ལ་མངོན་

པར་དབང་བསྐུར་དུ་གསོལ། ཞེས་གསོལ་བ་བཏབ་པས། ཨོཾ་བཛྲ་བྷཱ་ཝ་ཨ་བྷི་ཥིཉྩ་ཧཱུྃ། ཞེས་བདུད་རྩིའི་ཆུས་དབང་བསྐུར། ལུས་གང་། དྲི་མ་དག །ཆུའི་ལྷག་མ་སྤྱི་གཙུག་ཏུ་གནས་པ་ཡོངས་སུ་གྱུར་པ་ལས། མི་བསྐྱོད་པས་དབུ་བརྒྱན་པར་གྱུར་པར་བསམ། བཟླས་པའི་དམིགས་པ་གསལ་བཏབ་ལ། ན་མཿས་མནྟ་ཀཱ་ཡ་ཝཱ་ཀ་ཙིཏྟ་བཛྲ་ཎཾ་ཨོཾ་ཨ་ཙ་ལ་ཀ་ན་ཀ་ན་ཙཎྜ་མཧཱ་རོ་ཥ་ཎ་སྥོ་ཊ་ཡ་ཧཱུྃ། ཏྲཾ་མཾ་ཧཾ་བསྙེན་པའི་སྔགས་སོ། །ཨོཾ་ཙཎྜ་མཧཱ་རོ་ཥ་ཎ་མ་མ་ཤ་ཏྲུན་ཨ་མུ་ཀ་སྱ་ཤི་རཾ། ཀཱི་ལ་ཡ་ཧཱུྃ་ཕཊ། ཨ་ཏི་མུ་ཀ་སུཾ་ཧྲ་ཡ་ཧི་དཾ་ཀཱི་ལ་ཡ་ཧཱུྃ་ཕཊ། ལས་ལ་སྦྱར་(༣༤༧ན)བའི་སྔགས་སོ། །རྗེས་ལྷ་སྐུ་སྟོང་པར་བསྡུས་ཏེ། སླར་ཡང་ལྷའི་ང་རྒྱལ་ལ་གནས་པས་དགེ་བ་བསྔོ། གཏོར་མ་ནང་མཆོད་ཀྱིས་བྲན་ལ། ཨ་ཀྲི་ཏས་བསངས། སྭ་བྷཱ་ཝས་སྦྱངས། ཨ་ལས་ཡེ་ཤེས་ཀྱི་ཀ་པཱ་ལ་ཡངས་ཤིང་རྒྱ་ཆེ་བའི་ནང་དུ་ཨོཾ་ཨཱཿཧཱུྃ་ཞུ་བ་ལས་བྱུང་བའི་གཏོར་མ་བདུད་རྩིའི་རྒྱ་མཚོ་ཆེན་པོར་གྱུར། ཨོཾ་ཨཱཿཧཱུྃ་ཧ་ཧོ་ཧྲཱིཿ རང་གི་སྙིང་ག་ནས་འོད་ཟེར་འཕྲོས། མི་གཡོ་མགོན་པོ་འཁོར་དང་བཅས་པ་བཛྲ་ས་མཱ་ཛཿཨོཾ་ཨ་ཙ་ལ་ཏེ་ཛ་བཛྲ་པུཥྤེ། དྷཱུ་པེ། དཱི་པཾ། གནྡྷེ། ནཻ་ཝིཏྱ་ས་པ་རི་ཝ་རེ་བྷྱཿཛཿཧཱུྃ་བཾ་ཧོཿསཾ་ཧྲི་ཡུ་སརྦ་སཏྭ་ནན་ཨི་མཾ་བ་ལིཾ་གྲིཧྣ་གྲིཧྣ་ཁ་ཁ་ཁཱ་ཧི་ཁཱ་ཧི། ཧཱུ་ཧཱུ་ཧཱུྃ་ཕཊ། ཅེས་ལན་གསུམ་གྱིས་ཕུལ། ཨོཾ་ཨཱཏྲ་ཨ་ཙ་ལ་ས་པ་རི་ཝཱ་ར་ཨརྒྷཾ་པྲ་ཏཱིཙྪ་ཧཱུྃ་སྭཱཧཱ། ཞེས་པ་ནས། ཤབྡ་པྲ་ཏཱིཙྪ་ཧཱུྃ་སྭཱཧཱའི་བར་གྱིས་མཆོད། བྱིན་གྱིས་བརླབས་པའི་ནང་མཆོད་འབྲུ་གསུམ་གྱིས་དབུལ། རྒྱལ་བ་ཀུན་གྱིས་ཡེ་ཤེས་སྒྱུ་མ་ལས། །གདུག་པ་འདུལ་ཕྱིར་ཁྲོ་བོའི་སྐུར་བསྟན་པ། །བདུད་བཞིའི་རླུང་གིས་མི་གཡོ་སྐྱེ་རྒུའི་དཔལ། །བཅོམ་ལྡན་མི་གཡོ་མགོན་ལ་ཕྱག་འཚལ་ལོ། །ཞེས་བསྟོད། བཅོམ་ལྡན་འདས་མི་གཡོ་བ་འཁོར་དང་བཅས་པ་རྣམས་ཀྱིས་བདག་ལ་འཇིག་རྟེན་དང་འཇིག་རྟེན་ལས་འདས་པའི་དངོས་གྲུབ་མ་ལུས་པ་བསྩལ་དུ་གསོལ། ཞེས་གསོལ་བ་གདབ། གཤེགས་གསོལ་བྱ། འདིའི་རྗེས་གནང་བྱ་ཚུལ་ནི། མཎྜལ་ཆོས་འབྱུང་མཐིང་

ག་དབུས་སུ་རལ་གྲིས་མཚན་པ་ཞིག་བྲིས། སྙིང་དུ་མཐེའི་ཁར་རལ་གྲི་བཞག །མདུན་(༣༨༧བ)དུ་དམར་གཏོར། ནང་མཆོད། མཆོད་པ་རྣམས་བཤམས། བདག་བསྐྱེད་བཟླས་པ་དང་བཅས་པ་གོང་བཞིན་བྱ། མཆོད་པ་དང་ནང་མཆོད་བླ་མེད་ལྟར་བྱིན་གྱིས་བརླབས། མདུན་བསྐྱེད་བསངས་སྦྱངས། སྟོང་པའི་ངང་ལས་པཾ་ལས་པདྨ་དང་། ཞེས་པ་ནས། མི་བསྐྱོད་པས་དབུ་བརྒྱན་པར་གྱུར། །ཅེས་པའི་བར་བདག་བསྐྱེད་དང་འདྲ་བ་ལས། བདག་ཉིད་ཅེས་པ་དོར་བ་དང་། བདག་ལ་ཞེས་པ་འདི་ལ་ཞེས་འདོན་པ་བསྒྱུར། ཨོཾ་ཨཱརྻ་ཨ་ཙ་ལ་ས་པ་རི་ཝཱ་ར་ཨརྒྷཾ་པྲ་ཏཱིཙྪ་ཧཱུཾ་སྭཱཧཱ་ནས་ཤབྡ་པྲ་ཏཱིཙྪ་ཧཱུཾ་སྭཱཧཱའི་བར་གྱིས་མཆོད། འབྲུ་གསུམ་གྱིས་ནང་མཆོད་དབུལ། རྒྱལ་བ་ཀུན་གྱིས་སོགས་ཀྱིས་བསྟོད། བཟླས་པ་ཅི་འགྲུབ་བྱ། གཏོར་མ་བྱིན་གྱིས་བརླབས་ཏེ་འབུལ་བ་ནས་འདོད་དོན་གསོལ་བཏབ་ཀྱི་བར་གོང་བཞིན་བྱ། དེ་ནས་སློབ་མས་མཎྜལ་ཕུལ། གསོལ་བ་འདེབས་པ་འདིའི་རྗེས་ཟློས་མཛོད། རྡོ་རྗེ་འཛིན་པ་ནས་བསྐུལ་དུ་གསོལ། ཞེས་ལན་གསུམ། དཀོན་མཆོག་གསུམ་ལ་བདག་སྐྱབས་མཆི། །ཞེས་སོགས་ཀྱིས་རྒྱུན་བཤགས་བྱ། སློབ་མ་རྣམས་བསངས་སྦྱངས། སྟོང་པའི་ངང་ལས་པཾ་ལས་པདྨ་དང་། རཾ་ལས་ཉི་མ་ལ་གནས་པའི་ཧཱུཾ་ལས་སྔ་ཚོགས་རྡོ་རྗེའི་ལྟེ་བར་ཧཱུཾ། དེ་ལས་འོད་ཟེར་འཕྲོས། རྡོ་རྗེའི་ས་གཞིར་གྱུར། ཕྱི་རོལ་རལ་གྲིའི་ར་བ་མེ་དཔུང་འབར་བ་དང་བཅས་པའི་སྲུང་འཁོར། དེའི་ནང་དུ་པད་ཉི་དང་བདུད་བཞི་མཉམ་པར་འགྱེལ་བའི་གདན་ལ་ཧཱུཾ་ལས་རལ་གྲི་ཧཱུཾ་གིས་མཚན་པ་ལས་འོད་ཟེར་འཕྲོས། གདུག་པ་ཅན་རྣམས་བཏུལ། སླར་འདུས་པ་ལས་(༣༨༨ན)སློབ་མ་རྣམས་རྗེ་བཙུན་མི་གཡོ་བ་མཐིང་ག་ཞལ་བཞི་ག་ནག་པ། ཞབས་བཞི་བརྐྱངས་བསྐུམས་སྣ་ཚོགས་པས་བདུད་བཞི་མནན་པའམ། གཡས་བརྐྱང་དུ་བྱ། ཕྱག་གཡས་པ་གཉིས་ཀྱིས་རལ་གྲི་འདེབས་ཚུལ་དང་། རྡོ་རྗེ་གསོར་བ། གཡོན་གཉིས་ཀྱིས་ཞགས་པ་དང་བཅས་པའི་སྡིགས་མཛུབ་ཐུགས་ཀར་གཏོད་

པ་དང་། ཁྲག་གིས་གང་བའི་ཐོད་པ་འཛིན་པ། སྤྱན་གསུམ་དང་ལྡན་ཞིང་། སྐྲ་སེར་པོ་གྱེན་དུ་བརྫེས་པ། མཆེ་བ་རྣོན་པོ་གཙིགས་ཤིང་། སྟག་ལྤགས་ཀྱི་ཤམ་ཐབས་དང་མི་ལྤགས་ཀྱི་སྟོད་གཡོགས་ཅན་སྦྲུལ་དང་། རིན་པོ་ཆེ་དང་། རུས་པས་བརྒྱན་པ། ཁྲོ་བོ་སྤྲུལ་པའི་སྤྲིན་སྤྲོ་བ། མེ་རི་འབར་བས་བསྐོར་བའི་སྤྱི་བོར་ཨོཾ། མགྲིན་པར་ཨཱཿ ཐུགས་ཀར་ཧཱུྃ། ཞེས་གསལ་བཏབ། མདུན་གྱི་མཏྲལ་རལ་གྱི་བཅས་ཀྱང་ཁྱེད་རང་རྣམས་སྒོམ་པ་དང་འདྲ་བའི་མི་གཡོ་བ་ཕྱུག་བཞི་པར་དངོས་སུ་བཞུགས་པར་མོས་ལ། དེ་ནས་སློབ་དཔོན་དང་མདུན་བསྐྱེད་ཀྱི་ལྷ་ལ་མོས་གུས་དུང་བ་བྱས་པས། སློབ་དཔོན་གྱི་ཐུགས་ཀ་ནས་འོད་ཟེར་འཕྲོས། མདུན་བསྐྱེད་དང་ཕྱོགས་བཅུའི་སངས་རྒྱས་བྱང་སེམས་ཐམས་ཅད་ཀྱི་ཐུགས་ཀར་ཕོག །ཐུགས་རྒྱུད་བསྐུལ། ཐུགས་ཀ་ནས་ཐུགས་གཉིས་སུ་མེད་པའི་ཡེ་ཤེས་ཀྱི་ངོ་བོ་ཡིན་པ་ལ་རྣམ་པ་འཕགས་པ། མི་གཡོ་བའི་སྐུ་ཆེ་ཆུང་བསམ་གྱིས་མི་ཁྱབ་པ་སྤྱན་དྲངས། ཁྱེད་རང་རྣམས་ཀྱི་ལུས་ལ་ཆར་ཆེན་པོ་བབས་པ་བཞིན་དུ་སིབ་སིབ་ཐིམ་པའི་མོས་པ་མཛོད། ཛཿཧཱུྃ་བཾ་ཧོཿ ཞེས་བརྗོད། སྐུའི་རྗེས་གནང་ངོ་། །དེ་ནས་སློབ་དཔོན་གྱི་ཐུགས་ཀ་(༢༨༨བ)ནས་འོད་ཟེར་འཕྲོས། མདུན་བསྐྱེད་ཀྱི་ཐུགས་རྒྱུད་བསྐུལ། ཐུགས་ཀར་ཉི་མའི་དཀྱིལ་འཁོར་གྱི་དབུས་སུ་ཧཱུྃ་ཡིག་གི་མཐར་སྔགས་ཕྲེང་གིས་བསྐོར་བ་ལས་སྔགས་ཕྲེང་གཉིས་པ་བྱུང་། ཞལ་ནས་ཐོན། ཁྱེད་རང་རྣམས་ལྷར་གསལ་བའི་ཞལ་དུ་ཞུགས། ཐུགས་ཀར་ཉི་མའི་སྟེང་དུ་ཧཱུྃ་ཡིག་གི་མཐར་གཡས་སྐོར་དུ་འཁོད་པར་མོས་ལ། འདིའི་རྗེས་ཟློས་མཛོད་བྱས་ལ། ན་མཿས་མནྟ་ཀྲཱ་ཡ་ཝཱ་ཀ་ཙིཏྟ་བཛྲ་ཎཾ་ཨོཾ་ཨ་ཙ་ལ་ཀ་ཎ་ཀ་ཎ་ཙཎྜ་མཧཱ་རོ་ཥ་ཎ་སྥོ་ཊ་ཡ་ཧཱུྃ། ཏྲཾ་མཾ་ཧཾ། ཞེས་དང་། ཨོཾ་ཙཎྜ་མཧཱ་རོ་ཥ་ཎ་མ་མ་ཤ་ཏྲུན་ཨ་མུ་ཀ་སྱ་ཤི་རཾ། ཀྲྀ་ལ་ཡ་ཧཱུྃ་ཕཊ། ཨ་ཏི་མུ་ཀ་ཧྲཾ་ཧྲ་ཡ་ཧྲི་དཾ་ཀྲྀ་ལ་ཡ་ཧཱུྃ་ཕཊ། ཅེས་རྗེས་ཟློས་ལན་གསུམ་གསུམ་བྱེད་དུ་གཞུག ། གསུང་གི་རྗེས་གནང་ངོ་། །སངས་རྒྱས་རྣམས་ནི་ཐམས་ཅད་ཀྱི། །ཡེ་ཤེས་འབར་

བའི་རལ་གྲི་འདི། །བཟུང་ཞིག་གདུག་པ་ཀུན་ཆོམས་ལ། །སྲིད་པ་གསུམ་ལས་རྒྱལ་བར་མཛོད། །ཅེས་ལག་ཏུ་གཏད་དེ། མདུན་བསྐྱེད་ཀྱི་ལྷ་ལ་མོས་གུས་དྲུང་བ་བྱས་པས་མདུན་གྱི་ལྷའི་ཐུགས་ཀ་ནས། ཕྱག་མཚན་རལ་གྲིའི་ཚོགས་དཔག་ཏུ་མེད་པ་རྒྱུངས་ཏེ་ཕྱིན། ཁྱེད་རང་རྣམས་ཀྱི་སྙིང་གའི་ས་བོན་ལ་ཐིམ་པའི་མོས་པ་མཛོད། ཐུགས་ཀྱི་རྗེས་གནང་ངོ་། །རྗེས་ཆོག་སྤྱི་དང་འདྲའོ། །

༄ མི་གཡོ་བ་ཞབས་བཞི་པ་ལ། སྐྱབས་འགྲོ་སེམས་བསྐྱེད་ཚད་མེད་བཞི་སྔོམ་པ་སྔོན་དུ་བཏང་ནས། སྭ་བྷཱ་ཝས་སྟོང་པར་སྦྱངས། སྟོང་པའི་ངང་ལས་པཾ་ལས་པདྨ་དང་། རཾ་ལས་ཉི་མའི་སྟེང་དུ་ཧཱུྃ་མཐིང་ནག་ལས་འཕགས་པ་མི་གཡོ་བ་སྐུ་མདོག་དུད་ཁ་(༢༥༨ན)ནག་པོ་ཞལ་གཅིག་ཕྱག་གཉིས་གཡས་རལ་གྲི་འཕྱར་བ། གཡོན་ཐོད་ཁྲག་ཐུགས་ཀར་འཛིན་པ། སྤྱན་གསུམ་མཆེ་གཙིགས། སྐྲ་དང་ཁ་སྤུ་སེར་པོ་གྱེན་དུ་བཟེས་པ། ཞབས་དང་པོས་བསྐྱུབ་བྱའི་ཁ། གཉིས་པས་སྙིང་ག །གསུམ་པས་པུས་བཙུགས་ཀྱིས་ལྟེ་བ། བཞི་པ་ཕྱིར་བརྐྱངས་པས་རྐང་པ་མནན་པ། སྟག་ལྤགས་ཀྱི་ཤམ་ཐབས་དང་སྦྲུལ་གྱིས་བརྒྱན་པ། མི་མགོའི་དབུ་རྒྱན་དང་དོ་ཤལ་ཅན། རྒྱལ་བ་མི་བསྐྱོད་པས་དབུ་ལ་བརྒྱན་པ། མེ་དཔུང་འབར་བའི་དབུས་ན་བཞུགས་པའོ། །སྙིང་གར་ཉི་མའི་སྟེང་དུ་ཧཱུྃ་མཐིང་ནག་ལ་སྔགས་ཕྲེང་གིས་བསྐོར་བར་བསམ། མིའི་རྗེ་ངར་གྱི་ཕུར་བུ་སྒྲུབ་འདོད་ན་གཞུང་ལས་ཤེས་པར་བྱའོ། །ཐུགས་ཀའི་ཧཱུྃ་ལས་འོད་ཟེར་འཕྲོས། ཡེ་ཤེས་སེམས་དཔའ་བཛྲ་ས་མ་ཛཿཛཿཧཱུྃ་བཾ་ཧོཿགཉིས་སུ་མེད་པར་ཐིམ། ཨོཾ་ཙཎྜ་མཧཱ་རོ་ཥ་ཎ་ཧཱུྃ་ཕཊ། ཅེས་གང་ནུས་བཟླས། གཏོར་མ་འབུལ་བ་ནི། དམར་གཏོར་གྲུ་གསུམ་བཤམས་ལ། ཨ་མྲྀ་ཏས་བསངས། སྭ་བྷཱ་ཝས་སྦྱངས། སྟོང་པའི་ངང་ལས་ཨོཾ་ལས་བྱུང་བའི་གཏོར་སྣོད་ཐོད་པ་དཀར་པོ་དེའི་ནང་དུ་ཨ་ལས་ལྷའི་བདུད་རྩིས་གང་བ། དེའི་དབུས་སུ་ཧཱུྃ་ཡེ་ཤེས་ཀྱི་བདུད་རྩིའི་རང་བཞིན་དུ་གྱུར། ཨོཾ་ཨཱཿཧཱུྃ། ཞེས་ལན་གསུམ་བརྗོད་པས་བྱིན་གྱིས་བརླབས་ལ།

རང་གི་སྙིང་ག་ནས་འོད་ཟེར་འཕྲོས། མི་གཡོ་བ་ཡེ་ཤེས་པ་སྤྱན་དྲངས། ཨོཾ་ཙཎྜ་མཧཱ་རོ་ཥ་ཎ་ཧཱུྃ་ཕཊ། ཨརྒྷཾ་ཨ་ཙ་ལ་ས་པ་རི་ཝཱ་ར་ཨི་དཾ་བ་ལིཾ་ཏ་ཁ་ཁ་ཁཱ་ཧི་ཁཱ་ཧི། ཞེས་ལན་(༣༥༩བ)བདུན་གྱིས་ཕུལ། ཨོཾ་ཨརྒྷཾ་ཨ་ཙ་ལ་ས་པ་རི་ཝཱ་ར་ཨརྒྷཾ་པྲ་ཏཱིཙྪ་ཧཱུྃ་སྭཱཧཱ་ནས་ཤབྡ་པྲ་ཏཱིཙྪ་ཧཱུྃ་སྭཱཧཱའི་བར་གྱིས་མཆོད། ཀྱེ་ཀྱེ་མཐའ་གཉིས་རྣམ་པར་མ་གཡོས་ཀྱང་། །སྤྲུལ་པའི་གཟུགས་ཀྱིས་འགྲོ་དོན་དཔག་མེད་མཛད། །འཇིགས་བྱེད་ཆེན་པོ་འགྲོ་བ་ཀུན་སྐྱོལ་ཞིང་། །སྲིད་པ་གསུམ་ན་དགྱེས་པའི་གར་མཛད་པ། །སྲིད་པའི་ཆུ་བོ་སྐེམས་ཤིང་བདུད་རྣམས་འཇོམས། །སྲིད་པའི་རླུང་གིས་མི་གཡོ་ཐུགས་རྗེའི་མགོན། །རབ་བརྗིད་མི་གཡོ་མགོན་ལ་ཕྱག་འཚལ་བསྟོད། །ཅེས་བསྟོད། བཅོམ་ལྡན་འདས་མི་གཡོ་མགོན་པོས་བདག་ལ་འཇིག་རྟེན་དང་འཇིག་རྟེན་ལས་འདས་པའི་དངོས་གྲུབ་མ་ལུས་པ་བསྩལ་དུ་གསོལ། ཞེས་འདོད་པའི་དོན་ལ་གསོལ་བ་གདབ། ཨོཾ་བཛྲ་མུཿ ཞེས་གཤེགས་གསོལ་སོགས་བྱ། འདིའི་རྗེས་གནང་བྱ་ཚུལ་ནི། མཎྜལ་གྱི་སྙིང་དུ་བྲིས་འབུར་གྱི་སྐུ་གང་རུང་། གང་འོས་ཕྱོགས་སུ་མིའི་རྗེ་ངར་ཀྱི་ཕུར་བུ་སོར་བཞི་པ་རྒྱ་མདུད་ལ་ཧཱུྃ་བྲིས་པ། རལ་གྲི། ཐོད་པ་རྒྱུན་ཆང་གིས་བཀང་བ་བཞག །མདུན་དུ་དམར་གཏོར་གྲུ་གསུམ། མཆོད་པ་རྣམས་བཤམས། བདག་བསྐྱེད་བཟླས་པ་དང་བཅས་པ་བྱ། མཆོད་པ་བླ་མེད་ལྟར་བྱིན་གྱིས་བརླབས། མདུན་བསྐྱེད་བསངས་སྦྱངས། སྟོང་པའི་ངང་ལས་པཾ་ལས་པདྨ་དང་། རཾ་ལས་ཉི་མའི་སྟེང་དུ་ཧཱུྃ་མཐིང་ནག་ལས་འཕགས་པ་མི་གཡོ་བ་ཞེས་པ་ནས་མེ་དཔུང་འབར་བའི་དབུས་ན་བཞུགས་པ། དེའི་སྤྱི་བོར་ཨོཾ། མགྲིན་པར་ཨཱཿ ཐུགས་ཀར་ཧཱུྃ། ཐུགས་ཀའི་ཧཱུྃ་ལས་འོད་ཟེར་འཕྲོས། ཡེ་ཤེས་སེམས་དཔའ་བཛྲ་ས་མ་ཛཿཛཿཧཱུྃ་བཾ་ཧོཿགཉིས་(༣༦༠ན)སུ་མེད་པར་ཐིམ། གོང་བཞིན་མཆོད་བསྟོད་བྱ། ཐུགས་ཀར་ཉི་མའི་སྟེང་དུ་ཧཱུྃ་མཐིང་ནག་ལ་སྔགས་ཕྲེང་བསྐོར་བ་གསལ་གདབ་ལ། བཟླས་པ་ཅི་འགྲུབ་བྱ། གཏོར་མ་བྱིན་གྱིས་བརླབས་ཏེ་འབུལ་བ་ནས་འདོད་དོན་

གསོལ་བཏབ་ཀྱི་བར་དུ་སྔར་བཞིན་བྱའོ། །དེ་ནས་སློབ་མས་མཎྜལ་ཕུལ། གསོལ་བ་འདེབས་པ་འདིའི་རྗེས་ཟློས་མཛོད། རྡོ་རྗེ་འཛིན་པ་ནས་བསྐུལ་དུ་གསོལ། ཞེས་ལན་གསུམ། དཀོན་མཆོག་གསུམ་ལ་བདག་སྐྱབས་མཆི། །ཞེས་སོགས་ཀྱིས་རྒྱུན་བཤགས་བྱ། སློབ་མ་རྣམས་བསངས་སྦྱངས། སྟོང་པའི་ངང་ལས་པཾ་ལས་པདྨ་དང་། རཾ་ལས་ཉི་མའི་སྟེང་དུ་ཁྱེད་རང་རྣམས་ཧཱུཾ་མཐིང་ནག་ལས་འཕགས་པ་མི་གཡོ་བ་སྐུ་མདོག་དུད་ཁ་ནག་པོ་ཞལ་གཅིག་ཕྱག་གཉིས་གཡས་རལ་གྲི་འཕྱར་བ། གཡོན་ཐོད་ཁྲག་ཐུགས་ཀར་འཛིན་པ། སྤྱན་གསུམ་མཆེ་གཙིགས། སྐྲ་དང་ཁ་སྤུ་སེར་པོ་གྱེན་དུ་བརྫེས་པ། ཞབས་དང་པོས་བསྐྱུབ་བྱའི་ཁ། གཉིས་པས་སྙིང་ག །གསུམ་པས་པུས་བཙུགས་ཀྱིས་ལྟེ་བ། བཞི་པ་ཕྱིར་བརྐྱང་པས་རྐང་པ་མནན་པ། སྟག་ལྤགས་ཀྱི་ཤམ་ཐབས་དང་སྦྲུལ་གྱིས་བརྒྱན་པ། མི་མགོའི་དབུ་རྒྱན་དང་དོ་ཤལ་ཅན། རྒྱལ་བ་མི་བསྐྱོད་པས་དབུ་ལ་བརྒྱན་པ། མེ་དཔུང་འབར་བའི་དབུས་ན་བཞུགས་པའི་དཔྲལ་བར་ཨོཾ། མགྲིན་པར་ཨཱཿ ཐུགས་ཀར་ཧཱུཾ། ཞེས་གསལ་བཏབ། མདུན་གྱི་སྐྲུ་རྟེན་འདི་ཉིད་ཀྱང་ཁྱེད་རང་རྣམས་སྒོམ་པ་དང་འདྲ་བའི་མི་གཡོ་བ་ཞབས་བཞི་པར་དངོས་སུ་བཞུགས་པར་མོས་ལ། དེ་ནས་(༣༠༠བ)སློབ་དཔོན་ལ་མོས་གུས་དྲང་བ་བྱས་པས། སློབ་དཔོན་གྱི་ཐུགས་ཀ་ནས་འོད་ཟེར་འཕྲོས། མདུན་བསྐྱེད་དང་ཕྱོགས་བཅུའི་སངས་རྒྱས་བྱང་སེམས་ཐམས་ཅད་ཀྱི་ཐུགས་ཀར་ཕོག །ཐུགས་རྒྱུད་བསྐུལ། ཐུགས་ཀ་ནས་ཐུགས་གཉིས་སུ་མེད་པའི་ཡེ་ཤེས་ཀྱི་ངོ་བོ་ཡིན་པ་ལ་རྣམ་པ་འཕགས་པ་མི་གཡོ་བའི་སྐུ་ཆེ་ཆུང་བསམ་གྱིས་མི་ཁྱབ་པ་སྤྱན་དྲངས། ཁྱེད་རང་རྣམས་ཀྱི་ལུས་ལ་ཆར་ཆེན་པོ་བབས་པ་བཞིན་དུ་སིབ་སིབ་ཐིམ་པའི་མོས་པ་མཛོད། ཛཿཧཱུཾ་བཾ་ཧོཿ ཞེས་བརྗོད། སྐུ་གཟུགས་སྤྱི་བོར་གཏུགས་ཏེ་སྔགས་ལན་གསུམ་བཟླས། སྐུའི་རྗེས་གནང་ངོ་། །དེ་ནས་སློབ་དཔོན་གྱི་ཐུགས་ཀ་ནས་འོད་ཟེར་འཕྲོས། མདུན་བསྐྱེད་ཀྱི་ཐུགས་རྒྱུད་བསྐུལ། ཐུགས་ཀར་ཉི་མའི་དཀྱིལ་འཁོར་

གྱི་དབུས་སུ་ཧཱུྃ་ཡིག་གི་མཐར་སྔགས་ཕྲེང་གིས་བསྐོར་བ་ལས་སྔགས་ཕྲེང་གཉིས་པ་བྱུང་། ཞལ་ནས་ཐོན། ཁྱེད་རང་རྣམས་ལྷར་གསལ་བའི་ཞལ་དུ་ཞུགས། ཐུགས་ཀར་ཉི་མའི་སྟེང་དུ་ཧཱུྃ་ཡིག་གི་མཐར་གཡས་སྐོར་དུ་འཁོད་པར་མོས་ལ་འདིའི་རྗེས་ཟློས་མཛོད། ཨོཾ་ཙཎྜ་མཧཱ་རོ་ཥ་ཎ་ཧཱུྃ་ཕཊ། ཅེས་ལན་གསུམ་རྗེས་ཟློས་བྱེད་དུ་གཞུག །ཕུར་བུ་མགྲིན་པར་གཏུགས་ཏེ་སྔགས་ལན་གསུམ་བཟླ། གསུང་གི་རྗེས་གནང་ངོ་། །དེ་ནས་སློབ་དཔོན་གྱི་ཐུགས་ཀ་ནས་འོད་ཟེར་འཕྲོས། མདུན་བསྐྱེད་དང་ཕྱོགས་བཅུའི་སངས་རྒྱས་བྱང་སེམས་ཐམས་ཅད་ཀྱི་ཐུགས་ཀྱི་བྱིན་རླབས་ཐམས་ཅད་ཕྱག་མཚན་རལ་གྲི་དཔག་ཏུ་མེད་པའི་རྣམ་པར་སྤྱན་དྲངས། ཁྱེད་རང་རྣམས་ཀྱི་ཐུགས་ཀའི་ས་བོན་ལ་ཐིམ་པའི་མོས་པ་མཛོད། རལ་གྲི་སྙིང་གར་(༣༠༧ན)གཏུགས་ཏེ་སྔགས་ལན་གསུམ་བཟླ། བརྟན་བྱེད་ཐོད་པ་རྒྱན་ཆང་གིས་བཀང་བ་ལས་འཐུང་དུ་གཞུག་སྟེ། སྔགས་ལན་གསུམ་བཟླ། ཐུགས་ཀྱི་རྗེས་གནང་ངོ་། །རྗེས་ཆོག་ཕྱི་དང་འདྲ། །

༈ མི་གཡོ་སྤྲེའུ་བརྒྱད་མ་ལ། སྐྱབས་འགྲོ་སེམས་བསྐྱེད་བསྒོམ་པ་སྔོན་དུ་བཏང་ནས། ཤཱུ་ནྱ་ཏཱས་སྟོང་པར་སྦྱངས། སྟོང་པའི་ངང་ལས་པཾ་ལས་སྣ་ཚོགས་པདྨ་ཤིང་རྟའི་འཕང་ལོ་ཙམ་དེའི་སྟེང་དུ་རཾ་ལས་ཉི་མ་ལ་གནས་པའི་རང་སེམས་ཨོཾ་ཨ་ཙ་ལ་ཀ་ཎ་སཏྭ་རེ་གྷན། ཧྲི་ཙྪ་ཧྲི་ཙྪ། ཚོ་ཙྪ་ཚོ་ཙྪ་ཧཱུྃ། ཞེས་པའི་སྔགས་ཕྲེང་ཡོངས་སུ་གྱུར་པ་ལས། རལ་གྲི་སྔགས་ཕྲེང་གིས་མཚན་པ། དེ་ལས་འོད་ཟེར་འཕྲོས། རང་བཞིན་གྱི་གནས་ནས་མི་གཡོ་བ་སྤྱན་དྲངས་ཏེ་ཐིམ་པ་ཡོངས་སུ་གྱུར་པ་ལས་རང་ཉིད་མི་གཡོ་སྐུ་མདོག་ནག །དབུ་གསུམ་ཕྱག་དྲུག་ཞབས་གཉིས་པ། །གཡས་དམར་གཡོན་དཀར་དབུས་མཐིང་ཞལ། །གཡས་གསུམ་རྡོ་རྗེ་རལ་གྲི་དང་། །འཁོར་ལོ་བསྣམས་ཤིང་གཡོན་དང་པོ། །ཐུགས་ཀར་ཁྲོ་བོའི་སྡིགས་མཛུབ་ཅན། །ལྷག་མ་དགྲ་སྟ་ཞགས་པ་བསྣམས། །གཡས་བསྐུམས་གཡོན་བརྐྱངས་གོམ་སྟབས་ཀྱིས། །ནད་བརྒྱད་རང་བཞིན་སྤྲེའུ་བརྒྱད་གནོན། །སྟག་ལྤགས་ན་བཟའ་སྦྲུལ་རྒྱན་དང་། །མི་

མགོའི་དབུ་རྒྱན་དོ་ཤལ་ཅན། །སྤྱན་གསུམ་མཆེ་གཙིགས་མེ་དཔུང་བཞུགས། །སྤྱི་
བོར་ཟླ་བ་ལ་ཨོཾ་དཀར་པོ། མགྲིན་པར་པདྨ་ལ་ཨཱཿདམར་པོ། ཐུགས་ཀར་ཉི་མ་
ལ་ཧཱུྃ་སྔོན་པོ། ཧཱུྃ་དེའི་སྟེང་དུ་པཾ་ལས་པདྨ་དང་། རཾ་ལས་ཉི་མའི་སྟེང་དུ་ཧཱུྃ་ལས་
རང་དང་འདྲ་(༤༡༧བ)བའི་ཡེ་ཤེས་སེམས་དཔའ། དེའི་ཐུགས་ཀར་ཏིང་ངེ་འཛིན་
སེམས་དཔའ། རཾ་ལས་བྱུང་བའི་ཉི་མ་ལ་གནས་པའི་ཧཱུྃ་ལས་བྱུང་བའི་རལ་གྲི་ཧཱུྃ་
གིས་མཚན་པ། ཐུགས་ཀའི་ཧཱུྃ་ལས་འོད་ཟེར་འཕྲོས། ཡེ་ཤེས་སེམས་དཔའ་བཛྲ་ས
མཱ་ཛཿཛཿཧཱུྃ་བཾ་ཧོཿགཉིས་སུ་མེད་པར་གྱུར། སླར་ཡང་ཐུགས་ཀའི་ཧཱུྃ་ལས་འོད་ཟེར་
འཕྲོས། དབང་གི་ལྷ་རྣམས་སྤྱན་དྲངས། ཁྱེད་རྣམས་ཀྱིས་བདག་ལ་མངོན་པར་
དབང་བསྐུར་དུ་གསོལ། ཞེས་གསོལ་བ་བཏབ་པས། ཨོཾ་བཛྲ་ཱི་བྷ་ཝ་ཨ་ཥི་ཥིཉྩ་ཧཱུྃ།
ཞེས་དབང་བསྐུར། སྤྱི་བོ་དཔྲལ་བ་ལྟག་པ་རྣ་ལྟག་གཡས་གཡོན་རྣམས་སུ་རྡོ་རྗེ་
ནག་པོ་རྩེ་ལྔ་པ་རེ་རེས་བརྒྱན་པར་གྱུར་པར་བསམ། རིགས་བདག་གི་རྒྱན་ནོ། །
ཏིང་ངེ་འཛིན་སེམས་དཔའི་མཐར་ཡིག་འབྲུས་བསྐོར་བར་བསམས་ལ། ཨོཾ་ཨ་ཙ་ལ་
ཀ་ཊ་སྥ་ཊ་རེ་ཝཱ་ན། ཧཱུྃ་ཧཱུྃ། ཕཊ་ཕཊ། ཛིཛྙ་ཛིཛྙ། ཆིནྡྷ་ཆིནྡྷ་ཧཱུྃ། ཞེས་བཟླས་པས་ཡིག་འབྲུ་ལས་རལ་
གྲི་འཕྲོས། བཤད་ལམ་ནས་ཐོན། སྤྲེའུ་བརྒྱད་གཟིར་བ་དང་། གཞན་ཡང་གདུག་
པ་ཅན་ཐམས་ཅད་ཚར་བཅད། གསང་བ་ནས་ཞུགས་ཏེ་སྙིང་གར་ཐིམ་པར་བསམ།
ཐུན་འཛོག་ཁར་ལྷ་སྐུ་སྟོང་པ་ཉིད་དུ་བསྡུས་ལ་ཅུང་ཟད་མཉམ་པར་བཞག །སླར་
ཡང་ལྷ་སྐུར་གསལ་བཏབ་ལ་དགེ་བ་བསྔོ། གཏོར་མ་བསངས་སྦྱངས། ཨ་ལས་ཐོད་
པའི་ནང་དུ་ཨ་ལས་ཟླ་བ། དེའི་སྟེང་དུ་ཧཱུྃ་ལས་རྡོ་རྗེ་གདེངས་པ་རྒྱ་གྲམ་གྱི་ལྟེ་བ་ལ་
ཧཱུྃ་གིས་མཚན་པ། དེ་ལས་འོད་ཟེར་འཕྲོས། སྟོད་བཅུད་ཀྱི་བདུད་རྩི་ཐམས་ཅད་
ལྷ་མོ་བདུད་རྩིའི་བུམ་པ་ཅན་གྱི་རྣམ་པར་སྤྱན་དྲངས་ཏེ་(༤༡༨ན)བསྟིམ། ཟླ་བ་དང་
རྡོ་རྗེ་རྒྱ་གྲམ་ཡང་འོད་དུ་ཞུ། བདུད་རྩིའི་རྒྱ་མཚོ་ཆེན་པོར་གྱུར། ཨོཾ་ཨཱཿཧཱུྃ་ཧ་ཧོ་
ཧྲཱིཿ ཞེས་བྱིན་གྱིས་བརླབས། རང་གི་ཐུགས་ཀའི་ཧཱུྃ་གི་འོད་ཟེར་གྱིས་རང་བཞིན་

གྱི་གནས་ནས། བཅོམ་ལྡན་འདས་མི་གཡོ་བ་ལ་སངས་རྒྱས་བྱང་ཆུབ་སེམས་དཔའི་
ཚོགས་ཐམས་ཅད་ཀྱིས་བསྐོར་བ། བཛྲ་ས་མ་ཛཿ ཞེས་སྤྱན་དྲངས། སྙིང་པོའི་
མཐར། ཨཱཪྻ་ཨ་ཙ་ལ་ས་པ་རི་ཝཱ་ར་ཨི་དཾ་བ་ལིཾ་ཏ་ཁ་ཁ་ཁཱ་ཧི་ཁཱ་ཧི། ཞེས་བཏགས་
པ་ལན་བདུན་གྱིས་ཕུལ། ཨོཾ་ཨཱཪྻ་ཨ་ཙ་ལ་ས་པ་རི་ཝཱ་ར་ཨརྒྷཾ་ནས་ཤབྡ་པྲ་ཏཱིཙྪ་ཧཱུཾ་
སྭཱཧཱ་ཞེས་པའི་བར་གྱིས་མཆོད། ཀྱེ་ཀྱེ་མཐའ་གཉིས་རྣམ་པར་མ་གཡོས་ཀྱང་། །
སྤྲུལ་པའི་གཟུགས་ཀྱིས་འགྲོ་དོན་དཔག་མེད་མཛད། །འཇིགས་བྱེད་ཆེན་པོ་འགྲོ་
བ་ཀུན་སྒྲོལ་ཞིང་། །སྲིད་པ་གསུམ་ན་དགྱེས་པའི་གར་མཛད་པ། །སྲིད་པའི་རྩ་བོ་
སྐྲེམས་ཤིང་བདུད་རྣམས་འཇོམས། །སྲིད་པའི་ཀླུང་གིས་མི་གཡོ་ཐུགས་རྗེའི་མགོན། །
རབ་བརྗིད་མི་གཡོ་མགོན་ལ་ཕྱག་འཚལ་བསྟོད། །བཅོམ་ལྡན་འདས་མི་གཡོ་བ་
འཁོར་དང་བཅས་པ་རྣམས་ཀྱིས་བདག་ལ་འཇིག་རྟེན་དང་འཇིག་རྟེན་ལས་འདས་
པའི་དངོས་གྲུབ་མ་ལུས་པ་བསྩལ་དུ་གསོལ། གཤེགས་གསོལ་བྱ། འདིའི་རྗེས་
གནང་ནི། མཎྜལ་གཅིག་ལ་ཚོམ་བུ་ནག་པོ་དགོད། མདུན་དུ་མཆོད་གཏོར་རྣམས་
བཤམས་ལ། བདག་བསྐྱེད་བཟླས་པ་དང་བཅས་པ་བྱ། མཆོད་པ་སྤྱི་དང་མཐུན་
པར་བྱིན་གྱིས་བརླབས། མདུན་བསྐྱེད་(༣༡༢བ)བསངས་སྦྱངས། སྟོང་པའི་ངང་ལས་
པཾ་ལས་སྣ་ཚོགས་པདྨ་ཤིང་རྟའི་འཕང་ལོ་ཙམ་དེའི་སྟེང་དུ་རཾ་ལས་ཉི་མ་ལ་གནས་
པའི་ཨོཾ་ཨ་ཙ་ལ་ཀ་ཊ་སན་རེ་ཀཱན། ཧཱུཾཛ་ཧཱུཾཛ། ཚེཛ་ཚེཛ་ཧཱུཾ། ཞེས་པའི་སྔགས་
ཕྲེང་ཡོངས་སུ་གྱུར་པ་ལས། རལ་གྲི་སྔགས་ཕྲེང་གིས་མཚན་པ། དེ་ལས་འོད་ཟེར་
འཕྲོས། རང་བཞིན་གྱི་གནས་ནས་མི་གཡོ་བ་སྤྱན་དྲངས་ཏེ་ཐིམ་པ་ཡོངས་སུ་གྱུར་
པ་ལས། འཕགས་པ་མི་གཡོ་བ་སྐུ་མདོག་ནག །ཅེས་པ་ནས། རྡོ་རྗེ་ནག་པོ་རྩེ་ལྔ་
པ་རེ་རེས་བརྒྱན་པར་གྱུར། ཅེས་པའི་བར་བདག་བསྐྱེད་བཞིན་ལས་བདག་ལ་ཞེས་
པ་འདི་ལ་ཞེས་འདོན་པ་བསྒྱུར། གོང་བཞིན་མཆོད་བསྟོད། བཟླས་པ་ཅི་འགྲུབ་
བྱ། གཏོར་མ་བྱིན་གྱིས་བརླབས་ཏེ་འབུལ་བ་ནས་འདོད་དོན་ལ་གསོལ་བཏབ་ཀྱི་

བར་དུ་སྟར་བཞིན་བྱ། དེ་ནས་སློབ་མས་མཎྜལ་ཕུལ། གསོལ་བ་འདེབས་པ་འདིའི་རྗེས་ཟློས་མཛོད། རྡོ་རྗེ་འཛིན་པ་ནས་བསྐུལ་དུ་གསོལ། ཞེས་ལན་གསུམ། དཀོན་མཆོག་གསུམ་ལ་བདག་སྐྱབས་མཆི། །ཞེས་སོགས་ཀྱིས་རྒྱུན་བཤགས་བྱ། དེ་ནས་སློབ་མ་རྣམས་བསངས་སྦྱངས། སྟོང་པའི་ངང་ལས་པཾ་ལས་སྣ་ཚོགས་པདྨ་ཤིང་རྟའི་འཕང་ལོ་ཙམ་དེའི་སྟེང་དུ་རཾ་ལས་ཉི་མ་ལ་གནས་པའི་ཁྱེད་རང་རྣམས་ཀྱི་སེམས་ཨོཾ་ཨ་ཙ་ལ་ག་ཊ་སརྦ་རེ་ཀྵན། ཧིཎྜ་ཧིཎྜ། ཚིཎྜ་ཚིཎྜ་ཧཱུཾ། ཞེས་པའི་སྔགས་ཕྲེང་ཡོངས་སུ་གྱུར་པ་ལས། རལ་གྲི་སྔགས་ཕྲེང་གིས་མཚན་པ། དེ་ལས་འོད་ཟེར་འཕྲོས། རང་བཞིན་གྱི་གནས་ནས་མི་གཡོ་བ་སྤྱན་དྲངས་ཏེ་ཐིམ་(ལྷ་ཞན)པ་ཡོངས་སུ་གྱུར་པ་ལས། ཁྱེད་རང་མི་གཡོ་སྐུ་མདོག་ནག །དབུ་གསུམ་ཕྱག་དྲུག་ཞབས་གཉིས་པ། །གཡས་དམར་གཡོན་དཀར་དབུས་མཐིང་ཞལ། །གཡས་གསུམ་རྡོ་རྗེ་རལ་གྲི་དང་། །འཁོར་ལོ་བསྣམས་ཤིང་གཡོན་དང་པོ། །ཐུགས་ཀར་ཁྲོ་བོའི་སྡིགས་མཛུབ་ཅན། །ལྷག་མ་དགྲ་སྟ་ཞགས་པ་བསྣམས། །གཡས་བསྐུམས་གཡོན་བརྐྱངས་གོམ་སྟབས་ཀྱིས། །ནད་བརྒྱད་རང་བཞིན་སྦྲེའུ་བརྒྱད་གདོན། །སྟག་ལྤགས་ན་བཟའ་སྦྲུལ་རྒྱན་དང་། །མི་མགོའི་དབུ་རྒྱན་དོ་ཤལ་ཅན། །སྤྱན་གསུམ་མཆེ་གཙིགས་མེ་དཔུང་བཞུགས། །སྤྱི་བོར་ཟླ་བ་ལ་ཨོཾ་དཀར་པོ། མགྲིན་པར་པདྨ་ལ་ཨཱཿདམར་པོ། ཐུགས་ཀར་ཉི་མ་ལ་ཧཱུཾ་སྔོན་པོ། ཧཱུཾ་དེའི་སྟེང་དུ་པཾ་ལས་པདྨ་དང་རཾ་ལས་ཉི་མའི་སྟེང་དུ་ཧཱུཾ་ལས་རང་དང་འདྲ་བའི་ཡེ་ཤེས་སེམས་དཔའ། དེའི་ཐུགས་ཀར་ཏིང་ངེ་འཛིན་སེམས་དཔའ། རཾ་ལས་བྱུང་བའི་ཉི་མ་ལ་གནས་པའི་ཧཱུཾ་ལས་བྱུང་བའི་རལ་གྲི་ཧཱུཾ་གིས་མཚན་པ། ཞེས་གསལ་གདབ་བོ། །མདུན་གྱི་ཚོམ་བུ་འདི་ཉིད་ཀྱང་ཁྱེད་རང་རྣམས་སྒོམ་པ་དང་འདྲ་བའི་མི་གཡོ་བར་དངོས་སུ་བཞུགས་པར་མོས་ལ། དེ་ནས་སློབ་དཔོན་ལ་མོས་གུས་དུང་བ་བྱས་པས། སློབ་དཔོན་གྱི་ཐུགས་ཀ་ནས་འོད་ཟེར་འཕྲོས། མདུན་བསྐྱེད་དང་ཕྱོགས་བཅུའི་སངས་རྒྱས་བྱང་སེམས་ཐམས་

ཅད་ཀྱི་ཐུགས་ཀར་ཕོག །ཐུགས་རྒྱུད་བསྐུལ། ཐུགས་ཀ་ནས་ཐུགས་གཉིས་སུ་མེད་པའི་ཡེ་ཤེས་ཀྱི་ངོ་བོ་ཡིན་པ་ལ་རྣམ་པ་(༣༡༣བ)འཕགས་པ་མི་གཡོ་བའི་སྐུ་ཆེ་ཆུང་བསམ་གྱིས་མི་ཁྱབ་པ་སྤྲུལ་དྲངས། ཁྱེད་རང་རྣམས་ཀྱི་ལུས་ལ་ཆར་ཆེན་པོ་བབས་པ་བཞིན་དུ་སིབ་སིབ་ཐིམ་པའི་མོས་པ་མཛོད། ཛཿཧཱུྃ་བཾ་ཧོཿ ཞེས་བརྗོད། སྐུའི་རྗེས་གནང་ངོ་། །དེ་ནས་སློབ་དཔོན་གྱི་ཐུགས་ཀ་ནས་འོད་ཟེར་འཕྲོས། མདུན་བསྐྱེད་ཀྱི་ཐུགས་རྒྱུད་བསྐུལ། ཐུགས་ཀར་ཉི་མའི་དཀྱིལ་འཁོར་གྱི་དབུས་སུ་ཧཱུྃ་ཡིག་གི་མཐར་སྔགས་ཕྲེང་གིས་བསྐོར་བ་ལས་སྔགས་ཕྲེང་གཉིས་པ་བྱུང་། ཞལ་ནས་ཐོན། ཁྱེད་རང་རྣམས་ལྷར་གསལ་བའི་ཞལ་དུ་ཞུགས། ཐུགས་ཀར་ཉི་མའི་སྟེང་དུ་ཧཱུྃ་ཡིག་གི་མཐར་གཡས་སྐོར་དུ་འཁོད་པར་མོས་ལ་འདིའི་རྗེས་ཟློས་མཛོད་བྱས་ལ། ཨོཾ་ཨ་ཙ་ལ་ཀ་ཎ་སབྦ་རེ་ཀྵན། ཧྲིཀྵ་ཧྲིཀྵ། ཚིཀྵ་ཚིཀྵ་ཧཱུྃ། ཞེས་རྗེས་ཟློས་ལན་གསུམ་བྱེད་དུ་གཞུག །གསུང་གི་རྗེས་གནང་ངོ་། །དེ་ནས་སློབ་དཔོན་གྱི་ཐུགས་ཀ་ནས་འོད་ཟེར་འཕྲོས། མདུན་བསྐྱེད་དང་ཕྱོགས་བཅུའི་སངས་རྒྱས་བྱང་སེམས་ཐམས་ཅད་ཀྱི་ཐུགས་ཀྱི་བྱིན་རླབས་ཐམས་ཅད་ཕྱག་མཚན་དཔག་ཏུ་མེད་པའི་རྣམ་པར་སྤྲུལ་དྲངས། ཁྱེད་རང་རྣམས་ཀྱི་ཐུགས་ཀའི་ས་བོན་དང་དབྱེར་མེད་པར་ཐིམ་པའི་མོས་པ་མཛོད། ཐུགས་ཀྱི་རྗེས་གནང་ངོ་། །རྗེས་ཆོག་ཕྱི་དང་འདྲའོ། །སྒྲུབ་ཐབས་རིན་ཆེན་འབྱུང་གནས་ཀྱི་ལྷན་ཐབས་རིན་འབྱུང་དོན་གསལ་ལས། མི་གཡོ་བའི་སྒྲུབ་ཐབས་བཤད་པའི་སྐབས་སོ། །

༄ ཆེ་དཔག་མེད་སྤྲུལ་སྐུ་ལ། སྐྱབས་འགྲོ་སེམས་བསྐྱེད་ཚད་མེད་བཞི་བསྒོམ་པ་སྔོན་དུ་བཏང་ནས། ཁ་ཤར་དུ་ཕྱོགས་ཏེ་རང་ཡི་དམ་(༣༡༤ན)གང་ཡང་རུང་བའི་ང་རྒྱལ་ལ་གནས་པས་རང་གི་མདུན་གྱི་ནམ་མཁར་བཅོམ་ལྡན་འདས་རྒྱལ་བ་ཚེ་དཔག་མེད་སྐུ་མདོག་དམར་སེར་རབ་ཏུ་བྱུང་བའི་ཆ་ལུགས་ཅན། ན་བཟའ་ཆོས་གོས་ငུར་སྨྲིག་རྣམ་གསུམ་གསོལ་བ། པད་ཟླ་ལ་རྡོ་རྗེའི་སྐྱིལ་ཀྲུང་གིས་བཞུགས་

ཤིང་། ཕྱག་གཉིས་མཉམ་གཞག་གི་ཕྱག་རྒྱས་འཆི་མེད་ཡེ་ཤེས་ཀྱི་བདུད་རྩིས་གང་བའི་ལྷུང་བཟེད་བསྣམས་པ། མཚན་དཔེ་ཡོངས་སུ་རྫོགས་པའི་སྐུར་གྱུར། དཀོན་མཆོག་གསུམ་ལ་བདག་སྐྱབས་མཆི་སོགས་ཚར་གཅིག །ཨོཾ་བཛྲ་ཨཱ་ཡུ་ཥི་ས་ར་ཏ་ག་ར་རེ་ཤ་ར་རེ་ཧཱུྃ་ཕཊ། ཅེས་ཉེར་གཅིག་བཟླས་ལ། ཐལ་མོ་སྦྱར་ཏེ། བཅོམ་ལྡན་འདས་ཚེ་དཔག་ཏུ་མེད་པས་བདག་ཚེ་དང་ཡེ་ཤེས་དཔག་ཏུ་མེད་པར་བྱིན་གྱིས་བརླབ་ཏུ་གསོལ། ལན་གསུམ། རླུང་ཕྱིར་གསལ་བས་ལྷུང་བཟེད་ཁ་ཕོལ། ནང་དུ་རྫབ་པའི་ཚེ་བདུད་རྩི་ལུད་པ་རྣམས་སྣ་སྒོ་ནས་ཞུགས་ཏེ་ལུས་ཐམས་ཅད་དང་། ཁྱད་པར་སྙིང་གའི་རྩ་སྦུབས་གང་བར་བསམ་སྟེ། མཆིལ་མ་རེ་མིད་པ་ལན་བདུན་བྱ། དེ་ནས། ཨོཾ་ཨ་མ་ར་ཎི་ཛཱི་ཝནྟི་ཡེ་སྭཱཧཱ། ཞེས་པ་ཅི་ནུས་དང་། ཨོཾ་པུཎྱེ་པུཎྱེ་མཧཱ་པུཎྱེ་ཨ་པ་རི་མི་ཏ་པུཎྱེ་ཨ་པ་རི་མི་ཏ་པུཎྱེ་ཛྙཱ་ན་སཾ་བྷཱ་རོ་པ་ཙི་ཏེ། ཨོཾ་སརྦ་སཾ་སྐཱ་ར་པ་རི་ཤུདྡྷ་དྷརྨ་ཏེ་ག་ག་ན་ས་མུད་ག་ཏེ་སྭ་བྷཱ་ཝ་བི་ཤུདྡྷེ་མཧཱ་ན་ཡ་པ་རི་ཝཱ་རེ་སྭཱཧཱ། ཚེ་གཟུངས་ཨོཾ་གཉིས་མ་ཉེར་གཅིག་ཙམ་བཟླས་པས་ཚེ་དཔག་མེད་འོད་དུ་ཞུ། སྤྱི་བོ་ནས་ཞུགས་པས་ལུས་ཐམས་ཅད་གང་བར་གྱུར། འདིའི་སློབ་མ་རྗེས་འཛིན་ལ་སྨོམ་(༣༨༨བ)ལུང་ཙམ་འབོགས་པའི་སྲོལ་ཡོད་པ་ནི་སྤྱི་དང་མཐུན། དབུས་ཆོག་བྱེད་ན། མཎྜལ་པདྨ་འདབ་བརྒྱད་ཀྱི་ལྟེ་བར་ཚོམ་བུ་དམར་སེར། དེའི་སྟེང་དུ་མཱ་ཊིའི་ཁར་བུམ་པ་སྤྱི་དང་མཐུན་པར་བཀོད། མདུན་དུ་མཆོད་པ་དང་། གང་འོས་ཕྱོགས་སུ་བགེགས་གཏོར་རྣམས་བཤམས་ལ། གུ་གུལ་གྱིས་བདུགས་ལ་བགེགས་གཏོར་བཏང་། སློབ་དཔོན་གྱིས་ཡི་དམ་གང་ཡང་རུང་བའི་བདག་བསྐྱེད་དམ། ཚེ་དཔག་མེད་ཀྱི་བདག་བསྐྱེད་བཟླས་པ་དང་བཅས་པ་བྱ། མདུན་བསྐྱེད་བསངས་སྦྱངས། སྟོང་པའི་ངང་ལས་རང་གི་མདུན་གྱི་ནམ་མཁར་བཅོམ་ལྡན་འདས་རྒྱལ་བ་ཚེ་དཔག་མེད་ཅེས་པ་ནས། བཟླས་པའི་བར་གོང་བཞིན་བྱ། བུམ་པ་བསངས་སྦྱངས། སྟོང་པའི་ངང་ལས་ཧཱུྃ་ལས་བུམ་པ་བཾ་ལས་བྱུང་བའི་བདུད་རྩིས་གང་བའི་

སྙིང་དུ་ཚེ་དཔག་མེད་ཅེས་པ་ནས་བཟླས་པའི་བར་སྔར་བཞིན་བྱ། མཆོད་པ་བྱ་རྒྱུད་ལྟར་བྱིན་གྱིས་བརླབས། ཨོཾ་སརྦ་ཏ་ཐཱ་ག་ཏ་ཨ་པ་རི་མི་ཏ་ཨཱ་ཡུར་ཛྙཱ་ན་ས་པ་རི་ཝཱ་ར་ཨརྒྷཾ་པྲ་ཏཱིཙྪ་སྭཱཧཱ། ཞེས་པ་ནས། ཤབྡ་པྲ་ཏཱིཙྪ་སྭཱཧཱ། ཞེས་པའི་བར་གྱིས་མཆོད། འཇིག་རྟེན་འདྲེན་པའི་ཞེས་སོགས་ཀྱིས་བསྟོད། ཐལ་མོ་སྦྱར་ཏེ། བཅོམ་ལྡན་འདས་ཚེ་དཔག་ཏུ་མེད་པས་བདག་ཅག་དཔོན་སློབ་འཁོར་དང་བཅས་པ་རྣམས་ཚེ་དང་ཡེ་ཤེས་དཔག་ཏུ་མེད་པར་བྱིན་གྱིས་བརླབ་ཏུ་གསོལ། ཞེས་གསོལ་བ་བཏབ། ལྷ་འོད་དུ་ཞུ་ནས་བདུད་རྩིར་གྱུར། སློབ་མས་མཇལ་ཕྱུལ། ཀུན་མཁྱེན་ཡེ་ཤེས་སོགས་ཀྱི་གསོལ་གདབ་དང་། དཀོན་མཆོག་གསུམ་ལ་བདག་སྐྱབས་མཆི། །ཞེས་(༣/༥ན) སོགས་ཀྱིས་རྒྱུན་བཤགས་བྱ། སློབ་མ་ཐ་མལ་གྱི་ང་རྒྱལ་ལ། མདུན་བསྐྱེད་དང་སློབ་དཔོན་དབྱེར་མེད་པ་ཚེ་དཔག་མེད་དངོས་སུ་མོས། དེ་ཡང་མདུན་གྱི་ནམ་མཁར་བཅོམ་ལྡན་འདས་རྒྱལ་བ་ཚེ་དཔག་མེད་སྐུ་མདོག་དམར་སེར་རབ་ཏུ་འབྱུང་བའི་ཆ་ལུགས་ཅན། ན་བཟའ་ཆོས་གོས་དུར་སྨྲིག་རྣམ་གསུམ་གསོལ་བ་པད་ཟླ་ལ་རྡོ་རྗེའི་སྐྱིལ་ཀྲུང་གིས་བཞུགས་ཤིང་། ཕྱག་གཉིས་མཉམ་གཞག་གི་ཕྱག་རྒྱས་འཆི་མེད་ཡེ་ཤེས་ཀྱི་བདུད་རྩིས་གང་བའི་ལྷུང་བཟེད་བསྣམས་པ། མཚན་དཔེ་ཡོངས་སུ་རྫོགས་པའོ། །ཨོཾ་བཛྲ་ཨཱ་ཡུ་ཥི་ས་ར་ཏ་ག་ར་ར་ཤ་ར་རེ་ཧཱུཾ་ཕཊ། ཅེས་དཔོན་སློབ་གཉིས་ཀས་ཉེར་གཅིག་བཟླས་ལ། ཐལ་མོ་སྦྱར་ཏེ། བཅོམ་ལྡན་འདས་ཚེ་དཔག་ཏུ་མེད་པས་བདག་ཚེ་དང་ཡེ་ཤེས་དཔག་ཏུ་མེད་པར་བྱིན་གྱིས་བརླབ་ཏུ་གསོལ། ལན་གསུམ། རླུང་ཕྱིར་བསལ་བས་ལྷུང་བཟེད་ཁོལ། ནང་དུ་རྔུབ་པའི་ཚེ་བདུད་རྩི་ལུད་པ་རྣམས་སྣ་སྒོ་ནས་ཞུགས་ཏེ་ལུས་ཐམས་ཅད་དང་ཁྱད་པར་སྙིང་གའི་རྩ་སྦུབས་གང་བར་བསམ་སྟེ། མཆིལ་མ་རེ་མིད་པ་ལན་བདུན་བྱ། རླུང་རྔུབ་པའི་ཚེ་བུམ་ཆུ་རེ་སྦྱིན། དེ་ནས། ཨོཾ་ཨ་མ་ར་ཎི་ཛཱི་ཝནྟི་ཡེ་སྭཱཧཱ། ཞེས་པ་ཅི་ནུས་དང་། ཨོཾ་པུཎྱེ་པུཎྱེ་མཧཱ་པུཎྱེ་ཨ་པ་རི་མི་ཏ་པུཎྱེ་ཨ་པ་རི་མི་ཏ་པུཎྱེ་ཛྙཱ་ན་སཾ་བྷཱ་རོ་

པ་ཙཱི་ཏེ། ཨོཾ་སརྦ་སཾ་སྐཱ་ར་པ་རི་ཤུདྡྷ་དྷརྨཱ་ཏེ་ག་ག་ནས་མུདྦ་ཏེ་སྭ་བྷཱ་ཝ་བི་ཤུདྡྷེ་མཧཱ་ན་ཡ་པ་རི་ཝཱ་རེ་སྭཱཧཱ། ཞེར་གཅིག་ཙམ་བཟླས་པ་དཔོན་སློབ་གཉིས་ཀར་ལྡན་དུ་བྱེད། ཚེ་དཔག་མེད་འོད་དུ་ཞུ། ཁྱེད་རང་(༣༥༥བ)རྣམས་ཀྱི་སྤྱི་བོ་ནས་ཞུགས་པས། ལུས་ཐམས་ཅད་གང་བར་མོས་སུ་བཙུག་སྟེ། སྤྱི་བོར་བུམ་པ་འཛོག་ཅིང་། བུམ་ཆུ་གཏོར་བ་རྣམས་ལག་ལེན་ཡིན། རྗེས་ཆོག་སྤྱི་དང་འདྲའོ། །

༄ ཚེ་དཔག་མེད་བ་རིའི་ལུགས་ལ། སྐྱབས་འགྲོ་སེམས་བསྐྱེད་ཚད་མེད་བཞི་བསྒོམ་པ་སྔོན་དུ་བཏང་ནས། སྭ་བྷཱ་ཝས་སྟོང་པར་སྦྱངས། སྟོང་པའི་ངང་ལས་པད་ཟླའི་གདན་ལ་རང་སེམས་ཧྲཱིཿ་ལས་རྒྱལ་བ་ཚེ་དཔག་མེད་སྐུ་མདོག་དམར་པོ། ཞལ་གཅིག་ཕྱག་གཉིས་མཉམ་གཞག་གི་ཕྱག་རྒྱ་མཛད་པའི་སྟེང་ན། འཆི་མེད་ཡེ་ཤེས་ཀྱི་བདུད་རྩིས་གང་བའི་བུམ་པ་འཛིན་པ། ཞབས་རྡོ་རྗེའི་སྐྱིལ་མོ་ཀྲུང་གིས་བཞུགས་པ། དར་དང་རིན་པོ་ཆེའི་རྒྱན་གྱིས་བརྒྱན་པ། སྤྱི་བོར་ཨོཾ། མགྲིན་པར་ཨཱཿ ཐུགས་ཀར་ཧཱུྃ་གིས་མཚན་པ་ལས་འོད་ཟེར་འཕྲོས། རང་བཞིན་གྱི་གནས་ནས་མགོན་པོ་ཚེ་དཔག་མེད་ལ་སངས་རྒྱས་དང་བྱང་ཆུབ་སེམས་དཔའ་ཐམས་ཅད་ཀྱིས་བསྐོར་བ་སྤྱན་དྲངས། ཛཿཧཱུྃ་བཾ་ཧོཿགཉིས་སུ་མེད་པར་གྱུར། སླར་ཡང་ཐུགས་ཀའི་ས་བོན་ལས་འོད་ཟེར་འཕྲོས། དབང་གི་ལྷ་རྣམས་སྤྱན་དྲངས། ཁྱེད་རྣམས་ཀྱིས་བདག་ལ་མངོན་པར་དབང་བསྐུར་དུ་གསོལ། ཞེས་གསོལ་བ་བཏབ་པས། དེ་རྣམས་ཀྱིས་ཡེ་ཤེས་ཀྱི་བདུད་རྩིས་གང་བའི་བུམ་པ་ཐོགས་ནས། ཨོཾ་སརྦ་ཏ་ཐཱ་ག་ཏ་ཨ་བྷི་ཥེ་ཀ་ཏ་ས་མ་ཡ་ཤྲཱི་ཡེ་ཧཱུྃ། ཞེས་གསུངས་ཤིང་། བུམ་པའི་ཆུས་དབང་བསྐུར། སྐུ་ལུས་ཐམས་ཅད་གང་། སྒྲིབ་གཉིས་ཀྱི་དྲི་མ་ཐམས་ཅད་དག །ཆུའི་ལྷག་མ་ཡར་ལུད་པ་ལས་རྣམ་པར་སྣང་མཛད་ཀྱིས་(༣༥༦ན)དབུ་བརྒྱན་པར་གྱུར། བཟླས་པའི་དམིགས་པ་གསལ་བཏབ་ལ། ཨོཾ་པུཎྱེ་པུཎྱེ་མཧཱ་པུཎྱེ་ཨ་པ་རི་མི་ཏ་པུཎྱེ། ཨ་པ་རི་མི་ཏ་པུཎྱེ་ཛྙཱ་ན་སཾ་བྷཱ་རོ་པ་ཙཱི་ཏེ་ཀ་རི་ཋ་ཡེ་སྭཱཧཱ། ཞེས་ཅི་ནུས་སུ་བཟླ།

རྗེས་གནང་བྱེད་པ་ལ། མཎྜལ་གྱི་སྟེང་དུ་ཚོམ་བུ་དམར་པོ། བུམ་ཅོག་བྱེད་ན། དེའི་མདུན་དུ་བུམ་པ་གཉིས་འཆའ། དུང་ཆོས་གཟུངས་རྫོར་དང་བཅས་པ། མདུན་དུ་གླུམ་གཏོར་དཀར་པོ། མཆོད་པ་རྣམས་བཤམས་ལ། མཆོད་པ་བྱ་རྒྱུད་ལྟར་བྱིན་གྱིས་བརླབས། མདུན་བསྐྱེད། ཨ་ཕྲོ་ཏས་བསངས། སྭ་བྷཱ་ཝས་སྟོང་པར་སྦྱངས། སྟོང་པའི་ངང་ལས་པད་ཟླའི་གདན་ལ་ཧྲཱིཾ་ལས་རྒྱལ་བ་ཚེ་དཔག་མེད་སྐུ་མདོག་དམར་པོ། ཞེས་པ་ནས། དར་དང་རིན་པོ་ཆེའི་རྒྱན་གྱིས་བརྒྱན་པ། སྤྱི་བོར་ཨོཾ། མགྲིན་པར་ཨཱཿ ཐུགས་ཀར་ཧཱུྃ་གིས་མཚན་པ་ལས་འོད་ཟེར་འཕྲོས། རང་བཞིན་གྱི་གནས་ནས་མགོན་པོ་ཚེ་དཔག་མེད་ལ་སངས་རྒྱས་དང་བྱང་ཆུབ་སེམས་དཔའ་ཐམས་ཅད་ཀྱིས་བསྐོར་བ་སྤྱན་དྲངས། ཛཿཧཱུྃ་བཾ་ཧོཿགཉིས་སུ་མེད་པར་གྱུར། སླར་ཡང་ཐུགས་ཀའི་ས་བོན་ལས་འོད་ཟེར་འཕྲོས། དབང་གི་ལྷ་རྣམས་སྤྱན་དྲངས། ཁྱེད་རྣམས་ཀྱིས་འདི་ལ་མངོན་པར་དབང་བསྐུར་དུ་གསོལ། ཞེས་གསོལ་བ་བཏབ་པས། དེ་རྣམས་ཀྱིས་ཡེ་ཤེས་ཀྱི་བདུད་རྩིས་གང་བའི་བུམ་པ་ཐོགས་ནས། ཨོཾ་སརྦ་ཏ་ཐཱ་ག་ཏ་ཨ་བྷི་ཥེ་ཀ་ཏ་ས་མ་ཡ་ཤྲཱི་ཡེ་ཧཱུྃ། ཞེས་གསུངས་ཤིང་བུམ་པའི་ཆུས་དབང་བསྐུར། སྐུ་གང་དྲི་མ་དག །ཆུའི་ལྷག་མ་ཡར་ལུད་པ་ལས་རྣམ་པར་སྣང་མཛད་ཀྱིས་དབུ་བརྒྱན་(༣༧༨བ)པར་གྱུར། ཨོཾ་སརྦ་ཏ་ཐཱ་ག་ཏ་ཨ་པ་རི་མི་ཏ་ཨཱ་ཡུར་ཛྙཱ་ན་ས་པ་རི་ཝཱ་ར་ཨ་བྷི་ཥིཉྩ་སྭཱ་ཧཱ། ཞེས་པ་ནས། ཤཱུ་བྷི་ཥིཉྩ་སྭཱ་ཧཱ། ཞེས་པའི་བར་གྱིས་མཆོད། འཇིག་རྟེན་འདྲེན་པའི་གཙོ་བོ་ཚེ་དཔག་མེད་ནས་ཕྱག་འཚལ་ལོ། །ཞེས་བསྟོད། བཟླས་པ་བྱ། གཏོར་མ། ཨོཾ་ཨཱཿཧཱུྃ་གིས་བྱིན་གྱིས་བརླབས་ལ། ཨོཾ་པུཎྱེ་པུཎྱེ་མཧཱ་པུཎྱེ་ཨ་པ་རི་མི་ཏ་པུཎྱེ། ཨ་པ་རི་མི་ཏ་པུཎྱེ། ཛྙཱ་ན་སཾ་བྷཱ་རོ་པ་ཙི་ཏེ་ཀ་རི་ཊ་ཡེ་སྭཱ་ཧཱ། ཨ་ཀཱ་རོ་མུ་ཁཾ་སརྦ་དྷརྨཱ་ཎཱཾ་ཨཱདྱ་ནུཏྤནྣ་ཏྭཏ་ཨོཾ་ཨཱཿཧཱུྃ་ཕཊ་སྭཱ་ཧཱ། ཞེས་ལན་གསུམ་གྱིས་ཕུལ། བཅོམ་ལྡན་འདས་ཚེ་དཔག་ཏུ་མེད་པས་བདག་ཅག་དཔོན་སློབ་འཁོར་དང་བཅས་པ་རྣམས་ལ་འཆི་བ་མེད་པའི་ཚེ་ཡི་དངོས་གྲུབ་བསྩལ་

ཏུ་གསོལ། ཞེས་གསོལ་བ་གདབ། བུམ་པ་སྒྲུབ་པ་ལ། མཆོད་པ་བྱིན་གྱིས་བརླབས། ཨ་མྲྀ་ཏས་བསངས། སྭ་བྷཱ་ཝས་སྦྱངས། སྟོང་པའི་ངང་ལས་པཾ་པཾ་ལས་བྱུང་བའི་རིན་པོ་ཆེའི་བུམ་པ་དཀར་པོ་ལྟོ་བ་ཆེ་བ། མགྲིན་པ་རིང་བ། མཆུ་འཕྱང་བ་ལ་སོགས་པའི་མཚན་ཉིད་ཐམས་ཅད་ཡོངས་སུ་རྫོགས་པར་གྱུར། ཨོཾ་ཏྲཔྟེ་ཏྲཔྟེ་མཧཱ་ཏྲཔྟེ་སྭཱཧཱ། ལན་གཉིས་བརྗོད། ལྷའི་ཆུ་བོ་གྒཱ་དང་བུམ་པའི་ཆུ་དབྱེར་མི་ཕྱེད་པར་གྱུར། བུམ་པ་དང་པོའི་ནང་དུ་པད་ཟླའི་གདན་ལ་ཧཱུཾ་ལས་རྒྱལ་བ་ཚེ་དཔག་མེད་སྐུ་མདོག་དམར་པོ། ཞལ་གཅིག་ཕྱག་གཉིས་མཉམ་གཞག་གི་ཕྱག་རྒྱ་མཛད་པའི་སྟེང་ན། འཆི་མེད་ཡེ་ཤེས་ཀྱི་བདུད་རྩིས་གང་བའི་བུམ་པ་འཛིན་པ། ཞབས་རྡོ་རྗེའི་སྐྱིལ་ཀྲུང་གིས་བཞུགས་པ། དར་དང་རིན་པོ་ཆེའི་རྒྱན་གྱིས་(༣༡༧ན)བརྒྱན་པ། བུམ་པ་གཉིས་པ་ལ་པད་ཟླའི་གདན་ལ་ཧླཱཾ་ལས་མཆེ་བ་ཧླཱཾ་གྱིས་མཚན་པ་ལས། རྡོ་རྗེ་གནོད་སྦྱིན་སྐུ་མདོག་ནག་པོ་གཡས་རྡོ་རྗེ་མཆེ་བ་འཕྱར་ཞིང་། གཡོན་སྡིགས་མཛུབ་ཐུགས་ཀར་མཛད་པ། གཡོན་བརྐྱང་གིས་བཞུགས་པར་གྱུར། གཉིས་ཀའི་སྤྱི་བོར་ཨོཾ། མགྲིན་པར་ཨཱཿ ཐུགས་ཀར་ཧཱུཾ་གིས་མཚན་པ་ལས་འོད་ཟེར་འཕྲོས། རང་བཞིན་གྱི་གནས་ནས་བསྒོམས་པ་དང་འདྲ་བའི་ཡེ་ཤེས་པ་སྤྱན་དྲངས། ཛཿཧཱུཾ་བཾ་ཧོཿ དམ་ཚིག་པ་དང་གཉིས་སུ་མེད་པར་གྱུར། རང་གི་ཐུགས་ཀ་ནས་སྔགས་ཀྱི་འཕྲེང་བ་གཟུངས་ཐག་ལ་འཁྲིལ་ཏེ་སོང་བས་བུམ་པའི་ལྷའི་ཐུགས་རྒྱུད་བསྐུལ། བདུད་རྩིའི་རྒྱུན་བབས་པས་བུམ་པ་གང་བར་གྱུར་པར་བསམ། ཨོཾ་པུཥྚེ་པུཥྚེ་མཧཱ་པུཥྚེ་ཨ་པ་རི་མི་ཏ་པུཥྚེ། ཨ་པ་རི་མི་ཏ་པུཥྚེ། ཛྙཱ་ན་སཾ་བྷ་ར་པ་ཙི་ཏེ་ཀ་རི་ཊ་ཡེ་སྭཱཧཱ། ཞེས་དང་། རྡོ་རྗེ་གནོད་སྦྱིན་ལ་དམིགས་ཏེ། ཨོཾ་བཛྲ་ཡཀྵ་ཀྲོ་དྷ་ཁ་ད་ཁ་ད་ཧཱུཾ་ཕཊ། ཅེས་བཟླ། ཡིག་བརྒྱ་བརྗོད། ཨོཾ་སརྦ་ཏ་ཐཱ་ག་ཏ་ཨ་པ་རི་མི་ཏ་ཨཱ་ཡུར་ཛྙཱ་ན་ས་པ་རི་ཝཱ་ར་ཨརྒྷཾ་པྲ་ཏཱིཙྪ་སྭཱཧཱ། ཞེས་པ་ནས། ཤབྡ་པྲ་ཏཱིཙྪ་སྭཱཧཱ། ཞེས་པའི་བར་གྱིས་མཆོད། འཇིག་རྟེན་འདྲེན་པའི། ཞེས་སོགས་དང་། རྡོ་རྗེ་གནོད་སྦྱིན་

ཐབས་ཆེན་པོ། །རྡོ་རྗེ་མཆེ་བ་འཛིགས་པ་ཆེ། །བདུད་འཇོམས་རྡོ་རྗེ་མི་བཟད་པ། །ཕྱག་འཚལ་རྡོ་རྗེ་དྲག་པོ་ལ། །ཞེས་པས་བསྟོད། དུང་ཆོས་ཀྱི་ཆུ་བུམ་པར་བླུག །ཨོཾ་ཨཱཿཧཱུྃ་གིས་མཆོད་ཡོན་ཕུལ་བས་ལྷ་བདུད་རྩིར་ཞུ་ནས་བུམ་པའི་ཆུ་དང་རོ་གཅིག་ཏུ་གྱུར་པར་བསམ། (༥༡༧བ)༈ སློབ་མས་མཎྜལ་ཕུལ། གསོལ་བ་འདེབས་པ་འདིའི་རྗེས་ཟློས་གསུངས་ཤིག །དུས་གསུམ་སངས་རྒྱས་ཐམས་ཅད་ནས་བསྐུལ་དུ་གསོལ། ལན་གསུམ། རྒྱུད་དག་པར་བྱ་བའི་ཕྱིར། མདུན་བསྐྱེད་ཀྱི་ལྷ་དང་སངས་རྒྱས་བྱང་སེམས་རྣམས་ཀྱི་དྲུང་དུ་སྐྱབས་འགྲོ་སྔོན་དུ་འགྲོ་བའི་བྱང་ཆུབ་ཀྱི་སེམས་བཟུང་བ་ལ་སོགས་པ་བགྱིད་སྙམ་པའི་བསམ་པས་འདིའི་རྗེས་ཟློས་མཛོད། དཀོན་མཆོག་གསུམ་ལ་བདག་སྐྱབས་མཆི། །སོགས་གསུམ་དང་། བུམ་ཆོག་གི་ཕྱིན་རླབས་རྗེས་གནང་དང་སྦྲགས་ཏེ་བྱེད་ན། སྐབས་འདིར་བྱེད་པ་ཡིན་པས། སློབ་མའི་བགེགས་སྤྱུགས། སྡིག་སྒྲིབ་སྦྱོང་བའི་ཚེ་ག་གོང་གི་འཇིགས་བྱེད་བསྟུས་པའི་སྐབས་བཀོད་པ་ལྟར་བྱ། དེ་ནས་བཀྲུ་བྱབས་བསྡུང་གསུམ་ནི། རྡོ་རྗེ་གནོད་སྦྱིན་ཞུ་བ་ལས་བྱུང་བའི་བུམ་པའི་ཆུས་ཁྱེད་རང་རྣམས་ཀྱི་སྤྱི་བོ་ནས་རྐང་མཐིལ་གྱི་བར་ཕྱི་ནང་བར་གསུམ་ཐམས་ཅད་ཁྱབ་པར་བཀྲུས་པས། ནད་གདོན་སྡིག་སྒྲིབ་ཐམས་ཅད་དབང་པོའི་སྒོ་དང་བ་སྤུའི་བུ་ག་སོགས་ནས་ཐོན་ཏེ་བྱང་ཞིང་དག་པར་བསམས་ལ། ཨོཾ་བཛྲ་ཡཀྵ་ཀྲོ་དྷ་ཁ་ད་ཁ་ད་ཧཱུྃ་ཕཊ། ཅེས་པའི་མཐར། སརྦ་པཱ་པཾ་ཨཱ་ཝ་ར་ཎཱ་ནི་ཤོ་དྷ་ཡ། དེ་བཞིན་དུ་སྦྱར་ཏེ། སརྦ་བིགྷྣཱན། སརྦ་རོ་ཀཱ། སརྦ་དུཿཁཾ། སརྦ་ཛྭ་རེ། སརྦ་ཨུ་པ་དྲ་བེ། སརྦ་ཨ་ཀཱ་ལ་མྲྀ་ཏྱུ། སརྦ་དུར་སྭ་པ་ནེ། སརྦ་དུར་ནི་མི་ཏེ། སརྦ་ཙིཏྟ་ཀ་ལི་ཡུ་གཿཨཱ་ཝ་ར་ཎཱ་ནི་ཤོ་དྷ་ཡ། ཞེས་བུམ་པའི་ཆུས་སློབ་མ་ལ་ཁྲུས་བྱ་ཞིང་། མཐར་ཁ་བཤལ་ལོ། །དེ་བཞིན་དུ་རྨ་བྱའི་མདོངས་སོགས་ཀྱིས་བྱབས་ཏེ། ཨཱ་ཝ་ར་ཎཱའི་དོད་དུ་ཨ་པ་ན་ཡ་སྭཱ་ཧཱ། (༥༡༨ན)ཞེས་བརྗོད། དེ་ནས་སྲུང་བ་བྱ་སྟེ། རེ་རེའི་མཐར་རཀྵ་རཀྵ་ཞེས་བརྗོད་ཅིང་། སྤྱི་བོ་སྙིང་ག་སོག་ཐྲག་དཔུང་པ་གཡས་

གཡོན། དཔྱི་གཡས་གཡོན་རྣམས་ལ་རྡོ་རྗེ་རྒྱ་གྲམ་དུ་བཞག་ནས། མཐར། རྒྱལ་བ་སྲས་བཅས་བདེན་པའི་བྱིན་རླབས་དང་། །བཅོམ་ལྡན་ཚེ་དཔག་མེད་ཀྱི་མཐུ་སྟོབས་ཀྱིས། །སློབ་མ་འདི་ལ་བདག་གིས་སྲུང་ཟེན་གྱི། །འདི་ལ་སུས་ཀྱང་གནོད་པར་མ་བྱེད་ཅིག །བཀྲ་ཤིས་བྱ་བ་ནི། ཆེ་བའི་ཆེ་མཆོག་སོགས་ཀྱིས་བཀྲ་ཤིས་བརྗོད། དེ་ནས་སློབ་དཔོན་གྱི་ཐུགས་ཀའི་ཧཱུྃ་ལས་འོད་ཟེར་འཕྲོས། དབང་གི་ལྷ་རྣམས་སྤྱན་དྲངས། ཁྱེད་རྣམས་ཀྱིས་འདི་ལ་མངོན་པར་དབང་བསྐུར་དུ་གསོལ། ཞེས་གསོལ་བ་བཏབ་པས། ཇི་ལྟར་བལྟམས་པ་ནས་ཨཱ་ཡེ་ཧཱུྃ། ཞེས་གསུངས་ཤིང་དབང་བསྐུར་བའི་མོས་པ་མཛད་བྱས་ལ། བུམ་པའི་ཆུས་དབང་བསྐུར་རོ། །བཅོམ་ལྡན་འདས་ཚེ་དཔག་མེད་ཞུ་བ་ལས་བྱུང་བའི་བུམ་པའི་ཆུས། ཁྱེད་རང་རྣམས་ལ་དབང་བསྐུར་བའི་མོས་པ་མཛད། སྨྲིན་པའི་སྟོབས་ཀྱིས་སངས་རྒྱས་ཡང་དག་འཕགས། །མི་ཡི་སེང་གེས་སྦྱིན་པའི་སྟོབས་རྫོགས་ནས། །སྙིང་རྗེ་ཅན་གྱི་གྲོང་ཁྱེར་འཇུག་པ་ན། །སྦྱིན་པའི་སྟོབས་ཀྱི་སྒྲ་ནི་གྲག་པར་འགྱུར། །སྦྱིན་པ་མཐར་ཕྱིན་ཚེ་ཡང་འཕེལ་བར་ཤོག །ཨོཾ་པུཎྱེ་པུཎྱེ་མཧཱ་པུཎྱེ་ཨ་པ་རི་མི་ཏ་པུཎྱེ། ཨ་པ་རི་མི་ཏ་པུཎྱེ། ཛྙཱ་ན་སཾ་བྷཱ་རོ་པ་ཙི་ཏེ་ག་རི་ཊ་ཡེ་སྭཱཧཱ། ཞེས་བུམ་པའི་ཆུས་དབང་བསྐུར་རོ། །དེ་བཞིན་དུ་སྦྱིན་པའི་གནས་སུ། ཚུལ་ཁྲིམས། བཟོད་པ། བརྩོན་འགྲུས། (༣༥༨བ)བསམ་གཏན། ཤེས་རབ་རྣམས་བཙུག །ཤོ་ལོ་ཀ་རེ་རེའི་མཐར་སྙིང་པོ་རེ་རེ་བརྗོད་ཅིང་དབང་བསྐུར་རོ། །མ་ཆགས་ཐོགས་མེད་འཁོར་ལོ་རིན་པོ་ཆེ། །འཁོར་ལོ་རིན་ཆེན་བཀྲ་ཤིས་གང་ལགས་པ། །བཀྲ་ཤིས་དམ་པ་དེས་ཀྱང་དེང་འདིར་བདེ་ལེགས་ཤོག །ཐེག་ཆེན་སྟོབས་ལྡན་གླང་པོ་རིན་པོ་ཆེ། །གླང་པོ་རིན་ཆེན་བཀྲ་ཤིས་གང་ལགས་པ། །བཀྲ་ཤིས་དམ་པ་དེས་ཀྱང་དེང་འདིར་བདེ་ལེགས་ཤོག །ཅང་ཤེས་ཤུགས་ལྡན་རྟ་མཆོག་རིན་པོ་ཆེ། །རྟ་མཆོག་རིན་ཆེན་བཀྲ་ཤིས་གང་ལགས་པ། །བཀྲ་ཤིས་དམ་པ་དེས་ཀྱང་དེང་འདིར་བདེ་ལེགས་ཤོག །ལོག་རྟོག་དཔུང་

འཇོམས་དམག་དཔོན་རིན་པོ་ཆེ། །དམག་དཔོན་རིན་ཆེན་བཀྲ་ཤིས་གང་ལགས་པ། །བཀྲ་ཤིས་དམ་པ་དེས་ཀྱང་དེང་འདིར་བདེ་ལེགས་ཤོག །ཀུན་ལ་དབང་བསྒྱུར་བློན་པོ་རིན་པོ་ཆེ། །བློན་པོ་རིན་ཆེན་བཀྲ་ཤིས་གང་ལགས་པ། །བཀྲ་ཤིས་དམ་པ་དེས་ཀྱང་དེང་འདིར་བདེ་ལེགས་ཤོག །ཐམས་ཅད་ཀུན་བསྐྱེད་བཙུན་མོ་རིན་པོ་ཆེ། །བཙུན་མོ་རིན་ཆེན་བཀྲ་ཤིས་གང་ལགས་པ། །བཀྲ་ཤིས་དམ་པ་དེས་ཀྱང་དེང་འདིར་བདེ་ལེགས་ཤོག །བསམ་འཕེལ་དོན་གྲུབ་ནོར་བུ་རིན་པོ་ཆེ། །ནོར་བུ་རིན་ཆེན་བཀྲ་ཤིས་གང་ལགས་པ། །བཀྲ་ཤིས་དམ་པ་དེས་ཀྱང་དེང་འདིར་བདེ་ལེགས་ཤོག །ཅེས་རྒྱལ་སྲིད་སྣ་བདུན་གྱི་བཀྲ་ཤིས་བརྗོད་ཅིང་། མེ་ལོང་ཡེ་ཤེས་རྒྱ་མཚོ་ཆེན་པོ་ཡིས། །ཡེ་ཤེས་རྒྱ་མཚོ་མཆོག་ཏུ་དག་གྱུར་ནས། །རྣམ་དག་ཆོས་ལ་ཐོགས་མེད་ལོངས་སྤྱོད་པའི། །བཀྲ་ཤིས་དེས་ཀྱང་སྒྲིབ་པ་དག་གྱུར་ཅིག །ཕྱི་ཕྱང་དུག་གསུམ་འཇོམས་པ་ནད་ཀྱི་སྨན། །སྨན་མཆོག་ཆོས་ཉིད་རབ་ཏུ་རྟོགས་གྱུར་ནས། །ཉོན་མོངས་ཟུག་རྔུ་མེད་པར་གྱུར་པ་ཡི། །བཀྲ་ཤིས་དེས་ཀྱང་དུག་གསུམ་དག་གྱུར་ཅིག །ཞོ་ནི་ཀུན་གྱི་སྙིང་པོར་གྱུར་པ་སྟེ། །སྙིང་པོ་རྣམ་དག་ཡེ་ཤེས་མཆོག་རྟོགས་ནས། །ཡོན་ཏན་ཀུན་གྱི་དབྱིངས་སུ་གྱུར་པ་ཡི། །བཀྲ་ཤིས་དེས་ཀྱང་སྡུག་བསྔལ་ཞི་གྱུར་ཅིག །དུར་བས་ཚེ་ནི་འཕེལ་བར་བྱེད་པ་སྟེ། །རྡོ་རྗེ་སེམས་དཔའི་ཚེ་ནི་རབ་བསྒྲུབས་ནས། །ཉོན་མོངས་སྙི་(ཞ་(ན)ཞི་རྒྱུན་ཆད་གྱུར་པ་ཡི། །བཀྲ་ཤིས་དེས་ཀྱང་ཚེ་ཡང་འཕེལ་གྱུར་ཅིག །བིལ་བ་རྒྱུ་རྐྱེན་འབྲས་བུར་བཅས་པའི་ཆོས། །འཇིག་རྟེན་འཇིག་རྟེན་འདས་པའི་སྤྱོད་པ་ཀུན། །བྱང་ཆུབ་སྙིང་པོ་མཆོག་ཏུ་དག་གྱུར་པའི། །བཀྲ་ཤིས་དེས་ཀྱང་དོན་ཀུན་འགྲུབ་གྱུར་ཅིག །དུང་ནི་ཆོས་ཀྱི་སྒྲ་རྣམས་སྒྲོག་པའི་ཚུལ། །ཡེ་ཤེས་རྒྱ་མཚོ་ཉིད་དུ་དག་གྱུར་ཏེ། །ཆོས་རྣམས་མ་ནོར་ཡོངས་སུ་སྟོན་པ་ཡི། །བཀྲ་ཤིས་དེས་ཀྱང་ཚོགས་ལ་དབང་ཐོབ་ཤོག །ལི་ཁྲི་དམར་པོ་དབང་གི་རང་བཞིན་ཏེ། །ཆོས་རྣམས་མ་ནོར་དབང་དུ་བསྡུས་ནས་

ཀྱང་། །ཆོས་ཀྱི་རྒྱལ་སྲིད་རབ་ཏུ་བརྟན་གྱུར་པའི། །བཀྲ་ཤིས་དེས་ཀྱང་ཁྱེད་སྲིད་
བརྟན་གྱུར་ཅིག །ཡུངས་ཀར་རྡོ་རྗེའི་རིགས་ཏེ་ཐམས་ཅད་དུ། །བགེགས་རྣམས་
མ་ལུས་འཇོམས་པར་བྱེད་པ་ཡིས། །མཐུ་སྟོབས་ཡོན་ཏན་ཕུན་སུམ་ཚོགས་གྱུར་
པའི། །བཀྲ་ཤིས་དེས་ཀྱང་བགེགས་རྣམས་ཞི་བར་ཤོག །ཅེས་བཀྲ་ཤིས་རྫས་བརྒྱད་
ཀྱི་བཀྲ་ཤིས་བརྗོད། དེ་ནས་ཁྱད་པར་བཅོམ་ལྡན་འདས་ཚེ་དཔག་མེད་ཀྱིས་རྗེས་
གནང་བསྐྱལ་དུ་གསོལ་སྙམ་པའི་འདུན་པས་འདིའི་རྗེས་ཟློས་གསུངས་ཤིག །སློབ་
དཔོན་དགོངས་སུ་གསོལ། བདག་ལ་བཅོམ་ལྡན་འདས་ཚེ་དཔག་མེད་ཀྱི་རྗེས་
གནང་མ་ལུས་པ་བསྐྱལ་དུ་གསོལ། ཞེས་ལན་གསུམ་གྱིས་གསོལ་བ་བཏབ་ནས།
ད་སྦྱོར་བ་རྗེས་གནང་གི་གཞི་དགོད་པའི་སྐད་དུ། དམིགས་པ་འདི་བཞིན་མཛད་
པར་ཞུ། ཨོཾ་ཤྲུ་ཏྲི་དྷཱ་རྣཱི་ན་བཛྲ་སྭ་ཧཱ་ཕ་ཨཱཏྨ་གོཉྫཾ། ཕྱི་ནང་གི་དངོས་པོ་ཐམས་
ཅད་མི་དམིགས་པ་སྟོང་པ་ཉིད་དུ་གྱུར་པའི་ངང་ལས་པད་ཟླའི་(༣༠(ཁ))གདན་ལ་
ཧྲཱུཾ་ལས་རྒྱལ་བ་ཚེ་དཔག་མེད་སྐུ་མདོག་དམར་པོ། ཞལ་གཅིག་ཕྱག་གཉིས་མཉམ་
གཞག་གི་ཕྱག་རྒྱ་མཛད་པའི་སྟེང་ན། འཆི་མེད་ཡེ་ཤེས་ཀྱི་བདུད་རྩིས་གང་བའི་
བུམ་པ་འཛིན་པ། ཞབས་རྡོ་རྗེའི་སྐྱིལ་ཀྲུང་གིས་བཞུགས་པ། དར་དང་རིན་པོ་
ཆེའི་རྒྱན་གྱིས་བརྒྱན་པ། སྤྱི་བོར་ཨོཾ། མགྲིན་པར་ཨཱཿ ཐུགས་ཀར་ཧཱུྃ་གིས་མཚན་
པར་གྱུར་པར་བསམ་མོ། །དེ་ནས་སློབ་དཔོན་དང་མདུན་བསྐྱེད་ཚོམ་བུ་གཉིས་ཀ་
ཡང་རྒྱལ་བ་ཚེ་དཔག་མེད་དངོས་ཡིན་སྙམ་པའི་མོས་གུས་བྱས་པས། སློབ་དཔོན་
གྱི་ཐུགས་ཀ་ནས་འོད་ཟེར་འཕྲོས། མདུན་བསྐྱེད་ཀྱི་ལྷའི་ཐུགས་རྒྱུད་བསྐུལ། དེའི་
ཐུགས་ཀ་ནས་འོད་ཟེར་འཕྲོས། ཕྱོགས་བཅུའི་སངས་རྒྱས་དང་བྱང་ཆུབ་སེམས་
དཔའ་ཐམས་ཅད་ཀྱི་ཐུགས་རྒྱུད་བསྐུལ་བས། སློབ་དཔོན་དང་མདུན་བསྐྱེད་ཀྱི་ལྷ་
དང་ཕྱོགས་བཅུའི་སངས་རྒྱས་དང་བྱང་ཆུབ་སེམས་དཔའ་ཐམས་ཅད་ཀྱི་ཐུགས་ཀ་
ནས་རྒྱལ་བ་ཚེ་དཔག་མེད་ཀྱི་སྐུ་ཆེ་ཆུང་དཔག་ཏུ་མེད་པ་བྱོན། ཁྱེད་རང་རྣམས་

ཀྱི་བ་སྤྲུའི་བུ་ག་རྣམས་ནས་ཆར་བབས་པ་བཞིན་དུ་སིབ་སིབ་ཐིམ་པའི་མོས་པ་མཛོད། ཛཿཧཱུྃ་བཾ་ཧོཿགཉིས་སུ་མེད་པར་ཐིམ། དེ་དག་ནི་རྗེས་གནང་གི་གཞི་དགོད་པའོ། །རྗེས་གནང་དངོས་ལ། ལུང་གསུམ་ལས། དང་པོ་རྗེས་སུ་བརླས་པའི་ལུང་བླང་བའི་ཕྱིར། སློབ་དཔོན་གྱི་སྙིང་གར་པད་ཟླའི་དཀྱིལ་འཁོར་གྱི་སྟེང་དུ་ཧཱུྃ་དམར་པོ། དེ་ལས་སྔགས་ཀྱི་འཕྲེང་བ་བྱུང་། སློབ་དཔོན་གྱི་ཞལ་ནས་ཐོན། ཁྱེད་རང་རྣམས་ཀྱི་ཞལ་དུ་ཞུགས། ཐུགས་ཀར་(༩༠༠ན)པད་ཟླའི་སྟེང་དུ་ཧཱུྃ་དམར་པོ་གནས་པ་ལ་ཐིམ། དེའི་དུས་སུ་ཕྱོགས་བཅུའི་སངས་རྒྱས་བྱང་ཆུབ་སེམས་དཔའ་རྣམས་ཀྱི་མཁྱེན་བརྩེ་ནུས་མཐུ་ཐམས་ཅད་འོད་ཟེར་གྱི་རྣམ་པར་སྔགས་ཕྲེང་དང་ལྷན་ཅིག་ཞལ་དུ་ཞུགས། སྙིང་གའི་ཧཱུྃ་ལ་ཐིམ་པའི་མོས་པ་མཛོད་ལ། སྔགས་འདིའི་རྗེས་ཟློས་ལན་གསུམ་གསུངས་ཤིག །ཨོཾ་བཛྲ་བཛྲ་མཧཱ་བཛྲ་ཨ་པ་རི་མི་ཏ་བཛྲ། ཨ་པ་རི་མི་ཏ་བཛྲ། ཛྙཱ་ན་སཾ་བྷཱ་རཱ་པ་ཙི་ཏེ་ཀ་རི་ཊ་ཡ་སྭཱཧཱ། དང་པོས་བྱིན་གྱིས་བརླབས། གཉིས་པས་དབྱེར་མེད་དུ་འདྲེས། གསུམ་པས་བརྟན་པར་བྱས་པའི་མོས་པ་མཛོད། གཉིས་པ་བྱིན་གྱིས་བརླབས་པའི་ལུང་ནི། སློབ་དཔོན་ལ་མེ་ཏོག་འཐོར་བ་བཞིན་དུ་འདིའི་རྗེས་ཟློས་མཛོད་ཅིག །བཅོམ་ལྡན་བདག་གིས་སོགས་ལན་གསུམ། དེ་ལྟར་ཕུལ་བའི་མེ་ཏོག་དེ་ཉིད་སླར་ཡང་བྱིན་གྱིས་བརླབས་ཏེ། ཁྱེད་རང་གི་སྤྱི་བོར་ཕུལ་བར་མོས་པ་མཛོད་ཅིག །སློབ་དཔོན་གྱིས་མེ་ཏོག་གཏོར་ཞིང་བཅོམ་ལྡན་འདི་ལ་སོགས་དང་། རིག་པ་འཛིན་པ་འདི་རྣམས་ལ། བཅོམ་ལྡན་འདས་ཚེ་དཔག་མེད་ཀྱི་སྐུ་གསུང་ཐུགས་ཀྱི་བྱིན་རླབས་མ་ལུས་པ་འཇུག་པར་གྱུར་ཅིག །གསུམ་པ་དམ་བཅའ་བའི་ལུང་གི་ཕྱིར། བཅོམ་ལྡན་འདས་རྒྱལ་བ་ཚེ་དཔག་མེད་འདི་ཉིད་ཇི་སྲིད་བྱང་ཆུབ་མ་ཐོབ་བར་གྱི་ཡི་དམ་དུ་བཟུང་ངོ་། །བདག་ཐུགས་ཀྱིས་མ་བཏང་ཞིག་སྙམ་པའི་བསམ་པས་འདིའི་རྗེས་ཟློས་གསུངས་ཤིག །སློབ་དཔོན་དགོངས་སུ་གསོལ། བདག་རིག་པ་འཛིན་པ་མིང་འདི་ཞེས་བགྱི་བ་དུས་འདི་ནས་

བཟུང་སྟེ། ཇི་(༥༠༠བ)སྲིད་བྱང་ཆུབ་སྙིང་པོ་ལ་མཆིས་ཀྱི་བར་དུ། བཅོམ་ལྡན་འདས་རྒྱལ་བ་ཚེ་དཔག་མེད་ཡི་དམ་གྱི་ལྷར་བཟུང་ནས་འདིའི་གསང་སྔགས་ཉི་མ་རེ་རེ་བཞིན་འདི་ཙམ་རེ་འདོན་པར་དམ་འཆའ་ལགས་སོ། །ཞེས་ལན་གསུམ་བརྗོད། དེས་དངོས་གཞི་ལུང་གསུམ་སོང་། ད་ནི་རྗེས་བྱིན་གྱིས་བརླབས་པའི་ཕྱིར། མདུན་བསྐྱེད་ཀྱི་ལྷ་ལ་མོས་གུས་དུང་དུང་བ་དང་བདག་གི་རྒྱུད་བྱིན་གྱིས་བརླབ་ཏུ་གསོལ་སྙམ་པ་མཛད་པས། མདུན་བསྐྱེད་ཀྱི་ལྷའི་ཐུགས་ཀ་ནས་རྒྱལ་བ་ཚེ་དཔག་མེད་ཀྱི་སྐུ་སོར་ཚད་ཙམ་གཅིག་རྒྱུངས་ཏེ་བྱོན། ཁྱེད་རང་རྣམས་ཀྱི་སྙིང་གའི་ས་བོན་དང་དབྱེར་མེད་དུ་འདྲེས། རྒྱུད་བྱིན་གྱིས་བརླབས་པའི་མོས་པ་མཛོད། རྗེས་ཆོག་སྤྱི་དང་འདྲ། །

༄ ཚེ་དཔག་མེད་དཀར་པོ་ཕྱག་བཞི་པ་ལ། སྐྱབས་འགྲོ་སེམས་བསྐྱེད་ཚད་མེད་བཞི་བསྒོམ་པ་སྔོན་དུ་བཏང་ནས། སྭ་བྷཱ་ཤས་སྟོང་པར་སྦྱངས། སྟོང་པའི་ངང་ལས་པཾ་ལས་པདྨ་དང་ཨ་ལས་ཟླ་བ་དེའི་སྟེང་དུ་ཧཱུཾ་གྱི་འཁྲོ་འདུ་ལས། རང་ཉིད་རྒྱལ་བ་ཚེ་དཔག་མེད་སྐུ་མདོག་དཀར་པོ་ཞལ་གཅིག་ཕྱག་བཞི་པ། ཞི་བའི་སྤྱན་གསུམ་དང་ལྡན་པ། ཕྱག་གཡས་དང་པོ་རྡོ་རྗེ་དཀར་པོ། གཡོན་དང་པོ་ཤེལ་གྱི་འཕྲེང་བ། འོག་མ་གཉིས་ཡུམ་ལ་འཁྱུད་ཚུལ་གྱི་མཉམ་གཞག་གི་ཕྱག་རྒྱའི་སྟེང་ན་ཤེལ་གྱི་བུམ་པ་བདུད་རྩི་དཀར་པོས་གང་བ་འཛིན་པ། ཞབས་རྡོ་རྗེའི་སྐྱིལ་ཀྲུང་གིས་བཞུགས་པ། ཡུམ་པདྨ་ཀུན་ཏྲ་ལི་དམར་མོ་ཕྱག་དང་པོ་གཉིས་ཀྱིས་བྷེ་ཏའི་བགྲང་འཕྲེང་དང་དྲིལ་བུ་འཛིན་པ། འོག་མ་གཉིས་ཀྱིས་ཡབ་ལ་འཁྱུད་པས་པདྨ་རཀྟ་གའི་(༥༠༡ན)བུམ་པ་བདུད་རྩི་དམར་པོས་གང་བ་འཛིན་པ། པདྨའི་སྐྱིལ་ཀྲུང་གིས་བཞུགས་པ། གཉིས་ཀའང་དར་དང་རིན་པོ་ཆེའི་རྒྱན་གྱིས་བརྒྱན་པའི་སྤྱི་བོར་རྣམ་སྣང་། མགྲིན་པར་སྣང་མཐའ། སྙིང་གར་མི་བསྐྱོད་པ། ལྟེ་བར་རིན་འབྱུང་། གསང་བར་དོན་གྲུབ་རྣམས་རང་སྣང་གི་ཡུམ་དང་བཅས་པར་གྱུར། མི་བསྐྱོད་པའི་ཐུགས་ཀར་ཉི་

ཟླ་ཁ་སྦྱོར་གྱི་དབུས་སུ་ཨོཾ། ཀླད་ཀོར་གྱི་དབུས་སུ་ཐིག་ལེ་དཀར་ལ་འཚེར་བ། ཉི་ཟླ་ཨཱ་ལི་ཀཱ་ལིའི་སྐུད་པས་བཅིངས་པ། བ་སྤུའི་སྒོ་ཐམས་ཅད་རྟ་མགྲིན་གྱི་ཕྱག་གཉིས་པའི་གོ་ཆས་བཀྲམས་པ། ཐུགས་ཀའི་ས་བོན་ལས་འོད་ཟེར་འཕྲོས། ཡེ་ཤེས་སེམས་དཔའ་བཛྲ་ས་ཏྭ་ཛཿཛཿཧཱུྃ་བཾ་ཧོཿདམ་ཚིག་པ་དང་གཉིས་སུ་མེད་པར་གྱུར། སླར་ཡང་ཐུགས་ཀའི་ས་བོན་ལས་འོད་ཟེར་འཕྲོས། དབང་གི་ལྷ་རྣམས་སྤྱན་དྲངས། ཁྱེད་རྣམས་ཀྱིས་བདག་ལ་མངོན་པར་དབང་བསྐུར་དུ་གསོལ། ཞེས་གསོལ་བ་བཏབ་པས། དེ་རྣམས་ཀྱིས་ཡེ་ཤེས་ཀྱི་བདུད་རྩིས་གང་བའི་བུམ་པ་ཐོགས་ནས། ཨོཾ་སརྦ་ཏ་ཐཱ་ག་ཏ་ཨ་བྷི་ཥི་ཀ་ཏ་ས་མ་ཡ་ཤྲཱི་ཡེ་ཧཱུྃ། ཞེས་གསུངས་ཤིང་བུམ་པའི་ཆུས་དབང་བསྐུར། སྐུ་ལུས་ཐམས་ཅད་གང་། དྲི་མ་ཐམས་ཅད་དག །ཆུའི་ལྷག་མ་ཡར་ལུད་པ་ལས། འོད་དཔག་མེད་ཀྱིས་དབུ་བརྒྱན་པར་གྱུར། དེ་ནས་བཟླས་དམིགས་གསལ་བཏབ་ལ། ཨོཾ་པུཎྱེ་པུཎྱེ་མཧཱ་པུཎྱེ་ཨ་པ་རི་མི་ཏ་པུཎྱེ། ཨ་པ་རི་མི་ཏ་པུཎྱེ། ཛྙཱ་ན་སཾ་བྷཱ་རོ་པ་ཙི་ཏེ། ཨོཾ་སརྦ་སཾ་སྐཱ་ར་པ་རི་ཤུདྡྷ་དྷརྨ་ཏེ་ག་ག་ན་ས་མུདྒ་ཏེ་སྭ་བྷཱ་ཝ་བི་ཤུད་དྷེ་མཧཱ་ན་ཡ་པ་རི་ཝཱ་རེ་སྭཱཧཱ། ཞེས་ཚེ་(༤༠༧བ)གཟུངས། ཨོཾ་གཉིས་མ་གང་ནུས་བཟླའོ། །གཏོར་མ་བསངས་སྦྱངས། སྟོང་པའི་ངང་ལས་ཨ་ལས་བྱུང་བའི་ཀ་པཱ་ལ་བཅུད་དང་བཅས་པ་མེ་རླུང་གི་སྦྱོར་བས་སྦྱངས། ཡེ་ཤེས་ཀྱི་བདུད་རྩི་སྤྱན་དྲངས་ལ་བསྟིམ། ཨོཾ་ཨཱཿཧཱུྃ། ཞེས་བྱིན་གྱིས་བརླབས། རང་གི་མདུན་དུ་རྒྱལ་བ་ཚེ་དཔག་མེད་འཁོར་དང་བཅས་པ་བཛྲ་ས་ཏྭ་ཛཿཨ་ཀཱ་རོ་མུ་ཁཾ་སརྦ་དྷརྨཱ་ཎཱཾ་ཨཱདྱ་ནུཏྤནྣ་ཏྭཏ་ཨོཾ་ཨཱཿཧཱུྃ་ཕཊ་སྭཱཧཱ། ཞེས་ལན་བདུན་གྱིས་ཕུལ། ཨོཾ་སརྦ་ཏ་ཐཱ་ག་ཏ་ཨ་པ་རི་མི་ཏ་ཨཱ་ཡུརྫྙཱ་ན་ས་པ་རི་ཝཱ་ར་ཨརྒྷཾ་པྲ་ཏཱིཙྪ་ཧཱུྃ་སྭཱཧཱ། ཞེས་པ་ནས། ཤབྡ་པྲ་ཏཱིཙྪ་ཧཱུྃ་སྭཱཧཱ། ཞེས་པའི་བར་གྱིས་མཆོད། ཨོཾ། བཅོམ་ལྡན་མགོན་པོ་ཡེ་ཤེས་ཚེ་ཡི་བདག །རྒྱལ་བ་ཀུན་གྱིས་རྟག་ཏུ་དགོངས་གྱུར་པའི། །འཕགས་པའི་ཚོགས་ཀྱིས་སྐྱེ་ཤི་གཅོད་པ་པོ། །སྐྱེ་དགུ་རྣམས་ཀྱི་སྐྱབས་གྱུར་བཅོམ་ལྡན་

འདས། །དད་པས་བདག་ནི་རྟག་ཏུ་བསྟོད་ཕྱག་འཚལ། །ཞེས་བསྟོད། བགེགས་དང་འཆི་ལས་རྣམ་གྲོལ་བའི། །འཆི་མེད་བདུད་རྩིའི་རྒྱ་མཚོ་དེ། །མཁའ་མཉམ་རྣམས་དང་ལྷན་ཅིག་ཏུ། །མྱུར་དུ་ཐོབ་པར་མཛད་དུ་གསོལ། །ཞེས་གསོལ་བ་བཏབ། བཛྲ་མུཿགཤེགས་སུ་གསོལ། འདིའི་བྱིན་རླབས་ཀྱི་ཚོ་ག་ནི། མཎྜལ་དཀྱིལ་འཁོར་ཡོངས་རྫོགས་ཀྱི་རྣམ་པ་ཅན་ནམ། མ་འགྲུབ་ན་པདྨ་འདབ་བརྒྱད་ཅིག་འབྲི། དེར་བུམ་པ་དུང་ཆོས་གཟུངས་རྫོར་དང་བཅས་པ་སྤྱི་དང་མཐུན་པར་བཤམས། མཐའ་མཆོད་གཏོར་གྱིས་བསྐོར། བདག་བསྐྱེད་སྔོན་དུ་འགྲོ་བས་བསངས་སྦྱངས། སྟོང་པའི་ངང་ལས་བཾ་བཾ་ལས་བྱུང་བའི་རིན་པོ་ཆེའི་(༥༠༢ན)བུམ་པ་དཀར་པོ་ལྟོ་བ་ཆེ་བ། མགྲིན་པ་རིང་བ། མཆུ་འཕྱང་བ་ལ་སོགས་པའི་མཚན་ཉིད་ཐམས་ཅད་ཡོངས་སུ་རྫོགས་པར་གྱུར། ཨོཾ་ཧཱརྟེ་ཧཱརྟེ་མཧཱ་ཧཱརྟེ་སྭཱཧཱ། ལྷའི་ཆུ་བོ་གངྒཱ་དང་བུམ་པའི་ཆུ་དབྱེར་མི་ཕྱེད་པར་གྱུར། བུམ་པའི་ནང་དུ་པཾ་ལས་པདྨ་དང་ཨ་ལས་ཟླ་བའི་སྟེང་དུ་ཨོཾ་གྱི་འཕྲོ་འདུ་ལས། རྒྱལ་བ་ཚེ་དཔག་མེད། ཅེས་པ་ནས། འོད་དཔག་མེད་ཀྱིས་དབུ་བརྒྱན་པར་གྱུར། ཅེས་པའི་བར་བདག་བསྐྱེད་བཞིན་ལ། བདག་ལ་ཞེས་པ་འདི་ལ་ཞེས་འདོན་པ་སྟོ། མཆོད་པ་བྱིན་གྱིས་བརླབས་ནས། གོང་བཞིན་མཆོད་བསྟོད་བྱ། གཟུངས་ཐག་ནས་བཟུང་སྟེ་རང་གི་ཐུགས་ཀ་ནས་སྔགས་ཀྱི་འཕྲེང་བ་གཟུངས་ཐག་ལ་འཁྲིལ་ཏེ་སོང་བས་བུམ་པའི་ལྷའི་ཐུགས་རྒྱུད་བསྐུལ། བདུད་རྩིའི་རྒྱུན་བབས་པས་བུམ་པ་གང་བར་གྱུར་པར་བསམས་ལ། བཟླས་པ་ཅི་འགྲུབ་བྱ། གཏོར་མ་བྱིན་གྱིས་བརླབས་ཏེ་འབུལ་བ་ནས་གསོལ་བཏབ་ཀྱི་བར་གོང་བཞིན་བྱ། དུང་ཆོས་ཀྱི་ཆུ་བུམ་པར་བླུག་སྟེ། ཡིག་བརྒྱ་ལན་གསུམ་གྱིས། མཆོད་ཡོན་ཕུལ་བས་ལྷ་བདུད་རྩིར་ཞུ་ནས་བུམ་པའི་ཆུ་དང་རོ་གཅིག་ཏུ་གྱུར་པར་མོས། དེ་ནས་སློབ་མ་རྣམས་ཁྲུས་བྱ། མཎྜལ་ཕུལ། དཀོན་མཆོག་གསུམ་ལ་བདག་སྐྱབས་མཆི། །ཞེས་སོགས་རྒྱུན་བཤགས་ལན་གསུམ་བྱ། བྱང་ཆུབ་ཇོ་རྗེས་སངས་རྒྱས་ནས་དེང་

བདག་སྟོལ། ཞེས་གསོལ་བཏབ་ལན་གསུམ། དངོས་གཞི་དམིགས་པ་འདི་བཞིན་དུ་མཛོད། ཁྱེད་རང་རྣམས་ཀྱི་སྤྱི་བོ་ནས་གསང་(༥༠༢བ)གནས་ཀྱི་བར་དུ་རྩ་ཨ་ཝ་དྷཱུ་ཏཱི་དཀར་ལ་དམར་བའི་མདངས་ཆགས་པ་ཞིག་ཡོད་པར་མོས་ལ། བུམ་པ་འདི་ཉིད་བཅོམ་ལྡན་འདས་ཚེ་དང་ཡེ་ཤེས་དཔག་ཏུ་མེད་པར་གྱུར་པ། ཁྱེད་རང་རྣམས་ཀྱི་སྤྱི་བོར་ཐོན་པར་སྣོམས་ཤིག་ཅེས་བརྗོད་ལ་བུམ་པ་སྤྱི་བོར་བཞག །ཡབ་ཡུམ་སྙོམས་པར་ཞུགས་པའི་བྱང་ཆུབ་ཀྱི་སེམས་འཆི་མེད་ཡེ་ཤེས་ཀྱི་བདུད་རྩིའི་ངོ་བོར་གྱུར་པ། སྤྱི་གཙུག་ཚངས་པའི་བུ་ག་ནས་ཞུགས། སྨིན་མཚམས་ཡན་ཆད་གང་། བུམ་དབང་ཐོབ། མགྲིན་པ་ཡན་ཆད་གང་། གསང་དབང་ཐོབ། སྙིང་ག་ཡན་ཆད་གང་། ཤེས་རབ་ཡེ་ཤེས་ཀྱི་དབང་ཐོབ། ལུས་ཐམས་ཅད་གང་། དབང་བཞི་པ་ཐོབ། ལུས་ངག་ཡིད་གསུམ་དྲི་མ་བག་ཆགས་དང་བཅས་པ་དག་པར་མོས་མཛོད། ཅེས་བརྗོད་དེ་བུམ་ཆུ་སྦྱིན། དེ་ནས་སློབ་མ་རྣམས། སྭ་བྷཱ་ཝས་སྦྱངས། སྟོང་པའི་ངང་ལས་པཾ་ལས་པདྨ་དང་ཨ་ལས་ཟླ་བའི་སྟེང་དུ་ཨོཾ་གྱི་འཁྲོ་འདུ་ལས། ཁྱེད་རང་རྣམས་རྒྱལ་བ་ཚེ་དཔག་མེད་སྐུ་མདོག་དཀར་པོ་ཞལ་གཅིག་ཕྱག་བཞི་པ། ཞི་བའི་སྤྱན་གསུམ་དང་ལྡན་པ། ཕྱག་གཡས་དང་པོ་རྡོ་རྗེ་དཀར་པོ། གཡོན་དང་པོ་ཤེལ་གྱི་འཕྲེང་བ། འོག་མ་གཉིས་ཡུམ་ལ་འཁྱུད་ཚུལ་གྱི་མཉམ་གཞག་གི་ཕྱག་རྒྱའི་སྟེང་ན་ཤེལ་གྱི་བུམ་པ་བདུད་རྩི་དཀར་པོས་གང་བ་འཛིན་པ། ཞབས་རྡོ་རྗེའི་སྐྱིལ་ཀྲུང་གིས་བཞུགས་པ། ཡུམ་པདྨ་ཀུན་རྙ་ལི་དམར་མོ་ཕྱག་དང་པོ་གཉིས་ཀྱིས་ཁྲི་ཏྲའི་བགྲང་འཕྲེང་དང་དྲིལ་བུ་འཛིན་པ། འོག་མ་གཉིས་ཀྱིས་ཡབ་ལ་འཁྱུད་པས་པདྨ་རཀྟ་གའི་བུམ་པ་བདུད་རྩི་དམར་པོས་གང་བ་འཛིན་པ། (༥༠༣ན)པདྨའི་སྐྱིལ་ཀྲུང་གིས་བཞུགས་པ། གཉིས་ཀ་འང་དར་དང་རིན་པོ་ཆེའི་རྒྱན་གྱིས་བརྒྱན་པའི་སྤྱི་བོར་རྣམ་སྣང་། མགྲིན་པར་སྣང་མཐའ། སྙིང་གར་མི་བསྐྱོད་པ། ལྟེ་བར་རིན་འབྱུང་། གསང་བར་དོན་གྲུབ་རྣམས་རང་སྣང་གི་ཡུམ་དང་བཅས་པར་གྱུར།

མི་བསྐྱོད་པའི་ཐུགས་ཀར་ཉི་ཟླ་ཁ་སྦྱོར་གྱི་དབུས་སུ་ཧཱུྃ། ཀླད་ཀོར་གྱི་དབུས་སུ་ཐིག་ལེ་དཀར་ལ་འཚེར་བ། ཉི་ཟླ་ཨཱ་ལི་ཀཱ་ལིའི་སྐྱུད་པས་བཅིངས་པ། བ་སྤུའི་སྒོ་ཐམས་ཅད་ཧ་མགྲིན་ཕྱག་གཉིས་པའི་གོ་ཆས་བལྟམས་པ། ཞེས་གསལ་བཏབ་བོ། །དེ་ནས་སློབ་དཔོན་ལ་མོས་གུས་དུང་བ་བྱས་པས། སློབ་དཔོན་གྱི་ཐུགས་ཀ་ནས་འོད་ཟེར་འཕྲོས། ཕྱོགས་བཅུའི་སངས་རྒྱས་བྱང་སེམས་ཐམས་ཅད་ཀྱི་ཐུགས་ཀ་ནས་རྒྱལ་བ་ཚེ་དཔག་མེད་ཀྱི་སྐུ་ཆེ་ཆུང་བསམ་གྱིས་མི་ཁྱབ་པ་སྤྱན་དྲངས། ཁྱེད་རང་རྣམས་ཀྱི་ལུས་ལ་ཆར་ཆེན་པོ་བབས་པ་བཞིན་དུ་སིབ་སིབ་ཐིམ་པའི་མོས་པ་མཛོད། ཛཿཧཱུྃ་བཾ་ཧོཿགཉིས་སུ་མེད་པར་གྱུར། ཅེས་བརྗོད། སླར་ཡང་སློབ་དཔོན་གྱི་ཐུགས་ཀ་ནས་འོད་ཟེར་འཕྲོས། དབང་གི་ལྷ་རྣམས་སྤྱན་དྲངས། ཁྱེད་རྣམས་ཀྱིས་འདི་ལ་མངོན་པར་དབང་བསྐུར་དུ་གསོལ། ཞེས་གསོལ་བ་བཏབ་པས། དབང་གི་ལྷ་རྣམས་ཀྱིས། ཇི་ལྟར་བལྟམས་པ་ནས་ཤྲཱི་ཡེ་ཧཱུྃ། ཞེས་གསུངས་ཤིང་དབང་བསྐུར་བས། ལུས་ཐམས་ཅད་གང་། དྲི་མ་ཐམས་ཅད་དག །ཆུའི་ལྷག་མ་སྤྱི་གཙུག་ཏུ་གནས་པ་ཡོངས་སུ་གྱུར་པ་ལས་འོད་དཔག་མེད་ཀྱིས་དབུ་བརྒྱན་པར་གྱུར་པར་མོས། དེ་(༥༠༣བ)སྐབས་སུ་བུམ་ཆུ་སྤྱི་བོར་གཏོར། བཟླས་ལུང་ལ། ཁྱེད་རང་རྣམས་ཚེ་དཔག་མེད་དུ་གསལ་བའི་ཐུགས་ཀའི་མི་བསྐྱོད་པའི་ཐུགས་ཀར་ཉི་ཟླ་ཁ་སྦྱོར་གྱི་དབུས་སུ་ཧཱུྃ། ཀླད་ཀོར་གྱི་དབུས་སུ་ཐིག་ལེ་དཀར་ལ་འཚེར་བ། ཉི་ཟླ་ཨཱ་ལི་ཀཱ་ལིའི་སྐྱུད་པས་བཅིངས་པ། སློབ་དཔོན་གྱི་ཐུགས་ཀའི་མི་བསྐྱོད་པའི་ཐུགས་ཀར་ཉི་ཟླ་ཁ་སྦྱོར་གྱི་དབུས་སུ་ཧཱུྃ། ཀླད་ཀོར་གྱི་དབུས་སུ་ཐིག་ལེ་དཀར་ལ་འཚེར་བ། མཐའ་སྐོར་དུ་སྔགས་ཕྲེང་གིས་བསྐོར་བ། ཉི་ཟླ་ཨཱ་ལི་ཀཱ་ལིའི་སྐྱུད་པས་བཅིངས་པ་གསལ་བཏབ་ལ། སློབ་དཔོན་ལ་མོས་གུས་དུང་བ་བྱས་པས། སློབ་དཔོན་གྱི་ཐུགས་ཀའི་སྔགས་ཕྲེང་ལས་སྔགས་ཕྲེང་གཉིས་པ་བྱུང་། ཞལ་ནས་ཐོན། ཁྱེད་རང་རྣམས་ཀྱི་ཞལ་དུ་ཞུགས། ཐུགས་ཀའི་ཧཱུྃ་ཡིག་གི་མཐར་གཡས་སྐོར་དུ་འཁོད་པར་མོས་ལ།

འདིའི་རྗེས་གནང་མཛོད། ཅེས་བརྗོད་ལ། ཚེ་གཟུངས་ཨོཾ་གཉིས་མ་ལན་གསུམ་རྗེས་གནང་བྱེད་དུ་གཞུག །རྗེས་ཆོག་སྤྱི་དང་འདྲ། །

༄ ཚེ་དཔག་མེད་མི་ཏྲའི་ལུགས་ལ། སྐྱབས་འགྲོ་སེམས་བསྐྱེད་ཚད་མེད་བཞི་བསྒོམ་པ་སྔོན་དུ་བཏང་ནས། སྭ་བྷཱ་ཝས་སྦྱངས། སྟོང་པའི་ངང་ལས་ཧཱུྃ་ལས་བྱུང་བའི་སེང་ཁྲིའི་སྟེང་དུ་པཾ་ལས་སྣ་ཚོགས་པདྨ་དང་ཨ་ལས་ཟླ་བ་ལ་གནས་པའི་རང་སེམས་འཆི་མེད་སྒྲོག་གི་ངོ་བོ་ཨ་དཀར་པོ། དེའི་འོད་ཀྱི་འཕྲོ་འདུ་ལས་རང་ཉིད་བཅོམ་ལྡན་འདས་རྒྱལ་བ་ཚེ་དང་ཡེ་ཤེས་དཔག་ཏུ་མེད་པ་སྐུ་མདོག་ཟླ་བ་ཆུ་ཤེལ་ལྟར་དཀར་བ། ཞལ་གཅིག་ཕྱག་གཉིས་མཉམ་གཞག་གི་ཕྱག་རྒྱ་(༥༠༥ན)མཛད་པའི་སྟེང་ན་འཆི་མེད་ཡེ་ཤེས་ཀྱི་བདུད་རྩིས་གང་བའི་བུམ་པ་འཛིན་པ། དབུ་སྐྲ་རལ་པའི་ཐོར་ཚུགས་ཅན་ཞབས་རྡོ་རྗེའི་སྐྱིལ་མོ་ཀྲུང་གིས་བཞུགས་པ། ལྷ་རྫས་ཀྱི་ན་བཟའ་དང་། རིན་པོ་ཆེའི་རྒྱན་ཅན། མཚན་དཔེས་སྤྲས་ཤིང་འོད་འབར་བའོ། །ཐུགས་ཀར་ཟླ་བའི་དཀྱིལ་འཁོར་གྱི་སྟེང་དུ་ཨ་དཀར་པོ། དེ་ལས་འོད་ཟེར་འཕྲོས། སྟེང་ཕྱོགས་འཇིག་རྟེན་གྱི་ཁམས་ཡོན་ཏན་དཔག་ཏུ་མེད་པ་ནས་རྒྱལ་བ་ཚེ་དཔག་མེད་འཁོར་དང་བཅས་པ་བཛྲ་ས་མ་ཛཿཛཿཧཱུྃ་བཾ་ཧོཿདབྱལ་བར་ཨོཾ། མགྲིན་པར་ཨཱཿ ཐུགས་ཀར་ཧཱུྃ། བཟླས་པའི་དམིགས་པ་གསལ་བཏབ་ལ། ཨོཾ་ན་མོ་བྷ་ག་ཝ་ཏེ། ཨ་པ་རི་མི་ཏ་ཨཱ་ཡུརྫྙཱ་ན་སུ་བི་ནི་ཤྩི་ཏ་ཏེ་ཛོ་རཱ་ཛཱ་ཡ། ཏ་ཐཱ་ག་ཏ་ཡ། ཨརྷ་ཏེ་སམྱཀྶཾ་བུད་དྷཱ་ཡ། ཏདྱ་ཐཱ། ཨོཾ་པུཎྱེ་པུཎྱེ། མཧཱ་པུཎྱེ། ཨ་པ་རི་མི་ཏ་པུཎྱེ། ཨ་པ་རི་མི་ཏ་པུཎྱེ། ཛྙཱ་ན་སཾ་བྷཱ་རོ་པ་ཙི་ཏེ། ཨོཾ་སརྦ་སཾ་སྐཱ་ར་པ་རི་ཤུད་དྷ་དྷརྨ་ཏེ་ག་ག་ན་ས་མུདྒ་ཏེ་སྭ་བྷཱ་ཝ་བི་ཤུད་དྷེ་མཧཱ་ན་ཡ་པ་རི་ཝཱ་རེ་སྭཱཧཱ། ཞེས་ཅི་ནུས་སུ་བཟླ། མཐར་ཨོཾ་སརྦ་ཏ་ཐཱ་ག་ཏ་ཨ་པ་རི་མི་ཏ་ཨཱ་ཡུརྫྙཱ་ན་ས་པ་རི་ཝཱ་ར་ཨརྒྷཾ་པྲ་ཏཱིཙྪ་སྭཱཧཱ། ཞེས་སོགས་ཆུ་གཉིས་སྔོན་དུ་འགྲོ་བའི་ཉེར་སྤྱོད་ལྔ་རོལ་མོ་དང་བཅས་པས་མཆོད། བཅོམ་ལྡན་དེ་བཞིན་གཤེགས་པ་དགྲ་བཅོམ་པ། །ཡང་དག་རྫོགས་པའི་སངས་རྒྱས་

སྐུ་ཚེ་དང་། །ཡེ་ཤེས་དཔག་ཡས་ཤིན་ཏུ་རྣམ་ངེས་པ། །གཟི་བརྗིད་རྒྱལ་པོ་ཁྱོད་ལ་ཕྱག་འཚལ་ལོ། །བཅོམ་ལྡན་འདས་བདག་ལ་བྱིན་གྱིས་བརླབ་ཏུ་གསོལ། ཞེས་གསོལ་(༨༠༨བ)བ་བཏབ་ལ། རང་ཉིད་ལྷར་གསལ་བ་འོད་དུ་ཞུ་ནས་ཐུགས་ཀའི་ས་བོན་ལ་ཐིམ། ས་བོན་དེ་ཡང་མི་དམིགས་པ་སྟོང་པ་ཉིད་དུ་གྱུར་པར་བསམ་སྟེ་མི་རྟོག་པའི་ངང་དུ་མཉམ་པར་བཞག །ཐུན་མཚམས་སུ། སྟོང་པའི་ངང་ལས་རང་ཉིད་སྐད་ཅིག་གིས་ཚེ་དཔག་མེད་ཀྱི་སྐུར་གྱུར་པའི་དཔྲལ་བར་ཨོཾ། མགྲིན་པར་ཨཱཿ ཐུགས་ཀར་ཧཱུྃ་གིས་མཚན་པར་གྱུར་པར་བསམ། འདིའི་རྗེས་གནང་བྱ་ཚུལ། མཎྜལ་པཉྩ་འདབ་བརྒྱད་དཀར་པོའི་དབུས་སུ་ཚོམ་བུ་དཀར་པོ་དགོད། མདུན་དུ་གླུམ་གཏོར་དཀར་པོ། མཆོད་པ་རྣམས་བཤམས། བདག་བསྐྱེད་བཟླས་པ་དང་བཅས་པ་བྱ། མཆོད་པ་བྱ་རྒྱུད་ལྟར་བྱིན་གྱིས་བརླབས། མདུན་བསྐྱེད་བསངས་སྦྱངས། སྟོང་པའི་ངང་ལས་ཧྲཱིཾ་ལས་བྱུང་བའི་སེང་ཁྲིའི་སྟེང་དུ་པཾ་ལས་སྣ་ཚོགས་པདྨ་དང་ཨ་ལས་ཟླ་བ་ལ་གནས་པའི་ཨ་དཀར་པོ། དེའི་འོད་ཀྱི་འཕྲོ་འདུ་ལས་བཅོམ་ལྡན་འདས་རྒྱལ་བ་ཚེ་དང་ཡེ་ཤེས་དཔག་ཏུ་མེད་པ། ཞེས་པ་ནས། ཐུགས་ཀར་ཧཱུྃ། ཞེས་པའི་བར་བསྐྱེད། གོང་བཞིན་མཆོད་བསྟོད་བྱ། བཟླས་པ་ཅི་འགྲུབ་བྱ། ཨོཾ་སརྦ་བིད་པཱུ་ར་པཱུ་ར། སུ་ར་སུ་ར། ཨ་ཝརྟ་ཡ། ཨ་ཝརྟ་ཡ་ཧོ། བཛྲ་སྥ་ར་ཎ་ཕཊ། ཞེས་ནམ་མཁའ་མཛོད་ཀྱི་སྔགས་རྒྱས་གཏོར་མ་བྱིན་གྱིས་བརླབས། ཨོཾ་ན་མོ་རཏྣ་ག་ཡ་ཏེ་སོགས་གཟུངས་རིང་གི་མཐར་ཨ་ཀཱ་རོ་བཏགས་ལ་ལན་གསུམ་མམ་བདུན་གྱིས་ཕུལ། མཆོད་བསྟོད་བྱ་ཞིང་གསོལ་བ་གདབ། སློབ་མས་མཎྜལ་ཕུལ། གསོལ་བ་འདེབས་པ་འདིའི་རྗེས་གནང་མཛོད། དུས་གསུམ་སངས་རྒྱས་ནས་བསྐུལ་དུ་(༨༠༩ན)གསོལ། ལན་གསུམ། རྒྱུད་དག་པར་བྱ་བའི་ཕྱིར། མདུན་བསྐྱེད་ཀྱི་ལྷ་དང་སངས་རྒྱས་བྱང་སེམས་རྣམས་ཀྱི་དྲུང་དུ་སྐྱབས་འགྲོ་སྔོན་དུ་འགྲོ་བའི་བྱང་ཆུབ་ཀྱི་སེམས་བཟུང་བ་ལ་སོགས་པ་བགྱིད་སྙམ་པའི་བསམ་པས་འདིའི་རྗེས་གནང་མཛོད།

དཀོན་མཆོག་གསུམ་ལ་བདག་སྐྱབས་མཆི། །སོགས་གསུམ་དང་། ཁྱད་པར་དུ་བཅོམ་ལྡན་འདས་ཚེ་དཔག་མེད་ཀྱི་རྗེས་གནང་བསྐུལ་དུ་གསོལ་སྙམ་པའི་འདུན་པས་འདིའི་རྗེས་ཟློས་ཀྱང་གསུངས་ཤིག །སློབ་དཔོན་དགོངས་སུ་གསོལ། བདག་ལ་བཅོམ་ལྡན་འདས་ཚེ་དཔག་མེད་ཀྱི་རྗེས་གནང་མ་ལུས་པ་བསྐུལ་དུ་གསོལ། ཞེས་ལན་གསུམ་གྱིས་གསོལ་བ་བཏབ་ནས། ད་དམིགས་པ་འདི་བཞིན་དུ་མཛད་པར་ཞུ། ཨོཾ་ཤཱུ་ནྱ་ཏཱ་ཛྙཱ་ན་བཛྲ་སྭ་བྷཱ་ཝ་ཨཱཏྨ་ཀོ྅ཧཾ། ཕྱི་ནང་གི་དངོས་པོ་ཐམས་ཅད་མི་དམིགས་པ་སྟོང་པ་ཉིད་དུ་གྱུར་པའི་ངང་ལས་ཧཱུྃ་ལས་བྱུང་བའི་སེང་ཁྲིའི་སྟེང་དུ་པཾ་ལས་སྣ་ཚོགས་པདྨ་དང་ཨ་ལས་ཟླ་བ་ལ་གནས་པའི་ཁྱེད་རང་རྣམས་ཀྱི་སེམས་འཆི་མེད་སྲོག་གི་ངོ་བོ་ཨ་དཀར་པོ། དེ་ཡོངས་སུ་གྱུར་པ་ལས་ཁྱེད་རང་རྣམས་བཅོམ་ལྡན་འདས་རྒྱལ་བ་ཚེ་དང་ཡེ་ཤེས་དཔག་ཏུ་མེད་པ་སྐུ་མདོག་ཟླ་བ་ཆུ་ཤེལ་ལྟར་དཀར་བ། ཞལ་གཅིག་ཕྱག་གཉིས་མཉམ་གཞག་གི་ཕྱག་རྒྱ་མཛད་པའི་སྟེང་ན་འཆི་མེད་ཡེ་ཤེས་ཀྱི་བདུད་རྩིས་གང་བའི་བུམ་པ་འཛིན་པ། དབུ་སྐྲ་རལ་པའི་ཐོར་ཚུགས་ཅན་ཞབས་རྡོ་རྗེའི་སྐྱིལ་མོ་ཀྲུང་གིས་བཞུགས་པ། ལྷ་རྫས་ཀྱི་ན་བཟའ་དང་རིན་པོ་ཆེའི་རྒྱན་ཅན་མཚན་(༨༠༥བ)དཔེས་སྤྲས་ཤིང་འོད་འབར་བའོ། །ཞེས་གསལ་གདབ་བོ། །དེ་ནས་སློབ་དཔོན་དང་མདུན་གྱི་ཚོམ་བུ་ཡང་བཅོམ་ལྡན་འདས་ཚེ་དཔག་མེད་དངོས་ཡིན་སྙམ་པའི་མོས་གུས་བྱས་པས། སློབ་དཔོན་གྱི་ཐུགས་ཀ་ནས་འོད་ཟེར་འཕྲོས། མདུན་བསྐྱེད་ཀྱི་ལྷའི་ཐུགས་རྒྱུད་བསྐུལ། དེའི་ཐུགས་ཀ་ནས་འོད་ཟེར་འཕྲོས། ཕྱོགས་བཅུའི་སངས་རྒྱས་བྱང་ཆུབ་སེམས་དཔའ་ཐམས་ཅད་ཀྱི་ཐུགས་རྒྱུད་བསྐུལ་བས། སློབ་དཔོན་དང་མདུན་བསྐྱེད་ཀྱི་ལྷ་དང་། ཕྱོགས་བཅུའི་སངས་རྒྱས་བྱང་ཆུབ་སེམས་དཔའ་ཐམས་ཅད་ཀྱི་ཐུགས་ཀ་ནས་བཅོམ་ལྡན་འདས་ཚེ་དཔག་མེད་ཀྱི་སྐུ་ཆེ་ཆུང་དཔག་ཏུ་མེད་པ་བྱོན། ཁྱེད་རང་རྣམས་ཀྱི་བ་སྤུའི་བུ་ག་རྣམས་ནས་ཆར་བབས་པ་བཞིན་དུ་སིབ་སིབ་ཐིམ་པར་

སྨོས་མཛོད། ཛཿཧཱུྃ་བཾ་ཧོཿགཉིས་སུ་མེད་པར་ཐིམ། དེ་དག་ནི་སྐུའི་རྗེས་གནང་ངོ་། །དེ་ནས་རྗེས་སུ་བཟླས་པའི་ལུང་བླང་བའི་ཕྱིར། སློབ་དཔོན་གྱི་སྙིང་གར་ཟླ་བའི་དཀྱིལ་འཁོར་གྱི་སྟེང་དུ་ཨ་དཀར་པོ། དེ་ལས་སྔགས་ཀྱི་འཕྲེང་བ་བྱུང་། སློབ་དཔོན་གྱི་ཞལ་ནས་ཐོན། ཁྱེད་རང་རྣམས་ཀྱི་ཞལ་དུ་ཞུགས། ཐུགས་ཀར་ཟླ་བའི་སྟེང་དུ་ཨ་དཀར་པོ་གནས་པ་ལ་ཐིམ། དེའི་དུས་སུ་ཕྱོགས་བཅུའི་སངས་རྒྱས་བྱང་ཆུབ་སེམས་དཔའ་རྣམས་ཀྱི་མཁྱེན་བརྩེ་ནུས་མཐུ་ཐམས་ཅད་འོད་ཟེར་གྱི་རྣམ་པར་སྔགས་ཕྲེང་དང་ལྷན་ཅིག་ཞལ་དུ་ཞུགས། སྙིང་གའི་ཨ་ལ་ཐིམ་པའི་སྨོས་པ་མཛོད་ལ། གཟུངས་རིང་འདིའི་རྗེས་ཟློས་ལན་གསུམ་གསུངས་ཤིག །ཨོཾ་ན་མོ་བྷ་ག་ཝ་ཏེ་ཨ་པ་རི་མི་ཏ་ཨཱ་ཡུརྫྙཱ་ན་སུ་བི་ནི་ཤྩི་ཏ་ཏེ་ཛོ་(༥༠༨ན)རཱ་ཛཱ་ཡ། ཏ་ཐཱ་ག་ཏཱ་ཡ། ཨརྷ་ཏེ་སམྱཀྶཾ་བུད་དྷཱ་ཡ། ཏདྱ་ཐཱ། ཨོཾ་པུཎྱེ་པུཎྱེ་མཧཱ་པུཎྱེ། ཨ་པ་རི་མི་ཏ་པུཎྱེ། ཨ་པ་རི་མི་ཏ་པུཎྱེ་ཛྙཱ་ན་སཾ་བྷཱ་རོ་པ་ཙི་ཏེ། ཨོཾ་སརྦ་སཾ་སྐཱ་ར་པ་རི་ཤུདྡྷ་དྷརྨ་ཏེ་ག་ག་ན་ས་མུདྒ་ཏེ་སྭ་བྷཱ་ཝ་བི་ཤུདྡྷེ་མཧཱ་ན་ཡ་པ་རི་ཝཱ་ར་ཡེ་སྭཱཧཱ། དང་པོས་བྱིན་གྱིས་བརླབས། གཉིས་པས་དབྱེར་མེད་དུ་འདྲེས། གསུམ་པས་བརྟན་པར་བྱས་པའི་སྨོས་པ་མཛོད། བྱིན་གྱིས་བརླབས་པའི་ལུང་ནི། སློབ་དཔོན་ལ་མེ་ཏོག་འཐོར་བཞིན་དུ་འདིའི་རྗེས་ཟློས་མཛོད་ཅིག །བཅོམ་ལྡན་བདག་གིས་སོགས་ལན་གསུམ། དེ་ལྟར་ཕུལ་བའི་མེ་ཏོག་དེ་ཉིད་སླར་ཡང་བྱིན་གྱིས་བརླབས་ཏེ། ཁྱེད་རང་གི་སྤྱི་བོར་ཕུལ་བར་སྨོས་པ་མཛོད་ཅིག །སློབ་དཔོན་གྱིས་མེ་ཏོག་འཐོར་ཞིང་། བཅོམ་ལྡན་འདི་ལ་སོགས་དང་། རིག་པ་འཛིན་པ་འདི་རྣམས་ལ་བཅོམ་ལྡན་འདས་ཚེ་དཔག་མེད་ཀྱི་སྐུ་གསུང་ཐུགས་ཀྱི་བྱིན་རླབས་མ་ལུས་པ་འཇུག་པར་གྱུར་ཅིག །དམ་བཅའ་བའི་ལུང་གི་ཕྱིར། བཅོམ་ལྡན་འདས་ཚེ་དཔག་མེད་འདི་ཉིད་ཇི་སྲིད་བྱང་ཆུབ་མ་ཐོབ་བར་གྱི་ཡི་དམ་དུ་བཟུང་ངོ་། །བདག་ཐུགས་ཀྱིས་མ་བཏང་ཞིག་སྐམ་པའི་བསམ་པས་འདིའི་རྗེས་ཟློས་གསུངས་ཤིག །སློབ་དཔོན་དགོངས་སུ་གསོལ། བདག་རིག་

པ་འཛིན་པ་མེད་འདི་ཞེས་བགྱི་བས་དུས་འདི་ནས་བཟུང་སྟེ། ཇི་སྲིད་བྱང་ཆུབ་སྙིང་པོ་ལ་མཆིས་ཀྱི་བར་དུ། བཅོམ་ལྡན་འདས་ཚེ་དཔག་མེད་ཡི་དམ་གྱི་ལྷར་བཟུང་ནས་འདིའི་གསང་སྔགས་ཉེ་མ་རེ་རེ་བཞིན་འདི་ཙམ་རེ་འདོན་པར་དམ་(༤༠༨བ)འཆའ་ལགས་སོ། །ཞེས་ལན་གསུམ་བརྗོད། གསུང་གི་རྗེས་གནང་ངོ་། །ད་ནི་བྱིན་གྱིས་བརླབས་པའི་ཕྱིར། མདུན་བསྐྱེད་ཀྱི་ལྷ་ལ་མོས་གུས་དུང་དུང་བ་དང་བདག་གི་རྒྱུད་བྱིན་གྱིས་བརླབ་ཏུ་གསོལ་སྙམ་པ་མཛད་པས། མདུན་བསྐྱེད་ཀྱི་ལྷའི་ཐུགས་ཀ་ནས་བཅོམ་ལྡན་འདས་ཚེ་དཔག་མེད་ཀྱི་སྐུ་སོར་ཚད་ཙམ་གཅིག་རྒྱངས་ཏེ་བྱོན། ཁྱེད་རང་རྣམས་ཀྱི་སྙིང་གའི་ས་བོན་དང་དབྱེར་མེད་དུ་འདྲེས། རྒྱུད་བྱིན་གྱིས་བརླབས་པའི་མོས་པ་མཛོད། ཐུགས་ཀྱི་རྗེས་གནང་ངོ་། །རྗེས་ཀྱི་བྱ་བ་སྨྲེ་དང་འདྲའོ། །

༄ གཙུག་ཏོར་རྣམ་རྒྱལ་ལྷ་དགུ་ལ། སྐྱབས་འགྲོ་སེམས་བསྐྱེད་སྔོན་དུ་འགྲོ་བས། ཚད་མེད་བཞི་བསྒོམ། ཨོཾ་སྭ་བྷཱ་ཝ་ཤུདྡྷ་ས་རྦ་དྷརྨཱ་སྭ་བྷཱ་ཝ་ཤུདྡྷོ྅ཧཾ། སྟོང་པའི་ངང་ལས་པཾ་ལས་པདྨ་དང་ཨ་ལས་ཟླ་བའི་སྟེང་དུ་ཧཱུྃ་ལས་རིན་པོ་ཆེ་ལས་གྲུབ་པའི་མཆོད་རྟེན་དུ་གྱུར་པ་ནི། རིན་པོ་ཆེའི་རང་བཞིན་སེང་ཁྲིའི་སྟེང་དུ་པདྨ། དེའི་སྟེང་དུ་ཁྲི་ཟླུམ་པོ་བང་རིམ་སུམ་བརྩེགས། དེའི་སྟེང་དུ་ཟླ་བ་ལ་གནས་པའི་བུམ་པ་ཟླུམ་པོ་ཡངས་ཤིང་རྒྱ་ཆེ་བ་སྒོ་དང་བཅས་པ། སྟེང་དུ་རིན་པོ་ཆེའི་ཕྲེ། གདུགས་བཅུ་གསུམ། ཆར་ཁེབས་ཏོག་དང་བཅས་པ། མེ་ཏོག་གི་འཕྲེང་བ་དང་དར་གྱི་ལྡ་ལྡི་སོགས་རྒྱན་ཐམས་ཅད་ཀྱིས་བརྒྱན་པའོ། །དེའི་བུམ་པའི་ནང་དུ་པདྨ་དང་ཟླ་བའི་གདན་ལ་ཧཱུྃ་ལས་སྣ་ཚོགས་རྡོ་རྗེ་ཧཱུྃ་གྱིས་མཚན་པ་ལས་འོད་ཟེར་འཕྲོས། འཕགས་པ་མཆོད། སེམས་ཅན་གྱི་དོན་བྱས། ཚུར་འདུས་ཡོངས་སུ་གྱུར་པ་ལས་རང་ཉིད་བཅོམ་ལྡན་འདས་མ་གཙུག་ཏོར་རྣམ་པར་རྒྱལ་མ་སྐུ་མདོག་དཀར་པོ་ཞལ་(༤༠༩ན)གསུམ་ཕྱག་བརྒྱད་མ། རྩ་ཞལ་དཀར་པོ། གཡས་སེར་པོ། གཡོན་སྔོ་

ཞིང་ཡིད་ཙམ་བྲོ་བ། ཞལ་རེ་རེ་བཞིན་ཞི་བའི་སྤྱན་གསུམ་གསུམ་དང་ལྡན་པ། ཕྱག་གཡས་ཀྱི་དང་པོས་སྣ་ཚོགས་རྡོ་རྗེ་ཐུགས་ཀར་འཛིན་པ། གཉིས་པས་པདྨའི་སྟེང་དུ་འོད་དཔག་ཏུ་མེད་པ་བཞུགས་པ་བསྣམས་པ། གསུམ་པས་མདའ། བཞི་པས་མཆོག་སྦྱིན་གྱི་ཕྱག་རྒྱ་མཛད་པ། གཡོན་དང་པོས་ཞགས་པ་དང་བཅས་པའི་སྡིགས་མཛུབ། གཉིས་པས་གཞུ། གསུམ་པས་སྐྱབས་སྦྱིན་གྱི་ཕྱག་རྒྱ། བཞི་པ་ཉིད་ངེ་འཛིན་གྱི་ཕྱག་རྒྱ་མཛད་པའི་སྟེང་ན་བདུད་རྩིའི་བུམ་པ་དང་བཅས་པ། ཞབས་རྡོ་རྗེའི་སྐྱིལ་ཀྲུང་གིས་བཞུགས་པ། དར་དང་རིན་པོ་ཆེའི་རྒྱན་ཐམས་ཅད་ཀྱིས་བརྒྱན་པའོ། །དེའི་གཡས་སུ་སྤྱན་རས་གཟིགས་དཀར་པོ། གཡས་རྟ་ཡབ་དང་གཡོན་པདྨ་དཀར་པོའི་སྡོང་བུ་འཛིན་པ། གཡོན་དུ་ཕྱག་ན་རྡོ་རྗེ་སྔོན་པོ། གཡས་རྟ་ཡབ་དང་གཡོན་རྡོ་རྗེ་སྔོན་པོ་འཛིན་པ། གཙོ་འཁོར་གསུམ་གྱི་ཕྱོགས་བཞིར་ཁྲོ་བོ་བཞི་གནས་པ་ནི། ཤར་དུ་མི་གཡོ་བ་གཡས་རལ་གྲི་འཕྱར་བ། ལྷོར་འདོད་པའི་རྒྱལ་པོ་གཡས་ལྕགས་ཀྱུ་འཕྱར་བ། ནུབ་ཏུ་དབྱུག་སྔོན་གཡས་དབྱུག་པ་འཕྱར་བ། བྱང་དུ་སྟོབས་པོ་ཆེ་གཡས་རྡོ་རྗེ་རྩེ་གསུམ་འཕྱར་བ་ཐམས་ཅད་ཀྱང་སྐུ་མདོག་མཐིང་ག་རབ་ཏུ་ཁྲོས་པ། ཕྱག་གཡོན་སྡིགས་མཛུབ་ཐུགས་ཀར་གཏོད་ཅིང་། སྤྱན་གསུམ་མཆེ་བ་གཙིགས་པ། དབུ་སྐྲ་ནག་པོ་ཐོར་ཚུགས་སུ་བྱས་པ། སྟག་ལྤགས་དང་སྦྲུལ་གྱི་རྒྱན་ཅན། མེ་དཔུང་འབར་བའི་དབུས་ན་གཡོན་(༤༠༧བ)བརྐྱང་གིས་བཞུགས་པའོ། །གཙོ་མོའི་སྟེང་གི་ནམ་མཁའ་ལ་གནས་གཙང་མའི་རིགས་ཀྱི་ལྷའི་བུ་གཉིས་བདུད་རྩིས་གང་བའི་བུམ་པ་ཐོགས་ནས་གཙོ་མོ་ལ་སྐུ་ཁྲུས་གསོལ་བ། དེ་ཐམས་ཅད་ཀྱི་སྤྱི་བོར་ཨོཾ་དཀར་པོ། མགྲིན་པར་ཨཱཿདམར་པོ། སྙིང་ཁར་ཧཱུྃ་སྔོན་པོ། དཔྲལ་བར་ཏྲཾ་སེར་པོ། ལྕེ་བར་ཧྲཱིཿདམར་པོ། བཅྭ་གཉིས་ལ་ཨཾ་ཨ་ཐུང་གྱུ། རང་གི་སྙིང་ག་ནས་འོད་ཟེར་འཕྲོས། རང་བཞིན་གྱི་གནས་ནས་བཅོམ་ལྡན་འདས་མ་གཙུག་ཏོར་རྣམ་པར་རྒྱལ་མ་འཁོར་དང་བཅས་པ། ཨོཾ་སརྦ་ཏ་ཐཱ་ག་ཏ་ཨུཥྞཱི་ཥ་

བི་ཛ་ཡ་ས་པ་རི་ཝཱ་ར་བཛྲ་ས་མཱ་ཛཿ དེ་བཞིན་དུ་སྤྱིར་ཏེ། ཨརྒྷཾ་ནས་ཤབྡའི་བར་གྱིས་མཆོད། ཛཿཧཱུྃ་བཾ་ཧོཿ ཡང་འོད་ཟེར་འཕྲོས་པས་དབང་གི་ལྷ་དེ་བཞིན་གཤེགས་པ་རིགས་ལྔ་འཁོར་དང་བཅས་པ་བཛྲ་ས་མ་ཛཿཨོཾ་བཛྲ་ཨརྒྷཾ་པྲ་ཏཱིཙྪ་སྭཱཧཱ། ཨོཾ་བཛྲ་པཱདྱཾ་པྲ་ཏཱིཙྪ་སྭཱཧཱ། ཨོཾ་བཛྲ་པུཥྤེ་ཨཱཿཧཱུྃ་ནས་ཤབྡ་ཨཱཿཧཱུྃ་གི་བར་གྱིས་མཆོད། དེ་བཞིན་གཤེགས་པ་ཐམས་ཅད་ཀྱིས་བདག་ལ་མངོན་པར་དབང་བསྐུར་དུ་གསོལ། ཞེས་གསོལ་བ་བཏབ་པས། ཇི་ལྟར་བལྟམས་པ་ནས་ཁྲཱི་ཡེ་ཧཱུྃ། ཞེས་གསུངས་ཤིང་། བུམ་པའི་ཆུས་དབང་བསྐུར། སྐུ་ལུས་ཐམས་ཅད་གང་། དྲི་མ་ཐམས་ཅད་དག །ཆུའི་ལྷག་མ་སྤྱི་བོར་ལུད་པ་ལས། གཙོ་མོ་ལ་རྣམ་པར་སྣང་མཛད། སྤྱན་རས་གཟིགས་ལ་འོད་དཔག་མེད། ཕྱག་ན་རྡོ་རྗེ་དང་ཁྲོ་བོ་བཞི་ལ་མི་བསྐྱོད་པ། ལྷའི་བུ་གཉིས་ལ་རིན་ཆེན་འབྱུང་ལྡན་གྱིས་དབུ་བརྒྱན་པར་བསམ། ཨོཾ་སརྦ་ཏ་ཐཱ་ག་ཏ་ཨུཥྞཱི་ཥ་བི་ཛ་ཡ་ས་པ་རི་ཝཱ་ར་བཛྲ་ཨརྒྷཾ་པྲ་ཏཱིཙྪ་སྭཱཧཱ། དེ་བཞིན་དུ་ཨརྒྷཾ་གྱི་གནས་(༥༠༨ན)སུ་པཱདྱཾ་བཅུག །ཨོཾ་སརྦ་ཏ་ཐཱ་ག་ཏ་ཨུཥྞཱི་ཥ་བི་ཛ་ཡ་ས་པ་རི་ཝཱ་ར་བཛྲ་པུཥྤེ་ཨཱཿཧཱུྃ། ཞེས་པ་ནས། ཤབྡ་ཨཱཿཧཱུྃ་གི་བར་གྱིས་མཆོད། དཔལ་ལྡན་ལྷ་མོ་སྔོན་ཀའི་ཟླ་བའི་མདོག །ཞལ་གསུམ་ཕྱག་བརྒྱད་རབ་མཛེས་ཞི་བའི་སྐུ། །ཡེ་ཤེས་དཔག་ཡས་ཚེ་ཡི་མཆོག་སྩོལ་མ། །རྣམ་པར་རྒྱལ་མའི་ཞབས་ལ་ཕྱག་འཚལ་བསྟོད། །སྙིང་གར་སྣ་ཚོགས་རྡོ་རྗེའི་ལྟེ་བ་ལ་ཧྲཱུྃ་ཡིག་སྲུང་བྱ་སྔགས་ཕྲེང་དང་བཅས་པ་འཁོད་པར་གྱུར། དེ་ནས་འོག་ཏུ་སློབ་མ་རྗེས་འཛིན་སྐབས་བཤད་པའི་སྔགས་དང་གཟུངས་རིང་བཟློའོ། །གཏོར་མ་དཀར་གཏོར་ཞིག །ཨོཾ་བཛྲ་ཡཀྵ་ཧཱུྃ་གིས་བསངས། ཨོཾ་བཛྲ་ཛྭ་ལ་ཨ་ན་ལ་ཧ་ན་ད་ཧ་པ་ཙ་མ་ཐ་བྷཉྫ་ར་ཊ་ཧཱུྃ་ཕཊ་ཀྱིས་སྲུངས། ཨོཾ་ཨ་ཀཱ་རོ་མུ་ཁཾ་སརྦ་དྷརྨཱ་ཎཱཾ་ཨཱདྱ་ནུཏྤནྣ་ཏྭཱད་ཀྱིས་བྱིན་གྱིས་བརླབས། རང་གི་སྙིང་ག་ནས་འོད་ཟེར་འཕྲོས། བཅོམ་ལྡན་འདས་མ་གཙུག་ཏོར་རྣམ་རྒྱལ་ལྷ་དགུའི་དཀྱིལ་འཁོར་སྤྱན་དྲངས། གཟུངས་རིང་ཚར་གཅིག་གི་མཐར། ཨུཥྞཱི་ཥ་བི་ཛ་ཡ་ས་པ་རི་ཝཱ་རེ་

ཧྲཱིཿཨོཾ་ཨ་ཀཱ་རོ་སོགས་ལན་བདུན་གྱིས་ཕུལ། གོང་བཞིན་མཆོད་བསྟོད་བྱ། མཆོད་སྦྱིན་གཏོར་མ་འདི་བཞེས་ལ་སོགས་ཀྱིས་འདོད་དོན་གསོལ་གདབ་དང་གཤེགས་གསོལ་རྣམས་བྱ། འདིའི་རྗེས་གནང་གི་བྱ་བ་ནི། མཎྜལ་གྱི་དབུས་སུ་ཚོམ་བུ་དཀར་པོ། དེའི་གཡས་སུ་དཀར་པོ། གཡོན་དུ་སྔོན་པོ། དེ་གསུམ་གྱི་ཕྱོགས་བཞིར་ཚོམ་བུ་མཐིང་ཁ་བཞི། མདུན་དུ་ཚོམ་བུ་སེར་པོ་གཉིས། བཀྲུ་བྱབས་སྤུང་གསུམ་བྱེད་ན་བུམ་པ་སྤྱི་ལྟར་བཤམས། (༩༠༨བ)མདུན་དུ་ཟླུམ་གཏོར་དཀར་པོ། མཆོད་པ་རྣམས་ཀྱང་བཤམས། བདག་བསྐྱེད་གོང་བཞིན་བྱ། མཆོད་པ་བྱ་རྒྱུད་ལྟར་བྱིན་གྱིས་བརླབས། མདུན་བསྐྱེད་བསངས་སྦྱངས། སྟོང་པའི་ངང་ལས་པཾ་ལས་པདྨ་དང་ཨ་ལས་ཟླ་བའི་སྟེང་དུ་ཧཱུྃ་ལས་རིན་པོ་ཆེ་ལས་གྲུབ་པའི་མཆོད་རྟེན་དུ་གྱུར་པ་ནི། ཞེས་པ་ནས། བཟླས་པའི་བར་བདག་བསྐྱེད་དང་འདྲ་བ་ལས། རང་ཉིད་ཅེས་པ་དོར། བདག་ལ་ཞེས་པ་འདི་ལ་ཞེས་འདོན་པ་བསྒྱུར། གཏོར་མ་བྱིན་གྱིས་བརླབས་ཏེ་འབུལ་བ་ནས། འདོད་དོན་ལ་གསོལ་བཏབ་ཀྱི་བར་དུ་གོང་བཞིན་བྱའོ། །སློབ་མས་མཎྜལ་ཕུལ། གསོལ་བ་འདེབས་པ་འདིའི་རྗེས་ཟློས་མཛོད། དུས་གསུམ་སངས་རྒྱས་ནས་བསྩལ་དུ་གསོལ། ལན་གསུམ་རྒྱུད་དག་པར་བྱ་བའི་ཕྱིར། མདུན་བསྐྱེད་ཀྱི་ལྷ་དང་སངས་རྒྱས་བྱང་སེམས་རྣམས་ཀྱི་དྲུང་དུ་སྐྱབས་འགྲོ་སྔོན་དུ་འགྲོ་བའི་བྱང་ཆུབ་ཀྱི་སེམས་བཟུང་བ་ལ་སོགས་པ་བགྱིད་སྙམ་པའི་བསམ་པས་འདིའི་རྗེས་ཟློས་མཛོད། དཀོན་མཆོག་གསུམ་ལ་བདག་སྐྱབས་མཆི། །སོགས་གསུམ་དང་། ཁྱད་པར་དུ་བཅོམ་ལྡན་འདས་མ་གཙུག་ཏོར་རྣམ་པར་རྒྱལ་མའི་རྗེས་གནང་བསྩལ་དུ་གསོལ། སྙམ་པའི་འདུན་པས་འདིའི་རྗེས་ཟློས་ཀྱང་གསུངས་ཤིག །སློབ་དཔོན་དགོངས་སུ་གསོལ། བདག་ལ་བཅོམ་ལྡན་འདས་མ་གཙུག་ཏོར་རྣམ་པར་རྒྱལ་མའི་རྗེས་གནང་མ་ལུས་པ་བསྩལ་དུ་གསོལ། ཞེས་ལན་གསུམ་གྱིས་གསོལ་བ་བཏབ་ནས། ད་དམིགས་པ་འདི་བཞིན་དུ་མཛད་པར་ཞུ། ཨོཾ་ཤྲུ་ཏ་ཏྲ་ཛྙཱ་ན་བཛྲ་

སུ་ཧྲཱ་ཕ་ཨཱཧྨ་ཀོཎྜཧཾ། ཕྱི་ནང་གི་དངོས་པོ་ཐམས་(༤༠ན)ཅད་མི་དམིགས་པ་སྟོང་པ་ཉིད་དུ་གྱུར་པའི་ངང་ལས་པཾ་ལས་པདྨ་དང་ཨ་ལས་ཟླ་བའི་སྟེང་དུ་ཧཱུྃ་ལས་རིན་པོ་ཆེ་ལས་གྲུབ་པའི་མཆོད་རྟེན་དུ་གྱུར་པ་ནི། རིན་པོ་ཆེའི་རང་བཞིན་སེང་ཁྲིའི་སྟེང་དུ་པདྨ། དེའི་སྟེང་དུ་ཁྲི་ཀླུམ་པོ་བང་རིམ་སུམ་བརྩེགས། དེའི་སྟེང་དུ་ཟླ་བ་ལ་གནས་པའི་བུམ་པ་ཀླུམ་པོ་ཡངས་ཤིང་རྒྱ་ཆེ་བ་སྒོ་དང་བཅས་པ། སྟེང་དུ་རིན་པོ་ཆེའི་ བྲེ། གདུགས་བཅུ་གསུམ། ཆར་ཁེབས་ཏོག་དང་བཅས་པ། མེ་ཏོག་གི་འཕྲེང་བ། དར་གྱི་ལྡ་ལྡི་སོགས་རྒྱན་ཐམས་ཅད་ཀྱིས་བརྒྱན་པའོ། །དེའི་བུམ་པའི་ནང་དུ་པདྨ་དང་ཟླ་བའི་གདན་ལ་ཧཱུྃ་ལས་སྣ་ཚོགས་རྡོ་རྗེ་ཧཱུྃ་གྱིས་མཚན་པ་ལས་འོད་ཟེར་འཕྲོས། འཕགས་པ་མཆོད། སེམས་ཅན་གྱི་དོན་བྱས། ཚུར་འདུས་ཡོངས་སུ་གྱུར་པ་ལས་ཁྱེད་རང་རྣམས་བཅོམ་ལྡན་འདས་མ་གཙུག་ཏོར་རྣམ་པར་རྒྱལ་མ་སྐུ་མདོག་དཀར་པོ་ཞལ་གསུམ་ཕྱག་བརྒྱད་མ། རྩ་ཞལ་དཀར་བ། གཡས་སེར་བ། གཡོན་སྔོ་ཞིང་ཡིད་ཙམ་ཁྲོ་བ། ཞལ་རེ་རེ་བཞིན་ཞི་བའི་སྤྱན་གསུམ་གསུམ་དང་ལྡན་པ། ཕྱག་གཡས་ཀྱི་དང་པོས་སྣ་ཚོགས་རྡོ་རྗེ་ཐུགས་ཀར་འཛིན་པ། གཉིས་པས་པདྨའི་སྟེང་དུ་འོད་དཔག་ཏུ་མེད་པ་བཞུགས་པ་བསྣམས་པ། གསུམ་པས་མདའ། བཞི་པས་མཆོག་སྦྱིན་གྱི་ཕྱག་རྒྱ་མཛད་པ། གཡོན་དང་པོས་ཞགས་པ་དང་བཅས་པའི་སྡིགས་མཛུབ། གཉིས་པས་གཞུ། གསུམ་པས་སྐྱབས་སྦྱིན་གྱི་ཕྱག་རྒྱ། བཞི་པ་ཧྲིང་ངེ་འཛིན་གྱི་ཕྱག་རྒྱ་མཛད་པའི་སྟེང་ན་བདུད་རྩིའི་བུམ་པ་དང་བཅས་པ། ཞབས་རྡོ་རྗེའི་སྐྱིལ་(༤༠བ)ཀྲུང་གིས་བཞུགས་པ། དར་དང་རིན་པོ་ཆེའི་རྒྱན་ཐམས་ཅད་ཀྱིས་བརྒྱན་པའོ། །དེའི་གཡས་སུ་སྤྱན་རས་གཟིགས་དཀར་པོ། གཡས་ཟ་ཡབ་དང་གཡོན་པདྨ་དཀར་པོའི་སྡོང་བུ་འཛིན་པ། གཡོན་དུ་ཕྱག་ན་རྡོ་རྗེ་སྔོན་པོ། གཡས་ཟ་ཡབ་དང་གཡོན་རྡོ་རྗེ་སྔོན་པོ་འཛིན་པ། གཙོ་འཁོར་གསུམ་གྱི་ཕྱོགས་བཞིར་ཁྲོ་བོ་བཞི་གནས་པ་ནི། ཤར་དུ་མི་གཡོ་བ་གཡས་རལ་གྲི་འཕྱར་བ། ལྷོར་

འདོད་པའི་རྒྱལ་པོ་གཡས་ལྕགས་ཀྱུ་འཕྱར་བ། ནུབ་ཏུ་དབྱུག་སྔོན་གཡས་དབྱུག་པ་འཕྱར་བ། བྱང་དུ་སྟོབས་པོ་ཆེ་གཡས་རྡོ་རྗེ་རྩེ་གསུམ་འཕྱར་བ། ཐམས་ཅད་ཀྱང་སྐུ་མདོག་མཐིང་ག་རབ་ཏུ་ཁྲོས་པ། ཕྱག་གཡོན་སྡིགས་མཛུབ་ཐུགས་ཀར་གཏོད་ཅིང་། སྤྱན་གསུམ་མཆེ་བ་གཙིགས་པ། དབུ་སྐྲ་ནག་པོ་གྱེན་ཚུགས་སུ་བྱས་པ། སྟག་ལྤགས་དང་། སྦྲུལ་གྱི་རྒྱན་ཅན། མེ་དཔུང་འབར་བའི་དབུས་ན་གཡོན་བརྐྱང་གིས་བཞུགས་པའོ། །གཙོ་མོའི་སྙིང་གི་ནམ་མཁའ་ལ་གནས་གཙང་མའི་རིགས་ཀྱི་ལྷའི་བུ་གཉིས་བདུད་རྩིས་གང་བའི་བུམ་པ་ཐོགས་ནས། གཙོ་མོ་ལ་སྐུ་ཁྲུས་གསོལ་བ། དེ་ཐམས་ཅད་ཀྱི་སྤྱི་བོར་ཨོཾ་དཀར་པོ། མགྲིན་པར་ཨཱཿདམར་པོ། ཐུགས་ཀར་ཧཱུྃ་སྔོན་པོ། ཞེས་གཙོ་འཁོར་དགུ་གསལ་བཏབ་བོ། །དེ་ནས་སློབ་དཔོན་དང་མདུན་གྱི་ཆོམ་བུ་རྣམས་ཀྱང་བཅོམ་ལྡན་འདས་མ་གཙུག་ཏོར་རྣམ་པར་རྒྱལ་མ་དངོས་ཡིན་སྙམ་པའི་མོས་གུས་བྱས་པས། སློབ་དཔོན་གྱི་ཐུགས་ཀ་ནས་འོད་ཟེར་འཕྲོས། མདུན་བསྐྱེད་ཀྱི་ལྷའི་ཐུགས་རྒྱུད་བསྐུལ། དེའི་ཐུགས་ཀ་ནས་འོད་ཟེར་འཕྲོས། ཕྱོགས་བཅུའི་སངས་རྒྱས་ཐམས་(༥༧༠ན)ཅད་དང་བྱང་ཆུབ་སེམས་དཔའ་ཐམས་ཅད་ཀྱི་ཐུགས་རྒྱུད་བསྐུལ་བས། སློབ་དཔོན་དང་མདུན་བསྐྱེད་ཀྱི་ལྷ་དང་། ཕྱོགས་བཅུའི་སངས་རྒྱས་བྱང་ཆུབ་སེམས་དཔའ་ཐམས་ཅད་ཀྱི་ཐུགས་ཀ་ནས་བཅོམ་ལྡན་འདས་མ་གཙུག་ཏོར་རྣམ་པར་རྒྱལ་མ་འཁོར་དང་བཅས་པའི་སྐུ་ཆེ་ཆུང་དཔག་ཏུ་མེད་པ་བྱོན། ཁྱེད་རང་རྣམས་ཀྱི་བ་སྤུའི་བུ་ག་རྣམས་ནས་ཆར་ཆེན་པོ་བབས་པ་བཞིན་དུ་སིབ་སིབ་ཐིམ་པར་མོས་པ་མཛོད། ཛཿཧཱུྃ་བཾ་ཧོཿགཉིས་སུ་མེད་པར་ཐིམ། དེ་དག་ནི་སྐུའི་རྗེས་གནང་ངོ་། །དེ་ནས་རྗེས་སུ་བཟླས་པའི་ལུང་སྣང་བའི་ཕྱིར། སློབ་དཔོན་གྱི་སྙིང་གར་ཟླ་ཚོགས་རྡོ་རྗེའི་ལྟེ་བ་ལ་ཧཱུྃ་དཀར་པོ། དེ་ལས་སྔགས་ཀྱི་འཕྲེང་བ་བྱུང་། སློབ་དཔོན་གྱི་ཞལ་ནས་ཐོན། ཁྱེད་རང་རྣམས་ཀྱི་ཞལ་དུ་ཞུགས། ཐུགས་ཀར་ཟླ་ཚོགས་རྡོ་རྗེའི་ལྟེ་བར་ཧཱུྃ་དཀར་པོ་གནས་

པ་ལ་ཐིམ། དེའི་དུས་སུ་ཕྱོགས་བཅུའི་སངས་རྒྱས་བྱང་ཆུབ་སེམས་དཔའ་རྣམས་ཀྱི་མཁྱེན་བརྩེ་ནུས་མཐུ་ཐམས་ཅད་འོད་ཟེར་གྱི་རྣམ་པར་སྔགས་ཕྲེང་དང་ལྷན་ཅིག་ཞལ་དུ་ཞུགས། སྙིང་གའི་ཧཱུྃ་ལ་ཐིམ་པའི་མོས་པ་མཛོད་ལ། འདིའི་རྗེས་ཟློས་ལན་གསུམ་གསུངས་ཤིག་བྱས་ལ། ཨོཾ་ཧཱུྃ་ཏྲཱྃ་ཧྲཱི་ཨཾ་ཨཿ བདག་དང་སྲུང་བྱ་ལ་རཀྵ་རཀྵ་ཀུ་རུ་སྭཱཧཱ། ཨོཾ་ན་མོ་རཏྣ་ག་ཥ་ཏེ་སརྦ་ཏཻ་ལོཀྱ་པྲ་ཏི་བི་ཤིཥྚ་ཡ། བུད་དྷཱ་ཡ་ཏེ་ན་མཿཏདྱ་ཐཱ། ཨོཾ་བྷྲཱུྃ་བྷྲཱུྃ་བྷྲཱུྃ། ཤོ་དྷ་ཡ་ཤོ་དྷ་ཡ། བི་ཤོ་དྷ་ཡ་བི་ཤོ་དྷ་ཡ། ཨ་ས་མ་ས་མནྟ་ཨ་ཝ་བྷཱ་ས། སྥ་ར་ཎ་ག་ཏི་ག་ག་ན་སྭ་བྷཱ་ཝ་བི་ཤུད་དྷེ་ཨ་བྷི་ཥིཉྩ་ཏུ་མཱཾ། སརྦ་ཏ་ཐཱ་ག་ཏཱཿསུ་ག་ཏ་ཝ(༩༧༠བ)ར་ཝ་ཙ་ན་ཨ་མྲི་ཏ་ཨ་བྷི་ཥེ་ཀཻ་ར་མཧཱ་མུ་དྲཱ་མནྟྲ་པ་དཻཿཨཱ་ཧ་ར་ཨཱ་ཧ་ར། མ་མ་ཨཱ་ཡུཿསནྡྷཱ་ར་ཎི། ཤོ་དྷ་ཡ་ཤོ་དྷ་ཡ། བི་ཤོ་དྷ་ཡ་བི་ཤོ་དྷ་ཡ། ག་ག་ན་སྭ་བྷཱ་ཝ་བི་ཤུད་དྷེ། ཨུཥྞཱི་ཥ་བི་ཛ་ཡ་པ་རི་ཤུདྡྷེ། ས་ཧ་སྲ་རཤྨི་སཉྩོ་དི་ཏེ། སརྦ་ཏ་ཐཱ་ག་ཏ་ཨ་ཝ་ལོ་ཀི་ནི། ཥཊ་པཱ་ར་མི་ཏ་པ་རི་པཱུ་ར་ཎི་སརྦ་ཏ་ཐཱ་ག་ཏ་མ་ཏེ། ད་ཤ་བྷཱུ་མི་པྲ་ཏིཥྛི་ཏེ། སརྦ་ཏ་ཐཱ་ག་ཏ་ཧྲི་ད་ཡ། ཨ་དྷིཥྛཱ་ན་ཨ་དྷིཥྛི་ཏེ། མུ་དྲེ་མུ་དྲེ། མཧཱ་མུ་དྲེ། བཛྲ་ཀཱ་ཡ་སཾ་ཧ་ཏ་ན་པ་རི་ཤུད་དྷེ། སརྦ་ཀརྨ་ཨཱ་ཝ་ར་ཎ་བི་ཤུད་དྷེ། པྲ་ཏི་ནི་ཝརྟ་ཡ། མ་མ་ཨ་ཡུར་བི་ཤུད་དྷེ། སརྦ་ཏ་ཐཱ་ག་ཏ་ས་མ་ཡ། ཨ་དྷིཥྛཱ་ན་ཨ་དྷིཥྛི་ཏེ། ཨོཾ་མུ་ནི་མུ་ནི། མཧཱ་མུ་ནི། བི་མུ་ནི་བི་མུ་ནི། མཧཱ་བི་མུ་ནི། མ་ཏི་མ་ཏི། མཧཱ་མ་ཏི། མ་མ་ཏི། སུ་མ་ཏི་ཏ་ཐཱ་ཏཱ། བྷཱུ་ཏ་ཀོ་ཊི་པ་རི་ཤུད་དྷེ། བི་སྥུ་ཊ་བུད་དྷི་ཤུད་དྷེ། ཧེ་ཧེ་ཛ་ཡ་ཛ་ཡ། བི་ཛ་ཡ་བི་ཛ་ཡ། སྨ་ར་སྨ་ར། སྥ་ར་སྥ་ར། སྥཱ་ར་ཡ་སྥཱ་ར་ཡ། སརྦ་བུད་དྷ་ཨ་དྷིཥྛཱ་ན་ཨ་དྷིཥྛི་ཏེ། ཤུད་དྷེ་ཤུད་དྷེ། བུད་དྷེ་བུད་དྷེ། བཛྲེ་བཛྲེ། མཧཱ་བཛྲེ། སུ་བཛྲེ། བཛྲ་གརྦྷེ། ཛ་ཡ་གརྦྷེ། བི་ཛ་ཡ་གརྦྷེ། བཛྲ་ཛྭ་ལ་གརྦྷེ། བཛྲོད་བྷ་ཝེ། བཛྲ་སཾ་བྷ་ཝེ། བཛྲེ་བཛྲི་ཎི་བཛྲཾ་བྷ་ཝ་ཏུ། མ་མ་ཤ་རཱི་རཾ། སརྦ་སཏྭ་ནཱཉྩ། ཀཱ་ཡ་པ་རི་ཤུད་དྷི་རྦྷ་ཝ་ཏུ་མེ་ས་དཱ། སརྦ་ག་ཏི་པ་རི་ཤུད་དྷི་ཤྩ། སརྦ་ཏ་ཐཱ་ག་ཏ་ཤྩ་མཱཾ། ས་མཱ་ཤྭཱ་ས་ཡནྟུ། བུ་དྷྱ་བུ་དྷྱ། སི་

ཙྭ་སིཙྭ། པོ་ཙྭ་པོ་ཙྭ། བི་པོ་ཙྭ་བི་པོ་ཙྭ། མོ་ཙ་ཡ་མོ་ཙ་ཡ། བི་མོ་ཙ་ཡ་བི་མོ་ཙ་ཡ། ཤོ་དྷ་ཡ་ཤོ་དྷ་ཡ། བི་ཤོ་དྷ་ཡ་བི་ཤོ་དྷ་ཡ། ས་མནྟ་མོ་ཙ་ཡ་མོ་ཙ་ཡ། ས་མནྟ་རཤྨི་པ་རི་ཤུད་དྷེ་སརྦ་ཏ་ཐཱ་ག་ཏ་ཧྲི་ད་ཡ། ཨ་དྷིཥྛཱ་ན་ཨ་དྷིཥྛི་ཏེ། མུ་དྲེ་མུ་དྲེ། མཧཱ་མུ་དྲེ། མཧཱ་མུ་དྲ་མནྟྲ་པ་དེཿསྭཱཧཱ། (༥༧༧ན)ཨོཾ་ཧྲཱུཾ་སྭཱཧཱ། ཨོཾ་ཨ་མྲི་ཏ་ཨཱ་ཡུར་དེ་སྭཱཧཱ། ཞེས་ལན་གསུམ་བྱ། དང་པོས་བྱིན་གྱིས་བརླབས། གཉིས་པས་དབྱེར་མེད་དུ་འདྲེས། གསུམ་པས་བརྟན་པར་བྱས་པའི་མོས་པ་མཛད། བྱིན་གྱིས་བརླབས་པའི་ལུང་ནི། སློབ་དཔོན་ལ་མེ་ཏོག་འཐོར་བཞིན་དུ་འདིའི་རྗེས་ཟློས་མཛད་ཅིག །བཅོམ་ལྡན་བདག་གིས་སོགས་ལན་གསུམ། དེ་ལྟར་ཕུལ་བའི་མེ་ཏོག་དེ་ཉིད་སླར་ཡང་བྱིན་གྱིས་བརླབས་ཏེ། ཁྱེད་རང་གི་སྤྱི་བོར་ཕུལ་བར་མོས་པ་མཛད་ཅིག །སློབ་དཔོན་གྱིས་མེ་ཏོག་གཏོར་ཞིང་། བཅོམ་ལྡན་འདི་ལ་སོགས་དང་། རིག་པ་འཛིན་པ་འདི་རྣམས་ལ་བཅོམ་ལྡན་འདས་མ་གཙུག་ཏོར་རྣམ་པར་རྒྱལ་མ་འཁོར་དང་བཅས་པའི་སྐུ་གསུང་ཐུགས་ཀྱི་བྱིན་རླབས་མ་ལུས་པ་འཇུག་པར་གྱུར་ཅིག །དམ་བཅའ་བའི་ལུང་གི་ཕྱིར། བཅོམ་ལྡན་འདས་མ་གཙུག་ཏོར་རྣམ་པར་རྒྱལ་མ་འདི་ཉིད་ཇི་སྲིད་བྱང་ཆུབ་མ་ཐོབ་བར་གྱི་ཡི་དམ་དུ་བཟུང་ངོ་། །བདག་ཐུགས་ཀྱིས་མ་བཏང་ཞིག་སྙམ་པའི་བསམ་པས་འདིའི་རྗེས་ཟློས་གསུངས་ཤིག །སློབ་དཔོན་དགོངས་སུ་གསོལ། བདག་རིག་པ་འཛིན་པ་མིང་འདི་ཞེས་བགྱི་བས་དུས་འདི་ནས་བཟུང་སྟེ། ཇི་སྲིད་བྱང་ཆུབ་སྙིང་པོ་ལ་མཆིས་ཀྱི་བར་དུ། བཅོམ་ལྡན་འདས་མ་གཙུག་ཏོར་རྣམ་པར་རྒྱལ་མ་འཁོར་དང་བཅས་པ་ཡི་དམ་གྱི་ལྷར་བཟུང་ནས། འདིའི་གསང་སྔགས་ཉི་མ་རེ་རེ་བཞིན་འདི་ཙམ་རེ་འདོན་པར་དམ་འཆའ་ལགས་སོ། །ཞེས་ལན་གསུམ་བརྗོད། གསུང་གི་རྗེས་གནང་ངོ་། །ད་ནི་བྱིན་གྱིས་བརླབས་པའི་ཕྱིར། མདུན་བསྐྱེད་(༥༧༧བ)ཀྱི་ལྷ་ལ་མོས་གུས་དུང་དུང་བ་དང་བདག་གི་རྒྱུད་བྱིན་གྱིས་བརླབ་ཏུ་གསོལ་སྙམ་པ་མཛད་པས། མདུན་བསྐྱེད་ཀྱི་ལྷའི་ཐུགས་

ཀ་ནས་བཅོམ་ལྡན་འདས་མ་གཙུག་ཏོར་རྣམ་པར་རྒྱལ་མའི་སྐུ་སོར་ཚད་ཙམ་གཅིག་རྒྱངས་ཏེ་ཐོན། ཁྱེད་རང་རྣམས་ཀྱི་སྙིང་གའི་ས་བོན་དང་དབྱེར་མེད་དུ་འདྲེས། རྒྱུད་བྱིན་གྱིས་བརླབས་པའི་མོས་པ་མཛོད། ཐུགས་ཀྱི་རྗེས་གནང་ངོ་། །གཞུང་དུ་སློབ་མ་འགའ་ཞིག་གི་དོན་དུ་འགྱུར་ན། བདག་མདུན་གཉིས་ཀྱི་བར་དུ་བུམ་པ་སྒྲུབ་ཅིང་རྗེས་གནང་གི་ཐོག་མཐའ་གང་རུང་དུ་བཀྲུ་བྱབས་བསྲུང་གསུམ་བྱེད་པ་ནི་ཁྱད་པར་རོ། །ཞེས་གསུངས་སོ། །རྗེས་ཆོག་སྤྱི་དང་འདྲ། །

༄ འཆི་མེད་རྡོ་རྗེའི་ལྷ་མོ་ལ། སྐྱབས་འགྲོ་སེམས་བསྐྱེད་ཚད་མེད་བཞི་བསྒོམ་པ་སྔོན་དུ་བཏང་ནས། ཨོཾ་སྭ་བྷཱ་ཝས་སྟོང་པར་སྦྱངས། སྟོང་པའི་ངང་ལས་ཧཱུྃ་ལས་བྱུང་བའི་སྣ་ཚོགས་རྡོ་རྗེའི་ས་གཞི། ར་གུར་བླ་བྲེ་མདའ་དྲྭ་མེ་དཔུང་དང་བཅས་པའི་ནང་དུ་སྣ་ཚོགས་པདྨ་དང་ཟླ་བ་དཀར་པོ་འོད་ཟེར་དམར་པོ་འཕྲོ་བའི་གདན་ལ་རང་སེམས་ཧཱུྃ་དཀར་པོའི་འཕྲོ་འདུ་ལས་ཕྱིར་བཟློག་མ་ཆེན་མོ་འཆི་མེད་རྡོ་རྗེ་ལྷ་མོའི་སྐུར་གྱུར་པ་ནི། སྐུ་མདོག་དཀར་ཞིང་ན་བཟའ་དཀར་པོ་ཅན། ཞལ་བརྒྱད་རྩ་ཞལ་དཀར་པོ་ཁྲོ་ལ་འཛུམ་པའི་ཉམས་པ་ཅན། གཡས་སུ་སྔོ་དམར་སེར་བའི་ཞལ་གསུམ་དྲག་ཏུ་བཞད་པ། གཡོན་དུ་དམར་ལྗང་དུད་ཁ་ཆེར་ཁྲོས་པ། དེ་དྲུག་ཀའང་ཁྲོ་ཞལ། སྟེང་ཞལ་དཀར་པོ་ཞི་བ། ཞལ་ཐམས་ཅད་སྤྱན་གསུམ་པ། ཕྱག་དང་པོ་གཉིས་རྡོ་རྗེ་དྲིལ་བུ་ཐུགས་ཀར་བསྣོལ་བ། ལྷག་མ་གཡས་(༥༧༢ན) རྣམས་ཀྱིས་ཞགས་པ་རལ་གྲི་དགྲ་སྟ་ལྕགས་ཀྱུ་དང་། མདའ་དང་ཐོ་བ། འཁོར་ལོ། གཡོན་རྣམས་ཀྱིས་སྡིགས་མཛུབ་བུམ་པ་མདུང་དང་ཐོད་པ་དང་། གཞུ་དང་ཁ་ཊྭཱཾ་ག་དང་སྐྱབས་སྦྱིན་མཛད་པ། པད་ཟླ་ལ་གཡས་བརྐྱང་གི་སྟབས་ཀྱིས་བདུད་དང་དབང་ཕྱུག་ལ་སོགས་པ་བགེགས་ཐམས་ཅད་མནན་པ། ཕྱག་རྒྱ་ལྔ་དང་གཙུག་གི་ནོར་བུ་དང་། ཐོད་སྐམ་དང་མགོ་འཕྲེང་དང་། སྟག་ལྤགས་ལ་སོགས་པས་བརྒྱན་པ། མེ་དཔུང་འབར་བའི་དབུས་ན་བཞུགས་པ། ཐུགས་ཀར་ཟླ་བ་དམར་སྐྱ་ལ་ཧཱུྃ་

དང་། དེ་ལས་འོད་ཟེར་འཕྲོས། ཡེ་ཤེས་སེམས་དཔའ་དང་དབང་གི་ལྷ་བཛྲ་ས་མ་ཛཿཨརྒྷཾ་ནས་ཤབྡའི་བར་གྱིས་མཆོད། ཛཿཧཱུྃ་བཾ་ཧོཿ ཡེ་ཤེས་པ་རང་ལ་ཐིམ། ཇི་ལྟར་བལྟམས་པ་ནས་ཤྲཱི་ཡེ་ཧཱུྃ། ཞེས་གསུངས་ཤིང་དབང་བསྐུར། མི་བསྐྱོད་པ་གཙོ་བོར་གྱུར་པའི་རིགས་ལྔ་ཡུམ་ཅན་གྱིས་དབུ་བརྒྱན་པར་བསམ། ཨོཾ་ཨ་མྲྀ་ཏ་ས་ན་ཛ་ཕ་ནི། མཧཱ་ཨ་མྲྀ་ཏ་ས་མུ་ཁེ་ཛཱི་ཕཾ་པྲ་བེ་ཤ་ཡ་པྲ་བེ་ཤ་ཡ། སརྦ་བཛྲ་པདྨ་ས་མ་ཡོ་གི་མ་ན་པོ་ཧི་ཙིཏྟ། པི་པ་ཐ་མུཏྟེ་ཧཱུྃ་ཧཱུྃ། ཨ་ཨ་ཨོཾ་ཨཱཿསྭཱཧཱ། ཞེས་ཅི་ནུས་སུ་བཟླ། མཇུག་ཏུ་ཨརྒྷཾ་ལ་སོགས་པས་མཆོད། ནང་མཆོད་སུམ་རྫས་བསངས། ཤུ་དྷཱ་ཕས་སྦྱངས། སྟོང་པའི་ངང་ལས་ཨ་ལས་ཀ་པཱ་ལའི་ནང་འབྲུ་གསུམ་ཞུ་བ་ལས་བྱུང་བའི་བདུད་རྩིའི་རྒྱ་མཚོར་གྱུར་པར་བསམས་ལ། ཨོཾ་ཨཱཿཧཱུྃ་ཧ་ཧོ་ཧྲཱིཿ ལན་གསུམ་གྱིས་བྱིན་གྱིས་བརླབས་ནས་འབྲུ་གསུམ་གྱིས་མྱང་། ཧེ་རུ་ཀ་ཡི་རིགས་བྱུང་བ། །རྡོ་རྗེ་གཙུག་ཏོར་ཆེན་མོ་(༧༢༨)ནི། །འཆི་བདག་བཟློག་མཛད་བདུད་རྩིའི་ཞལ། །ཕྱིར་བཟློག་ཆེན་མོ་ཁྱོད་ལ་འདུད། །ཅེས་བསྟོད། གཏོར་མ་ནང་མཆོད་ལྟར་བྱིན་གྱིས་བརླབས། རང་གི་ཐུགས་ཀ་ནས་འོད་ཟེར་འཕྲོས། འཆི་མེད་རྡོ་རྗེ་ལྷ་མོ་ཡེ་ཤེས་པ་སྤྱན་དྲངས། སྔགས་ཀྱི་མཐར་ཨི་དཾ་བ་ལིཾ་ཏ་ཁ་ཁ་ཁཱ་ཧི་ཁཱ་ཧི། མ་མ་ཨཱ་ཡུར་སིདྡྷི་པྲ་ཡཙྪནྟུ་ཨོཾ་ཨཱཿཧཱུྃ་སྭཱཧཱ། ཞེས་ལན་གསུམ་གྱིས་ཕུལ། ལྷག་མ་མཁའ་འགྲོ་སྤྱི་གཏོར་གྱིས་བསྔོས། མཆོད་བསྟོད་འདོད་དོན་ལ་གསོལ་བ་བཏབ། གཤེགས་གསོལ་སྤྱི་དང་འདྲའོ། །འདིའི་རྗེས་གནང་ནི། མཎྜལ་ཆོས་འབྱུང་གི་དབུས་སུ་པདྨ་དཀར་པོའི་ལྟེ་བར་མེ་ཏོག་དཀར་པོའི་ཚོམ་བུ་དགོད། བུམ་པ་བཅའ། མདུན་དུ་དམར་གཏོར། མཆོད་པ། ནང་མཆོད་རྣམས་བཤམས། བདག་བསྐྱེད་བཟླས་པ་དང་བཅས་པ་བྱ། མཆོད་པ་བླ་མེད་ལྟར་བྱིན་གྱིས་བརླབས། མདུན་བསྐྱེད་བསངས་སྦྱངས། སྟོང་པའི་ངང་ལས་ཧཱུྃ་ལས་བྱུང་བའི་སྣ་ཚོགས་རྡོ་རྗེའི་ས་གཞི། རྭ་གུར་བླ་བྲེ་མདའ་ཡབ་དྲྭ་མེ་དཔུང་དང་བཅས་པའི་ནང་དུ་སྣ་ཚོགས་པདྨ་དང་ཟླ་བ་དཀར་

པོ་འོད་ཟེར་དམར་པོ་འཕྲོ་བའི་གདན་ལ་ཧཱུྃ་དཀར་པོའི་འཕྲོ་འདུ་ལས་ཕྱིར་བཟློག་མ་ཆེན་མོ་འཆི་མེད་རྡོ་རྗེ་ལྷ་མོའི་སྐུར་གྱུར་པ་ནི། ཞེས་པ་ནས། ཐུགས་ཀར་ཟླ་བ་དམར་སྐྱ་ལ་ཧཱུྃ། ཞེས་པའི་བར་བསྐྱེད། རང་གི་ཐུགས་ཀའི་ཧཱུྃ་ལས་འོད་ཟེར་འཕྲོས། ཡེ་ཤེས་སེམས་དཔའ་དང་དབང་གི་ལྷ་བཛྲ་ས་མ་ཛཿཨརྒྷཾ་ནས་ཤབྡའི་བར་གྱིས་མཆོད། ཛཿཧཱུྃ་བཾ་ཧོཿགཉིས་སུ་མེད་པར་གྱུར། ཇི་ལྟར་བལྟམས་པ་ནས་ཧྲཱི་ཡེ་ཧཱུྃ། ཞེས་གསུངས་ཤིང་དབང་བསྐུར། (༨༧༣ན)མི་བསྐྱོད་པ་གཙོ་བོར་གྱུར་པའི་རིགས་ལྔ་ཡུམ་ཅན་གྱིས་དབུ་བརྒྱན་པར་གྱུར། ཨརྒྷཾ་སོགས་ཀྱིས་མཆོད། འབྲུ་གསུམ་གྱིས་ནང་མཆོད་ཕུལ། བསྟོད་པས་བསྟོད། བཟླས་པ་བྱ། གཏོར་མ་བྱིན་གྱིས་བརླབས་ཏེ་འབུལ་བ་ནས་འདོད་དོན་གསོལ་བཏབ་ཀྱི་བར་དུ་གོང་བཞིན་བྱ། བུམ་པའི་ནང་དུ་སྔགས་ཀྱི་ཡིག་འབྲུས་གང་བར་མོས་ལ་བུམ་བཟླས་བྱའོ། །དེ་ནས་སློབ་མས་མཎྜལ་ཕུལ། དོན་དམ་སྙིང་པོའི་སེང་གེ་ནས་དེ་ཉིད་འགྲུབ་པར་མཛོད། ཅེས་ལན་གསུམ་གྱིས་གསོལ་བ་འདེབས་སུ་གཞུག །དཀོན་མཆོག་གསུམ་ལ་བདག་སྐྱབས་མཆི། །ཞེས་སོགས་ཀྱིས་རྒྱུན་བཤགས་བྱ། སྲས་བཅས་སངས་རྒྱས་ཐམས་ཅད་དང་། །དཔའ་བོ་དཔའ་མོའི་ཚོགས་བཅས་ཀུན། །ཐམས་ཅད་བདག་ལ་དགོངས་སུ་གསོལ། །ཞེས་པ་ནས། སེམས་ཅན་མྱ་ངན་འདས་ལ་དགོད། །ཅེས་པའི་བར་གྱིས་རིགས་ལྔའི་སྡོམ་བཟུང་བྱ། དེ་ནས་སློབ་མ་བསངས་སྦྱངས། སྟོང་པའི་ངང་ལས་ཧཱུྃ་ལས་བྱུང་བའི་སྣ་ཚོགས་རྡོ་རྗེའི་ས་གཞི། ར་གུར་བླ་བྲེ་མདའ་དྲ་མེ་དཔུང་དང་བཅས་པའི་ནང་དུ་སྣ་ཚོགས་པདྨ་དང་ཟླ་བ་དཀར་པོ་འོད་ཟེར་དམར་པོ་འཕྲོ་བའི་གདན་ལ་ཁྱེད་རང་རྣམས་ཀྱི་སེམས་ཧཱུྃ་དཀར་པོའི་འཕྲོ་འདུ་ལས་ཕྱིར་བཟློག་མ་ཆེན་མོ་འཆི་མེད་རྡོ་རྗེ་ལྷ་མོའི་སྐུར་གྱུར་པ་ནི། སྐུ་མདོག་དཀར་ཞིང་ན་བཟའ་དཀར་པོ་ཅན། ཞལ་བརྒྱད་རྩ་ཞལ་དཀར་པོ་ཁྲོ་ལ་འཛུམ་པའི་རྣམ་པ་ཅན། གཡས་སུ་སྔོ་དམར་སེར་བའི་ཞལ་གསུམ་དྲག་ཏུ་བཞད་པ། གཡོན་དུ་དམར་ལྗང་(༨༧༣ན)དུད་ཁ་ཆེར་

ཁྲོས་པ། དེ་དྲུག་གཙང་ཁྲོ་ཞལ། སྟེང་ཞལ་དཀར་པོ་ཞི་བ། ཞལ་ཐམས་ཅད་སྤྱན་གསུམ་པ། ཕྱག་དང་པོ་གཉིས་རྡོ་རྗེ་དྲིལ་བུ་ཐུགས་ཀར་བསྣོལ་བ། ལྷག་མ་གཡས་རྣམས་ཀྱིས་ཞགས་པ་རལ་གྲི་དགྲ་སྟ་ལྕགས་ཀྱུ་དང་། མདའ་དང་ཐོ་བ། འཁོར་ལོ། གཡོན་རྣམས་ཀྱིས་སྡིགས་མཛུབ་བུམ་པ་མདུང་དང་ཐོད་པ་དང་། གཞུ་དང་ཁ་ཊྭཱཾ་ག་དང་སྐྱབས་སྦྱིན་མཛད་པ། པད་ཟླ་ལ་གཡས་བརྐྱང་གི་སྟབས་ཀྱིས་བདུད་དང་དབང་ཕྱུག་ལ་སོགས་པ་བགེགས་ཐམས་ཅད་མནན་པ། ཕྱག་རྒྱ་ལྔ་དང་གཙུག་གི་ནོར་བུ་དང་། ཐོད་སྐམ་དང་མགོ་འཕྲེང་དང་། སྟག་ལྤགས་ལ་སོགས་པས་བརྒྱན་པ། མེ་དཔུང་འབར་བའི་དབུས་ན་བཞུགས་པ། ཐུགས་ཀར་ཟླ་བ་དམར་སྐྱ་ལ་ཧཱུྃ། ཞེས་གསལ་གདབ་བོ། །མདུན་གྱི་ཚོམ་བུ་འདི་ཉིད་ཀྱང་ཁྱེད་རང་རྣམས་བསྒོམས་པ་དང་འདྲ་བའི་འཆི་མེད་རྡོ་རྗེ་ལྷ་མོ་དངོས་སུ་བཞུགས་པར་མོས་ལ། དེ་ནས་སློབ་དཔོན་ལ་མོས་གུས་དྲུང་བ་བྱས་པས། སློབ་དཔོན་གྱི་ཐུགས་ཀ་ནས་འོད་ཟེར་འཕྲོས། མདུན་བསྐྱེད་དང་ཕྱོགས་བཅུའི་སངས་རྒྱས་བྱང་སེམས་ཐམས་ཅད་ཀྱི་ཐུགས་ཀར་ཕོག །ཐུགས་རྒྱུད་བསྐུལ། ཐུགས་ཀ་ནས་འཆི་མེད་རྡོ་རྗེ་ལྷ་མོའི་སྐུ་ཆེ་ཆུང་བསམ་གྱིས་མི་ཁྱབ་པ་སྤྱན་དྲངས། ཁྱེད་རང་རྣམས་ཀྱི་ལུས་ལ་ཆར་ཆེན་པོ་བབས་པ་བཞིན་དུ་སིབ་སིབ་ཐིམ་པའི་མོས་པ་མཛོད། ཛཿཧཱུྃ་བཾ་ཧོཿགཉིས་སུ་མེད་པར་ཐིམ། ཞེས་བརྗོད། ཡང་སློབ་དཔོན་གྱི་ཐུགས་ཀ་ནས་འོད་ཟེར་འཕྲོས། དབང་གི་ལྷ་རྣམས་སྤྱན་དྲངས། ཁྱེད་རྣམས་ཀྱིས་འདི་(༢༧༢ན)ལ་མངོན་པར་དབང་བསྐུར་དུ་གསོལ། ཞེས་གསོལ་བ་བཏབ་པས། དབང་གི་ལྷ་རྣམས་ཀྱིས། ཇི་ལྟར་བལྟམས་པ་ནས་ནི། ཡེ་ཧཱུྃ། ཞེས་གསུངས་ཤིང་བུམ་པའི་ཆུས་དབང་བསྐུར། སྐུ་གང་དྲི་མ་དག །ཆུའི་ལྷག་མ་ཡར་ལུད་པ་ལས་མི་བསྐྱོད་པ་གཙོ་བོར་གྱུར་པའི་རིགས་ལྔ་ཡུམ་ཅན་གྱིས་དབུ་བརྒྱན་པར་མོས་སུ་བཅུག་སྟེ་བུམ་ཆུས་དབང་བསྐུར། སྐུའི་རྗེས་གནང་ངོ་། །དེ་ནས་ཁྱེད་རང་རྣམས་འཆི་མེད་རྡོ་རྗེ་ལྷ་མོར་གསལ་བའི་ཐུགས་ཀར་ཟླ་བའི་སྟེང་དུ

ཧཱུཾ། མདུན་བསྐྱེད་ཀྱི་ཐུགས་ཀར་ཡང་ཟླ་བའི་དཀྱིལ་འཁོར་གྱི་དབུས་སུ་ཧཱུཾ་ཡིག་གི་མཐར་སྔགས་ཕྲེང་གིས་བསྐོར་བ་གསལ་བཏབ་ལ། སློབ་དཔོན་ལ་མོས་གུས་དུང་བ་བྱས་པས། སློབ་དཔོན་གྱི་ཐུགས་ཀ་ནས་འོད་ཟེར་འཕྲོས། མདུན་བསྐྱེད་ཀྱི་ཐུགས་རྒྱུད་བསྐུལ། ཐུགས་ཀའི་སྔགས་ཕྲེང་ལས་སྔགས་ཕྲེང་གཉིས་པ་ཞིག་ཆད། ཞལ་ནས་ཐོན། ཁྱེད་རང་རྣམས་ཀྱི་ཞལ་དུ་ཞུགས། ཐུགས་ཀའི་ཧཱུཾ་ཡིག་གི་མཐར་འཁོད་པའི་མོས་པ་མཛོད་ལ། འདིའི་རྗེས་ཟློས་ཀྱིས་ཞེས་བརྗ་སྦྱད་ལ། ཨོཾ་ཨ་ཝྲི་ཏ་སན་ཛ་ཕ་ནི། མཀྵ་ཨ་ཝྲི་ཏ་ས་མུ་ཁེ་ཛཱི་ཕཾ་པྲ་པེ་ཤ་ཡ། པྲ་པེ་ཤ་ཡ། སརྦ་བཛྲ་པདྨ་ས་མ་ཡ་གི་མན་པོ་ཧྲི་ཅིཏྟ། པེ་པ་ཐ་མུཧྟེ་ཧཱུཾ་ཧཱུཾ། ཨ་ཨ་ཨོཾ་ཨཱཿསྭཱཧཱ། ཞེས་ལན་གསུམ་རྗེས་ཟློས་བྱེད་དུ་གཞུག །གསུང་གི་རྗེས་གནང་ངོ་། །དེ་ནས། སྤྱི་བོར་ཏྲཾ་ནམ་མཁར་ཟླ་བ་ལ་གནས་པའི་ཁ་ཊྭཱཾ་གའི་དབྱུག་པའི་སྟོམ་སར་ཧཱུཾ། དེས་སངས་རྒྱས་ཐམས་ཅད་ཀྱི་བདུད་རྩི་བཀུག་སྟེ། ཁ་ཊྭཱཾ་ག་ནས་བརྒྱུད་ནས། ཁྱེད་རང་རྣམས་(༥༧༥བ)ཀྱི་ལུས་གང་བའི་མོས་པ་མཛོད། ཐུགས་ཀྱི་རྗེས་གནང་ངོ་། །རྗེས་ཀྱི་བྱ་བ་སྤྱི་དང་འདྲའོ། །སྒྲུབ་ཐབས་རིན་ཆེན་འབྱུང་གནས་ཀྱི་ལྷན་ཐབས་རིན་འབྱུང་དོན་གསལ་ལས། ཚེ་སྒྲུབ་ཀྱི་ལྷའི་སྒྲུབ་ཐབས་བཤད་པའི་སྐབས་སོ། །

༄ འཇམ་དཀར་ཁ་ཆེ་པཎ་ཆེན་ལུགས་ལ། སྐྱབས་འགྲོ་སེམས་བསྐྱེད་ཚད་མེད་བཞི་བསྒོམ་པ་ནི། འགྲོ་རྣམས་བསྒྲལ་འདོད་བསམ་པ་ཡིས། །སངས་རྒྱས་ཆོས་དང་དགེ་འདུན་ལ། །བྱང་ཆུབ་སྙིང་པོར་མཆིས་ཀྱི་བར། །རྟག་པར་བདག་ནི་སྐྱབས་སུ་མཆི། །ལན་གསུམ་གྱིས་སྐྱབས་འགྲོ། ཤེས་རབ་སྙིང་བརྩེ་དང་བཅས་པའི། །བརྩོན་པས་སེམས་ཅན་དོན་དུ་བདག །སངས་རྒྱས་མདུན་དུ་གནས་བཅས་ཏེ། །རྫོགས་པའི་བྱང་ཆུབ་སེམས་བསྐྱེད་བགྱི། །ཞེས་ལན་གསུམ་གྱིས་སེམས་བསྐྱེད། སེམས་ཅན་བདེ་དང་ལྡན་གྱུར་ཅིག །སྡུག་བསྔལ་ཀུན་དང་བྲལ་བར་ཤོག །བདེ་དང་རྟག་ཏུ་མི་འབྲལ་ཞིང་། །ཆོས་ཀུན་མཉམ་ཉིད་རྟོགས་པར་ཤོག །ཅེས་ལན་

གསུམ་གྱིས་ཚད་མེད་བསྒོམ། ཨོཾ་སྭ་བྷཱ་ཝ་ཤུད་དྷ་སརྦ་དྷརྨཱ་སྭ་བྷཱ་ཝ་ཤུད་དྷོ྅ཧཾ། སྟོང་པའི་ངང་ལས་པཾ་ལས་འོ་མའི་རྒྱ་མཚོ་དཀར་ལ་དྭངས་པ། མཚོ་མཐའ་ནེའུ་གསིང་མེ་ཏོག་དང་འབྲས་བུའི་ནགས་ཚལ་དུ་མས་རྣམ་པར་བརྒྱན་པ། གླང་ཆེན་ཐལ་ཀར་གྱི་ཁྲུ་ཚོགས་ཉེ་བར་རྒྱུ་བ། ལྷ་དང་དྲང་སྲོང་རིག་འཛིན་དུ་མ་གནས་པའི་གཞི། མཚོའི་སྟེང་ཐམས་ཅད་མེ་ཏོག་སྣ་ཚོགས་པས་རྣམ་པར་བཀྲ་བ། ཆུ་བྱ་སྣ་ཚོགས་དྲིགས་པའི་སྐད་སྙན་སྒྲོག་པ། དེའི་དབུས་སུ་པཾ་ལས་པདྨའི་སྡོང་བུ་རབ་
(༦༧༥ན)ཏུ་རྒྱས་པ། ཡལ་ག་གཉའ་ཤིང་ཙམ་པ་གསེར་གྱི་ལོ་འདབ་ཤིང་རྟའི་འཕང་ལོ་ཙམ་གྱིས་གཡོགས་པ། རྩེ་མོར་པདྨ་དཀར་པོ་འདབ་མ་སྟོང་ལྡན་ཟེའུ་འབྲུ་དམར་སེར་དུ་ཡོད་པའི་སྟེང་དུ། ཨ་ལས་ཟླ་བའི་དཀྱིལ་འཁོར་གྱི་སྟེང་དུ་རང་སེམས་ཨ་ཡིག་དཀར་པོ་དེ་ལས་འོད་ཟེར་འཕྲོས། སེམས་ཅན་ཐམས་ཅད་ཀྱི་མི་ཤེས་པའི་མུན་པ་བསལ། ཤེས་རབ་ཀྱི་སྣང་བ་ལ་བཀོད། ཚུར་འདུས་ཡོངས་སུ་གྱུར་པ་ལས་རང་ཉིད་རྗེ་བཙུན་འཇམ་དབྱངས་སྐུ་མདོག་ཟླ་བ་ནོར་བུའི་ཕུང་པོ་ལྟར་དཀར་བ་ཞལ་གཅིག་ཕྱག་གཉིས་གཡས་མཆོག་སྦྱིན་དང་། གཡོན་པའི་མཐེབ་སྲིན་གྱིས་ཨུཏྤ་ལའི་སྡོང་བུའི་རྩ་བ་ཐུགས་ཀར་བཟུང་བ་རབ་ཏུ་རྒྱས་པ་སྙན་གྱི་ཐད་ཀར་ཁ་བྱེ་བའི་སྟེང་ན་ཤེས་རབ་ཀྱི་ཕ་རོལ་ཏུ་ཕྱིན་པ་སྟོང་ཕྲག་བརྒྱ་པའི་གླེགས་བམ་ཅན། ཞབས་རྡོ་རྗེའི་སྐྱིལ་ཀྲུང་གིས་བཞུགས་ཤིང་། དབུ་སྐྲ་རལ་པའི་ཟུར་ཕུད་ལྔ་དང་ལྡན་པ། དར་དཀར་པོའི་སྟོད་གཡོགས་དང་སྣ་ཚོགས་པའི་དར་གྱི་སྨད་དཀྲིས་གསོལ་བ། བརྒྱད་གཉིས་ལོན་པའི་ལང་ཚོ་ཅན། སྐྱེས་བུ་ཆེན་པོའི་མཚན་སུམ་ཅུ་རྩ་གཉིས་དང་། དཔེ་བྱད་བཟང་པོ་བརྒྱད་ཅུ་ཡོངས་སུ་རྫོགས་པའོ། །རང་གི་སྙིང་རྩེ་མོ་ཀྱེན་བསྟན་པདྨ་འདབ་བརྒྱད་ཁ་འབུས་ཀྱི་རྣམ་པར་ཁ་བྱེ་བའི་དབུས་སུ་འཁོར་ལོ་དཀར་པོ། རྩིབས་དྲུག་པའི་རྩེ་མོ་རྣོ་བ། ལྟེ་བར་ཟླ་བ་ལ་ཨ། རྩིབས་དྲུག་ལ་མདུན་ནས་གཡས་སྐོར་གྱིས། ཨོཾ་ཝཱ་ཀྱཻ་དཾ་ན་མ། ཞེས་པའི་གསང་སྔགས་ཡི་གེ་དྲུག

པ་སྟེ། ཡིག་འབྲུ་རྣམས་རེག་ལ་མ་(༦༧༥བ)འབར་བའི་ཚུལ་དུ་གནས་པ། དེ་ཉིད་འཁོར་ལོ་གཡས་སྐོར་དང་ཡིག་འབྲུ་གཡོན་སྐོར་དུ་འཁོར་བས་སྡིག་སྒྲིབ་མཐའ་དག་དག་པར་གྱུར། ཨོཾ་ཨཱ་ཀྲོ་དྃ་ན་མ། ཞེས་པ་ཅི་ནུས་སུ་བཟླའོ། །མཐར་ཨོཾ་སརྦ་ཏ་ཐཱ་ག་ཏ་ཨཱཏྨ་མཉྫུ་ཤྲཱི་ས་པ་རི་ཝཱ་ར་ཨརྒྷཾ་པྲ་ཏཱིཙྪ་སྭཱཧཱ། དེ་བཞིན་དུ། པུཥྤེ། དྷཱུ་པེ། ཨཱ་ལོ་ཀེ། གནྡྷེ། ནཻ་ཝིདྱ། ཤབྡ་རྣམས་ཀྱིས་མཆོད། མཎྜལ་ཚོམ་བུ་བདུན་མ་བཤམས་ལ་ཕུལ། བསྟོད་པ་ནི། ཇོ་བོ་མ་ནོར་ཆོས་ཉིད་རབ་མཁྱེན་ཅིང་། །རྣམ་པ་མ་ལུས་འཇའ་ཚོན་ལྷང་ངེར་གཟིགས། །ཐུགས་རྗེ་ཆེ་དང་ཐབས་ཚུལ་དཔག་མེད་ཀྱིས། །སྲིད་མཚོ་མཐའ་ཡས་སྐྱོབ་ལ་ཕྱག་འཚལ་ལོ། །འཇམ་དབྱངས་མགོན་ཁྱོད་གུས་པས་རྗེས་དྲན་ཞིང་། སྒོམ་བཟླས་ལེགས་མཆོད་མངོན་པར་བསྟོད་པ་ཡིས། །བློ་ངན་མ་རིག་འཐིབས་པོའི་ཚོགས་རྣམས་ཀུན། །སྤྲིན་མེད་ཉི་ཤར་ཇི་བཞིན་དྭངས་པར་མཛོད། །ཅེས་པས་བསྟོད། བཅོམ་ལྡན་འདས་འཇམ་པའི་དབྱངས་ཀྱིས་བདག་ལ་ཤེས་རབ་ཕུན་སུམ་ཚོགས་པ་བསྩལ་དུ་གསོལ། ཞེས་གསོལ་བ་བཏབ། འདིའི་རྗེས་གནང་བྱེད་པར་འདོད་པས། རྡུལ་ཚོན་དཀར་པོས་པདྨ་འདབ་བརྒྱད་བྲིས་ལ། དེའི་སྟེང་དུ་འཇམ་དཔལ་གྱི་སྐུ་དང་། འཇམ་དཔལ་མཚན་བརྗོད་ཀྱི་གླེགས་བམ་བཞུགས་སུ་གསོལ། མདུན་དུ་དཀར་གཏོར། མཐའ་སྐོར་དུ་བྱང་ཤར་དུ་མཚམས་འཛིན་གྱི་མེ་ཏོག་གི་སྡོང་གཞོམ་པ་ནས་བཟུང་སྟེ་མཆོད་པ་སྤྱི་འགྲོ་ལྟར་བཤམས་ལ་བྱ་རྒྱུད་ལྟར་བྱིན་གྱིས་བརླབས། དེ་ནས་སྐྱབས་འགྲོ་ནས་བཙམས་ཏེ། བདག་བསྐྱེད་སྒྲུབ་ཐབས་ནས་འབྱུང་(༦༧༨ན)བ་བཞིན་བསྒོམས་ནས་བཟླས་པ་ཅི་ནུས་བྱ། དེ་ནས་བདག་བསྐྱེད་ལ་མཆོད་བསྟོད་བྱ། མདུན་བསྐྱེད་སྒྲུབ་པ་ནི་བསངས་སྦྱངས། སྟོང་པའི་ངང་ལས་པཾ་ལས་འོ་མའི་རྒྱ་མཚོ་དཀར་ལ་དྭངས་པ། ཞེས་པ་ནས། དཔེ་བྱད་བཟང་པོ་བརྒྱད་ཅུ་ཡོངས་སུ་རྫོགས་པའོ། །ཞེས་པའི་བར་བདག་བསྐྱེད་དང་འདྲ་བ་ལས། རང་སེམས། ཞེས་པ་དང་། རང་ཉིད་ཅེས་པ་དོར། དེའི་དཔྲལ་

བར་ཨོཾ་དཀར་པོ། མགྲིན་པར་ཨཱཿདམར་པོ། ཐུགས་ཀར་ཧཱུྃ་སྔོན་པོས་མཚན་པར་གྱུར། ཐུགས་ཀའི་ཧཱུྃ་ལས་འོད་ཟེར་འཕྲོས་པས། རྗེ་བཙུན་འཇམ་པའི་དབྱངས་ལ་སངས་རྒྱས་བྱང་ཆུབ་སེམས་དཔའི་ཚོགས་དཔག་ཏུ་མེད་པས་བསྐོར་བ་ཨོཾ་བཛྲ་ས་མཱ་ཛཿ ཞེས་སྤྱན་དྲངས། ཛཿཧཱུྃ་བཾ་ཧོཿ དགུག་གཞུག་བྱ། སླར་ཡང་ཐུགས་ཀའི་ཧཱུྃ་ལས་འོད་ཟེར་འཕྲོས། དབང་གི་ལྷ་རིགས་ལྔ་འཁོར་དང་བཅས་པ་ཨོཾ་བཛྲ་ས་མཱ་ཛཿ དེ་བཞིན་གཤེགས་པ་ཐམས་ཅད་ཀྱིས་འདི་ལ་མངོན་པར་དབང་བསྐུར་བ་བསྩལ་དུ་གསོལ། ཞེས་གསོལ་བ་བཏབ་པས། དེ་རྣམས་ཀྱིས་ཨོཾ་བཛྲཱི་བྷ་ཝ་ཨ་བྷི་ཥིཉྩ་ཧཱུྃ། ཞེས་གསུངས་ཤིང་བུམ་པའི་ཆུས་སྤྱི་བོ་ནས་དབང་བསྐུར། སྐུ་གང་དྲི་མ་དག །ཆུའི་ལྷག་མ་ཡར་ལུད་པ་ལས་མི་བསྐྱོད་པས་དབུ་བརྒྱན་པར་གྱུར། ཅེས་བརྗོད་ཅིང་བསམ་མོ། །དེ་ནས་ཕྱག་རྒྱ་དང་བཅས་པས། ཨོཾ་སརྦ་ཏ་ཐཱ་ག་ཏ་ཨཱརྻ་མཉྫུ་ཤྲཱི་ས་པ་རི་ཝཱ་ར་ཨརྒྷཾ་པྲ་ཏཱིཙྪ་སྭཱཧཱ། དེ་བཞིན་དུ་ཤབྡའི་བར་དུ་ཕུལ་ལ། བསྟོད་པ་ཅི་ཤེས་པས་བསྟོད། དེ་ནས་གཏོར་མ་ལ་ཆབ་བཏང་ལ་བསངས་སྦྱངས། སྟོང་པའི་ངང་ལས་ཨོཾ་ལས་(༦༧༨བ)བྱུང་བའི་རིན་པོ་ཆེའི་སྣོད་ཡངས་ཤིང་རྒྱ་ཆེ་བའི་ནང་དུ། ཨོཾ་ཨཱཿཧཱུྃ་ཞུ་བ་ལས་བྱུང་བའི་གཏོར་མ་ཟག་པ་མེད་པའི་བདུད་རྩིའི་རྒྱ་མཚོ་ཆེན་པོར་གྱུར་པར་བསམས་ལ། ཨོཾ་ཨ་ཀཱ་རོ་མུ་ཁཾ། ཞེས་སོགས་ལན་གསུམ་གྱིས་བྱིན་གྱིས་བརླབས། ན་མཿསརྦ་ཏ་ཐཱ་ག་ཏ་ཨཱརྻ་མཉྫུ་ཤྲཱི་ཨི་དཾ་བ་ལིཾ་ཏ་ཁ་ཁ་ཁཱ་ཧི་ཁཱ་ཧི། ཞེས་ནམ་མཁའ་མཛོད་ཀྱི་ཕྱག་རྒྱ་དང་བཅས་པས་ལན་གསུམ་མམ་ལྔའམ་བདུན་གྱིས་ཕུལ། མཆོད་བསྟོད་བྱས་ལ། རྗེ་བཙུན་འཇམ་པའི་དབྱངས་ཀྱིས་བདག་སོགས་སེམས་ཅན་ཐམས་ཅད་ཀྱི་མ་རིག་པའི་མུན་པ་བསལ་ནས། ཤེས་བྱ་ཐམས་ཅད་བདེ་བླག་ཏུ་རྟོགས་པར་མཛད་དུ་གསོལ། ཞེས་གསོལ་བ་གདབ། དེ་ནས་སློབ་མ་རྣམས་ཁྲུས་བྱས། མཎྜལ་ཕུལ། དུས་གསུམ་སངས་རྒྱས་ནས་བསྩལ་དུ་གསོལ། ཞེས་དང་། མདུན་བསྐྱེད་རྗེ་བཙུན་འཇམ་པའི་དབྱངས་ཀྱི་མཐའ་སྐོར་དུ་

བརྒྱུད་པའི་བླ་མ་རྣམས་དང་། སངས་རྒྱས་བྱང་ཆུབ་སེམས་དཔའ་སྤྲིན་ཕུང་འཐིབས་པ་བཞིན་དུ་བཞུགས་པར་བསམས་ལ་དེ་དག་གི་དྲུང་དུ་སྐྱབས་འགྲོ་སྔོན་དུ་འགྲོ་བའི་བྱང་ཆུབ་ཀྱི་སེམས་བཟུང་བ་ལ་སོགས་པ་བཀྲིད་སྣམ་པའི་བསམ་པས་འདིའི་རྗེས་བློས་མཛོད་ཅིག །དཀོན་མཆོག་གསུམ་ལ་བདག་སྐྱབས་མཆི། །ཞེས་སོགས་ལན་གསུམ་བྱ། རྗེས་གནང་དངོས་ལ། སྐུའི་རྗེས་གནང་དང་། གསུང་གི་དང་། ཐུགས་རྣམ་པར་མི་རྟོག་པའི་དང་། ཡོན་ཏན་འཕྲིན་ལས་ཀྱི་རྗེས་གནང་དང་བཞི་ཡོད་པ་ལས། དང་པོ་སྐུའི་རྗེས་གནང་གི་དོན་དུ་གསོལ་བ་འདེབས་པ་འདིའི་རྗེས་བློས་མཛོད་ཅིག །གང་ཚེ་ལྟ་བར་འདོད་(༦༡༧ན)པའམ། །ཅུང་ཟད་འཕྲི་བར་འདོད་ན་ཡང་། །མགོན་པོ་འཇམ་དབྱངས་འདི་ཉིད་ནི། །བགེགས་མེད་པར་ཡང་མཐོང་བར་ཤོག །ཅེས་ལན་གསུམ་བྱ། དེ་ལྟར་གསོལ་བ་བཏབ་ནས། ཁྱེད་རང་རྣམས་དམིགས་པ་འདི་བཞིན་མཛོད། ངེད་ཀྱིས། ཨོཾ་སྭ་བྷཱ་ཝ་ཤུདྡྷཱ་སརྦ་དྷརྨཱ་སྭ་བྷཱ་ཝ་ཤུདྡྷོཿཧཾ། ཞེས་བརྗོད་པས་ཁྱེད་རང་གི་ཕུང་པོ་དང་ཁམས་དང་སྐྱེ་མཆེད་ཐམས་ཅད་མི་དམིགས་པར་སྟོང་པ་ཉིད་དུ་སངས་ཏེ་སོང་བའི་རྗེས་སུ་པཾ་ལས་ཨོ་མའི་རྒྱ་མཚོ་དཀར་ལ་དྭངས་པ། མཚོ་མཐའ་ནེའུ་གསིང་མེ་ཏོག་དང་འབྲས་བུའི་ནགས་ཚལ་དུ་མས་རྣམ་པར་བརྒྱན་པ། སྒང་ཆེན་ཐལ་དཀར་གྱི་ཁྲུ་ཚོགས་ཉེ་བར་རྒྱུ་བ། ལྷ་དང་དྲང་སྲོང་རིག་འཛིན་དུ་མ་གནས་པའི་གཞི། མཚོའི་སྟེང་ཐམས་ཅད་མེ་ཏོག་སྣ་ཚོགས་པས་རྣམ་པར་བཀྲ་བ། ཆུ་བྱ་སྣ་ཚོགས་དྲིགས་པའི་སྐད་སྙན་སྒྲོག་པ། དེའི་དབུས་སུ་པཾ་ལས་པདྨའི་སྡོང་པོ་རབ་ཏུ་རྒྱས་པ། ཡལ་ག་གཉའ་ཤིང་ཙམ་པ་གསེར་གྱི་ལོ་འདབ་ཤིང་རྟའི་འཕང་ལོ་ཙམ་གྱིས་གཡོགས་པ། རྩེ་མོར་པདྨ་དཀར་པོ་འདབ་མ་སྟོང་ལྡན་ཟེའུ་འབྲུ་དམར་སེར་དུ་ཡོད་པའི་སྟེང་དུ། ཨ་ལས་ཟླ་བའི་དཀྱིལ་འཁོར་གྱི་སྟེང་དུ་ཁྱེད་རང་གི་སེམས་ཉིད་ཨ་དཀར་པོ་དེ་ལས་འོད་ཟེར་འཕྲོས། སེམས་ཅན་ཐམས་ཅད་ཀྱི་མི་ཤེས་པའི་མུན་པ་བསལ། ཤེས་རབ་ཀྱི་

སྣང་བ་ལ་བཀོད། ཚུར་འདུས་ཡོངས་སུ་གྱུར་པ་ལས་ཁྱེད་རང་རྗེ་བཙུན་འཇམ་དབྱངས་སྐུ་མདོག་ཟླ་བ་ནོར་བུའི་ཕུང་པོ་ལྟར་དཀར་བ་ཞལ་གཅིག་ཕྱག་གཉིས་གཡས་མཆོག་སྦྱིན་དང་། གཡོན་པའི་མཐེབ་སྲིན་གྱིས་(༦༡༧བ)ཨུཏྤ་ལའི་སྡོང་བུའི་རྩ་བ་ཐུགས་ཀར་བཟུང་བ་རབ་ཏུ་རྒྱས་པ་སྙན་གྱི་ཐད་ཀར་ཁ་བྱེ་བའི་སྟེང་ན། ཤེས་རབ་ཀྱི་ཕ་རོལ་ཏུ་ཕྱིན་པ་སྟོང་ཕྲག་བརྒྱ་པའི་གླེགས་བམ་ཅན། ཞབས་རྡོ་རྗེའི་སྐྱིལ་ཀྲུང་གིས་བཞུགས་ཤིང་། དབུ་སྐྲ་རལ་པའི་ཟུར་ཕུད་ལྔ་དང་ལྡན་པ། དར་དཀར་པོའི་སྟོད་གཡོགས་དང་སྨ་ཚོགས་པའི་དར་གྱི་སྨད་དཀྲིས་གསོལ་བ། བརྒྱད་གཉིས་ལོན་པའི་ལང་ཚོ་ཅན། སྐྱེས་བུ་ཆེན་པོའི་མཚན་སུམ་ཅུ་རྩ་གཉིས་དང་། དཔེ་བྱད་བཟང་པོ་བརྒྱད་ཅུ་ཡོངས་སུ་རྫོགས་པའི་དཔྲལ་བར་ཨོཾ། མགྲིན་པར་ཨཱཿ ཐུགས་ཀར་ཧཱུྃ། ཞེས་གསལ་གདབ། དེ་ལྟར་ཁྱེད་རང་འཇམ་པའི་དབྱངས་སུ་གསལ་བའི་སྤྱི་གཙུག་ཏུ་རྗེ་བཙུན་འཇམ་པའི་དབྱངས་གཅིག་བྱོན་ནས་ཁྱེད་རང་ལ་ཐིམ་པའི་མོས་པ་མཛོད་ཅིག་བྱས་ལ། འཇམ་དབྱངས་ཀྱི་སྐུ་སློབ་མའི་སྤྱི་བོར་བཞག་ལ། སངས་རྒྱས་ཀུན་གྱི་སྐུ་ཆེ་བ། །སངས་རྒྱས་ཀུན་གྱི་སྐུ་ཡིན་ཏེ། །སངས་རྒྱས་སྐུ་ཡིས་བྱིན་བརླབས་པས། །འཇམ་པའི་དབྱངས་ཀྱི་སྐུ་ཐོབ་ཤོག །ཛ་ཧཱུྃ་བཾ་ཧོཿ ཞེས་བརྗོད་པས་ཁྱེད་རང་གི་ལུས་འཇམ་པའི་དབྱངས་ཀྱི་སྐུ་དང་དབྱེར་མེད་དུ་གྱུར་པའི་མོས་པ་མཛོད། དེ་ལྟར་བྱས་པ་ལ་ཕན་ཡོན་གཉིས་ཏེ། གནས་སྐབས་སུ་ནད་མེད་པ་དང་། འགྲོ་བ་གཞན་གྱིས་མཐོང་བ་ཙམ་གྱིས་དད་པར་འགྱུར་བ་དང་། མཐར་ཐུག་ཏུ་མཚན་དཔེས་བརྒྱན་པའི་འཇམ་པའི་དབྱངས་ཀྱི་སྐུ་ཐོབ་པར་འགྱུར་བ་ཡིན་ནོ། །གཉིས་པ་གསུང་གི་རྗེས་གནང་གི་དོན་དུ་གསོལ་བ་འདེབས་པ་འདིའི་རྗེས་ཟློས་མཛོད། བཙེ་ལྡན་ཁྱེད་ཀྱི་མཁྱེན་རབ་འོད་ཟེར་གྱིས། །བདག་བློའི་གཏི་མུག་མུན་པ་རབ་(༦༡༨ན)བསལ་ནས། །བཀའ་དང་བསྟན་བཅོས་གཞུང་ལུགས་རྟོགས་པ་ཡི། །བློ་གྲོས་སྤོབས་པའི་སྣང་བ་བསྩལ་དུ་གསོལ། །ཞེས་ལན་གསུམ་བྱ། དེ་ནས་

ཡང་དམིགས་པ་འདི་བཞིན་དུ་མཛོད་ཅིག །བླ་མ་འཇམ་པའི་དབྱངས་སུ་གསལ་བའི་ཐུགས་ཀའི་འཁོར་ལོའི་སྙིང་བཾ་ཡིག་སྔགས་ཕྲེང་དང་བཅས་པ་ལས་སྔགས་ཀྱི་འཕྲེང་བ་འོད་ཟེར་འཕྲོ་བ་དང་བཅས་པ་བླ་མའི་ཞལ་ནས་ཐོན་ཏེ། ཁྱེད་རང་འཇམ་པའི་དབྱངས་སུ་གསལ་བའི་ཞལ་དུ་ཞུགས་ནས། སྙིང་གའི་བཾ་ཡིག་སྔགས་ཕྲེང་དང་བཅས་པ་ལ་ཐིམ་པའི་མོས་པ་གྱིས་ལ། འདིའི་རྗེས་བཟློས་མཛོད་ཅིག །འཕྲེང་བ་ལག་ཏུ་འཛིན་དུ་བཅུག་ལ། ཨོཾ་ཨྱཱ་ཀྱི་དཾ་ན་མ། ཞེས་ཚར་ཁ་ཅིག་འདོན། དེ་ནས་ཁྱེད་རང་རྣམས་ཀྱིས་ངེད་ལ་མེ་ཏོག་གཏོར་ཞིང་འདིའི་རྗེས་བཟློས་མཛོད་ཅིག །བཅོམ་ལྡན་བདག་གིས་ནས་བྱིན་གྱིས་རློབས། ཞེས་ལན་གསུམ། དེ་ནས་ཁྱེད་རང་གིས་སློབ་དཔོན་ལ་མེ་ཏོག་ཕུལ་བ་དེ་སྔགས་སུ་བྱིན་གྱིས་བརླབས་ནས་དངོས་གྲུབ་ཀྱི་ཚུལ་དུ་བྱིན་པའི་མོས་པ་མཛོད་ཅིག་བྱས་ལ་མེ་ཏོག་མགོ་ཐོག་ཏུ་བཞག་ནས། བཅོམ་ལྡན་འདི་ལ་བསྟུལ་ལགས་ཀྱི། །བཅོམ་ལྡན་འདི་ལ་བྱིན་གྱིས་རློབས། །འདི་ལ་འགོ་བར×། །སྔགས་ཀྱི×། །བརྟུལ་ཞུགས་བརྟན×། རྡོ་རྗེ་སློབ་མ་འདི་རྣམས་ལ་རྗེ་བཙུན་འཇམ་པའི་དབྱངས་ཀྱི་གསུང་གི་བྱིན་རླབས་མ་ལུས་པ་འཇུག་པར་གྱུར་ཅིག །ཅེས་བརྗོད། དེ་ལྟར་བྱས་པ་ལ་ཕན་ཡོན་གཉིས་ཏེ། གནས་སྐབས་སུ་འཆད་རྩོད་རྩོམ་པའི་བྱ་བ་ལ་མཁས་པ་དང་། མཐར་(༧༢༨བ)ཐུག་ཏུ་གསུང་དབྱངས་ཡན་ལག་དྲུག་ཅུ་དང་ལྡན་པའི་འཇམ་པའི་དབྱངས་ཀྱི་གསུང་ཐོབ་པར་འགྱུར་བ་ཡིན་ནོ། །གསུམ་པ་ཐུགས་ཀྱི་རྗེས་གནང་གི་དོན་དུ་གསོལ་བ་འདེབས་པ་འདིའི་རྗེས་བཟློས་མཛོད་ཅིག །ཤེས་པས་སྲིད་ལ་མི་གནས་ཤིང་། །སྙིང་རྗེས་ཞི་ལ་མི་གནས་པས། །མྱ་ངན་འདས་དང་འཁོར་མི་གནས། །འཇམ་དབྱངས་ཐུགས་ལ་གསོལ་བ་འདེབས། །ཞེས་པ་ལན་གསུམ། དེ་ནས་དཔོན་སློབ་གཉིས་ཀས་ལུང་གནད་བཅའ་བ་ནི། རྐང་པ་སྐྱིལ་ཀྲུང་། ལག་པ་མཉམ་གཞག །སྐལ་ཚིགས་བསྲང་། མིག་བར་སྣང་ལ་གཏད་ནས། མདུན་གྱི་ནམ་མཁར་སྨིན་མཚམས་ཀྱི་ཐད་ཙམ་དུ་ཡི་གེ་ཨ་

གཅིག་གསལ་བཏབ་ལ། དེ་ལ་སེམས་རྩེ་གཅིག་ཏུ་གཏད་ནས་ཨ་ཨ་ཞེས་ཉི་ཤུ་རྩ་གཅིག་བརྗོད་པས། ཨ་དེ་འཇའ་ཡལ་བ་བཞིན་དུ་ཡལ་ནས་དམིགས་པ་མེད་པའི་སྟོང་པ་ཉིད་རྟོག་པ་ཐམས་ཅད་དང་བྲལ་བ་ལ་གསལ་ལེ་སིང་ངེ་ཡེ་རེ་བར་སེམས་ཅི་གནས་སུ་མཉམ་པར་བཞག་ནས། སློབ་མའི་སྤྱི་བོར་མེ་ཏོག་གཅིག་བཞག་ལ། ཨོཾ་ཨཱཿཧཱུྃ། ཞེས་དང་། རྡོ་རྗེ་སློབ་མ་འདི་རྣམས་ཀྱི་རྒྱུད་ལ་རྗེ་བཙུན་འཇམ་པའི་དབྱངས་ཀྱི་སྐུ་གསུང་ཐུགས་ཀྱི་བྱིན་རླབས་མ་ལུས་པ་འཇུག་པར་གྱུར་ཅིག །ཅེས་ཀྱང་བརྗོད་དེ་བརྟན་པར་བསམ་མོ། །དེ་ལྟར་ཐུགས་ཀྱི་རྗེས་གནང་ཐོབ་པ་ལ་ཕན་ཡོན་གཉིས་ཏེ། གནས་སྐབས་སུ་ཆོས་ལ་བློ་འགྲོ་ཞིང་མཐར་ཐུག་ཏུ་ཤེས་བྱ་ཇི་ལྟ་བ་དང་ཇི་སྙེད་པ་མཁྱེན་པའི་ཡེ་ཤེས་རྡོ་རྗེ་ལྟ་བུ་ཐོབ་པར་འགྱུར་རོ། །བཞི་པ་ཡོན་ཏན་འཕྲིན་ལས་ཀྱི་རྗེས་གནང་གི་དོན་དུ་གསོལ་བ་འདེབས་པ་(༧)(ན)འདིའི་རྗེས་ཟློས་མཛོད་ཅིག །དུས་འདི་ནས་ནི་བཟུང་ནས་སུ། །ཕྱི་མ་བྱང་ཆུབ་མ་ཐོབ་བར། །བཅོམ་ལྡན་འཇམ་དབྱངས་མགོན་གྱིས་ནི། །བདག་གི་བླ་མ་མཛད་དུ་གསོལ། །ཞེས་པ་ལན་གསུམ། དེ་ནས་སློབ་མའི་ལག་ཏུ་མཚན་བརྗོད་གཏད་ལ། འདི་ནི་འཇམ་པའི་དབྱངས་ཀྱི་རྒྱུ་མཚན་ཡང་དག་པར་བརྗོད་པ་ཞེས་བྱ་བ་ཚིག་ཉུང་ལ་དོན་ཟབ་པ་དང་། རྒྱུད་སྡེ་ཐམས་ཅད་ཀྱི་ཡང་རྩེ་ཡིན་པས་འདི་ལ་ཐོས་བསམ་དང་། འདི་ནས་བསྟན་པའི་དོན་ཉམས་སུ་བླངས་ན། རྗེ་བཙུན་འཇམ་པའི་དབྱངས་ཀྱི་གོ་འཕང་མྱུར་དུ་ཐོབ་པར་འགྱུར་བས། འདི་ལ་ཁྱེད་རང་རྣམས་ཐོས་བསམ་གྱིས་ལ་ཉམས་སུ་ལོངས། གཞན་ལ་སྟོན་པ་བཤད་པ་གྱིས་ལ་སེམས་ཅན་གྱི་དོན་དུ་གང་འགྱུར་གྱིས་ཤིག །ཅེས་རྗེས་སུ་གནང་བ་སྦྱིན་པ་ཡིན་ནོ། །དེ་ལྟར་བྱས་པ་ལ་ཕན་ཡོན་གཉིས་ཡོད་དེ། གནས་སྐབས་སུ་རིག་པའི་གནས་ལྔ་ལ་མཁས་ཤིང་སེམས་ཅན་གྱི་དོན་རྒྱ་ཆེན་པོ་འགྲུབ་པ་དང་། མཐར་ཐུག་ཏུ་འཇམ་པའི་དབྱངས་ལ་མངའ་བའི་ཡོན་ཏན་འཕྲིན་ལས་ཐམས་ཅད་དང་མཉམ་པའི་གནས་ཐོབ་པར་

འགྱུར་རོ། །དེ་ལྟར་ཁྱེད་རྣམས་ཀྱིས་དད་པ་དང་འདུན་པའི་སྒོ་ནས་ངེད་ལ་གསོལ་བ་བཏབ་ནས། དེ་ལ་ངེད་ཀྱིས་བརྩེ་བའི་བསམ་པས་ཅི་ཞེས་པའི་སྒོ་ནས། རྗེ་བཙུན་འཇམ་པའི་དབྱངས་ཀྱི་རྗེས་གནང་བྱས་པ་འདི་ལ་ཕན་ཡོན་ཅི་ཡོད་པའི་དགེ་བའི་རྩ་བ་ཐམས་ཅད་སེམས་ཅན་གྱི་དོན་དུ་བསྔོས་ནས་ལས་བྱས་པ་འབྲས་བུ་དང་ལྡན་པར་བྱ་བའི་ཕྱིར་དུ་འདིའི་རྗེས་ཟློས་(༦༧ཁ)མཛོད་ཅིག །འདི་བསྒྲུབས་པ་ལས་བྱུང་བ་ཡི། །དགེ་བ་བདག་གིས་གང་ཐོབ་པ། །དེ་ཡིས་སྐྱེ་བོ་ཐམས་ཅད་ཀྱིས། །འཇམ་དབྱངས་ཤེས་རབ་ཐོབ་པར་ཤོག །ཅེས་པ་លན་གསུམ། རྗེས་ཆོག་སྤྱི་དང་འདྲ། །

ༀ འཇམ་དབྱངས་ཨ་ར་པ་ཙ་ན་དམར་སེར་ས་ལུགས་ལ། སྐྱབས་འགྲོ་སེམས་བསྐྱེད་ཚད་མེད་བཞི་བསྒོམ་པ་སྔོན་དུ་འགྲོ་བའི་སྒོ་ནས། རང་གི་སྙིང་འོད་ཀྱི་གུར་ཁང་ཁ་གྱེན་དུ་བསྟན་པའི་ནང་དུ། པད་ཟླའི་གདན་ལ་ཧྲཱིཿདམར་སེར་དེ་ལས་འོད་ཟེར་འཕྲོས། རང་གི་མི་ཤེས་པའི་དྲི་མ་སྦྱངས། བ་སྤུའི་བུ་ག་ནས་སྤྲོས། འཕགས་པ་མཆོད། སེམས་ཅན་གྱི་དོན་བྱས། སླར་འདུས་ཏེ་ཐིམ་པ་ལས་རང་ཉིད་འཕགས་པ་འཇམ་དཔལ་གཞོན་ནུར་གྱུར་པ་སྐུ་མདོག་གསེར་བཙོ་མ་ལྟ་བུ་གུར་གུམ་གཞོན་ནུའི་མདངས་ཅན་འོད་ཀྱི་དྭ་བ་འཁྱིད་པ། ཞི་ཞིང་འཛུམ་ལ་སྒེག་པ་ཞལ་གཅིག་ཕྱག་གཉིས། གཡས་ཤེས་རབ་ཀྱི་རལ་གྲི་སྔོ་སང་དབྱུང་པའི་ཐད་ཀར་འཕྱར་བ། གཡོན་ཨུཏྤལ་སྔོན་པོའི་རྩ་བ་ཐུགས་ཀར་འཛིན་ཅིང་སྔན་གྱི་ཐད་ཀར་ཁ་བྱེ་བ་རབ་ཏུ་རྒྱས་པའི་སྟེང་དུ་གསུང་རབ་ཀུན་འདུས་པའི་པོ་ཏི་དང་བཅས་པ། དར་དང་རིན་པོ་ཆེའི་རྒྱན་གྱིས་སྤྲས་པ། ཞབས་རྡོ་རྗེའི་སྐྱིལ་ཀྲུང་གིས་བཞུགས་ཤིང་དབུ་སྐྲ་རལ་པའི་ཟུར་ཕུད་ལྔ་དང་ལྡན་པ། རིགས་བདག་མི་བསྐྱོད་པས་སྤྲས་པ། ཟླ་བའི་འོད་ཀྱི་རྒྱབ་ཡོལ་ཅན་ནོ། །བསྟུ་ན་དེ་ཙམ་གྱིས་ཆོག་ལ། སྤྲོ་ན། དཔྲལ་བར་ཨོཾ་ལས་འཇམ་དཔལ་དཀར་པོ། མགྲིན་པར་ཨཱཿལས་འཇམ་དཔལ་དམར་པོ། (༦༢༠ན)

སྙིང་གར་ཧཱུྃ་ལས་འཇམ་དཔལ་སྔོན་པོ། དེའི་ཐུགས་ཀར་ཟླ་བའི་སྟེང་དུ་ཧྲཱིཿདེ་ལས་འོད་ཟེར་འཕྲོས། ཕྱོགས་བཅུའི་སངས་རྒྱས་ཐམས་ཅད་ཀྱི་ཡེ་ཤེས་རང་ཉིད་ལ་ཞུགས་པར་གྱུར། ཧྲཱིཿའི་མཐར་སྔགས་ཀྱིས་བསྐོར་བ་དང་། ལྗེའི་རྩ་བར་ཡང་ཧྲཱིཿཡིག་མགོ་ཐུར་དུ་གནས་པར་བསམས་ལ། ཨོཾ་ཨ་ར་པ་ཙ་ན་ཧྲཱིཿ ཞེས་ཅི་ནུས་སུ་བཟླས་ཤིང་། ན་མོ་མཉྫུ་ཤྲཱི་ཡེ། ཀུ་མ་ར་བྷཱུ་ཏཱ་ཡ། བོ་དྷི་སཏྭཱ་ཡ། མཧཱ་སཏྭཱ་ཡ། མཧཱ་ཀཱ་རུ་ཎི་ཀཱ་ཡ། ཏདྱ་ཐཱ། ཨོཾ་ཨ་ར་ཛེ། བི་ར་ཛེ། ཤུདྡྷེ་བི་ཤུདྡྷེ། ཤོ་དྷ་ཡ། བི་ཤོ་དྷ་ཡ། ཨ་མ་ལེ། བི་མ་ལེ། ནི་ར་མ་ལེ། ཛ་ཡ་ལཀྵ་རེ། རུ་རུ་ཙ་ལེ། ཧཱུྃ་ཧཱུྃ་ཧཱུྃ་ཕཊ་ཕཊ་ཕཊ་སྭཱཧཱ། ཞེས་ཤེས་རབ་བློ་འཕེལ་གྱི་གཟུངས་ཉིད་ཅི་རིགས་པར་བཟླས་ནས། ཐུན་འཛོག་པའི་དུས་སུ་དབུགས་ཐོག་གཅིག་ལ་ཧྲཱིཿབརྒྱ་རྩ་བརྒྱད་བཟླས་པས་ལུས་ཧྲཱིཿཡིག་གཅིག་ཏུ་གྱུར་པར་བསམ། ཐུན་འཛོག་མཚམས་སུ་ཡང་ལྷའི་ང་རྒྱལ་ལ་གནས་པའི་སྒོ་ནས་གཙང་སྦྲ་དང་མཆོད་པ་ལ་བརྩོན་པར་བྱའོ། །འདིའི་རྗེས་གནང་ནི། མཎྜལ་གྱི་སྟེང་དུ་ཚོམ་བུ་སེར་པོ་དགོད། མདུན་དུ་ཟླུམ་གཏོར་དཀར་པོ། ཕྱོགས་སྐྱོང་གི་གཏོར་མ། མཆོད་པ་ཅི་འབྱོར་བ་བཞིན་བཤམས། བདག་བསྐྱེད་གོང་བཞིན་བྱས་ནས། མཆོད་པ་བྱ་རྒྱུད་ལྟར་བྱིན་གྱིས་བརླབས། མདུན་བསྐྱེད་བསངས་སྦྱངས། སྟོང་པའི་ངང་ལས་པད་ཟླའི་གདན་ལ་ཧྲཱིཿདམར་སེར་དེ་ལས་འོད་ཟེར་འཕྲོས། འཕགས་པ་མཆོད། སེམས་ཅན་གྱི་དོན་བྱས། སླར་འདུས་ཏེ་ཐིམ་པ་ལས་འཕགས་པ་འཇམ་(༤༢༠བ)དཔལ་གཞོན་ནུར་གྱུར་པ། ཐུགས་ཀར་ཧཱུྃ་ལས་འཇམ་དཔལ་སྔོན་པོ་ཞེས་པའི་བར་བསྐྱེད། རང་གི་ཐུགས་ཀའི་ཧཱུྃ་ལས་འོད་ཟེར་འཕྲོས། རྗེ་བཙུན་འཇམ་པའི་དབྱངས་ལ་སངས་རྒྱས་བྱང་ཆུབ་སེམས་དཔའི་ཚོགས་དཔག་ཏུ་མེད་པས་བསྐོར་བ་ཨོཾ་བཛྲ་ས་མཱ་ཛཿ ཞེས་སྤྱན་དྲངས། ཛཿཧཱུྃ་བཾ་ཧོཿ དགུག་གཞུག་བྱ། སླར་ཡང་ཐུགས་ཀའི་ཧཱུྃ་ལས་འོད་ཟེར་འཕྲོས། དབང་གི་ལྷ་རིགས་ལྔ་འཁོར་དང་བཅས་པ་ཨོཾ་བཛྲ་ས་མཱ་ཛཿ དེ་བཞིན་གཤེགས་པ་རྣམས་

ཀྱིས་འདི་ལ་མངོན་པར་དབང་བསྐུར་བ་བསྐུལ་དུ་གསོལ། ཞེས་གསོལ་བ་བཏབ་པས། དེ་རྣམས་ཀྱིས་ཨོཾ་བཛྲཱི་བྷ་ཝ་ཨ་བྷི་ཥིཉྩ་ཧཱུཾ། ཞེས་གསུངས་ཤིང་བུམ་པའི་ཆུས་སྤྱི་བོ་ནས་དབང་བསྐུར། སྐུ་གང་། དྲི་མ་དག །ཆུའི་ལྷག་མ་ཡར་ལུད་པ་ལས་མི་བསྐྱོད་པས་དབུ་བརྒྱན་པར་གྱུར། ཅེས་བརྗོད་ཅིང་བསམ་མོ། །ཨོཾ་སརྦ་ཏ་ཐཱ་ག་ཏ་ཨཱརྻ་མཉྫུ་ཤྲཱི་ས་པ་རི་ཝཱ་ར་ཨརྒྷཾ་པྲ་ཏཱིཙྪ་སྭཱཧཱ། དེ་བཞིན་དུ་ཨརྒྷཾ་གྱི་གནས་སུ། པཱདྱཾ། པུཥྤེ། དྷཱུ་པེ། ཨཱ་ལོ་ཀེ །གནྡྷེ། ནཻ་ཝེདྱ། ཤབྡ་རྣམས་བཙུག་ལ་མཆོད། གཞོན་ནུའི་སྐུ་ལུས་འཆང་བ་པོ། །ཡེ་ཤེས་སྒྲོན་མེ་རབ་ཏུ་འབར། །འཇིག་རྟེན་གསུམ་གྱི་མུན་སེལ་བ། །འཇམ་པའི་དབྱངས་ལ་ཕྱག་འཚལ་ལོ། །གཏོར་མ་དང་པོ་འབྲུ་གསུམ་གྱིས་བྱིན་གྱིས་བརླབས་ལ། ན་མཿསརྦ་ཏ་ཐཱ་ག་ཏ་ཨཱརྻ་མཉྫུ་ཤྲཱི་ཨི་དཾ་བ་ལིཾ་ཏ་ཁ་ཁ་ཁཱ་ཧི་ཁཱ་ཧི། ཞེས་ལན་བདུན་གྱིས་ཕུལ། གཏོར་མ་ཕྱི་མ་ཕྱོགས་སྐྱོང་བཅུ་ལ་ཆ་གསུམ་ནང་ལྟར་བཏང་། མདུན་བསྐྱེད་ཀྱི་བཟླས་པ་ཅི་འགྲུབ་བྱ་སྟེ། སློབ་དཔོན་གྱི་བྱ་བའི་(༤༧༧ན)རིམ་པའོ། །དེ་ནས་སློབ་མས་ཁྲུས་བྱས། ཕྱག་དང་མཎྜལ་ཕུལ། གསོལ་བ་འདེབས་པ་འདིའི་རྗེས་ཟློས་མཛོད། ཀུན་མཁྱེན་ཡེ་ཤེས་ཕུང་པོ་ཅན། །ཞེས་པ་ནས། བློ་མཆོག་བདག་ལ་གནང་བར་མཛོད། །ཅེས་ལན་གསུམ། རྒྱུད་དག་པར་བྱ་བའི་ཕྱིར་མདུན་བསྐྱེད་ཀྱི་ལྷ་དང་། སངས་རྒྱས་བྱང་སེམས་རྣམས་ཀྱི་དྲུང་དུ་སྐྱབས་འགྲོ་སྔོན་དུ་འགྲོ་བའི་བྱང་ཆུབ་ཀྱི་སེམས་བཟུང་བ་ལ་སོགས་པ་བགྱིད་སྙམ་པའི་བསམ་པས་འདིའི་རྗེས་ཟློས་མཛོད། དཀོན་མཆོག་གསུམ་ལ་བདག་སྐྱབས་མཆི། །སོགས་ལན་གསུམ་བྱ། དེ་ནས། རྗེས་གནང་གི་གཞི་དགོད་པའི་སླད་དུ་དམིགས་པ་འདི་བཞིན་མཛད་པར་ཞུ། ཨོཾ་ཤཱུ་ནྱ་ཏཱ་ཛྙཱ་ན་བཛྲ་སྭ་བྷཱ་ཝ་ཨཱཏྨ་ཀོ྅ཧཾ། ཕྱི་ནང་གི་དངོས་པོ་ཐམས་ཅད་མི་དམིགས་པ་སྟོང་པ་ཉིད་དུ་གྱུར་པའི་ངང་ལས། ཁྱེད་རང་རྣམས་ཀྱི་སྙིང་འོད་ཀྱི་གུར་ཁང་ཁ་གྱེན་དུ་བསྟན་པའི་ནང་དུ། པད་ཟླའི་གདན་ལ་ཧྲཱིཿདམར་སེར་དེ་ལས་འོད་ཟེར་འཕྲོས། རང་གི་མི་ཤེས་པའི་དྲི་

མ་སྦྱངས། བ་སྤུའི་བུ་ག་ནས་སྤྲོས། འཕགས་པ་མཆོད། སེམས་ཅན་གྱི་དོན་བྱས། སླར་འདུས་ཏེ་ཐིམ་པ་ལས་ཁྱེད་རང་རྣམས་འཕགས་པ་འཇམ་དཔལ་གཞོན་ནུར་གྱུར་པ་སྐུ་མདོག་གསེར་བཙོ་མ་ལྟ་བུ་གུར་གུམ་གཞོན་ནུའི་མདངས་ཅན་འོད་ཀྱི་དྲྭ་བ་འཁྲིད་པ། ཞི་ཞིང་འཛུམ་ལ་སྐྱེག་པ་ཞལ་གཅིག་ཕྱག་གཉིས། གཡས་ཤེས་རབ་ཀྱི་རལ་གྲི་སོ་སང་དཔྱུང་པའི་ཐད་ཀར་འཕྱར་བ། གཡོན་ཨུཏྤལ་སྔོན་པོའི་རྩ་བ་ཐུགས་ཀར་འཛིན་ཅིང་སྙན་གྱི་ཐད་ཀར་ཁ་བྱེ་བ་རབ་ཏུ་རྒྱས་པའི་སྟེང་དུ་གསུང་རབ་ཀུན་འདུས་པའི་པོ་ཏི་དང་བཅས་པ། དར་དང་རིན་པོ་ཆེའི་རྒྱན་གྱིས་སྤྲས་པ། ཞབས་རྡོ་རྗེའི་སྐྱིལ་ཀྲུང་གིས་བཞུགས་ཤིང་དབུ་སྐྲ་རལ་པའི་ཟུར་(༤༧བ)ཕུད་ལྡི་དང་ལྡན་པ། རིགས་བདག་མི་བསྐྱོད་པས་སྤྲས་པ། ཟླ་བའི་འོད་ཀྱི་རྒྱབ་ཡོལ་ཅན་ནོ། །ཞེས་གསལ་བཏབ་བོ། །དེ་ནས་སློབ་དཔོན་དང་མདུན་བསྐྱེད་ཆོམ་བུ་ཡང་འཇམ་དཔལ་དབྱངས་དངོས་ཡིན་སྙམ་པའི་མོས་གུས་བྱས་པས། སློབ་དཔོན་གྱི་ཐུགས་ཀ་ནས་འོད་ཟེར་འཕྲོས། མདུན་བསྐྱེད་ཀྱི་ལྷའི་ཐུགས་རྒྱུད་བསྐུལ། དེའི་ཐུགས་ཀ་ནས་འོད་ཟེར་འཕྲོས། ཕྱོགས་བཅུའི་སངས་རྒྱས་དང་བྱང་ཆུབ་སེམས་དཔའ་ཐམས་ཅད་ཀྱི་ཐུགས་རྒྱུད་བསྐུལ་བས། སློབ་དཔོན་དང་མདུན་བསྐྱེད་ཀྱི་ལྷ་དང་ཕྱོགས་བཅུའི་སངས་རྒྱས་དང་བྱང་ཆུབ་སེམས་དཔའ་ཐམས་ཅད་ཀྱི་ཐུགས་ཀ་ནས་འཇམ་པའི་དབྱངས་ཀྱི་སྐུ་ཆེ་ཆུང་དཔག་ཏུ་མེད་པ་བྱོན། ཁྱེད་རང་རྣམས་ཀྱི་བ་སྤུའི་བུ་ག་རྣམས་ནས་ཆར་བབས་པ་བཞིན་དུ་སིབ་སིབ་ཐིམ་པར་མོས་པ་མཛོད། ཛཿཧཱུྃ་བཾ་ཧོཿགཉིས་སུ་མེད་པར་ཐིམ། དེ་དག་ནི་རྗེས་གནང་གི་གཞི་དགོད་པའོ། ། དེ་ནས་ལུང་གསུམ་ལས། དང་པོ་རྗེས་སུ་བཟླས་པའི་ལུང་ཕྲང་བའི་ཕྱིར། དཔོན་སློབ་གཉིས་ཀའི་ཐུགས་ཀར་ཤེས་རབ་ཀྱི་འཁོར་ལོ་རྩིབས་བཞི་པའི་ལྟེ་བར་ཨོཾ་ཨ་ར་པ་ཙ་ན་ཌཱིཿརྩིབས་བཞི་ལ་ར་པ་ཙ་ན་རྣམས་གསལ་བཏབ་ལ། སློབ་དཔོན་ལ་མོས་གུས་བྱས་པས། སློབ་དཔོན་གྱི་ཐུགས་ཀའི་འཁོར་ལོ་སྔགས་ཕྲེང་ལས་དེ་འདྲ་བ་གཉིས་

པ་ཆད་ནས། ཞལ་ནས་ཐོན། ཁྱེད་རང་རྣམས་ཀྱི་ཞལ་དུ་ཞུགས། སྙིང་གའི་འཁོར་ལོ་རྡོག་ཕྲེང་དང་བཅས་པ་ལ་ཐིམ་པའི་མོས་པ་མཛོད། ཅེས་བཛ་སྒྲུད་ནས། ཨོཾ་ཨ་ར་པ་ཙ་ན་དྷཱིཿ ཞེས་པ་དང་། ན་མོ་མཉྫུ་ཤྲཱི་ཡེ། ཀུ་མ་ར་བྷུ་ཏཱ་ཡ། བོ་དྷི་སཏྭཱ་ཡ། མཧཱ་(༤༢༢ན)སཏྭཱ་ཡ། མཧཱ་ཀཱ་རུ་ཎི་ཀཱ་ཡ། ཏདྱ་ཐཱ། ཨོཾ་ཨ་ར་ཛེ། བི་ར་ཛེ། ཤུ་དྡྷེ་བི་ཤུ་དྡྷེ། ཤོ་དྷ་ཡ། བི་ཤོ་དྷ་ཡ། ཨ་མ་ལེ། བི་མ་ལེ། ནི་ར་མ་ལེ། ཛ་ཡ་ཝ་རེ། ཙ་ཙ་ཙ་ལེ། ཧཱུཾ་ཧཱུཾ་ཧཱུཾ་ཕཊ་ཕཊ་ཕཊ་སྭཱཧཱ། ཞེས་པ་བཅས་ཀྱི་རྗེས་བཟློས་ལན་གསུམ་གསུམ་བྱ། ཁྱེད་རང་རྣམས་ཀྱི་ལྕེའི་རྩ་བར་དྷཱིཿམགོ་ཕྱུག་བསྟན། དྷཱིཿའི་འོད་ཀྱིས་ངག་གི་སྐྱོན་ཐམས་ཅད་སྦྱངས། སློབ་དཔོན་གྱི་ཐུགས་ཀའི་འོད་ཀྱིས་སངས་རྒྱས་བྱང་སེམས་ཀྱི་ཡོན་ཏན་ཐམས་ཅད་བསྡུས་ཏེ་ཐིམ་པའི་མོས་པ་མཛོད་བྱས་ལ། དྷཱིཿཅི་ནུས་ཤིག་རྗེས་བཟློས་བྱེད། གཉིས་པ་དམ་བཅའ་བའི་ལུང་གི་ཕྱིར། འཕགས་པ་འཇམ་དཔལ་འདི་ཉིད་ཇི་སྲིད་བྱང་ཆུབ་མ་ཐོབ་བར་གྱི་ཡི་དམ་དུ་བཟུང་ངོ་། །བདག་ཐུགས་ཀྱིས་མ་བཏང་ཞིག་སྙམ་པའི་བསམ་པས། འདིའི་རྗེས་བཟློས་གསུངས་ཤིག །སློབ་དཔོན་དགོངས་སུ་གསོལ། བདག་རིག་པ་འཛིན་པ་མིང་འདི་ཞེས་བགྱི་བས་དུས་འདི་ནས་བཟུང་སྟེ་ཇི་སྲིད་བྱང་ཆུབ་སྙིང་པོ་ལ་མཆིས་ཀྱི་བར་དུ། འཕགས་པ་འཇམ་དཔལ་ཡི་དམ་གྱི་ལྷར་བཟུང་ནས་འདིའི་གསང་སྔགས་ཉེ་མ་རེ་རེ་བཞིན་འདི་ཙམ་རེ་འདོན་པར་དམ་འཆའ་ལགས་སོ། །ཞེས་ལན་གསུམ་བརྗོད། གསུམ་པ་བྱིན་གྱིས་བརླབས་པའི་ལུང་ནི། སློབ་དཔོན་ལ་མེ་ཏོག་འཐོར་བཞིན་དུ། འདིའི་རྗེས་བཟློས་མཛོད་ཅིག །བཅོམ་ལྡན་བདག་གིས་སོགས་ལན་གསུམ། དེ་ལྟར་ཕུལ་བའི་མེ་ཏོག་དེ་ཉིད་སླར་ཡང་བྱིན་གྱིས་བརླབས་ཏེ། ཁྱེད་རང་གི་སྤྱི་བོར་ཕུལ་བར་མོས་པ་མཛོད་ཅིག །སློབ་དཔོན་གྱིས་མེ་ཏོག་གཏོར་ཞིང་། བཅོམ་ལྡན་འདི་ལ་སོགས་དང་། རིག་པ་(༤༢༢བ)འཛིན་པ་འདི་རྣམས་ལ་འཕགས་པ་འཇམ་དཔལ་གྱི་སྐུ་གསུང་ཐུགས་ཀྱི་བྱིན་རླབས་མ་ལུས་པ་འཇུག་པར་གྱུར་ཅིག །ཅེས་བརྗོད།

དམ་ཚིག་ཁས་བླངས། མཇུག་ཆོག་སྤྱི་དང་འདྲ། །

༄ འཇམ་དབྱངས་གང་བློ་མའི་བསྟོད་སྒྲུབ་མར་གྲགས་པ་ལ། བཟང་སྤྱོད་ནས་འབྱུང་བའི་ཡན་ལག་བདུན་པ་དང་། སྐྱབས་འགྲོ་སེམས་བསྐྱེད་ཚད་མེད་བཞི་རྣམས་སྔོན་དུ་བཏང་ནས། ཤཱུ་ཉྻ་ཏཱས་སྟོང་པར་སྦྱངས། སྟོང་པའི་ངང་ལས་པད་ཟླ་ལ་འཁོར་ལོ་དམར་སེར་རྩིབས་ལྔ་པ་ལྟེ་བར་ཧྲཱིཿརྩིབས་རྣམས་ལ་ཨ་ར་པ་ཙ་ན་དང་བཅས་པ་ལས་འོད་ཟེར་འཕྲོས། འདུས་ཡོངས་སུ་གྱུར་པ་ལས་རང་དང་མདུན་གྱི་ནམ་མཁར་འཕགས་པ་འཇམ་དཔལ་གུར་གུམ་གྱི་མདོག་ཅན་རལ་གྲི་དང་པོ་ཏི་འཛིན་པ། ཞབས་རྡོ་རྗེ་སྐྱིལ་ཀྲུང་གིས་བཞུགས་པ། དར་དང་རིན་པོ་ཆེས་བརྒྱན་པ། མཚན་དཔེ་ཡོངས་སུ་རྫོགས་པའི་སྐུ་ཅན་རེ་རེར་གྱུར། རང་གི་སྙིང་གར་པད་ཟླ་ལ་འཁོར་ལོ་དམར་སེར་རྩིབས་ལྔ་པ་ལྟེ་བ་ལ་ཧྲཱིཿརྩིབས་རྣམས་ལ་ཨ་ར་པ་ཙ་ན་དང་བཅས་པ། མདུན་བསྐྱེད་ཀྱི་ཐུགས་ཀར་ཧྲཱིཿསངས་རྒྱས་བྱང་སེམས་ཐམས་ཅད་ཡེ་ཤེས་པའི་རྣམ་པར་སྤྱན་དྲངས། ཛཿཧཱུྃ་བཾ་ཧོཿ སྙིང་གའི་སྔགས་འཁོར་ལས་འོད་ཟེར་འཕྲོས། སངས་རྒྱས་མཆོད། སེམས་ཅན་ཐམས་ཅད་ཀྱི་དོན་བྱས་པར་བསམ། སརྦ་ཏ་ཐཱ་ག་ཏ་ཨཱརྻ་མཉྫུ་ཤྲཱི་ས་པ་རི་ཝཱ་ར་ཨརྒྷཾ་པྲ་ཏཱིཙྪ་སྭཱཧཱ། ཞེས་པ་ནས། ཤབྡ་པྲ་ཏཱིཙྪ་སྭཱཧཱ། ཞེས་པའི་བར་གྱིས་མདུན་བསྐྱེད་མཆོད། སྙིང་གའི་འོད་ཟེར་ལས་མཆོད་པ་དཔག་ཏུ་མེད་པ་སྤྲུལ་ནས། མདུན་གྱི་(༤༢༣ན)འཇམ་དབྱངས་ལ་མཆོད་ཅིང་གསོལ་བ་འདེབས་པར་བསམས་ལ། གང་གི་བློ་གྲོས་སྒྲིབ་གཉིས་སྤྲིན་བྲལ་ཉི་ལྟར་རྣམ་དག་རབ་གསལ་བས། །བདེན་གཉིས་དོན་ཀུན་ཇི་བཞིན་གཟིགས་ཕྱིར་ཉིད་ཀྱི་ཐུགས་ཀར་གླེགས་བམ་འཛིན། །གང་དག་སྲིད་པའི་བཙོན་རར་མ་རིག་མུན་འཐོམས་སྡུག་བསྔལ་གྱིས་གཟིར་བའི། །འགྲོ་ཚོགས་ཀུན་ལ་བུ་གཅིག་ལྟར་བརྩེ་ཡན་ལག་དྲུག་ཅུའི་དབྱངས་ལྡན་གསུང་། །འབྲུག་ལྟར་ཆེར་སྒྲོགས་ཉོན་མོངས་གཉིད་སློང་ལས་ཀྱི་ལྕགས་སྒྲོག་གྲོལ་མཛད་ཅིང་། །མ་རིག་མུན་སེལ་སྡུག་བསྔལ་མྱུ་

གུ་ཇི་སྙེད་གཅོད་མཛད་རལ་གྲི་བསྣམས། །གདོང་ནས་དག་ཅིང་ས་བཅུའི་མཐར་སོན་ཡོན་ཏན་ལུས་རྫོགས་རྒྱལ་སྲས་ཐུ་བོའི་སྐུ། །བཅུ་དྲུག་བཅུ་དང་བཅུ་གཉིས་རྒྱན་སྤྲས་བདག་བློའི་མུན་སེལ་འཇམ་པའི་དབྱངས་ལ་འདུད། །ཅེས་ཉེར་གཅིག་ལ་སོགས་པས་བསྟོད་ཅིང་། མཐར་མདུན་གྱི་འཇམ་དབྱངས་འོད་དུ་ཞུ་ནས་རང་ལ་ཐིམ། སྙིང་གའི་འཁོར་ལོ་དྲུག་ཏུ་འཁོར་བར་བསམས་ལ། ཨོཾ་ཨ་ར་པ་ཙ་ན་དྷཱིཿ ཞེས་པ་བརྒྱ་རྩ་ལ་སོགས་པ་བཟླའོ། །མཐར་སྟོང་པ་ཉིད་ལ་མཉམ་པར་བཞག་སྟེ། དགེ་བ་བསྔོ། འོད་ཟེར་དགུ་ཕྲུགས་ཀྱི་བྱིན་རླབས་བྱེད་པར་འདོད་པས། སྔོ་ན། འཕགས་པ་འཇམ་དཔལ་གྱི་སྐུའི་དྲུང་དུ་མཆོད་པ་བཤམས་ལ་བྱིན་རླབས་བྱ། དེ་རྣམས་མེད་ཀྱང་ཉུང་སྟེ། སློབ་དཔོན་གྱིས་བསྟོད་སྒྲུབ་ཚར་གཅིག་ཉམས་སུ་ལེན། སློབ་མས་མཎྜལ་ཕུལ། ཡན་ལག་བདུན་པ་ཚར་གསུམ་བྱེད། སློབ་དཔོན་འཕགས་པ་འཇམ་(༦༢༣བ)དཔལ་དུ་གསལ་བའི་དཔྲལ་བ་ནས་འོད་ཟེར་འཕྲོས། སངས་རྒྱས་ཐམས་ཅད་ལ་མཆོད་པ་ཕུལ། འོད་ཟེར་དཔྲལ་བར་ཐོག་པས་ཐུགས་རྒྱུད་ཡོངས་སུ་བསྐུལ་ནས། འོད་ཟེར་གྱི་རྣམ་པས་དཔྲལ་བ་ནས་བྱུང་། སློབ་དཔོན་གྱི་དཔྲལ་བར་ཐིམ། སློབ་དཔོན་འཇམ་དཔལ་དུ་གསལ་བ་ལ་མོས་གུས་དུང་བས་བསྟོད་པ་ཚར་གཅིག་གམ་གསུམ་གྱིས་གསོལ་བ་གདབ། སློབ་དཔོན་གྱི་དཔྲལ་བ་ནས་འོད་ཟེར་དཀར་པོ་དཔག་ཏུ་མེད་པ་བྱུང་། སློབ་མའི་དཔྲལ་བར་ཐིམ་པས་ལུས་ཀྱི་སྒོ་ནས་བསགས་པའི་སྡིག་སྒྲིབ་ཐམས་ཅད་བྱང་ཞིང་སྐུའི་བྱིན་རླབས་ཐམས་ཅད་ཞུགས་པར་མོས་སུ་བཅུག །སློབ་དཔོན་འཕགས་པ་འཇམ་དཔལ་དུ་གསལ་བའི་མགྲིན་པ་ནས་འོད་ཟེར་འཕྲོས། སངས་རྒྱས་ཐམས་ཅད་ལ་མཆོད་པ་ཕུལ། འོད་ཟེར་མགྲིན་པར་ཐོག་པས་ཐུགས་རྒྱུད་ཡོངས་སུ་བསྐུལ་ནས། འོད་ཟེར་གྱི་རྣམ་པས་མགྲིན་པ་ནས་བྱུང་། སློབ་དཔོན་གྱི་མགྲིན་པར་ཐིམ། སློབ་དཔོན་འཇམ་དཔལ་དུ་གསལ་བ་ལ་མོས་གུས་དུང་བས་བསྟོད་པ་ཚར་གཅིག་གམ་གསུམ་གྱིས་གསོལ་བ་བཏབ།

སློབ་དཔོན་གྱི་མགྲིན་པ་ནས་འོད་ཟེར་དམར་པོ་དཔག་ཏུ་མེད་པ་བྱུང་། སློབ་མའི་མགྲིན་པར་ཐིམ་པས་ངག་གི་སྒོ་ནས་བསགས་པའི་སྡིག་སྒྲིབ་ཐམས་ཅད་བྱང་ཞིང་གསུང་གི་བྱིན་རླབས་ཐམས་ཅད་ཞུགས་པར་མོས་སུ་བཅུག །སློབ་དཔོན་འཇམ་དཔལ་དུ་གསལ་བའི་ཐུགས་ཀ་ནས་འོད་ཟེར་འཕྲོས། སངས་རྒྱས་ཐམས་ཅད་ལ་མཆོད་པ་ཕུལ། འོད་ཟེར་ཐུགས་ཀར་ཐིམ་པས་ཐུགས་རྒྱུད་ཡོངས་སུ་བསྐུལ་ནས། འོད་(༤༢༤ན)ཟེར་གྱི་རྣམ་པས་ཐུགས་ཀ་ནས་བྱུང་། སློབ་དཔོན་གྱི་ཐུགས་ཀར་ཐིམ། སློབ་དཔོན་འཇམ་དཔལ་དུ་གསལ་བ་ལ་མོས་གུས་དྲུང་བས་བསྟོད་པ་ཚར་གཅིག་གམ་གསུམ་གྱིས་གསོལ་བ་གདབ། སློབ་དཔོན་གྱི་ཐུགས་ཀ་ནས་འོད་ཟེར་སྔོན་པོ་དཔག་ཏུ་མེད་པ་བྱུང་། སློབ་མའི་ཐུགས་ཀར་ཐིམ་པས་ཡིད་ཀྱི་སྒོ་ནས་བསགས་པའི་སྡིག་སྒྲིབ་ཐམས་ཅད་བྱང་ཞིང་ཐུགས་ཀྱི་བྱིན་རླབས་ཐམས་ཅད་ཞུགས་པར་མོས་སུ་བཅུག །རྗེས་ཀྱི་བྱ་བ་སྤྱི་དང་འདྲ། །

༄ འཇམ་དཔལ་སྨྲ་བའི་སེང་གེ་ལ། སྐྱབས་འགྲོ་སེམས་བསྐྱེད་ཚད་མེད་བཞི་བསྒོམ་པ་སྔོན་དུ་བཏང་ནས། རང་ཉིད་སྐད་ཅིག་གིས་རྗེ་བཙུན་འཇམ་དབྱངས་སུ་གསལ་བའི་ཐུགས་ཀའི་ཧྲཱིཿཡིག་གི་འོད་ཟེར་གྱིས་བླ་མ་དང་རྗེ་བཙུན་འཇམ་པའི་དབྱངས་ལ། སངས་རྒྱས་དང་བྱང་ཆུབ་སེམས་དཔའི་ཚོགས་ཀྱིས་བསྐོར་བ་མདུན་གྱི་ནམ་མཁར་སྤྱན་དྲངས། ན་མོ་གུ་རུ་བྷྱཿན་མོ་ཨཱརྻ་མཉྫུ་ཤྲཱི་ས་པ་རི་ཝཱ་ར་བྷྱཿ ཞེས་ཕྱག་བྱ། ཨ་ཀྵོཾ་ནས་ཤཱཀྱའི་བར་གྱིས་མཆོད། དཀོན་མཆོག་གསུམ་ལ་བདག་སྐྱབས་མཆི། །ཞེས་སོགས་ཡན་ལག་བདུན་པ་བྱ། ཚད་མེད་བཞི་བསྒོམ། ཚོགས་ཞིང་རྣམས་རང་གནས་སུ་གཤེགས་པར་གྱུར་པར་བསམ། དེ་ནས། ཤཱུ་ནྱ་ཏཱས་སྟོང་པར་བསྒོམ། སྟོང་པའི་ངང་ལས་གཙོ་བོའི་གནས་དང་དེའི་མདུན་དུ་པཾ་ལས་པདྨ་དང་ཨ་ལས་ཟླ་བའི་དཀྱིལ་འཁོར་རེ་རེ། གཙོ་བོའི་གདན་པད་ཟླའི་སྟེང་དུ་སེང་ལས་སེང་གེ་སྔོན་པོ་མགོ་བོ་གཡས་སུ་བསྟན་ཅིང་གདོང་གྱེན་དུ་ཕྱོགས་པ། རལ་པ་

(༤༢༤བ)དམར་སེར་གྲོལ་བ་ཉལ་སྟབས་སུ་གནས་པའི་སྟེང་དུ། པད་ཉི་ལ་གནས་པའི་ཧྲཱིཿཡིག་གྱུར་གྱུམ་གཞོན་ནུའི་མདོག་ཅན་དང་། གདན་མདུན་མའི་སྟེང་དུ་ཧྲཱིཿཡིག་སྔོ་སང་ས་བོན་དེ་ཉིད་ཡོངས་སུ་གྱུར་པ་ལས། རང་ཉིད་རྗེ་བཙུན་འཇམ་དབྱངས་སྐུ་མདོག་ལི་ཁྲིའི་ཕུང་པོ་ལྟ་བུ་ཕྱག་གཉིས་ཆོས་འཆད་ཀྱི་ཕྱག་རྒྱ་མཛད་པའི་མཐེབ་མཛུབ་ཀྱི་བར་ནས་བྱུང་བ་ཨུཏྤ་ལའི་སྡོང་བུ་སྙན་གཡས་གཡོན་གྱི་ཐད་ཀར་ཁ་བྱེ་བའི་སྟེང་གཡས་ན་རལ་གྲི་དང་། གཡོན་ན་གླེགས་བམ་ཅན། བཅུ་དྲུག་ལོན་པའི་ལང་ཚོ་དང་ལྡན་པ། དབུ་སྐྲ་ཟུར་ཕུད་ལྔ་དང་བཅས་ཤིང་། ཞབས་གཉིས་རྒྱལ་པོ་རོལ་པའི་སྟབས་ཀྱིས་སེང་གེ་ལ་བཞུགས་པ། དར་དང་རིན་པོ་ཆེའི་རྒྱན་ཐམས་ཅད་ཀྱིས་བརྒྱན་པ། ཞི་བ་དང་འཛུམ་པ་དང་སྒེག་པའི་ཆ་ལུགས་ཅན། མདུན་དུ་འཕགས་མ་དབྱངས་ཅན་མ་སྐུ་མདོག་ཨིནྡྲ་ནཱི་ལ་ལྟར་སྔོ་བ་ལྷ་མོའི་ཆ་ལུགས་ཡོངས་སུ་རྫོགས་ཤིང་། ཞབས་ཙོག་པུའི་ཕྱེད་ཀྲུང་གིས་བཞུགས་པ། བུད་མེད་སྒྱུ་མའི་ང་རྒྱལ་གྱིས་འགྱིངས་ཤིང་མཚན་ཉིད་གཞན་ཐམས་ཅད་ཡབ་དང་མཚུངས་པའོ། །གཉིས་ཀའི་དཔྲལ་བར་ཨོཾ། མགྲིན་པར་ཨཱཿ ཐུགས་ཀར་ཧཱུྃ། ཐུགས་ཀའི་ཧཱུྃ་ལས་འོད་ཟེར་འཕྲོས། ཡེ་ཤེས་སེམས་དཔའ་དང་དབང་གི་ལྷ་བཛྲ་ས་མཱ་ཛཿཨརྒྷཾ་སོགས་ཀྱིས་མཆོད། ཛཿཧཱུྃ་བཾ་ཧོཿགཉིས་སུ་མེད་པར་གྱུར། དབང་གི་ལྷ་རྣམས་ཀྱིས། ཨོཾ་བཛྲཱི་བྷ་ཝ་ཨ་བྷི་ཥིཉྩ་ཧཱུྃ། ཞེས་གསུངས་ཤིང་དབང་བསྐུར། ཡབ་ཡུམ་གཉིས་ཀ་ལ་མི་བསྐྱོད་པས་དབུ་བརྒྱན་པར་གྱུར། ཨོཾ་ཨཱརྱ་མཉྫུ་ཤྲཱི་ས་པ་རི་ཝཱ་ར་ཨརྒྷཾ་པྲ་ཏཱིཙྪ་(༤༢༥ན)ཧཱུྃ་སྭཱཧཱ། ནས་ཤབྡ་པྲ་ཏཱིཙྪ་ཧཱུྃ་སྭཱཧཱའི་བར་གྱིས་མཆོད། གཞོན་ནུའི་སྐུ་ལུས་འཆང་བ་པོ། །ཡེ་ཤེས་སྒྲོན་མེ་རབ་ཏུ་འབར། །འཇིག་རྟེན་གསུམ་གྱི་མུན་སེལ་བ། །འཇམ་པའི་དབྱངས་ལ་ཕྱག་འཚལ་ལོ། །ཞེས་བསྟོད་བཟླས་པའི་དམིགས་པ་གསལ་བཏབ་ལ། ཨོཾ་ཧྲཱིཿཧྲཱིཿམ་མེ་ཏི་པ་སྭ་ར་སྭ་ཧི། མཉྫུ་ཤྲཱི་ཡཾ་ཧྲཱིཿཔྲཛྙཱ་ཝརྡྷ་ནི་ཧྲཱིཿཧྲཱིཿསྭཱཧཱ། ཞེས་ཅི་ནུས་སུ་བཟླ། སྔར་མཆོད་བསྟོད་བྱ། མཇུག་ཏུ་དགེ་

བ་བསྔོ། ཐུན་མཚམས་སུ་འཇམ་དཔལ་གྱི་སྐུ་གཟུགས་ལ་མཆོད་བསྟོད་གང་འགྲུབ་བྱ། འོག་ནས་འབྱུང་བ་ལྟར་གཏོར་མའང་འབུལ། བསྙེན་པ་ལན་ཅིག་ཐོན་ནས། སྒྲུབ་རྫས་སུ་དཔའ་བོའི་རིལ་བུ་སྒྲུབ་སྟེ། སྤང་རྒྱན་སླ་རྩི་མཚལ་དཀར་གསུམ། །ཡུང་བ་ཙནྡན་ཨ་ག་རུ། །སྤང་སྤོས་ཨ་རུ་ཤུ་དག་གསུམ། །ཤིང་མངར་རྒྱ་སྐྱེགས་དབང་ལག་གསུམ། །དཔའ་བོ་བཅུ་གཉིས་བསྡུས་པ་ནི། །ཞིབ་པར་བཏགས་ལ་སྦྲང་རྩི་དང་། །བ་མར་འོ་མས་རིལ་བུར་བྱ། །ཞེས་པ་ལྟར་ཡིན་ལ། དར་དཀར་ལ་རྒྱ་སྐྱེགས་དང་རང་བྱུང་གིས་ཕོ་འཁོར་བྲིས་པ་ལ་སྟེང་ནས་བཀབ། དར་དམར་ལ་བ་ལ་དང་ཡུང་བས་མོ་འཁོར་བྲིས་ཏེ་འོག་ཏུ་བཏིང་། གཉིས་ཀའང་རྩིབས་བརྒྱད་དམ་འདབ་བརྒྱད། སུ་ཁྲུད་གསུམ་པ། སུ་ཁྲུད་ལ་ཨཱ་ལི་ཀཱ་ལི་ཡི་རྒྱར་དང་བཅས་པ་འབྲི། རིལ་བུ་དབྱངས་ཅན་མར་བསྙེད་ཅིང་སྒྲུབ། ཨོཾ་ཡ་མནྟ་ཀ་ཧཱུཾ་གིས་བར་ཆད་སྲུང་། སྒྲུབ་ཐབས་རིན་འབྱུང་དུ་ཨ་ཀ་རུ་ལན་གཉིས་བཀོད་འདུག་ཀྱང་སྔར་ཐང་བརྒྱ་རྩའི་ནང་གི་འཇམ་དབྱངས་ཀྱི་རིལ་སྒྲུབ་དང་། དམ་པ་སངས་རྒྱས་ཀྱི་གདམས་(༤༢༥བ)ངག་འཇམ་དབྱངས་སྨྲ་སེང་གི་རིལ་སྒྲུབ་བཅས་ཀྱི་ནང་དུ་རྫས་གཞན་རྣམས་འདི་ནང་བཞིན་ལ་ཨ་ཀ་རུ་ལན་གཉིས་མ་སྨོས་པར་གཅིག་གི་ཚབ་ཏུ་དབང་ལག་བཤད་འདུག་པས་འདིར་ཡང་དེ་བཞིན་དུ་བཤད། འདིའི་རྫས་གནང་གི་ལག་ལེན་ནི། མཉྫལ་གྲུ་བཞིའི་དབུས་སུ་པདྨ་འདབ་བརྒྱད་ལྟེ་བ་དམར་སེར་ཅན་འབྲི། དེར་བུམ་པ་ཁ་རྒྱན་ཅན། ཤར་དུ་འཇམ་དཔལ་གྱི་ཙ་ཀ་ལི། ལྷོར་དཔའ་བོའི་རིལ་བུ། ནུབ་ཏུ་མཚན་བརྗོད། བྱང་དུ་རལ་གྲི་རྣམས་བཀོད། མདུན་དུ་མཆོད་གཏོར་བསྒྲིགས། བདག་བསྐྱེད་གོང་བཞིན་བྱས་ལ་མཆོད་པ་བླ་མེད་ལྟར་བྱིན་གྱིས་བརླབས། མདུན་བསྐྱེད་བསངས་སྦྱངས། སྟོང་པའི་ངང་ལས་ཧཱུྃ་ལས་བུམ་པ་ཡངས་ཤིང་རྒྱ་ཆེ་བའི་དབུས་སུ་པཾ་ལས་པདྨ་དང་ཨ་ལས་ཟླ་བའི་དཀྱིལ་འཁོར་རེ་རེ་ཞེས་པ་ནས། མི་བསྐྱོད་པས་དབུ་བརྒྱན་པར་གྱུར་ཅེས་པའི་བར་བདག

བསྐྱེད་བཞིན་ལས་རང་ཉིད་ཅེས་པ་དོར། དེ་ནས་བྲིས་སྐུ་ཧྲཱིཿལས་འཇམ་དབྱངས་ཞལ་ཕྱག་ཡོངས་སུ་རྫོགས་པ། རིལ་བུ་ཧྲཱིཿལས་དབྱངས་ཅན་མ། པོ་ཏི་ཨཱ་ལི་ཀཱ་ལི་ལས་བྱུང་བའི་མཚན་བརྗོད་ཀྱི་གླེགས་བམ། རལ་གྲི་ཧྲཱིཿལས་བྱུང་བའི་ཕྱག་མཚན་ཡེ་ཤེས་ཀྱི་མེ་འབར་བ་རྣམས་སུ་གྱུར་པར་བསམས་ལ། གོང་བཞིན་མཆོད་བསྟོད་བྱ། མདུན་གྱི་རྟེན་ཐམས་ཅད་ལ་དམིགས་ལ་བཟླས་པ་ཅི་འགྲུབ་བྱ། གཏོར་མ་བསངས་སྦྱངས། ཨ་ལས་བྱུང་བའི་ཀ་པཱ་ལའི་ནང་དུ་གཏོར་མ་ཤ་ལྔ་བདུད་རྩི་ལྔ་ཞུ་བ་ལས་བྱུང་བའི་བདུད་རྩིའི་རྒྱ་མཚོར་གྱུར། ཨོཾ་ཨཱཿཧཱུྃ་ཧ་ཧོ་ཧྲཱིཿ ཞེས་ལན་བདུན་(༥༢༨ན)གྱིས་བྱིན་གྱིས་བརླབས། སྙིང་པོའི་མཐར་ཨ་ཀཱ་རོ་བཏགས་ལ་ལན་གསུམ་གྱིས་ཕུལ། མཆོད་བསྟོད་བྱ། རྗེ་བཙུན་འཇམ་པའི་དབྱངས་ཀྱིས་བདག་སོགས་སེམས་ཅན་ཐམས་ཅད་ལ་མཆོག་དང་ཐུན་མོང་གི་དངོས་གྲུབ་མ་ལུས་པ་བསྩལ་དུ་གསོལ། ཞེས་འདོད་དོན་ལ་གསོལ་བ་གདབ། སློབ་མས་མཎྜལ་ཕུལ། གསོལ་བ་འདེབས་པ་འདིའི་རྗེས་ཟློས་མཛོད་བྱས་ལ། རྡོ་རྗེ་འཛིན་པ་དགོངས་སུ་གསོལ་ནས་བསྩལ་དུ་གསོལ། ཞེས་ལན་གསུམ་གྱིས་གསོལ་བ་འདེབས་སུ་གཞུག །དཀོན་མཆོག་གསུམ་ལ་བདག་སྐྱབས་མཆི། །ཞེས་སོགས་ལན་གསུམ་གྱི་རྒྱུན་བཤགས་དང་། ཁྱེད་རང་རྣམས་དམིགས་པ་འདི་བཞིན་དུ་མཛོད། ཨོཾ་ཤཱུ་ནྱ་ཏཱ་ཛྙཱ་ན་བཛྲ་སྭ་བྷཱ་ཝ་ཨཱཏྨ་ཀོ྅ཧཾ། ཁྱེད་རང་རྣམས་ཀྱི་ཕུང་པོ་དང་ཁམས་དང་སྐྱེ་མཆེད་ཐམས་ཅད་མི་དམིགས་པ་སྟོང་པ་ཉིད་དུ་གྱུར་པར་སོམས། སྟོང་པའི་ངང་ལས་གཙོ་བོའི་གནས་དང་དེའི་མདུན་དུ་པཾ་ལས་པདྨ་དང་ཨ་ལས་ཟླ་བའི་དཀྱིལ་འཁོར་རེ་རེ། གཙོ་བོའི་གདན་པད་ཟླའི་སྟེང་དུ་སེང་ལས་སེང་གེ་སྔོན་པོ་མགོ་བོ་གཡས་སུ་བསྟན་ཅིང་གདོང་གྱེན་དུ་ཕྱོགས་པ། རལ་པ་དམར་སེར་གྲོལ་བ་ཉལ་སྟབས་སུ་གནས་པའི་སྟེང་དུ། པད་ཉི་ལ་གནས་པའི་ཧྲཱིཿཡིག་གུར་གུམ་གཞོན་ནུའི་མདོག་ཅན་དང་། གདན་མདུན་མའི་སྟེང་དུ་ཧྲཱིཿཡིག་སྔོ་སང་ས་བོན་དེ་ཉིད་ཡོངས་སུ་གྱུར་པ་ལས།

ཁྲིད་རང་རྣམས་རྗེ་བཙུན་འཇམ་དབྱངས་སྐུ་མདོག་ལི་ཁྲིའི་ཕུང་པོ་ལྟ་བུ་ཕྱག་གཉིས་ཆོས་འཆད་ཀྱི་ཕྱག་རྒྱ་མཛད་པའི་མཐེབ་མཛུབ་ཀྱི་བར་ནས་(༤༢༦བ)བྱུང་བ་ཨུཏྤ་ལའི་སྡོང་བུ་སྔོན་གཡས་གཡོན་གྱི་ཐད་ཀར་ཁ་བྱེ་བའི་སྟེང་གཡས་ན་རལ་གྲི་དང་གཡོན་ན་གླེགས་བམ་ཅན། བཅུ་དྲུག་ལོན་པའི་ལང་ཚོ་དང་ལྡན་པ། དབུ་སྐྲ་ཟུར་ཕུད་ལྔ་དང་བཅས་ཤིང་། ཞབས་གཉིས་རྒྱལ་པོ་རོལ་པའི་སྟབས་ཀྱིས་སེང་གེ་ལ་བཞུགས་པ། དར་དང་རིན་པོ་ཆེའི་རྒྱན་ཐམས་ཅད་ཀྱིས་བརྒྱན་པ། ཞི་བ་དང་འཛུམ་པ་དང་སྒེག་པའི་ཆ་ལུགས་ཅན། མདུན་དུ་འཕགས་མ་དབྱངས་ཅན་མ་སྐུ་མདོག་ཨིནྡྲ་ནཱི་ལ་ལྟར་སྔོ་བ་ལྷ་མོའི་ཆ་ལུགས་ཡོངས་སུ་རྫོགས་ཤིང་། ཞབས་ཅོག་པུའི་སྒྱིད་ཀྱུང་གིས་བཞུགས་པ། བུད་མེད་སྒྱུ་མའི་ང་རྒྱལ་གྱིས་འགྱིངས་ཤིང་མཚན་ཉིད་གཞན་ཐམས་ཅད་ཡབ་དང་མཚུངས་པའོ། །གཉིས་ཀའི་དཔྲལ་བར་ཨོཾ། མགྲིན་པར་ཨཱཿ ཐུགས་ཀར་ཧཱུྃ། ཞེས་གསལ་གདབ་བོ། །མདུན་གྱི་བུམ་པ་དང་ཙ་ཀ་ལི་ཡང་ཁྲིད་རང་རྣམས་བསྒོམས་པ་དང་འདྲ་བའི་འཇམ་དབྱངས་དངོས་སུ་བཞུགས་པར་མོས་ལ། དེ་ནས་སློབ་དཔོན་ལ་མོས་གུས་བྱས་པས། སློབ་དཔོན་གྱི་ཐུགས་ཀ་ནས་འོད་ཟེར་འཕྲོས། མདུན་བསྐྱེད་དང་ཕྱོགས་བཅུའི་སངས་རྒྱས་བྱང་སེམས་ཐམས་ཅད་ཀྱི་ཐུགས་རྒྱུད་བསྐུལ། ཐུགས་ཀ་ནས་རྗེ་བཙུན་འཇམ་པའི་དབྱངས་ཀྱི་སྐུ་ཆེ་ཆུང་བསམ་གྱིས་མི་ཁྱབ་པ་སྤྱན་དྲངས། ཁྲིད་རང་རྣམས་ཀྱི་ལུས་ལ་ཆར་ཆེན་པོ་བབས་པ་བཞིན་དུ་སིབ་སིབ་ཐིམ་པའི་མོས་པ་མཛོད། ཛཿཧཱུྃ་བཾ་ཧོཿ ཞེས་བརྗོད། དེ་ནས། སངས་རྒྱས་ཀུན་གྱིས་བྱིན་བརླབས་པ། །རྒྱུ་བཟང་རིན་ཆེན་བུམ་པ་འདི། །འཇམ་པའི་དབྱངས་སུ་བྱིན་བརླབས་ནས། །(༤༢༧ན)མི་བསྐྱོད་ཆུ་ཡིས་དབང་བསྐུར་རོ། །ཨོཾ་ཧྲཱིཿཥྚྲཱིཿམ་མེ་ཧི་པ་ཤུ་ར་སཱཀྵི་མཉྫུ་ཤྲཱི་ཡཾ་ཧྲཱིཿཔྲཛྙཱ་ཝརྡྷ་ནེ་ཧྲཱིཿཥྚྲཱིཿསྭཱཧཱ། ཞེས་པ་སྙིང་པོའི་མཐར་ཨ་བྷི་ཥིཉྩ་ཞེས་བཏགས་ལ་ཆུ་དབང་བསྐུར། ཙ་ཀ་ལི་སྤྱི་བོར་བཞག་ལ། སངས་རྒྱས་ཀུན་གྱིས་བྱིན་བརླབས་པ། །དབྱིབས་ལེགས་གཟུགས་

སྐུ་དམ་པ་འདི། །འཇམ་པའི་དབྱངས་སུ་བྱིན་བརླབས་ནས། །རྣམ་སྣང་སྐུ་ཡིས་དབང་བསྐུར་རོ། །སྙིང་པོའི་མཐར་ཨ་ཧཱུྃ་ཁཾ་ཞེས་བརྗོད། སྐུའི་རྗེས་གནང་ངོ་། །རིལ་བུ་བྱིན་ལ། སངས་རྒྱས་ཀུན་གྱིས་བྱིན་བརླབས་ནས། །དཔའ་བོ་བཅུ་གཉིས་སྦྱོར་བའི་བཅུད། །དབྱངས་ཅན་ལྷ་མོར་བྱིན་བརླབས་ནས། །རིན་འབྱུང་ཡོན་ཏན་དབང་བསྐུར་རོ། །སྔགས་གོང་བཞིན་བརྗོད། ཡོན་ཏན་གྱི་རྗེས་གནང་ངོ་། །པོ་ཏི་གཏད་ལ། སངས་རྒྱས་ཀུན་གྱིས་བྱིན་བརླབས་པ། །རྒྱུད་ཀུན་གྱིས་ནི་བདག་པོ་མཆོག །ཨཱ་ལི་ཀཱ་ལིར་བྱིན་བརླབས་ནས། །དཔག་མེད་གསུང་གི་དབང་བསྐུར་རོ། །སྔགས་སྔར་བཞིན་བརྗོད། བཟླས་ལུང་ལ། སློབ་དཔོན་གྱི་ཐུགས་ཀ་ནས་འོད་ཟེར་འཕྲོས། མདུན་བསྐྱེད་ཀྱི་ཐུགས་རྒྱུད་བསྐུལ། ཐུགས་ཀར་ཉི་མའི་དཀྱིལ་འཁོར་གྱི་དབུས་སུ་ཧྲཱིཿཡིག་གི་མཐར་སྔགས་ཕྲེང་གིས་བསྐོར་བ་ལས་སྔགས་ཕྲེང་གཉིས་པ་བྱུང་། ཞལ་ནས་ཐོན། ཁྱེད་རང་རྣམས་འཕགས་པ་འཇམ་དཔལ་དུ་གསལ་བའི་ཞལ་དུ་ཞུགས། ཐུགས་ཀར་ཉི་མའི་སྟེང་དུ་ཧྲཱིཿཡིག་གི་མཐར་འཁོད་པའི་མོས་པ་མཛོད། ཅེས་བརྗོད་ནས། ཨོཾ་ཧྲཱིཿཧྲཱིཿམ་མེ་ཧི་པ་སྭ་ར་སྭཱཧཱ། མཛྫུ་ཤྲཱི་ཀྵུཾ་(༦༢༧བ) ཧྲཱིཿཔྲཛྙཱ་ཕཛྙ་ནི་ཧྲཱིཿཧྲཱིཿསྭཱཧཱ། ཞེས་ལན་གསུམ་རྗེས་ཟློས་བྱེད་དུ་གཞུག །ཨཱ་ལི་ཀཱ་ལི་དཔག་ཏུ་མེད་པ་མཁྱེན་པར་ཐིམ་པར་བསམ། གསུང་གི་རྗེས་གནང་ངོ་། །རལ་གྲི་གཏད་ལ། སངས་རྒྱས་ཀུན་གྱིས་བྱིན་བརླབས་པ། །ཤེས་རབ་རལ་གྲི་རྣོན་པོ་འདི། །ཡེ་ཤེས་སེམས་དཔར་བྱིན་བརླབས་ནས། །ཕྱག་མཚན་ཐུགས་ཀྱི་དབང་བསྐུར་རོ། །སྔགས་བརྗོད། ཐུགས་ཀྱི་རྗེས་གནང་ངོ་། །ཡང་མཎྜལ་ཕུལ་ནས་གསོལ་བ་གདབ། དེ་ནས་སློབ་དཔོན་དང་མདུན་བསྐྱེད་ཀྱི་དཔྲལ་བ་ནས་དབྱངས་ཅན་མ་དཀར་མོ་དཔག་ཏུ་མེད་པ་སྤྲོས། ཁྱེད་རང་རྣམས་ཀྱི་དཔྲལ་བར་ཐིམ་པའི་མོས་པ་མཛོད། དེ་བཞིན་དུ་མགྲིན་པ་ནས་དམར་མོ། སྙིང་ག་ནས་སྔོན་མོ། ལྟེ་བ་ནས་སེར་མོ། གསང་གནས་ནས་ལྗང་གུ་རྣམས་སྤྲོས་ཏེ། སློབ་མའི་གསང་བར་ཐིམ་པའི་

བར་དམིགས་པ་རྣམས་ཕོག་སྟེ། འཕྲིན་ལས་ཀྱི་རྗེས་གནང་ངོ་། །མཇུག་ཆོག་སྤྱི་དང་འདྲ། །

༈ འཇམ་དབྱངས་དཀར་པོ་རྗེས་རབ་འབོར་ལོ་ལ། སྐྱབས་འགྲོ་སེམས་བསྐྱེད་སྔོན་དུ་བཏང་ནས། སྙིང་འོད་ཀྱི་གུར་ཁང་དུ་གྱུར་པའི་དབུས་སུ་བླ་བ་ལ་ཧྲཱིཿདེའི་འོད་ཀྱིས་མཆོད་འོས་རྒྱ་མཚོའི་ཚོགས་རྣམས་བཛྲ་ས་མཱ་ཛཿཨརྒྷཾ་ནས་ཤབྡའི་བར་གྱིས་མཆོད། རྡོ་རྗེ་གུར་ནས་འབྱུང་བ་ལྟར་བདུན་རྣམ་དག་དང་། ཚད་མེད་བཞི་སྤྱི་དང་མཐུན་པར་བསྒོམ། སྟོང་པ་ཉིད་ཀྱི་དོན་བསམ་ཞིང་། སྭ་བྷཱ་ཝའི་སྔགས་དང་། ཤཱུ་ནྱ་ཏཱ་གཉིས་བརྗོད། སྟོང་པའི་ངང་ལས་པཾ་ལས་པདྨ་དང་ཨ་ལས་ཟླ་བ་ལ་ཧྲཱིཿལས་རལ་གྲིའི་ཡུ་བ་དང་རྩེ་མོར་རྡོ་རྗེས་མཚན་པ་ཧྲཱིཿས་བརྒྱན་(༦༢༤ན)པ། དེའི་འོད་ཀྱིས་སྣོད་གཞལ་ཡས་ཁང་བཅུད་འཇམ་དཔལ་དུ་གྱུར། བླ་མ་ཡི་དམ་སངས་རྒྱས་བྱང་སེམས་འཕགས་པ་མཁས་གྲུབ་ཐམས་ཅད་ཀྱི་བྱིན་རླབས་རྣམས་འོད་ཟེར་གྱི་རྣམ་པས་ཚུར་འདུས་ཡོངས་སུ་གྱུར་པ་ལས་འཇམ་དབྱངས་དཀར་པོ་ཕྱག་གཡས་རལ་གྲི་དཀར་པོ་འཕྱར་ཞིང་། གཡོན་ཐུགས་ཀར་གཏད་པས་པོ་ཏི་དང་འཁོར་ལོས་མཚན་པའི་ཨུཏྤལ་བསྣམས་པ། ཞབས་རྡོ་རྗེའི་སྐྱིལ་ཀྲུང་ཅན། འཇམ་དཔལ་ཞི་བའི་མཚན་ཉིད་རྫོགས་པའི་ཐུགས་ཀར་ཟླ་བ་ལ་འཁོར་ལོ་དཀར་པོ་རྩིབས་བརྒྱད་པའི་ལྟེ་བར་ཡང་ཧྲཱིཿརྩིབས་བརྒྱད་ལ་སྔགས་འབྲུ་བརྒྱད། དེ་རྣམས་ལས་འོད་ཟེར་འཕྲོས། འོག་མིན་ནས་ཡེ་ཤེས་སེམས་དཔའ་བཛྲ་ས་མཱ་ཛཿཨརྒྷཾ་ལ་སོགས་པས་མཆོད་ཅིང་གསོལ་བ་བཏབ། ཛཿཧཱུྃ་བཾ་ཧོཿསྙིང་གའི་ཧྲཱིཿལ་ཐིམ་པས་རང་འདྲའི་ཡེ་ཤེས་སེམས་དཔར་གྱུར། དེའི་ཐུགས་ཀར་ཡང་ཟླ་བ་ལ་ཧྲཱིཿཏིང་ངེ་འཛིན་སེམས་དཔའ་འོ། །དེ་ནས་འཇམ་དཔལ་གྱི་སྤྲོ་བསྡུ་དང་ལྷ་སྐུ་སྣང་སྟོང་ལ་སེམས་གཏད། བཟླས་པའི་ཚེ་ལྟེ་བ་མི་འཁོར་རྩིབས་འཁོར་ཞིང་། འཁོར་ལོ་ཡིག་འབྲུ་བསྐོལ་མར་འཁོར་བ་ལ་སེམས་གཏད་ལ། ཨོཾ་ཨ་ར་པ་ཙ་ན་ཧྲཱིཿཧཱུྃ་ཞེས་བཟླ།

གཏོར་མ་བསངས་སྦྱངས། འབྲུ་གསུམ་གྱིས་བྱིན་གྱིས་བརླབས། རང་གི་ཐུགས་ཀའི་ས་བོན་གྱི་འོད་ཟེར་གྱིས་རྗེ་བཙུན་འཇམ་དབྱངས་འཁོར་དང་བཅས་པ་བཛྲ་ས་མ་ཛཿ ཞེས་སྤྱན་དྲངས། ཨོཾ་ཨ་ར་པ་ཙ་ན་ཧྲཱིཿབ་ལིཾ་གྲིཧྣ་ཁ་ཁ་ཁཱ་ཧི་ཁཱ་ཧི། ཞེས་ལན་བདུན་གྱིས་(༤༢༨བ)ཕུལ། ཨོཾ་ཨཱ་ཏྨ་མཉྫུ་ཤྲཱི་ས་པ་རི་ཝཱ་ར་ཨརྒྷཾ་པྲ་ཏཱིཙྪ་སྭཱཧཱ། ཞེས་པ་ནས། ཤབྡ་པྲ་ཏཱིཙྪ་སྭཱཧཱ། ཞེས་པའི་བར་གྱིས་མཆོད། གཞོན་ནུའི་སྐུ་ལུས་འཆང་བ་པོ་ནས། འཇམ་པའི་དབྱངས་ལ་ཕྱག་འཚལ་ལོ། །ཞེས་བསྟོད། རྗེ་བཙུན་འཇམ་པའི་དབྱངས་ཀྱིས་བདག་ཅག་དཔོན་སློབ་འཁོར་དང་བཅས་པ་རྣམས་ལ་འཇིག་རྟེན་དང་འཇིག་རྟེན་ལས་འདས་པའི་དངོས་གྲུབ་མ་ལུས་པ་བསྩལ་དུ་གསོལ། ཞེས་གསོལ་བ་གདབ། གཤེགས་གསོལ་རྣམས་བྱ། འདིའི་རྗེས་གནང་བྱ་བར་འདོད་ན། མཎྜལ་བཤམས་ལ། ཞིང་ཁམས་སུ་མོས། ཆོམ་བུ་བཀོད་དེ་གདན་དུ་མོས། མཆོད་པ་སྣ་ལྔ་བཟང་དུ་བཤམས། བཤོས་གཙང་གཏོར་མ་དང་། མཆོད་པའི་མཎྜལ་ཡང་བཤམས། སྔོན་འགྲོའི་གཏོར་མ་གཏང་། མཆོད་པ་བྱ་རྒྱུད་ལྟར་བྱིན་གྱིས་བརླབས། གོང་ལྟར་བདག་བསྐྱེད་ཀྱི་མཐར་བཟླས་པ་ཅི་འགྲུབ་བྱ། མདུན་བསྐྱེད་བསངས་སྦྱངས། སྟོང་པའི་ངང་ལས་པཾ་ལས་པདྨ་དང་ཨ་ལས་ཟླ་བ་ལ་ཧྲཱིཿལས་རལ་གྲིའི་ཡུ་བ་དང་རྩེ་མོར་ཧཱུྃ་རྗེས་མཚན་པ་ཧྲཱིཿས་བརྒྱན་པ་ཞེས་པ་ནས། ཧྲིང་ངེ་འཛིན་སེམས་དཔའ་འོ། །ཞེས་པའི་བར་གོང་བཞིན་བྱ། མཆོད་བསྟོད་བྱ། གཏོར་མ་ཕུལ། བཟླས་པ་ཅི་འགྲུབ་བྱ། འགྲུབ་ན་ཆ་གསུམ་གཏོར་མའང་བཏང་། སློབ་མའི་དོན་དུ་གསོལ་བ་དྲག་ཏུ་བཏབ། སློབ་མ་ཁྲུས་བྱས་གྲལ་ལ་འཁོད་པ་ལ། བགེགས་སྦྱང་བ་དང་། སྡིག་སྒྲིབ་སྦྱང་བ་སྦྱི་དང་མཐུན། མཎྜལ་ཕུལ། འགྲོ་རྣམས་བསྒྲལ་འདོད་བསམ་པ་ཡིས་ནས། རྫོགས་པའི་བྱང་ཆུབ་(༤༢༩ན)སེམས་བསྐྱེད་བགྱི། །ཞེས་ལན་གསུམ་གྱིས་སྐྱབས་འགྲོ་སེམས་བསྐྱེད་བྱེད་དུ་གཞུག །རྗེ་རྗེ་འཛིན་པ་དགོངས་སུ་གསོལ་ནས་བསྩལ་དུ་གསོལ། ཞེས་ལན་གསུམ་གྱིས་གསོལ་བ་འདེབས་སུ་གཞུག །

དེ་ནས་སློབ་མ་རྣམས་འཇམ་དབྱངས་སེམས་དཔའ་སུམ་བརྩེགས་སུ་སྐད་ཅིག་གིས་གྲུབ་པར་གྱུར་པ་ནི། སྐུ་མདོག་དཀར་པོ་ཕྱག་གཡས་རལ་གྲི་འཕྱར་ཞིང་། གཡོན་ཐུགས་ཀར་གཏད་པས་པོ་ཏི་དང་འཁོར་ལོས་མཚན་པའི་ཨུཏྤལ་བསྣམས་པ། ཞབས་རྡོ་རྗེ་སྐྱིལ་ཀྲུང་ཅན། འཇམ་དཔལ་ཞི་བའི་མཚན་ཉིད་རྫོགས་པའི་ཐུགས་ཀར་རང་འདྲའི་ཡེ་ཤེས་སེམས་དཔའ། དེའི་ཐུགས་ཀར་ཡང་ཟླ་བ་ལ་འཁོར་ལོ་དཀར་པོ་རྩིབས་བརྒྱད་སྣ་ཕྲུད་དང་བཅས་པའི་ལྟེ་བར་ཏིང་ངེ་འཛིན་སེམས་དཔའ་ཧྲཱིཿཡིག །རྩིབས་བརྒྱད་ལ་སྔགས་འབྲུ་བརྒྱད། སྣ་ཕྲུད་ལ་ཨཱ་ལི་ཀཱ་ལིས་བསྐོར་བ་བསྒོམ། སློབ་དཔོན་གྱི་ཐུགས་ཀར་ཡང་དེ་བཞིན་དུ་བསྒོམ་པ་སྣ་ཏིག་གི་འཕྲེང་བ་ལྟར་ཞལ་ནས་ཐོན། སློབ་མ་རྣམས་ཀྱི་ཞལ་དུ་ཞུགས། ཐུགས་ཀའི་སྔགས་འཁོར་ལ་ཐིམ་པའི་མོས་པ་མཛོད་བྱས་ལ། ཨོཾ་ཨ་ར་པ་ཙ་ན་ཧྲཱིཿཧཱུཾ། ཞེས་ལན་གསུམ་རྗེས་ཟློས་བྱ། དེ་ནས་སློབ་མ་རྣམས་ཀྱིས་སློབ་དཔོན་ལ་མེ་ཏོག་འཐོར་བཞིན་དུ། འདིའི་རྗེས་ཟློས་མཛོད་བྱས་ལ། བཅོམ་ལྡན་བདག་གིས་སོགས་ལན་གསུམ་བྱ། སློབ་མ་རྣམས་ཀྱིས་མེ་ཏོག་ཕུལ་བ་དེ་སྔགས་སུ་བྱིན་གྱིས་བརླབས་ནས། དངོས་གྲུབ་ཀྱི་ཚུལ་དུ་བྱིན་པའི་མོས་པ་མཛོད་བྱས(༤༥བ)ལ། མེ་ཏོག་མགོ་བོར་བཞག་ནས། བཅོམ་ལྡན་འདི་ལ་སོགས་དང་རྡོ་རྗེ་སློབ་མ་འདི་རྣམས་ལ་རྗེ་བཙུན་འཇམ་པའི་དབྱངས་ཀྱི་གསུང་གི་བྱིན་རླབས་མ་ལུས་པ་འཇུག་པར་གྱུར་ཅིག །ཅེས་བྱིན་གྱིས་བརླབས་པའི་ལུང་བྱ། དེ་ཉིད་ལན་གསུམ་བསྐྱར་ཞིང་། མཇུག་ཏུ་ཡི་གེ་བརྒྱ་པ་ལན་གསུམ་གྱིས་བརྟན་བཞུགས་བྱ། རྗེས་ཆོག་སྤྱི་དང་འདྲ། །

༄ **རྗེ་བཙུན་བྱམས་པ་ནི་རི་ཏི་པའི་ལུགས་ལ།** སྐྱབས་འགྲོ་སེམས་བསྐྱེད་ཚད་མེད་བཞི་བསྒོམ་པ་སྔོན་དུ་བཏང་ནས། སྭ་བྷཱ་ཝས་སྟོང་པར་སྦྱངས། སྟོང་པའི་ངང་ལས་པད་ཟླའི་གདན་ལ། རང་སེམས་མཻཾ་གསེར་མདོག་ཡོངས་སུ་གྱུར་པ་ལས་སྤྱི་བླུགས་ཀྱིས་མཚན་པའི་ཀླུ་ཤིང་གི་ཡལ་ག་མཻཾ་གྱིས་མཚན་པ། དེའི་འོད་ཀྱི་འཕྲོ་

འདུ་ལས། རང་ཉིད་འཕགས་པ་བྱམས་པ་གསེར་མདོག་མཚན་དཔེ་ཡོངས་སུ་རྫོགས་པ། ཕྱག་གཡས་ཐུགས་ཀར་ཆོས་འཆད་དང་། གཡོན་མཉམ་གཞག་གི་ཚུལ་གྱིས་ཀླུ་ཤིང་གི་ཡལ་གའི་རྩ་བ་བཟུང་ཞིང་མེ་ཏོག་སྣན་གྱི་ཐད་ཀར་ཁ་ཕྱེ་བའི་སྟེང་ན་རིལ་བ་སྤྱི་བླུགས་དང་བཅས་པ། རལ་པའི་ཅོད་པན་གྱི་ངོས་ལ་མཆོད་རྟེན་གྱིས་སྤྲས་པ། རི་དྭགས་ཀྱི་པགས་པས་ནུ་མ་གཡོན་པ་བཀབ་ཅིང་ཚངས་སྐུད་ཅན་རྡོ་རྗེའི་སྐྱིལ་ཀྲུང་གིས་བཞུགས་པ། དར་དང་རིན་པོ་ཆེའི་རྒྱན་ཅན། དེའི་ཐུགས་ཀར་ཟླ་བའི་དཀྱིལ་འཁོར་ལ་མཻཾ་དེ་ལས་འོད་ཟེར་འཕྲོས། དགའ་ལྡན་གྱི་གནས་ནས་ཡེ་ཤེས་སེམས་དཔའ་བཛྲ་ས་མ་ཛཿཧཱུྃ་བཾ་ཧོཿས་བོད་ཀྱི་མཐར་སྔགས་ཀྱི་འཕྲེང་བ་བསྒོམ་སྟེ། ཨོཾ་མཻཾ་མཻ་ཏྲི་ཡེ་(༤༣༠ན)སྭཱཧཱ། ཞེས་དང་། ཨོཾ་མ་ཧི་མ་ཧི་སྨྲི་ཧི་སྭཱཧཱ། ཞེས་བཟླས་པས་ཤེས་རབ་ཕུན་སུམ་ཚོགས་པ་བསྐྱེད་པ་དང་། ཨོཾ་མོ་ཧི་མོ་ཧི་མནྟྲ་མོ་ཧི་སྭཱཧཱ། ཞེས་བཟླས་པས་འགྲོ་དོན་ཆེན་པོར་འགྱུར་རོ། །རྗེས་ཚད་མེད་བཞི་ཡུན་རིང་དུ་བསྒོམ་ནས་སྨོན་ལམ་བཏབ་བོ། །འདིའི་རྗེས་གནང་བྱ་བ་ནི། མཎྜལ་གྱི་སྟེང་དུ་ཚོམ་བུ་སེར་པོ་དགོད། མདུན་དུ་མཆོད་པ་རྣམས་བཤམས་ལ། བདག་བསྐྱེད་བཟླས་པ་དང་བཅས་པ་བྱ། མཆོད་པ་བྱ་རྒྱུད་ལྟར་བྱིན་གྱིས་བརླབས། མདུན་བསྐྱེད་བསངས་སྦྱངས། སྟོང་པའི་ངང་ལས་པད་ཟླའི་གདན་ལ་མཻཾ་གསེར་མདོག་ཡོངས་སུ་གྱུར་པ་ལས་སྤྱི་བླུགས་ཀྱིས་མཚན་པའི་ཀླུ་ཤིང་གི་ཡལ་ག་མཻཾ་གྱིས་མཚན་པ། དེའི་འོད་ཀྱི་འཕྲོ་འདུ་ལས་འཕགས་པ་བྱམས་པ། ཞེས་པ་ནས། དེའི་ཐུགས་ཀར་ཟླ་བའི་དཀྱིལ་འཁོར་ལ་མཻཾ་ཞེས་པའི་བར་བསྐྱེད། རང་གི་ཐུགས་ཀའི་ས་བོན་ལས་འོད་ཟེར་འཕྲོས། དགའ་ལྡན་གྱི་གནས་ནས་ཡེ་ཤེས་སེམས་དཔའ་བཛྲ་ས་མ་ཛཿཛཿཧཱུྃ་བཾ་ཧོཿགཉིས་སུ་མེད་པར་གྱུར་པར་བསམས། ཨོཾ་ཨཱརྱ་མཻ་ ཏྲི་ས་པ་རི་ཝཱ་ར་ཨརྒྷཾ་པྲ་ཏཱིཙྪ་ཡེ་སྭཱཧཱ། ཞེས་པ་ནས། ཤབྡ་ཏཱིཙྪ་ཡེ་སྭཱཧཱ། ཞེས་པའི་བར་གྱིས་མཆོད། བྱམས་ཆེན་མེ་ཡིས་ཞེས་སོགས་ཀྱིས་བསྟོད། དེ་ནས་བཟླས་པ་ཅི་འགྲུབ་བྱ། སྔར་

བཞིན་མཆོད་བསྟོད་བྱ་ཞིང་། རྗེ་བཙུན་བྱམས་པ་མགོན་པོས། བདག་དང་སེམས་ཅན་ཐམས་ཅད་ལ་མཆོག་དང་ཐུན་མོང་གི་དངོས་གྲུབ་མ་ལུས་པ་བསྩལ་དུ་གསོལ། ཞེས་གསོལ་བ་གདབ། འདི་ལ་ཡི་དམ་གྱི་གཏོར་ཆོག་མི་དགོས(༤༣༠བ)ཤིང་། སྔོན་ཆ་གསུམ་གཏོར་མ་གཏོང་བར་གསུངས། དེ་ནས་སློབ་མས་མཎྜལ་ཕུལ། གསོལ་བ་འདེབས་པ་འདིའི་རྗེས་ཟློས་མཛོད་བྱས་ལ། རྡོ་རྗེ་འཛིན་པ་དགོངས་སུ་གསོལ་ནས་བསྩལ་དུ་གསོལ། ཞེས་ལན་གསུམ་སྐྱབས་འགྲོ་སེམས་བསྐྱེད་ཀྱི་འདུན་པ་དང་བཅས་པས་འདིའི་རྗེས་ཟློས་མཛོད་བྱས་ལ། འགྲོ་རྣམས་བསྒྲལ་འདོད་བསམ་པ་ཡིས་ནས། རྫོགས་པའི་བྱང་ཆུབ་སེམས་བསྐྱེད་བགྱི། །ཞེས་ལན་གསུམ། ཁྱེད་རང་རྣམས་དམིགས་པ་འདི་བཞིན་དུ་མཛོད། ཨོཾ་སྭ་བྷཱ་ཝ་ཤུདྡྷཿསརྦ་དྷརྨཱཿསྭ་བྷཱ་ཝ་ཤུདྡྷོཧཾ། ཕྱི་ནང་གི་དངོས་པོ་ཐམས་ཅད་མི་དམིགས་པ་སྟོང་པ་ཉིད་དུ་གྱུར་པའི་ངང་ལས། པད་ཟླའི་གདན་ལ་ཁྱེད་རང་རྣམས་ཀྱི་སེམས་མཱྃ་གསེར་མདོག་ཡོངས་སུ་གྱུར་པ་ལས་སྦྱི་བླུགས་ཀྱིས་མཚན་པའི་ཀླུ་ཤིང་གི་ཡལ་ག་མཱྃ་གྱིས་མཚན་པ། དེའི་འོད་ཀྱི་འཕྲོ་འདུ་ལས་ཁྱེད་རང་རྣམས་འཕགས་པ་བྱམས་པ་གསེར་མདོག་མཚན་དཔེ་ཡོངས་སུ་རྫོགས་པ། ཕྱག་གཡས་ཐུགས་ཀར་ཆོས་འཆད་དང་། གཡོན་མཉམ་གཞག་གི་ཚུལ་གྱིས་ཀླུ་ཤིང་གི་ཡལ་གའི་རྩ་བ་བཟུང་ཞིང་མེ་ཏོག་སྣ་ཀྱི་ཐད་ཀར་ཁ་བྱེ་བའི་སྟེང་ན་རིལ་བ་སྤྱི་བླུགས་དང་བཅས་པ། རལ་པའི་ཅོད་པན་གྱི་དངོས་ལ་མཆོད་རྟེན་གྱིས་སྤྲས་པ། རི་དྭགས་ཀྱི་པགས་པས་ནུ་མ་གཡོན་པ་བཀབ་ཅིང་ཚངས་སྐུད་ཅན་རྡོ་རྗེའི་སྐྱིལ་ཀྲུང་གིས་བཞུགས་པ། དར་དང་རིན་པོ་ཆེའི་རྒྱན་ཅན། དེའི་ཐུགས་ཀར་ཟླ་བའི་དཀྱིལ་འཁོར་ལ་མཱྃ། ཞེས་གསལ་གདབ། མདུན་གྱི་ཆོམ་བུ་འདི་ཉིད་ཀྱང་འཕགས་པ་བྱམས་པ་དངོས་སུ་བཞུགས་པར་མོས(༤༣༡ན)ལ། དེ་ནས་སློབ་དཔོན་ལ་མོས་གུས་དྲུང་བ་བྱས་པས། སློབ་དཔོན་གྱི་ཐུགས་ཀ་ནས་འོད་ཟེར་འཕྲོས། མདུན་བསྐྱེད་དང་ཕྱོགས་བཅུའི་སངས་རྒྱས་བྱང་སེམས་ཐམས་ཅད་

ཀྱི་ཐུགས་ཀར་ཕོག་པས་ཐུགས་རྒྱུད་བསྐུལ། ཐུགས་ཀ་ནས་ཐུགས་གཉིས་སུ་མེད་
པའི་ཡེ་ཤེས་ཀྱི་ངོ་བོ་ཡིན་པ་ལ་རྣམ་པ་འཕགས་པ་བྱམས་པའི་སྐུ་ཆེ་ཆུང་བསམ་
གྱིས་མི་ཁྱབ་པ་སྤྲུན་དྲངས། ཁྱེད་རང་རྣམས་ཀྱི་ལུས་ལ་ཆར་ཆེན་པོ་བབས་པ་
བཞིན་དུ་སིབ་སིབ་ཐིམ་པས་ལུས་ཀྱི་སྡིག་སྒྲིབ་ཐམས་ཅད་དག །ལུས་ལྷའི་སྐུ་དང་
དབྱེར་མེད་དུ་བྱིན་གྱིས་བརླབས་པའི་མོས་པ་མཛོད། ཛཿཧཱུྃ་བཾ་ཧོཿགཉིས་སུ་མེད་
པར་ཐིམ། སྐུའི་རྗེས་གནང་ངོ་། །དེ་ནས་སློབ་དཔོན་གྱི་ཐུགས་ཀ་ནས་འོད་ཟེར་
འཕྲོས། མདུན་བསྐྱེད་ཀྱི་ཐུགས་རྒྱུད་བསྐུལ། ཐུགས་ཀར་ཟླ་བའི་དཀྱིལ་འཁོར་གྱི་
དབུས་སུ་མཻཾ་ཡིག་གི་མཐར་སྔགས་ཕྲེང་གིས་བསྐོར་བ་ལས། སྔགས་ཕྲེང་གཉིས་པ་
བྱུང་། ཞལ་ནས་ཐོན། ཁྱེད་རང་རྣམས་ཀྱི་ཞལ་དུ་ཞུགས། ཐུགས་ཀར་ཟླ་བའི་སྟེང་
དུ་མཻཾ་ཡིག་སེར་པོའི་མཐར་གཡས་སྐོར་དུ་འཁོད་པའི་འོད་ཟེར་གྱིས་ངག་གི་སྒོ་ནས་
བསགས་པའི་སྡིག་སྒྲིབ་སྦྱངས། གསུང་གི་བྱིན་རླབས་ངག་ལ་ཞུགས། ངག་ནུས་པ་
དང་ལྡན་པར་བྱིན་གྱིས་བརླབས་པའི་མོས་པ་མཛོད་ལ། སྔགས་འདིའི་རྗེས་ཟློས་
གྱིས་ཞེས་བཟླ་སྒྲུད་ནས། ཨོཾ་མཻཾ་མཻ་ཏྲི་ཡེ་སྭཱཧཱ། ཞེས་དང་། ཨོཾ་མ་ཧཱ་མ་ཧཱ་སྨྲི་ཏི་
སྭཱཧཱ། ཞེས་དང་། ཨོཾ་མོ་ཧེ་མོ་ཧེ་མཧཱ་མོ་ཧེ་སྭཱཧཱ། ཞེས་ལན་གསུམ་གསུམ་རྗེས་
ཟློས་བྱེད་དུ་གཞུག །སློབ་དཔོན་ལ་མེ་ཏོག་འཐོར་བཞིན་(༥༣༧བ)དུ་འདིའི་རྗེས་
ཟློས་མཛོད། བཅོམ་ལྡན་བདག་ལ་སོགས་ལན་གསུམ། སློབ་དཔོན་གྱིས་མེ་ཏོག་
གཏོར་ཏེ། བཅོམ་ལྡན་འདི་ལ་སོགས་ལན་གསུམ། གསུང་གི་རྗེས་གནང་ངོ་། །དེ་
ནས་སློབ་དཔོན་གྱི་ཐུགས་ཀའི་ཧཱུྃ་གི་འོད་ཟེར་དང་། མདུན་བསྐྱེད་ཀྱི་ཐུགས་ཀའི་
ཧཱུྃ་གི་འོད་ཟེར་གྱིས་ཕྱོགས་བཅུའི་སངས་རྒྱས་བྱང་སེམས་ཐམས་ཅད་དང་། ཁྱད་
པར་འཕགས་པ་བྱམས་པའི་ཐུགས་ཀྱི་བྱིན་རླབས་ཐམས་ཅད་ཕྱག་མཚན་དང་ས་
བོན་གྱི་རྣམ་པར་སྤྲུན་དྲངས། ཁྱེད་རང་རྣམས་ཀྱི་ལུས་དང་ཉེ་བའི་ཆར་བདུད་
རྩི་སྣ་ལྔའི་རྣམ་པར་ཞུ་བ་ལུས་ལ་སིབ་སིབ་ཐིམ་པས་ཡིད་ཀྱི་སྡིག་སྒྲིབ་དང་ནད་

གདོན་བར་དུ་གཅོད་པ་ཐམས་ཅད་སྦྱངས། ཐུགས་ཀྱི་བྱིན་རླབས་ཐོབ་པའི་མོས་པ་མཛོད། ཅེས་བརྗ་སྤྲད་ནས། སྙིང་པོ་ཅི་རིགས་བརྗོད། ཐུགས་ཀྱི་རྗེས་གནང་ངོ། །མཇུག་ཆོག་སྤྱི་དང་འདྲ། །

༄ ཤེར་ཕྱིན་མ་སེར་མོ་ལ། སྐྱབས་འགྲོ་སེམས་བསྐྱེད་ཚད་མེད་བཞི་བསྒོམ་པ་སྔོན་དུ་འགྲོ་བས། སྭ་བྷཱ་ཝས་སྟོང་པར་སྦྱངས། སྟོང་པའི་ངང་ལས་པཾ་ལས་པདྨ་དང་ཨ་ལས་ཟླ་བའི་སྟེང་དུ་རང་ཉིད་སྐད་ཅིག་གིས་ཕྱོགས་བཅུ་དུས་གསུམ་གྱི་སངས་རྒྱས་ཐམས་ཅད་ཀྱི་ཡུམ་ཤེས་རབ་ཀྱི་ཕ་རོལ་ཏུ་ཕྱིན་མ་སྐུ་མདོག་སེར་མོ་ཞབས་རྡོ་རྗེའི་སྐྱིལ་ཀྲུང་། ཕྱག་དང་པོ་གཉིས་ཆོས་འཆད་དང་མཉམ་གཞག །འོག་མ་གཉིས་པོ་ཏི་དང་ཕྲེང་བ། ལྷ་མོའི་མཚན་ཉིད་ཐམས་ཅད་ཡོངས་སུ་རྫོགས་པའོ། །ཐུགས་ཀར་འཁོར་ལོ་རྩིབས་དྲུག་པའི་ལྟེ་བར་ཨ་དཀར་པོ། རྩིབས་རྣམས་ལ་གཡས་སྐོར་གྱིས། ཏདྱ་ཐཱ། ག་ཏེ་ག་ཏེ། པ་ར་ག་ཏེ། པ་(༥༤༢ན)ར་སཾ་ག་ཏེ། བོ་དྷི་སྭཱ་ཧཱ། ཞེས་པའི་སྔགས་ཚན་དྲུག་གིས་བསྐོར་བ། ཨ་ལས་འོད་ཟེར་འཕྲོས། ཡེ་ཤེས་པ་བཛྲ་ས་མཱ་ཛཿ ཡན་ལག་བདུན་པ་བཟང་སྤྱོད་ལྟར་བྱ། བདུད་རྩིའི་ཆུ་རྒྱུན་གྱིས་དབང་བསྐུར། ཛཿཧཱུྃ་བཾ་ཧོཿརང་ལ་ཐིམ། སྐུ་སྣང་སྟོང་། གསུང་གྲགས་སྟོང་། ཐུགས་རིག་སྟོང་། དེ་ལྟར་མ་རྟོགས་པའི་སེམས་ཅན་ལ་སྙིང་རྗེས་ཀུན་ནས་བསླངས་ཏེ་གོང་གི་སྔགས་དེ་ཉིད་དྲུག་ཏུ་བཟླས་པས། རང་དང་རིགས་དྲུག་གི་སྡིག་སྒྲིབ་ཐམས་ཅད་དག་པར་བསམས། མཇུག་ཏུ་དགེ་བ་བསྔོ། ཐུན་མཚམས་སུ་ཤེར་ཕྱིན་གྱི་མདོ་ཀློག །པོ་ཏི་ལ་ཕྱག་མཆོད་དང་། མཚན་བརྒྱ་འདོན་པ་སོགས་བྱ། འདི་ལ་རྗེས་གནང་མི་དགོས། སྒོམ་ལུང་ཙམ་གྱིས་ཆོག་གོ །དེ་ཡང་སྐུ་གཟུགས་ཀྱི་མདུན་དུ་མཆོད་པ་བཤམས་ལ། སློབ་དཔོན་གྱིས་གོང་དུ་བཤད་པའི་སྒོམ་བཟླས་ཚར་གཅིག་བྱས་ནས། སློབ་མས་མཎྜལ་ཕུལ། སློབ་དཔོན་གྱིས་བདག་ལ་རིག་སྔགས་དམ་པ་བསྩལ་དུ་གསོལ། ཞེས་ལན་གསུམ་གསོལ་བ་འདེབས་སུ་གཞུག །སངས་རྒྱས་ཆོས་དང་

ཚོགས་ཀྱི་མཆོག་བཅས་ལ། །ཞེས་ལན་གསུམ་གྱིས་སྐྱབས་འགྲོ་སེམས་བསྐྱེད་བྱ། དེ་ནས། སྭ་བྷཱ་ཝས་སྟོང་པར་སྦྱངས། སྟོང་པའི་ངང་ལས་པཾ་ལས་པད་མ་དང་ཨ་ལས་ཟླ་བའི་སྟེང་དུ་ཁྱེད་རང་རྣམས་སྐད་ཅིག་གིས་ཕྱོགས་བཅུ་དུས་གསུམ་གྱི་སངས་རྒྱས་ཐམས་ཅད་ཀྱི་ཡུམ་ཤེས་རབ་ཀྱི་ཕ་རོལ་ཏུ་ཕྱིན་མ་སྐུ་མདོག་སེར་མོ་ཞབས་རྡོ་རྗེའི་སྐྱིལ་ཀྲུང་། ཕྱག་དང་པོ་གཉིས་ཆོས་འཆད་དང་མཉམ་(༦༣༢བ)གཞག །འོག་མ་གཉིས་པོ་ཏི་དང་འཕྲེང་བ། ལྷ་མོའི་མཚན་ཉིད་ཐམས་ཅད་ཡོངས་སུ་རྫོགས་པའོ། །ཐུགས་ཀར་འཁོར་ལོ་རྩིབས་དྲུག་པའི་ལྟེ་བར་ཨ་དཀར་པོ། རྩིབས་རྣམས་ལ་གཡས་སྐོར་གྱི་སྔགས་ཚན་དྲུག་གིས་བསྐོར་བ་བསྒོམ། སློབ་དཔོན་གྱི་ཐུགས་ཀའི་སྔགས་འཁོར་ལས། སྔགས་ཕྲེང་གཉིས་པ་བྱུང་། ཞལ་ནས་ཐོན། ཁྱེད་རང་རྣམས་ཀྱི་ཞལ་དུ་ཞུགས། ཐུགས་ཀའི་སྔགས་ཕྲེང་ལ་ཐིམ་པའི་མོས་པ་མཛོད་བྱས་ལ། ཏདྱ་ཐཱ། ག་ཏེ་ག་ཏེ། པ་ར་ག་ཏེ། པ་ར་སཾ་ག་ཏེ། བོ་དྷི་སྭཱ་ཧཱ། ཞེས་པ་ལན་གསུམ་རྗེས་ཟློས་བྱེད་དུ་གཞུག །རྗེས་ཆོག་སྤྱི་དང་འདྲ། །

༈ **ཤེར་ཕྱིན་མ་དཀར་མོ་ལ།** སྐྱབས་འགྲོ་སེམས་བསྐྱེད་ཚད་མེད་བཞི་བསྒོམས་པ་སྔོན་དུ་བཏང་ནས། ཤཱུ་ནྱ་ཏཱས་སྟོང་པར་སྦྱངས། སྟོང་པའི་ངང་ལས་སྟོང་བུ་དང་བཅས་པའི་པདྨ་དཀར་པོའི་སྟེང་དུ། སྣར་ཡང་པདྨ་དཀར་པོ་འདབ་མ་གསུམ་པ་ལ་གནས་པའི་ཨ་ལས་ཟླ་བ། དེའི་སྟེང་དུ་རང་སེམས་ཨོཾ་དཀར་པོ་འོད་ཟེར་སྣ་ལྔ་འཕྲོ་བ་ལས་པདྨ་དཀར་པོ་ཨོཾ་གྱིས་མཚན་པ། དེ་ལས་འོད་ཟེར་འཕྲོས་འདུས་ཡོངས་སུ་གྱུར་པ་ལས། རང་ཉིད་བཅོམ་ལྡན་འདས་མ་ཤེས་རབ་ཀྱི་ཕ་རོལ་ཏུ་ཕྱིན་མ་སྐུ་མདོག་སྟོན་ཀའི་ཟླ་བ་ལྟར་དཀར་བ། ཞལ་གཅིག་ཕྱག་གཉིས། ཞབས་རྡོ་རྗེའི་སྐྱིལ་ཀྲུང་གིས་བཞུགས་པ། བུང་བ་ལྟར་གནག་པའི་དབུ་སྐྲ་གཡོན་ངོས་སུ་འཁྱིལ་བ། ཕྱག་གཉིས་ཐུགས་ཀར་ཆོས་འཆད་ཀྱི་ཕྱག་རྒྱ་མཛད་པའི་ཕྱག་མཐིལ་གཡས་ལས་པདྨ་དཀར་པོ་དང་། གཡོན་ལས་དམར་པོའི་རྩ་བ་སྐྱེས་ཤིང་སྙན་གཉིས་

ཀྱི་ཐད་ཀར་ཁ་བྱེ་བའི་སྙིང་ན། ཤེས་རབ་(༦༣༣ན)ཀྱི་ཕ་རོལ་ཏུ་ཕྱིན་པའི་པོ་ཏི་བཞུགས་པ། སྐྱིད་སྐབས་ཕྲ་ཞིང་ནུ་འབུར་རྒྱས་པ། བཅུ་དྲུག་ལོན་པའི་ལང་ཚོ་ཅན། དར་དང་རིན་པོ་ཆེའི་རྒྱན་ཐམས་ཅད་ཀྱིས་བརྒྱན་པའོ། །ཐུགས་ཀར་པདྨ་དཀར་པོ་འདབ་བརྒྱད་ཀྱི་ལྟེ་བར་རང་འདྲའི་ཡེ་ཤེས་སེམས་དཔའ། དེའི་ཐུགས་ཀར་ཡང་པད་ཟླ་ལ་ཨོཾ་དཀར་པོ་ཏིང་ངེ་འཛིན་སེམས་དཔའ་འོ། །དབྲལ་བར་ཨོཾ། མགྲིན་པར་ཨཱཿ ཐུགས་ཀར་ཧཱུྃ། རང་གི་སྙིང་ག་ནས་འོད་ཟེར་འཕྲོས། ཡེ་ཤེས་སེམས་དཔའ་དབང་གི་ལྷ་དང་བཅས་པ་བཛྲ་ས་མཱ་ཛཿཛཿཧཱུྃ་བཾ་ཧོཿདམ་ཚིག་པ་དང་ཡེ་ཤེས་པ་གཉིས་སུ་མེད་པར་གྱུར། དབང་གི་ལྷ་རྣམས་ཀྱིས། ཨོཾ་བཛྲཱི་བྷ་ཝ་ཨ་བྷི་ཥིཉྩ་ཧཱུྃ། ཞེས་གསུངས་ཤིང་དབང་བསྐུར་རོ། །འོད་དཔག་མེད་ཀྱིས་དབུ་བརྒྱན་ཅིང་དབང་གི་ལྷ་རྣམས་ཀྱང་རང་ཉིད་ལ་ཐིམ་པར་གྱུར། མཆོད་པ་བྱ་རྒྱུད་ལྟར་བྱིན་གྱིས་བརླབས་ལ། ཨརྒྷཾ་ནས་ཤབྡའི་བར་གྱིས་མཆོད། དུས་གསུམ་སངས་རྒྱས་ཐམས་ཅད་ཀྱི། །ཡེ་ཤེས་ཤེས་རབ་ཕ་རོལ་ཕྱིན། །འཕགས་པ་ཐམས་ཅད་སྐྱེད་བྱེད་ཡུམ། །དེ་ལ་གུས་པས་ཕྱག་འཚལ་ལོ། །ཞེས་བསྟོད། འཁོར་ལོའི་བཟླས་པའམ། སྙིང་པོའི་བཟླས་པའི་དམིགས་པ་གསལ་བཏབ་ལ། ཨོཾ་པི་ཙུ་པི་ཙུ་པྲཛྙཱ་ཝརྡྷ་ནི། ཛྭ་ལ་ཛྭ་ལ། མེ་དྷཱ་ཝརྡྷ་ནི། དྷི་རི་དྷི་རི། བུདྡྷི་ཝརྡྷ་ནི་སྭཱཧཱ། ཞེས་ཅི་འགྲུབ་ཏུ་བཟླ། ཐུན་འཛོག་ཁར་རང་ཉིད་ལྟར་གསལ་བ་འོད་དུ་ཞུ་ནས་ཐུགས་ཀའི་ས་བོན་ལ་ཐིམ། ས་བོན་དེ་ཡང་མི་དམིགས་པ་སྟོང་པ་ཉིད་དུ་གྱུར། སྟོང་པའི་ངང་ལས་རང་ཉིད་སྐད་ཅིག་གིས་ཤེར་(༦༣༣བ)ཕྱིན་མའི་སྐུར་གྱུར་པའི་དབྲལ་བར་ཨོཾ། མགྲིན་པར་ཨཱཿ ཐུགས་ཀར་ཧཱུྃ་གིས་མཚན་པར་གྱུར་པར་བསམས་ལ། དགེ་བ་བསྔོ། གཏོར་མ་འབུལ་བར་འདོད་ན། མཆོད་གཏོར་བྱ་རྒྱུད་ལྟར་བྱིན་གྱིས་བརླབས་ལ། རང་གི་སྙིང་ག་ནས་འོད་ཟེར་འཕྲོས། བཅོམ་ལྡན་འདས་མ་ཤེས་རབ་ཀྱི་ཕ་རོལ་ཏུ་ཕྱིན་མ་འཁོར་དང་བཅས་པ་བཛྲ་ས་མཱ་ཛཿཔདྨ་ཀ་མ་ལ་ཡེ་སྟྭཾ། གདན་ལ་བཞུགས་པར་

གྱུར། གཏོར་མ་སྙིང་པོའི་མཐར་ཨ་ཀཱ་རོ་བཏགས་པ་ལན་ལྔས་ཕུལ། གོང་བཞིན་
མཆོད་བསྟོད་བྱ། བཅོམ་ལྡན་འདས་མ་ཤེས་རབ་ཀྱི་ཕ་རོལ་ཏུ་ཕྱིན་མས་བདག་
སོགས་སེམས་ཅན་ཐམས་ཅད་ལ་མཆོག་དང་ཐུན་མོང་གི་དངོས་གྲུབ་མ་ལུས་པ་
བསྩལ་དུ་གསོལ། ཞེས་གསོལ་བ་གདབ། གཤེགས་གསོལ་རྣམས་བྱ། འདིའི་རྗེས་
གནང་བྱ་བ་ནི། མཎྜལ་ཚོམ་བུ་དཀར་པོ་དང་མཆོད་གཏོར་གོང་བཞིན་བཤམས།
བདག་བསྐྱེད་བཟླས་པ་དང་བཅས་པ་བྱ། མཆོད་པ་བྱིན་གྱིས་བརླབས། མདུན་
བསྐྱེད་བསངས་སྦྱངས། སྟོང་པའི་ངང་ལས་ཧཱུཾ་ལས་མཎྜལ་གཞལ་ཡས་ཁང་དུ་གྱུར་
པའི་དབུས་སུ་ཚོམ་བུ་པད་མ་དང་ཟླ་བའི་གདན་དུ་གྱུར། དེའི་སྟེང་དུ་ཨོཾ་དཀར་
པོ་འོད་ཟེར་སྣ་ལྔ་འཁྲོ་བ་ལས་པད་མ་དཀར་པོ་ཨོཾ་གྱིས་མཚན་པ། དེ་ལས་འོད་
ཟེར་འཕྲོས་འདུས་ཡོངས་སུ་གྱུར་པ་ལས་བཅོམ་ལྡན་འདས་མ་ཤེས་རབ་ཀྱི་ཕ་རོལ་
ཏུ་ཕྱིན་མ་ཞེས་པ་ནས། དབུ་རྒྱན་གྱི་བར་གོང་བཞིན། མཆོད་བསྟོད་དང་བཟླས་
པ་ཅི་འགྲུབ་བྱ། གཏོར་མ་བྱིན་གྱིས་བརླབས་ཏེ་འབུལ་བ་ནས་གསོལ་བཏབ་ཀྱི་
བར་(༤༣༤ན)དུ་སྔར་བཞིན་བྱའོ། །དེ་ནས་སློབ་མས་མཎྜལ་ཕུལ། དུས་གསུམ་སངས་
རྒྱས་ཐམས་ཅད་དང་། །ཞེས་པ་ནས། བདག་ལ་རྗེས་གནང་བསྩལ་དུ་གསོལ། །
ཞེས་པའི་བར་ལན་གསུམ་གྱིས་གསོལ་བ་འདེབས་སུ་གཞུག །དཀོན་མཆོག་གསུམ་
ལ་བདག་སྐྱབས་མཆི། །ཞེས་སོགས་ལན་གསུམ་གྱིས་རྒྱུན་བཤགས་བྱ། ཁྱེད་རང་
རྣམས་དམིགས་པ་འདི་བཞིན་དུ་མཛོད། ཨོཾ་ཤཱུ་ནྱ་ཏཱ་ཛྙཱ་ན་བཛྲ་སྭ་བྷཱ་ཝ་ཨཱཏྨ་ཀོ྅ཧཾ།
ཕྱི་ནང་གི་དངོས་པོ་ཐམས་ཅད་མི་དམིགས་པ་སྟོང་པ་ཉིད་དུ་གྱུར་པའི་ངང་ལས་
སྟོང་བུ་དང་བཅས་པའི་པདྨ་དཀར་པོའི་སྟེང་དུ། སླར་ཡང་པདྨ་དཀར་པོ་འདབ་
མ་གསུམ་པ་ལ་གནས་པའི་ཨ་ལས་ཟླ་བ། དེའི་སྟེང་དུ་ཁྱེད་རང་རྣམས་ཀྱི་སེམས་
ཨོཾ་དཀར་པོ་འོད་ཟེར་སྣ་ལྔ་འཁྲོ་བ་ལས་པདྨ་དཀར་པོ་ཨོཾ་གྱིས་མཚན་པ། དེ་ལས་
འོད་ཟེར་འཕྲོས་འདུས་ཡོངས་སུ་གྱུར་པ་ལས། ཁྱེད་རང་རྣམས་བཅོམ་ལྡན་འདས་

མ་ཤེས་རབ་ཀྱི་ཕ་རོལ་ཏུ་ཕྱིན་མ་སྐུ་མདོག་སྔོན་ཀའི་ཟླ་བ་ལྟར་དཀར་བ། ཞལ་གཅིག་ཕྱག་གཉིས། ཞབས་རྡོ་རྗེའི་སྐྱིལ་ཀྲུང་གིས་བཞུགས་པ། བྱང་བ་ལྟར་གནག་པའི་དབུ་སྐྲ་གཡོན་ངོས་སུ་འཁྱིལ་བ། ཕྱག་གཉིས་ཐུགས་ཀར་ཆོས་འཆད་ཀྱི་ཕྱག་རྒྱ་མཛད་པའི་ཕྱག་མཐིལ་གཡས་ལ་པད་མ་དཀར་པོ་དང་། གཡོན་ལས་དམར་པོའི་རྩ་བ་སྐྱེས་ཤིང་སྣན་གཉིས་ཀྱི་ཐད་ཀར་ཁ་བྱེ་བའི་སྟེང་ན། ཤེས་རབ་ཀྱི་ཕ་རོལ་ཏུ་ཕྱིན་པའི་པོ་ཏི་བཞུགས་པ། སྐེད་སྐབས་ཕྲ་ཞིང་ནུ་འབུར་རྒྱས་པ། བཅུ་དྲུག་ལོན་པའི་ལང་(༤༣༤བ)ཚོ་ཅན། དར་དང་རིན་པོ་ཆེའི་རྒྱན་ཐམས་ཅད་ཀྱིས་བརྒྱན་པའོ། །ཐུགས་ཀར་པད་མ་དཀར་པོ་འདབ་བརྒྱད་ཀྱི་ལྟེ་བར་རང་འདྲའི་ཡེ་ཤེས་སེམས་དཔའ། དེའི་ཐུགས་ཀར་ཡང་པད་ཟླ་ལ་ཨོཾ་དཀར་པོ་ཏིང་ངེ་འཛིན་སེམས་དཔའོ། །དཔྲལ་བར་ཨོཾ། མགྲིན་པར་ཨཱཿ ཐུགས་ཀར་ཧཱུྃ། ཞེས་གསལ་གདབ། དེ་ནས་མདུན་གྱི་མཆོད་ཆོམ་བུ་དང་བཅས་ཤེར་ཕྱིན་མ་དཀར་མོ་དངོས་སུ་བཞུགས་པར་མོས་ལ། སློབ་དཔོན་ལ་མོས་གུས་དྲུང་བ་བྱས་པས། སློབ་དཔོན་གྱི་ཐུགས་ཀ་ནས་འོད་ཟེར་འཕྲོས། མདུན་བསྐྱེད་དང་ཕྱོགས་བཅུའི་སངས་རྒྱས་བྱང་སེམས་ཐམས་ཅད་ཀྱི་ཐུགས་ཀར་ཕོག་པས་ཐུགས་རྒྱུད་བསྐུལ། ཐུགས་ཀ་ནས་ཐུགས་གཉིས་སུ་མེད་པའི་ཡེ་ཤེས་ཀྱི་ངོ་བོ་ཡིན་པ་ལ་རྣམ་པ་བཅོམ་ལྡན་འདས་མ་ཤེས་རབ་ཀྱི་ཕ་རོལ་ཏུ་ཕྱིན་མའི་སྐུ་ཆེ་ཆུང་བསམ་གྱིས་མི་ཁྱབ་པ་སྤྲུན་དྲངས། ཁྱེད་རང་རྣམས་ཀྱི་ལུས་ལ་ཆར་ཆེན་པོ་བབས་པ་བཞིན་དུ་སིབ་སིབ་ཐིམ་པའི་མོས་པ་མཛོད། ཛཿཧཱུྃ་བཾ་ཧོཿགཉིས་སུ་མེད་པར་གྱུར། ཅེས་བརྗོད། སྐུའི་རྗེས་གནང་ངོ་། །དེ་ནས་སློབ་དཔོན་གྱི་ཐུགས་ཀ་ནས་འོད་ཟེར་འཕྲོས། མདུན་བསྐྱེད་ཀྱི་ཐུགས་རྒྱུད་བསྐུལ། ཐུགས་ཀར་ཟླ་བའི་དཀྱིལ་འཁོར་གྱི་དབུས་སུ་ཨོཾ་ཡིག་གི་མཐར་སྔགས་ཕྲེང་གིས་བསྐོར་བ་ལས་སྔགས་ཕྲེང་གཉིས་པ་བྱུང་། ཞལ་ནས་ཐོན། ཁྱེད་རང་རྣམས་ཀྱི་ཞལ་དུ་ཞུགས། ཐུགས་ཀར་ཟླ་བའི་སྟེང་དུ་ཨོཾ་ཡིག་དཀར་པོའི་མཐར་གཡས་སྐོར་

ཏུ་འཁོད་པའི་མོས་པ་མཛོད་ཅིག །ཅེས་བཛ་སྦྲད་ནས། ཨོཾ་པི་ཙུ་པི་ཙུ་པྲཛྙཱ་ཝརྡྷ་ནི། ཛྭ་ལ་ཛྭ་ལ་མེ་དྷ་ཝརྡྷ་ནི། དྷི་རི་(༦༣༥ན)དྷི་རི། བུདྡྷི་ཝརྡྷ་ནི་སྭཱཧཱ། ཞེས་ལན་གསུམ་རྗེས་ཟློས་བྱེད་དུ་གཞུག །མཚན་བརྒྱའི་ལུང་ལ། རྒྱ་གར་སྐད་དུ། ཨཱརྻ་པྲཛྙཱ་པཱ་ར་མི་ཏཱ་ནཱ་མ་ཨཥྚ་ཤ་ཏ་ཀ་ན། བོད་སྐད་དུ། འཕགས་པ་ཤེས་རབ་ཀྱི་ཕ་རོལ་ཏུ་ཕྱིན་པའི་མཚན་བརྒྱ་རྩ་བརྒྱད་པ། བཅོམ་ལྡན་འདས་མ་ཤེས་རབ་ཀྱི་ཕ་རོལ་ཏུ་ཕྱིན་མ་ལ་ཕྱག་འཚལ་ལོ། །འདས་དང་མ་བྱོན་ད་ལྟར་གྱི། །རྒྱལ་བ་གང་ལགས་དེ་ཀུན་གྱི། །ཡུམ་ནི་དགེ་མ་ཁྱོད་ལགས་ཏེ། །ཁྱོད་ནི་ལྷ་མོ་རྒྱལ་བའི་སྲས། །རང་བཞིན་མེད་པའི་རང་བཞིན་ཅན། །སངས་རྒྱས་ཡུམ་གྱུར་དེ་ཡི་མཚན། །དགེ་མ་བདག་གིས་བརྗོད་པར་བྱ། །འགྲོར་བར་འདོད་པ་མཉན་པར་གྱིས། །ཤེས་རབ་ཀྱི་ཕ་རོལ་ཏུ་ཕྱིན་པ་དང་། ཐམས་ཅད་མཁྱེན་པ་ཉིད་དང་། ལམ་གྱི་རྣམ་པ་ཐམས་ཅད་མཁྱེན་པ་ཉིད་དང་། རྣམ་པ་ཐམས་ཅད་མཁྱེན་པ་ཉིད་དང་། ཡང་དག་པའི་མཐའ་དང་། དེ་བཞིན་ཉིད་དང་། མ་ནོར་བ་དེ་བཞིན་ཉིད་དང་། གཞན་མ་ཡིན་པ་དེ་བཞིན་ཉིད་དང་། བདེན་པ་དང་། དེ་ཁོ་ན་དང་། ཡང་དག་པ་དང་། ཕྱིན་ཅི་མ་ལོག་པ་ཉིད་དང་། སྟོང་པ་ཉིད་དང་། མཚན་མ་མེད་པ་ཉིད་དང་། སྨོན་པ་མེད་པ་ཉིད་དང་། དངོས་པོ་མེད་པ་ཉིད་དང་། ངོ་བོ་ཉིད་མེད་པ་ཉིད་དང་། དངོས་པོ་མེད་པའི་ངོ་བོ་ཉིད་དང་། ཆོས་ཉིད་དང་། ཆོས་ཀྱི་དབྱིངས་དང་། ཆོས་གནས་པ་ཉིད་དང་། ཆོས་མི་འགྱུར་བ་ཉིད་དང་། ཆོས་སྐྱོན་མེད་པ་ཉིད་དང་། ཆོས་ཀྱི་མཚན་ཉིད་དང་། ཆོས་བདག་མེད་པ་ཉིད་དང་། ངོ་བོ་ཉིད་མེད་པ་ཉིད་དང་། སེམས་ཅན་མེད་པ་ཉིད་དང་། སྲོག་མེད་པ་ཉིད་དང་། (༦༣༥བ) གསོ་བ་མེད་པ་ཉིད་དང་། སྐྱེས་བུ་མེད་པ་ཉིད་དང་། གང་ཟག་མེད་པ་ཉིད་དང་། བརྗོད་དུ་མེད་པ་ཉིད་དང་། བརྗོད་པར་བྱ་བ་མ་ཡིན་པ་དང་། སེམས་དང་། ཡིད་དང་། རྣམ་པར་ཤེས་པ་དང་བྲལ་བ་དང་། མཉམ་པ་མེད་པ་དང་། མི་

མཉམ་པ་དང་། མཉམ་པ་དང་། བདག་གི་མེད་པ་དང་། རྒྱུགས་པ་མེད་པ་དང་། སྤྲོས་པ་མེད་པ་དང་། སྤྲོས་པ་དང་བྲལ་བ་དང་། སྤྲོས་པ་ཐམས་ཅད་ལས་ཤིན་ཏུ་འདས་པ་དང་། སངས་རྒྱས་ཐམས་ཅད་ཀྱི་ཡུམ་དང་། བྱང་ཆུབ་སེམས་དཔའ་ཐམས་ཅད་བསྐྱེད་པ་དང་། ཉན་ཐོས་ཐམས་ཅད་འཛིན་པ་དང་། རང་སངས་རྒྱས་ཐམས་ཅད་བསྐྲུན་པ་དང་། འཇིག་རྟེན་ཐམས་ཅད་འཛིན་པ་དང་། བསོད་ནམས་ཀྱི་ཚོགས་ཟད་མི་ཤེས་པ་བསགས་པ་དང་། ཡེ་ཤེས་འབབ་པ་དང་། རྫུ་འཕྲུལ་མཛད་པ་དང་། ལྷའི་མིག་རྣམ་པར་སྦྱོང་བར་མཛད་པ་དང་། ལྷའི་རྣ་བ་རབ་ཏུ་དད་པར་མཛད་པ་དང་། ཕ་རོལ་གྱི་སེམས་ཤེས་པར་མཛད་པ་དང་། སྔོན་གྱི་གནས་རྗེས་སུ་དྲན་པར་མཛད་པ་དང་། འཆི་འཕོ་བ་དང་། སྐྱེ་བ་ཤེས་པར་མཛད་པ་དང་། ཉོན་མོངས་པ་ཐམས་ཅད་ཟད་པར་མཛད་པ་དང་། འཕགས་པ་དང་། གཙང་བ་དང་། བསངས་པ་དང་། དྲན་པ་ཉེ་བར་བཞག་པ་ལ་གནས་པ་དང་། ཡང་དག་པར་སྤོང་བའི་ཤུགས་དང་ལྡན་པ་དང་། རྫུ་འཕྲུལ་གྱི་རྐང་པ་བཞིའི་ཞབས་དང་ལྡན་པ་དང་། དབང་པོ་སྦྱོང་བར་མཛད་པ་དང་། སྟོབས་མཛད་པ་དང་། ཁ་ན་མ་ཐོ་བ་མེད་པ་དང་། བྱང་ཆུབ་ཀྱི་ཡན་ལག་བདུན་གྱི་རིན་པོ་ཆེས་མཛེས་པར་བྱས་པ་དང་། ནོར་བདུན་སྦྱིན་པར་(༤༣༨ན)མཛད་པ་དང་། འཕགས་པའི་ལམ་ཡན་ལག་བརྒྱད་པ་སྟོན་པ་དང་། མཐར་གྱི་གནས་པའི་སྙོམས་པར་འཇུག་པ་དགུ་སྟོན་པར་མཛད་པ་དང་། དབང་བཅུ་སྒྲུབ་པ་དང་། ས་བཅུ་གནས་པར་མཛད་པ་དང་། སྟོབས་བཅུ་ཡོངས་སུ་རྫོགས་པར་མཛད་པ་དང་། ཟད་པར་གྱི་སྐྱེ་མཆེད་བཅུས་མཛེས་པར་བྱས་པ་དང་། ཤེས་པ་བཅུ་འབབ་པ་དང་། བག་ལ་ཉལ་བཅུའི་དགྲ་འཇིག་པར་མཛད་པ་དང་། བསམ་གཏན་རྣམས་བསྒྲུབ་པར་མཛད་པ་དང་། གཟུགས་མེད་པའི་ཁམས་ལས་ཡང་དག་པར་འདའ་བར་མཛད་པ་དང་། ཡང་དག་པར་རྫོགས་པའི་སངས་རྒྱས་ཐམས་ཅད་ཀྱིས་བསྟོད་པ་

དང་། ཤེས་པ་ཐམས་ཅད་མཛད་པ་དང་། ནང་སྟོང་པ་ཉིད་དང་། ཕྱི་སྟོང་པ་ཉིད་དང་། ཕྱི་ནང་སྟོང་པ་ཉིད་དང་། སྟོང་པ་ཉིད་སྟོང་པ་ཉིད་དང་། ཆེན་པོ་སྟོང་པ་ཉིད་དང་། དོན་དམ་པ་སྟོང་པ་ཉིད་དང་། འདུས་བྱས་སྟོང་པ་ཉིད་དང་། འདུས་མ་བྱས་སྟོང་པ་ཉིད་དང་། མཐའ་ལས་འདས་པ་སྟོང་པ་ཉིད་དང་། ཐོག་མ་དང་མཐའ་མ་མེད་པ་སྟོང་པ་ཉིད་དང་། དོར་བ་མེད་པ་སྟོང་པ་ཉིད་དང་། རང་བཞིན་སྟོང་པ་ཉིད་དང་། ཆོས་ཐམས་ཅད་སྟོང་པ་ཉིད་དང་། རང་གི་མཚན་ཉིད་སྟོང་པ་ཉིད་དང་། མི་དམིགས་པ་སྟོང་པ་ཉིད་དང་། དངོས་པོ་མེད་པ་སྟོང་པ་ཉིད་དང་། ངོ་བོ་ཉིད་སྟོང་པ་ཉིད་དང་། དངོས་པོ་མེད་པའི་ངོ་བོ་ཉིད་སྟོང་པ་ཉིད་དང་། མ་བྱུང་བ་དང་། མ་སྐྱེས་པ་དང་། མ་འགགས་པ་དང་། ཆད་པ་མེད་པ་དང་། རྟག་པ་མེད་པ་དང་། དོན་གཅིག་པ་མ་ཡིན་པ་དང་། ཐ་དད་པ་མ་ཡིན་པ་དང་། (༤༣༨བ)འོང་བ་མེད་པ་དང་། འགྲོ་བ་མེད་པ་དང་། རྟེན་ཅིང་འབྲེལ་བར་འབྱུང་བ་རྣམ་པར་སྨོམ་པ་དང་། རབ་ཏུ་བརྟག་པར་བྱ་བ་མ་ཡིན་པ་དང་། རྣམ་པར་ཤེས་པར་བྱ་བ་མ་ཡིན་པ་དང་། གཞི་མེད་པ་དང་། མཚན་ཉིད་མེད་པ་དང་། བརྟག་པར་བྱ་བ་མ་ཡིན་པ་དང་། རིག་པར་བྱ་བ་མ་ཡིན་པ་དང་། ཐོག་མ་དང་མཐའ་མ་འཇིག་པ་མེད་པར་མཛད་པ་དང་། གཡོ་བ་མེད་པ་དང་། གཉིས་མེད་པ་དང་། གཉིས་མེད་པ་མ་ཡིན་པ་དང་། ཞི་བ་དང་། བློ་འཇུག་པ་རྣམ་པར་སྤངས་པ་དང་། གཉེན་པོ་མེད་པ་དང་། མ་གོས་པ་དང་། ནམ་མཁའི་ལམ་དང་འདྲ་བ་དང་། ཡོད་པ་དང་། མེད་པར་བརྗོད་པ་མ་ཡིན་པ་དང་། ཞི་བ་དང་། རྨི་ལམ་གྱི་ངོ་བོ་ཉིད་དང་། སྒྱུ་མ་ལྟ་བུའི་ཆོས་ཉིད་དང་། མགལ་མེ་བསྐོར་བ་དང་འདྲ་བར་ཆོས་ཐམས་ཅད་རོ་གཅིག་པ་ཉིད་དོ། །སུ་ཞིག་ཤེས་རབ་ཀྱི་ཕ་རོལ་ཏུ་ཕྱིན་པའི་མཚན་བརྒྱ་རྩ་བརྒྱད་པ་འདོན་པ་དེ་ངན་སོང་ཐམས་ཅད་ལས་རབ་ཏུ་ཐར་བར་འགྱུར་རོ། །སངས་རྒྱས་ཐམས་ཅད་ཀྱིས་དགོངས་པར་འགྱུར་

རོ། །བྱང་ཆུབ་སེམས་དཔའ་ཐམས་ཅད་ཀྱིས་ཀྱང་རྟག་པར་རྒྱུན་དུ་སྲུང་བ་དང་། སྐྱོབ་པ་དང་། སྲིད་པར་བྱེད་པར་འགྱུར་རོ། །དེའི་གསང་སྔགས་ཀྱི་ཚིག་འདི་དག་ཀྱང་རྟག་ཏུ་རྒྱུན་མི་ཆད་པར་དྲན་པར་བྱའོ། །བཅོམ་ལྡན་འདས་མ་འཕགས་མ་ཤེས་རབ་ཀྱི་ཕ་རོལ་ཏུ་ཕྱིན་པ་སོས་པ་ལ་བྱམས་མ་ཡོན་ཏན་དཔག་ཏུ་མེད་པ་དང་ལྡན་པ་དེ་བཞིན་གཤེགས་པ་ཐམས་ཅད་ཀྱི་ཡེ་ཤེས་ཀྱིས་རྣམ་པ་ཐམས་ཅད་མཁྱེན་པ་ཉིད་དང་སངས་རྒྱས་དང་བྱང་ཆུབ་སེམས་དཔའ་ཐམས་ཅད་ཀྱིས་ཕྱག་བཞེས་པ་ལ་ཕྱག་(༦༣༧ན)འཚལ་ལོ། །འདི་ལྟ་སྟེ། ཨོཾ་པྲཛྙེ་པྲཛྙེ། མཧཱ་པྲཛྙེ། པྲཛྙེ་ཨ་ཥ་བྷཱ་སེ། པྲཛྙེ་ཨ་ཥ་ཡོ་ཀ་ཀ་རི། ཨཱ་ཛྙཱ་ན་བ་དི་མ་ནི། སིདྡྷི་སུ་སིདྡྷི། སི་ཏ་མ་ན་ཧྲ་ག་བ་ཏི། སརྦ་ག་སུ་ན་ཧྲ་རི། ཧྲ་ག་བ་ཏི། པ་ཏ་ས་ལི། པྲ་ས་རི་ཏ་ཏ་སེ། ས་མ་ཤ་ས་ཀ་རི། ཏིཥྛ་ཏིཥྛ། ཀམྤ་ཀམྤ། ཙ་ལ་ཙ་ལ། ར་པ་ར་པ། གརྫ་གརྫ། ཨཱ་གཙྪ་ཨཱ་གཙྪ། ཧྲ་ག་བ་ཏི། མ་ན་མཱ་བི་ལམྦ་སྭཱཧཱ། ཤེས་རབ་ཀྱི་ཕ་རོལ་ཏུ་ཕྱིན་པ་འདི་འཛིན་ན། ཤེས་རབ་ཀྱི་ཕ་རོལ་ཏུ་ཕྱིན་པ་འབུམ་བཟུང་བར་འགྱུར་རོ། །རྟག་ཏུ་བཟླས་བརྗོད་བྱས་ན། དེའི་ལས་ཀྱི་སྒྲིབ་པ་ཐམས་ཅད་བྱང་བར་འགྱུར་རོ། །དེ་ནས་ཤི་འཕོས་ནས་ཀྱང་སྐྱེ་བ་དྲན་པ་དང་། ཡིད་གཞུངས་ཤིང་ཤེས་རབ་མཚུངས་པ་མེད་པར་འགྱུར་རོ། །དུས་གསུམ་གྱི་དེ་བཞིན་གཤེགས་པ་ཐམས་ཅད་ཀྱི་ཆོས་མ་ལུས་པ་བཟུང་བར་འགྱུར་རོ། །གསང་སྔགས་དང་རིག་སྔགས་ཐམས་ཅད་ཀྱང་ཡོངས་སུ་བཟུང་བར་འགྱུར་རོ། །འདི་ནས་ཤི་འཕོས་ནས་ཀྱང་སྐྱེ་བ་དྲན་པ་དང་། ཡིད་གཞུངས་ཤིང་ཤེས་རབ་ཆེན་པོར་འགྱུར་རོ། །འཕགས་པ་ཤེས་རབ་ཀྱི་ཕ་རོལ་ཏུ་ཕྱིན་པའི་མཚན་བརྒྱ་རྩ་བརྒྱད་པ་རྫོགས་སོ། །དེ་ནས་ཁྱེད་རང་རྣམས་ཀྱིས་སློབ་དཔོན་ལ་མི་རྟོག་འཛིར་བཞིན་དུ། འདིའི་རྗེས་ཟློས་མཛོད་བྱས་ལ། བཅོམ་ལྡན་བདག་གིས་ལན་གསུམ། ཁྱེད་རང་རྣམས་ཀྱིས་སློབ་དཔོན་ལ་མི་རྟོག་ཕུལ་བ་དེ་སྔགས་སུ་བྱིན་གྱིས་བརླབས་ནས་དངོས་གྲུབ་ཀྱི་ཚུལ་དུ་བྱིན་པའི་སོས་པ་མཛོད་

བྱས་ལ། མེ་ཏོག་མགོ་བོར་བཞག་ནས་བཅོམ་ལྡན་འདི་ལ་སོགས་དང་། རྡོ་རྗེ་སློབ་མ་འདི་རྣམས་ལ་བཅོམ་ལྡན་(༤༣༧བ)འདས་མ་ཤེས་རབ་ཀྱི་ཕ་རོལ་ཏུ་ཕྱིན་མའི་གསུང་གི་བྱིན་རླབས་མ་ལུས་པ་འཇུག་པར་གྱུར་ཅིག །ཅེས་བརྗོད། བཅོམ་ལྡན་འདས་མ་ཤེས་རབ་ཀྱི་ཕ་རོལ་ཏུ་ཕྱིན་མ་འདི་ཉིད་ཇི་སྲིད་བྱང་ཆུབ་མ་ཐོབ་བར་གྱི་ཡི་དམ་དུ་བཟུང་ངོ་། །བདག་ཐུགས་ཀྱིས་མ་བཏང་ཞིག་སྙམ་པའི་བསམ་པས་འདིའི་རྗེས་ཟློས་མཛོད། སློབ་དཔོན་དགོངས་སུ་གསོལ། བདག་མིང་འདི་ཞེས་བགྱི་བས་དུས་འདི་ནས་བཟུང་སྟེ་ཇི་སྲིད་བྱང་ཆུབ་སྙིང་པོ་ལ་མཆིས་ཀྱི་བར་དུ་བཅོམ་ལྡན་འདས་མ་ཤེས་རབ་ཀྱི་ཕ་རོལ་ཏུ་ཕྱིན་མ་ཡི་དམ་གྱི་ལྷར་བཟུང་ནས་འདིའི་གསང་སྔགས་ཉེ་མ་རེ་རེ་བཞིན་ཅི་ནུས་རེ་ཟླ་བར་དམ་འཆའ་ལགས་སོ། །ཞེས་ལན་གསུམ་བརྗོད། གསུང་གི་རྗེས་གནང་ངོ་། །དེ་ནས། སློབ་དཔོན་གྱི་ཐུགས་ཀའི་འོད་ཟེར་གྱིས་མདུན་བསྐྱེད་དང་ཕྱོགས་བཅུའི་སངས་རྒྱས་བྱང་སེམས་ཐམས་ཅད་ཀྱི་ཐུགས་ཀྱི་བྱིན་རླབས་ཐམས་ཅད་ཕྱག་མཚན་དཔག་ཏུ་མེད་པའི་རྣམ་པར་སྤྱན་དྲངས། ཁྱེད་རང་རྣམས་ཀྱི་ཐུགས་ཀའི་ས་བོན་ལ་ཐིམ་པའི་མོས་པ་མཛོད། ཐུགས་ཀྱི་རྗེས་གནང་ངོ་། །རྗེས་ཆོག་སྤྱི་དང་འདྲ། །

༈ དབྱངས་ཅན་མ་དཀར་མོ་ཕྱག་བཞི་མ་ལ། སྐྱབས་འགྲོ་སེམས་བསྐྱེད་ཚད་མེད་བཞི་བསྒོམ་པ་སྔོན་དུ་བཏང་། རང་དབྱངས་ཅན་མར་གསལ་བའི་སྙིང་གའི་ཧྲཱིཿལས་འོད་ཟེར་འཕྲོས། དབྱངས་ཅན་མའི་ཐུགས་ཀ་ནས་སྔགས་ཀྱི་འཕྲོར་ལོ་བཟླ་ས་མ་ཛཿཨོཾ་ཨེ་ཧྱེ་ཧི། བཛྲ་དེ་བི་མནྟྲ་ཙཀྲ་ས་མ་ཡསྟྭཾ། ས་མ་ཡ་ཛཿ། ཨརྒྷཾ་ནས་ཤབྡའི་བར་གྱིས་མཆོད། བློ་གྲོས་བསྐྱེད་པར་མཛད་དུ་གསོལ། ཞེས་གསོལ་བ་བཏབ་(༤༣༨ན)པས། རང་གི་སྙིང་གར་ཐིམ། རིན་པོ་ཆེ་སྣ་བཞིའི་གཞལ་ཡས་ཁང་གི་དབུས་རང་ཉིད་དབྱངས་ཅན་མར་གྱུར་པ་ནི། སྐུ་མདོག་དང་ཞལ་གསུམ་དཀར་པོ། ཕྱག་དང་པོ་གཉིས་ཀྱིས་རལ་གྲི་དང་ཨུཏྤལ། འོག་མ་གཉིས་ཀྱིས་པི་ཝཾ་བསྣྲེང་བ། པད་

ཟླ་ལ་རྡོ་རྗེའི་སྐྱིལ་ཀྲུང་གིས་བཞུགས་ཤིང་། ལོ་བཅུ་དྲུག་ལོན་པ་ལྟར་ལང་ཚོ་ལ་བབ་པ། དར་དང་རིན་པོ་ཆེས་བརྒྱན་པ། ཐུགས་ཀར་པད་མ་དཀར་པོ་འདབ་མ་བརྒྱད་པའི་ལྟེ་བར་ཧྲཱིཿམདུན་ནས་བརྩམས་ཏེ་འདབ་མ་བརྒྱད་ལ་གཡས་སྐོར་གྱིས་རིམ་པ་བཞིན་ཨ་ཨཱ། ཨི་ཨཱི། ཨུ་ཨཱུ། རི་རཱི། ལི་ལཱི། ཨེ་ཨཻ། ཨོ་ཨཽ། ཨཾ་ཨཿརྣམས་འདབ་མ་རེ་རེ་ལ་གཉིས་གཉིས་ཡིག་འབྲུ་རྣམས་རལ་གྲི་ཕྱེད་པའི་གདན་ལ་གནས་པར་གྱུར། ཨོཾ་བཛྲ་དེ་ཝཱི་པི་ཙུ་པི་ཙུ་པྲཛྙཱ་ཝརྡྷ་ཧྲཱི་ཧཱུཾ། ཞེས་ཅི་འགྲུབ་བཟླའོ། །ཐུན་ཞབས་སུ་ལྷ་སྐུ་ལྟེ་བའི་འཁོར་ལོ་ལ་བསྟུ། དེ་ཡང་ཧྲཱི་ལ་བསྟུ་ཞེས་གསུངས་པ་ལྟར་བྱེད་ན་འཁོར་ལོ་ལྟེ་བར་དམིགས་ཀྱང་ཉུང་ངམ་སྙམ་མོ། །དེ་ཡང་། རང་ཉིད་ལྷར་གསལ་བ་འོད་དུ་ཞུ་ནས་ལྟེ་བའི་སྔགས་འཁོར་ལ་ཐིམ། དེ་ཉིད་ཀྱང་ཧྲཱི་ལ་ཐིམ། ཧྲཱི་དེ་ཡང་མི་དམིགས་པ་སྟོང་པ་ཉིད་དུ་གྱུར། སྟོང་པའི་ངང་ལས་རང་ཉིད་སྐད་ཅིག་གིས་དབྱངས་ཅན་མའི་སྐུར་གྱུར་པའི་དཔྲལ་བར་ཨོཾ། མགྲིན་པར་ཨཱཿཐུགས་ཀར་ཧཱུཾ་གིས་མཚན་པར་གྱུར་པར་བསམ། འདི་ལ་གཏོར་ཆོག་མི་དགོས།༔

འདིའི་རྗེས་གནང་བྱ་བའི་ཚུལ་ནི་མཎྜལ་གྱི་སྟེང་དུ་ཚོམ་བུ་དཀར་པོ་དགོད། མདུན་དུ་མཆོད་པ་རྣམས་བཤམས། བདག་བསྐྱེད་(༦༣༨བ)བཟླས་པ་དང་བཅས་པ་བྱ། མཆོད་པ་བྱ་རྒྱུད་ལྟར་བྱིན་གྱིས་བརླབས། མདུན་བསྐྱེད་བསངས་སྦྱངས། སྟོང་པའི་ངང་ལས་སྐད་ཅིག་གིས་རིན་པོ་ཆེ་སྣ་བཞིའི་གཞལ་ཡས་ཁང་གི་དབུས་སུ་དབྱངས་ཅན་མར་གྱུར་པ་ནི། ཞེས་པ་ནས། དར་དང་རིན་པོ་ཆེས་བརྒྱན་པ། །ཞེས་པའི་བར་སྔར་བཞིན་བསྐྱེད། དེའི་དཔྲལ་བར་ཨོཾ། མགྲིན་པར་ཨཱཿ ཐུགས་ཀར་ཧཱུཾ་གིས་མཚན་པར་གྱུར། རང་གི་ཐུགས་ཀའི་ས་བོན་ལས་འོད་ཟེར་འཕྲོས། ཡེ་ཤེས་སེམས་དཔའ་བཛྲ་ས་མ་ཛཿཛཿཧཱུཾ་བཾ་ཧོཿགཉིས་སུ་མེད་པར་གྱུར་པར་བསམ། ཨོཾ་སྭ་ར་སྭ་ཏི་དེ་ཝཱི་ས་པ་རི་ཝཱ་ར་ཨ་རྒྷཾ་པྲ་ཏཱིཙྪ་སྭཱཧཱ། ཞེས་པ་ནས། ཤབྡ་པྲ་ཏཱིཙྪ་སྭཱཧཱ། ཞེས་པའི་བར་གྱིས་མཆོད། རྒྱལ་བ་ཀུན་གྱི་གསུང་རབ་རྒྱ་མཚོ་

ཡི། །རྣམ་པར་སྤྲུལ་པའི་དཔལ་ལས་ལེགས་འོང་ཞིང་། །སྒྲུབ་པ་པོ་ལ་དངོས་གྲུབ་མཆོག་སྟེར་བ། །ལྷ་མོ་དབྱངས་ཅན་མ་ལ་ཕྱག་འཚལ་བསྟོད། །ཅེས་བསྟོད། བཟླས་པའི་དམིགས་པ་གསལ་བཏབ་ལ། བཟླས་པ་ཅི་འགྲུབ་བྱ། གོང་བཞིན་མཆོད་བསྟོད། འཕགས་མ་དབྱངས་ཅན་མས་བདག་ཅག་དཔོན་སློབ་འཁོར་དང་བཅས་པ་རྣམས་ལ་འཇིག་རྟེན་དང་འཇིག་རྟེན་ལས་འདས་པའི་དངོས་གྲུབ་མ་ལུས་པ་བསྩལ་དུ་གསོལ། ཞེས་པས་གསོལ་བ་བཏབ། དེ་ནས་སློབ་མས་མཎྜལ་ཕུལ། སློབ་དཔོན་བདག་ལ་དགོངས་སུ་གསོལ། །སྒྲ་དབྱངས་ལྷ་མོ་དབྱངས་ཅན་མའི། །སྐུ་དང་གསུང་དང་ཐུགས་རྣམས་ཀྱི། །རྗེས་སུ་གནང་བ་བསྩལ་དུ་གསོལ། །ཞེས་ལན་གསུམ་གསོལ་བ་འདེབས་སུ་(༦༧༩ན)གཞུག །འགྲོ་རྣམས་བསྒྲལ་འདོད་བསམ་པ་ཡི། །ཞེས་པ་ནས། རྫོགས་པའི་བྱང་ཆུབ་སེམས་བསྐྱེད་བགྱི། །ཞེས་ལན་གསུམ་གྱིས་ཐུན་མོང་གི་སྐྱབས་འགྲོ་སེམས་བསྐྱེད་བྱ། དཀོན་མཆོག་གསུམ་ལ་བདག་སྐྱབས་མཆི། །ཞེས་སོགས་རྒྱུན་བཤགས་ལན་གསུམ། ཁྱེད་རང་རྣམས་དབྱངས་ཅན་མར་གསལ་བར་མོས། དཔོན་སློབ་གཉིས་ཀ་དབྱངས་ཅན་མར་གསལ་བའི་སྙིང་གའི་ཧྲཱིཿལས་འོད་ཟེར་འཕྲོས། དབྱངས་ཅན་མའི་ཐུགས་ཀ་ནས་སྔགས་ཀྱི་འཁོར་ལོ་བཛྲ་ས་སྭ་ཛཿཨོཾ་ཨེ་ཧྱ་ཧི། བཛྲ་དེ་ཝཱི་མནྟྲ་ཙཀྲ་ས་མ་ཡསྟྭཾ། ས་མ་ཡ་ཧོ། ཨརྒྷཾ་ནས་ཤབྡའི་བར་གྱིས་མཆོད། བློ་གྲོས་བསྐྱེད་པར་མཛད་དུ་གསོལ། ཞེས་གསོལ་བ་བཏབ་པས་ཁྱེད་རང་རྣམས་ཀྱི་སྙིང་གར་ཐིམ། རིན་པོ་ཆེ་སྣ་བཞིའི་གཞལ་ཡས་ཁང་གི་དབུས་ཁྱེད་རང་རྣམས་དབྱངས་ཅན་མར་གྱུར་པ་ནི། སྐུ་མདོག་དང་ཞལ་གསུམ་དཀར་པོ། ཕྱག་དང་པོ་གཉིས་ཀྱིས་རོལ་གྱི་དང་ཨུཏྤལ། འོག་མ་གཉིས་ཀྱིས་པི་ཝཾ་བསྒྲེང་བ། པད་ཟླ་ལ་རྡོ་རྗེའི་སྐྱིལ་ཀྲུང་གིས་བཞུགས་ཤིང་། ལོ་བཅུ་དྲུག་ལོན་པ་ལྟར་ལང་ཚོ་ལ་བབ་པ། དར་དང་རིན་པོ་ཆེས་བརྒྱན་པ། ཞེས་གསལ་གདབ། མདུན་གྱི་ཚོམ་བུ་འདི་ཉིད་ཀྱང་དབྱངས་

ཅན་མ་དཀར་མོར་དངོས་སུ་བཞུགས་པར་མོས་ལ། དེ་ནས་སློབ་དཔོན་ལ་མོས་གུས་དྲུང་བ་བྱས་པས། སློབ་དཔོན་གྱི་ཐུགས་ཀ་ནས་འོད་ཟེར་འཕྲོས། མདུན་བསྐྱེད་དང་ཕྱོགས་བཅུའི་སངས་རྒྱས་བྱང་སེམས་ཐམས་ཅད་ཀྱི་ཐུགས་ཀར་ཕོག །ཐུགས་(༤༣༩བ)རྒྱུད་བསྐུལ། ཐུགས་ཀ་ནས་འཕགས་མ་དབྱངས་ཅན་མའི་སྐུ་ཆེ་ཆུང་དཔག་ཏུ་མེད་པ་སྤྲུན་དྲངས། ཁྱེད་རང་རྣམས་ཀྱི་ལུས་ལ་ཆར་ཆེན་པོ་བབས་པ་བཞིན་དུ་སིབ་སིབ་ཐིམ་པའི་མོས་པ་མཛོད། ཛཿཧཱུྃ་བཾ་ཧོཿགཉིས་སུ་མེད་པར་གྱུར་ཅེས་བརྗོད། སྐུའི་རྗེས་གནང་ངོ་། །དེ་ནས་ཁྱེད་རང་རྣམས་འཕགས་མ་དབྱངས་ཅན་མར་གསལ་བའི་ཐུགས་ཀར་པདྨ་དཀར་པོ་འདབ་མ་བརྒྱད་པའི་ལྟེ་བར་ཧྲཱིཿ མདུན་བསྐྱེད་ཀྱི་ཐུགས་ཀར་པད་མ་དཀར་པོ་འདབ་མ་བརྒྱད་པའི་ལྟེ་བར་ཧྲཱིཿའདབ་མ་བརྒྱད་ལ་དབྱངས་བཅུ་དྲུག་གཡས་སྐོར་ཡིག་འབྲུ་རྣམས་རལ་གྲི་ཕྱེད་པའི་གདན་ལ་གནས་པ་གསལ་བཏབ་ལ། སློབ་དཔོན་ལ་མོས་གུས་དྲུང་བ་བྱས་པས་སློབ་དཔོན་གྱི་ཐུགས་ཀ་ནས་འོད་ཟེར་འཕྲོས། མདུན་བསྐྱེད་ཀྱི་ཐུགས་རྒྱུད་བསྐུལ། ཐུགས་ཀའི་སྔགས་ཕྲེང་ལས་སྔགས་ཕྲེང་གཉིས་པ་བྱུང་། ཞལ་ནས་ཐོན། ཁྱེད་རང་རྣམས་ཀྱི་ཞལ་དུ་ཞུགས། ཐུགས་ཀའི་ཧྲཱིཿཡིག་གི་མཐར་འདབ་མ་བརྒྱད་ལ་རལ་གྲི་ཕྱེད་པའི་གདན་ལ་གཡས་སྐོར་དུ་འཁོད་པའི་མོས་པ་མཛོད། ཅེས་བརྗོད་བརྗོད་ནས། ཨ་ཨཱ། ཨི་ཨཱི། ཨུ་ཨཱུ། རྀ་རཱྀ། ལྀ་ལཱྀ། ཨེ་ཨཻ། ཨོ་ཨཽ། ཨཾ་ཨཿཞེས་དང་། ཨོཾ་བཛྲ་དེ་ཝཱི་པི་ཙུ་པི་ཙུ་པྲཛྙཱ་བརྡྷ་ཧྲཱིཿཧཱུྃ། ཞེས་ལན་གསུམ་གསུམ་རྗེས་ཟློས་བྱེད་དུ་གཞུག །གསུང་གི་རྗེས་གནང་ངོ་། །དེ་ནས། སློབ་དཔོན་གྱི་ཐུགས་ཀ་ནས་འོད་ཟེར་འཕྲོས། མདུན་བསྐྱེད་དང་། ཕྱོགས་བཅུའི་སངས་རྒྱས་བྱང་སེམས་ཐམས་ཅད་ཀྱི་ཐུགས་ཀྱི་བྱིན་རླབས་ཐམས་ཅད་ཕྱག་མཚན་དཔག་ཏུ་མེད་པའི་རྣམ་པར་སྤྲུན་དྲངས། (༤༤༠ན)ཁྱེད་རང་རྣམས་ཀྱི་ཐུགས་ཀར་ཐིམ་པའི་མོས་པ་མཛོད། ཐུགས་ཀྱི་རྗེས་གནང་ངོ་། །རྗེས་ཆོག་སྤྱི་དང་འདྲ། །

༄ དབྱངས་ཅན་མ་དམར་མོ་ལ། རང་གི་མདུན་དུ་བའི་ལྷི་བའི་མཎྜལ་བྱ། རྫ་བུམ་གཙང་མར་གཞོན་ནུ་མའི་བུད་མེད་ལོ་བཅུ་གཉིས་མ་མན་ཆད་ཀྱི་དྲི་ཆུ། ཆུ་བླུག །བུམ་རྫས་བཟང་བ་སིནྡྷུ་ར་དང་ཡོངས་གྲགས་རྣམས་མེ་ལོང་དུ་བསྲེས་ཏེ་གཞུག །དར་ལེབ་ཏན་གྱིས་བཀབ་བོ། །སྐྱབས་སེམས་སྔོན་དུ་འགྲོ་བས་སྭ་བྷཱ་ཝས་སྟོང་པར་སྦྱངས། སྟོང་པའི་ངང་ལས་ཧྲཱིཿལས་རང་ཉིད་དབྱངས་ཅན་མ་དམར་མོ་ཕྱག་གཡས་ན་ནོར་བུ། གཡོན་མེ་ལོང་བསྣམས་པ། དར་དང་རིན་པོ་ཆེས་བརྒྱན་པ། ཞབས་གཡས་བརྐྱང་གིས་བཞུགས་པའི་ཐུགས་ཀར་ཧྲཱིཿསྔགས་ཀྱིས་བསྐོར་བར་བསམས་ལ། ཨོཾ་སྭ་ར་སྭ་ཏྱེ་ཧྲཱིཾ་ཧྲཱིཾ་ཧྲཱིཾ་སྭཱཧཱ། ཞེས་བཟླ། ཐུན་འཇོག་ཁར་བདག་བསྐྱེད་ཀྱི་ལྷ་མོ་བུམ་པའི་ནང་དུ་བཞུགས་པར་བསམ། ཨརྒྷཾ་ནས་ཤཔྟའི་བར་གྱིས་མཆོད། དངོས་གྲུབ་ཐམས་ཅད་བསྩལ་དུ་གསོལ་བྱས་པས་གཞན་ཐམས་ཅད་ཀྱི་བློ་གྲོས་འཕྲོགས་ནས་རང་ལ་ཐིམ་པར་བསམ། དཀར་གཏོར་བསངས་སྦྱངས། སྟོང་པའི་ངང་ལས། རིན་པོ་ཆེའི་སྣོད་དུ་འབྲུ་གསུམ་ལས་བདུད་རྩིར་གྱུར་པར་བསམ། སྔགས་སྙིང་པོའི་མཐར་ཨི་དཾ་བ་ལིཾ་ཏ་ཁ་ཁ་ཁཱ་ཧི་ཁཱ་ཧི་སྭཱཧཱ། ཞེས་ལན་བདུན་གྱིས་ཕུལ། འདི་བློ་གྲོས་བསྐྱེད་པ་ལ་ཆེས་མྱུར། བསྙེན་སྒྲུབ་ཐོན་ནས་བུམ་ཆུ་འཐུང་ངོ་། །༄ འདིའི་རྗེས་གནང་བྱེད་ན། གཙང་སྦྲ་ཤིན་ཏུ་ཆེ་བའི་ངང་ནས། མཎྜལ་པད་མ་འདབ་མ་བརྒྱད་ཀྱི་སྟེང་(༥༥༠བ)དུ་བུམ་པ་བཅའ། སྔོན་འགྲོ་གཏོར་མ་བགེགས་གཏོར་གྱི་ཚུལ་དང་། གཞི་བདག་གཏོར་མའང་སྤྱི་དང་མཐུན་པར་བཏང་། མཆོད་པ་བྱིན་གྱིས་བརླབས། བདག་བསྐྱེད་སྔར་བཞིན་བསྒོམས་ནས། མདུན་བསྐྱེད་ཀྱི་བུམ་པ་བསངས་སྦྱངས། སྟོང་པའི་ངང་ལས་པཾ་ལས་པད་མ་དང་ཨ་ལས་ཟླ་བའི་དཀྱིལ་འཁོར་གྱི་སྟེང་དུ་ཧྲཱུཾ་ལས་རིན་པོ་ཆེའི་བུམ་པ་ཡངས་ཤིང་རྒྱ་ཆེ་བ་ལྟོ་བ་ཡངས་ཤིང་། མགྲིན་པ་ཕྲ་བ། མཆུ་འཕྱང་བ། ལྷའི་གོས་ཀྱི་མགུལ་ཆིངས་དང་ལྡན་པ། དཔག་བསམ་གྱི་ཤིང་གིས་ཁ་བརྒྱན་པ། ནང་ཆུ་དང་བཅུད་ཐམས་ཅད་ཀྱིས་ཡོངས་སུ་

གང་བའི་ནང་དུ་པད་མ་དང་ཟླ་བའི་གདན་གྱི་སྟེང་དུ་ཧྲཱིཿལས་དབྱངས་ཅན་མ་དམར་མོ། ཕྱག་གཡས་ན་ནོར་བུ། གཡོན་མེ་ལོང་བསྣམས་པ། དར་དང་རིན་པོ་ཆེས་བརྒྱན་པ། ཞབས་གཡས་བརྐྱང་གིས་བཞུགས་པའི་ཐུགས་ཀར་ཧྲཱིཿསྔགས་ཀྱིས་བསྐོར་བར་བསམས་ལ། གཟུངས་ཐག་ནས་བཟུང་སྟེ་དམིགས་པ་དང་བཅས་པས། ཨོཾ་སྭ་ར་སྭ་ཏྱཻ་ཧྲཱི་ཧྲཱི་ཧྲཱི་སྭཱ་ཧཱ། ཞེས་བཟླས་པ་བྱ། ཨརྒྷཾ་ལ་སོགས་པས་མཆོད། རྒྱལ་བ་ཀུན་གྱི་གསུང་རབ་རྒྱ་མཚོ་ཡི། །རྣམ་པར་སྤྲུལ་པའི་དཔལ་ལས་ལེགས་འོང་ཞིང་། །སྒྲུབ་པ་པོ་ལ་དངོས་གྲུབ་མཆོག་སྟེར་མ། །ལྷ་མོ་དབྱངས་ཅན་མ་ལ་ཕྱག་འཚལ་ལོ། །ཞེས་བསྟོད། དེ་ནས་སློབ་མའི་བྱ་བ་ནི། མཎྜལ་ཕུལ་ལ། ཇི་སྙེད་སུ་དག་སོགས་བཟང་སྤྱོད་ཀྱི་ཡན་ལག་བདུན་པ་དང་། སངས་རྒྱས་ཆོས་ཚོགས་མ་སོགས་སྐྱབས་སེམས་རྒྱས་བསྡུས་ཡོང་སྐབས་དང་སྦྱར། སངས་རྒྱས་ཀུན་གྱི་རང་བཞིན་སྐུ། །སློབ་དཔོན་ཁྱོད་ཀྱིས་ལྷ་མོ་ཡི། །སྐུ་(༤༧ན)གསུང་ཐུགས་ཀྱི་དངོས་གྲུབ་དང་། །བྱིན་གྱིས་བརླབས་པ་བསྐུལ་དུ་གསོལ། །ཞེས་ལན་གསུམ་གསོལ་བ་བཏབ། སློབ་མ་བསངས་སྦྱངས། སྟོང་པའི་ངང་ལས་ཁྱེད་རང་རྣམས་སྐད་ཅིག་གིས་འཇམ་དབྱངས་སྐུ་མདོག་དམར་སེར་ཞལ་གཅིག་ཕྱག་གཉིས་གཡས་ཤེས་རབ་ཀྱི་རལ་གྲི་འཕྱར་ཞིང་། གཡོན་ཤེར་ཕྱིན་གྱི་གླེགས་བམ་ཐུགས་ཀར་བསྣམས་པར་གྱུར་པར་བསམ། མདུན་གྱི་བུམ་པའི་ནང་དུའང་ལྷ་མོ་དབྱངས་ཅན་མ་དངོས་སུ་བཞུགས་པར་མོས་ལ། དེ་ནས་སློབ་དཔོན་གྱི་ཐུགས་ཀ་ནས་འོད་ཟེར་འཕྲོས། མདུན་བསྐྱེད་ཀྱི་ལྷའི་ཐུགས་རྒྱུད་བསྐུལ། དེའི་ཐུགས་ཀ་ནས་འོད་ཟེར་འཕྲོས། ཕྱོགས་བཅུའི་སངས་རྒྱས་བྱང་སེམས་ཐམས་ཅད་ཀྱི་ཐུགས་རྒྱུད་བསྐུལ་བས། སློབ་དཔོན་དང་། མདུན་བསྐྱེད་ཀྱི་ལྷ་དང་ཕྱོགས་བཅུའི་སངས་རྒྱས་དང་བྱང་ཆུབ་སེམས་དཔའ་ཐམས་ཅད་ཀྱི་ཐུགས་ཀ་ནས། ལྷ་མོ་དབྱངས་ཅན་མའི་སྐུ་ཆེ་ཆུང་དཔག་ཏུ་མེད་པ་བྱོན། ཁྱེད་རང་རྣམས་ཀྱི་བ་སྤུའི་བུ་ག་རྣམས་ནས་ཆར་བབས་པ་བཞིན་དུ་སིབ་སིབ་ཐིམ་པའི་

སོས་པ་མཛོད། ཛཿཧཱུྃ་བཾ་ཧོཿགཉིས་སུ་མེད་པར་ཐིམ། རོལ་མོའི་སྒྲ་བྱ། བུམ་པའི་ཆུས་དབང་བསྐུར། སྙིང་པོའི་མཐར་ཇི་ལྟར་བལྟམས་པ་སོགས་བརྗོད། ལྷ་མོའི་སྐུ་ལས་བདུད་རྩིའི་རྒྱུན་བྱུང་སྤྱི་བོར་ཐིམ་པར་བསམ། བཟླས་ལུང་ནི། སློབ་དཔོན་གྱི་སྙིང་གར་ཟླ་བའི་དཀྱིལ་འཁོར་གྱི་སྟེང་དུ་ཧྲཱིཿདམར་པོའི་མཐར་སྔགས་ཕྲེང་གིས་བསྐོར་བ་ལས། སྔགས་ཕྲེང་མར་མེ་གཅིག་ལས་གཉིས་ཆད་ཀྱི་ཚུལ་དུ་བྱུང་། (༥༧བ) སློབ་དཔོན་གྱི་ཞལ་ནས་ཐོན། ཁྱེད་རང་རྣམས་ཀྱི་ཞལ་དུ་ཞུགས། ཐུགས་ཀར་ཟླ་བའི་སྟེང་དུ་ཧྲཱིཿདམར་པོའི་མཐར་འཁོད་པའི་སོས་པ་མཛོད་ལ། སྔགས་འདིའི་རྗེས་ཟློས་མཛོད་ཅིག །ཨོཾ་སྭ་ར་སྭཏྱཻ་ཧྲཱི་ཧྲཱི་ཧྲཱི་སྭཱཧཱ། ཞེས་ལན་གསུམ་རྗེས་ཟློས་བྱེད་དུ་གཞུག །ཐུགས་རྗེས་གཞིག་གི་རིམ་པས་སྟོང་པ་ཉིད་དུ་བསྡུ་བར་མཛོད། རྗེས་ཚིག་སྤྱི་དང་འདྲ། སྒྲུབ་ཐབས་རིན་ཆེན་འབྱུང་གནས་ཀྱི་ལྷན་ཐབས་རིན་འབྱུང་དོན་གསལ་ལས། ཤེས་རབ་ཀྱི་ལྷའི་སྒྲུབ་ཐབས་བཤད་པའི་སྐབས་སོ། །

༄ ལྷ་མོ་འོད་ཟེར་ཅན་མ་ལ། ས་དྲོ་ཤར་དང་དགོང་མོ་ནུབ་ཏུ་གདོང་ཕྱོགས་ཤར། ཉིན་མོ་སྣང་བྱེད་ཉི་མའི་དཀྱིལ་འཁོར་དང་། མཚན་མོ་སྣང་བྱེད་ཟླ་བའི་དཀྱིལ་འཁོར་གྱི་གདན་བསྒོམ་པ་བློ་ཡུལ་དུ་ངེས་པར་བྱས་ནས། སྐྱབས་སེམས་སྔོན་དུ་བཏང་། བྱང་ཆུབ་མཆོག་གི་ཕྱག་རྒྱ་བྱས་ཏེ། རང་གི་སྙིང་གར་སྣང་བྱེད་ཀྱི་དཀྱིལ་འཁོར་ལ་ཨོཾ། དེ་ལས་འོད་ཟེར་འཕྲོས། རང་ཉིད་རྣམ་པར་སྣང་མཛད་དཀར་པོ་བྱང་ཆུབ་མཆོག་གི་ཕྱག་རྒྱ་མཛད་པ། སངས་རྒྱས་རབ་ཏུ་བྱུང་བའི་ཆ་ལུགས་ཅན། བ་སྤུའི་བུ་ག་ནས་འོད་ཟེར་འཕྲོས། འོད་ཟེར་དཀར་པོའི་རྣ་བ་ལྷུམ་པོ་རྩེ་མོ་མཆོད་རྟེན་གྱི་རྣམ་པ་ཅན་དུ་གྱུར། བྱང་ཆུབ་མཆོག་གི་ཕྱག་རྒྱ་བྱས་ལ། སྙིང་གར་སྣང་བྱེད་ཀྱི་དཀྱིལ་འཁོར་ལ་མཾ་ལས་མྱ་ངན་མེད་ཀྱི་ཡལ་ག་མཾ་གྱིས་མཚན་པ་ཡོངས་སུ་གྱུར་པ་ལས་འོད་ཟེར་ཅན་མ་གསེར་མདོག་སྐེམ་པའི་ལུས་ཅན། གཡས་ཁབ་དང་གཡོན་སྐུད་པ་བསྣམས་པ་མཉམ་པར་བཞེངས་(༥༨ན)པར་གྱུར། སྣ་བུག་

གཡས་པ་ནས་ཕྱིར་ སྒྲོས་མདུན་དུ་བཞུགས། རང་འདྲའི་ཕོ་ཉ་མོ་དཔག་ཏུ་མེད་པ་སྤྲུལ། གནོད་བྱེད་རྣམས་དབང་མེད་དུ་བཀུག་སྟེ། ཁ་མིག་བཅེམས། ཡན་ལག་བཅིངས་ནས་ར་བའི་ཕྱི་རོལ་འོབས་ཀྱི་ནང་དུ་འཕངས་པར་བསམ། འོག་ཏུ་བཟླས་ལུང་སྐབས་བཤད་པ་ལྟར་གཟུངས་ཀྱི་མདོ་ཆུང་ཚར་གཅིག་འདོན། ལྷ་མོ་འོད་ཟེར་ཅན་གྱི་སྙིང་པོ་བརྗོད་པར་བྱ་སྟེ། ཞེས་པ་ནས། སྭཱཧཱའི་བར་ལན་བདུན་བརྗོད། དེ་ནས་ཕྱག་རྒྱ་བཞིག་ལ་ཅི་བདེར་བྱས། ཀླུང་ནང་དུ་འཇུག་པ་དང་བསྟུན་ཏེ། འོད་ཟེར་ཅན་སྔ་བུག་གཡོན་ནས་ཞུགས་ཏེ་སྙིང་གར་ཐིམ་པ་ལས། རང་ཉིད་ལྷ་མོ་འོད་ཟེར་ཅན་མ་གསེར་མདོག་སྐྱེག་ཅིང་མཛེས་པ། གཡས་མཆོག་སྦྱིན་དང་། གཡོན་མྱ་ངན་མེད་པའི་ཤིང་གི་སྡོང་པོ་ལས་ཡལ་ག་གཅིག་འཛིན་པ། ཡིད་ཙམ་ཁྲོ་བ། དར་དང་རིན་པོ་ཆེས་བརྒྱན་པ། ཕག་སེར་པོ་བཞིས་དྲངས་པའི་ཤིང་རྟ་ལ་རོལ་པས་བཞུགས་པ། རང་དང་ཕག་ལས་འོད་བྱུང་། ཕག་འཇིགས་རུང་དཔག་ཏུ་མེད་པ་སྤྲུལ། འོབས་ཀྱི་ནང་གི་གནོད་བྱེད་རྣམས་ཟོས་ཤིང་། ལྷག་མ་གསེར་གྱི་ས་གཞིར་གྱུར། ཕག་རྣམས་གདོང་ཕྱིར་བསྟན་པས་ར་བར་གྱུར། བཟླས་པའི་དམིགས་པ་གསལ་བཏབ་ལ། ཨོཾ་སུ་རི་ཏྲྀ་མཾ་སྭཱཧཱ། ཞེས་གང་འགྲུབ་བཟླ། མཐར་བདག་བསྐྱེད་ཀྱི་ལྷ་ལ་མཆོད་བསྟོད་བྱ། མི་དམིགས་པར་བཞག་ལ། དགེ་བ་བསྔོ། མཆོད་པ་བྱིན་གྱིས་བརླབས། གཏོར་མ་དཀར་གཏོར་བྱ་རྒྱུད་ལྟར་བྱིན་གྱིས་བརླབས། རང་གི་སྙིང་ག་ནས་འོད་(༥༥༢བ)ཟེར་འཕྲོས། རྣམ་པར་སྣང་མཛད་ཀྱིས་དབུ་བརྒྱན་པའི་འོད་ཟེར་ཅན་མ་བཛྲ་ས་མ་ཛཿཔད་མ་ཀ་མ་ལ་ཡེ་སྟྭཾ། ཨོཾ་སུ་རི་ཏྲྀ་དེ་ཝི་ས་པ་རི་ཝཱ་ར་བྷྲཱུཾཿཨོཾ་ཨ་ཀཱ་རོ་མུ་ཁཾ་སརྦ་དྷརྨཱ་ཎཾ་ཨཱདྱ་ནུཏྤནྣ་ཏྭཱད། ཨོཾ་ཨཱཿཧཱུྃ་ཕཊ་སྭཱཧཱ། ཞེས་ལན་གསུམ་གྱིས་ཕུལ། ཨརྒྷཾ་ནས་ཤབྡའི་བར་གྱིས་མཆོད། གང་གིས་མཚན་ཙམ་འཛིན་ཅིང་དྲན་པས་ཀྱང་། །འཇིགས་པ་ཀུན་ལས་རབ་ཏུ་སྐྱོབ་བྱེད་ཅིང་། །དྲི་མེད་བདེ་ཆེན་ཉེ་བར་སྟོལ་བ་ཡི། །ལྷ་མོ་འོད་ཟེར་ཅན་ལ་ཕྱག་འཚལ་ལོ། །མཆོད་

སྤྱིན་གཏོར་མ་འདི་བཞེས་ལ། །སོགས་ཀྱིས་འདོད་དོན་གསོལ་བ་བཏབ། གཤེགས་གསོལ་བྱ། འདི་ལ་ངེས་པར་རྗེས་གནང་དགོས་ཤིང་། འོན་ཀྱང་རྗེས་གནང་གི་བྱ་བ་ནི་སྒྲུབ་ཐབས་བརྒྱ་རྩ་བཞིན་ནོ་ཞེས་གསུངས་པ་ལྟར་བྱ་བ་ལ། མཎྜལ་གྱི་སྟེང་དུ་ཚོམ་བུ་སེར་པོ། མདུན་དུ་གླུམ་གཏོར་དཀར་པོ། མཆོད་པ་རྣམས་བཤམས། བདག་བསྐྱེད་བཟླས་པ་དང་བཅས་པ་བྱ། མཆོད་པ་བྱ་རྒྱུད་ལྟར་བྱིན་གྱིས་བརླབས། མདུན་བསྐྱེད་བསངས་སྦྱངས། སྟོང་པའི་ངང་ལས་སྣང་བྱེད་ཀྱི་དཀྱིལ་འཁོར་ལ་ཨོཾ། དེ་ལས་འོད་ཟེར་འཕྲོས། རྣམ་པར་སྣང་མཛད་དཀར་པོ་བྱང་ཆུབ་མཆོག་གི་ཕྱག་རྒྱ་མཛད་པ། སངས་རྒྱས་རབ་ཏུ་བྱུང་བའི་ཆ་ལུགས་ཅན། བ་སྤུའི་བུ་ག་ནས་འོད་ཟེར་འཕྲོས། འོད་ཟེར་དཀར་པོའི་ར་བ་ཀླུམ་པོ་རྩེ་མོ་མཆོད་རྟེན་གྱི་རྣམ་པ་ཅན་དུ་གྱུར། དེའི་ནང་དུ་ལྷ་མོ་འོད་ཟེར་ཅན་མ་གསེར་མདོག་སྐྱེག་ཅིང་མཛེས་པ། གཡས་མཆོག་སྦྱིན་དང་གཡོན་མྱ་ངན་མེད་པའི་ཤིང་གི་སྡོང་པོ་ལས་ཡལ་ག་གཅིག་(༤༤༣ན)འཛིན་པ། ཡིད་ཙམ་ཁྲོ་བ། དར་དང་རིན་པོ་ཆེས་བརྒྱན་པ། ཕག་སེར་པོ་བཞིས་དྲངས་པའི་ཤིང་རྟ་ལ་རོལ་པས་བཞུགས་པ། དེའི་སྤྱི་བོར་ཨོཾ་དཀར་པོ། མགྲིན་པར་ཨཱཿདམར་པོ། ཐུགས་ཀར་ཧཱུྃ་སྔོན་པོས་མཚན་པར་གྱུར། ཐུགས་ཀའི་ས་བོན་ལས་འོད་ཟེར་འཕྲོས། ཡེ་ཤེས་སེམས་དཔའ་བཛྲ་ས་མཱ་ཛཿཛཿཧཱུྃ་བཾ་ཧོཿགཉིས་སུ་མེད་པར་གྱུར། ཨོཾ་མཱ་རི་ཙྱེ་དེ་ཝི་ས་པ་རི་ཝཱ་ར་ཨརྒྷཾ་ནས་ཤབྡའི་བར་གྱིས་མཆོད། གང་གིས་མཚན་ཙམ་འཛིན་ཅིང་དྲན་པས་ཀྱང་། །སོགས་ཀྱིས་བསྟོད། མདུན་བསྐྱེད་ལ་དམིགས་པའི་བཟླས་པ་བྱ། གཏོར་མ་བྱིན་གྱིས་བརླབས་ཏེ་འབུལ་བ་ནས། འདོད་དོན་གསོལ་བཏབ་ཀྱི་བར་གོང་བཞིན་བྱ། སློབ་མའི་བྱ་བ་ནི་མཎྜལ་ཕུལ། གསོལ་བ་འདེབས་པ་འདིའི་རྗེས་ཟློས་གསུངས་ཤིག །དུས་གསུམ་སངས་རྒྱས་ཐམས་ཅད་དང་། །ཞེས་པ་ནས། བདག་ལ་རྗེས་གནང་བསྩལ་དུ་གསོལ། །ཞེས་པའི་བར་ལན་གསུམ། རྒྱུད་དག་པར་བྱ་བའི་ཕྱིར་མདུན་བསྐྱེད་ཀྱི་ཚོམ་བུ་འོད་ཟེར་ཅན་

མར་གསལ་བ་དང་སངས་རྒྱས་བྱང་སེམས་རྣམས་ཀྱི་དྲུང་དུ་སྐྱབས་འགྲོ་སྔོན་དུ་འགྲོ་བའི་བྱང་ཆུབ་ཀྱི་སེམས་བཟུང་བ་ལ་སོགས་པ་བགྱིད་སླམ་པའི་བསམ་པས་འདིའི་རྗེས་གནང་མཛོད། དཀོན་མཆོག་གསུམ་ལ་བདག་སྐྱབས་མཆི། །སོགས་གསུམ་དང་། ཁྱད་པར་དུ་ལྷ་མོ་འོད་ཟེར་ཅན་མའི་རྗེས་གནང་བསྐུལ་དུ་གསོལ་སླམ་པའི་འདུན་པས་འདིའི་རྗེས་གནང་ཀྱང་གསུངས་ཤིག །སློབ་དཔོན་དགོངས་སུ་གསོལ། བདག་ལ་ལྷ་མོ་འོད་ཟེར་ཅན་མའི་རྗེས་གནང་མ་ལུས་(༥༥༣བ)པ་བསྐུལ་དུ་གསོལ། ཞེས་ལན་གསུམ་གྱིས་གསོལ་བ་བཏབ་ནས། ད་སྦྱོར་བ་རྗེས་གནང་གི་གཞི་དགོད་པའི་སླད་དུ་དམིགས་པ་འདི་བཞིན་དུ་མཛད་པར་ཞུ། ཨོཾ་ཤཱུ་ནྱ་ཏཱ་ཛྙཱ་ན་བཛྲ་སྭ་བྷཱ་ཝ་ཨཱཏྨ་ཀོ྅ཧཾ། ཕྱི་ནང་གི་དངོས་པོ་ཐམས་ཅད་མི་དམིགས་པ་སྟོང་པ་ཉིད་དུ་གྱུར་པའི་ངང་ལས་སྔང་བྱེད་ཀྱི་དཀྱིལ་འཁོར་ལ་ཁྱེད་རང་རྣམས་ཀྱི་སེམས་ཉིད་མཾ་ལས་སྨྱུ་ངན་མེད་པའི་ཤིང་གི་ཡལ་ག་མཾ་གྱིས་མཚན་པ་ཡོངས་སུ་གྱུར་པ་ལས། ཁྱེད་རང་རྣམས་ལྷ་མོ་འོད་ཟེར་ཅན་མ་གསེར་མདོག་སྐྱེག་ཅིང་མཛེས་པ། གཡས་མཆོག་སྦྱིན་དང་། གཡོན་མྱ་ངན་མེད་པའི་ཤིང་གི་སྡོང་པོ་ལས་ཡལ་ག་གཅིག་འཛིན་པ། ཡིད་ཙམ་ཁྲོ་བ། དར་དང་རིན་པོ་ཆེས་བརྒྱན་པ། ཕག་སེར་པོ་བཞིས་དྲངས་པའི་ཤིང་རྟ་ལ་རོལ་པས་བཞུགས་པ། ཞེས་གསལ་བཏབ་པོ། །དེ་ནས་སློབ་དཔོན་ཡང་ལྷ་མོ་འོད་ཟེར་ཅན་མ་དངོས་ཡིན་སླམ་པའི་མོས་གུས་བྱས་པས་སློབ་དཔོན་གྱི་ཐུགས་ཀ་ནས་འོད་ཟེར་འཕྲོས། མདུན་བསྐྱེད་ཀྱི་ལྷའི་ཐུགས་རྒྱུད་བསྐུལ། དེའི་ཐུགས་ཀ་ནས་འོད་ཟེར་འཕྲོས། ཕྱོགས་བཅུའི་སངས་རྒྱས་དང་བྱང་ཆུབ་སེམས་དཔའ་ཐམས་ཅད་ཀྱི་ཐུགས་རྒྱུད་བསྐུལ་བས། སློབ་དཔོན་དང་མདུན་བསྐྱེད་ཀྱི་ལྷ་དང་ཕྱོགས་བཅུའི་སངས་རྒྱས་བྱང་ཆུབ་སེམས་དཔའ་ཐམས་ཅད་ཀྱི་ཐུགས་ཀ་ནས་ལྷ་མོ་འོད་ཟེར་ཅན་གྱི་སྐུ་ཆེ་ཆུང་དཔག་ཏུ་མེད་པ་བྱོན། ཁྱེད་རང་རྣམས་ཀྱི་བ་སྤུའི་བུ་ག་རྣམས་ནས་ཆར་བབས་པ་བཞིན་དུ་སིབ་སིབ་ཐིམ་པའི་མོས་པ་མཛོད།

ཛཿཧཱུྃ་བཾ་ཧོཿགཉིས་སུ་(༥༥༥ན)མེད་པར་ཐིམ། དེ་དག་ནི་རྗེས་གནང་གི་གཞི་དགོད་པའོ། །རྗེས་གནང་དངོས་ལ། རྗེས་སུ་བཟླས་པའི་ལུང་བླང་བའི་ཕྱིར། སློབ་དཔོན་གྱི་སྙིང་གར་ཉི་མའི་དཀྱིལ་འཁོར་གྱི་སྟེང་དུ་ཨཾ་སེར་པོ། དེ་ལས་སྔགས་ཀྱི་འཕྲེང་བ་བྱུང་། སློབ་དཔོན་གྱི་ཞལ་ནས་ཐོན། ཁྱེད་རང་རྣམས་ཀྱི་ཞལ་དུ་ཞུགས། ཐུགས་ཀར་ཉི་མའི་སྟེང་དུ་ཨཾ་སེར་པོ་གནས་པ་ལ་ཐིམ། དེའི་དུས་སུ་ཕྱོགས་བཅུའི་སངས་རྒྱས་བྱང་ཆུབ་སེམས་དཔའ་རྣམས་ཀྱི་མཁྱེན་བརྩེ་ནུས་མཐུ་ཐམས་ཅད་འོད་ཟེར་གྱི་རྣམ་པར་སྔགས་ཕྲེང་དང་ལྷན་ཅིག་ཞལ་དུ་ཞུགས། སྙིང་གའི་ཨཾ་ལ་ཐིམ་པའི་མོས་པ་མཛོད་ལ། སྔགས་འདིའི་རྗེས་ཟློས་ལན་གསུམ་གསུངས་ཤིག །ཨོཾ་མ་རི་ཙྱེ་ཨཾ་སྭཱཧཱ། དང་པོས་བྱིན་གྱིས་བརླབས། གཉིས་པས་དབྱེར་མེད་དུ་འདྲེས། གསུམ་པས་བརྟན་པར་བྱས་པའི་མོས་པ་མཛོད། འདིར་གཟུངས་མདོའི་ལུང་གཏོད་དགོས་པས། རྒྱ་གར་སྐད་དུ། ཨཱརྻ་མ་རི་ཙྱེ་ན་མ་དྷཱ་ར་ཎི། བོད་སྐད་དུ། འཕགས་མ་འོད་ཟེར་ཅན་ཞེས་བྱ་བའི་གཟུངས། སངས་རྒྱས་དང་བྱང་ཆུབ་སེམས་དཔའ་ཐམས་ཅད་ལ་ཕྱག་འཚལ་ལོ། །འདི་སྐད་བདག་གིས་ཐོས་པ་དུས་གཅིག་ན། བཅོམ་ལྡན་འདས་མཉན་དུ་ཡོད་པ་ན། རྒྱལ་བུ་རྒྱལ་བྱེད་ཀྱི་ཚལ་མགོན་མེད་ཟས་སྦྱིན་གྱི་ཀུན་དགའ་ར་བ་ན། དགེ་སློང་གི་དགེ་འདུན་ཆེན་པོ་བརྒྱ་ཕྲག་ཕྱེད་དང་བཅུ་གསུམ་དང་། བྱང་ཆུབ་སེམས་དཔའ་སེམས་དཔའ་ཆེན་པོ་མང་པོ་དག་དང་ཐབས་གཅིག་ཏུ་བཞུགས་ཏེ། བཅོམ་ལྡན་འདས་ཀྱིས་དགེ་སློང་རྣམས་(༥༥༥བ)ལ་བཀའ་སྩལ་པ། དགེ་སློང་དག་ལྷ་མོ་འོད་ཟེར་ཅན་མ་ཞེས་བྱ་བ་ཞིག་ཡོད་དེ། དེ་ཉི་མ་དང་ཟླ་བའི་མདུན་དང་མདུན་ནས་འགྲོ་སྟེ། དེ་བལྟར་མེད། བཟུང་དུ་མེད། བཅིང་དུ་མེད། དགག་ཏུ་མེད། བཀལ་དུ་མེད། རྫོངས་པར་བྱར་མེད། ཆད་པས་བཅད་དུ་མེད། མགོ་ཐེག་ཏུ་མེད། བཞུར་མེད། འཚོག་པར་བྱར་མེད། དགྲའི་དབང་དུ་མི་འགྲོའོ། །དགེ་སློང་དག་གང་གིས་ལྷ་མོ་འོད་ཟེར་ཅན་མའི་མིང་ཤེས་པ་དེ་ཡང་

བལྟར་མེད། བཟུང་དུ་མེད། བཅིང་དུ་མེད། དགག་ཏུ་མེད། བཀལ་དུ་མེད། རྫོངས་པར་བྱར་མེད། ཆད་པས་བཅད་དུ་མེད། མགོ་བྲེག་ཏུ་མེད། བཞུར་མེད། འཚོག་པར་བྱར་མེད། དེ་དགྲའི་དབང་དུ་འགྲོ་བར་མི་འགྱུར་རོ། དེ་ལྟར་བདག་གིས་ཀྱང་། ལྷ་མོ་འོད་ཟེར་ཅན་མའི་མིང་ཤེས་ཀྱི། བདག་ཀྱང་བལྟར་མེད་པར་གྱུར་ཅིག །བཟུང་དུ་མེད་པར་གྱུར་ཅིག །བཅིང་དུ་མེད་པར་གྱུར་ཅིག །དགག་ཏུ་མེད་པར་གྱུར་ཅིག །བཀལ་དུ་མེད་པར་གྱུར་ཅིག །རྫོངས་པར་བྱར་མེད་པར་གྱུར་ཅིག །ཆད་པས་བཅད་དུ་མེད་པར་གྱུར་ཅིག །མགོ་བྲེག་ཏུ་མེད་པར་གྱུར་ཅིག །བཞུར་མེད་པར་གྱུར་ཅིག །འཚོག་པར་བྱར་མེད་པར་གྱུར་ཅིག །དགྲའི་དབང་དུ་མི་འགྲོ་བར་གྱུར་ཅིག །དེ་ལ་གསང་སྔགས་ཀྱི་ཚིག་ནི་འདི་རྣམས་ཡིན་ནོ། །ཏདྱ་ཐཱ། ཨོཾ་བ་ཏྲ་གྲ་མ་སི། བ་ཏྲ་ཀྲ་མ་སི། ཤུ་ད་ཡ་མ་སི། ནཻ་ར་མ་སི། མ་ཧྲ་མ་སི། ཨཧྲ་མ་སི། ཤྲུར་མ་མ་སི། བ་ནྲ་མ་སི། ཀྲུ་ལ་མ་མ་སི། ཙི་བ་ར་མ་སི། མཧཱ་ཙི་བ་ར་མ་སི། ཨ་ནུ་ཏ་ར་ཧཱུྃ་ནྲ་མ་སི་སྭཱཧཱ། ཨོཾ་ལྷ་མོ་འོད་ཟེར་ཅན་བདག་ལམ་དུ་སྐྱོབས་ཤིག །བདག་ལམ་ལོག་(༤༤༥ན)པ་ལས་སྐྱོབས་ཤིག །བདག་སྐྱེ་བོའི་འཇིགས་པ་ལས་སྐྱོབས་ཤིག །བདག་རྒྱལ་པོའི་འཇིགས་པ་ལས་སྐྱོབས་ཤིག །བདག་གླང་པོའི་འཇིགས་པ་ལས་སྐྱོབས་ཤིག །བདག་ཆོམ་རྐུན་གྱི་འཇིགས་པ་ལས་སྐྱོབས་ཤིག །བདག་གླུའི་འཇིགས་པ་ལས་སྐྱོབས་ཤིག །བདག་སེངྒེའི་འཇིགས་པ་ལས་སྐྱོབས་ཤིག །བདག་སྟག་གི་འཇིགས་པ་ལས་སྐྱོབས་ཤིག །བདག་མེའི་འཇིགས་པ་ལས་སྐྱོབས་ཤིག །བདག་ཆུའི་འཇིགས་པ་ལས་སྐྱོབས་ཤིག །བདག་སྦྲུལ་གྱི་འཇིགས་པ་ལས་སྐྱོབས་ཤིག །བདག་དུག་གི་འཇིགས་པ་ལས་སྐྱོབས་ཤིག །བདག་ཕྱིར་རྒོལ་བ་དང་དགྲ་ཐམས་ཅད་ལས་སྐྱོབས་ཤིག །འབྲུགས་པ་དང་མ་འབྲུགས་པ་དང་། ཉམས་པ་དང་མ་ཉམས་པ་ཐམས་ཅད་དུ་ཡང་བདག་སེང་གེ་ལས་སྲུངས་ཤིག །བདག་སྟག་ལས་སྲུངས་ཤིག །བདག་གླུ་ལས་སྲུངས་ཤིག །བདག་སྦྲུལ་ལས་སྲུངས་

ཞིག །བདག་འཇིགས་པ་ཐམས་ཅད་དང་། གནོད་པ་དང་། ནད་འགོ་བ་དང་། འཁྲུག་པ་ཐམས་ཅད་ལས་སྲུངས་ཤིག་སྲུངས་ཤིག །ན་མོ་རཏྣ་ཏྲ་ཡཱ་ཡ། ཏདྱ་ཐཱ། ཨོཾ་ཨཱ་ལོ། ཏཱ་ལོ། ཀཱ་ལོ། སཏྟྭ་ལོ། སཾ་བ་ཨུ་ར་ཧྲ་ཊི་རཀྵ་རཀྵ་མཾ། བདག་དང་སེམས་ཅན་ཐམས་ཅད་ལ་འཚེ་བ་དང་། འཇིགས་པ་དང་། ནད་ཐམས་ཅད་ལས་སྲུངས་ཤིག་སྭཱཧཱ། དཀོན་མཆོག་གསུམ་ལ་ཕྱག་འཚལ་ལོ། །ལྷ་མོ་འོད་ཟེར་ཅན་མ་ལ་ཕྱག་འཚལ་ལོ། །ལྷ་མོ་འོད་ཟེར་ཅན་མའི་སྙིང་པོ་བརྗོད་པར་བྱ་སྟེ། ཏདྱ་ཐཱ། ཨོཾ་བཊྟ་ལི། བ་དྟ་ལི། བ་རྟ་ལི། བ་རྟ་ཧྲ་ཨུ་ཁི། (༥༥༤བ)སརྦ་དུཥྚ་ནཱཾ། ཕྲ་དུཥྚ་ནཱཾ། ཙཀྵུ་ར་ཨུ་ཁཾ་བནྡྷ་བནྡྷ་ཨུ་ཁི། ཛམྦྷ་ཡ་སྟམྦྷ་ཡ། མོ་ཧ་ཡ་སྭཱཧཱ། ཨོཾ་མ་རི་ཙྱཻ་སྭཱཧཱ། ཨོཾ་བཊྟ་ལི། བ་དྟ་ལི། བ་རྟ་ལི། བ་རྟ་ཧྲ་ཨུ་ཁི། སརྦ་དུཥྚ་ནཱཾ། ཕྲ་དུཥྚ་ནཱཾ། ཙཀྵུར་ཨུ་ཁཾ་བནྡྷ་བནྡྷ་སྭཱཧཱ། བཅོམ་ལྡན་འདས་ཀྱིས་དེ་སྐད་ཅེས་བཀའ་སྩལ་ནས། དགེ་སློང་དེ་དག་དང་། བྱང་ཆུབ་སེམས་དཔའ་དེ་དག་དང་། ཐམས་ཅད་དང་ལྡན་པའི་འཁོར་དེ་དག་དང་། ལྷ་དང་མི་དང་ལྷ་མ་ཡིན་དང་། དྲི་ཟར་བཅས་པའི་འཇིག་རྟེན་ཡི་རང་སྟེ། བཅོམ་ལྡན་འདས་ཀྱིས་གསུངས་པ་ལ་མངོན་པར་བསྟོད་དོ། །འཕགས་མ་འོད་ཟེར་ཅན་ཞེས་བྱ་བའི་གཟུངས་རྫོགས་སོ།། །།པཎྜི་ཏ་ཨ་མོ་གྷ་བཛྲ་དང་། ལོ་ཙཱ་བ་དགེ་སློང་རིན་ཆེན་གྲགས་པས་བསྒྱུར་བའོ། ། ༈ བྱིན་གྱིས་བརླབས་པའི་ལུང་ནི། སློབ་དཔོན་ལ་མེ་ཏོག་འཐོར་བཞིན་དུ་འདིའི་རྗེས་གནང་མཛོད་ཅིག །བཅོམ་ལྡན་བདག་གིས་སོགས་ལན་གསུམ། དེ་ལྟར་ཕུལ་བའི་མེ་ཏོག་དེ་ཉིད་སླར་ཡང་བྱིན་གྱིས་བརླབས་ཏེ། ཁྱེད་རང་གི་སྤྱི་བོར་ཕུལ་བར་མོས་པ་མཛོད་ཅིག །སློབ་དཔོན་གྱིས་མེ་ཏོག་གཏོར་ཞིང་བཅོམ་ལྡན་འདི་ལ་སོགས་དང་། རིག་པ་འཛིན་པ་འདི་རྣམས་ལ་ལྷ་མོ་འོད་ཟེར་ཅན་གྱི་སྐུ་གསུང་ཐུགས་ཀྱི་བྱིན་རླབས་མ་ལུས་པ་འཇུག་པར་གྱུར་ཅིག །དམ་བཅའ་བའི་ལུང་གི་ཕྱིར། ལྷ་མོ་འོད་ཟེར་ཅན་མ་འདི་ཉིད་ཇི་སྲིད་བྱང་ཆུབ་མ་ཐོབ་བར་གྱི་ཡི་དམ་དུ་བཟུང་ངོ་། །

བདག་ཐུགས་ཀྱིས་མ་བཏང་ཞིག་སྙམ་པའི་བསམ་པས་འདིའི་རྗེས་ཟློས་གསུངས་ཤིག །སློབ་དཔོན་དགོངས་སུ་གསོལ། བདག་རིག་པ་འཛིན་པ་མིང་འདི་(༤༤༨ན)ཞེས་བགྱི་བས་དུས་འདི་ནས་བཟུང་སྟེ་ཇི་སྲིད་བྱང་ཆུབ་སྙིང་པོ་ལ་མཆིས་ཀྱི་བར་དུ་ལྷ་མོ་འོད་ཟེར་ཅན་མ་ཡི་དམ་གྱི་ལྷར་བཟུང་ནས་འདིའི་གསང་སྔགས་ཉི་མ་རེ་རེ་བཞིན་འདི་ཙམ་རེ་འདོན་པར་དམ་འཆའ་ལགས་སོ། །ཞེས་ལན་གསུམ་བརྗོད། དེས་དངོས་གཞི་ལུང་གསུམ་སོང་ནས། ད་ནི་རྗེས་བྱིན་གྱིས་བརླབས་པའི་ཕྱིར་མདུན་བསྐྱེད་ཀྱི་ལྷ་ལ་མོས་གུས་དུང་དུང་བ་དང་བདག་གི་རྒྱུད་བྱིན་གྱིས་བརླབ་ཏུ་གསོལ་སྙམ་པ་མཛད་པས། མདུན་བསྐྱེད་ཀྱི་ལྷའི་ཐུགས་ཀ་ནས་ལྷ་མོ་འོད་ཟེར་ཅན་མའི་སྐུ་སོར་ཚད་ཙམ་གཅིག་རྒྱངས་ཏེ་བྱོན། ཁྱེད་རང་རྣམས་ཀྱི་སྙིང་གའི་ས་བོན་དང་དབྱེར་མེད་དུ་འདྲེས། རྒྱུད་བྱིན་གྱིས་བརླབས་པའི་མོས་པ་མཛོད། རྗེས་ཆོག་སྤྱི་དང་འདྲ། །

༈ **ཐུབ་པ་མེ་ཏྲི་ཁ་ལ།** ནམ་ལངས་མ་ཐག་ཏུ་ཁྲུས་བྱས་ཤར་དུ་ཕྱོགས་པས། མདུན་གྱི་ནམ་མཁར་དེ་བཞིན་གཤེགས་པ་ཤཱཀྱ་ཐུབ་པ་གསེར་མདོག་བྱང་ཆུབ་ཤིང་གི་རྩ་བར་སྐྱིལ་ཀྲུང་གིས་བཞུགས་པ། གཡོན་ཆོས་གོས་ཀྱི་གྲྭ་ལྟེ་བའི་ཐད་ཀར་བཟུང་བ། གཡས་སྐྱབས་སྦྱིན་གྱི་ཕྱག་རྒྱ་མཛད་པ་ཅན་དུ་གྱུར་པར་བསམ་ལ། ཨརྒྷཾ་ལ་སོགས་པས་མཆོད། མཚན་མཆོག་ལྡན་པ་དྲི་མེད་ཟླ་བའི་ཞལ། །ཞེས་སོགས་ཀྱིས་བསྟོད། ཕྱག་སྤྱི་བོར་བཞག་པས་འཆི་མེད་ཚེའི་དངོས་གྲུབ་བསྐུལ་བར་བསམ། ན་མོ་བྷ་ག་ཝ་ཏེ། མེ་ཏྲི་ཤི་ཁ་ར་ཀུ་ཏ་པྲ་ཛྙཱ་ནཱ་ཛྷཱ་ཡ། ཏ་ཐཱ་ག་ཏཱ་ཡ། ཨརྷ་ཏེ་སམྱཀྶཾ་བུདྡྷཱ་ཡ། ཏདྱ་ཐཱ། ཨོཾ་མེ་ཏྲི་མེ་ཏྲི་མཧཱ་མེ་ཏྲི་ཡེ་སྭཱཧཱ། ཞེས་བརྒྱ་རྩ་བཟླས། འོད་དུ་ཞུ་རང་ལ་(༤༤༨བ)ཐིམ་པས་རང་ཡང་ཐུབ་པར་གྱུར། སྔགས་ཅུང་ཟད་བཟླ། དགེ་བ་བསྔོ། འདི་ལ་བཟླས་ལུང་གིས་ཆོག་པའི་ལུགས་ཀྱང་ཡོད་ལ། རྗེས་གནང་ལྟར་བྱེད་ན་སྒྲུབ་ཐབས་བརྒྱ་རྩ་བཞིན་ནོ། །ཞེས་གསུངས་པ་ལྟར་

བྱ་བ་ལ། མཎྜལ་གྱི་སྟེང་དུ་ཚོམ་བུ་སེར་པོ་དགོད། མདུན་དུ་ཟླུམ་གཏོར་དཀར་པོ། མཆོད་པ་རྣམས་བཤམས་ལ། མདུན་གྱི་ནམ་མཁར་དེ་བཞིན་གཤེགས་པ་ཤཱཀྱ་ཐུབ་པ་ཞེས་པ་ནས། རང་ཡང་ཐུབ་པར་གྱུར། སྔགས་ཚུང་ཟད་བཟླ། ཞེས་པའི་བར་གོང་བཞིན་བྱ། དེ་ནས་མཆོད་པ་བྱིན་གྱིས་བརླབས་ལ། མདུན་བསྐྱེད་བསངས་སྦྱངས། སྟོང་པའི་ངང་ལས་མདུན་གྱི་ནམ་མཁར་དེ་བཞིན་གཤེགས་པ་ཤཱཀྱ་ཐུབ་པ་གསེར་མདོག་བྱང་ཆུབ་ཤིང་གི་རྩ་བར་སྐྱིལ་ཀྲུང་གིས་བཞུགས་པ། གཡོན་ཆོས་གོས་ཀྱི་གྲྭ་ལྟེ་བའི་ཐད་ཀར་བཟུང་བ། གཡས་སྐྱབས་སྦྱིན་གྱི་ཕྱག་རྒྱ་མཛད་པ། དེའི་སྤྱི་བོར་ཨོཾ། མགྲིན་པར་ཨཱཿ ཐུགས་ཀར་ཧཱུྃ། ཐུགས་ཀའི་ཧཱུྃ་ལས་འོད་ཟེར་འཕྲོས། ཡེ་ཤེས་སེམས་དཔའ་བཛྲ་ས་མཱ་ཛཿཛཿཧཱུྃ་བཾ་ཧོཿགཉིས་སུ་མེད་པར་གྱུར། ཨོཾ་ཤཱཀྱ་མུ་ནེ་ས་པ་རི་ཝཱ་ར་ཨརྒྷཾ་ནས་ཤབྡའི་བར་གྱིས་མཆོད། མཚན་མཆོག་ལྡན་པ་དྲི་མེད་ཟླ་བའི་ཞལ། །ཞེས་སོགས་ཀྱིས་བསྟོད། བཟླས་པ་ཅི་འགྲུབ་བྱ། ཨོཾ་ཨཱཿཧཱུྃ། ཞེས་ལན་གསུམ་གྱིས་གཏོར་མ་བྱིན་གྱིས་བརླབས། ཨོཾ་ཤཱཀྱ་མུ་ནེ་ས་པ་རི་ཝཱ་ར་ཨ་ཀཱ་ཡཾ་ལན་གསུམ་གྱིས་ཕུལ། བཅོམ་ལྡན་འདས་བདག་དང་སེམས་ཅན་ཐམས་ཅད་ལ་དངོས་གྲུབ་མ་ལུས་པ་བསྩལ་དུ་གསོལ། ཞེས་གསོལ་བ་གདབ། སློབ་(༥༥༧ན)མའི་བྱ་བ་ནི། མཎྜལ་ཕུལ། གསོལ་བ་འདེབས་པ་འདིའི་རྗེས་ཟློས་གསུངས་ཤིག །དུས་གསུམ་སངས་རྒྱས་ཐམས་ཅད་སོགས། ལན་གསུམ། རྒྱུད་དག་པར་བྱ་བའི་ཕྱིར། མདུན་བསྐྱེད་ཀྱི་ཚོམ་བུ་འདི་ཉིད་ཐུབ་པ་མེ་ཏྲ་ཤི་ཁ་དངོས་སུ་མོས་ལ་དེའི་སྟེང་གི་ནམ་མཁར་བཞུགས་པའི་སངས་རྒྱས་བྱང་སེམས་རྣམས་ཀྱི་དྲུང་དུ་སྐྱབས་འགྲོ་སྔོན་དུ་འགྲོ་བའི་བྱང་ཆུབ་ཀྱི་སེམས་བཟུང་བ་ལ་སོགས་པ་བགྱིད་སླམ་པའི་བསམ་པས་འདིའི་རྗེས་ཟློས་མཛོད། དཀོན་མཆོག་གསུམ་ལ་བདག་སྐྱབས་མཆི། །སོགས་གསུམ་དང་། ཁྱད་པར་དུ་ཐུབ་པ་མེ་ཏྲ་ཤི་ཁའི་རྗེས་གནང་བསྩལ་དུ་གསོལ་སླམ་པའི་འདུན་པས་འདིའི་རྗེས་ཟློས་ཀྱང་གསུངས་ཤིག །

སློབ་དཔོན་དགོངས་སུ་གསོལ། བདག་ལ་བཅོམ་ལྡན་འདས་ཐུབ་པ་མི་ཏྲ་ཤི་ཁའི་རྗེས་གནང་མ་ལུས་པ་བསྐུལ་དུ་གསོལ། ཞེས་ལན་གསུམ་གྱིས་གསོལ་བ་བཏབ་ནས། ད་སྦྱོར་བ་རྗེས་གནང་གི་གཞི་དགོད་པའི་སྐད་དུ་དམིགས་པ་འདི་བཞིན་དུ་མཛད་པར་ཞུ། ཨོཾ་ཤཱུ་ནྱ་ཏཱ་ཛྙཱ་ན་བཛྲ་སྭ་བྷཱ་ཝ་ཨཱཏྨ་ཀོ྅ཧཾ། ཕྱི་ནང་གི་དངོས་པོ་ཐམས་ཅད་མི་དམིགས་པ་སྟོང་པ་ཉིད་དུ་གྱུར་པའི་ངང་ལས། ཁྱེད་རང་རྣམས་དེ་བཞིན་གཤེགས་པ་ཤཱཀྱ་ཐུབ་པ་གསེར་མདོག་བྱང་ཆུབ་ཤིང་གི་རྩ་བར་སྐྱིལ་ཀྲུང་གིས་བཞུགས་པ། གཡོན་ཆོས་གོས་ཀྱི་གྲྭ་ལྟེ་བའི་ཐད་ཀར་བཟུང་བ། གཡས་སྐྱབས་སྦྱིན་ནོ། །ཞེས་གསལ་གདབ། དེ་ནས་སློབ་དཔོན་ཡང་ཐུབ་པ་མི་ཏྲ་ཤི་ཁ་དངོས་ཡིན་སྙམ་པའི་མོས་གུས་བྱས་པས། སློབ་དཔོན་གྱི་(༩༩༧བ)ཐུགས་ཀ་ནས་འོད་ཟེར་འཕྲོས། མདུན་བསྐྱེད་ཀྱི་ལྷའི་ཐུགས་རྒྱུད་བསྐུལ། དེའི་ཐུགས་ཀ་ནས་འོད་ཟེར་འཕྲོས། ཕྱོགས་བཅུའི་སངས་རྒྱས་དང་བྱང་ཆུབ་སེམས་དཔའ་ཐམས་ཅད་ཀྱི་ཐུགས་རྒྱུད་བསྐུལ་བས། སློབ་དཔོན་དང་མདུན་བསྐྱེད་ཀྱི་ལྷ་དང་ཕྱོགས་བཅུའི་སངས་རྒྱས་བྱང་ཆུབ་སེམས་དཔའ་ཐམས་ཅད་ཀྱི་ཐུགས་ཀ་ནས་ཐུབ་པ་མི་ཏྲ་ཤི་ཁའི་སྐུ་ཚེ་ཚུང་དཔག་ཏུ་མེད་པ་བྱོན། ཁྱེད་རང་རྣམས་ཀྱི་བ་སྤུའི་བུ་ག་རྣམས་ནས་ཆར་བབས་པ་བཞིན་དུ་སིབ་སིབ་ཐིམ་པའི་མོས་པ་མཛོད། ཛཿཧཱུྃ་བཾ་ཧོཿགཉིས་སུ་མེད་པར་ཐིམ། དེ་དག་ནི་རྗེས་གནང་གི་གཞི་དགོད་པའོ། །རྗེས་གནང་དངོས་ལ། ལུང་གསུམ་ལས་དང་པོ་རྗེས་སུ་བཟླས་པའི་ལུང་བླང་བའི་ཕྱིར། སློབ་དཔོན་གྱི་སྙིང་གར་ཟླ་བའི་དཀྱིལ་འཁོར་གྱི་སྟེང་དུ་ཧཱུྃ་སེར་པོ། དེ་ལས་སྔགས་ཀྱི་འཕྲེང་བ་བྱུང་། སློབ་དཔོན་གྱི་ཞལ་ནས་ཐོན། ཁྱེད་རང་རྣམས་ཀྱི་ཞལ་དུ་ཞུགས། ཐུགས་ཀར་ཟླ་བའི་སྟེང་དུ་ཧཱུྃ་སེར་པོ་གནས་པ་ལ་ཐིམ། དེའི་དུས་སུ་ཕྱོགས་བཅུའི་སངས་རྒྱས་དང་བྱང་ཆུབ་སེམས་དཔའ་རྣམས་ཀྱི་མཁྱེན་བརྩེ་ནུས་མཐུ་ཐམས་ཅད་འོད་ཟེར་གྱི་རྣམ་པར་སྔགས་ཕྲེང་དང་ལྷན་ཅིག་ཞལ་དུ་ཞུགས། སྙིང་གའི་ཧཱུྃ་ལ་ཐིམ་པ་

སོགས་བཟླས་ལུང་གི་དམིགས་པ་སྔར་བཞིན་དང་བཅས་སྔགས་འདིའི་རྗེས་ཟློས་ལན་གསུམ་མཛོད། ན་མོ་ལྷ་ག་ཕ་ཏེ། མི་ཏྲ་ཤི་ཁ་ར་ཀུ་ཋ་པྲ་ཛྙཱ་ནཱ་ཪྻཱ་ཡ། ཏ་ཐཱ་ག་ཏཱ་ཡ། ཨརྷ་ཏེ་སམྱཀྶཾ་བུདྡྷཱ་ཡ། ཏདྱ་ཐཱ། ཨོཾ་མི་ཏྲ་མི་ཏྲ་མཧཱ་མི་ཏྲ་ཡེ་སྭཱཧཱ། གཉིས་པ་བྱིན་གྱིས་བརླབས་པའི་ལུང་ནི། སློབ་དཔོན་ལ་མེ་ཏོག་འཐོར་(༥༥༤ན)བཞིན་དུ། འདིའི་རྗེས་ཟློས་མཛོད་ཅིག །བཅོམ་ལྡན་བདག་གིས་སོགས་ལན་གསུམ། དེ་ལྟར་ཕུལ་བའི་མེ་ཏོག་དེ་ཉིད་སླར་ཡང་བྱིན་གྱིས་བརླབས་ཏེ། ཁྱེད་རང་གི་སྤྱི་བོར་ཕུལ་བར་མོས་པ་མཛོད་ཅིག །སློབ་དཔོན་གྱིས་མེ་ཏོག་གཏོར་ཞིང་། བཅོམ་ལྡན་འདི་ལ་སོགས་དང་། རིག་པ་འཛིན་པ་འདི་རྣམས་ལ་བཅོམ་ལྡན་འདས་ཐུབ་པ་མི་ཏྲ་ཤི་ཁའི་སྐུ་གསུང་ཐུགས་ཀྱི་བྱིན་རླབས་མ་ལུས་པ་འཇུག་པར་གྱུར་ཅིག །གསུམ་པ་དམ་བཅའ་བའི་ལུང་གི་ཕྱིར། བཅོམ་ལྡན་འདས་ཐུབ་པ་མི་ཏྲ་ཤི་ཁ་འདི་ཉིད་ཇི་སྲིད་བྱང་ཆུབ་མ་ཐོབ་བར་གྱི་ཡི་དམ་དུ་བཟུང་ངོ་། །བདག་ཐུགས་ཀྱིས་མ་བཏང་ཞིག་སྙམ་པའི་བསམ་པས་འདིའི་རྗེས་ཟློས་གསུངས་ཤིག །སློབ་དཔོན་དགོངས་སུ་གསོལ། བདག་རིག་པ་འཛིན་པ་མིང་འདི་ཞེས་བགྱི་བས་དུས་འདི་ནས་བཟུང་སྟེ་ཇི་སྲིད་བྱང་ཆུབ་སྙིང་པོ་ལ་མཆིས་ཀྱི་བར་དུ། བཅོམ་ལྡན་འདས་ཐུབ་པ་མི་ཏྲ་ཤི་ཁ་ཡི་དམ་གྱི་ལྷར་བཟུང་ནས་འདིའི་གསང་སྔགས་ཉེ་མ་རེ་རེ་བཞིན་འདི་ཙམ་རེ་འདོན་པར་དམ་འཆའ་ལགས་སོ། །ཞེས་ལན་གསུམ་བརྗོད། དེས་དངོས་གཞི་ལུང་གསུམ་སོང་། ད་ནི་རྗེས་བྱིན་གྱིས་བརླབས་པའི་ཕྱིར། མདུན་བསྐྱེད་ཀྱི་ལྷ་ལ་མོས་གུས་དྲུང་དྲུང་བ་དང་། བདག་གི་རྒྱུད་བྱིན་གྱིས་བརླབ་ཏུ་གསོལ་སྙམ་པ་མཛད་པས། མདུན་བསྐྱེད་ཀྱི་ལྷའི་ཐུགས་ཀ་ནས་ཐུབ་པ་མི་ཏྲ་ཤི་ཁའི་སྐུ་སོར་ཚད་ཙམ་གཅིག་རྒྱུངས་ཏེ་ཐོན། ཁྱེད་རང་རྣམས་ཀྱི་སྙིང་གའི་ས་བོན་དང་དབྱེར་མེད་དུ་འདྲེས་རྒྱུད་བྱིན་གྱིས་བརླབས་པའི་མོས་པ་མཛོད། (༥༥༤བ)རྗེས་ཚིག་སྤྱི་དང་འདྲ། །

༄ སྨྱུན་རས་གཟིགས་ཡི་གེ་དྲུག་དང་བཞི་པ་ལ། སྐྱབས་སེམས་སྟོང་ཉིད་བསྒོམ་

པ་སྟོན་དུ་འགྲོ་བས། རང་གི་མདུན་དུ་སྐད་ཅིག་གིས་སྤྱན་རས་གཟིགས་སྐུ་མདོག་དཀར་པོ་ན་བཟའ་སྔོན་པོ་གསོལ་བ། གཡས་སྐྱབས་སྦྱིན་དང་གཡོན་པད་མ་དཀར་པོ་འཛིན་པ། ཚངས་པར་སྤྱོད་པའི་ཆ་ལུགས་ཅན། རལ་པའི་ཐོར་ཚུགས་དང་ལྡན་པ། ཐུགས་ཀར་ཟླ་བ་ལ་སྔགས་ཀྱི་འཕྲེང་བ་གསལ་བཏབ་སྟེ། མོས་གུས་ཀྱི་གདུང་བ་ཆེན་པོས། ཨོཾ་ཨ་རོ་ལིཀ །ཅེས་ལན་གཅིག་བརྗོད་ལ། ཨ་རོ་ལིཀ་ཅེས་པ་ཉིད་བརྒྱ་རྩ་བཟླའོ། །དེ་ལྟ་བུའི་ཚུལ་གྱིས་སྔགས་ཨོཾ་ཅན་གཅིག་གིས་མགོ་དྲངས་ནས། གཞན་བརྒྱ་བརྒྱ་བཟླ་བ་ཉིད་ཅི་ནུས་སུ་བྱའོ། །མཐར་བདག་གི་སྡིག་སྒྲིབ་སྦྱོང་བ་དང་། བར་ཆད་ཞི་བར་མཛད་དུ་གསོལ། ཞེས་གསོལ་བ་དྲག་ཏུ་བཏབ་པས་འོད་དུ་ཞུ་ནས་རང་ལ་ཐིམ། རྣམ་སྨིན་གྱི་ལུས་སྤྱངས་ཏེ་འོད་ཀྱི་རང་བཞིན་གྱི་ལྷ་སྐུར་གྱུར། དགེ་བ་བསྔོ། འདི་ལ་བཟླས་ལུང་ཙམ་མཛད་པའི་ལུགས་ཀྱང་ཡོད་མོད་ཀྱི། རྗེས་གནང་ལྟར་བྱེད་ན་སྒྲུབ་ཐབས་བརྒྱ་རྩ་བཞིན་ནོ། །ཞེས་གསུངས་པ་ལྟར་བྱ་བ་ལ་མཎྜལ་གྱི་སྟེང་དུ་ཚོམ་བུ་དཀར་པོ་དགོད། མདུན་དུ་ཟླུམ་གཏོར་དཀར་པོ། མཆོད་པ་རྣམས་བཤམས་ལ། རང་ཉིད་སྐད་ཅིག་གིས་སྤྱན་རས་གཟིགས་སྐུ་མདོག་དཀར་པོ་ན་བཟའ་སྔོན་པོ་གསོལ་བ། ཞེས་པ་ནས། བཟླས་པའི་བར་གོང་བཞིན་བྱ། དེ་ནས་མཆོད་པ་བྱིན་གྱིས་བརླབས་ལ། མདུན་བསྐྱེད་བསངས་སྦྱངས། སྟོང་པའི་ངང་ལས་མདུན་དུ་སྤྱན་རས་གཟིགས་(༥༥(ན)སྐུ་མདོག་དཀར་པོ་ན་བཟའ་སྔོན་པོ་གསོལ་བ། གཡས་སྐྱབས་སྦྱིན་དང་། གཡོན་པདྨ་དཀར་པོ་འཛིན་པ། ཚངས་པར་སྤྱོད་པའི་ཆ་ལུགས་ཅན། རལ་པའི་ཐོར་ཚུགས་དང་ལྡན་པ། དེའི་སྤྱི་བོར་ཨོཾ། མགྲིན་པར་ཨཱཿ ཐུགས་ཀར་ཧཱུྃ། ཐུགས་ཀའི་ཧཱུྃ་ལས་འོད་ཟེར་འཕྲོས། ཡེ་ཤེས་སེམས་དཔའ་བཛྲ་ས་མ་ཛཿཛཿཧཱུྃ་བཾ་ཧོཿདམ་ཚིག་པ་དང་གཉིས་སུ་མེད་པར་གྱུར། ཨོཾ་ཨརྒྷཾ་ནས་ཤབྡའི་བར་གྱིས་མཆོད། སྐྱོན་གྱིས་མ་གོས་སྐུ་མདོག་དཀར། །ཞེས་སོགས་ཀྱིས་བསྟོད། བཟླས་པ་ཅི་འགྲུབ་བྱ། ཨོཾ་ཨཱཿཧཱུྃ། ལན་གསུམ་གྱིས་གཏོར་མ་

བྱིན་གྱིས་བརླབས། ཨ་ཀཱ་རོ་ཡན་གསུམ་གྱིས་ཕུལ། བཅོམ་ལྡན་འདས་བདག་དང་སེམས་ཅན་ཐམས་ཅད་ལ་དངོས་གྲུབ་མ་ལུས་པ་བསྩལ་དུ་གསོལ། ཞེས་གསོལ་བ་གདབ། སློབ་མའི་བྱ་བ་ནི་མཎྜལ་ཕུལ། གསོལ་བ་འདེབས་པ་འདིའི་རྗེས་ཟློས་གསུངས་ཤིག །དུས་གསུམ་སངས་རྒྱས་ཐམས་ཅད་དང་། །སོགས་ལན་གསུམ། རྒྱུད་དག་པར་བྱ་བའི་ཕྱིར་མདུན་བསྐྱེད་ཀྱི་ཆོས་བུ་འདི་ཉིད་སྤྱན་རས་གཟིགས་དངོས་སུ་མོས་ལ་དེའི་སྟེང་གི་ནམ་མཁར་བཞུགས་པའི་སངས་རྒྱས་བྱང་སེམས་རྣམས་ཀྱི་དྲུང་དུ་སྐྱབས་འགྲོ་སྔོན་དུ་འགྲོ་བའི་བྱང་ཆུབ་ཀྱི་སེམས་བཟུང་བ་ལ་སོགས་པ་བགྱིད་སྙམ་པའི་བསམ་པས་འདིའི་རྗེས་ཟློས་མཛོད། དཀོན་མཆོག་གསུམ་ལ་བདག་སྐྱབས་མཆི། །སོགས་ལན་གསུམ་དང་། ཁྱད་པར་དུ་སྤྱན་རས་གཟིགས་(༥༥(བ)ཀྱི་རྗེས་གནང་བསྩལ་དུ་གསོལ་སྙམ་པའི་འདུན་པས་འདིའི་རྗེས་ཟློས་ཀྱང་གསུངས་ཤིག །སློབ་དཔོན་དགོངས་སུ་གསོལ། བདག་ལ་འཕགས་པ་སྤྱན་རས་གཟིགས་ཀྱི་རྗེས་གནང་མ་ལུས་པ་བསྩལ་དུ་གསོལ། ཞེས་ལན་གསུམ་གྱིས་གསོལ་བ་བཏབ་ནས། ད་སྦྱོར་བ་རྗེས་གནང་གི་གཞི་དགོད་པའི་སླད་དུ་དམིགས་པ་འདི་བཞིན་དུ་མཛད་པར་ཞུ། ཨོཾ་ཤྲུ་ཏྲ་ཧྲ་ཧྲཱི་ཎ་བཛྲ་སྭ་ཧཱ་ཕ་ཨཱཧྲ་ཀོཎྜཾ། ཕྱི་ནང་གི་དངོས་པོ་ཐམས་ཅད་མི་དམིགས་པ་སྟོང་པ་ཉིད་དུ་གྱུར་པའི་ངང་ལས་ཁྱེད་རང་རྣམས་སྤྱན་རས་གཟིགས་སྐུ་མདོག་དཀར་པོ་ན་བཟའ་སྔོན་པོ་གསོལ་བ། གཡས་སྐྱབས་སྦྱིན་དང་གཡོན་པདྨ་དཀར་པོ་འཛིན་པ། ཚངས་པར་སྤྱོད་པའི་ཆ་ལུགས་ཅན། རལ་པའི་ཐོར་ཚུགས་དང་ལྡན་པ། ཞེས་གསལ་གདབ། དེ་ནས་སློབ་དཔོན་ཡང་སྤྱན་རས་གཟིགས་དངོས་ཡིན་སྙམ་པའི་མོས་གུས་བྱས་པས། སློབ་དཔོན་གྱི་ཐུགས་ཀ་ནས་འོད་ཟེར་འཕྲོས། མདུན་བསྐྱེད་ཀྱི་ལྷའི་ཐུགས་རྒྱུད་བསྐུལ། དེའི་ཐུགས་ཀ་ནས་འོད་ཟེར་འཕྲོས། ཕྱོགས་བཅུའི་སངས་རྒྱས་དང་བྱང་ཆུབ་སེམས་དཔའ་ཐམས་ཅད་ཀྱི་ཐུགས་རྒྱུད་བསྐུལ་བས། སློབ་དཔོན་དང་མདུན་བསྐྱེད་ཀྱི་ལྷ་དང་ཕྱོགས་

བཅུའི་སངས་རྒྱས་དང་བྱང་ཆུབ་སེམས་དཔའ་ཐམས་ཅད་ཀྱི་ཐུགས་ཀ་ནས་སྤྱན་རས་གཟིགས་ཀྱི་སྐུ་ཆེ་ཆུང་དཔག་ཏུ་མེད་པ་བྱོན། ཁྱེད་རང་རྣམས་ཀྱི་བ་སྤུའི་བུ་ག་རྣམས་ནས་ཆར་བབས་པ་བཞིན་དུ་སིབ་སིབ་ཐིམ་པར་མོས་པ་མཛོད། ཛཿཧཱུྃ་བཾ་ཧོཿགཉིས་སུ་མེད་པར་ཐིམ། དེ་དག་ནི་རྗེས་གནང་གི་གཞི་དགོད་པའོ། །རྗེས་གནང་དངོས་ལ་ལུང་གསུམ་ལས། (༥༥༠ན)དང་པོ་རྗེས་སུ་བཟླས་པའི་ལུང་བླང་བའི་ཕྱིར། སློབ་དཔོན་གྱི་སྙིང་གར་ཟླ་བའི་དཀྱིལ་འཁོར་གྱི་སྟེང་དུ་ཧྲཱིཿདཀར་པོ། དེ་ལས་སྔགས་ཀྱི་འཕྲེང་བ་བྱུང་། སློབ་དཔོན་གྱི་ཞལ་ནས་ཐོན། ཁྱེད་རང་རྣམས་ཀྱི་ཞལ་དུ་ཞུགས། ཐུགས་ཀར་ཟླ་བའི་སྟེང་དུ་ཧྲཱིཿདཀར་པོ་གནས་པ་ལ་ཐིམ། དེའི་དུས་སུ་ཕྱོགས་བཅུའི་སངས་རྒྱས་བྱང་ཆུབ་སེམས་དཔའ་རྣམས་ཀྱི་མཁྱེན་བརྩེ་ནུས་མཐུ་ཐམས་ཅད་འོད་ཟེར་གྱི་རྣམ་པར་སྔགས་ཕྲེང་དང་ལྷན་ཅིག་ཞལ་དུ་ཞུགས། སྙིང་གའི་ཧྲཱིཿལ་ཐིམ་པ་སོགས་བཟླས་ལུང་གི་དམིགས་པ་སྔར་བཞིན་དང་བཅས་སྔགས་འདིའི་རྗེས་ཟློས་ལན་གསུམ་གསུངས་ཤིག །ཨོཾ་ཨ་རོ་ལིཀ །གཉིས་པ་བྱིན་གྱིས་བརླབས་པའི་ལུང་ནི། སློབ་དཔོན་ལ་མེ་ཏོག་འཐོར་བཞིན་དུ་འདིའི་རྗེས་ཟློས་མཛོད། བཅོམ་ལྡན་བདག་གིས་སོགས་ལན་གསུམ། དེ་ལྟར་ཕུལ་བའི་མེ་ཏོག་དེ་ཉིད་སླར་ཡང་བྱིན་གྱིས་བརླབས་ཏེ། ཁྱེད་རང་གི་སྤྱི་བོར་ཕུལ་བར་མོས་པ་མཛོད་ཅིག །སློབ་དཔོན་གྱིས་མེ་ཏོག་གཏོར་ཞིང་། བཅོམ་ལྡན་འདི་ལ་སོགས་དང་། རིག་པ་འཛིན་པ་འདི་རྣམས་ལ་འཕགས་པ་སྤྱན་རས་གཟིགས་ཀྱི་སྐུ་གསུང་ཐུགས་ཀྱི་བྱིན་རླབས་མ་ལུས་པ་འཇུག་པར་གྱུར་ཅིག །གསུམ་པ་དམ་བཅའ་བའི་ལུང་གི་ཕྱིར། འཕགས་པ་སྤྱན་རས་གཟིགས་འདི་ཉིད་ཇི་སྲིད་བྱང་ཆུབ་མ་ཐོབ་བར་གྱི་ཡི་དམ་དུ་བཟུང་ངོ་། །བདག་ཐུགས་ཀྱིས་མ་བཏང་ཞིག་སྙམ་པའི་བསམ་པས་འདིའི་རྗེས་ཟློས་གསུངས་ཤིག །སློབ་དཔོན་དགོངས་སུ་གསོལ། བདག་རིག་པ་(༥༥༠བ)འཛིན་པ་མིང་འདི་ཞེས་བགྱི་བས་དུས་འདི་ནས་བཟུང་སྟེ་ཇི་སྲིད་བྱང་

ཚུལ་སྙིང་པོ་ལ་མཆིས་ཀྱི་བར་དུ། འཕགས་པ་སྤྱན་རས་གཟིགས་ཡི་དམ་གྱི་ལྷར་བཟུང་ནས་འདིའི་གསང་སྔགས་ཉི་མ་རེ་རེ་བཞིན་འདི་ཙམ་རེ་འདོན་པར་དམ་འཆའ་ལགས་སོ། །ཞེས་ལན་གསུམ་བརྗོད། དེས་དངོས་གཞི་ལུང་གསུམ་སོང་ནས། ད་ནི་རྗེས་བྱིན་གྱིས་བརླབས་པའི་ཕྱིར། མདུན་བསྐྱེད་ཀྱི་ལྷ་ལ་མོས་གུས་དྲུང་དྲུང་བ་དང་། བདག་གི་རྒྱུད་བྱིན་གྱིས་བརླབ་ཏུ་གསོལ་སྙམ་པ་མཛད་པས། མདུན་བསྐྱེད་ཀྱི་ལྷའི་ཐུགས་ཀ་ནས་སྤྱན་རས་གཟིགས་ཀྱི་སྐུ་སོར་ཚད་ཙམ་གཅིག་རྒྱུངས་ཏེ་ཐིམ། ཁྱེད་རང་རྣམས་ཀྱི་སྙིང་གའི་ས་བོན་དང་དབྱེར་མེད་དུ་འདྲེས། རྒྱུད་བྱིན་གྱིས་བརླབས་པའི་མོས་པ་མཛོད། རྗེས་ཆོག་སྤྱི་དང་འདྲ། །

ༀ སངས་རྒྱས་སྨན་མ་ལ། སྐྱབས་འགྲོ་སེམས་བསྐྱེད་སྔོན་དུ་བཏང་ནས། ཨོཾ་སྭ་བྷཱ་ཝས་སྟོང་པར་སྦྱངས། སྟོང་པའི་ངང་ལས་པད་ཟླ་ལ་རང་སེམས་ལཾ་ཡོངས་སུ་གྱུར་པ་ལས་རང་ཉིད་སངས་རྒྱས་སྨན་མ་སྐུ་མདོག་དཀར་མོ་ཕྱག་གཡས་པས་འཁོར་ལོ་མིག་འབྲས་ཀྱིས་མཚན་པ་དང་། གཡོན་པས་པདྨ་དཀར་པོ་འཛིན་པ། རྒྱན་དང་ན་བཟའ་དཀར་པོ་ཅན། ཐུགས་ཀར་ཟླ་བའི་དཀྱིལ་འཁོར་གྱི་སྟེང་དུ་ལཾ། དེ་ལས་འོད་ཟེར་འཕྲོས། ཡེ་ཤེས་སེམས་དཔའ་བཛྲ་ས་མཱ་ཛཿཛཿཧཱུྃ་བཾ་ཧོཿ སྙིང་གར་ཟླ་བ་ལ་སྔགས་ཕྲེང་ས་བོན་མིང་ཡིག་དང་བཅས་པ་བསྒོམ། ཨོཾ་རུ་རུ་སྥུ་རུ། ཛྭ་ལ་ཏིཥྛ་སིདྡྷི་ལོ་ཙ་ནེ། སརྦ་ཨརྠ་ས་དྷ་ནི་མ་མ་ཀཱརྻ་ཀུ་རུ་སྭཱཧཱ། ཞེས་ཅི་ནུས་སུ(༥༥༧ན)བཟླ། ཨརྒྷཾ་ནས་ཤབྡའི་བར་གྱིས་མཆོད། སྨན་ནི་འཁོར་ལོ་མཛེས་པ་སྟེ། །འཆི་བ་སྲུང་བར་བྱེད་པའི་མཆོག །བདག་ཅག་སྡུག་བསྔལ་གྱུར་པ་ལ། །ལྷ་མོ་ཁྱོད་ཀྱིས་བསྐྱབ་པར་མཛོད། །དགེ་བ་བསྔོ། འདིའི་རྗེས་གནང་ནི། མཎྜལ་གྱི་སྟེང་དུ་ཚོམ་བུ་དཀར་པོ་དགོད། མདུན་དུ་ཞུམ་གཏོར་དཀར་པོ། མཆོད་པ་རྣམས་བཤམས། བདག་བསྐྱེད་བཟླས་པ་དང་བཅས་པ་གོང་བཞིན་བྱ། མཆོད་པ་བྱིན་གྱིས་བརླབས། དེ་ནས་མདུན་བསྐྱེད་བསངས་སྦྱངས། སྟོང་པའི་ངང་ལས་པད་ཟླའི་སྟེང་དུ་ལཾ་

ཡོངས་སུ་གྱུར་པ་ལས་སངས་རྒྱས་སྤྱན་མ་སྐུ་མདོག་དཀར་མོ་ནས་ན་བཟའ་དཀར་
པོ་ཅན། དེའི་སྤྱི་བོར་ཨོཾ། མགྲིན་པར་ཨཱཿ ཐུགས་ཀར་ཧཱུྃ། ཐུགས་ཀའི་ས་བོན་
ལས་འོད་ཟེར་འཕྲོས། ཡེ་ཤེས་སེམས་དཔའ་བཛྲ་ས་མ་ཛཿཛཿཧཱུྃ་བཾ་ཧོཿགཉིས་སུ་
མེད་པར་གྱུར་པར་བསམ། ཨརྒྷཾ་ནས་ཤབྡའི་བར་གྱིས་མཆོད། སྤྱན་ནི་འཁོར་ལོ་
མཛེས་མ་སྟེ། །ཞེས་སོགས་ཀྱིས་བསྟོད། བཟླས་པའི་དམིགས་པ་གསལ་བཏབ་ལ་
བཟླས་པ་བྱ། ཨོཾ་ཨཱཿཧཱུྃ། ལན་གསུམ་གྱིས་གཏོར་མ་བྱིན་གྱིས་བརླབས་ལ། ཨ་ཀཱ་རོ་
ལན་གསུམ་གྱིས་ཕུལ། བཅོམ་ལྡན་འདས་མས་བདག་དང་སེམས་ཅན་ཐམས་ཅད་
ལ་དངོས་གྲུབ་མ་ལུས་པ་བསྐྱལ་དུ་གསོལ། ཞེས་འདོད་དོན་ལ་གསོལ་བ་བཏབ།
སློབ་མའི་བྱ་བ་ནི། མཎྜལ་ཕུལ། གསོལ་བ་འདེབས་པ་འདིའི་རྗེས་གནང་གསུངས་
ཤིག །དུས་གསུམ་སངས་རྒྱས་ཐམས་ཅད་དང་། །སོགས་ལན་གསུམ། (༥༧བ)རྒྱུད་
དག་པར་བྱ་བའི་ཕྱིར་མདུན་བསྐྱེད་ཀྱི་ཚོམ་བུ་སངས་རྒྱས་སྤྱན་མ་དངོས་སུ་མོས་
ལ་དེའི་སྟེང་གི་ནམ་མཁར་བཞུགས་པའི་སངས་རྒྱས་བྱང་སེམས་རྣམས་ཀྱི་དྲུང་དུ་
སྐྱབས་འགྲོ་སྔོན་དུ་འགྲོ་བའི་བྱང་ཆུབ་ཀྱི་སེམས་བཟུང་བ་ལ་སོགས་པ་བགྱིད་སྙམ་
པའི་བསམ་པས་འདིའི་རྗེས་གནང་མཛོད། དཀོན་མཆོག་གསུམ་ལ་བདག་སྐྱབས་
མཆི། །སོགས་གསུམ་དང་། ཁྱད་པར་དུ་སངས་རྒྱས་སྤྱན་མའི་རྗེས་གནང་བསྐྱལ་
དུ་གསོལ་སྙམ་པའི་འདུན་པས་འདིའི་རྗེས་གནང་ཀྱང་གསུངས་ཤིག །སློབ་དཔོན་
དགོངས་སུ་གསོལ། བདག་ལ་སངས་རྒྱས་སྤྱན་མའི་རྗེས་གནང་མ་ལུས་པ་བསྐྱལ་
དུ་གསོལ། ཞེས་ལན་གསུམ་གྱིས་གསོལ་བ་བཏབ་ནས། ད་སྦྱོར་བ་རྗེས་གནང་གི་
གཞི་དགོད་པའི་སྐད་དུ་དམིགས་པ་འདི་བཞིན་དུ་མཛད་པར་ཞུ། ཨོཾ་ཤཱུ་ནྱ་ཏཱ་ཛྙཱ་
ན་བཛྲ་སྭ་བྷཱ་ཝ་ཨཱཏྨ་ཀོ྅ཧཾ། ཕྱི་ནང་གི་དངོས་པོ་ཐམས་ཅད་མི་དམིགས་པ་སྟོང་པ་
ཉིད་དུ་གྱུར་པའི་ངང་ལས་པད་ཟླ་ལ་ཁྱེད་རང་རྣམས་ཀྱི་སེམས་ཉིད་ལཾ་ཡོངས་སུ་
གྱུར་པ་ལས། ཁྱེད་རང་རྣམས་སངས་རྒྱས་སྤྱན་མ་སྐུ་མདོག་དཀར་མོ་ཕྱག་གཡས་

པས་འཁོར་ལོ་མིག་འབྲས་ཀྱིས་མཚན་པ་དང་། གཡོན་པས་པདྨ་དཀར་པོ་འཛིན་པ། རྒྱན་དང་ན་བཟའ་དཀར་པོ་ཅན། ཞེས་གསལ་གདབ། དེ་ནས་སློབ་དཔོན་ཡང་སངས་རྒྱས་སྤྱན་མ་དངོས་ཡིན་སྙམ་པའི་མོས་གུས་བྱས་པས། སློབ་དཔོན་གྱི་ཐུགས་ཀ་ནས་འོད་ཟེར་འཕྲོས། མདུན་བསྐྱེད་ཀྱི་ལྷའི་ཐུགས་རྒྱུད་བསྐུལ། དེའི་ཐུགས་ཀ་ནས་འོད་ཟེར་འཕྲོས། ཕྱོགས་བཅུའི་(༡༥༢ན)སངས་རྒྱས་དང་བྱང་ཆུབ་སེམས་དཔའ་ཐམས་ཅད་ཀྱི་ཐུགས་རྒྱུད་བསྐུལ་བས། སློབ་དཔོན་དང་མདུན་བསྐྱེད་ཀྱི་ལྷ་དང་ཕྱོགས་བཅུའི་སངས་རྒྱས་བྱང་ཆུབ་སེམས་དཔའ་ཐམས་ཅད་ཀྱི་ཐུགས་ཀ་ནས་སངས་རྒྱས་སྤྱན་མའི་སྐུ་ཆེ་ཆུང་དཔག་ཏུ་མེད་པ་བྱོན། ཁྱེད་རང་རྣམས་ཀྱི་བ་སྤུའི་བུ་ག་རྣམས་ནས་ཆར་བབས་པ་བཞིན་དུ་སིབ་སིབ་ཐིམ་པར་མོས་པ་མཛོད། ཛཿཧཱུྃ་བཾ་ཧོཿགཉིས་སུ་མེད་པར་ཐིམ། དེ་དག་ནི་རྗེས་གནང་གི་གཞི་དགོད་པའོ། །རྗེས་གནང་དངོས་ལ། ལུང་གསུམ་ལས་དང་པོ་རྗེས་སུ་བཟླས་པའི་ལུང་བླང་བའི་ཕྱིར། སློབ་དཔོན་གྱི་སྙིང་གར་ཟླ་བའི་དཀྱིལ་འཁོར་གྱི་སྟེང་དུ་ལཾ་དཀར་པོ། དེ་ལས་སྔགས་ཀྱི་འཕྲེང་བ་བྱུང་། སློབ་དཔོན་གྱི་ཞལ་ནས་ཐོན། ཁྱེད་རང་རྣམས་ཀྱི་ཞལ་དུ་ཞུགས། ཐུགས་ཀར་ཟླ་བའི་སྟེང་དུ་ལཾ་དཀར་པོ་གནས་པ་ལ་ཐིམ། དེའི་དུས་སུ་ཕྱོགས་བཅུའི་སངས་རྒྱས་བྱང་ཆུབ་སེམས་དཔའ་རྣམས་ཀྱི་མཁྱེན་བརྩེ་ནུས་མཐུ་ཐམས་ཅད་འོད་ཟེར་གྱི་རྣམ་པར་སྔགས་ཕྲེང་དང་ལྷན་ཅིག་ཞལ་དུ་ཞུགས། སྙིང་གའི་ལཾ་ལ་ཐིམ་པ་སོགས། བཟླས་ལུང་གི་དམིགས་པ་སྔར་བཞིན་དང་བཅས་སྔགས་འདིའི་རྗེས་ཟློས་ལན་གསུམ་གསུངས་ཤིག །ཨོཾ་རུ་རུ་སྤྷུ་རུ། ཛྭ་ལ་ཏིཥྛ་སིདྡྷི་ལོ་ཙ་ནེ། སརྦ་ཨརྠ་ས་དྷ་ནི་མ་མ་པུཥྚིཾ་ཀུ་རུ་སྭཱཧཱ། གཉིས་པ་བྱིན་གྱིས་བརླབས་པའི་ལུང་ནི། སློབ་དཔོན་ལ་མེ་ཏོག་འཐོར་བཞིན་དུ་འདིའི་རྗེས་ཟློས་མཛོད་ཅིག །བཅོམ་ལྡན་བདག་གིས་སོགས་ལན་གསུམ། དེ་ལྟར་ཕུལ་བའི་མེ་ཏོག་དེ་ཉིད། (༡༥༢བ)སླར་ཡང་བྱིན་གྱིས་བརླབས་ཏེ། ཁྱེད་རང་གི་སྤྱི་བོར་ཕུལ་

བའི་མོས་པ་མཛོད་ཅིག །སློབ་དཔོན་གྱིས་མེ་ཏོག་གཏོར་ཞིང་། བཅོམ་ལྡན་འདི་ལ་སོགས་དང་། རིག་པ་འཛིན་པ་འདི་རྣམས་ལ་སངས་རྒྱས་སྤྱན་མའི་སྐུ་གསུང་ཐུགས་ཀྱི་བྱིན་རླབས་མ་ལུས་པ་འཇུག་པར་གྱུར་ཅིག །གསུམ་པ་དམ་བཅའ་བའི་ལུང་གི་ཕྱིར། སངས་རྒྱས་སྤྱན་མ་འདི་ཉིད་ཇི་སྲིད་བྱང་ཆུབ་མ་ཐོབ་བར་གྱི་ཡི་དམ་དུ་བཟུང་ངོ་། །བདག་ཐུགས་ཀྱིས་མ་བཏང་ཞིག་སྙམ་པའི་བསམ་པས་འདིའི་རྗེས་བཟློས་གསུངས་ཤིག །སློབ་དཔོན་དགོངས་སུ་གསོལ། བདག་རིག་པ་འཛིན་པ་མིང་འདི་ཞེས་བགྱི་བས་དུས་འདི་ནས་བཟུང་སྟེ་ཇི་སྲིད་བྱང་ཆུབ་སྙིང་པོ་ལ་མཆིས་ཀྱི་བར་དུ་སངས་རྒྱས་སྤྱན་མ་ཡི་དམ་གྱི་ལྷར་བཟུང་ནས་འདིའི་གསང་སྔགས་ཉི་མ་རེ་རེ་བཞིན་འདི་ཙམ་རེ་འདོན་པར་དམ་འཆའ་ལགས་སོ། །ཞེས་លན་གསུམ་བརྗོད། དེས་དངོས་གཞི་ལུང་གསུམ་སོང་། ད་ནི་རྗེས་བྱིན་གྱིས་བརླབས་པའི་ཕྱིར། མདུན་བསྐྱེད་ཀྱི་ལྷ་ལ་མོས་གུས་དུང་དུང་བ་དང་། བདག་གི་རྒྱུད་བྱིན་གྱིས་བརླབ་ཏུ་གསོལ་སྙམ་པ་མཛད་པས། མདུན་བསྐྱེད་ཀྱི་ལྷའི་ཐུགས་ཀ་ནས་སངས་རྒྱས་སྤྱན་མའི་སྐུ་སོར་ཚད་ཙམ་གཅིག་རྒྱུངས་ཏེ་བྱོན། ཁྱེད་རང་རྣམས་ཀྱི་སྙིང་གའི་ས་བོན་དང་དབྱེར་མེད་དུ་འདྲེས། རྒྱུད་བྱིན་གྱིས་བརླབས་པའི་མོས་པ་མཛོད། རྗེས་ཆོག་ཕྱི་དང་འདྲ། །

༄ དམ་ཚིག་གསུམ་བཀོད་གཙོ་རྒྱང་ལ། གཙང་སྦྲ་དང་བསྙེན་གནས་ཀྱི་ཚོ་ག་ལ་གནས་པའི་སྔོ་ནས་འདི་ཉིད་ཀྱི་ཐྲིས་སྐུའམ་མ་འབྱོར་ན་ཐུབ་པའི་དབང་པོའི་སྐུ་གཟུགས་ཐྲིས་འབུར་(༥༥༣ན)གང་ཡང་རུང་བ་སྟེགས་བུ་ལ་བཞག །གཙང་སྦྲ་ཅན་གྱི་མཆོད་པ་རྒྱ་ཆེར་བཤམས། སྟན་དམའ་བ་ལ་ཕུས་མོ་བཙུགས་པའི་ཚུལ་གྱིས་འདུག་སྟེ། མཆོད་པ་རྣམས་སྤྱི་དང་མཐུན་པར་བྱིན་གྱིས་བརླབས་པའམ་མཆོད་པའི་སྤྲིན་གྱི་གཟུངས་ལན་གསུམ་གྱིས་བྱིན་གྱིས་བརླབས། སེམས་བསྐྱེད་ཚད་མེད་བཞི་དང་སྤྲོལ་བ་སྔོན་དུ་འགྲོ་བས། མདུན་དུ་རིན་པོ་ཆེའི་ཁྲི་པདྨའི་གདན་དང་

བཅས་པར་གྱུར། བདུག་སྤོས་འཐུལ་ཞིང་། མ་ལུས་སེམས་ཅན་མའི་མཐར་རྡོ་རྗེ་བསྣམས་པ་ལས། གུང་མོ་གཉིས་བསྒྲེང་ཞིང་རྩེ་མོ་སྦྱར། མཐེ་བོང་གཉིས་མཉམ་པར་བརྐྱང་བ་རྡོ་རྗེ་གཙུག་ཏོར་གྱི་ཕྱག་རྒྱ་གཡབ་ཅིང་། ཨོཾ་ཏ་ཐཱ་ག་ཏ་ཧྲ་ག་ལྷན། ཨོཾ་ཏྲེ་ཏྲི། བཅོམ་ལྡན་འདས་དམ་ཚིག་གསུམ་བཀོད་པའི་རྒྱལ་པོ་ཕྱོན་ཏེ་གདན་ལ་བཞུགས་པར་གྱུར། ཨརྒྷཾ་ནས་ཤབྡའི་བར་གྱིས་མཆོད། མགོན་པོ་ཐུགས་རྗེ་ཆེ་སོགས་ཀྱིས་བསྟོད། བཟང་སྤྱོད་ནས་འབྱུང་བའི་ཡན་ལག་བདུན་པ་ཚར་གཅིག་བྱ། བཅོམ་ལྡན་དམ་ཚིག་གསུམ་བཀོད་ནི། །གསེར་མདོག་རྡོ་རྗེའི་སྐྱིལ་ཀྲུང་བཞུགས། །མཚན་དང་དཔེ་བྱད་ཡོངས་སུ་རྫོགས། །ཚངས་སྤྱོད་ཆ་བྱད་ཆོས་གོས་བསྣམས། །ཕྱག་གཡོན་ཆོས་གོས་གྲྭ་འཛིན་ཅིང་། །གཉིས་ཀ་ཐུགས་ཀར་ཆོས་འཆད་མཛད། །ཐུགས་ཀར་ཟླ་བའི་དཀྱིལ་འཁོར་ལ། །གསང་སྔགས་ཡི་གེ་བརྒྱ་པ་བཞུགས། །ན་མ་སྟྲཻ་ཡ་ཐྲི་ཀཱ་ནཱཾ། སརྦ་ཏ་ཐཱ་ག་ཏཱ་ནཱཾ། སརྦ་ཊ་ཨ་པྲ་ཏི་ཧ་ཏ་བཤྲི། རྡྷརྨ་ཏཱ་པཱ་ལི་ནཱཾ། ཨོཾ་ཨ་ས་མ་ས་མ་ས་མནྟཱ་ཨཱ་ནནྟ་བཤྲི་ཤ་ས་ནི་ཧ་ར་ཧ་ར་(༤༥༣བ)སྨྲ་ར་སྨྲ་ར་ཎ་པི་ག་ཏ་ར་ག་བུདྡྷ་རྡྷརྨ་ཏེ་སཱ་ར་སཱ་ར། ས་མ་པ་ལ། ཧ་ས་ཧ་ས། ཏྲ་ཡ་ཏྲ་ཡ། ག་ག་ན་མཧཱ་པྲ་ར་ལཀྵ་ཎེ། ཛྭ་ལ་ཛྭ་ལ་ན་ས་ག་རེ་སྭཱ་ཧཱ། ཞེས་ཅི་ནུས་སུ་བཟླས་པའི་མཐར་མཆོད་བསྟོད་བྱ། འདིའི་རྗེས་གནང་ནི་སྒྲུབ་ཐབས་བརྒྱ་རྩ་དང་འདྲ། ཞེས་གསུངས་པ་ལྟར་བྱ་བ་ལ། སྐུ་གཟུགས་ཀྱི་མདུན་དུ་མཆོད་པ་རྒྱ་ཆེར་བཤམས། དེ་ནས་སྭ་བྷཱ་ཝས་སྟོང་པར་སྦྱངས། སྟོང་པའི་ངང་ལས་སྐད་ཅིག་གིས་རང་ཉིད་བཅོམ་ལྡན་འདས་དམ་ཚིག་གསུམ་བཀོད་དུ་གྱུར་པ་ནི། གསེར་མདོག་རྡོ་རྗེ་སྐྱིལ་ཀྲུང་བཞུགས། ཞེས་པ་ནས། ཛྭ་ལ་ཛྭ་ལ་ན་ས་ག་རེ་སྭཱ་ཧཱ། ཞེས་པའི་བར་གྱི་བདག་བསྐྱེད་བཟླས་པ་དང་བཅས་པ་བྱ་ཞིང་མཆོད་བསྟོད་བྱ། མདུན་བསྐྱེད་གོང་བཞིན། སློབ་མའི་བྱ་བ་ནི། མཎྜལ་ཕུལ། གསོལ་བ་འདེབས་པ་འདིའི་རྗེས་ཟློས་གསུངས་ཤིག །དུས་གསུམ་སངས་རྒྱས་ཐམས་ཅད་དང་། །ཞེས་སོགས་ལན་

གསུམ། རྒྱུད་དག་པར་བྱ་བའི་ཕྱིར་མདུན་བསྐྱེད་ཀྱི་སྐུ་རྟེན་འདི་ཉིད་དམ་ཚིག་གསུམ་བཀོད་དངོས་སུ་མོས་ལ་དེའི་སྙིང་གི་ནམ་མཁར་བཞུགས་པའི་སངས་རྒྱས་བྱང་སེམས་རྣམས་ཀྱི་དྲུང་དུ་སྐྱབས་འགྲོ་སྔོན་དུ་འགྲོ་བའི་བྱང་ཆུབ་ཀྱི་སེམས་བཟུང་བ་ལ་སོགས་པ་བགྱིད་སྙམ་པའི་བསམ་པས་འདིའི་རྗེས་ཟློས་མཛོད། དཀོན་མཆོག་གསུམ་ལ་བདག་སྐྱབས་མཆི། །སོགས་གསུམ་དང་། ཁྱད་པར་དུ་དམ་ཚིག་གསུམ་བཀོད་གཙོ་རྒྱུད་གི་རྗེས་གནང་བསྐུལ་དུ་གསོལ་སྙམ་པའི་འདུན་པས་འདིའི་རྗེས་ཟློས་ཀྱང་གསུངས་ཤིག །སློབ་དཔོན་དགོངས་སུ་གསོལ། (༥༥༨ན)བདག་ལ་བཅོམ་ལྡན་འདས་དམ་ཚིག་གསུམ་བཀོད་ཀྱི་རྗེས་གནང་མ་ལུས་པ་བསྐུལ་དུ་གསོལ། ཞེས་ལན་གསུམ་གྱིས་གསོལ་བ་བཏབ་ནས། ད་སྦྱོར་བ་རྗེས་གནང་གི་གཞི་དགོད་པའི་སླད་དུ་དམིགས་པ་འདི་བཞིན་དུ་མཛད་པར་ཞུ། ཨོཾ་ཤྲུ་ཏྲུ་ཏྲ་ཧྣཱ་ན་བཛྲ་སྭ་ཧཱ་ཕ་ཨཱཧྨ་གོཉཧྃ། ཕྱི་ནང་གི་དངོས་པོ་ཐམས་ཅད་མི་དམིགས་པ་སྟོང་པ་ཉིད་དུ་གྱུར་པའི་ངང་ལས་རིན་པོ་ཆེའི་ཁྲི་པདྨའི་གདན་དང་བཅས་པ་ལ། ཁྱེད་རང་རྣམས་བཅོམ་ལྡན་འདས་དམ་ཚིག་གསུམ་བཀོད་དུ་གྱུར་པ་ནི། གསེར་མདོག་རྡོ་རྗེ་སྐྱིལ་ཀྲུང་བཞུགས། །མཚན་དང་དཔེ་བྱད་ཡོངས་སུ་རྫོགས། །ཚངས་སྤྱོད་ཆ་བྱད་ཆོས་གོས་བསྣམས། །ཕྱག་གཡོན་ཆོས་གོས་གྲྭ་འཛིན་ཅིང་། །གཉིས་ཀ་ཐུགས་ཀར་ཆོས་འཆད་མཛད། །ཅེས་གསལ་གདབ། དེ་ནས་སློབ་དཔོན་ཡང་བཅོམ་ལྡན་འདས་དམ་ཚིག་གསུམ་བཀོད་དངོས་ཡིན་སྙམ་པའི་མོས་གུས་བྱས་པས། སློབ་དཔོན་གྱི་ཐུགས་ཀ་ནས་འོད་ཟེར་འཕྲོས། མདུན་བསྐྱེད་ཀྱི་ལྷའི་ཐུགས་རྒྱུད་བསྐུལ། དེའི་ཐུགས་ཀ་ནས་འོད་ཟེར་འཕྲོས། ཕྱོགས་བཅུའི་སངས་རྒྱས་དང་བྱང་ཆུབ་སེམས་དཔའ་ཐམས་ཅད་ཀྱི་ཐུགས་རྒྱུད་བསྐུལ་བས། སློབ་དཔོན་དང་མདུན་བསྐྱེད་ཀྱི་ལྷ་དང་ཕྱོགས་བཅུའི་སངས་རྒྱས་བྱང་ཆུབ་སེམས་དཔའ་ཐམས་ཅད་ཀྱི་ཐུགས་ཀ་ནས་དམ་ཚིག་གསུམ་བཀོད་ཀྱི་སྐུ་ཆེ་ཆུང་དཔག་ཏུ་མེད་པ་བྱོན། ཁྱེད་རང་རྣམས་ཀྱི་བ་

 སྤྱིའི་བུ་ག་རྣམས་ནས་ཆར་བབས་པ་བཞིན་དུ་སིབ་སིབ་ཐིམ་པར་མོས་པ་མཛོད། ཛཿཧཱུཾ་བཾ་ཧོཿགཉིས་སུ་(༤༥༤བ)མེད་པར་ཐིམ། དེ་དག་གི་རྗེས་གནང་གི་གཞི་དགོད་པའོ། །རྗེས་གནང་དངོས་ལ། ལུང་གསུམ་ལས། དང་པོ་རྗེས་སུ་བཟླས་པའི་ལུང་ བླང་བའི་ཕྱིར། སློབ་དཔོན་གྱི་སྙིང་གར་ཟླ་བའི་དཀྱིལ་འཁོར་གྱི་སྟེང་དུ་ཧཱུྃ་སེར་པོ། དེ་ལས་སྔགས་ཀྱི་འཕྲེང་བ་བྱུང་། སློབ་དཔོན་གྱི་ཞལ་ནས་ཐོན། ཁྱེད་རང་རྣམས་ཀྱི་ཞལ་དུ་ཞུགས། ཐུགས་ཀར་ཟླ་བའི་སྟེང་དུ་ཧཱུྃ་སེར་པོ་གནས་པ་ལ་ཐིམ། དེའི་ དུས་སུ་ཕྱོགས་བཅུའི་སངས་རྒྱས་བྱང་ཆུབ་སེམས་དཔའ་རྣམས་ཀྱི་མཁྱེན་བརྩེ་ནུས་ མཐུ་ཐམས་ཅད་འོད་ཟེར་གྱི་རྣམ་པར་སྔགས་ཕྲེང་དང་ལྷན་ཅིག་ཞལ་དུ་ཞུགས། སྙིང་གའི་ཧཱུྃ་ལ་ཐིམ་པ་སོགས་བཟླས་ལུང་གི་དམིགས་པ་སྔར་བཞིན་དང་བཅས་ སྔགས་འདིའི་རྗེས་ཟློས་ལན་གསུམ་གསུངས་ཤིག །ན་མ་སྟྲཻ་ཡ་རྡྷི་ཀཱ་ནཱཾ། སརྦ་ཏ་ ཐཱ་ག་ཏཱ་ནཱཾ། སརྦ་ཏྲ་ཨ་པྲ་ཏི་ཧ་ཏ་བརྙི། རྒྱཱ་ཏཱ་བཱ་ལི་ནཱཾ། ཨོཾ་ཨ་ས་མ་ས་མ་ས་ མནྟེ་ཨཱ་ནནྟ་བརྙི་ཤ་ས་ནི་ཧ་ར་ཧ་ར། སྨ་ར་སྨ་ར་ཎ་བི་ག་ཏ་ར་ག་བུདྡྷ་རྒྱཱ་ཏེ་སཱ་ ར་སཱ་ར། ས་མ་བ་ལ། ཧ་ས་ཧ་ས། ཏྲཱ་ཡ་ཏྲཱ་ཡ། ག་ག་ན་མཧཱ་བ་ར་ལཀྴ་ཎེ། ཛྭ་ ལ་ཛྭ་ལ་ན་ས་ག་རེ་སྭཱཧཱ། གཉིས་པ་བྱིན་གྱིས་བརླབས་པའི་ལུང་ནི། སློབ་དཔོན་ ལ་མེ་ཏོག་གཏོར་བཞིན་དུ་འདིའི་རྗེས་ཟློས་མཛོད་ཅིག །བཅོམ་ལྡན་བདག་གིས་ སོགས་ལན་གསུམ། དེ་ལྟར་ཕུལ་བའི་མེ་ཏོག་དེ་ཉིད་སླར་ཡང་བྱིན་གྱིས་བརླབས་ ཏེ། ཁྱེད་རང་གི་སྤྱི་བོར་ཕུལ་བར་མོས་པ་མཛོད་ཅིག །སློབ་དཔོན་གྱིས་མེ་ཏོག་ འཐོར་ཞིང་། བཅོམ་ལྡན་འདི་ལ་སོགས་དང་། རིག་པ་འཛིན་པ་འདི་རྣམས་ལ་ བཅོམ་ལྡན་འདས་དམ་ཚིག་གསུམ་(༤༥༥ན)བཀོད་ཀྱི་སྐུ་གསུང་ཐུགས་ཀྱི་བྱིན་རླབས་ མ་ལུས་པ་འཇུག་པར་གྱུར་ཅིག །གསུམ་པ་དམ་བཅའ་བའི་ལུང་གི་ཕྱིར། བཅོམ་ ལྡན་འདས་དམ་ཚིག་གསུམ་བཀོད་འདི་ཉིད་ཇི་སྲིད་བྱང་ཆུབ་མ་ཐོབ་བར་གྱི་ཡི་ དམ་དུ་བཟུང་ངོ་། །བདག་ཐུགས་ཀྱིས་མ་བཏང་ཞིག་སྙམ་པའི་བསམ་པས་འདིའི་

རྗེས་སྣོས་གསུངས་ཤིག །སློབ་དཔོན་དགོངས་སུ་གསོལ། བདག་རིག་པ་འཛིན་པ་མིང་འདི་ཞེས་བགྱི་བས་དུས་འདི་ནས་བཟུང་སྟེ། ཇི་སྲིད་བྱང་ཆུབ་སྙིང་པོ་ལ་མཆིས་ཀྱི་བར་དུ་བཅོམ་ལྡན་འདས་དམ་ཚིག་གསུམ་བཀོད་ཡི་དམ་གྱི་ལྷར་བཟུང་ནས་འདིའི་གསང་སྔགས་ཉེ་མ་རེ་རེ་བཞིན་འདི་ཙམ་རེ་འདོན་པར་དམ་འཆའ་ལགས་སོ། །ཞེས་ལན་གསུམ་བརྗོད། དེས་དངོས་གཞི་ལུང་གསུམ་སོང་། ད་ནི་རྗེས་བྱིན་གྱིས་བརླབས་པའི་ཕྱིར། མདུན་བསྐྱེད་ཀྱི་ལྷ་ལ་མོས་གུས་དྲང་དྲང་བ་དང་བདག་གི་རྒྱུད་བྱིན་གྱིས་བརླབ་ཏུ་གསོལ་སྙམ་པ་མཛད་པས། མདུན་བསྐྱེད་ཀྱི་ལྷའི་ཐུགས་ཀ་ནས་བཅོམ་ལྡན་འདས་དམ་ཚིག་གསུམ་བཀོད་ཀྱི་སྐུ་སོར་ཚད་ཙམ་གཅིག་རྒྱངས་ཏེ་ཐོན། ཁྱེད་རང་རྣམས་ཀྱི་སྙིང་གའི་ས་བོན་དང་དབྱེར་མེད་དུ་འདྲེས་རྒྱུད་བྱིན་གྱིས་བརླབས་པའི་མོས་པ་མཛོད། རྗེས་ཚིག་སྤྱི་དང་འདྲ། སྒྲུབ་ཐབས་རིན་ཆེན་འབྱུང་གནས་ཀྱི་ལྷན་ཐབས་རིན་འབྱུང་དོན་གསལ་ལས། རྡོ་རྗེ་གདན་པའི་ཐུགས་དམ་ལྷ་ལྔའི་སྒྲུབ་ཐབས་བཤད་པའི་སྐབས་སོ། །

༄ ཀུ་རུ་ཀུལླེ་གསང་སྒྲུབ་ལ། སྐྱབས་འགྲོ་སེམས་བསྐྱེད་སྔོན་དུ་འགྲོ་བས། སྭ་བྷཱ་ཝས་སྟོང་(༦༥༥བ)པར་སྦྱངས། སྟོང་པའི་ངང་ལས་རཾ་ལས་ཉི་མའི་དཀྱིལ་འཁོར་གྱི་སྟེང་དུ་ལྷ་ཆེན་དབང་ཕྱུག་དང་ཨུ་མ་བརྫོལ་བའི་གདན། དེའི་སྟེང་དུ་རྣ་རུ་ལ་ནག་པོ་མདའ་གཞུ་འཛིན་པ་ཁ་བུབ་ཏུ་བསྒྱེལ་བ་ལ་ཧྲཱིཿལས་ཨུཏྤལ་དམར་པོ་ཧྲཱིཿས་མཚན་པ་ལས་འོད་ཟེར་ལྔགས་ཀྱུ་དང་ཞགས་པ་ལྕགས་བུ་འཕྲོས་པས། འཕགས་པ་མཆོད། སེམས་ཅན་ཐམས་ཅད་རྗེ་བཙུན་མའི་གོ་འཕང་ལ་བཀོད། ཚུར་འདུས་ཧྲཱིཿཡིག་ལ་ཐིམ། དེ་ཡོངས་སུ་གྱུར་པ་ལས་བདག་ཉིད་རྗེ་བཙུན་མ་ཀུ་རུ་ཀུལླེ་སྐུ་མདོག་དམར་མོ་ཞལ་གཅིག་ཕྱག་བཞི་མ། དང་པོ་གཉིས་ཨུཏྤལ་དམར་པོའི་མདའ་གཞུ་ཅན་གྱི་མདའ་དང་། མེ་ཏོག་གི་གཞུ་སྙན་གྱི་བར་དུ་འགེངས་པ། གཡས་འོག་མས་ལྕགས་ཀྱུ་ཅན་དང་། གཡོན་འོག་མས་རྩ་བ་ཞགས་པར་བྱས་པའི་ཨུཏྤལ་

འཛིན་པ། སྤྱན་གསུམ་དང་ལྡན་པ། ཉ་འཕུར་རྒྱས་པ། ལོ་བཅུ་དྲུག་ལོན་པ་ལྟ་བུ། དབུ་སྐྲ་དམར་སེར་གྱེན་དུ་བརྫེས་པ། ཐོད་སྐམ་ལྔས་དབུ་བརྒྱན་ཅིང་། རློན་པ་ལྔ་བཅུའི་དོ་ཤལ་ཅན། རུས་པའི་རྒྱན་ལྔས་བརྒྱན་པ། སྟག་གི་པགས་པའི་ཤམ་ཐབས་གསོལ་བ། ཞབས་གཡོན་བརྐྱང་བའི་སྐྱིལ་ཀྲུང་ཕྱེད་པའི་གར་སྟབས་ཀྱིས་འོད་ཟེར་དམར་པོ་དང་མེ་དཔུང་འབར་བའི་དབུས་ན་བཞུགས་པ། ཤར་དུ་ཧ་ལས་རྡོ་རྗེ་མཁའ་འགྲོ་མ་དཀར་མོ། ལྷོར་རི་ལས་རིན་ཆེན་མཁའ་འགྲོ་མ་སེར་མོ། ནུབ་ཏུ་ནི་ལས་པདྨ་མཁའ་འགྲོ་མ་དམར་མོ། བྱང་དུ་ས་ལས་ལས་ཀྱི་མཁའ་འགྲོ་མ་ལྗང་གུ་རྣམས་ཌ་མ་རུ་དང་ཁ་ཊྭཾ་ག་ཐོད་པ་འཛིན་པ་གར་སྟབས་ཀྱིས་བཞུགས་པའོ། །སྤྱི་བོར་ཧྲཱིཿ(༦༥༨ན)ལས་ཁྲོ་བོ་རྟ་མགྲིན་དམར་པོ་དབྱུག་པ་དང་སྡིགས་མཛུབ་ཅན། དེའི་ཐུགས་ཀར་ཧྲཱིཿདང་རྟ་མགོའི་མདུན་དུ་ཟླ་མའི་སྐུ་གཟུགས་ཀྱིས་བརྒྱན་པ། རང་གི་སྙིང་གར་པདྨ་འདབ་བཞི་ལ་རིག་བྱེད་མ་ལྔ་ལྔ་དང་། ཁྲོ་རྒྱལ་རྟ་མགྲིན་བླ་མར་བཅས་པ། གཙོ་མོའི་ཐུགས་ཀར་ཧྲཱིཿཡིག་གི་མཐར་སྔགས་ཀྱི་འཕྲེང་བས་བསྐོར་བ། རིགས་བཞི་མཁའ་འགྲོའི་ཐུགས་ཀར་ཡང་རང་རང་གི་ས་བོན། དེ་རྣམས་ཀྱི་སྤྱི་བོར་ཨོཾ། མགྲིན་པར་ཨཱཿ ཐུགས་ཀར་ཧཱུྃ། ཐུགས་ཀའི་ས་བོན་ལས་འོད་ཟེར་འཕྲོས། ཡེ་ཤེས་སེམས་དཔའ་བཛྲ་ས་མ་ཛཿཛཿཧཱུྃ་བཾ་ཧོཿགཉིས་སུ་མེད་པར་གྱུར། བཟླས་པའི་སྔགས་ནི། ཨོཾ་ཀུ་རུ་ཀུལླེ་ཧྲཱིཿཧཱུྃ་ཧཱུྃ་ཕཊ་ཕཊ་ཨོཾ་ཨཱཿཧཱུྃ་ཧྲཱི་ཧྲི་ཧྲི་ཧ་རི་ནི་ས་ཧྲི་ཛཿཨ་ཀརྵ་ཡ་ཧཱུྃ་ཛཿབ་སུ་ཥ་ཤ་ཀུ་རུ་ཨཀྵུ་ཤ་ཧྲི་ཥ་ཤཾ་ཀུ་རུ་ཧཱུྃ་ཧཱུྃ་ཛཿཛཿཞེས་དྲག་ཏུ་བཟླའོ། །འདིའི་རྗེས་གནང་ནི། མཎྜལ་པདྨ་དམར་པོ་འདབ་མ་བརྒྱད་པའི་སྟེང་དུ་ཐོད་ཚང་། དེའི་སྟེང་དུ་སིནྡྷུ་རའི་དཀྱིལ་འཁོར་ལ་ཆོས་འབྱུང་གི་ནང་དུ་པད་འདབ་བཞི་པའི་ལྟེ་བར་ཧྲཱིཿཤར་དུ་ཧ། ལྷོར་རི། ནུབ་ཏུ་ནི། བྱང་དུ་ས་ཡིག་རྣམས་བྲིས་པ་བརྩེགས། མདུན་དུ་ཟླུམ་གཏོར་དམར་པོ། མཆོད་པ། ནང་མཆོད། སྔོན་འགྲོའི་གཏོར་མ་རྣམས་དང་། གང་འོས་ཕྱོགས་སུ་བུམ་པ་གཉིས།

མིག་དར། མེ་ཏོག །དབུ་རྒྱན། ཨུཏྤལ་གྱི་མདའ་གཞུ། ལྕུགས་ཀྱུ། ཞགས་པ་དང་བཅས་པ། སྣོད་གཅིག་ཏུ་རིགས་ལྔའི་ཕྱག་མཚན་རྣམས་བཤམས། སྔོན་འགྲོ་གཏོར་མ་བཏང་། གནས་ཡོ་བྱིན་གྱིས་བརླབས་པ་ནི། ཨ་ཀྲོ་ཏས་(༥༥༨བ)བསངས། སྭ་བྷཱ་ཝས་སྦྱངས། སྟོང་པའི་ངང་ལས་གནས་ཁང་ཧྲཱིཿ་ལས་རིན་པོ་ཆེ་སྣ་ཚོགས་ལས་གྲུབ་པའི་ཐར་པ་ཆེན་པོའི་གཞལ་མེད་ཁང་མཚན་ཉིད་ཐམས་ཅད་ཡོངས་སུ་རྫོགས་པའི་དབུས་སུ་ཨ་ལས་བྱུང་བའི་མིའི་ཐོད་པ་ཡངས་ཤིང་རྒྱ་ཆེ་བ་རྣམས་ཀྱི་ནང་དུ་ཧཱུྃ་ཞུ་བ་ལས་བྱུང་བའི་མེ་ཏོག །བདུག་སྤོས། མར་མེ། དྲི་ཆབ། ཞལ་ཟས། རོལ་མོ་ལ་སོགས་པའི་མཆོད་རྫས་རྣམས་ཡེ་ཤེས་ཀྱི་རང་བཞིན་མཆོད་པའི་རྣམ་པ་ཟག་མེད་བདེ་ཆེན་གྱི་རྒྱུ་བླ་ན་མེད་པས་མཁའ་དབྱིངས་ཐམས་ཅད་ཡོངས་སུ་ཁྱབ་པར་གྱུར། ཨོཾ་བཛྲ་ཨརྒྷཾ་སྭཱཧཱ་ནས་ཨོཾ་བཛྲ་ཤབྡ་ཨཱཿཧཱུྃ། ཨོཾ་བཛྲ་ཧྲཱིཿ་ར་ཊི་ཏ་ནས་ཏྲཾ་ཨཱ་པིཾ་སྭཱཧཱ། ཞེས་ལན་གསུམ་གྱིས་བྱིན་དབབ། དེ་ནས་བདག་བསྐྱེད་བཟླས་པ་དང་བཅས་པ་བྱ། མདུན་བསྐྱེད་བསངས་སྦྱངས། སྟོང་པའི་ངང་ལས་རཾ་ལས་ཉི་མའི་དཀྱིལ་འཁོར་གྱི་སྟེང་དུ་ལྷ་ཆེན་དབང་ཕྱུག་ཅེས་པ་ནས། ཛཿཧཱུྃ་བཾ་ཧོཿགཉིས་སུ་མེད་པར་གྱུར། ཅེས་པའི་བར་སྔར་དང་འདྲ་བ་ལས་བདག་ཉིད་ཅེས་པ་དང་རང་གི་ཞེས་པ་དོར། ཨོཾ་ཀུ་རུ་ཀུལླེ་ས་པ་རི་ཝཱ་ར་ཨརྒྷཾ་ནས་ཤབྡའི་བར་གྱིས་མཆོད། ནང་མཆོད་བསངས་སྦྱངས། ཨོཾ་ཨཱཿཧཱུྃ་ཧ་ཧོ་ཧྲཱིཿ ལན་གསུམ་གྱིས་བྱིན་གྱིས་བརླབས་ལ། འབྲུ་གསུམ་གྱིས་ནང་མཆོད་དབུལ། བསྟོད་པས་རྗེས་ཆགས་པདྨ་རཱ་གའི་མདོག །ཞལ་གཅིག་ཕྱག་བཞི་ཞབས་གཉིས་མཛེས་པའི་སྐུ། །མདའ་གཞུ་ཨུཏྤལ་ལྕུགས་ཀྱུ་ཞགས་པ་འཛིན། །བཅོམ་ལྡན་རིག་བྱེད་མ་ལ་ཕྱག་འཚལ་ལོ། །ཞེས་པས་བསྟོད། བཟླས་པ་བྱ། གཏོར་མ་ནང་མཆོད་ལྟར་བྱིན་(༥༥༩ན)གྱིས་བརླབས་ལ། ཨོཾ་ཀུ་རུ་ཀུལླེ་ས་པ་རི་ཝཱ་ར་ཨི་དཾ་བ་ལིཾ་ཏ་ཁ་ཁ་ཁཱ་ཧི་ཁཱ་ཧི། ཞེས་ལན་བདུན་གྱིས་གཏོར་མ་ཕུལ། མཆོད་བསྟོད་བྱ། དེ་ནས་བུམ་པ་གཉིས་བསངས་སྦྱངས། སྟོང་པའི་ངང་ལས་པཾ་ལས་པདྨ

དང་ཨ་ལས་ཟླ་བའི་དཀྱིལ་འཁོར་གྱི་སྟེང་དུ་ཧཱུྃ་ལས་རིན་པོ་ཆེའི་བུམ་པ་ཡངས་ཤིང་རྒྱ་ཆེ་བ། ལྟོ་བ་ཡངས་ཤིང་མགྲིན་པ་ཕྲ་བ། མཆུ་འཕྱང་བ། ལྷའི་གོས་ཀྱི་མགུལ་ཆིངས་དང་ལྡན་པ། དཔག་བསམ་གྱི་ཤིང་གིས་ཁ་བརྒྱན་པ། ནང་ཆུ་དང་བཅུད་ཐམས་ཅད་ཀྱིས་ཡོངས་སུ་གང་བར་གྱུར། རྣམ་རྒྱལ་བུམ་པའི་ནང་དུ་རཾ་ལས་ཉི་མའི་དཀྱིལ་འཁོར་གྱི་སྟེང་དུ་ལྷ་ཆེན་དབང་ཕྱུག་དང་ཨུ་མ་བསྙོལ་བའི་གདན། དེའི་སྟེང་དུ་ནཱ་ཌུ་ལ་ནག་པོ་མདའ་གཞུ་འཛིན་པ་ཁ་སྦུབ་ཏུ་བསྙིལ་བ་ལ་ཧྲཱིཿལས་ཨུཏྤལ་དམར་པོ་ཧྲཱིཿས་མཚན་པ་ལས་འོད་ཟེར་ལྕགས་ཀྱུ་དང་ཞགས་པ་ལྟ་བུ་འཕྲོས་པས། འཕགས་པ་མཆོད། སེམས་ཅན་ཐམས་ཅད་རྗེ་བཙུན་མའི་གོ་འཕང་ལ་བཀོད་ཚུར་འདུས་ཧྲཱིཿཡིག་ལ་ཐིམ། དེ་ཡོངས་སུ་གྱུར་པ་ལས་རྗེ་བཙུན་མ་ཀུ་རུ་ཀུལླེ་སྐུ་མདོག་དམར་མོ་ཞལ་གཅིག་ཕྱག་བཞི་མ། དང་པོ་གཉིས་ཀྱིས་ཨུཏྤལ་དམར་པོའི་མདེའུ་ཅན་གྱི་མདའ་དང་། མེ་ཏོག་གི་གཞུ་སྐན་གྱི་བར་དུ་འགེངས་པ། གཡས་འོག་མས་འགུགས་བྱེད་ལྕགས་ཀྱུ་དང་། གཡོན་འོག་མས་རྩ་བ་ཞགས་པར་བྱས་པའི་ཨུཏྤལ་འཛིན་པ། སྤྱན་གསུམ་དང་ལྡན་པ། ནུ་འབུར་རྒྱས་པ། ལོ་བཅུ་དྲུག་ལོན་པ་ལྟ་བུ། དབུ་སྐྲ་དམར་སེར་གྱེན་དུ་བརྫེས་པ། ཐོད་སྐམ་ལྔས་དབུ་བརྒྱན་ཅིང་(༥༥༧བ)རློན་པ་ལྔ་བཅུའི་དོ་ཤལ་ཅན། རུས་པའི་རྒྱན་ལྔས་བརྒྱན་པ། སྟག་གི་པགས་པའི་ཤམ་ཐབས་གསོལ་བ། ཞབས་གཡོན་བརྐྱང་བའི་སྐྱིལ་ཀྲུང་ཕྱེད་པའི་གར་སྟབས་ཀྱིས་འོད་ཟེར་དམར་པོ་དང་མེ་དཔུང་འབར་བའི་དབུས་ན་བཞུགས་པ། ཤར་དུ་ཏ་ལས་རྡོ་རྗེ་མཁའ་འགྲོ་མ་དཀར་མོ། ལྷོར་རི་ལས་རིན་ཆེན་མཁའ་འགྲོ་མ་སེར་མོ། ནུབ་ཏུ་ནི་ལས་པདྨ་མཁའ་འགྲོ་མ་དམར་མོ། བྱང་དུ་ས་ལས་ལས་ཀྱི་མཁའ་འགྲོ་མ་ལྗང་གུ་རྣམས་ཌཱ་མ་རུ་དང་ཁ་ཊྭཱཾ་ག་ཐོད་པ་འཛིན་པ་གར་སྟབས་ཀྱིས་བཞུགས་པའོ། །ལས་བུམ་གྱི་ནང་དུ་ཧྲཱིཿལས་སྐད་ཅིག་གིས་ཁྲོ་བོ་ཧ་མགྲིན་སྐུ་མདོག་དམར་པོ་ཞལ་གཅིག་ཕྱག་གཉིས་གཡས་དབྱུག་པ་དང་། གཡོན་སྡིགས་

མཇུག་མཛད་པར་གྱུར། ཐུགས་ཀའི་ས་བོན་ལས་འོད་ཟེར་འཕྲོས། ཡེ་ཤེས་སེམས་དཔའ་བཛྲ་ས་ཏྭ་ཛཿཛཿཧཱུྃ་བཾ་ཧོཿགཉིས་སུ་མེད་པར་གྱུར་པར་བསམ། གཟུངས་ཐག་ནས་བཟུང་སྟེ་དམིགས་པ་དང་བཅས་པས། བཟླས་པ་ཅུང་ཟད་བྱ། མཆོད་བསྟོད་བྱ་ཞིང་། དུང་ཆོས་ཀྱི་ཆུ་བླུགས། མཆོད་ཡོན་ཕུལ་བས། བུམ་ནང་གི་ལྷ་འོད་དུ་ཞུ་ནས་བདུད་རྩིར་གྱུར་པར་བསམ། དཀྱིལ་འཁོར་ཡོལ་བས་བཅད། སློབ་མས་མནྡལ་ཕུལ། མདུན་གྱི་སིནྡྷུ་རའི་དཀྱིལ་འཁོར་འདི་ཉིད་ཀུ་རུ་ཀུལླེ་གཙོ་འཁོར་དུ་དངོས་སུ་མོས་ལ་དེའི་སྟེང་གི་ནམ་མཁར་བཞུགས་པའི་སངས་རྒྱས་བྱང་སེམས་རྣམས་ཀྱི་དྲུང་དུ། དཀོན་མཆོག་གསུམ་ལ་བདག་སྐྱབས་མཆི། །སོགས་རྒྱུན་བཤགས་དང་། སྲས་བཅས་སངས་རྒྱས་ཐམས་ཅད་དང་། །སོགས་ཀྱིས་རིགས་ལྔའི་སྡོམ་པ་བཟུང་། (༣༥༢ན)མིག་དར་བཅིངས། མེ་ཏོག་གཏད། ལས་བུམ་གྱི་ཆུ་དང་། ཨོཾ་བཛྲ་ཀྲོ་དྷ་ཧ་ཡ་གྲཱི་ཝ་ཧཱུྃ་ཕཊ་ཀྱིས་བགེགས་བསྐྲད། ཨོཾ་ཨཱཿཧཱུྃ་གིས་བདུད་རྩི་ལྕེ་ལ་བཞག །དེ་ནས་ཡོལ་བ་བསལ། དེ་བཞིན་གཤེགས་པ་ཐམས་ཅད་ཀྱིས་བྱིན་གྱིས་རློབས་ཤིག །རྗེ་བཙུན་རིག་བྱེད་མ་བདག་ལ་དབབ་ཏུ་གསོལ། ཞེས་གསོལ་བ་བཏབ། སློབ་མའི་སྙིང་གར་པདྨ་འདབ་བཞི་པའི་ལྟེ་བར་ཧྲཱིཿཤར་ནས་གཡས་བསྐོར་གྱིས་ཏ་རེ་ནི་ས་ཏེ་ས་བོན་ལྔ་དང་བཅས་པ་སྒོམ་དུ་བཅུག་ལ། སློབ་དཔོན་གྱི་ཐུགས་ཀ་ནས་འོད་ཟེར་འཕྲོས། མདུན་བསྐྱེད་ཀྱི་ལྷའི་ཐུགས་རྒྱུད་བསྐུལ། དེའི་ཐུགས་ཀ་ནས་འོད་ཟེར་འཕྲོས། ཕྱོགས་བཅུའི་སངས་རྒྱས་དང་བྱང་ཆུབ་སེམས་དཔའ་ཐམས་ཅད་ཀྱི་ཐུགས་རྒྱུད་བསྐུལ་བས། སློབ་དཔོན་དང་མདུན་བསྐྱེད་ཀྱི་ལྷ་དང་ཕྱོགས་བཅུའི་སངས་རྒྱས་བྱང་ཆུབ་སེམས་དཔའ་ཐམས་ཅད་ཀྱི་ཐུགས་ཀ་ནས་རིག་བྱེད་མ་དཔག་ཏུ་མེད་པ་སྤྲིན་དྲངས་ཏེ། ཁྱེད་རང་རྣམས་ཀྱི་བ་སྤུའི་བུ་ག་རྣམས་ནས་ཆར་བབས་པ་བཞིན་དུ་སིབ་སིབ་ཐིམ་པའི་མོས་པ་མཛོད། ཨོཾ་ཀུ་རུ་ཀུལླེ་ཧྲིཿཧྲིཿཧྲིཿཨ་བེ་ཤ་ཡ་ཧྲི་ཧྲི་ཧྲི། ཞེས་དྲག་ཏུ་བཟླས། པུ་ཥྤཱཉྫ་བཛྲ་ཧོཿ ཞེས་མེ་ཏོག

ཕུལ། བཛྲ་ཙཀྲ་ཙཀྲ་བཛྲ། ཞེས་མིག་དར་ཕྱེ། མཎྜལ་ཕུལ། ཁྱེད་རང་རྣམས་དམིགས་པ་འདི་བཞིན་དུ་མཛོད། ཨོཾ་སྭ་བྷཱ་ཝ་ཤུདྡྷཱ་སརྦ་དྷརྨཱ་སྭ་བྷཱ་ཝ་ཤུདྡྷོ྅ཧཾ། སྟོང་པ་ཉིད་དུ་གྱུར། སྟོང་པའི་ངང་ལས་ཁྱེད་རང་རྣམས་སྐད་ཅིག་གིས་རྗེ་བཙུན་མ་ཀུ་རུ་ཀུལླེའི་སྐུར་གྱུར་པ་ནི། ཉི་མའི་དཀྱིལ་འཁོར་གྱི་སྟེང་དུ་ལྷ་ཆེན་དབང་ཕྱུག་དང་ཨུ་མ་བསྣོལ་བའི་(༥༥༨བ)གདན། དེའི་སྟེང་དུ་ནྲྀ་ཏུ་ལ་ནག་པོ་མདའ་གཞུ་འཛིན་པ་ཁ་ཐུབ་ཏུ་བསྒྱེལ་བའི་སྟེང་དུ་རྗེ་བཙུན་མ་ཀུ་རུ་ཀུལླེ་སྐུ་མདོག་དམར་མོ་ཞལ་གཅིག་ཕྱག་བཞི་མ། དང་པོ་གཉིས་ཀྱིས་ཨུཏྤལ་དམར་པོའི་མདེའུ་ཅན་གྱི་མདའ་དང་། མེ་ཏོག་གི་གཞུ་སྙན་གྱི་བར་དུ་འགེངས་པ། གཡས་འོག་མས་འགུགས་བྱེད་ལྕགས་ཀྱུ་དང་། གཡོན་འོག་མས་རྩ་བ་ཞགས་པར་བྱས་པའི་ཨུཏྤལ་འཛིན་པ། སྤྱན་གསུམ་དང་ལྡན་པ། ནུ་འབུར་རྒྱས་པ། ལོ་བཅུ་དྲུག་ལོན་པ་ལྟ་བུ། དབུ་སྐྲ་དམར་སེར་གྱེན་དུ་བརྫེས་པ། ཐོད་སྐམ་ལྔས་དབུ་བརྒྱན་ཅིང་། རློན་པ་ལྔ་བཅུའི་དོ་ཤལ་ཅན། རུས་པའི་རྒྱན་ལྔས་བརྒྱན་པ། སྟག་གི་ལྤགས་པའི་ཤམ་ཐབས་གསོལ་བ། ཞབས་གཡོན་བརྐྱང་བའི་སྐྱིལ་ཀྲུང་ཕྱེད་པའི་གར་སྟབས་ཀྱིས་འོད་ཟེར་དམར་པོ་དང་མེ་དཔུང་འབར་བའི་དབུས་ན་བཞུགས་པ། ཁྱེད་རང་རྣམས་ཀྱི་སྙིང་གར་པདྨ་འདབ་མ་བཞི་པའི་ལྟེ་བར་རྗེ་བཙུན་མ་ཀུ་རུ་ཀུལླེ་དམར་མོ་མདའ་གཞུ་ལྕགས་ཀྱུ་ཞགས་པ་འཛིན་པ། ཤར་དུ་རྡོ་རྗེ་མཁའ་འགྲོ་མ་དཀར་མོ། ལྷོར་རིན་ཆེན་མཁའ་འགྲོ་མ་སེར་མོ། ནུབ་ཏུ་པདྨ་མཁའ་འགྲོ་མ་དམར་མོ། བྱང་དུ་ལས་ཀྱི་མཁའ་འགྲོ་མ་ལྗང་གུ་རྣམས་ཌཱ་མ་རུ་དང་ཁ་ཊྭཱཾ་ག་ཐོད་པ་འཛིན་པ་གར་སྟབས་ཀྱིས་བཞུགས་པ། སྤྱི་བོར་ཁྲོ་བོ་ཧ་མཆིན་དམར་པོ་དབྱུག་པ་དང་སྡིགས་མཛུབ་ཅན། ཧ་མགོའི་མདུན་དུ་བླ་མའི་སྐུ་གཟུགས་ཀྱིས་བརྒྱན་པ་གསལ་གདབ། དེ་ནས། ཨོཾ་ཨ་ཧྲཱི་ཊིཥྛ་ཏུ་མཾ་སརྦ་ཏ་ཐཱ་ག་ཏཱ། ཞེས་གསོལ་བ་བཏབ་པས། ཨོཾ་བཛྲི་ཧྲཱ་ཡ་ཨ་ཧྲཱི་ཊིཥྛ་ཧཱུཾ། ཞེས་བརྗོད་ཅིང་། བུམ་པའི་ཆུས་དབང་བསྐུར། དབུ་རྒྱན་སྤྱི་(༥༥༩ན)བོར་གཏུགས།

སྔགས་དེ་ཉིད་བཟློད། ཨུཏྤལ་དམར་པོའི་མདེའུ་ཅན་གྱི་མདའ་དང་། མེ་ཏོག་གི་གཞུ། རྩ་བ་ཞགས་པར་བྱས་པའི་ཨུཏྤ་ལ། ལྕགས་ཀྱུ་རྣམས་ལག་ཏུ་གཏད་ལ། ཐབས་ཤེས་མདའ་དང་གཞུ་སྦྱར་བཀང་བྱས་ལ། །མི་ཤེས་ནད་སེལ་མ་རིག་དབུག་པར་བྱ། །ཨུཏྤལ་མཛེས་པ་ལྷ་མོའི་ཕྱག་མཚན་ཉིད། །དེ་རིང་བུ་ཁྱོད་ལ་ནི་སྦྱིན་པར་བྱ། །མི་ཤེས་འདམ་ལས་འདྲེན་མཛད་པ། །རྒྱལ་བའི་ཕྱག་མཚན་ལྕགས་ཀྱུ་བཟུང་། །ཞེས་དང་། རྡོ་རྗེ། འཁོར་ལོ། རིན་པོ་ཆེ། པདྨ། རྡོ་རྗེ་རྒྱ་གྲམ་རྣམས་ལག་ཏུ་གཏད་ལ། རྡོ་རྗེ་འཁོར་ལོ་རིན་པོ་ཆེ། །པདྨ་རྡོ་རྗེ་རྒྱ་གྲམ་རྣམས། །མཁའ་འགྲོ་རྣམས་ཀྱི་ཕྱག་མཛད་དེ། །དེ་རིང་ཁྱོད་ཀྱིས་གཟུང་བར་བྱ། །མཁའ་འགྲོས་རྟག་ཏུ་བྱིན་རླབས་འགྱུར། །ཨོཾ་ཏྲ་ཀི་ནྲི་སརྦ་ཨ་བྷི་ཥིཉྩ་མི་སརྦ་ཏ་ཐཱ་ག་ཏ་ས་མ་ཡ་ཧཱུཾ། དེ་ནས་བཟླས་ལུང་ནི། སློབ་དཔོན་གྱི་སྙིང་གར་ཉི་མའི་དཀྱིལ་འཁོར་གྱི་སྟེང་དུ་ཧྲཱིཿདམར་པོའི་མཐར་སྔགས་ཕྲེང་གིས་བསྐོར་བ་ལས། སྔགས་ཕྲེང་གཉིས་པ་བྱུང་། སློབ་དཔོན་གྱི་ཞལ་ནས་ཐོན། ཁྱེད་རང་རྣམས་ཀྱི་ཞལ་དུ་ཞུགས། ཐུགས་ཀར་ཉི་མའི་སྟེང་དུ་ཧྲཱིཿཡིག་གི་མཐར་འཁོད་པའི་མོས་པ་མཛོད་བྱས་ལ། ཨོཾ་ཀུ་རུ་ཀུལླེ་ཧྲཱིཿཧཱུཾ་ཧཱུཾ་ཕཊ་ཕཊ་ཨོཾ་ཨཱཿཧཱུཾ་ཧི་ཧི་ཧི་ཏ་རི་ནི་ས་ཧི་ཛཿཨ་ཀརྵ་ཡ་ཧཱུཾ་ཛཿབ་སུ་ཤ་ཤཾ་ཀུ་རུ་ཨཱཀྲུ་ཤ་ཧི་ཤ་ཤཾ་ཀུ་རུ་ཧཱུཾ་ཧཱུཾ་ཛཿཛཿ ཞེས་པ་ལན་གསུམ་རྗེས་ཟློས་བྱེད་དུ་གཞུག །སྙིང་པོའི་མཐར། ཀྱཻ་དཔལ་ཆེ་གེ་མོ་རྡོ་རྗེ་ཞེས་བྱ་བའི་དེ་བཞིན་གཤེགས་པའོ། །ཞེས་མིང་དབང་བསྐུར་ཏེ་བུམ་དབང་ངོ་། །མཎྜལ་དབུས་ཀྱི་ཀ་པཱ་ལའི་བདུད་རྩི་སྦྱིན་ཏེ་གསང་དབང་ངོ་། །གནས་གསུམ་དུ་སིནྡྷུ་རའི་ཐིག་ལེ་(༤༥་བ)བྱས་ཏེ་ལྷ་རྣམས་བསྒོམ་པ་ཤེར་དབང་ངོ་། །སྟོང་པ་ཉིད་ལ་མཉམ་པར་འཇོག་ཏུ་བཅུག་དབང་བཞི་པའོ། །རྗེས་ཆོག་སྤྱི་དང་འདྲ། །

༄ དཔལ་མོ་སྙིང་གི་གསེར་ཐིག་ཅན་ལ། ཙནྡན་དམར་པོས་བྱུགས་པའི་མཎྜལ་གྱི་དབུས་སུ་ཚོས་འབྱུང་གྲུ་གསུམ་རྩེ་མོ་རང་ལ་བསྟན་པ། དབུས་སུ་མེ་ཏོག་དམར་

པོའི་ཆོམ་བུ་བྱ། ཡོགས་གཅིག་ཏུ་བུམ་པ་ཡང་བཤམས། མཁའ་འགྲོ་སྤྱི་གཏོར་དང་། སྔོན་འགྲོ་གཏོར་མ་དང་། གནས་ཡོ་བྱིན་རླབས་སྤྱི་དང་མཐུན་པར་བྱ། སྐྱབས་སེམས་ཚད་མེད་བཞི་རྣམས་སྤྱི་དང་མཐུན་པར་བྱ། ཤཱུ་ནྱ་ཏཱས་སྟོང་པར་སྦྱངས། སྟོང་པའི་ངང་ལས་པཾ་ལས་པདྨ་དང་ཨ་ལས་ཟླ་བའི་སྟེང་དུ། ཧཱུྃ་ལས་ཨུཏྤལ་ཧཱུྃ་གྱིས་མཚན་པ་ལས་འོད་ཟེར་འཕྲོས། འཕགས་པ་མཆོད། སེམས་ཅན་ཐམས་ཅད་རྗེ་བཙུན་མའི་གོ་འཕང་ལ་བཀོད། ཚུར་འདུས་ཧཱུྃ་ཡིག་ལ་ཐིམ། དེ་ཡོངས་སུ་གྱུར་པ་ལས། རང་ཉིད་སྒྲོལ་མ་སྐུ་མདོག་ལྗང་གུ་གཡས་སྐྱབས་སྦྱིན་དང་། གཡོན་ཨུཏྤ་ལ། ཞབས་གཡས་བརྐྱང་གི་རོལ་པས་བཞུགས་པ། ཡེ་ཤེས་སེམས་དཔའ་བཛྲ་ས་མཱ་ཛཿཛཿཧཱུྃ་བཾ་ཧོཿཐུགས་ཀར་པད་ཟླའི་སྟེང་དུ་ཧཱུྃ་ཡིག་ལ་སྔགས་ཕྲེང་གིས་བསྐོར་བར་བསྒོམ་ལ། ཨོཾ་ཏཱ་རེ་ཏུཏྟཱ་རེ་ཏུ་རེ་སྭཱཧཱ། ཞེས་ཅི་ནུས་སུ་བཟློའོ། །མདུན་བསྐྱེད་བསངས་སྦྱངས། སྟོང་པའི་ངང་ལས་པད་ཟླའི་སྟེང་དུ་ཧྲཱིཿཡིག་འོད་ཀྱི་འཕྲོ་འདུ་ལས་ལྷ་མོ་ཀུ་རུ་ཀུལླེ་དམར་མོ་ཞལ་གཅིག་ཕྱག་བཞི་མ། དང་པོ་གཉིས་མདའ་གཞུ། འོག་མ་གཉིས་ལྕགས་ཀྱུ་དང་ཨུཏྤ་ལ། གཡོན་བརྐྱང་གི་གར་སྟབས་ཅན། དེའི་ཐུགས་ཀར་རང་འདྲའི་(༤༦༠ན)ཡེ་ཤེས་སེམས་དཔའ། དེའི་ཐུགས་ཀར་པད་ཟླ་ལ་ཧྲཱིཿཡེ་ཤེས་སེམས་དཔའ་བཛྲ་ས་མཱ་ཛཿཛཿཧཱུྃ་བཾ་ཧོཿཨོཾ་ཀུ་རུ་ཀུལླེ་ཧྲཱིཿསྭཱཧཱ། བསྒྲུབ་བྱ་ཨ་ཀརྵ་ཡ་ཛཿཞེས་ཅི་འགྲུབ་བཟློའོ། །བུམ་པ་བསངས་སྦྱངས། སྟོང་པའི་ངང་ལས་པཾ་ལས་པདྨ་དང་ཨ་ལས་ཟླ་བའི་དཀྱིལ་འཁོར་གྱི་སྟེང་དུ་བྷྲཱུྃ་ལས་རིན་པོ་ཆེའི་བུམ་པ་ཡངས་ཤིང་རྒྱ་ཆེ་བ་ལྟོ་བ་ཡངས་ཤིང་མགྲིན་པ་ཕྲ་བ། ལྷའི་གོས་ཀྱི་མགུལ་ཆིངས་དང་ལྡན་པ། དཔག་བསམ་གྱི་ཤིང་གིས་ཁ་བརྒྱན་པ། ནང་ཆུ་དང་བཅུད་ཐམས་ཅད་ཀྱིས་ཡོངས་སུ་གང་བའི་དབུས་སུ། སྐད་ཅིག་གིས་རྗེ་བཙུན་མ་འཕགས་མ་སྒྲོལ་མ་སྐུ་མདོག་ལྗང་གུ་གཡས་སྐྱབས་སྦྱིན། གཡོན་ཨུཏྤ་ལ། ཞབས་གཡས་བརྐྱང་གི་རོལ་པས་བཞུགས་པ་དེའི་སྟེང་གི་ཆ་ལ་བརྒྱུད་པའི་ཟླ་མ། ཤར་དུ་གང་

བཟང་དཀར་པོ་རིན་པོ་ཆེས་མཚན་པའི་བུམ་པ་བསྣམས་པ། ལྷོར་ཚོགས་བདག་སེར་པོ་རིན་པོ་ཆེ་དང་གསེར་གྱི་གཞུ་བསྣམས་པ། ནུབ་ཏུ་རྣམ་སྲས་དམར་པོ་རིན་པོ་ཆེ་དང་ལྗོན་ཤིང་། བྱང་དུ་ཛམྦྷ་ལ་ནག་པོ་རིན་པོ་ཆེ་དང་ནེའུ་ལེ། ཤར་ལྷོར་དབང་གི་སྒྲོལ་མ་ལྗང་གུ་རིན་པོ་ཆེ་དང་ཨུཏྤ་ལ། ལྷོ་ནུབ་ཏུ་ཀུ་རུ་ཀུལླེ་དམར་མོ་ཨུཏྤལ་དང་ནོར་བུས་མཚན་པའི་ལྕགས་ཀྱུ། ནུབ་བྱང་དུ་ནོར་རྒྱུན་མ་སེར་མོ་རིན་པོ་ཆེ་དང་འཕྲེང་བ། དབང་ལྡན་དུ་གདུགས་དཀར་མོ་རིན་པོ་ཆེ་དང་དེས་མཚན་པའི་པདྨ་བསྣམས་པའོ། །ཨོཾ་ཏཱ་རེ་ཏུཏྟཱ་རེ་ཏུ་རེ་སྭཱཧཱ། ཨོཾ་ཀུ་རུ་ཀུལླེ་ཧྲཱིཿསྭཱཧཱ། ཨོཾ་ཨ་ཀཱ་རོ་མུ་ཁཾ་སརྦ་དྷརྨཱ་ཎཱཾ་ཨཱདྱ་ནུཏྤནྣ་ཏྭཏ་ཨོཾ་ཨཱཿཧཱུྃ་ཕཊ་སྭཱཧཱ། ཞེས་ལན་གསུམ་གྱིས་(༩༨༠བ)གཏོར་མ་དབུལ། དེ་ནས་སློབ་མས་མཎྜལ་འབུལ། དཀོན་མཆོག་གསུམ་ལ་བདག་སྐྱབས་མཆི། །སོགས་(མགུར་ནས་འབྱུང་བའི་)རྒྱུན་བཤགས་བྱ། རྗེ་བཙུན་རྗེས་ཆགས་རྣལ་འབྱོར་མ། །ཐུགས་རྗེས་བདག་ཉིད་འགྲོ་བ་སྐྱོབ། །རིག་བྱེད་མ་ཡི་བྱིན་བརླབས་པ། །བདག་ལ་ཉེ་བར་བསྟུལ་དུ་གསོལ། །ཞེས་ལན་གསུམ་གསོལ་བ་བཏབ། དེ་ནས་རྗེས་གནང་གི་གཞི་དགོད་པའི་སྐད་དུ་དམིགས་པ་འདི་བཞིན་དུ་མཛད་པར་ཞུ། ཨོཾ་ཤཱུ་ནྱ་ཏཱ་ཛྙཱ་ན་བཛྲ་སྭ་བྷཱ་བ་ཨཱཏྨ་ཀོ྅ཧཾ། ཕྱི་ནང་གི་དངོས་པོ་ཐམས་ཅད་མི་དམིགས་པའི་སྟོང་པ་ཉིད་དུ་གྱུར་པའི་ངང་ལས། ཁྱེད་རང་རྣམས་པད་ཟླའི་སྟེང་དུ་ཏཱཾ་ཡིག་ལས་སྒྲོལ་མ་སྐུ་མདོག་ལྗང་གུ་གཡས་སྐྱབས་སྦྱིན། གཡོན་ཨུཏྤ་ལ། ཞབས་གཡས་བརྐྱང་གི་རོལ་པས་བཞུགས་པར་གསལ་གདབ་བོ། །མདུན་གྱི་ཆོམ་བུ་འདི་ཉིད་ཀྱང་ཀུ་རུ་ཀུལླེར་དངོས་སུ་མོས་ལ། དེ་ནས། སློབ་དཔོན་ལ་མོས་གུས་བྱས་པས། དེའི་ཐུགས་ཀའི་འོད་ཟེར་གྱིས་མདུན་བསྐྱེད་དང་ཕྱོགས་བཅུའི་སངས་རྒྱས་བྱང་སེམས་ཐམས་ཅད་ཀྱི་ཐུགས་ཀ་ནས་རྗེ་བཙུན་མའི་སྐུ་བསམ་གྱིས་མི་ཁྱབ་པ་སྤྲུན་དྲངས་ཏེ། ཁྱེད་རང་རྣམས་ཀྱི་ལུས་ལ་ཐིམ་པའི་མོས་པ་མཛོད། ཛཿཧཱུྃ་བཾ་ཧོཿགཉིས་སུ་མེད་པར་ཐིམ། ཨོཾ་ཨ་བྷི་ཥིཉྩ་ཏུ་མཾ་སརྦ་ཏ་ཐཱ་ག་ཏཱ། ཞེས་

གསོལ་བ་བཏབ་པས། ཨོཾ་བཛྲ་ཛྙཱ་ན་ཨ་བྷི་ཥིཉྩ་ཧཱུཾ། ཞེས་བརྗོད་ཅིང་དབང་བསྐུར། ཡང་མདུན་བསྐྱེད་ཀྱི་ཐུགས་ཀ་ནས་ལྷ་མོ་ཀུ་རུ་ཀུལླེ་དཔག་ཏུ་མེད་པ་སྤྲོས་ཏེ་ཁྱེད་རང་རྣམས་ཀྱི་ལུས་ལ་ཐིམ་པས། ཁྱེད་རང་རྣམས་ལྷ་མོ་ཀུ་རུ་ཀུལླེ་དམར་མོ་ཞལ་གཅིག་(༨༦༧ན)ཕྱག་བཞི་མ། དང་པོ་གཉིས་མདའ་གཞུ། འོག་མ་གཉིས་ལྕགས་ཀྱུ་དང་ཨུཏྤ་ལ། གཡོན་བརྐྱང་གི་གར་སྟབས་ཅན། ཐུགས་ཀར་རང་འདྲའི་ཡེ་ཤེས་སེམས་དཔའ། དེའི་ཐུགས་ཀར་པད་ཟླ་ལ་ཧྲཱིཿགསལ་གདབ་ལ། སློབ་དཔོན་ལ་མོས་གུས་བྱས་པས། དེའི་ཐུགས་ཀའི་འོད་ཟེར་གྱིས་མདུན་བསྐྱེད་དང་ཕྱོགས་བཅུའི་སངས་རྒྱས་བྱང་སེམས་ཐམས་ཅད་ཀྱི་ཐུགས་ཀ་ནས་ལྷ་མོ་ཀུ་རུ་ཀུལླེའི་སྐུ་ཆེ་ཆུང་བསམ་གྱིས་མི་ཁྱབ་པ་སྤྱན་དྲངས། ཁྱེད་རང་རྣམས་ཀྱི་ལུས་ལ་ཐིམ་པའི་མོས་པ་མཛོད་བྱས་ལ་རོལ་མོའི་སྒྲ་བྱ། ཀུ་རུ་ཀུལླེ་པྲ་བེ་ཤ་ཡ་ཧཱུཾ། ཕ་ཡཾ་ཀུ་རུ་ཧོཿ ཞེས་ལན་གསུམ་བརྗོད། ཏིཥྛ་བཛྲ་གྱིས་བརྟན་པར་བྱ། དེ་ནས་ཁྱེད་རང་རྣམས་ལྷ་མོ་ཀུ་རུ་ཀུལླེར་གསལ་བའི་ཐུགས་ཀར་ཟླ་བའི་སྟེང་དུ་ཧྲཱིཿམདུན་བསྐྱེད་ཀྱི་ཐུགས་ཀར་ཡང་ཟླ་བའི་དཀྱིལ་འཁོར་གྱི་དབུས་སུ་ཧྲཱིཿཡིག་གི་མཐར་སྔགས་ཕྲེང་གིས་བསྐོར་བར་གསལ་གདབ་ལ། སློབ་དཔོན་ལ་མོས་གུས་བྱས་པས། སློབ་དཔོན་གྱི་ཐུགས་ཀ་ནས་འོད་ཟེར་འཕྲོས། མདུན་བསྐྱེད་ཀྱི་ཐུགས་རྒྱུད་བསྐུལ། ཐུགས་ཀའི་སྔགས་ཕྲེང་ལས་སྔགས་ཕྲེང་གཉིས་པ་ཞིག་ཆད། ཞལ་ནས་ཐོན། ཁྱེད་རང་རྣམས་ཀྱི་ཞལ་དུ་ཞུགས། ཐུགས་ཀའི་ཧྲཱིཿཡིག་གི་མཐར་འཁོད་པའི་མོས་པ་མཛོད་ལ། འདིའི་རྗེས་ཟློས་གྱིས་ཞེས་བརྗོད་ལ། ཨོཾ་ཀུ་རུ་ཀུལླེ་ཧྲཱིཿསྭཱཧཱ། ལན་གསུམ་རྗེས་ཟློས་བྱེད་དུ་གཞུག །སློབ་མ་ཀུ་རུ་ཀུལླེ་སེམས་དཔའ་སུམ་བརྩེགས་དེའི་གནས་གསུམ་ནས་འོད་ཟེར་ལྕགས་ཀྱུ་ལྟ་བུ་འཕྲོས་ཏེ། ཁམས་གསུམ་གྱི་འགྲོ་བ་(༨༦༧བ)ཐམས་ཅད་ཀྱི་སྙིང་ནང་ནས་སེམས་ཀྱི་ངོ་བོ་ཨ་དཀར་ལ་དམར་བའི་མདངས་ཆགས་པ་བཀུག་སྟེ། སློབ་མའི་གནས་གསུམ་དུ་ཐིམ། རོལ་མོ་དང་སྔགས་གོང་བཞིན། ཡང་གནས་

གསུམ་ནས་འོད་ཟེར་ལྷུགས་ཀྱུ་ལྟ་བུ་འཕྲོས་ཏེ་སྣོད་ཀྱི་འཇིག་རྟེན་གྱི་བཅུད་ཐམས་ཅད་བཀུག་སྟེ། སློབ་མའི་གནས་གསུམ་དུ་ཐིམ། རོལ་མོ་དང་ཕྱགས་གོང་བཞིན། ཡང་གནས་གསུམ་ནས་འོད་ཟེར་ལྷུགས་ཀྱུ་ལྟ་བུ་འཕྲོས་ཏེ་སངས་རྒྱས་བྱང་སེམས་རྣམས་སྤྱན་དྲངས་ཏེ། སློབ་མའི་གནས་གསུམ་དུ་ཐིམ། རོལ་མོ་དང་ཕྱགས་གོང་བཞིན། མཐར་ལྷ་སྐུ་རྫེས་གཞིག་གི་རིམ་པས་འོད་གསལ་དུ་བསྡུ་བའི་དམིགས་པ་འཕོགས། སློབ་མ་དང་མདུན་བསྐྱེད་ཀྱི་རྗེས་ནི་སྤྱི་དང་འདྲ་བ་ལས། བུམ་པའི་ལྷའི་ཡེ་ཤེས་པ་གཤེགས་ཤིང་། དམ་ཚིག་པ་རང་ལ་བསྡུ་བ་ནི་ཁྱད་པར་ཡིན་ནོ། །

༄ ཇོར་རྒྱན་མ་དམར་མོ་ལ། མཎྜལ་ཁྲུ་གང་བ་བྱུང་དང་དྲི་བཟང་གིས་བྱུགས་པ་ཞིག་ལ་ར་ཁྲག་གིས་ཆོས་འབྱུང་གྲུ་གསུམ་དུ་བྲིས། ནང་ཆག་ཆག་བཏབ། དབུས་སུ་མེ་ཏོག་དམར་པོའི་ཚོམ་བུ་གཅིག་དང་། མཎྜལ་གྱི་མཐའ་མར་མེ་ཏོག་དམར་པོའི་ཚོམ་བུ་ཉི་ཤུ་རྩ་གཅིག་དགོད། མདུན་དུ་གཏོར་མ་ཤས་བརྒྱན་པ་དང་། གཏོར་མ་ར་བ་སེ་གྲམ་གྱི་ཁྲག་གིས་སྦྲན་པ་དང་། གཞན་ཡང་མཆོད་པ་སྤྱི་དང་མཐུན་པར་བཤམས། ཕག་མོ་གང་ཡང་རུང་བའི་བདག་བསྐྱེད་སྔོན་དུ་འགྲོ་བས། མཎྜལ་གྱི་དབུས་ཀྱི་ཚོམ་བུ་སྐད་ཅིག་གིས་ལྷ་མོ་ཇོར་རྒྱན་མ་དམར་མོ་ཉི་མ་ལ་བརྒྱང་བསྐུམ་གྱིས་བཞུགས་པ། གཡས་རིན་པོ་ཆེའི་སྙེ་མ་དང་གཡོན་ཐོད་ཁྲག་འཛིན་པ། སྐྲ་སེར་གྱེན་དུ་བརྫེས་པ། (༦༧༢ན)འཛུམ་ཁྲོ་སྒྱུབ་པ་པོ་ལ་དགྱེས་པས་བལྟ་བ། ལང་ཚོ་དར་ལ་བབ་ཅིང་རིན་པོ་ཆེ་དང་རུས་པས་བརྒྱན་པའོ། །མཐའ་སྐོར་གྱི་ཚོམ་བུ་རེ་ནས་མེ་ཏོག་རེ་བླངས་ལ་དབུས་མ་ལ་འབུལ་ཞིང་ཕྱགས་རེ་བརྗོད། ཚུལ་དེས་ཉེར་གཅིག་སོང་བ་ན་སྙིང་པོའི་མཐར་ཨོ་དཾ་བ་ལཱིཾ་ཏ་ཁ་ཁ་ཁཱ་ཧི་ཁཱ་ཧི། ཞེས་བཏགས་པ་ལན་བདུན་གྱིས་གཏོར་མ་བསྔབ། དམར་གྱི་ཨརྒྷཾ་ནས་གཏོར་ཞིང་ཕྱགས་ཀྱི་མཐར་ཨརྒྷཾ་ན་མཿཞེས་བརྗོད། མཆོད་པ་གཞན་རྣམས་ཡིད་ཀྱིས་ཕུལ། ཕྱགས་ཉི་ཤུ་རྩ་གཅིག་བཟླ་བ་ཉིད་བསྟོད་པ་ཡིན་ནོ། །ཕྱགས་ནི། ཨ་ཡ་ཧྲི་ཧྲི། ཧྲུ་ཏེ་ཧྲུཧྲ། ག་མ་རཀྵི་མ།

སཱ་མ་བ་ཏི། སརྦ་ཤི་སི་ཏི། ཀུ་རུ་ཧེ་རེ། ག་རུ་ཞེས་པའོ། །དེ་ནས་ལུང་བླང་བ་ནི། སློབ་མས་མཎྜལ་ཞིག་ཕུལ་ལ། དཀོན་མཆོག་གསུམ་ལ་བདག་སྐྱབས་མཆི། །སོགས་ཡན་ལག་བདུན་པ་བྱ། མདུན་བསྐྱེད་ཀྱི་ཚོམ་བུ་འདི་ཉིད་ལྷ་མོ་ནོར་རྒྱུན་མར་དངོས་སུ་བཞུགས་པར་མོས་ལ། སློབ་དཔོན་གྱིས་ཐུགས་བརྗོད། སློབ་མས་མེ་ཏོག་ལན་ཉི་ཤུ་རྩ་གཅིག་དབུལ། སློབ་མ་བསངས་སྦྱངས། སྟོང་པའི་ངང་ལས་ཁྲིད་རང་རྣམས་སྐད་ཅིག་གིས་ལྷ་མོ་ནོར་རྒྱུན་མ་དམར་མོ་ཞི་མ་ལ་བརྒྱུད་བསྐུམ་ཀྱིས་བཞུགས་པ། གཡས་རིན་པོ་ཆེའི་སྙེ་མ་དང་གཡོན་ཐོད་ཁྲག་འཛིན་པ། སྐྲ་སེར་གྱེན་དུ་བརྫེས་པ། འཛུམ་ཁྲོ་སྒྲུབ་པ་པོ་ལ་དགྱེས་པས་བལྟ་བ། ལང་ཚོ་དར་ལ་བབ་ཅིང་རིན་པོ་ཆེ་དང་རུས་པས་བརྒྱན་པ་ཞེས་སློབ་མ་ལྷ་མོར་བསྐྱེད། བཟླས་ལུང་ནི། མདུན་བསྐྱེད་ཀྱི་ཐུགས་ཀར་ཉི་མའི་དཀྱིལ་འཁོར་གྱི་དབུས་སུ་བཾ་ཡིག་གི་མཐར་(༦༧༢བ)སྔགས་ཕྲེང་གིས་བསྐོར་བ་ལས། སྔགས་ཕྲེང་གཉིས་པ་བྱུང་། ཞལ་ནས་ཐོན། སློབ་མ་རྣམས་ནོར་རྒྱུན་མར་གསལ་བའི་ཞལ་དུ་ཞུགས། ཐུགས་ཀར་ཉི་མའི་སྟེང་དུ་བཾ་ཡིག་གི་མཐར་འཁོད་པར་མོས་ལ། འདིའི་རྗེས་ཟློས་མཛོད་ལ། ཨ་ཡ་ཧྲི་ཧྲི། ཧྲུ་ཏེ་ཧྲུཧཱ། ཀ་མ་རཀྵི་མ། སཱ་མ་བ་ཏི། སརྦ་ཤི་སི་ཏི། ཀུ་རུ་ཧེ་རེ། ག་རུ། ཞེས་ལན་གསུམ། རྗེས་ཚིག་སྒྲི་དང་འདྲ། །

༈ ལྷ་མོ་ཏི་ནུ་ལ། བདེ་མཆོག་ཡབ་ཡུམ་གང་རུང་གི་བསྙེན་པ་སྔོན་དུ་སོང་བ་ཞིག་གིས་མདུན་དུ་སིནྡྷུ་རའི་མཎྜལ་ལ་ལྟེ་བར་བསྒོམ་རྒྱུའི་སྔགས་འཁོར་ལྟ་བུ་ཞིག་འབྲི། མེ་ཏོག་དམར་པོ་དང་ཆང་དང་མཆོད་པ་རྣམ་ལྔ་བཤམས། སེམས་བསྐྱེད་ཚད་མེད་བཞི་སྔོན་དུ་སོང་ནས། རང་སྐད་ཅིག་གིས་ལྷ་མོ་ཏི་ནུ་སྐུ་མདོག་དམར་མོ་གཡས་གྱི་གུག་འཕྱར་ཞིང་། གཡོན་ཐོད་ཁྲག་ཐུགས་ཀར་འཛིན་པ། ཞབས་གཡོན་བརྐྱང་གི་སྐྱིལ་ཀྲུང་ཕྱེད་པའི་གར་སྟབས་ཅན་པད་ཟླ་ལ་བཞུགས་པ། ཁྲོ་ཞིང་སྒེག་པ། རུས་པའི་རྒྱན་ཅན་ནོ། །ལྟེ་བར་ཟླ་བ་ལ་དབུས་སུ་ཧྲཱིཿཤར་དུ་ས།

ཧྥོར་ཧེ། ཛུབ་ཏུ་ཀ །བྱུང་དུ་ལ། མདུན་དུ་མཚལ་གྱི་གནས་སུ་ཡང་སྔགས་ཀྱི་འཁོར་ལོ་ཡིག་འབྲུ་རྣམས་ལྷའི་རང་བཞིན་དུ་གྲུབ་པར་གྱུར། ལྷ་མོའི་ཐུགས་ཀ་ནས་སྔགས་འབྲུ་བཀུག་ལ་བསྟིམ་པ་ཡིད་ཀྱིས་བྱ། མདུན་གྱི་ཡི་གེ་ལྔ་ཚར་ལ་མཐེབ་སྲིན་གྱིས་ཚང་དང་མེ་ཏོག་བླངས་ལ་གཏོར། ལྟེ་བའི་ཧྲཱིཿལས་སྔགས་ཕྲེང་ཐོལ་ཐོལ་འོང་བར་བསམ་ལ། ས་ཧེ་གི་ལ་ཧྲཱིཿཞེས་བཟླའོ། །འདིའི་རྗེས་གནང་ནི། པདྨ་དམར་པོ་འདབ་བརྒྱད་བྲིས་པའི་སྟེང་དུ་མཆི་ལ་ཐོད་(༤༧༣ན)པ་ཚང་གིས་བཀང་བ། དེའི་སྟེང་དུ་མེ་ལོང་ལ་སིནྡཱུ་ར་བཀྲམ་ལ། དབུས་སུ་ཧྲཱིཿ ཤར་དུ་ས། ཧྥོར་ཧེ། ཛུབ་ཏུ་ཀ །བྱུང་དུ་ལ་ཡིག་རྣམས་བྲིས་པ། དེའི་སྟེང་དུ་བྲིས་སྐུ་ཞིག་བཀོད། མདུན་དུ་མེ་ཏོག་དམར་པོ་དང་ཏྲིལ་བུ། ཚང་དང་མཆོད་པ་རྣམས་བཤམས་ལ། མདུན་བསྐྱེད་མི་དམིགས་ཏེ་སྟོང་པའི་ངང་ལས་རང་གི་མདུན་དུ་སྐད་ཅིག་གིས་ལྷ་མོ་ཏི་ཏུ་སྐུ་མདོག་དམར་མོ་ཞེས་པ་ནས། བྱུང་དུ་ལ་ཞེས་པའི་བར་བདག་བསྐྱེད་བཞིན་བསྐྱེད། གོང་གི་མེ་ཏོག་དང་ཚང་གིས་མཆོད། སློབ་མས་མཚལ་ཕུལ། གང་གི་དྲིན་གྱིས་བདེ་ཆེན་ཉིད། །ཅེས་སོགས་དང་། སངས་རྒྱས་ཀུན་གྱི་རང་བཞིན་སྐུ། །སློབ་དཔོན་ལ་ནི་བདག་སྐྱབས་མཆི། །བདག་ལ་ལྷ་མོ་ཏི་ཏུ་ཡི། །རྗེས་སུ་གནང་བ་བསྩལ་དུ་གསོལ། །ལན་གསུམ། མདུན་གྱི་སིནྡཱུ་རའི་དཀྱིལ་འཁོར་འདི་ཉིད་ལྷ་མོ་ཏི་ཏུ་དངོས་སུ་མོས་ལ་དེའི་སྟེང་གི་ནམ་མཁར་བཞུགས་པའི་སངས་རྒྱས་བྱང་སེམས་རྣམས་ཀྱི་དྲུང་དུ། དཀོན་མཆོག་གསུམ་ལ་བདག་སྐྱབས་མཆི། །སོགས་མགུར་ནས་འབྱུང་བའི་རྒྱུན་བཤགས་ལན་གསུམ། སློབ་མ་བསངས་སྦྱངས། སྟོང་པའི་ངང་ལས་ཁྱེད་རང་རྣམས་སྐད་ཅིག་གིས་ལྷ་མོ་ཏི་ཏུ་སྐུ་མདོག་དམར་མོ་གཡས་གྲི་གུག་འཕྱར་ཞིང་། གཡོན་ཐོད་ཁྲག་ཐུགས་ཀར་འཛིན་པ། ཞབས་གཡོན་བརྐྱང་གི་སྐྱིལ་ཀྲུང་ཕྱེད་པའི་གར་སྟབས་ཅན་པད་ཟླ་ལ་བཞུགས་པ། ཁྲོ་ཞིང་སྒེག་པ། ཉམས་པའི་རྒྱན་ཅན་ནོ། །ལྟེ་བར་ཟླ་བ་ལ་དབུས་སུ་ཧྲཱིཿ ཤར་དུ་ས། ཧྥོར་ཧེ། ཛུབ་

ཏུ་ཀ །ཁྱང་དུ་ལ། ཞེས་ལྷ་མོར་བསྐྱེད། སློབ་(༤༦༣བ)དཔོན་གྱི་སྤྱིན་ལག་གཡོན་པས་མདུན་གྱི་བདུད་རྩི་ནས་བླངས། སློབ་མའི་དཔྲལ་བར་ཐིག་ལེ་ལན་གསུམ་བྱ། ས་ཧི་ཀ་ལ་ཧྲིཿ ཞེས་བརྗོད་ཅིང་། ནང་མཆོད་ལན་གསུམ་སྦྱིན། མདུན་གྱི་ལྷ་མོའི་རྣ་ག་ལས་རཀྟ་བྱུང་སྟེ་འཐུངས་པས་ལུས་གང་བར་མོས་སུ་བཅུག །ལྷ་མོ་ལས་ལྷ་མོ་བྱུང་། སློབ་མའི་དཔྲལ་བར་ཐིམ། སྔགས་ཀྱི་མཐར་ཨོཾ་མང་དུ་བརྗོད། མནྟལ་གྱི་ཡིག་འབྲུ་ལས་སྤྱིན་ལག་གཡོན་པས་སིནྡྷུ་ར་བླངས་ཏེ། སློབ་མའི་མགྲིན་པར་ཐིག་ལེ་བྱ། ལྷ་མོའི་ལྟེ་བའི་ཡི་གེ་རྣམས་ལྷ་མོའི་མགྲིན་པར་ཐིམ་པར་བསམ། སྔགས་ཀྱི་མཐར་ཨཱཿམང་དུ་བརྗོད། དྲིལ་བུ་དཀྲོལ། འགྲོ་ཀུན་ཆགས་པས་འོད་དུ་ཞུ། སློབ་མའི་སྙིང་གར་དཀྲོལ་བས་དེ་ཐམས་ཅད་སློབ་མ་ལ་ཐིམ། ལྷ་མོའི་ཐུགས་ཀ་ནས་ལྷ་མོ་བྱུང་སྟེ་སྙིང་གར་ཐིམ། སྔགས་ཀྱི་མཐར་ཧཱུྃ་མང་དུ་བཟླ་ཞིང་། དྲིལ་བུ་དེ་སློབ་མ་འཁྲོལ་དུ་གཞུག །བཟླས་ལུང་ནི། སློབ་དཔོན་དང་མདུན་བསྐྱེད་ཀྱི་ལྟེ་བར་ཟླ་བའི་དཀྱིལ་འཁོར་གྱི་སྟེང་དུ་སྔགས་འཁོར། དེ་ལས་སྔགས་ཀྱི་འཕྲེང་བ་བྱུང་། སློབ་དཔོན་དང་མདུན་བསྐྱེད་གཉིས་ཀའི་ཞལ་ནས་ཐོན། ཁྱེད་རང་རྣམས་ཀྱི་ཁ་སྒོ་ནས་ཞུགས་ཤིང་ཕྲག་གི་ཚུལ་གྱིས་ཞུགས། ལྟེ་བར་ཟླ་བའི་སྟེང་དུ་སྔགས་འཁོར་གནས་པ་ལ་ཐིམ་པའི་མོས་པ་མཛོད་བྱས་ལ། ས་ཧི་ཀ་ལ་ཧྲིཿ ཞེས་ལན་གསུམ་རྗེས་ཟློས་བྱེད་དུ་བཅུག །བྱིན་གྱིས་བརླབས་པའི་ལུང་ནི། སློབ་དཔོན་ལ་མེ་ཏོག་འཐོར་བཞིན་དུ། འདིའི་རྗེས་ཟློས་མཛོད་ཅིག །བཅོམ་ལྡན་བདག་གིས་སོགས་ལན་གསུམ། དེ་ལྟར་ཕུལ་བའི་མེ་ཏོག་དེ་ཉིད་སླར་ཡང་བྱིན་གྱིས་བརླབས་ཏེ། ཁྱེད་རང་གི་སྤྱི་(༤༦༤ན)བོར་ཕུལ་བར་མོས་པ་མཛོད་ཅིག །སློབ་དཔོན་གྱིས་མེ་ཏོག་གཏོར་ཞིང་། བཅོམ་ལྡན་འདི་ལ་སོགས་དང་། རིག་པ་འཛིན་པ་འདི་རྣམས་ལ་ལྷ་མོ་ཧེ་རུའི་སྐུ་གསུང་ཐུགས་ཀྱི་བྱིན་རླབས་མ་ལུས་པ་འཇུག་པར་གྱུར་ཅིག །རྗེས་ཚིག་སྤྱི་དང་འདྲ། རྗེ་བཙུན་མ་ཐོད་པ་རྒྱན་ལ། ཐོག་མར་སྟོང་ཉིད་བསྒོམ། དེ་ནས་སྙིང་རྗེ

བསྒོམ། དེ་ནས་རང་གི་སྙིང་གར་ཨོཾ་ལས་འོད་ཟེར་འཕྲོས། དོན་གཉིས་བྱས། སླར་འདུས་ཏེ་ཐིམ་པ་ཡོངས་སུ་གྱུར་པ་ལས་སྔགས་ཀྱི་སྒྲ་དང་བཅས་པ་ལྷ་མོའི་སྐུར་གྱུར་པ་ནི། རྗོ་རྗེ་རྣལ་འབྱོར་མ་སྐུ་མདོག་དམར་མོ། ཞལ་གཅིག་ཕྱག་བཞི་སྤྱན་གསུམ་སེནྡྷའི་གདོང་ཅན་རལ་པ་འཕྱང་བ། རུས་པའི་རྒྱན་གྱིས་བརྒྱན་པ། ཕྱག་གཡས་ཀྱི་དང་པོས་གྲི་གུག །གཉིས་པས་རལ་གྲི་འཕྱར་བ། གཡོན་གྱི་དང་པོ་ཐོད་ཁྲག་ཞལ་དུ་གསོལ་བ། གཉིས་པ་ཁ་ཊྭཾ་རྩེ་གསུམ་འཛིན་པ། པདྨ་ཉི་ཟླ་བརྩེགས་པའི་སྟེང་དུ་མཁའ་འགྲོ་སྟེ་ལྟས་བརྟེགས་པའི་རིན་པོ་ཆེའི་གདན་མི་རོ་བསྙོལ་བ་དང་བཅས་པའི་སྟེང་དུ་གཡོན་བརྐྱང་བའི་ཕྱེད་ཀྲུང་ཅན། སྙིང་གའི་ནང་དུ་སྔགས་ཀྱི་ཡི་གེ་གཡས་སུ་འཁོར་བ། དེ་ལས་འོད་ཟེར་འཕྲོས། འདོད་ཁམས་དམར། གཟུགས་ཁམས་དཀར། གཟུགས་མེད་ཁམས་ནག་གི་སེམས་ཅན་རྣམས་ཀྱི་སྲོག་རྩ་ཞལ་དུ་བཙུག །སྙིང་ཁྲག་ཞལ་དུ་གསོལ་བས། སྡིག་པ་དག་ཅིང་སྐྱེ་འཆི་རྩད་ནས་བཅད་པར་གྱུར། ཨོཾ་དུ་ཁ་ཡེ་ན་མ། ཞེས་བཟླའོ། །དེ་ནས་དེ་ལ་ཨོཾ་ཏ་རི་ཊེ་ས་ཨཱཿརི་ནི་ས་ཏ་ཧཱུཾ་ནི་ཏ་ས་རི་ཞེས་བཏགས་པའང་བཟླ། (༤༦༤བ)ཐོད་པ་མཚན་ལྡན་དུ་དཀར་གཏོར་ཚང་གིས་བརྒྱན་པ་ཁ་རང་ལ་བསྟན་པ་ཞིག་བཤམས། འབྲུ་གསུམ་གྱིས་བྱིན་གྱིས་བརླབས་ནས། སྙིང་པོ་ལ་ཁྲཱ་ཧེ་བཏགས་པ་ལན་གསུམ་གྱིས་ཕུལ། ཕུང་མེ་ལ་བསྲེག་ཅིང་ལྷག་མ་ཟའོ། །འདིའི་ཧེ་ང་རེ་འཛིན་གྱི་དབང་ནི། མཎྜལ་གྱི་སྟེང་དུ་དམར་གཏོར་ཟུར་གསུམ། མདུན་དུ་ཐོད་པའི་ནང་དུ་དཀར་གཏོར་ཚང་གིས་བརྒྱན་པ་གཅིག །ཚོགས་གཏོར། མཆོད་པ་རྣམས་བཤམས་ལ། བདག་བསྐྱེད་སྔོན་དུ་འགྲོ་བས། མཆོད་པ་བྱིན་གྱིས་བརླབས། གཏོར་མ་འབྲུ་གསུམ་གྱིས་བྱིན་གྱིས་བརླབས། མདུན་བསྐྱེད་ཀྱི་རྟེན་གཏོར་བསངས་སྦྱངས། སྟོང་པའི་ངང་ལས་ཨོཾ་ལས་འོད་ཟེར་འཕྲོས། དོན་གཉིས་བྱས། ཞེས་པ་ནས། གཡོན་བརྐྱང་བའི་ཕྱེད་ཀྲུང་ཅན། དེའི་སྤྱི་བོར་ཨོཾ། མགྲིན་པར་ཨཱཿ ཐུགས་ཀར་ཧཱུཾ། ཐུགས་ཀའི་ས་བོན་

ལས་འོད་ཟེར་འཕྲོས། ཡེ་ཤེས་སེམས་དཔའ་བཛྲ་ས་མཱ་ཛཿཛཿཧཱུྃ་བཾ་ཧོཿགཉིས་སུ་མེད་པར་གྱུར། ཨརྒྷཾ་སོགས་ཀྱིས་མཆོད། དཔལ་ལྡན་རྡོ་རྗེ་མཁའ་འགྲོ་མ། །མཁའ་འགྲོ་མ་ཡིས་འཁོར་ལོས་བསྒྱུར། །ཡེ་ཤེས་ལྔ་དང་སྐུ་གསུམ་ཉིད། །འགྲོ་བ་སྐྱོབ་ལ་ཕྱག་འཚལ་ལོ། །ཞེས་པས་བསྟོད། བཟླས་པ་ཅི་འགྲུབ་བྱ། སྙིང་པོ་ལ་ཁཱ་ཧི་བཏགས་པ་ལན་གསུམ་གྱིས་གཏོར་མ་དབུལ། སློབ་མའི་དོན་དུ་གསོལ་བ་འདེབས། དེ་ནས་སློབ་མས་མཎྜལ་ཕུལ། རྡོ་རྗེ་འཛིན་པ་དགོངས་སུ་སོགས་ལན་གསུམ་གྱིས་གསོལ་བ་འདེབས་སུ་གཞུག །དཀོན་མཆོག་གསུམ་ལ་བདག་སྐྱབས་མཆི། །ཞེས་སོགས་ཀྱིས་བྱང་སྡོམ་ཐོབ། །སློབ་མ་རང་གི་ཉོན་མོངས་པ་དུག་གསུམ་(༤༦༥ན)ཐམས་ཅད་སློབ་མས་དབང་དུ་འདུ་བའི་མོས་པ་བྱེད་དུ་བཅུག །དེ་ནས་སློབ་མའི་སེམས་སྙིང་གར་ཐིག་ལེ་དཀར་པོ་གཅིག་ཏུ་བསམ་པ་སྤྱི་བོ་ནས་ཡར་རྒྱངས་ཏེ་ཐོན་ནས་ནམ་མཁའ་སྟོང་པ་དང་དབྱེར་མེད་དུ་གྱུར་པ་ལ། དཔོན་སློབ་གཉིས་ཀས་བདག་འཛིན་གྱི་ཞེན་ཡུལ་བཀག་པའི་ལྟ་ཐོག་ཏུ་ཙུང་ཟད་མཉམ་པར་བཞག །དེའི་ངང་ལས་སྐད་ཅིག་གིས་རྡོ་རྗེ་རྣལ་འབྱོར་མ་སྐུ་མདོག་དམར་མོ། ཞལ་གཅིག་ཕྱག་བཞི་སྤྱན་གསུམ་སེང་གེའི་གདོང་ཅན་རལ་པ་འཕྱང་བ། རུས་པའི་རྒྱན་གྱིས་བརྒྱན་པ། ཕྱག་གཡས་ཀྱི་དང་པོ་གྲི་གུག །གཉིས་པ་རལ་གྲི་འཕྱར་བ། གཡོན་གྱི་དང་པོ་ཐོད་ཁྲག་ཞལ་དུ་གསོལ་བ། གཉིས་པ་ཁ་ཊྭཾ་རྩེ་གསུམ་འཛིན་པ། པདྨ་ཉི་ཟླ་བརྩེགས་པའི་སྟེང་དུ་མཁའ་འགྲོ་སྡེ་ལྔས་བཏེགས་པའི་རིན་པོ་ཆེའི་གདན་མི་རོ་བསྙལ་བ་དང་བཅས་པའི་སྟེང་དུ་གཡོན་བརྐྱང་བའི་ཕྱེད་ཀྱང་གིས་བཞུགས་པར་མོས། དེ་ལྟ་བུའི་ལྷ་སྐུ་དེ་ཉིད་ཇེ་ཆེ་ཇེ་ཆེར་སོང་སྟེ་ནམ་མཁའི་ཁམས་ཐམས་ཅད་གང་བའི་མོས་པ་བྱེད། མདུན་གྱི་རྟེན་གཏོར་འདི་ཉིད་ཀྱང་རྗེ་བཙུན་མ་ཐོད་པ་རྒྱན་དངོས་སུ་བཞུགས་པར་མོས་པ་དང་། སྔར་ཡང་སློབ་དཔོན་ཉིད་རྗེ་བཙུན་མ་ཐོད་པ་རྒྱན་དངོས་ཡིན་སྙམ་པའི་མོས་པ་བྱེད་དུ་གཞུག །དེ་ལྟར་མོས་གུས་བྱས་པའི་རྐྱེན་གྱིས།

སློབ་དཔོན་གྱི་ཐུགས་ཀ་ནས་འོད་ཟེར་འཕྲོས། མདུན་བསྐྱེད་ཀྱི་ཐུགས་ཀར་ཐིམ། ཐུགས་རྒྱུད་བསྐུལ་ཏེ་མདུན་བསྐྱེད་ཀྱི་ཐུགས་ཀ་ནས་འོད་ཟེར་འཕྲོས། ཕྱོགས་བཅུའི་རྒྱལ་བ་སྲས་བཅས་ཐམས་ཅད་རྗེ་བཙུན་མ་ཐོད་(༦༨༥བ)པ་རྒྱན་གྱི་རྣམ་པར་སྤྱན་དྲངས། སློབ་མའི་དབང་པོའི་སྒོ་དང་བ་སྤུའི་བུ་ག་ཐམས་ཅད་ནས་རྡོ་ཚ་མོ་ལ་ཁ་བ་བབས་པ་བཞིན་སིབ་སིབ་ཐིམ་པར་བསམ་ལ། རྗེ་བཙུན་མའི་སྐུའི་རྗེས་གནང་དང་བྱིན་རླབས་ཐོབ་པའི་མོས་པ་བྱེད་དུ་གཞུག །དེ་ནས་མདུན་བསྐྱེད་ཀྱི་ཐུགས་ཀའི་སྔགས་ཕྲེང་ལས་སྔགས་ཕྲེང་གཉིས་པ་ཆད། ཞལ་ནས་ཐོན་ཏེ། སློབ་མའི་ཁ་ནས་ཞུགས། ཐུགས་ཀར་ཟླ་བའི་དཀྱིལ་འཁོར་གྱི་ཁར་ཨོཾ་ཡིག་གི་མཐར་འཁོད་པའི་མོས་པ་མཛོད་བྱས་ལ། ཨོཾ་དུ་ཁ་ཡེ་ན་མ། ཞེས་དང་། ཨོཾ་ཧ་རི་ཎི་ས་ཨཿརི་ནི་ས་ཧ་ཧཱུྃ་ནི་ཧ་ས་རི། ཞེས་རྗེས་ཟློས་ལན་གསུམ་གསུམ་བྱེད་དུ་གཞུག །དེ་ནས་བླ་མས་མེ་ཏོག་གཏོར་བཞིན་དུ། བཅོམ་ལྡན་འདི་ལ་སོགས་ཀྱི་རྗེས་སུ། རྗེ་བཙུན་མ་ཐོད་པ་རྒྱན་གྱི་གསུང་གསང་སྔགས་དང་རིག་སྔགས་ཀྱི་ནུས་པ་ཐམས་ཅད་རྡོ་རྗེ་སློབ་མ་འདིའི་རྒྱུད་ལ་འཇུག་པར་གྱུར་ཅིག །ཅེས་བརྗོད་ཅིང་བསམ་ལ། རྗེ་བཙུན་མའི་གསུང་གི་རྗེས་གནང་དང་བྱིན་རླབས་ཐོབ་པའི་མོས་པ་བྱེད་དུ་གཞུག །དེ་ནས་མདུན་གྱི་གཏོར་མ་རྗེ་བཙུན་མར་གསལ་བ། སློབ་མའི་སྤྱི་བོར་སྤྱན་དྲངས་ཏེ། རྡོ་རྗེ་འཆང་ནས་རྩ་བའི་བླ་མའི་བར། །ཇི་ལྟར་བཀའ་བསྒོ་དམ་བཅས་དྲན་མཛོད་ལ། །སྐལ་ལྡན་བུ་ཡི་འགལ་རྐྱེན་ཀུན་སེལ་ཞིང་། །མཐུན་རྐྱེན་མཆོག་ཐུན་དངོས་གྲུབ་བསྐུལ་དུ་གསོལ། །ཞེས་བཀའ་བསྒོ་བྱས་པའི་རྗེས་སུ། ཛཿཧཱུྃ་བཾ་ཧོཿ ཞེས་བརྗོད་པས། སྤྱི་བོའི་སྟེང་གི་རྗེ་བཙུན་མ་སློབ་མ་ལ་ཐིམ་པས། སློབ་མའི་ལུས་ངག་ཡིད་གསུམ་དང་། རྗེ་བཙུན་མའི་སྐུ་གསུང་ཐུགས་དབྱེར་མེད་དུ་གྱུར་པའི་མོས་པ་(༦༨༨ན)བྱེད་དུ་གཞུག་ཅིང་། དེས་རྗེ་བཙུན་མའི་ཐུགས་ཀྱི་རྗེས་གནང་དང་བྱིན་རླབས་ཐོབ་པའི་མོས་པ་བྱེད་དུ་གཞུག །མཇུག་ཆོག་སྤྱི་ལྟར་བྱའོ། །

༄ **མཁའ་འགྲོ་མ་གསང་བ་ཡེ་ཤེས་ལ།** ཡིག་དྲུག་གི་བསྙེན་པ་སྔོན་དུ་སོང་བ་ཞིག་གིས། སྐྱབས་སེམས་ཚད་མེད་བཞི་སྤྱི་དང་མཐུན་པའི་རྗེས་སུ། རང་གི་སྙིང་གར་ཧྲཱིཿདམར་པོ། དེའི་འོད་ཀྱིས་ལུས་གང་། འོད་དུ་ཞུ་བ་ལས་རང་ཉིད་གསང་བ་ཡེ་ཤེས་ཀྱི་མཁའ་འགྲོ་མ་སྐུ་མདོག་དམར་མོ། ཞལ་གཅིག་ཕྱག་བཞི། ཞབས་གཉིས་གར་སྟབས་ཀྱིས་པདྨ་ལ་བཞུགས་པ། ཁྲོ་ཆགས་འདྲེས་པའི་ཉམས་ཅན། གཡས་དང་པོ་གྲི་གུག །འོག་མ་རལ་གྲི། གཡོན་དང་པོ་ཐོད་ཁྲག །འོག་མ་རྩེ་གསུམ་གྱིས་མཚན་པའི་ཁ་ཊྭཾ་ག་བསྣམས་པ། གཅེར་བུ་སྐྲ་གྲོལ་མགོ་འཕྲེང་དང་རུས་རྒྱན་ཅན། མཁའ་འགྲོ་རིགས་བཞིས་གདན་གྱི་ཕྱོགས་བཞི་ནས་འདེགས་པ། ལྷ་འདྲེ་མི་གསུམ་དབང་དུ་སྡུད་པ། ཐུགས་ཀར་སྤྱན་རས་གཟིགས་དམར་པོ་ཨུ་ཏྤལ་གྱི་འཕྲེང་བ་དང་པདྨ་འཛིན་པ་ཟླ་གདན་ལ་བཞུགས་པ། ཐུགས་ཀར་ས་བོན་དང་སྔགས་ཕྲེང་གསལ་གདབ་ལ། ཨོཾ་མ་ཎི་པདྨེ་ཧཱུྃ། ཨོཾ་རྒྱུ་མ་ཧཱ་ཡེ་ན་མ་སྭཱཧཱ། ཨོཾ་ཏ་རི་ནི་ས་ར་ཙ་ཧྲི་ཡ། ཞེས་ཅི་འགྲུབ་བཟླ། གཏོར་མ་བསངས་སྦྱངས། འབྲུ་གསུམ་གྱིས་བྱིན་གྱིས་བརླབས། རང་གི་མདུན་དུ་སྐད་ཅིག་གིས་མཁའ་འགྲོ་གསང་བ་ཡེ་ཤེས་འཁོར་དང་བཅས་པ་བཞུགས་པར་གྱུར། སྔགས་ཀྱི་མཐར་ཨི་དཾ་བ་ལིཾ་ཏ་ཁ་ཁ་ཁཱ་ཧི་ཁཱ་ཧི། ཞེས་པ་བཏགས་པ་ལན་ལྔས་བདག་(༤༨༨བ)མདུན་གྱི་ལྷ་གཉིས་ཅར་ལ་ཕུལ། ཨརྒྷཾ་ནས་ཤབྡའི་བར་གྱིས་མཆོད། རྡོ་རྗེ་མི་འཆི་འདོད་ཆགས་ཆེ། །མི་རྟོག་ནམ་མཁའི་རྡོ་རྗེ་འཛིན། །འདོད་ཆགས་ཕ་རོལ་ཕྱིན་པ་བརྙེས། །པདྨ་མཁའ་འགྲོར་ཕྱག་འཚལ་ལོ། །མཆོད་སྦྱིན་གཏོར་མ་འདི་བཞེས་ལ། །སོགས་འདོད་དོན་ལ་གསོལ་བ་བཏབ། མདུན་བསྐྱེད་རང་གི་སྙིང་གར་ཐིམ། རང་ཉིད་མི་དམིགས་པར་བྱས་ལ། དགེ་བ་བསྔོ། འདི་ལ་དབང་རྗེས་གནང་སོགས་མི་དགོས། སྒོམ་ལུང་ཙམ་པ་ཉིད་ཀྱིས་ཆོག་གོ །དེ་ཡང་སྐུ་གཟུགས་ཀྱི་མདུན་དུ་མཆོད་གཏོར་བཤམས། སློབ་དཔོན་གྱིས་བདག་མདུན་འདོད་དོན་གསོལ་བཏབ་ཀྱི་བར་སྔར་བཞིན་བྱ། སློབ་

མས་མཇལ་ཕྱུལ། གསོལ་བ་འདེབས་པ་འདིའི་རྗེས་བཟླས་མཛོད། སློབ་དཔོན་གྱིས་བདག་ལ་བསྒོམ་ལུང་དམ་པ་བསྩལ་དུ་གསོལ། ཞེས་ལན་གསུམ་གསོལ་བ་འདེབས་སུ་གཞུག །སངས་རྒྱས་ཆོས་དང་ཚོགས་ཀྱི་མཆོག་བཅས་ལ། །ཞེས་སོགས་ལན་གསུམ། སློབ་མ་བསངས་སྦྱངས། སྟོང་པའི་ངང་ལས་ཁྱིད་རང་རྣམས་གསང་བ་ཡེ་ཤེས་ཀྱི་མཁའ་འགྲོ་མ་སྐུ་མདོག་དཀར་མོ། ཞལ་གཅིག་ཕྱག་བཞི། ཞབས་གཉིས་གར་སྟབས་ཀྱིས་པདྨ་ལ་བཞུགས་པ། ཁྲོ་ཆགས་འདྲེས་པའི་ཉམས་ཅན། གཡས་དང་པོ་གྲི་གུག །འོག་མ་རལ་གྲི། གཡོན་དང་པོ་ཐོད་ཁྲག །འོག་མ་རྩེ་གསུམ་གྱིས་མཚན་པའི་ཁ་ཊྭཾ་ག་བསྣམས་པ། གཅེར་བུ་སྐྲ་གྲོལ་མགོ་འཕྲེང་དང་རུས་རྒྱན་ཅན། མཁའ་འགྲོ་རིགས་བཞིས་གདན་གྱི་ཕྱོགས་བཞི་ནས་འདེགས་པ། ལྷ་འདྲི་མི་གསུམ (༦༤༧ན)དབང་དུ་སྡུད་པ། ཐུགས་ཀར་སྦྱུན་རས་གཟིགས་དམར་པོ་ཨུ་ཏི་ཀ་གི་འཕྲེང་བ་དང་པདྨ་འཛིན་པ་ཟླ་གདན་ལ་བཞུགས་པར་མོས། སློབ་དཔོན་གྱི་ཐུགས་ཀར་ཟླ་བའི་དཀྱིལ་འཁོར་གྱི་སྟེང་དུ་ཧྲཱིཿཡིག་གི་མཐར་སྔགས་ཕྲེང་གིས་བསྐོར་བ་ལས། སྔགས་ཕྲེང་གཉིས་པ་བྱུང་། སློབ་དཔོན་གྱི་ཞལ་ནས་ཐོན། ཁྱིད་རང་རྣམས་ཀྱི་ཞལ་དུ་ཞུགས། ཐུགས་ཀར་ཟླ་བའི་སྟེང་དུ་ཧྲཱིཿཡིག་གི་མཐར་འཁོད་པར་མོས་ལ། འདིའི་རྗེས་བཟླས་མཛོད། ཨོཾ་མ་ཎི་པདྨེ་ཧྲཱུཾ། ཨོཾ་རྒྱ་མ་ཧཱ་ཡེ་ན་མ་སྭཱཧཱ། ཨོཾ་ཏ་རེ་ནི་ས་ར་ཙ་ཧེ་ཡ། ཞེས་ལན་གསུམ། རྗེས་ཆོག་སྤྱི་དང་འདྲ། སྒྲུབ་ཐབས་རིན་ཆེན་འབྱུང་གནས་ཀྱི་ལྷན་ཐབས་རིན་འབྱུང་དོན་གསལ་ལས། དབང་སྡུད་ཀྱི་ལྷའི་སྒྲུབ་ཐབས་བཤད་པའི་སྐབས་སོ། །

༄ རྡོ་རྗེ་རྣམ་པར་འཇོམས་པ་ལྷུང་སྟོན་ལ། སྐྱབས་སེམས་སྔོན་དུ་འགྲོ་བས། རང་གི་སྙིང་གར་པད་ཉི་ལ་ཧྲཱུྃ་ལྗང་སྔོན་དེ་ལས་འོད་ཟེར་འཕྲོས། ལུས་གང་། སྡིག་སྒྲིབ་སྦྱངས། སྣ་བུག་ནས་ཕྱིར་འཕྲོས། རང་བཞིན་གྱི་གནས་ནས་རྡོ་རྗེ་རྣམ་པར་འཇོམས་པ་ལ་སངས་རྒྱས་དང་བྱང་ཆུབ་སེམས་དཔས་བསྐོར་བ་བཛྲ་ས་མཱ་ཛཿཨོཾ་བཛྲ་བི་དཱ

ར་ཊ་ཡ་ས་པ་རི་ཝཱ་ར་ཨརྒྷཾ་ནས་ཤབྡའི་བར་གྱིས་མཆོད། དཀོན་མཆོག་གསུམ་ལ་བདག་སྐྱབས་མཆི། །སོགས་ཡན་ལག་བདུན་པ་བྱ། སེམས་ཅན་ཐམས་ཅད་བདེ་བ་དང་བདེ་བའི་རྒྱུ་དང་ལྡན་པར་གྱུར་ཅིག་སོགས་ཚད་མེད་བཞི་བསྒོམ། སྭ་བྷཱ་ཝས་སྟོང་པར་སྦྱངས། སྟོང་པའི་ངང་ལས་པཾ་ལས་པདྨ་དང་རཾ་ལས་ཉི་(༦༨༧བ)མའི་དཀྱིལ་འཁོར་གྱི་སྟེང་དུ། ཧཱུཾ་ལས་སྣ་ཚོགས་རྡོ་རྗེའི་ལྟེ་བ་ལ་ཧཱུཾ་གིས་མཚན་པ་དེ་ལས་འོད་ཟེར་འཕྲོས། རྡོ་རྗེའི་ས་གཞི་ར་བ་གུར་བླ་བྲེ། ཡེ་ཤེས་ཀྱི་མེ་དཔུང་འབར་བའི་སྲུང་བའི་འཁོར་ལོ་ཡངས་ཤིང་རྒྱ་ཆེ་བའི་དབུས་སུ། པདྨ་དང་ཉི་མའི་དཀྱིལ་འཁོར་གྱི་གདན་ལ། ཧཱུཾ་ལྗང་སྔོན་ལས་སྣ་ཚོགས་རྡོ་རྗེའི་ལྟེ་བ་ལ་ཧཱུཾ་ལྗང་སྔོན་གྱིས་མཚན་པ། དེ་ལས་འོད་ཟེར་འཕྲོས། འཕགས་པ་མཆོད། སེམས་ཅན་གྱི་དོན་བྱས། ཚུར་འདུས་ཡོངས་སུ་གྱུར་པ་ལས། རང་ཉིད་བཅོམ་ལྡན་འདས་རྡོ་རྗེ་རྣམ་པར་འཇོམས་པ་སྐུ་མདོག་ལྗང་སྔོན་ཞལ་གཅིག་ཕྱག་གཉིས། ཕྱག་གཡས་རྡོ་རྗེ་ཐུགས་ཀར་གཏོད་ཅིང་། གཡོན་དེས་ཡུ་བ་བྱས་པའི་དྲིལ་བུ་དཀུར་བརྟེན་པ། ཞལ་ཁྲོ་མ་འཛུམ་གྱི་རྣམ་པ་ཅན། མཆེ་བའི་སྨུ་གུ་ཙུང་ཟད་གཙིགས་པ། སྤྱན་གསུམ་དང་ལྡན་ཞིང་། དབུ་སྐྲ་རལ་པའི་ཐོར་ཚུགས་ཅན། ཞབས་རྡོ་རྗེའི་སྐྱིལ་མོ་ཀྲུང་གིས་བཞུགས་ཤིང་། དར་དང་རིན་པོ་ཆེའི་རྒྱན་ཐམས་ཅད་ཀྱིས་བརྒྱན་པ། གཟི་བརྗིད་མཐའ་ཡས་པ་མངའ་ཞིང་མ་ལུས་པའི་སྤྲུལ་པ་འཆང་བའོ། །དཔྲལ་བར་ཨོཾ། མགྲིན་པར་ཨཱཿ ཐུགས་ཀར་ཧཱུཾ། དེ་ལས་འོད་ཟེར་འཕྲོས། རང་བཞིན་གྱི་གནས་ནས་རྡོ་རྗེ་རྣམ་པར་འཇོམས་པ་འཁོར་དང་བཅས་པ་བཛྲ་ས་མཱ་ཛཿམཆོད་པ་བྱ་རྒྱུད་ལྟར་བྱིན་གྱིས་བརླབས་ལ། ཨརྒྷཾ་ནས་ཤབྡའི་བར་གྱིས་མཆོད། ཨོཾ་བཛྲ་ཨཾ་ཀུ་ཤ་ཛཿཨོཾ་བཛྲ་པཱ་ཤ་ཧཱུཾ། ཨོཾ་བཛྲ་སྥོ་ཊ་བཾ། ཨོཾ་བཛྲ་ཨཱ་བེ་ཤ་ཨ། སླར་ཡང་སྙིང་གའི་ཧཱུཾ་ལས་འོད་ཟེར་འཕྲོས། དབང་གི་ལྷ་རིགས་ལྔ་འཁོར་དང་(༦༨༨ན)བཅས་པ་བཛྲ་ས་མཱ་ཛཿཨོཾ་པཉྩ་ཀུ་ལ་ས་པ་རི་ཝཱ་ར་ཞེས་སྦྱར་ཏེ། ཨརྒྷཾ་ནས་ཤབྡའི་བར་གྱིས་

མཆོད། ཨོཾ་སརྦ་ཏ་ཐཱ་ག་ཏ་ཨ་བྷི་ཥིཉྩ་ཏུ་མཱཾ། ཞེས་གསོལ་བ་བཏབ་པས། ཇི་ལྟར་བལྟམས་པ་ནས་ཤྲཱི་ཡེ་ཧཱུཾ། ཞེས་དབང་བསྐུར། སྐུ་གང་། དྲི་མ་དག །ཆུའི་ལྷག་མ་ཡར་ལུད་པ་ལས་རྡོ་རྗེ་སེམས་དཔས་དབུ་བརྒྱན་པར་གྱུར། སླར་ཡང་ཨཀྵོཾ་ནས་ཤཱཀྱའི་བར་གྱིས་མཆོད། བཟླས་པའི་དམིགས་པ་གསལ་གདབ་ལ། འདི་སྐད་བདག་གིས་ཐོས་པ་དུས་གཅིག་ན། བཅོམ་ལྡན་འདས་རྡོ་རྗེ་ལ་བཞུགས་ཏེ། སངས་རྒྱས་ཀྱི་མཐུས། ལག་ན་རྡོ་རྗེས་ལུས་ཐམས་ཅད་རྡོ་རྗེར་བྱིན་གྱིས་བརླབས་ནས། རྡོ་རྗེའི་ཏིང་ངེ་འཛིན་ལ་སྙོམས་པར་བཞུགས་སོ། །དེ་ནས་ལག་ན་རྡོ་རྗེས་བརྟན་པ། ཐམས་ཅད་དུ་ཐོགས་པ་མེད་པ། ཐམས་ཅད་དུ་མ་ཕམ་པ། སེམས་ཅན་ཐམས་ཅད་སྐྲག་པར་བྱེད་པ། སེམས་ཅན་ཐམས་ཅད་འཇིལ་བར་བྱེད་པ། རིག་སྔགས་ཐམས་ཅད་གཅོད་པར་བྱེད་པ། རིག་སྔགས་ཐམས་ཅད་གནོན་པར་བྱེད་པ། ལས་ཐམས་ཅད་འཇོམས་པར་བྱེད་པ། གཞན་གྱི་ལས་ཐམས་ཅད་འཇིག་པར་བྱེད་པ། གདོན་ཐམས་ཅད་བརླག་པར་བྱེད་པ། གདོན་ཐམས་ཅད་ལས་ཐར་བར་བྱེད་པ། འབྱུང་པོ་ཐམས་ཅད་འགུགས་པར་(༤༦༢བ)བྱེད་པ། རིག་སྔགས་ཀྱི་ལས་ཐམས་ཅད་བྱེད་དུ་འཇུག་པ། མ་གྲུབ་པ་རྣམས་གྲུབ་པར་བྱེད་པ། གྲུབ་པ་རྣམས་ཆུད་མི་ཟ་བར་བྱེད་པ། འདོད་པ་ཐམས་ཅད་རབ་ཏུ་སྦྱིན་པ། སེམས་ཅན་ཐམས་ཅད་སྲུང་བ། ཞི་བ། རྒྱས་པ། སེམས་ཅན་ཐམས་ཅད་རེངས་པར་བྱེད་པ། རྨུགས་པར་བྱེད་པའི་གསང་སྔགས་ཀྱི་མཐུ་ཆེན་པོ་འདི། སངས་རྒྱས་ཀྱི་མཐུས། ལག་ན་རྡོ་རྗེས་རབ་ཏུ་སྨྲས་སོ། །ཞེས་སྙིང་གཞི་ཚར་གཅིག་བརྗོད། ན་མོ་རཏྣ་ཏྲ་ཡཱ་ཡ། ན་མ་ཤྩཎྜ་བཛྲ་པཱ་ཎ་ཡེ་མཧཱ་ཡཀྵ་སེ་ནཱ་པ་ཏ་ཡེ། ཏདྱ་ཐཱ། ཨོཾ་ཏྲུ་ཊ་ཏྲུ་ཊ། ཏྲོ་ཊ་ཡ་ཏྲོ་ཊ་ཡ། སྥུ་ཊ་སྥུ་ཊ། སྥོ་ཊ་ཡ་སྥོ་ཊ་ཡ། གྷུརྞ་གྷུརྞ། གྷུརྞཱ་པ་ཡ་གྷུརྞཱ་པ་ཡ། སརྦ་སཏྭཱ་ནི། བོ་དྷ་ཡ་བོ་དྷ་ཡ། སཾ་བོ་དྷ་ཡ་སཾ་བོ་དྷ་ཡ། བྷྲ་མ་བྷྲ་མ། སཾ་བྷྲ་མ་ཡ་སཾ་བྷྲ་མ་ཡ། སརྦ་བུདྡྷཱ་བོ་དྷ་ནི། ཀུ་ཊ་ཀུ་ཊ། སཾ་ཀུ་ཊ་ཡ་སཾ་ཀུ་ཊ་ཡ། སརྦ་ཤ་ཏྲཱུཾ། གྷ་

ཏ་སྨཱ་ཏ། སཾ་སྨཱ་ཏ་ཡ་སཾ་སྨཱ་ཏ་ཡ། སརྦ་བི་ཧྂ་བཛྲ་བཛྲ། སྨྲྀ་ཏ་ཡ་བཛྲ་བཛྲ། ག་ཏ་ཡ་བཛྲ་བཛྲ། མ་ཏ་ཡ་བཛྲ་བཛྲ། མ་ཐ་བཛྲ་བཛྲ། ཨཊྚ་ཧཱ་ས་བཛྲ་བཛྲ། ཧཱི་ལ་བཛྲ་སུ་བཛྲཱ་ཡ་སྭཱཧཱ། ཧེ་ཕུ་ལུ་ནི་ཏ་ཕུ་ལུ་ནི་གླི་ཧྣ་ཀུ་ལུ་མི་ལི་ཙུ་ལུ་ཀུ་ཏ་ཀུ་ཏ། བཛྲ་བི་ཛ་ཡཱ་ཡ་སྭཱཧཱ། གླཱི་ལི་གླཱི་ལཱ་ཡ་སྭཱཧཱ། ཀ་ཏ་ཀ་ཏ། མ་ཏ་མ་ཏ། ར་ཏ་ར་ཏ། སོ་ཏ་ན་པྲ་སོ་ཏ་ནཱ་ཡ་སྭཱཧཱ། ཙ་ར་ནི་ཚུ་ར། ཧ་ར་ཧ་ར། ས་ར་ས་ར། སྨཱ་ར་ཡ་སྨཱ་ར་ཡ། བཛྲ་བི་དཱ་ར་ཎཱ་ཡ་སྭཱཧཱ། ཚིནྡྷ་ཚིནྡྷ། བིནྡྷ་བིནྡྷ། མརྡཱ་གླཱི་ལི་གླཱི་ལཱ་ཡ་སྭཱཧཱ། བནྡྷ་བནྡྷ། ཀྲོ་དྷ་ཀྲོ་དྷ། གླཱི་ལི་གླཱི་ལཱ་ཡ་སྭཱཧཱ། ཙུ་ཏ་ཙུ་ཏ་ཙཎྜ་གླཱི་ལི་གླཱི་ལཱ་ཡ་སྭཱཧཱ། ཧཱ་ས་ཡ་ཧཱ་ས་ཡ། བཛྲ་གླཱི་ལི་གླཱི་ལཱ་ཡ་སྭཱཧཱ། ཧ་ར་ཧ་ར་བཛྲ་དྷ་རཱ་ཡ་སྭཱཧཱ། པྲ་ཧ་ར་པྲ་ཧ་ར། བཛྲ་པྲ་ཧ་རྞ་ནཱ་ཡ་སྭཱཧཱ། མ་ཏི་སྠི་ར་(༤༥༨ན)བཛྲ། ཤྲུ་ཏི་སྠི་ར་བཛྲ། པྲ་ཏི་སྠི་ར་བཛྲ། མཧཱ་བཛྲ། ཨ་པྲ་ཏི་ཧ་ཏ་བཛྲ། ཨ་མོ་གྷ་བཛྲ། ཨེ་ཧྱེ་ཧི་བཛྲ་ཤཱི་གྷྲཾ་བཛྲཱ་ཡ་སྭཱཧཱ། དྷ་ར་དྷ་ར། དྷི་རི་དྷི་རི། དྷུ་རུ་དྷུ་རུ། སརྦ་བཛྲ་ཀུ་ལཾ་ཨཱ་བརྟ་ཡ་སྭཱཧཱ། གནོད་བྱེད་འབྱུང་པོ་སྨཱ་ར་ཡ་ཕཊ། ན་མཿས་མནྟ་བཛྲཱ་ཎཾ་སརྦ་བ་ལཾ་ཨཱ་བརྟ་ཡ་མཧཱ་བ་ལེ། ཀ་ཏ་བི་ཏ་ཏ་ལེ་ཨ་ཙ་ལེ་མཎྜ་ལ་མཱ་ཡེ། ཨ་ཏི་བཛྲ། མཧཱ་བ་ལེ་བེ་ག་ར་ཋ། ཨ་ཛི་ཏི་ཛྭ་ལ་ཛྭ་ལ། ཏི་ཊི་ཏི་ཊི། པིཾ་ག་ལེ་ད་ཧ་ད་ཧ་ཏེ་ཛོ་བ་ཏི། ཏི་ལི་ཏི་ལི། བནྡྷ་བནྡྷ། མཧཱ་བ་ལེ་བཛྲཱཾ་ཨཾ་ཀུ་ཤ་ཛྭ་ལ་ཡ་སྭཱཧཱ། ན་མོ་རཏྣ་ཏྲ་ཡཱ་ཡ། ན་མ་ཤྩཎྜ་བཛྲ་པཱ་ཎ་ཡེ། མཧཱ་ཡཀྵ་སེ་ནཱ་པ་ཏ་ཡེ། ཏདྱ་ཐཱ། ཨོཾ་ཧ་ར་ཧ་ར་བཛྲ། མ་ཐ་མ་ཐ་བཛྲ། དྷུ་ན་དྷུ་ན་བཛྲ། ད་ཧ་ད་ཧ་བཛྲ། པ་ཙ་པ་ཙ་བཛྲ། དྷ་ར་དྷ་ར་བཛྲ། དྷཱ་ར་ཡ་དྷཱ་ར་ཡ་བཛྲ། དཱ་རུ་ཎ་དཱ་རུ་ཎ་བཛྲ། ཚིནྡྷ་ཚིནྡྷ་བཛྲ། བིནྡྷ་བིནྡྷ་བཛྲ་ཧཱུྃ་ཕཊ། ན་མ་ཤྩཎྜ་བཛྲ་ཀྲོ་དྷཱ་ཡ། ཧུ་ལུ་ཧུ་ལུ། ཏིཥྛ་ཏིཥྛ། བནྡྷ་བནྡྷ། ཧ་ན་ཧ་ན། ཨ་མྲྀ་ཏེ་ཧཱུྃ་ཕཊ། ཅེས་གཟུངས་ཀྱི་བཟླས་པ་ཅི་རིགས་པར་བྱེད་པ་ལས། གཟུངས་ཡོངས་སུ་རྫོགས་པ་དང་། ཉེ་སྙིང་ཁོ་ན་བཟླ་བ་གཉིས་གདམ་ག་ལས་གཞན་མེད་པར་གྲགས་ནའང་། རྩ་སྔགས་དང་སྙིང་པོ་ཉེ་སྙིང་གསུམ་ཇི་ལྟར་རིགས་

པར་བཟླས་པས་ཆོག །ཙ་སྔགས་ནི། ན་མོ་རཏྣ་ཏྲ་ཡཱ་ཡ། ན་མ་ཨཱརྻ་བཛྲ་པཱ་ཎ་ཡེ། མཧཱ་ཡཀྴ་སེ་ནཱ་པ་ཏ་ཡེ། ཏདྱ་ཐཱ། ཨོཾ་ཧུ་ཏ་ཧུ་ཏ། ཞེས་པ་ནས། ཨ་མྲྀ་ཏེ་ཧཱུྃ་ཕཊ། ཅེས་པའི་བར་དང་། སྙིང་པོ་ནི། ན་མོ་རཏྣ་ཏྲ་ཡཱ་ཡ། ན་མ་ཨཱརྻ་བཛྲ་པཱ་ཎ་ཡེ། མཧཱ་ཡཀྴ་སེ་ནཱ་པ་ཏ་ཡེ། ཏདྱ་ཐཱ། ཨོཾ་ཏ་ར་ཏ་ར་བཛྲ། ཞེས་པ་ནས། ཨ་མྲྀ་(༦༦༩བ)ཏེ་ཧཱུྃ་ཕཊ། ཅེས་པའི་བར་དང་། ཉེ་སྙིང་ནི། ན་མ་ཨཱརྻ་བཛྲ་ཀྲོ་དྷ་ཡ། ཞེས་སོགས་སོ། །མཇུག་ཏུ། སྡིག་པ་ཐམས་ཅད་བྱང་བྱས་ནས། །སྡུག་བསྔལ་ཐམས་ཅད་མེད་པར་བྱེད། །རྒྱུད་དོ་ཅོག་གི་ཙ་བ་སྟེ། །དཔལ་ཀུན་གྱིས་ནི་ལེགས་པར་བཀྲུན། །སེམས་ཅན་དབང་པོ་ཉམས་པ་དང་། །ཚེ་ཟད་པ་དང་ཚེ་ཉམས་དང་། །ཕུན་སུམ་ཚོགས་མིན་གང་ཆགས་དང་། །ལྷ་རྣམས་རྒྱལ་གྱིས་ཕྱོགས་པ་དང་། །མཛའ་སྡུག་སྐྱེ་བོ་སྤང་བ་དང་། །བྲན་བཟའ་ལ་སོགས་གཅེས་པ་དང་། །ཕན་ཚུན་མཐུན་པ་མ་ཡིན་དང་། །ནོར་འཕྲིབ་པས་ནི་གནོད་པ་དང་། །མྱ་ངན་ངལ་དང་གནོད་པ་དང་། །འཇིགས་པ་དང་ནི་ཕོངས་པ་དང་། །གཟའ་དང་རྒྱུ་སྐར་བྱད་སྟེམས་དང་། །མི་བཟད་གདོན་གྱིས་ཉེན་པ་དང་། །མྱ་ངན་ངལ་ལས་བྱུང་བ་ཡི། །རྨི་ལམ་སྡིག་པ་མཐོང་ན་ཡང་། །དེས་ནི་རབ་བཀྲུས་གཙང་མ་ཡིས། །མདོ་སྡེ་དམ་པ་མཉན་པར་གྱིས། །གང་དག་ཡིད་དགེ་སེམས་དང་ཞིང་། །གཙང་མའི་གོས་ཀྱིས་རབ་བཀྲུན་ཏེ། །ཟབ་མོ་སངས་རྒྱས་སྤྱོད་ཡུལ་བ། །མདོ་སྡེ་འདི་ནི་ཉན་བྱེད་ན། །མདོ་སྡེ་འདི་ཡི་གཟི་བརྗིད་ཀྱིས། །སྡིག་ཆགས་དག་ནི་ཐམས་ཅད་ཀྱི། །མི་བཟད་པ་ཡི་ནད་རྣམས་ཀྱང་། །དེ་དག་ཐམས་ཅད་ཞི་བར་བལྟ། །ཚེ་དང་བསོད་ནམས་འཕེལ་བར་འགྱུར། །སྡིག་པ་ཀུན་ལས་རྣམ་པར་ཐར། །ནོར་བུ་ཕུངས་ཀར་དུར་བ་དང་། །རིན་ཆེན་རྫ་མེད་ཙནྡན་བཅས། །ཤེལ་དང་རྫོ་རྗེ་མེ་ཏོག་དང་། །ཆུ་ཡི་གསེར་རམ་ཡང་ན་ནི། །དངུལ་གྱི་བུམ་པ་དག་ཀྱང་རུང་། །གཙང་མའི་གོས་ཀྱིས་དཀྲི་ཞིང་དཀར། །ལན་གྲངས་ཉི་ཤུ་ཙ་གཅིག་གམ། །ཡང་ན་ལན་(༦༧༠ན)གྲངས་

བརྒྱ་རྩ་བརྒྱད། །རྡོ་རྗེ་རྣམ་འཇོམས་བཟླས་ནས་ནི། །རྒྱལ་པོ་རྟག་ཏུ་ཁྲུས་གྱིས་ཤིག །ཅེས་ཕན་ཡོན་ཚར་གཅིག་བརྗོད་ལ། གོང་བཞིན་མཆོད། གང་ཐུགས་གཉིས་སུ་མེད་པའི་ཡེ་ཤེས་ལས། །རྡོ་རྗེའི་རྣ་གུར་མེ་དཔུང་འབར་བའི་མཐུས། །བདུད་བཞིའི་སྟོབས་རྣམས་རྣམ་པར་འཇོམས་མཛད་པའི། །རྡོ་རྗེ་རྣམ་པར་འཇོམས་ལ་ཕྱག་འཚལ་ལོ། །ཞེས་བསྟོད། བཅོམ་ལྡན་འདས་རྡོ་རྗེ་རྣམ་པར་འཇོམས་པའི་ལྷ་ཚོགས་འཁོར་དང་བཅས་པ་རྣམས་ཀྱིས་བདག་ལ་དངོས་གྲུབ་མ་ལུས་པ་བསྩལ་དུ་གསོལ། །ཞེས་གསོལ་བ་བཏབ། ཡིག་བརྒྱ་ལན་གསུམ། འདིའི་རྗེས་གནང་བྱེད་པར་འདོད་པས། བུམ་ཚོག་དང་སྦྲེལ་བར་འདོད་ན། མཎྜལ་པདྨ་འདབ་བརྒྱད་ཚོམ་བུ་དང་བཅས་པའི་སྟེང་དུ་བུམ་པ་བཤམས་པའམ། མ་གྲུབ་ན་བུམ་གདན་ཅི་བདེ་བ་ལ་བུམ་པ་ཁ་རྒྱན་དུང་ཆོས་ཆུར་བཅས་གཟུངས་ཐག་རྡོ་རྗེ་དང་བཅས་པ་བཀོད། སྒྲོ་ན་དེ་ཉིད་ལ་སྔོས་མཆོད་ཀྱང་བཤམས། བདག་བསྐྱེད་མདུན་བསྐྱེད་སོང་བའི་མཚམས་སུའམ། མདུན་བསྐྱེད་དང་བུམ་བསྐྱེད་ལྷན་ཅིག་ཏུ་བྱས་ཀྱང་ཆོག་སྟེ། གང་ལྟར་ཡང་མཆོད་པ་བྱིན་གྱིས་བརླབས། བུམ་པ་བསངས་སྦྱངས། སྟོང་པའི་ངང་ལས་པཾ་ལས་པདྨ་དང་ཨ་ལས་ཟླ་བའི་དཀྱིལ་འཁོར་གྱི་སྟེང་དུ་ཧྲཱུཾ་ལས་རིན་པོ་ཆེའི་བུམ་པ་ཡངས་ཤིང་རྒྱ་ཆེ་བ་ལྟོ་བ་ཡངས་ཤིང་མགྲིན་པ་ཕྲ་བ། མཆུ་འཕྱང་བ། ལྷའི་གོས་ཀྱི་མགུལ་ཆིངས་དང་ལྡན་པ། དཔག་བསམ་གྱི་ཤིང་གིས་ཁ་བརྒྱན་པ། ནང་ཆུ་དང་བཅུད་ཐམས་(༦༧༠བ)ཅད་ཀྱིས་ཡོངས་སུ་གང་བའི་དབུས་སུ། པདྨ་དང་ཉི་མའི་གདན་ལ་ཧཱུྃ་ལྗང་སྔོན་ལས་སྣ་ཚོགས་རྡོ་རྗེའི་ལྟེ་བ་ལ་ཧཱུྃ་ལྗང་སྔོན་གྱིས་མཚན་པ། དེ་ལས་འོད་ཟེར་འཕྲོས། འཕགས་པ་མཆོད། སེམས་ཅན་གྱི་དོན་བྱས། ཚུར་འདུས་ཡོངས་སུ་གྱུར་པ་ལས། བཅོམ་ལྡན་འདས་རྡོ་རྗེ་རྣམ་པར་འཇོམས་པ། ཞེས་པ་ནས། ཐུགས་ཀར་ཧཱུྃ། དེ་ལས་འོད་ཟེར་འཕྲོས། རང་བཞིན་གྱི་གནས་ནས་རྡོ་རྗེ་རྣམ་པར་འཇོམས་པ་འཁོར་དང་བཅས་པ་བཛྲ་ས་མ་ཛཿ མ་

ལུས་སེམས་ཅན་མ་དང་བཅོམ་ལྡན་བསྐལ་པ་ནས། ཡོངས་དག་འཁོར་དང་བཅས་ཏེ་གཤེགས་སུ་གསོལ། །ཞེས་སོགས་ཀྱིས་སྤྱན་འདྲེན། ཨོཾ་སརྦ་ཏ་ཐཱ་ག་ཏ་བཛྲ་པ་ཕྱཱར་ཊ་ས་པ་རི་ཝཱར་ཨེ་ཧྱེ་ཧི། ཨཀྵཾ་ནས་ཤབྡའི་བར་གྱིས་མཆོད། ཨོཾ་བཛྲ་ཨཾ་ཀུ་ཤ་ཛཿཨོཾ་བཛྲ་པཱ་ཤ་ཧཱུྃ། ཨོཾ་བཛྲ་སྥོ་ཊ་བཾ། ཨོཾ་བཛྲ་ཨཱ་པེ་ཤ་ཨ། སླར་ཡང་སྙིང་གའི་ཧཱུྃ་ལས་འོད་ཟེར་འཕྲོས། དབང་ལྷ་རིགས་ལྔ་འཁོར་དང་བཅས་པ་བཛྲ་ས་མཱ་ཛཿཨོཾ་པཉྩ་ཀུ་ལ་ས་པ་རི་ཝཱར་ཞེས་སྤྱར་ཏེ། ཨཀྵཾ་ནས་ཤབྡའི་བར་གྱིས་མཆོད། ཨོཾ་སརྦ་ཏ་ཐཱ་ག་ཏ་ཨ་བྷི་ཥིཉྩ་ཏུ་མཾ། ཞེས་གསོལ་བ་བཏབ་པས། ཇི་ལྟར་བལྟམས་པ་ནས་ཤྲཱི་ཡེ་ཧཱུྃ། ཞེས་དབང་བསྐུར། སྐུ་གང་། དྲི་མ་དག །ཆུའི་ལྷག་མ་ཡར་ལུད་པ་ལས་རྡོ་རྗེ་སེམས་དཔས་དབུ་བརྒྱན་པར་གྱུར། སླར་ཡང་ཨཀྵཾ་ནས་ཤབྡའི་བར་གྱིས་མཆོད། གང་ཐུགས་གཉིས་སུ་མེད་པའི་ཡེ་ཤེས་ལས། །རྡོ་རྗེའི་ར་གུར་མི་དཔུང་འབར་བའི་དབུས། །བདུད་བཞིའི་སྟོབས་རྣམས་རྣམ་པར་འཇོམས་མཛད་པའི། །རྡོ་རྗེ་རྣམ་པར་འཇོམས་ལ་ཕྱག་འཚལ་ལོ། །ཞེས་བསྟོད(༦༧༡ན)ལ། གཟུངས་ཐག་ནས་བཟུངས་ཏེ་དམིགས་པ་དང་བཅས་པས་གཟུངས་མདོ་འདོན་ཞིང་བཟླས་པ་བྱེད་ཚུལ་བདག་བསྐྱེད་ཀྱིས་རིགས་འགྲེ། མཐར་བུམ་པའི་ལྷ་ལ་མཆོད་བསྟོད་དང་བཟོད་གསོལ་བྱ། བཛྲ་མུཿཞེས་ཡེ་ཤེས་པ་གཤེགས། དུང་ཆོས་ཀྱི་ཆུ་བླུགས། མཆོད་ཡོན་ཕུལ་བས་དམ་ཚིག་པ་འོད་དུ་ཞུ་སྟེ་བུམ་པའི་ཆུར་གྱུར། ཅེས་བརྗོད། དེ་ནས་འཇིག་རྟེན་ལས་འདས་པའི་གཏོར་འབུལ་དང་། འཇིག་རྟེན་པའི་གཏོར་མ་ཆ་གསུམ་བཞིན་དུ་བཏང་། སློབ་མའི་བྱ་བ་ནི་མཎྜལ་ཕུལ། གསོལ་བ་འདེབས་པ་འདིའི་རྗེས་ཟློས་གསུངས་ཤིག །དུས་གསུམ་སངས་རྒྱས་ཐམས་ཅད་དང་ཞེས་སོགས་ལན་གསུམ། རྒྱུད་དག་པར་བྱ་བའི་ཕྱིར་མདུན་གྱི་ཆོམ་བུ་འདི་ཉིད་ཀྱང་རྡོ་རྗེ་རྣམ་འཇོམས་དངོས་སུ་མོས་ལ་དེའི་སྙིང་གི་ནམ་མཁར་བཞུགས་པའི་སངས་རྒྱས་བྱང་སེམས་རྣམས་ཀྱི་དྲུང་དུ་སྐྱབས་འགྲོ་སྔོན་དུ་འགྲོ་བའི་བྱང་ཆུབ་ཀྱི་སེམས་

བཟུང་བ་ལ་སོགས་པ་བགྱིད་སྙམ་པའི་བསམ་པས་འདིའི་རྗེས་གནང་མཛོད། དཀོན་མཆོག་གསུམ་ལ་བདག་སྐྱབས་མཆི། །སོགས་གསུམ་དང་། ཁྱད་པར་དུ་རྡོ་རྗེ་རྣམ་པར་འཇོམས་པའི་རྗེས་གནང་བསྩལ་དུ་གསོལ་སྙམ་པའི་འདུན་པས་འདིའི་རྗེས་གནང་ཀྱང་གསུངས་ཤིག །སློབ་དཔོན་དགོངས་སུ་གསོལ། བདག་ལ་བཅོམ་ལྡན་འདས་རྡོ་རྗེ་རྣམ་པར་འཇོམས་པའི་རྗེས་གནང་མ་ལུས་པ་བསྩལ་དུ་གསོལ། ཞེས་ལན་གསུམ་གྱིས་གསོལ་བ་བཏབ་ནས། ད་སྦྱོར་བ་རྗེས་གནང་གི་གཞི་དགོད་པའི་སླད་དུ་དམིགས་པ་འདི་བཞིན་དུ་མཛད་(༦༧༡བ)པར་ཞུ། ཨོཾ་ཤཱུ་ནྱ་ཏཱ་ཛྙཱ་ན་བཛྲ་སྭ་བྷཱ་ཝ་ཨཱཏྨ་ཀོ྅ཧཾ། ཕྱི་ནང་གི་དངོས་པོ་ཐམས་ཅད་མི་དམིགས་པ་སྟོང་པ་ཉིད་དུ་གྱུར་པའི་ངང་ལས་པདྨ་དང་ཉི་མའི་གདན་ལ་ཁྱེད་རང་རྣམས་ཀྱི་སེམས་ཉིད་ཧཱུྃ་ལྗང་སྔོན་ལས་སྣ་ཚོགས་རྡོ་རྗེའི་ལྟེ་བ་ལ་ཧཱུྃ་ལྗང་སྔོན་གྱིས་མཚན་པ། དེ་ལས་འོད་ཟེར་འཕྲོས། འཕགས་པ་མཆོད། སེམས་ཅན་གྱི་དོན་བྱས། ཚུར་འདུས་ཡོངས་སུ་གྱུར་པ་ལས། ཁྱེད་རང་རྣམས་བཅོམ་ལྡན་འདས་རྡོ་རྗེ་རྣམ་པར་འཇོམས་པ་སྐུ་མདོག་ལྗང་སྔོན་ཞལ་གཅིག་ཕྱག་གཉིས། ཕྱག་གཡས་རྡོ་རྗེ་ཐུགས་ཀར་གཏོད་ཅིང་། གཡོན་དེས་ཡུ་བ་བྱས་པའི་དྲིལ་བུ་དཀུར་བརྟེན་པ། ཞལ་ཁྲོ་འཛུམ་གྱི་རྣམ་པ་ཅན། མཆེ་བའི་མུ་གུ་ཙུང་ཟད་གཙིགས་པ། སྤྱན་གསུམ་དང་ལྡན་ཞིང་དབུ་སྐྲ་རལ་པའི་ཐོར་ཚུགས་ཅན། ཞབས་རྡོ་རྗེའི་སྐྱིལ་མོ་ཀྲུང་གིས་བཞུགས་ཤིང་། དར་དང་རིན་པོ་ཆེའི་རྒྱན་ཐམས་ཅད་ཀྱིས་བརྒྱན་པ། གཟི་བརྗིད་མཐའ་ཡས་པ་མངའ་ཞིང་། མ་ལུས་པའི་སྤྲུལ་པ་འཆང་བའོ། །དཔྲལ་བར་ཨོཾ། མགྲིན་པར་ཨཱཿ ཐུགས་ཀར་ཧཱུྃ། ཞེས་གསལ་གདབ། དེ་ནས་སློབ་དཔོན་ཡང་རྡོ་རྗེ་རྣམ་འཇོམས་དངོས་ཡིན་སྙམ་པའི་མོས་གུས་བྱས་པས། སློབ་དཔོན་གྱི་ཐུགས་ཀ་ནས་འོད་ཟེར་འཕྲོས། མདུན་བསྐྱེད་ཀྱི་ལྷའི་ཐུགས་རྒྱུད་བསྐུལ། དེའི་ཐུགས་ཀ་ནས་འོད་ཟེར་འཕྲོས། ཕྱོགས་བཅུའི་སངས་རྒྱས་དང་བྱང་ཆུབ་སེམས་དཔའ་ཐམས་ཅད་ཀྱི་ཐུགས་རྒྱུད་བསྐུལ་

བས། སློབ་དཔོན་དང་མདུན་བསྐྱེད་ཀྱི་ལྷ་དང་ཕྱོགས་བཅུའི་སངས་རྒྱས་བྱང་ཆུབ་སེམས་དཔའ་ཐམས་ཅད་ཀྱི་ཐུགས་ཀ་ནས་རྡོ་རྗེ་རྣམ་པར་འཇོམས་(༦༧༢ན)པའི་སྐུ་ཆེ་ཆུང་དཔག་ཏུ་མེད་པ་བྱོན། ཁྱེད་རང་རྣམས་ཀྱི་བ་སྤུའི་བུ་ག་རྣམས་ནས་ཆར་བབས་པ་བཞིན་དུ་སིབ་སིབ་ཐིམ་པར་མོས་པ་མཛོད། ཛཿཧཱུྃ་བཾ་ཧོཿགཉིས་སུ་མེད་པར་ཐིམ། དེ་དག་ནི་རྗེས་གནང་གི་གཞི་དགོད་པའོ། །རྗེས་གནང་དངོས་ལ། ལུང་གསུམ་ལས་དང་པོ་རྗེས་སུ་བཟླས་པའི་ལུང་སླང་བའི་ཕྱིར། སློབ་དཔོན་གྱི་ཐུགས་ཀར་ཉི་མའི་དཀྱིལ་འཁོར་གྱི་སྟེང་དུ་ཧཱུྃ་ལྗང་སྔོན། དེ་ལས་སྔགས་ཀྱི་འཕྲེང་བ་བྱུང་། སློབ་དཔོན་གྱི་ཞལ་ནས་ཐོན། ཁྱེད་རང་རྣམས་ཀྱི་ཞལ་དུ་ཞུགས། ཐུགས་ཀར་ཉི་མའི་སྟེང་དུ་ཧཱུྃ་ལྗང་སྔོན་གནས་པ་ལ་ཐིམ། དེའི་དུས་སུ་ཕྱོགས་བཅུའི་སངས་རྒྱས་བྱང་ཆུབ་སེམས་དཔའ་རྣམས་ཀྱི་མཁྱེན་བརྩེ་ནུས་མཐུ་ཐམས་ཅད་འོད་ཟེར་གྱི་རྣམ་པར་སྔགས་ཕྲེང་དང་ལྷན་ཅིག་ཞལ་དུ་ཞུགས། སྙིང་གའི་ཧཱུྃ་ལ་ཐིམ་པའི་མོས་པ་སོགས་བཟླས་ལུང་གི་དམིགས་པ་སྔར་བཞིན་དང་བཅས་སྔགས་འདིའི་རྗེས་ཟློས་ལན་གསུམ་གསུངས་ཤིག །ན་མོ་རཏྣ་ཏྲ་ཡཱ་ཡ། ན་མ་ཤྩཎྜ་བཛྲ་པཱ་ཎ་ཡེ། མཧཱ་ཡཀྵ་སེ་ནཱ་པ་ཏ་ཡེ། ཏདྱ་ཐཱ། ཨོཾ་ཏྲུ་ཊ་ཏྲུ་ཊ། ཏྲོ་ཊ་ཡ་ཏྲོ་ཊ་ཡ། སྥུ་ཊ་སྥུ་ཊ། སྥོ་ཊ་ཡ་སྥོ་ཊ་ཡ། གྷུརྞ་གྷུརྞ། གྷུརྞཱ་པ་ཡ་གྷུརྞཱ་པ་ཡ། སརྦ་སཏྭ་ནི། བོ་དྷ་ཡ་བོ་དྷ་ཡ། སཾ་བོ་དྷ་ཡ་སཾ་བོ་དྷ་ཡ། བྷྲ་མ་བྷྲ་མ། སཾ་བྷྲ་མ་ཡ་སཾ་བྷྲ་མ་ཡ། སརྦ་བུདྡྷཱ་བོ་དྷ་ནི། ཀུ་ཊ་ཀུ་ཊ། སཾ་ཀུ་ཊ་ཡ་སཾ་ཀུ་ཊ་ཡ། སརྦ་ཤ་ཏྲཱུྃ། གྷ་ཊ་གྷ་ཊ། སཾ་གྷ་ཊ་ཡ་སཾ་གྷ་ཊ་ཡ། སརྦ་བིགྷྣཾ་བཛྲ་བཛྲ། སྥོ་ཊ་ཡ་བཛྲ་བཛྲ། ག་ཊ་ཡ་བཛྲ་བཛྲ། མ་ཊ་ཡ་བཛྲ་བཛྲ། མ་ཐ་བཛྲ་བཛྲ། ཨཊྚ་ཧཱ་ས་(༦༧༢བ)བཛྲ་བཛྲ། ནཱི་ལ་བཛྲ་སུ་བཛྲཱ་ཡ་སྭཱཧཱ། ཧ་ཕུ་ལུ་ནི་ཙུ་ཕུ་ལུ་ནི་གྷྲཱིཥྞ་ཀུ་ལུ་མི་ལི་ཙུ་ལུ་ཀུ་ཙ་ཀུ་ཙ། བཛྲ་བི་ཛ་ཡཱ་ཡ་སྭཱཧཱ། ཀཱི་ལི་ཀཱི་ལཱ་ཡ་སྭཱཧཱ། ག་ཊ་ག་ཊ། མ་ཊ་མ་ཊ། ར་ཊ་ར་ཊ། མོ་ཊ་ན་པྲ་མོ་ཊ་ནཱ་ཡ་སྭཱཧཱ། ཙ་ར་ནི་ཙཱུ་ར། ཧ་ར་ཧ་ར། ས་ར་ས་ར། སྣཱ་ར་ཡ་སྣཱ་ར་ཡ། བཛྲ་བིདཱ་ར་

ཧཱ་ཡ་སྭཱ་ཧཱ། ཚིནྡྷ་ཚིནྡྷ། བིནྡྷ་བིནྡྷ། མནྟྲ་ཀཱི་ལི་ཀཱི་ལཱ་ཡ་སྭཱ་ཧཱ། བནྡྷ་བནྡྷ། ཀྲོ་དྷ་ཀྲོ་དྷ། ཀཱི་ལི་ཀཱི་ལཱ་ཡ་སྭཱ་ཧཱ། ཙུ་རུ་ཙུ་རུ། ཙཀྲ་ཀཱི་ལི་ཀཱི་ལཱ་ཡ་སྭཱ་ཧཱ། ཧཱ་ས་ཡ་ཧཱ་ས་ཡ། བཛྲ་ཀཱི་ལི་ཀཱི་ལཱ་ཡ་སྭཱ་ཧཱ། ཏ་ར་ཏ་ར་བཛྲ་དྷ་རཱ་ཡ་སྭཱ་ཧཱ། པྲ་ཏ་ར་པྲ་ཏ་ར། བཛྲ་པྲ་ཧྲ་ཙྪ་ནཱ་ཡ་སྭཱ་ཧཱ། མ་ཧ་སྠི་ར་བཛྲ། ཤྲུ་ཧ་སྠི་ར་བཛྲ། པྲ་ཧ་སྠི་ར་བཛྲ། མནྟྲ་བཛྲ། ཨ་པྲ་ཧ་ཏ་ཏ་བཛྲ། ཨ་མོ་གྷ་བཛྲ། ཨེ་ཧྱེ་ཧི་བཛྲ་ཤྲཱི་ཀྲཱི་བཛྲཱ་ཡ་སྭཱ་ཧཱ། ཧ་ར་ཧ་ར། ཧི་རི་ཧི་རི། ཧུ་རུ་ཧུ་རུ། སརྦ་བཛྲ་ཀུ་ལཾ་ཨཱ་བཧ་ཡ་སྭཱ་ཧཱ། གནོད་བྱེད་འབྱུང་པོ་ཧཱ་ར་ཡ་ཕཊ། ན་མཿས་མནྟ་བཛྲཱ་ཎཱཾ་སརྦ་བ་ལཾ་ཨཱ་བཧ་ཡ་མནྟྲ་བ་ལ། ག་ཏ་བེ་ཏ་ཏ་ལེ་ཨ་ཙ་ལེ་མཎྜལ་ཧཱ་ཡེ། ཨ་ཧི་བཛྲ། མནྟྲ་བ་ལེ་བི་ག་ར་ཊ། ཨ་ཛི་ཧི་ཛྭ་ལ་ཛྭ་ལ། ཧི་ཏི་ཧི་ཏི། བིཾ་ག་ལེད་ཏ་ད་ཏ་ཧེ་ཛོ་བ་ཧི། ཧི་ལི་ཧི་ལི། བནྡྷ་བནྡྷ། མནྟྲ་བ་ལེ་བཛྲེ་ཨཾ་ཀུ་ཤ་དྷཱ་ཡ་སྭཱ་ཧཱ། ན་མོ་རཏྣ་ཏྲ་ཡཱ་ཡ། ན་མ་ཤྩཎྜ་བཛྲ་པཱ་ཎ་ཡེ། མནྟྲ་ཡཀྵ་སེ་ནཱ་པ་ཏ་ཡེ། ཏདྱ་ཐཱ། ཨོཾ་ཏ་ར་ཏ་ར་བཛྲ། མ་ཐ་མ་ཐ་བཛྲ། ཧུ་ན་ཧུ་ན་བཛྲ། ད་ཧ་ད་ཧ་བཛྲ། པ་ཙ་པ་ཙ་བཛྲ། ཧ་ར་ཧ་ར་བཛྲ། ཧཱ་ར་ཡ་ཧཱ་ར་ཡ་བཛྲ། ཧ་རུ་ཊ་ཧ་རུ་ཊ་བཛྲ། ཚིནྡྷ་ཚིནྡྷ་བཛྲ། བིནྡྷ་བིནྡྷ་བཛྲ་ཧཱུྃ་ཕཊ། ན་མ་ཤྩཎྜ་བཛྲ་ཀྲོ་དྷཱ་ཡ། ཧུ་ལུ་ཧུ་ལུ། ཏིཥྛ་ཏིཥྛ། བནྡྷ་བནྡྷ། ཧ་ན་ཧ་ན། ཨ་མྲི་ཏེ་ཧཱུྃ་ཕཊ། གཉིས་པ་བྱིན་གྱིས་(༦༧༣ན)བརླབས་པའི་ལུང་ནི། སློབ་དཔོན་ལ་མེ་ཏོག་འཐོར་བཞིན་དུ། འདིའི་རྗེས་བློས་མཛོད་ཅིག །བཅོམ་ལྡན་བདག་གིས་སོགས་ལན་གསུམ། དེ་ལྟར་ཕུལ་བའི་མེ་ཏོག་དེ་ཉིད་སྔར་ཡང་བྱིན་གྱིས་བརླབས་ཏེ་ཁྱེད་རང་གི་སྤྱི་བོར་ཕུལ་བར་སེམས་པ་མཛོད་ཅིག །སློབ་དཔོན་གྱིས་མེ་ཏོག་གཏོར་ཞིང་། བཅོམ་ལྡན་འདི་ལ་སོགས་དང་། རིག་པ་འཛིན་པ་འདི་རྣམས་ལ་བཅོམ་ལྡན་འདས་རྡོ་རྗེ་རྣམ་པར་འཇོམས་པའི་སྐུ་གསུང་ཐུགས་ཀྱི་བྱིན་རླབས་མ་ལུས་པ་འཇུག་པར་གྱུར་ཅིག །གསུམ་པ་དམ་བཅའ་བའི་ལུང་ནི། བཅོམ་ལྡན་འདས་རྡོ་རྗེ་རྣམ་པར་འཇོམས་པ་འདི་ཉིད་ཇི་སྲིད་བྱང་ཆུབ་མ་ཐོབ་བར་གྱི་ཡི་དམ་དུ་བཟུང་ངོ་། །བདག་ཐུགས་ཀྱིས་མ་

བཏང་ཞིག་སྙམ་པའི་བསམ་པས་འདིའི་རྗེས་བློས་གསུངས་ཤིག །སློབ་དཔོན་དགོངས་སུ་གསོལ། བདག་རིག་པ་འཛིན་པ་མིང་འདི་ཞེས་བགྱི་བས་དུས་འདི་ནས་བཟུང་སྟེ། ཇི་སྲིད་བྱང་ཆུབ་སྙིང་པོ་ལ་མཆིས་ཀྱི་བར་དུ། བཅོམ་ལྡན་འདས་རྡོ་རྗེ་རྣམ་པར་འཇོམས་པ་ཡི་དམ་གྱི་ལྷར་བཟུང་ནས་འདིའི་གསང་སྔགས་ཉི་མ་རེ་རེ་བཞིན་འདི་ཙམ་རེ་འདོན་པར་དམ་འཆའ་ལགས་སོ། །ཞེས་ལན་གསུམ་བརྗོད། དེས་དངོས་གཞི་ལུང་གསུམ་སོང་། ད་ནི་རྗེས་བྱིན་གྱིས་བརླབས་པའི་ཕྱིར། མདུན་བསྐྱེད་ཀྱི་ལྷ་ལ་མོས་གུས་དུང་དུང་བ་དང་། བདག་གི་རྒྱུད་བྱིན་གྱིས་བརླབ་ཏུ་གསོལ་སྙམ་པ་མཛད་པས། མདུན་བསྐྱེད་ཀྱི་ལྷའི་ཐུགས་ཀ་ནས། རྡོ་རྗེ་རྣམ་པར་འཇོམས་པའི་སྐུ་སོར་ཚད་ཙམ་ཞིག་རྒྱངས་ཏེ་ཐོན། ཁྱེད་རང་རྣམས་ཀྱི་སྙིང་གའི་ས་(༦༧༣བ)བོན་དང་དབྱེར་མེད་དུ་འདྲེས། རྒྱུད་བྱིན་གྱིས་བརླབས་པའི་མོས་པ་མཛོད། སྐབས་འདིར་བཀྲ་ཤིས་བསྲུང་གསུམ་བྱ་སྟེ། ཉེ་སྙིང་གི་མཐར། སརྦ་པཱ་པཾ་ཤཱནྟིཾ་ཀུ་རུ་སྭཱཧཱ། དེ་བཞིན་དུ་སྦྱར་ཏེ། སརྦ་བིགྷྣཱན། སརྦ་རོ་ག། སརྦ་དུཥྚཱཾ། སརྦ་ཛྭ་རེ། སརྦ་ཨུ་པ་ད་བ། སརྦ་ཨ་ག་ལ་མྲི་ཏྱུ། སརྦ་དུ་ར་སོ་བ་ན། སརྦ་དུ་ར་མི་ཏེ། སརྦ་ཙིནྟ་ཀུ་ལ་ཧྲཱུཿཤཱནྟིཾ་ཀུ་རུ་སྭཱཧཱ། ཞེས་བུམ་པའི་ཆུས་སློབ་མ་ལ་ཁྲུས་བྱ་ཞིང་། ཁར་ཆུ་འཛིན་དུ་འཇུག་པའམ། སློབ་མ་མང་པོ་ཡོད་ན་མེ་ལོང་ལ་སློབ་མའི་གཟུགས་བརྙན་འཆར་དུ་བཅུག་ལ་མེ་ལོང་གི་ངོས་ལ་ཁྲུས་བྱ་ཞིང་། བྱབས་པའི་ཚེ་ནའང་རེ་རེའི་མདུན་དུ་པདྨ་དཀར་པོ་སྟོང་བུ་དང་བཅས་པ་རེ་གསལ་བཏབ་ལ་སྡིག་སྒྲིབ་ཐམས་ཅད་འོད་ཟེར་གྱིས་བྱབས་ཏེ་མདུན་གྱི་པདྨའི་སྟོང་བུ་ལ་ཐིམ་པའི་མོས་པ་བྱེད་དུ་བཅུག་སྟེ། རྨ་བྱའི་མདོངས་སོགས་ཀྱིས་བྱབས་པའི་སྐྱངས་ཀ་དང་བཅས་ཏེ། ཤཱནྟིཾ་ཀུ་རུ་སྭཱཧཱའི་དོན་དུ་ཨ་པ་ན་ཡེ་སྭཱཧཱ། ཞེས་བརྗོད་བཀྲུས་པའི་ཆུ་དོར། དེ་ནས་སྲུང་བ་བྱ་སྟེ། རེ་རེའི་མཐར་རཀྵ་རཀྵ་ཞེས་བརྗོད་ཅིང་། མེ་ལོང་ནང་གི་གཟུགས་བརྙན་ལ་རྡོ་རྗེས་རེག་སྟེ། སྤྱི་བོ་སྙིང་ག་སོག་ཕྲག་དཔྱུང་པ་གཡས་

གཡོན། དཔྱི་གཡས་གཡོན་རྣམས་ལ་རྡོ་རྗེ་རྒྱ་གྲམ་དུ་བཞག །བཀྲུ་བྱབས་ཀྱི་ལུགས་འདིས་འོག་མ་རྣམས་ལའང་རིགས་འགྲེ། མཐར། རྒྱལ་བ་སྲས་བཅས་བདེན་པའི་བྱིན་རླབས་དང་། །རྡོ་རྗེ་རྣམ་པར་འཇོམས་པའི་མཐུ་སྟོབས་ཀྱིས། །སློབ་མ་འདི་ལ་བདག་གིས་བསྲུངས་ཟིན་གྱིས། །འདི་ལ་སུས་ཀྱང་གནོད་པར་མ་བྱེད་ཅིག །ཅེས་བརྗོད་ལ་མེ་ཏོག(༧༡༨ན)གཏོར་ཞིང་། རོལ་མོ་དང་བཅས་པའི་བཀྲ་ཤིས་བྱའོ། །མཇུག་ཆོག་སྤྱི་དང་འདྲ། འདིའི་བཟླས་ལུང་གི་སྐབས་ཡོང་སྐབས་མེད་ཅིང་མི་སྤྲོ་བ་དང་། རྒྱུན་གྱི་ཉམས་ལེན་བདག་བསྐྱེད་སྐབས་དང་། རྒྱས་པ་མི་ཚུགས་ན། ན་མ་སརྦྦ་བཛྲ་ཀྲོ་དྷཱ་ཡ། ཧུ་ལུ་ཧུ་ལུ། ཏིཥྛ་ཏིཥྛ། བནྡྷ་བནྡྷ། ཧ་ན་ཧ་ན། ཨ་མྲི་ཏེ་ཧཱུྃ་ཕཊ། ཅེས་ཉེ་སྙིང་གཅིག་པུ་བཟླས་པས་ཆོག་ཅིང་། བཀྲུ་བྱབས་སྲུང་གསུམ་དང་གྲོལ་བའི་རྗེས་གནང་ཡོ་ན་ཡང་སྐབས་སུ་བབས་པ་དག་ལ་སྦྱིན་པས་ཉུང་ངོ་། །

༄ **རྡོ་རྗེ་རྣམ་འཇོམས་མཐིང་ག་ལ།** སྐྱབས་སེམས་སྔོན་དུ་འགྲོ་བས། རང་གི་སྙིང་གར་པད་ཉི་ལ་ཧཱུྃ་མཐིང་ནག་དེ་ལས་འོད་ཟེར་འཕྲོས། ལུས་གང་། སྡིག་སྒྲིབ་སྦྱངས། སྣ་བུག་ནས་ཕྱིར་འཕྲོས། རང་བཞིན་གྱི་གནས་ནས་རྡོ་རྗེ་རྣམ་པར་འཇོམས་པ་ལ་སངས་རྒྱས་དང་བྱང་ཆུབ་སེམས་དཔས་བསྐོར་བ་བཛྲ་ས་མ་ཛཿཨོཾ་བཛྲ་བི་དཱ་ར་ཎ་ཡ་ས་པ་རི་ཝཱ་ར་ཨརྒྷཾ་ནས་ཤབྡའི་བར་གྱིས་མཆོད། དཀོན་མཆོག་གསུམ་ལ་བདག་སྐྱབས་མཆི། །སོགས་ཡན་ལག་བདུན་པ་བྱ། སེམས་ཅན་ཐམས་ཅད་བདེ་བ་དང་བདེ་བའི་རྒྱུ་དང་ལྡན་པར་གྱུར་ཅིག་སོགས་ཚད་མེད་བཞི་བསྒོམ། སྭ་བྷཱ་ཝས་སྟོང་པར་སྦྱངས། སྟོང་པའི་ངང་ལས་པཾ་ལས་པདྨ་དང་རཾ་ལས་ཉི་མའི་དཀྱིལ་འཁོར་གྱི་སྟེང་དུ། ཧཱུྃ་ལས་སྣ་ཚོགས་རྡོ་རྗེའི་ལྟེ་བ་ལ་ཧཱུྃ་གིས་མཚན་པ་དེ་ལས་འོད་ཟེར་འཕྲོས། རྡོ་རྗེའི་ས་གཞི་ར་བ་དྲ་གུར་བླ་བྲེ། ཡེ་ཤེས་ཀྱི་མེ་དཔུང་འབར་བའི་སྲུང་བའི་འཁོར་ལོ་ཡངས་ཤིང་རྒྱ་ཆེ་བའི་དབུས་སུ། པདྨ་དང་ཉི་མའི་(༧༡༨བ)དཀྱིལ་འཁོར་གྱི་གདན་ལ། ཧཱུྃ་མཐིང་ནག་ལས་སྣ་ཚོགས་རྡོ་རྗེའི་ལྟེ་བ་ལ་ཧཱུྃ་མཐིང་ནག་

གིས་མཚན་པ། དེ་ལས་འོད་ཟེར་འཕྲོས། འཕགས་པ་མཆོད། སེམས་ཅན་གྱི་དོན་བྱས། ཚུར་འདུས་ཡོངས་སུ་གྱུར་པ་ལས། རང་ཉིད་བཅོམ་ལྡན་འདས་རྡོ་རྗེ་རྣམ་པར་འཇོམས་པ་སྐུ་མདོག་མཐིང་ནག་ཞལ་གཅིག་ཕྱག་གཉིས། ཕྱག་གཡས་རྡོ་རྗེ་རྩེ་ལྔ་པ་འཕྱར་ཞིང་། གཡོན་དྲིལ་བུ་དཀུར་བརྟེན་པ། སྐྲ་སེར་གྱེན་དུ་བརྫེས་པ། གཡོན་བརྐྱང་བའི་སྟབས་ཅན། སྟག་ལྤགས་དང་སྦྲུལ་གྱི་རྒྱན་ཅན། མེ་དཔུང་འབར་བའི་དབུས་ན་བཞུགས་པ། ཕྱོགས་བཅུར་སྐད་ཅིག་ཙམ་གྱིས་སྤྲུལ་པའི་ཁྲོ་བོ་བཅུ་རང་དང་མཚུངས་པའི་རྣམ་པ་ཅན་ནོ། །དཔྲལ་བར་ཨོཾ། མགྲིན་པར་ཨཱཿ ཐུགས་ཀར་ཧཱུྃ། དེ་ལས་འོད་ཟེར་འཕྲོས། རང་བཞིན་གྱི་གནས་ནས་རྡོ་རྗེ་རྣམ་པར་འཇོམས་པ་འཁོར་དང་བཅས་པ་བཛྲ་ས་མ་ཛཿཨརྒྷཾ་ནས་ཤབྡའི་བར་གྱིས་མཆོད། ཨོཾ་བཛྲ་ཨཾ་ཀུ་ཤ་ཛཿཨོཾ་བཛྲ་པཱ་ཤ་ཧཱུྃ། ཨོཾ་བཛྲ་སྥོ་ཊ་བཾ། ཨོཾ་བཛྲ་ཨཱ་བེ་ཤ་ཨ། སླར་ཡང་སྙིང་གའི་ཧཱུྃ་ལས་འོད་ཟེར་འཕྲོས། དབང་གི་ལྷ་རིགས་ལྔ་འཁོར་དང་བཅས་པ་བཛྲ་ས་མ་ཛཿཨོཾ་པཉྩ་ཀུ་ལ་ས་པ་རི་ཝཱ་ར་ཞེས་སྤྱན་དྲངས། ཨརྒྷཾ་ནས་ཤབྡའི་བར་གྱིས་མཆོད། ཨོཾ་སརྦ་ཏ་ཐཱ་ག་ཏ་ཨ་བྷི་ཥིཉྩ་ཏུ་མཾ། ཞེས་གསོལ་བ་བཏབ་པས། ཇི་ལྟར་བལྟམས་པ་ནས་ཁྲི་ཡེ་ཧཱུྃ། ཞེས་དབང་བསྐུར། སྐུ་གང་། དྲི་མ་དག །ཆུའི་ལྷག་མ་ཡར་ལུད་པ་ལས་རྡོ་རྗེ་སེམས་དཔས་དབུ་བརྒྱན་པར་གྱུར། མཆོད་པ་བྱ་རྒྱུད་ལྟར་བྱིན་གྱིས་བརླབས་ལ། ཨརྒྷཾ་ནས་ཤབྡའི་བར་གྱིས་མཆོད། བཟླས་(༦༧༥ན)པའི་དམིགས་པ་གསལ་བཏབ་ལ། འདི་སྐད་བདག་གིས་ནས་སླས་སོའི་བར་གླིང་གཞི་ཚར་གཅིག་བཏོན། གཟུངས་ཀྱི་བཟླས་པ་ཅི་རིགས་པར་བྱེད་པ་ལས། གཟུངས་ཡོངས་སུ་རྫོགས་པ་དང་། ཉེ་སྙིང་ཁོ་ན་བཟླ་བ་གཉིས་གདམ་ག་ལས་གཞན་མེད་པར་གྲགས་ནའང་རྩ་སྔགས་དང་། སྙིང་པོ། ཉེ་སྙིང་གསུམ་ཇི་ལྟར་རིགས་པར་བཟླས་པས་ཆོག་གོ། །མཇུག་ཏུ་ཕན་ཡོན་ཚར་གཅིག་བཏོན་ལ་གོང་བཞིན་མཆོད། གང་ཐུགས་གཉིས་སུ་མེད་པའི་ཡེ་ཤེས་ལས། །རྡོ་རྗེའི་ར་གུར་མེ་དཔུང་འབར་བའི་

མཐུས། །བདུད་བཞིའི་སྟོབས་རྣམས་རྣམ་པར་འཇོམས་མཛད་པའི། །རྡོ་རྗེ་རྣམ་པར་འཇོམས་ལ་ཕྱག་འཚལ་ལོ། །ཞེས་བསྟོད། བཅོམ་ལྡན་འདས་རྡོ་རྗེ་རྣམ་པར་འཇོམས་པའི་ལྷ་ཚོགས་འཁོར་དང་བཅས་པ་རྣམས་ཀྱིས་བདག་ལ་དངོས་གྲུབ་མ་ལུས་པ་བསྩལ་དུ་གསོལ། ཞེས་གསོལ་བ་བཏབ། ཡིག་བརྒྱ་ལན་གསུམ། བཟོད་པར་གསོལ། འདིའི་རྗེས་གནང་བྱེད་པར་འདོད་པས། སྒྲུབ་ཐབས་བརྒྱ་རྩ་དང་འདྲ། འོན་ཀྱང་བུམ་ཆོག་དང་སྦྲེལ་བར་འདོད་ན། མཎྜལ་པཉྩ་འདབ་བརྒྱད་ཚོམ་བུ་དང་བཅས་པའི་སྟེང་དུ་བུམ་པ་བཤམས་པའམ། མ་གྲུབ་ན་བུམ་གདན་ཙམ་བདེ་བ་ལ་བུམ་པ་ཁ་རྒྱན་དུང་ཆོས་ཆུར་བཅས་གཟུངས་ཐག་རྡོ་རྗེ་དང་བཅས་པ་བཀོད། སྤྲོ་ན་དེ་ཉིད་ལ་སྔོས་མཆོད་ཀྱང་བཤམས། བདག་བསྐྱེད་མདུན་བསྐྱེད་སོང་བའི་མཚམས་སུའམ། མདུན་བསྐྱེད་དང་བུམ་བསྐྱེད་ལྷན་ཅིག་ཏུ་བྱས་ཀྱང་ཆོག་སྟེ། (༦༧༥བ)གང་ལྟར་ཡང་མཆོད་པ་བྱིན་གྱིས་བརླབས། བུམ་པ་བསྡམས་སྦྱངས། སྟོང་པའི་ངང་ལས་པཾ་ལས་པདྨ་དང་ཨ་ལས་ཟླ་བའི་དཀྱིལ་འཁོར་གྱི་སྟེང་དུ་ཧཱུྃ་ལས་རིན་པོ་ཆེའི་བུམ་པ་ཡངས་ཤིང་རྒྱ་ཆེ་བ་ལྟོ་བ་ཡངས་ཤིང་མགྲིན་པ་ཐྲ་བ། མཆུ་འཕྱང་བ། ལྷའི་གོས་ཀྱི་མགུལ་ཆིངས་དང་ལྡན་པ། དཔག་བསམ་གྱི་ཤིང་གིས་ཁ་བརྒྱན་པ། ནང་ཆུ་དང་བདུད་རྩི་ཐམས་ཅད་ཀྱིས་ཡོངས་སུ་གང་བའི་དབུས་སུ། པདྨ་དང་ཉི་མའི་གདན་ལ་ཧཱུྃ་མཐིང་ནག་ལས་སྣ་ཚོགས་རྡོ་རྗེའི་ལྟེ་བ་ལ་ཧཱུྃ་མཐིང་ནག་གིས་མཚན་པ། དེ་ལས་འོད་ཟེར་འཕྲོས། འཕགས་པ་མཆོད། སེམས་ཅན་གྱི་དོན་བྱས། ཚུར་འདུས་ཡོངས་སུ་གྱུར་པ་ལས། བཅོམ་ལྡན་འདས་རྡོ་རྗེ་རྣམ་པར་འཇོམས་པ། ཞེས་པ་ནས། ཐུགས་ཀར་ཧཱུྃ། དེ་ལས་འོད་ཟེར་འཕྲོས། རང་བཞིན་གྱི་གནས་ནས་རྡོ་རྗེ་རྣམ་པར་འཇོམས་པ་འཁོར་དང་བཅས་པ་བཛྲ་ས་མཱ་ཛཿམ་ལུས་སེམས་ཅན་ནས། ཡོངས་དག་འཁོར་དང་བཅས་ཏེ་གཤེགས་སུ་གསོལ། །ཨོཾ་སརྦ་ཏ་ཐཱ་ག་ཏ་བཛྲ་བི་དཱ་ར་ཎ་ས་པ་རི་ཕཱ་ར་ཨེ་ཧྱེ་ཧི། ཨཀྲོཾ་ནས་ཤཱུའི་བར་གྱིས

མཆོད། ཨོཾ་བཛྲ་ཨཾ་ཀུ་ཤ་ཛཿཨོཾ་བཛྲ་པཱ་ཤ་ཧཱུྃ། ཨོཾ་བཛྲ་སྥོ་ཊ་བཾ། ཨོཾ་བཛྲ་ཨཱ་བེ་ཤ་ཨཿ། སླར་ཡང་སྙིང་གའི་ཧཱུྃ་ལས་འོད་ཟེར་འཕྲོས། དབང་གི་ལྷ་རིགས་ལྔ་འཁོར་དང་བཅས་པ་བཛྲ་ས་མཱ་ཛཿཨོཾ་པཉྩ་ཀུ་ལ་ས་པ་རི་ཝཱ་ར་ཞེས་སྤྱན་དྲངས། ཨརྒྷཾ་ནས་ཤབྡའི་བར་གྱིས་མཆོད། ཨོཾ་སརྦ་ཏ་ཐཱ་ག་ཏ་ཨ་བྷི་ཥིཉྩ་ཏུ་མཾ། ཞེས་གསོལ་བ་བཏབ་པས། ཇི་ལྟར་བལྟམས་པ་ནས་ཕྲི་ཡེ་ཧཱུྃ། ཞེས་དབང་བསྐུར། (༦༧༨ན)སྐུ་གང་། དྲི་མ་དག །ཆུའི་ལྷག་མ་ཡར་ལུད་པ་ལས་རྡོ་རྗེ་སེམས་དཔས་དབུ་བརྒྱན་པར་གྱུར། ཨརྒྷཾ་ནས་ཤབྡའི་བར་གྱིས་མཆོད། གང་ཐུགས་གཉིས་སུ་མེད་པའི་ཡེ་ཤེས་ལས། །རྡོ་རྗེའི་ར་གུར་མེ་དཔུང་འབར་བའི་མཐུས། །བདུད་བཞིའི་སྟོབས་རྣམས་རྣམ་པར་འཇོམས་མཛད་པའི། །རྡོ་རྗེ་རྣམ་པར་འཇོམས་ལ་ཕྱག་འཚལ་ལོ། །ཞེས་བསྟོད་ལ། གཟུངས་ཐག་ནས་བཟུང་སྟེ་དམིགས་པ་དང་བཅས་པས་གཟུངས་མདོ་འདོན་ཞིང་བཟླས་པ་བྱེད་ཚུལ་བདག་བསྐྱེད་ཀྱིས་རིགས་འགྲེ། མཐར་བུམ་པའི་ལྷ་ལ་མཆོད་བསྟོད་དང་བཟོད་གསོལ་བྱ། བཛྲ་མུཿ ཞེས་ཡེ་ཤེས་པ་གཤེགས། དུང་ཆོས་ཀྱི་ཆུ་བླུག །མཆོད་ཡོན་ཕུལ་བས་དམ་ཚིག་པ་འོད་དུ་ཞུ་སྟེ་བུམ་པའི་ཆུར་གྱུར། ཅེས་བརྗོད། འདི་ལ་གཏོར་མའི་ཆོ་ག་རྣལ་འབྱོར་རྒྱུད་ལྟར་བྱེད་པའི་ལུགས་ཀྱང་ཡོད། རྣམ་པ་གཅིག་ཏུ་ན་འཇིག་རྟེན་འདས་གཏོར་མེད་ཀྱང་ཆོག་པས་ཅི་བདེ་བར་བྱའོ། །འཇིག་རྟེན་པའི་གཏོར་མ་ཆ་གསུམ་བཞིན་དུ་བཏང་། སློབ་མའི་བྱ་བ་ནི་མཎྜལ་ཕུལ། གསོལ་བ་འདེབས་པ་འདིའི་རྗེས་ཟློས་གསུངས་ཤིག །དུས་གསུམ་སངས་རྒྱས་ཐམས་ཅད་དང་ཞེས་སོགས་ལན་གསུམ། རྒྱུད་དག་པར་བྱ་བའི་ཕྱིར་མདུན་གྱི་ཚོམ་བུ་འདི་ཉིད་ཀྱང་རྡོ་རྗེ་རྣམ་འཇོམས་དངོས་སུ་མོས་ལ་དེའི་སྙིང་གི་ནམ་མཁར་བཞུགས་པའི་སངས་རྒྱས་བྱང་སེམས་རྣམས་ཀྱི་དྲུང་དུ་སྐྱབས་འགྲོ་སྔོན་དུ་འགྲོ་བའི་བྱང་ཆུབ་ཀྱི་སེམས་བཟུང་བ་ལ་སོགས་པ་བགྱིད་སྙམ་པའི་བསམ་(༦༧༨བ)པས་འདིའི་རྗེས་ཟློས་མཛོད། དཀོན་མཆོག་གསུམ་ལ་བདག་སྐྱབས་མཆི། །སོགས་

གསུམ་དང་། ཁྱད་པར་དུ་རྡོ་རྗེ་རྣམ་པར་འཇོམས་པའི་རྗེས་གནང་བསྐུལ་དུ་གསོལ་སྙམ་པའི་འདུན་པས་འདིའི་རྗེས་བློས་ཀྱང་གསུངས་ཤིག །སློབ་དཔོན་དགོངས་སུ་གསོལ། བདག་ལ་བཅོམ་ལྡན་འདས་རྡོ་རྗེ་རྣམ་པར་འཇོམས་པའི་རྗེས་གནང་མ་ལུས་པ་བསྐུལ་དུ་གསོལ། ཞེས་ལན་གསུམ་གྱིས་གསོལ་བ་བཏབ་ནས། ད་སྦྱོར་བ་རྗེས་གནང་གི་གཞི་དགོད་པའི་སླད་དུ་དམིགས་པ་འདི་བཞིན་དུ་མཛད་པར་ཞུ། ཨོཾ་ཤཱུ་ནྱ་ཏཱ་ཛྙཱ་ན་བཛྲ་སྭ་བྷཱ་ཝ་ཨཱཏྨ་ཀོ྅ཧཾ། ཕྱི་ནང་གི་དངོས་པོ་ཐམས་ཅད་མི་དམིགས་པ་སྟོང་པ་ཉིད་དུ་གྱུར་པའི་ངང་ལས་པདྨ་དང་ཉི་མའི་གདན་ལ་ཁྱེད་རང་རྣམས་ཀྱི་སེམས་ཉིད་ཧཱུཾ་མཐིང་ནག་ལས་སྔ་ཚོགས་རྡོ་རྗེའི་ལྟེ་བ་ལ་ཧཱུཾ་མཐིང་ནག་གིས་མཚན་པ། དེ་ལས་འོད་ཟེར་འཕྲོས། འཕགས་པ་མཆོད། སེམས་ཅན་གྱི་དོན་བྱས། ཚུར་འདུས་ཡོངས་སུ་གྱུར་པ་ལས། ཁྱེད་རང་རྣམས་བཅོམ་ལྡན་འདས་རྡོ་རྗེ་རྣམ་པར་འཇོམས་པ་སྐུ་མདོག་མཐིང་ནག་ཞལ་གཅིག་ཕྱག་གཉིས། ཕྱག་གཡས་རྡོ་རྗེ་རྩེ་ལྔ་པ་འཕྱར་ཞིང་། གཡོན་དྲིལ་བུ་དཀུར་བརྟེན་པ། སྐྲ་སེར་གྱེན་དུ་བརྫེས་པ། གཡོན་བརྐྱང་བའི་སྟབས་ཅན། སྟག་ལྤགས་དང་སྦྲུལ་གྱི་རྒྱན་ཅན། མེ་དཔུང་འབར་བའི་དབུས་ན་བཞུགས་པ། ཕྱོགས་བཅུར་སྐད་ཅིག་ཙམ་གྱིས་སྤྲུལ་པའི་ཁྲོ་བོ་བཅུ་རང་དང་མཚུངས་པའི་རྣམ་པ་ཅན་ནོ། །དཔྲལ་བར་ཨོཾ། མགྲིན་པར་ཨཱཿ ཐུགས་ཀར་ཧཱུཾ། ཞེས་གསལ་གདབ། དེ་ནས་(༦༧༧ན)སློབ་དཔོན་ཡང་རྡོ་རྗེ་རྣམ་འཇོམས་དངོས་ཡིན་སྙམ་པའི་མོས་གུས་བྱས་པས། སློབ་དཔོན་གྱི་ཐུགས་ཀ་ནས་འོད་ཟེར་འཕྲོས། མདུན་བསྐྱེད་ཀྱི་ལྷའི་ཐུགས་རྒྱུད་བསྐུལ། དེའི་ཐུགས་ཀ་ནས་འོད་ཟེར་འཕྲོས། ཕྱོགས་བཅུའི་སངས་རྒྱས་དང་བྱང་ཆུབ་སེམས་དཔའ་ཐམས་ཅད་ཀྱི་ཐུགས་རྒྱུད་བསྐུལ་བས། སློབ་དཔོན་དང་མདུན་བསྐྱེད་ཀྱི་ལྷ་དང་ཕྱོགས་བཅུའི་སངས་རྒྱས་བྱང་ཆུབ་སེམས་དཔའ་ཐམས་ཅད་ཀྱི་ཐུགས་ཀ་ནས་རྡོ་རྗེ་རྣམ་པར་འཇོམས་པ་འཁོར་དང་བཅས་པའི་སྐུ་ཆེ་ཆུང་དཔག་ཏུ་མེད་པ་བྱོན། ཁྱེད་རང་

རྣམས་ཀྱི་བ་སྤུའི་བུ་ག་རྣམས་ནས་ཆར་བབས་པ་བཞིན་དུ་སིབ་སིབ་ཐིམ་པར་མོས་པ་མཛོད། ཛཿཧཱུྃ་བཾ་ཧོཿགཉིས་སུ་མེད་པར་ཐིམ། དེ་དག་ནི་རྗེས་གནང་གི་གཞི་དགོད་པའོ། །རྗེས་གནང་དངོས་ལ། ལུང་གསུམ་ལས་དང་པོ་རྗེས་སུ་བཟླས་པའི་ལུང་བླང་བའི་ཕྱིར། སློབ་དཔོན་གྱི་ཐུགས་ཀར་ཉི་མའི་དཀྱིལ་འཁོར་གྱི་སྟེང་དུ་ཧཱུྃ་མཐིང་ནག །དེ་ལས་སྔགས་ཀྱི་འཕྲེང་བ་བྱུང་། སློབ་དཔོན་གྱི་ཞལ་ནས་ཐོན། ཁྱེད་རང་རྣམས་ཀྱི་ཞལ་དུ་ཞུགས། ཐུགས་ཀར་ཉི་མའི་སྟེང་དུ་ཧཱུྃ་མཐིང་ནག་གནས་པ་ལ་ཐིམ། དེའི་དུས་སུ་ཕྱོགས་བཅུའི་སངས་རྒྱས་བྱང་ཆུབ་སེམས་དཔའ་རྣམས་ཀྱི་མཁྱེན་བརྩེ་ནུས་མཐུ་ཐམས་ཅད་འོད་ཟེར་གྱི་རྣམ་པར་སྔགས་ཕྲེང་དང་ལྷན་ཅིག་ཞལ་དུ་ཞུགས། སྙིང་གའི་ཧཱུྃ་ལ་ཐིམ་པའི་མོས་པ་སོགས་བཟླས་ལུང་གི་དམིགས་པ་སྔར་བཞིན་དང་བཅས་སྔགས་འདིའི་རྗེས་ཟློས་ལན་གསུམ་གསུངས་ཤིག །ན་མོ་རཏྣ་ཏྲ་ཡཱ་(༦༧༧བ)ཡ། ན་མ་ཤྩཎྜ་བཛྲ་པཱ་ཎ་ཡེ་མཧཱ་ཡཀྵ་སེ་ནཱ་པ་ཏ་ཡེ། ཏདྱ་ཐཱ། ཨོཾ་ཏྲུ་ཊ་ཏྲུ་ཊ། ཏྲོ་ཊ་ཡ་ཏྲོ་ཊ་ཡ། སྥུ་ཊ་སྥུ་ཊ། སྥོ་ཊ་ཡ་སྥོ་ཊ་ཡ། གྷཱུརྞ་གྷཱུརྞ། གྷཱུརྞ་པ་ཡ་གྷཱུརྞཱ་པ་ཡ། སརྦ་སཏྭཱ་ནི། བོ་དྷ་ཡ་བོ་དྷ་ཡ། སཾ་བོ་དྷ་ཡ་སཾ་བོ་དྷ་ཡ། བྷྲ་མ་བྷྲ་མ། སཾ་བྷྲ་མ་ཡ་སཾ་བྷྲ་མ་ཡ། སརྦ་བུདྡྷ་བོ་དྷ་ནི། ཀུ་ཊ་ཀུ་ཊ། སཾ་ཀུ་ཊ་ཡ་སཾ་ཀུ་ཊ་ཡ། སརྦ་ཤ་ཏྲཱུཾ། གྷ་ཊ་གྷ་ཊ། སཾ་གྷ་ཊ་ཡ་སཾ་གྷ་ཊ་ཡ། སརྦ་བི་དྱཱཾ་བཛྲ་བཛྲ། སྥོ་ཊ་ཡ་བཛྲ་བཛྲ། ཀ་ཊ་ཡ་བཛྲ་བཛྲ། མ་ཊ་ཡ་བཛྲ་བཛྲ། མ་ཐ་བཛྲ་བཛྲ། ཨཊྚ་ཧཱ་ས་བཛྲ་བཛྲ། ནཱི་ལ་བཛྲ་སུ་བཛྲཱ་ཡ་སྭཱཧཱ། ཧེ་ཕུ་ལུ་ནི་ཙ་ཕུ་ལུ་ནི་ཤྲཱིཥྛ་ཀུ་ལུ་མི་ལི་ཚུ་ལུ་ཀུ་ཙ་ཀུ་ཙ། བཛྲ་བི་ཛ་ཡཱ་ཡ་སྭཱཧཱ། ཀཱི་ལི་ཀཱི་ལཱ་ཡ་སྭཱཧཱ། ཀ་ཊ་ཀ་ཊ། མ་ཊ་མ་ཊ། ར་ཊ་ར་ཊ། མོ་ཊ་ན་པྲ་མོ་ཊ་ནཱ་ཡ་སྭཱཧཱ། ཙ་ར་ནི་ཤྩ་ར། ཏ་ར་ཏ་ར། ས་ར་ས་ར། སྣཱ་ར་ཡ་སྣཱ་ར་ཡ། བཛྲ་བི་དཱ་ར་ཎཱ་ཡ་སྭཱཧཱ། ཚིནྡྷ་ཚིནྡྷ། བིནྡྷ་བིནྡྷ། མཧཱ་ཀཱི་ལི་ཀཱི་ལཱ་ཡ་སྭཱཧཱ། བནྡྷ་བནྡྷ། ཀྲོ་དྷ་ཀྲོ་དྷ། ཀཱི་ལི་ཀཱི་ལཱ་ཡ་སྭཱཧཱ། ཚུ་ཙུ་ཚུ་ཙུ། ཙཎྜ་ཀཱི་ལི་ཀཱི་ལཱ་ཡ་སྭཱཧཱ། ཏྲཱ་ས་ཡ་ཏྲཱ་ས་ཡ། བཛྲ་ཀཱི་ལི་ཀཱི་ལཱ་ཡ་སྭཱཧཱ། ཧ་ར་ཧ་ར་བཛྲ་

ཛྙཱ་ནཱ་ཡ་སྭཱཧཱ། པྲ་ཏ་ར་པྲ་ཏ་ར། བཛྲ་པྲ་ཛྙཛྙཱ་ནཱ་ཡ་སྭཱཧཱ། མ་ཏི་སྠི་ར་བཛྲ། ཤྲུ་ཏི་སྠི་ར་བཛྲ། པྲ་ཏི་སྠི་ར་བཛྲ། མནྟྲ་བཛྲ། ཨ་པྲ་ཏི་ཏ་ཏ་བཛྲ། ཨ་མོ་གྷ་བཛྲ། ཨེ་ཧེ་ཏི་བཛྲ་ཕྲི་ཧྲུཾ་བཛྲཱ་ཡ་སྭཱཧཱ། ཛ་ར་ཛ་ར། ཛི་རི་ཛི་རི། ཛུ་ཏ་ཛུ་ཏ། སརྦ་བཛྲ་ཀུ་ལཾ་ཨཱ་ཥཏ་ཡ་སྭཱཧཱ། གནོད་བྱེད་འབྱུང་པོ་སྣ་ར་ཡ་ཕཊ། ན་མཿས་མནྟ་བཛྲཱ་ཎཾ་སརྦ་པ་ལཾ་ཨཱ་བཏ་ཡ་མནྟྲ་པ་ལེ། ཀ་ཊ་བེ་ཏ་ཏ་ལེ་ཨ་ཙ་ལེ་མཏྟ་ལ་སྣ་ཡེ། ཨ་ཏི་བཛྲ། མནྟྲ་པ་ལེ་བི་ག་ར་ཊ། ཨ་ཛཻ་ཏི་ཛྭ་ལ་ཛྭ་ལ། ཏི་ཏེ་ཏི་ཏེ། བིཾ་ག་ལེ་ད་ཏ་ད་ཏ་ཏི་ཛཻ་ཕ་(༦༧༨ན)ཏི། ཏི་ལི་ཏི་ལི། བཛྲ་བཛྲ། མནྟྲ་པ་ལེ་བཛྲཾ་ཨཾ་ཀུ་ཤ་ཛྭ་ལ་ཡ་སྭཱཧཱ། ན་མོ་རཏྣ་ཏྲ་ཡཱ་ཡ། ན་མ་ཤྩཎྜ་བཛྲ་པཱ་ཎ་ཡེ། མཧཱ་ཡཀྵ་སེ་ནཱ་པ་ཏ་ཡེ། ཏདྱ་ཐཱ། ཨོཾ་ཏ་ར་ཏ་ར་བཛྲ། མ་ཐ་མ་ཐ་བཛྲ། དྷུ་ན་དྷུ་ན་བཛྲ། ད་ཏ་ད་ཏ་བཛྲ། པ་ཙ་པ་ཙ་བཛྲ། ཛ་ར་ཛ་ར་བཛྲ། ཏཱ་ར་ཡ་ཏཱ་ར་ཡ་བཛྲ། ཝ་ཏ་ཊ་ཝ་ཏ་ཊ་བཛྲ། ཚིནྡ་ཚིནྡ་བཛྲ། བྷིནྡ་བྷིནྡ་བཛྲ་ཧཱུཾ་ཕཊ། ན་མ་ཤྩཎྜ་བཛྲ་ཀྲོ་དྷཱ་ཡ། ཧུ་ལུ་ཧུ་ལུ། ཏིཥྛ་ཏིཥྛ། བནྡྷ་བནྡྷ། ཏ་ན་ཏ་ན། ཨ་མྲི་ཏེ་ཧཱུཾ་ཕཊ། གཉིས་པ་བྱིན་གྱིས་བརླབས་པའི་ལུང་ནི། སློབ་དཔོན་ལ་མེ་ཏོག་འཐོར་བཞིན་དུ། འདིའི་རྗེས་བཟླས་མཛོད་ཅིག ། བཅོམ་ལྡན་བདག་གིས་སོགས་ལན་གསུམ། དེ་ལྟར་ཕུལ་བའི་མེ་ཏོག་དེ་ཉིད་སླར་ཡང་བྱིན་གྱིས་བརླབས་ཏེ་ཁྱེད་རང་གི་སྤྱི་བོར་ཕུལ་བར་མོས་པ་མཛོད་ཅིག །སློབ་དཔོན་གྱིས་མེ་ཏོག་གཏོར་ཞིང་། བཅོམ་ལྡན་འདི་ལ་སོགས་དང་། རིག་པ་འཛིན་པ་འདི་རྣམས་ལ་བཅོམ་ལྡན་འདས་རྡོ་རྗེ་རྣམ་པར་འཇོམས་པ་འཁོར་དང་བཅས་པའི་སྐུ་གསུང་ཐུགས་ཀྱི་བྱིན་རླབས་མ་ལུས་པ་འཇུག་པར་གྱུར་ཅིག །གསུམ་པ་དམ་བཅའ་བའི་ལུང་གི་ཕྱིར། བཅོམ་ལྡན་འདས་རྡོ་རྗེ་རྣམ་པར་འཇོམས་པ་འདི་ཉིད་ཇི་སྲིད་བྱང་ཆུབ་མ་ཐོབ་བར་གྱི་ཡི་དམ་དུ་བཟུང་ངོ་། །བདག་ཐུགས་ཀྱིས་མ་བཏང་ཞིག་སྙམ་པའི་བསམ་པས་འདིའི་རྗེས་བཟླས་གསུངས་ཤིག །སློབ་དཔོན་དགོངས་སུ་གསོལ། བདག་རིག་པ་འཛིན་པ་མིང་འདི་ཞེས་བགྱི་བས་དུས་འདི་ནས་

བཟླང་སྟེ། ཇི་སྲིད་བྱང་ཆུབ་སྙིང་པོ་ལ་མཆིས་ཀྱི་བར་དུ། བཅོམ་ལྡན་འདས་རྡོ་རྗེ་རྣམ་པར་འཇོམས་པ་ཡི་དམ་གྱི་ལྷར་བཟུང་ནས་འདིའི་(༦༧༤བ)གསང་སྔགས་ཉི་མ་རེ་རེ་བཞིན་འདི་ཙམ་རེ་འདོན་པར་དམ་འཆའ་ལགས་སོ། །ཞེས་ལན་གསུམ་བརྗོད། དེས་དངོས་གཞི་ལུང་གསུམ་སོང་། ད་ནི་རྗེས་བྱིན་གྱིས་བརླབས་པའི་ཕྱིར། མདུན་བསྐྱེད་ཀྱི་ལྷ་ལ་མོས་གུས་དུང་དུང་བ་དང་། བདག་གི་རྒྱུད་བྱིན་གྱིས་བརླབ་ཏུ་གསོལ་སྙམ་པ་མཛད་པས། མདུན་བསྐྱེད་ཀྱི་ལྷའི་ཐུགས་ཀ་ནས། རྡོ་རྗེ་རྣམ་པར་འཇོམས་པའི་སྐུ་ཆེ་ཆུང་སོར་ཚད་ཙམ་གཅིག་རྒྱངས་ཏེ་ཐོན། ཁྱེད་རང་རྣམས་ཀྱི་སྙིང་གའི་ས་བོན་དང་དབྱེར་མེད་དུ་འདྲེས། རྒྱུད་བྱིན་གྱིས་བརླབས་པའི་མོས་པ་མཛོད། སྐབས་འདིར་བཀྲ་ཤིས་སྦྱར་གསུམ་བྱ་སྟེ། ཉེ་སྙིང་གི་མཐར། སརྦ་པཱ་པཾ་བཱུརྐཱི་ཀུ་རུ་སྭཱཧཱ། དེ་བཞིན་དུ་སྦྱར་ཏེ། སརྦ་བིགྷྣཱན། སརྦ་རོ་ཀཱ། སརྦ་དུཧྐཾ། སརྦ་ཛྭ་རེ། སརྦ་ཨུ་པ་དྲ་བེ། སརྦ་ཨ་ཀཱ་ལ་མྲི་ཏྱུ། སརྦ་དུར་སོ་བ་ནི། སརྦ་དུར་མི་ཏེ། སརྦ་ཅིཏྟ་ཀུ་ལེ་ཤྩ྄ཿབཱུརྐཱི་ཀུ་རུ་སྭཱཧཱ། ཞེས་བྱམ་པའི་ཚུལ་སློབ་མ་ལ་ཁྲུས་བྱ་ཞིང་། མཐར་ཁ་བཤལ། དེ་བཞིན་དུ་རྨ་བྱའི་མདོངས་སོགས་ཀྱིས་བྱབས་ཏེ། བཱུརྐཱི་ཀུ་རུ་སྭཱཧཱའི་དོད་དུ་ཨ་པ་ན་ཡེ་སྭཱཧཱ། ཞེས་བརྗོད། བཀྲུས་པའི་ཆུ་དོར། དེ་ནས་སྲུང་བ་བྱ་སྟེ། རེ་རེའི་མཐར་རཀྵ་རཀྵ་ཞེས་བརྗོད་ཅིང་། སྲི་བོ་སྙིང་ག་སོག་ཕྲག་དཔུང་པ་གཡས་གཡོན། དཔྱི་གཡས་གཡོན་རྣམས་ལ་རྡོ་རྗེ་རྒྱ་གྲམ་དུ་བཞག །མཐར། རྒྱལ་བ་སྲས་བཅས་བདེན་པའི་བྱིན་རླབས་དང་། །རྡོ་རྗེ་རྣམ་པར་འཇོམས་པའི་མཐུ་སྟོབས་ཀྱིས། །སློབ་མ་འདི་ལ་བདག་གིས་བསྲུངས་ཟིན་གྱིས། །འདི་ལ་སུས་ཀྱང་གནོད་པར་མ་བྱེད་ཅིག །ཅེས་བརྗོད་ལ་མེ་ཏོག་དོར་ཞིང་། རོལ་མོ་དང་བཅས་པའི་བཀྲ་ཤིས་བྱའོ། །མཇུག་ཆོག་སྤྱི་དང་(༦༧༥ན)འདྲ། །

རྡོ་རྗེ་རྣམ་འཇོམས་དཀར་པོ་ལ། གནས་ཡིད་དུ་འོང་བར་རས་བྲིས་དཀྱིལ། དབུས་དང་ཕྱོགས་བཞིར་མཎྜལ་བྱ། དབུས་ཀྱི་མཎྜལ་གྱི་སྟེང་དུ་བུམ་གདན་ཅི་བདེ་

བ་ལ་བྱམས་པ་ཁ་རྒྱན་དུང་ཆོས་ཆུར་བཅས། གཟུངས་ཐག་རྡོ་རྗེ་དང་བཅས་པ་
བཀོད། མཆོད་པ་དང་གཏོར་མ་ཆ་བཞི་དང་། བཀྲ་ཤིས་ཀྱི་རྫས་ཀྱང་ཚོགས་ཚད་
བཤམས། མཆོད་པ་ཡང་རྒྱ་ཆེར་བཤམས། ཤར་གྱི་མཎྜལ་དུ་མཆྀ་ལ་རྡོ་རྗེ་སེམས་
དཔའི་སྐུ་གཟུགས་བཞག །སངས་རྒྱས་ཀྱི་རས་བྲིས་ཀྱང་དགྲམ། ཕྱོགས་གསུམ་གྱི་
མཎྜལ་ལ་གཟུངས་མདོའི་གླེགས་བམ་རེ་བཞག་ཅིང་། མཎྜལ་བཞི་པོ་ལ་ཡང་མཆོད་
པ་ཚར་རེ་བྱ། བགེགས་གཏོར་བཤམས། དུང་ཆོས་སུ་སྙིང་པོའི་སྔགས་ཀྱིས་བསངས་
ཆུ་བསྒྲུབས། གནས་དང་ཡོ་བྱད་ལ་བགེགས་སྒྲུངས་པ་ལག་ལེན་སྤྱི་དང་མཐུན་
པར་བྱས་ལ། བསངས་ཆུས་གཏོར། སྲུང་བའི་འཁོར་ལོར་མོས། གནས་ཡོ་བྱིན་
རླབས་སྤྱི་དང་མཐུན་པར་བྱས་ལ། ཤར་གྱི་མཆོད་པ་བྱིན་གྱིས་བརླབས། རང་གི་
སྙིང་ག་ནས་འོད་ཟེར་འཕྲོས། བཅོམ་ལྡན་འདས་ཤཱཀྱ་ཐུབ་པ་རྡོ་རྗེ་རྣམ་འཇོམས་
ཀྱི་ཚོགས་དང་བཅས་པ་སྤྱན་དྲངས་པར་མོས་ལ། མ་ལུས་སེམས་ཅན་མ་བརྗོད།
མཆོད་ཡོན་ཕལ་ཆེར་སོགས་སྔགས་དང་ཕྱག་རྒྱས་མཆོད་པ་འབུལ། ཇི་སྙེད་སུ་
དག་སོགས་ཡན་ལག་བདུན་པ་བྱ། སྐྱབས་འགྲོ་སེམས་བསྐྱེད་ཚད་མེད་བཞི་རྣམས་
སྤྱི་དང་མཐུན་པར་བརྗོད། སྭ་བྷཱ་ཝས་སྟོང་པར་སྦྱངས། སྟོང་པའི་ངང་ལས་པད་
ཟླ་ལ་ཧཱུྃ་ལས་རྡོ་རྗེ་ཧཱུྃ་(༢༧)(བ)གིས་མཚན་པ་ཡོངས་སུ་གྱུར་པ་ལས། རང་ཉིད་རྡོ་རྗེ་
རྣམ་པར་འཇོམས་པ་སྐུ་མདོག་དཀར་པོ་ཞལ་གཅིག་ཕྱག་གཉིས་གཡས་རྡོ་རྗེ་རྩེ་
དགུ་པ་ཐུགས་ཀར་གཏོད་པ། གཡོན་དྲིལ་བུ་དཀུར་བརྟེན་པ། ཞབས་སེམས་
དཔའི་སྐྱིལ་མོ་ཀྲུང་གིས་བཞུགས་པ། མཆེ་བ་ཙུང་ཟད་གཙིགས་ཤིང་དར་དང་
རིན་པོ་ཆེའི་རྒྱན་ཐམས་ཅད་ཀྱིས་བརྒྱན་པ། ཟླ་བའི་འོད་ཀྱི་རྒྱབ་ཡོལ་ཅན་ནོ། །
ཐུགས་ཀར་ཟླ་བ་ལ་རྡོ་རྗེ་རྩེ་དགུ་པའི་ལྟེ་བར་ཟླ་བའི་སྟེང་དུ་ཧཱུྃ། དེའི་མཐའ་སྐོར་
དུ་སྔགས་ཀྱིས་ཡོངས་སུ་བསྐོར་བར་མོས། རང་གི་སྙིང་ག་ནས་འོད་ཟེར་འཕྲོས།
རང་བཞིན་གྱི་གནས་ནས་རྡོ་རྗེ་རྣམ་པར་འཇོམས་པ་འཁོར་དང་བཅས་པ་བཛྲ་ས་

སྭཱ་ཧཱཿཨརྒྷཾ་ནས་ཤབྡའི་བར་གྱིས་མཆོད། ཨོཾ་བཛྲ་ཨཾ་ཀུ་ཤ་ཛཿ ཨོཾ་བཛྲ་པཱ་ཤ་ཧཱུྃ། ཨོཾ་བཛྲ་སྥོ་ཊ་བཾ། ཨོཾ་བཛྲ་ཨཱ་བེ་ཤ་ཨ། རྩ་སྔགས་སྙིང་པོ་ཉེ་སྙིང་གསུམ་གང་ནུས་སུ་བཟླ། མདུན་བསྐྱེད་བུམ་པ་བསངས་སྦྱངས། སྟོང་པའི་ངང་ལས་པཾ་ལས་པདྨ་དང་ཨ་ལས་ཟླ་བའི་དཀྱིལ་འཁོར་གྱི་སྟེང་དུ་ཧཱུྃ་ལས་རིན་པོ་ཆེའི་བུམ་པ་ཡངས་ཤིང་རྒྱ་ཆེ་བ་ལྟོ་བ་ཡངས་ཤིང་མགྲིན་པ་ཕྲ་བ། མཆུ་འཕྱང་བ། ལྷའི་གོས་ཀྱི་མགུལ་ཆིངས་དང་ལྡན་པ། དཔག་བསམ་ཤིང་གིས་ཁ་བརྒྱན་པ། ནང་ཆུ་དང་བདུད་རྩིས་ཐམས་ཅད་ཀྱིས་ཡོངས་སུ་གང་བའི་དབུས་སུ་པད་ཟླ་ལ་ཧཱུྃ་ལས། རྡོ་རྗེ་ཧཱུྃ་གིས་མཚན་པ་ཡོངས་སུ་གྱུར་པ་ལས། རྡོ་རྗེ་རྣམ་པར་འཇོམས་པ་ཞེས་པ་ནས། བཛྲ་ས་སྭཱ་ཧཱཿཨརྒྷཾ་ནས་ཤབྡའི་བར་གྱིས་མཆོད། ཛཿཧཱུྃ་བཾ་ཧོཿ དཔྲལ་བར་ཨོཾ། མགྲིན་པར་ཨཱཿ ཐུགས་ཀར་ཧཱུྃ། སླར་ཡང་སྙིང་ག་ནས་འོད་ཟེར་འཕྲོས། དབང་(༥༠ན)གི་ལྷ་རིགས་ལྔ་འཁོར་དང་བཅས་པ་བཛྲ་ས་སྭཱ་ཧཱཿ ཨོཾ་པཉྩ་ཀུ་ལ་ས་པ་རི་ཝཱ་ར་ཞེས་སྦྱར་ཏེ། ཨརྒྷཾ་ནས་ཤབྡའི་བར་གྱིས་མཆོད། ཨོཾ་སརྦ་ཏ་ཐཱ་ག་ཏ་ཨ་བྷི་ཥིཉྩ་ཏུ་མཾ། ཞེས་གསོལ་བ་བཏབ་པས། ཇི་ལྟར་བལྟམས་པ་ནས་ཀྲཱི་ཡེ་ཧཱུྃ། ཞེས་དབང་བསྐུར། སྐུ་གང་། དྲི་མ་དག །ཆུའི་ལྷག་མ་ཡར་ལུད་པ་ལས་མི་བསྐྱོད་པས་དབུ་བརྒྱན་པར་གྱུར། དབུས་ཀྱི་མཆོད་པ་བྱིན་གྱིས་བརླབས་ནས། ཨརྒྷཾ་ནས་ཤབྡའི་བར་གྱིས་མཆོད། སྤྲོས་བྲལ་ཆོས་སྐུའི་ངང་ལས་མ་གཡོས་པར། །གྲངས་མེད་སྤྲུལ་པ་ཕྱོགས་བཅུར་སྤྲོས་པ་ཡིས། །སྒྲུབ་པ་པོ་ལ་དངོས་གྲུབ་མཆོག་སྩོལ་བའི། །དཔག་ཡས་རྡོ་རྗེའི་རིགས་ལ་ཕྱག་འཚལ་ལོ། །ཞེས་བསྟོད། གཞན་སྒྲུབ་པ་པོ་དམ་ཚིག་ལྡན་པ་གསུམ་གྱིས་ཕྱོགས་གསུམ་གྱི་མཎྜལ་གྱི་སྟེང་གི་གཟུངས་མདོ་གློག་ཅིང་། སློབ་དཔོན་གྱིས་གཟུངས་ཐག་ནས་བཟུང་ལ། འདི་སྐད་བདག་གིས་ཐོས་པ་ནས། །སྨྲས་སོ་ཞེས་པའི་བར་ལན་གཅིག་བརྗོད། ན་མོ་རཏྣ་ཏྲ་ཡཱ་ཡ། སོགས་སྔགས་གསུམ་པོ་གང་ནུས་བཟླས་ལ། མཐར། སྡིག་པ་ཐམས་ཅད་བྱང་བྱས་ནས། །སོགས་ཕན་ཡོན་ཚར་གཅིག་བརྗོད།

ཕྱོགས་གསུམ་གྱི་ཀློག་མཁན་རྣམས་ཀྱིས་མདོ་ཡོངས་རྫོགས་སྐྱུར་གྱིན་འདོན་པ་ཡིན་པ་ལ། ཉེར་གཅིག་འདོན་ན་རེ་རེས་བདུན་བདུན་བྱ། ཡང་ན་བརྒྱད་བརྒྱད་དམ་སོ་དྲུག་སོ་དྲུག་འདོན། དེ་དག་གི་མཐར་རེ་རེས་མཆོད་པ་བྱིན་གྱིས་བརླབས། བུམ་པའི་ལྷ་ལ་དམིགས་ནས་མཆོད་བསྟོད་བྱེད། བུམ་པའི་ལྷ་ལ་འདོད་དོན་གསོལ་བཏབ། སློབ་(༤༡༠བ)མ་རྗེས་བཟུང་བྱ་བར་འདོད་ན་སྐབས་འདིར་བྱ་སྟེ། མཎྜལ་ཕུལ་ལ་ཤར་གྱི་སྒོ་རྟེན་འདི་ཉིད་རྡོ་རྗེ་སེམས་དཔའ་དངོས་སུ་མོས་ལ། དེའི་སྟེང་གི་ནམ་མཁར་བཞུགས་པའི་སངས་རྒྱས་བྱང་སེམས་རྣམས་ཀྱི་དྲུང་དུ་ཡན་ལག་བདུན་པ་གང་འོས་ཤིག་འདོན་དུ་གཞུག །རྡོ་རྗེ་འཛིན་པ་དགོངས་སུ་གསོལ་སོགས་ཀྱིས་གསོལ་བ་བཏབ། བགེགས་གཏོར་བཏང་། སློབ་མའི་སྡིག་པ་སྦྱོང་བ་ནི། རང་གི་མདུན་དུ་སྤོས་ཕོར་སོགས་ཀྱི་ནང་དུ་མེ་བཤམས་ལ། བསངས་སྦྱངས། སྟོང་པའི་ངང་ལས་རཾ་ལས་ཡེ་ཤེས་ཀྱི་མེ་གྲུ་གསུམ་པ་རབ་ཏུ་འབར་བའི་ནང་དུ་ཧཱུྃ་ལས་རྡོ་རྗེ་ཧཱུྃ་གིས་མཚན་པ་ལས་ཟ་བྱེད་རྡོ་རྗེ་མཁའ་འགྲོ་སྐུ་མདོག་མཐིང་ནག་ཞལ་གཅིག་ཕྱག་གཉིས་ཀྱིས་ཧཱུྃ་མཛད་ཀྱི་ཕྱག་རྒྱ་འཆིང་བས་རྡོ་རྗེ་དང་དྲིལ་བུ་འཛིན་པ། དབུ་སྐྲ་དམར་སེར་གྱེན་དུ་བརྗེས་ཤིང་ཞལ་རབ་ཏུ་གདངས་པ། ལྟོ་བ་འཕྱང་ཞིང་ཡན་ལག་རགས་པ་གཡས་བརྐྱང་གིས་བཞུགས་པའི་སྤྱི་བོར་ཨོཾ། མགྲིན་པར་ཨཱཿ ཐུགས་ཀར་ཧཱུྃ། ཐུགས་ཀའི་ཧཱུྃ་ལས་འོད་ཟེར་འཕྲོས་པས་རང་བཞིན་གྱི་གནས་ནས་བསྐོམས་པ་དང་འདྲ་བའི་ཡེ་ཤེས་པ་དབང་ལྷ་དང་བཅས་པ་སྤྱན་དྲངས། ཛཿཧཱུྃ་བཾ་ཧོཿགཉིས་སུ་མེད་པར་གྱུར། དབང་ལྷས་དབང་བསྐུར་མི་བསྐྱོད་པས་དབུ་བརྒྱན་པར་གྱུར། ཨོཾ་བཛྲ་ཌཱ་ཀ་ཨརྒྷཾ་སོགས་ཀྱིས་མཆོད། ཨོཾ་ཨཱཿཧཱུྃ་གིས་ནང་མཆོད་ཕུལ། མི་བསྐྱོད་རྡོ་རྗེ་ཡེ་ཤེས་ཆེ། །རྡོ་རྗེའི་དབྱིངས་ནི་མཁས་པ་ཆེ། །རྡོ་རྗེ་གསུམ་མཆོག་དཀྱིལ་འཁོར་གསུམ། །རྡོ་རྗེ་མཁའ་འགྲོ་ལ་ཕྱག་འཚལ། །སློབ་མའི་གསང་གནས་སུ་ཡཾ་ལས་(༤༡༡ན)རླུང་གི་དཀྱིལ་འཁོར་སྔོན་པོ་གཞུ་ལྟ་བུ་དང་། ལྟེ་བར་རཾ་ལས་མེའི་

དཀྱིལ་འཁོར་དམར་པོ་གྲུ་གསུམ་པ། སྙིང་གར་པཾ་ནག་པོ་དེ་ལས་འོད་ཟེར་ནག་པོ་ལུས་ཀྱི་སྟོད་སྨད་ཐམས་ཅད་ཁྱབ་པར་འཕྲོས་པས་སྡིག་སྒྲིབ་དང་དམ་ཚིག་ཉམས་ཆག་ཐམས་ཅད་འོད་ཟེར་ནག་པོའི་རྣམ་པར་བསྡུས་ནས་པཾ་ལ་ཐིམ་པ་དང་མཉམ་དུ་གསང་གནས་ཀྱི་རླུང་གཡོས་ལྟེ་བའི་མེ་སྦར་བས། པཾ་དེ་མཆིན་པ་ནས་ཡར་བརྒྱུད་དེ། སྣ་རྩེར་སླེབ་པ་སྡིག་པ་ར་ཙན་གྱི་རྣམ་པར་གྱུར་ནས་ཏིལ་རྣམས་དང་གཉིས་སུ་མེད་པར་བསམས་ལ། ལག་པ་གཉིས་ཀྱིས་མཐེབ་སྲིན་སྦྱར་བས་ཏིལ་བཟུང་ནས་མེའི་ནང་གི་ཁྲོ་བོའི་ཞལ་དུ་ཕུལ་བར་བསམ་ཞིང་། ཨོཾ་བཛྲ་ཀྲོ་ཀ་ཁ་ཁ་ཁཱ་ཧི་ཁཱ་ཧི་སརྦ་པཱ་པཾ་ད་ཧ་ན་བྷསྨཱི་ཀུ་རུ་སྭཱཧཱ། ཞེས་བརྗོད་ཅིང་ཏིལ་མེར་དོར། མཐུག་ཏུ་ཐོར་བཞིན་མཆོད་ཅིང་བསྟོད་ནས་ཡིག་བརྒྱ་བརྗོད། བཟོད་པར་གསོལ། ཡེ་ཤེས་པ་རང་བཞིན་གྱི་གནས་སུ་གཤེགས། དམ་ཚིག་པ་མེ་འབར་བའི་རྣམ་པར་གྱུར་པར་བསམ་མོ། །བཀྲུ་བྱབས་སྲུང་གསུམ་བྱ་བ་ནི། ཉེ་སྙིང་གི་མཐར། སརྦ་པཱ་པཾ་ཤཱནྟིཾ་ཀུ་རུ་སྭཱཧཱ། དེ་བཞིན་དུ་སྦྱར་ཏེ། སརྦ་བིགྷྣཱན། སརྦ་རོ་ཀཱ། སརྦ་དུཥྚཱ། སརྦ་ཛྭ་རེ། སརྦ་ཨུ་པ་དྲ་བེ། སརྦ་ཨ་ཀ་ལ་མྲི་ཏྱུ། སརྦ་དུར་སོ་བ་ནི། སརྦ་དུར་མི་ཏེ། སརྦ་ཙིཏྟ་ཀུ་ལེ་བྷྱཿཤཱནྟིཾ་ཀུ་རུ་སྭཱཧཱ། ཞེས་བུམ་པའི་ཆུས་སློབ་མ་ལ་ཁྲུས་བྱ་ཞིང་། མཐར་ཁ་བཤལ་ལོ། །དེ་བཞིན་དུ་རྨ་བྱའི་མདོངས་སོགས་ཀྱིས་བྱབས་ཏེ། ཤཱནྟིཾ་ཀུ་རུ་སྭཱཧཱའི་དོན་དུ་ཨ་པ་ན་ཡེ་སྭཱཧཱ། ཞེས་བརྗོད། དེ་ནས་སྲུང་བ་བྱ་(༤༧བ)སྟེ། རེ་རེའི་མཐར་རཀྵ་རཀྵ་ཞེས་བརྗོད་ཅིང་། སྤྱི་བོ། སྙིང་ག །སོག་ཐག །དཔུང་པ་གཡས་གཡོན། དཔྱི་གཡས་གཡོན་རྣམས་ལ་རྡོ་རྗེ་རྒྱ་གྲམ་དུ་བཞག་ནས། མཐར། རྒྱལ་བ་སྲས་བཅས་བདེན་པའི་བྱིན་རླབས་དང་། །རྡོ་རྗེ་རྣམ་པར་འཇོམས་པའི་མཐུ་སྟོབས་ཀྱིས། །སློབ་མ་འདི་ལ་བདག་གིས་བསྲུངས་ཟིན་གྱིས། །འདི་ལ་སུས་ཀྱང་གནོད་པར་མ་བྱེད་ཅིག །ཅེས་བརྗོད་ལ། མེ་ཏོག་དོར་ཞིང་། རོལ་མོ་དང་བཅས་པའི་བཀྲ་ཤིས་བྱའོ། །༈ ད་སྦྱོར་བ་རྗེས་གནང་གི་གཞི་དགོད་པའི་སྐད་དུ་

དམིགས་པ་འདི་བཞིན་དུ་མཛད་པར་ཞུ། ཨོཾ་ཤཱུ་ནྱ་ཏཱ་ཛྙཱ་ན་བཛྲ་སྭ་བྷཱ་ཝ་ཨཱཏྨ་ཀོ྅ཧཾ། ཕྱི་ནང་གི་དངོས་པོ་ཐམས་ཅད་མི་དམིགས་པ་སྟོང་པ་ཉིད་དུ་གྱུར་པའི་ངང་ལས། པད་ཟླའི་གདན་ལ། ཁྱེད་རང་གི་སེམས་ཉིད་ཧཱུྃ་ལས་རྡོ་རྗེ་ཧཱུྃ་གིས་མཚན་པ་ཡོངས་སུ་གྱུར་པ་ལས། ཁྱེད་རང་རྣམས་རྡོ་རྗེ་རྣམ་པར་འཇོམས་པ་སྐུ་མདོག་དཀར་པོ་ཞལ་གཅིག་ཕྱག་གཉིས་གཡས་རྡོ་རྗེ་རྩེ་དགུ་པ་ཐུགས་ཀར་གཏད་པ། གཡོན་དྲིལ་བུ་དཀུར་བརྟེན་པ། ཞབས་སེམས་དཔའི་སྐྱིལ་མོ་ཀྲུང་གིས་བཞུགས་པ། མཆེ་བ་ཅུང་ཟད་གཙིགས་ཤིང་། དར་དང་རིན་པོ་ཆེའི་རྒྱན་ཐམས་ཅད་ཀྱིས་བརྒྱན་པ། ཟླ་བའི་འོད་ཀྱི་རྒྱབ་ཡོལ་ཅན་ནོ། །ཞེས་གསལ་གདབ། དེ་ནས་སློབ་དཔོན་ཡང་རྡོ་རྗེ་རྣམ་པར་འཇོམས་པ་དངོས་ཡིན་སྙམ་པའི་མོས་གུས་བྱས་པས། སློབ་དཔོན་གྱི་ཐུགས་ཀ་ནས་འོད་ཟེར་འཕྲོས། མདུན་བསྐྱེད་ཀྱི་ལྷའི་ཐུགས་རྒྱུད་བསྐུལ། དེའི་ཐུགས་ཀ་ནས་འོད་ཟེར་འཕྲོས། ཕྱོགས་བཅུའི་སངས་རྒྱས་དང་བྱང་ཆུབ་སེམས་དཔའ་ཐམས་ཅད་(༥༢༢ན)ཀྱི་ཐུགས་རྒྱུད་བསྐུལ་བས། སློབ་དཔོན་དང་མདུན་བསྐྱེད་ཀྱི་ལྷ་དང་ཕྱོགས་བཅུའི་སངས་རྒྱས་དང་བྱང་ཆུབ་སེམས་དཔའ་ཐམས་ཅད་ཀྱི་ཐུགས་ཀ་ནས་རྡོ་རྗེ་རྣམ་པར་འཇོམས་པའི་སྐུ་ཆེ་ཆུང་དཔག་ཏུ་མེད་པ་བྱོན། ཁྱེད་རང་རྣམས་ཀྱི་བ་སྤུའི་བུ་ག་རྣམས་ནས་ཆར་བབས་པ་བཞིན་དུ་སིབ་སིབ་ཐིམ་པར་མོས་པ་མཛོད། ཛཿཧཱུྃ་བཾ་ཧོཿགཉིས་སུ་མེད་པར་ཐིམ། ཇི་ལྟར་བལྟམས་པ་ནས་ཨཱ་ཡེ་ཧཱུྃ། ཞེས་བརྗོད་ཅིང་བུམ་པའི་ཆུས་དབང་བསྐུར། བཟླས་ལུང་ནི་གཞུང་ལས། སློབ་མས་གང་ལ་ལུང་ལེན་པའི་མདུན་བསྐྱེད་དེ། ཤར་གྱི་རྡོ་རྗེ་སེམས་དཔའི་སྐུ་གཟུགས་ལས་བྱེད་པ་འདིའི་ཁྱད་ཆོས་ཡིན། ཞེས་གསུངས་པ་ལྟར། ཤར་གྱི་རྡོ་རྗེ་སེམས་དཔའི་ཐུགས་ཀར་ཟླ་བའི་དཀྱིལ་འཁོར་གྱི་སྟེང་དུ་ཧཱུྃ་ཡིག་དཀར་པོ། དེ་ལས་སྔགས་ཀྱི་འཕྲེང་བ་བྱུང་། རྡོ་རྗེ་སེམས་དཔའི་ཞལ་ནས་ཐོན། ཁྱེད་རང་རྣམས་ཀྱི་ཞལ་དུ་ཞུགས། ཐུགས་ཀར་ཟླ་བ་ལ་རྡོ་རྗེ་རྩེ་དགུ་པའི་ལྟེ་བར་ཟླ་བའི་སྟེང་དུ་

ཧཱུྃ་དཀར་པོ་གནས་པ་ལ་ཐིམ། དེའི་དུས་སུ་ཕྱོགས་བཅུའི་སངས་རྒྱས་བྱང་ཆུབ་སེམས་དཔའ་རྣམས་ཀྱི་མཁྱེན་བརྩེ་ནུས་མཐུ་ཐམས་ཅད་འོད་ཟེར་གྱི་རྣམ་པར་སྔགས་ཕྲེང་དང་ལྡན་ཅིག་ཞལ་དུ་ཞུགས། སྙིང་གའི་ཧཱུྃ་ལ་ཐིམ་པའི་མོས་པ་མཛོད་བྱས་ལ། ན་མོ་རཏྣ་ཏྲ་ཡཱ་ཡ། ན་མ་ཤྩཎྜ་བཛྲ་པཱ་ཎ་ཡེ། མཧཱ་ཡཀྵ་སེ་ནཱ་པ་ཏ་ཡེ། ཏདྱ་ཐཱ། ཨོཾ་ཏྲུ་ཊ་ཏྲུ་ཊ། ཏྲོ་ཊ་ཡ་ཏྲོ་ཊ་ཡ། སྥུ་ཊ་སྥུ་ཊ། སྥོ་ཊ་ཡ་སྥོ་ཊ་ཡ། གྷུརྞ་གྷུརྞ། གྷུརྞ་པ་ཡ་གྷུརྞ་པ་ཡ། སརྦ་སཏྭ་ནི། བོ་དྷ་ཡ་བོ་དྷ་ཡ། སཾ་བོ་དྷ་ཡ་སཾ་བོ་དྷ་ཡ། བྷྲ་མ་བྷྲ་མ། (༤༤༢བ)སཾ་བྷྲ་མ་ཡ་སཾ་བྷྲ་མ་ཡ། སརྦ་བུདྡྷ་བོ་དྷ་ནི། ཀུ་ཊ་ཀུ་ཊ། སཾ་ཀུ་ཊ་ཡ་སཾ་ཀུ་ཊ་ཡ། སརྦ་ཤ་ཏྲཱུྃ། གྷ་ཊ་གྷ་ཊ། སཾ་གྷ་ཊ་ཡ་སཾ་གྷ་ཊ་ཡ། སརྦ་བིདྱཱ་བཛྲ་བཛྲ། སྥོ་ཊ་ཡ་བཛྲ་བཛྲ། ཀ་ཊ་ཡ་བཛྲ་བཛྲ། མ་ཊ་ཡ་བཛྲ་བཛྲ། མ་ཐ་བཛྲ་བཛྲ། ཨཏྨ་ཧྣ་ས་བཛྲ་བཛྲ། ཏྲི་ལ་བཛྲ་སུ་བཛྲཱ་ཡ་སྭཱཧཱ། ཧེ་ཕུ་ལུ་ནི་ཙཱ་ཕུ་ལུ་ནི་གྷྲིཎྣ་ཀུ་ལུ་མི་ལི་ཙུ་ལུ་ཀུ་ཙཱ་ཀུ་ཙཱ། བཛྲ་བི་ཛ་ཡཱ་ཡ་སྭཱཧཱ། ཀཱི་ལི་ཀཱི་ལཱ་ཡ་སྭཱཧཱ། ཀ་ཊ་ཀ་ཊ། མ་ཊ་མ་ཊ། ར་ཊ་ར་ཊ། མོ་ཊ་ན་པྲ་མོ་ཊ་ནཱ་ཡ་སྭཱཧཱ། ཙ་ར་ནི་ཙྪ་ར། ཏ་ར་ཏ་ར། ས་ར་ས་ར། སྨཱ་ར་ཡ་སྨཱ་ར་ཡ། བཛྲ་བི་དཱ་ར་ཎཱ་ཡ་སྭཱཧཱ། ཚིནྡྷ་ཚིནྡྷ། བྷིནྡྷ་བྷིནྡྷ། མཧཱ་ཀཱི་ལི་ཀཱི་ལཱ་ཡ་སྭཱཧཱ། བནྡྷ་བནྡྷ། ཀྲོ་དྷ་ཀྲོ་དྷ། ཀཱི་ལི་ཀཱི་ལཱ་ཡ་སྭཱཧཱ། ཙུ་ཙཱ་ཙུ་ཙཱ་ཙཎྜ་ཀཱི་ལི་ཀཱི་ལཱ་ཡ་སྭཱཧཱ། ཧཱ་ས་ཡ་ཧཱ་ས་ཡ། བཛྲ་ཀཱི་ལི་ཀཱི་ལཱ་ཡ་སྭཱཧཱ། ཏ་ར་ཏ་ར། བཛྲ་དྷ་རཱ་ཡ་སྭཱཧཱ། པྲ་ཏ་ར་པྲ་ཏ་ར། བཛྲ་པྲ་ཀཱ་ཤ་ནཱ་ཡ་སྭཱཧཱ། མ་ཧི་སྦི་ར་བཛྲ། ཤུ་ཧི་སྦི་ར་བཛྲ། པྲ་ཧི་སྦི་ར་བཛྲ། མཧཱ་བཛྲ། ཨ་པྲ་ཏི་ཧ་ཏ་བཛྲ། ཨ་མོ་གྷ་བཛྲ། ཨེ་ཧྱེ་ཧི་བཛྲ་ཤཱི་གྷྲཾ་བཛྲཱ་ཡ་སྭཱཧཱ། གྷ་ར་གྷ་ར། གྷི་རི་གྷི་རི། གྷུ་རུ་གྷུ་རུ། སརྦ་བཛྲ་ཀུ་ལཾ་ཨཱ་བརྟ་ཡ་སྭཱཧཱ། གནོད་བྱེད་འབྱུང་པོ་སྣ་ར་ཡ་ཕཊ། ན་མཿས་མནྟ་བཛྲཱ་ཎཱཾ་སརྦ་པ་ལཾ་ཨཱ་བརྟ་ཡ་མཧཱ་བ་ལེ། ཀ་ཊ་བེ་ཏ་ཏ་ལེ་ཨ་ཙ་ལེ་མནྟྲ་ལ་མཱ་ཡེ། ཨ་ཏི་བཛྲ། མཧཱ་བ་ལེ་བེ་ག་ར་ཎ། ཨ་ཛི་ཏེ་ཛྭ་ལ་ཛྭ་ལ། ཏི་ཊི་ཏི་ཊི། པིཾ་ག་ལེ་ད་ཧ་ད་ཧ་ཏེ་ཛོ་བ་ཏི། ཏི་ལི་ཏི་ལི། བནྡྷ་བནྡྷ། མཧཱ་བ་ལེ་

བཛྲ་ཨཱཾ་ཀུ་ཤ་རྡྷ་ལ་ཡ་སྭཱཧཱ། ན་མོ་རཏྣ་ཏྲ་ཡཱ་ཡ། ན་མ་ཤྩཎྜ་བཛྲ་པཱ་ཎ་ཡེ། མཧཱ་ཡཀྵ་སེ་ནཱ་པ་ཏ་ཡེ། ཏདྱ་ཐཱ། ཨོཾ་ཏ་ར་ཏ་ར་བཛྲ། མ་ཐ་མ་ཐ་བཛྲ། རྡུ་ན་རྡུ་ན་བཛྲ། ད་ཧ་ད་ཧ་བཛྲ། པ་ཙ་པ་ཙ་བཛྲ། དྷ་ར་དྷ་ར་བཛྲ། དྷཱ་ར་ཡ་དྷཱ་(༧༢༣ན)ར་ཡ་བཛྲ། དཱ་རུ་ཎ་དཱ་རུ་ཎ་བཛྲ། ཚིནྡ་ཚིནྡ་བཛྲ། བྷིནྡ་བྷིནྡ་བཛྲ་ཧཱུྃ་ཕཊ། ན་མ་ཤྩཎྜ་བཛྲ་ཀྲོ་དྷཱ་ཡ། ཧུ་ལུ་ཧུ་ལུ། ཏིཥྛ་ཏིཥྛ། བནྡྷ་བནྡྷ། ཧ་ན་ཧ་ན། ཨ་མྲི་ཏེ་ཧཱུྃ་ཕཊ། དེ་ནས་སློབ་དཔོན་དང་མདུན་བསྐྱེད་ཀྱི་ཐུགས་ཀ་ནས་འོད་ཟེར་འཕྲོས། ཕྱོགས་བཅུའི་སངས་རྒྱས་དང་བྱང་ཆུབ་སེམས་དཔའ་རྣམས་ཀྱི་བྱིན་རླབས་ཐམས་ཅད་རྡོ་རྗེ་རྩེ་དགུ་པ་ལ་སོགས་པ་ཕྱག་མཚན་གྱི་རྣམ་པར་སྤྲུལ་དྲངས་ཏེ་སློབ་མའི་ལུས་ལ་ཉེ་བར་སླེབས་པ་ན་བདུད་རྩི་ལྔའི་རྣམ་པར་ཞུ་ནས་སློབ་མའི་ལུས་ལ་ཆར་བཞིན་དུ་བབས་པས་ཐུགས་ཀྱི་བྱིན་རླབས་མ་ལུས་པ་ཐོབ་པར་བསམ། མཇུག་ཆོག་སྤྱི་དང་འདྲ། །

༄ **ཁྲོ་བོ་བགེགས་མཐར་བྱེད་ལ།** དཔལ་སངས་རྒྱས་ཡེ་ཤེས་ཞབས་ཀྱི་མན་ངག་ལྟར། བགེགས་མཐར་བྱེད་ཀྱི་མན་ངག་བསྒོམ་པར་འདོད་པས། སྐྱབས་སེམས་སྤྱི་དང་མཐུན། རང་གི་སྙིང་གར་ཉི་མ་ལ་གནས་པའི་ཧཱུྃ། དེའི་འོད་ཀྱིས་བླ་མ་དང་བདུད་རྩི་འཁྱིལ་བའི་དཀྱིལ་འཁོར་མདུན་གྱི་ནམ་མཁར་བཛྲ་ས་མ་ཛཿཨཀྲྀཾ་ནས་ཤཀྟའི་བར་གྱིས་མཆོད། དཀོན་མཆོག་གསུམ་ལ་བདག་སྐྱབས་མཆི། །སོགས་བྱ། ཤུ་ཉྩ་ཏཱས་སྟོང་པར་སྦྱངས། སྟོང་པའི་ངང་ལས་པད་ཉིའི་སྟེང་དུ་ཧཱུྃ་ལས་རྡོ་རྗེ་ཧཱུྃ་གིས་མཚན་པ་ཡོངས་སུ་གྱུར་པ་ལས། བདག་ཉིད་བདུད་རྩི་འཁྱིལ་བ་སྐུ་མདོག་ནག་པོ་ཞལ་གསུམ་ཕྱག་དྲུག །རྩ་ཞལ་སྐྱ་ལུས་དང་མཚུངས་ཤིང་། གཡས་དཀར་གཡོན་དམར་བ། ཕྱག་དང་པོ་གཉིས་ཀྱིས་རང་སྣང་གི་ཡུམ་ལ་འཁྱུད་པ། ལྷག་མ་གཡས་གཉིས་ཀྱིས་(༧༢༣བ)རྡོ་རྗེ་ནག་པོ་ཁ་གྱེས་པ་དང་རལ་གྲི། གཡོན་གཉིས་ཀྱིས་རིན་པོ་ཆེ་དང་པདྨ་འཛིན་པ། ཞབས་གཡས་བསྐུམ་པས་བདུད་སྡིག་ཅན་ཆུང་

མ་དང་བཅས་པ་དང་། གཡོན་བརྐྱང་བས་ཚོགས་བདག་མནན་པ། སྤྱན་གསུམ།
སྐྲ་སེར། སྟག་ལྤགས་ཀྱི་ཤམ་ཐབས་སོགས་ཁྲོ་བོའི་རྒྱན་དང་ཆ་ལུགས་ཡོངས་སུ་
རྫོགས་ཤིང་། ཀླུའི་རྒྱལ་པོ་མཐའ་ཡས་སྔོན་པོས་དབུ་སྐྲ་བཅིངས་པ། འཇོག་པོ་
དམར་པོས་ཟ་རྒྱན་བྱས་པ། རིགས་ལྡན་ཁྲ་བོས་དཔུང་པ་བརྒྱན་ཅིང་། དུང་སྐྱོང་
སེར་པོས་ཕྱག་གདུབ་བྱས་པ། པདྨ་དཀར་པོས་མགུལ་པ་བརྒྱན་ཅིང་། སྟོབས་རྒྱུ་
ལྗང་གུས་མཆོད་ཕྱིར་ཐོགས་བྱས་པ། ནོར་རྒྱས་ཀྱི་བུ་བདུད་རྩིའི་ཁ་དོག་ལྟ་བུས་
སྐེ་རགས་བྱས་ཤིང་། པདྨ་ཆེན་པོ་དཀར་པོས་ཞབས་གདུབ་བྱས་པ། སྐུ་ལས་སྐྱེས་
པའི་ཡེ་ཤེས་ཀྱི་མེ་དཔུང་འབར་བའི་དབུས་ན་བཞུགས་པའོ། །ཨོཾ་ཨཱཿབིགྷྣཱནྟ་ཀྲྀཏ་
ཧཱུཾ་ཧཱུཾ། ཞེས་བརྗོད་ཅིང་གསལ་བར་བསྐྱེད་དོ། །མིག་ཏུ་ཀྵཱིཾ། རྣ་བར་ཛྲཱིཾ། སྣ་ལ་
ཁཾ། ལྕེ་ལ་གཾ །དཔྲལ་བར་སྐཾ། ལྟེ་བར་སཾ། སྤྱི་བོར་ཨོཾ། མགྲིན་པར་ཨཱཿ ཐུགས་
ཀར་ཧཱུཾ། དེ་བཞིན་གཤེགས་པ་ཐམས་ཅད་ཁྲོ་བོ་བདུད་རྩི་འཁྱིལ་བའི་རྣམ་པར་
བཛྲ་ས་མ་ཛཿཛཿཧཱུཾ་བཾ་ཧོཿགཉིས་སུ་མེད་པར་ཐིམ། རང་གི་སྙིང་གར་རང་འདྲའི་
ཡེ་ཤེས་སེམས་དཔའ། དེའི་ཐུགས་ཀར་ཏིང་ངེ་འཛིན་སེམས་དཔའ་ཧཱུཾ། དབང་
གི་ལྷ་འཁོར་དང་བཅས་པ་བཛྲ་ས་མ་ཛཿཨོཾ་བཛྲི་བྷ་ཝ་ཨ་བྷི་ཥིཉྩ་ཧཱུཾ། ཞེས་དབང་
བསྐུར། སྐུ་གང་། དྲི་མ་དག །ཆུའི་ལྷག་མ་ཡར་ལུད་པ་ལས་མི་བསྐྱོད་པས་དབུ་
བརྒྱན་པར་གྱུར། བཟླས་པ་ནི། ཏིང་ངེ་འཛིན་སེམས་དཔའི་(༤༨༤ན)འོད་ཟེར་འཕྲོ་
འདུ་ལ་སེམས་གཏད་དེ། ཨོཾ་ཨཱཿབིགྷྣཱནྟ་ཀྲྀཏ་ཧཱུཾ་ཕཊ། ཅེས་པ་ཉེ་སྙིང་དང་། ཨོཾ་ཧུ་
ལུ་ཧུ་ལུ། ཏིཥྛ་ཏིཥྛ། བནྡྷ་བནྡྷ། ཧ་ན་ཧ་ན། ད་ཧ་ད་ཧ། ཨ་མྲྀ་ཏེ་ཧཱུཾ་ཕཊ། ཅེས་
པ་སྙིང་པོ་དང་། ཨོཾ་ཧུ་ལུ་ཧུ་ལུ། ཏིཥྛ་ཏིཥྛ། བནྡྷ་བནྡྷ། ཧ་ན་ཧ་ན། ད་ཧ་ད་ཧ།
གརྫ་གརྫ། བི་སྥོ་ཊ་ཡ་བི་སྥོ་ཊ་ཡ། སརྦ་བིགྷྣཱན་བི་ན་ཡ་ཀ་ན་མཧཱ་ག་ན་པ་ཏི་ཛཱི་
ཝི་ཏཱནྟ་ཀཱ་ར་ཡ་ཧཱུཾ་ཕཊ། ཅེས་པ་འདི་ནི་རྩ་བའི་སྔགས་ཆུང་བའོ། །ན་མཿས་མནྟ་
ཀཱ་ཡ་ཝཱཀ་ཙིཏྟ་བཛྲཱ་ཎཱཾ། ན་མོ་མཧཱ་བཛྲ་ཀྲོ་དྷཱ་ཡ། མཧཱ་དཾཥྚོཏ་ཀ་ཊ་བྷཻ་ར་ཝཱ་ཡ།

ཨ་སི་མུ་ས་ལ་པ་ར་ཤུ་པ་ཤ་ཧ་སྟ་ཡ། ཨོཾ་ཨ་མྲྀ་ཏ་ཀུཎྜ་ལི་ཁ་ཁ་ཁཱ་ཧི་ཁཱ་ཧི། ཏིཥྛ་ཏིཥྛ། བནྡྷ་བནྡྷ། ཧ་ན་ཧ་ན། ད་ཧ་ད་ཧ། གརྫ་གརྫ། བི་སྥོ་ཊ་ཡ་བི་སྥོ་ཊ་ཡ། སརྦ་བིགྷྣཱན་བི་ན་ཡ་ཀ་ན་མཧཱ་ག་ན་པ་ཏི་ཛཱི་ཥི་ཏཱནྟ་ཀཱ་ར་ཡ་ཧཱུྃ་ཕཊ། ཅེས་པ་ནི་ཟ་བའི་སྔགས་ཆེ་བའོ། །དགེ་བ་བསྔོའོ། །གཏོར་མ་ཨོཾ་ཨཱཿབིགྷྣཱནྟ་ཀྲྀཏ་ཧཱུྃ་ཕཊ་ཀྱིས་བསངས། སྭ་བྷཱ་ཝས་སྦྱངས། སྟོང་པའི་ངང་ལས་ཨ་ལས་ཡེ་ཤེས་ཀྱི་ཀ་པཱ་ལ་ཡངས་ཤིང་རྒྱ་ཆེ་བའི་ནང་དུ་བདུད་རྩི་ལྔའི་ཕུང་པོ། ཧཱུྃ་ཧྲཱུྃ་ཨཾ་ཛྲཱི་ཁཾ་གིས་མཚན་པ། དེ་རྣམས་འོད་དུ་ཞུ་བ་ལས་བདུད་རྩིའི་རྒྱ་མཚོ་ཆེན་པོར་གྱུར། ཨོཾ་ཨཱཿཧཱུྃ། ལན་ལྔས་བྱིན་གྱིས་བརླབས། རང་གི་སྙིང་གའི་ས་བོན་གྱི་འོད་ཟེར་གྱིས་བདུད་རྩི་འཁྱིལ་བའི་ལྷ་ཚོགས་བཛྲ་ས་མཱ་ཛཿཨོཾ་ཧུ་ལུ་ཧུ་ལུ། ཏིཥྛ་ཏིཥྛ། བནྡྷ་བནྡྷ། ཧ་ན་ཧ་ན། ད་ཧ་ད་ཧ། ཨ་མྲྀ་ཏ་ཧཱུྃ་ཕཊ། པཉྩ་ཨ་མྲྀ་ཏ་ཨཱཿཧཱུྃ། ལན་གསུམ་གྱིས་ཕུལ། ཨརྒྷཾ་ནས་ཤབྡའི་བར་གྱིས་མཆོད། འཇིགས་པའི་ཧཱུྃ་སྒྲ་སོགས་(༥༢༨)ཤྭོ་ལོ་ཀ་གཅིག་གིས་བསྟོད། མཆོད་སྦྱིན་གཏོར་མ་སོགས་ཀྱིས་འདོད་དོན་ལ་གསོལ་བ་བཏབ། གཤེགས་གསོལ་བྱ། འདིའི་རྗེས་གནང་ནི། མཎྜལ་གྱི་སྟེང་དུ་ཚོམ་བུ་ནག་པོ་དགོད། མདུན་དུ་གླུམ་གཏོར་དམར་པོ། མཆོད་པ་རྣམས་བཤམས་ལ། བདག་བསྐྱེད་བཟླས་པའི་བར་གོང་བཞིན་བྱ། མདུན་བསྐྱེད་བསངས་སྦྱངས། སྟོང་པའི་ངང་ལས་པད་ཉིའི་སྟེང་དུ་ཧཱུྃ་ལས་རྡོ་རྗེ་ཧཱུྃ་གིས་མཚན་པ་ཡོངས་སུ་གྱུར་པ་ལས། བདུད་རྩི་འཁྱིལ་བ་ཞེས་པ་ནས། བཟླས་པའི་བར་སྔར་བཞིན། དེ་ནས་གཏོར་མ་བྱིན་གྱིས་བརླབས་ཏེ་འབུལ་བ་ནས། འདོད་དོན་གསོལ་འདེབས་ཀྱི་བར་གོང་བཞིན་བྱའོ། །སློབ་མའི་བྱ་བ་ནི་མཎྜལ་ཕུལ། རྡོ་རྗེ་འཛིན་པ་དགོངས་སུ་གསོལ། སོགས་ཀྱིས་གསོལ་བ་འདེབས་སུ་གཞུག །དཀོན་མཆོག་གསུམ་ལ་བདག་སྐྱབས་མཆི། །ཞེས་སོགས་ཀྱིས་རྒྱུན་བཤགས་བྱ། དེ་ནས། སློབ་མ་བསངས་སྦྱངས། སྟོང་པའི་ངང་ལས་པད་ཉིའི་སྟེང་དུ་ཧཱུྃ་ལས་རྡོ་རྗེ་ཧཱུྃ་གིས་མཚན་པ་ཡོངས་སུ་གྱུར་པ་ལས། སློབ་མ་རྣམས་

བདུད་རྩི་འཁྱིལ་བ་སྐུ་མདོག་ནག་པོ་ཞལ་གསུམ་ཕྱག་དྲུག །རྩ་ཞལ་སྐུ་ལུས་དང་མཚུངས་ཤིང་། གཡས་དཀར་གཡོན་དམར་བ། ཕྱག་དང་པོ་གཉིས་ཀྱིས་རང་སྣང་གི་ཡུམ་ལ་འཁྱུད་པ། ལྷག་མ་གཡས་གཉིས་ཀྱིས་རྡོ་རྗེ་ནག་པོ་ཁ་གྲེས་པ་དང་རལ་གྲི། གཡོན་གཉིས་ཀྱིས་རིན་པོ་ཆེ་དང་པདྨ་འཛིན་པ། ཞབས་གཡས་བསྐུམ་པས་བདུད་སྡིག་ཅན་ཆུང་མ་དང་བཅས་པ་དང་། གཡོན་བརྐྱང་བས་ཚོགས་བདག་མནན་པ། སྤྱན་གསུམ། སྐྲ་(༨༤༥ན)སེར། སྟག་ལྤགས་ཀྱི་ཤམ་ཐབས་སོགས་ཁྲོ་བོའི་རྒྱན་དང་ཆ་ལུགས་ཡོངས་སུ་རྫོགས་ཤིང་། ཀླུའི་རྒྱལ་པོ་མཐའ་ཡས་སྔོན་པོས་དབུ་སྐྲ་བཅིངས་པ། འཇོག་པོ་དམར་པོས་རྣ་རྒྱན་བྱས་པ། རིགས་ལྡན་ཁྲ་བོས་དཔུང་པ་བརྒྱན་ཅིང་། དུང་སྐྱོང་སེར་པོས་ཕྱག་གདུབ་བྱས་པ། པདྨ་དཀར་པོས་མགུལ་པ་བརྒྱན་ཅིང་། སྟོབས་རྒྱུ་ལྗང་གུས་མཆོད་ཕྱིར་ཐོགས་བྱས་པ། ནོར་རྒྱས་ཀྱི་བུ་བདུད་རྩིའི་ཁ་དོག་ལྟ་བུས་སྐེ་རགས་བྱས་ཤིང་། པདྨ་ཆེན་པོ་དཀར་པོས་ཞབས་གདུབ་བྱས་པ། སྐུ་ལས་སྐྱེས་པའི་ཡེ་ཤེས་ཀྱི་མེ་དཔུང་འབར་བའི་དབུས་ན་བཞུགས་པའོ། །ཨོཾ་ཨཱཿབི་གྷྣ་ནྟ་ཀྲྀཏ་ཧཱུཾ་ཧཱུཾ། ཞེས་བརྗོད་ཅིང་གསལ་བར་བསྐྱེད། དེའི་མིག་ཏུ་གླཱྀ། རྣ་བར་ཛྲཱིཾ། སྣ་ལ་ཁཾ། ལྕེ་ལ་གཾ །དཔྲལ་བར་སྐཾ། ལྟེ་བར་སཾ། སྤྱི་བོར་ཨོཾ། མགྲིན་པར་ཨཱཿ ཐུགས་ཀར་ཧཱུཾ། ཞེས་གསལ་གདབ། མདུན་གྱི་ཚོམ་བུ་འདི་ཉིད་ཀྱང་ཁྱེད་རང་རྣམས་བསྒོམས་པ་དང་འདྲ་བའི་བདུད་རྩི་འཁྱིལ་བ་དངོས་སུ་བཞུགས་པར་མོས་ལ། དེ་ནས་སློབ་དཔོན་ལ་མོས་གུས་དྲག་པོ་བྱས་པས། སློབ་དཔོན་གྱི་ཐུགས་ཀ་ནས་འོད་ཟེར་འཕྲོས། མདུན་བསྐྱེད་དང་ཕྱོགས་བཅུའི་སངས་རྒྱས་བྱང་སེམས་ཐམས་ཅད་ཀྱི་ཐུགས་ཀར་ཕོག་པས་ཐུགས་རྒྱུད་བསྐུལ། ཐུགས་ཀ་ནས་ཐུགས་གཉིས་སུ་མེད་པའི་ཡེ་ཤེས་ཀྱི་ངོ་བོ་ཡིན་པ་ལ་རྣམ་པ་བདུད་རྩི་འཁྱིལ་བའི་སྐུ་ཆེ་ཆུང་དཔག་ཏུ་མེད་པ་སྤྲུན་དྲངས། ཁྱེད་རང་རྣམས་ཀྱི་ལུས་ལ་ཆར་ཆེན་པོ་བབས་པ་བཞིན་དུ་ཐིམ་པས་ལུས་ཀྱི་སྡིག་སྒྲིབ་དག །(༨༤༥བ)ལུས་ལྷའི་སྐུ་དང་དབྱེར་མེད་དུ་བྱིན་

གྱིས་བརླབས་པའི་མོས་པ་མཛོད། ཛཿཧཱུཾ་བཾ་ཧོཿགཉིས་སུ་མེད་པར་གྱུར། སྐུའི་རྗེས་གནང་ངོ་། །དེ་ནས་སློབ་དཔོན་གྱི་ཐུགས་ཀ་ནས་འོད་ཟེར་འཕྲོས། མདུན་བསྐྱེད་ཀྱི་ཐུགས་རྒྱུད་བསྐུལ། ཐུགས་ཀར་ཉི་མའི་དཀྱིལ་འཁོར་གྱི་དབུས་སུ་ཧཱུཾ་ཡིག་གི་མཐར་སྔགས་ཕྲེང་གིས་བསྐོར་བ་ལས་སྔགས་ཕྲེང་མར་མེ་གཅིག་ལས་གཉིས་ཆད་ཀྱི་ཚུལ་དུ་བྱུང་། ཞལ་ནས་ཐོན། སློབ་མ་རྣམས་བདུད་རྩི་འཁྱིལ་བར་གསལ་བའི་ཞལ་དུ་ཞུགས། སྙིང་གར་ཉི་མའི་དཀྱིལ་འཁོར་གྱི་དབུས་སུ་ཧཱུཾ་ཡིག་གི་མཐར་འཁོད་པའི་འོད་ཟེར་གྱིས་ངག་གི་སྒོ་ནས་བསགས་པའི་སྡིག་སྒྲིབ་སྦྱངས། གསུང་གི་བྱིན་རླབས་ངག་ལ་ཞུགས། ངག་ནུས་པ་དང་ལྡན་པར་བྱིན་གྱིས་བརླབས་པའི་མོས་པ་མཛོད་ལ། འདིའི་རྗེས་ཟློས་ཀྱིས་ཞེས་བརྗོད་སྤྲད་དེ། ན་མཿས་མནྟ་ཀཱ་ཡ་ཝཱ་ཀ་ཙིཏྟ་བཛྲཱ་ཎཾ། ན་མོ་མནྟ་བཛྲ་ཀྲོ་དྷཱ་ཡ། མནྟ་དཾཥྚོ་ཏ་ཀ་ཊ་བྷཻ་ར་ཝཱ་ཡ། ཨ་སི་མུ་ས་ལ་པ་ར་ཤུ་པ་ཤ་ཧསྟཱ་ཡ། ཨོཾ་ཨ་མྲྀ་ཏ་ཀུཎྜ་ལི་ཁ་ཁ་ཁཱ་ཧི་ཁཱ་ཧི། ཏིཥྛ་ཏིཥྛ། བནྡྷ་བནྡྷ། ཧ་ན་ཧ་ན། ད་ཧ་ད་ཧ། གརྫ་གརྫ། བི་སྥོ་ཊ་ཡ་བི་སྥོ་ཊ་ཡ། སརྦ་བིགྷྣཱན་བི་ན་ཡ་ཀ་ན་མཧཱ་ག་ན་པ་ཏི་ཛཱི་བི་ཏནྟ་ཀཱ་ར་ཡ་ཧཱུཾ་ཕཊ། ཅེས་པ་ནི་རྩ་བའི་སྔགས་ཆེ་བའོ། །ཨོཾ་ཧུ་ལུ་ཧུ་ལུ། ཏིཥྛ་ཏིཥྛ། བནྡྷ་བནྡྷ། ཧ་ན་ཧ་ན། ད་ཧ་ད་ཧ། གརྫ་གརྫ། བི་སྥོ་ཊ་ཡ་བི་སྥོ་ཊ་ཡ། སརྦ་བིགྷྣཱན་བི་ན་ཡ་ཀ་ན་མཧཱ་ག་ན་པ་ཏི་ཛཱི་བི་ཏནྟ་ཀཱ་ར་ཡ་ཧཱུཾ་ཕཊ། ཅེས་པ་ནི་རྩ་བའི་སྔགས་ཆུང་བའོ། །ཨོཾ་ཧུ་ལུ་ཧུ་ལུ། ཏིཥྛ་ཏིཥྛ། བནྡྷ་བནྡྷ། ཧ་ན་ཧ་ན། ད་ཧ་ད་ཧ། ཨ་མྲྀ་ཏེ་ཧཱུཾ་ཕཊ། ཅེས་པ་སྙིང་(༥༦༨ན)པོ་དང་། ཨོཾ་ཨཱཿབིགྷྣཱནྟ་ཀྲྀཏ་ཧཱུཾ་ཕཊ། ཅེས་པ་ཉེ་སྙིང་རྣམས་ལན་གསུམ་གསུམ་རྗེས་ཟློས་བྱེད་དུ་གཞུག །བླ་མ་ལ་མེ་ཏོག་འཐོར་བཞིན་པར། བཅོམ་ལྡན་བདག་ལ་སོགས་ལན་གསུམ། བླ་མས་མེ་ཏོག་གཏོར་ཏེ། བཅོམ་ལྡན་འདི་ལ་སོགས་བྱ། གསུང་གི་རྗེས་གནང་ངོ་། །དེ་ནས་སློབ་དཔོན་དང་མདུན་བསྐྱེད་ཀྱི་ཐུགས་ཀའི་ས་བོན་གྱི་འོད་ཟེར་གྱིས་ཕྱོགས་བཅུའི་སངས་རྒྱས་བྱང་སེམས་ཐམས་ཅད་དང་། ཁྱད་པར་དུ་

བདུད་རྩི་འཁྱིལ་བའི་ཐུགས་ཀྱི་བྱིན་རླབས་ཐམས་ཅད་ཕྱག་མཚན་དང་ས་བོན་གྱི་རྣམ་པར་སྤྱན་དྲངས། སློབ་མ་རྣམས་ཀྱི་ལུས་དང་ཉེ་བའི་ཆར་བདུད་རྩི་ལྔའི་རྣམ་པར་ཞུ་བ་ལུས་ལ་སིབ་སིབ་ཐིམ་པས། ཡིད་ཀྱི་སྡིག་སྒྲིབ་དང་ནད་གདོན་བར་དུ་གཅོད་པ་ཐམས་ཅད་སྦྱངས། ཐུགས་ཀྱི་བྱིན་རླབས་ཐོབ་པའི་མོས་པ་མཛོད། ཅེས་བརྗོད་ལ། སྔགས་ཅི་རིགས་བཟློད། རྗེས་ཆོག་སྤྱི་དང་འདྲ། །

༄ **ལྷ་ཚོགས་ཡུམ་དཀར་མོ་ལ།** སྐྱབས་སེམས་ཚད་མེད་བཞི་རྣམས་སྔོན་དུ་སོང་ནས། ཤཱུ་ནྱ་ཏཱའི་སྔགས་དོན་བསམ། རང་གི་སྙིང་གར་པཾ་ལས་པདྨ་དང་ཨ་ལས་ཟླ་བའི་སྟེང་དུ་ཧྲཱིཾ་དཀར་པོའི་འོད་ཀྱི་འཕྲོ་འདུ་ལས། རང་ཉིད་བཅོམ་ལྡན་འདས་མ་ལྷ་ཚོགས་ཡུམ་ཟླ་བ་ནོར་བུའི་འོད་ལྟར་སྐུ་མདོག་དཀར་བ་ཞི་ཞིང་སྒེག་པའི་ཉམས་ཅན་ཞལ་གཅིག་ཕྱག་གཉིས་སྤྱན་གསུམ་པ། གཡས་མཆོག་སྦྱིན་དང་། གཡོན་པདྨ་དཀར་པོའི་རྩ་བ་མཐེབ་སྲིན་གྱིས་ཐུགས་ཀར་འཛིན་པ། འདབ་བརྒྱ་སྙན་དྲུང་དུ་རྒྱས་པ། རིན་པོ་ཆེའི་(༤༧༨བ)རྒྱན་དང་དར་གྱི་ན་བཟའ་དཀར་པོས་སྤྲས་པ། ཞབས་རྡོ་རྗེའི་སྐྱིལ་ཀྲུང་གིས་བཞུགས་ཤིང་། ཟླ་འོད་འཕྲོ་བ། རྡོ་རྗེ་སེམས་དཔའི་དབུ་རྒྱན་ཅན་ནོ། །དཔྲལ་བར་ཨོཾ། མགྲིན་པར་ཨཱཿ ཐུགས་ཀར་ཧཱུཾ། ལྟེ་བར་ཧོཿ སངས་རྒྱས་སྲས་དང་བཙུན་མོར་བཅས་པ་ཐམས་ཅད་ཡེ་ཤེས་སེམས་དཔའི་ཚུལ་དུ་ཨོཾ་བཛྲ་ས་མ་ཛཿཛཿཧཱུཾ་བཾ་ཧོ་ཧི་གཉིས་སུ་མེད་པར་གྱུར། མདོར་བསྡུ་ན། རྡོ་རྗེ་བཞི་བྱིན་གྱིས་བརླབས་པ་དང་ཡེ་ཤེས་བསྐྱིམ་པ་མེད་ཀྱང་ཆོག་གོ། །སྙིང་གར་ཟླ་བ་ལ་ཧྲཱིཾ་གྱི་མཐར་སྔགས་ཀྱི་འཕྲེང་བས་བསྐོར་བ་ལས་འོད་ཟེར་འཕྲོས། སངས་རྒྱས་ཐམས་ཅད་ལྷ་ཚོགས་ཡུམ་གྱི་རྣམ་པར་སྤྱན་དྲངས་ནས་སྙིང་གའི་ས་བོན་སྔགས་ཕྲེང་དང་བཅས་པ་ལ་ཐིམ། རང་གཞན་གྱི་ནད་གདོན་སྡུག་བསྔལ་ཐམས་ཅད་ཞི་ཞིང་། ཚེ་དང་བསོད་ནམས་ཐམས་ཅད་རྒྱས་པར་གྱུར། ཨོཾ་ཧྲཱིཾ་བི་ཤྭ་མཱ་ཏཿབཛྲ་ཀཎྜ་ཀཾ །ཧཱ་ཤ་ཡ་ཧཱ་ཤ་ཡ། མ་མ་ཤཱནྟིཾ་ཀུ་རུ་ཀུ་རུ་སྭཱ་ཧཱ། ཞེས་ཅི་ནུས་སུ་བཟླས་པའི་མཐར། ཨོཾ་ཧྲཱིཾ་

བི་ཤྭ་སྨྲ་ཏ་བཛྲ་ཨཀྵཾ་ཨཱཿཧཱུཾ་ཞེས་པ་ནས་ཤཱཀྱའི་བར་སྤྱི་དང་མཐུན་པར་མཆོད། ཐྲ་རབ་རྟུལ་གྱི་ཆོས་ཉིད་འདས། །ཐྲ་ཕབ་པ་ཡི་རྣམ་པ་ཅན། །རྣམ་པ་ཀུན་གྱི་མཆོག་ལྡན་པ། །ཕྱག་རྒྱ་ཆེན་པོ་དེ་ལ་འདུད། །ཅེས་བསྟོད། དགེ་བ་བྱང་ཆུབ་ཏུ་བསྔོ། འདིའི་རྗེས་གནང་ནི། མཎྜལ་པདྨ་དཀར་པོ་འདབ་བརྒྱད་ཚོམ་བུ་ཅན་ཞིག་བྱས་ལ། མཐའ་མཆོད་གཏོར་གྱིས་བསྐོར། བདག་བསྐྱེད་བཟླས་པའི་བར་གོང་བཞིན་བྱ། མདུན་བསྐྱེད་བསངས་སྦྱངས། སྟོང་པའི་ངང་ལས་པཾ་ལས་པདྨ་དང་ཨ་ལས་ཟླ་བའི་སྟེང་(༥༧༩ན)དུ་ཕྲཱིཾ་དཀར་པོ་འོད་ཀྱི་འཕྲོ་འདུ་ལས། བཅོམ་ལྡན་འདས་མ་སྣ་ཚོགས་ཡུམ་ཞེས་པ་ནས། མཆོད་བསྟོད་ཀྱི་བར་བདག་བསྐྱེད་བཞིན་བྱ། གཏོར་མ་འབུལ་བ་འདོད་ན། ཨོཾ་ཨཱཿཧཱུཾ་ཧཿཕཊ་ཀྱིས་བསངས། སྭ་བྷཱ་ཝས་སྦྱངས། ཨོཾ་ཨཱཿཧཱུཾ་ཧོས་བྱིན་གྱིས་བརླབས། ཨོཾ་ཕྲཱིཾ་བི་ཤྭ་སྨྲ་ཏཿབཛྲ་གཎྜ་ཀཾ །ཁཾ་ཤ་ཡ་ནྲ་ཤ་ཡ། མ་མ་ཤྲིཾ་ཀུ་རུ་ཀུ་རུ་སྭཱཧཱ། ཨོཾ་ཨ་ཀཱ་རོ་མུ་ཁཾ་སརྦ་དྷརྨཱ་ཎཱ་ཨཱདྱ་ནུཏྤནྣ་ཏྭད་ཨོཾ་ཨཱཿཧཱུཾ་ཕཊ་སྭཱཧཱ། ཞེས་འབུལ་བར་བྱའོ། །རྗེས་གནང་དངོས་ལ། སློབ་མས་མཎྜལ། མི་བཟད་འཁོར་བས་འཇིགས་པ་དག་ནི་དེ་རིང་ཉིད་ནས་རྒྱལ་བ་རྣམས་ལ་སྐྱབས་སུ་ལྷག་པར་མཆི། །ཁྱོད་ཀྱི་ཞབས་ཀྱི་ཆུ་སྐྱེས་ངེས་པར་སྲིད་པའི་འཇིགས་འཕྲོག་དག་ལ་ལུས་ངག་སེམས་ནི་དག་པས་སོ། །ཞེས་ལན་གསུམ། སྲིད་འགྲོ་ཉམ་ངར་བྱིས་པའི་བློ་ཡིས་ནི། །ཤིན་ཏུ་མི་བཟད་སྡིག་པ་གང་བགྱིས་པ། །སྟོབས་བཅུ་མངའ་བའི་སྤྱན་སྔར་མཆིས་ནས་ནི། །སྡིག་པ་དེ་ཀུན་སོ་སོར་བཤགས་པར་བགྱི། །རྫོགས་སངས་རྒྱས་དང་བྱང་ཆུབ་སེམས་དཔའ་རྣམས་དང་འཕགས་པའི་ཚོགས་ཀྱིས་རྣམ་མང་དགེ་བ་གང་མཛད་པ། །དེ་དག་མཐའ་དག་ལ་ནི་སྡིག་པ་རྣམ་བྲལ་བྱང་ཆུབ་སྤྱོད་ལ་རྗེས་སུ་གནས་པའི་རྗེས་ཡི་རང་། །སངས་རྒྱས་ཆོས་དང་དགེ་འདུན་སྲིད་པའི་འཇིགས་འཕྲོག་ལ་ཡང་བྱང་ཆུབ་བར་དུ་བདག་ནི་སྐྱབས་སུ་མཆི། །དག་པ་གསུམ་གྱིས་བདག་གིས་དངོས་འབུལ་ཆོས་ཀྱི་འཁོར་ལོ་བསྐོར་ཞིང་མྱ་ངན་མི་འདའ་

བཞུགས་སུ་གསོལ། །ཇོགས་སངས་(༨༤༧བ)རྒྱས་སུ་བདག་གྱུར་ཅིག་ཅེས་འདིར་ནི་
སྨོན་ལམ་སེམས་ཅན་དོན་གྱི་སླད་དུ་བདག་བགྱིད་དོ། །ཞེས་ལན་གསུམ་གྱིས་
རྒྱུན་བཤགས་བྱ། སློབ་དཔོན་གྱི་ཐུགས་ཀའི་འོད་ཀྱིས་སློབ་མའི་ལུས་སྦྱངས། སྟོང་
པའི་ངང་ལས་པཾ་ལས་པདྨ་དང་ཨ་ལས་ཟླ་བའི་སྟེང་དུ་ཁྱེད་རང་གི་སེམས་ཉིད་
ཧྲཱིཿདཀར་པོའི་འོད་ཀྱི་འཕྲོ་འདུ་ལས། ཁྱེད་རང་རྣམས་བཅོམ་ལྡན་འདས་མ་སྒྲོལ་
ཚོགས་ཡུམ་ཟླ་བ་ནོར་བུའི་འོད་ལྟར་སྐུ་མདོག་དཀར་བ་ཞི་ཞིང་སྐྱེག་པའི་ཉམས་
ཅན་ཞལ་གཅིག་ཕྱག་གཉིས་སྤྱན་གསུམ་པ། གཡས་མཆོག་སྦྱིན་དང་། གཡོན་པདྨ་
དཀར་པོའི་རྩ་བ་མཐེབ་སྲིན་གྱིས་ཐུགས་ཀར་འཛིན་པ། འདབ་བརྒྱ་སྙན་དྲུང་དུ་
རྒྱས་པ། རིན་པོ་ཆེའི་རྒྱན་དང་དར་གྱི་ན་བཟའ་དཀར་པོས་སྤྲས་ཤིང་། ཞབས་
རྡོ་རྗེའི་སྐྱིལ་ཀྲུང་གིས་བཞུགས་པའི་དཔྲལ་བར་ཨོཾ། མགྲིན་པར་ཨཱཿ ཐུགས་ཀར་
ཧཱུྃ། ལྟེ་བར་ཏཱཾཿ ཞེས་གསལ་གདབ། མདུན་གྱི་ཚོམ་བུ་འདི་ཉིད་ཀྱང་ཁྱེད་རང་
རྣམས་བསྒོམས་པ་དང་འདྲ་བའི་སྒྲོ་ཚོགས་ཡུམ་དངོས་སུ་བཞུགས་པར་མོས་ལ། དེ་
ནས་སློབ་དཔོན་ལ་མོས་གུས་དྲུང་བ་བྱས་པས། སློབ་དཔོན་གྱི་ཐུགས་ཀ་ནས་འོད་
ཟེར་འཕྲོས། མདུན་བསྐྱེད་དང་ཕྱོགས་བཅུའི་སངས་རྒྱས་བྱང་སེམས་ཐམས་ཅད་
ཀྱི་ཐུགས་ཀར་ཕོག་པས་ཐུགས་རྒྱུད་བསྐུལ། ཐུགས་ཀ་ནས་ཐུགས་གཉིས་སུ་མེད་
པའི་ཡེ་ཤེས་ཀྱི་ངོ་བོ་ཡིན་པ་ལ། རྣམ་པ་བཅོམ་ལྡན་འདས་མ་སྒྲོལ་ཚོགས་ཡུམ་གྱི་
སྐུ་ཆེ་ཆུང་དཔག་ཏུ་མེད་པ་སྤྱན་དྲངས་ཏེ། ཁྱེད་རང་རྣམས་ཀྱི་ལུས་ལ་ཆར་ཆེན་
པོ་བབས་པ་བཞིན་དུ་ཐིམ་པས་(༨༤༨ན)ལུས་ཀྱི་སྡིག་སྒྲིབ་དག །ལུས་ལྷའི་སྐུ་དང་
དབྱེར་མེད་དུ་བྱིན་གྱིས་བརླབས་པའི་མོས་པ་མཛོད། ཛཿཧཱུྃ་བཾ་ཧོཿགཉིས་སུ་མེད་
པར་གྱུར། སྐུའི་རྗེས་གནང་ངོ་། །དེ་ནས་སློབ་དཔོན་གྱི་ཐུགས་ཀ་ནས་འོད་ཟེར་
འཕྲོས། མདུན་བསྐྱེད་ཀྱི་ཐུགས་རྒྱུད་བསྐུལ། ཐུགས་ཀར་ཟླ་བའི་དཀྱིལ་འཁོར་གྱི་
སྟེང་དུ་ཧྲཱིཿཡིག་གི་མཐར་སྔགས་ཕྲེང་གིས་བསྐོར་བ་ལས། སྔགས་ཕྲེང་མར་མེ་གཅིག

ལས་གཉིས་ཚད་ཀྱི་ཚུལ་དུ་བྱུང་། ཞལ་ནས་ཐོན། སློབ་མ་སྣ་ཚོགས་ཡུམ་དུ་གསལ་བའི་ཞལ་དུ་ཞུགས། སྙིང་གར་ཟླ་བའི་དཀྱིལ་འཁོར་གྱི་སྟེང་དུ་ཧྲཱིཾ་ཡིག་གི་མཐར་འཁོད་པའི་འོད་ཟེར་གྱིས་ངག་གི་སྒོ་ནས་བསགས་པའི་སྡིག་སྒྲིབ་སྦྱངས། གསུང་གི་བྱིན་རླབས་ངག་ལ་ཞུགས། ངག་ནུས་པ་དང་ལྡན་པར་བྱིན་གྱིས་བརླབས་པའི་མོས་པ་མཛོད་ལ། འདིའི་རྗེས་ཟློས་ཀྱིས་ཞེས་བརྗོད་ལ། ཨོཾ་ཧྲཱིཾ་བི་ཤྭ་སྨྲ་ཏཿབཛྲ་གཧྣ་གཾ །ནྲྀ་ཤ་ཡ་ནྲྀ་ཤ་ཡ། མ་མ་ཤྲྀཏིཾ་ཀུ་རུ་ཀུ་རུ་སྭཱཧཱ། ཞེས་ལན་གསུམ་རྗེས་ཟློས་བྱེད་དུ་གཞུག །བླ་མ་ལ་མེ་ཏོག་འཐོར་བཞིན་པར། བཅོམ་ལྡན་བདག་ལ་སོགས། ལན་གསུམ། བླ་མས་མེ་ཏོག་གཏོར་ཏེ། བཅོམ་ལྡན་འདི་ལ་སོགས་བྱ། གསུང་གི་རྗེས་གནང་ངོ་། །དེ་ནས་སློབ་དཔོན་དང་མདུན་བསྐྱེད་ཀྱི་ཐུགས་ཀའི་ས་བོན་གྱི་འོད་ཟེར་གྱིས་ཕྱོགས་བཅུའི་སངས་རྒྱས་བྱང་སེམས་ཐམས་ཅད་དང་ཁྱད་པར་དུ་སྣ་ཚོགས་ཡུམ་གྱི་ཐུགས་ཀྱི་བྱིན་རླབས་ཐམས་ཅད་ཕྱག་མཚན་དང་ས་བོན་གྱི་རྣམ་པར་སྤྱན་དྲངས། སློབ་མ་རྣམས་ཀྱི་ལུས་དང་ཉེ་བའི་ཚར་(༥༨༨བ)བདུད་རྩི་ལྔའི་རྣམ་པར་ཞུ་བ་ལུས་ལ་སིབ་སིབ་ཐིམ་པས་ཡིད་ཀྱི་སྡིག་སྒྲིབ་དང་། ནད་གདོན་བར་དུ་གཅོད་པ་ཐམས་ཅད་སྦྱངས། ཐུགས་ཀྱི་བྱིན་རླབས་ཐོབ་པའི་མོས་པ་མཛོད། ཅེས་བརྗོད་ལ། ཐུགས་ཅི་རིགས་བརྗོད། རྗེས་ཆོག་སྤྱི་དང་འདྲ། །

༈ རྡོ་རྗེ་གུར་ལས་འབྱུང་བ་སོ་སོར་འབྲང་མ་ལ། སྐྱབས་སེམས་ཚད་མེད་བཞི་རྣམས་སྔོན་དུ་སོང་ནས། ཤཱུ་ནྱ་ཏཱས་སྟོང་པར་སྦྱངས། སྟོང་པའི་ངང་ལས་པཾ་ལས་སྣ་ཚོགས་པདྨ་དང་། ཨ་ལས་ཟླ་བའི་སྟེང་དུ་རང་སེམས་ཧཱུྃ་ཡིག་དཀར་པོ་ལས། རང་ཉིད་སོ་སོར་འབྲང་མ་སྐུ་མདོག་དཀར་མོ་ཞལ་གཅིག་ཕྱག་གཉིས། གཡས་རལ་གྲི་འཕྱར་ཞིང་། གཡོན་འཁོར་ལོ་དཀར་པོ་ཐུགས་ཀར་འཛིན་པ། ཞབས་གཉིས་ཟླུམ་པོའི་སྟབས་ཀྱིས་བཞུགས་པ། སྒེག་ཅིང་འཛུམ་པ་དར་དང་རིན་པོ་ཆེའི་རྒྱན་ཐམས་ཅད་ཀྱིས་བརྒྱན་པའོ། །དཔྲལ་བར་ཨོཾ། མགྲིན་པར་ཨཱཿ ཐུགས་ཀར་ཧཱུྃ། རང་གི་

སྙིང་ག་ནས་འོད་ཟེར་འཕྲོས། ཡེ་ཤེས་སེམས་དཔའ་དབང་ལྷ་དང་བཅས་པ་བཛྲ་
ས་མ་ཛཿཛཿཧཱུྃ་བཾ་ཧོཿ དབང་གི་ལྷ་རྣམས་ཀྱིས། ཨོཾ་བཛྲ་བྷ་ཝ་ཨ་བྷི་ཥིཉྩ་ཧཱུྃ། ཞེས་
གསུངས་ཤིང་དབང་བསྐུར། རྣམ་པར་སྣང་མཛད་ཀྱིས་དབུ་བརྒྱན་པར་གྱུར། སྤྱི་
བསྡུའི་དམིགས་པ་གསལ་བཏབ་ལ། ཨོཾ་མ་ཊི་ཀྲ་རི་བཛྲ་ཊི་མཏྲ་པྲ་ཏི་ཥྛ་རེ་ཧཱུྃ་ཧཱུྃ་
ཕཊ་ཕཊ་སྭཱཧཱ། ཞེས་ཅི་ནུས་སུ་བཟླས་ཤིང་། མཐར་མཁའ་ནང་ནས། འཇམ་པའི་
དབྱིངས་ཀྱི་སྐུ་དཔག་ཏུ་མེད་པ་སྤྲུལ། སེམས་ཅན་གྱི་དོན་བྱས་པར་བསམས་ལ།
ཉེར་གཅིག་བཟླ། འདོད་དོན་ལ་གསོལ་བ་བཏབ། (༦༥ན)དགེ་བ་བསྔོའོ། །ཐུན་
མཚམས་སུ་མཆོད་གཏོར་བླ་མེད་སྤྱི་དང་མཐུན་པའི་བྱིན་རླབས་མདོར་བསྡུས་ཤིག་
བྱ། རང་གི་སྙིང་ག་ནས་འོད་ཟེར་འཕྲོས། བཅོམ་ལྡན་འདས་མ་སོ་སོར་འབྲང་མ་
འཁོར་དང་བཅས་པ་བཛྲ་ས་མ་ཛཿཔདྨ་ཀ་མ་ལ་ཡེ་སྟྭཾ། ཨོཾ་མ་ཊི་ཀྲ་རི་བཛྲ་ཊི་མཏྲ་
པྲ་ཏི་ཥྛ་རེ་ཧཱུྃ་ཧཱུྃ་ཕཊ་ཕཊ་སྭཱཧཱ། ཨོཾ་ཨ་ཀཱ་རོ་མུ་ཁཾ་སརྦ་དྷརྨཱ་ཎཱཾ་ཨཱདྱ་ནུཏྤནྣ་ཏྭཱ་ཏ་ཨོཾ་
ཨཱཿཧཱུྃ་ཕཊ་སྭཱཧཱ། ཞེས་ལན་གསུམ་མམ་བདུན་གྱིས་ཕུལ། ཨརྒྷཾ་ལ་སོགས་པས་མཆོད།
རྡོ་རྗེ་སེམས་དཔའི་རང་བཞིན་ཅན། །ཆོས་དབྱིངས་ཡེ་ཤེས་ངོ་བོ་ཉིད། །དུང་དང་
ཀུནྡ་ཟླ་བའི་འོད། །སོ་སོར་འབྲང་མ་ལ་ཕྱག་འཚལ། །ཞེས་བསྟོད། མཆོད་སྦྱིན་
གཏོར་མ་འདི་བཞེས་ལ་སོགས། འདོད་དོན་གསོལ་བ་བཏབ། གཤེགས་གསོལ་
བྱ། འདིའི་རྗེས་གནང་གི་བྱ་བ་ལ། མཎྜལ་གྱི་སྟེང་དུ་ཚོམ་བུ་དཀར་པོ། མདུན་
དུ་ཟླུམ་གཏོར་དམར་པོ། མཆོད་པ་རྣམས་བཤམས་ལ། བདག་བསྐྱེད་བཟླས་པའི་
བར་གོང་བཞིན་བྱ། མདུན་བསྐྱེད་བསངས་སྦྱངས། སྟོང་པའི་ངང་ལས་པཾ་ལས་སྣ་
ཚོགས་པདྨ་དང་ཨ་ལས་ཟླ་བའི་སྟེང་དུ་ཧཱུྃ་ཡིག་དཀར་པོ་ལས་སོ་སོར་འབྲང་མ་སྐུ་
མདོག་དཀར་མོ། ཞེས་པ་ནས། བཟླས་པའི་བར་གོང་བཞིན་བྱ། གཏོར་མ་བྱིན་
གྱིས་བརླབས་ནས་ཕུལ། འདོད་དོན་ལ་གསོལ་བ་གདབ་བོ། །དེ་ནས། སློབ་མས་
མཎྜལ་ཕུལ། གསོལ་བ་འདེབས་པ་འདིའི་རྗེས་ཟློས་གསུངས་ཤིག །རྡོ་རྗེ་འཛིན་པ་

དགོངས་སུ་གསོལ། །སོགས་ལན་གསུམ། (༥༩༩བ)རྒྱུད་དག་པར་བྱ་བའི་ཕྱིར་མདུན་བསྐྱེད་ཀྱི་ཚོམ་བུ་འདི་ཉིད་ཀྱང་སོ་སོར་འབྲང་མ་དངོས་སུ་མོས་ལ་དེའི་སྟེང་གི་ནམ་མཁར་བཞུགས་པའི་སངས་རྒྱས་བྱང་སེམས་རྣམས་ཀྱི་དྲུང་དུ་སྐྱབས་འགྲོ་སྔོན་དུ་འགྲོ་བའི་བྱང་ཆུབ་ཀྱི་སེམས་བཟུང་སྙམ་པས་འདིའི་རྗེས་ཟློས་མཛོད། དཀོན་མཆོག་གསུམ་ལ་བདག་སྐྱབས་མཆི། །སོགས་གསུམ་དང་། ཁྱད་པར་དུ་སོ་སོར་འབྲང་མའི་རྗེས་གནང་བསྐུལ་དུ་གསོལ་སྙམ་པའི་འདུན་པས་འདིའི་རྗེས་ཟློས་ཀྱང་གསུངས་ཤིག །སློབ་དཔོན་དགོངས་སུ་གསོལ། བདག་ལ་སོ་སོར་འབྲང་མའི་རྗེས་གནང་མ་ལུས་པ་བསྐུལ་དུ་གསོལ། ཞེས་ལན་གསུམ་གསོལ་བ་བཏབ་ནས། ད་རྗེས་གནང་གི་གཞི་དགོད་པའི་སླད་དུ་དམིགས་པ་འདི་བཞིན་དུ་མཛད་པར་ཞུ། ཨོཾ་ཤཱུ་ནྱ་ཏཱ་ཛྙཱ་ན་བཛྲ་སྭ་བྷཱ་ཝ་ཨཱཏྨ་ཀོ྅ཧཾ། ཕྱི་ནང་གི་དངོས་པོ་ཐམས་ཅད་མི་དམིགས་ཏེ་སྟོང་པ་ཉིད་དུ་གྱུར་པའི་ངང་ལས་པཾ་ལས་སྣ་ཚོགས་པདྨ་དང་ཨ་ལས་ཟླ་བའི་སྟེང་དུ་ཁྱེད་རང་གི་སེམས་ཉིད་ཧྃ་ཡིག་དཀར་པོ་ལས། ཁྱེད་རང་རྣམས་སོ་སོར་འབྲང་མ་སྐུ་མདོག་དཀར་མོ་ཞལ་གཅིག་ཕྱག་གཉིས། གཡས་རལ་གྲི་འཕྱར་ཞིང་། གཡོན་འཁོར་ལོ་དཀར་པོ་ཐུགས་ཀར་འཛིན་པ། ཞབས་གཉིས་ཟླུམ་པོའི་སྟབས་ཀྱིས་བཞུགས་པ། སྙིག་ཅིང་འཇུམ་པ་དར་དང་རིན་པོ་ཆེའི་རྒྱན་ཐམས་ཅད་ཀྱིས་བརྒྱན་ཅིང་དཔྲལ་བར་ཨོཾ། མགྲིན་པར་ཨཱཿ ཐུགས་ཀར་ཧཱུྃ། ཞེས་གསལ་གདབ། ད་རྗེས་གནང་དངོས་གཞི་ལ་གསུམ་ལས། དང་པོ་སྐུའི་རྗེས་གནང་ནི། དེ་ནས་སློབ་དཔོན་ཡང་སོ་སོར་འབྲང་(༦༠༠ན)མ་དངོས་ཡིན་སྙམ་པའི་མོས་གུས་བྱས་པས། སློབ་དཔོན་གྱི་ཐུགས་ཀ་ནས་འོད་ཟེར་འཕྲོས། མདུན་བསྐྱེད་ཀྱི་ལྷའི་ཐུགས་རྒྱུད་བསྐུལ། དེའི་ཐུགས་ཀ་ནས་འོད་ཟེར་འཕྲོས། ཕྱོགས་བཅུའི་སངས་རྒྱས་བྱང་སེམས་ཐམས་ཅད་ཀྱི་ཐུགས་རྒྱུད་བསྐུལ་བས། སློབ་དཔོན་དང་མདུན་བསྐྱེད་ཀྱི་ལྷ་དང་ཕྱོགས་བཅུའི་སངས་རྒྱས་དང་བྱང་ཆུབ་སེམས་དཔའ་ཐམས་ཅད་ཀྱི་ཐུགས་ཀ་ནས་

སོ་སོར་འབྲང་མའི་སྐུ་ཆེ་ཆུང་དཔག་ཏུ་མེད་པ་ཕྱོན། ཁྱེད་རང་རྣམས་ཀྱི་བ་སྤུའི་བུ་ག་རྣམས་ནས་ཚར་བབས་པ་བཞིན་དུ་སིབ་སིབ་ཐིམ་པར་མོས་པ་མཛོད། ཛཿཧཱུྃ་བཾ་ཧོཿགཉིས་སུ་མེད་པར་ཐིམ། གཉིས་པ་གསུང་གི་རྗེས་གནང་ནི། སློབ་དཔོན་གྱི་སྙིང་གར་ཟླ་བའི་དཀྱིལ་འཁོར་གྱི་སྟེང་དུ་ཧཱུྃ་དཀར་པོ། དེ་ལས་སྔགས་ཀྱི་འཕྲེང་བ་བྱུང་། སློབ་དཔོན་གྱི་ཞལ་ནས་ཐོན། ཁྱེད་རང་རྣམས་ཀྱི་ཞལ་དུ་ཞུགས། ཐུགས་ཀར་ཟླ་བའི་སྟེང་དུ་ཧཱུྃ་དཀར་པོ་ལ་ཐིམ། དེའི་དུས་སུ་ཕྱོགས་བཅུའི་སངས་རྒྱས་དང་བྱང་ཆུབ་སེམས་དཔའ་རྣམས་ཀྱི་མཁྱེན་བརྩེ་ནུས་མཐུ་ཐམས་ཅད་འོད་ཟེར་གྱི་རྣམ་པར་སྔགས་ཕྲེང་དང་ལྷན་ཅིག་ཞལ་དུ་ཞུགས། སྙིང་གའི་ཧཱུྃ་ལ་ཐིམ་པ་སོགས་བཟླས་ལུང་གི་དམིགས་པ་སྔར་བཞིན་དང་བཅས་སྔགས་འདིའི་རྗེས་ཟློས་ལན་གསུམ་གསུངས་ཤིག །ཨོཾ་མ་ཧཱ་ཀཱ་རུ་ཎཱི་ཀཱ་ཙཎྜ་མ་ཧཱ་རོ་ཥ་ཎ་ཧཱུྃ་ཧཱུྃ་ཕཊ་ཕཊ་སྭཱཧཱ། ཞེས་བཟློད། སློབ་དཔོན་ལ་མེ་ཏོག་འཐོར་བཞིན་དུ་འདིའི་རྗེས་ཟློས་མཛོད་ཅིག །བཅོམ་ལྡན་བདག་གིས་སོགས་ལན་གསུམ། དེ་ལྟར་ཕུལ་(༩༠༠བ)བའི་མེ་ཏོག་དེ་ཉིད་སླར་ཡང་བྱིན་གྱིས་བརླབས་ཏེ། ཁྱེད་རང་གི་སྤྱི་བོར་ཕུལ་བའི་མོས་པ་མཛོད་ཅིག །སློབ་དཔོན་གྱིས་མེ་ཏོག་གཏོར་ཞིང་། བཅོམ་ལྡན་འདི་ལ་སོགས་དང་། རིག་པ་འཛིན་པ་འདི་རྣམས་ལ་བཅོམ་ལྡན་འདས་མ་སོ་སོར་འབྲང་མའི་སྐུ་གསུང་ཐུགས་ཀྱི་བྱིན་རླབས་མ་ལུས་པ་འཇུག་པར་གྱུར་ཅིག །གསུམ་པ་ཐུགས་ཀྱི་རྗེས་གནང་ནི། མདུན་བསྐྱེད་ཀྱི་ལྷ་ལ་མོས་གུས་དུང་དུང་བ་དང་། བདག་གི་རྒྱུད་བྱིན་གྱིས་བརླབ་ཏུ་གསོལ་སྙམ་པ་མཛད་པས་མདུན་བསྐྱེད་ཀྱི་ལྷའི་ཐུགས་ཀ་ནས་ཕྱག་མཚན་གྱི་ཚོགས་དཔག་ཏུ་མེད་པ་རྒྱངས་ཏེ་ཕྱོན། ཁྱེད་རང་རྣམས་ཀྱི་སྙིང་གའི་ས་བོན་དང་དབྱེར་མེད་དུ་འདྲེས། རྒྱུད་བྱིན་གྱིས་བརླབས་པའི་མོས་པ་མཛོད། རྗེས་ཆོག་སྤྱི་དང་འདྲ། །

ཀ གཙུག་ཏོར་གདུགས་དཀར་ལ། སྐྱབས་སེམས་ཚད་མེད་བཞི་སྔོན་དུ་འགྲོ་

བས། སྭ་བྷཱ་ཝས་སྟོང་པར་སྦྱངས། སྟོང་པའི་ངང་ལས་པད་ཉི་ལ་གནས་པའི་ཧཱུྃ་ལས་སྣ་ཚོགས་རྡོ་རྗེ་ཧཱུྃ་གིས་མཚན་པ་ལས་སྲུང་བའི་འཁོར་ལོ་ཡངས་ཤིང་རྒྱ་ཆེ་བར་གྱུར་པའི་དབུས་སུ། བགེགས་དང་ལོག་འདྲེན་ཐམས་ཅད་འོག་ཏུ་མནན་པའི་པད་ཉིའི་གདན་ལ། རང་སེམས་གདུགས་དཀར་པོ་ཨོཾ་གྱིས་མཚན་པ་ལས་འོད་ཟེར་འཕྲོས། སེམས་ཅན་གྱི་དོན་བྱས། སངས་རྒྱས་ཐམས་ཅད་ཀྱི་གཙུག་ཏོར་ནས་གདུགས་དཀར་ཅན་གྱི་སྔགས་ཀྱི་ཡིག་འབྲུ་དཔག་ཏུ་མེད་པ་སྤྱན་དྲངས་ཏེ་ཐིམ་པ་ཡོངས་སུ་གྱུར་པ་ལས། རང་ཉིད་འཕགས་མ་གཞན་གྱིས་མི་ཐུབ་མ་སྐུ་མདོག་(༥༡༧ན)དཀར་མོ། དབུའི་སྟེང་དུ་གདུགས་དཀར་པོ་གསེར་གྱི་ཡུ་བ་ཅན་དང་བཅས་པ། དབུས་དཀར། གཡས་སྔོ། གཡོན་དམར་བའི་ཞལ་གསུམ་ལ་སྤྱན་གསུམ་གསུམ་དང་ལྡན་པ། ཕྱག་གཡས་གསུམ་ན་རྡོ་རྗེ་མདའ་ལྕགས་ཀྱུ། གཡོན་གསུམ་ན་སྡིགས་མཛུབ་ཞགས་པ་གཞུ། ལྷག་མ་ཉམས་སྣ་ཚོགས་ཅན་གྱི་དབུ་སྟོང་མངའ་བ། ཕྱག་རྒྱ་མ་ངེས་པ་སྣ་ཚོགས་པས་རྡོ་རྗེ། འཁོར་ལོ། ནོར་བུ། པདྨ། རལ་གྲི། མདའ། ལྕགས་ཀྱུ། གཞུ། ཐོ་བ། ཞགས་པ་ལ་སོགས་པ་མཚོན་ཆ་སྣ་ཚོགས་པ་འཛིན་པའི་ཕྱག་སྟོང་དང་། སྐུ་ལུས་ཀྱི་ཆ་ཐམས་ཅད་དུ་ཁྱབ་པ། རྣམ་འགྱུར་མ་ངེས་པའི་སྤྱན་བྱེ་བ་བརྒྱ་སྟོང་ཅན། མེ་དཔུང་འབར་བའི་དབུས་ན་བཞུགས་པ། ཟ་ཉ་དང་ཟ་ཉ་མོ་དང་མཆོད་པའི་སྤྲིན་གྱི་འོད་ཟེར་འཕྲོ་བ། སངས་རྒྱས་ཀུན་གྱིས་དབང་བསྐུར་བ། བྱང་ཆུབ་སེམས་དཔའ་རྣམས་ཀྱིས་རིམ་གྲོ་བྱེད་པ། འཇིག་རྟེན་སྐྱོང་བ་ཐམས་ཅད་ཀྱིས་མཆོད་ཅིང་བསྟོད་ལ་བཀའ་སྒྲུབ་པའི་སྐུ་ཅན་དུ་གྱུར། དཔྲལ་བར་ཨོཾ། མགྲིན་པར་ཨཱཿ ཐུགས་ཀར་ཧཱུྃ། ཐུགས་ཀའི་ཧཱུྃ་ལས་འོད་ཟེར་འཕྲོས་པས། ཡེ་ཤེས་སེམས་དཔའ་དང་དབང་གི་ལྷ་རྣམས་སྤྱན་དྲངས། བཛྲ་ས་མ་ཛཿཨརྒྷཾ་ལ་སོགས་པས་མཆོད། ཛཿཧཱུྃ་བཾ་ཧོཿདམ་ཡེ་གཉིས་སུ་མེད་པར་ཐིམ། དེ་བཞིན་གཤེགས་པ་ཐམས་ཅད་ཀྱིས་བདག་ལ་མངོན་པར་དབང་བསྐུར་

ཏུ་གསོལ། ཞེས་གསོལ་བ་བཏབ་པས། ཨོཾ་སརྦ་ཏ་ཐཱ་ག་ཏ་ཨ་ཧྲི་ད་ཡ་ཀ་ཏ་ས་མ་ཡ་ཤྲཱི་ཡེ་ཧཱུྃ། ཞེས་དབང་བསྐུར། (༥༡༧བ)རྣམ་པར་སྣང་མཛད་ཀྱིས་དབུ་བརྒྱན་པར་གྱུར། བཟླས་པའི་དམིགས་པ་གསལ་བཏབ་ལ། ཏདྱ་ཐཱ། ཨོཾ་ཨ་ན་ལེ་ཨ་ན་ལེ། ཁ་ས་མེ་ཁ་ས་མེ། བཻ་རེ་བཻ་རེ། སོ་མེ་སོ་མེ། སརྦ་བུདྡྷ་ཨ་དྷི་ཥྛཱ་ན་ཨ་དྷི་ཥྛི་ཏེ། སརྦ་ཏ་ཐཱ་ག་ཏ་ཨུཥྞི་ཥ་སི་ཏ་ཏ་པ་ཏྲེ་ཧཱུྃ་ཕཊ། ཧཱུྃ་མ་མ་ཧཱུྃ་ནི་སྭཱཧཱ། ཞེས་སྙིང་པོ་ཉིད་གང་འགྲུབ་བཟླའོ། །ཨརྒྷཾ་ལ་སོགས་པས་མཆོད། ཕྱིར་བཟློག་ཆེན་མོ་རིག་སྔགས་རྒྱལ། །གཞན་གྱིས་མི་ཐུབ་སྟོབས་ཆེན་མ། །གདུགས་དཀར་ཆེན་མོ་སངས་རྒྱས་དང་། །བྱང་ཆུབ་སེམས་དཔའི་ཚོགས་བཅས་བསྟོད། །ཅེས་བསྟོད། བཟོད་པར་གསོལ། དཀར་གཏོར། ཨོཾ་ཨ་ཀཱ་རོ་མུ་ཁཾ་སརྦ་དྷརྨཱ་ཎཱཾ་ཨཱདྱ་ནུཏྤནྣ་ཏྭཏ་ཨོཾ་ཨཱཿཧཱུྃ་ཕཊ་སྭཱཧཱས་འབུལ། འཇིག་རྟེན་པའི་གཏོར་མ་གཙང་མའི་ཟས་སྣ་སྣ་ཚོགས་བཏབ་པའི་དཀར་གཏོར་ཞིག་དང་། ཤ་ཆང་སྔོག་བཙོང་སོགས་སྣ་ཚོགས་ཀྱིས་སྤགས་པའི་དམར་གཏོར་ཞིག་བཤམས། སྔགས་དྲུག་ཕྱག་རྒྱ་དྲུག་གིས་བྱིན་གྱིས་བརླབས། ཨོཾ་ཨ་ཀཱ་རོ་མུ་ཁཾ་སརྦ་དྷརྨཱ་ཎཱཾ་ཨཱདྱ་ནུཏྤནྣ་ཏྭཏ་ན་མཿསརྦ་ཏ་ཐཱ་ག་ཏ་ཨ་བ་ལོ་ཀི་ཏེ་ཨོཾ་སམྦྷ་ར་སམྦྷ་ར་ཧཱུྃ། ཞེས་ལན་བདུན་བདུན་གྱིས་གཙང་རིགས་རྣམས་དང་། འབྱུང་པོ་རྣམས་ལ་སྦྱིན། དེ་ནས་ཆ་གསུམ་གཏོར་མའང་གཏོང་ངོ་། །འདིའི་རྗེས་གནང་ནི། མཎྜལ་གྱི་སྟེང་དུ་ཚོམ་བུ་དཀར་པོ་དགོད། མདུན་དུ་མཆོད་གཏོར་རྣམས་བཤམས་ལ། བདག་བསྐྱེད་བཟླས་པ་དང་བཅས་པ་བྱ། མདུན་བསྐྱེད་བསངས་སྦྱངས། སྟོང་པའི་ངང་ལས་པད་ཉི་ལ་གནས་པའི་ཧཱུྃ་ལས་སྣ་ཚོགས་རྡོ་རྗེ་ཞེས་པ་ནས། བཟླས་པའི་(༥༡༨ན)བར་བདག་བསྐྱེད་དང་འདྲ་བ་ལས་རང་སེམས་དང་རང་ཉིད། བདག་ལ་ཞེས་པ་རྣམས་དོར། གཏོར་མ་འབུལ་བར་སྒྲོ་ན་གོང་བཞིན་བྱའོ། །སློབ་མས་འདིར་མཎྜལ་ཕུལ། གསོལ་བ་འདེབས་པ་འདིའི་རྗེས་ཟློས་གསུངས་ཤིག །རྡོ་རྗེ་འཛིན་པ་དགོངས་སུ་གསོལ། སོགས་ལན་གསུམ། རྒྱུད་དག་པར་བྱ་བའི་

ཕྱིར། མདུན་བསྐྱེད་ཀྱི་ཚོམ་བུ་འདི་ཉིད་ཀྱང་འཕགས་མ་གཞན་གྱིས་མི་ཐུབ་མར་དངོས་སུ་བཞུགས་པར་མོས་ལ་དེའི་སྙིང་གི་ནམ་མཁར་བཞུགས་པའི་སངས་རྒྱས་བྱང་སེམས་རྣམས་ཀྱི་དྲུང་དུ་སྐྱབས་འགྲོ་སྔོན་དུ་འགྲོ་བས། བྱང་ཆུབ་ཀྱི་སེམས་བཟུང་སྙམ་པས་འདིའི་རྗེས་ཟློས་མཛོད། དཀོན་མཆོག་གསུམ་ལ་བདག་སྐྱབས་མཆི་སོགས་གསུམ་དང་། ཁྱད་པར་དུ་གཙུག་ཏོར་གདུགས་དཀར་གྱི་རྗེས་གནང་བསྐུལ་དུ་གསོལ་སྙམ་པའི་འདུན་པས་འདིའི་རྗེས་ཟློས་ཀྱང་གསུངས་ཤིག །སློབ་དཔོན་དགོངས་སུ་གསོལ། བདག་ལ་གཙུག་ཏོར་གདུགས་དཀར་གྱི་རྗེས་གནང་མ་ལུས་པ་བསྐུལ་དུ་གསོལ། ཞེས་ལན་གསུམ་གྱིས་གསོལ་བ་བཏབ་ནས། ད་རྗེས་གནང་གི་གཞི་དགོད་པའི་སླད་དུ་དམིགས་པ་འདི་བཞིན་དུ་མཛད་པར་ཞུ། ཨོཾ་ཤཱུ་ནྱ་ཏཱ་ཛྙཱ་ན་བཛྲ་སྭ་བྷཱ་ཝ་ཨཱཏྨ་ཀོ྅ཧཾ། ཕྱི་ནང་གི་དངོས་པོ་ཐམས་ཅད་མི་དམིགས་ཏེ་སྟོང་པ་ཉིད་དུ་གྱུར་པའི་ངང་ལས་པད་ཉི་ལ་གནས་པའི་ཧཱུྃ་ལས་སྣ་ཚོགས་རྡོ་རྗེ་ཧཱུྃ་གིས་མཚན་པ་ལས་སྲུང་བའི་འཁོར་ལོ་ཡངས་ཤིང་རྒྱ་ཆེ་བར་གྱུར་པའི་དབུས་སུ། བགེགས་(༤༡༢བ)དང་ལོག་འདྲེན་ཐམས་ཅད་འོག་ཏུ་མནན་པའི་པད་ཉིའི་གདན་ལ། ཁྱེད་རང་གི་སེམས་ཉིད་གདུགས་དཀར་པོ་ཨོཾ་གྱིས་མཚན་པ་ལས་འོད་ཟེར་འཕྲོས། སེམས་ཅན་གྱི་དོན་བྱས། སངས་རྒྱས་ཐམས་ཅད་ཀྱི་གཙུག་ཏོར་ནས་གདུགས་དཀར་ཅན་གྱི་སྔགས་ཀྱི་ཡིག་འབྲུ་དཔག་ཏུ་མེད་པ་སྤྱན་དྲངས་ཏེ་ཐིམ་པ་ཡོངས་སུ་གྱུར་པ་ལས། ཁྱེད་རང་རྣམས་འཕགས་མ་གཞན་གྱིས་མི་ཐུབ་མ་སྐུ་མདོག་དཀར་མོ། དབུའི་སྟེང་དུ་གདུགས་དཀར་པོ་གསེར་གྱི་ཡུ་བ་ཅན་དང་བཅས་པ། དབུས་དཀར། གཡས་སྔོ། གཡོན་དམར་བའི་ཞལ་གསུམ་ལ་སྤྱན་གསུམ་གསུམ་དང་ལྡན་པ། ཕྱག་གཡས་གསུམ་ན་རྡོ་རྗེ་མདའ་ལྕགས་ཀྱུ། གཡོན་གསུམ་ན་སྡིགས་མཛུབ་ཞགས་པ་གཞུ། ལྷག་མ་ཉམས་སྣ་ཚོགས་ཅན་གྱི་དབུ་སྟོང་མངའ་བ། ཕྱག་རྒྱ་མ་ངེས་པ་སྣ་ཚོགས་པས་རྡོ་རྗེ། འཁོར་ལོ། ནོར་བུ། པདྨ། རལ་གྲི། མདའ། ལྕགས་ཀྱུ། གཞུ།

ཐོ་བ། ཞགས་པ་ལ་སོགས་པ་མཚོན་ཆ་སྣ་ཚོགས་པ་འཛིན་པའི་ཕྱག་སྟོང་དང་། སྐུ་ལུས་ཀྱི་ཆ་ཐམས་ཅད་དུ་ཁྱབ་པ། རྣམ་འགྱུར་མ་ངེས་པའི་སྤྱན་བྱེ་བ་བརྒྱ་སྟོང་ཅན། མེ་དཔུང་འབར་བའི་དབུས་ན་བཞུགས་པའོ། །ཕོ་ཉ་དང་ཕོ་ཉ་མོ་དང་མཆོད་པའི་སྤྲིན་གྱི་འོད་ཟེར་འཕྲོ་བ། སངས་རྒྱས་ཀུན་གྱི་དབང་བསྐུར་བ། བྱང་ཆུབ་སེམས་དཔའ་རྣམས་ཀྱིས་རིམ་གྲོ་བྱེད་པ། འཇིག་རྟེན་སྐྱོང་བ་ཐམས་ཅད་ཀྱིས་མཆོད་ཅིང་བསྟོད་ལ་བཀའ་སྒྲུབ་པའི་སྐུ་ཅན་དུ་གྱུར་པའི་དཔྲལ་བར་ཨོཾ། མགྲིན་པར་ཨཱཿ ཐུགས་ཀར་ཧཱུྃ། ཞེས་གསལ་གདབ། ད་རྗེས་གནང་གི་དངོས་གཞི་ལ་(༥༧༣ན)གསུམ་ལས། དང་པོ་སྐུའི་རྗེས་གནང་ནི། དེ་ནས་སློབ་དཔོན་ཡང་གཙུག་ཏོར་གདུགས་དཀར་ཅན་དངོས་ཡིན་སྙམ་པའི་མོས་གུས་བྱས་པས། སློབ་དཔོན་གྱི་ཐུགས་ཀ་ནས་འོད་ཟེར་འཕྲོས། མདུན་བསྐྱེད་ཀྱི་ལྷའི་ཐུགས་རྒྱུད་བསྐུལ། དེའི་ཐུགས་ཀ་ནས་འོད་ཟེར་འཕྲོས། ཕྱོགས་བཅུའི་སངས་རྒྱས་བྱང་སེམས་ཐམས་ཅད་ཀྱི་ཐུགས་རྒྱུད་བསྐུལ། སློབ་དཔོན་དང་མདུན་བསྐྱེད་ཀྱི་ལྷ་དང་ཕྱོགས་བཅུའི་སངས་རྒྱས་དང་བྱང་ཆུབ་སེམས་དཔའ་ཐམས་ཅད་ཀྱི་ཐུགས་ཀ་ནས། གཙུག་ཏོར་གདུགས་དཀར་ཅན་གྱི་སྐུ་ཆེ་ཆུང་དཔག་ཏུ་མེད་པ་བྱོན། ཁྱེད་རང་རྣམས་ཀྱི་བ་སྤུའི་བུ་ག་རྣམས་ནས་ཆར་བབས་པ་བཞིན་དུ་སིབ་སིབ་ཐིམ་པའི་མོས་པ་མཛོད། ཛཿཧཱུྃ་བཾ་ཧོཿགཉིས་སུ་མེད་པར་ཐིམ། རོལ་མོ་བྱ། སློབ་དཔོན་གྱི་ཐུགས་ཀ་ནས་འོད་ཟེར་འཕྲོས་དབང་གི་ལྷ་རྣམས་སྤྱན་དྲངས། ཁྱེད་རྣམས་ཀྱིས་སློབ་མ་རྣམས་ལ་མངོན་པར་དབང་བསྐུར་དུ་གསོལ། ཞེས་གསོལ་བ་བཏབ་པས། ཨོཾ་སརྦ་ཏ་ཐཱ་ག་ཏ་ཨ་བྷི་ཥེ་ཀ་ཏ་ས་མ་ཡ་ཤྲཱི་ཡེ་ཧཱུྃ། ཞེས་གསུངས་ཤིང་དབང་བསྐུར་བས་ལུས་ཐམས་ཅད་གང་། དྲི་མ་ཐམས་ཅད་དག །ཆུའི་ལྷག་མ་ཡར་ལུད་པ་ལས་རྣམ་པར་སྣང་མཛད་ཀྱིས་དབུ་བརྒྱན་པར་མོས་སུ་བཅུག །གཉིས་པ་གསུང་གི་རྗེས་གནང་ནི། སློབ་དཔོན་གྱི་སྙིང་གར་ཉི་མའི་དཀྱིལ་འཁོར་གྱི་སྟེང་དུ་ཨོཾ་དཀར་པོ། དེ་ལས་སྔགས་ཀྱི་འཕྲེང་བ་བྱུང་། སློབ་

དཔོན་གྱི་ཞལ་ནས་ཐོན། ཁྱེད་རང་རྣམས་ཀྱི་ཞལ་དུ་(༥༡༣བ)ཞུགས། ཐུགས་ཀར་ཉི་མའི་སྟེང་དུ་ཨོཾ་དཀར་པོ་གནས་པ་ལ་ཐིམ། དེའི་དུས་སུ་ཕྱོགས་བཅུའི་སངས་རྒྱས་དང་བྱང་ཆུབ་སེམས་དཔའ་རྣམས་ཀྱི་མཁྱེན་བརྩེ་ནུས་མཐུ་ཐམས་ཅད་འོད་ཟེར་གྱི་རྣམ་པར་སྤྲུགས་ཕྲེང་དང་ལྷན་ཅིག་ཞལ་དུ་ཞུགས། སྙིང་གའི་ཨོཾ་ལ་ཐིམ་པ་སོགས་བརླན་ལུང་གི་དམིགས་པ་སྔར་བཞིན་དང་བཅས་སྔགས་འདིའི་རྗེས་ཟློས་ལན་གསུམ་གསུངས་ཤིག །ཏདྱ་ཐཱ། ཨོཾ་ཨ་ན་ལེ་ཨ་ན་ལེ། ཁ་ས་མེ་ཁ་ས་མེ། བཻ་རེ་བཻ་རེ། སོ་མེ་སོ་མེ། སཏ་བུདྡྷ་ཨ་ཧྲིཥྛ་ན་ཨ་ཧྲིཥྛི་ཏེ། སཏ་ཏ་ཐཱ་ག་ཏ་ཨུཥྞཱི་ཥ་སི་ཏ་ཏ་པ་ཏྲེ་ཧཱུཾ་ཕཊ། ཧཱུཾ་མ་མ་ཧཱུཾ་ནི་སྭཱཧཱ། སློབ་དཔོན་ལ་མེ་ཏོག་འཐོར་བཞིན་དུ་འདིའི་རྗེས་ཟློས་མཛོད་ཅིག །བཅོམ་ལྡན་བདག་གིས་སོགས་ལན་གསུམ། དེ་ལྟར་ཕུལ་བའི་མེ་ཏོག་དེ་ཉིད་སླར་ཡང་བྱིན་གྱིས་བརླབས་ཏེ། ཁྱེད་རང་གི་སྤྱི་བོར་ཕུལ་བའི་མོས་པ་མཛོད་ཅིག །སློབ་དཔོན་གྱིས་མེ་ཏོག་གཏོར་ཞིང་། བཅོམ་ལྡན་འདི་ལ་སོགས་དང་། རིག་པ་འཛིན་པ་འདི་རྣམས་ལ། བཅོམ་ལྡན་འདས་མ་གཙུག་ཏོར་གདུགས་དཀར་ཅན་གྱི་སྐུ་གསུང་ཐུགས་ཀྱི་བྱིན་རླབས་མ་ལུས་པ་འཇུག་པར་གྱུར་ཅིག །གསུམ་པ་ཐུགས་ཀྱི་རྗེས་གནང་ནི། མདུན་བསྐྱེད་ཀྱི་ལྷ་ལ་མོས་གུས་དྲུང་དྲུང་བ་དང་། བདག་གི་རྒྱུད་བྱིན་གྱིས་བརླབ་ཏུ་གསོལ་སྙམ་པ་མཛད་པས། མདུན་བསྐྱེད་ཀྱི་ལྷའི་ཐུགས་ཀ་ནས་ཕྱག་མཚན་གྱི་ཚོགས་དཔག་ཏུ་མེད་པ་རྒྱུངས་ཏེ་ཐོན། ཁྱེད་རང་རྣམས་ཀྱི་སྙིང་གའི་ས་བོན་དང་དབྱེར་མེད་དུ་འདྲེས། རྒྱུད་བྱིན་གྱིས་བརླབས་(༥༡༤ན)པའི་མོས་པ་མཛོད། རྗེས་ཚིག་སྤྱི་དང་འདྲའོ། །

༄ **རི་ཁྲོད་མ་ལོ་མ་གྱོན་མ་སེར་མོ་ལ།** སྐྱབས་སེམས་སྔོན་དུ་འགྲོ་བས། རང་གི་སྙིང་གར་པད་ཟླ་ལ་པཾ། དེ་ལས་འོད་ཟེར་འཕྲོས། བླ་མ་མི་བསྐྱོད་པའི་རྣམ་པ་ཅན་གྱིས་དབུ་བརྒྱན་པའི་ལྷ་མོ་རི་ཁྲོད་མ་ལ་སངས་རྒྱས་དང་བྱང་ཆུབ་སེམས་དཔའི་ཚོགས་ཀྱིས་བསྐོར་བ་ཨོཾ་བཛྲ་ས་མཱ་ཛཿན་མོ་གུ་རུ་བྷྱཿན་མཿཔཪྞ་ཤ་ཝ་རཱི་བུདྡྷ་བོ་དྷི་

སདྨ་ས་པ་རི་ཝཱ་རེ་ཧཱུྃ༔ ཞེས་ཕྱག་བཙལ། ཨོཾ་པཉྩ་ཤ་ཥ་ནཻ་ས་པ་རི་ཝཱ་ར་ཨརྒྷཾ་པྲ་ཏཱིཙྪ་སྭཱཧཱ་ནས་ཤབྡ་ཨཱཿཧཱུྃ། གི་བར་གྱིས་མཆོད། དཀོན་མཆོག་གསུམ་ལ་བདག་སྐྱབས་མཆི། །སོགས་རྒྱན་བཤགས་ལན་གསུམ། ཨོཾ་བཛྲ་མུཿ ཞེས་གཤེགས་སུ་གསོལ། སེམས་ཅན་ཐམས་ཅད་བདེ་བ་དང་སོགས་ཀྱིས་ཚད་མེད་བཞི་བསྒོམ། ཨོཾ་སྭ་བྷཱ་ཝ་སོགས་ཀྱིས་སྟོང་པར་སྦྱངས། སྟོང་པའི་ངང་ལས་རིན་པོ་ཆེའི་རི་བོ་མེ་ཏོག་དང་འབྲས་བུས་བརྒྱན་པའི་ནགས་ཚལ་སྣ་ཚོགས་དང་བཅས་པའི་རྩེ་མོར་པཾ་ལས་པདྨ་དང་ཨ་ལས་ཟླ་བའི་དཀྱིལ་འཁོར་གྱི་སྟེང་དུ་རང་སེམས་པཾ་སེར་པོ་ལས་འོད་ཟེར་འཕྲོས། འཕགས་པ་མཆོད། སེམས་ཅན་ཐམས་ཅད་ཀྱི་ནད་དང་སྡུག་བསྔལ་བསལ། སླར་འདུས་ཏེ་ཐིམ་པ་ཡོངས་སུ་གྱུར་པ་ལས། རང་ཉིད་བཅོམ་ལྡན་འདས་མ་རི་ཁྲོད་མ་ལོ་མ་ཅན་སྐུ་མདོག་གསེར་བཙོ་མ་ལྟ་བུ། ཞལ་གསུམ་ཕྱག་དྲུག །རྩ་ཞལ་སེར་བ་ཁྲོ་ཞིང་སྡིག་པའི་ཉམས་ཅན། གཡས་ཞལ་དཀར་ཞིང་ཞི་བ། གཡོན་ཞལ་དམར་ཞིང་ཆགས་པ། ཞལ་རེ་རེ་ལ་སྤྱན་གསུམ་གསུམ་(༥༦༨)པ། ཕྱག་གཡས་ཀྱི་དང་པོས་རྡོ་རྗེ་གསོར་བ། གཉིས་པས་དགྲ་སྟ། གསུམ་པས་མདའ། གཡོན་གྱི་དང་པོས་རྡོ་རྗེའི་ཞགས་པ་དཀྲིས་པའི་སྡིགས་མཛུབ། གཉིས་པས་མེ་ཏོག་དང་འབྲས་བུར་བཅས་པའི་ཤིང་ལོ་གསར་པའི་སྦྲང་ཡབ། གསུམ་པས་གཞུ་འཛིན་པ། ཞབས་གཡས་ཀྱི་རྐང་པ་གསང་བར་གཏད་ཅིང་། དེ་ཉིད་ཀྱི་པུས་མོ་དང་གཡོན་གྱི་མཐིལ་གདན་ལ་བརྟེན་པས་ཕྱེད་བཞེངས་ཀྱི་སྟབས་ཀྱི་འགྱིང་བག་ཅན། དར་དམར་པོའི་སྟོད་གཡོགས་དང་ཤིང་ལོ་གསར་པ་གཤིབས་པའི་སྨད་གཡོགས་ཅན། རིན་པོ་ཆེ་དང་མེ་ཏོག་གི་རྒྱན་གྱིས་བརྒྱན་པ། སྤྲུལ་དཀར་པོས་སེ་རལ་ཁ་བྱས་པ། དབུ་སྐྲ་ཕྱེད་བཅིངས་སུ་བྱས་ཤིང་། ལང་ཚོ་གསར་དུ་བདོ་བ། མཛེས་ཤིང་གྲིམ་ལ་ཙུང་ཟད་ཁྲོ་བའི་ཉམས་ཅན། འབར་བའི་འོད་དཔུང་མཐའ་ཡས་པ་དཀྲིགས་པའོ། །དཔྲལ་བར་ཨོཾ་དཀར་པོ། མགྲིན་པར་ཨཱཿདམར་པོ། ཐུགས་

ཀར་ཧཱུཾ་སྔོན་པོ། སྙིང་གའི་ནང་དུ་ཉི་མ་ལ་གནས་པའི་པཾ་སེར་པོ་ལས་འོད་ཟེར་འཕྲོས། རང་བཞིན་གྱི་གནས་ནས་ལྷ་མོ་རི་ཁྲོད་མ་འཁོར་དང་བཅས་པ་བཛྲ་ས་མ་ཛཿཛཿཧཱུཾ་བཾ་ཧོཿ ཡང་འོད་ཟེར་འཕྲོས། དབང་གི་ལྷ་དེ་བཞིན་གཤེགས་པ་འཁོར་དང་བཅས་པ་བཛྲ་ས་མ་ཛཿཨོཾ་བཛྲ་ཨརྒྷཾ་པྲ་ཏཱིཙྪ་སྭཱཧཱ་ནས་ཤཔྟའི་བར་གྱིས་མཆོད། དེ་བཞིན་གཤེགས་པ་ཐམས་ཅད་ཀྱིས་བདག་ལ་མངོན་པར་དབང་བསྐུར་དུ་གསོལ། ཞེས་གསོལ་བ་བཏབ་པས། ཇི་ལྟར་བལྟམས་པ་ནས་ས་མ་ཡ་ཤྲཱི་ཡེ་ཧཱུཾ། ཞེས་གསུངས་ཤིང་བུམ་པའི་ཆུས་དབང་བསྐུར། སྐུ་ལུས་ཐམས་ཅད་གང་། དྲི་(༩༡༥ན) མ་དག །ཆུ་ལྷག་མ་སྤྱི་བོར་ལུད་པ་ལས་མི་བསྐྱོད་པས་དབུ་བརྒྱན་པར་གྱུར། མཆོད་པ་བྱ་རྒྱུད་ལྟར་བྱིན་གྱིས་བརླབས་ལ། ཨརྒྷཾ་ནས་ཤཔྟའི་བར་གོང་གི་ཚོགས་ཞིང་གི་སྐབས་ལྟར་མཆོད། རྒྱལ་བ་ཀུན་གྱི་ཡེ་ཤེས་སྒྱུ་མ་ཡི། །ཆོ་འཕྲུལ་རྣམ་པར་འཕྲུལ་བ་ལས་བྱུང་བ། །ལྷ་མོ་གང་གི་བསྒྲུབ་པས་ནད་གདོན་བགེགས། །ཀུན་ཏུ་ཞི་མཛད་མ་ལ་ཕྱག་འཚལ་ལོ། །དེ་ནས་བཟླས་པ་ནི། ཨོཾ་པི་ཤ་ཙི་པརྞ་ཤ་ཝ་རི་ཧྲི་ཏཿཧཱུཾ་ཕཊ་སྭཱཧཱ། སྙིང་པོ་དང་། ཨོཾ་པི་ཤ་ཙི་པརྞ་ཤ་ཝ་རི་སརྦ་ཛྭ་ར་པྲ་ཤ་མ་ཎ་ཡེ་སྭཱཧཱ། ཞེས་ལས་ཐུགས་ཅི་ནུས་བཟླ་ཞིང་། ཤེས་ཤིང་སྒྲོ་ན་གཟུངས་ཀྱང་བཟླའོ། །ཞེས་གསུངས་པ་ལྟར། རི་ཁྲོད་མ་ལོ་མ་གྱོན་མའི་གཟུངས་བཟླ་བར་འདོད་ན། ཏདྱ་ཐཱ། ཨོཾ་ཨ་མྲི་ཏེ། ཨཱ་ཤྭ་སྟང་གེ། སཱ་སཱ་ནཱ། སཱ་སཱ་ནཱ། ཤ་སཱ་བཱ་ནཱ། ཤ་མ་ཤུ་པ་ཤཱ། ཏུ་ཏུ་པཱ། ཏུ་ཏུ་ཏུ་ཏུ་ཏུ་མུ་ལེ་སྭཱཧཱ། ན་མ་ཤ་པར་ནན་ཎཱ། ཨོཾ་པི་ཤ་ཙི་པརྞ་ཤ་ཝ་རི་པི་ཤ་ཙི་སྭཱཧཱ། ཨོཾ་པརྞ་ཤ་ཝ་རི་ཧཱུཾ་ཕཊ། ཨོཾ་ཨམྲྀ་ཏེ། མམྲྀ་ཏེ་པརྞ་ཤ་ཝ་རི་ཡེ་སྭཱཧཱ། ཨོཾ་པི་ཤ་ཙི་པརྞ་ཤ་ཝ་རི་སྭཱཧཱ། སརྦ་མ་རི་པྲ་ཤ་མ་ནི། སརྦ་དུཥྚ་ན་ནི་བཛྲ་ཤུ་ག་ན་ཧཱུཾ་ཕཊ་སྭཱཧཱ། ཞེས་བཟླའོ། །གཏོར་མ་དཀར་གཏོར་བྱ་རྒྱུད་ལྟར་བྱིན་གྱིས་བརླབས་ལ། རང་གི་སྙིང་ག་ནས་འོད་ཟེར་འཕྲོས། ལྷ་མོ་རི་ཁྲོད་མ་འཁོར་དང་བཅས་པ་བཛྲ་ས་མ་ཛཿཞེས་སྤྱན་དྲངས། ཨོཾ་པི་ཤ་ཙི་པརྞ་ཤ་ཝ་རི་ས་པ་རི་ཝཱ་

ར་ཨི་དཾ་བ་ལིཾ་གྲིཧྣ་སྭཱ་ཡ་གྲིཧྣ་སྭཱ་ཡ། སརྦ་ཛྙཱ་ར་པྲ་ཤ་མ་ཊ་ཡེ་སྭཱཧཱ། ཞེས་ལན་གསུམ་གྱིས་ཕུལ། གོང་བཞིན་མཆོད་(༩༡༥བ)བསྟོད་དང་། མཆོད་སྦྱིན་གཏོར་མ་ནས་ཀུན་འགྲུབ་ཤོག་གི་བར་གྱིས་འདོད་དོན་གསོལ་བཏབ་སོགས་དང་། གཤེགས་གསོལ་བྱ། འདིའི་རྗེས་གནང་ནི། མནྡལ་གྱི་སྟེང་དུ་ཚོམ་བུ་སེར་པོ་དགོད། མདུན་དུ་བླུམ་གཏོར་དཀར་པོ། མཆོད་པ་རྣམས་བཤམས། དེ་ནས་བདག་བསྐྱེད་བཟླས་པ་དང་བཅས་པ་སྔར་ལྟར་བྱ། མདུན་བསྐྱེད་བསངས་སྦྱངས། སྟོང་པའི་ངང་ལས་རིན་པོ་ཆེའི་རི་བོ་མེ་ཏོག་དང་འབྲས་བུས་བརྒྱན་པའི་ནགས་ཚལ་སྣ་ཚོགས་དང་བཅས་པའི་རྩེ་མོར་པཾ་ལས་པདྨ་དང་ཨ་ལས་ཟླ་བའི་དཀྱིལ་འཁོར་གྱི་སྟེང་དུ་པཾ་སེར་པོ་ལས་འོད་ཟེར་འཕྲོས། འཕགས་པ་མཆོད། སེམས་ཅན་ཐམས་ཅད་ཀྱི་ནད་དང་སྡུག་བསྔལ་བསལ། སླར་འདུས་ཏེ་ཐིམ་པ་ཡོངས་སུ་གྱུར་པ་ལས། བཅོམ་ལྡན་འདས་མ་རི་ཁྲོད་མ་ལོ་མ་ཅན་ཞེས་པ་ནས་བཟླས་པའི་བར་བདག་བསྐྱེད་དང་འདྲ་བ་ལས། བདག་ལ་ཞེས་པའི་ཚབ་ཏུ་འདི་ལ་ཞེས་པ་བཅུག །གཏོར་མ་བྱིན་གྱིས་བརླབས་ཏེ་འབུལ་བ། མཆོད་བསྟོད། འདོད་གསོལ་རྣམས་གོང་བཞིན་བྱ། སློབ་མའི་བྱ་བ་ནི། མནྡལ་ཕུལ། གསོལ་བ་འདེབས་པ་འདིའི་རྗེས་གནང་གསུངས་ཤིག །དུས་གསུམ་སངས་རྒྱས་ཐམས་ཅད་དང་། །སོགས་ལན་གསུམ། རྒྱུད་དག་པར་བྱ་བའི་ཕྱིར་མདུན་བསྐྱེད་ཀྱི་ཚོམ་བུ་འདི་ཉིད་ཀྱང་རི་ཁྲོད་མ་ལོ་མ་གྱོན་མར་དངོས་སུ་བཞུགས་པར་མོས་ལ། དེའི་སྟེང་གི་ནམ་མཁར་བཞུགས་པའི་སངས་རྒྱས་བྱང་སེམས་རྣམས་ཀྱི་དྲུང་དུ་སྐྱབས་འགྲོ་སྔོན་དུ་འགྲོ་བའི་བྱང་ཆུབ་ཀྱི་སེམས་བཟུང་བ་ལ་སོགས་པ་བགྱིད་སླམ་པའི་བསམ་(༩༡༦ན)པས་འདིའི་རྗེས་གནང་མཛོད། དཀོན་མཆོག་གསུམ་ལ་བདག་སྐྱབས་མཆི། །སོགས་ལན་གསུམ་དང་། ཁྱད་པར་དུ་རི་ཁྲོད་མ་ལོ་མ་གྱོན་མ་སེར་མོའི་རྗེས་གནང་བསྐུལ་དུ་གསོལ་སླམ་པའི་འདུན་པས་འདིའི་རྗེས་གནང་ཀྱང་གསུངས་ཤིག །སློབ་དཔོན་དགོངས་སུ་གསོལ། བདག་ལ་

བཅོམ་ལྡན་འདས་མ་རི་ཁྲོད་མ་ལོ་མ་གྱོན་མ་སེར་མོའི་རྗེས་གནང་མ་ལུས་པ་བསྐྱལ་དུ་གསོལ། ཞེས་ལན་གསུམ་གྱིས་གསོལ་བ་བཏབ་ནས། ད་རྗེས་གནང་དངོས་གཞི་ལ་གསུམ་ལས། དང་པོ་སྐུའི་རྗེས་གནང་ནི། ཁྱེད་རང་རྣམས་དམིགས་པ་འདི་བཞིན་དུ་མཛད་པར་ཞུ། ཨོཾ་ཤཱུ་ནྱ་ཏཱ་ཛྙཱ་ན་བཛྲ་སྭ་བྷཱ་ཝ་ཨཱཏྨ་ཀོ྅ཧཾ། ཕྱི་ནང་གི་དངོས་པོ་ཐམས་ཅད་མི་དམིགས་པ་སྟོང་པ་ཉིད་དུ་གྱུར་པའི་ངང་ལས་རིན་པོ་ཆེའི་རི་བོ་མེ་ཏོག་དང་འབྲས་བུས་བརྒྱན་པའི་ནགས་ཚལ་སྣ་ཚོགས་དང་བཅས་པའི་རྩེ་མོར་པཾ་ལས་པདྨ་དང་ཨ་ལས་ཟླ་བའི་དཀྱིལ་འཁོར་གྱི་སྟེང་དུ་ཁྱེད་རང་རྣམས་ཀྱི་སེམས་ཉིད་པཾ་སེར་པོ་ལས་འོད་ཟེར་འཕྲོས། འཕགས་པ་མཆོད། སེམས་ཅན་ཐམས་ཅད་ཀྱི་ནད་དང་སྡུག་བསྔལ་བསལ། སླར་འདུས་ཏེ་ཐིམ་པ་ཡོངས་སུ་གྱུར་པ་ལས། ཁྱེད་རང་རྣམས་བཅོམ་ལྡན་འདས་མ་རི་ཁྲོད་མ་ལོ་མ་ཅན་སྐུ་མདོག་གསེར་བཙོ་མ་ལྟ་བུ། ཞལ་གསུམ་ཕྱག་དྲུག །རྩ་ཞལ་སེར་བ་ཁྲོ་ཞིང་སྐྱེག་པའི་ཉམས་ཅན། གཡས་ཞལ་དཀར་ཞིང་ཞི་བ། གཡོན་ཞལ་དམར་ཞིང་ཆགས་པ། ཞལ་རེ་རེ་ལ་སྤྱན་གསུམ་གསུམ་པ། ཕྱག་གཡས་ཀྱི་དང་པོས་རྡོ་རྗེ་གསོར་བ། (༥༡༨བ)གཉིས་པས་དགྲ་སྟ། གསུམ་པས་མདའ། གཡོན་གྱི་དང་པོས་རྡོ་རྗེའི་ཞགས་པ་དགྲིས་པའི་སྡིགས་མཛུབ། གཉིས་པས་མེ་ཏོག་དང་འབྲས་བུར་བཅས་པའི་ཤིང་ལོ་གསར་པའི་སྤྲང་ཡབ། གསུམ་པས་གཞུ་འཛིན་པ། ཞབས་གཡས་ཀྱི་རྟིང་པ་གསང་བར་གཏད་ཅིང་། དེ་ཉིད་ཀྱི་ཕུས་མོ་དང་གཡོན་གྱི་མཐིལ་གདན་ལ་བརྟེན་པས་ཕྱེད་བཞེངས་ཀྱི་སྟབས་ཀྱི་འགྱིང་བག་ཅན། དར་དམར་པོའི་སྟོད་གཡོགས་དང་ཤིང་ལོ་གསར་པ་གཤིབས་པའི་སྨད་གཡོགས་ཅན། རིན་པོ་ཆེ་དང་མེ་ཏོག་གི་རྒྱན་གྱིས་བརྒྱན་པ། སྦྲུལ་དཀར་པོས་སེ་རལ་ཁ་བྱས་པ། དབུ་སྐྲ་ཕྱེད་བཅིངས་སུ་བྱས་ཤིང་། ལང་ཚོ་གསར་དུ་བདོ་བ། མཛེས་ཤིང་གྲིམ་ལ་ཙུང་ཟད་ཁྲོ་བའི་ཉམས་ཅན། འབར་བའི་འོད་དཔུང་མཐའ་ཡས་པ་དཀྲིགས་པའི་དཔྲལ་བར་ཨོཾ། མགྲིན་པར་ཨཱཿ ཐུགས་

ཀར་ཧཱུཾ། ཞེས་གསལ་གདབ། དེ་ནས་སློབ་དཔོན་ཡང་ལོ་མ་གྱོན་མ་སེར་མོ་དངོས་ཡིན་སྙམ་པའི་མོས་གུས་བྱས་པས། སློབ་དཔོན་གྱི་ཐུགས་ཀ་ནས་འོད་ཟེར་འཕྲོས། མདུན་བསྐྱེད་ཀྱི་ལྷའི་ཐུགས་རྒྱུད་བསྐུལ། དེའི་ཐུགས་ཀ་ནས་འོད་ཟེར་འཕྲོས། ཕྱོགས་བཅུའི་སངས་རྒྱས་དང་བྱང་ཆུབ་སེམས་དཔའ་ཐམས་ཅད་ཀྱི་ཐུགས་རྒྱུད་བསྐུལ་བས། སློབ་དཔོན་དང་མདུན་བསྐྱེད་ཀྱི་ལྷ་དང་ཕྱོགས་བཅུའི་སངས་རྒྱས་བྱང་ཆུབ་སེམས་དཔའ་ཐམས་ཅད་ཀྱི་ཐུགས་ཀ་ནས་ལོ་མ་གྱོན་མ་སེར་མོའི་སྐུ་ཚེ་ཚད་དཔག་ཏུ་མེད་པ་བྱོན། ཁྱེད་རང་རྣམས་ཀྱི་བ་སྤུའི་བུ་ག་རྣམས་ནས་ཆར་བབས་པ་བཞིན་དུ་སིབ་སིབ་ཐིམ་པའི་མོས་པ་མཛོད། ཛཿཧཱུཾ་བཾ་ཧོཿགཉིས་སུ་(༥༡༧ན) མེད་པར་ཐིམ། གཉིས་པ་གསུང་གི་རྗེས་གནང་ལ། ལུང་གསུམ་ལས་དང་པོ་རྗེས་སུ་བཟླས་པའི་ལུང་སྣང་བའི་ཕྱིར། སློབ་དཔོན་གྱི་སྙིང་གར་ཉི་མ་ལ་གནས་པའི་པཾ་སེར་པོ། དེ་ལས་སྔགས་ཀྱི་འཕྲེང་བ་བྱུང་། སློབ་དཔོན་གྱི་ཞལ་ནས་ཐོན། ཁྱེད་རང་རྣམས་ཀྱི་ཞལ་དུ་ཞུགས། སྙིང་གར་ཉི་མའི་སྟེང་དུ་པཾ་སེར་པོ་གནས་པ་ལ་ཐིམ། དེའི་དུས་སུ་ཕྱོགས་བཅུའི་སངས་རྒྱས་བྱང་ཆུབ་སེམས་དཔའ་རྣམས་ཀྱི་མཁྱེན་བརྩེ་ནུས་མཐུ་ཐམས་ཅད་འོད་ཟེར་གྱི་རྣམ་པར་སྔགས་ཕྲེང་དང་ལྡན་ཅིག་ཞལ་དུ་ཞུགས། སྙིང་གའི་པཾ་ལ་ཐིམ་པ་སོགས་བཟླས་ལུང་གི་དམིགས་པ་སྔར་བཞིན་དང་བཅས་པ། སྔགས་འདིའི་རྗེས་ཟློས་ལན་གསུམ་གསུངས་ཤིག །ཨོཾ་པི་ཤ་ཀྲོ་པདྨ་ཤ་ཝ་རི་ཧྲཱི་ཧཿཧཱུཾ་ཕཊ་སྭཱཧཱ། ཞེས་དང་། ཨོཾ་པི་ཤ་ཀྲོ་པདྨ་ཤ་ཝ་རི་སརྦ་ཛྭ་ར་པྲ་ཤ་མ་ན་ཡེ་སྭཱཧཱ། གཉིས་པ་བྱིན་གྱིས་བརླབས་པའི་ལུང་ནི། སློབ་དཔོན་ལ་མེ་ཏོག་འཐོར་བཞིན་དུ་འདིའི་རྗེས་ཟློས་མཛོད་ཅིག །བཅོམ་ལྡན་བདག་གིས་སོགས་ལན་གསུམ། དེ་ལྟར་ཕུལ་བའི་མེ་ཏོག་དེ་ཉིད་སླར་ཡང་བྱིན་གྱིས་བརླབས་ཏེ། ཁྱེད་རང་གི་སྤྱི་བོར་ཕུལ་བར་མོས་པ་མཛོད་ཅིག །སློབ་དཔོན་གྱིས་མེ་ཏོག་གཏོར་ཞིང་། བཅོམ་ལྡན་འདི་ལ་སོགས་དང་། རིག་པ་འཛིན་པ་འདི་རྣམས་ལ་ལོ་མ་གྱོན་མ་

སེར་མོའི་སྐུ་གསུང་ཐུགས་ཀྱི་བྱིན་རླབས་མ་ལུས་པ་འཇུག་པར་གྱུར་ཅིག །གསུམ་པ་དམ་བཅའ་བའི་ལུང་གི་ཕྱིར། བཅོམ་ལྡན་འདས་མ་རི་ཁྲོད་མ་ལོ་མ་གྱོན་མ་སེར་མོ་འདི་(༥༡༧བ)ཉིད་ཧེ་སྲིད་བྱང་ཆུབ་མ་ཐོབ་བར་གྱི་ཡི་དམ་དུ་བཟུང་ངོ་། །བདག་ཐུགས་ཀྱིས་མ་བཏང་ཞིག་སྙམ་པའི་བསམ་པས་འདིའི་རྗེས་གློས་གསུངས་ཤིག །སློབ་དཔོན་དགོངས་སུ་གསོལ། བདག་རིག་པ་འཛིན་པ་མིང་འདི་ཞེས་བགྱི་བས་དུས་འདི་ནས་བཟུང་སྟེ། ཧེ་སྲིད་བྱང་ཆུབ་སྙིང་པོ་ལ་མཆིས་ཀྱི་བར་དུ་བཅོམ་ལྡན་འདས་མ་རི་ཁྲོད་མ་ལོ་མ་གྱོན་མ་སེར་མོ་ཡི་དམ་གྱི་ལྷར་བཟུང་ནས་འདིའི་གསང་སྔགས་ཉི་མ་རེ་རེ་བཞིན་འདི་ཙམ་རེ་འདོན་པར་དམ་འཆའ་ལགས་སོ། །ཞེས་ལན་གསུམ་བརྗོད། གསུམ་པ་ཐུགས་ཀྱི་རྗེས་གནང་ནི། མདུན་བསྐྱེད་ཀྱི་ལྷ་ལ་མོས་གུས་དུང་དུང་བ་དང་། བདག་གི་རྒྱུད་བྱིན་གྱིས་བརླབ་ཏུ་གསོལ་སྙམ་པ་མཛད་པས། མདུན་བསྐྱེད་ཀྱི་ལྷའི་ཐུགས་ཀ་ནས་ལོ་མ་གྱོན་མ་སེར་མོའི་སྐུ་སོར་ཚད་ཙམ་ཅིག་བྱུང་སྟེ་ཐིམ། ཁྱེད་རང་རྣམས་ཀྱི་སྙིང་གའི་ས་བོན་དང་དབྱེར་མེད་དུ་འདྲེས་རྒྱུད་བྱིན་གྱིས་བརླབས་པའི་མོས་པ་མཛོད། རྗེས་ཆོག་སྤྱི་དང་འདྲ། །

༄ རི་ཁྲོད་མ་ལོ་མ་གྱོན་མ་དམར་མོ་ལ། སྐྱབས་སེམས་སྔོན་དུ་འགྲོ་བས། རང་གི་སྙིང་གར་པད་ཟླ་ལ་པཾ། དེ་ལས་འོད་ཟེར་འཕྲོས། བླ་མ་འོད་དཔག་མེད་ཀྱི་རྣམ་པ་ཅན་གྱིས་དབུ་བརྒྱན་པའི་ལྷ་མོ་རི་ཁྲོད་མ་ལ་སངས་རྒྱས་བྱང་ཆུབ་སེམས་དཔའི་ཚོགས་ཀྱིས་བསྐོར་བ། ཨོཾ་བཛྲ་ས་མཱ་ཛཿན་མོ་གུ་རུ་བུདྡྷཿན་མཿཔཉྩ་ཤ་བ་རཱི་བུདྡྷ་བོ་དྷི་སཏྭ་ས་པ་རི་ཝཱ་རེ་བྷྱཿ ཞེས་ཕྱག་འཚལ། ཨོཾ་པཉྩ་ཤ་བ་རཱི་ས་པ་རི་ཝཱ་ར་ཨརྒྷཾ་པྲ་ཏཱིཙྪ་སྭཱཧཱ་ནས་ཤབྡ་ཨཱཿཧཱུྃ། གི་བར་གྱིས་མཆོད། དཀོན་མཆོག་གསུམ་ལ་བདག་(༥༡༨ན)སྐྱབས་མཆི། །སོགས་རྒྱུན་བཤགས་ལན་གསུམ། ཨོཾ་བཛྲ་མུཿ ཞེས་གཤེགས་སུ་གསོལ། སེམས་ཅན་ཐམས་ཅད་བདེ་བ་དང་སོགས་ཀྱིས་ཚད་མེད་བཞི་བསྒོམ། ཨོཾ་སྭ་བྷཱ་ཝ་སོགས་ཀྱིས་སྟོང་པར་སྦྱངས། སྟོང་པའི་ངང་ལས་རིན་པོ་ཆེའི་

རི་བོ་མེ་ཏོག་དང་འབྲས་བུས་བརྒྱན་པའི་ནགས་ཚལ་སྣ་ཚོགས་དང་བཅས་པའི་རྩེ་མོར་པཾ་ལས་པདྨ་དང་ཨ་ལས་ཟླ་བའི་དཀྱིལ་འཁོར་གྱི་སྟེང་དུ་རང་སེམས་པཾ་དམར་པོ་ལས་འོད་ཟེར་འཕྲོས། འཕགས་པ་མཆོད། སེམས་ཅན་ཐམས་ཅད་ཀྱི་ནད་དང་སྡུག་བསྔལ་བསལ། སླར་འདུས་ཏེ་ཐིམ་པ་ཡོངས་སུ་གྱུར་པ་ལས། རང་ཉིད་བཅོམ་ལྡན་འདས་མ་རི་ཁྲོད་མ་ལོ་མ་གྱོན་མ་སྐུ་མདོག་དམར་མོ་ཞལ་གཅིག་ཕྱག་གཉིས། གཡས་རྫོ་རྗེ་དང་བཅས་པའི་ཁྲུ་ཚུར་གྱིས་བགེགས་ཚོགས་ལ་བསྣུན་ཅིང་། གཡོན་ཐུགས་ཀར་སྡིགས་མཛུབ་མཛད་པ་གནོད་བྱེད་ཐམས་ཅད་ལ་གཟིར་བ། དམར་ལ་ཟླུམ་པའི་སྤྱན་གསུམ་དང་ལྡན་ཞིང་། མཆེ་བ་གཙིགས་པ། སྐུ་ཐུང་སྦོམ་ལ་དབུ་སྐྲ་གྱེན་དུ་བརྫེས་པ། སྟག་ལྤགས་དང་། རིན་པོ་ཆེ་དང་། རུས་པ་དང་། སྦྲུལ་གྱིས་བརྒྱན་པ། གཡོན་བརྐྱང་གི་སྟབས་ཀྱིས་མེ་དཔུང་འབར་བའི་དབུས་ན་བཞུགས་པའོ། །དཔྲལ་བར་ཨོཾ་དཀར་པོ། མགྲིན་པར་ཨཱཿདམར་པོ། ཐུགས་ཀར་ཧཱུྃ་སྔོན་པོ། སྙིང་གར་ཉི་མ་ལ་གནས་པའི་པཾ་དམར་པོ་ལས་འོད་ཟེར་འཕྲོས། རང་བཞིན་གྱི་གནས་ནས་ལྷ་མོ་རི་ཁྲོད་མ་འཁོར་དང་བཅས་པ་བཛྲ་ས་མཱ་ཛཿཛཿཧཱུྃ་བཾ་ཧོཿ (༥༡༥བ) ཡང་འོད་ཟེར་འཕྲོས། དབང་གི་ལྷ་དེ་བཞིན་གཤེགས་པ་འཁོར་དང་བཅས་པ་བཛྲ་ས་མཱ་ཛཿཨོཾ་བཛྲ་ཨརྒྷཾ་པྲ་ཏཱིཙྪ་སྭཱཧཱ་ནས་ཤབྡའི་བར་གྱིས་མཆོད། དེ་བཞིན་གཤེགས་པ་ཐམས་ཅད་ཀྱིས་བདག་ལ་མངོན་པར་དབང་བསྐུར་དུ་གསོལ། ཞེས་གསོལ་བ་བཏབ་པས། ཇི་ལྟར་བལྟམས་པ་ནས་ས་མ་ཡ་ཤྲཱི་ཡེ་ཧཱུྃ། ཞེས་གསུངས་ཤིང་བུམ་པའི་ཆུས་དབང་བསྐུར། སྐུ་ལུས་ཐམས་ཅད་གང་། དྲི་མ་དག །ཆུ་ལྷག་མ་སྤྱི་བོར་ལུད་པ་ལས་འོད་དཔག་མེད་ཀྱིས་དབུ་བརྒྱན་པར་གྱུར། མཆོད་པ་བྱ་རྒྱུད་ལྟར་བྱིན་གྱིས་བརླབས་ལ། ཨརྒྷཾ་ནས་ཤབྡའི་བར་གོང་གི་ཚོགས་ཞིང་གི་སྐབས་ལྟར་མཆོད། རྒྱལ་བ་ཀུན་གྱི་ཡེ་ཤེས་སྒྱུ་མ་ཡི། །སོགས་ཀྱིས་བསྟོད། དེ་ནས་བཟླས་པ་ནི། ཨོཾ་པི་ཤ་ཙཱི་པརྞ་ཤ་ཝ་རི་ཧྲི་དཿཧཱུྃ་ཕཊ་སྭཱཧཱ། སྙིང་པོ་དང་། ཨོཾ་པི་ཤ་ཙཱི་པརྞ་ཤ་ཝ་རི་སརྦ་

ཧཱྃ་ར་ཕྲ་ཤ་མ་ཊ་ཡེ་སྭཱཧཱ། ཞེས་ལས་སྔགས་ཅི་ནུས་བཟླ་ཞིང་། སྤྲོ་ན་གཟུངས་ཀྱང་བཟློའོ། །གཏོར་མ་དཀར་གཏོར་བྱ་རྒྱུད་ལྟར་བྱིན་གྱིས་བརླབས་ལ། རང་གི་སྙིང་ག་ནས་འོད་ཟེར་འཕྲོས། ལྷ་མོ་རི་ཁྲོད་མ་འཁོར་དང་བཅས་པ་བཛྲ་ས་མ་ཛཿཞེས་སྤྱན་དྲངས། ཨོཾ་པི་ཤ་ཙི་པརྞ་ཤ་བ་རི་ས་པ་རི་ཝཱ་ར་ཨི་དཾ་བ་ལིཾ་གྲྀཧྞ་སྭཱ་ཡ་གྲྀཧྞ་སྭཱ་ཡ། སརྦ་ཧཱྃ་ར་ཕྲ་ཤ་མ་ཊ་ཡེ་སྭཱཧཱ། ཞེས་ལན་གསུམ་གྱིས་ཕུལ། གོང་བཞིན་མཆོད་བསྟོད་དང་། མཆོད་སྤྱིན་གཏོར་མ་ནས་ཀུན་འགྲུབ་ཤོག་གི་བར་གྱིས་འདོད་དོན་གསོལ་བཏབ་གཤེགས་གསོལ་སོགས་བྱ། འདིའི་རྗེས་གནང་ནི། མཎྜལ་གྱི་སྟེང་དུ་ཚོམ་བུ་(༥༤༤ན)དམར་པོ་བཀོད། མདུན་དུ་ཀླུམ་གཏོར་དཀར་པོ། མཆོད་པ་རྣམས་བཤམས་ལ། བདག་བསྐྱེད་བཟླས་པའི་བར་སྔར་ལྟར་བྱ། མདུན་བསྐྱེད་བསང་སྦྱངས། སྟོང་པའི་ངང་ལས་རིན་པོ་ཆེའི་རི་བོ་མེ་ཏོག་དང་འབྲས་བུས་བརྒྱན་པའི་ནགས་ཚལ་ཞེས་པ་ནས་བཟླས་པའི་བར་བདག་བསྐྱེད་དང་འདྲ་བ་ལས། རང་སེམས་དང་། རང་ཉིད་དང་། བདག་ལ་ཞེས་པ་རྣམས་དོར། གཏོར་མ་བྱིན་གྱིས་བརླབས་ཏེ་འབུལ་བ། མཆོད་བསྟོད། འདོད་གསོལ་རྣམས་སྔར་ལྟར་བྱ། སློབ་མའི་བྱ་བ་ནི། མཎྜལ་ཕུལ། གསོལ་བ་འདེབས་པ་འདིའི་རྗེས་གནང་གསུངས་ཤིག །དུས་གསུམ་སངས་རྒྱས་ཐམས་ཅད་དང་། །སོགས་ལན་གསུམ། རྒྱུད་དག་པར་བྱ་བའི་ཕྱིར་མདུན་བསྐྱེད་ཀྱི་ཚོམ་བུ་འདི་ཉིད་ཀྱང་རི་ཁྲོད་མ་ལོ་མ་གྱོན་མ་སྐུ་མདོག་དམར་མོ་དངོས་སུ་བཞུགས་པར་མོས་ལ། དེའི་སྟེང་གི་ནམ་མཁར་བཞུགས་པའི་སངས་རྒྱས་དང་བྱང་སེམས་རྣམས་ཀྱི་དྲུང་དུ་སྐྱབས་འགྲོ་སྔོན་དུ་འགྲོ་བའི་བྱང་ཆུབ་ཀྱི་སེམས་བཟུང་བ་ལ་སོགས་པ་བགྱིད་སྙམ་པའི་བསམ་པས་འདིའི་རྗེས་གནང་མཛོད། དཀོན་མཆོག་གསུམ་ལ་བདག་སྐྱབས་མཆི། །སོགས་ལན་གསུམ་དང་། ཁྱད་པར་དུ་རི་ཁྲོད་ལོ་མ་གྱོན་མ་དམར་མོའི་རྗེས་གནང་བསྐུལ་དུ་གསོལ་སྙམ་པའི་འདུན་པས་འདིའི་རྗེས་གནང་ཀྱང་གསུངས་ཤིག །སློབ་དཔོན་དགོངས་སུ་གསོལ། བདག་

ལ་བཅོམ་ལྡན་འདས་མ་རི་ཁྲོད་མ་ལོ་མ་གྱོན་མ་དམར་མོའི་རྗེས་གནང་མ་ལུས་པ་བསྐུལ་དུ་གསོལ། ཞེས་(༤༩༩བ)ལན་གསུམ་གྱིས་གསོལ་བ་བཏབ་ནས། ད་རྗེས་གནང་དངོས་གཞི་ལ་གསུམ་ལས། དང་པོ་སྐུའི་རྗེས་གནང་ནི། ཁྱེད་རང་རྣམས་དམིགས་པ་འདི་བཞིན་དུ་མཛད་པར་ཞུ། ཨོཾ་ཤྲུ་ཧུ་ཏྲ་ཛྙཱ་ན་བཛྲ་སྭ་བྷཱ་ཝ་ཨཱཏྨ་ཀོ྅ཧཾ། ཕྱི་ནང་གི་དངོས་པོ་ཐམས་ཅད་མི་དམིགས་པ་སྟོང་པ་ཉིད་དུ་གྱུར་པའི་ངང་ལས་རིན་པོ་ཆེའི་རི་བོ་མེ་ཏོག་དང་འབྲས་བུས་བརྒྱན་པའི་ནགས་ཚལ་སྣ་ཚོགས་དང་བཅས་པའི་རྩེ་མོར་པཾ་ལས་པདྨ་དང་ཨ་ལས་ཟླ་བའི་དཀྱིལ་འཁོར་གྱི་སྟེང་དུ་ཁྱེད་རང་གི་སེམས་ཉིད་པཾ་དམར་པོ་ལས་འོད་ཟེར་འཕྲོས། འཕགས་པ་མཆོད། སེམས་ཅན་ཐམས་ཅད་ཀྱི་ནད་དང་སྡུག་བསྔལ་བསལ། སླར་འདུས་ཏེ་ཐིམ་པ་ཡོངས་སུ་གྱུར་པ་ལས། ཁྱེད་རང་རྣམས་བཅོམ་ལྡན་འདས་མ་རི་ཁྲོད་མ་ལོ་མ་གྱོན་མ་སྐུ་མདོག་དམར་མོ་ཞལ་གཅིག་ཕྱག་གཉིས། གཡས་རྡོ་རྗེ་དང་བཅས་པའི་ཁྲུ་ཚུར་གྱིས་བགེགས་ཚོགས་ལ་བསྣུན་ཅིང་། གཡོན་ཐུགས་ཀར་སྡིགས་མཛུབ་མཛད་པ་གནོད་བྱེད་ཐམས་ཅད་ལ་གཟིར་བ། དམར་ལ་ཉམས་པའི་སྤྱན་གསུམ་དང་ལྡན་ཞིང་། མཆེ་བ་གཙིགས་པ། སྐུ་ཐུང་སྦོམ་ལ་དབུ་སྐྲ་གྱེན་དུ་བརྫེས་པ། སྟག་ལྤགས་དང་། རིན་པོ་ཆེ་དང་། རུས་པ་དང་། སྦྲུལ་གྱིས་བརྒྱན་པ། གཡོན་བརྐྱང་གི་སྟབས་ཀྱིས་མེ་དཔུང་འབར་བའི་དབུས་ན་བཞུགས་པའི་དཔྲལ་བར་ཨོཾ། མགྲིན་པར་ཨཱཿ ཐུགས་ཀར་ཧཱུཾ། ཞེས་གསལ་གདབ། དེ་ནས་སློབ་དཔོན་ཡང་ལོ་མ་གྱོན་མ་དམར་མོ་དངོས་ཡིན་སྙམ་པའི་མོས་གུས་བྱས་པས། སློབ་དཔོན་གྱི་ཐུགས་ཀ་ནས་(༥༠༠ན)འོད་ཟེར་འཕྲོས། མདུན་བསྐྱེད་ཀྱི་ལྷའི་ཐུགས་རྒྱུད་བསྐུལ། དེའི་ཐུགས་ཀ་ནས་འོད་ཟེར་འཕྲོས། ཕྱོགས་བཅུའི་སངས་རྒྱས་དང་བྱང་ཆུབ་སེམས་དཔའ་ཐམས་ཅད་ཀྱི་ཐུགས་རྒྱུད་བསྐུལ་བས། སློབ་དཔོན་དང་མདུན་བསྐྱེད་ཀྱི་ལྷ་དང་ཕྱོགས་བཅུའི་སངས་རྒྱས་བྱང་ཆུབ་སེམས་དཔའ་ཐམས་ཅད་ཀྱི་ཐུགས་ཀ་ནས་ལོ་མ་གྱོན་

མ་དམར་མོའི་སྐུ་ཆེ་ཆུང་དཔག་ཏུ་མེད་པ་ཕྱོན། ཁྱེད་རང་རྣམས་ཀྱི་བ་སྤུའི་བུ་ག་
རྣམས་ནས་ཆར་བབས་པ་བཞིན་དུ་སིབ་སིབ་ཐིམ་པའི་མོས་པ་མཛོད། ཛཿཧཱུྃ་བཾ་
ཧོཿགཉིས་སུ་མེད་པར་ཐིམ། གཉིས་པ་གསུང་གི་རྗེས་གནང་ལ། ལུང་གསུམ་ལས་
དང་པོ་རྗེས་སུ་བཟླས་པའི་ལུང་བླང་བའི་ཕྱིར། སློབ་དཔོན་གྱི་སྙིང་གར་ཉི་མ་ལ་
གནས་པའི་བཾ་དམར་པོ། དེ་ལས་སྔགས་ཀྱི་འཕྲེང་བ་བྱུང་། སློབ་དཔོན་གྱི་ཞལ་
ནས་ཐོན། ཁྱེད་རང་རྣམས་ཀྱི་ཞལ་དུ་ཞུགས། སྙིང་གར་ཉི་མའི་སྟེང་དུ་པཾ་དམར་
པོ་གནས་པ་ལ་ཐིམ། དེའི་དུས་སུ་ཕྱོགས་བཅུའི་སངས་རྒྱས་བྱང་ཆུབ་སེམས་དཔའ་
རྣམས་ཀྱི་མཁྱེན་བརྩེ་ནུས་མཐུ་ཐམས་ཅད་འོད་ཟེར་གྱི་རྣམ་པར་སྔགས་ཕྲེང་དང་
ལྷན་ཅིག་ཞལ་དུ་ཞུགས། སྙིང་གའི་པཾ་ལ་ཐིམ་པའི་བཟླས་ལུང་གི་དམིགས་པ་སྔར་
བཞིན་དང་བཅས། སྔགས་འདིའི་རྗེས་ཟློས་ལན་གསུམ་གསུམ་གསུངས་ཤིག །ཨོཾ་པི་
ཤ་ཙི་པརྞ་ཤ་ཝ་རི་ཧྲི་ཧཿཧཱུྃ་ཕཊ་སྭཱཧཱ། ཞེས་དང་། ཨོཾ་པི་ཤ་ཙི་པརྞ་ཤ་ཝ་རི་སརྦ་ཛྭ་
ར་པྲ་ཤ་མ་ན་ཡེ་སྭཱཧཱ། གཉིས་པ་བྱིན་གྱིས་བརླབས་པའི་ལུང་ནི། སློབ་དཔོན་ལ་མེ་
ཏོག་འཐོར་(༥༠༠བ)བཞིན་དུ་འདིའི་རྗེས་ཟློས་མཛོད་ཅིག །བཅོམ་ལྡན་བདག་གིས་
སོགས་ལན་གསུམ། དེ་ལྟར་ཕུལ་བའི་མེ་ཏོག་དེ་ཉིད་སླར་ཡང་བྱིན་གྱིས་བརླབས་
ཏེ། ཁྱེད་རང་གི་སྤྱི་བོར་ཕུལ་བའི་མོས་པ་མཛོད་ཅིག །སློབ་དཔོན་གྱིས་མེ་ཏོག་
གཏོར་ཞིང་། བཅོམ་ལྡན་འདི་ལ་སོགས་དང་། རིག་པ་འཛིན་པ་འདི་རྣམས་ལ་
ལོ་མ་གྱོན་མ་དམར་མོའི་སྐུ་གསུང་ཐུགས་ཀྱི་བྱིན་རླབས་མ་ལུས་པ་འཇུག་པར་གྱུར་
ཅིག །གསུམ་པ་དམ་བཅའ་བའི་ལུང་གི་ཕྱིར། བཅོམ་ལྡན་འདས་མ་རི་ཁྲོད་མ་ལོ་མ་
གྱོན་མ་དམར་མོ་འདི་ཉིད་ཇི་སྲིད་བྱང་ཆུབ་མ་ཐོབ་བར་གྱི་ཡི་དམ་དུ་བཟུང་ངོ་། །
བདག་ཐུགས་ཀྱིས་མ་བཏང་ཞིག་སྙམ་པའི་བསམ་པས་འདིའི་རྗེས་ཟློས་གསུངས་
ཤིག །སློབ་དཔོན་དགོངས་སུ་གསོལ། བདག་རིག་པ་འཛིན་པ་མིང་འདི་ཞེས་
བགྱི་བས་དུས་འདི་ནས་བཟུང་སྟེ། ཇི་སྲིད་བྱང་ཆུབ་སྙིང་པོ་ལ་མཆིས་ཀྱི་བར་དུ་

བཅོམ་ལྡན་འདས་མ་རི་ཁྲོད་མ་ལོ་མ་གྱོན་མ་དམར་མོ་ཡི་དམ་གྱི་ལྷར་བཟུང་ནས། འདིའི་གསང་སྔགས་ཉི་མ་རེ་རེ་བཞིན་འདི་ཙམ་རེ་འདོན་པར་དམ་འཆའ་ལགས་སོ། །ཞེས་ལན་གསུམ་བརྗོད། གསུམ་པ་ཐུགས་ཀྱི་རྗེས་གནང་ནི། མདུན་བསྐྱེད་ཀྱི་ལྷ་ལ་མོས་གུས་དྲུང་དྲུང་བ་དང་། བདག་གི་རྒྱུད་བྱིན་གྱིས་བརླབ་ཏུ་གསོལ་སྙམ་པ་མཛད་པས། མདུན་བསྐྱེད་ཀྱི་ལྷའི་ཐུགས་ཀ་ནས་ལོ་མ་གྱོན་མ་དམར་མོའི་སྔགས་ཕྲེང་ཚད་ཙམ་གཅིག་རྒྱངས་ཏེ་བྱོན། ཁྱེད་རང་རྣམས་ཀྱི་སྙིང་གའི་ས་བོན་དང་དབྱེར་མེད་དུ་འདྲེས་རྒྱུད་བྱིན་གྱིས་བརླབས་པའི་མོས་པ་མཛོད། (༥༠༧ན)རྗེས་ཆོག་སྐྱི་དང་འདྲ། །

༄ རི་ཁྲོད་མ་ལོ་མ་གྱོན་མ་སྒྲོན་མོ་ལ། སྐྱབས་སེམས་སྔོན་དུ་འགྲོ་བས། རང་གི་སྙིང་གར་པད་ཟླ་ལ་པཾ། དེ་ལས་འོད་ཟེར་འཕྲོས། བླ་མ་དོན་ཡོད་གྲུབ་པའི་རྣམ་པ་ཅན་གྱིས་དབུ་བརྒྱན་པའི་ལྷ་མོ་རི་ཁྲོད་མ་ལ་སངས་རྒྱས་བྱང་ཆུབ་སེམས་དཔའི་ཚོགས་ཀྱིས་བསྐོར་བ། ཨོཾ་བཛྲ་ས་མཱ་ཛཿན་མོ་གུ་རུ་བྷྱཿན་མཿཔཉྩ་ཤ་ཥ་ཧྲི་བུདྡྷ་བོ་དྷི་སཏྭ་ས་པ་རི་ཝཱ་རེ་བྷྱཿ ཞེས་ཕྱག་འཚལ། ཨོཾ་པཉྩ་ཤ་ཥ་ཧྲི་ས་པ་རི་ཝཱ་ར་ཨརྒྷཾ་པྲ་ཏཱིཙྪ་སྭཱཧཱ་ནས་ཤབྡ་ཨཱཿཧཱུཾ་གི་བར་གྱིས་མཆོད། དཀོན་མཆོག་གསུམ་ལ་བདག་སྐྱབས་མཆི། །སོགས་རྒྱུན་བཤགས་ལན་གསུམ། ཨོཾ་བཛྲ་མུཿ ཞེས་གཤེགས་སུ་གསོལ། སེམས་ཅན་ཐམས་ཅད་བདེ་བ་དང་སོགས་ཀྱིས་ཚད་མེད་བཞི་བསྒོམ། ཨོཾ་སྭ་བྷཱ་ཝ་སོགས་ཀྱིས་སྟོང་པར་སྦྱངས། སྟོང་པའི་ངང་ལས་རིན་པོ་ཆེའི་རི་བོ་མེ་ཏོག་དང་འབྲས་བུས་བརྒྱན་པའི་ནགས་ཚལ་སྣ་ཚོགས་དང་བཅས་པའི་རྩེ་མོར་པཾ་ལས་པདྨ་དང་ཨ་ལས་ཟླ་བའི་དཀྱིལ་འཁོར་གྱི་སྟེང་དུ་རང་སེམས་པཾ་སྔོན་པོ་ལས་འོད་ཟེར་འཕྲོས། འཕགས་པ་མཆོད། སེམས་ཅན་ཐམས་ཅད་ཀྱི་ནད་དང་སྡུག་བསྔལ་བསལ། སླར་འདུས་ཏེ་ཐིམ་པ་ཡོངས་སུ་གྱུར་པ་ལས། རང་ཉིད་བཅོམ་ལྡན་འདས་མ་རི་ཁྲོད་མ་ལོ་མ་གྱོན་མ་སྐུ་མདོག་ནམ་མཁའ་ལྟར་སྔོ་སང་ཞལ་གཅིག

ཕྱག་བཞི། གཡས་ཀྱི་དང་པོས་ལྷའི་ཤིང་གི་ཡལ་ག་འབྲས་བུ་དང་བཅས་པ་འཛིན་པས་ནད་ཞི་བར་མཛད་པ། གཉིས་པས་དགྲ་སྟ་འཛིན་པས་(༥༠༧བ)གདུག་པ་ཅན་ལ་བརྗེག་པ། གཡོན་གྱི་དང་པོ་ཞགས་པས་བགེགས་རྣམས་འཆིང་བ། གཉིས་པས་ཛ་ཡབ་ནོར་བུའི་ཡུ་བ་ཅན་འཛིན་པས་ནད་སེལ་བར་མཛད་པ། སྐེག་ཅིང་ཁྲོ་ལ་རིན་པོ་ཆེ་དང་། ཅུས་པ་དང་། སྦྲུལ་གྱིས་བརྒྱན་པ། སྟག་ལྤགས་ཀྱི་ཤམ་ཐབས་དང་། ཤིང་ལོའི་སྟོད་གཡོགས་ཅན། ཉི་མའི་གདན་ལ་གཡོན་བརྐྱང་གི་སྟབས་ཀྱིས་བཞུགས་པ། ཉི་མའི་འོད་ཀྱི་རྒྱབ་ཡོལ་ཅན་ནོ། །དཔྲལ་བར་ཨོཾ་དཀར་པོ། མགྲིན་པར་ཨཱཿདམར་པོ། ཐུགས་ཀར་ཧཱུྃ་སྔོན་པོ། སྙིང་གར་ཉི་མ་ལ་གནས་པའི་པཾ་སྔོན་པོ་ལས་འོད་ཟེར་འཕྲོས། རང་བཞིན་གྱི་གནས་ནས་ལྷ་མོ་རི་ཁྲོད་མ་འཁོར་དང་བཅས་པ་བཛྲ་ས་མཱ་ཛཿ ཛཿཧཱུྃ་བཾ་ཧོཿ ཡང་འོད་ཟེར་འཕྲོས། དབང་གི་ལྷ་དེ་བཞིན་གཤེགས་པ་འཁོར་དང་བཅས་པ་བཛྲ་ས་མཱ་ཛཿཨོཾ་བཛྲ་ཨརྒྷཾ་པྲ་ཏཱིཙྪ་སྭཱཧཱ་ནས་ཤབྡའི་བར་གྱིས་མཆོད། དེ་བཞིན་གཤེགས་པ་ཐམས་ཅད་ཀྱིས་བདག་ལ་མངོན་པར་དབང་བསྐུར་དུ་གསོལ། ཞེས་གསོལ་བ་བཏབ་པས། ཇི་ལྟར་བལྟམས་པ་ནས་ས་མ་ཡ་ཤྲཱི་ཡེ་ཧཱུྃ། ཞེས་གསུངས་ཤིང་བུམ་པའི་ཆུས་དབང་བསྐུར། སྐུ་ལུས་ཐམས་ཅད་གང་། དྲི་མ་དག །ཆུ་ལྷག་མ་སྤྱི་བོར་ལུད་པ་ལས་དོན་ཡོད་གྲུབ་པས་དབུ་བརྒྱན་པར་གྱུར། མཆོད་པ་བྱ་རྒྱུད་ལྟར་བྱིན་གྱིས་བརླབས་ལ། ཨརྒྷཾ་ནས་ཤབྡའི་བར་གོང་གི་ཚིགས་ཞིང་གི་སྐབས་ལྟར་མཆོད། རྒྱལ་བ་ཀུན་གྱི་ཡེ་ཤེས་སྒྱུ་མ་ཡི། །སོགས་ཀྱིས་བསྟོད། དེ་ནས་བཟླས་པ་ནི། ཨོཾ་པི་ཤ་ཙི་པརྞ་ཤ་ཝ་རི་ཧྲི་དཿཧཱུྃ་ཕཊ་སྭཱཧཱ། སྙིང་པོ་དང་། ཨོཾ་པི་ཤ་ཙི་(༥༠༨ན)པརྞ་ཤ་ཝ་རི་སརྦ་ཛྭ་ར་པྲ་ཤ་མ་ན་ཡེ་སྭཱཧཱ། ཞེས་ལས་ཚོགས་ཅི་ནུས་བཟླ་ཞིང་། སྔོ་ན་གཟུངས་ཀྱང་བཟླའོ། །གཏོར་མ་དཀར་གཏོར་བྱ་རྒྱུད་ལྟར་བྱིན་གྱིས་བརླབས་ལ། རང་གི་སྙིང་ག་ནས་འོད་ཟེར་འཕྲོས། ལྷ་མོ་རི་ཁྲོད་མ་འཁོར་དང་བཅས་པ་བཛྲ་ས་མཱ་ཛཿཞེས་སྤྱན་དྲངས། ཨོཾ་པི་ཤ་ཙི་

པཏྲ་ཤ་ཕ་རི་ས་པ་རི་ཝཱ་ར་ཨི་དཾ་བ་ལིཾ་གྲིཧྣ་ཁཱ་ཡ་གྲིཧྣ་ཁཱ་ཡ། སརྦ་དྷཱ་ར་པྲ་ཤ་མ་ཎ་ཡེ་སྭཱཧཱ། ཞེས་ལན་གསུམ་གྱིས་ཕུལ། གོང་བཞིན་མཆོད་བསྟོད་དང་། མཆོད་སྦྱིན་གཏོར་མ་ནས་ཀུན་འགྲུབ་ཤོག་གི་བར་གྱིས་འདོད་དོན་གསོལ་བཏབ་གཉེགས་གསོལ་སོགས་བྱ། འདིའི་རྗེས་གནང་ནི། མཉྫལ་གྱི་སྟེང་དུ་ཆོམ་བུ་སྔོན་པོ་དགོད། མདུན་དུ་ཟླུམ་གཏོར་དཀར་པོ། མཆོད་པ་རྣམས་བཤམས་ལ། བདག་བསྐྱེད་བཟླས་པ་དང་བཅས་པ་སྔར་ལྟར་བྱ། མདུན་བསྐྱེད་བསངས་སྦྱངས། སྟོང་པའི་ངང་ལས་རིན་པོ་ཆེའི་རི་བོ་ཞེས་པ་ནས་བཟླས་པའི་བར་བདག་བསྐྱེད་བཞིན་ལས་རང་སེམས་དང་། རང་ཉིད། བདག་ལ་ཞེས་པ་རྣམས་དོར། གཏོར་མ་བྱིན་གྱིས་བརླབས་ཏེ་འབུལ་བ། མཆོད་བསྟོད། འདོད་གསོལ་རྣམས་སྔར་ལྟར་བྱ། དེ་ནས་སློབ་མའི་བྱ་བ་ནི། མཎྜལ་ཕུལ། གསོལ་བ་འདེབས་པ་འདིའི་རྗེས་བཟློས་གསུངས་ཤིག །དུས་གསུམ་སངས་རྒྱས་ཐམས་ཅད་དང་། །སོགས་ལན་གསུམ། རྒྱུད་དག་པར་བྱ་བའི་ཕྱིར་མདུན་བསྐྱེད་ཀྱི་ཆོམ་བུ་འདི་ཉིད་ཀྱང་རི་ཁྲོད་མ་ལོ་མ་གྱོན་མ་སྐྱ་མདོག་སྔོན་མོ་དངོས་སུ་བཞུགས་པར་མོས་ལ། དེའི་སྟེང་(༥༠༢བ)གི་ནམ་མཁར་བཞུགས་པའི་སངས་རྒྱས་བྱང་སེམས་རྣམས་ཀྱི་དྲུང་དུ་སྐྱབས་འགྲོ་སྔོན་དུ་འགྲོ་བའི་བྱང་ཆུབ་ཀྱི་སེམས་བཟུང་བ་ལ་སོགས་པ་བགྱིད་སྙམ་པའི་བསམ་པས་འདིའི་རྗེས་ཟློས་མཛོད། དཀོན་མཆོག་གསུམ་ལ་བདག་སྐྱབས་མཆི། །སོགས་ལན་གསུམ་དང་། ཁྱད་པར་དུ་རི་ཁྲོད་མ་ལོ་མ་གྱོན་མ་སྔོན་མོའི་རྗེས་གནང་བསྐུལ་དུ་གསོལ་སྙམ་པའི་འདུན་པས་འདིའི་རྗེས་ཟློས་ཀྱང་གསུངས་ཤིག །སློབ་དཔོན་དགོངས་སུ་གསོལ། བདག་ལ་བཅོམ་ལྡན་འདས་མ་རི་ཁྲོད་མ་ལོ་མ་གྱོན་མ་སྔོན་མོའི་རྗེས་གནང་མ་ལུས་པ་བསྐུལ་དུ་གསོལ། ཞེས་ལན་གསུམ་གྱིས་གསོལ་བ་བཏབ་ནས། ད་རྗེས་གནང་དངོས་གཞི་ལ་གསུམ་ལས། དང་པོ་སྐུའི་རྗེས་གནང་ནི། ཁྱེད་རང་རྣམས་དམིགས་པ་འདི་བཞིན་དུ་མཛད་པར་ཞུ། ཨོཾ་ཤྲཱ་ཝ་ཏྲ་ཧྲཱི་ཎ་བཛྲ་སུ་ཧྲཱ་ཤ་ཨཱཿཧཱ་ཀཱཡཱཧཾ། ཕྱི་ནང་གི་

དངོས་པོ་ཐམས་ཅད་མི་དམིགས་པ་སྟོང་པ་ཉིད་དུ་གྱུར་པའི་ངང་ལས་རིན་པོ་ཆེའི་རི་བོ་མེ་ཏོག་དང་འབྲས་བུས་བརྒྱན་པའི་ནགས་ཚལ་སྣ་ཚོགས་དང་བཅས་པའི་རྩེ་མོར་པཾ་ལས་པདྨ་དང་ཨ་ལས་ཟླ་བའི་དཀྱིལ་འཁོར་གྱི་སྟེང་དུ་ཁྱེད་རང་རྣམས་ཀྱི་སེམས་ཉིད་པཾ་སྔོན་པོ་ལས་འོད་ཟེར་འཕྲོས། འཕགས་པ་མཆོད། སེམས་ཅན་ཐམས་ཅད་ཀྱི་ནད་དང་སྡུག་བསྔལ་བསལ། སླར་འདུས་ཏེ་ཐིམ་པ་ཡོངས་སུ་གྱུར་པ་ལས། ཁྱེད་རང་རྣམས་བཅོམ་ལྡན་འདས་མ་རི་ཁྲོད་མ་ལོ་མ་གྱོན་མ་སྐུ་མདོག་ནམ་མཁའ་ལྟར་སྔོ་སང་ཞལ་གཅིག་ཕྱག་བཞི། གཡས་ཀྱི་དང་པོས་ལྷའི་ཤིང་གི་ཡལ་ག་(༥༠༣ན)འབྲས་བུ་དང་བཅས་པ་འཛིན་པས་ནད་ཞི་བར་མཛད་པ། གཉིས་པས་དགྲ་སྟ་འཛིན་པས་གདུག་པ་ཅན་ལ་བཟེག་པ། གཡོན་གྱི་དང་པོ་ཞགས་པས་བགེགས་རྣམས་འཆིང་བ། གཉིས་པས་ཛ་ཡབ་ནོར་བུའི་ཡུ་བ་ཅན་འཛིན་པས་ནད་སེལ་བར་མཛད་པ། སྙིག་ཅིང་ཁྲི་ལ་རིན་པོ་ཆེ་དང་། རུས་པ་དང་། སྦྲུལ་གྱིས་བརྒྱན་པ། སྟག་ལྤགས་ཀྱི་ཤམ་ཐབས་དང་། ཤིང་ལོའི་སྟོད་གཡོགས་ཅན། ཉི་མའི་གདན་ལ་གཡོན་བརྐྱང་གི་སྟབས་ཀྱིས་བཞུགས་པ། ཉི་མའི་འོད་ཀྱི་རྒྱབ་ཡོལ་ཅན་ནོ། །དཔྲལ་བར་ཨོཾ། མགྲིན་པར་ཨཱཿ ཐུགས་ཀར་ཧཱུྃ། ཞེས་གསལ་བཏབ། དེ་ནས་སློབ་དཔོན་ཡང་ལོ་མ་གྱོན་མ་སྔོན་མོ་དངོས་ཡིན་སྙམ་པའི་མོས་གུས་བྱས་པས། སློབ་དཔོན་གྱི་ཐུགས་ཀ་ནས་འོད་ཟེར་འཕྲོས། མདུན་བསྐྱེད་ཀྱི་ལྷའི་ཐུགས་རྒྱུད་བསྐུལ། དེའི་ཐུགས་ཀ་ནས་འོད་ཟེར་འཕྲོས། ཕྱོགས་བཅུའི་སངས་རྒྱས་དང་བྱང་ཆུབ་སེམས་དཔའ་ཐམས་ཅད་ཀྱི་ཐུགས་རྒྱུད་བསྐུལ་བས། སློབ་དཔོན་དང་མདུན་བསྐྱེད་ཀྱི་ལྷ་དང་ཕྱོགས་བཅུའི་སངས་རྒྱས་བྱང་སེམས་ཐམས་ཅད་ཀྱི་ཐུགས་ཀ་ནས་ལོ་མ་གྱོན་མ་སྔོན་མོའི་སྐུ་ཆེ་ཆུང་དཔག་ཏུ་མེད་པ་བྱོན། ཁྱེད་རང་རྣམས་ཀྱི་བ་སྤུའི་བུ་ག་རྣམས་ནས་ཆར་བབས་པ་བཞིན་དུ་སིབ་སིབ་ཐིམ་པའི་མོས་པ་མཛོད། ཛཿཧཱུྃ་བཾ་ཧོཿགཉིས་སུ་མེད་པར་ཐིམ། གཉིས་པ་གསུང་གི་རྗེས་གནང་ལ། ལུང་གསུམ་ལས།

དང་པོ་རྗེས་སུ་བཟླས་པའི་ལུང་བླང་བའི་ཕྱིར། སློབ་དཔོན་གྱི་ཐུགས་ཀར་ཉི་མ་ལ་གནས་པའི་པཾ་(༥༠༣བ)སྔོན་པོ། དེ་ལས་སྔགས་ཀྱི་འཕྲེང་བ་བྱུང་། སློབ་དཔོན་གྱི་ཞལ་ནས་ཐོན། ཁྱེད་རང་རྣམས་ཀྱི་ཞལ་དུ་ཞུགས། སྙིང་གར་ཉི་མའི་སྟེང་དུ་པཾ་སྔོན་པོ་གནས་པ་ལ་ཐིམ། དེའི་དུས་སུ་ཕྱོགས་བཅུའི་སངས་རྒྱས་བྱང་ཆུབ་སེམས་དཔའ་རྣམས་ཀྱི་མཁྱེན་བརྩེ་ནུས་མཐུ་ཐམས་ཅད་འོད་ཟེར་གྱི་རྣམ་པར་སྔགས་ཕྲེང་དང་ལྷན་ཅིག་ཞལ་དུ་ཞུགས། སྙིང་གའི་པཾ་ལ་ཐིམ་པ་སོགས་བཟླས་ལུང་གི་དམིགས་པ་སྔར་བཞིན་དང་བཅས། སྔགས་འདིའི་རྗེས་ཟློས་ལན་གསུམ་གསུམ་གསུངས་ཤིག །ཨོཾ་པི་ཤ་ཙི་པརྞ་ཤ་བ་རི་ཧྲི་དཿཧཱུྃ་ཕཊ་སྭཱཧཱ། ཞེས་དང་། ཨོཾ་པི་ཤ་ཙི་པརྞ་ཤ་བ་རི་སརྦ་ཛྭ་ར་པྲ་ཤ་མ་ན་ཡེ་སྭཱཧཱ། གཉིས་པ་བྱིན་གྱིས་བརླབས་པའི་ལུང་ནི། སློབ་དཔོན་ལ་མེ་ཏོག་འཐོར་བཞིན་དུ་འདིའི་རྗེས་ཟློས་མཛོད་ཅིག །བཅོམ་ལྡན་བདག་གིས་སོགས་ལན་གསུམ། དེ་ལྟར་ཕུལ་བའི་མེ་ཏོག་དེ་ཉིད་སླར་ཡང་བྱིན་གྱིས་བརླབས་ཏེ། ཁྱེད་རང་གི་སྤྱི་བོར་ཕུལ་བར་མོས་པ་མཛོད་ཅིག །སློབ་དཔོན་གྱིས་མེ་ཏོག་གཏོར་ཞིང་། བཅོམ་ལྡན་འདི་ལ་སོགས་དང་། རིག་པ་འཛིན་པ་འདི་རྣམས་ལ་ལོ་མ་གྱོན་མ་སྔོན་མོའི་སྐུ་གསུང་ཐུགས་ཀྱི་བྱིན་རླབས་མ་ལུས་པ་འཇུག་པར་གྱུར་ཅིག །གསུམ་པ་དམ་བཅའ་བའི་ལུང་གི་ཕྱིར། བཅོམ་ལྡན་འདས་མ་རི་ཁྲོད་མ་ལོ་མ་གྱོན་མ་སྔོན་མོ་འདི་ཉིད་ཇི་སྲིད་བྱང་ཆུབ་མ་ཐོབ་བར་གྱི་ཡི་དམ་དུ་བཟུང་ངོ་། །བདག་ཐུགས་ཀྱིས་མ་བཏང་ཞིག་སྙམ་པའི་བསམ་པས་འདིའི་རྗེས་ཟློས་གསུངས་ཤིག །སློབ་དཔོན་དགོངས་སུ་གསོལ། བདག་རིག་པ་འཛིན་པ་མིང་(༥༠༤ན)འདི་ཞེས་བགྱི་བས་དུས་འདི་ནས་བཟུང་སྟེ། ཇི་སྲིད་བྱང་ཆུབ་སྙིང་པོ་ལ་མཆིས་ཀྱི་བར་དུ་བཅོམ་ལྡན་འདས་མ་རི་ཁྲོད་མ་ལོ་མ་གྱོན་མ་སྔོན་མོ་ཡི་དམ་གྱི་ལྷར་བཟུང་ནས། འདིའི་གསང་སྔགས་ཉི་མ་རེ་རེ་བཞིན་འདི་ཙམ་རེ་འདོན་པར་དམ་འཆའ་ལགས་སོ། །ཞེས་ལན་གསུམ་བརྗོད། གསུམ་པ་ཐུགས་ཀྱི་རྗེས་གནང་

ནི། མདུན་བསྐྱེད་ཀྱི་ལྷ་ལ་མོས་གུས་དུང་དུང་བ་དང་། བདག་གི་རྒྱུད་བྱིན་གྱིས་བརླབ་ཏུ་གསོལ་སྙམ་པ་མཛད་པས། མདུན་བསྐྱེད་ཀྱི་ལྷའི་ཐུགས་ཀ་ནས་ལོ་མ་ཀྱོན་མ་སྔོན་མའི་སྐུ་སོར་ཚད་ཙམ་གཅིག་རྒྱངས་ཏེ་བྱོན། ཁྱེད་རང་རྣམས་ཀྱི་སྙིང་གའི་ས་བོན་དང་དབྱེར་མེད་དུ་འདྲེས་རྒྱུད་བྱིན་གྱིས་བརླབས་པའི་མོས་པ་མཛོད། རྗེས་ཆོག་སྤྱི་དང་འདྲ། །

༈ **རི་ཁྲོད་མ་ལོ་མ་ཀྱོན་མ་ནག་མོའི་སྒྲུབ་ཐབས་ནི།** སྐྱབས་སེམས་སྔོན་དུ་འགྲོ་བས། ཨོཾ་སྭ་བྷཱ་ཝ་སོགས་ཀྱིས་སྟོང་པར་སྦྱངས། སྟོང་པའི་ངང་ལས་པད་ཉིའི་གདན་ལ་པཾ་ནག་པོ་ལས་རང་ཉིད་རི་ཁྲོད་མ་ལོ་མ་ཀྱོན་མ་སྐུ་མདོག་ནག་མོ་ཞལ་གཅིག་ཕྱག་གཉིས་སྤྱན་གསུམ་དབུ་སྐྲ་གྱེན་བརྫེས་ཆེར་ཁྲོས་པའི་ཉམས་ཅན། སྟག་ལྤགས་དང་། དར་དང་རིན་པོ་ཆེས་བརྒྱན་པ། ཕྱག་གཡས་ན་གཙོད་པའི་དགྲ་སྟ་དང་། གཡོན་ཤིང་ལོ་གསར་པའི་སྦྲང་ཡབ་འཛིན་པ། ཞབས་གཡོན་བརྐྱང་གི་སྟབས་ཀྱིས་འདབ་ཆགས་གཏྲའི་སྟེང་ན་བཞུགས་པའོ། །དཔྲལ་བར་ཨོཾ་དཀར་པོ། མགྲིན་པར་ཨཱཿདམར་པོ། ཐུགས་ཀར་ཧཱུྃ་སྔོན་པོ། ཐུགས་ཀར་ཉི་མ་ལ་གནས་པའི་(༥༠༨བ)པཾ་ནག་པོ་ལས་འོད་ཟེར་འཕྲོས། རང་བཞིན་གྱི་གནས་ནས་ལྷ་མོ་རི་ཁྲོད་མ་འཁོར་དང་བཅས་པ་བཛྲ་ས་མ་ཛཿ ཛཿཧཱུྃ་བཾ་ཧོཿ ཡང་འོད་ཟེར་འཕྲོས། དབང་གི་ལྷ་དེ་བཞིན་གཤེགས་པ་འཁོར་དང་བཅས་པ་བཛྲ་ས་མ་ཛཿཨ་བཛྲ་ཨརྒྷཾ་པྲ་ཏཱིཙྪ་སྭཱཧཱ་ནས། ཤབྡ་ཨཱཿཧཱུྃ་གི་བར་གྱིས་མཆོད། དེ་བཞིན་གཤེགས་པ་ཐམས་ཅད་ཀྱིས་བདག་ལ་མངོན་པར་དབང་བསྐུར་དུ་གསོལ། ཞེས་གསོལ་བ་བཏབ་པས། ཇི་ལྟར་བལྟམས་པ་ནས་ཤྲཱི་ཡེ་ཧཱུྃ། ཞེས་གསུངས་ཤིང་བུམ་པའི་ཆུས་དབང་བསྐུར། སྐུ་ལུས་ཐམས་ཅད་གང་། དྲི་མ་དག །ཆུ་ལྷག་མ་སྤྱི་བོར་ལུད་པ་ལས་རྣམ་སྣང་གིས་དབུ་བརྒྱན་པར་གྱུར། མཆོད་པ་བྱ་རྒྱུད་ལྟར་བྱིན་གྱིས་བརླབས་ལ། ཨརྒྷཾ་ནས་ཤབྡའི་བར་གྱིས་མཆོད། རྒྱལ་བ་ཀུན་གྱི་ཡེ་ཤེས་སྒྱུ་མ་ཡི། །ཞེས་སོགས་ཤོ་ལོ་ཀ་གཅིག་གིས་བསྟོད།

དེ་ནས་བཟླས་པ་ནི། ཨོཾ་པི་ཤ་ཙྪི་པཊྚ་ཤ་ཕ་རི་ཧྲི་ཏཿཧཱུཾ་ཕཊ་སྭཱཧཱ། ཞེས་དང་། ཨོཾ་པི་ཤ་ཙྪི་པཊྚ་ཤ་ཕ་རི་སརྦ་རོ་ག་ཚེ་ད་ནི་ཧཱུཾ་ཕཊ། ཅེས་ཅི་ནུས་བཟླ་ཞིང་། གཏོར་མ་རྒྱུད་སྡེ་འོག་མ་ལྟར་བྱིན་གྱིས་བརླབས། རང་གི་སྙིང་ག་ནས་འོད་ཟེར་འཕྲོས། ལྷ་མོ་རི་ཁྲོད་མ་འཁོར་དང་བཅས་པ་བཛྲ་ས་མཱ་ཛཿཞེས་སྤྱན་དྲངས། ཨོཾ་པི་ཤ་ཙྪི་པཊྚ་ཤ་ཕ་རི་ས་པ་རི་ཝཱ་ར་ཨི་དཾ་བ་ལིཾ་གྲྀཧྞ་ཁཱ་ཡ་གྲྀཧྞ་ཁཱ་ཡ། སརྦ་ཛྭ་ར་པྲ་ཤ་མ་ཎ་ཡེ་སྭཱཧཱ། ལན་གསུམ་གྱིས་ཕུལ། གོང་བཞིན་མཆོད་བསྟོད་དང་། མཆོད་སྦྱིན་གཏོར་མ་ནས་ཀུན་འགྲུབ་ཤོག་གི་བར་གྱིས་འདོད་དོན་གསོལ་བཏབ་སོགས་བྱའོ། །

འདིའི་རྗེས་གནང་ནི། མཎྜལ་(༥༠༥ན)གྱི་སྙིང་དུ་ཚོམ་བུ་ནག་པོ་འགོད། མདུན་དུ་གླུམ་གཏོར་དཀར་པོ། མཆོད་པ་རྣམས་བཤམས་ལ། བདག་བསྐྱེད་བཟླས་པའི་བར་སྔར་བཞིན། མདུན་བསྐྱེད་བསངས་སྦྱངས། སྟོང་པའི་ངང་ལས་པད་ཉིའི་གདན་ལ་པཾ་ནག་པོ་ལས་རི་ཁྲོད་མ་ལོ་མ་གྱོན་མས་མདོག་ནག་མོ་ཞེས་པ་ནས་བཟླས་པའི་བར་སྔར་དང་འདྲ་བ་ལས་བདག་ལ་ཞེས་པ་དོར། གཏོར་མ་བྱིན་གྱིས་བརླབས་ཏེ་འབུལ་བ། མཆོད་བསྟོད། འདོད་གསོལ་རྣམས་བྱ། དེ་ནས་སློབ་མའི་བྱ་བ་ནི། མཎྜལ་ཕུལ། གསོལ་བ་འདེབས་པ་འདིའི་རྗེས་གནང་གསུངས་ཤིག །དུས་གསུམ་སངས་རྒྱས་ནས་བསྐུལ་དུ་གསོལ། ཞེས་པའི་བར་ལན་གསུམ། རྒྱུད་དག་པར་བྱ་བའི་ཕྱིར་མདུན་བསྐྱེད་ཀྱི་ཚོམ་བུ་འདི་ཉིད་ཀྱང་རི་ཁྲོད་མ་ལོ་མ་གྱོན་མ་སྐུ་མདོག་ནག་མོར་དངོས་སུ་བཞུགས་པར་མོས་ལ། དེའི་སྙིང་གི་ནམ་མཁར་བཞུགས་པའི་སངས་རྒྱས་བྱང་སེམས་རྣམས་ཀྱི་དྲུང་དུ་སྐྱབས་འགྲོ་སྔོན་དུ་འགྲོ་བའི་བྱང་ཆུབ་ཀྱི་སེམས་བཟུང་བ་ལ་སོགས་པ་བགྱིད་སྙམ་པའི་བསམ་པས་འདིའི་རྗེས་གནང་མཛོད། དཀོན་མཆོག་གསུམ་ལ་བདག་སྐྱབས་མཆི། །སོགས་ལན་གསུམ་དང་། ཁྱད་པར་དུ་རི་ཁྲོད་མ་ལོ་མ་གྱོན་མ་ནག་མོའི་རྗེས་གནང་བསྐུལ་དུ་གསོལ་སྙམ་པའི་འདུན་པས་འདིའི་རྗེས་གནང་ཀྱང་གསུངས་ཤིག །སློབ་དཔོན་དགོངས་སུ་གསོལ། བདག་ལ་རི་

ཁྲོད་མ་ལོ་མ་གྱོན་མ་ནག་མོའི་རྗེས་གནང་མ་ལུས་པ་བསྩལ་དུ་གསོལ། ཞེས་ལན་གསུམ་གྱིས་གསོལ་བ་བཏབ་ནས། ད་རྗེས་(༥༠༥བ)གནང་དངོས་གཞི་ལ་གསུམ་ལས། དང་པོ་སྐུའི་རྗེས་གནང་ནི། ཁྱེད་རང་རྣམས་དམིགས་པ་འདི་བཞིན་དུ་མཛད་པར་ཞུ། ཨོཾ་ཤཱུ་ཉྀ་ཏཱ་ཛྙཱ་ན་བཛྲ་སྭ་བྷཱ་ཝ་ཨཱཏྨ་ཀོ྅ཧཾ། ཕྱི་ནང་གི་དངོས་པོ་ཐམས་ཅད་མི་དམིགས་པ་སྟོང་པ་ཉིད་དུ་གྱུར་པའི་ངང་ལས། པད་ཉིའི་གདན་ལ་པཾ་ནག་པོ་ལས་ཁྱེད་རང་རྣམས་རི་ཁྲོད་མ་ལོ་མ་གྱོན་མ་སྐུ་མདོག་ནག་མོ་ཞལ་གཅིག་ཕྱག་གཉིས་སྤྱན་གསུམ་དབུ་སྐྲ་གྱེན་བརྫེས་ཆེར་ཁྲོས་པའི་ཉམས་ཅན། སྟག་ལྤགས་དང་། དར་དང་རིན་པོ་ཆེས་བརྒྱན་པ། ཕྱག་གཡས་ན་གཅོད་པའི་དགྲ་སྟ་དང་། གཡོན་ཤིང་ལོ་གསར་པའི་སྦྲང་ཡབ་འཛིན་པ། ཞབས་གཡོན་བརྐྱང་གི་སྟབས་ཀྱིས་འདབ་ཆགས་གཏྣའི་སྟེང་ན་བཞུགས་པའི་དཔྲལ་བར་ཨོཾ། མགྲིན་པར་ཨཱཿ ཐུགས་ཀར་ཧཱུྃ། ཞེས་གསལ་གདབ། དེ་ནས་སློབ་དཔོན་ཡང་ལོ་མ་གྱོན་མ་ནག་མོ་དངོས་ཡིན་སྙམ་པའི་མོས་གུས་བྱས་པས། སློབ་དཔོན་གྱི་ཐུགས་ཀ་ནས་འོད་ཟེར་འཕྲོས། མདུན་བསྐྱེད་ཀྱི་ལྷའི་ཐུགས་རྒྱུད་བསྐུལ། དེའི་ཐུགས་ཀ་ནས་འོད་ཟེར་འཕྲོས། ཕྱོགས་བཅུའི་སངས་རྒྱས་དང་བྱང་ཆུབ་སེམས་དཔའ་ཐམས་ཅད་ཀྱི་ཐུགས་རྒྱུད་བསྐུལ་བས། སློབ་དཔོན་དང་མདུན་བསྐྱེད་ཀྱི་ལྷ་དང་ཕྱོགས་བཅུའི་སངས་རྒྱས་བྱང་ཆུབ་སེམས་དཔའ་ཐམས་ཅད་ཀྱི་ཐུགས་ཀ་ནས་ལོ་མ་གྱོན་མ་ནག་མོའི་སྐུ་ཆེ་ཆུང་དཔག་ཏུ་མེད་པ་བྱོན། ཁྱེད་རང་རྣམས་ཀྱི་བ་སྤུའི་བུ་ག་རྣམས་ནས་ཆར་བབས་པ་བཞིན་དུ་སིབ་སིབ་ཐིམ་པའི་མོས་པ་མཛོད། ཛཿཧཱུྃ་བཾ་ཧོཿགཉིས་སུ་མེད་པར་ཐིམ། གཉིས་པ་གསུང་(༥༠༦ན)གི་རྗེས་གནང་ལ། ལུང་གསུམ་ལས། དང་པོ་རྗེས་སུ་བཟླས་པའི་ལུང་བླང་བའི་ཕྱིར། སློབ་དཔོན་གྱི་ཐུགས་ཀར་ཉི་མ་ལ་གནས་པའི་པཾ་ནག་པོ། དེ་ལས་སྔགས་ཀྱི་འཕྲེང་བ་བྱུང་། སློབ་དཔོན་གྱི་ཞལ་ནས་ཐོན། ཁྱེད་རང་རྣམས་ཀྱི་ཞལ་དུ་ཞུགས། སྙིང་གར་ཉི་མའི་སྟེང་དུ་པཾ་ནག་པོ་གནས་པ་ལ་ཐིམ། དེའི་དུས་

སུ་ཕྱོགས་བཅུའི་སངས་རྒྱས་བྱང་ཆུབ་སེམས་དཔའ་རྣམས་ཀྱི་མཁྱེན་བརྩེ་ནུས་མཐུ་ཐམས་ཅད་འོད་ཟེར་གྱི་རྣམ་པར་སྔགས་ཕྲེང་དང་ལྷན་ཅིག་ཞལ་དུ་ཞུགས། སྙིང་གའི་པཾ་ལ་ཐིམ་པའི་མོས་པ་མཛོད་ལ། སྔགས་འདིའི་རྗེས་ཟློས་ལན་གསུམ་གསུམ་གསུངས་ཤིག །ཨོཾ་པི་ཤ་ཙི་པརྞ་ཤ་ཤ་རི་ཧྲི་ཏཿཧཱུྃ་ཕཊ་སྭཱཧཱ། ཞེས་དང་། ཨོཾ་པི་ཤ་ཙི་པརྞ་ཤ་ཤ་རི་སརྦ་རོ་ག་ཚེ་ད་ནི་ཧཱུྃ་ཕཊ། དང་པོས་བྱིན་གྱིས་བརླབས། གཉིས་པས་དབྱེར་མེད་དུ་འདྲེས། གསུམ་པས་བརྟན་པར་བྱས་པའི་མོས་པ་མཛོད། གཉིས་པ་བྱིན་གྱིས་བརླབས་པའི་ལུང་ནི། སློབ་དཔོན་ལ་མེ་ཏོག་འཐོར་བཞིན་དུ་འདིའི་རྗེས་ཟློས་མཛོད་ཅིག །བཅོམ་ལྡན་བདག་གིས་བཟུང་ལགས་ཀྱི། །བདག་ལ་འགོ་བར་མཛད་དུ་གསོལ། །ཞེས་ལན་གསུམ། དེ་ལྟར་ཕུལ་བའི་མེ་ཏོག་དེ་ཉིད་སླར་ཡང་བྱིན་གྱིས་བརླབས་ཏེ། ཁྱེད་རང་གི་སྤྱི་བོར་ཕུལ་བར་མོས་པ་མཛོད་ཅིག །སློབ་དཔོན་གྱིས་མེ་ཏོག་གཏོར་ཞིང་། བཅོམ་ལྡན་འདི་ལ་སོགས་དང་། རིག་པ་འཛིན་པ་འདི་རྣམས་ལ་ལོ་མ་གྱོན་མ་ནག་མོའི་སྐུ་གསུང་ཐུགས་ཀྱི་བྱིན་རླབས་མ་ལུས་པ་འཇུག་པར་གྱུར་ཅིག །གསུམ་(༥༠༨བ)པ་དམ་བཅའ་བའི་ལུང་གི་ཕྱིར། བཅོམ་ལྡན་འདས་མ་རི་ཁྲོད་མ་ལོ་མ་གྱོན་མ་ནག་མོ་འདི་ཉིད་ཇི་སྲིད་བྱང་ཆུབ་མ་ཐོབ་བར་གྱི་ཡི་དམ་དུ་བཟུང་ངོ་། །བདག་ཐུགས་ཀྱིས་མ་བཏང་ཞིག་སྙམ་པའི་བསམ་པས་འདིའི་རྗེས་ཟློས་གསུངས་ཤིག །སློབ་དཔོན་དགོངས་སུ་གསོལ། བདག་རིག་པ་འཛིན་པ་མིང་འདི་ཞེས་བགྱི་བས་དུས་འདི་ནས་བཟུང་སྟེ། ཇི་སྲིད་བྱང་ཆུབ་སྙིང་པོ་ལ་མཆིས་ཀྱི་བར་དུ་བཅོམ་ལྡན་འདས་མ་རི་ཁྲོད་མ་ལོ་མ་གྱོན་མ་ནག་མོ་ཡི་དམ་གྱི་ལྷར་བཟུང་ནས། འདིའི་གསང་སྔགས་ཉི་མ་རེ་རེ་བཞིན་འདི་ཙམ་རེ་འདོན་པར་དམ་འཆའ་ལགས་སོ། །ཞེས་ལན་གསུམ་བརྗོད། གསུམ་པ་ཐུགས་ཀྱི་རྗེས་གནང་ནི། མདུན་བསྐྱེད་ཀྱི་ལྷ་ལ་མོས་གུས་དུང་དུང་བ་དང་། བདག་གི་རྒྱུད་བྱིན་གྱིས་བརླབ་ཏུ་གསོལ་སྙམ་པ་མཛད་པས། མདུན་བསྐྱེད་ཀྱི་ལྷའི་ཐུགས

ཀ་ནས་ལོ་མ་གྱོན་མ་ནག་མོའི་སྐུ་སོར་ཚད་ཙམ་གཅིག་རྒྱངས་ཏེ་བྱོན། ཁྱེད་རང་རྣམས་ཀྱི་སྙིང་གའི་ས་བོན་དང་དབྱེར་མེད་དུ་འདྲེས་རྒྱུད་བྱིན་གྱིས་བརླབས་པའི་མོས་པ་མཛོད། ཧེས་ཚོག་སྒྲི་དང་འདྲ། །

༈ རི་ཁྲོད་མ་ལོ་མ་གྱོན་མ་ལྗང་གུ་ལ། སྐྱབས་སེམས་སྔོན་དུ་འགྲོ་བས། ཨོཾ་སྭ་བྷཱ་ཝ་སོགས་ཀྱིས་སྟོང་པར་སྦྱངས། སྟོང་པའི་ངང་ལས་པད་ཉིའི་གདན་ལ་པཾ་ལྗང་གུ་ལས་རང་ཉིད་རི་ཁྲོད་མ་ལོ་མ་གྱོན་མ་སྐུ་མདོག་ལྗང་གུ་ཞི་བའི་ཉམས་ཅན། དར་དང་རིན་པོ་ཆེས་བརྒྱན་པ། ཞལ་གཅིག་ཕྱག་གཉིས་གཡས་རྔ་བྱའི་སྒྲོ་གཡབ་དང་། གཡོན་སྨན་སྣ་ཚོགས་ཀྱིས་གང་བའི་སྣོད་འཛིན་པ། སྐྱིལ་ཀྲུང་(༥༠༧ན)ཕྱེད་པའི་རོལ་པས་རྔ་བྱའི་གདན་ལ་བཞུགས་པའོ། །དཔྲལ་བར་ཨོཾ་དཀར་པོ། མགྲིན་པར་ཨཱཿདམར་པོ། ཐུགས་ཀར་ཧཱུྃ་སྔོན་པོ། ཐུགས་ཀར་ཉི་མ་ལ་གནས་པའི་པཾ་ལྗང་གུ་ལས་འོད་ཟེར་འཕྲོས། རང་བཞིན་གྱི་གནས་ནས་ལྷ་མོ་རི་ཁྲོད་མ་འཁོར་དང་བཅས་པ་བཛྲ་ས་མ་ཛཿཛཿཧཱུྃ་བཾ་ཧོཿ ཡང་འོད་ཟེར་འཕྲོས། དབང་གི་ལྷ་དེ་བཞིན་གཤེགས་པ་འཁོར་དང་བཅས་པ་བཛྲ་ས་མ་ཛཿཨོཾ་བཛྲ་ཨརྒྷཾ་པྲ་ཏཱིཙྪ་སྭཱཧཱ་ནས་ཤབྡའི་བར་གྱིས་མཆོད། དེ་བཞིན་གཤེགས་པ་ཐམས་ཅད་ཀྱིས་བདག་ལ་མངོན་པར་དབང་བསྐུར་དུ་གསོལ། ཞེས་གསོལ་བ་བཏབ་པས། ཇི་ལྟར་བལྟམས་པ་ནས་ས་མ་ཡ་ཤྲཱི་ཡེ་ཧཱུྃ། ཞེས་གསུངས་ཤིང་བུམ་པའི་ཆུས་དབང་བསྐུར། སྐུ་ལུས་ཐམས་ཅད་གང་། དྲི་མ་དག །ཆུའི་ལྷག་མ་སྤྱི་བོར་ལུད་པ་ལས་རིན་ཆེན་འབྱུང་ལྡན་གྱིས་དབུ་བརྒྱན་པར་གྱུར། ཨརྒྷཾ་ནས་ཤབྡའི་བར་གྱིས་མཆོད། རྒྱལ་བ་ཀུན་གྱི་ཡེ་ཤེས་སྒྱུ་མ་ཡི། །ཞེས་སོགས་ཀྱིས་བསྟོད། དེ་ནས་བཟླས་པ་བྱ་བ་ནི། ཨོཾ་པི་ཤ་ཙི་པརྞ་ཤ་ཝ་རི་ཧྲཱིཿཧ་ཧཱུྃ་ཕཊ་སྭཱཧཱ། ཞེས་དང་། ཨོཾ་པི་ཤ་ཙི་པརྞ་ཤ་ཝ་རི་སརྦ་ཛྭ་ར་པྲ་ཤ་མ་ནི་ཀུ་རུ་སྭཱཧཱ། ཞེས་ཅི་ནུས་སུ་བཟླ་ཞིང་། སྒྲོ་ན་གཟུངས་ཀྱང་བཟླའོ། །གཏོར་མ་བྱ་རྒྱུད་ལྟར་བྱིན་གྱིས་བརླབས་ཏེ་འབུལ་བ། མཆོད་བསྟོད། འདོད་གསོལ་རྣམས་གོང་ལྟར་བྱ། འདིའི་

རྗེས་གནང་བྱ་ཚུལ་ནི། མཆོད་ཁར་མཎྜལ་པཉྩ་འདབ་བརྒྱད་དབུས་སུ་ཚོམ་བུ་ལྔང་གུ་དང་བཅས་(༥༠༧བ)པ་དགོད། དེའི་མདུན་དུ་མཆོད་གཏོར་རྒྱུད་སྡེ་འོག་མ་ལྟར་བཤམས། བདག་བསྐྱེད་བཟླས་པའི་བར་གོང་བཞིན་སྔོན་དུ་བཏང་། མདུན་གྱི་ཚོམ་བུ་བསངས་སྦྱངས། རང་ཉིད་ཅེས་པ་མ་གཏོགས་བདག་བསྐྱེད་ལྟར་རི་ཁྲོད་མ་ལོ་མ་གྱོན་མ་ལྗང་གུར་བསྐྱེད་དེ་མཆོད་བསྟོད་བཟླས་པ་གང་འགྲུབ་བྱས་ལ་དཀར་གཏོར་བྱ་རྒྱུད་ལྟར་བྱིན་གྱིས་བརླབས་ལ་ཕུལ། འཕྲིན་ལས་བཅོལ། སློབ་མའི་དོན་དུ་གསོལ་བ་གདབ། དེ་ནས་སློབ་མའི་བྱ་བ་ནི། མཎྜལ་ཕུལ། གསོལ་བ་འདེབས་པ་འདིའི་རྗེས་ཟློས་གསུངས་ཤིག །དུས་གསུམ་སངས་རྒྱས་ནས་བརྒྱུད་དུ་གསོལ། ལན་གསུམ། རྒྱུད་དག་པར་བྱ་བའི་ཕྱིར་མདུན་བསྐྱེད་ཀྱི་ཚོམ་བུ་འདི་ཉིད་ཀྱང་རི་ཁྲོད་མ་ལོ་མ་གྱོན་མ་ལྗང་གུར་དངོས་སུ་བཞུགས་པར་མོས་ལ། དེའི་སྟེང་གི་ནམ་མཁར་བཞུགས་པའི་སངས་རྒྱས་བྱང་སེམས་རྣམས་ཀྱི་དྲུང་དུ་སྐྱབས་འགྲོ་སྔོན་དུ་འགྲོ་བའི་བྱང་ཆུབ་ཀྱི་སེམས་བཟུང་བ་ལ་སོགས་པ་བགྱིད་སླམ་པའི་བསམ་པས་འདིའི་རྗེས་ཟློས་མཛོད། དཀོན་མཆོག་གསུམ་ལ་བདག་སྐྱབས་མཆི། །སོགས་གསུམ་དང་། ཁྱད་པར་དུ་རི་ཁྲོད་མ་ལོ་མ་གྱོན་མ་ལྗང་གུའི་རྗེས་གནང་བསྐུལ་དུ་གསོལ་སླམ་པའི་འདུན་པས་འདིའི་རྗེས་ཟློས་ཀྱང་གསུངས་ཤིག །སློབ་དཔོན་དགོངས་སུ་གསོལ། བདག་ལ་རི་ཁྲོད་མ་ལོ་མ་གྱོན་མ་ལྗང་གུའི་རྗེས་གནང་མ་ལུས་པ་བསྐུལ་དུ་གསོལ། ཞེས་ལན་གསུམ་གྱིས་གསོལ་བ་བཏབ་ནས། ད་རྗེས་གནང་དངོས་གཞི་ལ་གསུམ་ལས། དང་པོ་སྐུའི་རྗེས་གནང་(༥༠༨ན)ནི། ཁྱེད་རང་རྣམས་དམིགས་པ་འདི་བཞིན་དུ་མཛད་པར་ཞུ། ཨོཾ་ཤྲཱུ་ཏུ་ཏྲ་ཧྣཱ་ན་བཛྲ་སྭ་ཧླ་ཕ་ཨཱུཊྛ་ཀོ་ཤ་ཧཾ། ཕྱི་ནང་གི་དངོས་པོ་ཐམས་ཅད་མི་དམིགས་པ་སྟོང་པ་ཉིད་དུ་གྱུར་པའི་ངང་ལས་པད་ཉིའི་གདན་ལ་པཾ་ལྗང་གུ་ལས་ཁྱེད་རང་རྣམས་རི་ཁྲོད་མ་ལོ་མ་གྱོན་མ་སྐུ་མདོག་ལྗང་གུ་ཞི་བའི་ཉམས་ཅན། དར་དང་རིན་པོ་ཆེས་བརྒྱན་པ། ཞལ་གཅིག་ཕྱག་གཉིས་

གཡས་རྨ་བྱའི་སྒྲོ་གཡབ་དང་། གཡོན་སྨན་སྣ་ཚོགས་ཀྱིས་གང་བའི་སྣོད་འཛིན་པ། སྐྱིལ་ཀྲུང་ཕྱེད་པའི་རོལ་པས་རྨ་བྱའི་གདན་ལ་བཞུགས་པའི་དཔྲལ་བར་ཨོཾ། མགྲིན་པར་ཨཱཿ ཐུགས་ཀར་ཧཱུྃ། ཞེས་གསལ་གདབ། དེ་ནས་སློབ་དཔོན་ཡང་རི་ཁྲོད་མ་ལོ་མ་གྱོན་མ་ལྗང་གུ་དངོས་ཡིན་སྙམ་པའི་མོས་གུས་བྱས་པས། སློབ་དཔོན་གྱི་ཐུགས་ཀ་ནས་འོད་ཟེར་འཕྲོས། མདུན་བསྐྱེད་ཀྱི་ལྷའི་ཐུགས་རྒྱུད་བསྐུལ། དེའི་ཐུགས་ཀ་ནས་འོད་ཟེར་འཕྲོས། ཕྱོགས་བཅུའི་སངས་རྒྱས་དང་བྱང་ཆུབ་སེམས་དཔའ་ཐམས་ཅད་ཀྱི་ཐུགས་རྒྱུད་བསྐུལ་བས། སློབ་དཔོན་དང་མདུན་བསྐྱེད་ཀྱི་ལྷ་དང་ཕྱོགས་བཅུའི་སངས་རྒྱས་དང་བྱང་ཆུབ་སེམས་དཔའ་ཐམས་ཅད་ཀྱི་ཐུགས་ཀ་ནས་ལོ་མ་གྱོན་མ་ལྗང་གུའི་སྐུ་ཆེ་ཆུང་དཔག་ཏུ་མེད་པ་བྱོན་ཏེ། ཁྱེད་རང་རྣམས་ཀྱི་བ་སྤུའི་བུ་ག་རྣམས་ནས་ཆར་བབས་པ་བཞིན་དུ་སིབ་སིབ་ཐིམ་པའི་མོས་པ་མཛོད། ཛཿཧཱུྃ་བཾ་ཧོཿགཉིས་སུ་མེད་པར་ཐིམ། གཉིས་པ་གསུང་གི་རྗེས་གནང་ལ། ལུང་གསུམ་ལས་དང་པོ་རྗེས་སུ་བཟླས་པའི་ལུང་སྣང་བའི་ཕྱིར། སློབ་དཔོན་གྱི་ཐུགས་ཀར་ཉི་མ་(༥༠༢བ)ལ་གནས་པའི་པཾ་ལྗང་གུ། དེ་ལས་སྔགས་ཀྱི་འཕྲེང་བ་བྱུང་། སློབ་དཔོན་གྱི་ཞལ་ནས་ཐོན། ཁྱེད་རང་རྣམས་ཀྱི་ཞལ་དུ་ཞུགས། སྙིང་གར་ཉི་མའི་སྟེང་དུ་པཾ་ལྗང་གུ་གནས་པ་ལ་ཐིམ། དེའི་དུས་སུ་ཕྱོགས་བཅུའི་སངས་རྒྱས་བྱང་ཆུབ་སེམས་དཔའ་རྣམས་ཀྱི་མཁྱེན་བརྩེ་ནུས་མཐུ་ཐམས་ཅད་འོད་ཟེར་གྱི་རྣམ་པར་སྔགས་ཕྲེང་དང་ལྡན་ཅིག་ཞལ་དུ་ཞུགས། སྙིང་གའི་པཾ་ལ་ཐིམ་པའི་མོས་པ་མཛོད་ལ། སྔགས་འདིའི་རྗེས་ཟློས་ལན་གསུམ་གསུངས་ཤིག །ཨོཾ་པི་ཤ་ཙི་པརྞ་ཤ་ཝ་རི་ཧྲི་ཏཿཧཱུྃ་ཕཊ་སྭཱཧཱ། ཞེས་དང་། ཨོཾ་པི་ཤ་ཙི་པརྞ་ཤ་ཝ་རི་སརྦ་ཛྭ་ར་ཤཱནྟིཾ་ཀུ་རུ་སྭཱཧཱ། དང་པོས་བྱིན་གྱིས་བརླབས། གཉིས་པས་དབྱེར་མེད་དུ་འདྲེས། གསུམ་པས་བརྟན་པར་བྱས་པའི་མོས་པ་མཛོད། གཉིས་པ་བྱིན་གྱིས་བརླབས་པའི་ལུང་ནི། སློབ་དཔོན་ལ་མེ་ཏོག་འཐོར་བཞིན་དུ་འདིའི་རྗེས་ཟློས་མཛོད་ཅིག །བཅོམ་ལྡན་བདག་གིས་

ཞེས་སོགས་ལན་གསུམ། དེ་ལྟར་ཕུལ་བའི་མེ་ཏོག་དེ་ཉིད་སླར་ཡང་བྱིན་གྱིས་བརླབས་ཏེ། ཁྱེད་རང་གི་སྤྱི་བོར་ཕུལ་བར་མོས་པ་མཛོད་ཅིག །སློབ་དཔོན་གྱིས་མེ་ཏོག་གཏོར་ཞིང་། བཅོམ་ལྡན་འདི་ལ་ཞེས་སོགས་དང་། རིག་པ་འཛིན་པ་འདི་རྣམས་ལ་ལོ་མ་གྱོན་མ་ལྗང་གུའི་སྐུ་གསུང་ཐུགས་ཀྱི་བྱིན་རླབས་མ་ལུས་པ་འཇུག་པར་གྱུར་ཅིག །གསུམ་པ་དམ་བཅའ་བའི་ལུང་གི་ཕྱིར། བཅོམ་ལྡན་འདས་མ་རི་ཁྲོད་མ་ལོ་མ་གྱོན་མ་ལྗང་གུ་འདི་ཉིད་ཇི་སྲིད་བྱང་ཆུབ་མ་ཐོབ་བར་གྱི་ཡི་དམ་དུ་བཟུང་ངོ་། །བདག་ཐུགས་ཀྱིས་མ་བཏང་ཞིག་སྙམ་པའི་བསམ་(༥༠༩ན)པས་འདིའི་རྗེས་ཟློས་གསུངས་ཤིག །སློབ་དཔོན་དགོངས་སུ་གསོལ། བདག་རིག་པ་འཛིན་པ་མིང་འདི་ཞེས་བགྱི་བས་དུས་འདི་ནས་བཟུང་སྟེ། ཇི་སྲིད་བྱང་ཆུབ་སྙིང་པོ་ལ་མཆིས་ཀྱི་བར་དུ་བཅོམ་ལྡན་འདས་མ་རི་ཁྲོད་མ་ལོ་མ་གྱོན་མ་ལྗང་གུ་ཡི་དམ་གྱི་ལྷར་བཟུང་ནས། འདིའི་གསང་སྔགས་ཉེ་མ་རེ་རེ་བཞིན་འདི་ཙམ་རེ་འདོན་པར་དམ་འཆའ་ལགས་སོ། །ཞེས་ལན་གསུམ་བརྗོད། གསུམ་པ་ཐུགས་ཀྱི་རྗེས་གནང་ནི། མདུན་བསྐྱེད་ཀྱི་ལྷ་ལ་མོས་གུས་དུང་དུང་བ་དང་། བདག་གི་རྒྱུད་བྱིན་གྱིས་བརླབ་ཏུ་གསོལ་སྙམ་པ་མཛད་པས། མདུན་བསྐྱེད་ཀྱི་ལྷའི་ཐུགས་ཀ་ནས་ལོ་མ་གྱོན་མ་ལྗང་གུའི་སྐུ་སོར་ཚད་ཙམ་ཅིག་རྒྱུངས་ཏེ་བྱོན། ཁྱེད་རང་རྣམས་ཀྱི་སྙིང་གའི་ས་བོན་དང་དབྱེར་མེད་དུ་འདྲེས་རྒྱུད་བྱིན་གྱིས་བརླབས་པའི་མོས་པ་མཛོད། རྗེས་ཀྱི་བྱ་བ་སྤྱི་དང་འདྲའོ། །

༄ **གཟའ་ཡུམ་རིག་པའི་རྒྱལ་མོ་ལ།** སྐྱབས་སེམས་ཚད་མེད་བཞི་སྔོན་དུ་འགྲོ་བས། སྭ་བྷཱ་ཝས་སྟོང་པར་སྦྱངས། སྟོང་པའི་ངང་ལས་པད་ཟླའི་སྟེང་དུ་ཧཱུྃ་ལས་རྡོ་རྗེ་ཧཱུྃ་གིས་མཚན་པ་ལས། རང་ཉིད་རིག་པའི་རྒྱལ་མོ་གཟའ་ཡུམ་སྐུ་མདོག་དཀར་མོ། དཀར་སྨོ་དམར་བའི་ཞལ་རེ་རེ་ལ་སྤྱན་གསུམ་གསུམ་དང་ལྡན་པ། ཕྱག་དྲུག་གི་དང་པོ་གཉིས་ཆོས་འཆད། བར་པ་གཉིས་རྡོ་རྗེ་དང་པདྨ། ཐ་མ་གཉིས་མདའ

གཞུ་འཛིན་པ། ཞབས་རྡོ་རྗེའི་སྐྱིལ་ཀྲུང་གིས་བཞུགས་པ། ལྷ་རྫས་ཀྱི་རྒྱན་དང་ན་
བཟའ་ཅན་ནོ། །དཔྲལ་བར་ཨོཾ། མགྲིན་པར་ཨཱཿ ཐུགས་(༥༦༩བ)ཀར་ཧཱུྃ། རང་གི་
སྙིང་ག་ནས་འོད་ཟེར་འཕྲོས། རང་བཞིན་གྱི་གནས་ནས་རིག་པའི་རྒྱལ་མོ་གཟའ་
ཡུམ་འཁོར་དང་བཅས་པ་བཛྲ་ས་མ་ཛཿཛཿཧཱུྃ་བཾ་ཧོཿགཉིས་སུ་མེད་པར་གྱུར། ཡང་
འོད་ཟེར་འཕྲོས། དབང་གི་ལྷ་དེ་བཞིན་གཤེགས་པ་འཁོར་དང་བཅས་པ་བཛྲ་
ས་མ་ཛཿམཆོད་པ་བྱ་རྒྱུད་ལྟར་བྱིན་གྱིས་བརླབས། ཨརྒྷཾ་སོགས་ཀྱིས་མཆོད། དེ་
བཞིན་གཤེགས་པ་ཐམས་ཅད་ཀྱིས་བདག་ལ་མངོན་པར་དབང་བསྐུར་དུ་གསོལ།
ཞེས་གསོལ་བ་བཏབ་པས། ཇི་ལྟར་བལྟམས་པ་ནས་ཁྲི་ཡེ་ཧཱུྃ། ཞེས་གསུངས་ཤིང་
དབང་བསྐུར། སྐུ་གང་། དྲི་མ་དག །ཆུ་ལྷག་མ་ཡར་ལུད་པ་ལས་རྣམ་པར་སྣང་
མཛད་ཀྱིས་དབུ་བརྒྱན་པར་གྱུར། དེ་ནས་བཟླས་པའི་དམིགས་པ་གསལ་བཏབ་ལ།
ཨོཾ་སརྦ་བིདྱ་ཧཱུྃ་ཧཱུྃ་ཕཊ་སྭཱཧཱ། ཞེས་སྙིང་པོ་དང་། ཨོཾ་ན་མོ་ཧྲ་ག་ཋ་ཧྲི་སྭཱཧཱ། ཞེས་
ཉེ་སྙིང་གང་ནུས་བཟླ། ཨརྒྷཾ་ནས་ཤབྡའི་བར་གྱིས་མཆོད། གང་གི་མཚན་ཙམ་
བཟུང་བས་ཀྱང་། །གཟའ་དང་རྒྱུ་སྐར་གདོན་རྣམས་ཀྱི། །ཉེར་འཚེ་མཐའ་དག་ཞི་
མཛད་པ། །རིག་པའི་རྒྱལ་མོ་ཁྱོད་ལ་བསྟོད། །ཅེས་བསྟོད། ཨོཾ་སརྦ་བིདྱ་བཛྲ་མུཿ
ཞེས་ཡེ་ཤེས་པ་གཤེགས། གཏོར་མ་འབུལ་བར་འདོད་ན། དཀར་གཏོར་མཆོད་
པ་དང་བཅས་པ་བཤམས། ཨོཾ་བཛྲ་ཡཀྴ་ཧཱུྃ་གིས་བསངས། ཧཱུྃ་བཛྲ་ཨ་ན་ལ་ཧ་ན་
ད་ཧ་པ་ཙ་མ་ཐ་བྷཉྫ་ར་ཊ་ཧཱུྃ་ཕཊ། ཅེས་པའི་སྔགས་དང་ཕྱག་རྒྱས་གང་བར་བྱས།
ཨོཾ་ཨ་ཀཱ་རོ་མུ་ཁཾ་སརྦ་དྷརྨཱ་ཎཾ་ཨཱདྱ་ནུཏྤནྣ་ཏྭད་ཨོཾ་ཨཱཿཧཱུྃ་ཕཊ་སྭཱཧཱ། ཞེས་བཞེད་དོན་
འགྲུབ་པར་བྱིན་གྱིས་(༥༧༠ན)བརླབས། རང་གི་སྙིང་ག་ནས་འོད་ཟེར་འཕྲོས། རིག་
པའི་རྒྱལ་མོ་གཟའ་ཡུམ་ལ་སངས་རྒྱས་བྱང་ཆུབ་སེམས་དཔའ་གཟའ་དང་རྒྱུ་སྐར་
འབྱུང་པོའི་ཚོགས་ཀྱིས་བསྐོར་བ་ཨོཾ་བཛྲ་ས་མ་ཛཿཨོཾ་སརྦ་བིདྱ་སརྦ་བུདྡྷ་བོ་དྷི་སཏྭ་
ནཱཾ། སརྦ་གྲ་ཧ་ནཀྵ་ཏྲ། སརྦ་བྷུ་ཏེ་བྷྱཿཨི་དཾ་བ་ལིཾ་གྲྀཧྞ་སྭཱ་ཧཱ། གྲྀཧྞ་སྭཱ་ཧཱ། ཧཱུྃ་ཧཱུྃ་

པཏ་པཏ་སྭཱཧཱ། ཞེས་ལན་གསུམ་གྱིས་ཕུལ། གོང་བཞིན་མཆོད་བསྟོད་དང་མཆོད་སྤྲིན་གཏོར་མ་སོགས་འདོད་དོན་གསོལ་བཏབ་རྣམས་བྱས་ལ། དེ་དག་གི་རྒྱུད་བསྐུལ་བའི་ཕྱིར་གཟུངས་མདོ་འདོན་པར་བྱ་ཞིང་། མཐར་ཡིག་བརྒྱ་སོགས་བྱའོ། །

འདིའི་རྗེས་གནང་ནི། མཎྜལ་གྱི་སྟེང་དུ་ཚོམ་བུ་དཀར་པོ་དགོད། མདུན་དུ་ཐུམ་གཏོར་དཀར་པོ། མཆོད་པ་རྣམས་བཤམས། བདག་བསྐྱེད་བཟླས་པ་དང་བཅས་པ་བྱ། མཆོད་པ་སྦྱི་དང་མཐུན་པར་བྱིན་གྱིས་བརླབས། མདུན་བསྐྱེད་བསངས་སྦྱངས། སྟོང་པའི་ངང་ལས་པད་ཟླའི་སྟེང་དུ་ཧཱུྃ་ལས་རྡོ་རྗེ་ཧཱུྃ་གིས་མཚན་པ་ལས། རིག་པའི་རྒྱལ་མོ་གཟའ་ཡུམ་ཞེས་པ་ནས་བསྟོད་པའི་བར་བདག་བསྐྱེད་དང་འདྲ་བ་ལས། བདག་ལ་ཞེས་པ་འདི་ལ་ཞེས་འདོན་པ་བསྒྱུར། དེ་ནས་གཏོར་མ་བྱིན་གྱིས་བརླབས་ནས་ཕུལ། མཆོད་བསྟོད་བྱ་ཞིང་འདོད་དོན་ལ་གསོལ་བ་བཏབ་བོ། །

སློབ་མའི་བྱ་བ་ནི། མཎྜལ་ཕུལ། གསོལ་བ་འདེབས་པ་འདིའི་རྗེས་གནང་གསུངས་ཤིག །རྡོ་རྗེ་འཛིན་པ་ནས་བསྐུལ་དུ་གསོལ། ཞེས་ལན་གསུམ། རྒྱུད་དག་པར་བྱ་བའི་ཕྱིར་མདུན་བསྐྱེད་ཀྱི་ཚོམ་བུ་འདི་ཉིད་ཀྱང་རིག་པའི་(༥༧༠བ)རྒྱལ་མོར་དངོས་སུ་བཞུགས་པར་མོས་ལ། དེའི་སྟེང་གི་ནམ་མཁར་བཞུགས་པའི་སངས་རྒྱས་བྱང་སེམས་རྣམས་ཀྱི་དྲུང་དུ་སྐྱབས་འགྲོ་སྔོན་དུ་འགྲོ་བའི་བྱང་ཆུབ་ཀྱི་སེམས་བཟུང་བ་ལ་སོགས་པ་བགྱིད་སྙམ་པས་འདིའི་རྗེས་སྣོན་མཛོད། དཀོན་མཆོག་གསུམ་ལ་བདག་སྐྱབས་མཆི། །ཞེས་སོགས་ལན་གསུམ་དང་། ཁྱད་པར་དུ་རིག་པའི་རྒྱལ་མོ་གཟའ་ཡུམ་གྱི་རྗེས་གནང་བསྐུལ་དུ་གསོལ་སྙམ་པའི་འདུན་པས་འདིའི་རྗེས་སྣོན་ཀྱང་གསུངས་ཤིག །སློབ་དཔོན་དགོངས་སུ་གསོལ། བདག་ལ་རིག་པའི་རྒྱལ་མོ་གཟའ་ཡུམ་གྱི་རྗེས་གནང་མ་ལུས་པ་བསྐུལ་དུ་གསོལ། ཞེས་ལན་གསུམ་གྱིས་གསོལ་བ་བཏབ་ནས། ད་རྗེས་གནང་གི་གཞི་དགོད་པའི་སླད་དུ་དམིགས་པ་འདི་བཞིན་དུ་མཛད་པར་ཞུ། ཨོཾ་ཤྲུ་ཙྪ་ཏྲ་ཀླྀ་ན་བཪྻ་ཤྭ་ཙྪ་ཕ་ཨཏྨ་ཀོ་ཥཧཾ། ཕྱི་ནང་གི་དངོས་པོ་

ཐམས་ཅད་མི་དམིགས་པ་སྟོང་པ་ཉིད་དུ་གྱུར་པའི་ངང་ལས་པད་ཟླའི་སྟེང་དུ་ཁྱེད་རང་རྣམས་ཀྱི་སེམས་ཉིད་ཧཱུྃ་ལས་རྡོ་རྗེ་ཧཱུྃ་གིས་མཚན་པ་ལས། ཁྱེད་རང་རྣམས་རིག་པའི་རྒྱལ་མོ་གཟའ་ཡུམ་སྐུ་མདོག་དཀར་མོ། དཀར་སྔོ་དམར་བའི་ཞལ་རེ་རེ་ལ་སྤྱན་གསུམ་གསུམ་དང་ལྡན་པ། ཕྱག་དྲུག་གི་དང་པོ་གཉིས་ཆོས་འཆད། བར་པ་གཉིས་རྡོ་རྗེ་དང་པདྨ། ཐ་མ་གཉིས་མདའ་གཞུ་འཛིན་པ། ཞབས་རྡོ་རྗེའི་སྐྱིལ་ཀྲུང་གིས་བཞུགས་པ། ལྷ་རྫས་ཀྱི་རྒྱན་དང་ན་བཟའ་ཅན་ནོ། །དཔྲལ་བར་ཨོཾ། མགྲིན་པར་ཨཱཿ ཐུགས་ཀར་ཧཱུྃ། ཞེས་གསལ་བཏབ། ད་རྗེས་གནང་དངོས་གཞི་ལ་གསུམ་ལས། དང་པོ་སྐུའི་རྗེས་གནང་ནི། དེ་(༥༦༧ན)ནས་སློབ་དཔོན་ཡང་རིག་པའི་རྒྱལ་མོ་གཟའ་ཡུམ་དངོས་ཡིན་སྙམ་པའི་མོས་གུས་བྱས་པས། སློབ་དཔོན་གྱི་ཐུགས་ཀ་ནས་འོད་ཟེར་འཕྲོས། མདུན་བསྐྱེད་ཀྱི་ལྷའི་ཐུགས་རྒྱུད་བསྐུལ། དེའི་ཐུགས་ཀ་ནས་འོད་ཟེར་འཕྲོས། ཕྱོགས་བཅུའི་སངས་རྒྱས་བྱང་སེམས་ཐམས་ཅད་ཀྱི་ཐུགས་རྒྱུད་བསྐུལ་བས། སློབ་དཔོན་དང་མདུན་བསྐྱེད་ཀྱི་ལྷ་དང་ཕྱོགས་བཅུའི་སངས་རྒྱས་དང་བྱང་ཆུབ་སེམས་དཔའ་ཐམས་ཅད་ཀྱི་ཐུགས་ཀ་ནས་རིག་པའི་རྒྱལ་མོ་གཟའ་ཡུམ་གྱི་སྐུ་ཆེ་ཆུང་དཔག་ཏུ་མེད་པ་བྱོན། ཁྱེད་རང་རྣམས་ཀྱི་བ་སྤུའི་བུ་ག་རྣམས་ནས་ཆར་བབས་པ་བཞིན་དུ་སིབ་སིབ་ཐིམ་པའི་མོས་པ་མཛོད། ཛཿཧཱུྃ་བཾ་ཧོཿགཉིས་སུ་མེད་པར་ཐིམ། དྲིལ་བུའམ་ཏིང་ཤགས་འཕྲོལ། ཡང་སློབ་དཔོན་གྱི་ཐུགས་ཀ་ནས་འོད་ཟེར་འཕྲོས། དབང་གི་ལྷ་རྣམས་སྤྱན་དྲངས། ཁྱེད་རྣམས་ཀྱིས་སློབ་མ་འདི་རྣམས་ལ་མངོན་པར་དབང་བསྐུར་དུ་གསོལ། ཞེས་གསོལ་བ་བཏབ་པས། ཨོཾ་སརྦ་ཏ་ཐཱ་ག་ཏ་ཨ་བྷི་ཥི་ཀ་ཏ་ས་མ་ཡ་ཤྲཱི་ཡེ་ཧཱུྃ། ཞེས་གསུངས་ཤིང་དབང་བསྐུར་བས། སྐུ་གང་། དྲི་མ་དག །ཆུའི་ལྷག་མ་ཡར་ལུད་པ་ལས་རྣམ་པར་སྣང་མཛད་ཀྱིས་དབུ་བརྒྱན་པར་མོས་པ་མཛོད། གཉིས་པ་གསུང་གི་རྗེས་གནང་ནི། སློབ་དཔོན་གྱི་སྙིང་གར་ཟླ་བའི་དཀྱིལ་འཁོར་གྱི་སྟེང་དུ་ཧཱུྃ་དཀར་པོ། དེ་ལས་

སྔགས་ཀྱི་འཕྲེང་བ་བྱུང་། སློབ་དཔོན་གྱི་ཞལ་ནས་ཐོན། ཁྱེད་རང་རྣམས་ཀྱི་ཞལ་དུ་ཞུགས། ཐུགས་ཀར་ཟླ་བའི་སྟེང་དུ་ཧཱུཾ་དཀར་(༥༧༡བ)པོ་གནས་པ་ལ་ཐིམ། དེའི་དུས་སུ་ཕྱོགས་བཅུའི་སངས་རྒྱས་དང་བྱང་ཆུབ་སེམས་དཔའ་རྣམས་ཀྱི་མཁྱེན་བརྩེ་ནུས་མཐུ་ཐམས་ཅད་འོད་ཟེར་གྱི་རྣམ་པར་སྔགས་ཕྲེང་དང་ལྷན་ཅིག་ཞལ་དུ་ཞུགས། སྙིང་གའི་ཧཱུཾ་ལ་ཐིམ་པའི་མོས་པ་མཛོད་ལ། སྔགས་འདིའི་རྗེས་ཟློས་ལན་གསུམ་གསུངས་ཤིག །ཨོཾ་སརྦ་བིདྡྷ་ཧཱུཾ་ཧཱུཾ་ཕཊ་སྭཱཧཱ། ཞེས་པ་དང་། ཨོཾ་ན་མོ་ཧྲ་ག་ཤ་ཧྲི་སྭཱཧཱ། དང་པོས་བྱིན་གྱིས་བརླབས། གཉིས་པས་དབྱེར་མེད་དུ་འདྲེས། གསུམ་པས་བརྟན་པར་བྱས་པའི་མོས་པ་མཛོད། སློབ་དཔོན་ལ་མེ་ཏོག་འཐོར་བཞིན་དུ་འདིའི་རྗེས་ཟློས་མཛོད་ཅིག །བཅོམ་ལྡན་བདག་གིས་ཞེས་སོགས་ལན་གསུམ། དེ་ལྟར་ཕུལ་བའི་མེ་ཏོག་དེ་ཉིད་སླར་ཡང་བྱིན་གྱིས་བརླབས་ཏེ། ཁྱེད་རང་གི་སྤྱི་བོར་ཕུལ་བའི་མོས་པ་མཛོད་ཅིག །སློབ་དཔོན་གྱིས་མེ་ཏོག་གཏོར་བཞིན། བཅོམ་ལྡན་འདི་ལ་ཞེས་སོགས་དང་། རིག་པ་འཛིན་པ་འདི་རྣམས་ལ་རིག་པའི་རྒྱལ་པོ་གཟའ་ཡུམ་གྱི་སྐུ་གསུང་ཐུགས་ཀྱི་བྱིན་རླབས་མ་ལུས་པ་འཇུག་པར་གྱུར་ཅིག །གསུམ་པ་ཐུགས་ཀྱི་རྗེས་གནང་ནི། མདུན་བསྐྱེད་ཀྱི་ལྷ་ལ་མོས་གུས་དུང་དུང་བ་དང་། བདག་གི་རྒྱུད་བྱིན་གྱིས་བརླབ་ཏུ་གསོལ་སྙམ་པ་མཛད་པས། མདུན་བསྐྱེད་ཀྱི་ལྷའི་ཐུགས་ཀ་ནས་ཕྱག་མཚན་གྱི་ཚོགས་དཔག་ཏུ་མེད་པ་རྒྱངས་ཏེ་བྱོན། ཁྱེད་རང་རྣམས་ཀྱི་སྙིང་གའི་ས་བོན་དང་དབྱེར་མེད་དུ་འདྲེས། རྒྱུད་བྱིན་གྱིས་བརླབས་པའི་མོས་པ་མཛོད། རྗེས་ཆོག་སྤྱི་དང་འདྲ། །

༄ ཁྲོ་བོའི་རྒྱལ་པོ་སྨེ་བརྩེགས་དུད་ཁ་ལ། (༥༧༢ན)སྐྱབས་སེམས་སྔོན་དུ་འགྲོ་བས། རང་གི་སྙིང་གའི་ཧཱུཾ་ལས་འོད་ཟེར་འཕྲོས། ཁྲོ་རྒྱལ་སྨེ་བརྩེགས་མདུན་གྱི་ནམ་མཁར་བཛྲ་ས་མ་ཛཿཨོཾ་ཨུ་ཙྪུཥྨ་མཧཱ་ཀྲོ་ཧ་ནཱ་ཛ་ས་པ་རི་ཡཱ་ར་ཨཀྵཾ་པྲ་ཧྲི་ཥྚ་ཧཱུཾ་སྭཱཧཱ་ནས་ཤཱུནྱའི་བར་གྱིས་མཆོད། ཁྲོ་བོའི་རྒྱལ་པོ་སྨེ་བརྩེགས་ནི། །ཞལ་གསུམ་ཕྱག་དྲུག་

ཞབས་གཉིས་བགྲད། །དུད་ཁ་མེ་རིའི་དབུས་ན་བཞུགས། །སྟོབས་པོ་ཆེ་ལ་ཕྱག་འཚལ་ལོ། །དཀོན་མཆོག་གསུམ་ལ་བདག་སྐྱབས་མཆི། །སོགས་ཀྱིས་རྒྱུན་བཤགས་བྱ། ཚད་མེད་བཞི་སྤྱི་དང་མཐུན་པར་བསྒོམ། སྭ་བྷཱ་ཝས་སྟོང་པར་སྦྱངས། སྟོང་པའི་ངང་ལས་པཾ་ལས་པདྨ་དང་རཾ་ལས་ཉི་མའི་དཀྱིལ་འཁོར་གྱི་སྟེང་དུ་རང་སེམས་ཧཱུྃ་ཡིག་དུད་ཁ་ལས་འོད་ཟེར་འཕྲོས། འཕགས་པ་མཆོད། སེམས་ཅན་གྱི་དོན་བྱས། ཚུར་འདུས་ཡོངས་སུ་གྱུར་པ་ལས་རང་ཉིད་ཁྲོ་བོའི་རྒྱལ་པོ་སྨེ་བརྩེགས་སྟོབས་པོ་ཆེའི་སྐུར་གྱུར་པ་ནི། ཞལ་གསུམ་ཕྱག་དྲུག་རྩ་ཞལ་དང་སྐུ་མདོག་དུད་ཁ། གཡས་དཀར་གཡོན་དམར་བའི་ཞལ་སྤྱན་གསུམ་གསུམ་དང་ལྡན་ཞིང་མཆེ་བ་བཞི་བཞི་གཙིགས་པ། ཐོད་སྐམ་ལྔ་ལྔས་དབུ་ལ་བརྒྱན་པ། དབུ་སྐྲ་ཁམ་སེར་གྱེན་དུ་བརྫེས་པ་ལ་སྦྲུལ་སྔོན་པོ་ལྟོ་སེར་གྱིས་དཀྲིས་པ། སྨ་ར་སྨིན་མ། ཕྱག་དྲུག་གཡས་ཀྱི་དང་པོ་ན་རྡོ་རྗེ་རྒྱ་གྲམ། གཉིས་པ་ན་རྡོ་རྗེ་རྩེ་ལྔ་པ། གསུམ་པ་ན་རྡོ་རྗེ་ལྕགས་ཀྱུ། གཡོན་གྱི་དང་པོ་ན་རྡོ་རྗེ་དབྱུག་པ། གཉིས་པ་ན་རྡོ་རྗེ་ཞགས་པ། གསུམ་པ་ན་རྡོ་རྗེའི་སྡིགས་མཛུབ་མཛད་པ། ཕྱག་ཐམས་ཅད་བཀྲུང་ཞིང་། ཐོད་(༥༧༢བ)སྐམ་གྱི་སེ་རལ་ཁ་དང་། ཡན་ལག་སྦྲུལ་གྱིས་བརྒྱན་པ། སྟག་ལྤགས་ཀྱི་ཤམ་ཐབས་ཅན། ཞབས་གཉིས་བགྲད་པའི་སྟབས་ཀྱིས་ཉི་མའི་གདན་ལ་བཞུགས་པ་ཡེ་ཤེས་ཀྱི་མེ་འབར་བའི་དབུས་ན་འཁྱིལ་བའོ། །དཔྲལ་བར་ཨོཾ། མགྲིན་པར་ཨཱཿ ཐུགས་ཀར་ཧཱུྃ། ཐུགས་ཀའི་ཧཱུྃ་ལས་འོད་ཟེར་འཕྲོས་པས་རང་བཞིན་གྱི་གནས་ནས་བླ་མ་ཡི་དམ་སངས་རྒྱས་བྱང་ཆུབ་སེམས་དཔའི་ཚོགས་ཐམས་ཅད་ཁྲོ་རྒྱལ་སྨེ་བརྩེགས་ཀྱི་རྣམ་པར་བཛྲ་ས་མ་ཛཿ རབ་ཞི་ཆོས་སྐུའི་ངང་ལས་མ་གཡོས་ཀྱང་། །གདུག་པ་འདུལ་ཕྱིར་རབ་ཏུ་ཁྲོས་པའི་སྐུ། །རྒྱལ་བ་ཀུན་གྱི་འཕྲིན་ལས་གཅིག་བསྡུས་པ། །ཁྲོ་རྒྱལ་འཁོར་བཅས་གནས་འདིར་གཤེགས་སུ་གསོལ། །གོང་བཞིན་མཆོད། ཛཿཧཱུྃ་བཾ་ཧོཿགཉིས་སུ་མེད་པར་ཐིམ། ཡང་ཐུགས་ཀའི་ཧཱུྃ་ལས་འོད་ཟེར་འཕྲོས། རང་

བཞིན་གྱི་གནས་ནས་དབང་གི་ལྷ་རིགས་ལྔ་འཁོར་དང་བཅས་པ་བཛྲ་ས་མཱ་ཛཿཨོཾ་པཉྩ་ཀུ་ལ་ས་པ་རི་ཝཱ་ར་བཛྲ་པུཥྤེ་ཨཱཿཧཱུཾ། སོགས་ཉེར་སྤྱོད་ལྔས་མཆོད། དེ་བཞིན་གཤེགས་པ་ཐམས་ཅད་ཀྱིས་བདག་ལ་མངོན་པར་དབང་བསྐུར་བ་བསྩལ་དུ་གསོལ། ཞེས་གསོལ་བ་བཏབ་པས། དབང་གི་ལྷ་རྣམས་ཀྱིས། ཨོཾ་སརྦ་ཏ་ཐཱ་ག་ཏ་ཨ་བྷི་ཥི་ཀ་ཏ་ས་མ་ཡ་ཤྲཱི་ཡེ་ཧཱུཾ། ཞེས་གསུངས་ཤིང་། བུམ་པའི་ཆུས་དབང་བསྐུར། ལུས་ཐམས་ཅད་གང་། དྲི་མ་ཐམས་ཅད་དག །ཆུའི་ལྷག་མ་ཡར་ལུད་པ་ལས་མི་བསྐྱོད་པས་དབུ་བརྒྱན་པར་གྱུར། ཨརྒྷཾ་ནས་ཤབྡའི་བར་གྱིས་མཆོད། རབ་ཞི་ཆོས་སྐུའི་ངང་ལས་མ་(ཡ༧༣ན)གཡོས་ཀྱང་། །གདུག་པ་འདུལ་ཕྱིར་རབ་ཏུ་ཁྲོས་པའི་སྐུ། །རྒྱལ་བ་ཀུན་གྱི་འཕྲིན་ལས་གཅིག་བསྡུས་པ། །ཁྲོ་རྒྱལ་སྨེ་བ་བརྩེགས་ལ་ཕྱག་འཚལ་ལོ། །ཞེས་པས་བསྟོད། དེ་ནས་བཟླས་པའི་དམིགས་པ་གསལ་བཏབ་ལ། ཨོཾ་ཝཛྲ་ཀྲོ་མཧཱ་པྲ་ན་ཡེ་ཝཛྲཙྪེ་ཝཛྲཀྵེ་བི་མ་ན་སེ་ཨུ་ཙྪུཥྨ་མཧཱ་ཀྲོ་དྷ་ཧཱུཾ་ཕཊ། ཅེས་པ་དང་། ཨོཾ་ཝཛྲཀྲེ་རི་ལི་ཤུ་ཐར་ཤ་ཏུར་ཤེ་བི་མ་ལེ་ཨུ་ཙྪུཥྨ་མཧཱ་ཀྲོ་དྷ་ཧཱུཾ་ཕཊ། ཅེས་ཅི་ནུས་སུ་བཟླའོ། །འདིའི་རྗེས་གནང་གི་བྱ་བ་ནི། མཎྜལ་པདྨ་འདབ་བརྒྱད་ཀྱི་དབུས་སུ་མེ་ཏོག་གི་ཚོམ་བུ་བཀོད། མཎྜལ་གྱི་དབུས་སམ་གཡས་གཡོན་ཅི་བདེ་བར་བུམ་པ་བཅས་ལ་གཏོར་མ་གསུམ་དང་མཆོད་པ་བཤམས། མཆོད་པ་བྱིན་རླབས་ཀྱི་དང་མཐུན་པར་བྱ། སྐྱབས་འགྲོ་ནས་བཟླས་པའི་བར་བདག་བསྐྱེད་རྫོགས་པར་བྱ། མདུན་བསྐྱེད་བསངས་སྦྱངས། སྟོང་པའི་ངང་ལས་པཾ་ལས་པདྨ་དང་ཨ་ལས་ཟླ་བའི་སྟེང་དུ་ཧཱུཾ་ལས་རིན་པོ་ཆེའི་བུམ་པ་མཚན་ཉིད་ཐམས་ཅད་ཡོངས་སུ་རྫོགས་པའི་ནང་དང་། མཎྜལ་གྱི་དབུས་སུ་པཾ་ལས་པདྨ་དང་རཾ་ལས་ཉི་མའི་དཀྱིལ་འཁོར་གྱི་སྟེང་དུ་ཧཱུཾ་ཡིག་དུད་ཁ་ལས་འོད་ཟེར་འཕྲོས། འཕགས་པ་མཆོད། སེམས་ཅན་གྱི་དོན་བྱས། ཚུར་འདུས་ཡོངས་སུ་གྱུར་པ་ལས་ཁྲོ་བོའི་རྒྱལ་པོ་སྨེ་བརྩེགས་སྟོབས་པོ་ཆེའི་སྐུར་གྱུར་པ་ནི། ཞེས་པ་ནས། མི་བསྐྱོད་པས་དབུ་བརྒྱན་པར་གྱུར། ཅེས་

པའི་བར་བདག་བསྐྱེད་དང་འདྲ་བ་ལས་བདག་ལ་ཞེས་པ་འདི་ལ་ཞེས་འདོན་པ་བསྒོ། རང་གི་སྙིང་ག་ནས་ཐུགས་ཀྱི་འཕྲེང་བ་གཟུངས་ཐག་ལ་(༥༧༣བ)འཕྲིལ་ནས་སོང་། བུམ་ནང་གི་ལྷའི་སྐུ་ལས་བདུད་རྩིའི་རྒྱུན་བབས་ཏེ་བུམ་པ་གང་བར་གྱུར། བཟླས་པ་ཅི་འགྲུབ་བྱ། མཆོད་བསྟོད་རྒྱས་པའམ་བསྡུ་ན་བདག་བསྐྱེད་བཞིན་བྱ། གཏོར་མ་ཨ་སྨྲི་ཏས་བསངས། སྭ་བྷཱ་ཝས་སྦྱངས། སྟོང་པའི་ངང་ལས་ཨ་ལས་ཡེ་ཤེས་ཀྱི་ཀ་པཱ་ལ་ཡངས་ཤིང་རྒྱ་ཆེ་བའི་ནང་དུ་ཨོཾ་ཨཱཿཧཱུྃ་ཞུ་བ་ལས་བྱུང་བའི་གཏོར་མ་བདུད་རྩིའི་རྒྱ་མཚོ་ཆེན་པོར་གྱུར། ཨོཾ་ཨཱཿཧཱུྃ་ཧ་ཧོ་ཧྲཱིཿ གཏོར་མ་དང་པོ་སྙིང་པོའི་མཐར། ཨོཾ་ཨ་ཀཱ་རོ་མུ་ཁཾ་སརྦ་དྷརྨཱ་ཎཱཾ། ཨཱདྱ་ནུཏྤནྣ་ཏྭཏ་ཨོཾ་ཨཱཿཧཱུྃ་ཕཊ་སྭཱཧཱ། ཞེས་པ་ལན་ལྔས་ཁྲོ་བོ་ཆེན་པོ་ལ་འབུལ། མཆོད་སྦྱིན་གཏོར་མ་འདི་བཞེས་ལ་སོགས་ཀྱིས་གསོལ་བ་བཏབ། གཉིས་པ་ཆོས་སྐྱོང་ནག་པོ་ཆེན་པོ་ལ་འབུལ། གསུམ་པ། ན་མཿསརྦ་ཏ་ཐཱ་ག་ཏ་ཨ་ཝ་ལོ་ཀི་ཏེ་ཨོཾ་སམྦྷ་ར་སམྦྷ་ར་ཧཱུྃ། ཞེས་ཁ་འབར་མའི་ཐུགས་ཀྱིས་རིགས་དྲུག་ལ་བསྔོ། སླར་ཡང་བུམ་བསྐྱེད་ཀྱི་ལྷ་ལ་མཆོད་བསྟོད་བྱ། ཡིག་བརྒྱ་བཟློད་གསོལ་དང་། ཨོཾ་ཨཱཿཧཱུྃ། ཞེས་དུང་ཆོས་ཀྱི་ཆུས་མཆོད་ཡོན་ཕུལ། ཡེ་ཤེས་པ་གཤེགས། དམ་ཚིག་པ་ཞུ་བ་ལས་བྱུང་བའི་བུམ་པའི་ཆུ་ནུས་པ་ཀུན་དང་ལྡན་པར་གྱུར། ཅེས་བརྗོད། སློབ་མས་མཎྜལ་ཕུལ། གསོལ་བ་འདེབས་པ་འདིའི་རྗེས་ཟློས་གསུངས་ཤིག །རྡོ་རྗེ་འཛིན་པ་ནས་བསྐུལ་དུ་གསོལ། ཞེས་ལན་གསུམ། རྒྱུད་དག་པར་བྱ་བའི་ཕྱིར། མདུན་བསྐྱེད་ཀྱི་ཚོམ་བུ་འདི་ཉིད་ཀྱང་ཁྲོ་བོ་སྐྱེ་བརྩེགས་དངོས་སུ་བཞུགས་པར་མོས་ལ་དེའི་སྙིང་གི་ནམ་མཁར་བཞུགས་པའི་སངས་རྒྱས་བྱང་(༥༧༤ན)སེམས་རྣམས་ཀྱི་དྲུང་དུ་སྐྱབས་འགྲོ་སྔོན་དུ་འགྲོ་བའི་བྱང་ཆུབ་ཀྱི་སེམས་བཟུང་སྙམ་པས་འདིའི་རྗེས་ཟློས་མཛོད། དཀོན་མཆོག་གསུམ་ལ་བདག་སྐྱབས་མཆི། །སོགས་ལན་གསུམ་དང་། ཁྱད་པར་དུ་ཁྲོ་རྒྱལ་སྐྱེ་བརྩེགས་ཀྱི་སྐུའི་རྗེས་གནང་བསྐུལ་དུ་གསོལ་སྙམ་པའི་འདུན་པས་འདིའི་རྗེས་ཟློས་མཛོད།

དུས་གསུམ་སངས་རྒྱས་ཐམས་ཅད་ཀྱི། །སྐུ་ཡི་ངོ་བོ་སློབ་དཔོན་གྱིས། །བདག་ལ་ཁྲོ་རྒྱལ་སྨེ་བརྩེགས་ཀྱི། །སྐུ་ཡི་རྗེས་གནང་བསྐུལ་དུ་གསོལ། །ཞེས་ལན་གསུམ་གྱིས་གསོལ་བ་བཏབ། ཁྱེད་རང་རྣམས་དམིགས་པ་འདི་བཞིན་དུ་མཛོད། ཨོཾ་ཤཱུ་ནྱ་ཏཱ་ཛྙཱ་ན་བཛྲ་སྭ་བྷཱ་ཝ་ཨཱཏྨ་ཀོ྅ཧཾ། ཕྱི་ནང་གི་དངོས་པོ་ཐམས་ཅད་མི་དམིགས་པ་སྟོང་པ་ཉིད་དུ་གྱུར་པའི་ངང་ལས་པཾ་ལས་པདྨ་དང་རཾ་ལས་ཉི་མའི་དཀྱིལ་འཁོར་གྱི་སྟེང་དུ་ཁྱེད་རང་གི་སེམས་ཉིད་ཧཱུྃ་ཡིག་དུད་ཁ་ལས་འོད་ཟེར་འཕྲོས། འཕགས་པ་མཆོད། སེམས་ཅན་གྱི་དོན་བྱས། ཚུར་འདུས་ཡོངས་སུ་གྱུར་པ་ལས་ཁྱེད་རང་རྣམས་ཁྲོ་བོའི་རྒྱལ་པོ་སྨེ་བརྩེགས་སྟོབས་པོ་ཆེའི་སྐུར་གྱུར་པ་ནི། ཞལ་གསུམ་ཕྱག་དྲུག་རྩ་ཞལ་དང་སྐུ་མདོག་དུད་ཁ། གཡས་དཀར་གཡོན་དམར་བའི་ཞལ། སྤྱན་གསུམ་གསུམ་དང་ལྡན་ཞིང་མཆེ་བ་བཞི་བཞི་གཙིགས་པ། ཐོད་སྐམ་ལྔ་ལྔས་དབུ་ལ་བརྒྱན་པ། དབུ་སྐྲ་ཁམ་སེར་གྱེན་དུ་བརྫེས་པ་ལ་སྦྲུལ་སྔོན་པོ་ལྗང་སེར་གྱིས་དཀྲིས་པ། སྨ་ར་སྨིན་མ། ཕྱག་དྲུག་གཡས་ཀྱི་དང་པོ་ན་རྡོ་རྗེ་རྒྱ་གྲམ། གཉིས་པ་ན་རྡོ་རྗེ་རྩེ་ལྔ་པ། (༥༧༤བ)གསུམ་པ་ན་རྡོ་རྗེ་ལྕགས་ཀྱུ། གཡོན་གྱི་དང་པོ་ན་རྡོ་རྗེ་དབྱུག་པ། གཉིས་པ་ན་རྡོ་རྗེ་ཞགས་པ། གསུམ་པ་ན་རྡོ་རྗེའི་སྡིགས་མཛུབ་མཛད་པ། ཕྱག་ཐམས་ཅད་བརྐྱང་ཞིང་། ཐོད་སྐམ་གྱི་སེ་རལ་ཁ་དང་། ཡན་ལག་སྦྲུལ་གྱིས་བརྒྱན་པ། སྟག་ལྤགས་ཀྱི་ཤམ་ཐབས་ཅན། ཞབས་གཉིས་བགྲད་པའི་སྟབས་ཀྱིས་ཉི་མའི་གདན་ལ་བཞུགས་པ་ཡེ་ཤེས་ཀྱི་མེ་འབར་བའི་དབུས་ན་འཁྱིལ་བའོ། །དཔྲལ་བར་ཨོཾ། མགྲིན་པར་ཨཱཿ ཐུགས་ཀར་ཧཱུྃ། ཞེས་གསལ་གདབ། དེ་ནས་སློབ་དཔོན་ཡང་ཁྲོ་རྒྱལ་སྨེ་བརྩེགས་དངོས་ཡིན་སྙམ་པའི་མོས་གུས་བྱས་པས། སློབ་དཔོན་གྱི་ཐུགས་ཀ་ནས་འོད་ཟེར་འཕྲོས། མདུན་བསྐྱེད་ཀྱི་ལྷའི་ཐུགས་རྒྱུད་བསྐུལ། དེའི་ཐུགས་ཀ་ནས་འོད་ཟེར་འཕྲོས། ཕྱོགས་བཅུའི་སངས་རྒྱས་བྱང་སེམས་ཐམས་ཅད་ཀྱི་ཐུགས་རྒྱུད་བསྐུལ་བས། སློབ་དཔོན་དང་མདུན་བསྐྱེད་ཀྱི་ལྷ་དང་ཕྱོགས་བཅུའི་

སངས་རྒྱས་དང་བྱང་ཆུབ་སེམས་དཔའ་ཐམས་ཅད་ཀྱི་ཐུགས་ཀ་ནས་ཁྲོ་རྒྱལ་སྣ་ཚོགས་ཀྱི་སྐུ་ཆེ་ཆུང་དཔག་ཏུ་མེད་པ་བྱོན། ཁྱེད་རང་རྣམས་ཀྱི་བ་སྤུའི་བུ་ག་རྣམས་ནས་ཆར་བབས་པ་བཞིན་དུ་སིབ་སིབ་ཐིམ་པར་མོས་པ་མཛོད། ཛཿཧཱུྃ་བཾ་ཧོཿགཉིས་སུ་མེད་པར་ཐིམ། དྲིལ་བུའམ་ཧིང་ཤགས་འཁྲོལ། ཡང་སློབ་དཔོན་གྱི་ཐུགས་ཀ་ནས་འོད་ཟེར་འཕྲོས། དབང་གི་ལྷ་རྣམས་སྤྱན་དྲངས། ཁྱེད་རྣམས་ཀྱིས་སློབ་མ་འདི་རྣམས་ལ་མངོན་པར་དབང་བསྐུར་དུ་གསོལ། ཞེས་གསོལ་བ་བཏབ་པས། ཨོཾ་སརྦ་ཏ་ཐཱ་ག་ཏ་ཨ་བྷི་ཥི་ཀ་ཏ་ས་མ་ཡ་ཤྲཱི་ཡེ་ཧཱུཾ། ཞེས་གསུངས་ཤིང་(༥༧༥ན) དབང་བསྐུར་བས། ལུས་ཐམས་ཅད་གང་། དྲི་མ་ཐམས་ཅད་དག །ཆུའི་ལྷག་མ་ཡར་ལུད་པ་ལས་མི་བསྐྱོད་པས་དབུ་བརྒྱན་པར་མོས། གསུང་གི་རྗེས་གནང་གི་དོན་དུ་གསོལ་བ་འདེབས་པ་འདིའི་རྗེས་ཟློས་མཛོད། དུས་གསུམ་སངས་རྒྱས་ཐམས་ཅད་ཀྱི། །གསུང་གི་ངོ་བོ་སློབ་དཔོན་གྱིས། །བདག་ལ་ཁྲོ་རྒྱལ་སྣ་ཚོགས་ཀྱི། །གསུང་གི་རྗེས་གནང་བསྩལ་དུ་གསོལ། །ལན་གསུམ། སློབ་དཔོན་གྱི་སྙིང་གར་ཉི་མའི་དཀྱིལ་འཁོར་གྱི་སྟེང་དུ་ཧཱུྃ་དུད་ཁ། དེ་ལས་སྔགས་ཀྱི་འཕྲེང་བ་བྱུང་། སློབ་དཔོན་གྱི་ཞལ་ནས་ཐོན། ཁྱེད་རང་རྣམས་ཀྱི་ཞལ་དུ་ཞུགས། ཐུགས་ཀར་ཉི་མའི་སྟེང་དུ་ཧཱུྃ་དུད་ཁ་གནས་པ་ལ་ཐིམ། དེའི་དུས་སུ་ཕྱོགས་བཅུའི་སངས་རྒྱས་དང་བྱང་ཆུབ་སེམས་དཔའ་རྣམས་ཀྱི་མཁྱེན་བརྩེ་ནུས་མཐུ་ཐམས་ཅད་འོད་ཟེར་གྱི་རྣམ་པར་སྔགས་ཕྲེང་དང་ལྷན་ཅིག་ཞལ་དུ་ཞུགས། སྙིང་གའི་ཧཱུྃ་ལ་ཐིམ་པའི་མོས་པ་མཛོད་ལ། སྔགས་འདིའི་རྗེས་ཟློས་ལན་གསུམ་གསུམ་གསུངས་ཤིག །ཨོཾ་ཧུཀྵཾ་མཧཱ་པྲ་ཎ་ཡེ་ཧུཙྪེ་ཧུཏྲེ་པི་མ་ན་ས་ཛུ་ཙྪཛྫ་མཧཱ་ཀྲོ་དྷ་ཧཱུཾ་ཕཊ། ཅེས་དང་། ཨོཾ་ཧུཀྵཾ་རི་ལི་ཤུ་ཐར་ཤ་ཏུར་ཤེ་པི་མ་ལི་ཛུ་ཙྪཛྫ་མཧཱ་ཀྲོ་དྷ་ཧཱུཾ་ཕཊ། དང་པོས་བྱིན་གྱིས་བརླབས། གཉིས་པས་དབྱེར་མེད་དུ་འདྲེས། གསུམ་པས་བརྟན་པར་བྱས་པའི་མོས་པ་མཛོད། སློབ་དཔོན་ལ་མེ་ཏོག་འཐོར་བཞིན་དུ་འདིའི་རྗེས་ཟློས་མཛོད་

ཅིག །བཅོམ་ལྡན་བདག་གིས་ཞེས་སོགས་ལན་གསུམ། དེ་ལྟར་ཕུལ་བའི་མེ་ཏོག་དེ་ཉིད་སླར་ཡང་བྱིན་གྱིས་བརླབས་ཏེ། ཁྱེད་རང་གི་སྤྱི་བོར་(༥༧༥བ)ཕུལ་བའི་མོས་པ་མཛོད་ཅིག །སློབ་དཔོན་གྱིས་མེ་ཏོག་གཏོར་བཞིན། བཅོམ་ལྡན་འདི་ལ་ཞེས་སོགས་དང་། རིག་པ་འཛིན་པ་འདི་རྣམས་ལ་བཅོམ་ལྡན་འདས་ཁྲོ་རྒྱལ་སྟོ་བརྩེགས་ཀྱི་སྐུ་གསུང་ཐུགས་ཀྱི་བྱིན་རླབས་མ་ལུས་པ་འཇུག་པར་གྱུར་ཅིག །ཐུགས་ཀྱི་རྗེས་གནང་གི་དོན་དུ་གསོལ་བ་འདེབས་པ་འདིའི་རྗེས་ཟློས་མཛོད། དུས་གསུམ་སངས་རྒྱས་ཐམས་ཅད་ཀྱི། །ཐུགས་ཀྱི་ངོ་བོ་སློབ་དཔོན་གྱིས། །བདག་ལ་ཁྲོ་རྒྱལ་སྟོ་བརྩེགས་ཀྱི། །ཐུགས་ཀྱི་རྗེས་གནང་བསྩལ་དུ་གསོལ། །ལན་གསུམ། མདུན་བསྐྱེད་ཀྱི་ལྷ་ལ་མོས་གུས་དུང་དུང་བ་དང་བདག་གི་རྒྱུད་བྱིན་གྱིས་བརླབ་ཏུ་གསོལ་སྙམ་པ་མཛད་པས། མདུན་གྱི་ལྷའི་ཐུགས་ཀ་ནས་ཕྱག་མཚན་གྱི་ཚོགས་དཔག་ཏུ་མེད་པ་རྒྱངས་ཏེ་ཐོན། ཁྱེད་རང་རྣམས་ཀྱི་སྙིང་གའི་ས་བོན་དང་དབྱེར་མེད་དུ་འདྲེས། རྒྱུད་བྱིན་གྱིས་བརླབས་པའི་མོས་པ་མཛོད། སྐབས་འདིར་བུམ་པའི་ཆུས་བཀྲུ་བ་དང་བྱབས་བསྲུང་བྱ་སྟེ། མེ་ལོང་ལ་སློབ་མའི་གཟུགས་བརྙན་འཆར་དུ་བཅུག་ལ་སྙིང་པོའི་མཐར། སརྦ་པཱ་པཾ་ཤཱནྟིཾ་ཀུ་རུ་སྭཱཧཱ། དེ་བཞིན་དུ་སྦྱར་ཏེ། སརྦ་བིགྷྣཱན། སརྦ་རོ་ག། སརྦ་དུཥྐྲྀཾ། སརྦ་ཛྭ་རེ། སརྦ་ཨུ་པ་དྲ་བེ། སརྦ་ཨ་ཀ་ལ་མྲྀ་ཏྱུ། སརྦ་དུར་སོབ་ནི། སརྦ་དུར་མི་ཏེ། སརྦ་ཙིནྟ་ཀུ་ལེ་ཙྪེ༔ཤཱནྟིཾ་ཀུ་རུ་སྭཱཧཱ། བྱབས་པའི་སྡིག་སྒྲིབ་ཐམས་ཅད་སློབ་མའི་མདུན་དུ་པད་དཀར་གྱི་མེ་ཏོག་རེ་མོས་པ་ལ་ཐིམ་པར་བསྒོམ་དུ་བཅུག་ན་འཇུག་པ་བདེ་བར་རྣམ་འཇོམས་ཀྱི་འགྲེལ་པ་ལས་བཤད་པ་བཞིན་བྱེད། དེ་བཞིན་དུ་རྣ་བྱའི་མདོངས་སོགས་ཀྱིས་བྱབས་ཏེ། ཤཱནྟིཾ་ཀུ་རུ་(༥༧༦ན)སྭཱཧཱའི་དོད་དུ་ཨ་པ་ན་ཡེ་སྭཱཧཱ། ཞེས་བརྗོད། དེ་ནས་སྲུང་བ་བྱ་སྟེ། རེ་རེའི་མཐར་རཀྵ་རཀྵ་ཞེས་བརྗོད་ཅིང་། སྤྱི་བོ། སྙིང་ག །སོག་ཐྲག །དཔུང་པ་གཡས་གཡོན། དཔྱི་གཡས་གཡོན་རྣམས་ལ་རྡོ་རྗེ་རྒྱ་གྲམ་དུ་བཞག་ནས། མཐར། རྒྱལ་བ་སྲས་

བཅས་བདེན་པའི་བྱིན་རླབས་དང་། །ཁྲོ་རྒྱལ་སྨེ་བ་བརྩེགས་ཀྱི་མཐུ་སྟོབས་ཀྱིས། །སློབ་མ་འདི་ལ་བདག་གིས་བསྲུངས་ཟིན་གྱི། །འདི་ལ་སུས་ཀྱང་གནོད་པར་མ་བྱེད་ཅིག །ཅེས་བརྗོད་ལ། མེ་ཏོག་གཏོར་ཞིང་། རོལ་མོ་དང་བཅས་པའི་བཀྲ་ཤིས་བྱའོ། །རྗེས་ཀྱི་བྱ་བ་སྤྱི་དང་འདྲའོ། །

༄ ཁྲོ་བོ་སྨེ་བརྩེགས་ལྷུང་གཟུ་ལ། སྐྱབས་སེམས་ཚད་མེད་བཞི་སྔོན་དུ་སོང་ནས། རང་གི་སྙིང་གའི་ཧཱུྃ་གི་འོད་ཀྱིས་ཕྱིག་སྒྲིབ་དང་མ་དག་པའི་སྣང་བ་ཐམས་ཅད་བསྲེགས། སྟོང་པའི་ངང་ལས་རང་ཉིད་ཁྲོ་རྒྱལ་སྨེ་བརྩེགས་སྐུ་མདོག་ལྷུང་གཟུ། ལྷུང་སྔོ་དཀར་བའི་ཞལ་གསུམ་ཕྱག་དྲུག་གི་དང་པོ་གཉིས་ཐུགས་ཀར་སྡིགས་མཛུབ་བསྣོལ་བ། བར་པ་གཉིས་རྡོ་རྗེ་དང་དྲིལ་བུ། ཐ་མ་གཉིས་ལྕགས་ཀྱུ་དང་ཞགས་པ་འཛིན་པ། ཞབས་གཉིས་གཡས་བསྐུམ་གཡོན་བརྐྱང་བས་བགེགས་ཀྱི་ཚོགས་ཐམས་ཅད་གནོན་པར་མཛད་པ། མི་མགོའི་དབུ་རྒྱན་དང་དོ་ཤལ། མི་ལྤགས་སྣང་ལྤགས་སྟག་ལྤགས་ལ་སོགས་པ་དཔལ་གྱི་ཆས་ཡོངས་སུ་རྫོགས་པ་མེ་དཔུང་འབར་བའི་དབུས་ན་བཞུགས་པའོ། །དཔྲལ་བར་ཨོཾ། མགྲིན་པར་ཨཱཿ ཐུགས་ཀར་ཧཱུྃ། ཐུགས་ཀའི་ཧཱུྃ་ལས་འོད་ཟེར་འཕྲོས་པས་རང་(༥༦༨བ)བཞིན་གྱི་གནས་ནས་བླ་མ་ཡི་དམ་སངས་རྒྱས་བྱང་ཆུབ་སེམས་དཔའི་ཚོགས་ཐམས་ཅད་ཁྲོ་རྒྱལ་སྨེ་བརྩེགས་ཀྱི་རྣམ་པར་བཛྲ་ས་མ་ཛཿ རབ་ཞི་ཆོས་སྐུའི་ངང་ལས་མ་གཡོས་ཀྱང་། །གདུག་པ་འདུལ་ཕྱིར་རབ་ཏུ་ཁྲོས་པའི་སྐུ། །རྒྱལ་བ་ཀུན་གྱི་འཕྲིན་ལས་གཅིག་བསྡུས་པ། །ཁྲོ་རྒྱལ་འཁོར་བཅས་གནས་འདིར་གཤེགས་སུ་གསོལ། །ཨརྒྷཾ་ནས་ཤབྡའི་བར་གྱིས་མཆོད། ཛཿཧཱུྃ་བཾ་ཧོཿགཉིས་སུ་མེད་པར་ཐིམ། ཡང་ཐུགས་ཀའི་ཧཱུྃ་ལས་འོད་ཟེར་འཕྲོས། རང་བཞིན་གྱི་གནས་ནས་དབང་གི་ལྷ་རིགས་ལྔ་འཁོར་དང་བཅས་པ་བཛྲ་ས་མ་ཛཿཨོཾ་པཉྩ་ཀུ་ལ་ས་པ་རི་ཝཱ་ར་བཛྲ་པུཥྤེ་ཨཱཿཧཱུྃ། སོགས་ཉེར་སྤྱོད་ལྔས་མཆོད། དེ་བཞིན་གཤེགས་པ་ཐམས་ཅད་ཀྱིས་བདག་ལ་མངོན་པར་དབང་བསྐུར་བ་བསྐུལ་

ཏུ་གསོལ། ཞེས་གསོལ་བ་བཏབ་པས། དབང་གི་ལྷ་རྣམས་ཀྱིས། ཨོཾ་སརྦ་ཏ་ཐཱ་ག་ཏ་ཨ་བྷི་ཥེ་ཀ་ཏ་ས་མ་ཡ་ཤྲཱི་ཡེ་ཧཱུྃ། ཞེས་གསུངས་ཤིང་བུམ་པའི་ཆུས་དབང་བསྐུར། ལུས་ཐམས་ཅད་གང་། དྲི་མ་ཐམས་ཅད་དག །ཆུའི་ལྷག་མ་ཡར་ལུད་པ་ལས་དོན་ཡོད་གྲུབ་པས་དབུ་བརྒྱན་པར་གྱུར། ཨརྒྷཾ་ནས་ཤབྡའི་བར་གྱིས་མཆོད། རབ་ཞི་ཆོས་སྐུའི་ངང་ལས་མ་གཡོས་ཀྱང་། །ཞེས་སོགས་ཀྱིས་བསྟོད། དེ་ནས་བཟླས་པའི་དམིགས་པ་གསལ་བཏབ་ལ། ཨོཾ་ཧྲུཀྵྨཾ་མཧཱ་པྲ་ཎ་ཡེ་ཧྲུཛྲི་ཧྲུཀྵྨི་བི་མ་ན་སེ་ཨུ་ཙྪུཥྨ་མཧཱ་ཀྲོ་དྷ་ཧཱུྃ་ཕཊ། ཅེས་དང་། ཨོཾ་ཧྲུཀྵྨཾ་རི་ལི་ཤུ་ཐར་ཤ་ཧུར་ཤེ་བི་མ་ལེ་ཨུ་ཙྪུཥྨ་མཧཱ་ཀྲོ་དྷ་ཧཱུྃ་ཕཊ། ཅེས་ཅི་ནུས་སུ་བཟླ། གྲིབ་སེལ་བའི་སྔགས། ཨི་ཏོ་ཤུདྡྷེ་ཤུདྡྷེ། བི་ཏོ་ཤུདྡྷེ་ཤུདྡྷེ། (༥༧༧ན)རི་ཏོ་ཤུདྡྷེ་ཤུདྡྷེ། ཨི་བི་རཾ་ཤུདྡྷེ་ཤུདྡྷེ། ཨ་ཨ་ཨ་སྭཱ་ཧཱ། ཞེས་པའང་བཏགས་ཏེ་བཟླས། མཆོད་པ་བྱ་རྒྱུད་ལྟར་བྱིན་གྱིས་བརླབས་ལ། ཨརྒྷཾ་ལ་སོགས་པས་མཆོད། དུས་གསུམ་སངས་རྒྱས་ཐམས་ཅད་ཀྱི། །བཀའ་ཡི་འཕྲིན་ལས་ཀུན་སྒྲུབ་པ། །ཁྲོ་བོའི་རྒྱལ་པོ་སྟོབས་པོ་ཆེ། །གདུལ་དཀའ་འདུལ་མཛད་ཁྱོད་ལ་བསྟོད། །ཅེས་བསྟོད། རྗེས་གནང་བྱེད་ཚུལ་ནི། མཎྜལ་པདྨ་འདབ་བརྒྱད་ཀྱི་ལྟེ་བར་བུམ་པ་གཟུངས་ཐག་དང་བཅས་པ་བཤམས། གཏོར་མ་གསུམ་དང་། མཆོད་པ་ཡང་བཤམས། བདག་བསྐྱེད་གོང་བཞིན་བྱས། མཆོད་པ་བྱིན་རླབས་ཀྱི་དང་མཐུན། མདུན་བསྐྱེད་བུམ་པ་བསངས་སྦྱངས། སྟོང་པའི་ངང་ལས་པཾ་ལས་པདྨ་དང་ཨ་ལས་ཟླ་བའི་སྟེང་དུ་ཧཱུྃ་ལས་རིན་པོ་ཆེའི་བུམ་པ་མཚན་ཉིད་ཐམས་ཅད་ཡོངས་སུ་རྫོགས་པའི་ནང་དུ། ཁྲོ་རྒྱལ་སྨེ་བརྩེགས་སྐུ་མདོག་ལྗང་གུ་ཞེས་པ་ནས། དབུ་བརྒྱན་པར་གྱུར་ཅེས་པའི་བར་བདག་བསྐྱེད་དང་འདྲ་བ་ལས་བདག་ལ་ཞེས་པ་འདི་ལ་ཞེས་འདོན་པ་བསྒྱུར། གོང་བཞིན་མཆོད་བསྟོད་བྱ། གཏོར་མ་རྣམས་ཨོཾ་ཨཱཿཧཱུྃ་གིས་བྱིན་གྱིས་བརླབས། ཨོཾ་སརྦ་བིད་སོགས་ནམ་མཁའ་མཛོད་ཀྱི་སྔགས་རྒྱས་སྤེལ་ནས། གཙོ་བོ་ལ་སྙིང་པོའི་མཐར་ཨི་དཾ་བ་ལིཾ་ཏ་ཁ་ཁ་ཁཱ་ཧི་ཁཱ་ཧི་བཏགས་

པས་དབུལ། གཏོར་མ་གཉིས་པ་ཕྱོགས་སྐྱོང་བཅུ་དང་། གསུམ་པ་བགེགས་ལ། ན་
མཿསརྦ་ཏ་ཐཱ་ག་ཏ་ཨ་ཝ་ལོ་ཀི་ཏེ་ཨོཾ་སམྦྷ་ར་སམྦྷ་ར་ཧཱུྃ། ཞེས་ཁ་འབར་མའི་སྔགས་
ཀྱིས་གཏོང་(༥༧༧བ)བའི་ལག་ལེན་ནམ་ཆ་གསུམ་གྱི་ཚོགས་འབུལ། སྤྲོ་ན་གཞིས་
བདག་གཏོར་མའང་བྱ། རང་གི་སྙིང་ག་ནས་སྔགས་ཀྱི་འཕྲེང་བ་གཟུངས་ཐག་ལ་
འཁྲིལ་ནས་སོང་། བུམ་ནང་གི་ལྷའི་སྐུ་ལས་བདུད་རྩིའི་རྒྱུན་བབས་ཏེ་བུམ་པ་གང་
བར་གྱུར། བཟླས་པ་ཅི་འགྲུབ་བྱ་ཞིང་། མཐར་ལྷ་འོད་དུ་ཞུ་ནས་བུམ་པའི་ཆུ་དང་
རོ་གཅིག་ཏུ་གྱུར་པར་བསམ་མོ། །དེ་ནས་སློབ་མ་ཁྲུས་བྱ། མཎྜལ་འབུལ། གསོལ་
བཏབ་ནི། སློབ་དཔོན་དགོངས་སུ་གསོལ། བདག་མིང་འདི་ཞེས་བགྱི་བས་དུས་
འདི་ནས་བཟུང་སྟེ་ཇི་སྲིད་བྱང་ཆུབ་སྙིང་པོ་ལ་མཆིས་ཀྱི་བར་དུ་ཁྲོ་རྒྱལ་སྨེ་བརྩེགས་
ཡི་དམ་དུ་འཚལ་གྱི། སློབ་དཔོན་གྱིས་བདག་ལ་རྗེས་སུ་གནང་བ་བསྩལ་དུ་གསོལ།
ཞེས་ལན་གསུམ་སངས་རྒྱས་ཆོས་དང་སོགས་སྐྱབས་འགྲོ་སེམས་བསྐྱེད། དཀོན་
མཆོག་གསུམ་ལ་སོགས་རྒྱུན་བཤགས་བྱ། སློབ་མའི་སྤྱི་བོར་པད་ཉིའི་གདན་ལ་ཧཱུྃ་
ལྗང་གུ་ལས་ཁྲོ་རྒྱལ་སྨེ་བརྩེགས་སྐུ་མདོག་ལྗང་གུ། ལྗང་སྔོ་དཀར་བའི་ཞལ་གསུམ་
ཕྱག་དྲུག་གི་དང་པོ་གཉིས་ཐུགས་ཀར་སྡིགས་མཛུབ་བསྣོལ་བ། བར་པ་གཉིས་རྡོ་
རྗེ་དང་དྲིལ་བུ། ཐ་མ་གཉིས་ལྕགས་ཀྱུ་དང་ཞགས་པ་འཛིན་པ། ཞབས་གཉིས་
གཡས་བསྐུམ་གཡོན་བརྐྱང་བས་བགེགས་ཀྱི་ཚོགས་ཐམས་ཅད་གནོན་པར་མཛད་
པ། མི་མགོའི་དབུ་རྒྱན་དང་དོ་ཤལ། མི་ལྤགས་གླང་ལྤགས་སྟག་ལྤགས་ལ་སོགས་
པ་དཔལ་གྱི་ཆས་ཡོངས་སུ་རྫོགས་པ་མེ་དཔུང་འབར་བའི་དབུས་ན་བཞུགས་པའོ། །
དཔྲལ་བར་ཨོཾ། མགྲིན་པར་ཨཱཿ (༥༧༨ན)ཐུགས་ཀར་ཧཱུྃ། ཐུགས་ཀའི་ཧཱུྃ་ལས་འོད་
ཟེར་འཕྲོས་པས། རང་བཞིན་གྱི་གནས་ནས་བླ་མ་ཡི་དམ་སངས་རྒྱས་བྱང་ཆུབ་
སེམས་དཔའི་ཚོགས་ཐམས་ཅད་ཁྲོ་རྒྱལ་སྨེ་བརྩེགས་ཀྱི་རྣམ་པར་བཛྲ་ས་མ་ཛཿཨརྒྷཾ་
ལ་སོགས་པས་མཆོད། ཛཿཧཱུྃ་བཾ་ཧོཿགཉིས་སུ་མེད་པར་ཐིམ། ཡང་ཐུགས་ཀའི་ཧཱུྃ་

ལས་འོད་ཟེར་འཕྲོས། རང་བཞིན་གྱི་གནས་ནས་དབང་གི་ལྷ་རིགས་ལྔ་འཁོར་དང་བཅས་པ་བཛྲ་ས་མ་ཛཿཨོཾ་པཉྩ་ཀུ་ལ་ས་པ་རི་ཝ་ར་བཛྲ་པུཥྤེ་ཨཱཿཧཱུཾ། སོགས་ཉེར་སྤྱོད་ལྔས་མཆོད། དེ་བཞིན་གཤེགས་པ་ཐམས་ཅད་ཀྱིས་བདག་ལ་མངོན་པར་དབང་བསྐུར་བ་བསྩལ་དུ་གསོལ། ཞེས་གསོལ་བ་བཏབ་པས། དབང་གི་ལྷ་རྣམས་ཀྱིས། ཨོཾ་སརྦ་ཏ་ཐཱ་ག་ཏ་ཨ་བྷི་ཥེ་ཀ་ཏ་ས་མ་ཡ་ཤྲཱི་ཡེ་ཧཱུཾ། ཞེས་གསུངས་ཤིང་བུམ་པའི་ཆུས་དབང་བསྐུར། སྐུ་གང་། དྲི་མ་དག །ཆུའི་ལྷག་མར་ཡར་ལུད་པ་ལས་དོན་ཡོད་གྲུབ་པས་དབུ་བརྒྱན་པར་གྱུར། བླ་མའི་ཐུགས་ཀའི་ཧཱུཾ་ལས་འོད་ཟེར་འཕྲོས། སློབ་མའི་ལུས་ལ་ཕོག་པས་བྱིན་གྱིས་བརླབས་པར་མོས་སུ་བཅུག །དེ་ནས་གསོལ་བ་འདེབས་པ་འདིའི་རྗེས་ཟློས་མཛོད། བཅོམ་ལྡན་འདས་བདག་གི་ལུས་བྱིན་གྱིས་བརླབ་ཏུ་གསོལ། དེ་ལྟར་གསོལ་བ་བཏབ་པས། ཁྲོ་བོ་འོད་དུ་ཞུ་ནས་ཐིམ་པས་སློབ་མ་ཁྲོ་བོའི་སྐུར་གྱུར་པར་མོས། རྡོ་རྗེ་ཅན་གྱིས་སངས་རྒྱས་ནས་འདི་ལ་བསྩལ་དུ་གསོལ། ཞེས་གསོལ་བ་བཏབ་པས། དབང་བསྐུར་རྡོ་རྗེ་ནས་སྦྱིན་པར་བྱ། ཨོཾ་སརྦ་ཏ་ཐཱ་ག་ཏ་ཨ་བྷི་ཥིཉྩ(པ༧༤བ)ཧཱུཾ། ཞེས་བརྗོད་ཅིང་། བུམ་པའི་ཆུས་དབང་བསྐུར། ལུས་ཐམས་ཅད་གང་། དྲི་མ་ཐམས་ཅད་དག །ཆུའི་ལྷག་མ་ཡར་ལུད་པ་ལས་དོན་ཡོད་གྲུབ་པས་དབུ་བརྒྱན་པར་མོས། སྐུའི་རྗེས་གནང་ངོ་། །

སློབ་དཔོན་གྱི་སྙིང་གར་ཉི་མའི་དཀྱིལ་འཁོར་གྱི་སྟེང་དུ་ཧཱུཾ་ལྗང་གུའི་མཐར་སྔགས་ཕྲེང་གིས་བསྐོར་བ་ལས་སྔགས་ཕྲེང་གཉིས་པ་བྱུང་། སློབ་དཔོན་གྱི་ཞལ་ནས་ཐོན། ཁྲིད་རང་རྣམས་ཀྱི་ཞལ་དུ་ཞུགས། ཐུགས་ཀར་ཉི་མའི་སྟེང་དུ་ཧཱུཾ་ལྗང་གུའི་མཐར་འཁོད་པའི་མོས་པ་མཛོད་ལ། སྔགས་འདིའི་རྗེས་ཟློས་ལན་གསུམ་གསུམ་གསུངས་ཤིག །ཨོཾ་ཧྲུཏྲཾ་མནྟྲ་པྲ་ན་ཡེ་ཧྲུསྟེ་ཧྲུཏྟེ་བི་མ་ན་སེ་ཨུ་ཥྞི་ཥ་མནྟྲ་ཀྲོ་ཛྭ་ཧཱུཾ་ཕཊ། ཅེས་དང་། ཨོཾ་ཧྲུཾཏྲཾ་རེ་ལི་ཤུ་ཐར་ཤ་ཏུར་ཤེ་བི་མ་ལ་ཨུ་ཥྞི་ཥ་མནྟྲ་ཀྲོ་ཛྭ་ཧཱུཾ་ཕཊ། དང་པོས་བྱིན་གྱིས་བརླབས། གཉིས་པས་དབྱེར་མེད་དུ་འདྲེས། གསུམ་པས་བརྟན་

པར་བྱས་པའི་མོས་པ་མཛོད། སློབ་དཔོན་ལ་མེ་ཏོག་འཐོར་བཞིན་དུ་འདིའི་རྗེས་གནང་མཛོད་ཅིག །བཅོམ་ལྡན་བདག་གིས་ཞེས་སོགས་ལན་གསུམ། དེ་ལྟར་ཕུལ་བའི་མེ་ཏོག་དེ་ཉིད་སླར་ཡང་བྱིན་གྱིས་བརླབས་ཏེ། ཁྱེད་རང་གི་སྤྱི་བོར་ཕུལ་བའི་མོས་པ་མཛོད་ཅིག །སློབ་དཔོན་གྱིས་མེ་ཏོག་གཏོར་བཞིན། བཅོམ་ལྡན་འདི་ལ་ཞེས་སོགས་དང་། རིག་པ་འཛིན་པ་འདི་རྣམས་ལ་བཅོམ་ལྡན་འདས་ཁྲོ་རྒྱལ་སྨེ་བརྩེགས་ཀྱི་སྐུ་གསུང་ཐུགས་ཀྱི་བྱིན་རླབས་མ་ལུས་པ་འཇུག་པར་གྱུར་ཅིག །གསུང་གི་རྗེས་གནང་ངོ་། །སློབ་མའི་སྙིང་གའི་ཐུགས་འཁོར་ལས་འོད་ཟེར་འཕྲོས། ཁམས་(༥༧(ན)གསུམ་འོད་དུ་ཞུ་ནས་སློབ་མ་ལ་ཐིམ། སློབ་མའང་སྙིང་གའི་ཧཱུྃ་ལ་ཐིམ། ཧཱུྃ་གི་ཞབས་ཀྱུ་ཐ་མ་ལ། ཐ་མ་ཐ་བའི་མགོ་བོ་ལ། མགོ་བོ་ཟླ་ཚེས་ལ། ཟླ་ཚེས་ཐིག་ལེ་ལ། ཐིག་ལེ་ནཱ་ད་ལ་ཐིམ། ནཱ་ད་ཡང་མི་དམིགས་པའི་སྟོང་པ་ཉིད་དུ་གྱུར་པར་བསམས་ལ་མཉམ་པར་བཞག །སླར་ཡང་ལྷ་སྐུར་ལྡང་ངོ་། །ཐུགས་ཀྱི་རྗེས་གནང་ངོ་། །རྗེས་ཆོག་སྤྱི་དང་འདྲ། །

༄ ཁྲོ་མོ་སྨེ་བརྩེགས་ལ། སྐྱབས་སེམས་སྔོན་དུ་འགྲོ་བས། སྭ་བྷཱ་ཝས་སྟོང་པར་སྦྱངས། སྟོང་པའི་ངང་ལས་རང་སེམས་ཧཱུྃ་མཐིང་ནག་གི་འོད་ཀྱི་འཕྲོ་འདུ་ལས་མཁའ་འགྲོ་མ་སྨེ་བརྩེགས་སྐུ་མདོག་སོལ་བ་ལྟར་གནག་པ། ཁྲོ་མོའི་ཆ་ལུགས་སྤྱན་གསུམ་པ། ཕྱག་གཉིས་ཀྱིས་དག་བྱེད་ཀྱི་བདུད་རྩིས་གང་བའི་བུམ་པ་ཐུགས་ཀར་འཛིན་པ། སྐྲ་ལྷུག་པར་གྲོལ་ཞིང་རྒྱན་སྤངས་པ། དར་ནག་གི་ན་བཟའ་ལྷུག་པར་འཕྱང་བ། པད་ཉི་ལ་མཉམ་པའི་སྟབས་ཀྱིས་བཞེངས་པའོ། །དཔྲལ་བར་ཨོཾ། མགྲིན་པར་ཨཱཿ ཐུགས་ཀར་ཧཱུྃ། ཐུགས་ཀའི་ཧཱུྃ་ལས་འོད་ཟེར་འཕྲོས་པས་རང་བཞིན་གྱི་གནས་ནས་བླ་མ་ཡི་དམ་སངས་རྒྱས་བྱང་ཆུབ་སེམས་དཔའི་ཚོགས་ཐམས་ཅད་ཁྲོ་མོ་སྨེ་བརྩེགས་ཀྱི་རྣམ་པར་བཛྲ་ས་མ་ཛཿཨརྒྷཾ་ལ་སོགས་པས་མཆོད། ཛཿཧཱུྃ་བཾ་ཧོཿགཉིས་སུ་མེད་པར་གྱུར། ཡང་ཐུགས་ཀའི་ཧཱུྃ་ལས་འོད་ཟེར་

འཁྲུས་པས་རང་བཞིན་གྱི་གནས་ནས་དབང་གི་ལྷ་རིགས་ལྔ་འཁོར་དང་བཅས་པ་བཛྲ་ས་མ་ཛཿཨོཾ་པཉྩ་ཀུ་ལ་(༥༡༩ཁ)ས་པ་རི་ཝཱ་ར་བཛྲ་པུཥྤེ་ཨཱཿཧཱུྃ། སོགས་ཉེར་སྤྱོད་ལྔས་མཆོད། དེ་བཞིན་གཤེགས་པ་ཐམས་ཅད་ཀྱིས་བདག་ལ་མངོན་པར་དབང་བསྐུར་བ་བསྩལ་དུ་གསོལ། ཞེས་གསོལ་བ་བཏབ་པས། དབང་གི་ལྷ་རྣམས་ཀྱིས། ཨོཾ་སརྦ་ཏ་ཐཱ་ག་ཏ་ཨ་བྷི་ཥེ་ཀ་ཏ་ས་མ་ཡ་ཤྲཱི་ཡེ་ཧཱུྃ། ཞེས་གསུངས་ཤིང་བུམ་པའི་ཆུས་དབང་བསྐུར། ལུས་ཐམས་ཅད་གང་། དྲི་མ་ཐམས་ཅད་དག །ཆུའི་ལྷག་མ་ཡར་ལུད་པ་ལས་མི་བསྐྱོད་པས་དབུ་བརྒྱན་པར་གྱུར། མཆོད་པ་བྱ་སྤྱོད་ལྟར་བྱིན་གྱིས་བརླབས། ཨརྒྷཾ་ལ་སོགས་པས་མཆོད། དཔལ་ལྡན་རྡོ་རྗེ་མཁའ་འགྲོ་མ། །ཞེས་སོགས་ཤློ་ཀ་གཅིག་གིས་བསྟོད། བཟླས་པའི་དམིགས་པ་གསལ་བཏབ་ལ། ཨོཾ་ཨ་ར་ཁེ་ཙིར་ཁེ་བི་མ་ན་སེ་ཨུ་ཙྪུཥྨ་མནྟྲ་ཀྲོ་དྷ་ཧཱུྃ་ཕཊ། ཅེས་བཟླ། བུམ་ཆོག་ནི། གཞི་དཀར་པོའི་སྟེང་དུ་འབྲུ་དཀར་གྱིས་གཡུང་དྲུང་རིས་བྲིས་ཏེ། དེར་བུམ་པ་ཁ་རྒྱན་དུང་ཆོས་ཆུར་བཅས་གཟུངས་ཐག་རྡོ་རྗེ་དང་བཅས་པ་བཀོད། གཏོར་མ་གསུམ་དང་། མཆོད་པ་ཡང་བཤམས། མཆོད་པ་བྱིན་རླབས་སྤྱི་དང་མཐུན་པར་བྱ། བུམ་པ་བསངས་སྦྱངས། སྟོང་པའི་ངང་ལས་པཾ་ལས་པདྨ་ཨ་ལས་ཟླ་བའི་སྟེང་དུ་ཧཱུྃ་ལས་རིན་པོ་ཆེའི་བུམ་པ་མཚན་ཉིད་ཐམས་ཅད་ཡོངས་སུ་རྫོགས་པའི་ནང་དུ། ཧཱུྃ་མཐིང་ནག་གི་འོད་ཀྱི་འཁྲུ་འདུ་ལས་མཁའ་འགྲོ་མ་སྐྱེ་བརྗེགས་ཞེས་པ་ནས། མི་བསྐྱོད་པས་དབུ་བརྒྱན་པར་གྱུར། ཅེས་པའི་བར་བདག་བསྐྱེད་ལྟར་བསྒོམ། རང་གི་སྙིང་ག་ནས་སྔགས་ཀྱི་འཕྲེང་བ་གཟུངས་ཐག་ལ་འཁྲིལ་ནས་སོང་། བུམ་ནང་གི་(༥༢༠ན)ལྷའི་སྐུ་ལས་བདུད་རྩིའི་རྒྱུན་བབས་ཏེ་བུམ་པ་གང་བར་གྱུར། བཟླས་པ་ཅི་འགྲུབ་བྱ། ཨརྒྷཾ་ལ་སོགས་པས་མཆོད། གོང་བཞིན་བསྟོད། གཏོར་མ་ཨ་མྲྀ་ཏས་བསངས། སྭ་བྷཱ་ཝས་སྦྱངས། སྟོང་པའི་ངང་ལས་ཨ་ལས་ཡེ་ཤེས་ཀྱི་ཀ་པཱ་ལ་ཡངས་ཤིང་རྒྱ་ཆེ་བའི་ནང་དུ་ཨོཾ་ཨཱཿཧཱུྃ་ཞུ་བ་ལས་བྱུང་བའི་གཏོར་མ་བདུད་རྩིའི་རྒྱ་མཚོ་

ཆེན་པོར་གྱུར། ཨོཾ་ཨཱཿཧཱུྃ་ཧ་ཧོ་ཧྲཱིཿ ཞེས་ལན་གསུམ། གཏོར་མ་དང་པོ་སྙིང་པོའི་མཐར། ཨོཾ་ཨ་ཀཱ་རོ་མུ་ཁཾ་སརྦ་དྷརྨཱ་ཎཱཾ་ཨཱདྱ་ནུཏྤནྣ་ཏྭཱཏ་ཨོཾ་ཨཱཿཧཱུྃ་ཕཊ་སྭཱཧཱ། བཏགས་པ་ལན་ལྔས་ཁྲོ་མོ་ཆེན་མོ་ལ་འབུལ། མཆོད་སྦྱིན་གཏོར་མ་འདི་བཞེས་ལ་སོགས་ཀྱིས་གསོལ་བ་བཏབ། གཉིས་པ་ཆོས་སྐྱོང་ནག་པོ་ཆེན་པོ་ལ་འབུལ། གསུམ་པ། ནམཿསརྦ་ཏ་ཐཱ་ག་ཏ་ཨ་ཝ་ལོ་ཀི་ཏེ་ཨོཾ་སམྦྷ་ར་སམྦྷ་ར་ཧཱུྃ། ཞེས་ཁ་འབར་མའི་ཐུགས་ཀྱིས་རིགས་དྲུག་ལ་བསྔོ། སླར་ཡང་བུམ་བསྐྱེད་ཀྱི་ལྷ་ལ་མཆོད་བསྟོད་བྱ། ཡིག་བརྒྱ་བཟློད་གསོལ་དང་། ཨོཾ་ཨཱཿཧཱུྃ། ཞེས་དུང་ཆོས་ཀྱི་ཆུས་མཆོད་ཡོན་ཕུལ། ཡེ་ཤེས་པ་གཤེགས། དམ་ཚིག་པ་ཞུ་བ་ལས་བྱུང་བའི་བུམ་པའི་ཆུ་ནུས་པ་ཀུན་དང་ལྡན་པར་གྱུར། ཅེས་བརྗོད། ༈ སྐོམ་ལུང་འབོགས་པ་ནི། སློབ་མས་མཎྜལ་ཕུལ། གསོལ་བ་འདེབས་པ་འདིའི་རྗེས་ཟློས་མཛོད། སློབ་དཔོན་གྱིས་བདག་ལ་སྐོམ་ལུང་དམ་པ་བསྩལ་དུ་གསོལ། ཞེས་ལན་གསུམ་གསོལ་བ་འདེབས་སུ་གཞུག །སེམས་བསྐྱེད་གསལ་གདབ། སློབ་མ་བསངས་(༥༢༠བ)སྦྱངས། སྟོང་པའི་ངང་ལས་ཁྱེད་རང་གི་སེམས་ཉིད་ཧཱུྃ་མཐིང་ནག་གི་འོད་ཀྱི་འཕྲོ་འདུ་ལས་ཁྱེད་རང་རྣམས་མཁའ་འགྲོ་མ་སྨྲེ་བརྩེགས་སྐུ་མདོག་སོལ་བ་ལྟར་གནག་པ། ཁྲོ་མོའི་ཆ་ལུགས་སྤྱན་གསུམ་པ། ཕྱག་གཉིས་ཀྱིས་དག་བྱེད་ཀྱི་བདུད་རྩིས་གང་བའི་བུམ་པ་ཐུགས་ཀར་འཛིན་པ། སྐྲ་ལྷུག་པར་གྲོལ་ཞིང་རྒྱན་སྤངས་པ། དར་ནག་གི་ན་བཟའ་ལྷུག་པར་འཕྱང་བ། པད་ཉི་ལ་མཉམ་པའི་སྟབས་ཀྱིས་བཞེངས་པའོ། །དཔྲལ་བར་ཨོཾ། མགྲིན་པར་ཨཱཿ ཐུགས་ཀར་ཧཱུྃ་གིས་མཚན་པར་གྱུར་པར་མོས། བརླན་ལུང་ནི། སློབ་དཔོན་གྱི་སྙིང་གར་ཉི་མའི་དཀྱིལ་འཁོར་གྱི་སྟེང་དུ་ཧཱུྃ་མཐིང་ནག་གི་མཐར་འཁོད་པའི་སྔགས་ཕྲེང་ལས་སྔགས་ཕྲེང་གཉིས་པ་བྱུང་། སློབ་དཔོན་གྱི་ཞལ་ནས་ཐོན། ཁྱེད་རང་རྣམས་ཀྱི་ཞལ་དུ་ཞུགས། ཐུགས་ཀར་ཉི་མའི་སྟེང་དུ་ཧཱུྃ་མཐིང་ནག་གི་མཐར་འཁོད་པའི་སོས་པ་མཛོད་ལ། སྔགས་འདིའི་རྗེས་ཟློས་མཛོད། ཨོཾ་ཨ་ར་ཁཾ་ཙེར་ཁཾ་བི་མ་ན་སེ་

ཨུ་ཙྪཥྨ་མཧཱ་ཀྲོ་དྷ་ཧཱུྃ་ཕཊ། ཅེས་ལན་གསུམ། བཀྲུ་བྱབས་བསྲུང་གསུམ་བྱ་བ་ནི། སྙིང་པོའི་མཐར། སརྦ་པཱ་པཾ་བཱཧྣེ་ཀུ་རུ་སྭཱཧཱ། དེ་བཞིན་དུ་སྦྱར་ཏེ། སརྦ་བིགྷྣཱན། སརྦ་རོ་ཁཱ། སརྦ་དུཥྚཾ། སརྦ་ཛྭ་རེ། སརྦ་ཨུ་པ་དྲ་བེ། སརྦ་ཨ་ཀཱ་ལ་མྲི་ཏྱུ། སརྦ་དུར་སོབ་ནི། སརྦ་དུར་ནི་ཏེ། སརྦ་ཙིཏྟ་ཀུ་ལེ་བྷྱཿབཱཧྣེ་ཀུ་རུ་སྭཱཧཱ། ཞེས་བྱམ་པའི་ཆུས་སློབ་མ་ལ་བྲུས་བྱ་ཞིང་། མཐར་ཁ་བཤལ་ལོ། །དེ་བཞིན་དུ་རྨ་བྱའི་མདོངས་སོགས་ཀྱིས་བྱབས་ཏེ། བཱཧྣེ་ཀུ་རུ་(༥༧༧ན)སྭཱཧཱའི་དོད་དུ་ཨ་པ་ན་ཡེ་སྭཱཧཱ། ཞེས་བརྗོད། དེ་ནས་བསྲུང་བ་བྱ་སྟེ། རེ་རེའི་མཐར་རཀྵ་རཀྵ་ཞེས་བརྗོད་ཅིང་། སྤྱི་བོ། སྙིང་ག །སོག་ཐྲག །དཔུང་པ་གཡས་གཡོན། དཔྱི་གཡས་གཡོན་རྣམས་ལ་རྡོ་རྗེ་རྒྱ་གྲམ་དུ་བཞག་ནས། མཐར། རྒྱལ་བ་སྲས་བཅས་བདེན་པའི་བྱིན་རླབས་དང་། །ཁྲོ་མོ་སྨེ་བ་བརྩེགས་ཀྱི་མཐུ་སྟོབས་ཀྱིས། །སློབ་མ་འདི་ལ་བདག་གིས་བསྲུངས་ཟིན་གྱི། །འདི་ལ་སུས་ཀྱང་གནོད་པར་མ་བྱེད་ཅིག །ཅེས་བརྗོད་ལ་མེ་ཏོག་གཏོར་ཞིང་། རོལ་མོ་དང་བཅས་པས་བཀྲ་ཤིས་བྱའོ། །རྗེས་ཀྱི་བྱ་བ་རྣམས་སྤྱི་དང་འདྲའོ། །

༈ ཨོཾ་སྭསྟི། ཕན་བདེའི་འབྱུང་གནས་རྒྱལ་བསྟན་ཡོངས་འདུའི་ལྗོན། །རབ་རྒྱས་འགྲོ་ཀུན་ཐར་མཆོག་འབྲས་བཟང་ལ། །སྤྱོད་ཕྱིར་བཀྲ་ཤིས་ལྷུན་གྲུབ་ཆོས་གྲྭ་ཆེར། །ཆོས་སྦྱིན་འཛད་མེད་དཔལ་འགྲོའི་རྒྱུན་འདི་སྤེལ། །སརྦ་ཛ་ག་ཏཾ། །

ཕོ་བྲང་པོ་ཏ་ལར་བཞུགས་པའི་དགེ་ལུགས་པའི་དཔེ་དཀོན་ཕྱོགས་བསྒྲིགས་འདོན་ཐེངས་དང་པོ།

༼༨༽

རྒྱུད་སྡེ་སྤྱིའི་སྐོར།

༄། །ཡི་དམ་རྒྱ་མཚོའི་སྒྲུབ་ཐབས་རིན་འབྱུང་དོན་གསལ། སྒྲིགས་བམ་དང་པོ།

རྩོམ་པ་པོ།	པཎ་ཆེན་བསྟན་པའི་ཉི་མ།
རྩོམ་སྒྲིག་འགན་འཁུར་བ།	བསོད་ནམས་ཚེ་བརྟན།
མཐའ་ཞུས་པ།	སྐལ་བཟང་ཆོས་སྒྲོན།
ཁ་ཤོག་རྟུས་འགོད་པ།	སྐལ་ཚེ།
པར་སྒྲིག་པ།	སྔོན་བཟང་དཔེ་སྙིང་འཚོལ་བསྡུ་ཁང་། སེར་གཙུག་ནང་བསྟན་དཔེ་སྙིང་འཚོལ་བསྡུ་ཕྱོགས་སྒྲིག་ཁང་།
དཔེ་སྐྲུན་འགྲེམས་སྤེལ།	བོད་ལྗོངས་བོད་ཡིག་དཔེ་སྙིང་དཔེ་སྐྲུན་ཁང་།
པར་འདེབས་ཚན་པ།	ཁྲིང་ཧྲུའུ་ཤིན་ཁའི་ཙང་པར་འདེབས་ཚད་ཡོད་ཀུང་སི།
དེབ་ཚད།	787×1092 1/16
ཁྱོན་པར་ཤོག	93.5
ཡིག་གྲངས།	ཁྲི་52.6
པར་གྲངས།	01–2,000
པར་གཞི།	2024ལོའི་ཟླ་བཅུ་པར་པར་གཞི་དང་པོ་བསྒྲིགས།
པར་ཐེངས།	2024ལོའི་ཟླ་བཅུ་པར་པར་ཐེངས་དང་པོ་བཏབ།
དཔེ་རྟགས།	ISBN 978-7-5700-0943-5
རིན་གོང་།	སྒོར། 215.00 ཁྱོན་པོད་གཉིས།

民族文字出版专项资金资助项目

ཕོ་བྲང་པོ་ཏ་ལར་བཞུགས་པའི་དགེ་ལུགས་པའི་དཔེ་དཀོན་ཕྱོགས་བསྒྲིགས་འདོན་ཐེངས་དང་པོ།

(༤)

རྒྱུད་སྡེ་སྤྱིའི་སྐོར།

༄༅། །ཡི་དམ་རྒྱ་མཚོའི་སྒྲུབ་ཐབས་རིན་འབྱུང་དོན་གསལ། གླེགས་བམ་གཉིས་པ།

རྩོམ་པ་པོ། པཎ་ཆེན་བསྟན་པའི་ཉི་མ།

སྔོན་བཟང་དཔེ་རྙིང་འཚོལ་བསྡུ་ཁང་།
སེར་གཙུག་ནང་བསྟན་དཔེ་རྙིང་འཚོལ་བསྡུ་ཕྱོགས་སྒྲིག་ཁང་།
བོད་ལྗོངས་བོད་ཡིག་དཔེ་རྙིང་དཔེ་སྐྲུན་ཁང་།

图书在版编目（C I P）数据

布达拉宫馆藏格鲁派典籍汇编. 第一辑. 第八卷 :上、下册 : 藏文 / (清) 丹白尼玛著. -- 拉萨 : 西藏藏文古籍出版社, 2024.3

ISBN 978-7-5700-0943-5

Ⅰ. ①布… Ⅱ. ①丹… Ⅲ. ①格鲁派—古籍—汇编—藏语 Ⅳ. ①B946.6

中国国家版本馆CIP数据核字(2024)第073646号

布达拉宫馆藏格鲁派典籍汇编·第一辑·第八卷 下册

作　　者	丹白尼玛
责任编辑	平措
终　　审	巴桑占堆
封面设计	格次
排　　版	美桑古籍整理室
	色昭古籍办公室
出版发行	西藏藏文古籍出版社
印　　刷	成都新凯江印务有限公司
开　　本	787×1092　1/16
总 印 张	93.5
字　　数	488千
印　　数	01－2,000
版　　次	2024年10月第1版
印　　次	2024年10月第1次印刷
书　　号	ISBN　978-7-5700-0943-5
定　　价	215.00元（全二册）

དཀར་ཆག །

༄༅། །ཡི་དམ་རྒྱ་མཚོའི་སྒྲུབ་ཐབས་རིན་ཆེན་འབྱུང་གནས་ཀྱི་ལྷན་ཐབས་རིན་འབྱུང་དོན་གསལ་ལས་ཆླེགས་བམ་གཉིས་པ་བཞུགས་སོ། །

༄༅། །བདེ་མཆོག་ཁྲོ་བོ་རིག་ཆོག་ལ། སྐྱབས་སེམས་ཚད་མེད་བཞི་སྔོན་དུ་འགྲོ་བས། ཤཱུ་ནྱ་ཏཱས་སྟོང་པར་སྦྱངས། སྟོང་པའི་ངང་ལས་རླཾུ་གསུམ་ལས་རྩེ་གསུམ། རྡོ་རྗེ་འཁོར་ལོའི་སྲུང་བའི་འཁོར་ལོ་གསུམ་སྤྲག་ཏུ་གནས་པའི་ནང་དུ། ཆོས་འབྱུང་ལ་གནས་པའི་རླུང་མེ་ཆུ་སའི་འོག་གཞི་དང་གུར་ཁང་། དེའི་ནང་དུར་ཁྲོད་ཆེན་པོའི་དབུས་སུ་འཁོར་ལོ་རྩིབས་བཅུ་པའི་ལྟེ་བ་ལ་ཧཱུྃ་དང་བཾ་ལས་རྡོ་རྗེ་དང་ཏྲི་ཤཱུ་ལ་རྣམས་ཡོངས་སུ་གྱུར་པ་ལས། རང་ཉིད་བཅོམ་ལྡན་རིག་ཆོག་སྐུ་མདོག་ནག་པོ། ཕྱག་གཡས་རྡོ་རྗེའི་སྙིང་ན་མེའི་འཁོར་ལོ་རྩིབས་བརྒྱད་པ་དང་། གཡོན་ཏྲི་ཤཱུ་ལའི་རྩེ་མོར་རླུང་གི་འཁོར་ལོ་རྩིབས་བཞི་པ་བསྣམས་པ། སྐུ་སྨྲོམ་ཐུང་ཁྲོ་བོའི་ཆ་བྱད་ཇོགས་ཤིང་། (༢ན)དུར་ཁྲོད་ཀྱི་ཆས་བརྒྱད་དང་ལྡན་པ། འཁོར་ལོ་དང་སྣ་ཚོགས་རྡོ་རྗེས་སྤྱི་བོ་བརྒྱན་པ། ཞབས་གཡས་བརྐྱངས་པས་དུས་མཚན་མ་དང་། གཡོན་བསྐུམ་པས་འཇིགས་བྱེད་མནན་པ། ཡུམ་གཡས་གྲི་གུག་དང་། གཡོན་ཏྲི་ཤཱུ་ལ་འཛིན་པས་འཁྱུད་པ། གཉིས་ཀའང་མེ་དཔུང་འབར་བའི་དབུས་ན་བཞུགས་པའི་དཔྲལ་བར་ཨོཾ་དཀར་པོ། སྙིང་གར་ཧཱུྃ་སྔོན་པོ། ལྟེ་བར་ཨ་སེར་པོ། ཐོལ་དུ་ཧཾ་ལྗང་གུ། མིག་ལ་ཧཾ་དཀར་པོ། རྣ་བར་ཧཱུྃ་སེར་པོ། སྣ་ལ་ཧི་དུད་ཁ། ལྕེ་ལ་ཨཱཿདམར་པོ། ལུས་ལ་ཁ་ལྗང་གུ། ཡིད་ལ་ཧཱུྃ་མཐིང་ཁ་རྣམས་སུ་གྱུར། རང་གི་སྙིང་ག་ནས་འོད་ཟེར་འཕྲོས་པས་རང་བཞིན་གྱི་གནས་ནས་བླ་མ་ཡི་དམ་སངས་

རྒྱས་བྱང་ཆུབ་སེམས་དཔའི་ཚོགས་ཐམས་ཅད་བདེ་མཆོག་ཁྲོ་བོ་རིག་ཚོགས་གི་རྣམ་པར་བཛྲ་ས་ཏྭ་ཛཿཨཱརྒྷཾ་ནས་ཤཔྟའི་བར་གྱིས་མཆོད། ཛཿཧཱུྃ་བཾ་ཧོཿ གཉིས་སུ་མེད་པར་ཐིམ། ཡང་ཐུགས་ཀའི་ཧཱུྃ་ལས་འོད་ཟེར་འཕྲོས། རང་བཞིན་གྱི་གནས་ནས་དབང་གི་ལྷ་རིགས་(༢བ)ལྔ་འཁོར་དང་བཅས་པ་བཛྲ་ས་ཏྭ་ཛཿ དེ་བཞིན་གཤེགས་པ་ཐམས་ཅད་ཀྱིས་བདག་ལ་དབང་བསྐུར་བསྩལ་དུ་གསོལ། ཞེས་གསོལ་བ་བཏབ་པས། དབང་གི་ལྷ་རྣམས་ཀྱིས། ཨོཾ་སརྦ་ཏ་ཐཱ་ག་ཏ་ཨ་བྷི་ཥེ་ཀ་ཏ་ས་མ་ཡ་ཤྲཱི་ཡེ་ཧཱུྃ། ཞེས་གསུངས་ཤིང་བུམ་པའི་ཆུས་དབང་བསྐུར། ལུས་ཐམས་ཅད་གང་། དྲི་མ་ཐམས་ཅད་དག །ཆུའི་ལྷག་མ་ཡར་ལུད་པ་ལས་མི་བསྐྱོད་པས་དབུ་བརྒྱན་པར་གྱུར། ཡབ་ཡུམ་སྙོམས་པར་ཞུགས་པའི་བྱང་ཆུབ་ཀྱི་སེམས་ཀྱི་ཐིག་ལེ་འཁོར་ལོའི་རྩིབས་རྣམས་སུ་སྤྲོས། རང་དང་འདྲ་བའི་ཁྲོ་བོ་དང་ཁྭ་གདོང་མ་ལ་སོགས་པའི་སྒོ་མཚམས་ཀྱི་ཁྲོ་བོ་ཡབ་ཡུམ་ཞལ་སྦྱོར་རྣམས་སུ་གྱུར། སྙིང་དང་འོག་ཏུ་གཙོ་བོ་ཡབ་ཡུམ་གྱི་སྐུ་རེ་རེ། མཆོད་པ་བླ་མེད་ལྟར་བྱིན་གྱིས་བརླབས། ཨཱརྒྷཾ་ནས་ཤཔྟའི་བར་གྱིས་མཆོད། ཁྲོ་རྒྱལ་རིག་ཚོགས་སྟོབས་པོ་ཆེ། །མུན་ནག་ལྟ་བུའི་སྐུ་འཛིན་ཅིང་། །ཕཊ་ཀྱི་སྒྲ་འབྱིན་མི་དཔུང་འབར། །མགོན་དུ་གྱུར་ལ་ཕྱག་འཚལ་བསྟོད། ། བསྐལ་པ་མེ་ལྟར་འབར་བའི་ཀློང་དཀྱིལ་ན། །ཁྲོ་རྒྱལ་འཁོར་བཅས་སྣང་བའི་སྟབས་ཀྱིས་བཞུགས། །ཞལ་དུ་མ་ལུས་དགྲ་བགེགས་དོན་སྙིང་གསོལ། །གཏུམ་ཆེན་མེ་འབར་ལས་རྣམས་འགྲུབ་པར་མཛོད། །ཅེས་བསྟོད། དེ་ནས་བཟླས་པའི་དམིགས་པ་(༣ན)གསལ་བཏབ་ནས། ཨོཾ་ཛྙ་ཡ་ནཱ་ཤ་ནི་ཧཱ་ས་ནི། སརྦ་སྟཱ་ར། ཕྲ་ཏྱེ་གི་ར། བི་ནཱ་ཤ་ཡ། ཡེ་ཀེ་ཙིཾ་ཏ། དུཥྚཾ་སཏྭ་བ་ད་ཀི། མ་མ་བི་རུ་པ། ཀུར་ཛྙཱཏྟེ་ཏ་ནི། སརྦ་སྟཱ་ར། ཕྲ་ཙྪིཾ་ཀ་རི་ཆེ་པ་ཏ་ཏུ་ཧཱུྃ་ཕཊ་སྭཱཧཱ། ཞེས་ཅི་འགྲུབ་ཏུ་བཟླའོ། །གཏོར་མ་བྱིན་རླབས་བླ་མེད་གང་ཡང་རུང་བ་ཞིག་དང་མཐུན་པར་བྱས་ནས། དགྲ་བགེགས་ཐམས་ཅད་བཀུག་སྟེ་གཏོར་མ་ལ་ཐིམ་པར་མོས། ཁྲོ་བོ་ཆེན་པོ་འཁོར་བཅས་བཛྲ་

ས་མཱ་ཛཿ ཨོཾ་ཧྲ་ཡ་ནཱ་ཤ་ནི་ཧཱ་ས་ནི། བཛྲ་ཀྲོ་དྷ་བ་ལིཾ་ཏ་ཁཱ་ཧི་ཁཱ་ཧི། ཐུམྦ་ཐུམྦ་ཁཱ་ཧི་ཁཱ་ཧི། མཏྭ་མཾ་ས་ཁ་ཁཱ་ཧི། མཏྭ་རཀྟ་ཁ་ཁཱ་ཧི། གཏི་མུག་ཤ་ཡི་མཆོད་པ་བཞེས། །ཞེ་སྡང་རུས་པའི་མཆོད་པ་བཞེས། །འདོད་ཆགས་ཁྲག་གི་མཆོད་པ་བཞེས། །ཨཱ་ར་ཡ་ཙིཏྟ་སྲོག་ཐུན་ཁ་ཁཱ་ཧི། ཞེས་ལན་བཅུ་གཅིག་གིས་བསྟབ། མཆོད་བསྟོད་ནས། གཤེགས་གསོལ་གྱི་བར་སྤྱི་དང་འདྲའོ། ། ༈ འདིའི་རྗེས་གནང་ནི། ཆོས་འབྱུང་ནག་པོ་གྲུ་གསུམ་གྱི་སྟེང་དུ་རྟེན་གཏོར་བཀོད། མདུན་དུ་མཆོད་གཏོར་རྣམས་བཤམས། བདག་བསྐྱེད་བཟླས་པའི་བར་སྔར་བཞིན་བྱ། མཆོད་པ་བླ་མེད་ལྟར་བྱིན་གྱིས་བརླབས་ནས། མདུན་བསྐྱེད་བསངས་སྦྱངས། སྟོང་པའི་ངང་ལས་ཧྲཱིཾ་གསུམ་ལས་རྟ་གསུམ། རྡོ་རྗེ་འཁོར་ལོའི་སྲུང་བའི་འཁོར་ལོ་(༣བ)གསུམ་སྦྲག་ཏུ་གནས་པའི་ནང་དུ་ཞེས་པ་ནས། བཟླས་པའི་བར་བདག་བསྐྱེད་དང་འདྲ་བ་ལས་རང་ཉིད་ཅེས་པ་དོར། བདག་ལ་ཞེས་པ་འདི་ལ་ཞེས་འདོན་པ་བསྒྱུར། གཏོར་མ་བྱིན་གྱིས་བརླབས་ནས་འབུལ་བ། མཆོད་བསྟོད་རྣམས་སྔར་བཞིན་བྱ། འདོད་དོན་ལ་གསོལ་བ་བཏབ། ༈ སློབ་མའི་བྱ་བ་ནི། མཎྜལ་ཕུལ། གསོལ་བ་འདེབས་པ་འདིའི་རྗེས་ཛྙོས་གསུངས་ཤིག །དུས་གསུམ་སངས་རྒྱས་ནས་བསྐུལ་དུ་གསོལ། ལན་གསུམ། རྒྱུད་དག་པར་བྱ་བའི་ཕྱིར་མདུན་བསྐྱེད་ཀྱི་རྟེན་གཏོར་འདི་ཉིད་ཀྱང་བཅོམ་ལྡན་འདས་བདེ་མཆོག་ཁྲོ་བོ་རིག་ཆོག་ཏུ་དངོས་སུ་བཞུགས་པར་མོས་ལ་དེའི་སྟེང་གི་ནམ་མཁར་བཞུགས་པའི་སངས་རྒྱས་བྱང་སེམས་ཀྱི་དྲུང་དུ་སྐྱབས་འགྲོ་སྔོན་དུ་འགྲོ་བའི་བྱང་ཆུབ་ཀྱི་སེམས་བཟུང་བ་ལ་སོགས་པ་བགྱིད་སྙམ་པའི་བསམ་པས་འདིའི་རྗེས་ཛྙོས་མཛོད། དཀོན་མཆོག་གསུམ་ལ་བདག་སྐྱབས་མཆི། །སོགས་ལན་གསུམ་དང་། ཁྱད་པར་དུ་བདེ་མཆོག་ཁྲོ་བོ་རིག་ཆོག་གི་རྗེས་གནང་བསྐུལ་དུ་གསོལ་སྙམ་པའི་འདུན་པས་འདིའི་རྗེས་ཛྙོས་ཀྱང་གསུངས་ཤིག །སློབ་དཔོན་དགོངས་སུ་གསོལ། བདག་ལ་བདེ་མཆོག་ཁྲོ་བོ་རིག་ཆོག་གི་རྗེས་གནང་མ་ལུས་

པ་བསྟུལ་དུ་གསོལ། ཞེས་ལན་གསུམ་གྱིས་གསོལ་བ་བཏབ་ནས། ད་སྦྱོར་བ་རྗེས་གནང་གི་གཞི་དགོད་པའི་སླད་དུ་དམིགས་པ་འདི་བཞིན་དུ་མཛད་པར་ཞུ། ཨོཾ་ཤཱུནྱ་ཏཱ་ཛྙཱ་ན་བཛྲ་སྭ་བྷཱ་ཝ་ཨཱཏྨ་ཀོ྅ཧཾ། ཕྱི་ནང་གི་དངོས་པོ་ཐམས་(༤ན)ཅད་མི་དམིགས་པ་སྟོང་པ་ཉིད་དུ་གྱུར་པའི་ངང་ལས་ཧཱུྃ་གསུམ་ལས་རྩེ་གསུམ། རྡོ་རྗེ་འཁོར་ལོའི་སྲུང་བའི་འཁོར་ལོ་གསུམ་སྟྲག་ཏུ་གནས་པའི་ནང་དུ། ཆོས་འབྱུང་ལ་གནས་པའི་རླུང་མེ་ཆུ་སའི་འོག་གཞི་དང་གུར་ཁང་། དེའི་ནང་དུར་ཁྲོད་ཆེན་པོའི་དབུས་སུ་འཁོར་ལོ་རྩིབས་བཅུ་པའི་ལྟེ་བ་ལ་ཁྱེད་རང་གི་སེམས་ཉིད་ཧཱུྃ་དང་བཾ་ལས་རྡོ་རྗེ་དང་ཧྲི་ཤྲུ་ལ་རྣམས་ཡོངས་སུ་གྱུར་པ་ལས། ཁྱེད་རང་རྣམས་བཅོམ་ལྡན་རིག་ཚོག་སྐུ་མདོག་ནག་པོ། ཕྱག་གཡས་རྡོ་རྗེའི་སྟེང་ན་མེའི་འཁོར་ལོ་རྩིབས་བརྒྱད་པ་དང་། གཡོན་ཧྲི་ཤྲུ་ལའི་རྩེ་མོར་རླུང་གི་འཁོར་ལོ་རྩིབས་བཞི་པ་བསྣམས་པ། སྐུ་སྨོམ་ཐུང་ཁྲོ་བོའི་ཆ་བྱད་རྫོགས་ཤིང་། དུར་ཁྲོད་ཀྱི་ཆས་བརྒྱད་དང་ལྡན་པ། འཁོར་ལོ་དང་སྣ་ཚོགས་རྡོ་རྗེས་སྤྲི་བོ་བརྒྱན་པ། ཞབས་གཡས་བརྐྱངས་པས་དུས་མཚན་མ་དང་། གཡོན་བསྐུམ་པས་འཇིགས་བྱེད་མནན་པ། ཡུམ་གཡས་གྱི་གུག་དང་། གཡོན་ཧྲི་ཤྲུ་ལ་འཛིན་པས་འཁྱུད་པ། གཉིས་ཀའང་མེ་དཔུང་འབར་བའི་དབུས་ན་བཞུགས་པའི་དཔྲལ་བར་ཨོཾ་དཀར་པོ། སྙིང་གར་ཧཱུྃ་སྔོན་པོ། ལྟེ་བར་ཨ་སེར་པོ། ཐོལ་དུ་ཧཾ་ལྗང་གུ། མིག་ལ་ཊཾ་དཀར་པོ། རྣ་བར་ཧཱུྃ་སེར་པོ། སྣ་ལ་ཧྲི་དུད་ཁ། ལྕེ་ལ་ཨཱཿདམར་པོ། ལུས་ལ་ཁ་ལྗང་གུ། ཡིད་ལ་ཧཱུྃ་མཐིང་ཁ་རྣམས་གསལ་བཏབ་བོ། །དེ་ནས་སློབ་དཔོན་ཡང་བདེ་མཆོག་ཁྲོ་བོ་རིག་ཚོག་དངོས་ཡིན་སྙམ་པའི་མོས་གུས་བྱས་པས། སློབ་དཔོན་གྱི་ཐུགས་(༤བ)ཀ་ནས་འོད་ཟེར་འཕྲོས། མདུན་བསྐྱེད་ཀྱི་ལྷའི་ཐུགས་རྒྱུད་བསྐུལ། དེའི་ཐུགས་ཀ་ནས་འོད་ཟེར་འཕྲོས། ཕྱོགས་བཅུའི་སངས་རྒྱས་དང་བྱང་ཆུབ་སེམས་དཔའ་ཐམས་ཅད་ཀྱི་ཐུགས་རྒྱུད་བསྐུལ་བས། སློབ་དཔོན་དང་མདུན་བསྐྱེད་ཀྱི་ལྷ་དང་ཕྱོགས་བཅུའི་སངས་རྒྱས་བྱང་ཆུབ་

སེམས་དཔའ་ཐམས་ཅད་ཀྱི་ཐུགས་ཀ་ནས་བདེ་མཆོག་ཁྲོ་བོ་རིག་ཆོག་ཡབ་ཡུམ་གྱི་སྐུ་ཆེ་ཆུང་དཔག་ཏུ་མེད་པ་བྱོན། ཁྱེད་རང་རྣམས་ཀྱི་བ་སྤུའི་བུ་ག་རྣམས་ནས་ཆར་བབས་པ་བཞིན་དུ་སིབ་སིབ་ཐིམ་པར་མོས་པ་མཛོད། ཛཿཧཱུྃ་བཾ་ཧོཿགཉིས་སུ་མེད་པར་ཐིམ། དེ་དག་ནི་རྗེས་གནང་གི་གཞི་དགོད་པའོ། ། ༈ རྗེས་གནང་དངོས་ལ་ལུང་གསུམ་ལས། དང་པོ་རྗེས་སུ་བཟླས་པའི་ལུང་བླང་བའི་ཕྱིར། སློབ་དཔོན་གྱི་སྙིང་གར་ཉི་མའི་དཀྱིལ་འཁོར་གྱི་སྟེང་དུ་ཧཱུྃ་སྔོན་པོ། དེ་ལས་སྔགས་ཀྱི་འཕྲེང་བ་བྱུང་། སློབ་དཔོན་གྱི་ཞལ་ནས་ཐོན། ཁྱེད་རང་རྣམས་ཀྱི་ཞལ་དུ་ཞུགས། ཐུགས་ཀར་ཉི་མའི་སྟེང་དུ་ཧཱུྃ་སྔོན་པོ་གནས་པ་ལ་ཐིམ། དེའི་དུས་སུ་ཕྱོགས་བཅུའི་སངས་རྒྱས་བྱང་ཆུབ་སེམས་དཔའ་རྣམས་ཀྱི་མཁྱེན་བརྩེ་ནུས་མཐུ་ཐམས་ཅད་འོད་ཟེར་གྱི་རྣམ་པར་སྔགས་འཕྲེང་དང་ལྷན་ཅིག་ཞལ་དུ་ཞུགས། སྙིང་གའི་ཧཱུྃ་ལ་ཐིམ་པའི་མོས་པ་མཛོད་ལ། སྔགས་འདིའི་རྗེས་བཟློས་ལན་གསུམ་གསུངས་ཤིག །ཨོཾ་ཧྲཱི་ཡ་ནྟཱ་ཤ་ནི་ཧཱུ་ས་ནི། སརྦ་ཨཱ་ར། བྲ་ཧྟེཾ་གི་ར། བི་ནྟཱ་ཤ་ཡ། ཡེ་ཀེ་ཙཾ་ཧ། དུཥྚཾ་སཏྭ་བ་ད་ཀི། མ་མ་བི་རྟུ་པ། ཀུར་རྐྵེ་ཧ་ནི། སརྦ་ཨཱ་ར། པྲ་ཧྟེཾ་ཀ་རི(༥ན)ཊེ་པ་ཧ་ཏུ་ཧཱུྃ་ཕཊ་སྭཱཧཱ། དང་པོས་བྱིན་གྱིས་བརླབས། གཉིས་པས་དབྱེར་མེད་དུ་འདྲེས། གསུམ་པས་བརྟན་པར་བྱས་པའི་མོས་པ་མཛོད། གཉིས་པ་བྱིན་གྱིས་བརླབས་པའི་ལུང་ནི། སློབ་དཔོན་ལ་མེ་ཏོག་གཏོར་བཞིན་དུ་འདིའི་རྗེས་བཟློས་མཛོད་ཅིག །བཅོམ་ལྡན་བདག་གིས་ཞེས་སོགས་ལན་གསུམ། དེ་ལྟར་ཕུལ་བའི་མེ་ཏོག་དེ་ཉིད་སླར་ཡང་བྱིན་གྱིས་བརླབས་ཏེ། ཁྱེད་རང་གི་སྤྱི་བོར་ཕུལ་བའི་མོས་པ་མཛོད་ཅིག །སློབ་དཔོན་གྱིས་མེ་ཏོག་གཏོར་བཞིན། བཅོམ་ལྡན་འདི་ལ་ཞེས་སོགས་དང་། རིག་པ་འཛིན་པ་འདི་རྣམས་ལ། བཅོམ་ལྡན་འདས་བདེ་མཆོག་ཁྲོ་བོ་རིག་ཆོག་ཡབ་ཡུམ་གྱི་སྐུ་གསུང་ཐུགས་ཀྱི་བྱིན་རླབས་མ་ལུས་པ་འཇུག་པར་གྱུར་ཅིག །གསུམ་པ་དམ་བཅའ་བའི་ལུང་གི་ཕྱིར། བཅོམ་ལྡན་འདས་བདེ་མཆོག་ཁྲོ་བོ་རིག་ཆོག་འདི་

ཉིད་ཇི་སྲིད་བྱང་ཆུབ་མ་ཐོབ་བར་གྱི་ཡི་དམ་དུ་བཟུང་ངོ་། །བདག་ཐུགས་ཀྱིས་མ་བཏང་ཞིག་སྙམ་པའི་བསམ་པས་འདིའི་རྗེས་ཟློས་གསུངས་ཤིག །སློབ་དཔོན་དགོངས་སུ་གསོལ། བདག་རིག་པ་འཛིན་པ་མིང་འདི་ཞེས་བགྱི་བས་དུས་འདི་ནས་བཟུང་སྟེ། ཇི་སྲིད་བྱང་ཆུབ་སྙིང་པོ་ལ་མཆིས་ཀྱི་བར་དུ། བཅོམ་ལྡན་འདས་བདེ་མཆོག་ཁྲོ་བོ་རིག་ཚོགས་ཡབ་ཡུམ་ཡི་དམ་གྱི་ལྷར་བཟུང་ནས་འདིའི་གསང་སྔགས་ཉི་མ་རེ་རེ་བཞིན་འདི་ཙམ་རེ་འདོན་པར་དམ་འཆའ་ལགས་སོ། །ཞེས་ལན་གསུམ་བརྗོད། དེ་ནས་གཏོར་དབང་ནི། གཏོར་མ་འདི་ཉིད་བཅོམ་ལྡན་འདས་(༥བ)བདེ་མཆོག་ཁྲོ་བོ་རིག་ཚོགས་དངོས་སུ་མོས། དེ་ལ་མོས་གུས་དུང་བ་བྱས་པས། སློབ་མ་རྣམས་ཀྱི་སྤྱི་བོར་བྱོན། རྒྱུད་བྱིན་གྱིས་བརླབས་པ་ཡིན་སྙམ་པ་གྱིས། ཞེས་བརྗོད་ནས། གཏོར་མ་སྤྱི་བོར་བཞག་ལ། རྩ་བརྒྱུད་ཀྱི་དཔལ་ལྡན་བླ་མ་དམ་པ་རྣམས་ཀྱིས་བྱིན་གྱིས་རློབས་ཤིག །ཡི་དམ་དཀྱིལ་འཁོར་གྱི་ལྷ་ཚོགས་རྣམས་ཀྱིས་བྱིན་གྱིས་རློབས་ཤིག །སངས་རྒྱས་དང་བྱང་ཆུབ་སེམས་དཔའ་རྣམས་ཀྱིས་བྱིན་གྱིས་རློབས་ཤིག །དཔའ་བོ་དང་དཔའ་མོ་རྣལ་འབྱོར་མ་རྣམས་ཀྱིས་བྱིན་གྱིས་རློབས་ཤིག །དཔལ་མགོན་དམ་པ་ཆོས་སྐྱོང་སྲུང་མ་རྣམས་ཀྱིས་བྱིན་གྱིས་རློབས་ཤིག །ཁྱད་པར་དུ་ཡང་བཅོམ་ལྡན་འདས་བདེ་མཆོག་ཁྲོ་བོ་རིག་ཚོགས་ཀྱི་ལྷ་ཚོགས་རྣམས་ཀྱིས་བྱིན་གྱིས་རློབས་ཤིག །ཁྱེད་རྣམས་ཀྱིས་རྡོ་རྗེ་སློབ་མ་འདི་རྣམས་ཀྱི་ལུས་ཀྱི་ན་ཚ། སེམས་ཀྱི་སྡུག་བསྔལ་སོགས་འགལ་རྐྱེན་ཕྱི་ནང་གི་བར་གཅོད་ཐམས་ཅད་ཞི་བ་དང་། མཐུན་རྐྱེན་ཚེ་དང་བསོད་ནམས་དཔལ་འབྱོར་ཕུན་སུམ་ཚོགས་པ་ཐམས་ཅད་འཕེལ་ཞིང་རྒྱས་པ་དང་། མཆོག་དང་ཐུན་མོང་གི་དངོས་གྲུབ་ཐམས་ཅད་མྱུར་དུ་འགྲུབ་པར་བྱིན་གྱིས་བརླབ་ཏུ་གསོལ། ཞེས་གསོལ་བ་བཏབ་པས་སློབ་མ་རྣམས་ཀྱི་སྤྱི་བོ་ནས་ཐིམ་པས་བྱིན་གྱིས་བརླབས་པར་གྱུར། ཛཿཧཱུྃ་བཾ་ཧོཿ ཞེས་བརྗོད། རྗེས་ཀྱི་བྱ་བ་སྤྱི་དང་འདྲའོ། །

༄ **བདེ་མཆོག་རྡོ་རྗེ་མཁའ་ཁྱིང་ལ།** སྐྱབས་སེམས་ཚད་མེད་བཞི་སྔོན་དུ་འགྲོ་བས། ཤཱུ་ནྱ་ཏཱ་སྟོང་པར་སྦྱངས། སྟོང་པའི་ངང་ལས་པཾ་ལས་རྒྱ་མཚོའི་དབུས་སུ། པཾ་ལས་པདྨ་འདབ་མ་བརྒྱད་ཀྱི་ལྟེ་བར་རཾ་ལས་ཉི་(༨ན)མ། དེར་རང་སེམས་ཧཱུཾ་ལས་རྡོ་རྗེ་འབར་བ་ཧཱུཾ་གིས་མཚན་པ་ཡོངས་སུ་གྱུར་པ་ལས། རང་ཉིད་དཔལ་འཁོར་ལོ་བདེ་མཆོག་སྐུ་མདོག་མཐིང་ག་རྩ་ཞལ་གནག་པ། གཡས་ཞལ་དུད་ཁ་དང་དམར་པོ། གཡོན་ཞལ་ལྗང་གུ་དང་དུད་ཁ། སྙིང་ཞལ་མཁའ་ལྡིང་གི་གདོང་དམར་པོ། ཉི་མ་བཅུ་གཉིས་ཀྱི་གཟི་བརྗིད་ཅན། ཕྱག་དང་པོ་གཉིས་རྡོ་རྗེ་དང་དྲིལ་བུ་འཛིན་པས་ཡུམ་ལ་འཁྲུད་པ། དེའི་འོག་མ་གཉིས་ཀྱིས་གྲི་གུག་དང་ཚངས་པའི་མགོ་བོ་བསྣམས་པ། གཡས་གསུམ་པས་མཐའ་ཡས་དཀྲིས་པའི་རྡོ་རྗེ་འབར་བ་གསོར་བ། བཞི་པས་པདྨ་དཀྲིས་པའི་ལྕགས་ཀྱུ། ལྔ་པས་མ་དྲོས་པ་དཀྲིས་པའི་ནཱ་མ་ཙ། གཡོན་གསུམ་པས་ནོར་རྒྱས་ཞགས་པའི་ཚུལ་དུ་འཛིན་པའི་སྡིགས་མཛུབ། བཞི་པས་འཛོག་པོ་བ་དན་དུ་བཏགས་པའི་ཁ་ཊྭཱཾ་ག་དང་ཐོད་པ། ལྔ་པས་པད་ཆེན་གྱིས་དཀྲིས་པའི་མདུང་། ཐ་མ་གཉིས་དབང་པོའི་པགས་པ་སྟོད་གཡོགས་སུ་བསྣམས་པ་ལས་གཡས་ཀྱི་སྟོབས་རྒྱུ་དང་། གཡོན་གྱིས་དུང་སྐྱོང་འཛིན་པའོ། །ཚུ་ལྷ་ཕོ་མོའི་སྙིང་ན་གཡས་བརྐྱང་གི་སྟབས་ཀྱིས་བཞུགས་ཤིང་། ཁ་དོག་ལྗང་དང་ལྡན་པའི་རྡོ་རྗེའི་གཤོག་པ་བརྡེབ་པ། ཧེ་རུ་ཀའི་རྒྱན་དང་ཆ་ལུགས་ཡོངས་སུ་རྫོགས་ཤིང་། ཡུམ་རྡོ་རྗེ་ཕག་མོ་སེར་མོ་གྲི་ཐོད་འཛིན་པས་འཁྲུད་པ། མེ་དཔུང་འབར་བའི་དབུས་ན་བཞུགས་པའོ། །སྙིང་གར་རང་དང་འདྲ་བའི་ཡེ་ཤེས་སེམས་དཔའ། དེའི་ཐུགས་ཀར་ཏིང་ངེ་འཛིན་སེམས་(༨བ)དཔའ་ཧཱུཾ་ནཾ་ཧཱུཾ། སྤྱི་བོར་མཁའ་འགྲོ་མ། གསང་བར་ལྷ་མ། མགྲིན་པར་དུམ་སྐྱེས་མ། ལྟེ་བར་གཟུགས་ཅན་མ། སྤྱི་བོ་ལ་སོགས་པའི་གནས་རྣམས་སུ་དཔའ་བོ་དཔའ་མོ་བཞི་བཅུ་ཞེ་བརྒྱད། ཁར་ཁྭ་གདོང་མ། སྣ་བུག་གི་འདོམ་སོར་འུག་གདོང་མ། གསང་བར་ཁྱི་གདོང་མ། བཤང་སྒོར་

ཕག་གདོང་མ། མིག་གཡས་སུ་གཞིན་རྗེ་བརྟན་མ། རྣ་བ་གཡས་སུ་གཞིན་རྗེ་ཕོ་ཉ་མ། རྣ་བ་གཡོན་དུ་གཞིན་རྗེ་མཆེ་བ་མ། མིག་གཡོན་དུ་གཞིན་རྗེ་འཇོམས་མ། ཐམས་ཅད་ཀྱང་ཕྱག་གཉིས་པ། དཔའ་བོ་ཐམས་ཅད་རྡོ་རྗེ་དྲིལ་བུ་འཛིན་པ། རྣལ་འབྱོར་མ་རྣམས་གྲི་གུག་དང་ཐོད་པ་བསྣམས་པ། མཁའ་ལྡིང་གི་ཞལ་དང་རྡོ་རྗེའི་གཤོག་པ་ཅན་ནོ། །རང་གི་སྙིང་གར་རྡོ་རྗེ་སེམས་དཔའ། མགོ་བོར་རྣམ་པར་སྣང་མཛད། སྤྱི་གཙུག་ཏུ་པདྨ་གར་དབང་། ཕྲག་པ་གཉིས་སུ་དཔལ་ཧེ་རུ་ཀ །མིག་གཉིས་སུ་རྡོ་རྗེ་ཉི་མ། དཔྲལ་བར་ཧ་མགྲིན། ཡུམ་གྱི་ལྟེ་བར་རྡོ་རྗེ་ཕག་མོ། སྙིང་གར་གཤིན་རྗེ་མ། མགྲིན་པར་རྨོངས་བྱེད་མ། མགོ་བོར་བསྐྱོད་བྱེད་མ། སྤྱི་གཙུག་ཏུ་སྐྲག་བྱེད་མ། དཔྲལ་བར་ཙཎྜི་ཀ །ཡབ་ཡུམ་གཉིས་ཀྱི་སྤྱི་བོར་ཟླ་བ་ལ་ཨོཾ་དཀར་པོ། མགྲིན་པར་པདྨ་ལ་ཨཱཿདམར་པོ། ཐུགས་ཀར་ཉི་མ་ལ་ཧཱུྃ་སྔོན་པོས་མཚན་པར་གྱུར། རང་གི་ཐུགས་ཀའི་ས་བོན་ལས་འོད་ཟེར་འཕྲོས། ཡེ་ཤེས་སེམས་དཔའ་བཛྲ་ས་མ་ཛཿ ཛཿཧཱུྃ་བཾ་ཧོཿ གཉིས་སུ་མེད་པར་གྱུར། སླར་ཡང་ཐུགས་ཀའི་ས་བོན་ལས་འོད་ཟེར་འཕྲོས། དབང་གི་ལྷ་བཛྲ་ས་མ་ཛཿ དེ་བཞིན་གཤེགས་པ་ཐམས་ཅད་ཀྱིས་བདག་(༧ན)ལ་མངོན་པར་དབང་བསྐུར་དུ་གསོལ། ཞེས་གསོལ་བ་བཏབ་པས། ཨོཾ་བཛྲི་བྷ་ཝ་ཨ་བྷི་ཥིཉྩ་ཧཱུྃ། ཞེས་གསུངས་ཤིང་དབང་བསྐུར་བས། ལུས་ཐམས་ཅད་གང་། དྲི་མ་ཐམས་ཅད་དག །ཆུའི་ལྷག་མ་ཡར་ལུད་པ་ལས་གཙོ་བོ་ལ་རྡོ་རྗེ་སེམས་དཔའ། ཕག་མོ་ལ་མི་བསྐྱོད་པས་དབུ་བརྒྱན་པར་བསམ། སྙིང་གར་ཉི་མའི་སྟེང་དུ་ཧཱུྃ་ཡིག་གི་མཐའ་སྔགས་ཀྱི་འཕྲེང་བས་བསྐོར་བར་བསམ་ལ། ཨོཾ་ཤྲཱི་བཛྲ་ཧེ་ཧེ་རུ་ཀཾ་བཛྲ་ག་རུ་ཊ་ཧཱུྃ། ཊ་ཀི་ཉི་ཛྭ་ལ་སམྦྷ་ར་ཧཱུྃ་ཕཊ། ཅེས་ཅི་ནུས་སུ་བཟླའོ། །དེ་ནས། གཏོར་ཆོག་རྒྱས་པར་ན་ལྷུ་ཨི་པ་དང་འདྲ། ནང་མཆོད་བསངས་སྦྱངས། ཨ་ལས་ཀ་པཱ་ལའི་ནང་དུ་འབྲུ་གསུམ་ཞུ་བ་ལས་བྱུང་བའི་བདུད་རྩིའི་རྒྱ་མཚོར་གྱུར། ཨོཾ་ཨཱཿཧཱུྃ་ཧ་ཧོ་ཧྲཱིཿ ཞེས་ལན་གསུམ་གྱིས་བྱིན་གྱིས་

བརླབས། མཆོད་པ་སྤྱི་དང་མཐུན་པར་བྱིན་གྱིས་བརླབས། གཏོར་མའང་ནང་མཆོད་ལྟར་བྱིན་གྱིས་བརླབས། ཕཻཾ། དཔལ་ཧེ་རུ་ཀ་ཡབ་ཡུམ་འཁོར་དང་བཅས་པ་མདུན་གྱི་ནམ་མཁར་སྤྱན་དྲངས། ཨོཾ་ཤྲཱི་ཧེ་རུ་ཀ་ཨཀྵོཾ་བྷྱ་ཧྲིཥྚ་ཧཱུྃ་སྭཱཧཱ་ཞེས་པ་ནས། ཨོཾ་བཛྲ་ཤཏྲ་ཨཱཿཧཱུྃ་སྭཱཧཱ། ལག་པ་གཉིས་ཨ་ཨཱ་ཞེས་པ་ནས། ཤ་ཊ་ས་ཏ་ཀྵཱ་ཡོངས་སུ་གྱུར་པ་ལས། ཟླ་བ་དང་ཉི་མའི་རང་བཞིན་དུ་གྱུར་པའི་དབུས་སུ་ཧཱུྃ་ཡིག །ཨོཾ་ཨ་ཏྟེ་ཏྟ། ཨ་ནུ་ག་ཏ་སརྦ་རྟཱ་ཛྙཿཔ་ར་སྤྲ་ར་ཨ་ནུ་པྲ་བིཥྚ་སརྦ་རྟཱ་ཛྙཿཨཏྲཀྐ། ཨ་ནུ་པྲ་བིཥྚ་སརྦ་རྟཱ་ཛྙཿཨོཾ་ཨཱཿཧཱུྃ། ཟླ་ཉི་ཧཱུྃ་དང་བཅས་པ་ཡོངས་སུ་གྱུར་པ་(༧བ)ལས། རྡོ་རྗེའི་ཐལ་མོར་གྱུར། ཞེས་རྡོ་རྗེའི་ཐལ་མོར་བྱས་པའི་ལག་མཐིལ་དུ། གཏོར་སྣོད་དངོས་སུ་བཞག་པའམ་བཞག་པར་མོས་ཏེ། ལྷ་མོ་ཚད་མ་དམ་ཚིག་ཚད་མ་དང་། དེ་བརྗོད་གསུང་ཡང་མཆོག་ཏུ་ཚད་མ་སྟེ། །བདེན་པ་འདི་དག་གིས་ནི་ལྷ་མོ་རྣམས། །བདག་ཅག་རྗེས་སུ་འཛིན་པའི་རྒྱུར་གྱུར་ཅིག །མཆོད་པའི་འཁོར་གསུམ་པོ་བདེ་སྟོང་དབྱེར་མེད་དུ་གྱུར། མགྲོན་རྣམས་ཀྱི་ལྗགས་ཧཱུྃ་དཀར་པོ་ལས་བྱུང་བའི་རྡོ་རྗེ་རྩེ་གསུམ་པ་དཀར་པོ་ནས་འབྲུ་ཙམ་འཕོད་པའི་རྡོ་རྗེའི་འོད་ཟེར་གྱི་སྦུ་གུས་དྲངས་ནས་གསོལ་བར་གྱུར། ཨོཾ་ཨཱཿབཛྲ་ཨ་ར་ལི་ཧོཿ ཛཿཧཱུྃ་བཾ་ཧོཿ བཛྲ་ཌཱ་ཀི་ཎྱ་ས་མ་ཡ་སྟྭཾ་དྲྀ་ཤྱ་ཧོཿ ཨོཾ་མཧཱ་ག་རུ་ཊ་ཨི་དཾ་བ་ལིཾ་ཏ་ཁ་ཁ་ཁཱ་ཧི་ཁཱ་ཧི། ཞེས་ལན་གསུམ་གྱིས་གཏོར་མ་འབུལ། ཨོཾ་ཤྲཱི་ཧེ་རུ་ཀ་ཨཀྵོཾ་སོགས་ཀྱིས་མཆོད། འབྲུ་གསུམ་གྱིས་ནང་མཆོད་འབུལ། ཨོཾ་བཅོམ་ལྡན་དཔའ་བོའི་དབང་ཕྱུག་ལ་ཕྱག་འཚལ་ཧཱུྃ་ཧཱུྃ་ཕཊ། ཨོཾ་བསྐལ་པ་ཆེན་པོའི་མེ་དང་མཉམ་པའི་འོད་ཧཱུྃ་ཧཱུྃ་ཕཊ། ཨོཾ་རལ་པའི་ཅོད་པན་མི་བཟད་པ་དང་ལྡན་ཧཱུྃ་ཧཱུྃ་ཕཊ། ཨོཾ་མཆེ་བ་རྣམ་པར་གཙིགས་པ་འཇིགས་པའི་ཞལ་ཧཱུྃ་ཧཱུྃ་ཕཊ། ཨོཾ་སྟོང་ཕྲག་ཕྱག་ནི་འབར་བའི་འོད་ཟེར་ཅན་ཧཱུྃ་ཧཱུྃ་ཕཊ། ཨོཾ་དགྲ་སྟ་ཞགས་གདེངས་མདུང་དང་ཁ་ཊྭཱཾ་འཛིན་ཧཱུྃ་ཧཱུྃ་ཕཊ། ཨོཾ་སྟག་གི་པགས་པའི་ན་བཟའ་འཛིན་པ་ཅན་ཧཱུྃ་ཧཱུྃ་ཕཊ། ཨོཾ་སྐུ་ཆེན་དུད་ཁ་བགེགས་མཐར་

མཛད་ལ་འདུད་ཧུཾ་ཧཱུཾ་ཕཊ། ཨོཾ་བཅོམ་ལྡན་འདས་མ་རྡོ་རྗེ་ཕག་མོ་ལ་ཕྱག་འཚལ་(༤ན)ཧུཾ་ཧཱུཾ་ཕཊ། ཨོཾ་འཕགས་མ་རིག་མའི་དབང་ཕྱུག་ཁམས་གསུམ་གྱིས་མི་ཐུབ་ཧུཾ་ཧཱུཾ་ཕཊ། ཨོཾ་འབྱུང་པོའི་འཇིགས་པ་ཐམས་ཅད་རྡོ་རྗེ་ཆེན་པོས་འཇོམས་ཧུཾ་ཧཱུཾ་ཕཊ། ཨོཾ་རྡོ་རྗེ་གདན་བཞུགས་གཞན་གྱིས་མི་ཐུབ་དབང་བྱེད་ཅན་ཧུཾ་ཧཱུཾ་ཕཊ། ཨོཾ་གཏུམ་མོ་ཁྲོ་མོའི་གཟུགས་ཀྱིས་ཚངས་པ་སྐེམས་པར་ལྡན་ཧུཾ་ཧཱུཾ་ཕཊ། ཨོཾ་བདུད་རྣམས་སྐྲག་ཅིང་སྐེམས་པས་གཞན་གྱི་ཕྱོགས་ལས་རྒྱལ་ཧུཾ་ཧཱུཾ་ཕཊ། ཨོཾ་རྨུགས་བྱེད་རེངས་བྱེད་རྨོངས་བྱེད་ཀུན་ལས་རྣམ་པར་རྒྱལ་ཧུཾ་ཧཱུཾ་ཕཊ། ཨོཾ་རྡོ་རྗེ་ཕག་མོ་སྦྱོར་ཆེན་འདོད་དབང་མ་ལ་འདུད་ཧུཾ་ཧཱུཾ་ཕཊ། ཅེས་བསྟོད། སྲིད་པ་དང་མཉམ་ཞི་བ་ཆགས་བཅོམ་ཀུན་ཏུ་རྟོག་པ་འཇོམས། །ཁྱོད་ནི་དངོས་པོ་མཐའ་དག་མཁའ་ལྟར་གཟིགས་པ་དང་ལྡན་པ། །མགོན་པོ་ཤིན་ཏུ་བརྩེ་བ་ལྡེ་བའི་ཚུལ་བརྟན་ཐུགས་ཀྱི་ཚུལ། །མཛོད་ཅིག་ལྷ་མོ་རྣམས་ཀྱིས་བདག་ལ་ཤིན་ཏུ་རྗེས་བརྩེར་མཛོད། །སྔགས་ཀྱི་ཤམ་བུ་བཟླ་བ་ནས་བཟུང་སྟེ། བདག་བསྐྱེད་དང་གཏོར་ཆོག་གཉིས་ཀ་ལ་ཧེ་རུ་ཀ་བྱ་ཁྱུང་གི་འཁོར་གྱིས་བསྐོར་བ་བསྒོམ། ཞེས་གསུངས། ༈ འདིའི་རྗེས་གནང་ནི། མཎྜལ་པདྨ་འདབ་བརྒྱད། དབུས་སུ་བུམ་པ་བཅའ། མཆོད་གཏོར་རྒྱ་ཆེར་བཤམས། བདག་བསྐྱེད་སྔོན་དུ་འགྲོ་བས་མཆོད་པ་བྱིན་གྱིས་བརླབས། མདུན་བསྐྱེད་བསངས་སྦྱངས། སྟོང་པའི་ངང་ལས་པཾ་ལས་བྱུང་བའི་རིན་པོ་ཆེའི་བུམ་པ་དཀར་པོ་ལྟོ་བ་ཆེ་བ་མགྲིན་པ་རིང་བ། མཆུ་འཕྱང་(༤བ)བ་ལ་སོགས་པ་མཚན་ཉིད་ཐམས་ཅད་ཡོངས་སུ་རྫོགས་པའི་ནང་དུ་པཾ་ལས་རྒྱ་མཚོའི་དབུས་སུ། པཾ་ལས་པདྨ་འདབ་བརྒྱད་ཀྱི་ལྟེ་བར་རཾ་ལས་ཉི་མའི་སྟེང་དུ་ཧཱུཾ་ལས་རྡོ་རྗེ་འབར་བ་ཧཱུཾ་གིས་མཚན་པ་ཡོངས་སུ་གྱུར་པ་ལས་དཔལ་འཁོར་ལོ་བདེ་མཆོག །ཅེས་པ་ནས། རྒྱས་བཏབ་ཀྱི་བར་བདག་བསྐྱེད་དང་འདྲ་བ་ལས་བདག་ལ་ཞེས་པ་འདི་ལ་ཞེས་འདོན་པ་སྟེ། ཨོཾ་ཤྲཱི་ཧེ་རུ་ཀ་ཨརྒྷཾ་སོགས་ཀྱིས་ཕྱི་མཆོད་དང་། འབྲུ་གསུམ་གྱིས་ནང་མཆོད་འབུལ། ཡབ་

ཀྱི་གསང་གནས་མི་དམིགས་པའི་ངང་ལས་ཧཱུྃ་ལས་བྱུང་བའི་རྡོ་རྗེ་དཀར་པོ་རྩེ་ལྔ་པ་ཧཱུྃ་དམར་པོ་ལས་བྱུང་བའི་ནོར་བུ་དམར་པོ་རྩེ་མོར་ཧཱུྃ་སེར་པོས་མཚན་པ། ཡུམ་གྱི་གསང་གནས་མི་དམིགས་པའི་ངང་ལས་ཨཱཿལས་བྱུང་བའི་པདྨ་དམར་པོ་འདབ་མ་གསུམ་པ་ཧཱུྃ་དཀར་པོ་ལས་བྱུང་བའི་བྱང་ཆུབ་ཀྱི་སེམས་མཚོན་པའི་ལྟེ་བ་དཀར་པོ་རྩེ་མོར་ཧཱུྃ་སེར་པོས་མཚན་པ། ཡབ་ཡུམ་སྙོམས་པར་ཞུགས་པའི་བྱང་ཆུབ་ཀྱི་སེམས་སྤྱི་བོ་ནས་མགྲིན་པར་སླེབས་པ་ན་དགའ་བ། མགྲིན་པ་ནས་སྙིང་གར་སླེབས་པ་ན་མཆོག་དགའ། སྙིང་ག་ནས་ལྟེ་བར་སླེབས་པ་ན་ཁྱད་དགའ། ལྟེ་བ་ནས་ནོར་བུའི་རྩེར་སླེབས་པ་ན་ལྷན་སྐྱེས་ཀྱི་དགའ་བ་སྐྱེས། ལྷ་ཐམས་ཅད་ཀྱིས་ཀྱང་ལྷན་ཅིག་སྐྱེས་པའི་དགའ་བ་ཉམས་སུ་མྱོང་བས་བདེ་བ་ཆེན་པོ་དང་། དེ་ཁོ་ན་ཉིད་དབྱེར་མི་ཕྱེད་པའི་ཏིང་ངེ་འཛིན་ལ་སྙོམས་པར་ཞུགས་པས་ཕྱི་ནང་གསང་བ་དེ་ཁོ་ན་ཉིད་ཀྱི་མཆོད་པས་དགྱེས་པར་གྱུར། (༤ན)དེ་ནས་རྐང་བརྒྱད་ཀྱིས་བསྟོད། གཏོར་མ་འབུལ། བླུ་གཏོར་ཡང་བཏང་ལ་བཟླས་པ་ཅི་ནུས་ཞིག་བྱའོ། ། ༔ སློབ་མས་མཎྜལ་ཕུལ། དོན་དམ་སྨྲ་བའི་སེང་གེ་ནས་བདག་འགྲུབ་མཛོད། །ཅེས་ལན་གསུམ་གྱིས་གསོལ་བ་བཏབ། དཀོན་མཆོག་གསུམ་ལ་བདག་སྐྱབས་མཆི། །ཞེས་སོགས་ཀྱིས་རྒྱུན་བཤགས་དང་། སྲས་བཅས་སངས་རྒྱས་ཐམས་ཅད་དང་། །དཔའ་བོ་དཔའ་མོའི་ཚོགས་བཅས་ཀུན། །ཐམས་ཅད་བདག་ལ་དགོངས་སུ་གསོལ། །ཞེས་པ་ནས། སེམས་ཅན་མྱ་ངན་འདས་ལ་འགོད། །ཅེས་པའི་བར་གྱིས་རིགས་ལྔའི་སྡོམ་པ་བཟུང་། སངས་རྒྱས་ཆོས་དང་དགེ་འདུན་ལ་ནས། ཉེ་ཤུ་རྩ་གཅིག་ལེགས་པར་བསྲུང་། །ཞེས་དམ་ཚིག་ཉེར་གཉིས་བཟུང་བ་རྣམས་བྱ། ལྷའི་སྐུ་ལས་བྱུང་བའི་བདུད་རྩིས་བཀྲུས་པར་བསམས་ཏེ། བུམ་ཆུ་སྤྱི་བོ་ནས་གཏོར་ཞིང་འཐུང་དུ་བཅུག །ཚད་མེད་བཞི་བསྒོམ་དུ་བཅུག །དེ་ནས། སློབ་མ་རྣམས། ཤཱུ་ནྱ་ཏཱས་སྟོང་པར་སྦྱངས། སྟོང་པའི་ངང་ལས་པཾ་ལས་རྒྱ་མཚོའི་དབུས་སུ། པཾ་ལས་པདྨ་འདབ་

བརྒྱད་ཀྱི་ལྟེ་བར་རཾ་ལས་ཉི་མ། དེར་ཁྱེད་རང་རྣམས་ཀྱི་སེམས་ཉིད་ཧཱུྃ་ལས་རྡོ་རྗེ་འབར་བ་ཧཱུྃ་གིས་མཚན་པ་ཡོངས་སུ་གྱུར་པ་ལས། ཁྱེད་རང་རྣམས་དཔལ་འཁོར་ལོ་བདེ་མཆོག་སྐུ་མདོག་མཐིང་ག་རྩ་ཞལ་གནག་པ། གཡས་ཞལ་དུད་ཁ་དང་དམར་པོ། གཡོན་ཞལ་ལྗང་གུ་དང་དུད་ཁ། སྟེང་ཞལ་མཁའ་ལྡིང་གི་གདོང་དམར་པོ། ཉི་མ་བཅུ་(༦བ)གཉིས་ཀྱི་གཟི་བརྗིད་ཅན། ཕྱག་དང་པོ་གཉིས་རྡོ་རྗེ་དང་དྲིལ་བུ་འཛིན་པས་ཡུམ་ལ་འཁྱུད་པ། དེའི་འོག་མ་གཉིས་ཀྱིས་གྲི་གུག་དང་ཚངས་པའི་མགོ་བོ་བསྣམས་པ། གཡས་གསུམ་པས་མཐའ་ཡས་དཀྲིས་པའི་རྡོ་རྗེ་འབར་བ་གསོར་བ། བཞི་པས་པདྨ་དཀྲིས་པའི་ཞགས་ཀྱུ། ལྔ་པས་མ་རྔོས་པ་དཀྲིས་པའི་ཌཱ་མ་རུ། གཡོན་གསུམ་པས་ནོར་རྒྱས་ཞགས་པའི་ཚུལ་དུ་འཛིན་པའི་སྡིགས་མཛུབ། བཞི་པས་འཇོག་པོ་བ་དན་དུ་བཏགས་པའི་ཁ་ཊྭཱཾ་ག་དང་ཐོད་པ། ལྔ་པས་པད་ཆེན་གྱིས་དཀྲིས་པའི་མདུང་། ཐ་མ་གཉིས་དབང་པོའི་པགས་པ་སྟོད་གཡོགས་སུ་བསྣམས་པ་ལས་གཡས་ཀྱིས་སྟོབས་རྒྱུ་དང་། གཡོན་གྱིས་དུང་སྐྱོང་འཛིན་པའོ། །ཚུ་ལྷ་ཕོ་མོའི་སྟེང་ན་གཡས་བརྐྱང་གི་སྟབས་ཀྱིས་བཞུགས་ཤིང་། ཁ་དོག་ལྷ་དང་ལྡན་པའི་རྡོ་རྗེའི་གཞོག་པ་བརྗེབ་པ། ཧེ་རུ་ཀའི་རྒྱན་དང་ཆ་ལུགས་ཡོངས་སུ་རྫོགས་ཤིང་། ཡུམ་རྡོ་རྗེ་ཕག་མོ་སེར་མོ་གྲི་ཐོད་འཛིན་པས་འཁྱུད་པ། མེ་དཔུང་འབར་བའི་དབུས་ན་བཞུགས་པའོ། །སྙིང་གར་རང་དང་འདྲ་བའི་ཡེ་ཤེས་སེམས་དཔའ། དེའི་ཐུགས་ཀར་ཏིང་ངེ་འཛིན་སེམས་དཔའ་ཧཱུྃ་ནཾ་ཧཱུྃ། སྤྱི་བོར་མཁའ་འགྲོ་མ། གསང་བར་ལྷཱ་མ། མགྲིན་པར་དུམ་སྐྱེས་མ། ལྟེ་བར་གཟུགས་ཅན་མ། སྤྱི་བོ་ལ་སོགས་པའི་གནས་རྣམས་སུ་དཔའ་བོ་དཔའ་མོ་བཞི་བཅུ་ཞེ་བརྒྱད། ཁར་ཁྭ་གདོང་མ། སྣ་བུག་གི་འདོམ་སོར་འུག་གདོང་མ། གསང་བར་ཁྱི་གདོང་མ། བཤང་སྒོར་ཕག་གདོང་མ། མིག་གཡས་སུ་གཤིན་རྗེ་བརྟན་མ། རྣ་བ་གཡས་སུ་གཤིན་རྗེ་(༧༠ན)ཕོ་ཉ་མ། རྣ་བ་གཡོན་དུ་གཤིན་རྗེ་མཆེ་བ་མ། མིག་གཡོན་དུ་གཤིན་རྗེ་འཇོམས་

མ། ཐམས་ཅད་ཀྱང་ཕྱག་གཉིས་པ། དཔའ་བོ་ཐམས་ཅད་རྡོ་རྗེ་དྲིལ་བུ་འཛིན་པ། རྣལ་འབྱོར་མ་རྣམས་ཀྱི་གྲི་གུག་དང་ཐོད་པ་བསྣམས་པ། མཁའ་ལྡིང་གི་ཞལ་དང་རྡོ་རྗེའི་གཤོག་པ་ཅན་ནོ། །ཁྱེད་རང་གི་སྙིང་གར་རྡོ་རྗེ་སེམས་དཔའ། མགོ་བོར་རྣམ་པར་སྣང་མཛད། སྤྱི་གཙུག་ཏུ་པདྨ་གར་དབང་། ཕྲག་པ་གཉིས་སུ་དཔལ་ཧེ་རུ་ཀ །མིག་གཉིས་སུ་རྡོ་རྗེ་ཉི་མ། དཔྲལ་བར་རྟ་མགྲིན། ཡུམ་གྱི་ལྟེ་བར་རྡོ་རྗེ་ཕག་མོ། སྙིང་གར་གཤིན་རྗེ་མ། མགྲིན་པར་རྨོངས་བྱེད་མ། མགོ་བོར་བསྐྱོད་བྱེད་མ། སྤྱི་གཙུག་ཏུ་སྐྲག་བྱེད་མ། དཔྲལ་བར་ཙཎྜི་ཀ །ཡབ་ཡུམ་གཉིས་ཀྱི་སྤྱི་བོར་ཟླ་བ་ལ་ཨོཾ་དཀར་པོ། མགྲིན་པར་པདྨ་ལ་ཨཱཿདམར་པོ། ཐུགས་ཀར་ཉི་མ་ལ་ཧཱུྃ་སྔོན་པོས་མཚན་པར་གྱུར་པའི་མོས་པ་མཛོད། མདུན་བསྐྱེད་བུམ་པའི་ནང་དུ་ཁྱེད་རང་རྣམས་སྙོམ་པ་དང་འདྲ་བའི་བདེ་མཆོག་རྡོ་རྗེ་མཁའ་ལྡིང་ཡབ་ཡུམ་དངོས་སུ་བཞུགས་པར་མོས་ལ། དེ་ནས་སློབ་དཔོན་དང་མདུན་བསྐྱེད་ཀྱི་ཐུགས་ཀའི་ས་བོན་ལས་འོད་ཟེར་འཕྲོས། ཡེ་ཤེས་སེམས་དཔའ་བཛྲ་ས་མཱ་ཛཿཛཿཧཱུྃ་བཾ་ཧོཿགཉིས་སུ་མེད་པར་གྱུར། སླར་ཡང་ཐུགས་ཀའི་ས་བོན་ལས་འོད་ཟེར་འཕྲོས། དབང་གི་ལྷ་བཛྲ་ས་མཱ་ཛཿ དེ་བཞིན་གཤེགས་པ་ཐམས་ཅད་ཀྱིས་སློབ་མ་རྣམས་ལ་མངོན་པར་དབང་བསྐུར་དུ་གསོལ། ཞེས་གསོལ་བ་བཏབ་པས། ཨོཾ་བཛྲི་བྷཱ་ཝ་(༧༠བ)ཨ་བྷི་ཥིཉྩ་ཧཱུྃ། ཞེས་གསུངས་ཤིང་དབང་བསྐུར་བས། ལུས་ཐམས་ཅད་གང་། དྲི་མ་ཐམས་ཅད་དག །ཆུའི་ལྷག་མ་ཡར་ལུད་པ་ལས་གཙོ་བོ་ལ་རྡོ་རྗེ་སེམས་དཔའ། ཕག་མོ་ལ་མི་བསྐྱོད་པས་དབུ་བརྒྱན་པར་མོས། བུམ་ཆུས་དངོས་སུ་དབང་བསྐུར་རོ། །དེ་ནས། སློབ་དཔོན་གྱི་ཐུགས་ཀ་ནས་འོད་ཟེར་འཕྲོས། མདུན་བསྐྱེད་ཀྱི་ཐུགས་རྒྱུད་བསྐུལ། ཐུགས་ཀར་ཉི་མའི་དཀྱིལ་འཁོར་གྱི་དབུས་སུ་ཧཱུྃ་ཡིག་གི་མཐར་སྔགས་འཕྲེང་གིས་བསྐོར་བ་ལས་སྔགས་འཕྲེང་གཉིས་པ་བྱུང་། ཞལ་ནས་ཐོན། ཁྱེད་རང་རྣམས་ཀྱི་ཞལ་དུ་ཞུགས། ཐུགས་ཀར་ཉི་མའི་དཀྱིལ་འཁོར་གྱི་དབུས་སུ་ཧཱུྃ་ཡིག་གི་

མཐར་འཁོད་པའི་མོས་པ་མཛོད་བྱས་ལ། ཨོཾ་ཤྲཱི་བཛྲ་ཧེ་ཧེ་རུ་རུ་ཀཾ་བཛྲ་ག་རུ་ཌ་ཧཱུཾ། ཌཱ་ཀི་ནཱི་ཛཱ་ལ་སམྦཱ་ར་ཧཱུཾ་ཕཊ། ཅེས་ལན་གསུམ་གྱི་རྗེས་ཟློས་བྱར་གཞུག །སླར་ཡང་བུམ་པའི་ཆུས་གནས་སོ་སོར་གཏོར་ལ། ལྷ་ཐམས་ཅད་ཀྱི་སྔགས་ལ་ཨ་བྷི་ཥིཉྩ་ཞེས་བཏགས་ལ་དབང་བསྐུར། སྔགས་ནི། ཨོཾ་ཌཱ་ཀི་ནཱི་ཡེ་ཧཱུཾ་ཧཱུཾ་ཕཊ། ཨོཾ་ལཱ་མེ་ཧཱུཾ་ཧཱུཾ་ཕཊ། ཨོཾ་ཁཎྜ་རོ་ཧེ་ཧཱུཾ་ཧཱུཾ་ཕཊ། ཨོཾ་རཱུ་པི་ཎཱི་ཡེ་ཧཱུཾ་ཧཱུཾ་ཕཊ། སྙིང་པོའི་རྒྱལ་འཁོར་མ་བཞིའི་སྔགས་སོ། །ནང་ལ། ཨོཾ་ཀ་ར་ཀ་ར་ཧཱུཾ་ཧཱུཾ་ཕཊ། ཨོཾ་པྲ་ཙཎྜེ་ཧཱུཾ་ཧཱུཾ་ཕཊ། ཨོཾ་ཀུ་རུ་ཀུ་རུ་ཧཱུཾ་ཧཱུཾ་ཕཊ། ཨོཾ་ཙཎྜ་ཨཀྵི་ཡེ་ཧཱུཾ་ཧཱུཾ་ཕཊ། ཨོཾ་བཛྲ་བཛྲ་ཧཱུཾ་ཧཱུཾ་ཕཊ། ཨོཾ་པྲ་བྷཱ་ཥ་ཏི་ཡེ་ཧཱུཾ་ཧཱུཾ་ཕཊ། ཨོཾ་ཏཱ་ས་ཡ་ཏཱ་ས་ཡ་ཧཱུཾ་ཧཱུཾ་ཕཊ། ཨོཾ་མཧཱ་ནཱ་སེ་ཧཱུཾ་ཧཱུཾ་ཕཊ། ཨོཾ་ཀྲོ་དྷ་ཡ་ཀྲོ་དྷ་ཡ་ཧཱུཾ་ཧཱུཾ་ཕཊ། ཨོཾ་བྷཱི་ར་མ་ཏཱི་ཡེ་ཧཱུཾ་ཧཱུཾ་ཕཊ། ཨོཾ་ཧཱུྃ་ཧཱུྃ་ཧཱུཾ་ཧཱུཾ་ཕཊ། ཨོཾ་(༧༧ན)ཁཊྭཱ་ངྒི་ཡེ་ཧཱུཾ་ཧཱུཾ་ཕཊ། ཨོཾ་ཧཿཧཿཧཱུཾ་ཧཱུཾ་ཕཊ། ཨོཾ་ཝཾ་ཀོ་ཤྭ་རཱི་ཡེ་ཧཱུཾ་ཧཱུཾ་ཕཊ། ཨོཾ་ཕཾ་ཕཾ་ཧཱུཾ་ཧཱུཾ་ཕཊ། ཨོཾ་དྲུ་མ་ཚྪ་ཡེ་ཧཱུཾ་ཧཱུཾ་ཕཊ། ཨོཾ་ཕཊ་ཕཊ་ཧཱུཾ་ཧཱུཾ་ཕཊ། ཨོཾ་ཨཻ་ར་བ་ཏཱི་ཡེ་ཧཱུཾ་ཧཱུཾ་ཕཊ། ཨོཾ་ད་ཏ་ད་ཏ་ཧཱུཾ་ཧཱུཾ་ཕཊ། ཨོཾ་མཧཱ་བྷཻ་ར་ཝཱ་ཡེ་ཧཱུཾ་ཧཱུཾ་ཕཊ། ཨོཾ་པ་ཙ་པ་ཙ་ཧཱུཾ་ཧཱུཾ་ཕཊ། ཨོཾ་བཱ་ཡུ་བེ་གེ་ཧཱུཾ་ཧཱུཾ་ཕཊ། ཨོཾ་ཧྲཱ་ཧྲཱ་བ་ས་རུ་ཧྲི་རཀྟ་སྲཱ་ལཱ་བ་ལམྦི་ནི་ཧཱུཾ་ཧཱུཾ་ཕཊ། ཨོཾ་སུ་རཱ་བྷཀྵི་ཡེ་ཧཱུཾ་ཧཱུཾ་ཕཊ། ཨོཾ་གྲིཧྞ་གྲིཧྞ། སཔྟ་པཱ་ཏཱ་ལ་ག་ཏ་སྦུ་ཧཾ་ག །སཪྤཱ་ཏརྫ་ཡ་ཏརྫ་ཡ་ཧཱུཾ་ཧཱུཾ་ཕཊ། ཨོཾ་ཤྨ་མ་དེ་ཝཱི་ཡེ་ཧཱུཾ་ཧཱུཾ་ཕཊ། ཨོཾ་ཨཱ་ཀཱ་ཤ་ཨཱ་ཀཱ་ཤ་ཧཱུཾ་ཧཱུཾ་ཕཊ། ཨོཾ་སུ་ཧྲ་ཝཱི་ཡེ་ཧཱུཾ་ཧཱུཾ་ཕཊ། ཨོཾ་ཧྲཱིཾ་ཧྲཱིཾ་ཧཱུཾ་ཧཱུཾ་ཕཊ། ཨོཾ་ཏ་ཡ་ཀཱ་ཏྱེ་ཧཱུཾ་ཧཱུཾ་ཕཊ། ཨོཾ་ཧྃ་ཧྃ་ཧཱུཾ་ཧཱུཾ་ཕཊ། ཨོཾ་ཁ་གཱ་ན་ནེ་ཧཱུཾ་ཧཱུཾ་ཕཊ། ཨོཾ་ཀྵཱ་ཀྵཱ་ཧཱུཾ་ཧཱུཾ་ཕཊ། ཨོཾ་ཙཀྲ་བེ་གེ་ཧཱུཾ་ཧཱུཾ་ཕཊ། ཨོཾ་ཧྲཱི་ཧྲཱི་ཧཱུཾ་ཧཱུཾ་ཕཊ། ཨོཾ་ཁཎྜ་རོ་ཧེ་ཧཱུཾ་ཧཱུཾ་ཕཊ། ཨོཾ་ཧྲཱིཾ་ཧྲཱིཾ་ཧཱུཾ་ཧཱུཾ་ཕཊ། ཨོཾ་ཤཽཎྜི་ནཱི་ཧཱུཾ་ཧཱུཾ་ཕཊ། ཨོཾ་ཧཱུཾ་ཧཱུཾ་ཧཱུཾ་ཧཱུཾ་ཕཊ། ཨོཾ་ཙཀྲ་ཝརྨི་ཎཱི་ཧཱུཾ་ཧཱུཾ་ཕཊ། ཨོཾ་ཀི་ལི་ཀི་ལི་ཧཱུཾ་ཧཱུཾ་ཕཊ། ཨོཾ་སུ་བཱི་རཱི་ཡེ་ཧཱུཾ་ཧཱུཾ་ཕཊ། ཨོཾ་སི་ལི་སི་ལི་ཧཱུཾ་ཧཱུཾ་ཕཊ། ཨོཾ་མཧཱ་བ་ལེ་ཧཱུཾ་ཧཱུཾ་ཕཊ། ཨོཾ་ཧི་ལི་ཧི་ལི་ཧཱུཾ་ཧཱུཾ་ཕཊ། ཨོཾ་ཙཀྲ་ཝརྟི་ནཱི་ཡེ་ཧཱུཾ་ཧཱུཾ་ཕཊ། ཨོཾ་ཧྲི་ལི་ཧྲི་ལི་ཧཱུཾ་ཧཱུཾ་ཕཊ། ཨོཾ་མཧཱ་བཱི་རེ་ཧཱུཾ་ཧཱུཾ་ཕཊ། དང་པོ་ཉེར་བཞི་

དཔའ་བོ་ཉེར་བཞི་དང་། གཉིས་པ་ཉེར་བཞི་དཔའ་མོ་ཉེར་བཞིའི་སྔགས་སོ། །ཨོཾ་ཀཱ་ཀཱ་སྱེ་ཧཱུཾ་ཧཱུཾ་ཕཊ། ཨོཾ་ཨུ་ལཱུ་ཀ་སྱེ་ཧཱུཾ་ཧཱུཾ་ཕཊ། ཨོཾ་ཤྭཱ་ནཱ་སྱེ་ཧཱུཾ་ཧཱུཾ་ཕཊ། ཨོཾ་ཤྲུ་ཀཱ་ནཱ་སྱེ་ཧཱུཾ་ཧཱུཾ་ཕཊ། སྒོ་མ་བཞིའི་སྔགས་སོ། །ཨོཾ་ཡ་མ་དཱ་ཏཱི་ཡེ་ཧཱུཾ་ཧཱུཾ་ཕཊ། ཨོཾ་ཡ་མ་དཱུ་ཏཱི་ཡེ་ཧཱུཾ་ཧཱུཾ་ཕཊ། ཨོཾ་ཡ་མ་དཾཥྚྲི་ཎི་ཡེ(༧༧བ)ཧཱུཾ་ཧཱུཾ་ཕཊ། ཨོཾ་ཡ་མ་མ་ཐ་ནཱི་ཡེ་ཧཱུཾ་ཧཱུཾ་ཕཊ། མཚམས་མ་བཞིའི་སྔགས་སོ། །ཨོཾ་ཨོཾ་ཧ་ཧཱུཾ་ཧཱུཾ་ཕཊ། ཨོཾ་ན་མ་ཧི་ཧཱུཾ་ཧཱུཾ་ཕཊ། ཨོཾ་སྭཱ་ཧཱ་ཧུ་ཧཱུཾ་ཧཱུཾ་ཕཊ། ཨོཾ་བཽ་ཥ་ཊ་ཧེ་ཧཱུཾ་ཧཱུཾ་ཕཊ། ཨོཾ་ཧཱུཾ་ཧཱུཾ་ཧོ་ཧཱུཾ་ཧཱུཾ་ཕཊ། ཨོཾ་ཕཊ་ཧཾ་ཧཱུཾ་ཧཱུཾ་ཕཊ། ཡབ་ཀྱི་གོ་ཆའི་སྔགས་སོ། །ཨོཾ་ཨོཾ་བཾ་ཧཱུཾ་ཧཱུཾ་ཕཊ། ཨོཾ་ཧཾ་ཡོཾ་ཧཱུཾ་ཧཱུཾ་ཕཊ། ཨོཾ་ཧྲཱིཾ་མོཾ་ཧཱུཾ་ཧཱུཾ་ཕཊ། ཨོཾ་ཧྲཱིཾ་ཧྲཱིཾ་ཧཱུཾ་ཧཱུཾ་ཕཊ། ཨོཾ་ཧཱུཾ་ཧཱུཾ་ཧཱུཾ་ཧཱུཾ་ཕཊ། ཨོཾ་ཕཊ་ཕཊ་ཧཱུཾ་ཧཱུཾ་ཕཊ། ཡུམ་གྱི་གོ་ཆའི་སྔགས་སོ། །རྗེས་ཀྱི་བྱ་བ་རྣམས་སྤྱི་དང་འདྲའོ། །

༄ ཏྲས་འཁོར་ཁྱུང་ཁྲ་རྒྱུད་ལུགས་ལ། སྐྱབས་འགྲོ་སེམས་བསྐྱེད་ཚད་མེད་བཞི་སྔོན་དུ་འགྲོ་བས། ཤཱུ་ནྱ་ཏཱའི་སྔགས་ཀྱིས་སྟོང་པར་སྦྱངས། སྟོང་པའི་ངང་ལས་རང་གི་སྙིང་གར་པདྨ་ཟླ་བ་ཉི་མ་བརྩེགས་པའི་གདན་ལ་ཧཱུྃ་ཁ་དོག་ལྗ་ལྡན་དུ་ཞུ་བ་ལས། རང་ཉིད་འདབ་ཆགས་ཀྱི་མགོན་པོ་ཞལ་གཅིག་ཕྱག་གཉིས་པ། ཀང་མཐིལ་ནས་དཔྱིའི་བར་སེར་པོ། དེ་ནས་ལྟེ་བའི་བར་དཀར་བ། དེ་ནས་མགྲིན་པའི་བར་དམར་བ། དེ་ནས་སྨིན་མའི་བར་ནག་པ། དེ་ཡན་ཆད་ལྗང་གུ་སྤྱན་གསུམ་དང་ལྡན་པ། རྒྱལ་བ་ལྗང་གུ་དང་རྣམ་རྒྱལ་སྔོན་པོས་དབུ་སྐྲ་བཅིངས་པ། སྟོབས་རྒྱུ་དང་པདྨ་ནག་པོས་སྙན་ཆ། ནོར་རྒྱས་དང་དུང་སྐྱོང་དམར་པོས་ཕྱག་གདུབ། འཇོག་པོ་དང་བདེ་ཆེན་སེར་པོས་ཞབས་གདུབ། མཐའ་ཡས་དང་རིགས་ལྡན་དཀར་པོས་འོག་པགས་དང་མགུལ་རྒྱན་བྱས་པ། གཤོག་པ་ཁ་དོག་སྣ་ཚོགས་པ་འོད་ཟེར་སྣ་ཚོགས་འཕྲོ་བ། རིགས་ལྡན་དབུ་བརྒྱན་པ། ཀླུ་རྒྱལ་གདུག་པ་ཅན་སྦྲུལ་གྱི་རྣམ་པ་སྐྱེད་པ་ནས་ཕྱག་གཉིས་ཀྱིས་བཟུང་ཞིང་(༧༨ན)མགོ་བོ་ཞལ་དུ་གསོལ་བ། མཇུག་མ་ཞབས་འོག་ཏུ་མནན་པའོ། །ལྟེ་བར་སའི་དཀྱིལ་འཁོར་ལ་ལཾ། སྙིང་གར་ཆུ་ལ་ཨུ། མགྲིན་

པར་མེ་ལ་རཱྃ། དཔྲལ་བར་ཀླུང་ལ་ཨཱི། གཙུག་ཏོར་དུ་ནམ་མཁའ་ལ་ཨཱ། ཐུགས་ཀར་ཉི་མ་ལ་ཧྲཱིཾ། དེ་ལ་སྔགས་ཀྱིས་བསྐོར་བ་ལ་དམིགས་ཏེ། ཨོཾ་པ་ཧྲཱིཾ་སྭཱ་ཧཱ། ཞེས་ཅི་འགྲུབ་ཏུ་བཟླ། ༔ འདིའི་རྗེས་གནང་བྱ་བར་འདོད་ན། མཎྜལ་པདྨ་འདབ་མ་བརྒྱད་པའམ། ཡང་ན་མཎྜལ་གཅིག་གི་དབུས་སུ་ཚོམ་བུ་རྩེ་མོ་ལྔང་གྱུ། དེ་འོག་ནག་པོ། དེ་འོག་དམར་པོ། དེ་འོག་དཀར་པོ། དེ་འོག་སེར་པོར་བྱས་པ་དགོད། མཐའ་སྐོར་དུ་ཤར་དུ་དྲི་ཆབ། མེ་ཏོག །ཏིང་ཤགས། རྡོར་དྲིལ། ལྷོར་བདུག་སྤོས། མར་མེ། ནུབ་ཏུ་ན་བཟའ། མེ་ལོང་། ཆོས་འབྱུང་། པི་ཝཾ། བྱང་དུ་ཞལ་ཟས། ཤིང་ཏོག་སྟེ་མཆོད་པ་བཅུ་གཉིས་རྣམས་བཤམས། བདག་བསྐྱེད་སྔོན་དུ་འགྲོ་བའི་སྒོ་ནས་མཆོད་པ་བྱིན་རླབས་ནི། ཨོཾ་ཨཱཿཧཱུྃ་ཧ་ཕཊ་ཀྱིས་བསངས། སྭ་བྷཱ་ཝས་སྦྱངས། སྟོང་པའི་ངང་ལས་ཤེལ་གྱི་སྣོད་སོར་བཅུ་གཉིས་པ་རྣམས་ཀྱི་ནང་དུ། ཨོཾ་ཨཱཿཧཱུྃ་ཧོ་རྣམས་ལས་བྱུང་བའི་ཆུ་དང་མཆོད་ཡོན་དང་། དྲི་དང་མེ་ཏོག་ལ་སོགས་པའི་མཆོད་རྫས་རྣམས་དང་། ཨིནྡྲ་ནཱི་ལ་ལ་སོགས་པའི་རྣམ་པ་མང་པོའི་རིན་པོ་ཆེ་དང་། ནང་གི་དམ་ཚིག་དང་དམ་ཚིག་རྣམ་པ་བཞིའི་རྫས་ལ་སོགས་པ་ཀུན་ཏུ་བཟང་པོའི་རྣམ་པར་ཐར་པ་ལས་བྱུང་བ་མཆོད་པའི་སྤྲིན་རབ་འབྱམས་ཀྱི་ངོ་བོར་གྱུར། ཨོཾ་བཛྲ་ཨརྒྷཾ་པྲ་ཏཱིཙྪ་ན་(༧༢བ)མཿ ཨོཾ་བཛྲ་པཱདྱཾ་པྲ་ཏཱིཙྪ་ན་མཿ དེ་བཞིན་དུ། ཏྲུ་པཾ། དཱི་པཾ། ནཻ་ཝི་ཏྱཾ། ཨཀྵ་ཏཾ། ལཱ་སྱཾ། ཧ་སྱཾ། པ་ཏཾ། ནྲྀ་ཏྱཾ། གཱི་ཏྲཾ། ཨོཾ་བཛྲ་ཀཱ་མ་པྲ་ཏཱིཙྪ་ན་མཿ རོལ་མོས་བྱིན་དབབ། མདུན་བསྐྱེད་ཨོཾ་ཨཱཿཧཱུྃ་ཧ་ཕཊ་ཀྱིས་བསངས། སྭ་བྷཱ་ཝས་སྦྱངས། སྟོང་པའི་ངང་ལས་པདྨ་ཟླ་བ་ཉི་མ་བརྩེགས་པའི་གདན་ལ་ཧྲཱིཾ་ཁ་དོག་ལྗི་ལྗན་དུ་ཞུ་བ་ལས། འདབ་ཆགས་ཀྱི་མགོན་པོ་ཞལ་གཅིག་ཕྱག་གཉིས་པ། ཞེས་པ་ནས། ཐུགས་ཀར་ཉི་མ་ལ་ཧྲཱིཾ་ཞེས་པའི་བར་གོང་བཞིན་བྱ། དེ་ནས་སོ་སོའི་ཕྱག་རྒྱ་དང་བསྟུན་ཏེ། ཨོཾ་པ་ཧྲཱིཾ་བཛྲ་ཨརྒྷཾ་པྲ་ཏཱིཙྪ་ན་མཿ སྔགས་ཀྱི་ཐོག་མཐའ་འདྲ་བ་ལ། ཨརྒྷཾ་གྱི་གནས་སུ་པཱདྱཾ། ཏྲུ་པཾ། དཱི་པཾ། ནཻ་ཝི་ཏྱཾ། ཨཀྵ་ཏཾ། ལཱ་སྱཾ། ཧ་སྱཾ།

པ་ཏྃ། ནི་ཏྟྃ། གི་ཏྟྃ། ཀཱ་མཾ། ཞེས་པ་རྣམས་བཅུག་པས་མཆོད་པ་བཅུ་གཉིས་ཕུལ། འདི་ལ་གཏོར་ཆོག་མི་དགོས་ཤིང་། གལ་ཏེ་བྱེད་པར་སྤྲོ་ན། རྡོ་རྗེ་ཤུགས་ཀྱི་སྐབས་བཞིན་ལས། བཛྲ་ཛྙེ་ར་ཕ་ཛྙི་སྐ་ར་ཞེས་པའི་ཚབ་ཏུ། པཱུཾ་ཧ་ཞེས་བརྗོད། ༈ དེ་ནས་སློབ་མས་མཎྜལ་ཕུལ། གསོལ་བཏབ་ནི། མི་བཟད་འཁོར་བའི་འཇིགས་པ་དག་ནི་དེ་རིང་ཉིད་ནས་རྒྱལ་བ་རྣམས་ལ་སྐྱབས་སུ་ལྷག་པར་མཆི། ཁྱོད་ཀྱི་ཞབས་ཀྱི་ཆུ་སྐྱེས་ངེས་པར་སྲིད་པའི་འཇིགས་འཕྲོག་དག་ལ་ལུས་ངག་སེམས་ནི་དག་པས་སོ། །ཞེས་ལན་གསུམ། སྲིད་འགྲོ་ཉམ་ངར་བྱིས་པའི་བློ་ཡིས་ནི། །ཤིན་ཏུ་མི་བཟད་སྡིག་པ་གང་བགྱིས་པ། །སྟོབས་བཅུ་མངའ་བའི་སྤྱན་སྔར་མཆིས་ནས་ནི། །སྡིག་པ་དེ་ཀུན་སོ་སོར་བཤགས་པར་བགྱི། །(73ན)རྫོགས་སངས་རྒྱས་དང་བྱང་ཆུབ་སེམས་དཔའ་རྣམས་དང་འཕགས་པའི་ཚོགས་ཀྱིས་རྣམ་མང་དགེ་བ་གང་མཛད་པ། །དེ་དག་མཐའ་དག་ལ་ནི་སྡིག་པ་བྲལ་བྱང་ཆུབ་སྤྱོད་ལ་རྗེས་སུ་གནས་པའི་རྗེས་ཡི་རང་། །སངས་རྒྱས་ཆོས་དང་དགེ་འདུན་སྲིད་པའི་འཇིགས་འཕྲོག་ལ་ཡང་བྱང་ཆུབ་བར་དུ་བདག་ནི་སྐྱབས་སུ་མཆི། །དག་པ་གསུམ་གྱིས་བདག་གི་དངོས་འབུལ་ཆོས་ཀྱི་འཁོར་ལོ་བསྐོར་ཞིང་མྱ་ངན་མི་འདའ་བཞུགས་སུ་གསོལ། །རྫོགས་སངས་རྒྱས་སུ་བདག་གྱུར་ཅིག་ཅེས་འདིར་ནི་སྨོན་ལམ་སེམས་ཅན་དོན་གྱི་སླད་དུ་བདག་བགྱིད་དོ། །ཞེས་ལན་གསུམ་གྱི་རྒྱུན་བཤགས་བྱ། འདོད་པའི་རྡོ་རྗེ་ལ་ནི་རྡོ་རྗེ་དྲིལ་བུ་ཕྱག་རྒྱ་བླ་མ་དག་ཀྱང་སྤྱི་བོས་བཟུང་བར་བགྱི། །རིན་ཆེན་ལ་ནི་སྦྱིན་པ་སྦྱིན་བགྱི་འཁོར་ལོ་འདི་ལ་རྒྱལ་བ་མཆོག་གི་དམ་ཚིག་བསྲུང་བར་བགྱི། །རལ་གྲི་ལ་ནི་མཆོད་པ་བགྱི་སྟེ་གསལ་བར་ཆུ་སྐྱེས་རིགས་ལ་སྡོམ་པ་དག་ནི་བསྐྱེད་པར་བགྱི། །སེམས་ཅན་རྣམས་ནི་ཐར་པའི་སླད་དུ་རྒྱལ་བ་བསྐྱེད་མཛད་རིགས་ལ་བྱང་ཆུབ་བདག་གིས་བསྐྱེད་པར་བགྱི། །ཞེས་ལན་གསུམ་གྱིས་རིགས་དྲུག་གི་སྡོམ་པ་བཟུང་། དེ་ནས་ཁྱེད་རང་རྣམས་དམིགས་པ་འདི་བཞིན་དུ་མཛོད། །ཁྱེད་རང་རྣམས་ཀྱི་

སྙིང་གར་པདྨ་ཟླ་བ་ཉི་མ་བརྩེགས་པའི་གདན་ལ་ཧྲཱིཾ་ཁ་དོག་ལྗང་ལྡན་དུ་ཞུ་བ་ལས། ཁྲིད་རང་རྣམས་འདབ་ཆགས་ཀྱི་མགོན་པོ་ཞལ་གཅིག་ཕྱག་གཉིས་པ། ཧང་མཐིལ་ནས་དཔྱིའི་(༧༣བ)བར་སེར་པོ། དེ་ནས་ལྟེ་བའི་བར་དཀར་བ། དེ་ནས་མགྲིན་པའི་བར་དམར་བ། དེ་ནས་སྨིན་མའི་བར་ནག་པ། དེ་ཡན་ཆད་ལྗང་གུ་སྤྱན་གསུམ་དང་ལྡན་པ། རྒྱལ་བ་ལྗང་གུ་དང་རྣམ་རྒྱལ་སྔོན་པོས་དབུ་སྐྲ་བཅིངས་པ། སྟོབས་ཀྱུ་དང་པདྨ་ནག་པོས་སྙན་ཆ། ནོར་རྒྱས་དང་དུང་སྐྱོང་དམར་པོས་ཕྱག་གདུབ། འཇོག་པོ་དང་པད་ཆེན་སེར་པོས་ཞབས་གདུབ། མཐའ་ཡས་དང་རིགས་ལྡན་དཀར་པོས་འོག་པགས་དང་མགུལ་རྒྱན་བྱས་པ། གཤོག་པ་ཁ་དོག་སྣ་ཚོགས་པ་འོད་ཟེར་སྣ་ཚོགས་འཕྲོ་བ། རིགས་ལྔས་དབུ་བརྒྱན་པ། ཀླུ་རྒྱལ་གདུག་པ་ཅན་སྦྲུལ་གྱི་རྣམ་པ་སྣེད་པ་ནས་ཕྱག་གཉིས་ཀྱིས་བཟུང་ཞིང་མགོ་བོ་ཞལ་དུ་གསོལ་བ། མཇུག་མ་ཞབས་འོག་ཏུ་མནན་པའོ། །ལྟེ་བར་སའི་དཀྱིལ་འཁོར་ལ་ལཾ། སྙིང་གར་ཆུ་ལ་ཝཾ། མགྲིན་པར་མེ་ལ་རཾ། དཔྲལ་བར་རླུང་ལ་ཡཾ། གཙུག་ཏོར་དུ་ནམ་མཁའ་ལ་ཨཾ། ཐུགས་ཀར་ཉི་མ་ལ་ཧྲཱིཾ། ཞེས་གསལ་བཏབ། མདུན་གྱི་ཚོམ་བུ་འདི་ཉིད་ཀྱང་ཁྲིད་རང་རྣམས་སྒོམ་པ་དང་འདྲ་བའི་དུས་འཁོར་ཁྱུང་ཁྲར་དངོས་སུ་བཞུགས་པར་མོས་ལ། དེ་ནས་སློབ་དཔོན་ལ་མོས་གུས་དུང་བ་བྱས་པས། སློབ་དཔོན་གྱི་ཐུགས་ཀ་ནས་འོད་ཟེར་འཕྲོས། མདུན་བསྐྱེད་དང་ཕྱོགས་བཅུའི་སངས་རྒྱས་བྱང་སེམས་ཐམས་ཅད་ཀྱི་ཐུགས་རྒྱུད་བསྐུལ། ཐུགས་ཀ་ནས་ཐུགས་གཉིས་སུ་མེད་པའི་ཡེ་ཤེས་ཀྱི་ངོ་བོ་ཡིན་པ་ལ་རྣམ་པ་ཁྱུང་ཁྲའི་སྐུ་ཆེ་ཆུང་བསམ་གྱིས་མི་ཁྱབ་པ་སྤྱན་དྲངས། ཁྲིད་རང་རྣམས་ཀྱི་ལུས་ལ་ཆར་ཆེན་པོ་བབས་(༧༤ན)པ་བཞིན་དུ་སིབ་སིབ་ཐིམ་པའི་མོས་པ་མཛོད། ཛཿཧཱུྃ་བཾ་ཧོཿཞེས་བརྗོད། སྐུའི་རྗེས་གནང་ངོ་། །དེ་ནས་སློབ་དཔོན་གྱི་ཐུགས་ཀ་ནས་འོད་ཟེར་འཕྲོས། མདུན་བསྐྱེད་ཀྱི་ཐུགས་རྒྱུད་བསྐུལ། ཐུགས་ཀར་ཉི་མའི་དཀྱིལ་འཁོར་གྱི་དབུས་སུ་ཧྲཱིཾ་ཡིག་གི་མཐར་སྔགས་འཕྲེང་གིས་

བསྐོར་བ་ལས་ སྔགས་འཕྲེང་གཉིས་པ་བྱུང་། ཞལ་ནས་ཐོན། ཁྱེད་རང་རྣམས་ཀྱི་ཞལ་དུ་ཞུགས། ཐུགས་ཀར་ཉི་མའི་སྟེང་དུ་ཧྲཱིཿ ཡིག་གི་མཐར་གཡས་སྐོར་དུ་འཁོད་པར་མོས་ལ་འདིའི་རྗེས་ཟློས་མཛོད་བྱས་ལ། ཨོཾ་པདྨ་ཀྲྀ་ཏ་ཧྲཱིཿ ཞེས་ལན་གསུམ་རྗེས་ཟློས་བྱར་གཞུག །གསུང་གི་རྗེས་གནང་ངོ་། །དེ་ནས་སློབ་དཔོན་གྱི་ཐུགས་ཀ་ནས་འོད་ཟེར་འཕྲོས། མདུན་བསྐྱེད་དང་ཕྱོགས་བཅུའི་སངས་རྒྱས་བྱང་སེམས་ཐམས་ཅད་ཀྱི་ཐུགས་ཀྱི་བྱིན་རླབས་ཐམས་ཅད་ཕྱག་མཚན་དཔག་ཏུ་མེད་པའི་རྣམ་པར་སྤྱན་དྲངས་ཏེ། ཁྱེད་རང་རྣམས་ཀྱི་ཐུགས་ཀའི་ས་བོན་ལ་ཐིམ་པའི་མོས་པ་མཛོད། ཐུགས་ཀྱི་རྗེས་གནང་ངོ་། །རྗེས་ཀྱི་བྱ་བ་སྤྱི་དང་འདྲའོ། །

༄ ས་སྐྱ་པའི་གསེར་ཆོས་བཅུ་གསུམ་གྱི་ནང་གི་ཁྱུང་ཁྲ་མན་ངག་ལུགས་ལ། སྐྱབས་སེམས་སྔོན་དུ་འགྲོ་བས། སྭ་བྷཱ་ཝས་སྟོང་པར་སྦྱངས། སྟོང་པའི་ངང་ལས་པད་ཉིའི་སྟེང་དུ་ཧུ་ཡིག་ལས་ཀླུ་རྒྱལ་སོག་མ་མེད་ཉལ་སྟབས་སུ་གནས་པའི་སྟེང་དུ། ཀྲྀ་མཐིང་ཁ་ལས་བདག་ཉིད་ཡེ་ཤེས་ཁྱུང་ཁྲ་ཙོག་པུའི་ཚུལ་གྱིས་བཞུགས་པ། བརླ་མན་ཆད་སའི་རང་བཞིན་སེར་པོ། ལྟེ་བ་ཆུའི་(༧༨བ)རང་བཞིན་དཀར་པོ། སྙིང་མེའི་རང་བཞིན་དམར་པོ། མགོ་བོ་རླུང་གི་རང་བཞིན་ནག་པོ། སྤྱི་གཙུག་ཡེ་ཤེས་ཀྱི་རང་བཞིན་སྔོན་པོ། གཤོག་པ་ནམ་མཁའི་རང་བཞིན་ཁ་དོག་སྣ་ཚོགས་པ། ཁྲིན་སྣ་ལྕེ་ལ་རྒྱབ་བརྟེན་པ། ཕྱག་གཡས་སྐྱབས་སྦྱིན་དང་། གཡོན་སྡིགས་མཛུབ་མཛད་པ། གནམ་ལྕགས་ཀྱི་རྭ་གཉིས་ཀྱི་དབུས་ན་ཀླུའི་རྒྱལ་པོའི་གཙུག་གི་ནོར་བུ་ཕྱོགས་པ་རྒྱན་དུ་མཛད་པ། མི་དཔུང་དྲག་ལ་རྩུབ་པའི་དབུས་ན་བཞུགས་པ། དེའི་མགྲིན་པར་ཁྱུང་རིགས་ལྔ། སྙིང་གར་སྙིང་པོ་ཡི་གེ་ལྔ། རང་གི་སྙིང་ག་ནས་འོད་ཟེར་འཕྲོས། ཡེ་ཤེས་ཁྱུང་ཁྲ་འཁོར་བཅས་བཛྲ་ས་མ་ཛཿཛཿཧཱུྃ་བཾ་ཧོཿགཉིས་སུ་མེད་པར་གྱུར། སླར་ཡང་ཐུགས་ཀའི་ས་བོན་ལས་འོད་ཟེར་འཕྲོས། དབང་གི་ལྷ་བཛྲ་ས་མ་ཛཿདེ་བཞིན་གཤེགས་པ་ཐམས་ཅད་ཀྱིས་བདག་ལ་མངོན་པར་དབང་

བསྐུར་དུ་གསོལ། ཞེས་གསོལ་བ་བཏབ་པས། ཨོཾ་བཛྲཱི་བྷ་ཝ་ཨ་བྷི་ཥིཉྩ་ཧཱུྃ། ཞེས་གསུངས་ཤིང་དབང་བསྐུར་བས། ལུས་ཐམས་ཅད་གང་། དྲི་མ་ཐམས་ཅད་དག །ཆུའི་ལྷག་མ་ཡར་ལུད་པ་ལས་མི་བསྐྱོད་པས་དབུ་བརྒྱན་པར་གྱུར། ཨརྒྷཾ་ནས་ཤབྡའི་བར་གྱིས་མཆོད། བརྟན་དང་གཡོ་བའི་དུག་རྣམས་ཀུན། །མེ་དང་ཆུ་བཞིན་འཇོམས་མཛད་པའི། །ཡེ་ཤེས་ལྷ་ཡི་ངོ་བོ་ཉིད། །མཁའ་ལྡིང་ཁྱོད་ལ་ཕྱག་འཚལ་ལོ། །འབྱུང་བ་ལྷ་དང་དུག་ལྷ་འཇོམས། །རིགས་ལྷ་ཁྱུང་ལ་ཕྱག་འཚལ་ལོ། །བརྟན་གཡོའི་དུག་རྣམས་རབ་ཞི་ནས། །དུག་ལྷ་ཡེ་ཤེས་མངོན(75ན)འགྱུར་ཤོག །ཨོཾ་པཀྵི་སྭཱཧཱ། ཞེས་པ་ཅི་ནུས་བཟླ་ཞིང་། བཛྲ་ག་རུ་ཌ་ཧཱུྃ་ཕཊ། རཀྵ། པཀྵ། ཁཌྒ། ཙུཉྩ་ག་རུ་ཌ་ཧཱུྃ་ཕཊ། ཅེས་བཏགས་པའང་ཅུང་ཟད་བཟླ། མཐར་སྟོང་པར་སྦྱངས་ནས་དགེ་བ་བསྔོ། གཏོར་མ་བསངས་སྦྱངས། རིན་པོ་ཆེའི་སྣོད་དུ་ཨོཾ་ལས་བྱུང་བའི་བདུད་རྩིའི་རྒྱ་མཚོ་ཆེན་པོར་གྱུར། ཨོཾ་ཨཱཿཧཱུྃ། ལན་གསུམ། རང་གི་སྙིང་ག་ནས་འོད་ཟེར་འཕྲོས། ཡེ་ཤེས་ཁྱུང་ཁྲ་འཁོར་བཅས་བཛྲ་ས་མ་ཛཿསྤྱགས་ཚན་དུག་གི་རྗེས་སུ་ཨ་ཀཱ་རོ་བཏགས་པ་ལན་བདུན་གྱིས་ཕུལ། མཆོད་བསྟོད། མཆོད་སྦྱིན་གཏོར་མ་འདི་བཞེས་ལ་སོགས་ཀྱིས་འདོད་དོན་གསོལ་བཏབ་སོགས་བྱའོ། །

༈ འདིའི་རྗེས་གནང་བྱེད་པར་འདོད་པས་མཎྜལ་པདྨ་འདབ་བརྒྱད་ཀྱི་དབུས་སུ་ཚོམ་བུ་རྩེ་མོ་སྔོན་པོ། དེ་འོག་ན་དམར་པོ། དེ་འོག་དཀར་པོ། དེ་འོག་སེར་པོ་བྱས་པ་ཞིག་དང་། དེའི་ཤར་དུ་སྔོན་པོ། ལྷོར་སེར་པོ། ནུབ་ཏུ་དམར་པོ། བྱང་དུ་ལྗང་གུ་རེ་དགོད། དེའི་སྟེང་དུ་མཆེའི་ཁར་རྟེན་གཏོར་བཞག །མདུན་དུ་ཐྲུམ་གཏོར་དཀར་པོ། མཐའ་སྐོར་དུ་མཆོད་པ་རྣམས་བཤམས་ནས་བཞག །མཆོད་པ་བྱིན་རླབས་དང་། བདག་བསྐྱེད་སྔོན་དུ་འགྲོ་བས། མདུན་བསྐྱེད་བསངས་སྦྱངས། སྟོང་པའི་ངང་ལས་པད་ཉིའི་སྟེང་དུ་ཞུ་ཡིག་ལས་ཀླུ་རྒྱལ་སོག་མ་མེད་ཉལ་སྟབས་སུ་གནས་པའི་སྟེང་དུ། གླཱྀ་མཐིང་ཁ་ལས་ཡེ་ཤེས་ཁྱུང་ཁྲ་ཞེས་པ་ནས། མགྲིན་པར་

ཁྲུང་རིགས་ལྔ། ཐུགས་ཀར་པདྨ་འདབ་མ་བཞི་པའི་ལྟེ་བར་(༧༥བ)ཉི་མ་ལ་ཧྲཱིཿ་ལས་སངས་རྒྱས་མཁའ་ལྡིང་དཀར་པོ། གཡས་འཁོར་ལོ་དང་། གཡོན་སྦྲུལ་དཀར་པོ་བཟུང་ནས་ཟ་བ། ཕྱོགས་ཀྱི་འདབ་མ་བཞིར་ཉི་མ་ལ་ཧྲཱིཿ་རེ་རེ་ཡོངས་སུ་གྱུར་པ་ལས། ཤར་དུ་རྡོ་རྗེ་མཁའ་ལྡིང་གཡས་རྡོ་རྗེ། ལྷོར་རིན་ཆེན་མཁའ་ལྡིང་གཡས་རིན་པོ་ཆེ། ནུབ་ཏུ་པདྨ་མཁའ་ལྡིང་གཡས་པདྨ། བྱང་དུ་རལ་གྲི་མཁའ་ལྡིང་གཡས་རལ་གྲི། དེ་རྣམས་རིམ་པས་སྐུ་མདོག་སྔོ་སེར་དམར་ལྗང་བ། ཕྱག་གཡོན་པར་རང་མདོག་དང་མཚུངས་པའི་སྦྲུལ་བཟུང་ནས་ཟ་ཞིང་སྐུའི་དབྱིབས་གཙོ་བོ་དང་མཚུངས་པའོ། །རང་གི་སྙིང་ག་ནས་འོད་ཟེར་འཕྲོས། ཡེ་ཤེས་ཁྲུང་ཁྲ་འཁོར་བཅས་བཛྲ་ས་མ་ཛཿཛཿཧཱུྃ་བཾ་ཧོཿགཉིས་སུ་མེད་པར་གྱུར། སླར་ཡང་ཐུགས་ཀའི་ས་བོན་ལས་འོད་ཟེར་འཕྲོས། དབང་གི་ལྷ་བཛྲ་ས་མ་ཛཿདེ་བཞིན་གཤེགས་པ་ཐམས་ཅད་ཀྱིས་འདི་ལ་མངོན་པར་དབང་བསྐུར་དུ་གསོལ། ཞེས་གསོལ་བ་བཏབ་པས། ཨོཾ་བཛྲ་བྷ་ཝ་ཨ་བྷི་ཥིཉྩ་ཧཱུྃ། ཞེས་གསུངས་ཤིང་དབང་བསྐུར་བས། ལུས་ཐམས་ཅད་གང་། དྲི་མ་ཐམས་ཅད་དག །ཆུའི་ལྷག་མ་ཡར་ལུད་པ་ལས་མི་བསྐྱོད་པས་དབུ་བརྒྱན་པར་གྱུར། མཆོད་བསྟོད། བཟླས་པ། གཏོར་འབུལ་རྣམས་བྱས་ལ། ༑ སློབ་མས་ཕྱག་བྱས། མཎྜལ་ཕུལ། ཀུན་མཁྱེན་ཡེ་ཤེས་ནས། བློ་མཆོག་བདག་ལ་གནང་བར་མཛོད། །ཅེས་ལན་གསུམ་གསོལ་བ་གདབ། དཀོན་མཆོག་གསུམ་ལ་བདག་སྐྱབས་མཆི། །ཞེས་སོགས་ཀུར་ནས་འབྱུང་བའི་རྒྱུན་བཤགས་བྱ། ཕྱོགས་བཅུ་ན་(༧༨ན)བཞུགས་པའི་སངས་རྒྱས་དང་བྱང་ཆུབ་སེམས་དཔའ་ཐམས་ཅད་དང་། སློབ་དཔོན་བདག་ལ་དགོངས་སུ་གསོལ། བདག་ལ་བཅོམ་ལྡན་འདས་ཡེ་ཤེས་ཁྲུང་ཁྲའི་རྗེས་སུ་གནང་བ་མ་ལུས་པ་བསྩལ་དུ་གསོལ། ཞེས་ལན་གསུམ། སློབ་མ་རྣམས་སྭ་བྷཱ་ཝས་སྟོང་པར་སྦྱངས། སྟོང་པའི་ངང་ལས་པད་ཉིའི་སྟེང་དུ་ཕུ་ཡིག་ལས་ཀླུ་རྒྱལ་སོག་མ་མེད་ཞལ་སྟབས་སུ་གནས་པའི་སྟེང་དུ། ཧྲཱིཿ་མཐིང་ག་

ལས་ཁྲིད་རང་རྣམས་ཡེ་ཤེས་ཁྱུང་ཁྲ་ཅོག་པུའི་ཚུལ་གྱིས་བཞུགས་པ། བཀྲ་མན་ཆད་སའི་རང་བཞིན་སེར་པོ། ལྟོ་བ་ཆུའི་རང་བཞིན་དཀར་པོ། སྙིང་མེའི་རང་བཞིན་དམར་པོ། མགོ་བོ་རླུང་གི་རང་བཞིན་ནག་པོ། སྤྱི་གཙུག་ཡེ་ཤེས་ཀྱི་རང་བཞིན་སྔོན་པོ། གཤོག་པ་ནམ་མཁའི་རང་བཞིན་ཁ་དོག་སྣ་ཚོགས་པ། སྤྲིན་སྣ་ལྔ་ལ་རྒྱབ་བརྟེན་པ། ཕྱག་གཡས་སྐྱབས་སྦྱིན་དང་། གཡོན་སྡིགས་མཛུབ་མཛད་པ། གནམ་ལྕགས་ཀྱི་རྭ་གཉིས་ཀྱི་དབུས་ན་ཀླུའི་རྒྱལ་པོའི་གཙུག་གི་ནོར་བུ་ཕྲོགས་པ་རྒྱན་དུ་མཛད་པ། མེ་དཔུང་དྲག་ལ་རྩུབ་པའི་དབུས་ན་བཞུགས་པ། ཁྲིད་རང་གི་མགྲིན་པར་ཁྱུང་རིགས་ལྔ། སྙིང་གར་སྙིང་པོ་ཡི་གེ་ལྔ་གསལ་བཏབ། མདུན་གྱི་ཚོམ་བུ་འདི་ཉིད་ཀྱང་ཁྲིད་རང་རྣམས་སྒོམ་པ་དང་འདྲ་བའི་ཡེ་ཤེས་ཁྱུང་ཁྲར་དངོས་སུ་བཞུགས་པར་མོས་ལ། དེ་ནས་སློབ་དཔོན་ལ་མོས་གུས་དུང་བ་བྱས་པས། སློབ་དཔོན་གྱི་ཐུགས་ཀ་ནས་འོད་ཟེར་འཕྲོས། མདུན་བསྐྱེད་དང་ཕྱོགས་བཅུའི་སངས་(༧༨བ)རྒྱས་བྱང་སེམས་ཐམས་ཅད་ཀྱི་ཐུགས་རྒྱུད་བསྐུལ། ཐུགས་ཀ་ནས་འོད་ཟེར་འཕྲོས། མཁའ་སྤྱོད་ཀྱི་གནས་ནས་ཁྱུང་རིགས་ལྔའི་སྐུ་ཆེ་ཆུང་བསམ་གྱིས་མི་ཁྱབ་པ་སྤྱན་དྲངས་ཏེ། ཁྲིད་རང་རྣམས་ཀྱི་ལུས་ལ་ཆར་ཆེན་པོ་བབས་པ་བཞིན་དུ་སིབ་སིབ་ཐིམ་པའི་མོས་པ་མཛོད། ཛཿཧཱུྃ་བཾ་ཧོཿཞེས་བརྗོད། སྐུའི་རྗེས་གནང་ངོ་། །སློབ་དཔོན་གྱི་ཐུགས་ཀ་ནས་འོད་ཟེར་འཕྲོས། མདུན་བསྐྱེད་ཀྱི་ཐུགས་རྒྱུད་བསྐུལ། མདུན་བསྐྱེད་ལྷ་དྲུག་པོ་སོ་སོའི་ཐུགས་ཀ་ནས་རང་རང་གི་སྔགས་བྱུང་སྟེ། ཁྲིད་རང་རྣམས་ཀྱི་སྙིང་གར་ཐིམ་པར་མོས་པ་དང་། ཡང་སངས་རྒྱས་ཐམས་ཅད་ཀྱི་ཐུགས་ཀ་ནས་སྔགས་འཁྱུགས་ཤིང་བསྟིམ་པའི་མོས་པ་མཛོད་བྱས་ལ། ཨོཾ་པཀྴི་སྭཱཧཱ། ཞེས་དང་། བཛྲ་ག་རུ་ཌ་ཧཱུྃ་ཕཊ། དེ་བཞིན་དུ། རཏྣ་ག་རུ་ཌ་ཧཱུྃ་ཕཊ། པདྨ་ག་རུ་ཌ་ཧཱུྃ་ཕཊ། ཁཌྒ་ག་རུ་ཌ་ཧཱུྃ་ཕཊ། བུདྡྷ་ག་རུ་ཌ་ཧཱུྃ་ཕཊ། ཅེས་ལན་གསུམ་གསུམ་རྗེས་ཟློས་བྱེད་དུ་གཞུག །དེ་ནས་སློབ་དཔོན་ལ་མེ་ཏོག་གཏོར་བཞིན་པར།

བཅོམ་ལྡན་བདག་གིས་ཞེས་སོགས་ལན་གསུམ། དེ་ལྟར་ཕུལ་བའི་མེ་ཏོག་དེ་ཉིད་སླར་ཡང་བྱིན་གྱིས་བརླབས་ཏེ། ཁྱེད་རང་གི་སྤྱི་བོར་ཕུལ་བའི་མོས་པ་མཛོད་ཅིག ། སློབ་དཔོན་གྱིས་མེ་ཏོག་གཏོར་བཞིན་པར། བཅོམ་ལྡན་འདི་ལ་བསྟུལ་ལགས་ཀྱི་ཞེས་སོགས་དང་། རིག་པ་འཛིན་པ་འདི་རྣམས་ལ་ཡེ་ཤེས་ཁྲུང་ཁྲ་འཁོར་དང་བཅས་པའི་སྐུ་གསུང་ཐུགས་ཀྱི་བྱིན་རླབས་མ་ལུས་པ་འཇུག་པར་གྱུར་ཅིག །ཅེས་བརྗོད། གསུང་གི་རྗེས་གནང་ངོ་། །དེ་ནས(༡༧ན)སློབ་དཔོན་གྱི་ཐུགས་ཀ་ནས་འོད་ཟེར་འཕྲོས། མདུན་བསྐྱེད་དང་ཕྱོགས་བཅུའི་སངས་རྒྱས་བྱང་ཆུབ་སེམས་དཔའ་ཐམས་ཅད་ཀྱི་ཐུགས་ཀྱི་བྱིན་རླབས་ཐམས་ཅད་ཕྱག་མཚན་དཔག་ཏུ་མེད་པའི་རྣམ་པར་སྤྱན་དྲངས་ཏེ། ཁྱེད་རང་རྣམས་ཀྱི་ཐུགས་ཀའི་ས་བོན་ལ་ཐིམ་པའི་མོས་པ་མཛོད། ཐུགས་ཀྱི་རྗེས་གནང་ངོ་། །དེ་ནས། གཏོར་དབང་ནི། གཏོར་མ་འདི་ཉིད་བཅོམ་ལྡན་འདས་ཡེ་ཤེས་ཁྲུང་ཁྲར་དངོས་སུ་མོས། དེ་ལ་མོས་གུས་དུང་བ་བྱས་པས། ཁྱེད་རང་རྣམས་ཀྱི་སྤྱི་བོར་བྱོན། རྒྱུད་བྱིན་གྱིས་བརླབས་པ་ཡིན་སྙམ་པ་གྱིས་ཞེས་བརྗ་སྦྱད་ནས། གཏོར་མ་མགོ་བོར་བཞག་ལ། ཕྱོགས་བཅུ་དུས་གསུམ་ན་བཞུགས་པའི་རྩ་བ་དང་བརྒྱུད་པར་བཅས་པའི་དཔལ་ལྡན་བླ་མ་དམ་པ་རྣམས་ཀྱིས་བྱིན་གྱིས་རློབས་ཤིག །སངས་རྒྱས་དང་བྱང་ཆུབ་སེམས་དཔའ་ཐམས་ཅད་ཀྱིས་བྱིན་གྱིས་རློབས་ཤིག །ཡི་དམ་དཀྱིལ་འཁོར་གྱི་ལྷ་ཚོགས་རྣམས་ཀྱིས་བྱིན་གྱིས་རློབས་ཤིག །དཔའ་བོ་དང་དཔའ་མོ་རྣལ་འབྱོར་མ་རྣམས་ཀྱིས་བྱིན་གྱིས་རློབས་ཤིག །ཁྱད་པར་དུ་ཡང་ཡེ་ཤེས་ཁྲུང་ཁྲའི་ལྷ་ཚོགས་རྣམས་ཀྱིས་བྱིན་གྱིས་རློབས་ཤིག །རྡོ་རྗེ་སློབ་མ་འདི་རྣམས་ཀྱི་འགལ་རྐྱེན་ཕྱི་ནང་གི་བར་གཅོད་ཐམས་ཅད་ཞི་བ་དང་། མཐུན་རྐྱེན་ཚེ་དང་བསོད་ནམས་དཔལ་དང་འབྱོར་པ་ཕུན་སུམ་ཚོགས་པ་ཐམས་ཅད་འཕེལ་ཞིང་རྒྱས་པ་དང་། མཆོག་དང་ཐུན་མོང་གི་དངོས་གྲུབ་ཐམས་ཅད་མྱུར་དུ་འགྲུབ་པར་བྱིན་གྱིས་རློབས་ཤིག །ཅེས་གསོལ་བ་བཏབ་པས། དགྱེས་བཞིན་སྤྱི་

པོ་ནས་ཐིམ་པར་གྱུར། ཛཿ(༧༩བ)ཧཱུྃ་བཾ་ཧོཿཞེས་བརྗོད། འཕྲིན་ལས་ཀྱི་རྗེས་གནང་ངོ་། །རྗེས་ཀྱི་བྱ་བ་རྣམས་སྤྱི་དང་འདྲའོ། །

༄ ཁྱུང་སེར་བཀའ་གདམས་ལུགས་ལ། སྐུ་གཟུགས་ཀྱི་མདུན་དུ་མཆོད་པ་བཤམས་ནས། སྐྱབས་སེམས་ཕྱག་རྫོར་གྱི་བདག་བསྐྱེད་རྣམས་སྔོན་དུ་བཏང་ནས། སྭ་བྷཱ་ཤས་སྟོང་པར་སྦྱངས། སྟོང་པའི་ངང་ལས་རང་སེམས་ཀྱི་སྣང་བའི་ཧཱུྃ་ཡིག་བཛྲ་བ་ཏི་ག་རུ་ཌ་ཞེས་པའི་སྒྲ་དང་བཅས་པ་ཞིག་མདུན་དུ་ཆད་པ་ཡོངས་སུ་གྱུར་པ་ལས། རིན་པོ་ཆེ་འབར་བ་ཧཱུྃ་གིས་མཚན་པ། དེའི་འོད་ཀྱི་འཕྲོ་འདུ་ལས་མཁའ་ལྡིང་གི་རྒྱལ་པོར་གྱུར། རི་ཛ་པྲི་ཛ་ཧཱུྃ། བྱ་ཁྱུང་གསེར་གྱི་གཤོག་པ་དང་རྡོ་རྗེའི་མཆུ་ཅན། ལུས་རྡོ་རྗེའི་རང་བཞིན་མེ་འབར་བ། ཕྱག་གཡོན་ན་ནོར་བུ་རིན་པོ་ཆེ་དང་། གཡས་ན་ཀླུ་མགོ་བོ་གསུམ་པ་འཛིན་པ། རིན་པོ་ཆེ་དང་མུ་ཏིག་དང་གསེར་གྱི་དབུ་རྒྱན་ཅན། སྦྲུལ་མགོ་དགུ་པས་རྒྱན་དུ་བྱས་པ། ཀླུ་བརྒྱད་ཞབས་འོག་ཏུ་མནན་པ། འཁོར་མཁའ་ལྡིང་གི་ཚོགས་ཐམས་ཅད་ཀྱིས་བསྐོར་བར་གྱུར། མཁའ་ལྡིང་གི་ཕྱག་རྒྱ་བཅས་ལ། ཨོཾ་སུ་པྲ་ཏིཥྛ་བཛྲ་དུཏྟི་མི་ལི་མི་ལི་སྭཱ་ཧཱ། ཞེས་ལན་གསུམ་གྱིས་བརྟན་པར་བྱས། རང་གི་སྙིང་ག་ནས་འོད་ཟེར་འཕྲོས། མཁའ་ལྡིང་འཁོར་དང་བཅས་པ་བཛྲ་ས་མ་ཛཿཛཿཧཱུྃ་བཾ་ཧོཿ བཟླས་པ་ནི། ཨོཾ་བཛྲ་པ་ཏི་ག་རུ་ཌ་བེ་གེ་ཏ་ཧཱུྃ་ཧཱུྃ་ཛ་ཛ་རི་ཛ་པྲི་ཛ་ཧཱུྃ་ཕཊ། ཅེས་བཟླའོ། །ཨརྒྷཾ་ནས་ཤཔྟའི་བར་གྱིས་མཆོད། དམིགས་མེད་ཐུགས་རྗེ་ཆེན་པོའི་ངང་ཉིད་ནས། །ཐབས་ལ་མཁས་པས་གདུག་པ་འདུལ་བའི་ཕྱིར། །(༧༨ན)ཕྱག་ན་རྡོ་རྗེའི་ལས་ཀྱི་ཕོ་ཉར་སྤྲུལ། །བདེ་གཤེགས་མཁའ་ལྡིང་ཚོགས་ལ་ཕྱག་འཚལ་ལོ། །ཞེས་བསྟོད། གུ་གུལ་གྱི་བདུག་སྤོས་བཏང་། བཛྲ་མུཿཞེས་གཤེགས་སུ་གསོལ། འདི་བདག་བསྐྱེད་དུ་བྱས་ཀྱང་ཅུང་བས་གོང་དུ་བཤད་པ་ལ་འདོན་པ་སྤྱི་བར་བྱའོ། །འདི་ལ་རྗེས་གནང་སོགས་བྱེད་པ་མེད་དེ། ངག་གམ་གླེགས་བམ་ལས་ལུང་ཐོབ་པས་ཆོག །ཕྱག་ན་རྡོ་རྗེའི་གཟུངས་ཀྱི་ལས་ཚོགས་ཀྱི་ལྷ་ཡིན་ནོ། །

༄ འཇམ་དབྱངས་ནག་པོ་ལ། སྐུ་གཟུགས་ཀྱི་མདུན་དུ་མཆོད་པ་བཤམས། སྐྱབས་འགྲོ་སེམས་བསྐྱེད་ཚད་མེད་བཞི་བསྒོམ་པ་སྔོན་དུ་འགྲོ་བས། སྭ་བྷཱ་ཝས་སྟོང་པར་སྦྱངས། སྟོང་པའི་ངང་ལས་པཾ་ལས་པདྨ། ཨ་ལས་ཟླ་བའི་སྟེང་དུ་རང་སེམས་ཧྲཱིཿམཐིང་ནག་གི་འོད་ཀྱི་འཕྲོ་འདུ་ལས། རང་ཉིད་འཇམ་དཔལ་ནག་པོ་ཞལ་གཅིག་ཕྱག་གཉིས་གཡས་རལ་གྲི་འཕྱར་ཞིང་། གཡོན་ཨུཏྤལ་ཐུགས་ཀར་འཛིན་པ་སྙན་གྱི་ཐད་ཀར་ཁ་བྱེ་བའི་སྟེང་ན་ཤེར་ཕྱིན་གྱི་པོ་ཏི་བཞུགས་པ། ཞབས་རྡོ་རྗེའི་སྐྱིལ་ཀྲུང་ཅན་ཡིད་ཙམ་ཁྲོ་ཞིང་དར་དང་རུས་པ་དང་རིན་པོ་ཆེས་བརྒྱན་པ། མེ་དཔུང་འབར་བའི་དབུས་ན་བཞུགས་པའོ། །ཨོཾ་པྲ་སོད། ཙུ་སོད། ཏུར་ཏ་སོད། སྙིང་མགོ་ལ་ཚོད། ཁ་ལ་ཛྫ། གཾ་ཤཾ་ཧུཾ་ཐད་ཕཊ་སྭཱཧཱ། ཅེས་བཟླ། ༄ འདིའི་སྒོམ་ལུང་བྱ་ཚུལ་ནི། སློབ་མས་མཎྜལ་ཕུལ། གསོལ་བ་འདེབས་པ་འདིའི་རྗེས་ཟློས་མཛོད། སློབ་དཔོན་གྱིས་བདག་ལ་རིག་སྔགས་དམ་པ་(78བ)སྩལ་དུ་གསོལ། ལན་གསུམ། སངས་རྒྱས་ཆོས་དང་ཚོགས་ཀྱིས་མཆོག་བཅས་ལ། །ཞེས་སོགས་ལན་གསུམ། ཁྱེད་རང་རྣམས་དམིགས་པ་འདི་བཞིན་དུ་མཛོད། ཨོཾ་སྭ་བྷཱ་ཝ་ཤུདྡྷཱ་སརྦ་དྷརྨཱ་སྭ་བྷཱ་ཝ་ཤུདྡྷོ྅ཧཾ། སྟོང་པ་ཉིད་དུ་གྱུར། སྟོང་པའི་ངང་ལས་པཾ་ལས་པདྨ། ཨ་ལས་ཟླ་བའི་སྟེང་དུ་ཁྱེད་རང་རྣམས་ཀྱི་སེམས་ཉིད་ཧྲཱིཿམཐིང་ནག་གི་འོད་ཀྱི་འཕྲོ་འདུ་ལས། ཁྱེད་རང་རྣམས་འཇམ་དཔལ་ནག་པོ་ཞལ་གཅིག་ཕྱག་གཉིས་གཡས་རལ་གྲི་འཕྱར་ཞིང་། གཡོན་ཨུཏྤལ་ཐུགས་ཀར་འཛིན་པ་སྙན་གྱི་ཐད་ཀར་ཁ་བྱེ་བའི་སྟེང་ན་ཤེར་ཕྱིན་གྱི་པོ་ཏི་བཞུགས་པ། ཞབས་རྡོ་རྗེའི་སྐྱིལ་ཀྲུང་ཅན་ཡིད་ཙམ་ཁྲོ་ཞིང་དར་དང་རུས་པ་དང་རིན་པོ་ཆེས་བརྒྱན་པ། མེ་དཔུང་འབར་བའི་དབུས་ན་བཞུགས་པའོ། །ཞེས་གསལ་བཏབ། དེ་ནས་སློབ་དཔོན་འཇམ་དབྱངས་ནག་པོར་གསལ་བའི་ཐུགས་ཀར་ཟླ་བའི་དཀྱིལ་འཁོར་གྱི་དབུས་སུ་ཧྲཱིཿཡིག་གི་མཐར་སྔགས་འཕྲེང་གིས་བསྐོར་བ་ལས་སྔགས་འཕྲེང་གཉིས་པ་བྱུང་། ཞལ་ནས་ཐོན།

ཁྱེད་རང་རྣམས་ཀྱི་ཞལ་དུ་ཞུགས། ཐུགས་ཀར་ཟླ་བའི་དཀྱིལ་འཁོར་གྱི་དབུས་སུ་ཧྲཱིཿཡིག་གི་མཐར་འཁོད་པའི་མོས་པ་མཛོད་བྱས་ལ། ཨོཾ་ཕྲ་སོད། ཚུ་སོད། ཧུར་ཏ་སོད། སྙིང་མགོ་ལ་ཚོད། ཁ་ལ་ཛྭ། ཀཾ་ཤ་ཧཱུྃ་ཐད་ཕཊ་སྭཱཧཱ། ཞེས་ལན་གསུམ་རྗེས་བཟློས་བྱར་གཞུག །རྗེས་ཀྱི་བྱ་བ་རྣམས་སྔ་དང་འདྲའོ། །འདི་ལ་སྒོམ་ལུང་ཙམ་གྱིས་ཆོག །འགའ་ཞིག་གི་ལག་ལེན་ལྟར་རྗེས་གནང་བྱེད་ན། ཞི་བའི་སྐུ་ལ་བརྟེན་ནས་སྒྲུབ་(༧༨ན)ཐབས་བརྒྱ་རྩའི་ཚིགས་སྦྱོར་བ་ཡིན་ནོ། །

༈ ལྷ་མོ་ཤྭ་མ་ཙ་ལ། ཤིང་དྲུང་ངམ་བྲག་ཕུག་སོགས་ཤིན་ཏུ་དབེན་ཞིང་གཙང་བ་ཁྱི་སྨྲ་མེད་པའི་ཕྱོགས་སུ་ས་ཕྱོགས་བྱི་དོར་བྱས། གུ་གུལ་གྱིས་བདུག །གཞི་བདག་ལ་གཏོར་མ་མང་དུ་བཏང་། ཐུན་མོང་གི་སྲུང་འཁོར་བསྒོམས་ཏེ། ཨོཾ་ཏཱ་རེ་ཏུཏྟཱ་རེ་ཏུ་རེ་རཀྵ་རཀྵ་སྭཱཧཱ། ཞེས་འབུམ་ཙམ་བཟླའོ། །དེ་ནས་ཞག་བདུན་ཙམ་དུ་རྡོ་རྗེ་སེམས་དཔའི་ཡིག་བརྒྱ་སྒོམ་བཟླས་ལ་འབད་པར་བྱའོ། །དེ་དག་ཏུ་ཡང་ཁྲུས་དང་གཙང་སྦྲ་གལ་ཆེའོ། །དངོས་གཞི་ནི། སྟེགས་བུ་གྲུ་བཞིའི་སྟེང་དུ་པདྨ་འདབ་བརྒྱད་འབྲི། དེའི་སྟེང་དུ་བུམ་པ་དཀར་གསུམ་དང་། བུམ་སྨན་སྦྱར་བའི་ཆུ་གཙང་མས་གང་བ། ཤུག་པ་ལྕ་བུའི་ཤིང་གི་ཡལ་གས་ཁ་བརྒྱན། ཡོད་ན་དེ་ལ་ཙག་ལི་འདོགས། ཙག་ལི་མེད་ཀྱང་བཏུབ། སྟེང་ནས་དར་སྔོན་པོའི་གདུགས་ཕུབ། མཐའ་མཆོད་པས་བསྐོར། སྒྲོལ་མའི་བྲིས་སྐུ་དང་། དཀར་གཏོར་གསུམ་ཡང་བཤམས། ཨ་སྨྲི་ཏ་བཟླ་ཞིང་བགེགས་བསྐྲད། བདག་བསྐྱེད་སྒྲོལ་དཀར་གྱི་མངོན་རྟོགས་བཟླས་པ་དང་བཅས་པ་ཅི་རིགས་བྱ། མདུན་བསྐྱེད་སྭ་བྷཱ་ཤས་སྟོང་པར་སྦྱངས། བུམ་པ་རི་རབ་ལྷུན་པོར་གྱུར་པའི་རྩེ་མོར་ཁ་རྒྱན་དཔག་བསམ་གྱི་ཤིང་ཡལ་ག་ལོ་འདབ་མེ་ཏོག་འབྲས་བུ་རྒྱས་པ། རི་རབ་ཀྱི་སྟེང་དུ་པད་ཟླའི་གདན་ལ་ལྷ་མོ་ཤྭ་མ་ཙ་སྐུ་མདོག་སྔོན་མོ་ཞི་ཞིང་སྒེག་པ། རི་རབ་ལ་ཁྱིལ་བཞུགས་ཀྱི་ཚུལ་ཅན། དར་དང་རིན་པོ་ཆེས་བརྒྱན་(༧༨བ)པ། ཕྱག་གཡས་མེ་ལོང་ངམ་ཛ་ཡབ། གཡོན་དཔག་

བསམ་ཤིང་གི་ཡལ་ག་འཛིན་པ། དཔྲལ་བར་ཨོཾ། མགྲིན་པར་ཨཱཿ ཐུགས་ཀར་ཧཱུྃ། དེ་ལས་འོད་ཟེར་འཕྲོས། ལྷ་མོ་ཤྲ་མ་ཎ་བཛྲ་ས་ཏྭ་ཛཿ ཨཪྒྷཾ་ལ་སོགས་པས་མཆོད། ཛཿཧཱུྃ་བཾ་ཧོཿ གཉིས་སུ་མེད་པར་ཐིམ། འདོད་དོན་གསོལ་བ་དྲག་ཏུ་བཏབ། ལྷ་མོ་ལ་ཕུལ་བར་མོས་ཏེ། མེ་ཏོག་གཙང་མ་བུམ་པའི་ནང་དུ་ཕུལ། ཨོཾ་ཤྲ་མ་ཎ་པི་ཤ་ཙི་ནི་ཨུཙྪེ་ཥྚ་ཧཱ། ཞེས་ཅི་ནུས་བཟླའོ། །ཐུན་འཛོག་ཁར། གཏོར་མ་དང་པོ། ཨོཾ་ཤྲ་མ་ཎ་པི་ཤ་ཙི་ཨི་དཾ་བ་ལིཾ་ཏ་ཁ་ཁ་ཁཱ་ཧི་ཁཱ་ཧི། ཞེས་ལན་བདུན་གྱིས་ཕུལ། གཉིས་པ་ཆོས་སྐྱོང་དང་། གསུམ་པ་གཞི་བདག་ལ་འབུལ། ཐུན་མཚམས་སུ་ཡང་བཟླས་པ་རྒྱུན་མི་ཆད་པར་བྱ་ཞིང་། ཁྱད་པར་ཉལ་ཁར་དྲག་ཏུ་བཟླའོ། །ཞག་བདུན་གྱིས་བསྙེན་པ་འགྲུབ་ཅིང་། རང་གཞན་གྱི་དོན་ཕལ་ཆེར་དང་ཚེ་རིང་ཐུང་སྐྱེ་བ་སྔ་ཕྱི་སོགས་ཕལ་ཆེར་ལུང་སྟོན་པར་འགྱུར་རོ། །གལ་ཏེ་མ་འགྲུབ་ན་གྲིབ་ཤས་ཆེ་བ་ཡིན་པས་གང་ཡོད་ཀྱི་སྟེང་དུ། མི་ཁྱི་དང་མི་འཕྲད། སྔོ་ཚད་མི་ཟ། དཀར་ཟས་དང་། གྲིབ་ཟས་ལ་འཛེམས་པ་གལ་ཆེའོ། །འདི་ལ་རྗེས་གནང་མི་དགོས། ལུང་ཙམ་གྱིས་འགྲུབ་བོ། །ཞེས་གསུངས།

༈ **སེང་གདོང་མ་སྔོན་**(༢༠ན)**མོ་ལ།** སྐྱབས་འགྲོ་སེམས་བསྐྱེད་ཚད་མེད་བཞི། གུར་ནས་འབྱུང་བའི་རྒྱུན་བཤགས་རྣམས་སྔོ་དང་མཐུན་པར་བྱས་ལ། ཨོཾ་སྭ་བྷཱ་ཝ་ཤུདྡྷ་སརྦ་དྷརྨཱ་སྭ་བྷཱ་ཝ་ཤུདྡྷོ྅ཧཾ། སྟོང་པ་ཉིད་དུ་གྱུར། སྟོང་པའི་ངང་ལས་ཨེ་ལས་ཆོས་འབྱུང་གྲུ་གསུམ་མཐིང་ནག་རྒྱ་ཆེ་ཞིང་གཏིང་ཟབ་པ། འབར་བའི་འཕྲེང་བ་འཁྲུགས་པ། དེའི་དབུས་སུ་པཾ་ལས་པདྨ་ཆེན་པོ་དང་། རཾ་ལས་ཉི་མ་ལ་གནས་པའི་མི་རོའི་སྙིང་གར་རང་སེམས་ཀྱི་ངོ་བོ་ཧཱུྃ་ཡིག་མཐིང་ག །དེ་ལས་འོད་ཟེར་འཕྲོས། དགྲ་བགེགས་ལོག་འདྲེན་བྱད་མ་ཐམས་ཅད་ཚར་བཅད། མཚན་ལྟས་ངན་པ་དང་། ཉེར་འཚེ་ཐམས་ཅད་བསྲེགས། སླར་འདུས་ཧཱུྃ་ལ་ཐིམ་པ་ཡོངས་སུ་གྱུར་པ་ལས། རང་ཉིད་ཡེ་ཤེས་ཀྱི་མཁའ་འགྲོ་མ་སེངྒེའི་གདོང་པ་ཅན་སྐུ་མདོག་མཐིང་ནག །སྐུ་

ཐོངས་ཆེ་བས་སྲིད་གསུམ་ཁྱབ་པ། ཡན་ལག་དང་ཉིང་ལག་མཁྲང་ཞིང་རྒྱགས་པ། རབ་ཁྲོས་སེངྒེའི་ཞལ་གདངས་ཤིང་། ལྗགས་འདྲིལ་ལ་མཆེ་བ་གཙིགས་པ། དུག་གི་ཁ་རླངས་ན་བུན་ལྟར་འཐིབས་ཤིང་། དམར་ལ་རྣུམ་པའི་སྤྱན་གསུམ་པ། སྨ་ར་སྨིན་མ་དབུ་སྐྲ་དམར་སེར་མེ་ལྟར་འབར་ཞིང་ལ་ལ་ཐུར་དུ་འཕྱུང་བ། ཕྱག་གཡས་རྡོ་རྗེ་གྲི་གུག་ནམ་མཁའ་ལ་འཕྱར་ཞིང་། གཡོན་ཐོད་ཁྲག་ཐུགས་ཀར་འཛིན་པ། གྲུ་མོ་ན་ཁ་ཊྭཱཾ་ག་ལ་ཌཱ་མ་རུ་དང་འཕན་རྩེ་གསུམ་པ་འཕྱང་བ། ཞབས་གཡོན་བརྐྱངས་པའི་སྐྱིལ་ཀྲུང་ཕྱེད་པའི་གར་སྟབས་ཅན། སྟག་ལྤགས་ཀྱི་ཤམ་ཐབས་དང་། མི་ལྤགས་(༢༠བ)དང་གླང་ལྤགས་སྒྱུར་བའི་སྟོད་གཡོགས་གསོལ་བ། ཐོད་པ་སྐམ་པོས་དབུ་བརྒྱན་ཅིང་། སྦྲུལ་དང་རུས་རྒྱན་དང་། མི་མགོའི་དོ་ཤལ་ཅན། ཁྲག་གི་ཐིག་ལེ། ཞག་གི་ཟོ་རིས། ཐལ་ཆེན་གྱི་ཚོམ་བུས་བརྒྱན་པ། ཡེ་ཤེས་ཀྱི་མེ་འོད་འབར་བའི་དབུས་སུ་བཞུགས་ཤིང་། མཁའ་འགྲོ་མ་བྱེ་བ་འབུམ་སྡེའི་ཚོགས་ཐམས་ཅད་ཀྱང་ཕྱག་གཡས་པ་རྣམས་ན་སྣ་ཚོགས་པའི་མཚོན་ཆ་འཛིན་ཅིང་། གཡོན་གཙོ་བོ་དང་མཚུངས་པ། སེངྒེའི་ཞལ་ནས་དྲག་སྔགས་ཀྱི་སྒྲ་ཧུར་རུ་རུ་སྒྲོག་པར་གྱུར། དཔྲལ་བར་ཨོཾ། མགྲིན་པར་ཨཱཿ ཐུགས་ཀར་ཧཱུྃ། ཧཱུྃ་ལས་འོད་ཟེར་འཕྲོས། ཨོ་རྒྱན་མཁའ་འགྲོའི་ཕོ་བྲང་ནས་མཁའ་འགྲོ་མ་སེངྒེའི་གདོང་པ་ཅན་འཁོར་དང་བཅས་པ་ཛཿཛཿ། ཞེས་འབར་བའི་ཕྱག་རྒྱ་བསྐོར་བས་སྤྱན་དྲངས། ཨརྒྷཾ་ནས་ཤབྡའི་བར་གྱིས་མཆོད། ཨོཾ་ཨཱཿཧཱུྃ། ཞེས་ནང་མཆོད་ཕུལ། དཔལ་ལྡན་རྡོ་རྗེ་མཁའ་འགྲོ་མ་ནས། འགྲོ་བ་སྐྱོབ་ལ་ཕྱག་འཚལ་ལོ། །ཛཿཧཱུྃ་བཾ་ཧོཿ ཡང་འོད་ཟེར་འཕྲོས། དབང་གི་ལྷ་བཛྲ་ས་མ་ཛཿ ཨོཾ་བཛྲ་ཌཱ་ཀ་ཨ་བྷི་ཥིཉྩ་ཧཱུྃ། ཞེས་གསུངས་ཤིང་། དེ་རྣམས་ཀྱིས་དབང་བསྐུར། སྐུ་གང་། དྲི་མ་དག །ཆུའི་ལྷག་མ་ཡར་ལུད་པ་ལས་རྣམ་པར་སྣང་མཛད་ཀྱིས་དབུ་བརྒྱན་པར་གྱུར། ཨཿཀཿསཿམཿརཿཙཿཤཿདཿརཿསཿམཿརཿཡཿཕཊ་ཅེས་དྲག་ཏུ་བཟླས་པས། དམིགས་པ་དང་བཅས་པས་ཐལ་མོ་བརྡབ

ཅིང་། མཐར། ཁྲོ་མོ་འབར་བའི་ཚོགས་རྣམས་ཀྱིས། །དགྲ་བགེགས་རྣམས་ནི་ཐམས་ཅད་ཀྱི། །ལུས་ངག་ཐལ་བའི་རྡུལ་དུ་(༢༧ན)རློག །རྣམ་ཤེས་ཆོས་ཀྱི་དབྱིངས་སུ་སྒྲོལ། །ནང་མཆོད་དང་གཏོར་མ་ཤ་ཁྲག་གིས་བརྒྱན་པ་བཤམས་ལ། ནང་མཆོད་བྱིན་གྱིས་བརླབས་པ་ནི། བསངས་སྦྱངས། སྟོང་པའི་ངང་ལས་ཡཾ་ལས་རླུང་། རཾ་ལས་མེ། ཨཱཿལས་མི་མགོའི་སྒྱིད་བུ་གསུམ་གྱི་སྟེང་དུ། ཨ་ལས་བྱུང་བའི་ཐོད་པ་ཕྱི་དཀར་ལ་ནང་དམར་བའི་ནང་དུ་ཧྲཱུྃ་ཨཾ་ཛྲཱིཾ་ཁཾ་ཧྃ་ལས་ཤ་ལྔ། ལཾ་མཾ་པཾ་ཏཾ་པཾ་ལས་བདུད་རྩི་ལྔ། དེའི་སྟེང་དུ་ཨོཾ་ཨཱཿཧཱུྃ། སྟེང་ནས་སྟེང་དུ་བརྩེགས་པར་གྱུར། རང་གི་ཐུགས་ཀའི་ཧཱུྃ་ལས་འོད་ཟེར་འཕྲོས། རླུང་ལ་ཕོག །རླུང་གཡོས། མེ་སྦར། ཐོད་པའི་རྫས་རྣམས་ཞུ་ཞིང་ཁོལ་བར་གྱུར། ཡི་གེ་གསུམ་ལས་འོད་ཟེར་འཕྲོས་པས་དེ་བཞིན་གཤེགས་པ་ཐམས་ཅད་ཀྱི་ཡེ་ཤེས་ཀྱི་བདུད་རྩི་བཀུག་ནས། ཡི་གེ་གསུམ་དང་ལྷན་ཅིག་ཏུ་ཐོད་པའི་ནང་དུ་ལྷུང་བས། ཧཱུྃ་གིས་ཁ་དོག་དྲི་རོ་ནུས་ཀྱི་སྐྱོན་སྦྱངས། ཨཱཿས་བདུད་རྩིར་རྟོགས་པར་བྱས། ཨོཾ་གྱིས་མང་པོར་སྤར་ཞིང་སྤེལ་བར་གྱུར་པར་བསམས་ལ། ཨོཾ་ཨཱཿཧཱུྃ། ལན་གསུམ་བརྗོད། གཏོར་མ་ནང་མཆོད་ཀྱིས་བྲན། ཨ་མྲྀ་ཏས་བསངས། སྭ་བྷཱ་ཝས་སྦྱངས། སྟོང་པའི་ངང་ལས་ཨ་ལས་ཀ་པཱ་ལ་ཡངས་ཤིང་རྒྱ་ཆེ་བའི་ནང་དུ། ཨོཾ་ཨཱཿཧཱུྃ་ལས་བྱུང་བའི་གཏོར་མ་བདུད་རྩིའི་རྒྱ་མཚོ་ཆེན་པོ་འབྲུ་གསུམ་གྱིས་མཚན་པ། དེའི་འོད་ཀྱིས་ཡེ་ཤེས་ཀྱི་བདུད་རྩི་བཀུག་སྟེ། འབྲུ་གསུམ་ལ་ཐིམ། དེ་རྣམས་ཞུ་བ་ལས་བདུད་རྩིའི་རྒྱ་མཚོ་ཆེན་པོ་ཟད་མི་ཤེས་པར་གྱུར། (༢༧བ)ཨོཾ་ཨཱཿཧཱུྃ་ཧ་ཧོ་ཧྲཱིཿ རང་གི་ཐུགས་ཀའི་ཧཱུྃ་ལས་འོད་ཟེར་འཕྲོས། ཨོ་རྒྱན་མཁའ་འགྲོའི་ཕོ་བྲང་ནས་མཁའ་འགྲོ་མ་སེང྄ྷེའི་གདོང་པ་ཅན་འཁོར་དང་བཅས་པ་ཛཿཛཿ ཞེས་འབར་བའི་ཕྱག་རྒྱ་བསྐོར་བས་སྤྱན་དྲངས། ཨོཾ་སིདྡྷ་མུ་ཁ་ཌཱ་ཀི་ནཱི་ཨི་དཾ་བ་ལིཾ་ཏ་ཁ་ཁ་ཁཱ་ཧི་ཁཱ་ཧི་སྭཱཧཱ། ཨོཾ་ཨ་ཀཱ་ར་མུ་ཁཾ་སོགས་བཏགས་པ་ལན་བདུན་གྱིས་ཕུལ། ཨོཾ་སིདྡྷ་མུ་ཁ་ཌཱ་ཀཱ་ནཱི་ས་པ་རི་ཝཱ་རེ་བཛྲཿཨརྒྷཾ་ནས་ཤབྡའི་བར་

གྱིས་མཆོད། འབྲུ་གསུམ་གྱིས་ནང་མཆོད་འབུལ། བཅོམ་ལྡན་ཡེ་ཤེས་མཁའ་འགྲོ་མ། །འཇིགས་གཟུགས་དཔའ་བོ་ཆེན་མོ་ནི། །སེང་གེའི་གཟུགས་ཀྱིས་གདུག་པ་བདུག །ཧམ་པའི་ཞལ་ལ་ཕྱག་འཚལ་བསྟོད། །མཆོད་སྦྱིན་གཏོར་མ་ནས། ཀུན་འགྲུབ་ཤོག་གི་བར་སྤྱི་དང་མཐུན། བཛྲ་སུཿཞེས་གཤེགས་ལ། སྨོན་ལམ་དང་བཀྲ་ཤིས་སྤྱི་འགྲུབ་བྱའོ། ། ༔ རྗེས་གནང་བྱེད་པར་འདོད་ན། ཆོས་འབྱུང་གྲུ་གསུམ་མཐིང་ནག་རེ་ཁ་དཀར་པོ་ཅན། དབུས་སུ་ཉི་གདན་ལ་ཚོམ་བུ་སྔོན་པོ་དགོད། མཐའ་ཇོ་ར་མེ་རིས་ཀླུམ་བསྐོར་བྱ། ཁྲམས་ཀླ་གམ་རྟལ་ཚོན་དམར་པོས་དགང་། དབུས་སུ་མཐྱེའི་སྟེང་དུ་དམར་གཏོར་གྲུ་གསུམ་རྒྱན་གྱིས་བརྒྱན་པ་བཞག །མཐའ་མཆོད་གཏོར་གྱིས་བསྐོར། སྔོ་ན། གོ་སྐབས་ཡངས་པ་ཞིག་ཏུ་བུམ་པའང་འཆའ། མཐྱེའི་སྟེང་གི་གཏོར་མ་དང་། བུམ་པ་བཅའ་བ་ཕྱག་ལེན་གྱི་ཡིག་རྙིང་ན་མི་བཞུགས། གཏོར་དབང་བྱེད་པའང་དེ་དང་འདྲའོ། །རྫོར་དྲིལ་ཅང་ཏེའུ་དང་ནང་མཆོད་སོགས་ཡོ་བྱད་ཐམས་ཅད་འཚོགས་པར་བྱས་(༢༢ན)ནས། མཆོད་པ་བྱིན་རླབས་སྤྱི་དང་མཐུན་པར་བྱ། གོང་བཞིན་མངོན་རྟོགས་བླངས་ནས་བཟླས་པ་སོང་མཚམས་སུ། མདུན་བསྐྱེད་བསངས་སྦྱངས། ཨོཾ་སྭ་བྷཱ་ཝ་ཤུདྡྷཱ་སརྦ་དྷརྨཱ་སྭ་བྷཱ་ཝ་ཤུདྡྷོ྅ཧཾ། སྟོང་པའི་ངང་ལས་ཨོཾ་ལས་ཆོས་འབྱུང་གྲུ་གསུམ་མཐིང་ནག་རྒྱ་ཆེ་ཞིང་གཏིང་ཟབ་པ། འབར་བའི་ཕྲེང་བ་འཁྲུགས་པ། དེའི་དབུས་སུ་པཾ་ལས་པདྨ་ཆེན་པོ་དང་། རཾ་ལས་ཉི་མ་ལ་གནས་པའི་མི་རོའི་སྙིང་གར་ཧཱུྃ་ཡིག་མཐིང་ག །དེ་ལས་འོད་ཟེར་འཕྲོས། དགྲ་བགེགས་ལོག་འདྲེན་བྱེད་མ་ཐམས་ཅད་ཚར་བཅད། མཚན་ལྟས་ངན་པ་དང་། ཉེར་འཚེ་ཐམས་ཅད་བསྲེགས། སླར་འདུས་ཧཱུྃ་ལ་ཐིམ་པ་ཡོངས་སུ་གྱུར་པ་ལས། ཡེ་ཤེས་ཀྱི་མཁའ་འགྲོ་མ་སེངྒེའི་གདོང་པ་ཅན་ཞེས་པ་ནས། བཟླས་པའི་བར་བདག་བསྐྱེད་ཉིད་འདོན་པ་སྤོས་པས་ཆོག །དེ་ནས་མཆོད་བསྟོད་བྱས་ལ། བུམ་པ་བཅས་ཡོད་ན། བུམ་པ་སྔགས་ཀྱི་ཡིག་འབྲུས་ཡོངས་སུ་གང་བར་གྱུར་

པར་བསམས་ལ། སྔགས་ཅི་རིགས་པ་བཟླས་པའི་མཐར། ཡིག་འབྲུ་རྣམས་ཞུ་བ་ལས་བྱུང་བའི་དབང་གི་ཆུར་གྱུར། ཞེས་བརྗོད། དེ་ནས་གཏོར་ཆོག་གོང་བཞིན་ལས། མགྲོན་སྤྱན་འདྲེན་པ་མི་དགོས་སོ། ། ༔ སློབ་མ་རྣམས་ཁྲུས་བྱས་གྲལ་ལ་འཁོད། སློབ་མས་མཎྜལ་ཕུལ། ཀུན་མཁྱེན་ཡེ་ཤེས་ཕུང་པོ་ཅན་ཞེས་སོགས་ནས། བློ་མཆོག་བདག་ལ་གནང་བར་མཛོད། །ཅེས་པའི་བར་ལན་གསུམ་གྱིས་གསོལ་བ་འདེབས་སུ་གཞུག །དཀོན་མཆོག་(༢༢ཁ)གསུམ་ལ་བདག་སྐྱབས་མཆི། །ཞེས་སོགས་མགུར་ནས་འབྱུང་བའི་རྒྱུན་བཤགས་བྱ། དངོས་གཞི་ནི། ཁྱེད་རང་རྣམས་དམིགས་པ་འདི་བཞིན་དུ་མཛོད། སློབ་དཔོན་གྱི་ཐུགས་ཀ་ནས་འོད་ཟེར་འཕྲོས། མདུན་བསྐྱེད་ཀྱི་ཐུགས་རྒྱུད་བསྐུལ། དེའི་འོད་ཀྱིས་སློབ་མའི་ལུས་སོགས་མ་དག་པའི་སྣང་བ་ཐམས་ཅད་སྦྱངས། ཨོཾ་སྭ་བྷཱ་ཝ་ཤུདྡྷཿསརྦ་དྷརྨཱཿསྭ་བྷཱ་ཝ་ཤུདྡྷོ྅ཧཾ། སྟོང་པ་ཉིད་དུ་གྱུར། སྟོང་པའི་ངང་ལས་ཨེ་ལས་ཆོས་འབྱུང་གྲུ་གསུམ་མཐིང་ནག་རྒྱ་ཆེ་ཞིང་གཏིང་ཟབ་པ། འབར་བའི་འཚེར་བ་འཁྲུགས་པ། དེའི་དབུས་སུ་པཾ་ལས་པདྨ་ཆེན་པོ་དང་། རཾ་ལས་ཉི་མ་ལ་གནས་པའི་མི་རོའི་སྟེང་གར་ཁྱེད་རང་གི་སེམས་ཀྱི་ངོ་བོ་ཧཱུཾ་ཡིག་མཐིང་ག །དེ་ལས་འོད་ཟེར་འཕྲོས། དགྲ་བགེགས་ལོག་འདྲེན་བྱེད་མ་ཐམས་ཅད་ཚར་བཅད། མཚན་ལྡན་ངན་པ། ཉེར་འཚེ་ཐམས་ཅད་བསྲེགས། སླར་འདུས་ཧཱུཾ་ལ་ཐིམ་པ་ཡོངས་སུ་གྱུར་པ་ལས། ཁྱེད་རང་རྣམས་ཡེ་ཤེས་ཀྱི་མཁའ་འགྲོ་མ་སེངྒེའི་གདོང་པ་ཅན་སྐུ་མདོག་མཐིང་ནག །སྐུ་བོངས་ཆེ་བས་སྲིད་གསུམ་ཁྱབ་པ། ཡན་ལག་དང་ཉིང་ལག་མཁྲང་ཞིང་རྔུགས་པ། རབ་ཁྲོས་སེངྒེའི་ཞལ་གདངས་ཤིང་། ལྕགས་འདྲིལ་ལ་མཆེ་བ་གཙིགས་པ། དུག་གི་ཁ་རླངས་ན་བུན་ལྟར་འཐིབས་ཤིང་དམར་ལ་ཟླུམ་པའི་སྤྱན་གསུམ་པ། སྨ་ར་སྨིན་མ་དབུ་སྐྲ་དམར་སེར་མེ་ལྟར་འབར་ཞིང་ལ་ལ་ཐུར་དུ་འཕྱང་བ། ཕྱག་གཡས་རྡོ་རྗེ་གྲི་གུག་ནམ་མཁའ་ལ་འཕྱར་ཞིང་། གཡོན་ཐོད་ཁྲག་ཐུགས་ཀར་འཛིན་པ། གྱ་མོ་ན་ཁ་ཊྭཱཾ་ག་(༢༣ན)ལ་ཀྲ་མ་ཏུ་

དང་འཕན་རྗེ་གསུམ་པ་འབྱུང་བ། ཞབས་གཡོན་བརྐྱངས་པའི་སྐྱིལ་ཀྲུང་ཕྱེད་པའི་གར་སྟབས་ཅན། སྟག་ལྤགས་ཀྱི་ཤམ་ཐབས་དང་། མི་ལྤགས་དང་གླང་ལྤགས་སྦྲུར་བའི་སྟོད་གཡོགས་གསོལ་བ། ཐོད་པ་སྐམ་པོས་དབུ་བརྒྱན་ཅིང་། སྦྲུལ་དང་རུས་རྒྱན་དང་། མི་མགོའི་དོ་ཤལ་ཅན། ཁྲག་གི་ཐིག་ལེ། ཞག་གི་ཟོ་རིས། ཐལ་ཆེན་གྱི་ཚོམ་བུས་བརྒྱན་པ། ཡེ་ཤེས་ཀྱི་མེ་འོད་འབར་བའི་དབུས་སུ་བཞུགས་ཤིང་མཁའ་འགྲོ་མ་བྱེ་བ་འབུམ་སྡེའི་ཚོགས་ཐམས་ཅད་ཀྱང་ཕྱག་གཡས་པ་རྣམས་ནི་སྣ་ཚོགས་པའི་མཚོན་ཆ་འཛིན་ཅིང་། གཡོན་གཙོ་བོ་དང་མཚུངས་པ། སེང྄ྒེའི་ཞལ་ནས་དྲག་སྔགས་ཀྱི་སྒྲ་ཧུར་ཧུར་སྒྲོག་པར་གྱུར། དཔྲལ་བར་ཨོཾ། མགྲིན་པར་ཨཱཿ ཐུགས་ཀར་ཧཱུྃ་གིས་མཚན་པར་གྱུར་པའི་མོས་པ་མཛད། མདུན་གྱི་རྟེན་གཏོར་འདི་ཉིད་ཀྱང་ཁྱེད་རང་རྣམས་སྒོམ་པ་དང་འདྲ་བའི་ཡེ་ཤེས་ཀྱི་མཁའ་འགྲོ་མ་སེང྄ྒེའི་གདོང་པ་ཅན་སྐུ་མདོག་སྔོན་མོར་དངོས་སུ་བཞུགས་པར་མོས་ལ། སློབ་དཔོན་གྱི་ཐུགས་ཀའི་ས་བོན་ལས་འོད་ཟེར་འཕྲོས། ཨོ་རྒྱན་མཁའ་འགྲོའི་ཕོ་བྲང་ནས་མཁའ་འགྲོ་མ་སེང྄ྒེའི་གདོང་པ་ཅན་འཁོར་དང་བཅས་པའི་སྐུ་ཆེ་ཆུང་དཔག་ཏུ་མེད་པ་ཕཻཾ་ཕཻཾ། ཞེས་འབར་བའི་ཕྱག་རྒྱ་བསྐོར་བས་སྤྱན་དྲངས། ཁྱེད་རང་རྣམས་ཀྱི་ལུས་ལ་ཆར་ཆེན་པོ་བབས་པ་བཞིན་དུ་སིབ་སིབ་ཐིམ་པའི་མོས་པ་མཛད། ཛཿཧཱུྃ་བཾ་ཧོཿ ཞེས་བརྗོད་ལ་རོལ་མོས་བྱིན་འབེབས། དེ་ནས། སློབ་དཔོན་(༢༣བ)གྱི་ཐུགས་ཀའི་ས་བོན་ལས་འོད་ཟེར་འཕྲོས། དབང་གི་ལྷ་བཛྲ་ས་ཏྭ་ཛཿདེ་བཞིན་གཤེགས་པ་ཐམས་ཅད་ཀྱིས་སློབ་མ་འདི་རྣམས་ལ་མངོན་པར་དབང་བསྐུར་དུ་གསོལ། ཞེས་གསོལ་བ་བཏབ་པས། ཨོཾ་བཛྲ་ཨྠ་བྷ་ཥ་ཀྵེ་ཏྲིཥྛ་ཧཱུྃ་ཞེས་གསུངས་ཤིང་དབང་བསྐུར་བས་ལུས་ཐམས་ཅད་གང་། དྲི་མ་ཐམས་ཅད་དག །ཆུའི་ལྷག་མ་ཡར་ལུད་པ་ལས་རྣམ་པར་སྣང་མཛད་ཀྱིས་དབུ་བརྒྱན་པར་མོས། བུམ་པ་བཅས་ན་དབང་བསྐུར་བའི་སྔགས་འདོན་པའི་སྐབས་སུ་བུམ་པ་སློབ་མའི་མགོ་ཐོག་ཏུ་བཞག་ཅིང་བུམ་ཆུ་སྦྱིན་ནོ། །དེ་

དག་ནི་རྗེས་གནང་གི་གཞི་དགོད་པ་ཡིན། དེ་ནས་སློབ་དཔོན་གྱི་དཔྲལ་བའི་ཨོཾ་ལས། མཁའ་འགྲོ་མ་སེངྒེའི་གདོང་པ་ཅན་གྱི་སྐུ་དཔག་ཏུ་མེད་པ་བྱུང་། ཁྱེད་རང་རྣམས་ཀྱི་དཔྲལ་བར་ཐིམ། སྐུའི་བྱིན་རླབས་ཞུགས་པའི་མོས་པ་མཛོད། ཅེས་བརྗོད་ལ་རོལ་ཆེན་བྱ། སྐུའི་རྗེས་གནང་ངོ་། །དེ་ནས། སློབ་དཔོན་གྱི་མགྲིན་པའི་ཨཱཿལས་ཨཱ་ལི་ཀཱ་ལི་དང་སྔགས་འཕྲེང་དཔག་ཏུ་མེད་པ་བྱུང་། ཁྱེད་རང་རྣམས་ཀྱི་མགྲིན་པར་ཐིམ། རོལ་ཆེན་བྱ། སློབ་དཔོན་གྱི་ཐུགས་ཀ་ནས་འོད་ཟེར་འཕྲོས། མདུན་བསྐྱེད་ཀྱི་ཐུགས་རྒྱུད་བསྐུལ། ཐུགས་ཀར་ཉི་མའི་དཀྱིལ་འཁོར་གྱི་དབུས་སུ་ཧཱུྃ་ཡིག་གི་མཐར་སྔགས་འཕྲེང་གིས་བསྐོར་བ་ལས་སྔགས་འཕྲེང་གཉིས་པ་བྱུང་། ཞལ་ནས་ཐོན། ཁྱེད་རང་རྣམས་ཀྱི་ཞལ་དུ་ཞུགས། ཐུགས་ཀར་ཉི་མའི་དཀྱིལ་འཁོར་གྱི་དབུས་སུ་ཧཱུྃ་ཡིག་གི་མཐར་འཁོད་པའི་མོས་པ་མཛོད་བྱས་ལ། ཨཿཀཿསཿམཿརཿཙཿཤཿ དཿརཿསཿ(ཧ྅ཎ)མཿརཿཡཿཕཊཿ ཅེས་ལན་གསུམ་རྗེས་ཟློས་བྱར་གཞུག །དེ་ནས་སློབ་དཔོན་ལ་མེ་ཏོག་གཏོར་བཞིན་དུ་འདིའི་རྗེས་ཟློས་མཛོད་ཅིག །བཅོམ་ལྡན་བདག་གིས་བཟུང་ལགས་ཀྱི། །བདག་ལ་འགོ་བར་མཛད་དུ་གསོལ། །ཞེས་ལན་གསུམ། དེ་ལྟར་ཕུལ་བའི་མེ་ཏོག་དེ་ཉིད་སླར་ཡང་བྱིན་གྱིས་བརླབས་ཏེ། ཁྱེད་རང་རྣམས་ཀྱི་སྤྱི་བོར་ཕུལ་བའི་མོས་པ་མཛོད་ཅིག །སློབ་དཔོན་གྱིས་མེ་ཏོག་གཏོར་བཞིན་དུ། བཅོམ་ལྡན་འདི་ལ་ཞེས་སོགས་དང་། རིག་པ་འཛིན་པ་འདི་རྣམས་ལ་ཡེ་ཤེས་ཀྱི་མཁའ་འགྲོ་མ་སེངྒེའི་གདོང་པ་ཅན་གྱི་སྐུ་གསུང་ཐུགས་ཀྱི་བྱིན་རླབས་མ་ལུས་པ་འཇུག་པར་གྱུར་ཅིག །གསུང་གི་རྗེས་གནང་ངོ་། །དེ་ནས། སློབ་དཔོན་དང་མདུན་བསྐྱེད་ཀྱི་ཐུགས་ཀའི་ཧཱུྃ་ལས། གྲི་གུག་ཐོད་ཁྲག་ཁ་ཊྭཱཾ་རྩེ་གསུམ་ཅན་ཏེཙུ་ལ་སོགས་པའི་ཕྱག་མཚན་དཔག་ཏུ་མེད་པ་བྱུང་། ཁྱེད་རང་རྣམས་ཀྱི་སྙིང་གའི་ཧཱུྃ་ལ་ཐིམ། རོལ་ཆེན་བྱ། ཐུགས་ཀྱི་རྗེས་གནང་ངོ་། །སློབ་དཔོན་གྱི་གནས་གསུམ་ནས་ཡི་གེ་འབྲུ་གསུམ་དཔག་ཏུ་མེད་པ་སྤྲོས། ཁྱེད་རང་རྣམས་ཀྱི་

གནས་གསུམ་དུ་བསྟིམ། རོལ་ཆེན་བྱ། ཡོན་ཏན་གྱི་རྗེས་གནང་ངོ་། །དེ་རྣམས་བུམ་དབང་ལ་སོགས་པ་དབང་བཞིའི་དོན་ཡིན་ནོ། །ཞེས་ཀྱང་ངོ་སྤྲོད། དེ་ནས་གཏོར་མའི་བཀའ་བསྒོ་བ་ནི། གཏོར་མ་འདི་ཉིད་ཡེ་ཤེས་ཀྱི་མཁའ་འགྲོ་མ་སེངྒེའི་གདོང་པ་ཅན་མཁའ་འགྲོ་མ་བྱེ་བ་འབུམ་སྡེས་བསྐོར་བར་དངོས་སུ་བསྒོམ། དེ་ལ་(༢༤བ)མོས་གུས་དྲུང་བ་བྱས་པས། དེ་ཉིད་ཞུར་ཞུར་ཆེམ་ཆེམ་ཁྱེད་རང་གི་སྤྱི་བོར་ཐིམ། ཕྱི་ནང་གི་བར་ཆད་ཐམས་ཅད་སྲུང་བ་དང་། གནོད་བྱེད་བགེགས་དང་ལོག་འདྲེན། མཐུ་གཏད་སྦྱོར་བ་ངན་པ་བྱེད་པའི་བྱད་མ་ཐམས་ཅད་ཞལ་དུ་ཚེམ་ཚེམ་གསོལ་བར་མོས་ཤིག་བྱས་ལ། གཏོར་མ་དེ་རྣམས་སྤྱི་བོར་བཟུང་། རོལ་ཆེན་དང་བཅས་པའི་བཀའ་བསྒོ་དྲག་ཏུ་བྱའོ། །འཕྲིན་ལས་ཀྱི་རྗེས་གནང་ངོ་། །རྗེས་ཆོག་སྤྱི་དང་མཐུན་པར་བྱའོ། །

༄ སེང་གདོང་མ་དམར་མོ་ལ། སྐྱབས་འགྲོ་སེམས་བསྐྱེད་ཚད་མེད་བཞི་བསྒོམ་པ་སྔོན་དུ་བཏང་ནས། ཤཱུ་ནྱ་ཏཱས་སྟོང་པར་སྦྱངས། སྟོང་པའི་ངང་ལས་ཨེ་ལས་ཆོས་འབྱུང་མཐིང་ནག་ཡངས་ཤིང་རྒྱ་ཆེ་བའི་ནང་དུ་དུར་ཁྲོད་ཆེན་པོ་བརྒྱད། སྲུང་བའི་འཁོར་ལོ་ཡངས་ཤིང་རྒྱ་ཆེ་བའི་ནང་དུ་རང་སེམས་ཧྲཱིཿཡིག་དམར་པོ་ཡོངས་སུ་གྱུར་པ་ལས། རང་ཉིད་ཡེ་ཤེས་ཀྱི་མཁའ་འགྲོ་མ་སེངྒེའི་གདོང་པ་ཅན་སྐུ་མདོག་དམར་མོ་ཞལ་གཅིག་ཕྱག་གཉིས། གཡས་གྲི་གུག་གསེར་མདོག་ནམ་མཁའ་ལ་འཕྱར་བ། གཡོན་ཐོད་ཁྲག་ཐུགས་ཀར་འཛིན་པ། གྲུ་མོ་ན་ཁ་ཊྭཱཾ་ག་དང་བཅས་པ། སྤྱན་གསུམ། སྒྲ་སེར་གྱེན་དུ་བརྫེས་པ། ཐོད་སྐམ་ལྔའི་དབུ་རྒྱན་དང་རློན་པ་ལྔ་བཅུའི་དོ་ཤལ་བྱས་པ། སྟག་ལྤགས་ཀྱི་ཤམ་ཐབས་དང་། ཕྱག་རྒྱ་ལྔས་བརྒྱན་པ། པད་ཉི་རོ་ཏ་ཟོ་མོ་གན་རྐྱལ་དུ་བསྣོལ་བའི་སྟེང་དུ་ཞབས་གཡས་བསྐུམ་གཡོན་བརྐྱང་བས་ཡེ་ཤེས་ཀྱི་མེ་དཔུང་འབར་བའི་དབུས་ན་(༢༥ན)བཞུགས་པའོ། །དཔྲལ་བར་ཨོཾ། མགྲིན་པར་ཨཱཿ ཐུགས་ཀར་ཧཱུྃ་དང་ཧྲཱིཿ དེ་ལས་འོད་ཟེར་འཕྲོས། ཡེ་

ཞེས་སེམས་དཔའ་སྤྱན་དྲངས། ཨོཾ་སིདྡྷ་ཨ་ཁ་ཊ་ཀ་ཀྲི་བཛྲ་ས་མ་ཛཿཡཱཿ ཛཿཧཱུྃ་བཾ་ཧོཿ སླར་ཡང་འོད་ཟེར་འཕྲོས། དབང་གི་ལྷ་རིགས་ལྔ་བཛྲ་ས་མ་ཛཿདེ་བཞིན་གཤེགས་པ་ཐམས་ཅད་ཀྱིས་བདག་ལ་མངོན་པར་དབང་བསྐུར་དུ་གསོལ། ཞེས་གསོལ་བ་བཏབ་པས། ཨོཾ་བཛྲཱི་བྷ་བ་ཨ་བྷི་ཥིཉྩ་ཧཱུྃ། ཞེས་གསུངས་ཤིང་དབང་བསྐུར། རྣམ་པར་སྣང་མཛད་ཀྱིས་དབུ་བརྒྱན་པར་གྱུར་པར་བསམ། སྙིང་གར་པདྨ་དམར་པོ་འདབ་མ་བཅུ་བཞི་པའི་ལྟེ་བར་ཉི་མ་ལ་ཧྲཱིཿའདབ་མ་རྣམས་ལ་སྔགས་འཕྲེང་གཡས་སྐོར་དུ་འཁོད་པར་དམིགས་ལ། ཨཿཀཿསཿམཿརཿཙཿཤཿདཿརཿསཿམཿརཿཡཿཔཊཿ ཅེས་བཟླའོ། །ཨཱཿཧཱུྃ་ནས་ཤཱནྟའི་བར་གྱིས་མཆོད། སྐུ་མདོག་དམར་མོ་དགྱེས་པའི་ཉམས་ལྡན་མ། །བདེ་བའི་ཉམས་ལྡན་དགྱེས་པའི་འཛུམ་ལྡན་མ། །ཐར་པའི་ལམ་སྟོན་མཆོག་གི་དངོས་གྲུབ་སྟེར། །ཨུ་སྟེགས་ཚར་གཅོད་དྲག་སྔགས་འབྲུག་ལྟར་སྒྲོག །སྔགས་ཀྱི་ཡིག་འབྲུ་མཁའ་འགྲོ་དབང་དུ་སྡུད། །སངས་རྒྱས་བསྟན་སྲུང་དྲག་པོའི་སྤྱོད་པ་མཛད། །རྣལ་འབྱོར་བར་ཆད་བཟློག་ལ་རབ་བརྩོན་མ། །ཡེ་ཤེས་མཁའ་འགྲོ་མ་ལ་ཕྱག་འཚལ་བསྟོད། །ཅེས་བསྟོད། གཏོར་མ་བྱིན་རླབས་བསྡུས་པ་བླ་མེད་སྤྱི་དང་མཐུན་པ་ཞིག་བྱས་ལ། ཡཾ། ཞེས་འཁོར་བཅས་སྤྱན་དྲངས། ཨོཾ་སིདྡྷ་ཨ་(༢༥བ)ཁ་ཊ་ཀ་ཀྲི་པཉྩ་ཨ་མྲི་ཏ་ཁ་རཾ་ཁཱ་ཧི། ཨི་དཾ་བ་ལིཾ་ཏ་ཁ་རཾ་ཁཱ་ཧི། མནྟྲ་རཀྵ་ཁ་རཾ་ཁཱ་ཧི། ཞེས་པ་ལྔའམ་བདུན་གྱིས་ཕུལ། མཆོད་བསྟོད་འདོད་དོན་གསོལ་བ་བཏབ། བཛྲ་མུཿཞེས་གཤེགས་སུ་གསོལ། ༈ རྗེས་གནང་གི་བྱ་བ་ནི། ཆོས་འབྱུང་གྲུ་གསུམ་མཐིང་ནག་རེ་ཁ་དཀར་པོ་ཅན། དབུས་སུ་ཉི་གདན་ལ་ཚོམ་བུ་དམར་པོ་དགོད། མཐའ་རྫ་རྣ་མེ་རིས་ཟླུམ་བསྐོར་བྱ། ཁྲམས་ཟླ་གམ་རྟུལ་ཚོན་དམར་པོས་དགང་། དབུས་སུ་མཐིའི་སྙིང་དུ་དམར་གཏོར་གྲུ་གསུམ་རྒྱན་གྱིས་བརྒྱན་པ་བཞག །དེའི་མདུན་དུ་ཐྲི་གུག །གཡས་སུ་ཐོད་པ། རྒྱབ་ཏུ་ཊ་མ་རུ། གཡོན་དུ་ཕུར་བུ་རྣམས་བཀོད། མཐའ་མཆོད་གཏོར་གྱིས་བསྐོར། སྤྲོ་ན་བུམ་པའང་

འཆལ། བདག་བསྐྱེད་སྔོན་དུ་སོང་ནས། མདུན་བསྐྱེད་བསངས་སྦྱངས། ཤཱུ་ནྱ་ཏཱས་སྟོང་པར་སྦྱངས། སྟོང་པའི་ངང་ལས་ཨེ་ལས་ཆོས་འབྱུང་མཐིང་ནག་ཡངས་ཤིང་རྒྱ་ཆེ་བའི་ནང་དུ་དུར་ཁྲོད་ཆེན་པོ་བརྒྱད། སྲུང་བའི་འཁོར་ལོ་ཡངས་ཤིང་རྒྱ་ཆེ་བའི་ནང་དུ་ཧྲཱིཿཡིག་དམར་པོ་ཡོངས་སུ་གྱུར་པ་ལས། ཡེ་ཤེས་ཀྱི་མཁའ་འགྲོ་མ་སེངྒེའི་གདོང་པ་ཅན་ཞེས་པ་ནས། བཟླས་པའི་བར་བདག་བསྐྱེད་འདོན་པ་སྟེ། དེ་ནས་མཆོད་བསྟོད་བྱ། བུམ་པ་བཅས་ཡོད་ན། བུམ་པ་སྔགས་ཀྱི་ཡིག་འབྲུས་ཡོངས་སུ་གང་བར་གྱུར་པར་བསམ་ལ། སྔགས་ཅི་རིགས་པ་བཟླས་པའི་མཐར་ཡིག་འབྲུ་རྣམས་ཞུ་བ་ལས་བྱུང་བའི་དབང་གི་ཆུར་གྱུར། ཞེས་བརྗོད། གཏོར་མ་བྱིན་གྱིས་བརླབས་(༢༨ན)ཏེ། འབུལ་བ་ནས་འདོད་དོན་གསོལ་འདེབས་ཀྱི་བར་གོང་བཞིན་བྱ། ༈ སློབ་མས་མཎྜལ་ཕུལ། ཀུན་མཁྱེན་ཡེ་ཤེས་ནས། བློ་མཆོག་བདག་ལ་གནང་བར་མཛོད། །ཅེས་པའི་བར་ལན་གསུམ་གྱིས་གསོལ་བ་འདེབས་སུ་གཞུག །དཀོན་མཆོག་གསུམ་ལ་བདག་སྐྱབས་མཆི། །ཞེས་སོགས་མགུར་ནས་འབྱུང་བའི་རྒྱུན་བཤགས་བྱ། དངོས་གཞི་ནི། ཁྱེད་རང་རྣམས་དམིགས་པ་འདི་བཞིན་དུ་མཛོད། སློབ་དཔོན་གྱི་ཐུགས་ཀ་ནས་འོད་ཟེར་འཕྲོས། མདུན་བསྐྱེད་ཀྱི་ཐུགས་རྒྱུད་བསྐུལ། དེའི་འོད་ཀྱིས་སློབ་མའི་ལུས་སོགས་མ་དག་པའི་སྣང་བ་ཐམས་ཅད་སྦྱངས། ཤཱུ་ནྱ་ཏཱས་སྟོང་པར་སྦྱངས། སྟོང་པའི་ངང་ལས་ཨེ་ལས་ཆོས་འབྱུང་མཐིང་ནག་ཡངས་ཤིང་རྒྱ་ཆེ་བའི་ནང་དུ་དུར་ཁྲོད་ཆེན་པོ་བརྒྱད། སྲུང་བའི་འཁོར་ལོ་ཡངས་ཤིང་རྒྱ་ཆེ་བའི་ནང་དུ་ཁྱེད་རང་རྣམས་ཀྱི་སེམས་ཉིད་ཧྲཱིཿཡིག་དམར་པོ་ཡོངས་སུ་གྱུར་པ་ལས། ཁྱེད་རང་རྣམས་ཡེ་ཤེས་ཀྱི་མཁའ་འགྲོ་མ་སེངྒེའི་གདོང་པ་ཅན་སྐུ་མདོག་དམར་མོ་ཞལ་གཅིག་ཕྱག་གཉིས། གཡས་གྲི་གུག་གསེར་མདོག་ནམ་མཁར་འཕྱར་བ། གཡོན་ཐོད་ཁྲག་ཐུགས་ཀར་འཛིན་པ། གྲུ་མོ་ན་ཁ་ཊྭཱཾ་ག་དང་བཅས་པ། སྤྱན་གསུམ། སྐྲ་སེར་གྱེན་དུ་བརྫེས་པ། ཐོད་སྐམ་ལྔའི་དབུ་རྒྱན་དང་རློན་པ་ལྔ་བཅུའི་

དོ་ཤལ་བྱས་པ། སྣག་ལྷུགས་ཀྱི་ཤམ་ཐབས་དང་། ཕྱག་རྒྱ་ལྟས་བརྒྱན་པ། པད་ཉི་ཏྲུ་ཏྲ་ཕོ་མོ་གན་རྒྱལ་དུ་བསྣོལ་བའི་སྟེང་དུ་(༢༨བ)ཞབས་གཡས་བསྐུམ་གཡོན་བརྐྱང་པས་ཡེ་ཤེས་ཀྱི་མེ་དཔུང་འབར་བའི་དབུས་ན་བཞུགས་པའོ། །དཔྲལ་བར་ཨོཾ། མགྲིན་པར་ཨཱཿ ཐུགས་ཀར་ཧཱུྃ་གིས་མཚན་པར་གྱུར་པའི་མོས་པ་མཛོད། མདུན་གྱི་གཏོར་རྟེན་འདི་ཉིད་ཀྱང་ཁྱེད་རང་རྣམས་སྒོམ་པ་དང་འདྲ་བའི་མཁའ་འགྲོ་མ་སེངྒེའི་གདོང་པ་ཅན་སྐུ་མདོག་དམར་མོར་དངོས་སུ་བཞུགས་པར་མོས་ལ། སློབ་དཔོན་གྱི་ཐུགས་ཀའི་ས་བོན་ལས་འོད་ཟེར་འཕྲོས། ཨོ་རྒྱན་མཁའ་འགྲོའི་ཕོ་བྲང་ནས་མཁའ་འགྲོ་མ་སེངྒེའི་གདོང་པ་ཅན་འཁོར་དང་བཅས་པའི་སྐུ་ཆེ་ཆུང་དཔག་ཏུ་མེད་པ་ཕཻཾ་ཕཻཾ། ཞེས་འབར་བའི་ཕྱག་རྒྱ་བསྐོར་བས་སྤྱན་དྲངས། ཁྱེད་རང་རྣམས་ཀྱི་ལུས་ལ་ཆར་ཆེན་པོ་བབས་པ་བཞིན་དུ་སིབ་སིབ་ཐིམ་པའི་མོས་པ་མཛོད། ཛཿཧཱུྃ་བཾ་ཧོཿ ཞེས་བརྗོད་ལ་རོལ་མོས་བྱིན་འབེབས། དེ་ནས། སློབ་དཔོན་གྱི་ཐུགས་ཀའི་ས་བོན་ལས་འོད་ཟེར་འཕྲོས། དབང་གི་ལྷ་བརྫ་ས་མ་ཛཿ དེ་བཞིན་གཤེགས་པ་ཐམས་ཅད་ཀྱིས་སློབ་མ་འདི་རྣམས་ལ་མངོན་པར་དབང་བསྐུར་དུ་གསོལ། ཞེས་གསོལ་བ་བཏབ་པས། ཨོཾ་བཛྲ་ཨ་བྷི་ཥིཉྩ་ཧཱུྃ། ཞེས་གསུངས་ཤིང་དབང་བསྐུར་བས་ལུས་ཐམས་ཅད་གང་། དྲི་མ་ཐམས་ཅད་དག །ཆུའི་ལྷག་མ་ཡར་ལུད་པ་ལས་རྣམ་པར་སྣང་མཛད་ཀྱིས་དབུ་བརྒྱན་པར་མོས། བུམ་པ་བཅས་ནི་དབང་བསྐུར་བའི་ རྟགས་འདོན་པའི་སྐབས་སུ་བུམ་པ་སློབ་མའི་མགོ་ཐོག་ཏུ་བཞག་ནས་བུམ་ཆུ་སྦྱིན་ནོ། །དེ་དག་ནི་རྗེས་གནང་གི་གཞི་(༢༧ན)འགོད་པ་ཡིན། དེ་ནས་སློབ་དཔོན་གྱི་དཔྲལ་བའི་ཨོཾ་ལས། མཁའ་འགྲོ་མ་སེངྒེའི་གདོང་པ་ཅན་གྱི་སྐུ་དཔག་ཏུ་མེད་པ་བྱུང་། ཁྱེད་རང་རྣམས་ཀྱི་དཔྲལ་བར་ཐིམ། སྐུའི་བྱིན་རླབས་ཞུགས་པའི་མོས་པ་མཛོད། ཅེས་བརྗོད་ལ་རོལ་ཆེན་བྱ། སྐུའི་རྗེས་གནང་ངོ་། །དེ་ནས། སློབ་དཔོན་གྱི་མགྲིན་པའི་ཨཱཿལས་ཨཱ་ལི་ཀཱ་ལི་དང་སྔགས་འཕྲེང་དཔག་ཏུ་མེད་པ་

བྱུང་། ཁྱེད་རང་རྣམས་ཀྱི་མགྲིན་པར་ཐིམ། རོལ་ཆེན་བྱ། སློབ་དཔོན་གྱི་ཐུགས་ཀ་ནས་འོད་ཟེར་འཕྲོས། མདུན་བསྐྱེད་ཀྱི་ཐུགས་རྒྱུད་བསྐུལ། ཐུགས་ཀར་ཉི་མའི་དཀྱིལ་འཁོར་གྱི་དབུས་སུ་ཧྲཱིཿཡིག་གི་མཐར་སྔགས་འཕྲེང་གིས་བསྐོར་བ་ལས་སྔགས་འཕྲེང་གཉིས་པ་བྱུང་། ཞལ་ནས་ཐོན། ཁྱེད་རང་རྣམས་ཀྱི་ཞལ་དུ་ཞུགས། ཐུགས་ཀར་ཉི་མའི་དཀྱིལ་འཁོར་གྱི་དབུས་སུ་ཧྲཱིཿཡིག་གི་མཐར་འཁོད་པའི་མོས་པ་མཛོད་བྱས་ལ། ཨཿཀཿསཿམཿརཿཙཿཤཿདཿརཿསཿམཿརཿཡཿཕཊཿ ཅེས་ལན་གསུམ་རྗེས་ཟློས་བྱར་གཞུག །དེ་ནས། སློབ་དཔོན་ལ་མེ་ཏོག་གཏོར་བཞིན་དུ་འདིའི་རྗེས་ཟློས་མཛོད་ཅིག །བཅོམ་ལྡན་བདག་གིས་བཟུང་ལགས་ཀྱི། །བདག་ལ་འགོ་བར་མཛད་དུ་གསོལ། །ཞེས་ལན་གསུམ། དེ་ལྟར་ཕུལ་བའི་མེ་ཏོག་དེ་ཉིད་སླར་ཡང་བྱིན་གྱིས་བརླབས་ཏེ། ཁྱེད་རང་རྣམས་ཀྱི་སྤྱི་བོར་ཕུལ་བའི་མོས་པ་མཛོད་ཅིག །སློབ་དཔོན་གྱིས་མེ་ཏོག་གཏོར་བཞིན་དུ། བཅོམ་ལྡན་འདི་ལ་བསྐུལ་ལགས་ཀྱི། །འདི་ལ་འགོ་བར་མཛད་དུ་གསོལ། །སྔགས་(༢༧བ)ཀྱི་དངོས་གྲུབ་བསྐུལ་དུ་གསོལ། །བརྟུལ་ཞུགས་བརྟན་པར་མཛད་དུ་གསོལ། །རིག་པ་འཛིན་པ་འདི་རྣམས་ལ་ཡེ་ཤེས་ཀྱི་མཁའ་འགྲོ་མ་སེངྒེའི་གདོང་པ་ཅན་གྱི་སྐུ་གསུང་ཐུགས་ཀྱི་བྱིན་རླབས་མ་ལུས་པ་འཇུག་པར་གྱུར་ཅིག །གསུང་གི་རྗེས་གནང་ངོ་། །དེ་ནས། སློབ་དཔོན་དང་མདུན་བསྐྱེད་ཀྱི་ཐུགས་ཀའི་ཧཱུྃ་ལས། གྲི་གུག་ཐོད་ཁྲག་ཁ་ཊྭཱྃ་རྩེ་གསུམ་ཅན་ཏེའུ་ལ་སོགས་པའི་ཕྱག་མཚན་དཔག་ཏུ་མེད་པ་བྱུང་། ཁྱེད་རང་རྣམས་ཀྱི་སྙིང་གའི་ཧཱུྃ་ལ་ཐིམ། རོལ་ཆེན་བྱ། ཐུགས་ཀྱི་རྗེས་གནང་ངོ་། །སློབ་དཔོན་གྱི་གནས་གསུམ་ནས་ཡི་གེ་འབྲུ་གསུམ་དཔག་ཏུ་མེད་པ་སྤྲོས། ཁྱེད་རང་རྣམས་ཀྱི་གནས་གསུམ་དུ་བསྟིམ། རོལ་ཆེན་བྱ། ཡོན་ཏན་གྱི་རྗེས་གནང་ངོ་། །དེ་རྣམས་བུམ་དབང་ལ་སོགས་པ་དབང་བཞིའི་དོན་ཡིན་ནོ། །ཞེས་ཀྱང་ངོ་སྦྱད། དེ་ནས་གཏོར་མའི་བཀའ་བསྒོ་བ་ནི། གཏོར་མ་འདི་ཉིད་ཡེ་ཤེས་ཀྱི་མཁའ་འགྲོ་མ་སེངྒེའི་གདོང་པ་ཅན་མཁའ་འགྲོ་མ་བྱེ་

བ་འབུམ་སྡེས་བསྐོར་བར་དངོས་སུ་བསྒོམས། དེ་ལ་མོས་གུས་དྲུང་བ་བྱས་པས། དེ་ཉིད་ཞུར་ཞུར་ཆེམ་ཆེམ་ཁྱིད་རང་གི་སྤྱི་བོར་ཐིམ། ཕྱི་ནང་གི་བར་ཆད་ཐམས་ཅད་སྲུང་བ་དང་། གནོད་བྱེད་དགྲ་བགེགས་དང་ལོག་འདྲེན། མཐུ་གཏད་སྦྱོར་བ་ངན་པ་བྱེད་པའི་བྱད་མ་ཐམས་ཅད་ཞལ་དུ་ཚོམ་ཚོམ་གསོལ་བར་མོས་ཤིག་བྱས་ལ། གཏོར་མ་དེ་རྣམས་ཀྱི་སྤྱི་བོར་བཞག་ང་། རོལ་ཆེན་དང་བཅས་པའི་བཀའ་བསྒོ་དྲག་ཏུ་བྱའོ། །འཕྲིན་ལས་ཀྱི་རྗེས་གནང་ངོ་། །དེ་ནས། གྲི་གུག་གཏད་ལ། སྐལ་(༢༢ན)ལྡན་རིགས་ཀྱི་བུ་ཁྱོད་ལ། །སངས་རྒྱས་ཀུན་གྱིས་བྱིན་བརླབས་པ། །གྲི་གུག་མཚན་མའི་དབང་བསྐུར་བས། །ཞི་བའི་ལས་ཀྱི་དབང་ཐོབ་ཤོག །ཨོཾ་བཛྲ་ཤཱནྟིཾ་ཀུ་རུ་ཨ་ཧི་ཧི་ཧཱུྃ། ཐོད་པ་གཏད་དེ། སྐལ་ལྡན་རིགས་ཀྱི་བུ་ཁྱོད་ལ། །སངས་རྒྱས་ཀུན་གྱིས་བྱིན་བརླབས་པ། །བདུད་རྩི་ཐོད་པའི་དབང་བསྐུར་བས། །རྒྱས་པས་ལས་ཀྱི་དབང་ཐོབ་ཤོག །ཨོཾ་བཛྲ་པུཥྚིཾ་ཀུ་རུ་ཨ་ཧི་ཧི་ཧཱུྃ། ཌཱ་མ་རུ་འཁྲོལ་དུ་བཅུག་ལ། སྐལ་ལྡན་རིགས་ཀྱི་བུ་ཁྱོད་ལ། །སངས་རྒྱས་ཀུན་གྱིས་བྱིན་བརླབས་པ། །སྒྲ་སྙན་ཌེའུ་ཆུང་དབང་བསྐུར་བས། །དབང་གི་ལས་ཀྱི་དབང་ཐོབ་ཤོག །ཨོཾ་བཛྲ་ཝ་ཤཾ་ཀུ་རུ་ཨ་ཧི་ཧི་ཧཱུྃ། ཕུར་བུ་གཏད་ལ། སྐལ་ལྡན་རིགས་ཀྱི་བུ་ཁྱོད་ལ། །སངས་རྒྱས་ཀུན་གྱིས་བྱིན་བརླབས་པ། །འཕྲིན་ལས་ཕུར་བུའི་དབང་བསྐུར་བས། །དྲག་པོའི་ལས་ཀྱི་དབང་ཐོབ་ཤོག །ཨོཾ་བཛྲ་མ་ར་ཀུ་རུ་ཨ་ཧི་ཧི་ཧཱུྃ། རྗེས་ཀྱི་བྱ་བ་རྣམས་སྤྱི་དང་འདྲའོ། །

༄ སེང་གདོང་མ་དམར་མོའི་གསང་བའི་དབང་བསྐུར་བྱེད་པ་ལ། ཆོས་འབྱུང་གྲུ་གསུམ་མཐིང་ནག་རི་ཁ་དཀར་པོ་ཅན། དབུས་སུ་ཉི་གདན་ལ་ཚོམ་བུ་དམར་པོ་དགོད། མཐའ་ཇོ་ར་མེ་རིས་ཀླུམ་བསྐོར་བྱ། ཁྲམས་ཟླ་གམ་རྟུལ་ཚོན་དམར་པོས་དགང་། དབུས་སུ་མཉེའི་སྙིང་དུ་དམར་གཏོར་གྲུ་གསུམ་རྒྱན་གྱིས་བརྒྱན་པ་བཞག །དེའི་མདུན་དུ་གྲི་གུག །གཡས་སུ་ཐོད་པ། རྒྱབ་ཏུ་ཌཱ་མ་རུ། གཡོན་དུ་ཕུར་བུ་

རྣམས་བཀོད། མེ་ལོང་ལ་ཙནྡན་དམར་པོ་དང་། གི་(༢༤བ)ཝཾ་དང་རང་བྱུང་གཙང་མ་སྦྱར་བས་མཁའ་འགྲོ་སྡེ་ལྔའི་ས་བོན་འབྲི། ས་དམར་གྱི་མཚལ་ཆོས་འབྱུང་ས་བོན་སྔགས་འཕྲེང་དང་བཅས་པ་འབྲི། མཐའ་མཆོད་གཏོར་གྱིས་བསྐོར། བདག་བསྐྱེད་སྔར་བཤད་པ་བཞིན་སྔོན་དུ་བཏང་། མདུན་གྱི་བཅའ་གཞི་གཉིས་པ་བསངས་སྦྱངས་ནས་བདག་བསྐྱེད་འདོན་པ་སྤྱོས་ཏེ་སེང་གདོང་མ་དམར་མོར་བསྐྱེད། བཟླས་གཏོར་སོགས་དགྱེས་བཞིན་བྱས་ལ་སློབ་མའི་དོན་དུ་གསོལ་བ་གདབ། ༈ སློབ་མས་མཎྜལ་ཕུལ། ཀུན་མཁྱེན་ཡེ་ཤེས་ཞེས་སོགས་ཀྱིས་གསོལ་བ་གདབ། མདུན་གྱི་བཅའ་གཞི་འདི་གཉིས་ཀྱང་སེང་གདོང་མ་སྐུ་མདོག་དམར་མོ་ཞལ་གཅིག་ཕྱག་གཉིས་ཀྱིས་གྲི་གུག་དང་ཐོད་ཁྲག་འཛིན་པ་ཞིག་ཏུ་དངོས་སུ་བཞུགས་འདུག་སྙམ་པ་གྱིས་ལ། དེའི་སྟེང་གི་ནམ་མཁར་བཞུགས་པའི་སངས་རྒྱས་བྱང་སེམས་རྣམས་ཀྱི་སྤྱན་སྔར་དཀོན་མཆོག་གསུམ་ལ་བདག་སྐྱབས་མཆི་སོགས་རྒྱུན་བཤགས་བྱ། དངོས་གཞི་ལ། ཁྱེད་རང་རྣམས་ཀྱི་ལུས་གཞི་ལྷར་བསྐྱེད་པའི་མོས་པ་མཛོད། སློབ་དཔོན་དང་མདུན་བསྐྱེད་གཉིས་ཀའི་ཐུགས་ཀ་ནས་འོད་ཟེར་འཕྲོས། སློབ་མའི་ལུས་ལ་སོགས་པ་མ་དག་པའི་སྣང་བ་ཐམས་ཅད། ཤཱུ་ཉྱ་ཏཱས་སྟོང་པར་སྦྱངས། སྟོང་པའི་ངང་ལས་ཨེ་ལས་ཆོས་འབྱུང་མཐིང་ནག་ཡངས་ཤིང་རྒྱ་ཆེ་བའི་ནང་དུ་དུར་ཁྲོད་ཆེན་པོ་བརྒྱད། སྲུང་བའི་འཁོར་ལོ་ཡངས་ཤིང་རྒྱ་ཆེ་བའི་ནང་དུ་ཁྱེད་རང་རྣམས་ཀྱི་སེམས་ཉིད་ཧྲཱིཿཡིག་དམར་པོ་ཡོངས་སུ་གྱུར་(༢༥ན)པ་ལས། ཁྱེད་རང་རྣམས་ཡེ་ཤེས་ཀྱི་མཁའ་འགྲོ་མ་སེངྒེའི་གདོང་པ་ཅན་སྐུ་མདོག་དམར་མོ་ཞལ་གཅིག་ཕྱག་གཉིས། གཡས་ཀྱི་གྲི་གུག་གསེར་མདོག་ནམ་མཁར་འཕྱར་བ། གཡོན་ཐོད་ཁྲག་ཐུགས་ཀར་འཛིན་པ། གྲུ་མོ་ན་ཁ་ཊྭཱཾ་ག་དང་བཅས་པ། སྤྱན་གསུམ། སྤྲ་སེར་གྱེན་དུ་བརྫེས་པ། ཐོད་སྐམ་ལྔའི་དབུ་རྒྱན་དང་རློན་པ་ལྔ་བཅུའི་དོ་ཤལ་བྱས་པ། སྟག་ལྤགས་ཀྱི་ཤམ་ཐབས་དང་། ཕྱག་རྒྱ་ལྔས་བརྒྱན་པ། པད་ཉི་རུ་ཏྲ་ཕོ་མོ་གན་རྒྱལ་

དུ་བསྐོལ་བའི་སྟེང་དུ་ཞབས་གཡས་བསྐུམ་གཡོན་བརྐྱང་བས་ཡེ་ཤེས་ཀྱི་མེ་དཔུང་འབར་བའི་དབུས་ན་བཞུགས་པའོ། །དཔྲལ་བར་ཨོཾ། མགྲིན་པར་ཨཱཿ ཐུགས་ཀར་ཧཱུྃ་གིས་མཚན་པར་གྱུར་པའི་མོས་པ་མཛོད། མདུན་གྱི་གཏོར་རྟེན་འདི་ཉིད་ཀྱང་ཁྱེད་རང་རྣམས་བསྒོམ་པ་དང་འདྲ་བའི་མཁའ་འགྲོ་མ་སེང་གེའི་གདོང་པ་ཅན་སྐུ་མདོག་དམར་མོར་དངོས་སུ་བཞུགས་པར་མོས་ལ། སློབ་དཔོན་གྱི་ཐུགས་ཀའི་ས་བོན་ལས་འོད་ཟེར་འཕྲོས། ཨོ་རྒྱན་མཁའ་འགྲོའི་ཕོ་བྲང་ནས་མཁའ་འགྲོ་མ་སེང་གེའི་གདོང་པ་ཅན་འཁོར་དང་བཅས་པའི་སྐུ་ཆེ་ཆུང་དཔག་ཏུ་མེད་པ་ཛཿཛཿ ཞེས་འབར་བའི་ཕྱག་རྒྱ་བསྐོར་བས་སྤྱན་དྲངས། ཁྱེད་རང་རྣམས་ཀྱི་ལུས་ལ་ཆར་ཆེན་པོ་བབས་པ་བཞིན་དུ་སིབ་སིབ་ཐིམ་པའི་མོས་པ་མཛོད། ཛཿཧཱུྃ་བཾ་ཧོཿཞེས་བརྗོད་ལ། རོལ་མོས་བྱིན་འབེབས། དེ་ནས། སློབ་དཔོན་གྱི་ཐུགས་ཀའི་ས་བོན་(ཧཱུྃ་བ)ལས་འོད་ཟེར་འཕྲོས། དབང་གི་ལྷ་བཛྲ་ས་མ་ཛཿདེ་བཞིན་གཤེགས་པ་ཐམས་ཅད་ཀྱིས་སློབ་མ་འདི་རྣམས་ལ་མངོན་པར་དབང་བསྐུར་དུ་གསོལ། ཞེས་གསོལ་བ་བཏབ་པས། ཨོཾ་བཛྲ་ཀྲོ་དྷ་ཨ་བྷི་ཥིཉྩ་ཧཱུྃ། ཞེས་གསུངས་ཤིང་དབང་བསྐུར་བས། ལུས་ཐམས་ཅད་གང་། དྲི་མ་ཐམས་ཅད་དག །ཆུའི་ལྷག་མ་ཡར་ལུད་པ་ལས་རྣམ་པར་སྣང་མཛད་ཀྱིས་དབུ་བརྒྱན་པར་མོས། དེ་དག་ནི་རྗེས་གནང་གི་གཞི་འགོད་པ་ཡིན། དེ་ནས། སློབ་དཔོན་གྱི་དཔྲལ་བའི་ཨོཾ་ལས། མཁའ་འགྲོ་མ་སེང་གེའི་གདོང་པ་ཅན་གྱི་སྐུ་དཔག་ཏུ་མེད་པ་བྱུང་། ཁྱེད་རང་རྣམས་ཀྱི་དཔྲལ་བར་ཐིམ། སྐུའི་བྱིན་རླབས་ཞུགས་པའི་མོས་པ་མཛོད། ཅེས་བརྗོད་ལ་རོལ་ཆེན་བྱ། སྐུའི་རྗེས་གནང་ངོ་། །དེ་ནས། སློབ་དཔོན་གྱི་མགྲིན་པའི་ཨཱཿལས་ཨཱ་ལི་ཀཱ་ལི་དང་སྔགས་འཕྲེང་དཔག་ཏུ་མེད་པ་བྱུང་། ཁྱེད་རང་རྣམས་ཀྱི་མགྲིན་པར་ཐིམ། རོལ་ཆེན་བྱ། སློབ་དཔོན་གྱི་ཐུགས་ཀ་ནས་འོད་ཟེར་འཕྲོས། མདུན་བསྐྱེད་ཀྱི་ཐུགས་རྒྱུད་བསྐུལ། ཐུགས་ཀར་ཉི་མའི་དཀྱིལ་འཁོར་གྱི་དབུས་སུ་ཧཱུྃཿཡིག་གི་མཐར་སྔགས་འཕྲེང་གིས་བསྐོར་བ་ལས་

སྔགས་འཕྲེང་གཉིས་པ་བྱུང་། ཞལ་ནས་ཐོན། ཁྱེད་རང་རྣམས་ཀྱི་ཞལ་དུ་ཞུགས། ཐུགས་ཀར་ཉི་མའི་དཀྱིལ་འཁོར་གྱི་དབུས་སུ་ཧྲཱིཿཡིག་གི་མཐར་འཁོད་པའི་མོས་པ་མཛོད་བྱས་ལ། ཨཿཀཿསཿམཿརཿཙཿཤཿདཿརཿསཿམཿརཿཡཿཕཊཿ ཅེས་ལན་གསུམ་ཛེས་ཟློས་བྱར་གཞུག །དེ་ནས་སློབ་དཔོན་(༣༠ན)ལ་མེ་ཏོག་གཏོར་བཞིན་དུ་འདིའི་ཛེས་ཟློས་མཛོད་ཅིག །བཅོམ་ལྡན་བདག་གིས་བཟུང་ལགས་ཀྱི། །བདག་ལ་འགོ་བར་མཛད་དུ་གསོལ། །ཞེས་ལན་གསུམ། དེ་ལྟར་ཕུལ་བའི་མེ་ཏོག་དེ་ཉིད་སླར་ཡང་བྱིན་གྱིས་བརླབས་ཏེ། ཁྱེད་རང་རྣམས་ཀྱི་སྤྱི་བོར་ཕུལ་བའི་མོས་པ་མཛོད་ཅིག །སློབ་དཔོན་གྱིས་མེ་ཏོག་གཏོར་བཞིན་དུ། བཅོམ་ལྡན་འདི་ལ་ཞེས་སོགས་དང་། རིག་པ་འཛིན་པ་འདི་རྣམས་ལ་ཡེ་ཤེས་ཀྱི་མཁའ་འགྲོ་མ་སེངྒེའི་གདོང་པ་ཅན་གྱི་སྐུ་གསུང་ཐུགས་ཀྱི་བྱིན་རླབས་མ་ལུས་པ་འཇུག་པར་གྱུར་ཅིག །གསུང་གི་ཛེས་གནང་ངོ་། །དེ་ནས། སློབ་དཔོན་དང་མདུན་བསྐྱེད་ཀྱི་ཐུགས་ཀའི་ཧཱུཾ་ལས། གྲི་གུག་ཐོད་ཁྲག་ཁ་ཊྭཱཾ་ཛྙེ་གསུམ་ཅང་ཏེའུ་ལ་སོགས་པའི་ཕྱག་མཚན་དཔག་ཏུ་མེད་པ་བྱུང་། ཁྱེད་རང་རྣམས་ཀྱི་སྙིང་གའི་ཧཱུཾ་ལ་ཐིམ། རོལ་ཆེན་བྱ། ཐུགས་ཀྱི་ཛེས་གནང་ངོ་། །སློབ་དཔོན་གྱི་གནས་གསུམ་ནས་ཡི་གེ་འབྲུ་གསུམ་དཔག་ཏུ་མེད་པ་ཕྲོས། ཁྱེད་རང་རྣམས་ཀྱི་གནས་གསུམ་དུ་བསྟིམ། རོལ་ཆེན་བྱ། ཡོན་ཏན་གྱི་ཛེས་གནང་ངོ་། །དེ་རྣམས་བུམ་དབང་ལ་སོགས་པ་དབང་བཞིའི་དོན་ཡིན་ནོ། །ཞེས་ཀྱང་ངོ་སྤྲད། དེ་ནས་གཏོར་མའི་བཀའ་བསྒོ་བ་ནི། གཏོར་མ་འདི་ཉིད་ཡེ་ཤེས་ཀྱི་མཁའ་འགྲོ་མ་སེངྒེའི་གདོང་པ་ཅན་མཁའ་འགྲོ་མ་བྱེ་བ་འབུམ་ཕྲེས་བསྐོར་བར་དངོས་སུ་བསྒོམ། དེ་ལ་མོས་གུས་དྲུང་བ་བྱས་པས། དེ་ཉིད་འུར་འུར་ཆེམ་ཆེམ་ཁྱེད་རང་གི་སྤྱི་བོར་ཕྱིན། ཕྱི་ནང་གི་(༣༠བ)བར་ཆད་ཐམས་ཅད་སྲུང་བ་དང་། གནོད་བྱེད་བགེགས་དང་ལོག་འདྲེན། མཐུ་གཏད་སྦྱོར་བ་ངན་པ་བྱེད་པའི་བྱད་མ་ཐམས་ཅད་ཞལ་དུ་ཅོམ་ཅོམ་གསོལ་བར་མོས་ཤིག་བྱས་ལ། གཏོར་མ་དེ་རྣམས་ཀྱི་སྤྱི་བོར་

བཟུང་། རོལ་ཆེན་དང་བཅས་པའི་བཀའ་བསྒོ་དྲག་ཏུ་བྱའོ། །འཕྲིན་ལས་ཀྱི་རྗེས་གནང་ངོ་། །དེ་ནས། གྲི་གུག་གཏད་ལ། སྐལ་ལྡན་རིགས་ཀྱི་བུ་ཁྱོད་ལ། །སངས་རྒྱས་ཀུན་གྱིས་བྱིན་བརླབས་པ། །གྲི་གུག་མཚན་མའི་དབང་བསྐུར་བས། །ཞི་བའི་ལས་ཀྱི་དབང་ཐོབ་ཤོག །ཨོཾ་བཛྲ་ཤཱནྟིཾ་ཀུ་རུ་ཨ་ཧྲི་ཊཀྵ་ཧཱུཾ། ཐོད་པ་གཏད་དེ། སྐལ་ལྡན་རིགས་ཀྱི་བུ་ཁྱོད་ལ། །སངས་རྒྱས་ཀུན་གྱིས་བྱིན་བརླབས་པ། །བདུད་རྩི་ཐོད་པའི་དབང་བསྐུར་བས། །རྒྱས་པའི་ལས་ཀྱི་དབང་ཐོབ་ཤོག །ཨོཾ་བཛྲ་པུཥྚིཾ་ཀུ་རུ་ཨ་ཧྲི་ཊཀྵ་ཧཱུཾ། ཧཱ་མ་རུ་ཁྲོལ་དུ་བཅུག་ལ། སྐལ་ལྡན་རིགས་ཀྱི་བུ་ཁྱོད་ལ། །སངས་རྒྱས་ཀུན་གྱིས་བྱིན་བརླབས་པ། །སྲ་སྐན་ཛེའུ་ཚུང་དབང་བསྐུར་བས། །དབང་གི་ལས་ཀྱི་དབང་ཐོབ་ཤོག །ཨོཾ་བཛྲ་ཝ་ཤཾ་ཀུ་རུ་ཨ་ཧྲི་ཊཀྵ་ཧཱུཾ། ཕུར་བུ་གཏད་ལ། སྐལ་ལྡན་རིགས་ཀྱི་བུ་ཁྱོད་ལ། །སངས་རྒྱས་ཀུན་གྱིས་བྱིན་བརླབས་པ། །འཕྲིན་ལས་ཕུར་བུའི་དབང་བསྐུར་བས། །དྲག་པོའི་ལས་ཀྱི་དབང་ཐོབ་ཤོག །ཨོཾ་བཛྲ་མཱ་ར་ཀུ་རུ་ཨ་ཧྲི་ཊཀྵ་ཧཱུཾ། མེ་ལོང་གནས་ལྷར་གཏུགས་པའི་ཚེ། །མེ་ལོང་གི་སྙིང་གི་ས་བོན་ལས་མཁའ་འགྲོ་སྡེ་ལྔའི་ངོ་བོ་ས་བོན་གྱི་ཡི་གེ་རེ་ཚད་ནས་ཁྱེད་རང་རྣམས་ཀྱི་གནས་ལྔར་ཐིམ་པའི་མོས་པ་མཛོད། མཎྜལ་གྱི་ས་དམར་(༣༡ན)ནས་སློབ་དཔོན་གྱི་མཐེབ་སྲིན་གྱིས་བླངས་ཏེ། སྤྱི་བོར་ཐིག་ལེ་གཅིག་བྱས་པ་དེའི་ཚེ། རིགས་བདག་རྣམ་པར་སྣང་མཛད་བླ་མའི་ངོ་བོར་མོས། དཔྲལ་བར་ཐིག་ལེ་གཅིག་བྱས་པ་དེའི་ཚེ། ལུས་ལྷ་སྐུར་བསྒོམ་པ་ལ་དབང་བར་བྱས་བྱུང་སྙམ་པའི་མོས་པ་མཛོད། སྙིང་གར་ཐིག་ལེ་བཅུ་བཞི་བྱས་པའི་ཚེ། སྙིང་གའི་པདྨ་འདབ་མ་བཅུ་བཞི་པའི་སྙིང་དུ་གཟུངས་ཀྱི་ཡི་གེ་བཅུ་བཞི་འཁོད་པར་མོས། ལྟེ་བར་ཐིག་ལེ་ལྔ་བྱས་པ་དེའི་ཚེ། པདྨ་འདབ་མ་བཞི་པའི་དབུས་སུ་སངས་རྒྱས་མཁའ་འགྲོ་མ་དམར་མོ། ཤར་དུ་རྡོ་རྗེ་མཁའ་འགྲོ་མ་སྔོན་མོ། ལྷོར་རིན་ཆེན་མཁའ་འགྲོ་མ་སེར་མོ། ནུབ་ཏུ་པདྨ་མཁའ་འགྲོ་མ་དམར་མོ། བྱང་དུ་ལས་ཀྱི་མཁའ་འགྲོ་མ་ལྗང་གུ་ཐམས་ཅད་ཀྱང་

ཕྱག་གཡས་རང་རང་གི་ཕྱག་མཚན་དང་གཡོན་ཐམས་ཅད་དྲིལ་བུ་འཛིན་པ་རེ་རེ་གསལ་བཏབ། མེ་ལོང་གི་སྟེང་གི་ས་བོན་ལས་མཁའ་འགྲོ་སྡེ་ལྔའི་སྐུ་རེ་ཆད་ནས་ཁྱིད་རང་རྣམས་ཀྱི་ལྟེ་བའི་མཁའ་འགྲོ་སྡེ་ལྔ་ལ་ཐིམ་པའི་མོས་པ་མཛོད། མེ་ལོང་གི་ཡི་གེ་རྣམས་ནང་མཆོད་ཀྱིས་བཀྲུས་ལ་སྤྱི་བོར་བླུག །འཐུང་དུ་གཞུག །ཁྲུས་ཀྱང་བྱར་གཞུག་གོ། །མཇུག་ཆོག་སྤྱི་དང་འདྲ། འདི་བཀའ་གཉན་པར་བྱེད་པས་གང་ཐོད་ཐོད་དུ་མི་སྦྱིན་ནོ། །ཞེས་གསུངས་སོ། །

༄ འཇམ་དཔལ་ནཱ་ག་རཀྵ་ས་ལ། སྐྱབས་འགྲོ་སེམས་བསྐྱེད་ཚད་མེད་བཞི་བསྒོམ་པ་སྔོན་དུ་བཏང་ནས། རང་སེམས་ཕེ་ཡིག་ནག་པོ་ལས་ཕེ་ཡིག་དཔག(༣༧བ)ཏུ་མེད་པ་སྤྲོས། ཕེ་རཀྵ་ཀུ་ཏ་ཧཱུཾ། རིན་པོ་ཆེ་བཀྲམས་པའི་རྒྱ་མཚོར་སྤྲུལ་ལས་བྱས་པའི་གཞལ་ཡས་ཁང་གི་ནང་དུ་ས་བདག་ཀླུ་གཉན་སྟན་དུ་བཏིང་བའི་སྟེང་དུ། རང་ཉིད་རིག་པའི་རྒྱལ་པོ་ནཱ་ག་རཀྵ་ས་སྐུ་མདོག་ནག་པོ་དབུ་བཅུ་ཕྱག་བཅོ་བརྒྱད་པ། རྩ་ཞལ་སྲིན་པོའི་གདོང་ཤིན་ཏུ་ཁྲོས་པའམ། ཡང་ན་དབུ་དགུ་ཁྲོ་ཞལ་དུ་བྱས་ཀྱང་ལེགས། གང་ལྟར་ཡང་སྤྱལ་མགོ་དགུ་བར་སྣང་ཁམས་སུ་འཕྱོ་བ། སྤྲུལ་མགོ་དབུས་མའི་སྤྱི་བོར་རྒྱལ་བ་མི་བསྐྱོད་པ་བཞུགས་པ། ཕྱག་གཡས་བརྒྱད་ཀྱི་གུག་གམ་རལ་གྲི། གཡོན་བརྒྱད་སྦྲུལ་ཞགས་འཛིན་པ། དང་པོ་གཉིས་ཐུགས་ཀར་བསྣོལ་བར་བྱས་པའང་ཡོད། སྐུ་སྟོད་སྲིན་པོའི་ལུས་རི་རབ་ལ་རྒྱབ་བརྟེན་པ། སྐུ་སྨད་སྦྲུལ་མཇུག་རྒྱ་མཚོའི་གཏིང་དུ་འཁྱིལ་བ། ཞལ་ཐམས་ཅད་ནས་ཨིག་ཤའི་སྒྲ་སྒྲོག་པ། རལ་པ་སྤྲུགས་པ་ལས་སྦྲོག་ཆགས་གདུག་པའི་ཚ་ཚ་འཕྲོ་བ། ཀླུ་ཆེན་བརྒྱད་ཀྱིས་སྐུ་ལ་བརྒྱན་པ། ཀླུ་རིགས་ཐམས་ཅད་ཟས་སུ་ཟ་བ། གདོལ་པ་ནག་པོ་འོག་ཏུ་གནོན་པ། མེ་དཔུང་འབར་བའི་དབུས་ན་བཞུགས་པའོ། །སྙིང་གར་ཡེ་ཤེས་སེམས་དཔའ་སྤྲུལ་དཀར་པོ་འཁྱིལ་ཞིང་གདེངས་ཀ་བྱས་པའི་སྙིང་གར་ཉིད་དེ་འཛིན་སེམས་དཔའ་ཉི་མ་ལ་གནས་པའི་ཕེ་ནག་པོ་ལ་སྔགས་ཀྱིས་བསྐོར་བ་ལ་དམིགས་ནས། ཨོཾ་ཕེ་ལཾ་ཧཱུཾ། ཞེས

ཡིག་འབྲུ་བཞི་པ་བཟླ་ཞིང་། ནག་པོ་ཧི་པ་ཙ་ཎྜ་ག་རཀྵ་ཨོཾ་ཕེ་ཕཾ་ཧཱུཾ། ཞེས་པའི་དྲག་སྔགས་ཀྱང་ཅུང་ཟད་བཟླ། གཏོར་མ་(༣༢ན)འབྲུ་གསུམ་གྱིས་བྱིན་གྱིས་བརླབས་ནས། སྙིང་པོའི་མཐར། ཨི་དཾ་བ་ལིཾ་ཏ་ཁ་ཁ་ཁཱ་ཧི་ཁཱ་ཧི། བཏགས་ལ་ཕུལ། ༄ རྗེས་གནང་ནི། མཆེའི་སྙིང་དུ་དམར་གཏོར་ཟུར་གསུམ་དགོད། མདུན་དུ་ཧླུམ་གཏོར་དཀར་པོ། མཆོད་པ་རྣམས་བཤམས། བདག་བསྐྱེད་སྔོན་དུ་འགྲོ་བས། མདུན་བསྐྱེད་བསངས་སྦྱངས། ཕེ་ཡིག་ནག་པོ་ལས་ཕེ་ཡིག་དཔག་ཏུ་མེད་པ་སྤྲོས། ཕེ་རཀྵ་ཀུ་རུ་ཧཱུཾ། རིན་པོ་ཆེ་བཀྲམས་པའི་རྒྱ་མཚོར་སྤྲུལ་ལས་བྱུང་བའི་གཞལ་ཡས་ཁང་གི་ནང་དུ་ས་བདག་ཀླུ་གཉན་སྟན་དུ་བཏིང་བའི་སྟེང་དུ། རིག་པའི་རྒྱལ་པོ་ཎྜ་ག་རཀྵ་ས་སྐུ་མདོག་ནག་པོ། ཞེས་པ་ནས། བཟླས་པའི་བར་བདག་བསྐྱེད་དང་འདྲ། གཏོར་མ་བྱིན་གྱིས་བརླབས་ཏེ་འབུལ། འདོད་དོན་གསོལ་བ་བཏབ། ། ༄ སློབ་མའི་བྱ་བ་ནི་མཎྜལ་ཕུལ། གཏོར་མ་ལྷ་སྐུར་གསལ་བའི་སྤྲུལ་མགོ་དབུས་མའི་རིན་པོ་ཆེའི་ཕྲོག་ཞུའི་ནང་དུ། བླ་མ་རྡོ་རྗེ་འཆང་གི་རྣམ་པ་ཅན་བཞུགས་པར་མོས་ལ། བླ་མ་རིན་པོ་ཆེས་བདག་ལ་འཇམ་དཔལ་ཎྜ་ག་རཀྵ་སའི་རྗེས་སུ་གནང་བ་མ་ལུས་པ་བསྐུལ་དུ་གསོལ། ཞེས་ལན་གསུམ་གསོལ་བ་བཏབ། སློབ་དཔོན་གྱི་དཔྲལ་བའི་ཨོཾ་ལས་འོད་ཟེར་དཀར་པོ་བྱུང་། ཁྱེད་རང་རྣམས་ཀྱི་དཔྲལ་བར་ཐིམ་པར་མོས། བུམ་དབང་ངོ་། །དེ་བཞིན་དུ་སློབ་དཔོན་གྱི་མགྲིན་པའི་ཨཱཿལས་འོད་ཟེར་དམར་པོ་བྱུང་། ཁྱེད་རང་རྣམས་ཀྱི་མགྲིན་པར་ཐིམ། གསང་དབང་ངོ་། །སློབ་དཔོན་གྱི་(༣༢བ)ཐུགས་ཀའི་ཧཱུཾ་ལས་འོད་ཟེར་མཐིང་ག་བྱུང་། ཁྱེད་རང་རྣམས་ཀྱི་ཐུགས་ཀར་ཐིམ། ཤེར་དབང་ངོ་། །སློབ་དཔོན་གྱི་གནས་གསུམ་གྱི་ཡིག་འབྲུ་གསུམ་ལས་འོད་ཟེར་དཀར་དམར་མཐིང་གསུམ་བྱུང་། ཁྱེད་རང་རྣམས་ཀྱི་གནས་གསུམ་དུ་ཐིམ། དབང་བཞི་པའོ། །རིག་པའི་རྒྱལ་པོའི་དཔྲལ་བའི་ཨོཾ་ལས་འོད་ཟེར་དཀར་པོ་བྱུང་། ཁྱེད་རང་རྣམས་ཀྱི་དཔྲལ་བར་ཐིམ། བུམ་དབང་ངོ་། །རིག་པའི་རྒྱལ་པོའི་མགྲིན་

པའི་ཨཱཿལས་འོད་ཟེར་དམར་པོ་བྱུང་། ཁྱེད་རང་རྣམས་ཀྱི་མགྲིན་པར་ཐིམ། གསང་དབང་ངོ་། །རིག་པའི་རྒྱལ་པོའི་ཐུགས་ཀའི་ཧཱུྃ་ལས་འོད་ཟེར་མཐིང་ག་བྱུང་། ཁྱེད་རང་རྣམས་ཀྱི་ཐུགས་ཀར་ཐིམ། ཤེར་དབང་ངོ་། །རིག་པའི་རྒྱལ་པོའི་གནས་གསུམ་གྱི་འབྲུ་གསུམ་ལས་འོད་ཟེར་དཀར་དམར་མཐིང་གསུམ་བྱུང་། ཁྱེད་རང་རྣམས་ཀྱི་གནས་གསུམ་དུ་ཐིམ། དབང་བཞི་པའོ། །དེ་རྣམས་རེ་རེའི་མཚམས་སུ་སྤོས་དང་རོལ་མོ་བྱ། གཏོར་མ་སྤྱི་བོར་བཞག་པའི་ཚེ་ནཱ་ག་རཱ་ཛ་དངོས་སུ་སྤྱི་བོར་ཕྱིན་པར་མོས་ལ། རྡོ་རྗེ་འཆང་ནས་རྩ་བའི་བླ་མའི་བར། ཇི་ལྟར་བཀའ་བསྒོས་དམ་བཅས་དྲན་མཛོད་ལ། །སྐལ་ལྡན་བུ་ཡི་འགལ་རྐྱེན་ཀུན་སེལ་ཞིང་། །མཐུན་རྐྱེན་མཆོག་ཐུན་དངོས་གྲུབ་ཆར་ལྟར་ཕོབས། །ཛཿཧཱུྃ་བཾ་ཧོཿ ཞེས་བཀའ་བསྒོ་བྱ། དེ་ནས། ཁྱེད་རང་རྣམས་དམིགས་པ་འདི་བཞིན་དུ་མཛོད། ཁྱེད་རང་རྣམས་ཀྱི་སེམས་ཉིད་ཕེ་ཡིག་ནག་པོ་ལས་ཕེ་ཡིག་དཔག་ཏུ་མེད་པ་སྤྲོས། ཕེ་རཱ་ཀུ་ཏ་ཧཱུྃ། རིན་པོ་ཆེ་བཀྲམས་(༣༣ན)པའི་རྒྱ་མཚོར་སྤྲུལ་ལས་བྱས་པའི་གཞལ་ཡས་ཁང་གི་ནང་དུ་ས་བདག་ཀླུ་གཉན་སྟན་དུ་བཏིང་བའི་སྟེང་དུ། ཁྱེད་རང་རྣམས་རིག་པའི་རྒྱལ་པོ་ནཱ་ག་རཱ་ཛ་སྐུ་མདོག་ནག་པོ་དབུ་བཅུ་ཕྱག་བཅོ་བརྒྱད་པ། རྩ་ཞལ་སྲིན་པོའི་གདོང་ཤིན་ཏུ་ཁྲོས་པའམ། ཡང་ན་དབུ་དགུ་ཁྲོ་ཞལ་དུ་བྱས་ཀྱང་ལེགས། གང་ལྟར་ཡང་སྤྲུལ་མགོ་དགུ་བར་སྣང་ཁམས་སུ་འཕྱོ་བ། སྤྲུལ་མགོ་དབུས་མའི་སྤྱི་བོར་རྒྱལ་བ་མི་བསྐྱོད་པ་བཞུགས་པ། ཕྱག་གཡས་བརྒྱད་གྱི་གྲུག་གམ་རལ་གྲི། གཡོན་བརྒྱད་སྦྲུལ་ཞགས་འཛིན་པ། དང་པོ་གཉིས་ཐུགས་ཀར་བསྣོལ་བར་བྱས་པའང་ཡོད། སྐུ་སྟོད་སྲིན་པོའི་ལུས་རི་རབ་ལ་རྒྱབ་བརྟེན་པ། སྐུ་སྨད་སྤྲུལ་མཇུག་རྒྱ་མཚོའི་གཏིང་དུ་འཁྱིལ་བ། ཞལ་ཐམས་ཅད་ནས་ཨིག་ཤའི་སྒྲ་སྒྲོག་པ། རལ་པ་སྦྲུགས་པ་ལས་སྦྲོག་ཆགས་གདུག་པའི་ཚ་ཚ་འཕྲོ་བ། ཀླུ་ཆེན་བརྒྱད་ཀྱིས་སྐུ་ལ་བརྒྱན་པ། ཀླུ་རིགས་ཐམས་ཅད་ཟས་སུ་ཟ་བ། གདོལ་པ་ནག་པོ་འོག་ཏུ་གནོན་པ།

མི་དཔྱང་འབབ་བའི་དབུས་ན་བཞུགས་པའོ། །སྙིང་གར་ཡེ་ཤེས་སེམས་དཔའ་སྦྲུལ་དཀར་པོ་འཁྱིལ་ཞིང་གདེངས་ཀ་བྱས་པའི་སྙིང་གར་ཏིང་ངེ་འཛིན་སེམས་དཔའ་ཉི་མ་ལ་གནས་པའི་ཕེ་ནག་པོ་གསལ་བཏབ། དེ་ནས། སློབ་དཔོན་གྱི་ཐུགས་ཀ་ནས་འོད་ཟེར་འཕྲོས། མདུན་བསྐྱེད་ཀྱི་ཐུགས་རྒྱུད་བསྐུལ། ཐུགས་ཀར་ཉི་མའི་དཀྱིལ་འཁོར་གྱི་དབུས་སུ་ཕེ་ཡིག་གི་མཐར་སྔགས་(༣༣བ)འཕྲེང་གིས་བསྐོར་བ་ལས་སྔགས་འཕྲེང་གཉིས་པ་བྱུང་། ཞལ་ནས་ཐོན། ཁྱེད་རང་རྣམས་ཀྱི་ཞལ་དུ་ཞུགས། ཐུགས་ཀར་ཉི་མའི་དཀྱིལ་འཁོར་གྱི་དབུས་སུ་ཕེ་ཡིག་གི་མཐར་གཡས་སྐོར་དུ་འཁོད་པར་མོས་ལ། འདིའི་རྗེས་ཟློས་མཛོད། ཨོཾ་ཕེ་ལཾ་ཧཱུཾ། ཞེས་དང་། ནག་པོ་ཧེ་པ་ཙ་ནྟ་ག་རཀྵ་ཨོཾ་ཕེ་ལཾ་ཧཱུཾ། ཞེས་ལན་གསུམ་གསུམ་རྗེས་ཟློས་བྱེད་དུ་གཞུག །རྗེས་ཀྱི་བྱ་བ་སྤྱི་དང་འདྲའོ། །སྒྲུབ་ཐབས་རིན་ཆེན་འབྱུང་གནས་ཀྱི་ལྷན་ཐབས་རིན་འབྱུང་དོན་གསལ་ལས། སྣ་ཚོགས་པའི་ཕྱེའི་སྒྲུབ་ཐབས་བཤད་པའི་སྐབས་སོ། །

༄ སངས་རྒྱས་དཔའ་བོ་བདུན་ལ། སྐྱབས་འགྲོ་སེམས་བསྐྱེད་ཚད་མེད་བཞི་དང་བཅས་པ་སྔོན་དུ་འགྲོ་བས། ཤུ་ནྱ་ཏཱས་སྟོང་པར་སྦྱངས། སྟོང་པའི་ངང་ལས་གཞལ་མེད་ཁང་གི་དབུས་སུ། རིན་པོ་ཆེ་དང་པད་ཟླའི་གདན་དགུ་ལ་ཧཱུཾ་རེ་རེ་ཡོངས་སུ་གྱུར་པ་ལས། དབུས་སུ་རང་ཉིད་རྒྱལ་བ་ཤཱཀྱ་ཐུབ་པ་ཆོས་འཆད་ཀྱི་ཕྱག་རྒྱ་མཛད་པ། ཤར་དུ་སངས་རྒྱས་རྣམ་གཟིགས་ས་གནོན་དང་མཉམ་གཞག་མཛད་པ། བྱང་ཤར་དུ་སངས་རྒྱས་གཙུག་ཏོར་ཅན་མཆོག་སྦྱིན་མཉམ་གཞག །ཤར་ལྷོར་སངས་རྒྱས་ཐམས་ཅད་སྐྱོབ་སྐྱབས་སྦྱིན་མཉམ་གཞག །ནུབ་ཏུ་སངས་རྒྱས་འཁོར་བ་འཇིག་ཏིང་ངེ་འཛིན་གྱི་ཕྱག་རྒྱ་མཛད་པ། ལྷོ་ནུབ་ཏུ་སངས་རྒྱས་གསེར་ཐུབ་ཆོས་འཆད་མཉམ་གཞག །ནུབ་བྱང་དུ་སངས་རྒྱས་འོད་སྲུང་གཡས་མཆོག་སྦྱིན་དང་(༣༤ན)གཡོན་ཆོས་གོས་ཀྱི་གྲྭ་རི་དྭགས་ཀྱི་རྭ་བ་ལྟ་བུ་འཛིན་པ། ཐམས་ཅད་ཀྱང་གསེར་མདོག་མཚན་དཔེས་སྤྲས་པ། ན་བཟའ་ཆོས་གོས་རྣམ་གསུམ་གསོལ་ཞིང་། རྡོ

རྗེའི་སྐྱིལ་ཀྲུང་གིས་རང་རང་གི་བྱང་ཆུབ་ཤིང་དྲུང་དུ་བཞུགས་པ། ལྷོར་ཁྲོ་བོ་ཆེན་པོ་སྟོན་པོ་མཚན་ཁྱུང་དུ་རལ་གྲི་དང་ཞགས་པ་བཟུང་ཅིང་ཐལ་མོ་སྦྱར་བ། ཁྲོ་བོའི་ཆ་བྱད་རྫོགས་པའོ། །བྱང་དུ་ཕྱག་ན་རྡོ་རྗེ་ཞི་བ་ལྗང་གུ། གཡས་རྡོ་རྗེ་ཐུགས་ཀར་གཏོད་ཅིང་། གཡོན་གདན་ལ་བརྟེན་པ་རོལ་པས་བཞུགས་པ། དར་དང་རིན་པོ་ཆེས་བརྒྱན་པའོ། །སྒོ་བཞིར་ཤར་དུ་ཡུལ་འཁོར་སྲུང་། ལྷོར་འཕགས་སྐྱེས་པོ། ནུབ་ཏུ་སྤྱན་མི་བཟང་། བྱང་དུ་རྣམ་ཐོས་སྲས་དང་བཅས་པ་གསལ་བཏབ། གཙོ་བོའི་ཐུགས་ཀ་ནས་འོད་ཟེར་འཕྲོས། ཡེ་ཤེས་སེམས་དཔའ་འཁོར་དང་བཅས་པ་བཛྲ་ས་མ་ཛཿ ཛཿཧཱུྃ་བཾ་ཧོཿ ཐམས་ཅད་ཀྱི་དཔྲལ་བར་ཨོཾ། མགྲིན་པར་ཨཱཿ ཐུགས་ཀར་ཧཱུྃ། མཆོད་པ་བྱ་རྒྱུད་ལྟར་བྱིན་གྱིས་བརླབས། ཨརྒྷཾ་ནས་ཤབྡའི་བར་གྱིས་མཆོད། མགོན་པོ་ཐུགས་རྗེ་ཆེ་ལྡན་པ། །ཐམས་ཅད་མཁྱེན་པའི་སྟོན་པ་པོ། །བསོད་ནམས་ཡོན་ཏན་རྒྱ་མཚོའི་ཞིང་། །དེ་བཞིན་གཤེགས་ལ་ཕྱག་འཚལ་ལོ། །ཞེས་པས་བསྟོད། དཀར་གཏོར་ཞིག་སྔགས་དྲུག་གིས་བྱིན་གྱིས་བརླབས། དཀར་ཕྱོགས་ཀྱི་ལྷ་རྣམས་ཡིད་ཀྱིས་བཀུག་སྟེ། ཨ་ཀཱ་རོ་ལན་བཅུ་གཅིག་གིས་བསྔོས། སངས་རྒྱས་རྣམ་གཟིགས་མྱ་ངན་(༣༨བ)འཚང་ལ་གནས། །རྒྱལ་བ་གཙུག་ཏོར་པདྨ་དཀར་པོའི་དྲུང་། །ཐམས་ཅད་སྐྱོབ་པ་ས་ལའི་དྲུང་ན་གནས། །ཁྲམ་ཟེ་འཁོར་བ་འཇིག་ནི་ཤིརྵའི་དྲུང་། །སངས་རྒྱས་གསེར་ཐུབ་ཨུ་དུམ་ཝ་རའི་དྲུང་། །འོད་སྲུང་ནྱ་གྲོ་ད་ཡི་དྲུང་ན་གནས། །ཤཱཀྱ་ཐུབ་མཆོག་ཨ་ཤྭཏྠ་དྲུང་དུ། །ཕྱིས་ནས་བྱང་ཆུབ་ཐོབ་གྱུར་གཽ་ཏ་མ། །སངས་རྒྱས་རྗེ་འཕྲུལ་ཆེན་པོ་དེ་དག་ལ། །མངོན་པར་དད་པའི་ལྷ་གང་འཁོད་པ་དག །ལྷ་རྣམས་དེ་དག་ཡིད་དགའ་མགུ་གྱུར་ནས། །རྟག་ཏུ་དགེ་ཞིང་ཞི་བར་འགྱུར་བར་མཛོད། །ཅེས་བརྗོད་ལ། གཏོར་མ་དོར། གཙྪ་གཙྪ་སྭ་ཧཱ་ཕ་ཊཾ། ཞེས་མགྲོན་རྣམས་གཤེགས། ན་མཿསརྦ་ཏ་ཐཱ་ག་ཏ་ཧྲི་ད་ཡ། ཨ་ནུ་ག་ཏེ། ཨོཾ་ཀུ་རུཾ་གི་ནི་སྭཱཧཱ། ཞེས་པ་དེ་བཞིན་གཤེགས་པ་བདུན་གྱི་སྙིའི་སྔགས་ཅི་ནུས་བཟླའོ། །

༄ འདིའི་རིག་གཏད་བྱ་ཚུལ་ནི། བསྒོམ་བྱ་དང་མཐུན་པའི་དཀྱིལ་འཁོར་རས་བྲིས་རྟེན་ཚོན་སོགས་འགྲུབ་ན་རབ། མིན་ན་རྒྱ་གར་བའི་ལུགས་ཀྱི་མཏྲལ་མེ་ཏོག་གསར་པའི་ཚོམ་བུ་ཅན་བཤམས། བུམ་པ་གཙང་མ་བུམ་རྫས་ཀྱིས་གང་བ་གཉིས་གཡས་དང་གཡོན་དུ་བཤམས། མཆོད་གཏོར་ཡང་མང་དུ་བཞག་གོ། །བདག་བསྐྱེད་སྔོན་དུ་འགྲོ་བས། མཆོད་པ་སྤྱི་དང་མཐུན་པར་བྱིན་གྱིས་བརླབས། མདུན་བསྐྱེད་བསངས་སྦྱངས། སྟོང་པའི་ངང་ལས་གཞལ་མེད་ཁང་གི་དབུས་སུ། རིན་པོ་ཆེ་དང་པད་ཟླའི་གདན་དགུ་ལ་ཧཱུྃ་རེ་རེ་ཡོངས་སུ་གྱུར་པ་ལས། དབུས་སུ་རྒྱལ་བ་ཤཱཀྱ་ཐུབ་པ། ཞེས་པ་ནས། བརླས་པའི་(༣༥ན)བར་བདག་བསྐྱེད་ཀྱིས་རིགས་འགྲེ། དེ་ནས། བུམ་པ་གཉིས་བསངས་སྦྱངས། སྟོང་པའི་ངང་ལས་བུམ་པ་མཚན་ཉིད་ཐམས་ཅད་ཡོངས་སུ་རྫོགས་པའི་སྟེང་དུ་གཞལ་མེད་ཁང་གི་དབུས་སུ། རིན་པོ་ཆེ་དང་པད་ཟླའི་གདན་བདུན་ལ་ཧཱུྃ་རེ་རེ་ཡོངས་སུ་གྱུར་པ་ལས། དབུས་སུ་རྒྱལ་བ་ཤཱཀྱ་ཐུབ་པ། ཞེས་པ་ནས། རང་རང་གི་བྱང་ཆུབ་ཤིང་དྲུང་དུ་བཞུགས་པ། སྒོ་བཞིར་ཤར་དུ་ཡུལ་འཁོར་སྲུང་ནས་རྣམ་ཐོས་སྲས་དང་བཅས་པ་གཡས་ཀྱི་བུམ་པར་བསྐྱེད། གཡོན་གྱི་བུམ་པར། རིན་པོ་ཆེ་དང་པད་ཟླའི་གདན་གཉིས་ལ་ཧཱུྃ་རེ་རེ་ཡོངས་སུ་གྱུར་པ་ལས། ཁྲོ་བོ་ཆེན་པོ་སྔོན་པོ་མཆན་ཁུང་དུ་རལ་གྲི་དང་ཞགས་པ་བཅུག་ཅིང་ཐལ་མོ་སྦྱར་བ། ཁྲོ་བོའི་ཆ་བྱད་རྫོགས་པའོ། །ཕྱག་ན་རྡོ་རྗེ་ཞི་བ་ལྗང་གུ། གཡས་རྡོ་རྗེ་ཐུགས་ཀར་གཏོད་ཅིང་། གཡོན་གདན་ལ་བརྟེན་པ་རོལ་པས་བཞུགས་པ། དར་དང་རིན་པོ་ཆེས་བརྒྱན་པའོ། །རང་གི་ཐུགས་ཀ་ནས་འོད་ཟེར་འཕྲོས། ཡེ་ཤེས་སེམས་དཔའ་འཁོར་དང་བཅས་པ་བཛྲ་ས་མ་ཛཿ ཛཿཧཱུྃ་བཾ་ཧོཿ ཐམས་ཅད་ཀྱི་དཔྲལ་བར་ཨོཾ། མགྲིན་པར་ཨཱཿ ཐུགས་ཀར་ཧཱུྃ་གིས་མཚན་པ་ལས། མཆོད་བསྟོད་སོགས་གོང་བཞིན་བྱ། ལྷ་རྣམས་ཀྱི་སྐུ་ལས་བྱུང་བའི་བདུད་རྩིས་བུམ་པ་གང་བར་མོས་ལ། དེ་བཞིན་གཤེགས་པ་བདུན་གྱི་སྤྱིའི་སྔགས་བཟླ།

གཡོན་གྱི་བུམ་པ་ལ་དམིགས་ཏེ། ཨོཾ་བི་ཀྲི་ཏ་དཾ་ཥྚེ། ཨ་མོ་གྷ་ས་མ་ཡེ། ཨ་ཧྲི་ཊི་ཥྛ་མཾ། སརྦ་བིཏྡ་ཨ་མོ་གྷ། ཨ་(༣༥བ)ཧྲི་ཊི་ཀཻ། ཧཱུྃ་མི་ལི་མི་ལི་སྭཱཧཱ། ཞེས་བཟླའོ། །མཆོད་བསྟོད་བྱས་ལ། བུམ་པའི་ལྷའི་ཡེ་ཤེས་པ་རྣམས་རང་བཞིན་གྱི་གནས་སུ་གཤེགས། དམ་ཚིག་པ་རྣམས་འོད་དུ་ཞུ་ནས་བུམ་པའི་ཆུ་དང་རོ་གཅིག་ཏུ་གྱུར་པར་བསམ་མོ། ། ༔ སློབ་མས་མཎྜལ་ཕུལ་ཏེ། སློབ་དཔོན་གྱིས་བདག་ལ་རིག་སྔགས་དམ་པ་བསྐུལ་དུ་གསོལ། ཞེས་ལན་གསུམ་གསོལ་བ་བཏབ། དཀོན་མཆོག་གསུམ་ལ་བདག་སྐྱབས་མཆི། །ཞེས་སོགས་ཀྱིས་ཡན་ལག་བདུན་པ་བྱ། སྔགས་ཀྱི་ཆེ་བ་མང་དུ་བརྗོད། བགེགས་རྣམས་ལ་གཏོར་མ་བྱིན་ཏེ་ཕྱིར་བསྐྲད། མདུན་གྱི་དཀྱིལ་འཁོར་གྱི་རྣམ་པ་སྒོམ་དུ་བཅུག །ཨོཾ་བི་ཀྲི་ཏ་དཾ་ཥྚེ། ཨ་མོ་གྷ་ས་མ་ཡེ། ཨ་ཧྲི་ཊི་ཥྛ་མཾ། སརྦ་བིཏྡ་ཨ་མོ་གྷ། ཨ་ཧྲི་ཊི་ཀཻ། ཧཱུྃ་མི་ལི་མི་ལི་སྭཱཧཱ། ཨ་ཧྲི་ཊི་ཥྛ། ཞེས་གཡོན་གྱི་བུམ་པས་དབང་བསྐུར། བཀྲུ་བྱབས་སྲུང་གསུམ་བྱ་བ་ནི། ཨོཾ་བི་ཀྲི་ཏ་དཾ་ཥྚེ། ཨ་མོ་གྷ་ས་མ་ཡེ། ཨ་ཧྲི་ཊི་ཥྛ་མཾ། སརྦ་བིཏྡ་ཨ་མོ་གྷ། ཨ་ཧྲི་ཊི་ཀཻ། ཧཱུྃ་མི་ལི་མི་ལི་སྭཱཧཱ། སརྦ་པཱ་པཾ་ཤཱནྟིཾ་ཀུ་རུ་སྭཱཧཱ། དེ་བཞིན་དུ་སྦྱར་ཏེ། སརྦ་བིགྷྣན། སརྦ་རོ་ག། སརྦ་དུཥྚཾ། བཛྲ་ཛྭ་རེ། སརྦ་ཨུ་པ་དྲ་བ། སརྦ་ཨ་ཀ་ལ་མྲྀ་ཏྱུ། སརྦ་དུར་སོབ་ནི། སརྦ་དུར་མི་ཏེ། སརྦ་ཙིནྟ་ཀུ་ལེ་བྷྱཿཤཱནྟིཾ་ཀུ་རུ་སྭཱཧཱ། ཞེས་བུམ་པའི་ཆུས་སློབ་མར་ཁྲུས་བྱས་ཤིང་། མཐར་ཁ་བཤལ་ལོ། །དེ་བཞིན་དུ་རྫ་བྱའི་མདོངས་སོགས་ཀྱིས་བྱབས་ཏེ། ཤཱནྟིཾ་ཀུ་རུ་སྭཱཧཱའི་དོད་དུ་ཨ་པ་ན་ཡེ་སྭཱཧཱ། ཞེས་བརྗོད། བཀྲུས་པའི་ཆུ་དོར། དེ་ནས་སྲུང་བ་བྱ་བ་ནི། ར་རེའི་མཐར་རཀྵ་(༣༦ན)རཀྵ་ཞེས་བརྗོད་ཅིང་། སྤྱི་བོ། སྙིང་ག །སོག་ཐྲག །དཔུང་པ་གཡས་གཡོན། དཔྱི་གཡས་གཡོན་རྣམས་ལ་རྡོ་རྗེ་རྒྱ་གྲམ་དུ་བཞག་ནས། མཐར་རྒྱལ་བ་སྲས་བཅས་བདེན་པའི་བྱིན་རླབས་དང་། སངས་རྒྱས་དཔའ་བོ་བདུན་གྱི་བྱིན་རླབས་ཀྱིས། །སློབ་མ་འདི་ལ་བདག་གིས་སྲུང་ཟིན་གྱི། །འདི་ལ་སུས་ཀྱང་གནོད་པ་མ་བྱེད་ཅིག །ཅེས་བརྗོད་ལ། མེ་ཏོག་གཏོར།

དེ་ནས། གཞལ་ཡས་ཁང་གི་ཤར་སྒོའི་ནང་དུ་འདུག་པར་མོས་སུ་བཅུག་ལ། ན་མཿསརྦ་ཏ་ཐཱ་ག་ཏ་ཧྲི་ད་ཡ། ཨ་ནུ་ག་ཏེ། ཨོཾ་ཀུ་རུཾ་གི་ཎི་སྭཱཧཱ། ཨ་ཧྲི་ཁྀ་ཧཱུཾ། ཞེས་བརྗོད་ལ། བྱམས་པ་གཙོ་བོ་དེས་དབང་བསྐུར་ཞིང་། སྒྲོན་ན་སོ་སོའི་མཚན་སྔགས་ཀྱིས་ཀྱང་བསྐུར་རོ། །དེ་ལ་མཚན་སྔགས་ནི། ཨོཾ་ན་མོ་བི་པ་ཤྱི་ཏ་ཐཱ་ག་ཏཱ་ཡ་སྭཱཧཱ། ཨོཾ་ན་མཿཤི་ཁི་ནེ་ཏ་ཐཱ་ག་ཏཱ་ཡ་སྭཱཧཱ། ཨོཾ་ན་མོ་བི་ཤྭ་བྷུ་ཛེ་ཏ་ཐཱ་ག་ཏཱ་ཡ་སྭཱཧཱ། ཨོཾ་ན་མཿཀྲ་ཀུ་ཏ་ཚནྡེ་ཏ་ཐཱ་ག་ཏཱ་ཡ་སྭཱཧཱ། ཨོཾ་ན་མོ་ན་ག་ན་ག་མུ་ནེ་ཡེ་ཏ་ཐཱ་ག་ཏཱ་ཡ་སྭཱཧཱ། ཨོཾ་ན་མཿཀཱ་ཤྱ་པ་ཏ་ཐཱ་ག་ཏཱ་ཡ་སྭཱཧཱ། ཨོཾ་ན་མཿཤཱཀྱ་མུ་ནེ་ཡེ་ཏ་ཐཱ་ག་ཏཱ་ཡ་སྭཱཧཱ། ཞེས་པ་རྣམས་ཡིན་ནོ། །ཏདྱ་ཐཱ། ཨོཾ་མུ་ནེ་མུ་ནེ་མཧཱ་མུ་ན་ཡེ་སྭཱཧཱ། ཞེས་པའང་བཟློའོ། །དེ་ནས། ཁྱེད་རང་རྣམས་དམིགས་པ་འདི་བཞིན་དུ་མཛོད། ཨོཾ་ཤཱུ་ནྱ་ཏཱ་ཛྙཱ་ན་བཛྲ་སྭ་བྷཱ་ཝ་ཨཱཏྨ་ཀོ྅ཧཾ། ཕྱི་ནང་གི་དངོས་པོ་ཐམས་ཅད་མི་དམིགས་པ་སྟོང་པ་ཉིད་དུ་གྱུར། སྟོང་པའི་ངང་ལས་གཞལ་མེད་ཁང་གི་དབུས་སུ། རིན་པོ་ཆེ་དང་པད་ཟླའི་གདན་དགུ་ལ་ཧཱུཾ་རེ་རེ་ཡོངས་སུ་གྱུར་པ་ལས། དབུས་སུ་ཁྱེད་རང་རྣམས་རྒྱལ་བ་ཤཱཀྱ་ཐུབ་པ་ཆོས་འཆད་ཀྱི་ཕྱག་རྒྱ་མཛད་པ། ཤར་དུ་སངས་རྒྱས་རྣམ་གཟིགས་ས་གནོན་དང་མཉམ་གཞག་མཛད་པ། (༣༨བ)བྱང་ཤར་དུ་སངས་རྒྱས་གཙུག་ཏོར་ཅན་མཆོག་སྦྱིན་མཉམ་གཞག །ཤར་ལྷོར་སངས་རྒྱས་ཐམས་ཅད་སྐྱོབ་སྐྱབས་སྦྱིན་མཉམ་གཞག །ནུབ་ཏུ་སངས་རྒྱས་འཁོར་བ་འཇིག་ཏིང་ངེ་འཛིན་གྱི་ཕྱག་རྒྱ་མཛད་པ། ལྷོ་ནུབ་ཏུ་སངས་རྒྱས་གསེར་ཐུབ་ཆོས་འཆད་མཉམ་གཞག །ནུབ་བྱང་དུ་སངས་རྒྱས་འོད་སྲུང་གཡས་མཆོག་སྦྱིན་དང་གཡོན་ཆོས་གོས་ཀྱི་གྲྭ་རི་དྭགས་ཀྱི་རྣ་བ་ལྟ་བུ་འཛིན་པ། ཐམས་ཅད་ཀྱང་གསེར་མདོག་མཚན་དཔེས་སྤྲས་པ། ན་བཟའ་ཆོས་གོས་རྣམ་གསུམ་གསོལ་ཞིང་། རྡོ་རྗེའི་སྐྱིལ་ཀྲུང་གིས་རང་རང་གི་བྱང་ཆུབ་ཤིང་དྲུང་དུ་བཞུགས་པ། ལྷོར་ཁྲོ་བོ་ཆེན་པོ་སྔོན་པོ་མཆན་ཁུང་དུ་རལ་གྲི་དང་ཞགས་པ་བཅུག་ཅིང་ཐལ་མོ་སྦྱར་བ། ཁྲོ་བོའི་ཆ་བྱད་རྫོགས་པའོ། །བྱང་

དུ་ཕྱག་ན་རྡོ་རྗེ་ཞི་བ་ལྷུང་གྱུ། གཡས་རྡོ་རྗེ་ཐུགས་ཀར་གཏོད་ཅིང་། གཡོན་གདན་ལ་བརྟེན་པ་རོལ་པས་བཞུགས་པ། དར་དང་རིན་པོ་ཆེས་བརྒྱན་པའོ། །སྒོ་བཞིར་ཤར་དུ་ཡུལ་འཁོར་སྲུང་། ལྷོར་འཕགས་སྐྱེས་པོ། ནུབ་ཏུ་སྤྱན་མི་བཟང་། བྱང་དུ་རྣམ་ཐོས་སྲས་དང་བཅས་པ་གསལ་གདབ། སློབ་དཔོན་གྱི་ཐུགས་ཀ་ནས་འོད་ཟེར་འཕྲོས། མདུན་བསྐྱེད་དང་ཕྱོགས་བཅུའི་སངས་རྒྱས་ཐམས་ཅད་ཀྱི་ཐུགས་རྒྱུད་བསྐུལ། ཐུགས་ཀ་ནས་བདེ་གཤེགས་བདུན་འཁོར་དང་བཅས་པའི་སྐུ་ཆེ་ཆུང་དཔག་ཏུ་མེད་པ་སྤྱན་དྲངས། ཁྱེད་རང་རྣམས་ཀྱི་ལུས་ལ་ཆར་ཆེན་པོ་བབས་པ་བཞིན་དུ་སིབ་སིབ་ཐིམ་པའི་མོས་པ་མཛོད། ཛཿཧཱུཾ་བཾ་ཧོཿ ཞེས་བརྗོད། དེ་ནས་སློབ་དཔོན་གྱི་ཐུགས་ཀ་ནས་འོད་ཟེར་འཕྲོས། མདུན་བསྐྱེད་ཀྱི་ལྷའི་ཐུགས་རྒྱུད་བསྐུལ། ཐུགས་(༣༧ན)ཀར་ཟླ་བའི་སྟེང་དུ་ཧཱུཾ་ཡིག་གི་མཐར་སྔགས་འཕྲེང་གིས་བསྐོར་བ་ལས་མར་མེ་གཅིག་ལས་གཉིས་ཆད་ཀྱི་ཚུལ་དུ་བྱུང་། ཞལ་ནས་ཐོན། ཁྱེད་རང་རྣམས་ཀྱི་ཞལ་དུ་ཞུགས། ཐུགས་ཀར་ཟླ་བའི་དཀྱིལ་འཁོར་གྱི་དབུས་སུ་ཧཱུཾ་ཡིག་གི་མཐར་གཡས་སྐོར་དུ་འཁོད་པར་མོས་ལ། འདིའི་རྗེས་ཟློས་ཀྱིས་བྱས་ལ། ན་མཿསརྦ་ཏ་ཐཱ་ག་ཏ་ཧྲི་ད་ཡ། ཨ་ནུ་ག་ཏེ། ཨོཾ་ཀུ་རུཾ་གི་ནི་སྭཱ་ཧཱ། ལན་གསུམ་རྗེས་ཟློས་བྱར་གཞུག །རྗེས་ཀྱི་བྱ་བ་རྣམས་སྤྱི་དང་འདྲའོ། །

༄ འོད་དཔག་མེད་ལ། སྐུ་གཟུགས་ཀྱི་མདུན་དུ་མཆོད་པ་བཤམས། སྐྱབས་འགྲོ་སེམས་བསྐྱེད་སྔོན་དུ་འགྲོ་བས། ཤཱུ་ནྱ་ཏཱས་སྟོང་པར་སྦྱངས། སྟོང་པའི་ངང་ལས་རང་གི་སྙིང་གར་ཧྲཱིཿཡིག་དམར་པོ་ཡོངས་སུ་གྱུར་པ་ལས། རང་ཉིད་རྒྱལ་བ་འོད་དཔག་མེད་སྐུ་མདོག་དམར་པོ་ཕྱག་གཉིས་མཉམ་གཞག་གི་ཕྱག་རྒྱ་མཛད་པ། ཞབས་རྡོ་རྗེ་སྐྱིལ་མོ་ཀྲུང་གིས་བཞུགས་པ། ན་བཟའ་ཆོས་གོས་རྣམ་གསུམ་གསོལ་བ། ཚངས་པར་སྤྱོད་པའི་ཆ་ལུགས་ཅན། མཚན་དང་དཔེ་བྱད་ཡོངས་སུ་རྫོགས་པའོ། །ཡེ་ཤེས་སེམས་དཔའ་བཛྲ་ས་མ་ཛཿ ཛཿཧཱུཾ་བཾ་ཧོཿ དཔྲལ་བར་ཨོཾ། མགྲིན་

པར་ཨཱཿ ཐུགས་ཀར་ཧཱུྃ། ཐུགས་ཀར་ཧྲཱིཿཡིག་གི་མཐར་སྔགས་འཕྲེང་དམིགས་ལ། ཨོཾ་ཨ་མྲི་ཏ་པྲ་བྷེ་ཨ་མྲི་ཏ་ཧཱུྃ། ཞེས་ཅི་ནུས་བཟླ། མཇུག་ཏུ་དགེ་བ་བསྔོ། འདི་ལ་གཏོར་ཆོག་མི་དགོས། སློབ་མ་ལ་འང་བཟླས་ལུང་ཙམ་གྱིས་འགྲུབ། ཅེས་གསུངས་པ་ལྟར་རོ། །

༈ འདིའི་བཟླས་ལུང་བྱ་ཚུལ་ནི། སློབ་མས་མཎྜལ་ཕུལ། གསོལ་བ་འདེབས་པ་འདིའི་རྗེས་ཟློས་མཛོད། སློབ་དཔོན་གྱིས་བདག་ལ་རིག་སྔགས་(༣༧བ) དམ་པ་བསྩལ་དུ་གསོལ། ལན་གསུམ། སངས་རྒྱས་ཆོས་དང་ཚོགས་ཀྱི་མཆོག་བཅས་ལ། །ཞེས་སོགས་ལན་གསུམ། སློབ་མ་རྣམས། ཤཱུ་ནྱ་ཏཱས་སྟོང་པར་སྦྱངས། སྟོང་པའི་ངང་ལས་ཁྱེད་རང་རྣམས་ཀྱི་སྙིང་གར་ཧྲཱིཿཡིག་དམར་པོ་ཡོངས་སུ་གྱུར་པ་ལས། ཁྱེད་རང་རྣམས་རྒྱལ་བ་འོད་དཔག་མེད་སྐུ་མདོག་དམར་པོ་ཕྱག་གཉིས་མཉམ་གཞག་གི་ཕྱག་རྒྱ་མཛད་པ། ཞབས་རྡོ་རྗེའི་སྐྱིལ་མོ་ཀྲུང་གིས་བཞུགས་པ། ན་བཟའ་ཆོས་གོས་རྣམ་གསུམ་གསོལ་བ། ཚངས་པར་སྤྱོད་པའི་ཆ་ལུགས་ཅན། མཚན་དང་དཔེ་བྱད་ཡོངས་སུ་རྫོགས་པའོ། །སློབ་དཔོན་གྱི་ཐུགས་ཀ་ནས་འོད་ཟེར་འཕྲོས། ཡེ་ཤེས་སེམས་དཔའ་བཛྲ་ས་མ་ཛཿ ཛཿཧཱུྃ་བཾ་ཧོཿ གཉིས་སུ་མེད་པར་ཐིམ། དཔྲལ་བར་ཨོཾ། མགྲིན་པར་ཨཱཿ ཐུགས་ཀར་ཧཱུྃ་གིས་མཚན་པར་གྱུར་པའི་མོས་པ་མཛོད། དེ་ནས། སློབ་དཔོན་འོད་དཔག་མེད་དུ་གསལ་བའི་ཐུགས་ཀར་ཟླ་བའི་དཀྱིལ་འཁོར་གྱི་དབུས་སུ་ཧྲཱིཿཡིག་གི་མཐར་སྔགས་འཕྲེང་གིས་བསྐོར་བ་ལས་སྔགས་འཕྲེང་གཉིས་པ་བྱུང་། ཞལ་ནས་ཐོན། ཁྱེད་རང་རྣམས་ཀྱི་ཞལ་དུ་ཞུགས། ཐུགས་ཀར་ཟླ་བའི་དཀྱིལ་འཁོར་གྱི་དབུས་སུ་ཧྲཱིཿཡིག་གི་མཐར་འཁོད་པའི་མོས་པ་མཛོད་བྱས་ལ། ཨོཾ་ཨ་མྲི་ཏ་པྲ་བྷེ་ཨ་མྲི་ཏ་ཧཱུྃ། ཞེས་ལན་གསུམ་རྗེས་ཟློས་བྱེད་དུ་གཞུག ། དབང་མ་ཐོབ་པ་ལ་བཟླས་ལུང་བྱིན་ཡང་དོན་མེད་པས་རྒྱུད་སྡེ་བཞི་གང་རུང་གི་དབང་བསྐུར་ཐོབ་པ་ཞིག་ལ་སྦྱིན་ནོ། །རྗེས་ཀྱི་བྱ་བ་རྣམས་སྤྱི་དང་འདྲའོ། །

༈ **བྱམས་པ་ལ།** སྐུ་གཟུགས་ཀྱི་མདུན་དུ་མཆོད་པ་བཤམས་ལ། སྐྱབས་འགྲོ་

སེམས་བསྐྱེད་ཚད་མེད་བཞི་སྔོན་དུ་འགྲོ་བས། སྭ་བྷཱ་(༣༨ན)ཝས་སྟོང་པར་སྦྱངས། སྟོང་པའི་ངང་ལས་རང་གི་སྙིང་གར་མཻཾ་དམར་སེར་ཡོངས་སུ་གྱུར་པ་ལས། རང་ཉིད་རྗེ་བཙུན་བྱམས་པར་གྱུར། ཨོཾ་མཻ་ཏྲི་ཡ་ཏྲི། དེ་ཡང་སྐུ་མདོག་དམར་སེར་ཞལ་གཅིག་ཕྱག་གཉིས་བཤད་པའི་ཕྱག་རྒྱ་མཛད་པ། གཡོན་པས་ཀླུ་ཤིང་གི་ཡལ་ག་མེ་ཏོག་དང་བཅས་པ་སྙན་གྱི་ཐད་ཀར་ཁ་བྱེ་བ་དང་བཅས་པ་འཛིན་པ། ཚངས་པར་སྤྱོད་པའི་ཆ་ལུགས་ཅན། དར་གྱི་སྨད་དཀྲིས་དང་རི་དྭགས་ཀྱི་པགས་པས་ནུ་མ་གཡོན་པ་བཀབ་པ། རལ་པའི་ཐོར་ཚུགས་ཀྱི་ངོས་ལ་བྱང་ཆུབ་ཆེན་པོའི་མཆོད་རྟེན་ཅན་མཚན་དཔེ་ཡོངས་སུ་རྫོགས་པ། ཁྲི་བོ་གཞན་གྱིས་མི་ཐུབ་པ་དང་བཅས་པའོ། ། ཞབས་ཀྱི་བཞུགས་ཚུལ་རང་གང་མོས་པ་བྱ། ཡེ་ཤེས་སེམས་དཔའ་བཛྲ་ས་མཱ་ཛཿ ཛཿཧཱུྃ་བཾ་ཧོཿ དབྲལ་བར་ཨོཾ། མགྲིན་པར་ཨཱཿ ཐུགས་ཀར་ཧཱུྃ། ཨོཾ་མཻ་ཏྲི་ཧྲྀ་ཧྲྀ་ཙིཏྟ་ཧྲིདྡྷ་ཧོ། ཞེས་ལན་གསུམ་གྱིས་བརྟན་པར་བྱིན་གྱིས་བརླབས། སྙིང་གར་ཟླ་བ་ལ་སྔགས་འཕྲེང་བཀོད་ལ། ཨོཾ་ཨ་ཛི་ཏཉྫ་ཡ། སརྦ་སཏྭ་ས་ཨཱ་ཡ། ཨ་ནུ་ག་ཏ་སྭཱཧཱ། ཞེས་ཅི་ནུས་སུ་བཟླའོ། །དགེ་བ་བསྔོ། འདི་ལ་གཏོར་བསྔོ་མི་དགོས། འདིའི་བཟླས་ལུང་བླངས་པ་ཁོ་ནས་ཆོག །ཅེས་གསུངས་པ་ལྟར་རོ། ། ༈ འདིའི་བཟླས་ལུང་བྱ་བ་ལ། སློབ་མས་མཎྜལ་ཕུལ། གསོལ་བ་འདེབས་པ་འདིའི་རྗེས་ཟློས་མཛོད། སློབ་དཔོན་གྱིས་བདག་ལ་རིག་སྔགས་དམ་པ་བསྩལ་དུ་གསོལ། ལན་གསུམ། སངས་རྒྱས་ཆོས་དང་ཚོགས་ཀྱི་མཆོག་བཅས་ལ། །ཞེས་སོགས་ལན་གསུམ། ཁྱེད་རང་རྣམས་དམིགས་པ་འདི་བཞིན་དུ་མཛོད། ཨོཾ་ཤཱུ་ནྱ་ཏཱ་ཛྙཱ་ན་བཛྲ་སྭ་བྷཱ་ཝ་ཨཱཏྨ་ཀོ྅ཧཾ། སྟོང་པ་ཉིད་(༣༨བ)དུ་གྱུར། སྟོང་པའི་ངང་ལས་ཁྱེད་རང་རྣམས་ཀྱི་སྙིང་གར་མཻཾ་དམར་སེར་ཡོངས་སུ་གྱུར་པ་ལས། ཁྱེད་རང་རྣམས་རྗེ་བཙུན་བྱམས་པར་གྱུར། ཨོཾ་མཻ་ཏྲི་ཡ་ཏྲི། དེ་ཡང་སྐུ་མདོག་དམར་སེར་ཞལ་གཅིག་ཕྱག་གཉིས་བཤད་པའི་ཕྱག་རྒྱ་མཛད་པ། གཡོན་པས་ཀླུ་ཤིང་གི་ཡལ་ག་མེ་ཏོག་དང་བཅས་པ་སྙན་གྱི་ཐད་ཀར་ཁ་

བྱེ་བ་དང་བཅས་པ་འཛིན་པ། ཚངས་པར་སྤྱོད་པའི་ཆ་ལུགས་ཅན། དར་གྱི་སྨད་དགྲིས་དང་རི་དྭགས་ཀྱི་པགས་པས་ནུ་མ་གཡོན་པ་བཀབ་པ། རལ་པའི་ཐོར་ཚུགས་ཀྱི་རྩེར་ལ་བྱང་ཆུབ་ཆེན་པོའི་མཆོད་རྟེན་ཅན་མཚན་དཔེ་ཡོངས་སུ་རྫོགས་པ། ཁྲོ་བོ་གཞན་གྱིས་མི་ཐུབ་པ་དང་བཅས་པའོ། །ཞབས་ཀྱི་བཞུགས་ཚུལ་རང་གང་མོས་པ་བྱ། སློབ་དཔོན་གྱི་ཐུགས་ཀ་ནས་འོད་ཟེར་འཕྲོས། ཡེ་ཤེས་སེམས་དཔའ་བཛྲ་ས་མ་ཛཿ ཛཿཧཱུྃ་བྃ་ཧོཿ གཉིས་སུ་མེད་པར་ཐིམ། དབྲལ་བར་ཨོཾ། མགྲིན་པར་ཨཱཿ ཐུགས་ཀར་ཧཱུྃ་གིས་མཚན་པར་གྱུར་པའི་མོས་པ་མཛོད། དེ་ནས། སློབ་དཔོན་རྗེ་བཙུན་བྱམས་པར་གསལ་བའི་ཐུགས་ཀར་ཟླ་བའི་དཀྱིལ་འཁོར་གྱི་དབུས་སུ་མཻ་ཡིག་གི་མཐར་སྔགས་འཕྲེང་གིས་བསྐོར་བ་ལས་སྔགས་འཕྲེང་གཉིས་པ་བྱུང་། ཞལ་ནས་ཐོན། ཁྱེད་རང་རྣམས་ཀྱི་ཞལ་དུ་ཞུགས། ཐུགས་ཀར་ཟླ་བའི་དཀྱིལ་འཁོར་གྱི་དབུས་སུ་མཻ་ཡིག་གི་མཐར་འཁོད་པའི་མོས་པ་མཛོད་བྱས་ལ། ཨོཾ་ཨ་ཛི་ཏཉྫ་ཡ། སརྦ་སདྟ་ས་མྣ་ཡ། མ་ནུ་ག་ཏ་སྭཱཧཱ། ཞེས་ལན་གསུམ་རྗེས་ཟློས་བྱར་གཞུག །དེ་ལའང་དབང་བསྐུར་བ་ཐོབ་པ་དགོས་སོ། །རྗེས་ཀྱི་བྱ་བ་རྣམས་སྤྱི་དང་འདྲའོ། །

༈ **ཀུན་ཏུ་བཟང་པོ་ལ།** སྐུ་གཟུགས་ཀྱི་མདུན་དུ་མཆོད་པ་བཤམས། སྐྱབས་འགྲོ་སེམས་(ལྔ་ན)བསྐྱེད་ཚད་མེད་བཞི་སྔོན་དུ་འགྲོ་བས། ཤཱུ་ཉྱ་ཏཱས་སྟོང་པར་སྦྱངས། སྟོང་པའི་ངང་ལས་པད་ཟླ་ལ་རང་སེམས་ཧཱུྃ་ཡིག་ཡོངས་སུ་གྱུར་པ་ལས། ཀུན་ཏུ་བཟང་པོ་སྐུ་མདོག་དམར་པོ། གཡས་བདུད་རྩིས་གང་བའི་བུམ་པ་ཐུགས་ཀར་གཏོད་ཅིང་། གཡོན་ཉི་མ་དང་པདྨ་དཀར་པོ་བསྣམས་པ། ཁྲོ་བོ་ཊཀྐི་རཱ་ཛ་དང་བཅས་པ། དར་དང་རིན་པོ་ཆེའི་རྒྱན་གྱིས་བརྒྱན་པ། སེམས་དཔའི་སྐྱིལ་ཀྲུང་གིས་བཞུགས་ཤིང་རྒྱལ་བ་རིགས་ལྔའི་དབུ་རྒྱན་ཅན། ཡེ་ཤེས་སེམས་དཔའ་བཛྲ་ས་མ་ཛཿ ཛཿཧཱུྃ་བྃ་ཧོཿ དབྲལ་བར་ཨོཾ། མགྲིན་པར་ཨཱཿ ཐུགས་ཀར་ཧཱུྃ། ཐུགས་ཀར་ཟླ་བ་ལ་སྔགས་འཕྲེང་བཀོད་དེ། ཨོཾ་སུཾ་ཧྲཱིཿཀ་ཡ་སྭཱཧཱ། ཞེས་ཅི་ནུས་བཟླ། མཇུག་

ཏུ་དགེ་བ་བྱང་ཆུབ་ཏུ་བསྔོ། ༈ འདིའི་བརླབས་ལུང་བྱ་ཚུལ་ནི། སློབ་མས་མཎྜལ་ཕུལ། གསོལ་བ་འདེབས་པ་འདིའི་རྗེས་ཟློས་མཛོད། སློབ་དཔོན་གྱིས་བདག་ལ་རིག་སྔགས་དམ་པ་བསྩལ་དུ་གསོལ། ལན་གསུམ། སངས་རྒྱས་ཆོས་དང་ཚོགས་ཀྱི་མཆོག་བཅས་ལ། །ཞེས་སོགས་ལན་གསུམ་ཁྱེད་རང་རྣམས་དམིགས་པ་འདི་བཞིན་དུ་མཛོད། ཨོཾ་ཤཱུ་ནྱ་ཏཱ་ཛྙཱ་ན་བཛྲ་སྭ་བྷཱ་ཝ་ཨཱཏྨ་ཀོ྅ཧཾ། སྟོང་པ་ཉིད་དུ་གྱུར། སྟོང་པའི་ངང་ལས་པད་ཟླ་ལ་ཁྱེད་རང་རྣམས་ཀྱི་སེམས་ཉིད་ཧཱུྃ་ཡིག་ཡོངས་སུ་གྱུར་པ་ལས། ཀུན་ཏུ་བཟང་པོ་སྐུ་མདོག་དམར་པོ། གཡས་བདུད་རྩིས་གང་བའི་བུམ་པ་ཐུགས་ཀར་གཏོད་ཅིང་། གཡོན་ཉི་མ་དང་པདྨ་དཀར་པོ་བསྣམས་པ། ཁྲོ་བོ་ཊཀྐི་རཱ་ཛ་དང་བཅས་པ། དར་དང་རིན་པོ་ཆེའི་རྒྱན་གྱིས་བརྒྱན་པ། སེམས་དཔའི་སྐྱིལ་ཀྲུང་གིས་བཞུགས་ཤིང་རྒྱལ་བ་རིགས་ལྔའི་དབུ་རྒྱན་ཅན་(༥༠བ)སློབ་དཔོན་གྱི་ཐུགས་ཀ་ནས་འོད་ཟེར་འཕྲོས། ཡེ་ཤེས་སེམས་དཔའ་བཛྲ་ས་མཱ་ཛཿཛཿཧཱུྃ་བཾ་ཧོཿ གཉིས་སུ་མེད་པར་ཐིམ། དབྲལ་བར་ཨོཾ། མགྲིན་པར་ཨཱཿ ཐུགས་ཀར་ཧཱུྃ་གིས་མཚན་པར་གྱུར་པའི་མོས་པ་མཛོད། དེ་ནས་སློབ་དཔོན་ཀུན་ཏུ་བཟང་པོར་གསལ་བའི་ཐུགས་ཀར་ཟླ་བའི་དཀྱིལ་འཁོར་གྱི་དབུས་སུ་ཧཱུྃ་ཡིག་གི་མཐར་སྔགས་འཕྲེང་གིས་བསྐོར་བ་ལས་སྔགས་འཕྲེང་གཉིས་པ་བྱུང་། ཞལ་ནས་ཐོན། ཁྱེད་རང་རྣམས་ཀྱི་ཞལ་དུ་ཞུགས། ཐུགས་ཀར་ཟླ་བའི་དཀྱིལ་འཁོར་གྱི་དབུས་སུ་ཧཱུྃ་ཡིག་གི་མཐར་འཁོད་པའི་མོས་པ་མཛོད་བྱས་ལ། ཨོཾ་སུཾ་ཧྲིཿཀ་ཡ་སྭཱཧཱ། ཞེས་ལན་གསུམ་རྗེས་ཟློས་བྱར་གཞུག །རྗེས་ཀྱི་བྱ་བ་རྣམས་སྤྱི་དང་འདྲའོ། །

༈ ནམ་མཁའི་སྙིང་པོ་ལ། སྐུ་གཟུགས་ཀྱི་མདུན་དུ་མཆོད་པ་བཤམས། སྐྱབས་འགྲོ་སེམས་བསྐྱེད་སྔོན་དུ་འགྲོ་བས། ཤཱུ་ནྱ་ཏཱས་སྟོང་པར་སྦྱངས། སྟོང་པའི་ངང་ལས་རང་གི་སྙིང་གར་ཁཾ་ཡིག་ཡོངས་སུ་གྱུར་པ་ལས། རང་ཉིད་ནམ་མཁའི་སྙིང་པོ་སྐུ་མདོག་སྔོན་པོ་ན་བཟའ་སྔོན་པོ་ཅན། ཕྱག་གཉིས་ཐུགས་ཀར་ཆོས་འཆད་ཀྱི་ཕྱག་

རྒྱ་མཛད་པའི་གཡོན་པས་པདྨའི་རྩ་བ་འཛིན་པ་སྙན་གྱི་ཐད་ཀར་ཁ་བྱེ་བའི་སྟེང་ན་རལ་གྲི་སྡོ་བསངས་ཅན། ནམ་མཁའི་རང་བཞིན་གྱི་ཁང་བཟང་འོད་ཟེར་སྔོན་པོ་འབར་བའི་དབུས་ན། ཁྲོ་བོ་དབྱུག་སྔོན་སོགས་འཁོར་རིག་འཛིན་མཚོན་ཆ་ཐོགས་པ་མང་པོ་དང་། རང་གི་སྤྲུལ་པ་ཁ་དོག་སྣ་ཚོགས་ཅན་མང་པོས་བསྐོར་བ། སྤྱན་གྱི་འོད་ཀྱིས་ནམ་མཁའ་ཐམས་ཅད་འོད་(༥༠ན)དང་དྲི་ཞིམ་པོས་ཁྱབ་པར་མཛད་པ། དར་དང་རིན་པོ་ཆེའི་རྒྱན་གྱིས་བརྒྱན་པ། སེམས་དཔའི་སྐྱིལ་ཀྲུང་གིས་བཞུགས་ཤིང་རྒྱལ་བ་རིགས་ལྔའི་དབུ་རྒྱན་ཅན། ཡེ་ཤེས་སེམས་དཔའ་བཛྲ་ས་ཏྭ་ཛཿ ཛཿཧཱུྃ་བཾ་ཧོཿ དཔྲལ་བར་ཨོཾ། མགྲིན་པར་ཨཱཿ ཐུགས་ཀར་ཧཱུྃ། ཐུགས་ཀར་ཟླ་བ་ལ་སྔགས་འཕྲེང་བཀོད་དེ། ཨོཾ་སུཥྟི་ཀ་མ་ལཀྵྨཱི། བི་པུ་ལ། སཾ་ཧྲ་ཥ། ཧཀྵ་ཧྣུ་ཏུ། གོ་ཙ་རེ་སྭཱ་ཧཱ། ཞེས་ཅི་ནུས་སུ་བཟླའོ། །མཇུག་ཏུ་དགེ་བ་བྱང་ཆུབ་ཏུ་བསྔོ། ༔ འདིའི་བཟླས་ལུང་འབོགས་ཚུལ་ནི། སློབ་མས་མཎྜལ་ཕུལ། གསོལ་བ་འདེབས་པ་འདིའི་རྗེས་ཟློས་མཛོད། སློབ་དཔོན་གྱིས་བདག་ལ་རིག་སྔགས་དམ་པ་བསྒྲལ་དུ་གསོལ། ལན་གསུམ། སངས་རྒྱས་ཆོས་དང་ཚོགས་ཀྱི་མཆོག་བཅས་ལ། །ཞེས་སོགས་ལན་གསུམ། སློབ་མ་རྣམས། ཤཱུ་ནྱ་ཏཱས་སྟོང་པར་སྦྱངས། སྟོང་པའི་ངང་ལས་ཁྱེད་རང་རྣམས་ཀྱི་སྙིང་གར་ཁཾ་ཡིག་ཡོངས་སུ་གྱུར་པ་ལས། ཁྱེད་རང་རྣམས་ནམ་མཁའི་སྙིང་པོ་སྐུ་མདོག་སྔོན་པོ་ན་བཟའ་སྔོན་པོ་ཅན། ཕྱག་གཉིས་ཐུགས་ཀར་ཆོས་འཆད་ཀྱི་ཕྱག་རྒྱ་མཛད་པའི་གཡོན་པས་པདྨའི་རྩ་བ་འཛིན་པ་སྙན་གྱི་ཐད་ཀར་ཁ་བྱེ་བའི་སྟེང་ན་རལ་གྲི་སྡོ་བསངས་ཅན། ནམ་མཁའི་རང་བཞིན་གྱི་ཁང་བཟང་འོད་ཟེར་སྔོན་པོ་འབར་བའི་དབུས་ན། ཁྲོ་བོ་དབྱུག་སྔོན་སོགས་འཁོར་རིག་འཛིན་མཚོན་ཆ་ཐོགས་པ་མང་པོ་དང་། རང་གི་སྤྲུལ་པ་ཁ་དོག་སྣ་(༥༠བ)ཚོགས་ཅན་མང་པོས་བསྐོར་བ། སྤྱན་གྱི་འོད་ཀྱིས་ནམ་མཁའ་ཐམས་ཅད་འོད་དང་དྲི་ཞིམ་པོས་ཁྱབ་པར་མཛད་པ། དར་དང་རིན་པོ་ཆེའི་རྒྱན་གྱིས་བརྒྱན་པ། སེམས་དཔའི་སྐྱིལ་ཀྲུང་གིས་བཞུགས་ཤིང་

རྒྱལ་བ་རིགས་ལྔའི་དབུ་རྒྱན་ཅན། སློབ་དཔོན་གྱི་ཐུགས་ཀ་ནས་འོད་ཟེར་འཕྲོས། ཡེ་ཤེས་སེམས་དཔའ་བཛྲ་ས་ཏྭ་ཛཿ ཛཿཧཱུྃ་བཾ་ཧོཿ གཉིས་སུ་མེད་པར་ཐིམ། དཔྲལ་བར་ཨོཾ། མགྲིན་པར་ཨཱཿཐུགས་ཀར་ཧཱུྃ་གིས་མཚན་པར་གྱུར་པའི་མོས་པ་མཛོད། དེ་ནས། སློབ་དཔོན་ནམ་མཁའི་སྙིང་པོར་གསལ་བའི་ཐུགས་ཀར་ཟླ་བའི་དཀྱིལ་འཁོར་གྱི་དབུས་སུ་ཁཾ་ཡིག་གི་མཐར་སྔགས་འཕྲེང་གིས་བསྐོར་བ་ལས་སྔགས་འཕྲེང་གཉིས་པ་བྱུང་། ཞལ་ནས་ཐོན། ཁྱེད་རང་རྣམས་ཀྱི་ཞལ་དུ་ཞུགས། ཐུགས་ཀར་ཟླ་བའི་དཀྱིལ་འཁོར་གྱི་དབུས་སུ་ཁཾ་ཡིག་གི་མཐར་འཁོད་པའི་མོས་པ་མཛོད་བྱས་ལ། ཨོཾ་སྭསྟི་ཀ་མ་ལྷཀྲི། བི་ཕུ་ལ། སཾ་ཛྙ་ཕ། ཧྲྀཀྵ་ཧྣ་ཏུ། གོ་ཙ་རེ་སྭཱཧཱ། ཞེས་ལན་གསུམ་རྗེས་ཟློས་བྱེད་དུ་གཞུག །རྗེས་ཀྱི་བྱ་བ་རྣམས་སྤྱི་དང་འདྲའོ། །

ཉ ས་འི་སྙིང་པོ་ལ། སྐུ་གཟུགས་ཀྱི་མདུན་དུ་མཆོད་པ་བཤམས། སྐྱབས་འགྲོ་སེམས་བསྐྱེད་སྔོན་དུ་འགྲོ་བས། ཤཱུ་ཉྻ་ཏཱས་སྟོང་པར་སྦྱངས། སྟོང་པའི་ངང་ལས་པད་ཟླ་ལ་རང་སེམས་ཀྲྀཾ་ཡིག་ཡོངས་སུ་གྱུར་པ་ལས། རང་ཉིད་སའི་སྙིང་པོ་སེར་པོ་སྟོད་གཡོགས་སེར་པོ་ཅན། ཞི་བ་སྨྱུན་རྩ་དམར་བ། མེ་ཏོག་སྔོན་པོའི་འཕྲེང་བའི་ཐོད་ཅན། ཕྱག་གཡས་ཤིང་ཏོག་དང་གཡོན་(༤༧ན)པདྨའི་སྟེང་ན་ནོར་བུ་དང་བཅས་པ་འཛིན་པ། འོད་ཟེར་ལྔང་ཀུ་འཕྲོ་བ། རྡོ་རྗེ་ས་འོག་ལ་སོགས་པའི་འཁོར་གྱིས་བསྐོར་བ། གཞལ་ཡས་ཁང་སེར་པོ། རིན་པོ་ཆེའི་བྲག་རི་དང་གངས་རིས་བསྐོར་བ། དར་དང་རིན་པོ་ཆེའི་རྒྱན་གྱིས་བརྒྱན་པ། སེམས་དཔའི་སྐྱིལ་ཀྲུང་གིས་བཞུགས་ཤིང་རྒྱལ་བ་རིགས་ལྔའི་དབུ་རྒྱན་ཅན། ཡེ་ཤེས་སེམས་དཔའ་བཛྲ་ས་ཏྭ་ཛཿ ཛཿཧཱུྃ་བཾ་ཧོཿ དཔྲལ་བར་ཨོཾ། མགྲིན་པར་ཨཱཿ ཐུགས་ཀར་ཧཱུྃ། ཐུགས་ཀར་ཟླ་བ་ལ་སྔགས་འཕྲེང་བཀོད་དེ། ཨོཾ་སུཾ་ཛྙ་ནི་སུཾ་ཛྙ། ཏ་ར་ཙ་ར། མཧཱ་པ་ཤ །སྭཱ་ཧཱ་ཏཱ། ཨ་མོ་ཁཱ་བཛྲ་སཏྭ་སྭཱཧཱ། ཞེས་ཅི་ནུས་སུ་བཟླ། མཇུག་ཏུ་དགེ་བ་བྱང་ཆུབ་ཏུ་བསྔོ། ཉ འདིའི་བཟླས་ལུང་འབོགས་ཚུལ་ནི། སློབ་མས་མཎྜལ་ཕུལ། གསོལ་བ་འདེབས་

པ་འདིའི་རྗེས་གནང་མཛོད། སློབ་དཔོན་གྱིས་བདག་ལ་རིག་སྔགས་དམ་པ་བསྩལ་དུ་གསོལ། ལན་གསུམ། སངས་རྒྱས་ཆོས་དང་ཚོགས་ཀྱི་མཆོག་བཅས་ལ། །ཞེས་སོགས་ལན་གསུམ། སློབ་མ་རྣམས། ཨོཾ་སྭ་བྷཱ་ཝས་སྟོང་པར་སྦྱངས། སྟོང་པའི་ངང་ལས་པད་ཟླ་ལ་ཁྱེད་རང་རྣམས་ཀྱི་སེམས་ཉིད་ཀླཱྀཾ་ཡིག་ཡོངས་སུ་གྱུར་པ་ལས། ཁྱེད་རང་རྣམས་སའི་སྙིང་པོ་སེར་པོ་སྟོད་གཡོགས་སེར་པོ་ཅན། ཞི་བ་སྨྱུན་རྩ་དམར་བ། མེ་ཏོག་སྔོན་པོའི་འཕྲེང་བའི་ཐོད་ཅན། ཕྱག་གཡས་ཤིང་ཏོག་དང་གཡོན་པདྨའི་སྟེང་ན་ནོར་བུ་དང་བཅས་པ་འཛིན་པ། འོད་ཟེར་ལྗང་གུ་འཕྲོ་བ། ཛོ་རྗེ་ས་འོག་ལ་སོགས་(༩༧བ)པའི་འཁོར་གྱིས་བསྐོར་བ། གཞལ་ཡས་ཁང་སེར་པོ། རིན་པོ་ཆེའི་ཐྲག་རི་དང་གངས་རིས་བསྐོར་བ། དར་དང་རིན་པོ་ཆེའི་རྒྱན་གྱིས་བརྒྱན་པ། སེམས་དཔའི་སྐྱིལ་ཀྲུང་གིས་བཞུགས་ཤིང་རྒྱལ་བ་རིགས་ལྔའི་དབུ་རྒྱན་ཅན། སློབ་དཔོན་གྱི་ཐུགས་ཀ་ནས་འོད་ཟེར་འཕྲོས། ཡེ་ཤེས་སེམས་དཔའ་བཛྲ་ས་མ་ཛཿ ཛཿཧཱུྃ་བཾ་ཧོཿ གཉིས་སུ་མེད་པར་ཐིམ། དབྲལ་བར་ཨོཾ། མགྲིན་པར་ཨཱཿ ཐུགས་ཀར་ཧཱུྃ་གིས་མཚན་པར་གྱུར་པའི་མོས་པ་མཛོད། དེ་ནས། སློབ་དཔོན་སའི་སྙིང་པོར་གསལ་བའི་ཐུགས་ཀར་ཟླ་བའི་དཀྱིལ་འཁོར་གྱི་དབུས་སུ་ཀླཱྀཾ་ཡིག་གི་མཐར་སྔགས་འཕྲེང་གིས་བསྐོར་བ་ལས་སྔགས་འཕྲེང་གཉིས་པ་བྱུང་། ཞལ་ནས་ཐོན། ཁྱེད་རང་རྣམས་ཀྱི་ཞལ་དུ་ཞུགས། ཐུགས་ཀར་ཟླ་བའི་དཀྱིལ་འཁོར་གྱི་དབུས་སུ་ཀླཱྀཾ་ཡིག་གི་མཐར་འཁོད་པའི་མོས་པ་མཛོད་བྱས་ལ། ཨོཾ་སུཾ་ཧྲ་ནི་སུཾ་ཧྲ། ཏ་ར་ཙ་ར། མཧཱ་པ་ཤ །སྭཱ་ཧཱ། ཨ་སོ་ཧྲ་བཛྲ་སཏྭ་སྭཱཧཱ། ཞེས་ལན་གསུམ་རྗེས་ཟློས་བྱེད་དུ་གཞུག །རྗེས་ཀྱི་བྱ་བ་རྣམས་སྤྱི་དང་འདྲའོ། །

༄ **སྒྲིབ་པ་རྣམ་སེལ་ལ།** སྐུ་གཟུགས་ཀྱི་མདུན་དུ་མཆོད་པ་བཤམས། སྐྱབས་འགྲོ་སེམས་བསྐྱེད་སྔོན་དུ་འགྲོ་བས། ཨོཾ་སྭ་བྷཱ་ཝས་སྟོང་པར་སྦྱངས། སྟོང་པའི་ངང་ལས་པད་ཟླའི་གདན་ལ་རང་སེམས་སྐཾ་ཡིག་ཡོངས་སུ་གྱུར་པ་ལས། རང་ཉིད་

སྒྲིབ་པ་རྣམ་སེལ་སྐུ་མདོག་དཀར་པོ། གཡས་བུམ་པ་བདུད་རྩིས་གང་བ་འཛིན་ཅིང་། གཡོན་པདྨ་དཀར་པོའི་སྡོང་བུ་འཛིན་པ་སྙན་གྱི་ཐད་ཀར་ཁ་བྱེ་བའི་སྟེང་དུ། ཟླ་བ་ཉ་(༤༢ན)གང་བར་རི་མེད་ཅིང་འོད་ཟེར་འཕྲོ་བ། ཕྱིར་བཟློག་པ་ཆེན་པོ་གཙུག་ཏོར་འཁོར་ལོས་བསྒྱུར་བ་སོགས་རིག་པའི་ཕྲོ་བོ་མང་པོས་ཞབས་ལ་བཏུད་པ། དར་དང་རིན་པོ་ཆེའི་རྒྱན་གྱིས་བརྒྱན་པ། སེམས་དཔའི་སྐྱིལ་ཀྲུང་གིས་བཞུགས་ཤིང་རྒྱལ་བ་རིགས་ལྔའི་དབུ་རྒྱན་ཅན། ཡེ་ཤེས་སེམས་དཔའ་བཛྲ་ས་ཏྭ་ཛཿ ཛཿཧཱུྃ་བཾ་ཧོཿ དབྲལ་བར་ཨོཾ། མགྲིན་པར་ཨཱཿ ཐུགས་ཀར་ཧཱུྃ། ཐུགས་ཀར་ཟླ་བ་ལ་སྔགས་འཕྲེང་བཀོད་དེ། ཨོཾ་ཨ་མྲི་ཏ་བིཀྲྀ་ཏྣ་ཧཱུཾ། མནྟྲ་སུ་ཁ་སྭཱཧཱ། ཞེས་ཅི་ནུས་སུ་བཟླ། མཇུག་ཏུ་དགེ་བ་བྱང་ཆུབ་ཏུ་བསྔོ། ༈ འདིའི་བཟླས་ལུང་བྱ་ཚུལ་ནི། སློབ་མས་མཎྜལ་ཕུལ། གསོལ་བ་འདེབས་པ་འདིའི་རྗེས་ཟློས་མཛོད། སློབ་དཔོན་གྱིས་བདག་ལ་རིག་སྔགས་དམ་པ་བསྩལ་དུ་གསོལ། ལན་གསུམ། སངས་རྒྱས་ཆོས་དང་ཚོགས་ཀྱི་མཆོག་བཅས་ལ། །ཞེས་སོགས་ལན་གསུམ། སློབ་མ་རྣམས། ཤཱུ་ནྱ་ཏཱས་སྟོང་པར་སྦྱངས། སྟོང་པའི་ངང་ལས་པད་ཟླའི་གདན་ལ་ཁྱེད་རང་རྣམས་ཀྱི་སེམས་ཉིད་སྒྲཾ་ཡིག་ཡོངས་སུ་གྱུར་པ་ལས། ཁྱེད་རང་རྣམས་སྒྲིབ་པ་རྣམ་སེལ་སྐུ་མདོག་དཀར་པོ། གཡས་བུམ་པ་བདུད་རྩིས་གང་བ་འཛིན་ཅིང་། གཡོན་པདྨ་དཀར་པོའི་སྡོང་བུ་འཛིན་པ་སྙན་གྱི་ཐད་ཀར་ཁ་བྱེ་བའི་སྟེང་དུ། ཟླ་བ་ཉ་གང་བ་ར་རི་མེད་ཅིང་འོད་ཟེར་འཕྲོ་བ། ཕྱིར་བཟློག་ཆེན་པོ་གཙུག་ཏོར་འཁོར་ལོས་བསྒྱུར་བ་སོགས་རིག་པའི་ཕྲོ་བོ་མང་པོས་ཞབས་ལ་བཏུད་པ། དར་དང་(༤༢བ)རིན་པོ་ཆེའི་རྒྱན་གྱིས་བརྒྱན་པ། སེམས་དཔའི་སྐྱིལ་ཀྲུང་གིས་བཞུགས་ཤིང་རྒྱལ་བ་རིགས་ལྔའི་དབུ་རྒྱན་ཅན། སློབ་དཔོན་གྱི་ཐུགས་ཀ་ནས་འོད་ཟེར་འཕྲོས། ཡེ་ཤེས་སེམས་དཔའ་བཛྲ་ས་ཏྭ་ཛཿ ཛཿཧཱུྃ་བཾ་ཧོཿ གཉིས་སུ་མེད་པར་ཐིམ། དབྲལ་བར་ཨོཾ། མགྲིན་པར་ཨཱཿ ཐུགས་ཀར་ཧཱུྃ་གིས་མཚན་པར་གྱུར་པའི་མོས་པ་མཛོད། དེ་ནས། སློབ་དཔོན་སྒྲིབ་པ་རྣམ་

སེལ་དུ་གསལ་བའི་ཐུགས་ཀར་ཟླ་བའི་དཀྱིལ་འཁོར་གྱི་དབུས་སུ་སྐཾ་ཡིག་གི་མཐར་སྔགས་འཕྲེང་གིས་བསྐོར་བ་ལས་སྔགས་འཕྲེང་གཉིས་པ་བྱུང་། ཞལ་ནས་ཐོན། ཁྱེད་རང་རྣམས་ཀྱི་ཞལ་དུ་ཞུགས། ཐུགས་ཀར་ཟླ་བའི་དཀྱིལ་འཁོར་གྱི་དབུས་སུ་སྐཾ་ཡིག་གི་མཐར་འཁོད་པའི་སོས་པ་མཛོད་བྱས་ལ། ཨོཾ་ཨ་མྲི་ཏ་བིཀྲྀ་ཌྷཱ་ཡཱ། མཧཱ་སུ་ཁ་སྭཱཧཱ། ཞེས་ལན་གསུམ་རྗེས་ཟློས་བྱར་གཞུག །རྗེས་ཀྱི་བྱ་བ་རྣམས་སྤྱི་དང་འདྲའོ། །

༈ **སྤྱན་རས་གཟིགས་འཇིགས་པ་བརྒྱད་སྐྱོབ་ལ།** སྐུ་གཟུགས་ཀྱི་མདུན་དུ་མཆོད་པ་བཤམས། སྐྱབས་འགྲོ་སེམས་བསྐྱེད་སྔོན་དུ་འགྲོ་བས། ཤཱུ་ནྱ་ཏཱས་སྟོང་པར་སྦྱངས། སྟོང་པའི་ངང་ལས་པཾ་ལས་བདུད་རྩིའི་རྒྱ་མཚོའི་དབུས་སུ། པད་ཟླ་ལ་རང་སེམས་ཨ་དཀར་པོ་ཡོངས་སུ་གྱུར་པ་ལས། རང་ཉིད་འཕགས་པ་སྤྱན་རས་གཟིགས་དཀར་པོ་འོད་དཔག་མེད་ཀྱི་དབུ་རྒྱན་ཅན། ཞལ་གཅིག་ཕྱག་བརྒྱད་ཀྱི་གཡས་བཞི་ན། སེང་གེ་གླང་ཆེན་དུག་སྦྲུལ་གཟའ། གཡོན་བཞི་ན། མེ་ཆུ་ལྕགས་སྒྲོག་མི་རྣམས་འཛིན་པ། ཞབས་(༦༣ན)གཡོན་བརྐྱངས་པའི་གར་སྟབས་ཅན། དར་དང་རིན་པོ་ཆེས་བརྒྱན་པ། མདུན་དུ་ཧཱུཾ་ལས་སྒྲོལ་མ་སེར་མོ་ཕྱག་གཉིས་ཐལ་མོ་སྦྱར་བས་ནོར་བུ་འཛིན་པས་གཙོ་བོ་ལ་འདུད་པའོ། །ཨོཾ་ཨ་ཝ་ལོ་ཀི་ཏེ་པདྨེ་ནི། ཤ་རྣཾ་གི་ཊི། ཧུ་རུ་ཧུ་རུ་ཧཱུཾ་སྭཱཧཱ། ཞེས་པ་དང་། ཨོཾ་མ་ཎི་དྷཱ་རི་ཧཱུཾ། ཞེས་པ་ཡང་ཅི་འགྲུབ་ཏུ་བཟླའོ། །ཐུན་འཇོག་ཁར་སྒྲོལ་མ་རང་གི་སྙིང་གར་ཐིམ། ༈ འདིའི་བཟླས་ལུང་བྱ་ཚུལ་ནི། སློབ་མས་མཎྜལ་ཕུལ། གསོལ་བ་འདེབས་པ་འདིའི་རྗེས་ཟློས་མཛོད། སློབ་དཔོན་གྱིས་བདག་ལ་རིག་སྔགས་དམ་པ་བསྩལ་དུ་གསོལ། ལན་གསུམ། སངས་རྒྱས་ཆོས་དང་ཚོགས་ཀྱི་མཆོག་བཅས་ལ། །ཞེས་སོགས་ལན་གསུམ། སློབ་མ་རྣམས། ཤཱུ་ནྱ་ཏཱས་སྟོང་པར་སྦྱངས། སྟོང་པའི་ངང་ལས་པཾ་ལས་བདུད་རྩིའི་རྒྱ་མཚོའི་དབུས་སུ། པད་ཟླ་ལ་ཁྱེད་རང་རྣམས་ཀྱི་སེམས་ཉིད་ཨ་དཀར་པོ་ཡོངས་སུ་གྱུར་པ་ལས། ཁྱེད་རང་རྣམས་འཕགས་པ་སྤྱན་རས་གཟིགས་དཀར་པོ་འོད་དཔག་མེད་ཀྱི་དབུ་རྒྱན་ཅན། ཞལ་

གཅིག་ཕྱག་བརྒྱད་ཀྱི་གཡས་བཞི་ན། སེང་གེ་སླང་ཆེན་དུག་སྦྲུལ་གཟའ། གཡོན་བཞི་ན། མེ་ཆུ་ལྕགས་སྒྲོག་མི་རྣམས་འཛིན་པ། ཞབས་གཡོན་བརྐྱངས་པའི་གར་སྟབས་ཅན། དར་དང་རིན་པོ་ཆེས་བརྒྱན་པ། མདུན་དུ་ཧཱུཾ་ལས་སྒྲོལ་མ་སེར་མོ་ཕྱག་གཉིས་ཐལ་མོ་སྦྱར་བས་ནོར་བུ་འཛིན་པས་གཙོ་བོ་ལ་འདུད་པའོ། །ཞེས་གསལ་བཏབ་བོ། །དེ་ནས་སློབ་དཔོན་(༤༣བ)སྤྱན་རས་གཟིགས་སུ་གསལ་བའི་ཐུགས་ཀར་ཟླ་བའི་དཀྱིལ་འཁོར་གྱི་དབུས་སུ་ཨ་ཡིག་གི་མཐར་སྔགས་འཕྲེང་གིས་བསྐོར་བ་ལས་སྔགས་འཕྲེང་གཉིས་པ་བྱུང་། ཞལ་ནས་ཐོན། ཁྱེད་རང་རྣམས་ཀྱི་ཞལ་དུ་ཞུགས། ཐུགས་ཀར་ཟླ་བའི་དཀྱིལ་འཁོར་གྱི་དབུས་སུ་ཨ་ཡིག་གི་མཐར་འཁོད་པའི་མོས་པ་མཛོད་བྱས་ལ། ཨོཾ་ཨ་པ་ལོ་ཀི་ཏེ་པདྨེ་ནི། པ་ཏྣཾ་གི་ཊེ། ཏུ་ཏྟ་ཏུ་ཏྟ་ཧཱུཾ་སྭཱཧཱ། ཞེས་པ་དང་། ཨོཾ་མ་ཎི་དྷ་རེ་ཧཱུཾ། ཞེས་ལན་གསུམ་གསུམ་རྗེས་ཟློས་བྱར་གཞུག །རྗེས་ཀྱི་བྱ་བ་རྣམས་སྤྱི་དང་འདྲའོ། །

༄ སྤྱན་རས་གཟིགས་ལྷ་ཚོགས་དབང་པོ་ལ། སྐུ་གཟུགས་ཀྱི་མདུན་དུ་མཆོད་པ་བཤམས། སྐྱབས་འགྲོ་སེམས་བསྐྱེད་སྔོན་དུ་འགྲོ་བས། ཤཱུ་ནྱ་ཏཱས་སྟོང་པར་སྦྱངས། སྟོང་པའི་ངང་ལས་ཀླུང་མེ་ཆུ་ས་རི་རབ་པདྨ་ཟླ་བ་ཉི་མ་བརྩེགས་པ་ལས་སྣྲ་གཙན་འཁྱིལ་བའི་སྟེང་དུ། རང་སེམས་ཧྲཱིཿལས་རང་ཉིད་དོན་ཡོད་ཞགས་པ་སྔ་ཚོགས་དབང་པོ་སྐུ་མདོག་དཀར་པོ། ཞལ་བཅུ་གཅིག་རྩ་ཞལ་ཞི་བ་དཀར་པོ། སྤྱན་གསུམ་པ་རལ་པའི་ཐོར་ཚུགས་ཅན། གཡས་སུ་ལྷ་ཞི་བ་དང་། གཉིན་རྗེ། གནོད་སྦྱིན། དྲག་པོ་ཆེན་པོ། ཀླ་བ་རྣམས་ཀྱི་ཞལ་བརྩེགས་པ་དང་། གཡོན་དུ་ཁྱབ་འཇུག །ཚངས་པ། གདོང་དྲུག་ཁྲོས་པ། དྲག་པོ། ཉི་མའི་ཞལ་རྣམས་བརྩེགས་པའོ། །ཀུན་གྱི་སྟེང་གི་དབུས་སུ་འོད་དཔག་མེད་མཆོག་སྦྱིན་མཛད་པ། གཡས་སུ་ཀླུང་ལྷ་དང་། གཡོན་དུ་མེ་ལྷ་ལུས་ཁྱེད་ཁྱེད་སྣང་བ། ཕྱག་སུམ་ཅུ་རྩ་གཉིས(༤༤ན)ཀྱི་དང་པོ་གཉིས་ནོར་བུ་དང་པདྨ་འཛིན་པ། གཞན་རྣམས་ཀྱིས་བརྒྱ་བྱིན་གྱི་རྡོ་རྗེ་ལ་སོགས་པ་ལྷ

རྣམས་ཀྱི་མཚོན་ཆ་སྣ་ཚོགས་པ་འཛིན་པའོ། །ཞབས་བརྒྱད་ཀྱི་འོག་ཏུ་ཀླུ་དང་ལྷ་མིན་དང་སྲིན་པོའི་ཚོགས་རྣམས་མནན་པ། དར་དང་ལྤགས་པའི་གོས་དང་། རིན་པོ་ཆེ་དང་། སྦྲུལ་དང་། མེ་ཏོག་ལ་སོགས་པ་ན་བཟའ་དང་རྒྱན་ཐམས་ཅད་ཀྱིས་བརྒྱན་པ། མེ་དཔུང་དང་འོད་ཟེར་སྣ་ཚོགས་འཕྲོ་བའོ། །ཐུགས་ཀར་ཟླ་བ་ལ་ཞགས་པ་དམར་པོའི་སྟེང་དུ་ཧྲཱིཿམཐའ་མར་སྔགས་ཀྱིས་བསྐོར་བ། ཞེས་དོན་ཡོད་ཞགས་པའི་གཟུངས་རིང་འོག་ཏུ་བཟླས་ལུང་སྐབས་བཤད་པ་ལྟར་འདོན་ནོ། །རང་ལུས་ཆ་གཉིས་སུ་གྱུར་པ་ལས། གཡས་ཀྱི་ཆ་ནི་སྣ་ཚོགས་དབང་པོའི་སྐུ་དང་། གཡོན་གྱི་ཆ་ལྷ་མོ་གོས་དཀར་མོ་རང་དང་མཚུངས་པ་ལས་ལྷ་མོའི་རྣམ་པ་ཅན། ཕྱག་ན་པདྨ་འབབ་ཞིག་འཛིན་པའི་སྐུར་གྱུར། ཨོཾ་པདྨེ་པཎྜ་ར་ཝཱ་སི་ནི་ཀུཎྜ་ཀུཎྜ་སྭཱཧཱ། ཞེས་པ་ཅི་རིགས་པ་བཟླའོ། །མཇུག་ཏུ་དགེ་བ་བསྔོ། ༈ འདིའི་བཟླས་ལུང་བྱ་ཚུལ་ནི། སློབ་མས་མཎྜལ་ཕུལ། གསོལ་བ་འདེབས་པ་འདིའི་རྗེས་ཟློས་མཛོད། སློབ་དཔོན་གྱིས་བདག་ལ་རིག་སྔགས་དམ་པ་བསྩལ་དུ་གསོལ། ལན་གསུམ། སངས་རྒྱས་ཆོས་དང་ཚོགས་ཀྱི་མཆོག་བཅས་ལ། །ཞེས་སོགས་ལན་གསུམ། སློབ་མ་རྣམས། ཤཱུ་ནྱ་ཏཱས་སྟོང་པར་སྦྱངས། སྟོང་པའི་ངང་ལས་རླུང་མེ་ཆུ་ས་རི་རབ་པདྨ་ཟླ་བ་ཉི་མ་བརྩེགས་(༨༨བ)པ་ལས་སྒྲ་གཅན་འགྲེལ་བའི་སྟེང་དུ། ཁྱེད་རང་རྣམས་ཀྱི་སེམས་ཉིད་ཧྲཱིཿལས་ཁྱེད་རང་རྣམས་དོན་ཡོད་ཞགས་པ་སྣ་ཚོགས་དབང་པོ་སྐུ་མདོག་དཀར་པོ། ཞལ་བཅུ་གཅིག་རྩ་ཞལ་ཞི་བ་དཀར་པོ། སྤྱན་གསུམ་པ་རལ་པའི་ཐོར་ཚུགས་ཅན། གཡས་སུ་ལྷ་ཞི་བ་དང་། གཤིན་རྗེ། གནོད་སྦྱིན། དྲག་པོ་ཆེན་པོ། ཟླ་བ་རྣམས་ཀྱི་ཞལ་བརྩེགས་པ་དང་། གཡོན་དུ་ཁྲབ་འཇུག །ཆུ་ལྷ། གདོང་དྲུག་ཁྲོས་པ། དྲག་པོ། ཉི་མའི་ཞལ་རྣམས་བརྩེགས་པའོ། །ཀུན་གྱི་སྟེང་གི་དབུས་སུ་འོད་དཔག་མེད་མཆོག་སྦྱིན་མཛད་པ། གཡས་སུ་རླུང་ལྷ་དང་། གཡོན་དུ་མེ་ལྷ་ལུས་ཕྱེད་ཕྱེད་སྣང་བ། ཕྱག་སུམ་ཅུ་རྩ་གཉིས་ཀྱི་དང་པོ་གཉིས་ནོར་བུ་དང་པདྨ་

འཛིན་པ། གཞན་རྣམས་ཀྱིས་བརྒྱ་བྱིན་རྡོ་རྗེ་ལ་སོགས་པ་ལྷ་རྣམས་ཀྱི་མཚོན་ཆ་སྣ་ཚོགས་པ་འཛིན་པ། ཞབས་བརྒྱད་ཀྱི་འོག་ཏུ་ཀླུ་དང་ལྷ་མིན་དང་སྲིན་པོའི་ཚོགས་རྣམས་མནན་པ། དར་དང་ཕྲུགས་པའི་གོས་དང་། རིན་པོ་ཆེ་དང་། སྦྲུལ་དང་། མེ་ཏོག་ལ་སོགས་པ་ན་བཟའ་དང་རྒྱན་ཐམས་ཅད་ཀྱིས་བརྒྱན་པ། མེ་དཔུང་དང་འོད་ཟེར་སྣ་ཚོགས་འཕྲོ་བ། ཐུགས་ཀར་ཟླ་བ་ལ་ཞགས་པ་དམར་པོའི་སྟེང་དུ་ཧྲཱིཿཞེས་གསལ་བཏབ། དེ་ནས། སློབ་དཔོན་གྱི་སྤྱན་རས་གཟིགས་སུ་གསལ་བའི་ཐུགས་ཀར་ཟླ་བའི་དཀྱིལ་འཁོར་གྱི་དབུས་སུ་ཧྲཱིཿཡིག་གི་མཐར་སྔགས་འཕྲེང་གིས་བསྐོར་བ་ལས་སྔགས་འཕྲེང་གཉིས་པ་བྱུང་། ཞལ་ནས་ཐོན། ཁྱེད་རང་རྣམས་ཀྱི་ཞལ་དུ་ཞུགས། ཐུགས་ཀར་ཟླ་བའི་(༥༥ན)དཀྱིལ་འཁོར་གྱི་དབུས་སུ་ཧྲཱིཿཡིག་གི་མཐར་འཁོད་པའི་སོས་པ་མཛོད་བྱས་ལ། ཨོཾ་ཨ་མོ་གྷ་པདྨ་པཱ་ཤ །ཀྲོ་དྷ་ཨཱ་ཀརྵ་ཡ། པྲ་བེ་ཤ་ཡ། མཧཱ་པ་ཤུ་པ་ཏི། ཡ་མ། ཝཱ་རུ་ཎ། ཀུ་བེ་ར། བྲཧྨ་བེ་ཥ་དྷ་ར། ཨ་མོ་གྷ་ཧྲྀ་ད་ཡ། པདྨ་ཀུ་ལ་ས་མ་ཡཱ་ཡ་ཧཱུྃ་ཧཱུྃ་ཧཱུྃ་ཕཊ་ཕཊ་ཕཊ་སྭཱཧཱ། ཞེས་སྙིང་པོ་དང་། གཟུངས་རིང་ནི། ན་མ་ཏྲ་ཡ་དྷྭ་ཨ་ནུ་ག་ཏ་པྲ་ཏིཥྛི་ཏེ་བྷྱཿསརྦ་བུདྡྷ་བོ་དྷི་སཏྭེ་བྷྱཿན་མཿཔྲ་ཏྱེ་ཀ་བུདྡྷ་ཨཱརྱ་ཤྲཱ་ཝ་ཀ་སཾ་གྷེ་བྷྱཿཨ་ཏཱི་ཏ་ཨ་ན་ག་ཏ་པྲ་ཏྱུ་ཏྤནྣེ་བྷྱཿན་མཿསམྱཀྐ་ཏཱ་ནཱཾ། ན་མཿསམྱཀ་པྲ་ཏི་པནྣ་ནཱ་ནཱཾ། ན་མཿཤཱ་ར་དྭ་ཏི་བུ་ཏྲཱ་ཡ། མཧཱ་མ་ཏ་ཡེ། ན་མ་ཨཱརྱ་མཻ་ཏྲེ་ཡ་པྲ་མུ་ཁེ་བྷྱཿམཧཱ་བོ་དྷི་ས་ཏྭ་སཾ་གྷེ་བྷྱཿན་མཿསུ་པྲ་ཏིཥྛི་ཏ་ཤཻ་ལེནྡྲ་རཱ་ཛ་པྲ་མུ་ཁེ་བྷྱཿསརྦ་ཏ་ཐཱ་ག་ཏེ་བྷྱཿཨརྷ་ཏེ་བྷྱཿསམྱཀྶཾ་བུདྡྷེ་བྷྱཿཧྲ་ག་ཥ་ཏེ་བྷྱཿན་མཿསུ་ཥྐ་སུ་ཥྐ་པྲ་ཏི་ཕླ་ས་བི་ནཀྵེ་ཏེ་ཤྲ་ར་ཏྣ་ཧྲ་ཡ། ཏ་ཐཱ་ག་ཏཱ་ཡ། ན་མཿསིཾ་ཧ་བི་ཀྲཱི་ཌི་ཏ་རྣ་ཧྲ་ཡ། ཏ་ཐཱ་ག་ཏཱ་ཡ། ན་མ་ཨཱརྱ་ཨ་མི་ཏཱ་བྷཱ་ཡ། ཏ་ཐཱ་ག་ཏཱ་ཡ། ན་མཿསུ་པྲ་ཏིཥྛི་ཏེ་མ་ཧེ་ཀུ་ཊ་ཏྣ་ཧྲ་ཡ། ཏ་ཐཱ་ག་ཏཱ་ཡ། ན་མཿསམནྟ་ར་ཤྨི་ག་ཏ་ཤྲཱི་ཀུ་ཊ་ཏྣ་ཧྲ་ཡ། ཏ་ཐཱ་ག་ཏཱ་ཡ། ན་མོ་བི་པ་ཤྱི་ནེ་ཏ་ཐཱ་ག་ཏཱ་ཡ། ན་མཿཤི་ཁི་ནེ་ཏ་ཐཱ་ག་ཏཱ་ཡ། ན་མོ་བི་ཤྭ་བྷུ་ཛེ་ཏ་ཐཱ་ག་ཏཱ་ཡ། ན་མཿཀྲ་ཀུཙྪནྡ

ན་དྲ་ཡ། ཏ་ཐཱ་ག་ཏཱ་ཡ། ན་མཿཀ་ན་ཀ་མུ་ན་ཡེ། ཏ་ཐཱ་ག་ཏཱ་ཡ། ན་མཿཀཱ་ཤྱ་པཱ་ཡ། ཏ་ཐཱ་ག་ཏཱ་ཡ། ན་མཿཤཱཀྱ་མུ་ན་ཡེ་ཏ་ཐཱ་ག་ཏཱ་ཡ། ཨརྷ་ཏེ་སམྱཀྶཾ་བུདྡྷཱ་ཡ། ཏདྱ་ཐཱ། ཨོཾ་མུ་ནེ་མུ་ནེ་མཧཱ་མུ་ན་ཡེ་སྭཱཧཱ། ཨོཾ་ཤ་མེ་ཤ་(༥༥བ)མེ་མཧཱ་ཤ་མེ་རཀྵ་རཀྵ་མཱཾ། སརྦ་སཏྭཱ་ཉྩ་སརྦ་པཱ་པཾ་པྲ་ཤ་མ་ནེ་སྭཱཧཱ། ན་མཿསུ་པ་རི་ཀཱིརྟི་ཏ་ནཱ་མ་ཤྲི་ཡཱ་ཡ། ཏ་ཐཱ་ག་ཏཱ་ཡ། ན་མཿས་མནྟ་ཨ་བྷཱ་སཱ་ས་བི་ཛྲཱི་ཏ་སཾ་ཀུ་མ་ཤྲི་ཡེ་ཏ་ཐཱ་ག་ཏཱ་ཡ། ན་མ་ཨིནྡྲ་ཀེ་ཏུ་དྷྭ་ཛ་ཤྲི་ཡེ་ཏ་ཐཱ་ག་ཏཱ་ཡ། ན་མོ་རཏྣ་པྲ་བྷཱ་སེ་ཤྭ་ར་ནཱ་དྷཱ་ཡེ་ཏ་ཐཱ་ག་ཏཱ་ཡ། ན་མོ་ཨ་པྲ་ཏི་ཏ་ཏ་བཱི་ཁ་ཛྫ་ནཱ་དྷཱ་ཡ་ཏ་ཐཱ་ག་ཏཱ་ཡ། ན་མོ་བི་གྷུཥྚ་གྷཱ་མི་ནེ་ཏ་ཐཱ་ག་ཏཱ་ཡ། ན་མོ་བུདྡྷཱ་ཡ། ན་མོ་དྷརྨཱ་ཡ། ན་མཿསཾ་གྷཱ་ཡ། ན་མོ་ཨ་ཏཱི་ཏ་ཨ་ནཱ་ག་ཏ་པྲ་ཙུ་ཏ་པནྣེ་བྷྱོཿབུདྡྷེ་བྷྱཿཛ་ག་ཥ་ཏེ་བྷྱཿཏདྱ་ཐཱ། སྨྲི་ཏི་བརྡྷ་ནི། མ་ཏི་བརྡྷ་ནི། ག་ཏི་བརྡྷ་ནི། ཧྲི་ཏི་བརྡྷ་ནི། པྲཛྙཱ་བརྡྷ་ནི། པྲ་ཏི་བྷཱ་ན་བརྡྷ་ནི། ཛྙཱ་ན་བརྡྷ་ནི། ཤ་མ་ཐ་བརྡྷ་ནི། བི་པ་ཤྱ་ན་བརྡྷ་ནི། སརྦ་བོ་དྷི་པཀྵ་དྷརྨ་བརྡྷ་ནི། ས་ཀ་ལ་བུདྡྷ་དྷརྨ་པ་རི་པཱུ་ར་ཎི་ཡེ་སྭཱཧཱ། ན་མོ་རཏྣ་ཏྲ་ཡཱ་ཡ། ན་མ་ཨཱརྱ་ཨ་ཝ་ལོ་ཀི་ཏེ་ཤྭ་རཱ་ཡ། བོ་དྷི་སཏྭཱ་ཡ། མཧཱ་སཏྭཱ་ཡ། མཧཱ་ཀཱ་རུ་ཎི་ཀཱ་ཡ། ན་མོ་མཧཱ་སྠཱ་མ་པྲཱཔྟཱ་ཡ། བོ་དྷི་སཏྭཱ་ཡ། མཧཱ་སཏྭཱ་ཡ། མཧཱ་ཀཱ་རུ་ཎི་ཀཱ་ཡ། ཨེ་བྷྱོ་ན་མ་སྐྲྀ་ཏྭཱ་ཨི་དམ་ཨཱརྱ་ཨ་ཝ་ལོ་ཀི་ཏེ་ཤྭ་ར་མུ་ཁོད་གཱིརྟཾ་ཨ་མོ་གྷ་པཱ་ཤ་ནཱ་ཛ་ན་མ་ཧྲྀ་ད་ཡཾ། ཏ་ཐཱ་ག་ཏ་སཾ་མུ་ཁ་བྷཱ་ཥི་ཏཾ། མ་ཧ་ཏཾ་པ་ར་མྦུ་མ་སྟྲེ་ཨ་ཏ་མི་དྷཱ་ནཱི་མཱ་བཧ་ཡ་ཙྪེ་སིདྡྷྱནྟུ་མེ་མཧཱ་པ་དྨཿསརྦ་ཀཱ་རྻཱ་ཎི་སརྦ་ཀ་ཡེ་ཛྙོ་མ་མ་སརྦ་སཏྭཱ་ནཉྩ་རཀྵ་ཀ་བཙྪ། ཏདྱ་ཐཱ། ཨོཾ་ཙ་ར་ཙ་ར། ཙི་རི་ཙི་རི། ཙུ་རུ་ཙུ་རུ། མ་ར་མ་ར། མི་རི་མི་རི། མུ་རུ་མུ་རུ། མཧཱ་ཀཱ་རུ་ཎི་ཀ །ས་ར་ས་ར། སི་རི་སི་རི། སུ་རུ་སུ་རུ། ཙུ་རུ་ཙུ་རུ། ཙི་རི་ཙི་རི། བི་རི་བི་རི། ཕི་རི་ཕི་རི། མི་རི་མི་རི། མཧཱ་པདྨ་ཏསྟ། ག་ལ་ག་ལ། (༥༦ན)གི་ལི་གི་ལི། གུ་ལུ་གུ་ལུ། མཧཱ་ཤུདྡྷ་སཏྭ། བུ་དྡྷེ་བུ་དྡྷེ། བོ་དྷ་བོ་དྷ། བོ་དྷི་བོ་དྷི། བོ་དྷ་ཡ་བོ་དྷ་ཡ། ག་ཊ་ག་ཊ། གི་ཊི་གི་ཊི། གུ་ཊུ་གུ་ཊུ། པ་ར་མ་ཤུདྡྷ་སཏྭ། ག་ར་ག་ར།

ཀི་རི་ཀི་རི། ཀུ་རུ་ཀུ་རུ། མཏྟཱ་སྟཱ་མ་སྟཱཏྟཱ། ཙ་ལ་ཙ་ལ། སཛྫ་ལ་སཛྫ་ལ། བི་ཙ་ལ་བི་ཙ་ལ། པྲ་ཙ་ལ་པྲ་ཙ་ལ། ཨེ་ཊ་ཊ། ཨེ་ཊ་ཊ། བྷ་ར་བྷ་ར། བྷི་རི་བྷི་རི། བྷུ་རུ་བྷུ་རུ། ཏ་ར་ཏ་ར། ཏི་རི་ཏི་རི། ཏུ་རུ་ཏུ་རུ། ཨེ་ཧྱེ་ཧི་མཏྟཱ་ཀཱ་རུ་ཊི་ཀ །མཏྟཱ་པ་ཤུ་པ་ཏི་བེ་ཏཱ་ཧ་ར། ཧ་ར་ཧ་ར། ཧི་རི་ཧི་རི། ཧུ་རུ་ཧུ་རུ། ཏ་ར་ཏ་ར། ས་ར་ས་ར། ཙ་ར་ཙ་ར། པ་ར་པ་ར། བ་ར་བ་ར། མ་ར་མ་ར། ལ་ར་ལ་ར། ཀ་ར་ཀ་ར། ཏཱ་ཏཱ། ཏཱི་ཏཱི། ཏུ་ཏུ། ཨོཾ་ཀཱ་ར་བྲཧྨ་བེ་ཏཱ་ཧ་ར། ཧ་ར་ཧ་ར། ཧི་རི་ཧི་རི། ཧུ་རུ་ཧུ་རུ། ཏ་ར་ཏ་ར། ས་ར་ས་ར། ཙ་ར་ཙ་ར། ཡ་ར་ཡ་ར། བ་ར་བ་ར། ཀ་ར་ཀ་ར། རཀྵི་ཤ་ཏ་ས་ཀ་སྲཱ། པྲ་ཏི་མཎྜི་ཏ་ཤ་རཱི་ར། ཛྭ་ལ་ཛྭ་ལ། ཏ་པ་ཏ་པ། བྷཱ་ས་བྷཱ་ས། བྷྲ་མི་བྷྲ་མི། བྷ་ག་ཝཱན། སོ་མ་ཨཱ་དི་ཏྱ། ཡ་མ། བ་རུ་ཎ། ཀུ་བེ་ར། བཛྲིནྡྲ། བཱ་ཡུ། ཨགྣི། ཧ་ན་ད། དེ་བ་རཱ་ཛི་ག་ཊ། ཨ་ཧྱུར་ཙི་ཏ། ཙ་ར་ཊ། སུ་རུ་སུ་རུ། ཙུ་རུ་ཙུ་རུ། མུ་རུ་མུ་རུ། བྷུ་རུ་བྷུ་རུ། ས་ནད་ཀུ་མཱ་ར་རུ་དྲ། ཕཱ་ས་བ། བིཥྞུ། ཧ་ན་ད། བཱ་ཡུ། ཨགྣི་རཱ་ཛི་ནཱ་ཡ་ཀ །བི་ནཱ་ཡ་ཀ །བ་ཧུ་བི་བི་ཧ། པེ་ཏཱ་ཧ་ར། ཧ་ར་ཧ་ར། ཧི་རི་ཧི་རི། ཧུ་རུ་ཧུ་རུ། ཏ་ར་ཏ་ར། ཐ་ར་ཐ་ར། ཧཱ་ར་ཧཱ་ར། ཡ་ར་ཡ་ར། ལ་ར་ལ་ར། ཀ་ར་ཀ་ར། པ་ར་པ་ར། ས་ར་ས་ར། བ་ར་བ་ར། བ་ར་དཱ་ཡ་ཀ །ས་མནྟ་ཨ་བ་ལོ་ཀི་ཏ། བི་ལོ་ཀི་ཏ། ལོ་ཀེ་ཤྭ་ར། མ་ཧེ་ཤྭ་ར། (༩༨བ)ཏྲི་བྷུ་བ་ནེ་ཤྭ་ར། སརྦ་གུ་ཎ་ས་མ་ཨ་ལཾ་ཀྲི་ཏ་ཨ་བ་ལོ་ཀི་ཏེ་ཤྭ་ར། མུ་ཧུ་མུ་ཧུ། མུ་རུ་མུ་རུ། མུ་ཡ་མུ་ཡ། མུཉྩ་མུཉྩ། རཀྵ་རཀྵ་མཱཾ་སརྦ་སཏྭཾ་ཤྩ། སརྦ་བྷ་ཡེ་བྷྱཿསརྦོ་པ་དྲ་བེ་བྷྱཿསརྦོ་པ་སརྒེ་བྷྱཿསརྦ་གྲ་ཧེ་བྷྱཿསརྦ་བྱཱ་དྷི་བྷྱཿསརྦ་བི་ཥ་བྷྱཿསརྦ་ཛྭ་རེ་བྷྱཿཨེ་བཾ་བ་དྷ་བནྡྷ་ན། ཏཱ་ཊ་ན། ཏ་རྫ་ན། ཏཱ་རྫ། ཏ་སྐ་ར། ཨགྣི་ཨུ་ད་ཀ་བེ་ཏཱ་ཤ་སྟྲ་རི་མོ་ཙ་ཀ །ཀ་ཊ་ཀ་ཊ། ཀི་ཊི་ཀི་ཊི། ཀུ་ཊུ་ཀུ་ཊུ། ཙ་ར་ཙ་ར། ཙི་རི་ཙི་རི། ཙུ་རུ་ཙུ་རུ། ཨིཏྱི་ཡ་བ་ལ་བོ་ཏྟྲ་ཙ་ཏུ་ར་ཤཱི་ཏི་སཾ་པྲ་ཀཱ་ཤ་ཀ །ཏ་པ་ཏ་པ། ཏ་མ་ཏ་མ། ད་མ་ད་མ། ས་མ་ས་མ། མ་ས་མ་ས། ཧ་མ་ཧ་མ། མཏྟཱ་ཀཱ་

རུ་ཊི་ཀ །མནྟྲ་ཏ་སོ་ཨན་དྷ་ཀཱ་ར། བི་དྷ་མ་ན། ཕ་ཊ་པཱ་ར་མི་ཏཱ་པ་རི་པཱུ་ར་ཀ །མ་ལ་མ་ལ། མི་ལི་མི་ལི། མུ་ལུ་མུ་ལུ། ཊ་ཊ་ཊ་ཊ། ཋ་ཋ་ཋ་ཋ། ཊི་ཊི་ཊི་ཊི། ཊུ་ཊུ་ཊུ་ཊུ། ཋི་ཋི་ཋི་ཋི། ཋུ་ཋུ་ཋུ་ཋུ། ཨེ་ན་ཡ་ཙཀྵ་ཀྲི་ཏ་བ་རི་ཀ་ར། ཨེ་ཧྱེ་ཧི་མནྟྲ་ཀཱ་རུ་ཊི་ཀ །ཤྲཱི་ཤྭ་ར་མ་ཧེ་ཤྭ་ར། མནྟྲ་བྷུ་ཏ་ག་ཊ་སམྤཱུརྞ་ཀ །ཀ་ར་ཀ་ར། ཀི་རི་ཀི་རི། ཀུ་རུ་ཀུ་རུ། པ་ར་པ་ར། ཧ་ར་ཧ་ར། བ་ར་བ་ར། ས་ར་ས་ར། མ་ར་མ་ར། ཀ་ར་ཀ་ར། ཀ་ཊ་ཀ་ཊ། ཀི་ཊི་ཀི་ཊི། ཀུ་ཊུ་ཀུ་ཊུ། མ་ཊ་མ་ཊ། མནྟྲ་བི་ཤུདྡྷེ་བི་ཕ་ཡ་ནི་བྷཱ་ཥི་ན། མནྟྲ་ཀཱ་རུ་ཊི་ཀ །ཤྭེ་ཏ་ཡཛྙ་ཨུ་པ་བཱི་ཏ་རཏྣ་མུ་ཀུ་ཊ། སུ་ལཱ་དྷ་ར། སརྦ་ཛྙ་ཤི་ར་སེ་ཀྲི་ཏ། ཛ་ཊཱ་མུ་ཀུ་ཊ། མནྟྲ་ཨད་བྷུ་ཏ་ཀ་མ་ལ་ཨ་ལཾ་ཀྲི་ཏ་ཀ་ར་ཏ་ལ། ཛྙཱ་ན། ས་མཱ་དྷི་བི་མོཀྵ། ཨ་པྲ་ཀམྤྱ། བ་ཧུ་སཏྭ་སཏྭ་ཧི་པ་རི་པཱ་ཙ་ཀ ། མནྟྲ་ཀཱ་རུ་ཊི་ཀ །སརྦ་ཀརྨ་ཨཱ་ཝ་ར་ཎ་བི་ཤོ་དྷ་ཀ །སརྦ་ཀླེ་ཀླེ་ན་པ་རི་(༦༧ན)པཱུ་ར་ཀ །སརྦ་བྱ་ཨ་དྷི་པྲ་མོ་ཙ་ཀ །སརྦ་སཏྭ་ཨཱ་ཤ་པ་རི་པཱུ་ར་ཀ །སརྦ་སཏྭ་ས་མཱ་ཤྭཱ་ས་ཀ་ར་ན་མཿསྟུ་ཏེ་སྭཱ་ཧཱ། ཨ་མོ་གྷཱ་ཡ་སྭཱ་ཧཱ། ཨ་མོ་གྷ་པཱ་ཤཱ་ཡ་སྭཱ་ཧཱ། ཨ་ཛི་ཏཱ་ཡ་སྭཱ་ཧཱ། ཨ་པ་རཱ་ཛི་ཏཱ་ཡ་སྭཱ་ཧཱ། ཨ་མི་ཏཱ་བྷཱ་ཡ་སྭཱ་ཧཱ། ཨ་མི་ཏཱ་བྷཱ་སུ་ཏཱ་ཡ་སྭཱ་ཧཱ། སཱ་ར་སཻ་ཧྨ་པྲ་མརྡ་ནཱ་ཡ་སྭཱ་ཧཱ། ཨ་ཛྙ་ཡཱ་ཡ་སྭཱ་ཧཱ། ཨ་ཛྙ་ཡ་པྲ་དཱ་ཡ་སྭཱ་ཧཱ། ཛ་ཡཱ་ཡ་སྭཱ་ཧཱ། བི་ཛ་ཡཱ་ཡ་སྭཱ་ཧཱ། ཛ་ཡ་བི་ཛ་ཡཱ་ཡ་སྭཱ་ཧཱ། བ་ར་དཱ་ཡ་སྭཱ་ཧཱ། བ་ར་པྲ་དཱ་ཡ་སྭཱ་ཧཱ། ཨ་ཀཱ་ལ་མྲི་ཏྱུ་པྲ་ཤ་མ་ནཱ་ཡ་སྭཱ་ཧཱ། ཨི་ནྡྲ་མེ་གྷ་ཀུ་རུ་ན་མོ་སྟུ་ཏེ་སྭཱ་ཧཱ། ཨོཾ་ར་ཀྵ་ར་ཀྵ་ཧཱུྃ་ཕཊ་སྭཱ་ཧཱ། ཨོཾ་ཛ་ཡ་ཧཱུྃ་ཕཊ་སྭཱ་ཧཱ། ཨོཾ་ཛྲ་ཛྲི་ཛྲུ་སྭཱ་ཧཱ། ཨོཾ་ཧཱུྃ་ཛ་ཡ་སྭཱ་ཧཱ། ཨོཾ་ཧྲཱི་ཏྲཻ་ལོཀྱ་བི་ཛ་ཡ། ཨ་མོ་གྷ་པཱ་ཤ་ཨ་པྲ་ཏི་ཧ་ཏ་ཧྲཱིཿཧཿཧཱུྃ་ཕཊ་སྭཱ་ཧཱ། ཨོཾ་བ་སུ་བ་ཏི་སྭཱ་ཧཱ། ཨོཾ་ཨཱ་རོ་ལི་ཀ་སྭཱ་ཧཱ། ཨོཾ་བ་ཧུ་ལེ་བ་ཧུ་ལེ་སྭཱ་ཧཱ། ཨོཾ་ཨཱ་རོ་ལི་ཀ་ཧྲཱིཿཧྲཱིཿཧཱུྃ་ཕཊ་སྭཱ་ཧཱ། ནི་ཡ་ཏ་ཨ་ནི་ཡ་ཏ་བ་ད་ནི་ཡ། ཨ་ཤུ་དྷ་སྲུ་མེ་དྷ་ག་ཥ་ན་ཀྵ་ཏོ་ཨ་ཤེ་ཕ་ཏཿཀྐཱ་ཡ་ཀུ་རུ་སྭཱ་ཧཱ། ཨོཾ་པདྨ་ཏ་རྣཱ་ཡ་སྭཱ་ཧཱ། ཨོཾ་བུདྡྷ་ཏ་ཀྵ་སེ་རྣཱ་ཡ་སྭཱ་ཧཱ། ཞེས་ལན་གསུམ་གསུམ་རྗེས་བཟློས་བྱུར་གཞུག །ཁྱེད་རང་གི་ལུས་ཆ་གཉིས

སུ་གྱུར་པ་ལས་གཡས་ཀྱི་ཆ་ནི་སྣ་ཚོགས་དབང་པོའི་སྐུ་དང་། གཡོན་གྱི་ཆ་ལྷ་མོ་གོས་དཀར་མོ་རང་དང་མཚུངས་པ་ལས་ལྷ་མོའི་རྣམ་པ་ཅན། ཕྱག་ན་པདྨ་འབབ་ཞིག་འཛིན་པའི་སྐུར་གྱུར་པར་མོས། སློབ་དཔོན་གྱི་ཐུགས་ཀའི་ཟླ་བའི་དཀྱིལ་འཁོར་གྱི་དབུས་སུ་ཧྲཱིཿཡིག་གི་(༦༧བ)མཐར་སྔགས་འཕྲེང་གིས་བསྐོར་བ་ལས་སྔགས་འཕྲེང་གཉིས་པ་བྱུང་། ཞལ་ནས་ཐོན། ཁྱེད་རང་རྣམས་ལྷ་མོ་གོས་དཀར་མོར་གསལ་བའི་ཞལ་དུ་ཞུགས། ཐུགས་ཀར་ཟླ་བའི་དཀྱིལ་འཁོར་གྱི་དབུས་སུ་ཧྲཱིཿཡིག་གི་མཐར་འཁོད་པར་མོས་ལ་འདིའི་རྗེས་བཟློས་མཛོད། ཨོཾ་པདྨེ་པཎྜ་ར་ཝཱ་སི་ནི་ཀུཎྜ་ཀུཎྜ་སྭཱཧཱ། ཞེས་ལན་གསུམ་རྗེས་བཟློས་བྱེད་དུ་གཞུག །རྗེས་ཀྱི་བྱ་བ་རྣམས་སྤྱི་དང་འདྲའོ། །

༄ སྤྱན་རས་གཟིགས་པདྨའི་ཕྱག་ལ། སྐུ་གཟུགས་ཀྱི་མདུན་དུ་མཆོད་པ་བཤམས། སྐྱབས་སེམས་ཚད་མེད་བཞི་སྔོན་དུ་བཏང་སྟེ། ཤཱུ་ནྱ་ཏཱས་སྟོང་པ་ཉིད་དུ་སྦྱངས། སྟོང་པའི་ངང་ལས་སྣོད་བཅུད་ཐམས་ཅད་རང་བཞིན་ཡེ་ཤེས་ཀྱི་དཀྱིལ་འཁོར་དུ་གྱུར། ཨོཾ་པྲ་ཀྲྀ་ཏེ་པ་རི་ཤུདྡྷ་སརྦ་དྷརྨཱ་པྲ་ཀྲྀ་ཏེ་པ་རི་ཤུདྡྷོ྅ཧཾ། སྣོད་ཀྱི་འཇིག་རྟེན་གཞལ་ཡས་ཁང་གི་དབུས་སུ། བཅུད་ཀྱི་སེམས་ཅན་ཐམས་ཅད་ཀྱི་ལུས་གཅིག་ཏུ་འདྲེས་པ་ཟླ་བའི་དཀྱིལ་འཁོར། སེམས་གཅིག་ཏུ་འདུས་པ་ནོར་བུས་མཚན་པའི་པདྨ་དཀར་པོ། ངག་གཅིག་ཏུ་འདུས་པ་དེའི་ལྟེ་བ་ལ་ཧྲཱིཿས་མཚན་པ། དེ་རྣམས་ལས་འོད་ཟེར་འཕྲོས། སངས་རྒྱས་ཐམས་ཅད་རྒྱལ་བ་འོད་དཔག་ཏུ་མེད་པའི་རྣམ་པར་སྤྱན་དྲངས། ཟླ་བ་ལ་པདྨ་ཧྲཱིཿདང་བཅས་པ་ལ་ཐིམ། ཐམས་ཅད་གཅིག་ཏུ་འདྲེས་པ་ཡོངས་སུ་གྱུར་པ་ལས། རང་ཉིད་འཕགས་པ་སྤྱན་རས་གཟིགས་དབང་ཕྱུག་ཞལ་བཅུ་གཅིག་ཕྱག་སྟོང་དང་ལྡན་པ། སྐུ་ལུས་སྟོན་ཀའི་ཟླ་བ་ལྟར་དཀར་ཞིང་མགྲིན་པ་སྔོ་བ། ཙ་(༦༨ན)ཞལ་དཀར་པོའི་སྟེང་དུ་འཚོག་མ་དང་ཆ་ལྟག་གཡས་གཡོན་གྱི་ཕྱོགས་ལ་ཞི་བའི་ཞལ་དྲུག་སྔོ་སེར་དཀར་དམར་ལྗང་བ་དང་རྒྱ་ཚོས་ཀྱི་ཁ་དོག་ཅན།

དེའི་ནང་རིམ་ལ་ཁྲོ་བོའི་ཞལ་གསུམ་སྟེ། ནག་པོ་དམར་ནག །སྔོ་སྐྱ་བོ། །རལ་པའི་
ཐོར་ཚུགས་ཀྱི་རྩེ་མོར་སངས་རྒྱས་འོད་དཔག་ཏུ་མེད་པའི་ཞལ། ཚངས་པར་སྤྱོད་
པའི་ཆ་ལུགས་ཅན་དམར་པོའོ། །དགུ་བཅུ་གཅིག་པོ་ཐམས་ཅད་ཀྱང་མགུལ་བ་
དང་བཅས་པ། ཕྱག་དང་པོ་གཉིས་ཐུགས་ཀར་ཐལ་མོ་སྦྱར་བ། གཡས་པ་རྣམས་
ཀྱིས་བགྲང་འཕྲེང་། མདའ། འཁོར་ལོ། རལ་གྲི། རྩེ་གསུམ། གཡོན་པ་རྣམས་
ཀྱིས་གསེར་གྱི་པདྨ། གཞུ། སྤྱི་བླུགས། པོ་ཏི། ཁ་ཊྭཱཾ་ག་རྣམས་འཛིན་པ། ཕྱག་ལྷག་
མ་དགུ་བརྒྱ་དང་བརྒྱད་ཅུ་རྩ་བརྒྱད་མཆོག་སྦྱིན་གྱི་མཐིལ་ནས་བདུད་རྩིའི་ཆུ་རྒྱུན་
འབབ་པ། ཕྱག་གི་མཐིལ་ན་སྤྱན་རེ་རེ་དང་བཅས་པ། ཞབས་རྡོ་རྗེའི་སྐྱིལ་ཀྲུང་
ངམ་མཉམ་པའི་སྟབས་ཀྱིས་བཞེངས་པ། དར་དང་རིན་པོ་ཆེའི་རྒྱན་གྱིས་བརྒྱན་པ།
གཡོན་ཕྱོགས་སུ་ལྷ་མོ་སྒྲོལ་མ་དཀར་མོ་ཅུང་ཟད་དམར་བའི་མདངས་ཅན། ཕྱག་
གཡས་པས་གཙོ་བོ་ལ་འཁྱུད་ཅིང་། གཡོན་པས་ཨུཏྤལ་སྔོན་པོ་འཛིན་པ། སྙིང་གི་
ནམ་མཁའ་ལ་དེ་བཞིན་གཤེགས་པ་རིགས་ལྔ་བདུད་རྩིའི་བུམ་པ་བསྣམས་པའི་ཆུ་
རྒྱུན་གྱིས་རྟག་ཏུ་དབང་བསྐུར་བའོ། །དཔྲལ་བར་ཨོཾ། མགྲིན་པར་ཨཱཿ ཐུགས་ཀར་
ཧཱུྃ། མིག་ཏུ་ཀླཱྀཾ། རྣ་བར་ཛྫིཾ། སྣ་ལ་ཁཾ། ལྕེ་ལ་གཾ། དཔྲལ་བར་སྐཾ། ལྟེ་བར་(༤༨བ)སཾ།
མཆོད་པ་བྱ་རྒྱུད་ལྟར་བྱིན་གྱིས་བརླབས། ཨརྒྷཾ་ནས་ཤབྡའི་བར་གྱིས་མཆོད། ཨོཾ་ཨ་
སྲི་ཏ་ཨུ་པ་ཏ་ཡ་མི། འཁོར་འདས་ཐམས་ཅད་ཀྱི་བཅུད་ཀྱི་བདུད་རྩི་གསོལ། ཨོཾ་བོ་
དྷི་ཙིཏྟ་ཨ་ནུ་རཱ་ག་ཡ་མི། རྗེས་ཆགས་ཀྱི་བདེ་བས་རྒྱུད་གང་། ལྟེ་བར་པདྨ་དམར་
པོ་ལ་ཨཱཿསྙིང་གར་སྔོན་པོ་ལ་ཧཱུྃ། སྤྱི་བོར་དཀར་པོ་ལ་ཨོཾ་མགོ་ཐུར་བསྟན། སྲོག་རྩོལ་
བསྡམས་ཏེ་འབར་འཛག་ཅི་ནུས་སུ་བསྒོམ་མོ། །དེ་ནས་བཟླས་པ་ནི། ཨོཾ་པདྨ་ཏ་
ཀྲྀཏ། ས་ཏ་སྲ་བཛྲ་ཧྲུ་ཛ་ནེཏྲ། ནཱི་ལ་ཀཎྛ། ཡོ་གི་ཤྭ་རཱ་ཡ་ཧཱུྃ་ཧཱུྃ་ཕཊ། ཨོཾ་པདྨ་ཏཱ་རེ་
ཧཱུྃ། ཞེས་ཅི་ནུས་སུ་བཟླ་ཞིང་། དགེ་བ་བསྔོ། འདི་ལ་དབང་བསྐུར་ཐོབ་པ་ལ་སྒྲུབ་
ཐབས་བཤད་ནས་སྔགས་ཀྱི་བཟླས་ལུང་སྦྱིན་པ་ཉིད་ཀྱིས་ཆོག་གོ། །ཞེས་གསུངས་

པ་ལྷར་རོ། ། ༄ འདིའི་བརླབས་ཤུང་བྱ་བ་ནི། སློབ་མས་མཎྜལ་ཕུལ། གསོལ་བ་འདེབས་པ་འདིའི་རྗེས་ཟློས་མཛོད། སློབ་དཔོན་གྱིས་བདག་ལ་རིག་སྔགས་དམ་པ་བསྩལ་དུ་གསོལ། ལན་གསུམ། སངས་རྒྱས་ཆོས་དང་ཚོགས་ཀྱི་མཆོག་བཅས་ལ། །ཞེས་སོགས་ལན་གསུམ། སློབ་མ་རྣམས། ཤཱུ་ནྱ་ཏཱས་སྟོང་པ་ཉིད་དུ་སྦྱངས། སྟོང་པའི་ངང་ལས་སྣོད་བཅུད་ཐམས་ཅད་རང་བཞིན་ཡེ་ཤེས་ཀྱི་དཀྱིལ་འཁོར་དུ་གྱུར། ༀ་པྲ་ཀྲི་ཏེ་པ་རི་ཤུདྡྷ་སརྦ་དྷརྨཱ་པྲ་ཀྲི་ཏེ་པ་རི་ཤུདྡྷོ྅ཧཾ། སྣོད་ཀྱི་འཇིག་རྟེན་གཞལ་ཡས་ཁང་གི་དབུས་སུ། བཅུད་ཀྱི་སེམས་ཅན་ཐམས་ཅད་ཀྱི་ལུས་གཅིག་ཏུ་འདྲེས་པ་ཟླ་བའི་དཀྱིལ་འཁོར། སེམས་(ལ/ན)གཅིག་ཏུ་འདུས་པ་ནོར་བུས་མཚན་པའི་པདྨ་དཀར་པོ། ངག་གཅིག་ཏུ་འདུས་པ་དེའི་ལྟེ་བ་ལ་ཧྲཱིཿས་མཚན་པ། དེ་རྣམས་ལས་འོད་ཟེར་འཕྲོས། སངས་རྒྱས་ཐམས་ཅད་རྒྱལ་བ་འོད་དཔག་ཏུ་མེད་པའི་རྣམ་པར་སྤྱན་དྲངས། ཟླ་བ་ལ་པདྨ་ཧྲཱིཿདང་བཅས་པ་ལ་ཐིམ། ཐམས་ཅད་གཅིག་ཏུ་འདྲེས་པ་ཡོངས་སུ་གྱུར་པ་ལས། ཁྱེད་རང་རྣམས་འཕགས་པ་སྤྱན་རས་གཟིགས་དབང་ཕྱུག་ཞལ་བཅུ་གཅིག་ཕྱག་སྟོང་དང་ལྡན་པ། སྐུ་ལུས་སྟོན་ཀའི་ཟླ་བ་ལྟར་དཀར་ཞིང་མཁྲེན་པ་སྟོ་བ། རྩ་ཞལ་དཀར་པོའི་སྟེང་དུ་འཚོག་མ་དང་ན་ལྟག་གཡས་གཡོན་གྱི་ཕྱོགས་ལ་ཞི་བའི་ཞལ་དྲུག་སྔོ་སེར་དཀར་དམར་ལྗང་བ་དང་རྒྱ་ཚོས་ཀྱི་ཁ་དོག་ཅན། དེའི་ནང་རིམ་ལ་ཁྲོ་བོའི་ཞལ་གསུམ་སྟེ། ནག་པོ། དམར་ནག ། སྔོ་སྐྱའོ། །རལ་པའི་ཐོར་ཚུགས་ཀྱི་རྩེ་མོར་སངས་རྒྱས་འོད་དཔག་ཏུ་མེད་པའི་ཞལ། ཚངས་པར་སྤྱོད་པའི་ཆ་ལུགས་ཅན་དམར་པོའོ། །དབུ་བཅུ་གཅིག་པོ་ཐམས་ཅད་ཀྱང་མགུལ་བ་དང་བཅས་པ། ཕྱག་དང་པོ་གཉིས་ཐུགས་ཀར་ཐལ་མོ་སྦྱར་བ། གཡས་པ་རྣམས་ཀྱིས་བགྲང་འཕྲེང་། མདའ། འཁོར་ལོ། རལ་གྲི། རྩེ་གསུམ། གཡོན་པ་རྣམས་ཀྱིས་གསེར་གྱི་པདྨ། གཞུ། སྤྱི་བླུགས། པོ་ཏི། ཁ་ཊྭཱཾ་ག་རྣམས་འཛིན་པ། ཕྱག་ལྷག་མ་དགུ་བརྒྱ་དང་བརྒྱད་ཅུ་གྱ་བརྒྱད་མཆོག་སྦྱིན་གྱི་མཐིལ་ནས་བདུད་རྩིའི

ཚ་རྒྱུན་འབབ་པ། ཕྱག་གི་མཐིལ་ན་སྦྱིན་རེ་རེ་དང་བཅས་པ། ཞབས་རྡོ་རྗེ་སྐྱིལ་ཀྲུང་ངམ་(༤༡བ)མཉམ་པའི་སྟབས་ཀྱིས་བཞེངས་པ། དར་དང་རིན་པོ་ཆེའི་རྒྱན་གྱིས་བརྒྱན་པ། གཡོན་ཕྱོགས་སུ་ལྷ་མོ་སྒྲོལ་མ་དཀར་མོ་ཅུང་ཟད་དམར་བའི་མདངས་ཅན། ཕྱག་གཡས་པས་གཙོ་བོ་ལ་འབྲུད་ཅིང་། གཡོན་པས་ཨུཏྤལ་སྔོན་པོ་འཛིན་པ། སྙིང་གི་ནམ་མཁའ་ལ་དེ་བཞིན་གཤེགས་པ་རིགས་ལྔ་བདུད་རྩིའི་བུམ་པ་བསྣམས་པའི་ཚ་རྒྱུན་གྱིས་རྟག་ཏུ་དབང་བསྐུར་བའོ། །དཔྲལ་བར་ཨོཾ། མགྲིན་པར་ཨཱཿ ཐུགས་ཀར་ཧཱུྃ། མིག་ཏུ་ཀླཱྀ། རྣ་བར་ཧྲཱིཾ། སྣ་ལ་ཁཾ། ལྗེ་ལ་གཾ། དཔྲལ་བར་སྐཾ། ལྟེ་བར་སཾ། ཞེས་གསལ་བཏབ་པ། སྲོག་རྩོལ་བསྡམས་ཏེ་འབར་འཛག་ཅི་ནུས་སུ་བསྒོམ་དུ་གཞུག །དེ་ནས། སློབ་དཔོན་འཕགས་པ་སྤྱན་རས་གཟིགས་སུ་གསལ་བའི་ཐུགས་ཀར་ཟླ་བའི་དཀྱིལ་འཁོར་གྱི་དབུས་སུ་ཧྲཱིཿཡིག་གི་མཐར་སྔགས་འཕྲེང་གིས་བསྐོར་བ་ལ་སྔགས་འཕྲེང་གཉིས་པ་བྱུང་། ཞལ་ནས་ཐོན། ཁྱེད་རང་རྣམས་ཀྱི་ཞལ་དུ་ཞུགས། ཐུགས་ཀར་ཟླ་བའི་དཀྱིལ་འཁོར་གྱི་དབུས་སུ་ཧྲཱིཿཡིག་གི་མཐར་འཁོད་པའི་མོས་པ་མཛོད་བྱས་ལ། ཨོཾ་པདྨ་ཏཀྲྀཏ། ས་ཏ་སྲ་བཛྲ་ཧྲུ་ཛ་ཝེ་ཧྲཱི། ནྲི་ལ་ཀཊྚ། ཕོ་ཀེ་ཤྭ་ར་ཡ་ཧཱུྃ་ཧཱུྃ་ཕཊ། ཨོཾ་པདྨ་ཏྲཱ་རེ་ཧཱུྃ། ཞེས་ལན་གསུམ་རྗེས་ཟློས་བྱར་གཞུག །རྗེས་ཀྱི་བྱ་བ་རྣམས་སྤྱི་དང་འདྲའོ། །

༼ སྤྱན་རས་གཟིགས་སུ་ཁ་ཕ་ཎི་ལ། སྐྱབས་འགྲོ་སེམས་བསྐྱེད་ཚད་མེད་བཞི་རྣམས་སྔོན་དུ་བཏང་ནས། ཤཱུ་ནྱ་ཏཱས་སྟོང་པར་སྦྱངས། སྟོང་པའི་ངང་ལས་པདྨ་དཀར་པོ་དང་ཟླ་བའི་གདན་ལ་པདྨ་དཀར་པོའི་སྟོང་བུ་(༥༠ན)ཡི་གེ་དྲུག་པའི་སྔགས་ཀྱིས་མཚན་པ་ཡོངས་སུ་གྱུར་པ་ལས། རང་ཉིད་འཕགས་པ་སྤྱན་རས་གཟིགས་རྗེ་བོ་སུ་ཁ་ཕ་ཏི་སྐུ་མདོག་དཀར་པོ་ཞལ་གཅིག་ཕྱག་དྲུག་པ། གཡས་ཀྱི་དང་པོ་བ་དན་རྩེ་གསུམ་པའི་ཕྱག་རྒྱ། གཉིས་པ་ན་བགྲང་འཕྲེང་། གསུམ་པ་ན་ནོར་བུ་དང་བཅས་པའི་མཆོག་སྦྱིན། གཡོན་དང་པོ་པདྨ་དཀར་པོའི་སྟོང་བུ་ནོར་བུས་མཚན་པ།

གཉིས་པ་ན་དབྱུ་གུ་རྩེ་གསུམ། ཐ་མ་ན་སྤྱི་བླུགས་འཛིན་པ། ཞབས་རོལ་པའི་སྟབས་ཀྱིས་བཞུགས་ཤིང་། དར་དང་རིན་པོ་ཆེས་བརྒྱན་པ། རལ་པའི་ཅོད་པན་ཅན། གཡོན་ཕྱོགས་སུ་རང་སྣང་གི་ཡུམ་ཨུཏྤལ་འཛིན་པས་འཁྱུད་པ། རྒྱལ་བ་འོད་དཔག་ཏུ་མེད་པས་དབུ་བརྒྱན་པའོ། །མིག་ཏུ་ཨོཾ་དཀར་པོ། རྣ་བར་མ་སྔོན་མོ། སྣར་ཎི་སེར་པོ། ལྕེ་ལ་པད་དམར་པོ། དཔྲལ་བར་མེ་ལྗང་གུ། ལྟེ་བར་ཧཱུཾ་སྔོ་སྐྱ། སྤྱི་བོར་ཨོཾ། མགྲིན་པར་ཨཱཿ ཐུགས་ཀར་ཧཱུཾ། ཡེ་ཤེས་པ་བཛྲ་ས་མཱ་ཛཿ ཛཿཧཱུཾ་བཾ་ཧོཿ ཨོཾ་མ་ཎི་པདྨེ་ཧཱུཾ། ཞེས་ཅི་འགྲུབ་ཏུ་བཟླའོ། །མཇུག་ཏུ་ཆོས་ཐམས་ཅད་སྒྱུ་མ་ལྟ་བུར་ཤེས་པའི་སྒོ་ནས་དགེ་བ་བསྔོ། ༈ འདིའི་བཟླས་ལུང་བྱ་བ་ནི། སློབ་མས་མཎྜལ་ཕུལ། གསོལ་བ་འདེབས་པ་འདིའི་རྗེས་ཟློས་མཛོད། སློབ་དཔོན་གྱིས་བདག་ལ་རིག་སྔགས་དམ་པ་བསྩལ་དུ་གསོལ། ལན་གསུམ། སངས་རྒྱས་ཆོས་དང་ཚོགས་ཀྱི་མཆོག་བཅས་ལ། །ཞེས་སོགས་ལན་གསུམ། ཁྱེད་རང་རྣམས་དམིགས་པ་འདི་བཞིན་(༥༠བ)དུ་མཛོད། ཨོཾ་ཤཱུ་ནྱ་ཏཱ་ཛྙཱ་ན་བཛྲ་སྭ་བྷཱ་ཝ་ཨཱཏྨ་ཀོ྅ཧཾ། སྟོང་པ་ཉིད་དུ་གྱུར། སྟོང་པའི་ངང་ལས་པདྨ་དཀར་པོ་དང་ཟླ་བའི་གདན་ལ་པདྨ་དཀར་པོའི་སྡོང་བུ་ཡི་གེ་དྲུག་པའི་སྔགས་ཀྱིས་མཚན་པ་ཡོངས་སུ་གྱུར་པ་ལས། ཁྱེད་རང་རྣམས་འཕགས་པ་སྤྱན་རས་གཟིགས་ཇོ་བོ་སུ་ཁ་ཝ་ཏི་སྐུ་མདོག་དཀར་པོ་ཞལ་གཅིག་ཕྱག་དྲུག་པ། གཡས་ཀྱི་དང་པོ་བ་དན་རྩེ་གསུམ་པའི་ཕྱག་རྒྱ། གཉིས་པ་ན་བགྲང་འཕྲེང་། གསུམ་པ་ན་ནོར་བུ་དང་བཅས་པའི་མཆོག་སྦྱིན། གཡོན་དང་པོ་པདྨ་དཀར་པོའི་སྡོང་བུ་ནོར་བུས་མཚན་པ། གཉིས་པ་ན་དབྱུ་གུ་རྩེ་གསུམ། ཐ་མ་ན་སྤྱི་བླུགས་འཛིན་པ། ཞབས་རོལ་པའི་སྟབས་ཀྱིས་བཞུགས་ཤིང་། དར་དང་རིན་པོ་ཆེས་བརྒྱན་པ། རལ་པའི་ཅོད་པན་ཅན། གཡོན་ཕྱོགས་སུ་རང་སྣང་གི་ཡུམ་ཨུཏྤལ་འཛིན་པས་འཁྱུད་པ། རྒྱལ་བ་འོད་དཔག་ཏུ་མེད་པས་དབུ་བརྒྱན་པའོ། །མིག་ཏུ་ཨོཾ་དཀར་པོ། རྣ་བར་མ་སྔོན་མོ། སྣར་ཎི་སེར་པོ། ལྕེ་ལ་པད་དམར་པོ། དཔྲལ་བར་མེ་ལྗང་གུ། ལྟེ་བར་

ཧཱུྃ་སྠོ་སྐྲྀ། སྤྱི་བོར་ཨོཾ། མགྲིན་པར་ཨཱཿ ཐུགས་ཀར་ཧཱུྃ། ཡེ་ཤེས་པ་བཛྲ་ས་མཱ་ཛཿ ཛཿཧཱུྃ་བཾ་ཧོཿ གཉིས་སུ་མེད་པར་ཐིམ་པར་གྱུར་པའི་མོས་པ་མཛོད། དེ་ནས། སློབ་དཔོན་འཕགས་པ་སྤྱན་རས་གཟིགས་སུ་གསལ་བའི་ཐུགས་ཀའི་ས་བོན་གྱི་མཐར་སྔགས་འཕྲེང་གིས་བསྐོར་བ་ལས་སྔགས་འཕྲེང་གཉིས་པ་བྱུང་། ཞལ་ནས་ཐོན། ཁྱེད་རང་རྣམས་ཀྱི་ཞལ་དུ་ཞུགས། ཐུགས་ཀའི་ས་བོན་གྱི་མཐར་འཁོད་པའི་མོས་པ་མཛོད་བྱས(༥༧ན)ལ། ཨོཾ་མ་ཎི་པདྨེ་ཧཱུྃ། ཞེས་ལན་གསུམ་རྗེས་ཟློས་བྱེད་དུ་གཞུག །རྗེས་ཀྱི་བྱ་བ་རྣམས་སྤྱི་དང་འདྲའོ། །

༄ **སྤྱན་རས་གཟིགས་དོན་ཡོད་ཞགས་པ་ལ།** སྐུ་གཟུགས་ཀྱི་མདུན་དུ་མཆོད་པ་བཤམས། སྐྱབས་འགྲོ་སེམས་བསྐྱེད་སྔོན་དུ་འགྲོ་བས། ཤཱུ་ནྱ་ཏཱས་སྟོང་པར་སྦྱངས། སྟོང་པའི་ངང་ལས་རང་སེམས་ཧྲཱིཿཡིག་དམར་པོ་ཡོངས་སུ་གྱུར་པ་ལས། རང་ཉིད་དོན་ཡོད་ཞགས་པ་ཀུ་སྐྱ་རེངས་གསར་པའི་མདོག་ཅན། རལ་པའི་ཐོར་ཚུགས་དང་ལྡན་པ། རྒྱན་སྤངས་པ། སྤྱན་གསུམ། འོད་དཔག་མེད་ཀྱི་དབུ་རྒྱན་ཅན། རྒྱ་ནག་གི་བླ་གོས་དང་། རི་དྭགས་ཀྱི་པགས་པའི་སྨད་གཡོགས་ཅན་མཉམ་པར་བཞེངས་པ། ཕྱག་བརྒྱད་ཀྱི་གཡས་བཞི་ན་ལྕགས་ཀྱུ་དང་། གཡོན་བཞི་ན་ཞགས་པ་བསྣམས་པའོ། །སྙིང་གར་ཟླ་བ་ལ་སྔགས་འཕྲེང་བཀོད་དེ། ཨོཾ་ཨཧྨུ་ཤ །ཨ་མོ་ཀྵ་ཨཱ་ཀརྵ་ཡ་ཧཱུྃ། ཞེས་ཅི་འགྲུབ་ཏུ་བཟླའོ། ། ༄ འདིའི་བཟླས་ལུང་བྱ་བ་ནི། སློབ་མས་མཎྜལ་ཕུལ། གསོལ་བ་འདེབས་པ་འདིའི་རྗེས་ཟློས་མཛོད། སློབ་དཔོན་གྱིས་བདག་ལ་རིག་སྔགས་དམ་པ་བསྩལ་དུ་གསོལ། ལན་གསུམ། སངས་རྒྱས་ཆོས་དང་ཚོགས་ཀྱི་མཆོག་བཅས་ལ། །ཞེས་སོགས་ལན་གསུམ། ཁྱེད་རང་རྣམས་དམིགས་པ་འདི་བཞིན་དུ་མཛོད། ཨོཾ་ཤཱུ་ནྱ་ཏཱ་ཛྙཱ་ན་བཛྲ་སྭ་བྷཱ་ཝ་ཨཱཏྨ་ཀོ྅ཧཾ། སྟོང་པ་ཉིད་དུ་གྱུར། སྟོང་པའི་ངང་ལས་ཁྱེད་རང་རྣམས་(༥༧བ)ཀྱི་སེམས་ཉིད་ཧྲཱིཿཡིག་དམར་པོ་ཡོངས་སུ་གྱུར་པ་ལས། ཁྱེད་རང་རྣམས་དོན་ཡོད་ཞགས་པ་ཀུ་སྐྱ་རེངས་གསར་པའི་མདོག

ཅན། རལ་པའི་ཐོར་ཚུགས་དང་ལྡན་པ། རྒྱན་སྤངས་པ། སྤྱན་གསུམ། འོད་དཔག་མེད་ཀྱི་དབུ་རྒྱན་ཅན། རྒྱ་ནག་གི་བླ་གོས་དང་། རི་དྭགས་ཀྱི་པགས་པའི་སྨད་གཡོགས་ཅན་མཉམ་པར་བཞེངས་པ། ཕྱག་བརྒྱད་ཀྱི་གཡས་བཞི་ན་ལྕུགས་ཀྱུ་དང་། གཡོན་བཞི་ན་ཞགས་པ་བསྣམས་པའོ། །ཞེས་གསལ་བཏབ། དེ་ནས། སློབ་དཔོན་སྤྱན་རས་གཟིགས་སུ་གསལ་བའི་ཐུགས་ཀར་ཟླ་བའི་དཀྱིལ་འཁོར་གྱི་དབུས་སུ་ཧྲཱིཿཡིག་གི་མཐར་སྔགས་འཕྲེང་གིས་བསྐོར་བ་ལས་སྔགས་འཕྲེང་གཉིས་པ་བྱུང་། ཞལ་ནས་ཐོན། ཁྱེད་རང་རྣམས་ཀྱི་ཞལ་དུ་ཞུགས། ཐུགས་ཀར་ཟླ་བའི་དཀྱིལ་འཁོར་གྱི་དབུས་སུ་ཧྲཱིཿཡིག་གི་མཐར་འཁོད་པའི་མོས་པ་མཛོད་བྱས་ལ། ཨོཾ་ཨཧྲུ་ཤ ། ཨ་མོ་གྷ་ཤྭ་ཀཎྜ་ཡ་ཧཱུྃ། ཞེས་ལན་གསུམ་རྗེས་ཟློས་བྱར་གཞུག །རྗེས་ཀྱི་བྱ་བ་རྣམས་སྤྱི་དང་འདྲའོ། །

༄ **སྤྱན་རས་གཟིགས་དོན་ཡོད་མཆོད་པའི་ནོར་བུ་ལ།** སྐུ་གཟུགས་ཀྱི་མདུན་དུ་མཆོད་པ་བཤམས། སྐྱབས་འགྲོ་སེམས་བསྐྱེད་སྔོན་དུ་འགྲོ་བས། ཤུ་ཉྙ་ཏཱས་སྟོང་པར་སྒྱུར། སྟོང་པའི་ངང་ལས་པད་ཟླ་ལ་ཧྲཱིཿཡིག་ལས། རང་ཉིད་འཕགས་པ་དོན་ཡོད་མཆོད་པའི་ནོར་བུ་ཞེས་བྱ་བ། སྐུ་མདོག་དཀར་པོ་ཡིད་ཙམ་ཁྲོ་ཞིང་སྤྱན་གསུམ་པ། ཕྱག་གཡས་(༥༢༨)གཉིས་ན་རལ་གྲི་དང་ཏྲི་ཤུ་ལ། གཡོན་གཉིས་ན་ཞགས་པ་དང་པདྨ་འཛིན་པ། རལ་པའི་ཅོད་པན་ལ་འོད་དཔག་མེད་ཀྱིས་བརྒྱན་པ། ཆུའི་དབུས་སུ་པདྨའི་སྡོང་བུ་ལ་གནས་པ། གཡས་གཡོན་ན་ཀླུ་དགའ་བོ་ཉེར་དགའ་དཀར་པོ་ཕྱེད་མ་སྦྲུལ་གྱིས་བཅིངས་ཤིང་། ཐལ་མོ་སྦྱར་བའོ། །ཨོཾ་ཨ་མོ་གྷ་པུ་ཛ་མ་ཎི། པདྨ་བཛྲེ་ཏ་ཐཱ་ག་ཏ། བི་ལོ་ཀི་ཏེ། ས་མནྟ་པྲ་ས་ར་ཧཱུྃ། ཞེས་ཅི་ནུས་སུ་བཟླའོ། ། ༄ འདིའི་བཟླས་ལུང་བྱ་བ་ནི། སློབ་མས་མཎྜལ་ཕུལ། གསོལ་བ་འདེབས་པ་འདིའི་རྗེས་གནང་མཛོད། སློབ་དཔོན་གྱིས་བདག་ལ་རིག་སྔགས་དམ་པ་བསྩལ་དུ་གསོལ། ལན་གསུམ། སངས་རྒྱས་ཆོས་དང་ཚོགས་ཀྱི་མཆོག་བཅས་ལ། །ཞེས་སོགས་ལན་གསུམ། ཁྱེད་

རང་རྣམས་དམིགས་པ་འདི་བཞིན་དུ་མཛོད། ཨོཾ་ཤཱུ་ནྱ་ཏཱ་ཛྙཱ་ན་བཛྲ་སྭ་བྷཱ་ཝ་ཨཱཏྨ་ཀོ྅ཧཾ། སྟོང་པ་ཉིད་དུ་གྱུར། སྟོང་པའི་ངང་ལས་པད་ཟླ་ལ་ཧྲཱིཿཡིག་ལས། ཁྱེད་རང་རྣམས་འཕགས་པ་དོན་ཡོད་མཆོད་པའི་ནོར་བུ་ཞེས་བྱ་བ། སྐུ་མདོག་དཀར་པོ་ཡིད་ཙམ་ཁྲོ་ཞིང་སྤྱན་གསུམ་པ། ཕྱག་གཡས་གཉིས་ན་རལ་གྲི་དང་ཏྲི་ཤཱུ་ལ། གཡོན་གཉིས་ན་ཞགས་པ་དང་པདྨ་འཛིན་པ། རལ་པའི་ཅོད་པན་ལ་འོད་དཔག་མེད་ཀྱིས་བརྒྱན་པ། ཆུའི་དབུས་སུ་པདྨའི་སྡོང་བུ་ལ་གནས་པ། གཡས་གཡོན་དུ་ཀླུ་དགའ་བོ་ཉེར་དགའ་དཀར་པོ་ཕྱུས་མོ་བཙུགས་ཤིང་། ཐལ་མོ་སྦྱར་བའོ། །(༥༢བ)ཞེས་གསལ་བཏབ། དེ་ནས། སློབ་དཔོན་སྤྱན་རས་གཟིགས་སུ་གསལ་བའི་ཐུགས་ཀར་ཟླ་བའི་དཀྱིལ་འཁོར་གྱི་དབུས་སུ་ཧྲཱིཿཡིག་གི་མཐར་སྔགས་འཕྲེང་གིས་བསྐོར་བ་ལས་སྔགས་འཕྲེང་གཉིས་པ་བྱུང་། ཞལ་ནས་ཐོན། ཁྱེད་རང་རྣམས་ཀྱི་ཞལ་དུ་ཞུགས། ཐུགས་ཀར་ཟླ་བའི་དཀྱིལ་འཁོར་གྱི་དབུས་སུ་ཧྲཱིཿཡིག་གི་མཐར་འཁོད་པའི་མོས་པ་མཛོད་བྱས་ལ། ཨོཾ་ཨ་མོ་གྷ་པཱུ་ཛ་མ་ཎི། པདྨ་བཛྲེ་ཏ་ཐཱ་ག་ཏ། བི་ལོ་ཀི་ཏེ། ས་མནྟ་པྲ་ས་ར་ཧཱུྃ། ཞེས་ལན་གསུམ་རྗེས་ཟློས་བྱར་གཞུག །རྗེས་ཀྱི་བྱ་བ་སྤྱི་དང་འདྲའོ། །

༈ གསང་བའི་བདག་པོ་ལྷན་སྐྱེས་ལ། སྐྱབས་སེམས་ཚད་མེད་བཞི་སྔོན་དུ་འགྲོ་བས། ཤཱུ་ནྱ་ཏཱས་སྟོང་པར་སྦྱངས། སྟོང་པའི་ངང་ལས་རང་གི་སྙིང་གར་ཧཱུྃ་ཡིག་རྡོ་རྗེ་དང་བཅས་པའི་འོད་ཀྱི་འཕྲོ་འདུ་ལས། རང་ཉིད་གསང་བའི་བདག་པོ་ཞི་བ་ཕྱག་གཉིས་པ་སྐུ་མདོག་དཀར་པོ། གཡས་རྡོ་རྗེ་ཐུགས་ཀར་གཏོད་ཅིང་། གཡོན་དྲིལ་བུ་དཀུར་བརྟེན་པ། ཡིད་ཙམ་ཁྲོ་བའི་ཉམས་ཅན། དར་དང་རིན་པོ་ཆེས་བརྒྱན་པ། རྡོ་རྗེའི་སྐྱིལ་ཀྲུང་གིས་པད་ཟླ་ལ་བཞུགས་པ། ཡུམ་ཨཱ་མ་ཀི་དཀར་ལ་སྔོ་བའི་མདངས་ཅན། གྲི་གུག་དང་ཐོད་པ་འཛིན་པས་སྐུའི་གཡོན་ཕྱོགས་ནས་འཁྱུད་པ། ཨོཾ་སརྦ་མནྟྲ་བཛྲ་ཨ་གྲ་པ་ཏེ་ཧཱུྃ། ཨོཾ་ཀི་རི་ཀི་རི་ཨཱ་མ་ཀི་ཧཱུྃ། ཞེས་ཅུང་ཟད་བཟླས། ཡབ་ཡུམ་སྙོམས་

པར་ཞུགས་པས་བྱང་ཆུབ་སེམས་ཀྱི་ཕུང་པོར་གྱུར། ཕྱོགས་བཅུའི་སངས་རྒྱས་རྣམས་ཀྱིས། ས་མ་ཡ་སྟྭཾ་ཞེས་བསྐུལ་བས། དེ་(༥༣ན)ཉིད་ཧཱུྃ་དུ་གྱུར། དེ་ལས་རང་ཉིད་གསང་བའི་བདག་པོ་སྐུ་མདོག་མཐིང་ནག་ཞལ་གཅིག་ཕྱག་གཉིས་སྤྱན་གསུམ་ཤིན་ཏུ་ཁྲོས་པ། གཡས་རྡོ་རྗེ་འབར་བ་འཕྱར་ཞིང་། གཡོན་ཞགས་པ་འཛིན་པའི་སྡིགས་མཛུབ་ཀྱིས་ཡུམ་ལ་འཁྱུད་པ། ཞབས་གཡས་བསྐུམ་གཡོན་བརྐྱངས་པས་ཉི་མའི་དཀྱིལ་འཁོར་ལ་གནས་པ། ཉི་མའི་འོག་ཏུ་དབང་ཕྱུག་ཆེན་པོ་དང་། ཨུ་མ་དང་། ནོར་བདག་དང་། ཀླུ་དང་། ལྷ་མ་ཡིན་ལ་སོགས་པ་དྲེགས་པ་ཐམས་ཅད་ཁ་བུབ་ཏུ་མནན་པ། གདུག་པའི་སྤྲུལ་ཞལ་དུ་གསོལ་ཞིང་སྟག་ལྤགས་དང་སྤྲུལ་རྒྱན་དང་མི་མགོའི་དོ་ཤལ་ཅན། ཁྲོ་བོའི་རྒྱན་ཆ་ལུགས་ཡོངས་སུ་རྫོགས་པའོ། །ཡུམ་རིག་འཛིན་མ་སྔོན་མོ་ཅུང་ཟད་ཞི་ཞིང་སྐྱེག་པ། སྐྲ་གྲོལ་བ། རྡོ་རྗེ་དང་ཐོད་ཁྲག་འཛིན་པས་ཡབ་ལ་འཁྱུད་པ། གཅེར་བུ་སྤྲུལ་གྱིས་བརྒྱན་པ། གཉིས་ཀའང་མེ་དཔུང་འབར་བའི་དབུས་སུ་བཞུགས་ཤིང་། མི་བསྐྱོད་པའི་དབུ་རྒྱན་ཅན། དཔྲལ་བར་ཨོཾ། མགྲིན་པར་ཨཱཿ ཐུགས་ཀར་ཧཱུྃ། རི་རབ་ཀྱི་རྩེ་མོར་ཕྱིན་པར་གྱུར། སྙིང་གར་སྡིགས་འཁྱིང་བཀོད་ལ། ཨོཾ་བཛྲ་ཙཎྜ་སརྦ་དུཥྚཾ་ཏ་ཀ་ཏ་ན་ད་ཏ་པ་ཙ་ཧཱུྃ་ཕཊ། ཨོཾ་ཀུ་ལྱཀྵ་རི་བཀྵ་བཀྵ་ཧཱུྃ་ཕཊ། ཅེས་ཁ་སྦྱོར་གྱི་བཟླས་པ་ཅི་ནུས་སུ་བཟླའོ། །ཁ་ཟས་ཀྱི་ཕུད་ཡི་གེ་འབྲུ་གསུམ་གྱིས་གཏོར་མར་བྱིན་གྱིས་བརླབས་ལ། སྙིང་པོའི་མཐར། ཨི་དཾ་བ་ལིཾ་ཏ་ཁ་ཁ་ཁཱ་ཧི་ཁཱ་ཧི་ཞེས་བཏགས་པས་ཕུལ། ༈ འདིའི་བྱིན་རླབས་བྱེད་པར་འདོད་ན། མཉལ་གྲུ་གསུམ་(༥༣བ)ནག་པོ་ཞིག་བྱ། དེར་མཐླིའི་ཁར་ཐོད་པ་དམ་རྫས་ཀྱིས་བཀང་བའི་སྟེང་དུ་ལྕགས་ཀྱི་རྡོ་རྗེ་ཞིག་བཞག །ཤ་ཆང་གིས་བརྒྱན་པའི་གཏོར་མ་དང་། མཐའ་བསྐོར་དུ་མཆོད་པ་རྣམས་བཤམས་ལ། ཐམས་ཅད་ཨ་མྲི་ཏས་བསངས། མཆོད་པ་ཟླ་མེད་ལྟར་བྱིན་གྱིས་བརླབས་ཏེ། བདག་མདུན་དབྱེར་མེད་ཀྱི་ཚུལ་དུ་བཟླས་པའི་བར་ཚར་གྱིས་བསྒོམ། ཐུགས་ཀ་ནས་ལས་ཀྱི་རྡོ་རྗེ་ཞིག་

ཚད་དེ། མཆོད་པ་འབུལ་བར་བསམ་ལ། ཨརྒྷཾ་ནས་ཤབྡའི་བར་གྱི་སྔགས་དང་ཕྱག་རྒྱས་མཆོད། གཏོར་མ་འབྲུ་གསུམ་གྱིས་བྱིན་གྱིས་བརླབས་ནས། སྙིང་པོའི་མཐར། ཨི་དཾ་བ་ལིཾ་ཏ་ཁ་ཁ་ཁཱ་ཧི་ཁཱ་ཧི། བཏགས་པས་ཕུལ། སྟོབས་པོ་ཆེ་ལ་དྲག་ཤུལ་ཆེ། །རིག་སྔགས་འཆང་བ་བདེ་བ་པོ། །གདུལ་དཀའ་མ་ལུས་འདུལ་མཛད་པའི། །རྡོ་རྗེ་འཛིན་ལ་ཕྱག་འཚལ་ལོ། །ཞེས་པས་བསྟོད། ༈ དེ་ནས། སློབ་མས་མཎྜལ་ཕུལ། ཨོཾ་ཧེ་བཛྲ་ཨཱ་ཙཪྻ་མ་མ་ཨ་ཏིཥྛཧྲྀ་ཀུ་རུ་ཧཱུཾ། ཞེས་ལན་གསུམ་གྱིས་གསོལ་བ་བཏབ། མགུར་ནས་འབྱུང་བའི་ཡན་ལག་བདུན་པ་བྱ། སློབ་དཔོན་གསང་བའི་བདག་པོར་དངོས་སུ་མོས་ལ། སློབ་དཔོན་གྱི་ཐུགས་ཀ་ནས་འོད་ཟེར་འཕྲོས། སངས་རྒྱས་ཐམས་ཅད་གསང་བདག་ཡབ་ཡུམ་གྱི་སྐུའི་རྣམ་པར་སྤྱན་དྲངས་ཏེ། ཁྱེད་རང་རྣམས་ལ་ཐིམ་པར་གྱུར་པའི་མོས་པ་མཛོད། རོལ་མོའི་སྒྲ་བྱ། ཡང་སློབ་དཔོན་གྱི་ཐུགས་ཀ་ནས་འོད་ཟེར་འཕྲོས། སངས་རྒྱས་ཐམས་ཅད་ཡིག་འབྲུའི་རྣམ་པར་སྤྱན་དྲངས་ཏེ། ཁྱེད་རང་རྣམས་ལ་ཐིམ་པར་གྱུར་པའི་མོས་པ་མཛོད། རོལ་མོའི་སྒྲ་བྱ། ཡང་སློབ་དཔོན་གྱི་ཐུགས་ཀ་ནས་འོད་ཟེར་འཕྲོས། སངས་རྒྱས་ཐམས་ཅད་ཕྱག་མཚན་གྱི་རྣམ་པར་སྤྱན་དྲངས་ཏེ། ཁྱེད་རང་རྣམས་ལ་ཐིམ་པར་གྱུར་པའི་(༥༨ན)མོས་པ་མཛོད། རོལ་མོའི་སྒྲ་བྱ། དེ་ནས། ཁྱེད་རང་རྣམས་དམིགས་པ་འདི་བཞིན་དུ་མཛོད། ཨོཾ་ཤཱུ་ནྱ་ཏཱ་ཛྙཱ་ན་བཛྲ་སྭ་བྷཱ་ཝ་ཨཱཏྨ་ཀོ྅ཧཾ། སྟོང་པ་ཉིད་དུ་གྱུར། སྟོང་པའི་ངང་ལས་ཁྱེད་རང་རྣམས་ཀྱི་སྙིང་གར་ཧཱུཾ་ཡིག་རྡོ་རྗེ་དང་བཅས་པའི་འོད་ཀྱི་འཕྲོ་འདུ་ལས། ཁྱེད་རང་རྣམས་གསང་བའི་བདག་པོ་ཞི་བ་ཕྱག་གཉིས་པ་སྐུ་མདོག་དཀར་པོ། གཡས་རྡོ་རྗེ་ཐུགས་ཀར་གཏོད་ཅིང་། གཡོན་དྲིལ་བུ་དཀུར་བརྟེན་པ། ཡིད་ཙམ་ཁྲོ་བའི་ཉམས་ཅན། དར་དང་རིན་པོ་ཆེས་བརྒྱན་པ། རྡོ་རྗེའི་སྐྱིལ་ཀྲུང་གིས་པད་ཟླ་ལ་བཞུགས་པ། ཡུམ་མཱ་མ་ཀི་དཀར་ལ་སྔོ་བའི་མདངས་ཅན། གྲི་གུག་དང་ཐོད་པ་འཛིན་པས་སྐུའི་གཡོན་ཕྱོགས་ནས་འཁྲུད་པར་

སོས། དེ་ནས། སློབ་དཔོན་གསང་བའི་བདག་པོར་གསལ་བའི་ཐུགས་ཀར་ཟླ་བའི་
དཀྱིལ་འཁོར་གྱི་དབུས་སུ་ཧཱུྃ་ཡིག་གི་མཐར་སྔགས་འཕྲེང་གིས་བསྐོར་བ་ལས་སྔགས་
འཕྲེང་གཉིས་པ་བྱུང་། ཞལ་ནས་ཐོན། ཁྱེད་རང་རྣམས་གསང་བའི་བདག་པོ་ཞི་
བ་ཡབ་ཡུམ་གྱི་སྐུར་གསལ་བའི་ཞལ་དུ་ཞུགས། ཐུགས་ཀར་ཟླ་བའི་དཀྱིལ་འཁོར་
གྱི་དབུས་སུ་ཧཱུྃ་ཡིག་གི་མཐར་འཁོད་པའི་སོས་པ་མཛོད་བྱས་ལ། ཨོཾ་སརྦ་མནྟྲ་བཛྲ་
ཨ་གྲ་ཡ་རཾ་ཧཱུྃ། ཨོཾ་ཀི་རི་ཀི་རི་ཨཱ་མ་ཀི་ཧཱུྃ། ཞེས་ལན་(༥༨བ)གསུམ་རྗེས་ཟློས་བྱར་
གཞུག །ཁྱེད་རང་རྣམས་ཡབ་ཡུམ་སྙོམས་པར་ཞུགས་པས་བྱང་ཆུབ་སེམས་ཀྱི་ཕུང་
པོར་གྱུར། ཕྱོགས་བཅུའི་སངས་རྒྱས་རྣམས་ཀྱིས། ས་མ་ཡ་སྟྭཾ་ཞེས་བསྐུལ་བས། དེ་
ཉིད་ཧཱུྃ་དུ་གྱུར། དེ་ལས་ཁྱེད་རང་རྣམས་གསང་བའི་བདག་པོ་སྐུ་མདོག་མཐིང་ནག
ཞལ་གཅིག་ཕྱག་གཉིས་སྤྱན་གསུམ་ཤིན་ཏུ་ཁྲོས་པ། གཡས་རྡོ་རྗེ་འབར་བ་འཕྱར་
ཞིང་། གཡོན་ཞགས་པ་འཛིན་པའི་སྡིགས་མཛུབ་ཀྱིས་ཡུམ་ལ་འཁྱུད་པ། ཞབས་
གཡས་བསྐུམ་གཡོན་བརྐྱངས་པས་ཉི་མའི་དཀྱིལ་འཁོར་ལ་གནས་པ། ཉི་མའི་འོག
ཏུ་དབང་ཕྱུག་ཆེན་པོ་དང་། ཨུ་མ་དང་། ནོར་བདག་དང་། ཀླུ་དང་། ལྷ་མ་ཡིན་
ལ་སོགས་པ་དྲེགས་པ་ཐམས་ཅད་ཁ་བུབ་ཏུ་མནན་པ། གདུག་པའི་སྦྲུལ་ཞལ་དུ་
གསོལ་ཞིང་སྟག་ལྤགས་དང་སྦྲུལ་རྒྱན་དང་མི་མགོའི་དོ་ཤལ་ཅན། ཁྲོ་བོའི་རྒྱན་ཆ་
ལུགས་ཡོངས་སུ་རྫོགས་པའོ། །ཡུམ་རིག་འཛིན་མ་སྔོན་མོ་ཅུང་ཟད་ཞི་ཞིང་སྐེག་པ།
སྐྲ་གྲོལ་བ། རྡོ་རྗེ་དང་ཐོད་ཁྲག་འཛིན་པས་ཡབ་ལ་འཁྱུད་པ། གཅེར་བུ་སྦྲུལ་གྱིས་
བརྒྱན་པ། གཉིས་ཀའང་མེ་དཔུང་འབར་བའི་དབུས་ན་བཞུགས་ཤིང་། མི་བསྐྱོད་
པའི་དབུ་རྒྱན་ཅན། དཔྲལ་བར་ཨོཾ། མགྲིན་པར་ཨཱཿ ཐུགས་ཀར་ཧཱུྃ་གིས་མཚན་
པར་གྱུར་པའི་སོས་པ་མཛོད། དེ་ནས་སློབ་དཔོན་གསང་བའི་བདག་པོར་གསལ་བའི་
ཐུགས་ཀར་ཉི་མའི་དཀྱིལ་འཁོར་གྱི་དབུས་སུ་ཧཱུྃ་ཡིག་གི་མཐར་སྔགས་འཕྲེང་གིས་
བསྐོར་བ་ལས་སྔགས་འཕྲེང་གཉིས་པ་བྱུང་། ཞལ་ནས་ཐོན། ཁྱེད་རང་(༥༥ན)རྣམས་

གསང་བའི་བདག་པོ་ཁྲོ་བོ་ཡབ་ཡུམ་གྱི་སྐུར་གསལ་བའི་ཞལ་དུ་ཞུགས། ཐུགས་ཀར་ཉི་མའི་དཀྱིལ་འཁོར་གྱི་དབུས་སུ་ཧཱུྃ་ཡིག་གི་མཐར་འཁོད་པའི་མོས་པ་མཛོད་བྱས་ལ། ཨོཾ་བཛྲ་ཙཎྜ་སརྦ་དུཥྚཾ་ཏ་ཀ་ཏ་ཎ་ད་ཏ་པ་ཙ་ཧཱུྃ་ཕཊ། ཨོཾ་ཀུ་ལཧླ་རི་བཧླ་བཧླ་ཧཱུྃ་ཕཊ། ཅེས་ལན་གསུམ་ཟློས་སྒྲོས་བྱར་གཞུག །ཡང་། གཏོར་མ་ནས་ཁམ་གཅིག་སྦྱིན་ལ་འབྲུ་གསུམ་བཇོད། བུམ་དབང་ངོ་། །སྙིང་པོའི་མཐར་འབྲུ་གསུམ་བཏགས་པས་ཐོད་པའི་ནང་གི་དམ་རྫས་སྦྱིན། གསང་དབང་ངོ་། །རྡོ་རྗེ་སྙིང་གར་གཏད་ལ། བདེ་སྟོང་གི་ཡེ་ཤེས་སྦྲིབ་གཉིས་འཇོམས་བྱེད་དུ་ངོ་སྤྲད། ཤེར་དབང་ངོ་། །མདུན་བསྐྱེད་ཀྱི་ལྷ་ཚོགས་ལས་མར་མེ་གཅིག་ལས་གཉིས་ཆད་ཀྱི་ཚུལ་དུ་བྱུང་སྟེ། སློབ་མ་རྣམས་ལ་བསྟིམ། མི་རྟོག་པ་བསྒོམ་དུ་གཞུག་སྟེ་དབང་བཞི་པའོ། །རྗེས་ཀྱི་བྱ་བ་རྣམས་སྤྱི་དང་འདྲའོ། །

༄ ལྷ་མོ་སྣ་མ་ཀི་ལ། སྐྱབས་འགྲོ་སེམས་བསྐྱེད་ཚད་མེད་བཞི་སྔོན་དུ་འགྲོ་བས། ཤཱུ་ནྱ་ཏཱ་སྟོང་པར་སྦྱངས། སྟོང་པའི་ངང་ལས་ཧཱུྃ་ལས་རྡོ་རྗེ་ཧཱུྃ་གིས་མཚན་པ་ཡོངས་སུ་གྱུར་པ་ལས། རང་ཉིད་རྡོ་རྗེ་ལྷ་མོ་སྣ་མ་ཀི་སྐུ་མདོག་ཨིནྡྲ་ནཱི་ལ་ལྟར་སྔོ་བ། ཕྱག་གཡས་པས་ཡེ་ཤེས་ཀྱི་རྡོ་རྗེ་སྔོན་པོ་རྩེ་ལྔ་པ་མེ་ལྕེའི་ཟེར་འཕྲོ་བ་འཕྱུར་བའི་ཚུལ་འཛིན་པ། གཡོན་པས་ཐུགས་ཀར་ཨུཏྤལ་སྔོན་པོའི་ཞགས་པ་དང་བཅས་པའི་སྡིགས་མཛུབ་མཛད་པ། སྡེ་བརྒྱད་ཀྱི་གཙོ་བོ་དྲེགས་པ་ཅན་ཐམས་ཅད་ཁ་དུབ་ཏུ་བསྒྲིལ་བའི་སྟེང་དུ། པདྨ་ཉི་ཟླའི་(༥༥བ)གདན་ལ་གཡོན་བརྐྱང་གི་སྟབས་ཀྱིས་བཞུགས་པ། དར་སྔོན་པོའི་སྟོད་གཡོགས་དང་། སྟག་ལྤགས་ཀྱི་སྨད་དཀྲིས་ཅན། སྦྲུལ་དང་རིན་པོ་ཆེ་དང་མེ་ཏོག་གིས་བརྒྱན་པ། བཅུ་དྲུག་ལོན་པའི་ལང་ཚོ་ཅན། སྤྱན་གསུམ་དང་ལྡན་ཞིང་མཆེ་བའི་མྱུ་གུ་གཙིགས་པ། ཁྲོ་ཆགས་འདྲེས་པའི་ཉམས་ཅན། དབུ་སྐྲ་ཕྱེད་ལྷག་པར་བཅིངས་ཤིང་ཕྱེད་གྲོལ་བ། སངས་རྒྱས་མི་བསྐྱོད་པས་དབུ་ལ་བརྒྱན་ཅིང་། ཚ་ཟེར་འབྲུགས་པའི་དབུས་ན་བཞུགས་པའོ། །ཡེ་

ཞེས་སེམས་དཔའ་བཛྲ་ས་ཏྭ་ཛཿ ཛཿཧཱུྃ་བཾ་ཧོཿ དཔྲལ་བར་ཨོཾ། མགྲིན་པར་ཨཱཿ ཐུགས་ཀར་ཧཱུྃ། ཐུགས་ཀར་རིན་པོ་ཆེ་ལྷུང་གུ་ཆ་དགུ་པ་དང་། ལྟེ་བར་པདྨ་འདབ་བརྒྱད། མགྲིན་པར་ཉི་མའི་གདན་དགུ། དེ་རྣམས་ལ་རིགས་ལྔ་ཡུམ་བཞིའི་ཕྱག་མཚན་དང་སྐུ་དང་ས་བོན་རྣམས་དགོད། ལྟེ་འོག་སོར་བཞིའི་གནས་སུ་ཐོད་པ་ལ་གནས་པའི་རྡོ་རྗེའི་ལྟེ་བར་ས་བོན་སྔགས་འཕྲེང་དང་བཅས་པ་བཀོད་ལ། ཨོཾ་ཀུ་ལླཀྵ་རི་བཛྲ་བཛྲ་ཧཱུྃ་ཕཊ། ཅེས་པ་དང་། ཨོཾ་ཤཀྲ་རི་ཤཀྲི་ཀ་རི། ཛུཊྚ་ཛུཊྚ། ཛུཊྚེ་ནི་ཛུཊྚེ་ནི། ཧྣ་ཧྣ་ཧྣ་ཏ་ཡ་ཧྣ་ཏ་ཡ་ཧཱུྃ་ཕཊ་སྭཱཧཱ། ཞེས་དམིགས་པ་དང་བཅས་ཅི་འགྲུབ་ཏུ་བཟླ། མཆོད་པ་བླ་མེད་ལྟར་བྱིན་གྱིས་བརླབས། ཨརྒྷཾ་ནས་ཤབྡའི་བར་གྱིས་མཆོད། གཏོར་མ་འབྲུ་གསུམ་གྱིས་བྱིན་གྱིས་བརླབས་ནས། སྙིང་པོའི་མཐར། ཨི་དཾ་བ་ལིཾ་ཏ་ཁ་ཁ་ཁཱ་ཧི་ཁཱ་ཧི། བཏགས་པས་ཕུལ། རིག་སྔགས་ཀུན་གྱི་རྒྱལ་མོ་ནི། །མཐའ་དག་བགེགས་ཀྱི་གཤེད་མ་མཆོག །བཟོད་དཀའ་གཟི་བརྗིད་ཆེན་པོ་འཆང་། །ཀླུ་མ་ཀི་ལ་ཕྱག་འཚལ་འདུད། །ཅེས་(༥༨ན)པས་བསྟོད། ༔ འདིའི་བྱིན་རླབས་བྱེད་པར་འདོད་ན། མནྜལ་གྲུ་གསུམ་ནག་པོ་ཞིག་བྱ། དེར་མཐིལ་ཁར་ཐོད་པ་དམ་རྫས་ཀྱིས་བཀང་བའི་སྟེང་དུ་ལྕགས་ཀྱི་རྡོ་རྗེ་ཞིག་བཞག །ཤ་ཆང་གིས་བརྒྱན་པའི་གཏོར་མ་དང་། མཐའ་སྐོར་དུ་མཆོད་པ་བཤམས་ལ། ཐམས་ཅད་ཨ་ཕྲི་ཏས་བསངས། སྦྱི་དང་མཐུན་པར་བྱིན་གྱིས་བརླབས་ལ། བདག་མདུན་དབྱེར་མེད་ཀྱི་ཚུལ་དུ་བཟླས་པའི་བར་ཚར་གྱིས་བསྒོམ། ཐུགས་ཀ་ནས་ལས་ཀྱི་རྡོ་རྗེ་ཞིག་ཆད་དེ། མཆོད་པ་འབུལ་བར་བསམ་ལ། ཨརྒྷཾ་ནས་ཤབྡའི་བར་གྱི་སྔགས་དང་ཕྱག་རྒྱས་མཆོད། གཏོར་མ་རྣམས་བྱིན་གྱིས་བརླབས་ནས་འབུལ་བ་བསྟོད་པ་རྣམས་གོང་ལྟར་བྱ། ༔ དེ་ནས། སློབ་མས་མནྜལ་ཕུལ། ཨོཾ་ཧེ་བཛྲ་ཨཱ་ཙཎྜ་མ་མ་ཨ་ཧི་ཏྲཱ་ཧྲ་ཀུ་རུ་ཧཱུྃ། ཞེས་ལན་གསུམ་གྱིས་གསོལ་བ་བཏབ། གུར་ནས་འབྱུང་བའི་ཡན་ལག་བདུན་པ་བྱ། སློབ་དཔོན་ལྷ་མོ་ཀླུ་མ་གིར་དངོས་སུ་མོས་ལ། སློབ་

དཔོན་གྱི་ཐུགས་ཀ་ནས་འོད་ཟེར་འཕྲོས། སངས་རྒྱས་ཐམས་ཅད་ལྷ་མོ་སྣ་མ་ཀིའི་སྐུའི་རྣམ་པར་སྤྲུལ་དྲངས་ཏེ། ཁྱིད་རང་རྣམས་ལ་ཐིམ་པར་གྱུར་པའི་མོས་པ་མཛོད། རོལ་མོའི་སྒྲ་བྱ། ཡང་སློབ་དཔོན་གྱི་ཐུགས་ཀ་ནས་འོད་ཟེར་འཕྲོས། སངས་རྒྱས་ཐམས་ཅད་ཡིག་འབྲུའི་རྣམ་པར་སྤྲུལ་དྲངས་ཏེ། ཁྱིད་རང་རྣམས་ལ་ཐིམ་པར་གྱུར་པའི་མོས་པ་མཛོད། རོལ་མོའི་སྒྲ་བྱ། ཡང་སློབ་དཔོན་གྱི་ཐུགས་ཀ་ནས་འོད་ཟེར་འཕྲོས། སངས་རྒྱས་ཐམས་ཅད་ཕྱག་མཚན་གྱི་(༥༨བ)རྣམ་པར་སྤྲུལ་དྲངས་ཏེ། ཁྱིད་རང་རྣམས་ལ་ཐིམ་པར་གྱུར་པའི་མོས་པ་མཛོད། རོལ་མོའི་སྒྲ་བྱ། དེ་ནས། སློབ་མ་རྣམས། ཤྭ་བྷ་ཝས་སྟོང་པར་སྦྱངས། སྟོང་པའི་ངང་ལས་ཧཱུྃ་ལས་རྡོ་རྗེ་ཧཱུྃ་གིས་མཚན་པ་ཡོངས་སུ་གྱུར་པ་ལས། ཁྱིད་རང་རྣམས་རྡོ་རྗེ་ལྷ་མོ་སྣ་མ་ཀི་སྐུ་མདོག་ཨིནྡྲ་ནཱི་ལ་ལྟར་སྔོ་བ། ཕྱག་གཡས་པས་ཡེ་ཤེས་ཀྱི་རྡོ་རྗེ་སྔོན་པོ་རྩེ་ལྔ་པ་མེ་ལྕེའི་ཟེར་འཕྲོ་བ་འཕྱུར་བའི་ཚུལ་འཛིན་པ། གཡོན་པས་ཐུགས་ཀར་ཨུཏྤལ་སྔོན་པོའི་ཞགས་པ་དང་བཅས་པའི་སྡིགས་མཛུབ་མཛད་པ། སྡེ་བརྒྱད་ཀྱི་གཙོ་བོ་དྲེགས་པ་ཅན་ཐམས་ཅད་ཁ་བུབ་ཏུ་བསྒྱེལ་བའི་སྟེང་དུ། པདྨ་ཉི་ཟླའི་གདན་ལ་གཡོན་བརྐྱང་པའི་སྟབས་ཀྱིས་བཞུགས་པ། དར་སྔོན་པོའི་སྟོད་གཡོགས་དང་། སྟག་ལྤགས་ཀྱི་སྨད་དཀྲིས་ཅན། སྤྲུལ་དང་རིན་པོ་ཆེ་དང་མེ་ཏོག་གིས་བརྒྱན་པ། བཅུ་དྲུག་ལོན་པའི་ལང་ཚོ་ཅན། སྤྱན་གསུམ་དང་ལྡན་ཞིང་མཆེ་བའི་མྱུ་གུ་གཙིགས་པ། ཁྲོ་ཆགས་འདྲེས་པའི་ཉམས་ཅན། དབུ་སྐྲ་ཕྱེད་ལྟག་པར་བཅིངས་ཤིང་ཕྱེད་གྲོལ་བ། སངས་རྒྱས་མི་བསྐྱོད་པས་དབུ་ལ་བརྒྱན་ཅིང་། ཚ་ཟེར་འཁྲུགས་པའི་དབུས་ན་བཞུགས་པའོ། །དམྲལ་བར་ཨོཾ། མགྲིན་པར་ཨཱཿ ཐུགས་ཀར་ཧཱུྃ་གིས་མཚན་པར་གྱུར་པའི་མོས་པ་མཛོད། དེ་ནས། སློབ་དཔོན་ལྷ་མོ་སྣ་མ་ཀིར་གསལ་བའི་ཐུགས་ཀར་ཉི་མའི་དཀྱིལ་འཁོར་གྱི་དབུས་སུ་ཧཱུྃ་ཡིག་གི་མཐར་སྔགས་འཕྲེང་གིས་བསྐོར་བ་ལས་སྔགས་འཕྲེང་གཉིས་པ་བྱུང་། ཞལ་ནས་ཐོན། ཁྱིད་རང་རྣམས་ལྷ་མོ་སྣ་མ་ཀིར་

གསལ་བའི་(༥༧ན)ཞལ་དུ་ཞུགས། ཐུགས་ཀར་ཟླ་བའི་དཀྱིལ་འཁོར་གྱི་དབུས་སུ་ཧཱུྃ་ཡིག་གི་མཐར་འཁོད་པའི་མོས་པ་མཛོད་བྱས་ལ། ཨོཾ་ཀུ་ལནྟྲེ་རི་བནྟྲེ་བནྟྲེ་ཧཱུྃ་ཕཊ། ཅེས་པ་དང་། ཨོཾ་ཤནྟ་རི་ཤནྟི་ཀ་རི། གྷུཊྚ་གྷུཊྚ། གྷུཊྚེ་ནི་གྷུཊྚེ་ནི། གྷ་གྷ་གྷ་ཏ་ཡ་གྷ་ཏ་ཡ་ཧཱུྃ་ཕཊ་སྭཱཧཱ། ཞེས་ལན་གསུམ་རྗེས་ཟློས་བྱར་གཞུག །དེ་ནས། གཏོར་མ་ནས་ཁམ་གཅིག་སྦྱིན་ལ་འབྲུ་གསུམ་བརྗོད། བུམ་དབང་ངོ་། །སྙིང་པོའི་མཐར་འབྲུ་གསུམ་བཏགས་པས་ཐོད་པའི་ནང་གི་དམ་རྫས་སྦྱིན། གསང་དབང་ངོ་། །རྡོ་རྗེ་སྙིང་གར་གཏད་ལ། བདེ་སྟོང་གི་ཡེ་ཤེས་སྒྲིབ་གཉིས་འཛོམས་བྱེད་དུ་ངོ་སྤྲོད། ཤེར་དབང་ངོ་། །མདུན་བསྐྱེད་ཀྱི་ལྷ་ཚོགས་ལས་མར་མེ་གཅིག་ལས་གཉིས་ཆད་ཀྱི་ཚུལ་དུ་བྱུང་སྟེ་སློབ་མ་རྣམས་ལ་བསྟིམ། མི་རྟོག་པ་སྒོམ་དུ་གཞུག་སྟེ་དབང་བཞི་པའོ། །རྗེས་ཀྱི་བྱ་བ་རྣམས་སྔ་དང་འདྲའོ། །

༄ ལྷ་མོ་གོས་དཀར་མོ་ལ། སྐྱབས་འགྲོ་སེམས་བསྐྱེད་སྔོན་དུ་འགྲོ་བས། ཤུ་ནྱ་ཏཱས་སྟོང་པར་སྦྱངས། སྟོང་པའི་ངང་ལས་རང་གི་སྙིང་གར་གནས་པའི་པཾ་ཡིག་གི་འོད་ཀྱིས་སྣང་བ་ཐམས་ཅད་དཀྱིལ་འཁོར་གྱི་འཁོར་ལོར་བསྒྱུར། སླར་འདུས་ཏེ་ཐིམ་པ་ཡོངས་སུ་གྱུར་པ་ལས། རང་ཉིད་ལྷ་མོ་གོས་དཀར་མོ་ཆེན་མོ་སྐུ་མདོག་དམར་མོ། ཕྱག་གཡོན་པདྨའི་ཁུ་ཚུར་གྱིས་པདྨ་དམར་པོའི་སྡོང་བུ་བརླ་གཡོན་པའི་སྟེང་དུ་འཛིན་ཅིང་། གཡས་པས་དེ་ཉིད་ཐུགས་ཀར་ཁ་ཕྱེ་ནས་ལྟེ་བར་གནས་པའི་ཉེར་བུ་དམར་པོ་ལ་གཟིགས་པ། ཞབས་རྡོ་རྗེའི་(༥༧བ)སྐྱིལ་ཀྲུང་གིས་བཞུགས་ཤིང་། སྟོད་གཡོགས་དཀར་པོ་སོགས་དང་དར་དང་རིན་པོ་ཆེས་བརྒྱན་པ། རིག་སྔགས་ཀྱི་འཁོར་ལོས་བསྒྱུར་བ་ཆེན་མོའི་ཆ་བྱད་རྫོགས་པའོ། །ཐུགས་ཀ་ནས་འོད་ཟེར་འཕྲོས། ཡེ་ཤེས་སེམས་དཔའ་བཛྲ་ས་མཱ་ཛཿ ཛཿཧཱུྃ་བཾ་ཧོཿ གནས་གསུམ་དུ་ཨོཾ་ཨཱཿཧཱུྃ། སྙིང་གར་པདྨ་དམར་པོ་ཁ་སྦྱོར་གྱི་དབུས་སུ་ཟླ་བ་ལ་ས་བོན་སྔགས་འཕྲེང་དང་བཅས་པ་གསལ་བཏབ་སྟེ། ཨོཾ་ཀ་ཏེ། པཾ་ཀ་ཏེ། ནི་ཀ་ཏེ། ཀ་ཏཾ་ཀ་ཏེ་སྭཱཧཱ། ཞེས་ཅི་ནུས

སུ་བཟླའོ། ། ༄ འདིའི་བཟླས་ལུང་བྱ་ཚུལ་ནི། སློབ་མས་མཎྜལ་ཕུལ། གསོལ་བ་འདེབས་པ་འདིའི་རྗེས་ཟློས་མཛོད། སློབ་དཔོན་གྱིས་བདག་ལ་རིག་སྔགས་དམ་པ་བསྩལ་དུ་གསོལ། ལན་གསུམ། སངས་རྒྱས་ཆོས་དང་ཚོགས་ཀྱི་མཆོག་བཅས་ལ། ། ཞེས་སོགས་ལན་གསུམ། སློབ་མ་རྣམས། ཤཱུ་ནྱ་ཏཱས་སྟོང་པར་སྦྱངས། སྟོང་པའི་ངང་ལས་ཁྱེད་རང་རྣམས་ཀྱི་སྙིང་གར་གནས་པའི་པཾ་ཡིག་གི་འོད་ཀྱིས་སྣང་བ་ཐམས་ཅད་དཀྱིལ་འཁོར་གྱི་འཁོར་ལོར་བསྒྱུར། སླར་འདུས་ཏེ་ཐིམ་པ་ཡོངས་སུ་གྱུར་པ་ལས། ཁྱེད་རང་རྣམས་ལྷ་མོ་གོས་དཀར་མོ་ཆེན་མོ་སྐུ་མདོག་དམར་མོ། ཕྱག་གཡོན་པ་པདྨའི་ཁུ་ཚུར་གྱིས་པདྨ་དམར་པོའི་སྡོང་བུ་བརྣ་གཡོན་པའི་སྙིང་དུ་འཛིན་ཅིང་། གཡས་པས་དེ་ཉིད་ཐུགས་ཀར་ཁ་ཕྱེ་ནས་ལྟེ་བར་གནས་པའི་ནོར་བུ་དམར་པོ་ལ་གཟིགས་པ། ཞབས་རྡོ་རྗེའི་སྐྱིལ་ཀྲུང་གིས་བཞུགས་ཤིང་། སྟོད་གཡོགས་དཀར་པོ་སོགས་དང་དར་དང་རིན་པོ་ཆེས་བརྒྱན་པ། རིག་(ཡ་༢༥ན)སྔགས་ཀྱི་འཁོར་ལོས་བསྒྱུར་བ་ཆེན་མོའི་ཆ་བྱད་རྫོགས་པའོ། །སློབ་དཔོན་གྱི་ཐུགས་ཀ་ནས་འོད་ཟེར་འཕྲོས། ཡེ་ཤེས་སེམས་དཔའ་བཛྲ་ས་མ་ཛཿ ཛཿཧཱུྃ་བཾ་ཧོཿ གཉིས་སུ་མེད་པར་ཐིམ། སྤྱི་བོར་ཨོཾ། མགྲིན་པར་ཨཱཿ ཐུགས་ཀར་ཧཱུྃ་གིས་མཚན་པར་གྱུར་པའི་མོས་པ་མཛོད། དེ་ནས། སློབ་དཔོན་ལྷ་མོ་གོས་དཀར་མོར་གསལ་བའི་ཐུགས་ཀར་ཟླ་བའི་དཀྱིལ་འཁོར་གྱི་དབུས་སུ་པཾ་ཡིག་གི་མཐར་སྔགས་འཕྲེང་གིས་བསྐོར་བ་ལས་སྔགས་འཕྲེང་གཉིས་པ་བྱུང་། ཞལ་ནས་ཐོན། ཁྱེད་རང་རྣམས་ཀྱི་ཞལ་དུ་ཞུགས། ཐུགས་ཀར་ཟླ་བའི་དཀྱིལ་འཁོར་གྱི་དབུས་སུ་པཾ་ཡིག་གི་མཐར་འཁོད་པའི་མོས་པ་མཛོད་བྱས་ལ། ཨོཾ་ཀ་ཏེ། པཾ་ཀ་ཏེ། ནི་ཀ་ཏེ། ཀ་ཏཾ་ཀ་ཏེ་སྭཱཧཱ། ཞེས་ལན་གསུམ་རྗེས་ཟློས་བྱར་གཞུག ། རྗེས་ཀྱི་བྱ་བ་རྣམས་སྤྱི་དང་འདྲའོ། །

༄ གཙུག་ཏོར་རྣམ་རྒྱལ་ཕྱག་གཉིས་མ་ལ། སྐྱབས་འགྲོ་སེམས་བསྐྱེད་སྔོན་དུ་འགྲོ་བས། རང་གི་མདུན་དུ་བཅོམ་ལྡན་འདས་ཤཱཀྱ་ཐུབ་པ་ས་གནོན་མཉམ་གཞག་གི་ཕྱག

རྒྱ་མཛད་ཅིང་སེང་གེ་ལ་བཞུགས་པར་གྱུར་པར་བསམ་ལ། ཨོཾ་ཤཱཀྱ་མུ་ནེ་ཨརྒྷཾ་ལ་སོགས་པས་མཆོད། གྲགས་ཆེན་སྙན་གྲགས་ཆེན་པོ་བ། །ཐུབ་ཆེན་དཔའ་བོ་ཆེན་པོ་བ། །སྲིད་པའི་མྱུ་ངན་བཀལ་བ་པོ། །ཉོན་མོངས་བཀལ་ལ་ཕྱག་འཚལ་འདུད། །བདག་ལ་འཆི་མེད་ཚེ་ཡི་དངོས་གྲུབ་བསྩལ་དུ་གསོལ། །ཞེས་གསོལ་བ་དྲག་ཏུ་བཏབ་པས། བཅོམ་ལྡན་(༥༨༨བ)འདས་ཀྱི་དབུའི་གཙུག་ཏོར་ལས་ཐུགས་འཕྲེང་དང་ཧཱུྃ་ཡིག་བརྒྱ་རྩ་བརྒྱད་བྱུང་སྟེ། དེ་རྣམས་ཡོངས་སུ་གྱུར་པ་ལས། བཅོམ་ལྡན་འདས་མ་དཀར་མོ་གཡས་སྣ་ཚོགས་རྡོ་རྗེ་དང་། གཡོན་ལྷུང་བཟེད་བདུད་རྩིས་གང་བ་འཛིན་པ། རྒྱན་ཐམས་ཅད་ཀྱིས་བརྒྱན་པར་གྱུར། རང་གི་སྤྱི་བོའི་ཐད་དུ་བཞུགས། བདུད་རྩིའི་རྒྱུན་སྤྱི་བོ་ནས་བླུག་པར་བསམ་ལ། འོག་ཏུ་བཟླས་ལུང་སྐབས་བཤད་པའི་གཟུངས་རིང་ཉི་ཤུ་རྩ་གཅིག་བཟླ། བཅོམ་ལྡན་འདས་མ་ཧཱུྃ་ཡིག་ཏུ་གྱུར། ཧཱུྃ་བརྒྱ་རྩ་བརྒྱད་བཟླས་པས། རང་ཉིད་གཙུག་ཏོར་རྣམ་པར་རྒྱལ་མར་གྱུར། རང་གི་སྙིང་གར་རྒྱལ་བ་འོད་དཔག་ཏུ་མེད་པ། དེའི་ཐུགས་ཀར་སྣ་ཚོགས་རྡོ་རྗེའི་ལྟེ་བ་ལ་ཧཱུྃ། མཐའ་སྐོར་དུ་སྔགས་ཀྱིས་བསྐོར་བར་བསམ་ལ། ཨོཾ་ཨ་མྲི་ཏེ་ཨ་མྲི་ཏོ་ཏ་དྦྷ་ཝེ། ཨ་མི་ཏ་བི་ཀྲནྟེ། ཨ་མི་ཏ་ག་ཏེ། ཨ་མྲི་ཏ་ག་མི་ནི། ཨ་མྲི་ཏ་ཨཱ་ཡུར་ད་དེ། ག་ག་ན་ཀཱིརྟི་ཀ་རེ། སརྦ་ཀླེ་ཤ་ཀྵ་ཡཾ་ཀ་རི་ཡེ་སྭཱཧཱ། ཞེས་པའི་གཟུངས་ཐུང་འདི་ཉིད་ཅི་ནུས་སུ་བཟློའོ། །

༈ འདིའི་བཟླས་ལུང་འབོགས་པ་ལ། ཐུབ་དབང་གི་བྲིས་སྐུའི་དྲུང་དུ། དཔོན་སློབ་གཉིས་ཀས་ཕྱག་མཆོད་རྒྱས་པར་བྱ། སློབ་དཔོན་གྱིས་གོང་དུ་བཤད་པའི་བསྒོམ་བཟླས་དེ་ཚར་གཅིག་བྱས་ནས། སློབ་མས་མཎྜལ་ཕུལ། གསོལ་བ་འདེབས་པ་འདིའི་རྗེས་ཟློས་མཛོད། སློབ་དཔོན་གྱིས་བདག་ལ་རིག་སྔགས་དམ་པ་བསྩལ་དུ་གསོལ། ལན་གསུམ། སངས་རྒྱས་ཆོས་དང་ཚོགས་ཀྱི་མཆོག་བཅས་ལ། །ཞེས་སོགས་ལན་གསུམ། ཁྱེད་རང་རྣམས་དམིགས་པ་འདི་བཞིན་དུ་(༥༨༩ན)མཛོད། ཁྱེད་རང་གི་མདུན་དུ་བཅོམ་ལྡན་འདས་ཤཱཀྱ་ཐུབ་པ་ས་གནོན་མཉམ་གཞག་གི་ཕྱག་

རྒྱ་མཛོད་ཅིང་སེང་གེ་ལ་བཞུགས་པར་བསམ་ལ། ཨོཾ་ཤཱཀྱ་མུ་ནེ་ཨརྒྷཾ་ལ་སོགས་པས་མཆོད། གྲགས་ཆེན་སྙན་གྲགས་ཆེན་པོ་བ། །ཐུབ་ཆེན་དཔའ་བོ་ཆེན་པོ་བ། །སྲིད་པའི་མྱ་ངན་བཀྲལ་བ་པོ། །ཉོན་མོངས་བཀྲལ་ལ་ཕྱག་འཚལ་འདུད། །བདག་ལ་འཆི་མེད་ཚེ་ཡི་དངོས་གྲུབ་བསྩལ་དུ་གསོལ། །ཞེས་གསོལ་བ་དྲག་ཏུ་བཏབ་པས། བཅོམ་ལྡན་འདས་ཀྱི་དབུའི་གཙུག་ཏོར་ལས་སྔགས་འཕྲེང་དང་ཧཱུྃ་ཡིག་བརྒྱ་རྩ་བརྒྱད་བྱུང་སྟེ། དེ་རྣམས་ཡོངས་སུ་གྱུར་པ་ལས། བཅོམ་ལྡན་འདས་མ་དཀར་མོ་གཡས་སྣ་ཚོགས་རྡོ་རྗེ་དང་། གཡོན་ལྷུང་བཟེད་བདུད་རྩིས་གང་བ་འཛིན་པ། རྒྱན་ཐམས་ཅད་ཀྱིས་བརྒྱན་པར་གྱུར། ཁྱེད་རང་གི་སྤྱི་བོའི་ཐད་དུ་བཞུགས། བདུད་རྩིའི་རྒྱུན་སྤྱི་བོ་ནས་བླུག་པར་བསམས་ལ། རྣམ་རྒྱལ་གཟུངས་རིང་ཉེ་ཤུ་རྩ་གཅིག་བཟླས། བཅོམ་ལྡན་འདས་མ་ཧཱུྃ་ཡིག་ཏུ་གྱུར། ཧཱུྃ་བརྒྱ་རྩ་བརྒྱད་བཟླས་པས། ཁྱེད་རང་རྣམས་གཙུག་ཏོར་རྣམ་པར་རྒྱལ་མར་གྱུར། ཁྱེད་རང་གི་སྙིང་གར་རྒྱལ་བ་འོད་དཔག་ཏུ་མེད་པ། དེའི་ཐུགས་ཀར་སྣ་ཚོགས་རྡོ་རྗེའི་ལྟེ་བ་ལ་ཧཱུྃ། མཐའ་སྐོར་དུ་སྔགས་ཀྱིས་བསྐོར་བར་མོས། དེ་ནས། སློབ་དཔོན་གཙུག་ཏོར་རྣམ་པར་རྒྱལ་མར་གསལ་བའི་ཐུགས་ཀར་སྣ་ཚོགས་རྡོ་རྗེའི་ལྟེ་བར་ཧཱུྃ་ཡིག་གི་མཐར་སྔགས་འཕྲེང་གིས་བསྐོར་བ་ལས་སྔགས་འཕྲེང་གཉིས་པ་བྱུང་། ཞལ་ནས་ཐོན། ཁྱེད་རང་རྣམས་(༥༨བ)ཀྱི་ཞལ་དུ་བཞུགས། ཐུགས་ཀའི་སྔགས་འཕྲེང་ལ་ཐིམ་པའི་མོས་པ་མཛད་བྱས་ལ། ཨོཾ་ན་མོ་བྷ་ག་ཝ་ཏེ་སརྦ་ཏྲཻ་ལོཀྱ་པྲ་ཏི་བི་ཤིཥྚ་ཡ། བུདྡྷཱ་ཡ་ཏེ་ན་མཿཏདྱ་ཐཱ། ཨོཾ་བྷྲཱུཾ་བྷྲཱུཾ་བྷྲཱུཾ། ཤོ་དྷ་ཡ་ཤོ་དྷ་ཡ། བི་ཤོ་དྷ་ཡ་བི་ཤོ་དྷ་ཡ། ཨ་ས་མ་ས་མནྟ་ཨ་ཝ་བྷཱ་ས། སྥ་ར་ཎ་ག་ཏི་ག་ག་ན་སྭ་བྷཱ་ཝ་བི་ཤུདྡྷེ་ཨ་བྷི་ཥིཉྩཾ་ཏུ་མཱཾ། སརྦ་ཏ་ཐཱ་ག་ཏཱཿསུ་ག་ཏ་ཝ་ར་ཝ་ཙ་ན། ཨ་མྲྀ་ཏ་ཨ་བྷི་ཥེ་ཀཻ་ར་མཧཱ་མུ་དྲཱ་མནྟྲ་པ་དཻཿཨཱ་ཧ་ར་ཨཱ་ཧ་ར། མ་མ་ཨཱ་ཡུཿསཾ་དྷཱ་ར་ཎི། ཤོ་དྷ་ཡ་ཤོ་དྷ་ཡ། བི་ཤོ་དྷ་ཡ་བི་ཤོ་དྷ་ཡ། ག་ག་ན་སྭ་བྷཱ་ཝ་བི་ཤུདྡྷེ། ཨུཥྞཱི་ཥ་བི་ཛ་ཡ་པ་རི་ཤུདྡྷེ། ས་ཧ་སྲ་རསྨི་སཉྩོ་དི་ཏེ། སརྦ་ཏ་ཐཱ་ག་ཏ་ཨ་ཝ

ལོ་ཀེ་ནི། ཀྵཱ་ར་མི་ཏ་པ་རི་པཱུ་ར་ཎི་སརྦ་ཏ་ཐཱ་ག་ཏ་སྨཱ་ཏེ། ད་ཤ་བྷཱུ་མི་པྲ་ཏིཥྛི་ཏེ། སརྦ་ཏ་ཐཱ་ག་ཏ་ཧྲི་ད་ཡ། ཨ་དྷིཥྛཱ་ན་ཨ་དྷིཥྛི་ཏེ། སུ་དྲེ་སུ་དྲེ། མཧཱ་སུ་དྲེ། བཛྲ་ཀཱ་ཡ་སཾ་ཧ་ཏ་ན་པ་རི་ཤུདྡྷེ། སརྦ་ཀརྨཱ་ཨཱ་ཝ་ར་ཎ་བི་ཤུདྡྷེ། པྲ་ཏི་ནི་ཝརྟ་ཡ། མ་མ་ཨ་ཡུར་བི་ཤུདྡྷེ། སརྦ་ཏ་ཐཱ་ག་ཏ་ས་མ་ཡ། ཨ་དྷིཥྛཱ་ན། ཨ་དྷིཥྛི་ཏེ། ཨོཾ་མུ་ནི་མུ་ནི། མཧཱ་མུ་ནི། བི་མུ་ནི་བི་མུ་ནི། མཧཱ་བི་མུ་ནི། མ་ཏི་མ་ཏི། མཧཱ་མ་ཏི། མ་མ་ཏི། སུ་མ་ཏི། ཏ་ཐཱ་ཏཱ། བྷཱུ་ཏ་ཀོ་ཊི་པ་རི་ཤུདྡྷ་བི་སྥུ་ཊ་བུད་དྷི་ཤུདྡྷེ། ཧེ་ཧེ་ཛ་ཡ་ཛ་ཡ། བི་ཛ་ཡ་བི་ཛ་ཡ། སྨ་ར་སྨ་ར། སྥ་ར་སྥ་ར། སྥཱ་ར་ཡ་སྥཱ་ར་ཡ། སརྦ་བུད་དྷ་ཨ་དྷིཥྛཱ་ན་ཨ་དྷིཥྛི་ཏེ། ཤུདྡྷེ་ཤུདྡྷེ། བུདྡྷེ་བུདྡྷེ། བཛྲེ་བཛྲེ། མཧཱ་བཛྲེ། སུ་བཛྲེ། བཛྲ་གརྦྷེ། ཛ་ཡ་གརྦྷེ། བི་ཛ་ཡ་གརྦྷེ། བཛྲ་ཛྭ་ལ་གརྦྷེ། བཛྲོད་བྷ་ཝེ། བཛྲ་སཾ་བྷ་ཝེ། བཛྲེ་བཛྲི་ཎི་བཛྲ་སྦྷ་ཝ་ཏུ། མ་མ་ཤ་རཱི་རཾ། སརྦ་སཏྭཱ་ནཱཉྩ། ཀཱ་(༨༠ན)ཡ་པ་རི་ཤུད་དྷི་བྷ་ཝནྟུ་མེ་ས་དཱ། སརྦ་ག་ཏི་པ་རི་ཤུདྡྷིཤྩ། སརྦ་ཏ་ཐཱ་ག་ཏཱ་ཤྩ་མཱཾ། ས་མཱ་ཤྭཱ་ས་ཡནྟུ། བུདྡྷྱ་བུདྡྷྱ། སིདྡྷྱ་སིདྡྷྱ། བོདྡྷྱ་བོདྡྷྱ། བི་བོདྡྷྱ་བི་བོདྡྷྱ། མོ་ཙ་ཡ་མོ་ཙ་ཡ། བི་མོ་ཙ་ཡ་བི་མོ་ཙ་ཡ། ཤོ་དྷ་ཡ་ཤོ་དྷ་ཡ། བི་ཤོ་དྷ་ཡ་བི་ཤོ་དྷ་ཡ། ས་མནྟ་མོ་ཙ་ཡ་མོ་ཙ་ཡ། ས་མནྟ་རསྨི་པ་རི་ཤུདྡྷེ་སརྦ་ཏ་ཐཱ་ག་ཏ་ཧྲི་ད་ཡ། ཨ་དྷིཥྛཱ་ན་ཨ་དྷིཥྛི་ཏེ། མུ་དྲེ་མུ་དྲེ། མཧཱ་མུ་དྲ་མནྟྲ་པ་དེཿསྭཱཧཱ། ཨོཾ་བྷྲཱུཾ་སྭཱཧཱ། ཨོཾ་ཨ་མྲི་ཏ་ཨཱ་ཡུར་དེ་སྭཱཧཱ། ཞེས་གཟུངས་རིང་ཐུང་གཉིས་ལན་གསུམ་གསུམ་རྗེས་ཟློས་བྱར་གཞུག །རྗེས་ཀྱི་བྱ་བ་རྣམས་ཀྱི་དང་འདྲའོ། །

༈ ཛཱ་མོ་ཛམྦྷ་ལ། སྐུ་གཟུགས་ཀྱི་མདུན་དུ་མཆོད་པ་བཤམས། སྐྱབས་འགྲོ་སེམས་བསྐྱེད་སྔོན་དུ་འགྲོ་བས། ཤུ་ཉྱ་ཏཱས་སྟོང་པར་སྦྱངས། སྟོང་པའི་ངང་ལས་པད་ཟླ་ལ་རང་སེམས་ཛཾ་ཡིག་དཀར་པོ་ལས། ཛཱ་མོ་ཛམྦྷ་དཀར་མོ་འོད་ཟེར་དམར་པོ་འབར་བ། དབུ་ལ་རྒྱལ་བ་རིགས་ལྔ་བཞུགས་པ། དཀར་སྔོ་སེར་བའི་ཞལ་གསུམ་ཕྱག་དང་པོ་གཉིས་ཐུགས་ཀར་རང་གི་རྩ་བའི་ཕྱག་རྒྱ་འཆིང་བ། རྩ་བའི་ཕྱག་རྒྱ་ནི། མཛུབ་མོ་

གཉིས་གུང་མོའི་ཚིགས་བར་པ་ལ་བཙུགས་པ། མཐེ་བོང་གཉིས་ཀྱི་རྩེ་མོ་མཛུབ་མོའི་རྩ་བ་ལ་བཞག་པའི་ཐལ་མོ་སྦྱར་བའོ། །ལྷག་མ་ཉེ་ཤུ་རྩ་བཞི་ཡི། །གཡས་རྣམས་སྐྱབས་སྦྱིན་རལ་གྲི་འཕྲེང་། །པི་ཛ་པཱུ་ར་མདའ་དགྲ་སྟ། །ག་ད་ཐོ་བ་ལྕགས་ཀྱུ་དང་། །རྡོ་རྗེ་བ་དན་བགྲང་འཕྲེང་འཛིན། །གཡོན་རྣམས་རྒྱལ་མཚན་པདྨ་དང་། །སྤྱི་བླུགས་ཞགས་པ་གཞུ་(༨༠བ)ཤཀྟི། །འཁོར་ལོ་རལ་གྲི་སྡིགས་མཛུབ་བུམ། །འཕང་མདུང་ཤེར་ཕྱིན་པོ་ཏི་འཛིན། །ཞབས་གཉིས་སེམས་དཔའི་སྐྱིལ་ཀྲུང་གིས་བཞུགས་པ་ཡིད་ཙམ་ཁྲོ་ཞིང་ཐོར་ཚུགས་ཅན། དར་དང་རིན་པོ་ཆེའི་རྒྱན་གྱིས་བརྒྱན་པའོ། །ཕྱོགས་བཞི་དང་། སྟེང་འོག་དང་། རང་གི་བ་སྤུའི་བུ་ག་རྣམས་ལ་སངས་རྒྱས་བྱེ་བ་བྱེ་བ་བཞུགས་ཤིང་། དེ་རྣམས་ལ་མཆོད་ཅིང་། དེ་རྣམས་ཀྱིས་བསྟོད་པ། ཐུགས་ཀར་ཟླ་བ་ལ་ཙུཾ། དེ་ལས་འོད་ཟེར་འཕྲོས། ཡེ་ཤེས་སེམས་དཔའ་བཛྲ་ས་མཱ་ཛཿ ཛཿཧཱུྃ་བཾ་ཧོཿ དཔྲལ་བར་ཨོཾ། མགྲིན་པར་ཨཱཿ ཐུགས་ཀར་ཧཱུྃ། སྙིང་གའི་དབུས་སུ་པདྨ་དཀར་པོ་འདབ་མ་བརྒྱད་པའི་ལྟེ་བ་དང་འདབ་མ་བརྒྱད་ལ། ཨོཾ་ཙ་ལེ་ཙུ་ལེ་ཙུནྡེ་སྭཱཧཱ། ཞེས་བཀོད་དེ། དེ་དག་ལས་བྱུང་བའི་འོད་ཀྱི་གོང་བུ་དགུའི་ནང་དུ་རིགས་ལྔ་ཡུམ་བཞི་བཞུགས་པར་གྱུར། དེ་རྣམས་ཀྱི་འོད་ཀྱིས་འཇིག་རྟེན་སྐྱོང་བ་བརྒྱད་དང་། ཚངས་པ་དང་། སའི་ལྷ་མོ་རྣམས་ཀྱི་སྡིག་སྒྲིབ་སྦྱངས་པར་བསམ། ཨོཾ་ཙ་ལེ་ཙུ་ལེ་ཙུནྡེ་སྭཱཧཱ། ཞེས་ལན་དགུ་བཟླས་སོ། །དེ་ནས་བཟླས་པ་ནི། ན་མཿས་མནྟ་བུདྡྷཱ་ནཱཾ། སམྱཀྶཾ་བུདྡྷཱ་ཀོ་ཊཱི་ནཱཾ། ཏདྱ་ཐཱ། ཨོཾ་ཙ་ལེ་ཙུ་ལེ་ཙུནྡེ་སྭཱཧཱ། ཞེས་པ་ཉིད་གང་འགྲུབ་ཏུ་བཟླའོ། ། ༈ སློབ་མ་རྗེས་འཛིན་ནི། མཎྜལ་ཕུལ། གསོལ་བ་འདེབས་པ་འདིའི་རྗེས་ཟློས་མཛོད། སློབ་དཔོན་གྱིས་བདག་ལ་རིག་སྔགས་དམ་པ་བསྐུལ་དུ་གསོལ། ལན་གསུམ། སངས་རྒྱས་ཆོས་དང་ཚོགས་ཀྱི་མཆོག་བཅས་ལ། །ཞེས་སོགས་ལན་གསུམ། སློབ་མ་རྣམས། ཤཱུ་ནྱ་ཏཱས་སྟོང་པར་སྦྱངས། སྟོང་པའི་ངང་(༨༡ན)ལས་པད་ཟླ་ལ་ཁྱེད་རང་རྣམས་ཀྱི་སེམས་ཉིད་ཙུཾ་ཡིག་དཀར་པོ་ལས། ལྷ་

མོ་ཙུནྡ་དཀར་མོ་འོད་ཟེར་དམར་པོ་འབར་བ། དབུ་ལ་རྒྱལ་བ་རིགས་ལྔ་བཞུགས་པ། དཀར་སྔོ་སེར་བའི་ཞལ་གསུམ། ཕྱག་དང་པོ་གཉིས་ཐུགས་ཀར་རང་གི་རྩ་བའི་ཕྱག་རྒྱ་འཆིང་བ། ལྷག་མ་ཉི་ཤུ་རྩ་བཞི་ཡི། །གཡས་རྣམས་སྐྱབས་སྦྱིན་རལ་གྲི་འཕྲེང་། །བེ་ཅོ་ལྷུ་ར་མདའ་དགྲ་སྟ། །ག་ད་ཐོ་བ་ལྕགས་ཀྱུ་དང་། །རྡོ་རྗེ་བ་དན་བགྲང་འཕྲེང་འཛིན། །གཡོན་རྣམས་རྒྱལ་མཚན་པདྨ་དང་། །སྤྱི་བླུགས་ཞགས་པ་གཞུ་ཤཀྟི། །འཁོར་ལོ་རལ་གྲི་ཐོད་མཛུབ་བུམ། །འཕང་མདུང་ཤེར་ཕྱིན་པོ་ཏི་འཛིན། །ཞབས་གཉིས་སེམས་དཔའི་སྐྱིལ་ཀྲུང་གིས་བཞུགས་པ་ཡིད་ཙམ་ཁྲོ་ཞིང་ཐོར་ཚུགས་ཅན། དར་དང་རིན་པོ་ཆེའི་རྒྱན་གྱིས་བརྒྱན་པའོ། །ཕྱོགས་བཞི་དང་། སྟེང་འོག་དང་། ཁྱེད་རང་གི་བ་སྤུའི་བུ་ག་རྣམས་ལ་སངས་རྒྱས་བྱེ་བ་བྱེ་བ་བཞུགས་ཤིང་། དེ་རྣམས་ལ་མཆོད་ཅིང་། དེ་རྣམས་ཀྱིས་བསྟོད་པ། ཐུགས་ཀར་ཟླ་བ་ལ་ཙུཾ། སློབ་དཔོན་གྱི་ཐུགས་ཀ་ནས་འོད་ཟེར་འཕྲོས། ཡེ་ཤེས་སེམས་དཔའ་བཛྲ་ས་ཏྭ་ཛཿ ཛཿཧཱུྃ་བཾ་ཧོཿ དཔྲལ་བར་ཨོཾ། མགྲིན་པར་ཨཱཿ ཐུགས་ཀར་ཧཱུྃ་གིས་མཚན་པར་གྱུར་པའི་མོས་པ་མཛོད། དེ་ནས། སློབ་དཔོན་ལྷ་མོ་ཙུནྡའི་སྐུར་གསལ་བའི་ཐུགས་ཀར་ཟླ་བའི་དཀྱིལ་འཁོར་གྱི་དབུས་སུ་ཙུཾ་ཡིག་གི་མཐར་སྔགས་འཕྲེང་གིས་བསྐོར་བ་ལས་སྔགས་འཕྲེང་གཉིས་པ་བྱུང་། ཞལ་ནས་ཐོན། ཁྱེད་རང་རྣམས་ཀྱི་ཞལ་(༦༧བ)དུ་ཞུགས། ཐུགས་ཀར་ཟླ་བའི་དཀྱིལ་འཁོར་གྱི་དབུས་སུ་ཙུཾ་ཡིག་གི་མཐར་འཁོད་པའི་མོས་པ་མཛོད་བྱས་ལ། ན་མཿས་མནྟ་བུདྡྷཱ་ནཱཾ། སམྱཀྶཾ་བུདྡྷ་ཀོ་ཊཱི་ནཱཾ། ཏདྱ་ཐཱ། ཨོཾ་ཙ་ལེ་ཙུ་ལེ་ཙུནྡེ་སྭཱཧཱ། ཞེས་ལན་གསུམ་རྗེས་ཟློས་བྱར་གཞུག །རྗེས་ཀྱི་བྱ་བ་རྣམས་སྤྱི་དང་འདྲའོ། །

༄ ཁྲོ་བོ་གཞན་གྱིས་མི་ཐུབ་པ་ལ། སྐྱབས་འགྲོ་སེམས་བསྐྱེད་སྔོན་དུ་འགྲོ་བས། སྭ་བྷཱ་ཝས་སྟོང་པར་སྦྱངས། སྟོང་པའི་ངང་ལས་པད་ཉི་ལ་རང་སེམས་ཧཱུྃ་སེར་པོ་ལས། ཁྲོ་རྒྱལ་གཞན་གྱིས་མི་ཐུབ་པ་སྐུ་མདོག་གསེར་མདོག །གཡས་རྡོ་རྗེས་མཚན་པའི་བེ་

ཅན་དཀར་པོ་འཕྲུར་ཞིང་། གཡོན་ཞགས་པ་དང་བཅས་པའི་སྡིགས་མཛུབ་ཐུགས་ཀར་གཏོད་ཚུལ་གྱིས་ཡུམ་ལ་འཁྱུད་པ། ཞབས་གཡས་བསྐུམ་གཡོན་བརྐྱང་བས་སྲིན་པོ་ཕོ་མོ་མནན་པ། སྟག་ལྤགས་དང་སྦྲུལ་དང་མགོ་འཕྲེང་གི་རྒྱན་ཅན། དེའི་པང་དུ ཨོཾ་ལས་གཞན་གྱིས་མི་ཐུབ་མ་སྐུ་མདོག་སེར་མོ། གཡས་ཐལ་མོ་སྦྱར་ཞིང་། གཡོན་ཞགས་པ་འཛིན་པའི་སྡིགས་མཛུབ་ཀྱིས་ཡབ་ལ་འཁྱུད་པ། གཅེར་བུ་རིན་པོ་ཆེའི་རྒྱན་དང་ལྡན་པ། ཞབས་གཡོན་བསྐུམ་པས་ཡབ་ལ་འཁྱུད་ཅིང་། གཡས་བརྐྱངས་པས་ཚོགས་བདག་མནན་པའོ། །གཉིས་ཀའང་རྣམ་སྣང་གི་དབུ་རྒྱན་ཅན་མེ་དཔུང་འབར་བའི་སྐུ་ཅན་གྱི་དཔྲལ་བར་ཨོཾ། མགྲིན་པར་ཨཱཿ ཐུགས་ཀར་ཧཱུྃ། ལག་གཡས་ཐལ་མོ་འཕྲུར། གཡོན་སྡིགས་མཛུབ་བྱས་ལ། ཡེ་ཤེས་སེམས་དཔའ་བཛྲ་ས་མཱ་ཛཿ ཛཿཧཱུྃ་བཾ་ཧོཿ ལྗིད་སྣ་དང་། སོག་སྲུག་དང་། རྩིབས་(༤༢ན)ལོགས་གཡས་གཡོན་དང་། སྣ་བྲུར་གཡས་གཡོན་དང་། སྤྱི་གཙུག་དང་། ལྟེ་བ་རྣམས་སུ་རྣམ་གཟིགས་ལ་སོགས་པའི་དེ་བཞིན་གཤེགས་པ་བདུན་དང་། བྱམས་པ་ལ་སོགས་པ་བཞུགས་པར་བསམ། ཁྲོགས་ཀྱི་བཟླས་པའི་དམིགས་པ་གསལ་བཏབ་ལ། ན་མཿས་མནྟ་ཀཱ་ཡ་ཝཱ་ཀ་ཙིཏྟ་བཛྲ་ཎཾ་ཨོཾ་ཧཱུྃ་ཛཱི་ན་རི་ཊཱི་ཧཱུྃ་ཧཱུྃ་ཧཱུྃ་ཕཊ་སྭཱཧཱ། ཞེས་ཡབ་ཀྱི་སྔགས་དང་། ཨོཾ་ཨོཾ་ཨ་པ་ར་ཛི་ཏཱ་ཧྲི་ཀ་སྭཱཧཱ། ཡུམ་གྱི་སྔགས་སོ། །གཏོར་ཆོག་ཙུཀྟའི་སྒྲུབ་ཐབས་ཀྱིས་རིགས་འགྲེའོ། ། ༈ སློབ་མ་རྗེས་འཛིན་ནི། མཎྜལ་ཕུལ། གསོལ་བ་འདེབས་པ་འདིའི་རྗེས་ཟློས་མཛོད། སློབ་དཔོན་གྱིས་བདག་ལ་རིག་སྔགས་དམ་པ་བསྩལ་དུ་གསོལ། ལན་གསུམ། སངས་རྒྱས་ཆོས་དང་ཚོགས་ཀྱི་མཆོག་བཅས་ལ། །ཞེས་སོགས་ལན་གསུམ། སློབ་མ་རྣམས། ཤུ་ཉྟ་ཏཱས་སྟོང་པར་སྦྱངས། སྟོང་པའི་ངང་ལས་པད་ཉི་ལ་ཁྲིད་རང་རྣམས་ཀྱི་སེམས་ཉིད་ཧཱུྃ་སེར་པོ་ལས། ཁྲོ་རྒྱལ་གཞན་གྱིས་མི་ཐུབ་པ་སྐུ་མདོག་གསེར་མདོག །གཡས་རྡོ་རྗེས་མཚན་པའི་བེ་ཅོན་དཀར་པོ་འཕྲུར་ཞིང་། གཡོན་ཞགས་པ་དང་བཅས་པའི་སྡིགས་མཛུབ་ཐུགས་ཀར

གཏོད་ཚུལ་གྱིས་ཡུམ་ལ་འཁྱུད་པ། ཞབས་གཡས་བསྐུམ་གཡོན་བརྐྱང་བས་སྲིན་པོ་ཕོ་མོ་མནན་པ། སྟག་ལྤགས་དང་སྦྲུལ་དང་མགོ་འཕྲེང་གི་རྒྱན་ཅན། ཁྱེད་རང་གི་པང་དུ་ཨོཾ་ལས་གཞན་གྱིས་མི་ཐུབ་མ་སྐྱ་མདོག་སེར་མོ། གཡས་ཐལ་མོ་སྦྱར་ཞིང་། གཡོན་ཞགས་པ་འཛིན་པའི་(༥༢བ)ཕྱིགས་མཛུབ་ཀྱིས་ཡབ་ལ་འཁྱུད་པ། གཅེར་བུ་རིན་པོ་ཆེའི་རྒྱན་དང་ལྡན་པ། ཞབས་གཡོན་བསྐུམས་པས་ཡབ་ལ་འཁྱུད་ཅིང་། གཡས་བརྐྱངས་པས་ཚོགས་བདག་མནན་པའོ། །གཉིས་ཀའང་རྣམ་སྣང་གི་དབུ་རྒྱན་ཅན་མེ་དཔུང་འབར་བའི་སྐུ་ཅན་གྱི་དཔྲལ་བར་ཨོཾ། མགྲིན་པར་ཨཱཿ ཐུགས་ཀར་ཧཱུཾ་གིས་མཚན་པར་གྱུར་པའི་མོས་པ་མཛོད། སློབ་དཔོན་གྱི་ཐུགས་ཀ་ནས་འོད་ཟེར་འཕྲོས། ཡེ་ཤེས་སེམས་དཔའ་བཛྲ་ས་མ་ཛཿ ཛཿཧཱུཾ་བཾ་ཧོཿ གཉིས་སུ་མེད་པར་ཐིམ། ཁྱེད་རང་རྣམས་ཀྱི་ལྗིད་སྣ་དང་། སོག་ཕྲག་དང་། རྩིབས་ལོགས་གཡས་གཡོན་དང་། སྟ་ཟུར་གཡས་གཡོན་དང་། སྤྱི་གཙུག་དང་། ལྟེ་བ་རྣམས་སུ་རྣམ་གཟིགས་ལ་སོགས་པའི་དེ་བཞིན་གཤེགས་པ་བདུན་དང་། བྱམས་པ་ལ་སོགས་པ་བཞུགས་པར་མོས། དེ་ནས། སློབ་དཔོན་ཁྲོ་རྒྱལ་གཞན་གྱིས་མི་ཐུབ་པར་གསལ་བའི་ཐུགས་ཀར་ཉི་མའི་དཀྱིལ་འཁོར་གྱི་དབུས་སུ་ཧཱུཾ་ཡིག་གི་མཐར་སྔགས་འཕྲེང་གིས་བསྐོར་བ་ལས་སྔགས་འཕྲེང་གཉིས་པ་བྱུང་། ཞལ་ནས་ཐོན། ཁྱེད་རང་རྣམས་ཀྱི་ཞལ་དུ་ཞུགས། ཐུགས་ཀར་ཉི་མའི་དཀྱིལ་འཁོར་གྱི་དབུས་སུ་ཧཱུཾ་ཡིག་གི་མཐར་འཁོད་པའི་མོས་པ་མཛོད་བྱས་ལ། ན་མཿས་མནྟ་ཀཱ་ཡ་ཝཱ་ཀ་ཙིཏྟ་བཛྲ་ཎཾ་ཨོཾ་ཧཱུཾ་ཛི་ན་རི་ཊིཥྚ་ཧཱུཾ་ཧཱུཾ་ཧཱུཾ་ཕཊ་སྭཱཧཱ། ཞེས་ཡབ་ཀྱི་སྔགས་དང་། ཨོཾ་ཨོཾ་ཨ་པ་ར་ཛི་ཏ་ཧྲི་ཀ་སྭཱཧཱ། ཞེས་ཡབ་ཡུམ་གྱི་སྔགས་ལན་གསུམ་གསུམ་རྗེས་ཟློས་བྱར་གཞུག །རྗེས་ཀྱི་བྱ་བ་རྣམས་སྤྱི་དང་འདྲའོ། །

༄ རྟ་མགྲིན་དཀར་པོ་ལ། སྙིང་རྗེ་ཆེན་(༥༣ན)པོ་དྲུང་བ་ཞིག་བསྒོམ། རང་སེམས་ཧྲཱིཿདཀར་པོ་ཡོངས་སུ་གྱུར་པ་ལས། རང་ཉིད་རྟ་མཆོག་རོལ་པ་སྐུ་མདོག་དཀར་

ལ་དམར་བའི་མདངས་ཅན། ཕྱག་གཡས་པདྨ་མཚན་པའི་དབྱུག་པ་འཕྱར་བ།
གཡོན་པདྨའི་ཞགས་པ་འཛིན་པས་ཡུམ་ལ་འཁྱུད་པ། པད་ཉིའི་སྟེང་དུ་གཡོན་
བརྐྱང་གི་སྟབས་ཀྱིས་བགེགས་ཐམས་ཅད་གནོན་པ། དབུའི་སྟེང་དུ་རྟ་མགོ་ལྗོན་
པ་ཅན་ཁྲོ་བོའི་རྒྱན་དང་ཆ་ལུགས་ཡོངས་སུ་རྫོགས་པའོ། །ཡུམ་རལ་གཅིག་མ་
སྔོན་མོ་གྲི་གུག་དང་ཐོད་པ་འཛིན་པས་འཁྱུད་པ། དཔྲལ་བར་ཨོཾ། མགྲིན་པར་ཨཱཿ
ཐུགས་ཀར་ཧཱུྃ། ལྟེ་བར་ཧྲཱིཾ། གསང་གནས་སུ་ཨ། ནོར་བུ་གཞལ་མེད་ཁང་གི་ནང་
དུ་ཧྲཱིཿལས་རྟ་མགྲིན་རང་དང་མཚུངས་པ་ལས། སྐུ་མདོག་ལྗང་གུ་ཡུམ་གྱི་པདྨའི་
སྣ་རྩེར་རྡོ་རྗེ་སེར་མོ་སྔོ་སྐྱ་ཕག་གདོང་ཅན་ཀྲ་མ་ཏ་དང་ཐོད་པ་འཛིན་པ། རྗེས་
ཆགས་སྙོམས་འཇུག་གི་བདེ་བས་མཆོད་པར་བསམ། རྡོ་རྗེ་ཤུགས་ཀྱི་ཕྱག་རྒྱ་གློག་
སྣེ་རྩེ་མོ་བསྣུན་ལ་སྙིང་པོས་དམ་ལ་བཞག །ཨོཾ་བཛྲ་ཁྲོ་ར་ཤི་ཀྲི་ཏྲ་ན་ན་ཧཱུྃ་ཕཊ།
ཨོཾ་ཨེ་ཧྱེ་ཧི་ཧྲ་ག་ཥ་ཏྲི་ཡཀྵི་ཎི་ཡེ། ཨེ་ག་ཛ་ཏྲི་ཎི། རཀྵ་ས་ཧི་ཏེ། དེ་ཤི་བིཥྞ་ཏྲ་
ཤ་མ་ཎི་སྭཱཧཱ། ཕྱིའི་ཡབ་ཡུམ་གཉིས་ཀྱི་སྔགས་སོ། །གསང་བའི་ལྷ་ལ་དམིགས་ནས།
ཨོཾ་ཨ་མྲི་ཏ་ཧྲ་ཕེ་ཧླ་ཥ་ས་སྭཱཧཱ། ཨོཾ་ཨེ་ཧྱེ་ཧི། བཛྲ་ན་ཁི། བཛྲ་མུ་ཁི། ཏ་ན་ཏ་ན།
ཏ་ན་ཏ་ན། པ་ཙ་པ་ཙ། རཀྵ་རཀྵ། ཨཱཪྻ་ཨཱཪྻ། ཨཱ་བི་ཤ་ཨཱ་བི་ཤ །ཏ་ཡ་གྲི་ཧཱ་པ་ཡ་ཧི་
སྭཱཧཱ། ཞེས་བཟླས། འདི་ལ་གཏོར་ཆོག་མི་དགོས་སོ། །(༦༣བ) ༔ འདིའི་ཏིང་ངེ་འཛིན་
གྱི་དབང་བསྐུར་བྱེད་པར་འདོད་ན། མདུན་དུ་ཐོད་པ་ཆང་གིས་བཀང་བ་དང་།
དབྱུག་པ་དང་། ཞགས་པ་རྣམས་བཞག །བདག་དང་དེ་རྣམས་རོ་གཅིག་ཏུ་བསྒོམ་སྟེ།
གོང་བཞིན་མངོན་རྟོགས་བསྒོམས་ནས་བཟླས་པ་ཅི་ནུས་སུ་བྱའོ། ། ༔ དེ་ནས།
སློབ་མས་མཎྜལ་ཕུལ། ཨོཾ་ཏེ་བཛྲ་ཨཱ་ཙཪྻ་མ་མ་ཨ་ཏིཥྛཧྲྀ་ཀུ་རུ་ཧཱུྃ། ཞེས་ལན་གསུམ་
གྱིས་གསོལ་བ་བཏབ། དཀོན་མཆོག་གསུམ་ལ་བདག་སྐྱབས་མཆི། །ཞེས་སོགས་
མགུར་ནས་འབྱུང་བའི་ཡན་ལག་བདུན་པ་བྱ། སློབ་མའི་བློ་ངོར་སློབ་དཔོན་མངོན་
རྟོགས་ལྟར་བསྒོམ་དུ་བཅུག །དེ་ནས། སློབ་དཔོན་རྟ་མགྲིན་དུ་གསལ་བའི་སྐུ་ལས་

སྐུ་གཉིས་པ་ཞིག་ཆད་ནས་ཁྱེད་རྣམས་ལ་བསྡིམ་པས། ཁྱེད་རང་རྣམས་རྟ་མགྲིན་དུ་གྱུར་པ་ནི། རྟ་མཆོག་རོལ་པ་སྐུ་མདོག་དཀར་ལ་དམར་བའི་མདངས་ཅན། ཕྱག་གཡས་པདྨས་མཚན་པའི་དབྱུག་པ་འཕྱར་བ། གཡོན་པདྨའི་ཞགས་པ་འཛིན་པས་ཡུམ་ལ་འཁྱུད་པ། པད་ཉིའི་སྟེང་དུ་གཡོན་བརྐྱངས་པའི་སྟབས་ཀྱིས་བགེགས་ཐམས་ཅད་གནོན་པ། དབུའི་སྟེང་དུ་རྟ་མགོ་སྔོན་པོ་ཅན་ཁྲོ་བོའི་རྒྱན་དང་ཆ་ལུགས་ཡོངས་སུ་རྫོགས་པའོ། །ཡུམ་རལ་གཅིག་མ་སྔོན་མོ་གྲི་གུག་དང་ཐོད་པ་འཛིན་པས་འཁྱུད་པ། དཔྲལ་བར་ཨོཾ། མགྲིན་པར་ཨཱཿ ཐུགས་ཀར་ཧཱུྃ། ལྟེ་བར་ཧྲཱིཾ། གསང་གནས་སུ་ཨ། ནོར་བུ་གཞལ་མེད་ཁང་གི་ནང་དུ་ཧྲཱིཿལས་རྟ་མགྲིན་རང་དང་མཚུངས་པ་ལས། སྐུ་མདོག་ལྗང་གུ་ཡུམ་གྱི་པདྨའི་སྣ་རྩེར་རྡོ་རྗེ་སེར་མོ་སྔོ་སྐྱ(༥༨ན)ཕག་གདོང་ཅན་ཏྲ་མ་རུ་དང་ཐོད་པ་འཛིན་པ། རྗེས་ཆགས་སྙོམས་འཇུག་གི་བདེ་བས་མཆོད་པར་མོས། སློབ་དཔོན་རྟ་མགྲིན་དུ་གསལ་བའི་ཐུགས་ཀར་ཉི་མའི་དཀྱིལ་འཁོར་གྱི་དབུས་སུ་ཧྲཱིཿཡིག་གི་མཐར་སྔགས་འཕྲེང་གིས་བསྐོར་བ་ལས་སྔགས་འཕྲེང་གཉིས་པ་བྱུང་། ཞལ་ནས་ཐོན། ཁྱེད་རང་རྣམས་ཀྱི་ཞལ་དུ་ཞུགས། ཐུགས་ཀར་ཉི་མའི་དཀྱིལ་འཁོར་གྱི་དབུས་སུ་ཧྲཱིཿཡིག་གི་མཐར་འཁོད་པའི་མོས་པ་མཛོད་བྱས་ལ། ཨོཾ་བཛྲ་ཁྲུ་ར་ཧྀ་གྲཱི་ཧྣ་ན་ན་ཧཱུྃ་ཕཊ། ཨོཾ་ཨེ་ཧྱེ་ཧི་ཧཱ་ག་ཥ་ཏྲི་ཡཀྵི་ཏྲི་ཡེ། ཨེ་ཀ་ཛ་ཊི་ཊེ། རཀྵ་ཧི་ཏེ། དེ་ཤི་བིགྷྣ་པྲ་ཤ་མ་ཊི་སྭཱཧཱ། ཞེས་ཕྱིའི་ཡབ་ཡུམ་གཉིས་ཀྱི་སྔགས་དང་། གསང་བའི་ལྷ་ལ་དམིགས་ནས། ཨོཾ་ཨ་མྲི་ཏ་ཧཱ་པོདྨ་ཤ་སེ་སྭཱཧཱ། ཨོཾ་ཨེ་ཧྱེ་ཧི། བཛྲ་ན་ཁི། བཛྲ་ཤུ་ཁི། ཏ་ན་ཏ་ན། ཏ་ན་ཏ་ན། པ་ཙ་པ་ཙ། རཀྵ་རཀྵ། ཨཔྲ་ཨཔྲ། ཨཱ་བི་ཤ་ཨཱ་བི་ཤ །ཧ་ཡ་གྲཱི་ཝཱ་པ་ཡ་ཧི་སྭཱཧཱ། ཞེས་ལན་གསུམ་གསུམ་རྗེས་ཟློས་བྱར་གཞུག །དེ་ནས། ཡབ་ཀྱི་སྔགས་ཀྱིས་ལན་གསུམ་བྱིན་གྱིས་བརླབས་པའི་དབྱུག་པ་ལག་པ་གཡས་སུ་སྦྱིན། རལ་གཅིག་མའི་སྔགས་ཀྱིས་བྱིན་གྱིས་བརླབས་པའི་ཞགས་པ་གཡོན་དུ་སྦྱིན། དབྱུག་པས་ཁམས་གསུམ་འདུལ་བ་དང་ཞགས་པས་

ཁམས་གསུམ་དབང་དུ་བྱེད་པའི་དམིགས་པ་བསྒོམ་དུ་གཞུག །བུམ་དབང་ངོ་། །ཨོཾ་ཨ་ཤྲཱི་ཧ་ཧཱ་ཕཊྐྲ་ཕ་སེ་སྭཱཧཱ། ཞེས་ཡབ་ཀྱི་སྔགས་གསང་བ་བརྗོད་ཅིང་། ཐོད་པ་ནས་སྦྱོས་བྱེད་ཙུང་ཟད་སྦྱིན། ཉམས་སྙོང་(༨༤བ)བརྗོད་དུ་མེད་པ་ངོ་སྤྲད་དེ་གསང་དབང་ངོ་། །ཨོཾ་ཨེ་ཧེ་ཧི། བཛྲ་ན་ཁྱི། བཛྲ་སུ་ཁྱི། ཧ་ན་ཧ་ན། ཧ་ན་ཧ་ན། པ་ཙ་པ་ཙ། རནྡྷ་རནྡྷ། ཨཱཀྲྵ་ཨཱཀྲྵ། ཨཱ་བེ་ཤ་ཨཱ་བེ་ཤ །ཧ་ཡ་གྲཱི་ཝཱ་པ་ཡ་ཧཱུྃ་སྭཱཧཱ། ཞེས་རྡོ་རྗེ་སྲེར་མོའི་སྔགས་བརྗོད་ཅིང་ཐོད་པའི་ཆང་རིམ་གྱིས་བཏུང་དུ་གཞུག །ཉམས་སྙོང་ཤེས་རབ་ཡེ་ཤེས་ཀྱི་དབང་དུ་ངོ་སྤྲད། པི་ཕྱཾ་ངམ། གླིང་བུའམ། དྲིལ་བུའི་སྒྲ་གྲག་སྟོང་དབང་བཞི་པར་ངོ་སྤྲད་དེ། དེ་ནས་ཡོན་འབུལ། ཚོགས་ལ་ལོངས་སྤྱོད་དོ། །འདི་ལ་རྗེས་ཀྱི་ཚ་གའི་བྱ་བ་ནི་མེད་དོ། །ཞེས་གསུངས།

༄ མི་གཡོ་བ་དམར་པོ་ལ། སྐྱབས་འགྲོ་སེམས་བསྐྱེད་སྔོན་དུ་འགྲོ་བས། ཆོས་ཐམས་ཅད་སྟོང་པ་ཉིད་དུ་སྦྱངས། སྭ་བྷཱ་ཝའི་སྔགས་བརྗོད། རང་གི་སྙིང་གར་ཧཱུྃ། དེ་ལས་འོད་ཟེར་འཕྲོས། ལུས་ཐམས་ཅད་གང་། འོད་ཀྱི་གོང་བུར་གྱུར། དེ་ལས་རང་ཉིད་ཁྲོ་རྒྱལ་མི་གཡོ་བ་སྐུ་མདོག་དམར་པོ་ཞལ་གཅིག་ཕྱག་དྲུག་ཞབས་བཞི་པ། ཕྱག་དང་པོ་གཉིས་རལ་གྲི་དང་ཞགས་པ། བར་པ་གཉིས་ལྕགས་ཀྱུ་དང་ཐོད་པ། ཐ་མ་གཉིས་དབྱུག་པ་དང་སྡིགས་མཛུབ། ཞབས་བདུན་མ་གཉིས་གཡས་བསྐུམ་གཡོན་བརྐྱངས་པས་བདུད་དང་དགའ་མ་མནན་པ། རྒྱབ་མ་གཉིས་གར་སྟབས་ཀྱིས་ཚངས་པ། ཁྱབ་འཇུག །དབང་ཕྱུག་རྣམས་མནན་པ། ཡུམ་གཏུམ་མོ་དགའ་བྱེད་མ། ཏྲ་མ་ཏུ་དང་མེ་ཏོག་གི་འཕྲེང་བ་འཛིན་པས་འཁྱུད་པ། ཐགས་བཟང་རིས་དང་། སྐུ་ཞབས་འོག་ཏུ་མནན་པ། ཡབ་ཡུམ་གཉིས་ཀར་ཁྲོ་བོ་དང་ཁྲོ་མོའི་ཆ་ལུགས་ཡོངས་སུ་རྫོགས་པའོ། །(༨༥ན)རང་གི་སྤྱི་བོར་ རྣམ་སྣང་། མགྲིན་པར་འོད་དཔག་མེད། སྙིང་གར་མི་བསྐྱོད་པ། ལྟེ་བར་རིན་ཆེན་ཧཱུྃ། །གསང་བར་དོན་གྲུབ། དེ་རྣམས་ལས་མི་གཡོ་བ་རིགས་ལྔ་དཔག་ཏུ་མེད་པ་སྤྲོས་ཏེ། དགྲ་

བགེགས་ཐམས་ཅད་ཚར་བཅད། ཡུམ་གྱི་སྤྱི་བོར་སྤྱན་མ། མགྲིན་པར་གོས་དཀར་
མོ། སྙིང་གར་མཱ་མ་ཀི། ལྟེ་བར་རིན་ཆེན་སྒྲོག་མ། གསང་བར་སྒྲོལ་མ། དེ་རྣམས་
ལས་གཏུམ་མོ་དགའ་བྱེད་མ་རིགས་ལྔ་དཔག་ཏུ་མེད་པ་སྤྲོས་ཏེ། སྐྱེ་འགྲོ་ཐམས་
ཅད་དབང་དུ་བསྡུས་པར་བསམ་ལ། ཨོཾ་ཀ་ནི་རྒུ་ནི་ཧཱུྃ་ཕཊ། ཅེས་པ་ཉིད་གཙོ་
བོར་བཟླ་ཞིང་། ཨོཾ་ཨ་མོ་གྷ་ཙཎྜ་མཧཱ་རོ་ཥ་ཎ་ཡ་ཕཊ་ཡ་ཧཱུྃ། ཧ་ས་ཡ་ཧཱུྃ། ཧ་ཏ་
ཧཾ་མཾ། ཞེས་ཡབ་དང་། ཨོཾ་བཛྲ་ཙཎྜི་ཧ་ཧ་མ་ར་མ་ར། ཨ་ཀྟྲ་ཡ་ཨ་ཀྟྲ་ཡ་ཧཱུྃ་
ཕཊ། ཅེས་ཡུམ་གྱི་འཕྲེང་སྔགས་ཀྱང་ཅི་རིགས་པར་བཟླའོ། །མཇུག་ཏུ་དགེ་བ་
བསྔོ། གཏོར་མ་འབྲུ་གསུམ་ལན་བདུན་གྱིས་བྱིན་གྱིས་བརླབས། ཡབ་ཀྱི་རྩ་སྔགས་
ཀྱིས་སྤྱན་དྲངས་ཏེ། ཨ་ཀཱ་རོའི་སྔགས་ཀྱིས་ཕུལ། ༈ འདིའི་བྱིན་རླབས་ནི། ཆོས་
འབྱུང་དམར་པོའི་དབུས་སུ་མཆེའི་ཁར་ཐོད་པ་ཆང་གིས་བཀང་བ། དེའི་སྟེང་དུ་
རལ་གྲི་བཞག །མདུན་དུ་རོ་ཞིམ་དང་ལྡན་པའི་ཟླུམ་གཏོར་དམར་པོ། མཐའ་སྐོར་
དུ་མཆོད་པ་བཤམས་ལ། ཐམས་ཅད་ཨ་མྲྀ་ཏས་བསངས། མཆོད་པ་བླ་མེད་ལྟར་
བྱིན་གྱིས་བརླབས་ཏེ། བདག་མདུན་དབྱེར་མེད་ཀྱི་ཚུལ་དུ་བཟླས་པའི་བར་ཚར་
གྱིས་བསྐོམ། ཐུགས་ཀ་ནས་ལས་ཀྱི་རྡོ་རྗེ་ཞིག་ཆད་དེ། མཆོད་པ་འབུལ་བར་(༦༥བ)
བསམ་ལ། ཨརྒྷཾ་ནས་ཤབྡའི་བར་གྱི་སྔགས་དང་ཕྱག་རྒྱ་མཆོད། གཏོར་མའང་གོང་
བཞིན་བྱིན་གྱིས་བརླབས་ནས་ཕུལ། རྒྱལ་བ་ཀུན་གྱི་ཡེ་ཤེས་སྒྱུ་མ་ལས། །གདུག་
པ་འདུལ་ཕྱིར་ཁྲོ་བོའི་སྐུར་བསྟན་ནས། །བདུད་བཞིའི་རླུང་གིས་མི་གཡོ་སྐྱེ་དགུའི་
དཔལ། །བཅོམ་ལྡན་མི་གཡོ་མགོན་ལ་ཕྱག་འཚལ་ལོ། །ཞེས་པས་བསྟོད། ༈ དེ་ནས།
སློབ་མས་མཎྜལ་ཕུལ། ཨོཾ་ཧེ་བཛྲ་ཛྙཱ་ཙཀྲ་མ་མ་ཨ་ཏིཥྛཧྲྀ་ཀུ་རུ་ཧཱུྃ། ཞེས་ལན་གསུམ་
གྱིས་གསོལ་བ་བཏབ། གུར་ནས་འབྱུང་བའི་ཡན་ལག་བདུན་པ་བྱ། སློབ་དཔོན་
ཁྲོ་རྒྱལ་མི་གཡོ་བར་དངོས་སུ་བསྒོམ་དུ་གཞུག །སློབ་དཔོན་གྱི་ཐུགས་ཀ་ནས་འོད་
ཟེར་འཕྲོས། སངས་རྒྱས་ཐམས་ཅད་ཁྲོ་རྒྱལ་མི་གཡོ་བ་ཡབ་ཡུམ་གྱི་སྐུའི་རྣམ་པར་

སྤྱན་དྲངས་ཏེ། ཁྱེད་རང་རྣམས་ལ་ཐིམ་པར་གྱུར་པའི་མོས་པ་མཛོད། རོལ་མོའི་སྒྲ་བྱ། ཡང་སློབ་དཔོན་གྱི་ཐུགས་ཀ་ནས་འོད་ཟེར་འཕྲོས། སངས་རྒྱས་ཐམས་ཅད་ཡིག་འབྲུའི་རྣམ་པར་སྤྱན་དྲངས་ཏེ། ཁྱེད་རང་རྣམས་ལ་ཐིམ་པར་གྱུར་པའི་མོས་པ་མཛོད། རོལ་མོའི་སྒྲ་བྱ། ཡང་སློབ་དཔོན་གྱི་ཐུགས་ཀ་ནས་འོད་ཟེར་འཕྲོས། སངས་རྒྱས་ཐམས་ཅད་ཕྱག་མཚན་གྱི་རྣམ་པར་སྤྱན་དྲངས་ཏེ། ཁྱེད་རང་རྣམས་ལ་ཐིམ་པར་གྱུར་པའི་མོས་པ་མཛོད། རོལ་མོའི་སྒྲ་བྱ། ཁྱེད་རང་རྣམས་དམིགས་པ་འདི་བཞིན་དུ་མཛོད། ཆོས་ཐམས་ཅད་སྟོང་པ་ཉིད་དུ་སྦྱངས། ཨོཾ་སྭ་བྷཱ་ཝ་ཤུདྡྷཿ སརྦ་དྷརྨཱ་སྭ་བྷཱ་ཝ་ཤུདྡྷོ྅ཧཾ། ཁྱེད་རང་རྣམས་ཀྱི་སྙིང་གར་ཧཱུྃ། དེ་ལས་འོད་(༨༨ན)ཟེར་འཕྲོས། ལུས་ཐམས་ཅད་གང་། འོད་ཀྱི་གོང་བུར་གྱུར། དེ་ལས་ཁྱེད་རང་རྣམས་ཁྲོ་རྒྱལ་མི་གཡོ་བ་སྐུ་མདོག་དམར་པོ་ཞལ་གཅིག་ཕྱག་དྲུག་ཞབས་བཞི་པ། ཕྱག་དང་པོ་གཉིས་རལ་གྲི་དང་ཞགས་པ། བར་པ་གཉིས་ལྕགས་ཀྱུ་དང་ཐོད་པ། ཐ་མ་གཉིས་དབྱུག་པ་དང་སྡིགས་མཛུབ། ཞབས་མདུན་མ་གཉིས་གཡས་བསྐུམ་གཡོན་བརྐྱངས་པས་བདུད་དང་དགའ་མ་མནན་པ། རྒྱབ་མ་གཉིས་གར་སྟབས་ཀྱིས་ཚངས་པ། ཁྲབ་འཇུག །དབང་ཕྱུག་རྣམས་མནན་པ། ཡུམ་གཏུམ་མོ་དགའ་བྱེད་མ། ཀྲ་མ་རུ་དང་མེ་ཏོག་གི་འཕྲེང་བ་འཛིན་པས་འཁྱུད་པ། ཐབས་བཟང་རིས་དང་། ཀླུ་ཞབས་འོག་ཏུ་མནན་པ། ཡབ་ཡུམ་གཉིས་ཀར་ཁྲོ་བོ་དང་ཁྲོ་མོའི་ཆ་ལུགས་ཡོངས་སུ་རྫོགས་པའོ། །ཁྱེད་རང་གི་སྤྱི་བོར་རྣམ་སྣང་། མགྲིན་པར་འོད་དཔག་མེད། སྙིང་གར་མི་བསྐྱོད་པ། ལྟེ་བར་རིན་ཆེན་ཏོག །གསང་བར་དོན་གྲུབ། དེ་རྣམས་ལས་མི་གཡོ་བ་རིགས་ལྔ་དཔག་ཏུ་མེད་པ་སྤྲོས་ཏེ། དགྲ་བགེགས་ཐམས་ཅད་ཚར་བཅད། ཡུམ་གྱི་སྤྱི་བོར་སྤྱན་མ། མགྲིན་པར་གོས་དཀར་མོ། སྙིང་གར་མཱ་མ་ཀཱི། ལྟེ་བར་རིན་ཆེན་སྒྲོལ་མ། གསང་བར་སྒྲོལ་མ། དེ་རྣམས་ལས་གཏུམ་མོ་དགའ་བྱེད་མ་རིགས་ལྔ་དཔག་ཏུ་མེད་པ་སྤྲོས་ཏེ། སྐྱེ་འགྲོ་ཐམས་ཅད་དབང་དུ་

བསྡུས་པར་མོས་སུ་བཅུག །དེ་ནས། སློབ་དཔོན་ཕྲི་རྒྱལ་མི་གཡོ་བར་གསལ་བའི་ཐུགས་ཀར་ཉི་མའི་དཀྱིལ་འཁོར་གྱི་དབུས་སུ་ཧཱུྃ་ཡིག་གི་མཐར་སྔགས་(༨༨བ)འཕྲེང་གིས་བསྐོར་བ་ལས་སྔགས་འཕྲེང་གཉིས་པ་བྱུང་། ཞལ་ནས་ཐོན། ཁྱེད་རང་རྣམས་ཕྲི་རྒྱལ་མི་གཡོ་བའི་སྐུར་གསལ་བའི་ཞལ་དུ་ཞུགས། ཐུགས་ཀར་ཉི་མའི་དཀྱིལ་འཁོར་གྱི་དབུས་སུ་ཧཱུྃ་ཡིག་གི་མཐར་འཁོད་པའི་མོས་པ་མཛོད་བྱས་ལ། ཨོཾ་ཀ་ནི་ཀྲྀ་ནི་ཧཱུྃ་ཕཊ། ཅེས་དང་། ཨོཾ་ཨ་མོ་གྷ་ཙཎྜ་མཧཱ་རོ་ཥ་ཎ་ཡ་ཕཊ་ཡ་ཧཱུྃ། ཊྲ་ས་ཡ་ཧཱུྃ། ཊྲ་ཊ་ཧཾ་མཾ། ཞེས་ཡབ་ཀྱི་སྔགས་དང་། ཨོཾ་བཛྲ་ཙཎྜི་ཏ་ཏ་མ་ར་མ་ར། ཨ་ཀྲྀཏྣ་ཡ་ཨ་ཀྲྀཏྣ་ཡ་ཧཱུྃ་ཕཊ། ཅེས་ཡུམ་གྱི་སྔགས་ཏེ། ལན་གསུམ་གསུམ་རྗེས་ཟློས་བྱར་གཞུག །དེ་ནས། གཏོར་མ་ནས་ཁམ་གཅིག་སྦྱིན་ལ་འབྲུ་གསུམ་བརྗོད་ཅིང་། བུམ་དབང་ངོ་། །སྙིང་པོའི་མཐར་འབྲུ་གསུམ་བཀོད་པས་ཐོད་པའི་ནང་གི་དམ་རྫས་སྦྱིན། གསང་དབང་ངོ་། །རལ་གྲི་སྙིང་གར་གཏད་ལ། བདེ་སྟོང་གི་ཡེ་ཤེས་སྒྲིབ་གཉིས་འཇོམས་བྱེད་དུ་ངོ་སྤྲད། ཤེར་དབང་ངོ་། །མདུན་བསྐྱེད་ཀྱི་ལྷ་ཚོགས་ལས་མར་མེ་གཅིག་ལས་གཉིས་ཆད་ཀྱི་ཚུལ་དུ་བྱུང་སྟེ། སློབ་མ་རྣམས་ལ་བསྟིམ། མི་རྟོག་པ་བསྒོམ་དུ་གཞུག་སྟེ་དབང་བཞི་པའོ། །རྗེས་ཀྱི་བྱ་བ་རྣམས་སྤྱི་དང་འདྲའོ། །

༄ **འོད་ཟེར་ཅན་མ་ཏ་ལྡང་ཅན་ལ།** སྐྱབས་འགྲོ་སེམས་བསྐྱེད་དང་སྟོང་ཉིད་སྟོན་དུ་འགྲོ་བས། རང་སེམས་མཾ་ཡིག་ཡོངས་སུ་གྱུར་པ་ལས། རང་ཉིད་འོད་ཟེར་ཅན་མ་ལི་ཁྲིའི་མདོག་ཅན། ཞལ་གསུམ་ཕྱག་དྲུག་གི་གཡས་རྣམས་ཀྱིས་རྡོ་རྗེ། ཁབ་སྐུད་སྦྲུར་བ། མདའ། གཡོན་རྣམས་ཀྱིས་ཞགས་པ་དང་བཅས་པའི་སྡིགས་མཛུབ། ཨ་ཤྭ་ཀ །གཞུ་(༨༧ན)རྣམས་འཛིན་པ། གཡས་བསྐུམ་གཡོན་བརྐྱངས། དར་དང་རིན་པོ་ཆེ་དང་མེ་ཏོག་གིས་བརྒྱན་པ། ཉི་མའི་རྒྱབ་ཡོལ་ཅན། རྒྱལ་བ་རིགས་ལྔ་དབུ་ལ་བཞུགས་པ། རྟ་བདུན་གྱིས་དྲངས་པའི་ཤིང་རྟ་ལ་གནས་པ། དཔྲལ་བར་ཨོཾ། མགྲིན་པར་ཨཱཿ ཐུགས་ཀར་ཧཱུྃ། ཡེ་ཤེས་སེམས་དཔའ་བཛྲ་ས་ཏྭ་ཛཿ ཛཿཧཱུྃ་བཾ་ཧོཿ སྙིང་གའི་འོད་

ཟེར་གྱིས་རྡོ་རྗེའི་ས་གཞི་དང་། ཕག་གི་ར་བ་དང་། མདའ་གཞུའི་གུར། ཁབ་སྐུད་དང་ཞགས་པའི་དྲ་བ། ཕྱི་རོལ་དུ་མྱ་ངན་མེད་པའི་ཤིང་གིས་བསྐོར་བར་གྱུར། ཨོཾ་མཱ་རཱི་ཙྱཻ་དེ་ཕ་ཏ་ཡེ་སྭཱཧཱ། ཞེས་ཅི་འགྲུབ་ཏུ་བཟླའོ། ། ༄ སློབ་མ་ལ་བཟླས་ལུང་བྱེད་ཚུལ་ནི། སློབ་མས་མཎྜལ་ཕུལ། གསོལ་བ་འདེབས་པ་འདིའི་རྗེས་ཟློས་མཛོད། སློབ་དཔོན་གྱིས་བདག་ལ་རིག་སྔགས་དམ་པ་བསྩལ་དུ་གསོལ། ལན་གསུམ། སངས་རྒྱས་ཆོས་དང་ཚོགས་ཀྱི་མཆོག་བཅས་ལ། །ཞེས་སོགས་ལན་གསུམ། ཁྱེད་རང་རྣམས་དམིགས་པ་འདི་བཞིན་དུ་མཛོད། སློབ་མ་བསངས་སྦྱངས། སྟོང་པའི་ངང་ལས་ཁྱེད་རང་རྣམས་ཀྱི་སེམས་ཉིད་མཾ་ཡིག་ཡོངས་སུ་གྱུར་པ་ལས། ཁྱེད་རང་རྣམས་འོད་ཟེར་ཅན་མ་ལི་ཁྲིའི་མདོག་ཅན། ཞལ་གསུམ་ཕྱག་དྲུག་གི་གཡས་རྣམས་ཀྱིས་རྡོ་རྗེ། ཁབ་སྐུད་སྦྱར་བ། མདའ། གཡོན་རྣམས་ཀྱིས་ཞགས་པ་དང་བཅས་པའི་སྡིགས་མཛུབ། ཨ་ཤྭ་ཀ །གཞུ་རྣམས་འཛིན་པ། གཡས་བསྐུམ་གཡོན་བརྐྱངས། དར་དང་རིན་པོ་ཆེ་དང་མེ་ཏོག་གིས་བརྒྱན་པ། ཉི་མའི་རྒྱབ་(༦༧བ)ཡོལ་ཅན། རྒྱལ་བ་རིགས་ལྔ་དབུ་ལ་བཞུགས་པ། ཏ་བདུན་གྱིས་དྲངས་པའི་ཤིང་རྟ་ལ་གནས་པ། དཔྲལ་བར་ཨོཾ། མགྲིན་པར་ཨཱཿ ཐུགས་ཀར་ཧཱུྃ། སློབ་དཔོན་གྱི་ཐུགས་ཀ་ནས་འོད་ཟེར་འཕྲོས། ཡེ་ཤེས་སེམས་དཔའ་བཛྲ་ས་ཏྭ་ཛཿ ཛཿཧཱུྃ་བཾ་ཧོཿགཉིས་སུ་མེད་པར་ཐིམ་པར་གྱུར་པའི་མོས་པ་མཛོད། དེ་ནས། སློབ་དཔོན་འོད་ཟེར་ཅན་མའི་སྐུར་གསལ་བའི་ཐུགས་ཀར་ཟླ་བའི་དཀྱིལ་འཁོར་གྱི་དབུས་སུ་མཾ་ཡིག་གི་མཐར་སྔགས་འཕྲེང་གིས་བསྐོར་བ་ལས་སྔགས་འཕྲེང་གཉིས་པ་བྱུང་། ཞལ་ནས་ཐོན། ཁྱེད་རང་རྣམས་ཀྱི་ཞལ་དུ་ཞུགས། ཐུགས་ཀར་ཟླ་བའི་དཀྱིལ་འཁོར་གྱི་དབུས་སུ་མཾ་ཡིག་གི་མཐར་འཁོད་པའི་མོས་པ་མཛོད་བྱས་ལ། ཨོཾ་མཱ་རཱི་ཙྱཻ་དེ་ཕ་ཏ་ཡེ་སྭཱཧཱ། ཞེས་ལན་གསུམ་རྗེས་ཟློས་བྱར་གཞུག །རྗེས་ཀྱི་བྱ་བ་རྣམས་སྤྱི་དང་འདྲའོ། །

༄ རྒྱལ་མཚན་རྩེ་མོའི་དཔུང་རྒྱན་ལ། སྐྱབས་འགྲོ་སེམས་བསྐྱེད་སྔོན་དུ་འགྲོ་བས།

ཤུ་ཧུ་ཧཱས་སྟོང་པར་སྦྱངས། རང་གི་སྙིང་གར་ཧཱུྃ་ཡིག་འོད་ཟེར་གྱིས་རང་ཉིད་རྒྱལ་མཚན་རྩེ་མོའི་དཔུང་རྒྱན་རྡོ་རྗེ་རོ་ལངས་མར་གྱུར་པ་ནི་མཐིང་ནག་དྲག་མོ། ཞལ་བཞི་མཐིང་ག །ཕྱག་བརྒྱད་གཡས་རྣམས་རལ་གྲི། གཏུན་ཤིང་། འཁོར་ལོ། མདའ། གཡོན་རྣམས་རྩེ་གསུམ། ཞགས་པ། གཞུ། སྡིགས་མཛུབ། ཞབས་བཞིས་བདུད་བཞི་མནན་པ། མི་བསྐྱོད་པའི་དབུ་རྒྱན་ཅན། ཁྲོ་མོའི་ཆ་ལུགས་དང་རྒྱན་དང་ན་བཟས་ཡོངས་སུ་རྫོགས་པའོ། །དཔྲལ་བར་ཨོཾ། མགྲིན་པར་ཨཱཿ ཐུགས་(༨༤ན)ཀར་ཧཱུྃ། ཡེ་ཤེས་སེམས་དཔའ་བཛྲ་ས་ཏྭ་ཛཿ ཛཿཧཱུྃ་བཾ་ཧོཿ གཉིས་སུ་མེད་པར་ཐིམ། ན་མོ་ཧྨ་ག་ཝ་ཏེ། ཧྨ་ཛ་ཨ་གྲ་གེ་ཡཱུ་རེ། པ་ར་སྲཱི་ཧྲ། པི་ཧྨན་ས་ན་ཀ་སྭ་སཻ་ཉ་བ་རི་ལ་ནི། ཨུ་མུ་ཀཱ་མུ་ཁི་ཁ་ཁ་ཁཱ་ཧི་ཁཱ་ཧི། པ་ར་མ་སཻ་ཧུ་མ། ཨ་ནྷ་ཧྲུ་ཛོ། ཨ་མྷ་མུ་ཁེ། སྤ་ཏ་ར་སྤ་ཏ་ར་ཧཱུྃ་ཕཊ་ཕཊ་སྭཱཧཱ། ཞེས་བཟླ་ཞིང་བ་སྤུའི་ཁུང་བུ་རྣམས་ནས་འོད་ཟེར་སྤྲོས། དེ་བཞིན་གཤེགས་པ་ཐམས་ཅད་མཉེས་པར་བྱས་ཤིང་། མིང་པོ་གསུམ་གྱི་དམག་ཚོགས་བསྐུལ་ཏེ། གདུག་པ་ཅན་ཚར་བཅད་པར་བསམས། མཆོད་པ་དང་གཏོར་མ་སྤྱི་དང་མཐུན་པར་བྱིན་གྱིས་བརླབས་ལ། རང་གི་སྙིང་གའི་ས་བོན་ལས་འོད་ཟེར་འཕྲོས། རྒྱལ་མཚན་རྩེ་མོའི་དཔུང་རྒྱན་རྡོ་རྗེ་རོ་ལངས་མ་འཁོར་དང་བཅས་པ་བཛྲ་ས་ཏྭ་ཛཿ ཨ་ཀཱ་རོ་ལན་གསུམ་གྱིས་གཏོར་མ་ཕུལ། མཆོད་བསྟོད་སོགས་བྱའོ། ། ༄ འདིའི་བཟླས་ལུང་བྱ་བ་ནི། སློབ་མས་མནྟལ་ཕུལ། གསོལ་བ་འདེབས་པ་འདིའི་རྗེས་ཟློས་མཛོད། སློབ་དཔོན་གྱིས་བདག་ལ་རིག་སྔགས་དམ་པ་བསྩལ་དུ་གསོལ། ལན་གསུམ། སངས་རྒྱས་ཆོས་དང་ཚོགས་ཀྱི་མཆོག་བཅས་ལ། །ཞེས་སོགས་ལན་གསུམ། སློབ་མ་རྣམས། ཤུ་ཧུ་ཧཱས་སྟོང་པར་སྦྱངས། སྟོང་པའི་ངང་ལས་ཁྱེད་རང་རྣམས་ཀྱི་སྙིང་གར་ཧཱུྃ་ཡིག་གི་འོད་ཟེར་གྱིས་ཁྱེད་རང་རྣམས་རྒྱལ་མཚན་རྩེ་མོའི་དཔུང་རྒྱན་རྡོ་རྗེ་རོ་ལངས་མར་གྱུར་པ་ནི་མཐིང་ནག་དྲག་མོ། ཞལ་བཞི་མཐིང་ག །ཕྱག་བརྒྱད་གཡས་(༨༤བ)རྣམས་

རལ་གྲི། གཏུན་ཤིང་། འཁོར་ལོ། མདའ། གཡོན་རྣམས་རྩེ་གསུམ། ཞགས་པ། གཞུ། ཐིགས་མཛུབ། ཞབས་བཞིས་བདུད་བཞི་མནན་པ། མི་བསྐྱོད་པའི་དབུ་རྒྱན་ཅན། ཁྲོ་མོའི་ཆ་ལུགས་དང་རྒྱན་དང་ན་བཟའ་ཡོངས་སུ་རྫོགས་པའོ། །དཔྲལ་བར་ཨོཾ། མགྲིན་པར་ཨཱཿ ཐུགས་ཀར་ཧཱུྃ། སློབ་དཔོན་གྱི་ཐུགས་ཀ་ནས་འོད་ཟེར་འཕྲོས། ཡེ་ཤེས་སེམས་དཔའ་བཛྲ་ས་མ་ཛཿཛཿཧཱུྃ་བཾ་ཧོཿ གཉིས་སུ་མེད་པར་ཐིམ་པའི་མོས་པ་མཛོད། དེ་ནས། སློབ་དཔོན་རྒྱལ་མཚན་རྩེ་མོའི་དཔུང་རྒྱན་གྱི་སྐུར་གསལ་བའི་ཐུགས་ཀར་ཉི་མའི་དཀྱིལ་འཁོར་གྱི་དབུས་སུ་ཧཱུྃ་ཡིག་གི་མཐར་སྔགས་འཕྲེང་གིས་བསྐོར་བ་ལས་སྔགས་འཕྲེང་གཉིས་པ་བྱུང་། ཞལ་ནས་ཐོན། ཁྱེད་རང་རྣམས་རྒྱལ་མཚན་རྩེ་མོའི་དཔུང་རྒྱན་གྱི་སྐུར་གསལ་བའི་ཞལ་དུ་ཞུགས། ཐུགས་ཀར་ཉི་མའི་དཀྱིལ་འཁོར་གྱི་དབུས་སུ་ཧཱུྃ་ཡིག་གི་མཐར་འཁོད་པའི་མོས་པ་མཛོད་བྱས་ལ། ན་མོ་བྷ་ག་ཝ་ཏེ། དྷྭ་ཛ་ཨ་གྲ་ཀེ་ཡཱུ་རེ། པ་ར་སྲི་ཏྭ། བི་དྷྭ་ན་ས་ན་ཀཱ་ཡ་སཻཏྭ་བ་རི་ལ་ནི། སུ་མུ་ཀཱ་མུ་ཁི་ཁ་ཁ་ཁཱ་ཧི་ཁཱ་ཧི། པ་ར་མ་ས་ཏྭ་མ། ཨ་ནནྡ་ཧྲུ་ཧོ། ཨ་ནནྡ་མུ་ཁི། ཕྲ་ཏ་ར་ཕྲ་ཏ་ར་ཧཱུྃ་ཕཊ་ཕཊ་སྭཱཧཱ། ཞེས་ལན་གསུམ་རྗེས་ཟློས་བྱར་གཞུག །རྗེས་ཀྱི་བྱ་བ་རྣམས་སྤྱི་དང་འདྲའོ། །

༄ ལྷ་མོ་རོ་ལངས་མ་ལ། བདག་བསྐྱེད་གཙོ་བོར་བྱས་ཏེ་བསྒྲུབས་ཀྱང་རུང་། མདུན་བསྐྱེད་ཁོ་ནས་བསྒྲུབས་ཀྱང་རུང་བ་ལས། འདིར་ཕྱི་མ་བཤད་ན་ཡི་དམ་གྱི་བདག་བསྐྱེད་གང་ཡང་རུང་བ་སྔོན་དུ་འགྲོ་བས། སྟོང་པའི་ངང་ལས་རང་གི་མདུན་དུ་པད་ཉི་དང་མི་རོའི་(༨༠ན)གདན་ལ། ཨོཾ་མ་ཐ་མ་ཐ་དུཥྚ་ཧཱུྃ་ཕཊ། ཅེས་པ་ཡོངས་སུ་གྱུར་པ་ལས། རོ་ལངས་མ་ནག་མོ་སྐྲ་དམར་སེར་གཡོན་ངོས་སུ་འཁྱིལ་བ། ཕྱག་དང་པོ་གཉིས་རལ་གྲི་དང་ཐོད་ཁྲག །འོག་མ་གཉིས་ཀྱིས་རྡོ་རྗེ་རྩེ་གཅིག་པ་དང་ཁ་ཊྭཱཾ་ག་འཛིན་པ། སྤྱན་གསུམ་མཆེ་གཙིགས་སྤྲུལ་དང་མི་མགོས་བརྒྱན་པ། སྟག་ལྤགས་ཀྱི་ཤམ་ཐབས་དང་། གླང་ལྤགས་ཀྱི་སྟོད་གཡོགས་གསོལ་བ། དུར་ཁྲོད་ཆེན་

པོའི་གནས་སེ་ཀླུང་འཚུབ་མའི་དབུས་སུ་མ་མོ་འབུམ་སྡེས་བསྐོར་བ། སྐུའི་གཡས་གཡོན་ན་གདུག་པའི་སྤྲུལ་གྱི་ཕོ་ཉ་འགྱེད་པའོ། །རང་གི་སྙིང་ག་ནས་འོད་ཟེར་འཕྲོས། དུར་ཁྲོད་ཀྱི་གནས་ཐམས་ཅད་ནས་རོ་ལངས་མ་བཛྲ་ས་མ་ཛཿ ཛཿཧཱུྃ་བཾ་ཧོཿ གཉིས་སུ་མེད་པར་ཐིམ། ཨོཾ་ཧྲཱི་ཙམ་ཎ་ཧཱུྃ་ཕཊ་སྭཱཧཱ། ཞེས་པ་རེ་རེའི་མགོར་སྦྱར་ཏེ། ཨརྒྷཾ་ནས་ཤཻ་ཕེ་ཊའི་བར་གྱིས་མཆོད། དེའི་མགོ་བོར་ཨོཾ། མིག་ཏུ་ཧཱུྃ། ཉ་བར་ཧྲཱི། སྟ་ལ་ཏ། ཨྰེ་ལ་ཧ། སྙིང་གར་ཧྲཱིཿཞེས་པ་རྣམས་ཀྱིས་རྒྱས་བཏབ། རྡོ་རྗེ་བསྡམས་པ་ལས་གྲུ་མོ་བརྒྱད་པའི་ཕྱག་རྒྱས་གནས་ལྔར་རེག་པར་བསམ། ཕྱག་རྒྱ་དེ་ཉིད་ཀྱིས་དབང་བསྐུར་བར་མོས་ལ། ཨོཾ་ཕྲུཾ་ཕྲཱྀ་ཕཊ་ཧཱུྃ་སྭཱཧཱ། རྡོ་རྗེ་རྩེ་ལྔ་པ་དབུ་བརྒྱན་པར་གྱུར། མཆོད་གཏོར་སྤྱི་དང་མཐུན་པར་བྱིན་གྱིས་བརླབས་ནས། གོང་བཞིན་མཆོད་ཡོན་ནས་རོལ་མོའི་བར་གྱིས་མཆོད་པ་ཕུལ། ཆང་པ་གཡས་བརྒྱུད་གི་སྐབས་བཅའ། ལག་པ་གཡས་བརྒྱུད་གི་སེ་གོལ་གཏོགས། གཡོན་ཕྱིགས་མཛུབ་བྱ་བ་ནི་ལྕེ་(༥༩བ) མོའི་དམ་རྒྱ་སྟེ། ཨོཾ་ཙཱིཏྟ་བེ་ཏ་སི་ས་མ་ཡ་སྟྭཾ། ཞེས་ལན་བདུན་གྱིས་དམ་ཚིག་ལ་གནས་པར་བྱ། དེ་ནས་བཟླས་པ་ནི། ཨོཾཿཧྲཱི་ཏ་ན་ཏ་ན་སརྦ་ཤ་ཏྲུན་མ་ཐ་མ་ཐ་བཛྲ་བཛྲ་ཧཱུྃ། ཨ་མུ་ཀ་སརྦ་ཏ་ཡ་སརྦ་ཏ་ཡ། ཧཱུྃ་ཧཱུྃ་ཧཱུྃ་ཕཊ་ཕཊ་ཕཊ་ཁུཿཁུཿ ཞེས་ཅི་ནུས་སུ་བཟླས། གཏོར་མ་ཧླ་མེད་ལྟར་བྱིན་གྱིས་བརླབས་ཏེ། ཨོཾ་ཨ་ཀཱ་རོ་ཡ། ཨ་ཀཱ་རོ་ཡ། མཧཱ་པཱུ་ཛ་ཧྲཱ་ཧྲཱ། ཧཱུྃ་ཧཱུྃ་ཧཱུྃ་སྭཱཧཱ། ཞེས་པ་བདུན་ནམ། ཉེར་གཅིག་གིས་གཏོར་མ་ཕུལ། འདོད་དོན་གསོལ་བ་བཏབ། ཨོཾ་མུཿཞེས་ཡེ་ཤེས་པ་གཤེགས། དམ་ཚིག་པ་རང་ལ་བསྡུ། འདི་ལ་རྗེས་གནང་གི་བྱ་བ་མི་མཛད་ལུང་ཙམ་གྱིས་ཆོག །སློབ་དཔོན་གྱིས་མཆོད་གཏོར་བཟླས་པ། སློབ་མའི་དོན་དུ་གསོལ་བ་གདབ་པ་རྣམས་བྱས་ལ། འདིའི་བསྙེན་སྒྲུབ་བྱེད་ཚུལ་སྒྲུབ་ཐབས་ཀྱི་ལུང་བྱས་ལ། ལས་སྦྱོར་ཡང་དགྲ་བགེགས་འགུགས་འདྲེན་བྱས་ནས། ལིངྒ་མེ་ལ་བསྲེག་པ་དང་། གཙོ་བོར་སྦྱིན་སྲེག་གི་ལས་སྦྱོར་ལ་བརྟེན་ནས་ཐོད་གཏོང་སྒྲུབ་པ་སོགས་ཡིན་ནོ། །དེང་ཕྱིན་

ཆད་ལྷ་མོ་རོ་ལངས་མ་བསྒོམས་ཤིག །ཐུགས་ཚར་གཅིག་བཏོན་ཏེ་འདི་བློས་ཤིག །བསྙེན་པ་གྱིས་ཤིག །སྒྲུབ་པ་གྱིས་ཤིག །ལས་ལ་སྦྱོར་བ་གྱིས་ཤིག །གདུག་པ་ཅན་ཚར་ཆོད་ཅིག །ཅེས་བཀའི་གནང་བ་སྦྱིན། དེ་ཙམ་གྱིས་དོན་གྲུབ་པ་ཡིན་ནོ། །

༄ གཏོད་སྦྱིན་མོ་འཁྲུག་མ་ལ། ཆང་བུ་དང་ཤིང་ཏོག་སྣ་ཚོགས་པས་བརྒྱན་པའི་གཏོར་མ་དང་མཆོད་པ་སྣ་ཚོགས་པ་བཤམས་ལ། སྐྱབས་འགྲོ་སེམས་(༧༠ན)བསྐྱེད་སོགས་སྤྱི་དང་མཐུན་པར་བྱ། ནམ་མཁའ་མཛོད་ཀྱི་ཕྱག་རྒྱ་དང་། ཁ་འབར་མའི་ཕྱག་རྒྱ་དང་། ཡི་གེ་འབྲུ་གསུམ་གྱིས་མཆོད་གཏོར་རྣམས་བྱིན་གྱིས་བརླབས། ཙནྡན་གྱི་མཎྜལ་མེ་ཏོག་སྣ་ཚོགས་བཀྲམ་པ་ཞིག་མདུན་དུ་བཞག །ཡི་དམ་གང་རུང་གི་བདག་བསྐྱེད་སྔོན་དུ་འགྲོ་བས། རང་གི་སྙིང་ག་ནས་འོད་ཟེར་འཕྲོས། རི་རབ་ཀྱི་བྱང་ཕྱོགས་ནས་གནོད་སྦྱིན་མོ་འཁྲུག་མ་བུ་ལྔ་བརྒྱ་དང་བཅས་པ་ཨོཾ་བཛྲ་ས་མ་ཛཿ ཞེས་སྤྱན་དྲངས་ཏེ། མཎྜལ་གྱི་སྟེང་དུ་བཞུགས་པར་གྱུར་པ་ནི་སྐུ་མདོག་དམར་སེར་གཡས་ལྕུགས་ཀྱུ། གཡོན་ཞགས་པ་དང་བཅས་པའི་ནེའུ་ལེ་འཛིན་པ། མཛེས་ཤིང་སྒེག་པ་རྒྱན་ཐམས་ཅད་ཀྱིས་བརྒྱན་པ། བུ་ལྔ་བརྒྱས་བསྐོར་བ། ཐམས་ཅད་ཀྱང་སེར་སྐྱ་བེ་ཅོན་དང་ཆང་བུམ་གང་བའི་སྣོད་འཛིན་པའོ། །རང་གི་སྙིང་ག་ནས་ཁྲོ་བོ་གཤིན་རྗེ་གཤེད་བེ་ཅོན་དང་ཞགས་པ་ཐོགས་པ་སྤྲོས། འཁྲུག་མའི་སྤྱི་བོར་བཞུགས། དཔྲལ་བར་ཨོཾ། མགྲིན་པར་ཨཱཿ ཐུགས་ཀར་ཧཱུྃ། ཨརྒྷཾ་ནས་ཤབྡའི་བར་གྱིས་མཆོད། ཨོཾ་ཧཱ་རི་ཏི་མཧཱ་ཡཀྵི་ཎི་ཡེ་ཧ་ར་ཧ་ར་སརྦ་ཡཀྵི་ཎི་ཡེ་པྲ་བེ་ཤ་ནི་སྭཱཧཱ། ཁ་ཁ་ཧཱུྃ་ཞེས་ལན་བདུན་གྱིས་གཏོར་མ་ཕུལ། བཟླས་པའི་དམིགས་པ་གསལ་བཏབ་ལ། ཨོཾ་ཧ་རཱི་ཏི་མཧཱ་ཡཀྵི་ཎི་ཡེ་ཧ་ར་ཧ་ར་སརྦ་ཡཀྵི་ཎི་ཡེ་པྲ་བེ་ཤ་ནི་སྭཱཧཱ། ཞེས་ཅི་ནུས་སུ་བཟླ། མཐར་མཆོད་བསྟོད་བྱའོ། །

༄ འདིའི་ལུང་སྦྱིན་པ་ནི། གོང་བཞིན་གྱི་མཆོད་གཏོར་བཟླས་པ་དང་བཅས་པ་སྔོན་དུ་སོང་(༧༠བ)ནས། འདིའི་སྒྲུབ་ཐབས་གོང་དུ་བཤད་པའི་ལུང་བྱས་ལ། ཐུགས་

ལ་རྗེས་ཀློས་ལན་གསུམ་བྱེད་པ་ཉིད་ཡིན་ནོ། །ཞེས་གསུངས་པ་ལྟར་བྱའོ། །

༄ ཚོགས་བདག་སེར་པོ་ལ། སྐྱབས་འགྲོ་སེམས་བསྐྱེད་དང་། ཡི་དམ་ཁྲོ་བོའི་བདག་བསྐྱེད་ཅིག་སྔོན་དུ་འགྲོ་བས་མདུན་དུ་ཚོགས་བདག་གི་བྲིས་སྐུ་ལ་དམིགས་ཏེ། བསངས་སྦྱངས། སྟོང་པའི་ངང་ལས་པདྨ་ཟླ་བ་ཉི་བ་རྣམས་ཀྱི་གདན་ལ་ཡི་གེ་གཿལས་ཚོགས་ཀྱི་བདག་པོ་གླང་པོའི་གདོང་ཅན་སེར་པོ། གཡས་གཉིས་ན་ཏྲི་ཤུལ་དང་དགྲ་སྟ། གཡོན་གཉིས་ན་ནོར་བུས་གང་བའི་སྣོད་དང་ལ་ཕུག་འཛིན་པ། ལྟོ་བ་ཕྱང་ཞིང་རོལ་སྟབས་ཀྱིས་བཞུགས་པ། རྒྱན་ཐམས་ཅད་ཀྱིས་བརྒྱན་ཅིང་། མདུན་དུ་ལ་དུ་ལ་སོགས་པ་ཁ་ཟས་སྣ་ཚོགས་ཀྱིས་གང་བའི་སྣོད་ལ་གཟིགས་པ། རང་གི་སྙིང་ག་ནས་འོད་ཟེར་འཕྲོས། ཚོགས་ཀྱི་བདག་པོ་སྤྱན་དྲངས་པར་བསམ་ལ། ཨོཾ་གཿན་པ་ཏི་བཛྲ་ས་མ་ཛཿ ཨ་མྲྀ་ཏས་བགེགས་བསྐྲད། ཛཿཧཱུྃ་བཾ་ཧོཿ གཉིས་སུ་མེད་པར་བསྟིམ། ཡི་དམ་གྱི་སྔགས་ཀྱི་མཐར། གཿན་པ་ཏི་ས་མ་ཡ་སྟྭཾ། ཞེས་སྤྱི་བོར་རྡོ་རྗེ་བཞག་ཅིང་དབང་བསྐུར། མཆོད་པ་སྤྱི་དང་མཐུན་པར་བྱིན་གྱིས་བརླབས་ཏེ་འབུལ་བ། བཟླས་པའི་དམིགས་པ་གསལ་བཏབ་ལ། ཨོཾ་ཧྲཱིཾ་ཁ་ཁ་ཁ་ཧཱུྃ་ཛ་སྭཱཧཱ། ཞེས་ཅི་ནུས་སུ་བཟླའོ། །མེ་ཏོག་གི་འཕྲེང་བ་དང་། ལ་དུ་ལ་ཕུག་ཤ་ཆང་རྣམས་དང་བཅས་པའི་གཏོར་མ་བསངས་སྦྱངས་འབྲུ་གསུམ་གྱིས་བྱིན་གྱིས་བརླབས། ཨ་ཀཱ་རོ་ལན་བདུན་གྱིས་ཕུལ། འདོད་དོན་ལ་གསོལ་བ་(༧༡ན)བཏབ། འདི་ལའང་སློབ་མ་རྗེས་སུ་འཛིན་པ་ནི། སློབ་དཔོན་གྱིས་བདག་མདུན་མཆོད་གཏོར་བཟླས་པ། གསོལ་བཏབ་སྔོན་དུ་འགྲོ་བས། སྒྲུབ་ཐབས་བཤད་ནས། དེང་ཕྱིན་ཆད་ཚོགས་བདག་སེར་པོ་སྒོམས་ཤིག །སྔགས་ཚར་གཅིག་བཏོན་ཏེ་འདི་ཀློས་ཤིག །སྒྲུབ་པ་གྱིས་ཤིག །ལས་ལ་སྦྱོར་བ་གྱིས་ཤིག །ཅེས་བཀའ་གནང་སྦྱིན་པ་ཙམ་ཉིད་དོ། །སྒྲུབ་ཐབས་རིན་ཆེན་འབྱུང་གནས་ཀྱི་ལྷན་ཐབས་རིན་འབྱུང་དོན་གསལ་ལས། ཤཱཀྱ་རཀྵི་ཏ་ལས་བརྒྱུད་པའི་སྒྲུབ་ཐབས་བཤད་པའི་སྐབས་སོ། །

༄ **རྒྱལ་ཀུན་སྲས་ཀྱི་ཐུ་བོ་ནི།** ཀུན་གྱི་མཆོག་གྱུར་འཇམ་དཔལ་ལ། །ཀུས་པས་བཏུད་ནས་སྒྲུབ་པའི་ཐབས། །ངོ་མཚར་ཆེན་པོ་འབྲི་བར་བྱ། །འགྲུབ་ན་མཎྜལ་མཆོད་པ་སྔོན་དུ་བཏང་། གང་ལྟར་ཡང་སྔོན་པ་བྱང་སེམས་དང་སྟོང་པ་ཉིད་བསྒོམ། ཤྲ་ཝ་སྟའི་སྔགས་བརྗོད། རང་གི་སྙིང་གར་པད་ཟླ་ལ་ཧྲཱིཿཡིག་འོད་ཀྱི་འཕྲོ་འདུ་ལས། རང་ཉིད་འཕགས་པ་འཇམ་དཔལ་གུར་གུམ་གཞོན་ནུའི་མདོག་ཅན། ཕྱག་གཉིས་ཐུགས་ཀར་ཆོས་འཆད་ཀྱི་ཕྱག་རྒྱ་མཛད་ཅིང་། ཕྱག་གཡོན་པོ་ཧྲིས་མཚན་པའི་ཨུཏྤ་ལའི་སྡོང་བུ་འཛིན་པ། རོལ་པའི་སྟབས་ཀྱིས་བཞུགས་ཤིང་མི་བསྐྱོད་པས་དབུ་ལ་སྲས་པ། ཟུར་ཕུད་ལྔ་པའམ་རལ་པའི་ཐོར་ཚུགས་ཅན། དར་དང་རིན་པོ་ཆེས་བརྒྱན་པ། ཞབས་ཀྱི་དྲུང་དུ་ཁྲི་བོ་གཤེན་རྗེ་གཤེད་པོ་མཐིང་ནག་ཐོད་པའི་འཕྲེང་བ་ཅན། གཡས་འཇམ་དཔལ་གྱི་ཞབས་ལ་བརྟེན་(༧༡བ)པའམ་ཕྱག་འཚལ་བ། གཡོན་ཐོ་བ་རྣ་ཉེ་ཤུ་པ་འཛིན་ཅིང་ཁྲོ་བོའི་ཆ་བྱད་རྫོགས་པའོ། །ཡེ་ཤེས་སྤྱན་འདྲེན་གནས་གསུམ་བྱིན་རླབས་བྱ། ན་མཿས་མནྟ་བུདྡྷ་ནཾ། ཨོཾ་ར་ར་སྨ་ར་ཨ་པྲ་ཏི་ཧ་ཏ་ཤཱ་ས་ནཾ། ཀུ་མཱ་ར་རཱུ་པ་ཧྞ་རི་ཧཱུཾ་ཕཊ་སྭཱཧཱ། ཐུན་མཚམས་སུ་འཇམ་དཔལ་གནས་པ་ཞེས་བྱ་བའི་མདོ་ཀློག་པ་དང་། འཇམ་དཔལ་གྱི་མཚན་བརྒྱ་རྩ་བརྒྱད་པ་འདོན་པ་སོགས་ཆོས་སྤྱོད་ཅི་ནུས་སུ་བྱའོ། །བློ་ལྡན་ཀུན་ནས་དགའ་བ་ཡི། །སྒྲུབ་ཐབས་སྙིང་པོ་འདི་ཙམ་ཡིན། ། མི་སྒོམ་ན་ནི་རྒྱས་པས་ཅི། །བསྒོམ་ན་བསྡུས་ཀྱང་དོན་མཆོག་འགྲུབ། །ཉེ་བའི་སྲས་བརྒྱད་ལས་འཇམ་དཔལ་གྱི་སྒྲུབ་ཐབས་སོ། །

༄ **ཐུགས་རྗེ་ཆེན་པོའི་དབང་ཕྱུག་མཆན་ཐོས་**པ་དང་གཟུང་བ་ཙམ་གྱིས་མི་ལྡོག་པའི་ས་ཐོབ་པར་འགྱུར་བའི་འཕགས་མཆོག་དེ་ལ་བ་སྤུ་ལྡང་ཞིང་མཆི་མ་འཁྲུག་པའི་མོས་གུས་ཀྱི་སྒོ་ནས། ཕྱག་དང་། མཆོད་པ་དང་། བསྟོད་པ་དང་། བསྐོར་བ་བྱས་ལ། བྱང་ཆུབ་ཀྱི་སེམས་བསྒོམས། ཤྲ་ཝ་སྟའི་སྔགས་དོན་བསམ། རང་གི་སྙིང་གར་ཧྲཱིཿཡིག་འོད་ཀྱི་འཕྲོ་འདུ་ལས། འཇིག་རྟེན་མགོན་པོ་སྤྱན་ཀའི་ཟླ་བ་ལྟར་དཀར་

བའི་སྐུ་ལུས་རལ་པའི་ཐོར་ཚུགས་ཀྱི་ངོས་ལ་བཅོམ་ལྡན་འདས་འོད་དཔག་ཏུ་མེད་པ་བཞུགས་པ། ཕྱག་གཉིས་ཐུགས་ཀར་ཆོས་འཆད་ཀྱི་ཕྱག་རྒྱའམ། གཡས་མཆོག་སྦྱིན་དང་གཡོན་གདན་ལ་བརྟེན་པས་པདྨ་དཀར་པོའི་སྡོང་བུ་འཛིན་པ། རི་དྭགས་ཀྱི་པགས་པ་ཕྲག་པ་གཡོན་པ་ལ་གནས་པ། དར་དང་རིན་པོ་ཆེའི་(༧༢ན)རྒྱན་ཅན། གཡས་བརྐྱངས་བའི་རོལ་པའི་སྟབས་ཀྱིས་བཞུགས་པ། དེའི་དྲུང་དུ་ཁྲོ་རྒྱལ་རྟ་མགྲིན་དམར་པོ་བསྐལ་པའི་མེ་ལྟར་གཟི་བརྗིད་འབར་བ། དབུའི་སྟེང་ན་རྟ་མགོ་ལྗང་གུ་རྟ་སྐད་འཚེར་བ། ཕྱག་གཡས་ཕྱག་འཚལ་བ་དང་། གཡོན་པས་བེ་ཅོན་དཀར་པོ་འཛིན་པའི། ཡེ་ཤེས་པ་སྤྱན་དྲངས། མཆོད་པས་མཆོད། རང་ལ་གཞུག །ཨོཾ་ཨཱཿཧཱུྃ་གིས་གནས་གསུམ་བྱིན་གྱིས་བརླབས། ན་མོ་ཨཱརྱ་ཨ་པ་ལོ་ཀི་ཏེ་ཤྭ་རཱ་ཡ། བོ་དྷི་སཏྭཱ་ཡ། མཧཱ་སཏྭཱ་ཡ། མཧཱ་ཀཱ་རུ་ཎི་ཀཱ་ཡ། ཀཱ་རུ་ཎི་ཀཱ་རུ་ཎི། མཧཱ་ཀཱ་རུ་ཎི། ཧྲ་ཧི་ཐྲི་ཏི་ཀཱ་རུ་ཎ་ཡ་སྭཱཧཱ། ཞེས་ཅི་ནུས་སུ་བཟླས། ལྷ་སྐུ་འོད་གསལ་དུ་བསྡུས་ཏེ་དགེ་བ་བསྔོ། ཐུན་མཚམས་སུ་སྤྱན་རས་གཟིགས་ཀྱིས་ཞུས་པ་ཞེས་བྱ་བའི་མདོ་དང་། ཟ་མ་ཏོག་བཀོད་པ་དང་། འཕགས་མཆོག་འདི་ཉིད་ཀྱི་མཚན་བརྒྱ་སོགས་འདོན་ནོ། །ཀུན་ལས་དགའ་བའི་སྒྲུབ་ཐབས་འདི། །སྙིང་ནས་ཉམས་ལེན་བྱས་གྱུར་ན། །འཇིག་རྟེན་དབང་པོ་ཉིད་མཚུངས་པའི། །གོ་འཕང་ཐོབ་འགྱུར་ཨ་ལ་ལ། །འཕགས་པ་སྤྱན་རས་གཟིགས་ཀྱི་སྒྲུབ་ཐབས་སོ། །

༄ སྔགས་དང་རྒྱུད་ལ་མངོན་པར་དགའ་བ་རྣམས་འཕགས་པ་ཕྱག་ན་རྡོ་རྗེ་ལ་བློ་གཏད་འཆའ་དགོས་ཏེ། སྔགས་རྒྱུད་ཐམས་ཅད་ཀྱི་བདག་པོ་ཡིན་པའི་ཕྱིར་རོ། །སྐྱབས་སེམས་ཚད་མེད་སྟོང་ཉིད་སྒོམ་པ་སྔོན་དུ་འགྲོ་བས། སྭ་བྷཱ་ཝའི་སྔགས་བརྗོད། ཧཱུྃ་ལས་བྱུང་བའི་སྲུང་འཁོར་གྱི་དབུས་སུ་ཉི་མ་ལ་ཧཱུྃ། དེ་ལས་འོད་(༧༢བ)འཕྲོས་དོན་གཉིས་བྱས་འདུས་པ་ལས་འཕགས་མཆོག་ཕྱག་ན་རྡོ་རྗེ་ཞི་བ་ལྗང་གུ། རིན་པོ་ཆེའི་ཕྲག་ཞུ་ཅན། མི་བསྐྱོད་པ་གཙོ་བོར་གྱུར་པའི་རིགས་ལྔས་དབུ་ལ་བརྒྱན་པ། ཕྱག་

གཡས་ཐུགས་ཀར་འབར་བའི་རྡོ་རྗེ་གསེར་པའི་ཚུལ་དང་། གཡོན་གདན་ལ་བརྟན་པ། ན་བཟའ་མཆོག་དང་རྒྱན་ཐམས་ཅད་ཀྱིས་བརྒྱན་པ། རབ་ཏུ་བཞད་ཅིང་རོལ་པའི་སྟབས་ཀྱིས་བཞུགས་པ། ཟླ་བའི་འོད་ཀྱི་རྒྱབ་ཡོལ་ཅན་ནོ། །ཡང་ན་སྐུ་མདོག་སྔོན་པོར་བྱས་ཀྱང་རུང་། དེའི་དྲུང་དུ་བདུད་རྩི་འཁྱིལ་པ་ཁྲོ་བོའི་ཆ་བྱད་རྫོགས་ཤིང་། ལྗང་གུའམ་སྔོ་བསངས་དགྲ་སྟ་འཛིན་པའོ། །དེ་ནས། ཡེ་ཤེས་དགུག་གཞུག་དང་སྒོ་གསུམ་བྱིན་རླབས་བྱ། ན་མོ་བཛྲ་པཱ་ཎ་ཡེ། མཧཱ་བཛྲ། པྲ་ཏིཥྛི་ཏཱ་ཡ། སཏ་ཏ་ཐཱ་ག་ཏ་ཤ་རཱི་དྷཱཏྟ་ཀ་ཏཱ་ཡ། བཛྲ་ཤཱ་རཱི་རཾ། སེ་ཀུ་རུ་བཛྲ་ཨ་དྷི་ཥྛ་ན་སྭཱ་ཧཱ། སྙིང་པོའོ། །དེ་བཞིན་གཤེགས་པའི་སྐུ་གསུང་ཐུགས་ཀྱི་གསང་བའི་མདོ་དང་། གསང་བདག་ཉིད་ཀྱི་མཚན་བརྒྱ་རྩ་བརྒྱད་པ་ཀློག །མཆོད་པ་དང་གཏོར་མ་ལ་ཡང་བརྗོད་པར་བྱའོ། །བདེ་གཤེགས་ཀུན་གྱི་འཕྲིན་ལས་ནི། །རབ་དགས་སྒྲུབ་མཛད་སེམས་དཔའ་ཆེ། །དེ་ཡི་མངོན་རྟོགས་སྙིང་པོ་ཙམ། །ཨུ་དུམ་ཝ་རའི་མེ་ཏོག་འདྲ། །ཉེ་བའི་སྲས་བརྒྱད་ལས་ཕྱག་ན་རྡོ་རྗེའི་སྒྲུབ་ཐབས་སོ། །ཉེ་སྲས་བརྒྱད་ཀྱི་ནང་ཚན་རིགས་གསུམ་མགོན་པོའི་སྒྲུབ་ཐབས་འདི་གསུམ་ལ་གཞུང་དུ་རྗེས་གནང་བྱ་ཚུལ་མ་བཤད་ཀྱང་གཞུང་གི་ཆ་ལག་ཚང་བའི་ཕྱིར་བཀོད་པས། རྗེས་གནང་སྐབས་འདི་གསུམ་གྱི་ལུང་ཙམ་གྲུབ་(ཞ་ཟན)ན་ལེགས། །

༄ ཉི་མ་སྦས་པའི་ལུགས་ཀྱི་སྒྲོལ་མ་ཕྱག་འཚལ་ཉི་ཤུ་རྩ་གཅིག་གི་སྒྲུབ་ཐབས་ཉམས་སུ་ལེན་པ་ལ། ཐོག་མར་སྤྱི་སྒྲུབ་ཉམས་སུ་བླངས་དགོས་པས། དེའི་ཚུལ་ནི། སྔོ་ན་སྐྱབས་འགྲོ་སེམས་བསྐྱེད་སྔོན་དུ་བཏང་། རང་གི་སྙིང་གར་ཟླ་བ་ལ་གནས་པའི་ཏྃ་ཡིག་ལས་འོད་ཟེར་འཕྲོས། བླ་མ་རིགས་ཀྱི་བདག་པོའི་རྣམ་པ་ཅན་གྱིས་དབུ་བརྒྱན་པའི་འཕགས་མ་སྒྲོལ་མ་ལ་སངས་རྒྱས་བྱང་ཆུབ་སེམས་དཔའི་ཚོགས་ཀྱིས་བསྐོར་བ་བཛྲ་ས་མཱ་ཛཿ ཨོཾ་ཨཱརྱ་ཏཱ་རེ་ས་པ་རི་ཝཱ་ར་བཛྲ་ཨརྒྷཾ་པྲ་ཏཱིཙྪ་ནས་ཤཔྟའི་བར་གྱིས་མཆོད། དཀོན་མཆོག་གསུམ་ལ་བདག་སྐྱབས་མཆི། །ཞེས་སོགས་ཡན་ལག་བདུན་

པ་ཁྱེ། བཛྲ་ཨུཿགཤེགས་སུ་གསོལ། ཚད་མེད་བཞི་སྤྱི་དང་མཐུན་པར་བསྒོམས་ལ། ཨོཾ་ཤྲུ་ཏྲེ་ཧཱ་རྞྞེ་ན་བཛྲ་སྭ་ཧཱ་ཕ་ཨཱཏྨ་ཀོ྅ཧཾ། སྟོང་པའི་ངང་ལས་པདྨ་དང་ཟླ་བའི་གདན་ལ། ཧཱུྃ་ཡིག་ལྗང་གུ་ཡོངས་སུ་གྱུར་པ་ལས། རྗེ་བཙུན་མ་འཕགས་མ་སྒྲོལ་མ་སྐུ་མདོག་ལྗང་སྔོན་ཞལ་གཅིག་ཕྱག་གཉིས་མ། གཡས་སྐྱབས་སྦྱིན་དང་གཡོན་མཐེབ་སྲིན་གྱིས་ཨུཏྤ་ལའི་སྡོང་བུ་ཐུགས་ཀར་འཛིན་པ། ཞབས་གཡས་བརྐྱང་བའི་སྐྱིལ་ཀྲུང་ཕྱེད་པའི་རོལ་པས་བཞུགས་པ། དར་དང་རིན་པོ་ཆེའི་རྒྱན་ཐམས་ཅད་ཀྱིས་བརྒྱན་པ། ཟླ་བའི་འོད་ཀྱི་རྒྱབ་ཡོལ་ཅན། མིག་གཉིས་ལ་ཨོཾ་ཏཱ་རེ་སྭཱ་ཧཱ། རྣ་བ་གཉིས་ལ་ཨོཾ་ཏུཏྟཱ་རེ་སྭཱ་ཧཱ། མགྲིན་པར་ཨོཾ་ཏུ་སྭཱ་ཧཱ། སྙིང་གར་ཨོཾ་རེ་སྭཱ་ཧཱ། སྤྱི་བོར་ཨོཾ་ཏཱ་རེ་ཊི་སྭཱ་ཧཱ། དཔྲལ་བར་ཨོཾ། (༧༣བ)མགྲིན་པར་ཨཱཿ ཐུགས་ཀར་ཧཱུྃ། ཐུགས་ཀ་ནས་འོད་ཟེར་འཕྲོས། སངས་རྒྱས་ཐམས་ཅད་འཕགས་མ་སྒྲོལ་མའི་རྣམ་པར་སྤྱན་དྲངས། ཨོཾ་བཛྲ་ས་མཱ་ཛཿ ཛཿཧཱུྃ་བཾ་ཧོཿ དབང་གི་ལྷ་རིགས་ལྔ་མདུན་གྱི་ནམ་མཁར་ཨོཾ་བཛྲ་ས་མཱ་ཛཿཔུཥྤེ་སོགས་ཀྱིས་མཆོད། དེ་བཞིན་གཤེགས་པ་ཐམས་ཅད་ཀྱིས་བདག་ལ་དབང་བསྐུར་དུ་གསོལ། ཞེས་གསོལ་བ་བཏབ་པས། ཇི་ལྟར་བལྟམས་པ་ཙམ་གྱིས་ནི་ཞེས་པ་ནས་ཨཱ་ཡེ་ཧཱུྃ། ཞེས་དབང་བསྐུར། སྐུ་གང་། དྲི་མ་དག །ཆུའི་ལྷག་མ་ཡར་ལུད་པ་ལས་དོན་ཡོད་གྲུབ་པས་དབུ་བརྒྱན་པར་གྱུར། ཐུགས་ཀར་ཟླ་བའི་སྟེང་དུ་ཧཱུྃ་ཡིག་གི་མཐར་སྔགས་ཀྱིས་བསྐོར་བར་བསམ་ལ། ཨོཾ་ཏཱ་རེ་ཏུཏྟཱ་རེ་ཏུ་རེ་སྭཱ་ཧཱ། ཞེས་ཅི་ནུས་སུ་བཟླའོ། །གཏོར་མ་བླ་མེད་ལྟར་བྱིན་གྱིས་བརླབས། རང་གི་སྙིང་ག་ནས་འོད་ཟེར་འཕྲོས། འཕགས་མ་སྒྲོལ་མའི་ལྷ་ཚོགས་ཐམས་ཅད་བཛྲ་ས་མཱ་ཛཿཔདྨ་ཀ་མ་ལ་ཡེ་སྟྭཾ། ཡི་གེ་བཅུ་པའི་མཐར་ཨ་ཀཱ་རོ་བཏགས་པ་ལན་བདུན་གྱིས་འབུལ། ཨརྒྷཾ་ནས་ཤབྡའི་བར་གྱིས་མཆོད། འབྲུ་གསུམ་གྱིས་ནང་མཆོད་འབུལ། ལྷ་དང་ལྷ་མིན་ཅོད་པན་གྱིས། །ཞེས་སོགས་ཀྱིས་བསྟོད། མཆོད་སྦྱིན་གཏོར་མ་འདི་བཞེས་ལ་སོགས་འདོད་དོན་གསོལ་བ་བཏབ། ཡི་གེ་བརྒྱ་པའི་མཐར། བཟོད་གསོལ་དང་།

བཛྲ་སུཿགཤེགས་སུ་གསོལ། ༄ འདིའི་རྗེས་གནང་བྱ་ཚུལ་ནི། སྔ་ཚོགས་པདྨ་འདབ་
མ་བརྒྱད་པའི་སྟེང་དུ་མཎྜལ་གྱི་ཁར་སྐུ་གཟུགས་སམ། ཚོམ་བུ་ལྔང་གུ་དེའི་མདུན་
དུ་མཆོད་པ་དང་། བླུམ་གཏོར་(༧༨ན)དམར་པོ། ཆོས་སྐྱོང་གི་གཏོར་མ། མཁའ་
འགྲོ་སྤྱི་གཏོར། གཞི་བདག་གཏོར་མ། བུམ་པ་རྣམས་སྤྱི་དང་མཐུན་པར་བཤམས།
རྫོར་དྲིལ་ནང་མཆོད། འཁོར་ནས་སོགས་ཡོ་བྱད་རྣམས་འཛོམས་པར་བྱས་ལ།
བདག་བསྐྱེད་སྔོན་དུ་འགྲོ་བས། མཆོད་པ་སྤྱི་དང་མཐུན་པར་བྱིན་གྱིས་བརླབས།
མདུན་བསྐྱེད་བསངས་སྦྱངས། སྟོང་པའི་ངང་ལས་པདྨ་དང་ཟླ་བའི་གདན་ལ། ཧྲཱིཿ
ཡིག་ལྗང་གུ་ཡོངས་སུ་གྱུར་པ་ལས། རྗེ་བཙུན་མ་འཕགས་མ་སྒྲོལ་མ་ཞེས་པ་ནས།
དབུ་བརྒྱན་ཞེས་པའི་བར་བདག་བསྐྱེད་དང་འདྲ་བ་ལས། བདག་ལ་ཞེས་པ་སོགས་
དོར། དེ་ནས་མཆོད་བསྟོད་བྱས་ལ་སྙིང་པོ་ཅི་རིགས་པར་བཟླ། གོང་བཞིན་གཏོར་
མ་འབུལ། ཆོས་སྐྱོང་སོ་སོ་དང་། མཁའ་འགྲོ་སྤྱི་གཏོར། གཞི་བདག་གཏོར་མ་
སོགས་ཀྱང་སྔོན་ནས་བྱ། དེ་ནས་བུམ་པ་བསངས་སྦྱངས། སྟོང་པའི་ངང་ལས་བྃ་ལས་
བྱུང་བའི་རིན་པོ་ཆེའི་བུམ་པ་དཀར་པོ་ལྟོ་བ་ཆེ་བ། མགྲིན་པ་རིང་བ། མཆུ་འཕྱང་
བ་ལ་སོགས་པ་མཚན་ཉིད་ཐམས་ཅད་ཡོངས་སུ་རྫོགས་པའི་ནང་དུ་པདྨ་དང་ཟླ་
བའི་གདན་ལ། ཧྲཱིཿཡིག་ལྗང་གུ་ཡོངས་སུ་གྱུར་པ་ལས། རྗེ་བཙུན་མ་འཕགས་མ་
སྒྲོལ་མ་ཞེས་པ་ནས། བཟླས་པའི་བར་མདུན་བསྐྱེད་བཞིན་དང་། མཆོད་བསྟོད་
བྱ། མཆོད་ཡོན་ཕུལ་བས་ལྷ་བདུད་རྩིར་ཞུ་བར་གྱུར་པར་བསམ། ༄ སློབ་མའི་
བྱ་བ་ནི། རྗེས་གནང་སྤྱིའི་གོ་བ་ཆགས་པ་ཞིག་གིས་བྱ་སྟེ། འདིར་གོ་རིམ་ནི་ཕྱག་
བཙལ་སེམས་བསྐྱེད་གསལ་བཏབ། མཎྜལ་(༧༨བ)འབུལ་དུ་བཅུག །དུས་གསུམ་
སངས་རྒྱས་ཐམས་ཅད་དང་། །ཕྱག་པའི་ལྷ་ཡི་ངོ་བོ་ཉིད། །དཔལ་ལྡན་བླ་མའི་
བཀའ་དྲིན་གྱིས། །བདག་ལ་རྗེས་གནང་བསྩལ་དུ་གསོལ། །ཞེས་ལན་གསུམ་གྱི་
གསོལ་བ་འདེབས་སུ་གཞུག །དཀོན་མཆོག་གསུམ་ལ་བདག་སྐྱབས་མཆི། །ཞེས་

སོགས་མགུར་ནས་འབྱུང་བའི་རྒྱན་བཤགས་བྱ། བླ་མ་དང་མདུན་བསྐྱེད་ཀྱི་ཐུགས་ཀའི་འོད་ཀྱིས་སློབ་མ་སྦྱངས་ལ། ཨོཾ་ཤྲཱི་ཝ་དྷཱ་རྨཱ་ན་བཛྲ་སྭ་བྷཱ་ཝ་ཨཱཏྨ་ཀོ྅ཧཾ། སྟོང་པའི་ངང་ལས་པདྨ་དང་ཟླ་བའི་གདན་ལ། ཧཱུྃ་ཡིག་ལྗང་གུ་ཡོངས་སུ་གྱུར་པ་ལས། ཁྱེད་རང་རྣམས་རྗེ་བཙུན་མ་འཕགས་མ་སྒྲོལ་མ་སྐུ་མདོག་ལྗང་སྔོན་ཞལ་གཅིག་ཕྱག་གཉིས་མ། གཡས་སྐྱབས་སྦྱིན་དང་གཡོན་མཐེབ་སྲིན་གྱིས་ཨུཏྤ་ལའི་སྡོང་བུ་ཐུགས་ཀར་འཛིན་པ། ཞབས་གཡས་བརྐྱངས་པའི་སྐྱིལ་ཀྲུང་ཕྱེད་པའི་རོལ་པས་བཞུགས་པ། དར་དང་རིན་པོ་ཆེའི་རྒྱན་ཐམས་ཅད་ཀྱིས་བརྒྱན་པ། ཟླ་བའི་འོད་ཀྱི་རྒྱབ་ཡོལ་ཅན། མིག་གཉིས་ལ་ཨོཾ་དྷཱ་རེ་སྭཱཧཱ། རྣ་བ་གཉིས་ལ་ཨོཾ་ཏུཏྟཱ་རེ་སྭཱཧཱ། མགྲིན་པར་ཨོཾ་ཏུ་སྭཱཧཱ། སྙིང་གར་ཨོཾ་རེ་སྭཱཧཱ། སྤྱི་བོར་ཨོཾ་དྷཱ་རེ་ཊི་སྭཱཧཱ། དཔྲལ་བར་ཨོཾ། མགྲིན་པར་ཨཱཿ ཐུགས་ཀར་ཧཱུྃ་གིས་མཚན་པར་མོས། མཆོད་ལ་གྱི་ཁའི་སྐུ་རྟེན་ནམ་ཚོམ་བུ་རྗེ་བཙུན་མ་སྒྲོལ་མར་དངོས་སུ་བསམ་ལ། དེ་ནས། སློབ་དཔོན་གྱི་ཐུགས་ཀ་ནས་འོད་ཟེར་འཕྲོས། མདུན་བསྐྱེད་དང་ཕྱོགས་བཅུའི་སངས་རྒྱས་བྱང་སེམས་ཐམས་ཅད་ཀྱི་ཐུགས་རྒྱུད་བསྐུལ། ཐུགས་ཀ་ནས་རྗེ་བཙུན་མ་འཕགས་མ་སྒྲོལ་མའི་སྐུ་ཆེ་ཆུང་(༧༥ན)བསམ་གྱིས་མི་ཁྱབ་པ་སྤྱན་དྲངས། ཁྱེད་རང་རྣམས་ཀྱི་ལུས་ལ་ཆར་ཆེན་པོ་བབས་པ་བཞིན་དུ་སིབ་སིབ་ཐིམ་པའི་མོས་པ་མཛོད། ཉྲིལ་གསིལ་དང་བཅས། ཨོཾ་བཛྲ་ས་མ་ཛཿ ཛཿཧཱུྃ་བཾ་ཧོཿཞེས་བརྗོད། སླར་ཡང་སློབ་དཔོན་གྱི་ཐུགས་ཀ་ནས་འོད་ཟེར་འཕྲོས། དབང་གི་ལྷ་རིགས་ལྔ་མདུན་གྱི་ནམ་མཁར་སྤྱན་དྲངས། པུཥྤེ་སོགས་ཀྱིས་མཆོད། དེ་བཞིན་གཤེགས་པ་ཐམས་ཅད་ཀྱིས་སློབ་མ་འདི་རྣམས་ལ་མངོན་པར་དབང་བསྐུར་དུ་གསོལ། ཞེས་གསོལ་བ་བཏབ་པས། ཇི་ལྟར་བལྟམས་པ་ནས་ཤྲཱི་ཡེ་ཧཱུྃ། ཞེས་བུམ་ཆུ་སྦྱིན། དེ་ལྟར་དབང་བསྐུར་བས། སྐུ་གང་། དྲི་མ་དག །ཆུའི་ལྷག་མ་ཡར་ལུད་པ་ལས་དོན་ཡོད་གྲུབ་པས་དབུ་བརྒྱན་པར་མོས། སྐུའི་རྗེས་གནང་ངོ་། །བཟླས་ལུང་ནི། སློབ་དཔོན་གྱི་

ཐུགས་ཀ་ནས་འོད་ཟེར་འཕྲོས། མདུན་བསྐྱེད་ཀྱི་ཐུགས་རྒྱུད་བསྐུལ། ཐུགས་ཀར་ཟླ་བའི་དཀྱིལ་འཁོར་གྱི་དབུས་སུ་ཧཱུྃ་ཡིག་གི་མཐར་སྔགས་འཕྲེང་གིས་བསྐོར་བ་ལས་མར་མེ་གཅིག་ལས་གཉིས་ཆད་ཀྱི་ཚུལ་དུ་བྱུང་། ཞལ་ནས་ཐོན། ཁྱེད་རང་རྣམས་ཀྱི་ཞལ་དུ་ཞུགས། ཐུགས་ཀར་ཟླ་བའི་དཀྱིལ་འཁོར་གྱི་དབུས་སུ་ཧཱུྃ་ཡིག་གི་མཐར་འཁོད་པར་མོས་ལ། འདིའི་རྗེས་ཟློས་མཛོད། ཨོཾ་ཧྲཱིཿ་རེ་ཏྲཱ་རེ་ཏུ་རེ་སྭཱཧཱ། ཞེས་ལན་གསུམ། དེ་ལྟར་ལན་གསུམ་བཟླས་པའི་དང་པོས་བྱིན་གྱིས་བརླབས། གཉིས་པས་དབྱེར་མེད་དུ་འདྲེས། གསུམ་པས་བརྟན་པར་གྱུར་པའི་མོས་པ་མཛོད། དམ་བཅའ་བའི་ལུང་ནི། དུས་འདི་(༧༥བ)ནས་བཟུང་སྟེ་ཇི་སྲིད་བྱང་ཆུབ་སྙིང་པོ་མ་ཐོབ་ཀྱི་བར་དུ། རྗེ་བཙུན་མ་འཕགས་མ་སྒྲོལ་མ་ཡི་དམ་གྱི་ལྷར་བཟུངས་ནས། དེའི་གཟུངས་སྔགས་ཉིན་རེ་ལ་རང་གི་བློ་དང་འཚམས་པ་འདི་ཙམ་རེ་མ་ཆག་པར་བཟླ་ཆོམ་པས་འདིའི་རྗེས་ཟློས་མཛོད། སློབ་དཔོན་དགོངས་སུ་གསོལ། བདག་མིང་འདི་ཞེས་བགྱི་བས་དུས་འདི་ནས་བཟུང་སྟེ་ཇི་སྲིད་བྱང་ཆུབ་སྙིང་པོ་ལ་མཆིས་ཀྱི་བར་དུ་རྗེ་བཙུན་མ་འཕགས་མ་སྒྲོལ་མ་ཡི་དམ་གྱི་ལྷར་བཟུང་ནས་དེའི་གཟུངས་སྔགས་ཉིན་རེ་ལ་ཅི་ནུས་རེ་བཟླ་བར་དམ་འཆའ་ལགས་སོ། །ཞེས་ལན་གསུམ། བྱིན་གྱིས་བརླབས་པའི་ལུང་ནི། སློབ་དཔོན་ལ་མེ་ཏོག་གཏོར་བཞིན་དུ། འདིའི་རྗེས་ཟློས་མཛོད། བཅོམ་ལྡན་བདག་ལ་བརྩེ་ལགས་ཀྱི། །བདག་ལ་འགོ་བར་མཛད་དུ་གསོལ། །ཞེས་ལན་གསུམ། དེ་ལྟར་ཕུལ་བའི་མེ་ཏོག་དེ་ཉིད་སྔགས་འཕྲེང་དུ་བྱིན་གྱིས་བརླབས་ཏེ། ཁྱེད་རང་རྣམས་ཀྱི་སྤྱི་བོར་གཏོར་བས་སྤྱི་གཙུག་གི་སྣ་ནས་ཞུགས་ཏེ། སྙིང་གའི་སྔགས་འཕྲེང་ལ་ཐིམ་ཞིང་བྱིན་གྱིས་བརླབས་པའི་མོས་པ་མཛོད། མེ་ཏོག་སྤྱི་བོར་གཏོར་ཏེ། བཅོམ་ལྡན་འདི་ལ་བརྩེ་ལགས་ཀྱི། །འདི་ལ་འགོ་བར་མཛད་དུ་གསོལ། །ཞེས་ལན་གསུམ། སྙིང་གར་གཏོར་ཏེ། སྔགས་ཀྱི་དངོས་གྲུབ་བསྩལ་དུ་གསོལ། བརྟུལ་ཞུགས་བརྟན་པར་མཛད་དུ་གསོལ། །རྡོ་རྗེ་སློབ་མ་འདི་

རྣམས་ཀྱི་རྒྱུད་ལ་རྗེ་བཙུན་མ་འཕགས་མ་སྒྲོལ་མའི་ཐུགས་ཀྱི་བྱིན་རླབས་ཐམས་ཅད་མ་ལུས་པ་འཇུག་པར་གྱུར་ཅིག །གསུང་གི་རྗེས་གནང་ངོ་། །དེ་ནས། སློབ་དཔོན་གྱི་ཐུགས་ཀ་(༧༨ན)ནས་འོད་ཟེར་འཕྲོས། མདུན་བསྐྱེད་དང་ཕྱོགས་བཅུའི་སངས་རྒྱས་བྱང་སེམས་ཐམས་ཅད་ཀྱི་ཐུགས་ཀྱི་བྱིན་རླབས་ཐམས་ཅད་ཕྱག་མཚན་ཨུཏྤལ་དཔག་ཏུ་མེད་པའི་རྣམ་པར་སྤྲུལ་དྲངས། ཁྱེད་རང་རྣམས་ཀྱི་ཐུགས་ཀར་ཐིམ་པའི་མོས་པ་མཛོད་བྱས་ལ། སླིང་པོ་ཅི་རིགས་བཟློད། ཐུགས་ཀྱི་རྗེས་གནང་ངོ་། །སློབ་མའི་རྗེས་ཀྱི་བྱ་བ་ཁས་བླངས། མཎྜལ་འབུལ་བ། ཐན་དུ་བཟུང་བ། དགེ་བ་བསྔོ་བ་སོགས་བྱའོ། །དེ་ནས། མཆོད་པ་ཁ་གསོས་བྱིན་གྱིས་བརླབས་ནས། མདུན་བསྐྱེད་ལ་མཆོད་བསྟོད། འདོད་དོན་ལ་གསོལ་བ་བཏབ། ཡིག་བརྒྱ། བཟོད་གསོལ། གཤེགས་གསོལ། སྨོན་ལམ་བཀྲ་ཤིས་རྣམས་སྤྱི་དང་མཐུན་པར་བྱའོ། །

༄ སྒྲོལ་མ་ཉི་ཤུ་རྩ་གཅིག་ལས་དང་པོ་རབ་ཏུ་དཔའ་བའི་སྒྲོལ་མ་ནི། སྐྱབས་འགྲོ་སེམས་བསྐྱེད་སྔོན་དུ་བཏང་ནས། རང་གི་སྙིང་གར་ཟླ་བ་ལ་གནས་པའི་ས་བོན་ལས་འོད་ཟེར་འཕྲོས། བླ་མ་རིགས་ཀྱི་བདག་པོའི་རྣམ་པ་ཅན་གྱིས་དབུ་བརྒྱན་པའི་འཕགས་མ་སྒྲོལ་མ་ལ་སངས་རྒྱས་བྱང་ཆུབ་སེམས་དཔའི་ཚོགས་ཀྱིས་བསྐོར་བ་བཛྲ་ས་མ་ཛཿ ཨོཾ་ཨཱརྻ་ཏཱ་རེ་ས་པ་རི་ཝཱ་ར་བཛྲ་ཨརྒྷཾ་པྲ་ཏཱིཙྪ་སྭཱཧཱ། ཞེས་པ་ནས། ཤཱཀྱའི་བར་གྱིས་མཆོད། དཀོན་མཆོག་གསུམ་ལ་བདག་སྐྱབས་མཆི། །ཞེས་སོགས་ཡན་ལག་བདུན་པ་བྱ། བཛྲ་མུཿགཤེགས་སུ་གསོལ། ཚད་མེད་བཞི་བསྒོམ། ཨོཾ་ཤུ་ནྱ་ཏཱ་ཛྙཱ་ན་བཛྲ་སྭ་བྷཱ་ཝ་ཨཱཏྨ་ཀོ྅ཧཾ། སྟོང་པ་ཉིད་དུ་གྱུར། སྟོང་པའི་ངང་ལས་ཆོས་འབྱུང་གི་(༧༨བ)དབུས་སུ་པདྨ་སེར་པོ་དང་ཟླ་བའི་གདན་ལ་ཨོཾ་ལས་སྒྲོལ་མ་རབ་ཏུ་དཔའ་མོ་སྐུ་མདོག་དམར་མོ་མེ་དཔུང་འཕྲོ་བ། ཞལ་གཅིག་ཕྱག་བརྒྱད་ཀྱི་དང་པོ་གཉིས་སྙིང་པོར་བསྣོལ་བས་རྡོ་རྗེ་དང་དྲིལ་བུ་འཛིན་པ། གཉིས་པ་གཉིས་མདའ་དང་གཞུ། གསུམ་པ་གཉིས་འཁོར་ལོ་དང་དུང་། བཞི་པ་གཉིས་རལ་གྲི་

དང་ཞགས་པ་བསྣམས་པ། ཞི་བའི་སྐུ་ཅན། ཞབས་རྡོ་རྗེའི་སྐྱིལ་ཀྲུང་གིས་བཞུགས་ཤིང་། དར་དང་རིན་པོ་ཆེའི་རྒྱན་ཐམས་ཅད་ཀྱིས་བརྒྱན་པ། ཟླ་བའི་འོད་ཀྱི་རྒྱབ་ཡོལ་ཅན། དཔྲལ་བར་ཨོཾ། མགྲིན་པར་ཨཱཿ ཐུགས་ཀར་ཧཱུྃ། ཐུགས་ཀའི་ས་བོན་ལས་འོད་ཟེར་འཕྲོས། སངས་རྒྱས་ཐམས་ཅད་འཕགས་མ་སྒྲོལ་མའི་རྣམ་པར་སྤྱན་དྲངས། ཨོཾ་བཛྲ་ས་མ་ཛཿ ཛཿཧཱུྃ་བཾ་ཧོཿ དབང་གི་ལྷ་རིགས་ལྔ་མདུན་གྱི་ནམ་མཁར་ཨོཾ་བཛྲ་ས་མ་ཛཿ པུཥྤེ་སོགས་ཀྱིས་མཆོད། དེ་བཞིན་གཤེགས་པ་ཐམས་ཅད་ཀྱིས་བདག་ལ་དབང་བསྐུར་དུ་གསོལ། ཞེས་གསོལ་བ་བཏབ་པས། ཇི་ལྟར་བལྟམས་པ་ནས་ཁྲི་ཡེ་ཧཱུྃ། ཞེས་དབང་བསྐུར། སྐུ་གང་། དྲི་མ་དག །ཆུའི་ལྷག་མ་ཡར་ལུད་པ་ལས་རྣམ་པར་སྣང་མཛད་ཀྱིས་དབུ་བརྒྱན་པར་གྱུར། ཐུགས་ཀར་ཟླ་བའི་དཀྱིལ་འཁོར་གྱི་དབུས་སུ་ཨོཾ་ཡིག་གི་མཐར་སྔགས་ཀྱིས་བསྐོར་བར་བསམ་ལ། ཨོཾ་ཏཱ་རེ་ཏུཏྟཱ་རེ་ཏུ་རེ་སྭཱཧཱ། ཞེས་ཅི་ནུས་སུ་བཟླའོ། །གཏོར་ཆོག་ནི། ཨ་མྲྀ་ཏས་བསངས། སྭ་བྷཱ་ཤས་སྦྱངས། སྟོང་པའི་ངང་ལས་ཨོཾ་ལས་བྱུང་བའི་རིན་པོ་ཆེ་ལས་གྲུབ་པའི་སྣོད་ཡངས་ཤིང་རྒྱ་ཆེ་བའི་ནང་(༧༧ན)དུ་ཧཱུྃ་ཞུ་བ་ལས་བྱུང་བའི་གཏོར་མ་བདུད་རྩིའི་རྒྱ་མཚོ་ཆེན་པོར་གྱུར། ཨོཾ་ཨཱཿཧཱུྃ་ཧ་ཧོ་ཧྲཱིཿ རང་གི་སྙིང་ག་ནས་འོད་ཟེར་འཕྲོས། འཕགས་མ་སྒྲོལ་མའི་ལྷ་ཚོགས་ཐམས་ཅད་བཛྲ་ས་མ་ཛཿཔདྨ་ཀ་མ་ལ་ཡེ་སྟྭཾ། ཡི་གེ་བཅུ་པའི་མཐར་ཨ་ཀཱ་རོ་བཏགས་པ་ལན་བདུན་གྱིས་འབུལ། ཨརྒྷཾ་ནས་ཤཔྟའི་བར་གྱིས་མཆོད། འབྲུ་གསུམ་གྱིས་ནང་མཆོད། ལྷ་དང་ལྷ་མིན་ཅོད་པན་གྱིས། །སོགས་ཀྱིས་བསྟོད། མཆོད་སྦྱིན་གཏོར་མ་འདི་བཞེས་ལ་སོགས་འདོད་དོན་གསོལ་བ་བཏབ། ཡི་གེ་བརྒྱ་པའི་མཐར། བཟོད་གསོལ་སོགས་བྱ།

༈ འདིའི་རྗེས་གནང་ནི། མཎྜལ་གྱི་སྟེང་དུ་ཚོམ་བུ་དམར་པོ། མདུན་དུ་ཟླུམ་གཏོར་དམར་པོ་དང་། མཆོད་པ་བཤམས་ལ། བདག་བསྐྱེད་སྔོན་དུ་འགྲོ་བས། མཆོད་པ་སྤྱི་དང་མཐུན་པར་བྱིན་གྱིས་བརླབས། མདུན་བསྐྱེད་བསངས་སྦྱངས། སྟོང་པའི་

ངང་ལས་ཆོས་འབྱུང་གི་དབུས་སུ། ཞེས་པ་ནས། རྣམ་པར་སྣང་མཛད་ཀྱིས་དབུ་བརྒྱན་པར་གྱུར། ཞེས་པའི་བར་བདག་བསྐྱེད་དང་འདྲའོ། །དེ་ནས་མཆོད་བསྟོད་བྱས་ལ། སྙིང་པོ་ཅི་རིགས་པར་བཟླ། གོང་བཞིན་གཏོར་མ་འབུལ། ཆོས་སྐྱོང་སོ་སོ་དང་། མཁའ་འགྲོ་སྤྱི་གཏོར། གཞི་བདག་གཏོར་མ་སོགས་ཀྱང་སྔོན་ན་བྱའོ། །

༄ སློབ་མ་རྣམས་ཁྲུས་བྱས། ཕྱག་བཙལ། སེམས་བསྐྱེད་གསལ་གདབ། ཆོས་བཤད། མཎྜལ་ཕུལ། དུས་གསུམ་སངས་རྒྱས་ཐམས་ཅད་དང་། །ཞེས་སོགས་ལན་གསུམ་གསོལ་བ་འདེབས་(༧༧བ)སུ་གཞུག །དཀོན་མཆོག་གསུམ་ལ་བདག་སྐྱབས་མཆི། །ཞེས་སོགས་ཀྱིས་རྒྱུན་བཤགས་བྱ། བླ་མ་དང་མདུན་བསྐྱེད་ཀྱི་ཐུགས་ཀའི་འོད་ཀྱིས་སློབ་མ་སྤྱངས་ལ། ཨོཾ་ཤྲཱུ་ཏྲུ་དྲ་ཧཱུྃ་ན་བཛྲ་སྭ་ཧྲཱ་ཕ་ཨཱཧྨ་ཀཱཡ་ཀཾ། སྟོང་པའི་ངང་ལས་ཆོས་འབྱུང་གི་དབུས་སུ་པདྨ་སེར་པོ་དང་ཟླ་བའི་གདན་ལ་ཨོཾ་ལས་ཁྱེད་རང་རྣམས་སྒྲོལ་མ་རབ་ཏུ་དཔའ་མོ་སྐུ་མདོག་དམར་མོ་མི་དཔྱུང་འཕྲོ་བ། ཞལ་གཅིག་ཕྱག་བརྒྱད་ཀྱི་དང་པོ་གཉིས་སྤྱི་བོར་བསྣོལ་བས་རྡོ་རྗེ་དང་དྲིལ་བུ་འཛིན་པ། གཉིས་པ་གཉིས་མདའ་དང་གཞུ། གསུམ་པ་གཉིས་འཁོར་ལོ་དང་དུང་། བཞི་པ་གཉིས་རལ་གྲི་དང་ཞགས་པ་བསྣམས་པ། ཞི་བའི་སྐུ་ཅན། ཞབས་རྡོ་རྗེའི་སྐྱིལ་ཀྲུང་གིས་བཞུགས་ཤིང་། དར་དང་རིན་པོ་ཆེའི་རྒྱན་གྱིས་བརྒྱན་པ། ཟླ་བའི་འོད་ཀྱི་རྒྱབ་ཡོལ་ཅན། རྣམ་པར་སྣང་མཛད་ཀྱིས་དབུ་བརྒྱན་པ། དཔྲལ་བར་ཨོཾ། མགྲིན་པར་ཨཱཿ ཐུགས་ཀར་ཧཱུྃ་གིས་མཚན་པར་མོས། མདུན་གྱི་ཆོམ་བུ་འདི་ཉིད་ཀྱང་རྗེ་བཙུན་མ་རབ་ཏུ་དཔའ་མོར་དངོས་སུ་མོས་ལ། དེ་ནས། སློབ་དཔོན་གྱི་ཐུགས་ཀ་ནས་འོད་ཟེར་འཕྲོས། མདུན་བསྐྱེད་དང་ཕྱོགས་བཅུའི་སངས་རྒྱས་བྱང་སེམས་ཐམས་ཅད་ཀྱི་ཐུགས་རྒྱུད་བསྐུལ། ཐུགས་ཀ་ནས་རྗེ་བཙུན་མ་འཕགས་མ་སྒྲོལ་མའི་སྐུ་ཆེ་ཆུང་བསམ་གྱིས་མི་ཁྱབ་པ་སྤྲིན་དྲངས། ཁྱེད་རང་རྣམས་ཀྱི་ལུས་ལ་ཆར་ཆེན་པོ་བབས་པ་བཞིན་དུ་སིབ་སིབ་ཐིམ་པའི་མོས་པ་མཛོད། དྲིལ་གསིལ་

དང་བཅས། ཨོཾ་བཛྲ་ས་ཏྭ་ཛཿ ཛཿཧཱུྃ་བཾ་ཧོཿཞེས་བརྗོད། སླར་ཡང་སློབ་དཔོན་གྱི་ཐུགས་ཀ་(༧༨ན)ནས་འོད་ཟེར་འཕྲོས། དབང་གི་ལྷ་རིགས་ལྔ་མདུན་གྱི་ནམ་མཁར་སྤྱན་དྲངས། པུཥྤེ་སོགས་ཀྱིས་མཆོད། དེ་བཞིན་གཤེགས་པ་ཐམས་ཅད་ཀྱིས་སློབ་མ་འདི་རྣམས་ལ་མངོན་པར་དབང་བསྐུར་དུ་གསོལ། ཞེས་གསོལ་བ་བཏབ་པས། ཇི་ལྟར་བལྟམས་པ་ནས་ཁྲི་ཡི་ཧཱུྃ། ཞེས་བུམ་ཆུ་སྦྱིན། དེ་ལྟར་དབང་བསྐུར་བས། སྐུ་གང་། དྲི་མ་དག །ཆུའི་ལྷག་མ་ཡར་ལུད་པ་ལས་རྣམ་པར་སྣང་མཛད་ཀྱིས་དབུ་བརྒྱན་པར་མོས། སྐུའི་རྗེས་གནང་ངོ་། །བཟླས་ལུང་ནི། སློབ་དཔོན་གྱི་ཐུགས་ཀ་ནས་འོད་ཟེར་འཕྲོས། མདུན་བསྐྱེད་ཀྱི་ཐུགས་རྒྱུད་བསྐུལ། ཐུགས་ཀར་ཟླ་བའི་དཀྱིལ་འཁོར་གྱི་དབུས་སུ་ཨོཾ་ཡིག་གི་མཐར་སྔགས་འཕྲེང་གིས་བསྐོར་བ་ལས་སྔགས་འཕྲེང་མར་མེ་གཅིག་ལས་གཉིས་ཆད་ཀྱི་ཚུལ་དུ་བྱུང་། ཞལ་ནས་ཐོན། ཁྱེད་རང་རྣམས་ཀྱི་ཞལ་དུ་ཞུགས། ཐུགས་ཀར་ཟླ་བའི་དཀྱིལ་འཁོར་གྱི་དབུས་སུ་ཨོཾ་ཡིག་གི་མཐར་འཁོད་པར་མོས་ལ། འདིའི་རྗེས་ཟློས་མཛོད། ཨོཾ་ཏཱ་རེ་ཏུཏྟཱ་རེ་ཏུ་རེ་སྭཱཧཱ། ཞེས་ལན་གསུམ། དེ་ལྟར་ལན་གསུམ་བཟླས་པའི་དང་པོས་བྱིན་གྱིས་བརླབས། གཉིས་པས་དབྱེར་མེད་དུ་འདྲེས། གསུམ་པས་བརྟན་པར་བྱས་པའི་མོས་པ་མཛོད། དམ་བཅའ་བའི་ལུང་ནི། དུས་འདི་ནས་བཟུང་སྟེ་ཇི་སྲིད་བྱང་ཆུབ་སྙིང་པོ་མ་ཐོབ་ཀྱི་བར་དུ། རྗེ་བཙུན་མ་འཕགས་མ་སྒྲོལ་མ་ཡི་དམ་གྱི་ལྷར་བཟུང་ནས། དེའི་གཟུངས་སྔགས་ཉིན་རེ་ལ་རང་གི་བློ་དང་འཚམས་པ་འདི་ཙམ་རེ་མ་ཆག་པར་བཟླ་སྙམ་པས་འདིའི་(༧༨བ)རྗེས་ཟློས་མཛོད། སློབ་དཔོན་དགོངས་སུ་གསོལ། བདག་མིང་འདི་ཞེས་བགྱི་བས་དུས་འདི་ནས་བཟུང་སྟེ་ཇི་སྲིད་བྱང་ཆུབ་སྙིང་པོ་ལ་མཆིས་ཀྱི་བར་དུ་རྗེ་བཙུན་མ་འཕགས་མ་སྒྲོལ་མ་ཡི་དམ་གྱི་ལྷར་བཟུང་ནས་དེའི་གཟུངས་སྔགས་ཉིན་རེ་ལ་ཅི་ནུས་རེ་བཟླ་བར་དམ་འཆའ་ལགས་སོ། །ཞེས་ལན་གསུམ། བྱིན་གྱིས་བརླབས་པའི་ལུང་ནི། སློབ་དཔོན་ལ་མེ་ཏོག་

གཏོར་བཞིན་དུ། འདིའི་རྗེས་སྣོམས་མཛོད། བཅོམ་ལྡན་བདག་ལ་བསྐུལ་ལགས་ཀྱི། །བདག་ལ་འགོ་བར་མཛད་དུ་གསོལ། །ཞེས་ལན་གསུམ། དེ་ལྟར་ཕུལ་བའི་མེ་ཏོག་འདི་ཉིད་སྟགས་འཕྲེང་དུ་བྱིན་གྱིས་བརླབས་ཏེ། ཁྱེད་རང་རྣམས་ཀྱི་སྤྱི་བོར་གཏོར་བས་སྤྱི་གཙུག་གི་སྟོ་ནས་ཞུགས་ཏེ། སྙིང་གའི་སྟགས་འཕྲེང་ལ་ཐིམ་ཞིང་བྱིན་གྱིས་བརླབས་པའི་མོས་པ་མཛོད། མེ་ཏོག་སྤྱི་བོར་གཏོར་ཏེ། བཅོམ་ལྡན་འདི་ལ་བསྐུལ་ལགས་ཀྱི། །འདི་ལ་འགོ་བར་མཛད་དུ་གསོལ། །ཞེས་ལན་གསུམ། སྙིང་གར་གཏོར་ཏེ། སྟགས་ཀྱི་དངོས་གྲུབ་བསྐུལ་དུ་གསོལ། བརྟུལ་ཞུགས་བརྟན་པར་མཛད་དུ་གསོལ། །རྡོ་རྗེ་སློབ་མ་འདི་རྣམས་ཀྱི་རྒྱུད་ལ་རྗེ་བཙུན་མ་འཕགས་མ་སྒྲོལ་མའི་སྟགས་ཀྱི་བྱིན་རླབས་མ་ལུས་པ་འཇུག་པར་གྱུར་ཅིག །གསུང་གི་རྗེས་གནང་ངོ་། །དེ་ནས་སློབ་དཔོན་གྱི་ཐུགས་ཀ་ནས་འོད་ཟེར་འཕྲོས། མདུན་བསྐྱེད་དང་ཕྱོགས་བཅུའི་སངས་རྒྱས་བྱང་སེམས་ཐམས་ཅད་ཀྱི་ཐུགས་ཀྱི་བྱིན་རླབས་ཐམས་ཅད་ཕྱག་མཚན་རྡོ་རྗེ་དང་དྲིལ་བུ་ལ་སོགས་པའི་རྣམ་པར་སྤྱན་དྲངས། ཁྱེད་རང་རྣམས་ཀྱི་ཐུགས་ཀར་ཐིམ་པའི་(༧༡ན)མོས་པ་མཛོད་བྱས་ལ། སྙིང་པོ་ཅི་རིགས་བཟློད། ཐུགས་ཀྱི་རྗེས་གནང་ངོ་། །རྗེས་ཀྱི་བྱ་བ་སྟོན་མ་བཞིན་བྱ། སྒྲོལ་མ་གཞན་རྣམས་ཀྱི་བདག་བསྐྱེད་མདུན་བསྐྱེད་རྗེས་གནང་གི་བྱ་བ་རྣམས་གོང་དང་མཚུངས་པ་ལས། ས་བོན་དང་སྐུའི་རྣམ་པ་རིགས་བདག་རྣམས་རིམ་པས་འགྱུར་བའི་ཁྱད་པར་ཙམ་ཡིན་པར་ཤེས་པར་བྱས་ཏེ། ལྷག་མ་རྣམས་མཐུན་པར་ཉམས་སུ་བླང་ངོ་། །

༄ གཉིས་པ་དཀར་མོ་ཟླ་མདངས་ཀྱི་སྒྲོལ་མ་ནི། པད་ཟླ་ལ་ཏྭཾ་ཡིག་ལས་སྒྲོལ་མ་དཀར་མོ་དཀར་སྟོ་སེར་བའི་ཞལ་གསུམ་ཕྱག་བཅུ་གཉིས་ཀྱི་དང་པོ་གཉིས་མཉམ་གཞག །གཡས་ལྷག་མས་ཁ་ཊྭཱཾ་ག །འཁོར་ལོ། ནོར་བུ། རྡོ་རྗེ། མེ་ཏོག་གི་འཕྲེང་བ་འཛིན་པ། གཡོན་རྣམས་ཀྱིས་སྤྱི་བླུགས། ཨུཏྤལ། དྲིལ་བུ། བུམ་པ། པོ་ཏི་འཛིན་པ། རིགས་བདག་ནི་འོད་དཔག་མེད་དོ། །

༄ **གསུམ་པ་གསེར་མདོག་ཅན་གྱི་སྒྲོལ་མ་ནི།** པདྨ་དང་ཉི་གདན་ལ་རེ་ཡིག་ལས་སྒྲོལ་མ་སེར་མོ་ཞལ་གཅིག་ཕྱག་བཅུ་མ། གཡས་རྣམས་ཀྱིས་ཕྲེང་བ། རལ་གྲི། མདའ། རྡོ་རྗེ། དབྱུ་གུ། གཡོན་རྣམས་ཀྱིས་དར་དཔྱངས། ཞགས་པ། པདྨ། དྲིལ་བུ། གཞུ་བསྣམས་པའོ། །རིགས་བདག་ནི་རིན་འབྱུང་ངོ་། །

༄ **བཞི་པ་གཙུག་ཏོར་རྣམ་པར་རྒྱལ་མའི་སྒྲོལ་མ་ནི།** པདྨ་སེར་པོ་དང་ཟླ་བ་ལ་ཏུཏ་ཡིག་ལས་སྒྲོལ་མ་སེར་མོ་ཞལ་གཅིག་ཕྱག་བཞི་མ། གཡས་མཆོག་སྦྱིན་དང་འཕྲེང་བ། གཡོན་སྤྱི་བླུགས་དང་དབྱུག་པ་འཛིན་པ། སེམས་དཔའི་སྐྱིལ་(ཞ)(བ)ཀྲུང་ཅན་ནོ། །རིགས་བདག་ནི་དོན་གྲུབ་བོ། །

༄ **ལྔ་པ་ཧཱུྃ་སྒྲ་སྒྲོག་པའི་སྒྲོལ་མ་ནི།** ཟླ་བ་ལ་ཏཱ་ཡིག་ལས་སྒྲོལ་མ་སེར་མོ་ཞལ་གཅིག་ཕྱག་གཉིས་མ། གཡས་སྐྱབས་སྦྱིན། གཡོན་པདྨ་སེར་པོ་བསྣམས་པ། རིགས་བདག་ནི་འོད་དཔག་མེད་དོ། །

༄ **དྲུག་པ་འཇིག་རྟེན་གསུམ་ལས་རྣམ་པར་རྒྱལ་བའི་སྒྲོལ་མ་ནི།** པདྨ་དམར་པོ་དང་ཉི་མའི་གདན་ལ། རེ་ཡིག་ལས་སྒྲོལ་མ་དམར་མོ་ཞལ་གཅིག་ཕྱག་བཞི་མ། གཡས་དང་པོས་རྡོ་རྗེ། གཉིས་པས་རལ་གྲི། གཡོན་དང་པོས་སྡིགས་མཛུབ། གཉིས་པས་ཞགས་པ་བསྣམས་པ་སེམས་དཔའི་སྐྱིལ་ཀྲུང་གིས་བཞུགས་པའོ། །རིགས་བདག་ནི་འོད་དཔག་མེད་དོ། །

༄ **བདུན་པ་རྒོལ་བ་འཇོམས་པའི་སྒྲོལ་མ་ནི།** པདྨ་སེར་པོ་དང་ཉི་མ་ལ་ཏུ་ཡིག་ལས་སྒྲོལ་མ་སྐུ་མདོག་ནག་མོ་ན་བཟའ་སེར་པོ་བསྣམས་པ། དྲག་མོ་དབུ་སྐྲ་གྱེན་དུ་བརྫེས་པ། ཞལ་གཅིག་ཕྱག་བཞི། གཡས་ཀྱི་ཐོག་མ་འཁོར་ལོ། ཕྱི་མ་རལ་གྲི། གཡོན་གྱི་ཐོག་མ་པདྨ་ལ་གནས་པའི་རྡོ་རྗེ། ཕྱི་མས་སྡིགས་མཛུབ་མཛད་པ། ཞབས་གཡོན་བརྐྱང་གི་སྟབས་ཅན་ནོ། །རིགས་བདག་ནི་རིན་འབྱུང་ངོ་། །

༄ **བརྒྱད་པ་དབང་མཆོག་སྟེར་བའི་སྒྲོལ་མ་ནི།** པདྨ་དམར་པོ་དང་ཟླ་བ་དང་ཆུ་

སྲིན་རྣམས་བརྩེགས་པའི་གདན་ལ། རེ་ལས་སྒྲོལ་མ་སེར་མོ་ཞལ་གཅིག་ཕྱག་བཞི་མ། ཕྱག་དང་པོ་གཉིས་སྦྱིན་མེད་པའི་ཤིང་གི་ཡལ་ག་དང་པདྨ། འོག་མ་གཉིས་ནོར་བུ་དང་བཅས་པའི་མཆོག་སྦྱིན་དང་བུམ་པ་བསྣམས་པ། ཞབས་སྐྱིལ་ཀྲུང་ཕྱེད་(༢༠༩)པའི་རོལ་སྟབས་ཀྱིས་བཞུགས་པའོ། །རིགས་བདག་ནི་དོན་གྲུབ་བོ། །

༄ དཀྱུ་པ་བསྟོད་པ་རྣམ་དག་གཙུག་གི་ནོར་བུ་ལས། སེང་ལྡེང་ནགས་ཀྱི་སྒྲོལ་མ་མཛད་དེ། དེ་ལྟར་ན་གོང་གི་སྒྲོལ་མ་སྤྱི་སྒྲུབ་ལྟར་ལས། ཕྱག་གཡས་པ་མཆོག་སྦྱིན་མཛད་པ་ཙམ་ཡིན་ལ། སེང་ལྡེང་ནགས་ཀྱི་སྒྲོལ་མའི་སྒྲུབ་ཐབས་ལོགས་སུ་ཡོད་པ་ལྟར་ན། གཙོ་མོ་དེ་ཉིད་དང་འདྲ་བ་ལས། གཡས་སུ་མཾ་ལས་འོད་ཟེར་ཅན་མ་སེར་མོ་རྡོ་རྗེ་དང་སྦྱིན་མེད་པའི་ཤིང་གི་ཡལ་ག་འཛིན་པ། ཞི་བའི་ཆ་ལུགས་ཅན། གཡོན་དུ་ཧུྃ་ལས་རལ་གཅིག་མ་ནག་མོ་གྲི་གུག་དང་ཐོད་ཁྲག་འཛིན་པ། སྤྱན་གསུམ། སྟག་ལྤགས་དང་། སྣང་ལྤགས་ཀྱི་ན་བཟའ་ཅན། དྲག་མོའི་ཆ་ལུགས་རྫོགས་པ། གཉིས་ཀའང་རོལ་པའི་སྟབས་ཀྱིས་བཞུགས་པའོ། །འདིའི་རྗེས་གནང་གི་རྒྱུན་ནི་ལོགས་སུ་ཡོད་པ་ལྟར་འཕྲོས་དོན་དུ་བཀོད་པ་ཡིན་གྱི། དཀྱུས་ནི་སྒྲོལ་མ་ཉེར་གཅིག་གི་སྒྲུབ་ཐབས་ལྟར་ཡིན་པས།

༄ མཆོག་སྩོལ་བའི་སྒྲོལ་མ་ནི། པདྨ་དམར་པོ་དང་ཟླ་བ་ལ་སྭཱ་ཡིག་ལས་སྒྲོལ་མ་དམར་མོ་ཕྱག་བཞི་པ། དང་པོ་གཉིས་རྡོ་རྗེ་དང་དྲིལ་བུ་འཛིན་པས་དགའ་བའི་ཕྱག་རྒྱ་སྤྱི་བོར་འཆིང་བ། གཡས་པ་གར་གྱི་ཚུལ་གྱིས་སེ་གོལ་གཏོགས་པ་དང་། གཡོན་གཉིས་པས་ཨ་ཤྭ་ཀའི་ཡལ་ག་འཛིན་པས་འགྲོ་བ་རྣམས་ལ་རིན་པོ་ཆེའི་ཆར་འབེབས་པའོ། །དབུ་རྒྱན་ནི་དོན་གྲུབ་བོ། །

༄ བརྩེ་བ་སྦྱངས་ནས་སེལ་བའི་སྒྲོལ་མ་ནི། པདྨ་དམར་(༢༠༨)པོ་དང་ཟླ་བ་ལ། ས་ཡིག་ལས་སྒྲོལ་མ་དམར་མོ། ཕྱག་བཞིའི་དང་པོ་གཉིས་སྤྱི་བོར་ཐལ་མོ་སྦྱར་བ། འོག་མ་གཉིས་ཀྱིས་རལ་གྲི་དང་སྦྱིན་མེད་པའི་ཡལ་ག་མེ་ཏོག་དམར་པོ་ཅན་འཛིན་

པའོ། །རིགས་བདག་ནི་དོན་གྲུབ་བོ། །

༄ **བཅུ་གཅིག་པ་འགྲོ་བ་འགུགས་པའམ་ཕོངས་པ་སེལ་བའི་སྒྲོལ་མ་ནི།** པདྨ་དང་ཉི་མའི་གདན་ལ་ཧཱ་ཡིག་ལས་སྒྲོལ་མ་ནག་མོ་དྲག་མོའི་སྐུ་ཅན། གཡས་གཟའ་བརྒྱད་འགུགས་པའི་ལྕགས་ཀྱུ་དང་། གཡོན་ཕོངས་པ་སེལ་བའི་ལྕགས་ཀྱུ་ཞགས་པ་དང་བཅས་པ་བསྣམས་པ། གཡས་བརྐྱང་སྟབས་ཀྱིས་བཞུགས་པའོ། །རིགས་བདག་ནི་རིན་འབྱུང་ངོ་། །

༄ **བཅུ་གཉིས་པ་བཀྲ་ཤིས་སྟེར་བའི་སྒྲོལ་མ་ནི།** སྣ་ཚོགས་པདྨ་དང་ཟླ་བའི་སྟེང་དུ་ཨ་ཡིག་ལས་སྒྲོལ་མ་སེར་མོ་ཞལ་གཅིག་ཕྱག་བརྒྱད་ཀྱི་གཡས་རྣམས་རྩེ་གསུམ། ལྕགས་ཀྱུ། རྡོ་རྗེ། རལ་གྲི། གཡོན་རྣམས་ཐུགས་ཀར་གཏོད་པའི་རིན་པོ་ཆེ། ལྕགས་ཀྱུ། དབྱུ་གུ། བུམ་པའོ། །རིགས་བདག་ནི་རྣམ་སྣང་ངོ་། །

༄ **བཅུ་གསུམ་པ་ཡོངས་སུ་སྨིན་པར་མཛད་པའི་སྒྲོལ་མ་ནི།** པདྨ་དམར་པོ་དང་ཉི་མ་ལ་བྲཱུཾ་ཡིག་ལས་སྒྲོལ་མ་དམར་མོ་དྲག་མོའི་སྐུ་ཅན། ཕྱག་གཡས་ཀྱི་དང་པོས་རལ་གྲི། གཉིས་པས་མདའ། གཡོན་གྱི་དང་པོས་འཁོར་ལོ། གཉིས་པས་མདའ་གཞུ་འཛིན་པ། གཡས་བརྐྱང་སྟབས་ཀྱིས་བཞུགས་པའོ། །རིགས་བདག་ནི་འོད་དཔག་མེད་དོ། །

༄ **བཅུ་བཞི་པ་ཁྲོ་གཉེར་གཡོ་བའི་སྒྲོལ་མ་ནི།** པདྨ་དམར་སེར་དང་ཉི་མ་ལ་མི་རོའི་གདན་གྱི་སྟེང་དུ། ཨཱཿཡིག་ལས། (༧༨ན)སྒྲོལ་མ་མཐིང་ག་ནག་དཀར་དམར་བའི་ཞལ་གསུམ་ཁྲོ་གཉེར་བསྡུས་ཤིང་། མིའི་རྒྱུ་མ་ཞལ་དུ་གསོལ་བ། ཕྱག་དྲུག་གི་གཡས་རྣམས་ཀྱིས་རལ་གྲི། ལྕགས་ཀྱུ། དབྱུག་པ། གཡོན་པ་རྣམས་ཀྱིས་ཐོད་པ། ཞགས་པ། ཚངས་མགོ་འཛིན་པ། མི་མགོའི་དབུ་རྒྱན་དང་དོ་ཤལ་ཅན། སྟག་ལྤགས་དང་སྦྲུལ་གྱིས་བརྒྱན་པ། ཕྱི་རོལ་ཕྱོགས་མཚམས་བརྒྱད་དུ་རིན་པོ་ཆེའི་ཤིང་གི་སྦུ་གུ་སྐྱེས་པའོ། །རིགས་བདག་ནི་དོན་གྲུབ་བོ། །

༄ **བཅོ་ལྔ་པ་ཞི་བ་ཆེན་མོའམ་དགེ་ལེགས་སྟེར་བའི་སྒྲོལ་མ་ནི།** པདྨ་དཀར་པོ་ལ་ཊི་ཡིག་ལས་སྒྲོལ་མ་དཀར་མོ་ཕྱག་གཡས་གསུམ་ན་འཕྲེང་བ། མཆོག་སྦྱིན། དབྱུག་པ། གཡོན་གསུམ་ན་པདྨ། རིལ་བ། པོ་ཏི་འཛིན་པའོ། །བསྟོད་པ་ལས་ནི་ཨུཏྤལ་ལ་གནས་པའི་པོ་ཏི་ཡིན་པར་བཤད་དོ། །རིགས་བདག་ནི་འོད་དཔག་མེད་དོ། །

༄ **བཅུ་དྲུག་པ་ཆགས་པ་འཇོམས་པའི་སྒྲོལ་མ་ནི།** པདྨ་དམར་སེར་དང་ཉི་མ་ལ་ཨེ་ལས་སྒྲོལ་མ་དམར་མོ། ཕྱག་གཡས་ཐུགས་ཀར་རྩེ་གསུམ་དང་། གཡོན་སྡིགས་མཛུབ་འཕྱར་བས་སྙིང་པོ་དང་འབྲས་བུར་བཅས་པའི་ཤིང་འཛིན་པ། སེམས་དཔའི་སྐྱིལ་ཀྲུང་གིས་བཞུགས་པའོ། །རིགས་བདག་ནི་མི་བསྐྱོད་པའོ། །འདི་ལ་རིག་པ་ཧཱུྃ་ལས་སྒྲོལ་མ་ཉིད་མ་ཞེས་གསུངས་པའི་ཕྱིར། ཧཱུྃ་ལས་བསྐྱེད་ན་ལེགས་པར་མངོན་ནོ། །

༄ **བཅུ་བདུན་པ་བདེ་བ་སྒྲུབ་པའི་སྒྲོལ་མ་ནི།** པདྨ་དཀར་པོ་དང་ཉི་མ་ལ་ཤ་ཡིག་ལས་སྒྲོལ་མ་དམར་སེར་ཕྱག་གཉིས་(༤༧བ)ཀྱིས་ཐུགས་ཀར་ཟླ་བའི་དཀྱིལ་འཁོར་བསྣམས་པ། སེམས་དཔའི་སྐྱིལ་ཀྲུང་གིས་བཞུགས་པའོ། །རིགས་བདག་ནི་དོན་ཡོད་གྲུབ་པའོ། །འདི་ཡང་ཧཱུྃ་ལས་བསྐྱེད་ན་ལེགས་པ་འདྲའོ། །

༄ **བཅོ་བརྒྱད་པ་རབ་ཏུ་རྒྱས་པའི་སྒྲོལ་མ་ནི།** པདྨ་དཀར་པོ་ཟླ་བ་དང་ངང་པའི་གདན་ལ། ཀི་ཡིག་ལས་སྒྲོལ་མ་དཀར་མོ་ཕྱག་བཞི་མ། དང་པོ་གཉིས་ཀྱི་ཐོར་བསྣོལ་བས་ལྕགས་ཀྱུ་འཛིན་པ། ལྷག་མ་གཉིས་མཆོག་སྦྱིན་དང་གླེགས་བམ་གྱིས་མཚན་པའི་ཨུཏྤལ་བསྣམས་པ། སེམས་དཔའི་སྐྱིལ་ཀྲུང་ཅན། རིགས་བདག་ནི་སྣང་བ་མཐའ་ཡས་སོ། །

༄ **བཅུ་དགུ་པ་སྡུག་བསྔལ་བསྲེག་པའི་སྒྲོལ་མ་ནི།** པད་དཀར་དང་ཉི་མ་ལ་ཛ་ཡིག་ལས་སྒྲོལ་མ་དཀར་མོ་ཕྱག་གཉིས་ཀྱིས་ཐུགས་ཀར་མེ་ཐབ་བསྣམས་པ། ཅུང་ཟད་གཡས་བརྐྱང་བའི་སེམས་དཔའི་སྐྱིལ་ཀྲུང་ཅན་ནོ། །རིགས་བདག་ནི་རྣམ་སྣང་ངོ་། །

༈ ཉི་ཟླ་པ་དངོས་གྲུབ་འབྱུང་བའི་སྒྲོལ་མ་ནི། པདྨ་དམར་པོ་དང་ཟླ་བ་ལ་ཙེ་ཡིག་ལས་སྒྲོལ་མ་དམར་སེར་ཕྱག་གཉིས་ཀྱིས་ཐུགས་ཀར་གསེར་གྱི་བུམ་པ་བསྣམས་པ། སེམས་དཔའི་སྐྱིལ་ཀྲུང་གིས་བཞུགས་པའོ། །རིགས་བདག་ནི་དོན་ཡོད་གྲུབ་པའོ། །

༈ ཉེར་གཅིག་པ་ཡོངས་རྫོགས་བྱེད་པའི་སྒྲོལ་མ་ནི། ཏ་ཡིག་ལས་བྱུང་བའི་གླུ་མཆོག་སླང་དཀར་པོའི་སྟེང་ན་པདྨ་དང་ཟླ་བའི་སྟེང་དུ། ཡཾ་ཡིག་ལས་སྒྲོལ་མ་དཀར་མོ་ཅུང་ཟད་ཁྲོ་ཞིང་སྤྱན་གསུམ་མ། ཕྱག་གཡས་མདུང་རྩེ་གསུམ་དང་། གཡོན་མུ་ཏིག་གི་འཕྲེང་བ་འཛིན་པ། སྐྱིལ་(༤༧ན)ཀྲུང་ཕྱེད་པས་བཞུགས་ཤིང་སྟག་ལྤགས་ཀྱི་ཤམ་ཐབས་ཅན་ནོ། །རིགས་བདག་ནི་རིན་ཆེན་འབྱུང་ལྡན་ནོ། ། ༈ དེ་དག་རྣམས་ཀྱི་ས་བོན་ནི་ཐམས་ཅད་ཧྃ་ཡིག་འབའ་ཞིག་གིས་ཀྱང་ཀུང་ལ། ཞབས་སྟབས་མི་གསལ་བ་རྣམས་རྡོ་རྗེའི་སྐྱིལ་ཀྲུང་ངོ་། །དེ་ལྟར་ན་ཉི་ཤུ་རྩ་གཅིག་པོ་རྣམས་ཀྱི་ཡང་བསྙེན་པའི་དུས་དང་རྗེས་གནང་ངམ། བཟླས་ལུང་གི་གནས་སྐབས་སུ་ཡི་གེ་བཅུ་པ་ཉིད་བཟླ་ཞིང་སྒྲིན་པར་བྱ་བ་ཡིན་ལ། སོ་སོའི་ལས་ཚོགས་སྒྲུབ་པའི་སྔགས་ནི་རྒྱ་གཞུང་ན་གསལ་ལོ། །སྒྲོལ་མ་ཉི་ཤུ་རྩ་གཅིག་སོ་སོའི་རྗེས་གནང་ཐུན་རེ་ལ་མང་དུ་བྱེད་པ་དང་མྱུར་བར་འདོད་ན། ཉི་མ་གཅིག་ལ་ཇི་ཙམ་བྱེད་པའི་ཚོམ་བུ་རྣམས་ཕྱོགས་གཅིག་ཏུ་བཤམས་ཏེ། གཏོར་མའང་དེ་ཉིད་ཀྱི་གྲངས་དང་མཉམ་པ་བཤམས། དང་པོར་བདག་བསྐྱེད་རྣམས་ཀྱང་སྤྲོལ་ཏེ་བསྒོམ། མདུན་བསྐྱེད་དངོས་གཞི་ཡང་གོ་རིམ་བཞིན་དུ་སྤྲོལ། མཆོད་བསྟོད་གཏོར་མ་བྱིན་རླབས་རྣམས་ཕྱོགས་གཅིག་ཏུ་བྱས་ཏེ། སོ་སོ་ལ་དམིགས་ནས་གཏོར་མ་གོ་རིམ་བཞིན་དུ་འབུལ། ཡང་མཆོད་བསྟོད་སོགས་ཆབས་གཅིག་ཏུ་བྱ། རྗེས་གནང་གི་སྔོན་འགྲོ་རྣམས་གཅིག་གིས་ཆོག་པ་བྱ་ཞིང་། རྗེས་ཀྱི་བྱ་བའང་གཅིག་གིས་ཀུང་ངོ་། །འདི་ནི་ལག་ལེན་ཅུང་ཟད་བསྡུས་པ་ཡིན་ལ། ཅུང་ཟད་རྒྱས་པར་སྤྲོ་ན་རྗེས་གནང་དང་པོ་དེ་ཉིད་ལེགས་པར་བསྒྲུབས་ནས། སློབ་མ་ལའང་རྗེས་གནང་དང་པོའི་ཐུགས་ཀྱི་རྗེས་གནང་

ཡན་ཆད་དངོས་གཞི་རྣམས་གྲུབ་པ་ན། དེའི་མཆོད་པ་ཁ་གསོས་རྗེས་ཆོག་བྱས་ལ། སླར་(༤༢བ)ཡང་ཚོམ་བུ་གསར་པ་བཀོད། མཆོད་པ་དང་གཏོར་མ་གསར་དུ་བཤམ་ཐུབ་ན་ལེགས་ཤིང་། དེ་བཞིན་མིན་ན་ཁ་གསོས་ལ། རྗེས་གནང་གཉིས་པ་བསྒྲུབས། དེ་དག་གི་བར་དུ་སློབ་མ་རྣམས་ནས་ཕྱག་འཚལ་ཞེར་གཅིག་དང་ཡན་ལག་བདུན་པ་སོགས་འདོན། སྒྲུབ་ཐེབ་མཚམས་སུ། རྗེས་གནང་གཉིས་པ་དེ་ཉིད་ཀྱི་དངོས་གཞི་སྐུ་གསུང་ཐུགས་ཀྱི་རྗེས་གནང་རྣམས་བྱ། ཡང་སྔར་བཞིན་སྒྲུབ་པ་སོགས་ཉི་མ་དེ་ཉིད་ལ་ཅི་འགྲུབ་བྱེད་པ་ཡིན་ཅིང་། ཅི་ཙམ་བྱེད་པ་རྣམས་རྫོགས་པ་ན། རྗེས་གནང་རྗེས་མ་དེའི་ཐུགས་ཀྱི་རྗེས་གནང་སོང་མཚམས་སུ་གཙོ་བོས་ཇི་ལྟར་སོགས་སློབ་མའི་རྗེས་ཀྱི་བྱ་བ་རྣམས་བྱས་ཏེ། དེའི་རྗེས་སུ་མདུན་བསྐྱེད་དེའི་རྗེས་ཆོག་བྱའོ། །ཞེས་གསུངས་སོ། ། ༈ སྒྲུབ་ཐབས་རིན་ཆེན་འབྱུང་གནས་ཀྱི་ལྷན་ཐབས་རིན་འབྱུང་དོན་གསལ་ལས། ཉི་མ་སྦས་པའི་ལུགས་ཀྱི་སྦྲོལ་མ་ཉི་ཤུ་རྩ་གཅིག་གི་སྒྲུབ་ཐབས་བཤད་པའི་སྐབས་སོ། །

༈ **རྣམ་སྲས་སེར་ཆེན་ལ།** ཁྲིས་སྐུ་རྟེན་རྫས་མཆོད་གཏོར་སོགས་འཛོམས་པར་བྱས་ལ། བགེགས་གཏོར་བཏང་། མཆོད་པ་བྱིན་གྱིས་བརླབས། གསང་བདག་གོས་སྔོན་ཅན་གྱི་བདག་བསྐྱེད་སྒོམ་པ་ནི། རང་སྐད་ཅིག་གིས་ཕྱག་ན་རྡོ་རྗེར་གསལ་བའི་སྙིང་གར་ཧཱུཿལས་སྔ་ཚོགས་པདྨ་དང་ཨ་ལས་ཟླ་བའི་དཀྱིལ་འཁོར་གྱི་སྟེང་དུ་ཧཱུཾ་མཐིང་ནག །དེ་ལས་འོད་ཟེར་འཕྲོས། རང་བཞིན་གྱི་གནས་ནས་རྒྱལ་བ་མི་བསྐྱོད་པ་ཕྱག་ན་རྡོ་རྗེ་རིགས་བརྒྱད་ཀྱིས་བསྐོར་བ། སྙིང་གི་ཆ་ལ་རྩ་བའི་བླ་མ། མཐའ་སྐོར་དུ་སངས་རྒྱས་(༤༣ན)བྱང་ཆུབ་སེམས་དཔའི་ཚོགས་ཀྱིས་བསྐོར་བ་ཨོཾ་བཛྲ་ས་མཱ་ཛཿན་མོ་གུ་རུ་ཧཱུཿབཛྲ་པཱ་ཎི་བཛྲ་ཝཾ་ག་རེ་མི། ཞེས་ཕྱག་བྱས། ཨོཾ་ནཱི་ལཾ་བ་ར་ཧྲ་ར་བཛྲ་པཱ་ཎི་ཨརྒྷཾ་པྲ་ཏཱིཙྪ་སྭཱཧཱ། པཱ་དྱཾ། ཨོཾ་བཛྲ་པུཥྤེ་ཨཱཿཧཱུཾ། དེ་བཞིན་དུ། དྷཱུ་པེ། ཨཱ་ལོ་ཀེ། གནྡྷེ། ནཻ་ཝི་དྱ། ཤབྡ། ཕྱག་ན་རྡོ་རྗེ་ཁྲོ་བོ་ཆེ། །གཏུམ་པོ་

དྲག་པོ་རྡོ་རྗེའི་སྐུ། །མི་བཟད་ནམ་མཁའི་མདོག་འདྲ་བ། །འཇོམས་མཛད་ཁྱོད་ལ་ཕྱག་འཚལ་ལོ། །དཀོན་མཆོག་གསུམ་ལ་བདག་སྐྱབས་མཆི། །སོགས་ལན་གསུམ། ཚོགས་ཞིང་གི་ཐུགས་ཀ་ནས་འོད་ཟེར་བྱུང་། རང་གི་ཚངས་བུག་ནས་ཞུགས། འཁོར་བ་ཐོག་མ་མེད་པ་ནས་བསགས་པའི་སྡིག་སྒྲིབ་ཐམས་ཅད་སྦྱངས། རང་ཉིད་ལྷའི་སྐུ་དྭངས་ཤིང་གསལ་བ་འོད་ཀྱི་རང་བཞིན་དུ་གྱུར། རང་གི་སྙིང་གའི་ཧཱུྃ་ལས་འོད་ཟེར་ཕར་སྤྲོས་ཏེ། གཙོ་བོའི་ཐུགས་ཀར་རེག །འོད་ཀྱི་ལམ་དེ་ལ་བརྒྱུད་ནས་རང་ཉིད་གཙོ་བོའི་ཐུགས་ཀར་ཐིམ། བདག་གི་དགེ་བའི་རྩ་བ་དེས་སེམས་ཅན་ཐམས་ཅད་ཀྱིས་སངས་རྒྱས་ཀྱི་གོ་འཕང་མྱུར་དུ་ཐོབ་པར་གྱུར་ཅིག །ཨོཾ་ཤཱུ་ནྱ་ཏཱ་ཛྙཱ་ན་བཛྲ་སྭ་བྷཱ་ཝ་ཨཱཏྨ་ཀོ྅ཧཾ། སྣོད་ཀྱི་འཇིག་རྟེན་འོད་དུ་ཞུ། བཅུད་ཀྱི་སེམས་ཅན་ལ་ཐིམ། དེ་རྣམས་ཚོགས་ཞིང་གི་ལྷ་རྣམས་ལ་ཐིམ། དེ་ཚོགས་རང་ལ་ཐིམ། དེ་ཧཱུྃ་ལ་ཐིམ། ཧཱུྃ་ཡང་ན་དའི་བར་དུ་བསྡུས་ཏེ། ན་ད་ཡང་མི་དམིགས་པ་སྟོང་པ་ཉིད་དུ་གྱུར། སྟོང་པའི་ངང་ལས་པཾ་ལས་པདྨ་དང་། རཾ་ལས་ཉི་མའི་དཀྱིལ་འཁོར་གྱི་སྟེང་དུ་ཧཱུྃ་ལས་སྣ་ཚོགས་རྡོ་རྗེའི་ལྟེ་བ་ལ་ཧཱུྃ་གིས(༢༣བ)མཚན་པ་ལས་འོད་ཟེར་འཕྲོས། རྡོ་རྗེའི་ས་གཞི། ར་བ། དྲ་བ། གུར། བླ་བྲེ། སྲུང་བའི་འཁོར་ལོའི་དབུས་སུ། པཾ་ལས་སྣ་ཚོགས་པདྨ་དང་ཨ་ལས་ཟླ་བའི་དཀྱིལ་འཁོར་གྱི་སྟེང་དུ། ཧཱུྃ་མཐིང་ནག་ལས་འོད་ཟེར་འཕྲོས། སྣོད་ཐམས་ཅད་གཞལ་ཡས་ཁང་དང་། བཅུད་ཐམས་ཅད་ཕྱག་ན་རྡོ་རྗེའི་སྐུར་གྱུར། ཚུར་འདུས་ཡོངས་སུ་གྱུར་པ་ལས། རྡོ་རྗེ་ནག་པོ་རྩེ་ལྔ་པ་ལ་ཧཱུྃ་མཐིང་ནག་གིས་མཚན་པ། དེ་ལས་཈ང་འོད་ཟེར་འཕྲོས། འདུས་ཡོངས་སུ་གྱུར་པ་ལས། རང་ཉིད་ཕྱག་ན་རྡོ་རྗེ་སྐུ་མདོག་མཐིང་ནག་ཞལ་གཅིག་ཕྱག་གཉིས། དམར་ལ་ཟླུམ་པའི་སྤྱན་གསུམ་དང་ལྡན་པ། ཁྲོ་ཞིང་དྲེགས་པ་བཅུ་དྲུག་ལོན་པའི་ལང་ཚོ་ཅན། ཞལ་མཆེ་བ་གཙིགས་ཤིང་བཞད་པ། དབུ་སྐྲ་ཁམ་པ་གྱེན་དུ་བརྫེས་པ། རྡོ་རྗེའི་ཅོད་པན་ཅན། སྨ་ར་དང་སྨིན་མ་རབ་ཏུ་འབར་

བ། སྤྱན་གཡས་ཟླ་བ། གཡོན་ཉི་མ། དབུས་མེའི་རང་བཞིན་ཅན། ཕྱག་གཡས་རྡོ་རྗེ་རྩེ་ལྔ་པ་འཕྱར་བའི་སྟབས་དང་། གཡོན་ཐུགས་ཀར་སྡིགས་མཛུབ་གནོད་བྱེད་ཐམས་ཅད་ལ་བསྡིགས་པ། ཞབས་གཡས་བསྐུམ་གཡོན་བརྐྱང་བའི་སྟབས་ཀྱིས་བཞུགས་ཤིང་། སྟག་ལྤགས་ཀྱི་ཤམ་ཐབས་ཅན། དར་སྔོན་པོའི་སྟོད་གཡོགས་ཅན། རིན་པོ་ཆེའི་རྒྱན་དང་། ཀླུ་ཆེན་པོ་བརྒྱད་ཀྱིས་བརྒྱན་པ། ཡེ་ཤེས་ཀྱི་མེ་འབར་བའི་དབུས་ན་བཞུགས་པའི་སྐུར་གྱུར། དཔྲལ་བར་ཨོཾ། མགྲིན་པར་ཨཱཿཐུགས་ཀར་ཧཱུྃ། ཐུགས་ཀའི་ཧཱུྃ་ལས་འོད་ཟེར་འཕྲོས། ཡེ་ཤེས་སེམས་དཔའ་སངས་རྒྱས་བྱང་ཆུབ་སེམས་དཔའི་འཁོར་དང་བཅས་པ་བཛྲ་ས་མ་ཛཿ (༤༥ན)གོང་བཞིན་ཕྱག་འཚལ་དང་། མཆོད་བསྟོད་བྱ། ཛཿཧཱུྃ་བཾ་ཧོཿགཉིས་སུ་མེད་པར་ཐིམ། སླར་ཡང་ཐུགས་ཀའི་ཧཱུྃ་ལས་འོད་ཟེར་འཕྲོས། དབང་གི་ལྷ་བཛྲ་ས་མ་ཛཿ གོང་བཞིན་མཆོད་བསྟོད་བྱས་ལ། བྱང་ཆུབ་རྡོ་རྗེས་སངས་རྒྱས་ལ། །མཆོད་ཆེན་ཇི་ལྟར་བསྔུལ་བ་ལྟར། །བདག་ཀྱང་རབ་ཏུ་བསྒྲལ་སླད་དུ། །ནམ་མཁའི་རྡོ་རྗེ་དེང་བདག་སྔོལ། ། ཞེས་གསོལ་བ་བཏབ་པས། དབང་གི་ལྷ་རྣམས་ཀྱིས། ཇི་ལྟར་བལྟམས་པ་ཙམ་གྱིས་ནི། །ལྷ་རྣམས་ཀྱིས་ནི་ཁྲུས་གསོལ་ལྟར། །ལྷ་ཡི་ཆུ་ནི་དག་པ་ཡིས། །དེ་བཞིན་བདག་གིས་དབང་བསྐུར་རོ། །ཨོཾ་སརྦ་ཏ་ཐཱ་ག་ཏ་ཨ་བྷི་ཥེ་ཀ་ཏ་ས་མ་ཡ་ཤྲཱི་ཡེ་ཧཱུྃ། ཞེས་གསུངས་ཤིང་བུམ་པའི་ཆུས་སྤྱི་བོ་ནས་དབང་བསྐུར། སྐུ་གང་། དྲི་མ་དག ། ཆུའི་ལྷག་མ་ཡར་ལུད་པ་ལས་མི་བསྐྱོད་པས་དབུ་བརྒྱན་པར་གྱུར། ཨཀྵོཾ་ནས་ཤཱཀྱའི་བར་གྱིས་གོང་བཞིན་མཆོད། བཅོམ་ལྡན་ཕྱག་ན་རྡོ་རྗེ་ནི། །སྐུ་མཆོག་འབར་བའི་འོད་ཟེར་ཅན། །གདུག་པ་ཐམས་ཅད་འདུལ་མཛད་པ། །རྡོ་རྗེ་བསྣམས་ལ་ཕྱག་འཚལ་ལོ། །བཅོམ་ལྡན་ཕྱག་ན་རྡོ་རྗེ་ནི། །གསུང་མཆོག་འབར་བའི་འོད་ཟེར་ཅན། །ངག་གི་ཉེས་པ་འཇོམས་མཛད་པ། །རིག་སྔགས་གསུང་ལ་ཕྱག་འཚལ་ལོ། ། བཅོམ་ལྡན་ཕྱག་ན་རྡོ་རྗེ་ནི། །ཐུགས་མཆོག་འབར་བའི་འོད་ཟེར་ཅན། །རྟོག་པའི་

དྲ་བ་གཅོད་མཛད་པ། །རྡོ་རྗེ་ཅན་ལ་ཕྱག་འཚལ་ལོ། །ཞེས་པས་བསྟོད། བཟླས་པའི་དམིགས་པ་ནི། དཔྲལ་བར་ཨོཾ་ལས་འཁོར་ལོ་དཀར་པོ་རྩིབས་བཅུ་གཉིས་པའི་ལྟེ་བར་ཨོཾ་རྩིབས་(༨༤བ)ལ་ཡི་གེ་བཅུ་གསུམ་པ། མགྲིན་པར་ཨཱཿལས་པདྨ་འདབ་མ་བརྒྱད་པའི་ལྟེ་བར་ཨཱཿའདབ་མ་ལ་ཡི་གེ་བཅུ་གསུམ་པ། སྙིང་གར་ཧཱུྃ་ལས་རྡོ་རྗེ་སྔོན་པོ་རྩེ་ལྔ་པའི་ལྟེ་བར་ཉི་མ་ལ་ཧཱུྃ། དེའི་མཐའ་མར་ཡི་གེ་བཅུ་གསུམ་པས་བསྐོར་བར་གྱུར། ཨོཾ་ནྲི་ཏྱ་བ་ར་ཧྲ་ར་བཛྲ་པཱ་ཎི་ཧཱུྃ་ཕཊ། ཅེས་ཅི་ནུས་སུ་བཟླ། སླར་ཡང་མཆོད་བསྟོད། ལྷ་སྐུ་སྟོང་པར་སྦྱངས། ཙུང་ཟད་མཉམ་པར་བཞག །སླར་ཡང་ལྷ་སྐུར་ལངས་ལ་གནས་གསུམ་བྱིན་གྱིས་བརླབས་ལ། དགེ་བ་བསྔོ། དེ་ནས། ཨོཾ་ཨ་མྲྀ་ཏ་ཀུཎྜ་ལི་ཧ་ན་ཧ་ན་ཧཱུྃ་ཕཊ། ཅེས་པ་དང་། ཨོཾ་བཛྲ་ཡཀྵ་ཛྭ་ལ་རཾ་ཛྭ་ལ་རཾ་ཕཊ་རཾ་ཕཊ་རཾ། ཞེས་ཕྱོགས་ཀུན་ཏུ་བསངས་གཏོར་བྱ། རང་གི་སྙིང་གའི་ཧཱུྃ་ལས་འོད་ཟེར་འཕྲོས། བྱང་ཕྱོགས་ནས་རྒྱལ་པོ་ཆེན་པོ་རྣམ་ཐོས་སྲས་གནོད་སྦྱིན་བྱེ་བའི་ཚོགས་དང་བཅས་པ་བཛྲ་ས་མཱ་ཛཿ པདྨ་ཀ་མ་ལ་ཡེ་སྟྭཾ། དྲི་མེད་ཡིད་དུ་འོང་བ་ཡི། །ལྷ་རྫས་དམ་པའི་མཆོད་ཡོན་འདི། །རྒྱལ་ཆེན་འཁོར་དང་བཅས་ལ་འབུལ། །བཞེས་ནས་དངོས་གྲུབ་བསྩལ་དུ་གསོལ། །ཨོཾ་བཻ་ཤྲ་མ་ཎ་ས་པ་རི་ཝཱ་ར་ཨརྒྷཾ་པྲ་ཏཱིཙྪ་ཨོཾ་ཨཱཿཧཱུྃ། དེ་བཞིན་དུ་ཞབས་བསིལ་ནས་རོལ་མོའི་བར་ལ་པཱ་དྱཾ་ནས་ཤབྡའི་བར་དུ་སྦྱོལ། རྒྱལ་ཆེན་རྣམ་མང་ཐོས་སྲས་ནོར་མང་ལྡན། །གསེར་གྱི་ལྷུན་པོ་ལྟ་བུར་བརྗིད་ཆགས་ཤིང་། །སྦྱིན་བྲལ་ཉི་འོད་སྟོང་གི་གཟི་ལྡན་པ། །འདོད་དགུའི་ཆར་འབེབས་མཛད་ལ་ཕྱག་འཚལ་ལོ། །ཞེས་པས་བསྟོད་ཅིང་། དཀོན་མཆོག་གསུམ་ལ་བདག་སྐྱབས་མཆི། །སོགས་དང་། བདག་ཉིད་ཕྱག་ན་རྡོ་རྗེར་གསལ་བའི་(༨༥ན) གནས་གསུམ་ནས་འོད་ཟེར་དཀར་དམར་མཐིང་གསུམ་འཕྲོས། རྒྱལ་པོ་འཁོར་དང་བཅས་པའི་གནས་གསུམ་དུ་ཐིམ་པས་འོད་དུ་ཞུ་ནས་སྟོང་པ་ཉིད་དུ་གྱུར། ཨོཾ་སྭ་བྷཱ་ཝ་ཤུདྡྷ་སརྦ་དྷརྨཱ་སྭ་བྷཱ་ཝ་ཤུདྡྷོ྅ཧཾ། སྟོང་པའི་ངང་ལས་ཧཱུྃ་ཨེ་ཡཾ་རཾ་བཾ་ལཾ་སུཾ་

རྣམས་ལས་སྲུང་འཁོར་འབྱུང་བཞི་བརྩེགས་པ་གླིང་བཞི་རི་རབ་དང་བཅས་པའི་སྟེང་དུ། ཧཱུྃ་ལས་རིན་པོ་ཆེ་སྣ་ཚོགས་ལས་གྲུབ་པའི་ཕོ་བྲང་གྲུ་བཞི་སྒོ་བཞི་རྟ་བབས་བཞི་དང་ལྡན་པ། ཁ་ནང་ལྟས་ཁོར་ཡུག་ཏུ་བསྐོར་བའི་ཤར་ཤེལ། ལྷོ་བཻ་ཌཱུརྻ། ནུབ་པདྨ་རཱ་ག །བྱང་འཛམ་བུ་ཆུ་བོའི་གསེར་ལས་གྲུབ་པ། ཕྱོགས་རེ་རེ་ནས་ཀ་བ་ཉིས་སྟོང་ལྔ་བརྒྱ་ལྔ་བཅུས་བཏེགས་པའི་གདུང་རིང་དང་། གདུང་ཐུང་གིས་མཛེས་པར་ཕུབ་པ། ཕྱི་རོལ་དུ་དཔྱངས་པའི་དྲ་བ་དྲ་ཕྱེད། ཕ་གུ་ཤར་བུ་མདའ་ཡབ་སོགས་རྒྱན་ཐམས་ཅད་དང་བཅས་པ། དབུས་སུ་རིན་པོ་ཆེའི་ཁང་བཟང་གསུམ་བརྩེགས་སུ་ཡོད་པ། ས་འོག་ཏུ་གཏེར་གྱི་ཁང་པ་བཅོ་ལྔ་དང་བཅས་པ། ཕྱི་རོལ་དུ་འཁོར་ས་རིམ་པ་གསུམ་དང་ལྡན་པ། འཁོར་ས་དང་པོ་ལ་ཕྱོགས་མཚམས་བརྒྱད་དུ་ཁང་བཟང་བརྒྱད། གཞལ་ཡས་ཁང་གི་ཕྱི་རོལ་ཡོངས་སུ་བསྐོར་བའོ། །དབུས་ཀྱི་ཕོ་བྲང་གི་ནང་དུ་ཧྲཱིཿལས་སྣ་ཚོགས་པདྨ་འདབ་མ་བརྒྱད་པ། དེའི་སྟེང་དུ་ཨ་ལས་ཟླ་བའི་དཀྱིལ་འཁོར་ལ་གནས་པའི་སཾ་ལས་སེནྡྷེ་དཀར་པོ། དེའི་སྟེང་དུ་བཻ་སེར་པོ་ལས་ཡིད་བཞིན་གྱི་ནོར་བུ་རིན་པོ་ཆེས་མཚན་པའི་རྒྱལ་མཚན་བཻ་ཡིག་གིས་(༥༥བ)མཚན་པ། དེ་ལས་འོད་ཟེར་འཕྲོས། འཕགས་པ་མཆོད། སེམས་ཅན་ཐམས་ཅད་ཀྱི་དབུལ་ཕོངས་ཀྱི་སྡུག་བསྔལ་བསལ། འཇིག་རྟེན་གྱི་ཁམས་ཀྱི་དཔལ་དང་འབྱོར་པ་ཕུན་སུམ་ཚོགས་པ་ཐམས་ཅད་བསྡུས་ཏེ་བཻ་ཡིག་ལ་ཐིམ། དེ་ཡོངས་སུ་གྱུར་པ་ལས། རྒྱལ་པོ་ཆེན་པོ་ངལ་བསོས་པོ་སྐུ་མདོག་གསེར་བཙོ་མ་ལྟ་བུ་ཞལ་གཅིག་ཕྱག་གཉིས་པ། གཡས་ན་ཡིད་བཞིན་གྱི་ནོར་བུ་རིན་པོ་ཆེས་མཚན་པའི་རྒྱལ་མཚན་འཛིན་པ། གཡོན་ན་གཏེར་གྱི་ནེའུ་ལེས་ཡིད་བཞིན་གྱི་ནོར་བུའི་ཆར་འབེབས་པ་བསྣམས་པ། ནེའུ་ལེ་ལ་མིག་མདོང་དུ་ཕྱོགས་པའི་སེང་གེ་དཀར་པོ་ལུས་ཉམས་རྩལ་དང་ལྡན་པ་ཉལ་སྟབས་སུ་གནས་པའི་སྟེང་ན་རོལ་པའི་སྟབས་ཀྱིས་བཞུགས་པ། ཞལ་ནས་འདོད་དགུའི་ཆར་འབེབས་པ། ཉི་མ་འབུམ་དུས་གཅིག་

ཏུ་ཤར་བ་ལྟ་བུའི་གཟི་བརྗིད་ཅན། རིན་པོ་ཆེའི་ཐོར་ཙུགས་དང་དབུ་རྒྱན་ལ་སོགས་པ་རྒྱན་ཐམས་ཅད་ཀྱིས་བརྒྱན་ཅིང་། དར་སྣ་ཚོགས་པའི་ན་བཟའ་ལྷབ་ལྷུབ་ཏུ་གསོལ་བ། ཕྱག་པ་གཡས་ནས་ཉི་མ་དང་། གཡོན་ནས་ཟླ་བ་འཆར་བ། མི་ཟད་ནམ་མཁའི་མཛོད་ལ་མངའ་བརྙེས་པའི་སྐུ་ཅན་དུ་གྱུར་པ་ལ། ལྷ་ཀླུ་གནོད་སྦྱིན་མཐུ་བོ་ཆེ་དུ་མ་དང་། གནོད་སྦྱིན་བྱེ་བས་བསྐོར་བའོ། །ཕྱོགས་མཚམས་ཀྱི་ཁང་པ་བརྩེགས་པ་བརྒྱད་ལ། ཤར་དུ་ཛྃ་ལས་ཛམྦྷ་ལ་སེར་པོ་རིན་པོ་ཆེ་བསྣམས་པ། ལྷོར་པཾ་ལས་གང་བ་བཟང་པོ་སེར་པོ་རིན་པོ་ཆེའི་བུམ་པ་གང་བ་འཛིན་པ། ནུབ་ཏུ་ཨཾ་ལས་ནོར་བུ་བཟང་པོ་དཀར་པོ་ནོར་བུ་འཛིན་པ། (༤༨ན)བྱང་དུ་ཀཾ་ལས་ཀུ་བེ་ར་ནག་པོ་རལ་གྲི་འཛིན་པ། ཤར་ལྷོར་སཾ་ལས་ཡང་དག་ཤེས་སེར་པོ་རལ་གྲི་འཛིན་པ། ལྷོ་ནུབ་ཏུ་ཡཾ་ལས་འབྲོག་གནས་ནག་པོ་རིན་པོ་ཆེའི་མདུང་དམར་འཛིན་པ། ནུབ་བྱང་དུ་པཾ་ལས་ལྷ་རྩེན་སེར་སྐྱ་ཁང་བརྩེགས་འཛིན་པ། བྱང་ཤར་དུ་བཾ་ལས་ཛཾ་པོ་འཁྱིལ་བ་དཀར་པོ་གཡས་གྲི་དང་གཡོན་ཞུབ་འཛིན་པ། ཐམས་ཅད་ཀྱང་གཡོན་ན་གཉེར་གྱི་ནེའུ་ལེ་བསྣམས་ཤིང་། རང་མདོག་དང་མཚུངས་པའི་རྟ་ལ་ཆིབས་པ། དར་དང་རིན་པོ་ཆེའི་རྒྱན་སྣ་ཚོགས་པས་སྤྲས་པ། དཔའ་ཞིང་བརྗིད་ལ་མི་སྡུག་པའི་ཆ་བྱད་ཅན་རྣམས་རང་རང་གི་འཁོར་དང་བཅས་པ། འཁོར་ས་བར་པ་ན་ཀླུ་ཆེན་བརྒྱད་འཁོར་དང་བཅས་པ། འཁོར་ས་ཐ་མ་ན་ལྷ་མ་སྲིན་སྡེ་བརྒྱད་ཀྱི་ཚོགས་རྣམས་སྐུ་མདོག་མ་ངེས་པ། མི་སྡུག་ཅིང་བརྗིད་ལ་ཧམ་པ། མཚོན་ཆ་སྣ་ཚོགས་པ་འཛིན་པ། འཁོར་ས་ཐ་མ་དེ་ཉིད་ཀྱི་ནང་རིམ་ན། སྡེ་དཔོན་ཉི་ཤུ་རྩ་བརྒྱད་པོ་ཐམས་ཅད་ཀྱང་སྐུ་མདོག་དམར་ནག་རལ་གྲི་དང་ཞུབ་འཛིན་པ་རྣམས་དང་། ཕྱི་རིམ་ལ་སྟོབས་ཆེན་སུམ་ཅུ་རྩ་གཉིས་པོ་ཐམས་ཅད་སྐུ་མདོག་ལྗང་ནག་གོ་ཆ་དང་བཅས་པ་མདུང་དང་རལ་གྲི་འཛིན་པ་རྣམས་རང་རང་གི་འཁོར་ཚོགས་དཔག་ཏུ་མེད་པ་དང་བཅས་པ། ཐམས་ཅད་ཀྱང་གཡོན་ན་གཉེར་གྱི་ནེའུ་ལེ་འཛིན་

པས་སྒྲུབ་པ་པོ་ལ་དངོས་གྲུབ་ཀྱི་ཆར་འབེབས་པའོ། །སྨོས་སྦྱོར་བསྡེག་ཅིང་། རང་གི་ཐུགས་ཀའི་ཧཱུྃ་ལས་འོད་ཟེར་འཕྲོས། འོད་ཟེར་གྱི་རྩེ་ལ་ཁྲོ་བོ་འདོད་པའི་རྒྱལ་པོ་ལྷགས་(༤༨བ)ཀྱུ་དང་ཞགས་པ་ཐོགས་པ་བྱུང་སྟེ། རྒྱལ་པོ་འཁོར་དང་བཅས་པ་བཛྲ་ས་མ་ཛཿ ལྕགས་ཀྱུའི་ཕྱག་རྒྱ་དང་བཅས་པ། མགོན་པོ་ཀུན་གཤེགས་ཐུགས་དམ་ཅན། །ད་ལྟ་སྙིགས་མ་ལྔ་ཡི་དུས། །ཐམས་ཅད་ཉོན་མོངས་འདམ་བྱིང་བས། །མཚམས་མེད་ལྔ་ནི་ཀུན་སྤྱོད་ཅིང་། །གཟིགས་ཤིང་གཤེགས་པའི་གནས་ངན་ཡང་། །ཤཱཀྱ་སེང་གེའི་སྤྱན་སྔར་ཁྱོད། །ཐུགས་དམ་གང་བཞེས་དེ་དགོངས་ལ། །འདྲེན་པའི་བསྟན་པ་སྲུང་བ་དང་། །སེམས་ཅན་ཀུན་ལ་སྨན་སླད་དུ། །བྱང་ཕྱོགས་གནས་ན་བཞུགས་པ་རྣམས། །སེམས་ཅན་དོན་ཕྱིར་གཤེགས་སུ་གསོལ། །ཨོཾ་བཻ་ཤྲ་མ་ཎ་ས་པ་རི་ཝཱ་ར་ས་མ་ཛཿ ཛཿཧཱུྃ་བཾ་ཨོཾ་ཧོཿ ཨོཾ་བཻ་ཤྲཱ་ཎཱ། ཨོཾ་བཻ་ཤྲ་མ་ཎ་ཨ་ཀརྵ་ཡ་ཛཿ བཻ་རིང་པོ་བརྗིད་དང་ལྡན་པ་མིག་འཛུམ་སུམ་ཙུ་སོ་གཉིས་ཀྱི་ཡུན་ཚད་དུ་བརྗོད། ཨ་སྨྲི་ཏའི་སྔགས་ཀྱིས་ཕྱིར་འབྲང་གི་བགེགས་བསྐྲད། རྒྱལ་པོའི་ཐུགས་ཀར་པདྨ་འདབ་བརྒྱད་ཀྱི་འདབ་མ་རེ་རེ་ལ་བཻ་བཞི་བཞི། བདག་མདུན་གྱི་ཐུགས་འོད་ཟེར་གྱི་ལྕགས་ཀྱུས་སྤྲོལ་བར་གྱུར། ཨོཾ་རཏྣ་སུ་ཀུ་ཏ་ཨ་ཧི་ཥིཉྩ་མི། ཞེས་ཅོད་པན་གྱིས་དབང་བསྐུར། དཔྲལ་བར་ཨོཾ། མགྲིན་པར་ཨཱཿ ཐུགས་ཀར་ཧཱུྃ། མཆོད་པ་བྱིན་གྱིས་བརླབས། ཨཀྵཾ་ནས་ཤཔྟའི་བར་གྱིས་གོང་བཞིན་ཕུལ། རྒྱས་པར་སྤྲོ་ན་སྐབས་འདིར་བཀྲ་ཤིས་རྫས་བརྒྱད་རྒྱལ་སྲིད་སྣ་བདུན་སོགས་ཀྱང་འབུལ། བསྟོད་པ་ནི། ཧཱུྃ། མི་འཇིགས་སེངྒེའི་ཁྲི་སྟེང་ན། །བཻ་ལས་བྱུང་བའི་མགོན་པོ་ནི། །ངལ་བསོས་དགེ་བ་སྟོབས་པོ་ཆེ། །ས་བརྒྱད་དབང་ཕྱུག་ཁྱོད་ལ་(༤༧ན)བསྟོད། །བཙུན་མོ་བཞི་དང་སྲས་བཞི་དང་། །ཁྱད་པར་ལས་བསྒྲུབ་གནོད་སྦྱིན་བརྒྱད། །ནོར་མཆོག་སྟེར་བའི་སྲུ་ཆེན་བརྒྱད། །ལྷ་སྲིན་སྡེ་བརྒྱད་འཁོར་དང་བཅས། །མཆོད་ཅིང་བསྟོད་དེ་ཕྱག་ཀྱང་འཚལ། །དགྲ་བགེགས་མ་ལུས་གཞོམས་པ་དང་། །འབྱོར་

པའི་ལོངས་སྤྱོད་ཕུན་ཚོགས་ཤིང་། །འདོད་དགུ་ཡིད་བཞིན་འགྲུབ་པ་དང་། །གཞན་དོན་ལྷུན་གྱིས་འགྲུབ་པར་མཛོད། །དེ་ནས་བཟླས་པའི་དམིགས་པ་གསལ་བཏབ་ལ། ཏདྱ་ཐཱ། ཧི་ལི་མ་ཎི་བྷ་དྲ། ཧི་ལི་ཧི་ལི་མ་ཎི་བྷ་དྲ། ཀི་ལི་མ་ཎི་བྷ་དྲ། ཀི་ལི་ཀི་ལི་མ་ཎི་བྷ་དྲ། ཀུ་ཊ་མ་ཎི་བྷ་དྲ། ཀུ་ཊ་ཀུ་ཊ་མ་ཎི་བྷ་དྲ། ཏུ་ཊ་མ་ཎི་བྷ་དྲ། ཏུ་ཊ་ཏུ་ཊ་མ་ཎི་བྷ་དྲ། སུ་ཊ་མ་ཎི་བྷ་དྲ། སུ་ཊ་སུ་ཊ་མ་ཎི་བྷ་དྲ། ཙུ་ཊ་མ་ཎི་བྷ་དྲ། ཙུ་ཊ་ཙུ་ཊ་མ་ཎི་བྷ་དྲ། ཨོཾ་ཨེ་ཧྱེ་ཧི། ཏིཥྛ་ཏིཥྛ་སརྦ་ཨརྠ་མེ་སྭ་ཧྭ་ནི། ཏདྱ་ཐཱ། སུ་ཧྭ་ནི། སུ་ར་སྱུ། སུ་མ་ཏི། སུ་ཕུ་ཊི། ཧི་ལི་མི་ལི་སྭཱ་ཧཱ། གཙོ་འཁོར་ཐམས་ཅད་ཀྱི་ཐུགས་སོ། །ཨོཾ་བཻ་ཤྲ་མ་ཎ་ཡེ་སྭཱ་ཧཱ། གཙོ་བོའི་སྙིང་པོའོ། །ཨོཾ་བཻ་སྭཱ་ཧཱ། ཉེ་སྙིང་པོ། ཨོཾ་ཛམྦྷ་ལ་ཡེ་སྭཱ་ཧཱ། ཨོཾ་པུརྞ་བྷ་དྲ་ཡེ་སྭཱ་ཧཱ། ཨོཾ་མ་ཎི་བྷ་དྲ་ཡེ་སྭཱ་ཧཱ། ཨོཾ་ཀུ་བེ་ར་ཡེ་སྭཱ་ཧཱ། ཨོཾ་སཾ་པྲ་ཛ་ན་ཡེ་སྭཱ་ཧཱ། ཨོཾ་གུ་ཧྱ་ཐ་ན་ཡེ་སྭཱ་ཧཱ། ཨོཾ་པཉྩི་ཀ་ཡེ་སྭཱ་ཧཱ། ཨོཾ་པི་ཙི་ཀུཎྜ་ལི་ཡེ་སྭཱ་ཧཱ། འཁོར་གནོད་སྦྱིན་བརྒྱད་པོ་རྣམས་ཀྱི་ཐུགས་སོ། །དེ་ལྟར་ཅི་ནུས་པར་བཟླས་ནས། ཐུན་གྱི་མཐར་གཏོར་མ་འབུལ་བ་ནི། ཨོཾ་བཛྲ་ཡཀྵ་ཀྲོ་ཧྣས་བགེགས་བསྐྲད། ཨ་མྲྀ་ཏས་བསངས། སྭ་བྷཱ་ཝས་སྦྱངས། སྟོང་པའི་ངང་ལས་ཨོཾ་ལས་བྱུང་བའི་རིན་(༤༧བ)པོ་ཆེའི་སྣོད་ཀྱི་ནང་དུ་ཁཾ་ཞུ་བ་ལས་བྱུང་བའི་གཏོར་མ་བདུད་རྩིའི་རྒྱ་མཚོར་གྱུར། དེ་ཉིད་ཀྱི་མཐའ་སྐོར་དུ་གཾ་ལས་བུམ་པ། བཾ་ལས་ཁྲུས་ཀྱི་ཞིང་བུ། ཁཾ་ལས་དཔག་བསམ་གྱི་ཤིང་དང་། འདོད་འཛོའི་བ་མོ་ལ་སོགས་པས་བསྐོར་བ་དང་། གཏོར་མའི་སྟེང་དུ་ཨོཾ་ཨཱཿཧཱུྃ་ཞུ་བ་ལས་ཁ་དོག་དྲི་རོ་ནུས་པའི་མཐུ་ཕུན་སུམ་ཚོགས་པར་གྱུར། ཨོཾ་ཨཱཿཧཱུྃ། ལན་གསུམ། ཨ་ཀཱ་རོ་སོགས་དང་། རུ་རུ་སོགས་དང་། ནམ་མཁའ་མཛོད་ཀྱི་ཐུགས་རྒྱ་རྣམས་ལན་གསུམ་མམ་བདུན་བདུན་གྱིས་རྒྱ་ཆེར་སྤེལ། རྡོ་རྗེ་ཐལ་མོ་ཁ་གྱེན་དུ་ཕྱེ་ལ། ཨོཾ་ཨ་མྲྀ་ཏ་ཀུཎྜ་ལི་ཧ་ན་ཧ་ན་ཧཱུྃ་ཕཊ། ཨོཾ་བཻ་ཤྲ་མ་ཎ་ཨི་དཾ་བ་ལིཾ་གྲྀཧྞནྟུ་ས་མ་ཡ་རཀྵནྟུ་མ་མ་སརྦ་སིདྡྷིམྨེ་པྲ་ཡཙྪ་མ་མ་སརྦ་ཀརྨ་སྭཱ་ཧཱ་ཨ་མོ་ཀྵ་ཡ་སྭཱ་ཧཱ། ཞེས་ལན་བདུན་ལ་སོགས་པས་གཙོ་བོ་

དང་། ཨོཾ་ཛམྦྷ་ལ་ཡེ་ཨི་དཾ་སོགས་རང་རང་སོ་སོའི་མིང་སྔགས་སྤེལ་བས་ཏ་བདག་བརྒྱད་དང་། ཨོཾ་ཨཙྪ་ནྣ་ག་ཤ་ཏ་ས་ཧ་སྲ་ཀོ་ཊ་ཡཀྵ་རཀྵ་ས་ཨི་དཾ་སོགས་ཀྱིས་འཁོར་སྤྱི་ལ་འབུལ། བསྟུ་ན། ཨ་ཀཱ་རོའམ། ཨོཾ་བཻ་ཤྲ་མ་ཎ་ཡེ་ས་པ་རི་ཝཱ་ར་སོགས་ཀྱིས་ཕུལ་ཀྱང་ཆོག །དེ་ནས་བསྟོད་པ་ནི། བསྡུས་པ་གོང་བཞིན་ནམ། ཤིན་ཏུ་བསྡུས་པར་ན། གནོད་སྦྱིན་རྒྱལ་པོ་ཆེན་པོ་རྣམ་ཐོས་སྲས། །ནོར་ལ་དབང་བསྒྱུར་འདོད་ཡོན་ཆར་དུ་འབེབས། དབུལ་བའི་གདུང་སེལ་མགོན་པོ་ཐུགས་རྗེ་ཅན། །རྒྱལ་པོ་འཁོར་དང་བཅས་ལ་ཕྱག་འཚལ་ལོ། །ཞེས་པ་ཙམ་གྱིས་ཀྱང་ཆོག །ཡི་གེ་བརྒྱ་པས་ལྷག་ཆད་ཁ་བསྐངས། སློན་(༨༨ན)ལམ་དང་བཀྲ་ཤིས་ཅི་རིགས་པར་བརྗོད་དོ། ། ༀ་འདིའི་རྗེས་གནང་བྱེད་པར་འདོད་པས། མཎྜལ་སྣ་ཚོགས་པདྨ་འདབ་བརྒྱད་སུ་ཁྱུད་དང་བཅས་པ་འབྲི། དེའི་སྟེང་དུ་རྟེན་གཏོར་ཁང་བཟང་གསུམ་བརྩེགས་འཁོར་ས་རིམ་པ་གསུམ་སོགས་སྒོམ་དོན་དང་མཐུན་པ་འགོད་པ་རྒྱས་པའི་ལུགས་དང་། ཟླུམ་གཏོར་གཙོ་འཁོར་དགུ་པ་འགོད་པ་འབྲིང་པོའི་ལུགས་དང་། མཎྜལ་མི་འབྲི་བར་གཏོར་མ་ཁོ་ན་བྱེད་པ་བསྡུས་པའི་ལུགས་དང་གསུམ་པོ་གང་གིས་ཀྱང་ཆོག་སྟེ། དེང་སང་ལག་ལེན་རྒྱས་པ་ལ་མཛད་ཅིང་། དེ་ཡང་གཏོར་མ་བྱེད་པ་རྒྱ་གར་བའི་ལུགས་དང་། ཁང་བཟང་བྱེད་པ་རྒྱ་ནག་པའི་ལུགས་ཡིན་གསུངས། དེའི་མདུན་ནམ་གཡས་ཕྱོགས་སུ་ཡི་དམ་དང་། ཆོས་སྐྱོང་གི་འབུལ་གཏོར་བཤམས། མཆོད་པ་དང་སྨན་གཟིགས་གཞན་རྣམས་ཀྱང་ཅི་བདེ་བར་བཀོད་ནས། བགེགས་གཏོར་བཏང་། མཆོད་པ་བྱིན་རླབས་བྱ། གོས་སྔོན་ཅན་གྱི་བདག་བསྐྱེད་དང་། གཏོར་འབུལ་སྔོན་དུ་འགྲོ་བས། གོང་དུ་བསྟན་པ་ལྟར་མདུན་བསྐྱེད་ཆོས་སྐྱོང་ཆེན་པོ་རྣམ་ཐོས་སྲས་འཁོར་བཅས་བསྐྱེད་ཅིང་མཆོད་གཏོར་འབུལ་བ་ནས། བཟླས་པ་སོགས་རྗེས་ཆོག་མ་གཏོགས་འདོད་གསོལ་གྱི་བར་གོང་དུ་བསྟན་པ་རྣམས་ཚང་བར་བྱས། ༀ་སློབ་མ་རྣམས་ཁྲུས་བྱས། མཎྜལ་འབུལ་དུ་བཅུག །ཇོ་རྗེ་འཛིན་པ་

སོགས་ཀྱིས་ལན་གསུམ་གྱིས་གསོལ་བ་བཏབ། མགུར་ནས་འབྱུང་བའི་རྒྱུན་བཤགས་ལན་གསུམ། དངོས་གཞི་ནི། སློབ་མ་ལ་ཕྱག་རྡོར་གྱི་(༢༢བ)མངོན་རྟོགས་རིགས་བདག་གི་བར་རྫོགས་པར་ཕོག །མདུན་གྱི་གཏོར་མ་ལ་དམིགས་སུ་བཙུག་སྟེ། ཨོཾ་སྭ་བྷཱ་ཝ་ཤུདྡྷཿསརྦ་དྷརྨཱཿསྭ་བྷཱ་ཝ་ཤུདྡྷོ྅ཧཾ། སྟོང་པའི་ངང་ལས་ཧཾ་ཨི་ཡཾ་རཾ་བཾ་ལཾ་སུཾ་རྣམས་ལས་སྲུང་འཁོར་འབྱུང་བཞི་བརྩེགས་པ་གླིང་བཞི་རི་རབ་དང་བཅས་པའི་སྟེང་དུ། བྷྲཱུཾ་ལས་རིན་པོ་ཆེ་སྣ་ཚོགས་ལས་གྲུབ་པའི་ཕོ་བྲང་གྲུ་བཞི་སྒོ་བཞི་རྟ་བབས་བཞི་དང་ལྡན་པ། ཁ་ནང་ལྟས་ཁོར་ཡུག་ཏུ་བསྐོར་བའི་ཤར་ཤེལ། ལྷོ་བཻ་ཌཱུརྱ། ནུབ་པདྨ་རཱ་ག །བྱང་འཛམ་བུ་ཆུ་བོའི་གསེར་ལས་གྲུབ་པ། ཕྱོགས་རེ་རེ་ནས་ཀ་བ་ཉིས་སྟོང་ལྔ་བརྒྱ་ལྔ་བརྒྱས་བཏེགས་པའི་གདུང་རིང་དང་། གདུང་ཐུང་གིས་མཛེས་པར་ཕུབ་པ། ཕྱི་རོལ་དུ་དཔྱངས་པའི་དྲྭ་བ་དྲྭ་ཕྱེད། ཕ་གུ་ཤར་བུ་མདའ་ཡབ་སོགས་རྒྱན་ཐམས་ཅད་དང་བཅས་པ། དབུས་སུ་རིན་པོ་ཆེའི་ཁང་བཟང་གསུམ་བརྩེགས་སུ་ཡོད་པ། ས་འོག་ཏུ་གཏེར་གྱི་ཁང་པ་བཅོ་ལྔ་དང་བཅས་པ། ཕྱི་རོལ་དུ་འཁོར་ས་རིམ་པ་གསུམ་དང་ལྡན་པ། འཁོར་ས་དང་པོ་ལ་ཕྱོགས་མཚམས་བརྒྱད་དུ་ཁང་བཟང་བརྒྱད། གཞལ་ཡས་ཁང་གི་ཕྱི་རོལ་ཡོངས་སུ་བསྐོར་བའོ། །དབུས་ཀྱི་ཕོ་བྲང་གི་ནང་དུ་ཧྲཱིཿལས་སྣ་ཚོགས་པདྨ་འདབ་མ་བརྒྱད་པ། དེའི་སྟེང་དུ་ཨ་ལས་ཟླ་བའི་དཀྱིལ་འཁོར་ལ་གནས་པའི་སཾ་ལས་སེནྡྷེ་དཀར་པོ། དེའི་སྟེང་དུ་བཻ་སེར་པོ་ལས་ཡིད་བཞིན་གྱི་ནོར་བུ་རིན་པོ་ཆེས་མཚན་པའི་རྒྱལ་མཚན་བཻ་ཡིག་གིས་མཚན་པ། དེ་ལས་འོད་ཟེར་འཕྲོས། འཕགས་པ་མཆོད། སེམས་ཅན་ཐམས་ཅད་ཀྱི་དབུལ་ཕོངས་ཀྱི་སྡུག་བསྔལ་བསལ། འཇིག་རྟེན་གྱི་(༢༣ན)ཁམས་ཀྱི་དཔལ་དང་འབྱོར་པ་ཕུན་སུམ་ཚོགས་པ་ཐམས་ཅད་བསྡུས་ཏེ་བཻ་ཡིག་ལ་ཐིམ། དེ་ཡོངས་སུ་གྱུར་པ་ལས། རྒྱལ་པོ་ཆེན་པོ་ངལ་གསོས་པོ་སྐུ་མདོག་གསེར་བཙོ་མ་ལྟ་བུ་ཞལ་གཅིག་ཕྱག་གཉིས་པ། གཡས་ན་ཡིད་བཞིན་གྱི་ནོར་བུ་རིན་པོ་ཆེས་མཚན་

པའི་རྒྱལ་མཚན་འཛིན་པ། གཡོན་ན་གཏེར་གྱི་ནེའུ་ལེས་ཡིད་བཞིན་གྱི་ནོར་བུའི་ཆར་འབེབས་པ་བསྣམས་པ། ནེའུ་ལེ་ལ་མིག་མདོན་དུ་ཕྱོགས་པའི་སེང་གེ་དཀར་པོ་ལུས་ཉམས་རྩལ་དང་ལྡན་པ་ཉལ་སྟབས་སུ་གནས་པའི་སྟེང་ན་རོལ་པའི་སྟབས་ཀྱིས་བཞུགས་པ། ཞལ་ནས་འདོད་དགུའི་ཆར་འབེབས་པ། ཉི་མ་འབུམ་དུས་གཅིག་ཏུ་ཤར་བ་ལྟ་བུའི་གཟི་བརྗིད་ཅན། རིན་པོ་ཆེའི་ཐོར་ཚུགས་དང་དབུ་རྒྱན་ལ་སོགས་པ་རྒྱན་ཐམས་ཅད་ཀྱིས་བརྒྱན་ཅིང་། དར་སྣ་ཚོགས་པའི་ན་བཟའ་ལྷབ་ལྷུབ་ཏུ་གསོལ་བ། ཕྲག་པ་གཡས་ན་ཉི་མ་དང་། གཡོན་ནས་ཟླ་བ་འཆར་བ། མི་ཟད་ནམ་མཁའི་མཛོད་ལ་མངའ་བརྙེས་པའི་སྐུ་ཅན་དུ་གྱུར་པ་ལས། ལྷ་ཀླུ་གནོད་སྦྱིན་མཐུ་བོ་ཆེ་དུ་མ་དང་། གནོད་སྦྱིན་བྱེ་བས་བསྐོར་བའོ། །ཕྱོགས་མཚམས་ཀྱི་ཁང་པ་བརྩེགས་པ་བརྒྱད་ལ། ཤར་དུ་ཛཾ་ལས་ཛམྦྷ་ལ་སེར་པོ་རིན་པོ་ཆེ་བསྣམས་པ། ལྷོར་པཾ་ལས་གང་བ་བཟང་པོ་སེར་པོ་རིན་པོ་ཆེའི་བུམ་པ་གང་བ་འཛིན་པ། ནུབ་ཏུ་མཾ་ལས་ནོར་བུ་བཟང་པོ་དཀར་པོ་ནོར་བུ་འཛིན་པ། བྱང་དུ་ཀཾ་ལས་ཀུ་བེ་ར་ནག་པོ་རལ་གྲི་འཛིན་པ། ཤར་ལྷོར་སཾ་ལས་ཡང་དག་ཤེས་སེར་པོ་(༥༨་བ)རལ་གྲི་འཛིན་པ། ལྷོ་ནུབ་ཏུ་ཡཾ་ལས་འབྲོག་གནས་ནག་པོ་རིན་པོ་ཆེའི་མདུང་དམར་འཛིན་པ། ནུབ་བྱང་དུ་པཾ་ལས་ལྤ་རྩེན་སེར་སྐྱ་ཁང་བརྩེགས་འཛིན་པ། བྱང་ཤར་དུ་པཾ་ལས་ཇཱ་པོ་འཁྲིལ་པ་དཀར་པོ་གཡས་གྲི་དང་གཡོན་ཕུབ་འཛིན་པ། ཐམས་ཅད་ཀྱང་གཡོན་ན་གཏེར་གྱི་ནེའུ་ལེ་བསྣམས་ཤིང་། རང་མདོག་དང་མཚུངས་པའི་རྟ་ལ་ཆིབས་པ། དར་དང་རིན་པོ་ཆེའི་རྒྱན་སྣ་ཚོགས་པས་སྤྲས་པ། དཔའ་ཞིང་བརྗིད་ལ་མི་སྡུག་པའི་ཆ་བྱད་ཅན་རྣམས་རང་རང་གི་འཁོར་དང་བཅས་པ། འཁོར་ས་བར་པ་ན་ཀླུ་ཆེན་བརྒྱད་འཁོར་དང་བཅས་པ། འཁོར་ས་ཐ་མ་ན་ལྷ་མ་སྲིན་སྡེ་བརྒྱད་ཀྱི་ཚོགས་རྣམས་སྐུ་མདོག་མ་ངེས་པ། མི་སྡུག་ཅིང་བརྗིད་ལ་ཇམ་པ། མཚོན་ཆ་སྣ་ཚོགས་པ་འཛིན་པ། འཁོར་ས་ཐ་མ་དེ་ཉིད་ཀྱི་ནང་རིམ་ན། སྡེ་དཔོན་ཉེ་ཤུ་

རྩ་བརྒྱད་པོ་ཐམས་ཅད་ཀྱང་སྐུ་མདོག་དམར་ནག་རལ་གྲི་དང་ཐུབ་འཛིན་པ་རྣམས་དང་། ཕྱི་རིམ་ལ་སྟོབས་ཆེན་སུམ་ཅུ་རྩ་གཉིས་པོ་ཐམས་ཅད་སྐུ་མདོག་ལྗང་ནག་གོ་ཆ་དང་བཅས་པ་མདུང་དང་རལ་གྲི་འཛིན་པ་རྣམས་རང་རང་གི་འཁོར་ཚོགས་དཔག་ཏུ་མེད་པ་དང་བཅས་པ། ཐམས་ཅད་ཀྱང་གཡོན་ན་གཏེར་གྱི་ནེའུ་ལེ་འཛིན་པས་སྒྲུབ་པ་པོ་ལ་དངོས་གྲུབ་ཀྱི་ཆར་འབེབས་པའོ། ། སྲོས་སྦྱོར་བསྲེག་ཅིང་། རང་གི་ཐུགས་ཀའི་ཧཱུཾ་ལས་འོད་ཟེར་འཕྲོས། འོད་ཟེར་གྱི་སྣེ་ལ་ཁྲོ་བོ་འདོད་པའི་རྒྱལ་པོ་ལྕགས་ཀྱུ་དང་ཞགས་པ་ཐོགས་པ་བྱུང་སྟེ། རྒྱལ་པོ་འཁོར་དང་བཅས་པ་བཛྲ་ས་མ་ཛཿ ལྕགས་ཀྱུའི་ཕྱག་རྒྱ་དང་བཅས། མགོན་པོ་ཀུན་(༡༠ན)གཤེགས་ཐུགས་དམ་ཅན། །ད་ལྟ་སྙིགས་མ་ལྔ་ཡི་དུས། །ཐམས་ཅད་ཉོན་མོངས་འདམ་བྱིང་བས། །མཚམས་མེད་ལྔ་ནི་ཀུན་སྤྱོད་ཅིང་། །གཟིགས་ཤིང་གཤེགས་པའི་གནས་ངན་ཡང་། །ཤཱཀྱ་སེང་གེའི་སྤྱན་སྔར་ཁྱོད། །ཐུགས་དམ་གང་བཞེས་དེ་དགོངས་ལ། །འདྲེན་པའི་བསྟན་པ་སྲུང་བ་དང་། །སེམས་ཅན་ཀུན་ལ་སྨན་སླད་དུ། །ཕྱང་ཕྱོགས་གནས་ན་བཞུགས་པ་རྣམས། །སེམས་ཅན་དོན་ཕྱིར་གཤེགས་སུ་གསོལ། །ཨོཾ་བཻ་ཤྲ་མ་ཎ་ས་པ་རི་ཝཱ་ར་ས་མཱ་ཛཿཛཿ ཧཱུཾ་བཾ་ཧོཿ ཨོཾ་བཻ་སྭཱཧཱ། ཨོཾ་བཻ་ཤྲ་མ་ཎ་ཨ་གརྒྷ་ཡ་ཛཿབཻ་རིང་པོ་བཏིང་དང་ལྡན་པ་མིག་འཛུམ་སུམ་ཅུ་སོ་གཉིས་ཀྱི་ཡུན་ཚད་དུ་བཏོད། ཨ་ཤྲཱི་ཏའི་རྟགས་ཀྱིས་ཕྱིར་འབྲང་གི་བགེགས་བསྐྲད། རྒྱལ་པོའི་ཐུགས་ཀར་པདྨ་འདབ་བརྒྱད་ཀྱི་འདབ་མ་རེ་རེ་ལ་བཻ་བཞི་བཞི། བདག་མདུན་གྱི་ཐུགས་འོད་ཟེར་གྱི་ལྕགས་ཀྱུས་སྤྲོལ་བར་གྱུར། ཨོཾ་རཏྣ་ཨུ་ཀུ་ཏ་ཨ་ཧྲི་ཊིཥྛ་མི། ཞེས་ཅོད་པན་གྱིས་དབང་བསྐུར། དཔྲལ་བར་ཨོཾ། མགྲིན་པར་ཨཱཿ ཐུགས་ཀར་ཧཱུཾ། སྤྱན་འདྲེན་གྱི་ཚོ་རོལ་མོ་དྲག་ལ་ཡུན་རིང་བར་བྱེད། མདུན་གྱི་རྒྱལ་པོ་ཆེན་པོ་ལ་དབུ་རྒྱན་གསོལ་བར་མོས་སུ་བཅུག་ལ་ཅོད་པན་གྱི་ཕྱག་རྒྱ་དང་བཅས། ཨོཾ་རཏྣ་ཨུ་ཀུ་ཏ་ཨ་ཧྲི་ཊིཥྛ་ཧཱུཾ། ཞེས་པ་དང་། ཨརྒྷཾ་ནས་ཤབྡའི་བར་གྱིས་མཆོད། མི་འཛིགས་སེངྒེའི་ཁྲི་སྟེང་

ན། །ཞེས་པ་ནས། ཕྱག་ཀྱང་འཚལ་ཞེས་པའི་བར་རྗེས་བཟློས་བྱར་གཞུག །སྐུའི་རྗེས་གནང་ངོ་། །བླ་མའི་ཐུགས་ཀ་ནས་འོད་ཟེར་འཕྲོས། མདུན་(༩༠བ)བསྐྱེད་རྒྱལ་པོའི་ཐུགས་རྒྱུད་བསྐུལ། ཐུགས་ཀ་ནས་སྔགས་འཕྲེང་རིན་ཆེན་འབར་བའི་འཕྲེང་བ་ལྟ་བུ་བྱུང་། དེ་ལས་འོད་ཟེར་འཕྲོས། འཕགས་པ་མཆོད། སེམས་ཅན་གྱི་དབུལ་ཕོངས་བསལ། འཇིག་རྟེན་ཁམས་ཀྱི་དངོས་གྲུབ་ཐམས་ཅད་བསྡུས་ཏེ་སྔགས་འཕྲེང་ལ་ཐིམ། དེ་ཉིད་སློབ་མའི་ཁ་སྒོ་ནས་ཞུགས་ཏེ་སྙིང་གའི་ཧཱུྃ་ལ་ཐིམ། དེ་ནས་སྔགས་འཕྲེང་འཁོར་ལོ་ལྟར་འཁོར་བ་ལ་སེམས་གཏད་དུ་བཅུག་སྟེ། ཏདྱ་ཐཱ། ཧི་ལི་མ་ཎི་བྷ་དྲ། ཧི་ལི་ཧི་ལི་མ་ཎི་བྷ་དྲ། ཀི་ལི་མ་ཎི་བྷ་དྲ། ཀི་ལི་ཀི་ལི་མ་ཎི་བྷ་དྲ། ཀུ་ཏུ་མ་ཎི་བྷ་དྲ། ཀུ་ཏུ་ཀུ་ཏུ་མ་ཎི་བྷ་དྲ། ཧུ་ཏུ་མ་ཎི་བྷ་དྲ། ཧུ་ཏུ་ཧུ་ཏུ་མ་ཎི་བྷ་དྲ། སུ་ཏུ་མ་ཎི་བྷ་དྲ། སུ་ཏུ་སུ་ཏུ་མ་ཎི་བྷ་དྲ། ཙུ་ཏུ་མ་ཎི་བྷ་དྲ། ཙུ་ཏུ་ཙུ་ཏུ་མ་ཎི་བྷ་དྲ། ཨོཾ་ཨེ་ཧྱེ་ཧི། ཏིཥྛ་ཏིཥྛ་སརྦ་ཨརྠ་མེ་སཱ་དྷ་ནི། ཏདྱ་ཐཱ། སུ་དྷ་ནི། སུ་ར་སྱ། སུ་མ་ཏི། སུ་པུ་ཊི། ཧི་ལི་མི་ལི་སྭཱ་ཧཱ། ཞེས་གཟུངས་ཚར་གསུམ་དང་། ཨོཾ་བཻ་ཤྲ་མ་ཎ་ཡེ་སྭཱ་ཧཱ། ཞེས་གཙོ་བོའི་སྙིང་པོ་བརྒྱ་རྩ་བརྒྱད་དང་། ཨོཾ་ཛམྦྷ་ལ་ཡེ་སྭཱ་ཧཱ། ཨོཾ་པཱུརྞ་བྷ་དྲ་ཡེ་སྭཱ་ཧཱ། ཨོཾ་མ་ཎི་བྷ་དྲ་ཡེ་སྭཱ་ཧཱ། ཨོཾ་ཀུ་བེ་ར་ཡེ་སྭཱ་ཧཱ། ཨོཾ་སཾ་པྲ་ཛ་ན་ཡེ་སྭཱ་ཧཱ། ཨོཾ་གུ་ཧྱ་ཐ་ན་ཡེ་སྭཱ་ཧཱ། ཨོཾ་པཉྩི་ཀ་ཡེ་སྭཱ་ཧཱ། ཨོཾ་པི་ཙི་ཀུཎྜ་ལི་ཡེ་སྭཱ་ཧཱ། ཞེས་རྟ་བདག་བརྒྱད་ཀྱི་སྙིང་པོ་ཚར་བདུན་བདུན་རྗེས་བཟློས་བྱེད་པའམ། བསྡུ་ན་ཐམས་ཅད་ལན་གསུམ་རེས་ཆོག །སློབ་མས་སློབ་དཔོན་ལ་མེ་ཏོག་གཏོར་བཞིན་དུ། བཅོམ་ལྡན་བདག་ལ་བསྐུལ་ལགས་ཀྱི། །བདག་ལ་འགོ་བར་མཛད་དུ་གསོལ། །ལན་གསུམ། སློབ་དཔོན་གྱིས་བགྲང་འཕྲེང་སློབ་མའི་སྤྱི་བོར་བཞག་ལ་བཅོམ་(༩༡ན)ལྡན་འདི་ལ་བསྐུལ་ལགས་ཀྱི། །འདི་ལ་འགོ་བར་མཛད་དུ་གསོལ། །ལན་གསུམ་གྱིས་བྱིན་གྱིས་བརླབས། གོང་བཞིན་མདུན་བསྐྱེད་ལ་མཆོད་བསྟོད་བྱ། གསུང་གི་རྗེས་གནང་ངོ་། །སློབ་མ་གསང་བདག་གི་ང་རྒྱལ་བརྟན་པོ་བསྐྱེད་དུ་བཅུག་ལ། གཏོར་

མ་ལག་ཏུ་གཏད་དེ། རྒྱལ་པོ་ཆེན་པོ་རྣམ་ཐོས་སྲས་འཁོར་དང་བཅས་པ་ཁྱེད་རྣམས་ཀྱིས་ཕྱག་ན་རྡོ་རྗེ། སྤྱོད་མཛད་ཆོས་ཀྱི་རྡོ་རྗེ། སློབ་དཔོན་འགྲོ་བཟང་སྙིང་པོ། ཧྲི་ཀ་ར་ཙ་ཏི། ཁ་ཆེ་དགོན་པ་བ། ཟངས་དཀར་ལོཙྪ་བ། གཡོར་པོ་རྫ་སྟོན། སྤྲུལ་ཏི་དགྲ་བཅོམ་པ། མཁན་ཆེན་ཤེས་རབ་སེང་གེ། བསམ་ཡས་པ་ཚུལ་ཁྲིམས་དབང་ཕྱུག །སེ་བཙན་པ་ཡོན་ཏན་ཚུལ་ཁྲིམས། མཁན་ཆེན་ཤེས་རབ་རྡོ་རྗེ། མཁན་ཆེན་དཀའ་བཞི་པ་བློ་གྲོས་བཟང་པོ། མཁན་ཆེན་ཆོས་རྒྱལ་དཔལ་བཟང་། པཎ་ཆེན་རིན་པོ་ཆེ། རྗེ་དཔོན་ཤཱཀྱ་རྒྱལ་མཚན། རྗེ་ཀུན་དགའ་གྲོལ་མཆོག །རྗེ་བཙུན་ཏཱ་ར་ནཱ་ཐ། བྱམས་པ་བསོད་ནམས་ཕུན་ཚོགས། བྱམས་པ་ངག་དབང་ལྷུན་གྲུབ། རྗེ་བཙུན་མང་ཐོས་རྒྱ་མཚོ། རྗེ་བྱམས་པ་ངག་དབང་ཕུན་ཚོགས། རྗེ་བློ་བཟང་ཐབས་མཁས་རྒྱ་མཚོ། རྗེ་བློ་བཟང་སྐལ་གྲགས། རྡོ་རྗེ་འཆང་རྒྱ་མཚོ་མཐའ་ཡས། ཡོངས་འཛིན་རྡོ་རྗེ་འཆང་ཆེན་པོ་རྗེ་བཙུན་བློ་བཟང་བསྟན་འཛིན་དཔལ་བཟང་པོའི་ཞལ་སྔ་ནས་ལ་སོགས་པའི་རྩ་བརྒྱུད་ཀྱི་དཔལ་ལྡན་བླ་མ་དམ་པ་རྣམས་ཀྱི་བཀའ་དང་དམ་ལས་མ་འདའ་བར་རྡོ་རྗེ་སློབ་མ་འདིའི་ཕྱི་བཞིན་དུ་རྗེས་སུ་འབྲོངས་ལ་ལུས་དང་གྲིབ་མ་བཞིན་(༧༡བ)དུ་འགྲོགས་ཏེ། འགལ་རྐྱེན་ཐམས་ཅད་སོལ། མཐུན་རྐྱེན་ཐམས་ཅད་བསྒྲུབས། དགྲ་བགེགས་ཐམས་ཅད་ཐུལ། ཇི་ལྟར་བཅོལ་བའི་ལས་ཐམས་ཅད་འགྲུབ་པར་མཛོད་ཅིག །ཅེས་གཏོར་མའི་བཀའ་བསྒོ་དྲག་ཏུ་བྱ། དེ་རྗེས་ཁྲོ་ཕུ་བའི་ཕྱག་ལེན་ལྟར་ན་བར་ཆད་ཞི་བར་བྱ་བའི་ཕྱིར་དྲག་པོའི་རྗེས་གནང་མཛད་དེ། འདི་ལྟར་ན་གོང་སྨྲུན་འདྲེན་གྱི་སྐབས་ཕྱིར་འབྲང་གི་བགེགས་བསྐྲད་མི་དགོས། འོན་ཀྱང་སློབ་མ་ཡི་དམ་གྱི་བསྙེན་སོང་ཡིན་ན་མ་གཏོགས། དྲག་པོའི་རྗེས་གནང་བཀའ་གཉན་པས་ཅི་ཐོད་ཐོད་དུ་མི་བྱའོ། །ཐུགས་ཀྱི་རྗེས་གནང་ངོ་། །དེ་ནས་སློབ་མ་འདིའི་རྗེས་བཟློས་བྱེད་དུ་བཅུག་སྟེ། སློབ་དཔོན་དགོངས་སུ་གསོལ། མིའི་འཇིག་རྟེན་དུ་བདག་མིང་འདི་ཞེས་བགྱི་བ་ལ་ཆོས་

དང་། ཡོངས་སྤྱོད་དང་། རིན་པོ་ཆེའི་ཕུང་པོ་ལ་སོགས་པ་ཤིན་ཏུ་རྒྱས་པར་གྱུར་ཅིག །ཅེས་ལན་གསུམ་དང་། སྤྲོ་ན། འདོད་པའི་ཁམས་ན་ལོངས་སྤྱོད་པའི། །དངོས་གྲུབ་བདག་གིས་ཀུན་ཐོབ་ནས། །བླ་མ་ཡི་དམ་དཀོན་མཆོག་མཆོད། །འཕྲིན་ལས་རྣམ་བཞི་རྫོགས་པར་ཤོག །རིན་ཆེན་སྣ་བདུན་ལོངས་སྤྱད་ནས། །གཏེར་གྱི་དངོས་གྲུབ་ཕྱུགས་རྣམས་དང་། །གཟི་བརྗིད་དང་ལྡན་ཆོས་སྐྱོང་གིས། །རྟག་ཏུ་བདག་ལ་སྲུང་གྱུར་ཅིག །བང་མཛོད་འབྲུ་དང་འདོད་འཇོའི་བ། །རྒྱལ་མཚན་འཁོར་ལོས་སྒྱུར་བ་དང་། །ཐོགས་མེད་རྫུ་འཕྲུལ་གྲུབ་ནས་ནི། །ལས་མཆོག་བདེ་ལ་གནས་པར་ཤོག །ཅེས་པའམ། བསྡུ་ན་ཚིགས་བཅད་ཐ་མ་ལན་གསུམ་བརྗོད། རྗེས་ཆོག་སྤྱི་དང་འདྲ།

༄ རྣམ་(༨༢ན)སྲས་མདུང་དམར་རྟ་སྔོན་ཅན་ལ། མཆོད་གཏོར་བཤམས། བདག་བསྐྱེད་སྔོན་དུ་འགྲོ་བས། མདུན་བསྐྱེད་བསངས་སྦྱངས། ཨེ་ཡཾ་རཾ་བཾ་ལཾ་སུཾ་ལས་འབྱུང་བཞི་རི་རབ་དང་བཅས་པའི་སྟེ་མོར་ཧཱུྃ་ལས་གཞལ་མེད་ཁང་གྲུ་བཞི་སྒོ་བཞི་རྟ་བབས་བཞིས་བརྒྱན་པ། རྡོ་རྗེའི་ས་གཞི་ལ་གནས་ཤིང་རྡོ་རྗེའི་ར་བས་བསྐོར་བ། མཚན་ཉིད་ཐམས་ཅད་ཡོངས་སུ་རྫོགས་པ། རྒྱན་ཐམས་ཅད་ཀྱིས་བརྒྱན་པ། ནང་གི་ལྷ་སྣམ་ཕྱོགས་ཀྱི་མདོག་ཅན་དུ་གནས་པའི་དབུས་སུ། འཁོར་ལོ་སྔོན་པོ་རྩིབས་བཞི་པའི་ལྟེ་བ་ལ་སྣ་ཚོགས་པདྨ་དང་ཉི་མའི་གདན་ལ་གནས་པའི་རྟ་སྔོ་ནག་ལུས་ཉམས་རྩལ་དང་ལྡན་པ། གསེར་གྱི་སྒ་དང་། རིན་པོ་ཆེའི་རྒྱན་གྱིས་བརྒྱན་པ། དེའི་སྟེང་དུ་བཻ་དམར་པོ། དེ་ལས་འོད་ཟེར་འཕྲོས། འཕགས་པ་མཆོད། སེམས་ཅན་གྱི་དོན་བྱས། ཁམས་གསུམ་དབང་དུ་བསྡུས། སླར་ཐིམ་པ་ཡོངས་སུ་གྱུར་པ་ལས། རྒྱལ་པོ་ཆེན་པོ་རྣམ་ཐོས་སྲས་སྐུ་མདོག་དམར་པོ་ཞལ་གཅིག་ཕྱག་གཉིས་མཆེ་བ་གཙིགས་པ། སྤྱན་གཉིས་དམར་ལ་ཟླུམ་པ། སྨིན་མ་དང་སྨ་ར་དམར་སེར་མེ་ལྟར་འབར་བ། ཕྱག་གཡས་མདུང་དམར་དར་ཆེན་བཅས་འཕྱར་

ཞིང་། གཡོན་གཏེར་གྱི་ནེའུ་ལེ་འཛིན་པས་སྒྲུབ་པ་པོ་ལ་དངོས་གྲུབ་ཀྱི་ཆར་འབེབས་པ། དར་སྣ་ཚོགས་ཀྱི་ན་བཟའ་ལྷབ་ལྷུབ་དང་། བསེ་ཁྲབ་གསོལ་བ། གསེར་གྱི་སྐེ་རགས་ཅན། དབུ་ལ་རྨོག་ཞུ་དང་ཞབས་ལ་བསེའི་ལོ་ཁྲམ་གསོལ་བ། ཁམས་གསུམ་མ་ལུས་པ་དབང་དུ་བསྡུ་བའི་འོད་ཟེར་འབར་བའི་དབུས་(༡༢བ)ན་བཞུགས་པའོ། །འཁོར་ལོའི་རྩིབས་བཞི་ལ། ཤར་དུ་ཤ་ཡིག་ལས་སྲས་གཟའ་མཆོག་ཆེན་པོ་རཱ་ཧུ་ལ་སྐུ་མདོག་དུད་ཁ་སྐུ་སྟོད་སྲིན་པོའི་ལུས་ལ་སྐུ་སྨད་སྦྲུལ་མཇུག་ཏུ་འཁྱིལ་བ། དབུ་དགུའི་སྟེང་ན་བྱ་རོག་གི་མགོ་ཡོད་པ། མགོ་ལུས་ཐམས་ཅད་མིག་གིས་གང་བ། ཕྱག་གཡས་ཆུ་སྲིན་གྱི་རྒྱལ་མཚན་དང་། གཡོན་སྦྲུལ་ཞགས་འཛིན་པའོ། །ལྷོར་ར་ལས་གནོད་སྦྱིན་རྣ་ན། ནུབ་ཏུ་མ་ལས་གནོད་སྦྱིན་ཀ་ལ། བྱང་དུ་ན་ལས་གནོད་སྦྱིན་ཀུ་བེ་ར། དེའི་ཕྱི་རོལ་ལྷ་སྣམ་གྱི་ཕྱོགས་བཞིར་ཤར་དུ་ཤ་ལས་གནོད་སྦྱིན་བུམ་སྣ། ལྷོར་ས་ལ་གནོད་སྦྱིན་དུད་སྣ། ནུབ་ཏུ་ཏ་ལས་གནོད་སྦྱིན་སྣ་གསུམ། བྱང་དུ་ཨཾ་ལས་གནོད་སྦྱིན་སྣ་བོ་ཆེ། དེ་ལྟར་བདུན་གའང་ཐུང་ཞིང་གསུས་པ་ཆེ་བ་འཛིགས་པའི་གཟུགས་ཅན་དར་དང་རིན་པོ་ཆེས་བརྒྱན་པ། གཡོན་བརྐྱང་གི་སྟབས་ཀྱིས་བཞུགས་པའོ། །ཤར་སྒོར་ཛཿལས་ལྕགས་ཀྱུ་མ་དཀར་མོ། ལྷོ་སྒོར་ཧཱུྃ་ལས་ཞགས་པ་མ་སེར་མོ། ནུབ་སྒོར་བཾ་ལས་ལྕགས་སྒྲོག་མ་དམར་མོ། བྱང་སྒོར་ཧོཿལས་དྲིལ་བུ་མ་ལྗང་གུ། ཐམས་ཅད་འཇུམ་ཁྲོ་གཡས་བརྐྱང་གི་སྟབས་ཀྱིས་བཞུགས་པ། དར་དང་རིན་པོ་ཆེས་བརྒྱན་པའོ། །རང་གི་ཐུགས་ཀའི་ཧཱུྃ་ལས་འོད་ཟེར་འཕྲོས། འོད་ཟེར་གྱི་སྣེ་ལ་ཁྲོ་བོ་འདོད་པའི་རྒྱལ་པོ་ལྕགས་ཀྱུ་དང་ཞགས་པ་ཐོགས་པ་བྱུང་སྟེ། རྒྱལ་པོ་འཁོར་དང་བཅས་པ་བཛྲ་ས་མཱ་ཛཿ ལྕགས་ཀྱུའི་ཕྱག་རྒྱ་དང་བཅས། མགོན་པོ་ཀུན་གཤེགས་ཐུགས་དམ་ཅན། །ད་ལྟ་སྐྱིགས་མ་ལྔ་ཡི་དུས། །ཐམས་ཅད་ཉོན་(༡༣ན)མོངས་འདམ་བྱིང་བས། །མཚམས་མེད་ལྔ་ནི་ཀུན་སྤྱོད་ཅིང་། །གཟིགས་ཤིང་གཤེགས་པའི་གནས་ངན་ཡང་། །ཤཱཀྱ་སེངྒེའི་སྤྱན་སྔར་

ཕྱོད། |ཐུགས་དམ་གང་བཞེས་དེ་དགོངས་ལ། |འདྲེན་པའི་བསྟན་པ་སྲུང་བ་དང་། |སེམས་ཅན་ཀུན་ལ་སྨན་སྣད་དུ། |བྱང་ཕྱོགས་གནས་ན་བཞུགས་པ་རྣམས། |སེམས་ཅན་དོན་ཕྱིར་གཤེགས་སུ་གསོལ། |ཨོཾ་བཻ་ཤྲ་མ་ཎ་ས་པ་རི་ཝཱ་ར་ས་ཨཱ་ཛཿ ཛཿཧཱུྃ་བཾ་ཧོཿ ཨོཾ་ཝཻཾ་སྭཱཧཱ། ཨོཾ་བཻ་ཤྲ་མ་ཎ་ཨ་ཀནྟ་ཡཱ་ཛཿ བཻ་རིང་པོ་བརྗིད་དང་ལྡན་པ་མིག་འཛུམ་སུམ་རྩ་སོ་གཉིས་ཀྱི་ཡུན་ཚད་དུ་བརྗོད། ཨ་མྲྀ་ཏའི་སྔགས་ཀྱིས་ཕྱིར་འབྲང་གི་བགེགས་བསྐྲད། རྒྱལ་པོའི་ཐུགས་ཀར་པདྨ་འདབ་བརྒྱད་ཀྱི་འདབ་མ་རེ་རེ་ལ་བཻ་བཞི་བཞི། བདག་མདུན་གྱི་ཐུགས་འོད་ཟེར་གྱི་ལྕགས་ཀྱུས་སྤྲོལ་བར་གྱུར། ཨོཾ་རཏྣ་ཨུ་ཀུ་ཏ་ཨ་བྷི་ཥིཉྩ་མི། ཞེས་ཅོད་པན་གྱིས་དབང་བསྐུར། མཆོད་པ་བླ་མེད་ལྟར་བྱིན་གྱིས་བརླབས་ལ། ཨརྒྷཾ་ལ་སོགས་པས་མཆོད། བསྟོད་པ་ནི། བཻ། རིན་ཆེན་མགོན་པོ་བཅོམ་ལྡན་འདས། |སངས་རྒྱས་ཀུན་བས་སྔར་སངས་རྒྱས། |འགྲོ་བའི་བསམ་པ་རྫོགས་མཛད་པ། |ངལ་བསོས་པོ་ལ་ཕྱག་འཚལ་ལོ། |ཨོཾ་མཧཱ་རཱ་ཛ་ཡཀྵ་ས་མ་ཡེ། བཻ་ཤྲ་མ་ཎ་ཡེ་སརྦ་ཙིཏྟ་རཏྣ་ཧི་ཧི་ཛ་ཛཿཞེས་ཅི་ནུས་བཟླ། གཏོར་མ། ཨ་མྲྀ་ཏས་བསངས། སྭ་བྷཱ་ཝས་སྦྱངས། སྟོང་པའི་ངང་ལས་ཡཾ་ལས་རླུང་། རཾ་ལས་མེ། ཨ་ལས་མི་མགོའི་སྒྲིད་བུ་གསུམ། ཨོཾ་ལས་ཐོད་པའི་ནང་དུ་ཧཱུྃ་ཨཾ་ཛྲཱིཾ་ཁཾ་ཧཱུྃ་(༡༣བ)རྣམས་ལས་ཤ་ལྔ་བདུད་རྩི་ལྔ་ཞུ་བ་ལས་བྱུང་བའི་གཏོར་མ་བདུད་རྩིའི་རྒྱ་མཚོར་གྱུར། རང་གི་སྙིང་ག་ནས་འོད་ཟེར་འཕྲོས། གནོད་བྱེད་གདུག་པ་ཅན་ཐམས་ཅད་བཀུག་སྟེ་བསྒྲལ་བའི་ཤ་ཁྲག་གི་ཕུང་པོ་ཆེན་པོ་དང་གཏོར་མ་གཅིག་ཏུ་འདྲེས་པ་ནམ་མཁའ་དང་མཉམ་པར་གྱུར། ཨོཾ་ཨཱཿཧཱུྃ། ལན་གསུམ། ཨ་ཀཱ་རོ་སོགས་དང་། རུ་རུ་སོགས་དང་། ནམ་མཁའ་མཛོད་ཀྱི་སྔགས་རྒྱ་རྣམས་ལན་གསུམ་མམ་བདུན་བདུན་གྱིས་རྒྱ་ཆེར་སྤེལ། རྡོ་རྗེ་ཐལ་མོ་ཁ་གྱེན་དུ་ཕྱེ་ལ། ཨོཾ་ཨ་མྲྀ་ཏ་ཀུཎྜ་ལི་ཧ་ན་ཧ་ན་ཧཱུྃ་ཕཊ། ཨོཾ་བཻ་ཤྲ་མ་ཎ་ས་པ་རི་ཝཱ་ར་ཨི་དཾ་བ་ལིཾ་གྲི་ཧྞ་ས་མ་ཡ་རཀྵནྟུ་མ་མ་སརྦ་སིདྡྷིརྨེ་པྲ་ཡཙྪ་མ་མ་སརྦ་ཀརྨ་སྭཱ་ཧཱ་ཨ་

མོ་ཧཱ་ཡ་སྭཱཧཱ། ཞེས་ལན་བདུན་གྱིས་ཕུལ། ཨོཾ་བཻ་ཤྲ་མ་ཎ་ཡེ་ས་པ་རི་ཝཱ་ར་ཨརྒྷཾ་ནས་ཤབྡའི་བར་གྱིས་མཆོད། རིན་ཆེན་མཛེས་པའི་ཕོ་བྲང་ན། །ཁམས་གསུམ་དབང་དུ་བྱེད་པའི་ལྷ། །རྒྱལ་པོ་ཆེན་པོ་རྣམ་ཐོས་སྲས། །མདུང་དམར་འཛིན་ལ་ཕྱག་འཚལ་ལོ། །བཻ། བྱང་ཕྱོགས་རྒྱལ་པོ་རྣམ་ཐོས་སྲས། །སྲས་དང་བློན་པོ་སྒོ་མ་དང་། །གནོད་སྦྱིན་བྱེ་བའི་ཚོགས་དང་བཅས། །འཁོར་བཅས་མ་ལུས་ཐམས་ཅད་ཀུན། །མཆོད་སྦྱིན་གཏོར་མ་འདི་བཞེས་ལ། །རྣལ་འབྱོར་བདག་ཅག་འཁོར་བཅས་རྣམས། །བུ་ཕྲུག་བཞིན་དུ་བསྐྱང་བ་དང་། །ཚེ་དང་བསོད་ནམས་རྒྱས་པར་མཛོད། །གཞན་ཡང་བདག་ཅག་འཁོར་བཅས་ལ། །ལོག་པར་ཞུགས་པའི་དགྲ་དང་བགེགས། །དེ་ཡི་ཕྲུ་མ་གཞོམ་(ཞན)པ་དང་། །གཏན་ནས་བརླག་པའི་འཕྲིན་ལས་མཛོད། །དེ་ལྟར་བཅོལ་བའི་ལས་འདི་དག །དམ་ཚིག་ལྡན་པ་ཁྱེད་རྣམས་ཀྱིས། །སྔོན་གྱི་དམ་ཚིག་རྗེས་དགོངས་ལ། །མ་གཡེལ་ད་ལྟ་འགྲུབ་པར་མཛོད། །ཅེས་འཕྲིན་ལས་བཅོལ། ཡི་གེ་བརྒྱ་པས་ལྷག་ཆད་ཁ་བསྐང་། ༈ འདིའི་རྗེས་གནང་བྱེད་པར་འདོད་ན། པདྨ་དམར་པོ་འདབ་བརྒྱད་ཀྱི་སྟེང་དུ། གཏོར་མ་གྲུ་གསུམ་ལ་མདུང་དམར་རྟགས་ཅན་བཙུགས། བྲིས་སྐུ་དང་མཆོད་གཏོར་བཤམས། དུང་ཆོས་དྲི་བཟང་གིས་གང་བ་དང་། ལྕགས་ཀྱི་རྡོ་རྗེ། རྡོར་དྲིལ་རོལ་མོ་ཚོགས་ཚང་བར་བྱས་ལ། གསང་བདག་གི་བདག་བསྐྱེད་སྔོན་དུ་འགྲོ་བས། གོང་བཞིན་འདོད་དོན་གསོལ་བཏབ་ཀྱི་བར་དུ་མདུན་བསྐྱེད་ཀྱི་ཚོ་ག་གྲུབ་པ་ན་རྗེས་གནང་བྱ་སྟེ། ༈ སློབ་མས་མཎྜལ་ཕུལ། གསོལ་གདབ་ནི། ཐུགས་རྗེ་ཆེན་པོའི་གཏེར་མངའ་བ། །སློབ་དཔོན་ཁྱོད་ནི་དགོངས་སུ་གསོལ། །བདག་སོགས་དབུལ་ཕོངས་བསྐྱབ་པའི་ཕྱིར། །གཏེར་ཆེན་གྲུབ་པ་བདག་ལ་སྩོལ། །ཞེས་སོ། །དེ་ནས། རྒྱལ་ཆེན་རྣམ་མང་ཐོས་པ་ནི། །ཁྱོད་ཀྱིས་བརྟེན་པར་མཆོད་ནུས་སམ། །འཕྲིན་ལས་བཅོལ་དང་དམ་ཚིག་རྣམས། །རྗེས་སུ་མཐུན་པར་བྱེད་ནུས་སམ། །ཞེས་སློབ་དཔོན་གྱིས་དྲིས་པ་

ལ། གཙོ་བོས་ཇི་ལྟར་སོགས་རྗེས་ཟློས་ཀྱིས་ལན་གདབ། དཀོན་མཆོག་གསུམ་ལ་བདག་སྐྱབས་མཆི། །ཞེས་སོགས་ཀྱིས་རྒྱུན་བཤགས་བྱ། དངོས་གཞི་ནི། ཐོག་མར་སློབ་མ་ལ་ཕྱག་རྡོར་གྱི་མངོན་རྟོགས་རིགས་(༨༥བ)བདག་གི་བར་རྫོགས་པར་ཐོག །མདུན་གྱི་གཏོར་མ་ལ་དམིགས་སུ་བཅུག་སྟེ། ཨོཾ་སྭ་བྷཱ་ཝ་ཤུདྡྷཱ་སརྦ་དྷརྨཱ་སྭ་བྷཱ་ཝ་ཤུདྡྷོ྅ཧཾ། སྟོང་པའི་ངང་ལས། ཨ་ཡཾ་རཾ་བཾ་ལཾ་སུཾ་ལས་འབྱུང་བཞི་རི་རབ་དང་བཅས་པའི་རྩེ་མོར་ཧྲཱུཾ་ལས་གཞལ་མེད་ཁང་གྲུ་བཞི་སྒོ་བཞི་རྟ་བབས་བཞིས་བརྒྱན་པ། རྡོ་རྗེའི་ས་གཞི་ལ་གནས་ཤིང་རྡོ་རྗེའི་ར་བས་བསྐོར་བ། མཚན་ཉིད་ཐམས་ཅད་ཡོངས་སུ་རྫོགས་པ། རྒྱན་ཐམས་ཅད་ཀྱིས་བརྒྱན་པ། ནང་གི་ལྷ་སྣམ་ཕྱོགས་ཀྱི་མདོག་ཅན་དུ་གནས་པའི་དབུས་སུ། འཁོར་ལོ་སྟོན་པོ་རྩིབས་བཞི་པའི་ལྟེ་བ་ལ་སྣ་ཚོགས་པདྨ་དང་ཉི་མའི་གདན་ལ་གནས་པའི་རྟ་སྔོ་ནག་ལུས་ཉམས་རྩལ་དང་ལྡན་པ། གསེར་གྱི་སྒ་དང་། རིན་པོ་ཆེའི་རྒྱན་གྱིས་བརྒྱན་པ། དེའི་སྟེང་དུ་བཻ་དམར་པོ། དེ་ལས་འོད་ཟེར་འཕྲོས། འཕགས་པ་མཆོད། སེམས་ཅན་གྱི་དོན་བྱས། ཁམས་གསུམ་དབང་དུ་བསྡུས། སླར་ཐིམ་པ་ཡོངས་སུ་གྱུར་པ་ལས། རྒྱལ་པོ་ཆེན་པོ་རྣམ་ཐོས་སྲས་སྐུ་མདོག་དམར་པོ་ཞལ་གཅིག་ཕྱག་གཉིས་མཆེ་བ་གཙིགས་པ། སྤྱན་གཉིས་དམར་ལ་ཟླུམ་པ། སྨིན་མ་དང་སྨ་ར་དམར་སེར་མེ་ལྟར་འབར་བ། ཕྱག་གཡས་མདུང་དམར་དར་ཆེན་བཅས་འཕྱར་ཞིང་། གཡོན་གཏེར་གྱི་ནེའུ་ལེ་འཛིན་པས་སྐྱབས་པ་པོ་ལ་དངོས་གྲུབ་ཀྱི་ཆར་འབེབས་པ། དར་སྣ་ཚོགས་ཀྱི་ན་བཟའ་ལྷུབ་ལྷུབ་དང་། བསེ་ཁྲབ་གསོལ་བ། གསེར་གྱི་སྐེ་རགས་ཅན། དབུ་ལ་རྨོག་ཞུ་དང་ཞབས་ལ་བསེའི་ལྷམ་གསོལ་བ། ཁམས་གསུམ་མ་ལུས་པ་དབང་དུ་བསྡུ་བའི་འོད་ཟེར་འབར་བའི་དབུས་ན་བཞུགས་པའོ། །འཁོར་ལོའི་རྩིབས་(༨༥ན)བཞི་ལ། ཤར་དུ་ཤ་ཡིག་ལས་སྲས་གཟའ་མཆོག་ཆེན་པོ་ནཱ་ཏུ་ལ་སྐུ་མདོག་དུད་ཁ་སྐུ་སྟོད་སྲིན་པོའི་ལུས་ལ་སྐུ་སྨད་སྦྲུལ་མཇུག་ཏུ་འཁྱིལ་བ། དབུ་དགུའི་སྟེང་ན་བྱ་

རོག་གི་མགོ་ཡོད་པ། མགོ་ལུས་ཐམས་ཅད་མིག་གིས་གང་བ། ཕྱག་གཡས་ཆུ་སྲིན་གྱི་རྒྱལ་མཚན་དང་། གཡོན་སྦྲུལ་ཞགས་འཛིན་པའོ། །ལྷོར་ར་ལས་གནོད་སྦྱིན་ཧྲ་ན། ནུབ་ཏུ་མ་ལས་གནོད་སྦྱིན་ཀ་ལ། བྱང་དུ་ན་ལས་གནོད་སྦྱིན་ཀུ་བེ་ར། དེའི་ཕྱི་རོལ་ལྷ་སྣམ་གྱི་ཕྱོགས་བཞིར་ཤར་དུ་ཤ་ལས་གནོད་སྦྱིན་བུམ་སྣ། ལྷོར་ས་ལས་གནོད་སྦྱིན་དུང་སྣ། ནུབ་ཏུ་ཏ་ལས་གནོད་སྦྱིན་སྣ་གསུམ། བྱང་དུ་ཨཾ་ལས་གནོད་སྦྱིན་སྣ་བོ་ཆེ། དེ་ལྟར་བདུན་ཀའང་ཐུང་ཞིང་གསུས་པ་ཆེ་བ་འཇིགས་པའི་གཟུགས་ཅན་དར་དང་རིན་པོ་ཆེས་བརྒྱན་པ། གཡོན་བརྐྱང་གི་སྟབས་ཀྱིས་བཞུགས་པའོ། །ཤར་སྒོར་ཛཿལས་ལྕགས་ཀྱུ་མ་དཀར་མོ། ལྷོ་སྒོར་ཧཱུཾ་ལས་ཞགས་པ་མ་སེར་མོ། ནུབ་སྒོར་པཾ་ལས་ལྕགས་སྒྲོག་མ་དམར་མོ། བྱང་སྒོར་ཧོཿལས་དྲིལ་བུ་མ་ལྗང་གུ། ཐམས་ཅད་འཛུམ་ཁྲོ་གཡས་བརྐྱང་གི་སྟབས་ཀྱིས་བཞུགས་པ། དར་དང་རིན་པོ་ཆེས་བརྒྱན་པའོ། །རང་གི་ཐུགས་ཀའི་ཧཱུཾ་ལས་འོད་ཟེར་འཕྲོས། འོད་ཟེར་གྱི་རྩེ་ལ་ཁྲོ་བོ་འདོད་པའི་རྒྱལ་པོ་ལྕགས་ཀྱུ་དང་ཞགས་པ་ཐོགས་པ་བྱུང་སྟེ། རྒྱལ་པོ་འཁོར་དང་བཅས་པ་བཛྲ་ས་མ་ཛཿ ལྕགས་ཀྱུའི་ཕྱག་རྒྱ་དང་བཅས། མགོན་པོ་ཀུན་གཤེགས་ཐུགས་དམ་ཅན། །ད་ལྟ་སྙིགས་མ་ལྔ་ཡི་དུས། །ཐམས་ཅད་ཉོན་མོངས་འདམ་བྱིང་བས། །མཚམས་(༥༥བ)མེད་ལྔ་ནི་ཀུན་སྤྱོད་ཅིང་། །གཟིགས་ཤིང་གཤེགས་པའི་གནས་ངན་ཡང་། །ཤཱཀྱ་སེངྒེའི་སྤྱན་སྔར་ཁྱོད། །ཐུགས་དམ་གང་བཞེས་དེ་དགོངས་ལ། །འདྲེན་པའི་བསྟན་པ་སྲུང་བ་དང་། །སེམས་ཅན་ཀུན་ལ་སྨན་སླད་དུ། །བྱང་ཕྱོགས་གནས་ན་བཞུགས་པ་རྣམས། །སེམས་ཅན་དོན་ཕྱིར་གཤེགས་སུ་གསོལ། །ཨོཾ་བཻ་ཤྲ་མ་ཎ་ས་པ་རི་ཝཱ་ར་ས་མཱ་ཛཿ ཛཿཧཱུཾ་བཾ་ཧོཿ ཨོཾ་བཻ་སྭཱཧཱ། ཨོཾ་བཻ་ཤྲ་མ་ཎ་ཨ་ཀནྟ་ཡ་ཛཿབཻ་རིང་པོ་བཞིད་དང་ལྡན་པ་མིག་འཛུམ་སུམ་ཅུ་སོ་གཉིས་གྱི་ཡུན་ཚད་དུ་བརྗོད། ཨ་ཀྲོ་ཏའི་སྔགས་ཀྱིས་ཕྱིར་འབྲང་གི་བགེགས་བསྐྲད། རྒྱལ་པོའི་ཐུགས་ཀར་པདྨ་འདབ་བརྒྱད་ཀྱི་འདབ་མ་རེ་རེ་ལ་བཻ་བཞི་བཞི། བདག་མདུན་

ཀྱི་ཐུགས་འོད་ཟེར་གྱི་ལྕགས་ཀྱུས་སྤྲོལ་བར་གྱུར། ཨོཾ་རཏྣ་ཨུ་ཀུ་ཏ། ཨ་ཧྲི་ཊིཥྛ་མི། ཞེས་ཅོད་པན་གྱིས་དབང་བསྐུར། ཞེས་བརྗོད་ཅིང་། སྤྱན་འདྲེན་གྱི་ཚེ་རོལ་མོ་དྲག་ལ་ཡུན་རིང་བར་བྱེད། མདུན་གྱི་རྒྱལ་པོ་ཆེན་པོ་ལ་དབུ་རྒྱན་གསོལ་བར་མོས་སུ་བཙུག་ལ་ཅོད་པན་གྱི་ཕྱག་རྒྱ་དང་བཅས། ཨོཾ་རཏྣ་ཨུ་ཀུ་ཏ་ཨ་ཧྲི་ཊིཥྛ་ཧཱུྃ། ཞེས་པ་དང་། ཨརྒྷཾ་ནས་ཤབྡའི་བར་གྱིས་མཆོད། རིན་ཆེན་མཛེས་པའི་ཕོ་བྲང་ན། །ཁམས་གསུམ་དབང་དུ་བྱེད་པའི་ལྷ། །རྒྱལ་པོ་ཆེན་པོ་རྣམ་ཐོས་སྲས། །མདུང་དམར་འཛིན་ལ་ཕྱག་འཚལ་ལོ། །ཞེས་བསྟོད་པའི་རྗེས་ཟློས་བྱར་གཞུག །སྐུའི་རྗེས་གནང་ངོ་། །བླ་མའི་ཐུགས་ཀ་ནས་འོད་ཟེར་འཕྲོས། མདུན་བསྐྱེད་རྒྱལ་པོའི་ཐུགས་རྒྱུད་བསྐུལ། ཐུགས་ཀ་ནས་སྔགས་འཕྲེང་རིན་ཆེན་འབར་བའི་འཕྲེང་བ་ལྟ་བུ་བྱུང་། དེ་ལས་(༤༨ན)འོད་ཟེར་འཕྲོས། འཕགས་པ་མཆོད། སེམས་ཅན་གྱི་དབུལ་ཕོངས་བསལ། འཇིག་རྟེན་ཁམས་ཀྱི་དངོས་གྲུབ་ཐམས་ཅད་བསྡུས་ཏེ་སྔགས་འཕྲེང་ལ་ཐིམ། དེ་ཉིད་སློབ་མའི་ཁ་སྒོ་ནས་ཞུགས་ཏེ་སྙིང་གའི་ཧཱུྃ་ལ་ཐིམ། དེ་ནས་སྔགས་འཕྲེང་འཁོར་ལོ་ལྟར་འཁོར་བ་ལ་སེམས་གཏད་དུ་བཅུག་སྟེ། ཨོཾ་མཎྜ་ནྡྲ་ཛ་ཡཀྵ་ས་མ་ཡེ། བཻ་ཤྲ་མ་ཎ་ཡེ་སརྦ་ཙིནྟ་རཏྣ་ཧྲི་ཧྲི་ཛ་ཛཿ ཞེས་ལན་གསུམ་རྗེས་ཟློས་བྱེད་དུ་གཞུག །སློབ་མས་སློབ་དཔོན་ལ་མེ་ཏོག་གཏོར་བཞིན་དུ། བཅོམ་ལྡན་བདག་ལ་ཞེས་སོགས། ལན་གསུམ། སློབ་དཔོན་གྱིས་བགྲང་འཕྲེང་སློབ་མའི་སྤྱི་བོར་བཞག་ལ། བཅོམ་ལྡན་འདི་ལ་ཞེས་སོགས་ལན་གསུམ་གྱིས་བྱིན་གྱིས་བརླབས། གོང་བཞིན་མདུན་བསྐྱེད་ལ་མཆོད་བསྟོད་བྱ། ལྕགས་ཀྱི་རྡོ་རྗེ་སློབ་མའི་སྤྱི་བོར་བཞག་ལ། འདི་ནི་ཡེ་ཤེས་རྡོ་རྗེ་སྟེ། །སངས་རྒྱས་ཐམས་ཅད་ཀུན་གྱི་བདག །རིགས་པ་སྤྱི་ཡི་གཉེན་པོ་མཆོག །ཁྱོད་ལ་བདག་གིས་དེང་འདིར་བསྐུར། །ཨོཾ་མཎྜ་ཨ་ཧྲི་ཊིཥྛ་ཏུ་མཾ། ཨོཾ་ཨཱཿཧཱུྃ་སྭཱཧཱ། རིགས་པ་སྤྱི་འདུལ་བའི་རྗེས་གནང་གཏོར་མ་ཆེན་པོ་སྙིང་གར་གཏད་ལ། མདུན་བསྐྱེད་ལས་རྒྱལ་པོ་མདུང་དམར་ཅན་གཉིས་པ་ཆད་

ནས། སློབ་མའི་སྙིང་གར་ཐིམ། ལུས་དང་གྲིབ་མའི་ཚུལ་དུ་བཞུགས་པར་མོས། ཨོཾ་བཻ་རོ་ཙ་ན་མ་ཡ་སིདྡྷི་ཛཿཧཱུྃ་བཾ་ཧོཿ འདི་ནི་རྒྱལ་པོ་ཆེན་པོ་སྟེ། །ཁམས་གསུམ་དབང་དུ་སྡུད་པའི་ལྷ། །དངོས་གྲུབ་གཉེན་པོ་ཆེན་པོ་འདིས། །ཁྱོད་ལ་དབང་བསྐུར་ཐོབ་གྱུར་ཅིག །ཀཱ་ཡ་སིདྡྷི་ཨོཾ། ཝཱ་ཀ་སིདྡྷི་ཨཱཿཙིཏྟ་སིདྡྷི་ཧཱུྃ། ཞེས་སྐུ(༩༨བ)དངོས་ཀྱིས་བྱིན་གྱིས་བརླབས། མདུང་དམར་ལག་ཏུ་གཏད་ལ། འདི་ནི་དབང་གི་མདུང་དམར་ཏེ། །ཚེ་དང་བསོད་ནམས་རྒྱས་པར་བྱེད། །འགྲོ་བ་ཐམས་ཅད་དབང་དུ་སྡུད། །དབང་གི་ལས་ཀྱི་དབང་བསྐུར་སྦྱིན། །ཨོཾ་བཻ་རོ་ཙ་ན་མ་དུང་དུང་ཕཊ། དབང་གི་ལས་ཀྱི་རྗེས་གནང་ངོ་། །དུང་ཕོར་ནས་དྲི་བཟང་ལྡེ་ལ་བཞག །གཏོར་མ་ནས་ཟུང་ཟད་བཅད་དེ་དངོས་གྲུབ་ཏུ་སྦྱིན། བདུད་རྩིའི་རོ་མཆོག་དམ་པ་ཡིས། །ཟས་ནོར་ལོངས་སྤྱོད་ཆར་ལྟར་འབབས། །འཇིག་རྟེན་གསུམ་གྱི་བཅུད་ཐམས་ཅད། །བདུད་རྩིར་བསྒྱུར་ནས་གཏད་ཅིང་བསྐུར། །ཨོཾ་པཉྩ་ཨ་མྲི་ཏ་སིདྡྷི་ཧཱུྃ་ཧཱུྃ། དངོས་གྲུབ་ཀྱི་རྗེས་གནང་ངོ་། །དེ་ནས་སློབ་མ་འདིའི་རྗེས་གནོས་བྱེད་དུ་བཅུག་སྟེ། སློབ་དཔོན་དགོངས་སུ་གསོལ། མིའི་འཇིག་རྟེན་དུ་བདག་མིང་འདི་ཞེས་བགྱི་བ་ལ་ཚོས་དང་། ལོངས་སྤྱོད་དང་། རིན་པོ་ཆེའི་ཕུང་པོ་ལ་སོགས་པ་ཤིན་ཏུ་རྒྱས་པར་གྱུར་ཅིག །ཅེས་ལན་གསུམ་དང་། རྗེས་ཆོག་སྤྱི་ལྟར་རོ། །

༈ རྣམ་ཐོས་སྲས་ལྫང་སེར་པ་ཅོད་ཅན་ལ། ཁྲིས་སྐུ་རྟེན་རྫས་མཆོད་གཏོར་སོགས་འཛོམས་པར་བྱས་ལ། བདག་བསྐྱེད་སྔོན་དུ་འགྲོ་བས། མཆོད་པ་བྱིན་གྱིས་བརླབས། མདུན་བསྐྱེད་ཨ་མྲི་ཏས་བསངས། སྭ་བྷཱ་ཝས་སྦྱངས། སྟོང་པ་ཉིད་དུ་གྱུར། སྟོང་པའི་ངང་ལས་ཧྲི་ལས་རིན་པོ་ཆེའི་ཁྲིའི་སྟེང་དུ་པདྨ་དང་ཟླ་བའི་གདན་ལ། བཻ་ཡིག་ལྗང་གུ་ལས་འོད་ཟེར་འཕྲོས་འདུས་ཡོངས་སུ་གྱུར་པ་ལས། རྒྱལ་པོ་ཆེན་པོ་རྣམ་ཐོས་སྲས་སྐུ་མདོག་ལྗང་གུ་ཞལ་གཅིག་ཕྱག་གཉིས། གཡས་ཡིད་བཞིན་གྱི་ནོར་བུས་མཚན་(༩༩ན)པའི་བེ་ཅོན་ཐུགས་ཀར་འཛིན་པ། གཡོན་པས་དངོས་གྲུབ་

སྙིར་བའི་ནེའུ་ལེ་བརྐྱ་གཡོན་པ་ལ་བརྟེན་ཏེ་བསྣམས་པ། ཞི་འཛུམ་སྒེག་ལ་ཡན་ལག་རགས་ཤིང་གསུས་ཁྱིམ་ཆེ་བ། དར་དང་རིན་པོ་ཆེའི་རྒྱན་ཐམས་ཅད་ཀྱིས་བརྒྱན་ཅིང་། ཞལ་ནས་ནོར་བུའི་ཆར་འབེབས་པ། ཕྲག་གོང་གཡས་གཡོན་ནས་ཉི་ཟླ་འཆར་བ། སེམས་དཔའི་སྐྱིལ་མོ་ཀྲུང་གིས་གཏེར་གྱི་བུམ་པའི་སྟེང་ན་བཞུགས་པའོ། །དེའི་གཡོན་དུ་ཕྱུཿཡིག་ལས་ཡུམ་པདྨ་གཙུག་ཕུད་མ་སྐུ་མདོག་དམར་མོ། གཡས་ནོར་བུ་དང་གཡོན་བུམ་པ་འཛིན་པ། སྨད་སྦྲུལ་མཇུག་ཏུ་འཁྱིལ་ཞིང་སྦྲུལ་མགོའི་གདེངས་ཀ་བདུན་དང་ལྡན་པ། དར་དང་རིན་པོ་ཆེའི་རྒྱན་གྱིས་བརྒྱན་པའོ། །སྤྱོས་སྦྱོར་བསྒྲིག་ཅིང་། རང་གི་ཐུགས་ཀའི་ཧཱུྃ་ལས་འོད་ཟེར་འཕྲོས། འོད་ཟེར་གྱི་སྟེ་ལ་ཁྲོ་བོ་འདོད་པའི་རྒྱལ་པོ་ལྕགས་ཀྱུ་དང་ཞགས་པ་ཐོགས་པ་བྱུང་སྟེ། རྒྱལ་པོ་འཁོར་དང་བཅས་པ་བཛྲ་ས་མཱ་ཛཿལྕགས་ཀྱུའི་ཕྱག་རྒྱ་དང་བཅས། མགོན་པོ་ཀུན་གཤེགས་ཐུགས་དམ་ཅན། །ད་ལྟ་སྙིགས་མ་ལྔ་ཡི་དུས། །ཐམས་ཅད་ཉོན་མོངས་འདམ་བྱིང་བས། །མཚམས་མེད་ལྔ་ནི་ཀུན་སྤྱོད་ཅིང་། །གཟིགས་ཤིང་གཤེགས་པའི་གནས་ངན་ཡང་། །ཤཱཀྱ་སེང་གེའི་སྤྱན་སྔར་ཁྱོད། །ཐུགས་དམ་གང་བཞེས་དེ་དགོངས་ལ། །འདྲེན་པའི་བསྟན་པ་སྲུང་བ་དང་། །སེམས་ཅན་ཀུན་ལ་སྨན་སླད་དུ། །བྱང་ཕྱོགས་གནས་ན་བཞུགས་པ་རྣམས། །སེམས་ཅན་དོན་ཕྱིར་གཤེགས་སུ་གསོལ། །ཨོཾ་བཻ་ཤྲ་མ་ཎ་ས་(༡༧བ)པ་རི་ཝཱ་ར་ས་མཱ་ཛཿ ཛཿཧཱུྃ་བཾ་ཧོཿ ཨོཾ་བཻ་སྭཱཧཱ། ཨོཾ་བཻ་ཤྲ་མ་ཎ་ཨ་གྷཱ་ཡ་ཛཿ བཻ་རིང་པོ་བརྗིད་དང་ལྡན་པ་མིག་འཛུམ་སུམ་ཅུ་སོ་གཉིས་ཀྱི་ཡུན་ཚད་དུ་བརྗོད། ཨ་ཀྲི་ཏའི་སྔགས་ཀྱིས་ཕྱིར་འབྲང་གི་བགེགས་བསྐྲད། རྒྱལ་པོའི་ཐུགས་ཀར་པདྨ་འདབ་བརྒྱད་ཀྱི་འདབ་མ་རེ་རེ་ལ་བཻ་བཞི་བཞི། བདག་མདུན་གྱི་ཐུགས་འོད་ཟེར་གྱི་ལྕགས་ཀྱུས་སྦྲེལ་བར་གྱུར། ཨོཾ་རཏྣ་ཨུ་ཀུ་ཊ་ཨ་ཧྲི་ཊི་ཞྩུ་མི། ཞེས་ཅོད་པན་གྱིས་དབང་བསྐུར། དཔྲལ་བར་ཨོཾ། མགྲིན་པར་ཨཱཿ ཐུགས་ཀར་ཧཱུྃ་གིས་མཚན་པར་གྱུར། ཨརྒྷཾ་ནས་ཤབྡའི་བར་གྱིས་མཆོད།

ནོར་བདག་གཏེར་ལ་མངའ་བརྙེས་པ། །ཀླུ་རྒྱལ་ཚོགས་ལ་དབང་ཡང་བསྒྱུར། །རྒྱལ་ཆེན་ཡབ་ཡུམ་འཁོར་བཅས་ལ། །གུས་པས་བསྟོད་དེ་ཕྱག་ཀྱང་འཚལ། །ཞེས་བསྟོད། བཟླས་པའི་དམིགས་པ་གསལ་གདབ་ལ། ཏདྱ་ཐཱ། ཧི་ལི་མ་ཊི་ཧྲ་དྲ། ཧི་ལི་ཧི་ལི་མ་ཊི་ཧྲ་དྲ། གི་ལི་མ་ཊི་ཧྲ་དྲ། གི་ལི་གི་ལི་མ་ཊི་ཧྲ་དྲ། ཀུ་རུ་མ་ཊི་ཧྲ་དྲ། ཀུ་རུ་ཀུ་རུ་མ་ཊི་ཧྲ་དྲ། ཧུ་རུ་མ་ཊི་ཧྲ་དྲ། ཧུ་རུ་ཧུ་རུ་མ་ཊི་ཧྲ་དྲ། སུ་རུ་མ་ཊི་ཧྲ་དྲ། སུ་རུ་སུ་རུ་མ་ཊི་ཧྲ་དྲ། ཙུ་རུ་མ་ཊི་ཧྲ་དྲ། ཙུ་རུ་ཙུ་རུ་མ་ཊི་ཧྲ་དྲ། ཨོཾ་ཨེ་ཧྱེ་ཧི། ཏིཥྛ་ཏིཥྛ་སརྦ་ཨརྠ་མེ་སཱ་དྷ་ནི། ཏདྱ་ཐཱ། སུ་དྷ་ནི། སུ་ར་སྱ། སུ་མ་ཏི། སུ་ཕུ་ཊི། ཧི་ལི་མི་ལི་སྭཱཧཱ། ཞེས་དང་། ཨོཾ་བཻ་ཤྲ་མ་ཎ་ཡེ་སྭཱཧཱ། ཞེས་ཡབ་ཀྱི་སྔགས་དང་། ཨོཾ་ནཱ་ག་ནི་བ་སུ་ཏི་ཀུ་རུ་ཡེ་སྭཱཧཱ། ཞེས་ཡུམ་གྱི་སྔགས་ནས་བཟླའོ། །གཏོར་མ་འབུལ་བ་ནི། ཨོཾ་བཛྲ་ཡཀྵ་ཀྲོ་རྣམ་བགེགས་བསྐྲད། ཨ་མྲི་ཏས་བསངས། སྭ་བྷཱ་ཝས་སྦྱངས། སྟོང་པའི་ངང་ལས་ཨོཾ་ལས་བྱུང་བའི་རིན་པོ་ཆེའི་(༤༤ན)སྣོད་ཀྱི་ནང་དུ་ཁཾ་ཞུ་བ་ལས་བྱུང་བའི་གཏོར་མ་བདུད་རྩིའི་རྒྱ་མཚོར་གྱུར། དེ་ཉིད་ཀྱི་མཐའ་སྐོར་དུ་གཾ་ལས་བྱུང་བ། བཾ་ལས་ཁྲུས་ཀྱི་ཐིང་བུ། ཁཾ་ལས་དཔག་བསམ་གྱི་ཤིང་དང་། འདོད་འཇོའི་བ་མོ་ལ་སོགས་པས་བསྐོར་བ་དང་། གཏོར་མའི་སྟེང་དུ་ཨོཾ་ཨཱཿཧཱུྃ་ཞུ་བ་ལས། ཁ་དོག་དྲི་རོ་ནུས་པའི་མཐུ་ཕུན་སུམ་ཚོགས་པར་གྱུར། ཨོཾ་ཨཱཿཧཱུྃ། ལན་གསུམ། ཨ་ཀཱ་རོ་སོགས་དང་། རུ་རུ་སོགས་དང་། ཨོཾ་སརྦ་བིད་པཱུ་ར་པཱུ་ར་སོགས་ནམ་མཁའ་མཛོད་ཀྱི་སྔགས་རྒྱ་རྣམས་ལན་གསུམ་མམ་བདུན་བདུན་གྱིས་རྒྱ་ཆེར་སྤེལ། ནོ་ཛེ་ཐལ་མོ་ཁ་གྱེན་དུ་ཕྱེ་ལ། ཨོཾ་བེ་ཤྲ་མ་ཎ་ཡེ་ས་པ་རི་ཝཱ་ར་ཨི་དཾ་བ་ལིཾ་གྲིཧྣཧྣ་ས་མ་ཡ་རཀྵ་ནྟཱ་མ་མ་སརྦ་སིདྡྷིརྨེ་པྲ་ཡཙྪ་མ་མ་སརྦ་ཀཱརྱ་སཱ་དྷ་ཨ་མོ་ཁཱ་ཡ་སྭཱཧཱ། ཞེས་ལན་བདུན་གྱིས་ཕུལ། གོང་བཞིན་མཆོད་བསྟོད་བྱ། འདོད་དོན་ལ་གསོལ་བ་གདབ། ཡིག་བརྒྱས་ལྷག་ཆད་ཁ་བསྐངས། ༄ འདིའི་རྗེས་གནང་བྱེད་པར་འདོད་པས། མནྜལ་པདྨ་འདབ་བརྒྱད་ཀྱི་སྟེང་དུ་རྟེན་གཏོར་ནོར་བུའི་གཟུགས་ཅན་

བཞག །ཕྱོག་འཁོར་གཙུ་ཏྲ་རྗེ་དང་བཅས་པ་ཡོད་ན་སྒྲུབ་པའི་སྐབས་མཚལ་གྱི་དབུས་སུ་འཛོག །མཆོད་གཏོར་རྣམས་བཤམས་ལ། གསང་བདག་གི་བདག་བསྐྱེད་སྔོན་དུ་འགྲོ་བས། ཁོང་བཞིན་འདོད་དོན་གསོལ་བཏབ་ཀྱི་བར་དུ་མདུན་བསྐྱེད་ཀྱི་ཚོ་ག་གྲུབ་པ་ན་རྗེས་གནང་བྱ་སྟེ། སློབ་མས་མཚལ་ཕུལ། གསོལ་བཏབ་ནི། ཐུགས་རྗེ་ཆེན་པོའི་གཏེར་མངའ་བ། །སློབ་དཔོན་ཁྱོད་ནི་དགོངས་སུ་གསོལ། །བདག་སོགས་དབུལ་ཕོངས་བསྐྱབ་པའི་ཕྱིར། །གཏེར་ཆེན་(༡༤བ)གྲུབ་པ་བདག་ལ་སྩོལ། །ཞེས་སོ། །དེ་ནས། རྒྱལ་ཆེན་རྣམ་མང་ཐོས་པ་ནི། །ཁྱོད་ཀྱིས་བསྟེན་པར་མཆོད་ནུས་སམ། །འཁྲིན་ལས་བཅོལ་དང་དམ་ཚིག་རྣམས། །རྗེས་སུ་མཐུན་པར་བྱེད་ནུས་སམ། །ཞེས་སློབ་དཔོན་གྱིས་དྲིས་པ་ལ། གཙོ་བོས་ཧི་ལྟར་སོགས་རྗེས་ཟློས་ཀྱིས་ལན་གདབ། དཀོན་མཆོག་གསུམ་ལ་བདག་སྐྱབས་མཆི། །ཞེས་སོགས་ཀྱིས་རྒྱུན་བཤགས་བྱ། དེ་ནས། སློབ་མ་ལ་ཕྱག་རྗོར་གྱི་མངོན་རྟོགས་རིགས་བདག་གི་བར་རྫོགས་པར་ཕོག །མདུན་གྱི་གཏོར་མ་ལ་དམིགས་སུ་བཙུག་སྟེ། སྭ་བྷཱ་ཝས་སྦྱངས། སྟོང་པ་ཉིད་དུ་གྱུར། སྟོང་པའི་ངང་ལས་ཧྲཱི་ལས་རིན་པོ་ཆེའི་ཁྲིའི་སྟེང་དུ་པདྨ་དང་ཟླ་བའི་གདན་ལ། བཻ་ཡིག་ལྗང་གུ་ལས་འོད་ཟེར་འཕྲོས་འདུས་ཡོངས་སུ་གྱུར་པ་ལས། རྒྱལ་པོ་ཆེན་པོ་རྣམ་ཐོས་སྲས་སྐུ་མདོག་ལྗང་གུ་ཞལ་གཅིག་ཕྱག་གཉིས། གཡས་ཡིད་བཞིན་གྱི་ནོར་བུས་མཚན་པའི་བེ་ཅོན་ཐུགས་ཀར་འཛིན་པ། གཡོན་པས་དངོས་གྲུབ་སྟེར་བའི་ནེའུ་ལེ་བཀྲ་གཡོན་པ་ལ་བརྟེན་ཏེ་བསྣམས་པ། ཞི་འཛུམ་སྐྱེག་ལ་ཡན་ལག་རགས་ཤིང་གསུས་ཁྲིམ་ཆེ་བ། དར་དང་རིན་(༡༥ན)པོ་ཆེའི་རྒྱན་ཐམས་ཅད་ཀྱིས་བརྒྱན་ཅིང་། ཞལ་ནས་ནོར་བུའི་ཆར་འབེབས་པ། ཕྲག་ཁོང་གཡས་གཡོན་ནས་ཉི་ཟླ་འཆར་བ། སེམས་དཔའི་སྐྱིལ་མོ་ཀྲུང་གིས་གཏེར་གྱི་བུམ་པའི་སྟེང་ན་བཞུགས་པའོ། །དེའི་གཡོན་དུ་ཕུཿཡིག་ལས་ཡུམ་པདྨ་གཙུག་ཕུད་མ་སྐུ་མདོག་དམར་མོ། གཡས་ནོར་བུ་དང་གཡོན་བུམ་པ་འཛིན་པ། སྨད་སྒྲུལ་

མཧཱུག་ཏུ་འཁྱིལ་ཞིང་སྤྲུལ་མགོའི་གདེངས་ཀ་བདུན་དང་ལྡན་པ། དར་དང་རིན་པོ་ཆེའི་རྒྱན་གྱིས་བརྒྱན་པའོ། །ཕྱོགས་སྐྱོར་བསྒྲིག་ཅིང་། རང་གི་ཐུགས་ཀའི་ཧཱུྃ་ལས་འོད་ཟེར་འཕྲོས། འོད་ཟེར་གྱི་སྣེ་ལ་ཁྲོ་བོ་འདོད་པའི་རྒྱལ་པོ་ལྷགས་ཀྱུ་དང་ཞགས་པ་ཐོགས་པ་བྱུང་སྟེ། རྒྱལ་པོ་འཁོར་བཅས་པ་བཛྲ་ས་མ་ཛཿ ལྕགས་ཀྱུའི་ཕྱག་རྒྱ་དང་བཅས། མགོན་པོ་ཀུན་གཤེགས་ཐུགས་དམ་ཅན། །ད་ལྟ་སྙིགས་མ་ལྔ་ཡི་དུས། །ཐམས་ཅད་ཉོན་མོངས་འདམ་བྱིང་བས། །མཚམས་མེད་ལྔ་ནི་ཀུན་སྤྱོད་ཅིང་། །གཟིགས་ཤིང་གཤེགས་པའི་གནས་ངན་ཡང་། །བྱཀྲ་སེང་གེའི་སྤྱན་སྔར་ཁྱོད། །ཐུགས་དམ་གང་བཞེས་དེ་དགོངས་ལ། །འདྲེན་པའི་བསྟན་པ་སྲུང་བ་དང་། །སེམས་ཅན་ཀུན་ལ་སྨན་སླད་དུ། །བྱང་ཕྱོགས་གནས་ན་བཞུགས་པ་རྣམས། །སེམས་ཅན་དོན་ཕྱིར་གཤེགས་སུ་གསོལ། །ཨོཾ་བཻ་ཤྲ་མ་ཎ་ས་པ་རི་ཝཱ་ར་ས་མ་ཛཿ ཛཿཧཱུྃ་བཾ་ཧོཿ ཨོཾ་བཻ་སྭཱཧཱ། ཨོཾ་བཻ་ཤྲ་མ་ཎ་ཨ་གཙྪ་ཡ་ཛཿབཻ་རིང་པོ་བཞེད་དང་ལྡན་པ་མིག་འཛུམ་སུམ་ཙུ་སོ་གཉིས་ཀྱི་ཡུན་ཚད་དུ་བཞོད། ཨ་སྨྲི་ཏའི་སྔགས་ཀྱིས་ཕྱིར་འབྲང་གི་བགེགས་བསྐྲད། རྒྱལ་པོའི་ཐུགས་ཀར་པདྨ་འདབ་བརྒྱད་ཀྱི་འདབ་མ་རེ་རེ་ལ་བཻ་བཞི་བཞི། བདག་མདུན་གྱི་ཐུགས་འོད་ཟེར་གྱི་ལྕགས་ཀྱུས་ཐྲིལ་བར་གྱུར། ཨོཾ་རཏྣ་ཨ་ཀུ་ཏ་ཨ་ཧྲི་ཧྲི་ཤྩ་མི། ཞེས་ཅོད་པན་གྱིས་དབང་བསྐུར། དཔྲལ་བར་ཨོཾ། མགྲིན་པར་ཨཱཿ ཐུགས་ཀར་ཧཱུྃ་གིས་མཚན་པར་གྱུར། ཞེས་བརྗོད་དེ། སྤྱན་འདྲེན་གྱི་ཚེ་རོལ་མོ་དྲག་ལ་ཡུན་རིང་བར་བྱེད། མདུན་གྱི་རྒྱལ་པོ་ཆེན་པོ་ལ་དབུ་རྒྱན་གསོལ་བར་མོས་སུ་(༡༡བ)བཙུག་ལ་ཅོད་པན་གྱི་ཕྱག་རྒྱ་དང་བཅས། ཨོཾ་རཏྣ་ཨ་ཀུ་ཏ་ཨ་ཧྲི་ཧྲི་ཤྩ་ཧཱུྃ། ཞེས་དང་། ཨརྒྷཾ་ནས་ཤཔྟའི་བར་གྱིས་མཆོད། ནོར་བདག་གཏེར་ལ་མངའ་བརྙེས་པ། །ཞེས་སོགས་ཀྱིས་བསྟོད་པའི་རྗེས་ཟློས་བྱར་གཞུག །སྐུའི་རྗེས་གནང་ངོ་། །བླ་མའི་ཐུགས་ཀ་ནས་འོད་ཟེར་འཕྲོས། མདུན་བསྐྱེད་རྒྱལ་པོའི་ཐུགས་རྒྱུད་བསྐུལ། ཐུགས་ཀ་ནས་སྔགས་འཕྲེང་རིན་ཆེན་འབར་

བའི་འཕྲེང་བ་ལྟ་བུ་བྱུང་། དེ་ལས་འོད་ཟེར་འཕྲོས། འཕགས་པ་མཆོད། སེམས་ཅན་གྱི་དབུལ་ཕོངས་བསལ། འཇིག་རྟེན་ཁམས་ཀྱི་དངོས་གྲུབ་ཐམས་ཅད་བསྡུས་ཏེ་སྔགས་འཕྲེང་ལ་ཐིམ། དེ་ཉིད་སློབ་མའི་ཁ་སྒོ་ནས་ཞུགས་ཏེ་སྙིང་གའི་ཧཱུྃ་ལ་ཐིམ། དེ་ནས་སྔགས་འཕྲེང་འཁོར་ལོ་ལྟར་འཁོར་བ་ལ་སེམས་གཏད་དུ་བཅུག་སྟེ། ཏདྱ་ཐཱ། ཧི་ལི་མ་ཏི་ཧྣ་དྲ། ཧི་ལི་ཧི་ལི་མ་ཏི་ཧྣ་དྲ། ཀི་ལི་མ་ཏི་ཧྣ་དྲ། ཀི་ལི་ཀི་ལི་མ་ཏི་ཧྣ་དྲ། ཀུ་རུ་མ་ཏི་ཧྣ་དྲ། ཀུ་རུ་ཀུ་རུ་མ་ཏི་ཧྣ་དྲ། ཏུ་རུ་མ་ཏི་ཧྣ་དྲ། ཏུ་རུ་ཏུ་རུ་མ་ཏི་ཧྣ་དྲ། སུ་རུ་མ་ཏི་ཧྣ་དྲ། སུ་རུ་སུ་རུ་མ་ཏི་ཧྣ་དྲ། ཙུ་རུ་མ་ཏི་ཧྣ་དྲ། ཙུ་རུ་ཙུ་རུ་མ་ཏི་ཧྣ་དྲ། ཨོཾ་ཨེ་ཧྱེ་ཧི། ཏིཥྛ་ཏིཥྛ་སརྦ་ཨརྠ་མེ་སཱ་དྷ་ནི། ཏདྱ་ཐཱ། སུ་དྷ་ནི། སུ་ར་སྱཱ། སུ་མ་ཏེ། སུ་པུ་ཊེ། ཧི་ལི་མི་ལི་སྭཱཧཱ། ཞེས་དང་། ཨོཾ་བཻ་ཤྲ་མ་ཎ་ཡེ་སྭཱཧཱ། ཞེས་ཡབ་ཀྱི་སྔགས་དང་། ཨོཾ་ནྭ་ག་ནི་བ་སུ་ཏེ་ཀུ་རུ་ཡེ་སྭཱཧཱ། ཞེས་ཡུམ་གྱི་སྔགས་ཏེ། ཡབ་ཡུམ་གྱི་སྔགས་ཚར་གསུམ་གསུམ་རྗེས་ཟློས་བྱར་གཞུག །སློབ་མས་སློབ་དཔོན་ལ་མེ་ཏོག་གཏོར་ཞིང་། བཅོམ་ལྡན་བདག་ལ་ཞེས་སོགས་ལན་གསུམ། སློབ་དཔོན་གྱིས་བགྲང་འཕྲེང་སློབ་མའི་སྤྱི་བོར་(༧༠༠ན)བཞག་ལ། བཅོམ་ལྡན་འདི་ལ་ཞེས་སོགས་ལན་གསུམ་གྱིས་བྱིན་གྱིས་བརླབས། གོང་བཞིན་མདུན་བསྐྱེད་ལ་མཆོད་བསྟོད་བྱ། སློབ་མ་གསང་བདག་གི་ང་རྒྱལ་བརྟན་པོ་བསྐྱེད་དུ་བཅུག་ལ། གཏོར་མ་ལག་ཏུ་གཏད་དེ། རྒྱལ་པོ་ཆེན་པོ་རྣམ་ཐོས་སྲས་འཁོར་དང་བཅས་པ་ཁྱེད་རྣམས་ཀྱིས། ཕྱག་ན་རྡོ་རྗེ། སྤྱོད་མཛད་ཆོས་ཀྱི་རྡོ་རྗེ། ཞེས་སོགས་བརྒྱུད་རིམ་གོང་བཞིན་ཕོག །རྩ་བརྒྱུད་ཀྱི་དཔལ་ལྡན་བླ་མ་དམ་པ་རྣམས་ཀྱི་བཀའ་དང་དམ་ལས་མ་འདའ་བར་རྡོ་རྗེ་སློབ་མ་འདིའི་ཕྱི་བཞིན་དུ་རྗེས་སུ་འབྲངས་ལ་ལུས་དང་གྲིབ་མ་བཞིན་དུ་འགྲོགས་ཏེ། འགལ་རྐྱེན་ཐམས་ཅད་སོལ། མཐུན་རྐྱེན་ཐམས་ཅད་བསྒྲུབས། དགྲ་བགེགས་ཐམས་ཅད་ཐུལ། ཇི་ལྟར་བཙོལ་བའི་ལས་ཐམས་ཅད་འགྲུབ་པར་མཛོད་ཅིག །ཅེས་གཏོར་མའི་བཀའ་བསྒོ་དྲག་ཏུ་བྱ། ཐུགས་

ཀྱི་རྗེས་གནང་ངོ་། །སྲོག་འཁོར་གཙུ་ཏླ་རྡོ་དང་བཅས་པ་ཡོད་ན། སློབ་མའི་སྙིང་གར་གཏུགས་ནས། རྒྱལ་ཆེན་འདི་ལ་བསྟུལ་ནས་ནི། །འདི་ལ་འགོ་བར་མཛད་དུ་གསོལ། །ཞེས་བརྗོད། དེ་མ་འཁྱོར་ན་བགྲང་འཕྲེང་སྙིང་གར་གཏུགས་ནས། རྒྱལ་ཆེན་ཞེས་སོགས་བརྗོད། དེ་ནས་སློབ་མ་འདིའི་རྗེས་ཟློས་བྱེད་དུ་བཅུག་སྟེ། སློབ་དཔོན་དགོངས་སུ་གསོལ། མིའི་འཇིག་རྟེན་དུ་བདག་མིང་འདི་ཞེས་བགྱི་བ་ལ་ཆོས་དང་། ལོངས་སྤྱོད་དང་། རིན་པོ་ཆེའི་ཕུང་པོ་ལ་སོགས་པ་ཤིན་ཏུ་རྒྱས་པར་གྱུར་ཅིག །ཅེས་ལན་གསུམ་དང་། སྦྱོ་ན། འདོད་པའི་ཁམས་ན་ལོངས་སྤྱོད་པའི། །དངོས་གྲུབ་(༧༠༠བ)བདག་གིས་ཀུན་ཐོབ་ནས། །བླ་མ་ཡི་དམ་དཀོན་མཆོག་མཆོད། །འཕྲིན་ལས་རྣམ་བཞི་རྫོགས་པར་ཤོག །རིན་ཆེན་སྣ་བདུན་ལོངས་སྤྱད་ནས། །གཏེར་གྱི་དངོས་གྲུབ་ཕྱུགས་རྣམས་དང་། །གཟི་བརྗིད་དང་ལྡན་ཆོས་སྐྱོང་གིས། །རྟག་ཏུ་བདག་ལ་སྲུང་གྱུར་ཅིག །བང་མཛོད་འབྲུ་དང་འདོད་འཇོའི་བ། །རྒྱལ་མཚན་འཁོར་ལོས་བསྐྱུར་བ་དང་། །ཐོགས་མེད་རྫུ་འཕྲུལ་གྲུབ་ནས་ནི། །ལས་མཆོག་བདེ་ལ་གནས་པར་ཤོག །ཅེས་པའམ། བསྡུ་ན་ཚིགས་བཅད་ཐ་མ་ལན་གསུམ་བརྗོད། རྗེས་ཆོག་སྤྱི་དང་འདྲ། །

༄ རྣམ་སྲས་དམར་པོ་གར་མཁན་མཆོག་ལ། མཆོད་གཏོར་རྣམས་ཕྱག་ལེན་བཞིན་བཤམས་ལ། གསང་བདག་གོས་སྔོན་ཅན་གྱི་བདག་བསྐྱེད་སྔོན་དུ་འགྲོ་བས། མཆོད་པ་བྱིན་གྱིས་བརླབས་ནས། མདུན་བསྐྱེད་བསངས་སྦྱངས། སྟོང་པའི་ངང་ལས་ཧཱུྃ་ལས་གཞལ་ཡས་ཁང་གྲུ་བཞི་སྒོ་བཞི་མཚན་ཉིད་ཐམས་ཅད་ཡོངས་སུ་རྫོགས་པའི་དབུས་སུ་པདྨ་འདབ་མ་དྲུག་པའི་ལྟེ་བར་གཡུ་འབྲུག་སྔོན་མོ་མིའི་ཟེ་བ་ཅན་མགོ་གཡས་སུ་བསྟན་པ། དེའི་སྟེང་དུ་བཻ་ཡིག་དམར་སྨུག་ལས་འོད་ཟེར་འཕྲོས་འདུས་ཡོངས་སུ་གྱུར་པ་ལས། རྒྱལ་པོ་ཆེན་པོ་རྣམ་ཐོས་སྲས་གར་མཁན་མཆོག་སྐུ་མདོག་དམར་སྨུག་ཞལ་གསུམ་སྐུ་ལུས་དང་མཚུངས་པའི་མདོག་ཅན། ཕྱག་བཅོ་བརྒྱད་

ཀྱི་དང་པོ་གཉིས་ནོར་བུས་གང་བའི་གཞོང་པ་འཛིན་པ། ལྷག་མ་བཅུ་དྲུག་རིམ་པ་བཞིན་དུ། རྒྱལ་མཚན་དབྱུག་ཏོ་རལ་གྲི་མདའ། །རྩེ་གསུམ་ཐོ་བ་བེ་ཛ་སྤུ་ར། །(༧༠༧ན)མདུང་དམར་རྣམས་ནི་གཡས་སུ་འོ། །ནེའུ་ལེ་པདྨ་སྦྲགས་པ་དང་། །སྦྲུལ་ཞགས་འཁོར་ལོ་རྡོ་རྗེའི་ཞགས། །གཞུ་དང་བུམ་པ་རི་རབ་དང་། །ཡོངས་འདུའི་ཤིང་སྡོང་གཡོན་ན་འཛིན། །དར་གྱི་ན་བཟའ་དང་། གསེར་གྱི་གོ་ཁྲབ་མུ་ཏིག་གི་རྒྱན་ཅན་དང་། སྦྲུལ་དང་རིན་པོ་ཆེའི་རྒྱན་ཐམས་ཅད་ཀྱིས་བརྒྱན་པ། ཁྲོ་འཛུམ་རལ་པའི་ཐོར་ཚུགས་ཅན་ནོ། །མདུན་དུ་ཡུམ་པདྨ་གཙུག་ཕུད་མ་དམར་མོ། བུམ་པ་དང་རིན་པོ་ཆེ་བསྣམས་པ། འདབ་མ་དྲུག་ལ་མདུན་ནས་བརྩམས་ཏེ་གཡས་སྐོར་གྱིས། སྲས་ཉི་མ་ལ་དགའ་བ་དཀར་པོ། རིན་པོ་ཆེ་འཛིན་པ་ལྷའི་ཆ་ལུགས་ཅན། ནོར་བུ་བཟང་པོ་དཀར་པོ་ལུག་གི་མགོ་ཅན་རྒྱལ་མཚན་འཛིན་པ། གང་བ་བཟང་པོ་སེར་པོ་རྟའི་མགོ་ཅན་བུམ་པ་འཛིན་པ། ཡང་དག་ཤེས་སྔོན་པོ་ཤ་བའི་མགོ་ཅན་ནོར་བུ་འཛིན་པ། སྲིད་སྐྱོང་དམར་སེར་རའི་མགོ་ཅན་གྲི་བ་འཛིན་པ། ཀློན་པོ་རྒྱལ་བ་ཁྱུ་མཆོག་ལྗང་གུ་གླང་པོ་ཆེའི་མགོ་ཅན་གཞོང་པ་འཛིན་པ། ཁྲམས་སུ་གནོད་སྦྱིན་དང་ཀླུའི་ཚོགས་དཔག་ཏུ་མེད་པའོ། །ཕྱོས་སྐྱོར་བསྲེག་ཅིང་། རང་གི་ཐུགས་ཀའི་ཧཱུྃ་ལས་འོད་ཟེར་འཕྲོས། འོད་ཟེར་གྱི་རྩེ་ལ་ཁྲོ་བོ་འདོད་པའི་རྒྱལ་པོ་ལྕགས་ཀྱུ་དང་ཞགས་པ་ཐོགས་པ་བྱུང་སྟེ། རྒྱལ་པོ་འཁོར་དང་བཅས་པ་བཛྲ་ས་མཱ་ཛཿ ལྕགས་ཀྱུའི་ཕྱག་རྒྱ་དང་བཅས། མགོན་པོ་ཀུན་གཟིགས་ཐུགས་དམ་ཅན། །ད་ལྟ་སྙིགས་མ་ལྔ་ཡི་དུས། །ཐམས་ཅད་ཉོན་མོངས་འདམ་བྱིང་བས། །མཚམས་མེད་ལྔ་ནི་ཀུན་སྤྱོད་ཅིང་། །གཟིགས་(༧༠༧བ)ཤིང་གཤེགས་པའི་གནས་ངན་ཡང་། །ཤཱཀྱ་སེང་གེའི་སྤྱན་སྔར་ཕྱིན། །ཐུགས་དམ་གང་བཞེས་དེ་དགོངས་ལ། །འདྲེན་པའི་བསྟན་པ་སྲུང་བ་དང་། །སེམས་ཅན་ཀུན་ལ་སྨན་སླད་དུ། །བྱང་ཕྱོགས་གནས་ན་བཞུགས་པ་རྣམས། །སེམས་ཅན་དོན་ཕྱིར་གཤེགས་སུ་གསོལ། །ཨོཾ་བེ་ཛྲ་

མ་ཧ་ས་པ་རི་ཝཱ་ར་ས་མཱ་ཛཿ ཛཿཧཱུྃ་བཾ་ཧོཿ ཨོཾ་བཻ་སྭཱཧཱ། ཨོཾ་བཻ་ཤྲ་མ་ཎ་ཨ་གཏྲ་ཡ་ཛཿབཻ་རིང་པོ་བརྗིད་དང་ལྡན་པ་མིག་འཛུམ་སུམ་ཅུ་སོ་གཉིས་ཀྱི་ཡུན་ཚད་དུ་བརྗོད། ཨ་མྲྀ་ཏའི་སྔགས་ཀྱིས་ཕྱིར་འབྲང་གི་བགེགས་བསྐྲད། རྒྱལ་པོའི་ཐུགས་ཀར་པདྨ་འདབ་བརྒྱད་ཀྱི་འདབ་མ་རེ་རེ་ལ་བཻ་བཞི་བཞི། བདག་མདུན་གྱི་ཐུགས་འོད་ཟེར་གྱི་ལྕགས་ཀྱུས་སྤྲོལ་བར་གྱུར། ཨོཾ་རཏྣ་ཨུ་ཀུ་ཤ་ཨ་ཛྙེ་ཧྲི་ཛྫ་མི། ཞེས་ཅོད་པན་གྱིས་དབང་བསྐུར། དཔྲལ་བར་ཨོཾ། མགྲིན་པར་ཨཱཿ ཐུགས་ཀར་ཧཱུྃ། ཨོཾ་བཻ་ཤྲ་མ་ཎ་ས་པ་རི་ཝཱ་ར་ཨརྒྷཾ་ནས་ཤབྡའི་བར་གྱིས་མཆོད། དཔལ་ལྡན་རྒྱལ་པོ་རྣམ་ཐོས་སྲས། །གར་མཁན་མཆོག་གི་གཟུགས་འཛིན་པ། །བཙུན་མོ་སྲས་དང་བློན་པོ་དང་། །རྒྱལ་ཕྲན་འཁོར་དང་བཅས་ལ་བསྟོད། །ཅེས་བསྟོད། དེ་ནས་བཟླས་པའི་དམིགས་པ་གསལ་བཏབ་ལ། ན་མོ་བཻ་ཤྲ་མ་ཎ་ཡེ། ན་ད་ཀུ་བེ་ར་མཧཱ་ཧྲ་ག་ཧྲེ་གྲིཧྞ་ཧྲི་ན་ཧྲེ་མ་ན་སིདྡྷི་སྭཱཧཱ། ཞེས་བཟླས་པ་བྱ། གཏོར་མ་འབུལ་བ་ནི། ཨོཾ་བཛྲ་ཡཀྵ་ཀྲོ་དྷས་བགེགས་བསྐྲད། ཨ་མྲྀ་ཏས་བསངས། སྭ་བྷཱ་ཝས་སྦྱངས། སྟོང་པའི་ངང་ལས་ཨོཾ་ལས་བྱུང་བའི་རིན་པོ་ཆེའི་སྣོད་ཀྱི་ནང་དུ་ཁཾ་ཞུ་བ་ལས་བྱུང་བའི་གཏོར་མ་བདུད་(༡༠༢ན)རྩིའི་རྒྱ་མཚོར་གྱུར། དེ་ཉིད་ཀྱི་མཐའ་སྐོར་དུ་ཀཾ་ལས་བུམ་པ། པཾ་ལས་ཁྲུས་ཀྱི་ཐིང་བུ། ཁཾ་ལས་དཔག་བསམ་གྱི་ཤིང་དང་། འདོད་འཇོའི་བ་མོ་ལ་སོགས་པས་བསྐོར་བ་དང་། གཏོར་མའི་སྟེང་དུ་ཨོཾ་ཨཱཿཧཱུྃ་ཞུ་བ་ལས་ཁ་དོག་དྲི་རོ་ནུས་པའི་མཐུ་ཕུན་སུམ་ཚོགས་པར་གྱུར། ཨོཾ་ཨཱཿཧཱུྃ། ལན་གསུམ། ཨ་ཀཱ་རོ་སོགས་དང་། ཅུ་ཅུ་སོགས་དང་། ཨོཾ་སརྦ་བིད་པཱུ་ར་པཱུ་ར་སོགས་ནམ་མཁའ་མཛོད་ཀྱི་སྔགས་རྒྱ་རྣམས་ལན་གསུམ་མམ་བདུན་བདུན་གྱིས་རྒྱ་ཆེར་སྤེལ། རྡོ་རྗེ་ཐལ་མོ་ཁ་གྱེན་དུ་ཕྱེ་ལ། ཨོཾ་བཻ་ཤྲ་མ་ཎ་ན་ད་ཀུ་བེ་ར་ས་པ་རི་ཝཱ་ར་ཨི་དཾ་བ་ལིཾ་གྲྀཧྣནྟུ་ས་མ་ཡ་རཀྵནྟུ་མ་མ་སརྦ་སིདྡྷིསྨེ་པྲ་ཡཙྪ་མ་མ་སརྦ་ཀརྨ་སྭ་ཧྲ་ཨ་སོ་ཀྱ་ཡ་སྭཱཧཱ། ཞེས་ལན་བདུན་གྱིས་དབུལ། གོང་བཞིན་བསྟོད། རྒྱལ་ཆེན་རྣམ་སྲས་འཁོར་བཅས་ཀྱིས། །མཆོད་སྦྱིན་

གཏོར་མ་འདི་བཞེས་ལ། །རྣལ་འབྱོར་བདག་ཅག་འཁོར་བཅས་རྣམས། །བུ་སྡུག་བཞིན་དུ་བསྐྱང་བ་དང་། །ཚེ་དང་བསོད་ནམས་རྒྱས་པར་མཛོད། །གཞན་ཡང་བདག་ཅག་འཁོར་བཅས་ལ། །ལོག་པར་ཞུགས་པའི་དགྲ་དང་བགེགས། །དེ་ཡི་ཕྲུ་མ་གཞོམ་པ་དང་། །གཏན་ནས་བརླག་པའི་འཕྲིན་ལས་མཛོད། །དེ་ལྟར་བཙལ་བའི་ལས་འདི་དག །དམ་ཚིག་ལྡན་པ་ཁྱེད་རྣམས་ཀྱིས། །སྔོན་གྱི་དམ་ཚིག་རྗེས་དགོངས་ལ། །མ་གཡེལ་ད་ལྟ་འགྲུབ་པར་མཛོད། །ཅེས་འཕྲིན་ལས་བཅོལ། ཡི་གེ་བརྒྱ་པས་ལྷག་ཆད་ཁ་བསྐངས། ༄ འདིའི་རྗེས་གནང་བྱེད་(༧༠༢བ)པར་འདོད་ན། པདྨ་དམར་པོ་འདབ་བརྒྱད་ཀྱི་སྟེང་དུ། རྟེན་གཏོར་དམར་པོ་ཟླུམ་པོ་ནོར་བུ་འབར་བའི་དཔེབས་ཅན་གྱིས་རྒྱ་མོ་མཚན་པ་ཞིག་དགོད། བྲིས་སྐུ་དང་མཆོད་གཏོར་བཤམས། དུང་ཆོས་དྲི་བཟང་གིས་གང་བ་དང་ཞགས་ཀྱི་རྡོ་རྗེ། ཟངས་གཞོང་འབྲུ་སྣ་སྨན་སྣ་ནོར་སྣ་ཟས་སྣས་བཀང་བ། བགེགས་གཏོར་དང་། རྡོར་དྲིལ་རོལ་མོ་སོགས་ཚང་བར་བྱས་ལ། བགེགས་གཏོར་བཏང་། གསང་བདག་གི་བདག་བསྐྱེད་སྔོན་དུ་འགྲོ་བས། ཀོང་བཞིན་འདོད་དོན་གསོལ་བཏབ་ཀྱི་བར་དུ་མདུན་བསྐྱེད་ཀྱི་ཚོ་ག་གྲུབ་པ་ན་རྗེས་གནང་བྱ་སྟེ། སློབ་མས་ཁྲུས་བྱས། མཎྜལ་ཕུལ། གསོལ་གདབ་ནི། ཐུགས་རྗེ་ཆེན་པོའི་གཏེར་མངའ་བ། །སློབ་དཔོན་ཁྱོད་ནི་དགོངས་སུ་གསོལ། །བདག་སོགས་དབུལ་ཕོངས་བསྐྱབ་པའི་ཕྱིར། །གཏེར་ཆེན་གྲུབ་པ་བདག་ལ་སྩོལ། །ཞེས་ལན་གསུམ། དེ་ནས། རྒྱལ་ཆེན་རྣམ་མང་ཐོས་པ་ནི། །ཁྱོད་ཀྱིས་བསྟེན་པར་མཆོད་ནུས་སམ། །འཕྲིན་ལས་བཅོལ་དང་དམ་ཚིག་རྣམས། །རྗེས་སུ་མཐུན་པར་བྱེད་ནུས་སམ། །ཞེས་སློབ་དཔོན་གྱིས་དྲིས་པ་ལ། གཙོ་བོས་ཇི་ལྟར་སོགས་རྗེས་ཟློས་ཀྱིས་ལན་གདབ། དཀོན་མཆོག་གསུམ་ལ་བདག་སྐྱབས་མཆི། །ཞེས་སོགས་མགུར་ནས་འབྱུང་བའི་རྒྱུན་བཤགས་ལན་གསུམ། དངོས་གཞི་ནི། ཐོག་མར་སློབ་མ་ལ་ཕྱག་རྡོར་གྱི་མངོན་རྟོགས་རིགས་བདག་གི་བར་རྫོགས་པར་ཕོག །མདུན་

ཀྱི་གཏོར་མ་ལ་དམིགས་སུ་བཅུག་སྟེ། གཏོར་མ་སྭ་བྷཱ་ཤས་སྟོང་པར་སྦྱངས། སྟོང་པའི་ངང་ལས་(༧༠༣ན)ཧྲཱུཾ་ལས་གཞལ་ཡས་ཁང་གྲུ་བཞི་སྒོ་བཞི་མཚན་ཉིད་ཐམས་ཅད་ཡོངས་སུ་རྫོགས་པའི་དབུས་སུ་པདྨ་འདབ་མ་དྲུག་པའི་ལྟེ་བར་གཡུ་འབྲུག་སྔོན་མོ་མེའི་ཟེ་བ་ཅན་མགོ་གཡས་སུ་བསྟན་པ། དེའི་སྟེང་དུ་བཻ་ཡིག་དམར་སྨུག་ལས་འོད་ཟེར་འཕྲོས་འདུས་ཡོངས་སུ་གྱུར་པ་ལས། རྒྱལ་པོ་ཆེན་པོ་རྣམ་ཐོས་སྲས་གར་མཁན་མཆོག་སྐུ་མདོག་དམར་སྨུག་ཞལ་གསུམ་སྐུ་ལུས་དང་མཚུངས་པའི་མདོག་ཅན། ཕྱག་བཅོ་བརྒྱད་ཀྱི་དང་པོ་གཉིས་ནོར་བུས་གང་བའི་གཞོང་པ་འཛིན་པ། ལྷག་མ་བཅུ་དྲུག་རིམ་པ་བཞིན་དུ། རྒྱལ་མཚན་དབྱུག་ཏོ་རལ་གྲི་མདའ། །རྩེ་གསུམ་ཐོ་བ་བི་ཛ་པུ་ར། །མདུང་དམར་རྣམས་ནི་གཡས་སུ་འོ། །ནེའུ་ལེ་པདྨ་སྦྲགས་པ་དང་། །སྦྲུལ་ཞགས་འཁོར་ལོ་རྡོ་རྗེའི་ཞགས། །གཞུ་དང་བུམ་པ་རི་རབ་དང་། །ཡོངས་འདུའི་ཤིང་སྡོང་གཡོན་ན་འཛིན། །དར་གྱི་ན་བཟའ་དང་། གསེར་གྱི་གོ་ཁྲབ་མུ་ཏིག་གི་རྒྱན་ཅན་དང་། སྦྲུལ་དང་རིན་པོ་ཆེའི་རྒྱན་ཐམས་ཅད་ཀྱིས་བརྒྱན་པ། ཁྲོ་འཛུམ་རལ་པའི་ཐོར་ཚུགས་ཅན་ནོ། །མདུན་དུ་ཡུམ་པདྨ་གཙུག་ཕུད་མ་དམར་མོ། བུམ་པ་དང་རིན་པོ་ཆེ་བསྣམས་པ། འདབ་མ་དྲུག་ལ་མདུན་ནས་བརྩམས་ཏེ་གཡས་བསྐོར་གྱིས། སྲས་ཉི་མ་ལ་དགའ་བ་དཀར་པོ། རིན་པོ་ཆེ་འཛིན་པ་ལྷའི་ཆ་ལུགས་ཅན། ནོར་བུ་བཟང་པོ་དཀར་པོ་ལུག་གི་མགོ་ཅན་རྒྱལ་མཚན་འཛིན་པ། གང་བ་བཟང་པོ་སེར་པོ་རྟའི་མགོ་ཅན་བུམ་པ་འཛིན་པ། ཡང་དག་ཤེས་སྔོན་པོ་ཤ་བའི་མགོ་ཅན་ནོར་བུ་འཛིན(༧༠༣བ)པ། སྲིད་སྟོང་དམར་སེར་རའི་མགོ་ཅན་གྲི་བ་འཛིན་པ། ལྷོན་པོ་རྒྱལ་བ་ཁྲུ་མཆོག་ལྡང་ཀུ་གླང་པོ་ཆེའི་མགོ་ཅན་གཞོང་པ་འཛིན་པ། ཁྲམས་སུ་གནོད་སྦྱིན་དང་ཀླུའི་ཚོགས་དཔག་ཏུ་མེད་པའོ། །སྤྲོས་སྤྲུར་བསྐྱིག་ཅིང་། རང་གི་ཐུགས་ཀའི་ཧཱུཾ་ལས་འོད་ཟེར་འཕྲོས། འོད་ཟེར་གྱི་རྩེ་ལ་ཁྲོ་བོ་འདོད་པའི་རྒྱལ་པོ་ལྕགས་ཀྱུ་དང་ཞགས་པ་ཐོགས་པ་བྱུང་སྟེ། རྒྱལ་པོ་

འཁོར་དང་བཅས་པ་བཛྲ་ས་མྭ་ཛཿ ལྕགས་ཀྱུའི་ཕྱག་རྒྱ་དང་བཅས་པས། མགོན་པོ་ཀུན་གཤེགས་ཐུགས་དམ་ཅན། །ད་ལྟ་སྙིགས་མ་ལྔ་ཡི་དུས། །ཐམས་ཅད་ཉོན་མོངས་འདམ་བྱིང་བས། །མཚམས་མེད་ལྔ་ནི་ཀུན་སྤྱོད་ཅིང་། །གཟིགས་ཤིང་གཤེགས་པའི་གནས་ངན་ཡང་། །ཤཱཀྱ་སེང་གེའི་སྤྱན་སྔར་ཕྱོད། །ཐུགས་དམ་གང་བཞེས་དེ་དགོངས་ལ། །འདྲེན་པའི་བསྟན་པ་སྲུང་བ་དང་། །སེམས་ཅན་ཀུན་ལ་ཕན་སླད་དུ། །བྱང་ཕྱོགས་གནས་ན་བཞུགས་པ་རྣམས། །སེམས་ཅན་དོན་ཕྱིར་གཤེགས་སུ་གསོལ། །ཨོཾ་བཻ་ཤྲ་མ་ཎ་ས་པ་རི་ཝཱ་ར་ས་མྭ་ཛཿ ཛཿཧཱུཾ་བཾ་ཧོཿ ཨོཾ་བཻ་སྭཱཧཱ། ཨོཾ་བཻ་ཤྲ་མ་ཎ་ཨ་ག་ཙྪ་ཡ་ཛཿབཻ་རིང་པོ་བརྗིད་དང་ལྡན་པ་མིག་འཛུམ་སུམ་ཅུ་སོ་གཉིས་ཀྱི་ཡུན་ཚད་དུ་བརྗོད། རོལ་མོ་དྲག་ལ་ཡུན་རིང་བར་བྱེད། ཨ་སྒྲི་ཏའི་སྔགས་ཀྱིས་ཕྱིར་འབྲང་གི་བགེགས་བསྐྲད། རྒྱལ་པོའི་ཐུགས་ཀར་པདྨ་འདབ་བརྒྱད་ཀྱི་འདབ་མ་རེ་རེ་ལ་བཻ་བཞི་བཞི། བདག་མདུན་གྱི་ཐུགས་འོད་ཟེར་གྱི་ལྕགས་ཀྱུས་སྤྲེལ་བར་གྱུར། ཨོཾ་རཏྣ་སུ་ཀུ་ཏ་ཨ་ཧྲི་ཥྚ་མི། ཞེས་ཅོད་པན་གྱིས་དབང་བསྐུར། (༡༠༨ན)དཔྲལ་བར་ཨོཾ། མགྲིན་པར་ཨཱཿ ཐུགས་ཀར་ཧཱུཾ། ཞེས་བསྒོམ། མདུན་གྱི་རྒྱལ་པོ་ཆེན་པོ་ལ་དབུ་རྒྱན་གསོལ་བར་མོས་སུ་བཅུག་ལ་ཅོད་པན་གྱི་ཕྱག་རྒྱ་དང་བཅས། ཨོཾ་རཏྣ་སུ་ཀུ་ཏ་ཨ་ཧྲི་ཥྚ་ཧཱུཾ། ཞེས་པ་དང་། ཨརྒྷཾ་ནས་ཤབྡའི་བར་གྱིས་མཆོད། དཔལ་ལྡན་རྒྱལ་བ་རྣམ་ཐོས་སྲས། །གར་མཁན་མཆོག་གི་གཟུགས་འཛིན་པ། །བཙུན་མོ་སྲས་དང་བློན་པོ་དང་། །རྒྱལ་ཆེན་འཁོར་དང་བཅས་ལ་བསྟོད། །ཅེས་བསྟོད་པའི་རྗེས་བློས་བྱང་གཞུག །སྐུའི་རྗེས་གནང་ངོ་། །བླ་མའི་ཐུགས་ཀ་ནས་འོད་ཟེར་འཕྲོས། མདུན་བསྐྱེད་རྒྱལ་པོའི་ཐུགས་རྒྱུད་བསྐུལ། ཐུགས་ཀ་ནས་སྔགས་འཕྲེང་རིན་ཆེན་འབར་བའི་འཕྲེང་བ་ལྟ་བུ་བྱུང་། དེ་ལས་འོད་ཟེར་འཕྲོས། འཕགས་པ་མཆོད། སེམས་ཅན་གྱི་དབུལ་ཕོངས་བསལ། འཇིག་རྟེན་ཁམས་ཀྱི་དངོས་གྲུབ་ཐམས་ཅད་བསྡུས་ཏེ་སྔགས་འཕྲེང་ལ་ཐིམ། དེ་ཉིད་སློབ་མའི་

ཁ་སྒོ་ནས་ཞུགས་ཏེ་སྙིང་གའི་ཧཱུྃ་ལ་ཐིམ། དེ་ནས་སྔགས་འཕྲེང་འཁོར་ལོ་ལྟར་འཁོར་
བ་ལ་སེམས་གཏད་དུ་བཅུག་སྟེ། ན་མོ་བཻ་ཤྲ་མ་ཎ་ཡེ། ན་ད་ཀུ་བེར་མཧཱ་རཱ་ག་ཛྙཱ་
ཀྲིཏྲ་ཧྲི་ན་ཛྷ་མ་ན་སིདྡྷི་སྭཱཧཱ། ཞེས་ལན་གསུམ་རྗེས་ཟློས་བྱེད་དུ་གཞུག །སློབ་མས་
སློབ་དཔོན་ལ་མེ་ཏོག་གཏོར་ཞིང་། བཅོམ་ལྡན་བདག་ལ་བསྐུལ་ལགས་ཀྱི། །བདག་
ལ་འགོ་བར་མཛད་དུ་གསོལ། །ལན་གསུམ། སློབ་དཔོན་གྱིས་བགྲང་འཕྲེང་སློབ་
མའི་སྤྱི་བོར་བཞག་ལ། བཅོམ་ལྡན་འདི་ལ་བསྐུལ་ལགས་ཀྱི། །འདི་ལ་འགོ་བར་
མཛད་དུ་གསོལ། །(༧༠༨བ)ཞེས་ལན་གསུམ་གྱིས་བྱིན་གྱིས་བརླབས། གོང་བཞིན་
མདུན་བསྐྱེད་ལ་མཆོད་བསྟོད་བྱ། གསུང་གི་རྗེས་གནང་ངོ་། །ཐུགས་ཀྱི་རྡོ་རྗེ་སྤྱི་
བོར་བཞག་ལ། འདི་ནི་ཡེ་ཤེས་རྡོ་རྗེ་སྟེ། །སངས་རྒྱས་ཐམས་ཅད་ཀུན་གྱི་བདག །
དྲེགས་པ་སྤྱིའི་གཉེན་པོ་མཆོག །ཁྱོད་ལ་བདག་གིས་དེང་འདིར་བསྐུལ། །ཨོཾ་མཧཱ་
བཛྲ་ཨ་དྷི་ཏིཥྛ་ཏུ་སམ་ཨོཾ་ཨཱཿཧཱུྃ་སྭཱཧཱ། དྲེགས་པ་སྤྱི་འདུལ་བའི་རྗེས་གནང་གཏོར་མ་
ཆེན་པོ་སྙིང་གར་གཏད་ལ། མདུན་བསྐྱེད་ལས་རྒྱལ་པོ་གར་མཁན་མཆོག་གཉིས་
པ་ཆད་ནས། སློབ་མའི་སྙིང་གར་ཐིམ། ལུས་དང་གྲིབ་མའི་ཚུལ་དུ་ཞུགས་པར་
མོས། །ཨོཾ་བཻ་ཤྲ་ཛ་ས་མ་ཡ་སིདྡྷི་ཛཿཧཱུྃ་བཾ་ཧོཿ འདི་ནི་རྒྱལ་པོ་ཆེན་པོ་སྟེ། །ཁམས་
གསུམ་དབང་དུ་སྡུད་པའི་ལྷ། །དངོས་གྲུབ་གཉེན་པོ་ཆེན་པོ་འདིས། །ཁྱོད་ལ་
དབང་བསྐུར་ཐོབ་གྱུར་ཅིག །ཀཱ་ཡ་སིདྡྷི་ཨོཾ། ཝཱ་ཀ་སིདྡྷི་ཨཱཿཙིཏྟ་སིདྡྷི་ཧཱུྃ། ཞེས་སྐུ་
དངོས་ཀྱིས་བྱིན་གྱིས་བརླབས། ཟངས་གཞོང་འབྲུ་སྣ་སྨན་སྣ་ནོར་སྣ་ཟས་སྣས་
བཀང་བ་ལག་ཏུ་གཏད་ལ། འདི་ནི་རྒྱས་པའི་གཏོར་གཞོང་སྟེ། །ཁྱད་པར་རིགས་
བརྒྱུད་ཕུན་སུམ་ཚོགས། །འཕེལ་ཞིང་རྒྱས་པར་བྱེད་པ་ཡི། །རྒྱས་པའི་དབང་བསྐུར་
སྦྱིན་པར་བྱ། །ཨོཾ་བཻ་ཤྲ་ཛ་པུཥྚིཾ་ཀུ་རུ་ཨ་དྷི་ཏིཥྛ་ཧཱུྃ། དུང་ཕོར་ནས་དྲི་བཟང་ཆུ་ལ་
བཞག །གཏོར་མ་ནས་ཅུང་ཟད་བཅད་དེ་དངོས་གྲུབ་ཏུ་སྦྱིན། བདུད་རྩིའི་རོ་
མཆོག་དམ་པ་ཡིས། །ཟས་ནོར་ལོངས་སྤྱོད་ཆར་ལྟར་འབེབས། །འཇིག་རྟེན་གསུམ་

གྱི་བཅུད་ཐམས་ཅད། །བདུད་རྩིར་བསྒྱུར་ནས་གཏད་ཅིང་བསྐུར། །ཨོཾ་པཉྩ་ཨ་མྲི་ཏ་(༧༠༥ན)སིདྡྷི་ཧཱུཾ་ཧཱུཾ། དངོས་གྲུབ་ཀྱི་རྗེས་གནང་ངོ་། །དེ་ནས་སློབ་མ་འདིའི་རྗེས་ཟློས་བྱེད་དུ་བཅུག་སྟེ། སློབ་དཔོན་དགོངས་སུ་གསོལ། མིའི་འཇིག་རྟེན་དུ་བདག་མིང་འདི་ཞེས་བགྱི་བ་ལ་ཆོས་དང་། ལོངས་སྤྱོད་དང་། རིན་པོ་ཆེའི་ཕུང་པོ་ལ་སོགས་པ་ཤིན་ཏུ་རྒྱས་པར་གྱུར་ཅིག །ཅེས་ལན་གསུམ་དང་། སྤྲོ་ན། འདོད་པའི་ཁམས་ན་ལོངས་སྤྱོད་པའི། །དངོས་གྲུབ་བདག་གིས་ཀུན་ཐོབ་ནས། །བླ་མ་ཡི་དམ་དཀོན་མཆོག་མཆོད། །འཕྲིན་ལས་རྣམ་བཞི་རྫོགས་པར་ཤོག །རིན་ཆེན་སྣ་བདུན་ལོངས་སྤྱད་ནས། །གཏེར་གྱི་དངོས་གྲུབ་ཕྱུགས་རྣམས་དང་། །གཟི་བརྗིད་དང་ལྡན་ཆོས་སྐྱོང་གིས། །རྟག་ཏུ་བདག་ལ་སྲུང་གྱུར་ཅིག །བང་མཛོད་འབྲུ་དང་འདོད་འཇོའི་བ། །རྒྱལ་མཚན་འཁོར་ལོས་བསྒྱུར་བ་དང་། །ཐོགས་མེད་རྫུ་འཕྲུལ་གྲུབ་ནས་ནི། །ལས་མཆོག་བདེ་ལ་གནས་པར་ཤོག །ཅེས་པའམ། བསྡུ་ན་ཚིགས་བཅད་ཐ་མ་ལན་གསུམ་བརྗོད། རྗེས་ཆོག་སྤྱི་དང་འདྲ། །

༄ **རྣམ་སྲས་གསུང་མཆོག་ལུས་ངན་པ་ལ།** བྲིས་སྐུའི་མདུན་དུ་ཟླུམ་གཏོར་དཀར་པོ། མཆོད་པ་རྣམས་བཤམས་ལ། སྐྱབས་སེམས་ཚད་མེད་བཞི་སྔོན་དུ་བཏང་ནས། གསང་བདག་གོས་སྔོན་ཅན་གྱི་བདག་བསྐྱེད་སྔོན་དུ་འགྲོ་བས། མཆོད་པ་ཨ་མྲི་ཏས་བསངས། སྭ་བྷཱ་ཝས་སྦྱངས། སྟོང་པའི་ངང་ལས་བྷྲཱུཾ་ལས་རིན་པོ་ཆེའི་སྣོད་ཡངས་ཤིང་རྒྱ་ཆེ་བ་རྣམས་ཀྱི་ནང་དུ་ཧཱུཾ་འོད་དུ་ཞུ་བ་ལས་བྱུང་བའི་མཆོད་ཡོན་ནས་རོལ་མོ་རྣམས་དྭངས་ཤིང་ཐོགས་པ་མེད་པ་ནམ་(༧༠༥བ)མཁའ་དང་མཉམ་པར་གྱུར། ཨོཾ་ཨརྒྷཾ་ཨཱཿཧཱུཾ། ཞེས་པ་ནས། ཤབྡའི་བར་བརྗོད་ཅིང་བྱིན་གྱིས་བརླབས་ལ། མདུན་བསྐྱེད་ཨ་མྲི་ཏས་བསངས། སྭ་བྷཱ་ཝས་སྟོང་པར་སྦྱངས། སྟོང་པའི་ངང་ལས་རིན་པོ་ཆེའི་རི་བོའི་སྟེང་དུ་རིན་པོ་ཆེའི་ཁང་བཟང་དེའི་ནང་དུ་སེང་གེས་བཏེགས་པའི་རིན་པོ་ཆེའི་ཁྲིའི་སྟེང་དུ་པདྨ་དང་ཟླ་བའི་གདན་ལ། །བཻ་ཡིག་དམར་པོ་ལས་

དུང་དཀར་བཞིས་མཚན་པ་ཡོངས་སུ་གྱུར་པ་ལས། རྒྱལ་པོ་ཆེན་པོ་རྣམ་ཐོས་སྲས་སྐུ་མདོག་དམར་པོ་འོད་ཟེར་འཕྲོ་བ་ཞི་ཞིང་འཛུམ་ལ་སྐྱེག་ཅིང་། ཞ་ཉམས་རྒྱས་པ། ཕྱག་གཉིས་ཀྱིས་དུང་དཀར་པོ་གཡས་སུ་འཁྱིལ་བ་འབུད་ཅིང་། སྒྲུབ་པ་པོ་ལ་སྣན་པའི་གྲགས་པས་སྟོང་གསུམ་ཁྱབ་པར་མཛད་པ། དར་དང་རིན་པོ་ཆེའི་རྒྱན་ཐམས་ཅད་ཀྱིས་བརྒྱན་པ། འཁོར་གནོད་སྦྱིན་བརྒྱད་དང་། གནོད་སྦྱིན་མོ་བརྒྱད་པོ་ཐམས་ཅད་ཀྱང་ཁམས་གསུམ་དབང་དུ་བསྡུ་བའི་ཆ་ལུགས་ཅན་དུང་དཀར་འབུད་པའོ། །སྦྱོས་སྦྱོར་བསྒྲེག་ཅིང་། རང་གི་ཐུགས་ཀའི་ཧཱུྃ་ལས་འོད་ཟེར་འཕྲོས། འོད་ཟེར་གྱི་སྣེ་ལ་ཁྲོ་བོ་འདོད་པའི་རྒྱལ་པོ་ལྷགས་ཀྱུ་དང་ཞགས་པ་ཐོགས་པ་བྱུང་སྟེ། རྒྱལ་པོ་འཁོར་དང་བཅས་པ་བཛྲ་ས་མ་ཛཿལྷགས་ཀྱུའི་ཕྱག་རྒྱ་དང་བཅས། མགོན་པོ་ཀུན་གཤེགས་ཐུགས་དམ་ཅན། །ད་ལྟ་སྐྱིགས་མ་ལྔ་ཡི་དུས། །ཐམས་ཅད་ཉོན་མོངས་འདམ་བྱིང་བས། །མཚམས་མེད་ལྔ་ནི་ཀུན་སྤྱོད་ཅིང་། །གཟིགས་ཤིང་གཤེགས་པའི་གནས་ངན་ཡང་། །ཤཱཀྱ་སེང་གེའི་སྤྱན་སྔར་ཁྱོད། །ཐུགས་དམ་གང་བཞེས་དེ་དགོངས་ལ། །(༧༠༨ན)འདྲེན་པའི་བསྟན་པ་སྲུང་བ་དང་། །སེམས་ཅན་ཀུན་ལ་སྨན་སླད་དུ། །བྱང་ཕྱོགས་གནས་ན་བཞུགས་པ་རྣམས། །སེམས་ཅན་དོན་ཕྱིར་གཤེགས་སུ་གསོལ། །ཨོཾ་བཻ་ཤྲ་མ་ཎ་ས་པ་རི་ཝཱ་ར་ས་མ་ཛཿ ཛཿཧཱུྃ་བཾ་ཧོཿ ཨོཾ་བཻ་སྭཱཧཱ། ཨོཾ་བཻ་ཤྲ་མ་ཎ་ཨ་གཱཧྣ་ཡ་ཛཿབཻ་རིང་པོ་བརྗིད་དང་ལྡན་པ་མིག་འཛུམ་སུམ་ཅུ་སོ་གཉིས་ཀྱི་ཡུན་ཚད་དུ་བརྗོད། ཨ་ཀྲོ་ཏའི་སྔགས་ཀྱིས་ཕྱིར་འབྲང་གི་བགེགས་བསྐྲད། རྒྱལ་པོའི་ཐུགས་ཀར་པདྨ་འདབ་བརྒྱད་ཀྱི་འདབ་མ་རེ་རེ་ལ་བཻ་བཞི་བཞི། བདག་མདུན་གྱི་ཐུགས་འོད་ཟེར་གྱི་ལྕགས་ཀྱུས་སྤྲོལ་བར་གྱུར། ཨོཾ་རཏྣ་ཨཱ་ཀུ་ཏ་ཨ་ཧྲི་ཥིཎྜ་མི། ཞེས་ཅོད་པན་གྱིས་དབང་བསྐུར། དཔྲལ་བར་ཨོཾ། མགྲིན་པར་ཨཱཿ ཐུགས་ཀར་ཧཱུྃ། ཨོཾ་བཻ་ཤྲ་མ་ཎ་ས་པ་རི་ཝཱ་ར་ཨརྒྷཾ་ནས་ཤབྡའི་བར་གྱིས་མཆོད། རྡོ་རྗེ་འཇིགས་བྱེད་ལུས་ངན་པོ། །དཔལ་དང་གྲགས་པ་རབ་འཕེལ་བ། །

གསུང་མཆོག་རྒྱལ་པོ་རྣམ་ཐོས་སྲས། །དེ་ལ་བསྟོད་དེ་ཕྱག་ཀྱང་འཚལ། །ཞེས་བསྟོད། དེ་ནས་བཟླས་པའི་དམིགས་པ་གསལ་བཏབ་ལ། ཨོཾ་བཻ་ཤྲ་མ་ཎ་མ་མ་གྲྀཧྣེ་པུཥྚིཾ་ཀུ་རུ་སྭཱཧཱ། ཞེས་ཅི་ནུས་པར་བཟླས་ནས། ཐུན་གྱི་མཐར་གཏོར་མ་འབུལ་བ་ནི། ཨོཾ་བཛྲ་ཡཀྴ་ཀྲོ་དྷས་བགེགས་བསལ། ཨ་མྲི་ཏས་བསངས། སྭ་བྷཱ་ཝས་སྦྱངས། སྟོང་པའི་ངང་ལས་ཨོཾ་ལས་བྱུང་བའི་རིན་པོ་ཆེའི་སྣོད་ཀྱི་ནང་དུ་ཁཾ་ཞུ་བ་ལས་བྱུང་བའི་གཏོར་མ་བདུད་རྩིའི་རྒྱ་མཚོར་གྱུར། དེ་ཉིད་ཀྱི་མཐའ་སྐོར་དུ་ཀཾ་ལས་བུམ་པ། བཾ་ལས་ཁྲུས་ཀྱི་ཟིང་བུ། ཁཾ་ལས་དཔག་བསམ་གྱི་(༧༠༨བ)ཤིང་དང་། འདོད་འཇོའི་བ་མོ་ལ་སོགས་པས་བསྐོར་བ་དང་། གཏོར་མའི་སྟེང་དུ་ཨོཾ་ཨཱཿཧཱུྃ་ཞུ་བ་ལས་ཁ་དོག་དྲི་རོ་ནུས་པའི་མཐུ་ཕུན་སུམ་ཚོགས་པར་གྱུར། ཨོཾ་ཨཱཿཧཱུྃ། ལན་གསུམ། ཨ་ཀཱ་རོ་སོགས་དང་། ཇུ་ཇུ་སོགས་དང་། སརྦ་བིད་པུ་ར་པུ་ར་སོགས་ནམ་མཁའ་མཛོད་ཀྱི་སྔགས་རྒྱ་རྣམས་ལན་གསུམ་མམ་བདུན་བདུན་གྱིས་རྒྱ་ཆེར་སྤེལ། རྡོ་རྗེ་ཐལ་མོ་ཁ་གྱེན་དུ་ཕྱེ་ལ། ཨོཾ་ཨ་མྲི་ཏ་ཀུཎྜ་ལི་ཧ་ན་ཧ་ན་ཧཱུྃ་ཕཊ། ཨོཾ་བཻ་ཤྲ་མ་ཎ་ཨེ་དཾ་བ་ལིཾ་གྲྀཧྞནྟུ་ས་མ་ཡ་རཀྵནྟུ་མ་མ་སརྦ་སིདྡྷིམྨེ་པྲ་ཡཙྪ་མ་མ་སརྦ་ཀཱརྻ་སཱ་དྷ་ཨ་མོ་གྷ་ཡ་སྭཱཧཱ། ཞེས་ལན་བདུན་ལ་སོགས་པས་གཙོ་བོ་དང་། ཨོཾ་ཨཥྚ་ནཱ་ག་ཤ་ཏ་ས་ཧ་སྲ་ཀོ་ཊི་ཡཀྵ་རཀྵ་ས་ཨི་དཾ་སོགས་ཀྱིས་འཁོར་སྤྱི་ལ་འབུལ། རྡོ་རྗེ་འཇིགས་བྱེད་སོགས་ཀྱིས་གོང་བཞིན་བསྟོད། དེ་ལྟར་བསྟོད་ཅིང་རབ་བསྔགས་པས། །བདག་ཅག་འཁོར་བཅས་སྲུང་བ་དང་། །འདོད་པའི་དོན་རྣམས་འགྲུབ་པ་དང་། །བགེགས་རྣམས་མ་ལུས་མེད་པར་མཛོད། །ཚེ་དང་བསོད་ནམས་འཕེལ་བ་དང་། །འཁོར་དང་ལོངས་སྤྱོད་རྒྱས་པ་དང་། །ཁམས་གསུམ་དབང་དུ་བསྡུ་བ་དང་། །བཤད་སྒྲུབ་བསྟན་པ་རྒྱས་པར་མཛོད། །ཅེས་གསོལ་བ་གདབ་བོ། །ཡི་གེ་བརྒྱ་པས་ལྷག་ཆད་ཁ་བསྐངས། ༈ འདིའི་རྗེས་གནང་བྱེད་པར་འདོད་པས། བྲིས་སྐུའི་མདུན་དུ་མཎྜལ་གྱི་སྟེང་དུ་རྟེན་གཏོར་ཟླུམ་པོ་དམར་པོ་བྱེད། མདུན་དུ་མཆོད་གཏོར་

རྣམས་བཤམས་ལ། མཆོད་པ་བྱིན་རླབས་བྱ། གོས་སྔོན་ཅན་གྱི་བདག་བསྐྱེད་དང་། གཏོར་འབུལ་(༡༠༧ན)སྔོན་དུ་འགྲོ་བས། གོང་དུ་བསྟན་པ་ལྟར་མདུན་བསྐྱེད་ཚོགས་སྐྱོང་རྣམ་སྲས་འཁོར་བཅས་བསྐྱེད་ཅིང་། མཆོད་གཏོར་འབུལ་བ་ནས། འདོད་དོན་གསོལ་བཏབ་ཀྱི་བར་གོང་དུ་བསྟན་པ་རྣམས་ཚང་བར་བྱས་ནས། སློབ་མ་རྣམས་ཁྲུས་བྱས། མཇལ་འབུལ་དུ་བཅུག །རྡོ་རྗེ་འཛིན་པ་ཞེས་སོགས་ལན་གསུམ་གྱིས་གསོལ་བ་བཏབ། དཀོན་མཆོག་གསུམ་ལ་བདག་སྐྱབས་མཆི། །ཞེས་སོགས་མགུར་ནས་འབྱུང་བའི་རྒྱུན་བཤགས་ལན་གསུམ། དངོས་གཞི་ནི། ཐོག་མར་སློབ་མ་ལ་ཕྱག་རྫོར་གྱི་མངོན་རྟོགས་རིགས་བདག་གི་བར་རྫོགས་པར་ཐོག །མདུན་གྱི་གཏོར་མ་ལ་དམིགས་སུ་བཅུག་སྟེ། སུ་ནྡྷ་ཤས་སྦྱངས། སྟོང་པའི་ངང་ལས་རིན་པོ་ཆེའི་རི་བོའི་སྟེང་དུ་རིན་པོ་ཆེའི་ཁང་བཟང་དེའི་ནང་དུ་སེང་གེས་བཏེགས་པའི་རིན་པོ་ཆེའི་ཁྲིའི་སྟེང་དུ་པདྨ་དང་ཟླ་བའི་གདན་ལ། བཻ་ཡིག་དམར་པོ་ལས་དུང་དཀར་བཻས་མཚན་པ་ཡོངས་སུ་གྱུར་པ་ལས། རྒྱལ་པོ་ཆེན་པོ་རྣམ་ཐོས་སྲས་སྐུ་མདོག་དམར་པོ་འོད་ཟེར་འཕྲོ་བ་ཞི་ཞིང་འཛུམ་ལ་སྒེག་ཅིང་ཤ་ཉམས་རྒྱས་པ། ཕྱག་གཉིས་ཀྱིས་དུང་དཀར་པོ་གཡས་སུ་འཁྱིལ་བ་འབུད་ཅིང་། སྐྱབས་པ་པོ་ལ་སྟན་པའི་གྲགས་པས་སྟོང་གསུམ་ཁྱབ་པར་མཛད་པ། དར་དང་རིན་པོ་ཆེའི་རྒྱན་ཐམས་ཅད་ཀྱིས་བརྒྱན་པ། འཁོར་གནོད་སྦྱིན་བརྒྱད་དང་། གནོད་སྦྱིན་མོ་བརྒྱད་པོ་ཐམས་ཅད་ཀྱང་ཁམས་གསུམ་དབང་དུ་བསྡུ་བའི་ཆ་ལུགས་ཅན་དུང་དཀར་འབུད་པའོ། །སྲོས་སྦྱོར་བསྲེག་ཅིང་། རང་གི་ཐུགས་ཀའི་ཧཱུྃ་ལས་(༡༠༧བ)འོད་ཟེར་འཕྲོས། འོད་ཟེར་གྱི་སྣེ་ལ་ཁྲོ་བོ་འདོད་པའི་རྒྱལ་པོ་ལྕགས་ཀྱུ་དང་ཞགས་པ་ཐོགས་པ་བྱུང་སྟེ། རྒྱལ་པོ་འཁོར་དང་བཅས་པ་བཛྲ་ས་མ་ཛཿ ལྕགས་ཀྱུའི་ཕྱག་རྒྱ་དང་བཅས། མགོན་པོ་ཀུན་གཤེགས་ཐུགས་དམ་ཅན། །ད་ལྟ་སྙིགས་མ་ལྔ་ཡི་དུས། །ཐམས་ཅད་ཉོན་མོངས་འདམ་བྱིང་བས། །མཚམས་མེད་ལྔ་ནི་ཀུན་སྤྱོད་ཅིང་། །གཟིགས་ཤིང་

གཤེགས་པའི་གནས་ངན་ཡང་། །ཤཱཀྱ་སེང་གེའི་སྤྲུལ་སྣང་ཁྱོད། །ཐུགས་དམ་གང་བཞེས་དེ་དགོངས་ལ། །འདྲེན་པའི་བསྟན་པ་སྲུང་བ་དང་། །སེམས་ཅན་ཀུན་ལ་སྨན་སླད་དུ། །བྱང་ཕྱོགས་གནས་ན་བཞུགས་པ་རྣམས། །སེམས་ཅན་དོན་ཕྱིར་གཤེགས་སུ་གསོལ། །ཨོཾ་བཻ་ཤྲ་མ་ཎ་ས་པ་རི་ཝཱ་ར་ས་མཱ་ཛཿཛཿཧཱུྃ་བཾ་ཧོཿཨོཾ་བཻ་སྭཱ་ཧཱ། ཨོཾ་བཻ་ཤྲ་མ་ཎ་ཨ་ཀྲྀ་ཡ་ཛཿབཻ་རིང་པོ་བརྗིད་དང་ལྡན་པ་མིག་འཇུམ་སུམ་ཅུ་སོ་གཉིས་ཀྱི་ཡུན་ཚད་དུ་བརྗོད། ཨ་མྲྀ་ཏའི་སྔགས་ཀྱིས་ཕྱིར་འབྲང་གི་བགེགས་བསྲད། རྒྱལ་པོའི་ཐུགས་ཀར་པདྨ་འདབ་བརྒྱད་ཀྱི་འདབ་མ་རེ་རེ་ལ་བཻ་བཞི་བཞི། བདག་མདུན་གྱི་ཐུགས་འོད་ཟེར་གྱི་ལྕགས་ཀྱུས་སྤྲོལ་བར་གྱུར། ཨོཾ་རཏྣ་སུ་ཀུ་ཏ་ཨ་ཧྲི་ཊིཥྛ་མི། ཞེས་ཅོད་པན་གྱིས་དབང་བསྐུར། དཔྲལ་བར་ཨོཾ། མགྲིན་པར་ཨཱཿ ཐུགས་ཀར་ཧཱུྃ། ཞེས་གོང་བཞིན་བསྒོམས་པ་ལས། སྤྱན་འདྲེན་གྱི་ཚེ་རོལ་མོ་དྲག་ལ་ཡུན་རིང་བར་བྱེད། མདུན་གྱི་རྒྱལ་པོ་ཆེན་པོ་ལ་དབུ་རྒྱན་གསོལ་བར་མོས་སུ་བཅུག་ལ་ཅོད་པན་གྱི་ཕྱག་རྒྱ་དང་བཅས། ཨོཾ་རཏྣ་སུ་ཀུ་ཏ་ཨ་ཧྲི་ཊིཥྛ་ཧཱུྃ། ཞེས་པ་དང་། ཨརྒྷཾ་ནས་ཤབྡའི་བར་གྱིས་(༧༠༨ན)མཆོད། རྡོ་རྗེ་འཇིགས་བྱེད་ལུས་ངན་པོ། །དཔལ་དང་གྲགས་པ་རབ་འཕེལ་བ། །གསུང་མཆོག་རྒྱལ་པོ་རྣམ་ཐོས་སྲས། །དེ་ལ་བསྟོད་དེ་ཕྱག་ཀྱང་འཚལ། །ཞེས་བསྟོད་པའི་རྗེས་ཟློས་བྱར་གཞུག །སྐུའི་རྗེས་གནང་ངོ་། །བླ་མའི་ཐུགས་ཀ་ནས་འོད་ཟེར་འཕྲོས། མདུན་བསྐྱེད་རྒྱལ་པོའི་ཐུགས་རྒྱུད་བསྐུལ། ཐུགས་ཀ་ནས་སྔགས་འཕྲེང་རིན་ཆེན་འབར་བའི་འཕྲེང་བ་ལྟ་བུ་བྱུང་། དེ་ལས་འོད་ཟེར་འཕྲོས། འཕགས་པ་མཆོད། སེམས་ཅན་གྱི་དབུལ་ཕོངས་བསལ། སྣང་གྲགས་ཤིན་ཏུ་རྒྱས་པར་བྱས་ནས། འཇིག་རྟེན་ཁམས་ཀྱི་དངོས་གྲུབ་ཐམས་ཅད་བསྡུས་ཏེ་སྔགས་འཕྲེང་ལ་ཐིམ། དེ་ཉིད་སློབ་མའི་ཁ་སྒོ་ནས་ཞུགས་ཏེ་སྙིང་གའི་ཧཱུྃ་ལ་ཐིམ། དེ་ནས་སྔགས་འཕྲེང་འཁོར་ལོ་ལྟར་འཁོར་བ་ལ་སེམས་གཏད་དུ་བཅུག་སྟེ། ཨོཾ་བཻ་ཤྲ་མ་ཎ་མ་མ་གྲྀཧྞེ་པུཥྚིཾ་ཀུ་རུ་སྭཱ་ཧཱ། ཞེས་པའི་སྙིང་པོ་བརྒྱ་རྩ་

བརྒྱད་དམ་ལན་བདུན་རྗེས་བཟློས་བྱེད་པའམ། བསྡུ་ན་ལན་གསུམ་གྱིས་ཆོག །སློབ་མས་སློབ་དཔོན་ལ་མེ་ཏོག་གཏོར་བཞིན་དུ། བཅོམ་ལྡན་བདག་×། བསྐུལ་ལགས་ཀྱི་×། བདག་ལ་འགོ་བར་མཛད་དུ་གསོལ། །ལན་གསུམ། སློབ་དཔོན་གྱིས་བགྲང་འཕྲེང་སློབ་མའི་སྤྱི་བོར་བཞག་ལ། བཅོམ་ལྡན་འདི་ལ་བསྐུལ་ལགས་ཀྱི། །འདི་ལ་འགོ་བར་མཛད་དུ་གསོལ། །ཞེས་ལན་གསུམ་གྱིས་བྱིན་གྱིས་བརླབས། གོང་བཞིན་མདུན་བསྐྱེད་ལ་མཆོད་བསྟོད་བྱ། གསུང་གི་རྗེས་གནང་ངོ་། །སློབ་མ་གསང་བདག་གི་ང་རྒྱལ་བརྟན་པོ་བསྐྱེད་དུ་བཅུག་ལ། གཏོར་མ་ལག་(༡༠༨བ)ཏུ་གཏད་དེ། རྒྱལ་པོ་ཆེན་པོ་རྣམ་ཐོས་སྲས་འཁོར་དང་བཅས་པ་ཁྱེད་རྣམས་ཀྱིས་ཕྱག་ན་རྡོ་རྗེ། སྤྱོད་མཛད་ཆོས་ཀྱི་རྡོ་རྗེ། ཞེས་སོགས་བརྒྱུད་རིམ་གོང་བཞིན་ཐོག །རྩ་བརྒྱུད་ཀྱི་དཔལ་ལྡན་བླ་མ་དམ་པ་རྣམས་ཀྱི་བཀའ་དང་དམ་ལས་མ་འདའ་བར་རྡོ་རྗེ་སློབ་མ་འདི་རྣམས་ཀྱི་ཕྱི་བཞིན་རྗེས་སུ་རྒྱུག་ལ། སྐད་ཅིག་ཙམ་ཡང་འབྲལ་བ་མེད་པར་རྗེས་སུ་བཟུང་ནས། འགལ་རྐྱེན་ཐམས་ཅད་སོལ། མཐུན་རྐྱེན་ཐམས་ཅད་བསྒྲུབས། སྣན་གྲགས་ཤིན་ཏུ་རྒྱས་པ་དང་། ཁམས་གསུམ་ལེགས་ཚོགས་ཐམས་ཅད་དབང་དུ་འདུ་བ་དང་། ཇི་ལྟར་བསམ་པའི་དོན་ཐམས་ཅད་འབད་མེད་ལྷུན་གྱིས་འགྲུབ་པར་མཛོད་ཅིག །ཅེས་གཏོར་མའི་བཀའ་བསྒོ་དྲག་ཏུ་བྱ། ཐུགས་ཀྱི་རྗེས་གནང་ངོ་། །དེ་ནས་སློབ་མ་འདིའི་རྗེས་བཟློས་བྱེད་དུ་བཅུག་སྟེ། སློབ་དཔོན་དགོངས་སུ་གསོལ། མིའི་འཇིག་རྟེན་དུ་བདག་མིང་འདི་ཞེས་བགྱི་བ་ལ་ཆོས་དང་། ལོངས་སྤྱོད་དང་། རིན་པོ་ཆེའི་ཕུང་པོ་ལ་སོགས་པ་ཤིན་ཏུ་རྒྱས་པར་གྱུར་ཅིག །ཅེས་ལན་གསུམ་དང་། སྨྲོ་ན། འདོད་པའི་ཁམས་ན་ལོངས་སྤྱོད་པའི། །དངོས་གྲུབ་བདག་གིས་ཀུན་ཐོབ་ནས། །བླ་མ་ཡི་དམ་དཀོན་མཆོག་མཆོད། །འཕྲིན་ལས་རྣམ་བཞི་རྫོགས་པར་ཤོག །རིན་ཆེན་སྣ་བདུན་ལོངས་སྤྱད་ནས། །གཏེར་གྱི་དངོས་གྲུབ་ཕྱུགས་རྣམས་དང་། །གཟི་བརྗིད་དང་ལྡན་ཆོས་སྐྱོང་གིས། །རྟག་ཏུ་བདག་ལ་སྲུང་

གྱུར་ཅིག །བང་མཛོད་འབྲུ་དང་འདོད་འཇོའི་བ། །རྒྱལ་མཚན་འཁོར་ལོས་བསྒྱུར་བ་དང་། །ཐོགས་མེད་རྫུ་འཕྲུལ་གྲུབ་ནས་ནི། །ལས་མཆོག་བདེ་ལ་གནས་(༡༠༩ན)པར་ཤོག །ཅེས་པའམ། བསྟུ་ན་ཚིགས་བཅད་ཐ་མ་ལན་གསུམ་བརྗོད། རྗེས་ཆོག་གྱི་དང་འདྲ།

༄ རྣམ་སྲས་དྲག་བྱེད་ལ། མཆོད་གཏོར་རྣམས་བཤམས་ལ། གསང་བདག་གི་བདག་བསྐྱེད་སྔོན་དུ་འགྲོ་བས། མཆོད་པ་བྱིན་གྱིས་བརླབས་ནས། མདུན་བསྐྱེད་བསངས་སྦྱངས། སྟོང་པའི་ངང་ལས་ཧཱུྃ་ལས་གཞལ་ཡས་ཁང་དྲག་པོ་འབར་བའི་རྒྱན་གྱིས་བརྒྱན་པའི་དབུས་སུ། གནམ་ལྕགས་ཀྱི་འཁོར་ལོ་རྩིབས་བརྒྱད་པའི་ལྟེ་བར་པཾ་ལས་པདྨ་དང་ཨ་ལས་ཟླ་བའི་དཀྱིལ་འཁོར་གྱི་སྟེང་དུ། བཻ་ཡིག་ནག་པོ་ལས་འོད་ཟེར་འཕྲོས། དགྲ་བགེགས་གདུག་པ་ཅན་ཐམས་ཅད་ཚར་བཅད། ཚུར་འདུས་ཡོངས་སུ་གྱུར་པ་ལས། རྒྱལ་པོ་ཆེན་པོ་རྣམ་ཐོས་སྲས་སྐུ་མདོག་དུས་མཐའི་སྤྲིན་ལྟར་རབ་ཏུ་གནག་ལ་འཇིགས་པ། ཞལ་གཅིག་ཕྱག་གཉིས། གཡས་ཀ་ཤིའི་རས་ཀྱི་བ་དན་དཔྱངས་པའི་རྡོ་རྗེའི་དབྱུག་ཏོ་ནམ་མཁའ་ལ་འཕྱར་བ། གཡོན་མཆོད་རྟེན་ནག་པོ་ཐུགས་ཀར་འཛིན་པ། སྤྱན་གསུམ་དམར་ལ་ཟླུམ་ཞིང་མཆེ་བ་གཙིགས་པ། ཁྲོ་གཉེར་བསྡུས་ཤིང་སྨ་ར་སྨིན་མ་དབུ་སྐྲ་ཁམ་སེར་གྱེན་དུ་བརྫེས་པ། སྟག་ལྤགས་ཀྱི་ཤམ་ཐབས་དང་དར་གྱི་སྟོད་གཡོགས་ཅན། ཀླུ་ཆེན་པོ་བརྒྱད་ཀྱིས་བརྒྱན་པ། རིན་པོ་ཆེའི་དབུ་རྒྱན་ཅན། ཕྱག་གོང་གཡས་གཡོན་ནས་ཉི་ཟླ་འཆར་བ། སྐུ་སྟོད་ནས་བྱ་གཅན་གདུག་པའི་ཚོགས་དང་། སྐུ་རྨེད་ནས་གནོད་སྦྱིན་སྲིན་པོའི་ཚོགས་དང་། སྐུ་སྨད་ནས་སེང་གེ་སོགས་གཅན་གཟན་གདུག་(༡༠༩བ)པའི་ཚོགས་དཔག་ཏུ་མེད་པ་སྤྲོ་བ། མེ་དཔུང་འབར་བའི་དབུས་ན་གཡོན་བརྐྱང་བའི་སྟབས་ཀྱིས་བཞུགས་པའོ། །འདབ་མ་བརྒྱད་ལ་ཕྱུཿཡིག་ནག་པོ་བརྒྱད་ཡོངས་སུ་གྱུར་པ་ལས། ཀླུ་ཆེན་བརྒྱད་པོ་ཐམས་ཅད་ཀྱང་སྐུ་མདོག་མཐིང་ནག་ཁྲོ་ཞིང་

མཆེ་བ་ཙུང་ཟད་གཙིགས་པ། ཕྱག་ཐུགས་ཀར་ཐལ་མོ་སྦྱར་བས་ནོར་བུ་འཛིན་པ། སྤྲུལ་མགོའི་གདེངས་ཀ་བདུན་བདུན་དང་ལྡན་ཞིང་། སྨད་སྦྲུལ་མཇུག་ཏུ་འཁྱིལ་བ། གཙུག་གི་ནོར་བུ་ལས་འོད་འཕྲོ་ཞིང་ཞལ་ནས་ཕཊ་ཀྱི་སྒྲ་སྒྲོག་པ། ཕྱི་རོལ་དུ་གནོད་སྦྱིན་བྱེ་བའི་ཚོགས་དང་། ལྷ་སྲིན་སྡེ་བརྒྱད་ཀྱི་ཚོགས་ཀྱིས་ཡོངས་སུ་བསྐོར་བའོ། །སྤྱོས་སྦྱོར་བསྲེག་ཅིང་། རང་གི་ཐུགས་ཀའི་ཧཱུྃ་ལས་འོད་ཟེར་འཕྲོས། འོད་ཟེར་གྱི་ས་ལ་ཁྲི་བོ་འདོད་པའི་རྒྱལ་པོ་ལྕགས་ཀྱུ་དང་ཞགས་པ་ཐོགས་པ་བྱུང་སྟེ། རྒྱལ་པོ་འཁོར་དང་བཅས་པ་བཛྲ་ས་མཱ་ཛཿལྕགས་ཀྱུའི་ཕྱག་རྒྱ་དང་བཅས། མགོན་པོ་ཀུན་གཤེགས་ཐུགས་དམ་ཅན། །ད་ལྟ་སྙིགས་མ་ལྔ་ཡི་དུས། །ཐམས་ཅད་ཉོན་མོངས་འདམ་བྱིང་བས། །མཚམས་མེད་ལྔ་ནི་ཀུན་སྤྱོད་ཅིང་། །གཟིགས་ཤིང་གཤེགས་པའི་གནས་ངན་ཡང་། །ཤཱཀྱ་སེང་གེའི་སྤྱན་སྔར་ཁྱོད། །ཐུགས་དམ་གང་བཞེས་དེ་དགོངས་ལ། །འདྲེན་པའི་བསྟན་པ་སྲུང་བ་དང་། །སེམས་ཅན་ཀུན་ལ་སྨན་སླད་དུ། །བྱང་ཕྱོགས་གནས་ན་བཞུགས་པ་རྣམས། །སེམས་ཅན་དོན་ཕྱིར་གཤེགས་སུ་གསོལ། །ཨོཾ་བཻ་ཤྲ་མ་ཎ་ས་པ་རི་ཝཱ་ར་ས་མཱ་ཛཿ ཛཿཧཱུྃ་བཾ་ཧོཿ ཨོཾ་བཻ་སྭཱཧཱ། ཨོཾ་བཻ་ཤྲ་མ་ཎ་ཨ་ཀརྵ་ཡ་(༡༡༠ན)ཛཿ བཻ་རིང་པོ་བཟེད་དང་ལྡན་པ་མིག་འཛུམ་སུམ་ཙུ་སོ་གཉིས་ཀྱི་ཡུན་ཚད་དུ་བཟློད། ཨ་སྨྲི་ཏའི་སྔགས་ཀྱིས་ཕྱིར་འབྲང་གི་བགེགས་བསྐྲད། རྒྱལ་པོའི་ཐུགས་ཀར་པདྨ་འདབ་བརྒྱད་ཀྱི་འདབ་མ་རེ་རེ་ལ་བཻ་བཞི་བཞི། བདག་མདུན་གྱི་ཐུགས་འོད་ཟེར་གྱི་ལྕགས་ཀྱུས་སྤྲེལ་བར་གྱུར། ཨོཾ་རཏྣ་སུ་ཀུ་ཏ་ཨ་ཧྲི་ཧྲིཾ་ཙྪུ་མི། ཞེས་ཅོད་པན་གྱིས་དབང་བསྐུར། དཔལ་བར་ཨོཾ། མགྲིན་པར་ཨཱཿ ཐུགས་ཀར་ཧཱུྃ། ཨོཾ་བཻ་ཤྲ་མ་ཎ་ས་པ་རི་ཝཱ་ར་ཨརྒྷཾ་ནས་ཤབྡ་པྲ་ཏཱིཙྪ་ཨོཾ་ཨཱཿཧཱུྃ་གི་བར་གྱིས་མཆོད། བསྟོད་པ་ནི། སྟོབས་ཆེན་མི་སྡུག་འཇིགས་པའི་གཟུགས། །གཏུམ་པོ་མ་རུང་ཚར་གཅོད་པ། །རྒྱལ་ཆེན་འཁོར་དང་བཅས་རྣམས་ལ། །མཆོད་ཅིང་བསྟོད་དེ་ཕྱག་ཀྱང་འཚལ། །ཞེས་བསྟོད། དེ་ནས་བཟླས་པའི་

དམིགས་པ་གསལ་གདབ། ཨོཾ་ནྲི་ཡཾ་བ་ར་ཧྲ་ར་བཛྲ་པཱ་ཎི་མཧཱ་ཡཀྴ་ནཱ་ཛ་ཀུ་བེ་ར།
བཻ་ཙ་ཧྲ་ཀ་སིདྡྷི་སྨི་པྲ་ཡཙྪ་ཧཱུཾ་ཧཱུཾ་ཕཊ། ཅེས་བཟླ། གཏོར་མ། ཨ་ཤྲི་ཏས་བསངས།
སྭ་བྷཱ་ཝས་སྦྱངས། སྟོང་པའི་ངང་ལས་ཡཾ་ལས་རླུང་། རཾ་ལས་མེ། ཨ་ལས་མི་མགོའི་
སྒྲིད་བུ་གསུམ། ཨོཾ་ལས་ཐོད་པའི་ནང་དུ་ཧཱུྃ་ཨཾ་ཛྲཱིཾ་ཁཾ་ཧཱུཾ་རྣམས་ལས་ཤ་ལྔ་བདུད་རྩི་
ལྔ་ཞུ་བ་ལས་བྱུང་བའི་གཏོར་མ་བདུད་རྩིའི་རྒྱ་མཚོར་གྱུར། རང་གི་སྙིང་ག་ནས་
འོད་ཟེར་འཕྲོས། གནོད་བྱེད་གདུག་པ་ཅན་ཐམས་ཅད་བཀུག་སྟེ་བསྒྲལ་བའི་ཤ་
ཁྲག་གི་ཕུང་པོ་ཆེན་པོ་དང་གཏོར་མ་གཅིག་ཏུ་འདྲེས། ནམ་མཁའ་དང་མཉམ་
པར་གྱུར། ཨོཾ་ཨཱཿཧཱུྃ། ལན་གསུམ། ཨ་ཀཱ་རོ་སོགས་(༧༧༠བ)དང་། ཙ་ཙ་སོགས་
དང་། ཨོཾ་སརྦ་བིད་པཱུ་ར་པཱུ་ར་སོགས་ནམ་མཁའ་མཛོད་ཀྱི་སྔགས་རྒྱ་རྣམས་ལན་
གསུམ་མམ་བདུན་བདུན་གྱིས་རྒྱ་ཆེར་སྤེལ། རྡོ་རྗེ་ཐལ་མོ་ཁ་གྱེན་དུ་ཕྱེ་ལ། ཨོཾ་ཨ་
ཤྲི་ཏ་ཀུཎྜ་ལི་ཏ་ན་ཏ་ཧཱུཾ་ཕཊ། ཨོཾ་བཻ་ཤྲ་མ་ཎ་ས་པ་རི་ཝཱ་ར་ཨི་དཾ་བ་ལིཾ་གྲིཧྞཧྞུ་ས
མ་ཡ་རཀྵནྟུ་མ་མ་སརྦ་སིདྡྷི་སྨི་པྲ་ཡཙྪ་མ་མ་སརྦ་ཀརྨ་སུ་ཏྲ་ཨ་མོ་གྷ་ཡ་སྭཱཧཱ། ཞེས་
ལན་བདུན་གྱིས་འབུལ། ཨརྒྷཾ་ནས་ཤབྡའི་བར་གྱིས་མཆོད། གོང་བཞིན་བསྟོད།
དེ་ལྟར་བསྟོད་ཅིང་རབ་བསྔགས་པས། །བདག་ཅག་འཁོར་བཅས་སྲུང་བ་དང་། །
འདོད་པའི་དོན་རྣམས་འགྲུབ་པ་དང་། །བགེགས་རྣམས་མ་ལུས་མེད་པར་མཛོད། །
ཚེ་དང་བསོད་ནམས་འཕེལ་བ་དང་། །འཁོར་དང་ལོངས་སྤྱོད་རྒྱས་པ་དང་། །
ཁམས་གསུམ་དབང་དུ་བསྡུ་བ་དང་། །བཤད་སྒྲུབ་བསྟན་པ་རྒྱས་པར་མཛོད། །ཅེས་
གསོལ་བ་བཏབ་བོ། །ཡི་གེ་བརྒྱ་པས་ལྷག་ཆད་ཁ་བསྐངས། ༈ འདིའི་རྗེས་གནང་
བྱེད་པར་འདོད་པས། རྟེན་གཏོར་ནག་པོ་གྲུ་གསུམ་སྙིང་གི་གཟུགས་ལྟ་བུ་བཤམས།
མདུན་དུ་ཟླུམ་གཏོར་དམར་པོ། མཆོད་པ་རྣམས་བཤམས། གོས་སྔོན་ཅན་གྱི་
བདག་བསྐྱེད་སྔོན་དུ་འགྲོ་བས། གོང་བཞིན་འདོད་དོན་གསོལ་བཏབ་ཀྱི་བར་དུ་
མདུན་བསྐྱེད་ཀྱི་ཆོ་ག་ཚང་བར་བྱས། སློབ་མ་རྣམས་ཁྲུས་བྱས། མཎྜལ་འབུལ་དུ་

བཙུག །གསོལ་བཏབ་ནི། རྡོ་རྗེ་འཛིན་པ་ཞེས་སོགས་ལན་གསུམ་གྱིས་གསོལ་བ་བཏབ། དཀོན་མཆོག་གསུམ་ལ་བདག་སྐྱབས་མཆི། །སོགས་ལན་གསུམ་གྱིས་(༡༡༡ན)རྒྱུན་བཤགས་བྱ། དངོས་གཞི་ནི། ཐོག་མར་སློབ་མ་ལ་ཕྱག་རྡོར་གྱི་མངོན་རྟོགས་རིགས་བདག་གི་བར་རྫོགས་པར་ཐོག །མདུན་གྱི་གཏོར་མ་ལ་དམིགས་སུ་བཙུག་སྟེ། གཏོར་མ། སྭ་བྷཱ་ཝས་སྟོང་པར་སྦྱངས། སྟོང་པའི་ངང་ལས་ཧཱུྃ་ལས་གཞལ་ཡས་ཁང་དྲག་པོ་འབར་བའི་རྒྱན་གྱིས་བརྒྱན་པའི་དབུས་སུ། གནམ་ལྕགས་ཀྱི་འཁོར་ལོ་རྩིབས་བརྒྱད་པའི་ལྟེ་བར་པཾ་ལས་པདྨ་དང་ཨ་ལས་ཟླ་བའི་དཀྱིལ་འཁོར་གྱི་སྟེང་དུ། བཻ་ཡིག་ནག་པོ་ལས་འོད་ཟེར་འཕྲོས། དགྲ་བགེགས་གདུག་པ་ཅན་ཐམས་ཅད་ཚར་བཅད། ཚུར་འདུས་ཡོངས་སུ་གྱུར་པ་ལས། རྒྱལ་པོ་ཆེན་པོ་རྣམ་ཐོས་སྲས་སྐུ་མདོག་དུས་མཐའི་སྤྲིན་ལྟར་རབ་ཏུ་གནག་ལ་འཇིགས་པ། ཞལ་གཅིག་ཕྱག་གཉིས། གཡས་ཀ་ཤའི་རས་ཀྱི་བ་དན་དཔྱངས་པའི་རྡོ་རྗེའི་དབྱུག་ཏོ་ནམ་མཁའ་ལ་འཕྱར་བ། གཡོན་མཆོད་རྟེན་ནག་པོ་ཐུགས་ཀར་འཛིན་པ། སྤྱན་གསུམ་དམར་ལ་ཟླུམ་ཞིང་མཆེ་བ་གཙིགས་པ། ཁྲོ་གཉེར་བསྡུས་ཤིང་སྨ་ར་སྨིན་མ་དབུ་སྐྲ་ཁམ་སེར་གྱེན་དུ་བརྫེས་པ། སྟག་ལྤགས་ཀྱི་ཤམ་ཐབས་དང་དར་གྱི་སྟོད་གཡོགས་ཅན། ཀླུ་ཆེན་པོ་བརྒྱད་ཀྱིས་བརྒྱན་པ། རིན་པོ་ཆེའི་དབུ་རྒྱན་ཅན། ཕྲག་གོང་གཡས་གཡོན་ནས་ཉི་ཟླ་འཆར་བ། སྐུ་སྟོད་ནས་བྱ་གཅན་གདུག་པའི་ཚོགས་དང་། སྐུ་ཁེད་ནས་གནོད་སྦྱིན་སྲིན་པོའི་ཚོགས་དང་། སྐུ་སྨད་ནས་སེང་གེ་སོགས་གཅན་གཟན་གདུག་པའི་ཚོགས་དཔག་ཏུ་མེད་པ་སྤྲོ་བ། (༡༡༡བ)མེ་དཔུང་འབར་བའི་དབུས་ན་གཡོན་བརྐྱང་བའི་སྟབས་ཀྱིས་བཞུགས་པ། འདབ་མ་བརྒྱད་ལ་ཕྲུཿཡིག་ནག་པོ་བརྒྱད་ཡོངས་སུ་གྱུར་པ་ལས། ཀླུ་ཆེན་བརྒྱད་པོ་ཐམས་ཅད་ཀྱང་སྐུ་མདོག་མཐིང་ནག་ཁྲོ་ཞིང་མཆེ་བ་ཙུང་ཟད་གཙིགས་པ། ཕྱག་ཐུགས་ཀར་ཐལ་མོ་སྦྱར་བས་ནོར་བུ་འཛིན་པ། སྤྱིལ་མགོའི་གདེངས་ཀ་བདུན་བདུན་དང་ལྡན་ཞིང་། སྨད་

སྤྲུལ་མཇུག་ཏུ་འཁྱིལ་བ། གཙུག་གི་ནོར་བུ་ལས་འོད་ཟེར་འཕྲོ་ཞིང་ཞལ་ནས་ཕཊ་ཀྱི་སྒྲ་སྒྲོག་པ། ཕྱི་རོལ་དུ་གནོད་སྦྱིན་བྱེ་བའི་ཚོགས་དང་། ལྷ་སྲིན་སྡེ་བརྒྱད་ཀྱི་ཚོགས་ཀྱིས་ཡོངས་སུ་བསྐོར་བའོ། ། སྤྱོས་སྤྲོར་བསྲེག་ཅིང་། རང་གི་ཐུགས་ཀའི་ཧཱུྃ་ལས་འོད་ཟེར་འཕྲོས། འོད་ཟེར་གྱི་སྣེ་ལ་ཁྲོ་བོ་འདོད་པའི་རྒྱལ་པོ་ལྟེགས་ཀྱུ་དང་ཞགས་པ་ཐོགས་པ་བྱུང་སྟེ། རྒྱལ་པོ་འཁོར་དང་བཅས་པ་བཛྲ་ས་མཱ་ཛཿལྕགས་ཀྱུའི་ཕྱག་རྒྱ་དང་བཅས། མགོན་པོ་ཀུན་གཤེགས་ཐུགས་དམ་ཅན། །ད་ལྟ་སྙིགས་མ་ལྔ་ཡི་དུས། །ཐམས་ཅད་ཉོན་མོངས་འདམ་བྱིང་བས། །མཚམས་མེད་ལྔ་ནི་ཀུན་སྤྱོད་ཅིང་། །གཟིགས་ཤིང་གཤེགས་པའི་གནས་ངན་ཡང་། །ཤཱཀྱ་སེང་གེའི་སྤྱན་སྔར་ཁྱོད། །ཐུགས་དམ་གང་བཞེས་དེ་དགོངས་ལ། །འདྲེན་པའི་བསྟན་པ་སྲུང་བ་དང་། །སེམས་ཅན་ཀུན་ལ་སྨན་སླད་དུ། །བྱང་ཕྱོགས་གནས་ན་བཞུགས་པ་རྣམས། །སེམས་ཅན་དོན་ཕྱིར་གཤེགས་སུ་གསོལ། །ཨོཾ་བཻ་ཤྲ་མ་ཎ་ས་པ་རི་ཝཱ་ར་ས་མཱ་ཛཿ ཛཿཧཱུྃ་བཾ་ཧོཿ ཨོཾ་བཻ་ས་ཏྭ། ཨོཾ་བཻ་ཤྲ་མ་ཎ་ཨ་ཀརྵ་ཡ་ཛཿབཻ་རིང་པོ་བརྗིད་དང་ལྡན་པ་མིག་འཛུམ་སུམ་ཅུ་སོ་(༡༡༢༨)གཉིས་ཀྱི་ཡུན་ཚད་དུ་བརྗོད། ཨ་མྲི་ཏའི་སྔགས་ཀྱིས་ཕྱིར་འབྲང་གི་བགེགས་བསྐྲད། རྒྱལ་པོའི་ཐུགས་ཀར་པདྨ་འདབ་བརྒྱད་ཀྱི་འདབ་མ་རེ་རེ་ལ་བཻ་བཞི་བཞི། བདག་མདུན་གྱི་ཐུགས་འོད་ཟེར་གྱི་ལྕགས་ཀྱུས་ཁྱིལ་བར་གྱུར། ཨོཾ་རཏྣ་མུ་ཀུ་ཊ་ཨ་རྒྷཾ་པྲ་ཏཱིཙྪ་སྭཱ། ཞེས་ཅོད་པན་གྱིས་དབང་བསྐུར། དཔྲལ་བར་ཨོཾ། མགྲིན་པར་ཨཱཿ ཐུགས་ཀར་ཧཱུྃ། ཞེས་གོང་བཞིན་བསྒོམ་པ་ལས། སྤྱན་འདྲེན་གྱི་ཚེ་རོལ་མོ་དྲག་ལ་ཡུན་རིང་བར་བྱེད། མདུན་གྱི་རྒྱལ་པོ་ཆེན་པོ་ལ་དབུ་རྒྱན་གསོལ་བར་མོས་སུ་བཙུག་ལ་ཅོད་པན་གྱི་ཕྱག་རྒྱ་དང་བཅས་པ། ཨོཾ་རཏྣ་མུ་ཀུ་ཊ་ཨ་རྒྷཾ་པྲ་ཏཱིཙྪ་ཧཱུྃ། ཞེས་པ་དང་། ཨརྒྷཾ་ནས་ཤབྡའི་བར་གྱིས་མཆོད། སྟོབས་ཆེན་མི་སྡུག་འཇིགས་པའི་གཟུགས། །གདུམ་པོ་མ་རུངས་ཚར་གཅོད་པ། །རྒྱལ་ཆེན་འཁོར་དང་བཅས་རྣམས་ལ། །མཆོད་ཅིང་བསྟོད་དེ་ཕྱག་ཀྱང་འཚལ། །ཞེས་

བསྟོད་པའི་རྗེས་ཟློས་བྱར་གཞུག །སྐུའི་རྗེས་གནང་ངོ་། །བླ་མའི་ཐུགས་ཀ་ནས་འོད་ཟེར་འཕྲོས། མདུན་བསྐྱེད་རྒྱལ་པོའི་ཐུགས་རྒྱུད་བསྐུལ། ཐུགས་ཀ་ནས་སྔགས་འཕྲེང་རིན་ཆེན་འབར་བའི་འཕྲེང་བ་ལྟ་བུ་བྱུང་། དེ་ལས་འོད་ཟེར་འཕྲོས། འཕགས་པ་མཆོད། སེམས་ཅན་གྱི་དབུལ་ཕོངས་བསལ། འཇིག་རྟེན་ཁམས་ཀྱི་དངོས་གྲུབ་ཐམས་ཅད་བསྡུས་ཏེ་སྔགས་འཕྲེང་ལ་ཐིམ། དེ་ཉིད་སློབ་མའི་ཁ་སྒོ་ནས་ཞུགས་ཏེ་སྙིང་གའི་ཧཱུྃ་ལ་ཐིམ། དེ་ནས་སྔགས་འཕྲེང་འཁོར་ལོ་ལྟར་འཁོར་བ་ལ་སེམས་གཏད་དུ་བཅུག་སྟེ། ཨོཾ་ནྲི་ཡཾ་བ་ར་ཛྙ་ར་བཛྲ་པྲ་ཏི(༡༡༢བ)མརྡ་ཡཀྵ་ནྡྲ་ཛ་ཀུ་བེ་ར། བཻ་ཏྲ་ཧྲ་ཀ་སིདྡྷི་མེ་པྲ་ཡཙྪ་ཧཱུྃ་ཧཱུྃ་ཕཊ། ཅེས་ལན་གསུམ་རྗེས་ཟློས་བྱེད་དུ་བཅུག །སློབ་མས་སློབ་དཔོན་ལ་མེ་ཏོག་གཏོར་བཞིན་དུ། བཅོམ་ལྡན་བདག་ལ་ཞེས་སོགས་ལན་གསུམ། སློབ་དཔོན་གྱིས་བགྲང་འཕྲེང་སློབ་མའི་སྤྱི་བོར་བཞག་ལ། བཅོམ་ལྡན་འདི་ལ་ཞེས་སོགས་ལན་གསུམ་གྱིས་བྱིན་གྱིས་བརླབས། གོང་བཞིན་མདུན་བསྐྱེད་ལ་མཆོད་བསྟོད་བྱ། གསུང་གི་རྗེས་གནང་ངོ་། །སློབ་མ་གསང་བདག་གི་ང་རྒྱལ་བརྟན་པོ་བསྐྱེད་དུ་བཅུག་ལ། གཏོར་མ་ལག་ཏུ་གཏད་དེ། རྒྱལ་པོ་ཆེན་པོ་རྣམ་ཐོས་སྲས་འཁོར་དང་བཅས་པ་ཁྱེད་རྣམས་ཀྱིས་ཕྱག་ན་རྡོ་རྗེ། སྤྱོད་མཛད་ཆོས་ཀྱི་རྡོ་རྗེ། ཞེས་སོགས་བརྒྱུད་རིམ་གོང་བཞིན་ཐོག །རྩ་བརྒྱུད་ཀྱི་དཔལ་ལྡན་བླ་མ་དམ་པ་རྣམས་ཀྱི་བཀའ་དང་དམ་ལས་མ་འདའ་བར་རྡོ་རྗེ་སློབ་མ་འདི་རྣམས་ཀྱི་ཕྱི་བཞིན་དུ་རྗེས་སུ་རྒྱུག་ལ། སྐད་ཅིག་ཙམ་ཡང་འབྲལ་བ་མེད་པར་རྗེས་སུ་བཟུང་ནས། འགལ་རྐྱེན་ཐམས་ཅད་སེལ། མཐུན་རྐྱེན་ཐམས་ཅད་བསྒྲུབས། ཇི་ལྟར་བསམ་པའི་དོན་ཐམས་ཅད་འབད་མེད་ལྷུན་གྱིས་འགྲུབ་པར་མཛོད་ཅིག །ཅེས་བཀའ་བསྒོ་དྲག་ཏུ་བྱ། ཐུགས་ཀྱི་རྗེས་གནང་ངོ་། །རྗེས་ཆོག་སྤྱི་ལྟར་བྱ།

༄ རྣམ་སྲས་ནག་པོ་རྟ་སྔོན་ཅན་ལ། མཆོད་གཏོར་བཤམས། སྐྱབས་སེམས་ཚད་མེད་བཞི་སྔོན་དུ་བཏང་ནས། གསང་བདག་གི་བདག་བསྐྱེད་སྔོན་དུ་འགྲོ་བས།

མཆོད་པ་བྱིན་གྱིས་བརླབས་ནས། མདུན་བསྐྱེད་བསངས་སྦྱངས། རང་གི་སྙིང་གའི་ཧཱུྃ་ལས་འོད་ཟེར་འཕྲོས་(༧༧༣ན)པས་མདུན་གྱི་ནམ་མཁར་གནམ་ལྕགས་འབར་བའི་ཚ་ཚ་འཁྲུག་པའི་ས་གཞི་ལ་རྣ་གྲུར་གྱི་དབུས་སུ། སྤྲིན་ནག་འཁྲུགས་པའི་ཀློང་གི་དཀྱིལ་འཁོར་གྱི་གཞི་ལ་ཐོད་རིལ་བརྩེགས་པའི་གཞལ་ཡས་ཁང་རླུམ་པོ་སྒོ་གཅིག་པ། ཕྱི་རོལ་དུ་དུར་ཁྲོད་ཀྱིས་ཡོངས་སུ་བསྐོར་བ། དེའི་དབུས་སུ་ཧཱུྃ་ལས་འཁོར་ལོ་སྔོན་པོ་རྩིབས་བཞི་པ་ལྟེ་བ་མུ་ཁྱུད་དང་བཅས་པ། རལ་གྲིའི་འཕྲེང་བས་བསྐོར་བའི་དབུས་སུ། ཆོས་འབྱུང་གྲུ་གསུམ་མཐིང་ནག་གི་ལྟེ་བར། རུ་ཏ་ཕོ་མོ་བསྣོལ་བའི་གདན། ཕྱོགས་ཀྱི་རྩིབས་བཞི་ལ། ཤར་དུ་ཞེ་སྡང་འོ་མའི་མཚོ། །ལྷོར་ང་རྒྱལ་མར་ཁུའི་མཚོ། ནུབ་ཏུ་འདོད་ཆགས་ཁྲག་གི་མཚོ། བྱང་དུ་ཕྲག་དོག་གསེར་གྱི་མཚོ། དབུས་ཀྱི་གདན་གྱི་སྟེང་དུ་ཧཱུྃ་མཐིང་ནག་ལས་འོད་ཟེར་འཕྲོས། དགྲ་བགེགས་གདུག་པ་ཅན་ཐམས་ཅད་ཚར་བཅད། ཚུར་འདུས་ཡོངས་སུ་གྱུར་པ་ལས། རྒྱལ་པོ་ཆེན་པོ་སྐུ་མདོག་མཐིང་ནག་ཞལ་གཅིག་ཕྱག་གཉིས། དམར་ལ་རླུམ་པའི་སྤྱན་གཉིས་དགྲ་བགེགས་ལ་སྡང་མིག་ཏུ་བལྟ་བ། མཆེ་བ་གཙིགས་ཤིང་ཁྲོ་གཉེར་བསྡུས་པ། ཕྱག་གཡས་རལ་གྲི་མེ་འབར་བ་འཕྱར་བ། གཡོན་མདའ་དར་ལེ་བཀྲན་གྱི་མདོག་ཅན་ཕྲག་པ་ལ་བཀལ་བ། སྐུ་ལ་དར་ནག་གི་བེར་ཆེན་བསེ་ཁྲབ་སྨུག་པོ་དང་བཅས་པ་གསོལ་བ། དབུ་ལ་ལྕགས་ཀྱི་རྨོག་ཞུ་གསེར་གྱི་ཐིག་ལེ་ཅན་བསྣམས་པ། སྨ་ར་སྨིན་མ་མེ་ལྟར་འབར་བ། ཞབས་ལ་སག་ལྷམ་གཡུ་རིས་ཅན་གསོལ་བ། བཻ་ཌཱུརྱའི་མདོག་ཅན་གྱི་རྟ་(༧༧༣བ)མཆོག་ལུས་ཉམས་རྩལ་དང་ལྡན་པ། གསེར་གྱི་སྒ་དང་སྲབ་མེན་གྱི་ཡོབ་ཅན་ཆིབས་པ། ཤིན་ཏུ་འཇིགས་སུ་རུང་བ་སྲིན་པོའི་ཆ་ལུགས་ཅན། །མི་ཀླུང་འཚུབ་མའི་དབུས་ན་བཞུགས་པའོ། །ཐུགས་ཀར་ཉི་མ་ལ་གནས་པའི་བཻ་ཡིག་མཐིང་ནག །ཕྱོགས་ཀྱི་མཚོ་བཞིའི་དབུས་སུ་ཤར་དུ་ཊཀ་ལས་བདུད་མོ་གཤིན་རྗེ་མགོ་དགུ་མ་ནག་མོ། ཕྱག་གཡས་དུང་གི་སྤུ་གྲི་དང་གཡོན་ཐོད་

ཁྲག་འཛིན་པ། ཐོད་སྐམ་ལྔའི་དབུ་རྒྱན་དང་། རིན་པོ་ཆེས་བརྒྱན་པ། བེར་དཀར་གསོལ་ཞིང་བ་མེན་ཏུ་ཡོན་ལ་ཆིབས་པ། ལྷོར་རག་ལས་བདུད་མོ་གཤིན་རྗེ་ལག་བརྒྱ་མ་སེར་མོ། གཡས་ལྷ་བཙུ་རལ་གྲི་དང་། གཡོན་ལྷ་བཙུ་བདུད་ཞགས་འཕྱར་བ། སྐུ་སྟོད་ལ་མི་ལྤགས་དང་སྐུ་སྨད་ལ་སྟག་ལྤགས་གསོལ་བ། མ་ཧེ་ལ་ཆིབས་པ། ནུབ་ཏུ་ཤ་ལས་བདུད་མོ་ཕུང་ཁྲོལ་མ་དམར་ནག །གཡས་ལྕགས་ཀྱུ་དང་གཡོན་དགྲ་སྙིང་འཛིན་པ། སྟག་ལྤགས་ཀྱི་ཤམ་ཐབས་ཅན། ཞལ་ནས་ཁྲག་གི་ཟློར་འཕེན་པ། གཡག་རྒོད་ནག་པོ་ལ་ཆིབས་པ། བྱང་དུ་སྦྲུཿལས་བདུད་མོ་གསོད་བྱེད་མ་ལྗང་ནག །གཡས་ལྷ་ན་ཁྲམ་ཤིང་། གཡོན་ལྷ་ན་བདུད་ཞགས་སློ་སྙིང་དང་བཅས་པ་འཛིན་པ། སྐུ་སྟོད་ལ་མི་ལྤགས་དང་སྐུ་སྨད་ལ་དྲེད་ལྤགས་གསོལ་བ། རྐྱང་བུ་ཁ་དཀར་ལ་ཆིབས་པ། ཐམས་ཅད་ཀྱང་མི་མགོའི་དོ་ཤལ་དང་རིན་པོ་ཆེས་བརྒྱན་པ། རང་མདོག་དང་མཚུངས་པའི་བུད་མེད་འབུམ་འབུམ་གྱིས་བསྐོར་བ། འཁོར་ལོའི་རྩིབས་ཚན་བཞི་ལ། ཤར་ལྷོར་ཧྲཱི་ལས་ཡུལ་འཁོར་སྲུང་དཀར་པོ་པི་ཝང་ (༡༡༨ན) འཛིན་པ་གླང་པོ་ཆེ་ལ་ཞོན་པ། ལྷོ་ནུབ་ཏུ་བཱི་ལས་འཕགས་སྐྱེས་པོ་སྔོན་པོ་རལ་གྲི་འཛིན་པ་མ་ཧེ་ལ་ཞོན་པ། ནུབ་བྱང་དུ་བི་ལས་མིག་མི་བཟང་དམར་པོ་སྦྲུལ་ཞགས་དང་མཆོད་རྟེན་འཛིན་པ་ཆུ་སྲིན་ལ་ཞོན་པ། བྱང་ཤར་དུ་བཻ་ལས་ངལ་བསོས་པོ་ལྗང་ནག་དབྱུག་ཏོ་དང་ནེའུ་ལེ་འཛིན་པ་སེང་གེ་ལ་ཞོན་པ། ཐམས་ཅད་ཀྱང་གོ་ཆ་གསོལ་ཞིང་ཆེས་ཁྲོས་པའོ། ། སྤྲོས་སྡུར་བསྡིག་ཅིང་། རང་གི་ཐུགས་ཀའི་ཧཱུྃ་ལས་འོད་ཟེར་འཕྲོས། འོད་ཟེར་གྱི་སྣེ་ལ་ཁྲོ་བོ་འདོད་པའི་རྒྱལ་པོ་ལྕགས་ཀྱུ་དང་ཞགས་པ་ཐོགས་པ་བྱུང་སྟེ། རྒྱལ་པོ་འཁོར་དང་བཅས་པ་བཛྲ་ས་མ་ཛཿ ལྕགས་ཀྱུའི་ཕྱག་རྒྱ་དང་བཅས། མགོན་པོ་ཀུན་གཤེགས་ཐུགས་དམ་ཅན། །ད་ལྟ་སྙིགས་མ་ལྔ་ཡི་དུས། །ཐམས་ཅད་ཉོན་མོངས་འདམ་བྱིང་བས། །མཚམས་མེད་ལྔ་ནི་ཀུན་སྤྱོད་ཅིང་། །གཟིགས་ཤིང་གཤེགས་པའི་གནས་ངན་ཡང་། །ལྒཀྱ་སེང་གེའི་སྤྱན་སྔར་

ཁྱོད། །ཐུགས་དམ་གང་བཞེས་དེ་དགོངས་ལ། །འདྲེན་པའི་བསྟན་པ་སྲུང་བ་
དང་། །སེམས་ཅན་ཀུན་ལ་སྨན་སླད་དུ། །ཕྱུང་ཕྱོགས་གནས་ན་བཞུགས་པ་
རྣམས། །སེམས་ཅན་དོན་ཕྱིར་གཤེགས་སུ་གསོལ། །ཨོཾ་བཻ་ཤྲ་མ་ཎ་ས་པ་རི་ཝཱ་ར་
ས་ཏྭ་ཛཿ ཛཿཧཱུྃ་བཾ་ཧོཿ ཨོཾ་བཻ་ས྄ཏྲ། ཨོཾ་བཻ་ཤྲ་མ་ཎ་ཨ་ཀྲྀ་ཡ་ཛཿབཻ་རིང་པོ་བརྗོད་
དང་ལྡན་པ་མིག་འཛུམ་སུམ་ཅུ་སོ་གཉིས་ཀྱི་ཡུན་ཚད་དུ་བརྗོད། ཨ་མྲྀ་ཏའི་སྔགས་
ཀྱིས་ཕྱིར་འབྲང་གི་བགེགས་བསྐྲད། རྒྱལ་པོའི་ཐུགས་ཀར་པདྨ་འདབ་(༡༡༨བ)བརྒྱད་
ཀྱི་འདབ་མ་རེ་རེ་ལ་བེ་བཞི་བཞི། བདག་མདུན་གྱི་ཐུགས་འོད་ཟེར་གྱི་ལྕགས་ཀྱུས་
སྤྲོལ་བར་གྱུར། ཨོཾ་རཏྣ་ཨུ་ཀུ་ཏ་ཨ་ཧྲི་ཊི་ཥྛ་མི། ཞེས་ཅོད་པན་གྱིས་དབང་བསྐུར།
ཨོཾ་བཻ་ཤྲ་མ་ཎ་ས་པ་རི་ཝཱ་ར་ཨརྒྷཾ་ནས་ཤབྡ་པྲ་ཏཱིཙྪ་ཨོཾ་ཨཱཿཧཱུྃ་གི་བར་གྱིས་མཆོད།
བསྟོད་པ་ནི། ལྷ་ཚོགས་དབུགས་འབྱིན་ལྷ་མིན་འཇོམས་ལ་དཔའ། །མི་བཟད་
བདུད་ཀྱི་ཆ་ལུགས་བསྟན་པ་སྐྱོང་། །ཕྱུང་ཕྱོགས་རྒྱལ་པོ་བདུད་རྒྱལ་རྣམ་ཐོས་
སྲས། །འཁོར་བཅས་སྤྲུལ་པ་ཡང་སྤྲུལ་ཚོགས་ལ་བསྟོད། །ཅེས་བསྟོད། སྔགས་ནི།
ཨོཾ་བཻ་ཏྲག་རཀྵ་ཧྲོ། ཞེས་བཟླ། གཏོར་མ། ཨ་མྲྀ་ཏས་བསངས། སྭ་བྷཱ་ཝས་སྦྱངས།
སྟོང་པའི་ངང་ལས་ཡཾ་ལས་རླུང་། རཾ་ལས་མེ། ཨཱཿལས་མི་མགོའི་སྒྱེད་བུ་གསུམ།
ཨོཾ་ལས་བྱུང་བའི་ཐོད་པའི་ནང་དུ་ཧཱུྂ་ཨཾ་ཡཾ་ཁཾ་ཧཱུྃ་རྣམས་ལས་ཤ་ལྔ་བདུད་རྩི་ལྔ་ཞུ་
བ་ལས་བྱུང་བའི་གཏོར་མ་བདུད་རྩིའི་རྒྱ་མཚོར་གྱུར། རང་གི་སྙིང་ག་ནས་འོད་
ཟེར་འཕྲོས། གནོད་བྱེད་གདུག་པ་ཅན་ཐམས་ཅད་བཀུག་སྟེ་བསྒྲལ་བའི་ཤ་ཁྲག
གི་ཕུང་པོ་ཆེན་པོ་དང་གཏོར་མ་གཅིག་ཏུ་འདྲེས་ནམ་མཁའ་དང་མཉམ་པར་གྱུར།
ཨོཾ་ཨཱཿཧཱུྃ། ལན་གསུམ། ཨ་ཀཱ་རོ་སོགས་དང་། ཧ་ཧ་སོགས་དང་། ཨོཾ་སརྦ་བིད་
པཱུ་ར་པཱུ་ར་སོགས་ནམ་མཁའ་མཛོད་ཀྱི་སྔགས་རྒྱ་རྣམས་ལན་གསུམ་མམ་བདུན་
བདུན་གྱིས་རྒྱ་ཆེར་སྤེལ། རྡོ་རྗེ་ཐལ་མོ་ཁ་གྱེན་དུ་ཕྱེ་ལ། ཨོཾ་ཨ་མྲྀ་ཏ་ཀུཎྜ་ལི་ཧ་ན་
ཧ་ན་ཧཱུྃ་ཕཊ། ཨོཾ་བཻ་ཏྲག་རཀྵ་ཧྲོ་ས་པ་རི་ཝཱ་ར་ཨི་དཾ་བ་ལིཾ་གྲྀཧྞནྟུ་ས་མ་ཡ་རཀྵནྟུ

མ་མ་སཱ་ཏ་སིདྡྷིམྨེ་པྲ་ཡཙྪ་མ་མ་སཱ་ཏ་(775ན)ཀརྨ་སུ་ཙ་ཨ་མེ་ཙིཏྟ་ཡ་སྲཱིཡཾ། ཞེས་ལན་བདུན་གྱིས་འབུལ། ཨརྒྷཾ་ནས་ཤབྡའི་བར་གྱིས་མཆོད། གོང་བཞིན་བསྟོད། རྒྱལ་ཆེན་འཁོར་དང་བཅས་པ་རྣམས། །མཆོད་སྦྱིན་གཏོར་མ་འདི་བཞེས་ལ། །རྣལ་འབྱོར་བདག་ཅག་འཁོར་བཅས་རྣམས། །བུ་སྡུག་བཞིན་དུ་བསྐྱང་བ་དང་། །ཚེ་དང་བསོད་ནམས་རྒྱས་པར་མཛོད། །གཞན་ཡང་བདག་ཅག་འཁོར་བཅས་ལ། །ལོག་པར་ཞུགས་པའི་དགྲ་དང་བགེགས། །དེ་ཡི་ཕྲ་མ་གཞོམ་པ་དང་། །གཏན་ནས་བསྣུག་པའི་འཕྲིན་ལས་མཛོད། །དེ་ལྟར་བཅོལ་བའི་ལས་འདི་དག །དམ་ཚིག་ལྡན་པ་ཁྱེད་རྣམས་ཀྱིས། །སྔོན་གྱི་དམ་ཚིག་རྗེས་དགོངས་ལ། །མ་གཡེལ་ད་ལྟ་འགྲུབ་པར་མཛོད། །ཅེས་འཕྲིན་ལས་བཅོལ། ཡི་གེ་བརྒྱ་པས་ལྷག་ཆད་ཁ་བསྐང་ངོ་།

༄ འདིའི་རྗེས་གནང་བྱེད་པར་འདོད་ན། པདྨ་སྔོན་པོ་འདབ་བརྒྱད་ཀྱི་ལྟེ་བར་མཐིའི་སྟེང་དུ་རྟེན་གཏོར་གྲུ་གསུམ་ནག་པོ་ཙཀ་ལི་དང་བཅས་པ་དགོད། ཁྲིས་སྐུ་དང་མཆོད་གཏོར་བཤམས། ལྕགས་ཀྱི་རྡོ་རྗེ་དང་རལ་གྲི་ཡང་བཤམས། གསང་བདག་གི་བདག་བསྐྱེད་སྔོན་དུ་འགྲོ་བས། གོང་བཞིན་འདོད་དོན་གསོལ་བཏབ་ཀྱི་བར་དུ་མདུན་བསྐྱེད་ཀྱི་ཚོ་ག་ཚང་བར་བྱས་ལ། སློབ་མས་ཁྲུས་བྱས། མཎྜལ་ཕུལ། གནོད་སྦྱིན་གཏེར་སྐྱོང་རིན་ཆེན་ལྟ་བུའི་སྐུ། །ཆེ་མཆོག་བསམ་གྱིས་མི་ཁྱབ་ཡོན་ཏན་རྫོགས། །སྒྲུབ་མཆོག་བདག་ལ་མཆོག་དང་ཐུན་མོང་གི །དངོས་གྲུབ་(775བ)མ་ལུས་དུས་འདིར་བདག་ལ་སྩོལ། །ཞེས་ལན་གསུམ་གྱིས་གསོལ་བ་བཏབ། དཀོན་མཆོག་གསུམ་ལ་བདག་སྐྱབས་མཆི། །སོགས་མགུར་ནས་འབྱུང་བའི་རྒྱུན་བཤགས་ལན་གསུམ། དངོས་གཞི་ནི། ཐོག་མར་སློབ་མ་ལ་ཕྱག་རྗེར་གྱི་མངོན་རྟོགས་རིགས་བདག་གི་བར་རྫོགས་པར་ཐོག །མདུན་གྱི་གཏོར་མ་ལ་དམིགས་སུ་བཅུག་སྟེ། གཏོར་མ། སྭ་བྷཱ་ཝས་སྟོང་པར་སྦྱངས། སྟོང་པའི་ངང་ལས་རང་གི་སྙིང་གའི་ཧཱུྃ་ལས་འོད་ཟེར་འཕྲོས་པས་མདུན་གྱི་ནམ་མཁར་གནམ་ལྕགས་འབར་

བའི་ཚ་ཚ་འབྲུག་པའི་ས་གཞི་ལ་རྣ་གུར་གྱི་དབུས་སུ། སྲིན་ནག་འབྲུག་པའི་རླུང་གི་དཀྱིལ་འཁོར་གྱི་ས་གཞི་ལ་ཐོད་རིལ་བརྩེགས་པའི་གཞལ་ཡས་ཁང་རླུམ་པོ་སྒོ་གཅིག་པ། ཕྱི་རོལ་དུ་དུར་ཁྲོད་ཀྱིས་ཡོངས་སུ་བསྐོར་བ། དེའི་དབུས་སུ་ཧཱུྃ་ལས་འཁོར་ལོ་སྔོན་པོ་རྩིབས་བཞི་པ་ལྟེ་བ་མུ་ཁྱུད་དང་བཅས་པ། རལ་གྲིའི་འཕྲེང་བས་བསྐོར་བའི་དབུས་སུ། ཆོས་འབྱུང་གྲུ་གསུམ་མཐིང་ནག་གི་ལྟེ་བར། ཙ་ཏ་ཕོ་མོ་བསྒྲལ་བའི་གདན། ཕྱོགས་ཀྱི་རྩིབས་བཞི་ལ། ཤར་དུ་ཞེ་སྡང་འོ་མའི་མཚོ། ལྷོར་ང་རྒྱལ་མར་ཁུའི་མཚོ། ནུབ་ཏུ་འདོད་ཆགས་ཁྲག་གི་མཚོ། བྱང་དུ་ཕྲག་དོག་གསེར་གྱི་མཚོ། དབུས་ཀྱི་གདན་གྱི་སྟེང་དུ་ཧཱུྃ་མཐིང་ནག་ལས་འོད་ཟེར་འཕྲོས། དགྲ་བགེགས་གདུག་པ་ཅན་ཐམས་ཅད་ཚར་བཅད། ཚུར་འདུས་ཡོངས་སུ་གྱུར་པ་ལས། རྒྱལ་པོ་ཆེན་པོ་སྐུ་མདོག་མཐིང་ནག་ཞལ་གཅིག་ཕྱག་གཉིས། དམར་ལ་རླུམ་པའི་སྤྱན་གཉིས་དགྲ་བགེགས་ལ་སྡང་མིག་ཏུ་བལྟ་བ། མཆེ་བ་གཙིགས་ཤིང་(༡༡༤ན)ཁྲོ་གཉེར་བསྡུས་པ། ཕྱག་གཡས་རལ་གྲི་མེ་འབར་བ་འཕྱར་བ། གཡོན་མདའ་དར་ལི་བཀྲན་གྱི་མདོག་ཅན་ཕྲག་པ་ལ་བཀལ་བ། སྐུ་ལ་དར་ནག་གི་བེར་ཆེན་བསེ་ཁྲབ་རྨྱག་པོ་དང་བཅས་པ་གསོལ་བ། དབུ་ལ་ལྕགས་ཀྱི་རྨོག་གཞུ་གསེར་གྱི་ཐིག་ལེ་ཅན་བརྟམས་པ། སྨ་ར་སྨིན་མ་མེ་ལྟར་འབར་བ། ཞབས་ལ་སག་ལྷམ་གཡུ་རིས་ཅན་གསོལ་བ། བཻ་ཌཱུཪྻའི་མདོག་ཅན་གྱི་རྟ་མཆོག་ལུས་ཉམས་རྩལ་དང་ལྡན་པ། གསེར་གྱི་སྒ་དང་སྲབ་མེན་གྱི་ཡོབ་ཅན་ཆིབས་པ། ཤིན་ཏུ་འཇིགས་སུ་རུང་བ་སྲིན་པོའི་ཆ་ལུགས་ཅན། མེ་རླུང་འཚུབ་མའི་དབུས་ན་བཞུགས་པ། ཐུགས་ཀར་ཉི་མ་ལ་གནས་པའི་བཻ་ཡིག་མཐིང་ནག །ཕྱོགས་ཀྱི་མཚོ་བཞིའི་དབུས་སུ་ཤར་དུ་ཊཀ་ལས་བདུད་མོ་གཤིན་རྗེ་མགོ་དགུ་མ་ནག་མོ། ཕྱག་གཡས་དུང་གི་སྦུ་གྲི་དང་གཡོན་ཐོད་ཁྲག་འཛིན་པ། ཐོད་སྐམ་ལྔའི་དབུ་རྒྱན་དང་། རིན་པོ་ཆེས་བརྒྱན་པ། བེར་དཀར་གསོལ་ཞིང་བ་མེན་ཏུ་ཡོན་ལ་ཆིབས་པ། ལྷོར་རག་ལས་བདུད་མོ་གཤིན་

ཟེ་ལག་བརྒྱ་མ་སེར་མོ། གཡས་ལྔ་བཅུ་རལ་གྲི་དང་། གཡོན་ལྔ་བཅུ་བདུད་ཞགས་འཕྱར་བ། སྐུ་སྟོད་ལ་མི་ལྤགས་དང་སྐུ་སྨད་ལ་སྟག་ལྤགས་གསོལ་བ། མ་ཧེ་ལ་ཆིབས་པ། ནུབ་ཏུ་ཤ་ལས་བདུད་མོ་ཕུང་ཁྲོལ་མ་དམར་ནག །གཡས་ལྕགས་ཀྱུ་དང་གཡོན་དགྲ་སྙིང་འཛིན་པ། སྟག་ལྤགས་ཀྱི་ཤམ་ཐབས་ཅན། ཞལ་ནས་ཁྲག་གི་ཐོར་འཕེན་པ། གཡག་རྐོད་ནག་པོ་ལ་ཆིབས་པ། བྱང་དུ་བྱོཿ(༡༡༨བ)ལས་བདུད་མོ་གསོད་བྱེད་མ་ལྗང་ནག །གཡས་ལྔ་ན་ཁྲམ་ཤིང་། གཡོན་ལྔ་ན་བདུད་ཞགས་སྲོ་སྙིང་དང་བཅས་པ་འཛིན་པ། སྐུ་སྟོད་ལ་མི་ལྤགས་དང་སྐུ་སྨད་ལ་དྲེད་ལྤགས་གསོལ་བ། རྐང་བུ་ཁ་དཀར་ལ་ཆིབས་པ། ཐམས་ཅད་ཀྱང་མི་མགོའི་དོ་ཤལ་དང་རིན་པོ་ཆེས་བརྒྱན་པ། རང་མདོག་དང་མཚུངས་པའི་བུད་མེད་འབུམ་འབུམ་གྱིས་བསྐོར་བ། འཁོར་ལོའི་རྩིབས་ཚན་བཞི་ལ། ཤར་ལྷོར་ཧྲི་ལས་ཡུལ་འཁོར་སྲུང་དཀར་པོ་པི་ཝང་འཛིན་པ་སླང་པོ་ཆེ་ལ་ཞོན་པ། ལྷོ་ནུབ་ཏུ་བཻ་ལས་འཕགས་སྐྱེས་པོ་སྔོན་པོ་རལ་གྲི་འཛིན་པ་མ་ཧེ་ལ་ཞོན་པ། ནུབ་བྱང་དུ་བི་ལས་མིག་མི་བཟང་དམར་པོ་སྦྲུལ་ཞགས་དང་མཆོད་རྟེན་འཛིན་པ་ཆུ་སྲིན་ལ་ཞོན་པ། བྱང་ཤར་བཻ་ལས་ངལ་བསོས་པོ་ལྗང་ནག་དབྱུག་ཏོ་དང་ནེའུ་ལེ་འཛིན་པ་སེངྒེ་ལ་ཞོན་པ། ཐམས་ཅད་ཀྱང་གོ་ཆ་གསོལ་ཞིང་ཆེས་ཁྲོས་པའོ། །ཕྱོགས་སྐྱོར་བསྲིག་ཅིང་། རང་གི་ཐུགས་ཀའི་ཧཱུྃ་ལས་འོད་ཟེར་འཕྲོས། འོད་ཟེར་གྱི་སྣེ་ལ་ཁྲོ་བོ་འདོད་པའི་རྒྱལ་པོ་ལྕགས་ཀྱུ་དང་ཞགས་པ་ཐོགས་པ་བྱུང་སྟེ། རྒྱལ་པོ་འཁོར་དང་བཅས་པ་བཛྲ་ས་མཱ་ཛཿལྕགས་ཀྱུའི་ཕྱག་རྒྱ་དང་བཅས། མགོན་པོ་ཀུན་གཤེགས་ཐུགས་དམ་ཅན། །ད་ལྟ་སྙིགས་མ་ལྔ་ཡི་དུས། །ཐམས་ཅད་ཉོན་མོངས་འདམ་བྱིང་བས། །མཚམས་མེད་ལྔ་ནི་ཀུན་སྤྱོད་ཅིང་། །གཟིགས་ཤིང་གཤེགས་པའི་གནས་ངན་ཡང་། །ཤཱཀྱ་སེངྒེའི་སྤྱན་སྔར་ཁྱོད། །ཐུགས་དམ་གང་བཞེས་དེ་དགོངས་ལ། །འདྲེན་པའི་བསྟན་པ་(༡༡༩ན)སྲུང་བ་དང་། །སེམས་ཅན་ཀུན་ལ་སྨན་སླད་དུ། །བྱང་ཕྱོགས་གནས་ན་

བཞུགས་པ་རྣམས། །སེམས་ཅན་དོན་ཕྱིར་གཤེགས་སུ་གསོལ། །ཨོཾ་བཻ་ཤྲ་མ་ཎ་ས་པ་རི་ཝཱ་ར་ས་ཨཱ་ཛཿ ཛཿཧཱུྃ་བཾ་ཧོཿ ཨོཾ་བཻ་སྭཱཧཱ། ཨོཾ་བཻ་ཤྲ་མ་ཎ་ཨ་གནྟ་ཡ་ཛཿབཻ་རིང་པོ་བརྗིད་དང་ལྡན་པ་མིག་འཇུམ་སུམ་ཅུ་སོ་གཉིས་ཀྱི་ཡུན་ཚད་དུ་བརྗོད། ཨ་ཤྲི་ཏའི་སྔགས་ཀྱིས་ཕྱིར་འབྲང་གི་བགེགས་བསྐྲད། རྒྱལ་པོའི་ཐུགས་ཀར་པདྨ་འདབ་བརྒྱད་ཀྱི་འདབ་མ་རེ་རེ་ལ་བཻ་བཞི་བཞི། བདག་མདུན་གྱི་ཐུགས་འོད་ཟེར་གྱི་ལྕགས་ཀྱུས་སྤྲེལ་བར་གྱུར། ཨོཾ་རཏྣ་ཨུ་ཀུ་ཏ་ཨ་ཧྲི་ཥྛ་མི། ཞེས་ཅོད་པན་གྱིས་དབང་བསྐུར། ཞེས་བསྒོམ་དུ་བཅུག །སྤྱན་འདྲེན་གྱི་ཚེ་རོལ་མོ་དྲག་ལ་ཡུན་རིང་བར་བྱེད། མདུན་གྱི་རྒྱལ་པོ་ཆེན་པོ་ལ་དབུ་རྒྱན་གསོལ་བར་མོས་སུ་བཅུག་ལ་ཅོད་པན་གྱི་ཕྱག་རྒྱ་དང་བཅས། ཨོཾ་རཏྣ་ཨུ་ཀུ་ཏ་ཨ་ཧྲི་ཥྛ་ཧཱུྃ། ཞེས་པ་དང་། ཨརྒྷཾ་སོགས་ཀྱིས་མཆོད། ལྷ་ཚོགས་དབུགས་འབྱིན་ལྷ་མིན་འཇོམས་ལ་དཔའ། །མི་བཟད་བདུད་ཀྱི་ཆ་ལུགས་བསྟན་པ་སྐྱོང་། །བྱང་ཕྱོགས་རྒྱལ་པོ་བདུད་རྒྱལ་རྣམ་ཐོས་སྲས། །འཁོར་བཅས་སྤྱུལ་པ་ཡང་སྤྱུལ་ཚོགས་ལ་བསྟོད། །ཅེས་བསྟོད་པའི་རྗེས་སྣོས་བྱང་གཞུག །ལྕགས་ཀྱི་རྡོ་རྗེ་སློབ་མའི་སྤྱི་བོར་བཞག་ལ། འདི་ནི་ཡེ་ཤེས་རྡོ་རྗེ་སྟེ། །སངས་རྒྱས་ཐམས་ཅད་ཀུན་གྱི་བདག །དྲེགས་པ་སྤྱིའི་གཉེན་པོ་མཆོག །ཁྱོད་ལ་བདག་གིས་དེང་འདིར་བསྐུར། །ཨོཾ་མཧཱ་ཨ་ཧྲི་ཥྛ་ཏུ་མཾ་ཨོཾ་ཨཱཿཧཱུྃ་སྭཱཧཱ། དྲེགས་པ་སྤྱི་འདུལ་(༡༡༧བ)བའི་རྗེས་གནང་གཏོར་མ་ཆེན་པོ་སྙིང་གར་གཏད་ལ། མདུན་བསྐྱེད་ལས་རྒྱལ་པོ་ཆེན་པོ་གཉིས་པ་ཆད་ནས། སློབ་མའི་སྙིང་གར་ཐིམ། ལུས་དང་གྲིབ་མའི་ཚུལ་དུ་བཞུགས་པར་མོས། ཨོཾ་བཻ་ཤྲ་ཛ་ས་མ་ཡ་སིདྡྷི་ཛཿཧཱུྃ་བཾ་ཧོཿ འདི་ནི་རྒྱལ་པོ་ཆེན་པོ་སྟེ། །སངས་རྒྱས་བསྟན་པ་སྲུང་བ་དང་། །དགྲ་བགེགས་འདུལ་ཞིང་བརླག་མཛད་པ། །ལས་ཀུན་བསྒྲུབ་པའི་དབང་བསྐུར་སྩོལ། །ཀཱ་ཡ་སིདྡྷི་ཨོཾ། ཝཱ་ཀ་སིདྡྷི་ཨཱཿཙིཏྟ་སིདྡྷི་ཧཱུྃ། ཞེས་སྐུ་དངོས་ཀྱིས་བྱིན་གྱིས་བརླབས། ཅག་ལིའམ་གཏོར་མ་ལག་ཏུ་གཏད་ལ། རྒྱལ་པོ་ཆེན་པོ་རྣམ་ཐོས་སྲས་འཁོར་དང་བཅས་པ་ཁྱེད་རྣམས་

ཀྱིས་རྩ་བརྒྱུད་ཀྱི་དཔལ་ལྡན་བླ་མ་དམ་པ་རྣམས་ཀྱི་བཀའ་དང་དམ་ལས་མ་འདའ་བར་རྡོ་རྗེ་སློབ་མ་འདི་རྣམས་ཀྱི་ཕྱི་བཞིན་དུ་རྗེས་སུ་རྒྱུག་ལ། སྐད་ཅིག་ཙམ་ཡང་འབྲལ་བ་མེད་པར་རྗེས་སུ་བཟུངས་ནས། འགལ་རྐྱེན་ཐམས་ཅད་སོལ། མཐུན་རྐྱེན་ཐམས་ཅད་བསྒྲུབས། དེ་ལྟར་བསམ་པའི་དོན་ཐམས་ཅད་འབད་མེད་ལྷུན་གྱིས་འགྲུབ་པར་མཛོད་ཅིག །ཅེས་བཀའ་བསྒོ་དྲག་ཏུ་བྱ། རལ་གྲི་ལག་ཏུ་གཏད་ལ། ཆོས་སྐྱོང་རྒྱལ་པོ་འཁོར་བཅས་རྣམས། །གཏུལ་དཀའ་སྣ་ཚོགས་འདུལ་མཛད་པ། །ཤིན་ཏུ་གཏུམ་པའི་ཁྲོ་ཚུལ་གྱིས། །མ་རུང་དགྲ་བགེགས་ཚར་གཅོད་ཅིག །ཨོཾ་མཧཱ་ཨ་ཧྲི་ཊི་ཀྵ་ཧཱུྃ་ཨོཾ་ཨཱཿཧཱུྃ་སྭཱཧཱ། རྡོ་རྗེ་དང་རལ་གྲི་ལྷན་ཅིག་ཏུ་འཕྲུར་དུ་བཙུག་སྟེ། ཡི་དམ་སྒྲོ་བ་ལྤའམ་དྲུག་ནི། སློབ་མ་ལྷར་གསལ་བ་ལས་རང་འདྲ་གྲངས་མེད་སྤྲོས་ཏེ་དགྲ་བགེགས་ཚར་བཅད་པའི་དམིགས་པ་ཡང་ཡང་བྱ་བ་དང་། ཆོས་སྐྱོང་གི་(༡༡༨ན)སྒྲོ་བ་གསུམ་ནི། སྤར་ཆོས་སྐྱོང་སློབ་མའི་སྙིང་གར་བསྟིམ་པ་དེ་ལས་ཆོས་སྐྱོང་གྲངས་མེད་སྤྲོས་ཏེ་དགྲ་བགེགས་ཚར་བཅད་པའི་མོས་པ་ཡང་ཡང་བྱེད་དུ་བཅུག །བསྒྲང་འཕྲེང་སློབ་མའི་སྙིང་གར་གཏུགས་ལ། བླ་མའི་ཐུགས་ཀ་ནས་འོད་ཟེར་འཕྲོས། མདུན་བསྐྱེད་རྒྱལ་པོའི་ཐུགས་རྒྱུད་བསྐུལ། ཐུགས་ཀ་ནས་སྔགས་འཕྲེང་རིན་ཆེན་འབར་བའི་འཕྲེང་བ་ལྟ་བུ་བྱུང་། དེ་ལས་འོད་ཟེར་འཕྲོས། འཕགས་པ་མཆོད། སེམས་ཅན་གྱི་དབུལ་ཕོངས་བསལ། འཇིག་རྟེན་ཁམས་ཀྱི་དངོས་གྲུབ་ཐམས་ཅད་བསྡུས་ཏེ་སྔགས་འཕྲེང་ལ་ཐིམ། དེ་ཉིད་སློབ་མའི་ཁ་སྒོ་ནས་ཞུགས་ཏེ་སྙིང་གའི་ཧཱུྃ་ལ་ཐིམ། དེ་ནས་སྔགས་འཕྲེང་འཁོར་ལོ་ལྟར་འཁོར་བ་ལ་སེམས་གཏད་དུ་བཅུག་སྟེ། ཨོཾ་བཻ་ཏྲ་ཀ་རཀྵ་ཧཱུྃ། ཞེས་པའི་སྙིང་པོ་ལན་གསུམ་རྗེས་ཟློས་བྱེད་དུ་གཞུག་ལ་སྔགས་ཀྱི་བརླས་ལུང་སྦྱིན། དེ་ནས་སྨོན་ལམ་བཏབ་པ་འདིའི་རྗེས་ཟློས་མཛོད། སློབ་དཔོན་དགོངས་སུ་གསོལ། མིའི་འཇིག་རྟེན་དུ་བདག་མིང་འདི་ཞེས་བགྱི་བ་ལ་ཆོས་དང་། ལོངས་སྤྱོད་དང་། རིན་པོ་ཆེའི་ཕུང་པོ་ལ་སོགས་པ་ཤིན་ཏུ་

རྒྱས་པར་གྱུར་ཅིག །ཅེས་ལན་གསུམ། སྨྲོ་ན། འདོད་པའི་ཁམས་ན་ཡོངས་སྤྱོད་པའི། །དངོས་གྲུབ་བདག་གིས་ཀུན་ཐོབ་ནས། །བླ་མ་ཡི་དམ་དཀོན་མཆོག་མཆོད། །འཕྲིན་ལས་རྣམ་བཞི་རྫོགས་པར་ཤོག །རིན་ཆེན་སྣ་བདུན་ལོངས་སྤྱད་ནས། །གཏེར་གྱི་དངོས་གྲུབ་ཕྱུགས་རྣམས་དང་། །གཟི་བརྗིད་དང་ལྡན་ཆོས་སྐྱོང་གིས། །རྟག་ཏུ་བདག་ལ་སྲུང་གྱུར་ཅིག །ཁང་མཛོད་འབྲུ་(༡༡༤ཁ)དང་འདོད་འཇོའི་བ། །རྒྱལ་མཚན་འཁོར་ལོས་སྒྱུར་བ་དང་། །ཐོགས་མེད་རྫུ་འཕྲུལ་འགྲུབ་ནས་ནི། །ལས་མཆོག་བདེ་ལ་གནས་པར་ཤོག །ཅེས་པའམ། བསྔོ་ན་ཚིགས་བཅད་ཐ་མ་ལན་གསུམ་བརྗོད། རྗེས་ཆོག་སྤྱི་ལྟར་བྱ།

༄ རྣམ་སྲས་དཀར་པོ་ཆེ་འཛིན་ལ། མཆོད་གཏོར་རྣམས་བཤམས། བདག་བསྐྱེད་སྔོན་དུ་འགྲོ་བས། མཆོད་པ་བྱིན་གྱིས་བརླབས་ནས། མདུན་བསྐྱེད་བསངས་སྦྱངས། སྟོང་པའི་ངང་ལས་ཧཱུྃ་ལས་གཞལ་མེད་ཁང་མཚན་ཉིད་ཐམས་ཅད་ཡོངས་སུ་རྫོགས་པ་སྟེང་ཐོག་རིམ་པ་གསུམ་དུ་ཕུབ་པ། འཁོར་ས་རིམ་པ་གསུམ་དང་བཅས་པའི་གཞལ་ཡས་ཁང་གི་དབུས་སུ། པཾ་ལས་པདྨ་དཀར་པོ་འདབ་མ་བརྒྱད་པའི་ལྟེ་བར་ཨ་ལས་ཟླ་བ་དང་རཾ་ལས་ཉི་མའི་དཀྱིལ་འཁོར་ལ་སིཾ་ལས་སེང་གེ་དཀར་པོ་རིན་པོ་ཆེས་བརྒྱན་པ། དེའི་སྟེང་དུ་བཻ་དཀར་པོ་ལས་འོད་ཟེར་འཕྲོས། འཕགས་པ་མཆོད། སེམས་ཅན་གྱི་དོན་བྱས། ཁམས་གསུམ་སྣོད་བཅུད་ཀྱི་བཅུད་དང་བཀྲག་མདངས་ཐམས་ཅད་འཆི་མེད་ཡེ་ཤེས་ཀྱི་བདུད་རྩིའི་རྣམ་པར་ཚུར་འདུས་ཡོངས་སུ་གྱུར་པ་ལས། རྒྱལ་པོ་ཆེན་པོ་རྣམ་ཐོས་སྲས་སྐུ་མདོག་དཀར་པོ་ཞལ་གཅིག་ཕྱག་གཉིས། གཡས་དངོས་གྲུབ་འགུགས་པའི་ལྕགས་ཀྱུ་དང་། གཡོན་འཆི་མེད་ཡེ་ཤེས་ཀྱི་བདུད་རྩིས་གང་བའི་ཆུ་ཤེལ་གྱི་བུམ་པ་གསེར་གྱི་རྗེ་རྗེས་ཁ་བརྒྱན་པ་འཛིན་པ། ཞི་ཞིང་སྒེག་ལ་བརྗིད་པའི་ཉམས་ཅན། དར་དང་རིན་པོ་ཆེའི་རྒྱན་ཐམས་ཅད་ཀྱིས་བརྒྱན་པ། འདབ་མ་བརྒྱད་ལ་ཀླུ་ཡིག་དཀར་པོ་བརྒྱད་ཡོངས་སུ་གྱུར་པ་(༡༡༥ན)

ལས། ཤར་དུ་ཛམ་བྷ་ལ། ལྷོར་གང་བ་བཟང་པོ། ནུབ་ཏུ་ནོར་བུ་བཟང་པོ། བྱང་དུ་ཀུ་བེ་ར། ཤར་ལྷོར་ཡང་དག་ཤེས། ལྷོ་ནུབ་ཏུ་འཕྲོག་གནས། ནུབ་བྱང་དུ་ལྔ་ཙེན། བྱང་ཤར་དུ་པི་ཙི་ཀུཎྜ་ལི་རྣམས་ཐམས་ཅད་ཀྱང་སྐུ་མདོག་དཀར་པོ། གཡས་ན་ལྕགས་ཀྱུ་དང་གཡོན་བུམ་པ་འཛིན་པ། དར་དཀར་པོ་དང་རིན་པོ་ཆེས་བརྒྱན་པ། ཧ་དཀར་པོ་ལ་ཆིབས་པའོ། །འཁོར་ས་དང་པོ་ལ་ཀླུ་བརྒྱད། བར་པ་ལ་གནོད་སྦྱིན་ཅེ་བ། ཐ་མ་ལ་སྡེ་དཔོན་ཉེར་བརྒྱད་དང་། སྟོབས་ཆེན་སོ་གཉིས་ཐམས་ཅད་ཀྱང་དཀར་པོ་ཚེ་འཛིན་གྱི་རྣམ་པ་ཅན་ནོ། །སྤྱོས་སྤྱོར་བསྒྲིག་ཅིང་། རང་གི་ཐུགས་ཀའི་ཧཱུྃ་ལས་འོད་ཟེར་འཕྲོས། འོད་ཟེར་གྱི་སྣེ་ལ་ཁྲོ་བོ་འདོད་པའི་རྒྱལ་པོ་ལྕགས་ཀྱུ་དང་ཞགས་པ་ཐོགས་པ་བྱུང་སྟེ། རྒྱལ་པོ་འཁོར་དང་བཅས་པ་བཛྲ་ས་མ་ཛཿལྕགས་ཀྱུའི་ཕྱག་རྒྱ་དང་བཅས། མགོན་པོ་ཀུན་གཤེགས་ཐུགས་དམ་ཅན། །ད་ལྟ་སྙིགས་མ་ལྔ་ཡི་དུས། །ཐམས་ཅད་ཉོན་མོངས་འདམ་བྱིང་བས། །མཚམས་མེད་ལྔ་ནི་ཀུན་སྤྱོད་ཅིང་། །གཟིགས་ཤིང་གཤེགས་པའི་གནས་ངན་ཡང་། །ཤཱཀྱ་སེངྒེའི་སྤྱན་སྔར་ཁྱོད། །ཐུགས་དམ་གང་བཞེས་དེ་དགོངས་ལ། །འདྲེན་པའི་བསྟན་པ་སྲུང་བ་དང་། །སེམས་ཅན་ཀུན་ལ་སྨན་སླད་དུ། །བྱང་ཕྱོགས་གནས་ན་བཞུགས་པ་རྣམས། །སེམས་ཅན་དོན་ཕྱིར་གཤེགས་སུ་གསོལ། །ཨོཾ་བཻ་ཤྲ་མ་ཎ་ས་པ་རི་ཝཱ་ར་ས་མ་ཛཿ ཛཿཧཱུྃ་བཾ་ཧོཿ ཨོཾ་བཻ་སྟྭ། ཨོཾ་བཻ་ཤྲ་མ་ཎ་ཨ་གཱརྒྷ་ཡ་ཛཿ བཻ་རིང་པོ་བརྗིད་དང་ལྡན་པ་མིག་འཛུམ་སུམ་ཅུ་སོ་གཉིས་ཀྱི་(༧༧(བ)ཡུན་ཚད་དུ་བརྗོད། ཨ་ཤྲི་ཧའི་སྔགས་ཀྱིས་ཕྱིར་འཕྲང་གི་བགེགས་བསྐྲད། རྒྱལ་པོའི་ཐུགས་ཀར་པདྨ་འདབ་བརྒྱད་ཀྱི་འདབ་མ་རེ་རེ་ལ་བཻ་བཞི་བཞི། བདག་མདུན་གྱི་ཐུགས་འོད་ཟེར་གྱི་ལྕགས་ཀྱུས་སྤྲེལ་བར་གྱུར། ཨོཾ་རཏྣ་ཨུ་ཀུ་ཏ་ཨ་ཧྲི་ཥྚུ་མི། ཞེས་ཅོད་པན་གྱིས་དབང་བསྐུར། དཔལ་བར་ཨོཾ། མགྲིན་པར་ཨཱཿ ཐུགས་ཀར་ཧཱུྃ། མཆོད་པ་བླ་མེད་ལྟར་བྱིན་གྱིས་བརླབས་ཏེ། ཨོཾ་བཻ་ཤྲ་མ་ཎ་ས་པ་རི་ཝཱ་ར་ཨརྒྷཾ་ནས་ཤབྡའི་བར་གྱིས་མཆོད།

རིན་ཆེན་གདུགས་དང་གསེར་ཉ་དང་། །གཏེར་ཆེན་བུམ་པ་པདྨ་བཟང་། །དུང་
དཀར་གཡས་འཁྱིལ་དཔལ་བེའུ། །མཆོག་གི་རྒྱལ་མཚན་འཁོར་ལོ་སོགས། །དངོས་
གྲུབ་རྣམ་གཉིས་བསྐུལ་བའི་ཕྱིར། །རྒྱལ་ཆེན་འཁོར་དང་བཅས་ལ་འབུལ། །ཨོཾ་བཻ་
ཌཱུ་མ་ཊ་ས་པ་རི་ཝཱ་ར་ཨརྒྷ་མནྡ་ལཾ་པཱུ་ཛ་མེ་ཧཱ་ས་མུ་དྲ་སྥ་ར་ཎ་ས་མ་ཡེ་ཧཱུཾ། ཕུན་
ཚོགས་འཁོར་ལོ་རིན་པོ་ཆེ། །དྲི་མེད་བཙུན་མོ་ཁྲིམ་བདག་དང་། །ཅང་ཤེས་རྟ་
དང་གླང་པོ་དང་། །ཕས་ཀྱི་རྒོལ་བ་ཚར་གཅོད་པའི། །དམག་དཔོན་རིན་ཆེན་སྣ་
བདུན་རྣམས། །བདག་གི་བསམ་པ་ཡོངས་རྫོགས་ཕྱིར། །རྒྱལ་ཆེན་སྲས་དང་བཙུན་
མོར་བཅས། །འཁོར་དང་བཅས་པས་བཞེས་སུ་གསོལ། །སཔྟ་རཏྣ། ཡིད་འོང་
ནགས་ཚལ་རལ་གྲི་དང་། །ཁང་བཟང་མལ་ཆ་ལྷ་ཡི་གོས། །སྦྲུལ་གྱི་པགས་པ་ལྷམ་
ལ་སོགས། །རྒྱལ་ཆེན་འཁོར་དང་བཅས་ལ་འབུལ། །ཤུ་པ་སཔྟ་རཏྣ་དང་། །མེ་
ལོང་གྷི་ཝཾ་བ་ཞོ་དང་། །དུར་བ་བི་བ་ལི་ཁྲི་དང་། །ཡུངས་ཀར་ལ་སོགས་བཀྲ་ཤིས་
རྫས། །རྒྱལ་ཆེན་འཁོར་དང་བཅས་ལ་འབུལ། །ཨརྒྷ་མནྡ་ལཾ་དྲ་བྱ། (༧༢༠ན)ཡིད་
འོང་གཟུགས་དང་སྙན་པའི་སྒྲ། །ཡིད་འཛིན་དྲི་དང་རོ་བརྒྱའི་ཟས། །འཇམ་གཉེན་
འཁྲིལ་ཆགས་རེག་བྱའི་མཆོག །རྒྱལ་ཆེན་འཁོར་དང་བཅས་ལ་འབུལ། །པཉྩ་ཀཱ་
མ་གུ་ཎ། བསྟོད་པ་ནི། གདོང་ལྔ་ཉི་ཟླའི་གདན་སྟེང་ན། །བཻ་ལས་བྱུང་བའི་མགོན་
པོ་ནི། །ཀཻ་ལ་ཤ་ལྟར་སྐུ་མདོག་དཀར། །གཡས་པ་ཆེ་འགུགས་ལྕགས་ཀྱུ་འཛིན། །
གཡོན་པ་ཆེ་ཡི་ཤེལ་བུམ་བསྣམས། །སྐུ་ལ་རིན་ཆེན་སྣ་ཚོགས་སྤྲས། །ལྷ་ཡི་ནོར་
སྟེར་ཁྱོད་ལ་འདུད། །ཚེ་དང་ནོར་གྱི་དངོས་གྲུབ་སྩོལ། །བཟླས་པའི་དམིགས་པ་
གསལ་བཏབ་ལ། ཨོཾ་ཧྲཱིཾ་ཙི་ཨཱ་ཡུ་ཥེ་ཧཱུཾ་ཛཿ ཞེས་ཅི་ནུས་པར་བཟླས་ནས། ཐུན་གྱི་
མཐར་གཏོར་མ་འབུལ་བ་ནི། ཨོཾ་བཛྲ་ཡཀྵ་ཀྲོ་ཧྣས་བགེགས་བསྐྲད། ཨ་མྲྀ་ཏས
བསངས། སྭ་བྷཱ་ཝས་སྦྱངས། སྟོང་པའི་ངང་ལས་ཨོཾ་ལས་བྱུང་བའི་རིན་པོ་ཆེའི་
སྣོད་ཀྱི་ནང་དུ་ཁཾ་ཞུ་བ་ལས་བྱུང་བའི་གཏོར་མ་བདུད་རྩིའི་རྒྱ་མཚོར་གྱུར། དེ་ཉིད་

ཀྱི་མཐའ་སྐོར་དུ་གཾ་ལས་བུམ་པ། བཾ་ལས་ཁྲུས་ཀྱི་ཟིང་བུ། ཁཾ་ལས་དཔག་བསམ་གྱི་ཤིང་དང་། འདོད་འཇོའི་བ་མོ་ལ་སོགས་པས་བསྐོར་བ་དང་། གཏོར་མའི་སྟེང་དུ་ཨོཾ་ཨཱཿཧཱུྃ་ཞུ་བ་ལས་ཁ་དོག་དྲི་རོ་ནུས་པའི་མཐུ་ཕུན་སུམ་ཚོགས་པར་གྱུར། ཨོཾ་ཨཱཿཧཱུྃ། ལན་གསུམ། ཨ་ཀཱ་རོ་སོགས་དང་། ཧ་ཧ་སོགས་དང་། ཨོཾ་སརྦ་བིད་པཱུ་ར་པཱུ་ར་སོགས་ནམ་མཁའ་མཛོད་ཀྱི་ཕྱག་རྒྱ་རྣམས་ལན་གསུམ་མམ་བདུན་བདུན་གྱིས་རྒྱ་ཆེར་སྤེལ། ཪོ་ཛེ་ཐལ་མོ་ཁ་གྱེན་དུ་ཕྱེ་ལ། ཨོཾ་ཨ་མྲི་ཏ་ཀུཎྜ་ལི་ཧ་ན་ཧ་ན་ཧཱུྃ་ཕཊ། ཨོཾ་བཻ་ཤྲ་(༧༢༠བ)མ་ཎ་ཡེ་ས་པ་རི་ཝཱ་ར་ཨི་དཾ་བ་ལིཾ་གྲྀཧྞཧྞ་ས་མ་ཡ་རཀྵནྟུ་མ་མ་སརྦ་སིདྡྷིམྨེ་པྲ་ཡཙྪ་མ་མ་སརྦ་ཀརྨ་སུ་ཙ་ཨ་མོ་གྷ་ཡ་སྭཱཧཱ། ཞེས་ལན་བདུན་གྱིས་གཙོ་འཁོར་ཐམས་ཅད་ལ་འབུལ། ཨོཾ་བཻ་ཤྲ་མ་ཎ་ས་པ་རི་ཝཱ་ར་ཨརྒྷཾ་སོགས་ཀྱིས་མཆོད། གོང་བཞིན་བསྟོད། དེ་ལྟར་བསྟོད་ཅིང་རབ་བསྔགས་པས། བདག་ཅག་འཁོར་བཅས་སྲུང་བ་དང་། །འདོད་པའི་དོན་རྣམས་འགྲུབ་པ་དང་། །བགེགས་རྣམས་མ་ལུས་མེད་པར་མཛོད། །ཚེ་དང་བསོད་ནམས་འཕེལ་བ་དང་། །འཁོར་དང་ལོངས་སྤྱོད་རྒྱས་པ་དང་། །ཁམས་གསུམ་དབང་དུ་བསྡུ་བ་དང་། །བཤད་སྒྲུབ་བསྟན་པ་རྒྱས་པར་མཛོད། །ཅེས་གསོལ་བ་བཏབ། ཡི་གེ་བརྒྱ་པས་ལྷག་ཆད་ཁ་བསྐངས། ༈ རྗེས་གནང་གི་ཚོ་ག་ནི། པད་དཀར་འདབ་བརྒྱད་ཀྱི་དབུས་དང་ཕྱོགས་མཚམས་བརྒྱད་དུ་ཚོམ་བུ་དཀར་པོ་དགུ་དགོད། དེའི་སྟེང་དུ་མཆེའི་ཁར་བུམ་པ་དུང་ཆོས་གཟུངས་རྫོར་དང་བཅས་པ་བཞག །རྗེན་གཏོར་འཆའ་བ་དང་མི་འཆའ་བའི་ལུགས་གཉིས་ཡོད་པ་ལས། འཆའ་བའི་ཚེ་བུམ་པའི་གཡས་སུ་བཤམས། དེ་ཡང་མཆེའི་ཁར་ཟླུམ་གཏོར་དཀར་པོ་གཙོ་འཁོར་དགུ་པའམ་ཁང་བཟང་མ་གང་འཐད་བྱ། མདུན་དུ་འབུལ་གཏོར་གཙོ་འཁོར་དགུ་པ། མཆོད་པ་རྣམས་དང་། སྐྱབས་སེམས་ཚད་མེད་བཞི་བསྒོམ་པ་དང་། གསང་བདག་གོས་སྔོན་ཅན་གྱི་བདག་བསྐྱེད་སྔོན་དུ་འགྲོ་བས། ཐོག་མར་བུམ་པ་བསངས་སྦྱངས།

སྟོང་པའི་ངང་ལས་ཧཱུྃ་ལས་བྱུང་བའི་བུམ་པ་མཚན་ཉིད་དང་ལྡན་པ། ནང་ཆུ་དང་བཅུད་ཀྱིས་གང་བའི་ནང་དུ་(༧༢༧ན)གཞལ་མེད་ཁང་མཚན་ཉིད་ཐམས་ཅད་ཡོངས་སུ་རྫོགས་པ་སྟེང་འོག་རིམ་པ་གསུམ་དུ་ཕུབ་པ། ཞེས་པ་ནས། ཐུགས་ཀར་ཧཱུྃ་ཞེས་པའི་བར་གོང་བཞིན་བྱ། ཨོཾ་བཻ་ཤྲ་མ་ཎ་ས་པ་རི་ཝཱ་ར་ཨརྒྷཾ་སོགས་ཀྱིས་མཆོད། གདོང་ལྔ་ཉི་ཟླའི་གདན་སྟེང་ན། །ཞེས་སོགས་ཀྱིས་བསྟོད། རང་གི་ཐུགས་ཀ་ནས་སྔགས་ཀྱི་འོད་ཟེར་གཟུངས་ཐག་ལ་འཁྲིལ་བ་ལྷ་དགུའི་ཐུགས་ཀར་ཐིམ་པས་ཐུགས་རྒྱུད་བསྐུལ་ཏེ། སྐུའི་ཆ་ཐམས་ཅད་ནས་བབས་པའི་བདུད་རྩིས་བུམ་པ་གང་བར་གྱུར་པར་བསམ་ལ། ཨོཾ་བཻ་ཤྲ་མ་ཎ་ཡེ། ཨཱ་ཡུ་ཥེ། ཨཱ་ཡུརྫྙཱ་ན་སིདྡྷི། ཨ་པ་རི་མི་ཏ་ཚེ་ཧྲཱུྃ། ཞེས་པ་བརྒྱ་རྩ་སོགས་བཟླ། གཏོར་མ་བྱིན་གྱིས་བརླབས་ནས་ཕུལ། མཆོད་བསྟོད་བྱ། དུང་ཆོས་ཀྱི་མཆོད་ཡོན་བླུགས་པའི་རྐྱེན་གྱིས་བུམ་པའི་ནང་གི་རྟེན་དང་བརྟེན་པར་བཅས་པ་ཐམས་ཅད་འོད་དུ་ཞུ་བ་ལས་བྱུང་བའི་བདུད་རྩིར་གྱུར་པར་བསམ་མོ། །དེ་ནས་རྟེན་གཏོར་རམ་བྲིས་སྐུ་ཡོད་ན་དེ་ལ་དམིགས། མེད་ན་མདུན་བསྐྱེད་ཀྱི་ནམ་མཁར་བསྐྱེད་པར་གསུངས་པ་ལྟར། མདུན་བསྐྱེད་འདོད་དོན་གསོལ་བཏབ་ཀྱི་བར་གོང་བཞིན་བྱའོ། ། ༈ དེ་ནས་སློབ་མ་རྣམས་ཁྲུས་བྱས། མཎྜལ་འབུལ་དུ་བཅུག །གནོད་སྦྱིན་གཏེར་སྐྱོང་རིན་ཆེན་ལྟ་བུའི་སྐུ། །ཆེ་མཆོག་བསམ་ཀྱིས་མི་ཁྱབ་ཡོན་ཏན་རྫོགས། །སྐྱབ་མཆོག་བདག་ལ་ཚེ་དང་ཡེ་ཤེས་ཀྱི། །དངོས་གྲུབ་མ་ལུས་དུས་འདིར་བསྩལ་དུ་གསོལ། །ཞེས་ལན་གསུམ་གྱིས་གསོལ་བ་བཏབས། དཀོན་མཆོག་གསུམ་ལ་བདག་སྐྱབས་(༧༢༧བ)མཆི། །སོགས་རྒྱུན་བཤགས་ལན་གསུམ། སློབ་མ་བསངས་སྦྱངས། སྟོང་པའི་ངང་ལས་པཾ་ལས་པདྨ་དཀར་པོ་འདབ་མ་བརྒྱད་པའི་ལྟེ་བར་ཨ་ལས་ཟླ་བ་དང་རཾ་ལས་ཉི་མའི་སྟེང་དུ་སཾ་ལས་སེང་གེ་དཀར་པོ་རིན་པོ་ཆེས་བརྒྱན་པ། དེའི་སྟེང་དུ་ཁྱེད་རང་གི་སེམས་ཉིད་བཻ་དཀར་པོ་ལས་འོད་ཟེར་འཕྲོས། འཕགས་པ་མཆོད། སེམས་ཅན་གྱི་དོན་བྱས། ཁམས་

གསུམ་སྟོད་བཅུད་ཀྱི་བཅུད་དང་བཀྲག་མདངས་ཐམས་ཅད་འཆི་མེད་ཡེ་ཤེས་ཀྱི་བདུད་རྩིའི་རྣམ་པར་ཚུར་འདུས་ཡོངས་སུ་གྱུར་པ་ལས། ཁྱེད་རང་རྣམས་རྒྱལ་པོ་ཆེན་པོ་རྣམ་ཐོས་སྲས་སྐུ་མདོག་དཀར་པོ་ཞལ་གཅིག་ཕྱག་གཉིས། གཡས་དངོས་གྲུབ་འགུགས་པའི་ལྕགས་ཀྱུ་དང་། གཡོན་འཆི་མེད་ཡེ་ཤེས་ཀྱི་བདུད་རྩིས་གང་བའི་ཆུ་ཤེལ་གྱི་བུམ་པ་གསེར་གྱི་རྡོ་རྗེས་ཁ་བརྒྱན་པ་འཛིན་པ། ཞི་ཞིང་སྒེག་ལ་བརྗིད་པའི་ཉམས་ཅན། དར་དང་རིན་པོ་ཆེའི་རྒྱན་ཐམས་ཅད་ཀྱིས་བརྒྱན་པ། འདབ་མ་བརྒྱད་ལ་ཀླུ་ཡིག་དཀར་པོ་བརྒྱད་ཡོངས་སུ་གྱུར་པ་ལས། ཤར་དུ་ཛམ་བྷ་ལ། ལྷོར་གང་བ་བཟང་པོ། ནུབ་ཏུ་ནོར་བུ་བཟང་པོ། བྱང་དུ་ཀུ་བེ་ར། ཤར་ལྷོར་ཡང་དག་ཤེས། ལྷོ་ནུབ་ཏུ་འཕྲོག་གནས། ནུབ་བྱང་དུ་ལྔ་རྩེན། བྱང་ཤར་དུ་པི་ཙི་ཀུཎྜ་ལི་རྣམས་ཐམས་ཅད་ཀྱང་སྐུ་མདོག་དཀར་པོ། གཡས་ན་ལྕགས་ཀྱུ་དང་གཡོན་བུམ་པ་འཛིན་པ། དར་དཀར་པོ་དང་རིན་པོ་ཆེས་བརྒྱན་པ། རྟ་དཀར་པོ་ལ་ཆིབས་པ། ཞེས་ལྷ་ཚོགས་སུ་བསྐྱེད་ཅིང་། སློབ་དཔོན་གྱི་ཐུགས་ཀ་ནས་འོད་ཟེར་འཕྲོས། མདུན་བསྐྱེད་ལ་ཕོག་པས་(༧༢༢ན)ཐུགས་རྒྱུད་བསྐུལ། དེའི་ཐུགས་ཀ་ནས་འོད་ཟེར་འཕྲོས་པའི་རྩེ་ལ་ཁྲོ་བོ་འདོད་པའི་རྒྱལ་པོ་ལྕགས་ཀྱུ་དང་ཞགས་པ་ཐོགས་པ་བྱུང་སྟེ། རྒྱལ་པོ་འཁོར་དང་བཅས་པ་སྤྱན་དྲངས། ཁྱེད་རང་རྣམས་ཀྱི་ལུས་ལ་ཆར་ཆེན་པོ་བབས་པ་བཞིན་དུ་བ་སྤུའི་སྒོ་ནས་ཞུགས་ཤིང་གཉིས་སུ་མེད་པར་ཐིམ་པའི་མོས་པ་མཛོད། ཨོཾ་ཧྲཱུྃ་ཊི་ཨཱ་ཡུ་ཥེ་ཧུྃ་ཛཿཨ་བི་ཤ་ཡ་ཨ། ཞེས་མང་དུ་བརྗོད་ཅིང་། རོལ་མོ་དྲག་ལ་ཡུན་རིང་བར་བྱེད། དེ་ནས། སློབ་དཔོན་གསང་བདག་དང་། མདུན་བསྐྱེད་རྒྱལ་ཆེན་འཁོར་བཅས་ཀྱིས་དབང་བསྐུར་བར་མོས་སུ་བཙུག་སྟེ། དབང་བསྐུར་རྡོ་རྗེ་ཆེན་པོ་ནི། །ཁམས་གསུམ་པ་ཡིས་ཕྱག་བྱས་པ། །སངས་རྒྱས་ཀུན་གྱི་གསང་གསུམ་པའི། །གནས་ལས་བྱུང་བ་སྦྱིན་པར་བྱ། །ཨོཾ་བཻ་ཤྲ་མ་ཎ་ཡེ། ཨཱ་ཡུ་ཥེ། ཨཱ་ཡུཛྙཱ་ན་སིདྡྷི་ཧཱུྃ། ཨ་པ་རི་མི་ཏ་ཚེ་ཧྲཱུྃ། ཞེས་བརྗོད་

ཅིང་། བུམ་པ་སྤྱི་བོར་བཞག །བུམ་ཆུ་འཐུང་དུ་བཅུག་པས་འཆི་མེད་ཚེའི་དངོས་གྲུབ་ཐོབ་པར་བསམ། ཨོཾ་ར་ཏྣ་མུ་ཀུ་ཊ་ཨ་བྷི་ཥིཉྩ་མི། ཞེས་ཅོད་པན་གྱིས་དབང་བསྐུར། དཔྲལ་བར་ཨོཾ། མགྲིན་པར་ཨཱཿ ཐུགས་ཀར་ཧཱུྃ་གིས་མཚན་པར་མོས། སྐུའི་རྗེས་གནང་ངོ་། །བླ་མའི་ཐུགས་ཀ་ནས་འོད་ཟེར་འཕྲོས། མདུན་བསྐྱེད་རྒྱལ་པོའི་ཐུགས་རྒྱུད་བསྐུལ། ཐུགས་ཀ་ནས་སྔགས་འཕྲེང་རིན་ཆེན་འབར་བའི་འཕྲེང་བ་ལྟ་བུ་བྱུང་། དེ་ལས་འོད་ཟེར་འཕྲོས། འཕགས་པ་མཆོད། སེམས་ཅན་གྱི་དབུལ་ཕོངས་བསལ། འཇིག་རྟེན་གྱི་ཁམས་ཀྱི་དངོས་གྲུབ་ཐམས་(༧༢༢བ)ཅད་བསྡུས་ཏེ་སྔགས་འཕྲེང་ལ་ཐིམ། དེ་ཉིད་སློབ་མའི་ཁ་སྒོ་ནས་ཞུགས་ཏེ་སྙིང་གའི་ཐི་ལ་ཐིམ། དེ་ནས་སྔགས་འཕྲེང་འཁོར་ལོ་ལྟར་འཁོར་བ་ལ་སེམས་གཏད་དུ་བཅུག་སྟེ། ཨོཾ་ཧྲཱུྃ་ཧེ་ཨཱ་ཡུ་ཥེ་ཧཱུྃ་ཛཿཞེས་ལན་བདུན་རྗེས་བཟློས་བྱེད་དུ་བཅུག །སློབ་མས་སློབ་དཔོན་ལ་མེ་ཏོག་གཏོར་བཞིན་དུ། བཅོམ་ལྡན་བདག་ལ་བསྐུལ་ལགས་ཀྱི། །བདག་ལ་འགོ་བར་མཛད་དུ་གསོལ། །ལན་གསུམ། སློབ་དཔོན་གྱིས་བགྲང་འཕྲེང་སློབ་མའི་སྤྱི་བོར་བཞག་ལ། བཅོམ་ལྡན་འདི་ལ་བསྐུལ་ལགས་ཀྱི། །འདི་ལ་འགོ་བར་མཛད་དུ་གསོལ། །ལན་གསུམ་གྱིས་བྱིན་གྱིས་བརླབས། གསུང་གི་རྗེས་གནང་ངོ་། །དེ་ནས་རྟེན་གཏོར་མེད་ན་བྲིས་སྐུའམ་བུམ་པ་མགོ་ཐོག་ཏུ་བཞག་ནས་བཀའ་བསྒོ་བྱེད་པ་དང་། ཡོད་ན་རྟེན་གཏོར་སྤྱི་བོར་བཞག་ལ། ཕྱག་ན་རྡོ་རྗེ། སྤྱོད་མཛད་ཆོས་ཀྱི་རྡོ་རྗེ། ཞེས་སོགས་བརྒྱུད་རིམ་གོང་བཞིན་ཐོག །རྩ་བརྒྱུད་ཀྱི་དཔལ་ལྡན་བླ་མ་དམ་པ་རྣམས་ཀྱིས་བྱིན་གྱིས་རློབས་ཤིག །ཡི་དམ་དཀྱིལ་འཁོར་གྱི་ལྷ་ཚོགས་རྣམས་ཀྱིས་བྱིན་གྱིས་རློབས་ཤིག །སངས་རྒྱས་དང་བྱང་ཆུབ་སེམས་དཔའ་རྣམས་ཀྱིས་བྱིན་གྱིས་རློབས་ཤིག །དཔའ་བོ་དང་དཔའ་མོ་རྣལ་འབྱོར་མ་རྣམས་ཀྱིས་བྱིན་གྱིས་རློབས་ཤིག །དཔལ་མགོན་དམ་པ་ཆོས་སྐྱོང་བའི་སྲུང་མ་རྣམས་ཀྱིས་བྱིན་གྱིས་རློབས་ཤིག །ཁྱད་པར་དུ་ཡང་རྒྱལ་པོ་ཆེན་པོ་རྣམ་ཐོས་སྲས་འཁོར་དང་བཅས་པ་

རྣམས་ཀྱིས་བྱིན་གྱིས་རློབས་ཤིག །ཅེས་དང་། རྒྱལ་པོ་ཆེན་པོ་རྣམ་ཐོས་སྲས་འཁོར་དང་བཅས་པ་ཁྱེད་རྣམས་ཀྱིས་རྩ་བརྒྱུད་ཀྱི་(༧༢༣ན)དཔལ་ལྡན་བླ་མ་དམ་པ་རྣམས་ཀྱི་བཀའ་དང་དམ་ལས་མ་འདའ་བར་རྡོ་རྗེ་སློབ་མ་འདི་རྣམས་ཀྱི་ལུས་དང་གྲིབ་མ་བཞིན་འགྲོགས་ནས། འགལ་རྐྱེན་ཐམས་ཅད་སོལ། མཐུན་རྐྱེན་ཐམས་ཅད་བསྒྲུབས། འཆི་མེད་ཚེ་ཡི་དངོས་གྲུབ་སོགས་ཇི་ལྟར་བསམ་པའི་དོན་ཐམས་ཅད་འབད་མེད་ལྷུན་གྱིས་འགྲུབ་པར་མཛོད་ཅིག །ཛཿཧཱུྃ་བཾ་ཧོཿ ཞེས་གཏོར་དབང་བཀའ་བསྒོ་བྱེད། ཐུགས་ཀྱི་རྗེས་གནང་ངོ་། །སློབ་མ་འདིའི་རྗེས་ཟློས་བྱེད་དུ་བཅུག་སྟེ། འདོད་པའི་ཁམས་ན་ཡོངས་སྤྱོད་པའི། །དངོས་གྲུབ་བདག་གིས་ཀུན་ཐོབ་ནས། །བླ་མ་ཡི་དམ་དཀོན་མཆོག་མཆོད། །འཕྲིན་ལས་རྣམ་བཞི་རྫོགས་པར་ཤོག །རིན་ཆེན་སྣ་བདུན་ལོངས་སྤྱད་ནས། །གཏེར་གྱི་དངོས་གྲུབ་ཕྱུགས་རྣམས་དང་། །གཟི་བརྗིད་དང་ལྡན་ཆོས་སྐྱོང་གིས། །རྟག་ཏུ་བདག་ལ་སྲུང་གྱུར་ཅིག །བང་མཛོད་འབྲུ་དང་འདོད་འཛོའི་བ། །རྒྱལ་མཚན་འཁོར་ལོས་བསྒྱུར་བ་དང་། །ཐོགས་མེད་རྫུ་འཕྲུལ་གྲུབ་ནས་ནི། །ལས་མཆོག་བདེ་ལ་གནས་པར་ཤོག །ཅེས་ལན་གསུམ། རྗེས་ཆོག་རྣམས་སྤྱི་དང་འདྲ། །

༈ རྣམ་སྲས་ལྷང་ཀྲུ་སེང་ཞོན་མ་ཧྣ་ནའི་ལུགས་ལ། མཎྜལ་པདྨ་འདབ་མ་བརྒྱད་ཀྱི་སྟེང་དུ། གཏོར་མ་རི་རབ་གླིང་བཞིའི་རྣམ་པ་ཅན་ནོར་སྣ་ཚོགས་ཀྱིས་གང་བའི་སྟོད་དུ་བཞག །མདུན་དུ་གླུམ་གཏོར་དཀར་པོ། འབྱུང་པོའི་དཀར་གཏོར། མཆོད་པ་རྣམས་བཤམས་ལ། སྐྱབས་སེམས་ཚད་མེད་བཞི་སྔོན་དུ་བཏང་ནས། དཔལ་ཧེ་རུ་ཀའམ་གསང་བདག་གི་བདག་བསྐྱེད་སྔོན་དུ་འགྲོ་(༧༢༣བ)བས། མཆོད་པ་རྣམས། ཨ་མྲི་ཏས་བསངས། སྭ་བྷཱ་ཝས་སྦྱངས། སྟོང་པའི་ངང་ལས་བྷྲཱུྃ་ལས་རིན་པོ་ཆེའི་སྣོད་ཡངས་ཤིང་རྒྱ་ཆེ་བ་རྣམས་ཀྱི་ནང་དུ་ཧཱུྃ་འོད་དུ་ཞུ་བ་ལས་བྱུང་བའི་མཆོད་ཡོན་ནས། རོལ་མོའི་བར་རྣམས་དྭངས་ཤིང་ཐོགས་པ་མེད་པ་ནམ་

མཁའ་དང་མཉམ་པར་གྱུར། ཨོཾ་ཨརྒྷཾ་ཨཱཿཧཱུཾ། ཞེས་པ་ནས་ཤཔྟའི་བར་གྱིས་བྱིན་གྱིས་བརླབས། མདུན་བསྐྱེད་ཨ་ཕྲི་ཏས་བསངས། སྭ་བྷཱ་ཝས་སྦྱངས། སྟོང་པའི་ངང་ལས་ཡཾ་རཾ་བཾ་ལཾ་སུཾ་ལས་འབྱུང་བའི་རི་རབ་དང་བཅས་པའི་རྩེ་མོར་ཧྲཱུཾ་ལས་གཞལ་ཡས་ཁང་། དེའི་དབུས་སུ་སེངྒེ་ལ་གནས་པའི་ཟླ་བའི་སྟེང་དུ་བཻ་ཡིག་འོད་ཀྱི་འཕྲོ་འདུ་ལས། རྒྱལ་པོ་རྣམ་ཐོས་སྲས་སྐུ་མདོག་ལྗང་གུ་ཞལ་གཅིག་སྤྱན་གསུམ་པ། མཆེ་བ་ཙུང་ཟད་གཙིགས་པ། ཕྱག་གཡས་རིན་ཆེན་འཕྲེང་བས་མཚན་པའི་དབྱུག་ཏོ་དང་། གཡོན་པ་གཏེར་གྱི་ནེའུ་ལེ་དཀུ་ལ་བརྟེན་པའི་ཚུལ་གྱིས་འཛིན་པ། དར་གྱི་ན་བཟའ་དང་གསེར་གྱི་གོ་ཆ་གསོལ་བ། རིན་པོ་ཆེའི་རྒྱན་གྱིས་བརྒྱན་ཅིང་། སེམས་དཔའི་ཕྱེད་སྐྱིལ་གྱིས་སེང་གེའི་གདན་ལ་བཞུགས་པ། གཟི་བརྗིད་ཉི་མ་སྟོང་དང་འདྲ་འོ། །ལུས་དང་གྲིབ་མའི་ཚུལ་གྱིས་ཤར་དུ་ཛཾ་ལས་ཛམྦྷ་ལ་སེར་པོ་རིན་པོ་ཆེ་བསྣམས་པ། ལྷོར་བཾ་ལས་གང་བ་བཟང་པོ་སེར་པོ་རིན་པོ་ཆེའི་བུམ་པ་གང་བ་འཛིན་པ། ནུབ་ཏུ་མཾ་ལས་ནོར་བུ་བཟང་པོ་དཀར་པོ་ནོར་བུ་འཛིན་པ། བྱང་དུ་ཀཾ་ལས་ཀུ་བེ་ར་ནག་པོ་རལ་གྲི་འཛིན་པ། ཤར་ལྷོར་སཾ་ལས་ཡང་དག་ཤེས་སེར་པོ་རལ་གྲི་འཛིན་པ། ལྷོ་ནུབ་ཏུ་གཾ་ལས་འཁྲིག་གནས་(༡༢༨ན)ནག་པོ་རིན་པོ་ཆེའི་མདུང་དམར་འཛིན་པ། ནུབ་བྱང་དུ་པཾ་ལས་ལྷུན་རྩེན་སེར་སྐྱ་ཁང་བརྩེགས་འཛིན་པ། བྱང་ཤར་དུ་པཾ་ལས་འཛམ་པོ་འཁྱིལ་པ་དཀར་པོ་གཡས་གྲི་དང་གཡོན་ཕུབ་འཛིན་པ། ཐམས་ཅད་ཀྱང་གཡོན་ན་གཏེར་གྱི་ནེའུ་ལེ་བསྣམས་ཤིང་། རྟ་སྔོན་པོ་ལ་ཆིབས་པ་གནོད་སྦྱིན་བྱེ་བའི་ཚོགས་ཀྱིས་བསྐོར་བ། ཕྱི་རོལ་དུ་ཀླུ་ཆེན་བརྒྱད་ཀར་སྐུ་མདོག་སེར་པོ་ཕྱག་གཉིས་ཐལ་མོ་སྦྱར་བའི་བར་ན་རིན་པོ་ཆེ་བསྣམས་པའོ། །རང་གི་སྙིང་ག་ནས་འོད་ཟེར་འཕྲོས། །ཡེ་ཤེས་སེམས་དཔའ་བཛྲ་ས་མ་ཛཿ ཛཿཧཱུཾ་བཾ་ཧོཿ དཔྲལ་བར་ཨོཾ། མགྲིན་པར་ཨཱཿ ཐུགས་ཀར་ཧཱུཾ། ཨོཾ་རཏྣ་ཨ་བྷི་ཥིཉྩ་ཧཾ། ཞེས་དབང་བསྐུར། རིན་ཆེན་འབྱུང་ལྡན་གྱིས་དབུ་བརྒྱན་པར་གྱུར། ཨོཾ་བཻ་ཤྲ་མ་

ཊ་ས་པ་རི་པཱུ་ར་ཨརྒྷཾ་པྲ་ཏཱིཙྪ་ཡེ་སྭཱཿཧཱུྃ། དེ་བཞིན་དུ། པཱ་དྱཾ་ནས་ཤབྡའི་བར་གྱིས་མཆོད། གནོད་སྦྱིན་རྒྱལ་པོ་ཆེན་པོ་རྣམ་ཐོས་སྲས། །ནོར་ལ་དབང་བསྒྱུར་འདོད་ཡོན་ཆར་དུ་འབེབས། །དབུལ་བའི་གདུང་སེལ་མགོན་པོ་ཐུགས་རྗེ་ཅན། །རྒྱལ་པོ་འཁོར་དང་བཅས་ལ་ཕྱག་འཚལ་བསྟོད། །ཅེས་པས་བསྟོད། བཟླས་པའི་དམིགས་པ་རྣམས་མན་ངག་བཞིན་ཤེས་པར་བྱས་ལ། ཨོཾ་བཻ་ཤྲ་མ་ཎ་ཧཱུྃ་སྭཱ་ཧཱ། བསྙེན་པའི་སྔགས་སོ། །ཨོཾ་བཻ་ཤྲ་མ་ཎ་ར་ཏྣ་གུ་ཧྱེ་སིདྡྷི་ཨ་པེ་ཤ་ཡ་ཛཿ སྒྲུབ་པའི་སྔགས་སོ། །ཨོཾ་བཻ་ཤྲ་མ་ཎ་ར་ཏྣ་གུ་ཧྱེ་ཨ་ཧྲི་ཤིཀྵ་མཾ། ཨ་པ་ཡ། ར་ཏྣ་སིདྡྷི་ཧཱུྃ་ཧཱུྃ། ལས་སྦྱོར་གྱི་སྔགས་སོ། །ཨོཾ་བཻ་ཤྲ་མ་ཎ་ཡེ་ཧཱུྃ། སྲོག་ས་སྭཱ་ཡ་ཧཱིཾ་ཧཱིཾ་ཛཿཛཿསྲོགས་ཆོག(༧༢༨བ)གི་སྔགས་སོ། །གཏོར་མ་ཨ་མྲྀ་ཏས་བསངས། སྭ་བྷཱ་ཝས་སྦྱངས། སྟོང་པའི་ངང་ལས་བྷྲཱུྃ་ལས་བྱུང་བའི་རིན་པོ་ཆེའི་སྣོད་དུ་ཨོཾ་ལས་བྱུང་བའི་གཏོར་མ་འདོད་དགུའི་རྒྱ་མཚོར་གྱུར། ཨོཾ་སརྦ་བིད་པཱུ་ར་པཱུ་ར་སོགས་ནམ་མཁའ་མཛོད་ཀྱི་སྔགས་རྒྱ་ལན་གསུམ་གྱིས་བྱིན་གྱིས་བརླབས། སྙིང་པོའི་མཐར། ཨོཾ་ཨ་ཀཱ་རོ་མུ་ཁཾ་སརྦ་དྷརྨཱ་ཎཱཾ་ཨཱདྱ་ནུཏྤནྣ་ཏྭཱ་ཏ་ཨོཾ་ཨཱཿཧཱུྃ་ཕཊ་སྭཱ་ཧཱ། ཞེས་བཏགས་པས་གཙོ་བོ་ལ་འབུལ། འཁོར་གྱི་གནོད་སྦྱིན་སྡེ་ལ། ཨོཾ་པཱུ་ཛ་བ་ལིཾ་གྲྀཧྞ་ཁ་ཁ་ཁཱ་ཧི་ཁཱ་ཧི། ཞེས་པ་དང་། འབྱུང་པོ་སྡེ་ལ། ན་མཿསརྦ་ཏ་ཐཱ་ག་ཏ་ཨ་ཝ་ལོ་ཀི་ཏེ་ཨོཾ་སམྦྷ་ར་སམྦྷ་ར་ཧཱུྃ། ཞེས་ཁ་འབར་མའི་སྔགས་ཀྱིས་སྦྱིན། ཡིག་བརྒྱ། བཟོད་གསོལ་རྣམས་བྱའོ། །

༈ འདིའི་རྗེས་གནང་ནི། མཆོད་གཏོར་རྣམས་གོང་བཞིན་བཤམས། རིན་པོ་ཆེའི་གོ་ཆ། ཐང་ག །འཕྲེང་བ། རིན་པོ་ཆེ། ནེའུ་ལེའི་གཟུགས་རྣམས་བཤམས། བདག་བསྐྱེད་སྔོན་དུ་འགྲོ་བས། མདུན་བསྐྱེད་གཏོར་འབུལ་གྱི་བར་གོང་བཞིན་བྱས་ལ། སློབ་མ་རྣམས་ཁྲུས་བྱས། མཎྜལ་ཕུལ་ནས། གནོད་སྦྱིན་གཏེར་སྐྱོང་རིན་ཆེན་ལྷ་བུའི་སྐུ། །ཆེ་མཆོག་བསམ་གྱིས་མི་ཁྱབ་ཡོན་ཏན་རྫོགས། །སྐྱབ་མཆོག་བདག་ལ་མཆོག་དང་ཐུན་མོང་གི། དངོས་གྲུབ་མ་ལུས་དུས་འདིར་བསྩལ་དུ་གསོལ། །ཞེས་ལན་གསུམ་གྱིས་གསོལ་

པ་བཏབ། དཀོན་མཆོག་གསུམ་ལ་བདག་སྐྱབས་མཆི། །སོགས་མགུར་ནས་འབྱུང་བའི་རྒྱུན་བཤགས་ལན་གསུམ་བྱ། སློབ་དཔོན་ཡི་དམ་དུ་གསལ་བ་གནས་འགྱུར་ཏེ། རྒྱལ་པོ་རྣམ་སྲས་སུ་གྱུར་(༧༢༥ན)པར་མོས་ལ། སློབ་མའང་ཨ་མྲྀ་ཏས་བསངས། སྭ་བྷཱ་ཝས་སྦྱངས། སྟོང་པའི་ངང་ལས་ཡཾ་རཾ་བཾ་ལཾ་སུཾ་ལས་འབྱུང་བཞི་རི་རབ་དང་བཅས་པའི་རྩེ་མོར་ཧཱུཾ་ལས་གཞལ་ཡས་ཁང་། དེའི་དབུས་སུ་སེངྒེ་ལ་གནས་པའི་ཟླ་བའི་སྟེང་དུ་བཻ་ཡི་གེ་འོད་ཀྱི་འཕྲོ་འདུ་ལས། ཁྱེད་རང་རྣམས་རྒྱལ་པོ་རྣམ་ཐོས་སྲས་སྐུ་མདོག་ལྗང་གུ་ཞལ་གཅིག་སྤྱན་གསུམ་པ། མཆེ་བ་ཙུང་ཟད་གཙིགས་པ། ཕྱག་གཡས་རིན་ཆེན་འཕྲེང་བས་མཚན་པའི་དབྱུག་ཏོ་དང་། གཡོན་པ་གཉེར་གྱི་ནེའུ་ལེ་དཀྲུ་ལ་བརྟེན་པའི་ཚུལ་གྱིས་འཛིན་པ། དར་གྱི་ན་བཟའ་དང་གསེར་གྱི་གོ་ཆ་གསོལ་བ། རིན་པོ་ཆེའི་རྒྱན་གྱིས་བརྒྱན་ཅིང་། སེམས་དཔའི་ཕྱེད་སྐྱིལ་གྱིས་སེངྒེའི་གདན་ལ་བཞུགས་པ། གཟི་བརྗིད་ཉི་མ་སྟོང་དང་འདྲ་བའོ། །ཞེས་སློབ་མ་རྣམ་ཐོས་སྲས་སུ་བསྐྱེད། སློབ་དཔོན་གྱི་ཐུགས་ཀ་ནས་འོད་ཟེར་འཕྲོས། མདུན་བསྐྱེད་ལ་འཕོག་པས་ཐུགས་རྒྱུད་བསྐུལ། དེའི་ཐུགས་ཀ་ནས་འོད་ཟེར་འཕྲོས་པའི་སྣེ་ལ་ཁྲོ་བོ་འདོད་པའི་རྒྱལ་པོ་ལྕགས་ཀྱུ་དང་ཞགས་པ་ཐོགས་པ་བྱུང་སྟེ། རྒྱལ་པོ་འཁོར་དང་བཅས་པ་སྤྱན་དྲངས། ཁྱེད་རང་རྣམས་ཀྱི་ལུས་ལ་ཆར་ཆེན་པོ་བབས་པ་བཞིན་དུ་བ་སྤུའི་སྒོ་ནས་ཞུགས་ཤིང་གཉིས་སུ་མེད་པར་ཐིམ་པའི་མོས་པ་མཛོད། ཛཿཧཱུཾ་བཾ་ཧོཿདཔྲལ་བར་ཨོཾ། མགྲིན་པར་ཨཱཿ ཐུགས་ཀར་ཧཱུཾ། ཨོཾ་རཏྣ་མུ་ཀུ་ཊ་ཨ་བྷི་ཥིཉྩ་ཧཾ། ཞེས་དབང་བསྐུར། རིན་ཆེན་འབྱུང་ལྡན་གྱིས་དབུ་བརྒྱན་པར་གྱུར། དེ་ནས་རིན་པོ་ཆེའི་གོ་ཆ་དང་གཟུགས་བརྙན་སློབ་མ་ལ་གཏད། ཐང་ཀ་(༧༢༥བ)སྤྱི་བོར་བཞག་ལ། མདུན་བསྐྱེད་ཀྱི་གཏོར་རྟེན་འདི་ཉིད་ཀྱང་རྒྱལ་ཆེན་རྣམ་སྲས་ལྗང་གུ་སེང་ཞོན་མར་དངོས་སུ་བཞུགས་པར་མོས་ནས་དེ་ལས་སྐུ་གཉིས་པ་ཞིག་ཆད་དེ་ཐིམ་པར་བསམ། སྐུའི་རྗེས་གནང་ངོ་། །འཕྲེང་བ་ལག་ཏུ་གཏད་དེ། ཟླ་

མའི་ཐུགས་ཀ་ནས་འོད་ཟེར་འཕྲོས། མདུན་བསྐྱེད་རྒྱལ་པོའི་ཐུགས་རྒྱུད་བསྐུལ། ཐུགས་ཀ་ནས་སྔགས་འཕྲེང་རིན་ཆེན་འབར་བའི་འཕྲེང་བ་ལྟ་བུ་བྱུང་། དེ་ལས་འོད་ཟེར་འཕྲོས། འཕགས་པ་མཆོད། སེམས་ཅན་གྱི་དབུལ་ཕོངས་བསལ། འཇིག་རྟེན་ཁམས་ཀྱི་དངོས་གྲུབ་ཐམས་ཅད་བསྡུས་ཏེ་སྔགས་འཕྲེང་ལ་ཐིམ། དེ་ཉིད་སློབ་མའི་ཁ་སྒོ་ནས་ཞུགས་ཏེ་སྙིང་གའི་བཻ་ལ་ཐིམ། དེ་ནས་སྔགས་འཕྲེང་འཁོར་ལོ་ལྟར་འཁོར་བ་ལ་སེམས་གཏད་དུ་བཅུག་སྟེ། ཨོཾ་བཻ་ཤྲ་མ་ཎ་ཧཱུཾ་སྭཱཧཱ། ཞེས་བསྙེན་པའི་སྔགས་དང་། ཨོཾ་བཻ་ཤྲ་མ་ཎ་རཏྣ་གུ་ཧྱེ་སིདྡྷི་ཨ་བེ་ཤ་ཡ་ཛཿ ཞེས་སྒྲུབ་པའི་སྔགས་དང་། ཨོཾ་བེ་ཤྲ་མ་ཎ་རཏྣ་གུ་ཧྱེ་ཨ་ཧྲི་ཥྛ་མཾ། ཨ་པ་ཡ། རཏྣ་སིདྡྷི་ཧཱུཾ་ཧཱུཾ། ཞེས་ལས་སྦྱོར་གྱི་སྔགས་ཏེ་ལན་གསུམ་གསུམ་དང་། ཨོཾ་བཻ་ཤྲ་མ་ཎ་ཡེ་ཧཱུཾ། སྲོག་ས་མྨ་ཡ་ཧྲཱིཾ་ཧྲ་ཛཿཛཿ ཞེས་སྲོག་ཆོག་གི་སྔགས་ཚར་གཅིག་རྗེས་ཟློས་བྱེད་དུ་བཅུག་སྟེ། གསུང་གི་རྗེས་གནང་ངོ་། །སྙིང་གར་ས་བོན་སྔགས་འཕྲེང་དང་འོད་འབར་བ་བསྒོམ། སེམས་ཅན་ཐམས་ཅད་དབུལ་བའི་སྡུག་བསྔལ་ལས་བསལ་བར་བྱའོ་སྙམ་དུ་གཞུག །ཐུགས་ཀྱི་རྗེས་གནང་ངོ་། །རིན་པོ་ཆེ་དང་ནེའུ་ལེའི་གཟུགས་བརྙན་གཏད་ལ། ཨོཾ་བཻ་ཤྲ་མ་ཎ་རཏྣ་གུ་ཧྱེ་ཨ་ཧྲི་ཥྛ་མཾ། ཨ་པ་ཡ། (༧༢༨ན)རཏྣ་སིདྡྷི་ཧཱུཾ་ཧཱུཾ། ཞེས་པའི་ལས་སྦྱོར་གྱི་སྔགས་བརྗོད། ཡོན་ཏན་གྱི་རྗེས་གནང་ངོ་། །གཏོར་མ་སྤྱི་བོར་བཞག་ལ། རྒྱལ་པོ་ཆེན་པོ་རྣམ་ཐོས་སྲས་འཁོར་དང་བཅས་པ་ཁྱེད་རྣམས་ཀྱིས་རྗེ་བརྒྱུད་ཀྱི་དཔལ་ལྡན་བླ་མ་དམ་པ་རྣམས་ཀྱི་བཀའ་དང་དམ་ལས་མ་འདའ་བར། རྗེ་རྗེ་སློབ་མ་འདི་རྣམས་ཀྱི་ལུས་དང་གྲིབ་མ་བཞིན་འགྲོགས་ཏེ། འགལ་རྐྱེན་ཐམས་ཅད་སོལ། མཐུན་རྐྱེན་ཐམས་ཅད་བསྒྲུབས། ཇི་ལྟར་བསམ་པའི་དོན་ཐམས་ཅད་འབད་མེད་ལྷུན་གྱིས་འགྲུབ་པར་མཛོད་ཅིག །ཅེས་གཏོར་མའི་བཀའ་བསྒོ་བྱས་ལ་མཐེབ་ཀྱུ་ནས་ཅུང་ཟད་ཅིག་སྦྱིན། འཕྲིན་ལས་ཀྱི་རྗེས་གནང་ངོ་། །རྗེས་ཀྱི་བྱ་བ་སྤྱི་དང་འདྲའོ། །

༄ རྣམ་སྲས་ཡང་གསང་ཕྱག་མཚན་བཞི་པ་ལ། མཆོད་གཏོར་བཤམས། སྐྱབས་སེམས་ཚད་མེད་བཞི་སྔོན་དུ་འགྲོ་བས། གསང་བདག་གི་བདག་བསྐྱེད་སྔོན་དུ་བཏང་ནས། མཆོད་པ་བྱིན་གྱིས་བརླབས། མདུན་བསྐྱེད་བསངས་སྦྱངས། སྟོང་པའི་ངང་ལས་ཧཱུཾ་ཨ་ཡཾ་རཾ་བཾ་ལཾ་སུཾ་རྣམས་ལས་སྲུང་འཁོར་འབྱུང་བཞི་བརྩེགས་པ་གླིང་བཞི་རི་རབ་དང་བཅས་པའི་སྟེང་དུ། བྷྲཱུཾ་ལས་རིན་པོ་ཆེ་སྣ་ཚོགས་ལས་གྲུབ་པའི་ཕོ་བྲང་གྲུ་བཞི་སྒོ་བཞི་རྟ་བབས་བཞི་དང་ལྡན་པ། ཁ་ནང་ལྟས་ཕོར་ཡུག་ཏུ་བསྐོར་བའི་ཤར་ཤེལ། ལྷོ་བཻ་ཌཱུརྻ། ནུབ་པདྨ་རཱ་ག །བྱང་འཛམ་བུ་ཆུ་བོའི་གསེར་ལས་གྲུབ་པ། ཕྱོགས་རེ་རེ་ནས་ཀ་བ་ཉིས་སྟོང་ལྔ་བརྒྱ་ལྔ་བཅུས་བཏེགས་པའི་གདུང་རིང་དང་། གདུང་ཐུང་(༧༢༥༨ན)གིས་མཛེས་པར་ཕུབ་པ། ཕྱི་རོལ་དུ་དཔྱངས་པའི་དྲ་བ་དྲ་ཕྱེད། ཕ་གུ་ཤར་བུམ་མདའ་ཡབ་སོགས་རྒྱན་ཐམས་ཅད་དང་བཅས་པ། དབུས་སུ་རིན་པོ་ཆེའི་ཁང་བཟང་གསུམ་བརྩེགས་སུ་ཡོད་པ། ས་འོག་ཏུ་གཏེར་གྱི་ཁང་པ་བཅོ་ལྔ་རང་བཅས་པ། ཕྱི་རོལ་དུ་འཁོར་ས་རིམ་པ་གསུམ་དང་ལྡན་པ། འཁོར་ས་དང་པོ་ལ་ཕྱོགས་མཚམས་བརྒྱད་དུ་ཁང་བཟང་བརྒྱད། གཞལ་ཡས་ཁང་གི་ཕྱི་རོལ་ཡོངས་སུ་བསྐོར་བའོ། །དབུས་ཀྱི་ཕོ་བྲང་གི་ནང་དུ་ཧྲིཿལས་སྣ་ཚོགས་པདྨ་འདབ་མ་བརྒྱད་པ། དེའི་སྟེང་དུ་ཨ་ལས་ཟླ་བའི་དཀྱིལ་འཁོར་ལ་གནས་པའི་ཙ་ལས་སེངྒེ་དཀར་པོ། དེའི་སྟེང་དུ་ཧཾ་དམར་པོ། དེ་ལས་འོད་ཟེར་འཕྲོས། འཕགས་པ་མཆོད། སེམས་ཅན་གྱི་དོན་བྱས། ཁམས་གསུམ་དབང་དུ་བསྡུས། སླར་ཐིམ་པ་ཡོངས་སུ་གྱུར་པ་ལས། རྒྱལ་པོ་ཆེན་པོ་སྐུ་མདོག་དམར་པོ་ཞལ་གཅིག་ཕྱག་གཉིས། གཡས་སྟག་གི་རྒྱལ་མཚན་དང་མདུང་དམར། གཡོན་གྱིས་ནེའུ་ལེ་དང་ལྕགས་ཀྱུ་འཛིན་པ། སྤྱན་གསུམ་ཁྲུམ་ཞིང་དམར་ལ་མཆེ་བ་གཙིགས་པ། དར་དམར་པོའི་ཅོད་པན་ཅན། རིན་པོ་ཆེའི་རྒྱན་ཐམས་ཅད་ཀྱིས་བརྒྱན་པ། དར་སྣ་ཚོགས་ཀྱི་ན་བཟའ་ལྷབ་ལྷུབ་དང་། བསེ་ཁྲབ་གསོལ་བ། གསེར་གྱི་སྐེ་རགས་ཅན།

དབུ་ལ་ཚོམ་གཞུ་དང་། ཞབས་ལ་བསེའི་ལྭ་ཁྲམ་གསོལ་བ། ཁམས་གསུམ་མ་ལུས་པ་དབང་དུ་བསྡུ་བའི་འོད་ཟེར་འབར་བའི་དབུས་ན་བཞུགས་པའོ། །ཕྱོགས་བཞིར་ཧྲག་དམར་པོ་བཞི་ལས། ཤར་དུ་ནོར་རྒྱུན་མ། ལྷོར་དབྱངས(༧༢༧ན)ཅན་མ། ནུབ་ཏུ་ནོར་སྐྱོང་མ། བྱང་དུ་ཧ་ར་ལི་རྣམས་དམར་མོ་ཞི་མ་ཁྲོ། རུས་པའི་རྒྱན་གྱིས་བརྒྱན་པ། གཡས་ལྕགས་ཀྱུ་དང་། གཡོན་ཟ་ཡབ་བསྣམས་པ། ཕྱིའི་ཁང་བཟང་བརྒྱད་དུ། སྐད་ཅིག་གིས་ཤར་དུ་ཛམྦྷ་ལ་སེར་པོ། ལྷོར་གང་བ་བཟང་པོ་སེར་པོ། ནུབ་ཏུ་ནོར་བུ་བཟང་པོ་དཀར་པོ། བྱང་དུ་ཀུ་བེ་ར་ནག་པོ། ཤར་ལྷོར་ཡང་དག་ཤེས་སེར་པོ། ལྷོ་ནུབ་ཏུ་འཕྲོག་གནས་ནག་པོ། ནུབ་བྱང་དུ་ལྔས་རྩེན་སེར་སྐྱ། བྱང་ཤར་དུ་འཛམ་པོ་འཁྱིལ་བ་དཀར་པོ། ཐམས་ཅད་ཀྱང་གཡས་ན་རང་རང་གི་ཕྱག་མཚན་དང་མདུང་དམར། གཡོན་ན་ལྕགས་ཀྱུ་དང་ནེའུ་ལེ་འཛིན་པ། རང་མདོག་དང་མཚུངས་པའི་རྟ་ལ་ཆིབས་པ། དར་དང་རིན་པོ་ཆེའི་རྒྱན་སྣ་ཚོགས་པས་སྤྲས་པ། དཔའ་ཞིང་བརྗིད་ལ་མི་སྡུག་པའི་ཆ་བྱད་ཅན་རྣམས་རང་རང་གི་འཁོར་དང་བཅས་པས་བསྐོར་བར་གྱུར། སྤྲོས་སྦྱོར་བསྒྲིག་ཅིང་། རང་གི་ཐུགས་ཀའི་ཧཱུྃ་ལས་འོད་ཟེར་འཕྲོས། འོད་ཟེར་གྱི་རྩེ་ལ་ཁྲོ་བོ་འདོད་པའི་རྒྱལ་པོ་ལྕགས་ཀྱུ་དང་ཞགས་པ་ཐོགས་པ་བྱུང་སྟེ། རྒྱལ་པོ་འཁོར་དང་བཅས་པ་བཛྲ་ས་མཱ་ཛཿལྕགས་ཀྱུའི་ཕྱག་རྒྱ་དང་བཅས། མགོན་པོ་ཀུན་གཤེགས་ཐུགས་དམ་ཅན། །ད་ལྟ་སྙིགས་མ་ལྔ་ཡི་དུས། །ཐམས་ཅད་ཉོན་མོངས་འདམ་བྱིང་བས། །མཚམས་མེད་ལྔ་ནི་ཀུན་སྤྱོད་ཅིང་། །གཟིགས་ཤིང་གཤེགས་པའི་གནས་ངན་ཡང་། །ཤཱཀྱ་སེངྒེའི་སྤྱན་སྔར་ཁྲིད། །ཐུགས་དམ་གང་བཞེས་དེ་དགོངས་ལ། །འདྲེན་པའི་བསྟན་པ་སྲུང་བ་དང་། །སེམས་ཅན་ཀུན་ལ(༧༢༧བ)སྨན་སླད་དུ། །བྱང་ཕྱོགས་གནས་ན་བཞུགས་པ་རྣམས། །སེམས་ཅན་དོན་ཕྱིར་གཤེགས་སུ་གསོལ། །ཨོཾ་བཻ་ཤྲ་མ་ཎ་ས་པ་རི་ཝཱ་ར་ས་མཱ་ཛཿཛཿཧཱུྃ་བཾ་ཧོཿཨོཾ་བཻ་ཤྲ་མ་ཎ་ཨ་གཙྪ་ཡ་ཛཿབཻ་རིང་པོ་བརྗིད་དང་ལྡན་པ། མིག་

འཛུམ་སུམ་ཙུ་སོ་གཉིས་ཀྱི་ཡུན་ཚད་དུ་བཛོད། ཨ་སྨྲི་ཏའི་སྔགས་ཀྱིས་ཕྱིར་འབྲང་གི་བགེགས་བསྐྲད། རྒྱལ་པོའི་ཐུགས་ཀར་པདྨ་འདབ་བརྒྱད་ཀྱི་འདབ་མ་རེ་རེ་ལ་བཻ་བཞི་བཞི། བདག་མདུན་གྱི་ཐུགས་འོད་ཟེར་གྱི་ལྕགས་ཀྱུས་སྤྱིལ་བར་གྱུར། ཨོཾ་རཏྣ་མུ་ཀུ་ཊ་ཨ་བྷི་ཥིཉྩ་མི། ཞེས་ཅོད་པན་གྱིས་དབང་བསྐུར། དཔྲལ་བར་ཨོཾ། མགྲིན་པར་ཨཱཿ ཐུགས་ཀར་ཧཱུྃ། མཆོད་པ་ནི། ཨོཾ་བཻ་ཤྲ་མ་ཎ་ས་པ་རི་ཝཱ་ར་ཨརྒྷཾ་ནས་ཤབྡའི་བར་གྱིས་མཆོད། རིན་ཆེན་གདུགས་དང་གསེར་ཉ་དང་། །གཏེར་ཆེན་བུམ་པ་པདྨ་བཟང་། །དུང་དཀར་གཡས་འཁྱིལ་དཔལ་བེའུ། །མཆོག་གི་རྒྱལ་མཚན་འཁོར་ལོ་སོགས། །དངོས་གྲུབ་རྣམ་གཉིས་བསྩལ་བའི་ཕྱིར། །རྒྱལ་ཆེན་འཁོར་དང་བཅས་ལ་འབུལ། །ཨོཾ་བཻ་ཤྲ་མ་ཎ་ས་པ་རི་ཝཱ་ར་ཨཥྚ་མངྒ་ལཾ་པཱུ་ཛ་མེ་གྷ་ས་མུ་དྲ་སྥ་ར་ཎ་ས་མ་ཡེ་ཧཱུྃ། ཕུན་ཚོགས་འཁོར་ལོ་རིན་པོ་ཆེ། །དྲི་མེད་བཙུན་མོ་ཁྱིམ་བདག་དང་། །ཅང་ཤེས་རྟ་དང་གླང་པོ་དང་། །ཕས་ཀྱི་རྒོལ་བ་ཚར་གཅོད་པའི། །དམག་དཔོན་རིན་ཆེན་སྣ་བདུན་རྣམས། །བདག་གི་བསམ་པ་ཡོངས་རྫོགས་ཕྱིར། །རྒྱལ་ཆེན་སྲས་དང་བཙུན་མོར་བཅས། །འཁོར་དང་བཅས་པས་བཞེས་སུ་གསོལ། །སརྦ་རཏྣ། ཡིད་འོང་ནགས་ཚལ་རལ་གྲི་དག །(༧༢༨ན)ཁང་བཟང་མལ་ཆ་ལྷམ་ཡི་གོས། །སྤྲུལ་གྱི་པགས་པ་ལྷམ་ལ་སོགས། །རྒྱལ་ཆེན་འཁོར་དང་བཅས་ལ་འབུལ། །ཨུ་པ་སརྦ་རཏྣ། མེ་ལོང་ཀྲི་ཧཾ་བ་ཚ་དང་། །དུར་བ་བི་བ་ལི་ཁྲི་དང་། །ཡུངས་ཀར་ལ་སོགས་བཀྲ་ཤིས་རྫས། །རྒྱལ་ཆེན་འཁོར་དང་བཅས་ལ་འབུལ། །ཨཥྚ་མངྒ་ལ་དྲ་བྱ། ཡིད་འོང་གཟུགས་དང་སྙན་པའི་སྒྲ། །ཡིད་འཛིན་དྲི་དང་རོ་བརྒྱའི་ཟས། །འཇམ་མཉེན་འཁྲིལ་ཆགས་རེག་བྱའི་མཆོག །རྒྱལ་ཆེན་འཁོར་དང་བཅས་ལ་འབུལ། །པཉྩ་ཀཱ་མ་གུ་ཎ། བསྟོད་པ་ནི། རིན་ཆེན་མཛེས་པའི་ཕོ་བྲང་ན། །ཁམས་གསུམ་དབང་དུ་བྱེད་པའི་ལྷ། །རྒྱལ་པོ་ཆེན་པོ་རྣམ་ཐོས་སྲས། །འཁོར་དང་བཅས་ལ་ཕྱག་འཚལ་ལོ། །ཞེས་པ་དང་། དེ་ནས་བཟླས་པའི་དམིགས་པ་གསལ་བཏབ

ལ། ཨོཾ་མནྟྲ་ནྲྀ་ཛ་ཡཀྵ་ས་མ་ཡེ། བཻ་ཤྲ་མ་ཎ་ཡ་སརྦ་ཅིཏྟ་རཏྣ་ཧི་ཧི་ཛཿཛཿ ཞེས་
ཅི་ནུས་བཟླ། གཏོར་མ། ཨ་མྲྀ་ཏས་བསངས། སྭ་བྷཱ་ཝས་སྦྱངས། སྟོང་པའི་ངང་
ལས་ཡཾ་ལས་རླུང་། རཾ་ལས་མེ། ཨཱཿལས་མི་མགོའི་སྒྱིད་བུ་གསུམ། ཨོཾ་ལས་ཐོད་
པའི་ནང་དུ་ཧྲཱུཾ་ཨཾ་ཛྲཱིཾ་ཁཾ་ཧཱུཾ་རྣམས་ལས་ཤ་ལྔ་བདུད་རྩི་ལྔ་ཞུ་བ་ལས་བྱུང་བའི་གཏོར་
མ་བདུད་རྩིའི་རྒྱ་མཚོར་གྱུར། རང་གི་སྙིང་ག་ནས་འོད་ཟེར་འཕྲོས། གནོད་བྱེད་
གདུག་པ་ཅན་ཐམས་ཅད་བཀུག་སྟེ་བསྒྲལ་བའི་ཤ་ཁྲག་གི་ཕུང་པོ་ཆེན་པོ་དང་
གཏོར་མ་གཅིག་ཏུ་འདྲེས་པ་ནམ་མཁའ་དང་མཉམ་པར་གྱུར། ཨོཾ་ཨཱཿཧཱུཾ། ལན་
གསུམ། ཨ་ཀཱ་རོ་སོགས་དང་། ཏུ་ཏུ་(༡༢༨བ)སོགས་དང་། ཨོཾ་སརྦ་བིད་པཱུ་ར་པཱུ་ར་
སོགས་ནམ་མཁའ་མཛོད་ཀྱི་ཕྱག་རྒྱ་རྣམས་ལན་གསུམ་མམ་བདུན་བདུན་གྱིས་
རྒྱ་ཆེར་སྤེལ། རྡོ་རྗེ་ཐལ་མོ་ཁ་གྱེན་དུ་ཕྱེ་ལ། ཨོཾ་ཨ་མྲྀ་ཏ་ཀུཎྜ་ལི་ཏ་ན་ཏ་ན་ཧཱུཾ་ཕཊ།
ཨོཾ་བཻ་ཤྲ་མ་ཎ་ས་པ་རི་ཝཱ་ར་ཨི་དཾ་བ་ལིཾ་གྲྀཧྞནྟུ་ས་མ་ཡ་རཀྵནྟུ་མ་མ་སརྦ་སིདྡྷི་མྨེ་པྲ
ཡཙྪ་མ་མ་སརྦ་ཀརྨ་སྭསྟ་ཨ་སོ་སྟ་ཡ་སྭཱཧཱ། ཞེས་ལན་གསུམ་གྱིས་དབུལ། ཨརྒྷཾ་ནས་
ཤབྡའི་བར་གྱིས་མཆོད། རིན་ཆེན་མཛེས་པའི་ཕོ་བྲང་ན། །ཁམས་གསུམ་དབང་
དུ་བྱེད་པའི་ལྷ། །རྒྱལ་པོ་ཆེན་པོ་རྣམ་ཐོས་སྲས། །མདུང་དམར་འཛིན་ལ་ཕྱག་
འཚལ་ལོ། །བྱང་ཕྱོགས་རྒྱལ་པོ་རྣམ་ཐོས་སྲས། །བཙུན་མོ་བཞི་དང་སྲས་བཞི་
དང་། །ཁྱད་པར་ལས་སྒྲུབ་གནོད་སྦྱིན་བརྒྱད། །འཁོར་བཅས་མ་ལུས་ཐམས་ཅད་
ཀུན། །མཆོད་སྦྱིན་གཏོར་མ་འདི་བཞེས་ལ། །རྣལ་འབྱོར་བདག་ཅག་འཁོར་བཅས་
རྣམས། །བུ་སྡུག་བཞིན་དུ་བསྐྱང་བ་དང་། །ཚེ་དང་བསོད་ནམས་རྒྱས་པར་
མཛོད། །གཞན་ཡང་བདག་ཅག་འཁོར་བཅས་ལ། །ལོག་པར་ཞུགས་པའི་དགྲ་དང་
བགེགས། །དེ་ཡི་ཕྲུ་མ་གཞོམ་པ་དང་། །གཏན་ནས་བརླག་པའི་འཕྲིན་ལས་
མཛོད། །དེ་ལྟར་བཅོལ་བའི་ལས་འདི་དག །དམ་ཚིག་ལྡན་པ་ཁྱེད་རྣམས་ཀྱིས། །
སྔོན་གྱི་དམ་ཚིག་རྗེས་དགོངས་ལ། །མ་གཡེལ་ད་ལྟ་འགྲུབ་པར་མཛོད། །ཅེས་

འཕྲིན་ལས་བཙོལ། ཡི་གེ་བརྒྱ་པས་ལྷག་ཆད་ཁ་བསྐང་ངོ་། ༈ འདིའི་རྗེས་གནང་
བྱེད་པར་འདོད་ན། པདྨ་དམར་པོ་འདབ་བརྒྱད་ཀྱི་ལྟེ་བར་མཆོད་ཀྱི་ཁར་རྟེན་གཏོར་
དམར་པོ་གྲུ་(༧༥༨ན)གསུམ་ལ་མདུང་དམར་སྣ་ཚོགས་ཅན་བཙུགས། བྲིས་སྐུ་དང་མཆོད་
གཏོར་བཤམས། དུང་ཆོས་དྲི་བཟང་གིས་གང་བ་དང་། ལྕགས་ཀྱི་རྡོ་རྗེ། གསང་
རྟེན་གྱི་སྙིང་། རྫོར་དྲིལ་རོལ་མོ་སོགས་ཚད་པར་བྱས་ལ། གསང་བདག་གི་བདག་
བསྐྱེད་སྔོན་དུ་འགྲོ་བས། གོང་བཞིན་འདོད་དོན་གསོལ་བཏབ་ཀྱི་བར་མདུན་བསྐྱེད་
ཀྱི་ཆོ་ག་གྲུབ་པ་ན་རྗེས་གནང་བྱ་སྟེ། སློབ་མས་ཁྲུས་བྱས། མཎྜལ་ཕུལ། གསོལ་
གདབ་ནི། ཐུགས་རྗེ་ཆེན་པོའི་གཏེར་མངའ་བ། །སློབ་དཔོན་ཁྱོད་ནི་དགོངས་སུ་
གསོལ། །བདག་སོགས་དབུལ་ཕོངས་བསྐྱབས་པའི་ཕྱིར། །གཏེར་ཆེན་གྲུབ་པ་
བདག་ལ་སྩོལ། །ཞེས་ལན་གསུམ། དེ་ནས། རྒྱལ་ཆེན་རྣམ་མང་ཐོས་པ་ནི། །ཁྱེད་
ཀྱིས་བརྗོན་པར་མཆོད་ནུས་སམ། །འཕྲིན་ལས་བཙོལ་དང་དམ་ཚིག་རྣམས། །རྗེས་
སུ་མཐུན་པར་བྱེད་ནུས་སམ། །ཞེས་སློབ་དཔོན་གྱིས་དྲིས་པ་ལ། གཙོ་བོས་ཇི་ལྟར་
སོགས་རྗེས་ཟློས་ཀྱིས་ལན་གདབ། དཀོན་མཆོག་གསུམ་ལ་བདག་སྐྱབས་མཆི། །ཞེས་
སོགས་མགུར་ནས་འབྱུང་བའི་རྒྱུན་བཤགས་ལན་གསུམ། དངོས་གཞི་ནི། ཐོག་མར་
སློབ་མ་ལ་ཕྱག་རྫོར་གྱི་མངོན་རྟོགས་རིགས་བདག་གི་བར་རྫོགས་པར་ཐོག །མདུན་
གྱི་གཏོར་མ་ལ་དམིགས་སུ་བཅུག་སྟེ། གཏོར་མ་བསངས་སྦྱངས། སྟོང་པའི་ངང་
ལས་རྃ་ཨེ་ཡཾ་རཾ་བཾ་ལཾ་སུཾ་རྣམས་ལས་སྲུང་འཁོར་འབྱུང་བཞི་བརྩེགས་པ་གླིང་བཞི་
རི་རབ་དང་བཅས་པའི་སྟེང་དུ། ཧྲཱུྃ་ལས་རིན་པོ་ཆེ་སྣ་ཚོགས་ལས་གྲུབ་པའི་ཕོ་
བྲང་གྲུ་བཞི་སྒོ་བཞི་རྟ་བབས་(༧༥༨བ)བཞི་དང་ལྡན་པ། ཁ་ནང་ལྟས་ཁོར་ཡུག་ཏུ་
བསྐོར་བའི་ཤར་ཞལ། སྟེ་བཻ་ཧཱུཾ། ནུབ་པདྨ་རཱ་ག །བྱང་འཛམ་བུ་ཆུ་བོའི་གསེར་
ལས་གྲུབ་པ། ཕྱོགས་རེ་རེ་ནས་ཀ་བ་ཉིས་སྟོང་ལྔ་བརྒྱ་ལྔ་བཅུས་བཏེགས་པའི་
གདུང་རིང་དང་གདུང་ཐུང་གིས་མཛེས་པར་ཕུབ་པ། ཕྱི་རོལ་དུ་དཔྱངས་པའི་དྲ་

བ་དྲ་ཕྱེད། ཕ་གུ་ཤར་དུ་མདའ་ཡབ་སོགས་རྒྱན་ཐམས་ཅད་དང་བཅས་པ། དབུས་སུ་རིན་པོ་ཆེའི་ཁང་བཟང་གསུམ་བརྩེགས་སུ་ཡོད་པ། ས་འོག་ཏུ་གཏེར་གྱི་ཁང་པ་བཅོ་ལྔ་དང་བཅས་པ། ཕྱི་རོལ་ཏུ་འཁོར་ས་རིམ་པ་གསུམ་དང་ལྡན་པ། འཁོར་ས་དང་པོ་ལ་ཕྱོགས་མཚམས་བརྒྱད་དུ་ཁང་བཟང་བརྒྱད། གཞལ་ཡས་ཁང་གི་ཕྱི་རོལ་ཡོངས་སུ་བསྐོར་བའོ། །དབུས་ཀྱི་ཕོ་བྲང་གི་ནང་དུ་ཧྲཱིཿལས་སྣ་ཚོགས་པདྨ་འདབ་མ་བརྒྱད་པ། དེའི་སྟེང་དུ་ཨ་ལས་ཟླ་བའི་དཀྱིལ་འཁོར་ལ་གནས་པའི་ཙ་ལས་སེནྡྷེ་དཀར་པོ། དེའི་སྟེང་དུ་ཧཱུྃ་དམར་པོ། དེ་ལས་འོད་ཟེར་འཕྲོས། འཕགས་པ་མཆོད། སེམས་ཅན་གྱི་དོན་བྱས། ཁམས་གསུམ་དབང་དུ་བསྡུས། སླར་ཐིམ་པ་ཡོངས་སུ་གྱུར་པ་ལས། རྒྱལ་པོ་ཆེན་པོ་སྐུ་མདོག་དམར་པོ་ཞལ་གཅིག་ཕྱག་གཉིས། གཡས་སྟག་གི་རྒྱལ་མཚན་དང་མདུང་དམར། གཡོན་གྱིས་ནེའུ་ལེ་དང་ལྕགས་ཀྱུ་འཛིན་པ། སྤྱན་གསུམ་ཁྲུམ་ཞིང་དམར་ལ་མཆེ་བ་གཙིགས་པ། དར་དམར་པོའི་ཙོད་པན་ཅན། རིན་པོ་ཆེའི་རྒྱན་ཐམས་ཅད་ཀྱིས་བརྒྱན་པ། དར་སྣ་ཚོགས་ཀྱི་ན་བཟའ་ལྷབ་ལྷུབ་དང་། བསེ་ཁྲབ་གསོལ་བ། གསེར་གྱི་སྙེ་རགས་ཅན། དབུ་ལ་རྨོག་ཞུ་དང་། ཞབས་ལ་བསེའི་(༧༣༠ན)ལྭོ་ཁྲམ་གསོལ་བ། ཁམས་གསུམ་མ་ལུས་པ་དབང་དུ་བསྡུ་བའི་འོད་ཟེར་འབར་བའི་དབུས་ན་བཞུགས་པའོ། །ཕྱོགས་བཞིར་ཊག་དམར་པོ་བཞི་ལས། ཤར་དུ་ནོར་རྒྱན་མ། ལྷོར་དབྱངས་ཅན་མ། ནུབ་ཏུ་ནོར་སྐྱོང་མ། བྱང་དུ་ཧྲ་ར་ལི་རྣམས་དམར་མོ་ཞི་མ་ཁྲོ། རུས་པའི་རྒྱན་གྱིས་བརྒྱན་པ། གཡས་ལྕགས་ཀྱུ་དང་། གཡོན་ཛ་ཡབ་བསྣམས་པ། ཕྱིའི་ཁང་བཟང་བརྒྱད་དུ། སྐད་ཅིག་གིས་ཤར་དུ་ཛམྦྷ་ལ་སེར་པོ། ལྷོར་གང་བ་བཟང་པོ་སེར་པོ། ནུབ་ཏུ་ནོར་བུ་བཟང་པོ་དཀར་པོ། བྱང་དུ་ཀུ་བེ་ར་ནག་པོ། ཤར་ལྷོར་ཡང་དག་ཤེས་སེར་པོ། ལྷོ་ནུབ་ཏུ་འབྲོག་གནས་ནག་པོ། ནུབ་བྱང་དུ་ལྔས་རྩེན་སེར་སྐྱ། བྱང་ཤར་དུ་འཛམ་པོ་འཁྱིལ་བ་དཀར་པོ། ཐམས་ཅད་ཀྱང་གཡས་ན་རང་གི་ཕྱག་མཚན་

དང་མདུང་དམར། གཡོན་ན་ལྕགས་ཀྱུ་དང་ནེའུ་ལེ་འཛིན་པ། རང་མདོག་དང་མཚུངས་པའི་རྟ་ལ་ཆིབས་པ། དར་དང་རིན་པོ་ཆེའི་རྒྱན་སྣ་ཚོགས་པས་སྤྲས་པ། དཔའ་ཞིང་བརྗིད་ལ་མི་སྡུག་པའི་ཆ་བྱད་ཅན་རྣམས་རང་རང་གི་འཁོར་དང་བཅས་པས་བསྐོར་བར་གྱུར། སྤོས་སྦྱོར་བསྒྲིག་ཅིང་། རང་གི་ཐུགས་ཀའི་ཧཱུཾ་ལས་འོད་ཟེར་འཕྲོས། འོད་ཟེར་གྱི་སྣེ་ལ་ཁྲི་བོ་འདོད་པའི་རྒྱལ་པོ་ལྕགས་ཀྱུ་དང་ཞགས་པ་ཐོགས་པ་བྱུང་སྟེ། རྒྱལ་པོ་འཁོར་དང་བཅས་པ་བཛྲ་ས་མཱ་ཛཿ ལྕགས་ཀྱུའི་ཕྱག་རྒྱ་དང་བཅས། མགོན་པོ་ཀུན་གཤེགས་ཐུགས་དམ་ཅན། །ད་ལྟ་སྙིགས་མ་ལྔ་ཡི་དུས། །ཐམས་ཅད་ཉོན་མོངས་འདམ་བྱིང་བས། །མཚམས་མེད་ལྔ་(༧༣༠བ)ནི་ཀུན་སྤྱོད་ཅིང་། །གཟིགས་ཤིང་གཤེགས་པའི་གནས་ངན་ཡང་། །ཤཱཀྱ་སེང་གེའི་སྤྱན་སྔར་ཕྱིད། །ཐུགས་དམ་གང་བཞེས་དེ་དགོངས་ལ། །འདྲེན་པའི་བསྟན་པ་སྲུང་བ་དང་། །སེམས་ཅན་ཀུན་ལ་སྨན་སླད་དུ། །བྱང་ཕྱོགས་གནས་ན་བཞུགས་པ་རྣམས། །སེམས་ཅན་དོན་ཕྱིར་གཤེགས་སུ་གསོལ། །ཨོཾ་བཻ་ཤྲ་མ་ཎ་ས་པ་རི་ཝཱ་ར་ས་མཱ་ཛཿ ཛཿཧཱུཾ་བཾ་ཧོཿ ཨོཾ་བཻ་སྭཱཧཱ། ཨོཾ་བཻ་ཤྲ་མ་ཎ་ཨ་ཀརྵ་ཡ་ཛཿབཻ་རིང་པོ་བརྗིད་དང་ལྡན་པ་མིག་འཛུམ་སུམ་ཅུ་སོ་གཉིས་ཀྱི་ཡུན་ཚད་དུ་བརྗོད། ཨ་མྲྀ་ཏའི་སྔགས་ཀྱིས་ཕྱིར་འབྲང་གི་བགེགས་བསྲད། རྒྱལ་པོའི་ཐུགས་ཀར་པདྨ་འདབ་བརྒྱད་ཀྱི་འདབ་མ་རེ་རེ་ལ་བཻ་བཞི་བཞི། བདག་མདུན་གྱི་ཐུགས་འོད་ཟེར་གྱི་ལྕགས་ཀྱུས་སྤྲོལ་བར་གྱུར། ཨོཾ་རཏྣ་མུ་ཀུ་ཊ་ཨ་བྷི་ཥིཉྩ་མཾ། ཞེས་ཅོད་པན་གྱིས་དབང་བསྐུར། དཔྲལ་བར་ཨོཾ། མགྲིན་པར་ཨཱཿ ཐུགས་ཀར་ཧཱུཾ། ཞེས་བསྒོམ་པ་ལས། སྤྱན་འདྲེན་གྱིས་རོལ་མོ་དྲག་ལ་ཡུན་རིང་བར་བྱེད། མདུན་གྱི་རྒྱལ་པོ་ཆེན་པོར་དབུ་རྒྱན་ཕུལ་བར་མོས་སུ་བཅུག་ལ་ཅོད་པན་གྱི་ཕྱག་རྒྱ་དང་བཅས། ཨོཾ་རཏྣ་མུ་ཀུ་ཊ་ཨ་བྷི་ཥིཉྩ་ཧཱུཾ། ཞེས་དང་། ཨརྒྷཾ་ནས་ཤབྡའི་བར་གྱིས་མཆོད། རིན་ཆེན་མཛེས་པའི་ཕོ་བྲང་ན། །ཁམས་གསུམ་དབང་དུ་བྱེད་པའི་ལྷ། །རྒྱལ་པོ་ཆེན་པོ་རྣམ་ཐོས་སྲས། །མདུང་

དམར་འཛིན་ལ་ཕྱག་འཚལ་ལོ། །ཞེས་བསྟོད་པའི་རྗེས་ཐོས་བྱར་གཞུག །སྐུའི་རྗེས་གནང་ངོ་། །བླ་མའི་ཐུགས་ཀ་ནས་འོད་ཟེར་འཕྲོས། མདུན་བསྐྱེད་རྒྱལ་པོའི་ཐུགས་རྒྱུད་བསྐུལ། ཐུགས་ཀ་ནས་སྔགས་འཕྲེང་རིན་ཆེན་འབར་བའི་འཕྲེང་བ་ལྟ་བུ་(༡༣༡ན)བྱུང་། དེ་ལས་འོད་ཟེར་འཕྲོས། འཕགས་པ་མཆོད། སེམས་ཅན་གྱི་དབུལ་ཕོངས་བསལ། འཇིག་རྟེན་གྱི་ཁམས་ཀྱི་དངོས་གྲུབ་ཐམས་ཅད་བསྡུས་ཏེ་སྔགས་འཕྲེང་ལ་ཐིམ། ཉིད་སློབ་མའི་ཁ་སྒོ་ནས་ཞུགས་ཏེ་སྙིང་གའི་ཧཱུྃ་ལ་ཐིམ། དེ་ནས་སྔགས་འཕྲེང་འཁོར་ལོ་ལྟར་འཁོར་བ་ལ་སེམས་གཏད་དུ་བཅུག་སྟེ། ཨོཾ་མཧཱ་ནཱ་ཛ་ཡཀྵ་ས་མ་ཡེ། བཻ་ཤྲ་མ་ཎ་ཡེ་སརྦ་ཙིཏྟ་རཏྣ་ཧྲི་ཧྲི་ཛཿཛཿ ཞེས་ལན་གསུམ་རྗེས་ཟློས་བྱེད་དུ་གཞུག །སློབ་མས་སློབ་དཔོན་ལ་མེ་ཏོག་གཏོར་བཞིན་དུ། བཅོམ་ལྡན་བདག་ལ་ཞེས་སོགས། ལན་གསུམ། སློབ་དཔོན་གྱིས་བགྲང་འཕྲེང་སློབ་མའི་སྤྱི་བོར་བཞག་ལ། བཅོམ་ལྡན་འདི་ལ་ཞེས་སོགས། ལན་གསུམ་གྱིས་བྱིན་གྱིས་བརླབས། གོང་བཞིན་མདུན་བསྐྱེད་ལ་མཆོད་བསྟོད་བྱ། ཐུགས་ཀྱི་རྡོ་རྗེ་སློབ་མའི་སྤྱི་བོར་བཞག་ལ། འདི་ནི་ཡེ་ཤེས་རྡོ་རྗེ་སྟེ། །སངས་རྒྱས་ཐམས་ཅད་ཀུན་གྱི་བདག །རིགས་པ་སྤྱིའི་གཉེན་པོ་མཆོག །ཁྱོད་ལ་བདག་གིས་དེང་འདིར་བསྐུར། །ཨོཾ་མཧཱ་ཨ་བྷི་ཥིཉྩ་ཏུ། མཾ་ཨོཾ་ཨཱཿཧཱུྃ་སྭཱཧཱ། རིགས་པ་སྤྱི་འདུལ་བའི་རྗེས་གནང་གཏོར་མ་ཆེན་པོ་སྙིང་གར་གཏད་ལ། མདུན་བསྐྱེད་ལས་རྒྱལ་པོ་མདུང་དམར་ཅན་གཉིས་པ་ཆད་ནས། སློབ་མའི་སྙིང་གར་ཐིམ། ལུས་དང་གྲིབ་མའི་ཚུལ་དུ་བཞུགས་པར་མོས། ཨོཾ་བཻ་ནཱ་ཛ་ས་མ་ཡ་སིདྡྷི་ཛཿཧཱུྃ་བཾ་ཧོཿ འདི་ནི་རྒྱལ་པོ་ཆེན་པོ་སྟེ། །ཁམས་གསུམ་དབང་དུ་སྡུད་པའི་ལྷ། །དངོས་གྲུབ་གཉེན་པོ་ཆེན་པོ་འདིས། །ཁྱོད་ལ་དབང་བསྐུར་ཐོབ་གྱུར་ཅིག །ཀཱ་ཡ་སིདྡྷི་ཨོཾ། ཝཱ་ཀ་སིདྡྷི་ཨཱཿཙིཏྟ་སིདྡྷི་ཧཱུྃ། ཞེས་(༡༣༡བ)སྐུ་དངོས་ཀྱིས་བྱིན་གྱིས་བརླབས། མདུང་དམར་ལག་ཏུ་གཏད་ལ། འདི་ནི་དབང་གི་མདུང་དམར་ཏེ། །ཚེ་དང་བསོད་ནམས་རྒྱས་པར་བྱེད། །འགྲོ་བ་ཐམས་ཅད་

དབང་དུ་སྡུད། །དབང་གི་ལས་ཀྱི་དབང་བསྐུར་སྦྱིན། །ཨོཾ་བཻ་ཤྲ་ཛ་མ་མ་ཧུང་ཧུང་ཕཊ། དབང་གི་ལས་ཀྱི་རྗེས་གནང་ངོ་། །ཧུང་ཕོར་ནས་འདི་བཟང་ལྷེ་ལ་བཞག །གཏོར་མ་ནས་ཅུང་ཟད་བཅད་དེ་དངོས་གྲུབ་ཏུ་སྦྱིན། བདུད་རྩིའི་རོ་མཆོག་དམ་པ་ཡིས། །ཟས་ནོར་ལོངས་སྤྱོད་ཆར་ལྟར་འབེབས། །འཇིག་རྟེན་གསུམ་གྱི་བཅུད་ཐམས་ཅད། །བདུད་རྩིར་བསྒྱུར་ནས་གཏད་ཅིང་བསྐུར། །ཨོཾ་པདྨ་ཨ་མྲི་ཏ་སིདྡྷི་ཧཱུཾ་ཧཱུཾ། དངོས་གྲུབ་ཀྱི་རྗེས་གནང་ངོ་། །གསང་རྟེན་གྱི་སྙིང་ཡོད་ན། དེ་ཉིད་སྤྱི་བོར་བཞག་སྟེ། རྒྱལ་པོ་ཆེན་པོ་རྣམ་ཐོས་སྲས་འཁོར་དང་བཅས་པ་ཁྱེད་རྣམས་ཀྱིས་རྗེ་བརྒྱུད་ཀྱི་དཔལ་ལྡན་བླ་མ་དམ་པ་རྣམས་ཀྱི་བཀའ་དང་དམ་ལས་མ་འདའ་བར་རྗོ་རྗེ་སློབ་མ་འདི་རྣམས་ཀྱི་ཕྱི་བཞིན་དུ་རྗེས་སུ་རྒྱུག་ལ། སྐད་ཅིག་ཙམ་ཡང་འབྲལ་བ་མེད་པར་རྗེས་སུ་བཟུང་ནས། འགལ་རྐྱེན་ཐམས་ཅད་སོལ། མཐུན་རྐྱེན་ཐམས་ཅད་བསྒྲུབས། ཇི་ལྟར་བསམ་པའི་དོན་ཐམས་ཅད་འབད་མེད་ལྷུན་གྱིས་འགྲུབ་པར་མཛོད། ཅེས་འཕྲིན་ལས་གཏོར་མའི་བཀའ་བསྒོ་བཞིན་བཀའ་བསྒོ་དྲག་ཏུ་བྱ། གསང་རྟེན་གྱི་སྙིང་མེད་ན་སྔགས་ཀྱི་འཁོར་ལོ་གཏོར་མའི་ནང་དུ་བཅུག་པ་ཞིག་བྱས་ལ་བཀའ་བསྒོ་དྲག་ཏུ་མཛད་པ་ཕྱག་ལེན་ཡིན། དེ་ནས་སློབ་མ་འདིའི་རྗེས་ཟློས་བྱེད་དུ་བཅུག་སྟེ། འདོད་པའི་ཁམས་ན་ལོངས་སྤྱོད་པའི། །དངོས་གྲུབ་བདག་གིས་ཀུན་(༧༣༢ན)ཐོབ་ནས། །བླ་མ་ཡི་དམ་དཀོན་མཆོག་མཆོད། །འཕྲིན་ལས་རྣམ་བཞི་རྫོགས་པར་ཤོག །རིན་ཆེན་སྣ་བདུན་ལོངས་སྤྱད་ནས། །གཏེར་གྱི་དངོས་གྲུབ་ཕྱུགས་རྣམས་དང་། །གཟི་བརྗིད་དང་ལྡན་ཆོས་སྐྱོང་གིས། །རྟག་ཏུ་བདག་ལ་སྲུང་གྱུར་ཅིག །བང་མཛོད་འབྲུ་དང་འདོད་འཇོའི་བ། །རྒྱལ་མཚན་འཁོར་ལོས་བསྒྱུར་བ་དང་། །ཐོགས་མེད་རྫུ་འཕྲུལ་གྲུབ་ནས་ནི། །ལས་མཆོག་བདེ་ལ་གནས་པར་ཤོག །ཅེས་པའམ། བསྡུ་ན་ཚིགས་བཅད་ཐ་མ་ལན་གསུམ་བརྗོད། རྗེས་ཆོག་སྤྱི་དང་འདྲ།

༄ ཛམྦྷ་ལ་སེར་པོ་གཙོ་རྐྱང་ལ། སྐྱབས་སེམས་ཚད་མེད་བཞི་སྔོན་དུ་བཏང་ནས། སྭ་བྷཱ་ཝས་སྟོང་པར་སྦྱངས། སྟོང་པའི་ངང་ལས་ཧཱུྃ་ཡིག་ལས་བྱུང་བའི་སྲུང་འཁོར་གྱི་དབུས་སུ། པྃ་ལས་པདྨ་དང་ཨ་ལས་ཟླ་བའི་དཀྱིལ་འཁོར་གྱི་སྟེང་དུ། རང་སེམས་ཛྃ་ཡིག་སེར་པོ་དེ་ལས་འོད་ཟེར་འཕྲོས། འཕགས་པ་མཆོད། སེམས་ཅན་གྱི་དབུལ་བའི་སྡུག་བསྔལ་ཞི་བར་བྱས། འདོད་དགུའི་ཆར་ཕབ། སླར་འདུས་ཡོངས་སུ་གྱུར་པ་ལས། རང་ཉིད་འཕགས་པ་ཛམྦྷ་ལ་གསེར་བཙོ་མ་ལྟར་འབར་བ། ཞལ་གཅིག་ཕྱག་གཉིས། གཡས་མཆོག་སྦྱིན་གྱི་མཐིལ་ན་ཤིང་ཏོག་བི་ཛ་པཱུ་ར་ཀ་བསྣམས་པ། གཡོན་གཏེར་གྱི་ནེའུ་ལེ་འཛིན་པས་ཡིད་བཞིན་གྱི་ནོར་བུ་རིན་པོ་ཆེའི་ཆར་འབེབས་པ། ཞི་ཞིང་སྐྱེག་ལ་ཤ་ཉམས་རྒྱས་པའི་ཧུར་བག་ཆགས་པ། རབ་ཏུ་དགྱེས་པའི་སྤྱན་གདངས་ཤིང་དབུ་སྐྲ་ནག་པོའི་ཐོར་ཅོག་ཅན་རིན་པོ་ཆེའི་དབུ་རྒྱན་དང་(༧༣༢བ)བཅས་པ། ཞབས་གཡས་བརྐྱང་བའི་རོལ་བའི་སྟབས་ཀྱིས་དུང་གི་མིག་དང་། པདྨའི་མགོ་ཞེས་བྱ་བ་ལ་སོགས་པ་གཏེར་ཆེན་པོ་རྣམས་ལ་ཞབས་བརྟེན་པ། དར་སྣ་ཚོགས་ཀྱི་ལྷབ་ལྷུབ་དང་རིན་པོ་ཆེའི་རྒྱན་ཐམས་ཅད་ཀྱིས་བརྒྱན་པ། ཨུཏྤལ་སྔོན་པོའི་དོ་ཤལ་ཅན། འོད་ཟེར་རབ་ཏུ་འབར་བའི་སྐུ་ཅན་དུ་གྱུར། རང་གི་སྙིང་ག་ནས་འོད་ཟེར་འཕྲོས། ཡེ་ཤེས་སེམས་དཔའ་འཕགས་པ་ཛམྦྷ་ལ་འཁོར་བཅས་བཛྲ་ས་མ་ཛཿ ཛཿཧཱུྃ་བྃ་ཧོཿ དཔྲལ་བར་ཨོཾ། མགྲིན་པར་ཨཱཿ ཐུགས་ཀར་ཧཱུྃ། སླར་ཡང་སྙིང་ག་ནས་འོད་ཟེར་འཕྲོས། དབང་གི་ལྷ་རིགས་ལྔ་འཁོར་དང་བཅས་པ་བཛྲ་ས་མ་ཛཿ ཁྱེད་རྣམས་ཀྱིས་བདག་ལ་མངོན་པར་དབང་བསྐུར་བ་བསྐུལ་དུ་གསོལ། ཞེས་གསོལ་བ་བཏབ་པས། དབང་གི་ལྷ་རྣམས་ཀྱིས། ཨོཾ་བཛྲཱི་བྷཱ་ཝ་ཨ་བྷི་ཥིཉྩ་ཧཱུྃ། ཞེས་གསུངས་ཤིང་དབང་བསྐུར། སྐུ་གང་། དྲི་མ་དག །ཆུའི་ལྷག་མ་ཡར་ལུད་པ་ལས་རིན་ཆེན་འབྱུང་ལྡན་གྱིས་དབུ་བརྒྱན་པར་གྱུར། མཆོད་པ་རྣམས་རྒྱུད་སྡེ་འོག་མ་ལྟར་ཕྱིན་གྱིས་བརླབས་ཏེ། ཨོཾ་ཨརྒྷཾ་ཛམྦྷ་ལ་ས་པ་རི་ཝཱ་

ར་ཨཀྵོཾ་བྷྱ་ཧྲྀ་ཥྛ་སྭཱཧཱ། དེ་བཞིན་དུ། པུཥྤེ་ནས། ཤབྡའི་བར་གྱིས་མཆོད། ནོར་གྱི་
དབང་ཕྱུག་རིན་ཆེན་གཏེར་མངའ་ཞིང་། །གནོད་སྦྱིན་ནོར་འཆང་མང་པོ་ཀུན་གྱི་
རྗེ། །བྱང་ཕྱོགས་སྐྱོང་བའི་མགོན་པོ་ཛམྦྷ་ལ། །དངོས་གྲུབ་མཆོག་སྩོལ་ཁྱོད་ལ་ཕྱག་
འཚལ་ལོ། །ཞེས་བསྟོད། དེ་ནས་བཟླས་པའི་དམིགས་པ་གསལ་བཏབ་ལ། ཨོཾ་ཛམྦྷ་
ལ་ཛ་ལེནྡྲ་ཡེ་སྭཱཧཱ། ཞེས་ཅི་ནུས་བཟླ་ཞིང་དགེ་བ་བསྔོ། (༧༣༣ན) ༈ འདིའི་རྗེས་
གནང་བྱེད་པར་འདོད་པས། མཎྜལ་པདྨ་འདབ་བརྒྱད་ཚོམ་བུ་ཅན་ནམ། མ་གྲུབ་
ན་རྗེས་གནང་སྤྱི་དང་མཐུན་པར་བྱ། དཀར་གཏོར། མཆོད་པ། ཛཾ་བཟོས། ཟངས་
གཞོང་། ཟངས་བུམ་ཆུས་གང་བ་སོགས་ཡོ་བྱད་རྣམས་ཚང་བར་བྱ། མཆོད་པ་བྱིན་
རླབས་སྤྱི་དང་མཐུན། གོང་བཞིན་བདག་བསྐྱེད་བྱས་ལ། མདུན་བསྐྱེད་ཨ་མྲྀ་ཏས་
བསངས། སྭ་བྷཱ་ཝས་སྟོང་པར་སྦྱངས། སྟོང་པའི་ངང་ལས་ཧཱུྃ་ཡིག་ལས་བྱུང་བའི་
སྲུང་འཁོར་གྱི་དབུས་སུ། པཾ་ལས་པདྨ་དང་ཨ་ལས་ཟླ་བའི་དཀྱིལ་འཁོར་གྱི་སྟེང་དུ།
ཛཾ་ཡིག་སེར་པོ་དེ་ལས་འོད་ཟེར་འཕྲོས། འཕགས་པ་མཆོད། སེམས་ཅན་གྱི་དབུལ་
བའི་སྡུག་བསྔལ་ཞི་བར་བྱས། འདོད་དགུའི་ཆར་ཕབ། སླར་འདུས་ཡོངས་སུ་གྱུར་
པ་ལས། འཕགས་པ་ཛམྦྷ་ལ་གསེར་བཙོ་མ་ལྟར་འབར་བ། ཞེས་པ་ནས། བཟླས་
པའི་བར་བདག་བསྐྱེད་བཞིན་བྱས་པའི་མཐར། གཏོར་མ་བྱ་རྒྱུད་ལྟར་བྱིན་གྱིས་
བརླབས་ལ། ཨོཾ་ཛམྦྷ་ལ་ཛ་ལེནྡྲ་ཨི་དཾ་བ་ལིཾ་ཏ་ཁ་ཁ་ཁཱ་ཧི་ཁཱ་ཧི། ཞེས་ལན་གསུམ་
མམ་ལྷུས་ཕུལ། ཨཀྵོཾ་ནས་ཤབྡའི་བར་གྱིས་མཆོད། གོང་བཞིན་བསྟོད་ལ། སེར་སྣའི་
ལས་ཀྱི་མེ་ཡིས་གདུངས་པ་དག །སྐྱེ་བ་སྐྱེ་བར་ཁྱོད་ལ་སྐྱབས་སུ་མཆི། །རིན་ཆེན་
གཏེར་གྱི་བདུད་རྩིའི་ཆར་རྒྱུན་གྱིས། །སེམས་ཅན་དབུལ་བའི་སྡུག་བསྔལ་ཞི་བར་
མཛོད། །ཅེས་གསོལ་བ་བཏབ། སྐབས་འདིར་ཆུ་སྦྱིན་སྦྲོ་ན་བྱ། ༈ སློབ་མས་མཎྜལ་
ཕུལ། གསོལ་བ་འདེབས་པ་འདིའི་རྗེས་ཟློས་གསུངས་(༧༣༣བ)ཤིག །རྡོ་རྗེ་འཛིན་པ་
ནས། མ་ལུས་རྗེས་གནང་བསྩལ་དུ་གསོལ། །ཞེས་པའི་བར་ལན་གསུམ། རྒྱུད་དག་

པར་བྱ་བའི་ཕྱིར་མདུན་བསྐྱེད་ཀྱི་ཚོམ་བུ་འདི་ཉིད་ཀྱང་འཕགས་པ་ཛམྦྷ་ལར་དངོས་སུ་མོས་ལ། དེའི་སྙིང་གི་ནམ་མཁར་བཞུགས་པའི་སངས་རྒྱས་བྱང་སེམས་རྣམས་ཀྱི་དྲུང་དུ་སྐྱབས་འགྲོ་སྔོན་དུ་འགྲོ་བའི་བྱང་ཆུབ་ཀྱི་སེམས་བཟུང་སྙམ་པས་འདིའི་རྗེས་ཟློས་མཛོད། དཀོན་མཆོག་གསུམ་ལ་བདག་སྐྱབས་མཆི། །ཞེས་སོགས་ལན་གསུམ་དང་། ཁྱད་པར་དུ་འཕགས་པ་ཛམྦྷ་ལའི་རྗེས་གནང་བསྐུལ་དུ་གསོལ་སྙམ་པའི་འདུན་པས་འདིའི་རྗེས་ཟློས་ཀྱང་གསུངས་ཤིག །སློབ་དཔོན་དགོངས་སུ་གསོལ། བདག་ལ་འཕགས་པ་ཛམྦྷ་ལའི་རྗེས་གནང་མ་ལུས་པ་བསྐུལ་དུ་གསོལ། ཞེས་ལན་གསུམ་གྱིས་གསོལ་བ་བཏབ་ནས། ད་རྗེས་གནང་གི་གཞི་དགོད་པའི་སླད་དུ་དམིགས་པ་འདི་བཞིན་དུ་མཛད་པར་ཞུ། ཨོཾ་ཤཱུནྱ་ཏཱ་ཛྙཱ་ན་བཛྲ་སྭ་བྷཱ་ཝ་ཨཱཏྨ་ཀོ྅ཧཾ། ཕྱི་ནང་གི་དངོས་པོ་ཐམས་ཅད་མི་དམིགས་པ་སྟོང་པ་ཉིད་དུ་གྱུར་པའི་ངང་ལས། ཧཱུྃ་ཡིག་ལས་བྱུང་བའི་སྲུང་འཁོར་གྱི་དབུས་སུ། པཾ་ལས་པདྨ་དང་ཨ་ལས་ཟླ་བའི་དཀྱིལ་འཁོར་གྱི་སྟེང་དུ། ཁྱོད་རང་གི་སེམས་ཉིད་ཛཾ་ཡིག་སེར་པོ་དེ་ལས་འོད་ཟེར་འཕྲོས། འཕགས་པ་མཆོད། སེམས་ཅན་གྱི་དབུལ་བའི་སྡུག་བསྔལ་ཞི་བར་བྱས། འདོད་དགུའི་ཆར་ཕབ། སླར་འདུས་ཡོངས་སུ་གྱུར་པ་ལས། ཁྱོད་རང་རྣམས་འཕགས་པ་ཛམྦྷ་ལ་གསེར་བཙོ་མ་ལྟར་འབར་བ། ཞལ་གཅིག་ཕྱག་གཉིས། གཡས་མཆོག་སྦྱིན་གྱི་མཐིལ་ན་ཤིང་ཏོག་བི་ཛ་པཱུ་ར་(༧༣༨ན)ཀ་བསྣམས་པ། གཡོན་གཏེར་གྱི་ནེའུ་ལེ་འཛིན་པས་ཡིད་བཞིན་གྱི་ནོར་བུ་རིན་པོ་ཆེའི་ཆར་འབེབས་པ། ཞི་ཞིང་སྙིག་ལ་ཤ་ཉམས་རྒྱས་པའི་ཧུར་བག་ཆགས་པ། རབ་ཏུ་དགྱེས་པའི་སྦྱིན་གདངས་ཤིང་དབུ་སྐྲ་ནག་པོའི་ཐོར་ཅོག་ཅན་རིན་པོ་ཆེའི་དབུ་རྒྱན་དང་བཅས་པ། ཞབས་གཡས་བརྐྱང་བའི་རོལ་པའི་སྟབས་ཀྱིས་དྲུང་གི་མགོ་དང་། པདྨའི་མགོ་ཞེས་བྱ་བ་ལ་སོགས་པ་གཏེར་ཆེན་པོ་རྣམས་ལ་ཞབས་བརྟེན་པ། དར་སྣ་ཚོགས་ཀྱི་ལྷབ་ལྷུབ་དང་རིན་པོ་ཆེའི་རྒྱན་ཐམས་ཅད་ཀྱིས་བརྒྱན་པ། ཨུཏྤལ་སྔོན་པོའི་དོ་ཤལ་ཅན། འོད་ཟེར་རབ་

ཏུ་འབར་བའི་སྐུ་ཅན་དུ་གྱུར་པའི་དཔྲལ་བར་ཨོཾ། མགྲིན་པར་ཨཱཿ ཐུགས་ཀར་ཧཱུྃ། ཞེས་གསལ་གདབ། ད་རྗེས་གནང་དངོས་གཞི་ལ་གསུམ་ལས། དང་པོ་སྐུའི་རྗེས་གནང་ནི། དེ་ནས་སློབ་དཔོན་ཡང་འཕགས་པ་ཛམྦྷ་ལ་སེར་པོ་དངོས་ཡིན་སྙམ་པའི་མོས་གུས་བྱས་པས། སློབ་དཔོན་གྱི་ཐུགས་ཀ་ནས་འོད་ཟེར་འཕྲོས། མདུན་བསྐྱེད་ཀྱི་ལྷའི་ཐུགས་རྒྱུད་བསྐུལ། དེའི་ཐུགས་ཀ་ནས་འོད་ཟེར་འཕྲོས། ཕྱོགས་བཅུའི་སངས་རྒྱས་བྱང་སེམས་ཐམས་ཅད་ཀྱི་ཐུགས་རྒྱུད་བསྐུལ་བས། སློབ་དཔོན་དང་མདུན་བསྐྱེད་ཀྱི་ལྷ་དང་ཕྱོགས་བཅུའི་སངས་རྒྱས་དང་བྱང་ཆུབ་སེམས་དཔའ་ཐམས་ཅད་ཀྱི་ཐུགས་ཀ་ནས་འཕགས་པ་ཛམྦྷ་ལའི་སྐུ་ཆེ་ཆུང་དཔག་ཏུ་མེད་པ་བྱོན། ཁྱོད་རང་རྣམས་ཀྱི་བ་སྤུའི་བུ་ག་རྣམས་ནས་ཆར་བབས་པ་བཞིན་དུ་སིབ་སིབ་ཐིམ་པའི་མོས་པ་མཛོད། ཛཿཧཱུྃ་བཾ་ཧོཿ གཉིས་སུ་མེད་པར་ཐིམ། (༧༣༨བ)དྲིལ་བུའམ་ཉིང་ཤགས་འཁྲོལ། ཡང་སློབ་དཔོན་གྱི་ཐུགས་ཀ་ནས་འོད་ཟེར་འཕྲོས། དབང་གི་ལྷ་རྣམས་སྤྱན་དྲངས། ཁྱེད་རྣམས་ཀྱིས་སློབ་མ་རྣམས་ལ་མངོན་པར་དབང་བསྐུར་དུ་གསོལ། ཞེས་གསོལ་བ་བཏབ་པས། ཨོཾ་བཛྲ་ཛྙཱ་ན་ཨ་བྷི་ཥིཉྩ་ཧཱུྃ། ཞེས་གསུངས་ཤིང་དབང་བསྐུར་བས། སྐུ་གང་། དྲི་མ་དག །ཆུའི་ལྷག་མ་ཡར་ལུད་པ་ལས་རིན་ཆེན་འབྱུང་ལྡན་གྱིས་དབུ་བརྒྱན་པར་མོས། གཉིས་པ་གསུང་གི་རྗེས་གནང་ནི། སློབ་དཔོན་གྱི་སྙིང་གར་ཟླ་བའི་དཀྱིལ་འཁོར་གྱི་དབུས་སུ་ཛཾ་ཡིག་སེར་པོ། དེ་ལས་སྔགས་ཀྱི་འཕྲེང་བ་བྱུང་། སློབ་དཔོན་གྱི་ཞལ་ནས་ཐོན། ཁྱེད་རང་རྣམས་ཀྱི་ཞལ་དུ་ཞུགས། ཐུགས་ཀར་ཟླ་བའི་དཀྱིལ་འཁོར་གྱི་དབུས་སུ་ཛཾ་ཡིག་སེར་པོ་གནས་པ་ལ་ཐིམ། དེའི་དུས་སུ་ཕྱོགས་བཅུའི་སངས་རྒྱས་དང་བྱང་ཆུབ་སེམས་དཔའ་རྣམས་ཀྱི་མཁྱེན་བརྩེ་ནུས་མཐུ་ཐམས་ཅད་འོད་ཟེར་གྱི་རྣམ་པར་སྔགས་འཕྲེང་དང་ལྷན་ཅིག་ཞལ་དུ་ཞུགས། སྙིང་གའི་ཛཾ་ཡིག་ལ་ཐིམ་པའི་མོས་པ་མཛོད་ལ། སྔགས་འདིའི་རྗེས་ཟློས་ལན་གསུམ་གསུངས་ཤིག །ཨོཾ་ཛམྦྷ་ལ་ཛ་ལེནྡྲ་ཡེ་

སྭཱཧཱ། ཞེས་བརྗོད། དང་པོས་བྱིན་གྱིས་བརླབས། གཉིས་པས་དབྱེར་མེད་དུ་འདྲེས། གསུམ་པས་བརྟན་པར་བྱས་པའི་མོས་པ་མཛོད། སློབ་དཔོན་ལ་མེ་ཏོག་གཏོར་བཞིན་དུ་འདིའི་རྗེས་ཟློས་མཛོད་ཅིག །བཅོམ་ལྡན་བདག་གིས་ཞེས་སོགས་ལན་གསུམ། དེ་ལྟར་ཕུལ་བའི་མེ་ཏོག་དེ་ཉིད་སླར་ཡང་བྱིན་གྱིས་བརླབས་ཏེ། ཁྱེད་རང་གི་སྤྱི་བོར་ཕུལ་བའི་མོས་པ་མཛོད་ཅིག །སློབ་དཔོན་གྱིས་མེ་ཏོག(༧༣༥ན)གཏོར་ཞིང་། བཅོམ་ལྡན་འདི་ལ་ཞེས་སོགས་དང་། རིག་པ་འཛིན་པ་འདི་རྣམས་ལ་འཕགས་པ་ཛམྦྷ་ལའི་སྐུ་གསུང་ཐུགས་ཀྱི་བྱིན་རླབས་མ་ལུས་པ་འཇུག་པར་གྱུར་ཅིག །གསུམ་པ་ཐུགས་ཀྱི་རྗེས་གནང་ནི། མདུན་བསྐྱེད་ཀྱི་ལྷ་ལ་མོས་གུས་དུང་དུང་བ་དང་། བདག་གི་རྒྱུད་བྱིན་གྱིས་བརླབ་ཏུ་གསོལ་སྙམ་པ་མཛད་པས། མདུན་བསྐྱེད་ཀྱི་ལྷའི་ཐུགས་ཀ་ནས་ཕྱག་མཚན་གྱི་ཚོགས་དཔག་ཏུ་མེད་པ་རྒྱངས་ཏེ་ཐོན། ཁྱེད་རང་རྣམས་ཀྱི་སྙིང་གའི་ས་བོན་དང་དབྱེར་མེད་དུ་འདྲེས། རྒྱུད་བྱིན་གྱིས་བརླབས་པའི་མོས་པ་མཛོད། སྐབས་འདིར་སློབ་མས་ཕུལ་བར་མོས་ཏེ་ཆུ་སྦྱིན་འབུལ་བ་ནི། ཟངས་གཞོང་གི་དབུས་སུ། སྟོང་པའི་ངང་ལས་འཕགས་པ་ཛམྦྷ་ལ་གསེར་བཙོ་མ་ལྟར་འབར་བ། ཞེས་པ་ནས། ཐུགས་ཀར་ཧཱུྃ་ཞེས་པའི་བར་གོང་བཞིན་བྱ། རང་གི་ལག་པ་གཡས་ཀྱི་མཐིལ་དུ་ཟླ་བ་ལ་གནས་པའི་ཨོཾ་ཧཱུྃ་ཏྲཱཾ་ཧྲཱིཿཨཿ དེ་རྣམས་ལས་འོད་ཟེར་འཕྲོས། སངས་རྒྱས་ཐམས་ཅད་ཀྱི་བྱིན་རླབས་རྣམས་བདུད་རྩིའི་རྣམ་པར་བཀུག་སྟེ་ཐིམ། ཨོཾ་ཨཱཿཧཱུྃ། ཞེས་ཆུ་བྱིན་གྱིས་བརླབས་ཏེ། སྙིང་པོའི་སྔགས་བརྒྱ་རྩ་བརྒྱད་ཀྱིས་ཆུ་ཕྲོར་བ་བརྒྱ་རྩ་བརྒྱད་དམ། བུམ་པའི་ཆུ་རྒྱུན་མི་ཆད་པར་དབུལ་བར་བྱའོ། །མཐར་ཛཿབཞོས་ཆུ་ནང་དུ་བཅུག་ལ། གོང་གི་གཏོར་མ་འབུལ་བའི་སྔགས་ཀྱིས་ཕུལ། མཆོད་བསྟོད་དང་། སེར་སྣའི་ལས་ཀྱི་སོགས་ཀྱིས་ལན་གསུམ་གསོལ་བཏབ་བྱ། དེ་ནས་འཕགས་པ་ཛམྦྷ་ལ་དགྱེས་ཏེ། སློབ་མ་ལ་ཡིད་བཞིན་གྱི་ནོར་བུ་དང་། བདུད་(༧༣༥བ)རྩིའི་དངོས་གྲུབ་བྱིན་པར་མོས་ལ། ཛཿབཞོས་ནས

ཙུང་ཟད་བཙད་ཅིང་སྡེར་བ་དང་། ཆུ་ཅི་དགར་འཕྱུང་དུ་གཞུག་གོ །ཇེས་ཆོག་སྤྱི་དང་འདྲའོ། །

༄ གསང་འདུས་ལས་བྱུང་བའི་ཛཾ་སེར་ལ། སྐྱབས་འགྲོ་སེམས་བསྐྱེད་ཚད་མེད་བཞི་བསྒོམ་པ་སྔོན་དུ་བཏང་། ཤཱུ་ནྱ་ཏཱའི་སྔགས་བརྗོད། ནམ་མཁར་ཨོཾ་ཨཱཿཧཱུྃ་ཧོ་དམར་པོ་གཉིས་ཀྱི་མཐའ་བརྟེན་པ་བར་དོའི་རྣམ་ཤེས་སོ། །འོག་ཏུ་རྡོ་རྗེའི་རྡ་གུར་གྱི་དབུས་སུ་སྣ་ཚོགས་ཆུ་སྐྱེས་ལ་གནས་པའི་སྣ་ཚོགས་རྡོ་རྗེའི་ལྟེ་བར་གཞལ་ཡས་ཁང་། དེའི་ནང་དུ་པད་ཟླའི་གདན་ལ་སྐད་ཅིག་གིས་རྡོ་རྗེ་སེམས་དཔའ་དཀར་པོ་དཀར་ནག་དམར་བའི་ཞལ་གསུམ་ཕྱག་དྲུག་གི་དང་པོ་གཉིས་ཀྱིས་རང་སྣང་གི་ཡུམ་ལ་འཁྱུད་པ། ལྷག་མ་གཡས་གཉིས་ཀྱིས་རྡོ་རྗེ་དང་རལ་གྲི། གཡོན་གཉིས་ཀྱིས་པདྨ་དང་འཁོར་ལོ་འཛིན་པའོ། །ཡབ་ཡུམ་རྗེས་སུ་ཆགས་པ་སྙོམས་པར་ཞུགས་པས། ནམ་མཁའི་ཡི་གེ་ལྔ་པོ་ཡབ་ཀྱི་ཞལ་དུ་ཞུགས། སྐུའི་དབྱིབས་བརྒྱུད། ཡུམ་གྱི་མཁར་བབས། ཡི་གེ་ལྔའི་འོད་ཟེར་གྱིས་ཡབ་ཡུམ་བྱང་ཆུབ་ཀྱི་སེམས་ཀྱི་ངོ་བོར་ཞུ། ཐིག་ལེ་ལས་ལྷ་མོ་བཞི་སྤྲོས། སེམས་ཅན་ཁམས་ན་གནས་ཀྱི་དབང་ཕྱུག་ཁྱོད་ནི་རྡོ་རྗེའི་ཐུགས། །དགའ་བ་ཡིད་འོང་དོན་ཆེན་འདོད་པས་བདག་ལ་བསྐྱབ་ཏུ་གསོལ། །མགོན་པོ་གལ་ཏེ་དེ་རིང་བདག་ནི་གསོན་པར་མཆི་ཞེ་ན། །སེམས་ཅན་ཡབ་ཆེན་གཉེན་མཆོག་བདག་ལ་དགྱེས་པར་མཛད་དུ་གསོལ། །རྡོ་རྗེའི་སྐུ་ཁྱོད་བཀའ་ཡི་འཁོར་ལོ་སེམས་ཅན་ཀུན་ལ་ཕན། །སངས་རྒྱས་དོན་དུ་བྱང་ཆུབ་དོན་དམ་རྗེས་(༧༣༨ན)སུ་ཕན་འདོད་པ། །མགོན་པོ་གལ་ཏེ་དེ་རིང་བདག་ནི་གསོན་པར་མཆི་ཞེ་ན། །འདོད་ཆགས་དམ་ཚིག་ཆགས་པས་བདག་ལ་དགྱེས་པར་མཛད་དུ་གསོལ། །ཁྱོད་ནི་རྡོ་རྗེའི་གསུང་སྟེ་ཀུན་ལ་ཕན་ཞིང་ཐུགས་བརྩེ་བ། །འཇིག་རྟེན་ངག་གི་དགོས་པའི་དོན་མཛད་པ་ལ་རྟག་ཏུ་བརྩོན། །མགོན་པོ་གལ་ཏེ་བདག་ནི་གསོན་པར་མཆི་ཞེ་ན། །རབ་དགའི་སྤྱོད་པ་ཀུན་ཏུ་བཟང་པོས་བདག་ལ་དགྱེས་པར་མཛོད། །ཁྱོད་ནི་

རྡོ་རྗེའི་འདོད་པ་དམ་ཚིག་མཆོག་གིས་ཕན་དོན་ཆེ། །ཡང་དག་རྫོགས་སངས་རྒྱས་ཀྱི་གདུང་མཆོག་མཉམ་པ་ཉིད་གཟིགས་པ། །མགོན་པོ་གལ་ཏེ་དེ་རིང་བདག་ནི་གསོན་པར་མཆི་ཞེ་ན། །ཡོན་ཏན་རིན་ཆེན་མང་པོའི་གཏེར་གྱུར་བདག་ལ་དགྱེས་པར་མཛོད། །ཅེས་བསྐུལ་ནས་ཐིམ་པ་ལས། ཐིག་ལེ་དེ་ཉིད་ཧཱུྃ་ལས་བི་ཛ་པཱུ་ར་ཧཱུྃ་གྱིས་མཚན་པ་དང་། བཾ་ལས་སྙེ་མ་བཾ་གྱིས་མཚན་པའི་འོད་ཀྱི་འཕྲོ་འདུ་ལས། རང་ཉིད་ཛམྦྷ་ལ་སེར་ནག་དཀར་བའི་ཞལ་གསུམ་ཕྱག་དྲུག་གི་དང་པོ་གཉིས་ཀྱིས་རང་འདྲའི་ཡུམ་ནོར་རྒྱུན་མ་ལ་འཁྱུད་པ། ལྷག་མ་གཡས་གཉིས་བི་ཛ་པཱུ་ར་དང་རལ་གྲི། གཡོན་གཉིས་གཏེར་གྱི་ནེའུ་ལེ་དང་པདྨ་འཛིན་པ། ཞབས་གཉིས་ཀྱིས་དྲུང་དང་པདྨའི་གཏེར་མནན་པ། ཨུཏྤལ་སྔོན་པོའི་འཕྲེང་བ་དང་། རིན་པོ་ཆེའི་རྒྱན་གྱིས་བརྒྱན་པ། འོད་ཟེར་རབ་ཏུ་འབར་བའི་སྐུ་ཅན་དུ་གྱུར། ཨོཾ་དྷརྨ་དྷཱ་ཏུ་སྭ་བྷཱ་ཝ་ཨཱཏྨ་ཀོ྅ཧཾ། མིག་ཏུ་ཀྵིཾ་ལས་ས་སྙིང་། རྣ་བར་ཛིཾ་ལས་ཕྱག་རྡོར། སྣར་ཁཾ་ལས་ནཾ་སྙིང་། ལྕེར་གཾ་ལས་སྤྱན་རས་(༧༣༨བ)གཟིགས། །དཔྲལ་བར་ཀྨཾ་ལས་སྒྲིབ་སེལ། ལྟེ་བར་སཾ་ལས་ཀུན་བཟང་། དཔྲལ་བར་ཨོཾ་ལས་སྐུ་རྡོ་རྗེ། མགྲིན་པར་ཨཱཿལས་གསུང་རྡོ་རྗེ། སྙིང་གར་ཧཱུྃ་ལས་ཐུགས་རྡོ་རྗེ། དེ་རྣམས་ལས་འོད་ཟེར་འཕྲོས། སངས་རྒྱས་ཐམས་ཅད་སྐུ་གསུང་ཐུགས་རྡོ་རྗེའི་རྣམ་པར་སྤྱན་དྲངས། གནས་གསུམ་གྱི་རྡོ་རྗེ་གསུམ་ལ་ཐིམ། ཨོཾ་སརྦ་ཏ་ཐཱ་ག་ཏ་ཀཱ་ཡ་བཛྲ་སྭ་བྷཱ་ཝ་ཨཱཏྨ་ཀོ྅ཧཾ། ཨོཾ་སརྦ་ཏ་ཐཱ་ག་ཏ་ཝཱ་ཀ་བཛྲ་སྭ་བྷཱ་ཝ་ཨཱཏྨ་ཀོ྅ཧཾ། ཨོཾ་སརྦ་ཏ་ཐཱ་ག་ཏ་ཙིཏྟ་བཛྲ་སྭ་བྷཱ་ཝ་ཨཱཏྨ་ཀོ྅ཧཾ། རང་གི་སྙིང་གར་རང་དང་འདྲ་བའི་ཡེ་ཤེས་སེམས་དཔའ། དེའི་ཐུགས་ཀར་ཏིང་ངེ་འཛིན་སེམས་དཔའ་བི་ཛ་པཱུ་ར་རཾ་གྱིས་མཚན་པར་གྱུར། དེའི་འོད་ཟེར་གྱིས་དབང་གི་ལྷ་རྣམས་སྤྱན་དྲངས། བྱང་ཆུབ་རྡོ་རྗེ་ནས་དེང་བདག་སྐོལ། །ཞེས་པའི་བར་གྱི་གསོལ་བ་བཏབ་པས། དབང་གིས་ལྷ་རྣམས་ཀྱིས། དབང་བསྐུར་རྡོ་རྗེ་ཆེན་པོ་ནི། །ཁམས་གསུམ་པ་ཡིས་ཕྱག་བྱས་པ། །སངས་རྒྱས་ཀུན་གྱི་གསང་གསུམ་པའི། །

གནས་ལས་བྱུང་བ་སྦྱིན་པར་བྱ། །ཞེས་གསུངས་ཤིང་དབང་བསྐུར་བས། ལུས་ཐམས་ཅད་གང་། བདེ་བ་ཆེན་པོ་སྐྱོང་། དྲི་མ་ཐམས་ཅད་དག །ཆུའི་ལྷག་མ་སྤྱི་གཙུག་ཏུ་འཁྱིལ་བ་ཡོངས་སུ་གྱུར་པ་ལས། མི་བསྐྱོད་པས་དབུ་བརྒྱན་ཅིང་། སྤྱི་བོར་ཨོཾ། སྙིང་གར་ཧཱུཾ། གསང་བར་ཨཱཿ བཟླ་གཉིས་ལ་སྨཱ། བྱིན་པ་གཉིས་ལ་ཧཱ་རྣམས་ཀྱིས་རྒྱས་བཏབ་པར་གྱུར། མཆོད་པ་བླ་མེད་ལྟར་བྱིན་གྱིས་བརླབས། ཨོཾ་ཨཱཏྨ་ཛམྦྷ་ལ་ས་པ་རི་ཝཱ་ར་ཨརྒྷཾ་པྲ་ཏཱིཙྪ་སྭཱཧཱ། ཞེས་པ་ནས། ཤཔྟའི་བར་གྱིས་མཆོད། (༧༣༧ན)འབྲུ་གསུམ་གྱིས་བདུད་རྩི་མྱང་། ནོར་གྱི་དབང་ཕྱུག་རིན་ཆེན་གཏེར་མངའ་ཞིང་། །གནོད་སྦྱིན་ནོར་འཆང་མང་པོ་ཀུན་གྱི་རྗེ། །བྱང་ཕྱོགས་སྐྱོང་བའི་མགོན་པོ་ཛམྦྷ་ལ། །དངོས་གྲུབ་མཆོག་སྩོལ་ཁྱོད་ལ་ཕྱག་འཚལ་ལོ། །ཞེས་པས་བསྟོད། རང་གི་སྙིང་ག་ནས་ཧཱུཾ་སྤྲོས། མདུན་དུ་ཛམྦྷ་ལ་སེར་ནག་དཀར་བའི་ཞལ་གསུམ་ཕྱག་དྲུག་གི་དང་པོ་གཉིས་ཀྱིས་རང་འདྲའི་ཡུམ་ནོར་རྒྱུན་མ་ལ་འཁྱུད་པ། ཞེས་པ་ནས། ཙིཏྟ་བཛྲ་སུ་ཁཱ་པ་ཨཱཏྨ་ཀོ྅ཧཾ། ཞེས་པའི་བར་བདག་བསྐྱེད་བཞིན་བྱ། རང་གི་སྙིང་གའི་འོད་ཟེར་གྱིས་སངས་རྒྱས་ཐམས་ཅད་སྤྱན་དྲངས་ཞལ་དུ་ཞུགས། བྱང་ཆུབ་ཀྱི་སེམས་སུ་ཞུ་བ་མཁའ་ནང་དུ་ཛམྦྷ་ལར་གྱུར། མཁའ་ནང་ནས་ཕྱིར་སྤྲོས། མཆོད་པ་ཕུལ་ཏེ་མདུན་བསྐྱེད་ལ་ཐིམ། ཐུགས་ཀའི་ས་བོན་གྱི་འོད་ཟེར་གྱིས་དབང་གི་ལྷ་རྣམས་སྤྱན་དྲངས། ཞེས་པ་ནས། ཧཱ་རྣམས་ཀྱིས་རྒྱས་བཏབ་པར་གྱུར། རང་གི་ལག་མཐིལ་དུ་པད་ཟླ་ལ་ཧཱུཾ་ལས་རྡོ་རྗེ་རྩེ་ལྔ་པ། དེའི་ལྟེ་བར་མི་བསྐྱོད་པ་ལྷ་བཅུ་དགུའི་དཀྱིལ་འཁོར་ཡོངས་སུ་རྫོགས་པར་མོས་ཏེ། ལྷ་རྣམས་རྗེས་ཆགས་ཀྱིས་སྙོམས་པར་ཞུགས་པའི་བྱང་ཆུབ་ཀྱི་སེམས་བདུད་རྩིའི་ཆུ་རྒྱུན་དུ་གྱུར་པ། མདུན་བསྐྱེད་ཛམྦྷ་ལའི་ལྷུགས་ལ་ཧཱུཾ་ཡིག་གིས་མཚན་པའི་སྟེང་དུ་བབས་པས་གསོལ་བར་བསམས་ལ། ཆུ་སྦྱིན་བརྒྱ་རྩ་བརྒྱད་འབུལ། ནང་མཆོད་བསངས་སྦྱངས། སྟོང་པའི་ངང་ལས་ཨ་ལས་ཀ་པཱ་ལ་ཡངས་ཤིང་རྒྱ་ཆེ་བའི་ནང་དུ། བི་ར་མ་ཨུ་ཤྲུ་ལས་བདུད་

ཛཱི་ལྷཱ། ཀོ་ཀུ་ད་(༧༣༧བ)ཏ་ན་ལས་ཤ་ལྷཱ་ཧྲཱུཾ་ཨཾ་ཧྲཱིཾ་ཁཾ་ཧཱུཾ་གིས་མཚན་པ། སྦྱངས་རྫོགས་སྤར་བས་བདུད་རྩིའི་རྒྱ་མཚོར་གྱུར། ཨོཾ་ཨཱཿཧཱུཾ། ལན་གསུམ་གྱིས་བྱིན་གྱིས་བརླབས། མཆོད་པ་སྤྱི་དང་མཐུན་པར་བྱིན་གྱིས་བརླབས། གཏོར་མ་ཡང་ནང་མཆོད་ལྟར་བྱིན་གྱིས་བརླབས་ལ། ཨོཾ་ཛམྦྷ་ལ་ཛ་ལེནྡྲ་ཡེ་ཨི་དཾ་བ་ལིཾ་ཏ་ཁ་ཁ་ཁཱ་ཧི་ཁཱ་ཧི། ཞེས་ལན་བདུན་གྱིས་འབུལ། གོང་བཞིན་མཆོད་བསྟོད་བྱ། སེར་སྣའི་ལས་ཀྱི་མེ་ཡིས་གདུང་བ་དག །སྐྱེ་བ་སྐྱེ་བར་ཁྱོད་ལ་སྐྱབས་སུ་མཆི། །རིན་ཆེན་གཏེར་གྱི་བདུད་རྩིའི་ཆབ་རྒྱུན་གྱིས། །སེམས་ཅན་དབུལ་བའི་སྡུག་བསྔལ་ཞི་བར་མཛོད། །ཅེས་འདོད་དོན་ལ་གསོལ་བ་བཏབ་ལ། རང་གི་སྙིང་གར་བསྒོམ། བདག་ཉིད་ལྷའི་ང་རྒྱལ་གྱིས། ཨོཾ་ཨཱཿཛཿཧཱུཾ། ཞེས་པ་དང་། ཨོཾ་ཛམྦྷ་ལ་ཛ་ལེནྡྲ་ཡེ་སྭཱཧཱ། ཞེས་ཅི་འགྲུབ་ཏུ་བཟླ། བང་མཛོད་ཐམས་ཅད་དུ་ཡིད་བཞིན་གྱི་ནོར་བུའི་ཆར་འབེབས་པར་བསམ། མཇུག་ཏུ་དགེ་བ་བསྔོ། ༈ དེ་ནས་འདིའི་སྒོམ་ལུང་ནི། མཆོད་གཏོར་རྣམས་བཤམས། སློབ་དཔོན་གྱིས་བདག་བསྐྱེད་མདུན་བསྐྱེད་སྔར་བཞིན་ཉམས་སུ་བླངས། སློབ་མས་མཎྜལ་ཕུལ། གསོལ་བ་འདེབས་པ་འདིའི་རྗེས་ཟློས་མཛོད། སློབ་དཔོན་གྱིས་བདག་ལ་སྒོམ་ལུང་དམ་པ་བསྩལ་དུ་གསོལ། ཞེས་ལན་གསུམ། སངས་རྒྱས་ཆོས་དང་ཚོགས་ཀྱི་མཆོག་བཅས་ལ། །ཞེས་སོགས་ལན་གསུམ་གྱིས་སྐྱབས་འགྲོ་སེམས་བསྐྱེད་བྱ། དེ་ནས་སློབ་མ་བསངས་སྦྱངས། སྟོང་པའི་ངང་ལས་ཧཱུཾ་ལས་བི་ཛ་པཱུ་ར་ཧཱུཾ་གྱིས་མཚན་པ་དང་། པཾ་ལས་ཀླེ་མ་པཾ་གྱིས་མཚན་པ་ལས། (༧༣༨ན)སློབ་མ་རྣམས་ཛམྦྷ་ལ་སེར་ནག་དཀར་བའི་ཞལ་གསུམ་ཕྱག་དྲུག་གི་དང་པོ་གཉིས་ཀྱིས་རང་འདྲའི་ཡུམ་ནོར་རྒྱུན་མ་ལ་འཁྱུད་པ། ལྷག་མ་གཡས་གཉིས་བི་ཛ་པཱུ་ར་དང་རལ་གྲི། གཡོན་གཉིས་གཏེར་གྱི་ནེའུ་ལེ་དང་པདྨ་འཛིན་པ། ཞབས་གཉིས་ཀྱིས་དུང་དང་པདྨའི་གཏེར་མནན་པ། ཨུཏྤལ་སྔོན་པོའི་འཕྲེང་བ་དང་། རིན་པོ་ཆེའི་རྒྱན་གྱིས་བརྒྱན་པ། འོད་ཟེར་རབ་ཏུ་འབར་བའི་སྐུ་ཅན་དུ་གྱུར། ཨོཾ་རཀྵ་ཧྣ་ཏུ་ས་ཏྭ་

ཕ་ཨཱརྻ་ཀོ་ཊ་ཀྵེ། མིག་ཏུ་ཀྲཱི་ལས་ས་སྙིང་། རྣ་བར་ཛྲིཾ་ལས་ཕྱག་རྡོར། སྣར་ཁཾ་ལས་ནམ་སྙིང་། ལྕེར་གཾ་ལས་སྤྱན་རས་གཟིགས། དཔྲལ་བར་སྐཾ་ལས་སྒྲིབ་སེལ། ལྟེ་བར་སཾ་ལས་ཀུན་བཟང་། དཔྲལ་བར་ཨོཾ་ལས་སྐུ་རྡོ་རྗེ། མགྲིན་པར་ཨཱཿལས་གསུང་རྡོ་རྗེ། སྙིང་གར་ཧཱུྃ་ལས་ཐུགས་རྡོ་རྗེ། སྙིང་གར་རང་འདྲའི་ཡེ་ཤེས་སེམས་དཔའ། དེའི་ཐུགས་ཀར་ཏིང་ངེ་འཛིན་སེམས་དཔའ་བི་ཛ་པྲ་ར་ཛཾ་གྱིས་མཚན་པར་གྱུར་པར་མོས། དེ་ནས། སློབ་དཔོན་ཛམྦྷ་ལར་གསལ་བའི་ཐུགས་ཀར་ཟླ་བའི་དཀྱིལ་འཁོར་གྱི་དབུས་སུ་ཛཾ་ཡིག་གི་མཐར་སྔགས་འཕྲེང་གིས་བསྐོར་བ་ལས་སྔགས་འཕྲེང་གཉིས་པ་བྱུང་། ཞལ་ནས་ཐོན། སློབ་མ་རྣམས་འཕགས་པ་ཛམྦྷ་ལར་གསལ་བའི་ཞལ་དུ་ཞུགས། ཐུགས་ཀར་ཟླ་བའི་དཀྱིལ་འཁོར་གྱི་དབུས་སུ་ཛཾ་ཡིག་གི་མཐར་གཡས་སྐོར་དུ་འཁོད་པར་མོས་ནས་འདིའི་རྗེས་གནང་མཛོད། ཨོཾ་ཨཱཿཛ་ཧཱུྃ། ཞེས་པ་དང་། ཨོཾ་ཛམྦྷ་ལ་ཛ་ལེནྡྲ་ཡེ་སྭཱཧཱ། ཞེས་ལན་གསུམ་གསུམ་རྗེས་ཟློས་བྱེད་དུ་གཞུག ། རྗེས་ཀྱི་བྱ་བ་རྣམས་སྔ་(༧༣༨བ)དང་འདྲའོ། །

༄ **དཔའ་བོ་ཆིག་གྲུབ་ལས་བྱུང་བའི་ཛམྦྷ་ལ་ལྷ་མང་ལ།** འདི་ཉིད་ཀྱི་རྟེན་ནམ་འཁོར་ལོ་མདུན་དུ་བཞག་ལ། མཐའ་མཆོད་གཏོར་བཟང་པོས་བསྐོར། སྐྱབས་སེམས་ཚད་མེད་བཞི་སྔོན་དུ་བཏང་ནས། ཡི་དམ་གྱི་བདག་བསྐྱེད་སྔོན་དུ་འགྲོ་བས། མཆོད་པ་བྱ་རྒྱུད་ལྟར་བྱིན་གྱིས་བརླབས་ནས། མདུན་བསྐྱེད་བསངས་སྦྱངས། སྟོང་པའི་ངང་ལས་ཧཱུྃ་ཡིག་ལས་བྱུང་བའི་སྲུང་འཁོར་གྱི་དབུས་སུ། པཾ་ལས་གསེར་གྱི་པདྨ་འདབ་མ་བརྒྱད་པ། དེའི་ལྟེ་བ་དང་འདབ་མ་རྣམས་ལ་ཛཾ་དགུ་དང་བཾ་དགུ་ཡོངས་སུ་གྱུར་པ་ལས། དབུས་སུ་འཕགས་པ་ཛམྦྷ་ལ་ནོར་རྒྱུན་མས་ཡང་དག་པར་འབྱུད་པ། ཤར་དུ་ནོར་བུ་བཟང་པོ་དང་ཟླ་ཤེལ་མ། ལྷོར་གང་བ་བཟང་པོ་དང་སྦྱིན་མ། ནུབ་ཏུ་ནོར་སྦྱིན་དང་སྦྱིན་བཟང་མ། བྱང་དུ་རྣམ་ཐོས་ཀྱི་བུ་དང་འཕགས་མ། ཤར་ལྷོར་ཀི་ལི་མི་ལི་དང་རབ་བཟང་མ། ལྷོ་ནུབ་ཏུ་འཇམ་པོ་འཁྱིལ་པ་དང་རབ་

སྲས་མ། ནུབ་བྱང་དུ་ཞལ་གྱི་དབང་པོ་དང་ལྷའི་བུད་མེད། བྱང་ཤར་དུ་སྐྱོད་པའི་
དབང་པོ་དང་དབྱངས་ཅན་མ། ཐམས་ཅད་ཀྱང་སྐུ་མདོག་གསེར་བཙོ་མ་ལྟར་རབ་
ཏུ་འབར་བ། དར་དང་རིན་པོ་ཆེའི་རྒྱན་ཐམས་ཅད་ཀྱིས་བརྒྱན་པ། ཡབ་རྣམས་
རོལ་པའི་སྟབས་ཀྱིས་བཞུགས་ཤིང་། ཕྱག་གཡས་མཆོག་སྦྱིན་གྱི་མཐིལ་ན་བི་ཛ་པཱུ་
ར་དང་གཡོན་པས་གཏེར་གྱི་ནེའུ་ལེ་འཛིན་པ། ཡུམ་རྣམས་གཡས་མཆོག་སྦྱིན་དང་།
གཡོན་འབྲས་ཀྱི་སྙེ་མ་བསྣམས་པའོ། །ཐམས་ཅད་ཀྱི་དཔྲལ་བར་ཨོཾ། མགྲིན་པར་ཨཱཿ
ཐུགས་ཀར་ཧཱུྃ། རང་གི་སྙིང་ག་ནས་འོད་ཟེར་འཕྲོས། ཡེ་(༡༣༥ན)ཤེས་སེམས་དཔའ་
འཕགས་པ་ཛམྦྷ་ལ་ཡབ་ཡུམ་འཁོར་བཅས་བཛྲ་ས་མ་ཛཿཛཿཧཱུྃ་བཾ་ཧོཿགཉིས་སུ་མེད་
པར་ཐིམ། སླར་ཡང་སྙིང་ག་ནས་འོད་ཟེར་འཕྲོས། དབང་གི་ལྷ་རིགས་ལྔ་འཁོར་
དང་བཅས་པ་བཛྲ་ས་མ་ཛཿ ཁྱེད་རྣམས་ཀྱིས་བདག་ལ་མངོན་པར་དབང་བསྐུར་
དུ་གསོལ། ཞེས་གསོལ་བ་བཏབ་པས། དབང་གི་ལྷ་རྣམས་ཀྱིས། ཨོཾ་བཛྲི་བྷ་ཝ་ཨ་
བྷི་ཥིཉྩ་ཧཱུྃ། ཞེས་གསུངས་ཤིང་དབང་བསྐུར། སྐུ་གང་། དྲི་མ་དག །ཆུའི་ལྷག་མ་
ཡར་ལུད་པ་ལས་རིན་ཆེན་འབྱུང་ལྡན་གྱིས་དབུ་བརྒྱན་པར་གྱུར། ཨོཾ་ཨཱརྱ་ཛམྦྷ་ལ་
ས་པ་རི་ཝཱ་ར་ཨརྒྷཾ་པྲ་ཏཱིཙྪ་སྭཱཧཱ་ནས་ཤབྡའི་བར་གྱིས་མཆོད། འགྲོ་ལ་དམིགས་མེད་
ཐུགས་རྗེ་ཡི། །ཐབས་མཁས་རང་བཞིན་སྐུ་སྤྲུལ་པ། །གཏོང་སྦྱིན་ཕོ་མོའི་ཚོགས་
རྣམས་ལ། །མཆོད་ཅིང་བསྟོད་དེ་ཕྱག་ཀྱང་འཚལ། །ཞེས་བསྟོད། བཟླས་པའི་
དམིགས་པ་གསལ་བཏབ་ལ། ཨོཾ་ཛམྦྷ་ལ་ཛ་ལེནྡྲ་ཡེ་སྭཱཧཱ། ཞེས་ཅི་ནུས་སུ་བཟླས་
ཤིང་། ཨོཾ་མ་ཎི་བྷ་དྲ་ཡ་སྭཱཧཱ། ཨོཾ་པཱུརྞ་བྷ་དྲ་ཡ་སྭཱཧཱ། ཨོཾ་དྷ་ན་ད་ཡ་སྭཱཧཱ། ཨོཾ་བཻ་ཤྲ
ཝ་ཎ་ཡ་སྭཱཧཱ། ཨོཾ་ཀེ་ལི་མ་ལི་ནེ་ཡེ་སྭཱཧཱ། ཨོཾ་ཙི་ཙྲི་ཀུཎྜ་ལི་ནེ་སྭཱཧཱ། ཨོཾ་སུ་ཁེནྡྲ་ཡ་
སྭཱཧཱ། ཨོཾ་ཙ་རེནྡྲ་ཡ་སྭཱཧཱ། ཨོཾ་བ་སུ་དྷ་རི་ཎི་སྭཱཧཱ། ཨོཾ་ཙནྡ་ཀཱནྟི་སྭཱཧཱ། ཨོཾ་དཏྟ་ཡེ་སྭཱཧཱ།
ཨོཾ་སུ་དཏྟ་ཡེ་སྭཱཧཱ། ཨོཾ་ཨཱརྱ་ཡེ་སྭཱཧཱ། ཨོཾ་སུ་བྷ་དྲ་ཡེ་སྭཱཧཱ། ཨོཾ་སུ་གུཔྟ་ཡེ་སྭཱཧཱ། ཨོཾ་
དེ་བྱཻ་སྭཱཧཱ། ཨོཾ་སྲ་ར་སྭ་ཏྱཻ་སྭཱཧཱ། ཞེས་པ་རྣམས་ཀྱང་ཅི་རིགས་སུ་བཟླས་པའི་མཐར།

ཆུ་སྦྱིན་འབུལ་བ་ནི། ཟངས་གཞོང་གི་ནང་དུ། (༧༥་བ)སྟོང་པའི་ངང་ལས་དབུས་སུ་ཛམྦྷ་ལ་ནོར་རྒྱུན་མས་ཡང་དག་པར་འབྱུང་པ། ཤར་དུ་ནོར་བུ་བཟང་པོ་དང་ཟླ་ཞལ་མ། ལྷོར་གང་བ་བཟང་པོ་དང་སྦྱིན་མ། ནུབ་ཏུ་ནོར་སྦྱིན་དང་སྦྱིན་བཟང་མ། བྱང་དུ་རྣམ་ཐོས་ཀྱི་བུ་དང་འཕགས་མ། ཤར་ལྷོར་ཀི་ལི་མི་ལི་དང་རབ་བཟང་མ། ལྷོ་ནུབ་ཏུ་འཇམ་པོ་འཁྱིལ་པ་དང་རབ་སྲས་མ། ནུབ་བྱང་དུ་ཞལ་གྱི་དབང་པོ་དང་ལྷའི་བུད་མེད། བྱང་ཤར་དུ་སྤྱོད་པའི་དབང་པོ་དང་དབྱངས་ཅན་མ། ཐམས་ཅད་ཀྱང་སྐུ་མདོག་གསེར་བཙོ་མ་ལྟར་རབ་ཏུ་འབར་བ། དར་དང་རིན་པོ་ཆེའི་རྒྱན་ཐམས་ཅད་ཀྱིས་བརྒྱན་པ། ཡབ་རྣམས་རོལ་པའི་སྐབས་ཀྱིས་བཞུགས་ཤིང་། ཕྱག་གཡས་མཆོག་སྦྱིན་གྱི་མཐིལ་ན་བི་ཛ་པཱུ་ར་དང་། གཡོན་པས་གཉེར་གྱི་ནེའུ་ལེ་འཛིན་པ། ཡུམ་རྣམས་གཡས་མཆོག་སྦྱིན་དང་། གཡོན་འབྲས་ཀྱི་སྙེ་མ་བསྣམས་པ། ཐམས་ཅད་ཀྱི་དཔྲལ་བར་ཨོཾ། མགྲིན་པར་ཨཱཿ ཐུགས་ཀར་ཧཱུྃ། རང་གི་སྙིང་ག་ནས་འོད་ཟེར་འཕྲོས། ཡེ་ཤེས་སེམས་དཔའ་འཕགས་པ་ཛམྦྷ་ལ་ཡབ་ཡུམ་འཁོར་བཅས་བཛྲ་ས་མཱ་ཛཿཛཿཧཱུྃ་བཾ་ཧོཿགཉིས་སུ་མེད་པར་ཐིམ། རང་གི་ལག་པ་གཡས་ཀྱི་མཐིལ་དུ་ཟླ་བ་ལ་གནས་པའི་ཨོཾ་ཧཱུྃ་ཏྲཾ་ཧྲཱི་ཨཿ དེ་རྣམས་ལས་འོད་ཟེར་འཕྲོས། སངས་རྒྱས་ཐམས་ཅད་ཀྱི་བྱིན་རླབས་རྣམས་བདུད་རྩིའི་རྣམ་པར་བཀུག་སྟེ་ཐིམ། ཨོཾ་ཨཱཿཧཱུྃ། ཞེས་ཆུ་བྱིན་གྱིས་བརླབས་ཏེ། སྙིང་པོའི་སྔགས་བརྒྱ་རྩ་བརྒྱད་ཀྱིས་ཆུ་ཕྱོར་བ་བརྒྱ་རྩ་བརྒྱད་དམ། བུམ་པའི་ཆུ་རྒྱུན་མི་ཆད་པར་འབུལ་བར་བྱའོ། །མཐར་ཛམ་བཤོས་ཆུ་ནང་དུ་བཙུག་ལ། (༧༨༠་ན)གཏོར་མ་བྱ་རྒྱུད་ལྟར་བྱིན་གྱིས་བརླབས། ཨོཾ་སརྦ་བིད་པཱུ་ར་པཱུ་ར་སོགས་ནམ་མཁའ་མཛོད་ཀྱི་སྔགས་རྒྱས་སྤེལ། གཙོ་འཁོར་སོ་སོའི་སྔགས་ཀྱི་མཐར། ཨོཾ་ཨ་ཀཱ་རོ་མུ་ཁཾ་སརྦ་དྷརྨཱ་ཎཱཾ་ཨཱདྱ་ནུཏྤནྣ་ཏྭཱད་ཨོཾ་ཨཱཿཧཱུྃ་ཕཊ་སྭཱཧཱ། ཞེས་བཏགས་པས་འབུལ་ཏེ། གཙོ་བོ་ལ་ལན་བདུན་དང་གཞན་རྣམས་ལན་གསུམ་གསུམ་མོ། །སྔར་བཞིན་མཆོད་བསྟོད་བྱ། སེར་སྣའི་ལས་ཀྱི་མེ་ཡིས་གདུང་བ་དག །

སྐྱེ་བ་སྐྱེ་བར་ཁྱོད་ལ་སྐྱབས་སུ་མཆི། །རིན་ཆེན་གཏེར་གྱི་བདུད་རྩིའི་ཆར་རྒྱུན་གྱིས། །སེམས་ཅན་དབུལ་བའི་སྡུག་བསྔལ་ཞི་བར་མཛོད། །ཅེས་འདོད་དོན་ལ་གསོལ་བ་བཏབ་བོ། ། ༈ འདིའི་རྗེས་གནང་སྦྱིན་པར་འདོད་ན། མདུན་བསྐྱེད་ཀྱི་རྟེན་ཕོ་རྒྱང་མོ་རྒྱང་ཕོ་མོ་སྦྲགས་པ་སྟེ་གསུམ་མམ། འཁོར་ལོ་གསུམ་དགོད། མ་གྲུབ་ན་མཎྜལ་གསུམ་ལ་དེའི་རིམ་པས་ཚོམ་བུ་བཀོད། མཐའ་མཆོད་གཏོར་གྱིས་བསྐོར། དབུས་སུ་གོང་བཞིན་བསྐྱེད། གཡས་སུ་གནོད་སྦྱིན་ཕོ་དགུའི་དཀྱིལ་འཁོར་བསྐྱེད། གཡོན་དུ་མོ་དགུའི་བསྐྱེད། གནས་གསུམ་བྱིན་རླབས་མན་ཆད་ཆབས་ཅིག་ཏུ་བྱའོ། །དེ་ནས་སློབ་མས་མཎྜལ་ཕུལ། གསོལ་བ་འདེབས་པ་འདིའི་རྗེས་ཟློས་མཛོད། རྡོ་རྗེ་འཛིན་པ་དགོངས་སུ་གསོལ་ནས་བསྐུལ་དུ་གསོལ། ཞེས་པའི་བར་ལན་གསུམ། དཀོན་མཆོག་གསུམ་ལ་བདག་སྐྱབས་མཆི། །ཞེས་སོགས་ལན་གསུམ་གྱིས་ཡན་ལག་བདུན་པ་བྱ། དེ་ནས་ཡི་དམ་གྱི་ང་(༧༨༠བ)རྒྱལ་འཛིན་དུ་བཅུག །མདུན་བསྐྱེད་རྣམས་བློ་ཡུལ་དུ་ངེས་པར་བསྐྱེད་ནས། ཆུ་སྦྱིན་འབུལ་བ་ནི། ཟངས་གཞོང་གི་ནང་དུ། སྟོང་པའི་ངང་ལས་དབུས་སུ་ཛམྦྷ་ལ་ནོར་རྒྱུན་མས་ཡང་དག་པར་འགྲུབ་པ། ཞེས་པ་ནས། གཉིས་སུ་མེད་པར་ཐིམ། ཞེས་པའི་བར་གོང་བཞིན་བྱ། རང་གི་ལག་པ་གཡས་ཀྱི་མཐིལ་དུ་ཟླ་བ་ལ་གནས་པའི་ཨོཾ་ཧཱུྃ་ཏྲཱཾ་ཧྲཱི་ཨཿ དེ་རྣམས་ལས་འོད་ཟེར་འཕྲོས། སངས་རྒྱས་ཐམས་ཅད་ཀྱི་བྱིན་རླབས་རྣམས་བདུད་རྩིའི་རྣམ་པར་བཀུག་སྟེ་ཐིམ། ཨོཾ་ཨཱཿཧཱུྃ། ཞེས་ཆུ་བྱིན་གྱིས་བརླབས་ཏེ། སྙིང་པོའི་སྔགས་བརྒྱ་རྩ་བརྒྱད་ཀྱིས་ཆུ་ཁྱེར་བ་བརྒྱ་རྩ་བརྒྱད་དམ། བུམ་པའི་ཆུ་རྒྱུན་མི་ཆད་པར་འབུལ་བར་བྱའོ། །མཐར་ཛམ་བཞོས་ཆུ་ནང་དུ་བཅུག་ལ། གཏོར་མ་བསངས་སྦྱངས། སྟོང་པའི་ངང་ལས་བྷྲཱུྃ་ལས་བྱུང་བའི་རིན་པོ་ཆེའི་སྣོད་དུ་ཨོཾ་ཞུ་བ་ལས་གཏོར་མ་འདོད་དགུའི་རྒྱ་མཚོ་ཆེན་པོར་གྱུར། ཨོཾ་ཨཱཿཧཱུྃ། ལན་གསུམ་གྱིས་བྱིན་གྱིས་བརླབས། ཨོཾ་སརྦ་བིད་པཱུ་ར་པཱུ་ར་སོགས་ནམ་མཁའ་མཛོད་ཀྱི་སྔགས་རྒྱས་སྤེལ། གཙོ་འཁོར་སོ་སོའི་སྔགས་ཀྱི་

མཐར། ཨོཾ་ཨ་ཀཱ་རོ་མུ་ཁཾ་སརྦ་དྷརྨཱ་ཎཱཾ་ཨཱདྱ་ནུཏྤནྣ་ཏྭ་ཏ་ཨོཾ་ཨཱཿཧཱུཾ་ཕཊ་སྭཱཧཱ། ཞེས་བཏགས་པས་འབུལ་ཏེ། གཙོ་བོ་ལ་ལན་བདུན་དང་། གཞན་རྣམས་ལ་ལན་གསུམ་གསུམ་མོ། །སྔར་བཞིན་མཆོད་བསྟོད་བྱ། དེ་ནས་ཐུགས་ཀྱི་བཟླས་ལུང་སྦྱིན་པ་ནི། སློབ་དཔོན་གྱི་ཐུགས་ཀ་ནས་འོད་ཟེར་འཕྲོས། མདུན་བསྐྱེད་ཀྱི་ཐུགས་(༧༤༧ན)ཀར་འཕགས་པས་ཐུགས་རྒྱུད་བསྐུལ། ཐུགས་ཀར་ཟླ་བའི་སྟེང་དུ་ཧཱུྃ་ཡིག་གི་མཐར་སྔགས་འཕྲེང་གིས་བསྐོར་བ་ལས་སྔགས་འཕྲེང་གཉིས་པ་བྱུང་། ཞལ་ནས་ཐོན། སློབ་མ་རྣམས་ཡི་དམ་གྱི་ལྷར་གསལ་བའི་ཞལ་དུ་ཞུགས། ཐུགས་ཀའི་ས་བོན་གྱི་མཐར་འཁོད་པའི་མོས་པ་མཛོད་བྱས་ལ། ཨོཾ་ཛམྦྷ་ལ་ཛ་ལེནྡྲ་ཡེ་སྭཱཧཱ། ཞེས་གཙོ་བོ་དང་། ཨོཾ་མ་ཎི་བྷ་དྲ་ཡ་སྭཱཧཱ། ཨོཾ་པཱུརྞ་བྷ་དྲ་ཡ་སྭཱཧཱ། ཨོཾ་དྷ་ན་ད་ཡ་སྭཱཧཱ། ཨོཾ་བཻ་ཤྲ་ཝ་ཎ་ཡ་སྭཱཧཱ། ཨོཾ་ཀེ་ལི་མཱ་ལི་ནི་ཡེ་སྭཱཧཱ། ཨོཾ་ཙི་ཏྲ་ཀུཎྜ་ལི་ནི་སྭཱཧཱ། ཨོཾ་སུ་ཁེནྡྲ་ཡ་སྭཱཧཱ། ཨོཾ་ཙ་རེནྡྲ་ཡེ་སྭཱཧཱ། ཨོཾ་བ་སུ་བྷ་རི་ཎི་སྭཱཧཱ། ཨོཾ་ཙནྡྲ་ཀཱནྟི་སྭཱཧཱ། ཨོཾ་དཏྟ་ཡེ་སྭཱཧཱ། ཨོཾ་སུ་དཏྟ་ཡེ་སྭཱཧཱ། ཨོཾ་ཨཱནནྡ་ཡེ་སྭཱཧཱ། ཨོཾ་སུ་བྷ་དྲ་ཡེ་སྭཱཧཱ། ཨོཾ་སུ་གུཔྟ་ཡེ་སྭཱཧཱ། ཨོཾ་དེ་བྱི་སྭཱཧཱ། ཨོཾ་སུ་ར་སུནྡྲི་སྭཱཧཱ། ཞེས་འཁོར་གྱི་སྔགས་རྣམས་ལན་གསུམ་གསུམ་རྗེས་ཟློས་བྱེད་དུ་གཞུག །རྗེས་ཀྱི་བྱ་བ་རྣམས་སྤྱི་དང་འདྲའོ། །

༄ **ཛམྦྷ་ལ་ནག་པོ་ཁ་ཆེ་པཎ་ཆེན་ལུགས་ལ།** སྐྱབས་འགྲོ་སེམས་བསྐྱེད་སྔོན་དུ་འགྲོ་བས། སྣང་འཁོར་གང་འོས་ཤིག་བསྒོམ་ནས། རང་གི་སྙིང་གར་ཨ་ལས་ཟླ་བའི་སྟེང་དུ། ཧཱུྃ་ལས་རྡོ་རྗེ་རྩེ་དགུ་པ་ཕྱི་སེར་ལ་ནང་ནག་པ། དེའི་ལྟེ་བ་ལ་ཧཱུྃ་གིས་མཚན་པར་གྱུར། ཨོཾ་ཨ་ཞེས་པའི་སྒྲ་དང་བཅས་འོད་ཟེར་འཕྲོས། སངས་རྒྱས་བྱང་ཆུབ་སེམས་དཔའ་ཐམས་ཅད་འཕགས་པ་ཛམྦྷ་ལ་ནག་པོའི་རྣམ་པར་སྤྱན་དྲངས། མདུན་གྱི་ནམ་མཁར་བཞུགས། ན་མ་ཨུ་ཙྪུཥྨ་ཨཱཏྨ་ཛམྦྷ་ལ་ས་པ་རི་ཝཱ་རེ་བྷྱཿ ཞེས་ཕྱག་བྱ། (༧༤༧བ)ཨརྒྷཾ་ནས་ཤབྡའི་བར་གྱིས་མཆོད། དཀོན་མཆོག་གསུམ་ལ་བདག་སྐྱབས་མཆི། །ཞེས་སོགས་ཡན་ལག་བདུན་པ་བྱ། ཚད་མེད་བཞི་སྤྱི་དང་མཐུན།

བླ་བ་རྡོ་རྗེ་ཧཱུྃ་དང་བཅས་པ་ལས་འོད་ཟེར་འཕྲོས། ཁམས་གསུམ་སྣོད་བཅུད་ཐམས་ཅད་འོད་དུ་ཞུ། རང་ཉིད་ལ་ཐིམ། མདུན་གྱི་འཕགས་པ་ཛམྦྷ་ལའི་ཚོགས་ཀྱང་ཨོཾ་ཨ་ཞེས་པས་སྤྱན་དྲངས་ནས་ཧཱུྃ་ལ་ཐིམ། རང་ལུས་ཀྱང་བླ་བ་རྡོ་རྗེ་དང་བཅས་པ་ལ་ཐིམ། དེ་ཉིད་ཀྱང་སྣང་སྟོང་སྒྱུ་མ་ལྟ་བུའོ། །ཞེས་བརྗོད་ལ་ཅུང་ཟད་མཉམ་པར་བཞག །བླ་བ་རྡོ་རྗེ་ཧཱུྃ་ཡིག་དང་བཅས་པ་ལས་འོད་ཟེར་འཕྲོས་འདུས་ཡོངས་སུ་གྱུར་པ་ལས། རང་ཉིད་འཕགས་པ་ཛམྦྷ་ལ་སྐུ་མདོག་བུང་བ་ལྟར་གནག་པ། གཅེར་བུ་རིགས་ངན་གྱི་ཆ་ལུགས་རྣ་བ་མ་ཕུག་པ་མིའུ་ཐུང་གི་རྣམ་པ་ཅམ་མཚན་མ་གྱེན་དུ་བསྒྲེང་བ། དམར་ལ་ཟླུམ་པའི་སྤྱན་གསུམ་དང་ལྡན་ཞིང་མཆེ་བ་གཙིགས་པ། ལྟོགས་འདྲིལ་ལ་ཁྲོ་གཉེར་བསྡུས་པ། ཕྱག་གཡས་པས་ཀ་པཱ་ལ་ཁྲག་གིས་གང་བ་ཐུགས་ཀར་འཛིན་པ། གཡོན་པས་ནོར་བུ་སྣ་ཚོགས་སྐྱུག་པའི་ནེའུ་ལེ་བཀྲ་གཡོན་པ་ལ་བརྟེན་པའི་ཚུལ་གྱིས་འཛིན་པ། ཞབས་གཡས་བསྐུམ་གཡོན་བརྐྱང་བས་པདྨ་དང་ཟླ་བའི་གདན་ལ་ནོར་བདག་རྣམ་ཐོས་བུའི་གཟུགས་ཅན་ནོར་བུ་སྐྱུག་པ་མནན་པ། ཁྲོས་པའི་གཟུགས་ཅན་སྐྲ་ཁམ་པ་གྱེན་དུ་བརྫེས་པ། ཀླུ་ཆེན་པོ་བརྒྱད་ཀྱིས་བརྒྱན་ཅིང་། སྤྱི་བོར་རྒྱལ་བ་མི་བསྐྱོད་པ་བཞུགས་པ། མེ་དཔུང་འབར་བའི་དབུས་ན་འཁྱིང་བའི་ཐུགས་ཀར་ཟླ་བ་ལ་རྡོ་རྗེ་རྩ་དགུ་པ་ཧཱུྃ་ཡིག་དང་བཅས་པ། ཕྱོགས་ཀྱི་རྩ་(༡༤༢ན)རྣམས་རབ་ཏུ་གདེངས་ཤིང་། དབུས་ཀྱི་རྩ་རྣམ་པར་དཀར་པོ་ནོར་བུའི་ཏོག་གིས་བརྒྱན་པ། དེའི་ལྟེ་བར་ཟླ་བ་ལ་ཧཱུྃ། དཔྲལ་བར་ཨོཾ། ལྐེ་ལ་ཛཾ། དཔུང་པ་གཡས་ལ་ཧྲཱ། གཡོན་ལ་ལ། ཐུགས་ཀར་ཛ། ལྟེ་བར་ལེན། ངར་གདོང་གཡས་ལ་དྲཱ། གཡོན་ལ་ཡེ། བོལ་གོང་གཡས་ལ་སྭཱ། གཡོན་ལ་ཧཱ་རྣམས་ཟླ་གདན་ལ་གནས་པ། ཡི་གེ་ཐམས་ཅད་ཀྱང་མདོག་ནག་པོ་འོད་ཟེར་སེར་པོ་འཕྲོ་བའོ། །དེ་ཐམས་ཅད་ལས་འོད་ཟེར་འཕྲོས། སེམས་ཅན་ཐམས་ཅད་ལ་འཕོག་པས་ཛམྦྷ་ལར་གྱུར་ནས་རང་གི་སྙིང་གའི་ཧཱུྃ་ལ་ཐིམ། ཡང་འོད་ཟེར་འཕྲོས། ཕྱོགས་བཅུའི་རིན་

པོ་ཆེ་ཐམས་ཅད་བསྡུས། ཀླུང་ནང་དུ་ཧྲུབས་པའི་ཚེ། ཀླུ་ཆེན་བརྒྱད་དང་ནོར་བདག་རྣམས་ཀྱི་ཁ་ནང་དུ་སོང་། ཀླུང་ཕྱིར་རྒྱུ་བའི་ཚེ། སྐྱུགས་པས་རིན་པོ་ཆེའི་ཕུང་པོར་གྱུར། རང་གི་ལག་པ་གཡས་པའི་མཐིལ་དུ་བཾ་ལས་བྱུང་བའི་བུམ་པ་བཟང་པོ། ལག་པའི་མཁྲིག་མ་ལ། བུམ་པའི་ནང་དུ་ཧཱུཾ། མཛུབ་མོ་ལ་ཧྲཱ། གུང་མོ་ལ་ལ། སྲིན་ལག་ལ་ཧཱུཾ། མཐེའུ་ཆུང་ལ་ཡིན། མཐེ་བོང་ལ་དྲ། ལག་མཐིལ་གྱི་ཙ་བའི་དབུས་སུ་ཡེ། གཡོན་དུ་སྭཱ། གཡས་སུ་ཧཱ་རྣམས་ཟླ་བ་ལ་གནས་པར་གྱུར། ཧཱུཾ་ཡིག་ལས་བདུད་རྩིའི་ཆུ་རྒྱུན་བྱུང་བས་བུམ་པ་གང་། མདུན་དུ་ཟངས་གཞོང་གི་ནང་དུ་སྐུ་གཟུགས་བཞུགས་སུ་གསོལ། དེ་ཉིད་སྐད་ཅིག་གིས་གོང་བཞིན་བསྐྱེད། རང་གི་ཐུགས་ཀ་ནས་ཛམྦྷ་ལ་གཅིག་སྤྲོས་ནས་དེ་ལ་བསྟིམ། ཨོཾ་ཨིནྡྲ་ཡ་ཊི་ནུ་ཁཾ་བྷུ་མ་རི་སྭཱཧཱ། ཞེས་ལན་བདུན་གྱིས་བྱིན་གྱིས་བརླབས། (༡༠༢བ)རང་གི་ཕྱིར་བས་ཆུ་རླུག་སྟེ་བདུད་རྩིའི་རང་བཞིན་དུ་གྱུར་པ་རང་གི་ཁ་སྒོ་ནས་ཞུགས། ཧཱུཾ་གྱི་འོད་ཀྱིས་སེར་པོར་གྱུར། ཧཱུཾ་ལ་སོགས་པའི་འོད་ཟེར་གྱིས་ནུས་མཐུ་ཆེན་པོར་བྱས་ཏེ། ཐུགས་ཀ་ནས་ཕྱིན་དུ་ཡོག །ཞལ་ནས་ཐོན། ལག་མཐིལ་དུ་བྱུང་བ་ཕུལ་བར་མོས་པའམ། རྡོ་རྗེའི་ལམ་ནས་ཕྱིར་བར་ཕུལ་བར་བསམ་པ་གང་རུང་གི་དམིགས་པ་དང་བཅས། ཨོཾ་ཧྲཱུཾ་སྭཱཧཱ། ཞེས་བརྒྱ་རྩ་བརྒྱད་ཀྱིས་ཆུ་སྦྱིན་ལག་ལེན་བཞིན་འབུལ་ལོ། །དེ་ནས་གཏོར་སྔགས་ལན་བདུན་གྱིས་ཆུ་ཕྱིར་བ་བདུན་ཕུལ། གཏོར་མ་རྫས་བཤོས་ཨོཾ་ཨཱཿཧཱུཾ་གིས་བྱིན་གྱིས་བརླབས་ནས། ན་མོ་རཏྣ་ཏྲ་ཡཱ་ཡ། ན་མོ་མ་ཎི་བཛྲ་ཡ། མཧཱ་ཡཀྵ་སེ་ན་པ་ཏ་ཡེ། ཏདྱ་ཐཱ། ཨོཾ་ཛམྦྷ་ལ་ཛ་ལེནྡྲ་ཡེ་སྭཱཧཱ། ཞེས་ལན་བདུན་གྱིས་ཕུལ། མཆོད་པ་ཁྲ་རྒྱུད་ལྟར་བྱིན་གྱིས་བརླབས་ནས། ཨོཾ་ཛམྦྷ་ལ་ས་པ་རི་ཝཱ་ར་ཨརྒྷཾ་པྲ་ཏཱིཙྪ་སྭཱཧཱ་ནས་ཤབྡའི་བར་གྱིས་མཆོད། དཔལ་གྱི་དབང་ཕྱུག་དཔལ་ཆེན་བཙུག་ནས་རིན་ཆེན་རྣམ་པ་མང་ལྡན་པ། །ཐབས་མང་སྟོབས་ཆེན་དྲི་མེད་ཐུགས་རྗེ་དྲང་སྲོང་ལྷ་མོའི་སྲས་གྱུར་དེའི། །སྲས་གཅིག་མཚུངས་མེད་མ་ལུས་

སྲིད་དང་ཞི་བའི་ནོར་བདག་གཏེར་ཆེན་ནི། །མིའུ་ཐུང་ཆ་བྱད་ཐོད་ཁྲག་ནེའུ་ལེ་
འཛིན་མཛད་ཁྱོད་ལ་བདག་ཕྱག་འཚལ། །མགོན་པོ་ནམ་མཁའི་མཛོད་ཅན་ནོར་
གྱི་ཆར་འབེབས་པ། །མ་སྐྱེས་རང་བཞིན་དག་པས་སྐུ་མདོག་སྔོན་པོར་བཞུགས། །
ཁྱོད་ནི་རྡོ་རྗེ་སེམས་དཔའ་ཉིད་དུ་བདག་མཆོད་ན། །རྟག་ཏུ་ཡིད་ལ་རེ་བའི་འབྲས་
བུ་མཆིས་པར་མཛོད། །ཅེས་བསྟོད་ཅིང་(༧༥༣ན)གསོལ་བ་བཏབ། རྟེན་ཆུ་ནང་དུ་
དབྱུང་ངོ་། །རྟེན་མེད་ན་རང་གི་སྙིང་གར་བསྡུ་བའའམ། གཤེགས་པ་གང་ཉུང་
བྱ། གཏོར་མ་གཙང་སར་བཏང་ངོ་། །དེ་ནས་བཟླས་པའི་དམིགས་པ་གསལ་བཏབ་
ལ། ཨོཾ་ཛམྦྷ་ལ་ཛ་ལེནྡྲ་ཡེ་སྭཱཧཱ། ཞེས་ཅི་ནུས་བཟླས་པར་བྱའོ། །མཐར་ལྷ་སྐུ་མི་
དམིགས་པར་སྦྱངས་ཏེ་དགེ་བ་བསྔོ། ༈ འདིའི་རྗེས་གནང་བྱེད་པར་འདོད་ན།
མཎྜལ་ཚོམ་བུ་མཆོད་གཏོར་རྣམས་སྔྲི་དང་མཐུན་པར་བཤམས། མཆོད་པ་བྱིན་
རླབས་དང་མཐུན་པར་བྱེད། སྐྱབས་འགྲོ་ནས་བཅམས་བཟླས་པའི་བར་གོང་བཞིན་
བྱས་ལ། མདུན་བསྐྱེད་བསངས་སྦྱངས། སྟོང་པའི་ངང་ལས་པད་ཉི་ལ་ཧཱུྃ་ལས་
འཕགས་པ་ཛམྦྷ་ལ་སྐུ་མདོག་བུང་བ་ལྟར་གནག་པ། ཞེས་པ་ནས། རིན་པོ་ཆེའི་
ཕུང་པོར་གྱུར་ཞེས་པའི་བདག་བསྐྱེད་བཞིན་བསྐྱེད་ཅིང་། རང་གི་སྙིང་ག་ནས་
འོད་ཟེར་འཕྲོས། ཡེ་ཤེས་སེམས་དཔའ་འཕགས་པ་ཛམྦྷ་ལ་འཁོར་བཅས་བཟླ་ས་
ལྷ་ཛཿ ཛཿཧཱུྃ་བཾ་ཧོཿ གཉིས་སུ་མེད་པར་ཐིམ། ཡེ་ཤེས་པ་སྤྱན་དྲངས་ནས་བསྟིམ།
གཏོར་འབུལ་མཆོད་བསྟོད་བཟླས་པ་རྣམས་བདག་བསྐྱེད་བཞིན་བྱས་ལ། སློབ་
མས་མཎྜལ་ཕུལ། གསོལ་བ་འདེབས་པ་འདིའི་རྗེས་གླེས་གསུངས་ཤིག །རྡོ་རྗེ་
འཛིན་པ་དགོངས་སུ་གསོལ་ནས་བསྐུལ་དུ་གསོལ། ཞེས་པའི་བར་ལན་གསུམ།
རྒྱུད་དག་པར་བྱ་བའི་ཕྱིར་མདུན་བསྐྱེད་ཀྱི་ཚོམ་བུ་འདི་ཉིད་ཀྱང་ཛམྦྷ་ལར་དངོས་
སུ་མོས་ལ་དེའི་སྟེང་གི་ནམ་མཁར་བཞུགས་པའི་སངས་རྒྱས་(༧༥༣བ)བྱང་སེམས་ཀྱི་
དྲུང་དུ་སྐྱབས་འགྲོ་སྔོན་དུ་འགྲོ་བའི་བྱང་ཆུབ་ཀྱི་སེམས་བཟུང་སླམ་པས་འདིའི་རྗེས་

ཟློས་མཛོད། འགྲོ་རྣམས་བསྒྲལ་འདོད་བསམ་པ་ཡིས། །སངས་རྒྱས་ཆོས་དང་དགེ་འདུན་ལ། །བྱང་ཆུབ་སྙིང་པོར་མཆིས་ཀྱི་བར། །རྟག་པར་བདག་ནི་སྐྱབས་སུ་མཆི། །ཤེས་རབ་སྙིང་རྗེ་དང་བཅས་པའི། །བརྩོན་པས་སེམས་ཅན་དོན་དུ་བདག །སངས་རྒྱས་དྲུང་དུ་གནས་བགྱིས་ནས། །རྫོགས་པའི་སངས་རྒྱས་ཐོབ་པར་ཤོག །ཞེས་ལན་གསུམ་དང་། ཁྱད་པར་དུ་འཕགས་པ་ཛམྦྷ་ལའི་རྗེས་གནང་བསྐུལ་དུ་གསོལ་སྙམ་པའི་འདུན་པས་འདིའི་རྗེས་ཟློས་ཀྱང་གསུངས་ཤིག །སློབ་དཔོན་དགོངས་སུ་གསོལ། བདག་ལ་འཕགས་པ་ཛམྦྷ་ལའི་རྗེས་གནང་མ་ལུས་པ་བསྐུལ་དུ་གསོལ། །ཞེས་ལན་གསུམ་གསོལ་བ་བཏབ་ནས། ད་རྗེས་གནང་གི་གཞི་དགོད་པའི་སླད་དུ་དམིགས་པ་འདི་བཞིན་དུ་མཛད་པར་ཞུ། ཨོཾ་ཤཱུ་ནྱ་ཏཱ་ཛྙཱ་ན་བཛྲ་སྭ་བྷཱ་ཝ་ཨཱཏྨ་ཀོ྅ཧཾ། ཕྱི་ནང་གི་དངོས་པོ་ཐམས་ཅད་མི་དམིགས་ཏེ་སྟོང་པ་ཉིད་དུ་གྱུར་པའི་ངང་ལས། ཟླ་བ་རྡོ་རྗེ་ཧཱུྃ་ཡིག་དང་བཅས་པ་ལས་འོད་ཟེར་འཕྲོས་འདུས་ཡོངས་སུ་གྱུར་པ་ལས། ཁྱེད་རང་རྣམས་འཕགས་པ་ཛམྦྷ་ལ་སྐུ་མདོག་བུང་བ་ལྟར་གནག་པ། གཅེར་བུ་རིགས་ངན་གྱི་ཆ་ལུགས་རྣ་བ་མ་ཕུག་པ་མིའུ་ཐུང་གི་རྣམ་པ་ཅན། མཚན་མ་གྱེན་དུ་བསྒྲེང་བ། དམར་ལ་ཟླུམ་པའི་སྤྱན་གསུམ་དང་ལྡན་ཞིང་མཆེ་བ་གཙིགས་པ། ལྗགས་འདྲིལ་ལ་ཁྲོ་གཉེར་བསྡུས་པ། ཕྱག་གཡས་པས་ཀ་པཱ་ལ་ཁྲག་གིས་གང་བ་ཐུགས་ཀར་འཛིན་པ། (༧༢༢ན)གཡོན་པས་ནོར་བུ་སྣ་ཚོགས་སྐྱུག་པའི་ནེའུ་ལེ་བརྣ་གཡོན་པ་ལ་བརྟེན་པའི་ཚུལ་གྱིས་འཛིན་པ། ཞབས་གཡས་བསྐུམ་གཡོན་བརྐྱང་བས་པདྨ་དང་ཟླ་བའི་གདན་ལ་ནོར་བདག་རྣམ་ཐོས་བུའི་གཟུགས་ཅན་ནོར་བུ་སྐྱུག་པ་མནན་པ། ཁྲོས་པའི་གཟུགས་ཅན་སྐྲ་ཁམ་པ་གྱེན་དུ་བརྫེས་པ། ཀླུ་ཆེན་པོ་བརྒྱད་ཀྱིས་བརྒྱན་ཅིང་། སྤྱི་བོར་རྒྱལ་བ་མི་བསྐྱོད་པ་བཞུགས་པ། མེ་དཔུང་འབར་བའི་དབུས་ན་འགྱིང་བའོ། །ཞེས་གསལ་བཏབ་བོ། །ད་རྗེས་གནང་དངོས་གཞི་ལ་གསུམ་ལས། དང་པོ་སྐུའི་རྗེས་གནང་ནི། དེ་ནས། སློབ་དཔོན་ཡང་འཕགས་པ་

ཛམྦྷ་ལ་ནག་པོ་དངོས་ཡིན་སྙམ་པའི་མོས་གུས་བྱས་པས། སློབ་དཔོན་གྱི་ཐུགས་ཀ་ནས་འོད་ཟེར་འཕྲོས། མདུན་བསྐྱེད་ཀྱི་ལྷའི་ཐུགས་རྒྱུད་བསྐུལ། དེའི་ཐུགས་ཀ་ནས་འོད་ཟེར་འཕྲོས། ཕྱོགས་བཅུའི་སངས་རྒྱས་བྱང་སེམས་ཐམས་ཅད་ཀྱི་ཐུགས་རྒྱུད་བསྐུལ་བས། སློབ་དཔོན་དང་མདུན་བསྐྱེད་ཀྱི་ལྷ་དང་། ཕྱོགས་བཅུའི་སངས་རྒྱས་དང་བྱང་ཆུབ་སེམས་དཔའ་ཐམས་ཅད་ཀྱི་ཐུགས་ཀ་ནས་འཕགས་པ་ཛམྦྷ་ལ་ནག་པོ་འཁོར་དང་བཅས་པའི་སྐུ་ཆེ་ཆུང་དཔག་ཏུ་མེད་པ་བྱོན། ཁྱེད་རང་རྣམས་ཀྱི་བ་སྤུའི་བུ་ག་རྣམས་ནས་ཆར་བབས་པ་བཞིན་དུ་སིབ་སིབ་ཐིམ་པའི་མོས་པ་མཛོད། ཛཿཧཱུྃ་བཾ་ཧོཿ གཉིས་སུ་མེད་པར་ཐིམ། དྲིལ་བུའམ་ཏིང་ཤགས་འཁྲོལ། དེ་ནས། སློབ་མ་རྣམས་ལྷར་གསལ་བའི་ཐུགས་ཀར་ཟླ་བ་ལ་རྡོ་རྗེ་ར་དགུ་པ་ཧཱུྃ་ཡིག་དང་བཅས་པ། ཕྱོགས་ཀྱི་ར་རྣམས་རབ་ཏུ་གདེངས་ཤིང་། དབུས་ཀྱི་ར་རྣམ་པར་(༧༨༨བ)དགར་བ་ནོར་བུའི་ཏོག་གིས་བརྒྱན་པ། དེའི་ལྟེ་བར་ཟླ་བ་ལ་ཧཱུྃ། དཔྲལ་བར་ཨོཾ། ལྐོ་ལ་ཛཿ། དཔུང་པ་གཡས་ལ་ཛྷཿ། གཡོན་ལ་ལ། ཐུགས་ཀར་ཛ། ལྟེ་བར་ཞེན། ངར་གདོང་གཡས་ལ་དྲ། གཡོན་ལ་ཡ། ཐལ་གོང་གཡས་ལ་སྭཱ། གཡོན་ལ་ཧཱ་རྣམས་ཟླ་གདན་ལ་གནས་པ། ཡི་གེ་ཐམས་ཅད་ཀྱང་མདོག་ནག་པོ་འོད་ཟེར་སེར་པོ་འཕྲོ་བའོ། །དེ་ཐམས་ཅད་ལས་འོད་ཟེར་འཕྲོས། སྣོད་བཅུད་ཐམས་ཅད་ལ་ཕོག་པས་ཛམྦྷ་ལར་གྱུར་ནས་ཁྱེད་རང་རྣམས་ཀྱི་ཐུགས་ཀའི་ཧཱུྃ་ལས་ཐིམ་པར་མོས། སྐུའི་རྗེས་གནང་ངོ་། །གཉིས་པ་གསུང་གི་རྗེས་གནང་ནི། སློབ་དཔོན་གྱི་སྙིང་གར་ཟླ་བའི་དཀྱིལ་འཁོར་གྱི་སྟེང་དུ་ས་བོན། དེ་ལས་སྔགས་ཀྱི་འཕྲེང་བ་བྱུང་། སློབ་དཔོན་གྱི་ཞལ་ནས་ཐོན། ཁྱེད་རང་རྣམས་ཀྱི་ཞལ་དུ་ཞུགས། ཐུགས་ཀར་ཟླ་བའི་སྟེང་དུ་ས་བོན་གནས་པ་ལ་ཐིམ། དེའི་དུས་སུ་ཕྱོགས་བཅུའི་སངས་རྒྱས་དང་བྱང་ཆུབ་སེམས་དཔའ་རྣམས་ཀྱི་མཁྱེན་བརྩེ་ནུས་མཐུ་ཐམས་ཅད་འོད་ཟེར་གྱི་རྣམ་པར་སྔགས་འཕྲེང་དང་ལྷན་ཅིག་ཞལ་དུ་ཞུགས། སྙིང་གའི་ས་བོན་ལ་

ཐིམ་པའི་མོས་པ་མཛོད་ལ། སྔགས་འདིའི་རྗེས་ཟློས་ལན་གསུམ་གསུངས་ཤིག །ཨོཾ་ཛམྦྷ་ལ་ཛ་ལེནྡྲ་ཡེ་སྭཱཧཱ། ཞེས་བརྗོད། དང་པོས་བྱིན་གྱིས་བརླབས། གཉིས་པས་དབྱེར་མེད་དུ་འདྲེས། གསུམ་པས་བརྟན་པར་བྱས་པའི་མོས་པ་མཛོད། སློབ་དཔོན་ལ་མེ་ཏོག་གཏོར་བཞིན་དུ། འདིའི་རྗེས་ཟློས་མཛོད་ཅིག །བཅོམ་ལྡན་བདག་གིས་ཞེས་སོགས་ལན་གསུམ། དེ་ལྟར་ཕུལ་བའི་མེ་ཏོག་དེ་ཉིད་སླར་ཡང་བྱིན་གྱིས་(༧༥ན)བརླབས་ཏེ་ཁྱེད་རང་གི་སྤྱི་བོར་ཕུལ་བའི་མོས་པ་མཛོད་ཅིག །སློབ་དཔོན་གྱིས་མེ་ཏོག་གཏོར་བཞིན་དུ། བཅོམ་ལྡན་འདི་ལ་བསྐུལ་ལགས་ཀྱི། །འདི་ལ་འགོ་བར་མཛད་དུ་གསོལ། །སྔགས་ཀྱི་དངོས་གྲུབ་བསྐུལ་དུ་གསོལ། །བརྟུལ་ཞུགས་བརྟན་པར་མཛད་དུ་གསོལ། །རིག་པ་འཛིན་པ་འདི་རྣམས་ལ་འཕགས་པ་ཛམྦྷ་ལའི་སྐུ་གསུང་ཐུགས་ཀྱི་བྱིན་རླབས་མ་ལུས་པ་འཇུག་པར་གྱུར་ཅིག །གསུམ་པ་ཐུགས་ཀྱི་རྗེས་གནང་ནི། མདུན་བསྐྱེད་ཀྱི་ལྷ་ལ་མོས་གུས་དུང་དུང་བ་དང་། བདག་གི་རྒྱུད་བྱིན་གྱིས་བརླབ་ཏུ་གསོལ་སྙམ་པ་མཛད་པས། མདུན་གྱི་ལྷའི་ཐུགས་ཀ་ནས་ཕྱག་མཚན་གྱི་ཚོགས་དཔག་ཏུ་མེད་པ་རྒྱུངས་ཏེ་ཐོན། ཁྱེད་རང་རྣམས་ཀྱི་སྙིང་གའི་ས་བོན་དང་དབྱེར་མེད་དུ་འདྲེས། རྒྱུད་བྱིན་གྱིས་བརླབས་པའི་མོས་པ་མཛོད། ལག་པ་བྱིན་རླབས་ནས་མཆོད་བསྟོད་ཀྱི་བར། སློབ་མ་ཉིད་ཆུ་སྦྱིན་རྒྱས་པར་འབུལ་དུ་འཇུག་པའམ། མི་ལྕོགས་ན། སློབ་མའི་དོན་དུ་དམིགས་ནས་སློབ་དཔོན་གྱིས་བྱ། དེའི་མཐར། མདུན་བསྐྱེད་ཀྱི་ཀླུ་བརྒྱད་སོགས་ཀྱི་རིན་པོ་ཆེ་ཟོས་ཤིང་སྐྱུགས་པས། སློབ་མ་ལ་དངོས་གྲུབ་སྩོལ་བའི་དམིགས་པ་གོང་བཞིན་ཕོག་ལ་ཛམ་བཟོས་དང་ཆུ་ནས་ཅུང་ཟད་སྦྱིན། རྗེས་ཆོག་སྤྱི་དང་འདྲ། །

༄ ཛམྦྷ་ལ་དཀར་པོ་ལྷ་ལྷཱ་ཛོ་བོའི་ལུགས་ལ། མདུན་དུ་བྲིས་སྐུའམ་མཎྜལ་ཚོམ་བུ་དང་བཅས་པའི་རྟེན་བཤམས་ལ། མཐའ་མཆོད་གཏོར་གྱིས་བསྐོར། སྤྱན་རས་གཟིགས་ཀྱི་བདག་བསྐྱེད་གང་ཡང་རུང་བ་སྔོན་དུ་འགྲོ་བས། མདུན་བསྐྱེད་ཨ་

(༧༤༥བ)སྲི་ཧྲས་བསངས། སྭ་ཧཱ་ཕས་སྦྱངས། སྟོང་པའི་ངང་ལས་རིན་པོ་ཆེའི་གཞལ་མེད་ཁང་གི་དབུས་སུ། ཛཿཡིག་དཀར་པོ་ཡོངས་སུ་གྱུར་པ་ལས། འཕགས་པ་ཛམྦྷ་ལ་སྐུ་མདོག་དཀར་པོ་ཞལ་གཅིག་ཕྱག་གཉིས་པ། སྤྱན་གསུམ་དབུ་སྐྲ་དམར་སེར་གྱེན་དུ་བརྫེས་པ། ཁྲོ་བོའི་ཆ་ལུགས་ཅན། ཕྱག་གཡས་པས་མདུང་རྩེ་གསུམ་པ་འཕྱར་བ། གཡོན་པས་ནོར་བུས་མཚན་པའི་བེ་ཅོན་བསྣམས་པ། དར་དང་རིན་པོ་ཆེའི་རྒྱན་གྱིས་བརྒྱན་པ། པདྨ་དང་ཉི་མའི་གདན་ལ་གཡུ་འབྲུག་སྔོན་མོ་ལ་ཆིབས་པ། མེ་དཔུང་འབར་བའི་དབུས་ན་བཞུགས་ཤིང་སངས་རྒྱས་དཔའ་བོའི་ངོ་བོར་གྱུར། ཤར་དུ་རྡོ་རྗེ་མཁའ་འགྲོ་མ་སྔོན་མོ། གཡས་རྡོ་རྗེ་དང་གཡོན་རྟེན་འབྲེལ་གྱི་ཞགས་སྣ་ཚོགས་ཀྱིས་གང་བའི་སྣོད་འཛིན་པ། ལྷོར་རིན་ཆེན་མཁའ་འགྲོ་མ་སེར་མོ། གཡས་རིན་པོ་ཆེ་སྤུངས་པ་དང་གཡོན་ལྕགས་ཀྱུ་བསྣམས་པ། ནུབ་ཏུ་པདྨ་མཁའ་འགྲོ་མ་དམར་མོ། གཡས་པདྨ་དང་གཡོན་ནོར་བུས་མཚན་པའི་རྒྱལ་མཚན་འཛིན་པ། བྱང་དུ་ལས་ཀྱི་མཁའ་འགྲོ་མ་ལྗང་གུ། གཡས་རྡོ་རྗེ་རྒྱ་གྲམ་དང་གཡོན་གཏེར་གྱི་ནེའུ་ལེ་འཛིན་པ། ཐམས་ཅད་ཀྱང་སྐྱིལ་ཀྲུང་ཕྱེད་པས་བཞུགས་ཤིང་རྒྱན་ཐམས་ཅད་ཀྱིས་བརྒྱན་པའོ། །རང་གི་སྙིང་ག་ནས་འོད་ཟེར་འཕྲོས། པོ་ཏ་ལ་ནས་ཛམྦྷ་ལ་འཁོར་དང་བཅས་པ་བཛྲ་ས་མ་ཛཿ ཛཿཧཱུྃ་བྃ་ཧོཿ གཉིས་སུ་མེད་པར་ཐིམ། སླར་ཡང་རང་གི་སྙིང་ག་ནས་འོད་ཟེར་འཕྲོས། དབང་གི་ལྷ་རིགས་ལྔ་འཁོར་བཅས་བཛྲ་ས་མ་ཛཿ དེ་བཞིན་གཤེགས་པ་རྣམས་ཀྱིས་བདག་ལ་མངོན་པར་དབང་བསྐུར་དུ་གསོལ། ཞེས་གསོལ་བ་བཏབ་པས། ཨོཾ་བཛྲི་(༧༤༦ན)ཧྭ་ཕ་ཨ་ཥེ་ཀ་ཏ་ཧཱུྃ། ཞེས་གསུངས་ཤིང་དབང་གི་ལྷ་རྣམས་ཀྱིས་དབང་བསྐུར། སྐུ་གང་། དྲི་མ་དག །ཆུའི་ལྷག་མ་ཡར་ལུད་པ་ལས་གཙོ་བོ་ལ་དེ་བཞིན་གཤེགས་པ་རིགས་ལྔ་དང་། འཁོར་རྣམས་ལ་གཙོ་བོས་དབུ་བརྒྱན་པར་གྱུར། དེ་ནས་བཟླས་པའི་དམིགས་པ་གསལ་བཏབ་ལ། ཨོཾ་པདྨ་ཀྲོ་ཏ་ཨཱཪྻ་ཛམྦྷ་ལ་ཧྲི་ད་ཡ་ཧཱུྃ་ཕཊ། ཅེས་ཅི་

ནུས་སུ་བཟླ། ཐུན་འཇོག་ཁར། ཟངས་གཡོང་གི་སྣོད་དུ་ལྷུགས་སྐུ་བཞག་པའམ་སྐུ་གཟུགས་མེད་ཀྱང་རུང་། རང་འཕགས་པ་སྤྱན་རས་གཟིགས་སུ་གསལ་བའི་ལག་མཐིལ་གཡས་སུ་ཧྲཱིཾ་ལས་བྱུང་བའི་བུམ་པ་བཟང་པོའི་ནང་དུ། ཨོཾ་ཨཱཿཧཱུྃ་ལས་བྱུང་བའི་བདུད་རྩིའི་རྒྱ་མཚོ་ཆེན་པོར་གྱུར། མདུན་གྱི་ཛམྦྷ་ལ་འཁོར་བཅས་ཟངས་གཡོང་གི་ནང་དུ་བྱོན་པར་བསམས་ལ། སྙིང་པོ་བརྒྱ་རྩ་བརྒྱད་ཀྱིས་ཆུ་སྦྱིན་འབུལ། མཐར་ཐིགས་པ་གཅིག་ལྟེ་ཐོག་ཏུ་བཞག་ལ། ལྷག་མ་ཕྱོགས་བཞིར་གཏོར། མཆོད་པ་བྱིན་རླབས་སྤྱི་དང་མཐུན། གཏོར་མ་བསངས་སྦྱངས། སྟོང་པའི་ངང་ལས་ཧྲཱིཾ་ལས་བྱུང་བའི་རིན་པོ་ཆེའི་སྣོད་དུ་ཨོཾ་ཞུ་བ་ལས་གཏོར་མ་འདོད་དགུའི་རྒྱ་མཚོ་ཆེན་པོར་གྱུར། ཨོཾ་ཨཱཿཧཱུྃ། ལན་བདུན་གྱིས་བྱིན་གྱིས་བརླབས། ཨོཾ་པདྨ་ཀྲོ་དྷ་ཨཱརྻ་ཛམྦྷ་ལ་ཧྲི་ད་ཡ་བ་ལིཾ་ཏ་ཁ་ཁ་ཁཱ་ཧི་ཁཱ་ཧི། ཞེས་ལན་ལྔས་ཕུལ། ཨརྒྷཾ་ནས་ཤབྡའི་བར་གྱིས་མཆོད། སྤྱན་རས་གཟིགས་དབང་སྐུ་ལས་མངོན་སྤྲུལ་པ། །རིགས་ལྔས་བྱིན་རླབས་བདུད་རྩི་ཆར་ལྟར་འབེབས། །པདྨ་ཁྲོ་བོ་ཨཱརྻ་ཛམྦྷ་ལ། །རིགས་བཞི་མཁའ་འགྲོ་མ་དང་བཅས་ལ་འདུད། །ཅེས་བསྟོད། དེ་ལྟར་(༧༥༨བ)བསྟོད་ཅིང་རབ་བསྔགས་པས། །བདག་ཅག་འཁོར་བཅས་སྲུང་བ་དང་། །འདོད་པའི་དོན་རྣམས་འགྲུབ་པ་དང་། །བགེགས་རྣམས་མ་ལུས་མེད་པར་མཛོད། །ཚེ་དང་བསོད་ནམས་འཕེལ་བ་དང་། །འཁོར་དང་ལོངས་སྤྱོད་རྒྱས་པ་དང་། །ཁམས་གསུམ་དབང་དུ་བསྡུ་བ་དང་། །བཤད་སྒྲུབ་བསྟན་པ་རྒྱས་པར་མཛོད། །ཅེས་འདོད་དོན་གསོལ་བ་བཏབ། ཡིག་བརྒྱ་བཟློད་གསོལ་སོགས་བྱས་ལ། གོང་དུ་བཤད་པ་བཞིན་རྟེན་ཡོད་ན་བརྟན་བཞུགས་བྱེད། ཚོམ་བུ་ལ་ཡང་བསྙེན་པ་མ་ཐོན་གྱི་བར་དུ་བརྟན་བཞུགས་བྱེད། རྒྱུན་གྱི་བཟླས་པའི་སྐབས་ལྟ་བུ་རྟེན་དང་ཚོམ་བུ་གཉིས་ཀ་མེད་ན་བཛྲ་མུཿས་གཤེགས་སུ་གསོལ། ༔ འདིའི་རྗེས་གནང་བྱ་བར་འདོད་ན། མཎྜལ་སྣ་ཚོགས་པདྨ་འདབ་བརྒྱད་ལྟེ་བ་དཀར་པོ་ཞིག་འབྲི། ལྟེ་བ་དང་ཕྱོགས་བཞིའི་འདབ་མ་ལ་འབྲུའི་

ཚོམ་བུ་བཀོད། བུམ་པ་བཅུད་དང་ལྡན་པ་ཁ་རྒྱན་ཅན་དང་། གཏོར་མ་དཀར་གཏོར་གཙོ་འཁོར་ལྔ་པ་ཞིག་དང་། གཞན་ཡང་འབུལ་གཏོར། མཆོད་པ། རྫ་རྔའི་བཟའ་བ་རྣམས་ཅི་བདེར་བཤམས། རྩེ་གསུམ། བེ་ཅོན། རྡོ་རྗེ། རྫས་གཞོང་། ནོར་བུ། ལྕགས་ཀྱུ། པདྨ། རྒྱལ་མཚན། སྣ་ཚོགས་རྡོ་རྗེ། ནེའུ་ལེའི་རྐྱལ་པ་རྣམས་དངོས་སམ་ཙཀླི་ཚང་བར་བཤམས། དབུ་རྒྱན་དང་རིན་པོ་ཆེའི་འཕྲེང་བ་ཞིག་ཀྱང་བཞག །འཕགས་པ་སྤྱན་རས་གཟིགས་ཀྱི་བདག་བསྐྱེད་སྔོན་དུ་འགྲོ་བས། མདུན་བསྐྱེད་འདོད་དོན་གསོལ་བཏབ་ཡན་ཆད་གོང་དང་འདྲ་བ་ལས། མཎྜལ། གཏོར་མ། བུམ་པ་གསུམ་གྱི་གནས་སུ་རིན་པོ་ཆེའི་གཞལ་མེད་ཁང་ཞེས་སོགས་(༡༨༧ན)བརྗོད་པ་ནི་ཁྱད་པར་རོ། །དེ་གསུམ་ལ་སོ་སོར་དམིགས་ནས་བཟླས་པ་བརྒྱ་ཕྲག་རེ་རེ་བྱའོ། ། ༔ དེ་ནས་སློབ་མ་རྣམས་ཁྲུས་བྱས། མཎྜལ་ཕུལ་ནས་འདུག་པ་ལ། བགེགས་གཏོར་སྦྱི་དང་མཐུན་པར་བཏང་། སླར་ཡང་མཎྜལ་འབུལ་དུ་བཅུག །རྡོ་རྗེ་འཛིན་པ་དགོངས་སུ་གསོལ། །བདག་ནི་འགྲོ་ལ་ཕན་དོན་དུ། །གཙོ་ཆེན་ཁྱེད་ལ་གསོལ་བཏབ་ཀྱི། །མ་ལུས་རྗེས་གནང་བསྐུལ་དུ་གསོལ། །ཞེས་ལན་གསུམ་གསོལ་བ་བཏབ། རྟོག་པ་ཐམས་ཅད་ལེགས་པར་བསྡུས་ནས་ནི། །ཤིན་ཏུ་བསམ་པ་བཟང་དང་ལྡན་པས་ཉོན། །བརྗོད་ངས་བློ་ལ་རྡོ་རྗེ་སེམས་དཔའ་སོགས། །བདེ་བར་གཤེགས་པ་རྣམས་ཀྱིས་བྱིན་མི་རློབས། །ཞེས་ཉན་པར་གདམས། སངས་རྒྱས་ཆོས་དང་མ་ལན་གསུམ་གྱིས་སེམས་བསྐྱེད། དཀོན་མཆོག་གསུམ་ལ་བདག་སྐྱབས་མཆི། །ཞེས་སོགས་ལན་གསུམ་གྱིས་སྡོམ་པ་བཟུང་། དེ་ནས་སྐུའི་རྗེས་གནང་གི་སྐབས་སུ་དམིགས་པ་འདི་བཞིན་དུ་མཛོད། ཨོཾ་སྭ་བྷཱ་ཝ་ཤུདྡྷ་སརྦ་དྷརྨཱ་སྭ་བྷཱ་ཝ་ཤུདྡྷོ྅ཧཾ། ཕྱི་ནང་གི་དངོས་པོ་ཐམས་ཅད་མི་དམིགས་པའི་སྟོང་པ་ཉིད་དུ་གྱུར། སྟོང་པའི་ངང་ལས་རིན་པོ་ཆེའི་གཞལ་མེད་ཁང་གི་དབུས་སུ། ཧྲཱིཿཡིག་དཀར་པོ་ཡོངས་སུ་གྱུར་པ་ལས། ཁྱེད་རང་རྣམས་འཕགས་པ་ཛམྦྷ་ལ་སྐུ་མདོག་

དཀར་པོ་ཞལ་གཅིག་ཕྱག་གཉིས་པ། སྤྱན་གསུམ་དབུ་སྐྲ་དམར་སེར་གྱེན་དུ་བརྫེས་པ། ཁྲོ་བོའི་ཆ་ལུགས་ཅན། ཕྱག་གཡས་པས་མདུང་རྩེ་གསུམ་པ་འཕྱར་བ། གཡོན་པས་ནོར་བུས་མཚན་པའི་བེ་ཅོན་(༡༩༧བ)བསྣམས་པ། དར་དང་རིན་པོ་ཆེའི་རྒྱན་གྱིས་བརྒྱན་པ། པདྨ་དང་ཉི་མའི་གདན་ལ་གཡུ་འབྲུག་སྔོན་མོ་ལ་ཆིབས་པ། མེ་དཔུང་འབར་བའི་དབུས་ན་བཞུགས་ཤིང་སངས་རྒྱས་དཔའ་བོའི་ངོ་བོར་གྱུར། ཤར་དུ་རྡོ་རྗེ་མཁའ་འགྲོ་མ་སྔོན་མོ། གཡས་རྡོ་རྗེ་དང་གཡོན་ཧེ་ཝ་འབྲེལ་གྱི་རྫས་སྣ་ཚོགས་ཀྱིས་གང་བའི་སྣོད་འཛིན་པ། ལྷོར་རིན་ཆེན་མཁའ་འགྲོ་མ་སེར་མོ། གཡས་རིན་པོ་ཆེ་སྤུངས་པ་དང་གཡོན་ལྕགས་ཀྱུ་བསྣམས་པ། ནུབ་ཏུ་པདྨ་མཁའ་འགྲོ་མ་དམར་མོ། གཡས་པདྨ་དང་གཡོན་ནོར་བུས་མཚན་པའི་རྒྱལ་མཚན་འཛིན་པ། བྱང་དུ་ལས་ཀྱི་མཁའ་འགྲོ་མ་ལྗང་གུ། གཡས་རྡོ་རྗེ་རྒྱ་གྲམ་དང་གཡོན་གཏེར་གྱི་ནེའུ་ལེ་འཛིན་པ། ཐམས་ཅད་ཀྱང་སྐྱིལ་ཀྲུང་ཕྱེད་པས་བཞུགས་ཤིང་རྒྱན་ཐམས་ཅད་ཀྱིས་བརྒྱན་པའོ། །ཞེས་གསལ་གདབ། མདུན་གྱི་ཚོམ་བུ་འདི་ཉིད་ཀྱང་ཁྱེད་རང་རྣམས་སྒོམ་པ་དང་འདྲ་བའི་ཛམྦྷ་ལ་དཀར་པོ་གཙོ་འཁོར་དུ་དངོས་སུ་བཞུགས་པར་མོས་ལ། དེ་ནས། སློབ་དཔོན་ལ་མོས་གུས་བྱས་པས། སློབ་དཔོན་གྱི་ཐུགས་ཀ་ནས་འོད་ཟེར་འཕྲོས། མདུན་བསྐྱེད་ཀྱི་ལྷའི་ཐུགས་རྒྱུད་བསྐུལ། དེའི་ཐུགས་ཀ་ནས་འོད་ཟེར་འཕྲོས། ཕྱོགས་བཅུའི་སངས་རྒྱས་བྱང་སེམས་ཐམས་ཅད་ཀྱི་ཐུགས་རྒྱུད་བསྐུལ་བས། སློབ་དཔོན་དང་མདུན་བསྐྱེད་ཀྱི་ལྷ་དང་། ཕྱོགས་བཅུའི་སངས་རྒྱས་དང་བྱང་ཆུབ་སེམས་དཔའ་ཐམས་ཅད་ཀྱི་ཐུགས་ཀ་ནས་འཕགས་པ་ཛམྦྷ་ལ་དཀར་པོ་འཁོར་དང་བཅས་པའི་སྐུ་ཆེ་ཆུང་དཔག་ཏུ་མེད་པ་བྱོན་ཏེ། ཁྱེད་རང་རྣམས་ཀྱི་བ་སྤུའི་བུ་ག་རྣམས་ནས་ཆར་(༡༩༨ན)བབས་པ་བཞིན་དུ་སིབ་སིབ་ཐིམ་པའི་མོས་པ་མཛོད། ཛཿཧཱུྃ་བཾ་ཧོཿགཉིས་སུ་མེད་པར་ཐིམ། དྲིལ་བུའམ་ཏིང་ཤགས་འཁྲོལ། དབང་བསྐུར་བའི་དམིགས་པ་ཡོག་ལ། ཇི་ལྟར་བལྟམས་པ་ནས་ས་མ་ཡ་

ཀླཱི་ཡེ་ཧཱུཾ། སློབ་དཔོན་འཕགས་པ་སྤྱན་རས་གཟིགས་སུ་གསལ་བ་དང་། མདུན་བསྐྱེད་ཛམྦྷ་ལ་རིགས་ལྔས་དབང་བསྐུར། ལུས་ཐམས་ཅད་གང་། ཐིག་པ་དག་པར་མོས། དབུ་བརྒྱན་ཅིང་། ཨོཾ་རཏྣ་མུ་ཀུ་ཊ་ཨ་བྷི་ཥིཉྩ་ཧཱུཾ། རྒྱལ་བ་རིགས་ལྔས་དབུ་བརྒྱན་པར་བསམ། རིན་པོ་ཆེའི་འཕྲེང་བ་མགོ་ལ་བསྐོན། ཨོཾ་རཏྣ་མཱ་ལ་ཨ་བྷི་ཥིཉྩ་ཧཾ་ཧཾ་ཧཾ་ཧཾ་ཧཾ། ཞེས་བརྗོད། སྐུའི་རྗེས་གནང་ངོ་། །སློབ་དཔོན་གྱི་ཐུགས་ཀ་ནས་འོད་ཟེར་འཕྲོས། མདུན་བསྐྱེད་ཀྱི་ལྷའི་ཐུགས་རྒྱུད་བསྐུལ། ཐུགས་ཀའི་སྔགས་འཕྲེང་ལས་སྔགས་འཕྲེང་གཉིས་པ་བྱུང་། ཞལ་ནས་ཐོན། ཁྱེད་རང་རྣམས་ཀྱི་ཞལ་དུ་ཞུགས། ཐུགས་ཀར་ཟླ་བའི་སྟེང་དུ་ཛཾ་ཡིག་དཀར་པོའི་མཐར་གཡས་སྐོར་དུ་འཁོད་པའི་མོས་པ་མཛོད་ལ། སྔགས་འདིའི་རྗེས་ཟློས་ལན་གསུམ་གསུངས་ཤིག །ཨོཾ་པདྨ་ཀྲོ་ཏ་ཨཱཙྪ་ཛམྦྷ་ལ་ཧྲི་ད་ཡ་ཧཱུཾ་ཕཊ། གསུང་གི་རྗེས་གནང་ངོ་། །མདུན་བསྐྱེད་ཀྱི་ལྷ་ལ་མོས་གུས་དུང་དུང་བ་དང་། བདག་གི་རྒྱུད་བྱིན་གྱིས་བརླབ་ཏུ་གསོལ་སྙམ་པ་མཛད་པས། མདུན་གྱི་ལྷའི་ཐུགས་ཀ་ནས་རྩེ་གསུམ་དང་བེ་ཅོན་ལ་སོགས་པ་ཕྱག་མཚན་གྱི་ཚོགས་དཔག་ཏུ་མེད་པ་རྒྱངས་ཏེ་བྱོན། ཁྱེད་རང་རྣམས་ཀྱི་སྙིང་གའི་ས་བོན་དང་དབྱེར་མེད་དུ་འདྲེས། རྒྱུད་བྱིན་གྱིས་བརླབ་པའི་མོས་པ་མཛོད། (༧༤༨བ)ཐུགས་ཀྱི་རྗེས་གནང་ངོ་། །མདུན་བསྐྱེད་ཀྱི་གནས་གསུམ་ནས། ཛམྦྷ་ལ་དཀར་དམར་མཐིང་གསུམ་སྤྲོས་ནས། སློབ་མའི་གནས་གསུམ་དུ་ཐིམ་པར་བསམ། ཡོན་ཏན་གྱི་རྗེས་གནང་ངོ་། །རྩེ་གསུམ་དང་བེ་ཅོན་ལག་ཏུ་གཏད་ལ། རྗེ་བཙུན་འཕགས་པ་ཛམྦྷ་ལའི། །སྐུ་གསུང་ཐུགས་ཀྱི་དངོས་གྲུབ་དང་། །མཆོག་དང་ཐུན་མོང་དངོས་གྲུབ་རྣམས། །བུ་ཡིས་མྱུར་དུ་ཐོབ་པར་ཤོག །ཨོཾ་པདྨ་ཀྲོ་ཧྲ་སོགས། བཅོམ་ལྡན་རྡོ་རྗེ་མཁའ་འགྲོ་མའི། །སྐུ་གསུང་ཐུགས་ཀྱི་ཞེས་སོགས་གོང་ལྟར་བརྗོད་བཞིན་དུ། རྡོ་རྗེ་དང་རྫས་གཞོང་ལག་ཏུ་གཏད་ལ། ཨོཾ་བཛྲ་ཌཱ་ཀི་ནི་པེ་ཤེ་ནི། སྙིང་ལྷའི་སྣང་སྲིད་ཐམས་ཅད་སློབ་མ་འདིའི་དབང་དུ་གྱུར་ཅིག །འོག་

ཀླུའི་སྣང་སྲིད་ཐམས་ཅད་སློབ་མ་འདིའི་དབང་དུ་གྱུར་ཅིག །བར་མའི་སྣང་སྲིད་ཐམས་ཅད་སློབ་མ་འདིའི་དབང་དུ་གྱུར་ཅིག་སྭཱཧཱ། དེ་བཞིན་དུ། ནོར་བུ་དང་ལྕགས་ཀྱུ་ལག་ཏུ་གཏད་ལ། བཅོམ་ལྡན་རིན་ཆེན་མཁའ་འགྲོ་མའི། །སྐུ་གསུང་ཐུགས་ཀྱི་ཞེས་སོགས་དང་། ཨོཾ་རཏྣ་ཌཱ་ཀི་ནི་ཕེ་ཤེ་ནི། འཛིག་རྟེན་ཁམས་ཀྱི་ནོར་རྫས་བང་མཛོད་ཐམས་ཅད་སློབ་མ་འདིའི་དབང་དུ་བསྡུས་ཤིག་སྭཱཧཱ། པདྨ་དང་རྒྱལ་མཚན་ལག་ཏུ་གཏད་ལ། བཅོམ་ལྡན་པདྨ་མཁའ་འགྲོ་མའི། །སྐུ་གསུང་ཐུགས་ཀྱི་ཞེས་(༧༥(ན)སོགས་དང་། །ཨོཾ་པདྨ་ཌཱ་ཀི་ནི་ཕེ་ཤེ་ནི། རྒྱལ་པོ་དང་བློན་པོ་དང་ཡུལ་མི་དབང་ཆེན་པོ་དང་ནོར་བུའི་བདག་པོ་ཀླུ་ཆེན་པོ་རྣམས་སློབ་མ་འདིའི་དབང་དུ་བསྡུས་ཤིག་སྭཱཧཱ། སྣ་ཚོགས་རྡོ་རྗེ་དང་ནེའུ་ལེའི་རྒྱལ་པ་ལག་ཏུ་གཏད་ལ། བཅོམ་ལྡན་འདས་ཀྱི་མཁའ་འགྲོ་མའི། །སྐུ་གསུང་ཐུགས་ཀྱི་ཞེས་སོགས་དང་། ཨོཾ་ཀརྨ་ཌཱ་ཀི་ནི་ཕེ་ཤེ་ནི། ཡུལ་མི་ཕྱུག་པོ་དང་ཁང་འཁྲོས་དང་ཟས་ནོར་སྣ་ཚོགས་པ་སློབ་མ་འདིའི་དབང་དུ་བསྡུས་ཤིག་སྭཱཧཱ། ཞེས་པ་ནི། འཕྲིན་ལས་ཀྱི་རྗེས་གནང་ངོ་། །དེ་ནས་གཏོར་མ་མགོ་ཐོག་ཏུ་བཞག་ལ། རྡོ་རྗེ་འཆང་ནས་རྩ་བའི་བླ་མའི་བར། ཇི་ལྟར་ཁས་བླངས་དམ་བཅའ་དྲན་མཛོད་ལ། །སྐལ་ལྡན་བུ་ཡི་འགལ་རྐྱེན་ཀུན་སེལ་ཞིང་། །མཐུན་རྐྱེན་མཆོག་མཐུན་དངོས་གྲུབ་མ་ལུས་སྩོལ། །ཞེས་གཏོར་མའི་བཀའ་བསྒོ་བྱས་ལ། གཏོར་མའི་ལྷ་ལྷ་སློབ་མ་ལ་བསྟིམ། སུ་པྲ་ཏི་ཥྛ་བཏན་བཞུགས་བྱ། གཏོར་མ་ནས་བག་ཙམ་དངོས་གྲུབ་ཀྱི་དོན་དུ་སློབ་མ་ལ་སྦྱིན། རྗེས་རྣམས་སྤྱི་དང་འདྲ་ཞིང་། ལྷ་ཙུའི་བཟའ་བ་ཡོངས་སྤྱད་པར་བྱའོ། །

༄ ཛམྦྷ་ལ་དམར་པོ་སྒྲུབ་ཐབས་ལུགས་ལ། བདེ་མཆོག་གི་བདག་བསྐྱེད་རྫས་པར་བསྒོམ་པའམ། དེ་ཙམ་མི་ནུས་ན་སྐད་ཅིག་གིས་རང་ཉིད་ཧེ་རུ་ཀ་སྐུ་མདོག་སྔོན་པོ་ཞལ་གཅིག་ཕྱག་གཉིས་ཀྱིས་རྡོ་རྗེ་དང་དྲིལ་བུ་འཛིན་པས། ཡུམ་རྡོ་རྗེ་ཕག་མོ་ཞལ་གཅིག་ཕྱག་གཉིས་རྡོ་རྗེ་དང་ཐོད་པ་འཛིན་པ་ལ་འཁྱུད་པར་གྱུར། ཅེས་བརྗོད།

བྲིས་སྐུའི་མདུན་དུ། མཆོད་གཏོར་བཟང་དུ་བཤམས། ནང་མཆོད་དང་ཕྱི་མཆོད་
བདག་བསྐྱེད་ལྟར་བྱིན་གྱིས་བརླབས་ལ། མདུན་བསྐྱེད་ཨ་ཕྲི་ཏས་བསངས། སྭ་བྷཱ་
ཝས་སྦྱངས། སྟོང་པའི་ངང་ལས་པཾ་ལས་པདྨ་དམར་པོ་འདབ་བརྒྱད་དང་། ཨ་
ལས་ཟླ་བའི་སྟེང་དུ་ཧཱུྃ་ལས་གཏེར་གྱི་བུམ་པ་གཉིས་ཞབས་སྦྲུད་ཅིང་ཁ་གཡས་
གཡོན་དུ་བསྟན་པ་ལས་རིན་པོ་ཆེའི་(༧༤༩བ)ཆར་འབེབས་པ། དེའི་སྟེང་དུ་རཾ་ལས་
ཉི་མའི་དཀྱིལ་འཁོར། དེའི་སྟེང་དུ་ཛཾ་དང་བཾ་ལས་འོད་ཟེར་འཕྲོས་འདུས་ཡོངས་
སུ་གྱུར་པ་ལས། འཕགས་པ་ཛམྦྷ་ལ་སྐུ་མདོག་དམར་པོ་ཞལ་གཅིག་ཕྱག་གཉིས།
སྤྱན་གསུམ་ནོར་བུ་འབར་བའི་ཐོར་ཚུགས་ཅན། ཕྱག་གཡས་རིན་པོ་ཆེ་དབང་གི་
རྒྱལ་བ་ཐུགས་ཀའི་ཐད་ཙམ་དུ་འཛིན་ཅིང་། གཡོན་པ་གཏེར་གྱི་ནེའུ་ལེ་རིན་པོ་
ཆེ་སྐྱུག་བཞིན་པ་ཡུམ་གྱི་སྟ་ཟུར་གཡོན་གྱི་ཐད་ཙམ་དུ་འཛིན་པ། ཞབས་གཡས་
བརྐྱང་གི་སྟབས་ཅན་དང་རིན་པོ་ཆེས་བརྒྱན་པ། བརྗིད་བག་ཆགས་ལ་བདེ་བ་
རྒྱས་པའི་ཉམས་ཅན་ཡིད་ཙམ་ཁྲོ་བའི་ངང་ཚུལ་ཅན་ནོ། །ཡུམ་བདེ་བ་རྒྱས་བྱེད་
མ་ཡབ་དང་རྣམ་པ་མཚུངས་པ་ལས། ཕྱག་གཡོན་པས་ཐོད་པ་བདུད་རྩིས་གང་
བ་འཛིན་པ། སྐྲ་གྲོལ་བ། ཞབས་གཡོན་བརྐྱང་པས་ཡབ་ལ་འཁྱུད་པ། ལྷ་མོའི་ཆ་
བྱད་རྫོགས་པའོ། །ཡབ་ཡུམ་གཉིས་ཀའི་དཔྲལ་བར་ཨོཾ། མགྲིན་པར་ཨཱཿ ཐུགས་
ཀར་ཧཱུྃ། རང་གི་སྙིང་ག་ནས་འོད་ཟེར་འཕྲོས། ཡེ་ཤེས་སེམས་དཔའ་དང་དབང་
གི་ལྷ་རྣམས་བཛྲ་ས་མ་ཛཿ ཛཿཧཱུྃ་བཾ་ཧོཿ གཉིས་སུ་མེད་པར་ཐིམ། དབང་གི་
ལྷ་རྣམས་ཀྱིས། ཨོཾ་བཛྲ་བྷ་ཝ་ཨ་བྷི་ཥིཉྩ་ཧཱུྃ། ཞེས་གསུངས་ཤིང་། དབང་བསྐུར།
རྡོ་རྗེ་སེམས་དཔས་དབུ་བརྒྱན་པར་གྱུར། རང་གི་ཐུགས་ཀ་ནས་སྤྲོས་པའི་ལྷ་མོ་
རྣམས་ཀྱིས་མཆོད་པར་གྱུར། ཨོཾ་ཨརྒྷཾ་ཛམྦྷ་ལ་ས་པ་རི་ཝཱ་ར་ཨརྒྷཾ་པྲ་ཏཱིཙྪ་སྭཱཧཱ་ནས་
ཤབྡའི་བར་གྱིས་མཆོད། ཨོཾ་ཛམྦྷ་ལ་ཛ་ལེནྡྲ་ཡེ་དྷ་ན་མི་དྷི་ཧྲིཿཏྲ་ཀི་ཎི་ཛ་ལ་སམྦྷ་རཾ་
སྭཱཧཱ། ཨོཾ་ཨཱཿཧཱུྃ། ཞེས་ནང་མཆོད་དབུལ། རྗེས་(༧༥༠ན)ཆགས་དཔའ་བོ་མཆོག་ཏུ་

བདེ་བའི་རང་བཞིན་ཅན། །ཟག་པ་དང་བྲལ་མཁའ་འགྲོའི་དབང་ཕྱུག་དཔའ་བོ་ཆེ། །གཉིས་མེད་རྣམ་རོལ་དགོས་འདོད་ཀུན་འབྱུང་མཆོག་གི་ལྷ། །མགོན་པོ་ཁྱོད་ལ་མངོན་པར་འདུད་དོ་མངོན་ཕྱག་འཚལ། །ཞེས་བསྟོད། རང་གི་ཐུགས་ཀར་ཡི་དམ་གྱི་སྔགས་འཕྲེང་གི་དབུས་སུ། ཛམྦྷ་ལ་ཡབ་ཡུམ། དེའི་ཐུགས་ཀར་དེ་ཉིད་ཀྱི་སྔགས་འཕྲེང་དང་ས་བོན་བསྒོམ། དེའི་འོད་ཟེར་གྱིས་མདུན་བསྐྱེད་བསྐུལ་བ་སོགས་དམིགས་པ་གསལ་བཏབ་ལ། ཨོཾ་ཛམྦྷ་ལ་ཛ་ལེནྡྲ་ཡེ་ཧྲ་ན་མི་ཧྲི་ཧླིཿཀྵ་ཀི་ཎྜི་ཛ་ལ་སམྦྷ་རཾ་སྭཱཧཱ། ཞེས་ཅི་ནུས་སུ་བཟླའོ། །མཐར་གཏོར་མ་འབུལ་བ་ནི། ཡི་དམ་གྱི་མངོན་རྟོགས་ལྟར་བྱིན་གྱིས་བརླབས་ནས། སྔགས་ཀྱི་མཐར་ཨོཾ་ཨ་ཀཱ་རོ་མུ་ཁཾ་སརྦ་དྷརྨ་ཎཱཾ་ཨཱདྱ་ནུཏྤནྣ་ཏྭཏ་ཨོཾ་ཨཱཿཧཱུྃ་ཕཊ་སྭཱཧཱ། ཞེས་བཏགས་པ་ལན་བདུན་གྱིས་དབུལ། གོང་བཞིན་མཆོད་བསྟོད་དང་། མཆོད་སྦྱིན་གཏོར་མ་ནས། ཀུན་འགྲུབ་ཤོག་གི་བར་གྱིས་འདོད་དོན་ལ་གསོལ་བ་བཏབ། ཡིག་བརྒྱ། བཟོད་གསོལ་སོགས་བྱའོ། ། ༈ འདིའི་རྗེས་གནང་ནི། སྐར་མ་རྒྱལ་གྱི་ཉིན་མོ། སྟེགས་བུ་གྲུ་བཞི་པ་བཅག་གིས་བྱུགས་པ་ཞིག་ལ་བཅད་དམར་སྐྱུས་པདྨ་འདབ་བརྒྱད་འབྲི། དབུས་སུ་ཚོམ་བུ་དམར་པོ་བཀོད། དེར་མཆེའི་སྟེང་དུ་ནང་མཆོད་དང་། དེའི་སྟེང་དུ་མཎྜལ་ལ་སིནྡྷུ་རས་བྱུགས། དེ་ལ་ཆོས་འབྱུང་གི་དབུས་སུ་ཛཾ་དང་བཾ། མཐའ་མ་སྔགས་ཀྱིས་བསྐོར་བ་འབྲི། མཐའ་མཆོད་གཏོར་གྱིས་བསྐོར། ཛྷ་རུའི་བཟའ་བཅད་བཤམས། སྔོན་འགྲོ་གཏོར་མ་དང་མཆོད་པ་བྱིན་རླབས་རྣམས་སྔོན་དུ་འགྲོ་བས། (༧༥༠བ)འདོད་དོན་གསོལ་བཏབ་ཡན་ཆད་བདག་མདུན་གང་བཞིན་བྱས་ནས། སློབ་མས་མཎྜལ་ཕུལ། ཀུན་མཁྱེན་ཡེ་ཤེས་ཕུང་པོ་ཅན། །ཞེས་སོགས་ལན་གསུམ་གྱིས་གསོལ་བ་བཏབ། དཀོན་མཆོག་གསུམ་ལ་བདག་སྐྱབས་མཆི། །ཞེས་སོགས་མགུར་ནས་འབྱུང་བའི་རྒྱུན་བཤགས་ལན་གསུམ་བྱ། ཁྱེད་རང་རྣམས་དམིགས་པ་འདི་བཞིན་དུ་མཛོད། ཨོཾ་སྭ་བྷཱ་ཝ་ཤུདྡྷ་སརྦ་དྷརྨཱ་སྭ་བྷཱ་ཝ་ཤུདྡྷོ྅ཧཾ། སྟོང་པ་ཉིད་དུ་

གྱུར། སྟོང་པའི་ངང་ལས་པཾ་ལས་པདྨ་དམར་པོ་འདབ་བརྒྱད་དང་། ཨ་ལས་ཟླ་བའི་སྟེང་དུ་ཛྲུྃ་ལས་གཏེར་གྱི་བུམ་པ་གཉིས་ཞབས་སྦྲད་ཅིང་ཁ་གཡས་གཡོན་དུ་བསྟན་པ་ལས་རིན་པོ་ཆེའི་ཆར་འབེབས་པ། དེའི་སྟེང་དུ་རཾ་ལས་ཉི་མའི་དཀྱིལ་འཁོར། དེའི་སྟེང་དུ་ཛཾ་དང་བཾ་ལས་འོད་ཟེར་འཕྲོས་འདུས་ཡོངས་སུ་གྱུར་པ་ལས། ཁྱེད་རང་རྣམས་འཕགས་པ་ཛམྦྷ་ལ་སྐུ་མདོག་དམར་པོ་ཞལ་གཅིག་ཕྱག་གཉིས། སྤྱན་གསུམ་ནོར་བུ་འབར་བའི་ཐོར་ཚུགས་ཅན། ཕྱག་གཡས་རིན་པོ་ཆེ་དབང་གི་རྒྱལ་པོ་ཐུགས་ཀའི་ཐད་ཙམ་དུ་འཛིན་ཅིང་གཡོན་པ་གཏེར་གྱི་ནེའུ་ལེ་རིན་པོ་ཆེ་སྐྱུག་བཞིན་པ་ཡུམ་གྱི་སྟ་ཟུར་གཡོན་གྱི་ཐད་ཙམ་དུ་འཛིན་པ། ཞབས་གཡས་བརྐྱང་གི་སྟབས་ཅན་དང་རིན་པོ་ཆེས་བརྒྱན་པ། བཟེད་བག་ཆགས་ལ་བདེ་བ་རྒྱས་པའི་ཉམས་ཅན་ཡིད་ཙམ་ཁྲོ་བའི་ངང་ཚུལ་ཅན་ནོ། །ཡུམ་བདེ་བ་རྒྱས་བྱེད་མ་ཡབ་དང་རྣམ་པ་མཚུངས་པ་ལས། ཕྱག་གཡོན་པས་ཐོད་པ་བདུད་རྩིས་གང་བ་འཛིན་པ། སྐྲ་གྲོལ་བ། ཞབས་གཡོན་བརྐྱང་བས་ཡབ་ལ་འཁྱུད་པ། ལྷ་མོའི་ཆ་བྱད་རྫོགས་པའོ། །ཡབ་(༧༥༧ན)ཡུམ་གཉིས་ཀའི་དཔྲལ་བར་ཨོཾ། མགྲིན་པར་ཨཱཿ ཐུགས་ཀར་ཧཱུྃ། ཞེས་གསལ་གདབ། མདུན་གྱི་ཚོམ་བུ་འདི་ཉིད་ཀྱང་ཁྱེད་རང་རྣམས་སྒོམ་པ་དང་འདྲ་བའི་ཛམྦྷ་ལ་ཡབ་ཡུམ་དུ་དངོས་སུ་བཞུགས་པར་མོས་ལ། དེ་ནས་སློབ་དཔོན་ལ་མོས་གུས་བྱས་པས། སློབ་དཔོན་གྱི་ཐུགས་ཀ་ནས་འོད་ཟེར་འཕྲོས། མདུན་བསྐྱེད་ཛམྦྷ་ལ་དམར་པོའི་ཐུགས་རྒྱུད་བསྐུལ། དེའི་ཐུགས་ཀ་ནས་འོད་ཟེར་འཕྲོས། ཕྱོགས་བཅུའི་སངས་རྒྱས་བྱང་སེམས་ཐམས་ཅད་ཀྱི་ཐུགས་རྒྱུད་བསྐུལ་བས། སློབ་དཔོན་དང་མདུན་བསྐྱེད་ཀྱི་ལྷ་དང་། ཕྱོགས་བཅུའི་སངས་རྒྱས་དང་བྱང་ཆུབ་སེམས་དཔའ་ཐམས་ཅད་ཀྱི་ཐུགས་ཀ་ནས་འཕགས་པ་ཛམྦྷ་ལ་དམར་པོ་འཁོར་དང་བཅས་པའི་སྐུ་ཆེ་ཆུང་དཔག་ཏུ་མེད་པ་བྱོན་ཏེ། ཁྱེད་རང་རྣམས་ཀྱི་བ་སྤུའི་བུ་ག་རྣམས་ནས་ཆར་བབས་པ་བཞིན་དུ་སིབ་སིབ་ཐིམ་པའི་

མོས་པ་མཛོད། ཛཿཧཱུཾ་བཾ་ཧོཿ གཉིས་སུ་མེད་པར་ཐིམ། རོལ་མོ་བྱ། ཕྱི་བོར་ཇོ་ཛྫེ་བཞག་ལ་ཏིཥྛ་བཛྲ། ཞེས་བརྗོད། མཚལ་ཀྱི་སིནྡྷུ་ར་མཐེབ་སྲིན་གྱིས་བླངས་ལ། སློབ་མའི་དཔྲལ་བར་ལན་གསུམ་དུ་བྱུགས། སྙིང་པོའི་མཐར་འབྲུ་གསུམ་བཏགས་པ་ལན་གསུམ་བརྗོད། དེ་ནས་བཟླས་ལུང་ནི། སློབ་དཔོན་གྱི་ཐུགས་ཀ་ནས་འོད་ཟེར་འཕྲོས། མདུན་བསྐྱེད་ཀྱི་ཐུགས་རྒྱུད་བསྐུལ། དེའི་ཐུགས་ཀ་ནས་ཡི་དམ་གྱི་སྔགས་ཀྱིས་མགོ་བྲངས་པའི་སྔགས་འཕྲེང་བྱུང་སྟེ། ཁྱེད་རང་རྣམས་ཀྱི་ཞལ་དུ་ཞུགས། ཁྱེད་རང་རྣམས་ཀྱི་སྙིང་གར་ཟླ་བའི་སྟེང་དུ་ཧཱུཾ་དང་བཾ་ཡིག་གནས་པ་ལ་ཐིམ། དེའི་དུས་སུ་ཕྱོགས་བཅུའི་(༡༥༡བ)སངས་རྒྱས་དང་བྱང་ཆུབ་སེམས་དཔའ་རྣམས་ཀྱི་མཁྱེན་བརྩེ་ནུས་མཐུ་ཐམས་ཅད་འོད་ཟེར་གྱི་རྣམ་པར་སྔགས་འཕྲེང་དང་ལྷན་ཅིག་ཞལ་དུ་ཞུགས། སྙིང་གའི་ས་བོན་ལ་ཐིམ་པའི་མོས་པ་མཛོད་བྱས་ལ། ཨོཾ་ཛམྦྷ་ལ་ཛ་ལེནྡྲ་ཡེ་ཧྲ་ན་མི་ཧྲི་ཧྲིཿཎ་གི་ནྲི་ཛ་ལ་སམྦྷ་རཾ་སྭཱཧཱ། ཞེས་ལན་གསུམ་རྗེས་ཟློས་བྱེད་དུ་གཞུག །དམ་བཅའ་བའི་ལུང་ནི། འཕགས་པ་ཛམྦྷ་ལ་འདི་ཉིད་ཇི་སྲིད་བྱང་ཆུབ་མ་ཐོབ་བར་གྱི་ཡི་དམ་དུ་བཟུང་ངོ་། །བདག་ཐུགས་ཀྱིས་མ་བཏང་ཞིག་སྙམ་པའི་བསམ་པས། འདིའི་རྗེས་ཟློས་མཛོད། སློབ་དཔོན་དགོངས་སུ་གསོལ། བདག་རིག་པ་འཛིན་པ་མིང་འདི་ཞེས་བགྱི་བ་དུས་འདི་ནས་བཟུང་སྟེ་ཇི་སྲིད་བྱང་ཆུབ་སྙིང་པོ་ལ་མཆིས་ཀྱི་བར་དུ། འཕགས་པ་ཛམྦྷ་ལ་ཡི་དམ་གྱི་ལྷར་བཟུང་ནས་འདིའི་གསང་སྔགས་ཉི་མ་རེ་རེ་བཞིན་འདི་ཙམ་རེ་འདོན་པར་དམ་འཆའ་ལགས་སོ། །ཞེས་ལན་གསུམ་བརྗོད། བྱིན་གྱིས་བརླབས་པའི་ལུང་ནི། སློབ་དཔོན་ལ་མེ་ཏོག་གཏོར་བཞིན་དུ། འདིའི་རྗེས་ཟློས་མཛོད་ཅིག །བཅོམ་ལྡན་བདག་གིས་ཞེས་སོགས་ལན་གསུམ། ད་ལྟར་ཕུལ་བའི་མེ་ཏོག་དེ་ཉིད་སླར་ཡང་བྱིན་གྱིས་བརླབས་ཏེ། ཁྱེད་རང་གི་སྤྱི་བོར་ཕུལ་བའི་མོས་པ་མཛོད་ཅིག །སློབ་དཔོན་གྱིས་མེ་ཏོག་གཏོར་བཞིན་དུ། བཅོམ་ལྡན་འདི་ལ་བསྐུལ་ལགས་ཀྱི། །འདི་ལ་འགོ་བར་མཛད་དུ་

གསོལ། །བརྟུལ་ཞུགས་བརྟན་པར་མཛད་དུ་གསོལ། །སྔགས་ཀྱི་དངོས་གྲུབ་བསྩལ་དུ་གསོལ། །རིག་པ་འཛིན་པ་འདི་རྣམས་ལ་འཕགས་པ་ཛམྦྷ་ལའི་སྐུ་གསུང་ཐུགས་ཀྱི་བྱིན་རླབས་མ་ལུས་པ་འཇུག་པར་གྱུར་ཅིག །ཅེས་(༧༥༢ན)བརྗོད། མདུན་བསྐྱེད་ཀྱི་ལྷ་ལ་དམིགས་ནས་མོས་གུས་དྲུང་བ་བྱས་པས། མདུན་བསྐྱེད་ཀྱི་ཐུགས་ཀ་ནས་ཛམྦྷ་ལའི་སྐུ་གཉིས་པ་མཐེབ་སོར་གྱི་ཚད་ཙམ་གཅིག་ཆད་དེ་ཁྱེད་རང་རྣམས་ཀྱི་སྙིང་གར་ཐིམ་པས་རྒྱུད་བྱིན་གྱིས་བརླབས་པའི་མོས་པ་མཛོད། ནང་མཆོད་འབྲུ་གསུམ་གྱིས་སྦྱིན། ལུས་ཐམས་ཅད་བདུད་རྩིས་གང་། བདེ་བས་ཁྱབ་པར་མོས་སུ་གཞུག །རྗེས་ཀྱི་བྱ་བ་སྦྱི་དང་འདྲ་ཞིང་ཙྪ་རུའི་སྔོན་མོ་རྒྱ་ཆེར་བྱའོ། །

༄ **གྲུ་པ་མངོན་ཤེས་ལུགས་ཀྱི་ཛམྦྷ་ལ་དམར་པོའི་སྒྲུབ་ཐབས་དང་རྗེས་གནང་གི་**རིམ་པ་ནི། མཎྜལ་ལ་བ་བྱུང་ལྔ་དང་དྲི་བཟང་གིས་བྱུགས་པའི་དབུས་སུ། པདྨ་དམར་པོ་འདབ་བརྒྱད་བྲིས་པའི་ལྟེ་བར། བདུད་རྩི་རིལ་བུ་དང་ལྡན་པའི་ཚོམས་བྱེད་བཟང་པོ་ཀ་པ་ལ་གང་བ་བུ་རམ་སྦྱར་བ་དང་། དེའི་མདུན་དུ་གཏོར་མ་རིན་པོ་ཆེ་འབར་བའི་དབྱིབས་ཅན་འབྲི་མོག་པས་དམར་པོར་བསྒྱུར་བ་ལ་བུ་རམ་དང་ཤ་ལ་སོགས་པས་བརྒྱན་པ་དང་། འབུལ་གཏོར་གཅིག་གམ། འཇིག་རྟེན་པའི་གཏོར་མ་གཅིག་སྟེ་གཉིས་ཀྱང་བཤམས། གཡས་སུ་བུམ་པ་དམར་པོ་མཚན་ཉིད་དང་ལྡན་པ་ཁ་རྒྱན་དང་། མགུལ་ཆིངས་ཀྱིས་མཛེས་པའི་ནང་དུ་ཆུ་གཙང་མ་དང་། ལྔ་ཚན་ལའི་རྫས་ཚང་བར་བླུག་པ་བཀོད། གཡོན་དུ་ཆུ་སྦྱིན་གྱི་སྣོད་ཟངས་གཞོང་དུ་སྐུ་བཞུགས་སུ་གསོལ། མཐའ་མཆོད་པས་བསྐོར་ཏེ། ཡི་དམ་གང་ཡང་རུང་བའི་བདག་བསྐྱེད་བཟླས་པ་སྔོན་དུ་འགྲོ་བས། དམིགས་རྟེན་རྣམས། ཨ་སྲི་ཏས་བསངས། སྭ་བྷཱ་ཝས་སྦྱངས། སྟོང་པའི་ངང་ལས་མདུན་(༧༥༢བ)དུ་པཾ་ལས་པདྨ། མ་ལས་ཉི་མ། ཨ་ལས་ཟླ་བའི་གདན་གྱི་སྟེང་དུ། ཛཿ་ཡིག་དམར་པོ་ལས་འོད་ཟེར་འཕྲོས། སེམས་ཅན་གྱི་དབུལ་ཕོངས་ཀྱི་སྡུག་བསྔལ་བསལ། ཚུར་འདུས་ཡོངས་སུ་

ཀྱུར་པ་ལས། ཨཱཏྲ་ཛམྦྷ་ལ་དམར་པོ་ཞལ་གསུམ་ཕྱག་དྲུག་ཞབས་བཞི་པ། སྐུ་མདོག་པདྨ་རཱ་གའི་ཕུང་པོ་ལྟར་དམར་ཞིང་འོད་འབར་བ། ཆགས་པ་དང་སྡིག་པའི་ཉམས་དང་ལྡན་ཞིང་ཅུང་ཟད་ཁྲོ་ལ་འཛུམ་པ། ཚ་ཞལ་དམར་ལ་བཞད་པ། གཡས་དཀར་གཡོན་སྔོ་བ། ཕྱག་གཡས་ཀྱི་དང་པོ་ན་རིན་པོ་ཆེ་དང༌། བར་པ་ན་ལྕགས་ཀྱུ། གཡོན་གྱི་དང་པོ་ན་ཐོད་པ་རིན་པོ་ཆེས་གང་བ། བར་པ་ན་ཞགས་པ། ཐ་མ་གཉིས་ན་གཏེར་གྱི་ནེའུ་ལེ་བསྣམས་ནས་བཙིར་བས་ནོར་བུ་རིན་པོ་ཆེ་སྣ་ཚོགས་སྐྱུག་པ། ཞབས་གཡས་པ་གཉིས་ཅུང་ཟད་བསྐུམས་ཤིང་གཡོན་པ་གཉིས་ཅུང་ཟད་བརྐྱང་བའི་དོར་སྟབས་ཀྱིས་གནོད་སྦྱིན་ནོར་བུ་སྐྱུག་པ་གཉིས་མནན་པ། ཀླུ་ཆེན་པོ་བརྒྱད་དང་རིན་པོ་ཆེ་སྣ་ཚོགས་པའི་རྒྱན་གྱིས་བརྒྱན་ཅིང༌། མེ་ཏོག་འཕྲེང་བ་དང་དར་གྱི་ཅོད་པན་གྱིས་མཛེས་པ། དེའི་ཐུགས་ཀར་ཧྲཱིཿཡིག་དམར་པོ་ལས་གང་བའི་ལྷ་མོ་ཀུ་རུ་ཀུལླེ་སྐུ་མདོག་དམར་མོ་ཞལ་གཅིག་ཕྱག་བཞི་མ། དང་པོ་གཉིས་ཀྱིས་ཨུཏྤལའི་མདའ་གཞུ་ཟ་བའི་དྲུང་དུ་འགེངས་ཤིང༌། འོག་མ་གཉིས་ཀྱིས་ཨུཏྤ་ལས་མཚན་པའི་ལྕགས་ཀྱུ་དང་ཞགས་པ་བསྣམས་པ། ཞབས་གཡས་བསྐུམ་པའི་བྲང་བ་གཡོན་པའི་བརླ་ལ་གཏད་པའི་སྐྱིལ་ཀྲུང་ཕྱེད་པས་བཞེངས་པ། མི་ཏྲུས་ཀྱི་འཕྲེང་བའི་ཕྱག་རྒྱ་ལྡེ་དང༌། རིན་པོ་ཆེའི་རྒྱན་དཔག་ཏུ་མེད་པས་(༧༥༣ན)བརྒྱན་པ། ཁྲོ་ཞིང་འཛུམ་ལ་སྡིག་པའི་ཉམས་དང་ལྡན་པ་གསལ་བར་བསྒོམས་ཏེ། ཡབ་ཡུམ་གཉིས་ཀའི་དཔྲལ་བར་ཨོཾ། མགྲིན་པར་ཨཱཿ ཐུགས་ཀར་ཧཱུཾ། ཐུགས་ཀའི་དབུས་སུ་རང་གི་ས་བོན་བཀོད་པ་ལས་འོད་ཟེར་འཕྲོས། རང་བཞིན་གྱི་གནས་ནས་ཡེ་ཤེས་པ་སྤྱན་དྲངས། ཨོཾ་སརྦ་ཏ་ཐཱ་ག་ཏ་ཨཱཏྲ་ཛམྦྷ་ལ་ཤྲཱི་ཀུ་རུ་ཀུལླེ་ས་པ་རི་ཝཱ་ར་བཛྲ་ས་མ་ཛཿམནྟྲ་ཨརྒྷཾ་པྲ་ཏཱིཙྪ་སྭཱཧཱ། པདྨ་ཀ་མ་ལ་ཡེ་སྟྭཾ། ཛཿཧཱུྃ་བཾ་ཧོཿགཉིས་སུ་མེད་པར་ཐིམ། ཡང་འོད་ཟེར་འཕྲོས། དབང་གི་ལྷ་རྣམས་སྤྱན་དྲངས། ཨརྒྷཾ་ནས་ཤབྡའི་བར་གྱིས་མཆོད་དེ། ཨོཾ་སརྦ་ཏ་ཐཱ་ག་ཏ་ཨ་བྷི་ཥིཉྩ་ཏུ་མཾ། ཞེས་གསོལ་བ་བཏབ

པས། ཨོཾ་བཛྲཱི་ཕྲ་ཥ་ཨ་ཧྲི་ཀྵིཾ་ཧཱུཾ། ཞེས་གསུངས་ཤིང་དབང་བསྐུར་བའི་ཆུ་རྒྱུན་གྱིས་སྐུ་གང་། དྲི་མ་དག །ཆུའི་ལྷག་མ་ཡར་ལུད་པ་ལས་འོད་དཔག་མེད་མཉམ་གཞག་གི་ཕྱག་རྒྱས་རིན་པོ་ཆེ་འཛིན་པས་དབུ་བརྒྱན་པར་གྱུར། དེ་ནས་བཟླས་པའི་དམིགས་པ་གསལ་བཏབ་ལ། ཨོཾ་ཛམྦྷ་ལ་ཛ་ལེནྡྲ་ཡེ་དྷ་ན་མི་དྷི་ཧྲཱིཿསྭཱཧཱ། ཞེས་པའི་སྔགས་ཅི་ནུས་སུ་བགྲངས་པས་མཉེས་ནས་ནོར་གྱི་དངོས་གྲུབ་སྦྱིན་པར་བསམ་མོ། །གཏོར་མ་ཨོཾ་ཨཱཿཧཱུཾ་གིས་བྱིན་གྱིས་བརླབས། སྙིང་པོའི་མཐར། ཨི་དཾ་བ་ལིཾ་ཏ་ཁ་ཁ་ཁཱ་ཧི་ཁཱ་ཧི། བཏགས་པ་དང་། གཏོར་མ་ཕྱི་མ་ཨོཾ་ཨ་ཀཱ་རོ་མུ་ཁཾ་སརྦ་དྷརྨཱ་ཎཾ་ཨཱདྱ་ནུ་ཏྤནྣ་ཏྭཱཏ་ཨོཾ་ཨཱཿཧཱུཾ་ཕཊ་སྭཱཧཱ། ཞེས་པས་ཕུལ། མཆོད་པ་བླ་མེད་ལྟར་བྱིན་གྱིས་བརླབས། སོ་སོའི་ཕྱག་རྒྱ་དང་བཅས་པས། ན་མཿསརྦ་ཏ་ཐཱ་ག་ཏ་ཨཱཏྨ་ཛམྦྷ་ལ་ས་པ་རི་ཝཱ་ར་ཨརྒྷཾ་པྲ་ཏཱིཙྪ(༧༥༣བ)སྭཱ་ཛ་མེ་གྷ་ས་མུ་དྲ་སྥ་ར་ཎ་ས་མ་ཡ་ཨཱཿཧཱུཾ། དེ་བཞིན་དུ་ཐོག་མཐའ་འདྲ་བ་ལས། པཱ་དྱཾ། པུཥྤེ། དྷཱུ་པེ། ཨཱ་ལོ་ཀེ །གནྡྷེ། ནཻ་ཝི་ཏྱ། ཤབྡ་ཞེས་སོགས་རྒྱས་བསྡུས་ཅི་རིགས་པས་མཆོད། བདེ་གཤེགས་ཀུན་གྱི་གསུང་ལས་ལེགས་སྤྲུལ་ཞིང་། །ཐུགས་རྗེས་ཆགས་པའི་སྐུ་མདོག་དམར་པོར་བཞུགས། །དབང་གི་འཕྲིན་ལས་རྫོགས་མཛད་ཛམྦྷ་ལ། །མ་ལུས་འགྲོ་བའི་རེ་སྐོང་ཁྱོད་ཕྱག་འཚལ། །ཞེས་བསྟོད། མཆོད་སྦྱིན་གཏོར་མ་འདི་བཞེས་ལ། །ཞེས་སོགས་ཀྱིས་འདོད་དོན་གསོལ་བ་བཏབ། དེ་ནས། བུམ་པ་བསངས་སྦྱངས། སྟོང་པའི་ངང་ལས་ཟླ་བའི་གདན་ལ་ཧཱུྃ་ལས་རིན་པོ་ཆེའི་བུམ་པ་དམར་པོ་མཚན་ཉིད་ཐམས་ཅད་ཡོངས་སུ་རྫོགས་པ་དྭངས་ཤིང་ཐོགས་པ་མེད་པའི་ནང་དུ་སྣ་ཚོགས་པདྨ་འདབ་མ་བརྒྱད་པའི་ལྟེ་བ་དང་ཕྱོགས་བཞིར་ཟླ་བའི་དཀྱིལ་འཁོར་གྱི་སྟེང་དུ། ཧཱུྃ་ཨཾ་ཛྲཱིཾ་ཁཾ་ཀྵཾ་ལས་བྱུང་བའི་རིགས་ལྔ་ཐམས་ཅད་ཀྱང་སྐུ་མདོག་དམར་པོ་ཞལ་གཅིག་ཕྱག་གཉིས། གཡས་རིན་པོ་ཆེ་དང་གཡོན་གཏེར་གྱི་བུམ་པ་འཛིན་པ། དར་དང་རིན་པོ་ཆེའི་རྒྱན་དཔག་ཏུ་མེད་པས་བརྒྱན་པ། ཐམས་ཅད་ཀྱི་དཔྲལ་བར་ཨོཾ། མགྲིན་

པར་ཨཱཿ ཐུགས་ཀར་ཧཱུྃ། ཐུགས་ཀ་ནས་སྤྲོས་པའི་འོད་ཀྱིས་ཡེ་ཤེས་པ་སྤྱན་དྲངས། ཛཿཧཱུྃ་བཾ་ཧོཿ གཉིས་སུ་མེད་པར་ཐིམ། ཡང་འོད་ཟེར་འཕྲོས། དབང་གི་ལྷ་རྣམས་སྤྱན་དྲངས། ཨརྒྷཾ་ནས་ཤབྡའི་བར་གྱིས་མཆོད་དེ། ཨོཾ་སརྦ་ཏ་ཐཱ་ག་ཏ་ཨ་བྷི་ཥིཉྩ་ཏུ་མཾ། ཞེས་གསོལ་བ་བཏབ་པས། ཨོཾ་བཛྲི་བྷ་ཝ་ཨ་བྷི་ཥིཉྩ་ཧཱུྃ། ཞེས་གསུངས་ཤིང་དབང་བསྐུར་(༧༥༨ན)བའི་ཆུ་རྒྱུན་གྱིས་སྐུ་གང་། དྲི་མ་དག །ཆུའི་ལྷག་མ་ཡར་ལུད་པ་ལས། རང་རང་གི་རིགས་ཀྱི་བདག་པོས་དབུ་བརྒྱན་པར་གྱུར། ཨོཾ་པཉྩ་ཀུ་ལ་ས་པ་རི་ཝཱ་ར་ཨརྒྷཾ་ནས་ཤབྡའི་བར་གྱིས་མཆོད། ཆོས་སྐུ་ནམ་མཁའ་བཞིན་དུ་དབྱེར་མེད་ཀྱང་། །གཟུགས་སྐུ་འཇའ་ཚོན་བཞིན་དུ་སོ་སོར་གསལ། །ཐབས་དང་ཤེས་རབ་མཆོག་ལ་མངའ་བརྙེས་པའི། །རིགས་ལྔ་བདེ་བར་གཤེགས་ལ་ཕྱག་འཚལ་ལོ། །ཞེས་པས་བསྟོད། རང་གི་ཐུགས་ཀ་ནས་སྔགས་ཀྱི་འོད་ཟེར་གཟུངས་ཐག་ལ་འཁྲིལ་བ་རིགས་ལྔའི་ཐུགས་ཀར་ཐིམ་པས་ཐུགས་རྒྱུད་བསྐུལ་ཏེ། སྐུའི་ཆ་ཐམས་ཅད་ནས་བབས་པའི་བདུད་རྩིས་བུམ་པ་གང་བར་བསམས་ན། ཨོཾ་ཧཱུྃ་ཏྲཾ་ཧྲཱིཿཨཿཞེས་པ་ཅི་ནུས་སུ་བཟླས་ཏེ། ཡི་གེ་བརྒྱ་པས་ལྷག་ཆད་ཁ་བསྐངས། རིགས་ལྔ་འོད་དུ་ཞུ་བ་ལས་བྱུང་བའི་ཛམྦྷ་ལ་དམར་པོ་ཞལ་གསུམ་ཕྱག་དྲུག་ཅེས་པ་ནས། དབུ་བརྒྱན་པར་གྱུར། ཞེས་པའི་བར་སྔར་བཞིན་ཡན་ལག་བཞི་རྫོགས་སུ་བསྐྱེད་དེ། མཆོད་བསྟོད་དང་བཟླས་པ་སོགས་སྔར་བཞིན་བྱ། ལྷག་ཆད་ཁ་བསྐངས། འདོད་དོན་གསོལ་བཏབ། ལྷ་ཞུ་བ་ལས་བྱུང་བའི་བུམ་པའི་ཆུར་གྱུར་པར་བསམ། ཐུན་མཚམས་སུ་ཆུ་སྦྱིན་དང་གཏོར་མ་འབུལ་བར་འདོད་པས་ཟངས་གཞོང་དུ་སྔར་ལྟར་བསྐྱེད་ནས། ཨརྒྷཾ་སོགས་ཀྱིས་མཆོད། དེའི་ཐུགས་ཀར་རཾ་དམར་པོ་མེའི་རང་བཞིན་ཅན་གཅིག་བསམ་ནས། རཾ་ཞེས་བརྗོད་པས་རྗེས་སུ་ཆགས་པའི་མེ་འབར་ཏེ། ཞལ་ནས་མེ་ལྕེ་ཙུང་ཟད་བྱུང་བས། ཤིན་ཏུ་སྐོམ་པས་(༧༥༨བ)གདུངས་པ་ལ་མཆོད་པ་འབུལ་བར་བསམ། རང་གི་ལག་མཐིལ་དུ་ཟླ་བའི་དཀྱིལ་འཁོར་གྱི་སྟེང་དུ། ཧྲུཾ་ཨཾ་

ཧྲཱི་ཁཾ་ཧཱུྃ་ལས་ཡེ་ཤེས་ཀྱི་བདུད་རྩི་བབས། ཟླ་བའི་དཀྱིལ་འཁོར་གང་བ་སོར་མོའི་རྩེ་ལས་འཛགས། ཐུགས་ཀྱིས་ཕུལ་བས་སྐོམ་པའི་གདུང་བ་ཞི་སྟེ་མཉེས་ནས་ཞལ་དང་ནེཙུ་ལེ་དང་ནོར་བདག་རྣམས་ཀྱི་ཁ་ནས་རིན་པོ་ཆེ་སྣ་ཚོགས་བྱུང་བས་རང་གི་དགོས་འདོད་ཐམས་ཅད་ཡོངས་སུ་རྫོགས་པར་གྱུར་པར་བསམས་ལ། ཆུ་སྦྱིན་ཞིང་ཐུགས་ཉེར་གཅིག་ལས་མི་ཉུང་བར་བཟླས། གཏོར་མ་ཨོཾ་ཨཱཿཧཱུྃ་གིས་བདུད་རྩིར་བྱིན་གྱིས་བརླབས་ནས། ཐུགས་ཀྱི་མཐར། ཨི་དཾ་བ་ལིཾ་ཏ་ཁ་ཁ་ཁཱ་ཧི་ཁཱ་ཧི། བཏགས་པ་གསུམ་མམ་ལྔ་ལ་སོགས་པས་ཕུལ་བས་ལྷུགས་རྗེ་རྗེའི་སྲུ་གུ་ཅན་གྱིས་གསོལ་བས། མཉེས་ནས་འདོད་པའི་དངོས་གྲུབ་ཐམས་ཅད་བསྩལ་བར་བསམ། ཨརྒྷཾ་ལ་སོགས་པས་མཆོད། རྒྱལ་བ་རིན་ཆེན་མང་གི་ཐུགས་རྗེ་ལས། །མངོན་པར་སྤྲུལ་བ་ནོར་བདག་ཀུན་གྱི་རྗེ། །གསུང་གི་དབང་ཕྱུག་ཨཱཙྪ་ཛམྦྷ་ལ། །འདོད་དགུའི་ཆར་འབེབས་ཁྱོད་ལ་ཕྱག་འཚལ་ལོ། །ཞེས་པས་བསྟོད། འདོད་པའི་དོན་ལ་གསོལ་བ་བཏབ། ཛམྦྷ་ལའི་ཞལ་དང་། ནོར་བུ་སྐྱུག་པ་དང་། ནེཙུ་ལེ་ལ་རེག་པར་བསམས་ནས། ཆུ་སྦྱིན་ཕུལ་བའི་ཆུ་ལས་ཐིགས་པ་གཅིག་མཐེབ་སྲིན་གྱིས་བླངས་ཏེ། བྱང་ཆུབ་སེམས་ཀྱི་རྒྱུན་ལྟེ་ལ་བཞག་པར་བསམ། ཨོཾ་ཨཱཿཧཱུྃ། ཞེས་བརྗོད་ཅིང་དངོས་གྲུབ་བླངས། གཏོར་མ་ཆུ་དང་བཅས་པ་རང་གིས་ལོངས་སྤྱད་པའམ། ཆུ་བོ་ཆེན་པོར་གནས་པ་རྣམས་ལ་སྦྱིན་པར་བྱའོ། །(༧༥༥ན) ༈ དེ་ནས་སློབ་མ་རྣམས་རྗེས་སུ་བཟུང་བར་བྱ་སྟེ། དེ་ལ་སྦྱོར་དངོས་རྗེས་གསུམ་ལས། དང་པོ་ནི། སློབ་མས་མཎྜལ་ཕུལ། གསོལ་འདེབས་ནི། ཀུན་མཁྱེན་ཡེ་ཤེས་ཕུང་པོ་ཅན། །ཞེས་སོགས་ལན་གསུམ་བརྗོད། དཀོན་མཆོག་གསུམ་ལ་བདག་སྐྱབས་མཆི། །ཞེས་སོགས་མགུར་ནས་འབྱུང་བའི་རྒྱུན་བཤགས་སམ་གང་ཡང་རུང་བའི་སྒོ་ནས། སེམས་བསྐྱེད་པའི་སྡོམ་པ་ཕོག་སྟེ། མདུན་བསྐྱེད་ཀྱི་མཎྜལ་གཏོར་རྟེན་བཅས་ཛམྦྷ་ལ་དམར་པོ་ཞལ་གསུམ་ཕྱག་དྲུག་པར་དངོས་སུ་བཞུགས་པར་མོས་ལ། བླ་མ་ལ་སངས་རྒྱས་

དངོས་ཀྱི་མོས་གུས་བྱས་པས། བླ་མའི་ཐུགས་ཀ་ནས་འོད་ཟེར་འཕྲོས། མདུན་
བསྐྱེད་ལ་ཕོག་པས་ཐུགས་རྒྱུད་བསྐུལ། མདུན་བསྐྱེད་ཀྱི་སྐུ་ལས་འོད་ཟེར་འཕྲོས།
སློབ་མ་ལ་ཕོག །སློབ་མའི་ནད་གདོན་སྡིག་སྒྲིབ་སྦྱངས། ལུས་འོད་དམར་པོའི་གོང་
བུར་གྱུར་པར་བསམ་དུ་གཞུག་གོ། །གཉིས་པ་ནི། སློབ་མ་བསངས་སྦྱངས། སྟོང་
པའི་ངང་ལས་པཾ་ལས་པདྨ། མ་ལས་ཉི་མ། ཨ་ལས་ཟླ་བའི་གདན་གྱི་སྟེང་དུ། ཛཾ་
ཡིག་དམར་པོ་ལས་འོད་ཟེར་འཕྲོས། སེམས་ཅན་གྱི་དབུལ་ཕོངས་ཀྱི་སྡུག་བསྔལ་
བསལ། ཚུར་འདུས་ཡོངས་སུ་གྱུར་པ་ལས། ཁྱིད་རང་རྣམས་ཨཱརྱ་ཛམྦྷ་ལ་དམར་
པོ་ཞལ་གསུམ་ཕྱག་དྲུག་ཞབས་བཞི་པ། སྐུ་མདོག་པདྨ་རཱ་གའི་ཕུང་པོ་ལྟར་དམར་
ཞིང་འོད་འབར་བ། ཆགས་པ་དང་སྒེག་པའི་ཉམས་དང་ལྡན་ཞིང་ཙུང་ཟད་ཁྲོ་ལ་
འཛུམ་པ། རྩ་ཞལ་དམར་ལ་བཞད་པ། གཡས་དཀར་གཡོན་སྔོ་བ། ཕྱག་གཡས་
(༧༥༥བ)ཀྱི་དང་པོ་ན་རིན་པོ་ཆེ་དང་། བར་པ་ན་ལྕགས་ཀྱུ། གཡོན་གྱི་དང་པོ་ན་
ཐོད་པ་རིན་པོ་ཆེས་གང་བ། བར་པ་ན་ཞགས་པ། ཐ་མ་གཉིས་ན་གཏེར་གྱི་ནེའུ་
ལེ་བསྣམས་ནས་བཙིར་བས་ནོར་བུ་རིན་པོ་ཆེ་སྣ་ཚོགས་སྐྱུག་པ། ཞབས་གཡས་པ་
གཉིས་ཙུང་ཟད་བསྐུམ་ཞིང་གཡོན་པ་གཉིས་ཙུང་ཟད་བརྐྱང་བའི་དོར་སྟབས་ཀྱིས་
གནོད་སྦྱིན་ནོར་བུ་སྐྱུག་པ་གཉིས་མནན་པ། ཀླུ་ཆེན་པོ་བརྒྱད་དང་རིན་པོ་ཆེ་སྣ་
ཚོགས་པའི་རྒྱན་གྱིས་བརྒྱན་ཅིང་། མེ་ཏོག་འཕྲེང་བ་དང་དར་གྱི་ཅོད་པན་གྱིས་
མཛེས་པ། དེའི་ཐུགས་ཀར་ཧྲཱིཿཡིག་དམར་པོ་ལས་གསང་བའི་ལྷ་མོ་ཀུ་རུ་ཀུལླེ་སྐུ་
མདོག་དམར་མོ་ཞལ་གཅིག་ཕྱག་བཞི་མ། དང་པོ་གཉིས་ཨུཏྤ་ལའི་མདའ་གཞུ་རྣ་
བའི་དྲུང་དུ་འགེངས་ཤིང་། འོག་མ་གཉིས་ཀྱིས་ཨུཏྤ་ལས་མཚན་པའི་ལྕགས་ཀྱུ་
དང་ཞགས་པ་བསྣམས་པ། ཞབས་གཡས་བསྐུམ་པའི་བྲང་པ་གཡོན་པའི་བརླ་ལ་
གཏད་པའི་སྐྱིལ་ཀྲུང་ཕྱེད་པས་བཞེངས་པ། མི་རུས་ཀྱི་འཕྲེང་བའི་ཕྱག་རྒྱ་ལྔ་དང་།
རིན་པོ་ཆེའི་རྒྱན་དཔག་ཏུ་མེད་པས་བརྒྱན་པ། ཁྲོ་ཞིང་འཛུམ་ལ་སྒེག་པའི་ཉམས་

དང་ལྡན་པ་གསལ་བར་བསྒོམས་ཏེ། ཡབ་ཡུམ་གཉིས་ཀའི་དཔྲལ་བར་ཨོཾ། མགྲིན་པར་ཨཱཿ ཐུགས་ཀར་ཧཱུྃ། ཞེས་མདུན་བསྐྱེད་ཀྱི་སྐབས་བཞིན་བྱས་ནས། བླ་མ་དང་མདུན་བསྐྱེད་ཀྱི་ཐུགས་ཀའི་ས་བོན་གྱི་འོད་ཀྱིས་ཕྱོགས་བཅུའི་རྒྱལ་བ་སྲས་བཅས་མཁའ་འགྲོ་ཆོས་སྐྱོང་ནོར་ལྷ་གཏེར་བདག་དང་བཅས་པ་ཐམས་ཅད་ཛམྦྷ་ལ་དམར་པོའི་རྣམ་པར་སྤྲུན་དྲངས། སློབ་མ་ལ་ཐིམ་པས་དམ་ཚིག་པ་དང་ཡེ་(༧༥༨ན)ཤེས་པ་གཉིས་སུ་མེད་པར་བསམ་དུ་གཞུག །ཨོཾ་ཛམྦྷ་ལ་ཛ་ལེནྡྲ་ཡེ་ཧྲ་ན་མི་ཧྲི་ཧྲིཿསྭཱཧཱ། ཨ་བེ་ཤ་ཡ་ཨཿཞེས་བརྗོད་ཅིང་། གུ་གུལ་གྱིས་བདུག །རོལ་མོའི་སྒྲ་དང་བཅས་པས་ཡེ་ཤེས་པ་དབབ། རོ་རྗེ་སྤྱི་བོར་བཞག་སྟེ་ཏིཥྛ་བཛྲ་གྱིས་བརྟན་པར་བྱའོ། །སླར་ཡང་སློབ་དཔོན་གྱི་ཐུགས་ཀའི་ས་བོན་ལས་འོད་ཟེར་འཕྲོས། དབང་གི་ལྷ་རྣམས་སྤྱན་དྲངས། དེ་བཞིན་གཤེགས་པ་ཐམས་ཅད་ཀྱིས་བདག་ལ་དབང་བསྐུར་དུ་གསོལ། ཞེས་ལན་གསུམ་གྱིས་གསོལ་བ་འདེབས་སུ་བཅུག །སློབ་དཔོན་གྱིས་འདི་ལ་ཞེས་འདོན་པ་སྨོས་ལ་བརྗོད། ལྷས་རང་རང་གིས་དབང་བསྐུར་བའི་བྱ་བ་རྣམས་མཛད་པར་བསམ་དུ་བཅུག་ནས། སངས་རྒྱས་རྣམས་ནི་ཐམས་ཅད་ཀྱིས། །གསང་གསུམ་གནས་ལས་བྱུང་བ་ཡི། །ཁམས་གསུམ་ཀུན་གྱིས་ཕྱག་བྱས་པ། །རྡོ་རྗེའི་དབང་བསྐུར་ཆེན་པོ་སྦྱིན། །ཞེས་དང་། ཇི་ལྟར་བལྟམས་པ་སོགས་ཀྱི་མཐར་ཨ་བྷི་ཥེ་ཀ་ཏ་ས་མ་ཡ་ཤྲཱི་ཡེ་ཧཱུྃ། ཞེས་གསུངས་ཤིང་དབང་བསྐུར་བའི་ཆུ་རྒྱུན་གྱིས་སྨིན་མཚམས་ཡན་ཆད་གང་། ལུས་ཀྱི་སྒྲིབ་པ་དག །བུམ་དབང་ཐོབ། མགྲིན་པ་ཡན་ཆད་གང་། ངག་གི་སྒྲིབ་པ་དག །གསང་དབང་ཐོབ། སྙིང་ག་ཡན་ཆད་གང་། ཡིད་ཀྱི་སྒྲིབ་པ་དག །ཤེས་རབ་ཡེ་ཤེས་ཀྱི་དབང་ཐོབ། ལུས་ཐམས་ཅད་གང་། སྒོ་གསུམ་གྱི་སྒྲིབ་པ་དག །དབང་བཞི་པ་ཐོབ། ཆུའི་ལྷག་མ་ཡར་ལུད་པ་ལས་འོད་དཔག་མེད་མཉམ་གཞག་གི་ཕྱག་ན་རིན་པོ་ཆེ་བསྣམས་པས་དབུ་བརྒྱན་པར་བསམ་དུ་བཅུག །སླར་ཡང་སློབ་མས་བླ་མ་(༧༥༨བ)ལ་མེ་ཏོག་གི་འཕྲེང་བ་རེ་

ཕུལ་བར་བསམས་ཏེ། སྙིམ་པ་མེ་ཏོག་དང་བཅས་པས་ཐལ་མོ་སྦྱར་ནས། བཅོམ་ལྡན་བདག་གིས་སོགས། ཞེས་ལན་གསུམ་བརྗོད་དུ་བཅུག །སློབ་དཔོན་གྱིས་འདི་གསན་པས་ཁྱབ་རྗེས་བློས་བྱ་མི་འཚལ་ཞེས་བརྡའ་སྦྱར། བཅོམ་ལྡན་འདི་ལ་སོགས། ཞེས་ལན་གསུམ་དང་། ཐུགས་ཀྱི་དངོས་གྲུབ་བསྩལ་དུ་གསོལ། །འཕྲིན་ལས་རྫོགས་པར་མཛད་དུ་གསོལ། །ཛམ་ལ་དམར་པོའི་བྱིན་རླབས་ཀྱིས། །བདེ་ཆེན་གནས་སུ་ཁྲིད་དུ་གསོལ། །ཞེས་བརྗོད་ཅིང་། སྤྱི་བོར་མེ་ཏོག་བཞག་པར་བྱའོ། །གསུམ་པ་ནི། དེ་ལྟར་དབང་བསྐུར་བ་དེ་དག་བརྟན་པར་བྱ་བའི་ཕྱིར། རྗེས་སུ་གནང་བ་སྦྱིན་པར་བྱ་སྟེ། ཐོད་ཚང་ལག་ཏུ་བཞག་ལ། ཁམས་གསུམ་སྙིང་ཁྲག་བསྡུས་པའི་བཅུད། །བྱང་ཆུབ་སེམས་ནི་དམར་ལ་དྭངས། །སྲིད་གསུམ་དབང་དུ་བྱེད་པའི་རྫས། །བུ་ཡིས་བླངས་པས་དངོས་གྲུབ་ཐོབ། །ཅེས་བརྗོད། བདུད་རྩི་ལྕེ་ལ་བཞག་ཅིང་། ཨོཾ་ཛམྦྷ་ལ་ཛ་ལེནྡྲ་ཡེ་ཧྲཱ་ན་མི་ཧྲི་ཧྲིཿསྭཱཧཱ། ཨ་ཧྲི་ཎི་ཧྲྀ་ཨཿ ཞེས་བརྗོད། གཏོར་མ་རིན་ཆེན་འབར་བ་ལག་པར་བཞག་ལ། ཡིད་བཞིན་རིན་ཆེན་འབར་བ་ཡིས། །ཁམས་གསུམ་ཀུན་གྱི་ནོར་བསྡུས་པས། །འདོད་དགུ་ཆར་འབབས་དབང་གི་རྒྱལ། །བུ་ལ་སྦྱིན་པས་དངོས་གྲུབ་ཐོབ། །ཅེས་དང་། གཏོར་ཟན་སྦྱིན་ཞིང་སྔགས་སྔར་བཞིན་བརྗོད། དེ་ནས་ཆུ་སྦྱིན་པའི་རྗེས་སུ་གནང་བ་ཡང་བྱ་སྟེ། ཆུ་སྦྱིན་གྱི་དམིགས་པ་སྔགས་གཏོར་བསྔོ་བསྟོད་པ་འདོད་དོན་གསོལ་བའི་བར་ལག་ལེན་ལྟར་བྱེད་ཅིང་། སློབ་མ་ཡང་བྱེད་དུ་བཅུག །དེ་ལྟར་སྦྱོར་དངོས་(7༥༧ན)རྗེས་གསུམ་གྱི་སྒོ་ནས། ཛམྦྷ་ལ་དམར་པོའི་རྗེས་སུ་གནང་བ་ལེགས་པར་ཐོབ་པ་ཡིན་པས། ཛམྦྷ་ལ་དམར་པོ་ནོར་ལྷར་བསྙེན་མཆོད་གཏོར་དང་བཅས་སྒྲུབ་ཅི་ནུས་སུ་བྱ་སྙམ་པས་རྗེས་བློས་གྱིས་བྱས་ལ། གཙོ་བོས་ཇི་ལྟར་ཞེས་སོགས་ལན་གསུམ་བརྗོད། རྗེས་ཆོག་སྤྱི་དང་འདྲའོ། །

༄ ཛམྦྷ་ལ་ལྗང་གུ་དུས་འཁོར་ལུགས་ལ། རྒྱུད་འགྲེལ་ལས་ཇི་སྐད་བཤད་པའི་

རྟེན་ཚང་བའམ། མིན་ནའང་ཤིང་ལས་བྱས་པའམ། རི་མོར་བྲིས་པས་ཀྱང་རུང་སྟེ། ཚུ་སྦྱིན་གྱི་ཆས་དང་། མཆོད་གཏོར་མདུན་དུ་བཤམས། ཡི་དམ་གྱི་བདག་བསྐྱེད་སྔོན་དུ་འགྲོ་བས། མཆོད་པ་དུས་འཁོར་གྱི་ལུགས་བཞིན་ནམ། སྤྱི་དང་མཐུན་པར་བྱིན་གྱིས་བརླབས་ཀྱང་རུང་། གཏོར་མ་བསངས་སྦྱངས། ཨོཾ་བཛྲ་ཌཱ་ཀི་ནི། བཛྲ་ཧླ་ཧྲི་ཤྭ་རི་ག་ག་ན་སྭ་བྷཱ་ཥ་སརྦ་དར་བྱ་བི་ཤྭ་ཧྨ་ནི། སཏ་དྲ་བྱ་ཊི། བི་ཤྭ་ཧྨ་ཡ་ཧུཾ་ཕྲིཾ་ཕཊ། ཅེས་ལན་གསུམ་གྱིས་བྱིན་གྱིས་བརླབས། མདུན་བསྐྱེད་བསངས་སྦྱངས། སྟོང་པའི་ངང་ལས་པཾ་ལས་པདྨའི་སྟོང་པོའི་རྩེ་མོར་པདྨ་འདབ་བརྒྱད། འདབ་མ་རྣམས་ཕྱོགས་ཀྱི་མདོག་ཅན། ལྟེ་བར་ཧྃ་ལས་འཕགས་པ་ཛམྦྷ་ལ་ལྗང་གུའམ་ལྗང་སེར་ཞལ་གཅིག་ཕྱག་གཉིས། གཡས་མཆོག་སྦྱིན་གྱི་མཐིལ་ན་ཤིང་ཏོག་བི་ཛ་པཱུ་ར་ཀ་བསྣམས་པ། གཡོན་གཏེར་གྱི་ནེའུ་ལེ་འཛིན་པས་ཡིད་བཞིན་གྱི་ནོར་བུ་རིན་པོ་ཆེའི་ཆར་འབེབས་པ། ཞི་ཞིང་སྙིག་ལ་ཤ་ཉམས་རྒྱས་པའི་ཏུར་བག་ཆགས་པ། རབ་ཏུ་རྒྱས་པའི་སྤྱན་གདངས་ཤིང་དབུ་སྐྲ་ནག་པོའི་(༧༥༧བ)ཐོར་ཅོག་ཅན། རིན་པོ་ཆེའི་དབུ་རྒྱན་དང་བཅས་པ། ཞབས་གཡས་བཀྲུང་བའི་རོལ་པའི་སྟབས་ཀྱིས་དུང་གི་མགོ་དང་། པདྨའི་མགོ་ཞེས་བྱ་བ་ལ་སོགས་པའི་གཏེར་ཆེན་པོ་རྣམས་ལ་ཞབས་བརྟེན་པ། དར་སྣ་ཚོགས་ཀྱི་ལྷབ་ལྷུབ་དང་རིན་པོ་ཆེའི་རྒྱན་ཐམས་ཅད་ཀྱིས་བརྒྱན་པ། ཨུཏྤལ་སྔོན་པོའི་དོ་ཤལ་ཅན། འོད་ཟེར་རབ་ཏུ་འབར་བའི་སྐུ་ཅན་དུ་གྱུར་པ། དེའི་བརླ་གཡོན་པའི་སྟེང་དུ་ཏྭཿལས་ལྷ་མོ་ནོར་རྒྱུན་མ་སྔོན་མོ། ཕྱག་གཡས་མཆོག་སྦྱིན་གྱི་ཕྱག་རྒྱ་དང་ལྡན་ཅིག་ཡབ་ལ་འཁྱུད་པ། འདབ་མ་བརྒྱད་ལ་ཤར་དུ་ཛཾ་ལས་ཟླ་ཤེལ་མ། མེར་ཛྷཿལས་རབ་བཟང་མ་གཉིས་ནག་མོ། ལྷོར་ཛྀ་ལས་སྦྱིན་མ། བདེན་བྲལ་དུ་ཛྙཿལས་རབ་སྦྲས་མ་གཉིས་དམར་མོ། བྱང་དུ་ཛུཾ་ལས་འཕགས་མ། བྱང་ཤར་དུ་ཛུཾ་ལས་དབྱངས་ཅན་མ་གཉིས་དཀར་མོ། ནུབ་ཏུ་ཛླཱི་ལས་སྦྱིན་བཟང་མ། ནུབ་བྱང་དུ་ཛླཱིཿལས་ལྷ་མོ་དཔལ་གཉིས་སེར་མོ། དེ་ལྟར་

གཏོང་སྦྱིན་མོ་དགུ་ཚར་ཡང་གཡས་མཆོག་སྦྱིན་གྱི་མཐིལ་ནས་འདོད་དགུའི་ཆར་འབེབས་ཤིང་། གཡོན་པས་རང་མདོག་དང་མཚུངས་པའི་པདྨའི་སྟོང་བུ་འཛིན་པ། རོལ་པའི་སྟབས་སུ་བཞུགས་པ་རྣམས་སུ་གྱུར། རང་གི་སྙིང་ག་ནས་འོད་ཟེར་འཕྲོས། ཡེ་ཤེས་སེམས་དཔའ་འཕགས་པ་ཛམྦྷ་ལ་འཁོར་བཅས་བཛྲ་ས་མ་ཛཿཛཿཧཱུྃ་བྃ་ཧོཿཧྲིཿ དཔྲལ་བར་ཨོཾ། མགྲིན་པར་ཨཱཿ ཐུགས་ཀར་ཧཱུྃ། ལྟེ་བར་ཧོཿ གཙུག་ཏོར་དུ་ཏྃ། གསང་བར་ཡྂ་རྣམས་ཀྱིས་མཚན་པ། ལྷ་དབང་བསྐུར་བ་ནི་མི་མཛད། གལ་ཏེ་བྱེད་པར་སྤྲོ་ན་ཆུ་དབང་བསྐུར་ཏེ། རིགས་(༧༥༤ན)དྲུག་གིས་སོ་སོར་རྒྱས་བཏབ། ལག་མཐིལ་དུ་ཨ་ཨི་རི་ཨུ་ལིའི་འོད་ཀྱིས་འཁོར་འདས་སྣོད་བཅུད་ཀྱི་བདུད་རྩི་ཐམས་ཅད་བསྡུས། ཞལ་དུ་ཕུལ་བར་བསམས་ལ། ཆུ་སྦྱིན་སྤྱི་དང་མཐུན་པར་ཕུལ། གཏོར་མ་ཡང་གསོལ་བར་མོས་ལ། ཨོཾ་ཨཱཿཧཱུྃ་ཧོ་ཨཱཏྨ་ཛམྦྷ་ལ་ས་པ་རི་ཝཱ་རེ་བྷྱཿཨི་དཾ་བ་ལིཾ་གནྡྷཾ། པུཥྤཾ། དྷཱུ་པཾ། ཨཱ་ལོ་ཀཾ། ནཻ་ཝི་དྱ་ཏེ། ཏ་ཛ་ཨ་ག་ཙྪ་ས་པ་རི་ཝཱ་ར་ཕྲི་ཐྭི་ཨིཾ་བ་ལིཾ་གྲིཧྣ་ནྟུ། ཁ་ད་ནྟུ། པི་བ་ནྟུ། ཛཿཧཱུྃ་བྃ་ཧོཿ སཾ་ཡི་ཧྲ། སཏ་སཏྭ་ནཾ། ཤཱནྟིཾ། པུཥྚིཾ། རཀྵཾ་ཨ་ཤ་ར་ཏ། གུཔྟིཾ་ཀུརྦནྟུ་ཧཱུྃ་ཧཱུྃ་ཕཊ་བཛྲ་ཛྙཱ་ར་ཨཱཀྵཱ་བ་ཡ་ཏི་སྭཱཧཱ། ཞེས་ལན་གསུམ་གྱིས་ཕུལ། དཔལ་ལྡན་རྡོ་རྗེ་དབྱིངས་དབང་ཕྱུག །སྒྲོན་མ་རིག་བྱེ་རྡོ་རྗེ་མ། །གོས་དཀར་རོ་མ་སྣ་མ་གི །གཟུགས་མ་སྤྱན་མ་དྲི་རྡོ་རྗེ། །གཏོང་སྦྱིན་མོ་དགུའི་ཚུལ་བསྟན་པས། །རབ་བསྐོར་འཕགས་པ་རྒྱུགས་འཛིན་ནི། །དཔལ་ལྡན་མི་བསྐྱོད་རྡོ་རྗེ་སྟེ། །ཐབས་མཁས་ཚུལ་གྱིས་ལོངས་སྤྱོད་སྟེར། །དེ་དག་རྣམས་ལ་གུས་པས་འདུད། །ཅེས་སོགས་དང་ཕྱོགས་མཐུན་གྱི་བསྟོད་པ་ཅི་ཤེས་ཀྱིས་བསྟོད། མཆོད་སྦྱིན་གཏོར་མ་འདི་བཞེས་ལ། །ཞེས་སོགས་ཀྱིས་གསོལ་བ་བཏབ། ཨོཾ་ཛམྦྷ་ལ་ཛ་ལེནྡྲ་ཡེ་སྭཱཧཱ། ཞེས་ཡི་གེ་བཅུ་པའི་བཟླས་པ་ཅི་འགྲུབ་བྱ། ཨོཾ་བ་སུ་དྷ་རི་ཎི་སྭཱཧཱ། ཨོཾ་ཙནྡྲ་ཀཱནྟི་སྭཱཧཱ། ཨོཾ་དཏྟ་ཡེ་སྭཱཧཱ། ཨོཾ་སུ་དཏྟ་ཡེ་སྭཱཧཱ། ཨོཾ་ཨཱཏྨ་ཡེ་སྭཱཧཱ། ཨོཾ་སུ་བྷ་དྲ་ཡེ་སྭཱཧཱ། ཨོཾ་སུ་གུཔྟ་ཡེ་སྭཱཧཱ། ཨོཾ་དེ་བྱི་སྭཱཧཱ། ཨོཾ་སུ་ར་སུནྡྲི་སྭཱཧཱ། ཞེས་

གཏོད་སྦྱིན་མོ་དགུའི་མཚན་སྔགས་ཀྱང་ཅི་རིགས་པར་བཟླས་(༧༥༨བ)ལ། དེ་ནས། ཨོཾ་ཨཱཿཧཱུྃ་ཧོ་ཧཾ་ཀྵ་ཨཱཏྨ་ཛྙཱ་ལ་སིདྡྷི་མེ་པྲ་ཡཙྪནྟུ། མ་མ་ཧྲ་ཝཾ། ད་ད་ཏུ། བཛྲ་ཧྲ་ར་ཨཱཏྨ་པ་ཡ་ཏི་སྭཱཧཱ། ཞེས་ལས་བསྒྲུབ་པའི་སྔགས་ཀྱང་ཅུང་ཟད་བཟླའོ། །མཐར་དངོས་གྲུབ་སློང་བ་དང་། ཡིག་བརྒྱ། བཟོད་གསོལ་སོགས་བྱའོ། ། ༈ འདིའི་ཛེས་གནང་ནི། རྟེན་དངོས་སམ། མཉྫལ་གྱི་དབུས་སུ་ཚོམ་བུ་ལྔང་སེར། གཡོན་དུ་ཚོམ་བུ་སྔོན་པོ། དེའི་ཤར་དང་ཤར་ལྷོར་ནག་པོ། ལྷོ་དང་ལྷོ་ནུབ་ཏུ་དམར་པོ། ནུབ་དང་ནུབ་བྱང་དུ་སེར་པོ། བྱང་དང་བྱང་ཤར་དུ་དཀར་པོ་རེ་དགོད། མདུན་དུ་མཆོད་གཏོར། ཆུ་སྦྱིན་གྱི་ཆས་རྣམས་བཤམས། བདག་བསྐྱེད་སྔོན་དུ་འགྲོ་བས། མདུན་བསྐྱེད་བཟླས་པའི་བར་གོང་བཞིན་བྱའོ། །དེ་ནས་སློབ་མས་མཉྫལ་ཕུལ། མི་བཟད་འཁོར་བས་འཇིགས་པ་དག་ནི་དེ་རིང་ཉིད་ནས་རྒྱལ་བ་རྣམས་ལ་སྐྱབས་སུ་ལྷག་པར་མཆི། ཁྱོད་ཀྱི་ཞབས་ཀྱི་ཆུ་སྐྱེས་ངེས་པར་སྲིད་པའི་འཇིགས་(༧༥༩ན)འཕྲོག་དག་ལ་ལུས་ངག་སེམས་ནི་དག་པས་སོ། །ཞེས་གསོལ་བ་ལན་གསུམ་འདེབས་སུ་གཞུག །སྲིད་འགྲོ་ཉམ་ངར་བྱིས་པའི་བློ་ཡིས་ནི། །ཤིན་ཏུ་མི་བཟད་སྡིག་པ་གང་བགྱིས་པ། །སྟོབས་བཅུ་མངའ་བའི་སྤྱན་སྔར་མཆིས་ནས་ནི། །སྡིག་པ་དེ་ཀུན་སོ་སོར་བཤགས་པར་བགྱི། །རྫོགས་སངས་རྒྱས་དང་བྱང་ཆུབ་སེམས་དཔའ་རྣམས་དང་འཕགས་པའི་ཚོགས་ཀྱིས་རྣམ་མང་དགེ་བ་གང་མཛད་པ། །དེ་དག་མཐའ་དག་ལ་ནི་སྡིག་པ་རྣམ་བྲལ་བྱང་ཆུབ་སྤྱོད་ལ་རྗེས་སུ་གནས་པའི་རྗེས་ཡི་རང་། །སངས་རྒྱས་ཆོས་དང་དགེ་འདུན་སྲིད་པའི་འཇིགས་འཕྲོག་ལ་ཡང་བྱང་ཆུབ་བར་དུ་བདག་ནི་སྐྱབས་སུ་མཆི། །དག་པ་གསུམ་གྱིས་བདག་གི་དངོས་འབྱུལ་ཆོས་ཀྱི་འཁོར་ལོ་བསྐོར་ཞིང་མྱ་ངན་མི་འདའ་བཞུགས་སུ་གསོལ། །རྫོགས་སངས་རྒྱས་སུ་བདག་གྱུར་ཅིག་ཅེས་འདིར་ནི་སྨོན་ལམ་སེམས་ཅན་དོན་གྱི་སླད་དུ་བདག་བགྱིད་དོ། །ཞེས་ལན་གསུམ་གྱིས་རྒྱུན་བཤགས་བྱ། འདོད་པའི་རྡོ་རྗེ་ལ་ནི་རྡོ་རྗེ་དྲིལ་བུ་ཕྱག་རྒྱ་བླ་

མ་དག་ཀུན་སྤྱི་བོས་བཟུང་བར་བགྱི། །རིན་ཆེན་ལ་ནི་སྦྱིན་པ་སྦྱིན་བགྱི་འཁོར་ལོ་འདི་ལ་རྒྱལ་བ་མཆོག་གི་དམ་ཚིག་བསྲུང་བར་བགྱི། །རལ་གྲི་ལ་ནི་མཆོད་པ་བགྱི་སྟེ་གསལ་བར་ཆུ་སྐྱེས་རིགས་ལ་སྡོམ་པ་དག་ནི་བསྲུང་བར་བགྱི། །སེམས་ཅན་རྣམས་ནི་ཐར་པའི་སླད་དུ་རྒྱལ་བ་བསྐྱེད་མཛད་རིགས་ལ་བྱང་ཆུབ་བདག་གིས་བསྐྱེད་པར་བགྱི། །ཞེས་ལན་གསུམ་གྱིས་རིགས་དྲུག་གི་སྡོམ་པ་བཟུང་། དེ་ནས་སློབ་མ་བསངས་སྦྱངས། སྟོང་པའི་ངང་ལས་པཾ་ལས་པདྨའི་སྟོང་པོའི་རྩེ་མོར་པདྨ་འདབ་བརྒྱད། འདབ་མ་རྣམས་ཕྱོགས་ཀྱི་མདོག་ཅན། ལྟེ་བར་ཁྱིད་རང་རྣམས་ཧཾ་ལས་འཕགས་པ་ཛམྦྷ་ལ་ལྗང་སེར་ཞལ་གཅིག་ཕྱག་གཉིས། གཡས་མཆོག་སྦྱིན་གྱི་མཐིལ་ན་ཤིང་ཏོག་བི་ཛ་པཱུ་ར་ཀ་བསྣམས་པ། གཡོན་གཏེར་གྱི་ནེའུ་ལེ་འཛིན་པས་ཡིད་བཞིན་གྱི་ནོར་བུ་རིན་པོ་ཆེའི་ཆར་འབེབས་པ། ཞི་ཞིང་སྒེག་ལ་ཤ་ཉམས་རྒྱས་པའི་ཧུར་བག་ཆགས་པ། རབ་ཏུ་དགྱེས་པའི་སྤྱན་གདངས་ཤིང་དབུ་སྐྲ་ནག་པོའི་ཐོར་ཅོག་ཅན། རིན་པོ་ཆེའི་དབུ་རྒྱན་དང་བཅས་པ། ཞབས་གཡས་བརྐྱང་བའི་རོལ་པའི་(༧༥༦་བ)སྟབས་ཀྱིས་དུང་གི་མགོ་དང་། པདྨའི་མགོ་ཞེས་བྱ་བ་ལ་སོགས་པའི་གཏེར་ཆེན་པོ་རྣམས་ལ་ཞབས་བརྟེན་པ། དར་སྣ་ཚོགས་ཀྱི་ལྷབ་ལྷུབ་དང་རིན་པོ་ཆེའི་རྒྱན་ཐམས་ཅད་ཀྱིས་བརྒྱན་པ། ཨུཏྤལ་སྔོན་པོའི་དོ་ཤལ་ཅན། འོད་ཟེར་རབ་ཏུ་འབར་བའི་སྐུ་ཅན་དུ་གྱུར། དེའི་བརླ་གཡོན་པའི་སྟེང་དུ་ཏྲཿལས་ལྷ་མོ་ནོར་རྒྱུན་མ་སྔོན་མོ། ཕྱག་གཡས་མཆོག་སྦྱིན་གྱི་ཕྱག་རྒྱ་དང་ལྡན་ཅིག་ཡབ་ལ་འཁྱུད་པ། འདབ་མ་བརྒྱད་ལ་ཤར་དུ་ཧེཾ་ལས་ཛླ་ཤེལ་མ། མེར་ཧྲིཿལས་རབ་བཟང་མ་གཉིས་ནག་མོ། ལྷོར་ཧྲྀ་ལས་སྦྱིན་མ། བདེན་བྲལ་དུ་ཧྲིཿལས་རབ་སྲས་མ་གཉིས་དམར་མོ། བྱང་དུ་ཧུཾ་ལས་འཕགས་མ། བྱང་ཤར་དུ་ཧུཾཿལས་དབྱངས་ཅན་མ་གཉིས་དཀར་མོ། ནུབ་ཏུ་ཧྲཻ་ལས་སྦྱིན་བཟང་མ། ནུབ་བྱང་དུ་ཧྲཻ་ལས་ལྷ་མོ་དཔལ་གཉིས་སེར་མོ། དེ་ལྟར་གནོད་སྦྱིན་མོ་དགུ་ཆར་ཡང་གཡས་མཆོག

སྲིན་གྱི་མཐིལ་ནས་འདོད་དགུའི་ཆར་འབེབས་ཤིང་། གཡོན་པས་རང་མདོག་དང་མཚུངས་པའི་པདྨའི་སྡོང་བུ་འཛིན་པ། རོལ་པའི་སྟབས་སུ་བཞུགས་པ་རྣམས་སུ་གྱུར་པར་མོས། མདུན་གྱི་ཚོམ་བུ་འདི་ཉིད་ཀྱང་ཁྱེད་རང་རྣམས་སྒོམ་པ་དང་འདྲ་བའི་འཕགས་པ་ཛམྦྷ་ལ་ལྗང་སེར་གཙོ་འཁོར་དུ་དངོས་སུ་བཞུགས་པར་མོས་ལ། དེ་ནས་སློབ་དཔོན་ལ་མོས་གུས་བྱས་པས། སློབ་དཔོན་གྱི་ཐུགས་ཀ་ནས་འོད་ཟེར་འཕྲོས། མདུན་བསྐྱེད་དང་། ཕྱོགས་བཅུའི་སངས་རྒྱས་བྱང་སེམས་ཐམས་ཅད་ཀྱི་ཐུགས་རྒྱུད་བསྐུལ། ཐུགས་ཀ་ནས་འཕགས་པ་ཛམྦྷ་ལ་འཁོར་དང་བཅས་པའི་སྐུ་ཆེ་ཆུང་དཔག་ཏུ་མེད་པ་སྤྲུན་དྲངས། ཁྱེད་(༧༥༠ན)རང་རྣམས་ཀྱི་ལུས་ལ་ཆར་ཆེན་པོ་བབས་པ་བཞིན་དུ་སིབ་སིབ་ཐིམ་པའི་མོས་པ་མཛོད། ཛཿཧཱུྃ་བཾ་ཧོཿཧྲིཿཞེས་བརྗོད། སློབ་དཔོན་གྱི་ཐུགས་ཀ་ནས་འོད་ཟེར་འཕྲོས། མདུན་བསྐྱེད་ཀྱི་ཐུགས་རྒྱུད་བསྐུལ། དེའི་ཐུགས་ཀ་ནས་སྔགས་ཀྱི་འཕྲེང་བ་བྱུང་སྟེ། ཁྱེད་རང་རྣམས་ཀྱི་ཞལ་དུ་ཞུགས། ཐུགས་ཀར་ཟླ་བའི་དཀྱིལ་འཁོར་གྱི་དབུས་སུ་ཧཾ་ཡིག་གི་མཐར་འཁོད་པའི་མོས་པ་མཛོད་བྱས་ལ། ཨོཾ་ཛམྦྷ་ལ་ཛ་ལེནྡྲ་ཡེ་སྭཱ་ཧཱ། ཞེས་གཙོ་བོ་དང་། ཨོཾ་བ་སུ་དྷ་རི་ཎི་སྭཱ་ཧཱ། ཨོཾ་ཙནྡྲ་གཎྜེ་སྭཱ་ཧཱ། ཨོཾ་དཏྟ་ཡེ་སྭཱ་ཧཱ། ཨོཾ་སུ་དཏྟ་ཡེ་སྭཱ་ཧཱ། ཨོཾ་ཨཱརྻ་ཡེ་སྭཱ་ཧཱ། ཨོཾ་སུ་ཧྲ་དྲ་ཡེ་སྭཱ་ཧཱ། ཨོཾ་སུ་གུཔྟ་ཡེ་སྭཱ་ཧཱ། ཨོཾ་དེ་བཱི་སྭཱ་ཧཱ། ཨོཾ་སྭ་ར་སྭཏྱཻ་སྭཱ་ཧཱ། ཞེས་གནོད་སྦྱིན་མོ་དགུའི་སྔགས་ཏེ། སྔགས་རྣམས་ལན་གསུམ་གསུམ་རྗེས་ཟློས་བྱེད་དུ་གཞུག་སྟེ་བཟླས་ལུང་སྦྱིན། སློབ་མ་ཚུ་སྦྱིན་འབུལ་དུ་བཅུག །རྗེས་ཀྱི་བྱ་བ་རྣམས་སྔ་དང་འདྲའོ། །

༄ གནོད་སྦྱིན་ནོར་བུ་བཟང་པོ་ལ། །མདུན་དུ་རིན་པོ་ཆེའི་སྣོད་ཀྱི་ནང་དུ་གཏོར་མ་ཞིག་བཤམས། དེ་ལ་ནོར་བུ་བཟང་པོའི་ཙག་ལི་བཙུགས། མདུན་དུ་གཏོར་མ་དང་། མཐའ་མཆོད་པས་བསྐོར། ཕྱག་ན་རྡོ་རྗེའི་བདག་བསྐྱེད་དང་། རང་གི་མདུན་དུ་རྣམ་ཐོས་སྲས་སྐད་ཅིག་གིས་བསྐྱེད། ཙག་ལི་བསངས་སྦྱངས། སྟོང་པའི་

ངང་ལས་སྐད་ཅིག་གིས་གཏོར་སྦྱིན་ནོར་བུ་བཟང་པོ་སྣ་མདོག་སེར་པོ་རྟ་སྔོན་པོ་ལ་ཆིབས་ཤིང་རྒྱུག་པ། ཕྱག་གཡས་ནོར་བུ་འབར་བ་དང་། གཡོན་པས་གཏེར་གྱི་ནེའུ་ལེ་འཛིན་པ། དར་དང་རིན་པོ་ཆེས་བརྒྱན་པ། (༧༤༠བ)སྙིང་གར་ཟླ་བ་ལ་མཾ། རང་གི་སྙིང་ག་ནས་འོད་ཟེར་འཕྲོས། གཏོར་སྦྱིན་འཁོར་བཅས་བཛྲ་ས་མཱ་ཛཿཛཿཧཱུྃ་བཾ་ཧོཿཨོཾ་བཛྲ་ཨ་ཧྲི་ཊི་ཀྵ་ཧཱུྃ། ཞེས་རྡོ་རྗེའི་ཕྱག་རྒྱ་བསྟན་པས་དམ་ལ་བཞག་ཅིང་དབང་བསྐུར། ཧཾས་མཾས་བཾས། ཞེས་པ་ནི་བཟའི་དབང་སྟེ། མི་བསྐྱོད་པ་དང་། འཛམ་པའི་རྡོ་རྗེ། རྡོ་རྗེ་ལྕགས་ཀྱུའི་ས་བོན་ནོ། །གཏོར་མ་ཨ་མྲྀ་ཏས་བསངས། སྭ་བྷཱ་ཝས་སྦྱངས། སྟོང་པའི་ངང་ལས་བྷྲཱུྃ་ལས་བྱུང་བའི་རིན་པོ་ཆེའི་སྣོད་དུ་ཨོཾ་ལས་བྱུང་བའི་གཏོར་མ་འདོད་དགུའི་རྒྱ་མཚོར་གྱུར། ཨོཾ་སརྦ་བིད་པཱུ་ར་པཱུ་ར་སོགས་ནམ་མཁའ་མཛོད་ཀྱི་སྔགས་རྒྱ་ལན་གསུམ་གྱིས་བྱིན་གྱིས་བརླབས། ཨོཾ་མ་ཧཱ་རཏྣ་ཡེ་སྭཱཧཱ། ཨོཾ་ཨ་ཀཱ་རོ་མུ་ཁཾ་སརྦ་དྷརྨཱ་ཎཱཾ་ཨཱདྱ་ནུཏྤནྣ་ཏྭཏ་ཨོཾ་ཨཱཿཧཱུྃ་ཕཊ་སྭཱཧཱ། ཞེས་པས་འབུལ། མཆོད་པ་བསངས་སྦྱངས། སྟོང་པའི་ངང་ལས་བྷྲཱུྃ་ལས་རིན་པོ་ཆེའི་སྣོད་ཡངས་ཤིང་རྒྱ་ཆེ་བ་རྣམས་ཀྱི་ནང་དུ་ཧཱུྃ་འོད་དུ་ཞུ་བ་ལས་བྱུང་བའི་མཆོད་ཡོན་ནས། རོལ་མོའི་བར་རྣམས་དྭངས་ཤིང་ཐོགས་པ་མེད་པ་ནམ་མཁའ་དང་མཉམ་པར་གྱུར། ཨོཾ་ཨརྒྷཾ་ཨཱཿཧཱུྃ་ནས། ཤབྡའི་བར་གྱིས་བྱིན་གྱིས་བརླབས། ཨརྒྷཾ་ནས་ཤབྡའི་བར་གྱིས་མཆོད། ནོར་བུའི་རིགས་ཀྱི་གསང་སྔགས་ནི། །ཀུན་གྱི་བདག་པོར་དབང་བསྐུར་བ། །ལྷ་རྣམས་ཀུན་གྱིའང་ནོར་གྱི་བདག །ནོར་བུ་བཟང་པོ་ཁྱོད་ལ་བསྟོད། །ཅེས་བསྟོད། མཆོད་སྦྱིན་གཏོར་མ་འདི་བཞེས་ལ། །ཞེས་སོགས་ཀྱིས་འདོད་དོན་གསོལ་བ་བཏབ།

༈ འདིའི་བཟླས་ལུང་ནི། སློབ་མས་མཎྜལ། རྡོ་རྗེ་འཛིན་པ་ནས་བསྐུལ་དུ་གསོལ། (༧༤༡ན)ཞེས་པའི་བར་ལན་གསུམ་གྱིས་གསོལ་བ་བཏབ། དཀོན་མཆོག་གསུམ་ལ་བདག་སྐྱབས་མཆི། །ཞེས་སོགས་མགུར་ནས་འབྱུང་བའི་རྒྱུན་བཤགས་བྱ། སློབ་མ་ཉིད་རྣམ་ཐོས་སྲས་སུ་སྐད་ཅིག་གིས་བསྐྱེད། སློབ་དཔོན་ཕྱག་རྡོར་དུ་གསལ་བས།

གཏོར་མ་སློབ་མའི་ལག་ཏུ་སྤྲད་ལ། གནོད་སྦྱིན་ནོར་བུ་བཟང་པོ་འཁོར་དང་བཅས་པ་ཁྱེད་རྣམས་ཀྱིས་རྩ་བརྒྱུད་ཀྱི་དཔལ་ལྡན་བླ་མ་དམ་པ་རྣམས་ཀྱི་བཀའ་དང་དམ་ལས་མ་འདའ་བར་རྡོ་རྗེ་སློབ་མ་འདི་རྣམས་ཀྱི་ཕྱི་བཞིན་དུ་རྗེས་སུ་རྒྱུག་ལ། སྐད་ཅིག་ཙམ་ཡང་འབྲལ་བ་མེད་པར་རྗེས་སུ་བཟུང་ནས། འགལ་རྐྱེན་ཐམས་ཅད་སོལ། མཐུན་རྐྱེན་ཐམས་ཅད་བསྒྲུབས། ཇི་ལྟར་བསམ་པའི་དོན་ཐམས་ཅད་འབད་མེད་ལྷུན་གྱིས་འགྲུབ་པར་མཛོད་ཅིག །ཅེས་བཀའ་བསྒོ་དྲག་ཏུ་བྱ། སློབ་དཔོན་གྱི་ཐུགས་ཀ་ནས་འོད་ཟེར་འཕྲོས། མདུན་བསྐྱེད་ཀྱི་ཐུགས་རྒྱུད་བསྐུལ། དེའི་ཐུགས་ཀ་ནས་སྔགས་ཀྱི་འཕྲེང་བ་བྱུང་སྟེ། ཁྱེད་རང་རྣམས་ཀྱི་ཞལ་དུ་ཞུགས། ཐུགས་ཀར་ཟླ་བའི་སྟེང་དུ་བཻ་ཡིག་སེར་པོའི་མཐར་འཁོད་པའི་མོས་པ་མཛོད་བྱས་ལ། ཨོཾ་མ་ཎི་ཛྷ་དྲ་ཡེ་སྭཱཧཱ། ཞེས་ལན་གསུམ་རྗེས་ཟློས་བྱེད་དུ་བཅུག་ལ་བཟླས་ལུང་སྦྱིན། རྗེས་ཀྱི་བྱ་བ་སྤྱི་དང་འདྲའོ། །

༈ **སྲས་གར་མཁན་མཆོག་ལ།** མཆོད་གཏོར་གཙང་སྦྲ་ཅན་བཤམས་ལ། ཕྱག་ན་རྡོ་རྗེ་གོས་སྔོན་ཅན་གྱི་བདག་བསྐྱེད་དང་། རྣམ་ཐོས་སྲས་སེར་ཆེན་ལྟ་བུ་རྣམ་ཐོས་སྲས་གང་རིགས་ཀྱི་མདུན་བསྐྱེད་སྔོན་དུ་སོང་ནས། དེའི་མདུན་དུ་བཀའ་ཉན་གྱི་ཚུལ་(༡༤༡བ)དུ་བསྐྱེད་པར་བྱ་བ་ཡིན་ཏེ། སྭ་བྷཱ་ཝས་སྟོང་པར་སྦྱངས། སྟོང་པའི་ངང་ལས་པདྨའི་གདན་ལ་ཀླ་ཡིག་གུར་གུམ་གཞོན་ནུའི་མདོག་ཅན་ལས་འོད་ཟེར་འཕྲོས། འདུས་ཡོངས་སུ་གྱུར་པ་ལས། སྲས་གར་མཁན་མཆོག་སྐུ་མདོག་དམར་སེར་སྒོ་དཀར་བའི་ཞལ་གསུམ་ཁྲོ་ཞིང་བཞད་ལ་སྐྲ་གྱེན་དུ་བརྫེས་པ། ཕྱག་བཅུ་དྲུག་གི་གཡས་པ་རྣམས་ཀྱིས་རྡོ་རྗེ། འཁོར་ལོ། རིན་ཆེན། པདྨ། རལ་གྲི། ཞགས་པ། མདའ་བོ་ཆེ། དགྲ་སྟ་རྣམས་དང་། གཡོན་པ་བརྒྱད་ཀྱིས་དྲིལ་བུ། རྩེ་གསུམ། ནེའུ་ལེ། མེ་ཏོག་གི་ཕུར་མ། བ་དན། ཐོད་པ། གཞུ། ཇ་ཡབ་རྣམས་འཛིན་པ། གཡོན་བརྐྱང་གི་སྟབས་ཀྱིས་བཞུགས་ཤིང་། སྟག་ལྤགས་དང་། དར་གྱི་ན་བཟའ་

དང་། སྤྲུལ་དང་རིན་པོ་ཆེས་བརྒྱན་པ། འོད་ཟེར་རབ་ཏུ་འབར་བའི་འཕྲེང་བ་འཁྲུགས་པ། དེའི་གཡས་སུ་ཚངས་པ་དང་ཁྱབ་འཇུག །གཡོན་དུ་དབང་ཕྱུག་དང་ལུས་ངན། ཕྱོགས་བཞིར་གནོད་སྦྱིན་གཏེར་བདག་ཆེ་བཞི། མཚམས་བཞིར་མོ་བཞི་དང་བཅས་པ་གྲུབ་པར་གྱུར། ཐམས་ཅད་ཀྱི་དཔྲལ་བར་ཨོཾ། མགྲིན་པར་ཨཱཿ ཐུགས་ཀར་ཧཱུྃ། ཡེ་ཤེས་པ་སྤྱན་འདྲེན་ནི། དམ་ཚིག་གི་ཕྱག་རྒྱ་བཅའ་སྟེ། གུང་མོ་ཀླུམ་པོར་བཀུག་པ་ལ་མཐེབ་མོ་དགྲིས། སོར་མོ་ལྷག་མ་རྣམས་སོ་སོར་གཤིབས་ཏེ་རྩེ་སྦྱར་བ་ལས་མཐེ་བོང་དང་མཐེའུ་ཆུང་སྟེང་འོག་ཏུ་བསྐྱོད་པའོ། །དེ་ཉིད་ཀྱིས་གཡབ་ཅིང་། རང་གི་སྙིང་ག་ནས་འོད་ཟེར་འཕྲོས། ཡེ་ཤེས་སེམས་དཔའ་སྤྲས་གར་མཁའ་མཆོག་འཁོར་དང་བཅས་པ་བཛྲ་ས་མཱ་ཛཿཨོཾ་ཏྲཱ་ཀྲི་ཀུ་པ་ར་སྭཱ་ཧཱ། ཞེས་སྤྱན་དྲངས། སོར་མོ་གཞན་(༧༥༢ན)རྣམས་བསྣོལ། གུང་མོ་བསྒྲེང་བ་སྤྱི་བོར་བཞག་སྟེ། ཨོཾ་ཙི་ཏི་ཙི་ཏི་པི་ཙི་ཏི་ཨུདྷ་ར་ཧཱུྃ་ཧཱུྃ། ཞེས་དམ་ལ་བཞག་སྟེ་ལས་ལ་བསྐུལ། ཛཿཧཱུྃ་བཾ་ཧོཿ གཉིས་སུ་མེད་པར་ཐིམ། སླར་ཡང་སྙིང་ག་ནས་འོད་ཟེར་འཕྲོས། དབང་གི་ལྷ་རྣམས་སྤྱན་དྲངས། ཁྱེད་རྣམས་ཀྱིས་བདག་ལ་མངོན་པར་དབང་བསྐུར་དུ་གསོལ། ཞེས་གསོལ་བ་བཏབ་པས། ཨོཾ་བཛྲཱི་བྷ་ཝ་ཨ་བྷི་ཥིཉྩ་ཧཱུྃ། ཞེས་གསུངས་ཤིང་དབང་བསྐུར། སྐུ་གང་། དྲི་མ་དག །ཆུའི་ལྷག་མ་ཡར་ལུད་པ་ལས་མི་བསྐྱོད་པས་དབུ་བརྒྱན་པར་གྱུར། སྔགས་ནི། ན་མོ་བཻ་ཤྲ་མ་ཎ་ཡེ། ནད་ཀུ་བེ་ར་མཧཱ་ཛཱ་ག་ཙྪ་ཀྲིཏྭ་ཛཱི་ན་ཙྪ་མན་སིདྡྷི་སྭཱ་ཧཱ། ཞེས་བཟླ། ན་མོ་རཏྣ་ཏྲ་ཡཱ་ཡ། ན་མོ་བཻ་ཤྲ་མ་ཎ་ཡ། ན་ཏ་ཀུ་པ་ར་སྲཱི། གུཏྟ་ཀྣཱ། ནཧྲ་པ་ཏི། མ་ཧཱར་ཏ་ཡིཧྨཾ། ཨ་ནུ་ཏྲཱ་པ་སུ་ཏྲཱ་པ་ན་ཏ་ཀུ་པ་ར། ཙཀྲ་ཕཾ། ན་ཙ་གཾ། ཧེ་མནྟ་གཾ། ན་ཊ་ཀུ་པ་ར། ཧེ་མ་གི། ཀུ་ཧ་གི། ཙ་ལ་ཙ་ལ། པ་ཙ་པ་ཙ། ཕུ་ལུ་ཕུ་ལུ་ཀུ་པ་ར། ཞེས་རྒྱུད་ལས་འབྱུང་བའང་བཟླའོ། །ཐུན་གྱི་མཐར་གཏོར་མ་འབུལ་བ་ནི། ཨོཾ་བཛྲ་ཡཀྵ་ཀྲོ་དྷས་བགེགས་བསྐྲད། ཨ་མྲི་ཏས་བསངས། སྭ་བྷཱ་ཝས་སྦྱངས། སྟོང་པའི་ངང་ལས་ཨོཾ་

ལས་བྱུང་བའི་རིན་པོ་ཆེའི་སྣོད་ཀྱི་ནང་དུ་ཁཾ་ཞུ་བ་ལས་བྱུང་བའི་གཏོར་མ་བདུད་རྩིའི་རྒྱ་མཚོར་གྱུར། དེ་ཉིད་ཀྱི་མཐའ་སྐོར་དུ་གཾ་ལས་བྱུམ་པ། བཾ་ལས་ཁྲུས་ཀྱི་རྫིང་བུ། ཁཾ་ལས་དཔག་བསམ་གྱི་ཤིང་དང་། འདོད་འཇོའི་བ་མོ་ལ་སོགས་པས་བསྐོར་བ་དང་། གཏོར་མའི་སྟེང་དུ་ཨོཾ་ཨཱཿཧཱུྃ་ཞུ་བ་ལས་ཁ་དོག་དྲི་རོ་ནུས་པའི་མཐུ་ཕུན་སུམ་ཚོགས་པར་གྱུར། ཨོཾ་(༧༨༢བ)ཨཱཿཧཱུྃ། ལན་གསུམ། ཨ་ཀཱ་རོ་སོགས་དང་། ཙྪ་ཙྪ་སོགས་དང་། ཨོཾ་སརྦ་བིད་པཱུ་ར་པཱུ་ར་སོགས་ནམ་མཁའ་མཛོད་ཀྱི་ཕྱགས་རྒྱ་རྣམས་ལན་གསུམ་མམ་ལན་བདུན་བདུན་གྱིས་རྒྱ་ཆེར་སྤེལ། རྡོ་རྗེ་ཐལ་མོ་ཁ་གྱེན་དུ་ཕྱེ་ལ། ན་མོ་ན་ཊ་ཀུ་པ་ར་བི་ཛ་ཡ། པྲ་ཝརྟ་ར། ཀུ་པ་ར་ཡ། ཨི་དཾ་བ་ལིཾ་ཏ་ཁ་ཁ་ཁཱ་ཧི་ཁཱ་ཧི། ཞེས་ལན་བདུན་གྱིས་ཕུལ། ཨརྒྷཾ་ནས་ཤཔྟའི་བར་གྱིས་མཆོད། ནོར་གྱི་དབང་ཕྱུག་རིན་ཆེན་གཏེར་མངའ་ཞིང་། །གནོད་སྦྱིན་ནོར་འཆང་མང་པོའི་འཁོར་དང་བཅས། །བྱང་ཕྱོགས་སྐྱོང་བའི་རྒྱལ་མཚན་རྣམ་ཐོས་སྲས། །དངོས་གྲུབ་མཆོག་སྩོལ་ནོར་ལྷའི་ཚོགས་ལ་བསྟོད། །ཅེས་འདོད་དོན་ལ་གསོལ་བ་གདབ། ཡིག་བརྒྱ། བཟོད་གསོལ་སོགས་བྱའོ། ། ༈ འདིའི་རྗེས་གནང་ནི། མཎྜལ་གྱི་སྟེང་དུ་ཚོམ་བུ་དམར་སེར། དེའི་གཡས་སུ་སེར་པོ་སྔོན་པོ་གཉིས། གཡོན་དུ་དཀར་པོ་སེར་པོ་གཉིས། ཕྱིའི་ཕྱོགས་མཚམས་བརྒྱད་དུ་སེར་པོ་རེ་དགོད། མདུན་དུ་མཆོད་གཏོར་རྣམས་བཤམས། འདོད་དོན་གསོལ་བཏབ་ཡན་ཆད་གོང་བཞིན་བྱ། སློབ་མས་མཎྜལ་ཕུལ། གསོལ་བ་འདེབས་པ་འདིའི་རྗེས་གླེས་མཛོད། རྡོ་རྗེ་འཛིན་པ་ནས་བསྐུལ་དུ་གསོལ། ཞེས་པའི་བར་ལན་གསུམ། རྒྱུད་དག་པར་བྱ་བའི་ཕྱིར་མདུན་བསྐྱེད་ཀྱི་ཚོམ་བུ་འདི་ཉིད་ཀྱང་སྲུས་གར་མཁན་མཆོག་གཙོ་འཁོར་དུ་དངོས་སུ་མོས་ལ། དེའི་སྟེང་གི་ནམ་མཁར་བཞུགས་པའི་སངས་རྒྱས་རྣམས་ཀྱི་དྲུང་དུ་རྒྱུན་བཤགས་དང་སྐྱབས་འགྲོ་སྔོན་དུ་འགྲོ་བའི་བྱང་ཆུབ་ཀྱི་སེམས་བཟུང་སྐམ་པས་འདིའི་རྗེས་གླེས་མཛོད། (༧༨༣ན)དཀོན་མཆོག་གསུམ་ལ་ཞེས་སོགས་ལན་གསུམ་

དང་། ཁྱད་པར་དུ་སྲུས་གར་མཁན་མཆོག་གི་རྗེས་གནང་བསྩལ་དུ་གསོལ་ཀླམ་པས་འདིའི་རྗེས་སྙོས་ཀྱང་མཛོད། སློབ་དཔོན་དགོངས་སུ་གསོལ། བདག་ལ་སྲུས་གར་མཁན་མཆོག་གི་རྗེས་གནང་མ་ལུས་པ་བསྩལ་དུ་གསོལ། ཞེས་ལན་གསུམ་གསོལ་བ་བཏབ་ནས། ད་རྗེས་གནང་གི་གཞི་དགོད་པའི་སླད་དུ་དམིགས་པ་འདི་བཞིན་དུ་མཛད་པར་ཞུ། ཨོཾ་ཤུ་ཉྻ་ཏཱ་ཛྙཱ་ན་བཛྲ་སྭ་བྷཱ་ཝ་ཨཱཏྨ་ཀོ྅ཧཾ། ཕྱི་ནང་གི་དངོས་པོ་ཐམས་ཅད་མི་དམིགས་པ་སྟོང་པ་ཉིད་དུ་གྱུར་པའི་ངང་ལས་པདྨའི་གདན་ལ་ཀླྰ་ཡིག་གྱུར་གྱུམ་གཞོན་ནུའི་མདོག་ཅན་ལས་འོད་ཟེར་འཕྲོས། འདུས་ཡོངས་སུ་གྱུར་པ་ལས། ཁྱེད་རང་རྣམས་སྲུས་གར་མཁན་མཆོག་སྐུ་མདོག་དམར་སེར་སྡོ་དཀར་བའི་ཞལ་གསུམ་ཕྱྭ་ཞིང་བཞད་ལ་སྐྲ་གྱེན་དུ་བརྫེས་པ། ཕྱག་བཅུ་དྲུག་གི་གཡས་པ་རྣམས་ཀྱིས་རྡོ་རྗེ། འཁོར་ལོ། རིན་ཆེན། པདྨ། རལ་གྲི། ཞགས་པ། མདའ་པོ་ཆེ། དགྲ་སྟ་རྣམས་དང་། གཡོན་པ་བརྒྱད་ཀྱིས་དྲིལ་བུ། རྩེ་གསུམ། ནེའུ་ལེ། མེ་ཏོག་གི་ཕུར་མ། བ་དན། ཐོད་པ། གཞུ། ཟ་ཡབ་རྣམས་འཛིན་པ། གཡོན་བརྐྱང་གི་སྟབས་ཀྱིས་བཞུགས་ཤིང་། སྟག་ལྤགས་དང་། དར་གྱི་ན་བཟའ་དང་། སྦྲུལ་དང་རིན་པོ་ཆེས་བརྒྱན་པ། འོད་ཟེར་རབ་ཏུ་འབར་བའི་འཕྲེང་བ་འཁྲུག་པ། དེའི་གཡས་སུ་ཚངས་པ་དང་ཁྱབ་འཇུག །གཡོན་དུ་དབང་ཕྱུག་དང་ལུས་ངན། ཕྱོགས་བཞིར་གནོད་སྦྱིན་གཏེར་བདག་པོ་བཞི། མཚམས་བཞིར་མོ་བཞི་དང་བཅས་པ་གྲུབ་པར་གྱུར། ཐམས་(༧༦༣བ)ཅད་ཀྱི་དཔྲལ་བར་ཨོཾ། མགྲིན་པར་ཨཱཿ ཐུགས་ཀར་ཧཱུཾ། ཞེས་གསལ་གདབ། རྗེས་གནང་དངོས་གཞི་ལ་གསུམ་ལས། དང་པོ་སྐུའི་རྗེས་གནང་ནི། དེ་ནས། སློབ་དཔོན་ལ་མོས་གུས་བྱས་པས། སློབ་དཔོན་གྱི་ཐུགས་ཀ་ནས་འོད་ཟེར་འཕྲོས། མདུན་བསྐྱེད་ཀྱི་ལྷའི་ཐུགས་རྒྱུད་བསྐུལ། དེའི་ཐུགས་ཀ་ནས་འོད་ཟེར་འཕྲོས། ཕྱོགས་བཅུའི་སངས་རྒྱས་བྱང་སེམས་ཐམས་ཅད་ཀྱི་ཐུགས་རྒྱུད་བསྐུལ་བས། སློབ་དཔོན་དང་མདུན་བསྐྱེད་ཀྱི་ལྷ་དང་། ཕྱོགས་བཅུའི་སངས་རྒྱས་

དང་བྱང་ཆུབ་སེམས་དཔའ་ཐམས་ཅད་ཀྱི་ཐུགས་ཀ་ནས་སྤྲས་གར་མཁན་མཆོག་འཁོར་དང་བཅས་པའི་སྐུ་ཆེ་ཆུང་དཔག་ཏུ་མེད་པ་བྱོན། ཁྱེད་རང་རྣམས་ཀྱི་བ་སྤུའི་བུ་ག་རྣམས་ནས་ཆར་བབས་པ་བཞིན་དུ་སིབ་སིབ་ཐིམ་པའི་མོས་པ་མཛོད། ཛཿཧཱུྃ་བཾ་ཧོཿ གཉིས་སུ་མེད་པར་ཐིམ། དྲིལ་བུའམ་ཧིང་ཤགས་འཁྲོལ། ཡང་སློབ་དཔོན་གྱི་ཐུགས་ཀ་ནས་འོད་ཟེར་འཕྲོས། དབང་གི་ལྷ་རྣམས་སྤྱན་དྲངས། ཁྱེད་རྣམས་ཀྱིས་སློབ་མ་འདི་རྣམས་ལ་མངོན་པར་དབང་བསྐུར་དུ་གསོལ། ཞེས་གསོལ་བ་བཏབ་པས། ཨོཾ་བཛྲཻ་ཧླཱུ་ཕ་ཨ་ཧྲེ་ཁིཚྭ་ཧཱུྃ། ཞེས་གསུངས་ཤིང་དབང་བསྐུར་བས། སྐུ་གང་། དྲི་མ་དག །ཆུའི་ལྷག་མ་ཡར་ལུད་པ་ལས་མི་བསྐྱོད་པས་དབུ་བརྒྱན་པར་མོས། གཉིས་པ་གསུང་གི་རྗེས་གནང་ནི། སློབ་དཔོན་གྱི་ཐུགས་ཀ་ནས་འོད་ཟེར་འཕྲོས། མདུན་བསྐྱེད་ཀྱི་ཐུགས་རྒྱུད་བསྐུལ། ཐུགས་ཀར་ཟླ་བའི་དཀྱིལ་འཁོར་གྱི་དབུས་སུ་ཧྐྵ་ཡིག་དམར་སེར། དེ་ལས་སྔགས་ཀྱི་འཕྲེང་བ་བྱུང་། ཞལ་ནས་(༧༥༨ན)ཐོན། ཁྱེད་རང་རྣམས་ཀྱི་ཞལ་དུ་ཞུགས། སྙིང་གར་ཟླ་བའི་དཀྱིལ་འཁོར་གྱི་དབུས་སུ་ཧྐྵ་ཡིག་དམར་སེར་གནས་པ་ལ་ཐིམ། དེའི་དུས་སུ་ཕྱོགས་བཅུའི་སངས་རྒྱས་དང་བྱང་ཆུབ་སེམས་དཔའ་རྣམས་ཀྱི་མཁྱེན་བརྩེ་ནུས་མཐུ་ཐམས་ཅད་འོད་ཟེར་གྱི་རྣམ་པར་སྔགས་འཕྲེང་དང་ལྷན་ཅིག་ཞལ་དུ་ཞུགས། སྙིང་གའི་ས་བོན་ལ་ཐིམ་པའི་མོས་པ་མཛོད་ལ། སྔགས་འདིའི་རྗེས་ཟློས་མཛོད་ཅིག་བྱས་ལ། ན་མོ་བྷེ་ཤྲ་མ་ཎ་ཡེ། ན་ད་ཀུ་བེ་ར་མཧཱ་ཧྲ་ག་སྦྱ་ཀྲིཏ་ཧྃ་ན་ཧྲུ་མ་ན་སིདྡྷི་སྭཱཧཱ། ཞེས་དང་། ན་མོ་རཏྣ་ཏྲ་ཡཱ་ཡ། ན་མོ་བྷེ་ཤྲ་མ་ཎ་ཡ། ན་ཊ་ཀུ་པ་ར་སྱ། ཀུ་ཧྲུ་ཀྵ །ནཀྵ་པ་ཏི། མ་ཧཱ་ར་ཀ་ཡ་ཕུྃ། ཨ་ནུ་རཱུ་པ་སུ་རཱུ་པ་ན་ཊ་ཀུ་པ་ར། ཙཀྲ་ཕཾ། ན་ཙ་གཾ། ཏེ་མཧཱ་གཾ། ན་ཊ་ཀུ་པ་ར། ཏེ་མ་གཾ། ཀུ་ཏ་ཀ །ཙ་ལ་ཙ་ལ། པ་ཙ་པ་ཙ། ཧུ་ལུ་ཧུ་ལུ་ཀུ་པ་ར། ཞེས་པའི་སྔགས་ལན་གསུམ་བཟློད་དུ་བཅུག །དང་པོས་བྱིན་གྱིས་བརླབས། གཉིས་པས་དབྱེར་མེད་དུ་འདྲེས། གསུམ་པས་བརྟན་པར་བྱས་པའི་མོས་པ་མཛོད།

སློབ་དཔོན་ལ་མེ་ཏོག་གཏོར་བཞིན་དུ་འདིའི་རྗེས་ཟློས་མཛོད་ཅིག །བཅོམ་ལྡན་བདག་གིས་ཞེས་སོགས་ལན་གསུམ། དེ་ལྟར་ཕུལ་བའི་མེ་ཏོག་དེ་ཉིད་སླར་ཡང་བྱིན་གྱིས་བརླབས་ཏེ་ཁྱེད་རང་གི་སྤྱི་བོར་ཕུལ་བའི་མོས་པ་མཛོད་ཅིག །སློབ་དཔོན་གྱིས་མེ་ཏོག་གཏོར་བཞིན་དུ། བཅོམ་ལྡན་འདི་ལ་བསྐུལ་ལགས་ཀྱི། །འདི་ལ་འགོ་བར་མཛད་དུ་གསོལ། །ཐུགས་ཀྱི་དངོས་གྲུབ་བསྐུལ་དུ་གསོལ། །བརྟུལ་ཞུགས་བརྟན་པར་མཛད་དུ་གསོལ། །(༧༨༨བ)རིག་པ་འཛིན་པ་འདི་རྣམས་ལ་སྲུས་གར་མཁན་མཆོག་འཁོར་དང་བཅས་པའི་སྐུ་གསུང་ཐུགས་ཀྱི་བྱིན་རླབས་མ་ལུས་པ་འཇུག་པར་གྱུར་ཅིག །གསུམ་པ་ཐུགས་ཀྱི་རྗེས་གནང་ནི། མདུན་བསྐྱེད་ཀྱི་ལྷ་ལ་མོས་གུས་དུང་དུང་བ་དང་། བདག་གི་རྒྱུད་བྱིན་གྱིས་བརླབ་ཏུ་གསོལ་སྙམ་པ་མཛད་པས་མདུན་བསྐྱེད་ཀྱི་ལྷའི་ཐུགས་ཀ་ནས་ཕྱག་མཚན་གྱི་ཚོགས་དཔག་ཏུ་མེད་པ་རྒྱུངས་ཏེ་ཕྱོན། ཁྱེད་རང་རྣམས་ཀྱི་སྙིང་གའི་ས་བོན་དང་དབྱེར་མེད་དུ་འདྲེས། རྒྱུད་བྱིན་གྱིས་བརླབས་པའི་མོས་པ་མཛོད། རྗེས་ཆོག་སྤྱི་དང་འདྲ། །

༄ **སྲས་རྒྱལ་བ་ཁྲུ་མཆོག་ལ།** མཆོད་གཏོར་བཤམས། བདག་བསྐྱེད་སྔོན་དུ་འགྲོ་བས། རྒྱལ་པོ་སེར་ཆེན་གཙོ་འཁོར་ཡོངས་རྫོགས་སམ། གཙོ་རྐྱང་གི་སྒྲུབ་ཐབས་བཞིན་ཉམས་སུ་བླངས་ནས། གཙོ་བོའི་མདུན་དུ་པདྨ་དང་ཟླ་བའི་གདན་ལ། ཀླ་ཡིག་སེར་པོ་ལས་གནོད་སྦྱིན་རྒྱལ་བ་ཁྲུ་མཆོག་སྐུ་མདོག་གསེར་བཙོ་མ་ལྟར་རབ་ཏུ་འབར་བའི་འོད་ཟེར་འཕྲོ་བ། ཞལ་གཅིག་ཕྱག་བཞི་པ། ཕྱག་དང་པོ་གཉིས་ཀྱིས་ནོར་བུས་གང་བའི་སྣོམ་བུ་འཛིན་པ། འོག་མ་གཉིས་ཀྱིས་ཡིད་བཞིན་གྱི་ནོར་བུས་མཚན་པའི་བེ་ཅོན་དང་ནེའུ་ལེ་བསྣམས་པ། གཞོན་ནུའི་ལུས་ཅན་དར་དང་རིན་པོ་ཆེས་བརྒྱན་པའོ། །རང་གི་སྙིང་ག་ནས་འོད་ཟེར་འཕྲོས། རྒྱལ་བ་ཁྲུ་མཆོག་གནོད་སྦྱིན་བྱེ་བའི་ཚོགས་དང་བཅས་པ་ཨཱ་ཀརྵ་ཡ་ཛཿན་མོ་བཻ་ཤྲ་མ་ཎ་ཡ། མཧཱ་རཱ་ཛ་ན་ཡ། ཙཎྜེ་ཤྭ་རཱ་ཡ། ཨཱ་ཀརྵ་ཡ། ཨ་བ་ར་བི་ཏ་ཙཎྜེ་ཤྭ་ར། པ་ར་མ་ཀཱ་རུ་ཎི་ཀཱ།

སརྦ་སཏྭ། ཧེ་ཧ་ཙོ་ཧྲཱི། མ་མ་ཧྲ་ཎ་ཕ་ར་དོ་པཏྲེ་ཤ །(༧༥༥ན)ས་ཡ་མ་ཨཱ་ཀྵ་ཡ་སཏྭ།
ཞེས་སྤྱན་དྲངས། ཨ་སྲི་ཏའི་ཐུགས་ཀྱིས་ཕྱིར་འབྲང་གི་བགེགས་བསྐྲད། ཨོཾ་རཏྣ་ཨུ་
ཀུ་ཏ་ཨ་ཧྲི་ཧྲཱིཾ་མི། ཞེས་ཅོད་པན་གྱིས་དབང་བསྐུར། མཆོད་པ་བྱིན་གྱིས་བརླབས།
ཨཀྵཾ་ནས་ཤབྡའི་བར་གྱིས་མཆོད། རྒྱལ་པོའི་སྲས་ནི་འཕྲུལ་ཆེ་བ། །ནོར་གྱི་བདག་
པོ་མཐུ་བོ་ཆེ། །རྒྱལ་བ་ཁྲུ་མཆོག་འཁོར་བཅས་ལ། །མཆོད་ཅིང་བསྟོད་དེ་ཕྱག་ཀྱང་
འཚལ། །ཞེས་བསྟོད། དེ་ནས་བཟླས་པའི་དམིགས་པ་གསལ་བཏབ་ལ། ན་མོ་བཻ་
ཤྲ་ཝ་ཎ་ཡ། ཏདྱ་ཐཱ། སི་མི་སི་མི། སུ་མུ་སུ་མུ། ཙཎྜ་ཙཎྜ། ཙ་ར་ཙ་ར། ས་ར་ས་
ར། ཀ་ར་ཀ་ར། ཀི་རི་ཀི་རི། ཀི་ལི་ཀི་ལི། ཀུ་རུ་ཀུ་རུ། མུ་རུ་མུ་རུ། ཙུ་རུ་ཙུ་རུ།
སཱ་ཡ། ཨབྷ་ཝཾ་ཤི་རཀྵ། ཨཏྲ་ར་ཀྵ་ཏུ་སྭཱཧཱ། ན་མོ་བཻ་ཤྲ་ཝ་ཎ་ཡ་སྭཱཧཱ། ཧྲ་ན་ད་
ཡ་སྭཱཧཱ། མོ་ནོར་ཐ་པ་རི་པུ་ར་ཡ་སྭཱཧཱ། ཞེས་བཟླས། གཏོར་མ་ཨ་སྲི་ཏས་བསངས།
སྭ་བྷཱ་ཝས་སྦྱངས། སྟོང་པའི་ངང་ལས་ཨོཾ་ལས་བྱུང་བའི་རིན་པོ་ཆེའི་སྣོད་དུ་ནང་དུ་
ཁཾ་ཞུ་བ་ལས་བྱུང་བའི་གཏོར་མ་བདུད་རྩིའི་རྒྱ་མཚོར་གྱུར། དེ་ཉིད་ཀྱི་མཐའ་སྐོར་
དུ་གཾ་ལས་བུམ་པ། པཾ་ལས་ཁྲུས་ཀྱི་རྫིང་བུ། ཁཾ་ལས་དཔག་བསམ་གྱི་ཤིང་དང་།
འདོད་འཇོའི་བ་མོ་ལ་སོགས་པས་བསྐོར་བ་དང་། གཏོར་མའི་སྟེང་དུ་ཨོཾ་ཨཱཿཧཱུྃ་
ཞུ་བ་ལས་ཁ་དོག་དྲི་རོ་ནུས་པའི་མཐུ་ཕུན་སུམ་ཚོགས་པར་གྱུར། ཨོཾ་ཨཱཿཧཱུྃ། ལན་
གསུམ། ཨ་ཀཱ་རོ་སོགས་དང་། རུ་རུ་སོགས་དང་། ཨོཾ་སརྦ་བིད་པཱུ་ར་པཱུ་ར་སོགས་
ནམ་མཁའ་མཛོད་ཀྱི་ཐུགས་རྒྱ་རྣམས་ལན་གསུམ་མམ་ལན་བདུན་(༧༥༥བ)བདུན་
གྱིས་རྒྱ་ཆེར་སྤེལ། རྗེ་རྗེ་ཐལ་མོ་ཁ་གྱེན་དུ་ཕྱེ་ལ། རྣམ་ཐོས་སྲས་ལ་ཕུལ་བའི་
རྗེས་སུ། ཨོཾ་ཇཻ་ནཀྲ་ཧྲ་ས་པ་རི་ཝཱ་ར་ཨི་དཾ་བ་ལིཾ་ཏ་ཁ་ཁ་ཁ་ཁཱ་ཧི་ཁཱ་ཧི། ཞེས་པས་
ཕུལ། གོང་བཞིན་མཆོད་བསྟོད་བྱ། འདི་ལ་རྗེས་གནང་མེད། བཟླས་ལུང་ཙམ་
མཛད། ༈ དེ་ཡང་མཎྜལ་གྱི་སྟེང་དུ་ཆོམ་བུ་སེར་པོ་དགོད། མདུན་དུ་མཆོད་
གཏོར་རྣམས་བཤམས། སློབ་དཔོན་གྱིས་བདག་མདུན་གོང་བཞིན་ཉམས་སུ་བླངས།

སློབ་མས་མཇལ་ཕྱུལ། སློབ་དཔོན་གྱིས་བདག་ལ་རིག་སྔགས་དམ་པ་བསྩལ་དུ་གསོལ། ཞེས་ལན་གསུམ་གསོལ་བ་འདེབས་སུ་གཞུག །སངས་རྒྱས་ཆོས་ཚོགས་མ་ལན་གསུམ། དེ་ནས་སློབ་མ་བསངས་སྦྱངས། སྟོང་པའི་ངང་ལས་པདྨ་དང་ཟླ་བའི་གདན་ལ། ཁྱེད་རང་རྣམས་ཀླུ་ཡིག་སེར་པོ་ལས་གནོད་སྦྱིན་རྒྱལ་བ་ཁྲུ་མཆོག་སྐུ་མདོག་གསེར་བཙོ་མ་ལྟར་རབ་ཏུ་འབར་བའི་འོད་ཟེར་འཕྲོ་བ། ཞལ་གཅིག་ཕྱག་བཞི་པ། ཕྱག་དང་པོ་གཉིས་ཀྱིས་ནོར་བུས་གང་བའི་སྒྲོམ་བུ་འཛིན་པ། འོག་མ་གཉིས་ཀྱིས་ཡིད་བཞིན་གྱི་ནོར་བུས་མཚན་པའི་བེ་ཅོན་དང་ནེའུ་ལེ་བསྣམས་པ། གཞོན་ནུའི་ལུས་ཅན་དར་དང་རིན་པོ་ཆེས་བརྒྱན་པའོ། །སློབ་དཔོན་གྱི་ཐུགས་ཀ་ནས་འོད་ཟེར་འཕྲོས། རྒྱལ་བ་ཁྲུ་མཆོག་གནོད་སྦྱིན་བྱེ་བའི་ཚོགས་དང་བཅས་པ་ཨཱ་ཀཊྚ་ཡ་ཛཿཛཿཧཱུྃ་བཾ་ཧོཿགཉིས་སུ་མེད་པར་ཐིམ། ཞེས་གསལ་བཏབ། མདུན་གྱི་ཚོམ་བུ་འདི་ཉིད་ཀྱང་གནོད་སྦྱིན་རྒྱལ་བ་ཁྲུ་མཆོག་དངོས་ཡིན་སྙམ་པའི་མོས་པ་མཛོད། སློབ་དཔོན་གྱི་ཐུགས་ཀ་ནས་(༧༥༥ན)འོད་ཟེར་འཕྲོས། མདུན་བསྐྱེད་ཀྱི་ཐུགས་རྒྱུད་བསྐུལ། དེའི་ཐུགས་ཀ་ནས་སྔགས་ཀྱི་འཕྲེང་བ་བྱུང་སྟེ། ཁྱེད་རང་རྣམས་ཀྱི་ཞལ་ནས་ཞུགས། ཐུགས་ཀར་ཟླ་བའི་དཀྱིལ་འཁོར་གྱི་དབུས་སུ་ཀླུ་ཡིག་སེར་པོ་གནས་པ་ལ་ཐིམ་པའི་མོས་པ་མཛོད་བྱས་ལ། ན་མོ་བཻ་ཤྲ་ཝ་ཎ་ཡ། ཏདྱ་ཐཱ། སི་མི་སི་མི། སུ་མུ་སུ་མུ། ཙཎྜ་ཙཎྜ། ཙ་ར་ཙ་ར། ས་ར་ས་ར། ཀ་ར་ཀ་ར། ཀི་རི་ཀི་རི། ཀི་ལི་ཀི་ལི། ཀུ་རུ་ཀུ་རུ། མུ་རུ་མུ་རུ། ཙུ་རུ་ཙུ་རུ། སཱ་དྷ་ཡ། ཨརྠཾ་ནེ་ཙཏྲ། ཨརྠ་ར་ཏྣ་ཏུ་སྭཱཧཱ། ན་མོ་བཻ་ཤྲ་ཝ་ཎ་ཡ་སྭཱཧཱ། དྷ་ན་ད་ཡ་སྭཱཧཱ། མོ་ནོ་ར་ཐ་པ་རི་པུ་ར་ཡ་སྭཱཧཱ། ཞེས་སྔགས་ལན་གསུམ་རྗེས་ཟློས་བྱེད་དུ་གཞུག་གོ །རྗེས་ཀྱི་བྱ་བ་སྤྱི་དང་འདྲའོ། །

༄ ལྷ་མོ་དཔལ་ཆེན་མོ་ལ། གཙང་སྦྲ་ཅན་གྱི་མཆོད་གཏོར་བཤམས། བདག་བསྐྱེད་སྔོན་དུ་འགྲོ་བས། བསངས་སྦྱངས། སྟོང་པའི་ངང་ལས་གཏེར་གྱི་བུམ་པ་

དཀྱིལ་སྟེང་དུ་པད་ཟླ་ལ་སེང་གེའི་གདན། དེའི་སྟེང་དུ་ཤྲིཾ་ཡིག་ཡོངས་སུ་གྱུར་པ་ལས། ལྷ་མོ་དཔལ་ཆེན་མོ་ལྗང་གུ། སྙིག་ཅིང་བཞད་ལ་སྤྱན་གདངས་པ། དར་དང་རིན་པོ་ཆེས་བརྒྱན་པ། ཕྱག་གཡས་ནོར་བུས་མཚན་པའི་པདྨ་དང་། གཡོན་སྐྱབས་སྦྱིན་མཛད་པ། འཁོར་གནོད་སྦྱིན་མ་མོའི་ཚོགས་ཀྱིས་ཡོངས་སུ་བསྐོར་བའོ། །དཔྲལ་བར་ཨོཾ། མགྲིན་པར་ཨཱཿ ཐུགས་ཀར་ཧཱུཾ། རང་གི་སྙིང་ག་ནས་འོད་ཟེར་འཕྲོས། ཡེ་ཤེས་སེམས་དཔའ་ལྷ་མོ་དཔལ་ཆེན་མོ་འཁོར་བཅས་བཛྲ་ས་མ་ཛཿ ཛཿཧཱུཾ་བཾ་ཧོཿ གཉིས་སུ་མེད་པར་ཐིམ། སླར་ཡང་སྙིང་ག་ནས་འོད་ཟེར་(༧༨༨བ)འཕྲོས། དབང་གི་ལྷ་རྣམས་སྤྱན་དྲངས། ཁྱེད་རྣམས་ཀྱིས་བདག་ལ་མངོན་པར་དབང་བསྐུར་དུ་གསོལ། ཞེས་གསོལ་བ་བཏབ་པས། ཨོཾ་བཛྲ་བྷ་ཝ་ཨ་བྷི་ཥིཉྩ་ཧཱུཾ། ཞེས་གསུངས་ཤིང་དབང་བསྐུར། སྐུ་གང་། དྲི་མ་དག །ཆུའི་ལྷག་མ་ཡར་ལུད་པ་ལས། གཤིན་རྗེ་གཤེད་ཀྱིས་དབུ་བརྒྱན་པར་གྱུར། མཆོད་པ་བྱིན་གྱིས་བརླབས་ནས། ཨརྒྷཾ་ལ་སོགས་པས་མཆོད། ཤེས་རབ་ཕ་རོལ་ཕྱིན་པ་མོ། །ནམ་མཁའ་མཛོད་ཀྱི་ཏིང་འཛིན་ལས། །སྒྲུབ་ལ་དངོས་གྲུབ་སྩོལ་བའི་ཚུལ། །དཔལ་གྱི་ལྷ་མོ་དེ་ལ་བསྟོད། །ཅེས་བསྟོད། དེ་ནས་བཟླས་པའི་དམིགས་པ་གསལ་བཏབ་ལ། ཨོཾ་ཀ་མ་ལ་ཝ་སི་ནི། ཀ་མ་ལེ། མཧཱ་ལཀྵི་ར་ཛྫེ་མེ། དེ་ཧི་དེ་ཧི་བ་ར་དེ་སྭཱཧཱ། ཞེས་ཅི་འགྲུབ་ཏུ་བཟླ། གཏོར་མ་ཨོཾ་ཨཱཿཧཱུཾ་གིས་བྱིན་གྱིས་བརླབས་ནས། ཨོཾ་ཤྲཱི་དེ་ཝཱི་ས་པ་རི་ཝཱ་ར་ཨིདཾ་ཨ་ཀཱ་རོ་མུ་ཁཾ་སརྦ་དྷརྨཱ་ཎཱཾ་ཨཱདྱ་ནུཏྤནྣ་ཏྭཱཏ་ཨོཾ་ཨཱཿཧཱུཾ་ཕཊ་སྭཱཧཱ། ཞེས་པས་ཕུལ། སྔར་བཞིན་མཆོད་བསྟོད་དང་། མཆོད་སྦྱིན་གཏོར་མ་འདི་བཞེས་ལ་སོགས་ཀྱིས་འདོད་དོན་གསོལ་བ་བཏབ། ཡིག་བརྒྱ། བཟོད་གསོལ་རྣམས་སྤྱི་དང་འདྲའོ། །

འདི་ལ་སྒོམ་ལུང་འདོགས་པ་ལས་གཞན་པའི་རྗེས་གནང་མི་དགོས། ༈ དེ་ཡང་མཎྜལ་གྱི་དབུས་སུ་སྐུ་གཟུགས་སམ། ཆོས་བུ་ལྗང་གུ་དགོད། མདུན་དུ་མཆོད་གཏོར་རྣམས་བཤམས། སློབ་དཔོན་གྱིས་བདག་མདུན་འདོད་དོན་གསོལ་བཏབ་ཀྱི་བར་

སྤར་བཞིན་བྱ། སློབ་མས་མཇལ་ཕྱུལ། སློབ་དཔོན་གྱིས་བདག་ལ་རིག་སྔགས་དམ་པ་བསྩལ་དུ་གསོལ། ཞེས་ལན་(༧༤༧ན)གསུམ་གསོལ་བ་འདེབས་སུ་གཞུག །སངས་རྒྱས་ཆོས་དང་ཚོགས་ཀྱི་མཆོག་བཅས་ལ། །ཞེས་སོགས་ལན་གསུམ། དེ་ནས། སློབ་མ་བསངས་སྦྱངས། སྟོང་པའི་ངང་ལས་གཏེར་གྱི་བུམ་པ་དགུའི་སྟེང་དུ་པད་ཟླ་ལ་སེང་གེའི་གདན། དེའི་སྟེང་དུ་ཧྲཱིཾ་ཡིག་ཡོངས་སུ་གྱུར་པ་ལས། ཁྱེད་རང་རྣམས་ལྷ་མོ་དཔལ་ཆེན་མོ་ལྷུང་གུ། སྐེག་ཅིང་བཞད་ལ་སྤྱན་གདངས་པ། དར་དང་རིན་པོ་ཆེས་བརྒྱན་པ། ཕྱག་གཡས་ནོར་བུས་མཚན་པའི་པདྨ་དང་། གཡོན་སྐྱབས་སྦྱིན་མཛད་པ། འཁོར་གནོད་སྦྱིན་མ་མོའི་ཚོགས་ཀྱིས་ཡོངས་སུ་བསྐོར་བའོ། །དཔྲལ་བར་ཨོཾ། མགྲིན་པར་ཨཱཿ ཐུགས་ཀར་ཧཱུཾ། ཞེས་གསལ་གདབ། མདུན་གྱི་ཚོམ་བུ་འདི་ཉིད་ཀྱང་ཁྱེད་རང་རྣམས་སྒོམ་པ་དང་འདྲ་བའི་ལྷ་མོ་དཔལ་ཆེན་མོར་དངོས་སུ་བཞུགས་པར་མོས་ལ། དེ་ནས། སློབ་དཔོན་གྱི་ཐུགས་ཀ་ནས་འོད་ཟེར་འཕྲོས། ཡེ་ཤེས་སེམས་དཔའ་ལྷ་མོ་དཔལ་ཆེན་མོ་འཁོར་བཅས་བཛྲ་ས་མཱ་ཛཿ ཛཿཧཱུཾ་བཾ་ཧོཿ གཉིས་སུ་མེད་པར་ཐིམ། སླར་ཡང་སློབ་དཔོན་གྱི་ཐུགས་ཀ་ནས་འོད་ཟེར་འཕྲོས། དབང་གི་ལྷ་རྣམས་སྤྱན་དྲངས། ཁྱེད་རྣམས་ཀྱིས་སློབ་མ་རྣམས་ལ་མངོན་པར་དབང་བསྐུར་དུ་གསོལ། ཞེས་གསོལ་བ་བཏབ་པས། ཨོཾ་བཛྲཱི་བྷཱ་ཝ་ཨ་བྷི་ཥིཉྩ་ཧཱུཾ། ཞེས་གསུངས་ཤིང་དབང་བསྐུར། སྐུ་གང་། ཏྲི་མ་དག །ཆུའི་ལྷག་མ་ཡར་ལུད་པ་ལས། གཤིན་རྗེ་གཤེད་ཀྱིས་དབུ་བརྒྱན་པར་གྱུར། སློབ་དཔོན་གྱི་ཐུགས་ཀ་ནས་འོད་ཟེར་འཕྲོས། མདུན་བསྐྱེད་ཀྱི་ལྷའི་(༧༤༧བ)ཐུགས་རྒྱུད་བསྐུལ། ཐུགས་ཀར་ཟླ་བའི་དཀྱིལ་འཁོར་གྱི་དབུས་སུ་ཧྲཱིཾ་ཡིག་གི་མཐར་འཁོད་པའི་སྔགས་འཕྲེང་ལས་སྔགས་འཕྲེང་གཉིས་པ་བྱུང་། ཞལ་ནས་ཐོན། ཁྱེད་རང་རྣམས་ཀྱི་ཞལ་དུ་ཞུགས། ཐུགས་ཀར་ཟླ་བའི་དཀྱིལ་འཁོར་གྱི་དབུས་སུ་ཧྲཱིཾ་ཡིག་གི་མཐར་འཁོད་པར་མོས་ནས་འདིའི་རྗེས་ཟློས་མཛོད་བྱས་ལ། ཨོཾ་ཀ་མ་ལ་ཝ་སི་ནི། ཀ་མ་ལེ། མཧཱ་ལཀྵྨི་ར་ཛྭ་མི།

དེ་ཧེ་དེ་ཧེ་བ་ར་དེ་སྭཱཧཱ། ཞེས་ལན་གསུམ་རྗེས་ཟློས་བྱེད་དུ་གཞུག །རྗེས་ཀྱི་བྱ་བ་སྤྱི་དང་འདྲའོ། །

༈ གཟུངས་ལས་བྱུང་བའི་ལྷ་མོ་ནོར་རྒྱུན་མ་ལ། སྐྱབས་སེམས་ཚད་མེད་བཞི་སྔོན་དུ་འགྲོ་བས། སྭ་བྷཱ་ཝས་སྟོང་པར་སྦྱངས། སྟོང་པའི་ངང་ལས་གཏེར་ཆེན་པོའི་ས་གཞི་ལ། རིན་པོ་ཆེ་སྣ་ཚོགས་ལས་གྲུབ་པའི་ཁང་བཟང་གི་དབུས་སུ། གསེར་གྱི་བུམ་པ་ནོར་བུས་གང་བའི་ཁ་ལ་པཾ་ལས་པདྨ་དང་ཨ་ལས་ཟླ་བའི་སྟེང་དུ། པཾ་ལས་རང་ཉིད་ལྷ་མོ་ནོར་རྒྱུན་མ་སྐུ་མདོག་སེར་མོ་ཞལ་གཅིག་ཕྱག་གཉིས། གཡས་མཆོག་སྦྱིན་གྱི་མཐིལ་ནས་ནོར་བུའི་ཆར་འབེབས་པ། གཡོན་འབྲས་ཀྱི་སྙེ་མ་རབ་ཏུ་རྒྱས་པ་དང་རིན་པོ་ཆེའི་འཕྲེང་བ་འཛིན་པ། ཞབས་སེམས་དཔའི་སྐྱིལ་མོ་ཀྲུང་གིས་བཞུགས་ཤིང་། སྐེག་ཅིང་ལང་ཚོ་ལ་བབ་པ། དར་དང་རིན་པོ་ཆེས་བརྒྱན་པ། མཐའ་སྐོར་དུ་ནོར་དཔལ་མོ་ལ་སོགས་པ་གཏེར་གྱི་བདག་མོའི་ཚོགས་ཐམས་ཅད་དང་། སྟེང་གི་ཆ་ལ་སངས་རྒྱས་དང་། བྱང་ཆུབ་སེམས་དཔའ་ཐམས་ཅད་བཞུགས་པར་གྱུར། ཐམས་ཅད་ཀྱི་དཔྲལ་བར་ཨོཾ། མགྲིན་པར་ཨཱཿ ཐུགས་ཀར་ཧཱུྃ། རང་(༧༨༢ན)གི་སྙིང་ག་ནས་འོད་ཟེར་འཕྲོས། ཡེ་ཤེས་སེམས་མ་ལྷ་མོ་ནོར་རྒྱུན་མ་འཁོར་བཅས་བཛྲ་ས་མཱ་ཛཿ ཛཿཧཱུྃ་བཾ་ཧོཿ གཉིས་སུ་མེད་པར་ཐིམ། སླར་ཡང་སྙིང་ག་ནས་འོད་ཟེར་འཕྲོས། དབང་གི་ལྷ་རྣམས་སྤྱན་དྲངས། ཁྱེད་རྣམས་ཀྱིས་བདག་ལ་མངོན་པར་དབང་བསྐུར་དུ་གསོལ། ཞེས་གསོལ་བ་བཏབ་པས། ཨོཾ་བཛྲི་བྷཱ་ཝ་ཨ་བྷི་ཥིཉྩ་ཧཱུྃ། ཞེས་གསུངས་ཤིང་དབང་བསྐུར། སྐུ་གང་། དྲི་མ་དག །ཆུའི་ལྷག་མ་ཡར་ལུད་པ་ལས་རིན་ཆེན་འབྱུང་ལྡན་གྱིས་དབུ་བརྒྱན་པར་གྱུར། མཆོད་པ་བྱ་རྒྱུད་ལྟར་བྱིན་གྱིས་བརླབས། ཨརྒྷཾ་ནས་ཤབྡའི་བར་གྱིས་མཆོད། གང་སྟོན་སྦྱིན་པ་རྒྱ་མཚོའི་དགེ་བསགས་པས། །ཚེ་དང་ནོར་དང་མཐུ་ཡི་དཔལ་བརྙེས་ཤིང་། །སྒྲུབ་པ་པོ་ལ་དངྲིག་གི་ཆར་འབེབས་པའི། །དཔལ་མོ་ནོར་རྒྱུན་མ་ལ་ཕྱག་འཚལ་

ལོ། །ཞེས་བསྟོད། དེ་ནས་བཟླས་པའི་དམིགས་པ་གསལ་བཏབ་ལ། ཨོཾ་བཱ་སུ་དྷཱ་
རེ་ཎི་སྭཱཧཱ། ཞེས་སྙིང་པོ་ཅི་ནུས་དང་། ཇི་ལྟར་རིགས་པར་ནོར་རྒྱུན་མའི་གཟུངས་
མདོ་འདོན་པའམ་ཀློག་པར་བྱའོ། །༈ མདུན་བསྐྱེད་ནི། བའི་ལྷོ་བའི་མཎྜལ་གྲུ་
བཞི་པ་བྱས་ལ། དེར་མེ་ཏོག་གི་ཚོམ་བུ་སེར་པོ་བཀོད། མཆོད་གཏོར་གཙང་མ་
སྤྲོ་དང་མཐུན་པ་དང་། ཁྱད་པར་མེ་ཏོག་སྣ་ཚོགས་ཀྱིས་གང་བའི་སྣོད་བཞག །
མཆོད་པ་བྱིན་རླབས་སྤྲོ་དང་མཐུན། མདུན་བསྐྱེད་ཨ་སྒྲོ་ཏས་བསངས། སྭ་བྷཱ་ཝས་
སྦྱངས། སྟོང་པའི་ངང་ལས་རང་གི་མདུན་དུ་གཏེར་ཆེན་པོའི་ས་གཞི་ལ། རིན་པོ་
ཆེ་སྣ་ཚོགས་ལས་གྲུབ་པའི་ཁང་བཟང་གི་དབུས་སུ། གསེར་གྱི་(༧༨༢བ)བུམ་པ་ནོར་
བུས་གང་བའི་ཁྲི་ལ་པཾ་ལས་པདྨ་དང་ཨ་ལས་ཟླ་བའི་སྟེང་དུ། བཾ་ལས་ལྷ་མོ་ནོར་
རྒྱུན་མ་ཞེས་པ་ནས། བཟླས་པའི་བར་བདག་བསྐྱེད་བཞིན་བྱས་ལ། ཨོཾ་བཱ་སུ་དྷཱ་
རེ་ཎི་སྭཱཧཱ། པུཥྤཾ་པྲ་ཏཱིཙྪ་ན་མ། ཞེས་པས་ལན་བརྒྱ་རྩ་བརྒྱད་མེ་ཏོག་ཕུལ་ལ།
གཏོར་མ་ཨོཾ་ཨཱཿཧཱུྃ་གིས་བྱིན་གྱིས་བརླབས། ཨོཾ་སརྦ་པིད་པཱུ་ར་པཱུ་ར་སོགས་ནམ་
མཁའ་མཛོད་ཀྱི་སྔགས་རྒྱས་ཕུལ། སྔར་བཞིན་མཆོད་བསྟོད་འདོད་དོན་གསོལ་བ་
བཏབ། ཡིག་བརྒྱ། བཟོད་གསོལ། སྨོན་ལམ་བཀྲ་ཤིས་རྣམས་བྱའོ། །༈ འདིའི་
རྗེས་གནང་ནི། སློབ་མས་མཎྜལ་ཕུལ། གསོལ་བ་འདེབས་པ་འདིའི་རྗེས་ཟློས་
མཛོད། རྡོ་རྗེ་འཛིན་པ་དགོངས་སུ་གསོལ། །བདག་ནི་འགྲོ་ལ་ཕན་དོན་དུ། །གཙོ་
ཆེན་ཁྱེད་ལ་གསོལ་བཏབ་ཀྱི། །མ་ལུས་རྗེས་གནང་བསྩལ་དུ་གསོལ། །ཞེས་ལན་
གསུམ། རྒྱུད་དག་པར་བྱ་བའི་ཕྱིར། མདུན་བསྐྱེད་ཀྱི་ཚོམ་བུ་འདི་ཉིད་ཀྱང་ལྷ་མོ་
ནོར་རྒྱུན་མར་དངོས་སུ་མོས་ལ་དེའི་སྟེང་གི་ནམ་མཁར་བཞུགས་པའི་སངས་རྒྱས་
བྱང་སེམས་རྣམས་ཀྱི་དྲུང་དུ་སྐྱབས་འགྲོ་སྔོན་དུ་འགྲོ་བའི་བྱང་ཆུབ་ཀྱི་སེམས་བཟུང་
སྙམ་པས་འདིའི་རྗེས་ཟློས་མཛོད། དཀོན་མཆོག་གསུམ་ལ་བདག་སྐྱབས་མཆི། །ཞེས་
སོགས་གསུམ་དང་། ཁྱད་པར་དུ་ལྷ་མོ་ནོར་རྒྱུན་མའི་རྗེས་གནང་བསྩལ་དུ་གསོལ་

སྒོམ་པའི་འདུན་པས་འདིའི་རྗེས་གླེང་ཀྱང་མཛོད་ཅིག །སློབ་དཔོན་དགོངས་སུ་གསོལ། བདག་ལ་ལྷ་མོ་ནོར་རྒྱུན་མའི་རྗེས་གནང་མ་ལུས་པ་བསྩལ་དུ་གསོལ། ཞེས་ལན་གསུམ་གྱིས་གསོལ་བ་བཏབ་ནས། ད་རྗེས་གནང་གི་གཞི་དགོད་པའི་(༧༨༩ན)སྣོད་དུ་དམིགས་པ་འདི་བཞིན་དུ་མཛད་པར་ཞུ། ཨོཾ་སྭ་བྷ་ཝ་ཤུདྡྷ་ས་རྦ་དྷརྨཱ་སྭ་བྷཱ་ཝ་ཤུདྡྷོ྅ཧཾ། ཕྱི་ནང་གི་དངོས་པོ་ཐམས་ཅད་མི་དམིགས་ཏེ་སྟོང་པ་ཉིད་དུ་གྱུར་པའི་ངང་ལས། པཾ་ལས་པདྨ་དང་ཨ་ལས་ཟླ་བའི་སྟེང་དུ། བཾ་ལས་ཁྱེད་རང་རྣམས་ལྷ་མོ་ནོར་རྒྱུན་མ་སྐུ་མདོག་སེར་མོ་ཞལ་གཅིག་ཕྱག་གཉིས། གཡས་མཆོག་སྦྱིན་གྱི་མཐིལ་ནས་ནོར་བུའི་ཆར་འབེབས་པ། གཡོན་འབྲས་ཀྱི་སྙེ་མ་རབ་ཏུ་རྒྱས་པ་དང་རིན་པོ་ཆེའི་འཕྱེང་བ་འཛིན་པ། ཞབས་སེམས་དཔའི་སྐྱིལ་མོ་ཀྲུང་གིས་བཞུགས་ཤིང་། སྐེག་ཅིང་ལང་ཚོ་ལ་བབ་པ། དར་དང་རིན་པོ་ཆེས་བརྒྱན་པའོ། །མཐའ་སྐོར་དུ་ནོར་དཔལ་མོ་ལ་སོགས་པ་གཏེར་གྱི་བདག་མོའི་ཚོགས་ཐམས་ཅད་དང་། སྟེང་གི་ཆ་ལ་སངས་རྒྱས་དང་། བྱང་ཆུབ་སེམས་དཔའ་ཐམས་ཅད་བཞུགས་པར་གྱུར། ཐམས་ཅད་ཀྱི་དཔྲལ་བར་ཨོཾ། མགྲིན་པར་ཨཱཿ ཐུགས་ཀར་ཧཱུྃ། ཞེས་གསལ་གདབ། ད་རྗེས་གནང་དངོས་གཞི་ལ་གསུམ་ལས། དང་པོ་སྐུའི་རྗེས་གནང་ནི། དེ་ནས་སློབ་དཔོན་ཡང་ལྷ་མོ་ནོར་རྒྱུན་མ་དངོས་ཡིན་སྙམ་པའི་མོས་གུས་བྱས་པས། སློབ་དཔོན་གྱི་ཐུགས་ཀ་ནས་འོད་ཟེར་འཕྲོས། མདུན་བསྐྱེད་ཀྱི་ལྷའི་ཐུགས་རྒྱུད་བསྐུལ། དེའི་ཐུགས་ཀ་ནས་འོད་ཟེར་འཕྲོས། ཕྱོགས་བཅུའི་སངས་རྒྱས་བྱང་སེམས་ཐམས་ཅད་ཀྱི་ཐུགས་རྒྱུད་བསྐུལ་བས། སློབ་དཔོན་དང་མདུན་བསྐྱེད་ཀྱི་ལྷ་དང་། ཕྱོགས་བཅུའི་སངས་རྒྱས་དང་བྱང་ཆུབ་སེམས་དཔའ་ཐམས་ཅད་ཀྱི་ཐུགས་ཀ་ནས་ལྷ་མོ་ནོར་རྒྱུན་(༧༨༩བ)མ་འཁོར་དང་བཅས་པའི་སྐུ་ཆེ་ཆུང་དཔག་ཏུ་མེད་པ་བྱོན། ཁྱེད་རང་རྣམས་ཀྱི་བ་སྤུའི་བུ་ག་རྣམས་ནས་ཆར་བབས་པ་བཞིན་དུ་སིབ་སིབ་ཐིམ་པའི་མོས་པ་མཛོད། ཛཿཧཱུྃ་བཾ་ཧོཿ གཉིས་སུ་མེད་པར་ཐིམ། དྲིལ་བུའམ་ཧིང་

ཤགས་འཁྲོལ། ཡང་སློབ་དཔོན་གྱི་ཐུགས་ཀ་ནས་འོད་ཟེར་འཕྲོས། དབང་གི་ལྷ་རྣམས་སྤྱན་དྲངས། ཁྱེད་རྣམས་ཀྱིས་སློབ་མ་འདི་རྣམས་ལ་མངོན་པར་དབང་བསྐུར་དུ་གསོལ། ཞེས་གསོལ་བ་བཏབ་པས། ཨོཾ་བཛྲེ་ཛྙཱ་ཕ་ཨ་ཧྲི་ཤྲཱི་ཧཱུཾ། ཞེས་གསུངས་ཤིང་དབང་བསྐུར་བས། སྐུ་གང་། དྲི་མ་དག །ཆུའི་ལྷག་མ་ཡར་ལུད་པ་ལས་རིན་ཆེན་འབྱུང་ལྡན་གྱིས་དབུ་བརྒྱན་པར་མོས། གཉིས་པ་གསུང་གི་རྗེས་གནང་ནི། སློབ་དཔོན་གྱི་ཐུགས་ཀ་ནས་འོད་ཟེར་འཕྲོས། མདུན་བསྐྱེད་ཀྱི་ལྷའི་ཐུགས་རྒྱུད་བསྐུལ། དེའི་ཐུགས་ཀར་ཟླ་བའི་དཀྱིལ་འཁོར་གྱི་དབུས་སུ་བཾ་ཡིག་གི་མཐར་སྔགས་འཕྲེང་གིས་བསྐོར་བ་ལས་སྔགས་འཕྲེང་གཉིས་པ་བྱུང་། ཞལ་ནས་ཐོན། ཁྱེད་རང་རྣམས་ཀྱི་ཞལ་དུ་ཞུགས། སྙིང་གར་བཾ་ཡིག་སེར་པོ་གནས་པ་ལ་ཐིམས། དེའི་དུས་སུ་ཕྱོགས་བཅུའི་སངས་རྒྱས་དང་བྱང་ཆུབ་སེམས་དཔའ་རྣམས་ཀྱི་མཁྱེན་བརྩེ་ནུས་མཐུ་ཐམས་ཅད་འོད་ཟེར་གྱི་རྣམ་པར་སྔགས་འཕྲེང་དང་ལྷན་ཅིག་ཞལ་དུ་ཞུགས། སྙིང་གའི་ས་བོན་ལ་ཐིམ་པར་མོས་ནས། སྔགས་འདིའི་རྗེས་ཟློས་མཛོད་བྱས་ལ། ཨོཾ་ཝ་སུ་དྷ་རི་ཎི་སྭཱཧཱ། ཞེས་ལན་གསུམ་རྗེས་ཟློས་བྱེད་དུ་གཞུག་ཅིང་། ནོར་རྒྱུན་མའི་མདོ་བསྒྲགས་ཏེ། གཟུངས་དངོས་གཞི་ལ་རྗེས་ཟློས་ལན་གཅིག་བྱ་(༡༧༠ན)དགོས་པས། ནོར་རྒྱུན་མའི་མདོ་ནི། རྒྱ་གར་སྐད་དུ། ཨཱརྱ་བ་སུ་དྷཱ་ར་ནཱ་མ་དྷཱ་ར་ཎཱི། བོད་སྐད་དུ། འཕགས་པ་ནོར་གྱི་རྒྱུན་ཞེས་བྱ་བའི་གཟུངས། སངས་རྒྱས་དང་བྱང་ཆུབ་སེམས་དཔའ་ཐམས་ཅད་ལ་ཕྱག་འཚལ་ལོ། །འདི་སྐད་བདག་གིས་ཐོས་པ་དུས་གཅིག་ན། བཅོམ་ལྡན་འདས་ཡུལ་ཀོའུ་ཤམྦཱི་ན། ཚེར་མ་ཅན་ཞེས་བྱ་བའི་གནས་མཆོག་ཆེན་པོ་ན། དགེ་སློང་ལྔ་བརྒྱ་ཙམ་གྱི་དགེ་སློང་གི་དགེ་འདུན་ཆེན་པོ་དང་། བྱང་ཆུབ་སེམས་དཔའ་སེམས་དཔའ་ཆེན་པོ་སངས་རྒྱས་ཀྱི་ཡོན་ཏན་ཐམས་ཅད་དང་ལྡན་པ་རབ་ཏུ་མང་པོ་དག་དང་ཐབས་གཅིག་ཏུ་བཞུགས་ཏེ། དེའི་ཚེ་ཀོའུ་ཤམྦིའི་གྲོང་ཁྱེར་ཆེན་པོ་ན། ཁྱིམ་བདག་ཟླ་བ

བཟང་པོ་ཞེས་བྱ་བ། དབང་པོ་ཉེ་བར་ཞི་བ། ཡིད་ཉེ་བར་ཞི་བ། བུ་ཕོ་དང་བུ་མོ་མང་བ། བཟའ་མི་མང་པོ་དང་ལྡན་པ། དད་ཅིང་ཆེར་དད་པ་ཞིག་གནས་པ་དང་། བཅོམ་ལྡན་འདས་ག་ལ་བ་དེར་སོང་སྟེ་ཕྱིན་ནས། བཅོམ་ལྡན་འདས་ཀྱི་ཞབས་ལ་མགོ་བོས་ཕྱག་འཚལ་ཏེ། ལན་འབུམ་ཕྲག་ཏུ་མར་བསྐོར་བ་བྱས་ནས། ཕྱོགས་གཅིག་ཏུ་འདུག་གོ། །ཕྱོགས་གཅིག་ཏུ་འདུག་ནས། ཁྱིམ་བདག་ཟླ་བ་བཟང་པོས། བཅོམ་ལྡན་འདས་ལ་འདི་སྐད་ཅེས་གསོལ་ཏོ། །ག་ལ་ཏེ་ཞུས་ནས་ཞུ་བ་ལུང་བསྟན་པའི་སྐད་དུ། བཅོམ་ལྡན་འདས་ཀྱིས་བདག་ལ་སྐབས་ཕྱེ་ན། བཅོམ་ལྡན་འདས་དེ་བཞིན་གཤེགས་པ་དགྲ་བཅོམ་པ་ཡང་དག་པར་རྫོགས་པའི་སངས་རྒྱས་ལ་བདག་ཕྱོགས་འགའ་ཞིག་ཞུ་ལགས་སོ། །དེ་སྐད་ཅེས་(༧༤༠བ)གསོལ་བ་དང་། བཅོམ་ལྡན་འདས་ཀྱིས་ཁྱིམ་བདག་ཟླ་བ་བཟང་པོ་ལ་འདི་སྐད་ཅེས་བཀའ་བསྩལ་ཏོ། །ཁྱིམ་བདག་ཁྱོད་ཅི་དང་ཅི་འདོད་པ་དྲིས་ཤིག་དང་། ཁྱོད་ཀྱིས་ཇི་སྐད་དྲིས་པའི་འདྲི་བ་ལུང་བསྟན་པས། ངས་ཁྱོད་ཀྱི་སེམས་རངས་པར་བྱའོ། །དེ་སྐད་ཅེས་བཀའ་བསྩལ་པ་དང་། ཁྱིམ་བདག་ཟླ་བ་བཟང་པོས། བཅོམ་ལྡན་འདས་ལ་ལེགས་སོ་ཞེས་གསོལ་ནས། བཅོམ་ལྡན་འདས་ཀྱི་ལྟར་མཉན་ནས། བཅོམ་ལྡན་འདས་ལ་འདི་སྐད་ཅེས་གསོལ་ཏོ། །བཅོམ་ལྡན་འདས་རིགས་ཀྱི་བུའམ། རིགས་ཀྱི་བུ་མོ་དབུལ་པོར་གྱུར་པ་ལས། ཇི་ལྟར་དབུལ་བ་མ་མཆིས་པར་འགྱུར་ཞིང་། བྲོ་ནད་ཀྱི་ཐེབས་པ་རྣམས་བྲོ་ནད་མ་མཆིས་པར་འགྱུར་བ་ལགས། དེ་ནས་བཅོམ་ལྡན་འདས་ཀྱིས་མཁྱེན་བཞིན་དུ། ཁྱིམ་བདག་ཟླ་བ་བཟང་པོ་ལ་འདི་སྐད་ཅེས་བཀའ་བསྩལ་ཏོ། །ཁྱིམ་བདག་ཁྱོད་ཅིའི་ཕྱིར་དབུལ་པོའི་དོན་དུ་འདྲི། དེ་སྐད་ཅེས་བཀའ་བསྩལ་པ་དང་། བཅོམ་ལྡན་འདས་ལ་ཁྱིམ་བདག་ཟླ་བ་བཟང་པོས་འདི་སྐད་ཅེས་གསོལ་ཏོ། །བཅོམ་ལྡན་འདས་བདག་ནི་དབུལ་བ་མང་བ་དང་། གསོ་བ་མང་བ་དང་། བུ་ཕོ་དང་བུ་མོ་མང་བ། བཟའ་མི་མང་པོ་དང་ལྡན་པ་ལགས་ཏེ། དེའི་

སྐད་དུ། གང་གིས་སེམས་ཅན་དབུལ་པོ་རྣམས་ཀྱི་དབུལ་བ་མ་མཆིས་པར་འགྱུར་བ་དང་། གྲོ་ནད་ཀྱིས་ཐེབས་པ་རྣམས་གྲོ་ནད་མ་མཆིས་པར་འགྱུར་བ་དང་། ནོར་དང་། འབྲུ་དང་། མཛོད་དང་། བང་མཛོད་མང་པོ་དང་ལྡན་པར་འགྱུར་བ་དང་། ཐུག་པ་དང་། ཡིད་དུ་མཆིས་པ་དང་། མཐོང་ན་ཡིད་དུ་འཐད་པ་དང་། དབང་ཕྱུག་ཏུ་(༡༧༡ན)འགྱུར་བ་དང་། སྦྱིན་བདག་མཛོད་པས་མི་འཚལ་ཞིང་། དཔྱིག་དང་། གསེར་དང་། དངུལ་དང་། ཟངས་དང་། ལྕགས་དང་། ནོར་དང་། འབྲུའི་མཛོད་དང་། བང་མཛོད་རྣམས་དང་། ནོར་བུ་དང་། མུ་ཏིག་དང་། རྡོ་རྗེ་དང་། བཻ་ཌཱུཪྱ་དང་། དུང་དང་། མན་ཤེལ་དང་། བྱི་རུ་དང་། ས་ལེ་སྦྲམ་དང་། དངུལ་དག་འཚལ་ཅིང་། འཕྱོར་པར་འགྱུར་བ་དང་། ཁྱིམ་གྱི་བུད་མེད་དང་། བཟའ་མི་རྣམས་བརྟན་པར་འགྱུར་པའི་ཆོས་ཀྱི་རྣམ་གྲངས་དེ། བཅོམ་ལྡན་འདས་ཀྱིས་ལེགས་པར་བཤད་དུ་གསོལ། དེ་སྐད་ཅེས་གསོལ་པ་དང་། བཅོམ་ལྡན་འདས་ཀྱིས་ཁྱིམ་བདག་ཟླ་བ་བཟང་པོ་ལ་འདི་སྐད་ཅེས་བཀའ་བསྩལ་ཏོ། །ཁྱིམ་བདག་སྔོན་འདས་པའི་དུས། བསྐལ་པ་གྲངས་མེད་པ་འདས་པར་གྱུར་པ་དེའི་ཚེ་དེའི་དུས་ན། བཅོམ་ལྡན་འདས་དེ་བཞིན་གཤེགས་པ་དགྲ་བཅོམ་པ་ཡང་དག་པར་རྫོགས་པའི་སངས་རྒྱས་རིག་པ་དང་ཞབས་སུ་ལྡན་པ། བདེ་བར་གཤེགས་པ། འཇིག་རྟེན་མཁྱེན་པ། སྐྱེས་བུ་འདུལ་བའི་ཁ་ལོ་སྒྱུར་བ། བླ་ན་མེད་པ། ལྷ་དང་མི་རྣམས་ཀྱི་སྟོན་པ། སངས་རྒྱས་བཅོམ་ལྡན་འདས་རྡོ་རྗེ་འཆང་རྒྱ་མཚོའི་དབྱངས་ཞེས་བྱ་བ་འཇིག་རྟེན་དུ་བྱུང་སྟེ། རིགས་ཀྱི་བུ་ངས་དེ་བཞིན་གཤེགས་པ་དེ་ལས། ནོར་གྱི་རྒྱུན་ཞེས་བྱ་བའི་གཟུངས་འདི་ཐོས་ཏེ། གཟུང་ཞིང་བཅངས། བཀླགས། ཀུན་ཆུབ་པར་བྱས། རྗེས་སུ་ཡི་རང་བར་བྱས་ཤིང་། གཞན་དག་ལ་ཡང་རྒྱ་ཆེར་ཡང་དག་པར་རབ་ཏུ་བསྟན་ཏེ། རིགས་ཀྱི་བུ་ད་ཡང་ངས་དེ་རབ་ཏུ་བཤད་པར་བྱའོ། །རིགས་ཀྱི་བུ་(༡༧༡བ)གཟུངས་སྔགས་འདིའི་འཐུས་མི་རྣམས་རྣམ་པར་མཐོ་འཚམ་པར་མི་བྱེད་

དོ། །མི་མ་ཡིན་པ་རྣམས་རྣམ་པར་མཐོ་འཚམ་པར་མི་བྱེད་དོ། །གནོད་སྦྱིན་རྣམས་རྣམ་པར་མཐོ་འཚམ་པར་མི་བྱེད་དོ། །སྲིན་པོ་རྣམས་རྣམ་པར་མཐོ་འཚམ་པར་མི་བྱེད་དོ། །ཡི་དྭགས་རྣམས་རྣམ་པར་མཐོ་འཚམ་པར་མི་བྱེད་དོ། །ཤ་ཟ་རྣམས་རྣམ་པར་མཐོ་འཚམ་པར་མི་བྱེད་དོ། །འབྱུང་པོ་རྣམས་རྣམ་པར་མཐོ་འཚམ་པར་མི་བྱེད་དོ། །གྲུལ་བུམ་རྣམས་རྣམ་པར་མཐོ་འཚམ་པར་མི་བྱེད་དོ། །བརྗེད་བྱེད་རྣམས་རྣམ་པར་མཐོ་འཚམ་པར་མི་བྱེད་དོ། །གནོན་པོ་རྣམས་རྣམ་པར་མཐོ་འཚམ་པར་མི་བྱེད་དོ། །ལུས་སྲུལ་པོ་རྣམས་རྣམ་པར་མཐོ་འཚམ་པར་མི་བྱེད་དོ། །ལྷ་རྣམས་རྣམ་པར་མཐོ་འཚམ་པར་མི་བྱེད་དོ། །ལྷ་མ་ཡིན་རྣམས་རྣམ་པར་མཐོ་འཚམ་པར་མི་བྱེད་དོ། །ཟས་སུ་མི་གཙང་བ་ཟ་བ་རྣམས་དང་། ཟས་སུ་གཅིན་འཐུང་བ་རྣམས་དང་། ཟས་སུ་ཁྲག་འཐུང་བ་རྣམས་དང་། ཟས་སུ་ཤ་ཟ་བ་རྣམས་དང་། ཟས་སུ་རྣག་འཐུང་བ་རྣམས་དང་། ཟས་སུ་ཞག་ཟ་བ་རྣམས་དང་། ཟས་སུ་རྐང་ཟ་བ་རྣམས་དང་། ཟས་སུ་ངར་སྣབས་ཟ་བ་རྣམས་དང་། ཟས་སུ་གཏོར་ཁུང་ནས་འབབ་པ་འཐུང་བ་རྣམས་དང་། ཟས་སུ་དབུགས་རྔུབ་པ་རྣམས་དང་། འབྱུང་བ་ཟ་བའི་བར་རྣམས་རྣམ་པར་འཚེ་བར་མི་འགྱུར་རོ། །རིགས་ཀྱི་བུ་ནོར་གྱི་རྒྱུན་ཞེས་བྱ་བའི་གཟུངས་འདི་རིགས་ཀྱི་བུའམ། རིགས་ཀྱི་བུ་མོ་གང་གི་ཁྱིམ་ན་ཡོད་དམ། སྙིང་ལ་ཡོད་དམ། ལག་ན་ཡོད་དམ། གླེགས་(༡༧༢ན)བམ་དུ་ཆུད་དམ། ཐོས་པར་གྱུར་ཏམ། ཀུན་ཆུབ་པར་བྱས་སམ། བཀླགས་སམ། བཟུང་ངམ། རྗེས་སུ་ཡི་རང་བར་བྱས་སམ། གཞན་དག་ལ་རྒྱ་ཆེར་ཡང་དག་པར་རབ་ཏུ་བསྟན་པའི་རིགས་ཀྱི་བུའམ། རིགས་ཀྱི་བུ་མོ་དེ་ལ་ཡུན་རིང་པོའི་དོན་དང་། ཕན་པ་དང་། དགེ་བ་དང་། གྲུབ་པ་དང་། བདེ་བ་དང་། ལོ་ལེགས་པར་འགྱུར་རོ། །སུ་ཞིག་དེ་བཞིན་གཤེགས་པ་རྣམས་ལ་མཆོད་པ་བྱས་ཏེ། ནོར་གྱི་རྒྱུན་གྱི་གཟུངས་འདི་ནམ་ཕྱེད་ན་ལན་གཉིས་སམ། ལན་གསུམ་མམ། ལན་བཞི་བཏོན་ན། དེའི་ལྷ་ཡི་

རངས་ནས། དེ་བཞིན་གཤེགས་པའི་བསྟན་པ་ལ་དགའ་བ་དང་། ཆོས་གདགས་པར་བྱས་པས་དགའ་བ་དང་། དགེ་འདུན་གདགས་པར་བྱས་པས་དགའ་བ་དང་། ཆོས་སྨྲ་བ་ལ་དགའ་བས་ལྷག་པའི་བསམ་པས་བདག་ཉིད་འོང་སྟེ། འབྲུའི་ཆར་འབེབས་པར་འགྱུར་རོ། །ན་མོ་བཛྲ་ཛྙཱ་ར་སྣཱ་ག་ར་ནི་ར་གྷོ་ཥཱ་ཡ། ཏ་ཐཱ་ག་ཏཱ་ཡ། ཏདྱ་ཐཱ། ཨོཾ་སུ་ར་བེ་ཤྭ་དྲི་ཤྭ་དྲ་བ་ཏི། ཨཾ་ག་ལེ། མཾ་ག་ལེ། མཾ་ག་ལ་བ་ཏི། ཨ་ལེ། ཨ་ཙ་ལེ། ཨ་ར་ལེ། ཨ་ཙ་བ་ལེ། ཤུད་ཀ་ཏ་ནི། ཤུད་ཤྭ་ད་ནི། བ་སུ་པ་ཏི། དྷཱ་ན་བ་ཏི། ཛྙ་མ་པྲ་ཏི། ཀླི་མ་ཏི། པྲ་ཤྭ་བ་ཏི། ཨ་མ་ལེ། བི་མ་ལེ། ནིརྨ་ལེ། ཙུ་ཙུ་སུཐེ། སུ་རུ་པ་མཾ་ལེ། བི་མ་ལེ། ཙ་ལེ། ཨ་ཙ་ན་སྟེ། ཨ་ན་ན་ཏེ། བི་ན་ན་ཏེ། བི་ཤྭ་ཀེ་ཤེ། བི་ཤྭ་ནི་ཤེ །ཨཾ་ཀུ་རེ། མཾ་ཀུ་རེ། པྲ་པཾ་ཀུ་རེ། བྷི་ར་མེ། བྷི་ར་མེ། བི་ཛྙ་མེ། རི་རི་མེ། དི་དི་མེ། དུ་དུ་མེ། ཁ་ཁ་མེ། ཏ་ཏ་རི། ཏ་ར་ཏ་ར། ཏཱ་ཏཱ་ར། བཛྲེ་བཛྲེ་བཛྲེ། བ་མེ། ཊ་གེ་ཊ་གེ། ཐ་གེ་ཐ་གེ །ཤུག་གེ། བུག་གེ། ཐ་གེ། ཐར་གེ། ཨ་(༡༧༢བ)བཀྟ་ནི། པདྨ་ནི་ཁ་ད་ནི་བཛྲ་ཛྙཱ་ར་སྣཱ་ག་ར་ནི་ར་གྷོ་ཥཱ་ཊ། ཏ་ཐཱ་ག་ཏ་མ་ནུ་སྨ་ར་སརྦ་ཏ་ཐཱ་ག་ཏཱ། ས་ཏྱ་མ་ནུ་སྨ་ར། རྣམས་ཏྱ་མ་ནུ་སྨ་ར། སཾ་ཛྙ་ས་ཏྱ་མ་ནུ་སྨ་ར། ད་ཏ་ད་ཏ། ཕུ་ར་ཕུ་ར། པྣུ་ར་ཡ་པྣུ་ར་ཡ། པྣུ་ར་ཎི། ཤྭ་ར་ཤྭ་ར་ཎི། ཨ་མ་ལེ། སུ་མཾ་ག་ལེ། ཤཱན་ཏ་མ་ཏི། ཤུ་ཤྭ་མ་ཏི། མ་ག་ལ་ཤྭ་ནི། མཏྲཱ་མ་ཏི། ཤྭ་དྲ་བ་ཏི། པྲ་ཤླ་བ་ཏི། སུ་ཙཀྲ་མ་ཏི། ཤཱ་གཙྪེ། ཤཱ་གཙྪེ། ས་མ་ཡ་མ་ནུ་སྨ་ར་སྭཱཧཱ། ཨ་བྷཱ་ར་ཎི་མ་ནུ་སྨ་ར་སྭཱཧཱ། པྲ་ཤྭ་བ་མ་ནུ་སྨ་ར་སྭཱཧཱ། དེ་དེ་མ་ནུ་སྨ་ར་སྭཱཧཱ། ཏེ་ཛོ་མ་ནུ་སྨ་ར་སྭཱཧཱ། བི་ཛ་ཡ་མ་ནུ་སྨ་ར་སྭཱཧཱ། ཧི་ད་ཡ་མ་ནུ་སྨ་ར་སྭཱཧཱ། སརྦ་སཏྭ་བི་ན་ཡ་མ་ནུ་སྨ་ར་སྭཱཧཱ། ཨོཾ་བྷཱུ་སུ་ཛྙ་རེ་སྭཱཧཱ། ཨོཾ་བྷཱུ་སུ་ཀླི་ཡ་སྭཱཧཱ། ཨོཾ་ཀླི་བྷཱུ་སུ་སྭཱཧཱ། ཨོཾ་བྷཱུ་སུ་སྭཱཧཱ། རིགས་ཀྱི་བུ་འདི་ནི་ནོར་གྱི་རྒྱུན་ཞེས་བྱ་བའི་གཟུངས་ཏེ། གཟུངས་འདིའི་མཐུས། མུ་གེ་དང་། ནད་དང་། འཆི་རེས་འབྱུང་བར་མི་འགྱུར་རོ། །རིགས་ཀྱི་བུ་སུ་ཞིག་དེ་བཞིན་གཤེགས་པ་དགྲ་བཅོམ་པ་ཡང་

དག་པར་རྫོགས་པའི་སངས་རྒྱས་རྣམས་ལ་མཆོད་པ་བྱས་ཏེ། ནོར་གྱི་རྒྱུན་གྱི་གཟུངས་ཀྱི་གསང་སྔགས་ཀྱི་ཚིག་འདི་དག་ཟུབ་གཅིག་བཏོན་ན། དེ་ནས་དངོས་གྲུབ་ཏུ་འགྱུར་རོ། །རྒྱས་པའི་དོན་དུ་བདག་གི་ཁྱིམ་མམ། གཞན་གྱི་ཁྱིམ་མམ། གནས་གཙང་མའི་བང་མཛོད་དམ། གནས་གང་དུ་ཡང་རུང་བར། དེ་བཞིན་གཤེགས་པ་འཕགས་པ་སྤྱན་རས་གཟིགས་དབང་ཕྱུག་དང་། སངས་རྒྱས་དང་བྱང་ཆུབ་སེམས་དཔའ་ཐམས་ཅད་དང་། གསང་སྔགས་ཀྱི་ལྷའི་ཕྱིར་ཅན་དན་གྱི་དཀྱིལ་འཁོར་བྱ་བཞིར་བྱས་ཏེ། ཟུབ་གཅིག་(༡༧༣ན)བཏོན་ན། རིགས་ཀྱི་བུ་དེའི་ཁྱིམ་ནོར་དང་། འབྲུ་དང་། གསེར་དང་། དངུལ་དང་། ཡོ་བྱད་ཐམས་ཅད་ཀྱི་རྒྱུན་མི་ཆད་པའི་ཚད་ཙམ་གྱིས་གང་བར་འགྱུར་རོ། །འཇིགས་པ་དང་གནོད་པ་ཐམས་ཅད་ཀྱང་མེད་པར་འགྱུར་རོ། །རིགས་ཀྱི་བུ་དེའི་ཕྱིར་ཁྱོད་རབ་ཏུ་བསྒྲིམས་ལ་ནོར་གྱི་རྒྱུན་གྱི་གཟུངས་འདི་ཟུངས་ཤིག །ཆོངས་ཤིག །ཀློགས་ཤིག །སྟོན་ཅིག །གཞན་དག་ལ་ཡང་རྒྱ་ཆེར་ཡང་དག་པར་རབ་ཏུ་སྟོན་ཅིག་དང་། དེས་ཁྱོད་ཀྱི་ཡུན་རིང་པོའི་དོན་དང་། ཕན་པ་དང་། བདེ་བ་དང་། གྲུབ་པ་དང་། ལོ་ལེགས་པར་འགྱུར་རོ། །དེ་ནས་བཅོམ་ལྡན་འདས་ལ་ཁྱིམ་བདག་ཟླ་བ་བཟང་པོས་ལེགས་སོ་ཞེས་གསོལ་ཏོ། །ཁྱིམ་བདག་ཟླ་བ་བཟང་པོས། བཅོམ་ལྡན་འདས་ལས་ནོར་གྱི་རྒྱུན་གྱི་གཟུངས་འདི་ཐོས་ནས་ཚིམས་ཤིང་དགའ་ལ་མགུ་ཞིང་ཡི་རངས་ཏེ། རབ་ཏུ་དགའ་ནས་དགའ་བ་དང་ཡིད་བདེ་བ་སྐྱེས་ཏེ། བཅོམ་ལྡན་འདས་ཀྱི་ཞབས་ལ་མགོ་བོས་ཕྱག་འཚལ་ནས། བཅོམ་ལྡན་འདས་ལ་འདི་སྐད་ཅེས་གསོལ་ཏོ། །བཅོམ་ལྡན་འདས་བདག་གི་ནོར་གྱི་རྒྱུན་ཞེས་བགྱི་བ་བླངས་ལགས་གཟུངས་སུ་ཟིན་ལགས། གཟུངས་ལགས། བཀླགས་ལགས། ཀུན་ཆུབ་པར་བགྱིས་ལགས། རྗེས་སུ་ཡི་རང་བར་བགྱིད་ལགས་སོ། །གཞན་དག་ལ་ཡང་རྒྱ་ཆེར་ཡང་དག་པར་རབ་ཏུ་བསྟན་པར་བགྱིད་ལགས་སོ། །དེའི་སྐད་ཅིག་ཙམ་ལ་ཁྱིམ་བདག་ཟླ་བ་བཟང་པོའི་བང་

མཛོད་རྣམས་ནོར་གྱིས་ཡོངས་སུ་གང་བར་གྱུར་ཏོ། །དེ་ནས་ཁྱིམ་བདག(༡༧༣བ)ཟླ་བ་བཟང་པོས། བཅོམ་ལྡན་འདས་ལ་ལན་འབུམ་ཕྲག་དུ་མར་བསྐོར་བ་བྱས་ཏེ། བཅོམ་ལྡན་འདས་ཀྱི་ཞབས་ལ་ཕྱག་འཚལ་ནས། བཅོམ་ལྡན་འདས་ཀྱི་ཐད་ནས་སོང་ངོ་། །དེ་ནས་བཅོམ་ལྡན་འདས་ཀྱིས་ཚེ་དང་ལྡན་པ་ཀུན་དགའ་བོ་ལ་བཀའ་བསྩལ་པ། ཀུན་དགའ་བོ་ཁྱོད་སོང་ལ་ཁྱིམ་བདག་ཟླ་བ་བཟང་པོའི་ཁྱིམ་ནོར་དང་། འབྲུས་ཡོངས་སུ་གང་བ་ཕུན་སུམ་ཚོགས་པ་དང་། མཛོད་ཆེན་པོ་དང་། བང་མཛོད་ཡོངས་སུ་གང་བ་རྣམས་ལ་ལྟོས། དེ་ནས་ཚེ་དང་ལྡན་པ་ཀུན་དགའ་བོས། བཅོམ་ལྡན་འདས་ཀྱི་ལྟར་མཉན་ནས། ཀཽ་ཤམ་བིའི་གྲོང་ཁྱེར་ཆེན་པོ་ག་ལ་བ་དང་། ཁྱིམ་བདག་ཟླ་བ་བཟང་པོའི་ཁྱིམ་ག་ལ་བ་དེར་སོང་སྟེ་ཕྱིན་ནང་དུ་ཞུགས་པ་དང་། ནོར་དང་། འབྲུས་ཡོངས་སུ་གང་བ་ཕུན་སུམ་ཚོགས་པ་དང་། རིན་པོ་ཆེ་ཕུན་སུམ་ཚོགས་པ་དང་། ཡོ་བྱད་ཐམས་ཅད་ཀྱི་མཆོད་པ་ཆེན་པོ་དང་། བང་མཛོད་རྣམས་ཀུང་ཡོངས་སུ་གང་བར་མཐོང་ངོ་། །མཐོང་ནས་ཀྱང་ཚིམས་ཤིང་དགའ་ལ་མགུ་ཞིང་ཡི་རངས་ཏེ། རབ་ཏུ་དགའ་ནས་དགའ་བ་དང་ཡིད་བདེ་བ་སྐྱེས་ཏེ། བཅོམ་ལྡན་འདས་ག་ལ་བ་དེར་སོང་ངོ་། །དེ་ནས་ཚེ་དང་ལྡན་པ་ཀུན་དགའ་བོ་ཡ་མཚན་དུ་འཛིན་ཅིང་དགའ་བ་དང་། ཡིད་བདེ་བ་སྐྱེས་ནས། བཅོམ་ལྡན་འདས་ལ་འདི་སྐད་ཅེས་གསོལ་ཏོ། །བཅོམ་ལྡན་འདས་གང་གིས་ཁྱིམ་བདག་ཟླ་བ་བཟང་པོ་ནོར་མང་ཞིང་མཛོད་ཆེན་པོ་དང་། བང་མཛོད་རྣམས་ཀུང་ནོར་དང་། འབྲུ་ཕུན་སུམ་ཚོགས་པར་འགྱུར་བའི་རྒྱུ་གང་ལགས། རྐྱེན་གང་ལགས། བཅོམ་ལྡན་འདས(༡༧༤ན)ཀྱིས་བཀའ་བསྩལ་པ། ཀུན་དགའ་བོ། རིགས་ཀྱི་བུ་ཁྱིམ་བདག་ཟླ་བ་བཟང་པོ་དད་ཅིང་མཆོག་ཏུ་དད་ལ། དགེ་བའི་བསམ་པ་ཅན་དེས། ནོར་གྱི་རྒྱུན་གྱི་གཟུངས་འདི་བཟུང་ཞིང་རབ་ཏུ་བཏོན་ཏེ། ཟླངས་ཤིང་བཟླགས་ཀུན་ཆུབ་པར་བྱས། རྗེས་སུ་ཡི་རང་བར་བྱས་ཤིང་། གཞན་དག་ལ་ཡང་རྒྱ་ཆེར་

ཡང་དག་པར་རབ་ཏུ་བསྟན་པའི་ཕྱིར་རོ། །ཀུན་དགའ་བོ་དེའི་ཕྱིར་ཁྱོད་ཀྱིས་ཀྱང་ནོར་གྱི་རྒྱུན་གྱི་གཟུངས་འདི་ཡོངས་ཤིག །ཆོངས་ཤིག །ཀློགས་ཤིག །སྟོན་ཅིག །ཟུངས་ཤིག །ཀུན་ཆུབ་པར་གྱིས་ཤིག །གཞན་དག་ལ་ཡང་རྒྱ་ཆེར་ཡང་དག་པར་རབ་ཏུ་སྟོན་ཅིག་དང་། དེས་ནི་སྐྱེ་བོ་མང་པོ་ལ་ཕན་པ་དང་། སྐྱེ་བོ་མང་པོ་ལ་བདེ་བ་དང་། འཇིག་རྟེན་ལ་སྙིང་བརྩེ་བ་དང་། སྐྱེ་བོ་ཕལ་པོ་ཆེ་དང་། ལྷ་དང་མི་རྣམས་ཀྱི་དོན་དང་། ཕན་པ་དང་བདེ་བར་འགྱུར་རོ། །ཀུན་དགའ་བོ་སུ་ཞིག་རིག་སྔགས་འདི་ལས་གཞན་དུ་སྨྲ་བ་ནི། ལྷ་དང་བཅས་པ་དང་། བདུད་དང་བཅས་པ་དང་། ཚངས་པ་དང་བཅས་པ་དང་། དགེ་སྦྱོང་དང་། བྲམ་ཟེར་བཅས་པ་དང་། ལྷ་དང་མི་དང་ལྷ་མ་ཡིན་དུ་བཅས་པའི་འཇིག་རྟེན་ན་ངས་མ་མཐོང་ངོ་། །ལན་གཉིས་སུ་བརྗོད་ནས། ལན་གསུམ་དུ་བརྗོད་ཀྱང་འགལ་བར་བྱེད་པ་དེ་ནི་གནས་མེད་དོ། །ཀུན་དགའ་བོ་གཟུངས་ཀྱི་གསང་སྔགས་ཀྱི་ཚིག་འདི་དག་ནི་མི་ཕྱེད་པ་ཡིན་ན། ཀུན་དགའ་བོ་འདི་དག་ནི་སེམས་ཅན་དགེ་བའི་རྩ་བ་ཟད་པ་རྣམས་ཀྱི་རྣ་ལམ་དུ་སྒྲ་གྲགས་པར་ཡང་མི་འགྱུར་ན། གླེགས་བམ་ལ་ཡི་གེར་འབྲི་བ་དང་། ཡིད་ལ་གཟུང་བ་(༡༧༨བ)ལྟ་ཅི་སྨོས། དེ་ཅིའི་ཕྱིར་ཞེ་ན། འདི་ནི་དེ་བཞིན་གཤེགས་པ་ཐམས་ཅད་ཀྱི་བཀའ་སྟེ། གཟུངས་སྔགས་འདི་ནི་སེམས་ཅན་དབུལ་པོ་དང་། ནད་སྣ་ཚོགས་ཀྱིས་གཟིར་བ་དང་། འཇིགས་པ་དང་། སེམས་ཅན་སྡང་བས་གནོད་པར་བྱས་པ་ཐམས་ཅད་ཀྱི་དོན་དུ། དེ་བཞིན་གཤེགས་པ་ཐམས་ཅད་ཀྱིས་གསུངས་པ་དང་། བཤད་པ་དང་། རྗེས་སུ་ཡི་རང་བ་དང་། རབ་ཏུ་ཕྱེ་བ་དང་། བསྟགས་པ་དང་། བསྒྲོལ་བ་དང་། གསལ་བར་མཛད་པ་དང་། བསྐྱེད་པ་དང་། བྱིན་གྱིས་བརླབས་པ་དང་། ཆོས་ཀྱི་ཕྱག་རྒྱས་བཏབ་པ་དང་། བསྟོད་པ་དང་། སྙན་པར་བརྗོད་པ་དང་། གོ་བར་མཛད་པ་དང་། བསྙད་པའི་ཕྱིར་རོ། །དེ་ནས་ཚེ་དང་ལྡན་པ་ཀུན་དགའ་བོ་སྟན་ལས་ལངས་ཏེ། དེའི་ཚེ་ཐལ་མོ་

སྤྱིར་ནས་ཆེད་དུ་བརྗོད་པ་འདི་ཆེད་དུ་བརྗོད་ཅིང་ཚིགས་སུ་བཅད་པ་འདི་དག་གསོལ་ཏོ། །སངས་རྒྱས་བཅོམ་ལྡན་བསམ་གྱིས་མི་ཁྱབ་སྟེ། །སངས་རྒྱས་ཆོས་ཀྱང་བསམ་གྱིས་མི་ཁྱབ་ལགས། །བསམ་གྱིས་མི་ཁྱབ་པ་ལ་དད་རྣམས་ཀྱི། །རྣམ་པར་སྨིན་པའང་བསམ་གྱིས་མི་ཁྱབ་ལགས། །ཞི་བ་ཅི་ཡང་མཁྱེན་པ་ཐམས་ཅད་མཁྱེན། །ཆོས་ཀྱི་རྒྱལ་པོ་ཀ་ཤི་མི་མངའ་བ། །ཡེ་ཤེས་ཕ་རོལ་བགྲོད་པ་ཕྱིན་གྱུར་པ། །སངས་རྒྱས་དཔའ་བོ་ཁྱོད་ལ་ཕྱག་འཚལ་ལོ། །དེ་ནས་ཚེ་དང་ལྡན་པ་ཀུན་དགའ་བོ་ཚིམས་ཤིང་དགའ་ལ་མགུ་ཞིང་ཡི་རངས་ནས་རབ་ཏུ་དགའ་སྟེ། དགའ་བ་དང་ཡིད་བདེ་བ་སྐྱེས་ནས། བཅོམ་ལྡན་འདས་ལ་འདི་སྐད་ཅེས་གསོལ་ཏོ། །བཅོམ་ལྡན་འདས་ཆོས་ཀྱི་རྣམ་གྲངས་འདིའི་(༡༢༥ན)མིང་ཅི་ལགས། འདི་ཇི་ལྟར་བཟུང་བར་བགྱི། བཅོམ་ལྡན་འདས་ཀྱིས་བཀའ་བསྩལ་པ། ཀུན་དགའ་བོ་འདི་ནི་ཁྱིམ་བདག་ཟླ་བ་བཟང་པོས་ཞུས་པ་ཞེས་བྱ་བར་ཟུངས་ཤིག །ནོར་དང་། འབྲུ་དང་། རིན་པོ་ཆེ་ཐམས་ཅད་ཀྱི་གཏེར་ཞེས་བྱ་བར་ཡང་ཟུངས་ཤིག །དེ་བཞིན་གཤེགས་པ་ཐམས་ཅད་ཀྱིས་བསྔགས་པ་ནོར་གྱི་རྒྱུན་གྱི་གཟུངས་ཞེས་བྱ་བར་ཡང་ཟུངས་ཤིག །བཅོམ་ལྡན་འདས་ཀྱིས་དེ་སྐད་ཅེས་བཀའ་བསྩལ་ནས། ཚེ་དང་ལྡན་པ་ཤཱ་རིའི་བུ་དང་། ཚེ་དང་ལྡན་པ་ཀུན་དགའ་བོ་དང་། དགེ་སློང་དེ་དག་དང་། བྱང་ཆུབ་སེམས་དཔའ་དེ་དག་དང་། ཐམས་ཅད་དང་ལྡན་པའི་འཁོར་དེ་དག་དང་། ལྷ་དང་མི་དང་ལྷ་མ་ཡིན་དང་། དྲི་ཟར་བཅས་པའི་འཇིག་རྟེན་ཡི་རངས་ཏེ། བཅོམ་ལྡན་འདས་ཀྱིས་གསུངས་པ་ལ་མངོན་པར་བསྟོད་དོ། །འཕགས་པ་ནོར་གྱི་རྒྱུན་ཞེས་བྱ་བའི་གཟུངས་རྫོགས་སོ། །གསུམ་པ་ཐུགས་ཀྱི་རྗེས་གནང་ནི། མདུན་བསྐྱེད་ཀྱི་ལྷ་ལ་མོས་གུས་དུང་དུང་བ་དང་། བདག་གི་རྒྱུད་བྱིན་གྱིས་བརླབ་ཏུ་གསོལ་སྙམ་པ་མཛད་པས་མདུན་བསྐྱེད་ཀྱི་ལྷའི་ཐུགས་ཀ་ནས་ཕྱག་མཚན་གྱི་ཚོགས་དཔག་ཏུ་མེད་པ་རྒྱངས་ཏེ་ཕྱིན། ཁྱེད་རང་རྣམས་ཀྱི་སྙིང་གའི་ས་བོན་དང་དབྱེར་

མེད་དུ་འདྲེས། རྒྱུད་བྱིན་གྱིས་བརླབས་པའི་མོས་པ་མཛོད། རྗེས་ཀྱི་བྱ་བ་རྣམས་སྤྱི་དང་འདྲའོ། །

༄ ནོར་རྒྱུན་མ་ཛམ་རིའི་ལུགས་ལ། མཎྜལ་གྲུ་གང་བ་ལ་ཙན་དན་གྱི་ཆུས་ཕྱིར་གྲུ་བཞིར་བྱུགས། དབུས་སུ་ཀླུམ་སྐོར་ལ་(༡༧༥བ)འཐུག་པར་བྱུགས། མེ་ཏོག་གི་ཚོམ་བུ་བཞི་དགོད། མེ་ཏོག་དཀར་པོའི་ཕུང་པོ་དང་། ཤིང་པི་ཙུ་རའི་འབྲས་བུ་དགོས་པར་བཤད་ཀྱང་། མ་རྙེད་ན། བིལ་བས་དོད་བྱས། བདག་བསྐྱེད་ཁྲོ་བོ་གང་རུང་ཞིག་སྔོན་དུ་འགྲོ་བས། མཎྜལ་གྱི་དབུས་སུ་ནོར་རྒྱུན་མ་གསེར་བཙོ་མ་ལྟ་བུ། དར་དང་རིན་པོ་ཆེའི་རྒྱན་གྱིས་སྤྲས་ཤིང་། ལང་ཚོ་ཕུན་སུམ་ཚོགས་པ། ཕྱག་གཡས་པི་ཙུ་རའི་འབྲས་བུ་སྔོ་དམར་བསྣམས་པ། གཡོན་འབྲས་ཀྱི་སྙེ་མ་འཛིན་པ། རིན་པོ་ཆེའི་བུམ་པ་ཞབས་སྦྲད་ཅིང་། ཁ་གཉིས་ནས་རིན་པོ་ཆེའི་རྒྱུན་འབབ་བཞིན་པའི་སྙིང་ན་མཉམ་པར་བཞེངས་པ། སྔགས་རེ་རེ་བཟློད་ཅིང་། མེ་ཏོག་རེ་འབུལ་བ་ལན་ཉི་ཤུ་རྩ་གཅིག་བྱས་པས། གདུགས་དཀར་པོ་རེ་རེ་དབུ་ཐོག་ཏུ་ཕྱུང་བར་བསམ། བདག་དང་མཐའ་ཡས་པའི་སེམས་ཅན་ལ་དངོས་གྲུབ་བསྩལ་དུ་གསོལ། ཞེས་ལན་བདུན་གསོལ་བ་བཏབ། སྔགས་ནི། ན་མོ་རཏྣ་ཏྲ་ཡཱ་ཡ། ཨོཾ་ཤྲཱ་ཧཾ་ཧྲཱི་ཤྲ་སཾ་རཀྵ་ཊི། ཕ་ལ་ཏཥྚི་བཱ་སུ་ཧྲ་རི་ཏེ། ཤེ་ཕཾ་ག་རི་ཤཏྟིཾ་ཀུ་རུ་པུཥྚིཾ་ཀུ་རུ། ཧྲ་ཡ་ཝཱ་ས་ནི། སརྦ་དུཥྚཾ། ཧྲཙྪ་ཧྲཙྪ། ཛམྦྷ་ཛམྦྷ། སྟམྦྷ་སྟམྦྷ། ཨ་སྲི་ཏེ། ཨུཏྤ་ལེ། ཀུ་རུ་ཀུ་རུ། མ་མ་ཀ་ཧྲཱུཾ་སྭཱཧཱ། ཞེས་པའོ། །གཤེགས་གསོལ་མི་དགོས། དགེ་བ་བསྔོ། ། ༄ འདིའི་རིག་གཏད་ནི། རྒྱུན་གྱི་ཉམས་ལེན་དེ་ཉིད་སློབ་དཔོན་གྱིས་ཚར་བར་བྱས་པའི་རྗེས་ལ། སློབ་མས་ཡོན་དང་མཎྜལ་ཕུལ། མེ་ཏོག་དཀར་པོ་བཞི་བཅུ་ཞེ་གཉིས་ལས་མི་ཉུང་བ་སློབ་དཔོན་གྱི་ཕྱག་ཏུ་གཏད། སློབ་དཔོན་གྱིས་མེ་ཏོག་དེ་མདུན་བསྐྱེད་(༡༧༦ན)ལ་ཕུལ། མེ་ཏོག་རེ་སློབ་མའི་སྤྱི་བོར་ཕྱུངས། སློབ་མ་འདི་ལ་དངོས་གྲུབ་བསྩལ་དུ་གསོལ། །ཞེས་བཟློད། དེ་ལྟར་ལན་ཉེར་གཅིག་བྱས་ལ། སྒྲུབ་ཐབས་བཤད་པ་

ཉིད་ཀྱིས་དོན་འགྲུབ་པ་ཡིན་ནོ། །མདུན་བསྐྱེད་མི་དམིགས་པར་བཞག་པ་ཉིད་ཀྱིས་ཆོག །རྗེས་ཆོག་མི་དགོས་སོ། །ཞེས་གསུངས།

༄ ནོར་རྒྱུན་མ་བ་ལང་རྫི་ལ། མཆོད་གཏོར་བཤམས་ལ། རང་ཡི་དམ་དུ་གསལ་བའི་སྨིན་མཚམས་ནས་འོད་ཟེར་འཕྲོས། ལྕང་ལོ་ཅན་ནས་ནོར་རྒྱུན་མ་བཛྲ་ས་མཱ་ཛཿམདུན་དུ་འབོད་པ་ནི། སྐུ་མདོག་སེར་མོ་སྣིག་ཅིང་མཛེས་པ། ཕྱག་གཡས་པས་པི་ཙུ་རའི་འབྲས་བུ་དང་། གཡོན་པས་རིན་པོ་ཆེའི་སྙེ་མ་འཛིན་པ། གཏེར་གྱི་བུམ་པ་ཞབས་སྤྲད་པ། རིན་པོ་ཆེའི་ཆར་འབེབས་པའི་སྟེང་ན་མཉམ་པར་བཞེངས་པ། བྱང་ཆུབ་ཀྱི་ཤིང་ལ་རྒྱབ་བརྟེན་པ། འདོད་འཇོའི་བ་མོའི་ཁྲུས་བསྐོར་བ། དར་དང་རིན་པོ་ཆེའི་རྒྱན་ཐམས་ཅད་ཀྱིས་བརྒྱན་པ། མཆོད་པ་བྱིན་གྱིས་བརླབས་ནས། ཨརྒྷཾ་ནས་ཤབྡའི་བར་གྱིས་མཆོད། གང་སྟོན་སྦྱིན་པ་རྒྱ་མཚོའི་དགེ་བསགས་པས། །ཚེ་དང་ནོར་དང་མཐུ་ཡི་དཔལ་བསྐྱེས་ཤིང་། །སྒྲུབ་པ་པོ་ལ་དབྱིག་གི་ཆར་འབེབས་པའི། །དཔལ་མོ་ནོར་རྒྱུན་མ་ལ་ཕྱག་འཚལ་ལོ། །ཞེས་བསྟོད། དེ་ནས་བཟླས་པའི་དམིགས་པ་གསལ་བཏབ་ལ། ཨོཾ་ཛཾ་ཛྷི་ཀ་ཐ་མ་ནོ་ཏ་ར་སརྦ་ཛྙ་ན་པདྨ་རཏྣ་ཧྲུཾ་ཛྲིཾ་ཧྲུཾ་ཧྲུཾ་སྭཱཧཱ། ཞེས་ཅི་ནུས་བཟླ། གཏོར་མ་ཨོཾ་ཨཱཿཧཱུཾ་གིས་བྱིན་གྱིས་བརླབས། སརྦ་བིད་(༧༢༨བ)པཱུ་ར་པཱུ་ར་སོགས་ནམ་མཁའ་མཛོད་ཀྱི་སྔགས་བརྒྱས་ཕུལ། སྔར་བཞིན་མཆོད་བསྟོད། འདོད་དོན་གསོལ་བ་བཏབ། ༄ སློབ་མ་ལ་སྒོམ་ལུང་འབོགས་པ་ནི། མཎྜལ་གྱི་སྟེང་དུ་ཚོམ་བུ་སེར་པོ་དགོད། མཆོད་གཏོར་བཤམས་ལ། སློབ་དཔོན་ཉིད་ཀྱིས་གོང་བཞིན་ཉམས་སུ་བླངས་པའི་རྗེས་སུ། སློབ་མས་མཎྜལ་ཕུལ་ནས། གསོལ་བ་འདེབས་པ་འདིའི་རྗེས་ཟློས་མཛོད་བྱས་ལ། སློབ་དཔོན་གྱིས་བདག་ལ་སྒོམ་ལུང་དམ་པ་བསྩལ་དུ་གསོལ་ཞེས་ལན་གསུམ། སངས་རྒྱས་ཆོས་དང་ཚོགས་ཀྱི་མཆོག་བཅས་ལ། །ཞེས་སོགས་ལན་གསུམ། སློབ་མ་རྣམས། ཤཱུ་ནྱ་ཏཱས་སྟོང་པར་སྦྱངས། སྟོང་པའི་ངང་ལས་ཁྱེད་རང་རྣམས་སྐད་ཅིག་གིས་ལྷ་མོ་ནོར་རྒྱུན་

མར་གྱུར་པ་ནི། སྐུ་མདོག་སེར་མོ་སྐེག་ཅིང་མཛེས་པ། ཕྱག་གཡས་པས་པི་ཙུ་རའི་འབྲས་བུ་དང་། གཡོན་པས་རིན་པོ་ཆེའི་སྣེ་མ་འཛིན་པ། གཏེར་གྱི་བུམ་པ་ཞབས་ཐྲད་པ། རིན་པོ་ཆེའི་ཆར་འབེབས་པའི་སྟེང་ན་མཉམ་པར་བཞེངས་པ། བྱང་ཆུབ་ཀྱི་ཤིང་ལ་རྒྱབ་བརྟེན་པ། འདོད་འཛོའི་བ་མོའི་ཁྲུས་བསྐོར་བ། དར་དང་རིན་པོ་ཆེའི་རྒྱན་ཐམས་ཅད་ཀྱིས་བརྒྱན་པ། ཞེས་གསལ་གདབ། མདུན་གྱི་ཚོམ་བུ་འདི་ཉིད་ཀྱང་ཁྱེད་རང་རྣམས་སྒོམ་པ་དང་འདྲ་བའི་ནོར་རྒྱུན་མར་དངོས་སུ་བཞུགས་པར་མོས་ལ། དེ་ནས། སློབ་དཔོན་ལ་མོས་གུས་བྱས་པས། སློབ་དཔོན་གྱི་ཐུགས་ཀ་ནས་འོད་ཟེར་འཕྲོས། མདུན་བསྐྱེད་ཀྱི་ལྷའི་ཐུགས་རྒྱུད་བསྐུལ། དེའི་ཐུགས་ཀའི་ཟླ་བའི་དཀྱིལ་འཁོར་གྱི་(༡༧༧ན)དབུས་སུ་བཾ་ཡིག་གི་མཐར་སྔགས་འཕྲེང་གིས་བསྐོར་བ་ལས་སྔགས་འཕྲེང་གཉིས་པ་ཆད་དེ་ཞལ་ནས་ཐོན། ཁྱེད་རང་རྣམས་ཀྱི་ཞལ་དུ་ཞུགས། ཐུགས་ཀར་ཟླ་བའི་དཀྱིལ་འཁོར་གྱི་དབུས་སུ་བཾ་ཡིག་གི་མཐར་འཁོད་པར་མོས་ལ་འདིའི་རྗེས་ཟློས་མཛོད་བྱས་ལ། ཨོཾ་ཛཾ་ཀྲི་ག་ཐ་མ་ནོ་ཏ་ར་སརྦ་ཛྙ་ན་པདྨ་རཀྵ་ཧཱུཾ་ཛྲེཾ་ཧཱུཾ་ཧཱུཾ་སྭཱཧཱ། ལན་གསུམ་རྗེས་ཟློས་བྱེད་དུ་གཞུག །རྗེས་ཀྱི་བྱ་བ་རྣམས་སྤྱི་དང་འདྲའོ། །

༈ ཡིད་འཕྲོག་ནོར་རྒྱུན་མ་ལ། སྐྱབས་སེམས་སྔོན་དུ་འགྲོ་བས། སྭ་བྷཱ་ཝས་སྟོང་པར་སྦྱངས། སྟོང་པའི་ངང་ལས་རང་ཉིད་ནོར་རྒྱུན་མ་དམར་མོ་དར་དང་རིན་པོ་ཆེའི་རྒྱན་ཐམས་ཅད་ཀྱིས་བརྒྱན་པ། འོད་དང་བཀྲག་མདངས་འབར་བ། ལྕགས་ཀྱུ་དང་ནེའུ་ལེ་བསྣམས་པ། རོལ་པའི་སྟབས་ཀྱིས་བཞུགས་པ། ཨོཾ་མ་ནོ་ཏ་ར་ཏ་ར། ཨོཾ་ཨཧྲུ་ཤ །ཨཧྲུ་ཤ །ཧི་ཧི་ཧི། ཧཱུཾ་ཧཱུཾ་ཧཱུཾ་ཕཊ་སྭཱཧཱ། ཞེས་ཅི་ནུས་སུ་བཟླ། དེ་ནས་མདུན་བསྐྱེད་ནི། རང་གི་སྙིན་མཚམས་ནས་འོད་ཟེར་འཕྲོས། ལྕུང་པོ་ཅན་ནས་ནོར་རྒྱུན་མ་བཛྲ་ས་མ་ཛཿམདུན་དུ་འཁོད་པ་ནི་སྐུ་མདོག་དམར་མོ་དར་དང་རིན་པོ་ཆེའི་རྒྱན་ཐམས་ཅད་ཀྱིས་བརྒྱན་པ། འོད་དང་བཀྲག་མདངས་འབར་བ། ལྕགས་

ཀྱཻ་དང་ནཻ་ཙུ་ལེ་བསྟམས་པ། རོལ་པའི་སྟབས་ཀྱིས་བཞུགས་པའོ། །མཆོད་པ་བྱིན་
གྱིས་བརླབས་ལ། ཨཀྵཾ་ནས་ཤབྡའི་བར་གྱིས་མཆོད། གང་སྟོན་སྤྲིན་པ་རྒྱ་མཚོའི་
དགེ་བསགས་པས། །ཚེ་དང་ནོར་དང་མཐུ་ཡི་དཔལ་བརྟེས་ཤིང་། །སྒྲུབ་པ་པོ་ལ་
དབྱིག་གི་ཆར་(༡༧༧བ)འབེབས་པའི། །དཔལ་མོ་ནོར་རྒྱུན་མ་ལ་ཕྱག་འཚལ་ལོ། །
ཞེས་བསྟོད། དེ་ནས་བཟླས་པའི་དམིགས་པ་གསལ་བཏབ་ལ། ཨོཾ་མ་ཎི་ཏ་ར་ཏ་ར།
ཨོཾ་ཨཱཧྲུ་ཤ །ཨཱཧྲུ་ཤ །ཧྲི་ཧྲི་ཧྲི། ཧཱུྃ་ཧཱུྃ་ཧཱུྃ་ཕཊ་སྭཱཧཱ། ཞེས་ཅི་ནུས་སུ་བཟླ། གཏོར་
མ་ཨོཾ་ཨཱཿཧཱུྃ་གིས་བྱིན་གྱིས་བརླབས་ལ། ཨོཾ་སརྦ་བིད་པཱུ་ར་པཱུ་ར་སོགས་ནམ་མཁའ་
མཛོད་ཀྱི་སྔགས་རྒྱས་ཕུལ། སྔར་བཞིན་མཆོད་བསྟོད་འདོད་དོན་གསོལ་བཏབ་
སོགས་བྱ། ༔ དེ་ནས་སློབ་མ་ལ་ལུང་འབོགས་པ་ནི། མཎྜལ་གྱི་སྟེང་དུ་ཆོམ་བུ་
དམར་པོ་དགོད། མདུན་དུ་མཆོད་གཏོར་བཤམས་ནས། སློབ་དཔོན་གྱིས་གོང་
བཞིན་ཉམས་སུ་བླངས་པའི་རྗེས་སུ། སློབ་མས་མཎྜལ་ཕུལ་ནས། གསོལ་བ་འདེབས་
པ་འདིའི་རྗེས་ཟློས་མཛོད་བྱས་ལ། སློབ་དཔོན་གྱིས་བདག་ལ་སྒོམ་ལུང་དམ་པ་
བསྩལ་དུ་གསོལ། ཞེས་ལན་གསུམ། སངས་རྒྱས་ཆོས་ཚོགས་མ་ལན་གསུམ། སློབ་མ་
རྣམས། ཤཱུ་ནྱ་ཏཱ་སྟོང་པར་སྦྱངས། སྟོང་པའི་ངང་ལས་ཁྱེད་རང་རྣམས་སྐད་ཅིག་
གིས་ནོར་རྒྱུན་མ་སྐུ་མདོག་དམར་མོ་དར་དང་རིན་པོ་ཆེའི་རྒྱན་ཐམས་ཅད་ཀྱིས་
བརྒྱན་པ། འོད་དང་བཀྲག་མདངས་འབར་བ། ཞུགས་ཀྱཻ་དང་ནཻ་ཙུ་ལེ་བསྟམས་པ།
རོལ་པའི་སྟོབས་ཀྱིས་བཞུགས་པའོ། །ཞེས་གསལ་གདབ། མདུན་གྱི་ཆོམ་བུ་འདི་ཉིད་
ཀྱང་ཁྱེད་རང་རྣམས་སྒོམ་པ་དང་འདྲ་བའི་ནོར་རྒྱུན་མ་སྐུ་མདོག་དམར་མོར་དངོས་
སུ་བཞུགས་པར་མོས་ལ། དེ་ནས། སློབ་དཔོན་ལ་མོས་གུས་བྱས་པས། སློབ་དཔོན་
གྱིས་ཐུགས་ཀ་ནས་འོད་ཟེར་འཕྲོས། (༡༧༨ན)མདུན་བསྐྱེད་ཀྱི་ལྷའི་ཐུགས་རྒྱུད་བསྐུལ།
དེའི་ཐུགས་ཀའི་ཟླ་བའི་དཀྱིལ་འཁོར་གྱི་དབུས་སུ་པཾ་ཡིག་གི་མཐར་སྔགས་འཕྲེང་
གིས་བསྐོར་བ་ལས་སྔགས་འཕྲེང་གཉིས་པ་བྱུང་། ཞལ་ནས་ཐོན། ཁྱེད་རང་རྣམས་

ཀྱི་ཞལ་དུ་ཞུགས། ཐུགས་ཀར་ཟླ་བའི་དཀྱིལ་འཁོར་གྱི་དབུས་སུ་པཾ་ཡིག་གི་མཐར་འཁོད་པར་མོས་ལ། སྔགས་འདིའི་རྗེས་བཟློས་མཛོད་བྱས་ལ། ཨོཾ་མ་ཎི་ཧ་ར་ཧ་ར། ཨོཾ་ཨཱརྱ་ཤ །ཨཱརྱ་ཤ །ཧྲི་ཧྲི་ཧྲི། ཧཱུྃ་ཧཱུྃ་ཧཱུྃ་ཕཊ་སྭཱཧཱ། ལན་གསུམ་རྗེས་བཟློས་བྱེད་དུ་གཞུག །རྗེས་ཀྱི་བྱ་བ་སྤྱི་དང་འདྲ། །

༄ གཏོར་སྒྲིན་རྡོ་རྗེ་བདུད་འདུལ་ལ། ཐོག་མར་ཕྱག་རྡོར་ཁང་བརྩེགས་ཀྱི་བདག་བསྐྱེད་སྔོན་དུ་འགྲོ་དགོས་པས། དེའི་ཚུལ་ནི། སྐྱབས་སེམས་ཚད་མེད་བཞི་སྔོན་དུ་བཏང་ནས། ཨོཾ་སྭ་བྷཱ་ཝ་ཤུདྡྷཱ་སརྦ་དྷརྨཱ་སྭ་བྷཱ་ཝ་ཤུདྡྷོ྅ཧཾ། སྟོང་པ་ཉིད་དུ་གྱུར། སྟོང་པའི་ངང་ལས་པད་ཉིའི་སྟེང་དུ་རང་སེམས་ཧཱུྃ་གི་འཕྲོ་འདུ་ལས། རང་ཉིད་ཕྱག་ན་རྡོ་རྗེ་ནམ་མཁའི་མདོག་ཅན་ཕྱག་གཡས་གསེར་གྱི་རྡོ་རྗེ་རྩེ་ལྔ་པ་ནམ་མཁའ་ལ་འཕྱར་ཞིང་། གཡོན་ཐོད་ཁྲག་ཐུགས་ཀར་འཛིན་པ། ཞབས་གཡས་བསྐུམ་གཡོན་བརྐྱང་བའི་སྟབས་ཀྱིས་པད་ཉི་ལ་དབང་ཕྱུག་ཆེན་པོ་དང་དབུ་མ་དེ་ཝ་མནན་པ། སྟག་ལྤགས་དང་དར་སྔོན་པོའི་ན་བཟའ་ཅན། སེང་གེའི་པགས་པའི་སྟོད་གཡོགས་ཅན། རིན་པོ་ཆེ་དང་། སྦྲུལ་དང་མི་མགོའི་འཕྲེང་བས་བརྒྱན་པ། མེ་དཔུང་འབར་བའི་དབུས་ན་བཞུགས་པའོ། །དེའི་སྤྱི་བོར་ཨོཾ། མགྲིན་པར་ཨཱཿ ཐུགས་ཀར་ཧཱུྃ། ཐུགས་ཀའི་(༧༦༨བ)ཧཱུྃ་ལས་འོད་ཟེར་འཕྲོས། བསྒོམས་པ་དང་འདྲ་བའི་ཡེ་ཤེས་པ་སྤྱན་དྲངས། ཛཿཧཱུྃ་བཾ་ཧོཿ དམ་ཚིག་པ་དང་གཉིས་སུ་མེད་པར་གྱུར། སླར་ཡང་ཐུགས་ཀའི་ཧཱུྃ་ལས་འོད་ཟེར་འཕྲོས། དབང་གི་ལྷ་རྣམས་སྤྱན་དྲངས། ཁྱེད་རྣམས་ཀྱིས་བདག་ལ་མངོན་པར་དབང་བསྐུར་དུ་གསོལ། ཞེས་གསོལ་བ་བཏབ་ནས། དེ་རྣམས་ཀྱིས་ཡེ་ཤེས་ཀྱི་བདུད་རྩིས་གང་བའི་བུམ་པ་ཐོགས་ནས། ཨོཾ་སརྦ་ཏ་ཐཱ་ག་ཏ་ཨ་བྷི་ཥེ་ཀ་ཏ་ས་མ་ཡ་ཤྲཱི་ཡེ་ཧཱུྃ། ཞེས་བདུད་རྩིའི་ཆུས་དབང་བསྐུར། ལུས་གང་། དྲི་མ་དག །ཆུའི་ལྷག་མ་སྤྱི་གཙུག་ཏུ་གནས་པ་ཡོངས་སུ་གྱུར་པ་ལས་མི་བསྐྱོད་པས་དབུ་བརྒྱན་པར་གྱུར། ཨརྒྷཾ་ལ་སོགས་པས་མཆོད། ལྷུང་པོ་

ཅན་གྱི་གནས་མཆོག་དམ་པ་ན། །གསང་སྔགས་རིག་སྔགས་ཀུན་གྱི་བདག་པོ་སྟེ། །ལོག་འདྲེན་བགེགས་ཀྱི་ཚོགས་རྣམས་འཇོམས་མཛད་པའི། །བཅོམ་ལྡན་རྡོ་རྗེ་བསྣམས་ལ་ཕྱག་འཚལ་ལོ། །ཨོཾ་ནཱི་ལཾ་བ་ར་ཧྲ་ར་བཛྲ་པ་ཎི་ར་ཧཱུྃ་པ་ཡ་ཏི་སྭཱཧཱ། ཞེས་ཅི་ནུས་སུ་བཟླའོ། །དེ་ནས། བྲིས་སྐུའི་མདུན་དུ་མཆོད་གཏོར་བཤམས་ལ། མཆོད་པ་བྱིན་གྱིས་བརླབས་ནས། མདུན་བསྐྱེད་བསངས་སྦྱངས། སྟོང་པའི་ངང་ལས་སྲུང་འཁོར་གཞལ་ཡས་ཁང་དང་བཅས་པའི་ནང་དུ། འཁོར་ལོ་རྩིབས་བཞི་པ་དེའི་ལྟེ་བར་པདྨ་ཉི་མ་སྲིན་པོ་ཕོ་མོ་བསྣོལ་བའི་གདན་ལ། ཧཱུྃ་མཐིང་ནག་ལས་གནོད་སྦྱིན་ཆེན་པོ་རྡོ་རྗེ་བདུད་འདུལ་ཕྱག་གཡས་ནོར་བུ་རིན་པོ་ཆེ་དང་། གཡོན་གསེར་གྱི་བུམ་པ་རིན་པོ་ཆེས་གང་བ་འཛིན་པ། སྐུ་མདོག་ནག་པོ་ཁྲོ་ཞིང་བརྗིད་པ། སྤྱན་གསུམ། (༡༧(ན))མཆེ་བ་གཙིགས་ཤིང་ལྗགས་འདྲིལ་བ། སྨ་ར་སྨིན་མ་དབུ་སྐྲ་ཁམ་ནག་གྱེན་དུ་བརྫེས་པ། དར་ནག་གི་འཇོལ་བེར་གསོལ་ཞིང་། སག་ཧིའི་ལྷམ་གྱོན་པ། རིན་པོ་ཆེའི་དབུ་རྒྱན་དང་། གསེར་གྱི་སྐེ་རགས་བཅིངས་པ། མི་མགོའི་དོ་ཤལ་དང་བཅས་ཤིང་། རྒྱན་སྣ་ཚོགས་ཀྱིས་བརྒྱན་པ། མེ་དཔུང་འབར་བའི་དབུས་ན་རོལ་པའི་སྟབས་ཀྱིས་བཞུགས་པའོ། །གཡོན་དུ་ཧྱོཿལས་ཡུམ་རྡོ་རྗེ་ཀུན་འགྲུབ་མ་སྐུ་མདོག་སྔོན་མོ། ཕྱག་གཡས་པས་ཞལ་ཟས་གཙོ་བོ་ལ་སྟོབ་ཅིང་། གཡོན་པས་ནད་རྐྱལ་འཛིན་པ། དར་དཀར་གྱི་ན་བཟའ་དང་། མགོ་བོའི་དོ་ཤལ་ཅན། སྐྲ་དམར་སེར་ཐུར་དུ་འཕྱང་བའོ། །རྩིབས་བཞི་ལ་ཤར་དུ་ནོར་ལྷ་དཀར་པོ་དར་དཀར་གྱི་ན་བཟའ་དང་། རིན་པོ་ཆེའི་རྒྱན་ཅན། གཡས་ནོར་བུ་དང་། གཡོན་རིན་པོ་ཆེའི་སྦྲམ་བུ་འཛིན་པ། བརྐྱང་བསྐུམ་གྱི་སྟབས་ཀྱིས་དྲེ་ཟ་ཕོ་མོ་བསྣོལ་བའི་གདན་ལ་བཞུགས་པ། ཞི་བའི་ཉམས་ཅན་ནོ། །ལྷོར་མགོན་པོ་ནག་པོ་ཤིན་ཏུ་ཁྲོས་ཤིང་དར་ནག་མཐའ་ལྡིང་ཅན་གསོལ་བ། སྦྲུལ་དང་མི་མགོས་བརྒྱན་པ། གཡས་ཙན་དན་གྱི་བེང་ཆེན་དང་། གཡོན་ལྕགས་བར་འཛིན་པ། བརྐྱང་བསྐུམ་གྱི་སྟབས་

ཀྱིས་གཤིན་རྗེ་ཕོ་མོ་བསྐོལ་བའི་གདན་ལ་བཞུགས་པ། ནུབ་ཏུ་འབྲོག་གནས་དམར་པོ་ཞལ་ལྔ་སྟེ། དབུས་སེང་གེ། གཡས་རྟ་དང་ལུག །གཡོན་ར་དང་ཕྱིའུ། ཕྱུག་དྲུག་དང་པོ་གཉིས་ཀྱིས་རིན་པོ་ཆེའི་སྦྲོམ་བུ་འཛིན་པ། བར་པ་གཉིས་ཀྱིས་གསེར་གྱི་འཁོར་ལོ་དང་ཤིང་འབྲས་འཛིན་(༡༧༩ཁ)པ། ཐ་མ་གཉིས་ཀྱིས་འབྲས་དང་སྨན་སྣ་ཚོགས་ཀྱིས་གང་བའི་སྣོད་འཛིན་པ། དར་དང་རིན་པོ་ཆེས་བརྒྱན་པ། བརྐྱང་བསྐུམ་གྱི་སྟབས་ཀྱིས་ཀླུ་ཕོ་མོ་བསྐོལ་བའི་གདན་ལ་བཞུགས་པ། བྱང་དུ་རྣམ་སྲས་ལྗང་གུ་སྐུ་སྦོམ་ཞིང་བརྗིད་པ། དར་དང་རིན་པོ་ཆེའི་རྒྱན་དང་། བསེའི་ཁྲབ་དང་རྫོག་ཞུ་གསོལ་བ། གསེར་གྱི་རྟ་ལྗུག་དང་། སྨན་སྣ་ནོར་བུས་གང་བའི་གཞོང་པ་བསྣམས་པ། རྟ་དང་སེར་ལ་ཆིབས་ཤིང་། གནོད་སྦྱིན་ཕོ་མོ་བརྫིས་པའོ། །གལ་ཏེ་དེ་དག་ས་བོན་ལས་བསྐྱེད་ན། ཛཿ ཧཱུྃ་བྃ་ཧོཿ ཞེས་པ་རྣམས་ལས་བསྐྱེད་དོ། །དེ་ཐམས་ཅད་ཀྱི་སྤྱི་བོར་ཨོཾ། མགྲིན་པར་ཨཱཿ ཐུགས་ཀར་ཧཱུྃ། ཐུགས་ཀའི་ཧཱུྃ་ལས་འོད་ཟེར་འཕྲོས། བསྒོམས་པ་དང་འདྲ་བའི་ཡེ་ཤེས་པ་སྤྱན་དྲངས། ཛཿཧཱུྃ་བྃ་ཧོཿ དམ་ཚིག་པ་དང་གཉིས་སུ་མེད་པར་གྱུར། སླར་ཡང་ཐུགས་ཀའི་ཧཱུྃ་ལས་འོད་ཟེར་འཕྲོས། དབང་གི་ལྷ་རྣམས་སྤྱན་དྲངས། ཁྱེད་རྣམས་ཀྱིས་འདི་ལ་མངོན་པར་དབང་བསྐུར་དུ་གསོལ། ཞེས་གསོལ་བ་བཏབ་པས། དེ་རྣམས་ཀྱིས་ཡེ་ཤེས་ཀྱི་བདུད་རྩིས་གང་བའི་བུམ་པ་ཐོགས་ནས། ཨོཾ་སརྦ་ཏ་ཐཱ་ག་ཏ་ཨ་བྷི་ཥེ་ཀ་ཏ་ས་མ་ཡ་ཤྲཱི་ཡེ་ཧཱུྃ། ཞེས་བདུད་རྩིའི་ཆུས་དབང་བསྐུར། ལུས་གང་། དྲི་མ་དག །ཆུའི་ལྷག་མ་སྤྱི་གཙུག་ཏུ་གནས་པ་ཡོངས་སུ་གྱུར་པ་ལས། གཙོ་བོ་ལ་ཕྱུག་ན་རྡོ་རྗེ་དང་། འཁོར་རྣམས་ལ་རྡོ་རྗེ་རྩེ་ལྔ་པ་རེ་རེས་དབུ་བརྒྱན་པར་གྱུར། ཨརྒྷཾ་ལ་སོགས་པས་མཆོད། དཔལ་ཆེན་རྡོ་རྗེ་བདུད་འདུལ་ནི། །གདུག་པ་འདུལ་ཞིང་བར་ཆད་སེལ། །ཁྱོད་ཀྱིས་འཕྲིན་ལས་ཀུན་(༡༨༠ན)བསྒྲུབ་པ། །གནོད་སྦྱིན་འཁོར་དང་བཅས་ལ་བསྟོད། །དེ་ནས་བཟླས་པའི་དམིགས་པ་གསལ་བཏབ་ལ། ཨོཾ་ཛྱི་ལཾ་བ་ར་ཛྲ་ར་ཞེས་སོགས་ཡི་

དམ་གྱི་སྔགས་ཀྱིས་ཙུང་ཟད་ཐོག་དྲངས་ནས། ཨོཾ་བཛྲ་རཀྵ་ཙིཏྟ་ར་ག་ར་གེ་ཧཱུཾ་ཕཊ། གཙོ་བོའི་སྔགས་སོ། །ཨོཾ་བཛྲ་རཀྵ་ཙིཏྟ་བཛྲ་བདུད་མ་ཧིང་སྐྲོལ་ཧིང་ཧིང་ཛཿཛཿ ཡུམ་གྱིའོ། །ཨོཾ་བཛྲ་ཀྲོ་དྷ་ཨཱཪྻ་ཛམྦྷ་ལ་ཧྲི་ད་ཡ་སྭཱཧཱ། ཨོཾ་མཧཱ་ཀཱ་ལ་ཧ་ན་ཧ་ན་བཛྲེ་ཊ་སྭཱཧཱ། ཨོཾ་མཧཱ་ཡཀྵ་པཉྩ་དེ་བ་ཀྲ་ཛ་ཡ་སྭཱཧཱ། ཨོཾ་བཻ་ཤྲ་མ་ཎ་ཡེ་སྭཱཧཱ། ཞེས་བཟླ་ཞིང་། གཏོར་ཆོག་ནི་སྤྱི་དང་མཐུན་པར་བྱིན་གྱིས་བརླབས་ལ། སྙིང་པོའི་མཐར་ཨི་དཾ་བ་ལིཾ་ཏ་ཁ་ཁ་ཁཱ་ཧི་ཁཱ་ཧི། མཧཱ་པཉྩ་ཨ་སྲི་ཏ་ཁཱ་ཧི། མཧཱ་རཀྵ་ཁཱ་ཧི། ས་མ་ཡ་སྭཱཧཱ། ཞེས་བཏགས་ཤིང་། འཁོར་རྣམས་ལ། ཨི་དཾ་བ་ལིཾ་ཏ་ཁ་ཁ་ཁཱ་ཧི་ཁཱ་ཧི། གཅིག་བུ་བཏགས་པས་ཕུལ། སྔར་བཞིན་མཆོད་བསྟོད་བྱས་ལ། མཆོད་སྦྱིན་གཏོར་མ་འདི་བཞེས་ལ། །ཞེས་སོགས་ཀྱིས་འདོད་དོན་ཞུ། ཡིག་བརྒྱ། བཟོད་གསོལ་སོགས་བྱའོ། །འདི་དཀྱུས་ཀྱི་ཉམས་ལེན་ལྟར་ཡིན། ཕྱི་སྒྲུབ་ཁོ་ན་ལྟར་ན། ཡུམ་མི་བསྐྱེད་པར་གཙོ་འཁོར་ལྔས་ཆོག་གོ །གཙོ་བོའི་ཕྱག་གཡས་ཀྱི་ཕྱག་མཚན་ནོར་བུས་མཚན་པའི་བེ་ཅོན་བྱེད་པའང་ཡོད་དོ། །ནང་སྒྲུབ་ནི། གཞན་འདྲ་བ་ལས། འཁོར་བཞི་མི་བསྐྱེད་པར་རྡོ་རྗེ་བདུད་འདུལ་སྐུ་མདོག་མཐིང་ནག་རབ་ཏུ་ཁྲོས་པ་སྤྱན་གསུམ་དང་ལྡན་པ། ཕྱག་གཡས་ཁ་ཊྭཱཾ་རྩེ་གསུམ་དང་། གཡོན་ཐོད་པ་ཁྲག་གང་བསྣམས་པ། ཞབས་གཡས་བསྐུམ་གཡོན་བརྐྱང་བས་སྲིན་པོ་ཕོ་མོ་མནན་པ། ཆ་ལུགས་གོང་དང་འདྲ། ཡུམ་ཡང་སྔ་མ་བཞིན་བསྐྱེད་དེ་ལྷུམ་དྲལ་གཉིས་(༧༨༠བ)སུ་སྒྲུབ་པ་ཡིན་ནོ། །གསང་སྒྲུབ་ལྟར་ན། སྐུ་མདོག་མཐིང་ནག །ནག་དཀར་དམར་བའི་ཞལ་གསུམ་མཆེ་བ་གཙིགས་ཤིང་དབུ་སྐྲ་གྱེན་དུ་བརྫེས་པ། ཕྱག་དྲུག་གི་གཡས་གསུམ་ན་རྩེ་གསུམ། དབྱུག་པ། རལ་གྲི། གཡོན་གསུམ་ན་ཐོད་པ། ཞགས་པ། ལྕགས་ཀྱུ་འཛིན་པ། གཡས་བརྐྱང་གི་སྟབས་ཀྱིས་དགྲ་བགེགས་ཐམས་ཅད་མནན་པ། རྒྱན་ཆ་ལུགས་གོང་དང་འདྲ། ཕྱོགས་བཞིར། གླ་ལས་གནོད་སྦྱིན་བཞི་སྟེ། གཡས་སུ་རྣོན་པོ་དགྲ་སྟ་རལ་གྲི་ནད་རྒྱལ་ཞགས་པ་རྣམས་འཛིན་པ། གཡོན་དུ་

ཀུན་གྱི་འཇིགས་བྱེད་དམར་སེར་དར་ནག་རལ་གྲི་ནད་རྒྱལ་ཞགས་པ་འཛིན་པ། རྒྱབ་ཏུ་ཉི་མ་མིག་དམར་ནག་གྲི་གུག་ཞགས་པ་ནད་རྒྱལ་ཐོད་ཁྲག་འཛིན་པ། མདུན་དུ་ཡུམ་རྡོ་རྗེ་ཀུན་འགྲུབ་མ་གོང་བཞིན། དེ་རྣམས་མེ་ལྷ། སྲིན་པོ། རླུང་ལྷ། དབང་ལྡན་རྣམས་བསྐྱིལ་བའི་གདན་ལ་བཞུགས་པ། གནོད་སྦྱིན་ཕོ་གསུམ་ཆར་ཡང་ཕྱག་བཞི་པ། ཐམས་ཅད་ཀྱང་ཞི་མ་ཁྲོ་སྒྲུལ་དང་རིན་པོ་ཆེས་བརྒྱན་པའོ། །གནོད་སྦྱིན་དེ་གསུམ་གྱི་རིག་སྔགས་ནི་རིམ་པས། ཨོཾ་བཛྲ་མཧཱ་ཡཀྵ་ཡ་ཨ་ཀ་ཏི་སྐྲོལ་ཛཿཛཿཨོཾ་བཛྲ་ཡཀྵ་ཙཀྲ་དུན་དུན་ཛཿཛཿཨོཾ་མཧཱ་ཧླཱ་ན་ནཱ་ག་རཱ་ཛ་ཏ་ཏ་ཐད་ཐད་ས་མ་ཡ་ཛཿཛཿ ཞེས་སོ། ། ༈ རྗེས་གནང་གི་བྱ་བ་ནི། ཡི་གེ་ཉིང་མ་རྣམས་ན། ཉིང་མའི་ལུགས་ཀྱི་བྱིན་རླབས་དབང་གི་ཚུལ་ཅན་འདྲ་མིན་སྣ་ཚོགས་ཞིག་འདུག་ནའང་། དེང་སང་ལག་ལེན་གྱི་རྒྱུན་མེད་ལ། ད་ལྟ་གསར་མ་དང་མཐུན་པའི་རྗེས་གནང་ལ་ཕྱག་ལེན་མཛད་དེ། སྔོམ་(༡༤༡ན)དོན་དང་མཐུན་པའི་དཀྱིལ་འཁོར་རམ། པདྨ་འདབ་བརྒྱད་ཙམ། བསྟུ་ན་ཚོམ་བུས་ཀྱང་ཉུང་སྟེ། སྟེང་དུ་གཏོར་མ་རྡོ་རྗེ་ཕྱེད་པའི་རྣམ་པ་ཅན་བཀོད། མཐའ་མཆོད་གཏོར་གྱིས་བསྐོར། བདག་བསྐྱེད། མདུན་བསྐྱེད་གཏོར་ཆོག་ཡན་སོང་མཚམས། སློབ་མས་མཎྜལ་ཕུལ། སློབ་དཔོན་བདག་ལ་དགོངས་སུ་གསོལ། །དཔལ་ཆེན་རྡོ་རྗེ་བདུད་འདུལ་གྱི། །སྐུ་གསུང་ཐུགས་ཀྱི་རྗེས་གནང་དང་། །བྱིན་གྱིས་བརླབས་པ་བསྩལ་དུ་གསོལ། །ཞེས་ལན་གསུམ་གསོལ་བ་བཏབ། སློབ་དཔོན་ཕྱག་རྡོར་དང་། མདུན་བསྐྱེད་གནོད་སྦྱིན་འཁོར་བཅས་སུ་གསལ་བཏབ་ནས། དཀོན་མཆོག་གསུམ་ལ་བདག་སྐྱབས་མཆི། །ཞེས་སོགས་རྒྱུན་བཤགས་བྱ། སློབ་མ་བསངས་སྦྱངས། སྟོང་པའི་ངང་ལས་སྲུང་འཁོར་གཞལ་ཡས་ཁང་དང་བཅས་པའི་ནང་དུ། འཁོར་ལོ་རྩིབས་བཞི་པ་དེའི་ལྟེ་བར་པདྨ་ཉི་མ་སྲིན་པོ་ཕོ་མོ་བརྫོལ་བའི་གདན་ལ། ཁྱེད་རང་རྣམས་ཧཱུྃ་མཐིང་ནག་ལས་གནོད་སྦྱིན་ཆེན་པོ། རྡོ་རྗེ་བདུད་འདུལ་ཕྱག་གཡས་

ནོར་བུ་རིན་པོ་ཆེ་དང་། གཡོན་གསེར་གྱི་བུམ་པ་རིན་པོ་ཆེས་གང་བ་འཛིན་པ། སྐུ་མདོག་ནག་པོ་ཁྲོ་ཞིང་བརྗིད་པ། སྤྱན་གསུམ། མཆེ་བ་གཙིགས་ཤིང་ལྗགས་འདྲིལ་བ། སྨ་ར་སྨིན་མ་དབུ་སྐྲ་ཁམ་ནག་གྱེན་དུ་བརྫེས་པ། དར་ནག་གི་འཇོལ་བེར་གསོལ་ཞིང་། སག་ཏྲིའི་ལྷམ་གྱོན་པ། རིན་པོ་ཆེའི་དབུ་རྒྱན་དང་། གསེར་གྱི་སྐེ་རགས་བཅིངས་པ། མི་མགོའི་དོ་ཤལ་དང་བཅས་ཤིང་། རྒྱན་སྣ་ཚོགས་ཀྱིས་བརྒྱན་པ། མེ་དཔུང་རབ(༡༤༧ན)ཏུ་འབར་བའི་དབུས་ན་རོལ་པའི་སྟབས་ཀྱིས་བཞུགས་པའོ། །གཡོན་དུ་ཧྲཱུྃ༔ལས་ཡུམ་རྡོ་རྗེ་ཀུན་འགྲུབ་མ་སྐུ་མདོག་སྔོན་མོ། ཕྱག་གཡས་པས་ཞལ་ཟས་གཙོ་བོ་ལ་སྟོབ་ཅིང་། གཡོན་པས་ནད་རྐྱལ་འཛིན་པ། དར་དཀར་གྱི་ན་བཟའ་དང་། མགོ་བོའི་དོ་ཤལ་ཅན། སྐྲ་དམར་སེར་ཐུར་དུ་འཕྱུར་བའོ། །ཕྱིབས་བཞི་ལ་ཤར་དུ་ནོར་ལྷ་དཀར་པོ་དར་དཀར་གྱི་ན་བཟའ་དང་། རིན་པོ་ཆེའི་རྒྱན་ཅན། གཡས་ནོར་བུ་དང་། གཡོན་རིན་པོ་ཆེའི་སྒྲོམ་བུ་འཛིན་པ། བརྐྱང་བསྐུམ་གྱི་སྟབས་ཀྱིས་དྲི་ཟ་ཕོ་མོ་བརྫོལ་བའི་གདན་ལ་བཞུགས་པ། ཞི་བའི་ཉམས་ཅན་ནོ། །ལྷོར་མགོན་པོ་ནག་པོ་ཤིན་ཏུ་ཁྲོས་ཤིང་དར་ནག་མཐའ་ལྗང་ཅན་གསོལ་བ། སྤྲུལ་དང་མི་མགོས་བརྒྱན་པ། གཡས་ཙན་དན་གྱི་བེང་ཆེན་དང་། གཡོན་ལྕུགས་བར་འཛིན་པ། བརྐྱང་བསྐུམ་གྱི་སྟབས་ཀྱིས་གཤིན་རྗེ་ཕོ་མོ་བརྫོལ་བའི་གདན་ལ་བཞུགས་པ། ནུབ་ཏུ་འབྲོག་གནས་དམར་པོ་ཞལ་ལྔ་སྟེ། དབུས་སེང་གེ། གཡས་རྟ་དང་ལུག །གཡོན་ར་དང་སྤྲེའུ། ཕྱག་དྲུག་དང་པོ་གཉིས་ཀྱིས་རིན་པོ་ཆེའི་སྒྲོམ་བུ་འཛིན་པ། བར་པ་གཉིས་ཀྱིས་གསེར་གྱི་འཁོར་ལོ་དང་ཤིང་འབྲས་འཛིན་པ། ཐ་མ་གཉིས་ཀྱིས་འབྲས་དང་སྨན་སྣ་ཚོགས་ཀྱིས་གང་བའི་སྣོད་འཛིན་པ། དར་དང་རིན་པོ་ཆེས་བརྒྱན་པ། བརྐྱང་བསྐུམ་གྱི་སྟབས་ཀྱིས་ཀླུ་ཕོ་མོ་བརྫོལ་བའི་གདན་ལ་བཞུགས་པ། བྱང་དུ་རྣམ་སྲས་ལྗང་གུ་སྐུ་སྦོམ་ཞིང་བརྗིད་པ། དར་དང་རིན་པོ་ཆེའི་རྒྱན་དང་། བསེའི་ཁྲབ་དང་རྨོག་གཞུ་གསོལ་བ། གསེར་གྱི་ཏ

ལྟག་དང་། སྨན་སྔ་ནོར་བུས་གང་(༡༤༢ན)བའི་གཞོང་པ་བསྣམས་པ། རྟ་དང་སེར་ལ་ཆིབས་ཤིང་། གནོད་སྦྱིན་ཕོ་མོ་བཀྱེས་པའོ། །ཐམས་ཅད་ཀྱི་དཔྲལ་བར་ཨོཾ། མགྲིན་པར་ཨཱཿ ཐུགས་ཀར་ཧཱུྃ། ཞེས་གསལ་བཏབ། མདུན་གྱི་གཏོར་རྟེན་འདི་ཉིད་ཀྱང་ཁྱིད་རང་རྣམས་སྒོམ་པ་དང་འདྲ་བའི་རྡོ་རྗེ་བདུད་འདུལ་གཙོ་འཁོར་དུ་དངོས་སུ་བཞུགས་པར་མོས་ལ། དེ་ནས་སློབ་དཔོན་གྱི་ཐུགས་ཀ་ནས་འོད་ཟེར་འཕྲོས། ལྕང་ལོ་ཅན་ནས་གནོད་སྦྱིན་རྡོ་རྗེ་བདུད་འདུལ་འཁོར་དང་བཅས་པ་སྤྱན་དྲངས་ཏེ། ཁྱིད་རང་གི་ལུས་ལ་གཉིས་སུ་མེད་པར་ཐིམ་པའི་མོས་པ་མཛོད་བྱས་ལ། རོལ་མོ་བྱ། འདི་ནི་སྐུའི་རྗེས་གནང་ངོ་། །བཟླས་ལུང་ནི། ཁྱིད་རང་གི་སྙིང་གར་པད་ཉིའི་གདན་ལ་ཧཱུྃ་མཐིང་ནག་གི་མཐར་སྔགས་འཕྲེང་འོད་ཟེར་མཐིང་ནག་འབར་བའི་རྣམ་པ་ཅན་དུ་བཞུགས་པར་མོས། སློབ་དཔོན་གྱི་ཐུགས་ཀ་ནས་འོད་ཟེར་འཕྲོས། མདུན་བསྐྱེད་ཀྱི་ལྷའི་ཐུགས་རྒྱུད་བསྐུལ། ཐུགས་ཀའི་སྔགས་འཕྲེང་ལས་སྔགས་འཕྲེང་གཉིས་པ་ཆད། ཞལ་ནས་ཐོན། ཁྱིད་རང་གི་ཁ་སྒོ་ནས་ཞུགས། སྙིང་གའི་སྔགས་འཕྲེང་ལ་ཐིམ་པའི་མོས་པ་མཛོད་བྱས་ལ། ཨོཾ་བཛྲ་རཀྵ་ཙཎྜ་རཱ་ག་ར་གེ་ཧཱུྃ་ཕཊ། ཅེས་གཙོ་བོའི་སྔགས་དང་། ཨོཾ་བཛྲ་རཀྵ་ཙཎྜ་བཛྲ་བདུད་མ་ཊིང་སྐྲོལ་ཊིང་ཊིང་ཛཿཛཿཞེས་ཡུམ་གྱི་སྔགས་དང་། ཨོཾ་བཛྲ་ཀྲོ་དྷ་ཨཱཪྻ་ཛམྦྷ་ལ་ཧྲི་ད་ཡ་སྭཱཧཱ། ཨོཾ་མཧཱ་ཀཱ་ལ་ཏ་ན་ཏ་ན་བཛྲེ་ཊ་སྭཱཧཱ། ཨོཾ་མཧཱ་ཡཀྴ་པཉྩ་དེ་བ་ནྡྲ་ཛ་ཡ་སྭཱཧཱ། ཨོཾ་བཻ་ཤྲ་མ་ཊ་ཡེ་སྭཱཧཱ། ཞེས་པ་འཁོར་རྣམས་ཀྱི་སྔགས་ཏེ་ལན་གསུམ་གསུམ་རྗེས་ཟློས་བྱར་(༡༤༢བ)གཞུག །བྱིན་གྱིས་བརླབས་པའི་ལུང་ནི། སློབ་དཔོན་ལ་མེ་ཏོག་གཏོར་བཞིན་དུ་འདིའི་རྗེས་ཟློས་མཛོད། བཅོམ་ལྡན་བདག་ལ་བསྟུལ་ལགས་ཀྱི། །བདག་ལ་འགོ་བར་མཛད་དུ་གསོལ། །ཞེས་ལན་གསུམ། དེ་ལྟར་ཕུལ་བའི་མེ་ཏོག་དེ་ཉིད་སྔགས་འཕྲེང་དུ་བྱིན་གྱིས་བརླབས་ཏེ་ཁྱིད་རང་གི་སྤྱི་བོར་གཏོར་བས། སྤྱི་གཙུག་གི་སྒོ་ནས་ཞུགས་ཏེ། སྙིང་གའི་སྔགས་འཕྲེང་ལ་ཐིམ་ཞིང་། བྱིན་གྱིས་

བརྣབས་པའི་མོས་པ་མཇོད་བྱས་ལ། མེ་ཏོག་སྤྱི་བོར་གཏོར་ཏེ། བཅོམ་ལྡན་འདི་ལ་བསྩལ་ལགས་ཀྱི། །འདི་ལ་འགོ་བར་མཛད་དུ་གསོལ། །ཞེས་ལན་གསུམ། སྙིང་གར་གཏོར་ཏེ། སྔགས་ཀྱི་དངོས་གྲུབ་བསྩལ་དུ་གསོལ། །བརྟུལ་ཞུགས་བརྟན་པར་མཛད་དུ་གསོལ། །རྡོ་རྗེ་སློབ་མ་འདིའི་རྒྱུད་ལ་གནོད་སྦྱིན་རྡོ་རྗེ་བདུད་འདུལ་འཁོར་དང་བཅས་པའི་གསུང་རིག་སྔགས་ཀྱི་ནུས་མཐུ་ཐམས་ཅད་ཐོགས་མེད་དུ་འཇུག་པར་གྱུར་ཅིག །འདི་ནི་གསུང་གི་རྗེས་གནང་སྟེ། དེ་གཉིས་ལ་ཕྱིའི་རྗེས་གནང་ཞེས་བྱ་སྟེ། ཡང་སློབ་དཔོན་གྱི་ཐུགས་ཀ་ནས་འོད་ཟེར་འཕྲོས། མདུན་བསྐྱེད་ཀྱི་ལྷའི་ཐུགས་རྒྱུད་བསྐུལ། ཐུགས་ཀ་ནས་འོད་ཟེར་འཕྲོས། སངས་རྒྱས་བྱང་སེམས་ཐམས་ཅད་ཀྱི་ཐུགས་གཉིས་སུ་མེད་པའི་ཡེ་ཤེས་ཐམས་ཅད་ཕྱག་མཚན་ནོར་བུ་རིན་པོ་ཆེ་སོགས་ཀྱི་རྣམ་པར་སྤྱན་དྲངས། མདུན་བསྐྱེད་ཀྱི་ཐུགས་ཀར་ཐིམས། མདུན་བསྐྱེད་ལ་མོས་གུས་དུང་དུང་བ་བྱས་པས། དེ་ཁྱིད་རང་གི་སྤྱི་བོར་ཕྱིན། འོད་ཀྱི་གོང་བུར་ཞུ་བ་སྤྱི་བོ་ནས་ཞུགས་ཏེ་སྙིང་གར་ཐིམ། དེའི་ངང་དེར་སེམས་དུས་གསུམ་གྱི་རྣམ་པར་(༡༢༣ན)རྟོག་པའི་སྤྲོས་པ་ཐམས་ཅད་སྤངས་ཏེ་ཙུང་ཟད་མཉམ་པར་ཞོག་མཛོད། ཅེས་བརྗོད་ལ་ཙུང་ཟད་མི་རྟོག་པ་བསྒོམ་དུ་གཞུག །འདི་ནི་ཐུགས་ཀྱི་རྗེས་གནང་སྟེ། ནང་གི་རྗེས་གནང་ཞེས་ཀྱང་བྱ། དེ་ནས་གཏོར་མ་མགོ་ཐོག་ཏུ་བཞག་ལ། གནོད་སྦྱིན་རྡོ་རྗེ་བདུད་འདུལ་འཁོར་དང་བཅས་པ་ཁྱེད་རྣམས་ཀྱིས་རྩ་བརྒྱུད་ཀྱི་དཔལ་ལྡན་བླ་མ་དམ་པ་རྣམས་ཀྱི་བཀའ་དང་དམ་ལས་མ་འདའ་བར་རྡོ་རྗེ་སློབ་མ་འདིའི་ཕྱི་བཞིན་དུ་རྗེས་སུ་འབྲངས་ལ་ལུས་དང་གྲིབ་མ་བཞིན་དུ་འགྲོགས་ཏེ། འགལ་རྐྱེན་ཐམས་ཅད་སོལ། མཐུན་རྐྱེན་ཐམས་ཅད་བསྒྲུབས། དགྲ་བགེགས་ཐམས་ཅད་ཐུལ། ཇི་ལྟར་བཅོལ་བའི་ལས་ཐམས་ཅད་འགྲུབ་པར་མཛོད་ཅིག །ཅེས་བཀའ་བསྒོ་དྲག་ཏུ་བྱ། མཐར། ཧཱུྃ། མགོན་པོ་རྡོ་རྗེ་བདུད་འདུལ་ནི། །ཐུགས་རྗེའི་སྟོབས་ཀྱིས་གདུག་པ་འདུལ། །གཞོན་

ཞུ་དཔའ་བོ་ཁྲོས་པའི་སྐུ། །ཁྲོ་བོ་རྒྱལ་པོས་དབང་བསྐུར་རོ། །ལྷ་ཐམས་ཅད་ཀྱི་གནས་གསུམ་གྱི་ཡིག་འབྲུ་གསུམ་ལས་འོད་ཟེར་འཕྲོས། སློབ་མའི་གནས་གསུམ་གྱི་ཡི་གེ་འབྲུ་གསུམ་ལ་ཐིམ། ལུས་ཐམས་ཅད་འོད་ཟེར་དཀར་དམར་མཐིང་གསུམ་གྱིས་གང་བས་སྐུ་གསུང་ཐུགས་ཀྱི་བྱིན་རླབས་ཞུགས་པར་བསམ། གསང་བའི་རྗེས་གནང་ངོ་། །སྙིང་གའི་འོད་ཟེར་གྱིས་སྣོད་བཅུད་བསྡུ་བའི་དམིགས་པ་ཕོག་སྟེ། དེ་ཁོ་ན་ཉིད་ཀྱི་རྗེས་གནང་ངོ་། །རྗེས་ཀྱི་བྱ་བ་སྔར་དང་འདྲ། ཕྱི་སྒྲུབ་ནང་སྒྲུབ་གསང་སྒྲུབ་གསུམ་སོ་སོར་དོན་དུ་གཉེར་བ་ལ་དེ་དང་དེ་སྦྱིན་ཅིང་། ཐམས་ཅད་དོན་དུ་གཉེར་(༧༤༣བ)ན། མཎྜལ་པདྨ་འདབ་བརྒྱད་ཀྱི་ཁར་ཚོམ་བུ་སྔོན་པོ་གསུམ་དང་སྙིང་དུ་གཏོར་མ་རྡོ་རྗེ་ཕྱེད་པའི་རྣམ་པ་ཅན་གཅིག་བཀོད། མཐའ་མཆོད་གཏོར་གྱིས་བསྐོར། ཕྱག་རྡོར་གྱི་བདག་བསྐྱེད་སྔོན་དུ་བཏང་། མདུན་བསྐྱེད་ཀྱི་སྐབས་ཕྱི་ནང་གསང་གསུམ་གྱི་གཙོ་བོ་རྣམས་གསུམ་བརྩིགས་སུ་བསྐྱེད། ཕྱི་སྒྲུབ་ཀྱི་འཁོར་བཞི་དཀྱུས་ལྟར་དང་། གསང་སྒྲུབ་ཀྱི་འཁོར་བཞི་དེའི་ཕྱི་རིམ་ལ་འགོད། ཐུན་མོང་དུ་མཆོད་གཏོར་སོགས་ཕུལ་ནས། སློབ་མའི་བྱ་བའི་སྐབས། སློབ་མ་ཡང་གཙོ་བོ་གསུམ་བརྩིགས་སུ་བསྐྱེད། དེའི་མཐར་ཕྱི་སྒྲུབ་ཀྱི་འཁོར་བཞི་དང་དེའི་མཐར་གསང་སྒྲུབ་ཀྱི་འཁོར་བཞི་བསྐྱེད། ལྷ་ངོ་སྟོན་པའི་ཚེ་མདུན་གྱི་གཏོར་རྟེན་རྣམས་ཀྱང་སློབ་མས་བསྒོམ་པ་དང་འདྲ་བར་ལྷ་དེ་སྟོན། བཟླས་ལུང་གི་སྐབས་ཕྱི་སྒྲུབ་ལྷ་ལྔའི་སྔགས་སོང་བའི་རྗེས་ལ། གསང་སྒྲུབ་ཀྱི་འཁོར་བཞིའི་སྔགས་སྦྲེལ་ནས་བཟླས་ལུང་བྱེད། གཏོར་དབང་ཡང་གཅིག་གིས་ཆོག་གོ །

༄ གཏོར་སྒྲིན་ཨ་པ་ར་ཛི་ཏ་ལ། མཎྜལ་དཀར་པོ་པདྨ་འདབ་བརྒྱད་ལ་ཚོམ་བུ་གཅིག་བཀོད། དེའི་སྙིང་དུ་གཏོར་རྟེན། མདུན་དུ་རིན་པོ་ཆེའི་འཕྲེང་བ་བཅས་བཤམས། མཐའ་མཆོད་གཏོར་གཙང་མས་བསྐོར། ཕྱག་ན་རྡོ་རྗེའི་བདག་བསྐྱེད་བྱ། མདུན་བསྐྱེད་བསངས་སྦྱངས། སྟོང་པའི་ངང་ལས་ཧཱུྃ་ལས་བྱུང་བའི་གཞལ་ཡས་

ཁང་སྐོ་གཅིག་པ། དེའི་དབུས་སུ་པཾ་ལས་པདྨ་ཨ་ལས་ཟླ་བ་ལ་ཧྲཱི་ཡིག་འོད་ཀྱི་འཕྲོ་འདུ་ལས། གནོད་སྦྱིན་ཆེན་པོ་གངས་རིའི་མདོག་ཅན། གཞོན་ནུའི་ལུས་(༧༤༥ན)ལ་སྡང་མིག་དམར་བ། ཕྱག་གཡས་ལྕགས་ཀྱུ་དང་། གཡོན་གཏེར་གྱི་བུམ་པ་འཛིན་པ། དར་དཀར་དང་རིན་པོ་ཆེའི་རྒྱན་གྱིས་བརྒྱན་པ། རིན་པོ་ཆེའི་ཕྱག་རྒྱ་བཅས་ལ། རང་གི་སྙིང་ག་ནས་འོད་ཟེར་ལྕགས་ཀྱུ་ལྟ་བུ་འཕྲོས། རི་རབ་ཀྱི་བྱང་ཤར་ནས། གནོད་སྦྱིན་གཞན་གྱིས་མི་ཐུབ་པ་འཁོར་བཅས་བཛྲ་ས་མཱ་ཛཿ ཛཿཧཱུྃ་བཾ་ཧོཿ གཉིས་སུ་མེད་པར་ཐིམ། སླར་ཡང་སྙིང་ག་ནས་འོད་ཟེར་འཕྲོས། དབང་གི་ལྷ་རྣམས་སྤྱན་དྲངས། ཁྱེད་རྣམས་ཀྱིས་བདག་ལ་མངོན་པར་དབང་བསྐུར་དུ་གསོལ། ཞེས་གསོལ་བ་བཏབ་པས། ཨོཾ་བཛྲཱི་བྷཱ་ཝ་ཨ་བྷི་ཥིཉྩ་ཧཱུྃ། ཞེས་གསུངས་ཤིང་དབང་བསྐུར། སྐུ་གང་། དྲི་མ་དག །ཆུའི་ལྷག་མ་ཡར་ལུད་པ་ལས་མི་བསྐྱོད་པས་དབུ་བརྒྱན་པར་གྱུར། དེ་ནས་བཟླས་པའི་དམིགས་པ་གསལ་བཏབ་ལ། ཨོཾ་ཧྲཱིཾ་ཛ་ཨ་པ་རི་ཛི་ཏ་ཛཿཛཿ ཞེས་ཅི་ནུས་བཟླ། མཆོད་གཏོར་བྱ་རྒྱུད་ལྟར་དང་ནམ་མཁའ་མཛོད་ཀྱི་སྔགས་དང་ཕྱག་རྒྱ་ལན་གསུམ་གྱིས་བྱིན་གྱིས་བརླབས་ལ། ཨོཾ་ཧྲཱིཾ་ཛ་ཨ་པ་རི་ཛི་ཏ་ཛ་ཛ་བ་ལིཾ་ཏ་ཁ་ཁ་ཁཱ་ཧི་ཁཱ་ཧི་སྭཱཧཱ། ཞེས་ལན་བདུན་གྱིས་འབུལ། ཨརྒྷཾ་ནས་ཤབྡའི་བར་གྱིས་མཆོད། དཔལ་ལྡན་རྒྱལ་པོ་རྣམ་ཐོས་སྲས། །དེའི་བང་མཛོད་ལྡེ་མིག་འཛིན། །ནོར་བདག་ཆེན་པོ་རིན་ཆེན་སྦྱིན། །འབྱོར་པ་སྤེལ་བྱེད་ཁྱོད་ལ་བསྟོད། །ཅེས་བསྟོད། མཆོད་སྦྱིན་གཏོར་མ་འདི་བཞེས་ལ། །ཞེས་སོགས་སྤྱི་དང་འདྲ། ༈ འདིའི་རྗེས་གནང་ནི། སློབ་མས་ཁྲུས་བྱས། མཎྜལ། སྐྱབས་འགྲོ་སེམས་བསྐྱེད་སྔོན་(༧༤༥བ)དུ་བཏང་། བླ་མ་རྗེ་བཙུན་བདག་ལ་དགོངས་སུ་གསོལ། བདག་མིང་འདི་ཞེས་བགྱི་བ་ལ། གནོད་སྦྱིན་གཞན་གྱིས་མི་ཐུབ་པའི་དངོས་གྲུབ་ཀྱི་རྗེས་སུ་གནང་བ་མཛད་དུ་གསོལ། ཞེས་ལན་གསུམ་གྱིས་གསོལ་བ་བཏབ། སློབ་མ་ལ་དར་དཀར་གྱི་གོས་བསྒོན། སུ་བྷཱ་ཝས་སྟོང་པར་སྦྱངས། སྟོང་པའི་ངང་

ལས་ཧཱུྃ་ལས་བྱུང་བའི་གཞལ་ཡས་ཁང་སྒོ་གཅིག་པ། དེའི་དབུས་སུ་པཾ་ལས་པདྨ་ཨ་ལས་ཟླ་བ་ལ་ཧྲཱི་ཡིག་འོད་ཀྱི་འཕྲོ་འདུ་ལས། ཁྱེད་རང་རྣམས་གནོད་སྦྱིན་ཆེན་པོ་གངས་རིའི་མདོག་ཅན། གཞོན་ནུའི་ལུས་ལ་སྤང་མིག་དམར་བ། ཕྱག་གཡས་ཞགས་ཀྱུ་དང་། གཡོན་གཏེར་གྱི་བུམ་པ་འཛིན་པ། དར་དཀར་དང་རིན་པོ་ཆེའི་རྒྱན་གྱིས་བརྒྱན་པར་གསོལ། མདུན་གྱི་ཚོམ་བུ་འདི་ཉིད་ཀྱང་ཁྱེད་རང་རྣམས་སྒོམ་པ་དང་འདྲ་བའི་གནོད་སྦྱིན་ཆེན་པོར་དངོས་སུ་བཞུགས་པར་གསོལ་ལ། དེ་ནས་རིན་པོ་ཆེའི་ཕྱག་རྒྱ་བཅས་ལ། སློབ་དཔོན་གྱི་ཐུགས་ཀ་ནས་འོད་ཟེར་ལྕགས་ཀྱུ་ལྟ་བུ་འཕྲོས། རི་རབ་ཀྱི་བྱང་ཤར་ནས། གནོད་སྦྱིན་གཞན་གྱིས་མི་ཐུབ་པ་འཁོར་བཅས་སྤྱན་དྲངས། ཁྱེད་རང་རྣམས་ཀྱི་ལུས་ལ་ཐིམ་པའི་མོས་པ་མཛོད། ཛཿཧཱུྃ་བཾ་ཧོཿ གཉིས་སུ་མེད་པར་ཐིམ། སླར་ཡང་སློབ་དཔོན་གྱི་ཐུགས་ཀ་ནས་འོད་ཟེར་འཕྲོས། དབང་གི་ལྷ་རྣམས་སྤྱན་དྲངས། ཁྱེད་རྣམས་ཀྱིས་སློབ་མ་རྣམས་ལ་མངོན་པར་དབང་བསྐུར་དུ་གསོལ། ཞེས་གསོལ་བ་བཏབ་པས། ཨོཾ་བཛྲི་ཀླ་ཤ་ཨ་བྷི་ཥིཉྩ་ཧཱུྃ། ཞེས་གསུངས་ཤིང་དབང་བསྐུར། སྐུ་གང་། དྲི་མ་དག །ཆུའི་ལྷག་མ་ཡར་ལུད་པ་ལས་མི་བསྐྱོད་པས་(༡༢༥ན)དབུ་བརྒྱན་པར་གྱུར་པའི་མོས་པ་མཛོད། སློབ་མའི་ལག་ཏུ་རིན་པོ་ཆེའི་འཕྲེང་བ་གཏད་དེ། སློབ་དཔོན་གྱི་ཐུགས་ཀ་ནས་འོད་ཟེར་འཕྲོས། མདུན་བསྐྱེད་ཀྱི་ལྷའི་ཐུགས་རྒྱུད་བསྐུལ། དེའི་ཐུགས་ཀ་ནས་སྔགས་ཀྱི་འཕྲེང་བ་བྱུང་སྟེ། ཁྱེད་རང་རྣམས་ཀྱི་ཞལ་དུ་ཞུགས། སྙིང་གར་ཟླ་བའི་དཀྱིལ་འཁོར་གྱི་དབུས་སུ་ཧྲཱི་ཡིག་དཀར་པོའི་མཐར་འཁོད་པའི་མོས་པ་མཛོད་བྱས་ལ། ཨོཾ་ཧྲཱིཾ་ཛ་ཨ་པ་རི་ཛི་ཏ་ཛཿཛཿ ཞེས་ལན་གསུམ་རྗེས་ཟློས་བྱེད་དུ་བཅུག་ལ་བཟླས་ལུང་སྦྱིན། གཏོར་མ་སྤྱི་བོར་བཞག་ལ། གནོད་སྦྱིན་ཆེན་པོ་འཁོར་དང་བཅས་པ་ཁྱེད་རྣམས་ཀྱིས་ཙ་བརྒྱུད་ཀྱི་དཔལ་ལྡན་བླ་མ་དམ་པ་རྣམས་ཀྱི་བཀའ་དང་དམ་ལས་མ་འདའ་བར་རྡོ་རྗེ་སློབ་མ་འདི་རྣམས་ཀྱི་ཕྱི་བཞིན་དུ་རྗེས་སུ་རྒྱུག་ལ། ལུས་

དང་གྲིབ་མ་བཞིན་དུ་འགྲོགས་ཏེ། འགལ་རྐྱེན་ཐམས་ཅད་སོལ། མཐུན་རྐྱེན་ཐམས་ཅད་བསྒྲུབས། ཇི་ལྟར་བསམས་པའི་དོན་ཐམས་ཅད་འབད་མེད་ལྷུན་གྱིས་འགྲུབ་པར་མཛོད་ཅིག །ཅེས་བཀའ་བསྒོ་དྲག་ཏུ་བྱ། རྗེས་ཚོག་སྤྱི་དང་འདྲ། །

༄ འཇུར་འགེགས་སེལ་བའི་ཚོགས་བདག་ཆགས་པ་རྡོ་རྗེ་ལ། མདུན་དུ་མཎྜལ་དཀར་པོ་ཟླུམ་པོའི་དབུས་སུ་པདྨ་འདབ་བརྒྱད་ཀྱིས་མཚན་པ། སྟེགས་བུ་གྲུ་བཞི་ལ། ཙན་དན་དཀར་པོ་དང་། ཀྱཻ་ཧཾ་བསྲེས་པས་བྱུགས། མཎྜལ་གྱི་དབུས་སུ་བུམ་པ་དཀར་པོ་ནང་རྫས་ཅན་གྱི་སྟེང་དུ་ཙག་ལི་བཙུགས། མཐའ་མཆོད་གཏོར་གྱིས་བསྐོར། ལ་དུ་ལ་ཕུག་སོ་སོར་སྔོད་ཅན་བཤམས། བདག་བསྐྱེད་སྔོན་རུས(༧༥༥བ)གཟིགས་སམ། དགྱེས་རྗོར་གང་རུང་བྱ། མདུན་བསྐྱེད་ཨ་ཀྲོ་ཏས་བསངས། སྭ་བྷཱ་ཝས་སྦྱངས། སྟོང་པའི་ངང་ལས་རང་གི་མདུན་དུ་གཾ་དཀར་པོ་ལས་ཚོགས་ཀྱི་བདག་པོ་རྫ་ཞལ་གླང་པོ་ཆེའི་གདོང་པ་ཅན། གཡས་བྱི་ལའི་གདོང་། གཡོན་སྤྲེའུའི་གདོང་པ་ཅན། ཕྱག་གཡས་གསུམ་ལ་ཕུག །ནོར་བུ། རལ་གྲི། གཡོན་གསུམ་ལ་དུ། ཆང་སྔོད། དགྲ་སྟ་འཛིན་པ། ཞབས་མདུན་མ་གཉིས་བསྐོལ་ཞིང་། རྒྱབ་མ་གཉིས་གཡས་བསྐུམ་གཡོན་བརྐྱང་བའི་སྟབས་ཅན། གཅེར་བུ་རིན་པོ་ཆེའི་རྒྱན་དང་། པདྨའི་ཚངས་སྐུད་ཅན། འོག་ཏུ་ཡུམ་དཀར་ལ་དམར་བའི་མདངས་ཅན། གཅེར་བུ་རིན་པོ་ཆེས་བརྒྱན་པ། སྤྲེའུའི་གདོང་ཅན་ཨུཏྤལ་སྔོན་པོའི་ཚངས་སྐུད་ཅན། ཕྱག་གཉིས་ཀྱིས་གཙོ་བོའི་ཞབས་གཉིས་བརྟེན་ཅིང་། ཞལ་གྱིས་གསང་བའི་རྡོ་རྗེ་འཛིབས་པ། ཞབས་གཉིས་བགྲད་པ། ཕོ་ཉ་དང་ཕྱག་བརྙན་མོ་སྤྲེའུའི་ལུས་ཅན་གྱིས་བརྟེན་པ། སྦྲུའི་འོག་དང་གཡས་གཡོན་དུ་གཏེར་གྱི་བུམ་པ་ཅན། མཐའ་སྐོར་དུ་བཀྲ་ཤིས་རྟགས་བརྒྱད་དང་། རྫས་བརྒྱད་དང་། རྒྱལ་སྲིད་རིན་པོ་ཆེ་སྣ་བདུན་གྱིས་བསྐོར་བ། ཐུགས་ཀར་སྔགས་འཕྲེང་ས་བོན་དང་བཅས་པ། དཔྲལ་བར་ཨོཾ། མགྲིན་པར་ཨཱཿ ལྟེ་བར་ཧཱུྃ། ཐུགས་ཀའི་སྔགས་འཕྲེང་ས་བོན་ལས་ཡིད་བཞིན་གྱི་ནོར་བུའི་

རྒྱུན་བབས། གསང་བ་ནས་བརྒྱུད། ཡུམ་གྱི་ཞལ་དུ་ཞུགས། སྐུའི་དབྱིབས་བརྒྱུད་གསང་བ་ནས་བབས། བུམ་པ་གང་། དེ་ལས་ལྷུད་དེ་གནས་ཁང་གང་བར་གྱུར། མཆོད་པ་བྱ་རྒྱུད་ལྟར་བྱིན་གྱིས་བརླབས། ཨརྒྷཾ་ནས་ཤབྡའི་(༧༢༨ན)བར་གྱིས་མཆོད། ཤེལ་གྱི་རི་བོ་ལྟ་བུའི་སྐུ། །ཡོངས་སེལ་འཁོར་པ་ཀུན་གྱི་བདག །ཚོགས་རྗེ་ཚོགས་བདག་བགེགས་ཀྱི་གཙོ། །འཁོར་བཅས་རྣམས་ལ་བསྟོད་པ་འབུལ། །ཞེས་བསྟོད། དེ་ནས་བཟླས་པའི་དམིགས་པ་གསལ་བཏབ་ལ། ཨོཾ་ག་ག་ན་པ་ཏི་མ་མ་རཀྵ་སིདྡྷི་ག་ག་ག་ག་ག་ག་ག་ག །ག་ན་པ་ཏི་སྭཱཧཱ། ཞེས་ཅི་ནུས་སུ་བཟླ། གཏོར་མ་བསངས་སྦྱངས། སྟོང་པའི་ངང་ལས་ཧཱུྃ་ལས་གཏོར་སྣོད་དུ་གཏོར་མ་བདུད་རྩིར་གྱུར། ཨོཾ་ཨཱཿཧཱུྃ། ལན་གསུམ་གྱིས་བྱིན་གྱིས་བརླབས། ཨོཾ་ག་ན་པ་ཏི་བ་ལིཾ་ཏ་ཁ་ཁ་ཁཱ་ཧི་ཁཱ་ཧི། ཞེས་ལན་བདུན་གྱིས་ཕུལ། གོང་བཞིན་མཆོད་བསྟོད་དང་། མཆོད་སྤྲིན་གཏོར་མ་འདི་བཞེས་ལ། །ཞེས་སོགས་ཀྱིས་འདོད་དོན་གསོལ་བ་བཏབ། ༈ འདིའི་རྗེས་གནང་ནི། སློབ་མས་མཎྜལ་ཕུལ། སློབ་དཔོན་དགོངས་སུ་གསོལ། བདག་མིང་འདི་ཞེས་བགྱི་བ་ལ། ཚོགས་བདག་ཆགས་པ་རྡོ་རྗེའི་དངོས་གྲུབ་ཀྱི་རྗེས་སུ་གནང་བ་མཛད་དུ་གསོལ། ཞེས་ལན་གསུམ་གྱི་གསོལ་བ་གདབ། སྐྱབས་འགྲོ་སེམས་བསྐྱེད། མགུར་ནས་འབྱུང་བའི་རྒྱུན་བཤགས་རྣམས་བྱས་ལ། སློབ་མ་རྣམས་བསངས་སྦྱངས། སྟོང་པའི་ངང་ལས་གཾ་དཀར་པོ་ལས་ཁྱེད་རང་རྣམས་ཚོགས་ཀྱི་བདག་པོ་རྩ་ཞལ་གླང་པོ་ཆེའི་གདོང་པ་ཅན། གཡས་བྱི་ལའི་གདོང་། གཡོན་སྤྲེའུའི་གདོང་པ་ཅན། ཕྱག་གཡས་གསུམ་ལ་ཕུག །ནོར་བུ། རལ་གྲི། གཡོན་གསུམ་ལ་དུ། ཆང་སྣོད། དགྲ་སྟ་འཛིན་པ། ཞབས་བདུན་མ་གཉིས་བསྐོལ་ཞིང་། རྒྱབ་མ་གཉིས་(༧༢༨བ)གཡས་བསྐུམ་གཡོན་བརྐྱང་བའི་སྟབས་ཅན། གཅེར་བུ་རིན་པོ་ཆེའི་རྒྱན་དང་། པདྨའི་ཚངས་སྐུད་ཅན། འོག་ཏུ་ཡུམ་དཀར་ལ་དམར་བའི་མདངས་ཅན། གཅེར་བུ་རིན་པོ་ཆེས་བརྒྱན་པ། སྤྲེའུའི་གདོང་ཅན་ཨུཏྤལ་སྔོན་པོའི་ཚངས་

སྐུད་ཅན། ཕྱག་གཉིས་ཀྱིས་གཙོ་བོའི་ཞབས་གཉིས་བརྟེན་ཅིང་། ཞལ་གྱིས་གསང་བའི་རྡོ་རྗེ་འཛིབས་པ། ཞབས་གཉིས་བརྒྱད་པ། ཕོ་ཉ་དང་ཕྱག་བརྙན་མོ་སྤྲེའུའི་ལུས་ཅན་གྱིས་བརྟེན་པ། སྐུའི་འོག་དང་གཡས་གཡོན་དུ་གཏེར་གྱི་བུམ་པ་ཅན། མཐའ་སྐོར་དུ་བཀྲ་ཤིས་རྟགས་བརྒྱད་དང་། རྫས་བརྒྱད་དང་། རྒྱལ་སྲིད་རིན་པོ་ཆེ་སྣ་བདུན་གྱིས་བསྐོར་བ། ཐུགས་ཀར་སྔགས་འཕྲེང་ས་བོན་དང་བཅས་པ། དཔྲལ་བར་ཨོཾ། མགྲིན་པར་ཨཱཿ ལྟེ་བར་ཧཱུྃ། ཞེས་གསལ་གདབ། མདུན་གྱི་སྐུ་རྟེན་འདི་ཉིད་ཀྱང་ཁྱིད་རང་རྣམས་སྒོམ་པ་དང་འདྲ་བའི་ཚོགས་ཀྱི་བདག་པོ་ཡབ་ཡུམ་དུ་དངོས་སུ་བཞུགས་པར་མོས་ལ། དེ་ནས། སློབ་དཔོན་གྱི་ཐུགས་ཀ་ནས་འོད་ཟེར་འཕྲོས། མདུན་བསྐྱེད་ཀྱི་ལྷའི་ཐུགས་རྒྱུད་བསྐུལ། དེའི་ཐུགས་ཀ་ནས་སྔགས་ཀྱི་འཕྲེང་བ་བྱུང་སྟེ། ཁྱིད་རང་རྣམས་ཀྱི་ཞལ་དུ་ཞུགས། ཐུགས་ཀར་ཟླ་བའི་དཀྱིལ་འཁོར་གྱི་དབུས་སུ་གཾ་ཡིག་དཀར་པོའི་མཐར་འཁོད་པར་མོས་ནས་སྔགས་འདིའི་རྗེས་ཟློས་མཛོད་ཅིག །ༀ་ག་ག་ན་པ་ཏི་ས་མ་ར་ཏྣ་སིཧྲི་ག་ག་ག་ག་ག་ག་ག་ག །ག་ན་པ་ཏི་སྭཱཧཱ། ཞེས་ལན་གསུམ་རྗེས་ཟློས་བྱེད་དུ་གཞུག་སྟེ་བཟླས་ལུང་སྦྱིན། ལ་ཕྱག་ལག་པ་གཡས་པ་དང་། ལ་དུ་ལག་པ་གཡོན་དུ་གཏད། མཎྜལ(༧༨༩ན)སྤྱི་བོར་བཞག་ལ། ཚོགས་ཀྱི་བདག་པོ་འཁོར་དང་བཅས་པ་ཁྱིད་རྣམས་ཀྱིས་རྩ་བརྒྱུད་ཀྱི་དཔལ་ལྡན་བླ་མ་དམ་པ་རྣམས་ཀྱི་བཀའ་དང་དམ་ལས་མ་འདའ་བར་རྡོ་རྗེ་སློབ་མ་འདིའི་ཕྱི་བཞིན་དུ་རྗེས་སུ་རྒྱུག་ལ། ལུས་དང་གྲིབ་མ་བཞིན་དུ་འགྲོགས་ཏེ། འགལ་རྐྱེན་ཐམས་ཅད་སོལ། མཐུན་རྐྱེན་ཐམས་ཅད་བསྒྲུབས། ཇི་ལྟར་བསམ་པའི་དོན་ཐམས་ཅད་འབད་མེད་ལྷུན་གྱིས་འགྲུབ་པར་མཛོད་ཅིག །ཅེས་བཀའ་བསྒོ་དྲག་ཏུ་བྱ། རྗེས་ཀྱི་བྱ་བ་ནི་སྤྱི་དང་འདྲའོ། །

༄ ཚོགས་བདག་དཀར་པོ་ཕྱག་བཞི་པ་རྗེ་བོའི་ལུགས་ལ། བག་ཕྱེ་ལ་མར་དང་སྤྱོས་དང་སྨྲང་རྩི་བཏབ་པ་ལ། ལ་དུའི་ཚུལ་གྱི་རིལ་བུ་མང་དུ་བཤམས། སྣོད་གཙང་མ་

གཞན་ཞིག་ཆུ་གཙང་གི་གསུམ་གཉིས་ཙམ་བཀང་། མེ་ཏོག་ལ་སོགས་པ་མཆོད་པ་སྤྱི་མཐུན་དུ་བཤམས་ཤིང་། རྟེན་ཡོད་ན་དགྲམ། ཡི་དམ་གྱི་མངོན་རྟོགས་སྔོན་དུ་སོང་བས། མཆོད་པ་བྱ་རྒྱུད་ལྟར་བྱིན་གྱིས་བརླབས་ལ། རང་གི་མདུན་དུ་པད་ཟླའི་གདན་ལ་ཚོགས་བདག་དཀར་པོ་གླང་པོ་ཆེའི་གདོང་པ་ཅན། ཕྱག་གཡས་གཉིས་ན་ལ་ཕུག་དང་འཕྲེང་བ་ཅན། གཡོན་གཉིས་ན་ནེའུ་ལེ་དང་དགྲ་སྟ་འཛིན་པ། གསུས་པ་འཕྱང་བ། རིན་པོ་ཆེའི་རྒྱན་དང་། སྟག་ལྤགས་ཀྱི་སྟོད་གཡོགས་སྨད་གཡོགས་གསོལ་བ། རལ་པའི་ཐོར་ཚུགས་ཅན། སྣ་ཤལ་དམར་བ་གཡས་བརྐྱང་གི་རོལ་པས་བཞུགས་པ། བྱི་བ་ལ་གནས་པའམ་རྒྱབ་བརྟེན་པའོ། །རིལ་བུ་རྣམས་ཨོཾ་ཨཱཿཧཱུྃ་གིས་བྱིན་གྱིས་བརླབས། ཨོཾ་ཨཱཿཧཱུྃ། ཞེས་(༡༨༧བ)མཐེབ་སྲིན་གཡས་པས་རིལ་བུ་རྣམས་རིམ་པས་ཆུ་ནང་དུ་བསྐྱུར་བས་སྣ་ཤལ་གྱིས་བླངས་ཤིང་གསོལ་བར་བསམ་ལ། ཉེར་གཅིག་སོགས་གང་ནུས་སུ་ཕུལ། དེ་ནས་བཟླས་པའི་དམིགས་པ་གསལ་བཏབ་ལ། ཨོཾ་ཧྲཱིཾ་ག་ན་པ་ཏི་སྭཱཧཱ། ཞེས་དང་། ཨོཾ་ཧ་ར་ག་ཏ་ཡེ་སྭཱཧཱ། ཞེས་པ་དང་། ཨོཾ་ཤ་ག་ཏེ་དཾ་ཧྲཱིཾ་ཧྲཱིཏྲ་ཧཱུྃ་ཕཊ། ཅེས་པ་རྣམས་གང་རུང་ཅི་ནུས་བཟླས་པའི་མཐར། ཨོཾ་ཧྲཱིཾ་ག་ཎ་པ་ཏི་རཀྵ་སིདྡྷི་སྭཱཧཱ། ཞེས་པའང་ཅུང་ཟད་བཟླ། མཐར། ཨརྒྷཾ་ནས་ཤབྡའི་བར་གྱིས་མཆོད། །ལྷ་ཡི་རྒྱལ་པོ་ལྷ་མིན་འཇོམས། །མཐའ་དག་བགེགས་ལ་དབང་བསྒྱུར་བ། །གངས་རིའི་མདོག་ལྟར་རབ་ཏུ་དཀར། །ཚོགས་རྗེ་གཟི་བརྗིད་འབར་ལ་བསྟོད། །བདག་གི་མཐུན་རྐྱེན་བསྒྲུབ་པའི་ཡོན་བདག་མཛོད་ཅིག །ཅེས་དྲག་ཏུ་གསོལ་བ་བཏབ། རྟེན་ཡོད་ན་བརྟན་བཞུགས་བྱ། མེད་ན་མི་དམིགས་པར་གྱུར། ༈ ལུང་འབོགས་ཚུལ་ནི། སློབ་དཔོན་གྱིས་བདག་བསྐྱེད་མདུན་བསྐྱེད་གསོལ་བཏབ་ཡན་ཆད་གོང་བཞིན་བྱ། སློབ་མས་མཎྜལ་ཕུལ། གསོལ་བ་འདེབས་པ་འདིའི་རྗེས་ཟློས་མཛོད། སློབ་དཔོན་གྱིས་བདག་ལ་རིག་སྔགས་དམ་པ་བསྩལ་དུ་གསོལ། ཞེས་ལན་གསུམ། སངས་རྒྱས་ཆོས་དང་ཚོགས་ཀྱི་མཆོག་བཅས་ལ། །ཞེས་

སོགས་ལན་གསུམ། དེ་ནས་སློབ་མ་བསངས་སྦྱངས། སྟོང་པའི་ངང་ལས་སློབ་མ་རྣམས་པད་ཟླའི་གདན་ལ་ཚོགས་བདག་དཀར་པོ་སྣང་པོ་ཆེའི་གདོང་པ་ཅན། ཕྱག་གཡས་གཉིས་ན་ལ་ཕྱུག་དང་འཕྲེང་བ་ཅན། གཡོན་གཉིས་ན་ནེའུ་ལེ་དང་དགྲ་སྟ་འཛིན་པ། གསུས་པ་འཕྱང་བ། (༧༨༨ན)རིན་པོ་ཆེའི་རྒྱན་དང་། སྟག་ལྤགས་ཀྱི་སྨད་གཡོགས་སྨད་གཡོགས་གསོལ་བ། རལ་པའི་ཐོར་ཚུགས་ཅན། སྐྲ་ཞལ་དམར་བ་གཡས་བརྐྱང་གི་རོལ་པས་བཞུགས་པ། བྱི་བ་ལ་གནས་པའོ། །ཞེས་གསལ་བཏབ་པོ། །མདུན་གྱི་སྐུ་རྟེན་ནམ་ཆོམ་བུ་འདི་ཉིད་ཀྱང་ཁྱེད་རང་རྣམས་སྒོམ་པ་དང་འདྲ་བའི་ཚོགས་བདག་དཀར་པོར་དངོས་སུ་མོས་ལ། དེ་ནས། སློབ་དཔོན་གྱི་ཐུགས་ཀ་ནས་འོད་ཟེར་འཕྲོས། མདུན་བསྐྱེད་ཀྱི་ལྷའི་ཐུགས་རྒྱུད་བསྐུལ། ཐུགས་ཀར་ཟླ་བའི་དཀྱིལ་འཁོར་གྱི་དབུས་སུ་གཾ་ཡིག་གི་མཐར་སྔགས་འཕྲེང་གིས་བསྐོར་བ་ལས་སྔགས་འཕྲེང་གཉིས་པ་བྱུང་། ཞལ་ནས་ཐོན། ཁྱེད་རང་རྣམས་ཀྱི་ཞལ་དུ་ཞུགས། ཐུགས་ཀར་ཟླ་བའི་དཀྱིལ་འཁོར་གྱི་དབུས་སུ་གཾ་ཡིག་གི་མཐར་གཡས་སྐོར་དུ་འཁོད་པར་མོས་ནས་འདིའི་རྗེས་ཟློས་མཛོད་བྱས་ལ། ཨོཾ་ཧྲཱིཾ་ག་ཎ་པ་ཏི་སྭཱཧཱ། ཨོཾ་ཙ་ར་ག་ཏ་ཡེ་སྭཱཧཱ། ཨོཾ་ཥ་ག་ཏེ་ངཾ་ཧཱུཾ་ཧྲིཀ྄་ཧྭཾ་ཕཊ། ཨོཾ་ཧྲཱིཾ་ག་ཎ་པ་ཏི་རཀྵ་སིདྡྷི་སྭཱཧཱ། ཞེས་པའི་སྔགས་རྣམས་ལན་གསུམ་གསུམ་རྗེས་ཟློས་བྱེད་དུ་གཞུག །རྗེས་ཀྱི་བྱ་བ་ནི་སྔ་དང་འདྲའོ། །

༄ ཚོགས་བདག་དམར་པོ་ཕྱག་བཞི་པ་ལ། བདེ་མཆོག་གམ་ཕྱག་ན་རྡོ་རྗེའི་བདག་བསྐྱེད་སྔོན་དུ་སོང་བས། བྲིས་སྐུའམ་ཆོམ་བུའི་མདུན་དུ་མཆོད་གཏོར་དམ་རྫས་རྣམས་ཚོགས་པར་བྱ། མཆོད་པ་བྱ་རྒྱུད་ལྟར་བྱིན་གྱིས་བརླབས་ལ། མདུན་བསྐྱེད་ཨ་མྲི་ཏས་བསངས། སྭ་བྷཱ་ཝས་སྦྱངས། སྟོང་པའི་ངང་ལས་ཧྲཱིཾ་ལས་གཞལ་མེད་ཁང་འཁོར་ལོ་རྩིབས་བརྒྱད་པའི་གདན་དང་བཅས(༧༨༨བ)པ། ལྟེ་བར་གཾ་ལས་ཚོགས་བདག་དམར་པོ་ཕྱག་བཞིའི་གཡས་ལ་ཕྱུག་དང་དགྲ་སྟ། གཡོན་ལ་ཏུ་དང་འཕྲེང་

བ་འཛིན་པ། ཕྱི་བ་སྔོན་པོ་ལ་ཆིབས་ཤིང་། གཏེར་གྱི་བུམ་པ་ལ་ཞབས་བརྟེན་པ།
ཐུགས་ཀར་གཾ། རྩིབས་བརྒྱད་ལ་རང་དང་འདྲ་བའི་སྤྲུལ་པ་རེ་རེ། རང་གི་སྙིང་
ག་ནས་འོད་ཟེར་འཕྲོས། རི་རབ་ཀྱི་རྩེ་མོ་ནས་ཚོགས་བདག་བཛྲ་ས་མྭ་ཛཿ ཛཿཧཱུྃ་
བཾ་ཧོཿ ཨོཾ་ག་ཎ་པ་ཏི་ས་མ་ཡ་སྟྭཾ། སྤྱི་བོར་རྡོ་རྗེ་བཞག །ཨ་མྲི་ཏས་ཕྱིར་འབྲང་
གི་བགེགས་བསྐྲད། བཟླས་པའི་དམིགས་པ་གསལ་བཏབ་ལ། ཨོཾ་རཏྣ་རཏྣ། རཏྣེ་
རཏྣེ། ག་ན་པ་ཏི། ག་ག་ག་ག་ག་ག་ག་ག །ག་ན་པ་ཏི། ཙུ་ཊ་ཙུ་ཊ། མ་ནུ་པ་ཊ།
ཊ་ཊ་ཊ་ཊ། ག་ག་ཏ་ཡ། ག་ཎ་པ་ཏི་ཡེ་སྭཱ་ཧཱ། ཞེས་ཅི་ནུས་སུ་བཟླ། གཏོར་མ་
བསངས་སྦྱངས། སྟོང་པའི་ངང་ལས་ཧྲཱུྃ་ལས་གཏོར་སྣོད་དུ་གཏོར་མ་བདུད་རྩིར་
གྱུར། ཨོཾ་ཨཱཿཧཱུྃ། ལན་གསུམ་གྱིས་བྱིན་གྱིས་བརླབས། ཨོཾ་ག་ཎ་པ་ཏི་ཡེ་སྭཱ་ཧཱ། ཨོཾ་
ཨ་ཀཱ་རོ་མུ་ཁཾ་སརྦ་དྷརྨཱ་ཎཱཾ་ཨཱདྱ་ནུཏྤནྣ་ཏྭཱད་ཨོཾ་ཨཱཿཧཱུྃ་ཕཊ་སྭཱ་ཧཱ། ཞེས་གཏོར་མ་
ཕུལ། ཨརྒྷཾ་ནས་ཤབྡའི་བར་གྱིས་མཆོད། ལྷ་ཡི་རྒྱལ་པོ་ལྷ་མིན་འཇོམས། །མཐའ་
དག་བགེགས་ལ་དབང་བསྒྱུར་བ། །ཕྱི་ཏའི་མདོག་ལྟར་རབ་ཏུ་དམར། །ཚོགས་རྗེ་
གཟི་བརྗིད་འབར་ལ་བསྟོད། །ཅེས་བསྟོད། མཆོད་སྦྱིན་གཏོར་མ་འདི་བཞེས་ལ། །
ཞེས་སོགས་ཀྱིས་འདོད་དོན་གསོལ་བ་བཏབ། ༈ སྐོམ་ལུང་ནི། སློབ་མས་མཎྜལ་
ཕུལ། སློབ་དཔོན་གྱིས་བདག་ལ་སྐོམ་ལུང་དམ་པ་བསྩལ་དུ་གསོལ། ཞེས་ལན་
གསུམ་གསོལ་བ་འདེབས་སུ་གཞུག །སངས་རྒྱས་ཆོས་(༡༤༦ན)དང་ཚོགས་ཀྱི་མཆོག་
བཅས་ལ། །ཞེས་སོགས་ལན་གསུམ། དེ་ནས། སློབ་མ་བསངས་སྦྱངས། སྟོང་པའི་
ངང་ལས་ཧྲཱུྃ་ལས་གཞལ་མེད་ཁང་འཁོར་ལོ་རྩིབས་བརྒྱད་པའི་གདན་དང་བཅས་
པ། ལྟེ་བར་ཁྱོད་རང་རྣམས་གཾ་ལས་ཚོགས་བདག་དམར་པོ་ཕྱག་བཞིའི་གཡས་ལ་
ཕུག་དང་དགྲ་སྟ། གཡོན་ལ་ཏུ་དང་འཕྲེང་བ་འཛིན་པ། ཕྱི་བ་སྔོན་པོ་ལ་ཆིབས་
ཤིང་། གཏེར་གྱི་བུམ་པ་ལ་ཞབས་བརྟེན་པ། ཐུགས་ཀར་གཾ། རྩིབས་བརྒྱད་ལ་རང་
དང་འདྲ་བའི་སྤྲུལ་པ་རེ་རེ་གསལ་གདབ། མདུན་གྱི་སྐྱེ་རྟེན་ནམ་ཚོམ་བུ་འདི་ཉིད་

ཀྱང་ཁྱེད་རང་རྣམས་སྒོམ་པ་དང་འདྲ་བའི་ཚོགས་བདག་དམར་པོ་ཕྱག་བཞི་པར་དངོས་སུ་བཞུགས་པར་མོས་ལ། དེ་ནས། སློབ་དཔོན་གྱི་ཐུགས་ཀ་ནས་འོད་ཟེར་འཕྲོས། མདུན་བསྐྱེད་ཀྱི་ལྷའི་ཐུགས་རྒྱུད་བསྐུལ། ཐུགས་ཀར་ཟླ་བའི་དཀྱིལ་འཁོར་གྱི་དབུས་སུ་གཾ་ཡིག་གི་མཐར་སྔགས་འཕྲེང་གིས་བསྐོར་བ་ལས་སྔགས་འཕྲེང་གཉིས་པ་བྱུང་། ཞལ་ནས་ཐོན། ཁྱེད་རང་རྣམས་ཀྱི་ཞལ་དུ་ཞུགས། ཐུགས་ཀར་ཟླ་བའི་དཀྱིལ་འཁོར་གྱི་དབུས་སུ་གཾ་ཡིག་གི་མཐར་གཡས་སྐོར་དུ་འཁོད་པར་མོས་ནས་འདིའི་རྗེས་གནང་མཛོད་བྱས་ལ། ཨོཾ་རཀྵ་རཀྵ། རཀྵོ་རཀྵོ། ག་ཊ་པ་ཏི། ག་ག་ག་ག་ག་ག་ག་ག །ག་ཊ་པ་ཏི། ཙུ་ཏུ་ཙུ་ཏུ། མ་ནུ་པ་ཧ། ཏུ་ཏུ་ཏུ་ཏུ། ག་ག་ཏ་ཡ། ག་ན་པ་ཏི་ཡེ་སྭཱཧཱ། ཞེས་སྔགས་རྣམས་ལན་གསུམ་གསུམ་རྗེས་གནང་བྱེད་དུ་གཞུག །རྗེས་ཀྱི་བྱ་བ་སྤྱི་དང་འདྲ། །

༄ སྐུ་རྒྱལ་སོག་མ་མེད་ལ། ཕྱག་ན་རྡོ་རྗེའི་བདག་བསྐྱེད(༡༥༨)སྔོན་དུ་འགྲོ་བས། དཀར་གཏོར་དང་མཆོད་པ་བཤམས། མཆོད་པ་བྱ་རྒྱུད་ལྟར་བྱིན་གྱིས་བརླབས་ནས། རང་གི་མདུན་དུ་པད་ཟླ་ལ་ཕྲུཿཡིག་ལས། སྐུ་རྒྱལ་སོག་མ་མེད་གསེར་མདོག་སྤྲུལ་མགོའི་གདེངས་ཀ་བདུན་དང་ལྡན་པ། ཕྱག་གཉིས་ཀྱིས་གསེར་གྱི་བུམ་པ་བདུད་རྩིས་གང་བ་ཐུགས་ཀར་འཛིན་པ། རྒྱན་ཐམས་ཅད་ཀྱིས་བརྒྱན་ཅིང་ལྟེ་བ་མན་ཆད་སྤྲུལ་མཇུག་ཏུ་འཁྱིལ་བ། བུ་དང་ཆུང་མ་ལ་སོགས་པའི་གཉེན་འདུན་དང་འཁོར་གཡོག་དྲུག་ཁྲི་དང་བཅས་པ་བཞུགས་པར་གྱུར། རང་གི་སྙིང་ག་ནས་འོད་ཟེར་འཕྲོས། བྱང་ཕྱོགས་ནས་སྐུ་རྒྱལ་སོག་མ་མེད་འཁོར་དང་བཅས་པ་ཨོཾ་ནཱ་ག་རཱ་ཛ་ས་པ་རི་ཝཱ་ར་ཛཿཛཿཧཱུྃ་བཾ་ཧོཿཨོཾ་ནཱ་ག་རཱ་ཛ་ས་མ་ཡ་སྟྭཾ། སྤྱི་བོར་རྡོ་རྗེ་བཞག་པར་མོས། སྐུ་དགའ་བར་བྱེད་པའི་ཕྱག་རྒྱ་བསྟན་ལ། ཨོཾ་ཧི་ལི་ཧི་ལི་མནྟྲ་ཧི་ལི་ཕྲུཾ་ཕུ་སྭཱཧཱ། ཞེས་ལན་གསུམ། ཨོཾ་ཕུཿཕུཿཕུ་ཊ་ཕུ་ཊ་མནྟྲ་ཀྲོ་ཊ་ཧཱུྃ། སིདྡྷི་སིདྡྷི་སྔོ་ཊ་ཡ་ཧཱུྃ་ཕཊ་སྭཱཧཱ། ཞེས་ཅི་ནུས་སུ་བཟླ། གཏོར་མ་བསངས་སྦྱངས། སྟོང་པའི་ངང་ལས

གཏོར་སྣོད་པཾ་སེར་པོ་ལས་པདྨའི་སྣོད་དུ་ཧྲཱིཿཡིག་དཔག་ཏུ་མེད་པ་གནས་པ་སྟེང་དུ་བྱིན་འཁྲིགས་ནས་བདུད་རྩིའི་ཆར་ཆེན་པོ་བབས་ནས་འདོད་དགུའི་རྒྱ་མཚོར་གྱུར། ཞེས་པས་བྱིན་གྱིས་བརླབས་ནས། ཐུགས་ཀྱི་མཐར། ཨོ་དཾ་བ་ལིཾ་ཏ་ཁ་ཁ་ཁཱ་ཧི་ཁཱ་ཧི། ཞེས་གཙོ་བོ་དང་། ཨོཾ་ཛྙཱ་ཡ་ཛྙཱ་ཡ། ས་མ་ཡ་ཏིཥྛ་ཧྲཱིཾ་ཕྲུཾ་ཕུ་ཧྲཱུཾ་སྭཱཧཱ། ཞེས་པས་འཁོར་ལ་འབུལ། ཨཀྲོཾ་ནས་ཤབྡའི་བར་གྱིས་མཆོད། ཀླུ་ཡི་རྒྱལ་པོ་སོག་མ་མེད། །སངས་རྒྱས་སྟོང་གི་འཕྲིན་(༧༨༠ན)ལས་པ། །གཞོན་ནུ་གཏུམ་པོ་སྤྲུལ་མགོ་ཅན། །ཐུགས་བདག་སྐུ་ལ་ཕྱག་འཚལ་བསྟོད། །ཅེས་བསྟོད། མཆོད་སྦྱིན་གཏོར་མ་འདི་བཞེས་ལ། །ཞེས་སོགས་ཀྱིས་འདོད་དོན་གསོལ་བཏབ་སོགས་བྱའོ། ། ༈ འདིའི་སྒོམ་ལུང་ནི། སྐུ་གཟུགས་སམ། ཚོམ་བུ་སེར་པོ་དགོད། མདུན་དུ་དཀར་གཏོར་ཀླུ་སྨན་དང་བཅས་པ། མཆོད་པ་རྣམས་བཤམས། སློབ་དཔོན་གྱིས་བདག་བསྐྱེད་མདུན་བསྐྱེད་འདོད་དོན་གསོལ་བཏབ་ཡན་སོང་མཚམས། སློབ་མས་མཎྜལ་ཕུལ། གསོལ་བ་འདེབས་པ་འདིའི་རྗེས་ཟློས་མཛོད། སློབ་དཔོན་གྱིས་བདག་ལ་སྒོམ་ལུང་དམ་པ་བསྩལ་དུ་གསོལ། ལན་གསུམ། སངས་རྒྱས་ཆོས་ཚོགས་མ་ལན་གསུམ། སློབ་མ་བསངས་སྦྱངས། སྟོང་པའི་ངང་ལས་པད་ཟླ་ལ་ཕུཿཡིག་ལས། ཁྱེད་རང་རྣམས་ཀླུ་རྒྱལ་སོག་མ་མེད་གསེར་མདོག་སྤྲུལ་མགོའི་གདེངས་ཀ་བདུན་དང་ལྡན་པ། ཕྱག་གཉིས་ཀྱིས་གསེར་གྱི་བུམ་པ་བདུད་རྩིས་གང་བ་ཐུགས་ཀར་འཛིན་པ། རྒྱན་ཐམས་ཅད་ཀྱིས་བརྒྱན་ཅིང་ལྟེ་བ་མན་ཆད་སྤྲུལ་མཇུག་ཏུ་འཁྱིལ་བ། བུ་དང་ཆུང་མ་ལ་སོགས་པའི་གཉེན་འདུན་དང་འཁོར་གཡོག་དྲུག་ཁྲི་དང་བཅས་པ་བཞུགས་པར་གྱུར་པར་མོས། མདུན་གྱི་ཚོམ་བུ་འདི་ཉིད་ཀྱང་ཁྱེད་རང་རྣམས་སྒོམ་པ་དང་འདྲ་བའི་ཀླུ་རྒྱལ་སོག་མ་མེད་དུ་དངོས་སུ་བཞུགས་པར་མོས་ལ། དེ་ནས། སློབ་དཔོན་གྱི་ཐུགས་ཀ་ནས་འོད་ཟེར་འཕྲོས། མདུན་བསྐྱེད་ཀྱི་ལྷའི་ཐུགས་ཀར་(༧༨༠བ)འཕོག་པས་ཐུགས་རྒྱུད་བསྐུལ། ཐུགས་ཀར་ཟླ་བའི་སྟེང་དུ་ཕུཿཡིག་གི་མཐར་འཁོད་པར་

མོས་ནས་འདིའི་རྗེས་རླབས་མཛོད་བྱས་ལ། ཨོཾ་ཕུཿཕུཿཕུ་ཊ་ཕུ་ཊ་མནྟྲ་ཀྲོ་དྷ་ཧཱུྃ། སིདྡྷི་སིདྡྷི་སྭོ་ཏ་ཡ་ཧཱུྃ་ཕཊ་སྭཱཧཱ། ཞེས་སྔགས་ལན་གསུམ་རྗེས་རླབས་བྱེད་དུ་གཞུག །རྗེས་ཀྱི་བྱ་བ་རྣམས་སྤྱི་དང་འདྲ། །

༄ དབྱུག་གུ་མ་སྤུན་གསུམ་ལ། སྣོད་གཙང་མར་དཀར་གཏོར་གསུམ་དང་། ཚང་བུ་གསུམ་བཤམས། རང་སེམས་སྐད་ཅིག་གིས་མདུན་དུ་གནོད་སྦྱིན་མོ་ཀུཎྜ་ལི་སྐུ་མདོག་མཐིང་ཁ་སྤྱན་རྩ་དམར་བ། ཕྱག་གཉིས་ཀྱི་བར་ན་རིན་པོ་ཆེ་བསྣམས་པའོ། །སྟོང་པའི་ངང་ལས་ཨོཾ་ལས་བྱུང་བའི་རིན་པོ་ཆེའི་སྣོད་དུ་ཨོཾ་ཨཱཿཧཱུྃ་ཞུ་བ་ལས་གཏོར་མར་གྱུར། ཨོཾ་ཨཱཿཧཱུྃ། ལན་གསུམ། གཏོར་མའི་སྟེང་གི་ནམ་མཁར་མེ་ཏོག་མཆུ་ཤ་ག་ཁ་ཕྱེ་བའི་སྟེང་དུ། དབུས་སུ་ནོར་སྟེར་མ་སྔོན་མོ། གཡས་སུ་གོས་སྟེར་མ་དཀར་མོ། གཡོན་དུ་ཟས་སྟེར་མ་དམར་མོ། གསུམ་གའང་ཕྱག་གཡས་ནོར་བུ་དང་། གཡོན་པས་བདུད་རྩིས་གང་བའི་བུམ་པ་བསྣམས་པ། དར་དཀར་གྱི་སྟོད་གཡོགས་དང་། སྣ་ཚོགས་དར་གྱི་ན་བཟའ་ཅན། རིན་པོ་ཆེས་བརྒྱན་པ། རོལ་པས་བཞུགས་ཤིང་འཛུམ་པས་བདག་ལ་གཟིགས་པ། སྤྱི་བོར་ཨོཾ། མགྲིན་པར་ཨཱཿ ཐུགས་ཀར་ཧཱུྃ། དེ་ལས་འོད་ཟེར་འཕྲོས། དབྱུ་གུ་མ་སྤུན་གསུམ་བཛྲ་ས་མ་ཛཿཛཿཧཱུྃ་བཾ་ཧོཿམཆོད་པ་སྦྱིན་གྱིས་བརླབས་ནས། ཨརྒྷཾ་ལ་སོགས་པས་མཆོད། དེ་ནས་བཟླས་པའི་དམིགས་པ་གསལ་བཏབ་ལ། ཨོཾ་ཨ་ན་ལེ། ཀུཎྜ་ལེ། མནྟྲ་པི་ཤ་ཙི་ནི་ཡེ་སྭཱཧཱ། ཨོཾ་གྲིཧྣ་མནྟྲ་ཧྲཱནྟ་པི་ཤ་(ཁཁཁན)ཙི་ནི་ཡེ་སྭཱཧཱ། ཨོཾ་ཤྲུ་དྲ་མུ་ཁི་མནྟྲ་པི་ཤ་ཙི་ནི་ཡེ་སྭཱཧཱ། ཞེས་ཅི་ནུས་སུ་བཟླས། དཀར་གཏོར་གསུམ་པོ་རང་གི་སྙིང་པོ་ལན་གསུམ་གྱིས་ཕུལ། ཧཱུྃ། མཁའ་འགྲོ་ཆེན་མོ་ཁྱེད་གསུམ་ལ། །མཆོད་སྦྱིན་གཏོར་མ་འདི་ཕུལ་བས། །བདག་ལ་ནོར་གོས་ཟས་གསུམ་གྱི། །མི་ཕོངས་འབྱོར་པ་དེ་ཉིད་ཀྱང་། །ཆོས་ཀྱི་གྲོགས་སུ་འགྲོ་བར་མཛོད། །བདག་ལ་སྐལ་བ་མེད་མོད་ཀྱང་། །ཡོག་འཚོ་མེད་པའི་འཚོ་བ་སྩོལ། །ཞེས་བརྗོད་ལ་གཙང་སར་དོར། ཚང་བུ་ཐོག་མཐའ་གཉིས་ལ་

རང་སྟོབས་དང་། བར་པ་ལ། ཨོཾ་ཨི་ལི་གི་པི་ལི་གི་སྭཱ་ཧཱ། ཞེས་པ་ལན་བདུན་བདུན་གྱིས་སྟོབས་གྲུབ་པའི་ཚེ་འབུལ་ལོ། །ཞེས་བརྟའ་གཏོར་དུ་བྱ། དེ་ལྟར། རབ་ཞག་གསུམ། འབྲིང་བརྒྱད། ཐ་མ་ཉེར་གཅིག་གིས་འགྲུབ་བོ། །དེ་ནས་ཡིག་རྙིང་ལས་བཤད་པ་ལྟར་གྱིས། བྱི་བ་ཁ་སྦྲད་ཀྱི་རྟེན་བཅས། གཞན་རྣམས་སྔར་དང་འདྲ་བ་ལ། ཏདྱ་ཐཱ། ཨོཾ་ཙ་མེ་ཤུ་མེ་ནི་ཧུ་ཁ་ཐན་སྭཱ་ཧཱ། ཞེས་བཞི་བརྒྱ་ཙམ་དུ་བཟླ་བར་བཤད་དོ། །དམ་ཚིག་ཚུལ་ཁྲིམས་དང་། གཙང་སྦྲ་ལ་གནས་ཤིང་། བྱི་བ་ལ་མི་སྣང་བར་བྱའོ། །འདི་ལུང་ཙམ་གྱིས་འགྲུབ། ཅེས་གསུངས་པ་ལྟར་བྱའོ། །

༄ ཁོལ་པོ་ཀུཎྜ་ལི་ལ། རས་ལ་གླང་པོ་ཆེ་དཀར་པོ་རིན་པོ་ཆེའི་རྒྱན་དང་། སྣ་ཐག་ཅན། རིན་པོ་ཆེའི་སྣོད་བཀལ་བ་ཞིག་བྲིས་ལ་མདུན་དུ་བཀྲམ། འབྲས་དང་དཀར་གསུམ་སོགས་བཟའ་བ་གཙང་མའི་སྤྱངས་གཏོར་བཤམས། (༡༠༡བ)བདག་བསྐྱེད་ཁྲོ་བོ་གང་རིགས་དང་། མདུན་དུ་ཚོགས་བདག་དཀར་པོ་སྐད་ཅིག་གིས་བསྐྱེད་ནས། དེའི་མདུན་དུ་ཐང་ཀ་སྐད་ཅིག་གིས་གནོད་སྦྱིན་ཀུཎྜ་ལི་དཀར་པོ་གཡས་ལྕགས་ཀྱུ་དང་། གཡོན་གླང་པོ་ཆེའི་སྣ་ནས་ཁྲིད་པ། ཐུན་མཚམས་རེ་ལ་སྟོང་གསུམ་བསྐོར་བར་ནུས་པ་མདུན་དུ་བཞུགས་པར་གྱུར། ཨོཾ་པི་ཤ་ཙི་ཀུཎྜ་ལི་ཨི་དཾ་བ་ལིཾ་ཏ་ཁ་ཁ་ཁཱ་ཧི་ཁཱ་ཧི། ཞེས་ལན་ཉི་ཤུ་རྩ་གཅིག་བརྗོད་ཅིང་། གཏོར་མ་ནས་ཕུད་གཏོར་བྱ། སྤོས་དཀར་དང་ཙན་དན་ལ་སོགས་པའི་བདུག་པས་བདུག །བདག་དང་ཚོགས་བདག་ལ་ནོར་བུ་དང་འབྲུའི་མཆོད་པ་འབུལ་ཞིང་། སྟོང་གསུམ་བསྐོར་བར་བསམ། ཨོཾ་པི་ཤཱ་ཙི་ཀུཎྜ་ལི་མཧཱ་བུདྡྷ་ཤཱ་ར། ཧི་རི་ཧི་རི། ཕབ་ཕབ། སིདྡྷི་ཧཱུྃ་སྭཱ་ཧཱ། ཞེས་ཉེར་གཅིག་ལས་མི་ཉུང་བར་བཟླའོ། །ལྷ་ཡོན་བདག་ཏུ་སྒྲུབ་པ་ཞེས་བྱ་སྟེ། འཚོ་བ་ཚོགས་མེད་པར་འགྲུབ་བོ། །འདི་ལ་ལུང་མ་གཏོགས་རྗེས་གནང་མི་དགོས། འདི་ལས་གཞན་པའི་མན་ངག་ཀྱང་མེད་དོ། །ཞེས་གསུངས། སྒྲུབ་ཐབས་རིན་ཆེན་འབྱུང་གནས་ཀྱི་ལྷན་ཐབས་རིན་འབྱུང་དོན་གསལ་ལས། ནོར་ལྷའི་སྒྲུབ་

ཐབས་བཤད་པའི་སྐབས་སོ། །

༄ སྒྱུར་མཛད་ཡེ་ཤེས་ཀྱི་མགོན་པོ་ཕྱག་དྲུག་པ་ནག་པོ་བར་ཆད་ཀུན་སེལ་ལ། རྣལ་འབྱོར་པ་དམ་ཚིག་དང་ལྡན་པ། འདི་ཉིད་ཀྱི་བྱིན་རླབས་ལེགས་པར་མནོས་པ་ཞིག་གིས། ཁྲུས་སྐུ་མཆོད་གཏོར་ཙག་ལི་སོགས་མཚན་ཉིད་ཚང་བ་བཤམས་ལ། བདག་ཉིད་ཡི་དམ་གྱི་རྣལ་འབྱོར་ལ་(༡༨༢ན)གནས་པས། མཆོད་པ་བླ་མེད་ལྷར་བྱིན་གྱིས་བརླབས་ནས། འདི་སྐད་ཅེས་བྱ་སྟེ། ཨོཾ་སྭ་བྷཱ་ཝ་ཤུདྡྷཿསརྦ་དྷརྨཱཿསྭ་བྷཱ་ཝ་ཤུདྡྷོ྅ཧཾ། སྟོང་པ་ཉིད་དུ་གྱུར། སྟོང་པའི་ངང་ལས་མདུན་དུ་ཧཱུྃ་ཡིག་ལས་བྱུང་བའི་སྲུང་འཁོར་གྱི་ནང་མི་བཟད་པའི་དུར་ཁྲོད་ཆེན་པོའི་དབུས་སུ། པཾ་ལས་པདྨ་དང་རཾ་ལས་ཉི་མའི་སྟེང་དུ། གཾ་དཀར་པོ་འོད་དུ་ཞུ་བ་ལས། དཔལ་ཚོགས་ཀྱི་བདག་པོ་སྐུ་མདོག་དཀར་པོ་སྣང་པོ་ཆེའི་དབུ་ལ་སྤྱན་གསུམ་པ། ཕྱག་གཡས་སའི་སྙིང་པོ་ལ་ཕུག་ལོ་མ་དང་བཅས་པ་ཞལ་དུ་གསོལ་བ། གཡོན་ཐོད་པ་བདུད་རྩིས་གང་བ་འཛིན་པ། དར་དང་རིན་པོ་ཆེས་བརྒྱན་པ། ཉལ་སྟབས་སུ་གནས་པ། དེའི་སྙིང་དུ་ཧཱུྃ་མཐིང་ནག་ལས་གྲི་གུག་ཧཱུྃ་གིས་མཚན་པ། དེ་ལས་འོད་ཟེར་འཕྲོས། དགྲ་བགེགས་གདུག་པ་ཅན་ཐམས་ཅད་ཚར་བཅད། འཕགས་པ་མཆོད། སེམས་ཅན་གྱི་དོན་བྱས། སླར་འདུས་ཏེ་ཐིམ་པ་ཡོངས་སུ་གྱུར་པ་ལས། སྒྱུར་མཛད་ཡེ་ཤེས་ཀྱི་མགོན་པོ་ཕྱག་དྲུག་པ། སྐྱེ་འགྲོའི་རེ་བ་ཚུལ་བཞིན་དུ་སྐོང་བ། སྐུ་མདོག་དུས་མཐའི་སྤྲིན་ལྟར་རབ་ཏུ་གནག་པ། ཞལ་གཅིག་ཕྱག་དྲུག་པ། དམར་ལ་ཁྲུམ་པའི་སྤྱན་གསུམ་སྟང་མིག་ཏུ་གཟིགས་པ། ཞལ་གདངས་ཤིང་མཆེ་བ་གཙིགས་པ། ལྗགས་འདྲིལ་བ། རབ་ཏུ་བཞད་པ། སྨ་ར་དང་སྨིན་མ་དང་། དབུ་སྐྲ་དམར་སེར་གྱེན་དུ་བརྫེས་པ། དབྲལ་བར་སིནྡྷུ་རའི་ཐིག་ལེས་བྱུགས་པ། སྤྱི་བོར་མི་བསྐྱོད་རྒྱལ་པོས་རྒྱས་བཏབ་པ། ཕྱག་གཡས་དང་པོས་(༡༨༢བ)རྡོ་རྗེ་གྲི་གུག་དང་། གཡོན་དང་པོས་ཐོད་པ་ཁྲག་གིས་གང་བ་ཐུགས་ཀར་སྙིང་འོག་ཏུ་འཛིན་པ། གཡས་པར་

པས་ཐོད་སྐམ་གྱི་འཕྲེང་བ། ཐ་མས་ནཱ་མ་རུ་དྲག་ཏུ་འཁྲོལ་བ། གཡོན་གཉིས་པ་ན་མདུང་རྩེ་གསུམ་པ། ཐ་མ་ན་རྡོ་རྗེ་ཞགས་པ་བསྣམས་པ། ཞབས་གཉིས་སྲིད་གསུམ་རྣམ་པར་གནོན་པའི་ཤུགས་ཅན་མཉམ་པའི་སྟབས་ཀྱིག་ཀྱིག་ཞབས་ཀྱིས་བགེགས་ཀྱི་རྒྱལ་པོ་མནན་པ། སྟག་ལྤགས་ཀྱི་ཤམ་ཐབས་ལ། དར་ལྗང་གུའི་སྐེ་རགས་བཅིངས་པ། སྦྲུལ་སྔོན་པོས་དབུ་སྐྲ་བཅིངས་ཤིང་། དམར་པོའི་སྙན་ཆ། ཁྲ་བོའི་དཔུང་རྒྱན། དཀར་པོའི་མགུལ་རྒྱན། སེར་པོའི་ལག་གདུབ། ལྗང་གུའི་དོ་ཤལ། དཀར་པོའི་རྐང་གདུབ་དང་སྣ་རགས་ཅན། ཕྱག་ཞབས་ཐམས་ཅད་ལ་དྲིལ་བུ་གཡེར་ཁའི་འཕྲེང་བ་དང་ལྡན་པ། སྨིན་ཐུང་ཡན་ལག་ཧྲུགས་པ། གཟི་བརྗིད་མཐའ་ཡས་པ། མི་མགོ་སྐམ་པོ་ལྔའི་དབུ་རྒྱན་རིན་པོ་ཆེའི་རྩེ་ཕྲན་ཅན་དང་། རློན་པ་ཁྲག་འཛག་པ་ལྔ་བཅུའི་དོ་ཤལ་བྱས་པ། རུས་པའི་རྒྱན་དྲུག་གིས་མཛེས་པ། འཇིགས་པའི་ང་རོ་འབྲུག་ལྟར་སྒྲོག་པས། བདུད་དང་བགེགས་ཐམས་ཅད་བརླག་པར་མཛད་པ། བསྐལ་པའི་མེ་ལྟ་བུའི་ཡེ་ཤེས་ཀྱི་མེ་དཔུང་འབར་བའི་དབུས་ན་བཞུགས་ཤིང་། ཙནྡན་གྱི་སྡོང་པོ་ལ་རྒྱབ་བརྟེན་པའོ། །དེའི་གཡོན་དུ་ཁྲག་ཞག་འཁྲུག་པའི་རྒྱ་མཚོའི་དབུས་སུ། བྷྱོཿལས་དཔལ་ལྡན་ལྷ་མོ་འདོད་པ་ཁམས་ཀྱི་དབང་ཕྱུག་མ་སྐུ་མདོག་ནག་མོ། ཕྱག་གཡས་བདུད་ཀྱི་ཁྲམ་ཤིང་ནག་པོ་འཕྱར་ཞིང་། གཡོན་ནད་ཀྱི་རྐྱལ་པ་(ཀ(ཙན)འཛིན་པ། མི་རླུང་འཚུབ་མའི་དབུས་ན་བཞུགས་ཤིང་། དྲེའུ་རྟ་རྐང་གསུམ་ལ་ཆིབས་པ། འཁོར་ཤ་ཟ་དང་མ་མོ་མཁའ་འགྲོ་འབུམ་སྡེས་བསྐོར་བ། གཙོ་བོའི་མདུན་དུ་ཧཱུྃ་ལས་གནོད་སྦྱིན་ཀྵེ་ཏྲ་པཱ་ལ། སྐུ་མདོག་མཐིང་ནག་ཁ་གདངས་ཤིང་མཆེ་བ་གཙིགས་ནས་དགྲ་ལ་འོ་དོད་འབོད་པ། ཤངས་ནས་དུས་མཐའི་རླུང་ལྡང་བ། ཕྱག་གཡས་གྲི་གུག་ནམ་མཁའ་ལ་འཕྱར་བས་ལྷ་དང་ལྷ་མ་ཡིན་ཐམས་ཅད་སྐྲག་པར་བྱེད་པ། གཡོན་ཐོད་ཁྲག་དགྲ་བགེགས་ཀྱི་སྙིང་དང་བཅས་པ་གཙོ་བོའི་ཞལ་དུ་སྟོབ་པ། དོམ་ནག་སྨྱོན་པ་ལ་ཆིབས་པ། གཡས་སུ་ཛྲུ

་ལས་དབང་ཕྱུག་ཛཱ་ན་མི་ཏྲ་སྐུ་མདོག་དམར་ནག །གཡས་ཊཱ་མ་རུ་འཁྲོལ་ཞིང་། གཡོན་ཐོད་ཁྲག་འཛིན་པ། རྒྱབ་ཏུ་ཛཿལས་གཤིན་རྗེ་ཏཀྐི་རཱ་ཛ་སྐུ་མདོག་དམར་ནག །ཕྱག་གཡས་ཞགས་པ་དགྲ་ལ་འཕེན་ཅིང་། གཡོན་སྡིགས་མཛུབ་གནོད་བྱེད་ལ་བསྡིགས་པ། གཡོན་དུ་དུ་ལས་བདུད་མགོན་ཆེན་པོ་ཏྲཀྵད་སྐུ་མདོག་ནག་པོ། ཕྱག་གཡས་རུ་མཚོན་མདུང་དམར་རྩེ་གསུམ་པ་དགྲ་བོའི་སྙིང་ཁར་བསྣུན་པ། གཡོན་ཐོད་པ་ཁྲག་གིས་གང་བ་བསྣམས་པ། ཡ་སོས་མ་མཆུ་མནན་པ། དར་ནག་གི་འཇོལ་བེར་དང་། སག་ཧྲིའི་ལྷམ་ཡུ་རིང་གསོལ་བ། གསེར་གྱི་སྐྲ་རགས་བཅིངས་པ། བདུད་རྟ་ནག་པོ་རྟིང་དཀར་ལ་ཆིབས་པ། བཞི་གའང་ཁྲོ་བོ་ལས་མཁན་གྱི་ཆ་བྱད་ཡོངས་སུ་རྫོགས་པ། དེའི་ཕྱི་རོལ་དུ་ཤར་དུ་བརྒྱ་བྱིན། ཤར་ལྷོར་མེ་ལྷ། ལྷོར་གཤིན་རྗེ། ལྷོ་ནུབ་ཏུ་སྲིན་པོ། ནུབ་ཏུ་ཆུ་ལྷ། ནུབ་བྱང་དུ༧(༣བ)རླུང་ལྷ། བྱང་དུ་གནོད་སྦྱིན། བྱང་ཤར་དུ་འབྱུང་པོ། སྟེང་དུ་ཚངས་པ། འོག་ཏུ་ས་བདག་སྟེ་ཕྱོགས་སྐྱོང་བཅུ། གཞན་ཡང་ལྷ་ཆེན་པོ་བརྒྱད། ཀླུ་ཆེན་པོ་བརྒྱད། གཟའ་ཆེན་པོ་བརྒྱད། འཇིགས་བྱེད་ཆེན་པོ་དགུ། རྒྱུ་སྐར་ཉི་ཤུ་རྩ་བརྒྱད། རྒྱལ་པོ་ཆེན་པོ་བཞི་སྟེ། གཙང་རིགས་ཀྱི་མགོན་པོ་བདུན་ཅུ་རྩ་ལྔ་པོ་ཐམས་ཅད་ཀྱང་འཁོར་བྱེ་བ་བྱེ་བའི་ཚོགས་ཀྱིས་བསྐོར་བ། དེའི་ཕྱི་རོལ་དུ་དམ་ཅན་རྒྱ་མཚོའི་དམག་ཚོགས་ཤ་ལ་དགའ་བ། ཁྲག་ལ་རོལ་པ། སྙིང་རྗེ་མེད་པ། ཁ་གདངས་པ། མིག་རྩ་དམར་བ། ལག་ན་གདུག་པའི་མཚོན་ཆ་སྣ་ཚོགས་པ་ཐོགས་པ་སྐད་ཅིག་ལ་སྐྱེ་འགྲོ་ཐམས་ཅད་ཀྱི་སྲོག་དབུགས་སྤྱོད་པ། གནོད་སྦྱིན་དང་། སྲིན་པོ་དང་། གཤིན་རྗེ་དང་། བདུད་དང་མ་མོའི་ཆ་ལུགས་ཅན། ས་གཞི་བར་སྣང་ནམ་མཁའི་དབྱིངས་ཐམས་ཅད་ཡོངས་སུ་གང་བ། ཐམས་ཅད་ཀྱང་སྒྲུབ་པ་པོའི་རེ་འདོད་ཚུལ་བཞིན་དུ་སྐོང་བར་མཛད་པའོ། །དེ་ཐམས་ཅད་ཀྱི་དཔྲལ་བར་ཨོཾ་དཀར་པོ། མགྲིན་པར་ཨཱཿདམར་པོ། ཐུགས་ཀར་ཧཱུྃ་སྔོན་པོ། རང་གི་ཐུགས་ཀའི་ཧཱུྃ་ལས་འོད་ཟེར་འཕྲོས།

ཤར་ལྷོ་དུར་ཁྲོད་ཆེན་པོ་བསིལ་བའི་ཚལ། ཙནྡན་གྱི་ཤིང་རྐང་གཅིག་པའི་དྲུང་ནས། མྱུར་མཛད་ཡེ་ཤེས་ཀྱི་མགོན་པོ་ཕྱག་དྲུག་པ། སྟེང་ན་རྩ་བརྒྱུད་ཀྱི་བླ་མ། གཡས་ན་དཔའ་བོ་དར་དང་བཅས་ཤིང་། གཡོན་ན་དཔའ་མོ་འཛུམ་དང་བཅས་པ། བཀའ་སྡོད་ཞིང་སྐྱོང་ཕོ་ཉ། དམ་ཅན་རྒྱ་མཚོའི་དམག་ཚོགས་དང་བཅས་པ་ཐམས་ཅད་སྐད་ཅིག་ཉིད་ལ། ཌཱ་མ་རུ་དང་དྲིལ་བུ་གཡེར་ཁའི་སྒྲ་སི་ལི་ལི། ཁྲོལ་ལོ་ལོ། ཙུར་ཙུར། ཆེམ་(༧༨༤ན)ཆེམ་ཐོན་པར་གྱུར། ཧཱུྃ། དད་པ་དང་ནི་དམ་ཚིག་གིས། །ཚུར་གཤེགས་མཧཱ་ཀཱ་ལ་ཆེ། །དཔལ་ལྡན་མགོན་པོ་འཁོར་དང་བཅས། །དཀྱིལ་འཁོར་གནས་འདིར་གཤེགས་སུ་གསོལ། །ཀླི་ཧ་ལཱ་ལ་ལ་སོགས་པ། །འཁོར་གྱི་བཀའ་ཉན་གནོད་སྦྱིན་ཚོགས། །བསྟན་པ་སྲུང་བར་ཞལ་བཞེས་པའི། །དམ་ཅན་རྒྱ་མཚོ་གཤེགས་སུ་གསོལ། །དཀྱིལ་འཁོར་གནས་འདིར་གཤེགས་ནས་ཀྱང་། །རྒྱན་གྱི་གཏོར་མ་འདི་བཞེས་ལ། །རྟགས་དང་མཚན་མ་སྟོན་པ་དང་། །བཅོལ་བའི་འཕྲིན་ལས་བསྒྲུབ་པར་མཛོད། །ཨོཾ་བཛྲ་མཧཱ་ཀཱ་ལ་ས་པ་རི་ཝཱ་ར། ཞེས་པའི་རྗེས་སུ་ཀླཱྀཾ་རིང་པོ་ཉི་ཤུ་རྩ་གཅིག་བརྗོད། དེ་ནས་ཀླཱྀཾ་གྱི་གནས་སུ་ཨེ་ཧྱེ་ཧི་བཙུག་པ་དང་། བཛྲ་ས་མ་ཛཿབཙུག་པ་རྣམས་ལན་གསུམ་གསུམ་བརྗོད་པས། མྱུར་མཛད་འཁོར་བཅས་སྤྱན་དྲངས། ཛཿཧཱུྃ་བཾ་ཧོཿགཉིས་སུ་མེད་པར་ཐིམ། ཧཱུྃ། བདུད་འདུལ་དམག་དཔོན་ནག་པོ་ཆེ། །རབ་བརྗིད་འཁོར་གྱི་ཚོགས་དང་བཅས། །དགྲ་བགེགས་མ་ལུས་འདུལ་བའི་ཕྱིར། །ནག་པོ་ཆེན་པོ་བཞུགས་སུ་གསོལ། །པདྨ་ཀ་མ་ལ་ཡེ་སྟྭཾ། ཨོཾ་ཤྲཱི་མཧཱ་ཀཱ་ལ་ཡ་ས་པ་རི་ཝཱ་ར་ཨརྒྷཾ་པྲ་ཏཱིཙྪ་ཧཱུྃ་སྭཱཧཱ། དེ་བཞིན་དུ། པཱདྱཾ། པུཥྤེ། དྷཱུ་པེ། ཨཱ་ལོ་ཀེ། གནྡྷེ། ནཻ་ཝི་དྱ། ཤབྡ་ཞེས་སྦྱར་རོ། །སྟེང་པོའི་མཐར་འབྲུ་གསུམ་བཏགས་ལ་ནང་མཆོད་འབུལ། ཆོས་དབྱིངས་དང་ལས་མ་གཡོས་ཀྱང་། །གདུག་པ་འདུལ་ཕྱིར་ཁྲོས་པའི་སྐུ། །བསྟན་པའི་རུ་ཏྲ་འཛོམས་མཛད་པའི། །ནག་པོ་ཆེ་ལ་ཕྱག་འཚལ་བསྟོད། །དེ་ནས་གསོལ་འདེབས་ནི། ན་(༧༨༤བ)མོ་བུདྡྷཱ་ཡ། ན་མོ་གུ

ཙ་ཧེ། བཛྲ་བྷི་ར་བྷི་རེ་ཊེ། ཀྲི་ཌ་ཀ་ཌ་ཀི་ཉི། ཛ་ག་ཛ་གི་ནི། སརྦ་བུདྡྷ་བོ་ཧི་སཏྭ་
ཡ་ཤ་ར་ཊཾ་གཙྪ་མི་ཀྱི། དེ་ནས་བཟླས་པ་ནི། རང་གི་ཐུགས་ཀའི་ཧཱུྃ་ལས་སྔགས་ཀྱི་
འཕྲེང་བ་རྣམས་ཁ་དོག་ནག་པོ་འོད་ཟེར་དམར་པོ་འཕྲོ་བ་འཕྲེང་རྫོགས་ལྟར་གནས་
པ་ལ། འོད་ཟེར་སྣ་ལྔ་འཕྲེང་ཐག་གི་ཚུལ་དུ་བརྒྱུས་པ་རང་གི་ཞལ་ནས་ཐོན།
མགོན་པོའི་ཞལ་དུ་ཞུགས། མགོན་པོའི་ཐུགས་ཀའི་ཧཱུྃ་ལ་ཐིམ། ཡང་ཧཱུྃ་ལས་བྱུང་།
མགོན་པོའི་ལྟེ་བ་ནས་ཐོན། བདག་གི་ལྟེ་བར་ཞུགས། སྙིང་གའི་ཧཱུྃ་ལ་ཐིམ། དེ་
ལྟར་རྟག་ཏུ་འཁོར་ལོ་ལྟར་འཁོར་བར་བསམས་ལ། ཨོཾ་བཛྲ་མཧཱ་ཀཱ་ལ་ཀྲཱིཾ་ཀྲཱི་ཊ་
བིགྷྣན་བི་ན་ཡ་ཀ་ཧཱུྃ་ཧཱུྃ་ཕཊ་ཕཊ་སྭཱཧཱ། ཞེས་སྙིང་པོ་ཅི་འགྲུབ་བཟླ། དྲག་པོའི་
བཟླས་པ་ལ་དམིགས་པ་གསལ་བཏབ་སྟེ། ཨོཾ་ཤྲཱི་མཧཱ་ཀཱ་ལ་ཤཱ་ས་ན་ཨུ་པ་ཧ་རི་ཊེ།
ཨེ་ཧྱེ་ཧྱ་པཉྩི་མ། ཀཱ་ལོ་ཧྱ་ཨ་ཡཾ་ཨི་དཾ་རཏྣ་ཊ་ཡ། ཨ་པ་ཀ་རི་ཊཾ། ཡ་དིའི་པྲ་ཏི་ཛྙཾ།
སྨ་ར་སི། ཏ་ད་ཨི་དཾ་དུཥྚཾ། ཁ་ཁ་ཁཱ་ཧི་ཁཱ་ཧི། མཱ་ར་མཱ་ར། གྲིཧྣ་གྲིཧྣ། བནྡྷ་བནྡྷ།
ཧ་ན་ཧ་ན། ད་ཧ་ད་ཧ། པ་ཙ་པ་ཙ། དི་ན་མེ་ཀེ་ན་མཱ་ར་ཡ་ཧཱུྃ་ཧཱུྃ་ཕཊ་ཕཊ་སྭཱཧཱ།
ཅེས་པ་ནི་དྲག་སྔགས་ཏེ་སྟོང་སྟོང་བསད་གསུམ་ཡང་འདི་ལ་ཚང་བར་བཞེད་དོ། །
ཨོཾ་ཀྲི་དེ་ཀྲི་ཧཱུྃ་ཕཊ། ལྷ་མོའི་མཚན་སྔགས་སོ། །ཨོཾ་ཀྲཱི་ཊ་པཱ་ལ་བིགྷྣན་ཧཱུྃ་ཕཊ། ཨོཾ་
ཛི་ན་མི་ཊ་བྷ་ཤཾ་ཀུ་ཙ་ཧཱུྃ་ཕཊ། ཨོཾ་ཏཀྐི་རྣ་ཛ་ས་མ་ཡ་སྟྲྀཿདུ་ཛཿཧཱུྃ་ཕཊ། ཨོཾ་དུ་ཡག་
ཛ་མཧཱ་ཀཱ་ལ་ཊ་ཀྐད་ཧཱུྃ་ཕཊ། ལས་མཁན་བཞི་ཡི་སྙིང་པོའོ། །དེ་ལྟར་བཟླས་པ་ཅི་
འགྲུབ་བྱས་ནས། མཐར་གཏོར་མ་ཡི་དམ་ལྟར་བྱིན་གྱིས་བརླབས་ནས། མགོན་པོ་
འཁོར་དང་བཅས་པའི་(༡༥ན)ལྗགས་ཧཱུྃ་ལས་བྱུང་བའི་རྡོ་རྗེ་དམར་པོའི་འོད་ཀྱིས་
སྲུ་གུས་གཏོར་མ་དྲངས་ཏེ་གསོལ་བས་ཐུགས་རྒྱུད་ཟག་མེད་ཀྱི་བདེ་བས་ཚིམས་
ནས་དགྱེས་པར་གྱུར། སྙིང་པོའི་མཐར། ཨི་དཾ་བ་ལིཾ་ཏ་ཁ་ཁཱ་ཧི་ཁཱ་ཧི། ཨོཾ་བཛྲ་
མཧཱ་ཀཱ་ལ་ཀྲཱིཾ་ཀྲཱི་ཊ་བིགྷྣན་བི་ན་ཡ་ཀ་ཊ་ཀ་རསྨོ་བ་ལིཾ་ཏ་མཾ་ས་རཀྟ་དུ་ཧི་ར་ཁ་ཁ་
ཁཱ་ཧི་ཁཱ་ཧི། དེ་བཞིན་དུ་འཁོར་རྣམས་ལ་སྙིང་པོའི་མཐར། ཨི་དཾ་བ་ལིཾ་ཏ་ཁ་ཁ་

ཁཱ་ཧི་ཁཱ་ཧི། ཞེས་པ་བཏགས་ལ། ལན་གསུམ་གསུམ་གྱིས་ཕུལ། ཨོཾ་མཧཱ་ཀཱ་ལ་ས་པ་རི་ཝཱ་ར་ཨརྒྷཾ་སོགས་ཀྱིས་མཆོད། ནང་མཆོད་སྔར་བཞིན་ཕུལ་ལ། དེ་ནས། དཔལ་ལྡན་མགོན་པོ་འཁོར་བཅས་ལ། །བདག་གིས་མཆོད་གཏོར་ཕུལ་བ་ཡིས། ། དཀོན་མཆོག་དབུ་འཕང་སྟོད་པ་དང་། །ཐེག་པ་ཆེན་པོ་སྲུན་འཛིན་དང་། །བསྟན་པ་འཛིག་དང་དབྱེན་བྱེད་དང་། །བླ་མའི་སྐུ་ལ་བསྡོ་བ་དང་། །རྣལ་འབྱོར་བདག་ལ་སྡང་བ་རྣམས། །དེ་དག་ནག་པོ་ཆེན་པོས་སྒྲོལ། །ཤ་ཏྲུ་ན་མཱ་ར་ཡ་ཕཊ། ཅེས་བརྗོད། གོང་བཞིན་ཆོས་དབྱིངས་མས་བསྟོད། འདོད་དོན་གསོལ་བཏབ་སོགས་བྱའོ། ། ༈ འདིའི་བཀའ་བྱེད་པར་འདོད་པས། གནས་དབེན་པར་ཉེར་དགུ་ལ་སོགས་པའི་དུས་བཟང་པོར་མཉལ་ཐྲུམ་པོའི་དབུས་སུ་ཆོས་འབྱུང་གྲུ་གསུམ་མཐིང་ག་མེ་རི་ཅན་རྩེ་མོ་ཚུར་བསྟན་པ། དབུས་སུ་ཉི་གདན་དྲུག་ལ་ཚོམ་བུ་སྐུ་མདོག་དང་མཐུན་པར་འགོད། ཕྱི་རོལ་གྲུ་བཅད་དམར་པོ། ཐྲུམ་སྐོར་གྱི་ཕྱི་ལའང་རྗེ་ན་མེ་རི་བྱ། དེར་མཆེའི་སྟེང་དུ། ཐོད་པའི་སྟོད་གང་ཡང་རུང་བའི་ནང་དུ། བདུད་རྩི་(༧༤༥བ)ལྡུས་སྦགས་པའི་གཏོར་མ་ནོར་གཟུགས་མ་ཆེ་བ་རེ་འགོད་ཅིང་། འཁོར་གྱི་གཏོར་མ་བཞེངས་ན་སྟོད་དེ་ཉིད་དུ་གནོད་སྦྱིན་ལ་རྩེ་མོ་གཡས་སུ་བཙུས་པ་གྲུ་གསུམ། ལས་མགོན་ལ་གྲུ་གསུམ་ཕྲ་མོ། གཞན་གསུམ་ལ་ཐྲུམ་པོ་ཕྲ་མོ་རེ་བྱ། གཏོར་མ་ཆེན་པོ་ལ་མདའ་དར་དང་། ཅག་ལི་བཙུགས། འབུལ་གཏོར་རྒྱས་པ་བཤམས་ན་གཏོར་སྒྲུབ་ཡིན་ལ། བསྡུ་ན་ཐྲུམ་གཏོར་ཆེ་བ་ཞིག་མདུན་དུ་བཤམས། ནང་མཆོད་དང་། མཆོད་པ་གཞན་རྣམས་ཅི་བདེ་བར་བཤམས། དེ་ནས། སློབ་དཔོན་གྱི་བྱ་བ་ནི། སྔོན་བགེགས་གཏོར་བཏང་ལ་བགེགས་བསྐྲད། མཆོད་པ་བྱིན་རླབས། ནང་མཆོད་བྱིན་རླབས། ཡི་དམ་གྱི་བདག་བསྐྱེད་རྣམས་ཡི་དམ་ཉིད་ཀྱི་རང་གཞུང་ལྟར་བྱས་ནས། མདུན་བསྐྱེད་ཨ་ཤྲི་ཏས་བསངས། སྭཱ་ཧཱ་ཕྱས་སྦྱངས། སྟོང་པའི་ངང་ལས་ཞེས་པ་ནས། འདོད་དོན་གསོལ་གདབ་ཀྱི་བར་གཏོར་ཆོག་ལྟར་

བྱ། འོག་ནས་འབྱུང་བའི་ཏིང་ངེ་འཛིན་གྱི་དབང་བསྐུར་བ་ཉིད་དམིགས་པས་
བདག་འཇུག་ཏུ་བླངས། སློབ་མའི་རྒྱུད་བྱིན་གྱིས་བརླབས་པའི་དོན་དུ་འདིར་ཡང་
བཟླས་པ་ཅུང་ཟད་བྱ། ༈ སློབ་མ་རྣམས་ཁྲུས་བྱ། གྲལ་ལ་འཁོད་པ་ལ་མེ་ཏོག་
བཀྱེ་བསྡུ་བྱ། སློབ་དཔོན་གྱིས། སློབ་མ་རྣམས་སེམས་བསྐྱེད་གསལ་འདེབས་སུ་
བཅུག །ཡེ་ཤེས་ཀྱི་མགོན་པོ་འདི་ལ་སྒྲུབ་ཐབས་ཀྱི་རིགས་བསམ་གྱིས་མི་ཁྱབ་པ་
ཞིག་བཞུགས་ནའང་། རྩ་བར་གྱུར་པ་ནི། དྲག་པོ་མཐུ་སྒྲུབ་དང་། ཞི་བ་ནོར་སྒྲུབ་
གཉིས་ལགས། དེ་གཉིས་ཀྱི་ཡང་གཙོ་བོ་དྲག་པོ་མཐུ་སྒྲུབ་ཡིན་ཅིང་། འདི་ལ་ཡང་
བཀའ་རིགས་(༧༡༨ན)མི་གཅིག་པ་མང་དུ་ཡོད་ནའང་། དེ་རྣམས་ཀྱི་རྩ་བའི་དབང་
བཀའ་ནི། བར་ཆད་ཀུན་སེལ་གྱི་བཀའ་འདི་ཉིད་ཡིན་པས་འདི་སྒྲུབ་པར་བྱེད་པ་
ལ། སློབ་དཔོན་གྱི་བྱ་བ་རྣམས་སྔོན་དུ་སོང་། སློབ་མའི་ངོས་སྐལ་དུ་གྱུར་པ་ལ་
ཡང་། སྦྱོར་དངོས་རྗེས་གསུམ་ལས། དང་པོ་སྦྱོར་བ་ལ་ཡང་། མཎྜལ་འབུལ་བ།
གསོལ་བ་འདེབས་པ། རྟོག་པ་བསྡུ་བ། ཐུན་མོང་མ་ཡིན་པའི་སྐྱབས་འགྲོ། སེམས་
བསྐྱེད་པ། ཐུན་མོང་མ་ཡིན་པའི་གསོལ་བ་གདབ་པ་སྟེ་དྲུག་ཡོད་པ་ལས། དང་
པོ་བླ་མ་དང་མགོན་པོ་དབྱེར་མེད་པའི་སྤྱན་སྔར་ཏིང་ངེ་འཛིན་གྱི་དབང་བསྐུར་
ཞུ་བའི་དོན་དུ་མཎྜལ་ཕུལ་མཛོད། ཅེས་བརྗོད་ལ། སློབ་མས་ཀྱང་མཎྜལ་དབུལ།
གཉིས་པ་ནི། འདིའི་རྗེས་ཟློས་མཛོད། རྗེ་རྗེ་འཛིན་པ་དགོངས་སུ་གསོལ། །བདག་
ནི་འགྲོ་ལ་ཕན་དོན་དུ། །གཙོ་ཆེན་ཁྱེད་ལ་གསོལ་བཏབ་ཀྱི། །མ་ལུས་རྗེས་གནང་
བསྐྱལ་དུ་གསོལ། །ཞེས་ལན་གསུམ། གསུམ་པ་ནི། རྟོག་པ་ཐམས་ཅད་ལེགས་
པར་བསྡུས་ནས་ནི། །ཤིན་ཏུ་བསམ་པ་བཟང་དང་ལྡན་པས་ཉོན། །བརྗོད་ངས་
ཊཱ་ལ་རྡོ་རྗེ་སེམས་དཔའ་སོགས། །བདེ་བར་གཤེགས་པ་རྣམས་ཀྱིས་བྱིན་མི་རློབས། །
དེ་ལྟར་ན་སྡོད་ཀྱི་སྐྱོན་གསུམ་སྤངས་ཏེ་གསན་འཚལ། བཞི་པ་ནི། ཁྱད་པར་ཅན་
གྱི་སྐྱབས་འགྲོའི་དོན། བླ་མ་མགོན་པོ་དབྱེར་མེད་ལ་སྐྱབས་སུ་འགྲོ་བ་ཡིན་པས།

འདིའི་རྗེས་ཟློས་མཛོད། ཕྱོགས་བཅུ་ན་བཞུགས་པའི་སངས་རྒྱས་དང་བྱང་ཆུབ་སེམས་དཔའ་ཐམས་ཅད་དང་། སློབ་དཔོན་དགོངས་སུ་(༧༡༨བ)གསོལ། བདག་མིང་འདི་ཞེས་བགྱི་བ། ཕྱོགས་བཅུ་ན་བཞུགས་པའི་བླ་མ་ལ་སྐྱབས་སུ་མཆིའོ། །ཕྱོགས་བཅུ་ན་བཞུགས་པའི་སངས་རྒྱས་ལ་སྐྱབས་སུ་མཆིའོ། །ཕྱོགས་བཅུ་ན་བཞུགས་པའི་ཆོས་ལ་སྐྱབས་སུ་མཆིའོ། །ཕྱོགས་བཅུ་ན་བཞུགས་པའི་དགེ་འདུན་ལ་སྐྱབས་སུ་མཆིའོ། །ཡི་དམ་ལྷ་ཚོགས་དང་ཡེ་ཤེས་ཀྱི་མགོན་པོ་ཕྱག་དྲུག་པའི་ལྷ་ཚོགས་འཁོར་དང་བཅས་པ་རྣམས་ལ་ཕྱག་འཚལ་ཞིང་སྐྱབས་སུ་མཆིའོ། །ལན་གསུམ། ལྔ་པ་ནི། འདིའི་རྗེས་ཟློས་མཛོད། དཀོན་མཆོག་གསུམ་ལ་བདག་སྐྱབས་མཆི། །ཞེས་སོགས་སམ། བདག་གིས་སྡིག་པ་བགྱིས་པ་དང་། །བགྱིད་བསྒྱུལ་གང་ཡིན་དེ་རིང་བཤགས། །རྒྱལ་བ་སྲས་བཅས་རྣམས་དང་ནི། །འགྲོ་གཞན་ལེགས་བྱས་གང་ཡིན་པ། །དེ་དག་ཀུན་ལ་ཡི་རང་སྟེ། །བྱང་ཆུབ་ཏུ་ནི་བདག་གིས་བསྔོ། །སངས་རྒྱས་ཆོས་དང་དགེ་འདུན་ལ། །དེ་རིང་བདག་ནི་སྐྱབས་སུ་མཆི། །འཁོར་བའི་སྡུག་བསྔལ་བཅད་པ་དང་། །དགེ་བ་རྣམས་ནི་སྤེལ་བའི་ཕྱིར། །བྱང་ཆུབ་སེམས་ཉིད་བསྐྱེད་ནས་སུ། །འགྲོ་རྣམས་དེ་རིང་དོན་དུ་གཉེར། །སངས་རྒྱས་གྱུར་ནས་འགྲོ་བ་རྣམས། །མ་ལུས་སྲིད་མཚོ་ལས་བསྒྲལ་བགྱི། །ཞེས་རྒྱུན་བཤགས་ཡན་ལག་ལྔ་པ་རྒྱས་བསྡུས་གཉིས་པོ་གང་བྱས་ཀྱང་འདྲ་སྟེ། ལན་གསུམ་བྱའོ། །དྲུག་པ་ནི། ཡིད་ཀྱིས་སྤྲུལ་པའི་མཆོད་པས་མཆོད་པར་མོས་ལ་འདིའི་རྗེས་ཟློས་མཛོད། བླ་མ་དང་སྤྱན་མཛད་ཡེ་ཤེས་ཀྱི་མགོན་པོ་དབྱེར་མ་མཆིས་(༧༡༩ན)པ་ལ། ཕྱི་མེ་ཏོག་བདུག་སྤོས། ནང་ཤ་ལྔ་བདུད་རྩི་ལྔ། གསང་བ་བདེ་སྟོང་གི་ཡེ་ཤེས། ཡང་གསང་དེ་ཁོ་ན་ཉིད་ཀྱི་མཆོད་པ་དམ་པ་རྣམས་འབུལ་ལོ། །བཞེས་ནས་བདག་ལ་དབང་བཞི་རྫོགས་པར་བསྐུར་དུ་གསོལ། །ཞེས་ལན་གསུམ། ༈ གཉིས་པ་དངོས་གཞི་ལ། ཡེ་ཤེས་དབབ་པ། སྐུ་གསུང་ཐུགས་ཀྱིས་བྱིན་གྱིས་བརླབས་པ། སྐུ་དངོས་ཀྱིས་བྱིན་

གྱིས་བརྐྱབས་པ། སྔགས་གཏད་པའི་རྗེས་གནང་སྟེ་བཞི་ལས། དང་པོ་ལ། དཀྱིལ་འཁོར་དུ་གཞུག་ཅིང་ལྷ་ངོ་བསྟན་པའི་དོད་དཀྱིལ་འཁོར་གསལ་འདེབས་པ་དང་། ཡེ་ཤེས་འཕོ་བ་དངོས་གཉིས་ལས། དང་པོ་ནི། སློབ་དཔོན་དང་མདུན་བསྐྱེད་དབྱེར་མ་མཆིས་པ་མགོན་པོ་འཁོར་བཅས་སུ་གསལ་འདེབས་པ་ཡིན་ཏེ། ཁྱེད་རང་རྣམས་ཀྱི་མདུན་གྱི་ནམ་མཁར་སྤྲུང་བའི་འཁོར་ལོའི་ནང་དུ་མྱུར་མཛད་ཡེ་ཤེས་ཀྱི་མགོན་པོ་ཕྱག་དྲུག་པ་ཡབ་ཡུམ་འཁོར་གནོད་སྦྱིན་བཞི་དང་བཅས་པ་དངོས་སུ་བཞུགས་འདུག་སྙམ་པའི་མོས་པ་མཛོད་བྱས་ལ། དེ་ལྟ་བུའི་བླ་མ་དང་མགོན་པོ་དབྱེར་མེད་པ་ལ། མོས་གུས་དྲང་དྲང་བ་བྱས་པས་ཐུགས་ཀ་ནས་འོད་ཟེར་འཕྲོས། ཁྱེད་རང་རྣམས་ཀྱི་ལུས་ལ་ཕོག །སྡིག་སྒྲིབ་ཐམས་ཅད་བསྲེགས། མ་དག་པའི་སྣང་བ་ཐམས་ཅད་སྦྱངས། ཨོཾ་སྭ་བྷཱ་ཝ་སོགས་བརྗོད། སྟོང་པའི་ངང་ལས་པཾ་ལས་པདྨ་དང་རཾ་ལས་ཉི་མའི་སྟེང་དུ། ཡཾ་དཀར་པོ་འོད་དུ་ཞུ་བ་ལས། དཔལ་ཚོགས་ཀྱི་བདག་པོ་སྐུ་མདོག་དཀར་པོ་གླང་པོ་ཆེའི་དབུ་ལ་སྤྱན་གསུམ་པ། ཕྱག་(༡༩༧ན)གཡས་པའི་སྣེང་པོ་ལ་ཕྱུག་ལོ་མ་དང་བཅས་པ་ཞལ་དུ་གསོལ་བ། གཡོན་ཐོད་པ་བདུད་རྩིས་གང་བ་འཛིན་པ། དར་དང་རིན་པོ་ཆེས་བརྒྱན་པ། ཉལ་སྟབས་སུ་གནས་པ། དེའི་སྟེང་དུ་ཁྱེད་རང་རྣམས་ཀྱི་སེམས་ཉིད་ཧཱུྃ་མཐིང་ནག་ལས་གྲི་གུག་ཧཱུྃ་གིས་མཚན་པ། དེ་ལས་འོད་ཟེར་འཕྲོས། དགྲ་བགེགས་གདུག་པ་ཅན་ཐམས་ཅད་ཚར་བཅད། འཕགས་པ་མཆོད། སེམས་ཅན་གྱི་དོན་བྱས། སླར་འདུས་ཏེ་ཐིམ་པ་ཡོངས་སུ་གྱུར་པ་ལས། ཁྱེད་རང་རྣམས་མྱུར་མཛད་ཡེ་ཤེས་ཀྱི་མགོན་པོ་ཕྱག་དྲུག་པ། སྐྱེ་འགྲོའི་རེ་བ་ཇི་ལྟ་བ་བཞིན་དུ་སྐོང་བ། སྐུ་མདོག་དུས་མཐའི་སྤྲིན་ལྟར་རབ་ཏུ་གནག་པ། ཞལ་གཅིག་ཕྱག་དྲུག་པ། དམར་ལ་ཟླུམ་པའི་སྤྱན་གསུམ་ སྟང་མིག་ཏུ་གཟིགས་པ། ཞལ་གདངས་ཤིང་མཆེ་བ་གཙིགས་པ། ལྗགས་འདྲིལ་བ། རབ་ཏུ་བཞད་པ། སྨ་ར་དང་སྨིན་མ་དང་། དབུ་སྐྲ་དམར་སེར་གྱེན་དུ་བརྫེས་པ། དཔྲལ་བར་སི་རྡུ

རའི་ཐིག་ལེས་བྱུགས་པ། སྤྱི་བོར་མི་བསྐྱོད་རྒྱལ་པོས་རྒྱས་བཏབ་པ། ཕྱག་གཡས་དང་པོས་རྡོ་རྗེ་གྲི་གུག་དང་། གཡོན་དང་པོས་ཐོད་པ་ཁྲག་གིས་གང་བའི་ཐུགས་ཀར་སྙིང་འོག་ཏུ་འཛིན་པ། གཡས་བར་པས་ཐོད་སྐམ་གྱི་འཕྲེང་བ། ཐ་མས་ནཱ་མ་རུ་དྲག་ཏུ་འཁྲོལ་བ། གཡོན་གཉིས་པ་ན་མདུང་རྩེ་གསུམ་པ། ཐ་མ་ན་རྡོ་རྗེ་ཞགས་པ་བསྣམས་པ། ཞབས་གཉིས་སྲིད་གསུམ་རྣམ་པར་གནོན་པའི་ཤུགས་ཅན་མཉམ་པའི་སྟབས་ཀྱིག་ཀྱིག་ཞབས་ཀྱིས་བགེགས་ཀྱི་རྒྱལ་པོ་མནན་པ། སྟག་ལྤགས་ཀྱི་ཤམ་ཐབས་ལ། དར་ལྔང་གུའི་སྐེ་(༧༡༨ན)རགས་བཅིངས་པ། སྦྲུལ་སྔོན་པོས་དབུ་སྐྲ་བཅིངས་ཤིང་། དམར་པོའི་སྣན་ཆ། ཁྲ་བོའི་དཔུང་རྒྱན། དཀར་པོའི་མགུལ་རྒྱན། སེར་པོའི་ལག་གདུབ། ལྗང་གུའི་དོ་ཤལ། དཀར་པོའི་རྐང་གདུབ་དང་སྐྲ་རགས་ཅན། ཕྱག་ཞབས་ཐམས་ཅད་ན་དྲིལ་བུ་གཡེར་ཁའི་འཕྲེང་བ་དང་ལྡན་པ། སྟོམ་ཐུང་ཡན་ལག་རྒྱགས་པ། གཟི་བརྗིད་མཐའ་ཡས་པ། མི་མགོ་སྐམ་པོ་ལྔའི་དབུ་རྒྱན་རིན་པོ་ཆེའི་རྩེ་ཕྲན་ཅན་དང་། རློན་པ་ཁྲག་འཛག་པ་ལྔ་བཅུའི་དོ་ཤལ་བྱས་པ། རུས་པའི་རྒྱན་དྲུག་གིས་མཛེས་པ། འཇིགས་པའི་ང་རོ་འབྲུག་ལྟར་སྒྲོག་པས། བདུད་དང་བགེགས་ཐམས་ཅད་བརླག་པར་མཛད་པ། བསྐལ་པའི་མེ་ལྟ་བུའི་ཡེ་ཤེས་ཀྱི་མེ་དཔུང་འབར་བའི་དབུས་ན་བཞུགས་ཤིང་། ཅན་དན་གྱི་སྡོང་པོ་ལ་རྒྱབ་བརྟེན་པའོ། །དེ་ལྟར་གསལ་བའི་དཔྲལ་བར་ཨོཾ་དཀར་པོ། མགྲིན་པར་ཨཱཿདམར་པོ། ཐུགས་ཀར་ཧཱུྃ་སྔོན་པོས་མཚན་པར་གྱུར། སློབ་དཔོན་གྱི་ཐུགས་ཀའི་ཧཱུྃ་ལས་འོད་ཟེར་འཕྲོས། ཤར་ལྷོ་དུར་ཁྲོད་ཆེན་པོ་བསིལ་བའི་ཚལ། ཅན་དན་གྱི་ཤིང་རྐང་གཅིག་པའི་དྲུང་ནས། སྒྱུར་མཛད་ཡེ་ཤེས་ཀྱི་མགོན་པོ་ཕྱག་དྲུག་པ་འཁོར་དང་བཅས་པ་ཐམས་ཅད་སྐད་ཅིག་ཉིད་ལ་ཌཱ་མ་རུ་དང་དྲིལ་བུ་གཡེར་ཁའི་སྒྲ་སིལ་ལི་ལི། ཁྲོལ་ལོ་ལོ། ཙུར་ཙུར། ཆེམ་ཆེམ་བྱོན་ཏེ། ཁྱེད་རང་རྣམས་ཀྱི་ལུས་ལ་གཉིས་སུ་མེད་པར་ཐིམ་ཞེས་བརྗོད་ཅིང་། རོལ་མོའི་སྒྲ་བྱ། དམ་རྫས་སྤྱོས་ཀྱི་

དྲུད་པ་བཏུལ། ཨོཾ་བཛྲ་མནྟྲ་ཀྲཱ་ལ་ས་པ་རི་ཕྲཱ་ར་ཧྲཱིཾ་རིང་པོ་ཉི་ཤུ་རྩ་གཅིག་བརྗོད། དེ་ནས་ཧྲཱིཾ་གི་གནས་(༧༨༤བ)སུ་ཨེ་ཏྲེ་ཧི་བཙུག་པ་དང་། བཛྲ་ས་མ་ཛཿབཙུག་པ་རྣམས་ལན་གསུམ་གསུམ་བརྗོད་པས། མྱུར་མཛད་འཁོར་བཅས་སྤྱན་དྲངས། ཛཿཧཱུྃ་བཾ་ཧོཿཞེས་བརྗོད། ༈ གཉིས་པ་ནི། བླ་མ་དང་མདུན་བསྐྱེད་མགོན་པོ་དབྱེར་མ་མཆིས་པའི་སྤྱི་བོར་ཨོཾ་དཀར་པོ། མགྲིན་པར་ཨཱཿདམར་པོ། ཐུགས་ཀར་ཧཱུྃ་མཐིང་ག་གསལ་བཏབ་ལ། དབང་བཞི་རྫོགས་པར་བསྐུར་དུ་གསོལ། ཁྱད་པར་དུ་བུམ་པའི་དབང་བསྐུར་དུ་གསོལ་སྙམ་པའི་ཡིད་ཀྱིས་གསོལ་བ་དྲུང་དྲུང་བཏབ་པས། བླ་མ་མགོན་པོ་དབྱེར་མེད་ཀྱི་དཔྲལ་བའི་ཨོཾ་ལས་འོད་ཟེར་འཕྲོས། སངས་རྒྱས་ཐམས་ཅད་ཀྱི་སྐུའི་བྱིན་རླབས་ཐམས་ཅད་འོད་ཟེར་དཀར་པོའི་རྣམ་པས་ཚུར་བསྡུས་ཏེ་ཨོཾ་ལ་བསྟིམ། ཨོཾ་ལས་འོད་ཟེར་དཀར་པོ་དཔག་ཏུ་མེད་པ་བྱུང་སྟེ། ཁྱེད་རང་རྣམས་ཀྱི་དཔྲལ་བའི་ཨོཾ་ལ་ཐིམ་པས། བུམ་པའི་དབང་ཐོབ་པའི་མོས་པ་མཛོད། ཅེས་བརྗོད་ལ། རོལ་མོ་བྱ། དབང་བཞི་རྫོགས་པར་བསྐུར་དུ་གསོལ། ཁྱད་པར་དུ་གསང་དབང་བསྐུར་དུ་གསོལ་སྙམ་པའི་ཡིད་ཀྱིས་གསོལ་བ་དྲུང་དྲུང་བཏབ་པས། བླ་མ་མགོན་པོ་དབྱེར་མེད་ཀྱི་མགྲིན་པའི་ཨཱཿལས་འོད་ཟེར་འཕྲོས། སངས་རྒྱས་ཐམས་ཅད་ཀྱི་གསུང་གི་བྱིན་རླབས་ཐམས་ཅད་འོད་ཟེར་དམར་པོའི་རྣམ་པས་ཚུར་བསྡུས་ཏེ་ཨཱཿལ་ཐིམ། ཨཱཿལས་འོད་ཟེར་དམར་པོ་དཔག་ཏུ་མེད་པ་བྱུང་སྟེ། ཁྱེད་རང་རྣམས་ཀྱི་མགྲིན་པའི་ཨཱཿལ་ཐིམ་པས། གསང་དབང་ཐོབ་པའི་མོས་པ་མཛོད། ཅེས་བརྗོད་ལ། རོལ་མོ་བྱ། དབང་བཞི་རྫོགས་པར་བསྐུར་དུ་(༧༨༥ན)གསོལ། ཁྱད་པར་དུ་ཤེས་རབ་ཡེ་ཤེས་ཀྱི་དབང་བསྐུར་དུ་གསོལ་སྙམ་པའི་ཡིད་ཀྱིས་གསོལ་བ་དྲུང་དྲུང་བཏབ་པས། བླ་མ་མགོན་པོ་དབྱེར་མེད་ཀྱི་ཐུགས་ཀའི་ཧཱུྃ་ལས་འོད་ཟེར་འཕྲོས། སངས་རྒྱས་ཐམས་ཅད་ཀྱི་ཐུགས་ཀྱི་བྱིན་རླབས་ཐམས་ཅད་འོད་ཟེར་མཐིང་གའི་རྣམ་པས་ཚུར་བསྡུས་ཏེ་ཧཱུྃ་ལ་ཐིམ། ཧཱུྃ་ལས་འོད་ཟེར་མཐིང་ག་དཔག་

ཏུ་མེད་པ་བྱུང་སྟེ། ཁྱེད་རང་རྣམས་ཀྱི་སྙིང་གའི་ཧཱུཾ་ལ་ཐིམ་པས། ཤེར་དབང་ཐོབ་པའི་མོས་པ་མཛོད། ཅེས་བརྗོད་ལ། རོལ་མོ་བྱ། དབང་བཞི་རྫོགས་པར་བསྐུར་དུ་གསོལ། ཁྱད་པར་དུ་དབང་བཞི་པ་བསྐུར་དུ་གསོལ་སྙམ་པའི་ཡིད་ཀྱིས་བླ་མ་མགོན་པོ་དབྱེར་མེད་ལ་མོས་གུས་དྲུང་དྲུང་བ་བྱས་པས། བླ་མ་མགོན་པོ་དབྱེར་མེད་ཀྱི་གནས་གསུམ་ནས་ཡི་གེ་འབྲུ་གསུམ་པོ་དེ་ཉིད་རྒྱངས་ཀྱིས་ཆད་ནས་ཕྱོན། ཁྱེད་རང་རྣམས་ཀྱི་གནས་གསུམ་གྱི་ཡི་གེ་འབྲུ་གསུམ་ལ་ཐིམ། ཁྱེད་རང་རྣམས་ཀྱི་སྙིང་གའི་ཧཱུཾ་མགྲིན་པའི་ཨཱཿལ་ཐིམ། དེ་ཡང་སྤྱི་བོའི་ཨོཾ་ལ་ཐིམ། ཨོཾ་ཡང་ནམ་མཁའ་ལ་འཇའ་ཡལ་བ་བཞིན་དུ་གྱུར། དེས་ལུས་ངག་ཡིད་གསུམ་ཐ་དད་དུ་འཛིན་པའི་སྒྲིབ་པ་དག་ནས། དབང་བཞི་པ་ཐོབ་པ་ཡིན་པས་སེམས་སྤྲོས་བྲལ་ཕྱག་རྒྱ་ཆེན་པོ་ལ་ཞོག་ཅིག །ཅེས་བརྗོད་ལ། རོལ་མོ་བྱ། གསུམ་པ་ནི། གཏོར་མ་སློབ་མའི་སྤྱི་བོར་བཟུང་ལ། གཏོར་མ་འདི་ཉིད་མྱུར་མཛད་ཡེ་ཤེས་ཀྱི་མགོན་པོ་འཁོར་བཅས་སུ་གསལ་བ་ལ་མོས་གུས་དྲུང་དྲུང་བ་བྱས་པས། ཙུར་ཙུར་ཆེམ་ཆེམ་རང་གི་སྤྱི་བོར་ཕྱོན། བླ་མས་ཁྱེད་རང་རྣམས་ཀྱི་བར་(༡༨༨བ)ཆད་སྲུང་བ་དང་། མཐུན་རྐྱེན་བསྒྲུབ་པར་བཀའ་བསྒོས་པའི་ཚེ། ཁྱེད་རང་རྣམས་ཀྱི་ནད་གདོན་དགྲ་བགེགས་ཐམས་ཅད་མགོན་པོའི་ཞལ་དུ་ཤ་ཆོམ་རུས་ཆོམ་དུ་གསོལ་ཞིང་། རིགས་ཀྱི་བུ་ཁྱོད་ཀྱི་བར་ཆད་སྲུང་བ་དང་། མཐུན་རྐྱེན་བསྒྲུབ་པར་ངས་བྱའོ། །ཞེས་གསུང་ལྷང་ལྷང་ཕྱོན་པར་སྒོམ་མཛོད། ཅེས་བརྗོད་ལ་རོལ་མོའི་སྒྲ་དང་བཅས་པས། མྱུར་མཛད་ཡེ་ཤེས་ཀྱི་མགོན་པོ་འཁོར་དང་བཅས་པ་ཁྱེད་རྣམས་ཀྱིས་རྩ་བརྒྱུད་ཀྱི་དཔལ་ལྡན་བླ་མ་དམ་པ་རྣམས་ཀྱི་བཀའ་དང་དམ་ལས་མ་འདའ་བར་རྡོ་རྗེ་སློབ་མ་འདིའི་ཕྱི་བཞིན་དུ་རྗེས་སུ་འབྲངས་ལ་ལུས་དང་གྲིབ་མ་བཞིན་དུ་འགྲོགས་ཏེ། འགལ་རྐྱེན་ཐམས་ཅད་སོལ། མཐུན་རྐྱེན་ཐམས་ཅད་བསྒྲུབས། དགྲ་བགེགས་ཐམས་ཅད་ཐུལ། ཇི་ལྟར་བཅོལ་བའི་ལས་ཐམས་ཅད་འགྲུབ་པར་མཛོད་ཅིག །ཅེས་བཀའ་

བསྒོ་དྲག་ཏུ་བྱ། བཞི་པ་ནི། བཅོམ་ལྡན་འདི་ལ་བསྐུལ་ལགས་ཀྱི། །འདི་ལ་འགོ་བར་མཛད་དུ་གསོལ། །ཞེས་སློབ་མའི་དོན་དུ་སློབ་དཔོན་གྱིས་མདུན་བསྐྱེད་ལ་གསོལ་བ་ལན་གསུམ་བཏབ། ཡང་འདི་སྐད་ཅེས་བརྗོད་དེ། བླ་མ་དང་མགོན་པོ་དབྱེར་མེད་པའི་ཐུགས་ཀར་པད་ཉི་ལ་ཧཱུྃ་ལ་སྙིང་པོ་དང་རྩ་སྔགས་ཀྱིས་བསྐོར་བར་བསྒོམ་ལ། མོས་གུས་དྲུང་དྲུང་བ་དང་བཅས་པས་མེ་ཏོག་གཏོར་བཞིན་དུ་འདིའི་རྗེས་ཟློས་མཛོད། བཅོམ་ལྡན་བདག་ལ་བསྐུལ་ལགས་ཀྱི། །བདག་ལ་འགོ་བར་མཛད་དུ་གསོལ། །ཞེས་ལན་གསུམ། བཟླས་ལུང་ལ། ཁྱེད་རང་རྣམས་ཀྱི་སྙིང་གར་པད་ཉིའི་གདན་ལ་ཧཱུྃ་(༢༠༠ན)མཐིང་ནག་གི་མཐར་སྔགས་འཕྲེང་འོད་ཟེར་མཐིང་ནག་འབར་བའི་རྣམ་པ་ཅན་དུ་བཞུགས་པར་མོས། སློབ་དཔོན་གྱི་ཐུགས་ཀ་ནས་འོད་ཟེར་འཕྲོས། མདུན་བསྐྱེད་ཀྱི་ལྷའི་ཐུགས་རྒྱུད་བསྐུལ། དེའི་ཐུགས་ཀའི་སྔགས་འཕྲེང་ལས་སྔགས་འཕྲེང་གཉིས་པ་ཞིག་ཆད་དེ། ཞལ་ནས་ཐོན། ཁྱེད་རང་རྣམས་ཀྱི་ཁ་སྒོ་ནས་ཞུགས། སྙིང་གའི་ཧཱུྃ་གི་མཐའ་མར་སྔགས་སྔ་མ་རྣམས་ལ་ཐིམ་ཞིང་འཁོར་བའི་མོས་པ་མཛོད་ཅེས་ལ། ཨོཾ་བཛྲ་མཧཱ་ཀཱ་ལ་ཛྙཱི་ཛྙཱ་ཌ་བིཥྚན་བི་ཤྭ་ཡ་ཀ་ཧཱུྃ་ཧཱུྃ་ཕཊ་ཕཊ་སྭཱཧཱ། ཞེས་སྙིང་པོ་དང་། ཨོཾ་ཤྲཱི་མཧཱ་ཀཱ་ལ་ཤཱ་ས་ན་ཨུ་པ་ཧ་རི་ཎེ། ཨེ་ཀོ་ཏྲ་པཉྩ་མ། ཀཱ་ལོ་ཏྲ་ཨ་ཡཾ་ཨི་དཾ་རཏྣ་ཌ་ཡ། ཨ་པ་ཀ་རི་ཎཾ། ཡ་ཏི་པྲ་ཏི་ཛྙཱ། སྨ་ར་སི། ཏ་ད་ཨི་དཾ་དུཥྚཾ་ཁ་ཁ་ཁཱ་ཧི་ཁཱ་ཧི། མཱ་ར་མཱ་ར། གྲྀཧྞ་གྲྀཧྞ། བནྡྷ་བནྡྷ། ཧ་ན་ཧ་ན། ད་ཧ་ད་ཧ། པ་ཙ་པ་ཙ། དི་ན་མེ་ཀ་ན་མཱ་ར་ཡ་ཧཱུྃ་ཧཱུྃ་ཕཊ་ཕཊ་སྭཱཧཱ། ཅེས་དྲག་སྔགས་དང་། ཨོཾ་ཤྲཱི་དེ་ཝཱི་ཧཱུྃ་ཕཊ། ཅེས་ལྷ་མོའི་སྔགས་དང་། ཨོཾ་ཛྙཱ་ཌ་པཱ་ལ་བིཥྚན་ཧཱུྃ་ཕཊ། ཨོཾ་ཛཱི་ན་མི་ཌ་ཝཱ་ཤཾ་ཀུ་རུ་ཧཱུྃ་ཕཊ། ཨོཾ་ཏཀྐི་ཧྲཱ་ཛ་ས་མ་ཡ་སྟྭཿདུ་ཛཿཧཱུྃ་ཕཊ། ཨོཾ་དུ་ཡག་ཛ་མཧཱ་ཀཱ་ལ་ཌཱཀྐད་ཧཱུྃ་ཕཊ། ཅེས་ལས་མཁན་བཞིའི་སྔགས་ཏེ། གཙོ་འཁོར་གྱི་སྔགས་རྗེས་ཟློས་ལན་གསུམ་གྱི་མཐར་སློབ་དཔོན་གྱི་ཐུགས་ཀའི་སྔགས་འཕྲེང་དེ་ཉིད་རྒྱུངས་ཀྱིས་ཆད་ནས་བྱུང་། ཁྱེད་རང་རྣམས་ཀྱི་

སྙིང་གའི་ཧཱུྃ་ལ་ཐིམ་པས། བླ་མ་མགོན་པོའི་བྱིན་རླབས་མཐའ་དག་གིས་རྒྱུད་བརླན་པའི་མོས་པ་མཛོད། རྗེས་ལ། (༢༠༠བ)དེང་ཕྱིན་ཆད་ཁྱེད་རང་རྣམས་ཀྱིས་ཡོངས་སུ་བླངས་པའི་བསླབ་པ་ཐམས་ཅད་རྣམ་པར་དག་པ་དང་། ཁྱད་པར་སེམས་བསྐྱེད་ཀྱི་བསླབ་བྱ་དང་། སྔགས་ཀྱི་དམ་ཚིག་མཐའ་དག་མ་ཉམས་པ་གལ་ཆེ། ཡང་སྒོས་མགོན་པོ་ཉིད་ཀྱི་དམ་ཚིག་འབྲུ་ནག་རྗེན་བཏགས་ཀྱི་གཏོར་མ་དང་། དམ་རྫས་ཀྱི་སྤྱོས་སྤྲུར་མ་མ་ཆད་པར་གྱིས། བྱ་ནག་དང་ཁྱི་ནག་ལ་རྡོ་མི་བརྡེག །ཡིད་ཆེས་པར་གྱིས་ལ་བླ་མ་དང་དབྱེར་མེད་དུ་ལྟོས། འབྱུང་པོ་གཞན་ལ་ཟས་ཕུད་མི་འབུལ། སྡིག་ཅན་གདུམ་པོ་གྲོགས་སུ་མི་བསྟེན། ཁྱད་པར་ཆོས་སྐྱོང་འདི་ཉིད་གསང་བ་དང་། སྔགས་དང་མན་ངག་གསང་བ་དང་། དུས་རྒྱུན་དང་ཁྱད་པར་གྱི་མཆོད་གཏོར་ལ་བརྩོན་པ་གལ་ཆེ་བ་ལགས་སོ། །མཇུག་ཚིག་སྤྱི་དང་འདྲ། །

༄ མགོན་བཀའ་གཉིས་པ། མགོན་དཀར་ཡིད་བཞིན་ནོར་བུའི་སྒྲུབ་ཐབས་དང་རྗེས་གནང་བྱེད་ཚུལ་ལ། མདུན་དུ་སྟེགས་བུའི་སྟེང་དུ། རྡུལ་ཚོན་གྱི་མཎྜལ་ཟླུམ་པོ་མུ་ཁྱུད་དཀར་པོ། དབུས་སུ་ཆོས་འབྱུང་དཀར་པོ། རི་ཁ་དམར། གྲུ་བཅད་ལྡིང་གྲུ། ཆོས་འབྱུང་གི་དབུས་སུ་ཉི་གདན་ལ་ཚོམ་བུ་དཀར་པོ་ཞིག་བཀོད། དེའི་སྟེང་དུ་མཆི་ལ་རྟེན་གྱི་གཏོར་མ་རྒྱན་ཐམས་ཅད་ཀྱིས་བརྒྱན་པ་ཞིག་བཀོད་དེ། དབྱིབས་གྲུ་གསུམ་དུ་བྱེད་པའམ། ནོར་བུའི་དབྱིབས་སུ་བྱེད་ན། ཟན་ཟླུམ་པོའི་སྟེང་དུ། ཟན་རིལ་གསུམ་འཛོམ། དེའི་སྟེང་དུ་ཛམ་བཞོས་འདྲ་བ་ཞིག་བཀོད་པས། ཕྱོགས་གང་ནས་བལྟས་ཀྱང་ནོར་བུ་མིག་གསུམ་འདྲ་བ་ཞིག་ཡོད་པས་དེ་ལྟར་བྱས་ཀྱང་རུང་། གང་ལྟར་ནའང་རྒྱ་ཕྱི་མར་ལ་རིན་པོ་ཆེ་བརྡར་(༢༠༡ན)བ་སོགས་ལས་བྱས། ཅག་ལི་ཡོད་ན་བཙུགས་ཤིང་མེད་ཀྱང་ཆོག །མཎྜལ་གྱི་མདུན་དུ་འབུལ་གཏོར་ཟླུམ་པོ་ཟས་བཟང་དགུས་བརྒྱན་པ་དང་། མཆོད་པ་རྣམས་སྤྱི་དང་མཐུན་པར་བཤམས་ལ་བྱིན་གྱིས་བརླབས། དངོས་གཞིའི་ཉམས་ལེན་ནི། བདག་བསྐྱེད་

ཡི་དམ་ལ་བྱ་བའི་ལུགས་ཀྱང་ཡོད་མོད་ཀྱི་འདི་ལ་བདག་མདུན་དབྱེར་མེད་གཙོ་ཆེ་ཞིང་། ཕྱག་ལེན་ཡང་བདག་མདུན་དབྱེར་མེད་ལ་མཛད་དེ། དེ་ལྟར་ན་སྐྱབས་འགྲོ་སེམས་བསྐྱེད་ཚད་མེད་བཞི་སྔོན་དུ་འགྲོ་བའི་སྒོ་ནས། ཤཱུ་ནྱ་ཏཱས་སྟོང་པར་སྦྱངས། སྟོང་པའི་ངང་ལས་ཧཱུྃ་ལས་བྱུང་བའི་སྲུང་འཁོར་གྱི་དབུས་སུ། པཾ་ལས་པདྨ་དང་རཾ་ལས་ཉི་མའི་སྟེང་དུ། གཾ་ལས་ཚོགས་བདག་དཀར་པོ་སྣང་པོ་ཆེའི་གདོང་པ་ཅན། ལ་ཕྱུག་དང་ནེའུ་ལེ་འཛིན་པ་གཉིས་ཁ་བུབ་ཏུ་བསྒྲིལ་བའི་སྟེང་དུ། རང་སེམས་ཚོས་ཉིད་ཀྱི་ཐིག་ལེ་དཀར་དམར་རྒྱ་སྲན་ཙམ། དེའི་དབུས་སུ་ཧཱུྃ་དངུལ་ཆུའི་མདོག་ལྟ་བུ། དེ་ལས་འོད་ཟེར་འཕྲོས། སེམས་ཅན་ཐམས་ཅད་ཀྱི་དབུལ་བའི་སྡུག་བསྔལ་བསལ། སླར་འདུས་ཏེ་ཐིམ་པ་ཡོངས་སུ་གྱུར་པ་ལས། རང་དང་མདུན་བསྐྱེད་དབྱེར་མ་མཆིས་པ། །མྱུར་མཛད་ཡེ་ཤེས་ཀྱི་མགོན་པོ་ཡིད་བཞིན་གྱི་ནོར་བུ་དབང་གི་རྒྱལ་པོའི་སྐུར་གྱུར་པ་ནི། སྐུ་མདོག་དཀར་ཞིང་བརྗིད་པ། ཞལ་ཁྲ་ལ་འཛུམ་གྱི་ཉམས་པ་ཅན་རབ་ཏུ་བཞད་པ། སྤྱན་གསུམ་དང་ལྡན་ཞིང་། སྨ་ར་དང་སྨིན་མ་དབུ་སྐྲ་ཁམ་སེར་བརྫེས་པ། དཔྲལ་བར་སིནྡྷུ་རའི་ཐིག་ལེས་བྱུགས་པ། སྤྱི་བོར་མི་བསྐྱོད་རྒྱལ་པོས་རྒྱས་བཏབ་པ། (༢༠༧བ)ཕྱག་གཡས་ཀྱི་དང་པོས་གྲི་གུག་ནམ་མཁའ་ལ་འཕྱར་བ། བར་པས་ནོར་བུ་དབང་གི་རྒྱལ་པོ་ཐུགས་ཀར་གཏོད་པ། ཐ་མས་སེང་ལྡེང་གི་ཏྲ་མ་རུ་འཁྲོལ་བ། གཡོན་གྱི་དང་པོས་བུམ་པ་ནོར་བུས་གང་བ་ཀ་པཱ་ལ་བདུད་རྩིས་གང་བའི་ནང་དུ་བཙུག་སྟེ་བརྣ་གཡོན་པ་ལ་བརྟེན་པ། གཉིས་པ་ན་ཏྲི་གསུམ། ཐ་མ་ན་ཞགས་པ་འཛིན་པ། ཞབས་འགྲོ་ཚོམ་གྱི་སྟབས་ཀྱིས་པད་ཉི་ཚོགས་བདག་གི་གདན་ལ་བཞུགས་པ། དར་སྣ་ཚོགས་ཀྱི་ལྟབ་ལྷུབ་དང་། སྟག་ལྤགས་ཀྱི་ཤམ་ཐབས་ཅན། སྣང་པོ་ཆེའི་པགས་པའི་སྟོད་གཡོགས་གསོལ་བ། ཐོད་སྐམ་ལྔའི་དབུ་རྒྱན་དང་། རློན་པ་ལྔ་བཅུའི་དོ་ཤལ་ཅན། རིན་པོ་ཆེའི་རྒྱན་དང་སིལ་ཁྲོལ་དང་། ཆུན་འཕྱང་སྣ་ཚོགས་པས་མཛེས་པ། འཁོར་

དབང་སྡུད་ཀྱི་མཁའ་འགྲོ་མ་བྱེ་བ་འབུམ་སྡེའི་ཚོགས་ཀྱིས་བསྐོར་ཏེ་མེ་དཔུང་འབར་བའི་དབུས་ན་བཞུགས་པའོ། །དེ་ནས་དཔྲལ་བར་ཨོཾ། མགྲིན་པར་ཨཱཿ ཐུགས་ཀར་དབང་སྡུད་ཀྱི་མཁའ་འགྲོ་མ་དམར་མོ་ལྕགས་ཀྱུ་དང་ཐོད་ཁྲག་འཛིན་པ། དེའི་ཐུགས་ཀར་ཆོས་ཉིད་ཀྱི་ཐིག་ལེ། དེའི་དབུས་སུ་ཧཱུྃ་དཀར་པོའོ། །རང་གི་སྙིང་ག་ནས་འོད་ཟེར་འཕྲོས། ཤར་ལྷོ་དུར་ཁྲོད་ཆེན་པོ་བསིལ་བའི་ཚལ་ནས། མྱུར་མཛད་ཡེ་ཤེས་ཀྱི་མགོན་པོ་ཡིད་བཞིན་གྱི་ནོར་བུ་མཁའ་འགྲོའི་ཚོགས་དང་བཅས་པ་ཐམས་ཅད་བཛྲ་ས་མ་ཛཿ པདྨ་ཀ་མ་ལ་ཡེ་སྟྭཾ། ཛཿཧཱུྃ་བཾ་ཧོཿ ཨརྒྷཾ་ནས་ཤབྡའི་བར་གྱིས་མཆོད། མགོན་པོ་ཡིད་བཞིན་ནོར་བུ་ཐུགས་རྗེ་ཅན། །སྐུ་མདོག་གངས་རི་ལྟར་དཀར་འོད་ཟེར་འཕྲོ། །འགྲོ་(༢༠༢ན)བའི་དབུལ་ཕོངས་མ་ལུས་ཞི་མཛད་པ། །འདོད་དགུའི་དངོས་གྲུབ་སྩོལ་ལ་ཕྱག་འཚལ་བསྟོད། །ཅེས་བསྟོད། སྙིང་གའི་ཐིག་ལེའི་མཐའ་སྔགས་ཀྱིས་བསྐོར་བར་བསམས་ལ། ཨོཾ་གུ་རུ་མཧཱ་ཀཱ་ལ་ཏ་རི་ནི་ས་སིདྡྷི་ཛཿ ཞེས་ཅི་ནུས་སུ་བཟླ། གཏོར་མ་བྱིན་གྱིས་བརླབས་ལ། ཡེ་ཤེས་སེམས་དཔའི་ལྷ་ཚོགས་རྣམས་ཀྱི་ལྗགས་རྡོ་རྗེའི་སྦུ་གུས་གཏོར་མ་དྲངས་ནས་གསོལ་བར་གྱུར། སྙིང་པོའི་མཐར། ཨི་དཾ་བ་ལིཾ་ཏ་ཁ་ཁ་ཁཱ་ཧི་ཁཱ་ཧི། ཞེས་བཏགས་པ་ལན་བདུན་གྱིས་འབུལ་ཞིང་། ཤཱ་ས་ན་ལན་གསུམ་གྱིས་དམ་ཅན་སྤྱི་ལ་འབུལ་བ་ཕྱག་ལེན་ལ་མཛད། དེ་ནས་གོང་བཞིན་མཆོད་བསྟོད། མཆོད་སྦྱིན་གཏོར་མ་འདི་བཞེས་ལ། ཞེས་སོགས་ཀྱིས་འདོད་དོན་ལ་གསོལ་བ་བཏབ། ༈ སློབ་མ་རྗེས་གཟུང་ནི་རྗེས་ཆག་གི་སྔོན་དུ་བྱ་བ་ཡིན་ཏེ། སློབ་མ་རྣམས་མཎྜལ་འབུལ་དུ་གཞུག་ཅིང་། གསོལ་བ་འདེབས་པ་འདིའི་རྗེས་ཟློས་མཛོད་བྱས་ལ། རྡོ་རྗེ་འཛིན་པ་དགོངས་སུ་གསོལ། །བདག་ནི་འགྲོ་ལ་ཕན་དོན་དུ། །གཙོ་ཆེན་ཁྱེད་ལ་གསོལ་བཏབ་ཀྱི། །མ་ལུས་རྗེས་གནང་བསྩལ་དུ་གསོལ། །ཞེས་ལན་གསུམ། དཀོན་མཆོག་གསུམ་ལ་བདག་སྐྱབས་མཆི། །སོགས་རྒྱུན་བཤགས་ལན་གསུམ་རྗེས་ཟློས་བྱེད་དུ་གཞུག །རྗེས་

གནང་དངོས་གཞི་ལ་དམིགས་པ་འདི་བཞིན་དུ་མཛོད། ཅེས་བརྡའ་སྤྲོད་ལ། མདུན་གྱི་གཏོར་མ་དང་སློབ་དཔོན་དབྱེར་མ་མཆིས་པ་མགོན་པོ་ཡིད་བཞིན་གྱི་ནོར་བུར་གསལ་གདབ་དགོས་པ་(༢༠༢བ)ཡིན་པས། ཨོཾ་ཤྲུ་ཧྲུ་ཧྲ་ཧྣཱ་ན་བཛྲ་སྭ་ཧྣཱ་ཕ་ཨཱརྱ་ཀཱཡཧཱུཾ། སྟོང་པའི་ངང་ལས་ཧཱུྃ་ལས་བྱུང་བའི་སྲུང་འཁོར་གྱི་དབུས་སུ། པཾ་ལས་པདྨ་དང་རཾ་ལས་ཉི་མའི་དཀྱིལ་འཁོར་གྱི་སྟེང་དུ། གཾ་ལས་ཚོགས་བདག་དཀར་པོ་ལ་ཞུག་དང་ནེའུ་ལེ་འཛིན་པའི་སྟེང་དུ། ཆོས་ཉིད་ཀྱི་ཐིག་ལེ་དཀར་དམར་དབུས་སུ་ཧཱུྃ་དཀར་པོ་དེ་ལས་འོད་ཟེར་འཕྲོས། དོན་གཉིས་བྱས། འདུས་ཡོངས་སུ་གྱུར་པ་ལས། སློབ་དཔོན་དང་མདུན་བསྐྱེད་ཀྱི་གནས་སུ་མགོན་པོ་ཡིད་བཞིན་གྱི་ནོར་བུ་སྐུ་མདོག་དཀར་ཞིང་བརྗིད་པ་ཁྲོ་ལ་འཛུམ་གྱི་ཉམས་པ་ཅན། དཔྲལ་བར་སིནྡྷུ་རས་བྱུགས་ཤིང་སྒྱི་བོར་མི་བསྐྱོད་པས་རྒྱས་གདབ་པ། ཕྱག་གཡས་ཀྱི་དང་པོས་གྲི་གུག །གཉིས་པས་ནོར་བུ། གསུམ་པས་ཌ་མ་རུ། གཡོན་གྱི་དང་པོས་ཐོད་བྱུམ། གཉིས་པས་རྩེ་གསུམ། གསུམ་པས་ཞགས་པ། ཞབས་གཉིས་འགྲོ་འཕྲོ་ལ་ཆེམ་པ་ལྷ་བུ། ཐོད་པ་སྐམ་རློན་དང་རིན་པོ་ཆེའི་རྒྱན་གྱིས་བརྒྱན་པ། མཁའ་འགྲོ་སྡེ་ལྔའི་ཚོགས་ཀྱིས་བསྐོར་ཏེ་མེ་དཔུང་འབར་བའི་དབུས་ན་བཞུགས་པའོ། །ཞེས་གསལ་འདེབས་སུ་བཞུགས་པ་ལྷ་བུའི་སློབ་དཔོན་དང་མདུན་བསྐྱེད་དབྱེར་མ་མཆིས་པ་ལ་མོས་གུས་དུང་དུང་བ་བྱས་པས། ཨོཾ་ཤྲུ་ཧྲུ་ཧྲ་ནས་ཀཱཡཧཱུཾ། ཞེས་གསུངས་པའི་རྐྱེན་གྱིས་ཀུན་རྫོབ་རྣམ་ཤེས་ཀྱིས་བསྡུས་པའི་ཆོས་ཐམས་ཅད་མི་དམིགས་ཏེ་སྟོང་པ་ཉིད་དུ་གྱུར། སྟོང་པའི་ངང་ལས་ཁྱེད་རང་རྣམས་ཀྱི་སེམས་ཉིད་ཐིག་ལེ་ཧཱུྃ་དང་བཅས་པ་ཡོངས་སུ་གྱུར་པ་ལས། དཔལ་ཡེ་ཤེས་ཀྱི་མགོན་པོ་ཡིད་བཞིན་གྱི་(༢༠༣ན)ནོར་བུ་དབང་གི་རྒྱལ་པོའི་སྐུར་ཁྲོང་གིས་གྱུར་པའི་མོས་པ་མཛོད། ཁྱེད་རང་རྣམས་ཀྱི་དཔྲལ་བར་ཨོཾ། མགྲིན་པར་ཨཱཿ ཐུགས་ཀར་དབང་སྡུད་ཀྱི་མཁའ་འགྲོ་མ་དམར་མོ་ཨུཏྤལ་གྱི་དང་ཐོད་ཁྲག་འཛིན་པ། དེའི་ཐུགས་ཀར་ཆོས་ཉིད་ཀྱི་ཐིག་ལེ་དེའི་དབུས་སུ་ཧཱུྃ་དཀར་

པོ། སློབ་དཔོན་གྱི་ཐུགས་ཀ་ནས་འོད་ཟེར་འཕྲོས། ཤར་ལྡོ་དུར་ཁྲོད་ཆེན་པོ་བསིལ་བའི་ཚལ་ནས། མྱུར་མཛད་ཡེ་ཤེས་ཀྱི་མགོན་པོ་ཡིད་བཞིན་གྱི་ནོར་བུ་མཁའ་འགྲོའི་ཚོགས་དང་བཅས་པ་ཐམས་ཅད་སྤྱན་དྲངས་ཏེ། སྐད་ཅིག་དེ་ཉིད་ལ་ཌཱ་མ་རུ་དང་དྲིལ་བུ་གཡེར་ཁ་སིལ་སིལ། ཁྲོལ་ཁྲོལ། ཞུར་ཞུར། ཆེམ་ཆེམ་བྱོན་ཏེ། ཁྱེད་རང་ལ་གཉིས་སུ་མེད་པར་ཐིམ། ཞེས་བརྗོད་ལ། རོལ་མོ་དྲག་ཏུ་བྱ། སྙིང་པོའི་མཐར། ཨ་བེ་ཤ་ཡ་ཨཿ ཞེས་དྲག་ཏུ་བཟླ། དེ་སྐུའི་རྗེས་གནང་བུམ་དབང་གི་དོན་ཡིན་ནོ། །སློབ་དཔོན་གྱི་ཐུགས་ཀའི་ཆོས་ཉིད་ཀྱི་ཐིག་ལེའི་ནང་ཧཱུྃ་གི་མཐའ་སྐོར་དུ་སྔགས་ཀྱིས་བསྐོར་བར་མོས། སློབ་དཔོན་ལ་མོས་གུས་དྲུང་དྲུང་བ་བྱས་པས། ཐུགས་ཀའི་སྔགས་འཕྲེང་ལས་སྔགས་འཕྲེང་གཉིས་པ་ཞིག་ཆད། ཞལ་ནས་ཐོན། ཁྱེད་རང་རྣམས་ཀྱི་ཞལ་དུ་ཞུགས། སྙིང་གའི་ཆོས་ཉིད་ཀྱི་ཐིག་ལེའི་ནང་དུ་པར་བཏབ་པ་བཞིན་དུ་འཁོད་པར་མོས་ལ། འདིའི་རྗེས་ཟློས་མཛོད། ཨོཾ་གུ་རུ་མཧཱ་ཀཱ་ལ་ཏ་རི་ནི་ས་སིདྡྷི་ཛཿ ཞེས་སྙིང་པོ་ལན་བཅུ་གསུམ་བཟླ་བ་ཕྱུག་ལེན་ལ་མཛད། དེ་གསུང་གི་རྗེས་གནང་གསང་དབང་ཡིན་ནོ། །ཡང་སློབ་དཔོན་ལ་མོས་གུས་དྲུང་དྲུང་བ་བྱས་པས། ཐུགས་ཀ་(༢༠༣བ)ནས་འོད་ཟེར་འཕྲོས། སངས་རྒྱས་དང་བྱང་ཆུབ་སེམས་དཔའ་ཐམས་ཅད་ཀྱི་ཐུགས་ཀྱི་བྱིན་རླབས་མ་ལུས་པ་ཚུར་བསྡུས་ཏེ་ཐུགས་ཀར་ཐིམ། བླ་མ་མགོན་པོ་དབྱེར་མེད་ཀྱི་ཐུགས་ཀའི་ཧཱུྃ་ལས། གྲི་གུག །ཐོད་པ། བུམ་པ། ནོར་བུ། ལྕགས་ཀྱུ་ལ་སོགས་པའི་ཕྱག་མཚན་དཔག་ཏུ་མེད་པ་བྱུང་། ཐམས་ཅད་འོད་དུ་ཞུ་ནས་ཁྱེད་རང་རྣམས་ཀྱི་སྙིང་གར་ཐིམ། ཞེས་བརྗོད་ལ་རོལ་མོ་དྲག་ཏུ་བྱ། སྙིང་པོའི་མཐར། ཨ་བེ་ཤ་ཡ་ཨཿ ཞེས་དྲག་ཏུ་བཟླ། དེ་ཐུགས་ཀྱི་རྗེས་གནང་ཤེས་རབ་ཡེ་ཤེས་ཀྱི་དོན་ཡིན་ནོ། །ཡང་སློབ་དཔོན་ལ་མོས་གུས་དྲུང་དྲུང་བ་བྱས་པས། སློབ་དཔོན་གྱི་ཐུགས་ཀའི་ཧཱུྃ་ལས། མཁའ་འགྲོ་སེ་ལྡེ་སྐུ་མདོག་དམར་མོ་ཌཱ་མ་རུ་དང་ཐོད་པ་ཐོགས་པ་དཔག་ཏུ་མེད་པ་སྤྲོས། ཤངས་ཀྱི་བུ་ག་

གཡོན་པ་ནས་ཐོན། ཕྱོགས་བཅུའི་འཇིག་རྟེན་གྱི་ཁམས་ཐམས་ཅད་གང་། འཁོར་འདས་སྣོད་བཅུད་ཐམས་ཅད་ཀྱི་བཀྲག་མདངས་བཅུད། དྭངས་མ། ཚེ་སྲོག །ཡོངས་སྡུད། དབང་ཐམས་ཅད་བདུད་རྩིའི་རྣམ་པར་ཚུར་འདུས། ཁྱེད་རང་རྣམས་ཀྱི་སྣ་བུག་གཡོན་པ་ནས་ཞུགས། སྲོག་རྩའི་ལམ་ནས་བརྒྱུད་དེ། སྙིང་གའི་ཆོས་ཉིད་ཀྱི་ཐིག་ལེ་ལ་གཉིས་སུ་མེད་པར་ཐིམ། ཞེས་བརྗོད་ལ་རོལ་མོ་དྲག་ཏུ་བྱ། སྙིང་པོའི་མཐར། ཨ་བེ་ཤ་ཡ་ཨཿ ཞེས་དྲག་ཏུ་བཟླ། དེ་ཡོན་ཏན་གྱི་རྗེས་གནང་དབང་བཞི་པའི་དོན་ཡིན་ནོ། །ཡང་སློབ་དཔོན་ལ་མོས་གུས་དྲུང་དྲུང་བ་བྱས་པས། བླ་མ་མགོན་པོ་དབྱེར་མེད་ཀྱི་ཞབས་འོག་གི་ཚོགས་བདག་བསྐུལ་བས། ཚོགས་བདག་ལས་རང་དང་འདྲ་(༢༠༨ན)བའི་ཚོགས་བདག་དཔག་ཏུ་མེད་པ་སྤྲུལ། འབྱུང་པོ་མི་དང་མི་མ་ཡིན་དྲེགས་ལྡན་ཆེ་དགུ་ཐམས་ཅད་དབང་དུ་བསྡུས། ཁྱེད་རང་རྣམས་ཀྱི་བྲན་དུ་ཕུལ་བའི་མོས་པ་མཛོད། ཁྱེད་རང་རྣམས་ཀྱི་རྐང་འོག་གི་ཚོགས་ཀྱི་བདག་པོའི་ཁ་དང་བཤང་ལམ་བ་སྤུའི་བུ་ག་ཐམས་ཅད་ནས། ཡིད་བཞིན་གྱི་ནོར་བུའི་ཆར་ཆེན་པོ་བབས་པས། རང་གི་བང་མཛོད་གནས་ཁང་ཡུལ་ཕྱོགས་ཐམས་ཅད་ཟས་ནོར་ལོངས་སྤྱོད། འདོད་དགུ་སྣ་ཚོགས་པས་ཕྱུར་བུར་གང་བར་གྱུར། ཞེས་བརྗོད་ལ་རོལ་མོ་དྲག་ཏུ་བྱ། སྙིང་པོའི་མཐར། ཨ་བེ་ཤ་ཡ་ཨཿ ཞེས་དྲག་ཏུ་བཟླ། དེ་འཕྲིན་ལས་ཀྱི་རྗེས་གནང་དབང་གི་མཐའ་བརྟེན་གྱི་དོན་ཡིན་ནོ། །འཕྲིན་ལས་གཏོར་མའི་བཀའ་བསྒོ་བ་ནི། མོས་པ་འདི་བཞིན་དུ་མཛོད། གཏོར་མ་འདི་ཉིད་བླ་མ་མགོན་པོ་དབྱེར་མེད་མགོན་དཀར་ཡིད་བཞིན་གྱི་ནོར་བུ་མཁའ་འགྲོ་མའི་ཚོགས་དང་བཅས་པར་གསོལ་བཏབ། དེ་རྣམས་ལ་མོས་གུས་དྲུང་དྲུང་བ་བྱས་པས། ཞུར་ཞུར། ཆེམ་ཆེམ། རང་གི་སྤྱི་བོར་ཐིམ། རང་གི་ཡིད་ལ་ཇི་ལྟར་འདོད་པའི་དོན་ཐམས་ཅད་བསྒྲུབ་པར་བྱའོ། །ཞེས་གསུང་ལྷང་ལྷང་ཐོན་པར་བསམ་ཞིང་། བྱིན་གྱིས་རློབ་རློབ་ལྟར་བཞུགས་པར་གྱུར། རོལ་མོའི་སྒྲ་དང་བཅས་

ཏེ། སྒྱུར་མཛད་ཡེ་ཤེས་ཀྱི་མགོན་པོ་ཡིད་བཞིན་གྱི་ནོར་བུ་དབང་གི་རྒྱལ་པོ་འཁོར་དང་བཅས་པ་ཁྱེད་རང་རྣམས་ཀྱིས་རྡོ་རྗེ་འཆང་། ཤ་ཝ་རི། མཻ་ཏྲི་པ། ཡང་རྡོ་རྗེ་འཆང་། ཨ་ཏ་ཡ་བཛྲ། ནཱ་རོ་ཏ་པ། མཁས་གྲུབ་ཁྱུང་པོ། རྨོག་ལྕོག་པ། ཞང་སྒོམ་ཆོས་སེང་། སྐྱེར་སྒང་(༢༠༨བ)པ། གཉན་སྟོན་ཆེན་པོ། སངས་རྒྱས་སྟོན་པ། མཁས་གྲུབ་ཤངས་སྟོན་རིན་ཆེན་འབུམ། ཁྱུང་པོ་ཚུལ་མགོན། རས་ཆེན་སངས་རྒྱས་སེང་གེ། ཤངས་དཀར་བ། ཐུགས་ལུང་པ་སངས་རྒྱས་དཔལ་བཟང་། གྲུབ་ཆེན་ནམ་མཁའ་རྒྱལ་མཚན། རྒྱ་སྒོམ་ལེགས་པ་རྒྱལ་མཚན། རྗེ་བཙུན་ཀུན་དགའ་གྲོལ་མཆོག །རྗེ་བཙུན་བྲག་སྟོད་པ་ལྷ་དབང་གྲགས་པ། རྗེ་བཙུན་ཏཱ་ར་ནཱ་ཐ། བྱམས་པ་བསོད་ནམས་ཕུན་ཚོགས། བྱམས་པ་ངག་དབང་ལྷུན་གྲུབ། རྗེ་བཙུན་མང་ཐོས་རྒྱ་མཚོ། རྗེ་བྱམས་པ་ངག་དབང་ཕུན་ཚོགས། རྗེ་བློ་བཟང་ཐབས་མཁས་རྒྱ་མཚོ། རྗེ་བློ་བཟང་སྐལ་གྲགས། རྡོ་རྗེ་འཆང་རྒྱ་མཚོ་མཐའ་ཡས། ཡོངས་འཛིན་རྡོ་རྗེ་འཆང་ཆེན་པོ་རྗེ་བཙུན་བློ་བཟང་བསྟན་འཛིན་དཔལ་བཟང་པོའི་ཞལ་སྔ་ནས་ལ་སོགས་པའི་རྩ་བརྒྱུད་ཀྱི་དཔལ་ལྡན་བླ་མ་དམ་པ་རྣམས་ཀྱི་བཀའ་དང་དམ་ལས་མ་འདའ་བར་རྡོ་རྗེ་སློབ་མ་འདིའི་ཕྱི་བཞིན་དུ་རྗེས་སུ་འབྲོངས་ལ་ལུས་དང་གྲིབ་མ་བཞིན་དུ་འགྲོགས་ཏེ། འགལ་རྐྱེན་ཐམས་ཅད་སེལ། མཐུན་རྐྱེན་ཐམས་ཅད་བསྒྲུབས། དགྲ་བགེགས་ཐམས་ཅད་ཐུལ། ཇི་ལྟར་བཅོལ་བའི་ལས་ཐམས་ཅད་འགྲུབ་པར་མཛོད་ཅིག །ཅེས་བཀའ་བསྒོ་དྲག་ཏུ་བྱས་པའི་མཐར། བླ་མ་མགོན་པོ་དབྱེར་མེད་འོད་དུ་ཞུ་ནས། ཁྱེད་རང་རྣམས་ལ་ཐིམ་པར་མོས་པ་མཛོད། མཧཱུག་ཚོག་རྣམས་སྤྱི་དང་འདྲ། །

༈ མགོན་བཀའ་གསུམ་པ། མགོན་སེར་ཞལ་གསུམ་ཕྱག་དྲུག་པའི་སྒྲུབ་ཐབས་དང་རྗེས་གནང་ལག་ཏུ་བླང་བའི་རིམ་པ་ནི། གཏོར་མ་གྲུ་གསུམ་སེར་པོའམ། (༢༠༥ན)ནོར་བུ་འབར་བའི་གཟུགས་ཅན་ཞིག་བྱ། ཆོས་འབྱུང་སེར་པོ་གྲུ་གསུམ་གྱི་

སྙིང་དུ་མཱཻ་ལ་འགོད། མདུན་དུ་མཆོད་གཏོར་རྣམས་བཤམས། མཆོད་པ་བྱིན་རླབས་དང་། སྐྱབས་སེམས་ཚད་མེད་བཞི་རྣམས་སྤྱི་དང་འདྲ། ཤཱུ་ནྱ་ཏཱས་སྟོང་པར་སྦྱངས། སྟོང་པའི་ངང་ལས་ཧཱུྃ་ཡིག་ལས་བྱུང་བའི་སྲུང་འཁོར་གྱི་དབུས་སུ་པད་ཉི་ལ་ཚོགས་བདག་ཕོ་མོ་བསྙིལ་བའི་སྟེང་དུ། ཧཱུྃ་སེར་པོ་ཡོངས་སུ་གྱུར་པ་ལས། རང་ཉིད་དཔལ་ཡེ་ཤེས་ཀྱི་མགོན་པོ་སྐུ་མདོག་སེར་ལ་ཅུང་ཟད་དམར་བའི་མདངས་ཅན། ཞལ་གསུམ་ཕྱག་དྲུག་པ། རྩ་ཞལ་སེར་བ། གཡས་ཞལ་དཀར་བ། གཡོན་ཞལ་དམར་བ། སྤྱན་གསུམ་གསུམ་དང་ལྡན་ཞིང་མཆེ་བ་གཙིགས་པ། དབུ་སྐྲ་སེར་པོ་གྱེན་དུ་འཕྱིལ་བ། ཕྱག་གཡས་གཡོན་གྱི་དང་པོ་གཉིས་ཀྱིས་གྲི་གུག་དང་ཐོད་ཁྲག་ཐུགས་ཀར་སྙིང་འོག་ཏུ་འཛིན་པས་ཡུམ་ལ་འཁྱུད་པ། གཡས་ཀྱི་གཉིས་པ་ན་རྒྱལ་མཚན། གསུམ་པ་ན་ཨུཏྤལ། གཡོན་གྱི་གཉིས་པ་ན་ནེའུ་ལེ་དང་། གསུམ་པ་ན་ཞགས་པ་བསྣམས་པ། ཞབས་གཡས་བསྐུམ་གཡོན་བརྐྱང་གི་སྟབས་ཀྱིས་ཚོགས་བདག་ཕོ་མོ་མནན་པ། སྐུ་ལ་དུར་ཁྲོད་ཆས་བརྒྱད་རྫོགས་པ། ཡུམ་ལྷ་མོ་དྲག་མོ་སྐུ་མདོག་དུད་ཁ་གྲི་ཐོད་འཛིན་པས་འཁྱུད་པ། གཉིས་ཀའང་ཡེ་ཤེས་ཀྱི་མེ་དཔུང་འབར་བའི་དབུས་ན་བཞུགས་པའོ། །དཔྲལ་བར་ཨོཾ། མགྲིན་པར་ཨཱཿ ཐུགས་ཀར་ཧཱུྃ། རང་གི་སྙིང་ག་ནས་འོད་ཟེར་འཕྲོས། སངས་རྒྱས་དང་བྱང་ཆུབ་སེམས་དཔའ་ཐམས་ཅད་དང་དུར་(༢༠༥བ)ཁྲོད་ཆེན་པོ་བསིལ་བའི་ཚལ་ནས། མགུར་མཛད་འཁོར་དང་བཅས་པ་བཛྲ་ས་མ་ཛཿ ཛཿཧཱུྃ་བཾ་ཧོཿརང་དང་གཉིས་སུ་མེད་པར་ཐིམ། སླར་ཡང་ཐུགས་ཀ་ནས་འོད་ཟེར་འཕྲོས། དབང་གི་ལྷ་རིགས་ལྔ་འཁོར་དང་བཅས་པ་བཛྲ་ས་མ་ཛཿཨོཾ་བཛྲཱི་བྷ་ཝ་ཨ་བྷི་ཥིཉྩ་ཧཱུྃ། ཞེས་གསུངས་ཤིང་དབང་བསྐུར། སྐུ་གང་། དྲི་མ་དག །ཆུའི་ལྷག་མ་ཡར་ལུད་པ་ལས་མི་བསྐྱོད་པས་དབུ་བརྒྱན་པར་གྱུར། བཟླས་པའི་དམིགས་པ་གསལ་བཏབ་ལ། གུ་རུ་མཧཱ་ཀཱ་ལ་ཧྲཱིཾ་ཨུཥྚི་ཙ་ཡ་ཡཀྵ་ཧཱུྃ། རཀྵ་ག་སིདྡྷ་ཧཱུྃ། པྲ་ཛྙཱ་ཕཊྚ་ནེ་སྭཱཧཱ། ཞེས་ཅི་འགྲུབ་བཟླ། མདུན་བསྐྱེད་ཨ་ཡིག་ཏུ་བསྡུས་ཏེ་ངས་བསངས།

སྭ་བྷཱ་ཤས་སྦྱངས། སྟོང་པའི་ངང་ལས་ཧཱུྃ་ཡིག་ལས་བྱུང་བའི་ཞེས་པ་ནས། མི་བསྐྱོད་པས་དབུ་བརྒྱན་གྱི་བར་བདག་བསྐྱེད་དང་འདྲ་བ་ལས། རང་སེམས་ཞེས་པ་དང་། རང་ཉིད་ཞེས་པ་བོར་བ་ནི་ཁྱད་པར་རོ། །ཨཀྲོཾ་ནས་ཤབྡའི་བར་གྱིས་མཆོད། བྱད་མ་ཟློག་ཅིང་སྲུང་བ་དང་། །ཚེ་དང་བློ་གྲོས་ཀུན་འཕེལ་ཞིང་། །ཞི་དང་རྒྱས་པའི་ལས་མཛད་པ། །བླ་མ་མགོན་པོ་ཁྱོད་ལ་འདུད། །ཅེས་པས་བསྟོད་ལ། མདུན་བསྐྱེད་ལ་དམིགས་ནས་བཟླས་པ་ཅི་འགྲུབ་བྱ། གཏོར་མ་བྱིན་གྱིས་བརླབས་ལ། ཨོཾ་གུ་རུ་མཧཱ་ཀཱ་ལ་ཨི་དཾ་བ་ལིཾ་ཏ་ཁ་ཁ་ཁཱ་ཧི་ཁཱ་ཧི། ལན་བདུན་གྱིས་ཕུལ། གོང་བཞིན་མཆོད་བསྟོད། མཆོད་སྦྱིན་གཏོར་མ་འདི་བཞེས་ལ། །ཞེས་སོགས་ཀྱི་འདོད་དོན་གསོལ་བ་བཏབ། ༈ འདིའི་རྗེས་གནང་ནི། སློབ་མ་རྣམས་མཎྜལ་འབུལ་དུ་གཞུག་ཅིང་། གསོལ་བ་འདེབས་པ་འདིའི་རྗེས་ཟློས་མཛོད་བྱས་ལ། རྡོ་རྗེ་(༢༠༨ན)འཛིན་པ་ནས་བསྐུལ་དུ་གསོལ། །ཞེས་པའི་བར་ལན་གསུམ། དཀོན་མཆོག་གསུམ་ལ་བདག་སྐྱབས་མཆི། །ཞེས་སོགས་རྒྱུན་བཤགས་ལན་གསུམ་རྗེས་ཟློས་བྱེད་དུ་གཞུག །རྗེས་གནང་དངོས་ལ་དམིགས་པ་འདི་བཞིན་དུ་མཛོད། ཅེས་བྱས་ལ། བླ་མ་མགོན་སེར་དུ་གསལ་བའི་ཞལ་ནས། ཨོཾ་ཤྲཱི་ཏྲ་ཏྲཱ་ཧྲཱི་ན་བཛྲ་སྭ་བྷཱ་ཥ་ཨཱཏྨ་ཀོ྅ཧཾ། ཞེས་གསུངས་པའི་རྐྱེན་གྱིས་མ་དག་པའི་སྣང་བ་ཐམས་ཅད་དབྱིངས་སུ་སྦྱངས། སྟོང་པའི་ངང་ལས་ཧཱུྃ་ལས་བྱུང་བའི་སྲུང་འཁོར་གྱི་དབུས་སུ་པད་ཉི་ལ་ཚོགས་བདག་ཐོ་མོ་བསྐྱིལ་བའི་སྟེང་དུ། ཁྱེད་རང་རྣམས་ཀྱི་སེམས་ཉིད་ཧཱུྃ་སེར་པོ་ཡོངས་སུ་གྱུར་པ་ལས། ཁྱེད་རང་རྣམས་དཔལ་ཡེ་ཤེས་ཀྱི་མགོན་པོ་སྐུ་མདོག་སེར་ལ་ཅུང་ཟད་དམར་བའི་མདངས་ལྡན། ཞལ་གསུམ་ཕྱག་དྲུག་པ། རྩ་ཞལ་སེར་བ། གཡས་ཞལ་དཀར་བ། གཡོན་ཞལ་དམར་བ། སྤྱན་གསུམ་གསུམ་དང་ལྡན་ཞིང་མཆེ་བ་གཙིགས་པ། དབུ་སྐྲ་སེར་པོ་གྱེན་དུ་འབྲེལ་བ། ཕྱག་གཡས་གཡོན་གྱི་དང་པོ་གཉིས་ཀྱིས་གྲི་གུག་དང་ཐོད་ཁྲག་ཐུགས་ཀར་སྟེང་འོག་ཏུ་འཛིན་པས་ཡུམ་ལ་འཁྱུད་པ།

གཡས་ཀྱི་གཉིས་པ་ན་རྒྱལ་མཚན། གསུམ་པ་ན་ཨུཏྤལ། གཡོན་གྱི་གཉིས་པ་ན་ནེའུ་ལེ་དང་། གསུམ་པ་ན་ཞགས་པ་བསྣམས་པ། ཞབས་གཡས་བསྐུམ་གཡོན་བརྐྱང་གི་སྟབས་ཀྱིས་ཚོགས་བདག་ཕོ་མོ་མནན་པ། སྐུ་ལ་དུར་ཁྲོད་ཆས་བརྒྱད་རྫོགས་པ། ཡུམ་ལྷ་མོ་དྲག་མོ་སྐུ་མདོག་དུད་ཁ་གྱི་ཐོད་འཛིན་པས་(༢༠༨བ)འཁྱུད་པ། གཉིས་ཀའང་ཡེ་ཤེས་ཀྱི་མེ་དཔུང་འབར་བའི་དབུས་ན་བཞུགས་པའི་དཔྲལ་བར་ཨོཾ། མགྲིན་པར་ཨཱཿ ཐུགས་ཀར་ཧཱུྃ། སློབ་དཔོན་གྱི་ཐུགས་ཀ་ནས་འོད་ཟེར་འཕྲོས། ཤར་ལྷོ་དུར་ཁྲོད་ཆེན་པོ་བསིལ་བའི་ཚལ་ནས། སྤྱར་མཛད་ཡེ་ཤེས་ཀྱི་མགོན་པོ་འཁོར་དང་བཅས་པ་ཐམས་ཅད་སྤྱན་དྲངས་ཏེ། སྐད་ཅིག་དེ་ཉིད་ལ་ཌཱ་མ་རུ་དང་དྲིལ་བུ་གཡེར་ཁ་སིལ་སིལ། ཁྲོལ་ཁྲོལ། ཙུར་ཙུར། ཆེམ་ཆེམ་བྱོན་ཏེ། ཁྱེད་རང་གཉིས་སུ་མེད་པར་ཐིམ་པའི་མོས་པ་མཛོད། བཛྲ་ས་མ་ཛཿཛཿཧཱུྃ་བཾ་ཧོཿ ཞེས་བརྗོད་པའི་མཐར། རོལ་ཆེན་བྱ་ཞིང་། གུ་རུ་མཧཱ་ཀཱ་ལ་ཧྲཱིཾ་ཨུཙྪིཥྛ་ཁ་ཡ་ཡཀྵ་ཧཱུྃ། རཏྣ་སིདྡྷི་ཧཱུྃ། པྲཛྙཱ་ཕཊྚ་ནི་སྭཱཧཱ། ཨ་བ་ཤ་ཡ་ཨཿ ཞེས་བརྗོད་ཅིང་། སླར་ཡང་སློབ་དཔོན་གྱི་ཐུགས་ཀ་ནས་འོད་ཟེར་འཕྲོས། དབང་གི་ལྷ་རིགས་ལྔ་འཁོར་དང་བཅས་པ་བཛྲ་ས་མ་ཛཿ ཁྱེད་རྣམས་ཀྱིས་སློབ་མ་འདི་རྣམས་ལ་མངོན་པར་དབང་བསྐུར་དུ་གསོལ། ཞེས་གསོལ་བ་བཏབ་པས། ཨོཾ་བཛྲི་བྷཱ་ཝ་ཨ་བྷི་ཥིཉྩ་ཧཱུྃ། ཞེས་གསུངས་ཤིང་དབང་བསྐུར། སྐུ་གང་། དྲི་མ་དག །ཆུའི་ལྷག་མ་ཡར་ལུད་པ་ལས་མི་བསྐྱོད་པས་དབུ་བརྒྱན་པར་གྱུར་པའི་མོས་པ་མཛོད། བླ་མའི་དཔྲལ་བ་ནས་ཨོཾ་ཡིག་དཀར་པོ་བྱུང་། ཁྱེད་རང་རྣམས་ཀྱི་དཔྲལ་བར་ཐིམ། བུམ་པའི་དབང་ཐོབ། མགྲིན་པ་ནས་ཨཱཿཡིག་དམར་པོ་བྱུང་། ཁྱེད་རང་རྣམས་ཀྱི་མགྲིན་པར་ཐིམ། གསང་དབང་ཐོབ། ཐུགས་ཀ་ནས་ཧཱུྃ་ཡིག་སྔོན་པོ་བྱུང་། ཁྱོད་རང་རྣམས་ཀྱི་སྙིང་ཁར་ཐིམ། ཤེས་རབ་ཡེ་ཤེས་ཀྱི་དབང་ཐོབ་གནས་གསུམ་ཆར་ནས་ཨོཾ་ཨཱཿཧཱུྃ་དཀར་དམར་མཐིང་གསུམ་བྱུང་། ཁྱེད་རང་རྣམས་ཀྱི་གནས་གསུམ་དུ་

ཐིམ། (༢༠༧ན)དབང་བཞི་པ་ཐོབ་པའི་མོས་པ་མཛོད། འདི་ལ་སྔགས་ཀྱི་བཟླས་ལུང་མི་དགོས། འཕྲིན་ལས་གཏོར་མའི་བཀའ་བསྒོ་བ་ནི། གཏོར་མ་འདི་ཉིད་བླ་མ་མགོན་པོ་དབྱེར་མེད་དུ་གསལ་བའི་མཐའ་སྐོར་དུ་སངས་རྒྱས་བྱང་ཆུབ་སེམས་དཔའི་ཚོགས་ཀྱིས་བསྐོར་བར་མོས། རང་གི་སྤྱི་བོར་བྱོན། བླ་མ་མགོན་པོ་དབྱེར་མེད་ཀྱི་སྐུ་ཕྲ་མོ་དཔག་ཏུ་མེད་པ་བྱུང་སྟེ། ཁྱེད་རང་རྣམས་ཀྱི་ལུས་ལ་སིབ་སིབ་ཐིམ་པའི་མོས་པ་མཛོད་བྱས་ལ། རོལ་ཆེན་དང་བཅས་ཏེ། དཔལ་ཡེ་ཤེས་ཀྱི་མགོན་པོ་འཁོར་དང་བཅས་པ་ཁྱེད་རྣམས་ཀྱིས་རྩ་བརྒྱུད་ཀྱི་དཔལ་ལྡན་བླ་མ་དམ་པ་རྣམས་ཀྱི་བཀའ་དང་དམ་ལས་མ་འདའ་བར། རྡོ་རྗེ་སློབ་མ་འདིའི་ཕྱི་བཞིན་དུ་རྗེས་སུ་འབྲངས་ལ་ལུས་དང་གྲིབ་མ་བཞིན་དུ་འགྲོགས་ཏེ། འགལ་རྐྱེན་ཐམས་ཅད་སེལ། མཐུན་རྐྱེན་ཐམས་ཅད་བསྒྲུབས། དགྲ་བགེགས་ཐམས་ཅད་ཐུལ། ཇི་ལྟར་བཅོལ་བའི་ལས་ཐམས་ཅད་འགྲུབ་པར་མཛོད་ཅིག །ཅེས་བཀའ་བསྒོ་དྲག་ཏུ་བྱ། མཇུག་ཚོགས་རྣམས་སྤྱི་དང་འདྲ། །

༄ མགོན་བཀའ་བཞི་པ། མགོན་དམར་དབང་གི་རྒྱལ་པོའི་སྒྲུབ་ཐབས་དང་རྗེས་གནང་གི་རིམ་པ་ནི། མདུན་དུ་སྟེགས་བུ་ལ། མཎྜལ་གྲུ་གསུམ་མཐིང་ནག་མེ་རི་དང་བཅས་པའི་དབུས་སུ། པདྨ་དམར་པོ་འདབ་བརྒྱད་ཀྱི་ལྟེ་བ་ལ། རྡོ་རྗེའི་ལྟེ་བར་ཧཱུྃ་དང་། གཡོན་དུ་གྲི་གུག་གི་ལྟེ་བར་ཨཱཿས་མཚན་པ། དེ་ཙམ་འབྲི་མ་ཐུབ་ན་ཚོམ་བུ་དམར་པོ། མདུན་དུ་ནག་པོ། གཡས་སུ་དམར་པོ། རྒྱབ་ཏུ་ནག་པོ། གཡོན་དུ་སེར་པོ་དགོད། དེའི་སྟེང་དུ་མཆླི་ལ་ཐོད་(༢༠༧བ)པ་བདུད་རྩིས་གང་བའི་སྟེང་དུ། མེ་ལོང་ལ་སིནྡྷཱུ་ར་བཙགས་ལ་བཀྲམ། དེ་ལ་ཆོས་འབྱུང་གྲུ་གསུམ་ཉིས་བརྩེགས་དབུས་སུ་རྡོ་རྗེ་ཧཱུྃ་དང་། གྲི་གུག་ཨཱཿས་མཚན་པ། ཟུར་དྲུག་པོ་ལ་གཡས་བསྐོར་གྱིས་ཧ་རི་ནི་ས་སྭཱཧཱ། ཞེས་པའི་ཡི་གེ་དྲུག་པོ་རྣམས་འབྲི། སྟེང་དུ་དར་དམར་པོའི་གུར་ཕུབ། དེའི་གཡས་སུ་དཔལ་གཏོར་ནོར་གཟུགས་མ་དམར་པོ་ཞ་

དང་བུ་རམ་སོགས་རྒྱན་ཐམས་ཅད་ཀྱིས་བརྒྱན་པ་ཞིག་དང་། འབུལ་གཏོར་དང་
མཆོད་པ་སྤྱི་དང་མཐུན་པར་བཤམས། མཆོད་པ་བྱིན་རླབས་སྤྱི་དང་མཐུན་པར་
བྱས་ལ། སྐྱབས་སེམས་ཚད་མེད་བཞི་སྔོན་དུ་འགྲོ་བས། ཤཱུ་ནྱ་ཏཱས་སྟོང་པར་སྦྱངས།
སྟོང་པའི་ངང་ལས་ཨེ་ལས་ཆོས་འབྱུང་མཐིང་གའི་དབུས་སུ། པད་མ་དམར་པོ་
དང་ཉི་མ། བགེགས་ཀྱི་རྒྱལ་པོ་ཁ་བུབ་ཏུ་བསྐྱིལ་བ་རྣམས་བརྩེགས་པའི་སྟེང་དུ།
ཧཱུྃ་ལས་རྡོ་རྗེ་གྲི་གུག་ཧཱུྃ་གིས་མཚན་པ་ལས་འོད་ཟེར་འཕྲོས། འདུས་ཡོངས་སུ་གྱུར་
པ་ལས། རང་ཉིད་མགོན་དམར་དབང་གི་རྒྱལ་པོའི་སྐུར་གྱུར་པ་ནི། པདྨ་རཱ་ག་
ལྟར་དམར་ཞིང་ཞལ་གཅིག་ཕྱག་དྲུག་པ། དང་པོ་གཉིས་གྲི་ཐོད་བཟུང་ནས་ཡུམ་
ལ་འཁྱུད་པ། བར་པ་གཉིས་ཅང་ཏེའུ་རྩེ་གསུམ་འཛིན་པ། ཐ་མ་ལྕགས་ཀྱུ་ཞགས་
པ་བསྣམས་པ། །སྤྱན་གསུམ་སྐྲ་སེར་གྱེན་དུ་བརྫེས། །ཐོད་སྐམ་ལྔ་ཡི་དབུ་རྒྱན་
དང་། །རློན་པ་ལྔ་བཅུའི་དོ་ཤལ་ཅན། །སྟག་ལྤགས་གྲོལ་ཞིང་གཡོན་བརྐྱང་
སྟབས། །མི་རུས་སྦྲུལ་དང་གཡེར་ཁས་བརྒྱན། །དུར་ཁྲོད་ཆས་བརྒྱད་སྐུ་ལ་རྫོགས། །
ཡུམ་ཆེན་པདྨ་མཁའ་འགྲོ་མ། །ཆགས་པའི་ཉམས་ཅན་སྐུ་མདོག་དམར། །གཅེར་
སོ་(༢༠༦ན)ཕྱག་རྒྱ་ལྡེམ་བརྒྱན་མ། །གྲི་གུག་ཐོད་བཅས་ཡབ་ལ་འཁྱུད། །གཉིས་ཀའང་
མེ་དཔུང་ཀློང་ན་བཞུགས། །གཙོ་བོ་ཡབ་ཡུམ་གྱི་མདུན་དུ་མཧཱ་ཀཱ་ལ་སྐུ་མདོག་
ནག་པོ་གྲི་གུག་དང་ཐོད་པ་འཛིན་པ། གཡས་སུ་ཀྲི་ཏ་པཱ་ལ་དམར་པོ་ཀླ་མ་ཏ་དང་
སྔགས་མཇུབ་མཛད་པ། རྒྱབ་ཏུ་ཛཱི་ན་མི་ཏྲ་ནག་པོ་གྲི་ཐོད་འཛིན་པ། གཡོན་དུ་
ཏཀྐི་རཱ་ཛ་སེར་པོ་རྩེ་གསུམ་དང་སྡིགས་མཛུབ་མཛད་པ། ཕྱི་སྐོར་དུ་དམ་ཅན་རྒྱ་
མཚོའི་ཚོགས་ཐམས་ཅད་ཀྱིས་བསྐོར་བ། གཙོ་བོའི་ཐུགས་ཀར་རྡོ་རྗེ་ཧཱུྃ་གིས་མཚན་
པ། ཡུམ་གྱི་ཐུགས་ཀར་གྲི་གུག་ཨཾ་གིས་མཚན་པ། རང་གི་སྙིང་ག་ནས་འོད་ཟེར་
འཕྲོས། ཤར་ལྷོ་དུར་ཁྲོད་ཆེན་པོ་བསིལ་བའི་ཚལ་ནས་སྤྱར་མཛད་ཡེ་ཤེས་ཀྱི་མགོན་
པོ་མགོན་དམར་དབང་གི་རྒྱལ་པོ་འཁོར་དང་བཅས་པ་བཛྲ་ས་མཱ་ཛཿ ཛཿཧཱུྃ་བཾ་

ཧཱུཿ དཔྲལ་བར་ཨོཾ། མགྲིན་པར་ཨཱཿ ཐུགས་ཀར་ཧཱུྃ། སླར་ཡང་སྙིང་གའི་ས་བོན་
གྱི་འོད་ཟེར་གྱིས་དབང་གི་ལྷ་རིགས་ལྔ་འཁོར་དང་བཅས་པ་བཛྲ་ས་མཱ་ཛཿཨཱརྒྷཾ་
ནས་ཤཔྟའི་བར་གྱིས་མཆོད། དེ་བཞིན་གཤེགས་པ་ཐམས་ཅད་ཀྱིས་བདག་ལ་
མངོན་པར་དབང་བསྐུར་དུ་གསོལ། ཞེས་གསོལ་བ་བཏབ། ཨོཾ་བཛྲཱི་བྷཱ་ཝ་ཨ་བྷི་
ཥིཉྩ་ཧཱུྃ། ཞེས་དབང་བསྐུར། སྐུ་གང་། དྲི་མ་དག །ཆུའི་ལྷག་མ་ཡར་ལུད་པ་ལས་
ཡབ་ཡུམ་གཉིས་ཀ་ལ་འོད་དཔག་མེད་དང་། འཁོར་རྣམས་ལ་གཙོ་བོས་དབུ་
བརྒྱན་པར་གྱུར། རང་གི་སྙིང་གར་ སྔགས་ཀྱི་འཕྲེང་བ་བསྐོམ་ལ། ཨོཾ་བཛྲ་མཧཱ་ཀཱ་
ལ་ཀྲཱིཾ་ཀྲཱི་ཧ་བིཥྚན་བི་ནཱ་ཡ་ཀ་ཧཱུྃ་ཧཱུྃ་ཕཊ། ཧཱུྃ་མ་ག་ཡེ་སྭཱཧཱ། ཞེས་ཅི་ནུས་སུ་བཟླའོ། །
མཆོད་(༢༠༨བ)པ་ཕྱི་དང་མཐུན་པར་བྱིན་གྱིས་བརླབས། །མདུན་བསྐྱེད་ཨ་ཕྲི་ཏས་
བསངས། སྭ་བྷཱ་ཝས་སྦྱངས། སྟོང་པའི་ངང་ལས་ཨ་ལས་ཞེས་པ་ནས། གཙོ་བོས་
དབུ་བརྒྱན་པར་གྱུར་པའི་བར་བདག་བསྐྱེད་དང་འདྲ་བ་ལས་རང་ཉིད་ཅེས་པའི་
ཚིག་བོར་བ་ནི་ཁྱད་པར་རོ། །ཨོཾ་གུ་རུ་མཧཱ་ཀཱ་ལ་ས་པ་རི་ཝཱ་ར་བཛྲཿཨཱརྒྷཾ་པྲ་ཏཱིཙྪ་
སྭཱཧཱ་ནས། ཤཔྟའི་བར་གྱིས་མཆོད། བླ་མ་མགོན་པོ་དབྱེར་མེད་བདེ་ཆེན་གསུང་། །
རྒྱལ་བ་ཀུན་གྱི་རང་བཞིན་འོད་དཔག་མེད། །ཆོས་རྗེ་འགྲོ་བའི་མགོན་མཛད་སྤྱན་
རས་གཟིགས། །དབང་གི་སྐུར་སྟོན་ནག་པོ་ཆེ་ལ་བསྟོད། །ཅེས་བསྟོད། མདུན་
བསྐྱེད་ཀྱི་བཟླས་པའི་དམིགས་པ་གསལ་བཏབ་ལ། བཟླས་པ་ཅི་འགྲུབ་བྱ། གཏོར་
མ་བྱིན་གྱིས་བརླབས་ལ། སྙིང་པོའི་མཐར། ཨི་དཾ་བ་ལིཾ་ཏ་ཁ་ཁཱ་ཧི་ཁ་ཧི་ཧཱུྃ་ཧཱུྃ་ཕཊ།
ཅེས་ཕུལ། གོང་བཞིན་མཆོད་བསྟོད། མཆོད་སྦྱིན་གཏོར་མ་འདི་བཞེས་ལ། །ཞེས་
སོགས་ཀྱིས་འདོད་དོན་གསོལ་བ་བཏབ། འོག་ནས་འབྱུང་བ་ལྟར་སློབ་མ་བྱིན་
རླབས་ཇི་ལྟར་བྱེད་པ་ཐམས་ཅད་རང་གིས་ཀྱང་བདག་འཇུག་གི་ཚུལ་དུ་དམིགས་
པས་བླང་བར་བྱའོ། ། ༄ སློབ་མ་རྣམས་ཁྲུས་བྱ། མཎྜལ་འབུལ་དུ་བཅུག །རྗེ་རྗེ་
འཛིན་པ་ནས་བསྐུལ་དུ་གསོལ། །ཞེས་པའི་བར་ལན་གསུམ་གྱིས་གསོལ་བ་བཏབ།

ཁྱད་པར་ཅན་གྱི་སྐྱབས་འགྲོའི་དོན། །བླ་མ་མགོན་པོ་དབྱེར་མེད་ལ་སྐྱབས་སུ་འགྲོ་བ་ཡིན་པས། འདིའི་རྗེས་ཟློས་མཛོད། ཕྱོགས་བཅུ་ན་བཞུགས་པའི་སངས་རྒྱས་དང་བྱང་ཆུབ་སེམས་དཔའ་ཐམས་ཅད་དང་། སློབ་དཔོན་དགོངས་སུ་གསོལ། (༢༠(ན)བདག་མིང་འདི་ཞེས་བགྱི་བ། ཕྱོགས་བཅུ་ན་བཞུགས་པའི་བླ་མ་ལ་སྐྱབས་སུ་མཆིའོ། །ཕྱོགས་བཅུ་ན་བཞུགས་པའི་སངས་རྒྱས་ལ་སྐྱབས་སུ་མཆིའོ། །ཕྱོགས་བཅུ་ན་བཞུགས་པའི་ཆོས་ལ་སྐྱབས་སུ་མཆིའོ། །ཕྱོགས་བཅུ་ན་བཞུགས་པའི་དགེ་འདུན་ལ་སྐྱབས་སུ་མཆིའོ། །ཡི་དམ་ལྷ་ཚོགས་དང་མགོན་དམར་དབང་གི་རྒྱལ་པོའི་ལྷ་ཚོགས་འཁོར་དང་བཅས་པ་རྣམས་ལ་ཕྱག་འཚལ་ཞིང་སྐྱབས་སུ་མཆིའོ། །ལན་གསུམ། འདིའི་རྗེས་ཟློས་མཛོད། དཀོན་མཆོག་གསུམ་ལ་བདག་སྐྱབས་མཆི། །ཞེས་སོགས་སམ། བདག་གིས་སྡིག་པ་བགྱིས་པ་དང་། །ཞེས་སོགས་རྒྱུན་བཤགས་ཡན་ལག་ལྔ་པ་རྒྱས་བསྡུས་གཉིས་པོ་གང་བྱས་ཀྱང་འདྲ་སྟེ། ལན་གསུམ་བྱའོ། །ཡིད་ཀྱིས་སྤྲུལ་པའི་མཆོད་པས་མཆོད་པར་མོས་ལ། འདིའི་རྗེས་ཟློས་མཛོད། བླ་མ་དང་མགོན་དམར་དབང་གི་རྒྱལ་པོ་དབྱེར་མ་མཆིས་པ་ལ། ཕྱི་མེ་ཏོག་བདུག་སྤོས། ནང་ཤ་ལྔ་བདུད་རྩི་ལྔ། གསང་བ་བདེ་སྟོང་གི་ཡེ་ཤེས། ཡང་གསང་དེ་ཁོ་ན་ཉིད་ཀྱི་མཆོད་པ་དམ་པ་རྣམས་འབུལ་ལོ། །བཞེས་ནས་བདག་ལ་དབང་བཞི་རྫོགས་པར་བསྐུར་དུ་གསོལ། ཞེས་ལན་གསུམ། དེའི་རྗེས་སུ་སྙིང་གར་ཟླ་བའི་སྟེང་དུ། རྡོ་རྗེ་དཀར་པོ་རྩེ་ལྔ་པ་གསལ་བཏབ་ལ། འདིའི་རྗེས་ཟློས་མཛོད། ཨོཾ་སརྦ་ཡོ་ག་ཙིཏྟ་ཨུ་པ་ད་ཡ་མི། ལན་གསུམ། གསང་སྔགས་འབྱུང་བ་དཀོན་པར་བསྟན་པ་འདི་ལ་གསན་པས་ཁྱབ་པར་གདའ་སྟེ། འཇིག་རྟེན་དུ་ནི་ཀུན་མཁྱེན་དག །རེས་འགའ་འབྱུང་ངམ་མི་འབྱུང་(༢༠(བ)སྲིད། །ཨུ་དུམ་ཝ་རའི་མེ་ཏོག་ལྟར། །རྒྱ་ལམ་ན་ནི་རེས་འགའ་འབྱུང་། །གསང་སྔགས་སྤྱོད་ཚུལ་འབྱུང་བ་ནི། །དེ་བས་ཀྱང་ནི་ཤིན་ཏུ་དཀོན། །གཉིས་མེད་ཟབ་མོའི་སྤྱོད་ཚུལ་འདིས། །སེམས་ཅན་སངས་རྒྱས་བྱེད་

པའོ། །ཞེས་བརྗོད། དེ་ནས་སློབ་དཔོན་གྱི་ཐུགས་ཀ་ནས་འོད་ཟེར་འཕྲོས། མདུན་བསྐྱེད་ཀྱི་ལྷའི་ཐུགས་རྒྱུད་བསྐུལ། སངས་རྒྱས་དང་བྱང་ཆུབ་སེམས་དཔའ་ཐམས་ཅད་མགོན་དམར་དབང་གི་རྒྱལ་པོའི་རྣམ་པར་སྤྲུལ་དྲངས། ཁྱེད་རང་རྣམས་ཀྱི་སྤྱི་བོ་ནས་ཞུགས་ཏེ། གཉིས་སུ་མེད་པར་ཐིམ། རོལ་ཆེན་བྱ། སྙིང་པོའི་མཐར། ཨ་བེ་ཤ་ཡ་ཨཿཨཿཨཿ ཞེས་ལན་བདུན་ནམ། ཉི་ཤུ་རྩ་གཅིག་ཙམ་བཟླ། དེའི་རྐྱེན་གྱིས་ཁྱེད་རང་རྣམས་སྐད་ཅིག་ཙམ་གྱིས་མགོན་དམར་དབང་གི་རྒྱལ་པོའི་སྐུར་གྱུར་པ་ནི། སྐུ་མདོག་དམར་པོ། གྲི་ཐོད་ཌཱ་མ་རུ་རྩེ་གསུམ་ལྕགས་ཀྱུ་ཞགས་པ་རྣམས་འཛིན་པ། ཡུམ་པདྨ་མཁའ་འགྲོ་མ་གྲི་ཐོད་འཛིན་པས་འཁྱུད་པར་གྱུར། ལྷ་ངོ་བསྟན་པ་ནི། འདི་ན་མྱུར་མཛད་ཡེ་ཤེས་ཀྱི་མགོན་པོའི་དཀྱིལ་འཁོར་བཞུགས་པ་ལགས་ཏེ། ཆོས་འབྱུང་མཐིང་གའི་དབུས་སུ། པདྨ་དམར་པོ་དང་ཉི་མ། བགེགས་ཀྱི་རྒྱལ་པོ་ཁ་སྦུབ་ཏུ་བསྙིལ་བ་རྣམས་བརྩེགས་པའི་སྟེང་དུ། མགོན་དམར་དབང་གི་རྒྱལ་པོ་བཞུགས་པ་ནི། པདྨ་རཱ་ག་ལྟར་དམར་བ། ཞལ་གཅིག་ཕྱག་དྲུག་པ། དང་པོ་གཉིས་གྲི་ཐོད་བཟུང་ནས་ཡུམ་ལ་འཁྱུད་པ། བར་པ་གཉིས་ཅང་ཏེའུ་རྩེ་གསུམ་འཛིན་པ། ཐ་མ་ལྕགས་ཀྱུ་ཞགས་པ་བསྣམས། །སྤྱན་གསུམ་སྐྲ་སེར་གྱེན་དུ་བརྫེས། །ཐོད་སྐམ་ལྔ་ཡི་དབུ་རྒྱན་(༢༧༠ན)དང་། །རློན་པ་ལྔ་བཅུའི་དོ་ཤལ་ཅན། །སྟག་ལྤགས་གྱོལ་ཞིང་གཡོན་བརྐྱང་སྟབས། །མི་རུས་སྦྲུལ་དང་གཡེར་ཁས་བརྒྱན། །དུར་ཁྲོད་ཆས་བརྒྱད་སྐུ་ལ་རྫོགས། །ཡུམ་ཆེན་པད་མ་མཁའ་འགྲོ་མ། །ཆགས་པའི་ཉམས་ཅན་སྐུ་མདོག་དམར། །གཅེར་མོ་ཕྱག་རྒྱ་ལྔས་བརྒྱན་མ། །གྲི་གུག་ཐོད་བཅས་ཡབ་ལ་འཁྱུད། །གཉིས་ཀའང་མེ་དཔུང་ཀློང་ན་བཞུགས། །གཙོ་བོ་ཡབ་ཡུམ་གྱི་མདུན་དུ་མཧཱ་ཀཱ་ལ་སྐུ་མདོག་ནག་པོ་གྲི་གུག་དང་ཐོད་པ་འཛིན་པ། གཡས་སུ་ཀྵེ་ཏྲ་པཱ་ལ་དམར་པོ་ཌཱ་མ་རུ་དང་སྡིགས་མཛུབ་མཛད་པ། རྒྱབ་ཏུ་ཛཱི་ན་མི་ཏྲ་ནག་པོ་གྲི་ཐོད་འཛིན་པ། གཡོན་དུ་ཏཀྐི་རཱ་ཛ་སེར་པོ་རྩེ་གསུམ་དང་སྡིགས་མཛུབ་

མཛད་པ། ཕྱི་སྐོར་དུ་དམ་ཅན་རྒྱ་མཚོའི་ཚོགས་ཐམས་ཅད་ཀྱིས་བསྐོར་བ། དེ་ཐམས་ཅད་ཀྱང་རྩ་བའི་བླ་མ་དང་དབྱེར་མེད་པར་མཛོད། དབང་གི་དངོས་གཞི་ནི། བླ་མ་མགོན་པོ་དབྱེར་མེད་ལ་མོས་གུས་དྲུང་དྲུང་བ་བྱས་པས། དེའི་སྤྱི་བོའི་ཨོཾ་དཀར་པོ་ལས་མགོན་པོ་སྐུ་མདོག་དཀར་པོ། སྐུ་ཆུང་ལ་ཡན་ལག་རགས་པ་དཔག་ཏུ་མེད་པ་བྱུང་ནས། ཁྱེད་རང་རྣམས་ཀྱི་སྤྱི་བོར་ཐིམ་པས་བུམ་པའི་དབང་ཐོབ་པར་གྱུར། རོལ་མོའི་སྒྲ་བྱ། ཡང་བླ་མ་མགོན་པོ་དབྱེར་མེད་ལ་མོས་གུས་དྲུང་བ་བྱས་པས། དེའི་མགྲིན་པའི་ཨཱཿདམར་པོ་ལས་མགོན་པོ་སྐུ་མདོག་དམར་པོ། སྐུ་ཆུང་ལ་ཡན་ལག་རགས་པ་དཔག་ཏུ་མེད་པ་ཆད་ནས། ཁྱེད་རང་རྣམས་ཀྱི་མགྲིན་པར་ཐིམ་པས་གསང་དབང་ཐོབ། རོལ་མོ་བྱ། བླ་མ་མགོན་(༢༧༠བ)པོ་དབྱེར་མེད་ལ་མོས་གུས་དྲུང་བ་བྱས་པས། དེའི་ཐུགས་ཀའི་ཧཱུྃ་སྔོན་པོ་ལས་མགོན་པོ་སྐུ་མདོག་སྔོན་པོ། སྐུ་ཆུང་ལ་ཡན་ལག་རགས་པ་དཔག་ཏུ་མེད་པ་ཆད་ནས། ཁྱེད་རང་རྣམས་ཀྱི་སྙིང་གར་ཐིམ་པས་ཤེས་རབ་ཡེ་ཤེས་ཀྱི་དབང་ཐོབ། རོལ་མོ་བྱ། བླ་མ་མགོན་པོ་དབྱེར་མེད་ལ་མོས་གུས་དྲུང་བ་བྱས་པས། དེའི་གནས་གསུམ་གྱི་ཡི་གེ་འབྲུ་གསུམ་ལས་མགོན་པོ་སྐུ་མདོག་དཀར་དམར་མཐིང་གསུམ། སྐུ་ཆུང་ལ་ཡན་ལག་རགས་པ་དཔག་ཏུ་མེད་པ་ཆད་ནས། ཁྱེད་རང་རྣམས་ཀྱི་གནས་གསུམ་གར་ཐིམ་པས་ཚིག་དབང་རིན་པོ་ཆེ་ཐོབ། རོལ་མོ་བྱ། དེ་རྣམས་ཕྱིའི་དབང་བཞི་ལགས། དེ་ནས་ཡང་བླ་མ་མགོན་པོ་དབྱེར་མེད་ལ་མོས་གུས་དྲུང་དྲུང་བ་བྱས་པས། མགོན་པོ་ཡབ་ཡུམ་རང་གི་སྤྱི་བོར་བྱོན། བྱང་ཆུབ་སེམས་ཀྱི་ངོ་བོ་འོད་ཟེར་དུ་ཞུ། ཁྱེད་རང་རྣམས་ཀྱི་སྤྱི་བོ་ནས་ཞུགས། སྨིན་མཚམས་ཡན་ཆད་གང་། བུམ་དབང་ཐོབ། མགྲིན་པ་ཡན་ཆད་གང་། གསང་དབང་ཐོབ། ལྟེ་བ་ཡན་ཆད་གང་། ཤེས་རབ་ཡེ་ཤེས་ཀྱི་དབང་ཐོབ། ལུས་ཐམས་ཅད་གང་། ཚིག་དབང་རིན་པོ་ཆེ་བཞི་པ་ཐོབ་པར་མོས་མཛོད། དེ་དག་ནི་ནང་སྐུ་དངོས་ཀྱི་དབང་བཞིའོ། །གཏོར་མ་མགོན་

པོར་གསལ་བ་སློབ་མའི་སྤྱི་བོར་བཞག་ལ། ཨོཾ། གཟི་བརྗིད་དཔལ་འབར་མགོན་པོ་ཡབ་ཡུམ་སྐུ། །ངོ་མཚར་ལྷུན་གྲུབ་དམ་རྫས་གཏོར་མ་འདིས། །དམ་ལྡན་རིགས་ཀྱི་བུ་ལ་དབང་བསྐུར་བས། །མི་འགྱུར་རྡོ་རྗེའི་སྐུ་ལ་ལོངས་སྤྱོད་ཤོག །སྙིང་པོའི་མཐར། ཀཱ་ཡ་བཛྲ་ཨ་བྷི་ཥིཉྩ་ཧཱུཾ། དེས་བུམ་པའི་དབང་བསྐུར་ཐོབ་པར་(༢༡༡ན)མོས་མཛོད། ཐོད་པ་བདུད་རྩིས་གང་བ་མགྲིན་པར་གཏད་ལ། ཨཿ ཟབ་མོ་གསང་སྔགས་མགོན་པོ་ཡབ་ཡུམ་མཆུངས། །བདེ་ཆེན་སྟོང་བཅུད་ཟག་མེད་བདུད་རྩི་འདིས། །དམ་ལྡན་རིགས་ཀྱི་བུ་ལ་དབང་བསྐུར་བས། །འགག་མེད་ཚངས་དབྱངས་གསུང་ལ་ལོངས་སྤྱོད་ཤོག །སྙིང་པོའི་མཐར། ཝཱཀ་བཛྲ་ཨ་བྷི་ཥིཉྩ་ཧཱུཾ། དེས་གསང་བའི་དབང་བསྐུར་ཐོབ་པར་མོས་མཛོད། སིནྡྷུ་རའི་དཀྱིལ་འཁོར་སྙིང་གར་གཏད་ལ། ཧཱུཾ་གཟུང་འཛིན་ཀུན་བྲལ་མགོན་པོ་ཡབ་ཡུམ་ཐུགས། །དྲི་མེད་སྣང་སྟོང་མེ་ལོང་ཡེ་ཤེས་འདིས། །དམ་ལྡན་རིགས་ཀྱི་བུ་ལ་དབང་བསྐུར་བས། །རྣམ་དག་ཡེ་ཤེས་ཐུགས་ལ་ལོངས་སྤྱོད་ཤོག །སྙིང་པོའི་མཐར། ཙིཏྟ་བཛྲ་ཨ་བྷི་ཥིཉྩ་ཧཱུཾ། དེས་ཤེས་རབ་ཡེ་ཤེས་ཀྱི་དབང་ཐོབ་པ་ཡིན་ནོ། །འདི་སྐབས་སུ་ཡིག་རྙིང་ལས་མ་བཤད་ཀྱང་། སློབ་མ་ལ་ནང་མཆོད་བླུད་པ་དང་། སྙིང་གར་སིནྡྷུ་རའི་ཐིག་ལེ་རེ་མཛད་པ་ཕྱག་ལེན་ལ་སྣང་ངོ་། །དེ་ནས་ཁྱེད་རང་རྣམས་རིག་པ་རྟེན་མེད་ཀྱི་ངང་དུ་མཉམ་པར་ཞོག་ཅིག །ཧོ། ཆོས་དབྱིངས་མཐའ་བྲལ་སྤྲོས་པ་རབ་ཞིའི་ངང་། །རང་རིག་ཡེ་ཤེས་ཧྲིང་འཛིན་གློང་ཡངས་འདིས། །དམ་ལྡན་རིགས་ཀྱི་བུ་ལ་དབང་བསྐུར་བས། །ཆོས་དབྱིངས་ཡང་དག་དོན་ལ་ལོངས་སྤྱོད་ཤོག །སྙིང་པོའི་མཐར། སྭ་ན་བཛྲ་ཨ་བྷི་ཥིཉྩ་ཧཱུཾ། དེས་ཚིག་དབང་བཞི་པ་ཐོབ་པ་ཡིན་ནོ། །དེ་དག་ནི་གསང་བ་དམ་རྫས་ཀྱི་དབང་བཞི་ཡིན་ནོ། །བླ་མ་མགོན་པོ་དབྱེར་མེད་ཀྱི་ཐུགས་ཀ་ནས། སྔགས་ཀྱི་འཕྲེང་བའི་ཚོགས་རྣམས་བྱུང་། ཁྱེད་རང་རྣམས་ཀྱི་སྙིང་ཁར་(༢༡༡བ)ཐིམ་པར་མོས་ལ། འདིའི་རྗེས་ཟློས་མཛོད། ཨོཾ་བཛྲ་མཧཱ་ཀཱ་ལ་ཀྲཱིཾ་ཀྲཱི་ཊ་བིགྷྣན་བི་ནཱ་ཡ་

ཀ་ཧཱུཾ་ཧཱུཾ་ཕཊ། ཧཱུཾ་མ་གུ་ཡེ་སྭཱཧཱ། ཞེས་སྙིང་པོ་ལན་གསུམ། སློབ་དཔོན་ལ་མེ་ཏོག་གཏོར་བཞིན་པས་འདིའི་རྗེས་བློས་མཛོད། བཅོམ་ལྡན་བདག་ལ་ཞེས་སོགས་དང་། སླར་ཡང་མེ་ཏོག་རྣམས་ཕྱགས་ཀྱི་འཁྲིང་བར་བྱིན་གྱིས་བརླབས་ལ། ཁྱེད་རང་རྣམས་ལ་གཏོར་བས། ཕྱགས་ནུས་པ་མཐུ་ཅན་དུ་མོས་པ་མཛོད། བཅོམ་ལྡན་འདི་ལ་ཞེས་སོགས་ལན་གསུམ། མཇུག་ཚིག་སྤྱི་དང་འདྲ། །

༄ **མགོན་བཀའ་ལྷ་པ།** མགོན་ལྷང་ཚེ་བདག་གི་སྒྲུབ་ཐབས་ནི། སྔགས་བུའི་སྙིང་དུ་ཆོས་འབྱུང་ལྷང་གུ་མེ་རི་ཅན་གྱི་དབུས་སུ་ཚོམ་བུ་ལྷང་གུ། ཤར་དུ་དཀར་པོ། ལྷོར་སེར་པོ། ནུབ་ཏུ་དམར་པོ། བྱང་དུ་ལྷང་གུ་རེ་དགོད། དེའི་སྙིང་དུ་མཆི་ལ་དཔལ་གཏོར་ནོར་གཟུགས་མ་རྒྱན་གྱིས་བརྒྱན་པ་བཞག །གཡོན་དུ་མཆིའི་སྙིང་དུ། ནང་མཆོད་ཀ་པཱ་ལ་བདུད་རྩིས་གང་བ། དེའི་སྙིང་དུ་མེ་ལོང་ལ་སིནྡཱུ་ར་བཙགས་ལ་བཀྲམས། དེ་ལ་ཆོས་འབྱུང་ཉིས་བརྩེགས་ཀྱི་དབུས་སུ་ཛོ་ཛེ་ཧཱུཾ་དང་གྲི་གུག་ཨཱཿས་མཚན་པ། ཟུར་དྲུག་ལ་མདུན་ནས་གཡས་སྐོར་དུ་ཏ་རི་ནི་ས་མཧཱ་ཞེས་པའི་ཡིག་དྲུག་བྲིས་ལ། སྙིང་དུ་དར་ལྷང་གིས་གུར་ཕུབ། གཡས་སུ་བུམ་པ་སྤྱི་དང་མཐུན་པར་བཤམས། མཆོད་གཏོར་བཤམས་ཚུལ་སྤྱི་དང་འདྲ། མཆོད་པ་བྱིན་གྱིས་བརླབས། སྐྱབས་སེམས་ཚད་མེད་བཞི་སྔོན་དུ་འགྲོ་བས། སྭ་བྷཱ་ཝས་སྟོང་པར་སྒྱུར། སྟོང་པའི་ངང་ལས་བདག་དང་མདུན་གྱི་གནས་སུ་ཧཱུཾ་ལས་བྱུང་བའི་སྲུང་འཁོར་གྱི་(༢༧༢ན)དབུས་སུ། དུར་ཁྲོད་ཆེན་པོ་བརྒྱད་ཀྱིས་བསྐོར་བའི་ནང་། གཞལ་མེད་ཁང་ཕོ་བྲང་མཚན་ཉིད་ཐམས་ཅད་ཡོངས་སུ་རྫོགས་པའི་དབུས་སུ། ཙནྡན་གྱི་ལྗོན་པའི་དྲུང་དུ། ཨེ་ལས་བྱུང་བའི་ཆོས་ཀྱི་འབྱུང་གནས་ལྷང་གུ། དེའི་དབུས་སུ་པཾ་ལས་པདྨའི་ལྟེ་བར་ཉི་མ་དང་བགེགས་ཀྱི་རྒྱལ་པོའི་གདན་ལ། རང་སེམས་ཧཱུཾ་ལས་གྲི་གུག་ཧཱུཾ་གིས་མཚན་པ་ཡོངས་སུ་གྱུར་པ་ལས། རང་ཉིད་མྱུར་མཛད་ཡེ་ཤེས་ཀྱི་མགོན་པོ་སྐུ་མདོག་ལྷང་གུ་ཞལ་གཅིག་ཕྱག་དྲུག་པ། ཕྱག་དང་པོ་གཉིས་

ཀྱིས་གྲི་གུག་དང་ཐོད་པ་འཛིན་པས་ཡུམ་ལ་འཁྱུད་པ། བར་པ་གཉིས་ཀྱིས་ཅང་ཏེའུ་དང་ཏྲི་ཤུ་ལ་འཛིན་པ། ཐ་མ་གཉིས་ཀྱིས་བགྲང་འཕྲེང་དང་ཞགས་པ་བསྣམས་པ། སྤྱན་གསུམ་མཆེ་བ་གཙིགས་པ། དབུ་སྐྲ་གྱེན་དུ་བརྫེས་པ། མི་མགོའི་དབུ་རྒྱན་དང་དོ་ཤལ། རུས་པའི་རྒྱན་དྲུག་དང་སྟག་ལྤགས་དང་དྲིལ་བུ་གཡེར་ཁའི་འཕྲེང་བ་སོགས་རྒྱན་ཐམས་ཅད་ཡོངས་སུ་རྫོགས་པ། པང་དུ་ཡུམ་རྡོ་རྗེ་ཌཱ་ཀི་མ་སྐྱ་མདོག་སྔོན་མོ་གྲི་གུག་དང་ཐོད་པ་འཛིན་པ། ཐོད་སྐམ་ལྔ་བཅུའི་དོ་ཤལ་ཅན་གྱིས་འཁྱུད་པ། གཙོ་བོའི་མདུན་དུ་བུདྡྷ་ཌཱ་ཀི་དཀར་མོ་འཁོར་ལོ་དང་ཐོད་ཁྲག་འཛིན་པ། ལྷོར་རཏྣ་ཌཱ་ཀི་སེར་མོ་རིན་པོ་ཆེ་དང་ཐོད་ཁྲག་འཛིན་པ། ནུབ་ཏུ་པདྨ་ཌཱ་ཀི་དམར་མོ་པདྨ་དང་ཐོད་ཁྲག་འཛིན་པ། བྱང་དུ་ཀརྨ་ཌཱ་ཀི་ལྗང་གུ་རལ་གྲི་དང་ཐོད་ཁྲག་འཛིན་པ། ཐམས་ཅད་ཀྱང་རུས་པ་དང་མི་མགོའི་འཕྲེང་བ་ཅན་སྙིག་ཅིང་ཆགས་པའི་ཉམས་ཅན། གཡོན་བརྐྱང་གི་སྟབས་ཀྱིས་བཞུགས་པའོ། །དེའི་ཕྱི་རོལ་(༢༧༢བ)དུ་མཁའ་འགྲོ་མ་འབུམ་སྡེ་དམ་ཅན་རྒྱ་མཚོའི་ཚོགས་དང་བཅས་པ་འཁོད་པར་གྱུར། ཐམས་ཅད་ཀྱི་དཔྲལ་བར་ཨོཾ། མགྲིན་པར་ཨཱཿ ཐུགས་ཀར་ཧཱུྃ། ལྟེ་བར་སྭཱ། གསང་གནས་སུ་ཧཱ། རང་གི་སྙིང་ག་ནས་འོད་ཟེར་འཕྲོས། སངས་རྒྱས་དང་བྱང་ཆུབ་སེམས་དཔའ་འཁོར་དང་བཅས་པ་ཐམས་ཅད་མྱུར་མཛད་ཡེ་ཤེས་ཀྱི་མགོན་པོའི་རྣམ་པར་སྤྱན་དྲངས་ཤིང་། ཁྱད་པར་ཤར་ལྷོ་དུར་ཁྲོད་ཆེན་པོ་བསིལ་བའི་ཚལ་ནས། མགོན་པོ་མཁའ་འགྲོའི་ཚོགས་དང་བཅས་པ་ཐམས་ཅད་བཛྲ་ས་མ་ཛཿཛྙཱིཾ་རིང་པོ་ཉི་ཤུ་རྩ་གཅིག་བརྗོད། དབྱངས་དང་བཅས་པའམ་མེད་ཀྱང་རུང་སྟེ། དཔྲལ་མགྲིན་ཐུགས་ལྟེ་གསང་གནས་ནས། །ཨོཾ་ཨཱཿཧཱུྃ་སྭཱ་ཧཱའི་ཡིག་འབྲུ་ལས། །དཀར་དམར་མཐིང་སེར་ལྗང་བ་ཡི། །འོད་འཕྲོས་ཕྱོགས་བཅུ་ཀུན་ཁྱབ་པས། །རྒྱུད་དྲུག་སེམས་ཅན་སྡིག་སྒྲིབ་སྦྱངས། །སྐྱབས་གསུམ་ཐུགས་རྗེའི་མངའ་བདག་ཅན། །ཡེ་ཤེས་སྤྱན་དྲངས་མ་ལུས་མཆོད། །ཚེ་བདག་འཕྲིན་ལས་

མགོན་པོར་གྱུར། །འཕྲོ་འདུ་འོད་ཟེར་ལྷས་བསྐུལ་ཏེ། །དབུས་འགྱུར་རང་བཞིན་མཆོག་བསྒྲུབས་ནས། །བསིལ་བ་ཚལ་གྱི་དུར་ཁྲོད་དུ། །དཔལ་ལྡན་འཁོར་བཅུ་ཚེ་ཡི་བདག །ཕྱག་དྲུག་ཡེ་ཤེས་མགོན་པོའི་ཚོགས། །དུར་ཁྲོད་བརྒྱད་དང་ཉེར་བཞི་ཡི། །དམ་ཅན་འཁོར་བཅས་འདིར་འདུས་ལ། །རྣལ་འབྱོར་བདག་ལ་མཆོག་སྩོལ་ཅིག །ཅེས་སྤྱན་དྲངས། ཛཿཧཱུྃ་བྃ་ཧོཿ དམ་ཚིག་པ་དང་གཉིས་སུ་མེད་པར་ཐིམ། སླར་ཡང་རང་གི་སྙིང་གའམ་གནས་ལྷ་ནས་འོད་ཟེར་འཕྲོས། དབང་གི་ལྷ་རིགས་ལྷ་མདུན་(༢༧༣ན)གྱི་ནམ་མཁར་སྤྱན་དྲངས། ཨོཾ་ཨརྒྷཾ་ནས་ཤབྡའི་བར་གྱིས་མཆོད། དེ་བཞིན་གཤེགས་པ་ཐམས་ཅད་ཀྱིས་བདག་ལ་མངོན་པར་དབང་བསྐུར་དུ་གསོལ། ཞེས་གསོལ་བ་བཏབ་པས། ཨོཾ་བཛྲཱི་བྷ་ཝ་ཨ་བྷི་ཥིཉྩ་ཧཱུྃ། ཞེས་དབང་བསྐུར། སྐུ་གང་། དྲི་མ་དག །ཆུའི་ལྷག་མ་ཡར་ལུད་པ་ལས་གཙོ་བོ་ཡབ་ཡུམ་ལ་མི་བསྐྱོད་པ་དང་། བུདྡྷ་ཌཱ་ཀི་ལ་རྣམ་སྣང་། རཏྣ་ཌཱ་ཀི་ལ་རིན་འབྱུང་། པདྨ་ཌཱ་ཀི་ལ་སྣང་མཐའ། ཀརྨ་ཌཱ་ཀི་ལ་དོན་གྲུབ་རྣམས་ཀྱིས་དབུ་བརྒྱན་པར་གྱུར། མཆོད་པ་དང་གཏོར་མ་བྱིན་གྱིས་བརླབས་ལ། ཡེ་ཤེས་ཀྱི་ལྷ་ལ་དམིགས་ཏེ། དཀྱིལ་འཁོར་གྱི་ལྷ་ཚོགས་རྣམས་ཀྱི་ལྗགས་རྡོ་རྗེའི་སྦུ་གུས་གཏོར་མ་དྲངས་ཏེ་གསོལ་བར་གྱུར། ཨོཾ་བཛྲ་མཧཱ་ཀཱ་ལ་ཏ་རི་ཎི་ས་སཏྭ་ཨཱ་ཡུར་ཛྙཱ་ན་སིདྡྷི་ཛཿཨི་དཾ་བ་ལིཾ་ཏ་ཁ་ཁ་ཁཱ་ཧི་ཁཱ་ཧི། ཞེས་ལན་བདུན་གྱིས་གཏོར་མ་འབུལ། ཨོཾ་གུ་རུ་མཧཱ་ཀཱ་ལ་བི་ཤ་ཌཱ་ཀི་ས་པ་རི་ཝཱ་ར་ཨརྒྷཾ་པྲ་ཏཱིཙྪ་སྭཱཧཱ་ནས། ཤབྡའི་བར་གྱིས་མཆོད་པ་འབུལ། བླ་མ་མགོན་པོ་དབྱེར་མེད་འཕྲིན་ལས་སྐྱོ། །དུས་གསུམ་སངས་རྒྱས་ཀུན་གྱིས་ཕྱག་མཛད་པ། །གང་ལ་གང་འདུལ་དེ་ལ་དེར་སྟོན་པ། །ཕྱག་དྲུག་སྣ་ཚོགས་མཁའ་འགྲོ་ལ་ཕྱག་འཚལ། །ཞེས་བསྟོད། བཟླས་པའི་དམིགས་པ་གསལ་བཏབ་ལ། ཨོཾ་བཛྲ་མཧཱ་ཀཱ་ལ་ཏ་རི་ཎི་ས་སཏྭ་ཨཱ་ཡུར་ཛྙཱ་ན་སིདྡྷི་ཛཿ ཞེས་ཅི་འགྲུབ་བཟླ། འདི་ལ་བདག་མདུན་དམིགས་པས་ཐ་དད་དུ་བསྒོམ་པ་ཡིན་ནའང་། བསྐྱེད་ཆོག་ཕྱོགས་གཅིག་ཏུ་མཛད་

པ་ཡིན་པས། དེ་ཉིད་ཀྱིས་བདག་མདུན་གཉིས་(༢༧༣བ)ཀར་འགྲུབ་བོ། །བུམ་པའི་ནང་དུ་མྱུར་མཛད་མཁའ་འགྲོ་ལྔ་དང་བཅས་པ་སྐད་ཅིག་གིས་གྲུབ་པར་གྱུར། རང་གི་སྙིང་ག་ནས་ཐུགས་འཕྲེང་འོད་ཟེར་དང་བཅས་པ་འཕྲོས། མདུན་བསྐྱེད་ཀྱི་ལྷའི་ཐུགས་རྒྱུད་བསྐུལ། ཐུགས་ཀྱི་འོད་ཟེར་རྣམས་གཟུངས་ཐག་ལ་འཁྲིལ་ཞིང་། བུམ་པའི་ནང་གི་བཅུད་ལ་ཐིམ། མདུན་བསྐྱེད་ཀྱི་གནས་ལྔ་ནས་འོད་ཟེར་འཕྲོས། སྣོད་བཅུད་ཐམས་ཅད་ཀྱི་བཀྲག་མདངས་དྭངས་མ་རྣམས་བདུད་རྩིའི་རྣམ་པར་བཀུག་སྟེ་ཐིམ་པར་གྱུར། བུམ་པ་ལ་དམིགས་ནས་སྙིང་པོ་བརྒྱ་ཙམ་བཟླའོ། །འོག་ཏུ་སློབ་མ་ལ་ཇི་ལྟར་བྱེད་པའི་ཆོ་ག་རྣམས་སྐབས་འདིར་དམིགས་པའི་སྒོ་ནས་བདག་འཇུག་གི་ཚུལ་དུ་བླངས། ༈ འདིའི་རྗེས་གནང་ནི། སློབ་མ་རྣམས་མཇལ་འབུལ་དུ་གཞུག་ཅིང་། གསོལ་བ་འདེབས་པ་འདིའི་རྗེས་ཟློས་མཛོད་བྱས་ལ། རྡོ་རྗེ་འཛིན་པ་དགོངས་སུ་གསོལ། །བདག་ནི་འགྲོ་ལ་ཕན་དོན་དུ། །གཙོ་ཆེན་ཁྱེད་ལ་གསོལ་བཏབ་ཀྱི། །མ་ལུས་རྗེས་གནང་བསྐུལ་དུ་གསོལ། །ཞེས་ལན་གསུམ། དཀོན་མཆོག་གསུམ་ལ་བདག་སྐྱབས་མཆི། །ཞེས་སོགས་གྲུར་ནས་འབྱུང་བའི་ཡན་ལག་བདུན་པ་བྱ། འཇིག་རྟེན་དུ་ནི་ཀུན་མཁྱེན་དག །རེས་འགའ་འབྱུང་ངམ་མི་འབྱུང་སྲིད། །ཨུ་དུམ་ཝ་རའི་མེ་ཏོག་ལྟར། །བརྒྱ་ལམ་ན་ནི་རེས་འགའ་འབྱུང་། །གསང་སྔགས་སྤྱོད་ཚུལ་འབྱུང་བ་ནི། །དེ་བས་ཀྱང་ནི་ཤིན་ཏུ་དཀོན། །གཉིས་མེད་ཟབ་མོའི་སྤྱོད་ཚུལ་འདིས། །སེམས་ཅན་སངས་རྒྱས་བྱེད་པའོ། །ཞེས་བརྗོད། སློབ་དཔོན་དང་མདུན་བསྐྱེད་དབྱེར་མ་(༢༧༤ན)མཆིས་པའི་དཀྱིལ་འཁོར་གསལ་འདེབས་པ་ནི། སྭ་བྷཱ་ཝས་སྟོང་པར་སྦྱངས། སྟོང་པའི་ངང་ལས་ཧཱུྃ་ལས་བྱུང་བའི་སྲུང་འཁོར་གྱི་དབུས་སུ། དུར་ཁྲོད་ཆེན་པོ་བརྒྱད་ཀྱིས་བསྐོར་བའི་ནང་། གཞལ་མེད་ཁང་ཡོ་བྱད་མཚན་ཉིད་ཐམས་ཅད་ཡོངས་སུ་རྫོགས་པའི་དབུས་སུ། ཙནྡན་གྱི་ལྗོན་པའི་དྲུང་དུ། ཨེ་ལས་བྱུང་བའི་ཆོས་ཀྱི་འབྱུང་གནས་ལྷུང་གྲུ། དེའི་དབུས་སུ་པཾ་ལས་པདྨའི་ལྟེ་བར་

ཉི་མ་དང་བགེགས་ཀྱི་རྒྱལ་པོའི་གདན་ལ། ཧཱུྃ་ལས་གྲི་གུག་ཧཱུྃ་གིས་མཚན་པ་ཡོངས་སུ་གྱུར་པ་ལས། མྱུར་མཛད་ཡེ་ཤེས་ཀྱི་མགོན་པོ་སྐུ་མདོག་ལྗང་གུ་ཞལ་གཅིག་ཕྱག་དྲུག་པ། ཕྱག་དང་པོ་གཉིས་ཀྱིས་གྲི་གུག་དང་ཐོད་པ་འཛིན་པས་ཡུམ་ལ་འཁྱུད་པ། བར་པ་གཉིས་ཀྱིས་ཅང་ཏེའུ་དང་ཏྲི་ཤཱུ་ལ་འཛིན་པ། ཐ་མ་གཉིས་ཀྱིས་བགྲང་འཕྲེང་དང་ཞགས་པ་བསྣམས་པ། སྤྱན་གསུམ་མཆེ་བ་གཙིགས་པ། དབུ་སྐྲ་གྱེན་དུ་བརྫེས་པ། མི་མགོའི་དབུ་རྒྱན་དང་དོ་ཤལ། རུས་པའི་རྒྱན་དྲུག་དང་སྟག་ལྤགས་དང་དྲིལ་བུ་གཡེར་ཁའི་འཕྲེང་བ་སོགས་རྒྱན་ཐམས་ཅད་ཡོངས་སུ་རྫོགས་པ། པང་དུ་ཡུམ་རྡོ་རྗེ་ཌཱ་ཀི་མ་སྐུ་མདོག་སྔོན་མོ་གྲི་གུག་དང་ཐོད་པ་འཛིན་པ། ཐོད་སྐམ་ལྔ་བཅུའི་དོ་ཤལ་ཅན་གྱིས་འཁྱུད་པ། གཙོ་བོའི་མདུན་དུ་བུདྡྷ་ཌཱ་ཀི་དཀར་མོ་འཁོར་ལོ་དང་ཐོད་ཁྲག་འཛིན་པ། ལྷོར་རཏྣ་ཌཱ་ཀི་སེར་མོ་རིན་པོ་ཆེ་དང་ཐོད་ཁྲག་འཛིན་པ། ནུབ་ཏུ་པདྨ་ཌཱ་ཀི་དམར་མོ་པདྨ་དང་ཐོད་ཁྲག་འཛིན་པ། བྱང་དུ་ཀརྨ་ཌཱ་ཀི་ལྗང་གུ་རལ་གྲི་དང་ཐོད་ཁྲག་འཛིན་པ། ཐམས་ཅད་(༢༧༨བ)ཀྱང་རུས་པ་དང་མི་མགོའི་འཕྲེང་བ་ཅན་སྙིག་ཅིང་ཆགས་པའི་ཉམས་ཅན། གཡོན་བརྐྱང་གི་སྟབས་ཀྱིས་བཞུགས་པའོ། །དེའི་ཕྱི་རོལ་དུ་མཁའ་འགྲོ་མ་འབུམ་སྡེ་དམ་ཅན་རྒྱ་མཚོའི་ཚོགས་དང་བཅས་པ་འཁོད་པར་གྱུར། ཞེས་བརྗོད། དེ་ལྷ་ཇི་བསྟན་པའི་དོན་ཡིན་ནོ། །ཁྱེད་རང་རྣམས་སྐད་ཅིག་ཙམ་གྱིས་མགོན་ལྗང་ཆེ་བདག་ཡབ་ཡུམ་དུ་གསལ་བའི་དཔྲལ་བར་ཨོཾ། མགྲིན་པར་ཨཱཿ ཐུགས་ཀར་ཧཱུྃ། ལྟེ་བར་སྭཱ། གསང་བར་ཧཱ། སློབ་དཔོན་གྱི་གནས་ལྔ་ནས་འོད་ཟེར་འཕྲོས། ཤར་ལྷོ་དུར་ཁྲོད་ཆེན་པོ་བསིལ་བའི་ཚལ་ནས། མྱུར་མཛད་ཡེ་ཤེས་ཀྱི་མགོན་པོ་མཁའ་འགྲོའི་ཚོགས་དང་བཅས་པ། ཝུར་ཝུར། ཆེམ་ཆེམ་བྱོན་པ་ཁྱེད་རང་རྣམས་ལ་སིབ་སིབ་ཐིམ་པའི་མོས་པ་མཛོད། རོལ་ཆེན་དང་བཅས་པས་སྙིང་པོའི་མཐར། ཨ་བེ་ཤ་ཡ་ཨཿཨཿཨཿ ཞེས་བཏགས་ལ་དྲག་ཏུ་བཟླ། དེ་ཡེ་ཤེས་དབབ་པའི་དོན་ཡིན་ནོ། །དེ་ནས་དངོས་

གཞིའི་དོན་དུ་མཇལ་འབུལ་དུ་བཅུག་ལ། བླ་མ་དང་མགོན་པོ་དབྱེར་མེད་པས་བདག་ལ་དབང་བཞི་བསྐུར་དུ་གསོལ། ཞེས་གསོལ་བཏབ་ལན་གསུམ་རྗེས་ཟློས་བྱེད་དུ་བཅུག །བུམ་བསྐྱེད་ཀྱི་ལྷའི་དཔྲལ་བ་ནས། བདུད་རྩིའི་རྒྱུན་དཀར་པོ་བྱུང་ནས། ཁྱེད་རང་རྣམས་ཀྱི་ཕྱི་ནང་གི་ནད་གདོན་སྡིག་སྒྲིབ་ཐམས་ཅད་བཀྲུས་པར་མོས་པ་མཛོད། བཀྲ་ཤིས་ཚེ་བརྟན་རྣམ་རྒྱལ་བུམ་བཟང་ན། །ཉོན་མོངས་གཏི་མུག་དག་པའི་ཡེ་ཤེས་ལྷ། །རྒྱལ་བའི་འོད་གཟུགས་སྒྲིབ་བྲལ་ཡོངས་སྐུ་བཞུགས། །ཕྱག་དྲུག་ཚེ་དཔག་མེད་མགོན་དབང་བསྐུར་བས། །མེ་ལོང་ཡེ་ཤེས་འཁྲོ་འདུའི་(༢༧༥ན)འོད་ཟེར་ཅན། །མི་ཤིགས་རྡོ་རྗེའི་སྐུ་ཡི་དབང་ཐོབ་ཤོག །སྙིང་པོའི་སྔགས་ཟླ་བཞིན་པས། བུམ་པ་དཔྲལ་བར་རེག་སྟེ། བུམ་ཆུ་བླུད། བུམ་བསྐྱེད་ཀྱི་ལྷའི་མགྲིན་པ་ནས། བདུད་རྩིའི་རྒྱུན་དམར་པོ་བྱུང་ནས། ཁྱེད་རང་རྣམས་ཀྱི་ཕྱི་ནང་གི་ནད་གདོན་སྡིག་སྒྲིབ་ཐམས་ཅད་བཀྲུས་པའི་མོས་པ་མཛོད། བཀྲ་ཤིས་ཚེ་བརྟན་རྣམ་རྒྱལ་བུམ་བཟང་ན། །ཉོན་མོངས་འདོད་ཆགས་དག་པའི་ཡེ་ཤེས་ལྷ། །རྒྱལ་བའི་ཆོས་ཕུང་བརྒྱད་ཁྲི་བཞི་སྟོང་བཞུགས། །རྩ་སྔགས་སྟོང་ཉིད་སྙིང་པོའི་དབང་བསྐུར་བས། །སོར་རྟོག་ཡེ་ཤེས་འཁྲོ་འདུའི་འོད་ཟེར་ཅན། །གསུང་དབྱངས་ཡན་ལག་དྲུག་ཅུའི་དབང་ཐོབ་ཤོག །སྔགས་བཟླ་བཞིན་པས། བུམ་པ་མགྲིན་པར་རེག་སྟེ། བུམ་ཆུ་བླུད། བུམ་བསྐྱེད་ཀྱི་ལྷའི་ཐུགས་ཀ་ནས། བདུད་རྩིའི་རྒྱུན་སྔོན་པོ་བྱུང་ནས། ཁྱེད་རང་རྣམས་ཀྱི་ཕྱི་ནང་གི་ནད་གདོན་སྡིག་སྒྲིབ་ཐམས་ཅད་བཀྲུས་པར་མོས་པ་མཛོད། བཀྲ་ཤིས་ཚེ་བརྟན་རྣམ་རྒྱལ་བུམ་བཟང་ན། །ཉོན་མོངས་ཞེ་སྡང་དག་པའི་ཡེ་ཤེས་ལྷ། །རྒྱལ་བའི་ཐུགས་མཆོག་དཔལ་གྱི་ཡེ་ཤེས་བཞུགས། །མི་འགྱུར་ལྷན་ཅིག་སྐྱེས་དགའི་དབང་བསྐུར་བས། །ཆོས་དབྱིངས་ཡེ་ཤེས་འཁྲོ་འདུའི་འོད་ཟེར་ཅན། །རྣམ་ཀུན་ཐམས་ཅད་མཁྱེན་པའི་དབང་ཐོབ་ཤོག །སྔགས་བཟླ་བཞིན་པས། བུམ་པ་སྙིང་གར་རེག་སྟེ། བུམ་ཆུ་བླུད། བུམ་བསྐྱེད་ཀྱི་ལྷའི་ལྟེ་བ་

ནས། བདུད་རྩིའི་རྒྱུན་སེར་པོ་བྱུང་ནས། ཁྱེད་རང་རྣམས་ཀྱི་ཕྱི་ནང་གི་ནད་གདོན་
སྡིག་སྒྲིབ་ཐམས་ཅད་(༢༧༥བ)བཀྲུས་པར་མོས་མཛོད། བཀྲ་ཤིས་ཚེ་བརྟན་རྣམ་རྒྱལ་
བུམ་བཟང་ན། །ཉོན་མོངས་ང་རྒྱལ་དག་པའི་ཡེ་ཤེས་ལྷ། །རྒྱལ་བའི་ཡོན་ཏན་ཕན་
བདེ་མཆོག་སྩོལ་བཞུགས། །ཆོས་ཀྱི་དབྱིངས་དང་རིག་པ་དབྱེར་མེད་པ། །མཉམ་
ཉིད་ཡེ་ཤེས་འཁྲོ་འདུའི་འོད་ཟེར་ཅན། །མཐོང་ཐོས་དྲན་རེག་མྱུར་དུ་སངས་རྒྱས་
ཤོག །སྔགས་བཟླ་བཞིན་པས། བུམ་པ་ལྟེ་བར་རེག་སྟེ། བུམ་ཆུ་བླུད། བུམ་བསྐྱེད་
ཀྱི་ལྷའི་གསང་བ་ནས། བདུད་རྩིའི་རྒྱུན་ལྗང་གུ་བྱུང་ནས། ཁྱེད་རང་རྣམས་ཀྱི་ཕྱི་
ནང་གི་ནད་གདོན་སྡིག་སྒྲིབ་ཐམས་ཅད་བཀྲུས་པར་མོས་མཛོད། བཀྲ་ཤིས་ཚེ་
བརྟན་རྣམ་རྒྱལ་བུམ་བཟང་ན། །ཉོན་མོངས་ཕྲག་དོག་དག་པའི་ཡེ་ཤེས་ལྷ། །རྒྱལ་
བའི་འཕྲིན་ལས་རྒྱུན་མི་ཆད་པར་བཞུགས། །ལྷ་ལྔན་གསང་རིགས་གཟུངས་སྔགས་
དབང་བསྒྱུར་ཏེ། །བྱ་སྒྲུབ་ཡེ་ཤེས་ཆེན་པོས་དབང་བསྐུར་བས། །ལྷུན་གྲུབ་རབ་
འབྱམས་རྒྱལ་བའི་ཞིང་ཐོབ་ཤོག །སྙིང་པོའི་སྔགས་བཟླ་བཞིན་དུ། གསང་བའི་
ཕྱོགས་སུ་རེག་པ་ལྟར་བྱས། བུམ་ཆུ་བླུད། ཕྱི་མ་རྣམས་ལ་བུམ་ཆུ་གཏོར་བར་
མཛད་པའི་ཕྲུག་ལེན་ཡང་སྣང་ངོ་། །དེ་དག་ནི་བུམ་པའི་དབང་ངོ་། །སིནྡྷུ་རའི་
དཀྱིལ་འཁོར་གྱི་མེ་ལོང་སྒྱི་བོར་གཏུགས། ཐོད་པ་བདུད་རྩིས་གང་བ་སྙིང་གར་
རེག་སྟེ། རྒྱལ་བ་རབ་འབྱམས་རྒྱ་མཚོའི་དབྱིངས་བརྒྱུད་པའི། །མཚན་ལྡན་ཐོད་
པ་བདུད་རྩིས་གང་བ་དང་། །སྒྲིབ་བྲལ་སྣང་སྟོང་ཟུང་འཇུག་མེ་ལོང་ལ། །སིནྡྷུར་
ཆོས་འབྱུང་མཁའ་འགྲོའི་གཞལ་ཡས་ནས། །བདེ་སྟོང་ས་བོན་ཕྲུག་མཚན་རྩ་སྔགས་
ལྷས། །སྐལ་ལྡན་(༢༧༦ན)རིགས་ཀྱི་བུ་ལ་དབང་བསྐུར་རོ། །རྩ་སྔགས་བརྗོད་ཅིང་
སིནྡྷུ་རས་དཔྲལ་བར་ཐིག་ལེ་བྱ། ནང་མཆོད་བདུད་རྩི་སྦྱིན་ནོ། །དེ་ནི་གསང་བའི་
དབང་ངོ་། །དེ་ནས་འདི་སྐད་ཅེས་བརྗོད་དེ། གསང་ཡུམ་རྡོ་རྗེ་མཁའ་འགྲོ་ལས།
ལྷ་མོ་སྦྱོར་ཏེ་བུ་ལ་གཏད། །སྙོམས་པར་ཞུགས་པའི་བདེ་བས་གང་། །ཐབས་དང་

ཤེས་རབ་དབྱེར་མེད་གྱུར། །གང་འདུལ་ལྷ་སྐུ་མཐའ་ཡས་སྤྲུ། །སེམས་ཅན་དོན་
དུ་བྱེད་གྱུར་ཅིག །ཙ་སྔགས་བརྗོད་ལ། དེའི་དོན་བསྒོམ་དུ་གཞུག་གོ །དེ་ནི་ཤེས་
རབ་ཡེ་ཤེས་ཀྱི་དབང་ངོ་། །ཕྱག་རྒྱ་ཆེན་པོའི་དོན་བསྒོམ་དུ་བཅུག་སྟེ། སྤྲོས་པའི་
མཐའ་བྲལ་གཅེར་མཐོང་རང་རིག་འདི། །ནམ་མཁའ་ཆོས་ཀྱི་དབྱིངས་དང་མཉམ་
སྦྱོར་བ། །སྐལ་ལྡན་རིགས་ཀྱི་བུ་ལ་དབང་བསྐུར་བས། །མ་རིག་འཁོར་བ་སྡུག་
བསྔལ་རྒྱུད་དྲུག་དང་། །འཁྲུལ་རྟོག་ཉོན་མོངས་དུག་ལྔ་ཟད་ཚོད་ནས། །སྐྱབས་
གསུམ་ཀུན་འདུས་གོ་འཕང་མཆོག་ཐོབ་ཤོག །ཨོཾ་ཧྲཱ་རེ་ཧྲཱ་རེ་ཧྲཱ་ར་ཊ་ཧྲཱ་ཏེ་སྭཱཧཱ།
ཞེས་མེ་ཏོག་གཏོར། རྒྱས་པ་ལ་སྤྲོ་ན། བཀྲ་ཤིས་བཀའ་རྒྱ་མ་བརྗོད་ཅིང་། མདོར་
བསྡུ་ན། ཉིན་མོ་བདེ་ལེགས་སོགས་ཤློ་ཀ་གཅིག་བརྗོད། གཏོར་མའི་བཀའ་བསྒོ་
བ་ནི། གཏོར་མ་འདི་ཉིད་བླ་མ་མགོན་པོ་དབྱེར་མེད་དུ་གསལ་བའི་མཐའ་སྐོར་
དུ་སངས་རྒྱས་བྱང་ཆུབ་སེམས་དཔའི་ཚོགས་ཀྱིས་བསྐོར་བར་མོས། རང་གི་སྤྱི་བོར་
ཕྱིན། བླ་མ་མགོན་པོ་དབྱེར་མེད་ཀྱི་སྐུ་ཕྲ་མོ་དཔག་ཏུ་མེད་པ་བྱུང་སྟེ། ཁྱེད་རང་
རྣམས་ཀྱི་ལུས་ལ་སིབ་སིབ་ཐིམ་པའི་མོས་(༢༧༨བ)པ་མཛོད་བྱས་ལ། རོལ་ཆེན་དང་
བཅས་ཏེ། མྱུར་མཛད་ཡེ་ཤེས་ཀྱི་མགོན་པོ་འཁོར་དང་བཅས་པ་ཁྱེད་རྣམས་ཀྱིས
ཙ་བརྒྱུད་ཀྱི་དཔལ་ལྡན་བླ་མ་དམ་པ་རྣམས་ཀྱི་བཀའ་དང་དམ་ལས་མི་འདའ་བར་
རྗེ་རྗེ་སློབ་མ་འདིའི་ཕྱི་བཞིན་དུ་རྗེས་སུ་འབྲོངས་ལ་ལུས་དང་གྲིབ་མ་བཞིན་དུ་
འགྲོགས་ཏེ། འགལ་རྐྱེན་ཐམས་ཅད་སོལ། མཐུན་རྐྱེན་ཐམས་ཅད་བསྒྲུབས། དགྲ་
བགེགས་ཐམས་ཅད་ཐུལ། ཇི་ལྟར་བཅོལ་བའི་ལས་ཐམས་ཅད་འགྲུབ་པར་མཛོད་
ཅིག །ཅེས་བཀའ་བསྒོ་དྲག་ཏུ་བྱ། དེ་ནས་སྔགས་ཀྱི་བཟླས་ལུང་ནི། བླ་མ་མགོན་
པོ་དབྱེར་མེད་པའི་ཐུགས་ཀ་ནས་སྔགས་ཀྱི་འཕྲེང་བའི་ཚོགས་རྣམས་བྱུང་། ཁྱེད་
རང་རྣམས་ཀྱི་སྙིང་གར་ཐིམ་པའི་མོས་པ་མཛོད་བྱས་ལ། ཨོཾ་བཛྲ་མནྟྲ་ཀཱ་ལ་ཏ་རི་
ནི་ས་སཏ་ཨཱ་ཡུར་ཛྙཱ་ན་སིདྡྷི་ཛཿ ཞེས་སྙིང་པོ་ལན་གསུམ། སློབ་དཔོན་ལ་མེ་ཏོག

གཏོར་བཞིན་པས་འདིའི་རྗེས་ཟློས་མཇོད། བཅོམ་ལྡན་བདག་ལ་ཞེས་སོགས་དང་། སླར་ཡང་མེ་ཏོག་རྣམས་ཐོགས་ཀྱི་འཕྲེང་བར་བྱིན་གྱིས་བརླབས་ལ། ཁྱེད་རང་རྣམས་ལ་གཏོར་བས། ཐོགས་ནུས་པ་མཐུ་ཅན་དུ་བྱས་སོང་སྙམ་པའི་མོས་པ་མཇོད་བྱས་ལ། བཅོམ་ལྡན་འདི་ལ་ཞེས་སོགས་ལན་གསུམ། མཇུག་ཚིག་སྤྱི་དང་འདྲ། །

༄ **ཡེ་ཤེས་མགོན་པོ་ཕྱག་བཞི་པ་གྲུབ་ཆེན་ཞི་བ་སྦས་པའི་ལུགས་ལ།** བྲིས་སྐུའི་མན་ངག་བཞིན་རྗེ་བཙུན་ནག་པོ་ཆེན་པོའི་བྲིས་སྐུ་འབྲི་སྟེ། ཤེས་རབ་མ་ཁ་ཊྭཾ་གའི་གཟུགས་ཀྱིས་མཚན་ཁྱུང་དུ་གནས་པ། གཡས་སུ་མཁའ་འགྲོ་(༢༧༧ན)མ་དམར་མོ་ཐོད་པ་ཁྲག་གིས་གང་བ་ཐོགས་པ། གཡོན་དུ་སྔོན་མོ་བུམ་པ་བདུད་རྩིས་གང་བ་འབུལ་བའི་རྣམ་པ་ཅན་ཏེ་ལྷ་གསུམ་པའམ། འཁོར་རྣམས་ཀྱང་ཇི་ལྟར་འདོད་པ་བྲིས་པ་ཞིག་མདུན་དུ་བཀྲམས་ལ། དེའི་མདུན་དུ་དཀྱིལ་འཁོར་སོགས་འགྲུབ་ན་ཞིགས། རྒྱན་གྱི་རྣལ་འབྱོར་ལ་མ་གྲུབ་ནའང་རུང་། གང་ལྟར་ཡང་མཆོད་ཡོན་ལ་སོགས་པའི་མཆོད་པ་དང་། གཏོར་མ་ཤ་ཁྲག་གིས་བརྒྱན་པ་གཉིས། སྤྱོས་བྱེད་དང་བླ་ལས་གང་བའི་སྣོད་བཞི་བཞི་བཤམས། བདག་ཉིད་ཡི་དམ་ལྷའི་རྣལ་འབྱོར་ལ་གནས་པའི་སྒོ་ནས། རང་གི་མདུན་དུ་ནང་མཆོད་འདུས་བྱས་པ་བྱིན་གྱིས་བརླབས། ཐོད་པའམ་དུང་ཕོར་དུ་དྲི་བཟང་གི་ཆུ་བདུད་རྩི་ལྔ་དང་བསྲེས་པ་བཞག །ན་མཿས་མནྟ་བུདྡྷ་བྷྱཿཨོཾ་བཛྲ་ཨ་མྲི་ཏ་ཀུཎྜ་ལི་ཧ་ན་ཧ་ན་ཧཱུྃ་ཕཊ། ཅེས་པ་ལན་བརྒྱ་རྩ་བརྒྱད་བཟླ། དེས་མདུན་གྱི་དངོས་པོ་ཐམས་ཅད་ལ་གཏོར་བས་བགེགས་བསྐྲད་ལ། སྲིན་ལག་གིས་ནང་མཆོད་ཕྱོགས་བཅུར་གཏོར་ཏེ་ཡི་གེ་འབྲུ་གསུམ་བརྗོད་པས། སྐད་ཅིག་གི་དངོས་པོ་ཐམས་ཅད་བྱིན་གྱིས་བརླབས་པར་མོས། སྭ་བྷཱ་ཝས་སྟོང་པར་སྦྱངས། གནས་ཁང་གཞལ་མེད་ཁང་དུ་གྱུར་པའི་དབུས་སུ། ཨ་ཡིག་ལས་བྱུང་བའི་པདྨའི་སྣོད་ཡངས་ཤིང་རྒྱ་ཆེ་བ་རྣམས་ཀྱི་ནང་དུ། ཨོཾ་ཨཱཿཧཱུྃ་ལས་བྱུང་བའི་མཆོད་རྫས་རྣམས་ནམ་མཁའི་དབྱིངས་ཐམས་ཅད་ཁྱབ་པར་གྱུར།

ཨོཾ་ཨཱཿབཛྲ་ཨཀྵོཾ་ཧཱུྃ་ཕཊ་སྭཱཧཱ། དེ་བཞིན་དུ་ཤཱུདྲའི་བར(༢༧༧བ)དུ་སྦྱར་ཞིང་། ལན་གསུམ་གསུམ་བཟློད། ཆུ་བཞི་དང་དྲི་ཆབ་ལ་དུང་ཆོས་ཀྱི་ཕྱག་རྒྱ་དང་། མེ་ཏོག་ལ་སྙིམ་པས་གཏོར་ཚུལ། བདུག་སྤོས་ལ་སོར་མོ་བཞི་བརྐྱངས་ལ་རྩེ་མོ་སྦྲུད་གུང་མོ་མདུང་ལྟར་བསྒྲེང་བ་དང་། མར་མེ་ལ་རྡོ་རྗེ་བསྣམས་པ་ལས་གཡས་ཀྱི་མཐེབ་མཛུབ་ཟླུམ་པོར་བྱས་པའི་དབུས་སུ་གཡོན་གྱི་མཐེ་བོང་སྟོང་བ་ལྟར་བསྒྲེང་བ། ཞལ་ཟས་ལ་རྡོ་རྗེ་ཐལ་མོ་ཁ་ཕྱེ་བ། རོལ་མོ་ལ་ལག་མཐིལ་གྱི་ཕེག་རྡོབ་པ་རྣམས་བྱིན་གྱིས་བརླབས་པའི་ཕྱག་རྒྱའོ། །མཆོད་པའི་སྦྱིན་གྱི་གཟུངས་ལན་གསུམ་རོལ་མོའི་སྒྲ་དང་བཅས་ནས་བཟློད་དོ། །དེ་ནས་མཎྜལ་མེ་ཏོག་དྲི་བཟང་གི་ཆུ་སོགས་འདུས་བྱས། ཨོཾ་ཧྲཱིཿསྭཱཧཱ། ཁ་བཤལ། ཨོཾ་ཕཊ་སྭཱཧཱ། གདོང་བཀྲུ། རྗེ་ལྟར་བལྟམས་པ་ནས་ཀྲཱི་ཡེ་ཧཱུྃ། ཞེས་ལུས་ཐམས་ཅད་བཀྲུ་བའམ། ཉེ་རེག་བྱ། ཨོཾ་བཛྲ་རེ་ཁ་ཧཱུྃ། ཞེས་མཎྜལ་ལ་དྲི་བཟང་བྱུགས། ཨོཾ་མ་ཧི་ཀྲ་རི་བཛྲི་ཎི་མཧཱ་བྲ་ཧྲི་སྭཱ་རེ་ཧཱུྃ་ཧཱུྃ་ཕཊ་ཕཊ་སྭཱཧཱ། ཞེས་བྱིན་གྱིས་བརླབས། ཨོཾ་མཧཱ་ཀཱ་ལ་སརྦ་བིགྷྣཱན་ཏ་སྭཱ་ད་ཡ་ཧཱུྃ་ཕཊ། ཕྱུངས་ཀར་གཏོར་ཞིང་བགེགས་བསྐྲད། ཨོཾ་སརྦ་ཏ་ཐཱ་ག་ཏ་རཀྵ་རཀྵ་མཾ། བསྲུང་བའོ། །བ་བྱུང་ལྔ། བདུད་རྩི་ལྔ། ཁྲག །སྨན་བྱེད་རྣམས་བསྲེས་པས། སྐྱུང་ཞུལ་བྱས་པའམ། བྱས་པར་མོས་ལ། ཨོཾ་གོཾ་མ་ཡེ་པཉྩ་པཉྩ་ཤོ་ཞི་ཏ་མཎྜལ་ཧཱུྃ་སྭཱཧཱ། མེ་ཏོག་འཐུལ་བའི་གཟུངས་ལན་གསུམ་གྱིས་མེ་ཏོག་བྱིན་གྱིས་བརླབས། ཨོཾ་ཙནྡྲ་ཨ་ར་ཀ་བི་མ་ལེ་སྭཱཧཱ། ལན་གསུམ་གྱིས་མཐའ་སྐོར(༢༧༨ན)དུ་རི་མོ་བྲིས་ཤིང་། མེ་ཏོག་འཐུལ་བའི་གཟུངས་ལན་གཅིག་གིས་མེ་ཏོག་བཀྲམ། རང་གི་སྙིང་གའི་ཧཱུྃ་ལས་འོད་ཟེར་འཕྲོས། དུར་ཁྲོད་ཆེན་པོའི་གནས་བརྒྱད་དང་། ཆོས་ཀྱི་དབྱིངས་ཤིན་ཏུ་རྣམ་པར་དག་པ་ནས། ནག་པོ་ཆེན་པོ་འཁོར་དང་བཅས་པ་སྤྱན་དྲངས། ཡི་དམ་གྱི་ཐུགས་ཀྱི་མཐར། ཨོཾ་མཧཱ་ཀཱ་ལ་ཧྲཱི་ག་ཧྲཱན། ས་ཏ་ག་ན་དུ་ཏ་ཨཱ་ཀརྵ་ཡ་ཛཿཛཿཨེ་ཧྱ་ཧི། ཞེས་བཟློད་བདུད་རྩི་འཁྱིལ་པའི་ཐུགས་ཀྱིས་བསང་ཆུ་གཏོར། ཨོཾ་བཛྲ་ཀ་མ་ལ་ཨཱ

ས་ན་ཧེ་ཏྲ་ཧཱུྃ། ཨོཾ་བཛྲ་སཏྭ་ཨཱ་ས་ན་ཧེ་ཏྲ་ཧཱུྃ། ཨོཾ་པདྨ་པ་ཨཱ་ས་ན་ཧེ་ཏྲ་ཧཱུྃ། འཁོར་བཅས་གདན་གྱི་སྟེང་དུ་འགྱིང་བའི་ཚུལ་གྱིས་བཞུགས། དུང་ཆོས་ཀྱི་ཆུའམ། རཀྟའི་ཨརྒྷཾ་ཕུལ་ཏེ། ཨོཾ་མཧཱ་ཀཱ་ལ་ས་པ་རི་ཝཱ་ར་བྷྱཿཨརྒྷཾ་པྲ་ཏཱིཙྪ་ན་མཿ དེ་བཞིན་དུ་པཱ་དྱཾ་ནས། ཤབྡའི་བར་གྱིས་མཆོད། སྤྲིན་ལྔ་སོ་སོའི་སྔགས་ཀྱི་མཐར། མཆོད་པའི་སྔགས་སྦྱར་ཏེ། མཆོད་ཡོན་དང་མེ་ཏོག་འབུལ། དཀོན་མཆོག་གསུམ་ལ་བདག་སྐྱབས་མཆི་སོགས་དང་། དེ་ནས་གཏོར་སྔགས་ཙམ་གྱིས་གཏོར་མ་ཆུང་དུ་ཞིག་འབུལ། ཀང་པ་བརྒྱད་པའི་ཤོ་ལོ་ཀ་དང་པོ་ལྟ་བུ་ཞིག་གིས་བསྟོད། ཨོཾ་མུཿཞེས་པས་འཁོར་བཅས་གཤེགས་སུ་གསོལ་ལོ། །འདི་ལ་རྒྱས་པར་ན་མཎྜལ་གྱི་ཆོ་ག་རྒྱས་པར་མཛད་ཅིང་། རྗེས་ཀྱི་ཆོ་གའང་རྒྱས་པར་སྦྱོར་བ་ཡོད་མོད་ཀྱི། འབྲིང་པོའི་དབང་དུ་བྱས་པ་འདི་ཙམ་ལེགས་པར་མངོན་ནོ། །མདོར་བསྡུ་ན། དེ་ལྟར་བཤད་(༢༧༤བ)པའི་མཎྜལ་གྱི་ཆོ་ག་མེད་ཀྱང་རུང་ངོ་། ། ༈ དེ་ནས་ཚད་མེད་བཞི་སྤྱི་དང་མཐུན་པར་བསྒོམ། ཨོཾ་ཤཱུ་ནྱ་ཏཱ་ཛྙཱ་ན་བཛྲ་སྭ་བྷཱ་ཝ་ཨཱཏྨ་ཀོ྅ཧཾ། སྟོང་པའི་ངང་ལས་ཧཱུྃ་ལས་སྐྱེས་པའི་སྲུང་བའི་འཁོར་ལོ་ཡངས་ཤིང་རྒྱ་ཆེ་བའི་ནང་དུ་དངོས་གྲུབ་འབྱུང་བའི་དུར་ཁྲོད་ཆེན་པོ་བརྒྱད། ཕྱོགས་སྐྱོང་བ་དང་། ཞིང་སྐྱོང་བ་དང་། ཤིང་དང་། ཀླུ་དང་། མེ་དང་། ཆུ་དང་། མཆོད་རྟེན་དང་བཅས་ཤིང་། རི་དང་རི་ལངས། འབྱུང་པོའི་ཚོགས་ཀྱིས་ལང་ལོང་དུ་གང་བ། བྱ་དང་གཅན་གཟན་སྣ་ཚོགས་རྒྱུ་ཞིང་། གྲུབ་པ་དང་རིག་པ་འཛིན་པ་དང་དཔའ་བོ་དང་རྣལ་འབྱོར་མ་རྣམས་དམ་ཚིག་གིས་ཀུན་ཏུ་སྤྱོད་པ་དང་། མཆོད་རྫས་ཐམས་ཅད་ཀྱིས་རྣམ་པར་བརྒྱན་པ། གནོད་སྦྱིན་དང་། སྲིན་པོ་དང་། ཤ་ཟ་དང་། བྲན་དང་ཕོ་ཉའི་ཚོགས་སྤྱོད་ལམ་སྣ་ཚོགས་པས་ངོ་མཚར་བར་བྱེད་པའི་དབུས་སུ། གཞལ་མེད་ཁང་གྲུ་བཞི་སྒོ་བཞི་མཚན་ཉིད་ཐམས་ཅད་ཡོངས་སུ་རྫོགས་པ། ཕྱི་ནང་ཀུན་ཏུ་ལྷ་རྫས་ཀྱི་མེ་ཏོག །ཉམས་པའི་མགོ་བོ་སོགས་ཤ་ཁྲག་གི་མེ་ཏོག་རྣམ་པར་བཀྲམས་པ།

དབུས་སུ་ཐོད་པའི་འཕྲེང་བས་བསྐོར་བའི་ནང་དུ། དཀྱིལ་འཁོར་དམར་པོ་ཟུར་གསུམ་པ་དང་། དཀྱིལ་འཁོར་སྔོན་པོ་ཟུར་གསུམ་པ་བསྣོལ་བས་ཟུར་དྲུག་པ། དེའི་ལྟེ་བར་པདྨ་དང་ཉི་མའི་གདན་ལ་དགྲ་བགེགས་བསྒྲལ་བའི་ཞིང་ཆེན་བསྣོལ་བ། སྒོ་བཞིར་ཉི་མ་དང་རོའི་གདན། གྲྭ་བཞིར་ཟླ་བ། ཆོས་འབྱུང་སྟེང་མའི་ཟུར་གསུམ་ལ་དབུགས་ཐལ་གྱི་གདན། འོག་མ་ལ་སོ་སོའི་(༢༧༡ན)བཞོན་པ་དང་བཅས་པ། དབུས་ཀྱི་གདན་གྱི་སྟེང་དུ་ཟླ་བ་དང་ཉི་མ་ཁ་སྦྱོར་ལ་གནས་པའི་ཧཱུྃ་མཐིང་ག་ལས་གྲི་གུག་ཐོད་ཁྲག་ཧཱུྃ་གིས་མཚན་པ་དེ་ལས་འོད་ཟེར་འཕྲོས། དགྲ་བགེགས་གདུག་པ་ཅན་ཐམས་ཅད་ཚར་བཅད། འཕགས་པ་མཆོད། འཕྲིན་ལས་རྣམ་བཞིས་སེམས་ཅན་གྱི་དོན་བྱས། སླར་འདུས་ཡོངས་སུ་གྱུར་པ་ལས། དཔལ་ནག་པོ་ཆེན་པོ་དུས་མཐའི་སྤྲིན་ལྟར་གནག་ཅིང་། ཉི་མ་སྟོང་གི་གཟི་བརྗིད་ཅན། ཞལ་གཅིག་ཕྱག་བཞི་བརྐྱ་ལྟར་དམར་བའི་སྤྱན་གསུམ་གཡོ་བ། སྨ་ར་དང་། སྨིན་མ་དང་། དབུ་སྐྲ་དམར་སེར་གྱེན་དུ་བརྫེས་པ། ཕྱག་གཡས་ཀྱི་དང་པོས་གྲི་གུག་དང་། གཡོན་དང་པོས་ཐོད་ཁྲག་ཐུགས་ཀར་སྟེང་འོག་ཏུ་འཛིན་པ། གཡས་འོག་མས་རལ་གྲི་འབར་བ་དང་། གཡོན་འོག་མས་སྦྲུལ་དང་བཅས་པའི་ཏྲི་ཤཱུ་ལ་རྡོ་རྗེས་མཚན་པ་འཛིན་པ། སྟག་གི་པགས་པ་རློན་པས་སྨད་དཀྲིས་པ། རྡོ་རྗེ་ནག་པོའི་རྩེ་ཕྲན་ཅན་གྱི་མི་མགོ་སྐམ་པོ་ལྔས་དབུ་ལ་བརྒྱན་པ། ཁྲག་འཛག་མགོ་བོ་བརྒྱ་ཕྲེད་ཀྱི་དོ་ཤལ་ཅན། རུས་པའི་རྒྱན་དྲུག་དང་། སྦྲུལ་གྱིས་བརྒྱན་པ། ཧ་ཧ་དང་། ཧཱུྃ་ཧཱུྃ་དང་། ཀི་ལི་ཀི་ལིའི་གད་བརྒྱངས་དྲག་པོ་སྒྲོག་ཅིང་། སེམས་དཔའི་སྐྱིལ་ཀྲུང་སོགས་སྣ་ཚོགས་པའི་རོལ་པས་བཞུགས་པ། མི་བཟད་སྲིན་པོའི་ལུས་ཅན། སྲོམ་ཐུང་གསུས་པ་འཕྱང་བ། ཐུགས་རྗེ་ལྷག་པར་ཁྲོས་པས་ཆེས་ཆེར་འབྲུགས་པ། (༢༧༡བ)རྔམ་པའི་སྟངས་སྟབས་ཁྲོ་གཉེར་བསྡུས་ཤིང་མ་རུངས་པའི་མཆེ་བ་གཙིགས་པ། རབ་ཏུ་དཔའ་བས་གཞན་གྱིས་མི་ཐུབ་པ་དགྱེས་ཤིང་དྲེགས་པས་རྒྱ་ཆེར་བཞད་པ་སོགས་

མཐའ་ཡས་པའི་ཉམས་དང་འགྱུར་བ་མངའ་ཞིང་། འཇིག་རྟེན་ཀྱི་མེ་དཔུང་ལྟ་བུའི་དབུས་ན་དགྱེས་དགུར་རོལ་པས་འཇིགས་པའང་འཇིགས་པར་བྱེད་པའོ། །དེའི་པང་དུ་ཧྲཱིཿལས་བྱུང་བའི་ནག་མོ་ཆེན་མོ་དམ་ཚིག་གི་དབང་མོས་འཁྱུད་པ་ནི། སྐུ་མདོག་ནག་མོ་ཁྲོ་ཞིང་སྨིག་པ། གཅེར་མོ་ཐོད་སྐམ་གྱི་དབུ་རྒྱན་དང་འཕྲེང་བ་ཅན། དབུ་སྐྲ་དམར་སེར་གྲོལ་བ། ཕྱག་གཡས་ཌཱ་མ་རུ་འཁྲོལ་ཞིང་། གཡོན་ཐོད་པ་འཛིན་པས་ཡབ་ལ་འཁྱུད་པ། ལང་ཚོ་གསར་དུ་བདོ་ཞིང་། ལྷག་མ་རྒྱན་སྤྱངས་པ། གཙོ་བོ་ཡབ་ཡུམ་གྱི་སྐུ་ལས། བྱ་རོག་དང་། ཁྱི་དང་། ཅེ་སྤྱང་དང་། སེང་གེ་དང་། འདབ་ཆགས་དང་། བུད་མེད་གདོལ་པ་ནག་པོའི་ཚོགས་ཕོ་ཉར་འགྱེད་པ། ཆོས་འབྱུང་སྙིང་མའི་གཙོ་བོའི་མདུན་གྱི་ཟུར་ལ། ཙཾ་ལས་ཙ་མུཎྜི་ནག་མོ་ཏྲི་ཤཱུ་ལ་དང་ཐོད་ཁྲག་འཛིན་པ། གཡས་ཟུར་དུ་ཧ་ལས་ཨུ་མ་དམར་མོ་གྲི་གུག་དང་ཐོད་པ་འཛིན་པ། གཡོན་ཟུར་དུ་ཧཾ་ལས་ཕག་མོ་སྔོ་སྐྱ་ཁ་ཊྭཱཾ་ག་དང་མི་མགོ་འཛིན་པ། ཆོས་འབྱུང་འོག་མའི་གཙོ་མོའི་མདུན་ཟུར་དུ་ཡ་ལས་གཤིན་རྗེ་ནག་པོ་རལ་གྲི་དང་ཐོད་ཁྲག་ཐོགས་པ། མ་ཧེ་ལ་ཞོན་པ། གཡས་ཟུར་དུ་ར་ལས་སྲིན་པོ་སྨུག་ནག་གྲི་གུག་དང་ཐོད་པ་ཤ་ཆེན་གྱིས་གང་བ་འཛིན་པ། ཁྱི་ནག་ལ་གནས་པ། གཡོན་ཟུར་དུ་ཀླེ་ལས་དབང་(༢༢༠ན)ཕྱུག་ཆེན་པོ་ཐལ་སྐྱ་ཌཱ་མ་རུ་དང་རྩེ་གསུམ་འཛིན་པ། སྟག་ལ་གནས་པ། སྒོ་བཞིར་ཧཱུཾ་རེ་རེ་ཡོངས་སུ་གྱུར་པ་ལས། ཤར་དུ་ཐོ་བ་འཇིགས་བྱེད་དཀར་པོ་རྡོ་རྗེ་ཐོ་བ་འཛིན་པ། ལྷོར་དབྱུག་པ་འཇིགས་བྱེད་སེར་པོ་རྡོ་རྗེ་བེ་ཅོན་འཛིན་པ། ནུབ་ཏུ་པདྨ་འཇིགས་བྱེད་དམར་པོ་པདྨ་དམར་པོའི་སྡོང་བུ་འཛིན་པ། བྱང་དུ་རལ་གྲི་འཇིགས་བྱེད་ལྗང་ནག་རལ་གྲི་འཛིན་པ། དེ་བཞི་ཅར་ཡང་ཕྱག་གཡོན་པས་ཞགས་པ་བསྣམས་པ། གྲྭ་བཞིར་ཧྲཱིཿཡིག་བཞི་ཡོངས་སུ་གྱུར་པ་ལས། ཤར་ལྷོར་ལྷ་མོ་ཀ་ལི་སེར་མོ་ལྕགས་ཀྱུ་དང་ཞགས་པ་འཛིན་པ། ལྷོ་ནུབ་ཏུ་ཀ་རུ་ཀུལླི་དམར་མོ་མདའ་གཞུ་འཛིན་པ། ནུབ་བྱང་དུ་ཕུར་འདེབས་

མ་སྟོན་མོ་ཐོ་བ་དང་ཕུར་བུ་འཛིན་པ། བྱང་ཤར་དུ་འཁྲོག་འཆང་མ་ལྷུང་གུ་ཤཀྟི་དང་ཐོ་བ་འཛིན་པ། དེ་བཞི་ཆར་ཡང་རུང་ཟད་ཞི་ཞིང་ཆགས་པའི་ཉམས་དང་ལྡན་པ། ཕོ་ཉ་ཐམས་ཅད་གཡོན་བརྐྱང་གི་སྟབས་ཀྱིས་གནས་པ། གཙོ་བོ་དང་རྣམ་པ་མཚུངས་ཤིང་། མ་མོ་རྣམས་ནི་གཡས་བརྐྱང་གི་གནས་ཤིང་། གཙོ་མོ་དང་མཚུངས་པའོ། །ལྷ་ཐམས་ཅད་ཀྱི་དཔྲལ་བར་ཨོཾ། མགྲིན་པར་ཨཱཿ ཐུགས་ཀར་ཧཱུྃ། གཙོ་བོའི་སྤྱི་བོ་ལ་སོགས་པའི་གནས་རྣམས་སུ། ཨོཾ་ཧ། ན་མ་ཧི། སྭཱཧཱ་ཧཱུྃ། བཽ་ཥཊ་ཧེ། ཧཱུྃ་ཧཱུྃ་ཧོ། ཕཊ་ཧཾ་རྣམས་དང་། ཡུམ་གྱི་ལྟེ་བ་ལ་སོགས་པའི་གནས་རྣམས་སུ། ཨོཾ་བཾ། ཧཾ་ཡོཾ། ཧྲཱིཾ་མོཾ། ཧྲེཾ་ཧྲིཾ། ཧཱུྃ་ཧཱུྃ། ཕཊ་ཕཊ། ཅེས་པ་རྣམས་ཀྱི་རྒྱས་བཏབ། རང་གི་སྙིང་(༢༢༠བ)ག་ནས་འོད་ཟེར་འཕྲོས། ཡེ་ཤེས་སེམས་དཔའི་ཚོགས་ཐམས་ཅད་ཨོཾ་མཧཱ་ཀཱ་ལ་ཛྙ་ག་ཡཱན། ས་ཏ་ག་ན་དུ་ཏ་ཨཱ་ཀཪྵ་ཡ་ཛཿཛཿཨེ་ཧྱེ་ཧི། ཛཿཧཱུྃ་བཾ་ཧོཿགཉིས་སུ་མེད་པར་ཐིམ། སླར་ཡང་སྙིང་ག་ནས་འོད་ཟེར་འཕྲོས། དབང་གི་ལྷ་རིགས་ལྔ་མདུན་གྱི་ནམ་མཁར་བཛྲ་ས་མཱ་ཛཿཔུཥྤེ་ནས། ཤཔྟའི་བར་གྱིས་མཆོད། ཁྱེད་རྣམས་ཀྱིས་བདག་ལ་མངོན་པར་དབང་བསྐུར་དུ་གསོལ། ཞེས་གསོལ་བ་བཏབ་པས། ཨོཾ་ག་ལ་ཤ་ཨ་ཧྲི་ན་ཡ་ཝཾ་ཧྲཱ་ཝཾ། ཨོཾ་ཤྲཱ་ཏྲ་དྷཱ་ཨ་ཧྲིཥྛ་ཏེ་སྭཱཧཱ། ཞེས་གསུངས་ཤིང་དབང་བསྐུར། སྐུ་ལུས་ཀྱི་ནང་ཐམས་ཅད་གང་། དྲི་མ་ཐམས་ཅད་སྦྱངས། ཆུའི་ལྷག་མ་ཡར་འཁྱིལ་བ་ལས། གཙོ་བོ་ལ་མི་བསྐྱོད་པ་དང་འཁོར་ཐམས་ཅད་ལ་གཙོ་བོ་ཉིད་ཀྱིས་དབུ་བརྒྱན་པར་གྱུར། ཨོཾ་བཛྲ་མཧཱ་ཀཱ་ལ་ས་པ་རི་ཝཱ་ར་ཧྲཱུཿཨཚྩ་མ་ཝཾ་པྲ་ཏཱིཙྪ་སྭཱཧཱ། དེ་བཞིན་དུ་སྤྲོཀྵ་ཎཾ། པཱ་དྱཾ། ཨརྒྷཾ་ཞེས་སྦྱར། དེ་ལྟར་ཆུ་བཞི་ལ། རྡོ་རྗེ་བསྣམས་པ་ལས་གུང་མོ་གཉིས་རྩེ་སྦྱར་ཏེ་བརྐྱངས་པའི་ཕྱག་རྒྱའོ། །མེ་ཏོག་སོགས་ཕྱག་རྒྱ་སྤྱི་དང་མཐུན་ཞིང་། སྔགས་ན་མཿའ་མཐའ་ཅན་དུ་བྱ། ཨོཾ་མཧཱ་ཀཱ་ལ་ཧཱུྃ་ཕཊ། ཨོཾ་ཨཱཿཧཱུྃ། ཨོཾ་སུ་ར་ཏ་ས་མ་ཡེ་ཤྭ་རི་ཧཱུྃ་ཧཱུྃ་ཕཊ་སྭཱཧཱ། ཨོཾ་ཨཱ་ཧཱུྃ། ཨོཾ་ཤྲཱི་མཧཱ་ཀཱ་ལ་ཤྲཱ་ས་ན་ཞེས་པ་ནས། ཕཊ་ཕཊ་སྭཱཧཱ། ཨོཾ་ཨཱཿཧཱུྃ། ཞེས་ནང་

མཆོད་དབུལ། ཡབ་ཀྱི་གསང་གནས་ཧཱུྃ་ལས་བྱུང་བའི་རྡོ་རྗེ། ལྟེ་བར་ཟླ་གྱིས་མཚན་པ་དང་། (༢༢༧ན)ཡུམ་གྱི་པདྨ་ཧྲཱིཿལས་བྱུང་བའི་ཆུ་སྐྱེས་ཟེའུ་འབྲུའི་སྣ་རྩེར་ཧཱུྃ་གྱིས་མཚན་པ། སྙོམས་པར་འཇུག་པའི་བདེ་བ་ཆེན་པོ་སྐྱུ་ཉམས་སུ་བསྐྱར་བར་མཛད། ཨོཾ་བཛྲ་ཨསྨུ་ཛ། ཏྭན་ཏྭ་ས་མ་ཡོ་ག་མཧཱ་སུ་ཁ་ཧྲཱུ་ཛཱི་ཏེ་ཧཱུྃ། ཁང་པ་བརྒྱད་པའམ་གང་ཡང་རུང་བས་བསྐོད། པད་ཀོར་གྱི་མཐར། ཐལ་མོ་ཁོང་སྟོང་དུ་སྦྱར་བ་ནག་པོ་ཆེན་པོའི་དམ་རྒྱ་དང་། རྡོ་རྗེ་ཐལ་མོ་བཅིང་བ་ལྕེ་མོ་ནག་མོའི་དམ་རྒྱ་སྟེ་ཕྱག་རྒྱ་དང་ལྡན་པས། ཨོཾ་བཛྲ་མཧཱ་ཀཱ་ལ་དྲི་ཤྲཱ་ཛཿཧཱུྃ་བཾ་ཧོཿས་མ་ཡ་སྟྭཾ། ས་མ་ཡ་ཧོཿ ཨོཾ་མཧཱ་ཀཱ་ལ་ཧཱུྃ་ཕཊ། ལན་གསུམ་གྱིས་མགོན་པོ་འཁོར་བཅས་དང་། ཨོཾ་མཧཱ་ཀཱ་ལི་དེ་ཝཱི་དྲི་ཤྲཱ་ཛཿཧཱུྃ་བཾ་ཧོཿས་མ་ཡ་སྟྭཾ། ས་མ་ཡ་ཧོཿ ཨོཾ་སུ་ར་ཏ་ས་མ་ཡེ་ཤྲཱི་རི་ཧཱུྃ་ཧཱུྃ་ཕཊ་སྭཱཧཱ། ལན་གསུམ་གྱིས་ནག་མོ་ཆེན་མོ་འཁོར་བཅས་དམ་ལ་བཞག་གོ །དེ་ནས་བཟླས་པ་ནི། གཙོ་བོ་ཡབ་ཡུམ་གྱི་ཐུགས་ཀར་ཉི་མ་དང་ཟླ་བ་ལ་གནས་པའི་ཕྱག་མཚན་གྲི་གུག་དང་ཐོད་པ་སོ་སོའི་ལྟེ་བར་ས་བོན་སྔགས་ཀྱི་འཕྲེང་བ་དང་བཅས་པ། རང་གི་སྙིང་ག་ནས་འོད་ཟེར་འཕྲོས། ཡུམ་གྱི་ཐུགས་ཀའི་ས་བོན་སྔགས་འཕྲེང་དང་བཅས་པ་ལ་ཐིམ། དེའི་འོད་ཟེར་གསང་བའི་ལམ་ནས་བྱུང་། གཙོ་བོའི་ཐུགས་ཀའི་ས་བོན་སྔགས་འཕྲེང་དང་བཅས་པ་བསྐུལ་ཏེ། དེའི་འོད་ཟེར་ཞལ་ནས་ཐོན་ཏེ། བདག་གི་ལྟེ་བ་ནས་ཞུགས་སྙིང་གའི་སྔགས་འཕྲེང་ལ་ཐིམ་པར་བསམས་ལ། ཡབ་ཀྱི་བཟླས་པ་དང་། ཡང་(༢༢༧བ)འཁོར་ཚུལ་གོ་ལྡོག་པས་ཡུམ་གྱི་བཟླས་པ་བྱའོ། །ཨོཾ་མཧཱ་ཀཱ་ལ་ཧཱུྃ་ཕཊ། ཐོད་པའོ། །ཨོཾ་མཧཱ་ཀཱ་ལ་ཡ་ན་མོ་ཧཱུྃ་ཕཊ། མཉེས་པར་བྱེད་པ་སྟེ། ཡབ་ཀྱི་སྔགས་སོ། །ཨོཾ་སུ་ར་ཏྣ་ས་མ་ཡེ་ཤྲཱི་རི་ཧཱུྃ་ཧཱུྃ་ཕཊ་སྭཱཧཱ། ཡུམ་གྱི་སྔགས་སོ། །གཙོ་འཁོར་ཐམས་ཅད་ཀྱི་གཟུངས་སྔགས་ནི། ཤྲཱ་སནར་ཡོངས་སུ་གྲགས་པའོ། །༄ དེ་ནས་གཏོར་མའི་ཚོ་ག་ནི། ཨ་མྲི་ཏས་བསངས། སྭ་བྷཱ་ཝས་སྦྱངས། སྟོང་པའི་ངང་ལས་ཡཾ་རཾ་ལས་རླུང་མེའི་དཀྱིལ་འཁོར་ལ་གནས་

པའི་ཀ་པཱ་ལ་ཡངས་ཤིང་རྒྱ་ཆེ་བའི་ནང་དུ། ཧཱུྃ་ཧླཱུྃ་ཨཱྃ་ཛྲཱིཾ་ཁཾ་ལས་ཤ་ལྔ། བཾ་མཾ་ལཾ་བཾ་ཧཾ་ལས་བདུད་རྩི་ལྔ། དེའི་སྟེང་དུ་ཨོཾ་དང་ཨཱཿ་ཕྱེད། རྡོ་རྗེ་ཕྱེད་པ་ཧཱུྃ་གིས་མཚན་པ། རླུང་གཡོས་མེ་སྦར་རྫས་རྣམས་ཞུ། ཨོཾ་ཨཱཿ་བ་ཧཱུྃ་རྣམས་ཀྱི་འོད་ཟེར་གྱིས་ཡེ་ཤེས་ཀྱི་བདུད་རྩི་མཐའ་དག་བཀུག་སྟེ། དེ་ཐམས་ཅད་གཅིག་ཏུ་འདྲེས་པ། དམ་རྫས་འབར་བའི་གཏོར་མ་མཁའ་དབྱིངས་ཁྱབ་པར་གྱུར། ཨོཾ་ཨཱཿཧཱུྃ་ཧ་ཧོ་ཧྲཱིཿ ཞེས་བྱིན་གྱིས་བརླབས་ནས། རང་གི་སྙིང་ག་ནས་འོད་ཟེར་འཕྲོས། གཏོར་མའི་མགྲོན་འཇིག་རྟེན་པ་ཐམས་ཅད་ཨཱ་ཀཱཤ་ཡ་ཛཿ དུར་ཁྲོད་ཆེན་པོ་བརྒྱད། ཞིང་སྐྱོང་། གནོད་སྦྱིན། སྲིན་པོ། འབྱུང་པོ། མ་མོ། རོ་ལངས། མཁའ་འགྲོ་མའི་ཚོགས་ཐམས་ཅད་ཀྱིས་ཡོངས་སུ་གང་བར་གྱུར། ན་མཿས་མནྟ་ཀཱ་ཡ་ཝཱཀ་ཙིཏྟ་བཛྲ་ཎཾ། ན་མོ་མཧཱ་བཛྲ་ཀྲོ་དྷཱ་ཡ། མཧཱ་དཾ་ཥྚོ་ཏྐ་ཊ་བྷཻ་ར་བཱ་ཡ། ཨ་སི་མུ་ས་ལ་པཱ་ར་ཤུ་པཱ་ཤ་ཧསྟཱ་(༢༢༢ན)ཡ། ཨ་མྲི་ཏ་ཀུཎྜ་ལི། ཁ་ཁ་ཁཱ་ཧི་ཁཱ་ཧི། ཏིཥྛ་ཏིཥྛ། བནྡྷ་བནྡྷ། ཧ་ན་ཧ་ན། ད་ཧ་ད་ཧ། གརྫ་གརྫ། བི་སྥོ་ཊ་ཡ་བི་སྥོ་ཊ་ཡ། སརྦ་བིགྷྣཱན་བི་ནཱ་ཡ་ཀཱ་ན། མཧཱ་ག་ཎ་པ་ཏི་ཛཱི་བི་ཏནྟ་ཀཱ་ར་ཡེ་སྭཱཧཱ། ཞེས་བདུད་རྩི་འཁྱིལ་བའི་གཟུངས་གསང་བ་འདུས་པ་ནས་འབྱུང་བ་ལྟར། ཚར་གཅིག་གིས་མགོ་བྲངས་ལ། ན་མཿས་མནྟ་ཀཱ་ཡ་ཝཱཀ་ཙིཏྟ་བཛྲ་ཎཾ། ཨོཾ་ཨཱཿཧཱུྃ། མཾ་མཾ། ཧཾ་ཧཾ། གཾ་གཾ། །རཾ་རཾ། ར་ར། མཱ་ཧ་མཱ་ཧ། ཀ་ལ་ཀ་ལ། ད་ཧ་ད་ཧ། པ་ཙ་པ་ཙ། གརྫ་གརྫ། ཀེ་ཤ་པཊ་མ་ནི། ཨི་མཾ་བ་ལིཾ་གྲིཧྞ་གྲིཧྞ། གྲིཧྞ་པཱ་ཡ། གྲིཧྞ་པཱ་ཡ། ཨོཾ་ཨཱཿཧཱུྃ། སརྦ་བིགྷྣཱན། བི་ནཱ་ཡ་ཀ །ཨོཾ་ཨ་ཀཱ་རོ་མུ་ཁཾ་སརྦ་དྷརྨཱ་ཎཱཾ། ཨཱདྱ་ནུཏྤནྣ་ཏྭཱཏ། ཨོཾ་ཨཱཿཧཱུྃ་ཕཊ་སྭཱཧཱ། ཞེས་ལན་གསུམ་མམ་བདུན་གྱིས་གཞལ་མེད་ཁང་གི་ནང་ན་བཞུགས་པའི་ལྷ་ཚོགས་རྣམས་ལ་འབུལ། ལྷ་རེ་རེའི་མཚན་ནས་སྨོས་པའི་མཆོད་པའམ་བསྡུ་ན་སྤྱི་ཁྱབ་ཏུ་ཕྱི་ནང་གསང་གསུམ་གྱི་མཆོད་པ་ཚར་གཅིག་བྱ། གཏོར་མ་གཉིས་པ་དུར་ཁྲོད་ཀྱི་འབྱུང་པོའི་ཚོགས་ལ་དམིགས་ཏེ། བདུད་རྩི་འཁྱིལ་བའི་གཟུངས་ཚར་གཅིག་གི་

མཐར། ཨོཾ་སརྦ་ཏྠཱ་ཧ་ཕཱ་ལ་ས་ཏ་ག་ཊ་དུ་ཧི་བ་ལིཾ་གྲིཧྞ་གྲིཧྞ་ཁ་ཁ་ཧཱུཾ་ཕཊ་སྭཱཧཱ། ཞེས་དུར་ཁྲོད་བརྒྱད་ལ་དམིགས་ཏེ། ལན་བརྒྱད་ཀྱིས་དབུལ། ཨརྒྷཾ་ནས་ཤཔྡའི་བར་གྱིས་མཆོད། ཨོཾ། ཤིང་གཅིག་དང་ནི་དུར་ཁྲོད(༢༢༢བ)དང་། །རི་དང་བྲག་དང་ཕུག་གི་ས། །ཡུལ་གྱི་འདབ་དང་ལམ་དང་བཞི། །མ་མོའི་ཁྱིམ་ན་གང་གནས་པ། །ནག་པོ་འབྱུང་པོ་རོ་ལངས་དང་། །ཤ་ཟ་གནོད་སྦྱིན་སྲིན་པོའི་ཚོགས། །མཁའ་འགྲོ་མཁའ་འགྲོ་མ་གཞན་སྣར། །ཕྱོགས་སྐྱོང་བ་དང་ཞིང་སྐྱོང་བ། །ཆུང་མ་སྡེ་དང་འཁོར་གཡོག་བཅས། །མེ་ཏོག་སྤོས་དང་ན་བཟའ་དང་། །གཏོར་མ་འདི་ཡོངས་བདག་ལ་ནི། །བསམ་པའི་དོན་ཀུན་འགྲུབ་པར་མཛོད། །ནད་དང་གདོན་སོགས་ཞི་བ་དང་། །ཡོངས་སྤྱོད་ཚེ་དང་བཀྲ་ཤིས་འཕེལ། །དབང་དང་དགུག་པའི་ལས་མཛོད་ཅིག །དགྲ་དང་འབྱུང་པོ་ཉམས་བྱེད་ཅིང་། །བསད་དང་བསྐྲད་དང་དབྱེ་བར་མཛོད། །དེ་ཡི་ཤ་ཁྲག་ཟ་བ་དང་། །ལུས་ཀྱང་རྡུལ་ཕྲན་བཞིན་དུ་བཤིག །དགྲ་བོ་སྡེ་བཅས་ནི་མཱ་ར་ཡ་ཕཊ། །གང་ཞིག་དམ་ཚིག་སྲུང་མཛོད་ཀྱི། །ལྷ་མིན་བདུད་བཅས་འཇོམས་པར་མཛོད། །དུལ་ཞིང་དམ་ཚིག་ལྡན་པ་ལ། །ཀུན་ཏུ་སྲུང་ཞིང་རྒྱས་པར་མཛོད། །ཅེས་ལས་བཅོལ། སྨོན་ལམ་བཏབ། བཀྲ་ཤིས་ཀྱི་ཚིགས་བཅད་ཞིག་བརྗོད་ལ། ཨོཾ་བཛྲ་སཏྭ་ས་མ་ཡ་སོགས་ཡི་གེ་བརྒྱ་པ་དང་། ཨོཾ་སརྦ་ཏྠཱ་ཧ་ཕཱ་ལ་ས་ཏ་ག་ཊ་དུ་ཧི་ཧཱུཾ་ཕཊ། ཅེས་པའི་ཡི་གེ་བཅོ་ལྔ་པ་ལན་གསུམ་གྱིས་ཕྱི་རོལ་གྱི་དུར་ཁྲོད་ན་གནས་པ་རྣམས་གཤེགས་སུ་གསོལ། སླར་ཡང་ཕྱིའི་མཆོད་པས་མཆོད། དེ་ནས་མཚན་བཞི་བཅུ་རྩ་ལྔ་པས་བསྟོད་པར་བྱ་སྟེ། ཨོཾ་ཐུབ་པ་ཉི་མ་ལ་ཕྱག་འཚལ་ལོ། །སངས་རྒྱས་དཔའ་བོ་ལ་ཕྱག་འཚལ་ལོ། །རལ་གྲི་དང་ཐོད་པས་ཕྱག(༢༢༣ན)བྲེལ་བ་ལ་ཕྱག་འཚལ་ལོ། །དཔའ་བོ་དུར་ཁྲོད་ལ་དགྱེས་པས། །ཕོ་ཉར་བཅས་པའི་ཚོགས་པ་དང་། །བྱང་ཆུབ་སེམས་དཔའ་རྣམས་ལ་གསུངས། །འབྱུང་པོའི་ཚོགས་རྣམས་ང་ལ་ཉོན། །ནག་པོ་ཆེན་པོའི་མི་འཇིགས་པ། །འདོད་སྦྱིན་གྲུབ་པ་རབ་ཏུ་

སྟེར། །ནད་རྣམས་འཕྲོག་པར་བྱེད་པ་འདི། །འགྲོ་བ་རྣམས་ལ་ཕན་ཕྱིར་བཟུང་། །
ན་མོ་ཀྵ་ཤ་ན་བྷཱ་སི་ནི། མཧཱ་ཀཱ་ལ་ཨ་ནུ་ཙ་རཱ་ཡ། ཏདྱ་ཐཱ། ཙ་ལེ་པྲ་ཙ་ལེ། ལ་ལ་
ལ་ལ་ཡ་དེ་བ་ལིཾ་ག་སྭཱཧཱ། །ཨོཾ། དགེ་བ་ཙན་ནི་དགེ་བསྙེན་ཏེ། །གཏུམ་པོ་ཀླ་ཀློའི་
རིགས་ཀྱི་ནང་། །བདུད་དང་བགེགས་ཀྱི་ཁྲག་གསོལ་བ། །ལག་པ་བཞི་པ་སྟོབས་
པོ་ཆེ། །དེ་བཞིན་བྱེ་བ་མཐའ་ཡས་ལག །སྲིན་པོའི་ལྷ་སྟེ་སྲིན་པོའོ། །འབྱུང་པོས་
བསྐོར་བ་ས་འོག་འདུལ། །ཉི་མའི་བུ་ཡི་མག་པ་སྟེ། །རྩེ་གསུམ་འཛིན་པ་རྩེ་གསུམ་
ལུས། །ཀླུ་ཡི་རྒྱལ་པོ་རྒྱན་དུ་བྱས། །མིག་གསུམ་ལག་ན་གྲི་གུག་སྟེ། །ཙང་ཏེའུའི་
སྲ་ཡིས་པོས་བྱས་ནས། །རྣལ་འབྱོར་མ་ལ་འབྲུད་པར་བྱེད། །སྟག་དང་སེང་གེ་གླང་
པོ་དང་། །ཙེ་སྤྱང་བྱེ་བས་གར་བྱེད་ཅིང་། །དྲི་མའི་བ་མོས་སླུ་བླངས་ཏེ། །མ་མོའི་
ཚོགས་ཀྱིས་ཕྱག་བྱས་པ། །རོ་ལངས་རྒྱལ་པོ་གདོན་གྱི་གདོན། །གཤེད་བྱེད་བྱེད་
མའི་བདག་པོ་སྟེ། །ཉི་མ་ཟླ་བ་རྒྱུ་སྐར་གཙོ། །ཡང་དག་རིག་པ་ཆུ་བོ་འགོག །ཐིག་
ལེ་བརྒྱ་པ་གདོལ་པའི་རྒྱལ། །མ་མོའི་བུ་སྟེ་བུམ་པའི་ལྟོ། །སྲིག་བྱེད་གྲོང་ཁྱེར་གསུམ་
གྱི་དགྲ། །ལྷུགས་པའི་གོས་ཅན་གསུས་པོ་ཆེ། །རོ་ཡི་གདན་གནས་དུར་ཁྲོད་(༢༢༣བ)
དགྱེས། །སྦྲུལ་དང་ཐོད་པའི་ཐོད་འཆང་བ། །དང་པོའི་ཁྲི་སྟེ་བྱ་རོག་གཟུགས། །སེང་
པོ་གསུམ་གྱི་ཕ་ཞེས་གྲགས། །ལོངས་སྤྱོད་ལོག་འདྲེན་བགེགས་ཀྱི་བདག །ལྷ་མིན་
མཐར་བྱེད་སྲིང་མོའི་ཁྲོ། །ཚོགས་བདག་ཆེན་པོ་ལྷ་ཆེན་བུ། །ཧཱུྃ་སྭཱཧཱ། གང་ཞིག
མིང་འདི་འཆང་བ་དང་། །དུས་གསུམ་དུ་ནི་འདོན་བྱེད་པ། །དེ་ལ་འཚེ་རྣམས་
བྱེར་བར་འགྱུར། །མངོན་སྤྱོད་སྣ་ཚོགས་འཇིག་རྟེན་སྐྱོང་། །གཤིན་རྗེ་ཡིས་ཀྱང་
མདུན་ནས་འདུད། །གྲུབ་པ་རིག་འཛིན་བུ་མོ་སྙེད། །གསེར་དང་གཏེར་ནི་ཐོབ་
འགྱུར་ཞིང་། །ཐུགས་འཆང་མ་དང་ལྷན་ཅིག་རྩེ། །དྲག་པོ་དུར་ཁྲོད་གནས་པ་
རྣམས། །ཡོན་ཏན་ལྡན་པ་དེ་ཡིར་འགྱུར། །འབྱུང་པོ་དག་གིས་ཕྱག་བྱས་པ། །སྲིད་
གསུམ་རྡོ་རྗེའི་གནས་ཐོབ་པའོ། །ཧཱུྃ་ཧཱུྃ་ཕཊ་ཕཊ་སྭཱཧཱ། ཞེས་པ་ནི་དཔལ་ནག་པོ་

ཆེན་པོའི་བསྟོད་པ་རྗེ་བཙུན་སངས་རྒྱས་ཀྱིས་གསུངས་པའོ། །ཞེས་སོ། །དེ་ནས་འདོད་པའི་དོན་ལ་གསོལ་བ་བཏབ། ཡི་གེ་བརྒྱ་པ་ལན་མང་དུ་བརྗོད། སོ་ཧཱ། ན་བཟླ། མི་རྟོག་འཕྲེང་བ་རྣམས་ཞུལ་ལ། བཟོད་པར་གསོལ་ཏེ། སྨོན་ལམ་དང་བཀྲ་ཤིས་རྒྱ་ཆེར་བརྗོད་པར་བྱའོ། ། ༈ འདིའི་རྗེས་གནང་གི་རིམ་པའི་ཕྱག་ལེན་ནི། ས་ཕྱོགས་གཙང་སར་བ་བྱུང་ལྔ་དང་། ཁྲག་དང་བདུད་རྩི་རིལ་བུ་དང་ས་བསྲེས་པ་ལས་མཎྜལ་གྱི་དབྱིབས་གྲུ་བཞི་ལ་ནང་ཟླུམ་པོར་བསྐོར་བ། ཟླུམ་སྐོར་ལ་སྔོན་པོའི་རེ་ཁ་བྱ་ཞིང་། ནང་དུ་ཆོས་འབྱུང་དམར་པོ་དང་། སྔོན་པོ་བརྩེགས་པ་དང་། ལྷག་མ་རྣམས་ཁ་དོག་ལྗང་གུར་བསྒྱུར། དབུས་སུ་ལྷ་གྲངས་དང་(༢༢༩ན)མཐུན་པའི་ཚོམ་བུ་འགོད་ཅིང་། མེ་ཏོག་མཛེས་ཚོན་དུ་བཀྲམས། དེའི་སྟེང་དུ་མཁྲི་ལ་ཐོད་པ་བདུད་རྩིས་གང་བ་བཀོད། སྟེང་དུ་སིནྡྷུ་རའི་དཀྱིལ་འཁོར། ཆོས་འབྱུང་ཟུར་དྲུག་པ་ལས། ལྟེ་བར་ནག་པོ་ཆེན་པོ་ཡབ་ཡུམ་གྱི་ཉེ་སྙིང་། ཟུར་དྲུག་ལ་འཁོར་རྣམས་ཀྱི་ས་བོན། དེའི་ཕྱིའི་ཕྱོགས་མཚམས་རྣམས་སུ་སྔོ་མཚམས་ཀྱི་ལྷའི་ས་བོན་འབྲི། མགོན་པོའི་སྐུ་འདྲ་འབུར་དོད་ཞིག་འོག་གཞིའི་མཎྜལ་གྱི་དབུས་སམ་གང་འོས་སུ་བཞག །མཆོད་པའི་སིནྡྷུ་ར་དང་། བུམ་པ་དང་། འོག་ཏུ་དགོས་པའི་དབང་རྫས་རྣམས་ཕྱོགས་ཅི་བདེར་བཞག་ཅིང་། དཀྱིལ་འཁོར་གྱི་གཡས་སུ་ཚུ་བཞི། གཡོན་དུ་ཉེར་སྤྱོད་ལྔ། མདུན་དུ་རཀྟའི་ཨརྒྷཾའི་སྣོད་བཞི། རྒྱབ་ཏུ་གཏོར་མ་གཉིས་རྣམས་བཤམས། ཕྱོགས་མཚམས་བརྒྱད་ཙར་དུ། ཤ་དང་ཆང་གི་སྣོད་རེ་རེ་སྟེ་བཅུ་དྲུག་གམ། ཕྱོགས་བཞིར་ཤ་དང་། མཚམས་བཞིར་ཆང་སྟེ་བརྒྱད་དམ། སྣོད་གཉིས་ལས་མེད་ན། གཡས་སུ་ཤ་དང་། གཡོན་དུ་ཆང་བཤམ་མོ། །དུང་ཆོས་སམ། ཐོད་པའི་ནང་དུ་བསངས་ཆུ་ཀུ་ཤ་ཅན་བཞག །ནང་མཆོད་རྫོར་དྲིལ་ཅང་ཏེའུ་སོགས་ཐམས་ཅད་འདུས་བྱས། ཐོག་མར་ནང་མཆོད་བྱིན་གྱིས་བརླབས། དེ་ནས་བསངས་ཆུ་བྱིན་གྱིས་བརླབས། མཁའ་འགྲོ་སྲི་གཏོར་རམ་ཕྱོགས་སྐྱོང་བཅུའི་གཏོར་

ཚོག་གི་སྒོ་ནས་སྟོན་འགྲོའི་གཏོར་མ་བཏང་། བདག་བསྐྱེད་ཡི་དམ་གྱི་མངོན་རྟོགས་ཚང་བར་བསྒོམས་ཏེ། མདུན་བསྐྱེད་གཏོར་ཚོག་ལས་ཇི་ལྟར་འབྱུང་བ་ལྟར་གྱི་གཏོར་འབུལ་ཡན་ཆད་(༢༢༤བ)རྫོགས་པར་བྱ། བུམ་པ་ལ་མེ་ཏོག་གི་འཕྲེང་བ་བཏགས་ཏེ། བདུད་རྩི་འཁྱིལ་བའི་གཟུངས་ལན་བདུན་གྱིས་མགོ་དྲངས་ཏེ། གཙོ་བོ་ཡབ་ཡུམ་གྱི་སྙིང་པོ་བརྒྱ་རྩ་བརྒྱད་དང་། ཐུགས་གཞན་རྣམས་བདུན་བདུན་ཙམ་རེ་བཟླས་ལ། མཐར་ཨ་ཧྲི་ཧྲི་ཀ་ཏ་ཙི་རིགས་པ་དང་། འབྲུ་གསུམ་ཉི་ཤུ་རྩ་གཅིག་ཙམ་བཟླས་སོ། །བདག་ཉིད་ཀྱིས་དམིགས་པའི་སྒོ་ནས། སློབ་མ་ལ་ཇི་ལྟར་བྱ་བའི་བྱིན་རླབས་ཀྱི་རིམ་པ་རྣམས་བདག་འཇུག་ཏུ་ལེན། དེ་ནས་དཀྱིལ་འཁོར་གྱི་ཕྱི་རོལ་ཡོལ་བས་བཅད། སྲོན་མེ་ལྷུ་བཙུགས་པའི་གཏོར་མ་དང་། གཏོར་ཆུང་གཞན་ཞིག་དང་། མིག་དར་མེ་ཏོག་གི་འཕྲེང་བ་རྫོར་དྲིལ། བསངས་ཆུ་སོགས་ཡོལ་བའི་ཕྱིར་འཇོག །སློབ་དཔོན་ཡོལ་བའི་མཚམས་སུ་འདུག་སྟེ། སློབ་མ་དང་དཀྱིལ་འཁོར་གཉིས་ཀ་མཐོང་བར་བྱེད། སློབ་མ་དེ་སྟར་ཡང་མགོན་པོ་འདིའི་དབང་དང་། རྗེས་གནང་ཐོབ་པ་ཡིན་ན། ཡོལ་བ་མི་དགོས་སོ། ། ༈ སློབ་མས་མཎྜལ་ཕུལ་ནས། ཨ་ཧོ་བཛྲ་མཧཱ་ཙཀྲཾ་ད་ད་ཧཱུཾ་ཨ་ཧྲི་ཧྲི་ཀྲཱ་སཾ། ཞེས་ལན་གསུམ་གསོལ་བ་བཏབ། གཏོར་ཆུང་དེ་སློབ་མའི་ལག་ནས་སློབ་དཔོན་གྱི་ཕྱག་ཏུ་ཕུལ། དཀྱིལ་འཁོར་གྱི་ཤར་བཞག །མཆོད་གཏོར་བྱིན་གྱིས་བརླབས་ལ་གཏོར་སྔགས་ཀྱིས་བསྔོས་ཏེ། སློབ་མ་ལ་དབང་བསྐུར་དུ་གསོལ། ཞེས་གསོལ་བ་བཏབ་པས། ལྷ་རྣམས་ཀྱིས་ཞལ་གྱིས་བཞེས་པར་མོས། གཏོར་མ་སྲོན་མེ་ལྷུ་དང་བཅས་པ་དེའི་སྲོན་མེ་ཐུར་ལ། སློབ་མའི་ལྟེ་བ། སྙིང་ག །མགྲིན་པ། སྤྱི་བོ། གསང་བ་རྣམས་སུ་བསྐོར་ཞིང་། ཨོཾ་ཏུ་ཏུ་སྨྲུ་ཏུ་ཛ་ལ་(༢༢༥ན)ཧི་ཙྪ་སིདྡྷི་ལོ་ཙ་ནི་སརྦ་ཨརྠ་སཱ་དྷ་ནི་ཡེ་སྭཱཧཱ། ཨོཾ་ཨཱ་མ་གི། གི་རི་གི་རི་སྭཱཧཱ། ཨོཾ་ཀ་ཏེ་བི་ཀ་ཏེ། ནི་ཀ་ཏེ། ཀ་ཏཾ་ཀ་ཏེ་སྭཱཧཱ། ཨོཾ་སྥུ་ཊ་སྥུ་ཊ། སྥུ་ཊ་ནི་སྥུ་ཊ་ནི། ཧ་ཧཱ་ཏ་ཡ་ཧཱ་ཏ་ཡ་ཧཱུཾ་ཕཊ། ཨོཾ་ཧཱ་རེ་ཏུཧཱ་རེ་ཏུ་རེ་

སྭཱཧཱ། བདེན་པ་བདར་ཞིང་། སློབ་མའི་ཕུང་པོ། འབྱུང་བ། དབང་པོ། ཡུལ། ལས་དབང་། བྱ་བ་ལྷ་ལྷ་པོ་རྣམས་ལ་གནས་ནས་དབང་གི་ཡེ་ཤེས་སྐྱེ་བ་ལ་བར་ཆད་བྱེད་པའི་བགེགས་རྣམས་གཏོར་མ་འདི་ཁྱུད་དུ་ཡོངས་ལ་གཞན་དུ་སོང་ཞིག །ཅེས་བགེགས་བསྐྲད། ཡུངས་ཀར་དང་བསངས་ཆུ་གཏོར། བདུད་རྩི་འཁྱིལ་བའི་གཟུངས་དང་ཤྲཱ་ས་ན་བཟླ། རྡོ་རྗེ་གསོར་ཞིང་རོལ་མོའི་སྒྲ་དྲག་ཏུ་བྱའོ། །ཨོཾ་ཙཀྵུ་བཛྲ་ཕ་ར་མ་ཊ་ཡེ་ཧཱུྃ། ཞེས་པས་མིག་དར་སྒྲིན། ཨ་ཁཾ་བི་ར་ཧཱུྃ། ཞེས་པས་མི་རྟོག་གཏད། དབང་ཐོབ་ཟིན་ལ་བསྐྱུར་ནས་བསྐྱུར་བ་ཡིན་ན་མིག་དར་ཡང་མི་དགོས། ཨ་ཁཾ་བི་ར་ཧཱུྃ། ཞེས་ཡོལ་བའི་ནང་དུ་བཙུག་ལ། ཨོཾ་ན་མཿཧེ་ཧཱུྃ། ན་མཿམི་ཧཱུྃ། ན་མོ་ན་མཿཧཱུྃ་སྭཱཧཱ། ཞེས་ཕྱོགས་བཞི་ནས་ཕྱག་འཚལ་དུ་བཅུག །ཨོཾ་མནྡ་ཀཱ་ལ་སརྦ་ཀླེ་ཧ་ཕླ་ལ་ས་ཧྣ་ག་ན་ཏུ་ཧི་པྲ་ཧྲིཥྚ་ཀུ་སུ་མ། ཨཉྫ་ལི་ནྡ་ཐ་ཧོཿཞེས་མི་རྟོག་དོར། ཨོཾ་ཧྲཀྵ་ཀུཎྜ་ཨ་ཧྲི་ཙི་ཏྲ་ཞེས་མི་རྟོག་ཕྱི་བོར་བཅིངས། ཨོཾ་ཧྲཱ་ན་ཙཀྵུ་ཧཱུྃ་ཨཱཿསྭཱཧཱ། ཞེས་པས་མིག་དར་བསལ། ལྷ་ངོ་བསྟན་པ་ནི། སྲུང་བའི་འཁོར་ལོ་དུར་ཁྲོད་དང་བཅས་པའི་ནང་དུ་གཞལ་ཡས་ཁང་གྲུ་བཞི་སྒོ་བཞི་མཚན་ཉིད་ཐམས་ཅད་ཡོངས་སུ་རྫོགས་པའི་དབུས་སུ། ཆོས་འབྱུང་བསྐོལ་བའི་ལྟེ་བར་དཔལ་ནག་(༢༢༥བ)པོ་ཆེན་པོ་ཡབ་ཡུམ། ཆོས་འབྱུང་སྟེང་མའི་གཙོ་བོའི་མདུན་གྱི་ཟུར་ལ་ཙ་མུཎྜི། གཡས་ཟུར་དུ་ཨུ་མ། གཡོན་ཟུར་དུ་ཕག་མོ། ཆོས་འབྱུང་འོག་མའི་གཙོ་མོའི་མདུན་ཟུར་དུ་གཤིན་རྗེ། གཡས་ཟུར་དུ་སྲིན་པོ། གཡོན་ཟུར་དུ་དབང་ཕྱུག་ཆེན་པོ། སྒོ་བཞིར། ཤར་དུ་ཐོ་བ་འཛིན་པ་བྱེད། ལྷོར་དབྱུག་པ་འཛིན་པ་བྱེད། ནུབ་ཏུ་པདྨ་འཛིན་པ་བྱེད། བྱང་དུ་རལ་གྲི་འཛིན་པ་བྱེད། གྲྭ་བཞིར། ཤར་ལྷོར་ལྷ་མོ་ཀུ་ལེ། ལྷོ་ནུབ་ཏུ་ཀུ་ཏ་ཀུལླི། ནུབ་བྱང་དུ་ཕུར་འདེབས་མ། བྱང་ཤར་དུ་འཕྲོག་འཆང་མ་སྟེ་རྟེན་དང་བརྟེན་པར་བཅས་པའི་དཀྱིལ་འཁོར་མངོན་སུམ་དུ་མཐོང་བར་གྱུར་པའི་མོས་པ་མཛོད། དེ་ནས་སློབ་མ་ལ་འདི་སྐད་ཅེས་དེང་ཁྱོད་ནག་པོ་ཆེན་པོའི་དམ་ཚིག་

མཐའ་དག་ལ་གནས་པར་གྱིས་ཤིག །དེས་ཀྱང་བདག་ནག་པོ་ཆེན་པོའི་དམ་ཚིག་ལ་གནས་པར་བགྱིའོ། །གདམས་པ་དང་ལན་གཉིས་ཀ་ལན་གསུམ་བྱ། འདི་ནི་ཁྱོད་ཀྱི་དམྱལ་བའི་ཆུ། །དམ་ཚིག་འདས་ན་བསྲེག་པར་བྱེད། །དམ་ཚིག་སྲུང་ན་དངོས་གྲུབ་སྟེར། །རྡོ་རྗེ་བདུད་རྩིའི་ཆུ་འཐུངས་ཤིག །ཨོཾ་བཛྲ་ཨུ་ད་ཀ་ཋཿ ཞེས་མནའ་ཆུ་བླུད། ཡི་ཤེས་དབབ་པ་ནི། པད་ཉི་རོའི་གདན་ལ། སློབ་མ་རྣམས་ཧཱུྃ་ལས་བྱུང་བའི་རྡོ་རྗེའི་ལྟེ་བ་ལ་ཧཱུྃ་གིས་མཚན་པ། རྡོ་རྗེའི་རྩེ་མོ་བླ་མ་དང་ཡི་དམ་དབྱེར་མེད་པས་མཚན་པ། སློབ་དཔོན་དང་མདུན་བསྐྱེད་ཀྱི་ཐུགས་ཀ་ནས་ཕྱག་མཚན་དཔག་ཏུ་མེད་པ་སྤྲོས་ཏེ། སློབ་མ་ལ་བསྟིམ། རོལ་མོའི་སྒྲ་བྱ། སྐུ་གསུང་ཐུགས་བསྐུལ་བའི་སྔགས་ཀྱི་མཐར། ཏིཥྛ་ཨ་བེ་ཤ་ཡ་ཨཿཞེས་དང་འོག་མ་གཉིས་ཀའང་འགྲེ། ཡང་སློབ་(༢༢༧ན)དཔོན་དང་མདུན་བསྐྱེད་ཀྱི་ཐུགས་ཀ་ནས་སྔགས་ཀྱི་ཡིག་འབྲུ་དཔག་ཏུ་མེད་པ་སྤྲོས་ཏེ། སློབ་མ་ལ་བསྟིམ། རོལ་མོའི་སྒྲ་བྱ། ཝཱཀ་ཨ་བེ་ཤ་ཡ་ཨཿ སློབ་དཔོན་དང་མདུན་བསྐྱེད་ཀྱི་ཐུགས་ཀ་ནས་དཀྱིལ་འཁོར་གྱི་ལྷ་ཚོགས་དཔག་ཏུ་མེད་པ་སྤྲོས་ཏེ། སློབ་མ་ལ་བསྟིམ། རོལ་མོའི་སྒྲ་བྱ། ཀཱ་ཡ་ཨ་བེ་ཤ་ཡ་ཨཿ དེ་ནས་བླ་མ་ཡི་དམ་དབྱེར་མེད་པ་ཡང་རྡོ་རྗེ་དང་དབྱེར་མེད་དུ་ཞུ་ཞིང་། འདྲེས་པ་ཡོངས་སུ་གྱུར་པ་ལས། སློབ་མ་རྣམས་དཔལ་ནག་པོ་ཆེན་པོ་དུས་མཐའི་སྤྲིན་ལྟར་གནག་ཅིང་། ཉི་མ་སྟོང་གི་གཟི་བརྗིད་ཅན། ཞལ་གཅིག་ཕྱག་བཞི་བརྒྱ་ལྟར་དམར་བའི་སྤྱན་གསུམ་གཡོ་བ། སྨ་ར་དང་། སྨིན་མ་དང་། དབུ་སྐྲ་དམར་སེར་གྱེན་དུ་བརྫེས་པ། ཕྱག་གཡས་ཀྱི་དང་པོས་གྲི་གུག་དང་། གཡོན་དང་པོས་ཐོད་ཁྲག་ཐུགས་ཀར་སྙིང་འོག་ཏུ་འཛིན་པ། གཡས་འོག་མས་རལ་གྲི་འབར་བ་དང་། གཡོན་འོག་མས་སྦྲུལ་དང་བཅས་པའི་ཏྲི་ཤཱུ་ལ་རྡོ་རྗེས་མཚན་པ་འཛིན་པ། སྟག་གི་པགས་པ་བསྣོལ་པས་སྨད་དཀྲིས་པ། རྡོ་རྗེ་ནག་པོའི་རྩེ་ཕྲན་ཅན་གྱི་མི་མགོ་རློམ་པོ་ལྔས་དབུ་ལ་བརྒྱན་པ། ཁྲག་འཛག་མགོ་བོ་བརྒྱ་ཕྲེད་ཀྱི་དོ་

ཞལ་ཅན། ཙུས་པའི་རྒྱན་དྲུག་དང་། སྦྲུལ་གྱིས་བརྒྱན་པ། ཏ་ཏ་དང་། ཧཱུྃ་ཧཱུྃ་དང་། ཀི་ལི་ཀི་ལིའི་གད་བརྒྱངས་དྲག་པོ་སྒྲོག་ཅིང་། སེམས་དཔའི་སྐྱིལ་ཀྲུང་སོགས་སྣ་ཚོགས་པའི་རོལ་པས་བཞུགས་པ། མི་བཟད་སྲིན་པོའི་ལུས་ཅན། སྟོམ་ཐུང་གསུས་པ་འཕྱང་བ། ཐུགས་རྗེ་ལྷག་པར་ཁྲོས་པས་ཆེས་ཆེར་འབྲུགས(༢༢༨བ)པ། རྔམ་པའི་སྟངས་སྟབས་ཁྲོ་གཉེར་བསྡུས་ཤིང་མ་ཙུངས་པའི་མཆེ་བ་གཙིགས་པ། རབ་ཏུ་དཔའ་བས་གཞན་གྱིས་མི་ཐུབ་པ་དགྱེས་ཤིང་དྲེགས་པས་རྒྱ་ཆེར་བཞད་པ་སོགས་མཐའ་ཡས་པའི་ཉམས་དང་འགྱུར་བ་མངའ་ཞིང་། འཇིག་རྟེན་གྱི་མེ་དཔུང་ལྟ་བུའི་དབུས་ན་དགྱེས་དགུར་རོལ་པས་འཇིགས་པའང་འཇིགས་པར་བྱེད་པའོ། །

དེའི་པད་དུ་ཧྲཱིཿལས་བྱུང་བའི་ནག་མོ་ཆེན་མོ་དམ་ཚིག་གི་དབང་མོས་འཁྱུད་པ་ནི། སྐུ་མདོག་ནག་མོ་ཁྲོ་ཞིང་སྨིག་པ། གཅེར་མོ་ཐོད་སྐམ་གྱི་དབུ་རྒྱན་དང་འཕྲེང་བ་ཅན། དབུ་སྐྲ་དམར་སེར་གྲོལ་བ། ཕྱག་གཡས་ཀྲྀ་མ་ཙུ་འཁྲོལ་ཞིང་། གཡོན་ཐོད་པ་འཛིན་པས་ཡབ་ལ་འཁྱུད་པ། ལང་ཚོ་གསར་དུ་བདོ་ཞིང་། ལྷག་མ་རྒྱན་སྤངས་པ། གཙོ་བོ་ཡབ་ཡུམ་གྱི་སྐུ་ལས། བྱ་རོག་དང་། ཁྱི་དང་། ཅེ་སྤྱང་དང་། སེང་གེ་དང་། འདབ་ཆགས་དང་། བུད་མེད་གདོང་པ་ནག་པོའི་ཚོགས་ཕོ་ཉར་འགྱེད་པ། ཆོས་འབྱུང་སྟེང་མའི་གཙོ་བོའི་མདུན་གྱི་ཟུར་ལ། ཙཾ་ལས་ཙ་མུཎྜི་ནག་མོ་ཏྲི་ཤུ་ལ་དང་ཐོད་ཁྲག་འཛིན་པ། གཡས་ཟུར་དུ་ཀ་ལས་ཨུ་མ་དམར་མོ་གྲི་གུག་དང་ཐོད་པ་འཛིན་པ། གཡོན་ཟུར་དུ་ཏེ་ལས་ཕག་མོ་སོ་སྐྱ་ཁ་ཊྭཱཾ་ག་དང་མི་མགོ་འཛིན་པ། ཆོས་འབྱུང་འོག་མའི་གཙོ་མོའི་མདུན་ཟུར་དུ་ཡ་ལས་གཤིན་རྗེ་ནག་པོ་རལ་གྲི་དང་ཐོད་ཁྲག་ཐོགས་པ། མ་ཏེ་ལ་ཞོན་པ། གཡས་ཟུར་དུ་ར་ལས་སྲིན་པོ་སྨུག་ནག་གྲི་གུག་དང་ཐོད་པ་ཤ་ཆེན་གྱིས་གང་བ་འཛིན་པ། ཁྱི་ནག་ལ་གནས་པ། གཡོན་ཟུར་དུ་ཧླེ་ལས་དབང་ཕྱུག་ཆེན་པོ་ཐལ་སྐྱ་ཀྲྀ་མ་ཙུ(༢༢༧ན)དང་རྩེ་གསུམ་འཛིན་པ། སྟག་ལ་གནས་པ། སྒོ་བཞིར་ཧཱུྃ་རེ་རེ་ཡོངས་སུ་གྱུར་པ་ལས། ཤར་དུ་

ཐོ་བ་འཇིགས་བྱེད་དཀར་པོ་རྡོ་རྗེ་ཐོ་བ་འཛིན་པ། ལྷོར་དབྱུག་པ་འཇིགས་བྱེད་སེར་པོ་རྡོ་རྗེ་བེ་ཅོན་འཛིན་པ། ནུབ་ཏུ་པདྨ་འཇིགས་བྱེད་དམར་པོ་པདྨ་དམར་པོའི་སྡོང་བུ་འཛིན་པ། བྱང་དུ་རལ་གྲི་འཇིགས་བྱེད་ལྗང་ནག་རལ་གྲི་འཛིན་པ། དེ་བཞི་ཅར་ཡང་ཕྱག་གཡོན་པས་ཞགས་པ་བསྣམས་པ། གྲྭ་བཞིར་ཧྲཱིཿཡིག་བཞི་ཡོངས་སུ་གྱུར་པ་ལས། ཤར་ལྷོར་ལྷ་མོ་ཀུ་ལེ་སེར་མོ་ལྕགས་ཀྱུ་དང་ཞགས་པ་འཛིན་པ། ལྷོ་ནུབ་ཏུ་ཀུ་རུ་ཀུལླེ་དམར་མོ་མདའ་གཞུ་འཛིན་པ། ནུབ་བྱང་དུ་ཕུར་འདེབས་མ་སྔོན་མོ་ཐོ་བ་དང་ཕུར་བུ་འཛིན་པ། བྱང་ཤར་དུ་འཕྲོག་མཆེད་མ་ལྗང་གུ་ཤཀྟི་དང་ཐོ་བ་འཛིན་པ། དེ་བཞི་ཅར་ཡང་རུང་ཟད་ཞི་ཞིང་ཆགས་པའི་ཉམས་དང་ལྡན་པ། ཐོ་ཉ་ཐམས་ཅད་གཡོན་བརྐྱང་གི་སྟབས་ཀྱིས་གནས་པ། གཙོ་བོ་དང་རྣམ་པ་མཚུངས་ཤིང་། མ་མོ་རྣམས་ནི་གཡས་བརྐྱང་གི་གནས་ཤིང་། གཙོ་མོ་དང་མཚུངས་པའོ། །ཁྱེད་རང་གི་སྤྱི་བོ་ལ་སོགས་པའི་གནས་རྣམས་སུ། ཨོཾ་ཧཱ། ན་མཿཧི། སྭཱ་ཧཱ་ཧཱུཾ། བཽ་ཥ་ཊ་ཧེ། ཧཱུཾ་ཧཱུཾ་ཧོ། ཕཊ་ཧཾ་རྣམས་དང་། ཡུམ་གྱི་ལྟེ་བ་ལ་སོགས་པའི་གནས་རྣམས་སུ། ཨོཾ་བཾ། ཧཾ་ཡོཾ། ཧྲཱིཾ་མོཾ། ཧྲེཾ་ཧྲཱིཾ། ཧཱུཾ་ཧཱུཾ། ཕཊ་ཕཊ་རྣམས་དང་། ལྷ་ཐམས་ཅད་ཀྱི་དཔྲལ་བར་ཨོཾ། མགྲིན་པར་ཨཱཿ ཐུགས་ཀར་ཧཱུཾ། ཞེས་གསལ་གདབ། བྱང་ཆུབ་རྡོ་རྗེས་སངས་རྒྱས་ལ། །ནས། ནམ་མཁའི་རྡོ་རྗེ་དེང་བདག་(༢༢༧བ)སྩོལ། །ཞེས་པའི་བར་གྱི་གསོལ་བ་བཏབ། དབང་བསྐུར་རྡོ་རྗེ་ཆེན་པོ་སྟེ། །ནས། གནས་ལས་བྱུང་བ་སྦྱིན་པར་བྱ། །ཞེས་པའི་མཐར། མགོན་པོ་འཁོར་བཅས་སོ་སོའི་ཐུགས་ལ། ཨ་བྷི་ཥིཉྩ་ཞེས་བཏགས་ལ་བུམ་ཆུས་དབང་བསྐུར། ཨོཾ་བཛྲ་སུ་ཀུ་ཊ་ཧོཿ ཞེས་སྤྱི་བོར་རྡོ་རྗེ་བཞག་ལ། ཅོད་པན་གྱི་དབང་བསྐུར། ཁྱེད་རང་རྣམས་ཀྱི་སྙིང་གར་པད་ཉིའི་གདན་ལ་ཧཱུཾ་མཐིང་ནག་གི་མཐར་སྔགས་འཕྲེང་འོད་ཟེར་མཐིང་ནག་འབར་བའི་རྣམ་པ་ཅན་དུ་བཞུགས་པར་མོས། སློབ་དཔོན་གྱི་ཐུགས་ཀ་ནས་འོད་ཟེར་འཕྲོས། མདུན་བསྐྱེད་ཀྱི་ཐུགས་རྒྱུད་བསྐུལ། ཐུགས་ཀའི་སྔགས་འཕྲེང་

ལས་སྔགས་འཕྲེང་གཉིས་པ་ཞིག་ཆད་དེ། ཞལ་ནས་ཐོན། ཁྱེད་རང་རྣམས་ཀྱི་ཁ་སྒོ་ནས་ཞུགས། སྙིང་གའི་ཧཱུྃ་ཡིག་གི་མཐའ་མར་སྔགས་སྔ་མ་རྣམས་ལ་ཐིམ་ཞིང་འཁོར་བར་མོས་མཛོད་བྱས་ལ། ཨོཾ་མནྟ་ཀཱ་ལ་ཧཱུྃ་ཕཊ། རྦད་པའོ། །ཨོཾ་མནྟ་ཀཱ་ལ་ཡ་ན་མོ་ཧཱུྃ་ཕཊ། མཉེས་པར་བྱེད་པ་སྟེ། ཡབ་ཀྱི་སྔགས་དང་། ཨོཾ་སུ་ར་ཏ་ས་མ་ཡེ་ཤྭ་རི་ཧཱུྃ་ཧཱུྃ་ཕཊ་སྭཱཧཱ། ཞེས་ཡུམ་གྱི་སྔགས་དང་། ཨོཾ་ཤྲཱི་མནྟ་ཀཱ་ལ་ཤཱ་ས་ཊ་ཨུ་པ་ཏ་རི་ཏེ། ཨེ་ཧྱ་ཨ་པཉྩི་མ་ཀ་ཡོ། ཨ་ཡཾ་ཨི་དཾ་རཏྣ་ཊ་ཡ། ཨ་པ་ཀ་ནྲྀ་ཏྲཾ། ཡ་ཏི་ཕྲ་ཏི་ཙྪཱ། སྨ་ར་སི། ཏ་ད་ཨི་དཾ་དུཥྚཾ། ཁ་ཁ་ཁཱ་ཧི་ཁཱ་ཧི། མཱ་ར་མཱ་ར། གྲིཧྞ་གྲིཧྞ། བནྡྷ་བནྡྷ། ཏ་ན་ཏ་ན། ད་ཏ་ད་ཏ། པ་ཙ་པ་ཙ། དི་ན་མེ་ཀེ་ན་མཱ་ར་ཡ་ཧཱུྃ་ཧཱུྃ་ཕཊ་ཕཊ་སྭཱཧཱ། ཞེས་གཙོ་འཁོར་ཐམས་ཅད་ཀྱི་སྔགས་ཚར་གསུམ་གསུམ་རྗེས་བཟློས་བྱེད་དུ་(༢༢༨ན)གཞུག་ལ་སྔགས་ཀྱི་བརླབས་ལྡུང་སྦྱིན། གྲི་གུག་གཏད་ལ། ཨོཾ་བཛྲ་ཀརྟི་ཀ་ཏ་ན་ཏ་ན་ཤཱ་ཧུ་ན་མཱ་ར་ཡ་ཧཱུྃ་ཕཊ། ཅེས་བརྗོད། རལ་གྲི་གཏད་ལ། ཨོཾ་བཛྲ་ཁཌྒ་མཱ་ར་ཡ་མཱ་ར་ཡ་སརྦ་བིགྷྣན་ཧཱུྃ་ཕཊ། རྩེ་གསུམ་གཏད་ལ། ཨོཾ་བཛྲ་ཏྲི་ཤཱུ་ལ་ཧྲིཎྜ་ཧྲིཎྜ། མ་ན་མ་ཐ་ཕཊ་ཧོཿཐོད་པ་གཏད་ལ། ཨོཾ་པདྨ་ཀ་པཱ་ལ། སརྦ་ཧྲ་ན་པུཥྚིཾ་ཀུར་ཡྷུ་ཨོཾ། ཌ་མ་རུ་གཏད་ལ། ཨོཾ་བཛྲ་ཌ་མ་རུ་ཀེ་ཊ་སརྦ་ཌཱ་ཀི་ནཱི། བ་ཤཱ་ཡ་བ་ཤཱ་ཡ་ཧྲཱི་ཛཿ ནག་པོ་ཆེན་པོའི་སྐུ་གཟུགས་ཀྱི་གནས་གསུམ་དུ་མཆོད་པའི་སིནྡཱུ་ར་ཕུལ། མགོན་པོའི་སྐུའི་གནས་གསུམ་ནས་འབྲུ་གསུམ་བྱུང་། ཁྱེད་རང་རྣམས་ཀྱི་གནས་གསུམ་དུ་ཐིམ་པའི་མོས་པ་མཛོད་བྱས་ལ། སྐུ་འདྲའི་གནས་གསུམ་ནས་སིནྡཱུ་ར་བླངས་ནས། སློབ་མའི་གནས་གསུམ་དུ་བྱུགས། ཡང་སློབ་མའི་གནས་གསུམ་ནས་ཕར་ཐིམ་པར་མོས་ལ། སློབ་མའི་གནས་གསུམ་གྱི་སིནྡཱུ་ར་བླངས་ལ་ཕར་བཀུ། འབྲུ་གསུམ་ཕར་བསྟིམ་པའི་དམིགས་པ་བྱ། ཤ་ཆང་གཏོར་ཆུང་གཉིས་བྱིན་གྱིས་བརླབས་ནས། གཅིག་ཐོག་མར་གནས་པ་ཆེན་པོ་ལ་བསྔོས་ནས། ཤ་ཆང་ཙུང་ཟད་དང་བཅས་པའི་ལྷག་མ་སློབ་མ་ནག་པོ་ཆེན་པོའི་ང་རྒྱལ་གྱིས་ཟ་རུ་བཅུག །གཅིག་

དང་པོར་སློབ་མས་ཟློས་ལ། ལྷག་མ་དཀྱིལ་འཁོར་ལ་བསྐོ། དེ་དག་ནི་བུམ་དབང་ངོ་། །མགོན་པོ་ཡབ་ཡུམ་སྙོམས་པར་ཞུགས་པ་ལས་བྱུང་བའི་བྱང་སེམས་དཀར་དམར་ལྡེ་ཐིག་ཏུ་བཞག་པར་མོས་སུ་བཅུག(༡༡༨བ)ལ། ཐིད་པའི་དཀྱིལ་འཁོར་གྱི་ནང་མཆོད་ནས་སློབ་མ་ལ་སྦྱིན། གསང་དབང་ངོ་། །སིནྡྷུ་རའི་དཀྱིལ་འཁོར་ནས། སློབ་མའི་སྙིང་གར་ཐིག་ལེ་བྱས། ཐིག་ལེར་དམ་ཚིག་དབང་མོར་བསྐྱེད་ལ་སྙོམས་པར་ཞུགས་པས་ཞུ་བདེ་ལྷན་སྐྱེས་ཀྱི་ཡེ་ཤེས་སྐྱེས་པར་མོས་སུ་བཅུག །ཤེར་དབང་ངོ་། །ངག་ཧྲུང་བཀག །སེམས་ཕྱག་རྒྱ་ཆེན་པོའི་དོན་བསྒོམ་དུ་བཅུག་སྟེ། དབང་བཞི་པའོ། །དེ་ནས་སློབ་དཔོན་གྱིས་དམ་ཚིག་བཤད། མཇུག་ཆོག་སྤྱི་དང་འདྲ། །

༈ བསྟན་སྲུང་ཆེན་པོ་ཡེ་ཤེས་མགོན་པོ་ལ། གཤིན་རྗེ་གཤེད་ཀྱི་བདག་བསྐྱེད་སྔོན་དུ་འགྲོ་བས། མཆོད་པ་ཡི་དམ་ལྟར་བྱིན་གྱིས་བརླབས་ནས། རང་གི་མདུན་དུ་པཾ་ལས་པདྨ། ཨ་ལས་ཉི་མ། ཧཱུྃ་ལས་རྡོ་རྗེ་ཧཱུྃ་གིས་མཚན་པ། དེའི་འོད་ཟེར་གྱིས་ནག་པོ་ཆེན་པོ་འཁོར་བཅས་སྤྱན་དྲངས། ཨོཾ་བཛྲ་ས་མ་ཛཿཡང་ཧཱུྃ་ལས་སྤྲོས་པའི་མཆོད་པའི་ལྷ་མོ་རྣམས་ཀྱིས་མཆོད་པར་གྱུར། ཨརྒྷཾ་ནས་ཤབྡའི་བར་གྱིས་མཆོད། འདུལ་དཀའ་མ་ལུས་འདུལ་བ་པོ། །རྡོ་འཕྲུལ་དངོས་གྲུབ་བདག་ཉིད་ཅན། །མ་མོའི་ཚོགས་ཀྱིས་ཕྱག་བྱས་པ། །དཔལ་ལྡན་ནག་པོ་ལ་འདུད་དོ། །ཞེས་བསྟོད། འདོད་ཆགས་ཞེ་སྡང་གཏི་མུག་དབང་གིས་ནི། །ཞེས་སོགས་རྒྱུན་བཤགས་བཟང་སྤྱོད་བཞིན་བྱ། ཨོཾ་ཨཱཿཧཱུྃ། བཛྲ་མུ་ལ་མུཿཞེས་གཤེགས་སུ་གསོལ། དེ་ནས་ཚད་མེད་བཞི་སྤྱི་དང་མཐུན། ཤཱུ་ནྱ་ཏཱས་སྟོང་པར་སྦྱངས། སྟོང་པའི་ངང་ལས་པདྨ་ལ་གནས་པའི་ཟླ་བ་ཧཱུྃ་ཡིག་དཀར་པོ་དང་(༡༡༩་བ)བཅས་པ། དེ་ཡོངས་སུ་གྱུར་པ་ལས་རལ་གྲིའི་རྩེ་མོར་ཟླ་བ་ལ་ཧཱུྃ་ནག་པོ། དེ་ལས་འོད་ཟེར་འཕྲོས། འཕགས་པ་མཆོད། སེམས་ཅན་གྱི་དོན་བྱས། སླར་འདུས་ཏེ་ཐམས་ཅད་ཡོངས་སུ་གྱུར་པ་ལས། དཔལ་ནག་པོ་ཆེན་པོ་སྐུ་མདོག་ནག་པོ། ཞལ་གཅིག་ཕྱག་བཞི་སྤྱན་གསུམ་པ། ཕྱག་གཡས་གཉིས་ན།

རལ་གྲི་དང་གྲི་གུག །གཡོན་གཉིས་ན། རྩེ་གསུམ་དང་ཐོད་ཁྲག་འཛིན་པ། ཞབས་གཉིས་སེམས་དཔའི་སྐྱིལ་ཀྲུང་གིས་ཉི་མ་དང་དབུགས་བྲལ་གྱི་གདན་ལ་བཞུགས་པ། སྨ་ར་དང་སྨིན་མ་དམར་སེར་མེ་ལྟར་འབར་བ། རྡོ་རྗེ་སེམས་དཔའི་དབུ་རྒྱན་ཅན། སྟག་ལྤགས་གསར་པའི་ཤམ་ཐབས་དཀྲིས་པ། མི་མགོ་སྐམ་པོ་ལྔའི་དབུ་རྒྱན་དང་། རློན་པ་ལྔ་བཅུའི་དོ་ཤལ་བྱས་པ། སྦོམ་ཐུང་གསུས་ཁྱིམ་རྒྱས་ཤིང་། ཀླུ་ཆེན་པོ་བརྒྱད་ཀྱིས་བརྒྱན་པའོ། །སྙིང་གར་ཉི་མ་ལ་གནས་པའི་ཧཱུྃ་གི་འོད་ཟེར་གྱིས། ཡེ་ཤེས་སེམས་དཔའ་ནག་པོ་ཆེན་པོ་བཛྲ་ས་མཱ་ཛཿཨརྒྷཾ་ནས་ཤབྡའི་བར་གྱིས་མཆོད། ཛཿཧཱུྃ་བཾ་ཧོཿགཉིས་སུ་མེད་པར་ཐིམ། ཡང་སྙིང་གའི་འོད་ཟེར་གྱིས་དབང་གི་ལྷ་རིགས་ལྔ་མདུན་གྱི་ནམ་མཁར་སྤྱན་དྲངས། པུཥྤེ་སོགས་ཀྱིས་མཆོད། ཨོཾ་ཨ་བྷི་ཥིཉྩ་ཧུ་མཾ། ཞེས་གསོལ་བ་བཏབ་པས། མཱ་མ་ཀི་ལ་སོགས་པ་ལྷ་མོ་རྣམས་ཀྱིས། ཨོཾ་བཛྲ་ཀླ་ཤ་ཨ་བྷི་ཥིཉྩ་ཧཱུྃ། ཞེས་གསུངས་ཤིང་བདུད་རྩིའི་ཆུས་དབང་བསྐུར། དབང་གི་ལྷ་ཐམས་ཅད་ཀྱང་ཡེ་ཤེས་པའི་ཚུལ་གྱིས་(༢༢༥་བ)ཐིམ། རང་གི་སྙིང་ག་ནས་འོད་ཟེར་འཕྲོས། སྤྱན་མ་ལ་སོགས་པ་ལྷ་མོ་རྣམས་ཀྱིས་མཆོད་པར་གྱུར། ཨརྒྷཾ་སོགས་ཀྱིས་ཕྱི་མཆོད་ཕུལ། ནང་མཆོད་ཡི་དམ་ལྟར་བྱིན་གྱིས་བརླབས་ནས། སྙིང་པོའི་མཐར་འབྲུ་གསུམ་བཏགས་པས་ཕུལ། གཏོར་མའང་ཡི་དམ་གྱི་མངོན་རྟོགས་ལྟར་བྱིན་གྱིས་བརླབས། ན་མཿས་མནྟ་ཀཱ་ཡ་ཝཱ་ཀ་ཙིཏྟ་བཛྲ་ཎཾ། ན་མོ་མཧཱ་བཛྲ་ཀྲོ་དྷཱ་ཡ། མཧཱ་དཾ་ཥྚོ་ཏྐ་ཏ་བྷེ་ཁ་ཊ་བྷཻ་ར་ཝཱ་ཡ། ཨ་སི་མུ་ས་ལ། པཱ་ར་ཤུ་པཱ་ཤ་ཧ་སྟཱ་ཡ། ཨ་མྲྀ་ཏ་ཀུཎྜ་ལི། ཁ་ཁ་ཁཱ་ཧི་ཁཱ་ཧི། ཏིཥྛ་ཏིཥྛ། བནྡྷ་བནྡྷ། ཧ་ན་ཧ་ན། ད་ཧ་ད་ཧ། གརྫ་གརྫ། བི་སྥོ་ཊ་ཡ་བི་སྥོ་ཊ་ཡ། སརྦ་བིགྷྣཱན་བི་ནཱ་ཡ་ཀཱ་ན། མཧཱ་ག་ཎ་པ་ཏི་ཛཱི་བཱི་ཏནྟ་ཀ་ར་ཡེ་སྭཱཧཱ། ཞེས་བདུད་རྩི་འཁྱིལ་བའི་གཟུངས་ཚར་གཅིག་གིས་མགོ་དྲངས་ལ། ན་མཿས་མནྟ་ཀཱ་ཡ་ཝཱ་ཀ་ཙིཏྟ་བཛྲ་ཎཾ། ཨོཾ་ཨཱཿཧཱུྃ། ཨོཾ་མཾ་མཾ། ཧཾ་ཧཾ། གཾ་གཾ། རཾ་རཾ། ར་ར། མཧཱ་མཧཱ། ཀཱ་ལ་ཡཾ། པིཎྜ་ར་ཧཱ། ཀེ་ཤ་ཕཊྚ་མ་ནེ། ཨི་མཾ་བ་ལིཾ་

གྲིཧྞ་གྲིཧྞ། གྲིཧྞ་པཱ་ཡ་གྲིཧྞ་པཱ་ཡ། ཨོཾ་ཨཱཿཧཱུྃ། སརྦ་བིགྷྣན་བི་ནཱ་ཡ་ཀཱ་ན། ཨོཾ་ཨ་ཀཱ་རོ་མུ་ཁཾ་སརྦ་དྷརྨཱ་ཎཱཾ་ཨཱདྱ་ནུཏྤནྣ་ཏྭཱཏ། ཨོཾ་ཨཱཿཧཱུྃ་ཕཊ་སྭཱཧཱ། ཞེས་ལན་གསུམ་མམ་བདུན་གྱིས་ཕུལ། གོང་བཞིན་མཆོད་བསྟོད་བྱས་ནས། བཟླས་པའི་དམིགས་པ་གསལ་བཏབ་སྟེ། ཨོཾ་ཨཱཿམཾ་ཧཾ་རཾ་ཧཱུྃ་ཕཊ་སྭཱཧཱ། ཞེས་པ་ཅི་ནུས་བཟླ་ཞིང་། མཐར་ཡང་གོང་བཞིན་མཆོད་བསྟོད་བྱས་ནས། འདོད་དོན་གསོལ་བ་བཏབ། ཡི་གེ་བརྒྱ་པ་དང་། བཟོད་གསོལ་སྔ་དང་མཐུན་པར་བྱ། ༔ འདིའི་རྗེས་གནང་བྱ་བར་འདོད་(༢༩༠ན)ན། མནྡལ་མཐིང་ག་གྲུ་གསུམ་ཚོམ་བུ་ནག་པོ་ཅན་ཞིག་བྱ། དེའི་སྟེང་དུ་མཛེའི་ཁར་གཏོར་མ་བཀོད། མདུན་དུ་མཆོད་གཏོར་རྣམས་བཤམས། བདག་བསྐྱེད་ནས་བཟླས་པའི་བར་གོང་བཞིན་བྱས་ལ། རྗེས་གནང་དངོས་ཀྱི་བྱ་བ་ལ། མནྡལ་འབུལ་དུ་གཞུག །དཀོན་མཆོག་གསུམ་ལ་བདག་སྐྱབས་མཆི། །ཞེས་སོགས་མགུར་ནས་འབྱུང་བའི་རྒྱུན་བཤགས་བྱ། ཀུན་མཁྱེན་ཡེ་ཤེས་ཕུང་པོ་ཅན། །ཞེས་སོགས་ལན་གསུམ་གསོལ་བ་བཏབ། སློབ་མ་ཤུ་ཉྫ་ཏྭས་སྟོང་པར་སྦྱངས། སྟོང་པའི་ངང་ལས་པདྨ་ལ་གནས་པའི་ཟླ་བ་ཧཱུྃ་ཡིག་དཀར་པོ་དང་བཅས་པ། དེ་ཡོངས་སུ་གྱུར་པ་ལས་རལ་གྲིའི་རྩེ་མོར་ཟླ་བ་ལ་ཁྱོད་རང་གི་སེམས་ཉིད་ཧཱུྃ་ནག་པོ། དེ་ལས་འོད་ཟེར་འཕྲོས། འཕགས་པ་མཆོད། སེམས་ཅན་གྱི་དོན་བྱས། སླར་འདུས་ཏེ་ཐམས་ཅད་ཡོངས་སུ་གྱུར་པ་ལས། ཁྱོད་རང་རྣམས་དཔལ་ནག་པོ་ཆེན་པོ་སྐུ་མདོག་ནག་པོ། ཞལ་གཅིག་ཕྱག་བཞི་སྤྱན་གསུམ་པ། ཕྱག་གཡས་གཉིས་ན། རལ་གྲི་དང་གྲི་གུག །གཡོན་གཉིས་ན། རྩེ་གསུམ་དང་ཐོད་ཁྲག་འཛིན་པ། ཞབས་གཉིས་སེམས་དཔའི་སྐྱིལ་ཀྲུང་གིས་ཉི་མ་དང་དབུགས་བྲལ་གྱི་གདན་ལ་བཞུགས་པ། སྨ་ར་དང་སྨིན་མ་དམར་སེར་མེ་ལྟར་འབར་བ། རྡོ་རྗེ་སེམས་དཔའི་དབུ་རྒྱན་ཅན། སྟག་ལྤགས་གསར་པའི་ཤམ་ཐབས་དཀྲིས་པ། མི་མགོ་རློན་པ་ལྔའི་དབུ་རྒྱན་དང་། རློན་པ་ལྔ་བཅུའི་དོ་ཤལ་བྱས་པ། སྟོམ་ཐུང་གསུམ་ཁྲིམ་རྒྱས་ཤིང་། སྐུ་ཆེན་

པོ་བརྒྱད་ཀྱིས་(༢༣༠བ)བརྒྱན་པའོ། །ཞེས་ནག་པོ་ཆེན་པོར་བསྐྱེད་ནས། སློབ་དཔོན་གྱི་ཐུགས་ཀ་ནས་འོད་ཟེར་འཕྲོས། སངས་རྒྱས་དང་བྱང་ཆུབ་སེམས་དཔའ་ཐམས་ཅད་དང་། དུར་ཁྲོད་ཆེན་པོ་བརྒྱད་ནས་བསིལ་བའི་ཚལ་ནས། སྤྱུར་མཛད་འཁོར་དང་བཅས་པ་བཛྲ་ས་མཱ་ཛཿཛཿཧཱུྃ་བཾ་ཧོཿ ཞེས་བརྗོད་པའི་མཐར་རོལ་ཆེན་བྱ་ཞིང་། ཨོཾ་ཨཱཿམཾ་ཧཾ་རཾ་ཧཱུཾ་ཕཊ་སྭཱཧཱ། ཨ་བི་ར་ཡ་ཨཿ ཞེས་མང་དུ་བརྗོད། སློབ་དཔོན་གྱི་དཔྲལ་བའི་ཧཱུཾ་དཀར་པོ་ལས། ཧཱུཾ་དཀར་པོ་དཔག་ཏུ་མེད་པ་བྱུང་སྟེ། སློབ་མའི་དཔྲལ་བར་ཐིམ་པས་ཡེ་ཤེས་ཀྱི་མགོན་པོའི་སྐུའི་རྗེས་གནང་ཐོབ་པར་མོས། སློབ་དཔོན་གྱི་མགྲིན་པའི་ཧཱུཾ་དམར་པོ་ལས། ཧཱུཾ་དམར་པོ་དཔག་ཏུ་མེད་པ་བྱུང་སྟེ། སློབ་མའི་མགྲིན་པར་ཐིམ་པས་ཡེ་ཤེས་ཀྱི་མགོན་པོའི་གསུང་གི་རྗེས་གནང་ཐོབ་པར་མོས། སློབ་དཔོན་གྱི་ཐུགས་ཀའི་ཧཱུཾ་མཐིང་ཁ་ལས། ཧཱུཾ་མཐིང་ཁ་དཔག་ཏུ་མེད་པ་བྱུང་སྟེ། སློབ་མའི་སྙིང་གར་ཐིམ་པས་ཐུགས་ཀྱི་རྗེས་གནང་ཐོབ་པར་མོས། གཏོར་མ་འདི་ཉིད་དཔལ་ནག་པོ་ཆེན་པོར་དངོས་སུ་མོས། དེ་ལ་མོས་གུས་དྲུང་དྲུང་བ་བྱས་པས། སློབ་མ་རྣམས་ཀྱི་སྤྱི་བོར་བཞག། རྒྱུད་བྱིན་གྱིས་བརླབས་པ་ཡིན་སྙམ་པ་གྱིས་ཞེས་བརྡ་སྤྲད་ནས། གཏོར་མ་སྤྱི་བོར་བཞག་ལ། རྩ་བརྒྱུད་ཀྱི་དཔལ་ལྡན་བླ་མ་དམ་པ་རྣམས་ཀྱིས་བྱིན་གྱིས་རློབས་ཤིག །ཡི་དམ་དཀྱིལ་འཁོར་གྱི་ལྷ་ཚོགས་རྣམས་ཀྱིས་བྱིན་གྱིས་རློབས་ཤིག །སངས་རྒྱས་དང་བྱང་ཆུབ་སེམས་དཔའ་རྣམས་ཀྱིས་བྱིན་གྱིས་རློབས་ཤིག །དཔའ་བོ་དང་དཔའ་མོ་རྣལ་འབྱོར་མ་རྣམས་ཀྱིས་བྱིན་གྱིས་རློབས་ཤིག །དཔལ་མགོན་དམ་པ་ཆོས་སྐྱོང་སྲུང་མ་རྣམས་ཀྱིས་བྱིན་གྱིས་རློབས་ཤིག །ཁྱད་(༢༣༧ན)པར་དུ་ཡང་ཡེ་ཤེས་མགོན་པོ་ཕྱག་བཞི་པ་འཁོར་དང་བཅས་པ་རྣམས་ཀྱིས་བྱིན་གྱིས་རློབས་ཤིག །ཁྱེད་རྣམས་ཀྱིས་རྡོ་རྗེ་སློབ་མ་འདི་རྣམས་ཀྱི་ལུས་ཀྱི་ནད། སེམས་ཀྱི་སྡུག་བསྔལ་ལ་སོགས་པ་འགལ་རྐྱེན་ཕྱི་ནང་གི་བར་གཅོད་ཐམས་ཅད་ཞི་བ་དང་། མཐུན་རྐྱེན་ཚེ་དང་བསོད་ནམས་དཔལ་འབྱོར་ཕུན་སུམ་ཚོགས་པ་

ཐམས་ཅད་འཕེལ་ཞིང་རྒྱས་པ་དང་། མཆོག་དང་ཐུན་མོང་གི་དངོས་གྲུབ་ཐམས་ཅད་མྱུར་དུ་འགྲུབ་པར་བྱིན་གྱིས་བརླབ་ཏུ་གསོལ། ཞེས་གསོལ་བ་བཏབ་པས། སློབ་མ་རྣམས་ཀྱི་སྤྱི་བོ་ནས་ཐིམ་པས་བྱིན་གྱིས་བརླབས་པར་བསམས་ལ། ཛཿཧཱུྃ་བཾ་ཧོཿ ཞེས་གཏོར་དབང་བསྐུར། བརླས་ལུང་ནི། ཁྱེད་རང་གི་སྙིང་གར་པད་ཉིའི་གདན་ལ་ཧཱུྃ་མཐིང་ནག་གི་མཐར་སྔགས་འཕྲེང་འོད་ཟེར་མཐིང་ནག་འབར་བའི་རྣམ་པ་ཅན་དུ་བཞུགས་པར་མོས། སློབ་དཔོན་གྱི་ཐུགས་ཀ་ནས་འོད་ཟེར་འཕྲོས། མདུན་བསྐྱེད་ཀྱི་ཐུགས་རྒྱུད་བསྐུལ། ཐུགས་ཀའི་སྔགས་འཕྲེང་ལས་སྔགས་འཕྲེང་གཉིས་པ་ཞིག་ཆད། ཞལ་ནས་ཐོན། ཁྱེད་རང་གི་ཁ་སྒོ་ནས་ཞུགས། སྙིང་གའི་ཧཱུྃ་ཡིག་གི་མཐའ་མར་སྔགས་སྔ་མ་ལ་ཐིམ་ཞིང་འཁོར་བར་མོས་མཛོད་བྱས་ལ། ཨོཾ་ཨཱཿམཾ་ཧཾ་རཾ་ཧཱུྃ་ཕཊ་སྭཱཧཱ། ལན་གསུམ་རྗེས་ཟློས་བྱེད་དུ་གཞུག །ལྷག་མ་རྣམས་གཞན་དང་མཚུངས་སོ། །

༄ ཡེ་ཤེས་མགོན་པོ་ཕྱག་བཞི་པ་ཀྱཻ་རྡོའི་ལུགས་ལ། ཡི་དམ་གྱི་མངོན་རྟོགས་སྔོན་དུ་འགྲོ་བས། མཆོད་གཏོར་ལེགས་པར་བཤམས་ལ། སླ་(༢༤༧བ)མེད་ལྟར་བྱིན་གྱིས་བརླབས། རྟེན་ཡོད་ན་དེ་ཉིད་བསྐྱེད་དགོས་ཤིང་། མེད་ན་གཏོར་མའི་སྟེང་གི་ནམ་མཁར་བསྐྱེད་པ་ཡིན་ཏེ། དེ་ཡང་། ཨོཾ་སྭ་བྷཱ་ཝ་ཤུདྡྷཱ་སརྦ་དྷརྨཱ་སྭ་བྷཱ་ཝ་ཤུདྡྷོ྅ཧཾ། སྟོང་པའི་ངང་ལས་རྡོ་རྗེའི་ས་གཞི་ར་བ་གུར་ཁང་མེ་དཔུང་འབར་བ་དང་བཅས་པའི་སྲུང་བའི་འཁོར་ལོའི་ནང་། རང་གི་མདུན་དུ་དངོས་གྲུབ་འབྱུང་བའི་དུར་ཁྲོད་ཆེན་པོ་བརྒྱད། ཕྲོགས་སྐྱོང་བ་དང་། ཞིང་སྐྱོང་བ་དང་། ཤིང་དང་། མེ་དང་། ཆུ་དང་བཅས་ཤིང་། རི་དང་། རི་ལངས་དང་། སྲིན་པོ་དང་། འབྱུང་པོ་དང་། དཔའ་བོ་དང་། མཁའ་འགྲོའི་ཚོགས་ཀྱིས་ཡོངས་སུ་གང་བའི་དབུས་ཀྱི་ས་གཞི་ལ་རིན་པོ་ཆེ་འབར་བའི་གཞལ་མེད་ཁང་གྲུ་བཞི་སྒོ་བཞི་རྟ་བབས་བཞི་དང་བཅས་པ། དབུས་སུ་ཐོད་པ་འབར་བའི་གཞལ་ཡས་ཁང་ཀླུམ་པོ། སྟེང་ཀེང་རུས་ཀྱིས་ཕུབ་པ།

ཕྱི་ནང་ཀུན་ཏུ་རིན་པོ་ཆེ་དང་། ལྕ་རྫས་ཀྱི་གོས་དང་། མེ་ཏོག་དང་། ཞིང་ལྤགས་
ནང་ཁྲོལ་རུས་འཕྲེང་སྐྲའི་རྔ་ཡབ་ལ་སོགས་པ་འཕྲིན་ལས་རྣམ་པ་བཞི་དང་འབྲེལ་
བའི་རྒྱན་ཐམས་ཅད་ཀྱིས་བརྒྱན་པའི་དབུས་སུ། གྲུ་གསུམ་མཐིང་ནག་འབར་བའི་
དཀྱིལ་འཁོར་ལ་པཾ་ལས་པདྨ་དང་། རཾ་ལས་ཉི་མའི་དཀྱིལ་འཁོར་གྱི་གདན་དུ་གྱུར།
རང་གི་སྙིང་ག་ནས་ཧཱུཾ་མཐིང་ནག་འབར་བ་ཞིག་སྤྲོས་ཏེ་གདན་སྟེང་དུ་འཁོད། ཧཱུཾ་
དེ་ཉིད་ཀྱི་འོད་ཀྱི་འཕྲོ་འདུ་ལས། རྡོ་རྗེ་གྲི་གུག་ཧཱུཾ་གིས་མཚན་པར་གྱུར། དེ་ལས་
འོད་ཟེར་འཕྲོས། དགྲ་བགེགས་གདུག་པ་ཅན་ཐམས་ཅད་ཚར་བཅད་དེ་གནས་
སྒྱུར། ཚུར་འདུས་ཡོངས་སུ་གྱུར་པ་ལས། དཔལ་ཡེ་ཤེས་ཀྱི་མགོན་པོ་མཧཱ་ཀཱ་(༢༣༢ན)
ལ་དཔའ་བོ་ཆེན་པོ་སྐུ་མདོག་མཐིང་ནག་དུས་མཐའི་སྤྲིན་དང་མཚུངས་པ། དམར་
ལ་ཟླུམ་པའི་སྤྱན་གསུམ་སྟང་མིག་ཏུ་གཟིགས་པ། ཞལ་གདངས་ཤིང་མཆེ་བ་
གཙིགས་པ། ལྗགས་འདྲིལ་ཞིང་། ཧ་ཧ་དང་ཧཱུཾ་ཧཱུཾ་དང་ཕཊ་ཕཊ་ཀྱི་གད་བརྒྱངས་
སྒྲོག་པ། སྨ་ར་དང་སྨིན་མ་དབུ་སྐྲ་སེར་པོ་མེ་ལྟར་འབར་བ། ཕྱག་བཞིའི་གཡས་
ཀྱི་དང་པོས་རྡོ་རྗེ་གྲི་གུག་དང་། གཡོན་གྱི་དང་པོས་ཀ་པཱ་ལ་ཁྲག་གིས་གང་བ་
ཐུགས་ཀར་སྟེང་འོག་ཏུ་འཛིན་པ། གཡས་འོག་མས་རལ་གྲི་འབར་བ་འདེབས་པའི་
ཚུལ་གྱིས་འཛིན་ཅིང་། གཡོན་འོག་མས་ཏྲི་ཤཱུ་ལས་མཚན་པའི་ཁ་ཊྭཱཾ་ག་དར་དཔྱངས་
དང་བཅས་པ་འཕྱར་སྟབས་སུ་བསྣམས་པ། མི་མགོ་སྐམ་པོ་ལྔའི་དབུ་རྒྱན་དང་།
རློན་པ་ཁྲག་འཛག་པ་ལྔ་བཅུ་རྩ་གཅིག་གིས་དོ་ཤལ་བྱས་པ། རིན་པོ་ཆེའི་རྩེ་ཕྲན་
དང་། སྦྲུལ་རིགས་བཞི་དང་། རུས་པའི་རྒྱན་ཐམས་ཅད་ཀྱིས་བརྒྱན་པ། སྟག་གི་
པགས་པའི་ཤམ་ཐབས་ཅན། ཡེ་ཤེས་ཀྱི་མེ་དཔུང་འབར་བའི་ཀློང་དཀྱིལ་ན་ཞིང་
ཆེན་བརྙོལ་བའི་གདན་ལ་དཔའ་བོ་རོལ་པའི་འདུག་སྟངས་ཀྱིས་བཞུགས་པའོ། །
དེའི་ཐུགས་ཀ་ནས་ཧཱུཾ་གསུམ་སྤྲོས་ཏེ། གཙོ་བོའི་གཡས་གཡོན་དང་། མདུན་གྱི་
གྲུར་འཁོད་པ་ནི། ལས་ཀྱི་མགོན་པོ་སྐུ་མདོག་མཐིང་ནག །ཁྲོ་གཏུམ་འཇིགས་པའི་

གཟུགས་ཅན་མིའུ་ཐུང་གི་རྣམ་པ་རྡོ་རྗེ་གནམ་ལྕགས་ཀྱི་མཆུ་དང་ལྡན་པའི་བྱ་རོག་གི་གདོང་ཁྲོ་གཉེར་བསྡུས་ཤིང་སྤྱན་གསུམ་པ། གཡས་གྲི་གུག་འཕྱར་བ། གཡོན་ཐོད་ཁྲག་ཐུགས་ཀར་(༢༣༢བ)འཛིན་ཅིང་ཞལ་དུ་ཧྟབ་པ། ཞབས་བརྐྱངས་བསྐུམ་གྱི་དོར་སྟབས་ཅན། དུག་སྦྲུལ་ནག་པོས་བརྒྱན་ཅིང་། སྐྲ་མཚམས་ནས་རྡོ་རྗེ་བྱ་ཁྱུང་སྒྲོ་བ། སྟག་ལྤགས་ཀྱི་ཤམ་ཐབས་ཅན་གསུམ་དུ་གྱུར། གཙོ་བོའི་གཡས་སུ་ཀླུ་ལས་ལེགས་ལྡན་ནག་པོ། ཕྱག་གཡས་ཙནྡན་གྱི་བེང་ཆེན་དང་། གཡོན་པས་ལྕགས་ཀྱི་པར་བུ་བདུད་རྩིས་གང་བ་འཛིན་པ། དར་ནག་གི་འཇོལ་བེར་ཅན། ཞབས་ལ་སག་ལྷམ་ཡུ་རིང་གསོལ་ཞིང་། གཡོན་བརྐྱང་པ། གསེར་གྱི་སྐེ་རགས་ཅན་གཙོ་བོའི་གཡོན་དུ་ཛྫོཿལས་ཙཎྜི་ཀཱ་དམར་མོ་ཞལ་གཅིག་ཕྱག་བཞིའི་གཡས་གཉིས་རལ་གྲི་དང་ཐོད་ཁྲག །གཡོན་གཉིས་མི་མགོ་དང་མདའ་གཞུ་འཛིན་པ། གཅེར་མོ་ཁྲོ་ཞིང་སྐྱེག་པ་རུས་པའི་རྒྱན་གྱིས་བརྒྱན་པ། གཡས་བསྐུམ་གཡོན་བརྐྱང་བའི་སྟབས་ཀྱིས་བཞུགས་པ། གཙོ་བོའི་མདུན་དུ་ཧུྃ་ལས་ཤ་ཟ་ནག་པོ་སེང་གེའི་གདོང་པ་ཅན་རལ་གྲི་དང་ཐོད་ཁྲག་འཛིན་པ། གཡོན་བརྐྱང་བའི་གར་སྟབས་ཅན། དར་ནག་གི་ན་བཟའ་དཀྲིས་པ། དེའི་ཕྱི་རོལ་སྒོ་མཚམས་བརྒྱད་དུ་ཡི་གེ་མ་བརྒྱད་ཡོངས་སུ་གྱུར་པ་ལས། ཤར་དུ་མཁའ་འགྲོ་མ་བྱ་རྐོད་ཀྱི་གདོང་པ་ཅན། བྱང་དུ་ཁྱུང་གི་གདོང་པ་ཅན། ནུབ་ཏུ་ཁྭ་ཏའི་གདོང་པ་ཅན། ལྷོར་འུག་པའི་གདོང་པ་ཅན། ཤར་ལྷོར་ཕག་གི་གདོང་པ་ཅན། ལྷོ་ནུབ་ཏུ་ཁྱིའི་གདོང་པ་ཅན། ནུབ་བྱང་དུ་སྤྱང་ཀིའི་གདོང་པ་ཅན། བྱང་ཤར་དུ་སྟག་གི་གདོང་པ་ཅན། བརྒྱད་ཀའང་གཅེར་བུ་ཞལ་གཅིག་ཕྱག་གཉིས་གྲི་གུག་དང་ཐོད་པ་འཛིན་པ་བཞེངས་པའི་སྟངས་སྟབས་སྣ་ཚོགས་པས་གནས་པ། འཁོར་དེ་(༢༣༣ན)ཐམས་ཅད་ཀྱང་དབུ་སྐྲ་གྱེན་དུ་བརྫེས་ཤིང་སྤྱན་གསུམ་པ། མི་མགོའི་དབུ་རྒྱན་དང་དོ་ཤལ་ཅན། མི་རོའི་གདན་ལ་རྣམ་པར་འགྱིངས་པ་མེ་དཔུང་འབར་བའི་དབུས་ན་བཞུགས་པའོ། །དེའི་ཕྱི་རོལ་དུ་ནག་པོ་

སྟོང་ཤ་ཟ་འབུམ། མ་མོ་བྱེ་བ། ལྷ་སྲིན་སྡེ་བརྒྱད་ཀྱི་ཚོགས་ཐམས་ཅད་ཀྱིས་བསྐོར་
ཏེ་བཞུགས་པར་གྱུར། རང་གི་ཐུགས་ཀའི་ཧཱུྃ་དང་། མགོན་པོའི་ཐུགས་ཀ་ནས་འོད་
ཟེར་འཕྲོས། འོག་མིན་དང་། དུར་ཁྲོད་ཆེན་པོ་བསིལ་བའི་ཚལ། ན་ལེནྡྲ། དཔལ་
གྱི་རི་ལ་སོགས་པ་ནས། མགོན་པོ་འཁོར་དང་བཅས་པ་བཛྲ་ས་མ་ཛཿཧཱུྃ། དད་པ་
དང་ནི་དམ་ཚིག་གིས། །ཚུར་གཤེགས་མཧཱ་ཀཱ་ལའི་ཚོགས། །བདག་གིས་ཐུགས་
དམ་གཉན་བསྐོང་ན། །དུར་ཁྲོད་གནས་ནས་གཤེགས་སུ་གསོལ། །ཨོཾ་བཛྲ་མཧཱ་ཀཱ་
ལ་ས་པ་རི་ཝཱ་ར་ཨེ་ཧྱ་ཧི་ཨོཾ་བཛྲ་ས་མ་ཛཿཞེས་སྤྱན་དྲངས། པདྨ་ཀ་མ་ལ་ཡེ་སྟྭཾ་
གྱིས་གདན་ཕུལ། ཛཿཧཱུྃ་བཾ་ཧོཿ གཉིས་སུ་མེད་པར་ཐིམ། མགོན་པོའི་སྤྱི་བོར་
འཁོར་ལོ་ལ་ཨོཾ་དཀར་པོ། མགྲིན་པར་པདྨ་ལ་ཨཱཿདམར་པོ། ཐུགས་ཀར་ཉི་མ་ལ་
ཧཱུྃ་སྔོན་པོ། ཡང་རང་གི་ཐུགས་ཀའི་ཧཱུྃ་ལས་འོད་ཟེར་འཕྲོས། དབང་གི་ལྷ་རིགས་
ལྔ་འཁོར་དང་བཅས་པ་བཛྲ་ས་མ་ཛཿཨརྒྷཾ་ནས་ཤབྡའི་བར་གྱིས་མཆོད། དེ་བཞིན་
གཤེགས་པ་ཐམས་ཅད་ཀྱིས་བདག་ལ་མངོན་པར་དབང་བསྐུར་དུ་གསོལ། ཞེས་
གསོལ་བ་བཏབ་པས། དབང་གི་ལྷ་རྣམས་ཀྱིས། ཨོཾ་བཛྲཱི་བྷ་ཝ་ཨ་བྷི་ཥིཉྩ་ཧཱུྃ། ཞེས་
གསུངས་ཤིང་བདུད་རྩིའི་བུམ་པས་དབང་བསྐུར། སྐུ་(༢༣༣ བ)གང་། དྲི་མ་དག །མཐུ་
སྟོབས་དང་ནུས་མཐུ་ལ་དབང་བར་བྱས། ཆུའི་ལྷག་མ་སྤྱི་བོར་འཁྱིལ་བ་ལས། ཡེ་
ཤེས་མགོན་པོ་ལ་མི་བསྐྱོད་པ་གཙོ་བོར་གྱུར་པའི་རིགས་ལྔས་དབུ་བརྒྱན་ཅིང་།
འཁོར་རྣམས་ལ་གཙོ་བོ་ཉིད་ཀྱི་དབུ་བརྒྱན་པར་གྱུར། ཨོཾ་བཛྲ་མཧཱ་ཀཱ་ལ་ཨརྒྷཾ་པྲ་
ཏཱིཙྪ་སྭཱཧཱ། དེ་བཞིན་དུ། པཱ་དྱཾ། ཨཱཙྪ་མ་ནཾ། པྲོཀྵ་ནཾ། ཨོཾ་བཛྲ་མཧཱ་ཀཱ་ལ་ཡ། པུཥྤེ་
ཨཱཿཧཱུྃ། དེ་བཞིན་དུ། དྷཱུ་པེ། དཱི་པེ། གནྡྷེ། ནཻ་ཝེདྱ། ཤབྡ། ཞེས་ཕྱི་མཆོད་དང་། ཨོཾ་
མཧཱ་ཀཱ་ལ་ཧཱུྃ་ཕཊ། ཨོཾ་ཨཱཿཧཱུྃ། ཞེས་ནང་མཆོད་དང་། ཧཱུྃ། གཟི་བརྗིད་སྐུ་ཡིས་
སྲིད་གསུམ་ཟིལ་གྱིས་གནོན། །གསུང་གི་བཞད་སྒྲས་སྡེ་བརྒྱད་བྲན་དུ་འཁོལ། །བརྩེ་
བའི་ཐུགས་ཀྱིས་འགྲོ་དྲུག་དབང་དུ་བསྡུས། །ལྷ་ཆེན་དཔལ་འབར་འཁོར་དང་

བཅས་ལ་བསྟོད། །རྡོ་རྗེ་རྩེ་ལྔའི་ཕྱག་རྒྱ་བསྟན་ལ། ཨོཾ་མནྟྲ་ཀྲཱ་ལ་ས་མ་ཡ་ཏ་ན་ཏ་ན་ཧཱུཾ་ཕཊ། ཅེས་ལན་གསུམ་བརྗོད་ཅིང་དམ་ལ་བཞག །དེ་ནས་བཟླས་པའི་དམིགས་པ་གསལ་བཏབ་ལ། ཨོཾ་བཛྲ་མནྟྲ་ཀྲཱ་ལ་ཡ་ཧཱུཾ་ཧཱུཾ་ཕཊ། ཅེས་པ་ཉེ་སྙིང་དང་། ཨོཾ་བཛྲ་ག་ཨུ་པ་མནྟྲ་ཀྲཱ་ལ་ཡ་ཧཱུཾ་ཧཱུཾ་ཕཊ། ཅེས་སྙིང་པོ་དང་། ཨོཾ་བཛྲ་ག་ཨུ་ཥ་ཥ་པ་ཤ་ཡ་མནྟྲ་ཀྲཱ་ལ་ཡ་ཧཱུཾ་ཧཱུཾ་ཕཊ། ཅེས་ཁྱད་པར་གྱི་སྙིང་པོ་དང་། ཤྲཱ་སན་རྩ་བའི་སྔགས་ཡིན་ལ། ཨོཾ་ཀརྨ་མནྟྲ་ཀྲཱ་ལ་ཡ་ཧཱུཾ་ཕཊ། ཅེས་ལས་མགོན་གྱི་སྙིང་པོ་དང་། ཨོཾ་མནྟྲ་ཀྲཱ་ལ་གུ་ཋ་ཧི་ད་ཧཱུཾ་ཕཊ། གཙོ་བོ་ལས་མགོན་སྦྲགས་པའི་སྙིང་པོ་དང་། ཨོཾ་མནྟྲ་ཀྲཱ་ལ་ག་ག་མུ་ཁ་ཧཱུཾ་ཕཊ། ལས་མགོན་གྱི་མཚན་སྔགས་དང་། ཨོཾ་མནྟྲ་ཀྲཱ་ལ་ཤྲཱི་ཡེཾ་ཧཱུཾ་ཧཱུཾ་ཕཊ་སྭཱཧཱ། (༢༣༤ན)ཞིགས་ལྡན་བེང་གི་སྔགས་དང་། ཨོཾ་མནྟྲ་ཀྲཱ་ལི་དེ་ཤི་ཤཾ་ཧི་ཧཱུཾ་ཕཊ། ཙཎྜི་ཀའི་སྙིང་པོ་དང་། ཨོཾ་ཡ་མ་རཱ་ཛ་དུ་ཧི་ཤུ་ཧི་ཧཱུཾ་ཧཱུཾ་ཕཊ་སྭཱཧཱ། ཤ་ཟ་སེང་གེའི་གདོང་གི་སྔགས་སོ། །ཡི་དམ་གང་བྱེད་དེའི་ཚིག་ལས་འབྱུང་བའི་གཏོར་མ་བྱིན་རླབས་དེ་ཉིད་ཀྱིས་བྱིན་གྱིས་བརླབས། མགོན་པོ་འཁོར་དང་བཅས་པའི་ལྷུགས་རྡོ་རྗེའི་སྦྲུ་གུས་གཏོར་མ་བྲངས་ཏེ་གསོལ་བར་གྱུར། ཨོཾ་བཛྲ་མནྟྲ་ཀྲཱ་ལ་ཨི་དཾ་བ་ལིཾ་ཏ་ཁ་ཁ་ཁཱ་ཧི་ཁཱ་ཧི་ཧཱུཾ་ཕཊ། ལན་བདུན་གྱིས་གཙོ་བོ་དང་། འཁོར་རྣམས་ལ་སྦྱོ་ན། སྙིང་པོ་ལན་གསུམ་གྱིས་འབུལ་ཞིང་། སླར་ཡང་ཨརྒྷཾ་ནས་ཤབྡའི་བར་གྱིས་མཆོད་ཅིང་། གོང་བཞིན་བསྟོད་པ་བསྡུས་པས་བསྟོད། མཆོད་སྦྱིན་གཏོར་མ་འདི་བཞེས་ལ། །ཞེས་སོགས་སམ། རྡོ་རྗེ་ནག་པོ་ཆེན་པོ་འཁོར་དང་བཅས་པ་རྣམས་ཀྱིས་མཆོད་སྦྱིན་གཏོར་མ་འདོད་དགུ་འབྱུང་བའི་རྒྱ་མཚོ་འདི་བཞེས་ལ། རྩ་བ་དང་བརྒྱུད་པར་བཅས་པའི་དཔལ་ལྡན་བླ་མ་དམ་པ་རྣམས་ཀྱི་བཀའ་དང་དམ་ལས་མ་འདའ་བར། སངས་རྒྱས་ཀྱི་བསྟན་པ་དར་ཞིང་རྒྱས་པ་དང་། སེམས་ཅན་ལ་བདེ་སྐྱིད་ཀྱི་དཔལ་རྒྱ་ཆེན་པོ་འབྱུང་བ་དང་། རྣལ་འབྱོར་པ་བདག་གི་བསམ་སྦྱོར་ཕུན་ཚོགས་ཆོས་ལྡན་ཡིད་བཞིན་དུ་འགྲུབ་པ་

དང་། བར་ཆད་མི་མཐུན་པའི་ཕྱོགས་ཐམས་ཅད་ཞི་ཞིང་། དགྲ་བགེགས་ཐམས་ཅད་ཚར་གཅོད་པ་ལ་སོགས་པའི་འཕྲིན་ལས་རྣམ་པ་བཞི་གཡེལ་བ་མེད་པར་མཛད་དུ་གསོལ། ཞེས་འདོད་དོན་གསོལ་བཏབ་སོགས་བྱའོ། ། ༈ འདིའི་རྗེས་གནང་གི་བྱ་(༢༣༤བ)བ་ནི། ཕྱག་ལེན་ལུགས་གཉིས་ལས། དང་པོ་དཔལ་ཕག་མོ་གྲུབ་པ་ལས་བརྒྱུད་པའི་གཞོམ་བྱ་ཚུལ། དཀྱིལ་འཁོར་སྒོམ་དོན་དང་མཐུན་པའམ། བསྡུ་ན་ཟླུམ་སྐོར་གྱི་ནང་དུ། གྲུ་གསུམ་མཐིང་ནག་ལྷ་གྲངས་དང་མཉམ་པའི་ཚོམ་བུ་ཅན། དབུས་སུ་གཏོར་མ་སྙིང་གཟུགས་མ་མཐླི་ལ་བཀོད། མཐར་འབུལ་གཏོར་ལྷ་གྲངས་དང་མཉམ་པའམ་གང་འོས་དང་། བདུད་རྩིའི་ཐོད་པ། ནང་མཆོད་སོགས་དང་། མཆོད་པ་རྣམས་བཤམས། ཤིན་ཏུ་བསྡུ་ན། དཀྱིལ་འཁོར་མེད་ཀྱང་ཆོག་པས། དཔལ་གྱི་གཏོར་མ་བརྟེན་པ་པོ་ནས་ཀྱང་ཉུང་ངོ་། །གཏོར་འབུལ་ཡན་ཆད་གོང་དུ་བསྟན་པ་བཞིན་བྱས་ལ། སློབ་མ་རྣམས་མཎྜལ་འབུལ་དུ་བཅུག །སངས་རྒྱས་བསྟན་པ་སྲུང་བ་དང་། །དཀོན་མཆོག་དབུ་འཕང་བསྟོད་པ་དང་། །ལོག་འདྲེན་བགེགས་རྣམས་ཚར་གཅོད་ཕྱིར། །མགོན་པོའི་དབང་བསྐུར་བདག་ལ་སྩོལ། །ཞེས་ལན་གསུམ་གྱིས་གསོལ་བ་བཏབ། རྒྱུན་བཤགས་སྔོན་དུ་འགྲོ་བའི་སེམས་བསྐྱེད་ཀྱི་དམིགས་པ་ཕོག་ལ། དཀོན་མཆོག་གསུམ་ལ་བདག་སྐྱབས་མཆི། །ཞེས་སོགས་ལན་གསུམ་རྗེས་ཟློས་བྱེད་དུ་གཞུག །རྗེས་གནང་དངོས་གཞི་ནི། བླ་མ་ཧེ་རུ་ཀའི་ཐུགས་ཀ་ནས་འོད་ཟེར་སྔོན་པོ་ཐོག་ལྟུང་བ་ལྟར་བྱུང་སྟེ། སློབ་མའི་ལུས་ལ་གཡོན་སྐོར་ལན་གསུམ་བྱས་ནས་སྤྱི་བོར་ཐིམ་པས། མ་དག་པའི་ལུས་སྦྱངས་ཏེ། འོད་ཟེར་མཐིང་ཁའི་ཕུང་པོ་ཆེན་པོར་གྱུར། དེ་ལས་དུར་ཁྲོད་རོལ་བའི་གཞལ་ཡས་ཁང་ཆེན་པོའི་དབུས་སུ། པད་ཉིའི་གདན་ལ་ཧཱུྃ་ལས་རྡོ་རྗེ་(༢༣༥ན)གྱི་གྲུག་ཧཱུྃ་གིས་མཚན་པ། དེ་ལས་འོད་ཟེར་འཕྲོས། དགྲ་བགེགས་གདུག་པ་ཅན་ཐམས་ཅད་ཚར་བཅད་དེ་གནས་སྟར། ཚུར་འདུས་ཡོངས་སུ་གྱུར་པ་ལས། ཁྱེད་རང་རྣམས་

དཔལ་ཡེ་ཤེས་ཀྱི་མགོན་པོ་མཧཱ་ཀཱ་ལ་དཔའ་བོ་ཆེན་པོ་སྐུ་མདོག་མཐིང་ནག་དུས་མཐའི་སྤྲིན་དང་མཚུངས་པ། དམར་ལ་ཟླུམ་པའི་སྤྱན་གསུམ་སྔང་མིག་ཏུ་གཟིགས་པ། ཞལ་གདངས་ཤིང་མཆེ་བ་གཙིགས་པ། ལྗགས་འདྲིལ་ཞིང་། ཧ་ཧ་དང་ཧཱུཾ་ཧཱུཾ་དང་ཕཊ་ཕཊ་ཀྱི་གད་བརྒྱངས་སྒྲོག་པ། སྨ་ར་དང་སྨིན་མ་དབུ་སྐྲ་སེར་པོ་མེ་ལྟར་འབར་བ། ཕྱག་བཞིའི་གཡས་ཀྱི་དང་པོས་རྡོ་རྗེ་གྲི་གུག་དང་། གཡོན་གྱི་དང་པོས་ཀ་པཱ་ལ་ཁྲག་གིས་གང་བ་ཐུགས་ཀར་སྙིང་འོག་ཏུ་འཛིན་པ། གཡས་འོག་མས་རལ་གྲི་འབར་བ་འདེབས་པའི་ཚུལ་གྱིས་འཛིན་ཅིང་། གཡོན་འོག་མས་ཏྲི་ཤཱུ་ལས་མཚན་པའི་ཁ་ཊྭཱཾ་ག་དར་དཔྱངས་དང་བཅས་པ་འཕྱར་སྟབས་སུ་བསྣམས་པ། མི་མགོ་སྐམ་པོ་ལྔའི་དབུ་རྒྱན་དང་། རློན་པ་ཁྲག་འཛག་པ་ལྔ་བཅུ་རྩ་གཅིག་གིས་དོ་ཤལ་བྱས་པ། རིན་པོ་ཆེའི་རྩེ་ཕྲན་དང་། སྦྲུལ་རིགས་བཞི་དང་། རུས་པའི་རྒྱན་ཐམས་ཅད་ཀྱིས་བརྒྱན་པ། སྟག་གི་པགས་པའི་ཤམ་ཐབས་ཅན། ཡེ་ཤེས་ཀྱི་མེ་དཔུང་འབར་བའི་ཀློང་དཀྱིལ་ན་ཞིང་ཆེན་བསྣོལ་བའི་གདན་ལ་དཔའ་བོ་རོལ་པའི་འདུག་སྟངས་ཀྱིས་བཞུགས་པའོ། །ཞེས་མགོན་པོའི་སྐུར་གསལ་བཏབ། མདུན་གྱི་གཏོར་རྟེན་འདི་ཉིད་ཀྱང་ཁྱེད་རང་རྣམས་བསྒོམས་པ་དང་འདྲ(༢༣༥བ)བའི་མགོན་པོ་ཕྱག་བཞི་པར་དངོས་སུ་མོས་ལ། དེ་ནས་བླ་མའི་ཐུགས་ཀ་ནས་འོད་ཟེར་འཕྲོས། བསིལ་བའི་ཚལ། ན་ལེནྡྲ། དཔལ་གྱི་རི་ལ་སོགས་པ་ནས། ཡེ་ཤེས་པ་འཁོར་དང་བཅས་པ་ཞུར་ཞུར་ཆེམ་ཆེམ་གྱི་སྒྲ་དང་བཅས་ཏེ་བྱོན། སློབ་མའི་ལུས་ལ་ཐིམ་པས། ལུས་ཀྱི་སྡིག་སྒྲིབ་དག །སྐུའི་བྱིན་རླབས་ཞུགས་པར་བསམ་ཞིང་། རོལ་མོའི་སྒྲ་བྱ། སྤགས་དྲག་ཏུ་བཟླ། དེ་ནས་སློབ་དཔོན་གྱི་ཐུགས་ཀ་ནས་འོད་ཟེར་འཕྲོས། དབང་གི་ལྷ་འཁོར་ལོ་བདེ་མཆོག་གི་ལྷ་ཚོགས་མདུན་གྱི་ནམ་མཁར་སྤྱན་དྲངས། ཁྱེད་རྣམས་ཀྱིས་སློབ་མ་རྣམས་ལ་མངོན་པར་དབང་བསྐུར་དུ་གསོལ། ཞེས་གསོལ་བ་བཏབ་པས། ཨོཾ་བཛྲ་ཧྲཱ་ཕ་ཨ་ཧྲི་ཥིཉྩ་ཧཱུཾ། ཞེས་གསུངས་ཤིང་དབང་བསྐུར་བར་

ཚོས་སུ་བཅུག་ནས། ཀ་པཱ་ལ་བདུད་རྩིས་གང་བས་དབང་བསྐུར། དེ་ལྟར་དབང་བསྐུར་བས། ལུས་ཐམས་ཅད་གང་། དྲི་མ་ཐམས་ཅད་དག །མཐུ་སྟོབས་དང་ནུས་མཐུ་ལ་དབང་བར་གྱུར། ཆུའི་ལྷག་མ་སྤྱི་བོར་འཁྱིལ་བ་ལས་མི་བསྐྱོད་པ་གཙོ་བོར་གྱུར་པའི་རིགས་ལྔས་དབུ་བརྒྱན་པར་མོས། སྐུའི་རྗེས་གནང་སྐུའི་བྱིན་རླབས་འབེབས་པ་དང་བཅས་པའོ། །ཁྱེད་རང་གི་སྙིང་གར་པད་ཉིའི་གདན་ལ་ཧཱུྃ་མཐིང་ནག་གི་མཐར་སྔགས་འཕྲེང་འོད་ཟེར་མཐིང་ནག་འབར་བའི་རྣམ་པ་ཅན་དུ་བཞུགས་པར་མོས། སློབ་དཔོན་གྱི་ཐུགས་ཀ་ནས་འོད་ཟེར་འཕྲོས། མདུན་བསྐྱེད་ཀྱི་ལྷའི་ཐུགས་རྒྱུད་བསྐུལ། ཐུགས་ཀའི་སྔགས་འཕྲེང་ལས་སྔགས་འཕྲེང་གཉིས་པ་ཞིག་ཆད། ཞལ་ནས་ཐོན། ཁྱེད་རང་གི་ཁ་སྒོ་ནས་ཞུགས། སྙིང་གའི་ཧཱུྃ་ཡིག(༢༣༨ན)གི་མཐའ་མར་སྔགས་སྔ་མ་ལ་ཐིམ་ཞིང་འཁོར་བར་མོས་སུ་བཅུག་ལ། ཨོཾ་བཛྲ་མཧཱ་ཀཱ་ལ་ཡ་ཧཱུྃ་ཧཱུྃ་ཕཊ། ཉེ་སྙིང་དང་། ཨོཾ་བཛྲ་ཀ་ལྷུ་བ་མཧཱ་ཀཱ་ལ་ཡ་ཧཱུྃ་ཧཱུྃ་ཕཊ། སྙིང་པོ་དང་། ཨོཾ་བཛྲ་ཀ་ལྷུ་ཕ་ཕ་པ་ཤ་ཡ་མཧཱ་ཀཱ་ལ་ཡ་ཧཱུྃ་ཧཱུྃ་ཕཊ། ཁྱད་པར་གྱི་སྙིང་པོ་དང་། ཨོཾ་ཤྲཱི་མཧཱ་ཀཱ་ལ་ཤཱ་ས་ན་ཨུ་པ་ཧ་རི་ཎེ། ཨེ་ཧྱེ་ཧི་པཙྪི་མ་ཀ་ཡོ། ཨ་ཡཾ་ཨི་དཾ་རཏྣ་ཏྲ་ཡ། ཨ་པ་ཀ་རི་ཎཾ། ཡ་ཏི་པྲ་ཏི་ཛྙཱ། སྨ་ར་སི། ཏ་ད་ཨི་དཾ་དུཥྚཾ། ཁ་ཁཱ་ཧི་ཁཱ་ཧི། མཱ་ར་མཱ་ར། གྲིཧྣ་གྲིཧྣ། བནྡྷ་བནྡྷ། ཧ་ན་ཧ་ན། ད་ཧ་ད་ཧ། པ་ཙ་པ་ཙ། དི་ན་མེ་ཀེ་ན་མཱ་ར་ཡ་ཧཱུྃ་ཧཱུྃ་ཕཊ་ཕཊ་སྭཱཧཱ། རྩ་སྔགས་དང་། ཨོཾ་ཀཱ་ཡ་མཧཱ་ཀཱ་ལ་ཡ་ཧཱུྃ་ཕཊ། ལས་མགོན་གྱི་སྙིང་པོ་དང་། ཨོཾ་མཧཱ་ཀཱ་ལ་གུ་ཎ་ཧྲི་ད་ཧཱུྃ་ཕཊ། གཙོ་བོ་ལས་མགོན་སྦྲགས་པའི་སྙིང་པོ་དང་། ཨོཾ་མཧཱ་ཀཱ་ལ་ཀ་ཀ་མུ་ཁ་ཧཱུྃ་ཕཊ། ལས་མགོན་གྱི་མཚན་སྔགས་དང་། ཨོཾ་མཧཱ་ཀཱ་ལ་ཤྲཱིཾ་པཾ་ཧཱུྃ་ཧཱུྃ་ཕཊ་སྭཱཧཱ། ལེགས་ལྡན་བྱེད་ཀྱི་སྔགས་དང་། ཨོཾ་མཧཱ་ཀཱ་ལི་དེ་ཝི་ཝཾ་ཧྲི་ཧཱུྃ་ཕཊ། ཙཀྲི་ཀའི་སྙིང་པོ་དང་། ཨོཾ་ཡ་མ་རཱ་ཛ་དུ་ཧི་ཤུ་ཧི་ཧཱུྃ་ཧཱུྃ་ཕཊ་སྭཱཧཱ། ཤ་ཟ་སེངྒེའི་གདོང་གི་སྔགས་ཏེ། སྔགས་རྣམས་ལན་གསུམ་གསུམ་རྗེས་ཟློས་བྱར་གཞུག །སློབ་དཔོན་ལ་མེ་ཏོག་

གཏོར་བཞིན་དུ་འདིའི་རྗེས་སྙོམས་མཛོད་ཅིག །བཅོམ་ལྡན་བདག་ལ་བསྐུལ་ལགས་ཀྱི། །བདག་ལ་འགོ་བར་མཛད་དུ་གསོལ། །ཞེས་ལན་གསུམ་གྱིས་གསོལ་བ་བཏབ་ནས། དེ་ལྟར་ཕུལ་བའི་མེ་ཏོག་དེ་ཉིད་སླར་ཡང་བྱིན་གྱིས་བརླབས་ཏེ། ཁྱེད་རང་གི་(༢༣༨བ)སྤྱི་བོར་ཕུལ་བའི་མོས་པ་མཛོད་ཅིག །སློབ་དཔོན་གྱིས་མེ་ཏོག་གཏོར་ཞིང་། བཅོམ་ལྡན་འདི་ལ་བསྐུལ་ལགས་ཀྱིས། །འདི་ལ་འགོ་བར་མཛད་དུ་གསོལ། །ཐུགས་ཀྱིས་དགོངས་གྲུབ་བསྐུལ་དུ་གསོལ། །བརྟུལ་ཞུགས་བརྟན་པར་མཛད་དུ་གསོལ། །རིག་པ་འཛིན་པ་འདི་རྣམས་ལ་དཔལ་ཡེ་ཤེས་ཀྱི་མགོན་པོ་འཁོར་དང་བཅས་པའི་སྐུ་གསུང་ཐུགས་ཀྱི་བྱིན་རླབས་མ་ལུས་པ་འཇུག་པར་གྱུར་ཅིག །ཅེས་བྱིན་གྱིས་བརླབས་པའི་ལུང་སྦྱིན་ལ། བླ་མའི་ཐུགས་ཀའི་འོད་ཟེར་གྱིས་རང་བཞིན་གྱི་གནས་དང་། བསིལ་བའི་ཚལ་ལ་སོགས་པ་ནས། ཐུགས་ཀྱི་ཡིག་འབྲུ་དཔག་ཏུ་མེད་པ་སྤྱན་དྲངས་ཏེ། སློབ་མའི་སྙིང་གའི་ཐུགས་འཕྲེང་ལ་ཐིམ་པས། ངག་གི་སྡིག་སྒྲིབ་དག །གསུང་གི་བྱིན་རླབས་ཞུགས་པར་བསམས་ལ། རོལ་མོའི་སྒྲ་བྱ། གསུང་གི་རྗེས་གནང་གསུང་གི་བྱིན་རླབས་འབེབས་པ་དང་བཅས་པའོ། །བླ་མ་ཡི་དམ་མདུན་བསྐྱེད་དང་བཅས་པ་ལ་མོས་གུས་དྲུང་དྲུང་བ་བྱས་པས། བླ་མའི་ཐུགས་ཀ་ནས་འོད་ཟེར་འཕྲོས། རང་ལུས་ལ་ཐིམ། ལུས་ཡས་མས་ནས་རིམ་པས་ཞུ་སྟེ། སྙིང་གའི་ཐུགས་འཁོར་ལ་ཐིམ། དེ་ཧཱུྃ་ལ། དེ་ཡང་ནཱ་དའི་བར་དུ་བསྡུས་ཏེ། ནཱ་ད་ཡང་མི་སྣང་བར་གྱུར་པ་ལ་མཉམ་པར་བཞག །ཡང་ཧཱུྃ་ཞེས་བྱ་བའི་སྒྲས། སློབ་མ་མགོན་པོའི་སྐུར་སྐད་ཅིག་གིས་གསལ་བཏབ། སློབ་དཔོན་ལ་མོས་གུས་དྲུང་དྲུང་བ་བྱས་པས། ཐུགས་ཀ་ནས་འོད་ཟེར་འཕྲོས། མདུན་བསྐྱེད་དང་། རང་བཞིན་གྱི་གནས་དང་། བསིལ་བའི་ཚལ་ལ་སོགས་པ་(༢༣༩ན)ནས། ཐུགས་གཉིས་སུ་མེད་པའི་ཡེ་ཤེས་ཀྱི་ཕྱག་མཚན་སོ་སོ་དཔག་ཏུ་མེད་པ་སྤྱན་དྲངས་ཏེ། དགྲ་བགེགས་བསྒྲལ་བ་ལ་སོགས་པའི་ལས་མཛད། སློབ་མའི་སྙིང་གར་ཐིམ་པས། ཡིད་

ཀྱི་སྡིག་སྒྲིབ་དག །ཐུགས་ཀྱི་བྱིན་རླབས་ཞུགས་པར་བསམས་ལ། རོལ་མོའི་སྒྲ་བྱ། ཐུགས་ཀྱི་རྗེས་གནང་དང་། ཐུགས་ཀྱི་བྱིན་རླབས་འབེབས་པའོ། །འཕྲིན་ལས་གཏོར་མའི་བཀའ་བསྒོ་ནི། གཏོར་མ་དཔལ་འབར་ཅན་སློབ་མའི་མགོ་ཐོག་ཏུ་བཟུང་ལ། དེ་ཉིད་མགོན་པོ་འཁོར་བཅས་སུ་མོས། དེའི་སྟེང་དུ་སློབ་དཔོན་དང་འཁོར་ལོ་བདེ་མཆོག་གི་དཀྱིལ་འཁོར་དབྱེར་མ་མཆིས་པ་གསལ་བཏབ། སྟེང་གི་ཆ་ལ་བརྒྱུད་པའི་བླ་མས་བསྐོར་བ་བསྒོམ་དུ་བཅུག །བླ་མ་ཡི་དམ་གྱི་ཚོགས་ཀྱིས་ཆོས་སྐྱོང་སྲུང་མ་རྣམས་ལ་བཀའ་བསྒོས་པས། དེ་རྣམས་ཀྱི་རྡོ་རྗེའི་ཁྲོ་དྲག་པོ་སྐྲབ་པས། དགྲ་བགེགས་ཐམས་ཅད་ཐལ་བར་བརླག་པར་མོས་པ་གྱིས་ཞེས་བརྗོད་ལ། རོལ་མོའི་སྒྲ་དྲག་པོ་དང་བཅས་ཏེ། ཤཱ་ས་ན་དང་སྔགས་རྣམས་ཚར་གཅིག་དྲག་ཏུ་བརྗོད་པའི་རྗེས་ལ། དཔལ་ཡེ་ཤེས་ཀྱི་མགོན་པོ་ཕྱག་བཞི་པ་ལྷམ་དྲལ་བྲན་གཡོག་བཀའ་སྡོད་ཕོ་ཉ་ལས་མཁན་འཁོར་དང་བཅས་པ་རྣམས་ཀྱིས་རྡོ་རྗེ་འཆང་། ཀླུ་སྒྲུབ་སྙིང་པོ། ཨཱརྻ་དེ་བ། རྟ་དབྱངས། རྡོ་རྗེ་གདན་པ། ཨ་བྷ་ཡཱ་ཀར། ཙ་མི། ཀྭ་ཡོ། ཕག་གྲུ། ཐང་པ། རཏྣ་ནཱ་ཐ། སངས་རྒྱས་ཡར་བྱོན། མཉྫ་ལ་གུ་རུ། སངས་རྒྱས་དཔལ་བཟང་། རཏྣ་གུ་རུ། (༢༣༧བ)རཏྣ་ཀ་ར། ཀ་དྲུག་པ་རིན་ཆེན་དཔལ་བཟང་། འབལ་རིན་ཆེན་སེངྒེ། བླ་མ་སྨོན་ལམ་དཔལ་འབྱོར། ངག་དབང་གྲགས་པ། ཚུལ་ཁྲིམས་མཆོག་གྲུབ། རྣམ་རྒྱལ་བཀྲ་ཤིས། རྗེ་བཙུན་ཀུན་དགའ་བཀྲ་ཤིས་ཁུ་དབོན་གཉིས། རྗེ་བཙུན་ཏཱ་ར་ནཱ་ཐ། བྱམས་པ་བསོད་ནམས་ཕུན་ཚོགས། བྱམས་པ་ངག་དབང་ལྷུན་གྲུབ། རྗེ་བཙུན་མང་ཐོས་རྒྱ་མཚོ། རྗེ་བྱམས་པ་ངག་དབང་ཕུན་ཚོགས། རྗེ་བློ་བཟང་ཐབས་མཁས་རྒྱ་མཚོ། རྗེ་བློ་བཟང་སྐལ་གྲགས། རྡོ་རྗེ་འཆང་རྒྱ་མཚོ་མཐའ་ཡས། ཡོངས་འཛིན་རྡོ་རྗེ་འཆང་ཆེན་པོ་རྗེ་བཙུན་བློ་བཟང་བསྟན་འཛིན་དཔལ་བཟང་པོའི་ཞལ་སྔ་ནས་ལ་སོགས་པའི་རྩ་བརྒྱུད་ཀྱི་དཔལ་ལྡན་བླ་མ་དམ་པ་རྣམས་ཀྱི་བཀའ་དང་དམ་ལས་མ་འདའ་

བར་སློབ་མ་འདིའི་སྲུང་མ་ཆེན་པོ་མཛོད་ལ། ལུས་དང་གྲིབ་མ་བཞིན་དུ་འགྲོགས་ཏེ། འགལ་རྐྱེན་ཐམས་ཅད་སོལ། མཐུན་རྐྱེན་ཐམས་ཅད་བསྒྲུབས། ཇི་ལྟར་བསམ་པའི་དོན་ཐམས་ཅད་འབད་མེད་ལྷུན་གྱིས་འགྲུབ་པར་མཛོད་ཅིག །ཅེས་བཀའ་བསྒོ་བྱས་པའི་མཐར། བླ་མ་རྣམས་ཡི་དམ་ལ་ཐིམ། དེ་རྣམས་མགོན་པོ་འཁོར་བཅས་ལ་ཐིམ། དེ་རྣམས་འོད་དུ་ཞུ་ནས་སློབ་མ་ལ་ཐིམ་པ་དཔོན་སློབ་གཉིས་ཅར་གྱིས་བསམ། བཀྲ་ཤིས་ཀྱི་ཚིགས་བཅད་ཅི་རིགས་པར་བརྗོད། རྗེས་ཀྱི་བྱ་བ་སྦྱི་དང་འདྲའོ། །

༄ གཏོར་དབང་ཁོ་ན་བྱེད་པར་འདོད་ན། གསོལ་བཏབ་རྒྱུན་བཞགས་སོང་བའི་རྗེས་ལ། སློབ་མའི་བློ་ངོར། གཏོར་མ་མགོན་པོར་བསྐྱེད་ཅིང་སྤྱན་དྲངས། དེ་ནས་གོང་བཞིན་གཏོར་མའི་བཀའ་བསྒོ་ཉིད་(༢༣༥ན)བྱས་པས་ཀྱང་བར་ཆད་སེལ་བའི་ཐབས་མཆོག་ཏུ་འགྱུར་ཞིང་། མཆོད་གཏོར་འབུལ་བ་སོགས་ལ་དབང་བ་ཡིན་ནོ། །ཡང་ཆོས་སྐྱོང་དུ་མི་བསྟེན་པར་བར་ཆད་སེལ་བ་ཙམ་དོན་དུ་གཉེར་བ་ལ། བཀའ་བསྒོའི་སྐབས་སྲུང་མ་མཛོད་ཅེས་པ་བོར། མགོན་པོ་སློབ་མ་ལ་བསྟིམ་པའི་དམིགས་པ་མི་དགོས་སོ། །

༄ གཉིས་པ་ཚལ་ལུགས་ཀྱི་ཡེ་ཤེས་མགོན་པོ་ཕྱག་བཞི་པ་ལ། མཆོད་གཏོར་ལེགས་པར་བཤམས་ལ། བདེ་མཆོག་གི་བདག་བསྐྱེད་སྔོན་དུ་འགྲོ་བས། མཆོད་པ་བྱིན་གྱིས་བརླབས་པ་ནི། བསངས་སྦྱངས། སྟོང་པའི་ངང་ལས་ཨ་ལས་ཡེ་ཤེས་ཀྱི་ཀ་པཱ་ལ་ཡངས་ཤིང་རྒྱ་ཆེ་བ་རྣམས་ཀྱི་ནང་དུ། ཧཱུྃ་ཞུ་བ་ལས། མཆོད་ཡོན། ཞབས་བསིལ། ཞལ་བསིལ། བསང་གཏོར། མེ་ཏོག །བདུག་སྤོས། མར་མེ། དྲི་ཆབ། ཞལ་ཟས། རོལ་མོ་ལ་སོགས་པ་མཆོད་པའི་ཡོ་བྱད་བསམ་གྱིས་མི་ཁྱབ་པ་ནམ་མཁའི་ཁམས་ཐམས་ཅད་ཡོངས་སུ་གང་བར་གྱུར། ཨོཾ་བཛྲ་ཨརྒྷཾ་སྭཱཧཱ། པཱ་དྱཾ། ཨཱཙྪ་མ་ནཾ། པྲོཀྵ་ཎཾ། པུཥྤེ་ཨཱཿཧཱུྃ། དྷཱུ་པེ། ཨཱ་ལོ་ཀེ། གནྡྷེ། ནཻ་ཝི་དྱེ། ཤབྡ། ཨོཾ་བཛྲ་གནྟ་ར་ཙེ་ཏ་སོགས་ཀྱིས་བྱིན་དབབ། རྟེན་ཡོད་ན་དེ་ཉིད་བསྐྱེད་དགོས་ཤིང་། མེད་

ན་གཏོར་མའི་སྟེང་གི་ནམ་མཁར་བསྐྱེད་པ་ཡིན་ཏེ། དེ་ཡང་། ཨོཾ་སྭ་བྷཱ་ཝ་ཤུདྡྷཿ སརྦ་དྷརྨཱཿ སྭ་བྷཱ་ཝ་ཤུདྡྷོ྅ཧཾ། སྟོང་པའི་ངང་ལས་རྡོ་རྗེའི་ས་གཞི་ར་བ་གུར་ཁང་མེ་དཔུང་འབར་བ་དང་བཅས་པའི་སྲུང་བའི་འཁོར་ལོའི་ནང་། རང་གི་མདུན་དུ་དངོས་གྲུབ་འབྱུང་བའི་དུར་ཁྲོད་ཆེན་པོ་(༢༣༨བ)བརྒྱད། ཕྱོགས་སྐྱོང་བ་དང་། ཞིང་སྐྱོང་བ་དང་། ཤིང་དང་། མེ་དང་། ཆུ་དང་བཅས་ཤིང་། རི་དང་། རི་ལངས་དང་། སྤྲིན་པོ་དང་། འབྱུང་པོ་དང་། དཔའ་བོ་དང་། མཁའ་འགྲོའི་ཚོགས་ཀྱིས་ཡོངས་སུ་གང་བའི་དབུས་ཀྱི་ས་གཞི་ལ་རིན་པོ་ཆེ་འབར་བའི་གཞལ་མེད་ཁང་གྲུ་བཞི་སྒོ་བཞི་རྟ་བབས་བཞི་དང་བཅས་པ། དབུས་སུ་ཐོད་པ་འབར་བའི་གཞལ་ཡས་ཁང་ཀླུམ་པོ། སྟེང་གེང་རུས་ཀྱིས་ཕུབ་པ། ཕྱི་ནང་ཀུན་ཏུ་རིན་པོ་ཆེ་དང་ལྷ་རྫས་ཀྱི་གོས་དང་། མེ་ཏོག་དང་། ཞིང་ལྤགས་ནང་ཁྲོལ་རུས་འཕྲེང་སྐྲའི་ཟ་ཡབ་ལ་སོགས་པ་འཕྲིན་ལས་རྣམ་པ་བཞི་དང་འབྲེལ་བའི་རྒྱན་ཐམས་ཅད་ཀྱིས་བརྒྱན་པའི་དབུས་སུ། གྲུ་གསུམ་མཐིང་ནག་འབར་བའི་དཀྱིལ་འཁོར་ལ་པཾ་ལས་པདྨ་སྟོན་པོ་འདབ་མ་བརྒྱད་པའི་ལྟེ་བར། རཾ་ལས་ཉི་མའི་དཀྱིལ་འཁོར་གྱི་གདན་དུ་གྱུར། རང་གི་སྙིང་ག་ནས་ཧཱུཾ་མཐིང་ནག་འབར་བ་ཞིག་འཕྲོས་ཏེ། གདན་སྟེང་དུ་འཁོད། ཧཱུཾ་དེ་ཉིད་ཀྱི་འོད་ཀྱི་འཕྲོ་འདུ་ལས། རྡོ་རྗེ་གྲི་གུག་ཧཱུཾ་གིས་མཚན་པར་གྱུར། དེ་ལས་འོད་ཟེར་འཕྲོས། དགྲ་བགེགས་གདུག་པ་ཅན་ཐམས་ཅད་ཚར་བཅད་དེ་གནས་སྤྱར། ཚུར་འདུས་ཡོངས་སུ་གྱུར་པ་ལས། དཔལ་ཡེ་ཤེས་ཀྱི་མགོན་པོ་མཧཱ་ཀཱ་ལ་དཔའ་བོ་ཆེན་པོ་སྐུ་མདོག་མཐིང་ནག་དུས་མཐའི་སྤྲིན་དང་མཚུངས་པ། དམར་ལ་ཧྲུམ་པའི་སྤྱན་གསུམ་སྟང་མིག་ཏུ་གཟིགས་པ། ཞལ་གདངས་ཤིང་མཆེ་བ་གཙིགས་པ། ལྗགས་འདྲིལ་ཞིང་། ཧ་ཧ་དང་ཧཱུཾ་ཧཱུཾ་དང་ཕཊ་ཕཊ་ཀྱི་གད་བརྒྱངས་སྒྲོག་པ། སྨ་ར་དང་སྨིན་མ་དབུ་སྐྲ་(༢༣༩ན)སེར་པོ་མེ་ལྟར་འབར་བ། ཕྱག་བཞིའི་གཡས་ཀྱི་དང་པོས་འབེ་ཏའི་འཕྲེང་བ་སྙིང་དང་འདྲ་བ་དང་། གཡོན་གྱི་དང་པོས

ཀ་པཱ་ལ་ཁྲག་གིས་གང་བ་ཐུགས་ཀར་སྙིང་འོག་ཏུ་འཛིན་པ། གཡས་འོག་མས་རལ་གྲི་འབར་བ་འདེབས་པའི་ཚུལ་གྱིས་འཛིན་ཅིང་། གཡོན་འོག་མས་ཧཱུྃ་ཤ་ལས་མཚན་པའི་ཁ་ཊྭཱཾ་ག་དར་དཔྱངས་དང་བཅས་པ་འཕྱར་སྟབས་སུ་བསྣམས་པ། མི་མགོ་སྐམ་པོ་ལྔའི་དབུ་རྒྱན་དང་། རློན་པ་ཁྲག་འཛག་པ་ལྔ་བཅུ་རྩ་གཅིག་གིས་དོ་ཤལ་བྱས་པ། རིན་པོ་ཆེའི་རྩེ་ཕྲན་དང་། སྦྲུལ་རིགས་བཞི་དང་། རུས་པའི་རྒྱན་ཐམས་ཅད་ཀྱིས་བརྒྱན་པ། སྟག་གི་པགས་པའི་ཤམ་ཐབས་ཅན། ཡེ་ཤེས་ཀྱི་མེ་དཔུང་འབར་བའི་ཀློང་དཀྱིལ་ན་ཞིང་ཆེན་བརྫོལ་བའི་གདན་ལ་དཔའ་བོ་རོལ་པའི་འདུག་སྟངས་ཀྱིས་བཞུགས་པའོ། །དེའི་ཐུགས་ཀ་ནས་ཧཱུྃ་གསུམ་སྤྲོས་ཏེ། གཙོ་བོའི་གཡས་གཡོན་དང་། མདུན་གྱི་ཕྱར་འཕོད་པ་ནི། ལས་ཀྱི་མགོན་པོ་སྐུ་མདོག་མཐིང་ནག །ཁྲོ་གཏུམ་འཇིགས་པའི་གཟུགས་ཅམ་མིའུ་ཐུང་གི་རྣམ་པ་རྡོ་རྗེ་གནམ་ལྕགས་ཀྱི་མཆུ་དང་ལྡན་པའི་བྱ་རོག་གི་གདོང་ཁྲོ་གཉེར་བསྡུས་ཤིང་སྤྱན་གསུམ་པ། གཡས་གྲི་གུག་འཕྱར་བ། གཡོན་ཐོད་ཁྲག་ཐུགས་ཀར་འཛིན་ཅིང་ཞལ་དུ་རྟེབ་པ། ཞབས་བརྐྱང་བསྐུམ་གྱི་དོར་སྟབས་ཅན། དུག་སྦྲུལ་ནག་པོས་བརྒྱན་ཅིང་། སྐྲ་མཚམས་ནས་རྡོ་རྗེ་བྱ་ཁྱུང་སྤྲོ་བ། སྟག་ལྤགས་ཀྱི་ཤམ་ཐབས་ཅན་གསུམ་དུ་གྱུར། སླར་ཡང་གཙོ་བོའི་ཐུགས་ཀ་ནས་ཧཱུྃ་བརྒྱད་སྤྲོས་པས་དེ་གསུམ་གྱི་(༢༥༥ བ)གཡས་གཡོན་དང་གཙོ་བོའི་གཡོན་དང་དེའི་མདུན་རྣམས་སུ་འཕོད་པ་ཡོངས་སུ་གྱུར་པ་ལས། བྱ་རོག་གདོང་ཅན་གསུམ་གྱི་གཡས་སུ་ཤ་ཟ་ནག་པོ་སེང་གེའི་གདོང་པ་ཅན་རལ་གྲི་དང་ཐོད་ཁྲག་འཛིན་པ། གཡོན་བརྒྱད་པའི་གར་སྟབས་ཅན། དར་ནག་གི་ན་བཟས་དཀྲིས་པ་གསུམ་དུ་གྱུར། བྱ་རོག་གདོང་ཅན་གསུམ་གྱི་གཡོན་དུ་ཙཎྜི་ཀཱ་དམར་མོ་ཞལ་གཅིག་ཕྱག་བཞིའི་གཡས་གཉིས་རལ་གྲི་དང་ཐོད་ཁྲག །གཡོན་གཉིས་མི་མགོ་དང་མདའ་གཞུ་འཛིན་པ། གཅེར་བུ་ཁྲོ་ཞིང་སྙིག་པ་རུས་པའི་རྒྱན་གྱིས་བརྒྱན་པ། གཡས་བསྐུམ་གཡོན་བརྐྱང་བའི་སྟབས་ཀྱིས་བཞུགས་པ་གསུམ་

དང་། གཙོ་བོའི་གཡོན་དུ་ལྷ་མོ་རེ་མ་ཏཱི་གཡས་རལ་གྲི་དང་གཡོན་ཞེའུ་ལེ་འཛིན་པ། དེའི་མདུན་དུ་ཨེ་ཀ་ཛ་ཏི་དམར་ནག་ཕྱག་བཞིའི་གཡས་གཉིས་རྩེ་གསུམ་དང་མི་སྙིང་། གཡོན་གཉིས་ཐོད་རློན་ཞགས་སྦྲུང་ཁྲ་ཐོགས་ཀྱི་ཚུལ་ཅན་རྣམས་སུ་གྱུར། འདབ་མ་བརྒྱད་ལ་ཡི་གེ་མ་བརྒྱད་ཡོངས་སུ་གྱུར་པ་ལས། ཤར་དུ་མཁའ་འགྲོ་མ་བྱ་རྒོད་ཀྱི་གདོང་པ་ཅན། བྱང་དུ་ཁྱུང་གི་གདོང་པ་ཅན། ནུབ་ཏུ་ཁྭ་ཏའི་གདོང་པ་ཅན། ལྷོར་འུག་པའི་གདོང་པ་ཅན། ཤར་ལྷོར་ཕག་གི་གདོང་པ་ཅན། ལྷོ་ནུབ་ཏུ་ཁྱིའི་གདོང་པ་ཅན། ནུབ་བྱང་དུ་སྤྱང་ཀིའི་གདོང་པ་ཅན། བྱང་ཤར་དུ་སྟག་གི་གདོང་པ་ཅན། ལྷ་མོ་བརྒྱད་པོ་ཐམས་ཅད་ཀྱང་སྐྲ་མདོག་དམར་མོ་གཅེར་བུ་ཞལ་གཅིག་ཕྱག་གཉིས་ཀྱི་གྲི་གུག་དང་ཐོད་པ་འཛིན་པ་བཞེངས་པའི་སྟངས་སྟབས་སྣ་ཚོགས་པས་གནས་པ། དབུ་སྐྲ་གྱེན་དུ་བརྫེས་ཤིང་སྤྱན་གསུམ་པ། (༢༩༠ན)མི་མགོའི་དབུ་རྒྱན་དང་དོ་ཤལ་ཅན། མི་རོའི་གདན་ལ་རྣམ་པར་འཁྲིང་བ་མེ་དཔུང་འབར་བའི་དབུས་ན་བཞུགས་པའོ། །དེའི་ཕྱི་རོལ་དུ་ནག་པོ་སྟོང་། ཤ་ཟ་འབུམ། མ་མོ་བྱེ་བ། ལྷ་སྲིན་སྡེ་བརྒྱད་ཀྱི་ཚོགས་ཐམས་ཅད་ཀྱིས་བསྐོར་ཏེ་བཞུགས་པར་གྱུར། རང་གི་ཐུགས་ཀའི་ཧཱུྃ་དང་། མགོན་པོའི་ཐུགས་ཀ་ནས་འོད་ཟེར་འཕྲོས། འོག་མིན་དང་། དུར་ཁྲོད་ཆེན་པོ་བསིལ་བའི་ཚལ། ན་ལེནྡྲ། དཔལ་གྱི་རི་ལ་སོགས་པ་ནས། མགོན་པོ་འཁོར་དང་བཅས་པ་བཛྲ་ས་མཱ་ཛཿ ཧཱུྃ་དད་པ་དང་ནི་དམ་ཚིག་གིས། །ཚུར་གཤེགས་མཧཱ་ཀཱ་ལའི་ཚོགས། །བདག་གིས་ཐུགས་དམ་གཉན་བསྐང་ན། །དུར་ཁྲོད་གནས་ནས་གཤེགས་སུ་གསོལ། །ཨོཾ་བཛྲ་མཧཱ་ཀཱ་ལ་ས་པ་རི་ཝཱ་ར་ཨེ་ཧྱེ་ཧི་ཨོཾ་བཛྲ་ས་མཱ་ཛཿཞེས་སྤྱན་དྲངས། པདྨ་ཀ་མ་ལ་ཡེ་སྟྭཾ་གྱིས་གདན་དབུལ། ཛཿཧཱུྃ་བཾ་ཧོཿ གཉིས་སུ་མེད་པར་ཐིམ། མགོན་པོའི་སྤྱི་བོར་འཁོར་ལོ་ལ་ཨོཾ་དཀར་པོ། མགྲིན་པར་པདྨ་ལ་ཨཱཿདམར་པོ། ཐུགས་ཀར་ཉི་མ་ལ་ཧཱུྃ་སྔོན་པོ། ཡང་རང་གི་ཐུགས་ཀའི་ཧཱུྃ་ལས་འོད་ཟེར་འཕྲོས། དབང་གི་ལྷ་རིགས་ལྔ་འཁོར་དང་བཅས་པ་བཛྲ་ས་

སྭཱ་ཧཱཿཨརྒྷཾ་ནས་ཤབྡའི་བར་གྱིས་མཆོད། དེ་བཞིན་གཤེགས་པ་ཐམས་ཅད་ཀྱི་བདག་ལ་མངོན་པར་དབང་བསྐུར་དུ་གསོལ། ཞེས་གསོལ་བ་བཏབ་པས། དབང་གི་ལྷ་རྣམས་ཀྱིས། ཨོཾ་བཛྲ་བྷ་ཝ་ཨ་བྷི་ཥིཉྩ་ཧཱུཾ། ཞེས་གསུངས་ཤིང་། བདུད་རྩིའི་བུམ་པས་དབང་བསྐུར། སྐུ་གང་། དྲི་མ་དག །མཐུ་སྟོབས་དང་ནུས་མཐུ་ལ་དབང་(༢༩༠བ)བར་བྱས། ཆུའི་ལྷག་མ་སྤྱི་བོར་འཁྱིལ་བ་ལས། ཡེ་ཤེས་མགོན་པོ་ལ་མི་བསྐྱོད་པ་གཙོ་བོར་གྱུར་པའི་རིགས་ལྔས་དབུ་བརྒྱན་དང་། འཁོར་རྣམས་ལ་གཙོ་བོ་ཉིད་ཀྱིས་དབུ་བརྒྱན་པར་གྱུར། ཨོཾ་མཧཱ་ཀཱ་ལ་ས་པ་རི་ཝཱ་ར་ཨརྒྷཾ་པྲ་ཏཱིཙྪ་སྭཱཧཱ། དེ་བཞིན་དུ། པཱ་དྱཾ། ཨཱཙྩ་མ་ནཾ། པྲོཀྵ་ཎཾ། ཨོཾ་བཛྲ་མཧཱ་ཀཱ་ལ་ཡ་ས་པ་རི་ཝཱ་ར་པུཥྤེ་ཨཱཿཧཱུཾ། དེ་བཞིན་དུ་དྷཱུ་པེ། དཱི་པེ། གནྡྷེ། ནཻ་ཝི་དྱེ། ཤབྡ། ཞེས་ཕྱི་མཆོད་དང་། ཨོཾ་མཧཱ་ཀཱ་ལ་ཧཱུཾ་ཕཊ། ཨོཾ་ཨཱཿཧཱུཾ། ཞེས་ནང་མཆོད་དང་། ཧཱུཾ། གཟི་བརྗིད་སྐུ་ཡིས་སྲིད་གསུམ་ཟིལ་གྱིས་གནོན། །གསུང་གི་བཞད་སྒྲས་སྟེ་བརྒྱད་ཐྲན་དུ་འཁོལ། །བརྩེ་བའི་ཐུགས་ཀྱི་འགྲོ་དྲུག་དབང་དུ་བསྡུས། །ལྷ་ཆེན་དཔལ་འབར་ནག་པོ་ཁྱོད་ལ་བསྟོད། །རྡོ་རྗེ་རྩེ་ལྔའི་ཕྱག་རྒྱ་བསྟན་ལ། ཨོཾ་མཧཱ་ཀཱ་ལ་ས་མ་ཡ་ཏ་ན་ཏ་ན་ཧཱུཾ་ཕཊ། ཅེས་ལན་གསུམ་བརྗོད་ཅིང་དམ་ལ་བཞག །བཟླས་པའི་དམིགས་པ་གསལ་བཏབ་ལ། ཨོཾ་བཛྲ་མཧཱ་ཀཱ་ལ་ཡ་ཧཱུཾ་ཧཱུཾ་ཕཊ། ཅེས་ཉེ་སྙིང་དང་། ཨོཾ་བཛྲ་ག་ལུ་བ་མཧཱ་ཀཱ་ལ་ཡ་ཧཱུཾ་ཧཱུཾ་ཕཊ། ཅེས་སྙིང་པོ་དང་། ཨོཾ་བཛྲ་ག་ལུ་ཥ་ཥ་པ་ཤ་ཡ་མཧཱ་ཀཱ་ལ་ཡ་ཧཱུཾ་ཧཱུཾ་ཕཊ། ཅེས་ཁྱད་པར་གྱི་སྙིང་པོ་དང་། ཤྲཱ་ས་ན་རྩ་བའི་སྔགས་ཡིན་ལ། ཨོཾ་གཱྀ་མཧཱ་ཀཱ་ལ་ཡ་ཧཱུཾ་ཕཊ། ཅེས་ལས་མགོན་གྱི་སྙིང་པོ་དང་། ཨོཾ་མཧཱ་ཀཱ་ལ་གུ་ཧ་ཧྲི་ད་ཧཱུཾ་ཕཊ། གཙོ་བོ་ལས་མགོན་སྦྲགས་པའི་སྙིང་པོ་དང་། ཨོཾ་མཧཱ་ཀཱ་ལ་ཀ་ཀ་མུ་ཁ་ཧཱུཾ་ཕཊ། ལས་མགོན་གྱི་མཚན་སྔགས་དང་། ཨོཾ་ཡ་མ་རཱ་ཛཱ་དུ་ཊི་ཕུ་ཊི་ཧཱུཾ་ཧཱུཾ་ཕཊ་སྭཱཧཱ། ཤ་ཟ་སེང་གེ་གདོང་གི་སྔགས་སོ། །ཨོཾ་(༢༩༡ན)མཧཱ་ཀཱ་ལི་དེ་ཝི་ཥཾ་ཧྲི་ཧཱུཾ་ཕཊ། ཙཎྜི་ཀཱའི་སྙིང་པོ་དང་། མ་མ་ག་ཙུ་ཏ་སྨ་ར་ཡ་ཧཱུཾ་ཕཊ། ལྷ་མོའི་སྙིང་པོའོ། །ཨོཾ་ཨེ་

ཀ་ཛྲ་ཏེ་ཡེ་ཧཱུྃ་ཕཊ། ཨེ་ཀ་ཛྲ་ཏེའི་སྔགས་སོ། །ཨོཾ་སརྦ་ཏྲ་ཀི་ཊི་ཧཱུྃ་ཕཊ། མཁའ་འགྲོ་མ་བརྒྱད་ཀྱི་སྟེ། སྔགས་རྣམས་གང་ནུས་ཤིག་བཟླ། ཡི་དམ་གང་བྱེད་དེའི་ཚོ་ག་ལས་འབྱུང་བའི་གཏོར་མ་བྱིན་གྱིས་བརླབས་ནས། མགོན་པོ་འཁོར་དང་བཅས་པའི་ལྕགས་རྡོ་རྗེའི་སྦུ་གུས་གཏོར་མ་དྲངས་ཏེ་གསོལ་བར་གྱུར། ཨོཾ་མཧཱ་ཀཱ་ལ་ཨི་དཾ་བ་ལིཾ་ཏ་ཁ་ཁ་ཁཱ་ཧི་ཁཱ་ཧི་ཧཱུྃ་ཕཊ། ལན་བདུན་གྱིས་གཙོ་བོ་དང་། འཁོར་རྣམས་ལ་སྦྱོར་ན། སྙིང་པོ་ལན་གསུམ་གྱིས་དབུལ་ཞིང་། སླར་ཡང་ཨརྒྷཾ་ནས་ཤབྡའི་བར་གྱིས་མཆོད། ནང་མཆོད་དབུལ། གོང་བཞིན་བསྟོད། མཆོད་སྦྱིན་གཏོར་མ་འདི་བཞེས་ལ་ནས། ཡིད་ལ་འདོད་པ་ཀུན་འགྲུབ་ཤོག །ཅེས་པའི་བར་བརྗོད་ཅིང་། ཡིག་བརྒྱ་བཟློད་གསོལ་རྣམས་བྱའོ། ། ༈ འདིའི་རྗེས་གནང་ནི། དཀྱིལ་འཁོར་སྒོ་མེད་ལྷ་སྣམ་ཕྱོགས་མདོག་ཅན་གྱི་དབུས་སུ། པདྨ་སྔོན་པོ་འདབ་མ་བརྒྱད་ལྟེ་བ་དམར་པོ་ལ་ཆོས་འབྱུང་ནག་པོ་ཞིག་འབྲི། འདབ་མ་བརྒྱད་ལ་ཚོམ་བུ་དམར་པོ་བརྒྱད་འགོད། ཆོས་འབྱུང་ལ་གྲི་གུག་ཧཱུྃ་གིས་མཚན་པ་ཞིག་འབྲི། དེའི་སྟེང་དུ་མཎྜི་ལ་བྲམ་པ། རྒྱབ་ཏུ་དཔལ་ཤོས་སྙིང་གཟུགས་མདའ་དར་གྱིས་བརྒྱན་པ། མདུན་དུ་ལྷ་གྲངས་དང་མཉམ་པའི་གཏོར་མ། གཡས་སུ་ཀ་པཱ་ལ་བདུད་རྩིས་གང་བ། གཡོན་དུ་དམ་ཚིག་གི་རྡོ་རྗེ་རྣམས་བཞག །གང་འོས་ཕྱོགས་སུ་འབེ་ཏའི་(༢༥༧བ) འབྲས་བུ། རལ་གྲི། རྩེ་གསུམ། སྣ་ཚོགས་རྡོ་རྗེ་རྣམས་བཤམས། བདག་མདུན་གཉིས་སོང་བའི་རྗེས་སུ། གཏོར་མ། བུམ་པ། ཐོད་པ། རྡོ་རྗེ་རྣམས་ལ། བསངས་སྦྱངས། དབང་གི་རྫས་རྣམས་སྟོང་པ་ཉིད་དུ་གྱུར། སྟོང་པའི་ངང་ལས་པཾ་ལས་པདྨ་དང་རཾ་ལས་ཉི་མའི་དཀྱིལ་འཁོར་གྱི་སྟེང་དུ་ཧཱུྃ་ལས་གྲི་གུག་ཧཱུྃ་གིས་མཚན་པ་ལས། དཔལ་ཡེ་ཤེས་ཀྱི་མགོན་པོ་མཧཱ་ཀཱ་ལ་དཔའ་བོ་ཆེན་པོ་སྐུ་མདོག་མཐིང་ནག་དུས་མཐའི་སྤྲིན་དང་མཚུངས་པ། ཞེས་པ་ནས། ཡེ་ཤེས་ཀྱི་མེ་དཔུང་འབར་བའི་ཀློང་དཀྱིལ་ན་ཞིང་ཆེན་བསྣོལ་བའི་གདན་ལ་དཔའ་བོ་རོལ་པའི་འདུག་སྟངས་ཀྱིས་

བཞུགས་པའོ། །འདབ་མ་བརྒྱད་ལ་ཡིག་མ་བརྒྱད་ཡོངས་སུ་གྱུར་པ་ལས། ཤར་དུ་
མཁའ་འགྲོ་མ་བྱ་རྒོད་ཀྱི་གདོང་པ་ཅན། ཞེས་པ་ནས། མི་རོའི་གདན་ལ་རྣམ་པར་
འཁྱིལ་བ་མེ་དཔུང་འབར་བའི་དབུས་ན་བཞུགས་པར་གྱུར། རང་གི་ཐུགས་ཀའི་
ཧཱུྃ་ལས་འོད་ཟེར་འཕྲོས། བསྒོམ་པ་དང་འདྲ་བའི་ཡེ་ཤེས་པ་དབང་ལྷ་དང་བཅས་
པ་སྤྱན་དྲངས། ཛཿཧཱུྃ་བཾ་ཧོཿ གཉིས་སུ་མེད་པར་ཐིམ། དབང་གི་ལྷས་དབང་
བསྐུར། གཙོ་འཁོར་ཐམས་ཅད་ལ་བདེ་མཆོག་ལྷར་སྐྱེས་ཀྱིས་དབུ་བརྒྱན་པར་གྱུར་
པར་བསམ། ཨོཾ་ཧྲཱིཿཧ་ཧ་ཧཱུྃ་ཧཱུྃ་ཕཊ། ཨོཾ་མཧཱ་ཀཱ་ལ་ཧཱུྃ་ཕཊ། ཨོཾ་སརྦ་བུདྡྷ་བཛྲ་ཌཱ་
ཀི་ནི་ཤྲཱ་རི་ཧཱུྃ་ཕཊ། ཅེས་པ་གསུམ་སྦྲེལ་གང་ནུས་ཞིག་བཟླ། ༈ སློབ་མ་རྣམས་
མཎྜལ་འབུལ་དུ་བཅུག །སངས་རྒྱས་བསྟན་པ་སྲུང་བ་དང་། །དཀོན་མཆོག་དབུ་
འཕང་བསྟོད་པ་དང་། །ལོག་འདྲེན་བགེགས་རྣམས་ཚར་གཅོད་(༢༤༢ན)ཕྱིར། །
མགོན་པོའི་དབང་བསྐུར་བདག་ལ་སྩོལ། །ཞེས་ལན་གསུམ་གྱིས་གསོལ་བ་བཏབ།
རྒྱུན་བཤགས་སྔོན་དུ་འགྲོ་བའི་སེམས་བསྐྱེད་ཀྱི་དམིགས་པ་ཐོག་ལ། དཀོན་མཆོག་
གསུམ་ལ་བདག་སྐྱབས་མཆི། །ཞེས་སོགས་ལན་གསུམ་གྱི་རྗེས་ཟློས་བྱེད་དུ་གཞུག །
རྗེས་སུ་གནང་བ་དངོས་གཞི་ནི། བླ་མ་ཧེ་རུ་ཀའི་ཐུགས་ཀ་ནས་འོད་ཟེར་སྔོན་པོ་
ཐོག་ལྟུང་བ་ལྟར་བྱུང་སྟེ། སློབ་མའི་ལུས་ལ་གཡོན་བསྐོར་ལན་གསུམ་བྱས་ནས་སྤྱི་
བོར་ཐིམ་པས། མ་དག་པའི་ལུས་སྦྱངས་ཏེ་འོད་ཟེར་མཐིང་ཁའི་ཕུང་པོ་ཆེན་པོར་
གྱུར། དེ་ལས་དུར་ཁྲོད་རོལ་པའི་གཞལ་ཡས་ཁང་ཆེན་པོའི་དབུས་སུ། པད་ཉིའི་
གདན་ལ་ཧཱུྃ་ལས་རྡོ་རྗེ་གྲི་གུག་ཧཱུྃ་གིས་མཚན་པ། དེ་ལས་འོད་ཟེར་འཕྲོས། དགྲ་
བགེགས་གདུག་པ་ཅན་ཐམས་ཅད་ཚར་བཅད་དེ་གནས་སུ་ཕྱིར། ཚུར་འདུས་ཡོངས་
སུ་གྱུར་པ་ལས། ཁྱེད་རང་རྣམས་དཔལ་ཡེ་ཤེས་ཀྱི་མགོན་པོ་མཧཱ་ཀཱ་ལ་དཔའ་བོ་
ཆེན་པོ་སྐུ་མདོག་མཐིང་ནག་དུས་མཐའི་སྤྲིན་དང་མཚུངས་པ། དམར་ལ་ཟླུམ་
པའི་སྤྱན་གསུམ་སྡང་མིག་ཏུ་གཟིགས་པ། ཞལ་གདངས་ཤིང་མཆེ་བ་གཙིགས་པ།

ལྷུགས་འདྲིལ་ཞིང་། ཧ་ཧ་དང་ཧཱུྃ་ཧཱུྃ་དང་ཕཊ་ཕཊ་ཀྱི་གད་བརྒྱངས་སྒྲོག་པ། སྨ་
ར་དང་སྨིན་མ་དབུ་སྐྲ་སེར་པོ་མེ་ལྟར་འབར་བ། ཕྱག་བཞིའི་གཡས་ཀྱི་དང་པོས་
འབེ་ཏའི་འབྲས་བུ་སྙིང་དང་འདྲ་བ་དང་། གཡོན་གྱི་དང་པོས་ཀ་པཱ་ལ་ཁྲག་གིས་
གང་བ་ཐུགས་ཀར་སྙིང་འོག་ཏུ་འཛིན་པ། གཡས་འོག་མས་(༢༥༢བ)རལ་གྲི་འབར་
བ་འདེབས་པའི་ཚུལ་གྱིས་འཛིན་ཅིང་། གཡོན་འོག་མས་ཁྲི་ཤུ་ལས་མཚན་པའི་ཁ་
ཊྭཱཾ་ག་དར་དཔྱངས་དང་བཅས་པ་འཕྱུར་སྟབས་སུ་བསྣམས་པ། མི་མགོ་སྐམ་པོ་
ལྔའི་དབུ་རྒྱན་དང་། རློན་པ་ཁྲག་འཛག་པ་ལྔ་བཅུ་རྩ་གཅིག་གི་དོ་ཤལ་བྱས་པ།
རིན་པོ་ཆེའི་རྒྱ་ཕྲན་དང་། སྦྲུལ་རིགས་བཞི་དང་། རུས་པའི་རྒྱན་ཐམས་ཅད་ཀྱིས་
བརྒྱན་པ། སྟག་གི་པགས་པའི་ཤམ་ཐབས་ཅན། ཡེ་ཤེས་ཀྱི་མེ་དཔུང་འབར་བའི་
ཀློང་དཀྱིལ་ན་ཞིང་ཆེན་བསྙོལ་བའི་གདན་ལ་དཔའ་བོ་རོལ་པའི་འདུག་སྟངས་ཀྱིས་
བཞུགས་པ། ཞེས་མགོན་པོའི་སྐུར་གསལ་བཏབ། མདུན་གྱི་གཏོར་རྟེན་འདི་ཉིད་
ཀྱང་ཁྲིད་རང་རྣམས་སྒོམ་པ་དང་འདྲ་བའི་མགོན་པོ་མཧཱ་ཀཱ་ལར་དངོས་སུ་མོས་
ལ། དེ་ནས་བླ་མའི་ཐུགས་ཀ་ནས་འོད་ཟེར་འཕྲོས། བསིལ་བའི་ཚལ། ན་ལེནྡྲ།
དཔལ་གྱི་རི་ལ་སོགས་པ་ནས། ཡེ་ཤེས་པ་འཁོར་དང་བཅས་པ་ཙུར་ཙུར་ཆེམ་ཆེམ་
གྱི་སྒྲ་དང་བཅས་ཏེ་བྱོན། སློབ་མའི་ལུས་ལ་ཐིམ་པས། ལུས་ཀྱི་སྡིག་སྒྲིབ་དག །སྐུའི་
བྱིན་རླབས་ཞུགས་པར་བསམ་ཞིང་། རོལ་མོའི་སྒྲ་བྱ། སྔགས་དྲག་ཏུ་བཟླ། དེ་
ནས་སློབ་དཔོན་གྱི་ཐུགས་ཀ་ནས་འོད་ཟེར་འཕྲོས། དབང་གི་ལྷ་ཡེ་ཤེས་ཀྱི་མགོན་
པོ་འཁོར་དང་བཅས་པ་ཐམས་ཅད་སྤྱན་དྲངས། ཁྱེད་རྣམས་ཀྱིས་སློབ་མ་རྣམས་
ལ་མངོན་པར་དབང་བསྐུར་དུ་གསོལ། ཞེས་གསོལ་བ་བཏབ་པས། དབང་གི་ལྷ་
རྣམས་ཀྱིས་བུམ་པའི་ཆུས་སྤྱི་བོ་ནས་དབང་བསྐུར་བས། སྤྱི་བོ་བདེ་ཆེན་གྱི་འཁོར་
ལོ་གང་བས། (༢༥༣ན)ལུས་ཀྱི་ནད་གདོན་སྡིག་སྒྲིབ་ཐམས་ཅད་དག །བུམ་པའི་
དབང་ཐོབ། ཡེ་ཤེས་ཀྱི་མགོན་པོའི་སྐུའི་བྱིན་རླབས་ཐོབ། ཡང་བདུད་རྩིའི་ཆུ་རྒྱུན་

གྱིས་མཁྱེན་པ་ལོངས་སྤྱོད་ཀྱི་འཁོར་ལོ་གང་བས། ངག་གི་སྡིག་སྒྲིབ་ཐམས་ཅད་
དག །གསང་བའི་དབང་ཐོབ། ཡེ་ཤེས་ཀྱི་མགོན་པོའི་གསུང་གི་བྱིན་རླབས་ཐོབ།
ཡང་བདུད་རྩིའི་ཆུ་རྒྱུན་གྱིས་སྙིང་ག་ཆོས་ཀྱི་འཁོར་ལོ་གང་བས། ཡིད་ཀྱི་སྡིག་སྒྲིབ་
ཐམས་ཅད་དག །ཤེས་རབ་ཡེ་ཤེས་ཀྱི་དབང་ཐོབ། ཡེ་ཤེས་ཀྱི་མགོན་པོའི་ཐུགས་
ཀྱི་བྱིན་རླབས་ཐོབ། ཡང་བདུད་རྩིའི་ཆུ་རྒྱུན་གྱིས་ལྟེ་བ་སྤྲུལ་པའི་འཁོར་ལོ་གང་
བས། ལུས་ངག་ཡིད་གསུམ་གྱི་སྡིག་སྒྲིབ་ཐམས་ཅད་དག །དབང་བཞི་པ་ཚིག་
དབང་རིན་པོ་ཆེ་ཐོབ། ཡེ་ཤེས་ཀྱི་མགོན་པོའི་སྐུ་གསུང་ཐུགས་ཀྱི་བྱིན་རླབས་ཐོབ་
བྱུང་སྙམ་པའི་མོས་པ་མཛོད། ཅེས་བརྗོད་ནས། གོང་གི་སྔགས་གསུམ་སྦྲེལ་གྱི་
མཐར། ཨ་ཧྲི་ཊི་ཥྛ་བཏགས་ཏེ་བུམ་ཆུ་བླུད་ཅིང་འཐུང་དུ་བཅུག་ནས་དབང་བསྐུར།
༈ དེ་ནས་གཏོར་མའི་དབང་བསྐུར་ལ། དམ་རྫས་གཏོར་མའི་དབང་བསྐུར་བས། །
སྐུ་ཡི་བྱིན་རླབས་ལུས་ལ་ཞུགས། །ལུས་ཀྱི་སྒྲིབ་པ་དག་གྱུར་ནས། །སྐུ་མི་འགྱུར་ཚེ་
ཡི་དབང་ཐོབ་ཤོག །ཨོཾ་མཧཱ་ཀཱ་ལ་ཀཱ་ཡ་ཨ་ཧྲི་ཊི་ཥྛ་ཨོཾ། བདུད་རྩིའི་དབང་ནི།
བདུད་རྩི་ལྕེ་ལ་བཞག་ལ། དམ་རྫས་བདུད་རྩིའི་དབང་བསྐུར་བས། །གསུང་གི་
བྱིན་རླབས་ངག་ལ་ཞུགས། །ངག་གི་སྒྲིབ་པ་དག་གྱུར་ནས། །གསུང་མི་འགྱུར་ནུས་
མཐུའི་དབང་ཐོབ་ཤོག །ཨོཾ་མཧཱ་ཀཱ་ལ་ཝཱ་ཀ་ཨ་ཧྲི་ཊི་ཥྛ་ཨཱཿ (༢༥༣བ)རྡོ་རྗེའི་དབང་
ནི། རྡོ་རྗེ་སྙིང་གར་བཟུང་ལ། སྟོང་ཉིད་རྡོ་རྗེའི་དབང་བསྐུར་བས། །ཐུགས་ཀྱི་
བྱིན་རླབས་ཡིད་ལ་ཞུགས། །ཡིད་ཀྱི་སྒྲིབ་པ་དག་གྱུར་ནས། །ཐུགས་མི་འགྱུར་འོད་
གསལ་དབང་ཐོབ་ཤོག །ཨོཾ་མཧཱ་ཀཱ་ལ་ཙིཏྟ་ཨ་ཧྲི་ཊི་ཥྛ་ཧཱུྃ། ཡོན་ཏན་ཕྱག་མཚན་
གྱི་དབང་ནི། ངོ་མཚར་རྨད་དུ་བྱུང་བ་ཡི། །འབེ་ཏའི་འབྲས་བུས་དབང་བསྐུར་
བས། །རིན་ཆེན་གཏེར་གྱི་ཆར་པ་འབེབས། །ལོངས་སྤྱོད་དངོས་གྲུབ་དབང་ཐོབ་
ཤོག །ཨོཾ་མཧཱ་ཀཱ་ལ་ཧྲི་ཙ་ཨ་ཧྲི་ཊི་ཥྛ་ཧཱུྃ། རལ་གྲི་གཏད་ལ། ཧཱུྃ། ངོ་མཚར་རྨད་དུ་
བྱུང་བ་ཡི། །ཤེས་རབ་རལ་གྲིས་དབང་བསྐུར་བས། །ཉོན་མོངས་དུག་གསུམ་རྩད་

ནས་བཅད། །དགྲ་བགེགས་འདུལ་བའི་དབང་ཐོབ་ཤོག །ཨོཾ་མ་ཧཱ་ཀཱ་ལ་ཁཊྭཱཾ་ཨ་བྷི་ཥིཉྩ་ཧཱུྃ། ཐོད་པ་གཏད་ལ། ཧཱུྃ། ངོ་མཚར་རྨད་དུ་བྱུང་བ་ཡི། །བྷནྡྷ་ཐོད་པའི་དབང་བསྐུར་བས། །ཐུགས་རྗེ་ཞི་བས་བདུད་བཞི་འཛོམས། །བྱང་ཆུབ་སེམས་ཀྱི་དབང་ཐོབ་ཤོག །ཨོཾ་མ་ཧཱ་ཀཱ་ལ་ཀ་པཱ་ལ་ཨ་བྷི་ཥིཉྩ་ཧཱུྃ། རྩ་གསུམ་གཏད་ལ། ཧཱུྃ། ངོ་མཚར་རྨད་དུ་བྱུང་བ་ཡི། །རྩེ་གསུམ་ཁ་ཊྭཱཾ་དབང་བསྐུར་བས། །སྐུ་གསུང་ཐུགས་དང་ལྡན་གྱུར་ཏེ། །སྐུ་གསུམ་ཡོན་ཏན་དབང་ཐོབ་ཤོག །ཨོཾ་མ་ཧཱ་ཀཱ་ལ་ཏྲི་ཤཱུ་ལ་ཨ་བྷི་ཥིཉྩ་(༢༥༥ན)ཧཱུྃ། འཕྲིན་ལས་ཀྱི་དབང་ནི། སྣ་ཚོགས་རྡོ་རྗེ་ལག་ཏུ་གཏད་ལ། ཧཱུྃ། ངོ་མཚར་རྨད་དུ་བྱུང་བ་ཡི། །སྣ་ཚོགས་རྡོ་རྗེའི་དབང་བསྐུར་བས། །ཞི་རྒྱས་དབང་དྲག་མཐུ་བསྐྱེས་ནས། །འཕྲིན་ལས་རྣམ་བཞིའི་དབང་ཐོབ་ཤོག །ཨོཾ་མ་ཧཱ་ཀཱ་ལ་སརྦ་ཀརྨ་ཨ་བྷི་ཥིཉྩ་ཧཱུྃ། འཕྲིན་ལས་གཏོར་མའི་བཀའ་བསྒོ་ནི། གཏོར་མ་དཔལ་འབར་ཅན་སློབ་མའི་མགོ་ཐོག་ཏུ་བཟུང་ལ། དེ་ཉིད་མགོན་པོ་འཁོར་བཅས་སུ་མོས། དེའི་སྟེང་དུ་སློབ་དཔོན་དང་དཔལ་འཁོར་ལོ་བདེ་མཆོག་གི་དཀྱིལ་འཁོར་དབྱེར་མ་མཆིས་པ་གསལ་བཏབ། སྟེང་གི་ཆ་ལ་བརྒྱུད་པའི་བླ་མས་བསྐོར་བ་བསྒོམ་དུ་བཅུག །བླ་མ་ཡི་དམ་གྱི་ཚོགས་ཀྱིས་ཆོས་སྐྱོང་སྲུང་མ་རྣམས་ལ་བཀའ་བསྒོས་པས། དེ་རྣམས་ཀྱིས་རྡོ་རྗེའི་ཁྲོ་དྲག་པོ་སྒྲབ་པས། དགྲ་གེགས་ཐམས་ཅད་ཐལ་བར་བརླག་པར་མོས་པ་ཀྱིས་ཞེས་བརྗོད་ལ། རོལ་མོའི་སྒྲ་དྲག་པོ་དང་བཅས་ཏེ། སྔགས་རྣམས་ཚར་གཅིག་དྲག་ཏུ་བརྗོད་པའི་རྗེས་ལ། དཔལ་ཡེ་ཤེས་ཀྱི་མགོན་པོ་འཁོར་དང་བཅས་པ་ཁྱེད་རྣམས་ཀྱིས་རྡོ་རྗེ་འཆང་། ཕྱག་ན་རྡོ་རྗེ། ཨིནྡྲ་བྷཱུ་ཏི། ཛམ་ལེགས་སྨིན། ཀླུའི་བུ་ཐུབ་པ་མོ། སྒྲ་གཅན་འཛིན་བཟང་པོ། ཀླུ་སྒྲུབ། ཨཱརྱ་དེ་བ། རྟ་དབྱངས། དུས་འཁོར་བ། ཨ་བྷ་ཡཱ། ཙ་མི། རྭ་ལོ། ཞང་འཚལ་བ། ལྷ་ཕྱུག་པ། སངས་འཚལ་བ། བླ་མ་བསམ་རྫོང་པ། བླ་མ་དབོན་པོ། ཀུན་མཁྱེན་རྒྱལ་པོ། ལེགས་པའི་རྒྱལ་མཚན། ཉི་མ་རྒྱལ་མཚན། སྐྱེས་མཆོག་ཐར་པ་བ། གྲུབ་

ཆེན་རྒྱལ་འབུམ། བཟང་པོ་རྒྱལ་མཚན། དཔལ་ལྡན་སངས་རྒྱས། ངག་དབང་གྲགས་པ། སྐུ་རགས་པ་བྱང་སེམས་ཤེར་དཔལ། རྡོ་བྲག་སྟོད་པ། རྡོ་བཙུན་ཏྲ་ར་ཎ་ཐ། བྱམས་པ་བསོད་ནམས་ཕུན་ཚོགས། བྱམས་པ་ངག་དབང་ལྷུན་གྲུབ། རྡོ་བཙུན་མང་(༢༥༨བ)ཐོས་རྒྱ་མཚོ། རྡོ་བྱམས་པ་ངག་དབང་ཕུན་ཚོགས། རྡོ་བློ་བཟང་ཐབས་མཁས་རྒྱ་མཚོ། རྡོ་བློ་བཟང་སྙན་གྲགས། རྡོ་རྗེ་འཆང་རྒྱ་མཚོ་མཐའ་ཡས། ཡོངས་འཛིན་རྡོ་རྗེ་འཆང་ཆེན་པོ་རྡོ་བཙུན་བློ་བཟང་བསྟན་འཛིན་དཔལ་བཟང་པོའི་ཞལ་སྔ་ནས་ལ་སོགས་པའི་རྩ་བརྒྱུད་ཀྱི་དཔལ་ལྡན་བླ་མ་དམ་པ་རྣམས་ཀྱི་བཀའ་དང་དམ་ལས་མ་འདའ་བར་སློབ་མ་འདིའི་སྲུང་མ་ཆེན་པོ་མཛོད་ལ། ལུས་དང་གྲིབ་མ་བཞིན་དུ་འགྲོགས་ཏེ། འགལ་རྐྱེན་ཐམས་ཅད་སོལ། མཐུན་རྐྱེན་ཐམས་ཅད་བསྒྲུབས། ཇི་ལྟར་བསམ་པའི་དོན་ཐམས་ཅད་ཆོས་བཞིན་དུ་ལྷུན་གྱིས་འགྲུབ་པར་མཛོད་ཅིག །ཅེས་བཀའ་བསྒོ་ཅི་རིགས་པ་བྱ། མཐར་བླ་མ་རྣམས་ཡི་དམ་ལ་ཐིམ། དེ་རྣམས་མགོན་པོ་འཁོར་བཅས་ལ་ཐིམ། དེ་རྣམས་འོད་དུ་ཞུ་ནས་སློབ་མ་ལ་ཐིམ་པ་དཔོན་སློབ་གཉིས་ཅར་གྱིས་བསྒོམ། བཀྲ་ཤིས་ཀྱི་ཚིགས་བཅད་ཅི་རིགས་པར་བརྗོད། བཟླས་ལུང་བྱ་བ་ལ། ཁྱེད་རང་གི་སྙིང་གར་པད་ཉིའི་གདན་ལ་ཧཱུྃ་མཐིང་ནག་གི་མཐར་སྔགས་འཕྲེང་འོད་ཟེར་མཐིང་ནག་འབར་བའི་རྣམ་པ་ཅན་དུ་བཞུགས་པར་མོས། སློབ་དཔོན་གྱི་ཐུགས་ཀ་ནས་འོད་ཟེར་འཕྲོས། མདུན་བསྐྱེད་ཀྱི་ལྷའི་ཐུགས་རྒྱུད་བསྐུལ། ཐུགས་ཀའི་སྔགས་འཕྲེང་ལས་སྔགས་འཕྲེང་གཉིས་པ་ཞིག་ཆད། ཞལ་ནས་ཐོན། ཁྱེད་རང་རྣམས་ཀྱི་ཁ་སྒོ་ནས་ཞུགས། སྙིང་གའི་ཧཱུྃ་ཡིག་གི་མཐའ་མར་སྔགས་སྔ་མ་ལ་ཐིམ་ཞིང་འཁོད་པར་མོས་སུ་བཅུག་ལ། ཨོཾ་བཛྲ་མཧཱ་ཀཱ་ལ་ཡ་ཧཱུྃ་ཧཱུྃ་ཕཊ། ཨོཾ་བཛྲ་ཀ་ལུ་བ་མཧཱ་ཀཱ་ལ་ཡ་ཧཱུྃ་ཧཱུྃ་(༢༥༩ན)ཕཊ། ཨོཾ་བཛྲ་ཀ་ལུ་ཥ་ཥ་པ་ཤ་ཡ་མཧཱ་ཀཱ་ལ་ཡ་ཧཱུྃ་ཧཱུྃ་ཕཊ། ཨོཾ་ཤྲཱི་མཧཱ་ཀཱ་ལ་ཤ་ས་ན་ཨུ་པ་ཏ་རི་ཎེ། ཨེ་ཧྱེ་ཧི་པཉྩི་མ་ཀ་ལོ། ཨ་ཡཾ་ཨི་དཾ་རཏྣ་ཏྲ་ཡ། ཨ་པ་ཀ་རི་ཎཾ། ཡ་ཏི་པྲ་ཏི་ཛྙཱ།

སྨ་ར་སི། ཏ་ད་ཨི་དཾ་ཏུཧྣཾ། ཁ་ཁ་ཁཱ་ཧི་ཁཱ་ཧི། སྨཱ་ར་སྨཱ་ར། གྲིཧྣ་གྲིཧྣ། བནྡྷ་བནྡྷ། ཧ་ན་ཧ་ན། ད་ཧ་ད་ཧ། པ་ཙ་པ་ཙ། དི་ན་མེ་ཀེ་ན་སྨཱ་ར་ཡ་ཧཱུྃ་ཧཱུྃ་ཕཊ་ཕཊ་སྭཱཧཱ། ཨོཾ་ཀཀྵ་མཧཱ་ཀཱ་ལ་ཡ་ཧཱུྃ་ཕཊ། ཨོཾ་མཧཱ་ཀཱ་ལ་ག་ཧྲ་ཧྲི་ད་ཧཱུྃ་ཕཊ། ཨོཾ་མཧཱ་ཀཱ་ལ་ག་ཀ་མུ་ཁ་ཧཱུྃ་ཕཊ། ཨོཾ་ཡ་མ་རཱ་ཛཱ་དུ་ཧྲི་ཕུ་ཧྲི་ཧཱུྃ་ཧཱུྃ་ཕཊ་སྭཱཧཱ། ཨོཾ་མཧཱ་ཀཱ་ལི་དེ་ཤི་ཤཾ་ཧྲི་ཧཱུྃ་ཕཊ། མ་མ་ཀ་རུ་ཏ་སྨཱ་ར་ཡ་ཧཱུྃ་ཕཊ། ཨོཾ་ཨེ་ཀ་ཛ་ཏི་ཡེ་ཧཱུྃ་ཕཊ། ཨོཾ་སཏ་ཧཱ་ཀི་ཧི་ཧཱུྃ་ཕཊ། ཅེས་པའི་སྔགས་རྣམས་ལན་གསུམ་གསུམ་རྗེས་ཟློས་བྱར་གཞུག །རྗེས་ཀྱི་བྱ་བ་སྤྱི་དང་འདྲའོ། །

༄ ལུགས་གཉིས་གཅིག་ཏུ་བསྒྲིལ་བའི་ཡེ་ཤེས་མགོན་པོ་ཕྱག་བཞི་པ་ལ། ཆོས་འབྱུང་མཐིང་ནག་གི་དབུས་སུ། ཚོམ་བུ་མཐིང་ནག །དེའི་གཡས་ཡོན་མདུན་གསུམ་དུ་ཚོམ་བུ་ནག་པོ་རེ། ཕྱོགས་མཚམས་བརྒྱད་དུ་ཚོམ་བུ་དམར་པོ། དེའི་སྟེང་དུ་མཛེའི་ཁར་གཏོར་མ་སྙིང་གཟུགས་མ་དམར་པོ། མདུན་དུ་དམར་གཏོར་ཟུར་གསུམ། མཆོད་པ། ནང་མཆོད་རྣམས་བཤམས། མཆོད་པ་བླ་མེད་ལྟར་བྱིན་གྱིས་བརླབས། ཡི་དམ་གྱི་བདག་བསྐྱེད་སྔོན་དུ་འགྲོ་བས། རྟེན་ཡོད་ན་དེ་ཉིད་བསྐྱེད་དགོས་ཤིང་། མེད་ན་གཏོར་མའི་སྟེང་གི་ནམ་མཁར་བསྐྱེད་པ་ཡིན་ཏེ། དེ་ཡང་། ཨོཾ་སྭ་བྷཱ་ཝ་ཤུདྡྷཱ་(༢༨༥བ)སརྦ་དྷརྨཱ་སྭ་བྷཱ་ཝ་ཤུདྡྷོ྅ཧཾ། སྟོང་པ་ཉིད་དུ་གྱུར། སྟོང་པའི་ངང་ལས་རྡོ་རྗེའི་ས་གཞི་ར་བ་གུར་ཁང་མེ་དཔུང་འབར་བ་དང་བཅས་པའི་སྲུང་བའི་འཁོར་ལོའི་ནང་། རང་གི་མདུན་དུ་དངོས་གྲུབ་འབྱུང་བའི་དུར་ཁྲོད་ཆེན་པོ་བརྒྱད། ཕྱོགས་སྐྱོང་བ་དང་། ཞིང་སྐྱོང་བ་དང་། ཤིང་དང་། མེ་དང་། ཆུ་དང་བཅས་ཤིང་། རི་དང་། རི་ལངས་དང་། སྤྲིན་པོ་དང་། འབྱུང་པོ་དང་། དཔའ་བོ་དང་། མཁའ་འགྲོའི་ཚོགས་ཀྱིས་ཡོངས་སུ་གང་བའི་དབུས་ཀྱི་ས་གཞི་ལ་རིན་པོ་ཆེ་འབར་བའི་གཞལ་མེད་ཁང་གྲུ་བཞི་སྒོ་བཞི་རྟ་བབས་བཞི་དང་བཅས་པ། དབུས་སུ་ཐོད་པ་འབར་བའི་གཞལ་ཡས་ཁང་ཟླུམ་པོ། སྟེང་གེང་རུས་ཀྱིས་ཕུབ་པ། ཕྱི་ནང་ཀུན་

ཏུ་རིན་པོ་ཆེ་དང་། ལྷ་རྫས་ཀྱི་གོས་དང་། མེ་ཏོག་དང་། ཞིང་ལྤགས་ནང་ཁྲོལ་རུས་འཕྲེང་སྒྲའི་ཟ་ཡབ་ལ་སོགས་པ་འཕྲིན་ལས་རྣམ་པ་བཞི་དང་འབྲེལ་བའི་རྒྱན་ཐམས་ཅད་ཀྱིས་བརྒྱན་པའི་དབུས་སུ། གྲུ་གསུམ་མཐིང་ནག་འབར་བའི་དཀྱིལ་འཁོར་ལ། པཾ་ལས་པདྨ་དང་། རཾ་ལས་ཉི་མའི་དཀྱིལ་འཁོར་གྱི་གདན་དུ་གྱུར། རང་གི་སྙིང་ག་ནས་ཧཱུྃ་མཐིང་ནག་འབར་བ་ཞིག་འཕྲོས་ཏེ་གདན་སྟེང་དུ་འཁོད། ཧཱུྃ་དེ་ཉིད་ཀྱི་འོད་ཀྱི་འཕྲོ་འདུ་ལས། རྡོ་རྗེ་གྲི་གུག་ཧཱུྃ་གིས་མཚན་པར་གྱུར། དེ་ལས་འོད་ཟེར་འཕྲོས། དགྲ་བགེགས་གདུག་པ་ཅན་ཐམས་ཅད་ཚར་བཅད་དེ་གནས་སྤྱར། ཚུར་འདུས་ཡོངས་སུ་གྱུར་པ་ལས། དཔལ་ཡེ་ཤེས་ཀྱི་མགོན་པོ་མཧཱ་ཀཱ་ལ་དཔའ་བོ་ཆེན་པོ་སྐུ་མདོག་མཐིང་ནག་དུས་མཐའི་སྤྲིན་དང་མཚུངས་པ། དམར་ལ་ཟླུམ་པའི་སྤྱན་གསུམ་སྟང་(༢༩༨ན)མིག་ཏུ་གཟིགས་པ། ཞལ་གདངས་ཤིང་མཆེ་བ་གཙིགས་པ། ལྗགས་འདྲིལ་ཞིང་། ཧ་ཧ་དང་ཧཱུྃ་ཧཱུྃ་དང་ཕཊ་ཕཊ་ཀྱི་གད་བརྒྱངས་སྒྲོག་པ། སྨ་ར་དང་སྨིན་མ་དབུ་སྐྲ་སེར་པོ་མེ་ལྟར་འབར་བ། ཕྱག་བཞིའི་གཡས་ཀྱི་དང་པོས་རྡོ་རྗེ་གྲི་གུག་དང་། གཡོན་གྱི་དང་པོས་ཀ་པཱ་ལ་ཁྲག་གིས་གང་བ་ཐུགས་ཀར་སྟེང་འོག་ཏུ་འཛིན་པ། གཡས་འོག་མས་རལ་གྲི་འབར་བ་འདེབས་པའི་ཚུལ་གྱིས་འཛིན་ཅིང་། གཡོན་འོག་མས་ཏྲི་ཤཱུ་ལས་མཚན་པའི་ཁ་ཊྭཱཾ་ག་དར་དཔྱངས་དང་བཅས་པ་འཕྱར་སྟབས་སུ་བསྣམས་པ། མི་མགོ་སྐམ་པོ་ལྔའི་དབུ་རྒྱན་དང་། རློན་པ་ཁྲག་འཛག་པ་ལྔ་བཅུ་རྩ་གཅིག་གིས་དོ་ཤལ་བྱས་པ། རིན་པོ་ཆེའི་རྩེ་ཕྲན་དང་། སྦྲུལ་རིགས་བཞི་དང་། རུས་པའི་རྒྱན་ཐམས་ཅད་ཀྱིས་བརྒྱན་པ། སྟག་གི་པགས་པའི་ཤམ་ཐབས་ཅན། ཡེ་ཤེས་ཀྱི་མེ་དཔུང་འབར་བའི་ཀློང་དཀྱིལ་ན་ཞིང་ཆེན་བསྙོལ་བའི་གདན་ལ་དཔའ་བོ་རོལ་པའི་འདུག་སྟངས་ཀྱིས་བཞུགས་པའོ། །

དེའི་ཐུགས་ཀ་ནས་ཧཱུྃ་གསུམ་སྤྲོས་ཏེ། གཙོ་བོའི་གཡས་གཡོན་དང་། མདུན་གྱི་གྲྭར་འཁོད་པ་ནི། ལས་ཀྱི་མགོན་པོ་སྐུ་མདོག་མཐིང་ནག །ཁྲོ་གཏུམ་འཇིགས་པའི་

གཟུགས་ཅན་མིའུ་ཐུང་གི་རྣམ་པ་རྡོ་རྗེ་གནམ་ལྕགས་ཀྱི་མཆུ་དང་ལྡན་པའི་བྱ་རོག་གི་གདོང་ཁྲོ་གཉེར་བསྡུས་ཤིང་སྤྱན་གསུམ་པ། གཡས་གྲི་གུག་འཕྱར་བ། གཡོན་ཐོད་ཁྲག་ཐུགས་ཀར་འཛིན་ཅིང་ཞལ་དུ་རྟེབ་པ། ཞབས་བརྐྱང་བསྐུམ་གྱི་དོར་སྟབས་ཅན། དུག་སྦྲུལ་ནག་(༢༦༨བ)པོས་བརྒྱན་ཅིང་། སྐྲ་མཚམས་ནས་རྡོ་རྗེ་བྱ་ཁྱུང་སྤྲོ་བ། སྟག་ལྤགས་ཀྱི་ཤམ་ཐབས་ཅན་གསུམ་དུ་གྱུར། དེའི་ཕྱི་རོལ་སྣོ་མཚམས་བརྒྱད་དུ་ཡི་གེ་མ་བརྒྱད་ཡོངས་སུ་གྱུར་པ་ལས། ཤར་དུ་མཁའ་འགྲོ་མ་བྱ་རྒོད་ཀྱི་གདོང་པ་ཅན། བྱ་ཁྱུང་གི་གདོང་པ་ཅན། ནུབ་ཏུ་ཁྭ་ཏའི་གདོང་པ་ཅན། ལྷོར་འུག་པའི་གདོང་པ་ཅན། ཤར་ལྷོར་ཕག་གི་གདོང་པ་ཅན། ལྷོ་ནུབ་ཏུ་ཁྱིའི་གདོང་པ་ཅན། ནུབ་བྱང་དུ་སྤྱང་ཀིའི་གདོང་པ་ཅན། བྱང་ཤར་དུ་སྟག་གི་གདོང་པ་ཅན། བརྒྱད་ཀའང་གཅེར་བུ་ཞལ་གཅིག་ཕྱག་གཉིས་གྲི་གུག་དང་ཐོད་པ་འཛིན་པ་བཞེངས་པའི་སྟངས་སྟབས་སྣ་ཚོགས་པས་གནས་པ། འཁོར་དེ་ཐམས་ཅད་ཀྱང་དབུ་སྐྲ་གྱེན་དུ་བརྫེས་ཤིང་སྤྱན་གསུམ་པ། མི་མགོའི་དབུ་རྒྱན་དང་དོ་ཤལ་ཅན། མི་རོའི་གདན་ལ་རྣམ་པར་འགྱིང་བ་མེ་དཔུང་འབར་བའི་དབུས་ན་བཞུགས་པའོ། །རང་གི་ཐུགས་ཀའི་ཧཱུྃ་དང་། མགོན་པོའི་ཐུགས་ཀ་ནས་འོད་ཟེར་འཕྲོས། འོག་མིན་དང་། དུར་ཁྲོད་ཆེན་པོ་བསིལ་བའི་ཚལ། ན་ལེནྡྲ། དཔལ་གྱི་རི་ལ་སོགས་པ་ནས། མགོན་པོ་འཁོར་དང་བཅས་པ་བཛྲ་ས་མ་ཛཿཧཱུྃ། དད་པ་དང་ནི་དམ་ཚིག་གིས། །ཚུར་གཤེགས་མཧཱ་ཀཱ་ལའི་ཚོགས། །བདག་གིས་ཐུགས་དམ་གཉན་བསྐྲོང་ན། །དུར་ཁྲོད་གནས་ནས་གཤེགས་སུ་གསོལ། །ཨོཾ་བཛྲ་མཧཱ་ཀཱ་ལ་ས་པ་རི་ཝཱ་ར་ཨེ་ཧྱ་ཧི་ཨོཾ་བཛྲ་ས་མ་ཛཿཞེས་སྤྱན་དྲངས། པདྨ་ཀ་མ་ལ་ཡེ་སྟྭཾ་གྱིས་གདན་དབུལ། ཛཿཧཱུྃ་བཾ་ཧོཿ གཉིས་སུ་མེད་པར་ཐིམ། མགོན་པོའི་སྤྱི་བོར་འཁོར་(༢༦༩ན)ལོ་ལ་ཨོཾ་དཀར་པོ། མགྲིན་པར་པདྨ་ལ་ཨཱཿདམར་པོ། ཐུགས་ཀར་ཉི་མ་ལ་ཧཱུྃ་སྔོན་པོ། སླར་ཡང་ཐུགས་ཀའི་ཧཱུྃ་ལས་འོད་ཟེར་འཕྲོས། དབང་གི་ལྷ་རིགས་ལྔ་འཁོར་དང་བཅས་པ་བཛྲ་ས

སྭཱ་ཛཿཨརྒྷཾ་ནས་ཤབྡའི་བར་གྱིས་མཆོད། དེ་བཞིན་གཤེགས་པ་ཐམས་ཅད་ཀྱིས་བདག་ལ་མངོན་པར་དབང་བསྐུར་དུ་གསོལ། ཞེས་གསོལ་བ་བཏབ་པས། དབང་གི་ལྷ་རྣམས་ཀྱིས། ཨོཾ་བཛྲཱི་བྷ་ཝ་ཨ་བྷི་ཥིཉྩ་ཧཱུཾ། ཞེས་གསུངས་ཤིང་། བདུད་རྩིའི་བུམ་པས་དབང་བསྐུར། སྐུ་གང་། དྲི་མ་དག །མཐུ་སྟོབས་དང་ནུས་མཐུ་ལ་དབང་བར་བྱས། ཆུའི་ལྷག་མ་སྤྱི་བོར་འཁྱིལ་བ་ལས། ཡི་ཤེས་མགོན་པོ་ལ་མི་བསྐྱོད་པ་གཙོ་བོར་གྱུར་པའི་རིགས་ལྔས་དབུ་བརྒྱན་ཅིང་། འཁོར་རྣམས་ལ་གཙོ་བོ་ཉིད་ཀྱིས་དབུ་བརྒྱན་པར་གྱུར། ཨོཾ་བཛྲ་མཧཱ་ཀཱ་ལ་ས་པ་རི་ཝཱ་ར་ཨརྒྷཾ་པྲ་ཏཱིཙྪ་སྭཱཧཱ། དེ་བཞིན་དུ། པཱ་དྱཾ། ཨཉྩ་མ་ནཾ། པྲོཀྵ་ཎཾ། ཨོཾ་བཛྲ་མཧཱ་ཀཱ་ལ་ཡ་པུཥྤེ་ཨཱཿཧཱུཾ། དེ་བཞིན་དུ། དྷཱུ་པེ། དཱི་པེ། གནྡྷེ། ནཻ་ཝི་དྱེ། ཤབྡ། ཞེས་ཕྱི་མཆོད་དང་། ཨོཾ་བཛྲ་མཧཱ་ཀཱ་ལ་ས་པ་རི་ཝཱ་ར་ཨོཾ་ཨཱཿཧཱུཾ། ཞེས་ནང་མཆོད་དང་། ཧཱུཾ། གཟི་བརྗིད་སྐུ་ཡིས་སྲིད་གསུམ་ཟིལ་གྱིས་གནོན། །གསུང་གི་བཞད་སྒྲས་སྡེ་བརྒྱད་བྲན་དུ་འཁོལ། །བརྩེ་བའི་ཐུགས་ཀྱིས་འགྲོ་དྲུག་དབང་དུ་བསྡུས། །ལྷ་ཆེན་དཔལ་འབར་འཁོར་དང་བཅས་ལ་བསྟོད། །བཟླས་པའི་དམིགས་པ་གསལ་བཏབ་ལ། ཨོཾ་བཛྲ་མཧཱ་ཀཱ་ལ་ཡ་ཧཱུཾ་ཧཱུཾ་ཕཊ། ཅེས་པ་ཉེ་སྙིང་དང་། ཨོཾ་བཛྲ་ཀ་ཕྲུ་བ་མཧཱ་ཀཱ་ལ་ཡ་ཧཱུཾ་(༢༩༧བ)ཧཱུཾ་ཕཊ། ཅེས་སྙིང་པོ་དང་། ཨོཾ་བཛྲ་ཀ་ཕྲུ་ཥ་ཥ་པ་ཤཱ་ཡ་མཧཱ་ཀཱ་ལ་ཡ་ཧཱུཾ་ཧཱུཾ་ཕཊ། ཅེས་ཁྱད་པར་གྱི་སྙིང་པོ་དང་། ཤཱ་ས་ན་ཙ་སྔགས་ཡིན་ལ། ཨོཾ་ཀརྨ་མཧཱ་ཀཱ་ལ་ཡ་ཧཱུཾ་ཕཊ། ཅེས་ལས་མགོན་གྱི་སྙིང་པོ་དང་། ཨོཾ་མཧཱ་ཀཱ་ལ་གུ་ཎ་ཧི་ད་ཧཱུཾ་ཕཊ། ཅེས་གཙོ་བོ་ལས་མགོན་སྒྲགས་པའི་སྙིང་པོ་དང་། ཨོཾ་མཧཱ་ཀཱ་ལ་ཀ་ཀ་མུ་ཁ་ཧཱུཾ་ཕཊ། ལས་མགོན་གྱི་མཚན་སྔགས་སོ། །གཏོར་མ་འབུལ་བ་ནི། ཡི་དམ་གང་བྱེད་དེའི་ཚོ་ག་ལས་འབྱུང་བ་ལྟར། གཏོར་མ་བྱིན་གྱིས་བརླབས་ནས། མགོན་པོ་འཁོར་དང་བཅས་པའི་ཐུགས་རྡོ་རྗེའི་སྦྱུ་གུས་གཏོར་མ་དྲངས་ཏེ་གསོལ་བར་གྱུར། ཨོཾ་བཛྲ་མཧཱ་ཀཱ་ལ་ས་པ་རི་ཝཱ་ར་ཨི་དཾ་བ་ལིཾ་ཏ་ཁ་ཁ་ཁ་ཁཱ་ཧི་ཁཱ་ཧི་ཧཱུཾ་ཕཊ། ལན་བདུན་གྱིས་གཙོ་

འཁོར་རྣམས་ལ་འབུལ་ཞིང་། ཨཀྲཾ་ནས་ཤབྡའི་བར་གྱིས་མཆོད། གོང་བཞིན་བསྟོད། མཆོད་སྦྱིན་གཏོར་མ་འདི་བཞེས་ལ། །ཞེས་སོགས་སམ། རྡོ་རྗེ་ནག་པོ་ཆེན་པོ་འཁོར་དང་བཅས་པ་རྣམས་ཀྱིས་མཆོད་སྦྱིན་གཏོར་མ་འདོད་དགུ་འབྱུང་བའི་རྒྱ་མཚོ་འདི་བཞེས་ལ། རྩ་བ་དང་བརྒྱུད་པར་བཅས་པའི་དཔལ་ལྡན་བླ་མ་དམ་པ་རྣམས་ཀྱི་བཀའ་དང་དམ་ལས་མ་འདའ་བར། སངས་རྒྱས་ཀྱི་བསྟན་པ་དར་ཞིང་རྒྱས་པ་དང་། སེམས་ཅན་ལ་བདེ་སྐྱིད་ཀྱི་དཔལ་རྒྱ་ཆེན་པོ་འབྱུང་བ་དང་། རྣལ་འབྱོར་པ་བདག་གི་བསམ་སྦྱོར་ཕུན་ཚོགས་ཆོས་ལྡན་ཡིད་བཞིན་དུ་འགྲུབ་པ་དང་། བར་ཆད་མི་མཐུན་པའི་ཕྱོགས་ཐམས་ཅད་ཞི་ཞིང་། དགྲ་བགེགས་ཐམས་ཅད་ཚར་གཅོད་པ་ལ་སོགས་པ་འཕྲིན་ལས་རྣམ་པ་(༢༥༤ན)བཞི་གཡེལ་བ་མེད་པར་མཛད་དུ་གསོལ། ཞེས་འཕྲིན་ལས་བཅོལ། ཡིག་བརྒྱ་བཟློད་གསོལ་སོགས་བྱའོ། །༈ འདིའི་རྗེས་གནང་ནི། ཆོས་འབྱུང་མཐིང་ནག་གི་དབུས་སུ་ཚོམ་བུ་མཐིང་ནག །དེའི་གཡས་གཡོན་མདུན་གསུམ་དུ་ཚོམ་བུ་ནག་པོ་རེ། ཕྱོགས་མཚམས་བརྒྱད་དུ་ཚོམ་བུ་དམར་པོ་རེ། དེའི་སྟེང་དུ་མཆེའི་ཁར། གཏོར་མ་སྙིང་གཟུགས་མ་དམར་པོ་དགོད། མདུན་དུ་མཆོད་གཏོར་རྣམས་བཤམས། གཏོར་འབུལ་ཡན་ཆད་གོང་བཞིན་བྱས་ལ། སློབ་མ་རྣམས་ཁྲུས་བྱས། མཎྜལ་ཕུལ། གསོལ་བཏབ་ནི། བཅོམ་ལྡན་རྡོ་རྗེ་འཛིན་རྒྱལ་གཙོ། །དུས་གསུམ་སངས་རྒྱས་ཐམས་ཅད་ཀྱི། །མཐུ་སྟོབས་འཕྲིན་ལས་གཅིག་བསྡུས་པ། །ཁྱོད་ཀྱིས་བདག་ལ་དབང་བསྐུར་སྩོལ། །ཞི་རྒྱས་དབང་དང་མངོན་སྤྱོད་ཀྱི། །དངོས་གྲུབ་བདག་གིས་ཐོབ་པར་ཤོག །ཅེས་ལན་གསུམ། བླ་མ་དང་མགོན་པོའི་སྤྱི་གཙུག་ནས། མགོན་པོ་སྐུ་མདོག་དཀར་པོ་དཔག་ཏུ་མེད་པ་སྤྲོས་ཏེ། ཁྱེད་རང་རྣམས་ཀྱི་སྤྱི་བོར་ཐིམ་པས། མགོན་པོའི་སྐུའི་རྗེས་གནང་ཐོབ་པར་བསམ། བླ་མ་དང་མགོན་པོའི་མགྲིན་པ་ནས་མགོན་པོ་སྐུ་མདོག་དམར་པོ་དཔག་ཏུ་མེད་པ་སྤྲོས་ཏེ། ཁྱེད་རང་རྣམས་ཀྱི་མགྲིན་པར་ཐིམ་པས།

མགོན་པོའི་གསུང་གི་རྗེས་གནང་ཐོབ་པར་མོས། ཡང་བླ་མ་དང་མགོན་པོའི་སྙིང་ག་ནས་མགོན་པོ་སྐུ་མདོག་མཐིང་ག་དང་དཔག་ཏུ་མེད་པ་སྤྲོས་ཏེ། ཁྱེད་རང་རྣམས་ཀྱི་སྙིང་གར་ཐིམ་པས། མགོན་པོའི་ཐུགས་ཀྱི་རྗེས་གནང་ཐོབ་པར་མོས། ཡང་བླ་མ་དང་མགོན་པོའི་ལྟེ་བ་ནས་མགོན་པོ་སྐུ་མདོག་སེར་པོ་དཔག་ཏུ་མེད་པ་སྤྲོས་ཏེ། ཁྱེད་རང་རྣམས་ཀྱི་ལྟེ་བར་ཐིམ་པས། མགོན་པོའི་ཡོན་ཏན་གྱི་རྗེས་(༢༩༨བ)གནང་ཐོབ་པར་མོས། ཡང་བླ་མ་དང་མགོན་པོའི་གསང་བ་ནས་མགོན་པོ་སྐུ་མདོག་ལྗང་གུ་དཔག་ཏུ་མེད་པ་སྤྲོས་ཏེ། ཁྱེད་རང་རྣམས་ཀྱི་གསང་གནས་སུ་ཐིམ་པས། མགོན་པོའི་འཕྲིན་ལས་ཀྱི་རྗེས་གནང་ཐོབ་པར་མོས། ༈ དེ་ནས། གཏོར་མ་མགོ་བོར་བཞག་ལ། རྩ་བརྒྱུད་ཀྱི་དཔལ་ལྡན་བླ་མ་དམ་པ་རྣམས་ཀྱིས་བྱིན་གྱིས་རློབས་ཤིག །ཡི་དམ་དཀྱིལ་འཁོར་གྱི་ལྷ་ཚོགས་རྣམས་ཀྱིས་བྱིན་གྱིས་རློབས་ཤིག །སངས་རྒྱས་དང་བྱང་ཆུབ་སེམས་དཔའ་རྣམས་ཀྱིས་བྱིན་གྱིས་རློབས་ཤིག །དཔའ་བོ་དང་དཔའ་མོ་རྣལ་འབྱོར་མ་རྣམས་ཀྱིས་བྱིན་གྱིས་རློབས་ཤིག །དཔལ་མགོན་དམ་པ་ཆོས་སྐྱོང་སྲུང་མ་རྣམས་ཀྱིས་བྱིན་གྱིས་རློབས་ཤིག །ཁྱད་པར་དུ་ཡང་དཔལ་ཡེ་ཤེས་ཀྱི་མགོན་པོ་འཁོར་དང་བཅས་པ་རྣམས་ཀྱིས་བྱིན་གྱིས་རློབས་ཤིག །ཅེས་པའི་མཐར། ལྷ་མོ་བརྒྱད་ཀྱི་ཐུགས་ཀ་ནས་བྱ་རོག་གདོང་ཅན་དཔག་ཏུ་མེད་པ་ས་དང་བར་སྣང་ཁེངས་པ་ཙམ་བྱོན། ལྷ་མོ་བརྒྱད་དང་། དེ་ཐམས་ཅད་ཁྱེད་རང་རྣམས་ཀྱི་བ་སྤུའི་བུ་ག་ནས་ཐིམ་པར་མོས། ཨོཾ་མཧཱ་ཀཱ་ལ་ཤུ་ཙ་ཧྲི་ད་ཧཱུྃ་ཕཊ། ཅེས་པའི་སྔགས་དྲག་ཏུ་བཟླ་བ་དང་། ཛཿཧཱུྃ་བཾ་ཧོཿཞེས་བརྗོད་ནས། ལས་ཀྱི་མགོན་པོ་འཁོར་དང་བཅས་པ་ཁྱེད་རྣམས་ཀྱིས་རྩ་བརྒྱུད་ཀྱི་དཔལ་ལྡན་བླ་མ་དམ་པ་རྣམས་ཀྱི་བཀའ་དང་དམ་ལས་མ་འདའ་བར། རྡོ་རྗེ་སློབ་མ་འདི་རྣམས་ཀྱི་ཕྱི་བཞིན་དུ་རྗེས་(༢༩༩ན)སུ་རྒྱུག་ལ། ལུས་དང་གྲིབ་མ་བཞིན་དུ་འགྲོགས་ཏེ། འགལ་རྐྱེན་ཐམས་ཅད་སོལ། མཐུན་རྐྱེན་ཐམས་ཅད་བསྒྲུབས། ཇི་ལྟར་བསམ་པའི་དོན་ཐམས་ཅད་

འབད་མེད་ལྷུན་གྱིས་འགྲུབ་པར་མཛོད་ཅིག །ཅེས་བྱ་རོག་གདོང་ཅན་ཉིད་ཀྱི་བཀའ་བསྒོ་བྱ། སྐར་སློབ་མ་རྣམས། སྭ་ཧཱ་ཕས་སྟོང་པར་སྦྱངས། སྟོང་པའི་ངང་ལས་པཾ་ལས་པདྨ་དང་རཾ་ལས་ཉི་མའི་དཀྱིལ་འཁོར་གྱི་གདན་དུ་གྱུར། ཁྱེད་རང་གི་སྙིང་ག་ནས་ཧཱུཾ་མཐིང་ནག་འབར་བ་ཞིག་སྤྲོས་ཏེ། གདན་སྟེང་དུ་འཕོད། ཧཱུཾ་དེ་ཉིད་ཀྱི་འོད་ཀྱི་འཕྲོ་འདུ་ལས། རྡོ་རྗེ་གྲི་གུག་ཧཱུཾ་གིས་མཚན་པར་གྱུར། དེ་ལས་འོད་ཟེར་འཕྲོས། དགྲ་བགེགས་གདུག་པ་ཅན་ཐམས་ཅད་ཚར་བཅད་དེ་གནས་སྦྱར། ཚུར་འདུས་ཡོངས་སུ་གྱུར་པ་ལས། ཁྱེད་རང་རྣམས་དཔལ་ཡེ་ཤེས་ཀྱི་མགོན་པོ་མ་ཧཱ་ཀཱ་ལ་དཔའ་བོ་ཆེན་པོ་སྐུ་མདོག་མཐིང་ནག་དུས་མཐའི་སྤྲིན་དང་མཚུངས་པ། དམར་ལ་ཟླུམ་པའི་སྤྱན་གསུམ་སྣང་མིག་ཏུ་གཟིགས་པ། ཞལ་གདངས་ཤིང་མཆེ་བ་གཙིགས་པ། ལྗགས་འདྲིལ་ཞིང་། ཧ་ཧ་དང་ཧཱུཾ་ཧཱུཾ་དང་ཕཊ་ཕཊ་ཀྱི་གད་བརྒྱངས་སྒྲོག་པ། སྐྲ་ར་དང་སྨིན་མ་དབུ་སྐྲ་སེར་པོ་མེ་ལྟར་འབར་བ། ཕྱག་བཞིའི་གཡས་ཀྱི་དང་པོས་རྡོ་རྗེ་གྲི་གུག་དང་། གཡོན་གྱི་དང་པོས་ཀ་པཱ་ལ་ཁྲག་གིས་གང་བ་ཐུགས་ཀར་སྙིང་འོག་ཏུ་འཛིན་པ། གཡས་འོག་མས་རལ་གྲི་འབར་བ་འདེབས་པའི་ཚུལ་གྱིས་འཛིན་ཅིང་། གཡོན་འོག་མས་ཏྲི་ཤཱུ་ལས་མཚན་པའི་ཁ་ཊྭཱཾ་ག་དར་དཔྱངས་དང་བཅས་པ་འཕྱར་སྟབས་སུ་བསྣམས་པ། མི་མགོ་སྐམ་པོ་(༢༥༩བ)ལྔའི་དབུ་རྒྱན་དང་། རློན་པ་ཁྲག་འཛག་པ་ལྔ་བཅུ་རྩ་གཅིག་གིས་དོ་ཤལ་བྱས་པ། རིན་པོ་ཆེའི་རྒྱ་ཕྲན་དང་། སྦྲུལ་རིགས་བཞི་དང་། རུས་པའི་རྒྱན་ཐམས་ཅད་ཀྱིས་བརྒྱན་པ། སྟག་གི་པགས་པའི་ཤམ་ཐབས་ཅན། ཡེ་ཤེས་ཀྱི་མེ་དཔུང་འབར་བའི་ཀློང་དཀྱིལ་ན་ཞིང་ཆེན་བསྣོལ་བའི་གདན་ལ་དཔའ་བོ་རོལ་པའི་འདུག་སྟངས་ཀྱིས་བཞུགས་པའོ། །ཞེས་གསལ་གདབ། ཁྱེད་རང་གི་སྙིང་གར་པད་ཉིའི་གདན་ལ་ཧཱུཾ་མཐིང་ནག་གི་མཐར་སྔགས་འཕྲེང་འོད་ཟེར་མཐིང་ནག་འབར་བའི་རྣམ་པ་ཅན་དུ་བཞུགས་པར་མོས། སློབ་དཔོན་གྱི་ཐུགས་ཀ་ནས་འོད་ཟེར་འཕྲོས། མདུན་བསྐྱེད་

ཀྱི་གཏོར་རྟེན་མགོན་པོ་ཕྱག་བཞི་པར་དངོས་སུ་མོས་ལ་དེའི་ཐུགས་རྒྱུད་བསྐུལ། ཐུགས་ཀའི་སྔགས་འཕྲེང་ལས་སྔགས་འཕྲེང་གཉིས་པ་ཞིག་ཆད། ཞལ་ནས་ཐོན། ཁྱེད་རང་གི་ཁ་སྒོ་ནས་ཞུགས། སྙིང་གའི་ཧཱུྃ་ཡིག་གི་མཐའ་མར་སྔགས་སྔ་མ་ལ་ཐིམ་ཞིང་འཁོར་བར་མོས་པ་མཛོད་བྱས་ལ། ཨོཾ་བཛྲ་མཧཱ་ཀཱ་ལ་ཡ་ཧཱུྃ་ཧཱུྃ་ཕཊ། ཨོཾ་བཛྲ་ཀ་ཤྲུ་བ་མཧཱ་ཀཱ་ལ་ཡ་ཧཱུྃ་ཧཱུྃ་ཕཊ། ཨོཾ་བཛྲ་ཀ་ཤྲུ་ཥ་ཥ་པ་ཤ་ཡ་མཧཱ་ཀཱ་ལ་ཡ་ཧཱུྃ་ཧཱུྃ་ཕཊ། ཨོཾ་ཤྲཱི་མཧཱ་ཀཱ་ལ་ཤཱ་ས་ན་ཨུ་པ་ཏ་རི་ཊེ། ཨེ་ཧྱེ་ཧི་པའི་མ་ག་ལོ། ཨ་ཡཾ་ཨི་དཾ་རཏྣ་ཧྲ་ཡ། ཨ་པ་ག་ཙྪ་ཙྪི། ཡ་ཏི་ཕྲ་ཏི་ཋཾ། སྨ་ར་སི། ཏ་ད་ཨི་དཾ་དུཥྚཾ། ཁ་ཁཱ་ཧི་ཁཱ་ཧི། སྭ་ར་སྭ་ར། གྲིཧྞ་གྲིཧྞ། བནྡྷ་བནྡྷ། ཧ་ན་ཧ་ན། ད་ཧ་ད་ཧ། པ་ཙ་པ་ཙ། དི་ན་མེ་ཀེ་ན་སྭ་ར་ཡ་ཧཱུྃ་ཧཱུྃ་ཕཊ་ཕཊ་སྭཱཧཱ། ཨོཾ་གརྨ་མཧཱ་ཀཱ་ལ་ཡ་ཧཱུྃ་ཕཊ། ཨོཾ་མཧཱ་ཀཱ་ལ་གུ་ཎ་ཧྲི་ད་ཧཱུྃ་ཕཊ། ཨོཾ་མཧཱ་(༢༥༠ན)ཀཱ་ལ་ཀཱ་ཀ་མུ་ཁ་ཧཱུྃ་ཕཊ། ཅེས་པའི་སྔགས་རྣམས་ལན་གསུམ་གསུམ་རྗེས་ཟློས་བྱེད་དུ་བཅུག་ལ། བཟླས་ལུང་སྦྱིན། རྗེས་ཀྱི་བྱ་བ་རྣམས་སྤྱི་དང་འདྲའོ། །

༄ མགོན་དམར་རྐང་གླིང་ཅན་ལ། མཆོད་གཏོར་ལེགས་པར་བཤམས། མཆོད་པ་ཨ་མྲྀ་ཏས་བསངས། སྭ་བྷཱ་ཝས་སྦྱངས། སྟོང་པའི་ངང་ལས་ཨཱཿལས་ཡེ་ཤེས་ཀྱི་ཀ་པཱ་ལ་ཡངས་ཤིང་རྒྱ་ཆེ་བ་རྣམས་ཀྱི་ནང་དུ། ཧཱུྃ་ཞུ་བ་ལས། མཆོད་ཡོན་ནས་རོལ་མོ་ལ་སོགས་པའི་མཆོད་པའི་ཡོ་བྱད་བསམ་གྱིས་མི་ཁྱབ་པ་ནམ་མཁའི་ཁམས་ཐམས་ཅད་ཡོངས་སུ་གང་བར་གྱུར། ཨོཾ་བཛྲ་ཨརྒྷཾ་སྭཱཧཱ་ནས། ཤབྡའི་བར་བརྗོད་ཅིང་བྱིན་གྱིས་བརླབས་ནས། སྭ་བྷཱ་ཝས་སྟོང་པར་སྦྱངས། སྟོང་པའི་ངང་ལས་ཧཱུྃ་ལས་སྣ་ཚོགས་རྡོ་རྗེའི་ལྟེ་བ་མཐིང་ཁ། ར་ཕྱོགས་མདོག །ལྟེ་བར་པདྨ་འདབ་མ་བཞི་པ། དེའི་ལྟེ་བར་ཆོས་འབྱུང་སྔོན་པོ་ཐིག་ལེའི་རང་བཞིན་ཅན་གྱི་ནང་དུ་རང་སེམས་ཉི་མའི་དཀྱིལ་འཁོར་གྱི་འོད་ཀྱི་འཕྲོ་འདུ་ལས། ཧཱུྃ་ཡིག་བྱེ་རུའི་མདོག་ཅན། དེ་ལས་དཔལ་ཡེ་ཤེས་ཀྱི་མགོན་པོ་སྐུ་མདོག་དམར་པོ་ཞལ་གཅིག་ཕྱག་གཉིས།

ཞབས་གཉིས་བྱ་རྒྱུང་གི་འདུག་སྟངས་བྱ་བ་ཅོག་པུའི་ཚུལ་ལམ་རོལ་པས་བཞུགས་པ། ཏྲུས་པ་དང་། རིན་པོ་ཆེ་དང་། སྤྲུལ་གྱིས་བརྒྱན་པ། སྟག་ལྤགས་ཀྱི་སྨད་དཀྲིས་ཅན། ཕྱག་གཡོན་བདུད་བཞིའི་ཁྲག་གིས་གང་བའི་ཐོད་པ་དང་། གཡས་མི་རྐང་གི་གླིང་བུ་དེར་བཙུགས་ཏེ་བསྣམས་པ། ཡུམ་དགྲ་ཟོར་དང་ཐོད་པ་(༢༥༠བ)འཛིན་པས་ཡབ་ལ་འཁྱུད་ལ། དཔྲལ་བར་ཨོཾ། མགྲིན་པར་ཨཱཿ ཐུགས་ཀར་ཧཱུྃ། རང་གི་སྙིང་ག་ནས་འོད་ཟེར་འཕྲོས། འོག་མིན་དང་། དུར་ཁྲོད་ཆེན་པོ་བསིལ་བའི་ཚལ། ན་ལེནྡྲ། དཔལ་གྱི་རི་ལ་སོགས་པ་ནས། མགོན་པོ་འཁོར་དང་བཅས་པ་བཛྲ་ས་མ་ཛཿ ཛཿཧཱུྃ་བཾ་ཧོཿ གཉིས་སུ་མེད་པར་ཐིམ། ཡང་སྙིང་ག་ནས་འོད་ཟེར་འཕྲོས། དབང་གི་ལྷ་རིགས་ལྔ་འཁོར་དང་བཅས་པ་བཛྲ་ས་མ་ཛཿ དེ་བཞིན་གཤེགས་པ་ཐམས་ཅད་ཀྱིས་བདག་ལ་མངོན་པར་དབང་བསྐུར་དུ་གསོལ། ཞེས་གསོལ་བ་བཏབ་པས། ཨོཾ་བཛྲི་བྷ་ཝ་ཨ་བྷི་ཥིཉྩ་ཧཱུྃ། ཞེས་གསུངས་ཤིང་དབང་བསྐུར། སྐུ་གང་། དྲི་མ་དག །ཆུའི་ལྷག་མ་ཡར་ལུད་པ་ལས་བདེ་མཆོག་ལྷན་སྐྱེས་ཀྱིས་དབུ་བརྒྱན་པར་གྱུར། པདྨའི་ཤར་གྱི་འདབ་མ་ལ། ཨེ་ཀ་ཛ་ཏི་དམར་མོ། རྩེ་གསུམ། མི་སྙིང་། ཐོད་རློན། ལྕགས་སྒྱུར་རྣམས་འཛིན་པ། བོང་བུ་ཀྱ་དམར་ལ་ཆིབས་པ། ཕྱོགས་ཀྱི་རྡོ་རྗེའི་ར་རྣམས་ལ། ཤར་དུ་བདུད་མགོན་བྱ་རོག་གདོང་ཅན་གྱི་ཐོད་འཛིན་པ། ལྷོར་བཙན་མགོན་བྱ་རོག་གདོང་ཅན། དགྲ་ཟོར་དང་མི་སྙིང་འཛིན་པ། ནུབ་ཏུ་གནོད་སྦྱིན་བྱ་རོག་གདོང་ཅན། ལྕགས་ཀྱུ་འཛིན་ཅིང་རྐང་གླིང་འབུད་པ། བྱང་དུ་གྱིང་མགོན་བྱ་རོག་གདོང་ཅན། བཾ་སླད་ལ་བསྐོར་ཞིང་ཐོད་ཁྲག་འཛིན་པ། ཐམས་ཅད་ཀྱང་སྐུ་མདོག་དམར་པོ་རལ་གྲིའི་གཤོག་པ་ཅན། སྤུས་བཙུགས་ཀྱིས་གནས་པ། རྐང་གླིང་གི་ནང་དུ་བསྒྲུབ་བྱ་ཕྱིའུ་ཚུགས་སུ་གནས་པ། རང་གི་སྙིང་གའི་ཐུགས་ཀྱི་འོད་ཟེར་བསྒྲུབ་བྱའི་བཤང་ལམ་ནས་ཞུགས་ཤིང་(༢༥༡ན)གཟིར་བས་སྣ་བུག་ནས་ཁྲག་རྒྱུན་བབས། ཐོད་པ་ཁེངས་ཏེ་ལུད། འཇིག་རྟེན་གྱི་

ཁམས་ཐམས་ཅད་བདུད་རྩིར་གྱུར། བླ་མ་ཡི་དམ་སངས་རྒྱས་ཐམས་ཅད་མཆོད་པར་བསམ་ལ། ཨོཾ་བཛྲ་གི་ཀ་ཨཱུ་ཥ་ཕུ་ཧཱུཾ་ཀླཱི་ལ་ཥ་པ་ཊ་གི་ནི་ཧཱུཾ་ཕཊ། ཅེས་དྲག་ཏུ་བཟླ། གཏོར་མ་བྱིན་གྱིས་བརླབས་ལ། མགོན་པོ་འཁོར་དང་བཅས་པའི་ལྟགས་ཧཱུཾ་ལས་བྱུང་བའི་རྡོ་རྗེ་དམར་པོའི་འོད་ཀྱི་སྦུ་གུས་གཏོར་མ་དྲངས་ཏེ་གསོལ་བས་ཐུགས་རྒྱུད་ཟག་མེད་ཀྱི་བདེ་བས་ཚིམས་ནས་དགྱེས་པར་གྱུར། སྙིང་པོའི་མཐར། ཨི་དཾ་བ་ལིཾ་ཏ་ཁ་ཁ་ཁཱ་ཧི་ཁཱ་ཧི། ཞེས་བཏགས་པ་ལན་བདུན་གྱིས་ཕུལ། ཨརྒྷཾ་ནས་ཤཔྟའི་བར་གྱིས་མཆོད། སྙིང་པོའི་མཐར། འབྲུ་གསུམ་བཏགས་ལ་ནང་མཆོད་ཕུལ། དེ་ནས། མཆོད་སྦྱིན་གཏོར་མ་རྒྱན་ཐམས་ཅད་ཀྱིས་བརྒྱན་པ་ཁ་དོག་དྲི་རོ་རེག་བྱ་ནུས་མཐུ་དམ་པ་ཕུན་སུམ་ཚོགས་པ་དང་ལྡན་པ་འདི་ཉིད། དཔལ་ཡེ་ཤེས་ཀྱི་མགོན་པོ་འཁོར་དང་བཅས་པ་རྣམས་ལ་འབུལ་ལོ། །ཁྱེད་ལ་ཞུ་ཞིང་གསོལ་བ་ནི། སངས་རྒྱས་ཀྱི་བསྟན་པ་སྲུང་བ་དང་། དཀོན་མཆོག་གི་དབུ་འཕང་བསྟོད་པ་དང་། དགེ་འདུན་གྱི་ཆོས་འཁོར་སྐྱོང་བར་མཛད་དུ་གསོལ། ཁྱད་པར་སངས་རྒྱས་ཀྱི་བསྟན་པ་བཤིག་པ། དཀོན་མཆོག་གི་དབུ་འཕངས་སྨད་པ། བླ་མ་དང་སློབ་དཔོན་དང་ཕ་མ་ལ་སོགས་པའི་སྐུ་ལ་བསྡོ་བ། མཚམས་མེད་པ་ལྔ་བྱེད་པ། སེམས་ཅན་ཡོངས་ལ་གནོད་ཅིང་འཚེ་བར་བྱེད་པ་རྣམས་དང་། བདག་ཅག་དཔོན་སློབ་འཁོར་དང་བཅས་(༢༥༧བ)པ་རྣམས་ལ་སྡང་བ་དང་གདུག་པའི་སེམས་དང་ལྡན་པའི་དགྲ་བགེགས་ཐམས་ཅད་ཀྱི་བསམ་ངན་སྦྱོར་རྩུབ་ཐམས་ཅད་ཞི་བའི་ཐབས་ཀྱིས་འདུལ་བར་མཛད་དུ་གསོལ། གལ་ཏེ་ཞི་བའི་ཐབས་ཀྱིས་འདུལ་བར་མི་འཚལ་ན། བསད་པ་དང་། བསྐྲད་པ་དང་། དབྱེ་བ་དང་། རེངས་པ་དང་། རྨུགས་པ་དང་། མནན་པ་དང་། བཟློག་ཤིང་སྒྱུ་བཀོང་བར་མཛད་དུ་གསོལ། གཞན་ཡང་སྔོན་གྱི་ལས་དང་། འཕྲལ་གྱི་རྐྱེན་ལས་གྱུར་པའི་བར་ཆད་ཐམས་ཅད་ཞི་བ་དང་། འཕྲིན་ལས་དང་དངོས་གྲུབ་ཐམས་ཅད་ཀྱི་སྟོང་གྲོགས་དང་བསམ་པའི་དོན་

ཐམས་ཅད་འགྲུབ་པར་མཛད་དུ་གསོལ། ཞེས་གསོལ་བ་དྲག་ཏུ་བཏབ། ཡིག་བརྒྱ་བཟློད་གསོལ་སོགས་བྱའོ། ། ༈ འདིའི་རྗེས་གནང་ནི། མཚལ་དམར་པོ་གྲུ་གསུམ་ལྕེ་གྲངས་དང་མཉམ་པའི་ཚོམ་བུ་ཅན་གྱི་དབུས་སུ། གཏོར་མ་ཟན་ཟླུམ་པོ་ཉིས་བརྩེགས་ཀྱི་ངོས་བཞིར་མི་མགོ་རེ་རེ་ཡོད་པ་སྟེང་དུ་བཤོས་བུ་གྲུ་གསུམ་ལ་ཅག་ལི་བཙུགས། མཐའ་མཐེབ་ཀྱུས་བསྐོར། བདུད་རྩི་དང་རཀྟ་ཡང་བླུག །དཀྱིལ་འཁོར་གྱི་མཐའ་ལ་མཆོད་པ་བཤམས། གཏོར་མ་གཞན་མི་དགོས། བདག་མདུན་གཉིས་ཀར་ལྷན་ཅིག་ཏུ་བསྐྱེད། གཏོར་འབུལ་བྱས་ནས། བདག་མདུན་གཅིག་ཏུ་བསྲེས་ལ་བཟླས་པ་བྱའོ། ། ༈ སློབ་མ་རྣམས་མཚལ་འབུལ་དུ་བཙུག །སངས་རྒྱས་བསྟན་པ་སྲུང་བ་དང་། །དཀོན་མཆོག་དབུ་འཕང་བསྟོད་པ་དང་། །ལོག་འདྲེན་བགེགས་རྣམས་ཚར་གཅོད་ཕྱིར། །མགོན་པོའི་རྗེས་གནང་(༢༥༢༩)བདག་ལ་སྩོལ། །ཞེས་ལན་གསུམ་གྱིས་གསོལ་བ་བཏབ། རྒྱུན་བཤགས་སྔོན་དུ་འགྲོ་བའི་སེམས་བསྐྱེད་ཀྱི་དམིགས་པ་ཐོག་ལ། དཀོན་མཆོག་གསུམ་ལ་བདག་སྐྱབས་མཆི། །ཞེས་སོགས་ལན་གསུམ་གྱིས་རྗེས་ཟློས་བྱེད་དུ་གཞུག །རྗེས་གནང་གི་དངོས་གཞི་ནི། སློབ་མ་བསངས་སྦྱངས། སྟོང་པའི་ངང་ལས་ཧཱུྃ་ལས་སྣ་ཚོགས་རྡོ་རྗེའི་ལྟེ་བ་མཐིང་ཁ། རྣ་ཕྱོགས་མདོག །ལྟེ་བར་པདྨ་འདབ་མ་བཞི་པ། དེའི་ལྟེ་བར་ཆོས་འབྱུང་སྔོན་པོ་ཐིག་ལེའི་རང་བཞིན་ཅན་གྱི་ནང་དུ་ཁྱེད་རང་རྣམས་ཀྱི་སེམས་ཉི་མའི་དཀྱིལ་འཁོར་གྱི་འོད་ཀྱི་འཕྲོ་འདུ་ལས། ཧཱུྃ་ཡིག་བྱི་རུའི་མདོག་ཅན། དེ་ལས་ཁྱེད་རང་རྣམས་དཔལ་ཡེ་ཤེས་ཀྱི་མགོན་པོ་སྐུ་མདོག་དམར་པོ་ཞལ་གཅིག་ཕྱག་གཉིས། ཞབས་གཉིས་བུ་ཆུང་གི་འདུག་སྟངས་བྱ་བ་ཙོག་པུའི་ཚུལ་ལམ་རོལ་པས་བཞུགས་པ། རུས་པ་དང་། རིན་པོ་ཆེ་དང་། སྦྲུལ་གྱིས་བརྒྱན་པ། སྟག་ལྤགས་ཀྱི་སྨད་དཀྲིས་ཅན། ཕྱག་གཡོན་བདུད་བཞིའི་ཁྲག་གིས་གང་བའི་ཐོད་པ་དང་། གཡས་མི་རྐང་གི་གླིང་བུ་དེར་བཙུགས་ཏེ་བསྣམས་པ། ཡུམ་དགྲ་ཟོར་དང་ཐོད་པ་འཛིན་པས་ཡབ་ལ་

འཁྲུད་པ། ཞེས་གསལ་བཏབ། མདུན་གྱི་གཏོར་རྟེན་འདི་ཉིད་ཀྱང་ཁྱེད་རང་རྣམས་སྒོམ་པ་དང་འདྲ་བའི་མགོན་པོ་སྐུ་མདོག་དམར་པོར་དངོས་སུ་བཞུགས་པར་མོས་ལ། དེ་ནས་བླ་མའི་ཐུགས་ཀ་ནས་འོད་ཟེར་འཕྲོས། བསིལ་བའི་ཚལ། ན་ལེནྡྲ། དཔལ་གྱི་རི་ལ་སོགས་པ་ནས། ཡེ་ཤེས་པ་འཁོར་དང་བཅས་(༢༥༢བ)པ་ཧུར་ཧུར་ཆེམ་ཆེམ་གྱི་སྒྲ་དང་བཅས་ཏེ་བྱོན། སློབ་མའི་ལུས་ལ་ཐིམ་པས། ལུས་ཀྱི་སྡིག་སྒྲིབ་དག །སྐུའི་བྱིན་རླབས་ཞུགས་པར་བསམ་ཞིང་། རོལ་མོའི་སྒྲ་བྱ། སྤགས་དྲག་ཏུ་བཟླ། སྐུའི་རྗེས་གནང་སྐུའི་བྱིན་རླབས་འབེབས་པ་དང་བཅས་པའོ། །ཁྱེད་རང་གི་སྙིང་གར་པད་ཉིའི་གདན་ལ་ཧཱུྃ་མཐིང་ནག་གི་མཐར་སྔགས་འཕྲེང་འོད་ཟེར་དམར་པོ་འབར་བའི་རྣམ་པ་ཅན་དུ་བཞུགས་པར་མོས། བླ་མ་ཡེ་ཤེས་མགོན་པོའི་ཐུགས་ཀའི་སྔགས་འཕྲེང་ལས་སྔགས་འཕྲེང་གཉིས་པ་ཞིག་ཆད། ཞལ་ནས་ཐོན། ཁྱེད་རང་གི་ཁ་སྒོ་ནས་ཞུགས། སྙིང་གའི་ཧཱུྃ་ཡིག་གི་མཐའ་མར་སྔགས་སྔ་མ་ལ་ཐིམ་ཞིང་འཁོར་བར་མོས་སུ་བཅུག་ལ། ཨོཾ་བཛྲ་གི་ཀ་ལྷུ་ཥ་ཕུ་ཧཱུཾ་གི་ལ་ཥ་པ་ཏྲ་གི་ཎི་ཧཱུཾ་ཕཊ། ཅེས་རྗེས་ཟློས་ལན་གསུམ་བྱར་གཞུག །སློབ་དཔོན་ལ་མེ་ཏོག་གཏོར་བཞིན་དུ་འདིའི་རྗེས་ཟློས་མཛོད་ཅིག །བཅོམ་ལྡན་བདག་ལ་བསྐུལ་ལགས་ཀྱི། །ཞེས་སོགས་ལན་གསུམ་གྱིས་གསོལ་བ་བཏབ་ནས། དེ་ལྟར་ཕུལ་བའི་མེ་ཏོག་དེ་ཉིད་སླར་ཡང་བྱིན་གྱིས་བརླབས་ཏེ། ཁྱེད་རང་གི་སྤྱི་བོར་ཕུལ་བའི་མོས་པ་མཛོད་ཅིག །སློབ་དཔོན་གྱིས་མེ་ཏོག་གཏོར་ཞིང་། བཅོམ་ལྡན་འདི་ལ་ཞེས་སོགས་དང་། རིག་པ་འཛིན་པ་འདི་རྣམས་ལ། །དཔལ་ཡེ་ཤེས་ཀྱི་མགོན་པོ་འཁོར་དང་བཅས་པའི་སྐུ་གསུང་ཐུགས་ཀྱི་བྱིན་རླབས་མ་ལུས་པ་འཇུག་པར་གྱུར་ཅིག །ཅེས་བྱིན་གྱིས་བརླབས་པའི་ལུང་སྦྱིན་ལ། བླ་མའི་ཐུགས་ཀའི་འོད་ཟེར་གྱིས། རང་བཞིན་གྱི་གནས་དང་། བསིལ་བའི་ཚལ་(༢༥༣ན)ལ་སོགས་པ་ནས། སྔགས་ཀྱི་ཡིག་འབྲུ་དཔག་ཏུ་མེད་པ་སྤྱན་དྲངས་ཏེ། སློབ་མའི་སྙིང་གའི་སྔགས་འཕྲེང་ལ་ཐིམ་པས་ངག་གི་

སྡིག་སྒྲིབ་དག །གསུང་གི་བྱིན་རླབས་ཞུགས་པར་བསམས་ལ། རོལ་མོའི་སྒྲ་བྱ། གསུང་གི་རྗེས་གནང་གསུང་གི་བྱིན་རླབས་འབེབས་པ་དང་བཅས་པའོ། །བླ་མ་ཡི་དམ་མདུན་བསྐྱེད་དང་བཅས་པ་ལ་མོས་གུས་དྲུང་དྲུང་བ་བྱས་པས། བླ་མའི་ཐུགས་ཀ་ནས་འོད་ཟེར་འཕྲོས། རང་ལུས་ལ་ཐིམ། ལུས་ཡས་མས་ནས་རིམ་པས་ཞུ་སྟེ། སྙིང་གའི་སྔགས་འཁོར་ལ་ཐིམ། དེ་ཧཱུྃ་ལ། དེ་ཡང་ནཱ་དའི་བར་དུ་བསྡུས་ཏེ། ནཱ་ད་ཡང་མི་སྣང་བར་གྱུར་པ་ལ་མཉམ་པར་བཞག །ཡང་ཧཱུྃ་ཞེས་བྱ་བའི་སྐབས། སློབ་མ་མགོན་པོའི་སྐུར་སྐད་ཅིག་གིས་གསལ་བཏབ། སློབ་དཔོན་ལ་མོས་གུས་དྲུང་དྲུང་བ་བྱས་པས། ཐུགས་ཀ་ནས་འོད་ཟེར་འཕྲོས། མདུན་བསྐྱེད་དང་། རང་བཞིན་གྱི་གནས་དང་། བསིལ་བའི་ཚལ་ལ་སོགས་པ་ནས། ཐུགས་གཉིས་སུ་མེད་པའི་ཡེ་ཤེས་ཀྱི་ཕྱག་མཚན་སོ་སོ་དཔག་ཏུ་མེད་པ་སྤྱན་དྲངས་ཏེ། དགྲ་བགེགས་བསྒྲལ་བ་ལ་སོགས་པའི་ལས་མཛད་སློབ་མའི་སྙིང་གར་ཐིམ་པས། ཡིད་ཀྱི་སྡིག་སྒྲིབ་དག །ཐུགས་ཀྱི་བྱིན་རླབས་ཞུགས་པར་བསམས་ལ། རོལ་མོའི་སྒྲ་བྱ། ཐུགས་ཀྱི་རྗེས་གནང་དང་ཐུགས་ཀྱི་བྱིན་རླབས་འབེབས་པའོ། ། ༔ འཕྲིན་ལས་གཏོར་མའི་བཀའ་བསྒོ་ནི། གཏོར་མ་སློབ་མའི་མགོ་ཐོག་ཏུ་བཟུང་ལ། དེ་ཉིད་མགོན་པོ་འཁོར་བཅས་སུ་མོས། དེའི་སྟེང་དུ་སློབ་དཔོན་(༢༥༣བ)དང་ཡི་དམ་དཀྱིལ་འཁོར་གྱི་ལྷ་ཚོགས་གསལ་བཏབ། སྟེང་གི་ཆ་ལ་བརྒྱུད་པའི་བླ་མས་བསྐོར་བ་བསྒོམ་དུ་བཅུག །བླ་མ་དང་ཡི་དམ་གྱི་ཚོགས་ཀྱིས་ཆོས་སྐྱོང་སྲུང་མ་རྣམས་ལ་བཀའ་བསྒོས་པས། དེ་རྣམས་ཀྱིས་རྡོ་རྗེའི་བྲོ་དྲག་པོ་སྐྲབ་པས། དགྲ་བགེགས་ཐམས་ཅད་ཐལ་བར་བརླག་པར་མོས་པ་གྱིས་ཞེས་བརྗོད་ལ། རོལ་མོའི་སྒྲ་དྲག་པོ་དང་བཅས་ཏེ་སྔགས་དྲག་ཏུ་བརྗོད་པའི་རྗེས་ལ། དཔལ་ཡེ་ཤེས་ཀྱི་མགོན་པོ་འཁོར་དང་བཅས་པ་ཁྱེད་རྣམས་ཀྱིས་རྩ་བརྒྱུད་ཀྱི་དཔལ་ལྡན་བླ་མ་དམ་པ་རྣམས་ཀྱི་བཀའ་དང་དམ་ལས་མ་འདའ་བར། སློབ་མ་འདིའི་སྲུང་མ་ཆེན་པོ་མཛོད་ལ། ལུས་དང་གྲིབ་མ་

བཞིན་དུ་འཁྲོགས་ཏེ། འགལ་རྐྱེན་ཐམས་ཅད་སོལ། མཐུན་རྐྱེན་ཐམས་ཅད་བསྒྲུབས། ཇི་ལྟར་བསམ་པའི་དོན་ཐམས་ཅད་ཆོས་བཞིན་དུ་ལྷུན་གྱིས་འགྲུབ་པར་མཛོད་ཅིག །ཅེས་བཀའ་བསྒོ་བྱས་པའི་མཐར། མགོན་པོའི་སྤྱི་བོ་ནས་འོད་ཟེར་དཀར་པོ་འཕྲོས་ནས། སློབ་མའི་སྤྱི་བོ་ནས་ཐིམ་པར་མོས་སུ་བཅུག་ལ། སྙིང་པོའི་མཐར། ཀཱ་ཡ་ཨ་ཧྲི་ཊི་ཎྜ་ཨོཾ། གཏོར་མ་མགྲིན་པར་གཏུགས་ལ། མགོན་པོའི་མགྲིན་པ་ནས་འོད་ཟེར་དམར་པོ་འཕྲོས། སློབ་མའི་མགྲིན་པར་ཐིམ། སྙིང་པོའི་མཐར། ཝཱ་ཀ་ཨ་ཧྲི་ཊི་ཎྜ་ཨཱཿསྙིང་གར་གཏུགས་ལ། མགོན་པོའི་ཐུགས་ཀ་ནས་འོད་ཟེར་སྔོན་པོ་འཕྲོས། སློབ་མའི་སྙིང་གར་ཐིམ། སྙིང་པོའི་མཐར། ཙིཏྟ་ཨ་ཧྲི་ཊི་ཎྜ་ཧཱུྃ། ཞེས་བརྗོད། རྗེས་ཀྱི་བྱ་བ་རྣམས་སྤྱི་དང་འདྲའོ། །

༄ **ཡེ་ཤེས་མགོན་(༢༥༩ན)པོ་ཕྱག་བཞི་པའི་འཁོར་ལྷ་མོ་ཙཎྜི་ཀཱ་ལ།** བདག་བསྐྱེད་ཡི་དམ་མམ། ཡེ་ཤེས་མགོན་པོ་ལ་བརྟེན་ནས། མཆོད་པ་ཨ་མྲྀ་ཏས་བསངས། སྭ་བྷཱ་ཝས་སྦྱངས། སྟོང་པའི་ངང་ལས་ཨཱཿལས་ཡེ་ཤེས་ཀྱི་ཀ་པཱ་ལ་ཡངས་ཤིང་རྒྱ་ཆེ་བ་རྣམས་ཀྱི་ནང་དུ། ཧཱུྃ་ཞུ་བ་ལས། མཆོད་ཡོན། ཞབས་བསིལ། ཞལ་བསིལ། བསང་གཏོར། མེ་ཏོག །བདུག་སྤོས། མར་མེ། དྲི་ཆབ། ཞལ་ཟས། རོལ་མོ་ལ་སོགས་པ་མཆོད་པའི་ཡོ་བྱད་བསམ་གྱིས་མི་ཁྱབ་པ་ནམ་མཁའི་ཁམས་ཐམས་ཅད་ཡོངས་སུ་གང་བར་གྱུར། ཨོཾ་བཛྲ་ཨརྒྷཾ་སྭཱཧཱ། པཱ་དྱཾ། ཨཉྩ་མ་ནཾ། པྲོཀྵ་ཎཾ། པུཥྤེ་ཨཱཿཧཱུྃ། དྷུ་པེ། ཨཱ་ལོ་ཀེ། གནྡྷེ། ནཻ་ཝི་ཏེ། ཤབྡ། ཨོཾ་བཛྲ་གཎྜ་ར་ནི་ཏ་སོགས་ཀྱིས་བྱིན་དབབ། སྭ་བྷཱ་ཝས་སྟོང་པར་སྦྱངས། སྟོང་པའི་ངང་ལས་རཀྟའི་རྒྱ་མཚོའི་དབུས་སུ། ཀེང་རུས་ཀྱི་རི་རབ། དེའི་སྟེང་དུ་དམར་ནག་གྲུ་གསུམ་འབར་བའི་དཀྱིལ་འཁོར་ལ་པད་ཉིའི་གདན། དེའི་སྟེང་དུ་སྐད་ཅིག་གིས་སམ། ཧྲཱིཿལས་ལྷ་མོ་ཙཎྜི་ཀཱ་ནག་མོ་སྐྲ་ལུས་ཅུང་ཟད་སྐེམ་ཞིང་གྲིམ་པ། ཕྱག་གཡས་གཉིས་ན་གྲི་གུག་དང་ཏྲི་ཤཱུ་ལ། གཡོན་གཉིས་ན་མདའ་གཞུ་དང་། སྐང་དགྲའི་མགོ་བོ་བཅད་

ནས་ཁྲག་བལྡག་པ། སྤྱན་གསུམ་པ། སྐྲ་གྲོལ་བ། ཐོད་སྐམ་གྱི་དབུ་རྒྱན། ཐོད་
རློན་གྱི་དོ་ཤལ་སྙིང་གི་འཕྲེང་བ་དང་བཅས་པ། སྦྲུལ་ནག་གིས་བརྒྱན་པ། གཡས་
བསྐུམ་གཡོན་བརྐྱང་བས་པཾ་ཆེན་བསྣོལ་བའི་གདན་ལ་བཞུགས་པ། དེའི་གཡས་
(༢༥༨བ)གཡོན་དུ་རོ་ལངས་ནག་པོ། གཅེར་བུ་ལིང་ག་གྱེན་དུ་བསྒྲེང་བ། གཡས་
དབྱུག་པ་དང་། གཡོན་བསྣམས་བྱའི་རྐང་ལག་ཟ་བ་གཉིས་དང་བཅས་པ། རང་གི་
སྙིང་ག་ནས་འོད་ཟེར་འཕྲོས། འོག་མིན་དང་། དུར་ཁྲོད་ཆེན་པོ་བསིལ་བའི་ཚལ།
ན་ལེནྡྲ། དཔལ་གྱི་རི་ལ་སོགས་པ་ནས། ལྷ་མོ་ཙཎྜི་ཀ་འཁོར་དང་བཅས་པ་བཛྲ་
ས་མ་ཛཿ པདྨ་ཀ་མ་ལ་ཡེ་སྟྭཾ་གྱིས་གདན་དབུལ། ཛཿཧཱུྃ་བཾ་ཧོཿ གཉིས་སུ་མེད་
པར་ཐིམ། ལྷ་མོའི་སྤྱི་བོར་འཁོར་ལོ་ལ་ཨོཾ་དཀར་པོ། མགྲིན་པར་པདྨ་ལ་ཨཱཿདམར་
པོ། ཐུགས་ཀར་ཉི་མ་ལ་ཧཱུྃ་སྔོན་པོ། ཡང་རང་གི་སྙིང་ག་ནས་འོད་ཟེར་འཕྲོས།
དབང་གི་ལྷ་རིགས་ལྔ་འཁོར་དང་བཅས་པ་བཛྲ་ས་མ་ཛཿ ཨརྒྷཾ་ནས་ཤབྡའི་བར་
གྱིས་མཆོད། དེ་བཞིན་གཤེགས་པ་ཐམས་ཅད་ཀྱིས་བདག་ལ་མངོན་པར་དབང་
བསྐུར་དུ་གསོལ། ཞེས་གསོལ་བ་བཏབ་པས། དབང་གི་ལྷ་རྣམས་ཀྱིས། ཨོཾ་བཛྲི་
བྷ་ཝ་ཨ་བྷི་ཥིཉྩ་ཧཱུྃ། ཞེས་གསུངས་ཤིང་། བདུད་རྩིའི་བུམ་པས་དབང་བསྐུར། སྐུ་
གང་། དྲི་མ་དག །མཐུ་སྟོབས་དང་ནུས་མཐུ་ལ་དབང་བར་བྱས། ཆུའི་ལྷག་མ་
སྤྱི་བོར་འཁྱིལ་བ་ལས། ཡེ་ཤེས་མགོན་པོས་དབུ་བརྒྱན་པར་གྱུར། ཨོཾ་མཧཱ་ཀཱ་ལི་
དེ་ཝཱི་ཨརྒྷཾ་པྲ་ཏཱིཙྪ་སྭཱཧཱ། དེ་བཞིན་དུ་པཱ་དྱཾ། ཨཱཙྪ་མ་ནཾ། པྲོཀྵ་ནཾ། ཨོཾ་མཧཱ་ཀཱ་ལི་
དེ་ཝཱི་ཡ་པུཥྤེ་ཨཱཿཧཱུྃ། དེ་བཞིན་དུ་དྷཱུ་པཾ། དཱི་པཾ། གནྡྷེ། ནཻ་ཝེ་དྱ། ཤབྡ། ཞེས་ཕྱི་
མཆོད་དང་། ཨོཾ་མཧཱ་ཀཱ་ལི་དེ་ཝཱི་ཨོཾ་ཨཱཿཧཱུྃ། ཞེས་ནང་མཆོད་དང་། དཔལ་ལྡན་
ལྷ་མོ་ཙཎྜི་ཀཱ །ལྷ་མིན་(༢༥༥ན)མུ་སྟེགས་ཚོགས་འཇོམས་ཤིང་། །ནད་ཀྱི་བདག་མོ་
དྲག་ཤུལ་ཅན། །སྲོག་ལ་དབང་བསྒྱུར་ཁྱོད་ལ་བསྟོད། །ཅེས་བསྟོད། དེ་ནས་བཟླས་
པའི་དམིགས་པ་གསལ་བཏབ་ལ། ཨོཾ་མཧཱ་ཀཱ་ལི་དེ་ཝཱི་གྲིཧྞ་ཧྣ་ཧིཾ་ཤ་ཧུན་ཁ་ཁ་ཁྣ་

ཧེ་ཁཱ་ཧེ། ད་ཧ་ད་ཧ། པ་ཙ་པ་ཙ། སཱ་ར་ཡ་སཱ་ར་ཡ། སྥོ་ཊ་ཡ་སྥོ་ཊ་ཡ། ཁཾ་ཧཱི་ཧཱུཾ་ཕཊ། ཅེས་བཟླ། ཐུན་གྱི་མཐར་གཏོར་མ་བླ་མེད་ལྟར་བྱིན་གྱིས་བརླབས་ཏེ། ལྷ་མོ་ཙཎྜི་ཀ་འཁོར་དང་བཅས་པའི་ལྗགས་རྡོ་རྗེའི་སྦུ་གུས་གཏོར་མ་དྲངས་ཏེ་གསོལ་བར་གྱུར། སྙིང་པོའི་མཐར། ཨོཾ་དཾ་བ་ལིཾ་ཏ་ཁཱ་ཧེ། མདྷ་ཅིཏྟ་ཁཱ་ཧེ། མདྷ་རཀྟ་ཁཱ་ཧེ། མདྷ་མ་ས་ཁཱ་ཧེ། ཞེས་ལན་བདུན་གྱིས་ཕུལ། སླར་ཡང་མཆོད་བསྟོད་དང་། མཆོད་སྦྱིན་གཏོར་མ་འདི་བཞེས་ལ། །ཞེས་སོགས་ཀྱིས་འདོད་དོན་གསོལ་བ་བཏབ། ༈ འདིའི་རྗེས་གནང་བྱ་བར་འདོད་ན། མཎྜལ་གྲུ་བཞི་པའི་དབུས་སུ། ཆོས་འབྱུང་རིམ་པ་གསུམ་པའི་དབུས་སུ། གྲི་གུག་ཐྲིས་ལ་ཁྲག་གི་ཐིག་ལེ་འགོད། གཉིས་པ་ལ་མདའ་གཞུ་དང་། གསུམ་པ་ལ་ཧཱི་ཤུ་ལའི་འཕྲེང་བ་དགོད། དེའི་སྟེང་དུ་མཐེའི་ཁར་གཏོར་མ་ཟུར་གསུམ་མཐེབ་ཀྱུས་བསྐོར་བ་གཏོར་སྣོད་ཆང་དང་རཀྟས་བཀང་བ། མདུན་དུ་གཏོར་མ་སྙིང་སྦྲངས་པའི་གཟུགས་ལ་ཁྲག་ཐིག་པ་ཞིག་དང་། མཆོད་པ་རྣམས་བཤམས་ལ། བདག་བསྐྱེད་མདུན་བསྐྱེད་བཟླས་པ་གཏོར་འབུལ་དང་བཅས་པ་བྱས་ལ། སློབ་མ་རྣམས་མཎྜལ་འབུལ་དུ་བཅུག །སངས་རྒྱས་བསྟན་པ་(༢༥༥བ)སྲུང་བ་དང་། དཀོན་མཆོག་དབུ་འཕང་བསྟོད་པ་དང་། །ལོག་འདྲེན་བགེགས་རྣམས་ཚར་གཅོད་ཕྱིར། །ལྷ་མོའི་དབང་བསྐུར་བདག་ལ་སྩོལ། །ཞེས་ལན་གསུམ་གྱིས་གསོལ་བ་བཏབ། རྒྱུན་བཤགས་སྔོན་དུ་འགྲོ་བའི་སེམས་བསྐྱེད་ཀྱི་དམིགས་པ་ཐོག་ལ། དཀོན་མཆོག་གསུམ་ལ་བདག་སྐྱབས་མཆི། །ཞེས་སོགས་ལན་གསུམ་རྗེས་ཟློས་བྱེད་དུ་གཞུག །རྗེས་གནང་དངོས་གཞི་ནི། སློབ་དཔོན་གྱི་ཐུགས་ཀ་ནས་འོད་ཟེར་སྔོན་པོ་ཐོག་ལྷུང་བ་ལྟར་བྱུང་སྟེ། སློབ་མའི་ལུས་ལ་གཡོན་སྐོར་ལན་གསུམ་བྱས་ནས་སྤྱི་བོར་ཐིམ་པས། མ་དག་པའི་ལུས་སྦྱངས་ཏེ། འོད་ཟེར་མཐིང་ཁའི་ཕུང་པོ་ཆེན་པོར་གྱུར། དེ་ལས་རཀྟའི་རྒྱ་མཚོའི་དབུས་སུ། ཀང་རུས་ཀྱི་རི་རབ། དེའི་སྟེང་དུ་དམར་ནག་གྲུ་གསུམ་འབར་བའི་དཀྱིལ་འཁོར་ལ་པད་ཉིའི་

གདན། དེའི་སྟེང་དུ་ཁྱེད་རང་རྣམས་ཀྱི་སེམས་ཉིད་ཧཱུྃ༔ལས་ལྷ་མོ་ཙཎྜི་ཀ་ནག་མོ་སྐུ་ལུས་ཅུང་ཟད་སྐེམ་ཞིང་གྲིམ་པ། ཕྱག་གཡས་གཉིས་ན་གྲི་གུག་དང་ཌི་ཤུ་ལ། གཡོན་གཉིས་ན་མདའ་གཞུ་དང་། སྡང་དགྲའི་མགོ་བོ་བཅད་ནས་ཁྲག་བལྡག་པ། སྤྱན་གསུམ་པ། སྐྲ་གྲོལ་བ། ཐོད་སྐམ་གྱི་དབུ་རྒྱན། ཐོད་རློན་གྱི་དོ་ཤལ་སྟེང་གི་འཕྲེང་བ་དང་བཅས་པ། སྦྲུལ་ནག་གིས་བརྒྱན་པ། གཡས་བསྐུམ་གཡོན་བརྐྱང་བས་བཾ་ཆེན་བསྐོལ་བའི་གདན་ལ་བཞུགས་པ། ཞེས་གསལ་བཏབ། མདུན་གྱི་གཏོར་རྟེན་འདི་ཉིད་ཀྱང་ཁྱེད་རང་རྣམས་སྒོམ་པ་དང་འདྲ་བའི་ལྷ་མོ་ཙཎྜི་ཀར་དངོས་སུ་བཞུགས་འདུག་པར་མོས་ལ། དེ་ནས་བླ་མའི་ཐུགས་ཀ་ནས་འོད་(༢༥༨ན)ཟེར་འཕྲོས། བསིལ་བའི་ཚལ། ན་ལེནྡྲ། དཔལ་གྱི་རི་ལ་སོགས་པ་ནས། ཡེ་ཤེས་པ་འཁོར་དང་བཅས་པ་ཞུར་ཞུར་ཆེམ་ཆེམ་གྱི་སྒྲ་དང་བཅས་ཏེ་བྱོན། སློབ་མའི་ལུས་ལ་ཐིམ་པས། ལུས་ཀྱི་སྡིག་སྒྲིབ་དག །སྐུའི་བྱིན་རླབས་ཞུགས་པར་བསམ་ཞིང་། རོལ་མོའི་སྒྲ་བྱ། སྔགས་དྲག་ཏུ་བཟླ། སྐུའི་རྗེས་གནང་སྐུའི་བྱིན་རླབས་འབེབས་པ་དང་བཅས་པའོ། །ཁྱེད་རང་གི་སྙིང་གར་པད་ཉིའི་གདན་ལ་ཧཱུྃ༔མཐིང་ནག་གི་མཐར་སྔགས་འཕྲེང་འོད་ཟེར་མཐིང་ནག་འབར་བའི་རྣམ་པ་ཅན་དུ་བཞུགས་པར་མོས། སློབ་དཔོན་གྱི་ཐུགས་ཀ་ནས་འོད་ཟེར་འཕྲོས། མདུན་བསྐྱེད་ཀྱི་ལྷའི་ཐུགས་རྒྱུད་བསྐུལ། ཐུགས་ཀའི་སྔགས་འཕྲེང་ལས་སྔགས་འཕྲེང་གཉིས་པ་ཞིག་ཆད། ཞལ་ནས་ཐོན། ཁྱེད་རང་གི་ཁ་སྒོ་ནས་ཞུགས། སྙིང་གའི་ས་བོན་གྱི་མཐའ་མར་སྔགས་སྔ་མ་ལ་ཐིམ་ཞིང་འཁོར་བར་མོས་སུ་བཅུག་ལ། ཨོཾ་མཎྜ་ཀཱ་ལི་དེ་ཝཱི་གྲིཧྞ་བཱ་ལིཾ་ཤ་ཧུན་ཁ་ཁ་ཁཱ་ཧི་ཁཱ་ཧི། ད་ཧ་ད་ཧ། པ་ཙ་པ་ཙ། མཱ་ར་ཡ་མཱ་ར་ཡ། སྥོ་ཊ་ཡ་སྥོ་ཊ་ཡ། ཕཾ་ཧི་ཧཱུྃ་ཕཊ། ཅེས་ལན་གསུམ་རྗེས་ཟློས་བྱེད་དུ་བཅུག །སློབ་དཔོན་ལ་མེ་ཏོག་གཏོར་བཞིན་དུ་འདིའི་རྗེས་ཟློས་མཛད་ཅིག །བཅོམ་ལྡན་བདག་ལ་བསྐུལ་ལགས་ཀྱི། །ཞེས་སོགས་ལན་གསུམ་གྱི་གསོལ་བ་བཏབ། དེ་ལྟར་ཕུལ་བའི་མེ་ཏོག་དེ་ཉིད་སྣར་

ཡང་བྱིན་གྱིས་བརླབས་ཏེ། ཁྱེད་རང་གི་སྤྱི་བོར་ཞུལ་བའི་མོས་པ་མཛོད་ཅིག །སློབ་དཔོན་གྱིས་མེ་ཏོག་གཏོར་ཞིང་། བཅོམ་ལྡན་འདི་ལ་བསྐུལ་ལགས་ཀྱི། །ཞེས་སོགས་དང་། (༢༥༨བ)རིག་པ་འཛིན་པ་འདི་རྣམས་ལ། ལྷ་མོ་ཙཎྜི་ཀ་འཁོར་དང་བཅས་པའི་སྐུ་གསུང་ཐུགས་ཀྱི་བྱིན་རླབས་མ་ལུས་པ་འཇུག་པར་གྱུར་ཅིག །ཅེས་བྱིན་གྱིས་བརླབས་པའི་ལུང་སྦྱིན་ལ། བླ་མའི་ཐུགས་ཀའི་འོད་ཟེར་གྱིས། རང་བཞིན་གྱི་གནས་དང་། བསིལ་བའི་ཚལ་ལ་སོགས་པ་ནས། སྔགས་ཀྱི་ཡིག་འབྲུ་དཔག་ཏུ་མེད་པ་སྤྱན་དྲངས་ཏེ། སློབ་མའི་སྙིང་གའི་སྔགས་འཕྲེང་ལ་ཐིམ་པས་ངག་གི་སྡིག་སྒྲིབ་དག །གསུང་གི་བྱིན་རླབས་ཞུགས་པར་བསམས་ལ། རོལ་མོའི་སྒྲ་བྱ། གསུང་གི་རྗེས་གནང་གསུང་གི་བྱིན་རླབས་འབེབས་པ་དང་བཅས་པའོ། །བླ་མ་ཡི་དམ་མདུན་བསྐྱེད་དང་བཅས་པ་ལ་མོས་གུས་དུང་དུང་བ་བྱས་པས། བླ་མའི་ཐུགས་ཀ་ནས་འོད་ཟེར་འཕྲོས། རང་ལུས་ལ་ཐིམ། ལུས་ཡས་མས་ནས་རིམ་པས་ཞུ་སྟེ། སྙིང་གའི་སྔགས་འཁོར་ལ་ཐིམ། དེ་ཧཱུྃ༔ལ། དེ་ཡང་རིམ་གྱིས་བསྡུས་ཏེ། མི་སྣང་བར་གྱུར་པ་ལ་མཉམ་པར་བཞག །ཡང་ཧཱུྃ༔ཞེས་བྱ་བའི་སྒྲས། སློབ་མ་ལྷ་མོའི་སྐུར་སྐད་ཅིག་གིས་གསལ་བཏབ། སློབ་དཔོན་ལ་མོས་གུས་དུང་དུང་བ་བྱས་པས། ཐུགས་ཀ་ནས་འོད་ཟེར་འཕྲོས། མདུན་བསྐྱེད་དང་། རང་བཞིན་གྱི་གནས་དང་། བསིལ་བའི་ཚལ་ལ་སོགས་པ་ནས། ཐུགས་གཉིས་སུ་མེད་པའི་ཡེ་ཤེས་ཀྱི་ཕྱག་མཚན་སོ་སོ་དཔག་ཏུ་མེད་པ་སྤྱན་དྲངས་ཏེ། དགྲ་བགེགས་བསྒྲོལ་བ་ལ་སོགས་པའི་ལས་མཛད། སློབ་མའི་སྙིང་གར་ཐིམ་པས། ཡིད་ཀྱི་སྡིག་སྒྲིབ་དག །ཐུགས་ཀྱི་བྱིན་རླབས་ཞུགས་པར་བསམས་ལ། རོལ་མོའི་(༢༥༩ན)སྒྲ་བྱ། ཐུགས་ཀྱི་རྗེས་གནང་དང་ཐུགས་ཀྱི་བྱིན་རླབས་འབེབས་པའོ། །འཕྲིན་ལས་གཏོར་མའི་བཀའ་བསྒོ་ནི། གཏོར་མ་སློབ་མའི་མགོ་ཐོག་ཏུ་བཟུང་ལ། དེ་ཉིད་ལྷ་མོ་ཙཎྜི་ཀ་འཁོར་བཅས་སུ་མོས། དེའི་སྤྱི་བོར་མགོན་པོ། དེའི་དབུ་གཙུག་ཏུ་ཡི་དམ་དཀྱིལ་འཁོར་གྱི་ལྷ་ཚོགས་གསལ་

བཏབ། སྙིང་གི་ཆ་ལ་བརྒྱུད་པའི་བླ་མས་བསྐོར་བ་བསྒོམ་དུ་བཅུག །བླ་མ་ཡི་དམ་ཀྱི་ཚོགས་ཀྱིས་ཆོས་སྐྱོང་སྲུང་མ་རྣམས་ལ་བཀའ་བསྒོས་པས། དེ་རྣམས་ཀྱིས་རྡོ་རྗེའི་ཕྲོ་དྲག་པོ་སྤྲབས་པས། དགྲ་བགེགས་ཐམས་ཅད་ཐལ་བར་བརླག་པར་མོས་པ་གྱིས། ཞེས་བརྗོད་ལ། རོལ་མོའི་སྒྲ་དྲག་པོ་དང་བཅས་ཏེ། དཔལ་ལྡན་ལྷ་མོ་འཁོར་དང་བཅས་པ་ཁྱེད་རྣམས་ཀྱིས་རྡོ་རྗེ་འཆང་། ཀླུ་སྒྲུབ་སྙིང་པོ། ཨཱརྱ་དེ་བ། རྟ་དབྱངས། རྡོ་རྗེ་གདན་པ། ཨ་བྷ་ཡཱ་ཀ་ར། ཙ་མི། ཀྭ་ཡོ། ཕག་གྲུ། ཐང་པ། རཏྣ་ནཱ་ཐ། སངས་རྒྱས་ཡར་བྱོན། མཉྫ་གུ་རུ། སངས་རྒྱས་དཔལ་བཟང་། རཏྣ་གུ་རུ། རཏྣ་ཀ་ར། ཀ་དྲུག་རིན་ཆེན་དཔལ་བཟང་། འབལ་རིན་ཆེན་སེང་གེ། བླ་མ་སྨོན་ལམ་དཔལ་འབྱོར། ངག་དབང་གྲགས་པ། ཚུལ་ཁྲིམས་མཆོག་གྲུབ། རྣམ་རྒྱལ་བཀྲ་ཤིས། རྗེ་བཙུན་ཀུན་དགའ་བཀྲ་ཤིས་ཁུ་དབོན་གཉིས། རྗེ་བཙུན་དྷཱ་ར་ནཱ་ཐ། བྱམས་པ་བསོད་ནམས་ཕུན་ཚོགས། བྱམས་པ་ངག་དབང་ལྷུན་གྲུབ། རྗེ་བཙུན་མང་ཐོས་རྒྱ་མཚོ། རྗེ་བྱམས་པ་ངག་དབང་ཕུན་ཚོགས། རྗེ་བློ་བཟང་ཐབས་མཁས་རྒྱ་མཚོ། རྗེ་བློ་བཟང་(༢༥༧བ)སྐལ་གྲགས། རྡོ་རྗེ་འཆང་རྒྱ་མཚོ་མཐའ་ཡས། ཡོངས་འཛིན་རྡོ་རྗེ་འཆང་ཆེན་པོ་རྗེ་བཙུན་བློ་བཟང་བསྟན་འཛིན་དཔལ་བཟང་པོའི་ཞལ་སྔ་ནས་ལ་སོགས་པའི་རྩ་བརྒྱུད་ཀྱི་དཔལ་ལྡན་བླ་མ་དམ་པ་རྣམས་ཀྱི་བཀའ་དང་དམ་ལས་མ་འདའ་བར་སློབ་མ་འདིའི་སྲུང་མ་ཆེན་པོ་མཛོད་ལ། ལུས་དང་གྲིབ་མ་བཞིན་དུ་འགྲོགས་ཏེ། འགལ་རྐྱེན་ཐམས་ཅད་སོལ། མཐུན་རྐྱེན་ཐམས་ཅད་བསྒྲུབས། ཇི་ལྟར་བསམ་པའི་དོན་ཐམས་ཅད་འབད་མེད་ལྷུན་གྱིས་འགྲུབ་པར་མཛོད་ཅིག །ཅེས་བཀའ་བསྒོ་བྱས་པའི་མཐར། གཏོར་མའི་ཆ་ཤས་དང་། རཀྟ་དང་། ནང་མཆོད་བསྲེས་པའི་ཐིག་ལེ་སློབ་མའི་ལྕེ་ལ་འཇོག་པའོ། །རྗེས་ཆོག་སྤྱི་དང་འདྲ། །

༄ ལས་མགོན་བྱ་རོག་གདོང་ཅན་ལ། བདག་ཉིད་ཡི་དམ་ཁྲོ་བོ་ཆེན་པོའི་རིགས་

གང་ཡང་རུང་བའམ། ཡེ་ཤེས་མགོན་པོའི་བདག་བསྐྱེད་ལ་གནས་པས་ཀྱང་རུང་སྟེ། མཆོད་པ་བདག་བསྐྱེད་ལྟར་བྱིན་གྱིས་བརླབས་ནས། སྭ་བྷཱ་ཝས་སྟོང་པར་སྦྱངས། སྟོང་པའི་ངང་ལས་ཧཱུྃ་ཡིག་ལས་བྱུང་བའི་སྲུང་འཁོར་གྱི་ནང་དུ། རང་གི་མདུན་དུ་ཞིང་གསར་རྙིང་ཐོད་པ་སྐམ་རློན་ཀེང་རུས་སོ་སྐྱ་སྤྲུལ་གདུག་པ་རྣམས་བརྩེགས་པའི་གཞལ་ཡས་ཁང་ཟུར་གསུམ་པ་ཡངས་ཤིང་རྒྱ་ཆེ་བ། དེའི་ནང་གི་སྟེང་ཕྱིན་ནག་འཁྲིགས་པ། གློག་དང་མེ་ལྕེ་འབར་བས་བརྒྱན་པ། འབྲུག་སྒྲ་མི་བཟད་པ་སྒྲོག་པ། གནམ་ལྕགས་འབར་བ་ཆར་བཞིན་འབབ་པ་དང་། མེའི་སེར་བ་རྡོ་རྗེའི་དབྱིབས་ཅན་འདྲིས་པར་འབབ་པ། ཕྱོགས་ཐམས་ཅད་(༢༥༤ན)ཀྱང་བསྐལ་པའི་མེ་ཆེན་པོ་འཚུབ་ཅིང་འཁྱིལ་བ། འོག་གཞི་ཐམས་ཅད་ཞིང་གི་ལྷུ་དུམ་དང་། མཾ་ས་འཚོལ་བའི་ས་གཞི་ལ་ཁྲག་ཆེན་གྱི་ལྟེང་ཀས་བརྒྱན་པ། བྱ་ཤ་ཟན་མཆུ་སྙེར་མ་རུངས་པ་ཅན་དང་། གཅན་གཟན་ཁྲག་འཐུང་མཆེ་སྡེར་མ་རུངས་པ་ཅན་གྱིས་གང་བའི་དུར་ཁྲོད་ཀྱི་གཞལ་ཡས་ཁང་འཇིགས་ཤིང་སྐྱི་གཡའ་བ། དེའི་དབུས་སུ་པཾ་ལས་ཆུ་སྐྱེས་སྔོ་ནག་འདབ་མ་གསུམ་པ། དེའི་དབུས་སུ་ཧཱུྃ་མཐིང་ནག་ལས་འོད་ཟེར་འཕྲོས། དགྲ་བགེགས་གདུག་པ་ཅན་ཐམས་ཅད་ཚར་བཅད་ཚུར་འདུས་ཡོངས་སུ་གྱུར་པ་ལས། དཔལ་ལས་ཀྱི་མགོན་པོ་སྐུ་མདོག་མཐིང་ནག་ཁྲོ་གཏུམ་འཇིགས་པའི་གཟུགས་ཅན་མིའུ་ཐུང་གི་རྣམ་པ་ཞལ་གཅིག་ཕྱག་གཉིས་ཡན་ལག་ཐུང་ཞིང་རགས་པ། རྡོ་རྗེ་གནམ་ལྕགས་ཀྱི་མཆུ་དང་ལྡན་པའི་བྱ་རོག་གི་གདོང་ཁྲོ་གཉེར་བསྡུས་ཤིང་སྤྱན་གསུམ་པ། གཡས་རྡོ་རྗེ་གྲི་གུག་འབར་བའི་མེ་འདྲ་བ་འཕྱར་བ། གཡོན་ཐོད་ཁྲ་ཐུགས་ཀར་འཛིན་ཅིང་ཞལ་དུ་རྟེབ་པ། སྨ་ར། སྨིན་མ། དབུ་སྐྲ། ཨག་ཚོམ་གྱེན་དུ་འབར་བ། ཞལ་ཤིན་ཏུ་གདངས་པ་ཁ་རླངས་མེ་རླུང་དུ་འཚུབ་པ། ཁྲག་གི་རྒྱུན་ཆེན་པོ་འབབ་པ། མཆེ་བ་རྣོན་པོ་གཙིགས་ཤིང་ཧམ་པའི་ང་རོ་སྒྲོག་པ། བརྒྱང་བསྐུམ་གྱི་དོར་སྟབས་ཅན་དུག་སྦྲུལ་ནག་པོས་བརྒྱན་ཅིང་། ཐོད་སྐམ་ལྔའི་

དབུ་རྒྱན་དང་། རྔོན་པ་ལྷ་བཙུའི་དོ་ཤལ་ཅན། སྐྲ་མཚམས་ནས་རྡོ་རྗེའི་བྱ་ཁྱུང་སྤྲོ་བ། སྟག་ལྤགས་ཀྱི་ཤམ་ཐབས་ཅན། ཉི་མ་འབུམ་གྱི་(༢༥༨བ)གཟི་བརྗིད་དང་ལྡན་པ་མེ་དཔུང་འབར་བའི་དབུས་ན་བཞུགས་ཤིང་། ཞབས་བརྫོབས་པས་དགྲ་བོ་གདུག་སེམས་ཅན་གྱི་མགོ་བོ་འགེམས་པ། འཁོར་ནག་པོ་བྱ་རོག་གདོང་ཅན་སྟོང་དང་། ཤ་ཟ་འབུམ། ལྷ་སྲིན་སྡེ་བརྒྱད། སྤྲུལ་པ་མགོ་བརྙན། ཡང་སྤྲུལ་མཆུ་སེར་ཅན་གྱི་འདབ་ཆགས་དང་། གཅན་གཟན་གདུག་པའི་ཚོགས་དང་། ཁྱད་པར་གདུག་པའི་ཀླུ་མཐིང་ནག་སྤྱི་གྲི་དང་སྤྲུལ་ཞགས་ཐོགས་པ་སོགས་དཔག་ཏུ་མེད་པས་བསྐོར་བ། གཙོ་བོའི་ཐུགས་ཀར་ཉི་མ་ཟླུར་གསུམ་པ་ལ་ཧཱུྃ་སྔོན་པོ་དང་། རང་གི་སྙིང་གའི་ཧཱུྃ་ལས་འོད་ཟེར་འཕྲོས་པས། དུར་ཁྲོད་བསིལ་བའི་ཚལ་ནས་ལས་ཀྱི་མགོན་པོ་ནག་པོ་སྟོང་གི་ཚོགས་དང་བཅས་པ་བཛྲ་ས་མཱ་ཛཿཛཿཧཱུྃ་བཾ་ཧོཿ ཨོཾ་མཧཱ་ཀཱ་ལ་ཀཱ་ཀ་མུ་ཁ་ཨརྒྷཾ་པྲ་ཏཱིཙྪ་སྭཱཧཱ་ནས། ཤབྡའི་བར་གྱིས་མཆོད། ཨོཾ་བཛྲ་མཧཱ་ཀཱ་ལ་ས་མ་ཡ་ཏ་ན་ཏ་ན་ཧཱུྃ་ཕཊ། ཅེས་བརྗོད་ཅིང་། རྡོ་རྗེ་རྩེ་ལྔ་པའི་ཕྱག་རྒྱ་སྤྱི་བོར་གཏུགས་པས་དམ་ལ་བཞག །བཟླས་པའི་དམིགས་པ་གསལ་བཏབ་ལ། ཨོཾ་བཛྲ་མཧཱ་ཀཱ་ལ་གུ་ཎ་ཧྲི་ད་ཧཱུྃ་ཕཊ། ཅེས་པས་མགོ་དྲངས་ཏེ། ཨོཾ་མཧཱ་ཀཱ་ལ་ཧ་ཀྲཱ་ད་ཛཿ ཨོཾ་མཧཱ་ཀཱ་ལ་སིདྡྷི་ཡ་མ་དུ་མ་ཛཿ ཨོཾ་མཧཱ་ཀཱ་ལ་ཀཱ་ཀ་མུ་ཁ་ཧཱུྃ་ཕཊ། ས་མ་ཡ་སྲོག་དུན་དུན་བྲང་བྲིང་ཛཿཛཿ དགྲ་བགེགས་གདུག་པ་ཅན་ཐམས་ཅད་ཀྱི་སྲོག་ལ་ཡ། ཙུ་ཙུ་ཙ་ལ་ཡ། མཧཱ་ཀཱ་ལ་ཧག་སཏ་ཤྲཱ་ཧུན་སྣཱ་ར་ཡ་ཕཊ། ཅེས་ཅི་ནུས་སུ་བཟླ། གཏོར་མ་བླ་མེད་ལྟར་བྱིན་གྱིས་བརླབས་ཏེ། མགོན་པོ་འཁོར་དང་བཅས་པའི་ལྗགས་རྡོ་རྗེའི་སྦུ་གུས་(༢༥༩ན)གཏོར་མ་དྲངས་ཏེ་གསོལ་བར་གྱུར། སྔགས་ཀྱི་མཐར། ཨི་དཾ་བ་ལིཾ་ཏ་ཁ་ཁ་ཁཱ་ཧི་ཁཱ་ཧི་ཧཱུྃ་ཕཊ། ཅེས་ལན་གསུམ་མམ་བདུན་གྱིས་ཕུལ། ཨརྒྷཾ་ནས་ཤབྡའི་བར་གྱིས་མཆོད། བསྟོད་པ་ནི། རྒྱས་པར་ན། དུར་ཁྲོད་ཆེན་པོ་བསིལ་བའི་ཚལ། །ཞེས་སོགས་སམ། བསྟོད་ཐུང་ཤློ་ཀ་གཅིག་པས་བསྟོད་ཀྱང་རུང་།

འདོད་དོན་གསོལ་བཏབ། ཡིག་བརྒྱ། བཟོད་གསོལ་སོགས་བྱའོ། ། ༔ འདིའི་སློབ་མ་རྗེས་འཛིན་གྱི་བྱ་བ་ནི། ཆོས་འབྱུང་མཐིང་ནག་མེ་རི་ཅན་གྱི་དབུས་སུ་ཁྲི་གུག །དེའི་སྟེང་དུ་དམར་གཏོར་གྲུ་གསུམ། དེ་ལ་མདའ་དར་བཙུགས་ཤིང་ཙག་ལི་ཡོད་ན་འདོགས། མདུན་དུ་འབུལ་གཏོར་གྲུ་གསུམ་གསུམ་བསྐྲིགས་གཅིག །མཐའ་མཆོད་པས་བསྐོར། བདག་བསྐྱེད་མདུན་བསྐྱེད་བཟླས་པ་གཏོར་འབུལ་དང་བཅས་པ་བྱས་ལ། སློབ་མ་རྣམས་མཎྜལ་འབུལ་དུ་བཅུག །སངས་རྒྱས་བསྟན་པ་སྲུང་བ་དང་། །དཀོན་མཆོག་དབུ་འཕང་བསྟོད་པ་དང་། །ལོག་འདྲེན་བགེགས་རྣམས་ཚར་གཅོད་ཕྱིར། །མགོན་པོའི་དབང་བསྐུར་བདག་ལ་སྩོལ། །ཞེས་ལན་གསུམ་གྱིས་གསོལ་བ་བཏབ། རྒྱུན་བཤགས་སྔོན་དུ་འགྲོ་བའི་སེམས་བསྐྱེད་ཀྱི་དམིགས་པ་ཕོག་ལ། དཀོན་མཆོག་གསུམ་ལ་བདག་སྐྱབས་མཆི། །ཞེས་སོགས་ལན་གསུམ་རྗེས་ཟློས་བྱེད་དུ་བཅུག །དངོས་གཞི་སློབ་དཔོན་ཡི་དམ་གྱི་ངོ་བོར་མོས། སློབ་མ་བསངས་སྦྱངས། སྟོང་པའི་ངང་ལས་པཾ་ལས་པདྨ་དང་རཾ་ལས་ཉི་མའི་དཀྱིལ་འཁོར་གྱི་སྟེང་དུ་(༢༥༨་བ)ཁྱེད་རང་རྣམས་ཀྱི་སེམས་ཉིད་ཧཱུྃ་མཐིང་ནག་གི་འོད་ཀྱི་འཕྲོ་འདུ་ལས། རྡོ་རྗེ་གྲི་གུག་ཧཱུྃ་གིས་མཚན་པར་གྱུར། དེ་ལས་འོད་ཟེར་འཕྲོས། དགྲ་བགེགས་གདུག་པ་ཅན་ཐམས་ཅད་ཚར་བཅད་དེ་གནས་སྤར། ཚུར་འདུས་ཡོངས་སུ་གྱུར་པ་ལས། ཁྱེད་རང་རྣམས་དཔལ་ཡེ་ཤེས་ཀྱི་མགོན་པོ་མཧཱ་ཀཱ་ལ་དཔའ་བོ་ཆེན་པོ་སྐུ་མདོག་མཐིང་ནག་དུས་མཐའི་སྤྲིན་དང་མཚུངས་པ། དམར་ལ་ཟླུམ་པའི་སྤྱན་གསུམ་སྣང་མིག་ཏུ་གཟིགས་པ། ཞལ་གདངས་ཤིང་མཆེ་བ་གཙིགས་པ། ལྗགས་འདྲིལ་ཞིང་། ཧ་ཧ་དང་ཧཱུྃ་ཧཱུྃ་དང་ཕཊ་ཕཊ་ཀྱི་གད་བརྒྱངས་སྒྲོག་པ། སྨ་ར་དང་སྨིན་མ་དབུ་སྐྲ་སེར་པོ་མེ་ལྟར་འབར་བ། ཕྱག་བཞིའི་གཡས་ཀྱི་དང་པོས་རྡོ་རྗེ་གྲི་གུག་དང་། གཡོན་གྱི་དང་པོས་ཀ་པཱ་ལ་ཁྲག་གིས་གང་བ་ཐུགས་ཀར་སྟེང་འོག་ཏུ་འཛིན་པ། གཡས་འོག་མས་རལ་གྲི་འབར་བ་འདེབས་པའི་ཚུལ་གྱིས་འཛིན་

ཅིང་། གཡོན་འོག་མས་ཏྲི་ཤུ་ལས་མཚན་པའི་ཁ་ཊྭཾ་ག་དར་དཔྱངས་དང་བཅས་པ་འཁྱུད་སྟབས་སུ་བསྣམས་པ། མི་མགོ་སྐམ་པོ་ལྔའི་དབུ་བརྒྱན་དང་། རྣོན་པ་ཁྲག་འཛག་པ་ལྔ་བཅུ་རྩ་གཅིག་གི་དོ་ཤལ་བྱས་པ། རིན་པོ་ཆེའི་རྒྱ་ཕྲན་དང་། སྦྲུལ་རིགས་བཞི་དང་། རུས་པའི་རྒྱན་ཐམས་ཅད་ཀྱིས་བརྒྱན་པ། སྟག་གི་པགས་པའི་ཤམ་ཐབས་ཅན། ཡེ་ཤེས་ཀྱི་མེ་དཔུང་འབར་བའི་ཀློང་དཀྱིལ་ན་ཞིང་ཆེན་བསྡོལ་བའི་གདན་ལ་དཔའ་བོ་རོལ་པའི་འདུག་སྟངས་ཀྱིས་བཞུགས་པ། ཞེས་གསལ་གདབ། མདུན་གྱི་གཏོར་རྟེན་འདི་ཉིད་ཀྱང་། སྟོང་པའི་ངང་ལས་སྐད་ཅིག་གི་ལས་ཀྱི་མགོན་(༢༨༠ན)པོ་སྐུ་མདོག་མཐིང་ནག་གཙོ་འཁོར་དུ་དངོས་སུ་གྱུར་བར་མོས་ལ། སློབ་དཔོན་གྱི་ཐུགས་ཀའི་ཧཱུྃ་ལས་འོད་ཟེར་འཕྲོས་པས། དུར་ཁྲོད་བསིལ་བའི་ཚལ་ནས་ལས་ཀྱི་མགོན་པོ་ནག་པོ་སྟོང་གི་ཚོགས་དང་བཅས་པ་བཛྲ་ས་མ་ཛཿ ཛཿཧཱུྃ་བཾ་ཧོཿ གཏོར་མ་མགོན་པོར་གསལ་བ་དང་གཉིས་སུ་མེད་པར་གྱུར། དེ་ནས་ཁྱེད་རང་གི་སྙིང་གར་པད་ཉིའི་གདན་ལ་ཧཱུྃ་མཐིང་ནག་གི་མཐར་སྔགས་འཕྲེང་འོད་ཟེར་མཐིང་ནག་འབར་བའི་རྣམ་པ་ཅན་དུ་བཞུགས་པར་མོས། སློབ་དཔོན་གྱི་ཐུགས་ཀ་ནས་འོད་ཟེར་འཕྲོས། མདུན་བསྐྱེད་ཀྱི་ལྷའི་ཐུགས་རྒྱུད་བསྐུལ། ཐུགས་ཀའི་སྔགས་འཕྲེང་ལས་སྔགས་འཕྲེང་གཉིས་པ་ཞིག་ཆད། ཞལ་ནས་ཐོན། ཁྱེད་རང་གི་ཁ་སྒོ་ནས་ཞུགས། སྙིང་གའི་ཧཱུྃ་ཡིག་གི་མཐའ་མར་སྔགས་སྔོ་མ་ལ་ཐིམ་ཞིང་འཁོར་བར་མོས་སུ་བཅུག་ལ། ཨོཾ་བཛྲ་མཧཱ་ཀཱ་ལ་གུ་ཎ་ཧྲི་ད་ཧཱུྃ་ཕཊ། ཅེས་པས་མགོ་དྲངས་ཏེ། ཨོཾ་མཧཱ་ཀཱ་ལ་ཧ་ཡཱད་ཛཿ ཨོཾ་མཧཱ་ཀཱ་ལ་སིདྡྷི་ཡ་མ་དུ་མ་ཛཿ ཨོཾ་མཧཱ་ཀཱ་ལ་ཀཱ་ཀ་མུ་ཁ་ཧཱུྃ་ཕཊ། ས་མ་ཡ་སྨྲིག་དུན་དུན་བྲིང་བྲིང་ཛཿཛཿ དགྲ་བགེགས་གདུག་པ་ཅན་ཐམས་ཅད་ཀྱི་སྲོག་ལ་ཡ། རུ་རུ་ཙ་ལ་ཡ། མཧཱ་ཀཱ་ལ་ཧ་ཡཱད་ཤཱ་ཧུན་སྭཱ་ར་ཡ་ཕཊ། ཅེས་པའི་སྔགས་རྣམས་ལན་གསུམ་གསུམ་རྗེས་ཟློས་བྱེད་དུ་བཅུག་ལ་སྔགས་ཀྱི་བཟླས་ལུང་སྦྱིན། གཏོར་མ་ལག་ཏུ་གཏད་ནས། དཔལ་ལས་ཀྱི་མགོན་པོ་འཁོར་

དང་བཅས་པ་ཁྱེད་རྣམས་ཀྱི་རྩ་བརྒྱུད་ཀྱི་དཔལ་ལྡན་བླ་མ་དམ་པ་རྣམས་ཀྱི་བཀའ་དང་དམ་(༢༧༠བ)ལས་མ་འདའ་བར་རྡོ་རྗེ་སློབ་མ་འདིའི་ཕྱི་བཞིན་དུ་རྗེས་སུ་འབྲངས་ལ་ལུས་དང་གྲིབ་མ་བཞིན་དུ་འགྲོགས་ཏེ། འགལ་རྐྱེན་ཐམས་ཅད་སོལ། མཐུན་རྐྱེན་ཐམས་ཅད་བསྒྲུབས། དགྲ་བགེགས་ཐམས་ཅད་ཐུལ། ཇི་ལྟར་བཅོལ་བའི་ལས་ཐམས་ཅད་འགྲུབ་པར་མཛོད་ཅིག །ཅེས་བཀའ་བསྒོ་བྱ། རྗེས་ཆོག་སྤྱི་དང་འདྲ། །

༈ གུར་མགོན་ལྕམ་དྲལ་ལ། མདུན་དུ་ཁ་ཟས་བཟང་དགུ་ལས་གྲུབ་པའི་གཏོར་མ་ཤ་ཁྲག་གིས་བརྒྱན་པ་བཤམས། དེའི་མདུན་དུ་མཆོད་པ་བཀོད་ལ། བདག་བསྐྱེད་ཀྱི་རྫོར་ལྟ་བུ་ཧེ་རུ་ཀའི་རིགས་སམ། ཁྲོ་བོའི་རྒྱལ་པོ་གང་ཡང་རུང་བ་ཞིག་བསྒོམ་ནས། མཆོད་པ་དང་གཏོར་མ་བླ་མེད་སྤྱི་འགྲོ་ལྟར་བྱིན་རླབས་བྱ། ལྕྭ་ཧཱུཾ་ཕཊ་ཞེས་སྟོང་པར་སྦྱངས། སྟོང་པའི་ངང་ལས་མདུན་གྱི་ནམ་མཁའི་གནས་སུ། དུར་ཁྲོད་ཆེན་པོའི་དབུས་ན་དགྲ་བགེགས་མནན་པའི་སྟེང་དུ། པཾ་ལས་པདྨ་དང་རཾ་ལས་ཉི་མའི་སྟེང་དུ་ཧཱུཾ་ཡིག་མཐིང་ནག་ལས་འོད་ཟེར་འཕྲོས། དགྲ་བགེགས་གདུག་པ་ཅན་ཐམས་ཅད་ཚར་བཅད། ཚུར་འདུས་ཡོངས་སུ་གྱུར་པ་ལས། རྡོ་རྗེ་ནག་པོ་ཆེན་པོ་དུས་ཀྱི་མུན་པ་ལྟ་བུའི་སྐུ་མདོག་ཅན་ཆེ་ཞིང་ཆེར་འབར་བ། ཞལ་གཅིག་ཕྱག་གཉིས་གཡས་གྲི་གུག་དང་། གཡོན་ཐོད་པ་ཁྲག་གིས་གང་བ་ཐུགས་ཀར་སྙིང་འོག་ཏུ་འཛིན་པ། ཕྱག་གཉིས་ཅར་གྱི་དབུས་ན་རྣམ་འཕྲུལ་གྱི་གཎྜི་བསྣམས་པ། སྤྱན་གསུམ་དང་ལྡན་པ། ཞལ་མཆེ་བ་གཙིགས་པ། དབུ་སྐྲ་སེར་པོ་གྱེན་དུ་བརྫེས་པ། མི་མགོ་སྐམ་པོ་ལྔའི་དབུ་རྒྱན་དང་། (༢༧༡ན)རློན་པ་ཁྲག་འཛག་པ་ལྔ་བཅུའི་དོ་ཤལ་ཅན། རུས་པའི་རྒྱན་དྲུག་དང་སྦྲུལ་གྱིས་བརྒྱན་པ། སྟག་གི་པགས་པའི་ཤམ་ཐབས་ཅན། དར་སྣ་ཚོགས་ཀྱི་ཅོད་པན་དང་ལྷབ་ལྷུབ་ཀྱིས་བརྒྱབས་པ། མིའུ་ཐུང་གེལ་བའི་འདུག་སྟངས་ཀྱིས་རོའི་སྟེང་ན་བཞུགས་པ། དེའི་གཡས་ན་བྱ་ནག །གཡོན་ན་ཁྱི་ནག །རྒྱབ་ན་ལྕགས་སྤྱང་། མདུན་ན་མི་ནག །སྟེང་ན་ནམ་མཁའ་

ལྷིང་གི་སྤྲུལ་པའི་ཕོ་ཉ་འཕྲོ་བ། མི་བསྐྱོད་པའི་དབུ་རྒྱན་ཅན། ཡེ་ཤེས་ཀྱི་མེ་རབ་ཏུ་འབར་བའི་དབུས་ན་བཞུགས་པ། འཁོར་ལས་བྱེད་སྤྲུལ་པ་ཡང་སྤྲུལ་སྟེ་བརྒྱད་ཀྱི་ཚོགས་དཔག་ཏུ་མེད་པས་བསྐོར་བའོ། །དེའི་གཡོན་དུ་ཧཱུྃ་ལས་ཨེ་ཀ་ཛ་ཏི་སྐུ་མདོག་སྔོན་མོ། ཞལ་གཅིག་ཕྱག་གཉིས་ཀྱིས་བདུད་རྩིས་གང་བའི་བུམ་པ་ཐུགས་ཀར་འཛིན་པ། དར་དཀར་གྱི་ན་བཟའ་སྟོད་གཡོགས་པ། སྟག་གི་པགས་པའི་ཤམ་ཐབས་ཅན། རལ་པ་ལན་བུ་གཅིག་ཏུ་སྒྲུར་ནས་གཡོན་དུ་འཕྱང་བ། ཁྲོ་མོའི་རྣམ་པ་ཅན། དེའི་ལྟོ་བ་ཡངས་པའི་ནང་དུ་ཧཱུྃ་ལས་ཁྲག་གི་རྒྱ་མཚོའི་དབུས་སུ་ཧྲཱིཿལས་དཔལ་ལྡན་ལྷ་མོ་འདོད་པ་ཁམས་ཀྱི་དབང་ཕྱུག་མ་བོང་བུ་ཀྱ་པ་ལ་ཞོན་པ་སྐུ་མདོག་སྔོ་ནག །ཞལ་གཅིག་ཕྱག་བཞི་མ། གཡས་ཀྱི་དང་པོ་ན་རལ་གྲི། གཉིས་པ་ན་ཐོད་པ་ཁྲག་གིས་གང་བ། གཡོན་གྱི་དང་པོ་ན་མདུང་། གཉིས་པ་ན་རྩེ་གསུམ་འཛིན་པ། མི་མགོ་སྐམ་པོ་ལྔའི་དབུ་རྒྱན་དང་། རློན་པ་ལྔ་བཅུའི་དོ་ཤལ་ཅན། རུས་པའི་རྒྱན་དྲུག་དང་ལྡན་པ། གླང་པོ་ཆེའི་ཀོ་བས་སྟོད་(༢༥༧བ)གཡོགས་ཤིང་། བ་ལང་གི་ཀོ་བས་སྨད་གཡོགས་པ། རེ་ལྡེའི་ཤམ་ཐབས་ཅན། ཀླུའི་དབང་པོའི་སྐེ་རགས་བཅིངས་པ། སྤྱན་གསུམ་དང་ལྡན་ཞིང་། མི་རོ་རེངས་པ་ཁར་བཅུག་ནས་མཆེ་བ་གཙིགས་པ། སྙན་གཡས་པ་ལ་དུག་སྦྲུལ་དང་། གཡོན་པ་ལ་སེང་གེས་བརྒྱན་པ། སྐུ་ལ་ཁྲག་གི་ཐིག་ལེ་དང་ཞག་གི་ཟོ་རིས་དང་ཐལ་ཆེན་གྱི་ཚོམ་བུ་བཀོད་པ། ཤིན་ཏུ་རིད་ཅིང་ལྟེ་བའི་ཐད་ཀ་ནས་ཉི་ཟླ་འཆར་བ། མ་མོ་མཁའ་འགྲོ་ཤ་ཟ་འབུམ་སྡེའི་དབུས་ན་ཧཱུྃ་དང་བྱཱུའི་སྒྲ་སྒྲོག་པ། ལྕམ་དྲལ་གཉིས་ཀའི་དཔྲལ་བར་ཨོཾ། མགྲིན་པར་ཨཱཿ ཐུགས་ཀར་ཧཱུྃ། ཧཱུྃ་ལས་འོད་ཟེར་འཕྲོས། འོག་མིན་ནས་རྣམ་པར་སྣང་མཛད་ཀྱི་ཐུགས་ཀ་ནས་མགོན་པོ་དང་། རང་བཞིན་གྱི་གནས་ནས་ལྷ་མོ་སྤྱན་དྲངས་པར་མོས། ཛོར་དྲིལ་འཛིན་པས། མགོན་པོ་ལྷམ་དྲལ་གནས་འདིར་གཤེགས། །ད་ལྟ་སྙིགས་མ་ལྔ་ཡི་དུས། །གཤེགས་ཤིང་བཞུགས་པའི་གནས་ངན་

ཡང་། །ཀླུའི་བསྟན་པ་སྲུང་བ་དང་། །བདག་ཅག་རྣམས་ལ་ཕན་གདགས་ཕྱིར། །གནས་འདི་ཉིད་དུ་གཤེགས་སུ་གསོལ། །ཨོཾ་ཀླི་མཧཱ་ཀཱ་ལ་ཡ་མཧཱ་ཀཱ་ལི་དེ་ཝཱི་ཨེ་ཧྱེ་ཧི། ཛཿཧཱུྃ་བཾ་ཧོཿཔདྨ་ཀ་མ་ལ་ཡེ་སྟྭཾ། ཞེས་བརྗོད། ཨོཾ་ཀླི་མཧཱ་ཀཱ་ལ་ཡ། མཧཱ་ཀཱ་ལི་དེ་ཝི་ཡེ། གྲིཧྞ་དཾ་ཨརྒྷཾ་སྭཱཧཱ་ནས་ཤབྡའི་བར་གྱིས་མཆོད། ཐལ་མོ་ཁོང་སྟོང་དུ་སྦྱར་བ་མགོན་པོའི་དམ་ཚིག་གི་ཕྱག་རྒྱ། ཐལ་མོའི་སོར་མོའི་རྩེ་མོ་བསྒོལ་བ་ལྷ་མོའི་དམ་རྒྱའོ། །ཨོཾ་མཧཱ་ཀཱ་ལ་ཡ། མཧཱ་ཀཱ་ལི་དེ་ཝཱི་ཡེ། ས་མ་ཡ་སྨ་ར་ས་མ་ཡ། མ་ཏི་ཀྲ་མ་ཡ། (༢༨༢ན)ས་མ་ཡེ། རཀྵཧཱུྃ། དཔལ་རྡོ་རྗེ་ནག་པོ་ཆེན་པོ་ལྷམ་དྲལ་བྲན་གཡོག་བཀའ་སྡོད་འཁོར་དང་བཅས་པ་ཐམས་ཅད་མཆོད་སྦྱིན་གྱི་གཏོར་མ་རྒྱ་ཆེན་པོ་འདི་བཞེས་ལ། ཚ་བ་དང་བརྒྱུད་པར་བཅས་པའི་དཔལ་ལྡན་བླ་མ་དམ་པ་རྣམས་ཀྱི་བཀའ་དང་དམ་ལས་མ་འདའ་བར་དམ་ཚིག་སྲུངས། བསྟན་པ་སྐྱོངས། དཀོན་མཆོག་གི་དབུ་འཕང་བསྟོད། ཆོས་སྒྲུབ་པའི་བར་ཆད་ཐམས་ཅད་ཞི་བ་དང་། བསམ་སྦྱོར་ཆོས་དང་མཐུན་པ་ཡིད་བཞིན་དུ་འགྲུབ་ཅིང་། བསྟན་པ་དང་། བསྟན་པ་འཛིན་པ་དང་། འཇིག་རྟེན་པ་ཀུན་དར་ཞིང་རྒྱས་པར་མཛད་དུ་གསོལ། རྡོ་རྗེ་ཐལ་མོ་ཁ་གྱེན་དུ་ཕྱེ་ལ། ཨོཾ་མཧཱ་ཀཱ་ལ་ཡ། མཧཱ་ཀཱ་ལི་དེ་ཝཱི་ཡེ། ན་མཿསརྦ་ཏ་ཐཱ་ག་ཏེ་བྷྱོ་བི་ཤྭ་མུ་ཁེ་བྷྱཿསརྦ་ཐཱ་ཁཾ་ཨུདྒ་ཏེ། སྥ་ར་ཎ་ཨི་མཾ་ག་ག་ན་ཁཾ། གྲིཧྞ་དཾ་བ་ལིཾ་ཏ་ཡེ་སྭཱཧཱ། གོང་ལྟར་མཆོད། ཕུད་གཏོར་ཞིང་། ཨོཾ་ཀླི་མཧཱ་ཀཱ་ལ་ཡ། ཤྲཱ་ས་ན་ཨུ་པ་ཏ་རི་ཊེ། ཨེ་ཧྱ་ཨ་པཉྩི་མ་ཀ་ལོ། ཨ་ཡཾ་ཨི་དཾ་རཏྣ་ཊ་ཡཾ། ཨ་པ་ཀ་ནི་ཊཾ། ཡ་ཏི་པྲ་ཏི་ཛྫ། སྨ་ར་སི། ཏ་ད་ཨི་ད་དུཥྚཾ། ཁ་ཁ་ཁཱ་ཧི་ཁཱ་ཧི། སྨ་ར་སྨ་ར། གྲིཧྞ་གྲིཧྞ། བནྡྷ་བནྡྷ། ཧ་ན་ཧ་ན། ད་ཧ་ད་ཧ། པ་ཙ་པ་ཙ། དི་ན་མེ་ཀེ་ན་སྨ་ར་ཡ་ཧཱུྃ་ཧཱུྃ་ཕཊ་ཕཊ་སྭཱཧཱ། ཨོཾ་རོ་རུ་རོ་རུ་བི་ཏིཥྛ་བ་ཧོ་སི་ཀཱ་མ་ལ་རཀྵ་སི་ཧཱུྃ་བྷྲཱུྃཿཧཱུྃ། ཧཱུྃ། སྲིན་པོའི་གཟུགས་ཀྱིས་གདུག་པ་ཅན། །ཚར་གཅོད་བྱང་ཆུབ་སེམས་དཔའ་སྟེ། །གྲོང་ཁྱེར་གསུམ་བརྩེགས་འཇིགས་བྱེད་པ། །གཏུམ་པོ་ཁྱོད་ལ་བདག

བསྐྱོད་དོ། །༈ འདིའི་རྗེས་(༢༨༢བ)གནང་བྱེད་པར་འདོད་ན། བླ་མེད་ཀྱི་དབང་བསྐུར་ཐོབ་པའི་སློབ་མ་ལ། ཉེར་དགུ་ལ་སོགས་པའི་དུས་ཁྱད་པར་ཅན་ལ། ཡོ་བྱད་ཚོགས་པར་བྱས་ནས། མདུན་དུ་མགོན་པོའི་བྲིས་སྐུ་བཀྲམས། རྟེན་གཏོར་གྱི་གསུམ་ནོར་གཟུགས་མ་མཆེའི་སྟེང་དུ་བཀོད། འབུལ་གཏོར་མདུན་དུ་བཤམས། མཆོད་པ་ཅི་བདེར་བསྒྲིགས། མཇལ་ཆོས་འབྱུང་གྲུ་གསུམ་གྱི་དབུས་སུ་གཏོར་མ་འགོད་པའི་ལུགས་ཀྱང་ཡོད། སྔོན་འགྲོ་གཏོར་མ་བཏང་། གནས་ཡོ་བྱིན་རླབས་དང་། ནང་མཆོད་བྱིན་རླབས་བྱས་ཏེ། ཀྱཻ་རྡོ་རྗེ་ལྷ་བུ་ཏེ་ཏུ་ཀཱའམ། རྡོ་རྗེའི་རིགས་ཀྱི་ཁྲི་བོ་གང་རུང་ཞིག་གི་བདག་བསྐྱེད་སྔོན་དུ་འགྲོ་བས། གོང་བཞིན་གཏོར་ཆོག་རྫོགས་པར་བྱས་ལ། སློབ་མའི་རྒྱུད་བྱིན་གྱིས་བརླབས་པའི་དོན་དུ་བཟླས་པ་ཡང་ཅི་འགྲུབ་བྱེད། དེ་ཡང་། ཨོཾ་མཧཱ་ཀཱ་ལ་ཧཱུྃ་ཕཊ། ཉེ་སྙིང་དང་། ཨོཾ་ཤྲཱི་མཧཱ་ཀཱ་ལ་ཡ་ཧཱུྃ་ཧཱུྃ་ཕཊ་སྭཱཧཱ། སྙིང་པོ། ཤཱ་ས་ན་ཙ་སྔགས་ཏེ་དེ་ལྟར་གསུམ་དང་། ལྷ་མོའི་སྙིང་པོ་རྣམས་སོ། །༈ སློབ་མས་མཇལ་ཕྱུལ། དེ་ནས་གསོལ་བ་བཏབ་པ་འདིའི་རྗེས་གནང་མཛད་ཅིག །ཀུན་མཁྱེན་ཡེ་ཤེས་ཕུང་པོ་ཅན། །ཞེས་སོགས་ལན་གསུམ་གྱིས་གསོལ་བ་བཏབ་ནས། དཀོན་མཆོག་གསུམ་ལ་བདག་སྐྱབས་མཆི། །ཞེས་སོགས་རྒྱུན་བཤགས་ལན་གསུམ་བྱས་ནས། སྲས་བཅས་སངས་རྒྱས་ཐམས་ཅད་དང་། །ཞེས་བྱ་བ་ལ་སོགས་པ་རིགས་ལྔའི་སྡོམ་བཟུང་ལན་གསུམ་བྱ། དུས་གསུམ་སངས་རྒྱས་ཐམས་ཅད་ཀྱི་སྐུ་གསུང་ཐུགས་རྡོ་རྗེའི་ངོ་བོར་གྱུར་པ། བླ་(༢༨༣ན)མ་དམ་པ་རིན་པོ་ཆེས་བདག་ལ་དཔལ་རྡོ་རྗེ་ནག་པོ་ཆེན་པོ་ལྕམ་དྲལ་གྱི་སྐུ་གསུང་ཐུགས་ཀྱི་བྱིན་གྱིས་བརླབས་ཤིང་། རྗེས་སུ་གནང་བ་བསྩལ་དུ་གསོལ། ཞེས་ལན་གསུམ། དེ་ནས། སློབ་དཔོན་བཅོམ་ལྡན་འདས་ཀྱཻ་རྡོ་རྗེ་ཞལ་བརྒྱད་ཕྱག་བཅུ་དྲུག །ཞབས་བཞི་པ། ཡུམ་རྡོ་རྗེ་བདག་མེད་མ་དང་མཉམ་པར་སྦྱོར་བ་ཡིན་སྙམ་དུ་མོས། མདུན་གྱི་ནམ་མཁར་བཅོམ་ལྡན་འདས་ཀྱཻ་རྡོ་རྗེ་ལྷ་དགུའི་དཀྱིལ་འཁོར།

བླ་མ་བརྒྱུད་པ་སངས་རྒྱས་དང་། བྱང་ཆུབ་སེམས་དཔའ་བསམ་གྱིས་མི་ཁྱབ་པ་དང་། མདུན་ན་ཡོད་པའི་གཏོར་མ་དང་། སྐུ་འདི་དག་དུར་ཁྲོད་ཆེན་པོ་བརྒྱད་ཀྱིས་བསྐོར་བའི་དབུས་སུ། པདྨ་དང་ཉི་མ་རོའི་སྟེང་ན་གནས་པའི་རྡོ་རྗེ་ནག་པོ་ཆེན་པོ་གུར་གྱི་མགོན་པོ་ལྕམ་དྲལ་བཀའ་སྡོད་འཁོར་དང་བཅས་པ། དུར་ཁྲོད་ན་གནས་པའི་ཕྱོགས་སྐྱོང་། ཞིང་སྐྱོང་། མཁའ་འགྲོ། ཤ་ཟ། ལྷ་སྲིན་སྡེ་བརྒྱད། དྲེགས་པ་ཕོ་རྒྱུད་མོ་རྒྱུད། སྤྲུལ་པ་འབུམ་དང་ཡང་སྤྲུལ་བྱེ་བ། གནས་གསུམ་མཁའ་འགྲོའི་ཚོགས་དང་བཅས་པ་རྣམས་སྐུ་གཟི་བརྗིད་ཕུན་སུམ་ཚོགས་ཤིང་། གསུང་ཧཱུྃ་དང་ཕྱིའི་སྒྲ་འབྲུག་ལྟར་སྒྲོགས་ཤིང་། ཐུགས་བདེ་གསལ་གྱི་ངང་ལས་བསྟན་པ་སྲུང་བའི་ལས་ལ་བརྩོན་པར་མངོན་སུམ་དུ་མདུན་འདི་ན་བཞུགས་འདུག་སྙམ་དུ་མོས་པ་བྱེད་པར་འཚལ། དེ་ནས། བླ་མ་ཧེ་རུ་ཀར་དམིགས་པའི་ཐུགས་ཀ་ནས་འོད་ཟེར་བྱུང་། མདུན་བསྐྱེད་ཆོས་སྐྱོང་གི་ཐུགས་ཀར་ཕོག །ཐུགས་རྒྱུད་བསྐུལ། ཐུགས་(༢༨༣བ)ཀ་ནས་ཧཱུྃ་སྔོན་པོ་གཅིག་འཕྲོས། ཤངས་ནས་ཐོན་ཏེ་ཁྱེད་རང་རྣམ་པའི་ལུས་ལ་གཡས་སྐོར་དུ་ལན་གསུམ་བསྐོར་ནས་ཁ་སྒོ་ནས་ཞུགས། སྙིང་གར་ཉི་མའི་གདན་གཅིག་བསམ་པའི་སྟེང་དུ་གནས། དེ་ལས་འོད་ཟེར་འཕྲོས། ལས་དང་ཉོན་མོངས་པ་ཐམས་ཅད་དང་། རྣམ་སྨིན་གྱི་ཕུང་པོ་ཆེན་པོ་ཡེ་ཤེས་ཀྱི་མེས་བསྲེགས། ཧཱུྃ་དེ་ཡང་ཞབས་ཀྱུ་ཁོག་པ་ལ་ཐིམ། ཁོག་པ་མགོ་བོ་ལ་ཐིམ། མགོ་བོ་ཐིག་ལེ་ལ་ཐིམ། ཐིག་ལེ་ནཱ་ད་ལ་ཐིམ། དེ་མེ་ལོང་ལ་ཧ་བཏབ་པ་བཞིན་ཡལ་ནས་སྤྲོས་པ་ཐམས་ཅད་དང་བྲལ་བ་སྟོང་པ་ཉིད་དུ་བསམ། སྟོང་པའི་ངང་ལས་དགྲ་བགེགས་མནན་པའི་སྟེང་དུ། པཾ་ལས་པདྨ་དང་རཾ་ལས་ཉི་མའི་སྟེང་དུ། ཁྱེད་རང་གི་སེམས་ཉིད་ཧཱུྃ་མཐིང་ནག་ལས་འོད་ཟེར་འཕྲོས། དགྲ་བགེགས་གདུག་པ་ཅན་ཐམས་ཅད་ཚར་བཅད། ཚུར་འདུས་ཡོངས་སུ་གྱུར་པ་ལས། སློབ་མ་རྡོ་རྗེ་ནག་པོ་ཆེན་པོ་དུས་ཀྱི་མུན་པ་ལྟ་བུའི་སྐུ་མདོག་ཅན་ཆེ་ཞིང་ཆེར་འབར་བ། ཞལ་གཅིག་ཕྱག་གཉིས་གཡས་

གྲི་གུག་དང་གཡོན་ཐོད་པ་ཁྲག་གིས་གང་བ་ཐུགས་ཀར་སྙིང་འོག་ཏུ་འཛིན་པ། ཕྱག་གཉིས་ཅར་གྱི་དབུས་ན་རྣམ་འཕྲུལ་གྱི་གཏྲེ་བསྣམས་པ། སྤྱན་གསུམ་དང་ལྡན་པ། ཞལ་མཆེ་བ་གཙིགས་པ། དབུ་སྐྲ་སེར་པོ་གྱེན་དུ་བརྫེས་པ། མི་མགོ་སྐམ་པོ་ལྔའི་དབུ་རྒྱན་དང་། རློན་པ་ཁྲག་འཛག་པ་ལྔ་བཅུའི་དོ་ཤལ་ཅན། རུས་པའི་རྒྱན་དྲུག་དང་སྦྲུལ་གྱིས་བརྒྱན་པ། སྟག་གི་པགས་པའི་ཤམ་ཐབས་ཅན། དར་སྣ་ཚོགས་ཀྱི་ཅོད་པན་དང་ལྷབ་ལྷུབ་ཀྱིས་བརྐྱབས་པ། (༢༦༨ན)མིའུ་ཐུང་འགེལ་བའི་འདུག་སྟངས་ཀྱིས་རོའི་སྟེང་ན་བཞུགས་པ། དེའི་གཡས་ན་བྱ་ནག །གཡོན་ན་ཁྱི་ནག །རྒྱབ་ན་ལྩགས་སྤྱང་། མདུན་ན་མི་ནག །སྟེང་ན་ནམ་མཁའ་ལྡིང་གི་སྤྲུལ་པའི་ཕོ་ཉ་འཕྲོ་བ། མི་བསྐྱོད་པའི་དབུ་རྒྱན་ཅན། ཡེ་ཤེས་ཀྱི་མེ་རབ་ཏུ་འབར་བའི་དབུས་ན་བཞུགས་པ། འཁོར་ལས་བྱེད་སྤྲུལ་པ་ཡང་སྤྲུལ་སྡེ་བརྒྱད་ཀྱི་ཚོགས་དཔག་ཏུ་མེད་པས་བསྐོར་བའོ། །དེའི་གཡོན་དུ་ཧཱུྃ་ལས་ཨེ་ཀ་ཛ་ཊི་སྐུ་མདོག་སྔོན་མོ། ཞལ་གཅིག་ཕྱག་གཉིས་ཀྱིས་བདུད་རྩིས་གང་བའི་བུམ་པ་ཐུགས་ཀར་འཛིན་པ། དར་དཀར་གྱི་ན་བཟའ་སྟོད་གཡོགས་པ། སྟག་གི་པགས་པའི་ཤམ་ཐབས་ཅན། རལ་པ་ལན་བུ་གཅིག་ཏུ་བསྒྲུར་ནས་གཡོན་དུ་འཕྱང་བ། ཁྲོ་མོའི་རྣམ་པ་ཅན། དེའི་ཕྱོ་བ་ཡངས་པའི་ནང་དུ་ཧཱུྃ་ལས་ཁྲག་གི་རྒྱ་མཚོའི་དབུས་སུ་ཧྲཱྀཿལས་དཔལ་ལྡན་ལྷ་མོ་འདོད་པ་ཁམས་ཀྱི་དབང་ཕྱུག་མ་བོང་བུ་ཀྱ་པ་ལ་ཞོན་པ་སྐུ་མདོག་སྔོ་ནག །ཞལ་གཅིག་ཕྱག་བཞི་མ། གཡས་ཀྱི་དང་པོ་ན་རལ་གྲི། གཉིས་པ་ན་ཐོད་པ་ཁྲག་གིས་གང་བ། གཡོན་གྱི་དང་པོ་ན་མདུང་། གཉིས་པ་ན་རྩེ་གསུམ་འཛིན་པ། མི་མགོ་སྐམ་པོ་ལྔའི་དབུ་རྒྱན་དང་། རློན་པ་ལྔ་བཅུའི་དོ་ཤལ་ཅན། རུས་པའི་རྒྱན་དྲུག་དང་ལྡན་པ། གླང་པོ་ཆེའི་ཀོ་བས་སྟོད་གཡོགས་ཤིང་། བ་གླང་གི་ཀོ་བས་སྨད་གཡོགས་པ། རེ་ལྡེའི་ཤམ་ཐབས་ཅན། གླུའི་དབང་པོའི་སྐེ་རགས་བཅིངས་པ། སྤྱན་གསུམ་དང་ལྡན་ཞིང་། མི་རོ་རེངས་པ་ཁར་བཅུག་ནས་མཆེ་བ་གཙིགས་པ།

(༢༧༨བ)སྔོན་གཡས་པ་ལ་དུག་སྦྲུལ་དང་། གཡོན་པ་ལ་སེང་གེས་བརྒྱན་པ། སྐུ་ལ་ཁྲག་གི་ཐིག་ལེ་དང་ཞག་གི་ཟོ་རིས་དང་ཐལ་ཆེན་གྱི་ཚོམ་བུ་བཀོད་པ། ཤིན་ཏུ་རིད་ཅིང་ལྟེ་བའི་ཐད་ཀ་ནས་ཉི་ཟླ་འཆར་བ། མ་མོ་མཁའ་འགྲོ་ཤ་ཟ་འབུམ་སྡེའི་དབུས་ན་ཧཱུྃ་དང་རྦྱོའི་སྒྲ་སྒྲོག་པ། ལྷམ་དྲལ་གཉིས་ཀའི་དཔྲལ་བར་ཨོཾ། མགྲིན་པར་ཨཱཿ ཐུགས་ཀར་ཧཱུྃ། ཞེས་གསལ་བཏབ། ༈ རྫས་གནང་དངོས་ལ་གསུམ། སྐུའི་རྫས་གནང་། གསུང་གི་རྫས་གནང་། ཐུགས་ཀྱི་རྫས་གནང་ངོ་། །ཐོག་མར་སྐུའི་རྫས་གནང་གི་དོན་དུ་གསོལ་བ་གདབ་པ་འདིའི་རྫས་ཟློས་མཛོད་ཅིག །སངས་རྒྱས་ཀུན་གྱི་སྐུ་རྡོ་རྗེ། །ད་ལྟ་ཉིད་དུ་བདག་ལ་སྩོལ། །ཞེས་ལན་གསུམ་གསོལ་བ་གདབ། མོས་གུས་ཁྱད་པར་ཅན་བྱས་པས། བླ་མ་ཧེ་རུ་ཀར་དམིགས་པའི་ཐུགས་ཀའི་ཧཱུྃ་ལས་འོད་ཟེར་དཔག་ཏུ་མེད་པ་འཕྲོས། མདུན་གྱི་ཆོས་སྐྱོང་ལ་ཐོག་སྟེ་ཐུགས་རྒྱུད་བསྐུལ་བས། ཐུགས་ཀའི་ཧཱུྃ་ལས་ཡེ་ཤེས་ཀྱི་མགོན་པོའི་སྐུ་དཔག་ཏུ་མེད་པ་དང་། ཡང་འོད་ཟེར་འཕྲོས་པས་རྣམ་པར་སྣང་མཛད་གངས་ཆེན་མཚོའི་ཐུགས་ཀ་ནས་ཀྱང་ཆོས་སྐྱོང་གི་སྐུ་བསམ་གྱིས་མི་ཁྱབ་པ་སྤྱན་དྲངས་པ་ཆེ་བ་རི་རབ་ཙམ་དང་ཆུང་བ་ཏིལ་གྱི་འབྲུ་ཙམ་པ་འོད་ཟེར་དུ་མ་འཁྲོ་ཞིང་ཧཱུྃ་དང་ཕཊ་ཀྱི་སྒྲ་སྒྲོག་པ་བྱོན། ཁྱེད་རང་རྣམ་པའི་སྨིན་མཚམས་དང་། ལུས་ཀྱི་སྟོད་སྨད་བར་གསུམ་དུ་ཐིམ། ཡང་འོད་ཟེར་འཕྲོས། རང་བཞིན་གྱི་གནས་ནས་ལྷ་མོ་བསམ་གྱིས་མི་ཁྱབ་པ་སྤྱན་དྲངས་ལ་ཐིམ། གཞན་ཡང་སངས་རྒྱས་དང་(༢༧༩ན)བྱང་ཆུབ་སེམས་དཔའ་དང་རྣལ་འབྱོར་མ་བསམ་གྱིས་མི་ཁྱབ་པ་སྤྱན་དྲངས་ལ། མགོན་པོ་ལྷམ་དྲལ་གྱི་སྐུའི་རྣམ་པར་གྱུར་ནས་ཆར་ཆེན་པོ་བབས་པ་བཞིན་དུ་ལུས་ལ་ཐིམ་པར་མོས་པ་བྱོས་ཤིག །ཅེས་བརྗོད་ལ། གུ་གུལ་དང་། མགོན་པོའི་སྤོས་ཀྱི་དུད་པ་དང་། ཨོཾ་ཨཙྪ་ན་ནཱ་ཡ། བཾ་གོཾཏ་ཀྲ་ཀེ་ཤཏ་མ་ནེ། ཙ་ཏུར་བཾ་ཀྲ་ཧི་ནེ་ཊ་ཡ། ཕོ་ཊ་ཀྲ་ཧྲུ་ཧྣ་ཡ། ཀྲིཥྚ་ཧྣི་ཟུ་ཏ། ཥ་ཕུ་ཁེ། ཀཱ་པཱ་ལ་མཱ་ལ། ཨ་ཊེ་ཀཱ་ན་ཧྲ་རི་ཊེ། ཨཱཊྚ་ཏ་ཀྲུ་

ར་ཙིནྟ་ཡ། ཨ་ཧྲི་ན་ཏུ་དཾ་ཥྚི་ཊེ། ཨོཾ་མཱ་ར་ཡ་མཱ་ར་ཡ། ཀཱ་ར་ཡ་ཀཱ་ར་ཡ། གརྫ་ཡ་གརྫ་ཡ། ཏརྫ་ཡ་ཏརྫ་ཡ། ཤོ་ཥ་ཡ་ཤོ་ཥ་ཡ། སཔྟ་སཱ་ག་རཱ་ཎི། བནྡྷ་བནྡྷ། ནཱ་ག་ཨཥྚ་ཀཱ་ན། གྲིཧྣ་གྲིཧྣ། ཤ་ཏྲུཾ། ཏ་ཏྲ། ཏི་ཏྲི། ཏུ་ཏྲུ། ཏེ་ཏྲེ། ཏོ་ཏྲོ། ཏཾ་ཏཾཿཕཊ་སྭཱཧཱ། ཞེས་དང་། ཤྲཱ་ས་ན་དང་། རོ་རུ་ལན་གསུམ་གྱི་བར་ལ་རོལ་མོ་དཀྲོལ་ལ། དྲག་ཏུ་ཕྱིན་དབབ། དེས་སྐུའི་རྗེས་གནང་གྲུབ་ཅེས་བརྗོད། གཉིས་པ་གསུང་གི་རྗེས་གནང་གི་དོན་དུ་གསོལ་བ་གདབ་པ་འདིའི་རྗེས་ཟློས་མཛོད་ཅིག །སངས་རྒྱས་ཀུན་གྱི་གསུང་རྡོ་རྗེ། །ད་ལྟ་ཉིད་དུ་བདག་ལ་སྩོལ། །ཞེས་ལན་གསུམ། བླ་མ་ཧེ་རུ་ཀར་དམིགས་པའི་ཐུགས་ཀའི་སྔགས་ཀྱི་གསེབ་ན་ཤྲཱ་ས་ན་ལ་སོགས་པ་སྔགས་གསུམ་ཡོད་པར་བསམ། མདུན་བསྐྱེད་ཀྱི་ནག་པོ་ཆེན་པོའི་ཐུགས་ཀ་ནས་པདྨ་དང་ཉི་མའི་སྟེང་དུ་རྡོ་རྗེ་སྔོན་པོ་རྩེ་ལྔ་པ་ལྟེ་བར་ཉི་མའི་སྟེང་དུ་ཧཱུཾ་གིས་མཚན་པ། དེའི་མཐའ་མར། ཨོཾ་ཤྲཱི་མཧཱ་ཀཱ་ལ་ཡ་ཧཱུཾ་ཧཱུཾ་ཕཊ་སྭཱཧཱ། ཅེས་པའི་སྙིང་པོ་དང་། དེའི་ཕྱི་(༢༦༥བ)ནས། ཨོཾ་ཤྲཱི་མཧཱ་ཀཱ་ལ་ཡ་ཤྲཱ་ས་ན་སོགས་རྫོགས་པར་བརྗོད་ལ། ཕཊ་ཅེས་པའི་རྩ་སྔགས་དང་། དེའི་ཕྱི་ནས། ཨོཾ་རོ་རུ་ནས་ཧཱུཾ་ཛྫོཿཧཱུཾ་ཞེས་པ་རྣམས་ཀྱི་བསྐོར་ནས་ཡོད་པར་བསམས་ལ། ཁྱེད་རང་རྣམས་ཀྱང་ཆོས་སྐྱོང་དུ་དམིགས་པའི་སྙིང་པདྨ་འདབ་བརྒྱད་ལྟར་ཁ་ཕྱེ་བའི་ནང་དུ། པཾ་ལས་པདྨ། རཾ་ལས་ཉི་མའི་གདན་ལ་ཧཱུཾ་ཞུ་བ་ལས་རྡོ་རྗེ་སྔོན་པོ་ལྟེ་བ་ལ་ཉི་མའི་སྟེང་དུ་ཧཱུཾ་གིས་མཚན་པ་གཅིག་བསམས་ལ། དེ་ནས་མོས་གུས་དྭང་དྭང་བ་བྱས་པས། བླ་མའི་ཐུགས་ཀ་ནས་འོད་ཟེར་འཕྲོས། མདུན་གྱི་ནག་པོ་ཆེན་པོ་ལ་ཕོག་པས། དེའི་ཐུགས་ཀའི་སྔགས་འཕྲེང་འོད་ཟེར་རབ་ཏུ་འབར་བ་སྒྲ་དང་བཅས་པ་གཅིག་ལས་གཉིས་ཆད་ཀྱི་ཚུལ་དུ་ཞལ་ནས་ཐོན། ཐུགས་ཀའི་ཧཱུཾ་གི་མཐའ་མར་འཁོད། ལ་ལ་ཧཱུཾ་ལ་ཐིམ། ཡང་བླ་མ་དང་མདུན་བསྐྱེད་ལས་འོད་ཟེར་འཕྲོས། རྣམ་པར་སྣང་མཛད་གདངས་ཆེན་མཚོའི་ཐུགས་ཀ་ནས་ཀྱང་རྩ་སྔགས་སྙིང་པོ་རབ་ཏུ་འབར་ཞིང་འཁྱུག་གི་སྒྲ་ལྟར་སྐད་སྒྲོག་པ་

བསམ་གྱིས་མི་ཁྱབ་པ་སྤྱན་དྲངས། ཁྱེད་རང་རྣམ་པའི་ཞལ་དུ་ཞུགས། གཞན་ཡང་བླ་མ་དང་མདུན་བསྐྱེད་སངས་རྒྱས་དང་བྱང་ཆུབ་སེམས་དཔའ་ཐམས་ཅད་ཀྱི་གསུང་ཡིག་འབྲུའི་རྣམ་པ་ཨཱ་ལི་ཀཱ་ལིའི་སྔགས་བསམ་གྱིས་མི་ཁྱབ་པ་སྤྱན་དྲངས་པའང་། ཁྱེད་རང་རྣམ་པའི་ཐུགས་ཀའི་ཧཱུྃ་དང་སྔགས་རྣམས་ལ་ཐིམ། དུད་པ་དང་ལྷ་སྔགས་ཀྱིས་ཐོག་དྲངས་པའི་སྔགས་ལན་གསུམ་གྱི་བར་ལ་རོལ་མོ་དང་། དམིགས་པས་དྲག་ཏུ་དབབ། ད་ཁྱེད་རང་རྣམ་པ་(༢༨༨ན)འཁྲེང་བའམ། མེ་ཏོག་རེ་ལག་ཏུ་བཟུང་། རྗེས་སུ་བཟླས་པའི་ལུང་བླང་བ་ནི། སློབ་དཔོན་གྱི་ཐུགས་ཀའི་འོད་ཀྱིས་མདུན་བསྐྱེད་ཀྱི་མགོན་པོའི་ཐུགས་རྒྱུད་བསྐུལ་བས། ཐུགས་ཀའི་སྔགས་རྣམས་རེ་རེ་ལས་མར་མེ་གཅིག་ལས་གཉིས་ཆད་པའི་ཚུལ་དུ་སྤྲོ་འོད་དང་བཅས་པས་ཞལ་ནས་ཐོན། ཁྱེད་རང་རྣམ་པའི་ཞལ་དུ་ཞུགས། ཐུགས་ཀའི་ཧཱུྃ་གི་མཐའ་མར་སྙིང་པོ་དང་། རྩ་སྔགས། དེའི་ཕྱིར་སྔགས་རོ་ཏུ། དེ་རིམ་པས་སྔགས་སྟ་མ་རྣམས་ལ་ཐིམ་ཞིང་འཁོར་བར་བསམས་ལ། རྗེས་ཟློས་ལན་གསུམ་བགྱིས་པའི་དང་པོ་དམ་ཚིག་པའི་ཚུལ་དང་། གཉིས་པ་ཡེ་ཤེས་པའི་རྣམ་པ། གསུམ་པ་དམ་ཚིག་པ་ལ་ཡེ་ཤེས་པ་ཤེན་ཏུ་བརྟན་པའི་ཚུལ་གྱིས་ཐིམ་པར་བསམས་ལ། འདིའི་རྗེས་ཟློས་མཛོད་ཅིག་བྱས་ལ། ཨོཾ་ཧྲཱི་མཧཱ་ཀཱ་ལ་ཡ་ཧཱུྃ་ཧཱུྃ་ཕཊ་སྭཱཧཱ། ཞེས་པའི་སྙིང་པོ་ལན་གསུམ་དང་། ཨོཾ་ཧྲཱི་མཧཱ་ཀཱ་ལ་ཤཱ་ས་ན་ཨུ་པ་ཧ་རི་ཎེ། ཨེ་ཥ་ཨ་པཤྩི་མ་ག་ལོ། ཨ་ཡཾ་ཨི་དཾ་རཏྣ་ཏྲ་ཡ། ཨ་པ་ག་རི་ཎཾ། ཡ་དི་པྲ་ཏི་ཛྙཾ། སྨ་ར་སི། ཏ་ད་ཨི་དཾ་དུཥྚཾ། ཁ་ཁ་ཁཱ་ཧི་ཁཱ་ཧི། མཱ་ར་མཱ་ར། གྲྀཧྞ་གྲྀཧྞ། བནྡྷ་བནྡྷ། ཧ་ན་ཧ་ན། ད་ཧ་ད་ཧ། པ་ཙ་པ་ཙ། དི་ན་མེ་ཀེ་ན་མཱ་ར་ཡ་ཧཱུྃ་ཧཱུྃ་ཕཊ་ཕཊ་སྭཱཧཱ། ཅེས་པ་ལན་གསུམ་དང་། ཨོཾ་རོ་རུ་རོ་རུ་བི་ཏིཥྛ་བ་ཧོ་སི་ཀཱ་མ་ལ་རཀྵ་སི་ཧཱུྃ་བྷྲཱུྃཿཧཱུྃ། ཞེས་ལན་གསུམ་གྱིས་ལུང་ནོད། སློབ་དཔོན་ལ་མེ་ཏོག་གཏོར་ཞིང་འདིའི་རྗེས་ཟློས་མཛོད་ཅིག་བྱས་ལ། མགོན་པོ་བདག་ལ་བསྐུལ་ལགས་ཀྱི། །མགོན་པོ་བདག་ལ་བྱིན་གྱིས་རློབས། །(༢༨༨བ)ཞེས་ལན་གསུམ་

གསོལ་བ་བཏབ། སློབ་དཔོན་གྱིས་རྡོ་རྗེ་སློབ་མའི་མགོ་བོར་བཞག་ལ། མགོན་པོ་འདི་ལ་བསྟུལ་ལགས་ཀྱི། །མགོན་པོ་འདི་ལ་བྱིན་གྱིས་རློབས། །ཞེས་ལན་གསུམ། དེས་གསུང་གི་རྗེས་གནང་གྲུབ་པ་ལགས། གསུམ་པ་ཐུགས་ཀྱི་རྗེས་གནང་ཞུ་བའི་དོན་དུ་གསོལ་བ་གདབ་པ་འདིའི་རྗེས་ཟློས་མཛོད་ཅིག །སངས་རྒྱས་ཀུན་གྱི་ཐུགས་རྡོ་རྗེ། །ད་ལྟ་ཉིད་དུ་བདག་ལ་སྩོལ། །ཞེས་ལན་གསུམ། མོས་གུས་བྱས་པས། བླ་མའི་ཐུགས་ཀ་ནས་འོད་ཟེར་འཕྲོས། མདུན་གྱི་ནག་པོ་ཆེན་པོ་ལྷམ་དྲལ་ལ་ཕོག་པས། དེའི་ཐུགས་ཀ་ནས་ཐུགས་གཉིས་སུ་མེད་པའི་ཡེ་ཤེས་ཀྱི་ངོ་བོ་རྡོ་རྗེ་སྔོན་པོ་རྩེ་ལྔ་པའི་རྣམ་པ་ཅན་དང་། གྲི་གུག །ཕོད་ཁྲག །རལ་གྲི། མདུང་ཐུང་། རྩེ་གསུམ་ལ་སོགས་པ་ཕྱག་མཚན་སྣ་ཚོགས་ཀྱི་སྒྲ་དང་འོད་ཟེར་འབར་བ་བསམ་གྱིས་མི་ཁྱབ་པ་བྱོན་པ་རྣམས་ཐུགས་ཀའི་རྡོ་རྗེ་དང་ས་བོན་ལ་སིབ་སིབ་ཐིམ། ཕྱོགས་བཅུའི་སངས་རྒྱས་དང་བྱང་ཆུབ་སེམས་དཔའ་རྣམས་ཀྱི་ཐུགས་ཀ་ནས་ཡེ་ཤེས་ཀྱི་ཕྱག་མཚན་དཔག་ཏུ་མེད་པ་བྱོན། འོད་དུ་ཞུ་ནས་ཐུགས་ཀར་ཐིམ། དུད་པ་དང་རྔ་སྔགས་ཀྱིས་ཐོག་དྲངས་པའི་སྔགས་ལན་གསུམ་གྱི་བར་ལ་རོལ་མོ་བྱས་ལ་དབབ། དེས་ཐུགས་ཀྱི་རྗེས་གནང་གྲུབ། དེ་ནས་ཁྱེད་རང་རྣམ་པའི་སྙིང་པདྨ་འདབ་བརྒྱད་ལྟར་ཡོད་པ་དེ་དག་ཁ་ཟུམ་ནས་དེའི་སྙིང་དུ་རྡོ་རྗེ་རྩེ་ལྔ་པ་ཁྱེད་པས་རྒྱས་བཏབ་པས། དེ་ཉིད་ལ་བརྟན་པར་བཞུགས་ནས་གྲོགས་མཛད་པར་སེམས་ཤིག །ཅེས་བྱས་ལ། སློབ་མའི་མགོ་བོར་རྡོ་རྗེ་བཞག་ལ། ཏིཥྛ་བཛྲ་(༢༤༧ན)ལན་གཉིས་བརྗོད།

༄ འཕྲིན་ལས་ཀྱི་བཀའ་བསྒོ་བ་ནི། གཏོར་མ་ལ་དཔལ་འབར་གཅིག་བཙུགས། སློབ་མའི་སྤྱི་བོར་བཞག་ལ། གཏོར་མ་འདི་ཉིད་དཔལ་ནག་པོ་ཆེན་པོ་ལྷམ་དྲལ་བྲན་གཡོག་བཀའ་སྡོད་མངག་པ་དང་བཅས་པ་སྤྲིན་གཏིབས་པ་བཞིན་དུ་བསམས། མགོན་པོའི་སྙིང་དུ་རྩ་བའི་བླ་མ་ལ་བརྒྱུད་པའི་བླ་མའི་ཚོགས་ཀྱིས་བསྐོར་བ། སངས་རྒྱས་དང་བྱང་ཆུབ་སེམས་དཔའ་གནས་གསུམ་མཁའ་འགྲོའི་ཚོགས་བསམ་གྱིས་མི་

ཁྱབ་པ་དང་བཅས་པ་བཞུགས་པར་མོས་པ་མཛོད་ཅིག །ཅེས་བྱས་ལ། དུང་བ་བྱས་ཤིང་། སྙིང་པོ་དང་། གཟུངས་རིང་དང་། ལྷ་མོའི་སྔགས་ཀྱི་མཐར། ས་མ་ཡ། ས་མ་ཡ་རཀྵཧཱུྃ། དཔལ་རྡོ་རྗེ་ནག་པོ་ཆེན་པོ་ལྷམ་དྲལ་བྲན་གཡོག་བཀའ་སྡོད་དང་བཅས་པ་ཁྱེད་རྣམས་ཀྱིས། བླ་མ་དམ་པ་རྣམས་ཀྱི་དམ་ཚིག་གི་རིམ་པ་ལས་མ་འདའ་བར་དམ་ཚིག་བསྲུངས། བསྟན་པ་སྐྱོངས། རིག་པ་འཛིན་པ་འདི་ཞེས་བགྱི་བ་ཇི་སྲིད་བྱང་ཆུབ་མ་ཐོབ་ཀྱི་བར་དུ་འགལ་རྐྱེན་བར་གཅོད་ཐམས་ཅད་ལས་བསྲུངས་ཤིག །མི་མཐུན་པའི་ཕྱོགས་ཐམས་ཅད་སོལ་ཅིག །མཐུན་རྐྱེན་ཐམས་ཅད་བསྒྲུབས་ཤིག །ཕྱིར་སངས་རྒྱས་ཀྱི་བསྟན་པ་དང་། བྱེ་བྲག་ཏུ་རིག་པ་འཛིན་པ་འདིའི་དགྲ་དང་བགེགས་དང་བར་དུ་གཅོད་པ་ཐམས་ཅད་ཐུལ་ལ་སྲུང་བ་དང་བསྐྱབ་པར་གྱིས་ཤིག །རིག་པ་འཛིན་པ་འདིས་ཆོས་དང་མཐུན་པའི་ཇི་ལྟར་བཀའ་བསྒོ་བ་བཞིན་ཁྱེད་རྣམས་ཀྱིས་སྒྲུབས་ཤིག །ཅེས་བརྗོད། དེ་ནས་ཡུལ་ཁྱད་པར་ཅན་དེ་(༢༨༧བ)རྣམས་ལ་དད་གུས་བྱས་ལ། བླ་མ་ཡི་དམ་སངས་རྒྱས་བྱང་སེམས་མཁའ་འགྲོར་བཅས་པ་འོད་དུ་ཞུ། ནག་པོ་ཆེན་པོ་ལ་ཐིམ། དེ་ལས་འོད་ཟེར་འཕྲོས། ལྷ་མོ་བཀའ་སྡོད་འཁོར་དང་བཅས་པ་ལ་ཕོག་པས་འོད་དུ་ཞུ། ཚུར་འདུས་ནག་པོ་ཆེན་པོ་ལ་ཐིམ། དེའང་འོད་དུ་ཞུ། ཁྱེད་རང་གི་སྤྱི་གཙུག་ཚངས་པའི་བུ་ག་ནས་ཞུགས། ཁྱེད་རང་དང་གཉིས་སུ་མེད་པར་གྱུར་པས་ནུས་མཐུ་ཕུན་སུམ་ཚོགས་པར་བསམས། རོལ་མོ་བྱ། སྒྲུབ་པའི་ལུང་སྦྱིན་པ་ནི། ཆོས་སྐྱོང་འདི་ཉིད་ལ་ཚོགས་བདག་གི་ཚུལ་དུ་བསྒྲུབ་པ་དང་། བཀའ་སྡོད་ལྟར་བསྒྲུབ་པ། གཤིན་རྗེ་ལྟར་བསྒྲུབ་པ། གནོད་སྦྱིན་ལྟར་བསྒྲུབ་པ་དང་བཞི་བདོག །བཀའ་སྡོད་ཀྱི་ལུགས་ལ་ཕོ་རྒྱུད་དུ་བསྒྲུབ་པ། མོ་རྒྱུད་དུ་བསྒྲུབ་པ། ཡབ་ཡུམ་དུ་སྦྲགས་ཏེ་བསྒྲུབ་པ་གསུམ་ཡོད། དེ་ལྟར་སྒྲུབ་ལུགས་དེ་དག་ཐམས་ཅད་ལའང་། བསྙེན་པ། སྒྲུབ་པ། ལས་ལ་སྦྱོར་བ་གསུམ་གྱི་མན་ངག་ཡོད་པ་དག་སྐབས་སུ་སྦྱིན་གྱི་ཉམས་སུ་ལེན་པ་ལ་དབང་བ་

ཡིན་ནོ། །མི་འཁྲུལ་ཞིང་གསང་བར་གདམས་པ་ནི། དེ་ལྟར་རྫེས་གནང་ལུང་སྨིན་པའི་དབང་གིས་སྨུང་སྐྱོབ་བྱེད། ལུས་དང་གྲིབ་མའི་ཚུལ་གྱིས་འཁོར་བ་ཆོས་ཉིད་ཡིན། ཁྱེད་རང་རྣམ་པ་ཡང་དམ་ཚིག་རྣམ་དག་བསྲུངས་ཏེ། གཏོར་མ་དང་ཚོགས་ལ་བརྗོན་པར་མཛོད། དམ་ཚིག་དང་མི་ལྡན་པ་དང་། གསང་སྔགས་ཀྱི་སྣོད་དུ་མ་གྱུར་པ་རྣམས་ལ། དཔལ་མགོན་པོ་འཁོར་བཅས་ཀྱི་མཚན་ཙམ་ཡང་བསྟན་པར་བྱ་བ་མ་ཡིན་ནོ། །དེ་ནས་མཇལ་ཕྱུལ་ནས། (༢༥༨ན)འདིའི་རྗེས་གློས་མཛོད་ཅིག །གཙོ་བོས་ཇི་ལྟར་བཀའ་བསྩལ་པ། །དེ་དག་ཐམས་ཅད་བདག་གིས་བགྱི། །ལན་གསུམ། འདིའི་རྗེས་ཚིག་སྔྲི་དང་འདྲའོ། །

༈ ཀྱཻར་མགོན་ལྷ་བརྒྱད་མ་ལ། རྟེན་གཏོར་གྲུ་གསུམ་ནོར་གཟུགས་མ་མཇླིའི་སྟེང་དུ་བཀོད། མདུན་དུ་འབུལ་གཏོར་གཉིས་བཤམས། མཆོད་པ་ཅི་བདེར་བསྒྲིགས། སྔོན་འགྲོའི་གཏོར་མ་བཏང་། གནས་ཡོ་བྱིན་རླབས་དང་། ནང་མཆོད་བྱིན་གྱིས་བརླབས་ཏེ། ཀྱཻ་རྡོར་གྱི་བདག་བསྐྱེད་སྔོན་དུ་འགྲོ་བས། མཆོད་པ་དང་གཏོར་མ་བླ་མེད་སྤྱི་འགྲོ་ལྟར་བྱིན་གྱིས་བརླབས་ནས། སྭ་བྷཱ་ཝས་སྟོང་པར་སྦྱངས། སྟོང་པའི་ངང་ལས་མདུན་གྱི་ནམ་མཁའི་གནས་སུ། དུར་ཁྲོད་ཆེན་པོའི་དབུས་ན་དགྲ་བགེགས་མནན་པའི་སྟེང་དུ། པཾ་ལས་པདྨ་དང་རཾ་ལས་ཉི་མའི་སྟེང་དུ་ཧཱུཾ་མཐིང་ནག་ལས་འོད་ཟེར་འཕྲོས། དགྲ་བགེགས་གདུག་པ་ཅན་ཐམས་ཅད་ཚར་བཅད། ཚུར་འདུས་ཡོངས་སུ་གྱུར་པ་ལས། རྡོ་རྗེ་ནག་པོ་ཆེན་པོ་དུས་ཀྱི་མུན་པ་ལྟ་བུའི་སྐུ་མདོག་ཅན་ཆེ་ཞིང་ཆེར་འབར་བ། ཞལ་གཅིག་ཕྱག་གཉིས་གཡས་གྲི་གུག །གཡོན་ཐོད་པ་ཁྲག་གིས་གང་བ་ཐུགས་ཀར་སྙེང་འོག་ཏུ་འཛིན་པ། ཕྱག་གཉིས་ཅར་གྱི་དབུས་ན་རྣམ་འཕྲུལ་གྱི་གཎྜི་བསྣམས་པ། སྤྱན་གསུམ་དང་ལྡན་པ། ཞལ་མཆེ་བ་གཙིགས་པ། དབུ་སྐྲ་སེར་པོ་གྱེན་དུ་བརྫེས་པ། མི་མགོ་སྐམ་པོ་ལྔའི་དབུ་རྒྱན་དང་། རློན་པ་ཁྲག་འཛག་པ་ལྔ་བཅུའི་དོ་ཤལ་ཅན། རུས་པའི་རྒྱན་དྲུག

དང་སྤྲུལ་གྱིས་(༢༨༤བ)བརྒྱན་པ། སྟག་གི་པགས་པའི་ཤམ་ཐབས་ཅན། དར་སྣ་ཚོགས་ཀྱི་ཅོད་པན་དང་ལྷབ་ལྷུབ་ཀྱིས་བརྒྱུབས་པ། མིའུ་ཐུང་གེལ་བའི་འདུག་སྟངས་ཀྱིས་རོའི་སྟེང་ན་བཞུགས་པ། དེའི་གཡས་ན་བྱ་ནག །གཡོན་ན་ཁྱི་ནག །རྒྱབ་ན་ལྕགས་སྤྱང་། མདུན་དུ་མི་ནག །སྟེང་ན་ནམ་མཁའ་ལྡིང་གི་སྤྲུལ་པའི་ཕོ་ཉ་འཁོར་བ། མི་བསྐྱོད་པའི་དབུ་རྒྱན་ཅན། ཡེ་ཤེས་ཀྱི་མེ་རབ་ཏུ་འབར་བའི་དབུས་ན་བཞུགས་པ། འཁོར་ལས་བྱེད་སྤྲུལ་པ་ཡང་སྤྲུལ་སྟེ་བརྒྱད་ཀྱི་ཚོགས་དཔག་ཏུ་མེད་པས་བསྐོར་བའོ། །དེའི་གཡོན་དུ་ཏཀ་ལས་ཨེ་ཀ་ཛ་ཏི་སྐུ་མདོག་སྔོན་མོ། ཞལ་གཅིག་ཕྱག་གཉིས་ཀྱིས་བདུད་རྩིས་གང་བའི་བུམ་པ་ཐུགས་ཀར་འཛིན་པ། དར་དཀར་གྱི་ན་བཟས་སྟོད་གཡོགས་པ། སྟག་གི་པགས་པའི་ཤམ་ཐབས་ཅན། རལ་པ་ལན་བུ་གཅིག་ཏུ་སྒྲུར་ནས་གཡོན་དུ་འཕྱང་བ། ཁྲོ་མོའི་རྣམ་པ་ཅན། དེའི་ལྟོ་བ་ཡངས་པའི་ནང་དུ་ཧཱུཀ་ལས་ཁྲག་གི་རྒྱ་མཚོའི་དབུས་སུ་ཧྲཱིཿལས་དཔལ་ལྡན་ལྷ་མོ་འདོད་པ་ཁམས་ཀྱི་དབང་ཕྱུག་མ་བོང་བུ་གྭ་པ་ལ་ཞོན་པ་སྐུ་མདོག་སྔོན་པོ། ཞལ་གཅིག་ཕྱག་བཞི་མ། གཡས་ཀྱི་དང་པོ་ན་རལ་གྲི། གཉིས་པ་ན་ཐོད་པ་ཁྲག་གིས་གང་བ། གཡོན་གྱི་དང་པོ་ན་མདུང་། གཉིས་པ་ན་རྩེ་གསུམ་འཛིན་པ། མི་མགོ་སྐམ་པོ་ལྔའི་དབུ་རྒྱན་དང་། རློན་པ་ལྔ་བཅུའི་དོ་ཤལ་ཅན། རུས་པའི་རྒྱན་དྲུག་དང་ལྡན་པ། གླང་པོ་ཆེའི་ཀོ་བས་སྟོད་གཡོགས་ཤིང་། བ་གླང་གི་ཀོ་བས་སྨད་གཡོགས་པ། རེ་ལྡེའི་ཤམ་ཐབས་ཅན། ཀླུའི་དབང་པོའི་སྐེ་རགས་བཅིངས་པ། སྤྱན་གསུམ་དང་(༢༨༥ན)ལྡན་ཞིང་། མི་རོ་རེངས་པ་ཁར་བཅུག་ནས་མཆེ་བ་གཙིགས་པ། སྣན་གཡས་པ་ལ་དུག་སྦྲུལ་དང་། གཡོན་པ་ལ་སེང་གེས་བརྒྱན་པ། སྐུ་ལ་ཁྲག་གི་ཐིག་ལེ་དང་ཞག་གི་ཟོ་རིས་དང་ཐལ་ཆེན་གྱི་ཚོམ་བུ་བཀོད་པ། ཤིན་ཏུ་རིད་ཅིང་ལྟེ་བའི་ཐད་ཀ་ནས་ཉི་ཟླ་འཆར་བ། མ་མོ་མཁའ་འགྲོ་ཤ་ཟ་འབུམ་སྡེའི་དབུས་ན་ རྃ་དང་རྨྱིའི་སྒྲ་སྒྲོག་པ། མགོན་པོའི་ཐུགས་ཀ་ནས་ཡ་དང་། ལྷ་མོའི་

ཐུགས་ཀ་ནས་མཾ་མདུན་དུ་སྤྲོས་པ་ལས། ཡ་ལས་ནག་པོ་གནོད་སྦྱིན་གཡས་གྲི་གུག་འཕྱར་ཞིང་། གཡོན་སྣར་བ་གདངས་པའི་ལག་མཐིལ་ནས་ཉི་མ་འཆར་བ། མི་ལྤགས་ཀྱི་གཡང་བཞི་གྱོན་ཅིང་གསེར་གྱི་རྣ་ཆ་ཅན། དེའི་གཡོན་དུ་མཾ་ལས་ནག་མོ་གནོད་སྦྱིན་གཡས་གསེར་གྱི་སྦྲུ་གྲི་དང་། གཡོན་སྣར་བ་གདངས་པའི་ལག་མཐིལ་ནས་ཟླ་བ་འཆར་བ། དར་ནག་གི་ན་བཟའ་དང་། བྱུ་རུའི་ལན་ཚར་ཅན། དེ་གཉིས་ཀྱི་ཐུགས་ཀ་ནས་ཡབ་ལས་ཧཱུྃ་གཉིས་དང་ཡུམ་ལས་ཧྲཱིཿགཅིག་སྤྲོས་པ་ལས། ཕྱུ་ཏྲ་མིང་སྲིང་གསུམ་དུ་གྱུར་ཏེ་དེ་དག་གི་མདུན་དུ་འཁོད་པ་ནི། ཧཱུྃ་ལས་ཕྱུ་ཏྲ་ནག་པོ་ཞལ་གཅིག་ཕྱག་གཉིས་པ། གཡས་ཤང་ལང་གི་གྲི་རིང་འཕྱར་ཞིང་། གཡོན་ཐོད་པ་ཀླད་ཁྲག་དྲོན་མོས་གང་བ་འཛིན་ཅིང་ཞལ་དུ་གསོལ་བ། མོན་གྲེའི་ག་ཞ་དང་། དར་ནག་གི་ན་བཟའ་ཅན། ཧཱུྃ་ལས་ཛྷ་ཏྲ་ནག་པོ་དར་གྱི་ག་ཞ་དང་། སྟག་ སློག་གྱོན་པ། གཡས་དམ་ཤིང་དང་། གཡོན་མི་སྙིང་འཛིན་ཅིང་གསོལ་བ། ཧྲཱིཿལས་སྲིན་མོ་རལ་གཅིག་མ། གཡས་(༢༥༩བ)གསེར་གྱི་སྦྲུ་གྲི་དང་། གཡོན་རྒྱུ་མ་འཛིན་ཅིང་། མིག་ནས་ཁྲག་འཛག་པ། ཁ་ནས་མེ་འབར་བ། ལྷ་ཅར་ཡང་སྐྱ་མདོག་མཐིང་ནག །མོན་བུ་ཕོ་མོའི་ཆ་ལུགས་ཅན། མི་མགོའི་རྒྱན་དང་ལྡན་པ། རབ་ཏུ་ཁྲོས་ལ་ རྔམ་ཞིང་འབྲུགས་པས། གདུག་པ་ཅན་ཐམས་ཅད་ཚར་གཅོད་པའི་ཚུལ་དུ་བཞུགས་པ། མེ་རླུང་འཚུབ་པའི་དབུས་ན་འཁྲིང་བའོ། །དེའི་མཐའ་སྐོར་དུ། གཡས་ཀྱི་རུ་འདྲེན་པའི་སྐྱེས་པ་སྟག་ཆས་བརྒྱན་པ་བརྒྱ། གཡོན་གྱི་རུ་འདྲེན་པ་དགེ་སློང་གི་གཟུགས་ཅན་བརྒྱ། སྣད་ཀྱི་རྗེས་སུ་འབྲང་བ་བཙྙེ་ནག་པོ་ཕུར་ཐོགས་བརྒྱ། མདུན་གྱི་ཤུལ་བྱང་འདྲེན་པ་བུད་མེད་ནག་མོ་བརྒྱ། གཞན་ཡང་དམ་ཉམས་ཀྱི་རྗེས་གཅོད་པའི་བྱ་ནག་ཁྱི་ནག་ཅེ་སྤྱང་ལ་སོགས་པ་ཕོ་ཉ་བསམ་གྱིས་མི་ཁྱབ་པས་བསྐོར་བར་གྱུར། ལྟེམ་དྲལ་གཉིས་ཀའི་དཔྲལ་བར་ཨོཾ། མགྲིན་པར་ཨཱཿ ཐུགས་ཀར་ཧཱུྃ། ཧཱུྃ་ལས་འོད་ཟེར་འཕྲོས་འོག་མིན་ནས་རྣམ་པར་སྣང་མཛད་ཀྱི་ཐུགས་ཀ

ནས་མགོན་པོ་དང་། རང་བཞིན་གྱི་གནས་ནས་ལྷ་མོ་སྤྱན་དྲངས་པར་མོས་ལ། རྡོར་དྲིལ་འཛིན་པས། མགོན་པོ་ལྷུམ་དྲལ་གནས་འདིར་གཤེགས། །ད་ལྟ་སྙིགས་མ་ལྔ་ཡི་དུས། །གཤེགས་ཤིང་བཞུགས་པའི་གནས་ངན་ཡང་། །ཤཱཀྱའི་བསྟན་པ་སྲུང་བ་དང་། །བདག་ཅག་རྣམས་ལ་ཕན་གདགས་ཕྱིར། །གནས་འདི་ཉིད་དུ་གཤེགས་སུ་གསོལ། །ཨོཾ་ཤྲཱི་མཧཱ་ཀཱ་ལ་ཡ་མཧཱ་ཀཱ་ལི་དེ་ཝཱི་ཨེ་ཧྱེ་ཧི་ཛཿཧཱུྃ་བཾ་ཧོཿཔདྨ་ཀ་མ་ལ་ཡེ་སྟྭཾ། རང་གི་སྙིང་ག་ནས་འོད་ཟེར་འཕྲོས། རྒྱ་གར་རྡོ་རྗེ་གདན་གྱི་སྲོ་དང་། བླ་མ་གོང་མའི་གདན་ས་(༢༧༠ན)ཁྱད་པར་ཅན་རྣམས་ནས། ལས་མགོན་ཕྱུ་ཏྲ་འཁོར་དང་བཅས་པ་བཛྲ་ས་མཱ་ཛཿ ལས་མགོན་སྐུ་གཤེགས་གདན་ལ་བཞུགས། ད་ལྟ་སྙིགས་མ་ཞེས་པ་ནས། གནས་འདི་ཉིད་དུ་གཤེགས་སུ་གསོལ། ཞེས་པའི་བར་བརྗོད་ལ། ཨ་ལི་ཨ་ལི་མ་ཛཿཤཾ་ཤཾ་ལི་ཤི་དེད་ཨ་ཤྭ་དེད། སུ་སྨུགས་ཕྱུ་ཏྲ་ཨ་ལི་མ་ཛཿཛཿ ནག་མོ་ཤ་ལ་རུབ་ཛཿཛཿ ཨོཾ་རོ་རུ་རོ་རུ་ཧཱུྃ་ཙ་པ་ལ། ཨ་ཤུཀླེ་མ་ཧཱུྃ་མ་སྦྱོཿཛཿཛཿཨོཾ་བཛྲ་ས་མཱ་ཛཿཨེ་ཧྱེ་ཧི། ཨོཾ་ཤྲཱི་མཧཱ་ཀཱ་ལ་ཡེ། མཧཱ་ཀཱ་ལི་དེ་ཝཱི་ཡེ་ས་པ་རི་ཝཱ་ར། གྲིཧྞ་ངཾ་ཨརྒྷཾ་སྭཱཧཱ་ནས། ཤཔྟའི་བར་གྱིས་མཆོད། ཐལ་མོ་ཁོང་སྟོང་དུ་སྦྱར་བ་མགོན་པོའི་དམ་ཚིག་གི་ཕྱག་རྒྱ། ཐལ་མོའི་སོར་མོའི་རྩེ་མོ་བསྣོལ་བ་ལྷ་མོའི་དམ་རྒྱའོ། །ཨོཾ་མཧཱ་ཀཱ་ལ་ཡ། ཨོཾ་མཧཱ་ཀཱ་ལི་དེ་ཝཱི་ཡེ། ས་མ་ཡ་སྨ་ར་ས་མ་ཡ། མ་ཏི་ཀྲ་མ་ཡེ། ས་མ་ཡ། རཀྵནྟུ། དཔལ་རྡོ་རྗེ་ནག་པོ་ཆེན་པོ་ལྷུམ་དྲལ་བྲན་གཡོག་བཀའ་སྡོད་འཁོར་དང་བཅས་པ་ཐམས་ཅད་མཆོད་སྦྱིན་གྱི་གཏོར་མ་རྒྱ་ཆེན་པོ་འདི་བཞེས་ལ། རྩ་བ་དང་བརྒྱུད་པར་བཅས་པའི་དཔལ་ལྡན་བླ་མ་རྣམས་ཀྱི་བཀའ་དང་དམ་ལས་མ་འདའ་བར་དམ་ཚིག་བསྲུངས། བསྟན་པ་སྐྱོངས། དཀོན་མཆོག་གི་དབུ་འཕང་བསྟོད། ཆོས་སྒྲུབ་པའི་བར་ཆད་ཐམས་ཅད་ཞི་བ་དང་། བསམ་སྦྱོར་ཆོས་དང་མཐུན་པ་ཡིད་བཞིན་དུ་འགྲུབ་ཅིང་། བསྟན་པ་དང་། བསྟན་པ་འཛིན་པ་དང་། འཇིག་རྟེན་པ་ཀུན་དར་ཞིང་རྒྱས་པར་མཛད་དུ་གསོལ། ཨ་

ལི་ཨ་ལི་མ་ཛཿ ཤཾ་ཤཾ་ལི་ཤི་དེད་ཨ་ཤྲ་(༢༧༠བ)དེད། མུ་སྨུགས་ཕུ་ཧ་ཨ་ལི་མ་ཛཿཛཿ ནག་མོ་ཤ་ལ་ཏུ་ཨཱུཿཨོཾ་ཛཿཛཿཨོཾ་རོ་ཏུ་རོ་ཏུ་ཧི་ཙ་པ་ལ། ཨ་ཤྲུགླི་མ་ཧྲུཾ་མ་ཧྲཱུཾཿཛཿཛཿ ཞེས་ལས་མགོན་ཕོ་མོའི་རྫོང་སྔགས་གཉིས་ཀྱི་མཐར་ས་མ་ཡ་སྨ་ར་ས་མ་ཡ། མ་ཧི་ཀྲ་མ་ཡེ། ས་མ་ཡེ། རཀྵཧཱུཾ། ལས་མགོན་ཕུ་ཧ་འཁོར་དང་བཅས་པ་སོགས་བཏགས་ལ། དམ་ཚིག་གི་ཕྱག་རྒྱ་བསྟན་ལ་དམ་བཞག་འཕྲིན་བཅོལ་བྱེད་ཚུལ་སྔར་དང་འདྲའོ། ། ༈ དེ་ནས་གཏོར་མ་འབུལ་བ་ནི། རོ་རྗེ་ཐལ་མོ་ཁ་ཕྱེན་དུ་ཕྱེ་ལ། ཨོཾ་མཧཱ་ཀཱ་ལ་ཡ། མཧཱ་ཀཱ་ལི་དེ་ཝཱི་ཡེ། ན་མཿསརྦ་ཏ་ཐཱ་ག་ཏེ། བྷྱོ་བི་ཤྭ་མུ་ཁེ་བྷྱཿ སརྦ་ཐཱ་ཁཾ་ཨུདྒ་ཏེ། སྥ་ར་ཎ་ཨི་མཾ་ག་ག་ན་ཁཾ། གྲྀཧྣེ་དཾ་བ་ལིཾ་ཏ་ཡེ་སྭཱཧཱ། ཞེས་ལན་བདུན་གྱིས་དབུལ། སྔགས་ཀྱི་མཐར། ཨ་ཀཱ་རོ་བཏགས་ལ་ལན་བདུན་གྱིས་ལས་མགོན་རྣམས་ལ་དབུལ། གོང་ལྟར་མཆོད་ནས། རང་སྔགས་ཀྱི་མཐར། འབྲུ་གསུམ་བཏགས་པས་ནང་མཆོད་དབུལ། ཧཱུྃ། སྲིན་པོའི་གཟུགས་ཀྱིས་གདུག་པ་ཅན། །ཚར་གཅོད་བྱང་ཆུབ་སེམས་དཔའ་སྟེ། །གྲོང་ཁྱེར་གསུམ་བརྩེགས་འཇིགས་བྱེད་པ། །གཏུམ་པོ་ཁྱོད་ལ་བདག་བསྟོད་དོ། །ཞེས་པས་བསྟོད། མཆོད་སྦྱིན་གཏོར་མ་འདི་བཞེས་ལ། །ཞེས་སོགས་ཀྱིས་འཕྲིན་ལས་བཅོལ་ལོ། །དེ་ནས་སློབ་མའི་རྒྱུད་བྱིན་གྱིས་བརླབས་པའི་དོན་དུ་བཟླས་པ་ཅི་འགྲུབ་བྱེད། དེ་ཡང་། འོག་ཏུ་རྗེས་གནང་གི་བཟླས་ལུང་སྐབས་སུ་བཤད་པ་ལྟར། གཙོ་བོའི་ཉེ་སྙིང་། སྙིང་པོ། རྩ་སྔགས། ལྷ་མོའི་སྙིང་པོ། ལས་མགོན་གྱི་རྫོང་ཐད་བསད་གསུམ་རྣམས་བཟླའོ། །

༈ འདིའི་རྗེས་གནང་ནི། སློབ་(༢༧༡ན)མས་མཎྜལ་ཕུལ། དེ་ནས་གསོལ་བ་བཏབ་པ་འདིའི་རྗེས་ཟློས་མཛོད་ཅིག །ཀུན་མཁྱེན་ཡེ་ཤེས་ཕུང་པོ་ཅན། །ཞེས་སོགས་ལན་གསུམ་གྱིས་གསོལ་བ་བཏབ་ནས། དཀོན་མཆོག་གསུམ་ལ་བདག་སྐྱབས་མཆི། །ཞེས་སོགས་ལན་གསུམ་གྱིས་རྒྱུན་བཤགས་དང་། སྲས་བཅས་སངས་རྒྱས་ཐམས་ཅད་དང་། །ཞེས་སོགས་ལན་གསུམ་གྱིས་སྔགས་ཀྱི་སྡོམ་བཟུང་བ། དེ་ནས་

ཁྱད་པར་ཅན་གྱི་དོན་ཞུ་བ་ནི། དུས་གསུམ་སངས་རྒྱས་ཐམས་ཅད་ཀྱི་སྐུ་གསུང་ཐུགས་རྡོ་རྗེའི་ངོ་བོར་གྱུར་པ། བླ་མ་དམ་པ་རིན་པོ་ཆེས་བདག་ལ་དཔལ་རྡོ་རྗེ་ནག་པོ་ཆེན་པོ་གུར་མགོན་ལྷ་བརྒྱད་མའི་སྐུ་གསུང་ཐུགས་ཀྱི་བྱིན་གྱིས་བརླབས་ཤིང་། རྗེས་སུ་གནང་བ་བསྩལ་དུ་གསོལ། ཞེས་ལན་གསུམ། དེ་ནས། སློབ་དཔོན་བཅོམ་ལྡན་འདས་ཀྱི་རྡོ་རྗེ་ཞལ་བརྒྱད་ཕྱག་བཅུ་དྲུག །ཞབས་བཞི་པ། ཡུམ་རྡོ་རྗེ་བདག་མེད་མ་དང་མཉམ་པར་སྦྱོར་བ་ཡིན་སྙམ་དུ་མོས། མདུན་གྱི་ནམ་མཁར་བཅོམ་ལྡན་འདས་ཀྱི་རྡོ་རྗེ་ལྷ་དགུའི་དཀྱིལ་འཁོར། བླ་མ་བརྒྱུད་པ་སངས་རྒྱས་དང་། བྱང་ཆུབ་སེམས་དཔའ་བསམ་གྱིས་མི་ཁྱབ་པ་དང་། མདུན་ན་ཡོད་པའི་གཏོར་མ་དང་། སྐུ་འདི་དག་ཀྱང་དུར་ཁྲོད་ཆེན་པོ་བརྒྱད་ཀྱིས་བསྐོར་བའི་དབུས་སུ། པདྨ་དང་ཉི་མ་རོའི་སྟེང་ན་གནས་པའི་རྡོ་རྗེ་ནག་པོ་ཆེན་པོ་གུར་མགོན་ལྷ་བརྒྱད་མ་བཀའ་སྡོད་འཁོར་དང་བཅས་པ། དུར་ཁྲོད་ན་གནས་པའི་ཕྱོགས་སྐྱོང་། ཞིང་སྐྱོང་། མཁའ་འགྲོ། ཤ་ཟ། ལྷ་སྲིན་སྡེ་བརྒྱད། དྲེགས་པ་ཕོ་རྒྱུད་མོ་རྒྱུད། (༢༧༡བ)སྤྲུལ་པ་འབུམ་དང་ཡང་སྤྲུལ་བྱེ་བ། གནས་གསུམ་མཁའ་འགྲོའི་ཚོགས་དང་བཅས་པ་རྣམས་སྐུ་གཟི་བརྗིད་ཕུན་སུམ་ཚོགས་ཤིང་། གསུང་ཧཱུྃ་དང་ཕྚའི་སྒྲ་འབྲུག་ལྟར་སྒྲོགས་ཤིང་། ཐུགས་བདེ་གསལ་གྱི་ངང་ལས་བསྟན་པ་སྲུང་བའི་ལས་ལ་བརྩོན་པར་མངོན་སུམ་དུ་མདུན་འདི་ན་བཞུགས་འདུག་སྙམ་དུ་མོས་པ་བྱེད་འཚལ། དེ་ནས། བླ་མ་ཧེ་རུ་ཀར་དམིགས་པའི་ཐུགས་ཀ་ནས་འོད་ཟེར་བྱུང་། མདུན་བསྐྱེད་ཆོས་སྐྱོང་གི་ཐུགས་ཀར་ཕོག །ཐུགས་རྒྱུད་བསྐུལ་ཏེ། ཐུགས་ཀ་ནས་ཧཱུྃ་སྔོན་པོ་གཅིག་འཕྲོས། ཤངས་ནས་ཐོན་ཏེ་ཁྱེད་རང་རྣམ་པའི་ལུས་ལ་གཡས་སྐོར་དུ་ལན་གསུམ་བསྐོར་ནས་ཁ་ནས་ཞུགས། སྙིང་གར་ཉི་མའི་གདན་གཅིག་བསམ་པའི་སྟེང་དུ་གནས། དེ་ལས་འོད་ཟེར་འཕྲོས། ལས་དང་ཉོན་མོངས་པ་ཐམས་ཅད་དང་། རྣམ་སྨིན་གྱི་ཕུང་པོ་ཆེན་པོ་ཡེ་ཤེས་ཀྱི་མེས་བསྲེགས། ཧཱུྃ་དེ་ཡང་ཞབས་ཀྱུ་ཁོག་པ་

ལ་ཐིམ། ཁོག་པ་མགོ་བོ་ལ་ཐིམ། མགོ་བོ་ཐིག་ལེ་ལ་ཐིམ། ཐིག་ལེ་ནཱ་ད་ལ་ཐིམ། དེ་མི་ཡོང་ལ་ཏ་བཏབ་པ་བཞིན་ཡལ་ནས་སྤྲོས་པ་ཐམས་ཅད་དང་བྲལ་བ་སྟོང་པ་ཉིད་དུ་བསམ། སྟོང་པའི་ངང་ལས་དགྲ་བགེགས་མནན་པའི་སྟེང་དུ། པཾ་ལས་པདྨ་དང་རཾ་ལས་ཉི་མའི་སྟེང་དུ། སློབ་མའི་སེམས་ཉིད་ཧཱུྃ་མཐིང་ནག་ལས་འོད་ཟེར་འཕྲོས། དགྲ་བགེགས་གདུག་པ་ཅན་ཐམས་ཅད་ཚར་བཅད། ཚུར་འདུས་ཡོངས་སུ་གྱུར་པ་ལས། སློབ་མ་རྡོ་རྗེ་ནག་པོ་ཆེན་པོ་དུས་ཀྱི་མུན་པ་ལྟ་བུའི་སྐུ་མདོག་ཅན་ཆེ་ཞིང་ཆེར་འབར་བ། ཞལ་(༢༧༢ན)གཅིག་ཕྱག་གཉིས་གཡས་གྲི་གུག །གཡོན་ཐོད་པ་ཁྲག་གིས་གང་བ་ཐུགས་ཀར་སྟེང་འོག་ཏུ་འཛིན་པ། ཕྱག་གཉིས་ཅར་གྱི་དབུས་ན་རྣམ་འཕྲུལ་གྱི་གཏྲེ་བསྣམས་པ། སྤྱན་གསུམ་དང་ལྡན་པ། ཞལ་མཆེ་བ་གཙིགས་པ། དབུ་སྐྲ་སེར་པོ་གྱེན་དུ་བརྫེས་པ། མི་མགོ་སྐམ་པོ་ལྔའི་དབུ་རྒྱན་དང་། རློན་པ་ཁྲག་འཛག་པ་ལྔ་བཅུའི་དོ་ཤལ་ཅན། རུས་པའི་རྒྱན་དྲུག་དང་སྦྲུལ་གྱིས་བརྒྱན་པ། སྟག་གི་པགས་པའི་ཤམ་ཐབས་ཅན། དར་སྣ་ཚོགས་ཀྱི་ཅོད་པན་ལྷབ་ལྷུབ་ཀྱིས་བརླུབས་པ། མིའུ་ཐུང་གེལ་བའི་འདུག་སྟངས་ཀྱིས་རོའི་སྟེང་ན་བཞུགས་པའི་དཔྲལ་བར་ཨོཾ། མགྲིན་པར་ཨཱཿ ཐུགས་ཀར་ཧཱུྃ། ཞེས་གསལ་བཏབ། རྗེས་གནང་དངོས་ལ་གསུམ། སྐུའི་རྗེས་གནང་། གསུང་གི་རྗེས་གནང་། ཐུགས་ཀྱི་རྗེས་གནང་ངོ་། །ཐོག་མར་སྐུའི་རྗེས་གནང་གི་དོན་དུ་གསོལ་བ་འདེབས་པ་འདིའི་རྗེས་ཟློས་མཛོད་ཅིག །སངས་རྒྱས་ཀུན་གྱི་སྐུ་རྡོ་རྗེ། །ད་ལྟ་ཉིད་དུ་བདག་ལ་སྩོལ། །ཞེས་ལན་གསུམ་དུ་གསོལ་བ་གདབ། མོས་གུས་ཁྱད་པར་ཅན་བྱས་པས། བླ་མ་ཧེ་རུ་ཀར་དམིགས་པའི་ཐུགས་ཀའི་ཧཱུྃ་ལས་འོད་ཟེར་དཔག་ཏུ་མེད་པ་འཕྲོས། མདུན་གྱི་ཆོས་སྐྱོང་ལ་ཕོག་སྟེ་ཐུགས་རྒྱུད་བསྐུལ་བས། ཐུགས་ཀའི་ཧཱུྃ་ལས་ཡེ་ཤེས་ཀྱི་མགོན་པོའི་སྐུ་དཔག་ཏུ་མེད་པ་དང་། ཡང་འོད་ཟེར་འཕྲོས་པས་རྣམ་པར་སྣང་མཛད་གདངས་ཆེན་མཚོའི་ཐུགས་ཀ་ནས་ཀྱང་ཆོས་སྐྱོང་གི་སྐུ་བསམ་གྱིས་མི་ཁྱབ་པ་

སྤྱན་དྲངས་པ་ཆེ་བ་རི་རབ་ཙམ་དང་ཆུང་བ་ཏིལ་གྱི་འབྲུ་ཙམ་པ་འོད་ཟེར་དུ་(༢༧༢བ)མ་འཕྲོ་ཞིང་ཧཱུྃ་དང་ཕཊ་ཀྱི་སྒྲ་སྒྲོག་པ་བྱོན། ཁྱེད་རང་རྣམ་པའི་སྨིན་མཚམས་དང་། ལུས་ཀྱི་སྟོད་སྨད་བར་གསུམ་དུ་ཐིམ། ཡང་འོད་ཟེར་འཕྲོས། རང་བཞིན་གྱི་གནས་ནས་ལྷ་མོ་བསམ་གྱིས་མི་ཁྱབ་པ་སྤྱན་དྲངས་ལ་ཐིམ། ཡང་འོད་ཟེར་འཕྲོས། རྒྱ་གར་རྡོ་རྗེ་གདན་གྱི་སྤོ་དང་བླ་མ་གོང་མའི་གདན་ས་ཁྱད་པར་ཅན་རྣམས་ནས། ལས་མགོན་ཕྱུ་ཧྲ་མིང་སྲིང་གསུམ་བསམ་གྱིས་མི་ཁྱབ་པ་སྤྱན་དྲངས་ལ་ཐིམ། གཞན་ཡང་སངས་རྒྱས་དང་བྱང་ཆུབ་སེམས་དཔའ་དང་རྣལ་འབྱོར་མ་བསམ་གྱིས་མི་ཁྱབ་པ་སྤྱན་དྲངས་ལ། གུར་མགོན་ལྷ་བརྒྱད་མའི་སྐུའི་རྣམ་པར་གྱུར་ནས་ཆར་ཆེན་པོ་བབས་པ་བཞིན་དུ་ལུས་ལ་ཐིམ་པར་མོས་པ་བྱོས་ཤིག །ཅེས་བརྗོད་ལ། གུ་གུལ་དང་། མགོན་པོའི་སྤོས་ཀྱི་དུད་པ་དང་། ཨོཾ་ཤྲཱི་མ་ཧཱ་ཀཱ་ལ་ཡ་ཧཱུྃ་ཧཱུྃ་ཕཊ་སྭཱ་ཧཱ། ཤྲཱ་ས་ན་དང་། ཨོཾ་ར་ཙ་ར་ཙ་ཧྲི་ཏིཥྛ་པ་ཧོ་སི་ཀཱ་མ་ལ་རཀྟ་སི་ཧཱུྃ་ཧྲཱུྃཿཧཱུྃ། ལན་གསུམ་གྱི་བར་ལ་རོལ་མོ་དཀྲོལ་ལ་དྲག་ཏུ་ཕྱིན་དབབ། དེས་སྐུའི་རྗེས་གནང་གྲུབ། ཅེས་བརྗོད། གཉིས་པ་གསུང་གི་རྗེས་གནང་གི་དོན་དུ་གསོལ་བ་གདབ་པ་འདིའི་རྗེས་ཟློས་མཇོད་ཅིག །སངས་རྒྱས་ཀུན་གྱི་གསུང་རྡོ་རྗེ། །ང་ལྷ་ཉིད་དུ་བདག་ལ་སྩོལ། །ཞེས་ལན་གསུམ། བླ་མ་ཧེ་རུ་ཀར་དམིགས་པའི་ཐུགས་ཀའི་སྔགས་ཀྱི་གསེབ་ན་ཤྲཱ་ས་ན་ལ་སོགས་པ་སྔགས་ཡོད་པར་བསམ། མདུན་བསྐྱེད་ཀྱི་གུར་མགོན་ལྷུམ་དྲལ་ལྷ་བརྒྱད་མའི་ཐུགས་ཀ་ནས་པདྨ་དང་ཉི་མའི་སྟེང་དུ་རྡོ་རྗེ་སྔོན་པོ་རྩེ་ལྔ་པ་ལྟེ་བར་ཉི་མའི་སྟེང་དུ་ཧཱུྃ་གིས་མཚན་པ། (༢༧༣ན)དེའི་མཐའ་མར། ཨོཾ་ཤྲཱི་མ་ཧཱ་ཀཱ་ལ་ཡ་ཧཱུྃ་ཧཱུྃ་ཕཊ་སྭཱ་ཧཱ། ཅེས་པའི་སྙིང་པོ་དང་། དེའི་ཕྱི་ནས། ཨོཾ་ཤྲཱི་མ་ཧཱ་ཀཱ་ལ་ཡ་ཤྲཱ་ས་ན་ཞེས་པ་ནས་ཕཊ། ཅེས་པའི་རྩ་སྔགས་དང་། དེའི་ཕྱི་ནས། ཨོཾ་ར་ཙ་ར་ཙ་ཧྲི་ཏིཥྛ་བ་ཧོ་སི་ཀཱ་མ་ལ་རཀྟ་སི་ཧཱུྃ་ཧྲཱུྃཿཧཱུྃ། ཞེས་པའི་སྔགས་རྣམས་ཀྱིས་བསྐོར་ནས་ཡོད་པར་བསམ། ཁྱེད་རང་རྣམས་ཀྱང་ཆོས་སྐྱོང་དུ་དམིགས་པའི་སྙིང་པདྨ་འདབ་

བརྒྱད་ལྟར་ཁ་བྱེ་བའི་ནང་དུ། པཾ་ལས་པདྨ། རཾ་ལས་ཉི་མའི་གདན་ལ་ཧཱུྃ་ཞུ་བ་ལས་རྡོ་རྗེ་སྔོན་པོ་ལྟེ་བ་ལ་ཉི་མའི་སྟེང་དུ་ཧཱུྃ་གིས་མཚན་པ་གཅིག་བསམས། དེ་ནས་མོས་གུས་བྱས་པས། བླ་མའི་ཐུགས་ཀ་ནས་འོད་ཟེར་འཕྲོས། མདུན་གྱི་གུར་མགོན་ལྕམ་དྲལ་ལྷ་བརྒྱད་མ་ལ་ཕོག་པས། དེའི་ཐུགས་ཀའི་སྔགས་འཕྲེང་འོད་ཟེར་རབ་ཏུ་འབར་བ་སྒྲ་དང་བཅས་པ་གཅིག་ལས་གཉིས་ཆད་ཀྱི་ཚུལ་དུ་ཞལ་ནས་ཐོན། ཐུགས་ཀའི་ཧཱུྃ་གི་མཐའ་མར་འཁོད། ལ་ལ་ཧཱུྃ་ལ་ཐིམ། ཡང་བླ་མ་དང་མདུན་བསྐྱེད་ལས་འོད་ཟེར་འཕྲོས། གུར་མགོན་ལྕམ་དྲལ་ལྷ་བརྒྱད་མའི་ཐུགས་ཀ་ནས་ཀྱང་རྩ་སྔགས་སྙིང་པོ་རབ་ཏུ་འབར་ཞིང་འབྲུག་གི་སྒྲ་ལྟར་སྐད་སྒྲོག་པ་བསམ་གྱིས་མི་ཁྱབ་པ་སྤྱན་དྲངས། ཁྱིད་རང་རྣམ་པའི་ཞལ་དུ་ཞུགས། གཞན་ཡང་བླ་མ་དང་མདུན་བསྐྱེད་སངས་རྒྱས་དང་བྱང་ཆུབ་སེམས་དཔའ་ཐམས་ཅད་ཀྱི་གསུང་ཡིག་འབྲུའི་རྣམ་པ་ཨཱ་ལི་ཀཱ་ལིའི་སྔགས་བསམ་གྱིས་མི་ཁྱབ་པ་སྤྱན་དྲངས་པའང་། ཁྱིད་རང་རྣམ་པའི་ཐུགས་(༢༧༣བ)ཀའི་ཧཱུྃ་དང་སྔགས་རྣམས་ལ་ཐིམ། དུད་པ་དང་ལྷ་སྔགས་ཀྱིས་ཐོག་དྲངས་པའི་སྔགས་ལན་གསུམ་གྱི་བར་ལ་རོལ་མོ་དང་། དམིགས་པས་དྲག་ཏུ་དབབ། ད་ཁྱིད་རང་རྣམ་པ་འཕྲེང་བའམ། མེ་ཏོག་རེ་ལག་ཏུ་བཟུང་། རྗེས་སུ་བཟླས་པའི་ལུང་བླང་བ་ནི། སློབ་དཔོན་གྱི་ཐུགས་ཀའི་འོད་ཀྱིས། མདུན་བསྐྱེད་ཀྱི་མགོན་པོའི་ཐུགས་རྒྱུད་བསྐུལ་བས། ཐུགས་ཀའི་སྔགས་རྣམས་རེ་རེ་ལས་མར་མེ་གཅིག་ལས་གཉིས་ཆད་པའི་ཚུལ་དུ་སྒྲ་འོད་དང་བཅས་པ་ཞལ་ནས་ཐོན། ཁྱིད་རང་རྣམ་པའི་ཞལ་དུ་ཞུགས། ཐུགས་ཀའི་ཧཱུྃ་གི་མཐའ་མར་སྙིང་པོ་དང་། རྩ་སྔགས། དེའི་ཕྱིར་རོ་ཙུ་དང་། དེའི་རིམ་པས་སྔགས་སྔ་མ་རྣམས་ལ་ཐིམ་ཞིང་འཁོར་བར་བསམས་ལ། རྗེས་བཟློས་ལན་གསུམ་བགྱིས་པའི་དང་པོ་དམ་ཚིག་པའི་ཚུལ་དང་། གཉིས་པ་ཡེ་ཤེས་པའི་རྣམ་པ། གསུམ་པ་དམ་ཚིག་པ་ལ་ཡེ་ཤེས་པ་ཤེན་ཏུ་བརྟན་པའི་ཚུལ་གྱིས་ཐིམ་པར་བསམས་ལ། འདིའི་རྗེས་བཟློས་མཛོད་བྱས་

ལ། ཨོཾ་མནྟྲ་ཀྲྀ་ལ་ཧྲཱུཾ་ཕཊ། ཉེ་སྙིང་། ཨོཾ་ཤྲཱི་མནྟྲ་ཀྲྀ་ལ་ཡ་ཧྲཱུཾ་ཧྲཱུཾ་ཕཊ་སྭཱཧཱ། སྙིང་པོ་དང་། ཨོཾ་ཤྲཱི་མནྟྲ་ཀྲྀ་ལ་ཤྲཱ་ས་ན་ཨུ་པ་ཏ་རི་ཊེ། ཨེ་ཧྱེ་ཨ་བཧྱི་མ་ཀ་ལོ། ཨ་ཡཾ་ཨི་དཾ་རཀྵ་ཧ་ཡ། ཨ་པ་ཀ་རྟི་ཧྲཾ། ཡ་དི་པྲ་དི་ཧཾ། སྨ་ར་སི། ཏ་ད་ཨི་དཾ་དུཥྐྲྀ། ཁ་ཁ་ཁཱ་ཧི་ཁཱ་ཧི། སཱ་ར་སཱ་ར། གྲིཧྣ་གྲིཧྣ། བཛྲ་བཛྲ། ཏ་ན་ཏ་ན། ད་ཏ་ད་ཏ། པ་ཙ་པ་ཙ། དེ་ན་མེ་གེ་ན་སྭ་ར་ཡ་ཧྲཱུཾ་ཧྲཱུཾ་ཕཊ་ཕཊ་སྭཱཧཱ། རྩ་སྔགས་དང་། ཨོཾ་རོ་རུ་རོ་རུ་ཙྪི་ཏི་ཥྛ་པ་ཏོ་སི་ཀྲྀ་མ་ལ་རཀྵ་སི་ཧྲཱུཾ་ཧྲཱུཾ༔ཧྲཱུཾ། ལྷ་མོའི་སྙིང་པོ་རྣམས་རྗེས་བཟློས་(༢༧༨ན)བྱར་གཞུག །དེ་ནས་མདུན་བསྐྱེད་མགོན་པོའི་ཐུགས་ཀའི་འོད་ཟེར་གྱིས་ལས་མགོན་རྣམས་བསྐུལ་ཏེ། དེ་རྣམས་ཀྱི་ཐུགས་ཀ་ནས་སྔགས་འཕྲེང་བྱུང་། ལྷུམ་དྲལ་གྱི་སྔགས་ཀྱི་མཐར་འཕོད་པར་མོས་སུ་བཅུག་ལ། འདིའི་རྗེས་བཟློས་མཛོད་ཅིག་བྱས་ལ། ཨ་ལི་ཨ་ལི་མ་ཛཿཛཿཤཾ་ཤཾ་ལི་ཤི་དེད་ཨ་ཤྭ་དེད། ཨུ་སྨུགས་ཕུ་ཊྲ། ཨ་ལི་མ་ཛཿཛཿནག་མོ་ཤ་ལ་རུབ་ཛཿཛཿ ཕོའི་གཏོད་པའོ། །ཧྲིག་ཧྲིག །ཡ་དུ་པ་ཤ་ནེ་སོད། དུམ་ཤིག་ཨཱ་གཙྪ། སོན་བུ་ཨཱ་གཙྪ། ཡ་ཊི་ར་ཡ་ཊིར་སོན་བུ་ཛཿསོན་བུ་ཁྲག་འཛིབས་ཛཿཐད་པའོ། །ཧྲི་ན་ཐད། དུ་ན་ཐད། ཤིན་ཐད། ཤག་ཤིག་ཐད། ཊི་ཏ་ཐད། ཊི་ན་ཐད། སོན་བུ་པྲ་ཧ་ཤམ་ཐད། ཡཾ་རྒྱུགས་ལོ་འདུས། ཕཾ་ཤོད་པ་ཡ་མོ་ཛཿཨ་སུ་ཀའི་རུས་པ་ལ་ཁྲོལ་ཁྲོལ་ཐད། གསེར་གྱི་སྤུ་གྲི་ཡཾ་ཐད། བསད་པའོ། །ཨོཾ་རོ་རུ་རོ་རུ་ཊི་ཙ་པ་ལ། ཨ་ཤྲུཀྵི་མ་ཧྲཱུཾ་མ་ཧྲཱུཾ༔ཛཿཛཿ མོའི་གཏོད་པའོ། །ཊག་ཊཀྲ་ཕེ་སུན་ཊ་རུ་ལུ་རུ་ལུ། རཀྟ་སྙིང་ཁྲག་སྙིང་ཧྲཱུཾ༔སྤུ་ཏ་སྤུ་ཏ་ཧྲཱུཾ༔ཤ་ཤ་ཊག །ཊམྦྷ་ཊ་པ་སྙིང་ཁྲག །རཀྟ་ཧ་ཆེ་གེ་མོ་སྭ་ར་ཡ། ཐད་པའོ། །ཨོཾ་མནྟྲ་རཀྟ་ཙིཏྟ་སྲོག་ཧྲཱུཾ་ཧྲཱུཾ། ཀ་མ་ལ་རཀྟ་ཙིཏྟ་སྲོག་ཧྲཱུཾ་ཧྲཱུཾ། གུ་ཧྱ་རཀྟ་ཙིཏྟ་སྲོག་ཧྲཱུཾ་ཧྲཱུཾ། ཧྲི་བཾ་རཀྟ་ཙིཏྟ་སྲོག་ཧྲཱུཾ་ཧྲཱུཾ། མ་མ་ཙ་ཕུར་ཙིཏྟ་སྲོག་ཧྲཱུཾ་ཧྲཱུཾ། ཕུ་རུ་ཙ་ཀྵུ་ཙིཏྟ་སྲོག་ཧྲཱུཾ་ཧྲཱུཾ། བསད་པ་སྟེ། ལས་མགོན་གྱི་གཏོད་ཐད་བསད་གསུམ་རྣམས་རྗེས་བཟློས་བྱེད་དུ་གཞུག །སློབ་དཔོན་ལ་མེ་ཏོག་འཐོར་བཞིན་དུ་འདིའི་རྗེས་བཟློས་མཛོད་ཅིག་བྱས་ལ། མགོན་པོ་(༢༧༨བ)

བདག་ལ་བསྐུལ་ལགས་ཀྱི། །མགོན་པོ་བདག་ལ་བྱིན་གྱིས་རློབས། །ཞེས་ལན་གསུམ་གསོལ་བ་གདབ། སློབ་དཔོན་གྱིས་རྡོ་རྗེ་སློབ་མའི་མགོ་བོར་བཞག་ལ། མགོན་པོ་འདི་ལ་བསྐུལ་ལགས་ཀྱི། །མགོན་པོ་འདི་ལ་བྱིན་གྱིས་རློབས། །ཞེས་ལན་གསུམ། དེས་གསུང་གི་རྗེས་གནང་གྲུབ་པ་ལགས། གསུམ་པ་ཐུགས་ཀྱི་རྗེས་གནང་ཞུ་བའི་དོན་དུ་གསོལ་བ་འདེབས་པ་འདིའི་རྗེས་ཟློས་མཛོད་ཅིག །སངས་རྒྱས་ཀུན་གྱི་ཐུགས་རྡོ་རྗེ། །ད་ལྟ་ཉིད་དུ་བདག་ལ་སྐུལ། །ཞེས་ལན་གསུམ། མོས་གུས་བྱས་པས། བླ་མའི་ཐུགས་ཀ་ནས་འོད་ཟེར་འཕྲོས། མདུན་གྱི་གུར་མགོན་ལྕམ་དྲལ་ལྷ་བརྒྱད་མ་ལ་ཕོག་པས། དེའི་ཐུགས་ཀ་ནས་ཐུགས་གཉིས་སུ་མེད་པའི་ཡེ་ཤེས་ཀྱི་ངོ་བོ་རྡོ་རྗེ་སྔོན་པོ་རྩེ་ལྔ་པའི་རྣམ་པ་ཅན་དང་། གྲི་གུག་དང་། ཐུམ་པ་དང་། རལ་གྲི་དང་། གསེར་གྱི་སྦུ་གྲི་དང་། གྲི་རིང་དང་། དམ་ཤིང་ལ་སོགས་པ་ཕྱག་མཚན་རྟགས་ཀྱི་སྒྲ་དང་འོད་ཟེར་འབར་བ་བསམ་གྱིས་མི་ཁྱབ་པ་བྱོན་པ་རྣམས་ཐུགས་ཀའི་རྡོ་རྗེ་དང་ས་བོན་ལ་སིབ་སིབ་ཐིམ། ཕྱོགས་བཅུའི་སངས་རྒྱས་དང་བྱང་ཆུབ་སེམས་དཔའ་རྣམས་ཀྱི་ཐུགས་ཀ་ནས་ཡེ་ཤེས་ཀྱི་ཕྱག་མཚན་དཔག་ཏུ་མེད་པ་བྱོན། འོད་དུ་ཞུ་ནས་ཐུགས་ཀར་ཐིམ། དུད་པ་དང་རྩ་རྟགས་ཀྱིས་ཐོག་དྲངས་པའི་རྟགས་ལན་གསུམ་གྱི་བར་ལ་རོལ་མོ་བྱས་ལ་དབབ། དེས་ཐུགས་ཀྱི་རྗེས་གནང་གྲུབ། དེ་ནས་ཁྱེད་རང་རྣམ་པའི་སྙིང་པདྨ་འདབ་བརྒྱད་ལྟར་ཡོད་པ་དེ་དག་ཁ་ཟུམ་ནས་དེའི་སྟེང་དུ་རྡོ་རྗེ་རྩེ་ལྔ་པ་ཁྱེད་པས་རྒྱས་བཏབ་པས། དེ་ཉིད་ལ་(༢༧༥ན)བརྟན་པར་བཞུགས་ནས་གྲོགས་མཛད་པར་སེམས་ཤིག །ཅེས་བྱས་ལ། སློབ་མའི་མགོ་བོར་རྡོ་རྗེ་བཞག་ལ། ཏིཥྛ་བཛྲ་ལན་གཉིས་བརྗོད། འཕྲིན་ལས་ཀྱི་བཀའ་བསྒོ་བ་ནི། གཏོར་མ་ལ་དཔལ་འབར་གཅིག་བཙུགས། སློབ་མའི་སྤྱི་བོར་བཞག་ལ། གཏོར་མ་འདི་ཉིད་ཀྱང་གུར་མགོན་ལྕམ་དྲལ་ལྷ་བརྒྱད་མ་བྲན་གཡོག་བཀའ་སྡོད་མངག་པ་དང་བཅས་པ་སྤྲིན་གཏིབས་པ་བཞིན་དུ་བཞུགས་འདུག་སྙམ་དུ་བསམས་ལ།

མགོན་པོའི་སྙིང་དུ་རྫ་བའི་བླ་མ་ལ་བརྒྱུད་པའི་བླ་མའི་ཚོགས་ཀྱིས་བསྐོར་བ། སངས་རྒྱས་དང་བྱང་ཆུབ་སེམས་དཔའ་གནས་གསུམ་མཁའ་འགྲོའི་ཚོགས་བསམ་གྱིས་མི་ཁྱབ་པ་དང་བཅས་པ་བཞུགས་པར་མོས་པ་མཛོད་ཅིག །ཅེས་བྱས་ལ། དུད་པ་བྱས་ཤིང་། སྙིང་པོ་དང་། གཟུངས་རིང་དང་། ལྷ་མོ་དང་ལས་མགོན་གྱི་སྔགས་ཀྱི་མཐར་ས་མ་ཡེ། ས་མ་ཡ་རཀྵནྟུ། ཀུར་མགོན་ལྕམ་དྲལ་ལྷ་བརྒྱད་མ་བྲན་གཡོག་བཀའ་སྡོད་དང་བཅས་པ་ཁྱེད་རྣམས་ཀྱིས་བླ་མ་དམ་པ་རྣམས་ཀྱི་དམ་ཚིག་གི་རིམ་པ་ལས་མ་འདའ་བར་དམ་ཚིག་བསྲུངས། བསྟན་པ་སྐྱོང་། རིག་པ་འཛིན་པ་འདི་ཞིས་བགྱི་བ་ལ་ཇི་སྲིད་སངས་རྒྱས་མ་ཐོབ་ཀྱི་བར་དུ་འགལ་རྐྱེན་བར་ཆད་ཐམས་ཅད་ལས་བསྲུངས་ཤིག །མི་མཐུན་པའི་ཕྱོགས་ཐམས་ཅད་སོལ་ཅིག །མཐུན་རྐྱེན་ཐམས་ཅད་བསྒྲུབས་ཤིག །སྤྱིར་སངས་རྒྱས་ཀྱི་བསྟན་པ་དང་། བྱེ་བྲག་ཏུ་རིག་པ་འཛིན་པ་འདིའི་དགྲ་དང་བགེགས་དང་བར་དུ་གཅོད་པ་ཐམས་ཅད་ཐུལ་ལ་སྲུང་བ་དང་བསྐྱབ་(༢༧༥བ)པར་གྱིས་ཤིག །རིག་པ་འཛིན་པ་འདིས་ཆོས་དང་མཐུན་པའི་ཇི་ལྟར་བཀའ་བསྒོ་བ་བཞིན་ཁྱེད་རྣམས་ཀྱིས་བསྒྲུབས་ཤིག །ཅེས་བརྗོད། དེ་ནས་ཡུལ་ཁྱད་པར་ཅན་དེ་རྣམས་ལ་དད་གུས་བྱས་ལ། བླ་མ་ཡི་དམ་སངས་རྒྱས་བྱང་སེམས་མཁའ་འགྲོར་བཅས་པ་འོད་དུ་ཞུ། ནག་པོ་ཆེན་པོ་ལ་ཐིམ། དེ་ལས་འོད་ཟེར་འཕྲོས། ལྷ་མོ་ལས་མགོན་བཀའ་སྡོད་འཁོར་དང་བཅས་པ་ལ་ཕོག་པས་འོད་དུ་ཞུ། ཚུར་འདུས་ནས་ནག་པོ་ཆེན་པོ་ལ་ཐིམ། དེའང་འོད་དུ་ཞུ། ཁྱེད་རང་གི་སྤྱི་གཙུག་ཚངས་པའི་བུ་ག་ནས་ཞུགས། ཁྱེད་རང་དང་གཉིས་སུ་མེད་པར་གྱུར་པས་ནུས་མཐུ་ཕུན་སུམ་ཚོགས་པར་བསམས། རོལ་མོ་བྱ། སྒྲུབ་པའི་ལུང་སྦྱིན་པ་ནི། ཆོས་སྐྱོང་འདི་ཉིད་ལ་ཚོགས་བདག་གི་ཚུལ་དུ་བསྒྲུབ་པ་དང་། བཀའ་སྡོད་ལྟར་བསྒྲུབ་པ། གཤིན་རྗེ་ལྟར་བསྒྲུབ་པ། གནོད་སྦྱིན་ལྟར་བསྒྲུབ་པ་དང་བཞི་བདོག །བཀའ་སྡོད་ཀྱི་ལུགས་ལ་ཕོ་རྒྱུད་དུ་བསྒྲུབ་པ། མོ་རྒྱུད་དུ་བསྒྲུབ་པ། ཡབ་

ཡུམ་སྦྲགས་ཏེ་བསྒྲུབ་པ་གསུམ་ཡོད། དེ་ལྟར་སྒྲུབ་ལུགས་དེ་དག་ཐམས་ཅད་ལའང་། བསྙེན་པ། སྒྲུབ་པ། ལས་ལ་སྦྱོར་བ་གསུམ་གྱི་མན་ངག་ཡོད་པ་དག་སྐབས་སུ་སྦྱིན་གྱི་ཉམས་སུ་ལེན་པ་ལ་དབང་བ་ཡིན་ནོ། །མི་འབྲལ་ཞིང་གསང་བར་གདམས་པ་ནི། དེ་ལྟར་རྗེས་གནང་ལུང་སྦྱིན་པའི་དབང་གིས་སྲུང་སྐྱོབ་བྱེད། ལུས་དང་གྲིབ་མའི་ཚུལ་གྱིས་འཁོར་བ་ཆོས་ཉིད་ཡིན། ཁྱེད་རང་རྣམ་པ་ཡང་དམ་ཚིག་རྣམ་དག་བསྲུངས་ཏེ། གཏོར་མ་དང་ཚོགས་ལ་བརྩོན་པར་མཛོད། དམ་ཚིག(༢༧༨ན)དང་མི་ལྡན་པ་དང་། གསང་སྔགས་ཀྱི་སྣོད་དུ་མ་གྱུར་པ་རྣམས་ལ། གུར་མགོན་ལྕམ་དྲལ་ལྷ་བརྒྱད་མའི་མཚན་ཙམ་ཡང་བསྟན་པར་བྱ་བ་མ་ཡིན་ནོ། །རྗེས་ཆོག་རྣམས་སྤྱི་དང་འདྲ། །

༄ གུར་མགོན་ཕྱུར་ཞབས་ཁྱུང་གཤོག་ཅན་ལ། མཎྜལ་གྲུ་བཞི། རྡོ་རྣ་མེ་རིས་བསྐོར་བའི་ནང་དུ། ཆོས་འབྱུང་མཐིང་ནག་འབར་བ། ཁྲམས་ཟླ་གམ་ལ། དུར་ཁྲོད་དང་། གྲུ་བཅད་བཞི་ཕྱོགས་མདོག །དབུས་དང་ཕྱོགས་བཞིར་མཆེའི་ཁར། དབུས་སུ་ཕུར་བུ་ཕུར་གདན་དང་བཅས་པ་འགོད། ཤར་དུ་ཕྲེང་བ། ལྷོར་གྲི་གུག །ནུབ་ཏུ་ཐོད་པ་བདུད་རྩིས་བཀང་བ། བྱང་དུ་གཏོར་མ་རྣམས་དགོད། ཡང་རྒྱབ་ཏུ་འབུལ་གཏོར། མདུན་དུ་སྨན་རྩ་བརྒྱད་སྟོང་སྦྱར་དང་རཀྟ། གཞན་ཡང་། མཆོད་པ་ནང་མཆོད། སྔོན་འགྲོའི་གཏོར་མ་རྣམས་བཤམས་ལ། བདག་བསྐྱེད་རྡོ་རྗེའི་རིགས་ཀྱི་ཁྲོ་བོ་གང་རུང་གཅིག་སྔོན་དུ་བཏང་ལ། སྔོན་འགྲོ་གཏོར་མ་བཏང་། མཆོད་གཏོར་བྱིན་རླབས་སྤྱི་དང་མཐུན་པར་བྱས་པའི་རྗེས་སུ། ཨོཾ་མཧཱ་བ་ལིཾ་ཏ། ཏེ་ཛོ་བ་ལིཾ་ཏ། ནཱ་ལ་བ་ཏེ། གུ་ཧྱེ་སིདྡྷི་ས་མ་ཡ་ཧཱུྃ་ཧྲི་ཕཊ། ཞེས་ལན་གསུམ་དང་། ཨཿལས་བྱུང་བའི་ཐོད་པ་ཡངས་ཤིང་རྒྱ་ཆེ་བ་གཉིས་ཀྱི་ནང་དུ། ཨོཾ་ཧཱུྃ་ཏྲཾ་ཧྲཱིཿཨཱཿལས་བྱུང་བའི་སྨན་བདུད་རྩིའི་རྒྱ་མཚོ་ཆེན་པོ་དང་། རཾ་ལས་བྱུང་བའི་རཀྟ་དགྲ་བགེགས་ཀྱི་ཤ་ཁྲག་གི་རྒྱ་མཚོར་གྱུར། ཨོཾ་ཨཱཿཧཱུྃ། སརྦ་པཉྩ་ཨ་མྲི་ཏ་ཧཱུྃ་ཧྲི་ཕཊ། ཨོཾ་མཧཱ་རཀྟ་

ཛོ་ལ་མཉྫལ་ཧཱུྃ་ཧྲི་ཁ། ཞེས་ལན་གསུམ་གསུམ། མདུན་བསྐྱེད་(༢༧༨བ)བསངས་སྦྱངས། སྟོང་པའི་ངང་ལས་རྡོ་རྗེའི་ས་གཞི་དང་ར་གུར་མེ་དཔུང་འབར་བའི་དབུས་སུ། སུཾ་ལས་རིན་པོ་ཆེའི་བྲག་རིའི་སྟེང་དུ། དུར་ཁྲོད་ཆེན་པོའི་ཀློང་དཀྱིལ་དུ་སྣ་ཚོགས་རྡོ་རྗེའི་ལྟེ་བར་ཨེ་ལས་ཆོས་ཀྱི་འབྱུང་གནས་ཀྱི་དབུས་སུ། པཾ་པདྨ་མཉྫལ་ཧཱུྃ་ལས་པདྨ། ཨ་ཙནྡྲ་མཉྫལ་ཧཱུྃ་ལས་ཟླ་བ། མ་སཱུརྱ་མཉྫལ་ཧཱུྃ་ལས་ཉི་མ། ཀེ་ལཾ་ཀ་ལས་དགྲ་བོའི་བཾ་ཆེན་རྣམས་བརྩེགས་པའི་གདན་དུ་གྱུར། དེའི་སྟེང་དུ་ཧཱུྃ་མཐིང་ནག་གི་འོད་ཀྱི་འཕྲོ་འདུ་ལས། ནག་པོ་ཆེན་པོའི་སྐུར་གྱུར། ཨོཾ་མཧཱ་ཀཱ་ལ་ཧཱུྃ་ཕཊ། རྡོ་རྗེ་ནག་པོ་ཆེན་པོ་སྐུ་མདོག་མཐིང་ནག་ཞལ་གཅིག་ཕྱག་གཉིས་སྤྱན་གསུམ་པ། གྲི་གུག་དང་ཐོད་ཁྲག་ཐུགས་ཀར་སྟེང་འོག་ཏུ་འཛིན་པ། སྨ་ར་དང་སྨིན་མ་དབུ་སྐྲ་གྱེན་དུ་བརྫེས་ཤིང་། རྡོ་རྗེའི་གཤོག་པ་འབར་བ་བརྡེབས་པ། ཐོད་སྐམ་གྱི་དབུ་རྒྱན། མགོ་རློན་གྱི་དོ་ཤལ། སྦྲུལ་དང་རུས་པ་དང་། རིན་པོ་ཆེའི་རྒྱན་ཅན། སྟག་ལྤགས་རློན་པའི་ཤམ་ཐབས་ཅན། མི་ལྤགས་དང་གླང་ཆེན་པགས་པའི་སྟོད་གཡོགས་གསོལ་བ། ཞབས་ཕྱུར་བུ་འབར་བའི་རྣམ་པ་ཅན་དགྲ་བོའི་སྙིང་གར་གཟིར་བ། ཡེ་ཤེས་ཀྱི་མེ་དཔུང་འབར་བའི་དབུས་ན་བཞུགས་པའོ། །དེའི་སྤྱི་བོར་ཨོཾ། མགྲིན་པར་ཨཱཿ ཐུགས་ཀར་ཧཱུྃ། རང་གི་སྙིང་ག་ནས་འོད་ཟེར་འཕྲོས། རང་དང་མདུན་བསྐྱེད་ཀྱི་བར་དུ་ཉི་མའི་གདན་ལ་གཤིན་རྗེ་གཤེད་དུ་གྱུར་པ་ནི། སྐུ་མདོག་མཐིང་ནག་བེ་ཅོན་དང་ཞགས་པ་འཛིན་པའོ། །དེ་ཉིད་ཀྱི་ཕྱག་མཚན་ལྕགས་ཀྱུར་གྱུར་ཏེ། ཡེ་ཤེས་པ་བཀུག་པར་མོས་ལ། ཧཱུྃ། སྔོན་ཚེ་(༢༧༧ན)དཔལ་ཆེན་སྤྱན་སྔ་རུ། །ཇི་ལྟར་ཁས་བླངས་དམ་བཅས་བཞིན། །བྱིན་གྱིས་བརླབས་པའི་གནས་འདི་རུ། །དྲག་པོའི་ལས་ལ་སྤྱན་འདྲེན་གཤེགས། །ཨོཾ་ཨེ་ཧྱེ་ཧི་ཤྲཱི་མཧཱ་ཀཱ་ལ་ཡེ། མཧཱ་ཀཱ་རུ་ཎི་ཀ་ཡ། ས་མ་ཡ་ཛཿ ཛཿཧཱུྃ་བཾ་ཧོཿ ཨོཾ་ཤྲཱི་མཧཱ་ཀཱ་ལ་ཡེ་སྭཱཿ ཨརྒྷཾ་ནས་ཤབྡའི་བར་གྱིས་མཆོད། ལྕགས་ཀྱུ་འོད་དུ་ཞུ་བ་ལས་བུམ་པར་གྱུར་ཏེ་དབང་

བསྐུར། ཨོཾ་སརྦ་ཏ་ཐཱ་ག་ཏ་ཀཱ་ཡ་ཨ་བྷི་ཥིཉྩ་ཨོཾ། ཝ་ཀ་ཨ་བྷི་ཥིཉྩ་ཨཱཿ ཙིཏྟ་ཨ་བྷི་
ཥིཉྩ་ཧཱུྃ། ཞེས་དབང་བསྐུར། གཤིན་རྗེའི་གཤེད་ཉིད་དབུ་རྒྱན་དུ་བཞུགས་པར་གྱུར།
ཕྱི་ནང་གི་མཆོད་པ་རྣམས་རིམ་པས་ཕུལ་བར་མོས་ལ། རྡོ་རྗེ་ཁྲོ་རྒྱལ་ནག་པོའི་
སྐུ། །རྒྱལ་བ་རྒྱ་མཚོའི་ཡེ་ཤེས་ཀྱི། །སྲིད་པའི་རྒྱ་མཚོ་མཐའ་ཡས་ཀུན། །ཀུན་བཟང་
མཆོད་སྤྲིན་མཆོག་ཏུ་རོལ། །ཨོཾ་སརྦ་བིད་པཱུ་ར་པཱུ་ར་སོགས་ནམ་མཁའ་མཛོད་ཀྱི་
སྔགས་རྒྱ་ལན་གསུམ་བརྗོད། རྩ་བརྒྱུད་སྟོང་ལ་སྦྱར་བའི་སྨན། །བདག་ཅག་དང་
པས་འབུལ་ལགས་ཀྱི། །བཞེས་ཏེ་ཀུན་ཏུ་དགྱེས་མཛོད་ལ། །འཕྲུལ་གྱི་དངོས་གྲུབ་
བསྩལ་དུ་གསོལ། །ཨོཾ་ཨཱཿཧཱུྃ་ཤྲཱི་མཧཱ་ཀཱ་ལ་མཧཱ་པཉྩ་ཨ་མྲི་ཏ་ཁ་ཁ་ཁཱ་ཧི་ཁཱ་ཧི། ཞིང་
ཆེན་གསར་རྙིང་ཏེ་རར་བཅས། །དམར་གྱི་མཆོད་པ་རྒྱ་མཚོར་བསྐྱིལ། །འཁོར་བའི་
དྲ་བ་གཅོད་པའི་ཕྱིར། །མ་ལུས་གཤེགས་ནས་བསྣམས་སུ་གསོལ། །ཛཿཧཱུྃ་བཾ་ཧོཿཤྲཱི་
མཧཱ་ཀཱ་ལ་མཧཱ་རཀྟ་ཛྙི་ར་ཁཱ་ཧི། མཧཱ་མཾ་ས་ཁཱ་ཧི། བླ་མེད་མཆོག་གི་མཆོད་པ་དམ་
པ་འདི། །ཡེ་ཤེས་ལྷ་ཡི་འོད་ཟེར་རྣམ་(༢༧༧བ)པར་འཁྲོ། །འདོད་པའི་ཡོན་ཏན་ལྷ་
ཡིས་རབ་ཏུ་བརྒྱན། །ཐུགས་དམ་བཞིན་དུ་ཅི་བདེར་བཞེས་སུ་གསོལ། །ཛཿཧཱུྃ་བཾ་
ཧོཿཤྲཱི་མཧཱ་ཀཱ་ལ་ཨི་དཾ་པུཥྤེ། དྷཱུ་པཾ། གནྡྷེ། ཨཱ་ལོཀ་ཏ་པྲ་ཏཱིཙྪ་ཧོ། ཤབྡ་ཁཱ་ཧི། བཛྲ་
མཧཱ་ཀཱ་ལ་ཁ་ཁ་ཁཱ་ཧི་ཁཱ་ཧི། ཞེས་པ་རྣམས་བརྗོད། ནང་མཆོད་རྡོ་རྗེས་དཀྲུགས་
ཤིང་གཏོར་མ་ལ་བྲན། འཕྲུངས་ཤིག་འཕྲུངས་ཤིག་རྡོ་རྗེའི་ཆུ། །རྡོ་རྗེའི་ཆུ་འདི་
འཕྲུངས་ནས་ནི། །དམ་ཚིག་སྲུང་ན་དངོས་གྲུབ་ཐོབ། །དམ་ལས་འདས་ན་བསྣག་
པར་འགྱུར། །ཨོཾ་སརྦ་ཨུ་ད་ཀ་ཋ། ཞེས་བརྗོད། རྡོ་རྗེ་སྙིང་གར་གཏད་ལ། ཧཱུྃ།
བཟུང་ཞིག་བཟུང་ཞིག་རྡོ་རྗེ་འདི། །ཁྱོད་ཀྱིས་རྟག་ཏུ་འདི་བཟུང་ཞིག །གལ་ཏེ་
བསྒྲལ་བ་མ་ཉན་ན། །ནག་པོ་ཁྱོད་ནི་ཉམས་པར་འགྱུར། །ཞེས་དམ་ལ་བཞག་གོ། །
བཟླས་པའི་དམིགས་པ་གསལ་བཏབ་ལ། ཨོཾ་མཧཱ་ཀཱ་ལ་ཧཱུྃ་ཕཊ། ཅེས་པའི་སྔགས་ལ།
མཧཱ་ཀཱ་ལ་ཧྲི་ཡཾ་ཛཿཛཿམཧཱ་ཀཱ་ལ་ཧྲི་ཡཾ་དགྲ་བོ་ལྔ་ར་ཡ། མཧཱ་ཀཱ་ལ་ཧྲི་ཡཾ་ཐྲུཾ་རིལ་

ཙད། ཀྲི་ལ་ཡ་ཤ་ཙད། དགྲ་བོ་ཧྲི་ནྲ་ར་ཡ་ཧཱུཾ་ཕཊ། ས་མ་ཡ་ཧཱུཾ་ཕཊ། སཏ་བིགླྷན་བཾ་ཧཱུཾ་ཕཊ། ཅེས་བཟླ། ཨརྒྷཾ་ནས་ཤབྡའི་བར་གྱིས་ཕྱི་མཆོད་དང་། ཨོཾ་ཨཱཿཧཱུཾ་གིས་ནང་མཆོད་འབུལ། །སྲིན་པོའི་གཟུགས་ཀྱིས་གདུག་པ་ཅན། །ཚར་གཅོད་བྱང་ཆུབ་སེམས་དཔའ་སྟེ། །གྲོང་ཁྱེར་གསུམ་བརྗེགས་འཇིགས་བྱེད་པ། །གཏུམ་པོ་ཁྱོད་ལ་བདག་བསྟོད་དོ། །ཞེས་པས་བསྟོད། མཆོད་སྦྱིན་གཏོར་མ་འདི་བཞེས་ལ། །ཞེས་སོགས་ཀྱིས་འདོད་དོན་གསོལ་བ་བཏབ། ༈ འདིའི་རྗེས་གནང་ནི། སློབ་(༢༧༨ན)དཔོན་གྱིས་ཀྱང་འོག་གི་དབང་རྣམས་ལྟར་ངས། སློབ་མས་ཁྲུས་བྱ། མཎྜལ་ཕུལ། སློབ་དཔོན་བདག་ལ་དགོངས་སུ་གསོལ། །སངས་རྒྱས་བསྟན་པ་སྲུང་བ་དང་། །སེམས་ཅན་རྣམས་ལ་ཕན་གདགས་ཕྱིར། །དབང་དང་དངོས་གྲུབ་བསྐུལ་དུ་གསོལ། །ཞེས་ལན་གསུམ་གསོལ་བ་བཏབ། དཀོན་མཆོག་གསུམ་ལ་བདག་སྐྱབས་མཆི། །ཞེས་སོགས་མགུར་ནས་འབྱུང་བའི་རྒྱུན་བཤགས་བྱ། སློབ་མ་རྣམས་བསངས་སྦྱངས། སྟོང་པའི་ངང་ལས་རྡོ་རྗེའི་ས་གཞི་དང་ར་གུར་མེ་དཔུང་འབར་བའི་དབུས་སུ། སུཾ་ལས་རིན་པོ་ཆེའི་ཐྲག་རིའི་སྟེང་དུ། དུར་ཁྲོད་ཆེན་པོའི་གླིང་དཀྱིལ་དུ་སྣ་ཚོགས་རྡོ་རྗེའི་ལྟེ་བར་ཨེ་ལས་ཆོས་ཀྱི་འབྱུང་གནས་ཀྱི་དབུས་སུ། པཾ་པདྨ་མཎྜལ་ཧཱུཾ་ལས་པདྨ། ཨ་ཙནྡྲ་མཎྜ་ལ་ཧཱུཾ་ལས་ཟླ་བ། མ་སཱུརྻ་མཎྜ་ལ་ཧཱུཾ་ལས་ཉི་མ། ཧྲི་ལྷང་ཀྲུ་ལས་དགྲ་བོའི་པཾ་ཆེན་རྣམས་བརྗེགས་པའི་གདན་དུ་གྱུར། དེའི་སྟེང་དུ་ཁྱེད་རང་གི་སེམས་ཉིད་ཧཱུཾ་མཐིང་ནག་གི་འོད་ཀྱི་འཕྲོ་འདུ་ལས། ཁྱེད་རང་རྣམས་ནག་པོ་ཆེན་པོའི་སྐུར་གྱུར། ཨོཾ་མཧཱ་ཀཱ་ལ་ཧཱུཾ་ཕཊ། རྡོ་རྗེ་ནག་པོ་ཆེན་པོ་སྐུ་མདོག་མཐིང་ནག་ཞལ་གཅིག་ཕྱག་གཉིས་སྤྱན་གསུམ་པ། གྲི་གུག་དང་ཐོད་ཁྲག་ཐུགས་ཀར་སྟེང་འོག་ཏུ་འཛིན་པ། སྨ་ར་དང་སྨིན་མ་དབུ་སྐྲ་གྱེན་དུ་བརྫེས་ཤིང་། རྡོ་རྗེའི་གཤོག་པ་འབར་བ་བརྡེབས་པ། ཐོད་སྐམ་གྱི་དབུ་རྒྱན། མགོ་རློན་གྱི་དོ་ཤལ། སྦྲུལ་དང་། རུས་པ་དང་། རིན་པོ་ཆེའི་རྒྱན་ཅན། སྟག་ལྤགས་རློན་པའི་ཤམ་ཐབས། (༢༧༨བ)མི་ལྤགས་

དང་སྣང་ཆེན་པགས་པའི་སྟོད་གཡོགས་གསོལ་བ། ཞབས་ཕུར་བུ་འབར་བའི་རྣམ་པ་ཅན་དགྲ་བོའི་སྙིང་གར་གཟིར་བ། ཡེ་ཤེས་ཀྱི་མེ་དཔུང་འབར་བའི་དབུས་ན་བཞུགས་པའི་སྤྱི་བོར་ཨོཾ། མགྲིན་པར་ཨཱཿ ཐུགས་ཀར་ཧཱུྃ་གིས་མཚན་པར་གྱུར་པའི་མོས་པ་མཛོད། སློབ་དཔོན་གྱི་ཐུགས་ཀ་ནས་འོད་ཟེར་འཕྲོས། སློབ་དཔོན་དང་མདུན་བསྐྱེད་ཀྱི་བར་དུ་ཉི་མའི་གདན་ལ་གཤིན་རྗེ་གཤེད་དུ་གྱུར་པ་ནི། སྐུ་མདོག་མཐིང་ནག་བེ་ཅོན་དང་ཞགས་པ་འཛིན་པའོ། །དེ་ཉིད་ཀྱི་ཕྱག་མཚན་ལྕགས་ཀྱུར་གྱུར་ཏེ། ཡེ་ཤེས་པ་བཀུག་ནས་ཁྱེད་རང་རྣམས་ལ་ཐིམ་པའི་མོས་པ་མཛོད་བྱས་ལ། ཧཱུྃ། ཐོན་ཆེ་དཔལ་ཆེན་སྤྱན་སྔ་རུ། །ཇི་ལྟར་ཁས་བླངས་དམ་བཅས་བཞིན། །ཁྱེན་ཀྱིས་བརྣབས་པའི་གནས་འདི་རུ། །དྲག་པོའི་ལས་ལ་སྤྱན་འདྲེན་གཤེགས། །ཨོཾ་ཨེ་ཧྱེ་ཧི་མཧཱ་ཀཱ་ལ་ཡེ། མཧཱ་ཀཱ་རུ་ཎི་ཀ་ཡ། ས་མ་ཛཿ ཛཿཧཱུྃ་བཾ་ཧོཿ གཉིས་སུ་མེད་པར་ཐིམ། ལྕགས་ཀྱུ་འོད་དུ་ཞུ་བ་ལས་བུམ་པར་གྱུར་ཏེ་ཁྱེད་རང་རྣམས་ལ་དབང་བསྐུར་བར་མོས། ཨོཾ་སརྦ་ཏ་ཐཱ་ག་ཏ་ཀཱ་ཡ་ཨ་བྷི་ཥིཉྩ་ཨོཾ། ཝཱ་ཀ་ཨ་བྷི་ཥིཉྩ་ཨཱཿ ཙིཏྟ་ཨ་བྷི་ཥིཉྩ་ཧཱུྃ། ཞེས་དབང་བསྐུར། གཤིན་རྗེའི་གཤེད་ཉིད་ཁྱེད་རང་རྣམས་ཀྱི་དབུ་རྒྱན་དུ་བཞུགས་པར་གྱུར་པའི་མོས་པ་མཛོད། དེ་ནས་དབུས་ཀྱི་ཕུར་བུ་གཏད་ལ། དཔལ་ཆེན་ཁྲག་འཐུང་ནག་པོ་ཆེ། །ཕུར་བུའི་གཟུགས་ཀྱིས་དགྲ་བོ་དང་། །བགེགས་སྲོག་དབང་དུ་སྡུད་འདི་ལོངས། །ལྷ་སྐུ་སྒོམ་པའི་དབང་(༢༧(ན)ཐོབ་ཤོག །ཨོཾ་མཧཱ་ཀཱ་ལ་ཧཱུྃ་ཕཊ། ཅེས་པའི་སྙིང་པོའི་མཐར། ཀཱ་ཡ་ཨ་བྷི་ཥིཉྩ་ཨོཾ། འཕྲེང་བ་གཏད་པ། སྒྲུབ་པའི་ཡེ་ཤེས་མཆོན་གང་བ། །གསང་བའི་སྔགས་ཀྱིས་རབ་བསྐྱེད་ལ། །དུས་དང་རྒྱུན་དུ་བཟླས་བྱ་བའི། །འཛབ་བསྐྱེན་འཕྲེང་བའི་དབང་བསྐུར་རོ། །སྙིང་པོའི་མཐར། ཝཱ་ཀ་ཨ་བྷི་ཥིཉྩ་ཨཱཿ གྲི་གུག་གཏད་ལ། གདུག་ཅིང་སྡང་སེམས་ལྡན་པ་རྣམས། །བསྒྲལ་ཕྱིར་གྲི་གུག་དབང་སྒྲིན་པས། །བར་ཆད་བྱེད་པའི་ལྷ་དང་བདུད། །སྒྲོལ་ཞིང་ཉོན་མོངས་གཅོད་པར་ཤོག །སྙིང་པོའི་མཐར། ཙིཏྟ་ཨ་བྷི་ཥིཉྩ་ཧཱུྃ། རྡོར་རྡྲིལ་

གཏད་ལ། ཐོད་པ་བྱང་ཆུབ་སེམས་ཀྱི་རྟགས། །སྨན་མཆོག་ཡེ་ཤེས་ལྔ་ཡིས་གང་། །ཡོན་ཏན་རྫོགས་པའི་དབང་བསྐུར་བས། །རིགས་ལྔའི་སངས་རྒྱས་ཐོབ་པར་ཤོག །སྙིང་པོའི་མཐར། གུ་ཎ་ཨ་བྷི་ཥིཉྩ་ཧཱུཾ། གཏོར་མ་གཏད་ལ། གཏོར་མའི་དབང་བསྐུར་འདི་སྦྱིན་པས། །དགྲ་བགེགས་བསད་ཅིང་བསྲད་པ་དང་། །རྩོངས་ཤིང་རེངས་པའི་འཕྲིན་ལས་དང་། །དངོས་གྲུབ་འབྱུང་བའི་དབང་ཐོབ་ཤོག །སྙིང་པོའི་མཐར། གཏྲ་ཨ་བྷི་ཥིཉྩ་ཨཿ རྗེས་ཀྱི་བྱ་བ་རྣམས་སྤྱི་དང་འདྲ། །

༄ ཀུར་ཡུམ་ཅན་ཀླུ་སྒྲུབ་ལུགས་ལ། རྩ་བའི་མགོན་པོར་གྲགས་པ་ནག་པོ་ཆེན་པོ་ཕྱག་གཉིས་པའི་སྒྲུབ་ཐབས་རྡོ་རྗེ་གུར་གྱི་རྒྱུད་ལས་གསུངས་ཤིང་། དེའི་མན་ངག་སློབ་དཔོན་ཀླུ་སྒྲུབ་ནས་བརྒྱུད་པའི་ཀླུའི་བྱང་ཆུབ་ཀྱིས་མཛད་པའི་སྒྲུབ་ཐབས་བཞིན་བསྒོམ་པར་འདོད་ན། མཆོད་གཏོར་དམ་རྫས་སོགས་ཚང་བར་(༢༧༨བ) བཤམས་ནས། སྐྱབས་འགྲོ་སེམས་བསྐྱེད་སྔོན་དུ་བཏང་ལ། རང་གི་སྙིང་གའི་ཧཱུྃ་ལས་འོད་ཟེར་འཕྲོས། བླ་མ་ཡི་དམ། ནག་པོ་ཆེན་པོ། སངས་རྒྱས་བྱང་ཆུབ་སེམས་དཔའི་ཚོགས་དང་བཅས་པ་བཛྲ་ས་མ་ཛཿཨརྒྷཾ་ནས་ཤབྡའི་བར་གྱིས་མཆོད། དཀོན་མཆོག་གསུམ་ལ་བདག་སྐྱབས་མཆི། །ཞེས་སོགས་ཡན་ལག་བདུན་པ་བྱ། བཛྲ་མུཿཞེས་གཤེགས་སུ་གསོལ། ཚད་མེད་བཞི་སྤྱི་དང་མཐུན་པར་བསྒོམ། ཤཱུ་ནྱ་ཏཱས་སྟོང་པར་སྦྱངས། སྟོང་པའི་ངང་ལས་ཧཱུྃ་ཡིག་ལས་བྱུང་བའི་སྲུང་འཁོར་གྱི་ནང་དུ། དུར་ཁྲོད་ཆེན་པོའི་ས་གཞིའི་དབུས་སུ། པདྨ་ཉི་མའི་གདན་ལ། རང་སེམས་ཧཱུྃ་ཡིག་མཐིང་ནག །དེ་ལས་འོད་ཟེར་འཕྲོས། དགྲ་བགེགས་གདུག་པ་ཅན་ཐམས་ཅད་ཚར་བཅད། ཚུར་འདུས་ཏེ་ཡོངས་སུ་གྱུར་པ་ལས། རང་ཉིད་རྗེ་བཙུན་དཔལ་ལྡན་ནག་པོ་ཆེན་པོ་སྐུ་མདོག་མཐིང་ནག་ཞལ་གཅིག་ཕྱག་གཉིས་སྤྱན་གསུམ་པ། གཡས་གྲི་གུག་དང་། གཡོན་ཐོད་པ་ཁྲག་གིས་གང་བ་ཐུགས་ཀའི་ཐད་ཀར་སྣེང་འོག་ཏུ་འཛིན་པའི་ཚུལ་གྱིས་ཡུམ་ལ་འཁྱུད་པ། མཚན་ཁུང་དུ་ཟུང་འཇུག་གི་རང་

བཞིན་གྱི་ཁ་ཊྭཱཾ་ག་འཆང་བ། མཆེ་བ་རྣམ་པར་གཙིགས་ཤིང་འཛིགས་སུ་རུང་བ། ཞབས་གཉིས་མཉམ་པའི་སྟབས་ཀྱིས་མི་རོའི་གདན་ལ་གནས་པ། ཞལ་གྱི་གྲྭ་ནས་དམར་ཆེན་གྱི་ཆུ་རླུང་འཁྲུགས་པ། སྨ་ར་དང་། སྨིན་མ་དང་། དབུ་སྐྲ་དམར་སེར་མེ་ལྟར་འབར་བ། མི་བསྐྱོད་པའི་དབུ་རྒྱན་ཅན། སྟག་ལྤགས་གསར་པའི་ཤམ་ཐབས་འཕྱར་བ། མི་(༤༨༠ན)མགོ་སྐམ་པོ་ལྔའི་དབུ་རྒྱན་དང་། རློན་པ་ལྔ་བཅུའི་དོ་ཤལ་བྱས་པ། ཀླུ་ཆེན་པོ་བརྒྱད་དང་། ཕྱག་རྒྱ་ལྔས་བརྒྱན་པའོ། །དེའི་པང་དུ་ཧྲཱིཿལས་བྱུང་བའི་ནག་མོ་ཆེན་མོ་གཅེར་བུ་རྒྱན་སྤངས་པ་གྲི་གུག་དང་། ཐོད་པ་འཛིན་པའི་ཕྱག་དང་བྱིན་པ་གཉིས་ཀྱིས་ཡབ་ལ་འཁྱུད་པ། ཡབ་དང་མཚུངས་ཤིང་ཡིད་ཙམ་ཞི་བ་གཉིས་ཀའང་ཡེ་ཤེས་ཀྱི་མེ་འབར་བའི་དབུས་ན་བཞུགས་པ། ཤར་དུ་གཾ་ལས་ནག་མོ། ལྷོར་གཾ་ལས་གཙིགས་མ། ནུབ་ཏུ་བཾ་ལས་བ་ར་ཧཱི་མ། བྱང་དུ་ཙཾ་ལས་རོ་ལངས་མ། དེ་རྣམས་ཀྱང་གཅེར་བུ་སྐྲ་མདོག་ནག་མོ། གྲི་གུག་དང་ཐོད་པ་འཛིན་པ། པད་ཉི་རོའི་གདན་ལ་གནས་པའོ། །གཙོ་འཁོར་ཐམས་ཅད་ཀྱི་དཔྲལ་བར་ཨོཾ། མགྲིན་པར་ཨཱཿ ཐུགས་ཀར་ཧཱུྃ། ཧཱུྃ་གི་འོད་ཟེར་གྱིས་ནག་པོ་ཆེན་པོ་འཁོར་དང་བཅས་པ་སྤྱན་དྲངས། བཛྲ་ས་མཱ་ཛཿ ཛཿཧཱུྃ་བཾ་ཧོཿ གཉིས་སུ་མེད་པར་ཐིམ། དེ་འདིར་ནག་པོ་ཆེན་པོ་བདག །དངོས་གྲུབ་ཐམས་ཅད་བསྒྲུབ་པར་བྱ། །འོད་གསལ་བར་ནི་རབ་ཏུ་བཞུགས། །བདག་ནི་རྣམ་ཀུན་ཡོངས་སུ་བསྐྱངས། །ཞེས་བརྗོད། དེ་ནས་ཐལ་མོ་ཁོང་སྟོང་དུ་སྦྱར་བ་དམ་ཚིག་གི་ཕྱག་རྒྱ་བསྟན་ཏེ། ཨོཾ་ཤྲཱི་མཧཱ་ཀཱ་ལ་ཡ། ས་མ་ཡ། མ་ནུ་པཱ་ལ་ཡ། ས་མ་ཡ་ཏིཥྛ། ཞེས་པ་དང་། སྤྲོ་ན། ལྷ་མོ་ལྔ་ལའང་འདོན་པ་སྤྲོས་ཏེ་བརྗོད། མཆོད་པ་བྱིན་གྱིས་བརླབས་ནས། ཨརྒྷཾ་ནས་ཤབྡའི་བར་གྱིས་མཆོད། འཁྱིལ་བའི་རོ་ལ་ཞབས་མཆོག་མཉམ་པའི་སྟབས་ཀྱིས་བཞུགས་ཤིང་(༤༨༠བ)སྒྲོམ་ཐུང་དྲག་ལ་གསུམ་ཁྲིམ་ཡངས། །ཀླུ་ཆེན་བརྒྱད་ཀྱིས་རྣམ་པར་བརྒྱན་ཞིང་དབུ་སྐྲ་དམར་སེར་གྱེན་བརྫེས་གྲི་གུག་ཐོད་པ་འཛིན། །ཁྲག་པར་ཤེས་

རབ་མ་ཡིས་འཁྲུད་ཅིང་ཞལ་གཅིག་དང་ལྡན་དཔལ་ལྡན་ཆོས་སྐྱོང་རྟག་པར་དཀའ་
རང་བཞིན། །ཤིན་ཏུ་གནག་པའི་ཁྲུད་པར་འཕགས་པ་སྐུ་ལ་སྤྱན་གསུམ་ལྡན་པ་
ཁྱོད་ལ་རྟག་ཏུ་འདུད། །ཅེས་དང་། གང་ཞིག་བྱང་ཆུབ་ཐོབ་པའི་རྒྱུ་ཕྱིར་རང་སྐྱབས་
སོང་བའི་བགེགས་རྣམས་མ་ལུས་ཆོམས། །གང་ཞིག་འཁོར་བར་ལས་ཀྱི་ཞགས་ལས་
སེམས་ཅན་རྣམས་ནི་སྙིང་རྗེ་དམ་པས་བསྲུངས། །དེང་འདིར་རྣལ་འབྱོར་མ་རྣམས་
ཀྱིས་ནི་མཐའ་དག་འགྲོ་བའི་སྡིག་མུན་ཕུང་པོ་བཅོམ། །དཔལ་ལྡན་རྡོ་རྗེ་ནག་པོ་
ཆེན་པོ་རབ་དགའི་སྙིང་གི་དགེ་བ་བདག་ལ་བསྩལ་དུ་གསོལ། །ཞེས་སོགས་འདོད་
དོན་གསོལ་བ་དྲག་ཏུ་བཏབ། གཏོར་མ་ཨ་མྲི་ཏས་བསངས། སྭ་བྷཱ་ཝས་སྦྱངས།
སྟོང་པའི་ངང་ལས་ཨཱཿལས་བྱུང་བའི་ཀ་པཱ་ལའི་ནང་དུ། ཧཱུྃ་ཨྃ་ཡྃ་ཁྃ་ཧུྃ་ལས་ཤ་ལྔ།
ལྃ་མྃ་པྃ་ཏྃ་བྃ་ལས་བདུད་རྩི་ལྔ། རླུང་གཡོས་མེ་འབར་ཤ་ལྔ་བདུད་རྩི་ལྔ་འོད་དུ་
ཞུ་སྟེ། བདུད་རྩིར་གྱུར་པ་ལ། ཕྱོགས་བཅུའི་སངས་རྒྱས་བྱང་ཆུབ་སེམས་དཔའ་
ཐམས་ཅད་ཀྱི་ཐུགས་ཀ་ནས་ཡེ་ཤེས་ཀྱི་བདུད་རྩི་སྤྱན་དྲངས་ཏེ། གཅིག་ཏུ་འདྲེས་
པས་བདུད་རྩིའི་རྒྱ་མཚོ་ཆེན་པོར་གྱུར། ཨོཾ་ཨཱཿཧཱུྃ་ཏ་ཏོ་ཏྲིཿཨོཾ་ཧྲཱིཾ་ཀྲཱིཾ་ཨི་དཾ་བ་ལིཾ་ཏ་
གྲིཧྞ་གྲིཧྞ་ཧཱུྃ་ཕཊ། མཧཱ་མཾ་ས། ཕུཥྤེ། དྷཱུ་པེ། དཱི་པེ། རཀྟཱ་ཏ་ལ་སྭཱ་ཏ་ལེ། ཨམྲྀ་ཏཱ་
ག །དེ་ཝ་ཡཀྵ་རཀྵ་(༢༨༧ན)ས། གྲིཧྞ་བྷཱ་ཡ། ཨི་དཾ་བ་ལིཾ་ཏ་ཏ་ཏ་ཧཱུྃ། ཁ་ཁ་ཁཱ་ཧི་ཁཱ་
ཧི། ཧཱུྃ་ཛཿཕཻཾ། མཧཱ་ཨརྒྷཾ་ཏ་ས། གཛྫ་ཡ། གཛྫ་ཡ། ཏཛྫ་ཡ། ཨོཾ་ཀྲིཥྞ་ཡ། ཕཊ་
ཡ། ཕྲོཾ་ཕྲོཾ། ཕཊ། ཅེས་ལན་གསུམ་གྱིས་གཏོར་མ་ཕུལ། སླར་ཡང་གོང་བཞིན་
མཆོད་བསྟོད་བྱས་ནས། སྙིང་གར་པད་ཉི་ལ་ཧཱུྃ་གི་མཐར་སྙིང་པོ་དང་། རྩ་སྔགས་
ཀྱིས་བསྐོར་བར་བསམས་ལ། ཨོཾ་ཤྲཱི་མཧཱ་ཀཱ་ལ་ཧཱུྃ་ཧཱུྃ་ཕཊ་ཕཊ་སྭཱཧཱ། ཞེས་པ་དང་།
ཤྲཱི་ས་ན་ཅི་འགྲུབ་བཟླ། ཨོཾ་མཧཱ་ཀཱ་ལི་ཡེ་ཧཱུྃ་ཧཱུྃ་ཕཊ་སྭཱཧཱ། ཨོཾ་ཀཱ་ལི་ཡེ་ཧཱུ་ཧཱུྃ་ཕཊ་
སྭཱཧཱ། ཨོཾ་ཀ་ར་ལི་ཡེ་ཧཱུྃ་ཧཱུྃ་ཕཊ་སྭཱཧཱ། ཨོཾ་བ་ར་ཏྲི་ཡེ་ཧཱུྃ་ཧཱུྃ་ཕཊ་སྭཱཧཱ། ཨོཾ་བེ་ཏ་ལི་
ཡེ་ཧཱུྃ་ཧཱུྃ་ཕཊ་སྭཱཧཱ། ཞེས་པ་རྣམས་ཀྱང་ཅི་ནུས་བཟླའོ། །༄ འདིའི་རྗེས་གནང་

བྱ་བར་འདོད་ན། སྔགས་བུ་ལ་ཆོས་འབྱུང་གྲུ་གསུམ་མེ་རི་དང་བཅས་པ། ནང་མཐིང་ནག་རྗེ་རྗེའི་མུ་ཁྱུད་ཅན། དབུས་སུ་ཉི་གདན་ལ་ཚོམ་བུ་ནག་པོ་ལྔ་བཀོད། དེའི་སྟེང་དུ་མཛེ་ལ་གཏོར་མ་གྲུ་གསུམ་གཙོ་འཁོར་ལྔ་པའི་རྣམ་པ་ཅན་ཞིག་འགོད། མདུན་དུ་རཀྟའི་མཆོད་ཡོན་དང་གཏོར་མ། གཡས་སུ་ཆུ་བཞི། གཡོན་དུ་ཉེར་སྤྱོད་ལྔ་རྣམས་འགོད། རྒྱབ་ཏུ་བྲིས་སྐུ་སོགས་སྐུ་གཟུགས་བཞུགས་སུ་གསོལ། གང་འོས་ཕྱོགས་སུ་གྲི་གུག །ཐོད་ཁྲག །ཁ་ཊྭཱཾ་ག་རྣམས་བཤམས། གོང་དུ་བཤད་པ་ལྟར་གྱི་བདག་བསྐྱེད་སྔོན་དུ་སོང་ནས། མདུན་བསྐྱེད་བསངས་སྦྱངས། སྟོང་པའི་ངང་ལས་རང་གི་མདུན་དུ་ཧཱུྃ་ཡིག་ལས་བྱུང་བའི་སྲུང་འཁོར་གྱི་ནང་དུ་ཞེས་པ་ནས། བཟླས་པའི་བར་གོང་བཞིན་ལས། རང་སེམས་ཞེས་(༢༤༧བ)པ་དང་། རང་ཉིད་ཅེས་པ་དོར། མཆོད་གཏོར་བླ་མེད་ལྟར་བྱིན་གྱིས་བརླབས་ལ་འབུལ། སངས་རྒྱས་བསྟན་པ་སྲུང་བ་ཏྲ། །མགོན་པོ་གྲི་གུག་ཐོད་པ་ཅན། །ཁ་དོག་ནག་པོ་རོ་ལ་གནས། །འཁོར་དང་བཅས་ལ་བདག་ཕྱག་འཚལ། །ཞེས་བསྟོད། གོང་ལྟར་མཆོད། སངས་རྒྱས་བསྟན་པ་སྲུང་བ་ཏྲ། །མགོན་པོ་གྲི་གུག་ཐོད་པ་ཅན། །ཁ་དོག་ནག་པོ་རོ་ལ་གནས། །ནག་པོ་ཆེ་ལ་བདག་ཕྱག་འཚལ། །ཞེས་བསྟོད། ། ༈ དེ་ནས་སློབ་མའི་བྱ་བ་ནི། སློབ་མ་རྣམས་ཁྲུས་བྱས། མཎྜལ་འབུལ་དུ་གཞུག །དཀོན་མཆོག་གསུམ་ལ་བདག་སྐྱབས་མཆི། །ཞེས་སོགས་མགུར་ནས་འབྱུང་བའི་རྒྱུན་བཤགས་བྱ། ཀུན་མཁྱེན་ཡེ་ཤེས་ཕུང་པོ་ཅན། །ཞེས་སོགས་ལན་གསུམ་གྱིས་གསོལ་བ་བཏབ། སློབ་དཔོན་དང་མདུན་བསྐྱེད་ནག་པོ་ཆེན་པོ་ལྷ་ལྔའི་སྐུར་སྒོམ་དུ་གཞུག །སློབ་མ་རྣམས་ཤཱུ་ནྱ་ཏཱས་སྟོང་པར་སྦྱངས། སྟོང་པའི་ངང་ལས་ཧཱུྃ་ཡིག་ལས་བྱུང་བའི་སྲུང་འཁོར་གྱི་ནང་དུ། དུར་ཁྲོད་ཆེན་པོའི་ས་གཞིའི་དབུས་སུ། པདྨ་ཉི་མའི་གདན་ལ། ཁྱེད་རང་རྣམས་ཀྱི་སེམས་ཉིད་ཧཱུྃ་ཡིག་མཐིང་ནག །དེ་ལས་འོད་ཟེར་འཕྲོས། དགྲ་བགེགས་གདུག་པ་ཅན་ཐམས་ཅད་ཚར་བཅད། སླར་འདུས་ཏེ་ཐིམ་པ་ཡོངས་སུ་

གྱུར་པ་ལས། ཁྱེད་རང་རྣམས་རྗེ་བཙུན་དཔལ་ལྡན་ནག་པོ་ཆེན་པོ་སྐུ་མདོག་མཐིང་ནག་ཞལ་གཅིག་ཕྱག་གཉིས་སྤྱན་གསུམ་པ། གཡས་གྲི་གུག་དང་། གཡོན་ཐོད་པ་ཁྲག་གིས་གང་བ་ཐུགས་ཀའི་ཐད་ཀར་སྟེང་འོག་ཏུ་འཛིན་པའི་ཚུལ་གྱིས་ཡུམ་ལ་འཁྱུད་པ། མཚན་ཁུང་དུ་ཟུང་(༢༨༢ན)འཇུག་གི་རང་བཞིན་གྱི་ཁ་ཊྭཱཾ་ག་འཆང་བ། མཆེ་བ་རྣམ་པར་གཙིགས་ཤིང་འཇིགས་སུ་རུང་བ། ཞབས་གཉིས་མཉམ་པའི་སྟབས་ཀྱིས་མི་རོའི་གདན་ལ་གནས་པ། ཞལ་གྱི་གྲྭ་ནས་དམར་ཆེན་གྱི་ཆུ་ཀླུང་འཁྲུགས་པ། སྨ་ར་དང་། སྨིན་མ་དང་། དབུ་སྐྲ་དམར་སེར་མེ་ལྟར་འབར་བ། མི་བསྐྱོད་པའི་དབུ་རྒྱན་ཅན། སྟག་ལྤགས་གསང་པའི་ཤམ་ཐབས་འཕྱུར་བ། མི་མགོ་སྐམ་པོ་ལྔའི་དབུ་རྒྱན་དང་། རློན་པ་ལྔ་བཅུའི་དོ་ཤལ་བྱས་པ། ཀླུ་ཆེན་པོ་བརྒྱད་དང་། ཕྱག་རྒྱ་ལྔས་བརྒྱན་པའོ། །དེའི་པང་དུ་ཧྲཱིཿལས་བྱུང་བའི་ནག་མོ་ཆེན་མོ་གཅེར་བུ་རྒྱན་སྤངས་པ་གྲི་གུག་དང་། ཐོད་པ་འཛིན་པའི་ཕྱག་དང་བྱིན་པ་གཉིས་ཀྱིས་ཡབ་ལ་འཁྱུད་པ། ཡབ་དང་མཚུངས་ཤིང་ཡིད་ཙམ་ཞི་བ་གཉིས་ཀའང་ཡེ་ཤེས་ཀྱི་མེ་འབར་བའི་དབུས་ན་བཞུགས་པའོ། །ཤར་དུ་གཾ་ལས་ནག་མོ། ལྷོར་གཾ་ལས་གཙིགས་མ། ནུབ་ཏུ་བཾ་ལས་བ་ར་ཧི་མ། བྱང་དུ་བཾ་ལས་རོ་ལངས་མ། དེ་རྣམས་ཀྱང་གཅེར་བུ་སྐུ་མདོག་ནག་མོ། གྲི་གུག་དང་ཐོད་པ་འཛིན་པ། པད་ཉི་རོའི་གདན་ལ་གནས་པའོ། །གཙོ་འཁོར་ཐམས་ཅད་ཀྱི་དཔྲལ་བར་ཨོཾ། མགྲིན་པར་ཨཱཿ ཐུགས་ཀར་ཧཱུྃ། ཞེས་གསལ་བཏབ། སློབ་དཔོན་གྱི་ཐུགས་ཀའི་ཧཱུྃ་གི་འོད་ཟེར་གྱིས་ནག་པོ་ཆེན་པོ་འཁོར་དང་བཅས་པ་སྤྱན་དྲངས། ཁྱེད་རང་རྣམས་ཀྱི་ལུས་ལ་ཐིམ་པའི་མོས་པ་མཛོད། ཛཿཧཱུྃ་བཾ་ཧོཿ གཉིས་སུ་མེད་པར་ཐིམ། སྐུའི་རྗེས་གནང་ངོ་། །བརླས་ལུང་ནི། ཁྱེད་རང་གི་སྙིང་གར་པད་ཉིའི་གདན་ལ་ཧཱུྃ་མཐིང་ནག་གི་མཐར་(༢༨༢བ)སྔགས་འཕྲེང་འོད་ཟེར་མཐིང་ནག་འབར་བའི་རྣམ་པ་ཅན་དུ་བཞུགས་པར་མོས། སློབ་དཔོན་གྱི་ཐུགས་ཀ་ནས་འོད་ཟེར་འཕྲོས། མདུན་བསྐྱེད་ཀྱི་ལྷའི་

ཐུགས་རྒྱུད་བསྐུལ། ཐུགས་ཀའི་སྔགས་འཕྲེང་ལས་སྔགས་འཕྲེང་གཉིས་པ་ཞིག་ཆད། ཞལ་ནས་ཐོན། ཁྱེད་རང་གི་ཁ་སྒོ་ནས་ཞུགས། སྙིང་གའི་ཧཱུྃ་ཡིག་གི་མཐའ་མར་སྔགས་སྔ་མ་རྣམས་ལ་ཐིམ་ཞིང་འཁོར་བར་མོས་སུ་བཅུག་ལ། ཨོཾ་ཧྲཱི་མཧཱ་ཀཱ་ལ་ཧཱུྃ་ཧཱུྃ་ཕཊ་ཕཊ་སྭཱ་ཧཱ། ཞེས་པ་དང་། ཨོཾ་ཧྲཱི་མཧཱ་ཀཱ་ལ་ཤྲཱི་ས་ན་ཨུ་པ་ཏ་རེ་ཏེ། ཨེ་ཧཿ་ཨ་པཉྩི་མ་ཀ་ལོ། ཨ་ཡཾ་ཨི་དཾ་རཏྣ་ཊ་ཡ། ཨ་པ་ཀ་རི་ཎཾ། ཡ་ཧི་པྲ་ཧི་ཎཾ། སྨ་ར་སི། ཏ་ད་ཨི་དཾ་དུཥྚི། ཁ་ཁ་ཁཱ་ཧི་ཁཱ་ཧི། མཱ་ར་མཱ་ར། གྲིཧྞ་གྲིཧྞ། བནྡྷ་བནྡྷ། ཧ་ན་ཧ་ན། ད་ཧ་ད་ཧ། པ་ཙ་པ་ཙ། དི་ན་མེ་ཀེ་ན་མཱ་ར་ཧཱུྃ་ཧཱུྃ་ཕཊ་ཕཊ་སྭཱ་ཧཱ། ཞེས་པ་དང་། ཨོཾ་མཧཱ་ཀཱ་ལི་ཡེ་ཧཱུྃ་ཧཱུྃ་ཕཊ་སྭཱ་ཧཱ། ཨོཾ་ཀཱ་ལི་ཡེ་ཧཱུྃ་ཧཱུྃ་ཕཊ་སྭཱ་ཧཱ། ཨོཾ་ཀེ་ར་ལི་ཡེ་ཧཱུྃ་ཧཱུྃ་ཕཊ་སྭཱ་ཧཱ། ཨོཾ་བ་ར་ཧྨི་ཡེ་ཧཱུྃ་ཧཱུྃ་ཕཊ་སྭཱ་ཧཱ། ཨོཾ་བཻ་ཏ་ལི་ཡེ་ཧཱུྃ་ཧཱུྃ་ཕཊ་སྭཱ་ཧཱ། ཞེས་པའི་སྔགས་རྣམས་ལན་གསུམ་གསུམ་རྗེས་ཟློས་བྱེར་གཞུག །སློབ་དཔོན་ལ་མེ་ཏོག་གཏོར་བཞིན་དུ་འདིའི་རྗེས་ཟློས་མཛོད་ཅིག །མགོན་པོ་བདག་ལ་བསྐུལ་ལགས་ཀྱི། །མགོན་པོ་བདག་ལ་བྱིན་གྱིས་རློབས། །ཞེས་ལན་གསུམ་གསོལ་བ་བཏབ། སློབ་དཔོན་གྱིས་རྡོ་རྗེ་སློབ་མའི་མགོ་བོར་བཞག་ལ། མགོན་པོ་བདག་ལ་བསྐུལ་ལགས་ཀྱི། །མགོན་པོ་འདི་ལ་བྱིན་གྱིས་རློབས། །གསོལ་བ་བཏབ། སློབ་དཔོན་གྱིས་རྡོ་རྗེ་སློབ་མའི་མགོ་བོར་བཞག་ལ། མགོན་པོ་འདི་ལ་བསྐུལ་ལགས་ཀྱི། །མགོན་པོ་འདི་ལ་བྱིན་གྱིས་རློབས། །ཞེས་ལན་གསུམ། གསུང་གི་རྗེས་གནང་ངོ་། །མོས་གུས་བྱས་པས། བླ་མའི་ཐུགས་ཀ་(༢༤༣ན)ནས་འོད་ཟེར་འཕྲོས། མདུན་བསྐྱེད་ལ་ཕོག་པས། དེའི་ཐུགས་ཀ་ནས་ཐུགས་གཉིས་སུ་མེད་པའི་ཡེ་ཤེས་ཀྱི་ངོ་བོ་གྲི་གུག །ཐོད་ཁྲག །ཁ་ཊྭཱཾ་ག་ལ་སོགས་པ་ཕྱག་མཚན་སྔགས་ཀྱི་སྒྲ་དང་འོད་ཟེར་འབར་བ་བསམ་གྱིས་མི་ཁྱབ་པ་བྱོན་པ་རྣམས་ཁྱེད་རང་གི་ཐུགས་ཀའི་ཧཱུྃ་ལ་སིབ་སིབ་ཐིམ། ཕྱོགས་བཅུའི་སངས་རྒྱས་དང་བྱང་ཆུབ་སེམས་དཔའ་རྣམས་ཀྱི་ཐུགས་ཀ་ནས་ཡེ་ཤེས་ཀྱི་ཕྱག་མཚན་དཔག་ཏུ་མེད་པ་བྱོན། འོད་དུ་ཞུ་ནས་ཐུགས་ཀར་ཐིམ་པར་

བསམ། ཐུགས་ཀྱི་རྗེས་གནང་ངོ་། །སློབ་དཔོན་གྱི་ཐུགས་ཀའི་ཧཱུྃ་ལས་ཧཱུྃ་དཀར་དམར་མཐིང་གསུམ་རིམ་པར་སྤྲོས་ནས། སློབ་མའི་སྙིང་གར་ཐིམ་པར་བསམ། ཡོན་ཏན་གྱི་རྗེས་གནང་ངོ་། །ང་རྒྱལ་ལ་སོགས་སྐྱོན་དྲུག་རྣམས། །གཅོད་ཕྱིར་གྲི་གུག་རྣམ་པར་འཛིན། །སངས་རྒྱས་ཀུན་གྱིས་བྱིན་བརླབས་པ། །དཔའ་བོའི་མཚན་མ་འདི་བཟུང་ཞིག །ཨོཾ་ཤྲཱི་མཧཱ་ཀཱ་ལ་ཧཱུྃ་ཧཱུྃ་ཕཊ་ཕཊ་སྭཱཧཱ། ཞེས་བརྗོད་དེ། གྲི་གུག་ལག་ཏུ་གཏད། དངོས་དང་དངོས་མེད་རྣམ་རྟོག་གི། །མགོ་བོའི་པདྨའི་སྣོད་དུ་ནི། །བདུད་རྣམས་རྣམ་པ་བཞི་ཡི་ཁྲག །དངོས་གྲུབ་ཕྱིར་ནི་བཏུང་བར་བྱ། །ཨོཾ་མཧཱ་ཀཱ་ལི་ཡེ་ཧཱུྃ་ཧཱུྃ་ཕཊ་སྭཱཧཱ། ཞེས་པས་ཐོད་ཁྲག་ལག་པ་གཡོན་དུ་གཏད། སྟོང་པའི་རྣམ་པས་ཁ་ཊྭཱཾ་ག །ཐབས་ཀྱི་གཟུགས་ཀྱི་ཅང་ཏེའུ་ཉིད། །ནག་པོ་ཆེན་པོའི་ཕྱག་རྒྱ་ནི། །ཕྱི་དང་ནང་དུ་ཡང་དག་གནས། །ཨོཾ་ཤྲཱི་མཧཱ་ཀཱ་ལ་ཤཱ་ས་ན་ཨུ་པ་ཏ་རི་ཎེ། ཨེ་ཧྱ་ཨ་པཉྩི་མ་ཀ་ཡོ། ཨ་ཡཾ་ཨི་དཾ་རཀྟ་ཏྲ་ཡ། ཨ་པ་ཀ་རྀ་ཎཾ། ཡ་ཧི་བས(༢༨༣བ)ཧི་ཎཾ། སྨ་ར་སི། ཏ་ད་ཨི་དཾ་དུཥྚཾ། ཁ་ཁ་ཁཱ་ཧི་ཁཱ་ཧི། མཱ་ར་མཱ་ར། གྲིཧྞ་གྲིཧྞ། བནྡྷ་བནྡྷ། ཧ་ན་ཧ་ན། ད་ཧ་ད་ཧ། པ་ཙ་པ་ཙ། དི་ན་མེ་ཀེ་ན་མཱ་ར་ཡ་ཧཱུྃ་ཧཱུྃ་ཕཊ་ཕཊ་སྭཱཧཱ། ཞེས་རྩ་སྔགས་བརྗོད་ཅིང་། ཁ་ཊྭཱཾ་ག་མཆན་ཁུང་དུ་གཏད་དེ། དེ་རྣམས་འཕྲིན་ལས་ཀྱི་རྗེས་གནང་ངོ་། །དེ་ནས་གཏོར་མའི་བཀའ་བསྒོ་ནི། གཏོར་མ་སྤྱི་བོར་བཞག་ལ། རྗེ་བཙུན་དཔལ་ལྡན་ནག་པོ་ཆེན་པོ་འཁོར་དང་བཅས་པ་ཁྱེད་རྣམས་ཀྱིས་རྩ་བརྒྱུད་ཀྱི་དཔལ་ལྡན་བླ་མ་དམ་པ་རྣམས་ཀྱི་བཀའ་དང་དམ་ལས་མ་འདའ་བར་རྡོ་རྗེ་སློབ་མ་འདིའི་ཕྱི་བཞིན་དུ་རྗེས་སུ་འབྲངས་པ་ལུས་དང་གྲིབ་མ་བཞིན་དུ་འགྲོགས་ཏེ་འགལ་རྐྱེན་ཐམས་ཅད་སེལ། མཐུན་རྐྱེན་ཐམས་ཅད་བསྒྲུབས། དགྲ་བགེགས་ཐམས་ཅད་ཐུལ། ཇི་ལྟར་བཅོལ་བའི་ལས་རྣམས་འགྲུབ་པར་མཛོད་ཅིག །ཅེས་བཀའ་བསྒོ་བྱའོ། །རྗེས་ཆོག་རྣམས་སྤྱི་དང་འདྲའོ། །

༄ གུར་རྒྱང་རྫོག་ལུགས་ལ། མཆོད་གཏོར་ཚང་བར་བཤམས། དགྱེས་པ་རྡོ་

ཛྲེ་ལ་སོགས་པ་ཡི་དམ་གྱི་བདག་བསྐྱེད་སྔོན་དུ་འགྲོ་བས། མཆོད་པ་བྱིན་རླབས་ཀྱི་དང་མཐུན་པར་བྱ། རྟེན་ཡོད་ན་ཨ་མྲྀ་ཏས་བསངས། ཤཱུ་ནྱ་ཏཱའི་སྔགས་ཀྱིས་སྟོང་པར་སྦྱངས། སྟོང་པའི་ངང་ལས་རང་གི་མདུན་དུ་པཾ་ལས་པདྨ་དང་། རཾ་ལས་ཉི་མའི་དཀྱིལ་འཁོར་གྱི་སྟེང་དུ། རང་གི་སྙིང་ག་ནས་ཧཱུྃ་མཐིང་ཁ་གཅིག་སྤྲོས་ཏེ། དེར་འཁོད་པ་ཡོངས་སུ་གྱུར་པ་ལས་གྲི་གུག་གི་ལྟེ་བ་ལ་ཧཱུྃ་གིས་མཚན་པ། དེ་ལས་འོད་ཟེར་འཕྲོས། དགྲ་བགེགས་གདུག་པ་ཅན་ཐམས་(༢༤༨ན)ཅད་ཚར་བཅད། ཚུར་འདུས་ཡོངས་སུ་གྱུར་པ་ལས། དཔལ་ལྡན་ནག་པོ་ཆེན་པོ་སྐུ་མདོག་མཐིང་ནག་ཞལ་གཅིག་ཕྱག་གཉིས་སྤྱན་གསུམ་པ། གཡས་ཀྱི་གྲི་གུག་དང་གཡོན་ཐོད་པ་ཁྲག་གིས་གང་བ། སྙིང་འོག་ཏུ་འཛིན་པ། མཆེ་བ་རྣམ་པར་གཙིགས་ཤིང་འཛིགས་སུ་རུང་བ། ཞབས་གཉིས་མཉམ་པའི་སྟབས་ཀྱིས་མི་རོའི་གདན་ལ་བཞུགས་པ། ཞལ་གྱི་གྲྭ་ནས་ཁྲག་འཛག་པ། སྨ་ར་དང་། སྨིན་མ་དང་། དབུ་སྐྲ་དམར་སེར་མེ་ལྟར་འབར་བ། མི་བསྐྱོད་པའི་དབུ་རྒྱན་ཅན། སྟག་ལྤགས་གསར་པའི་ཤམ་ཐབས་ཅན། མི་མགོ་སྐམ་པོ་ལྔའི་དབུ་རྒྱན་དང་། རློན་པ་ལྔ་བཅུའི་དོ་ཤལ་བྱས་པ། ཀླུ་ཆེན་པོ་བརྒྱད་ཀྱིས་བརྒྱན་པའོ། །དཔྲལ་བར་ཨོཾ། མགྲིན་པར་ཨཱཿ ཐུགས་ཀར་ཧཱུྃ། རང་གི་སྙིང་ག་ནས་འོད་ཟེར་འཕྲོས། རང་བཞིན་གྱི་གནས་ནས་སངས་རྒྱས་ཐམས་ཅད་མགོན་པོའི་རྣམ་པར་སྤྱན་དྲངས་ཤིང་། དུར་ཁྲོད་ཆེན་པོའི་གནས་ཐམས་ཅད་ནས། ནག་པོ་ཆེན་པོ་འཁོར་དང་བཅས་པ་བཛྲ་ས་མ་ཛཿ ཛཿཧཱུྃ་བཾ་ཧོཿ གཉིས་སུ་མེད་པར་ཐིམ། ཨརྒྷཾ་ནས་ཤབྡའི་བར་གྱིས་མཆོད། གཏོར་མ་ཡི་དམ་གྱི་མངོན་རྟོགས་ལྟར་བྱིན་གྱིས་བརླབས་ལ། ཤཱ་ས་ནའི་མཐར། ཨི་དཾ་བ་ལིཾ་ཏ་ཁ་ཁ་ཁཱ་ཧི་ཁཱ་ཧི། ཞེས་པ་བཏགས་ལ། ལན་གསུམ་མམ་བདུན་གྱིས་ཕུལ། སླར་ཡང་བདུག་སྤོས་བཏུལ་ཞིང་། ཨརྒྷཾ་ནས་ཤབྡའི་བར་གྱིས་མཆོད། ཨོཾ་མཧཱ་ཀཱ་ལ་ཡ་ཧཱུྃ་ཧཱུྃ་ཕཊ། ཨོཾ་ཨཱཿཧཱུྃ། ཞེས་ནང་མཆོད་ཕུལ། རོལ་མོའི་སྒྲ་དང་(༢༤༨བ)བཅས་ཏེ། ཧཱུྃ། སྲིན་པོའི་གཟུགས་

ཀྱིས་གདུག་པ་ཅན། །ཞེས་པ་ནས། དམ་ཚིག་ཅན་ལ་བདག་བསྟོད་དོ། །ཞེས་པའི་བར་གྱིས་བསྟོད། དེ་ནས་བཟླས་པ་ནི། ཨོཾ་མཧཱ་ཀཱ་ལ་ཡ་ཧཱུཾ་ཧཱུཾ་ཕཊ། ཅེས་སྙིང་པོ་དང་། རྩ་སྔགས་ཤྭ་ས་ན་ཡང་ཅི་འགྲུབ་བཟླ། དེའི་ཚེ། མགོན་པོའི་ཐུགས་ཀར་ས་བོན་སྔགས་འཕྲེང་བཀོད་ལ། རང་གི་སྙིང་ག་ནས་འོད་ཟེར་འཕྲོས། ཞལ་ནས་ཐོན། མགོན་པོའི་ཞལ་དུ་ཞུགས། སྔགས་འཕྲེང་ལ་ཐིམ། དེ་ལས་འོད་ཟེར་བྱུང་། ལྟེ་བ་ནས་ཐོན་ནས། རང་གི་ལྟེ་བར་ཞུགས། སྙིང་གར་ཐིམ་པར་མོས། མཆོད་བསྟོད་སྔར་བཞིན་བྱའོ། ། ༈ འདིའི་རྗེས་གནང་བྱ་བར་འདོད་ན། མཎྜལ་ཚོམ་བུ་ནག་པོ་ཅན་གྱི་སྟེང་དུ་གཏོར་མ་འགོད། ཀུར་མགོན་གྱི་སྐུ་འདྲ། ཤ་ཆང་འབྲུ་ཆེན་འབུལ་གཏོར། རཀྟ། སྨན་བཅོས། དམ་རྫས་བདུད་རྩི་སྨན་གྱི་མཆོད་པ་སོགས་ལག་ལེན་བཞིན་བཤམས། བདག་བསྐྱེད་ནས་མདུན་བསྐྱེད་ཀྱི་བཟླས་པའི་བར་གོང་བཞིན་བྱ། རྫ་བུམ་ནག་པོ་ཞིག་ཏུ་ཁྲག །ཆང་། བདུད་རྩི་ལྔ་རྣམས་བསྲེས་པའི་དྲི་བཟང་གི་ཆུས་བཀང་བ་ཞིག་ལ། སློབ་དཔོན་གྱིས་ལག་པ་གཡས་རྡོར་རྗེ་དང་བཅས་པ་རེག་སྟེ། སྙིང་པོ་བརྒྱ་རྩ་དང་རྩ་སྔགས་ཉི་ཤུ་རྩ་གཅིག་ཙམ་བཟླ། ༈ སློབ་མས་ཁྲུས་བྱས། མཎྜལ་ཕུལ། ཀུན་མཁྱེན་ཡེ་ཤེས་ཕུང་པོ་ཅན། །ཞེས་སོགས། ལན་གསུམ་གྱིས་གསོལ་བ་བཏབ། སློབ་མ་བསངས་སྦྱངས། སྟོང་པའི་ངང་ལས་པཾ་ལས་པདྨ་དང་། རཾ་ལས་ཉི་མའི་དཀྱིལ་འཁོར་གྱི་སྟེང་དུ། ཁྱེད་རང་རྣམས་ཀྱི་(༢༥༥ན)སེམས་ཉིད་ཧཱུཾ་ལས་གྲི་གུག་ཧཱུཾ་གིས་མཚན་པ། དེ་ལས་འོད་ཟེར་འཕྲོས། དགྲ་བགེགས་གདུག་པ་ཅན་ཐམས་ཅད་ཚར་བཅད། ཚུར་འདུས་ཡོངས་སུ་གྱུར་པ་ལས། ཁྱེད་རང་རྣམས་དཔལ་ལྡན་ནག་པོ་ཆེན་པོ་སྐུ་མདོག་མཐིང་ནག་ཞལ་གཅིག་ཕྱག་གཉིས་སྤྱན་གསུམ་པ། གཡས་ཀྱི་གྲི་གུག་དང་གཡོན་ཐོད་པར་ཁྲག་གིས་གང་བ་སྙིང་འོག་ཏུ་འཛིན་པ། མཆེ་བ་རྣམ་པར་གཙིགས་ཤིང་འཇིགས་སུ་རུང་བ། ཞབས་གཉིས་མཉམ་པའི་སྟབས་ཀྱིས་མི་རོའི་གདན་ལ་གནས་པ། ཞལ་གྱི་གྲྭ་ནས་ཁྲག་འཛག་པ། སྐྲ་ར་

དང་། སྨིན་མ་དང་། དབུ་སྐྲ་དམར་སེར་མེ་ལྟར་འབར་བ། མི་བསྐྱོད་པའི་དབུ་རྒྱན་ཅན། སྟག་ལྤགས་གསར་པའི་ཤམ་ཐབས་ཅན། མི་མགོ་སྐམ་པོ་ལྔའི་དབུ་རྒྱན་དང་། རློན་པ་ལྔ་བཅུའི་དོ་ཤལ་བྱས་པ། སྐུ་ཆེན་པོ་བརྒྱད་ཀྱིས་བརྒྱན་པའི་དཔལ་བར་ཨོཾ། མགྲིན་པར་ཨཱཿ ཐུགས་ཀར་ཧཱུྃ་གིས་མཚན་པར་གྱུར་པའི་མོས་པ་མཛོད། མདུན་གྱི་གཏོར་རྟེན་འདི་ཉིད་ཀྱང་ཁྱེད་རང་རྣམས་སྐོམ་པ་དང་འདྲ་བའི་ནག་པོ་ཆེན་པོར་དངོས་སུ་བཞུགས་པར་མོས་ལ། དེ་ནས། སློབ་དཔོན་གྱི་ཐུགས་ཀ་ནས་འོད་ཟེར་འཕྲོས། མདུན་བསྐྱེད་ཀྱི་ལྷའི་ཐུགས་རྒྱུད་བསྐུལ། དེའི་ཐུགས་ཀ་ནས་འོད་ཟེར་འཕྲོས། ཕྱོགས་བཅུའི་སངས་རྒྱས་བྱང་སེམས་ཐམས་ཅད་ཀྱི་ཐུགས་རྒྱུད་བསྐུལ་བས། སློབ་དཔོན་དང་མདུན་བསྐྱེད་ཀྱི་ལྷ་དང་། ཕྱོགས་བཅུའི་སངས་རྒྱས་དང་བྱང་ཆུབ་སེམས་དཔའ་ཐམས་ཅད་ཀྱི་ཐུགས་ཀ་ནས་མགོན་པོའི་སྐུ་ཆེ་ཆུང་(༢༤༥བ) དཔག་ཏུ་མེད་པ་བྱོན། ཁྱེད་རང་རྣམས་ཀྱི་བ་སྤུའི་བུ་ག་རྣམས་ནས་ཆར་བབས་པ་བཞིན་དུ་སིབ་སིབ་ཐིམ་པར་མོས་པ་མཛོད། མགོན་པོའི་སྐུ་འདྲ་སློབ་མའི་སྤྱི་བོར་བཞག་ལ། རོལ་མོའི་སྒྲ་དང་བཅས་པས། རྩ་སྔགས་ལན་གསུམ་དྲག་ཏུ་བཟླ། སྐུའི་རྗེས་གནང་ངོ་། །བཟླས་ལུང་ནི། ཁྱེད་རང་གི་སྙིང་གར་པད་ཉིའི་གདན་ལ་ཧཱུྃ་མཐིང་ནག་གི་མཐར་སྔགས་འཕྲེང་འོད་ཟེར་མཐིང་ནག་འབར་བའི་རྣམ་པ་ཅན་དུ་བཞུགས་པར་མོས། སློབ་དཔོན་གྱི་ཐུགས་ཀ་ནས་འོད་ཟེར་འཕྲོས། མདུན་བསྐྱེད་ཀྱི་ལྷའི་ཐུགས་རྒྱུད་བསྐུལ། ཐུགས་ཀའི་སྔགས་འཕྲེང་ལས་སྔགས་འཕྲེང་གཉིས་པ་ཞིག་ཆད། ཞལ་ནས་ཐོན། ཁྱེད་རང་གི་ཁ་སྒོ་ནས་ཞུགས། སྙིང་གའི་ཧཱུྃ་ཡིག་གི་མཐའ་མར་སྔགས་སྔ་མ་ལ་ཐིམ་ཞིང་འཁོར་བར་མོས་པ་མཛོད་བྱས་ལ། ཨོཾ་མཧཱ་ཀཱ་ལ་ཡ་ཧཱུྃ་ཧཱུྃ་ཕཊ། ཅེས་དང་། ཨོཾ་ཤྲཱི་མཧཱ་ཀཱ་ལ་ཤཱ་ས་ན་ཨུ་པ་ཧ་རི་ཎེ། ཨེ་ཧྱ་ཨ་པཉྪི་མ་ཀ་ལོ། ཨ་ཡཾ་ཨི་དཾ་རཏྣ་ཏྲ་ཡ། ཨ་པ་ཀཱ་རི་ཎཾ། ཡ་ཏི་པྲ་ཏི་ཛྙཾ། སྨ་ར་སི། ཧ་ད་ཨི་དཾ་དུཥྚཾ་ཁ་ཁ་ཁཱ་ཧི་ཁཱ་ཧི། མཱ་ར་མཱ་ར། གྲྀཧྞ་གྲྀཧྞ། བནྡྷ་བནྡྷ། ཧ་ན་ཧ་ན། ད་ཧ་

ད་ཏཱ། པ་ཙ་པ་ཙ། དེ་ན་མེ་ཀེ་ན་སྨ་ར་ཡ་ཧཱུཾ་ཧཱུཾ་ཕཊ་ཕཊ་སྭཱཧཱ། ཞེས་ལན་གསུམ་གསུམ་རྗེས་ཟློས་བྱར་གཞུག །མཐར་འཕྲེང་བ་སྤྱི་བོར་བཞག་ལ། སྙིང་པོ་བརྒྱའམ་ཉི་ཤུ་རྩ་གཅིག་ཙམ་བཟླ། གསུང་གི་རྗེས་གནང་ངོ་། །སློབ་དཔོན་གྱི་ཐུགས་ཀ་ནས་འོད་ཟེར་འཕྲོས། མདུན་བསྐྱེད་ལ་ཕོག་པས། དེའི་ཐུགས་ཀ་ནས་ཐུགས་གཉིས་སུ་མེད་པའི་ཡེ་ཤེས་ཀྱི་ངོ་བོ་གྲི་གུག་དང་། ཐོད་ཁྲག་(༢༤༨ན)ལ་སོགས་པའི་ཕྱག་མཚན་ཐུགས་ཀྱི་སྒྲ་དང་འོད་ཟེར་འབར་བ་བསམ་གྱིས་མི་ཁྱབ་པ་བྱོན་པ་རྣམས་ཁྱེད་རང་གི་ཐུགས་ཀའི་ཧཱུཾ་ལ་སིབ་སིབ་ཐིམ། ཕྱོགས་བཅུའི་སངས་རྒྱས་དང་བྱང་ཆུབ་སེམས་དཔའ་རྣམས་ཀྱི་ཐུགས་ཀ་ནས་ཡེ་ཤེས་ཀྱི་ཕྱག་མཚན་དཔག་ཏུ་མེད་པ་བྱོན། ཐུགས་ཀར་ཐིམ་པར་མོས་སུ་བཙུག །རྡོ་རྗེ་སྤྱི་བོར་བཞག་ལ། ཧཱུཾ་བརྒྱ་རྩ་བརྗོད། ཐུགས་ཀྱི་རྗེས་གནང་ངོ་། །གཏོར་མ་སྤྱི་བོར་བཞག་ལ། རྩ་བརྒྱུད་ཀྱི་དཔལ་ལྡན་བླ་མ་དམ་པ་རྣམས་ཀྱིས་བྱིན་གྱིས་རློབས་ཤིག །ཡི་དམ་དཀྱིལ་འཁོར་གྱི་ལྷ་ཚོགས་རྣམས་ཀྱིས་བྱིན་གྱིས་རློབས་ཤིག །སངས་རྒྱས་དང་བྱང་ཆུབ་སེམས་དཔའ་རྣམས་ཀྱིས་བྱིན་གྱིས་རློབས་ཤིག །དཔའ་བོ་དང་དཔའ་མོ་རྣལ་འབྱོར་མ་རྣམས་ཀྱིས་བྱིན་གྱིས་རློབས་ཤིག །དཔལ་མགོན་དམ་པ་ཆོས་སྐྱོང་བའི་སྲུང་མ་རྣམས་ཀྱིས་བྱིན་གྱིས་རློབས་ཤིག །ཁྱད་པར་དུ་ཡང་དཔལ་ལྡན་ནག་པོ་ཆེན་པོ་འཁོར་དང་བཅས་པ་རྣམས་ཀྱིས་བྱིན་གྱིས་རློབས་ཤིག །དཔལ་ལྡན་ནག་པོ་ཆེན་པོ་ཁྱེད་རྣམས་ཀྱིས་རྩ་བརྒྱུད་ཀྱི་དཔལ་ལྡན་བླ་མ་དམ་པ་རྣམས་ཀྱི་བཀའ་དང་དམ་ལས་མ་འདའ་བར་རྡོ་རྗེ་སློབ་མ་འདིའི་ཕྱི་བཞིན་དུ་རྗེས་སུ་འབྲངས་ལ་ལུས་དང་གྲིབ་མ་བཞིན་དུ་འགྲོགས་ཏེ། འགལ་རྐྱེན་ཐམས་ཅད་སོལ། མཐུན་རྐྱེན་ཐམས་ཅད་བསྒྲུབས། དགྲ་བགེགས་ཐམས་ཅད་ཐུལ། ཇི་ལྟར་བཅོལ་བའི་ལས་ཐམས་ཅད་འགྲུབ་པར་མཛོད་ཅིག །ཅེས་གཏོར་མའི་བཀའ་བསྒོ་བྱ། བུམ་པའི་ཆུས་དབང་བསྐུར་ཞིང་། བུམ་ཆུ་འཐུང་དུ་གཞུག །(༢༤༨བ)སངས་རྒྱས་རྣམས་ནི་ཐམས་ཅད་ཀྱི། །རྡོ་རྗེ་གསང་བ་

གསུམ་ལས་བྱུང་། །ཁམས་གསུམ་ཀུན་གྱིས་ཕྱག་བྱས་པ། །གནས་ཀྱི་དབང་བསྐུར་སྦྱིན་པར་བྱ། །སྙིང་པོ་དང་། ཙ་སྔགས་ཀྱི་མཐར། ཨོཾ་སརྦ་ཏ་ཐཱ་ག་ཏ་ཨ་བྷི་ཥེ་ཀ་ཏ་ས་མ་ཡ་ཤྲཱི་ཡེ་ཧཱུཾ། ཞེས་བརྗོད། རྗེས་ཀྱི་བྱ་བ་སྤྱི་དང་འདྲའོ། ། ༈ སྒྲུབ་ཐབས་རིན་ཆེན་འབྱུང་གནས་ཀྱི་ལྷན་ཐབས་རིན་འབྱུང་དོན་གསལ་ལས། ཡེ་ཤེས་སྤྱུལ་པའི་མགོན་པོ་རྣམས་ཀྱི་སྒྲུབ་ཐབས་བཤད་པའི་སྐབས་སོ། །

༈ མགོན་པོ་ལྷག་ཞིན་མ་ལ། མདུན་དུ་ཁྲིས་སྐུ་དང་མཆོད་གཏོར་བཤམས། བདག་ཉིད་ཡི་དམ་ཧེ་རུ་ཀ་དང་། ཁྲོ་བོ་ཆེན་པོ་གང་རུང་གི་རྣལ་འབྱོར་ལ་གནས་པས། མཆོད་པ་བྱིན་གྱིས་བརླབས། མདུན་བསྐྱེད་བསངས་སྦྱངས། སྟོང་པའི་ངང་ལས་དུར་ཁྲོད་ཆེན་པོའི་ས་གཞིར་ཨེ་ལས་བྱུང་བའི་ཆོས་འབྱུང་མཐིང་ནག་འབར་བའི་ནང་དུ། པད་ཉི་ལ་གནས་པའི་ཧཱུཾ་མཐིང་ནག་ལས་འོད་ཟེར་འཕྲོས། དགྲ་བགེགས་གདུག་པ་ཅན་ཐམས་ཅད་ཚར་བཅད། ཚུར་འདུས་ཡོངས་སུ་གྱུར་པ་ལས། དཔལ་ཡེ་ཤེས་ཀྱི་མགོན་པོ་ཆེ་བཙན་ནག་པོ་སྐུ་མདོག་དུས་མཐའི་སྤྲིན་ལྟར་གནག་ཅིང་། ཕྱག་གཡས་ཅན་དན་གྱི་བེང་ཆེན་ནམ་མཁར་འཕྱར་བ། གཡོན་གྱིས་ལྕགས་ཀྱི་པར་བུ་ཁྲག་ཆེན་གྱིས་གང་བ་བཟུང་ནས་ཞལ་དུ་གསོལ་བ། སྤྱན་གསུམ་འབར་ཞིང་མཆེ་བ་བཞི་ཟངས་ཡག་ཏུ་གཙིགས་པ། སྨ་ར་དང་སྨིན་མ་དབུ་སྐྲ་མེ་ལྟར་འབར་བ། དར་ནག་གི་བེར་ཆེན་དགུ་བརྩེགས་གསོལ་བ། གསེར་གྱི་སྙེ་རགས་བཅིངས་ཤིང་། སག་ཧྲིའི་(༢༨༧ན)ལྷམ་ཡུ་རིང་གསོལ་བ། ཐོད་སྐམ་གྱི་དབུ་རྒྱན། ཐོད་རློན་གྱི་དོ་ཤལ། སྦྲུལ་ནག་གི་ཐོད་བཅིངས། གསེར་གྱི་རྣ་ཆ་ལ་སོགས་པས་བརྒྱན་པ། ཞབས་སུ་སྡུག་ཆེན་ཐམ་པ་ཆིབས་ཤིང་། སེང་གེ་དཀར་པོ་རོལ་དུ་ཁྲིད་པ། ལྕགས་ཀྱི་བྱ་ཁྲ་ཐྲད་ལ་ལྡིང་ཞིང་། ཅེ་སྤྱང་དོམ་དྲེད་ཕྱི་ནས་འབྲང་བ། མེ་དཔུང་འབར་བའི་དབུས་ན་བཞུགས་པ། གཡོན་དུ་ཧྲཱིཿལས་ལྷ་མོ་དམར་ནག་སྤྱན་གསུམ་དབུ་སྐྲ་ལན་བུ་གཅིག་ཏུ་འཕྱང་བ། ཁམ་ཤིང་དང་ནད་རྒྱལ་འཛིན་པ།

ལྕགས་ཀྱི་དྲིའུ་ཧ་ཧང་གསུམ་ལ་ཆིབས་ཤིང་། རླུང་ནག་འཁྲིལ་བའི་དབུས་ན་བཞུགས་པ། གཙོ་བོའི་སྐུ་ལས་སྤྲུལ་པའི་འཁོར་གྱི་ཚོགས་ནི། སྐུའི་མོན་པ་སྲོག་བདག་སྦོ་སྐྱ་ཏྲི་ཤུ་ལའི་རྩེ་ལ་མི་རོ་བཙུགས་པའི་རྒྱལ་མཚན་འཕྱར་བ། གསུང་གི་མོན་པ་ཤན་པ་དམར་ནག །གཡས་མ་ཧེའི་རྭ་དུང་འབུད་པ། གཡོན་ལྕགས་ཀྱི་ཕུར་བུ་འདེབས་ཤིང་ཉམས་པའི་མགུལ་ནས་བཅིངས་པའི་ཞགས་པ་ནག་པོ་འཛིན་པ། ཐུགས་ཀྱི་མོན་པ་ཐེའུ་ནག་པོ་སྤུ་གྲི་དང་མི་སྙིང་ཐོགས་པ། གཞན་ཡང་ཤ་ཟན་གྱི་མོན་པ། ཁྲག་འཐུང་གི་མོན་པ། སྲོག་གཅོད་ཀྱི་མོན་པ། བླ་འགུགས་ཀྱི་མོན་པ། སྙིང་འཕྲིན་གྱི་མོན་པ། གཟེར་འདེབས་ཀྱི་མོན་པ། ཚེ་འཕྲོག་གི་མོན་པ་རྣམས་ལས་མཁན་གྱི་ཆ་ལུགས་ཅན། གཡས་རལ་གྲི་ལ་སོགས་པའི་མཚོན་ཆ་སྣ་ཚོགས་དང་གཡོན་ཐོད་ཁྲག་འཛིན་པ། དེའི་ཕྱི་རོལ་དུ་མ་མོ་བདུན་ལ་སོགས་པ། མ་མོ། མཁའ་འགྲོ། ཤ་ཟ་གྲངས་མེད་པ་དང་བཅས་པའོ། །ཐམས་ཅད་(༢༨༧བ)ཀྱི་དཔྲལ་བར་ཨོཾ། མགྲིན་པར་ཨཱཿ ཐུགས་ཀར་ཧཱུྃ། རང་གི་སྙིང་ག་ནས་འོད་ཟེར་འཕྲོས། དུར་ཁྲོད་ཆེན་པོ་ཨུ་ཙ་ལ། བསིལ་བའི་ཚལ། རི་རབ་ཀྱི་ཁོང་སེང་། དཔལ་རྡོ་རྗེ་གདན་ལ་སོགས་པ་ནས། མགོན་པོ་འཁོར་བཅས་བཛྲ་ས་མ་ཛཿ ཨོཾ་བཛྲ་མཧཱ་ཀཱ་ལ་ཧྲི་ཡཾ་ཛཿཛཿཧྲག་རཀྵ་ས་མ་ཡ་མནྟྲ་ལ་ཨ་ཀཱཉྫ། ཨ་ཀཱཉྫ། ཨ་བེ་ཤ་ཡ། ཨ་བེ་ཤ་ཡ། ཏིཥྛ་ཏིཥྛ། ཨ་ཕ་ལོ་ཀ་ཡ་ཧཱུྃ་ཧཱུྃ་ཧཱུྃ་ཛཿ ཞེས་སྤྱན་དྲངས། ཨརྒྷཾ་ནས་ཤབྡའི་བར་གྱིས་ཕྱི་མཆོད་དང་། ཨོཾ་ཨཱཿཧཱུྃ་གིས་ནང་མཆོད་ཕུལ། ཧཱུྃ། སེ་བརྒྱད་དམག་དཔོན་དཔའ་བོ་ཆེན་པོ་ནི། །འཇིགས་རུང་གར་དགུའི་ཉམས་ལྡན་སྟོབས་པོ་ཆེ། །གདུག་པའི་དགྲ་བགེགས་ཚར་གཅོད་སྤྲུལ་པ་འགྱེད། །ལྕམ་དྲལ་བྲན་གཡོག་འཁོར་དང་བཅས་ལ་བསྟོད། །ཛཿཧཱུྃ་བཾ་ཧོཿ གཉིས་སུ་མེད་པར་ཐིམ། ཨོཾ་བཛྲ་མཧཱ་ཀཱ་ལ་ཏིཥྛ་བཛྲ། ཞེས་བཞུགས་སུ་གསོལ། ཡི་དམ་གྱི་ཐུགས་ལན་བདུན་ཙམ་དྲག་ཏུ་བཟླས་ནས། ཨོཾ་བཛྲ་མཧཱ་ཀཱ་ལ་ས་པ་རི་ཝཱ་ར་ས་མ་ཡ་སྟྭཾ། རྡོ་རྗེ་རྩེ་ལྔ་པས་དབུ་

བརྒྱན་པར་བསམ། གཏོར་མ་ནང་མཆོད་དང་རཀྟས་བྲན་ལ་འབུལ་བ་ནི། ཨ་མྲི་
ཏས་བསངས། སྭ་བྷཱ་ཝས་སྦྱངས། སྟོང་པའི་ངང་ལས་ཡཾ་ལས་རླུང་། རཾ་ལས་མེ།
ཨཿལས་ཡེ་ཤེས་ཀྱི་ཀ་པཱ་ལ་ཡངས་ཤིང་རྒྱ་ཆེ་བའི་ནང་དུ། གཏོར་མ་ཤ་ལྔ་བདུད་
རྩི་ལྔ་ལས་བྱུང་བའི་ཡེ་ཤེས་ཀྱི་བདུད་རྩིའི་རྒྱ་མཚོ་དང་། དགྲ་བགེགས་བསྒྲལ་བ་
ལས་བྱུང་བའི་ཤ་ཁྲག་དམར་གྱི་ཕུང་པོ་རི་རབ་ཙམ་དུ་གྱུར། ཨོཾ་ཨཱཿཧཱུྃ། ལན་བདུན་
དང་། ཨོཾ་སརྦ་བིད་པཱུ་ར་པཱུ་ར་སོགས་(༢༤༤ན)ནམ་མཁའ་མཛོད་ཀྱི་ཕྱག་རྒྱས་སྤེལ།
ཨོཾ་ཤྲཱི་མཧཱ་ཀཱ་ལ་ཧྲི་ཡཾ་ཛཿཛཿདགྲ་བགེགས་མཱ་ར་ཡ་ཧཱུྃ་ཧཱུྃ་ཕཊ། ཊཀ་རཀྵ་ད་ཏ་ལ་
དགྲ་བོ་མཱ་ར་ཡ་ཛཿཛཿབ་ལིཾ་ཨི་དཾ་གྲྀཧྣ། ཁ་ཁ་ཁཱ་ཧི་ཁཱ་ཧི། ཧཱུ་ཛཱ་ཧོ། རཀྵ་པི་བ་ཏོ་
ས་མཱ་ཡ་སྭཱཧཱ། ཞེས་ལན་བདུན་གྱིས་བསྟབ། ཡེ་ཤེས་བདུད་རྩི་རྒྱ་མཚོ་འདི། །མཐུ་
ཆེན་ནག་པོ་ཆེན་པོ་དང་། །དཔལ་ལྡན་འདོད་ཁམས་གཙོ་མོ་དང་། །དུར་ཁྲོད་མ་
མོའི་ཚོགས་རྣམས་དང་། །ལས་བྱེད་མོན་པའི་ཚོགས་རྣམས་དང་། །རྒྱལ་ཆེན་བཞི་
སོགས་འཁོར་བཅས་ལ། །དངོས་གྲུབ་རྣམ་གཉིས་ཐོབ་ཕྱིར་དང་། །གདུག་པ་ཐམས་
ཅད་བསྒྲལ་ཕྱིར་འབུལ། །ཐུགས་དམ་དབང་གིས་བཞེས་སུ་གསོལ། །ཨོཾ་ཤྲཱི་མཧཱ་ཀཱ་
ལ་ཁ་རཾ་ཁཱ་ཧི། དེ་ནས་བཟླས་པའི་དམིགས་པ་གསལ་བཏབ་ལ། ཨོཾ་ཤྲཱི་མཧཱ་ཀཱ་ལ་
ཧུ་པ་ཧཱུྃ་ཕཊ། སྐུའི་སྙིང་པོའོ། །ཨོཾ་མཧཱ་ཀཱ་ལ་རཀྵ་དུ་བེང་ཊི་ཛཿ གསུང་གི་སྙིང་
པོའོ། །ཨོཾ་བཛྲ་མཧཱ་ཀཱ་ལ་ཧྲི་ཡཾ་ཛཿཛཿདགྲ་བོ་མཱ་ར་ཡ་ཧཱུྃ་ཕཊ། ཐུགས་ཀྱི་སྙིང་པོ་
སྟེ་བཟླས་པའི་གཙོ་བོ་འདི་ལ་བྱེད། ཊཀ་རཀྵ་ད་ཏ་ལ་དགྲ་བོ་མཱ་ར་ཡ་ཛཿཛཿལྷ་
མོའི་སྙིང་པོ་སྟེ། མགོན་པོའི་བརྒྱ་བརྒྱ་ལ་བཅུ་བཅུ་གདགས་སོ། །ཧུན་ཧུ་ཧ་ཧུ་ཕྲུཾ་
ཛྙ་ཧི་ཛཿཤུ་ལ་ར་ཙ་ཧྲི་ཤཾ་ཛཿབཛྲ་ཧྲི་ནི་གྲིང་ས་དུ་ཁ་ཕྲུཾ་ཧྲི་ས་མཱ་ཡ་ཛཿཛཿ མོན་
པ་གསུམ་གྱི་ཕྱག་སོ། །དགྲ་བོ་མཱ་ར་ཡ་ཧཱུྃ་ཕཊ། དགྲ་བོ་མཱ་ར་ཡ་ནན། མཱ་ར་ཡ་
སོད། མོན་པ་གསུམ་གྱི་བསད་ཕྱག་སོ། །ནག་པོ་དགྲ་བོའི་ཤ་ཟུས་སྙིང་འདི་ཐོན་
ཐོན། བདུད་པོ་དགྲ་བོའི་སྲོག་རྩ་ཆོད་ཆོད། ནག་(༢༤༤བ)པོ་དགྲ་བོའི་སྲོག་རྩ་ལ་

ཛཿཛཿ ནག་པོ་དགྲ་བོའི་ལྷ་རྩ་ལ་ཛཿཛཿ ནག་པོ་དགྲ་བོའི་སྙིང་རྩ་ལ་ཛཿཛཿ ནག་པོ་དགྲ་བོའི་གླད་པའི་རྩ་ལ་ཛཿཛཿ ནག་པོ་དགྲ་བོའི་སྙིང་རྒྱུས་དབུགས་ཀྱི་རྩ་ལ་ཛཿཛཿ ནག་པོ་དགྲ་བོའི་རྩ་རྒྱུས་སྲོག་ལ་ཛཿཛཿ མོན་པ་བདུན་གྱི་དྲག་སྔགས་སོ། །ཙ་ཧཾ་སྭ་ཙཀྲ་ནི་ཧྲུཾ། མ་མ་ཧི་བ་སྦྱོ་ཙཀྲ་ནི་ཧྲུཾ། པཾ་ནི་ར་ཧྲུཾ་སྦྱོ་མཾ་ཚོ། ལས་ལ་གྲཾ་ཏ་ལ་ཏ་ལ་ཧྲུཾ་ཕཊ། མ་མོའི་སྲོག་སྔགས་སོ། །ཨཀྲོཾ་ནས་ཤཧྭའི་བར་གྱིས་མཆོད། བདེ་ཆེན་འདུ་འབྲལ་མེད་པའི་དཀྱིལ་འཁོར་ནས། །ཡང་དག་ཊམ་པའི་སྐུ་གཅིག་བྱུང་བ་ནི། །མཐིང་ནག་མེ་དཔུང་འཇིགས་བྱེད་འབར་བའི་སྐུ། །ཞིགས་ལྡན་དཔའ་བོ་ཆེ་བཙན་དྲག་ཤུལ་ཅན། །ས་གསུམ་དབང་བསྒྱུར་འཁོར་དང་བཅས་ལ་བསྟོད། །ཡིག་བརྒྱ་བཟློད་གསོལ། གཤེགས་གསོལ། དམ་ཚིག་པ་བསྡུ་བ། སྨོན་ལམ་བཀྲ་ཤིས་སྤྱི་དང་མཐུན་ནོ། ། ༈ འདིའི་རྗེས་གནང་བྱེད་པར་འདོད་ན། གྲུ་གསུམ་མཐིང་ནག་གི་དཀྱིལ་འཁོར་ལ་གཏོར་མ་འགོད། མཐའ་མཆོད་གཏོར་གྱིས་བསྐོར། འཁྲིང་བ། བེང་། ལྕགས་པར། ཕུར་བུ་རྣམས་ཀྱང་ཚོགས་པར་བྱས། གོང་དུ་བཤད་པ་ལྟར་གཏོར་མ་འདོད་དོན་གསོལ་བཏབ་ཡན་ཆད་རྫོགས་པར་བྱས་ལ། བར་འདིར་རྗེས་གནང་བྱ་སྟེ། སློབ་མས་ཁྲུས་བྱས། མཎྜལ་ཕུལ་ནས། གསོལ་བ་བཏབ་པ་ནི། རྗེ་བཙུན་རྡོ་རྗེ་འཛིན་པའི་གཙོ། །བདག་གི་ལུས་ངག་ཡིད་གསུམ་གྱི། །དྲི་མ་མཐའ་དག་སྦྱོང་བའི་ཕྱིར། །དབང་བསྐུར་བྱིན་རླབས་བསྩལ་དུ་གསོལ། །ཞེས་ལན་གསུམ། དཀོན་(༢༥༨བ)མཆོག་གསུམ་ལ་བདག་སྐྱབས་མཆི། །ཞེས་སོགས་མགུར་ནས་འབྱུང་བའི་རྒྱུན་བཤགས་དང་། སྲས་བཅས་སངས་རྒྱས་ཐམས་ཅད་དང་། །ཞེས་སོགས་ཀྱིས་རིགས་ལྔའི་སྡོམ་བཟུང་བྱ། གཏོར་རྟེན་འདི་ཉིད་ཀྱང་མགོན་པོ་སྟག་ཞོན་སྐུ་མདོག་མཐིང་ནག་ཞལ་གཅིག་ཕྱག་གཉིས་པ་གཙོ་འཁོར་དུ་དངོས་སུ་བཞུགས་པར་མོས་སུ་བཅུག་སྟེ། གཏོར་མ་མགོ་བོར་བཞག་ལ། རྩ་བརྒྱུད་ཀྱི་དཔལ་ལྡན་བླ་མ་དམ་པ་རྣམས་ཀྱིས་བྱིན་གྱིས་རློབས་ཤིག །ཡི་དམ་དཀྱིལ་འཁོར་

ཀྱི་ལྷ་ཚོགས་རྣམས་ཀྱིས་བྱིན་གྱིས་རློབས་ཤིག །སངས་རྒྱས་དང་བྱང་ཆུབ་སེམས་དཔའ་རྣམས་ཀྱིས་བྱིན་གྱིས་རློབས་ཤིག །དཔའ་བོ་དང་དཔའ་མོ་རྣལ་འབྱོར་མ་རྣམས་ཀྱིས་བྱིན་གྱིས་རློབས་ཤིག །དཔལ་མགོན་དམ་པ་ཆོས་སྐྱོང་བའི་སྲུང་མ་རྣམས་ཀྱིས་བྱིན་གྱིས་རློབས་ཤིག །ཁྱད་པར་དུ་ཡང་དཔལ་ཡེ་ཤེས་ཀྱི་མགོན་པོ་འཁོར་དང་བཅས་པ་རྣམས་ཀྱིས་བྱིན་གྱིས་རློབས་ཤིག །ཁྱེད་རྣམས་ཀྱིས་རྡོ་རྗེ་སློབ་མ་འདི་རྣམས་ཀྱི་འགལ་རྐྱེན་ཕྱི་ནང་གི་བར་གཅོད་ཐམས་ཅད་ཞི་བ་དང་། མཐུན་རྐྱེན་ཚེ་དང་བསོད་ནམས་དཔལ་འབྱོར་ཕུན་སུམ་ཚོགས་པ་ཐམས་ཅད་འཕེལ་ཞིང་རྒྱས་པ་དང་། མཆོག་དང་ཐུན་མོང་གི་དངོས་གྲུབ་ཐམས་ཅད་མྱུར་དུ་འགྲུབ་པར་མཛད་དུ་གསོལ། ཞེས་གསོལ་བ་བཏབ་པས། སློབ་མ་རྣམས་ཀྱི་སྤྱི་བོ་ནས་ཐིམ་པས་བྱིན་གྱིས་བརླབས་པར་གྱུར། ཛཿཧཱུཾ་བཾ་ཧོཿ ཞེས་གཏོར་དབང་བསྐུར། སྐུའི་དབང་བསྐུར་རོ། །སློབ་མ་བསངས་སྦྱངས། སྟོང་པའི་ངང་ལས་པད་ཉི་ལ་གནས་པའི་ཁྱེད་རང་གི་(༢༥༨་བ)སེམས་ཉིད་ཧཱུཾ་མཐིང་ནག་ལས་འོད་ཟེར་འཕྲོས། དགྲ་བགེགས་གདུག་པ་ཅན་ཐམས་ཅད་ཚར་བཅད། ཚུར་འདུས་ཡོངས་སུ་གྱུར་པ་ལས། ཁྱེད་རང་རྣམས་དཔལ་ཡེ་ཤེས་ཀྱི་མགོན་པོ་ཆེ་བཙན་ནག་པོ་སྐུ་མདོག་དུས་མཐའི་སྤྲིན་ལྟར་གནག་ཅིང་། ཕྱག་གཡས་ཙན་དན་གྱི་བེང་ཆེན་ནམ་མཁར་འཕྱར་བ། གཡོན་གྱིས་ལྕགས་ཀྱི་པར་བུ་ཁྲག་ཆེན་གྱིས་གང་བ་བཟུང་ནས་ཞལ་དུ་གསོལ་བ། སྤྱན་གསུམ་འབར་ཞིང་མཆེ་བ་བཞི་ཟངས་ཡག་ཏུ་གཙིགས་པ། སྨ་ར་དང་སྨིན་མ་དབུ་སྐྲ་མེ་ལྟར་འབར་བ། དར་ནག་གི་བེར་ཆེན་དགུ་བརྩེགས་གསོལ་བ། གསེར་གྱི་སྐ་རགས་བཅིངས་ཤིང་། སག་དྲིའི་ལྷམ་ཡུ་རིང་གསོལ་བ། ཐོད་སྐམ་གྱི་དབུ་རྒྱན། ཐོད་རློན་གྱི་དོ་ཤལ། སྦྲུལ་ནག་གི་ཐོད་བཅིངས། གསེར་གྱི་རྣ་ཆ་ལ་སོགས་པས་བརྒྱན་པ། ཆིབས་སུ་སྟག་ཆེན་ཇམས་པ་ཆིབས་ཤིང་། སེང་གེ་དཀར་པོ་རོལ་དུ་ཁྲིད་པ། ལྕགས་ཀྱི་བྱ་ཁྲ་ལྟད་ལ་ལྡིང་ཞིང་། ཅེ་སྤྱང་དོམ་དྲེད་ཕྱི་ནས་འབྲང་བ།

མི་དཔུང་འབར་བའི་དབུས་ན་བཞུགས་པ། ཞེས་གསལ་གདབ་ལ། འཕྲེང་བ་གཏད་དེ། ཁྱིད་རང་གི་སྙིང་གར་པད་ཉིའི་གདན་ལ་ཧཱུྃ་མཐིང་ནག་གི་མཐར་སྔགས་འཕྲེང་འོད་ཟེར་མཐིང་ནག་འབར་བའི་རྣམ་པ་ཅན་དུ་བཞུགས་པར་མོས། སློབ་དཔོན་གྱི་ཐུགས་ཀ་ནས་འོད་ཟེར་འཕྲོས། མདུན་བསྐྱེད་ཀྱི་ལྷའི་ཐུགས་རྒྱུད་བསྐུལ། ཐུགས་ཀའི་སྔགས་འཕྲེང་ལས་སྔགས་འཕྲེང་གཉིས་པ་ཞིག་ཆད། ཞལ་ནས་ཐོན། ཁྱིད་རང་གི་ཁ་སྒོ་ནས་ཞུགས། སྙིང་གའི་ཧཱུྃ་ཡིག་གི་མཐའ་མར་སྔགས་སྔ་མ་ལ་ཐིམ་(༥༡༠ན)ཞིང་འཁོར་བར་མོས་ལ། ཨོཾ་ཤྲཱི་མཧཱ་ཀཱ་ལ་ཏྭ་པ་ཧཱུྃ་ཕཊ། ཨོཾ་མཧཱ་ཀཱ་ལ་རཀྵ་དུ་བེང་ཊི་ཛཿཨོཾ་བཛྲ་མཧཱ་ཀཱ་ལ་ཧྲི་ཡཾ་ཛཿཛཿདགྲ་བོ་མ་ར་ཡ་ཧཱུྃ་ཕཊ། ཊཀ་རཀྵ་ཏ་ལ་དགྲ་བོ་མ་ར་ཡ་ཛཿཛཿདུན་ཏྭ་ཊ་ཏྭ་ཕུྃ་ཧྲ་ཏི་ཛཿཤུ་ལ་ར་ཙ་ཧྲི་ཤཾ་ཛཿབཛྲ་ཧྲི་ནི་གྲིང་ས་དུ་ཁ་ཕུྃ་ཧྲི་ས་མ་ར་ཡ་ཛཿཛཿདགྲ་བོ་མ་ར་ཡ་ཧཱུྃ་ཕཊ། དགྲ་བོ་མ་ར་ཡ་ནན། མ་ར་ཡ་སོད། ནག་པོ་དགྲ་བོའི་ཤ་ཏྭས་སྙིང་འདི་ཐོན་ཐོན། བདུད་པོ་དགྲ་བོའི་སྲོག་རྩ་ཆོད་ཆོད། ནག་པོ་དགྲ་བོའི་སྲོག་རྩ་ལ་ཛཿཛཿ ནག་པོ་དགྲ་བོའི་བླ་རྩ་ལ་ཛཿཛཿ ནག་པོ་དགྲ་བོའི་སྙིང་རྩ་ལ་ཛཿཛཿ ནག་པོ་དགྲ་བོའི་ཀླད་པའི་རྩ་ལ་ཛཿཛཿ ནག་པོ་དགྲ་བོའི་སྙིང་རྒྱུས་དབུགས་ཀྱི་རྩ་ལ་ཛཿཛཿ ནག་པོ་དགྲ་བོའི་རྩ་རྒྱུས་སྲོག་ལ་ཛཿཛཿ ཙ་ཧཾ་སྣ་ཙཀྲ་ནི་ཧཱུྃ། མ་མ་ཧི་བ་སྦྱོ་ཙཀྲ་ནི་ཧཱུྃ། བཾ་ནི་ར་ཧཱུྃ་སྦྱོ་མཾ་ཆོ། ལས་ལ་གྲི་ཧ་ལ་ཧ་ལ་ཧཱུྃ་ཕཊ། སྔགས་རྣམས་ལན་གསུམ་གསུམ་རྗེས་ཟློས་བྱེད་དུ་གཞུག །གསུང་གི་དབང་བསྐུར་རོ། །བེང་གཏད་དེ། སངས་རྒྱས་ཀུན་གྱི་ཐུགས་ཀྱི་རྟེན། །གང་ཞིག་འཕྱུར་བ་ཙམ་གྱིས་ནི། །དགྲ་བགེགས་རྡུལ་དུ་རློག་བྱེད་པ། །དེ་རིང་ཁྱོད་ལ་སྦྱིན་པར་བྱ། །ཨོཾ་མཧཱ་ཀཱ་ལ་རཀྵ་དུ་བེང་ཨཱཿཧཱུྃ་ཨ་ཧྲི་ཊི་ཥྛ་མི། ཐུགས་ཀྱི་དབང་བསྐུར་རོ། །ཕྱུགས་པར་གཏད་ལ། སངས་རྒྱས་ཀུན་གྱི་དངོས་གྲུབ་རྟེན། །གང་ཞིག་དྲན་པ་ཙམ་གྱིས་ནི། །ནག་པོ་དགྲེས་ཤིང་རོམ་པར་བྱེད། །དེ་རིང་ཁྱོད་ལ་སྦྱིན་པར་བྱ། ཨོཾ་མཧཱ་ཀཱ་ལ་ཙིཏྟ་སྤྲི་ཏི་ཨཱཿཧཱུྃ་ཨ་དྷི་ཊི་ཥྛ་མི། ཡོན་ཏན་གྱི་དབང་

བསྐུར་རོ། །ཕུར་བུ་གདད་ལ། (༥༠༠བ)སངས་རྒྱས་ཀུན་གྱི་འཕྲིན་ལས་རྟེན། །གང་ཞིག་སྒྲིལ་བ་ཙམ་གྱིས་ནི། །གདུལ་དཀའ་མ་ལུས་འཇིགས་པར་བྱེད། །དེ་རིང་ཁྱོད་ལ་སྦྱིན་པར་བྱ། །ཨོཾ་མཧཱ་ཀཱ་ལ་དགྲ་བོའི་སྙིང་ལ་ཀཱི་ལ་ཡ་ཧཱུཾ་ཕཊ་ཨ་བྷི་ཥིཉྩ་མི། འཕྲིན་ལས་ཀྱི་དབང་བསྐུར་རོ། །གཙོ་བོས་ཛཿ་ལྟར་ཞེས་སོགས་རྗེས་ཆོག་སྤྱི་དང་འདྲ། །

༄ དཔལ་མགོན་ཕྱི་ཞིང་བཀའ་མ་ལ། མཆོད་གཏོར་སོགས་བཤམས། ཡི་དམ་གྱི་བདག་བསྐྱེད་སྔོན་དུ་འགྲོ་བས། མཆོད་པ་བླ་མེད་ལྟར་བྱིན་གྱིས་བརླབས། མདུན་བསྐྱེད་བསངས་སྦྱངས། སྟོང་པའི་ངང་ལས་སྲུང་བའི་འཁོར་ལོ་ཡངས་ཤིང་རྒྱ་ཆེ་བའི་ནང་དུ། དུར་ཁྲོད་ཆེན་པོ་འཇིགས་སུ་རུང་བས་བསྐོར་བའི་གཞལ་ཡས་ཁང་ནང་ཐོད་མཁར་འབར་བ། དེའི་དབུས་སུ་པད་ཉི་དང་དགྲ་བགེགས་ཀྱི་བམ་ཆེན་བསྙལ་བའི་སྟེང་དུ་ཀླཱ་ཡིག་འོད་ཀྱི་འཁྲོ་འདུ་ལས། ལེགས་ལྡན་ནག་པོ་སྲིད་མེད་ཀྱི་བུ་སྐུ་མདོག་མཐིང་ནག་ཞལ་གཅིག་ཕྱག་གཉིས་པ། གཡས་ཅན་དན་གྱི་བེང་ཆེན་ནོར་བུས་སྤྲས་པ་འཛིན་པ། བེང་སྟོད་ནས་མེ་འབར་ཞིང་བེང་སྨད་ནས་ཆུ་འབྱུང་བ། བེང་གི་ནང་ནས་ལྷ་དང་ལྷ་མ་ཡིན་གྱི་དམག་ཚོགས་འཁྱིད་པ། གཡོན་པས་ལྩུགས་ཀྱི་པར་བུ་ནད་སྣ་ཚོགས་ཀྱིས་གང་བ་དཀུ་ལ་བརྟེན་པའི་ཚུལ་གྱིས་འཛིན་པ། ཟ་འོག་གི་བེར་ཆེན་སྐུ་ལ་གསོལ་ཞིང་། གསེར་གྱི་སྐ་རགས་ཆེ་བཅིངས་པ། ཞབས་ལ་སག་ཧྲི་ལྷམ་གསོལ་བ། མི་མགོ་སྐམ་པོ་ལྔའི་དབུ་རྒྱན་དང་། རློན་པ་ལྔ་བཅུའི་དོ་ཤལ་ཅན། སྦྲུལ་གྱིས་བརྒྱན་པ། དམར་ལ་ཟླུམ་པའི་སྤྱན་(༥༠༡ན)གསུམ་དགྲ་བགེགས་ལ་སྡང་མིག་ཏུ་གཟིགས་པ། མཆེ་བ་གཙིགས་ཤིང་ལྗགས་འདྲིལ་བ། སྨ་ར་དང་སྨིན་མ་དབུ་སྐྲ་ཁམ་ནག་གྱེན་དུ་བརྫེས་པ། ཞབས་གཡས་བསྐུམ་གཡོན་བརྐྱང་བའི་སྟབས་ཀྱིས་མེ་དཔུང་འབར་བའི་དབུས་ན་བཞུགས་པ། གཡོན་དུ་ཧྱོཿལས་དཔལ་ལྡན་ལྷ་མོ་རེ་མ་ཏཱི་སྐུ་མདོག་སྨུག་ནག་ཁྲམ་ཤིང་དང་། ནད་རྐྱལ་འཛིན་པ་དྲེའུ་རྟ་རྐང་

གསུམ་ལ་ཆིབས་པ། མཐའ་སྐོར་དུ་ནག་པོ་སྟོང་། ལྷ་མ་སྲིན་སྡེ་བརྒྱད་མ་མོ་ཆེན་མོ་བདུན་འཁོར་དང་བཅས་པ་ཡོངས་སུ་བསྐོར་བའོ། །ཐམས་ཅད་ཀྱི་དཔྲལ་བར་ཨོཾ། མགྲིན་པར་ཨཱཿ ཐུགས་ཀར་ཧཱུྃ། རང་གི་སྙིང་ག་ནས་འོད་ཟེར་འཕྲོས། དུར་ཁྲོད་ཆེན་པོ་ཨུ་ཙ་ལ། བསིལ་བའི་ཚལ། རི་རབ་ཀྱི་ཁོང་སེང་། དཔལ་རྡོ་རྗེ་གདན་ལ་སོགས་པ་ནས། མགོན་པོ་འཁོར་བཅས་བཛྲ་ས་མ་ཛཿཨོཾ་མཧཱ་ཀཱ་ལ་རཀྵ་དུ་བེང་ཙེ་ཛཿཛཿཊཀ་རཀྵ་ས་མ་ཡ་མཎྜལ་ཨ་ཀརྵ། ཨ་ཀརྵ། ཨ་བེ་ཤ་ཡ། ཨ་བེ་ཤ་ཡ། ཏིཥྛ་ཏིཥྛ། ཨ་ཕ་ལོ་ཀ་ཡ་ཧཱུྃ་ཧཱུྃ་ཧཱུྃ་ཛཿ ཞེས་སྤྱན་དྲངས། ཨོཾ་མཧཱ་ཀཱ་ལ་རཀྵ་དུ་བེང་ཙེ་ས་པ་རི་ཝཱ་ར་ཨརྒྷཾ་ནས་ཤབྡའི་བར་གྱིས་མཆོད། ཨོཾ་ཨཱཿཧཱུྃ་གིས་ནང་མཆོད་ཕུལ། ཧཱུྃ་སྡེ་བརྒྱད་དམག་དཔོན་དཔའ་བོ་ཆེན་པོ་ནི། །འཇིགས་རུང་གར་དགུའི་ཉམས་ལྡན་སྟོབས་པོ་ཆེ། །གདུག་པའི་དགྲ་བགེགས་ཚར་གཅོད་སྤྲུལ་པ་འཁྲིད། །མགོན་པོ་བྲན་གཡོག་འཁོར་དང་བཅས་ལ་བསྟོད། །ཛཿཧཱུྃ་བཾ་ཧོཿ གཉིས་སུ་མེད་པར་ཐིམ། ཨོཾ་མཧཱ་ཀཱ་ལ་ཏིཥྛ་བཛྲ། ཞེས་(༢༡༧བ)བཞུགས་སུ་གསོལ། ཡི་དམ་གྱི་ཐུགས་ལན་བདུན་ཙམ་དྲག་ཏུ་བཟླས་ནས། ཨོཾ་མཧཱ་ཀཱ་ལ་ས་པ་རི་ཝཱ་ར་ས་མ་ཡ་སྟྭཾ། རྡོ་རྗེ་རྩེ་ལྔ་པས་དབུ་བརྒྱན་པར་བསམ། གཏོར་མ་ནང་མཆོད་དང་རཀྟས་བྲན་ལ་འབུལ་བ་ནི། ཨ་མྲི་ཏས་བསངས། སྭ་བྷ་ཝས་སྦྱངས། སྟོང་པའི་ངང་ལས་ཡཾ་ལས་རླུང་། རཾ་ལས་མེ། ཨཱཿལས་ཡེ་ཤེས་ཀྱི་ཀ་པཱ་ལ་ཡངས་ཤིང་རྒྱ་ཆེ་བའི་ནང་དུ། གཏོར་མ་ཤ་ལྔ་བདུད་རྩི་ལྔ་ལས་བྱུང་བའི་ཡེ་ཤེས་ཀྱི་བདུད་རྩིའི་རྒྱ་མཚོ་དང་། དགྲ་བགེགས་བསྒྲལ་བ་ལས་བྱུང་བའི་ཤ་ཁྲག་དམར་གྱི་ཕུང་པོ་རི་རབ་ཙམ་དུ་གྱུར། ཨོཾ་ཨཱཿཧཱུྃ། ལན་བདུན་དང་། ཨོཾ་སརྦ་བིད་པཱུ་ར་པཱུ་ར་སོགས་ནམ་མཁའ་མཛོད་ཀྱི་ཐུགས་རྒྱས་སྤེལ། ཨོཾ་མཧཱ་ཀཱ་ལ་ཧི་ཡཾ་ཛཿཛཿདགྲ་བགེགས་མཱ་ར་ཡ་ཧཱུྃ་ཧཱུྃ་ཕཊ། ཊཀ་རཀྵ་ཏ་ལ་དགྲ་བོ་མཱ་ར་ཡ་ཛཿཛཿ བ་ལིཾ་ཨི་དཾ་གྲིཧྞ། ཁ་ཁ་ཁཱ་ཧི་ཁཱ་ཧི། ཧྲཱུཾ་ཧོ། རཀྟ་པི་པ་ཧོ་ས་མཱ་ཡ་སྭཱཧཱ། ཞེས་ལན་བདུན་གྱིས་བསྔབ། ཡེ་ཤེས་བདུད་རྩིའི་རྒྱ་མཚོ་འདི། །མཐུ་

ཆེན་ནག་པོ་ཆེན་པོ་དང་། །དཔལ་ལྡན་འདོད་ཁམས་གཙོ་མོ་དང་། །ནག་པོ་ལྷ་
སྲིན་སྡེ་བརྒྱད་དང་། །དུར་ཁྲོད་མ་མོའི་ཚོགས་རྣམས་ལ། །དངོས་གྲུབ་རྣམ་གཉིས་
ཐོབ་ཕྱིར་དང་། །གདུག་པ་ཐམས་ཅད་བསྒྲལ་ཕྱིར་འབུལ། །ཐུགས་དམ་དབང་
གིས་བཞེས་སུ་གསོལ། །ཨོཾ་མཧཱ་ཀཱ་ལ་ཁ་རཾ་ཁཱ་ཧི། དེ་ནས་བཟླས་པའི་དམིགས་པ་
གསལ་བཏབ་ལ། སྙིང་པོ་ནི། ཨོཾ་མཧཱ་ཀཱ་ལ་རཀྵ་དུ་ཝེང་ཊི་ཛཿ ཞེས་པའོ། །ལས་
སྔགས་ནི། ཨོཾ་བཛྲ་ཡཀྴ་དེ་ཝ་མཧཱ་ཀཱ་ལ་ཁ་ཀྲོ་རྡ་ཧཱུཾ། ས་མ་ཡ་ཛཿཛཿཐུན་ཀ་ལ་
རཀྵ་(ཝ་ཧ་ན)ཊི་ཛ་ཐད། ཅེས་པ་སྟེ་ཅི་ནུས་སུ་བཟླའོ། །ཨཀྲོཾ་ནས་ཤཱུདྲའི་བར་གྱིས་
མཆོད། ཧཱུཾ། བདེ་ཆེན་འདུ་འབྲལ་མེད་པའི་གློང་དཀྱིལ་ནས། །ཡང་དག་ཡེ་ཤེས་
སྐུ་གཅིག་བྱུང་བ་ནི། །མགོན་པོ་ཝེང་མ་གསང་བའི་སྐུར་བསྟན་པ། །མི་འགྱུར་ཁྲོ་བོ་
ཁྱོད་ལ་ཕྱག་འཚལ་བསྟོད། །ལྷ་མོ་གཤིན་རྗེའི་ལྕམ་གཅིག་བདུད་ཀྱི་ཡུམ། །ལྷ་སྲིན་
སྡེ་བརྒྱད་གནོད་སྦྱིན་མ་མོ་དང་། །དེད་དཔོན་ནག་པོ་སྟོང་གི་ཚོགས་བཅས་ལ། །
གུས་པའི་ཡིད་ཀྱིས་ཕྱག་འཚལ་བསྟོད་པར་བགྱི། ། ༄ འདིའི་རྗེས་གནང་བྱེད་པར་
འདོད་ན། ཆོས་འབྱུང་མཐིང་ནག་ཕྱི་རོལ་ཏུ་ཟླུམ་སྐོར་ཐོད་ཕ་མེ་རི་དང་བཅས་པ་
བྲིས་པ་ལ་གཏོར་མ་འགོད། མཐའ་མཆོད་གཏོར་གྱིས་བསྐོར། འཕྲེང་བ། ཝེང་།
ལྕགས་པར། ཕུར་བུ་རྣམས་ཀྱང་ཚོགས་པར་བྱས། གོང་དུ་བཤད་པ་ལྟར་གཏོར་མ་
འདོད་དོན་གསོལ་བཏབ་ཡན་ཆད་རྫོགས་པར་བྱས་ལ། སློབ་མས་མཎྜལ་ཕུལ་ནས།
གསོལ་བ་བཏབ་པ་ནི། རྗེ་བཙུན་རྡོ་རྗེ་འཛིན་པའི་གཙོ། །བདག་གི་ལུས་ངག་ཡིད་
གསུམ་གྱི། །དྲི་མ་མཐའ་དག་སྦྱང་བའི་ཕྱིར། །དབང་བསྐུར་བྱིན་རླབས་བསྩལ་དུ་
གསོལ། །ཞེས་ལན་གསུམ་མོ། །དཀོན་མཆོག་གསུམ་ལ་བདག་སྐྱབས་མཆི། །ཞེས་
སོགས་རྒྱུན་བཤགས་དང་། སྲས་བཅས་སངས་རྒྱས་ཐམས་ཅད་དང་། །ཞེས་སོགས་
ཀྱིས་རིགས་ལྔའི་སྡོམ་བཟུང་བྱ། གཏོར་རྟེན་འདི་ཉིད་ཀྱང་ལེགས་ལྡན་སྲིད་མེད་
ཀྱི་སྐུ་མདོག་མཐིང་ནག་ཞལ་གཅིག་ཕྱག་གཉིས་པ་ཡབ་ཡུམ་དུ་དངོས་སུ་བཞུགས་

པར་མོས་སུ་བཅུག(༢༧༢ན)སྟེ། གཏོར་མ་མགོ་ཐོག་ཏུ་བཞག་ལ། རྩ་བརྒྱུད་ཀྱི་དཔལ་ལྡན་བླ་མ་དམ་པ་རྣམས་ཀྱིས་བྱིན་གྱིས་རློབས་ཤིག །ཡི་དམ་དཀྱིལ་འཁོར་གྱི་ལྷ་ཚོགས་རྣམས་ཀྱིས་བྱིན་གྱིས་རློབས་ཤིག །སངས་རྒྱས་དང་བྱང་ཆུབ་སེམས་དཔའ་རྣམས་ཀྱིས་བྱིན་གྱིས་རློབས་ཤིག །དཔའ་བོ་དང་དཔའ་མོ་རྣལ་འབྱོར་མ་རྣམས་ཀྱིས་བྱིན་གྱིས་རློབས་ཤིག །དཔལ་མགོན་དམ་པ་ཆོས་སྐྱོང་སྲུང་མ་རྣམས་ཀྱིས་བྱིན་གྱིས་རློབས་ཤིག །ཁྱད་པར་དུ་ཡང་ལེགས་ལྡན་ནག་པོ་སྲིད་མེད་ཀྱི་བུ་འཁོར་དང་བཅས་པ་རྣམས་ཀྱིས་བྱིན་གྱིས་རློབས་ཤིག །ཁྱེད་རྣམས་ཀྱིས་རྡོ་རྗེ་སློབ་མ་འདི་རྣམས་ཀྱི་འགལ་རྐྱེན་ཕྱི་ནང་གི་བར་གཅོད་ཐམས་ཅད་ཞི་བ་དང་། མཐུན་རྐྱེན་ཚེ་དང་བསོད་ནམས་དཔལ་འབྱོར་ཕུན་སུམ་ཚོགས་པ་ཐམས་ཅད་འཕེལ་ཞིང་རྒྱས་པ་དང་། མཆོག་དང་ཐུན་མོང་གི་དངོས་གྲུབ་ཐམས་ཅད་མྱུར་དུ་འགྲུབ་པར་མཛད་དུ་གསོལ། ཞེས་གསོལ་བ་བཏབ་པས། སློབ་མ་རྣམས་ཀྱི་སྤྱི་བོ་ནས་ཐིམ་པས་བྱིན་གྱིས་བརླབས་པར་གྱུར། ཛཿཧཱུྃ་བཾ་ཧོཿ ཞེས་གཏོར་དབང་བསྐུར། སྐུའི་དབང་བསྐུར་རོ། །སློབ་མ་བསངས་སྦྱངས། སྟོང་པའི་ངང་ལས་པད་ཉི་དང་དགྲ་བགེགས་ཀྱི་བཾ་ཆེན་བསྒོལ་བའི་སྟེང་དུ་ཁྱེད་རང་གི་སེམས་ཉིད་ཀྵ་ཡིག་འོད་ཀྱི་འཕྲོ་འདུ་ལས། ཁྱེད་རང་རྣམས་ལེགས་ལྡན་ནག་པོ་སྲིད་མེད་ཀྱི་བུ་སྐུ་མདོག་མཐིང་ནག་ཞལ་གཅིག་ཕྱག་གཉིས་པ། གཡས་ཅན་དན་གྱི་བེང་ཆེན་ནོར་བུས་སྤྲས་པ་འཛིན་པ། བེང་སྟོད་ནས་མེ་འབར་ཞིང་བེང་སྨད་ནས་ཆུ་འབྱུང་བ། བེང་གི་ནང་ནས་ལྷ་དང་ལྷ་མ་ཡིན(༢༧༣ན)གྱི་དམག་ཚོགས་འགྱེད་པ། གཡོན་པས་ལྷུགས་ཀྱི་པར་བུ་ནད་སྣ་ཚོགས་ཀྱིས་གང་བ་དཀུ་ལ་བརྟེན་པའི་ཚུལ་གྱིས་འཛིན་པ། ཟ་འོག་གི་བེར་ཆེན་སྐུ་ལ་གསོལ་ཞིང་། གསེར་གྱི་སྐྲ་བོ་ཆེ་བཅིངས་པ། ཞབས་ལ་སག་ཏིའི་ལྷམ་གསོལ་བ། མི་མགོ་སྐམ་པོ་ལྔའི་དབུ་རྒྱན་དང་། རློན་པ་ལྔ་བཅུའི་དོ་ཤལ་ཅན། སྦྲུལ་གྱིས་བརྒྱན་པ། དམར་ལ་ཆླུམ་པའི་སྦྱན་གསུམ་དགྲ་བགེགས

ལ་སྟོང་མིག་ཏུ་གཟིགས་པ། མཆེ་བ་གཙིགས་ཤིང་ལྗགས་འདྲིལ་བ། སྨ་ར་དང་
སྨིན་མ་དབུ་སྐྲ་ཁམ་ནག་གྱེན་དུ་བརྫེས་པ། ཞབས་གཡས་བསྐུམ་གཡོན་བརྐྱང་
བའི་སྟབས་ཀྱིས་མེ་དཔུང་འབར་བའི་དབུས་ན་བཞུགས་པ། ཞེས་གསལ་གདབ་ལ།
འཁྲེང་བ་གཏད་དེ། ཁྱེད་རང་གི་སྙིང་གར་པད་ཉིའི་གདན་ལ་ཧཱུྃ་ཡིག་གི་མཐར་
སྔགས་འཁྲེང་འོད་ཟེར་མཐིང་ནག་འབར་བའི་རྣམ་པ་ཅན་དུ་བཞུགས་པར་མོས།
སློབ་དཔོན་གྱི་ཐུགས་ཀ་ནས་འོད་ཟེར་འཕྲོས། མདུན་བསྐྱེད་ཀྱི་ལྷའི་ཐུགས་རྒྱུད་
བསྐུལ། ཐུགས་ཀའི་སྔགས་འཁྲེང་ལས་སྔགས་འཁྲེང་གཉིས་པ་ཞིག་ཆད། ཞལ་
ནས་ཐོན། ཁྱེད་རང་གི་ཁ་སྒོ་ནས་ཞུགས། སྙིང་གའི་ཧཱུྃ་ཡིག་གི་མཐའ་མར་སྔགས་
སྔ་མ་ལ་ཐིམ་ཞིང་འཁོར་བར་མོས་ལ། འདིའི་རྗེས་ཟློས་མཛོད་ཅིག་བྱས་ལ། ཨོཾ་
མཧཱ་ཀཱ་ལ་རཀྵ་དུ་ཝེང་ཙི་ཛཿ ཞེས་སྙིང་པོ་དང་། ཨོཾ་བཛྲ་ཡཀྵ་དེ་བ་མཧཱ་ཀཱ་ལ་
ཁ་གྲོ་ཏྲ་ཧཱུྃ། ས་མཱ་ཡ་ཛཿཛཿཐུན་ཀ་ལ་རཀྵ། ཙི་ཛ་ཐད། ཅེས་ལས་སྔགས་བཅས་
ལན་གསུམ་གསུམ་རྗེས་ཟློས་བྱེད་དུ་གཞུག །གསུང་གི་དབང་བསྐུར་རོ། །(༥༠༣བ)
ཝེང་གཏད་དེ། སངས་རྒྱས་ཀུན་གྱི་ཐུགས་ཀྱི་རྟེན། །གང་ཞིག་འཕྱུར་བ་ཙམ་གྱིས་
ནི། །དགྲ་བགེགས་རྡུལ་དུ་རློག་བྱེད་པ། །དེ་རིང་ཁྱོད་ལ་སྦྱིན་པར་བྱ། །ཨོཾ་མཧཱ་ཀཱ་
ལ་རཀྵ་དུ་ཝེང་ཨཱཿཧཱུྃ་ཨ་བྷི་ཥིཉྩ་མི། ཐུགས་ཀྱི་དབང་བསྐུར་རོ། །ཡུགས་པར་གཏད་
ལ། སངས་རྒྱས་ཀུན་གྱི་དངོས་གྲུབ་རྟེན། །གང་ཞིག་དྲན་པ་ཙམ་གྱིས་ནི། །ནག་
པོ་དགྲེས་ཤིང་རྫོམ་པར་བྱེད། །དེ་རིང་ཁྱོད་ལ་སྦྱིན་པར་བྱ། །ཨོཾ་མཧཱ་ཀཱ་ལ་ཙིཏྟ་པྲི་
ཏི་ཨཱཿཧཱུྃ་ཨ་བྷི་ཥིཉྩ་མི། ཡོན་ཏན་གྱི་དབང་བསྐུར་རོ། །ཕུར་བུ་གཏད་ལ། སངས་
རྒྱས་ཀུན་གྱི་འཕྲིན་ལས་རྟེན། །གང་ཞིག་སྒྲིལ་བ་ཙམ་གྱིས་ནི། །གདུལ་དཀའ་མ་
ལུས་འཇིགས་པར་བྱེད། །དེ་རིང་ཁྱོད་ལ་སྦྱིན་པར་བྱ། །ཨོཾ་མཧཱ་ཀཱ་ལ་དགྲ་བོའི་
སྙིང་ལ་ཀཱི་ལ་ཡ་ཧཱུྃ་ཕཊ་ཨ་བྷི་ཥིཉྩ་མི། འཕྲིན་ལས་ཀྱི་དབང་བསྐུར་རོ། །གཙོ་བོས་
རྗེ་ལྟར་སོགས་རྗེས་ཆོག་གོང་བཞིན་བྱའོ། །

༄ མགོན་པོ་ཞིང་གཉེར་མ་ལ། མཆོད་གཏོར་སོགས་བཤམས། ཡི་དམ་གྱི་བདག་བསྐྱེད་སྔོན་དུ་འགྲོ་བས། མཆོད་པ་བླ་མེད་ལྟར་བྱིན་གྱིས་བརླབས། མདུན་བསྐྱེད་བསངས་སྦྱངས། སྟོང་པའི་ངང་ལས་རང་གི་མདུན་དུ་ཉི་ཟླ་པཾ་ཆེན་བརྩེགས་པའི་གནས་ལ། རང་གི་སྙིང་ག་ནས་ཀླ་ཡིག་སྤྲོས། ཀླ་ལས་གྲི་གུག་ཀླས་མཚན་པ་ལས་འོད་ཟེར་འཕྲོས། དགྲ་བགེགས་གདུག་པ་ཅན་ཐམས་ཅད་ཚར་བཅད། ཚུར་འདུས་ཡོངས་སུ་གྱུར་པ་ལས། དཔལ་ཡེ་ཤེས་ཀྱི་མགོན་པོ་སྐུ་མདོག་མཐིང་ནག་ཞལ་གཅིག་ཕྱག་གཉིས་པ། མཧཱ་ཀཱ་ལ་ཧཱུྃ་ཞེས་བརྗོད་པས། (༢༨༩ན)མགོན་པོའི་ཕྱག་གཡས་པ་ན་ཙན་དན་གྱི་བེང་ཆེན་དང་། གཡོན་པ་ན་སྲིན་མོའི་ཐང་གི་མདུང་རིང་བསྣམས་པ། ཟ་འོག་གི་བེར་ཆེན་སྐུ་ལ་གསོལ་ཞིང་། གསེར་གྱི་སྐ་བོ་ཆེ་བཅིངས་པ། ཞབས་ལ་སག་ཧྲིའི་ལྷམ་གསོལ་བ། མི་མགོ་སྐམ་པོ་ལྔའི་དབུ་རྒྱན་དང་། རློན་པ་ལྔ་བཅུའི་དོ་ཤལ་ཅན། སྦྲུལ་གྱིས་བརྒྱན་པ། དམར་ལ་ཟླུམ་པའི་སྤྱན་གསུམ་དགྲ་བགེགས་ལ་སྟང་མིག་ཏུ་གཟིགས་པ། མཆེ་བ་གཙིགས་ཤིང་ལྗགས་འདྲིལ་བ། སྨ་ར་དང་སྨིན་མ་དབུ་སྐྲ་ཁམ་ནག་གྱེན་དུ་བརྫེས་པ། ཞབས་གཡས་བསྐུམ་གཡོན་བརྐྱང་བའི་སྟབས་ཀྱིས་མེ་དཔུང་འབར་བའི་དབུས་ན་བཞུགས་པ། མཐའ་སྐོར་དུ་མ་མོ་བདུན་གྱིས་བསྐོར་བའོ། །ཐམས་ཅད་ཀྱི་དཔྲལ་བར་ཨོཾ། མགྲིན་པར་ཨཱཿ ཐུགས་ཀར་ཧཱུྃ། རང་གི་སྙིང་ག་ནས་འོད་ཟེར་འཕྲོས། དུར་ཁྲོད་ཆེན་པོ་ཨུ་ཙ་ལ། བསིལ་བའི་ཚལ། རི་རབ་ཀྱི་ཁོང་སེང་། དཔལ་རྡོ་རྗེ་གདན་ལ་སོགས་པ་ནས། མགོན་པོ་འཁོར་བཅས་བཛྲ་ས་མ་ཛཿ ཨོཾ་མཧཱ་ཀཱ་ལ་ཧི་ཡཾ་ཛཿཛཿཧྲག་རཀྴ་ས་མ་ཡ་མནྟྲལ་ཨ་གཱྲ། ཨ་གཱྲ། ཨ་བེ་ཤ་ཡ། ཨ་བེ་ཤ་ཡ། ཏིཥྛ་ཏིཥྛ། ཨ་ཝ་ལོ་ཀ་ཡ་ཧཱུྃ་ཧཱུྃ་ཧཱུྃ་ཛཿཛཿ ཞེས་སྤྱན་དྲངས། ཨོཾ་མཧཱ་ཀཱ་ལ་བི་ཏ་ཊི་ས་པ་རི་ཝཱ་ར་ཨརྒྷཾ་ནས་ཤབྡའི་བར་གྱིས་མཆོད། ཨོཾ་ཨཱཿཧཱུྃ་གིས་ནང་མཆོད་ཕུལ། ཧཱུྃ། སྟེ་བརྒྱད་དམག་དཔོན་དཔའ་བོ་ཆེན་པོ་ནི། །འཇིགས་རུང་གར་དགུའི་ཉམས་ལྡན་སྟོབས་པོ་ཆེ། །གདུག

པའི་དགྲ་བགེགས་ཚར་གཅོད་(༢༥༤བ)སྤྲུལ་པ་འགྱེད། །མགོན་པོ་བྲན་གཡོག་འཁོར་དང་བཅས་ལ་བསྟོད། །ཛཿཧཱུྃ་བཾ་ཧོཿཨེ་ཧྲ་ཧི་མཧཱ་ཀཱ་ལ་བི་ཏྲ་ཏེ་ཛཿཛཿཧཱུྃ། ཞེས་པ་བཞང་གི་ཕྱག་རྒྱ་བསྟན་ཅིང་ལན་མང་དུ་བརྗོད། ཡི་དམ་གྱི་སྔགས་ལན་བདུན་ཙམ་དྲག་ཏུ་བཟླས་ནས། ཨོཾ་མཧཱ་ཀཱ་ལ་ས་པ་རི་ཝཱ་ར་ས་མ་ཡ་སྟྭཾ། རྡོ་རྗེ་རྩེ་ལྔ་པས་དབུ་བརྒྱན་པར་བསམ། གཏོར་མ་ནང་མཆོད་དང་རཀྟས་བྲན་ལ་འབུལ་བ་ནི། ཨ་ཀྲོ་ཏས་བསངས། སྭ་བྷཱ་ཤས་སྦྱངས། སྟོང་པའི་ངང་ལས་ཡཾ་ལས་རླུང་། རཾ་ལས་མེ། ཨཱཿལས་ཡེ་ཤེས་ཀྱི་ཀ་པཱ་ལ་ཡངས་ཤིང་རྒྱ་ཆེ་བའི་ནང་དུ། གཏོར་མ་ཤ་ལྔ་བདུད་རྩི་ལྔ་ལས་བྱུང་བའི་ཡེ་ཤེས་ཀྱི་བདུད་རྩིའི་རྒྱ་མཚོ་དང་། དགྲ་བགེགས་བསྒྲལ་བ་ལས་བྱུང་བའི་ཤ་ཁྲག་དམར་གྱི་ཕུང་པོ་རི་རབ་ཙམ་དུ་གྱུར། ཨོཾ་ཨཱཿཧཱུྃ། ལན་བདུན་དང་། ཨོཾ་སརྦ་བིད་པཱུ་ར་པཱུ་ར་སོགས་ནམ་མཁའ་མཛོད་ཀྱི་སྔགས་རྒྱས་སྤེལ། ཨོཾ་ཤྲཱི་མཧཱ་ཀཱ་ལ་ཧྲི་ཡཾ་ཛཿཛཿདགྲ་བགེགས་མཱ་ར་ཡ་ཧཱུྃ་ཧཱུྃ་ཕཊ། ཊཀ་རཀྟ་ཏ་ལ་དགྲ་བོ་མཱ་ར་ཡ་ཛཿཛཿབ་ལིཾ་ཨི་དཾ་གྲིཧྣ། ཁ་ཁ་ཁཱ་ཧི་ཁཱ་ཧི། ཧྲཱུཾ་ཧོ། རཀྟ་པི་པ་ཧོ་ས་མཱ་ཡ་སྭཱཧཱ། ཞེས་ལན་བདུན་གྱིས་བསྟབ། ཡེ་ཤེས་བདུད་རྩིའི་རྒྱ་མཚོ་འདི། །མཐུ་ཆེན་ནག་པོ་ཆེན་པོ་དང་། །དུར་ཁྲོད་མ་མོའི་ཚོགས་རྣམས་ལ། །དངོས་གྲུབ་རྣམ་གཉིས་ཐོབ་ཕྱིར་དང་། །གདུག་པ་ཐམས་ཅད་བསྒྲལ་ཕྱིར་འབུལ། །ཐུགས་དམ་དབང་གིས་བཞེས་སུ་གསོལ། །ཨོཾ་ཤྲཱི་མཧཱ་ཀཱ་ལ་ཁ་རཾ་ཁཱ་ཧི། དེ་ནས་བཟླས་པའི་དམིགས་པ་གསལ་བཏབ་ལ། སྔགས་ནི། ཨོཾ་མཧཱ་ཀཱ་ལ་གུ་ཎ་ཧྲི་ད་ཧཱུྃ་ཛཿ ཞེས་(༢༥༥ན)པ་དང་། ཨོཾ་མཧཱ་ཀཱ་ལ་ཊེ་ཕྲུཾ་ལཾ་ཕྲུཾ་རིལ་ཐད། ཕུ་ཊེ་ཛཿདགྲ་བོའི་སྙིང་ལ་ཛཿཊཀ་རཀྟ་ཕྲུཾ་རིལ་ཐད། དགྲ་བོའི་སྙིང་ཁ་རག་ཛཿཞེས་པ་སྟེ། ཐོད་ཐད་གཉིས་སོ། །ཨོཾ་མཧཱ་ཀཱ་ལ་བི་ཏྲ་ཏེ་ས་པ་རི་ཝཱ་ར་ཨརྒྷཾ་པྲ་ཏཱིཙྪ་ཧཱུྃ་སྭཱཧཱ་ནས། ཤབྡ་པྲ་ཏཱིཙྪ་ཧཱུྃ་སྭཱཧཱའི་བར་གྱིས་མཆོད། ཧཱུྃ། བདེ་ཆེན་འདུ་འབྲལ་མེད་པའི་ཀློང་དཀྱིལ་ནས། །ཡང་དག་ཡེ་ཤེས་སྐུ་གཅིག་བྱུང་བ་ནི། །མགོན་པོ་བེང་མ་གསང་བའི་སྐུར་བསྟན་པ། །

མི་འགྱུར་ཁྲོ་བོ་འཁོར་དང་བཅས་ལ་བསྟོད། །ཅེས་བསྟོད། ཡིག་བརྒྱ། བཟློད་
གསོལ་སོགས་བྱའོ། ། ༈ འདིའི་རྗེས་གནང་བྱེད་པར་འདོད་ན། གུ་གསུམ་མཐིང་
ནག་གི་དཀྱིལ་འཁོར་ལ་གཏོར་མ་འགོད། མཐའ་མཆོད་གཏོར་གྱིས་བསྐོར། འཕྲེང་
བ། ཞེང་། ལྟུགས་པར། ཕུར་བུ་རྣམས་ཀྱང་ཚོགས་པར་བྱས། གོང་དུ་བཤད་པ་
ལྟར་གཏོར་མ་འདོད་དོན་གསོལ་བཏབ་ཡན་ཆད་རྫོགས་པར་བྱས་ལ། སློབ་མས་
ཁྲུས་བྱས་ལ། མཎྜལ་ཕུལ་ནས། གསོལ་བ་བཏབ་པ་ནི། རྗེ་བཙུན་རྡོ་རྗེ་འཛིན་
པའི་གཙོ། །བདག་གི་ལུས་ངག་ཡིད་གསུམ་གྱི། །དྲི་མ་མཐའ་དག་སྦྱང་བའི་ཕྱིར། །
དབང་བསྐུར་བྱིན་རླབས་བསྩལ་དུ་གསོལ། །ཞེས་ལན་གསུམ། དཀོན་མཆོག་གསུམ་
ལ་བདག་སྐྱབས་མཆི། །ཞེས་སོགས་རྒྱུན་བཤགས་དང་། སྲས་བཅས་སངས་རྒྱས་
ཐམས་ཅད་དང་། །ཞེས་སོགས་ཀྱིས་རིགས་ལྔའི་སྡོམ་བཟུང་བྱ། གཏོར་རྟེན་འདི་ཉིད་
ཀྱང་མགོན་པོ་སྐུ་མདོག་མཐིང་ནག་ཞལ་(༢༥༥བ)གཅིག་ཕྱག་གཉིས་པ་འཁོར་བཅས་
དངོས་སུ་བཞུགས་པར་མོས་སུ་བཅུག་སྟེ། གཏོར་མ་མགོ་ཐོག་ཏུ་བཞག་ལ། རྩ་
བརྒྱུད་ཀྱི་དཔལ་ལྡན་བླ་མ་དམ་པ་རྣམས་ཀྱིས་བྱིན་གྱིས་རློབས་ཤིག །ཡི་དམ་དཀྱིལ་
འཁོར་གྱི་ལྷ་ཚོགས་རྣམས་ཀྱིས་བྱིན་གྱིས་རློབས་ཤིག །སངས་རྒྱས་དང་བྱང་ཆུབ་
སེམས་དཔའ་རྣམས་ཀྱིས་བྱིན་གྱིས་རློབས་ཤིག །དཔའ་བོ་དང་དཔའ་མོ་རྣལ་འབྱོར་
མ་རྣམས་ཀྱིས་བྱིན་གྱིས་རློབས་ཤིག །དཔལ་མགོན་དམ་པ་ཆོས་སྐྱོང་སྲུང་མ་རྣམས་
ཀྱིས་བྱིན་གྱིས་རློབས་ཤིག །ཁྱད་པར་དུ་ཡང་དཔལ་ཡེ་ཤེས་ཀྱི་མགོན་པོ་འཁོར་དང་
བཅས་པ་རྣམས་ཀྱིས་བྱིན་གྱིས་རློབས་ཤིག །ཁྱེད་རྣམས་ཀྱིས་རྡོ་རྗེ་སློབ་མ་འདི་
རྣམས་ཀྱི་འགལ་རྐྱེན་ཕྱི་ནང་གི་བར་གཅོད་ཐམས་ཅད་ཞི་བ་དང་། མཐུན་རྐྱེན་ཚེ་
དང་བསོད་ནམས་དཔལ་འབྱོར་ཕུན་སུམ་ཚོགས་པ་ཐམས་ཅད་འཕེལ་ཞིང་རྒྱས་པ་
དང་། མཆོག་དང་ཐུན་མོང་གི་དངོས་གྲུབ་ཐམས་ཅད་མྱུར་དུ་འགྲུབ་པར་མཛད་
དུ་གསོལ། ཞེས་གསོལ་བ་བཏབ་པས། སློབ་མའི་སྤྱི་བོ་ནས་ཐིམ་པས་བྱིན་གྱིས་

བརླབས་པར་གྱུར། ཛཿཧཱུྃ་བཾ་ཧོཿ ཞེས་གཏོར་དབང་བསྐུར། སྐུའི་དབང་བསྐུར་ནི། །སློབ་མ་བསངས་སྦྱངས། སྟོང་པའི་ངང་ལས་ཉི་ཟླ་པཾ་ཆེན་བརྩེགས་པའི་གནས་ལ། རང་གི་སྙིང་ག་ནས་ཧཱུྃ་ཡིག་སྤྲོས། ཧཱུྃ་ལས་གྲི་གུག་ཧཱུྃ་མཚན་པ་ལས་འོད་ཟེར་འཕྲོས། དགྲ་བགེགས་གདུག་པ་ཅན་ཐམས་ཅད་ཚར་བཅད། ཚུར་འདུས་ཡོངས་སུ་གྱུར་པ་ལས། ཁྱེད་རང་རྣམས་དཔལ་ཡེ་ཤེས་ཀྱི་མགོན་པོ་སྐུ་མདོག་མཐིང་ནག་ཞལ་གཅིག་ཕྱག་གཉིས་པ། མཧཱ་ཀཱ་ལ་ཧཱུྃ་ཞེས་བརྗོད་པས། མགོན་(༢༥༨ན)པོའི་ཕྱག་གཡས་པ་ན་ཅན་དན་གྱི་བེང་ཆེན་དང་། གཡོན་པ་ན་སྲིན་མོའི་ རྐང་གི་མདུང་རིང་བསྣམས་པ། ཟ་འོག་གི་བེར་ཆེན་སྐུ་ལ་གསོལ་ཞིང་། གསེར་གྱི་སྐ་པོ་ཆེ་བཅིངས་པ། ཞབས་ལ་སག་ཧིའི་ལྷམ་གསོལ་བ། མི་མགོ་སྐམ་པོ་ལྔའི་དབུ་རྒྱན་དང་། རློན་པ་ལྔ་བཅུའི་དོ་ཤལ་ཅན། སྦྲུལ་གྱིས་བརྒྱན་པ། དམར་ལ་ཟླུམ་པའི་སྤྱན་གསུམ་དགྲ་བགེགས་ལ་སྟང་མིག་ཏུ་གཟིགས་པ། མཆེ་བ་གཙིགས་ཤིང་ལྗགས་འདྲིལ་བ། སྨ་ར་དང་སྨིན་མ་དབུ་སྐྲ་ཁམ་ནག་གྱེན་དུ་བརྫེས་པ། ཞབས་གཡས་བསྐུམ་གཡོན་བརྐྱང་བའི་སྟབས་ཀྱིས་མེ་དཔུང་འབར་བའི་དབུས་ན་བཞུགས་པ། མཐའ་སྐོར་དུ་མ་མོ་བདུན་གྱིས་བསྐོར་བའོ། །དཔྲལ་བར་ཨོཾ། མགྲིན་པར་ཨཱཿ ཐུགས་ཀར་ཧཱུྃ། ཞེས་གསལ་གདབ། བཟླས་ལུང་ནི། འཕྲེང་བ་གཏད་དོ། །ཁྱེད་རང་གི་སྙིང་གར་པད་ཉིའི་གདན་ལ་ཧཱུྃ་ཡིག་གི་མཐར་སྔགས་འཕྲེང་འོད་ཟེར་མཐིང་ནག་འབར་བའི་རྣམ་པ་ཅན་དུ་བཞུགས་པར་མོས། སློབ་དཔོན་གྱི་ཐུགས་ཀ་ནས་འོད་ཟེར་འཕྲོས། མདུན་བསྐྱེད་ཀྱི་ལྷའི་ཐུགས་རྒྱུད་བསྐུལ། ཐུགས་ཀའི་སྔགས་འཕྲེང་ལས་སྔགས་འཕྲེང་གཉིས་པ་ཞིག་ཆད། ཞལ་ནས་ཐོན། ཁྱེད་རང་གི་ཁ་སྒོ་ནས་ཞུགས། སྙིང་གའི་ས་བོན་གྱི་མཐར་སྔགས་སྔ་མ་ལ་ཐིམ་ཞིང་འཁོར་བར་མོས་ལ། འདིའི་རྗེས་ཟློས་མཛོད་ཅིག་བྱས་ལ། ཨོཾ་མཧཱ་ཀཱ་ལ་གུ་ན་ཧི་ད་ཧཱུྃ་ཛཿ ཞེས་དང་། ཨོཾ་མཧཱ་ཀཱ་ལ་ཙི་ཁྲྀ་ལི་ཁྲྀ་རི་ལ་ཐད། པུ་ཙིར་ཛཿདགྲ་བོའི་སྙིང་ལ་ཛཿ ཏྲཀ་(༢༥༨བ)རཀྵ་

ཐྃ་རིལ་ཐད། དགྲ་བོའི་སྙིང་ཁ་རག་ཛཿ ཞེས་ཐོད་ཐད་གཉིས་ལན་གསུམ་རྗེས་ཟློས་བྱར་གཞུག །གསུང་གི་དབང་བསྐུར་རོ། །བིང་གཏད་དེ། སངས་རྒྱས་ཀུན་གྱི་ཐུགས་ཀྱི་རྟེན། །གང་ཞིག་འཕྲུར་བ་ཙམ་གྱིས་ནི། །དགྲ་བགེགས་རྡུལ་དུ་རློག་བྱེད་པ། །དེ་རིང་ཁྱོད་ལ་སྦྱིན་པར་བྱ། །ཨོཾ་མཧཱ་ཀཱ་ལ་རཀྵ་ཏུ་བེང་ཨཱཿཧཱུྃ་ཨ་ཧི་ཥིཉྩ་མི། ཐུགས་ཀྱི་དབང་བསྐུར་རོ། །ཕྱུགས་པར་གཏད་ལ། སངས་རྒྱས་ཀུན་གྱི་དངོས་གྲུབ་རྟེན། །གང་ཞིག་དྲན་པ་ཙམ་གྱིས་ནི། །ནག་པོ་དགྲེས་ཤིང་ངོམ་པར་བྱེད། །དེ་རིང་ཁྱོད་ལ་སྦྱིན་པར་བྱ། །ཨོཾ་མཧཱ་ཀཱ་ལ་ཙིཏྟ་པྲི་ཏི་ཨཱཿཧཱུྃ་ཨ་ཧི་ཥིཉྩ་མི། ཡོན་ཏན་གྱི་དབང་བསྐུར་རོ། །ཕུར་བུ་གཏད་ལ། སངས་རྒྱས་ཀུན་གྱི་འཕྲིན་ལས་རྟེན། །གང་ཞིག་སྒྲིལ་བ་ཙམ་གྱིས་ནི། །གདུལ་དཀའ་མ་ལུས་འཇོམས་པར་བྱེད། །དེ་རིང་ཁྱོད་ལ་སྦྱིན་པར་བྱ། །ཨོཾ་མཧཱ་ཀཱ་ལ་དགྲ་བོའི་སྙིང་ལ་ཀཱི་ལ་ཡ་ཧཱུྃ་ཕཊ་ཨ་ཧི་ཥིཉྩ་མི། འཕྲིན་ལས་ཀྱི་དབང་བསྐུར་རོ། །རྗེས་ཆོག་གོང་བཞིན་བྱའོ། །

༈ མགོན་པོ་ལེགས་ལྡན་མཆེད་གསུམ་ལ། མདུན་དུ་མཎྜལ་གྲུ་གསུམ་ནག་པོའི་དབུས་སུ་ཚོམ་བུ་གསུམ། དེའི་སྟེང་དུ་མཆེའི་ཁར་ཙཀ་ལི་བཙུགས་པའི་དམར་གཏོར་ཟུར་གསུམ་གསུམ། ཐོད་ཁྲག །བིང་། ཕུར་བུ་རྣམས་ཀྱང་བཤམས། མདུན་དུ་གཏོར་མ་གསུམ་བསྒྲིགས། མཆོད་པ་རྣམས་བཤམས། བདག་བསྐྱེད་སྔོན་དུ་འགྲོ་བས། མཆོད་པ་བྱིན་གྱིས་བརླབས། མདུན་བསྐྱེད་བསངས་སྦྱངས། སྟོང་པའི་ངང་ལས་པད་ཉི་དང་དགྲ་བགེགས་བསྙོལ་བའི་གདན་(༢༤༧ན)གསུམ་ལ། ཧཱུྃ་གསུམ་ལས་ལེགས་ལྡན་ནག་པོ་མཆེད་གསུམ་སྐུ་མདོག་མཐིང་ནག་ཅན་དན་གྱི་བེང་ཆེན་འཛིན་པ། དར་ནག་གི་འཇོལ་བེར་དང་། གསེར་གྱི་སྣ་བོ་ཆེ་བཅིངས་པ། ཞབས་ལ་སག་ཧིའི་ལྷམ་ཡུ་རིང་གསོལ་ཞིང་། མི་མགོ་དང་སྦྲུལ་གྱིས་བརྒྱན་པ། དྲག་ལ་ རྔམས་པ། དུར་ཁྲོད་ཀྱི་དབུས་ན་མེ་དཔུང་འབར་བའི་ཀློང་ན་བཞུགས་པའོ། །ཐམས་ཅད་ཀྱི་དཔྲལ་བར་ཨོཾ། མགྲིན་པར་ཨཱཿ ཐུགས་ཀར་ཧཱུྃ། རང་གི་སྙིང་ག་ནས་འོད་

ཟེར་འཕྲོས། རང་བཞིན་གྱི་གནས་ནས་ལེགས་ལྡན་མཆེད་གསུམ་འཁོར་བཅས་སྤྱན་དྲངས། དད་པ་དང་ནི་དམ་ཚིག་གིས། །མགོན་པོ་འཁོར་བཅས་སྤྱན་འདྲེན་ན། །སངས་རྒྱས་བསྟན་པ་སྲུང་བའི་ཕྱིར། །མཆོད་པའི་གནས་འདིར་གཤེགས་སུ་གསོལ། །མཧཱ་ཀཱ་ལ་ས་པ་རི་ཝཱ་ར་བཛྲ་ས་མ་ཛཿ ཛཿཧཱུྃ་བཾ་ཧོཿ གཉིས་སུ་མེད་པར་གྱུར། སླར་ཡང་ཐུགས་ཀའི་ཧཱུྃ་ལས་འོད་ཟེར་འཕྲོས། དབང་གི་ལྷ་རྣམས་སྤྱན་དྲངས། ཁྱེད་རྣམས་ཀྱིས་འདི་ལ་མངོན་པར་དབང་བསྐུར་དུ་གསོལ། ཞེས་གསོལ་བ་བཏབ་པས། ཨོཾ་སརྦ་ཏ་ཐཱ་ག་ཏ་ཨ་བྷི་ཥེ་ཀ་ཏ་ས་མ་ཡ་ཤྲཱི་ཡ་ཧཱུྃ། ཞེས་གསུངས་ཤིང་དབང་བསྐུར། སྐུ་གང་། དྲི་མ་དག །ཆུའི་ལྷག་མ་སྤྱི་གཙུག་ཏུ་གནས་པ་ཡོངས་སུ་གྱུར་པ་ལས། ཁྲོ་བོའི་རྗེ་རྗེས་དབུ་བརྒྱན་པར་བསམ། ཨོཾ་མཧཱ་ཀཱ་ལ་ས་པ་རི་ཝཱ་ར་ཨརྒྷཾ་ནས་ཤབྡའི་བར་གྱིས་མཆོད། འཇིག་རྟེན་གསུམ་ལ་དབང་བསྒྱུར་ཞིང་། །དྲེགས་པ་གསུམ་གྱི་ལྷ་དང་བདུད། །འདུལ་(༥༡༧བ)ཕྱིར་ལེགས་ལྡན་ནག་པོ་ཆེ། །མཆེད་གསུམ་སྐུ་ལ་ཕྱག་འཚལ་ལོ། །ཞེས་བསྟོད། དེ་ནས་བཟླས་པའི་དམིགས་པ་གསལ་བཏབ་ལ། ཨོཾ་མཧཱ་ཀཱ་ལ་ཤ་རི་ཧྲཱི། ཨོཾ་མཧཱ་ཀཱ་ལ་དུ་ཧི་ཧྲཱི། ཨོཾ་མཧཱ་ཀཱ་ལ་དུ་ཧཾ་ཧྲཱི། ཞེས་བཟླས་པ་བྱ། གཏོར་མ་བསངས་སྦྱངས། སྟོང་པའི་ངང་ལས་ཡཾ་ལས་རླུང་། རཾ་ལས་མེ། ཨཱཿལས་ཡེ་ཤེས་ཀྱི་ཀ་པཱ་ལ་ཡངས་ཤིང་རྒྱ་ཆེ་བའི་ནང་དུ། གཏོར་མ་ཤ་ལྔ་བདུད་རྩི་ལྔ་ལས་བྱུང་བའི་ཡེ་ཤེས་ཀྱི་བདུད་རྩིའི་རྒྱ་མཚོ་དང་། དགྲ་བགེགས་བསྒྲལ་བ་ལས་བྱུང་བའི་ཤ་ཁྲག་དམར་གྱི་ཕུང་པོ་རི་རབ་ཙམ་དུ་གྱུར། ཨོཾ་ཨཱཿཧཱུྃ། ལན་བདུན་དང་། ཨོཾ་སརྦ་བིད་པཱུ་ར་པཱུ་ར་སོགས་ནམ་མཁའ་མཛོད་ཀྱི་ཕྱག་རྒྱས་སྤེལ། ཕྱགས་གསུམ་གྱི་མཐར། ཨོཾ་ཨ་ཀཱ་རོ་མུ་ཁཾ་སརྦ་དྷརྨཱ་ཎཱཾ་ཨཱདྱ་ནུཏྤནྣ་ཏྭཱཏ་ཨོཾ་ཨཱཿཧཱུྃ་ཕཊ་སྭཱཧཱ། ཞེས་བཏགས་པ་ལན་གསུམ་གྱིས་ཕུལ། འཕྲིན་བཅོལ་རྒྱས་པའམ། བསྡུ་ན། ལེགས་ལྡན་མཆེད་གསུམ་འཁོར་བཅས་ཀྱིས། །སངས་རྒྱས་བསྟན་པ་སྲུང་བ་དང་། །འགལ་རྐྱེན་བར་ཆད་ཞི་བ་དང་། །བཅོལ་བའི་འཕྲིན་ལས་བསྒྲུབ་པར་མཛོད། ༈ དེ་

ནས་རྗེས་གནང་ནི། སློབ་མས་ཁྲུས་བྱས། མནྡལ་ཕུལ་ནས། རྡོ་རྗེ་འཛིན་པ་ནས་བསྐུལ་དུ་གསོལ། ཞེས་པའི་བར་ལན་གསུམ་གྱིས་གསོལ་བ་བཏབ། སློབ་དཔོན་དང་མདུན་གྱི་གཏོར་རྟེན་འདི་ཉིད་ཀྱང་ལེགས་ལྡན་ནག་པོ་མཆེད་གསུམ་སྐུ་མདོག་མཐིང་ནག་ཅན་དན་གྱི་བེང་ཆེན་འཛིན་པར་དངོས་སུ་བཞུགས་འདུག་སྙམ་པར་མོས་ལ། དེ་ནས། སློབ་དཔོན་(༧༥༨ན)གྱི་ཐུགས་ཀ་ནས་འོད་ཟེར་འཕྲོས། མདུན་བསྐྱེད་ཀྱི་ལྷའི་ཐུགས་རྒྱུད་བསྐུལ། དེའི་ཐུགས་ཀ་ནས་འོད་ཟེར་འཕྲོས། ཕྱོགས་བཅུའི་སངས་རྒྱས་བྱང་སེམས་ཐམས་ཅད་ཀྱི་ཐུགས་རྒྱུད་བསྐུལ་བས། སློབ་དཔོན་དང་མདུན་བསྐྱེད་ཀྱི་ལྷ་དང་ཕྱོགས་བཅུའི་སངས་རྒྱས་དང་བྱང་ཆུབ་སེམས་དཔའ་ཐམས་ཅད་ཀྱི་ཐུགས་ཀ་ནས་ལེགས་ལྡན་མཆེད་གསུམ་འཁོར་དང་བཅས་པའི་སྐུ་ཆེ་ཆུང་དཔག་ཏུ་མེད་པ་བྱོན་ཏེ། ཁྱེད་རང་རྣམས་ཀྱི་བ་སྤུའི་བུ་ག་རྣམས་ནས་ཆར་བབས་པ་བཞིན་དུ་སིབ་སིབ་ཐིམ་པའི་མོས་པ་མཛོད། ཧཱུྃ་ཧཱུྃ་ཀྲཱི་མནྡ་ཀྲཱ་ལ་ཡ་ཨ་བེ་ཤ་ཡ་ཛཿཛཿས་མ་ཡ་ཏིཥྛ་བཛྲ་ཧཱུྃ། ཞེས་བརྗོད་ཅིང་རོལ་མོ་དྲག་ཏུ་བྱ། དེའི་རྗེན་གྱིས་སློབ་མ་སྐད་ཅིག་གིས་ལེགས་ལྡན་མཆེད་གསུམ་གྱི་སྐུར་གྱུར་པར་མོས་སུ་བཅུག །སྐུ་སྤྱི་བོར་བཞག་སྟེ། སངས་རྒྱས་ཀུན་གྱི་སྐུ་ཡི་རྟགས། །གང་ཞིག་བསྒོམས་པ་ཙམ་གྱིས་ནི། །དངོས་གྲུབ་མྱུར་དུ་ཐོབ་འགྱུར་བ། །དེ་རིང་ཁྱོད་ལ་སྦྱིན་པར་བྱ། །ཨོཾ་ཀྲཱི་མནྡ་ཀྲཱ་ལ་ཡ་ཨ་ཧྲི་ཏིཥྛ་ཧཱུྃ། བེང་གཏད་ལ། སངས་རྒྱས་ཀུན་གྱི་གསུང་གི་རྟགས། །གང་ཞིག་བཟླས་པ་ཙམ་གྱིས་ནི། །དངོས་གྲུབ་མྱུར་དུ་ཐོབ་འགྱུར་བ། །དེ་རིང་ཁྱོད་ལ་སྦྱིན་པར་བྱ། །ཨོཾ་ཀྲཱི་མནྡ་ཀྲཱ་ལ་ཝཱ་ཀ་ཨ་ཧྲི་ཏིཥྛ་ཧཱུྃ། ཕུར་བུ་གཏད་ལ། སངས་རྒྱས་ཀུན་གྱི་ཐུགས་ཀྱི་རྟགས། །གང་ཞིག་བཟུང་བ་ཙམ་གྱིས་ནི། །དངོས་གྲུབ་མྱུར་དུ་ཐོབ་འགྱུར་བ། །དེ་རིང་ཁྱོད་ལ་སྦྱིན་པར་བྱ། །ཨོཾ་ཀྲཱི་མནྡ་ཀྲཱ་ལ་ཙིཏྟ་ཨ་ཧྲི་ཏིཥྛ་ཧཱུྃ། ཐོད་པ་ཁྲག་གང་གཏད་དེ། སངས་རྒྱས་(༧༥༨བ)ཀུན་གྱི་ཡོན་ཏན་རྟགས། །གང་ཞིག་བཅངས་པ་ཙམ་གྱིས་ནི། །དངོས་གྲུབ་མྱུར་དུ

ཐོབ་འགྱུར་བ། །དེ་རིང་ཁྱོད་ལ་སྦྱིན་པར་བྱ། །ཨོཾ་ཤྲཱི་མཧཱ་ཀཱ་ལ་གུ་ཧྱ་ཨ་ཧྲི་ཕཊ྄་ཧཱུྃ། གཏོར་མ་དགྲ་བགེགས་ཀྱི་དོན་སྙིང་བདུད་རྩིའི་རང་བཞིན་དུ་བྱིན་གྱིས་བརླབས་ལ་ལག་ཏུ་གཏད་དེ། ཧཱུྃ། འདི་ནི་དཔལ་ཆེན་ཧེ་རུ་ཀས། །བདུད་ཆེན་བསྒྲལ་བའི་སྙིང་ཡིན་ཏེ། །བུ་ཁྱོད་ཀྱིས་ནི་འདི་ལ་ལངས། །བསྟན་པའི་དགྲ་བགེགས་མྱུར་དུ་སྒྲོལ། །ཨོཾ་ཤྲཱི་མཧཱ་ཀཱ་ལ་གྷྱ་ཨ་ཧྲི་ཕཊ྄་ཧཱུྃ། ལེགས་ལྡན་ནག་པོ་ཆེན་པོ་འཁོར་དང་བཅས་པ་ཁྱེད་རྣམས་ཀྱིས་རྩ་བརྒྱུད་ཀྱི་དཔལ་ལྡན་བླ་མ་དམ་པ་རྣམས་ཀྱི་བཀའ་དང་དམ་ལས་མ་འདའ་བར་རྫོ་རྗེ་སློབ་མ་འདི་རྣམས་ཀྱི་ཕྱི་བཞིན་དུ་རྗེས་སུ་འབྲངས་ལ་ལུས་དང་གྲིབ་མ་བཞིན་དུ་འགྲོགས་ཏེ། འགལ་རྐྱེན་ཐམས་ཅད་སོལ། མཐུན་རྐྱེན་ཐམས་ཅད་བསྒྲུབས། དགྲ་བགེགས་ཐམས་ཅད་ཐུལ། ཇི་ལྟར་བཅོལ་བའི་ལས་ཐམས་ཅད་བསྒྲུབ་པར་མཛོད་ཅིག །ཅེས་བཀའ་བསྒོ་བྱ། རྗེས་ཀྱི་བྱ་བ་སྦྱི་དང་མཚུངས་སོ། །

༄ མགོན་པོ་ཨཾ་རྒྱ་ར་ལ། མཆོད་གཏོར་བཤམས་ལ། ཡི་དམ་གྱི་བདག་བསྐྱེད་སྔོན་དུ་འགྲོ་བས། མཆོད་པ་བྱིན་གྱིས་བརླབས། སྭ་བྷཱ་ཝས་སྟོང་པར་སྦྱངས། སྟོང་པའི་ངང་ལས་རང་གི་མདུན་དུ་སྲུང་བའི་འཁོར་ལོ་དུར་ཁྲོད་དང་བཅས་པ། ནང་གྲུ་གསུམ་མཐིང་ནག་པདྨ་འདབ་བརྒྱད་དང་བཅས་པ། ཉི་མའི་དཀྱིལ་འཁོར། རུ་ཏྲ་ནག་པོ་གན་རྐྱལ་དུ་བསྒྱེལ་བའི་གདན་དང་བཅས་པ། དེའི་སྟེང་དུ་ཧཱུྃ་ལས་བེང་ཆེན་ཧཱུྃ་གིས་མཚན་པ་ལས་འོད་ཟེར་འཕྲོས། འདུས་ཡོངས་སུ(༢༡༡ན)གྱུར་པ་ལས། དཔལ་ཡེ་ཤེས་ཀྱི་མགོན་པོ་ཨཾ་རྒྱ་ར་སྐུ་མདོག་མཐིང་ནག་ཞལ་གཅིག་ཕྱག་གཉིས་པ། གཡས་ཙན་དན་གྱི་བེང་ཆེན་དང་། གཡོན་ཐོད་ཁྲག་དགུ་ལ་བརྟེན་པ། སྤྱན་གསུམ་མཆེ་བ་གཙིགས། སྨ་ར་སྨིན་མ་རལ་པ་ཁམ་ནག་གྱེན་དུ་བརྫེས་པ། ཁྲག་དང་རྒྱ་མ་ཞལ་དུ་གསོལ་ཞིང་། དར་ནག་གི་འཇོལ་བེར་བསྣམས་ཤིང་། གསེར་གྱི་སྐྱེ་རགས་བཅིངས་པ། སྦྲུལ་དང་རིན་པོ་ཆེའི་རྒྱན་ཅན། ཐོད་སྐམ་གྱི་དབུ་རྒྱན། བདུད་རིགས་ཀྱི་མགོ་བོའི་དོ་ཤལ་བྱས་པ། ཞབས་ལ་ཟངས་ཀྱི་ལྷམ་བུ་གསོལ་བ།

མི་དཔུང་འབར་བའི་དབུས་ན་བཞུགས་པ། དེའི་ཐུགས་ཀ་ནས་ཧཱུཾ་དང་ཧྲཱིཿསྤྲོས་པ་ལས། གཡས་སུ་ཧཱུཾ་ལས་ཞིགས་ལྡན་ནག་པོ། གཡས་ཙན་དན་གྱི་བེང་ཆེན་འཕྱར་ཞིང་། གཡོན་ཐོད་ཁྲག་གཙོ་བོ་ལ་སྟོབ་པ། གཙོ་བོ་དང་ཆ་ལུགས་མཚུངས་ཤིང་། མི་རོའི་སྟེང་ན་འགྱིང་བ། གཡོན་དུ་ཧྲཱིཿལས་དཔལ་ལྡན་ལྷ་མོ་སྐུ་མདོག་སྔོ་ནག་པོང་བུ་གྭ་དམར་ལ་ཞོན་པ། གཡས་རལ་གྲི་འཕྱར་ཞིང་། གཡོན་ཐོད་ཁྲག་ཐུགས་ཀར་འཛིན་པ། དར་ནག་གི་ལྷབ་ལྷུབ་དང་། ཞིང་ཆེན་གྱི་གཡང་གཞི་དང་། རེ་ལྡེའི་ཤམ་བུ་ཅན། ཐོད་སྐམ་གྱི་དབུ་རྒྱན། ཐོད་རློན་གྱི་དོ་ཤལ། སྦྲུལ་གྱི་སྐེ་རགས། ཐལ་ཆེན་གྱི་ཚོམ་བུ་སོགས་དུར་ཁྲོད་ཀྱི་ཆས་རྫོགས་པ། དེའི་ཕྱི་རིམ་ལ། གཡས་སུ་མཁའ་འགྲོ་སྡེ་ལྔ། གཡོན་དུ་རྒྱལ་པོ་ཆེན་པོ་བཞི། ཤར་དུ་དྲང་སྲོང་ཀུན་ཏུ་རི་ཀ །རྒྱབ་ཏུ་གནོད་སྦྱིན་ནོར་བུ་བཟང་པོ། དེ་དག་གི་ཕྱི་(༤༤༨)རོལ་ཏུ། ཤར་དུ་སྲིན་པོ་སྟོང་། ཤར་ལྷོར་མ་མོ་སྟོང་། ལྷོར་གཟའ་བདུད་སྟོང་། ལྷོ་ནུབ་ཏུ་བཙན་དམར་སྟོང་། ནུབ་ཏུ་གྱིང་ཕོ་སྟོང་། ནུབ་བྱང་དུ་སྨུ་བདུད་སྟོང་། བྱང་དུ་བདུད་མོ་སྟོང་། བྱང་ཤར་དུ་གཤིན་རྗེ་སྟོང་། དེ་དག་གི་ཕྱི་རོལ་ཏུ། སྡེ་བརྒྱད་ཀྱི་ཚོགས་ཀྱིས་བསྐོར་བར་གྱུར། རང་གི་སྙིང་ག་ནས་འོད་ཟེར་འཕྲོས། དུར་ཁྲོད་རོལ་པའི་གནས་ནས། མགོན་པོ་འཁོར་བཅས་བཛྲ་ས་མ་ཛཿ ཧཱུཾ་དད་པ་དང་ནི་དམ་ཚིག་གིས། །ཚུར་གཤེགས་དཔལ་ལྡན་མགོན་པོའི་ཚོགས། །འཁོར་དང་བཅས་པ་འདིར་བཞུགས་ཤིག །འབར་བའི་སྐུ་སྟོན་མཆོད་པ་བཞེས། །ཨོཾ་ཨཾ་ཀྲོ་ར་མཧཱ་ཀཱ་ལ་ཛཿཧཱུཾ་བཾ་ཧོཿས་མ་ཡ་ཏིཥྛ་ལྷན། ཨོཾ་ཨཾ་ཀྲོ་ར་མཧཱ་ཀཱ་ལ་ས་པ་རི་ཝཱ་ར་ཨརྒྷཾ་ནས་ཤབྡའི་བར་གྱིས་མཆོད། ཧཱུཾ་ལྷ་མིན་གདུག་པའི་དམག་ཚོགས་གཡུལ་བཟློག་ཅིང་། །སྟོབས་ལྡན་ལྷ་དམག་དཀར་པོ་འབུམ་དང་བཅས། །བགེགས་འདུལ་དཔལ་ལྡན་མགོན་པོ་འཁོར་བཅས་ལ། །དད་པའི་སེམས་ཀྱིས་བསྟོད་ཅིང་ཕྱག་འཚལ་ལོ། །ཨོཾ་ཨཾ་ཀྲོ་ར་མཧཱ་ཀཱ་ལ་ཡ་ཧི་ཕུ་ཛ་ཧོ་ཕྲ་ཏིཥྛ་ཧོ། ཞེས་ཕྱག་འཚལ། མཧཱ་པཉྩ་ཨ་མྲི་ཏ་ཨོཾ་ཨཱཿཧཱུཾ། ཞེས་ནང་མཆོད་ཕུལ།

དེ་ནས་བཟླས་པའི་དམིགས་པ་གསལ་བཏབ་ལ། ཨོཾ་ཨཾ་ཀྲོ་ར་མཧཱ་ཀཱ་ལ་དུ་རེ་སྭཱ་ཧཱ་ཧཱུཾ་ཧཱུཾ། གཙོ་བོའི་སྔགས་སོ། །ཨོཾ་མཧཱ་ཀཱ་ལ་རཀྵ་ཧཱུཾ་ཧཱུཾ་ཕཊ་ཕཊ། ལས་མགོན་གྱིའོ། །མ་མ་རུ་རུ་ཙེ་རཀྵ་ཙ་ལེ་ཧྲཱིཿཧཱུཾ་ཕཊ། ལྷ་མོའི་འོ། །གཏོར་མ་ཨ་ཀྲི་ཏས་བསངས། སྭ་བྷཱ་ཝས་སྦྱངས། སྟོང་(༣༠༠ན)པའི་ངང་ལས་ཡཾ་ལས་རླུང་། རཾ་ལས་མེ། ཨཱཿལས་ཡེ་ཤེས་ཀྱི་ཀ་པཱ་ལ་ཡངས་ཤིང་རྒྱ་ཆེ་བའི་ནང་དུ། གཏོར་མ་ཤ་ལྔ་བདུད་རྩི་ལྔ་ལས་བྱུང་བའི་ཡེ་ཤེས་ཀྱི་བདུད་རྩིའི་རྒྱ་མཚོ་དང་། དགྲ་བགེགས་བསྒྲལ་བ་ལས་བྱུང་བའི་ཤ་ཁྲག་དམར་གྱི་ཕུང་པོ་རི་རབ་ཙམ་དུ་གྱུར། ཨོཾ་ཨཱཿཧཱུཾ། ལན་བདུན་དང་། ཨོཾ་སརྦ་བིད་པཱུ་ར་པཱུ་ར་སོགས་ནམ་མཁའ་མཛོད་ཀྱི་སྔགས་རྒྱས་སྤེལ། ཨོཾ་ཨཾ་ཀྲོ་ར་མཧཱ་ཀཱ་ལ་དུ་རེ་སྭཱཧཱ། ཧཱུཾ་ཧཱུཾ་བ་ལིཾ་ཏ་ཁ་ཁ་ཁཱ་ཧི་ཁཱ་ཧི། ཞེས་ལན་གསུམ་དང་། སྤྱི་མཐུན་དུ་ཤཱ་ས་ན་དང་། ཨོཾ་ཨ་ཀཱ་རོ་མུ་ཁཾ་སརྦ་དྷརྨཱ་ཎཱཾ་ཨཱདྱ་ནུཏྤནྣ་ཏྭཱཏ་ཨོཾ་ཨཱཿཧཱུཾ་ཕཊ་སྭཱཧཱ། ཞེས་པས་གཏོར་མ་ཕུལ། དམ་རྫས་རྒྱན་གྱི་གཏོར་མ་འདི་བཞེས་ལ། །བདག་ལ་སྣང་བའི་དགྲ་བགེགས་མ་ལུས་པ། །མ་རུངས་ཚོགས་རྣམས་མྱུར་དུ་བརླག་པར་མཛོད། །སངས་རྒྱས་བསྟན་པ་སྲུང་བའི་དུས་ལ་བབ། །ཅེས་འཕྲིན་ལས་བཅོལ།

༈ རྗེས་གནང་བྱེད་པར་འདོད་པས། ཆོས་འབྱུང་གི་སྟེང་དུ་དཔལ་གཏོར་བཞག །དེ་ལ་ཙཀ་ལི་དང་། འཕན་གདུགས། ཕོད་པ་བདུད་རྩིས་གང་བ་དང་ཕོད་འཕྲེང་ཡང་བཤམས། འཕྲིན་ལས་བཅོལ་བ་ཡན་ཆད་གོང་བཞིན་བྱས་ལ། ༈ སློབ་མས་མཎྜལ་ཕུལ། རྡོ་རྗེ་འཛིན་པ་དགོངས་སུ་གསོལ་ཞེས་སོགས་ཀྱིས་གསོལ་བ་བཏབ། སྐྱབས་འགྲོ་སེམས་བསྐྱེད་བྱ། དཀོན་མཆོག་གསུམ་ལ་བདག་སྐྱབས་མཆི། །ཞེས་སོགས་རྒྱུན་བཤགས་དང་། སངས་རྒྱས་བྱང་ཆུབ་སེམས་(༣༠༠བ)དཔའ་ཀུན། །ཞེས་སོགས་རིགས་ལྔའི་སྡོམ་བཟུང་བྱ། མདུན་བསྐྱེད་ཀྱི་གཏོར་རྟེན་འདི་ཉིད་ཀྱང་མགོན་པོ་ཨཾ་ཀྲོ་ར་ཞལ་གཅིག་ཕྱག་གཉིས་པ་གཙོ་འཁོར་དུ་དངོས་སུ་བཞུགས་པར་མོས་སུ་བཅུག་སྟེ། གཏོར་མ་སྤྱི་བོར་བཞག་ལ། སྤྱི་བོར་བཞུགས་པའི་མགོན་པོའི་

ཐུགས་ཀའི་འོད་ཟེར་གྱིས་རང་བཞིན་གྱི་གནས་ནས་མགོན་པོ་ཡེ་ཤེས་པ་སྤྱན་དྲངས་ སྤྱི་བོའི་མགོན་པོ་ལ་ཐིམ་པར་མོས་སུ་བཅུག་ལ། གཏོར་སྟོད་རྣམ་དག་ཆོས་ཀྱི་དབྱིངས། །གཏོར་མ་ཡེ་ཤེས་བདུད་རྩི་ལྔ། །སྐལ་ལྡན་ཁྱོད་ལ་དབང་བསྐུར་བས། །བུམ་པའི་དབང་མཆོག་ཐོབ་པར་ཤོག །ཨོཾ་ཨཾ་ཀྵོ་ར་མཧཱ་ཀཱ་ལ་ཏུ་རེ་སྭཱཧཱ་ཧཱུྃ་ཧཱུྃ་བ་ལིཾ་ཏ་ཨ་བྷི་ཥིཉྩ་ཧཱུྃ། གཏོར་མའི་ལྷ་སློབ་མའི་ཚངས་བུག་ནས་ཐིམ་པས་སློབ་མ་མགོན་པོའི་སྐུར་གྱུར། ཐོད་པ་བདུད་རྩིས་གང་བ་མགྲིན་པར་གཏད་དེ། བན་རྒྱ་བསམ་འཕེལ་ཡིད་བཞིན་ནོར་བུའི་སྣོད། །རང་བྱུང་བདེ་བསྐྱེད་དམ་རྫས་བདུད་རྩི་ཡིས། །སྐལ་ལྡན་རིགས་ཀྱི་བུ་ལ་དབང་བསྐུར་བས། །གསང་བའི་དབང་མཆོག་དམ་པ་ཐོབ་པར་ཤོག །ཨོཾ་ཨཾ་ཀྵོ་ར་མཧཱ་ཀཱ་ལ་ཏུ་རེ་སྭཱཧཱ་ཧཱུྃ་ཧཱུྃ་ཨ་མྲྀ་ཏ་ཨ་བྷི་ཥིཉྩ་ཧཱུྃ། ནང་མཆོད་ནས་ཀྱང་སྦྱིན། གཏོར་མ་ནས་དུམ་གཅིག་བཅད་དེ་སློབ་མ་ཟར་བཅུག་ལ། བ་ལིཾ་ཏ་ནི་མགོན་པོ་སྟེ། །བཟའ་དང་རོལ་པ་གཉིས་མེད་པས། །སྐལ་ལྡན་སྐྱེས་བུ་ཁྱོད་ལ་སྦྱིན། །གསུམ་པའི་དབང་མཆོག་ཐོབ་པར་ཤོག །ཨོཾ་ཨཾ་ཀྵོ་ར་མཧཱ་ཀཱ་ལ་ཏུ་རེ་སྭཱཧཱ་ཧཱུྃ་ཧཱུྃ་ཀ་ཡ་ཝཱ་ཀ་ཙིཏྟ་ཨ་བྷི་ཥིཉྩ་ཧཱུྃ། ཐོད་འཕྲེང་ལག་ཏུ་གཏད་དེ། བླ་མེད་རིན་ཆེན་ཐོད་སྐམ་འཕྲེང་། །(༣༠༧ན)མ་ཡེངས་རྒྱུན་དུ་བཟུང་བའི་རྟགས། །སྐལ་ལྡན་སྐྱེས་བུ་ཁྱོད་ལ་སྦྱིན། །བཞི་པའི་དབང་མཆོག་ཐོབ་པར་ཤོག །ཅེས་བརྗོད་ལ། བཟླས་ལུང་ནི། ཁྱེད་རང་གི་སྙིང་གར་པད་ཉིའི་གདན་ལ་ཧཱུྃ་མཐིང་ནག་གི་མཐར་སྔགས་འཕྲེང་འོད་ཟེར་མཐིང་ནག་འབར་བའི་རྣམ་པ་ཅན་དུ་བཞུགས་པར་མོས། སློབ་དཔོན་གྱི་ཐུགས་ཀ་ནས་འོད་ཟེར་འཕྲོས། མདུན་བསྐྱེད་ཀྱི་ལྷའི་ཐུགས་རྒྱུད་བསྐུལ། ཐུགས་ཀའི་སྔགས་འཕྲེང་ལས་སྔགས་འཕྲེང་གཉིས་པ་ཞིག་ཆད། ཞལ་ནས་ཐོན། ཁྱེད་རང་གི་ཁ་སྒོ་ནས་ཞུགས། སྙིང་གའི་ས་བོན་གྱི་མཐར་སྔགས་སྔ་མ་ལ་ཐིམ་ཞིང་འཁོར་བར་མོས་ལ། འདིའི་རྗེས་ཟློས་མཛོད་ཅིག་བྱས་ལ། ཨོཾ་ཨཾ་ཀྵོ་ར་མཧཱ་ཀཱ་ལ་ཏུ་རེ་སྭཱཧཱ་ཧཱུྃ་ཧཱུྃ། གཙོ་བོའི་སྔགས་སོ། །ཨོཾ་མཧཱ་ཀཱ་ལ་རཀྵ་ཧཱུྃ་ཧཱུྃ་ཕཊ་ཕཊ།

ལས་མགོན་གྱིའོ། །མ་མ་ཏུ་ཏུ་ཙེ་ར་ཀྵོ་ཙ་ལེ་ཧྲཱིཿཧཱུྃ་ཕཊ། ལྷ་མོའི་འོ། །ཞེས་ལན་གསུམ་གསུམ་སྔགས་རྣམས་རྗེས་ཟློས་བྱེད་དུ་གཞུག །རྗེས་ཀྱི་བྱ་བ་སྤྱི་དང་འདྲའོ། །

༈ **མགོན་པོ་ལྷ་ཆེན་དཔལ་འབར་ཇོ་བོའི་ལུགས་ལ།** མདུན་དུ་བྲིས་སྐུ་དང་། མཆོད་གཏོར་རྒྱ་ཆེར་བཤམས། ཕྱག་རྡོར་གྱི་བདག་བསྐྱེད་སྔོན་དུ་འགྲོ་བས། མཆོད་པ་བྱིན་གྱིས་བརླབས། མདུན་བསྐྱེད་བསངས་སྦྱངས། སྟོང་པའི་ངང་ལས་རང་གི་མདུན་དུ་གྲུ་གསུམ་མཐིང་ནག་འབར་བའི་གཞལ་ཡས་ཁང་ཕྱི་རོལ་དུར་ཁྲོད་ཆེན་པོས་བསྐོར་བའི་དབུས་སུ། པད་ཉི་པཾ་རོ་བསྟོལ་བའི་གདན་ལ་ཧཱུྃ་ལས་ལེགས་ལྡན་ནག་(༣༠༧བ)པོ་སྐུ་མདོག་སྨུག་ནག་ཕྱག་གཡས་ན་བེང་དང་། གཡོན་ན་མདུང་འཛིན་པ། དར་གྱི་འཇོལ་བེར་དང་གསེར་གྱི་སྙེ་རགས་ཅན། ཞབས་ལ་སག་ཧྲིའི་ལྷམ་ཡུ་རིང་གསོལ་བ། ཞབས་གཡོན་བརྐྱང་གི་སྟབས་ཀྱིས་བཞུགས་ཤིང་། མི་མགོའི་དོ་ཤལ་ཅན། མི་དཔུང་འབར་བའི་དབུས་ན་བཞུགས་པ། རྒྱབ་ཏུ་གསང་བའི་མཁའ་འགྲོ་མ་དམར་མོ་གྲི་ཐོད་འཛིན་པ་དང་། མདུན་དུ་དཔལ་ལྷ་མོ་རེ་མ་ཏིའམ། བདེ་བསྐྱེད་མཁའ་འགྲོ་སྐུ་མདོག་སྨུག་མོ་ཕྱག་གཡས་ན་གདུག་པའི་གཟའ་སྟག་གི་མགོའི་རྣམ་པ་ཅན། གཡོན་པས་ཤོ་རྗེའུ་དཀར་ནག་དང་བཅས་པ་འཛིན་པའོ། །ཐམས་ཅད་ཀྱི་དཔྲལ་བར་ཨོཾ། མགྲིན་པར་ཨཱཿ ཐུགས་ཀར་ཧཱུྃ། རང་གི་སྙིང་ག་ནས་འོད་ཟེར་འཕྲོས། རང་བཞིན་གྱི་གནས་ནས་ལེགས་ལྡན་ནག་པོ་འཁོར་དང་བཅས་པ་སྤྱན་དྲངས། ཧཱུྃ་དད་པ་དང་ནི་དམ་ཚིག་གིས། །དཔལ་ལྡན་མགོན་པོ་སྤྱན་འདྲེན་ན། །སངས་རྒྱས་བསྟན་པ་སྲུང་བའི་ཕྱིར། །མཆོད་པའི་གནས་འདིར་གཤེགས་སུ་གསོལ། །ཨོཾ་ཧྲི་མཧཱ་ཀཱ་ལ་ས་པ་རི་ཝཱ་ར་བཛྲ་ས་མཱ་ཛཿ ཛཿཧཱུྃ་བཾ་ཧོཿ གཉིས་སུ་མེད་པར་གྱུར། སླར་ཡང་ཐུགས་ཀའི་ས་བོན་ལས་འོད་ཟེར་འཕྲོས། དབང་གི་ལྷ་རྣམས་སྤྱན་དྲངས། ཁྱེད་རྣམས་ཀྱིས་འདི་ལ་མངོན་པར་དབང་བསྐུར་དུ་གསོལ། ཞེས་གསོལ་བ་བཏབ་པས། དེ་རྣམས་ཀྱིས་ཡེ་ཤེས་ཀྱི་བདུད་རྩིས་གང་བའི་བུམ་པ་ཐོགས་ཏེ། ཨོཾ་སརྦ་

ཏ་ཐཱ་ག་ཏ་ཨ་ཧྲི་ཏྲི་ཀ་ཏ་ས་མ་ཡ་ཤྲི་ཡེ་ཧཱུྃ། ཞེས་གསུངས་ཤིང་དབང་བསྐུར། སྐུ་(༣༠༢ན)གང་། དྲི་མ་དག །ཚུའི་ལྷག་མ་སྤྱི་གཙུག་ཏུ་གནས་པ་ཡོངས་སུ་གྱུར་པ་ལས། མི་བསྐྱོད་པས་དབུ་བརྒྱན་པར་གྱུར། ཞེས་བརྗོད། ལྷ་མིན་དམག་ཚོགས་གཡུལ་བཟློག་ཅིང་། །ལྷ་དམག་དཀར་པོའི་དབུགས་འབྱིན་པ། །ལེགས་ལྡན་ནག་པོ་འཁོར་བཅས་ལ། །མཆོད་ཅིང་བསྟོད་དེ་ཕྱག་ཀྱང་འཚལ། །དེ་ནས་བཟླས་པའི་དམིགས་པ་གསལ་བཏབ་ལ། ཨོཾ་ཧྲི་མཧཱ་ཀཱ་ལ་ག་ཙ་གུ་ཧྱེ་སྭཱཧཱ། ན་མཿཧྲི་མཧཱ་ཀཱ་ལ་ཝཱ་ནི་ཤ་ཡ་ན་མོ་ཡོ་གི་ཀྣི་ཀྣཾ། ཏདྱ་ཐཱ། ཨོཾ་ཧེ་ལི་ཧེ་ལུ་ཀེ་ཏི་ཀེ་ཏི་ནི། ཅེ་ཏི་ནི་ཅེ་ཏི་ནི་སྭཱཧཱ། ཞེས་མགོན་པོ་རྣམས་ཀྱི་སྤྱི་སྔགས་དང་། བདེ་བསྐྱེད་མ་ལ། ཨོཾ་ཧྲིཿསི་ལི་ཀི །ཁྲད་ཛ་ལ། ཨ་མོ་ཧ་ཧྲིཿཧ་ཧཱུྃ་ཕཊ། ཅེས་བཟློའོ། །གཏོར་མ་ཨ་མྲི་ཏས་བསངས། ལག་པ་གཡོན་པ་བསྟན་ལ། ཨོཾ་སྟོང་པ་ཉིད་དུ་གྱུར། གཡས་པ་བསྟན་ཏེ། ཨཱཿའོད་པའི་སྣོད་ཡངས་ཤིང་རྒྱ་ཆེ་བར་གྱུར། གཉིས་ཀ་བསྟན་ཏེ། ཧཱུྃ་ཤ་ལྔ་བདུད་རྩི་ལྔས་གང་བར་གྱུར། བྱ་ཁྱུང་གི་ཕྱག་རྒྱ་བསྟན་ཏེ། ཧོ་ཡེ་ཤེས་ཀྱི་བདུད་རྩིའི་རྒྱ་མཚོ་ཆེན་པོར་གྱུར། ཨོཾ་ཨཱཿཧཱུྃ། ལན་གསུམ་བརྗོད། ཨོཾ་ཧྲི་མཧཱ་ཀཱ་ལ་ག་ཙ་གུ་ཧྱེ་སྭཱཧཱ། ཞེས་སོགས་སྔགས་ཀྱི་མཐར། ཨོཾ་ཨ་ཀཱ་རོ་མུ་ཁཾ་སརྦ་དྷརྨཱ་ཎཱཾ་ཨཱདྱ་ནུ་ཏྤནྣ་ཏྭཱཏ་ཨོཾ་ཨཱཿཧཱུྃ་ཕཊ་སྭཱཧཱ། ཞེས་ལན་གསུམ་གྱིས་ཕུལ། ཨོཾ་ཧྲི་མཧཱ་ཀཱ་ལ་ས་པ་རི་ཝཱ་ར་ཨིདཾ་ནས་ཤཱུདྡྷའི་བར་གྱིས་མཆོད། ལྷ་མིན་དམག་ཚོགས་གཡུལ་བཟློག་ཅིང་། །ལྷ་དམག་དཀར་པོའི་དབུགས་འབྱིན་པ། །ལེགས་ལྡན་ནག་པོ་འཁོར་བཅས་(༣༠༢བ)ལ། །མཆོད་ཅིང་བསྟོད་དེ་ཕྱག་ཀྱང་འཚལ། །ཞེས་བསྟོད། མཆོད་སྦྱིན་གཏོར་མ་འདི་བཞེས་ལ། །ཞེས་སོགས་ཀྱིས་འདོད་དོན་གསོལ་བཏབ་བྱ། ༈ འདིའི་རྗེས་གནང་ནི། མཉལ་ཚོམ་བུ་ལྔ་དང་བཅས་པ། རྒྱབ་ཏུ་མཆེའི་སྟེང་དུ་གཏོར་མ་ནོར་གཟུགས་མ་ཁ་ཟས་བཟང་དགུས་བརྒྱན་པ་བཀོད་ལ། དེ་དག་གི་མདུན་དུ་གཏོར་མ་དང་མཆོད་པ་རྣམས་བཤམས། བདག་བསྐྱེད་ནས་བཅམས་ཏེ་མདུན་བསྐྱེད་བཟླས་པའི་བར་གོང་བཞིན་

བྱས་ལ། རྗེས་གནང་གི་རིམ་པ་རྣམས་བདག་འཇུག་གི་ཚུལ་དུ་དམིགས་པས་ཞེན།

༈ དེ་ནས་སློབ་མས་མཎྜལ་ཕྱོན་དུ་འགྲོ་བས། གསོལ་བ་བཏབ་པ་ནི། སློབ་དཔོན་དགོངས་སུ་གསོལ། བདག་ལ་ནག་པོ་ཆེན་པོའི་སྐུ་གསུང་ཐུགས་ཀྱི་རྗེས་སུ་གནང་བ་མ་ལུས་པ་བསྐུལ་དུ་གསོལ། ལན་གསུམ། སངས་རྒྱས་ཆོས་དང་མ་ལན་གསུམ་གྱིས་སེམས་བསྐྱེད། དཀོན་མཆོག་གསུམ་ལ་བདག་སྐྱབས་མཆི། །ཞེས་སོགས་རྒྱན་བཤགས་ཀྱིས་སྡོམ་པ་བཟུང་། སློབ་མ་མགོན་པོར་བསྐྱེད་མི་དགོས། གཏོར་རྟེན་འདི་ཉིད་ཀྱང་ལྷ་ཆེན་དཔལ་འབར་གཙོ་འཁོར་དངོས་སུ་བཞུགས་འདུག་སྙམ་པར་མོས་སུ་བཅུག་སྟེ། སྐུའི་རྗེས་གནང་ངོ་། །གཏོར་མ་མགོ་ཐོག་ཏུ་བཞག་ལ། སྤྱི་བོར་བཞུགས་པའི་ལྷ་ཆེན་དཔལ་འབར་གྱི་ཐུགས་ཀའི་འོད་ཟེར་གྱིས་རང་བཞིན་གྱི་གནས་ནས་མགོན་པོ་ཡེ་ཤེས་པ་སྤྱན་དྲངས་སྤྱི་བོའི་མགོན་པོ་ལ་ཐིམ་པར་མོས་སུ་བཅུག་ལ། རྩ་བརྒྱུད་ཀྱི་དཔལ་ལྡན་བླ་མ་དམ་པ་རྣམས་(༣༠༣ན)ཀྱིས་བྱིན་གྱིས་རློབས་ཤིག །ཡི་དམ་དཀྱིལ་འཁོར་གྱི་ལྷ་ཚོགས་རྣམས་ཀྱིས་བྱིན་གྱིས་རློབས་ཤིག །སངས་རྒྱས་དང་བྱང་ཆུབ་སེམས་དཔའ་རྣམས་ཀྱིས་བྱིན་གྱིས་རློབས་ཤིག །དཔའ་བོ་དང་དཔའ་མོ་རྣལ་འབྱོར་མ་རྣམས་ཀྱིས་བྱིན་གྱིས་རློབས་ཤིག །དཔལ་མགོན་དམ་པ་ཆོས་སྐྱོང་སྲུང་མ་རྣམས་ཀྱིས་བྱིན་གྱིས་རློབས་ཤིག །ཁྱད་པར་དུ་ཡང་ལེགས་ལྡན་ནག་པོ་འཁོར་དང་བཅས་པ་རྣམས་ཀྱིས་བྱིན་གྱིས་རློབས་ཤིག །ཛཿཧཱུཾ་བཾ་ཧོཿཞེས་གཏོར་དབང་བསྐུར། ཐུགས་ཀྱི་རྗེས་གནང་ངོ་། །བཟླས་ལུང་ནི། ཁྱོད་རང་རྣམ་པའི་སྙིང་གར་པད་ཉིའི་གདན་ལ། ཧཱུཾ་མཐིང་ནག་གི་མཐར་སྔགས་འཕྲེང་འོད་ཟེར་མཐིང་ནག་འབར་བའི་རྣམ་པ་ཅན་དུ་བཞུགས་པར་མོས། སློབ་དཔོན་གྱི་ཐུགས་ཀ་ནས་འོད་ཟེར་འཕྲོས། མདུན་བསྐྱེད་ཀྱི་ལྷའི་ཐུགས་རྒྱུད་བསྐུལ། ཐུགས་ཀའི་སྔགས་འཕྲེང་ལས་སྔགས་འཕྲེང་གཉིས་པ་ཞིག་ཆད། ཞལ་ནས་ཐོན། ཁྱོད་རང་གི་ཁ་སྣ་ནས་ཞུགས། སྙིང་གའི་ས་བོན་གྱི་མཐར་སྔགས་སྔ་མ་ལ་ཐིམ་ཞིང་འཁོར་

བར་མོས་ལ། འདིའི་རྗེས་བློས་མཛོད་ཅིག་བྱས་ལ། ཨོཾ་ཧྲཱི་མཧཱ་ཀཱ་ལ་ག་ཎ་གུ་ཧེ་སྭཱཧཱ། ན་མཿཧྲཱི་མཧཱ་ཀཱ་ལ་ཨཱ་ནེ་ཤ་ཡ་ན་མོ་ཡོ་གི་ནྲི་ནྲཱི། ཏྲཊ་སྭཱ། ཨོཾ་ཧེ་ལི་ཧེ་ལི་ཀེ་ཧི་ཀེ་ཧི་ནེ། ཙེ་ཧི་ནེ་ཙེ་ཧི་ནེ་སྭཱཧཱ། ཨོཾ་ཧྲཱིཿསི་ལི་ཀི་པྲད་ཛ་ལ། ཨ་མོ་ཁཱ་ཧྲཱིཿཧ་ཧཱུྃ་ཕཊ། ཞེས་སྔགས་རྣམས་ལན་གསུམ་གསུམ་རྗེས་བློས་བྱེད་དུ་གཞུག །གསུང་གི་རྗེས་གནང་ངོ་། །རྗེས་ཆོག་སྤྱི་དང་འདྲའོ། །

༄ མགོན་པོ་ཁྲི་གུག་དཔལ་གཅིག་ལ། སྐྱབས་འགྲོ་(༣༠༣བ)སེམས་བསྐྱེད་སྔོན་དུ་བཏང་སྟེ། སྟོང་པ་ལ་ཅུང་ཟད་མཉམ་པར་བཞག །སྭ་བྷཱ་ཝ་སོགས་བརྗོད། སྟོང་པའི་ངང་ལས། པདྨ་དང་ཉི་མའི་སྟེང་དུ། མི་རོ་བཀན་པའི་གདན་ལ། རང་ཉིད་སྐད་ཅིག་གིས་དཔལ་ལྡན་མཧཱ་ཀཱ་ལ་སྐུ་མདོག་དུས་མཐའི་སྤྲིན་དང་མཚུངས་པ། ཞལ་གཅིག་ཕྱག་གཉིས་པ། གཡས་ཀྱི་གྲུག་འཕྱར་ཞིང་། གཡོན་ཐོད་པ་ཁྲག་གང་ཐུགས་ཀར་འཛིན་པ། སྤྱན་གསུམ། མཆེ་བ་གཙིགས་ཤིང་། ལྗགས་བསྐྱོད་པ། སྨ་ར་དང་སྨིན་མ་དམར་སེར་གྱེན་དུ་བརྫེས་པ། སྲོམ་ཐུང་ཡན་ལག་རྟགས་ཤིང་། གསུས་ཁྱིམ་ཆེ་བ། སྟག་ལྤགས་ཀྱི་ཤམ་ཐབས་ཅན། མི་མགོ་རློན་པོ་ལྔའི་དབུ་རྒྱན་དང་། རྣོན་པ་ལྔ་བཅུའི་དོ་ཤལ་བྱས་པ། ཞབས་གཡས་བསྐུམ་གཡོན་བརྐྱང་བའི་སྟབས་ཀྱིས་མེ་ཆེན་དྲག་པོ་འབར་བའི་ཀློང་ན་བཞུགས་པ། ཐུགས་ཀར་རཾ་ལས་ཉི་མའི་སྟེང་དུ་ཧཱུྃ་མཐིང་ནག །དེ་ལས་འོད་ཟེར་འཕྲོས། ཤར་ཕྱོགས་ནས་རྒྱལ་བ་མི་བསྐྱོད་པ་བཛྲ་ས་མ་ཛཿརང་གི་སྤྱི་བོར་རིགས་བདག་གི་ཚུལ་དུ་བཞུགས་པར་གྱུར། ཡང་ཧཱུྃ་ལས་འོད་ཟེར་སྣུག་ནག་ཤིན་ཏུ་ཚ་བ་འཕྲོས། ཕྱོགས་བཅུའི་སེམས་ཅན་གདུག་པ་ཅན་ཐམས་ཅད་ཀྱི་ལུས་རྣམས་གདུངས་ཤིང་། སེམས་ངན་པ་ཐམས་ཅད་བསྲེགས་པར་གྱུར། ཧཱུྃ་གི་མཐར་སྔགས་ཀྱིས་བསྐོར་བར་བསྒོམས་ལ། ཨོཾ་མཧཱ་ཀཱ་ལ་ཧ་ན་ཧ་ན་བཛྲ་ཎ་ཧཱུྃ་ཕཊ། ཅེས་ཅི་ནུས་བཟླས་པའི་མཐར། དཔལ་མགོན་པོས་བདག་གི་དགྲ་ལྷ་དང་སྲུང་མ་ཆེན་པོ་མཛོད་ལ། སྤྱི་དང་ཁྱད་པར་གྱི་བསྟན་

པ་སྐྱོང་བ་དང་། བདག་དང་སེམས་(༣༠༨ན)ཅན་རྣམས་ལ་གནོད་བྱེད་ཐམས་ཅད་འདུལ་ཞིང་། འཕྲིན་ལས་རྣམ་པ་བཞི་འགྲུབ་པ་དང་། བར་ཆད་སྲུང་ཞིང་། ཡིད་ལ་བསམ་པའི་དོན་ཐམས་ཅད་འགྲུབ་པར་མཛད་དུ་གསོལ། དཔལ་མགོན་པོ་ཁྱོད་ཀྱི་གོ་འཕང་ཐོབ་པར་མཛད་དུ་གསོལ། ཞེས་བདག་བསྐྱེད་ཀྱི་ལྷ་ལ་གསོལ་བ་དྲག་ཏུ་བཏབ་ཅིང་། བཟོད་པར་གསོལ། དགེ་བ་བསྔོ་བའོ། ། ༄ འདིའི་རྗེས་གནང་བྱེད་པར་འདོད་པས། མདུན་དུ་བྲིས་སྐུ་བཀྲམ། དེའི་མདུན་དུ། བཤོས་བུའི་གཏོར་མ་ལག་ལེན་ལྟར་གསུམ་བཤམས། རང་གི་སྙིང་ག་ནས་འོད་ཟེར་འཕྲོས། དུར་ཁྲོད་ཆེན་པོའི་གནས་བརྒྱད་ནས། མགོན་པོ་ནག་པོ་འཁོར་དང་བཅས་པ་བཛྲ་ས་མཱ་ཛཿམདུན་གྱི་བྲིས་སྐུ་དང་གཉིས་སུ་མེད་པར་གྱུར་པ་ནི། དཔལ་ལྡན་མཧཱ་ཀཱ་ལ་ཞེས་པ་ནས་ཧཱུྃ་མཐིང་ནག་གོ། །མཆོད་ཡོན་ནས་ཤབྡའི་བར་གྱིས་མཆོད། སྲིན་པོའི་གཟུགས་ཀྱིས་གདུག་པ་ཅན། །ཞེས་སོགས་ཀྱིས་བསྟོད། མདུན་བསྐྱེད་ཀྱི་ཐུགས་ཀའི་ཧཱུྃ་ལ་དམིགས་ནས། སྔགས་འཕྲེང་ཞལ་ནས་ཞལ་ལྟེ་བ་ནས་ལྟེ་བར་འཁོར་བའི་དམིགས་པ་དང་བཅས་ཏེ་བཟླས་པ་ཅུང་ཟད་བྱས། གཏོར་མ་བླ་མེད་ལྟར་བྱིན་གྱིས་བརླབས་ཏེ། ཨོཾ་མཧཱ་ཀཱ་ལ་ཏ་ན་ཏ་ན་བཛྲ་ཊ་ཧཱུྃ་ཕཊ་ཨི་དཾ་བ་ལིཾ་ཏེ་ཁ་ཁ་ཁཱ་ཧི་ཁཱ་ཧི། ཞེས་ལན་བདུན་གྱིས་བསྔབ། ཨོཾ་མཧཱ་ཀཱ་ལ་ཧཱུྃ་ཕཊ་ས་པ་རི་ཝཱ་རེ་བྷྱཿན་མཿསརྦ་ཏ་ཐཱ་ག་ཏ་ཨ་ཝ་ལོ་ཀི་ཏེ་ཨོཾ་སཾ་བྷ་ར་སཾ་བྷ་ར་ཧཱུྃ། ཞེས་ལན་ཉི་ཤུ་རྩ་གཅིག་ཙམ་གྱིས་(༣༠༨བ)འཁོར་དང་བཅས་པ་རྣམས་ལ་འབུལ་ལོ། །

༄ བཟླས་ལུང་བྱ་བའི་ཚུལ་ནི། མཎྜལ་བཅའ་གཞི་དང་བཅས་པ་དང་། སློབ་དཔོན་གྱི་བྱ་བ་རྣམས་གོང་གི་ཉེར་དགུ་མཆོད་པ་བཞིན་བྱས་ལ། སློབ་མས་མཎྜལ་ཕུལ། ཡན་ལག་བདུན་པ་བཟང་སྤྱོད་བཞིན་བྱ། སངས་རྒྱས་ཆོས་དང་མ་ཙམ་གྱི་སྐྱབས་སེམས་བྱ། སློབ་མ་བསངས་སྦྱངས། སྟོང་པའི་ངང་ལས་པདྨ་དང་ཉི་མའི་སྟེང་དུ་མི་རོ་བཀན་པའི་གདན་ལ་ཁྱེད་རང་རྣམས་སྐད་ཅིག་གིས་དཔལ་ལྡན་

མཧཱ་ཀཱ་ལ་སྐུ་མདོག་དུས་མཐའི་སྤྲིན་དང་མཚུངས་པ། ཞལ་གཅིག་ཕྱག་གཉིས་པ། གཡས་གྲི་གུག་འཕྱར་ཞིང་། གཡོན་ཐོད་པ་ཁྲག་གང་ཐུགས་ཀར་འཛིན་པ། སྤྱན་གསུམ། མཆེ་བ་གཙིགས་ཤིང་། ཞྭགས་བསྐྱོད་པ། སྨ་ར་དང་སྨིན་མ་དམར་སེར་གྱེན་དུ་བརྫེས་པ། སྟོམ་ཐུང་ཡན་ལག་རྟགས་ཤིང་། གསུས་ཁྱིམ་ཆེ་བ། སྟག་ལྤགས་ཀྱི་ཤམ་ཐབས་ཅན། མི་མགོ་སྐམ་པོ་ལྔའི་དབུ་རྒྱན་དང་། རློན་པ་ལྔ་བཅུའི་དོ་ཤལ་བྱས་པ། ཞབས་གཡས་བསྐུམ་གཡོན་བརྐྱང་བའི་སྟབས་ཀྱིས་མེ་ཚན་དྲག་པོ་འབར་བའི་ཀློང་ན་བཞུགས་པ། སློབ་དཔོན་གྱི་ཐུགས་ཀ་ནས་འོད་ཟེར་འཕྲོས། ཤར་ཕྱོགས་ནས་རྒྱལ་བ་མི་བསྐྱོད་པ་བཛྲ་ས་ཏྭ་ཛཿཁྱེད་རང་གི་སྤྱི་བོར་རིགས་བདག་གི་ཚུལ་དུ་བཞུགས་པར་གྱུར། ཞེས་གསལ་བཏབ། བརླས་ལུང་ནི། ཁྱེད་རང་གི་སྙིང་གར་པད་ཉིའི་གདན་ལ་ཧཱུྃ་མཐིང་ནག་གི་མཐར་སྔགས་འཕྲེང་འོད་ཟེར་འབར་(༣༠༥ན)བའི་རྣམ་པ་ཅན་དུ་བཞུགས་པར་མོས། སློབ་དཔོན་ལ་མོས་གུས་བྱས་པས། སློབ་དཔོན་གྱི་ཐུགས་ཀ་ནས་འོད་ཟེར་འཕྲོས། མདུན་བསྐྱེད་ཀྱི་ལྷའི་ཐུགས་རྒྱུད་བསྐུལ། ཐུགས་ཀའི་སྔགས་འཕྲེང་ལས་སྔགས་འཕྲེང་གཉིས་པ་ཞིག་ཆད། ཞལ་ནས་ཐོན། ཁྱེད་རང་གི་ཁ་སྒོ་ནས་ཞུགས། སྙིང་གའི་ཧཱུྃ་ཡིག་གི་མཐར་སྔགས་སྔ་མ་ལ་ཐིམ་ཞིང་འཁོར་བར་མོས་ལ། ཨོཾ་མཧཱ་ཀཱ་ལ་ཏ་ན་ཏ་ན་བཛྲ་ཋ་ཧཱུྃ་ཕཊ། ཅེས་ལན་གསུམ་རྗེས་ཟློས་བྱེད་དུ་གཞུག །དེ་ཙམ་གྱིས་དོན་གྲུབ་པ་ཡིན་ནོ། །རྗེས་ཆོག་རྣམས་སྤྱི་དང་འདྲའོ། །

༄ ལྷོ་ནུབ་མགོན་པོ་ཁྲི་གུག་དམར་པོ་ལ། བྲིས་སྐུའི་མདུན་དུ་མཆོད་གཏོར་རྒྱ་ཆེར་བཤམས། ཕྱག་ན་རྡོ་རྗེའམ་མི་གཡོ་བའི་བདག་བསྐྱེད་སྔོན་དུ་འགྲོ་བས། མཆོད་པ་ཨ་མྲི་ཏས་བསངས་ཏེ། བླ་མེད་ལྟར་བྱིན་གྱིས་བརླབས། གཏོར་མ་ཨ་མྲི་ཏས་བསངས། ལག་པ་གཡོན་པ་བསྟན་ལ། ཨོཾ་སྟོང་པར་གྱུར། གཡས་བསྟན་ཏེ་ཨཱཿཐོད་པའི་སྣོད་ཡངས་ཤིང་རྒྱ་ཆེ་བར་གྱུར། གཉིས་ཀ་བསྟན་ཏེ། ཧཱུྃ་ཤ་ལྔ་བདུད་རྩི་ལྔས་

གང་བར་གྱུར། བྱ་ཁྱུང་གི་ཕྱག་རྒྱ་བསྟན་ཏེ། ཧོཿཡེ་ཤེས་ཀྱི་བདུད་རྩིའི་རྒྱ་མཚོ་ཆེན་པོར་གྱུར། ཨོཾ་ཨཱཿཧཱུྃ། ལན་གསུམ་བརྗོད། མདུན་བསྐྱེད་ཨ་མྲི་ཏས་བསངས། སྭ་བྷཱ་ཝས་སྦྱངས། སྟོང་པའི་ངང་ལས་རང་གི་མདུན་དུ་འཇིགས་རུངས་དུར་ཁྲོད་ཆེན་པོའི་དབུས་སུ། ཁྲག་ཞག་ཐ་ཀློང་འཁྲུགས་པའི་རྒྱ་མཚོ་ན། ཧཱུྃ་ལས་རྡོ་རྗེའི་བྲག་རི་དམར་(༣༠༥བ)ནག་བདུན་བརྩེགས་ཀྱི་སྟེང་དུ། ཊི་ལས་མི་རོའི་གདན་སྟེང་དུ། ཀྲཱ་ལས་གྲི་གུག་ཀྲཱས་མཚན་པ་ལས་འོད་འཕྲོས། གདུག་པ་ཅན་ཐམས་ཅད་ཚར་བཅད། ཚར་འདུས་ཡོངས་སུ་གྱུར་པ་ལས་མ་ཧཱ་ཀཱ་ལ་སྐུ་མདོག་དམར་ནག །ཞལ་རས་ཀྱི་དཀྱིལ་འཁོར་ལྷག་པར་དམར་བ། ཞལ་གཅིག་ཕྱག་གཉིས་པ། གཡས་གྲི་གུག་མེ་འབར་བ་འཕྱར་བས་གཤེན་རྗེ་བྲན་དུ་འཁོལ་བ། གཡོན་ཀླད་ཁྲག་དང་སྙོ་སྙིང་གིས་གང་བའི་ཐོད་པ་འཛིན་པས་སྒྲུབ་པ་པོ་ལ་དངོས་གྲུབ་སྩོལ་བ། ཞགས་པ་ནག་པོས་དགྲ་བགེགས་ཀྱི་སྙི་ནས་བཅིངས་ཤིང་ཞགས་པའི་སྟེ་མོ་ཕྱག་གཡོན་གྱི་མཐེབ་སྲིན་ལ་དཀྲིས་པ། ཞལ་གྱི་གྲྭ་ནས་ཁྲག་འཛག་པ། སྤྱན་གསུམ་དང་ལྡན་ཞིང་གད་བརྒྱངས་དྲག་པོ་སྒྲོག་པ། མཆེ་བ་གཙིགས་ཤིང་ལྗགས་བསྒྱོད་པ་ཧན་སྒྲ་དྲག་པོ་སྒྲོག་པས་ས་གཡོ་བར་བྱེད་པ། སྨ་ར་དང་སྨིན་མ་དབུ་སྐྲ་དམར་སེར་གྱེན་དུ་བརྫེས་པ། སྦྲུལ་ནག་དང་དར་ནག་གི་ཐོད་བཅིངས་ཤིང་། ཉི་ཟླས་དབུ་བརྒྱན་པ། སྦོམ་ཐུང་ཡན་ལག་རྟགས་ཤིང་གསུས་ཁྱིམ་ཆེ་བ། སྟག་ལྤགས་ཀྱི་ཤམ་ཐབས་ཅན། ཐོད་སྐམ་ལྔའི་དབུ་རྒྱན་དང་། རློན་པ་ལྔ་བཅུའི་དོ་ཤལ་བྱས་པ། ཞབས་གཡས་བསྐུམ་གཡོན་བརྐྱང་བས་མི་ཆེན་དྲག་པོ་འབར་བའི་ཀློང་ན་བཞེངས་པ། དེའི་གཡས་སུ་གནོད་སྦྱིན་བཤན་པ་རའི་གདོང་ཅན་སྨུག་ནག་གཡས་གྲི་གུག་འཕྱར་ཞིང་། གཡོན་དམ་ཉམས་ཀྱི་སྙིང་ཟ་ཞལ་དུ་གསོལ་བ། གཡོན་དུ་མ་ར་སྙིང་ཟ་མ་དམར་མོ་དུག་གི་གྲི་ཁྲི་དང་། དགྲ་བགེགས་ཀྱི་(༣༠༦ན)སྙོ་སྙིང་འཛིན་པ། རྒྱབ་ཏུ་གཟའ་བདུད་དམར་ནག་སྲིན་པོའི་ཆ་ལུགས་ཅན། མགོ་ལུས་མིག་གིས་གང་བ། མདའ་གཞུ་འགེངས་

པ། མདུན་དུ་གསང་བའི་མཁའ་འགྲོ་མ་དམར་ནག་གྲི་གུག་དང་ཐོད་ཁྲག་འཛིན་པ།
སྤྱན་གསུམ་དང་ལྡན་ཞིང་སྐྲ་གྲོལ་བ། མགོ་འཕྲེང་དང་རུས་པས་བརྒྱན་ཅིང་། མི་
ལྤགས་དང་སྟག་ལྤགས་གསོལ་བ། དེ་དག་ལ་སོགས་པ་མཁའ་འགྲོ་ཉི་ཤུ་རྩ་གཅིག་
དང་། སྲིད་པ་ཕོ་རྒྱུད་མོ་རྒྱུད་ལྷ་སྲིན་སྡེ་བརྒྱད་ཀྱི་ཚོགས་ཀྱིས་བསྐོར་བར་གྱུར། དེ་
ཐམས་ཅད་ཀྱི་དཔྲལ་བར་ཨོཾ། མགྲིན་པར་ཨཱཿ ཐུགས་ཀར་ཧཱུྃ། རང་གི་སྙིང་ག་
ནས་འོད་ཟེར་འཕྲོས། ལྷོ་ནུབ་དུར་ཁྲོད་མུན་པའི་ཚལ་ནས་མགོན་པོ་འཁོར་དང་
བཅས་པ་བཛྲ་ས་མ་ཛཿ ཧཱུྃ་དད་པ་དང་ནི་དམ་ཚིག་གིས། །ཚུར་གཤེགས་མཧཱ་ཀཱ་
ལ་གཤེགས། །འཇིགས་བྱེད་བསྟན་སྲུང་ཡོངས་ཀྱི་གཙོ། །ཟག་མེད་དབྱིངས་ནས་
གཤེགས་སུ་གསོལ། །ལྷོ་ནུབ་མཚམས་ཀྱི་གནས་མཆོག་ནས། །མི་བསྲུན་ཞིང་སྐྱོང་
འཁོར་དང་བཅས། །རྣལ་འབྱོར་བསྟན་པ་སྲུང་བའི་ཕྱིར། །སྒྲུབ་པའི་གནས་འདིར་
སྤྱན་འདྲེན་གཤེགས། །ཨོཾ་མཧཱ་ཀཱ་ལ་ཧཱུྃ་ཕཊ། མཧཱ་ཀཱ་ལ་ས་པ་རི་ཝཱ་ར། ཛཿཧཱུྃ་བཾ་
ཧོཿ གཉིས་སུ་མེད་པར་ཐིམ། པདྨ་ཀ་མ་ལ་ཡེ་སྟྭཾ། ཨོཾ་མཧཱ་ཀཱ་ལ་ཡ་གྲིཧྣཻ་དཾ་ཨརྒྷཾ་
སྭཱཧཱ་ནས། ཤབྡའི་བར་གྱིས་མཆོད། རྡོ་རྗེའི་ཐལ་མོའམ། རལ་གྲི་ཐོད་པའི་ཕྱག་
རྒྱ་སྤྱི་བོར་བཞག་པར་མོས་ལ། ཨོཾ་ཤྲཱི་མཧཱ་ཀཱ་ལ་ས་མ་ཡ་མ་ཏི་ཀྲ་མ་ཐ་ས་མ་ཡ་
(༣༠༨བ)རཀྵནྟུ། ཞེས་དམ་ལ་བཞག་ཅིང་། ཡིད་ལ་ཇི་ལྟར་འདོད་པའི་བཀའ་བསྒོ་
བྱ། གཏོར་མ་གསོལ་བར་བསམས་ལ། ཨོཾ་མཧཱ་ཀཱ་ལ་ས་པ་རི་ཝཱ་ར་ཨ་མྲྀ་ཏ་བ་ལིཾ་
ཏ་ཁ་ཁ་ཁཱ་ཧི་ཁཱ་ཧི། ལན་བདུན་གྱི་མགོན་པོ་དང་། མཧཱ་ཡཀྵ་བ་ལིཾ་ཏ་ཁ་ཁ་ཁཱ་
ཧི་ཁཱ་ཧི། མཧཱ་རཀྵ་བ་ལིཾ་ཏ་ཁ་ཁ་ཁཱ་ཧི་ཁཱ་ཧི། ཞེས་ལན་གསུམ་གྱིས་གདོན་སྲིན་
ཕོ་མོ་འཁོར་བཅས་ལ་ཕུལ། གང་བཞིན་མཆོད། ཨོཾ་མཧཱ་ཀཱ་ལ་ཧཱུྃ་ཕཊ། ཨོཾ་ཨཱཿཧཱུྃ་
གིས་ནང་མཆོད་ཕུལ། བསྟོད་པ་བསྡུས་པ་ནི། ཧཱུྃ་ཆོས་ཀྱི་དབྱིངས་ལས་སྣ་ཚོགས་
སྤྲུལ་པའི་སྐུ། །གྲག་སྟོང་ང་རོས་བདུད་དཔུང་འཇོམས་པའི་གསུང་། །རྟོག་མེད་
དང་ནས་སྒྲུབ་མཆོག་སྐྱོང་བའི་ཐུགས། །བསྟན་སྲུང་ཆེན་པོ་ཁྱོད་ལ་བདག་བསྟོད་

དོ། །ཞེས་བསྟོད། ཐུགས་ཀར་སྔགས་འཕྲེང་གསལ་བཏབ་ལ། ཨོཾ་མཎྜ་ཀླཱ་ལ་ཏ་ན་ཏ་ན་བཛྲ་ཙ་སྭཱཧཱ། ཞེས་ཅི་འགྲུབ་བཟླ། གོང་བཞིན་མཆོད་བསྟོད་བྱ། ༈ འདིའི་རྗེས་གནང་བྱ་བར་འདོད་པས། མཎྜལ་ཚོམ་བུ་ལྔ་དང་བཅས་པ། རྒྱབ་ཏུ་མཆིའི་སྙིང་དུ་གཏོར་མ་ནོར་གཟུགས་མ་ཁ་ཟས་བཟང་དགུས་བརྒྱན་པ། མཎྜལ་གྱི་གཡས་སུ་སྐུ་རྟེན། སྔགས་བྱང་། གཡོན་དུ་ཐོད་པ་དམ་རྫས་དང་བཅས་པ། མདུན་དུ་གྲི་གུག་རྣམས་བཀོད་ལ། དེ་དག་གི་མདུན་དུ་གཏོར་མ་དང་མཆོད་པ་རྣམས་བཤམས་ལ། བདག་བསྐྱེད་ནས་བཟླས་ཏེ་མདུན་བསྐྱེད་བཟླས་པའི་བར་གོང་དུ་བཤད་པ་བཞིན་བྱ། རྗེས་གནང་གི་རིམ་པ་རྣམས་བདག་འཇུག་གི་ཚུལ་དུ་(༣༠༧ན)དམིགས་པས་ལེན། ༈ སློབ་མ་རྣམས་ཀྱིས། མཎྜལ་སྟོན་དུ་འགྲོ་བས། སློབ་དཔོན་དགོངས་སུ་གསོལ། བདག་ལ་ནག་པོ་ཆེན་པོའི་སྐུ་གསུང་ཐུགས་ཀྱི་རྗེས་གནང་མ་ལུས་པ་བསྩལ་དུ་གསོལ། ཞེས་ལན་གསུམ་གསོལ་བ་འདེབས་སུ་གཞུག །སངས་རྒྱས་ཆོས་དང་མ་ལན་གསུམ་གྱིས་སེམས་བསྐྱེད། དཀོན་མཆོག་གསུམ་ལ་བདག་སྐྱབས་མཆི། །ཞེས་སོགས་རྒྱུན་བཤགས་ཀྱིས་སྡོམ་པ་བཟུང་། སློབ་དཔོན་ཕྱག་རྡོར་དང་མི་གཡོ་བ་གང་དུ་བསྐྱེད་པ་དེར་དངོས་སུ་བཞུགས་འདུག་སྙམ་པ་དང་མདུན་གྱི་གཏོར་རྟེན་འདི་ཉིད་ཀྱང་ལྷོ་ནུབ་མགོན་པོ་གཙོ་འཁོར་དུ་དངོས་སུ་བཞུགས་འདུག་སྙམ་པར་མོས་སུ་བཅུག་ལ། དེ་ནས་སློབ་དཔོན་ལ་མོས་གུས་དྲུང་དྲུང་བ་བྱས་པས། སློབ་དཔོན་གྱི་ཐུགས་ཀ་ནས་འོད་ཟེར་འཕྲོས། མདུན་བསྐྱེད་མགོན་པོའི་ཐུགས་ཀར་ཕོག་པས། ཐུགས་རྒྱུད་བསྐུལ། མགོན་པོའི་ཐུགས་ཀ་ནས་འོད་ཟེར་དཔག་ཏུ་མེད་པ་འཕྲོས། སངས་རྒྱས་དང་བྱང་སེམས་ཐམས་ཅད་ཀྱི་ཐུགས་ཀ་ནས། ནག་པོ་ཆེན་པོའི་སྐུ་ཆེ་བ་རི་རབ་ཙམ། ཆུང་བ་རྡུལ་ཕྲན་ཙམ་དཔག་ཏུ་མེད་པ་སྤྱན་དྲངས། ལུས་ལ་ཐིམ་པར་མོས་ཤིག །ཅེས་བརྗོད་ལ། དེ་ནས་རོལ་མོའི་སྒྲ་བྱ། མཎྜལ་གྱི་གཡས་ཀྱི་སྐུ་རྟེན་སྤྱི་བོར་བཞག་ལ། མི་འབྲལ་སྐུ་ཡིས་བྱིན་

བརླབས་པས། །བསྟན་དང་འཁོར་བའི་སྐྱོང་བ་དང་། །གདུག་པ་ཅན་རྣམས་ཚར་གཅོད་ཕྱིར། །ནག་པོ་ཆེན་པོའི་སྐུ་འདི་བཟུང་། །ཨོཾ་མཧཱ་ཀཱ་(༣༠༧བ)ལ་ཡ། ཀཱ་ཡ་ས་མ་ཡ་ཧཱ་ར་ཧཱུཾ། ཞེས་བརྗོད། སྐུའི་རྗེས་གནང་ངོ་། །ཡང་སློབ་དཔོན་ལ་མོས་གུས་དུང་དུང་བ་བྱས་པས། སློབ་དཔོན་གྱི་ཐུགས་ཀའི་འོད་ཟེར་གྱིས། མདུན་བསྐྱེད་ཀྱི་ཐུགས་ཀ་ནས་སྔགས་ཀྱི་འཕྲེང་བའི་ཚོགས་དང་། སངས་རྒྱས་བྱང་ཆུབ་སེམས་དཔའ་ཐམས་ཅད་ཀྱི་ཐུགས་ཀ་ནས་དབྱངས་དང་གསལ་བྱེད་ཀྱི་ཡི་གེ་དཔག་ཏུ་མེད་པ་སྤྱན་དྲངས། ཁྱེད་རང་རྣམས་ཀྱི་མགྲིན་པར་ཐིམ། ཞེས་བརྗོད། མགོན་པོའི་སྔགས་བྱང་དང་། ཐོད་པ་ལག་པ་གཡོན་དུ་གཏད། མི་འཁྲུལ་གསུང་གིས་བྱིན་བརླབས་པས། །སྣ་ཚོགས་འཕྲིན་ལས་བསྒྲུབ་པ་དང་། །ནག་པོ་ཆེན་པོ་མཉེས་བྱེད་པ། །གསུང་གི་རིག་སྔགས་བཟུང་བར་བྱ། །ཨོཾ་མཧཱ་ཀཱ་ལ་ཡ། ཝཱ་ཀ་ས་མ་ཡ་ཧཱ་ར་ཧཱུཾ། དེ་ནས། བཟླས་ལུང་ནི། ཁྱེད་རང་གི་སྙིང་གར་པད་ཉི་གདན་ལ་ས་བོན་གྱི་མཐར་སྔགས་འཕྲེང་འོད་ཟེར་མཐིང་ནག་འབར་བའི་རྣམ་པ་ཅན་དུ་བཞུགས་པར་མོས། སློབ་དཔོན་གྱི་ཐུགས་ཀ་ནས་འོད་ཟེར་འཕྲོས། མདུན་བསྐྱེད་ཀྱི་ལྷའི་ཐུགས་རྒྱུད་བསྐུལ། ཐུགས་ཀའི་སྔགས་འཕྲེང་ལས་སྔགས་འཕྲེང་གཉིས་པ་ཞིག་ཆད། ཞལ་ནས་ཐོན། ཁྱེད་རང་གི་ཁ་སྒོ་ནས་ཞུགས། སྙིང་གའི་ས་བོན་གྱི་མཐར་སྔགས་སྔ་མ་ལ་ཐིམ་ཞིང་འཁོར་བར་མོས་ལ། འདིའི་རྗེས་ཟློས་མཛོད་ཅིག་བྱས་ལ། ཨོཾ་མཧཱ་ཀཱ་ལ་ཏ་ན་ཏ་ན་བཛྲེ་ཛ་སྭཱ་ཧཱ། ཞེས་ལན་གསུམ་རྗེས་ཟློས་བྱེད་དུ་གཞུག །གསུང་གི་རྗེས་གནང་ངོ་། །སློབ་དཔོན་ལ་མོས་གུས་དུང་དུང་བ་བྱས་པས། སློབ་དཔོན་གྱི་ཐུགས་ཀའི་འོད་(༣༠༨ན)ཟེར་གྱིས། མདུན་བསྐྱེད་མགོན་པོ་དང་སངས་རྒྱས་བྱང་ཆུབ་སེམས་དཔའ་རྣམས་ཀྱི་ཐུགས་ཀ་ནས་གྲི་གུག་དང་ཐོད་པ་ལ་སོགས་པ་ཕྱག་མཚན་གྱི་ཚོགས་དཔག་ཏུ་མེད་པ་སྤྱན་དྲངས། འཕྲིན་ལས་རྣམ་བཞིས་སེམས་ཅན་གྱི་དོན་བྱས། སྙིང་གར་ཐིམ། ཞེས་བརྗོད་ལ། རོལ་མོ་བྱ། གྲི་གུག་ལག་པ་

གཡས་སུ་གཏད་དེ། མི་འཁྲུལ་ཐུགས་ཀྱིས་བྱིན་བརླབས་པས། །སློབ་དཔོན་རྒྱལ་བའི་བཀའ་བཞིན་དུ། །བརྩེ་ལྡན་དྲག་པོའི་འཕྲིན་ལས་ཀྱིས། །མ་རུངས་སེམས་ཅན་བསྒྲལ་བར་བྱ། །ཨོཾ་མཧཱ་ཀཱ་ལ་ཡ། ཙིཏྟ་ས་མ་ཡ་ཧྲཱ་ར་ཧཱུཾ། ཞེས་བརྗོད་དེ། ཐུགས་ཀྱི་རྗེས་གནང་ངོ་། །དེ་ནས། གཏོར་མ་སྤྱི་བོར་བཞག་ལ། རྡོ་རྗེ་འཆང་དང་ཕྱག་ན་རྡོ་རྗེ་དང་། །ཀླུ་སྒྲུབ་སྙིང་པོ་ནཱ་ག་བོ་དྷི་དང་། །ཛྙཱ་ན་བོ་དྷི་བི་ཛྫ་བོ་དྷི་དང་། །ནཱ་ཏུ་ལ་མར་མེ་མཛད་དཔལ་ཞབས། །རྒྱལ་བའི་འབྱུང་གནས་དང་ནི་རིན་ཆེན་གསལ། །གྲུ་གུ་ཁ་ཆེ་ལྷ་ཡི་དབང་ཕྱུག་དང་། །ཞང་སྟོན་རྡོར་འབར་བློ་གྲོས་རྒྱལ་མཚན་དང་། །ཤེས་རབ་རིན་ཆེན་ཤེས་རབ་རྡོ་རྗེ་དང་། །དཀོན་རྒྱལ་དཀོན་དར་བསམ་གྲུབ་རྒྱལ་མཚན་དང་། །བརྩོན་འགྲུས་རྡོ་རྗེ་ནམ་མཁའ་བསམ་གྲུབ་དང་། །ལྷ་དབང་ངག་དབང་ཀུན་དགའ་བཀྲ་ཤིས་དང་། །ཏཱ་ར་ནཱ་ཐ་བསོད་ནམས་ཕུན་ཚོགས་དང་། །ངག་དབང་ལྷུན་གྲུབ་མང་ཐོས་རྒྱ་མཚོ་དང་། །ངག་དབང་ཕུན་ཚོགས་ཐབས་མཁས་རྒྱ་མཚོ་དང་། །བློ་བཟང་སྙན་གྲགས་རྒྱ་མཚོ་མཐའ་ཡས་དང་། །རྡོ་རྗེ་འཆང་ཆེན་བློ་བཟང་(༣༠༨བ)བསྟན་འཛིན་སོགས། །རྩ་བ་བརྒྱུད་པའི་བླ་མ་ཐམས་ཅད་ཀྱིས། །བཀའ་དང་དམ་ལས་མ་འདའ་བར། །དམ་ཚིག་སྲུངས་ལ་བསྟན་པ་སྐྱོངས། །དཀོན་མཆོག་གི་དབུ་འཕང་བསྟོད། ཁྱད་པར་དུ་ཡང་སློབ་མ་འདི་ཞེས་བྱ་བའི་ལུས་དང་གྲིབ་མ་བཞིན་དུ་འགྲོགས་ཏེ། ལུས་ངག་ཡིད་གསུམ་སྲུང་བ་དང་། བསྐྱབ་པ་དང་། སྨ་བར་མཛད་དུ་གསོལ། ཞེས་སོགས་བཀའ་བསྒོ་རྒྱས་བསྡུས་སྤྱི་དང་མཐུན་པར་བྱ། གཏོར་མའི་མཐེབ་ཀྱུ་ནས་རྡོ་རྗེའི་རྩེ་མོས་ཙུང་ཟད་བླངས། ཀ་པཱ་ལའི་བདུད་རྩི་དང་སྦྲགས་ཏེ། སློབ་མ་ལ་ཙུང་ཟད་སྦྱིན། གཏོར་མ་ལའང་བདུད་རྩིས་ཙུང་ཟད་བྲན་ཏེ། ནག་པོ་ཆེན་པོ་ཁྱོད་ཀྱིས། སློབ་མ་འདིའི་ཆོས་སྐྱོང་གྱིས་ལ་བྱིན་པའི་ཟས་ཟོ། བཅོལ་བའི་ལས་གྱིས། །ཞེས་བརྗོད། རྗེས་ཀྱི་བྱ་བ་རྣམས་སྤྱི་དང་མཐུན།

༄ མགོན་པོ་བཞི་སྦྲགས་ལ། མཆོད་གཏོར་བཤམས། ཡི་དམ་གྱི་བདག་བསྐྱེད་སྔོན་དུ་སོང་ནས། མཆོད་པ་ཨ་མྲྀ་ཏས་བསངས་ཏེ་བླ་མེད་ལྟར་བྱིན་གྱིས་བརླབས། གཏོར་མ་ཨ་མྲྀ་ཏས་བསངས། ཨོཾ་སྟོང་པར་གྱུར། ཨཱཿཐོད་པའི་སྣོད་ཡངས་ཤིང་རྒྱ་ཆེ་བར། །ཧཱུཾ་ཤ་ལྔ་བདུད་རྩི་ལྔས་གང་བར་གྱུར། །ཧོཿཡེ་ཤེས་ཀྱི་བདུད་རྩིའི་རྒྱ་མཚོ་ཆེན་པོར་གྱུར། ཨོཾ་ཨཱཿཧཱུཾ། ལན་གསུམ་བརྗོད། མདུན་བསྐྱེད་ཨ་མྲྀ་ཏས་བསངས། སྭ་བྷཱ་ཝས་སྦྱངས། སྟོང་པའི་ངང་ལས་རང་གི་མདུན་དུ་འཇིགས་རུང་དུར་ཁྲོད་ཆེན་པོའི་དབུས་སུ། པཾ་ལས་པདྨ་དང་རཾ་ལས་ཉི་མའི་དཀྱིལ་འཁོར་གྱི་སྟེང་དུ། ཏྲི་ལས་(༣༠/ན)དགྲ་བགེགས་བསྒྲལ་བའི་པཾ་ཆེན་བརྩེགས་པའི་གདན་ལ་ཧཱུཾ་ལས་གྲི་གུག་ཧཱུཾ་གིས་མཚན་པ་ཡོངས་སུ་གྱུར་པ་ལས། མཧཱ་ཀཱ་ལ་སྐུ་མདོག་དུས་མཐའི་སྤྲིན་དང་མཚུངས་པ། ཞལ་གཅིག་ཕྱག་གཉིས་པ། གཡས་གྲི་གུག་འཕྱར་ཞིང་། གཡོན་ཐོད་པ་སྙིང་བཅས་ཐུགས་ཀར་འཛིན་པ། ཞལ་གྱི་གྲྭ་ནས་ཁྲག་འཛག་པ། སྤྱན་གསུམ། མཆེ་བ་གཙིགས་ཤིང་ལྗགས་བསྐྱོད་པ། སྨ་ར་དང་སྨིན་མ་དབུ་སྐྲ་དམར་སེར་གྱེན་དུ་བརྫེས་པ། སྒོམ་ཐུང་ཡན་ལག་ཧྲགས་ཤིང་གསུས་ཁྱིམ་ཆེ་བ། སྟག་ལྤགས་ཀྱི་ཤམ་ཐབས་ཅན། ཐོད་སྐམ་ལྔའི་དབུ་རྒྱན་དང་། རློན་པ་ལྔ་བཅུའི་དོ་ཤལ་བྱས་པ། ཞབས་གཡས་བསྐུམ་གཡོན་བརྐྱང་བས་པད་ཉི་མི་རོའི་གདན་ལ། མེ་ཚན་དྲག་པོ་འབར་བའི་ཀློང་ན་བཞེངས་པ། གཙོ་བོའི་གཡོན་དུ་རླུང་གི་དཀྱིལ་འཁོར་ལ་ཧྲཱིཿལས་འདོད་པ་ཁམས་ཀྱི་དབང་ཕྱུག་མ་སྔོན་མོ་རལ་གྲི་དང་ཐོད་ཁྲག་འཛིན་པ། སྤྲིན་པོའི་བོང་བུ་ཀྱ་དམར་གྱི་སྟེང་ན་བཙན་དཀྱིལ་གྱིས་བཞུགས་པ། རཀྟའི་རྒྱ་མཚོར་རྒྱུག་པའོ། །གཙོ་བོའི་མདུན་གྱི་འོག་ཕྱོགས་སུ་པད་ཉི་དང་པཾ་ཆེན་བརྩོལ་བའི་གདན་ལ་ཕཊ་ལས་ལས་ཀྱི་མགོན་པོ་སྐུ་མདོག་སྨུག་ནག་ཞལ་གཅིག་ཕྱག་གཉིས་སྤྱན་གསུམ་པ། གཡས་ཙནྡན་གྱི་བེང་ཆེན་དང་། གཡོན་ལྕགས་པར་བདུད་རྩིས་གང་བ་འཛིན་པ། བེང་སྟོད་ནས་མེ་འབར་ཞིང་། བེང་སྨད་ནས་ཆུ་འཁྲུག་པ།

ཐེང་གི་ནང་ནས་ལྷ་དང་ལྷ་མ་ཡིན་གྱི་དམག་ཚོགས་འཁྲུད་པ། དར་ནག་གི་འཇོལ་ཐེར་(༣༠/ཁ)གསེར་གྱི་སྙེ་རགས་ཅན་གསོལ་ཞིང་། གཡོན་བརྐྱང་བའི་སྟབས་ཀྱིས་བཞུགས་པ། དེའི་གཡོན་དུ་ཨཾ་ལས་མ་གཅིག་ཨེ་ཀ་ཛ་ཊི་སྐུ་མདོག་སྨུག་ནག་རལ་གྲི་སྡིག་པའི་ཡུ་བ་ཅན་དང་ཐོད་ཁྲག་འཛིན་པ། དྲེའུ་ཧ་རྐང་གསུམ་ལ་ཆིབས་པ། ཕྱི་རོལ་དུ་ཕྱོགས་སྐྱོང་ཞིང་སྐྱོང་སྡེ་བརྒྱད་འབྱུང་པོའི་ཚོགས་ཀྱིས་བསྐོར་བ། དེ་ཐམས་ཅད་ཀྱི་དཔྲལ་བར་ཨོཾ། མགྲིན་པར་ཨཱཿ ཐུགས་ཀར་ཧཱུྃ། རང་གི་སྙིང་ག་ནས་འོད་ཟེར་འཕྲོས། དུར་ཁྲོད་ཆེན་པོ་བརྒྱད་དང་རང་བཞིན་གྱི་གནས་ནས། མགོན་པོ་ལྕམ་དྲལ་འཁོར་དང་བཅས་པ་བཛྲ་ས་མཱ་ཛཿཧཱུྃ་དད་པ་དང་ཉི་དམ་ཚིག་གིས། །ཚུར་གཤེགས་མཧཱ་ཀཱ་ལ་གཤེགས། །འཇིགས་བྱེད་བསྟན་སྲུང་ཡོངས་ཀྱི་གཙོ། །ཟག་མེད་དབྱིངས་ནས་གཤེགས་སུ་གསོལ། །ཨོཾ་མཧཱ་ཀཱ་ལ་ཧཱུྃ་ཕཊ། ཨོཾ་མཧཱ་ཀཱ་ལ་ས་པ་རི་ཝཱ་ར་ཛཿཧཱུྃ་བཾ་ཧོཿགཉིས་སུ་མེད་པར་བསྟིམ། པདྨ་ཀ་མ་ལ་ཡེ་སྟྭཾ། ཨོཾ་མཧཱ་ཀཱ་ལ་ཡ་གྲིཧྣེ་དཾ། ཨརྒྷཾ་སྭཱཧཱ་ནས། ཤབྡའི་བར་གྱིས་མཆོད། རྡོ་རྗེ་རྩེ་ལྔ་པའི་ཕྱག་རྒྱ་བསྟན་ལ། ཨོཾ་ཤྲཱི་མཧཱ་ཀཱ་ལ་ས་མ་ཡ། སྨ་ར། ས་མ་ཡ་མ་ཏི་ཀྲ་མ་ཐ། ས་མ་ཡ་རཀྵནྟུ། ཞེས་དམ་ལ་བཞག །ཨོཾ་མཧཱ་ཀཱ་ལ་ས་པ་རི་ཝཱ་ར་ཨ་མྲི་ཏ་བ་ལིཾ་ཏ་ཁ་ཁ་ཁཱ་ཧི་ཁཱ་ཧི། ལན་བདུན་གྱིས་ཡེ་ཤེས་མགོན་པོ་དང་། འཁོར་རྣམས་ལ་སོ་སོའི་སྙིང་པོའི་མཐར། བ་ལིཾ་ཏ་ཁ་ཁ་ཁཱ་ཧི་ཁཱ་ཧི། བཏགས་པ་དང་། ཤཱ་ས་ནས་ཀྱང་དབུལ། སྤྱི་ཁྱབ་ཏུ་ཨོཾ་ཨ་ཀཱ་རོ་མུ་ཁཾ་སརྦ་དྷརྨཱ་ཎཱཾ་ཨཱདྱ་ནུཏྤནྣ་ཏྭཱཏ་ཨོཾ་ཨཱཿཧཱུྃ་ཕཊ་སྭཱཧཱ། ཞེས་ལན་བདུན་གྱིས་བསྟོད། ཨོཾ་ཨཱཿཧཱུྃ་གིས་ནང་མཆོད་(༣༧༠ན)དབུལ། བསྟོད་པ་བསྡུས་པ་ནི། ཧཱུྃ། མ་ལུས་འཇོམས་མཛད་དགྲ་བགེགས་ཐལ་བར་རློག །མཐར་བྱེད་གཞོན་ནུ་འཇིགས་པའི་གད་བརྒྱངས་ཅན། །མཉམ་ཉིད་ཐུགས་མངའ་གཏུམ་ཆེན་མེ་ལྟར་འབར། །བདེ་གཤེགས་བཀའ་ཡི་སྲུང་མ་ཁྱོད་ལ་བསྟོད། །ཅེས་པའོ། །ཐུགས་ཀར་སྔགས་འཕྲེང་གསལ་བཏབ་ལ། ཨོཾ་མཧཱ་ཀཱ་ལ་ཏ་ན་ཏ་ན་བཛྲ་

ཊ་ཧཱུྃ་ཕཊ། ཅེས་པ་ནི་སྙིང་པོའོ། །ཨོཾ་མཧཱ་ཀཱ་ལ་གུ་ཊ་ཧྲཱིཿད་ཧཱུྃ་ཧཱུྃ་ཕཊ། ཅེས་པ་ནི་ལས་ཀྱི་སྔགས་སོ། །ཨོཾ་ཤྲཱི་དེ་ཝཱི་ཧཱུྃ་ཕཊ། འདོད་ཁམས་མའི་མཚན་སྔགས་སོ། །ཨོཾ་མཧཱ་ཀཱ་ལ་རཀྴ་དུ་བེང་ཊི་ཛཿཛཿལས་མགོན་གྱི་སྔགས་སོ། །ཨོཾ་རོ་ཧུ་རོ་ཧུ་ཙ་པ་ལ་ཨ་ཤུག་མ་མ་ཧཱུྃ་མ་བྷྲཱུཾཿཛཿཛཿཨེ་ཀ་ཛ་ཊིའི་སྔགས་སོ། །ཨོཾ་མཧཱ་ཀཱ་ལ་ཡ་ གྲིཧྣེདཾ་ཨརྒྷཾ་སྭཱཧཱ་ནས། ཤབྡའི་བར་གྱིས་ཕྱི་མཆོད་དབུལ། ཨོཾ་ཨཱཿཧཱུྃ་གིས་ནང་མཆོད་དབུལ། བསྟོད་པ་ནི། ཧཱུྃ་སྲིན་པོའི་གཟུགས་ཀྱིས་གདུག་པ་ཅན། །ཞེས་སོགས་ཀྱིས་བསྟོད། རྗེས་ཡིག་བརྒྱ་བཟློད་གསོལ་སོགས་བྱའོ། ། ༈ འདིའི་རྗེས་གནང་བྱ་བར་འདོད་པས། མཎྜལ་ཚོམ་བུ་བཞི་དང་བཅས་པ། རྒྱབ་ཏུ་མཆེའི་སྟེང་དུ་གཏོར་མ་ནོར་གཟུགས་མ་ཁ་ཟས་བཟང་དགུས་བརྒྱན་པ། མཎྜལ་གྱི་གཡས་སུ་སྐུ་རྟེན། སྔགས་བྱང་། གཡོན་དུ་ཐོད་པ་དམ་རྫས་དང་བཅས་པ། མདུན་དུ་ཕྱི་གུག་རྣམས་བཀོད། དེ་དག་གི་མདུན་དུ་མཆོད་གཏོར་རྣམས་བཤམས་ལ། བདག་བསྐྱེད་ནས་བཟླས་ཏེ་མདུན་བསྐྱེད་བཟླས་པའི་བར་གོང་དུ་བཤད་པ་བཞིན་བྱ། རྗེས་གནང་གི་(༣༡༠བ) རིམ་པ་རྣམས་བདག་འཇུག་གི་ཚུལ་དུ་དམིགས་པས་ལེན། ༈ སློབ་མས་མཎྜལ་ཕུལ། སློབ་དཔོན་དགོངས་སུ་གསོལ། བདག་ལ་ནག་པོ་ཆེན་པོའི་སྐུ་གསུང་ཐུགས་ཀྱི་རྗེས་སུ་གནང་བ་མ་ལུས་པ་བསྩལ་དུ་གསོལ། ཞེས་ལན་གསུམ་གསོལ་བ་འདེབས་སུ་གཞུག །སངས་རྒྱས་ཆོས་དང་མ་ཞེས་སོགས་ལན་གསུམ་གྱིས་སེམས་བསྐྱེད། དཀོན་མཆོག་གསུམ་ལ་བདག་སྐྱབས་མཆི། །ཞེས་སོགས་རྒྱུན་བཤགས་ཀྱིས་སྡོམ་པ་བཟུང་། སློབ་དཔོན་ཡི་དམ་གང་གི་བདག་བསྐྱེད་བླངས་པ་དེར་དངོས་སུ་བཞུགས་འདུག་སྙམ་པ་དང་མདུན་གྱི་གཏོར་རྟེན་འདི་ཉིད་ཀྱང་མགོན་པོ་བཞི་སྒྲུགས་གཙོ་འཁོར་དུ་དངོས་སུ་བཞུགས་འདུག་སྙམ་པར་མོས་ལ། དེ་ནས། སློབ་དཔོན་ལ་མོས་གུས་དུང་དུང་བ་བྱས་པས། སློབ་དཔོན་གྱི་ཐུགས་ཀ་ནས་འོད་ཟེར་འཕྲོས། མདུན་བསྐྱེད་མགོན་པོའི་ཐུགས་ཀར་ཕོག་པས། ཐུགས་རྒྱུད་བསྐུལ། མགོན་

པོའི་ཐུགས་ཀ་ནས་འོད་ཟེར་དཔག་ཏུ་མེད་པ་འཕྲོས། སངས་རྒྱས་བྱང་སེམས་ཐམས་ཅད་ཀྱི་ཐུགས་ཀ་ནས། ནག་པོ་ཆེན་པོའི་སྐུ་ཆེ་བ་རི་རབ་ཙམ། ཆུང་བ་རྡུལ་ཕྲན་ཙམ་དཔག་ཏུ་མེད་པ་སྤྱན་དྲངས། ལུས་ལ་ཐིམ་པར་མོས་ཤིག །ཅེས་བརྗོད་ལ། དེ་ནས་རོལ་མོའི་སྒྲ་བྱ། མཉྫལ་གྱི་གཡས་ཀྱི་སྐུ་རྟེན་གྱི་ཕོར་བཞག་ལ། མི་འཁྲུལ་སྐུ་ཡིས་བྱིན་བརླབས་པས། །བསྟན་དང་འཁོར་བཞི་སྐྱོང་བ་དང་། །གདུག་པ་ཅན་རྣམས་ཚར་གཅོད་ཕྱིར། །ནག་པོ་ཆེན་པོའི་སྐུ་འདི་བཟུང་། །ཨོཾ་མཧཱ་ཀཱ་ལ་ཡ། ཀཱ་ཡ་ས་མ་ཡ་ཧྲྀ་ར་ཧཱུཾ། ཞེས་བརྗོད། སྐུའི་རྗེས་(༣༧༧ན)གནང་ངོ་། །ཡང་སློབ་དཔོན་ལ་མོས་གུས་དྲུང་དྲུང་བ་བྱས་པས། སློབ་དཔོན་གྱི་ཐུགས་ཀའི་འོད་ཟེར་གྱིས། མདུན་བསྐྱེད་ཀྱི་ཐུགས་ཀ་ནས་སྔགས་ཀྱི་འཕྲེང་བའི་ཚོགས་དང་། སངས་རྒྱས་བྱང་ཆུབ་སེམས་དཔའ་ཐམས་ཅད་ཀྱི་ཐུགས་ཀ་ནས་དབྱངས་དང་གསལ་བྱེད་ཀྱི་ཡི་གེ་དཔག་ཏུ་མེད་པ་སྤྱན་དྲངས། ཁྱེད་རང་རྣམས་ཀྱི་མགྲིན་པར་ཐིམ། ཞེས་བརྗོད། མགོན་པོའི་སྔགས་བྱང་དང་། ཐོད་པ་ལག་པ་གཡོན་དུ་གཏད། མི་འཁྲུལ་གསུང་གིས་བྱིན་བརླབས་པས། །སྣ་ཚོགས་འཕྲིན་ལས་བསྒྲུབ་པ་དང་། །ནག་པོ་ཆེན་པོ་མཉེས་བྱེད་པ། །གསུང་གི་རིག་སྔགས་བཟུང་བར་བྱ། །ཨོཾ་མཧཱ་ཀཱ་ལ་ཡ། ཝཱ་ཀ་ས་མ་ཡ་ཧྲྀ་ར་ཧཱུཾ། དེ་ནས་བརླས་ལུང་ནི། ཁྱེད་རང་གི་སྙིང་གར་པད་ཉིའི་གདན་ལ་ཧཱུཾ་མཐིང་ནག་གི་མཐར་སྔགས་འཕྲེང་འོད་ཟེར་མཐིང་ནག་འབར་བའི་རྣམ་པ་ཅན་དུ་བཞུགས་པར་མོས། སློབ་དཔོན་གྱི་ཐུགས་ཀ་ནས་འོད་ཟེར་འཕྲོས། མདུན་བསྐྱེད་ཀྱི་ལྷའི་ཐུགས་རྒྱུད་བསྐུལ། ཐུགས་ཀའི་སྔགས་འཕྲེང་ལས་སྔགས་འཕྲེང་གཉིས་པ་ཞིག་ཆད། ཞལ་ནས་ཐོན། ཁྱེད་རང་རྣམས་ཀྱི་ཁ་སྒོ་ནས་ཞུགས། སྙིང་གའི་ཧཱུཾ་ཡིག་གི་མཐར་སྔགས་སྔ་མ་ལ་ཐིམ་ཞིང་འཁོར་བར་མོས་ལ། འདིའི་རྗེས་ཟློས་མཛོད་ཅིག་བྱས་ལ། ཨོཾ་མཧཱ་ཀཱ་ལ་ཏ་ན་ཏ་ན་བཛྲ་ཛ་ཧཱུཾ་ཕཊ། ཨོཾ་མཧཱ་ཀཱ་ལ་གུ་ཛ་ཧྲཱིཿད་ཧཱུཾ་ཧཱུཾ་ཕཊ། ཨོཾ་ཤྲཱི་དེ་ཝཱི་ཧཱུཾ་ཕཊ། ཨོཾ་མཧཱ་ཀཱ་ལ་རཀྵ་ཏུ་བེང་ཙེ་

ཛཿཛཿ ཨོཾ་རོ་རུ་རོ་རུ་ཙ་པ་ལ་ཨ་ཤུག་མི་མ་ཧཱུྃ་མ་བྷྲཱུྃཿཛཿཛཿ ཞེས་པའི་སྔགས་རྣམས་(༣༡༡བ)ལན་གསུམ་གསུམ་རྗེས་ཟློས་བྱེད་དུ་གཞུག །གསུང་གི་རྗེས་གནང་ངོ་། །སློབ་དཔོན་ལ་མོས་གུས་དུང་དུང་བ་བྱས་པས། སློབ་དཔོན་གྱི་ཐུགས་ཀའི་འོད་ཟེར་གྱིས། མདུན་བསྐྱེད་མགོན་པོ་དང་སངས་རྒྱས་བྱང་ཆུབ་སེམས་དཔའ་རྣམས་ཀྱི་ཐུགས་ཀ་ནས་གྲི་གུག་ཐོད་པ་ལ་སོགས་པ་ཕྱག་མཚན་གྱི་ཚོགས་དཔག་ཏུ་མེད་པ་སྤྱན་དྲངས། འཕྲིན་ལས་རྣམ་བཞིས་སེམས་ཅན་གྱི་དོན་བྱས། སྙིང་གར་ཐིམ། ཞེས་བརྗོད་ལ། རོལ་མོ་བྱ། གྲི་གུག་ལག་པ་གཡས་སུ་གཏད་དེ། མི་འབྲལ་ཐུགས་ཀྱི་བྱིན་བརླབས་པས། །སློབ་དཔོན་རྒྱལ་བའི་བཀའ་བཞིན་དུ། །བརྩེ་ལྡན་དྲག་པོའི་འཕྲིན་ལས་ཀྱིས། །མ་རུངས་སེམས་ཅན་བསྒྲལ་བར་བྱ། །ཨོཾ་མཧཱ་ཀཱ་ལ་ཡ། ཙིཏྟ་ས་མ་ཡ་ཧྲཱ་ར་ཧཱུྃ། ཞེས་བརྗོད་དེ། ཐུགས་ཀྱི་རྗེས་གནང་ངོ་། །དེ་ནས། གཏོར་མ་སྤྱི་བོར་བཞག་ལ། རྡོ་རྗེ་འཆང་། བྲམ་ཟེ་མཆོག་སྲེད། ནཱ་རོ་ཏ་པ། ཇོ་བོ། འབྲོམ། སྤྱན་སྔ། བྱ་ཡུལ་བ། ཤུས་སྨན་པ། གྲོ་སྟོན་བདུད་རྩི་གྲགས། ཞང་སྟོན་ཆོས་འབྱུང་། སངས་རྒྱས་སྒོམ་པ། མཆིམས། སྐྱོ་སྟོན་སློན་ཚུལ། བྱང་ཆེན་པ་བསོད་ནམས་འཕེལ། བླ་མ་ཚུལ་རྒྱལ། བླ་ཆེན་བསོད་བློ། སྤྱན་སྔ་སྦྱིན་པ་དཔལ། མཁན་ཆེན་གྲགས་དོན་པ། ར་སྟོན་པ། རྗེ་ཀུན་དགའ་མཆོག་གྲུབ། རྗེ་གྲོལ་མཆོག །ཀུན་དགའ་བཀྲ་ཤིས། རྗེ་བཙུན་ཏཱ་ར་ནཱ་ཐ། བྱམས་པ་བསོད་ནམས་ཕུན་ཚོགས། བྱམས་པ་ངག་དབང་ལྷུན་གྲུབ། རྗེ་བཙུན་མང་ཐོས་རྒྱ་མཚོ། རྗེ་བྱམས་པ་ངག་དབང་ཕུན་ཚོགས། རྗེ་བློ་བཟང་ཐབས་མཁས་རྒྱ་མཚོ། རྗེ་བློ་བཟང་(༣༡༢ན)སྙན་གྲགས། རྡོ་རྗེ་འཆང་རྒྱ་མཚོ་མཐའ་ཡས། ཡོངས་འཛིན་རྡོ་རྗེ་འཆང་ཆེན་པོ་རྗེ་བཙུན་བློ་བཟང་བསྟན་འཛིན་དཔལ་བཟང་པོའི་ཞལ་སྔ་ནས་ལ་སོགས་པའི་རྩ་བརྒྱུད་ཀྱི་དཔལ་ལྡན་བླ་མ་དམ་པ་རྣམས་ཀྱི་བཀའ་དང་དམ་ལས་མ་འདའ་བར། དམ་ཚིག་སྲུངས་ལ་བསྟན་པ་སྐྱོངས། དཀོན་མཆོག་གི་དབུ་འཕང་བསྟོད། ཁྱད་

པར་དུ་ཡང་སློབ་མ་འདི་ཞེས་བྱ་བའི་ལུས་དང་གྲིབ་མ་བཞིན་དུ་འགྲོགས་ཏེ། ལུས་ངག་ཡིད་གསུམ་སྲུང་བ་དང་། བསླབ་པ་དང་། སྒྲ་བར་མཛོད་དུ་གསོལ། ཞེས་སོགས་བཀའ་བསྒོ་རྒྱས་བསྡུས་སྤྱི་དང་མཐུན་པར་བྱ། གཏོར་མའི་མཐེབ་ཀྱུ་ནས་རྡོ་རྗེའི་རྩེ་མོས་ཙུང་ཟད་བླངས་ཀ་པཱ་ལའི་བདུད་རྩི་དང་སྦྲགས་ཏེ། སློབ་མ་ལ་ཙུང་ཟད་སྦྱིན། གཏོར་མ་ལའང་བདུད་རྩིས་ཙུང་ཟད་བྲན་ཏེ། ནག་པོ་ཆེན་པོ་ཁྱོད་ཀྱིས། སློབ་མ་འདིའི་ཆོས་སྐྱོང་གྱིས་ལ་བྱིན་པའི་ཟས་ཟོ། བཅོལ་བའི་ལས་གྱིས། ཞེས་བརྗོད། རྗེས་ཀྱི་བྱ་བ་རྣམས་སྤྱི་དང་འདྲའོ། །

༄ **མགོན་པོ་ཁྲི་གུག་ཁ་ཆེ་པཎ་ཆེན་གྱི་ལུགས་ལ།** ཁྲིས་སྐུ་ལ་སོགས་པའི་དྲུང་དུ་མཆོད་གཏོར་བཤམས། ཡེ་ཤེས་ཁྲོ་བོ་གང་ཡང་རུང་བའི་བདག་བསྐྱེད་སྔོན་དུ་འགྲོ་བས། མཆོད་པ་བླ་མེད་ལྟར་བྱིན་གྱིས་བརླབས། གཏོར་མ་སོགས་བསངས་སྦྱངས། སྟོང་པའི་ངང་ལས་ཐོད་པའི་སྣོད་དུ་ཧཱུྃ་ལས་བྱུང་བའི་གཏོར་མ་བདུད་རྩིའི་རྒྱ་མཚོ་ཆེན་པོ་དང་། མཾ་ལས་བྱུང་བའི་ཕྱོས་བྱེད་དང་། རཾ་ལས་བྱུང་བའི་རཀྟ་ཤ་ཁྲག་གི་བདུད་རྩིའི་རྒྱ་མཚོ་ཆེན་པོར་གྱུར། ཨོཾ་ཨཱཿཧཱུྃ། (༣༧༢བ)ལན་གསུམ་བརྗོད། སྟོང་པའི་ངང་ལས་མདུན་དུ་སྐད་ཅིག་གིས་ནག་པོ་ཆེན་པོ་དུས་ཀྱི་མུན་པ་ལྟ་བུ་ཞལ་གཅིག་ཕྱག་གཉིས་གཡས་གྲི་གུག་འཕྱར་བ། གཡོན་ཐོད་ཁྲག་ཐུགས་ཀར་འཛིན་པ། གཡོན་བརྐྱང་གི་སྟབས་ཀྱིས་མི་རོའི་གདན་ལ་གནས་པ། སྟག་ལྤགས་དང་སྦྲུལ་གྱིས་བརྒྱན་པ། ཐོད་སྐམ་གྱི་དབུ་རྒྱན་དང་། ཐོད་རློན་གྱི་དོ་ཤལ་ཅན། སྤྱན་གསུམ་པ། སྨ་ར་དང་སྨིན་མ་དབུ་སྐྲ་སེར་པོ་གྱེན་དུ་བརྫེས་པ། མིའུ་ཐུང་གི་རྣམ་པ་ཆེས་གཏུམ་པ། མི་བསྐྱོད་པའི་དབུ་རྒྱན་ཅན། མེ་འོད་དྲག་ཏུ་འཕྲོ་བ། དཔྲལ་བར་ཨོཾ། མགྲིན་པར་ཨཱཿ ཐུགས་ཀར་ཧཱུྃ། རང་གི་སྙིང་ག་ནས་འོད་ཟེར་འཕྲོས། ནག་པོ་ཆེན་པོ་འཁོར་བཅས་སྤྱན་དྲངས། ཨོཾ་མཧཱ་ཀཱ་ལ་ཏ་ན་ཏ་ན་བཛྲ་ཛ་སམཱཛ། མཧཱ་ཀཱ་ལ་ཨཱ་གཙྪ་ཨཱ་གཙྪ། ཞེས་བརྗོད། ཛཿཧཱུྃ་བཾ་ཧོཿགཉིས་སུ་མེད་

པར་ཐིམ། ཨོཾ་མནྟྲ་ཀྲཱ་ལ་གྲཱིཧྣེ་དཾ་ཨཀྵྃ་ནས། ཤཱཀྱའི་བར་གྱིས་མཆོད། བཟླས་པའི་
དམིགས་པ་གསལ་གདབ་ལ། ཨོཾ་མནྟྲ་ཀྲཱ་ལ་ཏ་ན་ཏ་ན་བཛྲ་ཊ་སྭཱཧཱ། སྙིང་པོ་བཟླས
པའི་མཐར། ཨོཾ་ཨ་སི་མུ་ས་ལ། ཏྲི་ཤུ་ལ། ཨེ་ཏྲ་ཏེ། མནྟྲ་ཀྲཱ་ལ། སརྦ་ཤ་ཏྲུན་ནི་ཀྲྀ་
ཏ་ཡ། ཛ་ར་ཊ། གྲཱིཧྣ་སྭཱ་ཡ། གྲཱིཧྣ་ཡ་ཧཱུྃ་ཕཊ། བཟླའོ། །ཨོཾ་མནྟྲ་ཀྲཱ་ལ་ཏ་ན་ཏ་
ན། རཀྵ་རཀྵ་བ་བཾ་གྲཱིཧྣ་ཀ་ར་ཡཾ་ཀུ་རུ་ཛཿཛཿཞེས་ལན་གསུམ་གྱིས་གཏོར་མ་ཕུལ།
སྙིང་པོ་ལན་གསུམ་གསུམ་གྱིས་རཀྟ་དང་ཆང་བསྒྲེངས། ཕྱོས་སྦྱོར་བསྲེག །ཙང་
ཏེའུ་བརྡུངས་ཤིང་། ཧཱུྃ་སྲིན་པོའི་གཟུགས་ཀྱིས་གདུག་པ་ཅན། །ཞེས་སོགས་ཀྱིས་
(༡༧༣ན)བསྟོད། ༈ འདིའི་རྗེས་གནང་ནི། རྒྱལ་ཆེན་གྱི་མཎྜལ་ནག་པོ་གྲུ་གསུམ་ལ་
ཆོམ་བུ་ནག་པོ་བཀོད། དེའི་སྟེང་དུ་མཆེའི་ཁར་རྟེན་གཏོར་བཞག །མདུན་དུ་ཛཾ་
བུ་ཏི་ཀ་དང་ཤ་དང་སྲན་ཆང་བཏབ་པའི་གཏོར་མ་དང་། སྨྱོས་བྱེད་རཀྟའི་མཆོད་
པ་རྣམས་བཤམས། བསྟོད་པའི་བར་གོང་བཞིན་ཉམས་སུ་བླངས། ༈ སློབ་མས་
མཎྜལ་སྟོན་དུ་འགྲོ་བས། རྡོ་རྗེ་འཛིན་པ་དགོངས་སུ་གསོལ། །ཞེས་སོགས་ཀྱིས་
གསོལ་བ་འདེབས་སུ་གཞུག །འགྲོ་རྣམས་བསྐྲལ་འདོད་བསམ་པ་ཡིས། །ཞེས་པ་
ནས། རྫོགས་པའི་བྱང་ཆུབ་སེམས་བསྐྱེད་བགྱི། །ཞེས་པའི་བར་གྱིས་སྐྱབས་འགྲོ་
སེམས་བསྐྱེད་བྱ། སློབ་མ་བསངས་སྦྱངས། སྟོང་པའི་ངང་ལས་སྐད་ཅིག་གིས་
ནག་པོ་ཆེན་པོ་དུས་ཀྱི་མུན་པ་ལྟ་བུ་ཞལ་གཅིག་ཕྱག་གཉིས་གཡས་གྲི་གུག་འཕྱར་
བ། གཡོན་ཐོད་ཁྲག་ཐུགས་ཀར་འཛིན་པ། གཡོན་བརྐྱང་གི་སྟབས་ཀྱིས་མི་རོའི་
གདན་ལ་གནས་པ། སྟག་ལྤགས་དང་སྦྲུལ་གྱིས་བརྒྱན་པ། ཐོད་སྐམ་གྱི་དབུ་རྒྱན་
དང་། ཐོད་རློན་གྱི་དོ་ཤལ་ཅན། སྤྱན་གསུམ་པ། སྨ་ར་དང་སྨིན་མ་དབུ་སྐྲ་སེར་
པོ་གྱེན་དུ་བརྫེས་པ། མིའུ་ཐུང་གི་རྣམ་པ་ཆེས་གཏུམ་པ། མི་བསྐྱོད་པའི་དབུ་
རྒྱན་ཅན། མེ་འོད་དྲག་ཏུ་འབར་བ། ཞེས་གསལ་བཏབ། མདུན་གྱི་གཏོར་རྟེན་
འདི་ཉིད་ཀྱང་ཁྱེད་རང་རྣམས་སྒོམ་པ་དང་འདྲ་བའི་མགོན་པོ་གྲི་གུག་པར་དངོས་

སུ་བཞུགས་འདུག་སྙམ་པར་མོས་ལ། དེ་ནས། སློབ་དཔོན་ལ་མོས་གུས་དྲུང་དྲུང་(༣༧༣བ)བ་བྱས་པས། སློབ་དཔོན་གྱི་ཐུགས་ཀ་ནས་འོད་ཟེར་འཕྲོས། མདུན་བསྐྱེད་མགོན་པོའི་ཐུགས་ཀར་ཐིམ་པས། ཐུགས་རྒྱུད་བསྐུལ། མགོན་པོའི་ཐུགས་ཀ་ནས་འོད་ཟེར་དཔག་ཏུ་མེད་པ་འཕྲོས། སངས་རྒྱས་བྱང་སེམས་ཐམས་ཅད་ཀྱི་ཐུགས་ཀ་ནས། ནག་པོ་ཆེན་པོའི་སྐུ་ཆེ་བ་རི་རབ་ཙམ། ཆུང་བ་ཏིལ་འབྲུ་ཙམ་དཔག་ཏུ་མེད་པ་སྤྱན་དྲངས། ལུས་ལ་ཐིམ་པར་མོས་ཤིག །ཅེས་བརྗོད་ལ། རོལ་མོའི་སྒྲ་བྱ། སྐུའི་རྗེས་གནང་ངོ་། །བཟླས་ལུང་ནི། ཡང་སློབ་དཔོན་ལ་མོས་གུས་དྲུང་དྲུང་བ་བྱས་པས། སློབ་དཔོན་གྱི་ཐུགས་ཀའི་འོད་ཟེར་གྱིས། མདུན་བསྐྱེད་ཀྱི་ལྷའི་ཐུགས་རྒྱུད་བསྐུལ་བས་ཐུགས་ཀ་ནས་སྔགས་ཀྱི་འཕྲེང་བ་བྱུང་། ཞལ་ནས་ཐོན། ཁྱེད་རང་རྣམས་ཀྱི་ཞལ་དུ་ཞུགས། ཐུགས་ཀར་ཉི་མའི་སྟེང་དུ་ས་བོན་གྱི་མཐར་འཁོད་པའི་མོས་པ་མཛོད་བྱས་ལ། ཨོཾ་མཧཱ་ཀཱ་ལ་ཧ་ན་ཧ་བཛྲ་ཊ་སྭཱཧཱ། ཞེས་དང་། ཨོཾ་ཨ་སི་ཨུ་ས་ལ། ཧི་ཤྲུ་ལ། ཨེ་ཧུ་ཧི། མཧཱ་ཀཱ་ལ། སརྦ་ཤ་ཏྲུ་ན་ནི་ཀྲྀ་ཏ་ཡ། ཛྭ་ར་ཊ། གྲྀཧྣ་ཕཱ་ཡ། གྲྀཧྣ་ཕཱ་ཡ་ཧཱུྃ་ཕཊ། ཅེས་པའི་སྔགས་གཉིས་ལན་གསུམ་གསུམ་རྗེས་ཟློས་བྱེད་དུ་གཞུག །གསུང་གི་རྗེས་གནང་ངོ་། །སློབ་དཔོན་ལ་མོས་གུས་དྲུང་དྲུང་བ་བྱས་པས། སློབ་དཔོན་གྱི་ཐུགས་ཀའི་འོད་ཟེར་གྱིས། མདུན་བསྐྱེད་མགོན་པོ་དང་སངས་རྒྱས་བྱང་ཆུབ་སེམས་དཔའ་རྣམས་ཀྱི་ཐུགས་ཀ་ནས་གྲི་གུག་ཐོད་པ་ལ་སོགས་པ་ཕྱག་མཚན་གྱི་ཚོགས་དཔག་ཏུ་མེད་པ་སྤྱན་དྲངས། འཕྲིན་ལས་རྣམ་བཞིས་སེམས་ཅན་གྱི་དོན་བྱས། སྙིང་གར་ཐིམ། ཞེས་(༣༧༤ན)བརྗོད་ལ་རོལ་མོ་བྱ། ཐུགས་ཀྱི་རྗེས་གནང་ངོ་། །གཏོར་མ་སློབ་མའི་མགོ་བོར་བཞག་ལ། ཇོ་རྗེ་འཆང་ནས་རྩ་བའི་བླ་མའི་བར། །ཇི་ལྟར་བཀའ་བསྒོ་དམ་བཅའ་དྲན་མཛོད་ལ། །སྐལ་ལྡན་བུ་ཡི་འགལ་རྐྱེན་ཀུན་སེལ་ཞིང་། །མཐུན་རྐྱེན་མཆོག་མཐུན་དངོས་གྲུབ་བསྩལ་དུ་གསོལ། །ཛཿཧཱུྃ་བཾ་ཧོཿཞེས་གཏོར་དབང་བསྐུར། རྗེས་ཀྱི་བྱ་བ་རྣམས་

སྐྱི་དང་འདྲའོ། །

༄ དཔལ་མགོན་པོ་ཟངས་གྲི་ཅན་ལྷ་བཅུ་བདུན་མ་ལྟར་ཕྱུགས་ལ། དམིགས་རྟེན་གྱི་མདུན་དུ་མཆོད་གཏོར་བཤམས། དམིགས་རྟེན་མེད་ན་མདུན་གྱི་ནམ་མཁར་བསྒོམས་ཀྱང་རུང་། བདག་བསྐྱེད་ཧེ་རུ་ཀ་ལ་སོགས་པ་གང་རུང་སྔོན་དུ་འགྲོ་བས། མཆོད་པ་བྱིན་རླབས་མགོན་པོ་སྐྱི་དང་འདྲ་བར་བྱ། སྭ་བྷཱ་ཤས་སྦྱངས། སྟོང་པའི་ངང་ལས་པཾ་ལས་རྡོ་རྗེའི་བྲག་རི་ཆེན་པོའི་སྟེང་དུ། ཧཱུྃ་དང་གྲི་གུག་ལས་སྲུང་བའི་འཁོར་ལོའི་ནང་དུ་དུར་ཁྲོད་ཆེན་པོས་བསྐོར་བའི་དབུས་སུ། ཧྲཱུྃ་ལས་གཞལ་ཡས་ཁང་ཐོད་མཁར་གྲུ་གསུམ་པ། རྐང་གི་ཀ་བ། རྒྱ་མའི་དྲ་ཕྱེད། གེང་རུས་ཀྱི་ཐོག་ཕུབ་པ་སོགས་འཇིགས་པའི་རྒྱན་གྱིས་བརྒྱན་པ། སྒོ་གཅིག་མདུན་གྱི་ལོགས་སུ་གཏད་པ། དབུས་སུ་ཨུ་ཁྱུད་གྲི་གུག་གི་འཕྲེང་བས་བསྐོར་བའི་ནང་གནམ་ལྕགས་ཀྱི་འཁོར་ལོ། ལྟེ་བར་ཆོས་འབྱུང་གྲུ་གསུམ་མཐིང་ནག་དང་བཅས་པ། དབུས་སུ་པད་ཉི་ལ་དགྲ་བགེགས་ཀྱི་གཟུགས་བརྙན་བསྒྱེལ་བ། རྩིབས་རྣམས་ལ་པད་ཉིའི་གདན་དང་བཅས་པ་བཅུ་དྲུག །རང་གི་སྙིང་གའི་ཧཱུྃ་གི་འོད་(༣༧༣བ)ཟེར་གྱིས། དགྲ་བགེགས་ཀྱི་རྣམ་ཤེས་ཧྲི་ལྟར་གྱུ་དང་ཧྲི་སེར་པོའི་རྣམ་པར་བཀུག་སྟེ་བསྟིམ། དབུས་ཀྱི་གདན་གྱི་སྟེང་དུ་ཧཱུྃ་ལས་གྲི་གུག་ཧཱུྃ་གིས་མཚན་པ་ལས་འོད་ཟེར་འཕྲོས། དགྲ་བགེགས་གདུག་པ་ཅན་ཐམས་ཅད་ཚར་བཅད། ཕྱིར་འདུས་ཡོངས་སུ་གྱུར་པ་ལས། དཔལ་ལེགས་ལྡན་ནག་པོ་ཆེན་པོ་རྡོ་རྗེ་སྲིན་པོའི་གཟུགས་ཅན། སྐུ་མདོག་བྱུང་བ་ལྟར་གནག་པ། ཐུང་ཞིང་སྦོམ་ལ་ཉེ་མ་སྟོང་གི་གཟི་བརྗིད་ཅན། ཞལ་གཅིག་ཕྱག་གཉིས་སྤྱན་གསུམ་པ། མཆེ་བ་གཙིགས་ཤིང་ལྗགས་འདྲིལ་བ། ཞལ་གྱི་གྲྭ་ནས་ཁྲག་འཛག་པ། དབུ་སྐྲ་དང་སྨ་ར་དང་སྨིན་མ་ཁམ་ནག་གྱེན་དུ་འགྲེང་བ། ཕྱག་གཡས་གྲི་གུག་འབར་བ་འཕྱར་སྟབས་དང་། གཡོན་གདུག་པ་ཅན་གྱི་ཁྲག་གིས་གང་བའི་ཐོད་པ་ཐུགས་ཀར་འཛིན་པ། སྟག་ལྤགས་ཀྱི་ཤམ་ཐབས་ཅན། ཐོད་སྐམ་གྱི་དབུ་

རྒྱན་དང་། ཁྲོད་རྔོན་གྱི་དོ་ཤལ་ཅན། སྤྱིལ་གདུག་པས་སྐུ་ལ་བརྒྱན་པ། གཏུམ་ཞིང་འབྲུགས་པས་རང་གི་ཡན་ལག་གི་ཤ་ཡང་གཅོད་པ་ཙམ་དུ་ཁྲོས་པ། གཡོན་བརྐྱང་གི་སྟབས་ཀྱིས་འགྱིང་ཞིང་བརྗིད་པས་དགྲ་བགེགས་རྣམས་བརྗིས་པ། བསྐལ་པའི་མེ་ལྟ་བུའི་དབུས་ན་བཞུགས་པའོ། །འཁོར་ལོའི་རྩིབས་བརྒྱད་ལ་ཡ་བརྒྱད་དང་མ་བརྒྱད་ལ་གྲི་གུག་བཙུ་དྲུག་ཡོངས་སུ་གྱུར་པ་ལས། གཤིན་རྗེ་ཕོ་བརྒྱད་དང་མ་མོ་བརྒྱད་དུ་གྱུར་པ་ནི། ཤར་དུ་ཡབ་ཏི་དང་ཕོ་ཉ་མོ། ལྷོར་ཆོས་ཀྱི་རྒྱལ་པོ་དང་མཆེ་བ་མོ། ནུབ་ཏུ་ཏིལ་པ་དང་བེ་ཅོན་ནག་མོ། བྱང་དུ་ཨ་ཕ་སླང་མགོ་དང་དུས་མཚན་མ། བྱང་ཤར་དུ་རལ་པ་ཚར་དགུ་དང་ལྕགས་ཀྱུ་མ། ནུབ་བྱང་དུ་(༣༧༥ན)སྡིག་པ་དང་ཞགས་པ་མོ། ལྷོ་ནུབ་ཏུ་ཕྱུ་སངས་དང་ལྕགས་སྒྲོག་མ། ཤར་ལྷོར་མིག་དམར་དང་འབེབས་པ་མོ། དེ་ལྟར་གཤིན་རྗེ་བརྒྱད་ནི་མདོག་ སྔོ་སྐྱ་སྨྲ་གྱེན་དུ་བརྗེས་པ། མ་མོ་བརྒྱད་ནི་མདོག་ནག་མོ། སྐྲ་དང་ནུ་མ་འཕྱང་བ། ཐམས་ཅད་ཀྱང་གཅེར་བུ་གྲི་གུག་དང་ཐོད་པ་འཛིན་པ། རྒྱན་སྤངས་པ། གཡོན་བརྐྱང་གི་སྟབས་ཀྱིས་གནས་པ། བཀའ་ཉན་པའི་ཚུལ་ཅན་ནོ། །རང་གི་སྙིང་ག་ནས་འོད་ཟེར་འཕྲོས། མགོན་པོ་ཡེ་ཤེས་སེམས་དཔའ་བཛྲ་ས་ཏྭ་ཛཿཧཱུྃ་དད་པ་དང་ནི་དམ་ཚིག་གིས། །ཚུར་གཤེགས་ཚུར་གཤེགས་ནག་པོ་ཆེ། །རྡོ་རྗེ་འཆང་གི་སྤྱན་སྔ་རུ། །ཇི་ལྟར་ཁས་བླངས་དམ་བཅས་ལྟར། །བྱིན་གྱིས་བརླབས་པའི་གནས་འདི་རུ། །དྲག་པོའི་ལས་ལ་སྤྱན་འདྲེན་གཤེགས། །ཨོཾ་མཧཱ་ཀཱ་ལ་ཧཱུྃ་ན་ཛཿཧཱུྃ་བཾ་ཧོཿ ཐམས་ཅད་ཀྱི་དཔྲལ་བར་ཨོཾ། མགྲིན་པར་ཨཱཿ ཐུགས་ཀར་ཧཱུྃ། མགོན་པོའི་སྤྱི་བོར་མི་བསྐྱོད་པས་རྒྱས་བཏབ་པར་གྱུར། བཛྲ་ཨཱ་ས་ན་ཏིཥྛ྄། ཞེས་གདན་ཕུལ། ཨོཾ་མཧཱ་ས་མ་ཡ་ཏ་ན་ཏ་ན་ཧཱུྃ་ཕཊ། ཅེས་དམ་རྒྱ་བསྟན་ལ་དམ་ཚིག་བྲན་དུ་གཞུག །རྡོ་རྗེའི་རྩེ་མོས་ནང་མཆོད་གཏོར་ཞིང་། མགོན་པོ་དང་རང་གི་ལྟེ་ཁྲོག་ཏུ་མྱུང་བར་བསམས་ལ། འདི་ནི་ཁྱོད་ཀྱི་དམྱལ་བའི་ཆུ། །དམ་ཚིག་འདས་ན་བསྲེག་པར་བྱེད། །དམ་

ཆོག་སྲུང་ན་དངོས་གྲུབ་སྟེར། །རྡོ་རྗེ་བདུད་རྩིའི་ཆུ་འཐུངས་ཤིག །ཁ་ཁ་ཁ་ཨོཾ་ཨཱཿཧཱུཾ། ཞེས་མནའ་ཆུ་འཐུང་། ཁྱོད་བདག་དམ་ཚིག་བསྲེས་པ་ཡི། །དཔང་དུ་གྱུར་པ་(༣༧༥བ)ཁྲག་འཐུང་མགོན། །བདག་ཀྱང་དམ་ལས་མི་འདའ་བར། །རྟག་ཏུ་ནག་པོ་ཁྱོད་མཆོད་ཀྱི། །ཁྱོད་ཀྱང་དམ་ལས་མི་འདའ་བར། །བདག་གིས་བཅོལ་བའི་ལས་ཀུན་གྱིས། །གལ་ཏེ་དམ་ལས་འདས་གྱུར་ན། །ཁྱོད་ཀྱི་སྙིང་ཁྲག་ང་ལ་ཡོད། །ཅེས་དམ་ཚིག་ཁས་བླངས། གཏོར་མ་དང་མཆོད་པ་ཡི་དམ་གྱི་མངོན་རྟོགས་ལྟར་བྱིན་གྱིས་བརླབས། མཐར། ཨོཾ་མཧཱ་ཀཱ་ལ་ཧཱུཾ་ན་ཨ་ཤྲཱི་ཏ་ཨོཾ་ཨཱཿཧཱུཾ། ཞེས་ལན་གསུམ་གྱིས་བྱིན་གྱིས་བརླབས། ཨོཾ་ཤྲཱི་མཧཱ་ཀཱ་ལ་རཱུ་པ་ས་པ་རི་ཝཱ་རེ་བྷྱོཿཨི་དཾ་བ་ལིཾ་ཏ་ཁ་ཁ་ཁཱ་ཧི་ཁཱ་ཧི། སརྦ་ཤུཏྲཱུ་ནཾ། མ་ར་མ་ར། གྲིཧྣ་གྲིཧྣ། བནྡྷ་བནྡྷ། ཧ་ན་ཧ་ན། ད་ཧ་ད་ཧ། པ་ཙ་པ་ཙ། དི་ན་མེ་ཀེ་ན་ཧཱུཾ་ཧཱུཾ་ཕཊ། ཅེས་ལན་བདུན་ལ་སོགས་པས་ཕུལ། དེ་ནས་བླ་མ་དང་ཡི་དམ་གྱི་བཀའི་དམ་བསྒྲགས་ཏེ་འཕྲིན་ལས་བཅོལ། གོང་བཞིན་མནའ་ཆུ་བླུད་ལ། ལག་ཏུ་རྡོ་རྗེ་གཏད་པར་མོས་ཏེ། རྡོ་རྗེ་འདི་ནི་རྡོ་རྗེ་ཆེ། །སངས་རྒྱས་ཀུན་གྱིས་བྱིན་གྱིས་བརླབས། །དམ་ཚིག་འདི་ལས་འདས་གྱུར་ན། །ནག་པོ་ཁྱོད་ནི་ཉམས་པར་འགྱུར། །ཨོཾ་བཛྲ་མཧཱ་ས་མ་ཡ་ཧ་ན་ཧ་ན་ཧཱུཾ་ཕཊ་དང་། ཨོཾ་མཧཱ་ཀཱ་ལ་ཊཀྐཱད་ཐད། ཅེས་བརྗོད་དེ། བྲོ་དམ་པོ་དགག་གོ །ཨརྒྷཾ་ནས་ཤབྡའི་བར་གྱིས་མཆོད། ཨོཾ་ཨཱཿཧཱུཾ་གིས་ནང་མཆོད་ཕུལ་ལ། ཧཱུཾ། རྣམ་དག་དབྱིངས་ལས་མ་གཡོས་ཀྱང་། །ཐུགས་རྗེས་ཁྲོས་པའི་སྐུར་སྟོན་ཅིང་། །བདུད་དཔུང་འཇོམས་པའི་ལས་མཛད་པ། །ལེགས་ལྡན་མགོན་ལ་ཕྱག་འཚལ་བསྟོད། །ལེགས་ལྡན་ནག་པོ་ཆེན་པོ་(༣༧༦ན)ནི། །མི་བསྲུན་འཁོར་གྱི་དཀྱིལ་འཁོར་ན། །ལས་མཛད་གཤིན་རྗེ་མ་མོ་ནི། །མ་རུངས་སྒྲོལ་བའི་ཕོ་ཉ་སྟེ། །ཁམས་གསུམ་སྒྲོག་ལ་དབང་བྱེད་ཅིང་། །སྐྱེ་འགྲོའི་དབུགས་ལ་ཟམ་པ་པོ། །ཁྲག་འཐུང་ལས་ཀྱི་སྲིན་པོ་དང་། །སྲིན་མོའི་ཚོགས་ལ་བདག་བསྟོད་དོ། །བཟླས་པའི་དམིགས་པ་གསལ་བཏབ་ལ། །རྩ་སྔགས་

ཞེ། ན་མོ་རཏྣ་ཏྲ་ཡཱ་ཡ། ཏདྱ་ཐཱ། ཨོཾ་ཀྲི་མཏྟ་ཀཱ་ལ་ཤྲཱ་ས་ན་ཨུ་པ་ཏ་རི་ཙེ། ཨེ་ཧྱ་ཨ་པཉྩི་མ་ཀཱ་ལོ། ཨ་ཡཾ་ཨི་དཾ་རཏྣ་ཏྲ་ཡ། ཨ་པ་ཀཱ་རིཥྚཾ། ཡ་ཏི་པྲ་ཏི་ཙྪཱ། སྭཱ་ར་སི། ཏ་ད་ཨི་དཾ་ཏུཆྪཾ། ཁ་ཁ་ཁཱ་ཧི་ཁཱ་ཧི། སཱ་ར་སཱ་ར། གྲིཧྣ་གྲིཧྣ། བནྡྷ་བནྡྷ། ཏ་ན་ཏ་ན། ད་ཧ་ད་ཧ། པ་ཙ་པ་ཙ། དི་ན་མེ་ཀེ་ན་སཱ་ར་ཡ་ཧཱུྃ་ཧཱུྃ་ཕཊ་ཕཊ་སྭཱཧཱ། རྫ་སྔགས་དང་། ཨོཾ་མཏྟ་ཀཱ་ལ་རུ་པ་རུ་ཏྲ་ས་མ་ཡ་ཧཱུྃ་ཧཱུྃ་ཕཊ་ཕཊ། སྙིང་པོའོ། །ཨོཾ་མཏྟ་ཀཱ་ལ་ཧཱུྃ་ཕཊ། ཡང་སྙིང་ངོ་། །ཨོཾ་མཏྟ་ཀཱ་ལ་ཏྲ་ཀྲད་ཐད། སྲོག་སྙིང་ངོ་། །དེ་ལ་ཡ་མ་ནྟ་རྡྲ་བཏགས་པ་ནི་ལས་སྔགས་སོ། ། ༈ འདིའི་རྗེས་གནང་བྱ་བར་འདོད་ན། སྒོམ་དོན་དང་མཐུན་པའི་དཀྱིལ་ཐང་བཀྲམ། དེའི་དབུས་སུ་མཐཱི་ལ་གཏོར་མ་བཀོད། གྲི་གུག་དང་དམ་རྫས་ཀ་པཱ་ལ། ཤ་ཁྲག་གིས་བཀྱན་པའི་མཆོད་གཏོར་དངར། ནང་མཆོད་སོགས་བཤམས། བདག་མདུན་གཏོར་ཚོགས་དང་བཅས་པ་གོང་བཞིན་བྱས་ལ། སློབ་མས་མཎྜལ་ཕུལ། རྡོ་རྗེ་འཛིན་པ་ནས་བསྐུལ་དུ་གསོལ། ཞེས་པའི་བར་གྱིས་གསོལ་བ་བཏབ། དཀོན་མཆོག་གསུམ་(༣༧༨བ)ལ་བདག་སྐྱབས་མཆི། །ཞེས་སོགས་རྒྱུན་བཤགས་དང་། སྲས་བཅས་སངས་རྒྱས་ཐམས་ཅད་དང་། །ཞེས་སོགས་ཀྱིས་རིགས་ལྔའི་སྡོམ་བཟུང་བྱ། མདུན་བསྐྱེད་ཀྱི་གཏོར་རྟེན་འདི་ཉིད་ཀྱང་ངོ་བོ་རང་གི་རྩ་བའི་བླ་མ་ཡིན་པ་ལ། རྣམ་པ་མགོན་པོ་ཟངས་གྲི་ཅན་ལྷ་བཅུ་བདུན་མར་དངོས་སུ་བཞུགས་འདུག་སྙམ་པར་མོས་ལ། དེ་ནས་སློབ་མ་བསངས་སྦྱངས། སྟོང་པའི་ངང་ལས་པད་ཉི་ལ་དགྲ་བགེགས་ཀྱི་གཟུགས་བརྙན་བསྟོལ་བའི་གདན་ལ་ཁྱེད་རང་གི་སེམས་ཉིད་ཧཱུྃ་ལས་གྲི་གུག་ཧཱུྃ་གིས་མཚན་པ་ལས་འོད་ཟེར་འཕྲོས། དགྲ་བགེགས་གདུག་པ་ཅན་ཐམས་ཅད་ཚར་བཅད། ཚུར་འདུས་ཡོངས་སུ་གྱུར་པ་ལས། ཁྱེད་རང་རྣམས་དཔལ་ལེགས་ལྡན་ནག་པོ་ཆེན་པོ་རྡོ་རྗེ་སྲིན་པོའི་གཟུགས་ཅན། སྐུ་མདོག་བུང་བ་ལྟར་གནག་པ། ཐུང་ཞིང་སྦོམ་ལ་ཉེ་མ་སྟོང་གི་གཟི་བརྗིད་ཅན། ཞལ་གཅིག་ཕྱག་གཉིས་སྤྱན་གསུམ་པ། མཆེ་བ་གཙིགས་ཤིང་

ལྷགས་འདྲིལ་བ། ཞལ་གྱི་གྲྭ་ནས་ཁྲག་འཛག་པ། དབུ་སྐྲ་དང་སྨ་ར་དང་སྨིན་མ་ཁམ་ནག་གྱེན་དུ་འགྲེང་བ། ཕྱག་གཡས་གྲི་གུག་འབར་བ་འཕྱར་སྟབས་དང་། གཡོན་གདུག་པ་ཅན་གྱི་ཁྲག་གིས་གང་བའི་ཐོད་པ་ཐུགས་ཀར་འཛིན་པ། སྟག་ལྤགས་ཀྱི་ཤམ་ཐབས་ཅན། ཐོད་སྐམ་གྱི་དབུ་རྒྱན་དང་། ཐོད་རློན་གྱི་དོ་ཤལ་ཅན། སྦྲུལ་གདུག་པས་སྐུ་ལ་བརྒྱན་པ། གཏུམ་ཤིང་འབྲུགས་པས་རང་གིས་ཡན་ལག་གི་ཤ་ཡང་གཅོད་པ་ཙམ་དུ་ཁྲོས་པ། གཡོན་བརྐྱང་གི་སྟབས་ཀྱིས་འགྱིང་ཞིང་བརྗིད་པས་དགྲ་(༣༡༧ན)བགེགས་རྣམས་བརྗིས་པ། བསྐལ་པའི་མེ་ལྟ་བུའི་དབུས་ན་བཞུགས་པའོ། །སློབ་དཔོན་གྱི་ཐུགས་ཀ་ནས་འོད་ཟེར་འཕྲོས། མགོན་པོ་ཡེ་ཤེས་སེམས་དཔའ་བཛྲ་ས་མ་ཛཿཨོཾ་མཧཱ་ཀཱ་ལ་ཧྲཱ་ཏྭཱ། ཛཿཧཱུྃ་བཾ་ཧོཿགཉིས་སུ་མེད་པར་ཐིམ། དཔྲལ་བར་ཨོཾ། མགྲིན་པར་ཨཱཿ ཐུགས་ཀར་ཧཱུྃ། ཁྱེད་རང་གི་སྤྱི་བོར་མི་བསྐྱོད་པས་རྒྱས་བཏབ་པར་གྱུར། སྐུའི་རྗེས་གནང་ངོ་། །བཟླས་ལུང་ནི། ཁྱེད་རང་གི་སྙིང་གར་པད་ཉིའི་གདན་ལ་ཧཱུྃ་མཐིང་ནག་གི་མཐར་སྔགས་འཕྲེང་འོད་ཟེར་མཐིང་ནག་འབར་བའི་རྣམ་པ་ཅན་དུ་བཞུགས་པར་མོས། སློབ་དཔོན་གྱི་ཐུགས་ཀ་ནས་འོད་ཟེར་འཕྲོས། མདུན་བསྐྱེད་ཀྱི་ལྷའི་ཐུགས་རྒྱུད་བསྐུལ། ཐུགས་ཀའི་སྔགས་འཕྲེང་ལས་སྔགས་འཕྲེང་གཉིས་པ་ཞིག་ཆད། ཞལ་ནས་ཐོན། ཁྱེད་རང་གི་ཁ་སྣ་ནས་ཞུགས། སྙིང་གའི་ཧཱུྃ་ཡིག་གི་མཐར་སྔགས་སྔ་མ་ལ་ཐིམ་ཞིང་འཁོར་བར་མོས་ལ། འདིའི་རྗེས་ཟློས་མཛོད་ཅིག་བྱས་ལ། ན་མོ་རཏྣ་ཏྲ་ཡཱ་ཡ། ཏདྱ་ཐཱ། ཨོཾ་ཤྲཱི་མཧཱ་ཀཱ་ལ་ཤཱ་ས་ན་ཨུ་པ་ཏ་རི་ཊེ། ཨེ་ཀ་ཨ་པཙྪི་མ་ཀ་ལོ། ཨ་ཡཾ་ཨི་དཾ་རཏྣ་ཏྲ་ཡ། ཨ་པ་ཀཱ་རཱི་ཎཾ། ཡ་ཏི་པྲ་ཏི་ཛྙཾ། སྨ་ར་སི། ཏ་ད་ཨི་དཾ་དུཥྚཾ། ཁ་ཁ་ཁཱ་ཧི་ཁཱ་ཧི། སྭཱ་ར་སྭཱ་ར། གྲིཧྣ་གྲིཧྣ། བནྡྷ་བནྡྷ། ཧ་ན་ཧ་ན། ད་ཧ་ད་ཧ། པ་ཙ་པ་ཙ། དི་ན་མེ་ཀེ་ན་སྭཱ་ར་ཡ་ཧཱུྃ་ཧཱུྃ་ཕཊ་ཕཊ་སྭཱ་ཧཱ། རྩ་སྔགས་དང་། ཨོཾ་མཧཱ་ཀཱ་ལ་ཏྲ་པ་ཏྲ་ཊ་ས་མ་ཡ་ཧཱུྃ་ཧཱུྃ་ཕཊ་ཕཊ། སྙིང་པོ་དང་། ཨོཾ་མཧཱ་ཀཱ་ལ་ཧཱུྃ་ཕཊ། ཡང་སྙིང་དང་། ཨོཾ་མཧཱ་

ཀླྀ་ལ་ཧ་ཀྵད་ཐད། (༣༡༧བ)སྦྱོག་སྙིང་དང་། དེ་ལ་ཡ་མ་ནྟ་ཛྙ་བཏགས་པ་ནི་ལས་
སྔགས་ཏེ། དེ་རྣམས་ལན་གསུམ་གསུམ་རྗེས་བཟློས་བྱེད་དུ་གཞུག །གསུང་གི་རྗེས་
གནང་ངོ་། །སེམས་སྦྱོས་བྲལ་དུ་ངོ་སྤྲད་དེ། ཐུགས་ཀྱི་རྗེས་གནང་ངོ་། །དམ་རྫས་
ཀ་པཱ་ལ་སྦྱི་བོར་བཞག་ལ། དམ་རྫས་རབ་ཏུ་འབར་བ་འདིས། །དེ་རིང་ཁྱོད་ལ་
དབང་བསྐུར་ཏོ། །མཁའ་འགྲོ་གནོད་སྦྱིན་དམ་ཅན་གྱི། །འཕྲོ་འདུ་ཡོན་ཏན་དབང་
ཐོབ་ཤོག །ཨོཾ་བཛྲ་མཧཱ་ཀཱ་ལ་གུ་ཧ་ཧི་ད་ཧཱུཾ། ཡོན་ཏན་གྱི་རྗེས་གནང་ངོ་། །ཧཱུཾ་
ལས་བྱུང་བའི་གྲི་གུག་ལག་པ་གཡས་དང་། ཨཱཿལས་བྱུང་བའི་ཐོད་པ་ལག་པ་གཡོན་
དུ་གཏད་ལ། སངས་རྒྱས་ཀུན་གྱི་འཕྲིན་ལས་དབང་། །ཟངས་གྲི་འབར་བས་དགྲ་
སྦྱོག་གཅོད། །དབང་སྡུད་ཐོད་པའི་རང་རྟགས་ཅན། །འཕྲིན་ལས་རྣམ་བཞི་ཐོབ་
པར་ཤོག །ལས་སྔགས་བརྗོད་དེ། འཕྲིན་ལས་ཀྱི་དབང་ངོ་། །དེ་ནས་གཏོར་མ་
སྦྱི་བོར་བཞག་ལ། ཡེ་ཤེས་མགོན་པོ་འཁོར་དང་བཅས་པ་ཁྱེད་རྣམས་ཀྱིས་རྩ་བརྒྱུད་
ཀྱི་དཔལ་ལྡན་བླ་མ་དམ་པ་རྣམས་ཀྱི་བཀའ་དང་དམ་ལས་མ་འདའ་བར་རྡོ་རྗེ་
སློབ་མ་འདིའི་ཕྱི་བཞིན་དུ་རྗེས་སུ་འབྲངས་ལ་ལུས་དང་གྲིབ་མ་བཞིན་དུ་འགྲོགས་
ཏེ། འགལ་རྐྱེན་ཐམས་ཅད་སོལ། མཐུན་རྐྱེན་ཐམས་ཅད་བསྒྲུབས། དགྲ་བགེགས་
ཐམས་ཅད་ཐུལ། དེ་ལྟར་བཅོལ་བའི་ལས་ཐམས་ཅད་འགྲུབ་པར་མཛོད་ཅིག །ཅེས་
བཀའ་བསྒོ་བྱ། མགོན་པོའི་སྐུ་གཉིས་པ་ཞིག་ཆད་དེ། སྦྱི་བོ་ནས་བསྡིམ་པས།
མགོན་པོའི་སྐུ་གསུང་ཐུགས་ཀྱི་ངོ་བོར་གྱུར་པར་བསམ། དམ་(༣༡༨ན)ཚིག་དྲན་པ་
མནའ་རྒྱ། དམ་ཚིག་ཁས་ལེན་བློ་དགག་པ་དང་བཅས་པ་དཔོན་སློབ་གཉིས་ཀས་
བྱ་སྟེ། དེ་ཡང་རྡོ་རྗེ་རྩེ་མོས་ནང་མཆོད་གཏོར་ཞིང་། མགོན་པོ་དང་སློབ་དཔོན་
གཉིས་ཀའི་ལྕེ་ཐོག་ཏུ་མྱངས་པར་བསམས་ལ། འདི་ནི་ཁྱོད་ཀྱི་དམྱལ་བའི་ཆུ། །དམ་
ཚིག་འདས་ན་བསྲེག་པར་བྱེད། །དམ་ཚིག་སྲུང་ན་དངོས་གྲུབ་སྟེར། །རྡོ་རྗེ་བདུད་
རྩིའི་ཆུ་འཐུངས་ཤིག །ཁ་ཁ་ཁ་ཨོཾ་ཨཱཿཧཱུཾ། ཞེས་དམ་ཚིག་དྲན་པ་མནའ་ཆུ་འཐུངས།

ཁྱོད་བདག་དམ་ཚིག་བསྲེས་པ་ཡི། །དཔང་དུ་གྱུར་པ་ཁྲག་འཐུང་མགོན། །བདག་ཀྱང་དམ་ལས་མ་འདའ་བར། །རྟག་ཏུ་ནག་པོ་ཁྱོད་མཆོད་ཀྱི། །ཁྱོད་ཀྱང་དམ་ལས་མི་འདའ་བར། །བདག་གིས་བཅོལ་བའི་ལས་ཀུན་གྱིས། །གལ་ཏེ་དམ་ལས་འདས་གྱུར་ན། །ཁྱོད་ཀྱི་སྙིང་ཁྲག་ང་ལ་ཡོད། །ཅེས་དམ་ཚིག་ཁས་བླངས། མནའ་ཆུ་བླུད་ལ། ལག་ཏུ་རྡོ་རྗེ་གཏད་པར་བསམ་ཏེ། རྡོ་རྗེ་འདི་ནི་རྡོ་རྗེ་ཆེ། །སངས་རྒྱས་ཀུན་གྱིས་བྱིན་གྱིས་བརླབས། །དམ་ཚིག་འདི་ལས་འདས་གྱུར་ན། །ནག་པོ་ཁྱོད་ནི་ཉམས་པར་འགྱུར། །ཨོཾ་བཛྲ་མཧཱ་ས་མ་ཡ་ཧ་ན་ཧ་ན་ཧཱུྃ་ཕཊ། ཞེས་དང་། ཨོཾ་མཧཱ་ཀཱ་ལ་ཧཀྵཱད་ཕཊ། ཅེས་བྲོ་དགག་པའོ། །རྗེས་ཀྱི་བྱ་བ་རྣམས་སྤྱི་དང་མཐུན་ནོ། །

༄ མགོན་པོ་གྲི་གུག་ལྷ་དགུ་མ་ཧླ་ནའི་ལུགས་ལ། ཆོས་འབྱུང་གྲུ་གསུམ་ནག་པོ་མཐྲེའི་སྟེང་དུ་གཏོར་མ་དང་བཅས་པ་བཤམས། མཐའ་མཆོད་གཏོར་གྱིས་བསྐོར། ཡི་དམ་གྱི་བདག་བསྐྱེད་(༣༧༨བ)སྔོན་དུ་འགྲོ་བས། མདུན་བསྐྱེད་ཨ་མྲི་ཏས་བསངས། སྭ་བྷ་ཝས་སྦྱངས། བཛྲ་པ་ལི་ཕཊ། རྡོ་རྗེའི་བྲག་རི་དང་། ཀེང་རུས་ཀྱི་སྟེང་དུ། དུར་ཁྲོད་དང་བཅས་པའི་གཞལ་ཡས་ཁང་འཇིགས་སུ་རུང་བ། དབུས་སུ་པད་ཉི་ལ་རང་གི་སྙིང་ག་ནས་སྤྲོས་པའི་ཧཱུྃ་ལས་གྲི་གུག་ཧཱུྃ་གིས་མཚན་པ་ཡོངས་སུ་གྱུར་པ་ལས། མཧཱ་ཀཱ་ལ་སྐུ་མདོག་དུས་མཐའི་སྤྲིན་དང་མཚུངས་པ། ཞལ་གཅིག་ཕྱག་གཉིས་པ། གཡས་གྲི་གུག་འཕྱར་ཞིང་། གཡོན་ཐོད་པ་སྙིང་བཅས་ཐུགས་ཀར་འཛིན་པ། ཞལ་གྱི་གྲྭ་ནས་ཁྲག་འཛག་པ། སྤྱན་གསུམ། མཆེ་བ་གཙིགས་ཤིང་ལྗགས་སྐྱོད་པ། སྨ་ར་དང་སྨིན་མ་དབུ་སྐྲ་དམར་སེར་གྱེན་དུ་བརྫེས་པ། སྦོམ་ཐུང་ཡན་ལག་ཧྲགས་ཤིང་གསུས་ཁྱིམ་ཆེ་བ། མི་ལྤགས་ཀྱི་སྟོད་གཡོགས་དང་། སྟག་ལྤགས་ཀྱི་ཤམ་ཐབས་ཅན། ཐོད་སྐམ་ལྔའི་དབུ་རྒྱན་དང་། རློན་པ་ལྔ་བཅུའི་དོ་ཤལ་བྱས་པ། ཞབས་གཡས་བསྐུམ་གཡོན་བརྐྱང་བས་པད་ཉི་མི་རོའི་གདན་ལ། མེ་ཆེན་དྲག་པོ་འབར་བའི་ཀློང་ན་བཞེངས་པ། རང་གི་སྙིང་ཁ་ནས་འོད་ཟེར་འཕྲོས། ཡེ་ཤེས་

སེམས་དཔའ་འཁོར་བཅས་བཛྲ་ས་ཏྭ་ཛཿཨ་ཧཱུ་ཧེ་མཧཱ་ཀཱ་ལ་ཀཱ་རུ་ཎི་ཀ་ཛཿཧཱུྃ་བཾ་

ཧོཿགཉིས་སུ་མེད་པར་ཐིམ། གཙོ་བོའི་བྱང་ཤར་དུ། ལྷ་མོ་ནག་མོ་རྩེ་གསུམ་དང་

ཐོད་ཁྲག་འཛིན་པ། མདུན་དུ་གསང་བའི་ལས་མགོན་དམར་ནག་གྲི་ཐོད་ཅན།

ཛམྦྷ་ལའི་ཞལ་དང་ལྡན་པའོ། །གཡས་སུ་གཤིན་རྗེ་ལྷང་ནག་རལ་གྲི་དང་ཐོད་

ཁྲག་བསྣམས་པ། གཡོན་དུ་ལས་མགོན་བདུད་བྱ་རོག་གདོང་ཅན་གྲི་ཐོད་འཛིན་

(༣༧༤ན)པ། ཕྱི་རོལ་གྱི་ཤར་དུ་མཧཱ་ཀཱ་ལི་ནག་མོ་རལ་གྲི་དང་ཐོད་ཁྲག་འཛིན་པ་

དྲེའུ་ལ་ཆིབས་པ། ལྷོར་བི་ཀ་ར་ལི་ནག་མོ་གྲི་གུག་དང་ཐོད་ཁྲག་འཛིན་པ་བྱ་རོག་

ལ་ཆིབས་པ། ནུབ་ཏུ་པུ་ཀ་ར་ལི་ནག་མོ་རྡོ་རྗེ་དང་ཕུར་བུ་འཛིན་པ་རོ་ལངས་ལ་

ཞོན་པ། བྱང་དུ་གཧྣ་ལི་ནག་མོ་ཧི་ཤུ་ལ་དང་ཐོད་ཁྲག་འཛིན་པ་རོའི་གདན་ཅན།

ཐམས་ཅད་ཀྱང་དྲག་པོའི་ཆ་ལུགས་ཡོངས་སུ་རྫོགས་པའོ། །ཨོཾ་མཧཱ་ཀཱ་ལ་ས་པ་རི་

ཝཱ་ར་ཨརྒྷཾ་སོགས་ཀྱིས་ཕྱི་མཆོད་དང་། ཨོཾ་ཨཱཿཧཱུྃ་གིས་ནང་མཆོད་འབུལ། ཧཱུྃ་སྲིན་

པོའི་གཟུགས་ཀྱིས་གདུག་པ་ཅན། །ཞེས་སོགས་ཀྱིས་བསྟོད། རྡོ་རྗེ་རྩེ་ལྔ་པའི་ཕྱག་

རྒྱ་བསྟན་ལ། ནག་པོ་ཆེན་པོའི་འཁོར་བཅས་ཀྱིས། དཔལ་ཧེ་རུ་ཀའི་བཀའ་ལས་

མ་འདའ་བར། བདག་གིས་བསམ་པའི་དོན་ཐམས་ཅད་བསྒྲུབས་ཤིག །དམ་ཚིག་

ལས་འདས་ན། ཁྱོད་ཉིད་འཇིག་པར་གྱུར་ཏ་རེ། ནང་མཆོད་གཏོར་ཞིང་། འཕྲུངས་

ཤིག་འཕྲུངས་ཤིག་རྡོ་རྗེའི་ཆུ། །རྡོ་རྗེའི་ཆུ་འདི་འཕྲུངས་ནས་ནི། །དམ་ཚིག་སྲུང་

ན་དངོས་གྲུབ་ཐོབ། །དམ་ལས་འདས་ན་བརླག་པར་འགྱུར། །ཨོཾ་སརྦ་ཨུ་ད་ཀ་ཁ།

དམ་ཚིག་གི་རྡོ་རྗེ་གཏད་པར་བསམས་ལ། ཐུངས་ཤིག་ཐུངས་ཤིག་རྡོ་རྗེ་ཆེ། །

ཁྱོད་ཀྱིས་རྟག་ཏུ་འདི་ཐུངས་ཤིག །གལ་ཏེ་བསྒོ་བ་མ་ཉན་ན། །ནག་པོ་ཁྱོད་ནི་

ཉམས་པར་འགྱུར། །ཐམས་ཅད་ཀྱི་དཔྲལ་བར་ཨོཾ། མགྲིན་པར་ཨཱཿ ཐུགས་ཀར་ཧཱུྃ།

རང་གི་སྙིང་ག་ནས་འོད་ཟེར་འཕྲོས། དབང་གི་ལྷ་རྣམས་སྤྱན་དྲངས། ཁྱེད་(༣༧༤བ)

རྣམས་ཀྱིས་འདི་ལ་མངོན་པར་དབང་བསྐུར་དུ་གསོལ། ཞེས་གསོལ་བ་བཏབ་པས།

དེ་རྣམས་ཀྱིས་ཡེ་ཤེས་ཀྱི་བདུད་རྩིས་བཀང་བའི་བུམ་པ་ཐོགས་ཏེ། ཨོཾ་སརྦ་ཏ་ཐཱ་ག་ཏ་ཨ་བྷི་ཥེ་ཀ་ཏ་ས་མ་ཡ་ཤྲཱི་ཡེ་ཧཱུཾ། ཞེས་དབང་བསྐུར། སྐུ་གང་། དྲི་མ་དག །ཆུའི་ལྷག་མ་ཡར་ལུད་པ་ལས། ཧེ་རུ་ཀས་དབུ་བརྒྱན་པར་གྱུར། ཞེས་བརྗོད། དངོས་བཤམས་ཀྱི་མཆོད་པ་རྣམས་ཨ་མྲི་ཏས་བསངས། བླ་མེད་ལྟར་བྱིན་གྱིས་བརླབས། མོན་སྲན་རྗེའུ་ཛམ་བུ་ཏེ། །མེ་ཏོག་བདུག་སྤོས་ཤ་ལྔ་དང་། །བདུད་རྩི་ལྔ་སྦྱར་གཏོར་མ་འདི། །དཔལ་ལྡན་ནག་པོ་འཁོར་བཅས་མཆོད། །ཨོཾ་མཧཱ་ཀཱ་ལ་སརྦ་པཉྩ་ཨ་མྲི་ཏ་ཨརྒྷཾ་པྲ་ཏཱིཙྪ་ཨི་དཾ་བ་ལིཾ་ཏ་ཁ་ཁ་ཁཱ་ཧི་ཁཱ་ཧི། ཨོཾ་ཨཱཿཧཱུཾ་གིས་ནང་མཆོད་ཕུལ། །སྤྲིན་པོའི་གཟུགས་ཀྱིས་གདུག་པ་ཅན། །ཞེས་སོགས་ཀྱིས་བསྟོད། དེ་ནས་བཟླས་པའི་དམིགས་པ་གསལ་བཏབ་ལ། ཨོཾ་བཛྲ་མཧཱ་ཀཱ་ལ་ཡ་ཧཱུཾ་ཕཊ་སྭཱཧཱ། ཞེས་སྙིང་པོ་དང་། ཤཱ་ས་ན་སྟེ་ཙ་སོགས་དང་། ཨོཾ་དེ་ཕ་ཏ་ན་ཏ་ན་བཛྲ་བཛྲ་ཀྲཱིཾ་ཀྲཱིཾ་ཧཱུཾ་ཕཊ། ཨོཾ་པི་ཤ་ཙི་མཧཱ་ཀཱ་ལ་ཧཱུཾ་ཕཊ། ཨོཾ་ཡ་མ་མཧཱ་ཀཱ་ལ་ཧཱུཾ་ཕཊ། ཨོཾ་མཧཱ་ཀཱ་ལ་ཁ་ཏ་མུ་ཁ་ཧཱུཾ་ཕཊ། ཨོཾ་མཧཱ་ཀཱ་ལི་ཧཱུཾ་ཧཱུཾ་ཧཱུཾ་ཕཊ་ཕཊ་སྭཱཧཱ། ཨོཾ་བི་ཀ་ར་ལི་ཧཱུཾ་ཧཱུཾ་ཕཊ་ཕཊ་སྭཱཧཱ། ཨོཾ་སུ་ཀ་ར་ལི་ཧཱུཾ་ཧཱུཾ་ཕཊ་སྭཱཧཱ། ཨོཾ་གཧྨ་ལི་ཧཱུཾ་ཧཱུཾ་ཕཊ་ཕཊ་སྭཱཧཱ། ཞེས་པ་རྣམས་འཁོར་གྱི་སྔགས་སོ། །གཏོར་མ་ཨ་མྲི་ཏས་བསངས། ཨོཾ་སྟོང་པར་གྱུར། ཨཱཿཐོད་པའི་སྣོད་ཡངས་ཤིང་རྒྱ་ཆེ་བར། ཧཱུཾ་ཤ་ལྔ་བདུད་རྩི་ལྔས་གང་བར་གྱུར། ཧོཿ ཡེ་ཤེས་ཀྱི་(༤༢༠ན)བདུད་རྩིའི་རྒྱ་མཚོ་ཆེན་པོར་གྱུར། ཨོཾ་ཨཱཿཧཱུཾ་ཧོཿ ལན་གསུམ་བརྗོད་དེ་བྱིན་གྱིས་བརླབས་ནས། སོ་སོའི་སྙིང་པོའི་མཐར་ཨི་དཾ་བ་ལིཾ་ཏ་ཁ་ཁ་ཁཱ་ཧི་ཁཱ་ཧི་སྭཱཧཱ། ཞེས་པ་བཏགས་ལ་ལན་གསུམ་གྱིས་ཕུལ། ཐུན་མོང་དུ་ཤཱ་ས་ནས་བསྟབ། མཆོད་བསྟོད་འདོད་དོན་གསོལ་བ་བཏབ་པ་རྣམས་སྤྱིར་རིགས་འགྲེ། ༈ འདིའི་རྗེས་གནང་ནི། སློབ་མ་རྣམས་ཁྲུས་བྱས། མཎྜལ་ཕུལ། བདག་གིས་སྡིག་པ་གང་བགྱིས་དང་། །བགྱིད་བསྐུལ་གང་ཡིན་དེ་རིང་བཤགས། །རྒྱལ་བ་སྲས་བཅས་རྣམས་དང་ནི། །འགྲོ་གཞན་ལེགས་བྱས་གང་ཡིན་པ། །དེ་དག་ཀུན་ལ་ཡི་རང་སྟེ། །

བྱང་ཆུབ་ཏུ་ནི་བདག་གིས་བསྔོ། །སངས་རྒྱས་ཆོས་དང་དགེ་འདུན་ལ། །དེ་རིང་བདག་ནི་སྐྱབས་སུ་མཆི། །འཁོར་བའི་སྡུག་བསྔལ་བཅད་པ་དང་། །དགེ་བ་རྣམས་ནི་སྤེལ་བའི་ཕྱིར། །བྱང་ཆུབ་སེམས་ཉིད་བསྐྱེད་ནས་སུ། །འགྲོ་རྣམས་དེ་རིང་དོན་དུ་གཉེར། །སངས་རྒྱས་གྱུར་ནས་འགྲོ་བ་རྣམས། །མ་ལུས་སྲིད་མཚོ་ལས་བསྒྲལ་བགྱི། །ཞེས་རྒྱུན་བཤགས་ཡན་ལག་ལྔ་པ་བྱ། །སློབ་དཔོན་དགོངས་སུ་གསོལ། བདག་རྡོ་རྗེ་འཛིན་པ་འདི་ཞེས་བགྱི་བ་ལ་དཔལ་རྡོ་རྗེ་ནག་པོ་ཆེན་པོའི་སྐུ་གསུང་ཐུགས་ཡོན་ཏན་འཕྲིན་ལས་ཀྱི་རྗེས་སུ་གནང་བ་བསྩལ་དུ་གསོལ། ཞེས་ལན་གསུམ་གསོལ་བ་བཏབ། གཏོར་མ་ཨ་མྲྀ་ཏས་བསངས། སྭ་བྷཱ་ཤས་སྦྱངས། བཛྲ་ར་པ་ལི་པཏྲ། རྡོ་རྗེའི་བྲག་རི་དང་ཀེང་རུས་ཀྱི་སྟེང་དུ། དུར་(༣༢༠བ)ཁྲོད་དང་བཅས་པ་གཞལ་ཡས་ཁང་འཇིགས་སུ་རུང་བ། དབུས་སུ་པད་ཉི་ལ་རང་གི་སྙིང་ག་ནས་སྤྲོས་པའི་ཧཱུྃ་ལས་གྲི་གུག་ཧཱུྃ་གིས་མཚན་པ་ཡོངས་སུ་གྱུར་པ་ལས། མཧཱ་ཀཱ་ལ་སྐུ་མདོག་དུས་མཐའི་སྤྲིན་དང་མཚུངས་པ། ཞལ་གཅིག་ཕྱག་གཉིས་པ། གཡས་གྲི་གུག་འཕྱར་ཞིང་། གཡོན་ཐོད་པ་སྙིང་བཅས་ཐུགས་ཀར་འཛིན་པ། ཞལ་གྱི་གྲྭ་ནས་ཁྲག་འཛག་པ། སྤྱན་གསུམ། མཆེ་བ་གཙིགས་ཤིང་ལྗགས་སྒྲོང་བ། སྨ་ར་དང་སྨིན་མ་དབུ་སྐྲ་ཁམ་དམར་སེར་གྱེན་དུ་བརྫེས་པ། སྲོམ་ཐུང་ཡན་ལག་ཧྲགས་ཤིང་གསུས་ཁྱིམ་ཆེ་བ། མི་ལྤགས་ཀྱི་སྟོད་གཡོགས་དང་། སྟག་ལྤགས་ཀྱི་ཤམ་ཐབས་ཅན། ཐོད་སྐམ་ལྔའི་དབུ་རྒྱན་དང་། རློན་པ་ལྔ་བཅུའི་དོ་ཤལ་བྱས་པ། ཞབས་གཡས་བསྐུམ་གཡོན་བརྐྱང་བས་པད་ཉི་མི་རོའི་གདན་ལ། མེ་ཚན་དྲག་པོ་འབར་བའི་ཀློང་ན་བཞེངས་པ། རང་གི་སྙིང་ག་ནས་འོད་ཟེར་འཕྲོས། ཡེ་ཤེས་སེམས་དཔའ་འཁོར་བཅས་བཛྲ་ས་མ་ཛཿ ཨེ་ཧྱ་ཧི་མཧཱ་ཀཱ་ལ་ཀཱ་རུ་ཎི་ཀ་ཛཿཧཱུྃ་བཾ་ཧོཿ གཉིས་སུ་མེད་པར་ཐིམ། གཙོ་བོའི་བྱང་ཤར་དུ། ལྷ་མོ་ནག་པོ་རྩེ་གསུམ་དང་ཐོད་ཁྲག་འཛིན་པ། མདུན་དུ་གསང་བའི་ལས་མགོན་དམར་ནག་གྲི་ཐོད་ཅན། ཛམྦུ་ཀའི་ཞལ་དང་ལྡན་པའོ། །

གཡས་སུ་གཤིན་རྗེ་ལྷོང་ནག་རལ་གྲི་དང་ཐོད་ཁྲག་བསྣམས་པ། གཡོན་དུ་ལས་མགོན་བདུད་བྱ་རོག་གདོང་ཅན་གྲི་ཐོད་འཛིན་པ། ཕྱི་རོལ་གྱི་ཤར་དུ་མཧཱ་ཀཱ་ལི་ནག་མོ་རལ་གྲི་དང་ཐོད་ཁྲག་འཛིན་པ་དྲེའུ་ལ་ཆིབས་པ། ལྷོར་བི་ཀ་ར་ལི་ནག་(༣༢༧ན)མོ་གྲི་གུག་དང་ཐོད་ཁྲག་འཛིན་པ་བྱ་རོག་ལ་ཆིབས་པ། ནུབ་ཏུ་ཕུ་ཀ་ར་ལི་ནག་མོ་རྡོ་རྗེ་དང་ཕུར་བུ་འཛིན་པ་རོ་ལངས་ལ་ཞོན་པ། བྱང་དུ་གཱྀ་ལི་ནག་མོ་ཧྲི་ཤུ་ལ་དང་ཐོད་ཁྲག་འཛིན་པ་རོའི་གདན་ཅན། ཐམས་ཅད་ཀྱང་དྲག་པོའི་ཆ་ལུགས་ཡོངས་སུ་རྫོགས་པའོ། །ཞེས་བརྗོད་ནས་གཏོར་མ་མགོན་པོ་འཁོར་བཅས་སུ་བསྐྱེད་དེ། སློབ་མའི་མགོ་ཐོག་གི་ནམ་མཁར་བཟུང་། འཁོར་བཅས་ཀྱིས་གར་མཛད་པས་བགེགས་བསྐྲད་པར་བསམ། མགོན་པོའི་དཔྲལ་བ་ནས་འོད་ཟེར་དཔག་ཏུ་མེད་པ་བྱུང་སྟེ། ཁྱེད་རང་རྣམས་ཀྱི་དཔྲལ་བར་ཐིམ་པས་མགོན་པོའི་སྐུའི་བྱིན་རླབས་ཐོབ་པར་མོས། ཡང་མགོན་པོའི་མགྲིན་པ་ནས་འོད་ཟེར་དམར་པོ་དཔག་ཏུ་མེད་པ་བྱུང་སྟེ། ཁྱེད་རང་རྣམས་ཀྱི་མགྲིན་པར་ཐིམ་པས་མགོན་པོའི་གསུང་གི་བྱིན་རླབས་ཐོབ་པའི་མོས་པ་མཛོད། ཡང་མགོན་པོའི་སྙིང་ག་ནས་འོད་ཟེར་མཐིང་ནག་དཔག་ཏུ་མེད་པ་བྱུང་སྟེ། ཁྱེད་རང་རྣམས་ཀྱི་སྙིང་གར་ཐིམ་པས་མགོན་པོའི་ཐུགས་ཀྱི་བྱིན་རླབས་ཐོབ་པའི་མོས་པ་མཛོད། ཡང་མགོན་པོའི་ལྟེ་བ་ནས་འོད་ཟེར་སེར་པོ་དཔག་ཏུ་མེད་པ་བྱུང་སྟེ། ཁྱེད་རང་རྣམས་ཀྱི་ལྟེ་བར་ཐིམ་པས་མགོན་པོའི་ཡོན་ཏན་གྱི་བྱིན་རླབས་ཐོབ་པའི་མོས་པ་མཛོད། ཡང་མགོན་པོའི་གསང་བ་ནས་འོད་ཟེར་ལྗང་གུ་དཔག་ཏུ་མེད་པ་བྱུང་སྟེ། ཁྱེད་རང་རྣམས་ཀྱི་གསང་བར་ཐིམ་པས་མགོན་པོའི་འཕྲིན་ལས་ཀྱི་བྱིན་རླབས་ཐོབ་པའི་མོས་པ་མཛོད། དེ་ནས་གཏོར་མ་མགོ་ཐོག་ཏུ་བཞག་ལ། ཡེ་ཤེས་(༣༢༧བ)མགོན་པོ་འཁོར་དང་བཅས་པ་ཁྱེད་རྣམས་ཀྱིས་རྩ་བརྒྱུད་ཀྱི་དཔལ་ལྡན་བླ་མ་དམ་པ་རྣམས་ཀྱི་བཀའ་དང་དམ་ལས་མ་འདའ་བར་རྡོ་རྗེ་སློབ་མ་འདིའི་ཕྱི་བཞིན་དུ་རྗེས་སུ་འབྲོངས་ལ་ལུས་དང་གྲིབ་མ་བཞིན་དུ་འགྲོགས་

ཏེ། འགལ་རྐྱེན་ཐམས་ཅད་སོལ། མཐུན་རྐྱེན་ཐམས་ཅད་བསྒྲུབས། དགྲ་བགེགས་ཐམས་ཅད་ཐུལ། ཇི་ལྟར་བཅོལ་བའི་ལས་ཐམས་ཅད་འགྲུབ་པར་མཛོད་ཅིག །ཅེས་བཀའ་བསྒོ་དྲག་ཏུ་བྱ། མགོན་པོ་འཁོར་བཅས་ཡེ་ཤེས་ཀྱི་བདུད་རྩིར་ཞུ། སློབ་མའི་སྤྱི་བོ་ནས་ཞུགས། སྨིན་མཚམས་ཡན་ཆད་གང་། བུམ་དབང་ཐོབ་པར་མོས། མགྲིན་པ་ཡན་ཆད་གང་། གསང་དབང་ཐོབ་པར་མོས། སྙིང་ག་ཡན་ཆད་གང་། ཤེས་རབ་ཡེ་ཤེས་ཀྱི་དབང་ཐོབ་པར་མོས། ལྟེ་བ་ཡན་ཆད་གང་། དབང་བཞི་པ་ཐོབ་པར་མོས་སུ་བཅུག །རྗེས་ཆོག་སྤྱི་དང་འདྲ། །

༄ མགོན་པོ་བེར་ནག་ཟངས་གྲི་ཅན་ལ། ཡི་དམ་གྱི་བདག་བསྐྱེད་སྔོན་དུ་འགྲོ་བས། མཎྜལ་གྲུ་གསུམ་མཐིང་ནག་འབར་བ་ཚོམ་བུ་ནག་པོ་དང་བཅས་པ། དེའི་དབུས་སུ་བདུད་བཤོས་ཟུར་གསུམ་བཀོད། གང་འོས་ཕྱོགས་སུ་གྲི་གུག་ཐོད་པ་བཞག །མཐའ་མཆོད་གཏོར་གྱིས་བསྐོར། མཆོད་པ་ཨ་སྨྲི་ཏས་བསངས་ཏེ་བླ་མེད་ལྟར་བྱིན་གྱིས་བརླབས། གཏོར་མ་ཡི་དམ་གྱི་མངོན་རྟོགས་ལྟར་བྱིན་གྱིས་བརླབས། མདུན་བསྐྱེད་ཨ་མྲི་ཏས་བསངས། སྭ་བྷཱ་ཝས་སྦྱངས། སྟོང་པའི་ངང་ལས་རང་གི་མདུན་དུ་དུར་ཁྲོད་ཆེན་པོའི་དབུས་སུ། རྡོ་རྗེའི་བྲག་རི་དམར་ནག་གི་སྟེང་(༣༢༢བ)དུ། དྲག་པོ་འབར་བའི་གཞལ་མེད་ཁང་འཇིགས་སུ་རུང་བའི་རྒྱན་ཐམས་ཅད་ཀྱིས་བརྒྱན་པའི་དབུས་སུ། ཧཱུྃ་ལས་ཟངས་གྲི་ཧཱུྃ་གིས་མཚན་པ་ཡོངས་སུ་གྱུར་པ་ལས། ལས་ཀྱི་མགོན་པོ་ཟངས་གྲི་ཅན་མཐིང་ནག་ཕྱག་གཡས་གྲི་གུག་འཕྱར་ཞིང་། གཡོན་ཐོད་པ་སྙིང་ཁྲག་གིས་གང་བ་འཛིན་པ། སྐྱོམ་ཐུང་གཟི་བརྗིད་ཆེ་བ་སྲིན་པོའི་ཆ་ལུགས་ཅན། ཞབས་ལ་སག་ཏིའི་ལྷམ་ཡུ་རིང་གསོལ་ཞིང་། གཡས་བསྐུམ་གཡོན་བརྐྱང་གི་སྟབས་ཀྱིས་བཞུགས་ཤིང་། དགྲ་བགེགས་ཀྱི་བམ་ཆེན་མནན་པ། ཤ་འགག་དཀར་པོ་དང་ལྡང་གུ་བརྩེགས་ཤིང་། དར་ནག་གི་འཇོལ་བེར་དགུ་བརྩེགས་མནབས་པ། སྤྲུལ་དང་མི་མགོས་བརྒྱན་ཅིང་། མེ་དཔུང་འབར་བའི་དབུས་ན་བཞུགས་

པའི། དཔལ་བར་ཨོཾ། མགྲིན་པར་ཨཱཿ ཐུགས་ཀར་ཧཱུྃ། རང་གི་སྙིང་ག་ནས་འོད་ཟེར་འཕྲོས། ཡེ་ཤེས་པ་བཛྲ་ས་མཱ་ཛཿ རྡོ་རྗེ་འཆང་གི་སྤྱན་སྔ་རུ། །ཇི་ལྟར་ཁས་བླངས་དམ་བཅས་བཞིན། །ཁྱིན་ཀྱིས་བསྐྱབས་པའི་གནས་འདི་རུ། །དྲག་པོའི་ལས་ལ་སྤྱན་འདྲེན་གཤེགས། །མཧཱ་ཀཱ་ལ་རུ་པ་ས་མཱ་ཡ་ཛཿ ཛཿཧཱུྃ་བཾ་ཧོཿས་མ་ཡ་ཧོ། ས་མ་ཡ་སྟྭཾ་གྱིས་དམ་ལ་བཞག །འདི་ནི་ཁྱོད་ཀྱི་དམྱལ་བའི་རྒྱ། །དམ་ཚིག་འདས་ན་བསྲེག་པར་བྱེད། །དམ་ཚིག་ལྡན་ན་དངོས་གྲུབ་སྟེར། །རྡོ་རྗེ་བདུད་རྩིའི་རྒྱུ་འཐུངས་ཤིག །ཁ་ཁ་ཁ་ཨོཾ་ཨཱཿཧཱུྃ། ཞེས་མནའ་རྒྱ་བླུད། ཨརྒྷཾ་ནས་ཤཔྟའི་བར་(༣༢༢བ)གྱིས་མཆོད། འབྲུ་གསུམ་གྱིས་ནང་མཆོད་ཕུལ། ལས་ཀྱི་མགོན་པོ་མཧཱ་ཀཱ་ལ་ནི། །སངས་རྒྱས་སྟོང་གི་བསྟན་པ་སྲུང་བ་པོ། །བླ་མ་དམ་པའི་སྐུ་དགྲ་འདུལ་བ་པོ། །དུས་ཀྱི་གཟུགས་ཅན་ཁྱོད་ལ་ཕྱག་འཚལ་ལོ། །ཞེས་བསྟོད། དེ་ནས་བཟླས་པའི་དམིགས་པ་གསལ་བཏབ་ལ། ཨོཾ་མཧ་ཀཱ་ལ་ཀཱ་ལ་རུ་པ་ས་མ་ཡ་ཧཱུྃ་ཧཱུྃ་ཕཊ་ཕཊ། ཅེས་དྲག་ཏུ་བཟླ། མཐར་ཨོཾ་མཧཱ་ཀཱ་ལ་རུ་ཧཱ། ན་མཿསརྦ་ཏ་ཐཱ་ག་ཏ་ཧྲི་བི་ཤྭ་མུ་ཁེ་བྷྱཿསརྦ་ཐཱ་ཁཾ་ཨུདྒ་ཏེ། སྥ་ར་ཎ་ཨི་མཾ་ག་ག་ན་ཁཾ། གྲིཧྣ་དཾ་བ་ལིཾ་ཏ་ཡེ་སྭཱཧཱ། ཞེས་ལན་བདུན་གྱིས་གཏོར་མ་ཕུལ། སྔར་བཞིན་མཆོད་བསྟོད་བྱ། མཆོད་སྦྱིན་གཏོར་མ་འདི་བཞེས་ལ། །ཞེས་སོགས་ཀྱིས་གསོལ་བཏབ་བྱ། ༈ འདིའི་རྗེས་གནང་ནི། སློབ་དཔོན་གྱིས་བདག་མདུན་འདོད་དོན་གསོལ་བཏབ་ཡན་ཆད་གོང་བཞིན་བྱའོ། །སློབ་མས་མཎྜལ་ཕུལ། དེ་ནས། གསོལ་བ་བཏབ་པ་འདིའི་རྗེས་གནང་མཛོད་ཅིག །ཀུན་མཁྱེན་ཡེ་ཤེས་ཕུང་པོ་ཅན། །ཞེས་སོགས་ལན་གསུམ། རྒྱུན་བཤགས་སྔོན་དུ་འགྲོ་བའི་སེམས་བསྐྱེད་པ་འདིའི་རྗེས་གནང་མཛོད་ཅིག་བྱས་ལ། དཀོན་མཆོག་གསུམ་ལ་བདག་སྐྱབས་མཆི། །ཞེས་སོགས་བྱ། རིགས་ལྔའི་སྡོམ་པ་བཟུང་བ་འདིའི་རྗེས་གནང་མཛོད་ཅིག་བྱས་ལ། སྲས་བཅས་སངས་རྒྱས་ཐམས་ཅད་དང་། །ཞེས་སོགས་ལན་གསུམ་བྱ། ཁྱད་པར་ཅན་གྱི་དོན་ཞུ་བ་འདིའི་རྗེས་གནང་མཛོད་ཅིག་བྱས་ལ།

དུས་གསུམ་སངས་རྒྱས་ཐམས་ཅད་ཀྱི་སྐུ་(༣༢༣ན)གསུང་ཐུགས་རྡོ་རྗེའི་ངོ་བོར་གྱུར་པ། བླ་མ་དམ་པ་རིན་པོ་ཆེས་བདག་ལ་ལས་ཀྱི་མགོན་པོ་ཟངས་གྲི་ཅན་གྱི་སྐུ་གསུང་ཐུགས་ཀྱི་བྱིན་གྱིས་བརླབས་ཤིང་། རྗེས་སུ་གནང་བ་བསྩལ་དུ་གསོལ། །ཞེས་ལན་གསུམ། སློབ་དཔོན་ཡི་དམ་གང་དུ་བསྒོམ་པ་དེར་དངོས་སུ་བཞུགས་འདུག་སྙམ་པ་དང་། མདུན་གྱི་ནམ་མཁར་ཡི་དམ་གྱི་དཀྱིལ་འཁོར་བླ་མ་བརྒྱུད་པ་སངས་རྒྱས་དང་། བྱང་ཆུབ་སེམས་དཔའ་བསམ་གྱིས་མི་ཁྱབ་པ་དང་། མདུན་ན་ཡོད་པའི་གཏོར་མ་དང་། སྐུ་འདི་དག་དུར་ཁྲོད་ཆེན་པོ་བརྒྱད་ཀྱིས་བསྐོར་བའི་དབུས་སུ་པདྨ་དང་ཉི་མ་རོའི་སྟེང་ན་གནས་པའི་ལས་ཀྱི་མགོན་པོ་ཟངས་གྲི་ཅན་བཀའ་སྡོད་འཁོར་དང་བཅས་པ། དུར་ཁྲོད་ན་གནས་པའི་ཕྱོགས་སྐྱོང་། ཞིང་སྐྱོང་། མཁའ་འགྲོ། ཤ་ཟ། ལྷ་སྲིན་སྡེ་བརྒྱད། དྲེགས་པ་ཕོ་རྒྱུད་མོ་རྒྱུད། སྤྲུལ་པ་འབུམ་དང་ཡང་སྤྲུལ་བྱེ་བ། གནས་གསུམ་མཁའ་འགྲོའི་ཚོགས་དང་བཅས་པ་རྣམས་སྐུ་གཟི་བརྗིད་ཕུན་སུམ་ཚོགས་ཤིང་། གསུང་ཧཱུྃ་དང་ཕྚོའི་སྒྲ་འབྲུག་ལྟར་སྒྲོགས་ཤིང་། ཐུགས་བདེ་གསལ་གྱི་ངང་ལས་བསྟན་པ་སྲུང་བའི་ལས་ལ་བརྩོན་པར་མངོན་སུམ་དུ་མདུན་འདི་ན་བཞུགས་འདུག་སྙམ་དུ་མོས་པ་བྱེད་འཚལ། དེ་ནས་བླ་མ་ཡི་དམ་དུ་དམིགས་པའི་ཐུགས་ཀ་ནས་འོད་ཟེར་བྱུང་། མདུན་བསྐྱེད་ཆོས་སྐྱོང་གི་ཐུགས་ཀར་ཕོག །ཐུགས་རྒྱུད་བསྐུལ་ཏེ། ཐུགས་ཀ་ནས་ཧཱུྃ་སྔོན་པོ་གཅིག་འཕྲོས། ཤངས་ནས་ཐོན་ཏེ་ཁྱེད་རང་རྣམ་པའི་(༣༢༣བ)ལུས་ལ་གཡས་སྐོར་དུ་ལན་གསུམ་བསྐོར་ནས་ཁ་ནས་ཞུགས། སྙིང་གར་ཉི་མའི་གདན་གཅིག་བསམ་པའི་སྟེང་དུ་གནས། དེ་ལས་འོད་ཟེར་འཕྲོས། ལས་དང་ཉོན་མོངས་པ་ཐམས་ཅད་དང་། རྣམ་སྨིན་གྱི་ཕུང་པོ་ཆེན་པོ་ཡེ་ཤེས་ཀྱི་མེས་བསྲེགས། ཧཱུྃ་དེ་ཡང་ཞབས་ཀྱུ་ཁོག་པ་ལ་ཐིམ། ཁོག་པ་མགོ་བོ་ལ་ཐིམ། མགོ་བོ་ཐིག་ལེ་ལ་ཐིམ། ཐིག་ལེ་ནཱ་ད་ལ་ཐིམ། དེ་མི་ཡོང་ལ་ཏ་བཏབ་པ་བཞིན་ཡལ་ནས་སྤྲོས་པ་ཐམས་ཅད་དང་བྲལ་བ་སྟོང་པ་ཉིད་དུ་བསམ།

སྟོང་པའི་ངང་ལས་རྡོ་རྗེའི་བྲག་རི་དམར་ནག་གི་སྟེང་དུ། དྲག་པོ་འབར་བའི་
གཞལ་མེད་ཁང་འཇིགས་སུ་རུང་བའི་རྒྱན་ཐམས་ཅད་ཀྱིས་བརྒྱན་པའི་དབུས་སུ།
ཧཱུྃ་ལས་ཟངས་ཀྱི་ཧཱུྃ་གིས་མཚན་པ་ཡོངས་སུ་གྱུར་པ་ལས། ལས་ཀྱི་མགོན་པོ་ཟངས་
ཀྱི་ཅན་མཐིང་ནག་ཕྱག་གཡས་ཀྱི་གྲུག་འཕྱུར་ཞིང་། གཡོན་ཐོད་པ་སྙིང་ཁྲག་གིས་
གང་བ་འཛིན་པ། སྟོམ་ཐུང་གཟི་བརྗིད་ཆེ་བ་སྲིན་པོའི་ཆ་ལུགས་ཅན། ཞབས་ལ་
སག་ཏིའི་ལྷམ་ཡུ་རིང་གསོལ་ཞིང་། གཡས་བསྐུམ་གཡོན་བརྐྱང་གི་སྟབས་ཀྱིས་
བཞུགས་ཤིང་། དགྲ་བགེགས་ཀྱི་ཕཾ་ཆེན་མནན་པ། ཤ་འགག་དཀར་པོ་དང་ལྷུང་
གུ་བརྩེགས་ཤིང་། དར་ནག་གི་འཇོལ་བེར་དགུ་བརྩེགས་མནབས་པ། སྦྲུལ་དང་
མི་མགོས་བརྒྱན་ཅིང་། མེ་དཔུང་འབར་བའི་དབུས་ན་བཞུགས་པ། དཔྲལ་བར་
ཨོཾ། མགྲིན་པར་ཨཱཿ ཐུགས་ཀར་ཧཱུྃ་གིས་མཚན་པར་གྱུར། ༈ རྗེས་གནང་དངོས་
ལ་གསུམ། སྐུའི་རྗེས་གནང་། གསུང་(༣༢༨ན)གི་རྗེས་གནང་། ཐུགས་ཀྱི་རྗེས་གནང་
ངོ་། །ཐོག་མར་སྐུའི་རྗེས་གནང་གི་དོན་དུ་གསོལ་བ་གདབ་པ་འདིའི་རྗེས་ཟློས་
མཛོད་ཅིག །སངས་རྒྱས་ཀུན་གྱི་སྐུ་རྡོ་རྗེ། །ད་ལྟ་ཉིད་དུ་བདག་ལ་སྟོལ། །ཞེས་
ལན་གསུམ་གསོལ་བ་གདབ། མོས་གུས་ཁྱད་པར་ཅན་བྱས་པས། བླ་མ་ཡི་དམ་དུ་
དམིགས་པའི་ཐུགས་ཀའི་ས་བོན་ལས་འོད་ཟེར་དཔག་ཏུ་མེད་པ་འཕྲོས། མདུན་གྱི་
ཆོས་སྐྱོང་ལ་ཕོག་སྟེ་ཐུགས་རྒྱུད་བསྐུལ་བས། ཐུགས་ཀའི་ཧཱུྃ་ལས་ཡེ་ཤེས་ཀྱི་མགོན་
པོའི་སྐུ་དཔག་ཏུ་མེད་པ་དང་། ཡང་འོད་ཟེར་འཕྲོས་པས་རྣམ་པར་སྣང་མཛད་
གངས་ཆེན་མཚོའི་ཐུགས་ཀ་ནས་ཀྱང་ཆོས་སྐྱོང་གི་སྐུ་བསམ་གྱིས་མི་ཁྱབ་པ་སྤྱན་
དྲངས་པ་ཆེ་བ་རི་རབ་ཙམ་དང་ཆུང་བ་ཏིལ་གྱི་འབྲུ་ཙམ་པ་འོད་ཟེར་དུ་མ་འཕྲོ་
ཞིང་ཧཱུྃ་དང་ཕཊ་ཀྱི་སྒྲ་སྒྲོག་པ་བྱོན། ཁྱེད་རང་རྣམ་པའི་སྨིན་མཚམས་དང་ལུས་
ཀྱི་སྟོད་སྨད་བར་གསུམ་དུ་ཐིམ། ཡང་འོད་ཟེར་འཕྲོས། སངས་རྒྱས་དང་བྱང་ཆུབ་
སེམས་དཔའ་དང་རྣལ་འབྱོར་མ་བསམ་གྱིས་མི་ཁྱབ་པ་སྤྱན་དྲངས་ལ། མགོན་པོ་

ཟངས་གྲི་ཅན་གྱི་སྐུའི་རྣམ་པར་གྱུར་ནས་ཆར་ཆེན་པོ་བབས་པ་བཞིན་དུ་ལུས་ལ་ཐིམ་པར་མོས་པ་བྱོས་ཤིག །ཅེས་བརྗོད་ལ། གུ་གུལ་དང་། མགོན་པོའི་སྤོས་ཀྱི་དུད་པ་དང་། ཨོཾ་མཧཱ་ཀཱ་ལ་ཀཱ་ལ་རུ་པ་ས་མ་ཡ་ཧཱུྃ་ཧཱུྃ་ཕཊ་ཕཊ། ཅེས་བརྗོད་ཅིང་རོལ་མོ་དཀྲོལ་ལ། དྲག་ཏུ་བྱིན་དབབ། དེས་སྐུའི་རྗེས་གནང་གྲུབ་ཅེས་བརྗོད། གཉིས་པ་གསུང་གི་རྗེས་གནང་གི་དོན་དུ་གསོལ་བ་(༣༢༤བ)འདེབས་པ་འདིའི་རྗེས་ཟློས་མཛོད་ཅིག་བྱས་ལ། སངས་རྒྱས་ཀུན་གྱི་གསུང་རྡོ་རྗེ། །ད་ལྟ་ཉིད་དུ་བདག་ལ་སྩོལ། །ཞེས་ལན་གསུམ་གསོལ་བ་གདབ། ཁྱེད་རང་གི་སྙིང་གར་པད་ཉིའི་གདན་ལ་ཧཱུྃ་མཐིང་ནག་གི་མཐར་སྔགས་འཕྲེང་འོད་ཟེར་མཐིང་ནག་འབར་བའི་རྣམ་པ་ཅན་དུ་བཞུགས་པར་མོས། སློབ་དཔོན་གྱི་ཐུགས་ཀ་ནས་འོད་ཟེར་འཕྲོས། མདུན་བསྐྱེད་ཀྱི་ལྷའི་ཐུགས་རྒྱུད་བསྐུལ། ཐུགས་ཀའི་སྔགས་འཕྲེང་ལས་སྔགས་འཕྲེང་གཉིས་པ་ཞིག་ཆད། ཞལ་ནས་ཐོན། ཁྱེད་རང་གི་ཁ་སྣ་ནས་ཞུགས། སྙིང་གའི་ཧཱུྃ་ཡིག་གི་མཐར་སྔགས་སྔ་མ་ལ་ཐིམ་ཞིང་འཁོར་བར་མོས་ལ། ཨོཾ་མཧཱ་ཀཱ་ལ་ཀཱ་ལ་རུ་པ་ས་མ་ཡ་ཧཱུྃ་ཧཱུྃ་ཕཊ་ཕཊ། ཅེས་ལན་གསུམ་རྗེས་ཟློས་བྱེད་དུ་གཞུག །ཞེས་གསུང་གི་རྗེས་གནང་གྲུབ་པ་ལགས། གསུམ་པ་ཐུགས་ཀྱི་རྗེས་གནང་གི་དོན་དུ་གསོལ་བ་འདེབས་པ་འདིའི་རྗེས་ཟློས་མཛོད་ཅིག་བྱས་ལ། སངས་རྒྱས་ཀུན་གྱི་ཐུགས་རྡོ་རྗེ། །ད་ལྟ་ཉིད་དུ་བདག་ལ་སྩོལ། །ཞེས་ལན་གསུམ་གསོལ་བ་གདབ། ཕྱག་མཚན་གྲི་ཐོད་ལག་ཏུ་གཏད། སངས་རྒྱས་ཀུན་གྱི་ཐུགས་ཀྱི་རྟེན། །ཐབས་དང་ཤེས་རབ་འབྲེལ་བར་བཟུང་། །དངོས་གྲུབ་ཚོགས་ལ་རོལ་བ་དང་། །གདུག་པའི་དགྲ་བགེགས་ཚར་ཆོད་ཅིག །སྙིང་པོ་བཟླས་ལ་བྱིན། དེས་ཐུགས་ཀྱི་རྗེས་གནང་གྲུབ། དེ་ནས་གཏོར་མ་སྤྱི་བོར་བཞག་ལ། ཡེ་ཤེས་མགོན་པོ་འཁོར་དང་བཅས་པ་ཁྱེད་རྣམས་ཀྱིས་རྩ་བརྒྱུད་ཀྱི་དཔལ་ལྡན་བླ་མ་དམ་(༣༢༥ན)པ་རྣམས་ཀྱི་བཀའ་དང་དམ་ལས་མ་འདའ་བར་རྡོ་རྗེ་སློབ་མ་འདིའི་ཕྱི་བཞིན་དུ་རྗེས་སུ་འབྲངས་ལ་

ལུས་དང་གྲིབ་མ་བཞིན་དུ་འགྲོགས་ཏེ། འགལ་རྐྱེན་ཐམས་ཅད་སོལ། མཐུན་རྐྱེན་ཐམས་ཅད་བསྒྲུབས། དགྲ་བགེགས་ཐམས་ཅད་ཐུལ། ཇི་ལྟར་བཅོལ་བའི་ལས་ཐམས་ཅད་འགྲུབ་པར་མཛོད་ཅིག །ཅེས་བཀའ་བསྒོ་བྱ། མགོན་པོའི་སྐུ་གཉིས་པ་ཞིག་ཆད་དེ། སྤྱི་བོ་ནས་བསྟིམ་པས། མགོན་པོའི་སྐུ་གསུང་ཐུགས་ཀྱི་ངོ་བོར་གྱུར་པར་བསམ། རྗེས་ཆོག་སྤྱི་དང་འདྲ། །

༄ མགོན་པོ་གཅེར་བུ་ཟངས་གྲི་ཅན་ལ། མདུན་དུ་མཎྜལ་གྲུ་གསུམ་གྱི་དབུས་སུ་ཚོམ་བུ་དམར་ནག །དེའི་སྟེང་དུ་མཆེའི་ཁར་གཏོར་མ་དམར་ནག་དགོད། མཐའ་མཆོད་གཏོར་གྱིས་བསྐོར་བ་དང་བཅས་པ་བཤམས། ཡི་དམ་གྱི་བདག་བསྐྱེད་སྔོན་དུ་འགྲོ་བས། མཆོད་པ་དང་། གཏོར་མ་བྱིན་རླབས་ཀྱི་རྗོར་རམ་ཡི་དམ་གང་བྱེད་བཞིན་བྱ། མདུན་བསྐྱེད་ཨ་མྲྀ་ཏས་བསངས། སྭ་བྷཱ་ཝས་སྦྱངས། སྟོང་པའི་ངང་ལས་དུར་ཁྲོད་ཆེན་པོའི་ས་གཞིར། ཉི་མ་དང་རོའི་གདན་ལ། སཾ་ལས་སེནྡྷེ་དཀར་པོ་རབ་ཏུ་ཁྲོས་ཤིང་། ཉམས་རྒྱལ་དང་ལྡན་པ། དེའི་སྟེང་དུ་ཧཱུཾ་ལས་གྲི་གུག་ཧཱུཾ་གིས་མཚན་པ་ཡོངས་སུ་གྱུར་པ་ལས། ལས་མགོན་གཅེར་བུ་ཟངས་གྲི་ཅན། སྐུ་མདོག་ནག་ལ་ཅུང་ཟད་དམར་བའི་མདངས་ཅན། ཞལ་གཅིག་ཕྱག་གཉིས་པ། གཡས་གྲི་གུག་ནམ་མཁའ་ལ་འཕྱར་བ། གཡོན་ཐོད་ཁྲག་(༣༢༥བ)བཀྲའི་སྟེང་ངོས་སུ་འཛིན་པ། མིག་གཡས་པ་ཉི་མ། གཡོན་པ་ཟླ་བ། དབུས་མ་ནས་མེ་འབྲོ་བ། སྟག་ལྤགས་ཀྱི་ཤམ་ཐབས་དང་། མི་ལྤགས་ཀྱི་སྟོད་གཡོགས་གསོལ་བ། མགོ་འཕྲེང་དང་སྦྲུལ་གྱིས་བརྒྱན་པ། གཡས་བསྐུམ་གཡོན་བརྐྱང་བའི་སྟབས་ཀྱིས་མེ་དཔུང་འབར་བའི་དབུས་ན་ཤ་ཟ་གནོད་སྦྱིན་མ་མོ་མཁའ་འགྲོའི་ཚོགས་ཀྱིས་བསྐོར་བ། དཔྲལ་བར་ཨོཾ། མགྲིན་པར་ཨཱཿ ཐུགས་ཀར་ཧཱུཾ། རང་གི་སྙིང་ག་ནས་འོད་ཟེར་འཕྲོས། ཡེ་ཤེས་པ་བཛྲ་ས་མཱ་ཛཿ རྡོ་རྗེ་འཆང་གི་སྤྱན་སྔ་རུ། །ཇི་ལྟར་ཁས་བླངས་དམ་བཅས་བཞིན། །བྱིན་གྱིས་བརླབས་པའི་གནས་འདི་རུ། །དྲག་པོའི་ལས་

ལ་སྤྱན་འདྲེན་གཤེགས། །མནྟ་ཀྲ་ལ་རྟུ་པ་ས་མྺ་ཡ་ཛཿ ཛཿཧཱུྃ་བཾ་ཧོཿ ས་མ་ཡ་ཧོཿ ས་མ་ཡ་སྟྭཾ་གྱིས་དམ་ལ་བཞག །འདི་ནི་ཁྱོད་ཀྱི་དམྱལ་བའི་ཆུ། །ཞེས་སོགས་ནས། ཐ་ཐ་ཐ་ཨོཾ་ཨཱཿཧཱུྃ། ཞེས་མནའ་ཆུ་བླུད། ཨརྒྷཾ་ནས་ཤབྡའི་བར་གྱིས་མཆོད། ཧཱུྃ། དུས་གསུམ་དགྲ་བགེགས་ཚར་གཅོད་པ། །ལས་རྣམས་ཀུན་བྱེད་དྲག་ཤུལ་ཆེ། །རབ་ཏུ་ཇམས་པའི་ཞལ་དང་ལྡན། །གཅེར་བུ་གྲི་ཐོད་འཛིན་ལ་བསྟོད། །ཤ་ཟ་ཁྲག་ལ་ཇམ་པ་པོ། །དྲག་པོ་དུར་ཁྲོད་འབྱུང་པོས་བསྐོར། །དཔའ་བོས་མྱུར་དུ་ཉམས་པ་སྒྲོལ། །གནོད་སྦྱིན་སླུ་བདག་ཁྱོད་ལ་བསྟོད། །ཅེས་བསྟོད། དེ་ནས་བཟླས་པའི་དམིགས་པ་གསལ་བཏབ་ལ། ཨོཾ་མནྟ་ཀྲ་ལ་རྟུ་པ་ཤ་ཧཱུྃ་ཕཊ། ཅེས་པ་སྙིང་པོ་དང་། ཨོཾ་མནྟ་ཀྲ་ལ་རྟུ་པ་མ། ཏུ་མ་ཀྲ་རི། ཙཎྜ་ཀྲ་རི། སྭ་མ་རེ་(༣༢༨ན)ཤ་ས་བ་ཡེ་ནི། པྲི་ཏ་མུ་གི། གཾ་ར་གཾ་ར། ཏ་ན་ཏ་ན། ཧྲ་ག་ཧྲ་ག །ཧྲ་ག་ཏ་ཡ། ཧཱུྃ་ཧཱུྃ་ཕཊ་ཕཊ། ཅེས་དྲག་ཏུ་བཟླའོ། །མཐར་གཏོར་མ་འབུལ་བ་ནི། ཨོཾ་མནྟ་ཀྲ་ལ་ཡ་བ་ལིཾ་ཏ་ཁ་ཁ་ཁཱ་ཧི་ཁཱ་ཧི་སྭཱཧཱ། ཨ་མུ་གཾ་མ་ར་ཡ་ཕཊ། ཅེས་ལན་བདུན་གྱིས་ཕུལ། ཨརྒྷཾ་སོགས་ཀྱི་ཕྱི་མཆོད་དང་། ཨོཾ་ཨཱཿཧཱུྃ་གིས་ནང་མཆོད་ཀྱང་འབུལ། ཧཱུྃ། དུས་གསུམ་དགྲ་བགེགས་ཚར་གཅོད་པ། །ཞེས་སོགས་ཀྱིས་བསྟོད། མཆོད་སྦྱིན་གཏོར་མ་འདི་བཞེས་ལ། །ཞེས་སོགས་ཀྱིས་གསོལ་བ་བཏབ། ༈ འདིའི་རྗེས་སུ་གནང་བ་ལ། སློབ་དཔོན་གྱིས་འདོད་དོན་གསོལ་བཏབ་ཡན་ཆད་གོང་བཞིན་བྱ། སློབ་མས་མཎྜལ་ཕུལ། དེ་ནས། གསོལ་བ་བཏབ་པ་འདིའི་རྗེས་ཟློས་མཛོད་ཅིག །ཀུན་མཁྱེན་ཡེ་ཤེས་ཕུང་པོ་ཅན། །ཞེས་སོགས་ལན་གསུམ་གྱིས་གསོལ་བ་བཏབ་ནས། གཉིས་པ་རྒྱུན་བཤགས་སྔོན་དུ་འགྲོ་བས། སེམས་བསྐྱེད་པ་འདིའི་རྗེས་ཟློས་མཛོད་ཅིག་བྱས་ལ། དཀོན་མཆོག་གསུམ་ལ་བདག་སྐྱབས་མཆི། །ཞེས་སོགས་ལན་གསུམ་བྱ། གསུམ་པ་རིགས་ལྔའི་སྡོམ་པ་བཟུང་བ་འདིའི་རྗེས་ཟློས་མཛོད་ཅིག་བྱས་ལ། སྲས་བཅས་སངས་རྒྱས་ཐམས་ཅད་དང་། །ཞེས་སོགས་ལན་

གསུམ་བྱ། བཞི་པ་ཁྱད་པར་ཅན་གྱི་དོན་ཞུ་བ་འདིའི་རྗེས་ཝློས་མཛོད་ཅིག་བྱས་
ལ། དུས་(༣༢༨བ)གསུམ་སངས་རྒྱས་ཐམས་ཅད་ཀྱི་སྐུ་གསུང་ཐུགས་རྡོ་རྗེའི་ངོ་བོར་
གྱུར་པ། བླ་མ་དམ་པ་རིན་པོ་ཆེས་བདག་ལ་ལམ་མགོན་གཅེར་བུ་ཟངས་གྲི་ཅན་
གྱི་སྐུ་གསུང་ཐུགས་ཀྱི་བྱིན་གྱིས་བརླབས་ཤིང་རྗེས་སུ་གནང་བ་བསྩལ་དུ་གསོལ།
ཞེས་ལན་གསུམ། ལྔ་པ་བྱིན་རླབས་ཀྱི་ལུས་གཞི་སྤྲུལ་པ་ནི། སློབ་དཔོན་བདག་
བསྐྱེད་ཡི་དམ་གང་དུ་བསྒོམ་པ་དེར་དངོས་སུ་མོས་ལ། མདུན་གྱི་ཡི་དམ་གྱི་དཀྱིལ་
འཁོར་བླ་མ་བརྒྱུད་པ་སངས་རྒྱས་དང་། བྱང་ཆུབ་སེམས་དཔའ་བསམ་གྱིས་མི་ཁྱབ་
པ་དང་། མདུན་ན་ཡོད་པའི་གཏོར་མ་དང་། སྐུ་འདི་དག་ཀྱང་དུར་ཁྲོད་ཆེན་པོ་
བརྒྱད་ཀྱིས་བསྐོར་བའི་དབུས་སུ་པདྨ་དང་ཉི་མ་རོའི་སྟེང་ན་གནས་པའི་ལམ་མགོན་
གཅེར་བུ་ཟངས་གྲི་ཅན་བཀའ་སྡོད་འཁོར་དང་བཅས་པ། དུར་ཁྲོད་ན་གནས་པའི་
ཕྱོགས་སྐྱོང་། ཞིང་སྐྱོང་། མཁའ་འགྲོ། ཤ་ཟ། ལྷ་སྲིན་སྡེ་བརྒྱད། དྲེགས་པ་ཕོ་
རྒྱུད་མོ་རྒྱུད། སྤྲུལ་པ་འབུམ་དང་ཡང་སྤྲུལ་བྱེ་བ། གནས་གསུམ་དཔའ་བོ་མཁའ་
འགྲོའི་ཚོགས་དང་བཅས་པ་རྣམས་སྐུ་གཟི་བརྗིད་ཕུན་སུམ་ཚོགས་ཤིང་། གསུང་
ཧཱུྃ་དང་ཕྲེའི་སྒྲ་འབྲུག་ལྟར་སྒྲོགས་ཤིང་། ཐུགས་བདེ་གསལ་གྱི་ངང་ལས་བསྟན་པ་
སྲུང་བའི་ལས་ལ་བརྩོན་པར་མངོན་སུམ་དུ་མདུན་འདི་ན་བཞུགས་འདུག་སྙམ་པའི་
མོས་པ་བྱེད་འཚལ། དེ་ནས། བླ་མ་ཡི་དམ་དུ་དམིགས་པའི་ཐུགས་ཀ་ནས་འོད་ཟེར་
བྱུང་། མདུན་བསྐྱེད་ཚོས་སྐྱོང་གི་ཐུགས་ཀར་ཕོག །ཐུགས་རྒྱུད་བསྐུལ་ཏེ། ཐུགས་
ཀ་ནས་ཧཱུྃ་སྔོན་པོ་གཅིག་(༣༢༩ན)འཕྲོས། ཤངས་ནས་ཐོན་ཏེ་ཁྱེད་རང་རྣམ་པའི་ལུས་
ལ་གཡས་སྐོར་དུ་ལན་གསུམ་བསྐོར་ནས་ཁ་ནས་ཞུགས། སྙིང་གར་ཉི་མའི་གདན་
གཅིག་བསམ་པའི་སྟེང་དུ་གནས། དེ་ལས་འོད་ཟེར་འཕྲོས། ལས་དང་ཉོན་མོངས་
པ་ཐམས་ཅད་དང་། རྣམ་སྨིན་གྱི་ཕུང་པོ་ཆེན་པོ་ཡེ་ཤེས་ཀྱི་མེས་བསྲེགས། ཧཱུྃ་དེ་
ཡང་ཞབས་ཀྱི་ཁོག་པ་ལ་ཐིམ། ཁོག་པ་མགོ་བོ་ལ་ཐིམ། མགོ་བོ་ཐིག་ལེ་ལ་ཐིམ།

ཐིག་ལེ་ནཱ་ད་ལ་ཐིམ། དེ་མི་ལོང་ལ་ཧ་བཏབ་པ་བཞིན་ཡལ་ནས་སྟོང་པ་ཐམས་ཅད་དང་བྲལ་བ་སྟོང་པ་ཉིད་དུ་བསམ། སྟོང་པའི་ངང་ལས་ཉི་མ་དང་ཟླའི་གདན་ལ། སཾ་ལས་སེནྡྷེ་དཀར་པོ་རབ་ཏུ་ཁྲོས་ཤིང་། ཉམས་རྩལ་དང་ལྡན་པ། དེའི་སྙིང་དུ་ཧཱུྃ་ལས་གྲི་གུག་ཧཱུྃ་གིས་མཚན་པ་ཡོངས་སུ་གྱུར་པ་ལས། ལས་མགོན་གཅེར་བུ་ཟངས་གྲི་ཅན། སྐུ་མདོག་ནག་ལ་ཅུང་ཟད་དམར་བའི་མདངས་ཅན། ཞལ་གཅིག་ཕྱག་གཉིས་པ། གཡས་གྲི་གུག་ནམ་མཁའ་ལ་འཕྱར་བ། གཡོན་ཐོད་ཁྲག་བཀྲའི་སྙིང་ངོས་སུ་འཛིན་པ། མིག་གཡས་པ་ཉི་མ། གཡོན་པ་ཟླ་བ། དབུས་མ་ནས་མེ་འཕྲོ་བ། སྟག་ལྤགས་ཀྱི་ཤམ་ཐབས་དང་། མི་ལྤགས་ཀྱི་སྟོད་གཡོགས་གསོལ་བ། མགོ་འཕྲེང་དང་སྦྲུལ་གྱིས་བརྒྱན་པ། གཡས་བསྐུམ་གཡོན་བརྐྱང་བའི་སྟབས་ཀྱིས་མེ་དཔུང་འབར་བའི་དབུས་ན་ཤ་ཟ་གདོན་སྲིན་མ་མོ་མཁའ་འགྲོའི་ཚོགས་ཀྱིས་བསྐོར་བ། དཔྲལ་བར་ཨོཾ། མགྲིན་པར་ཨཱཿ ཐུགས་ཀར་ཧཱུྃ་གིས་མཚན་(༣༢༧བ)པར་གྱུར། ༈ རྗེས་གནང་དངོས་ལ། སྐུ་གསུང་ཐུགས་ཀྱི་རྗེས་གནང་གི་དོན་དུ་གསོལ་བ་འདེབས་པ་འདིའི་རྗེས་ཟློས་མཛོད་ཅིག །སངས་རྒྱས་ཀུན་གྱི་སྐུ་རྡོ་རྗེ། །ད་ལྟ་ཉིད་དུ་བདག་ལ་སྩོལ། །སངས་རྒྱས་ཀུན་གྱི་གསུང་རྡོ་རྗེ། །ད་ལྟ་ཉིད་དུ་བདག་ལ་སྩོལ། །སངས་རྒྱས་ཀུན་གྱི་ཐུགས་རྡོ་རྗེ། །ད་ལྟ་ཉིད་དུ་བདག་ལ་སྩོལ། །ཞེས་གསོལ་བ་བཏབ། མོས་གུས་ཁྱད་པར་ཅན་བྱས་པས། བླ་མ་ཡི་དམ་དུ་དམིགས་པའི་ཐུགས་ཀའི་ས་བོན་ལས་འོད་ཟེར་དཔག་ཏུ་མེད་པ་འཕྲོས། མདུན་གྱི་ཆོས་སྐྱོང་ལ་ཕོག་སྟེ། ཐུགས་རྒྱུད་བསྐུལ་བས། ཐུགས་ཀའི་ཧཱུྃ་ལས་ཡེ་ཤེས་ཀྱི་མགོན་པོའི་སྐུ་དཔག་ཏུ་མེད་པ་དང་། ཡང་འོད་ཟེར་འཕྲོས་པས་རྣམ་པར་སྣང་མཛད་གདངས་ཆེན་མཚོའི་ཐུགས་ཀ་ནས་ཀྱང་ཆོས་སྐྱོང་གི་སྐུ་བསམ་གྱིས་མི་ཁྱབ་པ་སྤྱན་དྲངས་པ་ཆེ་བ་རི་རབ་ཙམ་དང་ཆུང་བ་ཏིལ་གྱི་འབྲུ་ཙམ་པ་འོད་ཟེར་དུ་མ་འཕྲོ་ཞིང་། ཧཱུྃ་དང་ཕཊ་ཀྱི་སྒྲ་སྒྲོག་པ་བྱོན། ཁྱེད་རང་རྣམ་པའི་སྨིན་མཚམས་དང་། ལུས་ཀྱི་སྟོད་

སྐད་པར་གསུམ་དུ་ཐིམ། གཞན་ཡང་སངས་རྒྱས་དང་བྱང་ཆུབ་སེམས་དཔའ་དང་རྣལ་འབྱོར་མ་བསམ་གྱིས་མི་ཁྱབ་པ་སྤྱན་དྲངས་ལ། མགོན་པོ་གཅེར་བུ་ཟངས་གྲི་ཅན་གྱི་སྐུའི་རྣམ་པར་གྱུར་ནས་ཆར་ཆེན་པོ་བབས་པ་བཞིན་དུ་ལུས་ལ་ཐིམ་པར་མོས་པ་བྱོས་ཤིག །ཅེས་བརྗོད་ལ། གུ་གུལ་དང་། མགོན་པོའི་སྤོས་ཀྱི་དུད་པ་དང་། སྙིང་པོ་སོགས་བརྗོད་ཅིང་། རོལ་མོ་དཀྲོལ་ལ། དྲག་ཏུ་བྱིན་དབབ། ཨོཾ་མཧཱ་ཀཱ་ལ་ཏྲུ་པ་ཤ་ཧཱུཾ་ཕཊ། (༣༢༨ན)ཀཱ་ཡ་སིདྡྷི་ཨོཾ། དེ་བཞིན་དུ། ཝཱ་ཀ་སིདྡྷི་ཨཱཿ ཙིཏྟ་སིདྡྷི་ཧཱུཾ། ཞེས་པ་རྣམས་སོ་སོར་བཏགས་ལ་བཟླ་བཞིན་དུ། སློབ་མའི་གནས་གསུམ་སོ་སོར་གཏོར་མ་གཏུགས་པས། གཏོར་མ་མགོན་པོར་གསལ་བའི་སྐུ་ལས་མགོན་པོ་དཔག་ཏུ་མེད་པ་བྱུང་ནས། སློབ་མའི་གནས་གསུམ་དུ་ཐིམ་པར་བསམ་པ་ནི་སྐུ་གསུང་ཐུགས་ཀྱི་རྗེས་གནང་ངོ་། །༈ དེ་ནས་ཁྱེད་རང་གི་སྙིང་གར་པད་ཉིའི་གདན་ལ་ཧཱུཾ་མཐིང་ནག་གི་མཐར་སྔགས་འཕྲེང་འོད་ཟེར་མཐིང་ནག་འབར་བའི་རྣམ་པ་ཅན་དུ་བཞུགས་པར་མོས། སློབ་དཔོན་གྱི་ཐུགས་ཀ་ནས་འོད་ཟེར་འཕྲོས། མདུན་བསྐྱེད་ཀྱི་ལྷའི་ཐུགས་རྒྱུད་བསྐུལ། ཐུགས་ཀའི་སྔགས་འཕྲེང་ལས་སྔགས་འཕྲེང་གཉིས་པ་ཞིག་ཆད། ཞལ་ནས་ཐོན། ཁྱེད་རང་གི་ཁ་སྣ་ནས་ཞུགས། སྙིང་གའི་ཧཱུཾ་ཡིག་གི་མཐར་སྔགས་སྔ་མ་ལ་ཐིམ་ཞིང་འཁོར་བར་མོས་ལ། ཨོཾ་མཧཱ་ཀཱ་ལ་ཏྲུ་པ་ཤ་ཧཱུཾ་ཕཊ། ཅེས་སྙིང་པོ་དང་། ཨོཾ་མཧཱ་ཀཱ་ལ་ཏྲུ་པ་མ། ཏུ་མ་ཀཱ་རི། ཙཎྜ་ཀཱ་རི། ཤྭ་མ་རེ། ཤ་ས་པ་ཡེ་ནི། བྲི་ཏ་མུ་གི། གཾ་ར་གཾ་ར། ཏ་ན་ཏ་ན། ཧྲ་ག་ཧྲ་ག །ཧྲ་ག་ཏ་ཡ། ཧཱུཾ་ཧཱུཾ་ཕཊ་ཕཊ། ཅེས་ལན་གསུམ་གསུམ་རྗེས་ཟློས་བྱེད་དུ་གཞུག །ཡོན་ཏན་གྱི་རྗེས་གནང་ངོ་། །གཏོར་མ་མགོ་ཐོག་ཏུ་བཞག་ལ། རྩ་བརྒྱུད་ཀྱི་དཔལ་ལྡན་བླ་མ་དམ་པ་རྣམས་ཀྱིས་བྱིན་གྱིས་རློབས་ཤིག །ཡི་དམ་དཀྱིལ་འཁོར་གྱི་ལྷ་ཚོགས་རྣམས་ཀྱིས་བྱིན་གྱིས་རློབས་ཤིག །སངས་རྒྱས་དང་བྱང་ཆུབ་སེམས་དཔའ་རྣམས་ཀྱིས་བྱིན་གྱིས་རློབས་ཤིག །དཔའ་བོ་དང་(༣༢༨བ)དཔའ་མོ་རྣལ་འབྱོར་མ་

རྣམས་ཀྱིས་བྱིན་གྱིས་རློབས་ཤིག །དཔལ་མགོན་དམ་པ་ཆོས་སྐྱོང་སྲུང་མ་རྣམས་ཀྱིས་བྱིན་གྱིས་རློབས་ཤིག །ཁྱད་པར་དུ་ཡང་ཡེ་ཤེས་མགོན་པོ་འཁོར་དང་བཅས་པ་རྣམས་ཀྱིས་བྱིན་གྱིས་རློབས་ཤིག །ཁྱེད་རྣམས་ཀྱིས་རྡོ་རྗེ་སློབ་མ་འདི་རྣམས་ཀྱི་འགལ་རྐྱེན་ཐམས་ཅད་སོལ། མཐུན་རྐྱེན་ཐམས་ཅད་བསྒྲུབས། ཇི་ལྟར་བསམ་པའི་དོན་ཐམས་ཅད་ཆོས་བཞིན་དུ་ལྷུན་གྱིས་འགྲུབ་པར་མཛད་དུ་གསོལ། ཞེས་གསོལ་བ་བཏབ་པས། སློབ་མ་རྣམས་ཀྱི་སྤྱི་བོ་ནས་ཐིམ་པར་གྱུར། ཛཿཧཱུྃ་བཾ་ཧོཿ འཕྲིན་ལས་ཀྱི་རྗེས་གནང་ངོ་། །རྗེས་ཆོག་སྤྱི་དང་འདྲ། །

༄ **ཚོགས་བདག་མགོན་པོ་སེ་ཏྲེའི་གདན་ཅན་ལ།** མདུན་དུ་ཧེ་ན་དགྲམ། མཆོད་གཏོར་བཤམས། བདག་བསྐྱེད་སྔོན་དུ་འགྲོ་བས། མཆོད་པ་ཨ་མྲི་ཏས་བསངས་ཏེ་བླ་མེད་ལྟར་བྱིན་གྱིས་བརླབས། མདུན་བསྐྱེད་བསངས་སྦྱངས། སྟོང་པའི་ངང་ལས་ཧཱུྃ་ལས་སྲུང་འཁོར་གྱི་ནང་དུ་ཨེ་ཨགྣེ་མནྟྲ་ལ་ཧཱུྃ། ཆོས་འབྱུང་མཐིང་ནག་མེ་འབར་བ། ཡཾ་ཀརྨ་རཀྵ་ཧཱུྃ། རཾ་བཛྲ་ཛྭ་ལ་རཾ། རྡོ་རྗེའི་ས་གཞི་དང་། མེའི་ཁོར་ཡུག་གོ། །ཧཱུྃ་བི་ཤྭ་བི་ཤུདྡྷེ་བཛྲ་ཛྙཱ་ན་ཙཀྲ་ཨེ་ཧཱུྃ། གཞལ་ཡས་ཁང་དུ་གྱུར། དབུས་སུ་འཁོར་ལོ་རྩིབས་བཞི་པ་ལྟེ་བར་སིདྡྷ་ཛཾ་པ་ལ་བི་མ་ལ་སིདྡྷི་ཧཱུྃ། སིདྡྷའི་གདན། རཏྣ་ར་ཏི་ཧཾ། རིན་པོ་ཆེའི་གདན། པཾ་པདྨ་མནྟྲ་ལ་ཧཱུྃ། ཨ་ཙནྡྲ་མནྟྲ་ལ་ཧཱུྃ། སཾ་སཱུརྱ་མནྟྲ་ལ་ཧཱུྃ། པདྨ་ཉི་ཟླ་བརྩེགས་པའི་གདན་དུ་གྱུར། ཏྲ་ར་ཧྲིཿཞེས་བརྗོད་པས། བཾ་ཆེན་བསྒོལ་བའི་གདན། དེའི་སྟེང་དུ་ཡི་གེ་ཐཾ་ཡིག་ལྗང་(༣༢༥་ན)ནག་ལས་འོད་ཟེར་འཕྲོས། འོག་མིན་རྣམ་པར་སྣང་མཛད་ཀྱི་ཐུགས་ཀ་ནས་དངོས་གྲུབ་བསྡུས། སཾ་ཏ་ར་ཊ་ཧཱུྃ། ཐཾ་ཡིག་ལ་ཐིམ། དེ་ལས་དཔལ་ཡེ་ཤེས་ཀྱི་མགོན་པོ་སྐུ་མདོག་སྨུག་ནག་མི་བཟད་པའི་མཆེ་བ་རྣོན་པོ་ཟངས་ཡག་ཏུ་གཙིགས་པ། སྤྱན་སྨར་མིག་ཏུ་གཟིགས་པས་གནག་པའི་དགྲ་བོ་ཞེ་ལ་མནན་པ། ཕྱག་གཡས་ཀྱི་དང་པོ་ན་རལ་གྲི། གཉིས་པས་རྩེ་གསུམ་མདུང་དར་ལེ་བཀྲན་ཅན། གཡོན་གྱི་དང་པོས་ཁྲ་མཆོག་

གི་རྒྱལ་མཚན་འཕྱུར་བ། འོག་མས་བདུད་ཞགས་འཛིན་པ། ཐོད་སྐམ་གྱི་དབུ་རྒྱན་དང་། ཐོད་རློན་གྱི་དོ་ཤལ་ཅན། རིན་པོ་ཆེ་དང་། སྦྲུལ་གྱིས་བརྒྱན་པ། ཉི་ཟླས་ཐོད་བྱས་པ། སྐྱང་པོ་ཆེའི་ཀོ་རློན་གྱི་སྟོད་གཡོགས་དང་། སྟག་ལྤགས་ཀྱི་ཤམ་ཐབས་ཅན། རོལ་པའི་སྟབས་ཀྱིས་བཞུགས་པ། ཕྱོགས་བཞིའི་རྩིབས་ལམ་ཡིག་བཞི་ལས། མདུན་དུ་ཡུམ་བེ་ཏ་ལི་ལྗང་གུ་རལ་པ་གྲོལ་བ། གཡས་རྒྱུ་མ་གསོལ་ཞིང་། གཡོན་ཐོད་ཁྲག་འཛིན་པ། ཞབས་བསྒོལ་བའི་སྟབས་ཅན། གཡས་སུ་ཐོ་ཉ་མོ་དཀར་མོ་སྐྲ་ཁམ་ནག་ཅན། ཕུར་པ་དང་ཞགས་པ་དམར་པོ་འཛིན་པ། རྒྱབ་ཏུ་བགའ་སྟོད་མ་ལྗང་སྟོན་མི་ལྤགས་གྱོན་ཅིང་། ཅན་དན་གྱི་དབྱུག་ཏོ་བསྣམས་པ། དེ་གཉིས་ཕྱུས་བཙུགས་སམ་བརྐྱངས་བསྐུམས་ཀྱིས་བཞུགས་པ། གཡོན་དུ་མངག་གཞུག་མ་དམར་མོ་ཀནྡའི་མགོ་བོ་ཅན། ཞིང་དབྱུག་དང་། ཞིང་ཆེན་ཚལ་པ་བསྣམས་པ། མཉམ་པའི་སྟབས་ཀྱིས་(༣༢༥་བ)བཞུགས་པ། ཕྱི་རོལ་ཏུ་ཧྲཱིཿབདུན་ལས། ཚངས་མ་དབང་མོ་གཞོན་ནུ་མ། །ལྷ་ཆེན་མ་དང་རྗོག་འདོད་མ། །ཁྱབ་འཇུག་མ་དང་སྣ་ཆེན་མ། །མ་བདུན་སྲིན་མོའི་གཟུགས་ཅན་ནོ། །སྐུ་མདོག་དམར་ནག་རྩེ་གསུམ་དང་། །བན་རྡ་ཁྲག་གིས་གང་བ་བསྣམས་པ། །སྒོ་བཞིར། ཤེལ་གསེར་ཟངས་གཡུའི་མིག་ཅན་མ་མོ་བཞི་རྡོ་རྗེ་དང་། ཞགས་པ་བསྣམས་པའོ། །རང་གི་ཐུགས་ཀའི་ཧཱུྃ་ལས་འཕྲོས་པའི་འོད་ཀྱིས། རང་བཞིན་གྱི་གནས་ནས་མགོན་པོ་འཁོར་དང་བཅས་པ་བཛྲ་ས་མཱ་ཛཿ སྤྱན་རས་གཟིགས་མགོན་ཐུགས་ཀྱི་འཕྲིན་ལས་ལས། །རྣམ་འཕྲུལ་ཞི་བས་འདུལ་བར་མི་སྤྱོད་ཅིང་། །དྲག་པོའི་སྟོབས་ཀྱིས་གདུག་པ་ཚར་གཅོད་པ། །འཇིགས་པའི་གཟུགས་ཅན་འཁོར་བཅས་འདིར་བྱོན་ཅིག །ཨེ་ཧྱེ་ཧི་ཤྲཱི་མཧཱ་ཀཱ་ལ་ག་ན་པ་ཏི་མཧཱ་ཀཱ་རུ་ཎི་ཀ་དྲི་ཤྱ་ཧོ་ས་མ་ཡ་སྟྭཾ། ཧཱུྃ་ཧཱུྃ་ཛཿཛཿ བསྟོད་པ་ནི། ཧཱུྃ། ལྷ་མིན་དམག་ཚོགས་གཡུལ་བཟློག་ཅིང་། །ལྷ་དམག་དཀར་པོའི་དཔུང་གས་འདྲེན་པ། །ལྷ་ཆེན་དཔལ་འབར་འཁོར་བཅས་ལ། །མཆོད་ཅིང་

བསྟོད་དེ་ཕྱག་ཀྱང་འཚལ། །ཞེས་པ་དང་། ཨོཾ་ཤྲཱི་མཧཱ་ཀཱ་ལ་ག་ཚ་པ་ཏི་སྭཱཧཱ། ན་མཿཤྲཱི་མཧཱ་ཀཱ་ལ་ག་ཊེ་ཤ་ཡ། ན་མོ་ཡོ་གི་ནཾ། ཏདྱ་ཐཱ། ཨོཾ་ཧི་ལི་ཧི་ལི། ཀི་ཏེ་ཀི་ཏེ། ཙིཏྟ་ཙིཏྟ་སྭཱཧཱ། ཞེས་པ་ནག་པོ་ཆེན་པོའི་གཟུངས་ཀྱིས་ཀྱང་བསྟོད། ཛཿཧཱུྃ་བཾ་ཧོཿགཉིས་སུ་མེད་པར་བསྒོམ། དེ་ནས་བཟླས་པའི་དམིགས་པ་གསལ་བཏབ་ལ། ཨོཾ་ཤྲཱི་མཧཱ་ཀཱ་ལ་ག་ཙ་པ་ཏི་སྭཱཧཱ། ན་མཿཤྲཱི་མཧཱ་ཀཱ་ལ་(༣༣༠ན)ག་ཊེ་ཤ་ཡ། ན་མོ་ཡོ་གི་ནཾ། ཏདྱ་ཐཱ། ཨོཾ་ཧི་ལི་ཧི་ལི། ཀི་ཏེ་ཀི་ཏེ། ཙིཏྟ་ཙིཏྟ་སྭཱཧཱ། ཞེས་ནག་པོ་ཆེན་པོའི་གཟུངས་ཅི་འགྲུབ་ཏུ་བཟླ་ཞིང་། ཨོཾ་བཛྲ་ཡཀྵ་ཤྲཱི་མཧཱ་ཀཱ་ལ་ཧཱུྃ་ཛཿ གཙོ་བོའི་སྙིང་པོའོ། །ཨོཾ་བཛྲ་ཡཀྵ་བེ་ཏཱ་ལི་ཧཱུྃ་ཛཿཨོཾ་བཛྲ་ཛྙ་ལ་ཀུ་ལི་ཧཱུྃ་ཛཿཨོཾ་བཛྲ་ཨེ་ཀ་ཛ་ཊི་ཧཱུྃ་ཛཿཨོཾ་བཛྲ་ཤྲཱི་ཀཾ་ཀ་རི་ཧཱུྃ་ཛཿ ཡུམ་བཞིའོ། །ཨོཾ་བཛྲ་ཀྲོ་དྷ་ཧྲཱིཿཨོཾ་བཛྲ་གཉྫི་ཧྲཱིཿཨོཾ་བཛྲ་ཨཱུ་ཧྲཱིཿཨོཾ་བཛྲ་དད་ཏཾ་ཧྲཱིཿཨོཾ་བཛྲ་ཀུ་ཏི་རེ་མེ་ཏྲི་ཧྲཱིཿཨོཾ་བཛྲ་མ་ནུ་ཥ་རཾ་ཧྲཱིཿཨོཾ་བཛྲ་ཨ་ག་ར་པུཥྤ་ནི་ཧྲཱིཿཛཿཧྲཱི་ཧཱུྃ་ཛཿ མ་མོ་བདུན་གྱིའོ། །ཨོཾ་མཧཱ་ཀཱ་ལ་རཀྵ་མཧཱ་ཀཱ་ལ་བེ་ཏ་ལ། ཡ་ཀྵ་ནི་ཛཿཛཿཨོཾ་བཛྲ་ཡཀྵ་དེ་བ་ཤྲཱི་མཧཱ་ཀཱ་ལ་ཀྲོ་དྷ་བེ་ཏ་ལི་ཧཱུྃ་ཕཊ། ཛ་ཛ་ཛ། ཐད་པའོ། །མཧཱ་ཀཱ་ལ་ཊེ་ཁྲུཾ་ལཾ། ཁྲུཾ་རིལ་ཊད་སུ་ཊེ་ཛཿ དགྲ་བོའི་སྙིང་ལ་ཡ། ཊཀ་རཀྵ་ཁྲུ་རིལ་ཐད། དགྲ་བོའི་སྙིང་ལ་ཁ་རག་ཛཿཊེ་ཛཿ དགྲ་བོའི་སྙིང་ལ་ཁྲུ་རིལ། ལུས་ལ་ཡ་ཐད། ཕུ་ཊེ་ཤིག །དགྲ་བོའི་སྙིང་ལ་ཡ། བསད་པའོ། །ན་ག་བི་ད་ན་ག་ར་ཛ་ཏ་ཏ། རཀྵ་རཀྵ་མཀྵི། སྙིང་ལ་རཀྵ་ཁྲུན་ཧྲཱི་ཧྲཱི། རཀྵ་ཁ་རག་ཙིཏྟ་ལ་རཀྵ་ཧྲཱི། སྔ་མ་བཞིའི་སྔགས་ཏེ་ཐུན་བཟློག་པ་ལ་སོགས་པའོ། །མཆོད་བསྟོད་བྱ། གཏོར་མ་བསངས་སྦྱངས། སྟོང་པ་ཉིད་དུ་གྱུར། སྟོང་པའི་ངང་ལས་ཡཾ་ལས་རླུང་། རཾ་ལས་མེའི་སྟེང་དུ་ཀཾ་ལས་མི་མགོའི་སྒྱིད་བུ་གསུམ། དེའི་སྟེང་དུ་ཨཱཿལས་ཐོད་པ་ཕྱི་དཀར་ལ་ནང་དམར་བའི་ནང་དུ། བི་མུ་ཤུ་མར་ལས་བདུད་རྩི་ལྔ། གོ་ཀུ་ད་ཧ་ན་ལས་ཤ་ལྔ་བསྐྱེད། སྙིང་གའི་ས་བོན་གྱིས་མདུན་གྱི་ནམ་(༣༣༠བ)མཁའ་ལ་ཨོཾ་ཨཱཿཧཱུྃ་དང་བཅས་པར་གྱུར། དེ་ལས་འོད་ཟེར་འོག་ཏུ་འཕྲོས་

པས་རླུང་གཡོས། རླུང་གིས་མེ་སྦར་ཤ་ལྔ་བདུད་རྩི་ལྔ་ཡི་གེ་དང་བཅས་པ་ཞུ་ཞིང་ཁོལ་བས་ལྦུ་བ་ཨོཾ་དུ་གྱུར། དེ་ལས་འོད་ཟེར་ཁ་དོག་ལྔ་འཕྲོས་པས། ཡེ་ཤེས་ཀྱི་བདུད་རྩི་བཀུག་ནས། དེ་ལ་ཐིམ་པས་ཡེ་ཤེས་ཀྱི་བདུད་རྩིའི་རྒྱ་མཚོར་གྱུར། ཨོཾ་ཨཱཿཧཱུྃ། ལན་གསུམ། རྡོ་རྗེ་ཐལ་མོ་ཁ་གྱེན་དུ་ཕྱེ་ལ། མགོན་པོ་འཁོར་དང་བཅས་པའི་ལྟོགས་གཏོར་མ་བདུད་རྩིའི་རང་བཞིན་ཅན་ལ་རེག་ཅིང་གསོལ་བས་ཚིམ་ཞིང་མཉེས་པར་གྱུར། ཨོཾ་མཧཱ་ཀཱ་ལ་ཧྲི་ཡཾ་ཛཿས་མ་ཡ་ས་མ་ཡོ་གི་སྨུན་ཧྲཱིཿཧཱུྃ་ཕཊ། བ་ལི་ཨི་དཾ་གྲིཧྣ་ཁ་ཁ་ཁཱ་ཧི་ཁཱ་ཧི་ཧྲུཾ་ཧྲུཾ་ཧེ། རཀྟ་པི་བ་ཧོ་ས་མ་ཡ་སྭཱཧཱ། ཨོཾ་དེ་ཝི་མཧཱ་ཀཱ་ལི་རེ་མ་ཏི་ར། ཧཱ་བ་ལིཾ་ཏ་ཁཱ་ཧི། མཧཱ་མཾ་ས་ཁཱ་ཧི། ཙིཏྟ་ཁཱ་ཧི། མཧཱ་གོ་རོ་ཙ་ན་ལ་ཁཱ་ཧི། མཧཱ་པཉྩ་ཨ་མྲི་ཏ་བ་ལིཾ་ཏ་ཁ་ཁ་ཁཱ་ཧི་ཁཱ་ཧི། ཞེས་ལན་བདུན་གྱིས་ཕུལ་ལ། ཨརྒྷཾ་ནས་ཤབྡའི་བར་གྱིས་མཆོད། ཧཱུྃ། ལྷ་མིན་དམག་ཚོགས་གཡུལ་བཟློག་ཅིང་། །ལྷ་དམག་དཀར་པོའི་དབུགས་འབྱིན་པ། །ལྷ་ཆེན་དཔལ་འབར་འཁོར་བཅས་ལ། །མཆོད་ཅིང་བསྟོད་དེ་ཕྱག་ཀྱང་འཚལ། །ཞེས་བསྟོད། བདག་ཅག་འཁོར་དང་བཅས་པ་ལ་མཆོག་དང་ཐུན་མོང་གི་དངོས་གྲུབ་མ་ལུས་པ་བསྒྲུབ་པའི་སྟོང་གྲོགས་དང་། ཕྱི་ནང་གསང་བ་གསུམ་གྱི་བར་ཆད་མི་མཐུན་པའི་ཕྱོགས་ཐམས་ཅད་སྲུང་ཞིང་བཟློག་པ་དང་། དགྲ་བགེགས་ལོག་འདྲེན་ཐམས་ཅད་ཐལ་བའི་རྡུལ་དུ་རློག་པ་དང་། མི་འགྱུར་(༣༣༧ན)བའི་ཚེ། མི་ཟད་པའི་ལོངས་སྤྱོད། རབ་ཏུ་རྒྱས་པའི་དབང་ཐང་། ཐུབ་པར་དཀའ་བའི་མཐུ་སྟོབས་བསྐྱལ་བ་དང་། མདོར་ན་བསམ་པའི་དོན་ཐམས་ཅད་ཡིད་བཞིན་དུ་འགྲུབ་པར་མཛད་དུ་གསོལ། ཞེས་གསོལ་བ་བཏབ། ༔ སློབ་མ་རྗེས་བཟུང་ནི། མདུན་དུ་མཎྜལ་གྲུ་གསུམ་མཐིང་ནག །གཏོར་མ་ཙཀ་ལི་དང་བཅས་པ་བཀོད། མཐའ་མཆོད་གཏོར་གྱིས་བསྐོར། སྔོན་འགྲོ་གཏོར་མ་བཏང་། གང་འོས་ཕྱོགས་སུ་སྐུ་དང་འཕྲེང་བ་བེང་བཅས་བཞག །མཆོད་པ་བྱིན་རླབས་སྔོན་དུ་འགྲོ་བས། ཡི་དམ་གྱི་བདག་བསྐྱེད་བཟླས་

པ་དང་བཅས་པ་བྱ། མདུན་བསྐྱེད་གོང་བཞིན་བསྟོད་པ་འཕྲིན་བཅོལ་ཡན་ཆད་གྲུབ་པའི་མཚམས་སུ། སློབ་མས་མཎྜལ་ཕུལ་ནས། གསོལ་བ་འདེབས་པ་ནི། རྗེ་བཙུན་རྡོ་རྗེ་འཛིན་པའི་གཙོ། །བདག་གི་ལུས་ངག་ཡིད་གསུམ་གྱི། །དྲི་མ་མཐའ་དག་སྦྱོང་བའི་ཕྱིར། །མ་སྨིན་སྨིན་བྱེད་དབང་བསྐུར་སྩོལ། །ཞེས་ལན་གསུམ། དཀོན་མཆོག་གསུམ་ལ་བདག་སྐྱབས་མཆི། །ཞེས་སོགས་རྒྱུན་བཤགས་ལན་གསུམ། སློབ་དཔོན་ཡི་དམ་གང་དུ་བསྐྱེད་པ་དེར་དངོས་སུ་མོས་བཙུག་ལ། དེ་ནས་གཏོར་མ་མགོན་པོར་བསྐྱེད་པ་ནི། ཨ་ཀྲོ་ཏས་བསངས། སྭ་བྷཱ་ཝས་སྦྱངས། སྟོང་པའི་ངང་ལས་ཧཱུྃ་ལས་སྲུང་འཁོར་གྱི་ནང་དུ་ཨེ་ཨགྣེ་མཎྜལ་ཧཱུྃ། ཆོས་འབྱུང་མཐིང་ནག་མེ་འབར་བ། ཡཾ་ཀརྨ་རཀྵ་ཧཱུྃ། རཾ་བཛྲ་ཛྭ་ལ་རཾ། རྡོ་རྗེའི་ས་གཞི་དང་། མེའི་ཁོར་ཡུག་གོ། །བྷྲཱུྃ་བི་ཤྭ་བི་ཤུདྡྷེ་(༣༣༧བ)བཛྲ་ཛྙཱ་ན་ཙཀྲ་ཨེ་བྷྲཱུྃ། གཞལ་ཡས་ཁང་དུ་གྱུར། དབུས་སུ་འཁོར་ལོ་རྩིབས་བཞི་པ་ལྟེ་བར་སིདྣ་ཛཾ་པ་ལ་བི་མ་ལ་སིདྡྷི་ཧཱུྃ། སེང་གེའི་གདན། རཏྣ་ར་ཏྲེ་ཧཾ། རིན་པོ་ཆེའི་གདན། པཾ་པདྨ་མཎྜལ་ཧཱུྃ། ཨ་ཙནྡྲ་མཎྜལ་ཧཱུྃ། སཾ་སཱུརྻ་མཎྜལ་ཧཱུྃ། པདྨ་ཉི་ཟླ་བརྩེགས་པའི་གདན་དུ་གྱུར། ཧྲ་ར་ཏྲིཿཞེས་བརྗོད་པས། བཾ་ཆེན་བསྐོལ་བའི་གདན། དེའི་སྟེང་དུ་ཡི་གེ་ཐཾ་ཡིག་ལྗང་ནག་ལས་འོད་ཟེར་འཕྲོས། འོག་མིན་རྣམ་པར་སྣང་མཛད་ཀྱི་ཐུགས་ཀ་ནས་དངོས་གྲུབ་བསྡུས། སཾ་ཏ་ར་ཊ་ཧཱུྃ། ཐཾ་ཡིག་ལ་ཐིམ། དེ་ལས་དཔལ་ཡེ་ཤེས་ཀྱི་མགོན་པོ་སྐུ་མདོག་སྨུག་ནག་མི་བཟད་པའི་མཆེ་བ་རྣོན་པོ་ཟངས་ཡག་ཏུ་གཙིགས་པ། སྤྱན་སྡང་མིག་ཏུ་གཟིགས་པས་གནག་པའི་དགྲ་བོ་ཞེ་ལ་མནན་པ། ཕྱག་གཡས་ཀྱི་དང་པོ་ན་རལ་གྲི། གཉིས་པས་རྩེ་གསུམ་མདུང་དར་ལེ་བཀྲན་ཅན། གཡོན་གྱི་དང་པོས་ཁྲུ་མཆོག་གི་རྒྱལ་མཚན་འཕྱར་བ། འོག་མས་བདུད་ཞགས་འཛིན་པ། ཐོད་སྐམ་གྱི་དབུ་རྒྱན་དང་། ཐོད་རློན་གྱི་དོ་ཤལ་ཅན། རིན་པོ་ཆེ་དང་། སྦྲུལ་གྱིས་བརྒྱན་པ། ཉི་ཟླས་ཐོད་བྱས་པ། གླང་པོ་ཆེའི་ཀོ་རློན་གྱི་སྟོད་གཡོགས་དང་། སྟག་ལྤགས་ཀྱི་ཤམ་

ཐབས་ཅན། རོལ་པའི་སྟོབས་ཀྱིས་བཞུགས་པ། རང་གི་ཐུགས་ཀའི་ཧཱུྃ་ལས་འཕྲོས་པའི་འོད་ཀྱིས། རང་བཞིན་གྱི་གནས་ནས་མགོན་པོ་ཡེ་ཤེས་སེམས་དཔའ་བཛྲ་ས་མཱ་ཛཿ སྤྱན་རས་གཟིགས་མགོན་ཐུགས་ཀྱི་འཕྲིན་ལས་ལས། །རྣམ་འཕྲུལ་ཞི་བས་འདུལ་བར་མི་སྤྱོད་(༣༣༢ན)ཅིང་། །དྲག་པོའི་སྟོབས་ཀྱིས་གདུག་པ་ཚར་གཅོད་པ། །འཇིགས་པའི་གཟུགས་ཅན་འཁོར་བཅས་འདིར་བྱོན་ཅིག །ཨེ་ཧྱེ་ཧི་ཤྲཱི་མཧཱ་ཀཱ་ལ་ག་ཊ་པ་ཏི་མཧཱ་ཀཱ་རུ་ཎ་ཀ་དྲི་ཥྛ་ཧོ་ས་མ་ཡ་སྟྭཾ། ཧཱུཾ་ཧཱུཾ་ཛཿཛཿ བསྟོད་པ་ནི། ཧཱུཾ། ལྷ་མིན་དམག་ཚོགས་གཡུལ་བཟློག་ཅིང་། །ལྷ་དམག་དཀར་པོའི་དབུགས་འབྱིན་པ། །ལྷ་ཆེན་དཔལ་འབར་འཁོར་བཅས་ལ། །མཆོད་ཅིང་བསྟོད་དེ་ཕྱག་ཀྱང་འཚལ། །ཞེས་པ་དང་། ཨོཾ་ཤྲཱི་མཧཱ་ཀཱ་ལ་ག་ཊ་པ་ཏི་སྭཱཧཱ། ན་མཿཤྲཱི་མཧཱ་ཀཱ་ལ་ག་ཊེ་ཤ་ཡ། ན་མོ་ཡོ་གི་ནཾ། ཏདྱ་ཐཱ། ཨོཾ་ཧི་ལི་ཧི་ལི། གི་ཏེ་གི་ཏེ། ཙིཊྚ་ཙིཊྚ་སྭཱཧཱ། ཞེས་པ་ནག་པོ་ཆེན་པོའི་གཟུངས་ཀྱིས་ཀྱང་བསྟོད། ཛཿཧཱུཾ་བཾ་ཧོཿགཉིས་སུ་མེད་པར་བསྟིམ། སློབ་མས་མོས་གུས་བྱས་པས། གཏོར་མ་མགོན་པོར་གསལ་བ་སློབ་མའི་སྤྱི་བོར་བྱོན། དེའི་དབུ་གཙུག་ཏུ་བླ་མ་ཡི་དམ་དུ་གསལ་བ་ལ། སངས་རྒྱས་བྱང་སེམས་ཐམས་ཅད་ཀྱིས་བསྐོར་བར་མོས། སློབ་དཔོན་གྱིས་བཀའ་བསྒོས་པའི་ཚེ། མགོན་པོའི་གནས་གསུམ་ནས་འོད་ཟེར་དཀར་དམར་མཐིང་གསུམ་བྱུང་ནས། སློབ་མའི་ལུས་གང་བས། ལུས་ངག་ཡིད་གསུམ་གྱི་སྡིག་སྒྲིབ་བསྲེགས། སྐུ་གསུང་ཐུགས་ཀྱི་བྱིན་རླབས་ཞུགས་པར་རིམ་པར་སྒོམ་དུ་བཅུག་ལ། རོལ་མོའི་སྒྲ་དང་བཅས་པས། ཡེ་ཤེས་མགོན་པོ་འཁོར་དང་བཅས་པ་ཁྱེད་རྣམས་ཀྱིས་རྩ་བརྒྱུད་ཀྱི་དཔལ་ལྡན་བླ་མ་དམ་པ་རྣམས་ཀྱི་བཀའ་དང་དམ་ལས་མི་འདའ་བར་རྡོ་རྗེ་(༣༣༢བ)སློབ་མ་འདིའི་ཕྱི་བཞིན་དུ་རྗེས་སུ་འབྲངས་ལ་ལུས་དང་གྲིབ་མ་བཞིན་དུ་འགྲོགས་ཏེ། འགལ་རྐྱེན་ཐམས་ཅད་སོལ། མཐུན་རྐྱེན་ཐམས་ཅད་བསྒྲུབས། དགྲ་བགེགས་ཐམས་ཅད་ཐུལ། ཇི་ལྟར་བཅོལ་བའི་ལས་ཐམས་ཅད་འགྲུབ་པར་མཛོད་ཅིག །ཅེས་

བཀའ་བསྒོ་བྱའོ། །དེ་ལྟར་གཏོར་དབང་བསྐུར་བས། ཁྱེད་རང་གི་ལུས་ངག་ཡིད་གསུམ་གྱི་དྲི་མ་མཐའ་དག་བྱང་སྟེ། ཁྱེད་རང་རྣམས་ཕྱག་རྡོར་དུ་གྱུར་པ་ནི། ཞེས་ཕྱག་རྡོར་གྱི་མངོན་རྟོགས་ཐོག །ཡེ་ཤེས་པ་བསྟིམ་པ་ཡན་ཆད་ཀྱི་སྐུའི་རྗེས་གནང་གྱི་དང་འདྲ་བར་བྱས་ནས། བླ་མའི་ཐུགས་ཀ་ནས་འོད་ཟེར་འཕྲོས། མགོན་པོའི་ཐུགས་རྒྱུད་བསྐུལ། མདུན་བསྐྱེད་ལས་མགོན་པོའི་སྐུ་མང་པོ་བྱུང་། སློབ་མའི་སྤྱི་བོར་ཐིམ། མགོན་པོའི་སྐུ་སྤྱི་བོར་གཏུགས་ཏེ། མི་འབྲལ་སྐུ་ཡིས་བྱིན་བརླབས་པས། །སངས་རྒྱས་རྣམས་ནི་ཐམས་ཅད་ཀྱི། །རྡོ་རྗེ་གསང་བ་གསུམ་ལས་བྱུང་། །སྐུ་ཡི་དངོས་གྲུབ་ཐོབ་པར་ཤོག །ཨོཾ་མནྟྲ་ཀྲྀ་ལ་ཏྲུ་པ་ཨ་ཧྲི་ཀྵྀ་ཧྲུཾ། བླ་མའི་ཐུགས་ཀ་ནས་འོད་ཟེར་འཕྲོས། མགོན་པོའི་ཐུགས་རྒྱུད་བསྐུལ། མདུན་བསྐྱེད་ཀྱི་མགྲིན་པ་ནས་སྔགས་ཀྱི་ཡིག་འབྲུ་མང་པོ་བྱུང་སྟེ། སློབ་མའི་མགྲིན་པར་ཐིམ། འཕྲེང་བ་མགྲིན་པར་གཏད་དེ། མི་འབྲལ་གསུང་གིས་བྱིན་བརླབས་པས། །སངས་རྒྱས་རྣམས་ནི་ཐམས་ཅད་ཀྱི། །རྡོ་རྗེ་གསང་བ་གསུམ་ལས་བྱུང་། །གསུང་གི་དངོས་གྲུབ་ཐོབ་པར་ཤོག །ཨོཾ་མནྟྲ་ཀྲྀ་ལ་ཧྲི་ཡཾ་ཛཿཔྲ་ཀ་ཨ་ཧྲི་ཀྵྀ་ཧྲུཾ། བླ་མའི་ཐུགས་ཀ་ནས་འོད་ཟེར་འཕྲོས། མགོན་པོའི་(༣༣༣ན)ཐུགས་རྒྱུད་བསྐུལ། མདུན་བསྐྱེད་ཀྱི་ཐུགས་ཀ་ནས་ཕྱག་མཚན་མང་པོ་བྱུང་། སློབ་མའི་སྙིང་གར་ཐིམ། བེང་སྙིང་གར་གཏད་དེ། མི་འབྲལ་ཐུགས་ཀྱིས་བྱིན་བརླབས་པས། །སངས་རྒྱས་རྣམས་ནི་ཐམས་ཅད་ཀྱི། །རྡོ་རྗེ་གསང་བ་གསུམ་ལས་བྱུང་། །ཐུགས་ཀྱི་དངོས་གྲུབ་ཐོབ་པར་ཤོག །ཨོཾ་མནྟྲ་ཀྲྀ་ལ་རཀྵ་ཏུ་ཙིཏྟ་ཨ་ཧྲི་ཀྵྀ་ཧྲུཾ། དམ་ཚིག་དང་ལྡན་ཞིང་ཆོས་སྐྱོང་འདི་སྒྲུབ་པ་ལ་སྤྲོ་བ་ཡིན་ན། གོང་དུ་ཡི་དམ་གྱི་ཐུགས་ཀར་མགོན་པོ་ཉིད་བསྐྱེད་པ་དང་། སྐབས་འདིར་སྔགས་ཀྱི་བཟླས་ལུང་སྦྱིན་ཏེ། ཁྱེད་རང་གི་སྙིང་གར་པད་ཉིའི་གདན་ལ་ཧྲུཾ་མཐིང་ནག་གི་མཐར་སྔགས་འཕྲེང་འོད་ཟེར་མཐིང་ནག་འབར་བའི་རྣམ་པ་ཅན་དུ་བཞུགས་པར་མོས། སློབ་དཔོན་གྱི་ཐུགས་ཀ་ནས་འོད་ཟེར་འཕྲོས། མདུན་བསྐྱེད

ཀྱི་ལྷའི་ཐུགས་རྒྱུད་བསྐུལ། ཐུགས་ཀའི་སྔགས་འཕྲེང་ལས་སྔགས་འཕྲེང་གཉིས་པ་ཞིག་ཆད། ཞལ་ནས་ཐོན། ཁྱེད་རང་གི་ཁ་སྒོ་ནས་ཞུགས། སྙིང་གའི་ཧཱུྃ་ཡིག་གི་མཐར་སྔགས་སྔ་མ་ལ་ཐིམ་ཞིང་འཁོར་བར་མོས་ལ། འདིའི་རྗེས་བཟློས་མཛོད་ཅིག་བྱས་ལ། ཨོཾ་ཤྲཱི་མནྟྲ་ཀཱ་ལ་ག་ན་པ་ཏི་སྭཱཧཱ། ན་མཿཤྲཱི་མནྟྲ་ཀཱ་ལ་ག་ཎེ་ཤ་ཡ། ན་མོ་ཡོ་གི་ནཾ། ཏདྱ་ཐཱ། ཨོཾ་ཏི་ལི་ཏི་ལི་གི་ཊི་གི་ཊི། ཙིཏྟ་ཙིཏྟ་སྭཱཧཱ། ཞེས་ནག་པོ་ཆེན་པོའི་གཟུངས་དང་། ཨོཾ་བཛྲ་ཡཀྵ་ཤྲཱི་མནྟྲ་ཀཱ་ལ་ཧཱུྃ་ཛཿ གཙོ་བོའི་སྙིང་པོ་དང་། ཨོཾ་བཛྲ་ཡཀྵ་པེ་ཏྲ་ལི་ཧཱུྃ་ཛཿཨོཾ་བཛྲ་ཛྭ་ལ་ཀུ་ལི་ཧཱུྃ་ཛཿཨོཾ་བཛྲ་ཨེ་ཀ་ཙ་ཏི་ཧཱུྃ་ཛཿཨོཾ་བཛྲ་ཤྲཱི་ཀཾ་(༣༣༣བ)ཀ་རི་ཧཱུྃ་ཛཿ ཡུམ་བཞིའི་དང་། ཨོཾ་བཛྲ་ཀྲོ་དྷ་ཧྲཱིཿཨོཾ་བཛྲ་གཉྫི་ཧྲཱིཿཨོཾ་བཛྲ་ཤུ་ཧྲཱིཿཨོཾ་བཛྲ་དད་ཊཾ་ཧྲཱིཿཨོཾ་བཛྲ་ཙ་ཏི་རེ་མ་ཏི་ཧྲཱིཿཨོཾ་བཛྲ་མ་ཧུ་ཏ་རཾ་ཧྲཱིཿཨོཾ་བཛྲ་ཨ་ཀར་ཤུཀྵ་ནི་ཧྲཱུཾ་ཛཿཧྲཱུཾ་ཧཱུྃ་ཛཿ མ་མོ་བདུན་གྱི་དང་། ཨོཾ་མནྟྲ་ཀཱ་ལ་རཀྵ་མནྟྲ་ཀཱ་ལ། བི་ཏ་ལི། ཡ་ཐུ་ནི་ཛཿཛཿཨོཾ་བཛྲ་ཡཀྵེ་དེ་བ་ཤྲཱི་མནྟྲ་ཀཱ་ལ་ཀྲོ་དྷ་བེ་ཏ་ལི་ཧཱུྃ་ཕཊ། ཛ་ཛ་ཛ། ཐད་པའོ། །མནྟྲ་ཀཱ་ལ་ཊི་ཐུྃ་ལཾ། ཐུྃ་རིལ་ཐད་ཤུ་ཊི་ཛཿ དགྲ་བོའི་སྙིང་ལ་ཡ། ཏ་ཀ་རཀྵ་ཐུྃ་རིལ་ཐད། དགྲ་བོའི་སྙིང་ལ་ཁ་རག་ཛཿཊི་ཛཿ དགྲ་བོའི་སྙིང་ལ་ཐུྃ་རིལ། ལུས་ལ་ཡ་ཐད། ཤུ་ཊི་ཤིག །དགྲ་བོའི་སྙིང་ལ་ཡ། བསད་པའོ། །ན་ག་བི་ད་ན་ག་ར་ཛ་ཏ་ཏ། རཀྵ་རཀྵ་མཱཉྫི། སྙིང་ལ་རམྦྷ་ཐུན་ཧྲཱུྃ་ཧྲཱུྃ། རམྦྷ་ཁ་རག་ཙིཏྟ་ལ་རམྦྷ་ཧྲཱུྃ། སྒོ་མ་བཞིའི་སྔེ། སྔགས་རྣམས་ལན་གསུམ་གསུམ་རྗེས་བཟློས་བྱེད་དུ་གཞུག་ནས། སློབ་མ་ལ་མཆོད་བསྟོད། བརྟན་བཞུགས། མགོན་པོ་དམ་ལ་བཞག་ཅིང་དམ་ཚིག་བསྒྲེ་བ་རྣམས་བྱེད། རྗེས་ཀྱི་བྱ་བ་སྤྱི་དང་འདྲ། །

༄ ལྷ་ཆེན་མགོན་པོ་ལྷམ་དྲལ་རབ་བྲད་གཏོར་ཞུགས་ལ། བྲིས་སྐུ་དང་མཆོད་གཏོར་བཤམས། བདག་བསྐྱེད་དང་ཡི་དམ་གྱི་མཆོད་གཏོར་སྔོན་དུ་འགྲོ་བས། མཆོད་པ་ཨ་མྲྀ་ཏས་བསངས་ཏེ་ཧླ་མེད་ལྟར་བྱིན་གྱིས་བརླབས་ནས། ཨོཾ་བཛྲ་ཨ་མྲྀ་ཏ་ཀུཎྜ་ལི་ཧ་ན་ཧ་ན་ཧཱུྃ་ཕཊ། ཨོཾ་སྭ་བྷཱ་ཝ་ཤུདྡྷ་སརྦ་དྷརྨཱཿསྭ་བྷཱ་ཝ་ཤུདྡྷོ྅ཧཾ། སྟོང་པ

ཉིད་དུ་གྱུར། སྟོང་པའི་ངང་ལས། རང་གི་མདུན་དུ་འབྱུང་བཞི་རི་རབ་དང་བཅས་པའི་རྩེ་མོར། དུར་(༣༣༨ན)ཁྲོད་ཆེན་པོའི་གནས། ཤིན་ཏུ་གཏུམ་པའི་ལྗོངས། དྲེགས་པ་བདུད་ཀྱི་ཡུལ། དུག་གི་ན་བུན་འཐུལ་བ། དྲག་པོའི་གློག་འཁྱུག་ཅིང་། རྒྱབ་གསོད་ཀྱི་འབྲུག་སྒྲ་སྒྲོག་པ། གནམ་ལྕགས་ཀྱི་ཐོག་དང་མཚོན་ཆ་སྣ་ཚོགས་ཀྱི་སེར་བ་འབབ་ཅིང་། མ་མོ་འདུ་བའི་གནས། མཚན་མོ་མེ་འབར་བ། ཉིན་མོ་རླུང་ནག་འཚུབ་ཅིང་། ན་བུན་རྣག་ཁྲག་དང་ཞག་ཏུ་འབབ་པ། མི་རོ་སྐམ་རློན་རད་གསུམ་སྣ་ཚོགས་གཅལ་དུ་བཀྲམས་ཤིང་། ཁྲག་ཞག་གི་ཐ་གློང་འཁྱུག་པ། གཅན་གཟན་གཏུམ་པོ་རྣམས་ངར་སྐད་འབོད་པའི་དབུས་ན། རྨང་གཞི་ལྕགས་ལས་གྲུབ་པའི་སྟེང་དུ། ཤར་མིའི་ཐོད་པས་བརྩིགས་པ། ལྷོ་རྟའི་ཐོད་པས་བརྩིགས་པ། ནུབ་སྤྲེའུའི་ཐོད་པས་བརྩིགས་པ། བྱང་ལུག་གི་ཐོད་པས་བརྩིགས་པའི་ཕོ་བྲང་ཆེན་པོ། ཕྱི་རིན་པོ་ཆེའི་གཞལ་ཡས་ཁང་ལ། ནང་ཐོད་པའི་མཁར་དུ་ཡོད་པ་གྲུ་བཞི་སྒོ་བཞི་པ་ཤིན་ཏུ་འཇིགས་ཤིང་རབ་ཏུ་འབར་བ། ཟུར་བཞི་ཟངས་ལས་བྱས་པ། སྒོ་བཞི་བསེ་ལས་བྱས་པ། གསེར་གྱི་རེ་ཆ་གསལ་བ། མུ་མེན་འཕྲུལ་གྱི་གཡག་ཤིང་ཅན། རྟ་བབས་དུང་ལས་གྲུབ་པ། ཟངས་ལྕགས་ཁྲག་གི་བད་ཡོད་པ། ནང་གེང་རུས་ཀྱི་ཀ་གདུང་རྣམས་ཀྱིས་ཕུབ་པ། རུས་པའི་དྲ་བ་དྲ་ཕྱེད་དང་། མི་མགོ་བརྩིགས་པའི་ཏོག་གིས་མཚན་པ། ངོས་རྣམས་ལ་ཁྲག་གི་གཟར་ཆུ་འབབ་པ། དེའི་ནང་མི་རོ་རྟ་རོ་གཅལ་དུ་བཀྲམ་པ། མི་ཁྲག་རྟ་ཁྲག་མཚོ་རུ་(༣༣༨བ)བསྐྱིལ་བ། མི་ལྤགས་རྟ་ལྤགས་ཡོལ་བར་བྲེས་པ། གསུར་ཆེན་དུད་པ་ཕྱོགས་བཅུར་འཐུལ་བ། ཕྱི་རོལ་རྨང་གཞིའི་སྟེགས་བུ་ལ་རོ་ལངས་ཀྱིས་ཤོན་བྱེད་པ། གེང་རུས་ཀྱི་གར་མཁན་འཁྲབ་པ། ཕྱོགས་ཐམས་ཅད་དུ་ཞིང་ཆེན་གྱི་བླ་བྲེ། མི་རོའི་རྒྱལ་མཚན་དང་བ་དན། རྒྱུ་རློན་གྱི་ལྡ་ལྡི། མགོ་བོ་སྣ་ཚོགས་ཀྱི་དོ་ཤལ་དང་། སྐྲའི་ཟ་ཡབ་ལ་སོགས་པ་ཉམ་ང་བག་ཚ་བའི་རྒྱན་དང་ལྡན་པའི་ཕོ་བྲང་གི་ལྟེ་བར་ནག་པོ་བདུན་བརྩེགས་

ཞུགས་མཁར་ཟུར་དྲུག་པ་ལ་མཐིང་ཟངས་གཡུའི་སྐས་བཙུགས་པ། དེའི་དབུས་སུ་མཐིང་ནག་གྲུ་གསུམ་འབར་བའི་དཀྱིལ་འཁོར་ལ་རིན་པོ་ཆེའི་ཁྲི་པད་མ་དང་ཉི་མའི་སྟེང་དུ་མི་རོ་ཧ་རོ་ལ་གནས་པའི་རཾ་ལས་དུག་སྔོང་རཾ་གྱིས་མཚན་པ་ལས་འོད་ཟེར་འཕྲོས། དགྲ་བགེགས་ཐམས་ཅད་ཚར་བཅད། ཚུར་འདུས་ཡོངས་སུ་གྱུར་པ་ལས། ལྷ་ཆེན་དཔལ་འབར་མཧཱ་ཀཱ་ལ་སྲོག་བདུད་ནག་པོ་ཐོད་པའི་འཕྲེང་བ་ཅན། སྐུ་མདོག་སྨུག་ནག །བདུད་ཧ་ནག་པོ་ཧྲིང་དཀར་ལ་ཆིབས་པ། ཞལ་གཉིས་ཕྱག་བཞི་པ། གཡས་ཤྭ་ན་མུ་ཁའི་གདོང་ཤལ་མིག་གྱེན་དུ་ཕྱོགས་པས་དགྲ་བགེགས་ལ་ཟུག་ཅིང་ཧླ་འགུགས་པ། ཞལ་གཉིས་ཀའང་མཆེ་བ་གཙིགས་པ། ལྗགས་འདྲིལ་ཞིང་ཀཱན་སྦྲ་རེབ་པ། རྩེ་ཕཊ་ཀྱི་གད་མོ་དང་ང་རོ་དྲག་པོ་སྒྲོག་པ། ཕྱག་གཡས་གཉིས་ཀྱིས་དུག་གི་སྔོང་པོ་མེ་འབར་བ་དང་བདུད་ཞགས། གཡོན་གཉིས་ཀྱིས་ཁྲམ་ཤིང་དང་ཐོད་པ་སྙིང་བཅས་ཁྲག་གིས་གང་བ་འཛིན་པ། དམར་ལ་ཕྲུམ་པའི་(༣༣༥ན)
སྤྱན་གསུམ་སྣང་མིག་ཏུ་བགྲད་པ། སྨ་ར་དང་སྨིན་མ་དང་སྤྲ་ཁམ་ནག་གྱེན་དུ་བརྫེས་པ་ལ། སྦྲུལ་ནག་དང་དར་ནག་གི་ཅོད་པན་ཅན། མི་མགོ་སྐམ་པོ་ལྔས་དབུ་ལ་བརྒྱན་ཅིང་། རློན་པ་ཁྲག་འཛག་པ་ལྔ་བཅུའི་དོ་ཤལ་འཆང་བ། དུག་སྦྲུལ་སྔོང་གི་རྒྱན་པོས་བརྒྱན་པ། སྐུ་ལ་དར་ནག་གི་འཇོལ་བེར་གསུམ་བརྩེགས་མནབ་པའི་གཡུང་དྲུང་རིས་དང་གསེར་གྱི་སླེ་རགས་ཅན་མ། དེའི་སྟེང་ན་དྲེད་མོའི་བཅང་སློག་སེརྒྱ་སྔོན་པོའི་གོང་ལག་ཅན་གསོལ་བ། ཞབས་ལ་སག་ཧྲི་འི་ལྷམ་གྱོན་པ། སྙན་ནས་འབྲུག་སྔོང་ལྡིར་ཞིང་། དྲི་འཛིན་ནས་ནག་པོ་བརྩེགས་པའི་རླུང་དམར་ལྡང་བ། སྤྱང་མིག་ལས་མེ་འོད་འཕྲོ་ཞིང་། ཞལ་དུ་ཤ་ཁྲག་གི་རྒྱ་མཚོ་འཁྱིལ་བ། སྐྲ་དགུ་ནས་ཉམས་པ་ལ་དུག་གི་ཆར་སྤྲིན་འབེབས་པ། སྤྱི་བོ་ལ་ཉི་ཟླས་བརྒྱན་པ། སྐུ་ཆེ་ལ་ཡན་ལག་རགས་པ། ཁམས་གསུམ་འདར་ཞིང་སྐྲག་པར་བྱེད་པ། དགྲ་བགེགས་དང་ལོག་པར་ལྟ་བ་ཐམས་ཅད་སྐད་ཅིག་གིས་རྡུལ་དུ་རློག་པའོ། །དེའི་གཡོན་དུ་

ཧཱུྃ༔དང་རལ་གྲི་ཞུ་བ་ལས་དཔལ་ལྡན་ལྷ་མོ་གཞན་གྱི་རེ་མ་ཏི་སྐུ་མདོག་ནག་མོ་ཞལ་གཅིག་ཕྱག་བཞི་མ། ཞལ་རས་ཕྱི་རྒྱབ་ཏུ་ཕྱོགས་པས་གཟིགས་པ། མི་རོ་ཞལ་དུ་གསོལ་བཞིན་པས། མཆེ་བ་གཙིགས་ཤིང་སྤྱན་གསུམ་དང་ལྡན་པ། དབུ་སྐྲ་རལ་པ་དམར་སེར་གཡོན་ངོས་སུ་འཁྱིལ་བ། ཕྱག་གཡས་གཉིས་ཀྱིས་ཞིང་ཆེན་དང་རལ་གྲི་སྡིག་པའི་ཡུ་བ་ཅན་མེ་འབར་བ། གཡོན་གཉིས་ན་ནེའུ་(༣༣༥བ)ལེའི་རྐྱལ་པ་ནོར་བུའི་ཆར་འབེབས་པ་དང་ཐོད་པ་ཁྲག་གིས་གང་བ་འཛིན་པ། ཐོད་སྐམ་གྱི་དབུ་རྒྱན་དང་། རློན་པའི་དོ་ཤལ་ཅན། སྙན་གཡས་གཡོན་ལ་དུག་སྦྲུལ་དང་སེ་ནྡྲེས་བརྒྱན་པ། ཞལ་ནས་དྲག་སྔགས་ཀྱི་འོ་དོད་འབོད་ཅིང་། མིག་ནས་ཁྲག་གི་ཆར་པ་འབབ་པ། ཤངས་ནས་ནད་ཀྱི་ན་བུན་འཐུལ་བ། ལྕེ་བའི་ཐད་ཀ་ནས་ཉི་མ་འཆར་ཞིང་། སྤྱི་བོའི་གཙུག་ཏུ་ཟླ་བ་རྒྱས་པ། མི་ལྤགས་ཀྱིས་སྟོད་གཡོགས་ཤིང་། རེ་ལྡེས་སྨད་དཀྲིས་པ། སྦྲུལ་རིགས་བཞིའི་སྐེ་རགས་བཅིངས་པ། ཞབས་ལ་དབང་གི་ལྷུགས་སྒྲོག་འཁྲོལ་བ། སྲིན་པོའི་བོང་བུ་གྭ་དམར་ལ་ཆིབས་པ། ནད་ཀྱི་རྐྱལ་པ། མཚོན་གྱི་གྲུ་གུ། ཐྱད་དམར་གྱི་ཁྲིས་པོ། ཤ་རྗེའུ་དཀར་ནག །བདུད་ཀྱི་ཁྲམ་བམ་སྡེ་སྦྲུལ་པའི་མཚོན་ཆ་ལྔ་དང་བཅས་པ། སྲིན་པོའི་ཡ་མགལ་ལ་སྡེ་ཏུ་དང་། མ་མགལ་ལ་ཕྱི་ཏུ་བྱས་པ། གོང་རྨེད་སྦྲུལ་ལ་བགྱིས་ཤིང་རཀྟའི་རྒྱ་མཚོར་རྐྱུ་བ་ཡབ་ཡུམ་གཉིས་ཀ་དང་མེ་དཔུང་རབ་ཏུ་འབར་བའི་དབུས་ན་བཞུགས་པ། ཟུར་དུག་ཏུ་ཧཱུྃ༔དུག་ལས་སྤྲུལ་པའི་ཕོ་ཉ་མོན་མོ་ཤྭ་ན་ནག་མོ་དུག་སྐད་ཅིག་གིས་གྲུབ་པ་ནི། གསེར་མིག་མ། དངུལ་མིག་མ། ཟངས་མིག་མ། འཁར་མིག་མ། གཡུ་མིག་མ། མཆོང་མིག་མ་རྣམས་ཁྱིའི་གདོང་ཅན་ཞལ་གཅིག་ཕྱག་གཉིས་མ་སྐུ་མདོག་ནག་མོ། གཡས་རྡོ་རྗེ་ནམ་མཁའ་ལ་གསོར་ཞིང་། གཡོན་ཞགས་པ་ནག་པོ་འཕེན་པ། གཅེར་བུ་རུས་པའི་རྒྱན་ཅན། རལ་པ་རྩེང་པར་སླེབས་(༣༣༦ན)པ། ཕྱག་རྒྱ་བསྒྱུར་ཞིང་གར་བྱེད་པ། ཁྱི་སྐད་འདོན་ཞིང་རི་རབ་བསྐོར་བ། ལྷང་ལྷང་དུ་ཞིང་དུར་ཁྲོད་སྐྱོལ་བ།

བྱང་ཕྱོགས་ཀྱི་གནོད་སྦྱིན་ཆེན་པོ་བརྒྱད་ནི་ལྟུགས་ཀྱི་བྱ་ཁྲ་བརྒྱད་དུ་སྤྲུལ་ནས་སྟོན་ལ་ལྡིང་བས། སྤྲ་དགྲ་དར་བ་རྡུལ་དུ་བརླག་པ། ལྷོ་ཕྱོགས་ཀྱི་གཤིན་རྗེ་ཆེན་པོ་བརྒྱད་ནི། སྟག །གཟིག །དོམ། དྲེད། འཕར་བ། སེང་གེ། ཅེ་སྤྱང་། ཁྱི་རྣམས་སུ་སྤྲུལ་ནས་ཕྱི་བཞིན་དུ་འབྲང་བས། ཕྱི་དགྲ་སེམས་པ་རྡུལ་དུ་བརླག་པ། ཕྱི་སྐོར་དུ་སྐུ་གསུང་ཐུགས་ཀྱི་སྤྲུལ་པ་བདུད་པོ་སེང་གེའི་མགོ་ཅན་གསུམ་དང་རཾ་བདུན་དང་མཾ་བདུན་ལས་བྱུང་བའི་སྤྲུལ་པའི་མོན་པ་ཕོ་བདུན་མོ་བདུན་རྣམས་དང་། གཞན་ཡང་སྤྲུལ་པ་དང་ཡང་སྤྲུལ་གྱི་ཚོགས་རྣམས་དང་། བདུད་ཀྱི་དམག་ཉིས་ཁྲི་ཆིག་སྟོང་། ལྷ་དམག་འབུམ་སྡེ་དང་བཅས་ཤིང་། ལྷ་མ་སྲིན་སྡེ་བརྒྱད་དང་བཅས་པ་ཐམས་ཅད་ཀྱང་གཅེར་བུ་འདབ་ཆགས་ཐང་ལ་བོར་བ་ལྟར་འདར་ཡིད་ཡིད་འདུག་པ་ཐམས་ཅད་ཀྱང་སྒྲུབ་པ་པོའི་བཀའ་སྡོད་པར་གྱུར། རང་གི་ཐུགས་ཀའི་ཧཱུྃ་ལས་འཕྲོས་པའི་འོད་ཀྱིས། རང་བཞིན་གྱི་གནས་ནས་མགོན་པོ་འཁོར་དང་བཅས་པ་བཛྲ་ས་མ་ཛཿ སྤྱན་རས་གཟིགས་མགོན་ཐུགས་ཀྱི་འཕྲིན་ལས་ལས། །རྣམ་འཕྲུལ་ཞི་བས་འདུལ་བར་མི་སྤྱོད་ཅིང་། །དྲག་པོའི་སྟོབས་ཀྱིས་གདུག་པ་ཚར་གཅོད་པ། །འཇིགས་པའི་གཟུགས་ཅན་འཁོར་བཅས་འདིར་བྱོན་ཅིག །ལྷ་ཆེན་ཐུགས་ཀྱི་ཕོ་ཉ་མཐུ་བོ་ཆེ། །ཁྱོད་ཀྱི་རྣམ་འཕྲུལ་ཕྱོགས་བཅུ་(༣༣༨བ)མ་ལུས་ཁྱབ། །ཡབ་གཅིག་རྟག་ཏུ་འདོད་རྒྱལ་ཁང་བཟང་ན། །ཕལ་ཆེར་ཨུ་ཙ་ལ་ཡི་དུར་ཁྲོད་ན། །རེས་འགའ་བསིལ་བའི་ཚལ་ན་སྲིན་པོའི་གཟུགས། །ད་ལྟ་ཙ་རི་རོང་གི་ཕོ་བྲང་ན། །ཁྱོད་ཀྱི་བརྟེན་ས་རྩུབ་མོའི་བྲག་ཕུག་ན། །རྣལ་འབྱོར་དམ་ཚིག་ལྡན་པའི་རྗེས་འབྲང་ཞིང་། །གང་གིས་བཅོལ་བའི་ལས་རྣམས་གྲུབ་མཛད་པ། །དྲག་པོ་དབང་ཕྱུག་གཟི་ལྡན་འདིར་བྱོན་ཅིག །སྔོན་ཚེ་ཕྱག་ན་རྡོ་རྗེའི་སྤྱན་སྔ་རུ། །ཊཀྐད་ཁྱོད་ཀྱིས་ཇི་ལྟར་ཁས་བླངས་བཞིན། །དྲག་པོའི་ལས་ལ་གནས་འདིར་སྤྱན་འདྲེན་གྱི། །སངས་རྒྱས་བསྟན་པ་སྲུང་ཕྱིར་གཤེགས་སུ་གསོལ། །ཨེ་ཧྱ་ཧི་མཧཱ་ཀཱ་ལ་ཊཀྐད་ས་པ་རི་ཝཱ་ར་

བཛྲ་ས་ཏྭ་ཛཿ ཨརྒྷཾ་ནས་ཤབྡའི་བར་གྱིས་མཆོད། ཨོཾ་ཨཱཿཧཱུྃ་གིས་ནང་མཆོད་ཕུལ། ཧཱུྃ། ལྷ་མིན་དམག་ཚོགས་གཡུལ་བཟློག་ཅིང་། །ལྷ་དམག་དཀར་པོའི་དབུགས་འབྱིན་པ། །ལྷ་ཆེན་དཔལ་འབར་འཁོར་བཅས་ལ། །མཆོད་ཅིང་བསྟོད་དེ་ཕྱག་ཀྱང་འཚལ། །ཞེས་བསྟོད། ཛཿཧཱུྃ་བཾ་ཧོཿགཉིས་སུ་མེད་པར་བསྟིམ། སླར་ཡང་འོད་ཟེར་འཕྲོས། རིགས་ལྔ་འཁོར་བཅས་བཛྲ་ས་ཏྭ་ཛཿ ཨོཾ་བཛྲཱི་བྷཱ་ཝ་ཨ་བྷི་ཥིཉྩ་ཧཱུྃ། ཞེས་དབང་བསྐུར། སྐུ་གང་། དྲི་མ་དག །ཆུའི་ལྷག་མ་ཡར་ལུད་པ་ལས། གཙོ་འཁོར་ཐམས་ཅད་ལ་མི་བསྐྱོད་པས་དབུ་བརྒྱན་པར་གྱུར། བཟླས་པའི་དམིགས་པ་གསལ་གདབ་ལ། ཨོཾ་ཀླི་མཧཱ་ཀཱ་ལ་ཧྲཱད་མཧཱ་ཀཱ་ལ་སིདྡྷི་ཧི་ཡཾ་དུན་ཛཿཛཿ ཞེས་དཔལ་མགོན་པོ་དང་། ཨོཾ་རོ་རུ་རོ་རུ་ཙ་པ་ལ་ཨ་ཤུ་མེ་མ་(༣༣༧ན)ཧཱུྃ་མ་ཧྲཱུྃཿཛཿཛཿ མ་ཐོད། མ་ཐོད། མ་ཤོད། མ་ཤོད། གིཏྲ་ར། གིཏྲ་ར། མ་ལུས་ཐམས་ཅད་གྲུབ་པར་མཛོད་ཅིག །ཅེས་དཔལ་ལྷ་མོའི་སྔགས་སོ། །དེ་ནས། གཏོར་མ་བསངས་སྦྱངས། སྟོང་པ་ཉིད་དུ་གྱུར། སྟོང་པའི་ངང་ལས་ཡཾ་ལས་རླུང་། རཾ་ལས་མེའི་སྟེང་དུ་ཀཾ་ལས་མི་མགོའི་སྒྱིད་བུ་གསུམ། དེའི་སྟེང་དུ་ཨཱཿལས་ཐོད་པ་ཕྱི་དཀར་ལ་ནང་དམར་བའི་ནང་དུ། བི་མུ་ཤུ་མ་ར་ལས་བདུད་རྩི་ལྔ། གོ་ཀུ་ད་ཧ་ན་ལས་ཤ་ལྔ་བསྐྱེད། སྙིང་གའི་ས་བོན་གྱི་འོད་ཀྱིས་མདུན་གྱི་ནམ་མཁའ་ལ་རྡོ་རྗེ་ཧཱུྃ་དང་བཅས་པར་གྱུར། དེ་ལས་འོད་ཟེར་འོག་ཏུ་འཕྲོས་པས་རླུང་གཡོས། རླུང་གིས་མེ་སྦར་ཤ་ལྔ་བདུད་རྩི་ལྔ་ཡི་གེ་དང་བཅས་པ་ཞུ་ཞིང་ཁོལ་བས་ལྦུ་བ་ཨོཾ་དུ་གྱུར། དེ་ལས་འོད་ཟེར་ཁ་དོག་ལྔ་འཕྲོས་པས། ཡེ་ཤེས་ཀྱི་བདུད་རྩི་བཀུག་ནས། དེ་ལ་ཐིམ་པས་ཡེ་ཤེས་ཀྱི་བདུད་རྩིའི་རྒྱ་མཚོར་གྱུར། ཨོཾ་ཨཱཿཧཱུྃ། ལན་གསུམ། རྡོ་རྗེ་ཐལ་མོ་ཁ་གྱེན་དུ་ཕྱེ་ལ། མགོན་པོ་ཡབ་ཡུམ་འཁོར་བཅས་ཀྱི་ལྗགས་གཏོར་མ་བདུད་རྩིའི་རང་བཞིན་ཅན་ལ་རེག་ཅིང་གསོལ་བས་ཚིམས་ཤིང་མཉེས་པར་གྱུར། ཨོཾ་མཧཱ་ཀཱ་ལ་ཧི་ཡཾ་ཛཿས་མ་ཡ་ས་མ་ཡོ་གི་ནི་ཨུན་ཧྲཱུྃཿཧཱུྃ་ཕཊ་བ་ལིཾ་ཨི་དཾ་གྲིཧྣ་ཁ་ཁ་ཁཱ་ཧི་ཁཱ་ཧི་ཧྲུཉྫ་

ཧོ། རཀྟ་ཕི་པ་ཧོ་ས་མ་ཡ་སྟྭཾ། ཨོཾ་དེ་ཝི་མཧཱ་ཀཱ་ལི་རེ་མ་ཏི་མཧཱ་བ་ལིཾ་ཏ་ཁཱ་ཧི། མཧཱ་མཾ་ས་ཁཱ་ཧི། མཧཱ་ཙིཏྟ་ཁཱ་ཧི། མཧཱ་གོ་རོ་ཙ་ན་ལ་ཁཱ་ཧི། མཧཱ་པཉྩ་ཨ་མྲི་ཏ་བ་ལིཾ་ཏ་ཁ་ཁ་ཁཱ་ཧི་ཁཱ་ཧི། ཞེས་ལན་གསུམ་གྱིས་(༣༣༧བ)ཕུལ་ལོ། དཔལ་ཡེ་ཤེས་ཀྱི་མགོན་པོ་མཧཱ་ཀཱ་ལ། རྣལ་འབྱོར་གྱི་དགྲ་ལྷ། བདུད་འདུལ་གྱི་དབང་ཕྱུག །དུག་གསུམ་གྱི་སྨན་པ། རིག་འཛིན་གྱི་སྲོག་ཤིང་། གཙུག་ལག་ཁང་དང་དཀྱིལ་འཁོར་གྱི་སྲུང་མ། ལྷའི་དེད་དཔོན་ཆེན་པོ། སྲོག་བདུད་ནག་པོ་ཐོད་པའི་འཕྲེང་བ་ཅན། བ་ལིཾ་རྒྱན་གྱི་གཏོར་མ་འདི་བཞེས་ཤིག་ཁ་རཾ་ཁཱ་ཧི། དཔལ་ལྡན་གཉན་གྱི་རེ་མ་ཏི། །བདུད་ཀྱི་ཡུམ་ལ་གཤིན་རྗེའི་ལྕམ། །ནག་མོ་དྲེའུ་ལ་ཞོན་པ། གཅེར་མོ་བོང་བུ་ལ་ཞོན་པ། མགྱོགས་མ་རླུང་ལ་ཞོན་པ། བ་ལིཾ་རྒྱན་གྱི་གཏོར་མ་འདི་བཞེས་ཤིག །ཁ་རཾ་ཁཱ་ཧི། གཞན་ཡང་འཁོར་གྱི་མ་མོ་དྲུག །ཕྱོགས་ཀྱི་གནོད་སྦྱིན་ཆེན་པོ་བརྒྱད། ལྷོ་ཕྱོགས་ཀྱི་གཤིན་རྗེ་ཆེན་པོ་བརྒྱད། སྤྲུལ་པ་ཡང་སྤྲུལ་ཚོ་ཉ། འཁོར་གྱི་དམག་ཉིས་ཁྲི་ཆིག་སྟོང་སྡེ་བརྒྱད་དང་བཅས་པ་ཐམས་ཅད་བ་ལིཾ་རྒྱན་གྱི་གཏོར་མ་འདི་བཞེས་ཤིག་ཁ་རཾ་ཁཱ་ཧི། ཨོཾ་ཤྲཱི་མཧཱ་ཀཱ་ལ་ག་ན་པ་ཏི་ཡཀྵ་བེ་ཏ་ལི་ས་པ་རི་ཝཱ་ར་ཨརྒྷཾ་ནས། ཤབྡའི་བར་གྱིས་མཆོད། ཡབ་ཡུམ་གྱི་སྙིང་པོའི་མཐར་ཨོཾ་ཨཱཿཧཱུྃ་སྦྱར་ནས་ནང་མཆོད་ཕུལ། ཧཱུྃ། ལྷ་མིན་དམག་ཚོགས་གཡུལ་བཟློག་ཅིང་། །ལྷ་དམག་དཀར་པོའི་དཔུང་གས་འདྲེན་པ། །ལྷ་ཆེན་དཔལ་འབར་འཁོར་བཅས་ལ། །མཆོད་ཅིང་བསྟོད་དེ་ཕྱག་ཀྱང་འཚལ། །ཞེས་བསྟོད། བདག་ཅག་འཁོར་དང་བཅས་པ་ལ་མཆོག་དང་ཐུན་མོང་གི་དངོས་གྲུབ་མ་ལུས་པ་བསྒྲུབ་པའི་སྟོང་གྲོགས་དང་། ཕྱི་ནང་གསང་བ་གསུམ་གྱི་བར་ཆད་མི་མཐུན་པའི་ཕྱོགས་ཐམས་ཅད་བསྲུང་ཞིང་(༣༣༨ན)བཟློག་པ་དང་། དགྲ་བགེགས་ལོག་འདྲེན་ཐམས་ཅད་ཐལ་བའི་རྡུལ་དུ་རློག་པ་དང་། མི་འགྱུར་བའི་ཚེ། མི་ཟད་པའི་ལོངས་སྤྱོད། རབ་ཏུ་རྒྱས་པའི་དབང་ཐང་། ཐུབ་པར་དཀའ་བའི་མཐུ་སྟོབས་རྣམས་བསྐྱལ་བ་དང་།

མདོར་ན་བསམ་པའི་དོན་ཐམས་ཅད་ཡིད་བཞིན་དུ་འགྲུབ་པར་མཛད་དུ་གསོལ། ཡིག་བརྒྱ་བཟློད་གསོལ་སོགས་བྱའོ། ། ༔ སློབ་མ་རྗེས་བཟུང་ནི། མདུན་དུ་མཎྜལ་གྲུ་གསུམ་མཐིང་ནག །གཏོར་མ་ཙག་ལི་དང་བཅས་པ་བཀོད། གང་འོས་ཕྱོགས་སུ་སྐུ་དང་འཕྲེང་བ་ཐེང་བཅས་བཞག །མཐའ་མཆོད་གཏོར་གྱིས་བསྐོར། སྔོན་འགྲོ་གཏོར་མ་དང་། མཆོད་པ་བྱིན་རླབས་སྔོན་དུ་འགྲོ་བས། ཡི་དམ་གྱི་བདག་བསྐྱེད་བཟླས་པ་དང་བཅས་པ་བྱ། མདུན་བསྐྱེད་གོང་བཞིན་བསྟོད་པ་འཕྲིན་འཆོལ་ཡན་ཆད་གྲུབ་པའི་མཚམས་སུ། སློབ་མས་མཎྜལ་ཕུལ། གསོལ་འདེབས་ནི། རྗེ་བཙུན་རྡོ་རྗེ་འཛིན་པའི་གཙོ། །བདག་གི་ལུས་ངག་ཡིད་གསུམ་གྱི། །དྲི་མ་མཐའ་དག་སྦྱང་བའི་ཕྱིར། །མ་སྨིན་སྨིན་བྱེད་དབང་བསྐུར་སྩོལ། །ཞེས་ལན་གསུམ། དཀོན་མཆོག་གསུམ་ལ་བདག་སྐྱབས་མཆི། །ཞེས་སོགས་རྒྱུན་བཤགས་ལན་གསུམ། སློབ་དཔོན་ཡི་དམ་གང་དུ་བསྐྱེད་པ་དེར་དངོས་སུ་མོས་ལ། དེ་ནས། གཏོར་མ་མགོན་པོར་བསྐྱེད་པ་ནི། ཨ་སྨྲི་ཏས་བསངས། སྭ་བྷཱ་ཝས་སྦྱངས། སྟོང་པའི་ངང་ལས། རང་གི་མདུན་དུ་འབྱུང་བཞི་རི་རབ་དང་བཅས་པའི་སྟེ་མོར་(༣༣༨བ)དུར་ཁྲོད་ཆེན་པོའི་གནས། ཤིན་ཏུ་གཏུམ་པའི་ལྗོངས། དྲེགས་པ་བདུད་ཀྱི་ཡུལ། དུག་གི་ན་བུན་འཐུལ་བ། དྲག་པོའི་གློག་འཁྱུག་ཅིང་། རྒྱབ་གསོད་ཀྱི་འབྲུག་སྒྲ་སྒྲོག་པ། གནམ་ལྕགས་ཀྱི་ཐོག་དང་མཚོན་ཆ་སྣ་ཚོགས་ཀྱི་སེར་བ་འབབ་ཅིང་། མ་མོ་འདུ་བའི་གནས། མཚན་མོ་མེ་འབར་བ། ཉིན་མོ་རླུང་ནག་འཚུབ་ཅིང་། ན་བུན་ཐག་ཁྲག་དང་ཞག་ཏུ་འབབ་པ། མི་རོ་རྐམ་རློན་རད་གསུམ་སྣ་ཚོགས་གཅལ་དུ་བཀྲམས་ཤིང་། ཁྲག་ཞག་གི་ཐ་གློང་འཁྲུག་པ་གཅན་གཟན་གདུག་པོ་རྣམས་ངར་སྐད་འབོད་པའི་དབུས་ན། ཐང་གཞི་ལྕུགས་ལས་གྲུབ་པའི་སྟེང་དུ། ཤར་མིའི་ཐོད་པས་བརྩིགས་པ། ལྷོ་རྟའི་ཐོད་པས་བརྩིགས་པ། ནུབ་བྱིའུའི་ཐོད་པས་བརྩིགས་པ། བྱང་ལུག་གི་ཐོད་པས་བརྩིགས་པའི་ཕོ་བྲང་ཆེན་པོ། ཕྱི་རིན་པོ་ཆེའི་གཞལ་ཡས་ཁང་

ལ། ནང་ཐོད་པའི་མཁར་དུ་ཡོད་པ་གྲུ་བཞི་སྒོ་བཞི་པ་ཤིན་ཏུ་འཇིགས་ཤིང་རབ་ཏུ་འབར་བ། ཟུར་བཞི་ཟངས་ལས་བྱས་པ། སྒོ་བཞི་བསེ་ལས་བྱས་པ། གསེར་གྱི་ར་ཆ་གསལ་བ། མུ་མན་འཕྲུལ་གྱི་གཡག་ཤིང་ཅན། རྟ་བབས་དུང་ལས་གྲུབ་པ། ཟངས་ལྕགས་ཁྲག་གི་བང་ཡོད་པ། ནང་ཀེང་རུས་ཀྱི་ཀ་གདུང་རྣམས་ཀྱིས་ཕུབ་པ། རུས་པའི་དྲ་བ་དྲ་ཕྱེད་དང་། མི་མགོ་བརྩེགས་པའི་ཧོག་གིས་མཚན་པ། དེ་རྣམས་ལ་ཁྲག་གི་གཟར་ཆུ་འབབ་པ། དེའི་ནང་མི་རོ་རྟ་རོ་གཅལ་དུ་བཀྲམས་པ། མི་ཁྲག་རྟ་ཁྲག་མཚོ་རུ་བསྐྱིལ་བ། མི་ལྤགས་རྟ་ལྤགས་ཡལ་བར་བྲེས་པ། གསུར་ཆེན་དུད་པ་(༣༣༩་ན)ཕྱོགས་བཅུར་འཕྲུལ་བ། ཕྱི་རོལ་རྒྱང་གཞིའི་སྟེགས་བུ་ལ་རོ་ལངས་ཀྱིས་ཤོན་བྱེད་པ། ཀེང་རུས་ཀྱི་གར་མཁན་འཁྲབ་པ། ཕྱོགས་ཐམས་ཅད་དུ་ཞིང་ཆེན་གྱི་བླ་བྲེ། མི་རོའི་རྒྱལ་མཚན་དང་བ་དན། རྒྱུ་སྙོན་གྱི་ལྡ་ལྡི། མགོ་བོ་སྣ་ཚོགས་ཀྱི་དོ་ཤལ་དང་། སྐྲའི་ཛ་ཡབ་ལ་སོགས་པ། ཉམ་ང་བག་ཚ་བའི་རྒྱན་དང་ལྡན་པའི་ཕོ་བྲང་གི་ལྟེ་བར་ནག་པོ་བདུན་བརྩེགས་ལྕགས་མཁར་ཟུར་དྲུག་པ་ལ་མཐིང་ཟངས་གཡུའི་སྐས་བཙུགས་པ། དེའི་དབུས་སུ་མཐིང་ནག་གྲུ་གསུམ་འབར་བའི་དཀྱིལ་འཁོར་ལ་རིན་པོ་ཆེའི་ཁྲི་པདྨ་དང་ཉི་མའི་སྟེང་དུ་མི་རོ་རྟ་རོ་ལ་གནས་པའི་རཾ་ལས་དུག་སྔོང་རཾ་གྱིས་མཚན་པ་ལས་འོད་ཟེར་འཕྲོས། དགྲ་བགེགས་ཐམས་ཅད་ཚར་བཅད། ཚུར་འདུས་ཡོངས་སུ་གྱུར་པ་ལས། ལྷ་ཆེན་དཔལ་འབར་མཧཱ་ཀཱ་ལ་སྲོག་བདུད་ནག་པོ་ཐོད་པའི་འཕྲེང་བ་ཅན། སྐུ་མདོག་སྨུག་ནག །བདུད་རྟ་ནག་པོ་རྗེང་དཀར་ལ་ཆིབས་པ། ཞལ་གཉིས་ཕྱག་བཞི་པ། གཡས་ཤྭ་ན་མུ་ཁའི་གདོང་ཤེལ་མིག་གྱེན་དུ་ཕྱོགས་པས་དགྲ་བགེགས་ལ་ཟུག་ཅིང་བླ་འགུགས་པ། ཞལ་གཉིས་ཀའང་མཆེ་བ་གཙིགས་པ། ལྗགས་འདྲིལ་ཞིང་ཁན་སྒྲ་རྗེབ་པ། ཧཱུཾ་ཕཊ་ཀྱི་གད་མོ་དང་ང་རོ་དྲག་པོ་སྒྲོག་པ། ཕྱག་གཡས་གཉིས་ཀྱིས་དུག་གི་སྔོང་པོ་མེ་འབར་བ་དང་བདུད་ཞགས། གཡོན་གཉིས་ཀྱིས་ཁྲམ་ཤིང་དང་ཐོད་པ་སྙིང་བཅས་ཁྲག་གིས

གང་བ་འཛིན་པ། དམར་ལ་ཟླུམ་པའི་སྤྱན་གསུམ་སྟང་མིག་ཏུ་བགྲད་པ། སྨ་ར་དང་སྨིན་མ་དང་སྐྲ་ཁམ་ནག(༣༧༩བ)གྱེན་དུ་བརྫེས་པ་ལ། སྤྱལ་ནག་དང་དར་ནག་གི་ཅོད་པན་ཅན། མི་མགོ་སྐམ་པོ་ལྔས་དབུ་ལ་བརྒྱན་ཅིང་། རློན་པ་ཁྲག་འཛག་པ་ལྔ་བཅུའི་དོ་ཤལ་འཆང་བ། དུག་སྦྲུལ་སྟོང་གི་རྒྱན་པོས་བརྒྱན་པ། སྐུ་ལ་དར་ནག་གི་འཛོལ་བེར་སྲུམ་བརྩེགས་མྱུན་པའི་གཡུང་དྲུང་རིས་དང་གསེར་གྱི་སྐེ་རགས་ཅན། དེའི་སྟེང་ན་དྲེད་མོའི་བཙང་སློག་སེནྡྷེ་སྔོན་པོའི་གོང་ལག་ཅན་གསོལ་པ། ཞབས་ལ་སག་ཧྲིའི་ལྷམ་གྱོན་པ། སྣན་ནས་འབྲུག་སྟོང་ལྡིར་ཞིང་། དྲི་འཛིན་ནས་ནག་པོ་བརྩེགས་པའི་རླུང་དམར་ལྡང་བ། སྟང་མིག་ལས་འོད་འཕྲོ་ཞིང་། ཞལ་དུ་ཤ་ཁྲག་གི་རྒྱ་མཚོ་འཁྱིལ་བ། སྣ་དགུ་ནས་ཉམས་པ་ལ་དུག་གི་ཆར་སྤྲིན་འབབས་པ། སྤྱི་བོ་ལ་ཉི་ཟླས་བརྒྱན་པ། སྐུ་ཆེ་ལ་ཡན་ལག་རགས་པ། ཁམས་གསུམ་འདར་ཞིང་སྐྲག་པར་བྱེད་པ། དགྲ་བགེགས་དང་ལོག་པར་ལྟ་བ་ཐམས་ཅད་སྐད་ཅིག་གིས་རྡུལ་དུ་རློག་པ། མེ་དཔུང་རབ་ཏུ་འབར་བའི་དབུས་ན་བཞུགས་པའོ། །རང་གི་ཐུགས་ཀའི་ཧཱུྃ་ལས་འཕྲོས་པའི་འོད་ཀྱིས། རང་བཞིན་གྱི་གནས་ནས་མགོན་པོ་ཡེ་ཤེས་སེམས་དཔའ་བཛྲ་ས་མ་ཛཿ ཛཿཧཱུྃ་བཾ་ཧོཿ གཉིས་སུ་མེད་པར་བསྟིམ། སློབ་མས་མོས་གུས་བྱས་པས། གཏོར་མ་མགོན་པོར་གསལ་བ་སློབ་མའི་སྤྱི་བོར་ཕྱིན། དེའི་དབུ་གཙུག་ཏུ་བླ་མ་ཡི་དམ་དུ་གསལ་བ་ལ། སངས་རྒྱས་བྱང་སེམས་ཐམས་ཅད་ཀྱིས་བསྐོར་བར་མོས། སློབ་དཔོན་གྱིས་བཀའ་བསྒོས་པའི་ཚེ། མགོན་པོའི་གནས་གསུམ་ནས་འོད་ཟེར་དཀར་དམར་མཐིང་གསུམ་བྱུང་(༣༨༠ན)ནས། སློབ་མའི་ལུས་གང་བས། ལུས་ངག་ཡིད་གསུམ་གྱི་སྡིག་སྒྲིབ་བསྲེགས། སྐུ་གསུང་ཐུགས་ཀྱི་བྱིན་རླབས་ཞུགས་པར་རིམ་པར་སྒོམ་དུ་བཅུག་ལ། རོལ་མོའི་སྒྲ་དང་བཅས་པས། ཡེ་ཤེས་མགོན་པོ་འཁོར་དང་བཅས་པ་ཁྱེད་རྣམས་ཀྱིས་རྩ་རྒྱུད་ཀྱི་དཔལ་ལྡན་བླ་མ་དམ་པ་རྣམས་ཀྱི་བཀའ་དང་དམ་ལས་མི་འདའ་བར་རྡོ་རྗེ་སློབ་མ་འདིའི་

ཕྱི་བཞིན་དུ་རྗེས་སུ་འབྲོངས་ལ་ལུས་དང་གྲིབ་མ་བཞིན་དུ་འགྲོགས་ཏེ། འགལ་རྐྱེན་ཐམས་ཅད་སེལ། མཐུན་རྐྱེན་ཐམས་ཅད་བསྒྲུབས། དགྲ་བགེགས་ཐམས་ཅད་ཐུལ། ཇི་ལྟར་བཅོལ་བའི་ལས་ཐམས་ཅད་འགྲུབ་པར་མཛོད་ཅིག །ཅེས་བཀའ་བསྒོ་བའོ། །དེ་ལྟར་གཏོར་དབང་བསྐུར་བས། ཁྱེད་རང་གི་ལུས་ངག་ཡིད་གསུམ་གྱི་དྲི་མ་མཐའ་དག་བྱང་སྟེ། ཁྱེད་རང་རྣམས་ཕྱག་ན་རྡོ་རྗེའི་སྐུར་གྱུར་པ་ནི། ཞེས་ཕྱག་རྡོར་གྱི་མངོན་རྟོགས་ཐོག །ཡེ་ཤེས་པ་བསྟིམ་པ་ཡན་ཆད་ཀྱི་སྐུའི་རྗེས་གནང་སྦྱི་དང་འདྲ་བར་བྱས་ནས། བླ་མའི་ཐུགས་ཀ་ནས་འོད་ཟེར་འཕྲོས། མགོན་པོའི་ཐུགས་རྒྱུད་བསྐུལ། མདུན་བསྐྱེད་ལས་མགོན་པོའི་སྐུ་མང་པོ་བྱུང་། སློབ་མའི་སྤྱི་བོར་ཐིམ། མགོན་པོའི་སྐུ་སྤྱི་བོར་གཏུགས་ཏེ། མི་འབྲལ་སྐུ་ཡིས་བྱིན་བརླབས་པས། །སངས་རྒྱས་རྣམས་ནི་ཐམས་ཅད་ཀྱི། །རྡོ་རྗེ་གསང་བ་གསུམ་ལས་བྱུང་། །སྐུ་ཡི་དངོས་གྲུབ་ཐོབ་པར་ཤོག །ཨོཾ་མནྟྲ་ཀཱ་ལ་རཱུ་པ་ཨ་ཧྲཱི་ཧི་ཧྲཱུཾ། བླ་མའི་ཐུགས་ཀ་ནས་འོད་ཟེར་འཕྲོས། མགོན་པོའི་ཐུགས་རྒྱུད་བསྐུལ། མདུན་བསྐྱེད་ཀྱི་མགྲིན་པ་ནས་སྔགས་ཀྱི་ཡིག་འབྲུ་མང་པོ་བྱུང་སྟེ། སློབ་མའི་མགྲིན་པར་ཐིམ། འཕྲེང་བ་མགྲིན་པར་གཏད་དེ། མི་འབྲལ་གསུང་གིས་བྱིན་བརླབས་པས། །སངས་རྒྱས་རྣམས་ནི་ཐམས་ཅད་ཀྱི། །རྡོ་རྗེ་གསང་བ་གསུམ་ལས་བྱུང་། །གསུང་གི་དངོས་གྲུབ་ཐོབ་པར་ཤོག །ཨོཾ་མནྟྲ་ཀཱ་ལ་ཧྲི་ཡཾ་ཛཿསྭཱ་ཀ་ཨ་ཧྲཱི་ཧི་ཧྲཱུཾ། བླ་མའི་ཐུགས་ཀ་ནས་འོད་ཟེར་འཕྲོས། མགོན་པོའི་ཐུགས་(༤༥༠བ)རྒྱུད་བསྐུལ། མདུན་བསྐྱེད་ཀྱི་ཐུགས་ཀ་ནས་ཕྱག་མཚན་མང་པོ་བྱུང་། སློབ་མའི་སྙིང་གར་ཐིམ། བེང་སྙིང་གར་གཏད་དེ། མི་འབྲལ་ཐུགས་ཀྱིས་བྱིན་བརླབས་པས། །སངས་རྒྱས་རྣམས་ནི་ཐམས་ཅད་ཀྱི། །རྡོ་རྗེ་གསང་བ་གསུམ་ལས་བྱུང་། །ཐུགས་ཀྱི་དངོས་གྲུབ་ཐོབ་པར་ཤོག །ཨོཾ་མནྟྲ་ཀཱ་ལ་རཀྟ་དུ་ཙིཏྟ་ཨ་ཧྲཱི་ཧི་ཧྲཱུཾ། དམ་ཚིག་དང་ལྡན་ཞིང་ཆོས་སྐྱོང་འདི་སྒྲུབ་པ་ལ་སྤྲོ་བ་ཡིན་ན། གོང་དུ་ཡི་དམ་གྱི་ཐུགས་ཀར་མགོན་པོ་ཉིད་བསྐྱེད་པ་དང་། སྐབས་

འདིར་སྔགས་ཀྱི་བཟླས་ལུང་སྦྱིན་ཏེ། ཁྱེད་རང་གི་སྙིང་གར་པད་ཉིའི་གདན་ལ་ཧཱུྃ་མཐིང་ནག་གི་མཐར་སྔགས་འཕྲེང་འོད་ཟེར་མཐིང་ནག་འབར་བའི་རྣམ་པ་ཅན་དུ་བཞུགས་པར་མོས། སློབ་དཔོན་གྱི་ཐུགས་ཀ་ནས་འོད་ཟེར་འཕྲོས། མདུན་བསྐྱེད་ཀྱི་ལྷའི་ཐུགས་རྒྱུད་བསྐུལ། ཐུགས་ཀའི་སྔགས་འཕྲེང་ལས་སྔགས་འཕྲེང་གཉིས་པ་ཞིག་ཆད། ཞལ་ནས་ཐོན། ཁྱེད་རང་གི་ཁ་སྒོ་ནས་ཞུགས། སྙིང་གའི་ཧཱུྃ་ཡིག་གི་མཐར་སྔགས་སྔ་མ་ལ་ཐིམ་ཞིང་འཁོར་བར་མོས་སུ་(༤༥༧ན)བཅུག་ལ། ཨོཾ་ཤྲཱི་མཧཱ་ཀཱ་ལ་ཧཱུྃ་མཧཱ་ཀཱ་ལ་སིདྡྷི་ཧྲི་ཡཾ་དུ་ན་ཛཿཛཿ ཞེས་དང་། ཨོཾ་རོ་རུ་རོ་རུ་ཙ་པ་ལ་ཨ་ཤྲུ་མི་མ་ཧཱུྃ་མ་ཧྲཱུྃཿཛཿཛཿ མ་བོད། མ་བོད། མ་ཤོད། མ་ཤོད། གིཏྣ་ར། གིཏྣ་ར། མ་ལུས་ཐམས་ཅད་གྲུབ་པར་མཛོད་ཅིག །ཅེས་སྔགས་རྣམས་ལན་གསུམ་གསུམ་རྗེས་ཟློས་བྱེད་དུ་གཞུག་ནས། སློབ་མ་ལ་མཆོད་བསྟོད། བརྟན་བཞུགས། མགོན་པོ་དམ་ལ་བཞག་ཅིང་དམ་ཚིག་བསྲེ་བ་རྣམས་བྱེད། སློབ་མ་དམ་ཚིག་ལ་ཐེ་ཚོམ་ཟ་བ་དང་། འདིའི་སྒྲུབ་པ་མི་བྱེད་པ་ལ། དེ་རྣམས་མི་བྱ་སྟེ། བྱས་ན་དཔོན་སློབ་གཉིས་ཅར་ལ་མི་ཤིས་སོ། །རྗེས་ཀྱི་བྱ་བ་རྣམས་སྤྱི་དང་འདྲ། གལ་ཏེ་གཏོར་དབང་ལ་སོགས་པ་འདི་དག་སྒྲུབ་པའི་འོས་མ་ཡིན་པར་གནས་མིན་དུ་མི་བྱ་བའི་མཐུ་མེད་ན། དམིགས་པ་དང་ལག་ལེན་འདི་བསྒྱུར་ཏེ། རང་ལ་ཉེས་པ་མི་འབྱུང་ཞིང་། དེ་ཉིད་མནའ་ལ་བཀར་བར་འགྱུར་བའི་ཐབས་ཡོད་པ་ནི་མན་ངག་ལས་ཤེས་པར་བྱའོ། །ཞེས་གསུངས། །

༄ **མགོན་པོ་ཏྲ་ཀྲད་དྲག་པོའི་ལུགས་ལ།** མཚལ་གཏོར་མ་གྲུ་གསུམ་དང་བཅས་པ། མདུན་དུ་མཆོད་གཏོར་བཤམས། ཕྱག་རྡོར་གྱི་བདག་བསྐྱེད་སྔོན་དུ་འགྲོ་བའི་སྒོ་ནས། མཆོད་པ་བྱིན་རླབས་དང་། སྨན་རག་གཏོར་གསུམ་བྱིན་གྱིས་བརླབས། མདུན་བསྐྱེད་སྭ་བྷཱ་ཝས་སྟོང་པར་སྦྱངས། སྟོང་པའི་ངང་ལས་ཐོད་མཁར་འབར་བའི་ནང་དུ་ནག་པོ་གྲུ་གསུམ་གྱི་གཞལ་ཡས་ཁང་དེའི་ནང་དུ། མི་རོ་རྟ་རོ་བརྩེགས་

(༣༩༧བ)པའི་གདན་ལ་པད་ཉིའི་སྟེང་དུ། རཾ་ལས་དཔལ་མགོན་པོ་སྐུ་མདོག་དུས་མཐའི་སྤྲིན་ལྟར་གནག་པ། ཞལ་གཅིག་ཕྱག་གཉིས་པ། གཡས་རྩེ་གསུམ་གྱི་མགུལ་དུ་མི་མགོ་དཔྱངས་པ་ཌུ་དར་ནག་པོ་དང་བཅས་པ་འཕྱར་ཞིང་། གཡོན་དགྲ་བགེགས་ཀྱི་སྒློ་སྙིང་རླངས་པ་བྲུན་ནེ་བ་ཞལ་དུ་གསོལ་ཞིང་བདུད་ཞགས་ནག་པོ་འཛིན་པ། སྐུ་ལ་དར་ནག་གི་འཇོལ་བེར་སུམ་བརྩེགས་སུ་གསོལ་ཞིང་། རིན་པོ་ཆེ་གསེར་གྱི་སྐེ་རགས་བཅིངས་པ། ཞབས་ལ་ལྷམ་ཡུ་རིང་གསོལ་ཞིང་། ལྕགས་ཀྱི་རལ་པ་མུན་ལྟར་གཏིབས་པ། མཆེ་གཙིགས་སྤྱན་གསུམ་སྨྲ་ར་འབར་ཞིང་། ཐོད་སྐམ་གྱི་དབུ་རྒྱན་དང་། ཐོད་རློན་གྱི་དོ་ཤལ་ཅན། རྟ་ནག་ཆིབས་ཤིང་རྫུ་འཕྲུལ་དང་དྲག་ཤུལ་ཆེ་བ། མེ་དཔུང་འབར་བའི་དབུས་ན་བཞུགས་ཤིང་། བཀའ་ཉན་ལས་བྱེད་སྤྲུལ་པ་ཡང་སྤྲུལ་གྱི་འཁོར་དང་བཅས་པའོ། །རང་གི་སྙིང་ག་ནས་འོད་ཟེར་འཕྲོས། དུར་ཁྲོད་ཆེན་པོ་ཨུ་ཙ་ལ་ནས། ནག་པོ་ཆེན་པོ་འཁོར་བཅས་སྤྱན་དྲངས་པར་བསམས་ལ། དད་པ་དང་ནི་དམ་ཚིག་གིས། །དཔལ་ལྡན་མགོན་པོ་སྤྱན་འདྲེན་ན། །སངས་རྒྱས་བསྟན་པ་སྲུང་བའི་ཕྱིར། །མཆོད་པའི་གནས་འདིར་གཤེགས་སུ་གསོལ། །ཨོཾ་མ་ཧཱ་ཀཱ་ལ་ཊཀྐཱད་ས་པ་རི་ཝཱ་ར་བཛྲ་ས་མ་ཛཿ ཛཿཧཱུྃ་བཾ་ཧོཿ གཉིས་སུ་མེད་པར་ཐིམ། ཨོཾ་བཛྲ་མ་ཧཱ་ཀཱ་ལ་ཊཀྐཱད་ས་པ་རི་ཝཱ་ར་ཨརྒྷཾ་པྲ་ཏཱིཙྪ་སྭཱ་ཧཱ། ཞེས་སོགས་ཀྱིས་མཆོད། ཨོཾ་མ་ཧཱ་ཀཱ་ལ་ཊཀྐཱད་མ་ཧཱ་ཀཱ་ལ་སིདྡྷི་ཧི་ཡཾ་དུ་ཛཿ(༣༩༨ན)ཛཿ ཨོཾ་མ་ཧཱ་བ་ལིཾ་ཏ་ཁཱ་ཧི། མ་ཧཱ་རཀྟ་ཁཱ་ཧི། མ་ཧཱ་ཙིཏྟ་ཁཱ་ཧི། མ་ཧཱ་གོ་རོ་ཙ་ན་ཁཱ་ཧི། ཞེས་ལན་གསུམ་གྱིས་དབུལ། བསྟོད་པ་བསྡུས་པ་ནི། རཾ་ལས་བྱུང་བའི་སྟོབས་པོ་ཆེ། །བདུད་ཀྱི་རྒྱལ་པོ་ཁྲོ་གཏུམ་ཅན། །རྟ་ནག་ཞོན་པ་རྫུ་འཕྲུལ་ཆེ། །སྡིག་ཅན་སྒྲོལ་མཛད་ཁྱོད་ལ་བསྟོད། །མཆོད་སྦྱིན་གཏོར་མ་འདི་བཞེས་ལ། །ཞེས་སོགས་ཀྱིས་འཕྲིན་ལས་ཞུ། ཨོཾ་མ་ཧཱ་ཀཱ་ལ་ཊཀྐཱད་མ་ཧཱ་ཀཱ་ལ་སིདྡྷི་ཧི་ཡཾ་དུ་ཛཿཛཿ ཞེས་བཟླ། ༈ རྗེས་གནང་ནི། སློབ་མས་མཎྜལ་ཕུལ། རྡོ་རྗེ་འཛིན་པ་དགོངས་སུ་

གསོལ། །བདག་ནི་འགྲོ་ལ་ཕན་དོན་དུ། །གཙོ་ཆེན་ཁྱེད་ལ་གསོལ་བཏབ་ཀྱིས། །མ་
ལུས་རྗེས་གནང་བསྩལ་དུ་གསོལ། །ཞེས་ལན་གསུམ་གསོལ་བ་བཏབ། སློབ་དཔོན་
ཕྱག་ན་རྡོ་རྗེ་དང་། མདུན་བསྐྱེད་ཐོད་མཁར་འབར་བའི་ནང་དུ་ནག་པོ་གྲུ་གསུམ་
གྱི་གཞལ་ཡས་ཁང་དེའི་ནང་དུ། མི་རོ་ཧ་རོ་བརྩེགས་པའི་གདན་ལ་པད་ཉིའི་སྟེང་
དུ། རཾ་ལས་དཔལ་མགོན་པོ་སྐུ་མདོག་དུས་མཐའི་སྤྲིན་ལྟར་ནག་པ། ཞལ་གཅིག་
ཕྱག་གཉིས་པ། གཡས་རྩེ་གསུམ་གྱི་མགུལ་དུ་མི་མགོ་དཔྱངས་པ་རུ་དར་ནག་པོ་
དང་བཅས་པ་འཕྱར་ཞིང་། གཡོན་དགྲ་བགེགས་ཀྱི་སྙོ་སྙིང་རླངས་པ་བྲུན་ནེ་བ་
ཞལ་དུ་གསོལ་ཞིང་བདུད་ཞགས་ནག་པོ་འཛིན་པ། སྐུ་ལ་དར་ནག་གི་འཇོལ་བེར་
གསུམ་བརྩེགས་སུ་གསོལ་ཞིང་། རིན་པོ་ཆེ་གསེར་གྱི་སྐེ་རགས་བཅིངས་པ། ཞབས་
ལ་ལྷམ་ཡུ་རིང་གསོལ་ཞིང་། ཀླུགས་ཀྱི་རལ་པ་མུན་(༡༥༢བ)ལྟར་གཏིབས་པ། མཆེ་
གཙིགས་སྤྱན་གསུམ་སྨ་ར་འབར་ཞིང་། ཐོད་སྐམ་གྱི་དབུ་རྒྱན་དང་། ཐོད་རློན་
གྱི་དོ་ཤལ་ཅན། ཧ་ནག་ཆིབས་ཤིང་རྫུ་འཕྲུལ་དང་དྲག་ཤུལ་ཆེ་བ། མེ་དཔུང་
འབར་བའི་དབུས་ན་བཞུགས་ཤིང་། བཀའ་ཉན་ལས་བྱེད་སྤྲུལ་པ་ཡང་སྤྲུལ་གྱི་
འཁོར་དང་བཅས་པའོ། །བླ་མ་རྡོ་རྗེ་འཛིན་པ་དང་། །དཔལ་ལྡན་མགོན་པོ་འཁོར་
བཅས་རྣམས། །མ་རུངས་པ་རྣམས་བསྒྲལ་སླད་དུ། །བདག་ལ་བྱིན་གྱིས་བརླབ་ཏུ་
གསོལ། །ཞེས་ལན་གསུམ་གྱིས་གསོལ་བ་བཏབ། མགོན་པོའི་སྤྱི་བོ་ནས་འོད་ཟེར་
དཀར་པོ་དཔག་ཏུ་མེད་པ་བྱུང་སྟེ། སློབ་མའི་སྤྱི་བོ་ནས་ཐིམ་པས་སྐུའི་རྗེས་གནང་
ཐོབ་པར་མོས། མགོན་པོའི་མགྲིན་པ་ནས་འོད་ཟེར་དམར་པོ་དཔག་ཏུ་མེད་པ་བྱུང་
སྟེ། སློབ་མའི་མགྲིན་པ་ནས་ཐིམ་པས་གསུང་གི་རྗེས་གནང་ཐོབ་པར་མོས། མགོན་
པོའི་ཐུགས་ཀ་ནས་འོད་ཟེར་མཐིང་ག་དཔག་ཏུ་མེད་པ་བྱུང་སྟེ། སློབ་མའི་སྙིང་ག་
ནས་ཐིམ་པས་ཐུགས་ཀྱི་རྗེས་གནང་ཐོབ་པར་མོས། གཏོར་མ་མགོ་བོར་བཞག་ལ།
དཔལ་ཡེ་ཤེས་ཀྱི་མགོན་པོ་འཁོར་དང་བཅས་པ་ཁྱེད་རྣམས་ཀྱིས་རྩ་རྒྱུད་ཀྱི་དཔལ་

ལྷན་བླ་མ་དམ་པ་རྣམས་ཀྱི་བཀའ་དང་དམ་ལས་མི་འདའ་བར་རྡོ་རྗེ་སློབ་མ་འདི་རྣམས་ཀྱི་ཕྱི་བཞིན་དུ་རྗེས་སུ་འབྲོངས་ལ། ལུས་དང་གྲིབ་མ་བཞིན་དུ་འགྲོགས་ཏེ། འགལ་རྐྱེན་ཐམས་ཅད་སེལ། མཐུན་རྐྱེན་ཐམས་ཅད་བསྒྲུབས། ཇི་ལྟར་བསམ་པའི་དོན་ཐམས་ཅད་འབད་མེད་ལྷུན་གྱིས་འགྲུབ་པར་མཛོད་ཅིག །ཅེས་གཏོར་མའི་བཀའ་(༣༥༣ན)བསྒོ་བྱ། མགོན་པོའི་སྐུ་གཉིས་པ་ཞིག་ཆད་དེ། སྤྱི་བོ་ནས་ཐིམ་པས་མགོན་པོའི་སྐུ་གསུང་ཐུགས་ཀྱི་ངོ་བོར་གྱུར་པར་བསམས། ཁྱིད་རང་གི་སྙིང་གར་པད་ཉིའི་གདན་ལ་ཧཱུྃ་མཐིང་ནག་གི་མཐར། སྔགས་འཕྲེང་འོད་ཟེར་མཐིང་ནག་འབར་བའི་རྣམ་པ་ཅན་དུ་བཞུགས་པར་མོས། སློབ་དཔོན་གྱི་ཐུགས་ཀ་ནས་འོད་ཟེར་འཕྲོས། མདུན་བསྐྱེད་ཀྱི་ལྷའི་ཐུགས་རྒྱུད་བསྐུལ། ཐུགས་ཀའི་སྔགས་འཕྲེང་ལས་སྔགས་འཕྲེང་གཉིས་པ་ཞིག་ཆད། ཞལ་ནས་ཐོན། ཁྱིད་རང་གི་ཁ་སྒོ་ནས་ཞུགས། སྙིང་གའི་ཧཱུྃ་ཡིག་གི་མཐའ་མར་སྔགས་སྔ་མ་ལ་ཐིམ་ཞིང་འཁོར་བའི་མོས་པ་མཛོད་བྱས་ལ། ཨོཾ་མཧཱ་ཀཱ་ལ་ཏྲཱཀྵད་མཧཱ་ཀཱ་ལ་སིདྡྷི་ཧྲི་ཡཾ་དུ་ཛཿཛཿ ཞེས་སྔགས་ལན་གསུམ་རྗེས་ཟློས་བྱེད་དུ་བཅུག་ལ་སྔགས་ཀྱི་བརླབས་ལུང་སྦྱིན། དེས་འདིའི་ཆོས་སྐོར་རྣམས་ཉམས་སུ་ལེན་པ་ལ་དབང་བ་ཡིན་པས། དམ་ཚིག་ལ་གནས་པར་གྱིས་ཤིག །ཅེས་གདམས། རྗེས་ཀྱི་བྱ་བ་སྤྱི་དང་འདྲ། །

༈ ཏྲཀྵད་སེང་ཞོན་ཇོ་བོའི་ལུགས་ལ། ཁྲོ་བོ་ཕྱག་རྡོར་གྱི་བདག་བསྐྱེད་སྔོན་དུ་འགྲོ་བས། ཁྲིས་སྐུའི་མདུན་དུ། དཔལ་བཞོས་བཞོས་ཕྲན་གསུམ་གྱིས་བསྐོར་བ་བཞག །མཆོད་གཏོར་བཤམས། རང་གི་སྙིང་གའི་ཧཱུྃ་ལས་རཾ་དམར་ནག་གཉིས་འཕྲོས། རཾ་ལས་བེང་དབྱུག་དམར་པོ་རཾ་གྱིས་མཚན་པའི་འཕྲོ་འདུ་ལས། ཡེ་ཤེས་ཀྱི་མགོན་པོ་སྐུ་མདོག་དམར་ནག་ཞལ་གཅིག་ཕྱག་གཉིས་པ། ཕྱག་གཡས་ཙནྡན་དམར་པོའི་(༣༥༣བ)བེང་ཆེན་ཧྲི་ཤུ་ལས་མཚན་པའི་མགུལ་དུ་མི་མགོ་འཕྱང་བ། གཡོན་གདུག་པའི་སྙིང་སྙིང་སྲོག་རྩ་དང་བཅས་པ་ཞལ་དུ་གསོལ་བ། སྐུ་ལ་དར་ནག་

གི་འཛོལ་བེར་སྲུམ་བརྩེགས་སུ་གསོལ་ཞིང་། རིན་པོ་ཆེ་གསེར་གྱི་སྐེ་རགས་བཅིངས་པ། ཞབས་ལ་ལྷམ་ཡུ་རིང་གསོལ་ཞིང་། ལྕགས་ཀྱི་རལ་པ་མུན་ལྟར་གཏིབས་པ། མཆེ་བ་གཙིགས་པ་སྤྱན་གསུམ་སྨྲ་ར་འབར་ཞིང་། ཐོད་སྐམ་གྱི་དབུ་རྒྱན་དང་། ཐོད་རློན་གྱི་དོ་ཤལ་ཅན། ཞབས་གཡས་བསྐུམས་ཤིང་གཡོན་བརྐྱངས་པས། སེང་གེ་དཀར་པོ་དྲེགས་པའི་སྟེང་ན་བཞུགས་པ། དེའི་གཡས་སུ་ཧཱུྃ་ལས་ལས་མགོན་སྐུ་མདོག་དུས་མཐའི་སྤྲིན་ལྟར་ནག་པ། ཞལ་གཅིག་ཕྱག་གཉིས་པ། གཡས་རྩེ་གསུམ་གྱི་མགུལ་དུ་མི་མགོ་དཔྱངས་པ་ཏུ་དར་ནག་པོ་དང་བཅས་པ་འཕྱར་ཞིང་། གཡོན་དགྲ་བགེགས་ཀྱི་གློ་སྙིང་རླངས་པ་བྲུན་ནེ་ཞལ་དུ་གསོལ་ཞིང་། བདུད་ཞགས་ནག་པོ་འཛིན་པ། སྐུ་ལ་དར་ནག་གི་འཛོལ་བེར་སྲུམ་བརྩེགས་སུ་གསོལ་ཞིང་། རིན་པོ་ཆེ་གསེར་གྱི་སྐེ་རགས་བཅིངས་པ། ཞབས་ལ་ལྷམ་ཡུ་རིང་གསོལ་ཞིང་། ལྕགས་ཀྱི་རལ་པ་མུན་ལྟར་གཏིབས་པ། མཆེ་གཙིགས་སྤྱན་གསུམ་སྨྲ་ར་འབར་ཞིང་། ཐོད་སྐམ་གྱི་དབུ་རྒྱན་དང་། ཐོད་རློན་གྱི་དོ་ཤལ་ཅན། ཧ་ནག་ཆིབས་ཤིང་རྫུ་འཕྲུལ་དང་དྲག་ཤུལ་ཆེ་བ་མེ་དཔུང་འབར་བའི་དབུས་ན་བཞུགས་པ། གཡོན་དུ་ཏུ་ལས་ཡུམ་བེ་ཏ་ལི་སྔོན་མོ། ཁྲོ་འཛུམ་རིན་པོ་ཆེ་དང་མགོ་འཕྲེང་གིས་བརྒྱན་པ། (༣༥༥ན) མི་ལྤགས་སྟག་ལྤགས་གསོལ་བ་གྲི་ཐོད་འཛིན་ཅིང་བཞེངས་པ། ཧཱུྃ་བདུན་ལས་དྲེགས་པ་ཕོ་བདུན་མཆོན་ཆ་སྣ་ཚོགས་འཛིན་པ། ཁྱུང་། བྱི་ལ། སྟག །འབྲུག །ཀླུང་ནག །དུག་སྦྲུལ། ཆུ་བོ་རྣམས་ལ་ཞོན་པ། ཧྲཱིཿབདུན་ལས་དྲེགས་པ་མོ་བདུན་སྐྲ་འཕྱང་བ། རྡོ་རྗེ་དང་ཞགས་པ་འཛིན་པ། མོན་པ་ཕོ་མོ་དེ་ཐམས་ཅད་མུན་ལྟར་གཏིབས་པའི་མདོག་ཅན་ནོ། །དེ་ཐམས་ཅད་ཀྱི་སྤྱི་བོར་ཨོཾ་དཀར་པོ། མགྲིན་པར་ཨཱཿདམར་པོ། ཐུགས་ཀར་ཧཱུྃ་སྔོན་པོས་མཚན་པར་གྱུར། རང་གི་སྙིང་ག་ནས་འོད་ཟེར་འཕྲོས། དུར་ཁྲོད་ཆེན་པོ་ཨུ་ཙ་ལ་སོགས་ནས། ནག་པོ་ཆེན་པོ་འཁོར་དང་བཅས་པ་སྤྱན་དྲངས། ཧཱུྃ། དད་པ་དང་ནི་དམ་ཚིག་གིས། །ཚུར་གཤེགས་མཧཱ་ཀཱ

ལ་གཤེགས། །འཇིགས་བྱེད་བསྟན་སྲུང་ཡོངས་ཀྱི་གཙོ། །ཟག་མེད་དབྱིངས་ནས་གཤེགས་སུ་གསོལ། །ཨོཾ་མཧཱ་ཀཱ་ལ་ཏྲཀྵད་ས་པ་རི་ཝཱ་ར་བཛྲ་ས་མཱ་ཛཿ ཛཿཧཱུྃ་བཾ་ཧོཿ གཉིས་སུ་མེད་པར་གྱུར། སྔར་ཡང་ཐུགས་ཀའི་ཧཱུྃ་ལས་འོད་ཟེར་འཕྲོས། དབང་གི་ལྷ་རིགས་ལྔ་འཁོར་དང་བཅས་པ་སྤྱན་དྲངས། ཁྱེད་རྣམས་ཀྱིས་འདི་ལ་མངོན་པར་དབང་བསྐུར་དུ་གསོལ། ཞེས་གསོལ་བ་བཏབ་པས། ཨོཾ་སརྦ་ཏ་ཐཱ་ག་ཏ་ཨ་བྷི་ཥེ་ཀ་ཏ་ས་མ་ཡ་ཤྲཱི་ཡེ་ཨཱཿཧཱུྃ། ཞེས་གསུངས་ཤིང་དབང་བསྐུར་བས། ལུས་གང་། དྲི་མ་ཐམས་ཅད་དག །ཆུའི་ལྷག་མ་སྤྱི་གཙུག་ཏུ་གནས་པ་ཡོངས་སུ་གྱུར་པ་ལས་མི་བསྐྱོད་པས་དབུ་བརྒྱན་(༣༨༨བ)པར་གྱུར། བཛྲ་ཨ་ས་ན་ཏིཥྛན་ཏུ། དེ་ནས། མཆོད་པ་བྱིན་གྱིས་བརླབས། ཨོཾ་བཛྲ་མཧཱ་ཀཱ་ལ་ཏྲཀྵད་ས་པ་རི་ཝཱ་ར་ཨརྒྷཾ་ནས་ཤབྡའི་བར་གྱིས་མཆོད། ནང་མཆོད་ཀྱང་འབུལ། ཧཱུྃ་དད་པ་དང་ནི་དམ་ཚིག་གིས། །ཚུར་བྱོན་སྲོག་བདུད་ནག་པོ་ཆེ། །མངོན་ཤེས་རྫུ་འཕྲུལ་ཐབས་ཀྱི་གཙོ། །དྲག་པོའི་ཞལ་ལ་གཏུམ་པོའི་སྐུ། །རྡོ་རྗེ་མཧཱ་ཀཱ་ལ་སྟེ། །ལྷ་ཆེན་མགོན་པོ་ཆེན་པོ་ནི། །སེང་གེ་ལ་ཞོན་དྲེགས་པ་ཅན། །བདག་གིས་དད་པས་བསྟོད་པར་བགྱི། །ཧཱུྃ་ལས་བྱུང་བའི་སྟོབས་པོ་ཆེ། །བདུད་ཀྱི་རྒྱལ་པོ་ཁྲོ་གཏུམ་ཅན། །རྟ་ནག་ཞོན་པ་རྫུ་འཕྲུལ་ཆེ། །སྡིག་ཅན་སྒྲོལ་མཛད་ཁྱོད་ལ་བསྟོད། །ཁྲག་མཚོར་རྒྱུག་ཅིང་ཁམས་གསུམ་སྐད་ཅིག་མྱུལ། །མ་གཅིག་རེ་མ་ཏི་ལ་གུས་པས་འདུད། །ལེགས་ལྡན་ནག་པོའི་སྐུ་གསུང་ཐུགས་ལས་སྤྲུལ། །དགྲ་བགེགས་སྒྲོལ་མཛད་དྲེགས་པ་བདུན་དུ་བསྟན། །འཕྲིན་ལས་ཕོ་ཉ་དུར་ཁྲོད་མ་མོ་བདུན། །ཡེ་ཤེས་དབྱིངས་ཀྱི་སྤྲུལ་པའི་འཁོར་ལ་བསྟོད། །རྣམ་འཕྲུལ་ཕོ་ཉ་མ་ངེས་སྣ་ཚོགས་པ། །མཆེ་བ་ཅན་དང་དབྱིག་ཅན་གདུག་པའི་ཚོགས། །སྡེ་བརྒྱད་འཁོར་དང་བཅས་ལ་བསྟོད་པ་འབུལ། །བདག་ཅག་རེ་སྨོན་དུས་འདིར་འགྲུབ་པར་མཛོད། །དེ་ནས་གཏོར་མ་བྱིན་གྱིས་བརླབས་པ་ནི། གཏོར་མ་བསངས་སྦྱངས། སྟོང་པའི་ངང་ལས་ཨཱཿལས་བྱུང་བའི་ཀ་པཱ་ལའི་ནང་དུ།

ཧྲཱུྃ་ཨོཾ་ཡཾ་ཁཾ་ཧཱུྃ་ལས་ཤ་ལྔ། ལཾ་མཾ་པཾ་ཏཾ་བཾ་ལས་བདུད་རྩི་ལྔ། རླུང་གཡོས་མེ་འབར། ཤ་ལྔ་བདུད་རྩི་ལྔ་འོད་དུ་ཞུ་སྟེ། བདུད་རྩིར་གྱུར་(༣༨༥ན)པ་ལ་ཕྱོགས་བཅུའི་སངས་རྒྱས་བྱང་ཆུབ་སེམས་དཔའ་ཐམས་ཅད་ཀྱི་ཐུགས་ཀ་ནས་ཡེ་ཤེས་ཀྱི་བདུད་རྩི་སྤྱན་དྲངས་ཏེ། གཅིག་ཏུ་འདྲེས་པས་བདུད་རྩིའི་རྒྱ་མཚོ་ཆེན་པོར་གྱུར། ཨོཾ་ཨཱཿཧཱུྃ་ཏ་ཏོ་ཧྲཱིཿ མགོན་པོ་འཁོར་དང་བཅས་པའི་ལྗགས་ཧཱུྃ་ལས་སྐྱེས་པའི་རྡོ་རྗེ་རྩེ་གཅིག་པ་དམར་པོ་འོད་ཀྱི་སྦུ་གུ་ཅན་གྱིས་གཏོར་མའི་བཅུད་ཐམས་ཅད་དྲངས་ཏེ་གསོལ་བར་གྱུར། ཨོཾ་མཧཱ་ཀཱ་ལ་ཧཱུྃ་ས་པ་རི་ཝཱ་ར་ཨི་དཾ་བ་ལིཾ་ཏ་ཁ་ཁ་ཁཱ་ཧི་ཁཱ་ཧི། ལན་ཉེར་གཅིག་གམ་བདུན་གྱིས་དབུལ། མཆོད་བསྟོད་བྱ། བཟླས་པ་ནི། ཐུགས་ཀར་ཉི་མའི་དཀྱིལ་འཁོར་གྱི་སྟེང་དུ་བཟླས་བྱའི་སྔགས་ཀྱིས་བསྐོར་བ་ལས་འོད་ཟེར་འཕྲོས། གནོད་བྱེད་དགྲ་བགེགས་ཐམས་ཅད་ཚར་བཅད། དངོས་གྲུབ་ཐམས་ཅད་ཐོབ་པར་གྱུར་པར་བསམས་ལ། ཨོཾ་མཧཱ་ཀཱ་ལ་ཧཱུྃ་མཧཱ་ཀཱ་ལ་སིདྡྷི་ཧྲི་ཡཾ་དུ་ཛཿཛཿ ཞེས་བཟླས་ལ་ཡིག་བརྒྱས་ཁ་བསྐངས། མཆོད་བསྟོད་ཅུང་ཞིག་བྱས། འདོད་དོན་ལ་གསོལ་བ་བཏབ། ༈ སློབ་མ་རྗེས་སུ་འཛིན་ན། བཅའ་གཞི་དང་། བདག་མདུན་སྐྱབས་ཚུལ་གོང་དུ་བཤད་པ་བཞིན་སྔོན་དུ་བཏང་ནས་སློབ་མ་ཁྲུས་བྱས་གྲལ་དུ་འཁོད། མཎྜལ་འབུལ་དུ་བཅུག །རྡོ་རྗེ་འཛིན་པ་དགོངས་སུ་གསོལ། །ནས། མ་ལུས་རྗེས་གནང་བསྩལ་དུ་གསོལ། །ཞེས་པའི་བར་གྱིས་ལན་གསུམ་གསོལ་བ་གདབ། སློབ་དཔོན་ཕྱག་ན་རྡོ་རྗེ་དང་། མདུན་བསྐྱེད་ཡེ་ཤེས་ཀྱི་མགོན་པོ་སྐུ་མདོག་དམར་ནག་ཞལ་(༣༨༥བ)གཅིག་ཕྱག་གཉིས་པ་ཕྱག་གཡས་ཅན་དན་དམར་པོའི་བེང་ཆེན་ཧྲེ་ཤུ་ལས་མཚན་པའི་མགུལ་དུ་མི་མགོ་འཕྲེང་བ། གཡོན་གདུག་པའི་སྙིང་ཁྲག་རྩ་དང་བཅས་པ་ཞལ་དུ་གསོལ་བ། སྐུ་ལ་དར་ནག་གི་འཛོལ་བེར་གསུམ་རྒྱན་དང་། ཐོད་རློན་གྱི་དོ་ཤལ་ཅན། ཞབས་གཡས་བསྐུམས་ཤིང་གཡོན་བརྐྱངས་པས་སེང་གེ་དཀར་པོ་དྲེགས་པའི་སྟེང་ན་བཞུགས་པ། དེའི་གཡས་སུ་ཧཱུྃ་ལས་ལས་མགོན་སྐུ་

མདོག་དུས་མཐའི་སྤྲིན་ལྟར་ནག་པ། ཞལ་གཅིག་ཕྱག་གཉིས་པ། གཡས་རྩེ་གསུམ་གྱི་མགུལ་དུ་མི་མགོ་དཔྱངས་པ་ཏུ་དར་ནག་པོ་དང་བཅས་པ་འཕྱར་ཞིང་། གཡོན་དགྲ་བགེགས་ཀྱི་ཀློ་སྙིང་རླངས་པ་བུན་ནེ་ཞལ་དུ་གསོལ་ཞིང་། བདུད་ཞགས་ནག་པོ་འཛིན་པ། སྐུ་ལ་དར་ནག་གི་འཇོལ་བེར་སུམ་བརྩེགས་སུ་གསོལ་ཞིང་། རིན་པོ་ཆེ་གསེར་གྱི་སྐྱེ་རགས་བཅིངས་པ། ཞབས་ལ་ལྷམ་ཡུ་རིང་གསོལ་ཞིང་། ལྟགས་ཀྱི་རལ་པ་ཨུན་ལྟར་གཏིབས་པ། མཆེ་གཙིགས་སྤྱན་གསུམ་སྨྲ་ར་འབར་ཞིང་། ཐོད་སྐམ་གྱི་དབུ་རྒྱན་དང་། ཐོད་རློན་གྱི་དོ་ཤལ་ཅན། ཧ་ནག་ཚིབས་ཤིང་རྫུ་འཕྲུལ་དང་དྲག་ཤུལ་ཆེ་བ་མེ་དཔུང་འབར་བའི་དབུས་ན་བཞུགས་པ། གཡོན་དུ་ཏུ་ལས་ཡུམ་བེ་ཏ་ལི་སྔོན་མོ། ཁྲོ་(༣༤༨ན)འཇོམ་རིན་པོ་ཆེ་དང་མགོ་འཕྲེང་གིས་བརྒྱན་པ། མི་ལྤགས་སྟག་ལྤགས་གསོལ་བ་གྲི་ཐོད་འཛིན་ཅིང་བཞེངས་པ། ཧཱུྃ་བདུན་ལས་དྲེགས་པ་ཕོ་བདུན་མཚོན་ཆ་སྣ་ཚོགས་འཛིན་པ། ཁྱུང་། བྱི་ལ། སྟག །འབྲུག །སྲུང་ནག །དུག་སྦྲུལ། ཚུ་བོ་རྣམས་ལ་ཞོན་པ། ཧྲཱིཿབདུན་ལས་དྲེགས་པ་མོ་བདུན་སྒྲ་འཕྱང་བ། རྡོ་རྗེ་དང་ཞགས་པ་འཛིན་པ། མོན་པ་ཕོ་མོ་དེ་ཐམས་ཅད་ཨུན་ལྟར་གཏིབས་པའི་མདོག་ཅན་ནོ། །དེ་ཐམས་ཅད་ཀྱི་སྤྱི་བོར་ཨོཾ་དཀར་པོ། མགྲིན་པར་ཨཱཿདམར་པོ། ཐུགས་ཀར་ཧཱུྃ་སྔོན་པོས་མཚན་པར་གྱུར། སྐུ་གསུང་ཐུགས་ཀྱི་རྗེས་གནང་གི་དོན་དུ་གསོལ་བ་འདེབས་པ་ནི། བླ་མ་རྡོ་རྗེ་འཛིན་པ་དང་། །དཔལ་ལྡན་མགོན་པོ་འཁོར་བཅས་རྣམས། །མ་ཏུངས་པ་རྣམས་བསྒྲལ་སླད་དུ། །བདག་ལ་བྱིན་གྱིས་བརླབ་ཏུ་གསོལ། །ཞེས་ལན་གསུམ་གསོལ་བ་གདབ་ལ། གཏོར་མ་མགོན་པོར་གསལ་བ་སློབ་མའི་སྤྱི་གཙུག་ཏུ་སྤྱན་དྲངས་ལ། རྩ་རྒྱུད་ཀྱི་དཔལ་ལྡན་བླ་མ་དམ་པ་རྣམས་ཀྱིས་བྱིན་གྱིས་རློབས་ཤིག །ཡི་དམ་དཀྱིལ་འཁོར་གྱི་ལྷ་ཚོགས་རྣམས་ཀྱིས་བྱིན་གྱིས་རློབས་ཤིག །སངས་རྒྱས་དང་བྱང་ཆུབ་སེམས་དཔའ་རྣམས་ཀྱིས་བྱིན་གྱིས་རློབས་ཤིག །དཔའ་བོ་དང་དཔའ་མོ་རྣལ་འབྱོར་མ་རྣམས་ཀྱིས་བྱིན་

གྱིས་རློབས་ཤིག །དཔལ་མགོན་དམ་པ་ཆོས་སྐྱོང་སྲུང་མ་རྣམས་ཀྱིས་བྱིན་གྱིས་རློབས་ཤིག །ཁྱད་པར་དུ་ཡང་ཡེ་ཤེས་ཀྱི་མགོན་པོ་འཁོར་དང་བཅས་པ་རྣམས་ཀྱིས་བྱིན་གྱིས་རློབས་ཤིག །ཁྱེད་རྣམས་ཀྱིས་རྡོ་རྗེ་སློབ་མ་འདི་རྣམས་ཀྱི་འགལ་རྐྱེན་ཐམས་ཅད་(༣༥༨བ)ཞི་བ་དང་། མཐུན་རྐྱེན་ལེགས་ཚོགས་ཐམས་ཅད་འཕེལ་ཞིང་རྒྱས་པ་དང་། ཇི་ལྟར་བསམ་པའི་དོན་ཐམས་ཅད་ཆོས་བཞིན་དུ་ལྷུན་གྱིས་འགྲུབ་པར་མཛད་དུ་གསོལ། ཞེས་གསོལ་བ་བཏབ་པས་སློབ་མ་རྣམས་ཀྱི་སྤྱི་བོ་ནས་ཐིམ་པར་གྱུར། ཛཿཧཱུྃ་བཾ་ཧོཿ ཞེས་གཏོར་དབང་བསྐུར་བས། མགོན་པོའི་སྐུ་གཉིས་པ་ཞིག་ཆད་དེ་སློབ་མའི་སྤྱི་བོ་ནས་ཐིམ་པས་སློབ་མའི་ལུས་ངག་ཡིད་གསུམ་མགོན་པོའི་སྐུ་གསུང་ཐུགས་ཀྱི་ངོ་བོར་གྱུར་པར་བསམས་ལ། མགོན་པོའི་སྤྱི་བོ་ནས་འོད་ཟེར་དཀར་པོ་དཔག་ཏུ་མེད་པ་བྱུང་སྟེ། སློབ་མའི་སྤྱི་བོ་ནས་ཐིམ་པས་སྐུའི་རྗེས་གནང་ཐོབ་པར་མོས། ཡང་མགོན་པོའི་མགྲིན་པ་ནས་འོད་ཟེར་དམར་པོ་དཔག་ཏུ་མེད་པ་བྱུང་སྟེ། སློབ་མའི་མགྲིན་པ་ནས་ཐིམ་པས་གསུང་གི་རྗེས་གནང་ཐོབ་པར་མོས། མགོན་པོའི་ཐུགས་ཀ་ནས་འོད་ཟེར་མཐིང་ག་དཔག་ཏུ་མེད་པ་བྱུང་སྟེ། སློབ་མའི་སྙིང་ག་ནས་ཐིམ་པས་ཐུགས་ཀྱི་རྗེས་གནང་ཐོབ་པར་མོས། དེ་ནས། ཁྱེད་རང་གི་སྙིང་གར་པད་ཉིའི་གདན་ལ་ཧཱུྃ་མཐིང་ནག་གི་མཐར། སྔགས་འཕྲེང་འོད་ཟེར་མཐིང་ནག་འབར་བའི་རྣམ་པ་ཅན་དུ་བཞུགས་པར་མོས། སློབ་དཔོན་གྱི་ཐུགས་ཀ་ནས་འོད་ཟེར་འཕྲོས། མདུན་བསྐྱེད་ཀྱི་ལྷའི་ཐུགས་རྒྱུད་བསྐུལ། ཐུགས་ཀའི་སྔགས་འཕྲེང་ལས་སྔགས་འཕྲེང་གཉིས་པ་ཞིག་ཆད། ཞལ་ནས་ཐོན། ཁྱེད་རང་གི་ཁ་སྒོ་ནས་ཞུགས། སྙིང་ཁའི་ཧཱུྃ་ཡིག་གི་མཐའ་མར་སྔགས་སྔ་མ་ལ་ཐིམ་ཞིང་འཁོར་བའི་མོས་པ་མཛོད་(༣༥༩ན)བྱས་ལ། ཨོཾ་མཧཱ་ཀཱ་ལ་ཧཱུྃ་ཕཊ་མཧཱ་ཀཱ་ལ་སིདྡྷི་ཧྲི་ཡཾ་དུ་ཛཿཛཿ ཞེས་ལན་གསུམ་རྗེས་ཟློས་བྱེད་དུ་བཅུག་ལ་བཟླས་ལུང་སྦྱིན། དེས་འདིའི་ཆོས་སྐོར་རྣམས་ཉམས་སུ་ལེན་པ་ལ་དབང་བ་ཡིན་པས་དམ་

ཚོག་ལ་གནས་པར་གྱིས་ཤིག་ཅེས་གདམས། རྗེས་ཆོག་རྣམས་སྤྱི་དང་འདྲ། །

༄ མགོན་པོ་ཧུཾ་ཕཊ་ཀྱི་ཀུག་སྒྲགས་སྒྲུབ་མ་ལ། ཕྱག་རྡོར་གྱི་བདག་བསྐྱེད་སྔོན་དུ་འགྲོ་བས། ཆོས་འབྱུང་ནག་པོའི་དབུས་སུ་ཉི་གདན་གསུམ་ལ་ཧཱུྃ་གསུམ་དགོད། དེའི་སྟེང་དུ་མཆེའི་ཁར་དམར་གཏོར་ཟུར་གསུམ་པ་གསུམ། མདུན་དུ་དམར་གཏོར་གྲུ་གསུམ། མཆོད་པ་ནང་མཆོད་སྨན་རག་རྣམས་བཤམས། མཆོད་གཏོར་རྣམས་བྱིན་གྱིས་བརླབས་ནས། མདུན་བསྐྱེད་བསངས་སྦྱངས། སྟོང་པའི་ངང་ལས་རང་གི་མདུན་དུ་སྲུང་འཁོར་དང་བཅས་པའི་གཞལ་ཡས་ཁང་གི་ནང་། མཐིང་ནག་གྲུ་གསུམ་འབར་བའི་ཆོས་འབྱུང་གསུམ་ཚོམ་གྱི་ནང་དུ། མི་རོ་ཧ་རོ་བརྩེགས་པའི་སྟེང་དུ། པདྨ་དང་ཉི་མའི་གདན་དང་བཅས་པར་གྱུར། རང་གི་སྙིང་ག་ནས་ཧཱུྃ་མཐིང་ནག་སྤྲོས་ཏེ། དབུས་ཀྱི་གདན་ལ་འཁོད་པ་ནི། དཔལ་མགོན་པོ་སྐུ་མདོག་ནག་པོ་ཞལ་གཅིག་ཕྱག་གཉིས་པ། གཡས་གྲི་གུག་དང་། གཡོན་ཐོད་ཁྲག་ཐུགས་ཀར་སྙིང་འོག་ཏུ་འཛིན་པ། ལྟགས་ཀྱི་རལ་པ་མུན་ལྟར་གཏིབས་པ། མཆེ་གཙིགས་སྤྱན་གསུམ་སྨ་ར་འབར་ཞིང་། ཐོད་སྐམ་གྱི་དབུ་རྒྱན་དང་། ཐོད་རློན་གྱི་དོ་ཤལ་དང་། རྫུ (༣༨༧བ) འཕྲུལ་དང་དྲག་ཤུལ་ཆེ་བ། མེ་དཔུང་འབར་བའི་དབུས་ན་ཞབས་གཡས་བསྐུམས་ཤིང་གཡོན་བརྐྱངས་པའི་སྟབས་ཀྱིས་བཞུགས་པ། དེའི་ཐུགས་ཀ་ནས་རཾ་དང་ཧྲཱྀཿསྤྲོས་ཏེ་གཡས་གཡོན་དུ་འཁོད་པ་ལས། གཡས་སུ་ལས་ཀྱི་མགོན་པོ་སྐུ་མདོག་དུས་མཐའི་སྤྲིན་ལྟར་ནག་པ། ཞལ་གཅིག་ཕྱག་གཉིས་པ། གཡས་རྩེ་གསུམ་གྱི་མགུལ་དུ་མི་མགོ་དཔྱངས་པ་ཌ་དར་ནག་པོ་དང་བཅས་པ་འཕྱར་ཞིང་། གཡོན་དགྲ་བགེགས་ཀྱི་གློ་སྙིང་ཧྲངས་པ་བྱུན་ནེ་ཞལ་དུ་གསོལ་ཞིང་བདུད་ཞགས་ནག་པོ་འཛིན་པ། སྐུ་ལ་དར་ནག་གི་འཛོལ་བེར་སྲུམ་བརྩེགས་སུ་གསོལ་ཞིང་། རིན་པོ་ཆེ་གསེར་གྱི་སྙེ་རགས་བཅིངས་པ། ཞབས་ལ་ལྷམ་ཡུ་རིང་གསོལ་ཞིང་། ལྟགས་ཀྱི་རལ་པ་མུན་ལྟར་གཏིབས་པ། མཆེ་གཙིགས་སྤྱན་གསུམ་སྨ་ར་འབར་ཞིང་། ཐོད་སྐམ་གྱི་དབུ་

རྒྱན་དང་། ཐོད་རློན་གྱི་དོ་ཤལ་ཅན། རྐ་ནག་ཆེ་བས་ཞིང་རྫུ་འཕྲུལ་དང་དྲག་ཤུལ་
ཆེ་བ། མི་དཔུང་འབར་བའི་དབུས་ན་བཞུགས་པ། གཡོན་དུ་ལྷ་མོ་ནག་མོ་རལ་གྲི་
དང་ཐོད་ཁྲག་འཛིན་པ། དེ་རྣམས་ཀྱི་སྤྱི་བོར་ཨོཾ་དཀར་པོ། མགྲིན་པར་ཨཱཿདམར་
པོ། ཐུགས་ཀར་ཧཱུྃ་སྔོན་པོས་མཚན་པར་གྱུར། རང་གི་སྙིང་ག་ནས་འོད་ཟེར་འཕྲོས།
རང་བཞིན་གྱི་གནས་ནས་ནག་པོ་ཆེན་པོ་འཁོར་བཅས་སྤྱན་དྲངས། དད་པ་དང་
ནི་དམ་ཚིག་གིས། །དཔལ་ལྡན་མགོན་པོ་སྤྱན་འདྲེན་ན། །སངས་རྒྱས་བསྟན་པ་
སྲུང་བའི་ཕྱིར། །མཆོད་པའི་གནས་འདིར་གཤེགས་སུ་གསོལ། །ཨོཾ་མཧཱ་ཀཱ་ལ་(༣༥༨ན)
ཊཀྐད་ས་པ་རི་ཝཱ་ར་བཛྲ་ས་མ་ཛཿཛཿཧཱུྃ་བཾ་ཧོཿགཉིས་སུ་མེད་པར་གྱུར། སླར་ཡང་
ཐུགས་ཀའི་ཧཱུྃ་ལས་འོད་ཟེར་འཕྲོས། དབང་གི་ལྷ་རྣམས་སྤྱན་དྲངས། ཁྱེད་རྣམས་
ཀྱིས་འདི་ལ་མངོན་པར་དབང་བསྐུར་དུ་གསོལ། ཞེས་གསོལ་བ་བཏབ་པས། ཨོཾ་
སརྦ་ཏ་ཐཱ་ག་ཏ་ཨ་བྷི་ཥེ་ཀ་ཏ་ས་མ་ཡ་ཤྲཱི་ཡེ་ཨཱཿཧཱུྃ། ཞེས་གསུངས་ཤིང་དབང་བསྐུར།
སྐུ་གང་། དྲི་མ་དག །ཆུའི་ལྷག་མ་སྤྱི་གཙུག་ཏུ་གནས་པ་ཡོངས་སུ་གྱུར་པ་ལས།
མི་བསྐྱོད་པས་དབུ་བརྒྱན་པར་གྱུར། ཨོཾ་ཤྲཱི་མཧཱ་ཀཱ་ལ་ས་མ་ཡ་མ་ཧི་ཀྲ་མ་ཐ་ས་
མ་ཡ་རཀྵནྟུ། ཞེས་དམ་ལ་བཞག་ཅིང་། ཨོཾ་བཛྲ་མཧཱ་ཀཱ་ལ་ཊཀྐད་ས་པ་རི་ཝཱ་ར་
ཨརྒྷཾ་པྲ་ཏཱིཙྪ་ཧཱུྃ་སྭཱཧཱ། ཞེས་སོགས་ཀྱིས་མཆོད། ཨོཾ་བཛྲ་མཧཱ་ཀཱ་ལ་གུ་ཎ་ཧྲི་ད་ཡ་
ཧཱུྃ་ཕཊ། ཨོཾ་མཧཱ་བ་ལིཾ་ཏ་ཁཱ་ཧི། མཧཱ་རཀྟ་ཁཱ་ཧི། མཧཱ་ཙིཏྟ་ཁཱ་ཧི། མཧཱ་གོ་རོ་ཙ་
ན་ཁཱ་ཧི། ཞེས་ལན་གསུམ་གྱིས་ཕུལ། ཧཱུྃ་སྲིན་པོའི་གཟུགས་ཀྱིས་གདུག་པ་ཅན། །
ཚར་གཅོད་བྱང་ཆུབ་སེམས་དཔའ་སྟེ། །གྲོང་ཁྱེར་སུམ་བརྩེགས་འཇིགས་བྱེད་པ། །
གཏུམ་པོ་འཁོར་དང་བཅས་ལ་བསྟོད། །བཟླས་པ་བྱ་བ་ནི། ཨོཾ་མཧཱ་ཀཱ་ལ་གུ་ཎ་
ཧྲི་ད་ཧཱུྃ་ཕཊ། ཨོཾ་མཧཱ་ཀཱ་ལ་ཊཀྐད་མཧཱ་ཀཱ་ལ་སིདྡྷི་ཧི་ཡཾ་དུ་ཛཿཛཿ ཞེས་ཡེ་ཤེས་
མགོན་པོ་དང་ལས་མགོན་གྱི་སྔགས་སྦྲེལ་ནས་བཟླས། ཨོཾ་རོ་རུ་རོ་རུ་ཙ་པ་ལ་མ་ཧཱུྃ་
མ་ཧྲཱིཿཛཿཛཿ ཞེས་ལྷ་མོའི་སྔགས་ཀྱང་བཟླའོ། །སྔར་བཞིན་མཆོད་གཏོར་འབུལ་

ཞིང་། བསྟོད་ལ། མཆོད་(༣༥༨བ)སྦྱིན་གཏོར་མ་འདི་བཞེས་ལ། །སོགས་ཀྱིས་འཕྲིན་ལས་ཞུ། ༈ སློབ་མ་རྗེས་འཛིན་ནི། བཅའ་གཞི་དང་བདག་མདུན་སྒྲུབ་པ་གོང་དུ་བཤད་པ་བཞིན་སྔོན་དུ་བཏང་ནས། སློབ་མས་མཎྜལ་ཕུལ། ཪྡོ་རྗེ་འཛིན་པ་དགོངས་སུ་གསོལ། །ཞེས་པ་ནས། མ་ལུས་རྗེས་གནང་བསྩལ་དུ་གསོལ། །ཞེས་པའི་བར་གྱིས་གསོལ་བ་བཏབ། སློབ་དཔོན་ཕྱག་ན་ཪྡོ་རྗེ་དང་། མདུན་བསྐྱེད་མགོན་པོ་འཁོར་བཅས་སུ་གོང་བཞིན་གསལ་འདེབས་སུ་བཅུག་ལ། བླ་མ་ཪྡོ་རྗེ་འཛིན་པ་དང་། །དཔལ་ལྡན་མགོན་པོ་འཁོར་བཅས་རྣམས། །མ་རུངས་པ་རྣམས་བསྒྲལ་སླད་དུ། །བདག་ལ་བྱིན་གྱིས་བརླབ་ཏུ་གསོལ། །ཞེས་ལན་གསུམ་གསོལ་བ་བཏབ། མདུན་བསྐྱེད་ཀྱི་སྤྱི་བོ་ནས་འོད་ཟེར་དཀར་པོ་དཔག་ཏུ་མེད་པ་བྱུང་བས། སློབ་མའི་སྤྱི་བོ་ནས་ཐིམ་པས། སྐུའི་རྗེས་གནང་ཐོབ་པར་མོས། མདུན་བསྐྱེད་ཀྱི་མགྲིན་པ་ནས་འོད་ཟེར་དམར་པོ་དཔག་ཏུ་མེད་པ་བྱུང་བས། སློབ་མའི་མགྲིན་པ་ནས་ཐིམ་པས། གསུང་གི་རྗེས་གནང་ཐོབ་པར་མོས། མདུན་བསྐྱེད་ཀྱི་ཐུགས་ཀ་ནས་འོད་ཟེར་སྔོན་པོ་དཔག་ཏུ་མེད་པ་བྱུང་བས། སློབ་མའི་སྙིང་ག་ནས་ཐིམ་པས། ཐུགས་ཀྱི་རྗེས་གནང་ཐོབ་པར་མོས། གཏོར་མ་མགོ་ཐོག་ཏུ་བཞག་ལ། ཡེ་ཤེས་མགོན་པོ་འཁོར་དང་བཅས་པ་ཁྱེད་རྣམས་ཀྱིས་རྩ་རྒྱུད་ཀྱི་དཔལ་ལྡན་བླ་མ་དམ་པ་རྣམས་ཀྱི་བཀའ་དང་དམ་ལས་མི་འདའ་བར་ཪྡོ་རྗེ་སློབ་མ་འདིའི་ཕྱི་བཞིན་དུ་རྗེས་སུ་འབྲངས་ལ་ལུས་དང་གྲིབ་མ་བཞིན་དུ་འགྲོགས་ཏེ། འགལ་(༣༥༩ན)རྐྱེན་ཐམས་ཅད་སོལ། མཐུན་རྐྱེན་ཐམས་ཅད་བསྒྲུབས། དགྲ་བགེགས་ཐམས་ཅད་ཐུལ། ཇི་ལྟར་བཅོལ་བའི་ལས་ཐམས་ཅད་འགྲུབ་པར་མཛོད་ཅིག །ཅེས་བཀའ་བསྒོ་བྱ། མགོན་པོའི་སྐུ་གཉིས་པ་ཞིག་ཆད། དེ་སྤྱི་བོ་ནས་བསྟིམས་པས། མགོན་པོའི་སྐུ་གསུང་ཐུགས་ཀྱི་ངོ་བོར་གྱུར་པར་བསམས་ལ། བཟླས་ལུང་ནི། ཁྱེད་རང་གི་སྙིང་གར་པད་ཉིའི་གདན་ལ་ཧཱུྃ་མཐིང་ནག་གི་མཐར་སྔགས་འཕྲེང་འོད་ཟེར་མཐིང་ནག

འབར་བའི་རྣམ་པ་ཅན་དུ་བཞུགས་པར་མོས། སློབ་དཔོན་གྱི་ཐུགས་ཀ་ནས་འོད་ཟེར་འཕྲོས། མདུན་བསྐྱེད་ཀྱི་ལྷའི་ཐུགས་རྒྱུད་བསྐུལ། ཐུགས་ཀའི་སྔགས་འཕྲེང་ལས་སྔགས་འཕྲེང་གཉིས་པ་ཞིག་ཆད། ཞལ་ནས་ཐོན། ཁྱེད་རང་གི་ཁ་སྒོ་ནས་ཞུགས། སྙིང་གའི་ས་བོན་གྱི་མཐར་འཁོད་པར་མོས་ལ། འདིའི་རྗེས་ཟློས་མཛོད་ཅིག་བྱས་ལ། ཨོཾ་བཛྲ་མཧཱ་ཀཱ་ལ་ཤུ་ཀ་ཧི་ད་ཧཱུྃ་ཕཊ། ཨོཾ་མཧཱ་ཀཱ་ལ་ཏྲཱད་མཧཱ་ཀཱ་ལ་སིདྡྷི་ཧི་ཡཾ་ཏུ་ཛཿཛཿཨོཾ་རེ་ཏུ་རེ་ཏུ་ཙ་པ་ལ་མ་ཧཱུྃ་མ་ཧྲཱུྃ་ཛཿཛཿ ཞེས་སྔགས་གསུམ་ཆར་སྤྲེལ་ནས་བཟླས་ལུང་ལྟར་རོ། །དེས་འདིའི་ཆོས་སྐོར་རྣམས་ཉམས་སུ་ལེན་པ་ལ་དབང་བ་ཡིན་པས་དམ་ཚིག་ལ་གནས་པར་གྱིས་ཤིག་ཅེས་གདམས། རྗེས་ཆོག་སྤྱི་དང་འདྲའོ། །

༄ མགོན་པོ་ཏྲཀྲད་ཀང་ཐང་མ་ལ། མཚལ་གྱི་སྟེང་དུ་དམར་གཏོར་ཟླུར་གསུམ། མདུན་དུ་མཆོད་གཏོར་བཤམས། གསང་བདག་གམ་དཔལ་མགོན་པོ་གྲི་གུག་གི་བདག་བསྐྱེད་སྔོན་དུ་(༣༥༩་བ)འགྲོ་བས། མདུན་བསྐྱེད་བསངས་སྦྱངས། སྟོང་པའི་ངང་ལས་ཡཾ་རཾ་ཀཾ་རཾ་ཧྲཱུྃ་ལས་རླུང་། ཁྲག་མཚོ། ཀེང་རུས་ཀྱི་རི་རབ། མེའི་དཀྱིལ་འཁོར་གྱི་སྟེང་དུ། ཐོད་མཁར་འབར་བའི་ནང་དུ་རཾ་དམར་ནག་ལས། ཡེ་ཤེས་ཀྱི་མགོན་པོ་སྐུ་མདོག་དམར་ནག་ཞལ་གཅིག་ཕྱག་གཉིས་པ། གཡས་ཅན་དན་དམར་པོའི་བེང་ཆེན་ཧི་ཤུ་ལས་མཚན་པའི་མགུལ་དུ་མི་མགོ་འཕྱང་བ། གཡོན་གདུག་པའི་སྙིང་སྡིག་རྩ་དང་བཅས་པ་ཞལ་དུ་གསོལ་བ། སྐུ་ལ་དར་ནག་གི་འཇོལ་བེར་སུམ་བརྩེགས་སུ་གསོལ་ཞིང་། རིན་པོ་ཆེ་གསེར་གྱི་སྐྲ་རགས་བཅིངས་པ། ཞབས་ལ་ལྷམ་ཡུ་རིང་གསོལ་ཞིང་། ལྟགས་ཀྱི་རལ་པ་ཨུན་ལྟར་གཏིབས་པ། མཆེ་གཙིགས་སྤྱན་གསུམ་སྨྲ་ར་འབར་ཞིང་། ཐོད་སྐམ་གྱི་དབུ་རྒྱན་དང་། ཐོད་རློན་གྱི་དོ་ཤལ་ཅན། ཞབས་གཡས་བསྐུམས་ཤིང་གཡོན་བརྐྱངས་པས་བམ་ཆེན་བསྣོལ་བའི་གདན་ལ་བཞུགས་པའོ། །འཁོར་བསྐྱེད་པ་ནི། རཾ་བདུན་ལས་མོན་མོ་བདུན། སྐུ་མདོག་ནག

མོ་དུར་ཁྲོད་ཀྱི་ཆས་བརྒྱད་ཀྱིས་བརྒྱན་པ། གྲི་གུག་དང་ཐོད་པ་འཛིན་པ། སྤྱལ་པ་ཁྲི་མོ་བདུན་ལས་ཞེས་རབ་གསལ། ཁྲི་གདོང་རྡོ་རྗེ་དང་ཞགས་པ་འཛིན་པ། གཞན་རྣམས་ཁྲི་ནག་གི་གཟུགས་ཅན། ཞལ་གསེར་ཟངས་གཡུ་དུང་བསེ་རྣམས་ཀྱི་མིག་ཅན་ནོ། །དེ་ཐམས་ཅད་ཀྱི་སྤྱི་བོར་ཨོཾ་དཀར་པོ། མགྲིན་པར་ཨཱཿདམར་པོ། ཐུགས་ཀར་ཧཱུྃ་སྔོན་པོས་མཚན་པར་གྱུར། རང་གི་ཐུགས་ཀའི་ས་བོན་ལས་འོད་ཟེར་འཕྲོས། རང་བཞིན་གྱི་གནས་ནས་(༣༥༠ན)ཡེ་ཤེས་ཀྱི་མགོན་པོ་འཁོར་དང་བཅས་པ་སྤྱན་དྲངས། ཧཱུྃ། དད་པ་དང་ནི་དམ་ཚིག་གིས། །དཔལ་ལྡན་མགོན་པོ་སྤྱན་འདྲེན་ན། །སངས་རྒྱས་བསྟན་པ་སྲུང་བའི་ཕྱིར། །མཆོད་པའི་གནས་འདིར་གཤེགས་སུ་གསོལ། །ཨོཾ་ཨེ་ཧྱ་ཧི་མཧཱ་ཀཱ་ལ་ག་ཎ་ཙི་ཛཿཛཿཧཱུྃ་ཛཿཧཱུྃ་བཾ་ཧོཿ དམ་ཚིག་པ་དང་གཉིས་སུ་མེད་པར་གྱུར། སླར་ཡང་ཐུགས་ཀའི་ཧཱུྃ་ལས་འོད་ཟེར་འཕྲོས། དབང་གི་ལྷ་རྣམས་སྤྱན་དྲངས། ཁྱེད་རྣམས་ཀྱིས་བདག་ལ་མངོན་པར་དབང་བསྐུར་དུ་གསོལ། ཞེས་གསོལ་བ་བཏབ་པས། ཨོཾ་སརྦ་ཏ་ཐཱ་ག་ཏ་ཨ་བྷི་ཥེ་ཀ་ཏ་ས་མ་ཡ་ཤྲཱི་ཡེ་ཨཱཿཧཱུྃ། ཞེས་གསུངས་ཤིང་དབང་བསྐུར་བས། ལུས་གང་། དྲི་མ་དག །ཆུའི་ལྷག་མ་སྤྱི་གཙུག་ཏུ་གནས་པ་ཡོངས་སུ་གྱུར་པ་ལས་མི་བསྐྱོད་པས་དབུ་བརྒྱན་པར་གྱུར། བཛྲ་ཨ་ས་ན་ཏིཥྛཧྲི། ཞེས་གདན་དབུལ། མཆོད་པ་བྱིན་གྱིས་བརླབས་ལ། ཧཱུྃ། བཅོམ་ལྡན་རྡོ་རྗེ་ལས་བྱུང་བ། །སྲིད་པའི་གྲོང་ཁྱེར་སྲུམ་བརྩེགས་འཇིགས། །སྲིད་པའི་མོན་མོའི་ཚོགས་དང་བཅས། །དཔལ་ལྡན་མགོན་པོ་མཐུ་ཆེན་ཁྱོད། །ཡོན་ཏན་བྱིན་གྱིས་རླབས་པོ་ཆེ། །འཕགས་པའི་ས་ཀུན་བརྙེས་གྱུར་ཀྱང་། །དུས་ངན་སེམས་ཅན་འདུལ་སླད་དུ། །དཀོན་མཆོག་གསུམ་གྱི་བཀའ་ཡང་སྲུང་། །སྐྱེ་འགྲོ་ཕོངས་པའི་སྐྱབས་ཀྱང་མཛད། །ཕྱག་ན་བདུད་འདུལ་ཁ་ཊྭཱཾ་ག །བསྐལ་པའི་མེ་ལྟར་གཟི་བརྗིད་འབར། །ཡུན་གྱི་མགོན་པོར་ཁྱོད་བསྟེན་གྱི། །རྟག་ཏུ་ཕྱག་འཚལ་(༣༥༠བ)མཆོད་པ་འབུལ། །དེ་ལས་གཞན་ཡང་མཆོད་པའི་ཚོགས། །རྟ་མཆོག་

ལ་སོགས་ཤ་ལྔ་དང་། །སྤྱང་ཀི་ར་དང་མཁའ་ལྡིང་ཤ །གཞན་ཡང་སྣ་ཚོགས་པ་ཡི་ཤ །བཙོས་པའི་ཤ་དང་ཁུ་བའི་ཁྲག །བསྲེགས་པའི་གསུར་དང་རློན་པའི་ཤ །སྙོ་སྙིང་ནང་ཁྲོལ་མཁལ་མར་བཅས། །འབྲས་བུ་ལྔ་བསྒྲལ་བདུད་རྩི་ནི། །མི་དབང་གོ་ར་ཙ་ན་དང་། །ཐལ་ཆེན་མནྟྲ་ཨཾ་ས་དང་། །རྐང་དང་ཞག་དང་ཚིལ་བུར་བཅས། །ཉ་ཤ་སྒོག་བཙོང་ལ་ཤུག་དང་། །ཆན་ཐུག་ལྷུར་བ་འབྲུ་སྣ་དང་། །རྩི་ཐོག་ཁ་ཟས་སྨན་སྣ་ཚོགས། །བཟའ་བཏུང་སྤྲོ་བའི་རོ་མཆོག་རྣམས། །ཐ་དད་རྟོག་པ་ཀུན་སྤངས་ནས། །དྲི་ཞིམ་རོ་མཆོག་བརྒྱ་ལྡན་པའི། །བདུད་རྩི་མཆོག་གི་གཏོར་མ་འབུལ། །མཆོད་པ་དམ་པ་བཞེས་ནས་ཀྱང་། །ཨ་རྐྵཾ་མེ་ཏོག་བདུག་སྤོས་དང་། །མར་མེ་དྲི་དང་ཞལ་ཟས་རྣམས། །རོལ་མོ་སིལ་སྙན་འཕན་གདུགས་དང་། །བླ་བྲེ་རྒྱལ་མཚན་ལ་སོགས་པ། །ཡིད་འོང་མཆོད་སྤྲིན་སྣ་ཚོགས་འབུལ། །མཆོད་པ་དམ་པ་བཞེས་ནས་ཀྱང་། །ཐུགས་རྗེས་དགོངས་ཏེ་བདག་ལ་གཟིགས། །བདག་གི་བསམ་པའི་སྨོན་ལམ་རྣམས། །འཕགས་པའི་མགོན་པོ་ཁྱེད་ཀྱིས་འགྲུབ་པར་མཛོད། །ཨོཾ་ཤྲཱི་མཧཱ་ཀཱ་ལ་ག་ན་བ་ཏི། ཨ་ཧ་ར་ཡཀྵཱི་ཎྱ། ཁ་ཁ་ཁཱ་ཧི་ཁཱ་ཧི། ཕྲ་ཏྲི་ཙྪ་ཏོཿམཧཱ་ཡཀ་ཤ་པེ་ཏ་ལི། ཁ་ཁ་ཁཱ་ཧི་ཁཱ་ཧི། བཛྲ་ཕུཥྤེ་ཕུ། བཛྲ་དྷཱུ་པེ་དྷཱུ། བཛྲ་ཨཱ་ལོ་ཀེ་ཧྲཱིཿབཛྲ་གན་དྷ་གན། བཛྲ་ནཻ་ཝི་དེ་ཧྲཱིཿབཛྲ་མཧཱ་ཀཱ་ལ། ཐར་ལ་ཡུག་ཀཱ་ལ་བཛྲ་(༣༥༧ན)མཧཱ་ཀཱ་ལ་པཉྩ་ཨ་མྲྀ་ཏ་ཁཱ་ཧི། བཞེས་ཤིག་རོལ་ཅིག་དགོངས་ཤིག །ཁ་རཾ་ཁཱ་ཧི། ཞེས་པས་མཆོད། རཾ་ལས་བྱུང་བའི་སྟོབས་པོ་ཆེ། །བདུད་ཀྱི་རྒྱལ་པོ་ཁྲོ་གཏུམ་ཅན། །བམ་ཆེན་བསྒོལ་བའི་གདན་ལ་བཞུགས། །སྡིག་ཅན་སྒྲོལ་མཛད་ཁྱོད་ལ་བསྟོད། །ཅེས་པས་བསྟོད། བཟླས་པ་བྱ་བ་ནི། སྔགས་ཀྱི་ཤམ་བུ་འདོགས་ཚུལ་མི་འདྲ་ཡང་། སྙིང་པོ་ནི། ཨོཾ་བཛྲ་མཧཱ་ཀཱ་ལ་ཊཀྐཱད་མཧཱ་ཀཱ་ལ་སིདྡྷི་ཧི་ཡཾ་དུ་ཛཿཛཿ ཞེས་ཅི་འགྲུབ་བཟླའོ། །དེ་ནས་གཏོར་མ་བྱིན་གྱིས་བརླབས་ལ། མགོན་པོ་འཁོར་དང་བཅས་པའི་ལྷགས་ཧཱུྃ་ལས་སྐྱེས་པའི་ཇོ་རྗེ་རྩེ་གཅིག་པ་དམར་པོ་འོད་ཀྱི་

སྤྲུ་གུ་ཅན་གྱིས་གཏོར་མའི་བཅུད་ཐམས་ཅད་དྲངས་ཏེ་གསོལ་བར་གྱུར། སྙིང་པོའི་མཐར། མནྟ་བ་ལིཾ་ཏ་ཁཱ་ཧི། མནྟ་རཀྟ་ཁཱ་ཧི། མནྟ་ཙིཏྟ་ཁཱ་ཧི། མནྟ་གོ་རོ་ཙ་ན་ཁཱ་ཧི། ཞེས་ལན་གསུམ་གྱིས་གཏོར་མ་དབུལ། རཾ་ལས་བྱུང་བའི་སྟོབས་པོ་ཆེ། །བདུད་ཀྱི་རྒྱལ་པོ་ཁྲོ་གཏུམ་ཅན། །བམ་ཆེན་བརྟོལ་བའི་གདན་ལ་བཞུགས། །སྡིག་ཅན་སྒྲོལ་མཛད་ཁྱོད་ལ་བསྟོད། །མཆོད་སྦྱིན་གཏོར་མ་འདི་བཞེས་ལ། །ཞེས་སོགས་ཀྱིས་འཕྲིན་ལས་ཞུ། ༈ སློབ་མ་རྗེས་འཛིན་གྱི་བྱ་བ་ནི། བཅའ་གཞི་དང་བདག་མདུན་སྒྲུབ་རྒྱ་བཅས་གོང་དུ་བཤད་པ་བཞིན་སྔོན་དུ་བཏང་། སློབ་མས་མཎྜལ་ཕུལ། རྡོ་རྗེ་འཛིན་པ་དགོངས་སུ་གསོལ། །ཞེས་པ་ནས། མ་ལུས་རྗེས་གནང་བསྩལ་དུ་གསོལ། །ཞེས་པའི་བར་གྱིས་གསོལ་བ་བཏབ། (༣༥༧བ)སློབ་དཔོན་ཕྱག་ན་རྡོ་རྗེ་དང་། མདུན་བསྐྱེད། ཧཱུྃ། ཁྲག་མཚོ། ཀེང་རུས་ཀྱི་རི་རབ། མེའི་དཀྱིལ་འཁོར་གྱི་སྟེང་དུ། ཐོད་མཁར་འབར་བའི་ནང་དུ་རཾ་དམར་ནག་ལས། ཡེ་ཤེས་ཀྱི་མགོན་པོ་སྐུ་མདོག་དམར་ནག་ཞལ་གཅིག་ཕྱག་གཉིས་པ། ཕྱག་གཡས་ཙན་དན་དམར་པོའི་བེང་ཆེན་ཏྲི་ཤཱུ་ལས་མཚན་པའི་མགུལ་དུ་མི་མགོ་འཕྱར་བ། གཡོན་གདུག་པའི་གློ་སྙིང་སྲོག་རྩ་དང་བཅས་པ་ཞལ་དུ་གསོལ་བ། སྐུ་ལ་དར་ནག་གི་འཛོལ་བེར་གསུམ་བརྩེགས་སུ་གསོལ་ཞིང་། རིན་པོ་ཆེ་གསེར་གྱི་སྐེ་རགས་བཅིངས་པ། ཞབས་ལ་ལྷམ་ཡུ་རིང་གསོལ་ཞིང་། ལྕགས་ཀྱི་རལ་པ་སྨུན་ལྟར་གཏིབས་པ། མཆེ་གཙིགས་སྤྱན་གསུམ་སྨ་ར་འབར་ཞིང་། ཐོད་སྐམ་གྱི་དབུ་རྒྱན་དང་། ཐོད་རློན་གྱི་དོ་ཤལ་ཅན། ཞབས་གཡས་བསྐུམས་ཤིང་གཡོན་བརྐྱངས་པས་བམ་ཆེན་བརྟོལ་བའི་གདན་ལ་བཞུགས་པའོ། །འཁོར་བསྐྱེད་པ་ནི། རཾ་བདུན་ལས་མོན་མོ་བདུན། སྐུ་མདོག་ནག་མོ་དུར་ཁྲོད་ཀྱི་ཆས་བརྒྱད་ཀྱིས་བརྒྱན་པ། གྲི་གུག་དང་ཐོད་པ་འཛིན་པ། སྤྲུལ་པ་ཁྱི་མོ་བདུན་ལས་ཤེས་རབ་གསལ་ཁྱི་གདོང་རྡོ་རྗེ་དང་ཞགས་པ་འཛིན་པ། གཞན་རྣམས་ཁྱི་ནག་གི་གཟུགས་ཅན། ཤེལ་གསེར་ཟངས་གཡུ་དུང་བསེ་རྣམས་

ཀྱི་མིག་ཅན་ནོ། །དེ་ཐམས་ཅད་ཀྱི་སྤྱི་བོར་ཨོཾ་དཀར་པོ། མགྲིན་པར་ཨཱཿདམར་པོ། ཐུགས་ཀར་ཧཱུྃ་སྔོན་པོས་མཚན་པར་གྱུར། བླ་མ་རྡོ་རྗེ་འཛིན་པ་དང་། །དཔལ་ལྡན་མགོན་པོ་འཁོར་བཅས་རྣམས། །མ་རུངས་པ་(༣༥༢ན)རྣམས་བསྒྲལ་སླད་དུ། །བདག་ལ་བྱིན་གྱིས་བརླབ་ཏུ་གསོལ། །ཞེས་ལན་གསུམ་གསོལ་བ་བཏབ། མདུན་བསྐྱེད་ཀྱི་སྤྱི་བོ་ནས་འོད་ཟེར་དཀར་པོ་དཔག་ཏུ་མེད་པ་བྱུང་བས། སློབ་མའི་སྤྱི་བོ་ནས་ཐིམ་པས། སྐུའི་རྗེས་གནང་ཐོབ་པར་མོས། ཡང་མདུན་བསྐྱེད་ཀྱི་མགྲིན་པ་ནས་འོད་ཟེར་དམར་པོ་དཔག་ཏུ་མེད་པ་བྱུང་བས། སློབ་མའི་མགྲིན་པ་ནས་ཐིམ་པས། གསུང་གི་རྗེས་གནང་ཐོབ་པར་མོས། ཡང་མདུན་བསྐྱེད་ཀྱི་ཐུགས་ཀ་ནས་འོད་ཟེར་སྔོན་པོ་དཔག་ཏུ་མེད་པ་བྱུང་བས། སློབ་མའི་སྙིང་ག་ནས་ཐིམ་པས། ཐུགས་ཀྱི་རྗེས་གནང་ཐོབ་པར་མོས། གཏོར་མ་མགོ་ཐོག་ཏུ་བཞག་ལ། ཡེ་ཤེས་ཀྱི་མགོན་པོ་འཁོར་དང་བཅས་པ་ཁྱེད་རྣམས་ཀྱིས་རྗེ་རྒྱུད་ཀྱི་དཔལ་ལྡན་བླ་མ་དམ་པ་རྣམས་ཀྱི་བཀའ་དང་དམ་ལས་མི་འདའ་བར་རྡོ་རྗེ་སློབ་མ་འདིའི་ཕྱི་བཞིན་དུ་རྗེས་སུ་འབྲངས་ལ་ལུས་དང་གྲིབ་མ་བཞིན་དུ་འགྲོགས་ཏེ། འགལ་རྐྱེན་ཐམས་ཅད་སོལ། མཐུན་རྐྱེན་ཐམས་ཅད་བསྒྲུབས། ཇི་ལྟར་བཅོལ་བའི་ལས་ཐམས་ཅད་འགྲུབ་པར་མཛོད་ཅིག །ཅེས་བཀའ་བསྒོ་བྱ། མགོན་པོའི་སྐུ་གཉིས་པ་ཞིག་ཆད་དེ། སྤྱི་བོ་ནས་ཐིམ་པས། མགོན་པོའི་སྐུ་གསུང་ཐུགས་ཀྱི་ངོ་བོར་གྱུར་པར་བསམས། བཟླས་ལུང་ནི། ཁྱེད་རང་གི་སྙིང་གར་པད་ཉིའི་གདན་ལ་ཧཱུྃ་མཐིང་ནག་གི་མཐར་སྔགས་འཕྲེང་འོད་ཟེར་མཐིང་ནག་འབར་བའི་རྣམ་པ་ཅན་དུ་བཞུགས་པར་མོས། སློབ་དཔོན་གྱི་ཐུགས་ཀ་(༣༥༢བ)ནས་འོད་ཟེར་འཕྲོས། མདུན་བསྐྱེད་ཀྱི་ལྷའི་ཐུགས་རྒྱུད་བསྐུལ། ཐུགས་ཀའི་སྔགས་འཕྲེང་ལས་སྔགས་འཕྲེང་གཉིས་པ་ཞིག་ཆད། ཞལ་ནས་ཐོན། ཁྱེད་རང་གི་ཁ་སྒོ་ནས་ཞུགས། སྙིང་གའི་ས་བོན་གྱི་མཐར་སྔགས་སུ་མ་ལ་ཐིམ་ཞིང་འཁོར་བར་མོས་ལ། འདིའི་རྗེས་བཟླས་མཛོད་ཅིག་བྱས་ལ། ཨོཾ་བཛྲ་མཧཱ་

ཀཱ་ལ་ཏྲཱ་ཀྵད་མཧཱ་ཀཱ་ལ་སིདྡྷི་ཧི་ཡཾ་ཏུ་ཛཿཛཿ ཞེས་ལན་གསུམ་རྗེས་ཟློས་བྱེད་དུ་གཞུག དེས་འདིའི་ཆོས་སྐོར་རྣམས་ཉམས་སུ་ལེན་པ་ལ་དབང་བ་ཡིན་པས་དམ་ཚིག་ལ་གནས་པར་གྱིས་ཤིག །ཅེས་གདམས། རྗེས་ཚིག་སྤྱི་དང་འདྲ། །

༄ མགོན་པོ་ཏྲ་ཀྵད་མ་ནིང་མ་ལ། མཎྜལ་གཏོར་མ་གྲུ་གསུམ་དང་བཅས་པ། མདུན་དུ་མཆོད་གཏོར་བཤམས། ཕྱག་རྫོར་གྱི་བདག་བསྐྱེད་སྔོན་དུ་འགྲོ་བའི་སྒོ་ནས། མཆོད་པ་བྱིན་རླབས་དང་། སྔན་རག་གཏོར་གསུམ་བྱིན་གྱིས་བརླབས། མདུན་བསྐྱེད་སྭ་བྷཱ་ཝས་སྟོང་པར་སྦྱངས། སྟོང་པའི་ངང་ལས། ཐོད་མཁར་འབར་བའི་ནང་དུ་ནག་པོ་གྲུ་གསུམ་གྱི་གཞལ་ཡས་ཁང་དེའི་ནང་དུ། མི་རོ་ཧྲ་རོ་བརྩེགས་པའི་གདན་ལ་པད་ཉིའི་སྟེང་དུ། རཾ་ལས་དཔལ་མགོན་པོ་སྐུ་མདོག་དུས་མཐའི་སྤྲིན་ལྟར་གནག་པ། ཞལ་གཅིག་ཕྱག་གཉིས་པ། གཡས་རྩེ་གསུམ་གྱི་མགུལ་དུ་མི་མགོ་དཔྱངས་པ་ཏྲ་དར་ནག་པོ་དང་བཅས་པ་འཕྱར་ཞིང་། གཡོན་དགྲ་བགེགས་ཀྱི་སྙིང་ཁྲག་ བྲངས་པ་ཐུན་ནི་ཞལ་དུ་གསོལ་ཞིང་བདུད་ཞགས་ནག་པོ་འཛིན་པ། སྐུ་ལ་དར་ནག་གི་འཛོལ་བེར་སུམ་བརྩེགས་(༣༥༣ན)སུ་གསོལ་ཞིང་། རིན་པོ་ཆེ་གསེར་གྱི་སྐེ་རགས་བཅིངས་པ། ཞབས་ལ་ལྷམ་ཡུ་རིང་གསོལ་ཞིང་། ཕྱུགས་ཀྱི་རལ་པ་མུན་ལྟར་གཏིབས་པ། མཆེ་གཙིགས་སྤྱན་གསུམ་སྨྲ་ར་འབར་ཞིང་། ཐོད་སྐམ་གྱི་དབུ་རྒྱན་དང་། ཐོད་རློན་གྱི་དོ་ཤལ་ཅན། སྟག་རལ་གཡས་སུ་བཀྲ་བ། གཟིག་ཤུབས་གཡོན་དུ་འཁྱུག་པ། ཕྱུགས་གཞུ་ནག་པོ་གྲུ་མོ་ལ་གྱོན་པ། ཙན་དན་གྱི་བེང་ཆེན་སྐེད་ལ་གཟེར་བ། ཧྲ་ནག་ཆིབས་ཤིང་རྒྱུ་འཕྲུལ་དང་དྲག་ཤུལ་ཆེ་བ། མི་དཔུང་འབར་བའི་དབུས་ན་བཞུགས་པ། གཡོན་དུ་ཧཱུྃཿལས་ཡུམ་རྡོ་རྗེ་རེ་མ་ཏི་ཏྲེའུ་ནག་པོ་རྐང་གསུམ་ལ་ཆིབས་པ། དྲ་བ་སིག་དགུ་རྒྱབ་ཏུ་འཕུར་བ། ཕྱག་གཡས་བདུད་ཀྱི་ཁྲམ་བམ་དང་། གཡོན་ནད་ཀྱི་རྐྱལ་པ་འཛིན་པ། དར་ནག་གི་ལྷབ་ལྷུབ་དང་། ཞིང་ཆེན་གྱི་གཡང་གཞི་དང་། རེ་ལྡེའི་ཤམ་ཐབུ་ཅན། ཐོད་སྐམ་

ཀྱི་དབུ་རྒྱན། ཐོད་རློན་གྱི་དོ་ཤལ། སྤྲུལ་གྱི་སྐྱེ་རགས། ཐལ་ཆེན་གྱི་ཚོམ་བུ་སོགས་དུར་ཁྲོད་ཀྱི་ཆས་རྫོགས་པ། མཐའ་སྐོར་དུ་ལུས་དང་གྲིབ་མའི་ཚུལ་གྱིས་སྤྲུལ་པའི་ལས་མཁན་མོན་པ་ཕོ་དྲུག་མོ་དྲུག་བདུད་དམག་བྱེ་བ་དུང་ཕྱུར་གྱི་ཚོགས་དང་བཅས་པ། སྙིང་དུ་བྱ་ནག་ལྡིང་བ། འོག་ཏུ་ཁྱི་ནག་རྔམ་པ། ཅེ་སྤྱང་དོམ་དྲེད་རོལ་དུ་ཁྲིད་པ། རང་གི་སྙིང་ག་ནས་འོད་ཟེར་འཕྲོས། དུར་ཁྲོད་ཆེན་པོ་ཀྲུ་ཙ་ལ་ནས། ནག་པོ་ཆེན་པོ་འཁོར་བཅས་སྤྱན་དྲངས་པར་བསམས་ལ། དད་པ་དང་ནི་དམ་ཚིག་གིས། །དཔལ་ལྡན་མགོན་པོ་(༣༥༣བ)སྤྱན་འདྲེན་ན། །སངས་རྒྱས་བསྟན་པ་སྲུང་བའི་ཕྱིར། །མཆོད་པའི་གནས་འདིར་གཤེགས་སུ་གསོལ། །ཨོཾ་ཤྲཱི་མཧཱ་ཀཱ་ལ་ཏྲཀྵད་ས་པ་རི་ཝཱ་ར་བཛྲ་ས་མཱ་ཛཿ ཛཿཧཱུྃ་བཾ་ཧོཿགཉིས་སུ་མེད་པར་ཐིམ། བཟླས་པའི་དམིགས་པ་གསལ་བཏབ་ལ། སྔགས་ནི། ཨོཾ་ཤྲཱི་མཧཱ་ཀཱ་ལ་ཏྲཀྵད་ག་ན་ཤུ་ཡ་རཾ་སིདྡྷི་ཧཱུྃ་ཕཊ། ཅེས་པ་སྙིང་པོའོ། །དྲག་སྔགས་ནི། ཧཱི་ཡཾ་ཏུ་ཊ་ལ་སོགས་པ་བཟླའོ། །ཨོཾ་ཤྲཱི་མཧཱ་ཀཱ་ལ་ཏྲཀྵད་ག་ན་ཤུ་ཡ་རཾ་སིདྡྷི་ཧཱུྃ་ཕཊ། ཨི་དཾ་བ་ལིཾ་ཏ་ཁ་ཁ་ཁཱ་ཧི་ཁཱ་ཧི། མཾ་ས་ལ་ཁཱ་ཧི། རཀྟ་ལ་ཁཱ་ཧི། ཙིཏྟ་ལ་ཁཱ་ཧི། གོ་རོ་ཙ་ན་ལ་ཁཱ་ཧི། པཉྩ་ཨོཾ་ཨ་མྲི་ཏ་ཁཱ་ཧི། ཞེས་པས་གཏོར་མ་སོགས་ཕུལ། ཨོཾ་བཛྲ་མཧཱ་ཀཱ་ལ་ཏྲཀྵད་ས་པ་རི་ཝཱ་ར་ཨརྒྷཾ་སོགས་ཀྱིས་མཆོད། དེ་ནས་བསྟོད་པ་ནི། སྒྲོག་བདུད་མཧཱ་ཀཱ་ལ་ནི། །རྔམ་པའི་ཞལ་ལ་གཏུམ་པའི་སྐུ། །གསོད་དང་གཅོད་པའི་ལས་ལ་དགྱེས། །ཁྱོད་ལ་འདུད་དོ་བསམ་པ་བསྒྲུབས། །མིང་པོ་རྗེ་རྗེའི་ལས་བྱེད་མ། །དམ་ལ་གནས་ཤིང་བསྟན་པ་སྲུང་། །ཁམས་གསུམ་ཁྲག་འཐུང་རེ་མ་ཏི། །ཁྱོད་ལ་གུས་པས་ཕྱག་འཚལ་འདུད། །ཤེལ་གཡུ་དངུལ་དང་དུང་གི་མིག །མཆོང་དང་ཟངས་ཀྱི་མིག་ཅན་མ། །སྔགས་ཀྱི་རང་སྒྲ་དིར་རི་རི། །བཅོལ་བའི་ལས་རྣམས་རྟགས་ཕྱུངས་ཤིག །སྲོག་བདུད་ནག་པོའི་དུས་ལ་བབ། །ལེགས་ལྡན་ནག་པོའི་དུས་ལ་བབ། །མ་ནིང་ནག་པོའི་དུས་ལ་བབ། །ལྷ་ཆེན་དཔལ་འབར་དུས་ལ་བབ། །ཅེས་བརྗོད།

མཆོད་(༣༥༨ན)ཕྱིན་གཏོར་མ་འདི་བཞེས་ལ། །ཞེས་སོགས་ཀྱིས་འཕྲིན་ལས་ཞུ། ༔ སློབ་མ་རྗེས་འཛིན་ནི། བཅའ་གཞི་དང་བདག་མདུན་སྒྲུབ་རྫས་བཅས་གོང་དུ་བཤད་པ་བཞིན་སྔོན་དུ་བཏང་། སྐབས་འདིར་དཀར་ཕྱོགས་སྐྱོང་བ་ཐམས་ཅད་ལ་དཀར་གཏོར་ཞིག་ངེས་པར་འབུལ། ཚོ་ག་གང་གི་ལུགས་དང་བསྟུན་ཀྱང་འདྲ། དེ་ནས་སློབ་མས་ཁྲུས་བྱས་ལ། མཎྜལ་ཕུལ། རྡོ་རྗེ་འཛིན་པ་དགོངས་སུ་གསོལ། །ཞེས་པ་ནས། མ་ལུས་རྗེས་གནང་བསྐུལ་དུ་གསོལ། །ཞེས་པའི་བར་གྱིས་གསོལ་བ་བཏབ། སློབ་དཔོན་ཕྱག་ན་རྡོ་རྗེ་དང་། མདུན་བསྐྱེད་མི་རོ་ཏྲ་རོ་བརྩེགས་པའི་གདན་ལ་པད་ཉིའི་སྟེང་དུ། རཾ་ལས་དཔལ་མགོན་པོ་སྐུ་མདོག་དུས་མཐའི་སྤྲིན་ལྟར་ནག་པ། ཞལ་གཅིག་ཕྱག་གཉིས་པ། གཡས་རྩེ་གསུམ་གྱི་མགུལ་དུ་མི་མགོ་དཔྱངས་པ་རུ་དར་ནག་པོ་དང་བཅས་པ་འཕྱུར་ཞིང་། གཡོན་དགྲ་བགེགས་ཀྱི་གློ་སྙིང་རླངས་པ་བྲུན་ནེ་ཞལ་དུ་གསོལ་ཞིང་བདུད་ཞགས་ནག་པོ་འཛིན་པ། སྐུ་ལ་དར་ནག་གི་འཛོལ་བེར་སྲུམ་བརྩེགས་སུ་གསོལ་ཞིང་། རིན་པོ་ཆེ་གསེར་གྱི་སྐེ་རགས་བཅིངས་པ། ཞབས་ལ་ལྷམ་ཡུ་རིང་གསོལ་ཞིང་། ཕྱུགས་ཀྱི་རལ་པ་སྨུག་ལྟར་གཏིབས་པ། མཆེ་གཙིགས་སྤྱན་གསུམ་སྨྲ་ར་འབར་ཞིང་། ཐོད་སྐམ་གྱི་དབུ་རྒྱན་དང་། ཐོད་རློན་གྱི་དོ་ཤལ་ཅན། སྟག་རལ་གཡས་སུ་བཀྲ་བ། གཟིག་ཤུབས་གཡོན་དུ་འཁྱུག་པ། ཕྱུགས་གཞུ་ནག་པོ་གྲུ་མོ་ལ་གྱོན་པ། ཙན་དན་བེང་ཆེན་(༣༥༨བ)སྙེད་ལ་གཟེར་བ། ཏ་ནག་ཆིབས་ཤིང་རྫུ་འཕྲུལ་དང་དྲག་ཤུལ་ཆེ་བ། མི་དཔུང་འབར་བའི་དབུས་ན་བཞུགས་པ། བླ་མ་རྡོ་རྗེ་འཛིན་པ་དང་། །དཔལ་ལྡན་མགོན་པོ་འཁོར་བཅས་རྣམས། །མ་རུངས་པ་རྣམས་བསྒྲལ་སླད་དུ། །བདག་ལ་བྱིན་གྱིས་བརླབ་ཏུ་གསོལ། །ཞེས་ལན་གསུམ་གསོལ་བ་བཏབ། མགོན་པོའི་གནས་གསུམ་ནས་སྐུ་གཟུགས་དཀར་དམར་མཐིང་གསུམ་རིམ་པས་བྱུང་བ། སློབ་མའི་གནས་གསུམ་དུ་རིམ་པས་ཐིམ་པས་སྐུ་གསུང་ཐུགས་ཀྱི་རྗེས་གནང་ཐོབ་པར་མོས་སུ་བཅུག་ལ། གཏོར་མ་མགོ་

ཐོག་ཏུ་བཞག་ལ། རྡོ་རྗེ་འཆང་ནས་རྩ་བའི་བླ་མའི་བར། །ཇི་ལྟར་ཁས་བླངས་དམ་བཅའ་དྲན་མཛོད་ལ། །སྐལ་ལྡན་བུ་ཡི་འགལ་རྐྱེན་ཀུན་སེལ་ཞིང་། །མཐུན་རྐྱེན་མཆོག་ཐུན་དངོས་གྲུབ་མ་ལུས་སྩོལ། །ཞེས་བཀའ་བསྒོ་བྱ། མགོན་པོའི་སྐུ་གཉིས་པ་ཞིག་ཆད་དེ། སྤྱི་བོ་ནས་བསྡིམས་པས། མགོན་པོའི་སྐུ་གསུང་ཐུགས་ཀྱི་རྡོ་བོར་གྱུར་པར་བསམས། བཟླས་ལུང་ནི། ཁྱེད་རང་གི་སྙིང་གར་པད་ཉིའི་གདན་ལ་ཧཱུྃ་མཐིང་ནག་གི་མཐར་སྔགས་འཕྲེང་འོད་ཟེར་མཐིང་ནག་འབར་བའི་རྣམ་པ་ཅན་དུ་བཞུགས་པར་མོས། སློབ་དཔོན་གྱི་ཐུགས་ཀ་ནས་འོད་ཟེར་འཕྲོས། མདུན་བསྐྱེད་ཀྱི་ལྷའི་ཐུགས་རྒྱུད་བསྐུལ། ཐུགས་ཀའི་སྔགས་འཕྲེང་ལས་སྔགས་འཕྲེང་གཉིས་པ་ཞིག་ཆད། ཞལ་ནས་ཐོན། ཁྱེད་རང་གི་ཁ་སྒོ་ནས་ཞུགས། སྙིང་གའི་ཧཱུྃ་ཡིག་གི་མཐར་སྔགས་སྔ་མ་ལ་ཐིམ་ཞིང་འཁོར་བར་མོས་ལ། འདིའི་རྗེས་བཟློས་མཛོད་ཅིག་བྱས་(༣༥༥ན)ལ། ཨོཾ་ཤྲཱི་མཧཱ་ཀཱ་ལ་ཊཀྐཱད་ག་ན་གུ་ཡ་རཾ་སིདྡྷི་ཧཱུྃ་ཕཊ། ཅེས་དང་དྲག་སྔགས་ལན་གསུམ་རྗེས་བཟློས་བྱེད་དུ་བཅུག །འདིའི་ཆོས་སྐོར་རྣམས་ཉམས་སུ་ལེན་པ་ལ་དབང་བ་ཡིན་པས་དམ་ཚིག་ལ་གནས་པར་གྱིས་ཤིག །ཅེས་གདམས། རྗེས་ཀྱི་བྱ་བ་སྤྱི་དང་འདྲ། །

༄ མགོན་པོ་ཏྲཀྵད་འབྲོང་ཞལ་ཅན་ལ། མཎྜལ་གྱི་ཁར་ཆོས་འབྱུང་སུམ་བརྩེགས་ཟུར་དགུ་པ། དབུས་སུ་མི་རོ་དང་བཅས་པ། དེའི་སྟེང་དུ་དམར་གཏོར་ཟུར་གསུམ་པ། མདུན་དུ་མཆོད་གཏོར་ཕྱག་ལེན་བཅས་བཤམས། ཡི་དམ་གྱི་བདག་བསྐྱེད་སྔོན་དུ་འགྲོ་བས། མཆོད་པ་ཨ་མྲི་ཏས་བསངས་ཏེ་བླ་མེད་ལྟར་བྱིན་གྱིས་བརླབས་ནས། མདུན་བསྐྱེད་གཉའ་གནོན་དུ་དཔལ་མགོན་པོ་བསྐྱེད་ནས། དེའི་མདུན་དུ་ཆོས་འབྱུང་གསུམ་མི་རོ་ཅན་སུམ་བརྩེགས་ཟུར་དགུ་པའི་དབུས་སུ། སྐད་ཅིག་གིས་ལས་མཁན་འབྲོང་ཞལ་ནག་པོ་ཞལ་གཅིག་ཕྱག་གཉིས་པ། གཡས་བེ་ཅོན་འབར་བ་དང་། གཡོན་གྲི་གུག་ཁྲག་འཛག་པ་འཛིན་པ། སྟག་རལ་དང་གཟིག་ཤུབས་ཅན།

སྐུ་ལ་དར་ནག་གི་འཇོལ་བེར་གསོལ་ཞིང་། རིན་པོ་ཆེ་གསེར་གྱི་སྙེ་རགས་བཅིངས་པ། ཞབས་ལ་ལྷམ་ཡུ་རིང་གསོལ་ཞིང་། ལྩུགས་ཀྱི་རལ་པ་མུན་ལྟར་གཏིབས་པ། མཆེ་གཙིགས་སྤྱན་གསུམ་སྨྲ་ར་འབར་ཞིང་། ཐོད་སྐམ་གྱི་དབུ་རྒྱན་དང་། ཐོད་རློན་གྱི་དོ་ཤལ་ཅན། དྲེའུ་ནག་པོ་རྟིང་དཀར་ལ་ཆིབས་ཞིང་ཇོ་འཕྲུལ་དང་དྲག་ཤུལ་ཆེ་བ། མེ་(༣༥༥བ)དཔུང་འབར་བའི་དབུས་ན་བཞུགས་པ། ཞེས་སྐད་ཅིག་གིས་བསྐྱེད་ནས། རང་གི་སྙིང་ག་ནས་འོད་ཟེར་འཕྲོས། རང་བཞིན་གྱི་གནས་ནས་མགོན་པོ་ཡེ་ཤེས་སེམས་དཔའ་བཛྲ་ས་མཱ་ཛཿཛཿཧཱུྃ་བཾ་ཧོཿགཉིས་སུ་མེད་པར་ཐིམ། ཨོཾ་བཛྲ་མཧཱ་ཀཱ་ལ་ས་མ་ཡ་མ་ནུ་ཀྲ་མ་ཐ་ས་མ་ཡ་རཀྵ་ཧཱུྃ། ཞེས་དམ་ལ་བཞག་ནས། ཨརྒྷཾ་སོགས་ཀྱིས་མཆོད། བཟླས་པའི་དམིགས་པ་གསལ་བཏབ་ལ། ཨོཾ་བཛྲ་མཧཱ་ཀཱ་ལ་ཊཀྐཱིད་ཊི་ཡཾ་ཧྲཱུཿཧི་ཚལ་པ་ཊི་ཡཾ་ཛཿཛཿཊུ་ཊུ་ཊུ་ཊུ་ཙ་པ་ལ་ཨ་ཤུག་མེ་ཧྲཱུཿ ཞེས་བཟླ། གཏོར་མ་ཨ་མྲྀ་ཏས་བསངས། ཨོཾ་སྟོང་པར་གྱུར། ཨཱཿཐོད་པའི་སྣོད་ཡངས་ཤིང་རྒྱ་ཆེ་བར། ཧཱུྃ་ཤ་ལྔ་བདུད་རྩི་ལྔས་གང་བར་གྱུར། ཧོཿཡེ་ཤེས་ཀྱི་བདུད་རྩིའི་རྒྱ་མཚོ་ཆེན་པོར་གྱུར། ཨོཾ་ཨཱཿཧཱུྃ། ལན་གསུམ་གྱིས་བྱིན་གྱིས་བརླབས། ཨོཾ་བཛྲ་མཧཱ་ཀཱ་ལ་ཊཀྐཱིད་ཊི་ཡཾ་ཧྲཱུཿཧི་ཚལ་པ་ཊི་ཡཾ་ཛཿཛཿཊུ་ཊུ་ཊུ་ཊུ་ཙ་པ་ལ་ཨ་ཤུག་མེ་ཧྲཱུཿཨོཾ་མཧཱ་བ་ལིཾ་ཏ་ཁ་ཁ་ཁཱ་ཧི་ཁཱ་ཧི། ལན་གསུམ་གྱིས་ཕུལ། སྲིན་པོའི་གཟུགས་ཀྱིས་གདུག་པ་ཅན། །ཚར་གཅོད་བྱང་ཆུབ་སེམས་དཔའ་སྟེ། །གྲོང་ཁྱེར་སུམ་བརྩེགས་འཇིགས་བྱེད་པ། །གཏུམ་པོ་ཁྱོད་ལ་བདག་བསྟོད་དོ། །ཞེས་བསྟོད། མཆོད་སྦྱིན་གཏོར་མ་འདི་བཞེས་ལ། །ཞེས་སོགས་ཀྱིས་འཕྲིན་ལས་བཅོལ། ༔ སློབ་མ་རྗེས་འཛིན་ནི། སློབ་མས་ཁྲུས་བྱས། མཎྜལ་ཕུལ། རྡོ་རྗེ་འཛིན་པ་དགོངས་སུ་གསོལ། །ཞེས་པ་ནས། མ་ལུས་རྗེས་གནང་བསྩལ་དུ་གསོལ། །ཞེས་པའི་བར་གྱིས་ལན་གསུམ་གསོལ་བ་བཏབ། (༣༥༦ན)སློབ་དཔོན་ཕྱག་ན་རྡོ་རྗེ་དང་། མདུན་བསྐྱེད་ཀྱི་གཏོར་རྟེན་འདི་ཉིད་ཀྱང་ལས་མཁན་འབྲོང་ཞལ་ནག་པོ་ཞལ་གཅིག་ཕྱག་གཉིས་

གཡས་བེ་ཅོན་འབར་བ་དང་གཡོན་གྱི་གུག་ཁྲག་འཛག་པ་འཛིན་པ་དྲེའུ་ནག་པོ་རྙིང་དཀར་ལ་ཞོན་པ་ཞིག་ཏུ་དངོས་སུ་བཞུགས་འདུག་སྙམ་པར་མོས་ལ། བླ་མ་རྡོ་རྗེ་འཛིན་པ་དང་། །དཔལ་ལྡན་མགོན་པོ་འཁོར་བཅས་རྣམས། །མ་རུངས་པ་རྣམས་བསྒྲལ་སླད་དུ། །བདག་ལ་བྱིན་གྱིས་བརླབ་ཏུ་གསོལ། །ཞེས་ལན་གསུམ་གསོལ་བ་བཏབ། དེ་ནས་གཏོར་མ་མགོ་ཐོག་ཏུ་བཞག་ལ། རྩ་བརྒྱུད་ཀྱི་དཔལ་ལྡན་བླ་མ་དམ་པ་རྣམས་ཀྱིས་བྱིན་གྱིས་རློབས་ཤིག །ཡི་དམ་དཀྱིལ་འཁོར་གྱི་ལྷ་ཚོགས་རྣམས་ཀྱིས་བྱིན་གྱིས་རློབས་ཤིག །སངས་རྒྱས་དང་བྱང་ཆུབ་སེམས་དཔའ་རྣམས་ཀྱིས་བྱིན་གྱིས་རློབས་ཤིག །དཔའ་བོ་དང་དཔའ་མོ་རྣལ་འབྱོར་མ་རྣམས་ཀྱིས་བྱིན་གྱིས་རློབས་ཤིག །དཔལ་མགོན་དམ་པ་ཆོས་སྐྱོང་སྲུང་མ་རྣམས་ཀྱིས་བྱིན་གྱིས་རློབས་ཤིག །ཁྱད་པར་དུ་ཡང་ལས་མཁན་འབྲོང་ཞལ་ནག་པོ་འཁོར་དང་བཅས་པ་རྣམས་ཀྱིས་བྱིན་གྱིས་རློབས་ཤིག །ལས་མཁན་འབྲོང་ཞལ་འཁོར་དང་བཅས་པ་ཁྱེད་རྣམས་ཀྱིས་རྩ་བརྒྱུད་ཀྱི་དཔལ་ལྡན་བླ་མ་དམ་པ་རྣམས་ཀྱི་བཀའ་དང་དམ་ལས་མི་འདའ་བར་རྡོ་རྗེ་སློབ་མ་རྣམས་ཀྱི་ལུས་དང་གྲིབ་མ་བཞིན་དུ་འགྲོགས་ཏེ། འགལ་རྐྱེན་ཐམས་ཅད་སོལ། མཐུན་རྐྱེན་ཐམས་ཅད་སྒྲུབས། ཇི་ལྟར་བཅོལ་བའི་ལས་ཐམས་ཅད་འགྲུབ་པར་མཛོད་ཅིག །ཛཿཧཱུཾ་བཾ་ཧོཿ ཞེས་གཏོར་དབང་བསྐུར། དེ་ཙམ་(༣༥༨བ)གྱིས་ཆོག་པ་ཡིན་ནོ། །རྗེས་ཀྱི་བྱ་བ་སྤྱི་དང་འདྲ། །

༄ མགོན་པོ་ཏྲཀྲད་གསང་སྒྲུབ་ཤྭ་ནའི་ཞལ་ཅན་ལ། མནྡལ་གྲུ་གསུམ་ནག་པོའི་དབུས་སུ་ཚོམ་བུ་དམར་ནག །དེའི་སྟེང་དུ་མཆེའི་ཁར་རྟེན་གཏོར་བཞག །མདུན་དུ་འབུལ་གཏོར། མཆོད་པ། ནང་མཆོད། ཐོད་པ་བདུད་རྩིས་བཀང་བ་བཤམས། ཡི་དམ་གྱི་བདག་བསྐྱེད་སྔོན་དུ་འགྲོ་བའི་སྒོ་ནས། མཆོད་པ་ཨ་མྲི་ཏས་བསངས་ཏེ་བླ་མེད་ལྟར་བྱིན་གྱིས་བརླབས། མདུན་བསྐྱེད་སྭ་བྷཱ་ཝས་སྟོང་པར་སྦྱངས། སྟོང་པའི་ངང་ལས་ཧཱུྃ་ལས་གནམ་ལྕགས་ཀྱི་ཐོད་མཁར་གྲུ་གསུམ་བསྐོལ་བ། སྒོ་མེད་

ཡངས་ཤིང་རྒྱ་ཆེ་བ། མེ་འབར་ཞིང་ནད་དང་དུག་གི་ན་བུན་འཐུལ་བ། མཚོན་ཆའི་ཆར་འབེབས་པ། དེའི་ནང་དུ་ཨེ་ལས་གྲུ་གསུམ་མཐིང་ནག་འབར་བའི་སྟེང་དུ། པཾ་ལས་པདྨ། རཾ་ལས་ཉི་མ། ཧྲཱིཿལས་དགྲ་བགེགས་ཀྱི་ཞིང་ཆེན་བརྗོལ་བ། རང་གི་སྙིང་ག་ནས་རཾ་དམར་ནག་འཕྲོས་ཏེ། གདན་དེའི་སྟེང་དུ་འཕོད། རཾ་ལས་མེ་དཔུང་དམར་ནག་རཾ་གྱིས་མཚན་པ་ལས་འབར་བའི་མེ་དཔུང་གིས་འཇིག་རྟེན་གྱི་ཁམས་ཐམས་ཅད་གང་། དགྲ་བགེགས་ཐམས་ཅད་བསྲེགས། སླར་ཡང་རཾ་ལས་རྒྱ་གསུམ་རཾ་གྱིས་མཚན་པ་ལས་འོད་ཟེར་འཕྲོས། སེམས་ཅན་ཐམས་ཅད་བདེ་བ་ལ་བཀོད། གནོད་བྱེད་རྣམས་ཚར་བཅད་ཚུར་འདུས་ཡོངས་སུ་གྱུར་པ་ལས། རྡོ་རྗེ་མཧཱ་ཀཱ་ལ་སྲིན་པོའི་གཟུགས་ཅན། དམར་ནག་ཞལ་གཅིག་ཕྱག་གཉིས་པ་ཤྭ་ནའི་ཞལ་ཛམས་ཤིང་གཙིགས་པ། སྤྱན་གསུམ་(༣༥༧ན)བགྲད་པ། གཡས་ཁ་ཊྭཱཾ་ག་རྩེ་གསུམ་མི་མགོས་མཚན་པ་འཕྱར་བ། གཡོན་དགྲ་བོའི་སྙོ་སྙིང་བཟུང་ནས་ཞལ་དུ་གསོལ་བ། དབུ་སྐྲ་དམར་སེར་གྱེན་དུ་བརྫེས་པ་ལ་སྦྲུལ་དཀར་ཁྲས་ཐོད་བཅིངས་ཤིང་། ཉི་ཟླས་སྤྱི་གཙུག་བརྒྱན་པ། སྟག་ལྤགས་ཀྱི་ཤམ་ཐབས་དང་། མི་ལྤགས་ཀྱི་སྟོད་གཡོགས་ཅན། སྦྲུལ་ནག་པོས་བརྒྱན་པ། ཞབས་གཡས་བསྐུམས་གཡོན་བརྐྱངས་ཀྱི་སྟབས་ཀྱིས་བཞུགས་པ། དེའི་མདུན་དུ་ཡུམ་ཁྲོ་མོ་གསེར་མིག་མ། ཟུར་དུག་ལ་གཡས་སྐོར་གྱིས། གཡུ་མིག་མ། མཚོང་མིག་མ། ཟངས་མིག་མ། དུང་མིག་མ། འཁར་མིག་མ། ལྕགས་མིག་མ་སྟེ། བདུན་ཀར་ཡང་རྡོ་རྗེ་དང་ཞགས་པ་བསྣམས་པ། ཁྲི་གདོང་ཅན། གཡང་གཞི་སྟག་ལྤགས་རུས་རྒྱན་སོགས་ཀྱིས་བརྒྱན་པ། སྲིན་མོའི་ཆ་ལུགས་ཅན་ནོ། །རང་གི་སྙིང་ག་ནས་འོད་ཟེར་འཕྲོས། དུར་ཁྲོད་བརྒྱད་ནས། ཡེ་ཤེས་པ་སྤྲིན་གཏིབས་པ་བཞིན་དུ་སྤྱན་དྲངས་པར་བསམས་ལ། མཧཱ་ཀཱ་ལ་ས་མ་ཡ་མཏྟྲལ་མ་ཡེ། ཨཱ་གཙྪ་ཨཱ་གཙྪ། ཨ་བེ་ཤ་ཡ་ཨ་བེ་ཤ་ཡ། ཏིཥྛ་ཡ་ཏིཥྛ་ཡ། ཨ་ཝ་ལོ་ཀ་ཡ་ཧཱུྃ་ཧཱུྃ་ཛཿཧཱུྃ་བཾ་ཧོཿ གཏོར་མ་ཨ་ཀྲོ་ཏས་བསངས། ཨོཾ་

སྟོང་པར་གྱུར། ཨཱཿཐོད་པའི་སྣོད་ཡངས་ཤིང་རྒྱ་ཆེ་བར། ཧཱུྃ་ཤ་ལྔ་བདུད་རྩི་ལྔས་གང་བར་གྱུར། ཧོཿཡེ་ཤེས་ཀྱི་བདུད་རྩིའི་རྒྱ་མཚོ་ཆེན་པོར་གྱུར། ཨོཾ་ཨཱཿཧཱུྃ། ལན་གསུམ་གྱིས་བྱིན་གྱིས་བརླབས་ལ། ཨོཾ་མཧཱ་ཀཱ་ལ་ཧཡཱད་མཧཱ་ཀཱ་ལ་ཨི་དཾ་བ་ལིཾ་(༣༥༧བ)ཏ་གྲིཧྣ་གྲིཧྣ་ཁ་ཁ་ཁཱ་ཧི་ཁཱ་ཧི། ཧྲུཛྫ་ཧོ་རཀྟ་པི་པ་ཧོ། ས་མ་ཡེ་ཧཱུྃ་ཁ་རཾ་ཁཱ་ཧི། ཞེས་ལན་གསུམ་གྱིས་གཏོར་མ་དབུལ། བཟླས་པའི་དམིགས་པ་གསལ་བཏབ་ལ། ཨོཾ་མཧཱ་ཀཱ་ལ་ཧཡཱད་མཧཱ་ཀཱ་ལ་དྲག་པོ་སིདྡྷི་ཧི་ཡཾ་དུ་ཛཿཛཿཐོད་པའོ། །ནག་པོ་ཧེ་ཧེ་ཛཿཛཿཕཊ། ཐད་པའོ། །སྙིང་ཁ་རག །ཙིཏྟ་ཐད་སྦྱོཿཧཱུྃ་ཧཱུྃ་ཕཊ་ཧྲ་ཕཊ། བསད་པ་སྟེ་གསུམ་ཆར་གཅིག་ཏུ་དྲིལ་ནས་བཟླའོ། །

༈ སློབ་མ་རྗེས་འཛིན་ནི། སློབ་མས་ཁྲུས་བྱས་ལ། མཎྜལ་ཕུལ། རྗེ་བཙུན་རྡོ་རྗེ་འཛིན་པའི་གཙོ། །བདག་གི་ལུས་ངག་ཡིད་གསུམ་གྱི། །དྲི་མ་མཐའ་དག་སྦྱང་བའི་ཕྱིར། །མ་སྨིན་སྨིན་བྱེད་དབང་བསྐུར་སྩོལ། །ཞེས་ལན་གསུམ་གསོལ་བ་བཏབ། དཀོན་མཆོག་གསུམ་ལ་བདག་སྐྱབས་མཆི། །ཞེས་སོགས་རྒྱུན་བཤགས་ལན་གསུམ་བྱ། སྐུའི་རྗེས་གནང་ནི། སློབ་མ་བསངས་སྦྱངས། སྟོང་པའི་ངང་ལས་པཾ་ལས་པདྨ། རཾ་ལས་ཉི་མ། ཧཱུྃ་ལས་དགྲ་བགེགས་ཀྱི་ཞིང་ཆེན་བསྣོལ་བའི་སྟེང་དུ། ཁྱེད་རང་གི་སེམས་ཉིད་རཾ་ལས་རྩེ་གསུམ་རཾ་གྱིས་མཚན་པ་ལས་འོད་ཟེར་འཕྲོས། སེམས་ཅན་ཐམས་ཅད་བདེ་བ་ལ་བཀོད། གནོད་བྱེད་རྣམས་ཚར་བཅད་ཚུར་འདུས་ཡོངས་སུ་གྱུར་པ་ལས། ཁྱེད་རང་རྣམས་རྡོ་རྗེ་མཧཱ་ཀཱ་ལ་སྲིན་པོའི་གཟུགས་ཅན། སྐུ་མདོག་དམར་ནག་ཞལ་གཅིག་ཕྱག་གཉིས་པ་ཤྭ་ནའི་ཞལ་ཊམས་ཤིང་གཙིགས་ལ། སྤྱན་གསུམ་བགྲད་པ། གཡས་ཁ་ཊྭཱཾ་ག་རྩེ་གསུམ་མི་མགོས་མཚན་པ་འཕྱར་བ། གཡོན་དགྲ་བོའི་(༣༥༨ན)སྙོ་སྙིང་བཟུང་ནས་ཞལ་དུ་གསོལ་བ། དབུ་སྐྲ་དམར་སེར་གྱེན་དུ་བརྫེས་པ་ལ་སྦྲུལ་དཀར་ཁྲས་ཐོད་བཅིངས་ཤིང་། ཉི་ཟླས་སྤྱི་གཙུག་བརྒྱན་པ། སྟག་ལྤགས་ཀྱི་ཤམ་ཐབས་དང་། མི་ལྤགས་ཀྱི་སྟོད་གཡོགས་ཅན། སྦྲུལ་ནག་པོས་བརྒྱན་པ། ཞབས་

གཡས་བསྐུམས་གཡོན་བརྐྱངས་ཀྱི་སྟབས་ཀྱིས་བཞུགས་པ། དེའི་མདུན་དུ་ཡུམ་ཁྲོ་མོ་གསེར་མིག་མ། ཟུར་དྲུག་ལ་གཡས་སྐོར་གྱིས། གཡུ་མིག་མ། མཆོང་མིག་མ། ཟངས་མིག་མ། དུང་མིག་མ། འཁར་མིག་མ། ལྕགས་མིག་མ་སྟེ། བདུན་ཀར་ཡང་རྡོ་རྗེ་དང་ཞགས་པ་བསྣམས་པ། ཁྲོ་གདོང་ཅན། གཡང་གཞི་སྟག་ལྤགས་རུས་རྒྱན་སོགས་ཀྱིས་བརྒྱན་པ། སྲིན་མོའི་ཆ་ལུགས་ཅན་ནོ། །ཞེས་བསྐྱེད་ནས། སློབ་དཔོན་གྱི་ཐུགས་ཀ་ནས་འོད་ཟེར་འཕྲོས། དུར་ཁྲོད་བརྒྱད་ནས། མགོན་པོ་ཡེ་ཤེས་པ་བཛྲ་ས་མ་ཛཿཞེས་ཡེ་ཤེས་པ་སྤྱན་དྲངས་ཏེ། གཏོར་མ་མགོ་ཐོག་ཏུ་བཞག་ནས། རྩ་རྒྱུད་ཀྱི་དཔལ་ལྡན་བླ་མ་དམ་པ་རྣམས་ཀྱིས་བྱིན་གྱིས་རློབས་ཤིག །ཡི་དམ་དཀྱིལ་འཁོར་གྱི་ལྷ་ཚོགས་རྣམས་ཀྱིས་བྱིན་གྱིས་རློབས་ཤིག །སངས་རྒྱས་དང་བྱང་ཆུབ་སེམས་དཔའ་རྣམས་ཀྱིས་བྱིན་གྱིས་རློབས་ཤིག །དཔའ་བོ་དང་དཔའ་མོ་རྣལ་འབྱོར་མ་རྣམས་ཀྱིས་བྱིན་གྱིས་རློབས་ཤིག །དཔལ་མགོན་དམ་པ་ཆོས་སྐྱོང་སྲུང་མ་རྣམས་ཀྱིས་བྱིན་གྱིས་རློབས་ཤིག །ཁྱད་པར་དུ་ཡང་རྡོ་རྗེ་མཧཱ་ཀཱ་ལ་འཁོར་དང་བཅས་པ་རྣམས་ཀྱིས་བྱིན་གྱིས་རློབས་ཤིག །རྡོ་རྗེ་མཧཱ་ཀཱ་ལ་འཁོར་དང་བཅས་པ་ཁྱེད་རྣམས་ཀྱིས་(༢༥༨བ)རྩ་རྒྱུད་ཀྱི་དཔལ་ལྡན་བླ་མ་དམ་པ་རྣམས་ཀྱི་བཀའ་དང་དམ་ལས་མི་འདའ་བར་རྡོ་རྗེ་སློབ་མ་རྣམས་ཀྱི་ལུས་དང་གྲིབ་མ་བཞིན་དུ་འགྲོགས་ལ་མགོན་སྐྱབས་དང་དཔུང་གཉེན་མཛོད་ཅིག །དགྲ་བགེགས་ཐམས་ཅད་ཐུལ་ཅིག །ཇི་ལྟར་བསམ་པའི་ལས་ཐམས་ཅད་སྒྲུབ་པར་མཛོད་ཅིག །བྱང་ཆུབ་མ་ཐོབ་ཀྱི་བར་དུ་ནད་དང་གནོད་པ་ལས་སྲུང་བ་དང་། བསྐྱབས་པ་དང་སྤྲ་བའི་འཕྲིན་ལས་མཛོད་ཅིག །ཛཿཧཱུྃ་བཾ་ཧོཿ གཏོར་མའི་མགོན་པོ་འོད་དུ་ཞུ་སྟེ་ཐིམ་པས། སྐུའི་སྤྲུལ་པ་དཔག་ཏུ་མེད་པ་སྤྲུལ། དགྲ་བགེགས་རྣམས་ཚར་བཅད་པར་བསམ་སྟེ། བུམ་དབང་། གསུང་གི་རྗེས་གནང་ནི། ཀ་པཱ་ལའི་བདུད་རྩི་སློབ་མ་ལ་བྱིན། འཇིག་རྟེན་ཁམས་ཀྱི་དུག་རྣམས་བསྡུས་ཏེ། ཞལ་གྱི་སྒོ་ནས་ཞུགས། སྙིང་གའི་ཐུགས

འཁྲེང་གི་མེ་འོད་དང་འདྲེས་པ། བྱ་ག་དགུ་ནས་སྦྱོར། དགྲ་བགེགས་རྣམས་ལ་ཆར་བཞིན་བབས་པར་བསམས་པ་ནི། གསང་དབང་། ཐུགས་ཀྱི་རྫས་གནང་ནི། སློབ་མ་མགོན་པོ་ལ། ཡུམ་གསེར་མིག་མས་འཕྲུད་པ། སློབ་དཔོན་གྱི་ཐུགས་ཀ་ནས། ཕོ་ཉ་དང་འོད་ཟེར་གྱི་ཚོགས་དཔག་ཏུ་མེད་པ་སྤྲོས། དགྲ་བགེགས་རྣམས་བཀུག་སྟེ། ཤེས་རབ་ཀྱི་མཁའ་ནང་དུ་ཆོས་འབྱུང་མཐིང་ནག་གྲུ་གསུམ་གྱི་ནང་དུ་བཞག །མཚོན་ཆའི་ཆར་ཕབ་སྟེ། ལུས་སེམས་རྡུལ་དུ་བརླག་པར་བསམས། ཤེས་རབ་ཡེ་ཤེས་ཀྱི་དབང་ངོ་། །དབང་བཞི་པ་ནི། དེ་ལྟར་དགྲ་བགེགས་སྒྲོལ་བྱེད། སྒྲོལ་བྱ། སྒྲོལ་ཚུལ་གང་ཡང་མི་དམིགས་པ་ལ་མཉམ་པར་འཇོག་(༣༥༥་ན)པའོ། །དེ་ནི་ཡོན་ཏན་གྱི་རྫས་གནང་དུ་དོན་གྱིས་ཡོང་ཞིང་། གོང་མ་གསུམ་པོ་ཉིད་དྲག་པོའི་ལས་ཀྱི་བཀའ་གཏད་ཡིན་པས། འཕྲིན་ལས་ཀྱི་རྫས་གནང་ལོགས་པ་མི་དགོས་གསུངས་སོ། །རྫས་ཆོག་རྣམས་སྤྱི་དང་འདྲའོ། །སྒྲུབ་ཐབས་རིན་ཆེན་འབྱུང་གནས་ཀྱི་ལྷན་ཐབས་རིན་འབྱུང་དོན་གསལ་ལས། ལེགས་ལྡན་མཧཱ་ཀཱ་ལའི་སྒྲུབ་ཐབས་བཤད་པའི་སྐབས་སོ། །

༄ དཔལ་མགོན་ཞལ་བཞི་པ་བསྙེན་དུས་དང་འབྲེལ་བ་ལ། མདུན་དུ་དམར་གཏོར་གྲུ་གསུམ་གཙོ་འཁོར་ལྔ་པ་ཤ་ཁྲག་གིས་བརྒྱན་པ་བཤམས། དེའི་མདུན་དུ་མཆོད་པ་བཀོད་ལ། བདག་བསྐྱེད་སྔོན་དུ་འགྲོ་བས། སྔོན་འགྲོ་གཏོར་མ་བཏང་། བསངས་ཆུ་གནས་ཁང་དང་མཆོད་རྫས་སོགས་ལ་གཏོར། བསངས་སྦྱངས། སྟོང་པའི་ངང་ལས་གནས་ཁང་ཧཱུྃ་ལས་རིན་པོ་ཆེ་སྣ་ཚོགས་ལས་གྲུབ་པའི་ཐར་པ་ཆེན་པོའི་གཞལ་མེད་ཁང་མཚན་ཉིད་ཐམས་ཅད་ཡོངས་སུ་རྫོགས་པའི་དབུས་སུ། ཨཱཿལས་བྱུང་བའི་མིའི་ཐོད་པ་ཡངས་ཤིང་རྒྱ་ཆེ་བ་རྣམས་ཀྱི་ནང་དུ་ཧཱུྃ་ཞུ་བ་ལས་བྱུང་བའི་མཆོད་ཡོན། ཞབས་བསིལ། མེ་ཏོག །བདུག་སྤོས། མར་མེ། དྲི་ཆབ། ཞལ་ཟས། རོལ་མོ་ལ་སོགས་པའི་མཆོད་རྫས་རྣམས་ཡེ་ཤེས་ཀྱི་རང་བཞིན། མཆོད་པའི་རྣམ་པ།

ཟག་མེད་བདེ་ཆེན་གྱི་རྒྱུ་བླ་ན་མེད་པས་མཁའ་དབྱིངས་ཐམས་ཅད་ཡོངས་སུ་ཁྱབ་པར་གྱུར། ཨོཾ་བཛྲ་ཨརྒྷཾ་སྭཱཧཱ། ཨོཾ་བཛྲ་པཱ་དྱཾ་སྭཱཧཱ། ཨོཾ་བཛྲ་པུཥྤེ་ཨཱཿཧཱུྃ། ཞེས་པ་ནས། ཨོཾ་(༣༥༩བ)བཛྲ་ཤབྡ་ཨཱཿཧཱུྃ། ཨོཾ་བཛྲ་དྷརྨ་ར་ཎི་ཏ། པྲ་ར་ཎི་ཏ། སཾ་པྲ་ར་ཎི་ཏ། སརྦ་བུདྡྷ་ཀྵེ་ཏྲ་པྲ་ཙ་ལི་ཏེ། པྲཛྙཱ་པ་ར་མི་ཏ་ན་ད་སྭ་བྷཱ་ཝེ། བཛྲ་དྷརྨ་ཧྲི་ད་ཡ་ནི། སནྟོ་ཥ་ཎི་ཧཱུྃ་ཧཱུྃ་ཧཱུྃ་ཧོ་ཧོ་ཧོ་ཨཱཿཁཾ་སྭཱཧཱ། ལན་གསུམ་གྱིས་བྱིན་དབབ། ནང་མཆོད་བྱིན་གྱིས་བརླབས། གཏོར་མའང་ཡི་དམ་གང་བྱེད་དེ་ཉིད་ཀྱི་གཏོར་ཆོག་ལྟར་རམ། བླ་མེད་སྤྱི་འགྲོ་ལྟར་བྱིན་རླབས་བསྡུས་པ་གང་འཐད་བྱ། སྭ་བྷཱ་ཝས་སྟོང་པར་སྦྱངས། སྟོང་པའི་ངང་ལས་རང་གི་མདུན་གྱི་ནམ་མཁར་སྤྲིན་འཁོར་དུར་ཁྲོད་དང་བཅས་པའི་དབུས་སུ། མཐིང་ནག་གྲུ་གསུམ་འབར་བའི་ཆོས་འབྱུང་ལྡེ་ཚོམ་དུ་གནས་པའི་དབུས་མའི་སྟེང་དུ། པཾ་ལས་པདྨ་དང་། རཾ་ལས་ཉི་མའི་སྟེང་དུ་ཧཱུྃ་ལས་གྲི་གུག་ཧཱུྃ་གིས་མཚན་པ། དེ་ལས་འོད་ཟེར་འཕྲོས། དགྲ་བགེགས་གདུག་པ་ཅན་ཐམས་ཅད་ཚར་བཅད། ཚུར་འདུས་ཡོངས་སུ་གྱུར་པ་ལས། རྡོ་རྗེ་ནག་པོ་ཆེན་པོ་གདོང་བཞི་པ། རྩ་ཞལ་བརྩེགས་མ་གཉིས་ནག་པོ། གཡས་གཡོན་གཉིས་ལྗང་ནག །ཕྱག་བཞིའི་གཡས་གཡོན་གྱི་དང་པོ་གཉིས་ཀྱིས་རྡོ་རྗེས་མཚན་པའི་གྲི་གུག་དང་། དགྲ་བགེགས་ཀྱི་ཁྲག་གིས་གང་བའི་ཐོད་པ་སྙིང་བཅས་ཐུགས་ཀར་སྟེང་འོག་ཏུ་འཛིན་པ། གཡས་འོག་མས་རལ་གྲི་འབར་བ་འདེབས་པའི་ཚུལ་གྱིས་འཛིན་ཅིང་། གཡོན་འོག་མས་མི་རུས་ཀྱི་འཕྲེང་བ་འཕྱར་སྟབས་སུ་བསྣམས་པ། སྐྲ་ཁམ་པ་གྱེན་དུ་བརྫེས་ཤིང་། སྤྱན་གསུམ་པ་ཞལ་གདངས་ཤིང་མཆེ་བ་རྣོན་པོ་གཙིགས་ལ། མས་མཆུ་འཕྱང་བ། ཚངས་པའི་སྐུད་པ་(༣༦༠ན)དང་། རུས་པ་དང་། སྦྲུལ་དང་། དྲིལ་བུའི་འཕྲེང་བས་བརྒྱན་པ། སྟག་གི་པགས་པའི་ཤམ་ཐབས་ཅན། གཡས་བསྐུམས་གཡོན་བརྐྱངས་བཞེངས་པའི་སྟབས་ཀྱིས་ཡེ་ཤེས་ཀྱི་མེ་དྲག་ཏུ་འབར་བའི་ཀློང་དཀྱིལ་ན་བཞུགས་པ། ཕྱོགས་བཞིར་ཧཱུྃ་བཞི་ལས། གཡས་སུ་ཡུམ་

ཆེན་གཡུང་མོ་ནག་མོ། གཡོན་དུ་ལས་མཛད་གཏུམ་མོ་ལྷང་གུ། མདུན་དུ་དམར་ནག་སྲིན་མོ་ཆེན་མོ། རྒྱབ་ཏུ་སེར་ནག་སིདྡ་གླིང་མ་སྟེ། བཞི་ཀར་ཡང་ཞལ་གཅིག་ཕྱག་གཉིས་མ་གྲི་གུག་དང་ཐོད་པ་འཛིན་པ། རབ་ཁྲོས་དྲག་ཤུལ་ཕོ་ཉ་མོའི་ཆ་ལུགས་ཅན། སྤྱན་གསུམ་གཅེར་བུ་རྒྱན་མེད་པ། རབ་ཏུ་གྲིམ་ཞིང་གཙོ་བོ་ལ་མངོན་དུ་ཕྱོགས་པ། ཕྱི་རོལ་ཁོར་ཡུག་ཏུ་བདུད་གཙོད་ཀྱི་བཤན་པ་ཉེར་གཅིག །བདུད་འདུལ་གྱི་དམག་ཉིས་ཁྲི་ཆིག་སྟོང་། དྲེགས་པ་སྡེ་བརྒྱད། ལྷ་མ་སྲིན་ཞིང་གི་རྟུལ་སྙེད་ཀྱི་འཁོར་གྱིས་བསྐོར་བར་གྱུར། ཐམས་ཅད་ཀྱང་དཔྲལ་བར་ཨོཾ། མགྲིན་པར་ཨཱཿ ཐུགས་ཀར་ཧཱུྃ། རང་གི་སྙིང་ག་ནས་འོད་ཟེར་འཕྲོས། ཏི་སེ། བསིལ་བའི་ཚལ། པོ་ཏ་ལ། ཧ་ཧ་རྒོད་པའི་དུར་ཁྲོད་རྣམས་ནས། རྡོ་རྗེ་ནག་པོ་ཆེན་པོ་ཞིང་སྐྲུང་སྟོབས་འཕྲོག་དབང་པོ་ཞལ་བཞི་པ་འཁོར་དང་བཅས་པ་ཨོཾ་བཛྲ་ས་མ་ཛཿ སྤྱན་ཆེ་རྡོ་རྗེ་འཆང་གི་སྤྱན་སྔ་རུ། །གཏུམ་པོ་ཁྱོད་ཀྱིས་ཇི་ལྟར་ཁས་བླངས་བཞིན། །འཕྲིན་ལས་རྣམ་བཞིའི་ལས་ལ་སྤྱན་འདྲེན་ན། །སངས་རྒྱས་བསྟན་པ་སྲུང་ཕྱིར་གཤེགས་སུ་གསོལ། །ཨོཾ་མཧཱ་ཀཱ་ལ་ཀཱ་ལ་བི་ཀཱ་ལ་ར་ཏྲི་(༣༨༠བ)ཏ་ཧཱུྃ་ཕཊ། ས་པ་རི་ཝཱ་ར་ཨེ་ཧྱ་ཧི། ཛཿཧཱུྃ་བཾ་ཧོཿཔདྨ་ཀ་མ་ལ་ཡེ་སྟྭཾ། ཨོཾ་མཧཱ་ཀཱ་ལ་ཀཱ་ལ་བི་ཀཱ་ལ་ར་ཏྲི་ཏ། ས་པ་རི་ཝཱ་ར་གྲིཧྞ་དཾ་ཨརྒྷཾ་སྭཱཧཱ་ནས་ཤབྡའི་བར་གྱིས་མཆོད། རྡོ་རྗེ་རྗེ་ལྦ་པའི་ཕྱག་རྒྱ་འཆིང་བ་མགོན་པོའི་དམ་རྒྱའོ། །ཨོཾ་མཧཱ་ཀཱ་ལ་ཀཱ་ལ་བི་ཀཱ་ལ་ར་ཏྲི་ཏ། ས་པ་རི་ཝཱ་ར་ས་མ་ཡ་སྨ་ར་ས་མ་ཡ། མ་ཏི་ཀྲ་མ་ཡེ། ས་མ་ཡ་རཀྵནྟུ། དཔལ་རྡོ་རྗེ་ནག་པོ་ཆེན་པོ་གདོང་བཞི་པ་འཁོར་དང་བཅས་པ་ཐམས་ཅད་མཆོད་སྦྱིན་གྱི་གཏོར་མ་རྒྱ་ཆེན་པོ་འདི་བཞེས་ལ། རྩ་བ་དང་བརྒྱུད་པར་བཅས་པའི་དཔལ་ལྡན་བླ་མ་དམ་པ་རྣམས་ཀྱི་བཀའ་དང་དམ་ལས་མི་འདའ་བར་དམ་ཚིག་སྲུངས། བསྟན་པ་སྐྱོངས། དཀོན་མཆོག་གི་དབུ་འཕང་བསྟོད། ཆོས་སྒྲུབ་པའི་བར་ཆད་ཐམས་ཅད་ཞི་བ་དང་། བསམ་སྦྱོར་ཆོས་དང་མཐུན་པ་ཡིད་བཞིན་དུ་

འགྲུབ་ཅིང་། བསྟན་པ་དང་། བསྟན་པ་འཛིན་པ་དང་། འཇིག་རྟེན་པ་ཀུན་དར་
ཞིང་རྒྱས་པར་མཛད་དུ་གསོལ། རྡོ་རྗེ་ཐལ་མོ་ཁ་གྱེན་དུ་ཕྱེ་ལ། ཨོཾ་མནྟྲ་ཀཱ་ལ་ཀཱ་
ལ་བི་ཀཱ་ལ་ར་ཏྲི་ཏ། ཏྲཾ་ཧྲི་ནི། ཙཎྜ་ལི། རཀྵ་སི། སིདྡྷ་ལི། དེ་ཕེ་ས་པ་རི་ཕཱ་ར་
བྷྱཿན་མཿསརྦ་ཏ་ཐཱ་ག་ཏེ་བྷྱོ་བི་ཤྭ་མུ་ཁེ་བྷྱཿསརྦ་ཐཱ་ཁཾ་ཨུདྒ་ཏེ། སྥ་ར་ཎ་ཨི་མཾ་ག་ག་
ན་ཁཾ། གྲྀཧྣ་དཾ་བ་ལིཾ་ཏ་ཡེ་སྭཱཧཱ། ལན་གསུམ་གྱིས་ཕུལ། ཨརྒྷཾ་སོགས་ཀྱིས་ཕྱི་མཆོད་
དང་། སྙིང་པོའི་མཐར། འབྲུ་གསུམ་བཏགས་པས་ནང་མཆོད་དབུལ། རྫོགས་
པའི་སངས་རྒྱས་སྤྱན་སྔ་རུ། །བསྟན་པ་སྲུང་བར་ཞལ་བཞེས་པའི། །ནག་པོ་ཆེན་
པོ་ཞལ་བཞི་པ། །ཡུམ་ཆེན་(༥༤༧ན)སྲིང་མོ་བཞི་དང་བཅས། །ཤ་ཆེན་ཟན་དང་མེ་
ཏོག་སྤོས། །ཆང་ཕུད་ཤ་ཁྲག་དག་གིས་མཆོད། །རྒྱལ་བའི་བསྟན་པ་སྐྱོང་བ་དང་། །
བཅོལ་བའི་འཕྲིན་ལས་འགྲུབ་པར་མཛོད། །གཞན་ཡང་ཇི་ལྟར་འདོད་པའི་འདོད་
དོན་གསོལ་བཏབ་རྣམས་བྱ། ༔ འདིའི་རྗེས་གནང་གི་བྱ་བ་ནི། རྟེན་རྫོ་རྒྱ་ཆེན།
དེ་ལ་ཆོས་འབྱུང་གྲུ་གསུམ་མཐིང་ནག་ལྷ་ཚོམ་འབྲི། ཆུང་ན། རྟེན་རྫོའི་སྙིང་དུ་
ཆོས་འབྱུང་དབུས་མ་འབྲི། དེར་འབྲུ་ནག་གི་ཚོམ་བུ་བཅུ་དགུའམ། ལྷ་འགོད།
དེའི་སྟེང་དམ་རྒྱབ་ཏུ་གཏོར་མ་གྲུ་གསུམ་ལྷ་ཚོམ་པ་མཆེའི་སྟེང་དུ་འགོད། མདུན་
དུ་འབུལ་གཏོར་དང་གཏོར་མ་ལ་འཛུགས་རྒྱུའི་དཔལ་འབར་བཅས་བཤམས།
མཁའ་འགྲོ་སྤྱི་གཏོར་དང་། མཆོད་པ་ཅི་བདེར་བསྒྲིགས། བདག་བསྐྱེད་སྔོན་དུ་
འགྲོ་བས། གོང་བཞིན་གཏོར་ཆོག་རྫོགས་པར་བྱས་ལ། སློབ་མའི་རྒྱུད་བྱིན་གྱིས་
བརླབས་པའི་དོན་དུ་བཟླས་པ་ཡང་ཅི་འགྲུབ་བྱེད། དེ་ཡང་། ཨོཾ་མནྟྲ་ཀཱ་ལ་ཀཱ་ལ་
བི་ཀཱ་ལ་ར་ཏྲི་ཏ་ཧཱུཾ་ཕཊ། ཅེས་པ་གཙོ་བོའི་སྙིང་པོ་དང་། ཨོཾ་མནྟྲ་ཀཱ་ལ་ཀཱ་ལ་བི་
ཀཱ་ལ་ར་ཏྲི་ཏ། ཏྲཾ་ཧྲི་ནི། ཙཎྜ་ལི། རཀྵ་སི། སིདྡྷ་ལི། དེ་ཕེ་ཧཱུཾ་ཧཱུཾ་ཕཊ་སྭཱཧཱ། འཁོར་
དང་བཅས་པའི་སྙིང་པོའོ། །འདི་ལ་རྩ་སྔགས་བཟླ་བའང་གལ་ཆེ་བས། ཅི་རིགས་
པར་བཟླའོ། །དེ་རྗེས་མཁའ་འགྲོ་སྤྱི་གཏོར་སོགས་བཏང་། ༔ དེ་ནས་རྗེས་གནང་

དངོས་ཀྱི་བྱ་བ་ནི། སློབ་མས་མཎྜལ་ཕུལ། དེ་ནས་གསོལ་བ་བཏབ་པ་འདིའི་རྗེས་(༣༤༧བ)བློས་མཛོད་ཅིག །ཀུན་མཁྱེན་ཡེ་ཤེས་ཕུང་པོ་ཅན། །སྲིད་པའི་འཁོར་ལོ་རྣམ་སྦྱོང་བ། །དེ་རིང་བཤད་པའི་རིན་ཆེན་གཏེར། །གཙོ་བོས་བདག་ལ་བཀའ་དྲིན་སྩོལ། །ཅེས་ལན་གསུམ་གྱིས་གསོལ་བ་བཏབ་ནས། རྒྱུན་བཤགས་སྔོན་དུ་འགྲོ་བའི་སེམས་བསྐྱེད་པ་འདིའི་རྗེས་བློས་མཛོད་ཅིག་བྱས་ལ། དཀོན་མཆོག་གསུམ་ལ་བདག་སྐྱབས་མཆི། །ཞེས་སོགས་ལན་གསུམ་བྱས་ནས། རིགས་ལྔའི་སྡོམ་པ་བཟུང་བ་འདིའི་རྗེས་བློས་མཛོད་ཅིག་བྱས་ལ། སྲས་བཅས་སངས་རྒྱས་ཐམས་ཅད་དང་། །ཞེས་སོགས་ལན་གསུམ་བྱ། དེ་ནས། སློབ་དཔོན་ཉིད་བདག་བསྐྱེད་གང་བྱས་ཀྱི་ལྷའི་མངོན་རྟོགས་དང་མཐུན་པར་བསྒོམ་དུ་བཅུག །མདུན་གྱི་བསྐྱེད་གཞི་འདི་ཡང་སྲུང་འཁོར་དུར་ཁྲོད་དང་བཅས་པའི་དབུས་སུ། མཐིང་ནག་གྲུ་གསུམ་འབར་བའི་ཆོས་འབྱུང་ལྷ་ཚོམ་དུ་གནས་པའི་དབུས་མའི་སྟེང་དུ། པཾ་ལས་པདྨ་དང་། རཾ་ལས་ཉི་མའི་སྟེང་དུ་ཧཱུྃ་ལས་གྲི་གུག་ཧཱུྃ་གིས་མཚན་པ་ལས་འོད་ཟེར་འཕྲོས། དགྲ་བགེགས་གདུག་པ་ཅན་ཐམས་ཅད་ཚར་བཅད། ཚུར་འདུས་ཡོངས་སུ་གྱུར་པ་ལས། རྡོ་རྗེ་ནག་པོ་ཆེན་པོ་གདོང་བཞི་པ། རྩ་ཞལ་བརྩེགས་མ་གཉིས་ནག་པོ། གཡས་གཡོན་གཉིས་ལྗང་ནག །ཕྱག་བཞིའི་གཡས་གཡོན་གྱི་དང་པོ་གཉིས་ཀྱིས་རྡོ་རྗེས་མཚན་པའི་གྲི་གུག་དང་། དགྲ་བགེགས་ཀྱི་ཁྲག་གིས་གང་བའི་ཐོད་པ་སྙིང་བཅས་ཐུགས་ཀར་སྙིང་འོག་ཏུ་འཛིན་པ། གཡས་འོག་མས་རལ་གྲི་འབར་བ་འདེབས་པའི་ཚུལ་གྱིས་འཛིན་ཅིང་། གཡོན་འོག་མས་(༣༤༨ན)མི་རུས་ཀྱི་འཕྲེང་བ་འཕྱར་སྟབས་སུ་བསྣམས་པ། སྐྲ་ཁམ་པ་གྱེན་དུ་བརྫེས་ཤིང་། སྤྱན་གསུམ་པ། ཞལ་གདངས་ཤིང་མཆེ་བ་རྣོན་པོ་གཙིགས་ལ། མས་མཆུ་འཕྱང་བ། ཚངས་པའི་སྐྱུད་པ་དང་། རུས་པ་དང་། སྦྲུལ་དང་། དྲིལ་བུའི་འཕྲེང་བས་བརྒྱན་པ། སྟག་གི་པགས་པའི་ཤམ་ཐབས་ཅན། གཡས་བསྐུམས་གཡོན་བརྐྱངས་བཞེངས་པའི་སྟབས་ཀྱིས་ཡེ་ཤེས་

ཀྱི་མེ་དྲག་ཏུ་འབར་བའི་ཀློང་དཀྱིལ་ན་བཞུགས་པ། ཕྱོགས་བཞིར་ཧཱུྃ་བཞི་ལས།
གཡས་སུ་ཡུམ་ཆེན་གཡུང་མོ་ནག་མོ། གཡོན་དུ་ལས་མཛད་གཏུམ་མོ་ལྡང་གུ།
མདུན་དུ་དམར་ནག་སྲིན་མོ་ཆེན་མོ། རྒྱབ་ཏུ་སེར་ནག་སིདྡྷ་གླིང་མ་སྟེ། བཞི་ཀར་
ཡང་ཞལ་གཅིག་ཕྱག་གཉིས་མ་གྲི་གུག་དང་ཐོད་པ་འཛིན་པ། རབ་ཁྲོས་དྲག་ཤུལ་
བོ་ཉ་མོའི་ཆ་ལུགས་ཅན། སྤྱན་གསུམ་གཅེར་བུ་རྒྱན་མེད་པ། རབ་ཏུ་གྲིམ་ཞིང་།
གཙོ་བོ་ལ་མངོན་དུ་ཕྱོགས་པ། ཕྱི་རོལ་ཁོར་ཡུག་ཏུ་བདུད་གཅོད་ཀྱི་བཤན་པ་ཉེར་
གཅིག །བདུད་འདུལ་གྱི་དམག་ཉིས་ཁྲི་ཆིག་སྟོང་། དྲེགས་པ་སྡེ་བརྒྱད། ལྷ་མ་
སྲིན་ཞིང་གི་རྟུལ་སྙིང་ཀྱི་འཁོར་གྱིས་བསྐོར་བར་གྱུར། ཐམས་ཅད་ཀྱི་དཔྲལ་བར་
ཨོཾ། མགྲིན་པར་ཨཱཿ ཐུགས་ཀར་ཧཱུྃ། སློབ་དཔོན་དང་མདུན་བསྐྱེད་ལ་མོས་གུས་
དུང་དུང་བ་བྱས་པས། སློབ་དཔོན་གྱི་ཐུགས་ཀ་ནས་འོད་ཟེར་འཕྲོས། མདུན་
བསྐྱེད་ཀྱི་དཀྱིལ་འཁོར་ལ་ཕོག །དེ་ལས་འོད་ཟེར་བྱུང་། ཁྱེད་རང་རྣམས་ཀྱི་ལུས་
ལ་ཕོག །ལུས་ཀྱི་ཕྱི་ནང་བར་གསུམ་ཐམས་ཅད་(༣༧༢བ)གང་། སྡིག་སྒྲིབ་ཐམས་ཅད་
དག །ལུས་འོད་ཀྱི་ཕུང་པོ་ཆེན་པོ་ཧཱུྃ་གིས་མཚན་པར་གྱུར། ༈ རྗེས་གནང་དངོས་
ལ་གསུམ། སྐུའི་རྗེས་གནང་། གསུང་གི་རྗེས་གནང་། ཐུགས་ཀྱི་རྗེས་གནང་ངོ་། །
དང་པོ་སྐུའི་རྗེས་གནང་དངོས་ཀྱི་དོན་དུ་གསོལ་བ་འདེབས་པ་འདིའི་རྗེས་ཟློས་
མཛོད་ཅིག་བྱས་ལ། དུས་གསུམ་སངས་རྒྱས་ཐམས་ཅད་ཀྱི་ངོ་བོ་བླ་མ་རིན་པོ་ཆེས།
བདག་ལ་ནག་པོ་ཆེན་པོ་ཞལ་བཞི་པའི་སྐུའི་རྗེས་སུ་གནང་བ་བསྐྱལ་དུ་གསོལ།
ཞེས་ལན་གསུམ། དེ་ནས། ཁྱེད་རང་རྣམས་ཐིག་ལེ་ཧཱུྃ་གིས་མཚན་པ་དེ་ཡོངས་
སུ་གྱུར་པ་ལས། པད་ཉི་མི་རོའི་གདན་དང་བཅས་པའི་སྟེང་དུ་ནག་པོ་ཆེན་པོ་
གདོང་བཞི་པ། རྩ་ཞལ་བརྩེགས་མ་གཉིས་ནག་པོ། གཡས་གཡོན་གཉིས་ལྗང་
ནག །ཕྱག་བཞིའི་གཡས་གཡོན་གྱི་དང་པོ་གཉིས་ཀྱིས་རྡོ་རྗེས་མཚན་པའི་གྲི་གུག་
དང་། དགྲ་བགེགས་ཀྱི་ཁྲག་གིས་གང་བའི་ཐོད་པ་སྙིང་བཅས་ཐུགས་ཀར་སྟེང་

ཁོག་ཏུ་འཛིན་པ། གཡས་འོག་མས་རལ་གྲི་འབར་བ་འདེབས་པའི་ཚུལ་གྱིས་འཛིན་ཅིང་། གཡོན་འོག་མས་མི་རུས་ཀྱི་འཕྲེང་བ་འཕྱུར་སྟབས་སུ་བསྣམས་པ། སྐྲ་ཁམ་པ་གྱེན་དུ་བརྫེས་ཤིང་། སྤྱན་གསུམ་པ། ཞལ་གདངས་ཤིང་མཆེ་བ་རྣོན་པོ་གཙིགས་ལ། མས་མཆུ་འཕྱང་བ། ཚངས་པའི་སྐུད་པ་དང་། རུས་པ་དང་། སྦྲུལ་དང་། དྲིལ་བུའི་འཕྲེང་བས་བརྒྱན་པ། སྟག་གི་པགས་པའི་ཤམ་ཐབས་ཅན། གཡས་བསྐུམས་གཡོན་བརྐྱངས་བཞེངས་པའི་སྟབས་ཀྱིས་ཡེ་ཤེས་ཀྱི་མེ་དྲག་ཏུ་འབར་བའི་ཀློང་དཀྱིལ་(༢༨༣ན)ན་བཞུགས་པ། ཕྱོགས་བཞིར་ཧཱུྃ་བཞི་ལས། གཡས་སུ་ཡུམ་ཆེན་གཡུང་མོ་ནག་མོ། གཡོན་དུ་ལས་མཛད་གཏུམ་མོ་ལྷང་གུ། མདུན་དུ་དམར་ནག་སྲིན་མོ་ཆེན་མོ། རྒྱབ་ཏུ་སེར་ནག་སིནྡྷ་གླིང་མ་སྟེ། བཞི་ཀའང་ཞལ་གཅིག་ཕྱག་གཉིས་མ་གྲི་གུག་དང་ཐོད་པ་འཛིན་པ། རག་པོས་དྲག་ཤུལ་ཕོ་ཉ་མོ་ཡི་ཆ་ལུགས་ཅན། སྤྱན་གསུམ་གཅེར་བུ་རྒྱན་མེད་པ། རབ་ཏུ་གྲིམ་ཞིང་། གཙོ་བོ་ལ་མངོན་དུ་ཕྱོགས་པ། ཕྱི་རོལ་ཁོར་ཡུག་ཏུ་བདུད་གཙོད་ཀྱི་བཤན་པ་ཉེར་གཅིག །བདུད་འདུལ་གྱི་དམག་ཉིས་ཁྲི་ཆིག་སྟོང་། དྲེགས་པ་སྡེ་བརྒྱད། ལྷ་མ་སྲིན་ཞིང་གི་རྡུལ་སྙེད་ཀྱི་འཁོར་གྱིས་བསྐོར་བར་གྱུར། ཐམས་ཅད་ཀྱི་དཔྲལ་བར་ཨོཾ། མགྲིན་པར་ཨཱཿ ཐུགས་ཀར་ཧཱུྃ། ཞེས་དཔལ་མགོན་གདོང་བཞི་པའི་སྐུར་བསྐྱེད་ནས། སློབ་དཔོན་གྱི་ཐུགས་ཀའི་ཧཱུྃ་ལས་འོད་ཟེར་དཔག་ཏུ་མེད་པ་འཕྲོས། མདུན་གྱི་ཆོས་སྐྱོང་ལ་ཕོག་སྟེ། ཐུགས་རྒྱུད་བསྐུལ་བས། ཐུགས་ཀའི་ཧཱུྃ་ལས་མགོན་པོའི་སྐུ་དཔག་ཏུ་མེད་པ་བྱུང་། ཡང་འོད་ཟེར་འཕྲོས་པས། ཏི་སེ། བསིལ་བའི་ཚལ། པོ་ཏ་ལ། ཏ་ཏ་ཀོད་པའི་དུར་ཁྲོད་ནས། ཆོས་སྐྱོང་གི་སྐུ་བསམ་གྱིས་མི་ཁྱབ་པ་སྤྱན་དྲངས། ཆེ་བ་རི་རབ་ཙམ་དང་ཆུང་བ་ཏིལ་གྱི་འབྲུ་ཙམ་པ་འོད་ཟེར་དུ་མ་འཕྲོ་ཞིང་། ཧཱུྃ་དང་ཕཊ་ཀྱི་སྒྲ་སྒྲོག་པ་བྱོན། ཁྱེད་རང་རྣམས་ཀྱི་སྨིན་མཚམས་དང་། ལུས་ཀྱི་སྟོད་སྨད་བར་གསུམ་དུ་ཐིམ། གཞན་ཡང་སངས་རྒྱས་དང་བྱང་ཆུབ་སེམས་དཔའ་དང་རྣལ་

འཁོར་མ་བསམ་(༣༧༣བ)གྱིས་མི་ཁྱབ་པ་སྤྱན་དྲངས་ལ། དཔལ་མགོན་ཞལ་བཞི་པའི་སྐུའི་རྣམ་པར་གྱུར་ནས། ཁྱེད་རང་རྣམས་ཀྱི་ལུས་ལ་ཆར་ཆེན་པོ་བབས་པ་བཞིན་དུ་སིབ་སིབ་ཐིམ་པར་མོས་པ་ཕྱོས་ཤིག་ཅེས་བརྗོད་ལ། གུ་གུལ་དང་། མགོན་པོའི་སྤོས་ཀྱི་དུད་པ་དང་། སྙིང་པོ་མང་དུ་བརྗོད་ཅིང་། རོལ་མོ་དཀྲོལ་ལ། དྲག་ཏུ་ཕྱིན་དབབ། དེས་སྐུའི་རྗེས་གནང་གྲུབ། ཅེས་བརྗོད། གཉིས་པ་གསུང་གི་རྗེས་གནང་གི་དོན་དུ་གསོལ་བ་གདབ་པ་འདིའི་རྗེས་ཟློས་མཛོད་ཅེས་ལ། དུས་གསུམ་སངས་རྒྱས་ཐམས་ཅད་ཀྱི་ངོ་བོ་བླ་མ་རིན་པོ་ཆེས། བདག་ལ་ནག་པོ་ཆེན་པོ་ཞལ་བཞི་པའི་གསུང་གི་རྗེས་སུ་གནང་བ་བསྩལ་དུ་གསོལ། ཞེས་ལན་གསུམ། སློབ་དཔོན་དང་མདུན་བསྐྱེད་ཀྱི་ཐུགས་ཀར་པད་ཉིའི་གདན་ལ་ཧཱུྃ་ཡིག་སྔོན་པོ། དེའི་མཐའ་མར་སྔགས་ཀྱི་འཕྲེང་བས་བསྐོར་ནས་ཡོད་པར་བསམས། ཁྱེད་རང་རྣམས་ཀྱང་མགོན་པོར་གསལ་བའི་སྙིང་པདྨ་འདབ་བརྒྱད་ལྟར་ཁ་ཕྱེ་བའི་ནང་དུ། པད་ཉིའི་གདན་ལ་ཧཱུྃ་ཡིག་སྔོན་པོ་གཅིག་བསམས། དེ་ནས་མོས་གུས་དུང་དུང་བ་བྱས་པས། བླ་མའི་ཐུགས་ཀ་ནས་འོད་ཟེར་འཕྲོས། མདུན་གྱི་མགོན་པོ་ལ་ཕོག་པས། དེའི་ཐུགས་ཀའི་སྔགས་འཕྲེང་འོད་ཟེར་རབ་ཏུ་འབར་བ་སྒྲ་དང་བཅས་པ་གཅིག་ལས་གཉིས་ཆད་ཀྱི་ཚུལ་དུ་ཞལ་ནས་ཐོན། ཁྱེད་རང་རྣམ་པའི་ཞལ་དུ་ཞུགས། ཐུགས་ཀའི་ཧཱུྃ་གི་མཐའ་མར་འཁོད། ལ་ལ་ཧཱུྃ་ལ་ཐིམ། ཡང་བླ་མ་དང་མདུན་བསྐྱེད་ལས་འོད་ཟེར་འཕྲོས། གཞན་ཡང་བླ་མ་དང་མདུན་བསྐྱེད་སངས་རྒྱས་དང་(༣༧༤ན)བྱང་ཆུབ་སེམས་དཔའ་ཐམས་ཅད་ཀྱི་གསུང་ཡིག་འབྲུའི་རྣམ་པར་ཨཱ་ལི་ཀཱ་ལིའི་སྔགས་བསམ་གྱིས་མི་ཁྱབ་པ་སྤྱན་དྲངས་པའང་ཁྱེད་རང་རྣམ་པའི་ཐུགས་ཀའི་ཧཱུྃ་དང་སྔགས་འཕྲེང་ལ་ཐིམ་པར་མོས། དུད་པ་དང་ལྷ་སྔགས་ཀྱིས་ཐོག་དྲངས་པའི་སྔགས་ལན་གསུམ་གྱི་བར་ལ་རོལ་མོ་དང་། དམིགས་པས་དྲག་ཏུ་དབབ། ད་ཁྱེད་རང་རྣམ་པ་འཕྲེང་བའམ། མེ་ཏོག་རེ་ལག་ཏུ་བཟུང་། རྗེས་སུ་བཟླས་པའི་

ལུང་བླང་བ་ནི། སློབ་དཔོན་གྱི་ཐུགས་ཀའི་འོད་ཀྱིས་མགོན་པོའི་ཐུགས་རྒྱུད་བསྐུལ་བས། ཐུགས་ཀའི་སྔགས་འཕྲེང་ལས་སྔགས་འཕྲེང་གཉིས་པ་ཞིག་མར་མེ་གཅིག་ལས་གཉིས་ཆད་པའི་ཚུལ་དུ་སྒྲ་འོད་དང་བཅས་པས་ཞལ་ནས་ཐོན། ཁྱིད་རང་རྣམ་པའི་ཞལ་དུ་ཞུགས། ཐུགས་ཀའི་ཧཱུྃ་གི་མཐའ་མར་གཡས་སྐོར་དུ་འཁོར་བར་བསམས་ལ། རྗེས་གནང་ལན་གསུམ་བགྱིས་པའི་དང་པོ་དམ་ཚིག་པའི་ཚུལ་དང་། གཉིས་པ་ཡེ་ཤེས་པའི་རྣམ་པ། གསུམ་པ་དམ་ཚིག་པ་ལ་ཡེ་ཤེས་པ་ཤིན་ཏུ་བརྟན་པའི་ཚུལ་གྱིས་ཐིམ་པར་བསམས་ལ། རྗེས་གནང་མཛོད་ཅིག་བྱས་ལ། ཨོཾ་མཧཱ་ཀཱ་ལ་ཀཱ་ལ་བི་ཀཱ་ལ་ར་ཧི་ཏ་ཧཱུྃ་ཕཊ། ཅེས་པ་གཙོ་བོའི་སྙིང་པོ་དང་། ཨོཾ་མཧཱ་ཀཱ་ལ་ཀཱ་ལ་བི་ཀཱ་ལ་ར་ཧི་ཏ། ཊཾ་ཧྲི་ནི། ཙཀྲ་ལི། རཀྵ་སི། སིདྡྷ་ལི། དྷེ་ཤི་ཧཱུྃ་ཧཱུྃ་ཕཊ་སྭཱཧཱ། འཁོར་དང་བཅས་པའི་སྙིང་པོ་ལན་གསུམ་གྱིས་ལུང་ནོད། སློབ་དཔོན་ལ་མེ་ཏོག་གཏོར་ཞིང་འདིའི་རྗེས་གནང་མཛོད་ཅིག །མགོན་པོ་བདག་ལ་(༣༧༨བ)བསྐུལ་ལགས་ཀྱི། །མགོན་པོ་བདག་ལ་བྱིན་གྱིས་རློབས། །ཞེས་ལན་གསུམ་གསོལ་བ་གདབ། སློབ་དཔོན་གྱིས་རྡོ་རྗེ་སློབ་མའི་མགོ་བོར་བཞག་ལ། མགོན་པོ་འདི་ལ་བསྐུལ་ལགས་ཀྱི། །མགོན་པོ་འདི་ལ་བྱིན་གྱིས་རློབས། །ཞེས་ལན་གསུམ་གསོལ་བ་གདབ། དེས་གསུང་གི་རྗེས་གནང་གྲུབ་པ་ལགས། གསུམ་པ་ཐུགས་ཀྱི་རྗེས་གནང་གི་དོན་དུ་གསོལ་བ་བཏབ་པ་འདིའི་རྗེས་གནང་མཛོད་བྱས་ལ། དུས་གསུམ་སངས་རྒྱས་ཐམས་ཅད་ཀྱི་ངོ་བོ་བླ་མ་རིན་པོ་ཆེས། བདག་ལ་ནག་པོ་ཆེན་པོ་ཞལ་བཞི་པའི་ཐུགས་ཀྱི་རྗེས་སུ་གནང་བ་བསྐུལ་དུ་གསོལ། ཞེས་ལན་གསུམ། སློབ་དཔོན་དང་མདུན་བསྐྱེད་ལ་མོས་གུས་དྲག་དྲག་པོ་བྱས་པས། བླ་མའི་ཐུགས་ཀ་ནས་འོད་ཟེར་འཕྲོས། མདུན་གྱི་མགོན་པོ་ལ་ཕོག་པས། དེའི་ཐུགས་ཀ་ནས་ཐུགས་གཉིས་སུ་མེད་པའི་ཡེ་ཤེས་ཀྱི་ངོ་བོ་རྡོ་རྗེས་མཚན་པའི་གྲི་གུག་གི་རྣམ་པ་ཅན་དང་། ཐོད་ཁྲག །རལ་གྲི་འབར་བ། མི་རུས་ཀྱི་འཕྲེང་བ་ལ་སོགས་པ་ཕྱག་མཚན་སྔགས་ཀྱི་སྒྲ་དང་འོད་ཟེར་

འབར་བ་དང་བཅས་པ་བསམ་གྱིས་མི་ཁྱབ་པ་ཐོན་པ་རྣམས་ཁྱེད་རང་རྣམས་ཀྱི་ཐུགས་ཀའི་ས་བོན་ལ་སིབ་སིབ་ཐིམ་པ་དང་། ཕྱོགས་བཅུའི་སངས་རྒྱས་དང་བྱང་ཆུབ་སེམས་དཔའ་ཐམས་ཅད་ཀྱི་ཐུགས་ཀ་ནས་ཡེ་ཤེས་ཀྱི་ཕྱག་མཚན་དཔག་ཏུ་མེད་པ་ཐོན་ཏེ། འོད་དུ་ཞུ་ནས་ཁྱེད་རང་རྣམས་ཀྱི་ཐུགས་ཀར་ཐིམ་པར་མོས། ཏུད་པ་དང་། སྔགས་ལན་གསུམ་གྱི་བར་ལ་རོལ་མོ་བྱས་(༣༧༥ན)ལ་དབབ། དེས་ཐུགས་ཀྱི་རྗེས་གནང་གྲུབ། དེ་ནས་ཁྱེད་རང་རྣམ་པའི་སྙིང་པདྨ་འདབ་བརྒྱད་ལྟར་ཡོད་པ་དེ་དག་ཁ་ཟུམ་ནས། དེའི་སྟེང་དུ་རྡོ་རྗེ་རྩེ་ལྔ་པ་བྱེད་པས་རྒྱས་བཏབ་པས། དེ་ཉིད་ལ་བརྟན་པར་བཞུགས་ནས་གྲོགས་མཛད་པར་སེམས་ཤིག །ཅེས་བྱས་ལ། སློབ་མའི་མགོ་བོར་རྡོ་རྗེ་བཞག་ལ། ཏིཥྛ་བཛྲ་ལན་གཉིས་བརྗོད། འཕྲིན་ལས་ཀྱི་བཀའ་བསྒོ་ནི། གཏོར་མ་ལ་དཔལ་འབར་གཅིག་བཙུགས། སློབ་མའི་སྤྱི་བོར་བཞག་ལ། གཏོར་མ་འདི་རྡོ་རྗེ་ནག་པོ་ཆེན་པོ་གདོང་བཞི་པ་བྲན་གཡོག་བཀའ་སྡོད་མངག་པ་དང་བཅས་པ་སྤྲིན་གཏིབས་པ་བཞིན་དུ་བཞུགས་པར་བསམས་ལ། མགོན་པོའི་སྟེང་དུ་རྩ་བའི་བླ་མ་ལ་བརྒྱུད་པའི་བླ་མའི་ཚོགས་ཀྱིས་བསྐོར་བ། སངས་རྒྱས་དང་། བྱང་ཆུབ་སེམས་དཔའ་གནས་གསུམ་དཔའ་བོ་མཁའ་འགྲོའི་ཚོགས་བསམ་གྱིས་མི་ཁྱབ་པ་དང་བཅས་པ་བཞུགས་འདུག་སྙམ་པའི་མོས་པ་མཛོད་ཅིག །ཅེས་བྱས་ལ། ཏུད་པ་བྱས་ཤིང་། སྙིང་པོ་གཉིས་ཀྱི་མཐར་ས་མ་ཡེ། ས་མ་ཡ་རཀྴནྟུ། རྡོ་རྗེ་ནག་པོ་ཆེན་པོ་གདོང་བཞི་པ་བྲན་གཡོག་བཀའ་སྡོད་དང་བཅས་པ་ཁྱེད་རྣམས་ཀྱིས། བླ་མ་དམ་པ་རྣམས་ཀྱི་དམ་ཚིག་གི་རིམ་པ་ལས་མི་འདའ་བར་དམ་ཚིག་སྲུངས། བསྟན་པ་སྐྱོངས། རིག་པ་འཛིན་པ་འདི་ཞེས་བགྱི་བ་ཇི་སྲིད་སངས་རྒྱས་མ་ཐོབ་ཀྱི་བར་དུ་འགལ་རྐྱེན་བར་ཆད་ཐམས་ཅད་ལས་སྲུངས་ཤིག །མི་མཐུན་པའི་ཕྱོགས་ཐམས་ཅད་སོལ་(༣༧༥བ)ཅིག །མཐུན་རྐྱེན་ཐམས་ཅད་བསྒྲུབས་ཤིག །སྤྱིར་སངས་རྒྱས་ཀྱི་བསྟན་པ་དང་། བྱེ་བྲག་ཏུ་རིག་པ་འཛིན་པ་འདིའི་དགྲ་དང་བགེགས་

དང་བར་དུ་གཅོད་པ་ཐམས་ཅད་ཐུལ་ལ་སྲུང་བ་དང་བསྐྱབས་པར་གྱིས་ཤིག །རིག་པ་འཛིན་པ་འདིས་ཆོས་དང་མཐུན་པའི་ཇི་ལྟར་བཀའ་བསྒོ་བ་བཞིན་ཁྱེད་རྣམས་ཀྱིས་སྐྱབས་ཤིག །ཅེས་བརྗོད། དེ་ནས་ယུལ་ཁྱད་པར་ཅན་དེ་རྣམས་ལ་དད་གུས་བྱས་ལ། བླ་མ་ཡི་དམ་སངས་རྒྱས་བྱང་སེམས་མཁའ་འགྲོར་བཅས་པ་འོད་དུ་ཞུ། ནག་པོ་ཆེན་པོ་ལ་ཐིམ། དེ་ལས་འོད་ཟེར་འཕྲོས། བཀའ་སྡོད་འཁོར་དང་བཅས་པ་ལ་ཕོག་པས་འོད་དུ་ཞུ། ཚུར་འདུས་ནས་ནག་པོ་ཆེན་པོ་ལ་ཐིམ། དེའང་འོད་དུ་ཞུ། ཁྱེད་རང་གི་སྤྱི་གཙུག་ཚངས་པའི་བུ་ག་ནས་ཞུགས། ཁྱེད་རང་དང་གཉིས་སུ་མེད་པར་གྱུར་པས་ནུས་མཐུ་ཕུན་སུམ་ཚོགས་པར་བསམས། རོལ་མོ་བྱ། མི་འབྲལ་ཞིང་གསང་བར་གདམས་པ་ནི། དེ་ལྟར་རྗེས་གནང་ལུང་སྦྱིན་པའི་དབང་གིས་སྲུང་སྐྱོབ་བྱེད། ལུས་དང་གྲིབ་མའི་ཚུལ་གྱིས་འཁོར་བ་ཆོས་ཉིད་ཡིན། ཁྱེད་རང་རྣམ་པ་ཡང་དམ་ཚིག་རྣམ་དག་བསྲུངས་ཏེ། གཏོར་མ་དང་ཚོགས་ལ་བརྩོན་པར་མཛོད། དམ་ཚིག་དང་མི་ལྡན་པ་དང་། གསང་སྔགས་ཀྱི་སྣོད་དུ་མ་གྱུར་པ་རྣམས་ལ་དཔལ་མགོན་པོ་འཁོར་བཅས་ཀྱི་མཚན་ཙམ་ཡང་བསྟན་པར་བྱ་བ་མ་ཡིན་ནོ། །མནྡལ་དབུལ་ཞིང་དམ་ཚིག་ཁས་བླངས་པ་བཟུང་བ་ནི། མནྡལ་འབུལ་དུ་བཙུག །དེ་ནས་མནྡལ་ཕུལ་ནས་འདིའི་རྗེས་བློས་མཛོད་ཅིག །གཙོ་བོས་(༣༤༤ན)ཇི་ལྟར་བཀའ་སྩལ་པ། །དེ་དག་ཐམས་ཅད་བདག་གིས་བགྱི། །ལན་གསུམ། འདིའི་རྗེས་བློས་མཛོད། དེང་ནས་བཟུམས་ཏེ་བདག་ཐན་དུ། །ཁྱོད་ལ་བདག་ནི་འབུལ་ལགས་ན། །ཁྱེད་ཀྱི་སློབ་མར་བཟུང་བ་དང་། །ཆ་ཡིས་ཀྱང་ནི་སྲིད་དུ་གསོལ། །ཞེས་ལན་གསུམ། དེས་རྗེས་གནང་གྲུབ་པ་ལགས། ཞེས་བརྗོད། རྗེས་ཆོག་སྤྱི་དང་འདྲ། །

༄ དཔལ་མགོན་ཞལ་བཞི་པ་སྒྲུབ་དུས་དང་འབྲེལ་བ་ལ། མདུན་དུ་དམར་གཏོར་གྲུ་གསུམ་གཙོ་འཁོར་ལྔ་པ་ཤ་ཁྲག་གིས་བརྒྱན་པ་བཤམས། དེའི་མདུན་དུ་མཆོད་

པ་བཀོད་ལ། སྔོན་འགྲོ་གཏོར་མ་བཏང་། གནས་ཡོ་བྱིན་རླབས་དང་། ནང་མཆོད་བྱིན་གྱིས་བརླབས་ཏེ། ཡི་དམ་གང་ཉུང་གི་བདག་བསྐྱེད་སྔོན་དུ་འགྲོ་བས། མཆོད་པ་སྤྱི་དང་མཐུན་པར་བྱིན་གྱིས་བརླབས། གཏོར་མའང་ཡི་དམ་གང་བྱེད་དེ་ཉིད་ཀྱི་གཏོར་ཆོག་ལྟར་རམ། བླ་མེད་སྤྱི་འགྲོ་ལྟར་བྱིན་རླབས་བསྡུས་པ་གང་འཐད་བྱ། སྭ་ཧཱ་ཕས་སྟོང་པར་སྦྱངས། སྟོང་པའི་ངང་ལས་རང་གི་མདུན་གྱི་ནམ་མཁར་སྤྲུང་འཁོར་དུར་ཁྲོད་དང་བཅས་པའི་དབུས་སུ། མཐིང་ནག་གྲུ་གསུམ་འབར་བའི་ཆོས་འབྱུང་ལྟེ་ཆོམ་དུ་གནས་པའི་དབུས་མའི་སྟེང་དུ། པཾ་ལས་པདྨ་དང་། རཾ་ལས་ཉི་མའི་སྟེང་དུ་ཧཱུྃ་ལས་གྲི་གུག་ཧཱུྃ་གིས་མཚན་པ་ལས་འོད་ཟེར་འཕྲོས། དགྲ་བགེགས་གདུག་པ་ཅན་ཐམས་ཅད་ཚར་བཅད། ཚུར་འདུས་ཡོངས་སུ་གྱུར་པ་ལས། རྡོ་རྗེ་ནག་པོ་ཆེན་པོ་གདོང་བཞི་པ། སྐུ་(༣༨༨བ)ཞལ་ནག་པོ་མི་རོ་ཟ་བ། ཆེར་ཁྲོས་ཤིང་ཛམ་པ། གཡས་ཞལ་དཀར་པོ་ཀྱ་ཆེར་བཞད་པ། གཡོན་ཞལ་དམར་པོ་འཛུམ་ཞིང་འཛིགས་པ། སྟེང་ཞལ་དུད་ཁ་མཆེ་བ་གཙིགས་པ། ཕྱག་གཡས་ཀྱི་དང་པོས་རྡོ་རྗེ་གྲི་གུག་དང་། གཡོན་གྱི་དང་པོས་ཐོད་པ་དགྲ་བགེགས་ཀྱི་སྙིང་གིས་བཀང་བ་ཐུགས་ཀར་སྟེང་འོག་ཏུ་འཛིན་པ། གཡས་འོག་མས་འབར་བའི་རལ་གྲི་དང་། གཡོན་འོག་མས་རུས་འཕྲེང་འགག་ཐབས་སུ་འཕྱུར་ཞིང་། རྩེ་གསུམ་འཛིན་པ། མཆན་ཁུང་དུ་གསེར་གྱི་བུམ་པ་བདུད་རྩིས་གང་བ་བཙུག་པ། སྐྲ་ཁམ་པ་གྱེན་དུ་བརྫེས་ཤིང་། སྤྱན་གསུམ་པ། ཞལ་གདངས་ཤིང་མཆེ་བ་རྣོན་པོ་གཙིགས་ལ། མས་མཆུ་འཕྱང་བ། ཚངས་པའི་སྐུད་པ་དང་། རུས་པ་དང་། སྦྲུལ་དང་། དྲིལ་བུའི་འཕྲེང་བས་བརྒྱན་པ། སྟག་གི་པགས་པའི་ཤམ་ཐབས་ཅན། གཡས་བསྐུམས་གཡོན་བརྐྱངས་བཞེངས་པའི་སྟབས་ཀྱིས་ཡེ་ཤེས་ཀྱི་མེ་དཔག་ཏུ་འབར་བའི་ཀློང་དཀྱིལ་ན་བཞུགས་པ། ཕྱོགས་བཞིར་ཧཱུྃ་བཞི་ལས། གཡས་སུ་ཡུམ་ཆེན་གཡུང་མོ་ནག་མོ། གཡོན་དུ་ལས་མཛད་གཏུམ་མོ་ལྡང་གྱུ། མདུན་དུ་དམར་ནག་སྲིན་མོ་ཆེན་མོ།

རྒྱབ་ཏུ་སེར་ནག་སིནྡྷ་གླིང་མ་སྟེ། བཞི་ཀར་ཡང་ཞལ་གཅིག་ཕྱག་གཉིས་མ་གྲི་གུག་དང་ཐོད་པ་འཛིན་པ། རབ་ཁྲོས་དྲག་ཤུལ་ཕོ་ཉ་མོའི་ཆ་ལུགས་ཅན། སྤྱན་གསུམ་གཅེར་བུ་རྒྱན་མེད་པ། རབ་ཏུ་གྲིམ་ཞིང་། གཙོ་བོ་ལ་མངོན་དུ་ཕྱོགས་པ། ཕྱི་རོལ་ཁོར་ཡུག་ཏུ་བདུད་གཅོད་ཀྱི་བཤན་པ་ཉེར་གཅིག །བདུད་འདུལ་གྱི་(༣༨༧ན)དམག་ཉིས་ཁྲི་ཆིག་སྟོང་། དྲེགས་པ་སྡེ་བརྒྱད། ལྷ་མ་སྲིན་ཞིང་གི་རྟུལ་སྐྱེད་ཀྱི་འཁོར་གྱིས་བསྐོར་བར་གྱུར། ཐམས་ཅད་ཀྱི་དཔྲལ་བར་ཨོཾ། མགྲིན་པར་ཨཱཿ ཐུགས་ཀར་ཧཱུྃ། རང་གི་སྙིང་ག་ནས་འོད་ཟེར་འཕྲོས། ཏི་སེ། བསིལ་བའི་ཚལ། པོ་ཏ་ལ། ཏ་ཏ་རྐོད་པའི་དུར་ཁྲོད་རྣམས་ནས། རྡོ་རྗེ་ནག་པོ་ཆེན་པོ་ཞིང་སྐྱོང་སྟོབས་འཕྲོག་དབང་པོ་ཞལ་བཞི་པ་འཁོར་དང་བཅས་པ། ཨོཾ་བཛྲ་ས་མ་ཛཿ སྟོན་ཚེ་རྡོ་རྗེ་འཆང་གི་སྤྱན་སྔ་རུ། །ཞེས་པ་ནས། སངས་རྒྱས་བསྟན་པ་སྲུང་ཕྱིར་གཤེགས་སུ་གསོལ། །ཨོཾ་མཧཱ་ཀཱ་ལ་ཀཱ་ལ་བི་ཀཱ་ལ་ར་ཏྲི་ཏ་ཧཱུྃ་ཕཊ་ས་པ་རི་ཝཱ་ར་ཨེ་ཧྱ་ཧི། ཛཿཧཱུྃ་བཾ་ཧོཿཔདྨ་ཀ་མ་ལ་ཡེ་སྟྭཾ། ཨོཾ་མཧཱ་ཀཱ་ལ་ཀཱ་ལ་བི་ཀཱ་ལ་ར་ཏྲི་ཏ་ས་པ་རི་ཝཱ་ར་གྲིཧྞ་དཾ། ཨརྒྷཾ་སྭཱཧཱ་ནས་ཤབྡའི་བར་གྱིས་མཆོད། རྡོ་རྗེ་རྩེ་ལྔ་པའི་ཕྱག་རྒྱ་འཆིང་བ་མགོན་པོའི་དམ་རྒྱའོ། །ཨོཾ་མཧཱ་ཀཱ་ལ་ཀཱ་ལ་བི་ཀཱ་ལ་ར་ཏྲི་ཏ་ས་པ་རི་ཝཱ་ར་ས་མ་ཡ་སྨཱ་ར། ས་མ་ཡ་མ་ཏི་ཀྲ་མ་ཡེ། ས་མ་ཡ་རཀྵནྟུ། དཔལ་རྡོ་རྗེ་ནག་པོ་ཆེན་པོ་གདོང་བཞི་པ་འཁོར་དང་བཅས་པ་ཐམས་ཅད་མཆོད་སྦྱིན་གྱི་གཏོར་མ་རྒྱ་ཆེན་པོ་འདི་བཞེས་ལ། རྩ་བ་དང་བརྒྱུད་པར་བཅས་པའི་དཔལ་ལྡན་བླ་མ་དམ་པ་རྣམས་ཀྱི་བཀའ་དང་དམ་ལས་མི་འདའ་བར་དམ་ཚིག་སྲུངས། བསྟན་པ་སྐྱོངས། དཀོན་མཆོག་གི་དབུ་འཕངས་བསྟོད། ཆོས་སྒྲུབ་པའི་བར་ཆད་ཐམས་ཅད་ཞི་བ་དང་། བསམ་སྦྱོར་ཆོས་དང་མཐུན་པ་ཡིད་བཞིན་དུ་འགྲུབ་ཅིང་། བསྟན་པ་དང་། བསྟན་པ་འཛིན་པ་དང་། འཇིག་རྟེན་པ་ཀུན་(༣༨༧བ)དར་ཞིང་རྒྱས་པར་མཛད་དུ་གསོལ། རྡོ་རྗེ་ཐལ་མོ་ཁ་ཀྱེན་དུ་ཕྱེ་ལ། ཨོཾ་མཧཱ་ཀཱ་ལ་ཀཱ་ལ་བི་ཀཱ་ལ་ར་ཏྲི་ཏ། ཧཾ་ཀྵི་ནི། ཙཀྲ་ཡེ། རཀྵ་

སི། སིདྡྷ་ལི། དེ་ཤི་ས་པ་རི་ཥྐ་རེ་བྷྱཿན་མཿསརྦ་ཏ་ཐཱ་ག་ཏེ་བྷྱོ་བི་ཤྭ་མུ་ཁེ་བྷྱཿསརྦ་
ཐཱ་ཁཾ་ཨུདྒ་ཏེ། སྥ་ར་ཎ་ཨི་མཾ་ག་ག་ན་ཁཾ། གྲིཧྞེ་དཾ་བ་ལིཾ་ཏ་ཡེ་སྭཱཧཱ། ལན་གསུམ་
གྱིས་ཕུལ། ཨརྒྷཾ་སོགས་ཀྱིས་ཕྱིའི་མཆོད་པ་དང་། སྙིང་པོའི་མཐར། འབྲུ་གསུམ་
བཏགས་པས་ནང་མཆོད་དབུལ། རྫོགས་པའི་སངས་རྒྱས་སྤྱན་ས་ཏྲ། །བསྟན་པ་
སྲུང་བར་ཞལ་བཞེས་པའི། །ནག་པོ་ཆེན་པོ་ཞལ་བཞི་པ། །ཡུམ་ཆེན་སྲིང་མོ་བཞི་
དང་བཅས། །ཤ་ཆེན་ཟན་དང་མེ་ཏོག་སྤོས། །ཚང་ཕུད་ཤ་ཁྲག་དག་གིས་མཆོད། །
རྒྱལ་བའི་བསྟན་པ་སྐྱོང་བ་དང་། །བཅོལ་བའི་འཕྲིན་ལས་འགྲུབ་པར་མཛོད། །
གཞན་ཡང་ཇི་ལྟར་འདོད་པའི་དོན་གསོལ་བཏབ་རྣམས་བྱ། ༈ འདིའི་རྗེས་གནང་
གི་བྱ་བ་ནི། རྟེན་རྫོ་རྒྱ་ཆེན། དེ་ལ་ཆོས་འབྱུང་གྲུ་གསུམ་མཐིང་ནག་ལྷ་ཚོམ་འབྲི།
ཚུད་ན། རྟེན་རྫོའི་སྟེང་དུ་ཆོས་འབྱུང་དབུས་མ་འབྲི། དེར་འབྲུ་ནག་གི་ཚོམ་བུ་
བཅུ་དགུའམ། ལྷ་འགོད། དེའི་སྟེང་ངམ། རྒྱབ་ཏུ་གཏོར་མ་གྲུ་གསུམ་ལྷ་ཚོམ་པ་
མཐིའི་སྟེང་དུ་འགོད། མདུན་དུ་འབུལ་གཏོར་དང་གཏོར་མ་ལ་འཇུག་རྒྱུའི་དཔལ་
འབར་བཅས་བཤམས། མཁའ་འགྲོ་སྤྱི་གཏོར་དང་། མཆོད་པ་ཅི་བདེར་བསྒྲིགས།
གང་འོས་ཕྱོགས་སུ། གྲི་གུག་རྩེ་གསུམ། རལ་གྲི། མདུང་རིང་། ཐོད་ཁྲག །ཐོད་
འཕྲེང་། གསེར་བུམ། རྐང་གླིང་། རྟེན་རྫོ། སྤྲིག་འཕོར། (༣༨༤ན)གྱི་སྙིང་རྣམས་
བཤམས་ལ། བདག་བསྐྱེད་སྔོན་དུ་འགྲོ་བས། གོང་བཞིན་གཏོར་ཆོག་རྫོགས་པར་
བྱས་ལ། སློབ་མའི་རྒྱུད་བྱིན་གྱིས་བརླབས་པའི་དོན་དུ་བཟླས་པ་ཡང་ཅི་འགྲུབ་
བྱེད། དེ་ཡང་། ཨོཾ་མཧཱ་ཀཱ་ལ་ཀཱ་ལ་བི་ཀཱ་ལ་ར་ཧི་ཏ། ཧཱུཾ་ཧྲི་ནི། ཙཎྜ་ལི། རཀྵ་སི།
སིདྡྷ་ལི། དེ་ཤི་ཧཱུཾ་ཧཱུཾ་ཕཊ་སྭཱཧཱ། ཞེས་པའི་རྩ་སྔགས་ཤམ་བུ་ཅན་ཅི་རིགས་པར་
བཟླའོ། །དེ་རྗེས་མཁའ་འགྲོ་སྤྱི་གཏོར་སོགས་བཏང་། དེ་ནས་རྗེས་གནང་དངོས་
ཀྱི་བྱ་བ་ནི། ཐུན་མོང་དང་ཐུན་མོང་མ་ཡིན་པ་ཕྱག་མཚན་གཏད་པ་གཉིས་ཡོད་
ཅིང་། ཕྱི་མའང་དང་པོ་སྔོན་དུ་འགྲོ་བ་ཅན་ཡིན་པས། ཐོག་མར་དང་པོ་ཉིད་

བརྗོད་པར་བྱའོ། ། ༈ སློབ་མས་མཎྜལ་ཕུལ། དེ་ནས་གསོལ་བ་བཏབ་པ་འདིའི་རྗེས་ཟློས་མཛོད་ཅིག་བྱས་ལ། ཀུན་མཁྱེན་ཡེ་ཤེས་ཕུང་པོ་ཅན། །ཞེས་པ་ནས། གཙོ་བོས་བདག་ལ་བཀའ་དྲིན་སྩོལ། །ཅེས་པའི་བར་ལན་གསུམ་གྱིས་གསོལ་བ་བཏབ། རྒྱུན་བཤགས་སྔོན་དུ་འགྲོ་བའི་སེམས་བསྐྱེད་པ་ནི། འདིའི་རྗེས་ཟློས་མཛོད་ཅིག་བྱས་ལ། དཀོན་མཆོག་གསུམ་ལ་བདག་སྐྱབས་མཆི། །ཞེས་སོགས་ལན་གསུམ། རིགས་ལྔའི་སྡོམ་པ་བཟུང་བ་འདིའི་རྗེས་ཟློས་མཛོད་ཅིག་བྱས་ལ། སྲས་བཅས་སངས་རྒྱས་ཐམས་ཅད་དང་། །ཞེས་སོགས་ལན་གསུམ་བྱ། སློབ་དཔོན་ཉིད་བདག་བསྐྱེད་གང་བྱས་ཀྱི་ལྷའི་མངོན་རྟོགས་དང་མཐུན་པར་བསྒོམ་དུ་བཅུག །མདུན་གྱི་བསྐྱེད་གཞི་འདི་ཡང་ནག་པོ་ཆེན་པོ་གདོང་བཞི་པ་ཡུམ་ཆེན་(༣༧༨བ)བཞིས་བསྐོར་བ་འཁོར་དང་བཅས་པ་ཞིག་ཏུ་དངོས་སུ་བཞུགས་འདུག་སྙམ་པར་མོས་ལ། སློབ་དཔོན་དང་། མདུན་བསྐྱེད་ལ་མོས་གུས་དུང་དུང་བ་བྱས་པས། སློབ་དཔོན་གྱི་ཐུགས་ཀ་ནས་འོད་ཟེར་འཕྲོས། མདུན་བསྐྱེད་ཀྱི་དཀྱིལ་འཁོར་ལ་ཕོག །དེ་ལས་འོད་ཟེར་བྱུང་། ཁྱེད་རང་རྣམས་ཀྱི་ལུས་ལ་ཕོག །ལུས་ཀྱི་ཕྱི་ནང་བར་གསུམ་ཐམས་ཅད་གང་། སྡིག་སྒྲིབ་ཐམས་ཅད་དག །ལུས་འོད་ཀྱི་ཕུང་པོ་ཆེན་པོ་ཧཱུྃ་གིས་མཚན་པར་གྱུར། ༈ རྗེས་གནང་དངོས་ལ་ཐུན་མོང་དང་། ཐུན་མོང་མ་ཡིན་པ་གཉིས་ལས། དང་པོ་ལ། སྐུའི་རྗེས་གནང་གི་དོན་དུ་གསོལ་བ་འདེབས་པ་འདིའི་རྗེས་ཟློས་མཛོད་ཅིག་བྱས་ལ་དུས་གསུམ་སངས་རྒྱས་ཐམས་ཅད་ཀྱི་ངོ་བོ་བླ་མ་རིན་པོ་ཆེས། བདག་ལ་ནག་པོ་ཆེན་པོ་ཞལ་བཞི་པའི་སྐུའི་རྗེས་སུ་གནང་བ་བསྩལ་དུ་གསོལ། ཞེས་ལན་གསུམ། དེ་ནས་ཁྱེད་རང་རྣམས་ཐིག་ལེ་ཧཱུྃ་གིས་མཚན་པ་དེ་ཡོངས་སུ་གྱུར་པ་ལས། པད་ཉི་མི་རོའི་གདན་དང་བཅས་པའི་སྟེང་དུ་རྡོ་རྗེ་ནག་པོ་ཆེན་པོ་གདོང་བཞི་པ། རྩ་ཞལ་ནག་མོ་མི་རོ་ཟ་བ། ཆེར་ཁྲོས་ཤིང་རྔམ་པ། གཡས་ཞལ་དཀར་བ་རྒྱ་ཆེར་བཞད་པ། གཡོན་ཞལ་དམར་པོ་འཇུམས་ཤིང་འཛིགས་

པ། སྙིང་ཞལ་དུད་ཁ་མཆེ་བ་གཙིགས་པ། ཕྱག་གཡས་ཀྱི་དང་པོས་རྡོ་རྗེ་གྲི་གུག་དང་། གཡོན་གྱི་དང་པོས་ཐོད་པ་དགྲ་བགེགས་ཀྱི་སྙིང་གིས་བཀང་བ་ཐུགས་ཀར་སྙིང་འོག་ཏུ་འཛིན་པ། གཡས་འོག་མས་འབར་བའི་རལ་གྲི་དང་། གཡོན་འོག་མས་ཏུས་འཕྲེང་འགག་ཐབས་སུ་འཕྱུར་ཞིང་། རྩེ་གསུམ་(༣༦༡ན)འཛིན་པ། མཆན་ཁྱུང་དུ་གསེར་གྱི་བུམ་པ་བདུད་རྩིས་གདབ་བཙུག་པ། སྐྲ་ཁམ་པ་གྱེན་དུ་བརྫེས་ཤིང་། སྤྱན་གསུམ་པ། ཞལ་གདངས་ཤིང་མཆེ་བ་རྣོན་པོ་གཙིགས་ལ། མས་མཆུ་འཕྱང་བ། ཚངས་པའི་སྐུད་པ་དང་། ཏུས་པ་དང་། སྦྲུལ་དང་། དྲིལ་བུའི་འཕྲེང་བས་བརྒྱན་པ། སྟག་གི་པགས་པའི་ཤམ་ཐབས་ཅན། གཡས་བསྐུམས་གཡོན་བརྐྱངས་བཞེངས་པའི་སྟབས་ཀྱིས་ཡེ་ཤེས་ཀྱི་མེ་དྲག་ཏུ་འབར་བའི་ཀློང་དཀྱིལ་ན་བཞུགས་པ། ཕྱོགས་བཞིར་ཧཱུྃ་བཞི་ལས། གཡས་སུ་ཡུམ་ཆེན་གཡུང་མོ་ནག་མོ། གཡོན་དུ་ལས་མཛད་གཏུམ་མོ་ལྗང་གུ། མདུན་དུ་དམར་ནག་སྲིན་མོ་ཆེན་མོ། རྒྱབ་ཏུ་སེར་ནག་སིདྷ་གླིང་མ་སྟེ། བཞི་ཀར་ཡང་ཞལ་གཅིག་ཕྱག་གཉིས་མ་གྲི་གུག་དང་ཐོད་པ་འཛིན་པ། རབ་ཁྲོས་དྲག་ཤུལ་པོ་ཉ་མོའི་ཆ་ལུགས་ཅན། སྤྱན་གསུམ་གཅེར་བུ་རྒྱན་མེད་པ། རབ་ཏུ་གྲིམ་ཞིང་། གཙོ་བོ་ལ་མངོན་དུ་ཕྱོགས་པ། ཕྱི་རོལ་ཁོར་ཡུག་ཏུ་བདུད་གཅོད་ཀྱི་བཤན་པ་ཉེར་གཅིག །བདུད་འདུལ་གྱི་དམག་ཉིས་ཁྲི་ཆིག་སྟོང་། དྲེགས་པ་སྡེ་བརྒྱད། ལྷ་མ་སྲིན་ཞིང་གི་རྒྱལ་སྐྱེད་ཀྱི་འཁོར་གྱིས་བསྐོར་བར་གྱུར། ཐམས་ཅད་ཀྱི་དཔྲལ་བར་ཨོཾ། མགྲིན་པར་ཨཱཿ ཐུགས་ཀར་ཧཱུྃ། ཞེས་ནག་པོ་ཆེན་པོའི་སྐུར་བསྐྱེད་ནས། སློབ་དཔོན་གྱི་ཐུགས་ཀའི་ཧཱུྃ་ལས་འོད་ཟེར་དཔག་ཏུ་མེད་པ་འཕྲོས། མདུན་གྱི་ཆོས་སྐྱོང་ལ་ཕོག་སྟེ། ཐུགས་རྒྱུད་བསྐུལ་བས། ཐུགས་ཀའི་ཧཱུྃ་ལས་མགོན་པོའི་སྐུ་(༣༦༡བ)དཔག་ཏུ་མེད་པ་བྱུང་། ཡང་འོད་ཟེར་འཕྲོས་པས། ཏི་སེ། བསིལ་བའི་ཚལ། པོ་ཏ་ལ། ཧ་ཧ་རྒོད་པའི་དུར་ཁྲོད་ནས། ཆོས་སྐྱོང་གི་སྐུ་བསམ་གྱིས་མི་ཁྱབ་པ་སྤྱན་དྲངས། ཆེ་བ་རི་རབ་ཙམ་དང་

ཆུང་བ་ཧིལ་གྱི་འབྲུ་ཙམ་པ་འོད་ཟེར་དུ་མ་འཕྲོ་ཞིང་། ཧཱུྃ་དང་ཕཊ་ཀྱི་སྒྲ་སྒྲོག་པ་ཅན། ཁྱེད་རང་རྣམས་ཀྱི་སྙིན་མཚམས་དང་། ལུས་ཀྱི་སྟོད་སྨད་བར་གསུམ་དུ་ཐིམ། གཞན་ཡང་སངས་རྒྱས་དང་བྱང་ཆུབ་སེམས་དཔའ་དང་། རྣལ་འབྱོར་མ་བསམ་གྱིས་མི་ཁྱབ་པ་སྤྲུན་དྲངས་ལ། དཔལ་མགོན་ཞལ་བཞི་པའི་སྐུའི་རྣམ་པར་གྱུར་ནས་ཁྱེད་རང་རྣམས་ཀྱི་ལུས་ལ་ཆར་ཆེན་པོ་བབས་པ་བཞིན་དུ་སིབ་སིབ་ཐིམ་པར་མོས་པ་གྱིས་ཤིག །ཅེས་བརྗོད་ལ། གུ་གུལ་དང་། མགོན་པོའི་སྤོས་ཀྱི་དུད་པ་དང་། སྙིང་པོ་མང་དུ་བརྗོད་ཅིང་། རོལ་མོ་དཀྲོལ་ལ་དྲག་ཏུ་བྱིན་དབབ། དེས་སྐུའི་རྗེས་གནང་གྲུབ། གསུང་གི་རྗེས་གནང་གི་དོན་དུ་གསོལ་བ་འདེབས་པ་འདིའི་རྗེས་ཟློས་མཛོད་ཅིག་བྱས་ལ། དུས་གསུམ་སངས་རྒྱས་ནས། གསུང་གི་རྗེས་གནང་བསྩལ་དུ་གསོལ། །ཞེས་ལན་གསུམ། སློབ་དཔོན་དང་། མདུན་བསྐྱེད་ཀྱི་ཐུགས་ཀར་པད་ཉིའི་གདན་ལ་ཧཱུྃ་ཡིག་སྔོན་པོ། དེའི་མཐའ་མར་སྔགས་ཀྱི་འཕྲེང་བས་བསྐོར་ནས་ཡོད་པར་བསམས་ལ། ཁྱེད་རང་རྣམས་ཀྱང་མགོན་པོར་གསལ་བའི་སྙིང་པདྨ་འདབ་བརྒྱད་ལྟར་ཁ་ཕྱེ་བའི་ནང་དུ། པད་ཉིའི་གདན་ལ་ཧཱུྃ་ཡིག་སྔོན་པོ་གཅིག་བསམས། དེ་ནས་མོས་གུས་དུང་དུང་བ་བྱས་པས། བླ་མའི་ཐུགས་ཀ་ནས་འོད་ཟེར་(༣༧༠ན)འཕྲོས། མདུན་གྱི་མགོན་པོ་ལ་ཕོག་པས། དེའི་ཐུགས་ཀའི་སྔགས་འཕྲེང་འོད་ཟེར་རབ་ཏུ་འབར་བ་སྒྲ་དང་བཅས་པ་གཅིག་ལས་གཉིས་ཚད་ཀྱི་ཚུལ་དུ་ཞལ་ནས་ཐོན། ཁྱེད་རང་རྣམས་ཀྱི་ཞལ་དུ་ཞུགས། ཐུགས་ཀའི་ཧཱུྃ་གི་མཐའ་མར་འཁོད། ལ་ལ་ཧཱུྃ་ལ་ཐིམ། ཡང་བླ་མ་དང་མདུན་བསྐྱེད་ལས་འོད་ཟེར་འཕྲོས། གཞན་ཡང་བླ་མ་དང་མདུན་བསྐྱེད་སངས་རྒྱས་དང་བྱང་ཆུབ་སེམས་དཔའ་ཐམས་ཅད་ཀྱི་གསུང་ཡིག་འབྲུའི་རྣམ་པར་ཨཱ་ལི་ཀཱ་ལིའི་སྔགས་བསམ་གྱིས་མི་ཁྱབ་པ་སྤྲུན་དྲངས་པའང་ཁྱེད་རང་རྣམ་པའི་ཐུགས་ཀའི་ཧཱུྃ་དང་སྔགས་འཕྲེང་ལ་ཐིམ་པར་མོས། དུད་པ་དང་ལྷ་སྔགས་ཀྱིས་ཐོག་དྲངས་པའི་སྔགས་ལན་གསུམ་

གྱི་བར་ལ་རོལ་མོ་དང་། དམིགས་པས་དྲག་ཏུ་དབབ། ད་ཁྱེད་རང་རྣམ་པ་འཕྲེང་བའམ། མེ་ཏོག་རེ་ལག་ཏུ་བཟུང་། རྗེས་སུ་བཟླས་པའི་ལུང་བླང་བ་ནི། སློབ་དཔོན་གྱི་ཐུགས་ཀའི་འོད་ཀྱིས་མགོན་པོའི་ཐུགས་རྒྱུད་བསྐུལ་བས། ཐུགས་ཀའི་སྔགས་འཕྲེང་ལས་སྔགས་འཕྲེང་གཉིས་པ་ཞིག་མར་མེ་གཅིག་ལས་གཉིས་ཆད་པའི་ཚུལ་དུ་སྒྲ་འོད་དང་བཅས་པས་ཞལ་ནས་ཐོན། ཁྱེད་རང་རྣམ་པའི་ཞལ་དུ་ཞུགས། ཐུགས་ཀའི་ཧཱུྃ་གི་མཐའ་མར་གཡས་སྐོར་དུ་འཁོར་བར་བསམས་ལ། རྗེས་ཟློས་ལན་གསུམ་བགྱིས་པའི་དང་པོ་དམ་ཚིག་པའི་ཚུལ་དང་། གཉིས་པ་ཡེ་ཤེས་པའི་རྣམ་པ། གསུམ་པ་དམ་ཚིག་པ་ལ་ཡེ་ཤེས་པ་ཤིན་ཏུ་བརྟན་པའི་ཚུལ་གྱིས་ཐིམ་(༣༧༠བ)པར་བསམས་ལ། རྗེས་ཟློས་མཛོད་ཅིག་བྱས་ལ། ཨོཾ་མཧཱ་ཀཱ་ལ་ཀཱ་ལ་བི་ཀཱ་ལ་ར་ཧི་ཏ། ཛཾ་ཛྙེ་ནི། ཙཎྜ་ལི། རཀྵ་སི། སིདྡྷ་ལི། དེ་ཝི་ཧཱུྃ་ཧཱུྃ་ཕཊ་སྭཱཧཱ། འཁོར་དང་བཅས་པའི་སྙིང་པོ་ལན་གསུམ་གྱིས་ལུང་ནོད། སློབ་དཔོན་ལ་མེ་ཏོག་གཏོར་ཞིང་འདིའི་རྗེས་ཟློས་མཛོད་ཅིག །མགོན་པོ་བདག་ལ་བསྐུལ་ལགས་ཀྱི། །མགོན་པོ་བདག་ལ་བྱིན་གྱིས་རློབས། །ཞེས་ལན་གསུམ་གསོལ་བ་གདབ། སློབ་དཔོན་གྱིས་རྡོ་རྗེ་སློབ་མའི་མགོ་བོར་བཞག་ལ། མགོན་པོ་འདི་ལ་བསྐུལ་ལགས་ཀྱི། །མགོན་པོ་འདི་ལ་བྱིན་གྱིས་རློབས། །ཞེས་ལན་གསུམ་གསོལ་བ་གདབ། དེས་གསུང་གི་རྗེས་གནང་གྲུབ། ཐུགས་ཀྱི་རྗེས་གནང་གི་དོན་དུ་གསོལ་བ་བཏབ་པ་འདིའི་རྗེས་ཟློས་མཛོད་ཅིག་བྱས་ལ། དུས་གསུམ་སངས་རྒྱས་ནས། ཐུགས་ཀྱི་རྗེས་གནང་བསྐུལ་དུ་གསོལ། །ཞེས་ལན་གསུམ། སློབ་དཔོན་དང་མདུན་བསྐྱེད་ལ་མོས་གུས་དྲུང་དྲང་བ་བྱས་པས། བླ་མའི་ཐུགས་ཀ་ནས་འོད་ཟེར་འཕྲོས། མདུན་གྱི་མགོན་པོ་ལ་ཕོག་པས། དེའི་ཐུགས་ཀ་ནས་ཐུགས་གཉིས་སུ་མེད་པའི་ཡེ་ཤེས་ཀྱི་ངོ་བོ་རྡོ་རྗེ་གྲི་གུག་གི་རྣམ་པ་ཅན་དང་། ཐོད་སྙིང་། འབར་བའི་རལ་གྲི། རུས་འཕྲེང་། རྩེ་གསུམ། གསེར་གྱི་དུམ་པ་ལ་སོགས་པའི་ཕྱག་མཚན་སྔགས་ཀྱི་སྒྲ་དང་འོད་ཟེར་

འབར་བ་དང་བཅས་པ་བསམ་གྱིས་མི་ཁྱབ་པ་ཕྱོན་པ་རྣམས་ཁྱེད་རང་རྣམས་ཀྱི་ཐུགས་ཀའི་ས་བོན་ལ་སིབ་སིབ་ཐིམ་པ་དང་། ཕྱོགས་བཅུའི་སངས་རྒྱས་དང་བྱང་ཆུབ་སེམས་དཔའ་ཐམས་ཅད་ཀྱི་ཐུགས་ཀ་(༣༧༡ན)ནས་ཡེ་ཤེས་ཀྱི་ཕྱག་མཚན་དཔག་ཏུ་མེད་པ་ཕྱོན་ཏེ། འོད་དུ་ཞུ་ནས་ཁྱེད་རང་རྣམས་ཀྱི་ཐུགས་ཀར་ཐིམ་པར་མོས། དུད་པ་དང་། སྔགས་ལན་གསུམ་གྱི་བར་ལ་རོལ་མོ་བྱས་ལ་དབབ། དེས་ཐུགས་ཀྱི་རྗེས་གནང་གྲུབ། དེ་ནས་ཁྱེད་རང་རྣམ་པའི་སྙིང་པདྨ་འདབ་བརྒྱད་ལྟར་ཡོད་པ་དེ་དག་ཁ་ཟུམ་ནས། དེའི་སྟེང་དུ་རྡོ་རྗེ་རྩེ་ལྔ་པ་ཕྱེད་པས་རྒྱས་བཏབ་པས། དེ་ཉིད་ལ་བརྟན་པར་བཞུགས་ནས་གྲོགས་མཛད་པར་སེམས་ཤིག །ཅེས་བྱས་ལ། སློབ་མའི་མགོ་བོར་རྡོ་རྗེ་བཞག་ལ། ཏིཥྛ་བཛྲ་ལན་གཉིས་བརྗོད། ༈ གཉིས་པ་ཐུན་མོང་མ་ཡིན་པར་གྲགས་པ་ནི། ཕྱག་མཚན་དང་རྟེན་གཏོད་པ་ཡིན་ཏེ། ཧཱུྃ། གདུག་ཅན་གཡུལ་ངོར་བསྒྲལ་བའི་ལྕགས། །གྲི་གུག་དུག་གིས་ངར་བླུད་པའི། །མཚོན་ཆེན་མི་བཟད་འབར་བ་འདི། །རྣམ་རྟོག་དགྲ་བོའི་གཤེད་དུ་སྦྱིན། །ཨོཾ་མནྟྲ་ཀཱ་ལ་ཀཱ་ལ་བི་ཀཱ་ལ་ར་ཧྲི་ཏ་གརྟ་རི་ཨ་ཧྲི་ཏིཥྛ་ཧཱུྃ། ཞེས་གྲི་གུག་གཏད། གེང་རུས་ཡུ་བ་སྦྲེས་བྲལ་ཏེ། །སྐུ་གསུམ་རབ་གནོན་རྩེ་མོ་ཅན། །དར་ནག་འཕྱུར་འཕྱུལ་འཕྲིན་ལས་ཏེ། །དུག་གསུམ་གཉེན་པོ་ཁྱོད་ལ་སྦྱིན། །སྔགས་ཀྱི་ཐོག་མཐའ་འདྲ་བ་ལ་གརྟ་རི་ཞེས་པའི་དོད་དུ་ཏྲི་ཤཱུ་ལ། ཞེས་བརྗོད་ལ་རྩེ་གསུམ་གཏད། འོག་མ་རྣམས་ལའང་འགྲེ། སྟོང་ཉིད་རྡོ་རྗེའི་ཡུ་བས་མཚན། །སེམས་ཉིད་དར་ལྡན་རལ་གྲི་ཆེ། །ཡེ་ཤེས་མེ་འབར་གཡུལ་བཟློག་པའི། །མ་རིག་གཅོད་བྱེད་མཚོན་འདི་སྦྱིན། ཁཌྒ། ཞེས་རལ་གྲི་(༣༧༡བ)གཏད། རང་བཞིན་གནས་ལུགས་མདུང་རིང་ནི། །ཆོས་སྐུ་རྣོ་དཔལ་རྩེ་མོ་ཅན། །སྙིང་བརྩེ་བ་དན་ལྷབ་ལྷུབ་སྒྲེ། །མ་རུངས་འབིགས་པའི་མཚོན་འདི་སྦྱིན། །ཤུ་ལ། ཞེས་མདུང་རིང་གཏད། རབ་དཀར་སྟོང་ཉིད་ཀ་པཱ་ལ། །བདེ་ཆེན་རཀྟས་གཏམས་པ་འདི། །དབྱེར་མེད་ཟུང་འཇུག་བཅུད་ཆེན་པོ། །

མཁའ་འགྲོ་རོལ་པའི་སྦྲང་རྩི་སྦྱིན། །ཀ་པཱ་ལ། ཞེས་ཐོད་པ་གདད། གཏུམ་ཆེན་བཤད་པའི་ནི་རད་སུ། །མཆོད་ཀྱིས་བསྒྲུབས་པའི་དུང་ཆེན་འཕྲེང་། །རྡོ་རྗེ་ཐུགས་ཀྱི་གྲངས་འཛིན་པ། །ཤུན་ཆེན་སྲད་བུས་བརྒྱུད་འདི་སྦྱིན། །ནི་རང་སུ་མྣཱ་ལ། ཞེས་ཐོད་འཕྲེང་གདད། འཇམ་བུ་ན་དའི་བུམ་བཟང་ནི། །ལྷ་རྫས་མགུལ་ཆིངས་ཉེར་མཛེས་ཤིང་། །དངོས་གྲུབ་བདུད་རྩིའི་རྒྱུན་གྱིས་གཏམས། །མི་ཟད་ལོངས་སྤྱོད་གཏེར་འདི་སྦྱིན། །ཀ་ཏ། ཞེས་བུམ་པ་གདད། མི་དབང་རྐང་གླིང་ང་རོ་ཅན། །གནས་གསུམ་མཁའ་འགྲོ་འབོད་པའི་སྒྲ། །སྡེ་བརྒྱད་དམག་དཔུང་འགྱེད་པའི་བརྡ། །དམ་ཚིག་བསྐུལ་ཕྱིར་ཁྱོད་ལ་སྦྱིན། །མནྟུ་ཕུཾ་སེ། ཞེས་རྐང་གླིང་གདད། མཚན་ལྡན་སྐྱེས་བུས་བཅལ་བ་ཡིས། །རང་བྱུང་རྡོ་ནག་མགོ་གསུམ་པ། །ཞིང་སྐྱོང་བླ་རྡོ་རྟེན་པའི་རྫས། །རང་བཞིན་ཕོ་བྲང་དམ་པ་སྦྱིན། །ཤི་ལ་མཏྟལ། ཞེས་རྟེན་རྡོ་གདད། གསུང་གི་ངོ་བོ་ཡིག་འབྲུའི་གཟུགས། །གསང་བའི་ངོ་བོ་སྲོག་གི་རྟེན། །བདུད་དཔུང་འཁོར་ཚོགས་ཟིལ་གནོན་པ། །འབྲལ་མེད་སྲུང་བའི་འཁོར་ལོ་བཟུང་། །ཙཀྲ་ཙཀྲ་གུ་རུ། ཞེས་སྲོག་(༡༧༢ན)འཁོར་གདད། དཔའ་བོ་གཡུལ་དུ་བསྒྲལ་བའི་སྙིང་། །རྩ་གསུམ་དམ་ཚིག་རྫས་ཀྱིས་བཀང་། །བསྐྱེད་ཅིང་བྱིན་རླབས་གསང་བའི་རྟེན། །སྟོད་ལྡན་བུ་ཡི་སྙིང་གར་བཟུང་། །བི་ར་གུ་རུ་ཙཀྲ། ཞེས་གྱི་སྙིང་གདད་དོ། །འཕྲིན་ལས་ཀྱི་བཀའ་བསྒོ་ནི། གཏོར་མ་ལ་དཔལ་འབར་གཅིག་བཙུགས། སློབ་མའི་སྤྱི་བོར་བཞག །གཏོར་མ་འདི་རྡོ་རྗེ་ནག་པོ་གདོང་བཞི་པ་བྲན་གཡོག་བཀའ་སྡོད་མངག་པ་དང་བཅས་པ་སྤྲིན་གཏིབས་པ་བཞིན་དུ་བསམས་ལ། མགོན་པོའི་སྙིང་དུ་རྩ་བའི་བླ་མ་ལ་བརྒྱུད་པའི་བླ་མའི་ཚོགས་ཀྱིས་བསྐོར་བ། སངས་རྒྱས་དང་བྱང་ཆུབ་སེམས་དཔའ་གནས་གསུམ་མཁའ་འགྲོའི་ཚོགས་བསམ་གྱིས་མི་ཁྱབ་པ་དང་བཅས་པ་བཞུགས་འདུག་སྙམ་པར་མོས་མཛོད་ཅིག །ཅེས་བྱས་ལ། དུད་པ་བྱས་ཤིང་། རྩ་ཐུགས་ཀྱི་མཐར། ས་མ་ཡེ། ས་མ་ཡ་རཀྵནྟུ། རྡོ་རྗེ་

ནག་པོ་ཆེན་པོ་གདོང་བཞི་པ་བྲན་གཡོག་བཀའ་སྡོད་དང་བཅས་པ་ཁྱེད་རྣམས་ཀྱིས། བླ་མ་དམ་པ་རྣམས་ཀྱི་དམ་ཚིག་གི་རིམ་པ་ལས་མི་འདའ་བར་དམ་ཚིག་སྲུངས། བསྟན་པ་སྐྱོངས། རིག་པ་འཛིན་པ་འདི་ཞེས་བགྱི་བ་ཇི་སྲིད་སངས་རྒྱས་མ་ཐོབ་ཀྱི་བར་དུ་འགལ་རྐྱེན་བར་གཅོད་ཐམས་ཅད་ལས་སྲུངས་ཤིག །མི་མཐུན་པའི་ཕྱོགས་ཐམས་ཅད་སོལ་ཅིག །མཐུན་རྐྱེན་ཐམས་ཅད་སྒྲུབས་ཤིག །སྤྱིར་སངས་རྒྱས་ཀྱི་བསྟན་པ་དང་། ཁྱེ་བྲག་ཏུ་རིག་པ་འཛིན་པ་འདིའི་དགྲ་དང་བགེགས་དང་བར་(༣༧༢བ)དུ་གཅོད་པ་ཐམས་ཅད་ཐུལ་ལ་སྲུང་བ་དང་བསྐྱབ་པར་གྱིས་ཤིག །རིག་པ་འཛིན་པ་འདིས་ཆོས་དང་མཐུན་པའི་ཇི་ལྟར་བཀའ་བསྒོ་བ་བཞིན་ཁྱེད་རྣམས་ཀྱིས་སྒྲུབས་ཤིག །ཅེས་བརྗོད། དེ་ནས་ཡུལ་ཁྱད་པར་ཅན་དེ་རྣམས་ལ་དད་གུས་བྱས་ལ། བླ་མ་ཡི་དམ་སངས་རྒྱས་བྱང་སེམས་མཁའ་འགྲོར་བཅས་པ་འོད་དུ་ཞུ། ནག་པོ་ཆེན་པོ་ལ་ཐིམ། དེ་ལས་འོད་ཟེར་འཕྲོས། བཀའ་སྡོད་འཁོར་དང་བཅས་པ་ལ་ཕོག་པས་འོད་དུ་ཞུ། ཚུར་འདུས་ནས་ནག་པོ་ཆེན་པོ་ལ་ཐིམ། དེའང་འོད་དུ་ཞུ། ཁྱེད་རང་གི་སྤྱི་གཙུག་ཚངས་པའི་བུ་ག་ནས་ཞུགས། ཁྱེད་རང་དང་གཉིས་སུ་མེད་པར་གྱུར་པས་ནུས་མཐུ་ཕུན་སུམ་ཚོགས་པར་བསམས་ལ། རོལ་མོ་མཛད་དོ། །མི་འཁྲུལ་ཞིང་གསང་བར་གདམས་པ་ནི། དེ་ལྟར་རྗེས་གནང་ལུང་སྦྱིན་པའི་དབང་གིས་སྲུང་སྐྱོབ་བྱེད། ལུས་དང་གྲིབ་མའི་ཚུལ་གྱིས་འཁོར་བ་ཆོས་ཉིད་ཡིན། ཁྱེད་རང་རྣམ་པ་ཡང་དམ་ཚིག་རྣམ་དག་སྲུང་སྟེ། གཏོར་མ་དང་ཚོགས་ལ་བརྩོན་པར་མཛོད། དམ་ཚིག་དང་མི་ལྡན་པ་དང་། གསང་སྔགས་ཀྱི་སྣོད་དུ་མ་གྱུར་པ་རྣམས་ལ་དཔལ་མགོན་པོ་འཁོར་བཅས་ཀྱི་མཚན་ཙམ་ཡང་བསྟན་པར་བྱ་བ་མ་ཡིན་ནོ། །རྗེས་ཆོག་རྣམས་འདྲ། །

༄ ཞལ་བཞི་པ་ལས་སྦྱོར་མགོན་པོ་ལ། རྟེན་རྫ་རྒྱ་ཆེ་བའི་སྟེང་དུ་ཆོས་འབྱུང་མཐིང་ནག་ལྟེ་འབྲི། ཆུང་ན་རྟེན་རྫའི་སྟེང་དུ། ཆོས་འབྱུང་དབུས་མ་འབྲི། དེའི་

སྙིང་དུ་འབྲུ་ནག་གི་ཆོམ་བུ་བཙུ་དགུའམ་ལྔ་དགོད། དེའི་སྙིང་ངམ་རྒྱབ་ཏུ་དམར་གཏོར་གྲུ་(༣༧༣ན)གསུམ་མཐེབ་ཀྱུ་དང་བཅས་པ། རྟེན་གཏོར་ལ་འཛུགས་རྒྱུའི་དཔལ་འབར། མཆོད་པ་ནང་མཆོད་རྣམས་བཤམ་མོ། །བདག་བསྐྱེད་སྔོན་དུ་འགྲོ་བས། མཆོད་གཏོར་བྱིན་གྱིས་བརླབས་ལ། དེ་ནས་བསངས་སྦྱངས། སྟོང་པའི་ངང་ལས་རང་གི་མདུན་གྱི་ནམ་མཁར་སྤྲུང་འཁོར་དུར་ཁྲོད་དང་བཅས་པའི་དབུས་སུ། མཐིང་ནག་གྲུ་གསུམ་འབར་བའི་ཆོས་འབྱུང་ལྔ་ཆོམ་དུ་གནས་པའི་དབུས་མའི་སྙིང་དུ། པཾ་ལས་པདྨ་དང་། རཾ་ལས་ཉི་མའི་སྙིང་དུ་ཧཱུྃ་ལས་གྲི་གུག་ཧཱུྃ་གིས་མཚན་པ། དེ་ལས་འོད་ཟེར་འཕྲོས། དགྲ་བགེགས་གདུག་པ་ཅན་ཐམས་ཅད་ཚར་བཅད། ཚུར་འདུས་ཡོངས་སུ་གྱུར་པ་ལས། རྡོ་རྗེ་ནག་པོ་ཆེན་པོ་གདོང་བཞི་པ། གཡས་ཞལ་བཙེགས་མ་གཉིས་སྔོན་པོ། གཡོན་ཞལ་བཙེགས་མ་གཉིས་ལྗང་གུ། ཕྱག་བཞིའི་གཡས་གཡོན་གྱི་དང་པོ་གཉིས་ཀྱིས་རྡོ་རྗེས་མཚན་པའི་གྲི་གུག་དང་། དགྲ་བགེགས་ཀྱི་ཁྲག་གིས་གང་བའི་ཐོད་པ་སྙིང་བཅས་ཐུགས་ཀར་སྙིང་འོག་ཏུ་འཛིན་པ། གཡས་འོག་མས་རལ་གྲི་འབར་བ་འདེབས་པའི་ཚུལ་གྱིས་འཛིན་ཅིང་། གཡོན་འོག་མས་གསེར་གྱི་བུམ་པ་མྱོས་བྱེད་ཀྱིས་གང་བ་འཛིན་པ། སྐྲ་ཁམ་པ་གྱེན་དུ་བརྫེས་ཤིང་། སྤྱན་གསུམ་པ། ཞལ་གདངས་ཤིང་མཆེ་བ་རྣོན་པོ་གཙིགས་ལ། མས་མཆུ་འཕྱང་བ། ཚངས་པའི་སྐུད་པ་དང་། ཅུས་པ་དང་། སྦྲུལ་དང་། དྲིལ་བུའི་འཕྲེང་བས་བརྒྱན་པ། སྟག་གི་པགས་པའི་ཤམ་(༣༧༣བ)ཐབས་ཅན། གཡས་བསྐུམས་གཡོན་བརྐྱངས་བཞེངས་པའི་སྟབས་ཀྱིས་ཡེ་ཤེས་ཀྱི་མེ་དྲག་ཏུ་འབར་བའི་ཀློང་དཀྱིལ་ན་བཞུགས་པ། ཕྱོགས་བཞིར་ཧཱུྃ་བཞི་ལས། གཡས་སུ་ཡུམ་ཆེན་གཡུང་མོ་ནག་མོ། གཡོན་དུ་ལས་མཛད་གཏུམ་མོ་ལྗང་གུ། མདུན་དུ་དམར་ནག་སྲིན་མོ་ཆེན་མོ། རྒྱབ་ཏུ་སེར་ནག་སིནྡ་གླིང་མ་སྟེ། བཞི་ཀར་ཡང་ཞལ་གཅིག་ཕྱག་གཉིས་མ་གྲི་གུག་དང་ཐོད་པ་འཛིན་པ། རབ་ཁྲོས་དྲག་ཤུལ་ཕོ་ཉ་མོའི་ཆ་ལུགས་ཅན། སྤྱན་གསུམ་

གཅེར་བུ་རྒྱན་མེད་པ། རབ་ཏུ་གྲིམ་ཞིང་། གཙོ་བོ་ལ་མངོན་དུ་ཕྱོགས་པ། ཕྱི་རོལ་ཁོར་ཡུག་ཏུ་བདུད་གཙོད་ཀྱི་བཤན་པ་ཉེར་གཅིག །བདུད་འདུལ་གྱི་དམག་ཉིས་ཁྲི་ཆིག་སྟོང་། རིགས་པ་སྡེ་བརྒྱད། ལྷ་མ་སྲིན་ཞིང་གི་རྟུལ་སྐྱེད་ཀྱི་འཁོར་གྱིས་བསྐོར་བར་གྱུར། ཐམས་ཅད་ཀྱི་དཔྲལ་བར་ཨོཾ། མགྲིན་པར་ཨཱཿ ཐུགས་ཀར་ཧཱུྃ། རང་གི་སྙིང་ག་ནས་འོད་ཟེར་འཕྲོས། ཏི་སེ། བསིལ་བའི་ཚལ། པོ་ཏ་ལ། ཏ་ཏ་རྐོད་པའི་དུར་ཁྲོད་རྣམས་ནས། རྡོ་རྗེ་ནག་པོ་ཆེན་པོ་ཞིང་སྐྱོང་སྟོབས་འཕྲོག་དབང་པོ་ཞལ་བཞི་པ་འཁོར་དང་བཅས་པ་ཨོཾ་བཛྲ་ས་མ་ཛཿ སྟོན་ཚེ་རྡོ་རྗེ་འཆང་གི་སྤྱན་སྔ་རུ། །ཞེས་པ་ནས། སངས་རྒྱས་བསྟན་པ་སྲུང་ཕྱིར་གཤེགས་སུ་གསོལ། །ཞེས་པའི་བར། ཨོཾ་མཧཱ་ཀཱ་ལ་ཀཱ་ལ་བི་ཀཱ་ལ་ར་ཏྲི་ཏ་ཧཱུྃ་ཕཊ། ས་པ་རི་ཝཱ་ར་ཨེ་ཧྱ་ཧི། ཛཿཧཱུྃ་བཾ་ཧོཿཔདྨ་ཀ་མ་ལ་ཡེ་སྟྭཾ། ཨོཾ་ཤྲཱི་ཙ་ཏུར་མུ་ཁ་ས་པ་རི་ཝཱ་ར་ཨརྒྷཾ་ནས་ཤབྡའི་བར་གྱིས་མཆོད། རྡོ་རྗེ་རྩེ་ལྔ་པའི་ཕྱག་རྒྱ་བཅས་ལ། (༣༧༨ན)ཨོཾ་མཧཱ་ཀཱ་ལ་ཀཱ་ལ་བི་ཀཱ་ལ་ར་ཏྲི་ཏ། ས་པ་རི་ཝཱ་ར་ས་མ་ཡ་སྨ་ར། ས་མ་ཡ་མ་ཏི་ཀྲ་མ་ཡེ། ས་མ་ཡ་རཀྵནྟུ། དཔལ་རྡོ་རྗེ་ནག་པོ་ཆེན་པོ་གདོང་བཞི་པ་བྲན་གཡོག་བཀའ་སྡོད་འཁོར་དང་བཅས་པ་ཐམས་ཅད་མཆོད་སྦྱིན་གྱི་གཏོར་མ་རྒྱ་ཆེན་པོ་འདི་བཞེས་ལ། རྩ་བ་དང་བརྒྱུད་པར་བཅས་པའི་དཔལ་ལྡན་བླ་མ་དམ་པ་རྣམས་ཀྱི་བཀའ་དང་དམ་ལས་མི་འདའ་བར་དམ་ཚིག་སྲུངས། བསྟན་པ་སྐྱོངས། དཀོན་མཆོག་གི་དབུ་འཕངས་བསྟོད། ཆོས་སྒྲུབ་པའི་བར་ཆད་ཐམས་ཅད་ཞི་བ་དང་། བསམ་སྦྱོར་ཆོས་དང་མཐུན་པ་ཡིད་བཞིན་དུ་འགྲུབ་ཅིང་། བསྟན་པ་དང་། བསྟན་པ་འཛིན་པ་དང་། འཇིག་རྟེན་པ་ཀུན་དར་ཞིང་རྒྱས་པར་མཛད་དུ་གསོལ། རྡོ་རྗེ་ཐལ་མོ་ཁ་གྱེན་དུ་ཕྱེ་ལ། ཨོཾ་མཧཱ་ཀཱ་ལ་ཀཱ་ལ་བི་ཀཱ་ལ་ར་ཏྲི་ཏ། ཧཾ་ཀྵི་ཎི། ཙཎྜ་ལི། རཀྵ་སི། སིང་ག་ལི། དེ་ཤི་ས་པ་རི་ཝཱ་རེ་བྷྱཿན་མཿསརྦ་ཏ་ཐཱ་ག་ཏ་བྷྱོ་བི་ཤྭ་མུ་ཁེ་བྷྱཿསརྦ་ཐཱ་ཁཾ་ཨུདྒ་ཏེ། སྥ་ར་ཎ་ཧི་མཾ་ག་ག་ན་ཁཾ། གྲྀཧྞ་དཾ་བ་ལིཾ་ཏ་ཡེ་སྭཱཧཱ། ལན་གསུམ་གྱིས་

གཏོར་མ་ཕུལ། ཨརྒྷཾ་སོགས་ཀྱིས་ཕྱི་མཆོད་དང་། ཨོཾ་མཧཱ་ཀཱ་ལ་ཀཱ་ལ་བི་ཀཱ་ལ་ར་ཏི་ཀ། ཀཻཾ་ཧྲི་ནི། ཙནྡྲ་ལི། རཀྵ་སི། སིང་ག་ལི། དེ་ཝི་ཧཱུྃ་ཧཱུྃ་ཕཊ་སྭཱཧཱ། ཨོཾ་ཨཱཿཧཱུྃ། ཞེས་ནང་མཆོད་དབུལ། རྫོགས་པའི་སངས་རྒྱས་སྤྱན་སྔ་རུ། །བསྟན་པ་སྲུང་བར་ཞལ་བཞེས་པའི། །ནག་པོ་ཆེན་པོ་ཞལ་བཞི་པ། །ཡུམ་ཆེན་སྲིང་མོ་བཞི་དང་བཅས། །ཤ་ཆེན་ཟན་དང་མེ་ཏོག་སྤོས། །ཆང་ཕུད་(༣༧༤བ)ཤ་ཁྲག་དག་གིས་མཆོད། །རྒྱལ་བའི་བསྟན་པ་སྐྱོང་བ་དང་། །བཅོལ་བའི་ཕྲིན་ལས་འགྲུབ་པར་མཛོད། །གཞན་ཡང་ཇི་ལྟར་འདོད་པའི་འདོད་དོན་གསོལ་བཏབ་རྣམས་བྱའོ། །བཟླས་པ་ནི། ཨོཾ་མཧཱ་ཀཱ་ལ་ཀཱ་ལ་བི་ཀཱ་ལ་ར་ཏི་ཀ་ཧཱུྃ་ཕཊ། ཅེས་པ་གཙོ་བོའི་སྙིང་པོ་དང་། ཨོཾ་མཧཱ་ཀཱ་ལ་ཀཱ་ལ་བི་ཀཱ་ལ་ར་ཏི་ཀ། ཀཻཾ་ཧྲི་ནི། ཙནྡྲ་ལི། རཀྵ་སི། སིངྒ་ལི། དེ་ཝི་ཧཱུྃ་ཧཱུྃ་ཕཊ་སྭཱཧཱ། འཁོར་དང་བཅས་པའི་སྙིང་པོའོ། །འདི་ལ་ཙ་སྔགས་བཟླ་བའང་གལ་ཆེ་བས། ཅི་རིགས་པར་བཟླའོ། ། ༔ རྗེས་གནང་གི་བྱ་བ་ནི། སློབ་མས་མཎྜལ་ཕུལ། དེ་ནས་གསོལ་བ་བཏབ་པ་འདིའི་རྗེས་གནང་མཛོད་ཅིག་བྱས་ལ། ཀུན་མཁྱེན་ཡེ་ཤེས་ཕུང་པོ་ཅན། །ཞེས་པ་ནས། གཙོ་བོས་བདག་ལ་བཀའ་དྲིན་སྩོལ། །ཞེས་པའི་བར་ལན་གསུམ་གྱིས་གསོལ་བ་བཏབ། ཡང་དཀོན་མཆོག་གསུམ་ལ་ཞེས་སོགས་ཀྱིས་རྒྱུན་བཤགས་དང་། སྲས་བཅས་སངས་རྒྱས་ཐམས་ཅད་དང་། །ཞེས་སོགས་ལན་གསུམ་བྱ། དེ་ནས་སློབ་དཔོན་ཉིད་བདག་བསྐྱེད་གང་བྱས་ཀྱི་ལྷའི་མངོན་རྟོགས་དང་མཐུན་པར་བསྒོམ་དུ་བཅུག །མདུན་གྱི་བསྐྱེད་གཞི་འདི་ཡང་ནག་པོ་ཆེན་པོ་གདོང་བཞི་པ་ཡུམ་ཆེན་བཞིས་བསྐོར་བ་འཁོར་དང་བཅས་པ་ཞིག་ཏུ་དངོས་སུ་བཞུགས་འདུག་སྙམ་པ་དང་། གཏོར་མ་མགོ་ཐོག་ཏུ་བཞག་པའི་ཚེ་མདུན་གྱི་ནག་པོ་ཆེན་པོ་གདོང་བཞི་པ་འཁོར་བཅས་དང་། དེའི་སྟེང་དུ་བླ་མ་ཡི་དམ་སངས་རྒྱས་བྱང་(༣༧༥ན)སེམས་དཔའ་བོ་མཁའ་འགྲོའི་ཚོགས་བསམ་གྱིས་མི་ཁྱབ་པ་བཞུགས། ཁྱེད་རང་རྣམས་ཀྱི་སྤྱི་བོར་ཐིམ་པའི་མོས་པ་མཛོད་བྱས་ལ། ཙ་

བ་དང་བརྒྱུད་པར་བཅས་པའི་དཔལ་ལྡན་བླ་མ་དམ་པ་རྣམས་ཀྱིས་བྱིན་གྱིས་རློབས་ཤིག །ཡི་དམ་དཀྱིལ་འཁོར་གྱི་ལྷ་ཚོགས་རྣམས་ཀྱིས་བྱིན་གྱིས་རློབས་ཤིག །སངས་རྒྱས་དང་བྱང་ཆུབ་སེམས་དཔའ་ཐམས་ཅད་ཀྱིས་བྱིན་གྱིས་རློབས་ཤིག །དཔའ་བོ་མཁའ་འགྲོ་ཆོས་སྐྱོང་སྲུང་མ་རྣམས་ཀྱིས་བྱིན་གྱིས་རློབས་ཤིག །ཁྱད་པར་དུ་ཡང་ནག་པོ་ཆེན་པོ་གདོང་བཞི་པ་འཁོར་དང་བཅས་པ་རྣམས་ཀྱིས་བྱིན་གྱིས་རློབས་ཤིག །རྡོ་རྗེ་སློབ་མ་འདི་རྣམས་ཀྱི་ལུས་ཀྱི་ན་ཚ། སེམས་ཀྱི་སྡུག་བསྔལ་སོགས་འགལ་རྐྱེན་བར་གཅོད་ཐམས་ཅད་ཞི་བ་དང་། མཐུན་རྐྱེན་ཚེ་དང་བསོད་ནམས་དཔལ་འབྱོར་ཕུན་སུམ་ཚོགས་པ་ཐམས་ཅད་འཕེལ་ཞིང་རྒྱས་པ་དང་། མཆོག་དང་ཐུན་མོང་གི་དངོས་གྲུབ་ཐམས་ཅད་མྱུར་དུ་འགྲུབ་པར་མཛད་དུ་གསོལ། ཞེས་གསོལ་བ་བཏབ་པས། བླ་མ་ཡི་དམ་སངས་རྒྱས་བྱང་སེམས་མཁའ་འགྲོར་བཅས་པ་འོད་དུ་ཞུ་ནས་ནག་པོ་ཆེན་པོ་ལ་ཐིམ། དེ་ལས་འོད་ཟེར་འཕྲོས། བཀའ་སྡོད་འཁོར་དང་བཅས་པ་ལ་ཕོག་པས་འོད་དུ་ཞུ། ཚུར་འདུས་ནས་ནག་པོ་ཆེན་པོ་ལ་ཐིམ། དེ་ཡང་ཁྱེད་རང་གི་སྤྱི་གཙུག་ཚངས་པའི་བུ་ག་ནས་ཞུགས། སྙིང་པདྨ་འདབ་བརྒྱད་ལྡར་ཡོད་པའི་དབུས་སུ་བཞུགས་པ་འདབ་མ་ཁ་ཟུམ་ནས་དེའི་སྟེང་དུ་རྡོ་རྗེ་རྩེ་ལྔ་པ་ཁྱིད་པས་རྒྱས་བཏབ་པར་མོས་སུ་བཅུག་སྟེ་གཏོར་(༣༧༥བ)དབང་སྙིང་ཞུགས་དང་བཅས་པ་བསྐུར། དེ་ནས་སློབ་དཔོན་དང་། མདུན་བསྐྱེད་ལ་མོས་གུས་དུང་དུང་བ་བྱས་པས། སློབ་དཔོན་གྱི་ཐུགས་ཀ་ནས་འོད་ཟེར་འཕྲོས། མདུན་བསྐྱེད་ཀྱི་དཀྱིལ་འཁོར་ལ་ཕོག །དེ་ལས་འོད་ཟེར་བྱུང་། ཁྱེད་རང་རྣམས་ཀྱི་ལུས་ལ་ཕོག །ལུས་ཀྱི་ཕྱི་ནང་བར་གསུམ་ཐམས་ཅད་གང་། སྡིག་སྒྲིབ་ཐམས་ཅད་དག །ལུས་འོད་ཀྱི་ཕུང་པོ་ཆེན་པོ་ཧཱུྃ་གིས་མཚན་པར་གྱུར། དེ་ནས་སྐུའི་རྗེས་གནང་དངོས་ཀྱི་དོན་དུ་གསོལ་བ་འདེབས་པ་འདིའི་རྗེས་ཟློས་མཛོད། དུས་གསུམ་སངས་རྒྱས་ཐམས་ཅད་ཀྱི་ངོ་བོ་བླ་མ་རིན་པོ་ཆེས། བདག་ལ་ནག་པོ་ཆེན་པོ་ཞལ་

བཞི་པའི་སྐུའི་རྗེས་སུ་གནང་བ་བསྟུལ་དུ་གསོལ། ཞེས་ལན་གསུམ། དེ་ནས། ཁྱེད་རང་རྣམས་ཐིག་ལེ་ཧཱུྃ་གིས་མཚན་པ་དེ་ཡོངས་སུ་གྱུར་པ་ལས། པད་ཉི་མི་རོའི་གདན་དང་བཅས་པའི་སྟེང་དུ་ནག་པོ་ཆེན་པོ་གདོང་བཞི་པ། གཡས་ཞལ་བརྗེགས་མ་གཉིས་སྔོན་པོ། གཡོན་ཞལ་བརྗེགས་མ་གཉིས་ལྗང་གུ། ཕྱག་བཞིའི་གཡས་གཡོན་གྱི་དང་པོ་གཉིས་ཀྱིས་རྡོ་རྗེས་མཚན་པའི་གྲི་ཐུག་དང་། དགྲ་བགེགས་ཀྱི་ཁྲག་གིས་གང་བའི་ཐོད་པ་སྙིང་བཅས་ཐུགས་ཀར་སྟེང་འོག་ཏུ་འཛིན་པ། གཡས་འོག་མས་རལ་གྲི་འབར་བ་འདེབས་པའི་ཚུལ་གྱིས་འཛིན་ཅིང་། གཡོན་འོག་མས་གསེར་གྱི་བུམ་པ་སྨྱུས་བྱེད་ཀྱིས་གང་བ་འཛིན་པ། སྐྲ་ཁམ་པ་གྱེན་དུ་བརྫེས་ཤིང་། སྤྱན་གསུམ་པ། ཞལ་གདངས་ཤིང་མཆེ་བ་རྣོན་པོ་གཙིགས་ལ། མས་མཆུ་འཕྱང་བ། ཚངས་པའི་(༣༧༨ན)སྐྱུད་པ་དང་། ཙུས་པ་དང་། སྦྲུལ་དང་། དྲིལ་བུའི་འཕྲེང་བས་བརྒྱན་པ། སྟག་གི་པགས་པའི་ཤམ་ཐབས་ཅན། གཡས་བསྐུམས་གཡོན་བརྐྱངས་བཞེངས་པའི་སྟབས་ཀྱིས་ཡེ་ཤེས་ཀྱི་མེ་དྲག་ཏུ་འབར་བའི་ཀློང་དཀྱིལ་ན་བཞུགས་པ། ཕྱོགས་བཞིར་ཧཱུྃ་བཞི་ལས། གཡས་སུ་ཡུམ་ཆེན་གཡུང་མོ་ནག་པོ། གཡོན་དུ་ལས་མཛད་གཏུམ་མོ་ལྗང་གུ། མདུན་དུ་དམར་ནག་སྲིན་མོ་ཆེན་མོ། རྒྱབ་ཏུ་སེར་ནག་སིནྡྷ་གླིང་མ་སྟེ། བཞི་ཀར་ཡང་ཞལ་གཅིག་ཕྱག་གཉིས་མ་གྲི་ཐུག་དང་ཐོད་པ་འཛིན་པ། རབ་ཁྲོས་དྲག་ཤུལ་ཅོ་ཉ་མོའི་ཆ་ལུགས་ཅན། སྤྱན་གསུམ་གཅེར་བུ་རྒྱན་མེད་པ། རབ་ཏུ་གྲིམ་ཞིང་། གཙོ་བོ་ལ་མངོན་དུ་ཕྱོགས་པ། ཕྱི་རོལ་ཁོར་ཡུག་ཏུ་བདུད་གཙོད་ཀྱི་བཤན་པ་ཉེར་གཅིག །བདུད་འདུལ་གྱི་དམག་ཉིས་ཁྲི་ཆིག་སྟོང་། དྲེགས་པ་སྡེ་བརྒྱད། ལྷ་མ་སྲིན་ཞིང་གི་རྟུལ་སྙེད་ཀྱི་འཁོར་གྱིས་བསྐོར་བར་གྱུར། ཐམས་ཅད་ཀྱི་དཔྲལ་བར་ཨོཾ། མགྲིན་པར་ཨཱཿ ཐུགས་ཀར་ཧཱུྃ་གིས་མཚན་པར་གྱུར། སློབ་དཔོན་གྱི་ཐུགས་ཀའི་ཧཱུྃ་ལས་འོད་ཟེར་དཔག་ཏུ་མེད་པ་འཕྲོས། མདུན་གྱི་ཆོས་སྐྱོང་ལ་ཕོག་སྟེ། ཐུགས་རྒྱུད་བསྐུལ་བས། ཐུགས་ཀའི་

ཧཱུྃ་ལས་མགོན་པོའི་སྐུ་དཔག་ཏུ་མེད་པ་བྱུང་། ཡང་འོད་ཟེར་འཕྲོས་པས། ཏི་སེ། བསིལ་བའི་ཚལ། ཏ་ཏ་རྒོད་པའི་དུར་ཁྲོད་ནས། ཆོས་སྐྱོང་གི་སྐུ་བསམ་གྱིས་མི་ཁྱབ་པ་སྤྱན་དྲངས། རྡོ་རྗེ་ནག་པོ་ཆེན་པོ་གདོང་བཞི་པའི་སྐུའི་རྣམ་པར་གྱུར་ནས་ཆར་ཆེན་པོ་བབས་(༣༧༨བ)པ་བཞིན་དུ་ལུས་ལ་ཐིམ་པར་མོས་པ་བྱོས་ཤིག །ཅེས་བརྗོད་ལ། ཨོཾ་མཧཱ་ཀཱ་ལ་ཀཱ་ལ་བི་ཀཱ་ལ་ར་ཧི་ཏ་ཧཱུྃ་ཕཊ། ཅེས་པ་གཙོ་བོའི་སྙིང་པོ་དང་། ཨོཾ་མཧཱ་ཀཱ་ལ་ཀཱ་ལ་བི་ཀཱ་ལ་ར་ཧི་ཏ། ཊཾ་ཧྲི་ནི། ཙཎྜ་ལི། རཀྵ་སི། སིདྡྷ་ལི། དེ་ཥི་ཧཱུྃ་ཧཱུྃ་ཕཊ་སྭཱཧཱ། ཞེས་འཁོར་དང་བཅས་པའི་སྙིང་པོ་ལན་གསུམ་གྱི་བར་རོལ་མོ་དཀྲོལ་ལ། དྲག་ཏུ་བྱིན་དབབ། དེས་སྐུའི་རྗེས་གནང་གྲུབ། གསུང་གི་རྗེས་གནང་དངོས་ཀྱི་དོན་དུ་གསོལ་བ་འདེབས་པ་འདིའི་རྗེས་ཟློས་མཛོད་བྱས་ལ། དུས་གསུམ་སངས་རྒྱས་ནས། གསུང་གི་རྗེས་གནང་བསྩལ་དུ་གསོལ། །ཞེས་ལན་གསུམ། སློབ་དཔོན་ཡི་དམ་དུ་གསལ་བའི་ཐུགས་ཀའི་སྔགས་ཀྱི་གསེབ་ན་ཨོཾ་མཧཱ་ཀཱ་ལ་ཀཱ་ལ་བི་ཀཱ་ལ་སོགས་འཁོར་དང་བཅས་པའི་སྔགས་ཡོད་པར་བསམས། མདུན་བསྐྱེད་ཀྱི་ཐུགས་ཀར་པད་ཉིའི་སྟེང་དུ་རྡོ་རྗེ་སྔོན་པོ་རྩེ་ལྔ་པ་ལྟེ་བར་ཉི་མའི་སྟེང་དུ་ཧཱུྃ་གིས་མཚན་པ། དེའི་མཐའ་མར་མཧཱ་ཀཱ་ལ་ཞེས་པ་ནས་ཧཱུྃ་ཧཱུྃ་ཕཊ་སྭཱཧཱ། ཞེས་པ་རྣམས་ཀྱིས་བསྐོར་ནས་ཡོད་པར་བསམས། ཁྱེད་རང་རྣམས་ཀྱང་ཆོས་སྐྱོང་དུ་དམིགས་པའི་སྙིང་པདྨ་འདབ་བརྒྱད་ལྟར་ཁ་བྱེ་བའི་ནང་དུ། པཾ་ལས་པདྨ་དང་། རཾ་ལས་ཉི་མའི་གདན་ལ་ཧཱུྃ་ཞུ་བ་ལས་རྡོ་རྗེ་སྔོན་པོ་ལྟེ་བ་ལ་ཉི་མའི་སྟེང་དུ་ཧཱུྃ་གིས་མཚན་པ་གཅིག་བསམས། དེ་ནས་མོས་གུས་དུང་དུང་བ་བྱས་པས། བླ་མའི་ཐུགས་ཀ་ནས་འོད་ཟེར་འཕྲོས། མདུན་གྱི་ནག་པོ་ཆེན་པོ་ལ་ཕོག་པས། དེའི་ཐུགས་ཀའི་སྔགས་འཕྲེང་འོད་ཟེར་རབ་(༣༧༧ན)ཏུ་འབར་བ་སྒྲ་དང་བཅས་པ་གཅིག་ལས་གཉིས་ཆད་ཀྱི་ཚུལ་དུ་ཞལ་ནས་ཐོན། ཁྱེད་རང་རྣམ་པའི་ཞལ་དུ་ཞུགས། ཐུགས་ཀའི་ཧཱུྃ་གི་མཐའ་མར་འཁོད། ལ་ལ་ཧཱུྃ་ལ་ཐིམ། ཡང་བླ་མ་དང་མདུན་བསྐྱེད་ལས་འོད་

ཟེར་འཁྱོགས། གཞན་ཡང་བླ་མ་དང་མདུན་བསྐྱེད་སངས་རྒྱས་དང་བྱང་ཆུབ་སེམས་དཔའ་ཐམས་ཅད་ཀྱི་གསུང་ཡིག་འབྲུའི་རྣམ་པ་ཨཱ་ལི་ཀཱ་ལིའི་སྔགས་བསམ་གྱིས་མི་ཁྱབ་པ་སྤྱན་དྲངས་པའི་ཁྱིད་རང་རྣམ་པའི་ཐུགས་ཀའི་ཧཱུྃ་དང་སྔགས་རྣམས་ལ་ཐིམ་པར་མོས་ལ། ལྷ་སྔགས་ཀྱིས་ཐོག་དྲངས་པའི་སྔགས་ལན་གསུམ་གྱི་བར་ལ་རོལ་མོ་དང་། དམིགས་པས་དྲག་ཏུ་བྱིན་རླབས། ད་ཁྱིད་རང་རྣམ་པ་འཁྲིང་བའམ། མེ་ཏོག་རེ་ལག་ཏུ་བཟུང་། རྗེས་སུ་བཟླས་པའི་ལུང་བླང་བ་ནི། སློབ་དཔོན་གྱི་ཐུགས་ཀའི་འོད་ཀྱིས་མགོན་པོའི་ཐུགས་བརྒྱུད་བསྐུལ་བས། ཐུགས་ཀའི་སྔགས་རྣམས་རེ་རེ་ལས་མར་མེ་གཅིག་ལས་གཉིས་ཆད་པའི་ཚུལ་དུ་སྦྲ་འོད་དང་བཅས་པས་ཞལ་ནས་ཐོན། ཁྱིད་རང་རྣམ་པའི་ཞལ་དུ་ཞུགས། ཐུགས་ཀའི་ཧཱུྃ་གི་མཐའ་མར་སྔགས་ཀྱིས་བསྐོར་བར་བསམས་ལ། རྗེས་བཟློས་ལན་གསུམ་བགྱིས་པའི་དམ་ཚིག་པའི་ཚུལ་དང་། གཉིས་པ་ཡེ་ཤེས་པའི་རྣམ་པ། གསུམ་པ་དམ་ཚིག་པ་ལ་ཡེ་ཤེས་པ་ཤིན་ཏུ་བརྟན་པའི་ཚུལ་གྱིས་ཐིམ་པར་བསམས་ལ། རྗེས་བཟློས་མཛོད་ཅིག་བྱས་ལ། ཨོཾ་མཧཱ་ཀཱ་ལ་ཀཱ་ལ་བི་ཀཱ་ལ་ར་ཧྲི་ཏ་ཧཱུྃ་ཕཊ། ཨོཾ་མཧཱ་ཀཱ་ལ་ཀཱ་ལ་བི་ཀཱ་ལ་ར་ཧྲི་ཏ། (༣༧༧བ)ཏྲཻཾ་ཀྵི་ནི། ཙཎྜ་ལི། རཀྟ་སི། སིདྡྷ་ལི། དེ་ཤི་ཧཱུྃ་ཧཱུྃ་ཕཊ་སྭཱཧཱ། ཞེས་འཁོར་དང་བཅས་པའི་སྙིང་པོ་ལན་གསུམ་གྱིས་ལུང་ནོད། སློབ་དཔོན་ལ་མེ་ཏོག་གཏོར་ཞིང་འདིའི་རྗེས་བཟློས་མཛོད་ཅིག །མགོན་པོ་བདག་ལ་བསྐུལ་ལགས་ཀྱི། །མགོན་པོ་བདག་ལ་བྱིན་གྱིས་རློབས། །ཞེས་ལན་གསུམ་གསོལ་བ་གདབ། སློབ་དཔོན་གྱིས་རྡོ་རྗེ་སློབ་མའི་མགོ་བོར་བཞག་ལ། མགོན་པོ་འདི་ལ་བསྐུལ་ལགས་ཀྱི། །མགོན་པོ་འདི་ལ་བྱིན་གྱིས་རློབས། །ཞེས་ལན་གསུམ། དེས་གསུང་གི་རྗེས་གནང་གྲུབ། ཐུགས་ཀྱི་རྗེས་གནང་དངོས་ཀྱི་དོན་དུ་གསོལ་བ་འདེབས་པ་འདིའི་རྗེས་བཟློས་མཛོད་བྱས་ལ། དུས་གསུམ་སངས་རྒྱས་ནས། ཐུགས་ཀྱི་རྗེས་གནང་བསྐུལ་དུ་གསོལ། །ཞེས་ལན་གསུམ། ཡང་སློབ་དཔོན་དང་མདུན་བསྐྱེད་ལ་མོས་

གུས་དུང་དུང་བ་བྱས་པས། བླ་མའི་ཐུགས་ཀ་ནས་འོད་ཟེར་འཕྲོས། མདུན་གྱི་ནག་པོ་ཆེན་པོ་ལ་ཕོག་པས། དེའི་ཐུགས་ཀ་ནས་ཐུགས་གཉིས་སུ་མེད་པའི་ཡེ་ཤེས་ཀྱི་ང་བོ་ཛྲ་ཧྲི་སྔོན་པོ་རྩེ་ལྔ་པའི་རྣམ་པ་ཅན་དང་། གྲི་གུག །ཐོད་ཁྲག །རལ་གྲི། གསེར་བུམ་ལ་སོགས་པ་ཕྱག་མཚན་སྣ་ཚོགས་ཀྱི་སྒྲ་དང་འོད་ཟེར་འབར་བ་དང་བཅས་པ་བསམ་གྱིས་མི་ཁྱབ་པ་བྱོན་པ་རྣམས་ཁྱེད་རང་རྣམས་ཀྱི་ཐུགས་ཀའི་ཛྲ་ཧྲི་དང་ས་བོན་ལ་སིབ་སིབ་ཐིམ། ཕྱོགས་བཅུའི་སངས་རྒྱས་དང་བྱང་ཆུབ་སེམས་དཔའ་རྣམས་ཀྱི་ཐུགས་ཀ་ནས་ཡེ་ཤེས་ཀྱི་ཕྱག་མཚན་དཔག་ཏུ་མེད་པ་བྱོན་ཏེ། འོད་དུ་ཞུ་ནས་ཐུགས་ཀར་ཐིམ་པར་མོས། དུད་པ་(༣༧༨ན)དང་སྣགས་ལན་གསུམ་གྱི་བར་ལ་རོལ་མོ་བྱས་ལ་དབབ། དེས་ཐུགས་ཀྱི་རྗེས་གནང་གྲུབ། རྗེས་ཀྱི་བྱ་བ་སྤྱི་དང་འདྲ། །

༄ དཔལ་མགོན་ཞལ་བཞི་པ་དཀར་པོ་ཆེ་འཕེལ་ལ། ཡི་དམ་གྱི་བདག་བསྐྱེད་སྔོན་དུ་སོང་ནས། མཆོད་གཏོར་བྱིན་གྱིས་བརླབས་ལ། རང་ཡི་དམ་དུ་གསལ་བའི་ལྟེ་བ་དང་། མདུན་བསྐྱེད་གཉིས་ཅར་གྱི་གནས་སུ་པདྨ་དང་ཉི་མའི་སྟེང་དུ་ཧཱུྃ་དཀར་པོ་ལས། ཞིང་སྐྱོང་སྟོབས་འཕྲོག །དབང་པོ་ཆེ་འཕེལ་སྐུ་མདོག་དཀར་པོ་རྩ་ཞལ་དཀར་བ། གཡས་སྔོ། གཡོན་དམར། སྟེང་ཞལ་དུད་ཁ། ཕྱག་དང་པོ་གཉིས་ཀྱིས་འཆི་མེད་ཡེ་ཤེས་ཀྱི་བདུད་རྩིས་གང་བའི་བུམ་པ་དང་། ཐོད་པ་ཐུགས་ཀར་སྟེང་འོག་ཏུ་འཛིན་པ། འོག་མ་གཉིས་ཀྱིས་གྲི་གུག་དང་རྩེ་གསུམ་འཛིན་པས་ཚེའི་བར་ཆད་སྲུང་བ། སྐྲ་ཁམ་པ་གྱེན་དུ་བརྫེས་ཤིང་། སྤྱན་གསུམ་པ། ཞལ་གདངས་ཤིང་། མཆེ་བ་རྣོན་པོ་གཙིགས་ལ་མས་མཆུ་འཕྱང་བ། ཚངས་པའི་སྐུད་པ་དང་། རུས་པ་དང་། སྦྲུལ་དང་། དྲིལ་བུའི་འཕྲེང་བས་བརྒྱན་པ། སྟག་གི་པགས་པའི་ཤམ་ཐབས་ཅན། གཡས་བསྐུམས་གཡོན་བརྐྱངས་བཞེངས་པའི་སྟབས་ཀྱིས་ཡེ་ཤེས་ཀྱི་མེ་དྲག་ཏུ་འབར་བའི་ཀློང་དཀྱིལ་ན་བཞུགས་པ། ཕྱོགས་བཞིར་ཧཱུྃ་བཞི་ལས།

གཡས་སུ་གཡུང་མོ། གཡོན་དུ་གཏུམ་མོ། མདུན་དུ་སྲིན་མོ། རྒྱབ་ཏུ་སིདྡྷ་གླིང་མ་སྟེ། ཡུམ་བཞི་ཀར་ཡང་སྐུ་མདོག་དཀར་མོ། བདུད་རྩིས་གང་བའི་བུམ་པ་(༣༧༨བ)དང་། ནོར་བུ་འཛིན་པ། རབ་ཁྲོས་དྲག་ཤུལ་ཕོ་ཉ་མོའི་ཆ་ལུགས་ཅན། སྤྱན་གསུམ་གཅེར་བུ་རྒྱན་མེད་པ། རབ་ཏུ་གྲིམ་ཞིང་། གཙོ་བོ་ལ་མངོན་དུ་ཕྱོགས་པ། ཕྱི་རོལ་ཁོར་ཡུག་ཏུ་བདུད་གཅོད་ཀྱི་བཤན་པ་ཉེར་གཅིག །བདུད་འདུལ་གྱི་དམག་ཉིས་ཁྲི་ཆིག་སྟོང་། དྲེགས་པ་སྡེ་བརྒྱད། ལྷ་མ་སྲིན་ཞིང་གི་རྡུལ་སྙེད་ཀྱི་འཁོར་གྱིས་བསྐོར་བར་གྱུར། ཐམས་ཅད་ཀྱི་དཔྲལ་བར་ཨོཾ། མགྲིན་པར་ཨཱཿ ཐུགས་ཀར་ཧཱུྃ། རང་གི་སྙིང་ག་ནས་འོད་ཟེར་འཕྲོས། ཏི་སེ། བསིལ་བའི་ཚལ། པོ་ཏ་ལ། ཧ་ཧ་རྒོད་པའི་དུར་ཁྲོད་རྣམས་ནས། ཞིང་སྐྱོང་སྟོབས་འཕྲོག་དབང་པོ་ཞལ་བཞི་པ་འཁོར་དང་བཅས་པ་ཨོཾ་བཛྲ་ས་མ་ཛཿ སྤོན་ཆེ་རྡོ་རྗེ་འཆང་གི་སྤྱན་སྔ་རུ། །ཞེས་པ་ནས། སངས་རྒྱས་བསྟན་པ་སྲུང་ཕྱིར་གཤེགས་སུ་གསོལ། །ཨོཾ་མཧཱ་ཀཱ་ལ་ཀཱ་ལ་བི་ཀཱ་ལ་ར་ཊི་ཏ་ཧཱུྃ་ཕཊ་ས་པ་རི་ཝཱ་ར་ཨེ་ཧྱ་ཧི། ཛཿཧཱུྃ་བཾ་ཧོཿཔདྨ་ཀ་མ་ལ་ཡེ་སྟྭཾ། ཨོཾ་མཧཱ་ཀཱ་ལ་ཀཱ་ལ་བི་ཀཱ་ལ་ར་ཊི་ཏ། ས་པ་རི་ཝཱ་ར་གྲྀཧྞེ་དཾ་ཨརྒྷཾ་སྭཱཧཱ་ནས་ཤབྡའི་བར་གྱིས་མཆོད། རྡོ་རྗེ་རྩེ་ལྔ་པའི་ཕྱག་རྒྱ་འཆིང་བ་མགོན་པོའི་དམ་རྒྱའོ། །ཨོཾ་མཧཱ་ཀཱ་ལ་ཀཱ་ལ་བི་ཀཱ་ལ་ར་ཊི་ཏ། ས་པ་རི་ཝཱ་ར་ས་མ་ཡ་སྨ་ར། ས་མ་ཡ་མ་ཏི་ཀྲ་མ་ཡེ། ས་མ་ཡ་རཀྵནྟུ། ཞིང་སྐྱོང་སྟོབས་འཕྲོག་དབང་པོ་འཁོར་དང་བཅས་པ་ཐམས་ཅད་མཆོད་སྦྱིན་གྱི་གཏོར་མ་རྒྱ་ཆེན་པོ་འདི་བཞེས་ལ། རྩ་བ་དང་བརྒྱུད་པར་བཅས་པའི་དཔལ་ལྡན་བླ་མ་དམ་པ་རྣམས་ཀྱི་བཀའ་དང་དམ་ལས་མི་འདའ་བར་དམ་ཚིག་སྲུངས། བསྟན་པ་སྐྱོངས། (༣༧༩ན)དཀོན་མཆོག་གི་དབུ་འཕངས་བསྟོད། ཆོས་སྒྲུབ་པའི་བར་ཆད་ཐམས་ཅད་ཞི་བ་དང་། བསམ་སྦྱོར་ཆོས་དང་མཐུན་པ་ཡིད་བཞིན་དུ་འགྲུབ་ཅིང་། བསྟན་པ་དང་། བསྟན་པ་འཛིན་པ་དང་། འཇིག་རྟེན་པ་ཀུན་དར་ཞིང་རྒྱས་པར་མཛད་དུ་གསོལ། བདག་གི་ཚེ་འཕེལ་བར་མཛོད་

ཏུ་གསོལ། རྗོ་རྗེ་ཐལ་མོ་ཁ་གྲེན་དུ་ཕྱེ་ལ། ཨོཾ་མནྡ་ཀྲཱ་ལ་ཀྲཱ་ལ་བི་ཀྲཱ་ལ་ར་ཧི་ཏ། ཀྵཾ་ཀྵེ་ནི། ཙཀྲ་ཡི། རཀྵ་སི། སིང་ག་ཡི། དེ་ཝི་ས་པ་རི་ཝཱ་ར་བྷྱཿན་མཿསཏ་ཏ་ཐཱ་ག་ཏ་སྟྭཿ སོགས་ལན་གསུམ་གྱིས་ཕུལ། ཨརྒྷཾ་སོགས་ཀྱིས་ཕྱི་མཆོད་དང་། སྙིང་པོའི་མཐར། འབྲུ་གསུམ་བཏགས་པས་ནང་མཆོད་དབུལ། དེ་ནས་བསྟོད་པ་ནི། རྫོགས་པའི་སངས་རྒྱས་སྤྱན་རས་ཟི། །བསྟན་པ་སྲུང་བར་ཞལ་བཞེས་པའི། །དཀར་པོ་ཆེ་འཕེལ་ཞལ་བཞི་པ། །ཡུམ་ཆེན་སྲིང་མོ་བཞི་དང་བཅས། །ཤ་ཆེན་ཟན་དང་མེ་ཏོག་སྤོས། །ཚང་ཕུད་ཤ་ཁྲག་དག་གིས་མཆོད། །རྒྱལ་བའི་བསྟན་པ་སྐྱོང་བ་དང་། །བཙོལ་བའི་འཕྲིན་ལས་འགྲུབ་པར་མཛོད། །དེ་ནས་བཟླས་པའི་དམིགས་པ་གསལ་བཏབ་ལ། ཨོཾ་མནྡ་ཀྲཱ་ལ་ཀྲཱ་ལ་བི་ཀྲཱ་ལ་ར་ཧི་ཏ་མ་མ་ཨཱ་ཡུར་པུཎྱེ་ཀུ་རུ་སྭཱཧཱ། ཞེས་བཟླ། ༔ འདིའི་རྗེས་གནང་གི་བྱ་བ་ནི། མཎྜལ་ཚོམ་བུ་དཀར་པོ་ལྔའི་སྟེང་དུ་མཚོའི་ཁར་རྟེན་གཏོར་བཞག །མདུན་དུ་མཆོད་གཏོར་དཔལ་འབར་རྣམས་བཤམས་ལ། བདག་བསྐྱེད་སྔོན་དུ་འགྲོ་བས། མདུན་བསྐྱེད་བཟླས་པ་དང་བཅས་པ་གོང་བཞིན་བྱ། ༔ སློབ་(༣༧༡ཁ)མས་མཎྜལ་ཕུལ། ཀུན་མཁྱེན་ཡེ་ཤེས་ཕུང་པོ་ཅན། །ཞེས་པ་ནས། གཙོ་བོས་བདག་ལ་བཀའ་དྲིན་སྩོལ། །ཞེས་པའི་བར་ལན་གསུམ་གྱིས་གསོལ་བ་བཏབ་ནས། རྒྱུན་བཤགས་སྔོན་དུ་འགྲོ་བས་སེམས་བསྐྱེད་པ་ནི། འདིའི་རྗེས་གནང་མཛོད་ཅིག་བྱས་ལ། དཀོན་མཆོག་གསུམ་ལ་བདག་སྐྱབས་མཆི། །ཞེས་སོགས་དང་། རིགས་ལྔའི་སྡོམ་པ་བཟུང་བ་འདིའི་རྗེས་གནང་མཛོད་ཅིག་བྱས་ལ། སྲས་བཅས་སངས་རྒྱས་ཐམས་ཅད་དང་། །ཞེས་སོགས་ལན་གསུམ་བྱ། དེ་ནས། སློབ་དཔོན་ཉིད་བདག་བསྐྱེད་གང་བྱས་ཀྱི་ལྷའི་མངོན་རྟོགས་དང་མཐུན་པར་བསྒོམ་དུ་བཅུག །མདུན་གྱི་བསྐྱེད་གཞི་འདི་ཡང་ཞིང་སྐྱོང་སྟོབས་འཕྲོག་དབང་པོ་དཀར་པོ་ཆེ་འཕེལ་ཞལ་བཞི་པ་ཡུམ་ཆེན་བཞིས་བསྐོར་བ་འཁོར་དང་བཅས་པ་ཞིག་ཏུ་དངོས་སུ་བཞུགས་འདུག་སྙམ་པར་མོས་ལ། སློབ་དཔོན་དང་

མདུན་བསྐྱེད་ལ་མོས་གུས་དུང་དུང་བ་བྱས་པས། སློབ་དཔོན་གྱི་ཐུགས་ཀ་ནས་འོད་ཟེར་འཕྲོས། མདུན་བསྐྱེད་ཀྱི་དཀྱིལ་འཁོར་ལ་ཐོག །དེ་ལས་འོད་ཟེར་བྱུང་། ཁྱེད་རང་རྣམས་ཀྱི་ལུས་ལ་ཐོག །ལུས་ཀྱི་ཕྱི་ནང་བར་གསུམ་ཐམས་ཅད་གང་། སྡིག་སྒྲིབ་ཐམས་ཅད་དག །ལུས་འོད་ཀྱི་ཕུང་པོ་ཆེན་པོ་ཧཱུྃ་གིས་མཚན་པར་གྱུར། དེ་ནས། སྐུའི་རྗེས་གནང་དངོས་ཀྱི་དོན་དུ་གསོལ་བ་འདེབས་པ་འདིའི་རྗེས་ཟློས་མཛོད་ཅིག་བྱས་ལ། དུས་གསུམ་སངས་རྒྱས་ཐམས་ཅད་ཀྱི་ངོ་བོ་བླ་མ་རིན་པོ་ཆེས། བདག་ལ་སྐྱོབས་(༣༤༠ན)འགྲོག་དབང་པོ་ཚེ་འཕེལ་གྱི་སྐུའི་རྗེས་སུ་གནང་བ་བསྐྱལ་དུ་གསོལ། ཞེས་ལན་གསུམ། དེ་ནས། ཁྱེད་རང་རྣམས་ཐིག་ལེ་ཧཱུྃ་གིས་མཚན་པ་དེ་ཡོངས་སུ་གྱུར་པ་ལས། པདྨ་དང་ཉི་མའི་གདན་དང་བཅས་པའི་སྟེང་དུ་དཔལ་མགོན་ཚེ་འཕེལ་སྐུ་མདོག་དཀར་པོ་རྩ་ཞལ་དཀར་བ། གཡས་སྔོ། གཡོན་དམར། སྟེང་ཞལ་དུད་ཁ། ཕྱག་དང་པོ་གཉིས་ཀྱིས་འཆི་མེད་ཡེ་ཤེས་ཀྱི་བདུད་རྩིས་གང་བའི་བུམ་པ་དང་། ཐོད་པ་ཐུགས་ཀར་སྟེང་འོག་ཏུ་འཛིན་པ། འོག་མ་གཉིས་ཀྱིས་གྲི་གུག་དང་རྩེ་གསུམ་འཛིན་པས་ཚེའི་བར་ཆད་སྲུང་བ། སྐྲ་ཁམ་པ་གྱེན་དུ་བརྫེས་ཤིང་། སྤྱན་གསུམ་པ། ཞལ་གདངས་ཤིང་མཆེ་བ་རྣོན་པོ་གཙིགས་ལ། མས་མཆུ་འཕྱང་བ། ཚངས་པའི་སྐུད་པ་དང་། རུས་པ་དང་། སྦྲུལ་དང་། དྲིལ་བུའི་འཕྲེང་བས་བརྒྱན་པ། སྟག་གི་པགས་པའི་ཤམ་ཐབས་ཅན། གཡས་བསྐུམས་གཡོན་བརྐྱངས་བཞེངས་པའི་སྟབས་ཀྱིས་ཡེ་ཤེས་ཀྱི་མེ་དྲག་ཏུ་འབར་བའི་ཀློང་དཀྱིལ་ན་བཞུགས་པ། ཕྱོགས་བཞིར་ཧཱུྃ་བཞི་ལས། གཡས་སུ་གཡུང་མོ། གཡོན་དུ་གཏུམ་མོ། མདུན་དུ་སྲིན་མོ། རྒྱབ་ཏུ་སིདྡྷ་གླིང་མ་སྟེ། ཡུམ་བཞི་ཀར་ཡང་སྐུ་མདོག་དཀར་མོ་བདུད་རྩིས་གང་བའི་བུམ་པ་དང་། ནོར་བུ་འཛིན་པ། རབ་ཁྲོས་དྲག་ཤུལ་པོ་ཉ་མོའི་ཆ་ལུགས་ཅན། སྤྱན་གསུམ་གཅེར་བུ་རྒྱན་མེད་པ། རབ་ཏུ་གྲིམ་ཞིང་། གཙོ་བོ་ལ་མངོན་དུ་ཕྱོགས་པ། ཕྱི་རོལ་ཁོར་ཡུག་ཏུ་བདུད་གཙོད་ཀྱི་བཤན་

པ་ཉེར་གཅིག །བདུད་(༣༨༠བ)འདུལ་གྱི་དམག་ཉིས་ཁྲི་ཆིག་སྟོང་། དྲེགས་པ་སྡེ་བརྒྱད། ལྷ་མ་སྲིན་ཞིང་གི་རྡུལ་སྙེད་ཀྱི་འཁོར་གྱིས་བསྐོར་བར་གྱུར། ཐམས་ཅད་ཀྱི་དཔྲལ་བར་ཨོཾ། མགྲིན་པར་ཨཱཿ ཐུགས་ཀར་ཧཱུྃ། ཞེས་མངོན་རྟོགས་ལྟར་བྱས་ནས། སློབ་དཔོན་གྱི་ཐུགས་ཀའི་ཧཱུྃ་ལས་འོད་ཟེར་དཔག་ཏུ་མེད་པ་འཕྲོས། མདུན་གྱི་ཆོས་སྐྱོང་ལ་ཕོག་སྟེ། ཐུགས་རྒྱུད་བསྐུལ་བས། ཐུགས་ཀའི་ཧཱུྃ་ལས་མགོན་པོའི་སྤྲུ་དཔག་ཏུ་མེད་པ་བྱུང་། ཡང་འོད་ཟེར་འཕྲོས་པས། ཏི་སེ། བསིལ་བའི་ཚལ། པོ་ཏ་ལ། ཧ་ཧ་རྒོད་པའི་དུར་ཁྲོད་ནས། དཔལ་མགོན་ཞལ་བཞི་པ་དཀར་པོ་ཆེ་འཕེལ་གྱི་སྤྲུ་བསམ་གྱིས་མི་ཁྱབ་པ་སྤྱན་དྲངས་པ་ཆེ་བ་རི་རབ་ཙམ་དང་། ཆུང་བ་ཏིལ་གྱི་འབྲུ་ཙམ་པ་འོད་ཟེར་དུ་མ་འཕྲོ་ཞིང་། ཧཱུྃ་དང་ཕཊ་ཀྱི་སྒྲ་སྒྲོག་པ་བྱོན། ཁྱེད་རང་རྣམས་ཀྱི་སྨིན་མཚམས་དང་། ལུས་ཀྱི་སྟོད་སྨད་བར་གསུམ་དུ་ཐིམ། གཞན་ཡང་སངས་རྒྱས་དང་བྱང་ཆུབ་སེམས་དཔའ་དང་རྣལ་འབྱོར་མ་བསམ་གྱིས་མི་ཁྱབ་པ་སྤྱན་དྲངས་ལ། དཔལ་མགོན་ཆེ་འཕེལ་གྱི་སྤྲུའི་རྣམ་པར་གྱུར་ནས། ཁྱེད་རང་རྣམས་ཀྱི་ལུས་ལ་ཆར་ཆེན་པོ་བབས་པ་བཞིན་དུ་བ་སྤུའི་སྒོ་ཐམས་ཅད་ནས་ཞུགས་ཤིང་གཉིས་སུ་མེད་པར་ཐིམ་པར་མོས་པ་གྱིས་ཤིག །ཅེས་བརྗོད་ལ། གུ་གུལ་དང་། མགོན་པོའི་ཕྱོགས་ཀྱི་དུད་པ་དང་། སྙིང་པོ་མང་དུ་བརྗོད་ཅིང་། རོལ་མོ་དཀྲོལ་ལ། དྲག་ཏུ་བྱིན་དབབ། དེས་སྤྲུའི་རྗེས་གནང་གྲུབ། གསུང་གི་རྗེས་གནང་གི་དོན་དུ་གསོལ་བ་གདབ་པ་འདིའི་རྗེས་ཟློས་མཛོད་བྱས་ལ། དུས་གསུམ་(༣༨༡ན)སངས་རྒྱས་ནས། དབང་པོ་ཆེ་འཕེལ་གྱི་གསུང་གི་རྗེས་སུ་གནང་བ་བསྩལ་དུ་གསོལ། ཞེས་ལན་གསུམ་རྗེས་ཟློས་བྱེད་དུ་བཅུག །སློབ་དཔོན་དང་། མདུན་བསྐྱེད་ཀྱི་ཐུགས་ཀར་པད་ཉིའི་གདན་ལ་ཧཱུྃ་ཡིག་དཀར་པོ། དེའི་མཐའ་མར་སྔགས་ཀྱི་འཕྲེང་བས་བསྐོར་ནས་ཡོད་པར་བསམས། ཁྱེད་རང་རྣམས་ཀྱང་མགོན་པོར་གསལ་བའི་སྙིང་པདྨ་འདབ་བརྒྱད་ལྟར་ཁ་ཕྱེ་བའི་ནང་དུ། པད་ཉིའི་གདན་ལ་ཧཱུྃ་

ཡིག་དཀར་པོ་གཅིག་བསམས། དེ་ནས་མོས་གུས་དུང་དུང་བ་བྱས་པས། བླ་མའི་ཐུགས་ཀ་ནས་འོད་ཟེར་འཕྲོས། མདུན་གྱི་མགོན་པོ་ལ་ཕོག་པས། དེའི་ཐུགས་ཀའི་སྔགས་འཕྲེང་འོད་ཟེར་རབ་ཏུ་འབར་བ་སྒྲ་དང་བཅས་པ་གཅིག་ལས་གཉིས་ཆད་ཀྱི་ཚུལ་དུ་ཞལ་ནས་ཐོན། ཁྱེད་རང་རྣམ་པའི་ཞལ་དུ་ཞུགས། ཐུགས་ཀའི་ཧཱུྃ་གིས་མཐའ་མར་འཁོད། ལ་ལ་ཧཱུྃ་ལ་ཐིམ། ཡང་བླ་མ་དང་མདུན་བསྐྱེད་ལས་འོད་ཟེར་འཕྲོས། བླ་མ་དང་མདུན་བསྐྱེད་སངས་རྒྱས་དང་བྱང་ཆུབ་སེམས་དཔའ་ཐམས་ཅད་ཀྱི་གསུང་ཡིག་འབྲུའི་རྣམ་པར་ཨཱ་ལི་ཀཱ་ལིའི་སྔགས་བསམ་གྱིས་མི་ཁྱབ་པ་སྤྱན་དྲངས་པའང་ཁྱེད་རང་རྣམ་པའི་ཐུགས་ཀའི་ཧཱུྃ་དང་སྔགས་འཕྲེང་ལ་ཐིམ་པར་མོས། དུད་པ་དང་ལྷ་སྔགས་ཀྱིས་ཐོག་དྲངས་པའི་སྔགས་ལན་གསུམ་གྱི་བར་ལ་རོལ་མོ་དང་། དམིགས་པས་དྲག་ཏུ་བྱིན་དབབ། དེ་ཁྱེད་རང་རྣམ་པ་འཕྲེང་བའམ། མེ་ཏོག་རེ་ལག་ཏུ་བཟུང་། རྗེས་སུ་བཟླས་པའི་ལུང་སྣང་བ་ནི། སློབ་དཔོན་གྱི་ཐུགས་(༣༨༧བ)ཀའི་འོད་ཀྱིས། མགོན་པོའི་ཐུགས་རྒྱུད་བསྐུལ་བས། ཐུགས་ཀའི་སྔགས་འཕྲེང་ལས་སྔགས་འཕྲེང་གཉིས་པ་ཞིག་མར་མེ་གཅིག་ལས་གཉིས་ཆད་ཀྱི་ཚུལ་དུ་སྒྲ་འོད་དང་བཅས་པ་ཞལ་ནས་ཐོན། ཁྱེད་རང་རྣམ་པའི་ཞལ་དུ་ཞུགས། ཐུགས་ཀའི་ཧཱུྃ་གི་མཐའ་མར་གཡས་སྐོར་དུ་འཁོར་བར་བསམས་ལ། རྗེས་ཟློས་ལན་གསུམ་བགྱིས་པའི་དང་པོ་དམ་ཚིག་པའི་ཚུལ་དང་། གཉིས་པ་ཡེ་ཤེས་པའི་རྣམ་པ། གསུམ་པ་དམ་ཚིག་པ་ལ་ཡེ་ཤེས་པ་ཤིན་ཏུ་བརྟན་པའི་ཚུལ་གྱིས་ཐིམ་པར་བསམས་ལ། རྗེས་ཟློས་མཛོད་ཅིག་བྱས་ལ། ཨོཾ་མཧཱ་ཀཱ་ལ་ཀཱ་ལ་བི་ཀཱ་ལ་ར་ཧི་ཏ་མ་མ་ཨ་ཡུར་པུཎྱེཾ་ཀུ་རུ་སྭཱཧཱ། ཞེས་ལན་གསུམ་གྱིས་ལུང་ནོད། སློབ་དཔོན་ལ་མེ་ཏོག་གཏོར་ཞིང་འདིའི་རྗེས་ཟློས་མཛོད་ཅིག །མགོན་པོ་བདག་ལ་བསྐུལ་ལགས་ཀྱི། །མགོན་པོ་བདག་ལ་བྱིན་གྱིས་རློབས། །ཞེས་ལན་གསུམ་གསོལ་བ་གདབ། སློབ་དཔོན་གྱིས་རྡོ་རྗེ་སློབ་མའི་མགོ་བོར་བཞག་ལ། མགོན་པོ་འདི་ལ་བསྐུལ་ལགས་ཀྱི། །མགོན་

པོ་འདི་ལ་བྱིན་གྱིས་རློབས། །ཞེས་ལན་གསུམ་གསོལ་བ་གདབ། དེས་གསུང་གི་རྗེས་གནང་གྲུབ། ཐུགས་ཀྱི་རྗེས་གནང་གི་དོན་དུ་གསོལ་བ་གདབ་པ་འདིའི་རྗེས་ཟློས་མཛོད་ཅིག་བྱས་ལ། དུས་གསུམ་སངས་རྒྱས་ནས། ཚེ་འཕེལ་གྱི་ཐུགས་ཀྱི་རྗེས་སུ་གནང་བ་བསྐྱལ་དུ་གསོལ། ཞེས་གསོལ་བ་འདེབས་པ་ལན་གསུམ་རྗེས་ཟློས་བྱེད་དུ་བཅུག །སློབ་དཔོན་དང་མདུན་བསྐྱེད་ལ་མོས་གུས་དྲང་དྲང་བ་བྱས་པས། བླ་མའི་ཐུགས་ཀ་(༣༤༢ན)ནས་འོད་ཟེར་འཕྲོས། མདུན་གྱི་མགོན་པོ་ལ་ཕོག་པས། དེའི་ཐུགས་ཀ་ནས་ཐུགས་གཉིས་སུ་མེད་པའི་ཡེ་ཤེས་ཀྱི་ངོ་བོ་འཆི་མེད་ཡེ་ཤེས་ཀྱི་བདུད་རྩིས་གང་བའི་བུམ་པའི་རྣམ་པ་ཅན་དང་། ཐོད་པ་དང་། གྲི་གུག་དང་། རྩེ་གསུམ་ལ་སོགས་པ་ཚེའི་བར་ཆད་སྲུང་བའི་ཕྱག་མཚན་སྔགས་ཀྱི་སྒྲ་དང་འོད་ཟེར་འབར་བ་དང་བཅས་པ་བསམ་གྱིས་མི་ཁྱབ་པ་བྱོན་པ་རྣམས་ཁྱེད་རང་རྣམས་ཀྱི་ཐུགས་ཀའི་ས་བོན་ལ་སིབ་སིབ་ཐིམ་པ་དང་། ཕྱོགས་བཅུའི་སངས་རྒྱས་དང་བྱང་ཆུབ་སེམས་དཔའ་ཐམས་ཅད་ཀྱི་ཐུགས་ཀ་ནས་ཡེ་ཤེས་ཀྱི་ཕྱག་མཚན་དཔག་ཏུ་མེད་པ་བྱོན་ཏེ། འོད་དུ་ཞུ་ནས་ཁྱེད་རང་རྣམས་ཀྱི་ཐུགས་ཀར་ཐིམ་པར་མོས། དྲུད་པ་དང་། སྔགས་ལན་གསུམ་གྱི་བར་ལ་རོལ་མོ་བྱས་ལ་དབབ། དེས་ཐུགས་ཀྱི་རྗེས་གནང་གྲུབ། དེ་ནས། ཁྱེད་རང་རྣམ་པའི་སྙིང་པདྨ་འདབ་བརྒྱད་ལྟར་ཡོད་པ་དེ་དག་ཁ་ཟུམ་ནས། དེའི་སྟེང་དུ་རྡོ་རྗེ་རྩེ་ལྔ་པ་ཕྱེད་པས་རྒྱས་བཏབ་པས། དེ་ཉིད་ལ་བརྟན་པར་བཞུགས་ནས་གྲོགས་མཛད་པར་སེམས་ཤིག །ཅེས་བྱས་ལ། སློབ་མའི་མགོ་བོར་རྡོ་རྗེ་བཞག་ལ། ཏིཥྛ་བཛྲ་ལན་གཉིས་བརྗོད། འཕྲིན་ལས་ཀྱི་བཀའ་བསྔོ་ནི། གཏོར་མ་ལ་དཔལ་འབར་བཅུག །སློབ་མའི་སྤྱི་བོར་བཞག་ལ། གཏོར་མ་འདི་དཔལ་མགོན་ཚེ་འཕེལ་འཁོར་དང་བཅས་པ་སྤྲིན་གཏིབས་པ་བཞིན་དུ་བཞུགས་པར་བསམས། མགོན་པོའི་སྟེང་དུ་རྩ་བའི་བླ་མ་ལ་བརྒྱུད་པའི་བླ་མའི་ཚོགས་ཀྱིས་བསྐོར་བ། སངས་རྒྱས་དང་བྱང་ཆུབ་སེམས་དཔའ་གནས་གསུམ་གྱི་

(༣༨༢བ)དཔའ་བོ་མཁའ་འགྲོའི་ཚོགས་བསམ་གྱིས་མི་ཁྱབ་པ་དང་བཅས་པ་བཞུགས་པར་མོས་པ་མཛོད་ཅིག །ཅེས་བྱས་ལ། དུད་པ་བྱས་ཤིང་། སྙིང་པོའི་མཐར་ས་མ་ཡེ། ས་མ་ཡ་རཀྵནྟུ། དཔལ་མགོན་ཆེ་འཕེལ་འཁོར་དང་བཅས་པ་ཁྱེད་རྣམས་ཀྱིས། བླ་མ་དམ་པ་རྣམས་ཀྱི་དམ་ཚིག་གི་རིམ་པ་ལས་མི་འདའ་བར་དམ་ཚིག་སྲུངས། བསྟན་པ་སྐྱོངས། རིག་པ་འཛིན་པ་འདི་ཞེས་བགྱི་བ་ཇི་སྲིད་སངས་རྒྱས་མ་ཐོབ་ཀྱི་བར་དུ་འགལ་རྐྱེན་བར་ཆད་ཐམས་ཅད་ལས་སྲུངས་ཤིག །མི་མཐུན་པའི་ཕྱོགས་ཐམས་ཅད་སོལ་ཅིག །མཐུན་རྐྱེན་ཐམས་ཅད་སྒྲུབས་ཤིག །ཕྱིར་སངས་རྒྱས་ཀྱི་བསྟན་པ་དང་། ཕྱི་ནྲག་ཏུ་རིག་པ་འཛིན་པ་འདིའི་དགྲ་དང་བགེགས་དང་བར་དུ་གཅོད་པ་ཐམས་ཅད་ཐུལ་ལ་སྲུང་བ་དང་བསྐྱབ་པར་གྱིས་ཤིག །རིག་པ་འཛིན་པ་འདིས་ཚོས་དང་མཐུན་པའི་ཇི་ལྟར་བཀའ་བསྒོ་བ་བཞིན་ཁྱེད་རྣམས་ཀྱིས་སྒྲུབས་ཤིག །ཅེས་བརྗོད། དེ་ནས་ཡུལ་ཁྱད་པར་ཅན་དེ་རྣམས་ལ་དད་གུས་བྱས་ལ། བླ་མ་ཡི་དམ་སངས་རྒྱས་བྱང་སེམས་མཁའ་འགྲོར་བཅས་པ་འོད་དུ་ཞུ་ནས། མགོན་པོ་ལ་ཐིམ། དེ་ལས་འོད་ཟེར་འཕྲོས། བཀའ་སྡོད་འཁོར་དང་བཅས་པ་ལ་ཕོག་པས་དེ་རྣམས་འོད་དུ་ཞུ་ནས་མགོན་པོ་ལ་ཐིམ། དེ་ཡང་འོད་དུ་ཞུ་ནས། ཁྱེད་རང་རྣམས་ཀྱི་སྤྱི་གཙུག་ཚངས་པའི་བུ་ག་ནས་ཞུགས་ཏེ། ཁྱེད་རང་རྣམས་དང་གཉིས་སུ་མེད་པར་གྱུར་པས་ནུས་མཐུ་ཕུན་སུམ་ཚོགས་པར་བསམས། རོལ་མོ་མཛད་དོ། །དེ་ནས་མི་འཁྲུལ་ཞིང་གསང་(༣༨༣ན)བར་གདམས་པ་ནི། དེ་ལྟར་རྗེས་གནང་ལུང་བྱིན་པའི་དབང་གིས་སྲུང་སྐྱོབ་བྱེད། ལུས་དང་གྲིབ་མའི་ཚུལ་གྱིས་འཁོར་བ་ཆོས་ཉིད་ཡིན། ཁྱེད་རང་རྣམས་ཀྱང་དམ་ཚིག་རྣམ་དག་བསྲུངས་ཏེ། གཏོར་མ་དང་ཚོགས་ལ་བརྩོན་པར་མཛོད། དམ་ཚིག་དང་མི་ལྡན་པ་དང་། གསང་སྔགས་ཀྱི་སྣོད་དུ་མ་གྱུར་པ་རྣམས་ལ་དཔལ་མགོན་པོ་འཁོར་བཅས་ཀྱི་མཚན་ཙམ་ཡང་བསྟན་པར་བྱ་བ་མ་ཡིན་ནོ། །རྗེས་ཚིག་སྤྱི་དང་འདྲ། །

༄ དཔལ་མགོན་ཞལ་བཞི་པ་སེར་པོ་ཇོར་འཕེལ་ལ། བདག་བསྐྱེད་སྔོན་དུ་འགྲོ་བས། མཆོད་གཏོར་བྱིན་གྱིས་བརླབས། ཤྭ་བྷཱ་ཝས་སྟོང་པར་སྦྱངས། སྟོང་པའི་ངང་ལས་རང་གི་མདུན་གྱི་ནམ་མཁར་སྲུང་འཁོར་དུར་ཁྲོད་དང་བཅས་པའི་དབུས་སུ། མཐིང་ནག་གྲུ་གསུམ་འབར་བའི་ཆོས་འབྱུང་ལྟེ་ཚོམ་དུ་གནས་པའི་དབུས་མའི་སྟེང་དུ། པཾ་ལས་པདྨ་དང་། རཾ་ལས་ཉི་མའི་སྟེང་དུ་ཧཱུྃ་སེར་པོ་ལས། ཞིང་སྐྱོང་སྟོབས་འགྲོག ། དབང་པོ་ནོར་འཕེལ་སྐུ་མདོག་སེར་པོ་རྩ་ཞལ་སེར་བ། གཡས་དཀར། གཡོན་དམར་བ། སྟེང་ཞལ་དུད་ཁ། ཕྱག་དང་པོ་གཉིས་ཀྱིས་མི་རུས་ཀྱི་འཕྲེང་བ་དང་། ཐོད་པ་རིན་པོ་ཆེས་གང་བ་ཐུགས་ཀར་སྟེང་འོག་ཏུ་འཛིན་པ། འོག་མ་གཉིས་ཀྱིས་གྲི་གུག་དང་། བུམ་པ་ནོར་བུས་གང་བ་བསྣམས་པ། སྐྲ་ཁམ་པ་གྱེན་དུ་བརྫེས་ཤིང་། སྤྱན་གསུམ་པ། ཞལ་གདངས་ཤིང་མཆེ་བ་རྣོན་པོ་གཙིགས་ལ། མས་མཆུ་འཕྱང་བ། ཚངས་(༣༤༣བ)པའི་སྐད་པ་དང་། རུས་པ་དང་། སྦྲུལ་དང་། དྲིལ་བུའི་འཕྲེང་བས་བརྒྱན་པ། སྟག་གི་པགས་པའི་ཤམ་ཐབས་ཅན། གཡས་བསྐུམས་གཡོན་བརྐྱངས་བཞེངས་པའི་སྟབས་ཀྱིས་ཡེ་ཤེས་ཀྱི་མེ་དྲག་ཏུ་འབར་བའི་ཀློང་དཀྱིལ་ན་བཞུགས་པ། ཕྱོགས་བཞིར་ཧཱུྃ་བཞི་ལས། གཡས་སུ་ཡུམ་ཆེན་གཡུང་མོ་གཡོན་དུ་ལས་མཛད་གཏུམ་མོ། མདུན་དུ་སྲིན་མོ་ཆེན་མོ། རྒྱབ་ཏུ་སིདྡྷ་གླིང་མ་སྐྱེ་བཞི་ཀར་ཡང་སྐུ་མདོག་སེར་མོ་རུས་འཕྲེང་དང་ཐོད་པ་རིན་པོ་ཆེས་གང་བ་འཛིན་པ། རབ་ཁྲོས་དྲག་ཤུལ་ཕོ་ཉ་མོའི་ཆ་ལུགས་ཅན། སྤྱན་གསུམ་གཅེར་བུ་རྒྱན་མེད་པ། རབ་ཏུ་གྲིམ་ཞིང་། གཙོ་བོ་ལ་མངོན་དུ་ཕྱོགས་པ། ཕྱི་རོལ་ཁོར་ཡུག་ཏུ་བདུད་གཙོད་ཀྱི་བཤན་པ་ཉེར་གཅིག ། བདུད་འདུལ་གྱི་དམག་ཉིས་ཁྲི་ཆིག་སྟོང་། དྲེགས་པ་སྡེ་བརྒྱད། ལྷ་མ་སྲིན་ཞིང་གི་རྡུལ་སྙེད་ཀྱི་འཁོར་གྱིས་བསྐོར་བར་གྱུར། ཐམས་ཅད་ཀྱི་དཔྲལ་བར་ཨོཾ། མགྲིན་པར་ཨཱཿ ཐུགས་ཀར་ཧཱུྃ། རང་གི་སྙིང་ག་ནས་འོད་ཟེར་འཕྲོས། ཧི་སེ། བསིལ་བའི་ཚལ། པོ་ཏ་ལ། ཏ་ཏ་རྐོད་པའི་དུར་

ཁྲིད་རྣམས་ནས། ཞིང་སྐྱོང་སྟོབས་འཕྲོག་དབང་པོ་ཞལ་བཞི་པ་འཁོར་དང་བཅས་པ་ཨོཾ་བཛྲ་ས་ཏྭ་ཛཿ སྟོན་ཚེ་རྡོ་རྗེ་འཆང་གི་སྤྱན་སྔ་རུ། །ཞེས་པ་ནས། སངས་རྒྱས་བསྟན་པ་སྲུང་ཕྱིར་གཤེགས་སུ་གསོལ། །ཞེས་པའི་བར་བྱ། ཨོཾ་མཧཱ་ཀཱ་ལ་ཀཱ་ལ་བི་ཀཱ་ལ་ར་ཙི་ཏ་ཧཱུྃ་ཕཊ་ས་པ་རི་ཝཱ་ར་ཨེ་ཧྱ་ཧི། ཛཿཧཱུྃ་བཾ་ཧོཿཔདྨ་ཀ་མ་ལ་ཡེ་སྟྭཾ། ཨོཾ་མཧཱ་ཀཱ་ལ་ཀཱ་ལ་བི་ཀཱ་ལ་ར་ཙི་ཏ། ས་པ་རི་ཝཱ་ར་གྲྀཧྞེ་དཾ་ཨརྒྷཾ་སྭཱཧཱ་ནས། ཤབྡའི་(༣༧༨ན)བར་གྱིས་མཆོད། རྡོ་རྗེ་ཅེ་ལྕེ་པའི་ཕྱག་རྒྱ་འཆིང་བ་མགོན་པོའི་དམ་རྒྱ་བྱས་ལ། ཨོཾ་མཧཱ་ཀཱ་ལ་ཀཱ་ལ་བི་ཀཱ་ལ་ར་ཙི་ཏ། ས་མ་ཡ་སྨ་ར། ས་མ་ཡ་མ་ཏི་ཀྲ་མ་ཡེ། ས་མ་ཡ་རཀྵནྟུ། ཞིང་སྐྱོང་སྟོབས་འཕྲོག་དབང་པོ་འཁོར་དང་བཅས་པ་ཐམས་ཅད་མཆོད་སྦྱིན་གྱི་གཏོར་མ་རྒྱ་ཆེན་པོ་འདི་བཞེས་ལ། རྩ་བ་དང་བརྒྱུད་པར་བཅས་པའི་དཔལ་ལྡན་བླ་མ་དམ་པ་རྣམས་ཀྱི་བཀའ་དང་དམ་ལས་མི་འདའ་བར་དམ་ཚིག་སྲུངས། བསྟན་པ་སྐྱོངས། དཀོན་མཆོག་གི་དབུ་འཕངས་བསྟོད། ཆོས་སྒྲུབ་པའི་བར་ཆད་ཞི་བ་དང་། བསམ་སྦྱོར་ཆོས་དང་མཐུན་པ་ཡིད་བཞིན་དུ་འགྲུབ་ཅིང་། བསྟན་པ་དང་། བསྟན་པ་འཛིན་པ་དང་། འཇིག་རྟེན་པ་ཀུན་དར་ཞིང་རྒྱས་པར་མཛད་དུ་གསོལ། བདག་གི་བསོད་ནམས་དང་ནོར་འཕེལ་བར་མཛད་དུ་གསོལ། རྡོ་རྗེ་ཐལ་མོ་ཁ་གྱེན་དུ་ཕྱེ་ལ། ཨོཾ་མཧཱ་ཀཱ་ལ་ཀཱ་ལ་བི་ཀཱ་ལ་ར་ཙི་ཏ། ཧཱུྃ་ཧྲཱི་ནི། ཙཎྜ་ལི། རཀྵ་སི། སིདྡྷ་ལི། དེ་ཤི་ས་པ་རི་ཝཱ་ར་བྷྱཿན་མཿསརྦ་ཏ་ཐཱ་ག་ཏ་བྷྱཿ སོགས་ལན་གསུམ་གྱིས་ཕུལ། ཨརྒྷཾ་སོགས་ཀྱིས་ཕྱི་མཆོད་དང་། སྙིང་པོའི་མཐར། འབྲུ་གསུམ་བཏགས་པས་ནང་མཆོད་འབུལ། དེ་ནས་བསྟོད་པ་ནི། རྫོགས་པའི་སངས་རྒྱས་སྤྱན་སྔ་རུ། །བསྟན་པ་སྲུང་བར་ཞལ་བཞེས་པའི། །སེར་པོ་ནོར་འཕེལ་ཞལ་བཞི་པ། །ཡུམ་ཆེན་སྲིང་མོ་བཞི་དང་བཅས། །ཤ་ཆེན་ཟན་དང་མེ་ཏོག་སྤོས། །ཆང་ཕུད་ཤ་ཁྲག་དག་གིས་མཆོད། །རྒྱལ་བའི་(༣༧༨བ)བསྟན་པ་སྐྱོང་བ་དང་། །བཙོལ་བའི་འཕྲིན་ལས་འགྲུབ་པར་མཛོད། །དེ་ནས། བཟླས་པའི་དམིགས་

པ་གསལ་བཏབ་ལ། ཨོཾ་མནྡ་ཀཱ་ལ་ཀཱ་ལ་བི་ཀཱ་ལ་ར་ཉི་ཏ་མ་མ་པུཏྲེ་སརྦ་བ་སུ་པུཥྚིཾ་ཀུ་རུ་སྭཱཧཱ། ཞེས་བཟླ། ༈ འདིའི་རྗེས་གནང་གི་བྱ་བ་ནི། བཅའ་གཞི་སྔོམ་དོན་དང་མཐུན་པར་བསྐྱེན་དུས་ནང་བཞིན་བསྒྲིགས། མདུན་དུ་མཆོད་གཏོར་རྣམས་བཤམས། བདག་བསྐྱེད་སྔོན་དུ་འགྲོ་བས། མདུན་བསྐྱེད་བཟླས་པ་དང་བཅས་པ་གོང་བཞིན་བྱ། ༈ སློབ་མས་མཎྜལ་ཕུལ། ཀུན་མཁྱེན་ཡེ་ཤེས་ཕུང་པོ་ཅན། །ཞེས་པ་ནས། གསོ་བོས་བདག་ལ་བཀའ་དྲིན་སྩོལ། །ཞེས་པའི་བར་ལན་གསུམ་གྱིས་གསོལ་བ་བཏབ་ནས། རྒྱུན་བཤགས་སྔོན་དུ་འགྲོ་བས་སེམས་བསྐྱེད་པ་ནི། འདིའི་རྗེས་བློས་མཇོད་ཅིག་བྱས་ལ། དཀོན་མཆོག་གསུམ་ལ་བདག་སྐྱབས་མཆི། །ཞེས་སོགས་དང་། རིགས་ལྔའི་སྡོམ་པ་བཟུང་བ་འདིའི་རྗེས་བློས་མཇོད་ཅིག་བྱས་ལ། སྤྲུས་བཅས་སངས་རྒྱས་ཐམས་ཅད་དང་། །ཞེས་སོགས་ལན་གསུམ་བྱ། དེ་ནས། སློབ་དཔོན་ཉིད་བདག་བསྐྱེད་གང་བྱས་ཀྱི་ལྷའི་མངོན་རྟོགས་དང་མཐུན་པར་བསྒོམ་དུ་བཅུག །མདུན་གྱི་བསྐྱེད་གཞི་འདི་ཡང་ཞིང་སྐྱོང་སྟོབས་འཕྲོག་སེར་པོ་ནོར་འཕེལ་ཞལ་བཞི་པ་ཡུམ་ཆེན་བཞིས་བསྐོར་བ་འཁོར་དང་བཅས་པ་ཞིག་ཏུ་དངོས་སུ་བཞུགས་འདུག་སྙམ་པར་མོས་ལ། སློབ་དཔོན་དང་། མདུན་བསྐྱེད་ལ་མོས་གུས་དུང་དུང་བ་བྱས་པས། སློབ་དཔོན་གྱི་ཐུགས་ཀ་ནས་འོད་ཟེར་(༣༥༥ན)འཕྲོས། མདུན་བསྐྱེད་ཀྱི་དཀྱིལ་འཁོར་ལ་ཕོག །དེ་ལས་འོད་ཟེར་བྱུང་། ཁྱེད་རང་རྣམས་ཀྱི་ལུས་ལ་ཕོག །ལུས་ཀྱི་ཕྱི་ནང་བར་གསུམ་ཐམས་ཅད་གང་། སྡིག་སྒྲིབ་ཐམས་ཅད་དག །ལུས་འོད་ཀྱི་ཕུང་པོ་ཆེན་པོ་ཧཱུྃ་གིས་མཚན་པར་གྱུར། དེ་ནས། སྐུའི་རྗེས་གནང་དངོས་ཀྱི་དོན་དུ་གསོལ་བ་འདེབས་པ་འདིའི་རྗེས་བློས་མཇོད་ཅིག་བྱས་ལ། དུས་གསུམ་སངས་རྒྱས་ཐམས་ཅད་ཀྱི་ངོ་བོ་བླ་མ་རིན་པོ་ཆེས། བདག་ལ་སྟོབས་འཕྲོག་དབང་པོ་ནོར་འཕེལ་གྱི་སྐུའི་རྗེས་སུ་གནང་བ་བསྩལ་དུ་གསོལ། ཞེས་ལན་གསུམ། དེ་ནས། ཁྱེད་རང་རྣམས་ཐིག་ལེ་ཧཱུྃ་གིས་མཚན་པ་དེ་ཡོངས་

སྲུ་གྲུར་པ་ལས། པདྨ་དང་ཉི་མའི་གདན་དང་བཅས་པའི་སྟེང་དུ། ཞིང་སྐྱོང་སྟོབས་འཕྲོག་དབང་པོ་ནོར་འཕེལ་སྐུ་མདོག་སེར་པོ་རྩ་ཞལ་སེར་བ། གཡས་དཀར། གཡོན་དམར་བ། སྟེང་ཞལ་དུད་ཁ། ཕྱག་དང་པོ་གཉིས་ཀྱིས་མི་རུས་ཀྱི་འཕྲེང་བ་དང་། ཐོད་པ་རིན་པོ་ཆེས་གང་བ་ཐུགས་ཀར་སྟེང་འོག་ཏུ་འཛིན་པ། འོག་མ་གཉིས་ཀྱིས་གྲི་གུག་དང་། བུམ་པ་ནོར་བུས་གང་བ་བསྣམས་པ། སྐྲ་ཁམ་པ་གྱེན་དུ་བརྫེས་ཤིང་། སྤྱན་གསུམ་པ། ཞལ་གདངས་ཤིང་མཆེ་བ་རྣོན་པོ་གཙིགས་ལ། མས་མཆུ་འཕྱང་བ། ཚངས་པའི་སྐུད་པ་དང་། རུས་པ་དང་། སྦྲུལ་དང་། དྲིལ་བུའི་འཕྲེང་བས་བརྒྱན་པ། སྟག་གི་པགས་པའི་ཤམ་ཐབས་ཅན། གཡས་བསྐུམས་གཡོན་བརྐྱངས་བཞེངས་པའི་སྟབས་ཀྱིས་ཡེ་ཤེས་ཀྱི་མེ་དྲག་ཏུ་འབར་བའི་(355བ) ཀློང་དཀྱིལ་ན་བཞུགས་པ། ཕྱོགས་བཞིར་ཧཱུྃ་བཞི་ལས། གཡས་སྲུ་ཡུམ་ཆེན་གཡུང་མོ། གཡོན་དུ་ལས་མཛད་གཏུམ་མོ། མདུན་དུ་སྲིན་མོ་ཆེན་མོ། རྒྱབ་ཏུ་སིདྡྷ་གླིང་མ་སྟེ་བཞི་ཀར་ཡང་སྐུ་མདོག་སེར་མོ་རུས་འཕྲེང་དང་ཐོད་པ་རིན་པོ་ཆེས་གང་བ་འཛིན་པ། རབ་ཁྲོས་དྲག་ཤུལ་ཅན་མོའི་ཆ་ལུགས་ཅན། སྤྱན་གསུམ་གཅེར་བུ་རྒྱན་མེད་པ། རབ་ཏུ་གྲིམ་ཞིང་། གཙོ་བོ་ལ་མངོན་དུ་ཕྱོགས་པ། ཕྱི་རོལ་ཁོར་ཡུག་ཏུ་བདུད་གཅོད་ཀྱི་བཤན་པ་ཉེར་གཅིག །བདུད་འདུལ་གྱི་དམག་ཉིས་ཁྲི་ཆིག་སྟོང་། དྲེགས་པ་སུམ་བརྒྱད། ལྷ་མ་སྲིན་ཞིང་གི་རྡུལ་སྙེད་ཀྱི་འཁོར་གྱིས་བསྐོར་བར་གྱུར། ཐམས་ཅད་ཀྱི་དཔྲལ་བར་ཨོཾ། མགྲིན་པར་ཨཱཿ ཐུགས་ཀར་ཧཱུྃ། ཞེས་མངོན་རྟོགས་ལྟར་བྱས་ནས། སློབ་དཔོན་གྱི་ཐུགས་ཀའི་ཧཱུྃ་ལས་འོད་ཟེར་དཔག་ཏུ་མེད་པ་འཕྲོས། མདུན་གྱི་ཆོས་སྐྱོང་ལ་ཕོག་སྟེ། ཐུགས་རྒྱུད་བསྐུལ་བས། ཐུགས་ཀའི་ཧཱུྃ་ལས་མགོན་པོའི་སྐུ་དཔག་ཏུ་མེད་པ་བྱུང་། ཡང་འོད་ཟེར་འཕྲོས་པས། ཏི་སེ། བསིལ་བའི་ཚལ། པོ་ཏ་ལ། ཧ་ཧ་རྒོད་པའི་དུར་ཁྲོད་ནས། ཞིང་སྐྱོང་སྟོབས་འཕྲོག་དབང་པོ་ནོར་འཕེལ་གྱི་སྐུ་བསམ་གྱིས་མི་ཁྱབ་པ་སྤྱན་དྲངས་པ་ཆེ་བ་རི་རབ་ཙམ་

དང་ཆུང་བ་ཏིལ་གྱི་འབྲུ་ཙམ་པ་འོད་ཟེར་དུ་མ་འཕྲོ་ཞིང་ཧཱུྃ་དང་ཕཊ་ཀྱི་སྒྲ་སྒྲོག་པ་བྱོན། ཁྱེད་རང་རྣམས་ཀྱི་སྙིང་མཚམས་དང་། ལུས་ཀྱི་ཕྱི་ནང་བར་གསུམ་དུ་ཐིམ། གཞན་ཡང་སངས་རྒྱས་དང་བྱང་ཆུབ་སེམས་དཔའ་དང་། རྣལ་འབྱོར་མ་བསམ་གྱིས་མི་ཁྱབ་པ་སྤྱན་(༣༤༨ན)དྲངས། དཔལ་མགོན་ནོར་འཕེལ་གྱི་སྐུའི་རྣམ་པར་གྱུར་ནས། ཁྱེད་རང་རྣམས་ཀྱི་ལུས་ལ་ཆར་ཆེན་པོ་བབས་པ་བཞིན་དུ་བ་སྤུའི་སྒོ་ཐམས་ཅད་ནས་ཞུགས་ཤིང་གཉིས་སུ་མེད་པར་ཐིམ་པར་མོས་པ་བྱོས་ཤིག །ཅེས་བརྗོད་ལ། གུ་གུལ་དང་། མགོན་པོའི་སྤོས་སྦྱོར་གྱི་དུད་པ་དང་། སྙིང་པོ་མང་དུ་བརྗོད་ཅིང་། རོལ་མོ་དང་བཅས་དྲག་ཏུ་ཕྱིན་དབབ། དེས་སྐུའི་རྟེན་གནང་གྲུབ། གསུང་གི་རྟེན་གནང་གི་དོན་དུ་གསོལ་བ་འདེབས་པ་འདིའི་རྟེན་ཟློས་མཛོད་ཅིག་བྱས་ལ། དུས་གསུམ་སངས་རྒྱས་ནས། ནོར་འཕེལ་གྱི་གསུང་གི་རྟེན་སུ་གནང་བ་བསྐུལ་དུ་གསོལ། ཞེས་པའི་བར་ལན་གསུམ་རྟེན་ཟློས་བྱེད་དུ་བཅུག །སློབ་དཔོན་དང་། མདུན་བསྐྱེད་ཀྱི་ཐུགས་ཀར་པད་ཉིའི་གདན་ལ་ཧཱུྃ་ཡིག་སེར་པོ། དེའི་མཐའ་མར་སྔགས་ཀྱི་འཕྲེང་བས་བསྐོར་ནས་ཡོད་པར་བསམ། ཁྱེད་རང་རྣམས་ཀྱང་མགོན་པོར་གསལ་བའི་སྙིང་པདྨ་འདབ་བརྒྱད་ལྟར་ཁ་ཕྱེ་བའི་ནང་དུ། པད་ཉིའི་གདན་ལ་ཧཱུྃ་ཡིག་སེར་པོ་གཅིག་བསམ། དེ་ནས་མོས་གུས་དུང་དུང་བ་བྱས་པས། བླ་མའི་ཐུགས་ཀ་ནས་འོད་ཟེར་འཕྲོས། མདུན་གྱི་མགོན་པོ་ལ་ཕོག་པས། དེའི་ཐུགས་ཀའི་སྔགས་འཕྲེང་འོད་ཟེར་རབ་ཏུ་འབར་བ་སྒྲ་དང་བཅས་པ་གཅིག་ལས་གཉིས་ཆད་ཀྱི་ཚུལ་དུ་ཞལ་ནས་ཐོན། ཁྱེད་རང་རྣམ་པའི་ཞལ་དུ་ཞུགས། ཐུགས་ཀའི་ཧཱུྃ་གི་མཐའ་མར་འཁོད། ལ་ལ་ཧཱུྃ་ལ་ཐིམ། ཡང་བླ་མ་དང་མདུན་བསྐྱེད་ལས་འོད་ཟེར་འཕྲོས། གཞན་ཡང་བླ་མ་དང་མདུན་(༣༤༨བ)བསྐྱེད་སངས་རྒྱས་དང་བྱང་ཆུབ་སེམས་དཔའ་ཐམས་ཅད་ཀྱི་གསུང་ཡིག་འབྲུའི་རྣམ་པར་ཨཱ་ལི་ཀཱ་ལིའི་སྔགས་བསམ་གྱིས་མི་ཁྱབ་པ་སྤྱན་དྲངས་པའང་ཁྱེད་རང་རྣམ་པའི་ཐུགས་ཀའི་ཧཱུྃ་དང་

སྔགས་འཕྲེང་ལ་ཐིམ་པར་མོས། དུད་པ་དང་ལྷ་སྔགས་ཀྱིས་ཐོག་དྲངས་པའི་སྔགས་ལན་གསུམ་གྱི་བར་ལ་རོལ་མོ་དང་། དམིགས་པས་དྲག་ཏུ་བྱིན་དབབ། ད་ཁྱེད་རང་རྣམ་པ་འཕྲེང་བའམ། མེ་ཏོག་རེ་ལག་ཏུ་བཟུང་། རྗེས་སུ་བཟླས་པའི་ལུང་བླང་བ་ནི། སློབ་དཔོན་གྱི་ཐུགས་ཀའི་འོད་ཀྱིས། མགོན་པོའི་ཐུགས་རྒྱུད་བསྐུལ་བས། ཐུགས་ཀའི་སྔགས་འཕྲེང་ལས་མར་མེ་གཅིག་ལས་གཉིས་ཆད་པའི་ཚུལ་དུ་སྒྲ་འོད་དང་བཅས་པས་ཞལ་ནས་ཐོན། ཁྱེད་རང་རྣམ་པའི་ཞལ་དུ་ཞུགས། ཐུགས་ཀའི་ཧཱུྃ་གི་མཐའ་མར་གཡས་སྐོར་དུ་འཁོར་བར་བསམས་ལ། རྗེས་བཟློས་ལན་གསུམ་བགྱིས་པའི་དང་པོ་དམ་ཚིག་པའི་ཚུལ་དུ། གཉིས་པ་ཡེ་ཤེས་པའི་རྣམ་པ། གསུམ་པ་དམ་ཚིག་པ་ལ་ཡེ་ཤེས་པ་ཤིན་ཏུ་བརྟན་པའི་ཚུལ་གྱིས་ཐིམ་པར་བསམས་ལ། རྗེས་བཟློས་མཛོད་ཅིག་བྱས་ལ། ཨོཾ་མཧཱ་ཀཱ་ལ་ཀཱ་ལ་བི་ཀཱ་ལ་ར་ཧི་ཏ་མ་མ་པུཥྚི་སརྦ་བ་སུ་པུཥྚིཾ་ཀུ་རུ་སྭཱཧཱ། ཞེས་ལན་གསུམ་གྱིས་ལུང་ནོད། སློབ་དཔོན་ལ་མེ་ཏོག་གཏོར་ཞིང་འདིའི་རྗེས་བཟློས་མཛོད་ཅིག་བྱས་ལ། མགོན་པོ་བདག་ལ་བསྐུལ་ལགས་ཀྱི། །མགོན་པོ་བདག་ལ་བྱིན་གྱིས་རློབས། །ཞེས་ལན་གསུམ་གྱིས་གསོལ་བ་གདབ། སློབ་དཔོན་གྱིས་རྡོ་རྗེ་སློབ་མའི་མགོ་བོར་བཞག (༣༤༧ན)ལ། མགོན་པོ་འདི་ལ་བསྐུལ་ལགས་ཀྱི། །མགོན་པོ་འདི་ལ་བྱིན་གྱིས་རློབས། །ཞེས་ལན་གསུམ། དེས་གསུང་གི་རྗེས་གནང་གྲུབ། ཐུགས་ཀྱི་རྗེས་གནང་ལ། དུས་གསུམ་སངས་རྒྱས་ནས། ནོར་འཕེལ་གྱི་ཐུགས་ཀྱི་རྗེས་སུ་གནང་བ་བསྐུལ་དུ་གསོལ། ཞེས་ལན་གསུམ་རྗེས་བཟློས་བྱ། སློབ་དཔོན་དང་མདུན་བསྐྱེད་ལ་མོས་གུས་དྲང་དྲང་བ་བྱས་པས། བླ་མའི་ཐུགས་ཀ་ནས་འོད་ཟེར་འཕྲོས། མདུན་གྱི་མགོན་པོ་ལ་ཕོག་པས། དེའི་ཐུགས་ཀ་ནས་ཐུགས་གཉིས་སུ་མེད་པའི་ཡེ་ཤེས་ཀྱི་ངོ་བོ་མི་རུས་ཀྱི་འཕྲེང་བ་དང་། ཐོད་པ་རིན་པོ་ཆེས་གང་བ་དང་། གྲི་གུག་དང་། བུམ་པ་ནོར་བུས་གང་བ་ལ་སོགས་པའི་ཕྱག་མཚན་སྔགས་ཀྱི་སྒྲ་དང་འོད་ཟེར་འབར་བ་དང་བཅས་པ་བསམ་གྱིས་མི་ཁྱབ་

པ་ཕྱོན་པ་རྣམས་ཁྱེད་རང་རྣམས་ཀྱི་ཐུགས་ཀའི་ས་བོན་ལ་སིབ་སིབ་ཐིམ་པ་དང་། ཕྱོགས་བཅུའི་སངས་རྒྱས་དང་བྱང་ཆུབ་སེམས་དཔའ་ཐམས་ཅད་ཀྱི་ཐུགས་ཀ་ནས་ཡེ་ཤེས་ཀྱི་ཕྱག་མཚན་དཔག་ཏུ་མེད་པ་ཕྱོན་ཏེ། འོད་དུ་ཞུ་ནས་ཁྱེད་རང་རྣམས་ཀྱི་ཐུགས་ཀར་ཐིམ་པར་མོས། ཏུད་པ་དང་། སྔགས་ལན་གསུམ་གྱི་བར་ལ་རོལ་མོ་བྱས་ལ་དབབ། དེས་ཐུགས་ཀྱི་རྟེན་གནང་གྲུབ། དེ་ནས། ཁྱེད་རང་རྣམ་པའི་སྙིང་པདྨ་འདབ་བརྒྱད་ལྟར་ཡོད་པ་དེ་དག་ཁ་ཟུམ་ནས་དེའི་སྙིང་དུ་རྡོ་རྗེ་རྩེ་ལྔ་པ་ཕྱེད་པས་རྒྱས་བཏབ་པས། དེ་ཉིད་ལ་བརྟན་པར་བཞུགས་ནས་གྲོགས་མཛད་པར་སོམས་ཤིག །ཅེས་བྱས་ལ། སློབ་མའི་མགོ་(༣༤༧བ)བོར་རྡོ་རྗེ་བཞག་ལ། ཧཱུྃ་བཛྲ་ལན་གཉིས་བརྗོད། འཕྲིན་ལས་ཀྱི་བཀའ་བསྒོ་ནི། གཏོར་མ་ལ་དཔལ་འབར་བཙུགས། སློབ་མའི་སྤྱི་བོར་བཞག་ལ། གཏོར་མ་འདི་ཉིད་ཀྱང་སྟོབས་འཕྲོག་དབང་པོ་ཉེར་འཁོལ་འཁོར་དང་བཅས་པ་སྤྱིན་གཏིབས་པ་བཞིན་དུ་བཞུགས་པར་བསམས། མགོན་པོའི་སྙིང་དུ་རྩ་བའི་བླ་མ་ལ་བརྒྱུད་པའི་བླ་མའི་ཚོགས་ཀྱིས་བསྐོར་བ། སངས་རྒྱས་དང་བྱང་ཆུབ་སེམས་དཔའ་གནས་གསུམ་གྱི་དཔའ་བོ་མཁའ་འགྲོའི་ཚོགས་བསམ་གྱིས་མི་ཁྱབ་པ་དང་བཅས་པ་བཞུགས་འདུག་སྙམ་པར་མོས་པ་མཛོད་ཅིག །ཅེས་བྱས་ལ། ཏུད་པ་བྱས་ཤིང་། སྙིང་པོའི་མཐར་ས་མ་ཡེ། ས་མ་ཡ་རཀྵནྟུ། ཞིང་སྐྱོང་སྟོབས་འཕྲོག་དབང་པོ་ཉེར་འཁོལ་འཁོར་དང་བཅས་པ་ཁྱེད་རྣམས་ཀྱིས། བླ་མ་དམ་པ་རྣམས་ཀྱི་དམ་ཚིག་གི་རིམ་པ་ལས་མི་འདའ་བར་དམ་ཚིག་སྲུངས། བསྟན་པ་སྐྱོངས། རིག་པ་འཛིན་པ་འདི་ཞེས་བགྱི་བ་ཇི་སྲིད་སངས་རྒྱས་མ་ཐོབ་ཀྱི་བར་དུ་འགལ་རྐྱེན་བར་ཆད་ཐམས་ཅད་ལས་སྲུངས་ཤིག །མི་མཐུན་པའི་ཕྱོགས་ཐམས་ཅད་སོལ་ཅིག །མཐུན་རྐྱེན་ཐམས་ཅད་སྒྲུབས་ཤིག །སྤྱིར་སངས་རྒྱས་ཀྱི་བསྟན་པ་དང་། བྱེ་བྲག་ཏུ་རིག་པ་འཛིན་པ་འདིའི་དགྲ་དང་བགེགས་དང་བར་དུ་གཅོད་པ་ཐམས་ཅད་ཐུལ་ལ་སྲུང་བ་དང་སྐྱོབ་པར་གྱིས་ཤིག །རིག་པ་འཛིན་

པ་འདིས་ཆོས་དང་མཐུན་པའི་ཇི་ལྟར་བཀའ་བསྒོ་བ་བཞིན་ཁྱེད་རྣམས་ཀྱིས་སྒྲུབས་ཤིག །ཅེས་བརྗོད། དེ་ནས། ཡུལ་(༣༨༨ན)ཁྱད་པར་ཅན་དེ་རྣམས་ལ་དད་གུས་བྱས་ལ། བླ་མ་ཡི་དམ་སངས་རྒྱས་བྱང་སེམས་མཁའ་འགྲོ་བཅས་པ་འོད་དུ་ཞུ་ནས་མགོན་པོ་ལ་ཐིམ། དེ་ལས་འོད་ཟེར་འཕྲོས། བཀའ་སྡོད་འཁོར་དང་བཅས་པ་ལ་ཕོག་པས་དེ་རྣམས་འོད་དུ་ཞུ་ནས་མགོན་པོ་ལ་ཐིམ། དེ་ཡང་འོད་དུ་ཞུ་ནས། ཁྱེད་རང་རྣམས་ཀྱི་སྤྱི་གཙུག་ཚངས་པའི་བུ་ག་ནས་ཞུགས་ཏེ། ཁྱེད་རང་རྣམས་དང་གཉིས་སུ་མེད་པར་གྱུར་པས་ནུས་མཐུ་ཕུན་སུམ་ཚོགས་པར་བསམ། རོལ་མོ་མཛད་དོ། །དེ་ནས་མི་འཐྲལ་ཞིང་གསང་བར་གདམས་པ་ནི། དེ་ལྟར་རྗེས་གནང་ལུང་བྱིན་པའི་དབང་གིས་སྲུང་སྐྱོབ་བྱེད། ལུས་དང་གྲིབ་མའི་ཚུལ་གྱིས་འཁོར་བ་ཆོས་ཉིད་ཡིན། ཁྱེད་རང་རྣམས་ཀྱང་དམ་ཚིག་རྣམ་དག་བསྲུངས་ཏེ། གཏོར་མ་དང་ཚོགས་ལ་བརྩོན་པར་མཛོད། དམ་ཚིག་དང་མི་ལྡན་པ་དང་། གསང་སྔགས་ཀྱི་སྣོད་དུ་མ་གྱུར་པ་རྣམས་ལ་དཔལ་མགོན་པོ་འཁོར་བཅས་ཀྱི་མཚན་ཙམ་ཡང་བསྟན་པར་བྱ་བ་མ་ཡིན་ནོ། །རྗེས་ཆོག་སྤྱི་དང་འདྲ། །

༄ དཔལ་མགོན་ཞལ་བཞི་པ་དམར་པོ་དབང་སྡུད་ལ། ཡི་དམ་གྱི་བདག་བསྐྱེད་སྔོན་དུ་འགྲོ་བས། མཆོད་གཏོར་བྱིན་གྱིས་བརླབས་ནས། སྭ་བྷཱ་ཝས་སྟོང་པར་སྦྱངས། སྟོང་པའི་ངང་ལས། རང་གི་མདུན་གྱི་ནམ་མཁར་སྲུང་འཁོར་དུར་ཁྲོད་དང་བཅས་པའི་དབུས་སུ། མཐིང་ནག་གྲུ་གསུམ་འབར་བའི་ཆོས་འབྱུང་ལྡེ་ཚོམ་དུ་གནས་པའི་དབུས་མའི་སྟེང་དུ། པཾ་ལས་པདྨ་དང་། རཾ་ལས་ཉི་མའི་སྟེང་དུ་ཧྃ་(༣༨༨བ)དམར་པོ་ལས། ཞིང་སྐྱོང་སྟོབས་འཕྲོག་དབང་པོ་དབང་སྡུད་མགོན་པོ་སྐུ་མདོག་དམར་པོ། རྩ་ཞལ་དམར་བ། གཡས་དཀར། གཡོན་སྔོ། སྟེང་ཞལ་དུད་ཁ། ཕྱག་དང་པོ་གཉིས་ལྕགས་ཀྱུས་སྙིང་ལ་འབིགས་ཤིང་ཞགས་པས་སྐེ་ནས་འཆིང་བ། འོག་མ་གཉིས་ཀྱིས་ཧུས་འཕྲེང་དང་ཆང་བུམ་འཛིན་པ། སྐྲ་ཁམ་པ་གྱེན་དུ

བརྗེས་ཤིང་། སྤྱན་གསུམ་པ། ཞལ་གདངས་ཤིང་མཆེ་བ་རྣོན་པོ་གཙིགས་ལ། མས་མཆུ་འཕྱང་བ། ཚངས་པའི་སྐུད་པ་དང་། རུས་པ་དང་། སྤྲུལ་དང་། དྲིལ་བུའི་འཕྲེང་བས་བརྒྱན་པ། སྟག་གི་པགས་པའི་ཤམ་ཐབས་ཅན། གཡས་བསྐུམས་གཡོན་བརྐྱངས་བཞེངས་པའི་སྟབས་ཀྱིས་ཡེ་ཤེས་ཀྱི་མེ་དྲག་ཏུ་འབར་བའི་ཀློང་དཀྱིལ་ན་བཞུགས་པ། ཕྱོགས་བཞིར་ཧཱུྃ་བཞི་ལས། གཡས་སུ་ཡུམ་ཆེན་གཡུང་མོ། གཡོན་དུ་ལས་མཛད་གཏུམ་མོ། མདུན་དུ་སྲིན་མོ་ཆེན་མོ། རྒྱབ་ཏུ་སིནྡྷ་གླིང་མ་སྟེ་བཞི་ཀར་ཡང་སྐྲ་མདོག་དམར་མོ་ལྕགས་ཀྱུ་དང་ཞགས་པ་འཛིན་པ། རབ་ཁྲོས་དྲག་ཤུལ་ཕོ་ཉ་མོའི་ཆ་ལུགས་ཅན། སྤྱན་གསུམ་གཙེར་བུ་རྒྱན་མེད་པ། རབ་ཏུ་གྲིམ་ཞིང་། གཙོ་བོ་ལ་མངོན་དུ་ཕྱོགས་པ། ཕྱི་རོལ་ཁོར་ཡུག་ཏུ་བདུད་གཙོད་ཀྱི་བཤན་པ་ཉེར་གཅིག །བདུད་འདུལ་གྱི་དམག་ཉིས་ཁྲི་ཆིག་སྟོང་། དྲེགས་པ་སྡེ་བརྒྱད། ལྷ་མ་སྲིན་ཞིང་གི་རྡུལ་སྙེད་ཀྱི་འཁོར་གྱིས་བསྐོར་བར་གྱུར། ཐམས་ཅད་ཀྱི་དཔྲལ་བར་ཨོཾ། མགྲིན་པར་ཨཱཿ ཐུགས་ཀར་ཧཱུྃ། རང་གི་སྙིང་ག་ནས་འོད་ཟེར་འཕྲོས། ཏེ་སེ། བསིལ་བའི་ཚལ། པོ་(༢༥༩ན)ཏ་ལ། ཧ་ཧ་རྒོད་པའི་དུར་ཁྲོད་རྣམས་ནས། ཞིང་སྐྱོང་སྐྱོབས་འཕྲོག་དབང་པོ་ཞལ་བཞི་པ་འཁོར་དང་བཅས་པ་ཨོཾ་བཛྲ་ས་མ་ཛཿ སྤྱན་ཆེ་རྡོ་རྗེ་འཆང་གི་སྤྱན་སྔ་རུ། །ཞེས་པ་ནས། སངས་རྒྱས་བསྟན་པ་སྲུང་ཕྱིར་གཤེགས་སུ་གསོལ། །ཞེས་པའི་བར་བྱ། ཨོཾ་མཧཱ་ཀཱ་ལ་ཀཱ་ལ་བི་ཀཱ་ལ་ར་ཏྲི་ཏ་ཧཱུྃ་ཕཊ་ས་པ་རི་ཝཱ་ར་ཨེ་ཧྱ་ཧི། ཛཿཧཱུྃ་བཾ་ཧོཿཔདྨ་ཀ་མ་ལ་ཡེ་སྟྭཾ། ཨོཾ་མཧཱ་ཀཱ་ལ་ཀཱ་ལ་བི་ཀཱ་ལ་ར་ཏྲི་ཏ། ས་པ་རི་ཝཱ་ར་གྲིཧྞེ་དཾ་ཨརྒྷཾ་སྭཱཧཱ་ནས། ཤབྡའི་བར་གྱིས་མཆོད། རྡོ་རྗེ་རྩེ་ལྔ་པའི་ཕྱག་རྒྱ་འཆིང་བ་མགོན་པོའི་དམ་རྒྱ་བྱས་ལ། ཨོཾ་མཧཱ་ཀཱ་ལ་ཀཱ་ལ་བི་ཀཱ་ལ་ར་ཏྲི་ཏ། ས་མ་ཡ་སྨ་ར། ས་མ་ཡ་མ་ཏི་ཀྲ་མ་ཡེ། ས་མ་ཡ་རཀྵནྟུ། ཞིང་སྐྱོང་སྐྱོབས་འཕྲོག་དབང་པོ་འཁོར་དང་བཅས་པ་ཐམས་ཅད་མཆོད་སྦྱིན་གྱི་གཏོར་མ་རྒྱ་ཆེན་པོ་འདི་བཞེས་ལ། རྩ་བ་དང་བརྒྱུད་པར་བཅས་པའི་དཔལ་ལྡན་བླ་མ་

དམ་པ་རྣམས་ཀྱི་བཀའ་དང་དམ་ལས་མི་འདའ་བར་དམ་ཚིག་སྲུངས། བསྟན་པ་
སྐྱོངས། དཀོན་མཆོག་གི་དབུ་འཕངས་བསྟོད། ཆོས་སྒྲུབ་པའི་བར་ཆད་ཐམས་
ཅད་ཞི་བ་དང་། བསམ་སྦྱོར་ཆོས་དང་མཐུན་པ་ཡིད་བཞིན་དུ་འགྲུབ་ཅིང་། བསྟན་
པ་དང་། བསྟན་པ་འཛིན་པ་དང་། འཇིག་རྟེན་པ་ཀུན་དར་ཞིང་རྒྱས་པར་མཛད་
དུ་གསོལ། སྲིད་ཞིའི་ལེགས་ཚོགས་ཐམས་ཅད་བདག་གི་དབང་དུ་འདུ་བར་མཛད་
དུ་གསོལ། ཛོ་ཟེ་ཐལ་མོ་ཁ་གྱེན་དུ་ཕྱེ་ལ། ཨོཾ་མཧཱ་ཀཱ་ལ་ཀཱ་ལ་བི་ཀཱ་ལ་ར་ཏྲི་ཏ། ཧཱུྃ་
ཧྲཱི་ནི། ཙཀྲ་ལི། རཀྟ་སི། (༣༥༦བ)སིདྡྷ་ལི། དེ་ཤི་ས་པ་རི་ཝཱ་ར་བྷྱཿན་མཿསརྦ་ཏ་ཐཱ་
ག་ཏ་བྷྱོཿ སོགས་ལན་གསུམ་གྱིས་ཕུལ། ཨརྒྷཾ་སོགས་ཀྱིས་ཕྱི་མཆོད་དང་། སྙིང་
པོའི་མཐར། འབྲུ་གསུམ་བཏགས་ལ་ནང་མཆོད་དབུལ། དེ་ནས་བསྟོད་པ་ནི།
ཛོགས་པའི་སངས་རྒྱས་སྤྱན་སྔ་རུ། །བསྟན་པ་སྲུང་བར་ཞལ་བཞེས་པའི། །དམར་
པོ་དབང་སྡུད་ཞལ་བཞི་པ། །ཡུམ་ཆེན་སྲིང་མོ་བཞི་དང་བཅས། །ཤ་ཆེན་ཟན་
དང་མེ་ཏོག་སྤོས། །ཆང་ཕུད་ཤ་ཁྲག་དག་གིས་མཆོད། །རྒྱལ་བའི་བསྟན་པ་སྐྱོང་
བ་དང་། །བཅོལ་བའི་འཕྲིན་ལས་འགྲུབ་པར་མཛོད། །དེ་ནས། བཟླས་པའི་
དམིགས་པ་གསལ་བཏབ་ལ། ཨོཾ་མཧཱ་ཀཱ་ལ་ཀཱ་ལ་བི་ཀཱ་ལ་ར་ཏྲི་ཏ་ཆེ་གེ་མོའམ་
སརྦ་ཡོ་ག་ཥ་ཤཾ་ཀུ་རུ་ཧོ། ཞེས་བཟླ། ༈ འདིའི་རྗེས་གནང་ནི། སྔོམ་དོན་དང་
མཐུན་པའི་བཅའ་གཞི་བསྙེན་དུས་ནང་བཞིན་བསྒྲིགས། མདུན་དུ་མཆོད་གཏོར་
རྣམས་བཤམས། བདག་བསྐྱེད་སྔོན་དུ་འགྲོ་བས། མདུན་བསྐྱེད་བཟླས་པ་དང་
བཅས་པ་གོང་བཞིན་བྱ། ༈ སློབ་མས་མཎྜལ་ཕུལ། དེ་ནས། གསོལ་བ་བཏབ་པ་
འདིའི་རྗེས་གནང་མཛོད་ཅིག་བྱས་ལ། ཀུན་མཁྱེན་ཡེ་ཤེས་ཕུང་པོ་ཅན། །ཞེས་པ་
ནས། གཙོ་བོས་བདག་ལ་བཀའ་དྲིན་སྩོལ། །ཞེས་པའི་བར་ལན་གསུམ་གྱིས་གསོལ་
བ་བཏབ་ནས། རྒྱུན་བཤགས་སྔོན་དུ་འགྲོ་བས་སེམས་བསྐྱེད་པ་ནི། འདིའི་རྗེས་
གནང་མཛོད་ཅིག་བྱས་ལ། དཀོན་མཆོག་གསུམ་ལ་བདག་སྐྱབས་མཆི། །ཞེས་སོགས་

དང་། རིགས་ལྔའི་སྟོམ་པ་བཟུང་བ་འདིའི་རྗེས་བློས་མཛོད་(༣༨༠ན)ཅིག་བྱས་ལ། སྲས་བཅས་སངས་རྒྱས་ཐམས་ཅད་དང་། །ཞེས་སོགས་ལན་གསུམ་བྱ། དེ་ནས། སློབ་དཔོན་ཉིད་བདག་བསྐྱེད་གང་བྱས་ཀྱི་ལྷའི་མངོན་རྟོགས་དང་མཐུན་པར་སྒོམ་དུ་བཅུག །མདུན་གྱི་བསྐྱེད་གཞི་འདི་ཡང་ཞིང་སྐྱོང་སྟོབས་འཕྲོག་དབང་པོ་དབང་སྡུད་མགོན་པོ་དམར་པོ་ཡུམ་ཆེན་བཞིས་བསྐོར་བ་འཁོར་དང་བཅས་པ་ཞིག་ཏུ་དངོས་སུ་བཞུགས་འདུག་སྙམ་པར་མོས་ལ། སློབ་དཔོན་དང་། མདུན་བསྐྱེད་ལ་མོས་གུས་དུང་དུང་བ་བྱས་པས། སློབ་དཔོན་གྱི་ཐུགས་ཀ་ནས་འོད་ཟེར་འཕྲོས། མདུན་བསྐྱེད་ཀྱི་དཀྱིལ་འཁོར་ལ་ཕོག །དེ་ལས་འོད་ཟེར་བྱུང་། ཁྱེད་རང་རྣམས་ཀྱི་ལུས་ལ་ཕོག །ལུས་ཀྱི་ཕྱི་ནང་བར་གསུམ་ཐམས་ཅད་གང་། སྡིག་སྒྲིབ་ཐམས་ཅད་དག །ལུས་འོད་ཀྱི་ཕུང་པོ་ཆེན་པོ་ཧཱུྃ་གིས་མཚན་པར་གྱུར། དེ་ནས། སྐུའི་རྗེས་གནང་དངོས་ཀྱི་དོན་དུ་གསོལ་བ་འདེབས་པ་འདིའི་རྗེས་བློས་མཛོད་ཅིག་བྱས་ལ། དུས་གསུམ་སངས་རྒྱས་ཐམས་ཅད་ཀྱི་ངོ་བོ་བླ་མ་རིན་པོ་ཆེས། བདག་ལ་སྟོབས་འཕྲོག་དབང་པོ་དབང་སྡུད་ཀྱི་སྐུའི་རྗེས་སུ་གནང་བ་བསྩལ་དུ་གསོལ། ཞེས་ལན་གསུམ། དེ་ནས། ཁྱེད་རང་རྣམས་ཐིག་ལེ་ཧཱུྃ་གིས་མཚན་པ་དེ་ཡོངས་སུ་གྱུར་པ་ལས། པདྨ་དང་ཉི་མའི་གདན་དང་བཅས་པའི་སྟེང་དུ། ཞིང་སྐྱོང་སྟོབས་འཕྲོག་དབང་པོ་དབང་སྡུད་མགོན་པོ་སྐུ་མདོག་དམར་པོ། ཞལ་དམར་བ། གཡས་དཀར། གཡོན་སྔོ། སྟེང་ཞལ་དུད་ཁ། ཕྱག་དང་པོ་གཉིས་ལྕགས་ཀྱུས་སྙིང་ལ་འབིགས་ཤིང་(༣༨༠བ)ཞགས་པས་སྐེ་ནས་འཆིང་བ། འོག་མ་གཉིས་ཀྱིས་ཉུས་འཕྲེང་དང་ཚང་ཐུམ་འཛིན་པ། སྐྲ་ཁམ་པ་གྱེན་དུ་བརྫེས་ཤིང་། སྤྱན་གསུམ་པ། ཞལ་གདངས་ཤིང་མཆེ་བ་རྣོན་པོ་གཙིགས་ལ། མས་མཆུ་འཕྱང་བ། ཚངས་པའི་སྐད་པ་དང་། ཉུས་པ་དང་། སྦྲུལ་དང་། དྲིལ་བུའི་འཕྲེང་བས་བརྒྱན་པ། སྟག་གི་པགས་པའི་ཤམ་ཐབས་ཅན། གཡས་བསྐུམས་གཡོན་བརྐྱངས་བཞེངས་པའི་སྟབས

ཀྱིས་ཡེ་ཤེས་ཀྱི་མེ་དྲག་ཏུ་འབར་བའི་ཀློང་དཀྱིལ་ན་བཞུགས་པ། ཕྱོགས་བཞིར་ཧཱུྃ་བཞི་ལས། གཡས་སུ་ཡུམ་ཆེན་གཡུང་མོ། གཡོན་དུ་ལས་མཛད་གཏུམ་མོ། མདུན་དུ་སྲིན་མོ་ཆེན་མོ། རྒྱབ་ཏུ་སིདྡྷ་གླིང་མ་སྟེ་བཞི་ཀར་ཡང་སྐུ་མདོག་དམར་མོ་ལྕགས་ཀྱུ་དང་ཞགས་པ་འཛིན་པ། རབ་ཁྲོས་དྲག་ཤུལ་ཕོ་ཉ་མོའི་ཆ་ལུགས་ཅན། སྤྱན་གསུམ་གཙེར་བུ་རྒྱན་མེད་པ། རབ་ཏུ་གྲིམ་ཞིང་། གཙོ་བོ་ལ་མངོན་དུ་ཕྱོགས་པ། ཕྱི་རོལ་ཁོར་ཡུག་ཏུ་བདུད་གཙོད་ཀྱི་བཤན་པ་ཉེར་གཅིག །བདུད་འདུལ་གྱི་དམག་ཉིས་ཁྲི་ཆིག་སྟོང་། དྲེགས་པ་སྡེ་བརྒྱད། ལྷ་མ་སྲིན་ཞིང་གི་རྟུལ་སྐྱེད་ཀྱི་འཁོར་གྱིས་བསྐོར་བར་གྱུར། ཐམས་ཅད་ཀྱི་དཔྲལ་བར་ཨོཾ། མགྲིན་པར་ཨཱཿ ཐུགས་ཀར་ཧཱུྃ། ཞེས་མངོན་རྟོགས་ལྟར་བྱས་ནས། སློབ་དཔོན་གྱི་ཐུགས་ཀའི་ཧཱུྃ་ལས་འོད་ཟེར་དཔག་ཏུ་མེད་པ་འཕྲོས། མདུན་གྱི་ཆོས་སྐྱོང་ལ་ཕོག་སྟེ། ཐུགས་རྒྱུད་བསྐུལ་བས། ཐུགས་ཀའི་ཧཱུྃ་ལས་མགོན་པོའི་སྐུ་དཔག་ཏུ་མེད་པ་བྱུང་། ཡང་འོད་ཟེར་འཕྲོས་པས། ཏི་སེ། བསིལ་བའི་ཚལ། པོ་(ཟ༡༧ན)ཏ་ལ། ཏ་ཏ་རྔོད་པའི་དུར་ཁྲོད་ནས། ཞིང་སྐྱོང་སྟོབས་འཕྲོག་དབང་པོ་དབང་སྡུད་ཀྱི་སྐུ་བསམ་གྱིས་མི་ཁྱབ་པ་སྤྱན་དྲངས་པ་ཆེ་བ་རི་རབ་ཙམ་དང་ཆུང་བ་ཏིལ་གྱི་འབྲུ་ཙམ་པ་འོད་ཟེར་དུ་མ་འཕྲོ་ཞིང་ཧཱུྃ་དང་ཕཊ་ཀྱི་སྒྲ་སྒྲོག་པ་ཅན། ཁྱེད་རང་རྣམས་ཀྱི་སྨིན་མཚམས་དང་། ལུས་ཀྱི་སྟོད་སྨད་བར་གསུམ་དུ་ཐིམ། གཞན་ཡང་སངས་རྒྱས་དང་བྱང་ཆུབ་སེམས་དཔའ་དང་། རྣལ་འབྱོར་མ་བསམ་གྱིས་མི་ཁྱབ་པ་སྤྱན་དྲངས་ལ། ཞིང་སྐྱོང་སྟོབས་འཕྲོག་དབང་པོ་དབང་སྡུད་ཀྱི་སྐུའི་རྣམ་པར་གྱུར་ནས། ཁྱེད་རང་གི་ལུས་ལ་ཆར་ཆེན་པོ་བབས་པ་བཞིན་དུ་བ་སྤུའི་སྒོ་ཐམས་ཅད་ནས་ཞུགས་ཤིང་གཉིས་སུ་མེད་པར་ཐིམ་པར་མོས་པ་གྱིས་ཤིག །ཅེས་བརྗོད་ལ། གུ་གུལ་དང་། མགོན་པོའི་སྤྱོས་ཀྱི་དུད་པ་དང་། སྙིང་པོ་མང་དུ་བརྗོད་ཅིང་། རོལ་མོ་དཀྲོལ་ལ། དྲག་ཏུ་ཕྱིན་དབབ། དེས་སྐུའི་རྟེན་གནང་གྲུབ། གསུང་གི་རྟེན་གནང་གི་དོན་དུ་གསོལ་བ་འདེབས་པ་

འདིའི་རྗེས་གྙོས་མཛོད་བྱས་ལ། དུས་གསུམ་སངས་རྒྱས་ནས། དཔང་སྐུད་ཀྱི་གསུང་གི་རྗེས་སུ་གནང་བ་བསྐུལ་དུ་གསོལ། ཞེས་པའི་བར་གྱིས་ལན་གསུམ་རྗེས་གྙོས་བྱེད་དུ་བཅུག །སློབ་དཔོན་དང་། མདུན་བསྐྱེད་ཀྱི་ཐུགས་ཀར་པད་ཉིའི་གདན་ལ་ཧཱུྃ་ཡིག་དམར་པོ། དེའི་མཐའ་མར་སྔགས་ཀྱི་འཕྲེང་བས་བསྐོར་ནས་ཡོད་པར་བསམས། ཁྱེད་རང་རྣམས་ཀྱང་མགོན་པོར་གསལ་བའི་སྙིང་པདྨ་འདབ་བརྒྱད་ལྟར་ཁ་ཕྱེ་བའི་ནང་དུ། པད་ཉིའི་གདན་ལ་ཧཱུྃ་ཡིག(༥༡༧བ)དམར་པོ་གཅིག་བསམས། དེ་ནས་སོས་གསུས་དུང་དུང་བ་བྱས་པས། བླ་མའི་ཐུགས་ཀ་ནས་འོད་ཟེར་འཕྲོས། མདུན་གྱི་མགོན་པོ་ལ་ཕོག་པས། དེའི་ཐུགས་ཀའི་སྔགས་འཕྲེང་འོད་ཟེར་རབ་ཏུ་འབར་བ་སྒྲ་དང་བཅས་པ་གཅིག་ལས་གཉིས་ཆད་ཀྱི་ཚུལ་དུ་ཞལ་ནས་ཐོན། ཁྱེད་རང་རྣམ་པའི་ཞལ་དུ་ཞུགས། ཐུགས་ཀའི་ཧཱུྃ་གི་མཐའ་མར་འཁོད། ལ་ལ་ཧཱུྃ་ལ་ཐིམ། ཡང་བླ་མ་དང་མདུན་བསྐྱེད་ལས་འོད་ཟེར་འཕྲོས། གཞན་ཡང་བླ་མ་དང་མདུན་བསྐྱེད་སངས་རྒྱས་དང་བྱང་ཆུབ་སེམས་དཔའ་ཐམས་ཅད་ཀྱི་གསུང་ཡིག་འབྲུའི་རྣམ་པར་ཨཱ་ལི་ཀཱ་ལིའི་སྔགས་བསམ་གྱིས་མི་ཁྱབ་པ་སྤྲིན་དྲངས་པའང་ཁྱེད་རང་རྣམ་པའི་ཐུགས་ཀའི་ཧཱུྃ་དང་སྔགས་འཕྲེང་ལ་ཐིམ་པར་མོས། དུད་པ་དང་ལྕེ་སྒྲགས་ཀྱིས་ཐོག་དྲངས་པའི་སྔགས་ལན་གསུམ་གྱི་བར་ལ་རོལ་མོ་དང་། དམིགས་པས་དྲག་ཏུ་བྱིན་དབབ། ད་ཁྱེད་རང་རྣམ་པ་འཕྲེང་བཟམ། མི་ཧོག་རེ་ལག་ཏུ་བཟུང་། རྗེས་སུ་བཟླས་པའི་ལུང་བླང་བ་ནི། སློབ་དཔོན་གྱི་ཐུགས་ཀའི་འོད་ཀྱིས། མགོན་པོའི་ཐུགས་རྒྱུད་བསྐུལ་བས། ཐུགས་ཀའི་སྔགས་འཕྲེང་ལས་མར་མེ་གཅིག་ལས་གཉིས་ཆད་པའི་ཚུལ་དུ་སྒྲ་འོད་དང་བཅས་པས་ཞལ་ནས་ཐོན། ཁྱེད་རང་རྣམ་པའི་ཞལ་དུ་ཞུགས། ཐུགས་ཀའི་ཧཱུྃ་གི་མཐའ་མར་གཡས་སྐོར་དུ་འཁོར་བར་བསམས་ལ། རྗེས་གྙོས་ལན་གསུམ་བགྱིས་པའི་དང་པོ་དམ་ཚིག་པའི་ཚུལ་དང་། གཉིས་པ་ཡེ་ཤེས་པའི་རྣམ་པ། གསུམ་པ་དམ་ཚིག་པ་ལ་ཡེ་ཤེས་པ་ཤིན་ཏུ(༥༡༨ན)

བརྟན་པའི་ཚུལ་གྱིས་ཐིམ་པར་བསམས་ལ། འདིའི་རྗེས་ཟློས་མཛོད་ཅིག་བྱས་ལ། ཨོཾ་མཧཱ་ཀཱ་ལ་ཀཱ་ལ་བི་ཀཱ་ལ་ར་ཏྲི་ཏ་སརྦ་ལོ་ཀ་ཕ་ཤཾ་ཀུ་རུ་ཧོཾ། ཞེས་ལན་གསུམ་གྱིས་ལུང་ནོད། སློབ་དཔོན་ལ་མེ་ཏོག་གཏོར་ཞིང་འདིའི་རྗེས་ཟློས་མཛོད་ཅིག་བྱས་ལ། མགོན་པོ་བདག་ལ་སྐྱོལ་ལགས་ཀྱི། །མགོན་པོ་བདག་ལ་བྱིན་གྱིས་རློབས། །ཞེས་ལན་གསུམ་གྱིས་གསོལ་བ་གདབ། སློབ་དཔོན་གྱིས་རྡོ་རྗེ་སློབ་མའི་མགོ་བོར་བཞག་ལ། མགོན་པོ་འདི་ལ་བསྐྱལ་ལགས་ཀྱི། །མགོན་པོ་འདི་ལ་བྱིན་གྱིས་རློབས། །ཞེས་ལན་གསུམ། དེས་གསུང་གི་རྗེས་གནང་གྲུབ། ཐུགས་ཀྱི་རྗེས་གནང་ལ་ཡང་། དུས་གསུམ་སངས་རྒྱས་ནས། དབང་སྐུད་ཀྱི་ཐུགས་ཀྱི་རྗེས་སུ་གནང་བ་བསྐྱལ་དུ་གསོལ། ཞེས་གསོལ་བ་འདེབས་པ་ལན་གསུམ་རྗེས་ཟློས་བྱེད་དུ་བཅུག །སློབ་དཔོན་དང་མདུན་བསྐྱེད་ལ་མོས་གུས་དུང་དུང་བ་བྱས་པས། བླ་མའི་ཐུགས་ཀ་ནས་འོད་ཟེར་འཕྲོས། མདུན་གྱི་མགོན་པོ་ལ་ཕོག་པས། དེའི་ཐུགས་ཀ་ནས་ཐུགས་གཉིས་སུ་མེད་པའི་ཡེ་ཤེས་ཀྱི་ངོ་བོ་ཀླུགས་ཀྱུ་དང་། ཞགས་པ་དང་། རུས་འཕྲེང་དང་། ཆང་བུམ་ལ་སོགས་པའི་ཕྱག་མཚན་སྔགས་ཀྱི་སྒྲ་དང་འོད་ཟེར་འབར་བ་དང་བཅས་པ་བསམ་གྱིས་མི་ཁྱབ་པ་བྱོན་པ་རྣམས་ཁྱེད་རང་རྣམས་ཀྱི་ཐུགས་ཀའི་ས་བོན་ལ་སིབ་སིབ་ཐིམ་པ་དང་། ཕྱོགས་བཅུའི་སངས་རྒྱས་དང་བྱང་ཆུབ་སེམས་དཔའ་ཐམས་ཅད་ཀྱི་ཐུགས་ཀ་ནས་ཡེ་ཤེས་ཀྱི་ཕྱག་མཚན་དཔག་ཏུ་མེད་པ་བྱོན་ཏེ། (༣༡༢བ)འོད་དུ་ཞུ་ནས་ཁྱེད་རང་རྣམས་ཀྱི་ཐུགས་ཀར་ཐིམ་པར་མོས། དུད་པ་དང་། སྔགས་ལན་གསུམ་གྱི་བར་ལ་རོལ་མོ་བྱས་ལ་དབབ། དེས་ཐུགས་ཀྱི་རྗེས་གནང་གྲུབ། དེ་ནས། ཁྱེད་རང་རྣམ་པའི་སྙིང་པདྨ་འདབ་བརྒྱད་ལྟར་ཡོད་པ་དེ་དག་ཁ་ཟུམ་ནས་དེའི་སྟེང་དུ་རྡོ་རྗེ་རྩེ་ལྔ་པ་ཕྱེད་པས་རྒྱས་བཏབ་པས། དེ་ཉིད་ལ་བརྟན་པར་བཞུགས་ནས་གྲོགས་མཛད་པར་སེམས་ཤིག །ཅེས་བྱས་ལ། སློབ་མའི་མགོ་བོར་རྡོ་རྗེ་བཞག་ལ། ཏིཥྛ་བཛྲ་ལན་གཉིས་བརྗོད། འཕྲིན་ལས་ཀྱི་བཀའ་བསྒོ་ནི། གཏོར་

མ་ལ་དཔལ་འབར་བརྩུགས། སློབ་མའི་སྤྱི་བོར་བཞག་ལ། གཏོར་མ་འདི་ཉིད་ཀྱང་ཞིང་སྐྱོང་སྟོབས་འཕྲོག་དབང་པོ་དབང་ཕྱུད་མགོན་པོ་འཁོར་དང་བཅས་པ་སྤྲིན་གཏིབས་པ་བཞིན་དུ་བཞུགས་པར་བསམས། མགོན་པོའི་སྟེང་དུ་རྩ་བའི་བླ་མ་ལ་བརྒྱུད་པའི་བླ་མའི་ཚོགས་ཀྱིས་བསྐོར་བ། སངས་རྒྱས་དང་བྱང་ཆུབ་སེམས་དཔའ་གནས་གསུམ་གྱི་དཔའ་བོ་མཁའ་འགྲོའི་ཚོགས་བསམ་གྱིས་མི་ཁྱབ་པ་དང་བཅས་པ་བཞུགས་འདུག་སྙམ་པར་མོས་པ་མཛོད་ཅིག །ཅེས་བྱས་ལ། དུད་པ་བྱས་ཤིང་། སྙིང་པོའི་མཐར་ས་མ་ཡ། ས་མ་ཡ་རཀྵཧྲཱུ། ཞིང་སྐྱོང་སྟོབས་འཕྲོག་དབང་པོ་དབང་ཕྱུད་མགོན་པོ་འཁོར་དང་བཅས་པ་ཁྱེད་རྣམས་ཀྱིས། བླ་མ་དམ་པ་རྣམས་ཀྱི་དམ་ཚིག་གི་རིམ་པ་ལས་མི་འདའ་བར་དམ་ཚིག་སྲུངས། བསྟན་པ་སྐྱོངས། རིག་པ་འཛིན་པ་འདི་ཞེས་བགྱི་བ་ཇི་སྲིད་སངས་རྒྱས་མ་ཐོབ་ཀྱི་བར་དུ་འགལ་རྐྱེན་བར་ཆད་ཐམས་ཅད་ལས་སྲུངས་(༥༡༣ན)ཤིག །མི་མཐུན་པའི་ཕྱོགས་ཐམས་ཅད་སོལ་ཅིག །མཐུན་རྐྱེན་ཐམས་ཅད་སྒྲུབས་ཤིག །ཕྱིར་སངས་རྒྱས་ཀྱི་བསྟན་པ་དང་། ཁྱེ་བྲག་ཏུ་རིག་པ་འཛིན་པ་འདིའི་དགྲ་དང་བགེགས་དང་བར་དུ་གཅོད་པ་ཐམས་ཅད་ཐུལ་ལ་སྲུང་བ་དང་སྐྱོབ་པར་གྱིས་ཤིག །རིག་པ་འཛིན་པ་འདིས་ཆོས་དང་མཐུན་པའི་ཇི་ལྟར་བཀའ་བསྒོ་བ་བཞིན་ཁྱེད་རྣམས་ཀྱིས་སྒྲུབས་ཤིག །ཅེས་བརྗོད།

དེ་ནས། ཡུལ་ཁྱད་པར་ཅན་དེ་རྣམས་ལ་དད་གུས་བྱས་ལ། བླ་མ་ཡི་དམ་སངས་རྒྱས་བྱང་སེམས་མཁའ་འགྲོར་བཅས་པ་འོད་དུ་ཞུ་ནས་མགོན་པོ་ལ་ཐིམ། དེ་ལས་འོད་ཟེར་འཕྲོས། བཀའ་སྡོད་འཁོར་དང་བཅས་པ་ལ་ཕོག་པས་དེ་རྣམས་འོད་དུ་ཞུ་ནས་མགོན་པོ་ལ་ཐིམ། དེ་ཡང་འོད་དུ་ཞུ་ནས། ཁྱེད་རང་རྣམས་ཀྱི་སྤྱི་གཙུག་ཚངས་པའི་བུ་ག་ནས་ཞུགས་ཏེ། ཁྱེད་རང་རྣམས་དང་གཉིས་སུ་མེད་པར་གྱུར་པས་ནུས་མཐུ་ཕུན་སུམ་ཚོགས་པར་བསམས། རོལ་མོ་མཛད་དོ། །དེ་ནས་མི་འབྲལ་ཞིང་གསང་བར་གདམས་པ་ནི། དེ་ལྟར་རྗེས་གནང་ལུང་བྱིན་པའི་དབང་གིས་སྲུང་

སྐྱོབ་བྱེད། ལུས་དང་གྲིབ་མའི་ཚུལ་གྱིས་འཁོར་བ་ཆོས་ཉིད་ཡིན། ཁྱེད་རང་རྣམས་ཀྱང་དམ་ཚིག་རྣམ་དག་བསྲུངས་ཏེ། གཏོར་མ་དང་ཚོགས་ལ་བརྩོན་པར་མཛོད། དམ་ཚིག་དང་མི་ལྡན་པ་དང་། གསང་སྔགས་ཀྱི་སྣོད་དུ་མ་གྱུར་པ་རྣམས་ལ་དཔལ་མགོན་པོ་འཁོར་བཅས་ཀྱི་མཚན་ཙམ་ཡང་བསྟན་པར་བྱ་བ་མ་ཡིན་ནོ། །མཇུག་ཚིག་སྔ་དང་འདྲ། །(༣༡༣བ)

༄ དཔལ་མགོན་ཞལ་བཞི་པ་སྔོན་པོ་ཉམས་སྒྲོལ་ལ། ཡི་དམ་གྱི་བདག་བསྐྱེད་སྔོན་དུ་འགྲོ་བས། མཆོད་གཏོར་བྱིན་གྱིས་བརླབས་ནས། སྭ་བྷཱ་ཝས་སྟོང་པར་སྦྱངས། སྟོང་པའི་ངང་ལས་རང་གི་མདུན་གྱི་ནམ་མཁར་སྲུང་འཁོར་དུར་ཁྲོད་དང་བཅས་པའི་དབུས་སུ། མཐིང་ནག་གྲུ་གསུམ་འབར་བའི་ཆོས་འབྱུང་ལྟེ་ཆོམ་དུ་གནས་པའི་དབུས་མའི་སྟེང་དུ། པཾ་ལས་པདྨ་དང་། རཾ་ལས་ཉི་མའི་སྟེང་དུ་ཧཱུཾ་སྔོན་པོ་ལས། ཞིང་སྐྱོང་སྟོབས་འཕྲོག་དབང་པོ་ཉམས་སྒྲོལ་སྐུ་མདོག་སྔོན་པོ། རྩ་ཞལ་སྔོ་བ། གཡས་དཀར། གཡོན་དམར། སྟེང་ཞལ་དུད་ཁ། ཕྱག་དང་པོ་གཉིས་ཀྱིས་གྲི་གུག་དང་ཐོད་པ། འོག་མ་གཉིས་ཀྱིས་རལ་གྲི་དང་རྩེ་གསུམ་འཛིན་པ། སྐྲ་ཁམ་པ་གྱེན་དུ་བརྫེས་ཤིང་། སྤྱན་གསུམ་པ། ཞལ་གདངས་ཤིང་མཆེ་བ་རྣོན་པོ་གཙིགས་ལ། མས་མཆུ་འཕྱང་བ། ཚངས་པའི་སྐྱུད་པ་དང་། རུས་པ་དང་། སྦྲུལ་དང་། དྲིལ་བུའི་འཕྲེང་བས་བརྒྱན་པ། སྟག་གི་པགས་པའི་ཤམ་ཐབས་ཅན། གཡས་བསྐུམས་གཡོན་བརྐྱངས་བཞེངས་པའི་སྟབས་ཀྱིས་ཡེ་ཤེས་ཀྱི་མེ་དྲག་ཏུ་འབར་བའི་ཀློང་དཀྱིལ་ན་བཞུགས་པ། ཕྱོགས་བཞིར་ཧཱུཾ་བཞི་ལས། གཡས་སུ་ཡུམ་ཆེན་གཡུང་མོ། གཡོན་དུ་ལས་མཛད་གཏུམ་མོ། མདུན་དུ་སྲིན་མོ་ཆེན་མོ། རྒྱབ་ཏུ་སིདྡྷ་གླིང་མ་སྟེ་བཞི་ཀར་ཡང་སྐུ་མདོག་སྔོ་བ་རལ་གྲི་དང་ཐོད་ཁྲག་འཛིན་པ། རབ་ཁྲོས་དྲག་ཤུལ་པོ་ཉ་མོའི་ཆ་ལུགས་ཅན། སྤྱན་གསུམ་གཙེར་བུ་(༣༡༤ན)རྒྱན་མེད་པ། རབ་ཏུ་གྲིམ་ཞིང་། གཙོ་བོ་ལ་མངོན་དུ་ཕྱོགས་པ། ཕྱི་རོལ་ཁོར་ཡུག་ཏུ་བདུད་གཙོད་ཀྱི་

བཤན་པ་ཉེར་གཅིག །བདུད་འདུལ་གྱི་དམག་ཉིས་ཁྲི་ཆིག་སྟོང་། དྲེགས་པ་སྡེ་བརྒྱད། ལྷ་མ་སྲིན་ཞིང་གི་རྟུལ་སྐྱེད་ཀྱི་འཁོར་གྱིས་བསྐོར་བར་གྱུར། ཐམས་ཅད་ཀྱི་དཔྲལ་བར་ཨོཾ། མགྲིན་པར་ཨཱཿ ཐུགས་ཀར་ཧཱུྃ། རང་གི་སྙིང་ག་ནས་འོད་ཟེར་འཕྲོས། ཏེ་སེ། བསིལ་བའི་ཚལ། པོ་ཏ་ལ། ཏ་ཏ་རྐོད་པའི་དུར་ཁྲོད་རྣམས་ནས། ཞིང་སྐྱོང་སྟོབས་འཕྲོག་དབང་པོ་ཞལ་བཞི་པ་འཁོར་དང་བཅས་པ་ཨོཾ་བཛྲ་ས་མ་ཛཿ སྟོན་ཆེ་རྡོ་རྗེ་འཆང་གི་སྤྱན་སྔ་རུ། །ཞེས་པ་ནས། སངས་རྒྱས་བསྟན་པ་སྲུང་ཕྱིར་གཤེགས་སུ་གསོལ། །ཞེས་པའི་བར་བྱ། ཨོཾ་མཧཱ་ཀཱ་ལ་ཀཱ་ལ་བི་ཀཱ་ལ་ར་ཏྲི་ཏ་ཧཱུྃ་ཕཊ་ས་པ་རི་ཝཱ་ར་ཨེ་ཧྱ་ཧི། ཛཿཧཱུྃ་བཾ་ཧོཿཔདྨ་ཀ་མ་ལ་ཡེ་སྟྭཾ། ཨོཾ་མཧཱ་ཀཱ་ལ་ཀཱ་ལ་བི་ཀཱ་ལ་ར་ཏྲི་ཏ། ས་པ་རི་ཝཱ་ར་གྲྀཧྞེ་དཾ་ཨརྒྷཾ་སྭཱཧཱ་ནས། ཤབྡའི་བར་གྱིས་མཆོད། རྡོ་རྗེ་རྩེ་ལྔ་པའི་ཕྱག་རྒྱ་འཆིང་བ་མགོན་པོའི་དམ་རྒྱ་བྱས་ལ། ཨོཾ་མཧཱ་ཀཱ་ལ་ཀཱ་ལ་བི་ཀཱ་ལ་ར་ཏྲི་ཏ། ས་པ་རི་ཝཱ་ར་ས་མ་ཡ་སྨ་ར། ས་མ་ཡ་མ་ཏི་ཀྲ་མ་ཡེ། ས་མ་ཡ་རཀྵ་ཧྲྀ། ཞིང་སྐྱོང་སྟོབས་འཕྲོག་དབང་པོ་འཁོར་དང་བཅས་པ་ཐམས་ཅད་མཆོད་སྦྱིན་གྱི་གཏོར་མ་རྒྱ་ཆེན་པོ་འདི་བཞེས་ལ། རྩ་བ་དང་བརྒྱུད་པར་བཅས་པའི་དཔལ་ལྡན་བླ་མ་དམ་པ་རྣམས་ཀྱི་བཀའ་དང་དམ་ལས་མི་འདའ་བར་དམ་ཚིག་སྲུངས། བསྟན་པ་སྐྱོངས། དཀོན་(༣༠༨བ)མཆོག་གི་དབུ་འཕངས་བསྟོད། ཆོས་སྒྲུབ་པའི་བར་ཆད་ཐམས་ཅད་ཞི་བ་དང་། བསམ་སྦྱོར་ཆོས་དང་མཐུན་པ་ཡིད་བཞིན་དུ་འགྲུབ་ཅིང་། བསྟན་པ་དང་། བསྟན་པ་འཛིན་པ་དང་། འཇིག་རྟེན་པ་ཀུན་དར་ཞིང་རྒྱས་པར་མཛད་དུ་གསོལ། རྡོ་རྗེ་ཐལ་མོ་ཁ་གྱེན་དུ་ཕྱེ་ལ། ཨོཾ་མཧཱ་ཀཱ་ལ་ཀཱ་ལ་བི་ཀཱ་ལ་ར་ཏྲི་ཏ། ཧཱུྃ་ཧྲཱི་ནི། ཙཀྲ་ལི། རཀྵ་སི། སིདྡྷ་ལི། དེ་ཕེ་ས་པ་རི་ཝཱ་ར་བྷྱཿན་མཿསརྦ་ཏ་ཐཱ་ག་ཏ་བྷྱོཿ སོགས་ལན་གསུམ་གྱིས་ཕུལ། ཨརྒྷཾ་སོགས་ཀྱིས་ཕྱི་མཆོད་དང་། སྙིང་པོའི་མཐར། འབྲུ་གསུམ་བཏགས་པས་ནང་མཆོད་དབུལ། དེ་ནས་བསྟོད་པ་ནི། རྫོགས་པའི་སངས་རྒྱས་སྤྱན་སྔ་རུ། །བསྟན་པ་སྲུང་བར་ཞལ་

བཞིས་པའི། །ནག་པོ་ཆེན་པོ་ཞལ་བཞི་པ། །ཡུམ་ཆེན་སྲིང་མོ་བཞི་དང་བཅས། །ཤ་ཆེན་ཟན་དང་མེ་ཏོག་སྤོས། །ཆང་ཕུད་ཤ་ཁྲག་དག་གིས་མཆོད། །རྒྱལ་བའི་བསྟན་པ་སྐྱོང་བ་དང་། །བརྩོལ་བའི་འཕྲིན་ལས་འགྲུབ་པར་མཛོད། །དེ་ནས། བཟླས་པའི་དམིགས་པ་གསལ་བཏབ་ལ། ཨོཾ་མཧཱ་ཀཱ་ལ་ཀཱ་ལ་བི་ཀཱ་ལ་ར་ཏྲི་ཏ་དགྲ་བོ་མཱ་ར་ཡ་ཕཊ། ཅེས་བཟླ། ༔ འདིའི་རྗེས་གནང་གི་བྱ་བ་ནི། སྔོམ་དོན་དང་མཐུན་པའི་བཅའ་གཞི་བསྐྱེན་དུས་ནང་བཞིན་བསྒྲིགས། མདུན་དུ་མཆོད་གཏོར་རྣམས་བཤམས། བདག་བསྐྱེད་སྔོན་དུ་འགྲོ་བས། མདུན་བསྐྱེད་བཟླས་པ་དང་བཅས་པ་གོང་བཞིན་བྱ། ༔ སློབ་མས་མཎྜལ་ཕུལ། དེ་ནས། གསོལ་བ་བཏབ་པ་འདིའི་རྗེས་གནོས་མཛོད། ཀུན་མཁྱེན་(༣༥༥ན)ཡེ་ཤེས་ཕུང་པོ་ཅན། །ཞེས་པ་ནས། གཙོ་བོས་བདག་ལ་བཀའ་དྲིན་སྩོལ། །ཞེས་པའི་བར་ལན་གསུམ་གྱིས་གསོལ་བ་བཏབ་ནས། རྒྱུན་བཤགས་སྔོན་དུ་འགྲོ་བའི་སེམས་བསྐྱེད་པ་ནི། འདིའི་རྗེས་གནོས་མཛོད་ཅིག་བྱས་ལ། དཀོན་མཆོག་གསུམ་ལ་བདག་སྐྱབས་མཆི། །ཞེས་སོགས་དང་། རིགས་ལྔའི་སྡོམ་པ་བཟུང་བ་འདིའི་རྗེས་གནོས་མཛོད་ཅིག་བྱས་ལ། སྲས་བཅས་སངས་རྒྱས་ཐམས་ཅད་དང་། །ཞེས་སོགས་ལན་གསུམ་བྱ། དེ་ནས། སློབ་དཔོན་ཉིད་བདག་བསྐྱེད་གང་བྱས་ཀྱི་ལྷའི་མངོན་རྟོགས་དང་མཐུན་པར་བསྒོམ་དུ་བཅུག །མདུན་གྱི་བསྐྱེད་གཞི་འདི་ཡང་ཞིང་སྐྱོང་སྟོབས་འཕྲོག་དབང་པོ་ནམས་སྒྲོལ་སྐུ་མདོག་སྔོན་པོ་ཡུམ་ཆེན་བཞིས་བསྐོར་བ་འཁོར་དང་བཅས་པ་ཞིག་ཏུ་དངོས་སུ་བཞུགས་འདུག་སྙམ་པར་མོས་ལ། སློབ་དཔོན་དང་། མདུན་བསྐྱེད་ལ་མོས་གུས་དུང་དུང་བ་བྱས་པས། སློབ་དཔོན་གྱི་ཐུགས་ཀ་ནས་འོད་ཟེར་འཕྲོས། མདུན་བསྐྱེད་ཀྱི་དཀྱིལ་འཁོར་ལ་ཕོག །དེ་ལས་འོད་ཟེར་བྱུང་། ཁྱེད་རང་རྣམས་ཀྱི་ལུས་ལ་ཕོག །ལུས་ཀྱི་ཕྱི་ནང་བར་གསུམ་ཐམས་ཅད་གང་། སྡིག་སྒྲིབ་ཐམས་ཅད་དག །ལུས་འོད་ཀྱི་ཕུང་པོ་ཆེན་པོ་ཧུྃ་གིས་མཚན་པར་གྱུར། དེ་ནས། སྐུའི་རྗེས་གནང་དངོས་ཀྱི་དོན་དུ་གསོལ་

བ་འདེབས་པ་འདིའི་རྗེས་བློས་མཛོད་ཅིག་བྱས་ལ། དུས་གསུམ་སངས་རྒྱས་ཐམས་ཅད་ཀྱི་ངོ་བོ་བླ་མ་རིན་པོ་ཆེས། བདག་ལ་སྟོབས་འབྱོག་དབང་པོ་ཉམས་(༣༡༥བ)སྐྱོལ་གྱི་སྐུའི་རྗེས་སུ་གནང་བ་བསྐྱལ་དུ་གསོལ། ཞེས་ལན་གསུམ། དེ་ནས། ཁྱེད་རང་རྣམས་ཐིག་ལེ་ཧཱུྃ་གིས་མཚན་པ་དེ་ཡོངས་སུ་གྱུར་པ་ལས། པདྨ་དང་ཉི་མའི་གདན་དང་བཅས་པའི་སྟེང་དུ། ཞིང་སྐྱོང་སྟོབས་འབྱོག་དབང་པོ་ཉམས་སྐྱོལ་སྐུ་མདོག་སྔོན་པོ་རྩ་ཞལ་སྔོ་བ། གཡས་དཀར། གཡོན་དམར། སྟེང་ཞལ་དུད་ཁ། ཕྱག་དང་པོ་གཉིས་ཀྱིས་གྲི་གུག་དང་ཐོད་པ། འོག་མ་གཉིས་ཀྱིས་རལ་གྲི་དང་རྩེ་གསུམ་འཛིན་པ། སྐྲ་ཁམ་པ་གྱེན་དུ་བརྫེས་ཤིང་། སྤྱན་གསུམ་པ། ཞལ་གདངས་ཤིང་མཆེ་བ་རྣོན་པོ་གཙིགས་ལ། མས་མཆུ་འཕྱང་བ། ཚངས་པའི་སྐུད་པ་དང་། རུས་པ་དང་། སྦྲུལ་དང་། དྲིལ་བུའི་འཕྲེང་བས་བརྒྱན་པ། སྟག་གི་པགས་པའི་ཤམ་ཐབས་ཅན། གཡས་བསྐུམས་གཡོན་བརྐྱངས་བཞེངས་པའི་སྟབས་ཀྱིས་ཡེ་ཤེས་ཀྱི་མེ་དྲག་ཏུ་འབར་བའི་ཀློང་དཀྱིལ་ན་བཞུགས་པ། ཕྱོགས་བཞིར་ཧཱུྃ་བཞི་ལས། གཡས་སུ་ཡུམ་ཆེན་གཡུང་མོ། གཡོན་དུ་ལས་མཛད་གཏུམ་མོ། མདུན་དུ་སྲིན་མོ་ཆེན་མོ། རྒྱབ་ཏུ་སིནྡྷ་གླིང་མ་སྟེ་བཞི་ཀར་ཡང་སྐུ་མདོག་སྔོ་བ། རལ་གྲི་དང་ཐོད་ཁྲག་འཛིན་པ། རབ་ཁྲོས་དྲག་ཤུལ་པོ་ཉ་མོའི་ཆ་ལུགས་ཅན། སྤྱན་གསུམ་གཅེར་བུ་རྒྱན་མེད་པ། རབ་ཏུ་གྲིམ་ཞིང་། གཙོ་བོ་ལ་མངོན་དུ་ཕྱོགས་པ། ཕྱི་རོལ་ཁོར་ཡུག་ཏུ་བདུད་གཙོད་ཀྱི་བཤན་པ་ཉེར་གཅིག །བདུད་འདུལ་གྱི་དམག་ཉིས་ཁྲི་ཆིག་སྟོང་། དྲེགས་པ་སྡེ་བརྒྱད། ལྷ་མ་སྲིན་ཞིང་གི་རྡུལ་སྙེད་ཀྱི་འཁོར་གྱིས(༣༡༦ན)བསྐོར་བར་གྱུར། ཐམས་ཅད་ཀྱི་དཔྲལ་བར་ཨོཾ། མགྲིན་པར་ཨཱཿ ཐུགས་ཀར་ཧཱུྃ། ཞེས་མངོན་རྟོགས་ལྟར་བྱས་ནས། སློབ་དཔོན་གྱི་ཐུགས་ཀའི་ཧཱུྃ་ལས་འོད་ཟེར་དཔག་ཏུ་མེད་པ་འཕྲོས། མདུན་གྱི་ཆོས་སྐྱོང་ལ་ཕོག་སྟེ། ཐུགས་རྒྱུད་བསྐུལ་བས། ཐུགས་ཀའི་ཧཱུྃ་ལས་མགོན་པོའི་སྐུ་དཔག་ཏུ་མེད་པ་བྱུང་། ཡང་འོད་ཟེར་

འཁྲོས་པས། ཏི་སེ། བསིལ་བའི་ཚལ། པོ་ཏ་ལ། ཏ་ཏ་རྣོད་པའི་དུར་ཁྲོད་ནས། ཞིང་སྐྱོང་སྟོབས་འཁྲུག་དབང་པོ་ཉམས་སྒྲོལ་གྱི་སྐུ་བསམ་གྱིས་མི་ཁྱབ་པ་སྤྲུན་དྲངས་པ་ཆེ་བ་རི་རབ་ཙམ་དང་ཆུང་བ་ཏིལ་གྱི་འབྲུ་ཙམ་པ་འོད་ཟེར་དུ་མ་འཕྲོ་ཞིང་ཧཱུྃ་དང་ཕཊ་ཀྱི་སྒྲ་སྒྲོག་པ་བྱོན། ཁྱེད་རང་རྣམས་ཀྱི་སྨིན་མཚམས་དང་། ལུས་ཀྱི་སྟོད་སྨད་བར་གསུམ་དུ་ཐིམ། གཞན་ཡང་སངས་རྒྱས་དང་བྱང་ཆུབ་སེམས་དཔའ་དང་། རྣལ་འབྱོར་མ་བསམ་གྱིས་མི་ཁྱབ་པ་སྤྱན་དྲངས་ལ། ཞིང་སྐྱོང་སྟོབས་འཁྲུག་དབང་པོ་ཉམས་སྒྲོལ་གྱི་སྐུའི་རྣམ་པར་གྱུར་ནས། ཁྱེད་རང་རྣམས་ཀྱི་ལུས་ལ་ཆར་ཆེན་པོ་བབས་པ་བཞིན་དུ་བ་སྤུའི་སྒོ་ཐམས་ཅད་ནས་ཞུགས་ཤིང་གཉིས་སུ་མེད་པར་ཐིམ་པར་མོས་པ་བྱོས་ཤིག །ཅེས་བརྗོད་ལ། གུ་གུལ་དང་། མགོན་པོའི་སྤོས་ཀྱི་དུད་པ་དང་། སྙིང་པོ་མང་དུ་བརྗོད་ཅིང་། རོལ་མོ་དཀྲོལ་བ། དྲག་ཏུ་བྱིན་དབབ། དེས་སྐུའི་རྗེས་གནང་གྲུབ། གསུང་གི་རྗེས་གནང་གི་དོན་དུ་གསོལ་བ་འདེབས་པ་འདིའི་རྗེས་ཟློས་མཛོད་ཅིག་བྱས་ལ། དུས་གསུམ་སངས་རྒྱས་ནས། (༣༡༨བ)ཉམས་སྒྲོལ་གྱི་གསུང་གི་རྗེས་སུ་གནང་བ་བསྩལ་དུ་གསོལ། ཞེས་པའི་བར་ལན་གསུམ་རྗེས་ཟློས་བྱེད་དུ་བཅུག །སློབ་དཔོན་དང་། མདུན་བསྐྱེད་ཀྱི་ཐུགས་ཀར་པད་ཉིའི་གདན་ལ་ཧཱུྃ་ཡིག་སྔོན་པོ། དེའི་མཐའ་མར་སྔགས་ཀྱི་འཕྲེང་བས་བསྐོར་ནས་ཡོད་པར་བསམས། ཁྱེད་རང་རྣམས་ཀྱང་མགོན་པོར་གསལ་བའི་སྙིང་པདྨ་འདབ་བརྒྱད་ལྟར་ཁ་བྱེ་བའི་ནང་དུ། པད་ཉིའི་གདན་ལ་ཧཱུྃ་ཡིག་སྔོན་པོ་གཅིག་བསམས། དེ་ནས་མོས་གུས་དྲང་དྲང་བ་བྱས་པས། བླ་མའི་ཐུགས་ཀ་ནས་འོད་ཟེར་འཕྲོས། མདུན་གྱི་མགོན་པོ་ལ་ཕོག་པས། དེའི་ཐུགས་ཀའི་སྔགས་འཕྲེང་འོད་ཟེར་རབ་ཏུ་འབར་བ་སྒྲ་དང་བཅས་པ་གཅིག་ལས་གཉིས་ཆད་ཀྱི་ཚུལ་དུ་ཞལ་ནས་ཐོན། ཁྱེད་རང་རྣམ་པའི་ཞལ་དུ་ཞུགས། ཐུགས་ཀའི་ཧཱུྃ་ཡིག་གི་མཐར་འཁོད། ལ་ལ་ཧཱུྃ་ལ་ཐིམ། ཡང་བླ་མ་དང་མདུན་བསྐྱེད་ལས་འོད་ཟེར་འཕྲོས། གཞན་ཡང་

བླ་མ་དང་མདུན་བསྐྱེད་སངས་རྒྱས་དང་བྱང་ཆུབ་སེམས་དཔའ་ཐམས་ཅད་ཀྱི་གསུང་ཡིག་འབྲུའི་རྣམ་པར་ཨཱ་ལི་ཀཱ་ལིའི་སྔགས་བསམ་གྱིས་མི་ཁྱབ་པ་སྤྱན་དྲངས་པའང་ཁྱིད་རང་རྣམ་པའི་ཐུགས་ཀའི་ཧཱུྃ་དང་སྔགས་འཕྲེང་ལ་ཐིམ་པར་མོས། དུད་པ་དང་ལྷ་སྔགས་ཀྱིས་ཐོག་དྲངས་པའི་སྔགས་ལན་གསུམ་གྱི་བར་ལ་རོལ་མོ་དང་། དམིགས་པས་དྲག་ཏུ་བྱིན་དབབ། ད་ཁྱིད་རང་རྣམ་པ་འཕྲེང་བའམ། མེ་ཏོག་རེ་ལག་ཏུ་བཟུང་། རྗེས་སུ་བཟླས་པའི་ལུང་བླང་བ་ནི། སློབ་དཔོན་གྱི་ཐུགས་ཀའི་འོད་ཀྱིས། མགོན་པོའི་ཐུགས་རྒྱུད་བསྐུལ་བས། (༣༤༧ན)ཐུགས་ཀའི་སྔགས་འཕྲེང་ལས་མར་མེ་གཅིག་ལས་གཉིས་ཆད་པའི་ཚུལ་དུ་སྦྲ་འོད་དང་བཅས་པས་ཞལ་ནས་ཐོན། ཁྱིད་རང་རྣམ་པའི་ཞལ་དུ་ཞུགས། ཐུགས་ཀའི་ཧཱུྃ་གི་མཐའ་མར་གཡས་སྐོར་དུ་འཁོར་བར་བསམས་ལ། རྗེས་བཟླས་ལན་གསུམ་བགྱིས་པའི་དང་པོ་དམ་ཚིག་པའི་ཚུལ་དང་། གཉིས་པ་ཡེ་ཤེས་པའི་རྣམ་པ། གསུམ་པ་དམ་ཚིག་པ་ལ་ཡེ་ཤེས་པ་ཤིན་ཏུ་བརྟན་པའི་ཚུལ་གྱིས་ཐིམ་པར་བསམས་ལ། འདིའི་རྗེས་བཟླས་མཛོད་ཅིག་བྱས་ལ། ཨོཾ་མཧཱ་ཀཱ་ལ་ཀཱ་ལ་བི་ཀཱ་ལ་ར་ཧཱི་ཏ་དགྲ་བོ་ༀ་ར་ཡ་ཐད། ཅེས་ལན་གསུམ་གྱིས་ལུང་ནོད། སློབ་དཔོན་ལ་མེ་ཏོག་གཏོར་ཞིང་འདིའི་རྗེས་བཟླས་མཛོད་ཅིག་བྱས་ལ། མགོན་པོ་བདག་ལ་བསྐུལ་ལགས་ཀྱི། །མགོན་པོ་བདག་ལ་བྱིན་གྱིས་རློབས། །ཞེས་ལན་གསུམ་གྱིས་གསོལ་བ་གདབ། སློབ་དཔོན་གྱིས་རྡོ་རྗེ་སློབ་མའི་མགོ་བོར་བཞག་ལ། མགོན་པོ་འདི་ལ་བསྐུལ་ལགས་ཀྱི། །མགོན་པོ་འདི་ལ་བྱིན་གྱིས་རློབས། །ཞེས་ལན་གསུམ། དེས་གསུང་གི་རྗེས་གནང་གྲུབ། ཐུགས་ཀྱི་རྗེས་གནང་ལ་ཡང་འདིའི་རྗེས་བཟླས་མཛོད་ཅིག་བྱས་ལ། དུས་གསུམ་སངས་རྒྱས་ནས། ཉམས་སྒྲོལ་གྱི་ཐུགས་ཀྱི་རྗེས་སུ་གནང་བ་བསྐུལ་དུ་གསོལ། ཞེས་ལན་གསུམ་རྗེས་བཟླས་བྱེད་དུ་བཅུག །སློབ་དཔོན་དང་མདུན་བསྐྱེད་ལ་མོས་གུས་དུང་དུང་བ་བྱས་པས། བླ་མའི་ཐུགས་ཀ་ནས་འོད་ཟེར་འཕྲོས། མདུན་གྱི་མགོན་པོ་ལ་ཕོག་པས།

དེའི་ཐུགས་ཀ་ནས་ཐུགས་གཉིས་(༣༤༧བ)སུ་མེད་པའི་ཡེ་ཤེས་ཀྱི་ངོ་བོ་གྲི་གུག་དང་། ཐོད་པ། རལ་གྲི། རྩེ་གསུམ་ལ་སོགས་པ་ཕྱག་མཚན་སྣགས་ཀྱི་སྒྲ་དང་འོད་ཟེར་འབར་བ་དང་བཅས་པ་བསམ་གྱིས་མི་ཁྱབ་པ་ཕྱུང་པ་རྣམས་ཁྱེད་རང་རྣམས་ཀྱི་ཐུགས་ཀའི་ས་བོན་ལ་སིབ་སིབ་ཐིམ་པ་དང་། ཕྱོགས་བཅུའི་སངས་རྒྱས་དང་བྱང་ཆུབ་སེམས་དཔའ་ཐམས་ཅད་ཀྱི་ཐུགས་ཀ་ནས་ཡེ་ཤེས་ཀྱི་ཕྱག་མཚན་དཔག་ཏུ་མེད་པ་ཕྱུང་ཏེ། འོད་དུ་ཞུ་ནས་ཁྱེད་རང་རྣམས་ཀྱི་སྙིང་གར་ཐིམ་པར་མོས། དུད་པ་དང་། སྔགས་ལན་གསུམ་གྱི་བར་ལ་རོལ་མོ་བྱས་ལ་དབབ། དེས་ཐུགས་ཀྱི་རྗེས་གནང་གྲུབ། དེ་ནས་ཁྱེད་རང་རྣམ་པའི་སྙིང་པདྨ་འདབ་བརྒྱད་ལྟར་ཡོད་པ་དེ་དག་ཁ་བྱུམ་ནས་དེའི་སྟེང་དུ་རྡོ་རྗེ་རྩེ་ལྔ་པ་ཕྱེད་པས་རྒྱས་བཏབ་པས། དེ་ཉིད་ལ་བརྟན་པར་བཞུགས་ནས་གྲོགས་མཛད་པར་སེམས་ཤིག །ཅེས་བྱས་ལ། སློབ་མའི་མགོ་བོར་རྡོ་རྗེ་བཞག་ལ། ཧཱུྃ་བཛྲ་ལན་གཉིས་བརྗོད། འཕྲིན་ལས་ཀྱི་བཀའ་བསྒོ་ནི། གཏོར་མ་ལ་དཔལ་འབར་བཙུགས། སློབ་མའི་སྤྱི་བོར་བཞག་ལ། གཏོར་མ་འདི་ཉིད་ཀྱང་ཞིང་སྐྱོང་སྟོབས་འཕྲོག་དབང་པོ་ཉམས་སྒྲོལ་འཁོར་དང་བཅས་པ་སྤྲིན་གཏིབས་པ་བཞིན་དུ་བཞུགས་འདུག་པར་བསམས། མགོན་པོའི་སྟེང་དུ་ཙ་བའི་བླ་མ་ལ་བརྒྱུད་པའི་བླ་མའི་ཚོགས་ཀྱིས་བསྐོར་བ། སངས་རྒྱས་དང་བྱང་ཆུབ་སེམས་དཔའ་གནས་གསུམ་གྱི་དཔའ་བོ་མཁའ་འགྲོའི་ཚོགས་བསམ་གྱིས་མི་ཁྱབ་པ་དང་བཅས་པ་བཞུགས་འདུག་སྙམ་པར་མོས་པ་མཛོད་ཅིག །ཅེས་(༣༤༨ན)བྱས་ལ། དུད་པ་བྱས་ཤིང་། ཨོཾ་མཧཱ་ཀཱ་ལ་ཀཱ་ལ་བི་ཀཱ་ལ་ར་ཧཱུྃ་ཏ། ས་པ་རི་ཝཱ་ར་ས་མ་ཡ་སྨ་ར། ས་མ་ཡ་མ་ཏི་ཀྲ་མ་ཡེ། ས་མ་ཡ་རཀྵཧྃ། ཞིང་སྐྱོང་སྟོབས་འཕྲོག་དབང་པོ་ཉམས་སྒྲོལ་མགོན་པོ་འཁོར་དང་བཅས་པ་ཁྱེད་རྣམས་ཀྱིས། བླ་མ་དམ་པ་རྣམས་ཀྱི་དམ་ཚིག་གི་རིམ་པ་ལས་མི་འདའ་བར་དམ་ཚིག་སྲུངས། བསྟན་པ་སྐྱོངས། རིག་པ་འཛིན་པ་འདི་ཞེས་བགྱི་བ་ཇི་སྲིད་སངས་རྒྱས་མ་ཐོབ་ཀྱི་བར་དུ་

འགལ་རྐྱེན་བར་ཆད་ཐམས་ཅད་ལས་སྲུངས་ཤིག །མི་མཐུན་པའི་ཕྱོགས་ཐམས་ཅད་སོལ་ཅིག །མཐུན་རྐྱེན་ཐམས་ཅད་སྒྲུབས་ཤིག །སྤྱིར་སངས་རྒྱས་ཀྱི་བསྟན་པ་དང་། བྱེ་བྲག་ཏུ་རིག་པ་འཛིན་པ་འདིའི་དགྲ་དང་བགེགས་དང་བར་དུ་གཅོད་པ་ཐམས་ཅད་ཐུལ་ལ་སྲུང་བ་དང་སྐྱོབ་པར་གྱིས་ཤིག །རིག་པ་འཛིན་པ་འདིས་ཆོས་དང་མཐུན་པའི་ཇི་ལྟར་བཀའ་བསྒོ་བ་བཞིན་ཁྱེད་རྣམས་ཀྱིས་སྒྲུབས་ཤིག །ཅེས་བརྗོད། དེ་ནས། ཡུལ་ཁྱད་པར་ཅན་དེ་རྣམས་ལ་དད་གུས་བྱས་ལ། བླ་མ་ཡི་དམ་སངས་རྒྱས་བྱང་སེམས་མཁའ་འགྲོར་བཅས་པ་འོད་དུ་ཞུ་ནས་མགོན་པོ་ལ་ཐིམ། དེ་ལས་འོད་ཟེར་འཕྲོས། བཀའ་སྡོད་འཁོར་དང་བཅས་པ་ལ་ཕོག་པས་དེ་རྣམས་འོད་དུ་ཞུ་ནས་མགོན་པོ་ལ་ཐིམ། དེ་ཡང་འོད་དུ་ཞུ་ནས། ཁྱེད་རང་རྣམས་ཀྱི་སྤྱི་གཙུག་ཚངས་པའི་བུ་ག་ནས་ཞུགས་ཏེ། ཁྱེད་རང་རྣམས་དང་གཉིས་སུ་མེད་པར་གྱུར་པས་ནུས་མཐུ་ཕུན་སུམ་ཚོགས་པར་(༢༨༨བ)བསམ། རོལ་མོ་མཛད་དོ། །དེ་ནས་མི་འབྲལ་ཞིང་གསང་བར་གདམས་པ་ནི། དེ་ལྟར་རྗེས་གནང་ལུང་བྱིན་པའི་དབང་གིས་སྲུང་སྐྱོབ་བྱེད། ལུས་དང་གྲིབ་མའི་ཚུལ་གྱིས་འཁོར་བ་ཆོས་ཉིད་ཡིན། ཁྱེད་རང་རྣམས་ཀྱང་དམ་ཚིག་རྣམ་དག་བསྲུངས་ཏེ། གཏོར་མ་དང་ཚོགས་ལ་བརྩོན་པར་མཛོད། དམ་ཚིག་དང་མི་ལྡན་པ་དང་། གསང་སྔགས་ཀྱི་སྣོད་དུ་མ་གྱུར་པ་རྣམས་ལ་དཔལ་མགོན་པོ་འཁོར་བཅས་ཀྱི་མཚན་ཙམ་ཡང་བསྟན་པར་བྱ་བ་མ་ཡིན་ནོ། །མཇུག་ཚོགས་སྤྱི་དང་འདྲ། །

༄ ཞལ་བཞི་གདོང་གཉན་ཅན་ལ། བདག་བསྐྱེད་སྔོན་དུ་འགྲོ་བས། མཆོད་གཏོར་བྱིན་གྱིས་བརླབས་ནས། སྭ་བྷཱ་ཝས་སྟོང་པར་སྦྱངས། སྟོང་པའི་ངང་ལས་རང་གི་མདུན་གྱི་ནམ་མཁར་སྤྲུང་འཁོར་དུར་ཁྲོད་དང་བཅས་པའི་དབུས་སུ། མཐིང་ནག་གྲུ་གསུམ་འབར་བའི་ཆོས་འབྱུང་ལྷ་ཚོམ་དུ་གནས་པའི་དབུས་མའི་སྟེང་དུ། པཾ་ལས་པདྨ་དང་། རཾ་ལས་ཉི་མའི་སྟེང་དུ་ཧཱུྃ་ལས་གྲི་གུག་ཧཱུྃ་གིས་མཚན་པ་

ལས་འོད་ཟེར་འཕྲོས། དགྲ་བགེགས་གདུག་པ་ཅན་ཐམས་ཅད་ཚར་བཅད། ཚུར་འདུས་ཡོངས་སུ་གྱུར་པ་ལས། དཔལ་ནག་པོ་ཆེན་པོ་སྐུ་མདོག་ནག་པོ་འཇིགས་སུ་རུང་བ། ཁམས་གསུམ་ཟ་བར་བྱེད་ཅིང་ལྷ་དང་ལྷ་མ་ཡིན་སྐྲིགས་པར་བྱེད་པའི་ཞལ་བཞི་སྟེ། རྩ་ཞལ་མགོན་པོའི་ཞལ་གཤིན་རྗེ་ལྟར་ཁྲོས་པ། གཡས་ཞལ་ལྷ་ཁྲོས་པ་གླང་པོ་ཆེའི་གདོང་དཀར་པོ། གཡོན་ཞལ་སྲིན་པོ་ཁྲོས་པ་(༣༢༡༡ན)མ་ཧེའི་གདོང་དམར་པོ། རྒྱབ་ཞལ་རྒྱལ་པོ་ཁྲོས་པ་སེང྄གེའི་གདོང་སྔོན་པོ། ཕྱག་དང་པོ་གཉིས་གྲི་གུག་དང་། ཐོད་ཁྲག་ཐུགས་ཀར་སྙིང་འོག་ཏུ་འཛིན་པ། གཡས་གཉིས་པ་ན་དབྱུག་ཏོ། གསུམ་པ་ན་དགྲ་སྟ། གཡོན་གཉིས་པས་རང་གི་སྟོད་གཡོགས་གླང་པོའི་པགས་པའི་རྐང་པ་གཡོན་པ་འཛིན་པ། གསུམ་པས་ཞགས་པ་བསྣམས་པ། ཇམ་པའི་སྒོ་ནས་ཞབས་ས་ལ་བརྫེབས་པ། སྐྲ་ཁམ་པ་གྱེན་དུ་བརྫེས་ཤིང་། སྤྱན་གསུམ་པ། ཞལ་གདངས་ཤིང་མཆེ་བ་རྣོན་པོ་གཙིགས་ལ། མས་མཆུ་འཕྱང་བ། ཚངས་པའི་སྐུད་པ་དང་། ཉུས་པ་དང་། སྦྲུལ་དང་། དྲིལ་བུའི་འཕྲེང་བས་བརྒྱན་པ། སྟག་གི་པགས་པའི་ཤམ་ཐབས་ཅན། གཡས་བསྐུམས་གཡོན་བརྐྱངས་བཞེངས་པའི་སྟབས་ཀྱིས་ཡེ་ཤེས་ཀྱི་མེ་དྲག་ཏུ་འབར་བའི་ཀློང་དཀྱིལ་ན་བཞུགས་པ། ཕྱོགས་བཞིར་ཧཱུྃ་བཞི་ལས། གཡས་སུ་གཏུམ་མོ་སྔོན་མོ། གཡས་ཐོད་པ་དང་། གཡོན་དར་ནག་ཐོགས་པ། གཡོན་དུ་གཡུང་མོ་དམར་མོ་ལུ་གུ་རྒྱུད་དང་ཞགས་པ་འཛིན་པ། མདུན་དུ་སྲིན་མོ་དང་། རྒྱབ་ཏུ་སིང྄ྒ་གླིང་མ་ནག་མོའི་གྲི་ཐོད་འཛིན་པ། རབ་ཁྲོས་དྲག་ཤུལ་ཕོ་ཉ་མོའི་ཚ་ལུགས་ཅན། སྤྱན་གསུམ་གཅེར་བུ་རྒྱན་མེད་པ། རབ་ཏུ་ཁྲིམ་ཞིང་། གཙོ་བོ་ལ་མངོན་དུ་ཕྱོགས་པ། ཕྱི་རོལ་ཁོར་ཡུག་ཏུ་བདུད་གཙོད་ཀྱི་བཤན་པ་ཉེར་གཅིག །བདུད་འདུལ་གྱི་དམག་ཉིས་ཁྲི་ཆིག་སྟོང་། དྲེགས་པ་སྡེ་བརྒྱད། ལྷ་མ་སྲིན་ཞིང་གི་རྟུལ་སྙེད་ཀྱི་འཁོར་གྱིས་བསྐོར་(༣༢༡༡བ)བར་གྱུར། ཐམས་ཅད་ཀྱི་དཔྲལ་བར་ཨོཾ། མགྲིན་པར་ཨཱཿ ཐུགས་ཀར་ཧཱུྃ། རང་གི་སྙིང་ག་ནས་འོད་

ཟེར་འཁྲོས། ཏི་སེ། བསིལ་བའི་ཚལ། པོ་ཏ་ལ། ཏ་ཏ་རོད་པའི་དུར་ཁྲོད་རྣམས་
ནས། དཔལ་ནག་པོ་ཆེན་པོ་ཞིང་སྐྱོང་སྟོབས་འཁྲུག་དབང་པོ་ཞལ་བཞི་པ་འཁོར་
དང་བཅས་པ་ཨོཾ་བཛྲ་ས་མཱ་ཛཿ སྔོན་ཚེ་རྡོ་རྗེ་འཆང་གི་སྤྱན་སྔ་རུ། །ཞེས་པ་ནས།
སངས་རྒྱས་བསྟན་པ་སྲུང་ཕྱིར་གཤེགས་སུ་གསོལ། །ཞེས་པའི་བར་བྱ། ཨོཾ་མཧཱ་ཀཱ་
ལ་ཀཱ་ལ་གྷུ་ཊ་ཧི་ད་ཨེ་ཀ་ཛ་ཏི་ཧཱུྃ་ཕཊ། ས་པ་རི་ཝཱ་ར་ཨེ་ཧྱ་ཧི། ཛཿཧཱུྃ་བཾ་ཧོཿཔདྨ་
ཀ་མ་ལ་ཡེ་སྟྭཾ། ཨོཾ་མཧཱ་ཀཱ་ལ་ཀཱ་ལ་གྷུ་ཊ་ཧི་ད་ཨེ་ཀ་ཛ་ཏི་ས་པ་རི་ཝཱ་ར་གྲྀཧྣ་དཾ་ཨརྒྷཾ་
སྭཱཧཱ་ནས། ཤབྡའི་བར་གྱིས་མཆོད། རྡོ་རྗེ་རྩེ་ལྔ་པའི་ཕྱག་རྒྱ་འཆིང་བས། ཨོཾ་མཧཱ་
ཀཱ་ལ་ཀཱ་ལ་གྷུ་ཊ་ཧི་ད་ཨེ་ཀ་ཛ་ཏི་ས་པ་རི་ཝཱ་ར་ས་མ་ཡ་སྨ་ར། ས་མ་ཡ་མ་ཏི་ཀྲ་
མ་ཡེ། ས་མ་ཡ་རཀྵནྟུ། དཔལ་ནག་པོ་ཆེན་པོ་གདོང་བཞི་པ་འཁོར་དང་བཅས་པ་
ཐམས་ཅད་མཆོད་སྦྱིན་གཏོར་མ་རྒྱ་ཆེན་པོ་འདི་བཞེས་ལ། རྩ་བ་དང་བརྒྱུད་པར་
བཅས་པའི་དཔལ་ལྡན་བླ་མ་དམ་པ་རྣམས་ཀྱི་བཀའ་དང་དམ་ལས་མི་འདའ་བར་
དམ་ཚིག་སྲུངས། བསྟན་པ་སྐྱོངས། དཀོན་མཆོག་གི་དབུ་འཕངས་བསྟོད། ཆོས་
སྒྲུབ་པའི་བར་ཆད་ཐམས་ཅད་ཞི་བ་དང་། བསམ་སྦྱོར་ཆོས་དང་མཐུན་པ་ཡིད་
བཞིན་དུ་འགྲུབ་ཅིང་། བསྟན་པ་དང་། བསྟན་པ་འཛིན་པ་དང་།
འཇིག་རྟེན་པ་ཀུན་(༦༠༠ན)དར་ཞིང་རྒྱས་པར་མཛད་དུ་གསོལ། རྡོ་རྗེ་ཐལ་མོ་ཁ་
གྱེན་དུ་ཕྱེ་ལ། ཨོཾ་མཧཱ་ཀཱ་ལ་ཀཱ་ལ་གྷུ་ཊ་ཧི་ད་ཨེ་ཀ་ཛ་ཏི་ཧཱུྃ་ཕཊ། ས་པ་རི་ཝཱ་ར་
བྷྱཿན་མཿསརྦ་ཏ་ཐཱ་ག་ཏ་བྷྱོཿབི་ཤྭ་མུ་ཁེ་བྷྱཿསརྦ་ཐཱ་ཁཾ་ཨུདྒ་ཏེ། སྥ་ར་ཎ་ཨི་མཾ་ག་ག་
ན་ཁཾ། གྲྀཧྣ་དཾ་བ་ལིཾ་ཏ་ཡེ་སྭཱཧཱ། ལན་གསུམ་གྱིས་ཕུལ། ཨརྒྷཾ་སོགས་ཀྱིས་ཕྱི་མཆོད་
དང་། ཨོཾ་མཧཱ་ཀཱ་ལ་ཀཱ་ལ་གྷུ་ཊ་ཧི་ད་ཨེ་ཀ་ཛ་ཏི་ཧཱུྃ་ཕཊ། ཨོཾ་ཨཱཿཧཱུྃ། ཞེས་ནང་
མཆོད་ཕུལ། དེ་ནས་བསྟོད་པ་ནི། རྫོགས་པའི་སངས་རྒྱས་སྤྱན་སྔ་རུ། །བསྟན་པ་
སྲུང་བར་ཞལ་བཞེས་པའི། །ནག་པོ་ཆེན་པོ་ཞལ་བཞི་པ། །ཡུམ་ཆེན་སྲིང་མོ་བཞི་
དང་བཅས། །ཤ་ཆེན་ཟན་དང་མེ་ཏོག་སྤོས། །ཆང་ཕུད་ཤ་ཁྲག་དག་གིས་མཆོད། །

རྒྱལ་བའི་བསྟན་པ་སྐྱོང་བ་དང་། །བཅོལ་བའི་འཕྲིན་ལས་འགྲུབ་པར་མཛོད། །
གཞན་ཡང་ཇི་ལྟར་འདོད་པའི་འདོད་དོན་གསོལ་བཏབ་རྣམས་བྱ། ༈ འདིའི་རྗེས་
གནང་གི་བྱ་བ་ནི། མཎྜལ་ཚོམས་འབྱུང་མཐིང་ནག་གི་དབུས་སུ་ཚོམ་བུ་ནག་པོ།
མདུན་དུ་ནག་པོ། གཡས་སུ་སྔོན་པོ། རྒྱབ་ཏུ་ནག་པོ། གཡོན་དུ་དམར་པོ་རེ་
དགོད། དེའི་སྟེང་དུ་མཆེའི་ཁར་རྟེན་གཏོར་བཞག །མདུན་དུ་འབུལ་གཏོར་དཔལ་
འབར་བཅས་བཤམས། མཁའ་འགྲོ་སྤྱི་གཏོར་དང་། མཆོད་པ་ཅི་བདེར་བསྒྲིགས།
བདག་བསྐྱེད་སྔོན་དུ་འགྲོ་བས། གོང་བཞིན་གཏོར་ཆོག་རྫོགས་པར་བྱས་ལ། སློབ་
མའི་རྒྱུད་བྱིན་གྱིས་(༨༠༠བ)བརླབས་པའི་དོན་དུ་བཟླས་པ་ཡང་ཅི་འགྲུབ་བྱེད། དེ་
ཡང་། ཨོཾ་མཧཱ་ཀཱ་ལ་ཀཱ་ལ་གུ་ཊ་ཧྲི་ད་ཨེ་ཀ་ཛ་ཊི་ཧཱུཾ་ཕཊ། ཅེས་པ་སྙིང་པོའི་སྔགས་
བཟླའོ། །མཁའ་འགྲོ་སྤྱི་གཏོར་བཏང་། སློབ་མས་མཎྜལ་ཕུལ། ཀུན་མཁྱེན་ཡེ་ཤེས་
ཕུང་པོ་ཅན། །ཞེས་པ་ནས། གསོ་བོས་བདག་ལ་བཀའ་དྲིན་སྐྱོལ། །ཅེས་པའི་བར་
ལན་གསུམ་གྱིས་གསོལ་བ་བཏབ་ནས། རྒྱུན་བཤགས་སྔོན་དུ་འགྲོ་བའི་སེམས་བསྐྱེད་
པ་ནི། འདིའི་རྗེས་ཟློས་མཛོད་ཅིག་བྱས་ལ། དཀོན་མཆོག་གསུམ་ལ་བདག་སྐྱབས་
མཆི། །ཞེས་སོགས་བྱས་ནས། རིགས་ལྔའི་སྡོམ་པ་བཟུང་བ་འདིའི་རྗེས་ཟློས་མཛོད་
ཅིག་བྱས་ལ། སྲས་བཅས་སངས་རྒྱས་ཐམས་ཅད་དང་། །ཞེས་སོགས་ལན་གསུམ་བྱ།
དེ་ནས། སློབ་དཔོན་ཉིད་བདག་བསྐྱེད་གང་བྱས་ཀྱི་ལྷའི་མངོན་རྟོགས་དང་མཐུན་
པར་བསྒོམ་དུ་བཅུག །མདུན་གྱི་བསྐྱེད་གཞི་འདི་ཡང་ནག་པོ་ཆེན་པོ། ཞལ་བཞི་
པ་རྩ་ཞལ་གཤིན་རྗེ། གཡས་ཞལ་གླང་པོ་ཆེ། གཡོན་ཞལ་མ་ཧེ། རྒྱབ་ཞལ་སེངྒེའི་
གདོང་པ་ཅན་ཕྱག་དྲུག་པ་ཡུམ་ཆེན་བཞིས་བསྐོར་བ་འཁོར་དང་བཅས་པ་ཞིག་ཏུ་
དངོས་སུ་བཞུགས་འདུག་སྙམ་པར་མོས་ལ། སློབ་དཔོན་དང་། མདུན་བསྐྱེད་ལ་
མོས་གུས་དྲུང་དྲུང་བ་བྱས་པས། སློབ་དཔོན་གྱི་ཐུགས་ཀ་ནས་འོད་ཟེར་འཕྲོས།
མདུན་བསྐྱེད་ཀྱི་དཀྱིལ་འཁོར་ལ་ཕོག །དེ་ལས་འོད་ཟེར་བྱུང་། ཁྱེད་རང་རྣམས་

ཀྱི་ལུས་ལ་ཐོག །ལུས་ཀྱི་ཕྱི་ནང་བར་གསུམ་ཐམས་ཅད་གང་། སྡིག་སྒྲིབ་(༥༠༧ན)ཐམས་ཅད་དག །ལུས་འོད་ཀྱི་ཕུང་པོ་ཆེན་པོ་ཧཱུྃ་གིས་མཚན་པར་གྱུར། ༈ རྗེས་གནང་དངོས་ལ་གསུམ། སྐུའི་རྗེས་གནང་། གསུང་གི་རྗེས་གནང་། ཐུགས་ཀྱི་རྗེས་གནང་ངོ་། །དང་པོ་སྐུའི་རྗེས་གནང་གི་དོན་དུ་གསོལ་བ་འདེབས་པ་འདིའི་རྗེས་ཟློས་མཛོད་ཅིག་བྱས་ལ། དུས་གསུམ་སངས་རྒྱས་ཐམས་ཅད་ཀྱི་ངོ་བོ་བླ་མ་རིན་པོ་ཆེས། བདག་ལ་ནག་པོ་ཆེན་པོ་གདོང་གཉན་ཅན་གྱི་སྐུའི་རྗེས་སུ་གནང་བ་བསྩལ་དུ་གསོལ། ཞེས་ལན་གསུམ། དེ་ནས། ཁྱེད་རང་རྣམས་ཐིག་ལེ་ཧཱུྃ་གིས་མཚན་པ་དེ་ཡོངས་སུ་གྱུར་པ་ལས། པད་ཉི་རོའི་གདན་དང་བཅས་པའི་སྟེང་དུ། ཁྱེད་རང་རྣམས་དཔལ་ནག་པོ་ཆེན་པོ་སྐུ་མདོག་ནག་པོ་འཇིགས་སུ་རུང་བ། ཁམས་གསུམ་ཟ་བར་བྱེད་ཅིང་ལྷ་དང་ལྷ་མ་ཡིན་སྡིགས་པར་བྱེད་པའི་ཞལ་བཞི་སྟེ། རྩ་ཞལ་མགོན་པོའི་ཞལ་གཤིན་རྗེ་ལྟར་ཁྲོས་པ། གཡས་ཞལ་ལྷ་ཁྲོས་པ་གླང་པོ་ཆེའི་གདོང་དཀར་པོ། གཡོན་ཞལ་སྲིན་པོ་ཁྲོས་པ་མ་ཧེའི་གདོང་དམར་པོ། རྒྱབ་ཞལ་རྒྱལ་པོ་ཁྲོས་པ་སེངྒེའི་གདོང་སྔོན་པོ། ཕྱག་དང་པོ་གཉིས་གྲི་གུག་དང་། ཐོད་ཁྲག་ཐུགས་ཀར་སྟེང་འོག་ཏུ་འཛིན་པ། གཡས་གཉིས་པ་ན་དབྱུག་ཏོ། གསུམ་པ་ན་དགྲ་སྟ། གཡོན་གཉིས་པས་རང་གི་སྟོད་གཡོགས་གླང་པོའི་པགས་པའི་རྐང་པ་གཡོན་པ་འཛིན་པ། གསུམ་པས་ཞགས་པ་བསྣམས་པ། ཟམ་པའི་སྒོ་ནས་ཞབས་ས་ལ་བརྡེབས་པ། སྐྲ་ཁམ་པ་གྱེན་དུ་བརྫེས་ཤིང་། སྤྱན་གསུམ་(༥༠༧བ)པ། ཞལ་གདངས་ཤིང་མཆེ་བ་རྣོན་པོ་གཙིགས་ལ། མས་མཆུ་འཕྱང་བ། ཚངས་པའི་སྐྱུད་པ་དང་། རུས་པ་དང་། སྦྲུལ་དང་། དྲིལ་བུའི་འཕྲེང་བས་བརྒྱན་པ། སྟག་གི་པགས་པའི་ཤམ་ཐབས་ཅན། གཡས་བསྐུམས་གཡོན་བརྐྱངས་བཞེངས་པའི་སྟབས་ཀྱིས་ཡེ་ཤེས་ཀྱི་མེ་དྲག་ཏུ་འབར་བའི་ཀློང་དཀྱིལ་ན་བཞུགས་པ། ཕྱོགས་བཞིར་ཧཱུྃ་བཞི་ལས། གཡས་སུ་གཏུམ་མོ་སྔོན་མོ། གཡས་ཐོད་པ་དང་། གཡོན་དར་ནག

ཐོགས་པ། གཡོན་དུ་གཡུང་མོ་དམར་མོ་ལུ་གུ་རྒྱུད་དང་ཞགས་པ་འཛིན་པ། མདུན་དུ་སྲིན་མོ་དང་། རྒྱབ་ཏུ་སིནྡྷ་གླིང་མ་ནག་མོ་གྲི་ཐོད་འཛིན་པ། རབ་ཁྲོས་དྲག་ཤུལ་ཐོ་ཉ་མོའི་ཚ་ལུགས་ཅན། སྤྱན་གསུམ་གཅེར་བུ་རྒྱན་མེད་པ། རབ་ཏུ་གྲིམ་ཞིང་། གཙོ་བོ་ལ་མངོན་དུ་ཕྱོགས་པ། ཕྱི་རོལ་ཁོར་ཡུག་ཏུ་བདུད་གཙོད་ཀྱི་བཤན་པ་ཉེར་གཅིག །བདུད་འདུལ་གྱི་དམག་ཉིས་ཁྲི་ཆིག་སྟོང་། དྲེགས་པ་སྡེ་བརྒྱད། ལྷ་མ་སྲིན་ཞིང་གི་རྡུལ་སྙེད་ཀྱི་འཁོར་གྱིས་བསྐོར་བར་གྱུར། ཐམས་ཅད་ཀྱི་དཔྲལ་བར་ཨོཾ། མགྲིན་པར་ཨཱཿ ཐུགས་ཀར་ཧཱུྃ། ཞེས་གཏོར་ཆོག་བཞིན་བྱས་ནས། སློབ་དཔོན་གྱི་ཐུགས་ཀའི་ཧཱུྃ་ལས་འོད་ཟེར་དཔག་ཏུ་མེད་པ་འཕྲོས། མདུན་གྱི་ཆོས་སྐྱོང་ལ་ཕོག་སྟེ། ཐུགས་རྒྱུད་བསྐུལ་བས། ཐུགས་ཀའི་ཧཱུྃ་ལས་མགོན་པོའི་སྐུ་དཔག་ཏུ་མེད་པ་བྱུང་། ཡང་འོད་ཟེར་འཕྲོས་པས། ཏེ་སེ། བསིལ་བའི་ཚལ། པོ་ཏ་ལ། ཏ་ཏ་ཀོད་པའི་དུར་ཁྲོད་ནས། ཆོས་སྐྱོང་གི་སྐུ་བསམ་གྱིས་མི་ཁྱབ་པ་སྤྱན་(༦༠༢ན)དྲངས། ཆེ་བ་རི་རབ་ཙམ་དང་ཆུང་བ་ཏིལ་གྱི་འབྲུ་ཙམ་པ་འོད་ཟེར་དུ་མ་འཁྲོ་ཞིང་ཧཱུྃ་དང་ཕཊ་ཀྱི་སྒྲ་སྒྲོག་པ་བྱོན། ཁྱེད་རང་རྣམས་ཀྱི་སྨིན་མཚམས་དང་། ལུས་ཀྱི་སྟོད་སྨད་བར་གསུམ་དུ་ཐིམ། གཞན་ཡང་སངས་རྒྱས་དང་བྱང་ཆུབ་སེམས་དཔའ་དང་། རྣལ་འབྱོར་མ་བསམ་གྱིས་མི་ཁྱབ་པ་སྤྱན་དྲངས་ལ། དཔལ་མགོན་ཞལ་བཞི་པའི་སྐུའི་རྣམ་པར་གྱུར་ནས། ཁྱེད་རང་རྣམས་ཀྱི་ལུས་ལ་ཆར་ཆེན་པོ་བབས་པ་བཞིན་དུ་སིབ་སིབ་ཐིམ་པར་མོས་པ་བྱོས་ཤིག །ཅེས་བརྗོད་ལ། གུ་གུལ་དང་། མགོན་པོའི་སྤོས་ཀྱི་དུད་པ་དང་། སྙིང་པོ་མང་དུ་བརྗོད་ཅིང་། རོལ་མོ་དཀྲོལ་ལ། དྲག་ཏུ་བྱིན་དབབ། དེས་སྐུའི་རྗེས་གནང་གྲུབ། གཉིས་པ་གསུང་གི་རྗེས་གནང་གི་དོན་དུ་གསོལ་བ་འདེབས་པ་འདིའི་རྗེས་ཟློས་མཛོད་ཅིག་བྱས་ལ། དུས་གསུམ་སངས་རྒྱས་ནས། གདོང་གཉན་ཅན་གྱི་གསུང་གི་རྗེས་སུ་གནང་བ་བསྩལ་དུ་གསོལ། ཞེས་པའི་བར་ལན་གསུམ་རྗེས་ཟློས་བྱེད་དུ་བཙུག །སློབ་དཔོན་

དང་། མདུན་བསྐྱེད་ཀྱི་ཐུགས་ཀར་པད་ཉིའི་གདན་ལ་ཧཱུྃ་ཡིག་སྔོན་པོ། དེའི་མཐའ་མར་སྔགས་ཀྱི་འཕྲེང་བས་བསྐོར་ནས་ཡོད་པར་བསམས། ཁྱེད་རང་རྣམས་ཀྱང་མགོན་པོར་གསལ་བའི་སྙིང་པདྨ་འདབ་བརྒྱད་ལྟར་ཁ་ཕྱེ་བའི་ནང་དུ། པད་ཉིའི་གདན་ལ་ཧཱུྃ་ཡིག་སྔོན་པོ་གཅིག་བསམས། དེ་ནས་མོས་གུས་དུང་དུང་བ་བྱས་པས། བླ་མའི་ཐུགས་ཀ་ནས་འོད་ཟེར་འཕྲོས། མདུན་གྱི་མགོན་པོ་ལ་ཕོག་པས། དེའི་ཐུགས་ཀའི་(༥༠༢བ)སྔགས་འཕྲེང་འོད་ཟེར་རབ་ཏུ་འབར་བ་སྒྲ་དང་བཅས་པ་གཅིག་ལས་གཉིས་ཆད་པའི་ཚུལ་དུ་ཞལ་ནས་ཐོན། ཁྱེད་རང་རྣམ་པའི་ཞལ་དུ་ཞུགས། ཐུགས་ཀའི་ཧཱུྃ་ཡིག་གི་མཐའ་མར་འཁོད། ལ་ལ་ཧཱུྃ་ལ་ཐིམ། ཡང་བླ་མ་དང་མདུན་བསྐྱེད་ལས་འོད་ཟེར་འཕྲོས། གཞན་ཡང་བླ་མ་དང་མདུན་བསྐྱེད་སངས་རྒྱས་དང་བྱང་ཆུབ་སེམས་དཔའ་ཐམས་ཅད་ཀྱི་གསུང་ཡིག་འབྲུའི་རྣམ་པར་ཨཱ་ལི་ཀཱ་ལིའི་སྔགས་བསམ་གྱིས་མི་ཁྱབ་པ་སྤྱན་དྲངས་པའང་ཁྱེད་རང་རྣམ་པའི་ཐུགས་ཀའི་ཧཱུྃ་དང་སྔགས་འཕྲེང་ལ་ཐིམ་པར་མོས། དུད་པ་དང་ལྕེ་སྔགས་ཀྱིས་ཐོག་དྲངས་པའི་སྔགས་ལན་གསུམ་གྱི་བར་ལ་རོལ་མོ་དང་། དམིགས་པས་དྲག་ཏུ་བྱིན་དབབ། ད་ཁྱེད་རང་རྣམ་པ་འཕྲེང་བའམ། མེ་ཏོག་རེ་ལག་ཏུ་བཟུང་། རྗེས་སུ་བཟླས་པའི་ལུང་བླང་བ་ནི། སློབ་དཔོན་གྱི་ཐུགས་ཀའི་འོད་ཀྱིས། མགོན་པོའི་ཐུགས་རྒྱུད་བསྐུལ་བས། ཐུགས་ཀའི་སྔགས་འཕྲེང་ལས་མར་མེ་གཅིག་ལས་གཉིས་ཆད་པའི་ཚུལ་དུ་སྒྲ་འོད་དང་བཅས་པས་ཞལ་ནས་ཐོན། ཁྱེད་རང་རྣམ་པའི་ཞལ་དུ་ཞུགས། ཐུགས་ཀའི་ཧཱུྃ་གི་མཐའ་མར་གཡས་སྐོར་དུ་འཁོར་བར་བསམས་ལ། རྗེས་ཟློས་ལན་གསུམ་བགྱིས་པའི་དང་པོ་དམ་ཚིག་པའི་ཚུལ་དང་། གཉིས་པ་ཡེ་ཤེས་པའི་རྣམ་པ། གསུམ་པ་དམ་ཚིག་པ་ལ་ཡེ་ཤེས་པ་ཤིན་ཏུ་བརྟན་པའི་ཚུལ་གྱིས་ཐིམ་པར་བསམས་ལ། འདིའི་རྗེས་ཟློས་མཛོད་ཅིག་བྱས་ལ། ཨོཾ་མཧཱ་ཀཱ་ལ་ཀཱ་ལ་གུ་ཊ་ཧྲི་ད་ཨེ་ཀ་ཛ་ཏེ་ཧཱུྃ་ཕཊ། ཅེས་ལན་གསུམ་གྱིས་ལུང་ནོད། སློབ་དཔོན་(༥༠༣ན)ལ་མེ་ཏོག་

གཏོར་ཞིང་འདིའི་རྗེས་གནོས་མཛོད་ཅིག་བྱས་ལ། མགོན་པོ་བདག་ལ་བསྐུལ་ལགས་ཀྱི། །མགོན་པོ་བདག་ལ་བྱིན་གྱིས་རློབས། །ཞེས་ལན་གསུམ་གྱིས་གསོལ་བ་གདབ། སློབ་དཔོན་གྱིས་རྡོ་རྗེ་སློབ་མའི་མགོ་བོར་བཞག་ལ། མགོན་པོ་འདི་ལ་བསྐུལ་ལགས་ཀྱི། །མགོན་པོ་འདི་ལ་བྱིན་གྱིས་རློབས། །ཞེས་ལན་གསུམ། དེས་གསུང་གི་རྗེས་གནང་གྲུབ་པ་ལགས། གསུམ་པ་ཐུགས་ཀྱི་རྗེས་གནང་གི་དོན་དུ་གསོལ་བ་གདབ་པ་འདིའི་རྗེས་གནོས་མཛོད་ཅིག །དུས་གསུམ་སངས་རྒྱས་ནས། གདོང་གཉན་ཅན་གྱི་ཐུགས་ཀྱི་རྗེས་སུ་གནང་བ་བསྐུལ་དུ་གསོལ། ཞེས་པའི་བར་ལན་གསུམ་རྗེས་གནོས་བྱེད་དུ་བཅུག །སློབ་དཔོན་དང་མདུན་བསྐྱེད་ལ་མོས་གུས་དྲུང་དྲུང་བ་བྱས་པས། བླ་མའི་ཐུགས་ཀ་ནས་འོད་ཟེར་འཕྲོས། མདུན་གྱི་མགོན་པོ་ལ་ཕོག་པས། དེའི་ཐུགས་ཀ་ནས་ཐུགས་གཉིས་སུ་མེད་པའི་ཡེ་ཤེས་ཀྱི་ངོ་བོ་རྡོ་རྗེ་མཚན་པའི་གྲི་གུག་གི་རྣམ་པ་ཅན་དང་། ཐོད་ཁྲག་དང་། རལ་གྲི་འབར་བ། མི་རུས་ཀྱི་འཕྲེང་བ་ལ་སོགས་པ་ཕྱག་མཚན་སྔགས་ཀྱི་སྒྲ་དང་འོད་ཟེར་འབར་བ་དང་བཅས་པ་བསམ་གྱིས་མི་ཁྱབ་པ་བྱོན་པ་རྣམས་ཁྱེད་རང་རྣམས་ཀྱི་ཐུགས་ཀའི་ས་བོན་ལ་སིབ་སིབ་ཐིམ་པ་དང་། ཕྱོགས་བཅུའི་སངས་རྒྱས་དང་བྱང་ཆུབ་སེམས་དཔའ་ཐམས་ཅད་ཀྱི་ཐུགས་ཀ་ནས་ཡེ་ཤེས་ཀྱི་ཕྱག་མཚན་དཔག་ཏུ་མེད་པ་བྱོན་ཏེ། འོད་དུ་ཞུ་ནས་ཁྱེད་རང་རྣམས་ཀྱི་ཐུགས་ཀར་ཐིམ་པར་མོས། དྲུད་པ་དང་། (༤༠༣བ)སྔགས་ལན་གསུམ་གྱི་བར་ལ་རོལ་མོ་བྱས་ལ་དབབ། དེས་ཐུགས་ཀྱི་རྗེས་གནང་གྲུབ། དེ་ནས། ཁྱེད་རང་རྣམ་པའི་སྙིང་པདྨ་འདབ་བརྒྱད་ལྟར་ཡོད་པ་དེ་དག་ཁ་ཟུམ་ནས་དེའི་སྟེང་དུ་རྡོ་རྗེ་རྩེ་ལྔ་པ་ཁྱེད་པས་རྒྱས་བཏབ་པས། དེ་ཉིད་ལ་བརྟན་པར་བཞུགས་ནས་གྲོགས་མཛད་པར་སོམས་ཤིག །ཅེས་བྱས་ལ། སློབ་མའི་མགོ་བོར་རྡོ་རྗེ་བཞག་ལ། ཏིཥྛ་བཛྲ་ལན་གཉིས་བརྗོད། འཕྲིན་ལས་ཀྱི་བཀའ་བསྒོ་ནི། གཏོར་མ་ལ་དཔལ་འབར་གཅིག་བཙུགས། སློབ་མའི་སྤྱི་བོར་བཞག་ལ། གཏོར་མ་འདི་

ཉིད་ཀྱང་དཔལ་ནག་པོ་ཆེན་པོ་གདོང་བཞི་པ་བྲན་གཡོག་བཀའ་སྡོད་མངག་པ་དང་བཅས་པ་སྤྲིན་གཏིབས་པ་བཞིན་དུ་བཞུགས་འདུག་པར་བསམས། མགོན་པོའི་སྙིང་དུ་རྩ་བའི་བླ་མ་ལ་བརྒྱུད་པའི་བླ་མའི་ཚོགས་ཀྱིས་བསྐོར་བ། སངས་རྒྱས་དང་བྱང་ཆུབ་སེམས་དཔའ་གནས་གསུམ་གྱི་དཔའ་བོ་མཁའ་འགྲོའི་ཚོགས་བསམ་གྱིས་མི་ཁྱབ་པ་དང་བཅས་པ་བཞུགས་འདུག་སྙམ་པར་མོས་པ་མཛོད་ཅིག །ཅེས་བྱས་ལ། དུད་པ་བྱས་ཤིང་། སྙིང་པོའི་མཐར། ས་མ་ཡེ། ས་མ་ཡ་རཀྵཧཱུ། དཔལ་ནག་པོ་ཆེན་པོ་གདོང་བཞི་པ་བྲན་གཡོག་བཀའ་སྡོད་དང་བཅས་པ་ཁྱེད་རྣམས་ཀྱིས། བླ་མ་དམ་པ་རྣམས་ཀྱི་དམ་ཚིག་གི་རིམ་པ་ལས་མི་འདའ་བར་དམ་ཚིག་སྲུངས། བསྟན་པ་སྐྱོངས། རིག་པ་འཛིན་པ་འདི་ཞེས་བགྱི་བ་ཇི་སྲིད་སངས་རྒྱས་མ་ཐོབ་ཀྱི་བར་དུ་འགལ་རྐྱེན་བར་ཆད་ཐམས་ཅད་ལས་སྲུངས་ཤིག །མི་མཐུན་པའི་ཕྱོགས་ཐམས་ཅད་སོལ་(༦༠༦ན)ཅིག །མཐུན་རྐྱེན་ཐམས་ཅད་སྒྲུབས་ཤིག །ཕྱིར་སངས་རྒྱས་ཀྱི་བསྟན་པ་དང་། བྱེ་བྲག་ཏུ་རིག་པ་འཛིན་པ་འདིའི་དགྲ་དང་བགེགས་དང་བར་དུ་གཅོད་པ་ཐམས་ཅད་ཐུལ་ལ་སྲུང་བ་དང་བསྐྱབ་པར་གྱིས་ཤིག །རིག་པ་འཛིན་པ་འདིས་ཆོས་དང་མཐུན་པའི་ཇི་ལྟར་བཀའ་བསྒོ་བ་བཞིན་ཁྱེད་རྣམས་ཀྱིས་སྒྲུབས་ཤིག །ཅེས་བརྗོད། དེ་ནས། ཡུལ་ཁྱད་པར་ཅན་དེ་རྣམས་ལ་དད་གུས་བྱས་ལ། བླ་མ་ཡི་དམ་སངས་རྒྱས་བྱང་སེམས་མཁའ་འགྲོར་བཅས་པ་འོད་དུ་ཞུ་ནས་ནག་པོ་ཆེན་པོ་ལ་ཐིམ། དེ་ལས་འོད་ཟེར་འཕྲོས། བཀའ་སྡོད་འཁོར་དང་བཅས་པ་ལ་ཕོག་པས་འོད་དུ་ཞུ། ཚུར་འདུས་ནག་པོ་ཆེན་པོ་ལ་ཐིམ། དེའང་འོད་དུ་ཞུ་ནས། ཁྱེད་རང་རྣམས་ཀྱི་སྤྱི་གཙུག་ཚངས་པའི་བུ་ག་ནས་ཞུགས་ཏེ། ཁྱེད་རང་དང་གཉིས་སུ་མེད་པར་གྱུར་པས་ནུས་མཐུ་ཕུན་སུམ་ཚོགས་པར་བསམས། རོལ་མོ་མཛད་དོ། །དེ་ནས་མི་འཕྲལ་ཞིང་གསང་བར་གདམས་པ་ནི། དེ་ལྟར་རྗེས་གནང་ལུང་སྦྱིན་པའི་དབང་གིས་སྲུང་སྐྱོབ་བྱེད། ལུས་དང་གྲིབ་མའི་ཚུལ་གྱིས་

འཁོར་བ་ཆོས་ཉིད་ཡིན། ཁྱེད་རང་རྣམ་པ་ཡང་དམ་ཚིག་རྣམ་དག་བསྲུངས་ཏེ། གཏོར་མ་དང་ཚོགས་ལ་བརྩོན་པར་མཛོད། དམ་ཚིག་དང་མི་ལྡན་པ་དང་གསང་སྔགས་ཀྱི་སྣོད་དུ་མ་གྱུར་པ་རྣམས་ལ་དཔལ་མགོན་པོ་འཁོར་བཅས་ཀྱི་མཚན་ཙམ་ཡང་བསྟན་པར་བྱ་བ་མ་ཡིན་ནོ། །མཇུག་ཚིག་སྤྱི་དང་འདྲ། །

ༀ ཤ་ཟ་ཅེ་སྤྱང་གདོང་ལ། ཡི་དམ་དང་མགོན་ཆེན་གང་(༡༠༤བ)རུང་ཞིག་གི་བསྙེན་པ་སོང་བས། གྲི་ཁྲག་གི་མཚལ་གྱི་སྟེང་དུ་ཚོམ་བུ་དམར་ནག །དེའི་སྟེང་དུ་མཆོད་གཏོར་གྱི་ཁར་རྟེན་གཏོར་དགོད། མདུན་དུ་མཆོད་གཏོར་རྣམས་བཤམས། ཡི་དམ་མམ་མགོན་པོ་གང་རུང་གི་བདག་བསྐྱེད་སྔོན་དུ་འགྲོ་བས། མདུན་བསྐྱེད་བསངས་སྦྱངས། སྟོང་པའི་ངང་ལས་སྐད་ཅིག་གིས་ཤ་ཟ་ཅེ་སྤྱང་གདོང་སྐུ་མདོག་དམར་ནག་མི་བཟད་པའི་མཆེ་བ་གཙིགས་ཤིང་། སྤྱན་གསུམ་ལས་མེ་སྟག་འཕྲོ་བ། རལ་པ་ཁམ་ནག་གྱེན་དུ་འབར་ཞིང་། སྨྱོ་བ་འཕྱུར་ལ་ལྷུ་ཚིགས་ཐུང་བ། ཕྱག་གཡས་གྲི་གུག་འཕྱར་ཞིང་། གཡོན་སྲིན་པོའི་ཐོད་པ་མིའི་ཁྲག་གིས་གང་བ་ཐུགས་ཀར་བསྣམས་ནས་ཞལ་དུ་རྟུབ་པ། ཞབས་གཡས་བསྐུམ་གྱིན་དུ་བསྐྱོད་ཅིང་། གཡོན་ཐུར་དུ་བརྡབས་པས་ཉམས་པའི་བམ་ཆེན་མགོ་བོ་བལྟབ་སྟེ་བཟེས་པ། སྟག་ལྤགས་ཀྱི་ཤམ་ཐབས་དང་། སྦྲུལ་གྱི་ཚུན་པོ་དང་རྒྱུ་མའི་ག་ཤ་ཅན། བ་སྤུའི་བུ་ག་ནས་ཤ་ཟ་དང་ཅེ་སྤྱང་གི་ཚོགས་སྤྲོ་བ། མེ་རླུང་འཚུབ་མའི་དབུས་ན་བཞུགས་པ། རང་གི་སྙིང་ག་ནས་འོད་ཟེར་འཕྲོས། དུར་ཁྲོད་ཆེན་པོའི་གནས་བརྒྱད་ནས་བསྒོམས་པ་དང་འདྲ་བའི་ཡེ་ཤེས་པ་དང་། དབང་གི་ལྷ་རྣམས་སྤྱན་དྲངས། ཛཿཧཱུྃ་བཾ་ཧོཿགཉིས་སུ་མེད་པར་གྱུར། དབང་གི་ལྷ་རྣམས་ཀྱིས་དབང་བསྐུར། ཪྻ་ཛེ་རྩེ་ལྤ་པས་དབུ་བརྒྱན་པར་གྱུར། དེའི་སྤྱི་བོར་ཨོཾ། མགྲིན་པར་ཨཱཿ ཐུགས་ཀར་ཧཱུྃ་གིས་མཚན་པར་གྱུར། བཟླས་པའི་དམིགས་པ་གསལ་བཏབ་ལ། ཨོཾ་མཧཱ་ཀཱ་ལ་བི་ཀཱ་ལ་ཏ་རུ་ཧཱུྃ་ཕཊ། ཅེས་རྒྱུང་(༡༠༥ན)ཟད་གཅིག་བཟླས་ལ། ཨརྒྷཾ་ནས་ཤབྡའི་བར་གྱིས་མཆོད། ཧཱུྃ་མགོ་མེད་གར་དང་

ཤ་འཚོལ་ཅེ་སྤྱང་སྒྲ་སྒྲོག་པ། །འཇིགས་པའི་རོ་ལངས་ཐོད་པ་འབྲུགས་བྱེད་པ། །འཁོར་བཅས་དུར་ཁྲོད་གནས་ན་གར་མཛད་གང་ཡིན་པ། །ཤ་ཟ་ཅེ་སྤྱང་གདོང་ཅན་ཁྱོད་ལ་བསྟོད། །ཅེས་བསྟོད། རྡོ་རྗེ་རྩེ་ལྔ་པའི་ཕྱག་རྒྱ་བསྟན་ལ། ནག་པོ་ཆེན་པོ་འཁོར་བཅས་ཀྱིས། དཔལ་ཧེ་རུ་ཀའི་བཀའ་དང་དམ་ལས་མི་འདའ་བར། བདག་གི་བསམ་པའི་དོན་ཐམས་ཅད་སྒྲུབས་ཤིག །དམ་ཚིག་ལས་འདས་ན་ཁྱོད་ཉིད་འཇིག་པར་གྱུར་ཏ་རེ། ནང་མཆོད་གཏོར་ཞིང་། འཐུངས་ཤིག་འཐུངས་ཤིག་རྡོ་རྗེའི་ཆུ། །རྡོ་རྗེའི་ཆུ་འདི་འཐུངས་ནས་ནི། །དམ་ཚིག་སྲུང་ན་དངོས་གྲུབ་ཐོབ། །དམ་ལས་འདས་ན་བརླག་པར་འགྱུར། །ཨོཾ་སརྦ་ཤུ་ད་ཀ་ཁ། རྡོ་རྗེ་གཏད་པར་བསམས་ལ། བཟུང་ཞིག་བཟུང་ཞིག་རྡོ་རྗེ་ཆེ། །ཁྱོད་ཀྱིས་རྟག་ཏུ་འདི་བཟུང་ཞིག །གལ་ཏེ་བསྙོ་བ་མ་ཉན་ན། །ནག་པོ་ཁྱོད་ནི་ཉམས་པར་འགྱུར། །མཆོད་པ་བླ་མེད་ལྔར་བྱིན་གྱིས་བརླབས་ནས། མོན་སྲན་ཇེའུ་ཛམ་བུ་ཏི། །མི་ཧོག་བདུག་སྤོས་ཤ་ལྔ་དང་། །བདུད་རྩི་ལྔ་སྦྱར་གཏོར་མ་འདིས། །དཔལ་ལྡན་ནག་པོ་འཁོར་བཅས་མཆོད། །ཨོཾ་མཧཱ་ཀཱ་ལ་སརྦ་པཉྩ་ཨ་མྲི་ཏ་ཨརྒྷཾ་པྲ་ཏཱིཙྪ་ཨི་དཾ་བ་ལིཾ་ཏ་ཁཱ་ཧི་ཁཱ་ཧི། ཨོཾ་ཨཱཿཧཱུྃ། གིས་ནང་མཆོད་དབུལ། གོང་བཞིན་བསྟོད། དེ་ནས་གོང་གི་སྙིང་པོ་ཅི་འགྲུབ་ཏུ་བཟླ་ཞིང་། གཏོར་མ་ཨ་མྲི་ཏས་བསངས། སྭ་བྷཱ་ཤས་(༦༠༥བ)སྦྱངས། སྟོང་པའི་ངང་ལས་ཡཾ་ལས་རླུང་། རཾ་ལས་མེ། ཨཱཿལས་ཡེ་ཤེས་ཀྱི་ཀ་པཱ་ལ་ཡངས་ཤིང་རྒྱ་ཆེ་བའི་ནང་དུ། གཏོར་མ་ཤ་ལྔ་བདུད་རྩི་ལྔ་ལས་བྱུང་བའི་ཡེ་ཤེས་ཀྱི་བདུད་རྩིའི་རྒྱ་མཚོ་དང་། དགྲ་བགེགས་བསྒྲལ་བ་ལས་བྱུང་བའི་ཤ་ཁྲག་དམར་གྱི་ཕུང་པོ་རི་རབ་ཙམ་དུ་གྱུར། ཨོཾ་ཨཱཿཧཱུྃ་ལན་བདུན་དང་། ཨོཾ་སརྦ་བིད་པཱུ་ར་པཱུ་ར་སོགས་ནམ་མཁའ་མཛོད་ཀྱི་སྔགས་རྒྱས་སྤེལ། དགྲ་བགེགས་ཀྱི་ཤ་ཁྲག་ཏུ་དམིགས་ལ། ཨོཾ་མཧཱ་ཀཱ་ལ་བི་ཀཱ་ལ་ཏ་རི་ཧཱུྃ་ཕཊ། ཨི་དཾ་བ་ལིཾ་ཏ་ཁ་ཁ་ཁཱ་ཧི་ཁཱ་ཧི་སྭཱཧཱ། ཞེས་ལན་བདུན་གྱིས་ཕུལ། མཆོད་བསྟོད་འདོད་དོན་གསོལ་བཏབ་བྱ། ༈ འདིའི་བཀའ་གཏད

ནི། སློབ་མས་མཎྜལ་ཕུལ། རྡོ་བཙུན་རྣོ་རྡོ་འཛིན་པའི་གཙོ། །བདག་གི་ལུས་ངག་
ཡིད་གསུམ་གྱི། །དྲི་མ་མཐའ་དག་སྦྱངས་པའི་ཕྱིར། །མ་སྨིན་སྨིན་བྱེད་དབང་
བསྐུར་སྩོལ། །ཞེས་ལན་གསུམ་གསོལ་བ་བཏབ། དཀོན་མཆོག་གསུམ་ལ་བདག་
སྐྱབས་མཆི། །སོགས་རྒྱུན་བཤགས་ལན་གསུམ་བྱ། སློབ་མ་མགོན་པོའི་བསྙེན་པ་
སོང་བ་ཡིན་ན། མགོན་པོའི་སྐུའི་རྗེས་གནང་ཡན་ཆད་བྱས་ལ། གཏོར་མ་ལག་
ཏུ་གཏད་དེ་བཀའ་སྲོད་ཀྱི་སྒོ་ནས་བཀའ་བསྒོ་བྱ། དེ་རྗེས་བཟླས་ལུང་སྦྱིན་ནོ། །
མགོན་བསྙེན་མ་སོང་ན། མདུན་གྱི་གཏོར་རྟེན་འདི་ཉིད་ཀྱང་ཤ་ཟ་ཅེ་སྤྱང་གདོང་སྐྱ་
མདོག་དམར་ནག་ཞལ་གཅིག་ཕྱག་གཉིས་ཀྱིས་གཡས་གྲི་གུག་འཕྱར་ཞིང་། གཡོན་
ཐོད་ཁྲག་ཐུགས་ཀར་འཛིན་པ་ཞིག་ཏུ་དངོས་སུ་(༦༠༨ན)བཞུགས་འདུག་སྙམ་པར་མོས་
ལ། གཏོར་མ་མགོ་ཐོག་ཏུ་བཞག་ནས། རྩ་བརྒྱུད་ཀྱི་དཔལ་ལྡན་བླ་མ་དམ་པ་རྣམས་
ཀྱིས་བྱིན་གྱིས་རློབས་ཤིག །ཡི་དམ་དཀྱིལ་འཁོར་གྱི་ལྷ་ཚོགས་རྣམས་ཀྱིས་བྱིན་གྱིས་
རློབས་ཤིག །སངས་རྒྱས་དང་བྱང་ཆུབ་སེམས་དཔའ་རྣམས་ཀྱིས་བྱིན་གྱིས་རློབས་
ཤིག །དཔའ་བོ་དང་དཔའ་མོ་རྣལ་འབྱོར་མ་རྣམས་ཀྱིས་བྱིན་གྱིས་རློབས་ཤིག །
དཔལ་མགོན་དམ་པ་ཆོས་སྐྱོང་སྲུང་མ་རྣམས་ཀྱིས་བྱིན་གྱིས་རློབས་ཤིག །ཁྱད་པར་
དུ་ཡང་ཤ་ཟ་ཅེ་སྤྱང་གདོང་ཅན་འཁོར་དང་བཅས་པ་རྣམས་ཀྱིས་བྱིན་གྱིས་རློབས་
ཤིག །ཤ་ཟ་ཅེ་སྤྱང་གདོང་ཅན་འཁོར་དང་བཅས་པ་ཁྱེད་རྣམས་ཀྱིས་རྡོ་རྗེ་སློབ་མ་
འདི་རྣམས་ཀྱི་ལུས་དང་གྲིབ་མ་བཞིན་དུ་འགྲོགས་ལ་འགལ་རྐྱེན་བར་ཆད་ཐམས་
ཅད་སེལ། མཐུན་རྐྱེན་ཐམས་ཅད་སྒྲུབས། ཇི་ལྟར་བཅོལ་བའི་ལས་ཐམས་ཅད་
འགྲུབ་པར་མཛོད་ཅིག །ཛཿཧཱུྃ་བཾ་ཧོཿ ཞེས་གཏོར་དབང་བསྐུར། བཟླས་ལུང་ནི།
ཁྱེད་རང་གི་སྙིང་གར་པད་ཉིའི་གདན་ལ་ས་བོན་གྱི་མཐར་སྔགས་འཕྲེང་འོད་ཟེར་
འབར་བའི་རྣམ་པ་ཅན་དུ་བཞུགས་པར་མོས། སློབ་དཔོན་གྱི་ཐུགས་ཀ་ནས་འོད་
ཟེར་འཕྲོས། མདུན་བསྐྱེད་ཀྱི་ལྷའི་ཐུགས་རྒྱུད་བསྐུལ། ཐུགས་ཀའི་སྔགས་འཕྲེང་

ལས་རྟགས་འཕྲེང་གཉིས་པ་ཞིག་ཆད། ཞལ་ནས་ཐོན། ཁྱེད་རང་གི་ཁ་སྐོ་ནས་ཞུགས། སྙིང་གའི་ས་བོན་གྱི་མཐར་རྟགས་རྟ་མ་ལ་ཐིམ་ཞིང་འཕོར་བར་མོས་ལ། འདིའི་རྗེས་བཟླས་མཛོད་ཅིག་བྱས་ལ། ཨོཾ་མཧཱ་ཀཱ་ལ་བི་ཀཱ་ལ་ཏ་(༦༠༨བ)རི་ཧཱུྃ་ཕཊ། ཅེས་ལན་གསུམ་རྗེས་བཟླས་བྱེད་དུ་གཞུག །རྗེས་སློབ་མས་མཎྜལ་དང་ཡོན་འབུལ་བ་རྣམས་བྱ། མདུན་བསྐྱེད་ཀྱི་རྗེས་ཆོག་སྤྱི་དང་འདྲའོ། །སྒྲུབ་ཐབས་རིན་ཆེན་འབྱུང་གནས་ཀྱི་ལྷན་ཐབས་རིན་འབྱུང་དོན་གསལ་ལས། རྟ་མ་ལས་འཕྲོས་པའི་སྒྲུབ་ཐབས་བཤད་པའི་སྐབས་སོ། །

༄ དཔལ་ལྡན་དུད་སོལ་མར་གྲགས་པ་འདོད་ཁམས་དབང་ཕྱུག་མ་ལ། སྟེགས་བུ་གྲུ་བཞི་ལ་འབྲུབ་ཁུང་གྲུ་གསུམ། དེའི་དབུས་ཀྱི་ཐོད་པའི་ཀླུམ་སྐོར་ནང་ཟུར་གསུམ་དུ་རྡོ་རྗེ་ཕྱེད་པ་གསུམ་གྱིས་མཚན་པ། དབུས་སུ་ནས་ནག་གི་ཚོམ་བུ་དགོད། མདུན་དུ་མཆོད་ལ། ར་ནག་དང་བྱ་ནག་གི་ཤ་གཙོ་བོར་གྱུར་པའི་ཤ་ཁྲག་སྣ་ཚོགས་པས་སྤགས་པའི་དམར་གཏོར་ཆེ་བ་ཞིག་དང་། མཆོད་པ་རྣམས་བཤམས། བདག་བསྐྱེད་བརྒྱུད་པ་འདི་ཉིད་དང་མཚུངས་པའི་དགྲོས་རྫོར་རམ། མཧཱ་མ་ཡ་དང་གདན་གཞི་ལ་སོགས་པའམ། ཁྲོ་བོ་གང་ཡང་རུང་བའི་མངོན་རྟོགས་སྔོན་དུ་འགྲོ་བས། མཆོད་པ་བྱིན་གྱིས་བརླབས། མདུན་དུ་སྐད་ཅིག་གིས་ལྷ་མོ་དུད་སོལ་མ་བཞུགས་པའི་སྙིང་གར། ཨོཾ་དཀར་པོ་ལ་གནས་པའི་ར་ཡིག་དམར་པོ། ར་ལས་མེ་འོད་འཕྲོས་པས། སྐུ་ལུས་སྐད་ཅིག་གིས་བསྲེགས། ཨོཾ་དེའི་སྟེང་དུ་པཾ་ཡོངས་སུ་གྱུར་པ་ལས་བྱུམ་པ་དཀར་པོ་བདུད་རྩིས་གང་བ། དེ་ལས་བདུད་རྩི་ལུད་དེ། ཨོཾ་བཀུས་པས་འོད་ཟེར་དཀར་པོ་རབ་ཏུ་འབར་བར་གྱུར། ཨོཾ་ཨཾ་མཧཱ་ཀཱ་ལི། དེ་ཝཱི་ཀཱ་ར་ལི། (༦༠༧ན)བི་ཀྲན་ཙནྟ་རུ་པི་ཎི་ཧཱུྃ་ཕཊ། དེ་ཉིད་སྐད་ཅིག་གིས་དཔལ་ལྡན་ལྷ་མོའི་སྐུར་གྱུར་པ་ནི། སྐུ་མདོག་ནག་པོ། གེང་རུས་ལྟར་སྐེམ་པའི་ལུས་ཅན། ཞལ་གཅིག་ཕྱག་བཞི་ཞབས་གཉིས་པ། གཡས་ཀྱི་དང་པོ་ན་རལ་གྲི། གཉིས་པ་ན་

བཛྲ་དམར་ཆེན་གྱིས་བསྐྱིལ་བ། གཡོན་གྱི་དང་པོ་ན་ཤཀྟི། གཉིས་པ་ན་ཏྲི་ཤཱུ་ལ་དར་དཔྱངས་ཅན་འཛིན་པ། མི་རོ་རེངས་པ་ཁར་བཙུག་ནས་མཆེ་བ་གཙིགས་པ། སྤྱན་གསུམ་དམར་བ། དབུ་སྐྲ་རལ་པ་དམར་སེར་གྱེན་བརྫེས་ལན་བུ་གཡོན་དུ་འཁྱིལ་བ། སྦྲུལ་དང་ཐོད་འཕྲེང་གིས་བརྒྱན་པ། སྙན་གཡས་ན་དྲིལ་བུའི་མགུལ་རྒྱན་ཅན་གྱི་སྦྲུལ་དང་། གཡོན་ན་སེ་ཏྨིས་བརྒྱན་པ། མེ་ཏོག་དང་དར་ནག་གི་ཅོད་པན་ཅན། ལྷ་མ་ཡིན་གྱི་མགོ་བོས་དོ་ཤལ་བྱས་པ། གླང་པོ་ཆེའི་ཀོ་བས་སྟོད་གཡོགས་ཤིང་། བ་གླང་གི་པགས་པ་རེ་ལྡེ་སེར་པོའི་ཤམ་བུ་ཅན་གྱིས་སྨད་དཀྲིས་པ་ལ། ཀླུའི་རྒྱལ་པོ་གཞིབས་པས་སྐེ་རགས་བྱས་པ། ལྕགས་སྒྲོག་གིས་བརྒྱན་པའི་ཞབས་གཉིས་བོང་བུ་གཱ་པའི་སྟེང་ན་བཙན་སྐྱིལ་གྱིས་བཞུགས་པ། དུར་ཁྲོད་ཀྱི་དབུས་ན་སྒྲ་དྲག་པོ་སྒྲོག་ཅིང་། མ་མོ་མཁའ་འགྲོ་ཤ་ཟ་འབུམ་སྡེས་བསྐོར་བ། དེའི་ཐུགས་ཀར་ཐུགས་ཀྱི་ཡེ་ཤེས་མར་མེ་ལྟར་འབར་བ་སྒོ་ངའི་དབྱིབས་ཅན་སེར་བཞི་པ། དེའི་དབུས་སུ་ཧཱུྃ། མཐའ་སྐོར་དུ་ཨོཾ་ཧཱུྃ་ཕྲཱི་ཡ། དེ་ཝཱི་ཀ་ལ་མནྟ་ཀ་ལི་ཧཱུྃ་ཧྲཱུྃ༔ཞེས་པས་བསྐོར་བར་གྱུར། ཐུགས་ཀའི་ཧཱུྃ་(༦༠༧བ)ལས་ཧཱུྃ་གཅིག་ཆད་དེ་ཧྲ་གར་ཐིམ། བཛྲ་ལྷཱ་སུ་རཱ་ག་ཡ་མི། རང་གི་སྙིང་ག་ནས་འོད་ཟེར་འཕྲོས་པས། རང་བཞིན་གྱིས་གྲུབ་པའི་ལྷ་མོ་དཔལ་ནག་མོ་འབུམ་སྡེ་དང་བཅས་པ་ཨོཾ་བཛྲ་ས་མཱ་ཛཿཞེས་སྤྱན་དྲངས། ཨོཾ་ཕྲཱི་ཡ་དེ་ཝཱི་ཀ་ལི་ཀ་ལི་མནྟ་ཀ་ལི་ཧཱུྃ་ཧྲཱུྃ༔དྲི་ཤུ་ཛཿཧཱུྃ་བཾ་ཧོཿས་མ་ཡ་སྟྭཾ། ས་མ་ཡ་ཧོ། ཞེས་པས་གཉིས་སུ་མེད་པར་ཐིམ། འཁོར་ནག་མོ་འབུམ་སྡེ་ཐམས་ཅད་ཀྱང་གཅེར་བུ་རལ་པ་ཅན། གཡས་མི་སྙིང་དང་། གཡོན་བཛྲ་སྐྲ་ཅན་ཐོགས་པ། ཐམས་ཅད་ཀྱི་ཐུགས་ཀར་ཡང་ཧྲཱུྃ༔ཡིག་གིས་མཚན་པ། དུད་པའི་སོལ་བ་མ་ཁྱོད་ཀྱི་སྐུ་མྱུར་དུ་སྟོན་ཅིག །སྐུ་མི་སྟོན་ན་ཡང་ཡིད་ལ་གང་འདོད་པ་དེ་བསྒྲུབས་པར་གྱིས་ཤིག །ནང་མཆོད་གཏོར་ལ། འདི་ནི་ཁྱོད་ཀྱི་དམྱལ་བའི་ཆུ། །དམ་ཚིག་འདས་ན་བསྲེག་པར་བྱེད། །དམ་ཚིག་སྲུང་ན་དངོས་གྲུབ་ནི། །རྡོ་རྗེ་བདུད་རྩིའི་

ཆུ་འདིས་འགྲུབ། །ཨོཾ་ཏ་ན་ཏ་ན་བཛྲ་ས་མ་ཡ་མ་ཧི་ཀྲ་མ་ནཾ་ཧཱུཾ་ཕཊ། ཅེས་དམ་ལ་བཞག །ཨོཾ་ཧཱུཾ་ཤྲཱི་ཡ། དེ་ཝཱི་ཀ་ལི་མཧཱ་ཀ་ལི་ཧཱུཾ་ཧྲཱུྃ༔བཛྲ་པུཥྤེ་ཧཱུ་ཛ་མེ་གྷ་ས་མུ་དྲ་སྥ་ར་ཎ་ས་མ་ཡེ་ཧཱུཾ་ཕཊ། དེ་བཞིན་དུ། དྷཱུ་པེ། གནྡྷེ། ནཻ་ཝི་དྱ། ཨཱ་ལོ་ཀེ་ཞེས་སྦྱར། གཏོར་མའི་ནང་དུ་ཏ་སེར་པོ་ཧོ་དཀར་པོ་ཧྲཱིཿསྔོན་པོ་དེ་རྣམས་ཀྱི་འོད་ཀྱིས་ཁ་དོག་དྲི་རོ་ངན་པ་བཅོམ་སྟེ། བདུད་རྩིའི་རྒྱ་མཚོ་ཆེན་པོར་གྱུར། ཨོཾ་ཏ་ཧོ་ཧྲཱིཿསྭཱཧཱ། ལན་གསུམ་བརྗོད། ཨོཾ་ཧཱུཾ་ཤྲཱི་ཡ། དེ་ཝཱི་ཀ་ལི་མཧཱ་ཀ་ལི་ཧཱུཾ་ཧྲཱུྃ༔ཨོཾ་མཧཱ་མཾ་ས་ཁཱ་ཧི། མཧཱ་གོ་རོ་ཙ་ན་ཁཱ་ཧི། (༦༠༨ན)མཧཱ་བ་སུ་ཏ་ཁཱ་ཧི། ཨི་དཾ་བ་ལིཾ་གྲིཧྞ་གྲིཧྞ་སྭཱ་ཡ་ཧཱུཾ་ཕཊ་སྭཱཧཱ། ཞེས་ལན་བདུན་གྱིས་ཕུལ་བས་འཁོར་དང་བཅས་པས་གསོལ་བར་བསམས། ༈ འདིའི་རྗེས་གནང་བྱ་བར་འདོད་ན། མཎྜལ་གྲུ་གསུམ་གྱི་དབུས་སུ་ནས་ནག་གི་ཚོམ་བུ་དགོད། དེའི་སྟེང་དུ་རྟེན་གཏོར་བཞག །མདུན་དུ་གཏོར་མ་གོང་བཞིན་བཤམས། རཀྟ། ཆང་། དྲི་བཟང་གི་ཆུ། རལ་གྲི། ཐོད་པ། ཤཀྟི། རྩེ་གསུམ། མཆོད་པ་རྣམས་ཀྱང་བཤམས། བདག་བསྐྱེད་མདུན་བསྐྱེད་གོང་དུ་བཤད་པ་ལྟར་བྱ། སློབ་མས་མཎྜལ་ཕུལ། དཔལ་ལྡན་མགོན་པོ་བརྩེ་བ་ཅན། །ཡེ་ཤེས་ལྷ་མོ་འཁོར་བཅས་ཀྱི། །སྐུ་གསུང་ཐུགས་དང་འཕྲིན་ལས་ཀྱི། །རྗེས་སུ་གནང་བ་བསྩལ་དུ་གསོལ། །ཞེས་ལན་གསུམ་གསོལ་བ་བཏབ། དཀོན་མཆོག་གསུམ་ལ་བདག་སྐྱབས་མཆི། །ཞེས་སོགས་རྒྱུན་བཤགས་སམ་ཡན་ལག་ལྔ་པ་བྱ། གཏོར་མ་དང་སློབ་མ་གཉིས་ཀ་ལྷར་བསྐྱེད་པ་ནི། བསངས་སྦྱངས། སྟོང་པའི་ངང་ལས་སྐད་ཅིག་གིས་ལྷ་མོ་དུད་སོལ་མ་བཞུགས་པའི་སྟེང་གར། ཨོཾ་དཀར་པོ་ལ་གནས་པའི་ར་ཡིག་དམར་པོ། ར་ལས་མེ་འོད་འཕྲོས། སྐུ་ལུས་སྐད་ཅིག་གིས་བསྲེགས། ཨོཾ་དེའི་སྟེང་དུ་བཾ་ཡོངས་སུ་གྱུར་པ་ལས་བུམ་པ་དཀར་པོ་བདུད་རྩིས་གང་བ། དེ་ལས་བདུད་རྩི་ལུད་དེ། ཨོཾ་བཀྲུས་པས་འོད་ཟེར་དཀར་པོ་རབ་ཏུ་འབར་བར་གྱུར། ཨོཾ་ཨཾ་མཧཱ་ཀཱ་ལི། དེ་ཝཱི་ཀ་ར་ལི། བི་(༦༠༨བ)ཀྲན་ཙཎྜ་རུ་པི་ཎི་ཧཱུཾ་ཕཊ། དེ་ཉིད་སྐད་

ཅིག་གིས་དཔལ་ལྡན་ལྷ་མོའི་སྐུར་གྱུར་པ་ནི། སྐུ་མདོག་ནག་མོ། གོང་བུས་ལྷུར་སྙེམ་པའི་ལུས་ཅན། ཞལ་གཅིག་ཕྱག་བཞི་ཞབས་གཉིས་པ། གཡས་ཀྱི་དང་པོ་ན་རལ་གྲི། གཉིས་པ་ན་བཙྭ་དམར་ཆེན་གྱིས་བསྐྱིལ་བ། གཡོན་གྱི་དང་པོ་ན་ཤཀྟི། གཉིས་པ་ན་ཏྲི་ཤུ་ལ་དར་དཔྱངས་ཅན་འཛིན་པ། མི་རོ་རེངས་པ་ཁར་བཅུག་ནས་མཆེ་བ་གཙིགས་པ། སྤྱན་གསུམ་དམར་བ། དབུ་སྐྲ་རལ་པ་དམར་སེར་གྱེན་བརྫེས་ལན་བུ་གཡོན་དུ་འཁྱིལ་བ། སྦྲུལ་དང་ཐོད་འཕྲེང་གིས་བརྒྱན་པ། སྙན་གཡས་ན་དྲིལ་བུའི་མགུལ་རྒྱན་ཅན་གྱིས་སྦྲུལ་དང་། གཡོན་ན་སེངྒེས་བརྒྱན་པ། མེ་ཏོག་དང་དར་ནག་གི་ཅོད་པན་ཅན། ལྷ་མ་ཡིན་གྱི་མགོ་བོས་དོ་ཤལ་བྱས་པ། གླང་པོ་ཆེའི་ཀོ་བས་སྟོད་གཡོགས་ཤིང་། བ་གླང་གི་པགས་པ་རེ་ལྡེ་སེར་པོའི་ཤམ་ཐབ་ཅན་གྱིས་སྨད་དཀྲིས་པ་ལ། ཀླུའི་རྒྱལ་པོ་གཤིབས་པས་སྐེ་རགས་བྱས་པ། ལྕགས་སྒྲོག་གིས་བརྒྱན་པའི་ཞབས་གཉིས་པ་བོང་བུ་གྭ་པའི་སྟེང་ན་བཙན་སྐྱིལ་གྱིས་བཞུགས་པ། ཞེས་གསལ་གདབ། མདུན་བསྐྱེད་དང་སངས་རྒྱས་བྱང་ཆུབ་སེམས་དཔའ་ཐམས་ཅད་ཀྱི་ཐུགས་ཀ་ནས་འོད་ཟེར་སྤྲོ་དྲངས་ཏེ་ཁྱོད་རང་རྣམས་ལ་བསྟིམ་པས། སྡིག་སྒྲིབ་སྦྱངས། ཡང་ལྷ་མོའི་སྐུ་དཔག་ཏུ་མེད་པ་སྤྱན་དྲངས་ཏེ། རོལ་མོའི་སྒྲ་བྱ། སྤོས་བདུག །ཨོཾ་ཧཱུཾ་ཧྲཱི་ཡ། དེ་ཝཱི་ཀ་ལི་མཧཱ་ཀ་ལི་ཧཱུཾ་ཕཊ༔ཨ་བེ་ཤཱ་ཡ། ཨ་བེ་ཤཱ་ཡ། ར་ར། ར་ར། ཙཱ་ལ་ཡ། ཙཱ་ལ་ཡ། (༥༠(ན)ཧཱུཾ་ཨ་ཧ་ཛཿ ཞེས་ལན་བརྒྱ་རྩ་བརྒྱད་བཟློད། སློབ་མ་ལྷ་མོའི་སྐུར་སྒོམ་དུ་གཞུག །དཔྲལ་བར་དྲི་བཟང་གི་ཐིག་ལེ་བྱས་ལ། ཨོཾ་ཧཱུཾ༔ཧྲཱི་ཡ། དེ་ཝཱི་ཀ་ལི་མཧཱ་ཀ་ལི་ཧཱུཾ་ཕཊ༔ ཨོཾ་ཀཱ་ལ་ཡ་བཛྲ་ཨ་བྷི་ཥིཉྩ་མཾ། ཧབྷྲཱུཾ་བཛྲ་ཧཱུཾ། ཞེས་བཟློད་དེ་བཏན་པར་བྱ། སྐུའི་རྗེས་གནང་ངོ་། །བཀླས་ལུང་ནི། ཁྱེད་རང་གི་སྙིང་གར་པད་ཉིའི་གདན་ལ་ས་བོན་གྱི་མཐར་སྔགས་འཕྲེང་འོད་ཟེར་མཐིང་ནག་འབར་བའི་རྣམ་པ་ཅན་དུ་བཞུགས་པར་མོས། སློབ་དཔོན་གྱི་ཐུགས་ཀ་ནས་འོད་ཟེར་འཕྲོས། མདུན་བསྐྱེད་ཀྱི་ལྷའི་ཐུགས་རྒྱུད་

བསྐུལ། ཐུགས་ཀའི་སྔགས་འཕྲེང་ལས་སྔགས་འཕྲེང་གཉིས་པ་ཞིག་ཆད། ཞལ་ནས་ཐོན། ཁྱེད་རང་གི་ཁ་སྒོ་ནས་ཞུགས། སྙིང་གའི་ས་བོན་གྱི་མཐར་སྔགས་སྔ་མ་ལ་ཐིམ་ཞིང་འཁོད་པར་མོས་ལ། འདིའི་རྗེས་བཟླས་མཛོད་ཅིག་བྱས་ལ། ཨོཾ་ཧཱུྃ་ཧྲཱི་ཡ། དེ་ཝཱི་ཀ་ལི་མནྟྲ་ཀ་ལི་ཧཱུྃ་ཧཱུྃཿཞེས་ལན་གསུམ་རྗེས་བཟླས་བྱེད་དུ་གཞུག་ནས། མགྲིན་པར་ཐིག་ལེ་བྱས་ལ། ཨོཾ་ཥྐ་ཀ་བཛྲ་ཨ་དྷི་ཊི་ཥྛ་སཾ། ཞེས་བརྗོད། གསུང་གི་རྗེས་གནང་ངོ་། །ཀླུ་མའི་ཐུགས་ཀ་ནས་འོད་ཟེར་འཕྲོས། མདུན་བསྐྱེད་ཀྱི་ལྷའི་ཐུགས་རྒྱུད་བསྐུལ། མདུན་བསྐྱེད་ཀྱི་ཐུགས་ཀ་ནས། རལ་གྲི་དང་། པདྨ་ལ་སོགས་པའི་ཕྱག་མཚན་མང་པོ་བྱུང་སྟེ། སློབ་མའི་སྙིང་གར་བསྟིམ། ཞེས་བརྗོད་དེ། རོལ་མོའི་སྒྲ་བྱ། སྙིང་གར་ཐིག་ལེ་བྱས་ལ། ཨོཾ་ཙིཏྟ་བཛྲ་ཨ་དྷི་ཊི་ཥྛ་སཾ། ཞེས་བརྗོད། ཐུགས་ཀྱི་རྗེས་གནང་ངོ་། །ཧཱུྃ་ལས་བྱུང་བའི་རལ་གྲི་ལ་སོགས་པའི་(༦༠(བ))ཕྱག་མཚན་རབ་ཏུ་འབར་བར་གྱུར། སངས་རྒྱས་རྣམས་ཀྱི་ཐུགས་ཀ་ནས། ཡེ་ཤེས་པ་ཕྱག་མཚན་གྱི་རྣམ་པར་སྤྱན་དྲངས་ཏེ་བསྟིམ། རལ་གྲི་སློབ་མའི་ལག་ཏུ་གཏད་ལ། དེང་ནས་བྱང་ཆུབ་སྙིང་པོའི་བར། །གདུག་པ་ཅན་ཀུན་ཚར་གཅོད་དང་། །སངས་རྒྱས་བསྟན་པ་རྒྱས་པ་ཡི། །འཕྲིན་ལས་རབ་འབྱམས་སྒྲུབ་པར་གྱིས། །ཨོཾ་བཛྲ་ཁཌྒ་ཨ་དྷི་ཊི་ཥྛ་ཧཱུྃ། ཐོད་པ་གཏད་ལ། དེང་ནས་བྱང་ཆུབ་སྙིང་པོའི་བར། །སྐལ་ལྡན་རྗེས་སུ་འཛིན་པ་དང་། །སངས་རྒྱས་བསྟན་པ་རྒྱས་པ་ཡི། །འཕྲིན་ལས་རབ་འབྱམས་སྒྲུབ་པར་གྱིས། །ཨོཾ་བཛྲ་ཀ་པཱ་ལ་ཨ་དྷི་ཊི་ཥྛ་ཧཱུྃ། པདྨ་གཏད་ལ། དེང་ནས་བྱང་ཆུབ་སྙིང་པོའི་བར། །ནད་དང་བར་ཆད་ཞི་བ་དང་། །སངས་རྒྱས་བསྟན་པ་རྒྱས་པ་ཡི། །འཕྲིན་ལས་རབ་འབྱམས་སྒྲུབ་པར་གྱིས། །ཨོཾ་བཛྲ་པདྨ་ཨ་དྷི་ཊི་ཥྛ་ཧཱུྃ། རྩེ་གསུམ་གཏད་ལ། དེང་ནས་བྱང་ཆུབ་སྙིང་པོའི་བར། །འགྲོ་བ་དབང་དུ་སྡུད་པ་དང་། །སངས་རྒྱས་བསྟན་པ་རྒྱས་པ་ཡི། །འཕྲིན་ལས་རབ་འབྱམས་སྒྲུབ་པར་གྱིས། །ཨོཾ་བཛྲ་ཏྲི་ཤཱུ་ལ་ཨ་དྷི་ཊི་ཥྛ་ཧཱུྃ། ལྟེ་བར་ཐིག་ལེ་བྱས་ལ། ཨོཾ་ཀཱ་ཡ་བཛྲ་ཨ་དྷི་ཊི་ཥྛ་ཨོཾ་ཧཱུྃ། སློབ་

མའི་སྙིང་གར་ཡི་དམ། དེའི་ཐུགས་ཀར་ཧྲཱིཿཡིག་གི་སྟེང་དུ་ཧཱུྃ་གི་མཐའ་སྐོར་དུ། ཡི་དམ་གྱིས་བསྐོར་བ། སྔགས་ཀྱི་འོད་ཟེར་གྱི་དྲ་བ་དམ་པོས་ཧྲཱིཿཡིག་བཅིངས་པར་བསམས། དེ་ནས་གཏོར་མ་མགོ་ཐོག་ཏུ་བཞག་ལ། རྡོ་རྗེ་འཆང་ནས་རྩ་བའི་བླ་མའི་བར། །ཇི་ལྟར་ཁས་བླངས་དམ་བཅའ་དྲན་མཛོད་ལ། །སྐལ་ལྡན་བུ་ཡི་འགལ་རྐྱེན་(༩༧༠ན)ཀུན་སེལ་ཞིང་། །མཐུན་རྐྱེན་མཆོག་ཐུན་དངོས་གྲུབ་མ་ལུས་སྩོལ། །ཞེས་གཏོར་མའི་བཀའ་བསྒོ་བྱས་པའི་མཐར་གཏོར་མ་ལ། ནང་མཆོད་རྡོ་རྗེའི་རྩེ་མོས་གཏོར་ལ། འདི་ནི་ཁྱོད་ཀྱི་དམྱལ་བའི་ཆུ། །དམ་ཚིག་འདས་ན་བསྲེག་པར་བྱེད། ། དམ་ཚིག་བསྲུངས་ན་དངོས་གྲུབ་ནི། །རྡོ་རྗེ་བདུད་རྩིའི་ཆུ་འདིས་འགྲུབ། །ཨོཾ་ཧ་ན་ཧ་ན་བཛྲ་ས་མ་ཡ་མ་ཏི་ཀྲ་མ་ཧཱུྃ། ལྷ་མོ་དམ་ལ་གནས་པར་བསམས། གཏོར་མ་དང་ནང་མཆོད་ནས་ཅུང་ཟད་གཅིག་སློབ་མ་ལ་སྦྱིན་ལ། ཨོཾ་རོ་རུ་རོ་རུ་བི་ཏི་སྟྲ་པ་ཏོ་སི། ཀ་མ་ལ་རཀྵ་སི་ཧཱུྃ་ཧྲཱིཿདགྲ་བགེགས་མ་ར་ཡ་ཧཱུྃ་ཕཊ། ཅེས་བརྗོད་དེ། དམ་ཚིག་བསྲེའོ། །མཆོད་གཏོར་ལ་བརྟེན་པ་སོགས་དམ་ཚིག་ལ་གནས་པར་གདམས། སློབ་མ་དང་། དཀྱིལ་འཁོར་གྱི་རྗེས་ཆོག་སྤྱི་དང་འདྲའོ། །

༈ དཔལ་ལྡན་དམག་ཟོར་རྒྱལ་མོ་ལ། སྨན་རག་གཏོར་གསུམ། གཡབ་དར། ཐོད་ཟ། ཚོལ་ཆེན། གུ་གུལ། རབ་བྱུང་། ཅང་ཞི་བསྲེས་པའི་སྤོས་རྣམས་འཛོམས་པར་བྱ། གཉིན་རྗེ་གཤེད་ཀྱི་བདག་བསྐྱེད་སོང་ནས། གཏོར་མ་ཡི་དམ་ལྟར་བྱིན་གྱིས་བརླབས། བཟླ་ན་བསངས་སྦྱངས། འབྲུ་གསུམ་གྱིས་ཀྱང་ཆོག །ཧྲཱིཿརཀ་མོ་ཧྲཱི། རཀ་མོ་ཧྲཱི་ཧྲཱི། རཀ་མོ་ཐུན་ཧྲཱི། ཁ་ལ་རཀ་ཆེན་མོ། རཀ་མོ་ཨ་བྱ་ཏ་བྱ་ཐུན་ཧྲཱི། རུ་ལུ་རུ་ལུ་ཧཱུྃ་ཧྲཱི་ཧཱུྃ། ཞེས་ཧྲཱིཿབདུན་མ་ལན་གསུམ་བརྗོད། སྭ་བྷཱ་ཝས་སྦྱངས། སྟོང་པའི་ངང་ལས་ཡཾ་ལས་རླུང་ནག་འཚུབ་མའི་(༩༧༠བ)གུར་སྟོན་དང་། རཾ་ལས་མེ་རླུང་འཚུབ་མའི་དབུས་སུ་པཾ་ལས་ཁྲག་ཞག་འཁྲུགས་པའི་རྒྱ་མཚོ། ཧྲཱུྃ་ལས་བསེ་མཁར་སྨུག་པོ་མཚན་ཉིད་ཐམས་ཅད་ཡོངས་སུ་རྫོགས་པ། ཕྱི་རོལ་ཏུ་དུར་ཁྲོད་ཆེན་པོས་

བསྐོར་བའི་དབུས་སུ། ཧཱུྃ་ཡིག་ནག་པོ་ལས། དཔལ་ལྡན་དམག་ཟོར་གྱི་རྒྱལ་མོ་དྲེའུ་རྟ་ལ་ཆིབས་པ། སྐུ་མདོག་སྔོ་ནག་ཞལ་གཅིག་ཕྱག་གཉིས་པ། ཕྱག་གཡས་རྡོ་རྗེས་མཚན་པའི་ཅན་དན་གྱི་བེང་ཆེན་འཕྱར་སྟབས་སུ་འཛིན་པ། གཡོན་ནལ་ཐོད་ཐུན་ཁྲག་གིས་གང་བ་ཐུགས་ཀར་བསྣམས་པ། དར་ནག་གི་ལྷབ་ལྷུབ་དང་། ཞིང་ཆེན་གྱི་གཡང་གཞི་དང་། རེ་ལྡེའི་ཤམ་བུ་ཅན། ཐོད་སྐམ་གྱི་དབུ་རྒྱན། ཐོད་རློན་གྱི་དོ་ཤལ། སྦྲུལ་གྱི་སྐེ་རགས། ཐལ་ཆེན་གྱི་ཚོམ་བུ་སོགས་དུར་ཁྲོད་ཀྱི་ཆས་རྫོགས་པ། སྤྱན་གསུམ་མཆེ་གཙིགས་དབུ་སྐྲ་གྱེན་དུ་བརྫེས་པ། ཁྲམ་ཤིང་རྐེད་ལ་གཟེར་ཞིང་། སྨའི་སྟ་ཤ་ལ་ནད་རྐྱལ་དང་ཤོ་རྡེའུ་བཅས་པ། ཕྱི་ཤ་ལ་མཚོན་གྱི་གྲུ་གུ་དང་བྱང་དམར་གྱི་ཁྲིས་པོ་ཅན། དུས་བཞིའི་རྒྱལ་མོས་དབུ་ལ་བཀྱུན་ལ། དབུའི་སྟེང་དུ་རྨ་བྱའི་གདུགས་དང་བཅས་པ། བདུད་ཕྱུག་དཔག་ཏུ་མེད་པས་བསྐོར་བ། བྱ་ནག་ཁྱི་ནག་ལུག་ནག་རྗེས་སུ་འབྲང་བ། དེའི་མིག་ཏུ་ཨཱཾ། རྣ་བར་ཛཱིཾ། སྣ་ལ་ཕཾ། ལྕེ་ལ་གཾ། དཔྲལ་བར་སྐཾ། ལྟེ་བར་སཾ། ཐུགས་ཀར་རྦྷུཾ། མགྲིན་པར་ཨཱཿ སྤྱི་བོར་ཨོཾ། ཨོཾ་སརྦ་ཏ་ཐཱ་ག་ཏ་ཙིཏྟ་ཝཱ་ཀ་ཀཱ་ཡ་བཛྲ་སྭ་བྷཱ་ཝ་ཨཱཏྨ་ཀོ྅ཧཾ། རང་དང་མདུན་བསྐྱེད་གཉིས་ཀའི་ཐུགས་ཀ་ནས་འོད་ཟེར་འཕྲོས། (༦༡༡ན)བྱང་ཤར་མུ་ལི་དིང་ནས། ལྷ་མོ་འཁོར་དང་བཅས་པ་བཛྲ་ས་མཱ་ཛཿ ཧཱུྃ༔ རླུང་ནག་འཚུབ་མའི་དཀྱིལ་འཁོར་ནས། །འདོད་ཆགས་ཁྲག་གི་རྒྱ་མཚོ་ནས། །ཞེ་སྡང་མེ་དཔུང་གཞལ་ཡས་ནས། །དཔལ་ལྡན་ལྷ་མོ་གཤེགས་སུ་གསོལ། །འཕྲིན་ལས་ཀུན་གྱི་བདག་མོ་སྟེ། །དཔལ་ལྡན་དམག་ཟོར་རེ་མ་ཏི། །ནག་མོ་འབུམ་སྡེའི་འཁོར་དང་བཅས། །འགྲོ་བ་འདུལ་ཕྱིར་གཤེགས་སུ་གསོལ། །ཨེ་ཨ་ར་ལི་ཧྲི་ཧྲི་ཛཿ ཧཱུྃ༔ ནག་མོ་གདུག་ཅན་དྲེགས་པ་ཅན། །ཀུན་ཏུ་ཁྱབ་པའི་གཟུགས་སྟོན་མ། །ནག་མོ་གཙོ་མོ་དྲེའུ་རྟ་ཆིབས། །འདིར་བྱོན་དྲེའུ་རྟའི་གདན་ལ་བཞུགས། །ཛཿཧཱུྃ་བཾ་ཧོཿས་མ་ཡ་སྟྭཾ། ཏིཥྛ་དྲྀ་ཌྷ་ཧོ། ཞེས་དམ་ཡེ་བསྲེ། ཧཱུྃ༔ ཟ་བྱེད་ནག་མོ་མཆེ་བ་ཅན། །ཁོད་བྱེད་ཧ་ཧ་ནག་མོ་ཁྱོད། །

གསོད་ལ་དགའ་བར་བྱེད་པ་མོ། །བདག་ནི་བཙ་ཡི་ཕྱུག་འབུལ་ལོ། །ཨ་ཏི་པུ་ཧོ། པྲ་ཏི་ཙ་ཧོ། སྙིང་གའི་ཧཱུྃ་གི་འོད་ཀྱིས་དབང་ལྷ་སྤྱན་དྲངས། ཨོཾ་སརྦ་ཏ་ཐཱ་ག་ཏ་ཨ་བྷི་ཥིཉྩ་ཏུ་མཾ། ཞེས་གསོལ་བ་བཏབ་པས། ཨོཾ་བཛྲ་ཨ་བྷི་ཥིཉྩ་ཧཱུྃ། ཞེས་དབང་བསྐུར། དབང་རྟགས་གཤིན་རྗེ་གཤེད་ཀྱིས་དབུ་བརྒྱན་པར་གྱུར། སྨན་གྱི་མཆོད་པ་ནི། ཕྲ་མོ་སྟོམ་པོ་ལས་བྱུང་བ། །བདུད་རྩིས་བྲན་པའི་ཛ་གད་འདི། །དམག་ཟོར་རྒྱལ་མོ་ལ་འབུལ་གྱི། །བསྟན་པ་སྲུང་ཕྱིར་བཞེས་སུ་གསོལ། །མཧཱ་པཉྩ་ཨ་མྲི་ཏ་ཁ་ཁ་ཁཱ་ཧི་ཁཱ་ཧི། རཀྟ་བསྐྱིང་ཞིང་། ཚུ་དང་མ་འདྲེས་དྭངས་མའི་ཁྲག །དྭངས་མ་ཡི་ནི་(༦༡༡བ)ཁྲག་ཆེན་པོ། །དམར་ཟོར་ནག་མོ་ལ་འབུལ་གྱི། །བསྟན་པ་སྲུང་ཕྱིར་བཞེས་སུ་གསོལ། །མཧཱ་རཀྟ་ཁ་ཁ་ཁཱ་ཧི་ཁཱ་ཧི། རང་གཤིན་རྗེ་གཤེད་དང་ལྷ་མོ་ཡབ་ཡུམ་སྙོམས་པར་ཞུགས་པའི་སྦྱོར་མཚམས་ནས། ཐིག་ལེ་དཀར་དམར་ཁླངས་ནས། བདག་མདུན་ཀྱི་ཐུགས་ལ་བཞག་པར་མོས་ལ། བདུད་རྩི་མྱངས་ཤིང་གཏོར། དམ་ཚིག་བསྐོ། །གཏོར་མ་འབུལ་བ་ནི། ཤ་ཁྲག་བདུད་རྩི་ལྔ་དང་སྦྱར། །འབྲུ་སྣ་སྦྱར་བའི་གཏོར་མ་འདི། །དམག་ཟོར་ནག་མོ་ལ་འབུལ་གྱི། །བསྟན་པ་སྲུང་ཕྱིར་བཞེས་སུ་གསོལ། །ཧྲཱིཿ བདུན་མ་ལ། མཧཱ་བ་ལིཾ་ཏ་ཁ་ཁ་ཁཱ་ཧི་ཁཱ་ཧི། བཏགས་པ་ལན་བདུན། ཡང་རཀྟ་བསྐྱིང་ལ། ཤ་ཆེན་ཚོགས་ནི་རི་ལྟར་སྤུངས། །རཀྟའི་ཚོགས་ནི་མཚོ་ལྟར་བསྐྱིལ། །དམ་རྫས་བདུད་རྩི་འདི་བཞེས་ལ། །དམ་ཚིག་ཉམས་པའི་དགྲ་བགེགས་དང་། །གནོད་བྱེད་འབྱུང་བའི་ཚོགས་རྣམས་ཚོམས། །བདུད་ཀྱི་དམག་ཚོགས་དགྲ་ལ་དྲོངས། །དམག་དཔོན་རྒྱལ་མོས་དམག་སྣ་དྲོངས། །དམག་དཔུང་བསྐྱེད་ལ་ཏུ་མཚོན་ཕྱོར། །སརྦ་བིགྷྣན་ཤ་ཏྲུྃ་མ་ར་ཡ། ཨི་དཾ་བ་ལིཾ་ཏ་ཁ་ཁ་ཁཱ་ཧི་ཁཱ་ཧི། དེ་ནས། བཟླས་པའི་དམིགས་པ་གསལ་བཏབ་ལ། ཧྲཱིཿརཀ་མོ་ཧྲཱུྃ། རཀ་མོ་ཧྲཱུྃ་ཧྲཱུྃ། རཀ་མོ་ཐུན་ཧྲཱུྃ། ཁ་ལ་རཀ་ཆེན་མོ། རཀ་མོ་ཨ་བྱ་ཏ་བྱ་ཐུན་ཧྲཱུྃ། ཏུ་ལུ་ཏུ་ལུ་ཧཱུྃ་ཧྲཱུྃ་ཧཱུྃ། ཞེས་ཅི་འགྲུབ་ཏུ་བཟླ། མཐར་ཨཀྵོ་ནས། ཤཏྟའི་བར་གྱིས་མཆོད།

དེ་ནས་བསྟོད་པ་ནི། ཧཱུྃ༔ དཔལ་ལྡན་གཟུགས་མ་འདོད་ཁམས་གཙོ་མོ་ཁྱོད། ། (༦༧༢ན)དྲིའུ་རྟ་ཞོན་ནས་དཔག་ཚད་ལྔ་བརྒྱར་རྒྱུག །བེ་ཅོན་ཐོད་པ་དམ་པ་རང་རྟགས་འཛིན། །རི་ལྡེས་སྟོད་གཡོགས་སྦྲུལ་གྱི་ཤམ་བུ་ཅན། །སྤྱི་བར་ཉི་ཤར་གཙུག་ན་ཟླ་རྒྱས་མ། ཁྲག་ནད་བདག་མོ་དབྱིངས་ཕྱུག་དཔལ་འབར་མ། །ལྷ་མོ་རེ་མ་ཏི་ལ་བསྟོད་པར་བགྱི། །རྣལ་འབྱོར་བཅོལ་བའི་འཕྲིན་ལས་འགྲུབ་པར་མཛོད། །འདོད་དོན་གསོལ་བཏབ་ནི། བདག་ཅག་དུས་འདིར་ཚེ་རིང་ཞིང་། །བུ་དང་ཚ་བོ་རྒྱས་པ་དང་། །འཁོར་དང་ལོངས་སྤྱོད་འཕེལ་བར་མཛོད། །ལོག་པར་ལྟ་བའི་དགྲ་དང་བགེགས། །བདུད་དང་བར་ཆད་རྣམ་མང་པོ། །ཐམས་ཅད་གཏན་ནས་བརླག་པར་མཛོད། །སངས་རྒྱས་བསྟན་པ་སྲུང་བ་དང་། །ཆོས་འཁོར་གཉན་པོ་དར་སྐྱོངས་ཤིག །ཅེས་བརྗོད། ༈ འདིའི་རྗེས་གནང་ལ། ཐུན་མོང་གི་སློབ་མ་ལ་ཐུན་མོང་གི་རྗེས་གནང་དང་། ཐུན་མོང་མ་ཡིན་པ་ལ་དེ་བཞིན་ཏེ། དེ་ལས་བཟློག་ན་ཚེ་ཐུང་བ་དང་། ནད་མང་བ་དང་འཁོར་དང་ལོངས་སྤྱོད་ཐམས་ཅད་ལ་གོད་ཁ་ཡོང་བའི་ཉེས་དམིགས་ཡོད་པར་གསུངས་པས། ཐུན་མོང་གི་རྗེས་གནང་བྱེད་པར་འདོད་ན། མཎྜལ་ཟླུམ་སྐོར་དམར་པོ་མེ་རིས་དང་བཅས་པ་ལ། ཆོས་འབྱུང་ནག་པོ་ཚོམ་བུ་དང་བཅས་པ་ཞིག་བྱ། དེར་མཐེའི་ཁར་ཐོད་པའི་ནང་དུ། གཏོར་མ་ཤ་ཆེན་དང་གྲི་ཁྲག་གིས་བརྒྱན་པ་ལ། མདའ་དར་ནག་པོ་དང་། ཅག་ལི་བཙུགས། སྨན་རག་ཕུད་གསུམ་དང་མཆོད་པས་བསྐོར། ཙན་དན་གྱི་བེ་ཅོན་དང་། ཐོད་ཁྲག་(༦༧༢བ)རྣམས་བཤམས། གཤིན་རྗེ་གཤེད་ཀྱི་བདག་བསྐྱེད་དང་གོང་དུ་བཤད་པའི་བཟླས་པ་ཡན་ཆད་སོང་མཚམས། བཤགས་པ་དང་ཚོགས་འཁོར་བྱ། ༈ དེ་ནས་སློབ་མས་མཎྜལ་ཕུལ། གང་གི་དྲིན་གྱིས་བདེ་ཆེན་ཉིད། །ཞེས་སོགས་དང་། གཙོ་བོ་ལྷ་མོར་བཅས་པ་ཡི། །སྐུ་གསུང་ཐུགས་ལ་སྐྱབས་སུ་མཆི། །དཔལ་ལྡན་ལྷ་མོའི་རྗེས་གནང་གི། དངོས་གྲུབ་དམ་པ་བསྩལ་དུ་གསོལ། །ཞེས་གསོལ་བ་བཏབ།

དཀོན་མཆོག་གསུམ་ལ་བདག་སྐྱབས་མཆི། །ཞེས་སོགས་མགུར་ནས་འབྱུང་བའི་རྒྱན་བཤགས་བྱ། དེ་ནས། སློབ་མ་སྤྲུལ་གཞི་ལྟར་བསྐྱེད་པ་ལ་སྔར་བཞིན་བསངས་སྦྱངས། སྟོང་པའི་ངང་ལས་ཡཾ་ལས་རླུང་ནག་འཚུབ་མའི་གུར་སྟོན་དང་། རཾ་ལས་མེ་རླུང་འཚུབ་མའི་དབུས་སུ་པཾ་ལས་ཁྲག་ཞག་འཁྲུགས་པའི་རྒྱ་མཚོ། ཧཱུྃ་ལས་བསེ་མཁར་སྨུག་པོ་མཚན་ཉིད་ཐམས་ཅད་ཡོངས་སུ་རྫོགས་པ། ཕྱི་རོལ་དུར་ཁྲོད་ཆེན་པོས་བསྐོར་བའི་དབུས་སུ། ཀྲྀ་ཡིག་ནག་པོ་ལས། ཁྱེད་རང་རྣམས་དཔལ་ལྡན་དམག་ཟོར་གྱི་རྒྱལ་མོ་དྲེཝ་ཏ་ལ་ཆིབས་པ། སྐུ་མདོག་སྔོ་ནག་ཞལ་གཅིག་ཕྱག་གཉིས་པ། ཕྱག་གཡས་རྡོ་རྗེས་མཚན་པའི་ཅན་དན་གྱི་བེང་ཆེན་འཕྱར་སྟབས་སུ་འཛིན་པ། གཡོན་ནལ་ཐོད་ཐུན་ཁྲག་གིས་གང་བ་ཐུགས་ཀར་བསྣམས་པ། དར་ནག་གི་ལྷབ་ལྷུབ་དང་། ཞིང་ཆེན་གྱི་གཡང་གཞི་དང་། རེ་ལྡེའི་ཤམ་བུ་ཅན། ཐོད་སྐམ་གྱི་དབུ་རྒྱན། ཐོད་རློན་གྱི་དོ་ཤལ། སྦྲུལ་གྱི་སྐེ་རགས། ཐལ་ཆེན་གྱི་ཚོམ་བུ་སོགས་དུར་(༦༧༣ན)ཁྲོད་ཀྱི་ཆས་རྫོགས་པ། སྤྱན་གསུམ་མཆེ་གཙིགས་དབུ་སྐྲ་གྱེན་དུ་བརྫེས་པ། ཁྲམ་ཤིང་རྐེད་ལ་གཟེར་ཞིང་། རྐའི་སྟེ་ཤ་ལ་ནད་རྐྱལ་དང་ཤོ་རྡེའུ་བཅས་པ། ཕྱི་ཤ་ལ་མཚོན་གྱི་གྲུ་གུ་དང་བྱང་དམར་གྱི་ཁྲིས་པོ་ཅན། དུས་བཞིའི་རྒྱལ་མོས་དབུ་ལ་བརྒྱན་ལ། དབུའི་སྟེང་དུ་རྨ་བྱའི་གདུགས་དང་བཅས་པ། བདུད་ཕྲུག་དཔག་ཏུ་མེད་པས་བསྐོར་བ། བྱ་ནག་ཁྱི་ནག་ལུག་ནག་རྗེས་སུ་འབྲང་བ། དེའི་མིག་ཏུ་ཀྲཱྀ། རྣ་བར་ཛྲཱྀ། སྣ་ལ་ཁཾ། ལྕེ་ལ་གཾ། དཔྲལ་བར་སྐཾ། ལྟེ་བར་སཾ། ཐུགས་ཀར་ཧྲཱུྃ། མགྲིན་པར་ཨཱཿ སྤྱི་བོར་ཨོཾ། ཞེས་གསལ་གདབ། མདུན་གྱི་གཏོར་རྟེན་འདི་ཉིད་ཀྱང་ཁྱེད་རང་རྣམས་སྒོམ་པ་དང་འདྲ་བའི་དཔལ་ལྡན་དམག་ཟོར་རྒྱལ་མོ་འཁོར་དང་བཅས་པར་དངོས་སུ་བཞུགས་འདུག་སྙམ་པར་མོས་ལ། དེ་ནས་སློབ་དཔོན་དང་། མདུན་བསྐྱེད་ཀྱི་ལྷ་མོའི་ཐུགས་ཀའི་ས་བོན་ལས་འོད་ཟེར་འཕྲོས། བྱང་ཤར་ཨུ་ལི་དིང་གི་རྒྱ་མཚོ་ཆེན་པོ་སོགས་ནས་དཔལ་ལྡན་དམག་ཟོར་གྱི་རྒྱལ་

མོ་འཁོར་དང་བཅས་པ་བྱ་རོག་གི་སྐད་སྒྲོག་བཞིན་པ་དང་བཅས་དཔག་ཏུ་མེད་པ་སྤྱན་དྲངས་ཏེ། ཁྱེད་རང་རྣམས་ཀྱི་ལུས་ལ་རྗེ་ཚན་ལ་ཁ་བ་བབས་པ་བཞིན་དུ་ཐིམ་པས་ལྷ་མོའི་སྐུའི་བྱིན་རླབས་ཞུགས། ལུས་ཀྱི་སྒྲུབ་པ་གསུམ་སྦྱངས། བུམ་པའི་དབང་ཐོབ། ལུས་ལྷ་མོའི་སྐུ་དང་དབྱེར་མེད་དུ་གྱུར། དེ་ལྟར་གྱུར་པའི་མོས་པ་མཛོད་བྱས་ལ། ཀྲ་དྲིལ་གྱི་སྒྲ་བྱ། ཧྲུཿརཀ་མོ་ཧྲུ། རཀ་མོ་ཧྲུ་ཧྲུ། རསྨ་ཐུན་ཧྲུ། ཁ་ལ་རཀ་ཆེན་མོ། རསྨ་(༧༣བ)ཨ་བྱ་ཏ་བྱ་ཐུན་ཧྲུ། ཙ་ལུ་ཙ་ལུ་ཧཱུྃ་ཧྲུ་ཧཱུྃ། ཞེས་མང་དུ་བཟླ་ཞིང་། སྤྱོས་དང་རོལ་མོས་བྱིན་དབབ། ཛཿཧཱུྃ་བཾ་ཧོཿས་བསྟིམ། དེ་ནས་སློབ་མའི་ལག་པ་གཡས་སུ་བེ་ཅོན་དང་གཡོན་དུ་ཐོད་ཁྲག་གཏད་དེ། དཔལ་ལྡན་ལྷ་མོ་ཁྱོད་ནི་མ་ཡིན་ལ། །རྡོ་རྗེ་སློབ་མ་འདི་ཉིད་བུ་ཡིན་པས། །མ་བུ་གཉིས་འབྲལ་བ་མེད་པར་གྱིས་ཤིག །ཅེས་བཀའ་བསྒོ་བྱ། སློབ་མའི་མགོ་བོར་མེ་ཏོག་བཞག་ལ། དུས་འདི་ནས་ནི་བཟུང་ནས་ནི། །བྱང་ཆུབ་སྙིང་པོར་མཆིས་ཀྱི་བར། །ལྷག་པའི་ལྷ་ནི་མཛད་དུ་གསོལ། །རྐྱེན་ངན་བར་ཆད་ཐམས་ཅད་སོལ། །མཆོག་དང་མཐུན་མོང་དངོས་གྲུབ་ཀུན། །མ་ལུས་ད་ལྟ་བསྩལ་དུ་གསོལ། །ཞེས་བརྗོད། སྐུའི་རྗེས་གནང་ངོ་། །དེ་ནས། སློབ་དཔོན་དང་མདུན་བསྐྱེད་གཉིས་ཀའི་ས་བོན་ལས་འོད་ཟེར་སྔོམ་ཀྱི་བ་ཐག་ལྟ་བུ་ཕྱོགས་བཅུར་འཕྲོས་པས། རྒྱལ་བ་སྲས་བཅས་ཐམས་ཅད་ཀྱི་གསུང་གི་བྱིན་རླབས་ཐམས་ཅད་འདིའི་སྔགས་འཕྲེང་ཁ་དོག་ནག་པོའི་རྣམ་པར་སྤྱན་དྲངས། སློབ་མ་རྣམས་ཀྱི་ཁར་ཞུགས། མགྲིན་པར་ཐིམ་པས། ལྷ་མོའི་གསུང་གི་བྱིན་རླབས་ངག་ལ་ཞུགས། ངག་གི་ལས་སྒྲིབ་བཞི་སྦྱངས། གསང་བའི་དབང་ཐོབ། ངག་ལྷ་མོའི་གསུང་དང་དབྱེར་མེད་དུ་གྱུར་པའི་མོས་པ་མཛོད་བྱས་ལ། ཀྲ་དྲིལ་གྱི་སྒྲ་དང་བཅས། སྔགས་ཀྱི་མཛུག་ཏུ། ཨ་བེ་ཤ་ཡ་ཨཿཨཿཞེས་དང་། ཡང་མདུན་བསྐྱེད་ཀྱི་ཐུགས་ཀ་ནས་སྔགས་ཀྱི་འཕྲེང་བ་བརྒྱུད་དེ་ཞལ་ནས་ཐོན། ཁྱེད་རང་རྣམས་ཀྱི་ཁར་ཞུགས། སྙིང་ཁའི་སྔགས་འཕྲེང་ལ་ཐིམ་པར་(༧༤ན)མོས་

ནས་འདིའི་རྗེས་ཟློས་མཛོད་ཅིག་བྱས་ལ། ཧྲཱིཿརག་མོ་ཧྲཱི། རག་མོ་ཧྲཱི་ཧྲཱི། རག་མོ་ཐུན་ཧྲཱི། ཁ་ལ་རག་ཆེན་མོ། རག་མོ་ཨ་བྷ་ཏ་བྷ་ཐུན་ཧྲཱི། ཙ་ལུ་ཙ་ལུ་ཧཱུྃ་ཧྲཱི་ཧཱུྃ། ཞེས་རྗེས་ཟློས་ལན་གསུམ་བྱར་གཞུག །གསུང་གི་རྗེས་གནང་ངོ་། །དེ་ནས། སློབ་དཔོན་དང་མདུན་བསྐྱེད་ཀྱི་ཐུགས་ཀའི་ས་བོན་ལས་འོད་ཟེར་སྤོས་ཀྱི་བ་ཐག་ལྟ་བུ་ཕྱོགས་བཅུར་འཕྲོས་པས། ཕྱོགས་བཅུའི་རྒྱལ་བ་སྲས་བཅས་ཀྱི་ཐུགས་ཀྱི་བྱིན་རླབས་ཐམས་ཅད་ཧཱུྃཿམཐིང་ནག་གི་རྣམ་པར་སྤྱན་དྲངས། སློབ་མ་རྣམས་ཀྱི་སྙིང་གའི་ཧཱུྃཿལ་ཐིམ་པས། ལྷ་མོའི་ཐུགས་ཀྱི་བྱིན་རླབས་སློབ་མ་རྣམས་ཀྱི་ཡིད་ལ་ཞུགས། ཡིད་ཀྱི་ལས་སྒྲིབ་སྦྱངས། ཤེས་རབ་ཡེ་ཤེས་ཀྱི་དབང་ཐོབ། དཔལ་ལྡན་ལྷ་མོའི་ཐུགས་དང་སློབ་མ་རྣམས་ཀྱི་ཡིད་དབྱེར་མེད་དུ་གྱུར། ད་ལྟར་གྱུར་པའི་མོས་པ་མཛོད་བྱས་ལ། ཏཱ་དྲིལ་གྱི་སྒྲ་བྱ། སྤགས་ཀྱི་མཧུག་ཏུ། ཨ་བེ་ཤ་ཡ་ཨཿཨཿཞེས་བརྗོད། གཏོར་མ་མགོ་བོར་བཞག་ལ། རྩ་བརྒྱུད་ཀྱི་དཔལ་ལྡན་བླ་མ་དམ་པ་རྣམས་ཀྱིས་བྱིན་གྱིས་རློབས་ཤིག །ཡི་དམ་དཀྱིལ་འཁོར་གྱི་ལྷ་ཚོགས་རྣམས་ཀྱིས་བྱིན་གྱིས་རློབས་ཤིག །སངས་རྒྱས་དང་བྱང་ཆུབ་སེམས་དཔའ་ཐམས་ཅད་ཀྱིས་བྱིན་གྱིས་རློབས་ཤིག །དཔའ་བོ་དང་དཔའ་མོ་རྣལ་འབྱོར་མ་རྣམས་ཀྱིས་བྱིན་གྱིས་རློབས་ཤིག །དཔལ་མགོན་དམ་པ་ཆོས་སྐྱོང་སྲུང་མ་རྣམས་ཀྱིས་བྱིན་གྱིས་རློབས་ཤིག །ཁྱད་པར་དུ་ཡང་དཔལ་ལྡན་ལྷ་མོ་འཁོར་དང་བཅས་པ་རྣམས་ཀྱི་བྱིན་གྱིས་རློབས་ཤིག །ཁྱེད་རྣམས་(༦༧༨)ཀྱིས་རྡོ་རྗེ་སློབ་མ་འདི་རྣམས་ཀྱི་འགལ་རྐྱེན་ཕྱི་ནང་གི་བར་གཅོད་ཐམས་ཅད་ཞི་བ་དང་། མཐུན་རྐྱེན་ཚེ་དང་བསོད་ནམས་དཔལ་འབྱོར་ཕུན་སུམ་ཚོགས་པ་ཐམས་ཅད་རྒྱས་པ་དང་། མཆོག་དང་ཐུན་མོང་གི་དངོས་གྲུབ་ཐམས་ཅད་མྱུར་དུ་འགྲུབ་པར་མཛད་དུ་གསོལ། ཞེས་གསོལ་བ་བཏབ་པས། སློབ་མ་རྣམས་ཀྱི་སྤྱི་བོ་ནས་ཐིམ་པས་བྱིན་གྱིས་བརླབས་པར་གྱུར། ཛཿཧཱུྃ་བཾ་ཧོཿཞེས་གཏོར་དབང་བསྐུར། རྗེས་ཀྱི་བྱ་བ་སྤྱི་དང་འདྲའོ། ། ༈ ཐུན་མོང་མ་ཡིན་པ་ལྟར་ན།

མཆོད་གཏོར་བཤམས་ཚུལ་དང་གསོལ་གདབ་རྒྱུན་བཤགས་རྣམས་གོང་བཞིན་ལ། དེ་རྗེས། ཙན་དན་གྱི་བེ་ཅོན་ཡོན་དུ་ཕུལ་ཏེ། སངས་རྒྱས་བསྟན་པ་སྲུང་བ་དང་། སེམས་ཅན་ཀུན་ལ་ཕན་སླད་དུ། །མཐུ་དང་དངོས་གྲུབ་འབྱུང་བའི་རྒྱུ། །དམ་ཚིག་ཅན་དེ་བདག་ལ་སྩོལ། །ལན་གསུམ། སློབ་མ་གཤིན་རྗེ་གཤེད་ལ་ལྷ་མོས་འབྲུད་པའི་སྐུར་སྒོམ་དུ་བཅུག །སློབ་དཔོན་གྱི་ཐུགས་ཀ་ནས་འོད་ཟེར་འཕྲོས། སངས་རྒྱས་བྱང་སེམས་ཡི་དམ་དཔག་ཏུ་མེད་པ་སྤྱན་དྲངས་ཏེ་བསྟིམ་པར་བསམས་ལ། ཧྲཱིཿཥྚྲིའི་མཐར་ལྷ་མོའི་དྲག་སྔགས་མང་དུ་བཟླ་ཞིང་། སྤོས་དང་རོལ་མོས་བྱིན་དབབ། ལག་ཏུ་བེ་ཅོན་དང་ཐོད་པ་གཏད། མགོ་བོར་གཏོར་མ་བཞག་ལ། མ་མོ་མཁའ་འགྲོ་དམ་ཚིག་ཅན། །མ་བྱས་བྱམས་ཤིང་སྲིད་བས་བརྩེ། །གྲོགས་པས་དུངས་ཤིང་བྲན་པས་ཉན། །བཀའ་སྡོད་སྲུང་མའི་དབང་ཐོབ་ཤོག །ཧྲཱིཿཥྚྲིའི་དང་ཧཱུྃཿབདུན་མའི་མཐར། མ་མ་ཧུ་ག་རཀྵ་སི་ས་མ་ཡ། (༦༧༥ན)ཞེས་བརྗོད། ཕུན་སུམ་ཚོགས་པ་མངའ་བ་གསེར་གྱི་རི་བོ་འདྲ། །འཇིག་རྟེན་གསུམ་གྱི་མགོན་པོ་དྲི་མ་གསུམ་སྤངས་པ། །སངས་རྒྱས་པདྨ་འདབ་མ་རྒྱས་འདྲའི་སྤྱན་མངའ་བ། །འདི་ནི་འཇིག་རྟེན་དགེ་བའི་བཀྲ་ཤིས་དང་པོའོ། །ཞེས་བཀྲ་ཤིས་བརྗོད་པས། ལུས་དང་གྲིབ་མ་བཞིན་དུ་འགྲོགས་པ་ཡིན། གཏོར་མ་གྲིན་པར་བཞག་ལ། དམ་རྫས་གཏོར་མའི་དབང་བསྐུར་བས། །བདག་གི་འཕྲིན་ལས་ལྷུན་གྲུབ་ནས། །དམ་ཙན་འདུ་ཞིང་འཕོལ་བ་དང་། །དགྲ་བགེགས་སྒྲོལ་བའི་དབང་ཐོབ་ཤོག །ཐོད་པ་ནས་བདུད་རྩི་བླུད། སྔགས་ཀྱི་མཐར་ཨཧྲི་ཏིཥྛ་ཨོཾ་ཧཱུྃ། དེ་ཡིས་ཉེ་བར་བསྟན་པའི་མཆོག་རབ་མི་གཡོ་བ། །འཇིག་རྟེན་གསུམ་དུ་གྲགས་ཤིང་ལྷ་དང་མིས་མཆོད་པ། །ཆོས་ཀྱི་དམ་པ་སྐྱེ་རྒུ་ཀུན་ལ་ཞི་བྱེད་པ། །འདི་ནི་འཇིག་རྟེན་དགེ་བའི་བཀྲ་ཤིས་གཉིས་པའོ། །ཞེས་བརྗོད། བླ་མ་དང་མདུན་བསྐྱེད་ཀྱི་ཞལ་ནས་སྔགས་འཕྲེང་དཀྱིལ་ཆུའི་རྒྱུན་ལྟར་བྱུང་། ཁར་ཞུགས། མགྲིན་པར་ཐིམ། བྱིད་རང་གི་སྙིང་གར་པད་ཉིའི་གདན་ལ

ས་བོན་གྱི་མཐར་སྔགས་འཕྲེང་འོད་ཟེར་མཐིང་ནག་འབར་བའི་རྣམ་པ་ཅན་དུ་བཞུགས་པར་མོས། སློབ་དཔོན་གྱི་ཐུགས་ཀ་ནས་འོད་ཟེར་འཕྲོས། མདུན་བསྐྱེད་ཀྱི་ལྷའི་ཐུགས་རྒྱུད་བསྐུལ། ཐུགས་ཀའི་སྔགས་འཕྲེང་ལས་སྔགས་འཕྲེང་གཉིས་པ་ཞིག་ཆད། ཞལ་ནས་ཐོན། ཁྱེད་རང་གི་ཁ་སྒོ་ནས་ཞུགས། སྙིང་གའི་ས་བོན་གྱི་མཐར་སྔགས་སྔ་མ་ལ་ཐིམ་ཞིང་འཁོད་པར་མོས་ལ། འདིའི་(༦༧༥བ)རྗེས་བཟླས་མཛོད། ཧཱུྃ༔རཀ་མོ་ཧཱུྃ། རཀ་མོ་ཧཱུྃ་ཧཱུྃ། རཀ་མོ་ཐུན་ཧཱུྃ། ཁ་ལ་རཀ་ཆེན་མོ། རཀ་མོ་ཨ་བྱ་ཏ་བྱ་ཐུན་ཧཱུྃ། ཙ་ལུ་ཙ་ལུ་ཧཱུྃ་ཧཱུྃ་ཧཱུྃ། ཞེས་ལན་གསུམ་རྗེས་བཟླས་བྱེད་དུ་གཞུག ། གཏོར་མ་སྙིང་གར་གཏད་ལ། དམ་རྫས་གཏོར་མའི་དབང་བསྐུར་བས། །ཐུགས་ཀྱི་འཕྲིན་ལས་ལྷུན་གྲུབ་ནས། །དམ་ཅན་འདུ་ཞིང་འཁོལ་བ་དང་། །དགྲ་བགེགས་སྒྲོལ་བའི་དབང་ཐོབ་ཤོག །བདུད་རྩི་སྙིང་གའི་ས་བོན་ལ་ཐིམ། ཤེལ་ལྟར་དྭངས་པའི་འོད་ཀྱི་སྣང་བས་ཁེངས་པར་བསམས། སྔགས་ཀྱི་མཐར། བོ་ཧྲི་ཙིཏྟ་མནྡ་སུ་ཁ་རྨཱ་ན་ཧྲ་ཏུ་ཧཱུྃ། དགེ་འདུན་དམ་པ་ཚོས་དང་ཐོས་པའི་ནོར་གྱིས་ཕྱུག །མི་དང་ལྷ་དང་ལྷ་མ་ཡིན་གྱི་མཆོད་པའི་གནས། །ཚོགས་ཀྱི་དམ་པ་ངོ་ཚ་ཤེས་དང་དཔལ་གྱི་ཞིང་། །འདི་ནི་འཇིག་རྟེན་དགེ་བའི་བཀྲ་ཤིས་གསུམ་པའོ། །ཞེས་བརྗོད། དེ་ནས། གཏོར་མ་ལག་ཏུ་གཏད་ནས། རྡོ་རྗེ་འཆང་ནས་རྩ་བའི་བླ་མའི་བར། །རྗེ་ལྟར་ཁས་བླངས་དམ་བཅའ་དྲན་མཛོད་ལ། །སྐལ་ལྡན་བུ་ཡི་འགལ་རྐྱེན་ཀུན་སེལ་ཞིང་། །མཆོག་དང་ཐུན་མོང་དངོས་གྲུབ་མ་ལུས་སྩོལ། །ཞེས་བཀའ་བསྒོ་བྱ། སངས་རྒྱས་བསྟན་པ་ཡུན་དུ་གནས་བྱའི་ཕྱིར། །སྔོན་ཆེ་རྗེ་ལྟར་ཁས་བླངས་དམ་བཅས་བཞིན། །ཞི་དང་རྒྱས་དང་དབང་དང་མངོན་སྤྱོད་ཀྱི། །འཕྲིན་ལས་རྣམ་བཞི་ལྷུན་གྱིས་གྲུབ་པར་ཤོག །སྔགས་ལ། ས་མ་སཏྭ་ཀ་སཏ་ཀརྨ་སིདྡྷི་ཀུ་རུ་ཧཱུྃ། ཉེན་མོ་བདེ་ལེགས་མཚན་བདེ་ལེགས་ཞེས་སོགས་བརྗོད། རྗེས་ཀྱི་བྱ་བ་སྤྱི་དང་མཐུན་ནོ། །

༄ སྒྲོག་སྒྲུབ་ལྷུགས་ཕུར་(༦༧༨ན)མ་རང་བྱུང་རྒྱལ་མོ་ལ། རྡོ་རྗེའི་རིགས་ཀྱི་ཁྲོ་བོ་ཆེན་

པོའི་བསྙེན་པ་རྫོགས་པ་ཞིག་གིས་བྲིས་སྐུ་མཆོད་གཏོར་སོགས་ཚོགས་པར་བྱས་ལ།
ཡི་དམ་གྱི་བདག་བསྐྱེད་སྔོན་དུ་སོང་ནས། རང་གི་མདུན་དུ་འོད་ཀྱི་གུར་ཁང་སྔོན་
པོ་རྒྱ་ཁྱོན་མཐའ་ཡས་པའི་ནང་དུ། མེ་རླུང་འཚུབ་མ་འཁྱིལ་བའི་དབུས་སུ། རཀྟའི་
རྒྱ་མཚོའི་ནང་དུ་ཁྲི་གནམ་ལྕགས་འབར་བའི་གཞལ་ཡས་ཁང་གྲུ་བཞི། ནང་དུ་
ཐོད་མཁར་གྲུ་གསུམ། རྒྱངས་རྡོ་རྗེ་ཕ་ལམ་ལས་གྲུབ་པ། དེའི་དབུས་སུ་རང་གི་
སྙིང་ག་ནས་སྤྲོས་པའི་ཧཱུཾ་ཡིག་ཡོངས་སུ་གྱུར་པ་ལས། ལྕགས་ཀྱི་དྲིའུ་ཧ་ཧང་གསུམ་
རྫུ་འཕྲུལ་རླུང་གི་གཤོག་པ་ཅན། །དེའི་སྟེང་དུ་པདྨ་སྔོན་པོ་དང་ཉི་མ་ལ། རང་
གི་ཐུགས་ཀ་ནས་སྤྲོས་པའི་མ་ཡིག་སྔོ་སྐྱ་ལས་བྱུང་བའི་རྩེ་གསུམ་མས་མཚན་པའི་
འོད་ཀྱི་འཕྲོ་འདུ་ལས་ལྷ་མོར་གྱུར། ཨོཾ་ནག་མོ་ཧིང་ལཾ་མ་མ། དུན་ཧིང་མ་ཧྲཱུཾཿ
དཔལ་ལྡན་གཉན་གྱི་རེ་མ་ཏི་སྐུ་མདོག་ནག་མོ་དར་ནག་གི་གོ་ཟུ་འཇའ་ཚོན་རིས་
ཅན། སྤྲུལ་ནག་གི་སྒྲོག་ཟུང་ཅན་གསོལ་བ། ཕྱག་བཞིའི་གཡས་ཀྱི་དང་པོས་འཕྲུལ་
གྱི་མེ་ལོང་། གཉིས་པ་ན་སྦྲུལ་ཞགས། གཡོན་དང་པོས་རྩ་གསུམ། གཉིས་པས་
ལྕགས་ཀྱི་ཕུར་བུ་སྒྲིལ་བ། དར་ནག་གི་ལྷབ་ལྷུབ་དང་། ཞིང་ཆེན་གྱི་གཡང་གཞི་
དང་། རེ་ལྡེའི་ཤམ་བུ་ཅན། ཐོད་སྐམ་གྱི་དབུ་རྒྱན། ཐོད་རློན་གྱི་དོ་ཤལ། སྦྲུལ་
གྱི་སྐེ་རགས། ཐལ་ཆེན་གྱི་ཚོམ་བུ་སོགས་དུར་ཁྲོད་ཀྱི་ཆས་ཡོངས་སུ་རྫོགས་པ། ཡེ་
(༦༧༨བ)ཤེས་ཀྱི་མ་མོ། ལས་ཀྱི་མ་མོ། འཇིག་རྟེན་གྱི་མ་མོ། ལྷ་མོ། ཀླུ་མོ། གནོད་
སྦྱིན། དྲི་ཟ། གྲུལ་བུམ། སྲིན་མོའི་ཚོགས་བསམ་གྱིས་མི་ཁྱབ་པས་བསྐོར་བ། ཐུགས་
ཀར་པད་ཟླ་ལ་མ་ཡིག་ཧིང་ངེ་འཛིན་སེམས་དཔའ། དེ་ལས་འོད་ཟེར་འཕྲོས། ཡེ་
ཤེས་སེམས་དཔའ་བཛྲ་ས་མ་ཛཿ དཔལ་ལྡན་གཉན་གྱི་རེ་མ་ཏི། །ཁྱོད་ཀྱི་སྐྱི་བོའི་
གཙུག་ཏུམ་ནས། །ཟླ་བ་ཉི་མའི་འོད་ཟེར་འཕྲོ། །ནག་མོ་མི་བཟད་ཆེ་འཕྲུལ་ཅན། །
དུས་ལ་བབས་ཀྱི་ད་ཚུར་བྱོན། །ཨེ་ཧྱ་ཧི་ཛ་ཨེ་ཨ་རལླི་ཧོ། ཞེས་ཚར་གཅིག་དང་།
མ་མོ་ནག་མོ་ཧི་ལ། མ་མོ་ནག་མོ་དུན་ཧཱིཾ་ཧྲཱུཾཿ ཛཿཧཱུྃ་བཾ་ཧོཿ ནག་མོ་དུན་ཧྲཱུཾཿ ཞེས་

བརྒྱ་རྩ་བཟླས་ལ་སྤྱན་དྲངས། ཐོད་རུས་དམར་པོ་གཏམས་པའི་དཀྱིལ་འཁོར་
ནས། །ལྷ་སྲིན་དགུ་བརྒྱ་བསྟོལ་བའི་བག་རྩེ་ལ། །རྡོ་རྗེ་རལ་གཅིག་སྲིད་པ་ཀུན་གྱི་
ཡུམ། །བརྗིད་ཅིང་འཇིགས་པའི་ཚུལ་གྱིས་བཞུགས་སུ་གསོལ། །ཧཱུ་ཀ་རགླ་མ་ཧེ་གུ་
ལ་པདྨ་ཡ། ཧེ་བྲྀ་ལྷན། ཙཀྲ་སུཏྲ་ཧི་ར་མཾ་ཧཱུྃ། བསྐལ་པ་མང་པོར་རང་རྒྱུད་ཆེར་
སྦྱངས་པས། །སྙིང་རྗེའི་སྟོབས་ཀྱིས་ཕན་པའི་གཟུགས་སྟོན་པ། །བདེ་གཤེགས་རྒྱལ་
བའི་བསྟན་པ་སྲུང་བ་དང་། །གདུག་པ་འདུལ་མཛད་ཁྱོད་ལ་ཕྱག་འཚལ་ལོ། །
མཆོད་པ་ནི། ཨ་སྲི་ཧས་བསངས་ཧེ་ཏླ་མེད་ལྟར་བྱིན་གྱིས་བརླབས་ནས། རཀ་མོ་
ཧུན་ཧིང་མ་མ་ཡ་ཧ་ཧེ། ནག་མོ་ཧུན་ཧིང་མ་མ་ལ་ཧ་ཧཾ། ཞེས་པ་རེ་རེའི་མགོར་
སྦྱར་ནས། ཨཀྵཾ་ནས་ཤབྡའི་བར་གྱིས་མཆོད། བདག་གིས་དམ་ཚིག་འགལ་བ་ཅི་
བགྱིས་པ། །མཐོལ་ལོ་(༦༡༧ན)བཤགས་སོ་ཡེ་ཤེས་ལྷ་མོའི་ཚོགས། །བཤགས་སོ་
བཤགས་སོ་འཇིག་རྟེན་མ་མོ་རྣམས། །ཐུགས་རྗེ་ཆེན་པོས་ཚངས་པར་མཛད་དུ་
གསོལ། །དེ་ནས་སྒྲོ་ན། མ་མོའི་མཆོད་འཕྲེང་སྨན་རཀ་འབུལ་བ་སོགས་རྒྱས་བསྡུས་
གང་འོས་རེ་བྱ་ཞིང་། ཤིན་ཏུ་བསྡུ་ན། མི་དབང་འབྲས་བུ་སྨིན་པ་སྐམ། །ཚལ་གྱི་
ཤིང་ཏོག་སྐམ་པོ་དང་། །ཤིང་ལོ་རླུང་ཁྱེར་སར་མ་ལྷུང་། །འཆི་ཁའི་ཚལ་ཐིག་གྲི་
སྙིང་དང་། །ནལ་བུའི་ཤ་ཁྲག་རྒྱལ་མཚན་དང་། །བྱ་ལུག་སྨུག་ནག་ལ་སོགས་པ། །
དམ་རྫས་ཐམས་ཅད་བུ་ལ་ཡོད། །ཁྱོད་ཀྱི་ཐུགས་དམ་བསྐང་བར་བགྱི། །སྨན་སྣ་
བདུད་རྩིའི་རྒྱ་མཚོར་འཁྱིལ། །རཀྟའི་ཆུ་ཀླུང་འབུམ་ཕྲག་འབབ། །གཏོར་མའི་
ཚོགས་ནི་རི་ལྟར་བརྩེགས། །ཨ་ལ་ལ་ཧོ་བཞེས་སུ་གསོལ། །མཧཱ་པཉྩ་ཨ་སྲི་ཏ་ཁཱ་
ཧི། མཧཱ་རཀྟ་ཁཱ་ཧི། བཟླས་པའི་དམིགས་པ་གསལ་བཏབ་ལ། ཨོཾ་ཧཱུ་ཀ་རགླ་མ་མ་
མཧཱ་ཧུན་ཧྲཱིཿམཧཱ་ཡཀླ་མཧཱ་ཧིཀ་སྣ་ནག་མོ་ཧུན་ཧིང་ཐུན་ཧྲཱིཿ ཞེས་ཅི་འགྲུབ་བཟླ།
གཏོར་མ་ཨ་སྲི་ཏས་བསངས། ཨོཾ་སྟོང་པར་གྱུར། ཨཱཿཐོད་པའི་སྣོད་ཡངས་ཤིང་རྒྱ་
ཆེ་བར། ཧཱུྃ་ཤ་ལྔ་བདུད་རྩི་ལྔས་གང་བར་གྱུར། ཧོཿཡེ་ཤེས་བདུད་རྩིའི་རྒྱ་མཚོ་

ཆེན་པོར་གྱུར། ཨོཾ་ཨཱཿཧཱུྃ། ལན་གསུམ་གྱིས་བྱིན་གྱིས་བརླབས་ནས། སྙིང་པོའི་མཐར། མ་མོ་ནག་མོ་བེ་ཏ་ལི་ཀུ་ལུ་ཀུ་ལུ། ཏ་ཏ་མཧཱ་མཾ་ས་ལ་ཁ་རཾ་ཁཱ་ཧི། མཧཱ་རཀྟ་ལ་ཁ་རཾ་ཁཱ(༦༡༧བ)ཧི། མཧཱ་ཙིཏྟ་ལ་ཁ་རཾ་ཁཱ་ཧི། མཧཱ་གོ་རོ་ཙ་ན་ལ་ཁ་རཾ་ཁཱ་ཧི། མཧཱ་པཉྩ་ཨ་མྲི་ཏ་ལ་ཁ་རཾ་ཁཱ་ཧི། ཞེས་ལན་བདུན་གྱིས་ཕུལ། ཨརྒྷཾ་ལ་སོགས་པས་མཆོད། ཧཱུྃཿ དཔལ་ལྡན་ལྷ་མོ་ཆེན་མོ་ནི། །སྲིན་པོའི་ཚུང་མ་རལ་པ་ཅན། །སྐྱེ་གནས་རྣམ་བཞི་སྒྲོལ་བ་མོ། །ནག་མོ་འབུམ་གྱི་དབུས་ན་བཞུགས། །དབང་ཕྱུག་ཀུན་གྱི་གཙོ་མོ་སྟེ། །ཁྲོ་མོ་ཀུན་གྱི་སྤྲུལ་པ་ཡིན། །སངས་རྒྱས་ཀུན་དང་སྦྱོར་བའི་ཡུམ། །སྲིད་གསུམ་ཟ་བར་བྱེད་ལ་འདུད། །ཁྱོད་ཀྱི་ཐུགས་ཀྱི་དཀྱིལ་འཁོར་ནས། །འདོད་ཁམས་མ་མོ་སྟོང་སྟོང་འགྱེད། །ཁྱོད་ཀྱི་གསང་བ་ཟླ་ག་ནས། །ལས་ཀྱི་མ་མོ་སྟོང་སྟོང་འགྱེད། །ཁྱོད་ཀྱི་གཡས་གཡོན་ཞབས་དག་ནས། །ཕོ་ཉ་སྟོང་ཕྲག་དྲུག་ཅུ་འགྱེད། །བདུད་དང་ལྷ་འདྲེ་ངན་སེམས་ཅན། །དགྲ་བོ་མ་ལུས་འདུལ་བར་མཛོད། །རྟགས་དང་མཚན་མ་མྱུར་དུ་སྟོན། །གང་ལ་བྱ་བ་ནོར་ར་རེ། །མ་མོ་མཁའ་འགྲོ་འཁོར་བཅས་རྣམས། །སྒྲུབ་པོ་བདག་ལ་དངོས་གྲུབ་སྩོལ། །མ་མོ་སྙིང་ཁྲག་ཅལ་པ་དུན་དུན་མ་ཧཱུྃཿཞེས་གཏོར་མ་ས་གཙང་སར་བཏང་ངོ་། ། ༄ འདིའི་རྗེས་གནང་བྱ་བ་ནི། མཧཱ་ཀཱ་ལ་ཆོས་འབྱུང་ནག་པོའི་དབུས་སུ་ཚོམ་བུ་ནག་པོ་དེའི་སྟེང་དུ་རྟེན་གཏོར་དགོད། མདུན་དུ་གཏོར་མ། སྨན་རཀ་མཆོད་པ། མེ་ལོང་། སྤྲུལ་ཞགས་རྩེ་གསུམ། ལྕགས་ཀྱི་ཕུར་བུ་རྣམས་བཤམས་ལ། བདག་བསྐྱེད་མདུན་བསྐྱེད་གོང་བཞིན་བྱ། ༄ སློབ་མས་མཎྜལ་ཕུལ། གང་གི་དྲིན་གྱིས་བདེ་ཆེན་ཉིད། །ཞེས་པ་ནས། རྡོ་རྗེ་ཅན་ཞབས་པད་ལ(༦༡༨ན)འདུད། །ཞེས་སོགས་དང་། གཙོ་བོ་ལྷ་མོར་བཅས་པ་ཡི། །སྐུ་གསུང་ཐུགས་ལ་སྐྱབས་སུ་མཆི། །དཔལ་ལྡན་ལྷ་མོའི་རྗེས་གནང་གི །དངོས་གྲུབ་དམ་པ་བསྩལ་དུ་གསོལ། །ཞེས་གསོལ་བ་བཏབས། དཀོན་མཆོག་གསུམ་ལ་བདག་སྐྱབས་མཆི། །ཞེས་སོགས་ཀྱི་རྒྱུན་བཤགས་བྱ། དེ་

ནས། སློབ་མ་བསངས་སྦྱངས། སྟོང་པའི་ངང་ལས་ཁྱིད་རང་རྣམས་སྐད་ཅིག་གིས་དཔལ་ལྡན་གཉན་གྱི་རེ་མ་ཏི་སྐུ་མདོག་ནག་མོ་དར་ནག་གི་གོ་ཟླུ་འཛའ་ཚོན་རིས་ཅན། སྤྲུལ་ནག་གི་སྒྲོག་ཟུང་ཅན་གསོལ་བ། ཕྱག་བཞིའི་གཡས་ཀྱི་དང་པོས་འཕྲུལ་གྱི་མེ་ལོང་། གཉིས་པ་ན་སྤྲུལ་ཞགས། གཡོན་དང་པོས་རྩེ་གསུམ། གཉིས་པས་ལྕགས་ཀྱི་ཕུར་དུ་སྒྲིལ་བ། དར་ནག་གི་ལྷབ་ལྷུབ་དང་། ཞིང་ཆེན་གྱི་གཡང་གཞི་དང་། རེ་ལྡེའི་ཤམ་བུ་ཅན། ཐོད་སྐམ་གྱི་དབུ་རྒྱན། ཐོད་རློན་གྱི་དོ་ཤལ། སྤྲུལ་གྱི་སྐེ་རགས། ཐལ་ཆེན་གྱི་ཚོམ་བུ་སོགས་དུར་ཁྲོད་ཀྱི་ཆས་ཡོངས་སུ་རྫོགས་པ། ཡེ་ཤེས་ཀྱི་མ་མོ། ལས་ཀྱི་མ་མོ། འཇིག་རྟེན་གྱི་མ་མོ། ལྷ་མོ། ཀླུ་མོ། གནོད་སྦྱིན། དྲི་ཟ། གྲུལ་བུམ། སྲིན་མོའི་ཚོགས་བསམ་གྱིས་མི་ཁྱབ་པས་བསྐོར་བ། མིག་ཏུ་ཀྲཱྀཾ། རྣ་བར་ཧྲཱྀཾ། སྣར་ཁཾ། ལྕེའི་རྩ་བར་རཾ། དཔྲལ་བར་སྐཾ། ལྟེ་བར་སཾ། སྤྱི་བོར་ཨོཾ། མགྲིན་པར་ཨཱཿ ཐུགས་ཀར་ཧཱུྃ། ཞེས་གསལ་གདབ། མདུན་གྱི་གཏོར་རྟེན་འདི་ཉིད་ཀྱང་ཁྱིད་རང་རྣམས་སྒོམ་པ་དང་འདྲ་བའི་རང་བྱུང་རྒྱལ་མོ་ལྕགས་ཕུར་(༦༧༨བ)མ་སྐུ་མདོག་ནག་མོ་ཞལ་གཅིག་ཕྱག་བཞི་པ་འཁོར་དང་བཅས་པ་ཞིག་ཏུ་དངོས་སུ་བཞུགས་འདུག་སྙམ་པར་དངོས་སུ་མོས་ལ། དེ་ནས། སྐུའི་རྗེས་གནང་གི་དོན་དུ་གསོལ་བ་འདེབས་པ་འདིའི་རྗེས་ཟློས་མཛོད་ཅིག་བྱས་ལ། དུས་གསུམ་སངས་རྒྱས་ཐམས་ཅད་ཀྱི། །སྐུ་ཡི་རྡོ་རྗེ་སློབ་དཔོན་གྱིས། །བདག་ལ་འདོད་ཁམས་དབང་ཕྱུག་མའི། །སྐུ་ཡི་རྗེས་གནང་བསྩལ་དུ་གསོལ། །ལན་གསུམ། དེ་ལྟར་གསོལ་བ་བཏབ་པས་བླ་མ་ཡི་དམ་དུ་གསལ་བ་དང་། མདུན་བསྐྱེད་ཀྱི་ལྷ་མོ་གཉིས་ཀའི་ཐུགས་ཀའི་ས་བོན་ལས་འོད་ཟེར་ལྕགས་ཀྱུ་ལྟ་བུ་དཔག་ཏུ་མེད་པ་སྤྲོས། བྱང་ཤར་མུ་ལི་དིང་གི་རྒྱ་མཚོ་ཆེན་པོ་སོགས་ནས་དཔལ་ལྡན་དམག་ཟོར་གྱི་རྒྱལ་མོ་འཁོར་དང་བཅས་པ་བྱ་རོག་གི་སྐད་སྒྲོག་བཞིན་པ་དང་བཅས་དཔག་ཏུ་མེད་པ་ཁ་བ་བུ་ཡུག་འཚུབ་པ་བཞིན་དུ་བྱུང་། ཁྱིད་རང་རྣམ་པའི་ལུས་ལ་རྗེ་ཚན་ལ་ཁ་བ་བབས་

པ་བཞིན་དུ་ཐིམ་པས་ལྷ་མོའི་སྐུའི་བྱིན་རླབས་སློབ་མ་རྣམས་ཀྱི་ལུས་ལ་ཞུགས། ལུས་ཀྱི་སྒྲིབ་པ་གསུམ་སྦྱངས། བུམ་པའི་དབང་ཐོབ། ལུས་ལྷ་མོའི་སྐུ་དང་དབྱེར་མེད་དུ་བྱིན་གྱིས་བརླབས་པར་གྱུར་པའི་མོས་པ་མཛོད་ཅེས་ལ། ཌཱ་དྲིལ་གྱི་སྒྲ་བྱ། ཨོཾ་ཨེ་ཧྲེ་ཧི་ཛ་ཨེ་ཨ་རལླི་ཧོཿ ཞེས་པ་ཚར་གཅིག་དང་། མ་མོ་ནག་མོ་ཧིཾ་ལ། མ་མོ་ནག་མོ་དུན་ཧིང་ཧྲུཾཿཛཿཧཱུྃ་བཾ་ཧོཿནག་མོ་དུན་ཧྲུཾཿཞེས་བརྒྱ་རྩ་བཟླས་ཤིང་སྤྱན་དྲངས་ནས་བསྟིམ། དེ་ནས། ལྷ་མོ་དང་ཁྱེད་རང་རྣམས་ཕྱག་སྦྲེལ་ནས་ལྷ་གཏོད་ཅིང་བཀའ་བསྒོ་(༤༧(ན)བ་ཡིན། ཞེས་བརྗོད་ལ། སློབ་མ་ལ་མེ་ལོང་། སྦྲུལ་ཞགས། རྩེ་གསུམ། ལྕགས་ཀྱི་ཕུར་བུ་རྣམས་གཏད་ལ། དཔལ་ལྡན་ལྷ་མོ་ཁྱོད་ནི་མ་ཡིན་ལ། རྡོ་རྗེ་སློབ་མ་འདི་ཉིད་བུ་ཡིན་པས། མ་བུ་གཉིས་འབྲལ་བ་མེད་པར་གྱིས་ཤིག །ཅེས་བཀའ་བསྒོ། སློབ་མའི་མགོ་བོར་མེ་ཏོག་བཞག་ལ། དུས་འདི་ནས་བཟུང་ནས་ནི། །བྱང་ཆུབ་སྙིང་པོར་མཆིས་ཀྱི་བར། །ལྷག་པའི་ལྷ་ནི་མཛད་དུ་གསོལ། །རྐྱེན་ངན་བར་ཆད་ཐམས་ཅད་སོལ། །མཆོག་དང་མཐུན་མོང་དངོས་གྲུབ་ཀུན། །མ་ལུས་ད་ལྟ་བསྩལ་དུ་གསོལ། །ཞེས་བརྗོད། སྐུའི་རྗེས་གནང་ངོ་། །དེ་ནས། གསུང་གི་རྗེས་གནང་གི་དོན་དུ་གསོལ་བ་འདེབས་པ་འདིའི་རྗེས་ཟློས་མཛོད་ཅེས་ལ། དུས་གསུམ་སངས་རྒྱས་ཐམས་ཅད་ཀྱི། །གསུང་གི་རྡོ་རྗེ་སློབ་དཔོན་གྱིས། །བདག་ལ་འདོད་ཁམས་དབང་ཕྱུག་མའི། །གསུང་གི་རྗེས་གནང་བསྩལ་དུ་གསོལ། །ལན་གསུམ། ཁྱེད་རང་རྣམས་ལྷ་མོར་གསལ་བའི་སྙིང་གར་སྔགས་འཁོར་གསལ་ཐོབ་ཅིག །སློབ་མ་རྣམས་ཀྱིས་ད་ལྟར་གསོལ་བ་བཏབ་པས། སློབ་དཔོན་མདུན་བསྐྱེད་གཉིས་ཀའི་ས་བོན་ལས་འོད་ཟེར་སྦོམ་ཀྱི་བ་ཐག་ལྟ་བུ་ཕྱོགས་བཅུར་འཕྲོས་པས། ཕྱོགས་བཅུའི་རྒྱལ་བ་སྲས་བཅས་ཀྱི་གསུང་གི་བྱིན་རླབས་ཐམས་ཅད་འདིའི་སྔགས་འཕྲེང་ཁ་དོག་ནག་པོ་དྲག་ལ་རྩུབ་པའི་རྣམ་པར་སྤྱན་དྲངས། སློབ་མ་རྣམས་ཀྱི་སྙིང་གའི་སྔགས་འཕྲེང་ལ་ཐིམ། ལྷ་མོའི་གསུང་གི་བྱིན་རླབས་(༤༧(བ)སློབ་མ་

རྣམས་ཀྱི་ངག་ལ་ཞུགས། ངག་གི་ལས་སྒྲིབ་བཞི་སྦྱུགས། གསང་བའི་དབང་ཐོབ། ངག་ལྷ་མོའི་གསུང་དང་དབྱེར་མེད་དུ་གྱུར་པའི་མོས་པ་མཛོད་ཅེས་ལ། ཧཱ་དྲིལ་གྱི་སྒྲ་དང་བཅས། ཕྱག་ཀྱི་མཛུབ་ཏུ། ཨ་བེ་ཤ་ཡ་ཨཿཨཿ ཞེས་བརྗོད། དེ་ནས། བཟླས་ལུང་གི་དོན་དུ་གསོལ་བ་འདེབས་པ་འདིའི་རྗེས་ཟློས་མཛོད་ཅིག་ཅེས་ལ། བཅོམ་ལྡན་བདག་གིས་བཟུང་ལགས་ཀྱི། །བདག་ལ་ཉེ་བར་མཛད་དུ་གསོལ། །ལན་གསུམ། དེ་ནས། མདུན་བསྐྱེད་ཀྱི་ཐུགས་ཀ་ནས་སྔགས་ཀྱི་འཕྲེང་བ་བརྒྱུད་དེ་ཞལ་ནས་ཐོན། ཁྱེད་རང་རྣམས་ཀྱི་སྙིང་ཁར་ཞུགས། སྙིང་ཁའི་སྔགས་འཕྲེང་ལ་ཐིམ་པར་མོས་ནས་འདིའི་རྗེས་ཟློས་མཛོད་ཅིག་ཅེས་ལ། ཨོཾ་ཧ་ཀ་རྷཱ་མ་མ་མཧཱ་དུན་ཕྱོཿམཧཱ་ཡཀྵཱ་མཧཱ་ཧི་ཀ་སྟ་ནག་མོ་དུན་ཧིང་ཐུན་ཕྱོཿཞེས་ལན་གསུམ་རྗེས་ཟློས་བྱེད་དུ་གཞུག །གསུང་གི་རྗེས་གནང་ངོ་། །དེ་ནས། མེ་ཏོག་སྦྱིན་མའི་མགོ་བོར་བཞག་ལ། བཅོམ་ལྡན་འདི་ལ་ཞེས་སོགས་བརྗོད། དེས་གསུང་གི་རྗེས་གནང་བརྟན་བྱེད་དང་བཅས་པ་སོང་། ཐུགས་ཀྱི་རྗེས་གནང་གི་དོན་དུ་གསོལ་བ་འདེབས་པ་འདིའི་རྗེས་ཟློས་མཛོད་ཅེས་ལ། དུས་གསུམ་སངས་རྒྱས་ཐམས་ཅད་ཀྱི། །ཐུགས་ཀྱི་རྡོ་རྗེ་སློབ་དཔོན་གྱིས། །བདག་ལ་འདོད་ཁམས་དབང་ཕྱུག་མའི། །ཐུགས་ཀྱི་རྗེས་གནང་བསྩལ་དུ་གསོལ། །ལན་གསུམ། དེ་ལྟར་གསོལ་བ་བཏབ་པས་སློབ་དཔོན་དང་མདུན་བསྐྱེད་གཉིས་ཀའི་ཐུགས་ཀའི་ས་བོན་ལས་འོད་ཟེར་སྔོན་པོ་ཀྱི་(༤༢༠ན)བ་ཐག་ཧ་བུ་ཕྱོགས་བཅུར་འཕྲོས་པས། ཕྱོགས་བཅུའི་རྒྱལ་བ་སྲས་བཅས་ཀྱི་ཐུགས་ཀྱི་བྱིན་རླབས་ཐམས་ཅད་ཕྱོཾཿམཐིང་ནག་གི་རྣམ་པར་སྤྱན་དྲངས། སློབ་མ་རྣམས་ཀྱི་སྙིང་གའི་ས་བོན་ལ་ཐིམ་པས། ལྷ་མོའི་ཐུགས་ཀྱི་བྱིན་རླབས་སློབ་མ་རྣམས་ཀྱི་ཡིད་ལ་ཞུགས། ཡིད་ཀྱི་ལས་སྒྲིབ་སྦྱངས། ཤེས་རབ་ཡེ་ཤེས་ཀྱི་དབང་ཐོབ། དཔལ་ལྡན་ལྷ་མོའི་ཐུགས་དང་སློབ་མ་རྣམས་ཀྱི་ཡིད་དབྱེར་མེད་དུ་བྱིན་གྱིས་བརླབས་པར་གྱུར། དེ་ལྟར་གྱུར་པའི་མོས་པ་མཛོད་ཅེས་ལ། ཧཱ་དྲིལ་གྱི་སྒྲ་དང་བཅས། ཕྱགས་

ཀྱི་མཧུག་ཏུ། ཨ་བེ་ཤ་ཡ་ཨཿཨཿ ཞེས་བརྗོད། གཏོར་མ་མགོ་བོར་བཞག་ལ། རྩ་བརྒྱུད་ཀྱི་དཔལ་ལྡན་བླ་མ་དམ་པ་རྣམས་ཀྱིས་བྱིན་གྱིས་རློབས་ཤིག །ཡི་དམ་དཀྱིལ་འཁོར་གྱི་ལྷ་ཚོགས་རྣམས་ཀྱིས་བྱིན་གྱིས་རློབས་ཤིག །སངས་རྒྱས་དང་བྱང་ཆུབ་སེམས་དཔའ་ཐམས་ཅད་ཀྱིས་བྱིན་གྱིས་རློབས་ཤིག །དཔའ་བོ་དང་དཔའ་མོ་རྣལ་འབྱོར་མ་རྣམས་ཀྱིས་བྱིན་གྱིས་རློབས་ཤིག །དཔལ་མགོན་དམ་པ་ཆོས་སྐྱོང་སྲུང་མ་རྣམས་ཀྱིས་བྱིན་གྱིས་རློབས་ཤིག །ཁྱད་པར་དུ་ཡང་རང་བྱུང་རྒྱལ་མོ་འཁོར་དང་བཅས་པ་རྣམས་ཀྱིས་བྱིན་གྱིས་རློབས་ཤིག །ཁྱེད་རྣམས་ཀྱིས་རྡོ་རྗེ་སློབ་མ་འདི་རྣམས་ཀྱི་འགལ་རྐྱེན་ཕྱི་ནང་གི་བར་གཅོད་ཐམས་ཅད་ཞི་བ་དང་། མཐུན་རྐྱེན་ཚེ་བསོད་དཔལ་འབྱོར་ཕུན་སུམ་ཚོགས་པ་ཐམས་ཅད་རྒྱས་པ་དང་། མཆོག་དང་མཐུན་མོང་གི་དངོས་གྲུབ་ཐམས་ཅད་མྱུར་དུ་འགྲུབ་པར་མཛད་དུ་(༤༢༠བ) གསོལ། ཞེས་གསོལ་བ་བཏབ་པས། སློབ་མ་རྣམས་ཀྱི་སྤྱི་བོ་ནས་ཐིམ་པས་བྱིན་གྱིས་བརླབས་པར་གྱུར། ཛཿཧཱུྃ་བཾ་ཧོཿ ཞེས་གཏོར་དབང་བསྐུར། རྗེས་ཀྱི་བྱ་བ་རྣམས་སྤྱི་དང་འདྲའོ། །

༈ ལྷ་མོ་དུང་སྐྱོང་མ་ལ། མཆོད་གཏོར་རྣམས་བཤམས། ཡི་དམ་གྱི་བདག་བསྐྱེད་སྔོན་དུ་འགྲོ་བས། མཆོད་པ་བྱིན་གྱིས་བརླབས་ནས། རང་གི་མདུན་དུ་འོད་ཀྱི་གུར་ཁང་སྔོན་པོ་རྒྱ་ཁྱོན་མཐའ་ཡས་པའི་ནང་དུ། མེ་རླུང་འཚུབ་མ་འཁྱིལ་བའི་དབུས་སུ། རཀྟའི་རྒྱ་མཚོའི་ནང་དུ་ཕྱི་གནམ་ལྕགས་འབར་བའི་གཞལ་ཡས་ཁང་གྲུ་བཞི། ནང་དུ་ཐོད་མཁར་གྲུ་གསུམ། རྨང་གཞི་རྡོ་རྗེ་ཕ་ལམ་ལས་གྲུབ་པ། དེའི་དབུས་སུ་རང་གི་སྙིང་ག་ནས་སྤྲོས་པའི་ཧྲི་ཡིག་ཡོངས་སུ་གྱུར་པ་ལས། དྲེའུ་སེར་སྐྱ་རྫུ་འཕྲུལ་རླུང་གི་གཤོག་པ་ཅན། དེའི་སྟེང་དུ་ཡི་གེ་མ་དཀར་པོ་ཡོངས་སུ་གྱུར་པ་ལས། དཔལ་ལྷ་མོ་དུང་སྐྱོང་མ་སྐུ་མདོག་དཀར་མོ། ཞི་ཁྲོའི་རྣམ་པ་ཅན། ཕྱག་གཡས་ཤེལ་གྱི་རལ་གྲི་མེ་འབར་བ་ནམ་མཁའ་ལ་འཕྱར་བ། གཡོན་པས་གཏེར་གྱི་

ནེའུ་ལེ་འཛིན་པས་སྒྲུབ་པ་པོ་ལ་དངོས་གྲུབ་ཀྱི་ཆར་འབེབ་པ། དབུ་སྐྲ་ནག་པོ་ཙུང་ཟད་བཅིངས་ཤིང་གྲོལ་བ། དར་དཀར་གྱི་གོ་ཟླུ་འཇའ་ཚོན་རིས་ཅན་སྐུ་ལ་གསོལ་བ། དར་ནག་གི་ལྷབ་ལྷུབ་དང་། ཞིང་ཆེན་གྱི་གཡང་གཞི་དང་། རེ་ལྡེའི་ཤམ་བུ་ཅན། ཐོད་སྐམ་གྱི་དབུ་རྒྱན། ཐོད་རློན་གྱི་དོ་ཤལ། སྦྲུལ་གྱི་སྐེ་རགས། ཐལ་ཆེན་གྱི་ཚོམ་བུ་སོགས་དུར་ཁྲོད་ཀྱི་ཆས་ཡོངས་(༤༢༧ན)སུ་རྫོགས་པ། ཐུགས་ཀར་པད་ཟླ་ལ་མ་ཡིག་ཧྲིང་ངེ་འཛིན་སེམས་དཔའོ། །དེ་ལས་འོད་ཟེར་འཕྲོས། ཡེ་ཤེས་སེམས་དཔའ་བཛྲ་ས་མཱ་ཛཿ བྱང་ཤར་མཚམས་ཀྱི་དུང་སྐྱོང་མ། །ཁྲོད་ཀྱི་སྤྱི་བོའི་གཙུག་ཏུམ་ནས། །ཟླ་བ་ཉི་མའི་འོད་ཟེར་འཕྲོ། །ཞི་བའི་ལྷ་མོ་ཚེ་འཕྲུལ་ཅན། །དུས་ལ་བབ་ཀྱི་ད་ཚུར་བྱོན། །ཨེ་ཧྱེ་ཧི་ཛ་ཨེ་ཨ་རལླི་ཧོ། །ཞེས་པ་ཚར་གཅིག་དང་། མ་མོ་ནག་མོ་ཧཾ་ལ། མ་མོ་ནག་མོ་དུན་ཧཾ་ཕྱོཿཛཿཧཱུྃ་བཾ་ཧོཿནག་མོ་དུན་ཕྱོཿ ཞེས་བརྒྱ་རྩ་བཟླས་ཤིང་སྤྱན་དྲངས། ཐོད་ཏུས་དམར་པོ་གཏམས་པའི་དཀྱིལ་འཁོར་ནས། །ལྷ་སྲིན་དགུ་བརྒྱ་བསྐོལ་བའི་བག་ཙེ་ལ། །རྫོ་རྗེ་རལ་གཅིག་སྲིད་པ་ཀུན་གྱི་ཡུམ། །བརྗིད་ཅིང་འཁྲིང་བའི་ཚུལ་གྱིས་བཞུགས་སུ་གསོལ། །ཊ་ག་རཀྟ་མ་ཧེ་གུ་ལ་པདྨ་ཡ། ཧིཊྲ་ལྷན། ཙཀྲ་སུཏྲ་ཧི་ར་སཾ་སྟུཾ། བསྐལ་པ་མང་པོར་རང་རྒྱུད་ཆེར་སྦྱངས་པས། །སྙིང་རྗེའི་སྟོབས་ཀྱིས་ཕན་པའི་གཟུགས་སྟོན་པ། །བདེ་གཤེགས་རྒྱལ་བའི་བསྟན་པ་སྲུང་བ་དང་། །གདུག་པ་འདུལ་མཛད་ཁྱོད་ལ་ཕྱག་འཚལ་ལོ། །མཆོད་པ་ནི། རྒྱ་དུན་ཧིང་མ་མ་ཡ་ཀ་ཧི། ནག་མོ་དུན་ཧིང་མ་མ་ཡ་ཀ་ཧི། ཞེས་པ་རེ་རེའི་མགོར་སྦྱར་ནས། ཨརྒྷཾ་ནས་ཤབྡའི་བར་གྱིས་མཆོད། བདག་གིས་དམ་ཚིག་འགལ་བ་ཅི་བགྱིས་པ། །མཐོལ་ལོ་བཤགས་སོ་ཡེ་ཤེས་ལྷ་མོའི་ཚོགས། །བཤགས་སོ་བཤགས་སོ་འཇིག་རྟེན་ལྷ་མོ་རྣམས། །ཐུགས་རྗེ་ཆེན་པོས་ཚངས་(༤༢༧བ)པར་མཛད་དུ་གསོལ། །བཟླས་པའི་དམིགས་པ་གསལ་བཏབ་ལ། ཧྲཱིཿཛཿཨོཾ་ཙ་པ་ལ་ཨ་ཤུག་མེ་ཕྱོཿཨོཾ་རོ་ཏུ་རོ་ཏུ་ཙ་པ་ལ་ཨ་ཤུག་མ་ཕྱོཿཛཿཛཿ ཞེས་བཟླའོ། །གཏོར་

མ་ཕྱིན་གྱིས་བརྣབས་ལ། ཨོཾ་ཌཱ་དེ་ཤྲཱི་ཀུ་ལུ་ཀུ་ལུ། ཏ་ཏ་མཧཱ་མཾ་ས་ལ་ཁ་རཾ་ཁཱ་ཧི། མཧཱ་རཀྟ་ལ་ཁ་རཾ་ཁཱ་ཧི། མཧཱ་ཙིཏྟ་ལ་ཁ་རཾ་ཁཱ་ཧི། མཧཱ་གོ་རོ་ཙ་ན་ལ་ཁ་རཾ་ཁཱ་ཧི། མཧཱ་པཉྩ་ཨ་མྲྀ་ཏ་ལ་ཁ་རཾ་ཁཱ་ཧི། ཞེས་ལན་བདུན་གྱིས་ཕུལ། ཨརྒྷཾ་ལ་སོགས་པས་མཆོད། བསྟོད་པ་ནི། དཔལ་གྱི་ལྷ་མོ་ཆེན་མོ་ནི། །ཀླུ་རྒྱལ་ཀུན་གྱིས་ཞབས་ལ་འདུད། །གླིང་ཆེན་ཐམས་ཅད་བྲན་དུ་འཁོལ། །སྐྲུ་ཕྲན་གྲངས་མེད་མང་པོར་བཅས། །དབང་ཕྱུག་ཀུན་གྱི་གཙོ་མོ་སྟེ། །ཁྲོ་མོ་ཀུན་གྱི་སྤྲུལ་པ་ཡིན། །སངས་རྒྱས་ཀུན་དང་སྦྱོར་བའི་ཡུམ། །སྲིད་གསུམ་ཟ་བར་བྱེད་ལ་འདུད། །ཁྱོད་ཀྱི་ཐུགས་ཀྱི་དཀྱིལ་འཁོར་ནས། །འདོད་ཁམས་མ་མོ་སྟོང་སྟོང་འཕྱེད། །ཁྱོད་ཀྱི་གསང་བ་རྡྷ་ག་ནས། །ལས་ཀྱི་མ་མོ་སྟོང་སྟོང་འཕྱེད། །ཁྱོད་ཀྱི་གཡས་གཡོན་ཞབས་དག་ནས། །ཕོ་ཉ་སྟོང་ཕྲག་དྲུག་ཅུ་འཕྱེད། །བདུད་དང་ལྷ་འདྲེ་ངན་སེམས་ཅན། །དགྲ་བོ་མ་ལུས་འདུ་བར་མཛོད། །རྟགས་དང་མཚན་མ་མྱུར་དུ་སྟོན། །གང་ལ་བྱ་བ་ནོར་ར་རེ། །མ་མོ་མཁའ་འགྲོ་འཁོར་བཅས་རྣམས། །སྒྲུབ་པོ་བདག་ལ་དངོས་གྲུབ་སྩོལ། །མ་མ་སླིང་ཁྲག་ཚལ་པ་དུན་དུན་མ་ཧྲྀཿ ཞེས་གཏོར་མ་གཙང་སར་བཏང་ངོ་། ། ༈ འདིའི་རྗེས་གནང་ནི། མཎྜལ་པདྨ་འདབ་བརྒྱད་དཀར་པོ་ལ། ཀླུམ་(༥༢༢ན)སྒོར་དཀར་པོ་ཤ་ཆང་དཀར་གསུམ་མངར་གསུམ་སོགས་ཟས་བཟང་དགུས་སྤགས་པ་ལ་ཙག་ལི་ཞིག་བཙུགས་མཆོད་གཏོར་བཟང་དུ་བཤམས། བདག་བསྐྱེད་སྔོན་དུ་འགྲོ་བས། གོང་བཞིན་གཏོར་ཆོག་རྒྱས་པར་བཏང་། ༈ སློབ་མས་མཎྜལ་ཕུལ། རྡོ་རྗེ་འཛིན་པ་དགོངས་སུ་གསོལ། །བདག་ནི་འགྲོ་ལ་ཕན་དོན་དུ། །གཙོ་ཆེན་ཁྱོད་ལ་གསོལ་བཏབ་ཀྱི། །མ་ལུས་རྗེས་གནང་བསྐུལ་དུ་གསོལ། །ཞེས་གསོལ་བ་གདབ། དཀོན་མཆོག་གསུམ་ལ་བདག་སྐྱབས་མཆི། །ཞེས་སོགས་རྒྱུན་བཤགས་བྱ། གཏོར་མ་ལྷ་མོར་བསྐྱེད་པ་ནི། གཏོར་མ་བསངས་སྦྱངས། སྟོང་པའི་ངང་ལས་མདུན་དུ་འོད་ཀྱི་གུར་ཁང་སྟོན་པོ་རྒྱ་ཁྱོན་མཐའ་ཡས་པའི་ནང་དུ། མེ་ རླུང་

འཚུབ་མ་འཁྲིལ་བའི་དབུས་སུ། རཀྟའི་རྒྱ་མཚོའི་ནང་དུ་ཕྱི་གནམ་ལྕགས་འབར་བའི་གཞལ་ཡས་ཁང་གྲུ་བཞི། ནང་དུ་ཐོད་མཁར་གྲུ་གསུམ། རྨངས་གཞི་རྡོ་རྗེ་ཕ་ལམ་ལས་གྲུབ་པ། དེའི་དབུས་སུ་རང་གི་སྙིང་ག་ནས་སྤྲོས་པའི་ཧྲཱི་ཡིག་ཡོངས་སུ་གྱུར་པ་ལས། དྲིའུ་སེར་སྐྱ་ཛྫུ་འཕྲུལ་ལྡུང་གི་གཤོག་པ་ཅན། དེའི་སྟེང་དུ་ཡི་གེ་མ་དཀར་པོ་ཡོངས་སུ་གྱུར་པ་ལས། དཔལ་ལྷ་མོ་དུང་སྐྱོང་མ་སྐུ་མདོག་དཀར་མོ། ཞི་ཁྲོའི་ཉམས་པ་ཅན། ཕྱག་གཡས་ཤེལ་གྱི་རལ་གྲི་མེ་འབར་བ་ནམ་མཁའ་ལ་འཕྱར་བ། གཡོན་པས་གཏེར་གྱི་ནེའུ་ལེ་འཛིན་པས་སྒྲུབ་པ་པོ་ལ་དངོས་གྲུབ་ཀྱི་ཆར་འབེབ་པ། དབུ་སྐྲ་ནག་པོ་ཅུང་ཟད་བཅིངས་ཤིང་གྲོལ་(༦༢༢བ)བ། དར་དཀར་གྱི་གོ་ཟླུ་འཇའ་ཚོན་རིས་ཅན་སྐུ་ལ་གསོལ་བ། དར་ནག་གི་ལྷབ་ལྷུབ་དང་། ཞིང་ཆེན་གྱི་གཡང་གཞི་དང་། རེ་ལྡེའི་ཤམ་བུ་ཅན། ཐོད་སྐམ་གྱི་དབུ་རྒྱན། ཐོད་རློན་གྱི་དོ་ཤལ། སྦྲུལ་གྱི་སྐེ་རགས། ཐལ་ཆེན་གྱི་ཚོམ་བུ་སོགས་དུར་ཁྲོད་ཀྱི་ཆས་ཡོངས་སུ་རྫོགས་པ། ཐུགས་ཀར་པད་ཟླ་ལ་མ་ཡིག་ཏིང་ངེ་འཛིན་སེམས་དཔའོ། །དེ་ལས་འོད་ཟེར་འཕྲོས། ཡེ་ཤེས་སེམས་དཔའ་བཛྲ་ས་མ་ཛཿ བྱང་ཤར་མཚམས་ཀྱི་དུང་སྐྱོང་མ། །ཁྲོད་ཀྱི་སྤྱི་བོའི་གཙུག་ཏུམ་ནས། །ཟླ་བ་ཉི་མའི་འོད་ཟེར་འཕྲོ། །ཞི་བའི་ལྷ་མོ་ཆོ་འཕྲུལ་ཅན། །དུས་ལ་བབ་ཀྱི་ད་ཚུར་བྱོན། །ཨེ་ཧྱ་ཧི་ཛ་ཨེ་ཨ་རལླི་ཧོ། ཞེས་པ་ཚར་གཅིག་དང་། མ་མོ་ནག་མོ་ཧཱུྃ་ལ། མ་མོ་ནག་མོ་དུན་ཧཱུྃ་ཕྱཻཿཛཿཧཱུྃ་བཾ་ཧོཿནག་མོ་དུན་ཕྱཻཿ དེ་ནས། ཁྱེད་རང་རྣམས་ཀྱི་གདགས་གཞི་ཕུང་ཚོགས་ཀྱིས་མཚོན་པའི་ཆོས་ཐམས་ཅད་མི་དམིགས་པའི་སྟོང་པར་སོས། སྟོང་པའི་ངང་ལས་མདུན་དུ་སྒོམ་པ་དང་འདྲ་བའི་དཔལ་ལྡན་ལྷ་མོ་དུང་སྐྱོང་མའི་སྐུར་ལམ་གྱིས་བཞེངས་པའི་མོས་པ་མཛོད་ཅེས་ཏེ། གཏོར་མ་མགོ་ཐོག་ཏུ་བཞག་ལ། རྩ་བརྒྱུད་ཀྱི་དཔལ་ལྡན་བླ་མ་དམ་པ་རྣམས་ཀྱིས་བྱིན་གྱིས་རློབས་ཤིག །ཡི་དམ་དཀྱིལ་འཁོར་གྱི་ལྷ་ཚོགས་རྣམས་ཀྱིས་བྱིན་གྱིས་རློབས་ཤིག །སངས་རྒྱས་དང་བྱང་ཆུབ་སེམས་དཔའ་རྣམས་

ཀྱིས་བྱིན་གྱིས་རློབས་ཤིག །དཔའ་བོ་དང་དཔའ་མོ་རྣལ་འབྱོར་མ་རྣམས་ཀྱིས་བྱིན་གྱིས་རློབས་ཤིག །དཔལ་མགོན་དམ་པ་ཆོས་སྐྱོང་སྲུང་མ་རྣམས་ཀྱིས་བྱིན་གྱིས་རློབས་ཤིག །ཁྱད་པར་(༦༢༣ན)དུ་ཡང་དཔལ་ལྷ་མོ་དུང་སྐྱོང་མ་འཁོར་དང་བཅས་པ་རྣམས་ཀྱིས་བྱིན་གྱིས་རློབས་ཤིག །དཔལ་ལྷ་མོ་དུང་སྐྱོང་མ་འཁོར་དང་བཅས་པ་ཁྱེད་རྣམས་ཀྱིས་རྩ་བརྒྱུད་ཀྱི་དཔལ་ལྡན་བླ་མ་དམ་པ་རྣམས་ཀྱི་བཀའ་དང་དམ་ལས་མི་འདའ་བར་རྡོ་རྗེ་སློབ་མ་འདིའི་ཕྱི་བཞིན་དུ་རྗེས་སུ་འབྲངས་ལ་ལུས་དང་གྲིབ་མ་བཞིན་དུ་འགྲོགས་ཏེ། འགལ་རྐྱེན་ཐམས་ཅད་སོལ། མཐུན་རྐྱེན་ཐམས་ཅད་བསྒྲུབས། དགྲ་བགེགས་ཐམས་ཅད་ཐུལ། ཇི་ལྟར་བཙོལ་བའི་ལས་ཐམས་ཅད་འགྲུབ་པར་མཛོད་ཅིག །ཛཿཧཱུྃ་བཾ་ཧོཿ ཞེས་གཏོར་དབང་སྤྱི་དང་མཐུན་པར་བསྐུར། བཟླས་ལུང་ནི། ཁྱེད་རང་གི་སྙིང་གར་པད་ཟླའི་གདན་ལ་མ་ཡིག་གི་མཐར་སྔགས་འཕྲེང་འོད་ཟེར་འབར་བའི་རྣམ་པ་ཅན་དུ་བཞུགས་པར་མོས། སློབ་དཔོན་གྱི་ཐུགས་ཀ་ནས་འོད་ཟེར་འཕྲོས། མདུན་བསྐྱེད་ཀྱི་ལྷའི་ཐུགས་རྒྱུད་བསྐུལ། ཐུགས་ཀའི་སྔགས་འཕྲེང་ལས་སྔགས་འཕྲེང་གཉིས་པ་ཞིག་ཆད། ཞལ་ནས་ཐོན། ཁྱེད་རང་རྣམས་ཀྱི་ཁ་སྣ་ནས་ཞུགས། སྙིང་གའི་ས་བོན་གྱི་མཐར་སྔགས་སྔ་མ་ལ་ཐིམ་ཞིང་འཁོད་པའི་མོས་པ་མཛོད་བྱས་ལ། འདིའི་རྗེས་ཟློས་མཛོད་ཅིག །ཧྲཱིཿཛཿཨོཾ་ཙ་པ་ལ་ཨ་ཤྲུག་མེ་ཧྲཱིཿཨོཾ་རེ་ཏུ་རེ་ཏུ་ཙ་པ་ལ་ཨ་ཤྲུག་མེ་ཧྲཱིཿཛཿཛཿ ཞེས་ལན་གསུམ་རྗེས་ཟློས་བྱེད་དུ་གཞུག །རྗེས་ཀྱི་བྱ་བ་སྤྱི་དང་མཐུན་ནོ། །

༄ བདུད་མོ་རེ་མ་ཏི་ལ། མདུན་དུ་ཁྲག་གི་མཚལ་མཆོད་གཏོར་སྨན་རག་དང་བཅས་པ་བཤམས་ལ། (༦༢༣བ)བདག་བསྐྱེད་ཁྲོ་བོའི་མངོན་རྟོགས་དང་བཅས་པ་སྔོན་དུ་བཏང་ནས། མཆོད་པ་བྱིན་གྱིས་བརླབས། མདུན་བསྐྱེད་སྭ་བྷཱ་ཝས་སྟོང་པར་སྦྱངས། སྟོང་པའི་ངང་ལས་ཧཱུྃ་ལས་བསེ་མཁར་གྲུ་གསུམ་གྱི་ནང་དུ་ཐོད་མཁར་གྲུ་བཞི། ཞིང་ཆེན་གྱི་འཕན་གདུགས་རྒྱལ་མཚན་ལ་སོགས་པ་འཇིགས་པའི་རྒྱན་གྱིས་

བརྒྱན་པ། རྒྱ་དཔངས་ཚད་མེད་པའི་དབུས་སུ། ག་ར་ད་པ་ཧཱུྃ་ལས་སྤྲིན་པོའི་པོང་བུ་གུ་དམར་ནྡུང་གི་ཤུགས་ཅན། ཞིང་གི་སྣ་དང་སྣ་གཡོགས་ཅན། དེའི་སྟེང་དུ་ཧྲཱིཿལས་དཔལ་ལྷ་མོ་ནག་མོ་རལ་གྲི་དང་ཐོད་ཁྲག་འཛིན་པ། དར་ནག་གི་ལྷབ་ལྷུབ་དང་། ཞིང་ཆེན་གྱི་གཡང་གཞི་དང་། རེ་ལྡེའི་ཤམ་བུ་ཅན། ཐོད་སྐམ་གྱི་དབུ་རྒྱན། ཐོད་རློན་གྱི་དོ་ཤལ། སྦྲུལ་གྱི་སྐེ་རགས། ཐལ་ཆེན་གྱི་ཚོན་བུ་སོགས་དུར་ཁྲོད་ཀྱི་ཆས་རྫོགས་པའི་ཐུགས་ཀར་ཧྲཱིཿ ཧྲཱིཿ ཧྲཱིཿལས་ཧྲཱིཿདཔག་ཏུ་མེད་པ་སྤྲོས། བདུད་མོ་རལ་གྲི་ཐོད་ཁྲག་ཐོགས་པ་འབུམ་གྱིས་བསྐོར་བར་གྱུར། འདོད་ཆགས་ཁྲག་མཚོ་ཞི་སྡང་མེ་དཔུང་། གཏི་མུག་ནྡུང་ནག་འཚུབ་མའི་དབུས་སུ་དགྲེས་པར་རོལ་པར་བསམས་ལ། རང་གི་སྙིང་ག་ནས་འོད་ཟེར་འཕྲོས། རྒྱ་མཚོ་ཆེན་པོའི་གླིང་དང་། དུར་ཁྲོད་ཆེན་པོའི་གནས་བརྒྱད་ནས། བདུད་མོ་རེ་མ་ཏི་འཁོར་དང་བཅས་པ་ཨཱ་ཀརྵ་ཡ་ཛ་ཛཿ ཛཿཧཱུྃ་བཾ་ཧོཿ ཨོཾ་མཧཱ་ཀཱ་ལི་རེ་མ་ཏྲི་མ་མ་རུ་ལུ་རཀྵ་རེ་མ་ཏྲི་རུ་ལུ་རུ་ལུ་ཧྲཱིཿཛ་ཛཿབཛྲ་ས་མ་ཡ་ཏ་ན་ཏ་ན་ཧཱུྃ་ཕཊ། ཅེས་དམ་རྒྱ་བསྟན་ལ་དམ་ལ་བཞག །ཨོཾ་མཧཱ་ཀཱ་ལི་རེ་(༦༢༨ན)མ་ཏྲི་མ་མ་རུ་ལུ་རཀྵ་རེ་མ་ཏྲི་རུ་ལུ་རུ་ལུ་ཧྲཱིཿཛ་ཛཿ ཞེས་སྙིང་པོ་ལན་བདུན་གྱིས་བྱིན་གྱིས་བརླབས་ནས། གཏོར་མ་བླ་མེད་སྤྱི་དང་མཐུན་པར་བྱིན་གྱིས་བརླབས། ཐོད་རློན་གྱི་ཕུག་རྒྱ་བཅས་ཏེ། ཨོཾ་མཧཱ་ཀཱ་ལི་རེ་མ་ཏྲི་མ་མ་རུ་ལུ་རཀྵ་རེ་མ་ཏི་རུ་ལུ་རུ་ལུ་ཧྲཱིཿཛ་ཛཿཨི་དཾ་བ་ལིཾ་ཏ་ཁ་ཁ་ཁཱ་ཧི་ཁཱ་ཧི། ཞེས་ལན་བདུན་གྱིས་དབུལ། སྨན་གྱི་མཆོད་པ་ན། ཕྲ་མོ་སྦོམ་པོ་ལས་བྱུང་བ། །བདུད་རྩིས་བྲན་པའི་ཛ་གད་འདི། །ལྷ་མོ་ནག་མོ་ལ་འབུལ་གྱིས། །བསྟན་པ་སྲུང་ཕྱིར་བཞེས་སུ་གསོལ། །མཧཱ་པཉྩ་ཨ་མྲི་ཏ་ཁ་ཁ་ཁཱ་ཧི་ཁཱ་ཧི། རཀྟ་བསྲེང་ཞིང་། ཆུ་དང་མ་འདྲེས་དྭངས་མའི་ཁྲག །དྭངས་མ་ཡིས་ནི་ཁྲག་ཆེན་པོ། །ལྷ་མོ་ནག་མོ་ལ་འབུལ་གྱིས། །བསྟན་པ་སྲུང་ཕྱིར་བཞེས་སུ་གསོལ། །མཧཱ་རཀྟ་ཁ་ཁ་ཁཱ་ཧི་ཁཱ་ཧི། ཞེས་སྨན་དང་རཀྟའི་མཆོད་པ་དབུལ། བཟླས་པའི་དམིགས་པ་གསལ་གདབ་ལ།

ཨོཾ་མནྟྲ་ཀྲྀ་ཡི་རེ་མ་ཏྲི་མ་མ་ཧུ་ལུ་རཀྵ་རེ་མ་ཏྲི་ཧུ་ལུ་ཧུ་ལུ་ཧྲཱུྃཿཛ་ཛཿཞེས་བཟླས་པ་གང་འགྲུབ་བྱེད། ཨརྒྷཾ་སོགས་ཀྱིས་མཆོད། བདུད་ལ་དབང་བསྒྱུར་བདུད་མོ་དཔལ་འབར་མ། །རི་ལྡེ་གོང་ཡག་བུ་མོ་དྲི་ལྡན་མ། །བདུད་མཁར་རྩེ་དགུའི་གནས་ཀྱི་གཙོ་མོ་སྟེ། །བདུད་མོ་རེ་མ་ཏི་ལ་ཕྱག་འཚལ་ལོ། །ཞེས་པས་བསྟོད། འདོད་དོན་ལ་གསོལ་བ་དྲག་ཏུ་བཏབ་པའོ། ། ༈ འདིའི་བཀའ་གཏད་ནི། མཉལ་གྱི་སྙིང་དུ་གཏོར་མ་སྦྱངས་གཏོར་ལ་ཙག་ལི་བཙུགས་པའམ། མེད་ན་རྟགས་བྱང་(༤༢༤བ)བཙུགས། གཏོར་མ་དམ་རྫས་སུ་བྱིན་གྱིས་བརླབས། ཙག་ལིའམ་རྟགས་བྱང་ལྷར་བསྐྱེད་པ་ཡིན། གོང་བཞིན་ལས་བཟླས་པ་ཡན་ཆད་བྱས་ལ། སྤྱོབ་མས་མཎྜལ་ཕུལ། རྡོ་རྗེ་འཛིན་པ་དགོངས་སུ་གསོལ། །ཞེས་པ་ནས། མ་ལུས་རྗེས་གནང་བསྩལ་དུ་གསོལ། །ཞེས་པའི་བར་ལན་གསུམ་གྱིས་གསོལ་བ་གདབ། དཀོན་མཆོག་གསུམ་ལ་བདག་སྐྱབས་མཆི། །ཞེས་སོགས་ཀྱིས་རྒྱུན་བཤགས་བྱ། མདུན་བསྐྱེད་ཀྱི་གཏོར་རྟེན་འདི་ཉིད་ཀུང་བདུད་མོ་རེ་མ་ཏི་སྐུ་མདོག་ནག་མོ་ཞལ་གཅིག་ཕྱག་གཉིས་ཀྱི་རལ་གྲི་དང་ཐོད་ཁྲག་འཛིན་ཅིང་ཁྲོ་བོའི་རྒྱན་ཐམས་ཅད་ཀྱིས་བརྒྱན་པ་འཁོར་དང་བཅས་པ་ཞིག་ཏུ་དངོས་སུ་བཞུགས་འདུག་སྙམ་པར་མོས་ལ། གཏོར་མ་མགོ་ཐོག་ཏུ་བཞག་ལ། སྤྱི་བོར་བཞུགས་པའི་བདུད་མོ་རེ་མ་ཏིའི་ཐུགས་ཀའི་འོད་ཟེར་གྱིས་རང་བཞིན་གྱི་གནས་ནས་ཡེ་ཤེས་པ་སྤྱན་དྲངས་སྤྱི་བོའི་བདུད་མོ་རེ་མ་ཏི་ལ་ཐིམ་པར་མོས་སུ་བཅུག་ལ། རྩ་བརྒྱུད་ཀྱི་དཔལ་ལྡན་བླ་མ་དམ་པ་རྣམས་ཀྱིས་བྱིན་གྱིས་རློབས་ཤིག ། ཡི་དམ་དཀྱིལ་འཁོར་གྱི་ལྷ་ཚོགས་རྣམས་ཀྱིས་བྱིན་གྱིས་རློབས་ཤིག །སངས་རྒྱས་དང་བྱང་ཆུབ་སེམས་དཔའ་རྣམས་ཀྱིས་བྱིན་གྱིས་རློབས་ཤིག །དཔའ་བོ་དང་དཔའ་མོ་རྣལ་འབྱོར་མ་རྣམས་ཀྱིས་བྱིན་གྱིས་རློབས་ཤིག །དཔལ་མགོན་དམ་པ་ཆོས་སྐྱོང་སྲུང་མ་རྣམས་ཀྱིས་བྱིན་གྱིས་རློབས་ཤིག །ཁྱད་པར་དུ་ཡང་བདུད་མོ་རེ་མ་ཏི་འཁོར་དང་བཅས་པ་རྣམས་ཀྱིས་བྱིན་གྱིས་(༤༢༥ན)རློབས་ཤིག །ཅེས་དང་། བདུད་མོ་རེ་

མ་ཏི་འཁོར་དང་བཅས་པ་ཁྱེད་རྣམས་ཀྱིས་རྩ་བརྒྱུད་ཀྱི་དཔལ་ལྡན་བླ་མ་དམ་པ་རྣམས་ཀྱི་བཀའ་དང་དམ་ལས་མ་འདའ་བར་རྗོ་རྗེ་སློབ་མ་འདིའི་ཕྱི་བཞིན་དུ་རྗེས་སུ་འབྲོངས་ལ་ལུས་དང་གྲིབ་མ་བཞིན་དུ་འགྲོགས་ཏེ། འགལ་རྐྱེན་ཐམས་ཅད་སོལ། མཐུན་རྐྱེན་ཐམས་ཅད་བསྒྲུབས། དགྲ་བགེགས་ཐམས་ཅད་ཐུལ། ཇི་ལྟར་བཅོལ་བའི་ལས་ཐམས་ཅད་འགྲུབ་པར་མཛོད་ཅིག །ཅེས་གཏོར་དབང་བཀའ་བསྒོ་དང་བཅས་པ་བྱས་ལ། ལྷ་མོའི་གནས་གསུམ་ནས། ལྷ་མོ་དཀར་དམར་མཐིང་གསུམ། སློབ་མའི་གནས་གསུམ་དུ་ཐིམ་པར་བསམ། ཙཀ་ལི་རེག་ཅིང་། ཨོཾ་ཨཱཿཧཱུྃ། ཞེས་བརྗོད། བཟླས་ལུང་ནི། ཁྱེད་རང་གི་སྙིང་གར་པད་ཉིའི་གདན་ལ་ས་བོན་གྱི་མཐར་སྔགས་འཕྲེང་འོད་ཟེར་མཐིང་ནག་འབར་བའི་རྣམ་པ་ཅན་དུ་བཞུགས་པར་མོས། སློབ་དཔོན་གྱི་ཐུགས་ཀ་ནས་འོད་ཟེར་འཕྲོས། མདུན་བསྐྱེད་ཀྱི་ལྷའི་ཐུགས་རྒྱུད་བསྐུལ། ཐུགས་ཀའི་སྔགས་འཕྲེང་ལས་སྔགས་འཕྲེང་གཉིས་པ་ཞིག་ཆད། ཞལ་ནས་ཐོན། ཁྱེད་རང་གི་ཁ་སྒོ་ནས་ཞུགས། སྙིང་གའི་ས་བོན་གྱི་མཐར་སྔགས་སྔ་མ་ལ་ཐིམ་ཞིང་འཁོད་པའི་མོས་པ་མཛོད་བྱས་ལ། འདིའི་རྗེས་ཟློས་མཛོད་ཅིག །ཨོཾ་མཧཱ་ཀཱ་ལི་རེ་མ་ཏི་མ་མ་ཧུ་ལུ་རཀྵ་རེ་མ་ཏི་ཧུ་ལུ་ཧུ་ལུ་ཧཱུྃཿཛ་ཛཿཞེས་ལན་གསུམ་རྗེས་ཟློས་བྱེད་དུ་གཞུག །སྐབས་འདིར་ཕྱུངས་གཏོར་ཕུལ་ལ་མཆོད་བསྟོད་སོགས་རྗེས་(༦༢༥བ)ཆོག་བྱའོ། །

༄ ཀླུ་མོ་རེ་མ་ཏི་ལ། མདུན་དུ་ཁྲག་གི་མཚལ་མཆོད་གཏོར་སྨན་རག་དང་བཅས་པར་བཤམས་ལ། བདག་བསྐྱེད་ཁྲོ་བོའི་མངོན་རྟོགས་དང་བཅས་པ་སྔོན་དུ་བཏང་སྟེ། མཆོད་པ་བྱིན་གྱིས་བརླབས་ནས། མདུན་བསྐྱེད་སྭ་བྷཱ་ཝས་སྟོང་པར་སྦྱངས། སྟོང་པའི་ངང་ལས་རྃ་ལས་བསེ་མཁར་གྲུ་གསུམ་གྱི་ནང་དུ་ཐོད་མཁར་གྲུ་བཞི། ཞིང་ཆེན་གྱི་འཕན་གདུགས་རྒྱལ་མཚན་ལ་སོགས་པ་འཛིགས་པའི་རྒྱན་གྱིས་བརྒྱན་པ། རྒྱ་དཔངས་ཚད་མེད་པའི་དབུས་སུ། ག་ར་ད་པ་ཧཱུྃ་ལས་སྲིན་པོའི་བོང་བུ་ག་

དམར་རླུང་གི་ཤུགས་ཅན། ཞིང་གི་སྣ་དང་སྣ་གཡོགས་ཅན། དེའི་སྟེང་དུ། མ་ལས་ཀླུ་མོ་རེ་མ་ཏི་སྐུ་མདོག་ནག་མོ་ཞལ་གཅིག་ཕྱག་བཞིའི་གཡས་ཀྱི་དང་པོ་ན་རལ་གྲི། གཉིས་པས་ཐོད་སྐམ་གྱི་འཕྲེང་བ། གཡོན་གྱི་དང་པོས་ཐོད་ཁྲག །གཉིས་པ་ན་རྩེ་གསུམ་འཛིན་པ། སྲིན་མོ་ན་ལ་རྩེ། དམར་མོ་ཆུ་སྲིན་གྱི་མགོ་ཅན་ལྟེ་བ་མན་ཆད་ཕུར་བུའི་དབྱིབས་ཅན་གྱིས་ཆིབས་ཀྱི་སྣ་ནས་ཁྲིད་པ། འཁོར་ཀླུ་ཆེན་བརྒྱད་བུང་བ་ལྟར་གནག་པ་སྦྲུ་གྲི་དང་སྦྲུལ་ཞགས་འཛིན་པ། ཀླུ་སྨན་བྱེ་བ་འབུམ་གྱི་ཚོགས་ཀྱིས་བསྐོར་བར་གྱུར། འདོད་ཆགས་ཁྲག་མཚོ། ཞེ་སྡང་མེ་དཔུང་། གཏི་མུག་རླུང་ནག་འཚུབ་མའི་དབུས་སུ་དགྱེས་པར་རོལ་པར་བསམས་ལ། རང་གི་སྙིང་ག་ནས་འོད་ཟེར་འཕྲོས། རྒྱ་མཚོ་ཆེན་པོའི་གླིང་དང་། དུར་ཁྲོད་ཆེན་པོའི་གནས་བརྒྱད་ནས། ཀླུ་མོ་རེ་མ་ཏི་འཁོར་དང་བཅས་པ་ཨཱ་ཀརྵ་ཡ་ཛ་ཛཿཛཿཧཱུྃ་བཾ་ཧོཿམ་མ་ཧྲ་ག་རཀྵ། (༦༢༨ན)སྙིང་ཁ་རག་ཙིཏྟ་སྲོག་དུང་དུང་། ཛཿཛཿན་ག་དུ་ཧྲི་ཧྲུྃཿཧྲུྃཿ ཞེས་པའི་སྙིང་པོའི་མཐར། བཛྲ་ས་མ་ཡ་ཏ་ན་ཏ་ན་ཧཱུྃ་ཕཊ། ཅེས་དམ་རྒྱ་བསྟན་ལ་དམ་ལ་བཞག ། མ་མ་ཧྲ་ག་སོགས་སྙིང་པོ་ཉིད་ལན་བདུན་གྱིས་བྱིན་གྱིས་བརླབས་ནས། གཏོར་མ་ཨ་མྲི་ཏས་བསངས། ཨོཾ་སྟོང་པར་གྱུར། ཨཱཿཐོད་པའི་ནང་ཡངས་ཤིང་རྒྱ་ཆེ་བར། ཧཱུྃ་ཤ་ལྔ་བདུད་རྩི་ལྔས་གང་བར་གྱུར། ཧོཿཡེ་ཤེས་ཀྱི་བདུད་རྩིའི་རྒྱ་མཚོ་ཆེན་པོར་གྱུར། ཨོཾ་ཨཱཿཧཱུྃ། ལན་གསུམ་གྱིས་བྱིན་གྱིས་བརླབས། ཐོད་རློན་གྱི་ཕྱག་རྒྱ་བཅས་ཏེ། མ་མ་ཧྲ་ག་རཀྵ། སྙིང་ཁ་རག་ཙིཏྟ་སྲོག་དུང་དུང་ཛཿཛཿན་ག་དུན་ཏི་ཧྲུྃཿཧྲུྃཿཨི་དཾ་བ་ལིཾ་ཏ་ཁ་ཁ་ཁཱ་ཧི་ཁཱ་ཧི། ཞེས་ལན་བདུན་གྱིས་གཏོར་མ་དབུལ། སྨན་གྱི་མཆོད་པ་ནི། ཕྲ་མོ་སྦོམ་པོ་ལས་བྱུང་བ། །བདུད་རྩིས་བྲན་པའི་ཛ་གད་འདི། །ཀླུ་ཡི་གཙོ་མོ་ལ་འབུལ་གྱིས། །བསྟན་པ་སྲུང་ཕྱིར་བཞེས་སུ་གསོལ། །མཧཱ་པཉྩ་ཨ་མྲི་ཏ་ཁ་ཁ་ཁཱ་ཧི་ཁ་ཧི། རཀྟ་བསྐྱེད་ཞིང་། ཆུ་དང་མ་འདྲེས་དྭངས་མའི་ཁྲག །དྭངས་མ་ཡིས་ནི་ཁྲག་ཆེན་པོ། །ཀླུ་ཡི་གཙོ་མོ་ལ་འབུལ་གྱིས། །བསྟན་པ་སྲུང་ཕྱིར་བཞེས་

སུ་གསོལ། །མནྟ་རཀྵ་ཁ་ཁ་ཁཱ་ཧི་ཁཱ་ཧི། ཞེས་སྔན་དང་རཀྵའི་མཆོད་པ་དབུལ། དེ་ནས། བཟླས་པའི་དམིགས་པ་གསལ་བཏབ་ལ། སྙིང་པོ་ནི། མ་མ་ཧྲག་རཀྵ། སྙིང་ཁ་རག་ཙིཏྟ་སྲོག་ཧུང་ཧུང་ཛཿཛཿན་ག་ཧུན་ཧི་ཧྲྀཿཧྲྀཿ ཞེས་བཟླ། ཨཀྲཱཾ་ནས་ཤབྡའི་བར་གྱིས་མཆོད། གླུ་ལ་དབང་(༦༢༨བ)བསྒྱུར་གླུ་མོ་དཔལ་འབར་མ། །གཙུག་ན་རིན་ཆེན་བུ་མོ་ནོར་འཛིན་མ། །རོལ་མཚོ་བདུན་གྱི་གནས་ཀྱི་གཙོ་མོ་སྟེ། །གླུ་མོ་རེ་མ་ཏི་ལ་ཕྱག་འཚལ་ལོ། །ཞེས་བསྟོད། སྐབས་འདིར་གླུ་གཏོར་རེ་གཏོང་བ་ལག་ལེན་ཡིན། འདོད་དོན་ལ་གསོལ་བ་དྲག་ཏུ་བཏབ་བོ། ། ༈ འདིའི་བཀའ་གཏད་ནི། མཎྜལ་གྱི་སྟེང་དུ་གཏོར་མ་སྤུངས་གཏོར་ལ་ཙག་ལི་བཙུགས་པའམ། མེད་ན་སྤགས་བྱང་བཙུགས། གཏོར་མ་དམ་རྫས་སུ་བྱིན་གྱིས་བརླབས། ཙག་ལིའམ་སྤགས་བྱང་ལྷར་བསྐྱེད་པ་ཡིན། གོང་བཞིན་ལས་བཟླས་པ་ཡན་ཆད་བྱས་ལ། སློབ་མས་མཎྜལ་ཕུལ། རྡོ་རྗེ་འཛིན་པ་དགོངས་སུ་གསོལ། །ནས། མ་ལུས་རྗེས་གནང་བསྐུལ་དུ་གསོལ། །ཞེས་པའི་བར་གྱིས་གསོལ་བ་བཏབས། དཀོན་མཆོག་གསུམ་ལ་བདག་སྐྱབས་མཆི། །ཞེས་སོགས་རྒྱུན་བཤགས་བྱ། མདུན་བསྐྱེད་ཀྱི་གཏོར་རྟེན་འདི་ཉིད་ཀྱང་གླུ་མོ་རེ་མ་ཏི་སྐུ་མདོག་ནག་མོ་ཞལ་གཅིག་ཕྱག་བཞི་མ་འཁོར་དང་བཅས་པ་ཞིག་ཏུ་དངོས་སུ་བཞུགས་འདུག་སྙམ་པར་མོས་ལ། གཏོར་མ་མགོ་ཐོག་ཏུ་བཞག་ལ། སྤྱི་བོར་བཞུགས་པའི་གླུ་མོ་རེ་མ་ཏིའི་ཐུགས་ཀའི་འོད་ཟེར་གྱིས་རང་བཞིན་གྱི་གནས་ནས་ཡེ་ཤེས་པ་སྤྱན་དྲངས་སྤྱི་བོའི་གླུ་མོ་རེ་མ་ཏི་ལ་ཐིམ་པར་མོས་སུ་བཅུག་ལ། རྩ་བརྒྱུད་ཀྱི་དཔལ་ལྡན་བླ་མ་དམ་པ་རྣམས་ཀྱིས་བྱིན་གྱིས་རློབས་ཤིག །ཡི་དམ་དཀྱིལ་འཁོར་གྱི་ལྷ་ཚོགས་རྣམས་ཀྱི་བྱིན་གྱིས་རློབས་ཤིག །སངས་རྒྱས་དང་བྱང་ཆུབ་སེམས་དཔའ་རྣམས་(༦༢༩ན)ཀྱིས་བྱིན་གྱིས་རློབས་ཤིག །དཔའ་བོ་དང་དཔའ་མོ་རྣལ་འབྱོར་མ་རྣམས་ཀྱིས་བྱིན་གྱིས་རློབས་ཤོག །དཔལ་མགོན་དམ་པ་ཆོས་སྐྱོང་སྲུང་མ་རྣམས་ཀྱིས་བྱིན་གྱིས་རློབས་ཤིག །ཁྱད་པར་དུ་ཡང་གླུ་མོ་རེ་མ་ཏི་འཁོར་

དང་བཅས་པ་རྣམས་ཀྱིས་བྱིན་གྱིས་རློབས་ཤིག །ཅེས་དང་། གླུ་མོ་རེ་མ་ཏི་འཁོར་དང་བཅས་པ་ཁྱེད་རྣམས་ཀྱིས་རྗེ་བརྒྱུད་ཀྱི་དཔལ་ལྡན་བླ་མ་དམ་པ་རྣམས་ཀྱི་བཀའ་དང་དམ་ལས་མ་འདའ་བར་རྡོ་རྗེ་སློབ་མ་འདིའི་ཕྱི་བཞིན་དུ་རྗེས་སུ་འབྲངས་ལ་ལུས་དང་གྲིབ་མ་བཞིན་དུ་འགྲོགས་ཏེ། འགལ་རྐྱེན་ཐམས་ཅད་སོལ། མཐུན་རྐྱེན་ཐམས་ཅད་བསྒྲུབས། དགྲ་བགེགས་ཐམས་ཅད་ཐུལ། ཇི་ལྟར་བཙོལ་བའི་ལས་ཐམས་ཅད་འགྲུབ་པར་མཛོད་ཅིག །ཅེས་གཏོར་དབང་བཀའ་བསྒོ་དང་བཅས་པ་བྱས་ལ། ལྷ་མོའི་གནས་གསུམ་ནས། ལྷ་མོ་དཀར་དམར་མཐིང་གསུམ་སློབ་མའི་གནས་གསུམ་དུ་ཐིམ་པར་བསམ། ཙག་ལི་རེག་ཅིང་། ཨོཾ་ཨཱཿཧཱུྃ། ཞེས་བརྗོད། བཟླས་ལུང་ནི། ཁྱེད་རང་གི་སྙིང་གར་པད་ཉིའི་གདན་ལ་ས་བོན་གྱི་མཐར་སྔགས་འཕྲེང་འོད་ཟེར་མཐིང་ནག་འབར་བའི་རྣམ་པ་ཅན་དུ་བཞུགས་པར་མོས། སློབ་དཔོན་གྱི་ཐུགས་ཀ་ནས་འོད་ཟེར་འཕྲོས། མདུན་བསྐྱེད་ཀྱི་ལྷའི་ཐུགས་རྒྱུད་བསྐུལ། ཐུགས་ཀའི་སྔགས་འཕྲེང་ལས་སྔགས་འཕྲེང་གཉིས་པ་ཞིག་ཆད། ཞལ་ནས་ཐོན། ཁྱེད་རང་གི་ཁ་སྒོ་ནས་ཞུགས། སྙིང་གའི་ས་བོན་གྱི་མཐར་སྔགས་སྔ་མ་ལ་ཐིམ་ཞིང་འཁོད་པར་མོས་ལ། འདིའི་རྗེས་ཟློས་མཛོད་བྱས་ལ། མ་མ་ཧྲག་རཀྴ། (༤༢༧བ) སྙིང་ཁ་རག་ཙིཏྟ་སྲོག་ཧུང་ཧུང་ཛཿཛཿན་ག་ཧུན་ཏི་ཧྥེཿཧྥེཿ ཞེས་ལན་གསུམ་རྗེས་ཟློས་བྱེད་དུ་གཞུག །སྐབས་འདིར་སྤྱངས་གཏོར་ཕུལ་ལ་མཆོད་བསྟོད་སོགས་རྗེས་ཆོག་བྱའོ། །

༄ གཏོད་སྒྲིན་རེ་མ་ཏི་ལ། མདུན་དུ་ཁྲག་གི་མཚྭལ། མཆོད་གཏོར་སྨན་རག་དང་བཅས་པ་བཤམས་ལ། བདག་བསྐྱེད་ཁྲོ་བོའི་མངོན་རྟོགས་དང་བཅས་པ་སྔོན་དུ་སོང་བས། མཆོད་པ་བྱིན་གྱིས་བརླབས་ནས། མདུན་བསྐྱེད་སྭ་བྷཱ་ཤས་སྟོང་པར་སྦྱངས། སྟོང་པའི་ངང་ལས་ཧཱུྃ་ལས་བསེ་མཁར་གྲུ་གསུམ་གྱི་ནང་དུ་ཐོད་མཁར་གྲུ་བཞི། ཞིང་ཆེན་གྱི་འཕན་གདུགས་རྒྱལ་མཚན་ལ་སོགས་པ་འཛིགས་པའི་རྒྱན་གྱིས་

བཀྱེན་པ། རྒྱ་དཔངས་ཚད་མེད་པའི་དབུས་སུ། ག་ར་ད་པ་ཧཱུྃ་ལས་སྲིན་པོའི་བོང་བུ་གྭ་དམར་ཕྲུང་གི་ཤུགས་ཅན། ཞིང་གི་སྣ་དང་སྣ་གཡོགས་ཅན། དེའི་སྟེང་དུ། བྲཱ་ལས་གནོད་སྦྱིན་རེ་མ་ཏི་སྐུ་མདོག་ནག་མོ་ཕྱག་གཡས་རལ་གྲི། གཡོན་པས་གཏེར་གྱི་ནེའུ་ལེ་ནོར་བུའི་ཆར་འབབས་པ་འཛིན་པ། འཁོར་གནོད་སྦྱིན་བརྒྱད་ནག་པོ་བེ་ཅོན་དང་ཐོད་ཁྲག་འཛིན་པ། གནོད་སྦྱིན་མོ་བརྒྱད་ནག་མོ་རལ་གྲི་དང་ནེའུ་ལེ་འཛིན་པ། གནོད་སྦྱིན་མོ་འབུམ་སྡེ་ལྷ་སྲིན་སྡེ་བརྒྱད་ཀྱི་ཚོགས་དང་བཅས་པས་བསྐོར་བ། འདོད་ཆགས་ཁྲག་མཚོ། ཞེ་སྡང་མེ་དཔུང་། གཏི་མུག་ཕྲུང་ནག་འཚུབ་མའི་དབུས་སུ་དགྱེས་པར་རོལ་པར་བསམས་ལ། རང་གི་སྙིང་ག་ནས་འོད་ཟེར་འཕྲོས། རྒྱ་མཚོ་ཆེན་པོའི་གླིང་དང་། (༦༢༨ན)དུར་ཁྲོད་ཆེན་པོའི་གནས་བརྒྱད་ནས། གནོད་སྦྱིན་རེ་མ་ཏི་འཁོར་དང་བཅས་པ་ཨཱ་ཀཪྵ་ཡ་ཛ་ཛཿཛཿཧཱུྃ་བཾ་ཧོཿསྤྱོཿཛཿཨོཾ་ཙ་པ་ལ་ཨ་ཤུག་མེ་སྤྱོཿཨོཾ་རོ་རུ་རོ་རུ་ཙ་པ་ལ་ཨ་ཤུག་མ་སྤྱོཿཛ་ཛཿབཛྲ་ས་མ་ཡ་ཏ་ན་ཏ་ན་ཧཱུྃ་ཕཊ། ཅེས་དམ་རྒྱ་བསྟན་ལ་དམ་ལ་བཞག །སྤྱོཿཛཿཨོཾ་ཙ་པ་ལ་ཨ་ཤུག་མེ་སྤྱོཿཨོཾ་རོ་རུ་རོ་རུ་ཙེ་པ་ལ་ཨ་ཤུག་མ་སྤྱོཿཛ་ཛཿ ཞེས་སྙིང་པོ་ལན་བདུན་གྱིས་བྱིན་གྱིས་བརླབས་ནས། གཏོར་མ་བླ་མེད་སྤྱི་དང་མཐུན་པར་བྱིན་གྱིས་བརླབས། རིན་པོ་ཆེའི་ཕྱག་རྒྱ་བཅས་ཏེ། སྤྱོཿཛཿཨོཾ་ཙ་པ་ལ་ཨ་ཤུག་མེ་སྤྱོཿཨོཾ་རོ་རུ་རོ་རུ་ཙ་པ་ལ་ཨ་ཤུག་མ་སྤྱོཿཛ་ཛཿཨི་དཾ་བ་ལིཾ་ཏ་ཁ་ཁ་ཁཱ་ཧི་ཁཱ་ཧི། ཞེས་ལན་བདུན་གྱིས་དབུལ། སྨན་གྱི་མཆོད་པ་ནི། ཕྲ་མོ་སྦོམ་པོ་ལས་བྱུང་བ། །བདུད་རྩིས་བྲན་པའི་ཛ་གད་འདི། །གནོད་སྦྱིན་གཙོ་མོ་ལ་འབུལ་གྱིས། །བསྟན་པ་སྲུང་ཕྱིར་བཞེས་སུ་གསོལ། །མཧཱ་པཉྩ་ཨ་མྲི་ཏ་ཁ་ཁ་ཁཱ་ཧི་ཁཱ་ཧི། རཀྟ་བསྒྲེང་ཞིང་། ཚ་དང་མ་འདྲེས་རྔངས་མའི་ཁྲག །རྔངས་མ་ཡིས་ནི་ཁྲག་ཆེན་པོ། །གནོད་སྦྱིན་གཙོ་མོ་ལ་འབུལ་གྱིས། །བསྟན་པ་སྲུང་ཕྱིར་བཞེས་སུ་གསོལ། །མཧཱ་རཀྟ་ཁ་ཁ་ཁཱ་ཧི་ཁཱ་ཧི། ཞེས་སྨན་དང་རཀྟའི་མཆོད་པ་དབུལ། དེ་ནས། བཟླས་པའི་དམིགས་པ་གསལ་བཏབ་

ལ། ཧྤྲཱུཿཛཿ ཨོཾ་ཙ་པ་ལ་ཨ་ཤུག་མེ་ཧྲུཿ ཨོཾ་རོ་ཏུ་རོ་ཏུ་ཙ་པ་ལ་ཨ་ཤུག་མ་ཧྤྲཱུཿཛ་ཛཿ ཞེས་བཟླས་པ་གང་འགྲུབ་བྱེད། ཨརྒྷཾ་(༤༢༨བ)སོགས་ཀྱིས་མཆོད། གནོད་སྦྱིན་དབང་བསྒྱུར་གནོད་སྦྱིན་དཔལ་འབར་མ། །གང་བ་བཟང་པོའི་བུ་མོ་གཟི་ལེགས་མ། །བྱ་དཀར་ཅན་གྱི་གནས་ཀྱི་གཙོ་མོ་སྟེ། །གནོད་སྦྱིན་རེ་མ་ཏི་ལ་ཕྱག་འཚལ་ལོ། །ཞེས་བསྟོད། འདོད་དོན་ལ་གསོལ་བ་དྲག་ཏུ་བཏབ་པར་བྱའོ། ། ༈ འདིའི་བཀའ་གཏད་ནི། མནྟལ་གྲུ་བཞིའི་སྟེང་དུ། ཁྲག་གི་ཆོས་འབྱུང་གི་དབུས་སུ་དྲི་བཟང་གི་ཐིག་ལེ་ཟླུམ་པོའི་སྟེང་དུ་གཏོར་མ་སྤུངས་གཏོར་ལ་ཅག་ལི་བཙུགས་པའམ། མེད་ན་སྣུམས་བྱང་བཙུགས། གཏོར་མ་དམ་རྫས་སུ་བྱིན་གྱིས་བརླབས། ཅག་ལིའམ་སྣུམས་བྱང་ལྷར་བསྐྱེད་པ་ཡིན། གོང་བཞིན་ལས་བཟླས་པ་ཡན་ཆད་བྱས་ལ། སློབ་མས་མནྟལ་ཕུལ། ཇོ་ཇེ་འཛིན་པ་དགོངས་སུ་གསོལ། །ཞེས་པ་ནས། མ་ལུས་རྗེས་གནང་བསྩལ་དུ་གསོལ། །ཞེས་པའི་བར་གྱིས་གསོལ་བ་བཏབ། དཀོན་མཆོག་གསུམ་ལ་བདག་སྐྱབས་མཆི། །ཞེས་སོགས་ཀྱིས་རྒྱུན་བཤགས་བྱ། མདུན་བསྐྱེད་ཀྱི་གཏོར་རྟེན་འདི་ཉིད་ཀྱང་གནོད་སྦྱིན་རེ་མ་ཏི་སྐུ་མདོག་ནག་མོ་ཞལ་གཅིག་ཕྱག་གཉིས་མ་འཁོར་དང་བཅས་པ་ཞིག་ཏུ་དངོས་སུ་བཞུགས་འདུག་སྙམ་པར་མོས་ལ། གཏོར་མ་མགོ་ཐོག་ཏུ་བཞག་ལ། སྤྱི་བོར་བཞུགས་པའི་གནོད་སྦྱིན་རེ་མ་ཏིའི་ཐུགས་ཀའི་འོད་ཟེར་གྱིས་རང་བཞིན་གྱི་གནས་ནས་ཡེ་ཤེས་པ་སྤྱན་དྲངས་སྤྱི་བོའི་གནོད་སྦྱིན་རེ་མ་ཏི་ལ་ཐིམ་པར་མོས་སུ་བཅུག་ལ། རྩ་བརྒྱུད་ཀྱི་དཔལ་ལྡན་བླ་མ་དམ་པ་(༤༢༩ན)རྣམས་ཀྱིས་བྱིན་གྱིས་རློབས་ཤིག །ཡི་དམ་དཀྱིལ་འཁོར་གྱི་ལྷ་ཚོགས་རྣམས་ཀྱིས་བྱིན་གྱིས་རློབས་ཤིག །སངས་རྒྱས་དང་བྱང་ཆུབ་སེམས་དཔའ་རྣམས་ཀྱིས་བྱིན་གྱིས་རློབས་ཤིག །དཔའ་བོ་དང་དཔའ་མོ་རྣལ་འབྱོར་མ་རྣམས་ཀྱིས་བྱིན་གྱིས་རློབས་ཤིག །དཔལ་མགོན་དམ་པ་ཆོས་སྐྱོང་སྲུང་མ་རྣམས་ཀྱིས་བྱིན་གྱིས་རློབས་ཤིག །ཁྱད་པར་དུ་ཡང་གནོད་སྦྱིན་རེ་མ་ཏི་འཁོར་དང་བཅས་པ་རྣམས་ཀྱིས་བྱིན་གྱིས་རློབས

ཤིག །ཅེས་དང་། གནོད་སྦྱིན་རེ་མ་ཏི་འཁོར་དང་བཅས་པ་ཁྱེད་རྣམས་ཀྱི་རྩ་བརྒྱུད་ཀྱི་དཔལ་ལྡན་བླ་མ་དམ་པ་རྣམས་ཀྱི་བཀའ་དང་དམ་ལས་མ་འདའ་བར་རྡོ་རྗེ་སློབ་མ་འདིའི་ཕྱི་བཞིན་དུ་རྗེས་སུ་འབྲོངས་ལ་ལུས་དང་གྲིབ་མ་བཞིན་དུ་འགྲོགས་ཏེ། འགལ་རྐྱེན་ཐམས་ཅད་སོལ། མཐུན་རྐྱེན་ཐམས་ཅད་བསྒྲུབས། དགྲ་བགེགས་ཐམས་ཅད་ཐུལ། ཇི་ལྟར་བཅོལ་བའི་ལས་ཐམས་ཅད་འགྲུབ་པར་མཛོད་ཅིག །ཅེས་གཏོར་དབང་བཀའ་བསྒོ་དང་བཅས་པ་བྱས་ལ། ལྷ་མོའི་གནས་གསུམ་ནས། ལྷ་མོ་དཀར་དམར་མཐིང་གསུམ། སློབ་མའི་གནས་གསུམ་དུ་ཐིམ་པར་བསམ། ཙཀ་ལི་རེག་ཅིང་། ཨོཾ་ཨཱཿཧཱུཾ། ཞེས་བརྗོད། བཟླས་ལུང་ནི། ཁྱེད་རང་གི་སྙིང་གར་པད་ཉིའི་གདན་ལ་ས་བོན་གྱི་མཐར་སྔགས་འཕྲེང་འོད་ཟེར་མཐིང་ནག་འབར་བའི་རྣམ་པ་ཅན་དུ་བཞུགས་པར་མོས། སློབ་དཔོན་གྱི་ཐུགས་ཀ་ནས་འོད་ཟེར་འཕྲོས། མདུན་བསྐྱེད་ཀྱི་ལྷའི་ཐུགས་རྒྱུད་བསྐུལ། ཐུགས་ཀའི་སྔགས་འཕྲེང་ལས་སྔགས་འཕྲེང་གཉིས་པ་ཞིག(༦༧༥་བ)ཆད། ཞལ་ནས་ཐོན། ཁྱེད་རང་གི་ཁ་སྒོ་ནས་ཞུགས། སྙིང་གའི་ས་བོན་གྱི་མཐར་སྔགས་སྔ་མ་ལ་ཐིམ་ཞིང་འཁོད་པའི་མོས་པ་མཛོད་བྱས་ལ། འདིའི་རྗེས་ཟློས་མཛོད་ཅིག །ཧྲཱིཿཛཿཨོཾ་ཙ་པ་ལ་ཨ་ཤུག་མེ་ཧྲཱིཿཨོཾ་རོ་རུ་རོ་རུ་ཙ་པ་ལ་ཨ་ཤུག་མ་ཧྲཱིཿཛཿཛཿ ལན་གསུམ་རྗེས་ཟློས་བྱེད་དུ་གཞུག །སྐབས་འདིར་ཕྱུངས་གཏོར་ཕུལ་ལ་མཆོད་བསྟོད་སོགས་རྫས་ཆོག་བྱའོ། །

࿐ རེ་མ་ཏི་རྡོ་རྗེ་གཡོག་རྒོད་མ་ལ། མདུན་དུ་ཁྲག་གི་མཚལ་མཆོད་གཏོར་སྨན་རཀ་དང་བཅས་པ་བཤམས་ལ། རང་ཡི་དམ་དུ་གསལ་བས་མཆོད་གཏོར་བླ་མེད་ལྟར་བྱིན་གྱིས་བརླབས་ཏེ། མདུན་བསྐྱེད་སྭ་བྷཱ་ཝས་སྟོང་པར་སྦྱངས། སྟོང་པའི་ངང་ལས་རང་གི་མདུན་དུ་རཀྟའི་རྒྱ་མཚོའི་ནང་མེ་རླུང་འཚུབ་མའི་དབུས་སུ་གཾ་ལས་ལྷ་མོ་རྡོ་རྗེ་གཡོག་རྒོད་རྩལ་དྲེའུ་རྟ་ལ་ཆིབས་པ། སྐུ་མདོག་སྔུག་ནག་ཞལ་གཅིག་ཕྱག་གཉིས་མ། རལ་གྲི་དང་ཐོད་པ་འཛིན་པ། མཆན་ཁུང་དུ་ལེའུ་

ཁེ་བསྣམས་པ། མི་ལྤགས་ཀྱི་སྟོད་གཡོགས་ཅན། སྐུ་སྟོད་མཚོན་ཆ་འབར་བའི་གཞོག་པ་ཅན། དར་ནག་གི་ལྷབ་ལྷུབ་དང་། ཞིང་ཆེན་གྱི་གཡང་གཞི་དང་། རེ་ལྡེའི་ཤམ་བུ་ཅན། ཐོད་སྐམ་གྱི་དབུ་རྒྱན། ཐོད་རློན་གྱི་དོ་ཤལ། སྦྲུལ་གྱི་སྐེ་རགས། ཐལ་ཆེན་གྱི་ཚོམ་བུ་སོགས་དུར་ཁྲོད་ཀྱི་ཆས་རྫོགས་པ། སྤྱན་གསུམ་མཆེ་གཙིགས་དབུ་སྐྲ་གྱེན་དུ་བརྫེས་པ། ཁྲམ་ཤིང་རྐེད་ལ་གཟེར་ཞིང་། སྐའི་སྤྲ་(༦༣༠ན)ཤ་ལ་ནད་རྒྱལ་དང་ཤོ་ཛེའུ་བཅས་པ། ཕྱི་ཤ་ལ་མཚོན་གྱི་གྲུ་གུ་དང་བྱང་དམར་གྱི་ཁྲིས་པོ་ཅན། དུས་བཞིའི་རྒྱལ་མོས་དབུ་ལ་བཀྱན་པ། དབུའི་སྟེང་དུ་ཟ་བྱའི་གདུགས་དང་བཅས་པ། བདུད་ཕྱུག་དཔག་ཏུ་མེད་པས་བསྐོར་བ། བྱ་ནག་ཁྱི་ནག་ལུག་ནག་རྗེས་སུ་འབྲང་བ། དེའི་མིག་ཏུ་སྐྱཱིཾ། རྣ་བར་ཛྲིཾ། སྣ་ལ་པཾ། ལྕེ་ལ་གཾ། དཔྲལ་བར་སྐཾ། ལྟེ་བར་སཾ། ཐུགས་ཀར་ཧཱུྃ། མགྲིན་པར་ཨཱཿ སྤྱི་བོར་ཨོཾ། ཨོཾ་སརྦ་ཏ་ཐཱ་ག་ཏ་ཙིཏྟ་ཨཱ་ཀ་ཀཱ་ཡ་བཛྲ་སྭ་བྷཱ་ཝ་ཨཱཏྨ་ཀོ྅ཧཾ། རང་དང་མདུན་བསྐྱེད་གཉིས་ཀའི་ཐུགས་ཀ་ནས་འོད་ཟེར་འཕྲོས། བྱང་ཤར་མུ་ལི་དིང་ནས། ལྷ་མོ་འཁོར་དང་བཅས་པ་བཛྲ་ས་མ་ཛཿརག་མོ་དུ་ར་དུཀྲིང་ཕྱོཿཁ་ཁ་དུ་ར་དུཀྲིང་ཕྱོཿཧེ་ར་དུ་ར་དུཀྲིང་ཕྱོཿཕྱོཿ ཀླུང་ནག་འཚུབ་མའི་དཀྱིལ་འཁོར་ནས། །འདོད་ཆགས་ཁྲག་གི་རྒྱ་མཚོ་ནས། །ཞེ་སྡང་མེ་དཔུང་གཞལ་ཡས་ནས། །དཔལ་ལྡན་ལྷ་མོ་གཤེགས་སུ་གསོལ། །འཕྲིན་ལས་ཀུན་གྱི་བདག་མོ་སྟེ། །དཔལ་ལྡན་ལྷ་མོ་རེ་མ་ཏི། །ནག་མོ་འབུམ་སྡེའི་འཁོར་དང་བཅས། །འགྲོ་བ་འདུལ་ཕྱིར་གཤེགས་སུ་གསོལ། །རག་མོ་དུ་ར་དུཀྲིང་ཕྱོཿཁ་ཁ་དུ་ར་དུཀྲིང་ཕྱོཿཧེ་ར་དུ་ར་དུཀྲིང་ཕྱོཿ ཞེས་སྤྱན་དྲངས། ཕྱོཿ ནག་མོ་གདུག་ཅན་དྲེགས་པ་ཅན། །ཀུན་ཏུ་ཁྱབ་པའི་གཟུགས་སྟོན་མ། །ནག་མོ་གཙོ་མོ་དྲེའུ་རྟ་ཆིབས། །འདིར་བྱོན་དྲེའུ་རྟའི་གདན་ལ་བཞུགས། །ཛཿཧཱུྃ་བཾ་ཧོཿས་མ་ཡ་སྟྭཾ། ཏིཥྛ་ལྷེ་ནྲྀ་ཧོ། (༦༣༠བ)ཞེས་དམ་ཡེ་བསྲེ། ཕྱོཿ ཟ་བྱེད་ནག་མོ་མཆེ་བ་ཅན། །རྔོད་བྱེད་ཏ་ཏ་ནག་མོ་ཁྱོད། །གསོད་ལ་དགའ་བར་བྱེད་པ་མོ། །བདག་ནི་

བཛྲ་ཡི་ཕྱག་འདུལ་ལོ། །ཨ་ཏི་སུ་ཏོ། པྲ་ཏི་ཛེ་ཏོ། སྙིང་གའི་ཧཱུྃ་གི་འོད་ཀྱིས་དབང་ལྷ་སྤྱན་དྲངས། ཨོཾ་སརྦ་ཏ་ཐཱ་ག་ཏ་ཨ་བྷི་ཥིཉྩ་ཏུ་མཾ། ཞེས་གསོལ་བ་བཏབ་པས། ཨོཾ་བཛྲ་ཨ་བྷི་ཥིཉྩ་ཨོཾ་ཧཱུྃ། ཞེས་དབང་བསྐུར། དབང་རྫོགས་གཤིན་རྗེ་གཤེད་ཀྱིས་དབུ་བརྒྱན་པར་གྱུར། སྨན་གྱི་མཆོད་པ་ནི། ཕྲ་མོ་སྦོམ་པོ་ལས་བྱུང་བ། །བདུད་རྩིས་བྲན་པའི་ཛ་གད་འདི། །ལྷ་མོ་ནག་མོ་ལ་འབུལ་གྱིས། །བསྟན་པ་སྲུང་ཕྱིར་བཞེས་སུ་གསོལ། །མཧཱ་པཉྩ་ཨ་མྲི་ཏ་ཁ་ཁ་ཁཱ་ཧི་ཁཱ་ཧི། རཀྟ་བསྒྲེང་ཞིང་། ཆུ་དང་མ་འདྲེས་དྭངས་མའི་ཁྲག །དྭངས་མ་ཡིས་ནི་ཁྲག་ཆེན་པོ། །ལྷ་མོ་ནག་མོ་ལ་འབུལ་གྱིས། །བསྟན་པ་སྲུང་ཕྱིར་བཞེས་སུ་གསོལ། །མཧཱ་རཀྟ་ཁ་ཁ་ཁཱ་ཧི་ཁ་ཧི། གཏོར་མ་འབུལ་བ་ནི། ཤ་ཁྲག་བདུད་རྩི་ལྔ་དང་སྦྱར། །འབྲུ་ལྔ་སྦྱར་བའི་གཏོར་མ་འདི། །ལྷ་མོ་ནག་མོ་ལ་འབུལ་གྱིས། །བསྟན་པ་སྲུང་ཕྱིར་བཞེས་སུ་གསོལ། །ཨོཾ་བ་ལིཾ་ཏ་ཁ་ཧི་ཁཱ་ཧི། ཡོ་གི་ནྟི་ཁ་རཾ་ཁཱ་ཧི། ཧྲཱ་གི་ནྟི་ཁ་རཾ་ཁཱ་ཧི། ཧྲཱུྃ་པ་རྞ་ག་ཏ་ཨ་ག་ས་ལ་ཏོཿ ཞེས་ལན་བདུན་གྱིས་ཕུལ། ཡང་རཀྟ་བསྒྲེང་ལ། ཤ་ཆེན་ཚོགས་ནི་རི་ལྟར་སྤུངས། །རཀྟའི་ཚོགས་ནི་མཚོ་ལྟར་བསྐྱིལ། །དམ་རྫས་བདུད་རྩི་འདི་བཞེས་ལ། །དམ་ཚིག་ཉམས་པའི་དགྲ་བགེགས་དང་། །གནོད་བྱེད་འབྱུང་པོའི་ཚོགས་རྣམས་ཆོམས། །བདུད་ཀྱི་དམག(༦༣༧ན)ཚོགས་དགྲ་ལ་རྦྲོངས། །དམག་དཔོན་རྒྱལ་མོ་དམག་སྣ་རྦྲོངས། །དམག་དཔུང་བསྐྱེད་ལ་རུ་མཚོན་ཕྱུར། །སརྦ་བིགྷྣན་ཤ་ཧཱུྃ་མ་ར་ཡ། ཨི་དཾ་བ་ལིཾ་ཏ་ཁ་ཁ་ཁཱ་ཧི་ཁཱ་ཧི། དེ་ནས། བཟླས་པའི་དམིགས་ལ་གསལ་བཏབ་ལ། སྙིང་པོ་ནི། ཏདྱ་ཐཱ། ཙ་ཙ་པི་ཏི་ཙྪ་བད་རྗེ་མ་མོ་རག་མོ་ཙིཏྟ་ཁ་རག་མ་ཧྲཱུཿཧྲཱུཿསྭཱཧཱ། ཞེས་ཅི་འགྲུབ་བཟླ། ཨཀྵཾ་ནས་ཤཱུའི་བར་གྱིས་མཆོད། བསྟོད་པ་ནི། ཧྲཱུཿ དཔལ་ལྡན་གཟུགས་མ་འདོད་ཁམས་གཙོ་མོ་ཁྱོད། །དྲིའུ་ཏ་ཞོན་ནས་དཔག་ཚད་ལྔ་བརྒྱར་རྒྱུག །རལ་གྲི་ཐོད་པ་དམ་པ་རང་རྟགས་འཛིན། །རེ་ལྡེའི་སྟོད་གཡོགས་སྦྲུལ་གྱི་ཤམ་ཐབ་ཅན། །སྤྱི་བར་ཉི་ཤར་གཙུག་ན་ཟླ་རྒྱས་མ། །ཁྲག་ནད་བདག་མོ་དབྱིངས་

ཕྱུག་དཔལ་འབར་མ། །ལྷ་མོ་རེ་མ་ཏི་ལ་བསྟོད་པར་བགྱི། །རྣལ་འབྱོར་བཅོལ་བའི་
འཕྲིན་ལས་འགྲུབ་པར་མཛོད། །འདོད་དོན་གསོལ་བཏབ་ནི། ལྷ་མོ་རྡོ་རྗེ་དབང་
སྒྲུབ་མ། །འཕྲིན་ལས་བཅོལ་བའི་དུས་ཀྱི་ཚེ། །ཉིན་གསུམ་ཁྲ་ལྟར་འཁྲུག་ཅིང་འཁྱོན། །
མཚན་གསུམ་གློག་ལྟར་འཁྲུག་ཅིང་འཁྱོན། །བསྟན་པ་སྲུང་བའི་དུས་ལ་བབས། །མ་
གཅིག་རྡོ་རྗེ་གཡོག་རྒོད་རྩལ། །དགྲ་བོ་འཇོམས་པའི་དུས་ལ་བབས། །དཔལ་ལྡན་
རྡོ་རྗེ་རབ་བརྟན་མ། །རཀྟའི་མཆོད་པ་འདི་བཞེས་ཤིག །ཤ་ཁྲག་གཏོར་མ་འདི་
བཞེས་ཤིག །ཁྱོད་ཀྱི་ཐུགས་དམ་དུས་ལ་བབས། །བཅོལ་བའི་འཕྲིན་ལས་འགྲུབ་པར་
མཛོད། །བདག་གི་(༤༣༧བ)བསམ་པ་ཐམས་ཅད་སྒྲུབས། །ཡིག་བརྒྱ། བཟོད་གསོལ།
གཤེགས་གསོལ། སྨོན་ལམ་བཀྲ་ཤིས་རྣམས་བྱའོ། ། ༈ འདིའི་རྗེས་གནང་ནི།
མནྜལ་གྱི་སྟེང་དུ་གཏོར་མ་ཕྱུངས་གཏོར་ལ་ཙག་ལི་བཙུགས་པའམ། མེད་ན་ཐུགས་
བྱང་བཙུགས། གཏོར་མ་དམ་རྫས་སུ་བྱིན་གྱིས་བརླབས། ཙག་ལིའམ་ཐུགས་བྱང་
ལྟར་བསྐྱེད་པ་ཡིན། གོང་བཞིན་ལས་བཟླས་པ་ཡན་ཆད་བྱས་ལ། ༈ སློབ་མས་
མནྜལ་ཕུལ། རྡོ་རྗེ་འཛིན་པ་དགོངས་སུ་གསོལ། །ཞེས་པ་ནས། མ་ལུས་རྗེས་གནང་
བསྐུལ་དུ་གསོལ། །ཞེས་པའི་བར་གྱིས་གསོལ་བ་བཏབ། དཀོན་མཆོག་གསུམ་ལ་
བདག་སྐྱབས་མཆི། །ཞེས་སོགས་ཀྱིས་རྒྱུན་བཤགས་བྱ། མདུན་བསྐྱེད་ཀྱི་གཏོར་རྟེན་
འདི་ཉིད་ཀྱང་རེ་མ་ཏི་རྡོ་རྗེ་གཡོག་རྒོད་རྩལ་སྐུ་མདོག་སྨུག་ནག་ཞལ་གཅིག་ཕྱག་
གཉིས་མ་འཁོར་དང་བཅས་པ་ཞིག་ཏུ་དངོས་སུ་བཞུགས་འདུག་སྙམ་པར་མོས་ལ།
གཏོར་མ་མགོ་ཐོག་ཏུ་བཞག་ལ། སྤྱི་བོར་བཞུགས་པའི་རྡོ་རྗེ་གཡོག་རྒོད་རྩལ་གྱི་
ཐུགས་ཀའི་འོད་ཟེར་གྱིས་རང་བཞིན་གྱི་གནས་ནས་ཡེ་ཤེས་པ་སྤྱན་དྲངས་སྤྱི་བོའི་
རྡོ་རྗེ་གཡོག་རྒོད་རྩལ་ལ་ཐིམ་པར་མོས་སུ་བཅུག་ལ། རྩ་བརྒྱུད་ཀྱི་དཔལ་ལྡན་བླ་
མ་དམ་པ་རྣམས་ཀྱིས་བྱིན་གྱིས་རློབས་ཤིག །ཡི་དམ་དཀྱིལ་འཁོར་གྱི་ལྷ་ཚོགས་
རྣམས་ལ་བྱིན་གྱིས་རློབས་ཤིག །སངས་རྒྱས་དང་བྱང་ཆུབ་སེམས་དཔའ་རྣམས་

ཀྱིས་བྱིན་གྱིས་རློབས་ཤིག །དཔའ་བོ་དང་དཔའ་མོ་རྣལ་འབྱོར་མ་རྣམས་ཀྱིས་བྱིན་གྱིས་རློབས་ཤིག །དཔལ་མགོན་དམ་པ་(༤༢༢ན)ཆོས་སྐྱོང་སྲུང་མ་རྣམས་ཀྱིས་བྱིན་གྱིས་རློབས་ཤིག །ཁྱད་པར་དུ་ཡང་ལྷ་མོ་རྡོ་རྗེ་གཡོག་རྒོད་མ་འཁོར་དང་བཅས་པ་རྣམས་ཀྱིས་བྱིན་གྱིས་རློབས་ཤིག །ཅེས་དང་། རྡོ་རྗེ་འཆང་ནས་རྩ་བའི་བླ་མའི་བར། །ཇི་ལྟར་ཁས་བླངས་དམ་བཅས་དྲན་མཛོད་ལ། །སྐལ་ལྡན་བུ་ཡི་འགལ་རྐྱེན་ཀུན་སེལ་ཞིང་། །མཐུན་རྐྱེན་མཆོག་མཐུན་དངོས་གྲུབ་མ་ལུས་སྩོལ། །ཞེས་གཏོར་དབང་བཀའ་བསྒོ་དང་བཅས་པ་བྱ། ལྷ་མོའི་གནས་གསུམ་ནས། ལྷ་མོ་དཀར་དམར་མཐིང་གསུམ། སློབ་མའི་གནས་གསུམ་དུ་ཐིམ་པར་བསམ། ཙཀྲ་ལི་རིག་ཅིང་། ཨོཾ་ཨཱཿཧཱུྃ། ཞེས་བརྗོད། བཟླས་ལུང་ནི། ཁྱེད་རང་གི་སྙིང་གར་པད་ཉིའི་གདན་ལ་ས་བོན་གྱི་མཐར་སྔགས་འཕྲེང་འོད་ཟེར་མཐིང་ནག་འབར་བའི་རྣམ་པ་ཅན་དུ་བཞུགས་པར་མོས། སློབ་དཔོན་གྱི་ཐུགས་ཀ་ནས་འོད་ཟེར་འཕྲོས། མདུན་བསྐྱེད་ཀྱི་ལྷའི་ཐུགས་རྒྱུད་བསྐུལ། ཐུགས་ཀའི་སྔགས་འཕྲེང་ལས་སྔགས་འཕྲེང་གཉིས་པ་ཞིག་ཆད། ཞལ་ནས་ཐོན། ཁྱེད་རང་གི་ཁ་སྒོ་ནས་ཞུགས། སྙིང་གའི་ས་བོན་གྱི་མཐར་སྔགས་སྔ་མ་ལ་ཐིམ་ཞིང་འཁོད་པར་མོས་ལ། འདིའི་རྗེས་ཟློས་མཛོད་ཅིག །ཏཏྲ་ཧྲ། ཏ་ཏ་བི་ཧིཊྲ་པད་ཛེ་མ་མོ་རག་མོ་ཙིཏྟ་ཁ་རག་མ་ཧྲཱུཾཿཧྲཱུཾཿསྭཱཧཱ། ཞེས་ལན་གསུམ་རྗེས་ཟློས་བྱེད་དུ་གཞུག །སྐབས་འདིར་སྲུངས་གཏོར་ཕུལ་ལ་མཆོད་བསྟོད་སོགས་རྗེས་ཆོག་བྱའོ། །

༄ ལྷ་མོ་ཨེ་ཀ་ཛ་ཊི་ལ། མདུན་(༤༢༢བ)དུ་ཁྲག་གི་མཚལ་མཆོད་གཏོར་སྨན་རག་དང་བཅས་པ་བཤམས་ལ། བདག་བསྐྱེད་ཁྲོ་བོའི་མངོན་རྟོགས་དང་བཅས་པ་སྔོན་དུ་འགྲོ་བས། མདུན་བསྐྱེད་སྭ་བྷཱ་ཞས་སྟོང་པར་སྦྱངས། སྟོང་པའི་ངང་ལས་རང་གི་མདུན་དུ་ཐག་རི་དམར་ནག་གིས་བསྐོར་བའི་ནང་དུ། རཀྟའི་རྒྱ་མཚོའི་དབུས་སུ། པདྨ་དང་ཉི་མའི་གདན་གྱི་སྟེང་དུ་ཧྲག་ལས་ལྷ་མོ་ཨེ་ཀ་ཛ་ཊི་སྐུ་མདོག་སྔུག་ནག

རལ་པ་ལན་བུ་གཅིག་ཏུ་གྱུར་པ་གཡོན་ངོས་སུ་འཕྱང་བ། ཞལ་གཅིག་ཕྱག་གཉིས་མ།
གཡས་མདུང་རྩེ་གསུམ་དང་། གཡོན་མི་སྙིང་ཞགས་པ་དང་བཅས་པ་འཛིན་པ།
སྟག་ཤམ་དང་། མི་ལྤགས་ཀྱི་གཡང་གཞིའི་སྟོད་གཡོགས་ཅན། སྦྲུལ་དང་མི་མགོས་
བརྒྱན་པ། མེ་དཔུང་འབར་བའི་དབུས་ན་བཞུགས་ཤིང་། གཡུའི་སྤྱང་མོ་མང་པོ་ཚོ་
ཉར་འཁྱེད་པ། འཁོར་ལས་ཀྱི་ཚོ་ཉ་དང་སྲིན་མོའི་ཚོགས་ཀྱིས་བསྐོར་བ། རང་གི་
སྙིང་ག་ནས་འོད་ཟེར་འཕྲོས། རྒྱ་མཚོ་ཆེན་པོའི་གླིང་དང་། དུར་ཁྲོད་ཆེན་པོ་གནས་
བརྒྱད་ནས་རེ་མ་ཏི་འཁོར་དང་བཅས་པ་ཨཱ་ཀརྵ་ཡ་ཛ་ཛཿ ཛཿཧཱུྃ་བཾ་ཧོཿ མཧཱ་ཁ་
དག་ཁ་དག་ཧཱུྃ་ཧཱུྃ་ཧིང་ཧིང་། ཞེས་སྤྱན་འདྲེན། རོ་རུ་རོ་རུ་ཙ་པ་ལ་ན་མོ། ཞེས་
ཕྱག་འཚལ། ཧྲཱི་རཱ་མ་མ་ས་མ་ཡ་ཏིཥྛ་ལྷན། ཞེས་གདན་འབུལ། ཧྲཱི་རཱ་ཀུ་
ར་ལན་སེར་སེར་དུག་དུག །ཅེས་དམ་ལ་བཞག་ཅིང་དབང་བསྐུར་རོ། །ཧྲཱི་རཱ་
ཁ་སུ་ཧ་སུ་རུ་ལུ་རུ་ལུ་ཧཱུྃ་ཕྱོཿ ཞེས་ལན་བདུན་གྱིས་བྱིན་གྱིས་བརླབས་ནས། ཨེ་ཀ་
ཙ་ཏི་ཏི་ལི་ཏི་ལི་རཾ་བ་རཾ་པ་ཁྭཱ་ཧི། ཞེས་པའི་སྔགས་འདི་མཆོད་པའི་སྔགས་རེ་རེའི་
(༦༣༣ན)མགོར་བཏགས་ཏེ་མཆོད་པ་འབུལ། གཏོར་མ་ཨ་ཀྲོ་ཏས་བསངས། ཨོཾ་སྟོང་
པར་སྦྱངས། ཨཱཿཐོད་པའི་སྣོད་ཡངས་ཤིང་རྒྱ་ཆེ་བར། ཧཱུྃ་ཤ་ལྔ་བདུད་རྩི་ལྔས་གང་
བར་གྱུར། ཧོཿཡེ་ཤེས་ཀྱི་བདུད་རྩིའི་རྒྱ་མཚོ་ཆེན་པོར་གྱུར། ཨོཾ་ཨཱཿཧཱུྃ། ལན་གསུམ་
གྱིས་བྱིན་གྱིས་བརླབས། ཐོད་རློན་གྱི་ཕྱག་རྒྱ་བཅས་ཏེ། ཨེ་ཀ་ཙ་ཏི་ཏི་ལི་ཏི་ལི་རཾ་
བ་རཾ་བ་ཁྭཱ་ཧི། ཨི་དཾ་བ་ལིཾ་ཏ་ཁ་ཁ་ཁྭཱ་ཧི་ཁྭཱ་ཧི། མཧཱ་པཉྩ་ཨ་མྲི་ཏ་ལ་ཁྭཱ་ཧི། མཧཱ་
རཀྟ་ལ་ཁྭཱ་ཧི། ཞེས་ལན་བདུན་གྱིས་གཏོར་མ་དང་སྨན་རཀ་གི་མཆོད་པ་འབུལ།
ཨརྒྷཾ་ནས་ཤབྡའི་བར་གྱིས་མཆོད། ཧྲཱིཿ ལྷ་ལ་དབང་བསྒྱུར་ལྷ་མོ་དཔལ་འབར་
མ། །དབང་པོ་བརྒྱ་བྱིན་བུ་མོ་ཡིད་འོང་མ། །སུམ་ཅུ་རྩ་གསུམ་གནས་ཀྱི་གཙོ་མོ་
སྟེ། །ལྷ་མོ་རེ་མ་ཏི་ལ་ཕྱག་འཚལ་བསྟོད། །ཅེས་བསྟོད། རང་གི་སྙིང་གའི་ཡེ་ཤེས་
སེམས་དཔའི་འོག་ཏུ་ཡང་ལྷ་མོ་གཅིག་བསྒོམས་ལ་མདུན་བསྐྱེད་དང་སྤྱི་བསྡུའི་

དམིགས་པ་བྱེད་ཅིང་། ཏྲཀ་རཀྵ་ཁ་ཧུ་ཊ་ཧུ་ཏ་ལུ་ཏ་ལུ་ཧཱུཾ་ཕཊ྄ཿ ཞེས་དང་། རཀྵ་
ཏེ་གཾ་ཛཿཛཿཁ་ལ་ཕཊ྄ཿཞེས་དང་། ཏ་ལུ་ཏ་ལུ་མ་ཏི་མ་ཕཊ྄ཿཞེས་པ་རྣམས་སྦྲེལ་ནས་
བཟླ། བཟླས་པའི་མཐར། ཀཱ་ཡ་སིདྡྷི་ཨོཾ། ཝཱ་ཀ་སིདྡྷི་ཨཱཿཙིཏྟ་སིདྡྷི་ཧཱུཾ། ཞེས་པ་གསུམ་
པོ་སྦྲེལ་ཏེ་དངོས་གྲུབ་ལེན་ནོ། ། ༈ འདིའི་བཀའ་གཏད་ནི། མཎྜལ་གྱི་སྟེང་དུ་
གཏོར་མ་སྤུངས་གཏོར་ལ་ཅག་ལི་བཙུགས་པའམ། མེད་ན་ཕྱགས་བྱང་བཙུགས།
གཏོར་མ་དམ་རྫས་སུ་བྱིན་(༦༣༣བ)གྱིས་བརླབས། ཅག་ལིའམ་ཕྱགས་བྱང་ལྷར་བསྐྱེད་
པ་ཡིན། གོང་བཞིན་ལས་བཟླས་པ་ཡན་ཆད་བྱས་ལ། ༈ སློབ་མས་མཎྜལ་ཕུལ།
ནོ་རྗེ་འཛིན་པ་དགོངས་སུ་གསོལ། །ཞེས་པ་ནས། མ་ལུས་རྗེས་གནང་བསྐུལ་དུ་
གསོལ། །ཞེས་པའི་བར་གྱིས་གསོལ་བ་བཏབ། དཀོན་མཆོག་གསུམ་ལ་བདག་སྐྱབས་
མཆི། །ཞེས་སོགས་ཀྱིས་རྒྱུན་བཤགས་བྱ། མདུན་བསྐྱེད་ཀྱི་གཏོར་རྟེན་འདི་ཉིད་
ཀྱང་ལྷ་མོ་ཨེ་ཀ་ཛ་ཊི་སྐུ་མདོག་སྔུག་ནག་ཞལ་གཅིག་ཕྱག་གཉིས་མ་འཁོར་དང་
བཅས་པ་ཞིག་ཏུ་དངོས་སུ་བཞུགས་འདུག་སྙམ་པར་མོས་ལ། སློབ་མ་ཡི་དམ་གྱི་
ང་རྒྱལ་དུ་གནས་པ་ལ། གཏོར་མ་ལག་ཏུ་གཏད་ལ། རྡོ་རྗེ་འཆང་ནས་རྩ་བའི་བླ་
མའི་བར། །ཇི་ལྟར་ཁས་བླངས་དམ་བཅའ་དྲན་མཛོད་ལ། །སྐལ་ལྡན་བུ་ཡི་འགལ་
རྐྱེན་ཀུན་སེལ་ཞིང་། །མཐུན་རྐྱེན་མཆོག་མཐུན་དངོས་གྲུབ་མ་ལུས་སྩོལ། །ཞེས་
བཀའ་བསྒོ་བྱེད། ལྷ་མོའི་གནས་གསུམ་ནས། ལྷ་མོ་དཀར་དམར་མཐིང་གསུམ།
སློབ་མའི་གནས་གསུམ་དུ་ཐིམ་པར་བསམ། ཅག་ལི་རེག་ཅིང་། ཨོཾ་ཨཱཿཧཱུཾ། ཞེས་
བརྗོད། བཟླས་ལུང་ནི། ཁྱེད་རང་གི་སྙིང་གར་པད་ཉིའི་གདན་ལ་ས་བོན་གྱི་
མཐར་སྔགས་འཕྲེང་འོད་ཟེར་མཐིང་ནག་འབར་བའི་རྣམ་པ་ཅན་དུ་བཞུགས་པར་
མོས། སློབ་དཔོན་གྱི་ཐུགས་ཀ་ནས་འོད་ཟེར་འཕྲོས། མདུན་བསྐྱེད་ཀྱི་ལྷའི་ཐུགས་
རྒྱུད་བསྐུལ། ཐུགས་ཀའི་སྔགས་འཕྲེང་ལས་སྔགས་(༦༣༦ན)འཕྲེང་གཉིས་པ་ཞིག་
ཆད། ཞལ་ནས་ཐོན། ཁྱེད་རང་གི་ཁ་སྒོ་ནས་ཞུགས། སྙིང་གའི་ས་བོན་གྱི་མཐར་

སྔགས་སྔ་མ་ལ་ཐིམ་ཞིང་འཕོད་པར་མོས་ལ། འདིའི་རྗེས་བློས་མཇོད་ཅིག་བྱས་ལ། ཊཀ་རཀྵ་ཁ་སུ་ཊ་སུ་ཏུ་ལུ་ཏུ་ལུ་ཧཱུྃ་ཕཊཿ ཞེས་ལན་གསུམ་རྗེས་བློས་བྱེད་དུ་གཞུག ། སྐབས་འདིར་སྤྱངས་གཏོར་ཕུལ་ལ་མཆོད་བསྟོད་སོགས་རྗེས་ཆོག་བྱའོ། །

༄ ལྷ་མོ་ནམ་མཁའི་གོས་ཅན་ལ། མདུན་དུ་དམར་གཏོར་ཟུར་གསུམ། ཟན་རིལ་དམར་པོ་ཉེར་གཅིག །སྨན་རག་མཆོད་པ་རྣམས་བཤམས། ཡི་དམ་གྱི་བདག་བསྐྱེད་སྔོན་དུ་འགྲོ་བས། མཆོད་གཏོར་བླ་མེད་སྤྱི་དང་མཐུན་པར་བྱིན་གྱིས་བརླབས་ལ། རང་གི་སྙིང་ག་ནས་འོད་ཟེར་འཕྲོས། དུར་ཁྲོད་ཆེན་པོ་བསིལ་བའི་ཚལ་ནས། ལྷ་མོ་ནམ་མཁའི་གོས་ཅན་མ་འཁོར་དང་བཅས་པ་བཛྲ་ས་མ་ཛཿཨོཾ་མཧཱ་ཀཱ་ལི་ཊཀ་རཀྵ་ར་ར་རོ་ཏུ་རོ་ཏུ་ཙ་པ་ལི་མཧཱ་ཀ་ཏུ་ཧི་ཀ་སྭཱཧཱ། ཞེས་ལན་གསུམ་གྱི་མཐར་ས་མ་ཡ་སྟྭཾ་གྱིས་དམ་ལ་བཞག །སྐུ་མདོག་མཐིང་ནག་གམ་སྔོ་སྐྱ་ཞལ་གཅིག་ཕྱག་གཉིས་སྤྱན་གསུམ་མ། གདུམ་མོ་སྐྲ་གྲོལ་བ། ཞིང་ལྤགས་དང་། རིན་པོ་ཆེ་དང་། མི་མགོའི་དོ་ཤལ་གྱིས་བརྒྱན་པ། སྐུ་ལ་ཏིལ་མར་གྱིས་བྱུགས་པ། མཆེ་བ་ཟངས་ཡག་ཏུ་གཙིགས་ཤིང་། ལྕེ་གློག་ལྟར་འཁྱུག་པ། ཁྲག་ལྟར་དམར་བའི་སྤྱན་དགྲ་ལ་ཕུར་ཚུགས་སུ་གཟིགས་པ། ཕྱག་གཡས་གྲི་གུག་དང་། གཡོན་ཐོད་ཁྲག་འཛིན་པ། གཡོན་བརྐྱང་གི་སྟབས་ཀྱིས་བཾ་ཆེན་གྱི་གདན་ལ་(༤༣༨བ)བཞུགས་པ། འཁོར་ལས་ཀྱི་མ་མོ་དཔག་ཏུ་མེད་པས་བསྐོར་བའོ། །ཨརྒྷཾ་ནས་ཤབྡའི་བར་གྱིས་མཆོད། ཨོཾ་བཛྲ་ཡཀྵི་མཧཱ་ཀཱ་ལི་ཊཀ་རཀྵ་ར་ར་རོ་ཏུ་རོ་ཏུ་ཨརྒྷཾ་པྲ་ཏཱིཙྪ། བ་ལིཾ་ཁ་ཁ་ཁཱ་ཧི་ཁཱ་ཧི། པྲ་ཏཱིཙྪ་ཧཱུྃ། ཞེས་ལན་གསུམ་གྱིས་གཏོར་མ་ཕུལ། དམ་སྒྲགས་ལ་འདོད་དོན་གསོལ་བ་བཏབ། ཧཱུྃ༔ སྔོན་ལམ་དབང་གི་ལྷ་མོའི་ཚུལ་འཛིན་ཅིང་། །ཡེ་ཤེས་ཞི་བའི་ངང་ལས་མ་གཡོས་ཀྱང་། །རྣམ་འཕྲུལ་དུ་མས་འགྲོ་དོན་དཔག་མེད་མཛད། །གཅེར་བུ་ཡིད་འཕྲོག་མ་ལ་བདག་བསྟོད་དོ། །ཐུགས་ཀར་ཉི་མ་ལ་ཧྲཱི་ཡིག་གི་མཐར་སྔགས་ཀྱིས་བསྐོར་བར་བསམས་ལ། ཨོཾ་མཧཱ་ཀཱ་ལི་ཊཀ་རཀྵ་ར་ར་རོ་ཏུ་རོ་ཏུ་ཙ་པ་ལི་

མནྟ་ཀ་ཏ་ཊི་ཀ་སྭཱཧཱ། ཞེས་བཟླ། མཇུག་ཏུ་ཟན་རིལ་ཉེ་ཤུ་རྩ་གཅིག་གཏོར་མ་ལ་བཏབ་སྟེ། ཨོཾ་ཨཱཿཧཱུྃ། ཡཀྵ་བ་ལིཾ་ཏ་ཁ་ཁ་ཁཱ་ཧི་ཁཱ་ཧི། ཞེས་ཉེར་གཅིག་བརྗོད་དོ། །༈ འདིའི་རྗེས་གནང་ནི། མཎྜལ་གྱི་སྟེང་དུ་དམར་གཏོར་ཟུར་གསུམ་ཅག་ལི་བཙུགས་པ། མདུན་དུ་ཡང་དམར་གཏོར་ཟུར་གསུམ། ཟན་རིལ་དམར་པོ་ཉེར་གཅིག །སྨན་རཀ་མཆོད་པ་རྣམས་བཤམས་ལ། གཏོར་མ་གཉིས་ཀ་བྱིན་རླབས་མཉམ་དུ་བྱ། ཅག་ལི་བསངས་སྦྱངས། སྟོང་པའི་ངང་ལས་སྐད་ཅིག་གིས་ལྷ་མོ་ནམ་མཁའི་གོས་ཅན་སྐུ་མདོག་མཐིང་ནག་གམ་སྔོ་སྐྱ་ཞལ་གཅིག་ཕྱག་གཉིས་སྤྱན་གསུམ་པ། གཏུམ་མོ་སྒྲ་གྲོལ་བ། ཞིང་ལྤགས་དང་། རིན་པོ་ཆེ་དང་། མི་མགོའི་དོ་ཤལ་གྱིས་བརྒྱན་པ། སྐུ་ལ་ཧིལ་མར་(༤༥ན)གྱིས་བྱུགས་པ། མཆེ་བ་ཟངས་ཡག་ཏུ་གཙིགས་ཤིང་། ལྕེ་གློག་ལྟར་འཁྱུགས་པ། ཁྲག་ལྟར་དམར་བའི་སྤྱན་དགྲ་ལ་ཕུར་ཚུགས་སུ་གཟིགས་པ། ཕྱག་གཡས་གྲི་གུག་དང་། གཡོན་ཐོད་ཁྲག་འཛིན་པ། གཡོན་བརྒྱང་གི་སྟབས་ཀྱིས་བཾ་ཆེན་གྱི་གདན་ལ་བཞུགས་པ། འཁོར་ལས་ཀྱི་མ་མོ་དཔག་ཏུ་མེད་པས་བསྐོར་བའོ། །ཞེས་མངོན་རྟོགས་ལྟར་བསྐྱེད་ཅིང་། ཡེ་ཤེས་པ་སྤྱན་དྲངས་ཏེ་བསྟིམ། མཆོད་གཏོར་འབུལ་བ་སོགས་གོང་བཞིན་ལས། བསྟབ་གཏོར་སོང་མཚམས་སུ། སློབ་མས་མཎྜལ་ཕུལ། དུས་གསུམ་སངས་རྒྱས་ཐམས་ཅད་ཀྱི། །འཕྲིན་ལས་སྒྲུབ་མཛད་སློབ་དཔོན་མཆོག །བདག་ལ་ནམ་མཁའི་གོས་ཅན་གྱིས། །བྱིན་གྱིས་བརླབས་པ་བསྐུལ་དུ་གསོལ། །ཞེས་གསོལ་བ་བཏབ། སྐྱབས་སེམས་དང་རྒྱུན་བཤགས་བྱ། མདུན་བསྐྱེད་ཀྱི་གཏོར་རྟེན་འདི་ཉིད་ཀྱང་ལྷ་མོ་ནམ་མཁའི་གོས་ཅན་མ་ཞལ་གཅིག་ཕྱག་གཉིས་མ་འཁོར་དང་བཅས་པ་ཞིག་ཏུ་དངོས་སུ་བཞུགས་འདུག་སྙམ་པར་མོས་ལ། དེ་ནས། སློབ་མ་སློབ་དཔོན་རང་ཉིད་གང་དུ་བསྐྱེད་པའི་ཡི་དམ་དེར་སྒོམ་དུ་བཅུག་ལ། ཁྱེད་རང་གི་སྙིང་གར་ཉི་མ་ལ་ས་བོན་གྱི་མཐར་སྔགས་འཕྲེང་འོད་ཟེར་འབར་བའི་རྣམ་པ་ཅན་དུ་བཞུགས་པར་མོས། སློབ་

དཔོན་གྱི་ཐུགས་ཀ་ནས་འོད་ཟེར་འཕྲོས། མདུན་བསྐྱེད་ཀྱི་ལྷའི་ཐུགས་རྒྱུད་བསྐུལ། ཐུགས་ཀའི་ སྔགས་འཕྲེང་ལས་སྔགས་འཕྲེང་གཉིས་པ་(༦༣༥བ)ཞིག་ཆད། ཞལ་ནས་ཐོན། ཁྱིད་རང་གི་ཁ་སྒོ་ནས་ཞུགས། སྙིང་གའི་ས་བོན་གྱི་མཐར་སྔགས་སྔ་མ་ལ་ཐིམ་ཞིང་འཁོད་པར་མོས་ལ། འདིའི་རྗེས་ཟློས་མཛོད་ཅིག་བྱས་ལ། ཨོཾ་མཧཱ་ཀཱ་ལི་ཧཱུྃ་རཀྴ་ར་ར་རཾ་ཧཱུྃ་རཾ་ཧཱུྃ་ཙ་པ་ལི་མཧཱ་ཀ་ཧཱུྃ་ཊཱི་ཀ་སྭཱཧཱ། ཞེས་ལན་གསུམ་རྗེས་ཟློས་བྱེད་དུ་གཞུག །གཏོར་མ་ལག་ཏུ་གཏད་ལ། ལྷ་མོ་འཁོར་དང་བཅས་པ་ཁྱེད་རྣམས་ཀྱིས་ཇོ་བརྒྱུད་ཀྱི་དཔལ་ལྡན་བླ་མ་དམ་པ་རྣམས་ཀྱི་བཀའ་དང་དམ་ལས་མ་འདའ་བར་རྡོ་རྗེ་སློབ་མ་འདིའི་ཕྱི་བཞིན་དུ་རྗེས་སུ་འབྲངས་ལ་ལུས་དང་གྲིབ་མ་བཞིན་དུ་འགྲོགས་ཏེ། འགལ་རྐྱེན་ཐམས་ཅད་སོལ། མཐུན་རྐྱེན་ཐམས་ཅད་བསྒྲུབས། དགྲ་བགེགས་ཐམས་ཅད་ཐུལ། ཇི་ལྟར་བཅོལ་བའི་ལས་ཐམས་ཅད་འགྲུབ་པར་མཛོད་ཅིག །ཅེས་བཀའ་ཉན་དུ་བཀའ་བསྒོ་དྲག་ཏུ་བྱ། རྗེས་སྤྱི་དང་འདྲ། མདུན་བསྐྱེད་ཀྱི་རྗེས་ཆོག་གི་ཐོག་མར་ཙཀ་ལི་བཙུགས་པའི་གཏོར་མ་དེ་ཡང་འབུལ་ལོ། །གཞན་སྤྱི་དང་འདྲའོ། །སྒྲུབ་ཐབས་རིན་ཆེན་འབྱུང་གནས་ཀྱི་ལྷན་ཐབས་རིན་འབྱུང་དོན་གསལ་ལས། དཔལ་ལྷ་མོའི་སྒྲུབ་ཐབས་བཤད་པའི་སྐབས་སོ། །

༄ ཆོས་རྒྱལ་ལས་ཀྱི་གཤིན་རྗེ་མཐིང་ག་ལ། གཏོར་མ་ཤ་ཁྲག་གིས་བརྒྱན་པ་དང་། ཉ་ཤའི་ཕྱེས་སོགས་དམ་རྫས་ཚང་བར་བྱས་ཏེ། འཇམ་དཔལ་ཁྲོས་པའི་བདག་བསྐྱེད་སྔོན་དུ་འགྲོ་བས། མཆོད་གཏོར་ཡི་དམ་ལྟར་བྱིན་གྱིས་བརླབས་ལ། སྭ་ཧཱ་ཕཊ་སྟོང་པར་སྦྱངས། སྟོང་པའི་ངང་ལས་རཾ་ཡཾ་ཁཾ་ལས་རཀྟའི་རྒྱ་མཚོའི་དབུས་སུ། ཐོད་(༦༣༨ན)མཁར་འབར་བའི་གཞལ་ཡས་ཁང་གེང་རུས་ཀྱིས་ཐོག་ཕུབ་པ། དེའི་དབུས་སུ་མི་རླུང་འཚུབ་མའི་ནང་ན་པད་ཉི་ལ་གནས་པའི་མ་ཧེ་ནག་པོ་དྲེགས་ཤིང་ཁྲོས་པ་དགྲ་བགེགས་ཀྱི་ཕོ་ཆེན་བརྫིས་པའི་སྟེང་དུ། ཡ་ལས་བྱུག་པ་ཡས་མཚན་པ་ཡོངས་སུ་གྱུར་པ་ལས། གཤིན་རྗེ་ཆོས་ཀྱི་རྒྱལ་པོ་སྐུ་མདོག་མཐིང་ནག་ཞལ་གཅིག་ཕྱག་

གཉིས་མ་ཧེའི་གདོང་པ་ཅན། ཕྱག་གཡས་རྡོ་རྗེས་མཚན་པའི་ཐོད་དབྱུག་ནག་པོ་འཕྱར་ཞིང་། གཡོན་ཞགས་པ་ནག་པོ་དང་བཅས་པའི་སྡིག་མཛུབ་མཛད་པ། སྐྲ་ཁམ་པ་གྱེན་དུ་བརྫེས་ཤིང་། མཆེ་བ་གཙིགས་པ། གཅེར་བུ་ལིང་ག་གྱེན་དུ་བསྒྲེངས་པ། རབ་ཏུ་འཇིགས་པའི་ཉམས་ཅན་རྒྱན་སྤྲངས་པ། ཞབས་གཡས་བསྐུམས་གཡོན་བརྐྱང་གི་སྟབས་ཀྱིས་མེ་རླུང་འཚུབ་མའི་ཀློང་ན་མ་ཧེའི་གདན་ལ་བཞུགས་པ། གཡོན་དུ་ཙཾ་ལས་ཡུམ་ཙཱ་མུཎྜི་ནག་མོ་སྐྲ་དམར་སེར་གསིལ་བུར་གྲོལ་ཞིང་ཐུ་མ་འཕྱང་བ། བ་སྦྲང་གི་པགས་པ་དང་། གོས་ནག་གྱོན་ཞིང་། ཧེ་ཤུ་ལ་དང་། ཐོད་པ་ཐོགས་པ་ཆེར་ཁྲོས་པ། མཐའ་སྐོར་དུ་ཡ་བ་ཧི་བེ་ཅོན་འཛིན་པ། ཕྱུ་སངས་འཁོར་ལོ་འཛིན་པ། དམིགས་པ་གསལ་ཤིང་འཛིན་པ། རལ་པ་ཚར་དགུ་མདུང་ཐུང་འཛིན་པ། གཤིན་རྗེའི་ཕོ་ཉ་ལྷུགས་ཀྱི་འཛིན་པ། དུས་ཀྱི་ཞགས་པ་བདུད་ཞགས་འཛིན་པ། ཡ་མ་དཎྜེ་བེ་ཅོན་འཛིན་པ། ཡ་མ་དཾཥྚི་མཆེ་བ་འབར་བ་འཛིན་པ། དུས་མཚན་མོ་དང་། གསོད་པ་མོ་དང་། ནག་མོ་དང་། ནམ་གྲུ་ཤ་ཀ་ལྷི་ལ་སོགས་པ་(༦༣༨བ)གཤིན་རྗེ་དང་། མ་མོའི་ཚོགས་ཐམས་ཅད་ཀྱིས་ཡོངས་སུ་བསྐོར་བར་གྱུར། རང་གི་སྙིང་ག་ནས་འོད་ཟེར་འཕྲོས་པས། ལྷོ་ཕྱོགས་རིམ་པ་བདུན་གྱི་ས་འོག་གཤིན་རྗེའི་གྲོང་ཁྱེར་སྒོ་མེད་ལྕགས་ཀྱི་མུན་ཁང་བཅུ་དྲུག་ནས། གཤིན་རྗེ་ཆོས་ཀྱི་རྒྱལ་པོ་འཁོར་དང་བཅས་པ་བཛྲ་ས་མཱ་ཛཿརྫུས་སྤྲུལ་གྱི་འདུག་སྟངས་བཅས་ལ། རྡོ་རྗེ་བསྣམས་པ་ལས་སྲིན་ལག་བརྐྱང་བའི་གཤིན་རྗེའི་དམ་རྒྱ་གཡབ་ཅིང་། ཧཱུྃ། འདི་ནས་ལྷོ་ཡི་ཕྱོགས་རོལ་ན། །དཔག་ཚད་བརྒྱད་ཁྲིའི་ཕ་རོལ་ན། །རིམ་པ་བདུན་གྱི་ས་འོག་ན། །ཐོད་པ་ལྕགས་ཀྱི་གྲོང་ཁྱེར་ན། །ཡི་དྭགས་ཀུན་གྱི་སྡེ་དཔོན་པོ། །མ་མོ་ཀུན་གྱི་ཚོགས་རྗེ་བོ། །གསོན་གཤིན་ཀུན་གྱི་ཟམ་ཁ་པ། །གསོན་པོ་བཀོས་ལ་འདེབས་པ་པོ། །ཤི་བ་ཀུན་གྱི་གཤིན་བུ་རྗེ། །དགེ་བ་ཅན་གྱི་སྟངས་འཛིན་པ། །སྡིག་པ་ཅན་གྱི་ཆད་པ་མཁན། །ལྷ་དང་བཅས་པའི་འཇིག་རྟེན་ན། །ལེགས་ཉེས་ཆོས་

བཞིན་སྤྱོད་པ་པོ། །ཆོས་རྒྱལ་གཤིན་རྗེ་ཞེས་བྱ་བ། །འཁོར་བཅས་གནས་འདིར་གཤེགས་སུ་གསོལ། །ཨོཾ་ཧྲཱིཿཥྚྲཱིཿཤི་ཀྲི་ཏཱ་ན་ན་ཧཱུཾ་ཕཊ། ཡ་མ་རཱ་ཛཱ་ས་པ་རི་ཝཱ་ར་ཨཱ་ཀཱཪྵ་ཡ་ཛཿ ཞེས་སྤྱན་དྲངས། གོང་གི་དམ་རྒྱ་དེ་ཉིད་དམ། རྡོ་རྗེ་ཁུ་ཚུར་གྱི་གུང་མོ་བརྒྱང་བ་དགུག་པའི་ཕྱག་རྒྱ་འཕྱར་བས་ཀྱང་རུང་སྟེ། ཨོཾ་ཧྲཱིཿཥྚྲཱིཿཤི་ཀྲི་ཏཱ་ན་ན་ཧཱུཾ་ཕཊ། ཡ་མ་རཱ་ཛཱ་ས་པ་རི་ཝཱ་ར་ས་མ་ཡ་སྟྭཾ། ཞེས་དམ་ལ་བཞག །ཨརྒྷཾ་ནས་ཤབྡའི་བར་གྱིས་མཆོད་པ་བསྟུས་པ་ཞིག་དབུལ། གཤིན་རྗེའི་རྒྱལ་པོ་འཁོར་དང་བཅས། །དམ་ཚིག་(༤༣༧ན)དབང་གིས་འདིར་བརྟན་བཞུགས། །མཆོད་པ་ཚུལ་བཞིན་བཞེས་ནས་ཀྱང་། །ལས་གྲུབ་བར་དུ་བཞུགས་སུ་གསོལ། །ཨོཾ་ཡ་མ་རཱ་ཛཱ་ས་མ་ཡ། པདྨ་ཀ་མ་ལ་ཡེ་སྟྭཾ། ཛཿཧཱུཾ་བཾ་ཧོཿ གཉིས་སུ་མེད་པར་བསྟིམ། ལག་པ་གཡས་བརྩན་གྱི་ཕྱག་རྒྱ་བཅས། གཡོན་པས་སོ་སོའི་ཕྱག་རྒྱ་བཅའ་བའམ། གཏོར་སྔོད་དམ་བཟེད་ཞལ་དུ་མཆོད་པ་བསྟབ་ལ། ཨོཾ་ཧྲཱིཿཥྚྲཱི་ཤི་ཀྲི་ཏཱ་ན་ན་ཧཱུཾ་ཕཊ། ཡ་མ་རཱ་ཛཱ་ས་པ་རི་ཝཱ་ར་ཨརྒྷཾ་པྲ་ཏཱིཙྪ་ཧཱུཾ། དེ་བཞིན་དུ་པཱ་དྱཾ། བཛྲ་པུཥྤེ་དྷཱུ་ཛཿས་མ་ཡེ་ཨོཾ་ཧཱུཾ། དེ་ནས་ནི་ཤི་ཏྲའི་བར་རིགས་འགྲེ། རོལ་མོའི་སྒྲ་བསྒྲགས་ཤིང་། ཨོཾ་བཛྲ་ཤབྡ་ཨཱཿཧཱུཾ། ཞེས་བརྗོད། བཅོམ་ལྡན་ཆོས་རྗེ་འཇམ་དབྱངས་སྤྱན་སྔ་རུ། །བདུད་འདུལ་བསྟན་པ་སྲུང་བར་ཞལ་བཞེས་པ། །ལས་ཀྱི་གཤིན་རྗེ་མ་མོ་མཁའ་འགྲོ་དང་། །འབྱུང་པོ་རོ་ལངས་ཅི་བགྱི་བཀའ་ཉན་སོགས། །ཕྱི་ནང་གསང་བའི་དམ་ཅན་མ་ལུས་ལ། །བདག་ནི་རེ་བའི་སེམས་ཀྱིས་འདུད་ཅིང་མཆོད། །ཞེས་བསྟོད། བཟླས་པའི་དམིགས་པ་གསལ་བཏབ་ལ། ཨོཾ་ཀཱ་ལ་རཱུ་པ་ཧཱུཾ་ཕཊ། ཤིན་ཏུ་ཉེ་སྙིང་དང་། ཀཱ་ལ་རཱུ་པ་ཡ་མ་རཱ་ཛཱ་ཡ་ཧཱུཾ་ཕཊ། ཉེ་སྙིང་དང་། ཨོཾ་ཀཱ་ལ་རཱུ་པ་ཧྲི་མ་ཡཀྵ་ཧཱུཾ་མཧཱ་རོ་ཞ་ཊ་ར་སིདྡྷི་ཡེ་ཡ་མ་རཱ་ཛཱ་ཡ་ཧཱུཾ་ཧཱུཾ་ཕཊ་ཕཊ་སྭཱཧཱ། ཞེས་པའི་སྙིང་པོ་རྣམས་ཅི་འགྲུབ་ཏུ་བཟླ། ཨོཾ་ཧྲཱིཿཥྚཱ་ཝིཀྲྀ་ཧཱུཾ་ཕཊ། ཅེས་ཡུམ་གྱི་སྔགས་ཀྱང་བཟླ། མཐར། ཨོཾ་ཀཱ་ལ་རཱུ་པ་སཏྭ་བིཥྞན་ཤ་ཏྲུན་མ་ར་ཡ་ཨི་དཾ་བ་ལིཾ་ཏ་ཁ་ཁ་ཁཱ་ཧི་ཁཱ་ཧི་སྭཱཧཱ། (༤༣༧བ)

ཞེས་ལན་བདུན་གྱིས་གཏོར་མ་ཕུལ། ཨོཾ་བཛྲ་ཨརྒྷཾ་སྭཱཧཱ་ནས། ཤབྡ་ཨཱཿཧཱུྃ་གི་བར་
གྱིས་མཆོད། འཆི་བདག་དམ་ཅན་གཤིན་རྗེ་ནི། །འཇམ་པའི་དབྱངས་ཀྱི་ཕྲུག་
བརྣན་ཏེ། །མ་གཤིན་འབྱུང་པོའི་ཚོགས་བཅས་ལ། །མཆོད་ཅིང་བསྟོད་དེ་ཕྲུག་
ཀྱང་འཚལ། །འཁོར་བཅས་བདག་ལ་དགོངས་སུ་གསོལ། །བདག་ནི་རྣལ་འབྱོར་
སྒྲུབ་པ་པོ། །འཇམ་དཔལ་གཞོན་ནུའི་ཐུགས་ཀྱི་སྲས། །གཤིན་རྗེ་གཤེད་ཀྱི་རྣལ་
འབྱོར་པ། །རྫོགས་པའི་བྱང་ཆུབ་བསྒྲུབ་པའི་ཕྱིར། །བསམ་པ་བྱང་ཆུབ་སེམས་ཀྱིས་
བརྒྱན། །རྒྱུར་ནི་ཡེ་ཤེས་རྡོ་རྗེ་འཆང་། །གཟི་བྱིན་སྐུ་གསུང་ཐུགས་ཀྱིས་བསྐྱེད། །
དོན་ནི་འགྲོ་བ་ཡོངས་ཀྱི་དོན། །ལམ་ནི་སངས་རྒྱས་ཀུན་གྱི་ལམ། །བཀའ་ནི་དཀོན་
མཆོག་གསུམ་གྱི་བཀའ། །རྒྱལ་པོ་འཁོར་དང་བཅས་པ་རྣམས། །མཆོད་སྦྱིན་གཏོར་
མ་འདི་བཞེས་ལ། །ཞེས་པ་ནས། ཡིད་ལ་འདོད་པ་ཀུན་འགྲུབ་ཤོག །ཅེས་པའི་
བར་བརྗོད། ཡིག་བརྒྱ། བཟོད་གསོལ། གཤེགས་གསོལ། བདག་བསྲུང་། བཀྲ་
ཤིས་རྣམས་བྱའོ། ། ༈ འདིའི་རྗེས་གནང་ནི། གཙོ་རྐྱང་ལ་སྐུ་གསུང་ཐུགས་ཀྱི་
རྗེས་གནང་གཏོར་དབང་དང་བཅས་པ་དཀྱུས་མ་རེ་མཛད་པའི་ལུགས་ཀྱང་ཡོད་
ཅིང་། འཁོར་བཅས་ཀྱི་དབང་དུ་བྱས་ནས། མཎྜལ་གྲུ་གསུམ་མཐིང་ནག་ཚོམ་བུ་
ནག་པོ་ཅན་གྱི་སྟེང་དུ། རྟེན་གཏོར་སྙིང་གཟུགས་མའམ་གྲུ་གསུམ་བཀོད། མཐའ་
མཆོད་གཏོར་གྱིས་བསྐོར། གཏོར་མ་གཉིས་ཀར་ལ་བ་དན་ནག་པོ་བཙུགས། ཙཀླི།
(༦༣༨ན)ཕྱགས་བྱང་། དབྱུག་ཞགས། ཆོས་རྒྱལ་གྱི་རྟོག་པའི་པོ་སྟི། བཤན་པ་ཕོ་མོའི་
འཁོར་ལོ་རྣམས་བཤམས། སྔོན་འགྲོ་གཏོར་མ་བཏང་། བདག་བསྐྱེད་ནས་མདུན་
བསྐྱེད་ཀྱི་འདོད་དོན་གསོལ་བཏབ་ཀྱི་བར་གོང་བཞིན་བྱས་ལ། སློབ་མས་མཎྜལ་
ཕུལ། ཀུན་མཁྱེན་ཡེ་ཤེས་ཕུང་པོ་ཅན། །ཞེས་སོགས་ཀྱིས་གསོལ་བ་བཏབ། མགུར་
ནས་འབྱུང་བའི་རྒྱུན་བཤགས་དང་། རིགས་ལྔའི་སྡོམ་བཟུང་བྱ། སློབ་མ་རྣམས་
སྐད་ཅིག་གིས་དཔལ་རྡོ་རྗེ་འཇིགས་བྱེད་ཞལ་གཅིག་ཕྱག་གཉིས་ཀྱིས་གྲི་གུག་དང་

ཐོད་པ་འཛིན་པ་ཡུམ་དང་བཅས་པའི་སྐུར་གྱུར་པར་མོས་སུ་བཅུག་ལ། དེ་ནས། མདུན་གྱི་གཏོར་རྟེན་འདི་ཉིད་ཀུང་རཀྟའི་རྒྱ་མཚོའི་དབུས་སུ། ཐོད་མཁར་འབར་བའི་གཞལ་ཡས་ཁང་ཀེང་རུས་ཀྱིས་ཐོག་ཕུབ་པ། དེའི་དབུས་སུ་མི་རླུང་འཚུབ་མའི་ནང་ན་པད་ཉི་ལ་གནས་པའི་མ་ཧེ་ནག་པོ་དྲེགས་ཤིང་ཁྲོས་པ་དགྲ་བགེགས་ཀྱི་བཾ་ཆེན་བརྫིས་པའི་སྟེང་དུ། ཡཾ་ལས་དབྱུག་པ་ཡས་མཚན་པ་ཡོངས་སུ་གྱུར་པ་ལས། གཤིན་རྗེ་ཆོས་ཀྱི་རྒྱལ་པོ་སྐུ་མདོག་མཐིང་ནག་ཞལ་གཅིག་ཕྱག་གཉིས་མ་ཧེའི་གདོང་པ་ཅན། ཕྱག་གཡས་རྡོ་རྗེས་མཚན་པའི་ཐོད་དབྱུག་ནག་པོ་འཕྱར་ཞིང་། གཡོན་ཞགས་པ་ནག་པོ་དང་བཅས་པའི་སྡིག་མཛུབ་མཛད་པ། སྤྱན་ཁམ་པ་གྱེན་དུ་བརྫེས་ཤིང་། མཆེ་བ་གཙིགས་པ། གཅེར་བུ་ལིང་ག་གྱེན་དུ་བསྒྲེང་བ། རབ་ཏུ་འཇིགས་པའི་ཉམས་ཅན་རྒྱན་སྤངས་པ། (༤༢༨བ)ཞབས་གཡས་བསྐུམ་གཡོན་བརྐྱང་གི་སྟབས་ཀྱིས་མི་རླུང་འཚུབ་མའི་གློང་ན་མ་ཧེའི་གདན་ལ་བཞུགས་པ། གཡོན་དུ་ཙཱ་ལས་ཡུམ་ཙཱ་མུཎྜི་ནག་མོ་སྐྲ་དམར་སེར་གསིལ་བུར་གྲོལ་ཞིང་ནུ་མ་འཕྱང་བ། བ་སླང་གི་པགས་པ་དང་། གོས་ནག་གྱོན་ཞིང་། ཏྲི་ཤཱུ་ལ་དང་། ཐོད་པ་ཐོགས་པ་ཆེར་ཁྲོས་པ། མཐའ་སྐོར་དུ་ཡ་བ་ཧྲི་བེ་ཙོན་འཛིན་པ། ཕྱུ་སངས་འཁོར་ལོ་འཛིན་པ། དམིགས་པ་གསལ་ཤིང་འཛིན་པ། རལ་པ་ཚར་དགུ་མདུང་ཐུང་འཛིན་པ། གཤིན་རྗེའི་ཕོ་ཉ་ལྕགས་ཀྱུ་འཛིན་པ། དུས་ཀྱི་ཞགས་པ་བདུད་ཞགས་འཛིན་པ། ཡ་མ་དཎྜེ་བེ་ཙོན་འཛིན་པ། ཡ་མ་དཱུཏྟི་མཆེ་བ་འབར་བ་འཛིན་པ། དུས་མཚན་མོ་དང་། གསོད་པ་མོ་དང་། ནག་མོ་དང་། ནམ་གྲུ་ཤ་ཀ་ལྱི་ལ་སོགས་པ་གཤིན་རྗེ་དང་། མ་མོའི་ཚོགས་ཐམས་ཅད་ཀྱིས་ཡོངས་སུ་བསྐོར་བར་གྱུར། རང་གི་སྙིང་ག་ནས་འོད་ཟེར་འཕྲོས་པས། ལྷ་ཕྱོགས་རིམ་པ་བདུན་གྱི་ས་འོག །ཅེས་སོགས་བརྗོད་དེ་རོལ་མོའི་སྒྲ་དང་བཅས་པས་སྤྱན་དྲངས། དམ་བཞག་མཆོད་བསྟོད་དགུག་གཞུག་རྣམས་བྱ། སློབ་མའི་སྙིང་གར་པད་ཉི་ལ་ཡ་དང་ཧཱུཾ་

བརྩེགས་པའམ། སྙིང་གར་ཉི་མ་ལ་ཧཱུྃ་ཡིག་འབར་བ། ལྟེ་འོག་ཏུ་ཉི་མ་ལ་ཡ་ཡིག་གསལ་བཏབ་ཀྱང་རུང་སྟེ། སློབ་དཔོན་གཤིན་རྗེ་གཤེད་ཀྱི་སྐུར་གསལ་བའི་ཐུགས་ཀའི་འོད་ཀྱིས་མདུན་བསྐྱེད་ཀྱི་ལྷའི་ཐུགས་རྒྱུད་བསྐུལ། ཆོས་ཀྱི་རྒྱལ་པོའི་སྐུ་གཉིས་པ་ཞིག་ཆད་དེ། སློབ་མའི་སྙིང་གའི་ས་བོན་ནམ་ལྟེ་བའི་ཡ་ལ་ཐིམ་པར་བསམས་(༤༥༩ན)ལ། སྐུ་འདྲ་ཙག་ལི་གཏད་དེ། གཏི་མུག་ཁྲོས་པ་མ་མ་ནཱ་ཧྲཱ་ནི། །གཏི་མུག་ཅན་གྱི་རྒྱུད་ལ་ཁྱབ་པར་འཇུག །སེམས་ཅན་གཏི་མུག་ཡོངས་སུ་སྦྱོང་བའི་ཕྱིར། །མེ་ལོང་ཡེ་ཤེས་དམ་ཚིག་ཁྲོད་ལ་སྦྱིར། །ཨོཾ་ཧྲཱིཿཥྚྲཱིཿཝི་ཀྲི་ཏཱ་ན་ན་ཧཱུྃ་ཕཊ། ཀཱ་ལ་རཱུ་པ་ཡ་མ་ནཱ་ཧྲཱ་ཀཱ་ཡ་ཨ་ཛྙཱ་ཀྲི་ཥྛ་ཨོཾ། སྐུའི་རྗེས་གནང་ངོ་། །ཡང་བླ་མའི་ཐུགས་ཀའི་འོད་ཀྱིས་མདུན་བསྐྱེད་ཀྱི་ལྷའི་ཐུགས་རྒྱུད་བསྐུལ། ཆོས་ཀྱི་རྒྱལ་པོའི་ཐུགས་ཀའི་སྔགས་འཕྲེང་ལས་སྔགས་འཕྲེང་གཉིས་པ་ཞིག་ཆད་དེ། སློབ་མའི་ལྟེ་བའི་ཡ་ཡིག་ལ་ཏིམ་པར་བསམས་ལ། སྔགས་བྱང་ལག་ཏུ་གཏད་དེ། འདོད་ཆགས་ཁྲོས་པ་ཡ་མ་ནཱ་ཧྲཱ་ནི། །འདོད་ཆགས་ཅན་གྱི་རྒྱུད་ལ་ཁྱབ་པར་འཇུག །སེམས་ཅན་འདོད་ཆགས་ཡོངས་སུ་སྦྱོང་བའི་ཕྱིར། །སོར་རྟོག་ཡེ་ཤེས་དམ་ཚིག་ཁྲོད་ལ་སྦྱིན། །ཨོཾ་ཧྲཱིཿཥྚྲཱིཿཝི་ཀྲི་ཏཱ་ན་ན་ཧཱུྃ་ཕཊ། ཀཱ་ལ་རཱུ་པ་ཡ་མ་ནཱ་ཧྲཱ་ཝཱ་ཀ་ཨ་ཛྙཱ་ཀྲི་ཥྛ་ཨཱཿ གསུང་གི་རྗེས་གནང་ངོ་། །བླ་མའི་ཐུགས་ཀའི་འོད་ཀྱིས་མདུན་བསྐྱེད་ཀྱི་ལྷའི་ཐུགས་རྒྱུད་བསྐུལ། ཆོས་ཀྱི་རྒྱལ་པོའི་ཐུགས་ཀ་ནས་ཐོད་དབྱུག་སོགས་ཕྱག་མཚན་མང་པོ་བྱུང་སྟེ། སློབ་མའི་སྙིང་གར་ཐིམ་པར་བསམས་ལ། དབྱུག་ཞགས་ལག་ཏུ་གཏད་དེ། ཞེ་སྡང་ཁྲོས་པ་ཡ་མ་ནཱ་ཧྲཱ་ནི། །ཞེ་སྡང་ཅན་གྱི་རྒྱུད་ལ་ཁྱབ་པར་འཇུག །སེམས་ཅན་ཞེ་སྡང་ཡོངས་སུ་སྦྱོང་བའི་ཕྱིར། །ཆོས་དབྱིངས་ཡེ་ཤེས་དམ་ཚིག་ཁྲོད་ལ་སྦྱིན། །ཨོཾ་ཧྲཱིཿཥྚྲཱིཿཝི་ཀྲི་ཏཱ་ན་ན་ཧཱུྃ་ཕཊ། ཀཱ་(༤༥༩བ)ལ་རཱུ་པ་ཡ་མ་ནཱ་ཧྲཱ་ཙིཏྟ་ཨ་ཛྙཱ་ཀྲི་ཥྛ་ཧཱུྃ། ཐུགས་ཀྱི་རྗེས་གནང་ངོ་། །བླ་མའི་ཐུགས་ཀའི་འོད་ཟེར་གྱིས་མདུན་བསྐྱེད་ཀྱི་ལྷའི་ཐུགས་རྒྱུད་བསྐུལ། ཆོས་ཀྱི་རྒྱལ་པོའི་གནས་ལྔ་ནས་འོད་ཟེར་སྣ་ལྔ་བྱུང་སྟེ། སློབ་

མའི་གནས་ལྷ་ལ་ཐིམ་པར་བསམས་ལ། ཆོས་ཀྱི་རྒྱལ་པོའི་རྟོག་པའི་དཔེ་ལག་ཏུ་གཏད་དེ། ང་རྒྱལ་ཁྲོས་པ་ཡ་མ་ནྟ་ཀྲྀ་ནི། །ང་རྒྱལ་ཅན་གྱི་རྒྱུད་ལ་ཁྱབ་པར་འཇུག ། སེམས་ཅན་ང་རྒྱལ་ཡོངས་སུ་སྦྱོང་བའི་ཕྱིར། །མཉམ་ཉིད་ཡེ་ཤེས་དམ་ཚིག་ཁྱོད་ལ་སྦྱིན། །ཨོཾ་ཧྲཱིཿཥྚྲཱིཿཝི་ཀྲྀ་ཏཱ་ན་ན་ཧཱུཾ་ཕཊ། ཀཱ་ལ་རཱུ་པ་ཡ་མ་ནྟ་ཀྲྀ་ཤུ་ཊ་ཨ་ཀྵི་ཙིཏྟ་ཧཱུཾ། ཡོན་ཏན་གྱི་རྗེས་གནང་ངོ་། །ལྟེ་བའི་ཡ་ཡིག་གི་འོད་ཀྱིས་འཕྲིན་ལས་རྣམ་པ་བཞི་བསྒྲུབས་པར་བསམས་ལ། བཤན་པ་ཕོ་མོའི་འཁོར་ལོ་ལག་ཏུ་གཏད་དེ། ཕྲག་དོག་ཁྲོས་པ་ཡ་མ་ནྟ་ཀྲྀ་ན། །ཕྲག་དོག་ཅན་གྱི་རྒྱུད་ལ་ཁྱབ་པར་འཇུག །སེམས་ཅན་ཕྲག་དོག་ཡོངས་སུ་སྦྱོང་བའི་ཕྱིར། །བྱ་གྲུབ་ཡེ་ཤེས་དམ་ཚིག་ཁྱོད་ལ་སྦྱིན། །ཨོཾ་ཧྲཱིཿཥྚྲཱིཿཝི་ཀྲྀ་ཏཱ་ན་ན་ཧཱུཾ་ཕཊ། ཀཱ་ལ་རཱུ་པ་ཡ་མ་ནྟ་ཀྲྀ་གཙྪ་ཨ་ཀྵི་ཙིཏྟ་ཧཱུཾ། འཕྲིན་ལས་ཀྱི་རྗེས་གནང་ངོ་། །དེ་ནས། གཏོར་མ་ལག་ཏུ་གཏད་དེ། ཆོས་ཀྱི་རྒྱལ་པོ་འཁོར་དང་བཅས་པ་ཁྱེད་རྣམས་ཀྱིས་རྩ་བརྒྱུད་ཀྱི་དཔལ་ལྡན་བླ་མ་དམ་པ་རྣམས་ཀྱི་བཀའ་དང་དམ་ལས་མ་འདའ་བར་རྡོ་རྗེ་སློབ་མ་འདིའི་ཕྱི་བཞིན་དུ་རྗེས་སུ་འབྲངས་ལ་ལུས་དང་གྲིབ་མ་བཞིན་དུ་འགྲོགས་ཏེ། འགལ་རྐྱེན་ཐམས་ཅད་སོལ། མཐུན་རྐྱེན་ཐམས་ཅད་བསྒྲུབས། དགྲ་བགེགས་ཐམས་ཅད་ཐུལ། ཇི་ལྟར་(༥༥༠ན) བཙལ་བའི་ལས་ཐམས་ཅད་འགྲུབ་པར་མཛོད་ཅིག །ཅེས་བཀའ་བསྒོ་དྲག་ཏུ་བྱ།

བཟླས་ལུང་བྱ་ཚུལ་ནི། སློབ་དཔོན་གྱི་ཐུགས་ཀ་ནས་འོད་ཟེར་འཕྲོས། མདུན་བསྐྱེད་ཀྱི་ལྷའི་ཐུགས་རྒྱུད་བསྐུལ། ཐུགས་ཀའི་སྔགས་འཕྲེང་ལས་སྔགས་འཕྲེང་གཉིས་པ་ཞིག་ཆད་དེ། ཞལ་ནས་ཐོན། ཁྱེད་རང་རྣམས་ལྟར་གསལ་བའི་ཞལ་དུ་ཞུགས། སྙིང་གའི་ས་བོན་གྱི་མཐར་འཁོད་པའི་མོས་པ་མཛོད་བྱས་ལ། འདིའི་རྗེས་ཟློས་མཛོད་ཅིག །ཨོཾ་ཀཱ་ལ་རཱུ་པ་ཧཱུཾ་ཕཊ། ཤིན་ཏུ་ཉེ་སྙིང་དང་། ཨོཾ་ཀཱ་ལ་རཱུ་པ་ཡ་མ་ནྟ་ཀྲྀ་ཡ་ཧཱུཾ་ཕཊ། ཉེ་སྙིང་དང་། ཨོཾ་ཀཱ་ལ་རཱུ་པ་ཀྵི་མ་ཡཀྵ་ཧཱུཾ་མནྟ་རེ་ཁ་ཊ་ར་སིདྡྷི་ཡེ་ཡ་མ་ནྟ་ཀྲྀ་ཡ་ཧཱུཾ་ཧཱུཾ་ཕཊ་ཕཊ་སྭཱཧཱ། ཞེས་སྙིང་པོ་རྣམས་ལན་གསུམ་གསུམ་

རྗེས་གནོས་བྱེད་དུ་གཞུག །སློབ་མའི་རྗེས་ཀྱི་བྱ་བ་དང་། མདུན་བསྐྱེད་ཀྱི་རྗེས་ཆོག་སྦྱི་དང་འདྲའོ། །

༄ **ལས་གཤིན་དམར་པོ་མ་རུ་རྩེ་བཞིས་བསྐོར་བ་ལ།** གཏོར་མ་ཤ་ཁྲག་གིས་བརྒྱན་པ་དང་། ཉ་ཤའི་སྤོས་སོགས་དམ་རྫས་ཚང་བར་བྱས་ཏེ། འཇམ་དཔལ་ཁྲོས་པའི་བདག་བསྐྱེད་སྔོན་དུ་འགྲོ་བས། མཆོད་གཏོར་ཡི་དམ་ལྟར་བྱིན་གྱིས་བརླབས་ལ། སྭ་ཧཱ་ཕས་སྟོང་པར་སྦྱངས། སྟོང་པའི་ངང་ལས་རང་གི་མདུན་དུ་མེ་རླུང་གི་རང་བཞིན་དམར་ནག་འབར་བའི་དཀྱིལ་འཁོར་གྱི་དབུས་སུ། སྐད་ཅིག་གིས་ལས་ཀྱི་གཤིན་རྗེ་དམར་པོ་རབ་ཏུ་འཇིགས་པ། གཡས་རལ་གྲི་མེ་འབར་བ་འཕྱར་བ། གཡོན་རླུང་གི་འཁོར་ལོ་འབར་བས་(༩༩༠བ)བསྐོར་བ། ཁ་གདངས་ཤིང་ལྕགས་འདྲིལ་བ། དམར་ལ་རློམ་པའི་སྤྱན་གསུམ་པ། སྐྲ་ར་ཨག་ཚོམ་ཁམ་སེར་གྱེན་དུ་གཡེངས་པ། ཞིང་ལྤགས་ཀྱི་སྟོད་གཡོགས་ཅན། མ་ཧེའི་གདན་ལ་གཡོན་བརྐྱང་གིས་བཞུགས་པ། གཡོན་དུ་ཡུམ་ཨེ་ཀ་ཛ་ཏི་སྐུ་མདོག་ནག་མོ་རལ་པ་མུན་ལྟར་གཏིབས་པ། ལྕགས་ཀྱུ་དང་ཐོད་ཁྲག་འཛིན་པ། མི་ལྤགས་གྱོན་ཞིང་རྒྱུ་མས་ཐོད་བྱས་པ། ཡབ་ཡུམ་གཉིས་ལ་འཁོར་གཤིན་རྗེ་དང་བདུད་མོ་འབུམ་འབུམ་གྱིས་བསྐོར་བ། དེའི་ཐུགས་ཀ་ནས་ཛ་བཞི་སྤྲོས་པ་ལས། ཤར་དུ་སྲིན་པོ་མ་རུ་རྩེ། ལྷོ་རུ་གཤིན་རྗེ་མ་རུ་རྩེ། ནུབ་ཏུ་བདུད་པོ་མ་རུ་རྩེ། བྱང་དུ་གནོད་སྦྱིན་མ་རུ་རྩེ་རྣམས་དམར་པོ་ཕྱུ་རི་དང་ཞགས་པ་འཛིན་པ། བསེ་བྱའི་སྟེང་ན་བཞུགས་པ། རང་གི་སྙིང་ག་ནས་འོད་ཟེར་འཕྲོས་པས། ལྷོ་ཕྱོགས་རིམ་པ་བདུན་གྱིས་ས་འོག་གཤིན་རྗེའི་གྲོང་ཁྱེར་སྒོ་མེད་ལྕགས་ཀྱི་མུན་ཁང་བཅུ་དྲུག་ནས། གཤིན་རྗེ་ཆོས་ཀྱི་རྒྱལ་པོ་འཁོར་དང་བཅས་པ་བཛྲ་ས་མ་ཛཿཏུས་སྤྲུལ་གྱི་འདུག་སྟངས་བཅས་ལ། རྡོ་རྗེ་བསྟམས་པ་ལས་སྲིན་ལག་བརྒྱང་བའི་གཤིན་རྗེའི་དམ་རྒྱ་གཡབ་ཅིང་། ཧཱུཾ། འདི་ནས་ལྷོ་ཡི་ཕྱོགས་རོལ་ན། །དཔག་ཚད་བརྒྱད་ཁྲིའི་ཕ་རོལ་ན། །རིམ་པ་བདུན་གྱི་ས་འོག་ན། །ཐོད་པ་ལྕགས་ཀྱི་

གྲོང་ཁྱེར་ན། །ཡི་དྭགས་ཀུན་གྱི་སྡེ་དཔོན་པོ། །མ་མོ་ཀུན་གྱི་ཚོགས་རྗེ་བོ། །གསོན་གཤིན་ཀུན་གྱི་ཟམ་ཁ་པ། །གསོན་པོ་བཀོས་ལ་འདེབས་པ་པོ། །ཤི་བ་ཀུན་གྱི་གཤིན་བུ་རྗེ། །དགེ་བ་ཅན་གྱི་སྐྱངས་འཛིན་པ། །(༥༥༧ན)སྡིག་པ་ཅན་གྱི་ཆད་པ་མཁན། །ལྷ་དང་བཅས་པའི་འཇིག་རྟེན་ན། །ལེགས་ཉེས་ཆོས་བཞིན་སྤྱོད་པ་པོ། །ཆོས་རྒྱལ་གཤིན་རྗེ་ཞེས་བྱ་བ། །འཁོར་བཅས་གནས་འདིར་གཤེགས་སུ་གསོལ། །ཨོཾ་ཡ་མ་རཱ་ཛཱ་ཨེ་ཀ་ཛ་ཏི་ཡ་ཧོ་ཕཊ། མ་ཧོ་ཕཊ། ཤུ་ཧོ་ཕཊ། མ་ཏུ་རྦེ་ཕཊ། ཊཾ་ཊཾ་ཕཊ། ཉི་ཕཊ། ཧཱུཾ་ཧཱུཾ་ཕཊ། ཨཱ་གཙྪ། ཨཱ་གཙྪ། ས་མ་ཡ་ཏིཥྛནྟུ། ཞེས་བརྗོད། ཨརྒྷཾ་ནས་ཤབྡའི་བར་གྱིས་མཆོད་པ་བསྡུས་པ་ཞིག་དབུལ། གཤིན་རྗེའི་རྒྱལ་པོ་འཁོར་དང་བཅས། །དམ་ཚིག་དབང་གིས་འདིར་བརྟན་བཞུགས། །མཆོད་པ་ཚུལ་བཞིན་བཞེས་ནས་ཀྱང་། །ལས་གྲུབ་བར་དུ་བཞུགས་སུ་གསོལ། །ཨོཾ་ཡ་མ་རཱ་ཛཱ་ས་མ་ཡ། པདྨ་ཀ་མ་ལ་ཡེ་སྟྭཾ། ཛཿཧཱུཾ་བཾ་ཧོཿགཉིས་སུ་མེད་པར་བསྟིམ། ལག་པ་གཡས་བེ་ཅོན་གྱི་ཕྱག་རྒྱ་བཅས། །གཡོན་པས་སོ་སོའི་ཕྱག་རྒྱ་བཅའ་བའམ། གཏོར་སྔོད་དམ་བཟེད་ཞལ་དུ་མཆོད་པ་བསྟབས་ལ། ཨོཾ་ཧྲཱིཿཥྚྲཱིཿཝི་ཀྲྀ་ཏཱ་ན་ན་ཧཱུཾ་ཕཊ། ཡ་མ་རཱ་ཛཱ་ས་པ་རི་ཝཱ་ར་ཨརྒྷཾ་པྲ་ཏཱིཙྪ་ཧཱུཾ། དེ་བཞིན་དུ་པཱ་དྱཾ། བཛྲ་པུཥྤེ་ཧྭཱ་ཛ་ས་མ་ཡེ་ཨོཾ་ཧཱུཾ། དེ་ནས་ནཻ་ཝི་དྱའི་བར་རིགས་འགྲེ། རོལ་མོའི་སྒྲ་བསྒྲགས་ཤིང་། ཨོཾ་བཛྲ་ཤབྡ་ཨཱཿཧཱུཾ། ཞེས་པ་བརྗོད། བཅོམ་ལྡན་ཆོས་རྗེ་འཇམ་དབྱངས་སྤྱན་སྔ་རུ། །བདུད་འདུལ་བསྟན་པ་སྲུང་བར་ཞལ་བཞེས་པ། །ལས་ཀྱི་གཤིན་རྗེ་མ་མོ་མཁའ་འགྲོ་དང་། །འབྱུང་པོ་རོ་ལངས་ཅི་བགྱི་བཀའ་ཉན་སོགས། །ཕྱི་ནང་གསང་བའི་དམ་ཅན་(༥༥༧བ)མ་ལུས་ལ། །བདག་ནི་རེ་བའི་སེམས་ཀྱིས་འདུད་ཅིང་མཆིས། །ཞེས་བསྟོད། བཟླས་པའི་དམིགས་པ་གསལ་བཏབ་ལ། ཨོཾ་ཡ་མ་རཱ་ཛཱ་ཨེ་ཀ་ཛ་ཏི་ཡ་ཧོ་ཕཊ། མ་ཧོ་ཕཊ། ཤུ་ཧོ་ཕཊ། མ་ཏུ་རྦེ་ཕཊ། ཊཾ་ཊཾ་ཕཊ། ཉི་ཕཊ། ཧཱུཾ་ཧཱུཾ་ཕཊ། ཅེས་བཟླའོ། །ཨོཾ་ཡ་མ་རཱ་ཛཱ་ཨེ་ཀ་ཛ་ཏི་ཡ་ཧོ་ཕཊ། མ་ཧོ་ཕཊ། ཤུ་ཧོ་ཕཊ། མ་ཏུ་རྦེ་ཕཊ།

ཏཾ་ཏཾ་ཕཊ། ཉི་ཕཊ། ཧྲུཾ་ཧྲུཾ་ཕཊ། ཨི་དཾ་བ་ལིཾ་ཏ་ཁ་ཁ་ཁཱ་ཧི་ཁཱ་ཧི། ཞེས་ལན་བདུན་གྱིས་གཏོར་མ་དབུལ། ཨོཾ་བཛྲ་ཨརྒྷཾ་སྭཱཧཱ་སོགས་ནས། ཤབྡ་ཨཱཿཧཱུྃ་གི་བར་གྱིས་མཆོད། ཁྲག་མཚོ་ཆེན་པོའི་གློང་དཀྱིལ་ནས། །བསྐལ་པའི་མེ་ལྟར་འབར་བའི་དབུས། །གཤིན་རྗེའི་དབང་པོ་མ་ཏུ་རཱ། །གཤིན་རྗེ་འབུམ་དང་བཅས་ལ་བསྟོད། །སྙིང་ནག་འཚུབ་མའི་དཀྱིལ་འཁོར་ན། །ཨེ་ཀ་ཛ་ཏི་ན་མོ་འབུམ། །ལས་བྱེད་བཞི་དང་འཁོར་གཡོག་ནི། །གྲངས་ལས་འདས་པ་རྣམས་ལ་བསྟོད། །ཅེས་བསྟོད་དེ། འཁོར་བཅས་བདག་ལ་དགོངས་སུ་གསོལ། །བདག་ནི་རྣལ་འབྱོར་སྒྲུབ་པ་པོ། །འཇམ་དཔལ་གཞོན་ནུའི་ཐུགས་ཀྱི་སྲས། །གཤིན་རྗེ་གཤེད་ཀྱི་རྣལ་འབྱོར་པ། །རྫོགས་པའི་བྱང་ཆུབ་བསྒྲུབ་པའི་ཕྱིར། །བསམ་པ་བྱང་ཆུབ་སེམས་ཀྱིས་བརྒྱན། །རྒྱུར་ནི་ཡེ་ཤེས་རྡོ་རྗེ་འཆང་། །གཞི་ཕྱིན་སྐུ་གསུང་ཐུགས་ཀྱིས་བསྐྱེད། །དོན་ནི་འགྲོ་བ་ཡོངས་ཀྱི་དོན། །ལས་ནི་སངས་རྒྱས་ཀུན་གྱི་ལས། །བཀའ་ནི་དཀོན་མཆོག་གསུམ་གྱི་བཀའ། །རྒྱལ་པོ་འཁོར་དང་བཅས་པ་རྣམས། །མཆོད་སྦྱིན་གཏོར་མ་འདི་བཞེས(༤༤༢ན)ལ། །ཞེས་པ་ནས། ཡིད་ལ་འདོད་པ་ཀུན་འགྲུབ་ཤོག །ཅེས་པའི་བར་གྱིས་འདོད་དོན་ལ་གསོལ་བ་གདབ། གཏོར་མ་ལྷོ་ཕྱོགས་སུ་གཏོང་ངོ་། ། ༔ འདིའི་རྗེས་གནང་ནི། མནྜལ་གྲུ་གསུམ་དམར་པོ་ཚོམ་བུ་དམར་པོ་ཅན་གྱི་སྟེང་དུ། གཏོར་མ་ཟུར་དགུ་པ་དགོད། ཅག་ལི། མཐའ་མཆོད་གཏོར་གྱིས་བསྐོར། གཏོར་མ་གཉིས་ཀར་ལ་བ་དན་དམར་པོ་བཙུགས། སྔོན་འགྲོ་གཏོར་མ་བཏང་། བདག་བསྐྱེད་ནས་མདུན་བསྐྱེད་ཀྱི་འདོད་དོན་གསོལ་བཏབ་ཀྱི་བར་གོང་བཞིན་བྱས་ལ། ༔ སློབ་མས་མནྜལ་ཕུལ། རྡོ་རྗེ་འཛིན་པ་དགོངས་སུ་གསོལ། །ཞེས་པ་ནས། མ་ལུས་རྗེས་གནང་བསྩལ་དུ་གསོལ། །ཞེས་པའི་བར་གྱིས་གསོལ་བ་བཏབ། སློབ་མ་རྣམས་སྐད་ཅིག་གིས་དཔལ་རྡོ་རྗེ་འཇིགས་བྱེད་ཞལ་གཅིག་ཕྱག་གཉིས་ཀྱིས་གྲི་གུག་དང་ཐོད་པ་འཛིན་པ་ཡུམ་དང་བཅས་པའི་སྐུར་བཞེངས་པར་གྱུར་པའི་མོས་པ་མཛོད་བྱས་ལ། དེ་

ནས། མདུན་གྱི་གཏོར་རྟེན་འདི་ཉིད་ཀྱང་མེ་རླུང་གི་རང་བཞིན་དམར་ནག་འབར་བའི་དཀྱིལ་འཁོར་གྱི་དབུས་སུ། སྐད་ཅིག་གིས་ལས་ཀྱི་གཤིན་རྗེ་དམར་པོ་རབ་ཏུ་འཇིགས་པ། གཡས་རལ་གྲི་འབར་བ་འཕྱར་བ། གཡོན་རླུང་གི་འཁོར་ལོ་འབར་བ་བསྐོར་བ། ཁ་གདངས་ཤིང་ལྕགས་འགྱིལ་བ། དམར་ལ་ཧྲུམ་པའི་སྤྱན་གསུམ་པ། སྨ་ར་ཨག་ཚོམ་ཁམ་སེར་གྱེན་དུ་གཡེངས་པ། ཞིང་ལྤགས་ཀྱི་སྟོད་གཡོགས་ཅན། མ་ཧེ་གདན་ལ་(༤༤༢བ)གཡོན་བརྐྱང་གིས་བཞུགས་པ། གཡོན་དུ་ཡུམ་ཨེ་ཀ་ཛ་ཊི་སྐུ་མདོག་ནག་པོ་རལ་པ་མུན་ལྤར་གཏིབས་པ། ལྩགས་ཀྱུ་དང་། ཐོད་ཁྲག་འཛིན་པ། མི་ལྤགས་གྱོན་ཞིང་རྒྱུ་མས་ཐོད་བྱས་པ། ཡབ་ཡུམ་གཉིས་ལ་འཁོར་གཤིན་རྗེ་དང་བདུད་མོ་འབུམ་འབུམ་གྱིས་བསྐོར་བ། དེའི་ཐུགས་ཀ་ནས་ཇི་བཞིན་སྤྲོས་པ་ལས། ཤར་དུ་སྲིན་པོ་མ་ཙ་རྩེ། ལྷོར་གཤིན་རྗེ་མ་ཙ་རྩེ། ནུབ་ཏུ་བདུད་པོ་མ་ཙ་རྩེ། བྱང་དུ་གནོད་སྦྱིན་མ་ཙ་རྩེ་རྣམས་དམར་པོ་ཕྱུ་གྲི་དང་། ཞགས་པ་འཛིན་པ། བསེ་བྱའི་སྟེང་ན་བཞུགས་པ། རོལ་མོའི་སྒྲ་དང་བཅས་པས་སྤྱན་དྲངས། དམ་བཞག་མཆོད་བསྟོད་དགུག་གཞུག་རྣམས་བྱ། སློབ་མའི་སྙིང་གར་ཉི་མ་ལ་ཧཱུྃ་ཡིག་འབར་བར་བསམ། སློབ་དཔོན་གཤིན་རྗེ་གཤེད་ཀྱི་སྐུར་གསལ་བའི་ཐུགས་ཀའི་འོད་ཀྱིས་མདུན་བསྐྱེད་ཀྱི་ལྷའི་ཐུགས་རྒྱུད་བསྐུལ། ཆོས་ཀྱི་རྒྱལ་པོའི་སྐུ་གཉིས་པ་ཞིག་ཆད་དེ། སྙིང་གའི་ཧཱུྃ་ལ་ཐིམ་པར་བསམས་ལ། སྐུ་འདྲ་ཙཀ་ལི་ལག་ཏུ་གཏད་དེ། ཨོཾ་ཧྲཱིཿཥྚྲཱིཿབི་ཀྲྀ་ཏཱ་ན་ན་ཧཱུྃ་ཕཊ། ཡ་མ་རཱ་ཛཱ་ཨ་བྷི་ཥིཉྩ་མཾ། སྐུའི་རྗེས་གནང་ངོ་། །བཟླས་ལུང་ནི་སློབ་དཔོན་གྱི་ཐུགས་ཀ་ནས་འོད་ཟེར་འཕྲོས། མདུན་བསྐྱེད་ཀྱི་ལྷའི་ཐུགས་རྒྱུད་བསྐུལ། ཐུགས་ཀའི་སྔགས་འཕྲེང་ལས་སྔགས་འཕྲེང་གཉིས་པ་ཞིག་ཆད་དེ། ཞལ་ནས་ཐོན། ཁྱེད་རང་རྣམས་ལྷར་གསལ་བའི་ཞལ་དུ་ཞུགས། ཐུགས་ཀའི་ས་བོན་གྱི་མཐར་འཁོད་པའི་མོས་པ་མཛོད་ལ། འདིའི་(༤༤༣ན)རྗེས་ཟློས་མཛོད་ཅིག་བྱས་ལ། ཨོཾ་ཡ་མ་རཱ་ཛཱ་ཨེ་ཀ་ཛ་ཊི་ཡ་ཧོ་ཕཊ། མ་ཧོ་ཕཊ། ཤུ་ཧོ་ཕཊ།

མ་ཏུ་ཀྵེ་ཕཊ། ཊཾ་ཊཾ་ཕཊ། ཉི་ཕཊ། ཧུྃ་ཧུྃ་ཕཊ། ཅེས་པའི་སྔགས་ལན་གསུམ་རྗེས་བཟློས་བྱེད་དུ་གཞུག །གསུང་གི་རྗེས་གནང་ངོ་། །གཏོར་མ་མགོ་ཐོག་ཏུ་བཞག་ལ། རྗེ་བརྒྱུད་ཀྱི་དཔལ་ལྡན་བླ་མ་དམ་པ་རྣམས་ཀྱིས་བྱིན་གྱིས་རློབས་ཤིག །ཡི་དམ་དཀྱིལ་འཁོར་གྱི་ལྷ་ཚོགས་རྣམས་ཀྱིས་བྱིན་གྱིས་རློབས་ཤིག །སངས་རྒྱས་དང་བྱང་ཆུབ་སེམས་དཔའ་རྣམས་ཀྱིས་བྱིན་གྱིས་རློབས་ཤིག །དཔའ་བོ་དང་དཔའ་མོ་རྣལ་འབྱོར་མ་རྣམས་ཀྱིས་བྱིན་གྱིས་རློབས་ཤིག །དཔལ་མགོན་དམ་པ་ཆོས་སྐྱོང་སྲུང་མ་རྣམས་ཀྱིས་བྱིན་གྱིས་རློབས་ཤིག །ཁྱད་པར་དུ་ཡང་ལས་ཀྱི་གཤིན་རྗེ་དམར་པོ་འཁོར་དང་བཅས་པ་རྣམས་ཀྱིས་བྱིན་གྱིས་རློབས་ཤིག །ཁྱེད་རྣམས་ཀྱིས་རྡོ་རྗེ་སློབ་མ་འདི་རྣམས་ཀྱི་འགལ་རྐྱེན་བར་ཆད་ཐམས་ཅད་ཞི་བ་དང་། མཐུན་རྐྱེན་ཚེ་དང་བསོད་ནམས་དཔལ་འབྱོར་ཕུན་སུམ་ཚོགས་པ་ཐམས་ཅད་འཕེལ་ཞིང་རྒྱས་པ་དང་། མཆོག་དང་ཐུན་མོང་གི་དངོས་གྲུབ་ཐམས་ཅད་མྱུར་དུ་འགྲུབ་པར་མཛད་དུ་གསོལ། ཞེས་གསོལ་བ་བཏབ་པས། སློབ་མ་རྣམས་ཀྱི་སྤྱི་བོ་ནས་ཐིམ་པར་གྱུར། ཛཿཧུྃ་བཾ་ཧོཿ ཞེས་གཏོར་དབང་བསྐུར། ཐུགས་ཀྱི་རྗེས་གནང་ངོ་། །རྗེས་ཆོག་སྤྱི་དང་འདྲའོ། །

༄ ལས་གཤིན་དམར་པོ་ཁྲག་མདོག་ལ། གཏོར་མ་ཤ་ཁྲག་གིས་བརྒྱན་པ་དང་། ཉ་ཤའི་སྤྲོས་སོགས་དམ་རྫས་ཚང་བར་བྱས་ཏེ། འཇམ་དཔལ་ཁྲོས་པའི་(༢༢༤བ)བདག་བསྐྱེད་སྔོན་དུ་འགྲོ་བས། མཆོད་གཏོར་ཡི་དམ་གྱི་ཚོ་ག་ལྟར་བྱིན་གྱིས་བརླབས་ལ། རང་གི་ཐུགས་ཀ་ནས་ཡ་ཡིག་མདུན་དུ་སྤྲོས་པ་ལས། ལས་ཀྱི་གཤིན་རྗེ་དམར་ནག་ཆེར་ཁྲོས་ཤིང་འབྲུགས་པ། ལག་གཡས་རྡོ་རྗེ་ཀྵེ་ལྷུ་དང་མི་སྙིང་འཕྱུར་བ། གཡོན་ཞགས་པ་དང་བཅས་པའི་སྡིག་མཛུབ་མཛད་པ། སྟག་ལྤགས་ཀྱི་ཤམ་ཐབས་ཅན། གཡོན་བརྐྱང་བས་བཞུགས་པ། དེའི་གཡོན་དུ་མ་སྤྲོས་པ་ལས། དུས་མཚན་མ་དམར་ནག་རལ་གྲི་དང་ཐོད་ཁྲག་འཛིན་པ། དྲེའུ་ལ་ཆིབས་པ། སྤྱིན་དང་སློག་

དམར་གྱི་སྟེང་ན་བཞུགས་པ། རང་གི་སྙིང་ག་ནས་འོད་ཟེར་འཕྲོས་པས། ལྷོ་ཕྱོགས་རིམ་པ་བདུན་གྱི་ས་འོག་གཤིན་རྗེའི་གྲོང་ཁྱེར་སྐྱོ་མེད་ལྷུགས་ཀྱི་མུན་ཁང་བཅུ་དྲུག་ནས། གཤིན་རྗེ་ཆོས་ཀྱི་རྒྱལ་པོ་འཁོར་དང་བཅས་པ་བཛྲ་ས་མཱ་ཛཿཏུས་སྤྱལ་གྱི་འདུག་སྟངས་བཅས་ལ། རྡོ་རྗེ་བདམས་པ་ལས་སྦྲིན་ལག་བཀྱུང་བའི་གཤིན་རྗེའི་དམ་རྒྱ་གཡབ་ཅིང་། ཧཱུྃ། འདི་ནས་ལྷོ་ཡི་ཕྱོགས་རོལ་ན། །དཔག་ཚད་བརྒྱད་ཁྲིའི་ཕ་རོལ་ན། །རིམ་པ་བདུན་གྱི་ས་འོག་ན། །ཐོད་པ་ལྷུགས་ཀྱི་གྲོང་ཁྱེར་ན། །ཡི་དྭགས་ཀུན་གྱི་སྡེ་དཔོན་པོ། །མ་མོ་ཀུན་གྱི་ཚོགས་རྗེ་བོ། །གསོན་གཤིན་ཀུན་གྱི་ཟམ་ཁ་པ། །གསོན་པོ་བགོས་ལ་འདེབས་པ་པོ། །ཤི་བ་ཀུན་གྱི་གཤིན་བུ་རྗེ། །དགེ་བ་ཅན་གྱི་སྟངས་འཛིན་པ། །སྡིག་པ་ཅན་གྱི་ཆད་པ་མཁན། །ལྷ་དང་བཅས་པའི་འཇིག་རྟེན་ན། །ཡིགས་(ཞཞཞན)ཉིས་ཆོས་བཞིན་སྐྱོད་པ་པོ། །ཆོས་རྒྱལ་གཤིན་རྗེ་ཞེས་བྱ་བ། །འཁོར་བཅས་གནས་འདིར་གཤེགས་སུ་གསོལ། །ཞེས་དང་། ཧཱུད་རཱུ་ཡ། སྙིང་ཁ་ལ་ཧཱུ། །རཱུ་ཡ། བཛྲ་དུ་ཧྲི་པཾ། བཛྲ་དུ་ཧྲི་ཐད། ཛཿཛཿ ཞེས་དྲག་ཏུ་བརྗོད། གོང་གི་དམ་རྒྱ་དེ་ཉིད་དམ། རྡོ་རྗེ་ཁུ་ཚུར་གྱི་གུང་མོ་བཀྱུང་བ་དབྱུག་པའི་ཕྱག་རྒྱ་འཕྱུར་བས་ཀྱང་ཏུང་སྟེ། ཨོཾ་ཧྲཱིཿཥྚྲཱིཿཝི་ཀྲི་ཏཱ་ན་ན་ཧཱུྃ་ཕཊ། ཡ་མ་རཱ་ཛཱ་ས་པ་རི་ཝཱ་ར་ས་མ་ཡ་སྟྭཾ། ཞེས་དམ་ལ་བཞག །ཨརྒྷཾ་ནས་ཤཔྟའི་བར་གྱིས་མཆོད་པ་བསྡུས་པ་ཞིག་དབུལ། གཤིན་རྗེའི་རྒྱལ་པོ་འཁོར་དང་བཅས། །དམ་ཚིག་དབང་གིས་འདིར་བརྟན་བཞུགས། །མཆོད་པ་ཚུལ་བཞིན་བཞེས་ནས་ཀྱང་། །ལས་གྲུབ་བར་དུ་བཞུགས་སུ་གསོལ། །ཨོཾ་ཡ་མ་རཱ་ཛཱ་ས་མ་ཡ། པདྨ་ཀ་མ་ལ་ཡེ་སྟྭཾ། ཛཿཧཱུྃ་བཾ་ཧོཿགཉིས་སུ་མེད་པར་བསྟིམ། ལག་པ་གཡས་བེ་ཅོན་གྱི་ཕྱག་རྒྱ་བཅས། གཡོན་པས་སོ་སོའི་ཕྱག་རྒྱ་བཅའ་བའམ། གཏོར་སྣོད་དམ་བཟེད་ཞལ་དུ་མཆོད་པ་བསྟབ་ལ། ཨོཾ་ཧྲཱིཿཥྚྲཱིཿཝི་ཀྲི་ཏཱ་ན་ན་ཧཱུྃ་ཕཊ། ཡ་མ་རཱ་ཛཱ་ས་པ་རི་ཝཱ་ར་ཨརྒྷཾ་པྲ་ཏཱིཙྪ་ཨོཾ་ཧཱུྃ། དེ་བཞིན་དུ་པཱ་དྱཾ། བཛྲ་པུཥྤེ་སྭཱ་ཛཿས་ཡ་མ་ཡེ་ཧཱུྃ། དེ་ནས་ནཻ་ཝི་དྱའི་བར་རིགས་

འགྲེའོ། །རོལ་མོའི་སྒྲ་བསྒྲགས་ཤིང་། ཨོཾ་བཛྲ་ཤབྡ་ཨཱཿཧཱུྃ། ཞེས་བརྗོད། བཅོམ་ལྡན་ཆོས་རྗེ་འཇམ་དབྱངས་སྤྱན་སྔ་ཏྭ། །བདུད་འདུལ་བསྟན་པ་སྲུང་བར་ཞལ་བཞེས་པ། །ལས་ཀྱི་གཤིན་རྗེ་མ་མོ་མཁའ་འགྲོ་དང་། །འབྱུང་(༥༥༥བ)པོ་རོ་ལངས་ཅི་བགྱི་བཀའ་ཉན་སོགས། །ཕྱི་ནང་གསང་བའི་དམ་ཅན་མ་ལུས་ལ། །བདག་ནི་རེ་བའི་སེམས་ཀྱིས་འདུད་ཅིང་མཆིས། །ཞེས་བསྟོད། བརླས་པའི་དམིགས་པ་གསལ་བཏབ་ལ། དཔའ་བོ་ཆེན་པོ་བདག་ཅི་བགྱི། །ཞེས་བཀའ་ཉོད་པར་བསམས་ལ། ཊཀ་རཀྵ་ཡ། སྙིང་ཁ་ལ་ཊཀ །རཀྵ་ཡ། བཛྲ་དུཥྚི་ཕཾ། བཛྲ་དུ་ཥྚི་ཐད། ཛཿཛཿ ཞེས་བཟླ། གཏོར་སྔགས་ནི། སྙིང་པོའི་མཐར། ཐུན་ཨ་ཛཿཛཿགོ་ཤ །ཏྭ་ལུ་ཏྭ་ལུ་ཕྱུ་ཕྱུ་ཧཱུྃ་ཛཿཛཿབ་ཕཾ་ཀྲིཥྞ་ཁ་ཁ་ཁཱ་ཧི་ཁ་ཧི། ཞེས་ལན་བདུན་གྱིས་གཏོར་མ་ཕུལ། ཨོཾ་བཛྲ་ཨརྒྷཾ་སྤུཥྤེ་ནས། ཤབྡ་ཨཱཿཧཱུྃ་གི་བར་གྱིས་མཆོད། སྟོས་ཀྱི་བསྟོད་པ་བསྡུས་པ་ནི། ཧཱུྃ། ཤར་ཕྱོགས་དཀར་པོ་དུང་གི་གཞལ་ཡས་ནས། །ཁྲག་མདོག་དམར་པོ་བསེ་ཡི་ལན་ཐན་ཅན། །ཤིན་ཏུ་མི་བཟད་གཏུམ་པོ་ཆེན་པོའི་སྐུ། །ལྕམ་དྲལ་འཁོར་དང་བཅས་ལ་བདག་བསྟོད་དོ། །མཆོད་སྤྱིན་གཏོར་མ་འདི་བཞེས་ལ། །ཞེས་སོགས་ཀྱིས་འདོད་དོན་ལ་གསོལ་བ་བཏབ་བོ། ། ༈ འདིའི་རྗེས་གནང་ནི། མཎྜལ་གྲུ་གསུམ་དམར་པོ་ཚོམ་བུ་དམར་པོ་ཅན་གྱི་སྟེང་དུ་གཏོར་མ་ཟླུར་དགུ་པ་འགོད། ཅག་ལི། མཐའ་མཆོད་གཏོར་གྱིས་བསྐོར། གཏོར་མ་གཉིས་དཀར་ལ་བ་དན་དམར་པོ་བཙུགས། སྔོན་འགྲོ་གཏོར་མ་དང་། བདག་བསྐྱེད་ནས་མདུན་བསྐྱེད་ཀྱི་འདོད་དོན་གསོལ་བཏབ་ཀྱི་བར་སོང་བཞིན་བྱས་ལ། ༈ སློབ་མར་མཎྜལ་ཕུལ། རྡོ་རྗེ་སློབ་དཔོན་དགོངས་སུ་གསོལ། །(༥༥༦ན)སངས་རྒྱས་བསྟན་པ་སྲུང་བའི་ཕྱིར། །མགོན་པོ་ཆེན་པོ་ལྕམ་དྲལ་གྱི། །རྗེས་སུ་གནང་བ་བསྩལ་དུ་གསོལ། །ཞེས་ལན་གསུམ་གསོལ་བ་བཏབ། སློབ་མ་རྣམས་སྐད་ཅིག་གིས་དཔལ་རྡོ་རྗེ་འཇིགས་བྱེད་ཞལ་གཅིག་ཕྱག་གཉིས་ཀྱིས་གྲི་གུག་དང་ཐོད་པ་འཛིན་པ་ཡུམ་དང་བཅས་པའི་སྐུར་གྱུར་པར་

མོས་སུ་བཅུག་ལ། དེ་ནས། མདུན་གྱི་གཏོར་རྟེན་འདི་ཉིད་ཀྱང་ལས་ཀྱི་གཤིན་རྗེ་
དམར་ནག་ཆེར་ཁྲོས་ཤིང་འཁྲུགས་པ། ལག་གཡས་རྡོ་རྗེ་རྩེ་ལྔ་དང་མི་སྙིང་འཕྱར་
བ། གཡོན་ཞགས་པ་དང་བཅས་པའི་སྡིག་མཛུབ་མཛད་པ། སྟག་ལྤགས་ཀྱི་ཤམ་
ཐབས་ཅན། གཡོན་བརྐྱང་པས་བཞུགས་པ། དེའི་གཡོན་དུ་མ་སྦྲོས་པ་ལས། དུས་
མཚན་མ་དམར་ནག་རལ་གྲི་དང་ཐོད་ཁྲག་འཛིན་པ། དྲེའུ་ལ་ཆིབས་པ། སྤྲིན་
དང་སློག་དམར་གྱི་སྟེང་ན་བཞུགས་པ། རང་གི་སྙིང་ག་ནས་འོད་ཟེར་འཕྲོས་པས།
ལྷོ་ཕྱོགས་རིམ་པ་བདུན་གྱི་ས་འོག །གཤིན་རྗེའི་གྲོང་ཁྱེར་སྣོ་མེད་ལྕགས་ཀྱི་མུན་
ཁང་བཅུ་དྲུག་ནས། གཤིན་རྗེ་ཆོས་ཀྱི་རྒྱལ་པོ་འཁོར་དང་བཅས་པ་བཛྲ་ས་མ་ཛཿ
ཛཿཧཱུཾ་ཝཾ་ཧོཿ ཛུས་སྤྲུལ་གྱི་འདུག་སྟངས་བཅས་ལ། རྡོ་རྗེ་བདམས་པ་ལས་སྤྲིན་ལག་བརྐྱང་བའི་
གཤིན་རྗེའི་དམ་རྒྱ་གཡབ་ཅིང་། ཧཱུཾ། འདི་ནས་ལྷོ་ཡི་ཕྱོགས་རོལ་ན། །དཔག་ཚད་
བརྒྱད་ཁྲིའི་ཕ་རོལ་ན། །རིམ་པ་བདུན་གྱི་ས་འོག་ན། །ཐོད་པ་ལྕགས་ཀྱི་གྲོང་ཁྱེར་
ན། །ཡི་དྭགས་ཀུན་གྱི་སྡེ་དཔོན་པོ། །མ་མོ་ཀུན་གྱི་ཚོགས་རྗེ་བོ། །(༤༤༥བ)གསོན་
གཤིན་ཀུན་གྱི་ཟམ་ཁ་པ། །གསོན་པོ་བཀོས་ལ་འདེབས་པ་པོ། །ཤི་བ་ཀུན་གྱི་གཤིན་
བུ་རྗེ། །དགེ་བ་ཅན་གྱི་སྣང་འཛིན་པ། །སྡིག་པ་ཅན་གྱི་ཆད་པ་མཁན། །ལྷ་དང་
བཅས་པའི་འཇིག་རྟེན་ན། །ལེགས་ཉེས་ཆོས་བཞིན་སྤྱོད་པ་པོ། །ཆོས་རྒྱལ་གཤིན་རྗེ་
ཞེས་བྱ་བ། །འཁོར་བཅས་གནས་འདིར་གཤེགས་སུ་གསོལ། །ཞེས་དང་། ཏྲག་རཀྟ་
ཡ། སྙིང་ཁ་ལ་ཏྲག །རཀྟ་ཡ། བཛྲ་དུཥྚི་བཾ། བཛྲ་དུ་ཥྚི་ཐད། ཛཿཛཿ ཞེས་དྲག་
ཏུ་བརྗོད། གོང་གི་དམ་རྒྱ་དེ་ཉིད་དམ། རྡོ་རྗེ་ཁུ་ཚུར་གྱི་གུང་མོ་བརྐྱང་བ་དགུག་
པའི་ཕྱག་རྒྱ་འཕྱར་བས་ཀྱང་ཅུང་སྟེ། ཨོཾ་ཧྲཱིཿཥྚྲཱིཿཝི་ཀྲི་ཏཱ་ན་ན་ཧཱུཾ་ཕཊ། ཡ་མ་རཱ་ཛཱ་
ས་པ་རི་ཝཱ་ར་ས་མ་ཡ་སྟྭཾ། ཞེས་དམ་ལ་བཞག །ཨརྒྷཾ་ནས་ཤབྡའི་བར་གྱིས་མཆོད་
པ་བསྟུས་པ་ཞིག་དབུལ། གཤིན་རྗེའི་རྒྱལ་པོ་འཁོར་དང་བཅས། །དམ་ཚིག་དབང་
གིས་འདིར་བརྟན་བཞུགས། །མཆོད་པ་ཚུལ་བཞིན་བཞེས་ནས་ཀྱང་། །ལས་གྲུབ་

བར་དུ་བཞུགས་སུ་གསོལ། །ཨོཾ་ཡ་མ་རཱ་ཛཱ་ས་མ་ཡ། པདྨ་ཀ་མ་ལ་ཡེ་སྟྭཾ། ཛཿཧཱུཾ་བཾ་ཧོཿགཉིས་སུ་མེད་པར་བསྟིམ། ལག་པ་གཡས་པེ་ཙོན་གྱི་ཕྱག་རྒྱ་བཅས། གཡོན་པས་སོ་སོའི་ཕྱག་རྒྱ་བཅའ་བའམ། གཏོར་སྔོད་དམ་བཟེད་ཞལ་དུ་མཆོད་པ་བསྟབ་ལ། ཨོཾ་ཧྲཱིཿཥྚྲཱིཿཥི་ཀྲི་ཏཱ་ན་ན་ཧཱུཾ་ཕཊ། ཡ་མ་རཱ་ཛཱ་ས་པ་རི་ཝཱ་ར་ཨརྒྷཾ་པྲ་ཏཱིཙྪ་ཨོཾ་ཧཱུཾ། དེ་བཞིན་དུ་པཱུ་ཛཾ། བཛྲ་པུཥྤེ་སྭཱ་ཛཿས་མ་ཡེ་ཧཱུཾ། དེ་ནས་ནི་ཞིའི་བར་རིགས་འགྲོ། རོལ་མོའི་སྒྲ་བསྒྲགས་ཤིང་། (༥༥༨ན)ཨོཾ་བཛྲ་ཤབྡ་ཨཱཿཧཱུཾ། ཞེས་བརྗོད། བསྟོད་པས་བསྟོད། སློབ་མའི་སྙིང་གར་ཉི་མ་ལ་ཧཱུཾ་ཡིག་འབར་བར་བསམས། སློབ་དཔོན་གཤིན་རྗེ་གཤེད་ཀྱི་སྐུར་གསལ་བའི་ཐུགས་ཀའི་འོད་ཀྱིས། མདུན་བསྐྱེད་ཀྱི་ལྷའི་ཐུགས་རྒྱུད་བསྐུལ། ཆོས་ཀྱི་རྒྱལ་པོའི་སྐུ་གཉིས་པ་ཞིག་ཆད་དེ། སྙིང་གའི་ཧཱུཾ་ལ་ཐིམ་པར་བསམས་ལ། སྐུ་འདྲ་ཙག་ལི་ལག་ཏུ་གཏད་དེ། ཨོཾ་ཧྲཱིཿཥྚྲཱིཿཥི་ཀྲི་ཏཱ་ན་ན་ཧཱུཾ་ཕཊ། ཡ་མ་རཱ་ཛཱ་ཨ་བྷི་ཥིཉྩ་མཾ། སྐུའི་རྗེས་གནང་ངོ་། །བརླས་ལུང་ནི། སློབ་དཔོན་གྱི་ཐུགས་ཀ་ནས་འོད་ཟེར་འཕྲོས། མདུན་བསྐྱེད་ཀྱི་ལྷའི་ཐུགས་རྒྱུད་བསྐུལ། ཐུགས་ཀའི་སྔགས་འཕྲེང་ལས་སྔགས་འཕྲེང་གཉིས་པ་ཞིག་ཆད་དེ། ཞལ་ནས་ཐོན། ཁྱེད་རང་རྣམས་ལྷར་གསལ་བའི་ཞལ་དུ་ཞུགས། ཐུགས་ཀའི་ས་བོན་གྱི་མཐར་འཁོད་པའི་མོས་པ་མཛོད་ལ། འདིའི་རྗེས་ཟློས་མཛོད་ཅིག་གྱུར་ལ། ཊཀ་རཀྟ་ཡ། སྙིང་ཁ་ལ་ཊཀ །རཀྟ་ཡ། བཛྲ་དུ་ཏི་བཾ། བཛྲ་དུ་ཏི་ཐད། ཛཿཛཿ ཞེས་ལན་གསུམ་རྗེས་ཟློས་བྱེད་དུ་གཞུག །གསུང་གི་རྗེས་གནང་ངོ་། །གཏོར་མ་སློབ་མའི་སྙིང་གི་ཐད་དུ་བཞག་ལ། རྩ་བརྒྱུད་ཀྱི་དཔལ་ལྡན་བླ་མ་དམ་པ་རྣམས་ཀྱིས་བྱིན་གྱིས་རློབས་ཤིག །ཡི་དམ་དཀྱིལ་འཁོར་གྱི་ལྷ་ཚོགས་རྣམས་ཀྱིས་བྱིན་གྱིས་རློབས་ཤིག །སངས་རྒྱས་དང་བྱང་ཆུབ་སེམས་དཔའ་རྣམས་ཀྱིས་བྱིན་གྱིས་རློབས་ཤིག །དཔའ་བོ་དང་དཔའ་མོ་རྣལ་འབྱོར་མ་རྣམས་ཀྱིས་བྱིན་གྱིས་རློབས་ཤིག །དཔལ་མགོན་དམ་པ་ཆོས་སྐྱོང་སྲུང་མ་རྣམས་ཀྱིས་བྱིན་གྱིས་རློབས་ཤིག །ཁྱད་(༥༥༨བ)པར་དུ་ཡང་ལས་ཀྱི་གཤིན་

རྗེ་དམར་པོ་ཁྲག་མདོག་འཁོར་དང་བཅས་པ་རྣམས་ཀྱིས་བྱིན་གྱིས་རློབས་ཤིག །ཁྱེད་རྣམས་ཀྱིས་རྡོ་རྗེ་སློབ་མ་འདི་རྣམས་ཀྱི་འགལ་རྐྱེན་བར་ཆད་ཐམས་ཅད་ཞི་བ་དང་། མཐུན་རྐྱེན་ཚེ་དང་བསོད་ནམས་དཔལ་འབྱོར་ཕུན་སུམ་ཚོགས་པ་ཐམས་ཅད་འཕེལ་ཞིང་རྒྱས་པ་དང་། མཆོག་དང་ཐུན་མོང་གི་དངོས་གྲུབ་མ་ལུས་པ་མྱུར་དུ་འགྲུབ་པར་མཛད་དུ་གསོལ། ཞེས་གསོལ་བ་བཏབ་པས། སློབ་མ་རྣམས་ཀྱི་སྤྱི་བོ་ནས་ཐིམ་པར་གྱུར། ཛཿཧཱུྃ་བཾ་ཧོཿ ཞེས་གཏོར་དབང་བསྐུར། ཐུགས་ཀྱི་རྗེས་གནང་ངོ་། །རྗེས་ཆོག་སྤྱི་དང་འདྲའོ། །

༄ དུར་ཁྲོད་བདག་པོ་ལྷམ་དྲལ་ལ། མཆོད་གཏོར་བཤམས་ལ། བདེ་མཆོག་ཡབ་ཡུམ་གྱི་བདག་བསྐྱེད་སྔོན་དུ་འགྲོ་བས། མཆོད་པ་དང་གཏོར་མ་ཡི་དམ་གྱི་ཚོ་ག་ལྟར་བྱིན་གྱིས་བརླབས། དེ་ནས། རང་གི་མདུན་གྱི་ནམ་མཁར་ཧཱུྃ་ཡིག་ལས། ཨེ་ཆད་པ་ལས་ཡཾ་ལས་རླུང་གི་དཀྱིལ་འཁོར། རཾ་ལས་རཀྟའི་རྒྱ་མཚོ། སུྃ་ལས་ཞིང་ཆེན་གྱི་གཡང་གཞི། ཀཾ་ལས་ཀེང་རུས་ཀྱི་རི་རག་རཾ་ལས་ཉི་མའི་དཀྱིལ་འཁོར། སུྃ་ལས་ཐོད་མཁར་གྱི་གཞལ་ཡས་ཁང་། དེའི་ནང་དུ་པཾ་ལས་མཎྜལ་ཧཱུྃ་གིས་པདྨའི་གདན། མ་སཱུཪྻ་མཎྜལ་ཧཱུྃ་གིས་ཉི་མའི་གདན། ཨ་ཙནྡྲ་མཎྜལ་ཧཱུྃ་གིས་ཟླ་བའི་གདན་ཏེ། གདན་གཉིས་སུ་གྱུར། གདན་གཉིས་ཀྱི་སྟེང་དུ་ས་བོན་ཧཱུྃ་དང་ཞཾ་ལས་དུང་དང་མགྲོན་བུ་ཧཱུྃ་དང་ཞཾ་གིས་མཚན་པ་ལས། དཔའ་བོ་དུར་ཁྲོད་བདག་པོ་ཡབ་ཡུམ་སྐུ་མདོག་དཀར་ལ་འོད་ཟེར་འཕྲོ་བ། ཀེང་རུས་ཤིན་(༢༢༧ན)ཏུ་འཇིགས་པའི་གཟུགས་ཅན། ཞལ་གཅིག་ཕྱག་གཉིས་སྤྱན་གསུམ་བགྲད་པ། ལྗགས་འགྲིལ་བ། མཆེ་བ་གཙིགས་པ། ཕྱག་གཡས་ཐོད་སྐམ་གྱི་དབྱུག་པ་ནམ་མཁའ་ལ་འཕྱུར་ཞིང་། གཡོན་ཐོད་པ་ཁྲག་གིས་གང་བ་ཐུགས་ཀར་བཟུང་ནས་ཞལ་དུ་གསོལ་བ། ཞབས་གཡོན་བརྐྱང་གི་བརླ་ལ་གཡས་བསྐུམ་པའི་སོར་མོ་རྣམས་གཏད་པའི་སྐྱིལ་ཀྲུང་ཕྱེད་པའི་གར་སྟབས་ཀྱིས་བཞུགས་པ། དར་སྣ་ཚོགས་ཀྱི་ཤམ་ཐབས་ཅན། རིན་

པོ་ཆེའི་དབུ་རྒྱན་དང་། སྣན་ཆས་བརྒྱན་པ། ཡེ་ཤེས་ཀྱི་མེ་འབར་བའི་དབུས་ན་
བཞུགས་པའི་ཡབ་ཡུམ་འཁོར་འཇིག་རྟེན་དང་འཇིག་རྟེན་ལས་འདས་པའི་མཁའ་
འགྲོ་དཔག་ཏུ་མེད་པས་བསྐོར་བ་གཉིས་སུ་གྱུར། དེ་གཉིས་ཀྱི་དཔྲལ་བར་ཨོཾ།
མགྲིན་པར་ཨཱཿ ཐུགས་ཀར་ཧཱུྃ། ཐུགས་ཀའི་ཧཱུྃ་ལས་འོད་ཟེར་འཕྲོས་པས། ནུབ་
ཕྱོགས་ཨོ་རྒྱན་མཁའ་འགྲོའི་ཕོ་བྲང་ནས། དཔའ་བོ་དུར་ཁྲོད་བདག་པོ་ཡབ་ཡུམ་
གཉིས་ལ་འཁོར་འཇིག་རྟེན་དང་འཇིག་རྟེན་ལས་འདས་པའི་མཁའ་འགྲོ་དཔག་ཏུ་
མེད་པས་བསྐོར་བ། ཨོཾ་བཛྲ་ས་མ་ཛཿཧཱུྃ། དཔལ་ལྡན་མཐུ་སྟོབས་དབང་ཕྱུག་ཆེ། །
འཕྲིན་ལས་རྣམ་བཞིས་དོན་མཛད་པ། །དད་དང་དམ་ཚིག་ཆེན་པོ་ཡི། །གནས་
འདི་ཉིད་དུ་གཤེགས་སུ་གསོལ། །ཀྵི་སྨ་ཤ་ན་ཨ་དྷི་པ་ཏ་ཡེ། ཨེ་ཧྱེ་ཧི་པདྨ་ཀ་མ་
ལ་ཡེ་སྭཱཧཱ། ཀྵི་སྨ་ཤ་ན་ཨ་དྷི་པ་ཏི་མཧཱ་པི་ཤཱ་ཙི་ཨཀྵྃ་ནས་ཤཱུ་ཨཱཿཧཱུྃ། ཨོཾ་གྲཱི་ཧྣ་ཧྣ་
གྲཱི་ཧྣ་ཧྣཱ། ཀུ་མ་ཀུ་མ་ཁུཾ་ཁིས་སྭཱཧཱ། དཔའ་བོ་དུར་ཁྲོད་(༥༥༧བ)བདག་པོ་ལྕམ་དྲལ་
གྱི་ཞལ་དུ་མཆོད་པར་འབུལ་ལོ། །ཨོཾ་ཨཱཿཧཱུྃ། རྒྱལ་བའི་ཐུགས་ཀྱི་འཕྲིན་ལས་ཀུན། །
མ་ལུས་གདུག་པ་འདུལ་བའི་ཕྱིར། །འཇིགས་པའི་སྐུར་སྟོན་འདོད་དོན་སྟེར། །དུར་
ཁྲོད་གནས་ཀྱི་བདག་པོར་བསྟོད། །དཔལ་འཁོར་ལོ་སྡོམ་པའི་ལྷ་ཚོགས་ཀྱིས་དབང་
བསྐུར། སྐུ་གང་། དྲི་མ་དག །ཆུའི་ལྷག་མ་ཡར་ལུད་པ་ལས། འཁོར་ལོ་བདེ་
མཆོག་ལྷན་ཅིག་སྐྱེས་པ་རེ་རེས་དབུ་བརྒྱན་པར་གྱུར། ཨོཾ་བཛྲ་ས་མ་ཡ་སྟྭཾ། ས་མ་
ཡ་ཧོཿ དཔའ་བོ་དུར་ཁྲོད་བདག་པོ་ལྕམ་དྲལ་བྲན་གཡོག་བཀའ་སྡོད་དང་བཅས་
པ་རྣམས་ཀྱིས་མཆོད་སྦྱིན་གྱི་གཏོར་མ་རྒྱ་ཆེན་པོ་འདི་བཞེས་ལ། དཔལ་འཁོར་ལོ་
སྡོམ་པའི་ལྷ་ཚོགས་རྣམས་དང་། དཔལ་ལྡན་བླ་མ་དམ་པ་རྣམས་ཀྱི་བཀའ་དང་
དམ་ལས་མ་འདའ་བར་རྣལ་འབྱོར་པ་བདག་ཅག་འཁོར་དང་བཅས་པ་ལ་གནོད་
ཅིང་འཚེ་བའི་དགྲ་དང་ཆོམ་རྐུན་ཐམས་ཅད་ཚར་གཅོད་པའི་འཕྲིན་ལས་མཛད་
དུ་གསོལ། ཨོཾ་གྲཱི་ཧྣ་ཧྣ་གྲཱི་ཧྣ་ཧྣཱ། ཀུ་མ་ཀུ་མ་ཁུཾ་ཁིས་སྭཱཧཱ། ཀྵི་སྨ་ཤ་ན་ཨ་དྷི་པ་ཏི་

མནྟྲ་བི་ཤྲ་ཙི་བ་ལིཾ་ཏ་ཁ་ཁ་ཁཱ་ཧི་ཁཱ་ཧི། ལན་གསུམ་གྱིས་ཕུལ། ཀླི་སྨ་ཤ་ན་ཨ་ཛྙི་པ་ཏི་མནྟྲ་བི་ཤྲ་ཙི་ཨརྒྷཾ་སོགས་ཀྱིས་མཆོད། ཨོཾ་གྲི་ནྲ་ཛྲ་གྲི་ནྲ་ཛྲ། ཀུ་མ་ཀུ་མ་ཁུཾ་ཁིས་སྭཱ་ཧཱ། དཔའ་བོ་དུར་ཁྲོད་བདག་པོ་ལྷམ་དྲལ་གྱི་ཞལ་དུ་མཆོད་པར་འབུལ་ལོ། །ཨོཾ་ཨཱཿཧཱུྃ། ཧཱུྃ། རྒྱལ་བའི་ཐུགས་ཀྱི་འཕྲིན་ལས་ཀུན། །མ་ལུས་གདུག་པ་འདུལ་བའི་ཕྱིར། །འཇིགས་པའི་སྐུར་སྟོན་འདོད་དོན་(༦༦༤ན)སྐྱེར། །དུར་ཁྲོད་གནས་ཀྱི་བདག་པོར་བསྟོད། །རྣམ་དཀར་ཀེང་རུས་དག་པའི་གཟུགས། །འཕྲིན་ལས་རྣམ་བཞི་ཐོགས་མེད་པ། །གང་ལ་ཅི་འདོད་དངོས་གྲུབ་ཀུན། །ཉེ་བར་སྩོལ་མཛད་ཁྱོད་ལ་བསྟོད། །ཡང་དག་ལམ་ལ་ཉེར་གནས་ཀྱང་། །ལུས་ཅན་བདེ་ལ་འགོད་མཛད་པའི། །སྲིད་པའི་འཆིང་བ་ཀུན་ལས་སྐྱོབས། །ཕན་བདེ་ཀུན་སྩོལ་ཁྱོད་ལ་བསྟོད། །གང་གིས་ཁྱོད་བསྐུལ་ཁྱོད་མཆོད་ན། །དམ་བཅས་ཇི་བཞིན་ཉེར་དགོངས་ནས། །ཇི་ལྟར་གསོལ་བ་བཏབ་པ་བཞིན། །བདག་ལ་དངོས་གྲུབ་མ་ལུས་སྩོལ། །མཆོད་སྦྱིན་གཏོར་མ་རྒྱ་མཚོ་དང་། །དངོས་གྲུབ་ཀུན་འབྱུང་དམ་རྫས་ཀྱིས། །དཔལ་ལྡན་བསྟན་སྲུང་འཁོར་བཅས་རྣམས། །འཕྲིན་ལས་གང་བཅོལ་སྒྲུབ་པར་མཛོད། །

༈ འདིའི་རྗེས་གནང་བྱེད་པར་འདོད་པས། གཏོར་མ་སྟོད་ཟུར་གསུམ། སྨད་ཟླུམ་པོ་མཐེབ་ཀྱུས་བསྐོར་བ་མར་ལ་སོགས་པའི་རྒྱན་གྱིས་བརྒྱན་པ། དར་དཀར་པོའི་ཅོད་པན་དང་། ཡབ་ཡུམ་གྱི་ཙག་ལི་བཙུགས། མདུན་དུ་གཏོར་མ། ཆུ་གཉིས་སྔོན་དུ་འགྲོ་བའི་ཉེར་སྤྱོད་ལྔ་བཤམས། རང་གི་མདུན་དུ་ནང་མཆོད་རྡོར་དྲིལ་བཞག །ཡི་དམ་གྱི་བདག་བསྐྱེད་སྔོན་དུ་འགྲོ་བས། མཆོད་གཏོར་བྱིན་གྱིས་བརླབས་ལ། གཏོར་ཆོག་ནས་འབྱུང་བ་ལྟར་དཔལ་དུར་ཁྲོད་ཀྱི་བདག་པོ་ཡབ་ཡུམ་གྱི་གཏོར་མ་ཕུལ། ཨོཾ་གྲི་ནྲ་ཛྲ་གྲི་ནྲ་ཛྲ། ཀུ་མ་ཀུ་མ་ཁུཾ་ཁིས་སྭཱ་ཧཱ། ཞེས་(༦༦༤བ)ཅུང་ཟད་བཟླ།

༈ སློབ་མས་མཎྜལ་ཕུལ་ཏེ། དཀོན་མཆོག་གསུམ་དང་དབྱེར་མེད་ཅིང་། །ཡི་དམ་ལྷ་ཡི་ངོ་བོ་ཉིད། །བླ་མ་དམ་པའི་ཐུགས་རྗེ་ཡིས། །བྱིན་གྱིས་བརླབས་པ་བསྐུལ་དུ་

གསོལ། །ཞེས་ལན་གསུམ་གྱིས་གསོལ་བ་བཏབ། དཀོན་མཆོག་གསུམ་ལ་བདག་སྐྱབས་མཆི། །ཞེས་སོགས་མགུར་ནས་འབྱུང་བའི་རྒྱུན་བཤགས་ལན་གསུམ་བྱེད་དུ་བཅུག །དེ་ནས། རྗེས་གནང་གི་གཞི་འགོད་པའི་དོན་དུ། སློབ་མ་རྣམས་བསངས་སྦྱངས། སྟོང་པའི་ངང་ལས་པཾ་པདྨ་མཉྫལ་ཧཱུྃ་གིས་པདྨའི་གདན། མ་སཱུཪྻ་ཨོཾ་མཎྜལ་ཧཱུྃ་གིས་ཉི་མའི་གདན། ཨ་ཙནྡྲ་མཎྜལ་ཧཱུྃ་གིས་ཟླ་བའི་གདན་ཏེ། གདན་གཉིས་སུ་གྱུར། གདན་གཉིས་ཀྱི་སྟེང་དུ་ཁྱེད་རང་གི་སེམས་ཉིད་ས་བོན་ཧཱུྃ་དང་ཨཾ་ལས་དུང་དང་མགྲོན་བུ་ཧཱུྃ་དང་ཨཾ་གིས་མཚན་པ་ལས། དཔའ་བོ་དུར་ཁྲོད་བདག་པོ་ཡབ་ཡུམ་སྐུ་མདོག་དཀར་ལ་འོད་ཟེར་འཕྲོ་བ། ཀེང་རུས་ཤིན་ཏུ་འཛིགས་པའི་གཟུགས་ཅན། ཞལ་གཅིག་ཕྱག་གཉིས་སྤྱན་གསུམ་བགྲད་པ། ལྟགས་འཁྱིལ་བ། མཆེ་བ་གཙིགས་པ། ཕྱག་གཡས་ཐོད་སྐམ་གྱི་དབྱུག་པ་ནམ་མཁའ་ལ་འཕྱར་ཞིང་། གཡོན་ཐོད་པ་ཁྲག་གིས་གང་བ་ཐུགས་ཀར་བཟུང་ནས་ཞལ་དུ་གསོལ་བ། ཞབས་གཡོན་བརྐྱང་གི་བརླ་ལ་གཡས་བསྐུམ་པའི་སོར་མོ་རྣམས་གཏད་པའི་སྐྱིལ་ཀྲུང་ཕྱེད་པའི་གར་སྟབས་ཀྱིས་བཞུགས་པ། དར་སྣ་ཚོགས་ཀྱི་ཤམ་ཐབས་ཅན། རིན་པོ་ཆེའི་དབུ་རྒྱན་དང་། ལྷན་ཆས་བརྒྱན་པ། ཡེ་ཤེས་ཀྱི་མེ་འབར་བའི་(༥༥༩/ན)དབུས་ན་ཡབ་ཡུམ་བཞུགས་པར་གྱུར། ཞེས་ཆོས་སྐྱོང་ཡབ་ཡུམ་དུ་བསྐྱེད་དོ། ། ༈ དངོས་གཞི་ལ། སྐུའི་རྗེས་གནང་ནི། སློབ་དཔོན་འཁོར་ལོ་བདེ་མཆོག་ཡབ་ཡུམ་དུ་གསལ་བའི་ཐུགས་ཀ་ནས་འོད་ཟེར་འཕྲོས། ཨོ་རྒྱན་མཁའ་འགྲོའི་ཕོ་བྲང་དང་། རང་བཞིན་གྱི་གནས་ནས་ཆོས་སྐྱོང་ཡབ་ཡུམ་བསམ་གྱིས་མི་ཁྱབ་པ་བཀུག །སློབ་དཔོན་གྱི་ཞལ་དུ་ཞུགས། རྗེས་ཆགས་ཀྱི་མེས་འོད་དུ་ཞུ་ནས། ཡུམ་གྱི་མཁར་ཆོས་སྐྱོང་ཡབ་ཡུམ་དཔག་ཏུ་མེད་པའི་སྐུར་གྱུར་ནས། ཁྱེད་རང་གི་ལུས་ལ་ཐིམ་པའི་མོས་པ་མཛོད་བྱས་ལ། གུ་གུལ་གྱིས་བདུག །དྲིལ་བུ་བསིལ། ཨོཾ་གླཱི་ར་ཧྲཱི་གླཱི་ར་ཧྲཱི། ཀུ་མ་ཀུ་མ་ཁྲུཾ་ཐིས་སྭཱ་ཧཱ། ཞེས་ཡབ་ཡུམ་གྱི་སྔགས་ཀྱི་རྗེས་སུ། ཕྲ་བེ་ཤ་ཡ་ཧཱུྃ། ཨ་བེ་

ཤ་ཡ་ཧཱུྃ་ཕཊ། ཅེས་པ་མང་དུ་བཟླ། སྐུའི་རྗེས་གནང་ངོ་། །གསུང་གི་རྗེས་གནང་ནི། སློབ་དཔོན་གྱི་ཐུགས་ཀ་ནས་འོད་ཟེར་འཕྲོས། ཨོ་རྒྱན་མཁའ་འགྲོའི་ཕོ་བྲང་དང་། རང་བཞིན་གྱི་གནས་ནས་ཆོས་སྐྱོང་ཡབ་ཡུམ་བསམ་གྱིས་མི་ཁྱབ་པ་བཀུག །སློབ་དཔོན་གྱི་ཞལ་དུ་ཞུགས། རྗེས་ཆགས་ཀྱི་མེས་འོད་དུ་ཞུ་ནས། ཡུམ་གྱི་མཁར་ཡི་གེ་ཨཱ་ལི་ཀཱ་ལི་དང་། ཡབ་ཡུམ་གྱི་སྔགས་སུ་གྱུར་པ་ཁྱེད་རང་རྣམས་ཀྱི་མགྲིན་པར་ཐིམ་པར་མོས། སྔར་ལྟར་སྔགས་དང་དྲིལ་བུ་སིལ། ཡབ་ཡུམ་གྱི་སྔགས་ལན་གསུམ་རྗེས་ཟློས་བྱེད་དུ་བཅུག །སློབ་དཔོན་ལ་མེ་ཏོག་གཏོར་བཞིན་པས་འདིའི་རྗེས་ཟློས་མཛོད་བྱས་ལ། བཅོམ་ལྡན་བདག་ལ་བསྐྱལ་ལགས་ཀྱི། །བདག་(༥༥༡བ)ལ་ཉེ་བར་མཛད་དུ་གསོལ། །ཞེས་རྗེས་ཟློས་བྱེད་དུ་གཞུག །སློབ་དཔོན་གྱིས་ཀྱང་། སླར་ཡང་མེ་ཏོག་རྣམས་སྔགས་ཀྱི་འཕྲེང་བར་བྱིན་གྱིས་བརླབས་ལ། ཁྱེད་རང་རྣམས་ལ་གཏོར་བས། སྔགས་ཉུས་པ་མཐུ་ཅན་དུ་གྱུར་པའི་མོས་པ་མཛོད་བྱས་ལ། བཅོམ་ལྡན་འདི་ལ་བསྐྱལ་ལགས་ཀྱི། །འདི་ལ་ཉེ་བར་མཛད་དུ་གསོལ། །ཞེས་བརྗོད། གསུང་གི་རྗེས་གནང་ངོ་། །ཐུགས་ཀྱི་རྗེས་གནང་ནི། སློབ་དཔོན་གྱི་ཐུགས་ཀ་ནས་འོད་ཟེར་འཕྲོས། ཨོ་རྒྱན་མཁའ་འགྲོའི་ཕོ་བྲང་དང་། རང་བཞིན་གྱི་གནས་ནས་ཆོས་སྐྱོང་ཡབ་ཡུམ་བསམ་གྱིས་མི་ཁྱབ་པ་བཀུག །སློབ་དཔོན་གྱི་ཞལ་དུ་བཞུགས། རྗེས་ཆགས་ཀྱི་མེས་འོད་དུ་ཞུ་ནས། ཡུམ་གྱི་མཁར་ཕྱག་མཚན་གྲི་གུག་དང་། རྡོ་རྗེ་དང་། དབྱུག་ཏོ་དང་། དགྲ་སྟ་ལ་སོགས་པ་དཔག་ཏུ་མེད་པར་གྱུར་ནས། ཁྱེད་རང་རྣམས་ཀྱི་ཐུགས་ཀར་ཐིམ་པའི་མོས་པ་མཛོད་བྱས་ལ། ཏིཥྛ་བཛྲ་ཧཱུྃ་ཨཱཿཏིཥྛ་བཛྲ། ཞེས་བརྗོད། གཏོར་མ་མགོ་ཐོག་ཏུ་བཞག་ལ་རོལ་མོ་དང་བཅས། རྣལ་འབྱོར་མ། པདྨ་བཛྲ། ཤྲཱི་བཛྲ། ཀྲ་ཏུ་ལ། སྙིག་པའི་རྡོ་རྗེ། ཀླུ་ན་སིདྡྷི། བློ་གྲོས་བཟང་པོ། བི་རོ་ཙ་ན། དཔལ་ཆེན་ཀྭ་ཡོ། ས་སྐྱ་པ་ཆེན་པོ། ཡར་སྒོམ་སེ་པོ། རྒྱ་ཚ་ལྕུང་མང་པོ། ཡོན་ཏན་ཁྲི། དྲིན་ཅན་སེང་གེ་བཟང་པོ། ཡར་ཀླུང་པ་སེང་

རྒྱལ། རྒྱལ་བ་མཆོག་དབྱངས། ནམ་མཁའ་རྒྱལ་མཚན། བདག་ཆེན་བློ་གྲོས་རྒྱལ་མཚན། དུང་བཙུན་དཔལ་རྒྱལ་བ། ཟླུས་ཆེན་སངས་རིན། རྗེ་གྲོལ་མཆོག །རྗེ་ཀུན་དགའ་རྒྱལ་མཚན། རྗེ་བཙུན་ཏཱ་ར་ནཱ་(༥༥༠ན)ཐ། བྱམས་པ་བསོད་ནམས་ཕུན་ཚོགས། བྱམས་པ་ངག་དབང་ལྷུན་གྲུབ། རྗེ་བཙུན་མང་ཐོས་རྒྱ་མཚོ། བྱམས་པ་ངག་དབང་ཕུན་ཚོགས། རྗེ་བློ་བཟང་ཐབས་མཁས་རྒྱ་མཚོ། རྗེ་བློ་བཟང་སྙན་གྲགས། རྡོ་རྗེ་འཆང་རྒྱ་མཚོ་མཐའ་ཡས། ཡོངས་འཛིན་རྡོ་རྗེ་འཆང་ཆེན་པོ་རྗེ་བཙུན་བློ་བཟང་བསྟན་འཛིན་དཔལ་བཟང་པོའི་ཞལ་སྔ་ནས་ལ་སོགས་པའི་རྩ་བརྒྱུད་ཀྱི་དཔལ་ལྡན་བླ་མ་དམ་པ་རྣམས་དང་། དཔལ་འཁོར་ལོ་བདེ་མཆོག་གི་ལྷ་ཚོགས་ཀྱི་བཀའ་དང་དམ་ལས་མ་འདའ་བར། དཔལ་དུར་ཁྲོད་བདག་པོ་ཡབ་ཡུམ་འཁོར་དང་བཅས་པས། སློབ་མ་འདི་དག་ལ་འགོ་བ་མཛད་དུ་གསོལ། སངས་རྒྱས་མ་ཐོབ་བར་དུ། ཞི་དང་རྒྱས་དང་དབང་གི་ལས། །བསད་བསྐྲད་དབྱེ་སྡོངས་རེངས་པ་སོགས། །ཇི་ལྟར་བསྒོ་བའི་ལས་བསྒྲུབ་ཅིང་། །སངས་རྒྱས་དམ་ཚིག་རྗེས་དྲན་མཛོད། །ཅེས་བཀའ་བསྒོ། འཕྲིན་ལས་ཐམས་ཅད་བསྒྲུབ་པར་བསམ། མཇུག་ཚོག་སྤྱི་དང་འདྲའོ། །

༈ ཐཱ་ཧ་ཨུམ་དྲལ་ལ། རང་གི་མདུན་དུ་ཡི་དམ་དང་། ཆོས་སྐྱོང་ཆེན་པོའི་གཏོར་མ་སྡེགས་བུ་མཐོ་བར་བཤམས། རྟག་གཏོར་ཟུར་བརྒྱད་པ། འབུལ་གཏོར་མཆོད་པ་དང་བཅས་པ་སྡེགས་བུ་དམའ་བ་ཞིག་ལ་བཤམས། སྔོན་འགྲོའི་གཏོར་མ་བཏང་། མཆོད་པ་བྱིན་རླབས་དང་། ཡི་དམ་གྱི་བདག་བསྐྱེད་དང་། གཏོར་བསྔོ་སྔོན་དུ་སོང་མཚམས། དཔལ་གུར་གྱི་མགོན་པོ་ལྕམ་དྲལ་གྱི་གཏོར་བསྔོ་དང་། བཟླས་པ་བྱ་ཞིང་། དེ་(༥༥༠བ)མཚམས་ལས་མགོན་པོ་ཕྱུ་ཏྲ་འཁོར་བཅས་བསྐྱེད་དེ། དེ་ཡང་། སྭ་བྷཱ་ཤས་སྟོང་པར་སྦྱངས། སྟོང་པའི་ངང་ལས་མདུན་གྱི་ནམ་མཁའི་གནས་སུ། དུར་ཁྲོད་ཆེན་པོའི་དབུས་ན་དགྲ་བགེགས་མནན་པའི་སྟེང་དུ་པཾ་ལས

པདྨ། རཾ་ལས་ཉི་མའི་སྟེང་དུ་ཧཱུཾ་མཐིང་ནག་ལས་འོད་ཟེར་འཕྲོས། དགྲ་བགེགས་གདུག་པ་ཅན་ཐམས་ཅད་ཚར་བཅད། ཚུར་འདུས་ཡོངས་སུ་གྱུར་པ་ལས། རྡོ་རྗེ་ནག་པོ་ཆེན་པོ་དུས་ཀྱི་མུན་པ་ལྟ་བུའི་སྐུ་མདོག་ཅན་ཆེ་ཞིང་ཆེར་འབར་བ། ཞལ་གཅིག་ཕྱག་གཉིས་པ། གཡས་གྲི་གུག་དང་གཡོན་ཐོད་པ་ཁྲག་གིས་གང་བ་ཐུགས་ཀར་སྟེང་འོག་ཏུ་འཛིན་པ། ཕྱག་གཉིས་ཅར་གྱི་དབུས་ན་རྣམ་འཕྲུལ་གྱི་གཏེ་བསྣམས་པ། སྤྱན་གསུམ་དང་ལྡན་པ། ཞལ་མཆེ་བ་གཙིགས་པ། དབུ་སྐྲ་སེར་པོ་གྱེན་དུ་བརྫེས་པ། མི་མགོ་སྐམ་པོ་ལྔའི་དབུ་རྒྱན་དང་། རློན་པ་ཁྲག་འཛག་པ་ལྔ་བཅུའི་དོ་ཤལ་ཅན། རུས་པའི་རྒྱན་དྲུག་དང་སྦྲུལ་གྱིས་བརྒྱན་པ། སྟག་གི་པགས་པའི་ཤམ་ཐབས་ཅན། དར་སྣ་ཚོགས་ཀྱི་ཅོད་པན་དང་ལྷབ་ལྷུབ་ཀྱིས་བསྣུབས་པ། མེའུ་ཐུང་འཁྱིལ་བའི་འདུག་སྟངས་ཀྱིས་རོའི་སྟེང་ན་བཞུགས་པ། དེའི་གཡས་ན་བྱ་ནག །གཡོན་ན་ཁྱི་ནག །རྒྱབ་ན་ལྕགས་སྤྱང་། མདུན་ན་མི་ནག །སྟེང་ན་ནམ་མཁའ་ལྡིང་གི་སྤྲུལ་པའི་ཕོ་ཉ་འཕྲོ་བ། མི་བསྐྱོད་པའི་དབུ་རྒྱན་ཅན། ཡེ་ཤེས་ཀྱི་མེ་རབ་ཏུ་འབར་བའི་དབུས་ན་བཞུགས་པ། འཁོར་ལས་བྱེད་སྤྲུལ་པ་ཡང་སྤྲུལ་སྟེ་བརྒྱད་ཀྱི་ཚོགས་དཔག་ཏུ་མེད་པས་བསྐོར་བའོ། །དེའི་གཡོན་དུ(༥༧ན)ཧཀ་ལས་ཨེ་ཀ་ཛ་ཊི་སྐུ་མདོག་སྔོན་མོ། ཞལ་གཅིག་ཕྱག་གཉིས་ཀྱིས་བདུད་རྩིས་གང་བའི་བུམ་པ་ཐུགས་ཀར་འཛིན་པ། དར་དཀར་གྱི་ན་བཟས་སྟོད་གཡོགས་པ། སྟག་གི་པགས་པའི་ཤམ་ཐབས་ཅན། རལ་པ་ལན་བུ་གཅིག་ཏུ་གྱུར་ནས་གཡོན་དུ་འཕྱང་བ། ཁྲོ་མོའི་རྣམ་པ་ཅན། དེའི་ལྟོ་བ་ཡངས་པའི་ནང་དུ་ཧཀ་ལས་ཁྲག་གི་རྒྱ་མཚོའི་དབུས་སུ་བྱཱུཾཿལས་དཔལ་ལྡན་ལྷ་མོ་འདོད་པ་ཁམས་ཀྱི་དབང་ཕྱུག་མ་བོང་བུ་གྭ་པ་ལ་ཞོན་པ། སྐུ་མདོག་སྔོ་ནག །ཞལ་གཅིག་ཕྱག་བཞི་མ། གཡས་ཀྱི་དང་པོ་ན་རལ་གྲི། གཉིས་པ་ན་ཐོད་པ་ཁྲག་གིས་གང་བ། གཡོན་གྱི་དང་པོ་ན་མདུང་། གཉིས་པ་ན་རྩེ་གསུམ་འཛིན་པ། མི་མགོ་སྐམ་པོ་ལྔའི་དབུ་རྒྱན་དང་། རློན་པ་ལྔ་བཅུའི་

དོ་ཤལ་ཅན། རུས་པའི་རྒྱན་དྲུག་དང་ལྡན་པ། གླང་པོ་ཆེའི་ཀོ་བས་སྟོད་གཡོགས་ཤིང་། བ་ལང་གི་ཀོ་བས་སྨད་གཡོགས་པ། རེ་ལྡེའི་ཤམ་ཐབས་ཅན། གླུའི་དབང་པོའི་སྙེ་རགས་བཅིངས་པ་སྤྱན་གསུམ་དང་ལྡན་ཞིང་། མི་རོ་རེངས་པ་ཁར་བཙུག་ནས་མཆེ་བ་གཙིགས་པ། སྐན་གཡས་པ་ལ་དུག་སྦྲུལ་དང་། གཡོན་པ་ལ་སེང་གེས་བརྒྱན་པ། སྐུ་ལ་ཁྲག་གི་ཐིག་ལེ་དང་ཞག་གི་ཟོ་རིས་དང་ཐལ་ཆེན་གྱི་ཚོམ་བུ་བཀོད་པ། ཤིན་ཏུ་རིད་ཅིང་ལྟོ་བའི་ཐད་ཀ་ནས་ཉི་ཟླ་འཆར་བ། མ་མོ་མཁའ་འགྲོ་ཤ་ཟ་འབུམ་སྡེའི་དབུས་ན་ཧཱུཾ་དང་ཕཊའི་སྒྲ་སྒྲོག་པ། ཟླུམ་དྲལ་གཉིས་ཀའི་དཔྲལ་བར་ཨོཾ། མགྲིན་པར་ཨཱཿ ཐུགས་ཀར་ཧཱུཾ། རང་གི་སྙིང་ག་ནས་(༥༦༧བ)འོད་ཟེར་འཕྲོས། འོག་མིན་ནས་རྣམ་པར་སྣང་མཛད་ཀྱི་ཐུགས་ཀ་ནས་མགོན་པོ་དང་། རང་བཞིན་གྱི་གནས་ནས་ལྷ་མོ་སྤྱན་དྲངས་པར་མོས། རྡོར་དྲིལ་འཛིན་པས། མགོན་པོ་ཟླུམ་དྲལ་གནས་འདིར་གཤེགས། །ད་ལྟ་སྙིགས་མ་ལྔ་ཡི་དུས། །གཤེགས་ཤིང་བཞུགས་པའི་གནས་ངན་ཡང་། །ཤཱཀྱའི་བསྟན་པ་སྲུང་བ་དང་། །བདག་ཅག་རྣམས་ལ་ཕན་གདགས་ཕྱིར། །གནས་འདི་ཉིད་དུ་གཤེགས་སུ་གསོལ། །ཨོཾ་ཤྲཱི་མཧཱ་ཀཱ་ལ་ཡ་མཧཱ་ཀཱ་ལི་དེ་ཝཱི་ཨེ་ཧྱེ་ཧི། ཛཿཧཱུཾ་བཾ་ཧོཿཔདྨ་ཀ་མ་ལ་ཡེ་སྟྭཾ། ཨོཾ་ཤྲཱི་མཧཱ་ཀཱ་ལ་ཡ། མཧཱ་ཀཱ་ལི་དེ་ཝཱི་ཡེ། གྲིཧྣེ་དཾ་ཨརྒྷཾ་སྭཱཧཱ་ནས། ཤབྡའི་བར་གྱིས་མཆོད། ཐལ་མོ་ཁོང་སྟོང་དུ་སྦྱར་བ་མགོན་པོའི་དམ་ཚིག་གི་ཕྱག་རྒྱ། ཐལ་མོའི་སོར་མོའི་རྩེ་མོ་བསྣོལ་བ་ལྷ་མོའི་དམ་རྒྱའོ། །ཨོཾ་མཧཱ་ཀཱ་ལ་ཡ། མཧཱ་ཀཱ་ལི་དེ་ཝཱི་ཡེ། ས་མ་ཡ་སྨ་ར། ས་མ་ཡ་མ་ཏི་ཀྲ་མ་ཡ། ས་མ་ཡ་རཀྵནྟུ། དཔལ་རྡོ་རྗེ་ནག་པོ་ཆེན་པོ་ཟླུམ་དྲལ་བྲན་གཡོག་བཀའ་སྡོད་འཁོར་དང་བཅས་པ་ཐམས་ཅད་མཆོད་སྦྱིན་གྱི་གཏོར་མ་རྒྱ་ཆེན་པོ་འདི་བཞེས་ལ། རྩ་བ་དང་བརྒྱུད་པར་བཅས་པའི་དཔལ་ལྡན་བླ་མ་དམ་པ་རྣམས་ཀྱི་བཀའ་དང་དམ་ལས་མ་འདའ་བར། དམ་ཚིག་སྲུངས། བསྟན་པ་སྐྱོངས། དཀོན་མཆོག་གི་དབུ་འཕངས་བསྟོད། ཆོས་བསྒྲུབ་པའི་བར་ཆད་ཐམས་ཅད་ཞི་བ་དང་།

བསམ་སྦྱོར་ཆོས་དང་མཐུན་པ་ཡིད་བཞིན་དུ་འགྲུབ་ཅིང་། བསྟན་པ་དང་། བསྟན་པ་འཛིན་པ་དང་། འཇིག་རྟེན་པ་ཀུན་དར་ཞིང་རྒྱས་པར་མཛད་དུ་(༥༤༢ན)གསོལ། རྡོ་རྗེ་ཐལ་མོ་ཁ་གྱེན་དུ་ཕྱེ་ལ། ཨོཾ་མཧཱ་ཀཱ་ལ་ཡ། མཧཱ་ཀཱ་ལི་དེ་ཝཱི་ཡེ། ན་མཿསརྦ་ཏ་ཐཱ་ག་ཏེ་བྷྱོ་བི་ཤྭ་མུ་ཁེ་བྷྱཿསརྦ་ཐཱ་ཁཾ་ཨུདྒ་ཏེ། སྥ་ར་ཎ་ཨི་མཾ་ག་ག་ན་ཁཾ། གྲྀཧྣེ་དཾ་བ་ལིཾ་ཏ་ཡེ་སྭཱཧཱ། ཞེས་ལན་གསུམ་མམ་བདུན་གྱིས་གཏོར་མ་དབུལ། གོང་ལྟར་མཆོད། ཕུད་གཏོར་ཞིང་། ཨོཾ་ཤྲཱི་མཧཱ་ཀཱ་ལ་ཡ། ཤཱ་ས་ན་ཨུ་པ་ཧ་རི་ཎེ། ཨེ་ཧྱ་པ་ཀྵི་མ་ག་ཡོ། ཨ་ཡཾ་ཨི་དཾ་རཏྣ་ཊ་ཡ། ཨ་པ་ག་ནྟི་ཊཾ། ཡ་ཏི་པྲ་ཏི་ཙྪཱ། སྨ་ར་སི། ཏ་ད་ཨི་དཾ་དུཥྚཾ། ཁ་ཁ་ཁཱ་ཧི་ཁཱ་ཧི། མཱ་ར་མཱ་ར། གྲྀཧྣ་གྲྀཧྣ། བནྡྷ་བནྡྷ། ཧ་ན་ཧ་ན། ད་ཧ་ད་ཧ། པ་ཙ་པ་ཙ། དི་ན་མེ་ཀེ་ན་མཱ་ར་ཡ་ཧཱུྃ་ཧཱུྃ་ཕཊ་ཕཊ་སྭཱཧཱ། ཨོཾ་རེ་ཏུ་རེ་ཏུ་བི་ཧི་ཏྲ་བ་ཏེ་སི་ཀཱ་མ་ལ་རཀྵ་སི་ཧཱུྃ་བྷྱོཿཧཱུྃ། སྲིན་པོའི་གཟུགས་ཀྱིས་གདུག་པ་ཅན། །ཞེས་པ་ནས། གཏུམ་པོ་ཁྱོད་ལ་བདག་བསྟོད་དོ། །ཞེས་པའི་བར་དང་། བྷྱོཿགང་གི་སྐུ་གསུང་ཐུགས་ཀྱི་མཐུས། །འདོད་པའི་ཁམས་ཀུན་ཟིལ་མནན་ནས། །འདོད་པའི་ཁམས་ལ་དབང་བསྒྱུར་མ། །འདོད་ཁམས་དབང་ཕྱུག་མ་ལ་འདུད། །ཅེས་བསྟོད། དེ་ནས། བཟླས་པའི་དམིགས་པ་གསལ་གདབ་ལ། མཧཱ་ཀཱ་ལ་ཧཱུྃ་ཕཊ། ཉེ་སྙིང་དང་། ཨོཾ་མཧཱ་ཀཱ་ལ་ཡ་ཧཱུྃ་ཧཱུྃ་ཕཊ་སྭཱཧཱ། སྙིང་པོའོ། །ཨོཾ་ཤྲཱི་མཧཱ་ཀཱ་ལ་ཡ། ཤཱ་ས་ན་ཨུ་པ་ཧ་རི་ཎེ། ཨེ་ཧྱ་པ་ཀྵི་མ་ག་ཡོ། ཨ་ཡཾ་ཨི་དཾ། རཏྣ་ཊ་ཡ། ཨ་པ་ག་ནྟི་ཊཾ། ཡ་ཏི་པྲ་ཏི་ཙྪཱ། སྨ་ར་སི། ཏ་ད་ཨི་དཾ་དུཥྚཾ། ཁ་ཁ་ཁཱ་ཧི་ཁཱ་ཧི། མཱ་ར་མཱ་ར། གྲྀཧྣ་གྲྀཧྣ། བན་དྷ་བན་དྷ། ཧ་ན་ཧ་ན། ད་ཧ་ད་(༥༤༢བ)ཧ། པ་ཙ་པ་ཙ། དི་ན་མེ་ཀེ་ན་མཱ་ར་ཡ་ཧཱུྃ་ཧཱུྃ་ཕཊ་ཕཊ་སྭཱཧཱ། རྩ་སྔགས། ཨོཾ་རེ་ཏུ་རེ་ཏུ་བི་ཧི་ཏྲ་བ་ཏེ་སི་ཀཱ་མ་ལ་རཀྵ་སི་ཧཱུྃ་བྷྱོཿཧཱུྃ། ཞེས་ལྷ་མོའི་སྙིང་པོ་རྣམས་ཅུང་ཟད་བཟླ། དེ་ནས་ལས་མགོན་པོ་དྲ་འཁོར་བཅས་བསྐྱེད་པ་ནི། མགོན་པོའི་ཐུགས་ཀ་ནས་ཡ་དང་། ལྷ་མོའི་ཐུགས་ཀ་ནས་མཾ་མདུན་དུ་སྤྲོས་པ་ལས། ཡ་ལས་ནག་པོ་གནོད་སྦྱིན་གཡས་

གྲི་གུག་འཕྱར་ཞིང་། གཡོན་སྦྱར་བ་གདངས་པའི་ལག་མཐིལ་ནས་ཉི་མ་འཆར་བ། མི་ལྤགས་ཀྱི་གཡང་གཞི་གྱོན་ཅིང་གསེར་གྱི་རྣ་ཆ་ཅན། དེའི་གཡོན་དུ་མཾ་ལས་ནག་མོ་གནོད་སྦྱིན་གཡས་གསེར་གྱི་སྤུ་གྲི་དང་། གཡོན་སྦྱར་བ་གདངས་པའི་ལག་མཐིལ་ནས་ཟླ་བ་འཆར་བ། དར་ནག་གི་ན་བཟའ་དང་། བྱུ་རུའི་ཕན་ཚར་ཅན། དེ་གཉིས་ཀྱི་ཐུགས་ཀ་ནས་ཡབ་ལས་ཧཱུྃ་གཉིས་དང་། ཡུམ་ལས་ཧྲཱིཿགཅིག་སྤྲོས་པ་ལས། ཕུ་ཏྲ་མིང་སྲིང་གསུམ་དུ་གྱུར་ཏེ། དེ་དག་གི་མདུན་དུ་འཁོད་པ་ནི། ཧཱུྃ་ལས་ཕུ་ཏྲ་ནག་པོ་ཞལ་གཅིག་ཕྱག་གཉིས་པ། གཡས་ཤང་ལང་གི་གྲི་རིང་འཕྱར་ཞིང་། གཡོན་ཐོད་པ་རླད་ཁྲག་དྲོན་མོས་གང་བ་འཛིན་ཅིང་ཞལ་དུ་གསོལ་བ། མོན་ཀྲིའི་ག་ཞ་དང་། དར་ནག་གི་ན་བཟའ་ཅན། ཧྲཱི་ལས་རཀྵ་ཏྲ་ནག་པོ་དར་གྱི་ག་ཞ་དང་། སྟག་སློག་གྱོན་པ། གཡས་དམ་ཤིང་དང་། གཡོན་མི་སྙིང་འཛིན་ཅིང་གསོལ་བ། ཧྲཱིཿལས་སྲིང་མོ་རལ་གཅིག་མ། གཡས་གསེར་གྱི་སྤུ་གྲི་དང་། གཡོན་རྒྱ་མ་འཛིན་ཅིང་། མིག་ནས་ཁྲག་འཛག་པ། ཁ་ནས་མེ་འབར་བ། ལྡེ་(ཞཔཟན)ཅར་ཡང་སྐྱ་མདོག་མཐིང་ནག །མོན་བུ་ཕོ་མོའི་ཆ་ལུགས་ཅན། མི་མགོའི་རྒྱན་དང་ལྡན་པ། རབ་ཏུ་ཁྲོས་ལ་ཧམས་ཤིང་འཁྲུགས་པས། གདུག་པ་ཅན་ཐམས་ཅད་ཚར་གཅོད་པའི་ཚུལ་དུ་བཞུགས་པ། མེ་རླུང་འཚུབ་མའི་དབུས་ན་འཁྲིང་པའོ། །དེའི་མཐའ་སྐོར་དུ། གཡས་ཀྱི་རྟ་འདྲེན་པའི་སྐྱེས་པ་སྟག་ཆས་བརྒྱན་པ་བརྒྱ། གཡོན་གྱི་རྟ་འདྲེན་པ་དགེ་སློང་གི་གཟུགས་ཅན་བརྒྱ། སྨད་ཀྱི་རྗེས་སུ་འབྲེང་བ་བཙན་ནག་པོ་ཕུར་ཐོགས་བརྒྱ། མདུན་གྱི་བཤུལ་བྱང་འདྲེན་པ་བུད་མེད་ནག་མོ་བརྒྱ། གཞན་ཡང་དམ་ཉམས་ཀྱི་རྗེས་གཅོད་པའི་བྱ་ནག་ཁྱི་ནག་ལྕེ་སྤྱང་ལ་སོགས་པ་ཕོ་ཉ་བསམ་གྱིས་མི་ཁྱབ་པས་བསྐོར་བར་གྱུར། རང་གི་སྙིང་ག་ནས་འོད་ཟེར་འཕྲོས། རྒྱ་གར་རྡོ་རྗེ་གདན་གྱི་སྲོ་དང་། བླ་མ་གོང་མའི་གདན་ས་ཁྱད་པར་ཅན་རྣམས་ནས། ལས་མགོན་ཕུ་ཏྲ་འཁོར་དང་བཅས་པ་བཛྲ་ས་མ་ཛཿ ལས་མགོན་སྐུ་གཤེགས་གདན་

ལ་བཞུགས། །ད་ལྟ་སྙིགས་མ་ལྔ་ཡི་དུས། །གཤེགས་ཤིང་བཞུགས་པའི་གནས་ངན་ཡང་། །ཤཱཀྱའི་བསྟན་པ་སྲུང་བ་དང་། །བདག་ཅག་རྣམས་ལ་ཕན་གདགས་ཕྱིར། །གནས་འདི་ཉིད་དུ་གཤེགས་སུ་གསོལ། །ཨ་ལི་ཨ་ལི་མ་ཛཿཤཾ་ཤཾ་ལི་ཤི་དེད་ཨ་ཤྭ་དེད། སུ་རྨུགས་པུ་ཏྲ་ཨ་ལི་མ་ཛཿཛཿནག་མོ་ཤ་ལ་ཏུབ་ཛཿཛཿཨོཾ་རེ་ཏུ་རེ་ཏུ་ཧི་ཙ་པ་ལ། ཨ་ཤྲུགླི་མ་རྦྷུ་མ་སྦྱོཿཛ་ཛཿཨོཾ་བཛྲ་ས་མཱ་ཛཿཨེ་ཧྱེ་ཧི། ཛཿཧཱུྃ་བཾ་ཧོཿཨརྒྷཾ་ལ་སོགས་པས་མཆོད། ཨ་ལི་ཨ་ལི་མ་(༥༥༣བ)ཛཿ ཤཾ་ཤཾ་ལི་ཤི་དེད་ཨ་ཤྭ་དེད། སུ་རྨུགས་པུ་ཏྲ་ཨ་ལི་མ་ཛཿཛཿནག་མོ་ཤ་ལ་ཏུབ་ཛཿཛཿཨོཾ་རེ་ཏུ་རེ་ཏུ་ཧི་ཙ་པ་ལ། ཨ་ཤྲུགླི་མ་རྦྷུ་མ་སྦྱོཿཛ་ཛཿས་མ་ཡ་སྨ་ར། ས་མ་ཡ་མ་ཏི་ཀྲ་མ་ཡེ། ས་མ་ཡ་རཀྵནྟུ། ཞེས་དམ་ཚིག་གི་ཕྱག་རྒྱ་བསྟན་ལ་དམ་ལ་བཞག །པུ་ཏྲ་ལྕམ་དྲལ་འཁོར་དང་བཅས་པ་ཁྱེད་རྣམས་ཀྱིས། ཇོ་བ་བརྒྱུད་པར་བཅས་པའི་དཔལ་ལྡན་བླ་མ་དམ་པ་རྣམས་ཀྱི་བཀའ་དང་དམ་ལས་མ་འདའ་བར། དམ་ཚིག་སྲུངས། བསྟན་པ་སྐྱོངས། དཀོན་མཆོག་གི་དབུ་འཕངས་བསྟོད། ཆོས་བསྒྲུབ་པའི་བར་ཆད་ཐམས་ཅད་ཞི་བ་དང་། བསམ་སྦྱོར་ཆོས་དང་མཐུན་པ་ཡིད་བཞིན་དུ་འགྲུབ་ཅིང་། བསྟན་པ་དང་། བསྟན་པ་འཛིན་པ་དང་། འཇིག་རྟེན་པ་ཀུན་དར་ཞིང་རྒྱས་པར་མཛད་དུ་གསོལ། ཞེས་འཕྲིན་ལས་བཅོལ། དེ་ནས། བཟླས་པའི་དམིགས་པ་གསལ་བཏབ་ལ། ཨ་ལི་ཨ་ལི་མ་ཛཿཤཾ་ཤཾ་ལི་ཤི་དེད་ཨ་ཤྭ་དེད། སུ་རྨུགས་པུ་ཏྲ་ཨ་ལི་མ་ཛཿཛཿནག་མོ་ཤ་ལ་ཏུབ་ཛཿཛཿཕོའི་སྔགས་པའོ། །ཧྲིག་ཧྲིག །ཡ་དུ་པ་ཤ་ནི་སོད། ཧཱུྃ་ཤིག་ཨཱ་གཙྪ། མོན་བུ་ཨཱ་གཙྪ། ཡ་ཧྲི་ཡ་ཧྲི། མོན་བུ་ཛཿ མོན་བུ་ཁྲག་འཛིབས། ཛ་ཐོད་པའོ། །ཧྲི་ན་ཐོད། དུ་ན་ཐོད། ཤི་ན་ཐོད། ཤག་ཤིག་ཐོད། ཧི་ཏ་ཐོད། ཧི་ན་ཐོད། མོན་བུ་པུ་ཏྲ་ཤཾ་ཐོད། ཡཾ་རྨུགས་ལིཾ་འདུས། ཕཾ་ཤོད་པ་ཡ་མོ་ཛཿཨ་སུ་ཀའི་ཏུས་པ་ལ་ཁྲོལ་ཁྲོལ་ཐོད། གསེར་གྱི་སྤུ་གྲི་ཡི་ཐོད། བསད་པའོ། །ཨོཾ་རེ་ཏུ་རེ་ཏུ་ཧི་ཙ་པ་ལ། ཨ་ཤྲུགླི་མ་རྦྷུ་མ་སྦྱོཿཛ་ཛཿ མོའི་ཐོད་(༥༥༤ན)པའོ། །ཊཀ་རཀྵ་ཁ་

ཤུན་ཏ་ཛྭ་ལུ་ཛྭ་ལུ། རཀྵ་སྙིང་ཁྲག་སྙིང་ཕྚོཿསྥུ་ཊ་སྥུ་ཊ་ཕྚོཿཤ་ཤ་ཊཀ །ཊཀྲོ་ཀྲ་པ་
སྙིང་ཁྲག །ཊཀྵུ་ཊ་ཆེ་གེ་མོ་མ་ར་ཡ། ཐད་པའོ། །ཨོཾ་མཧཱ་རཀྵ་ཙིཏྟ་སྲོག་ཧུྃ་ཧུྃ། ཀ་
མ་ལ་རཀྵ་ཙིཏྟ་སྲོག་ཧུྃ་ཧུྃ། ཀུ་ཏེ་རཀྵ་ཙིཏྟ་སྲོག་ཧུྃ་ཧུྃ། ཏི་བ་རཀྵ་ཙིཏྟ་སྲོག་ཧུྃ་ཧུྃ།
མ་མ་ཙ་བུར་ཙིཏྟ་སྲོག་ཧུྃ་ཧུྃ། ཐུ་ཏྭ་ཙ་ལྐུ་ཙིཏྟ་སྲོག་ཧུྃ་ཧུྃ། བསད་པའོ། །སུམ་ཊིག་
རཀྵ་ཕྚོཿཐིབས་ཐིབས་ཙཀྲ་ཕྚོཿཐད་ཐད་ཊི་ན་ཤིག་ཤིག །སེ་ན་ཏུབས། ཁ་རག་
ཐད། ཧཱུྃ་བོ་ཕྚོཿབཛྲ་ཙི་ཏི་རཀྵ། ཙ་ཧི་མི་ར་ཡ། ཐུན་མོང་གིས་བསད་པའོ། །ཐོད་
ཐད་བསད་གསུམ་ཅར་རམ། ཐོད་ཐུགས་གཉིས་ཅི་རིགས་པར་བཟླ། ཐུགས་ཀྱི་
མཐར། ཨོཾ་ཨ་ཀཱ་རོ་མུ་ཁཾ་སརྦ་དྷརྨཱ་ཎཱཾ་ཨཱདྱ་ནུཏྤནྣ་ཏྭཱཏ་ཨོཾ་ཨཱཿཧཱུྃ་ཕཊ་སྭཱཧཱ། ཞེས་ལན་
བདུན་གྱིས་གཏོར་མ་ཕུལ། ཨཀྑཾ་ནས་ཤབྡའི་བར་གྱིས་མཆོད། ཐུགས་ཀྱི་མཐར་འབྲུ་
གསུམ་བཏགས་པས་ནང་མཆོད་དང་། དཔལ་ལྡན་འཕྲིན་ལས་ཀུན་རྫོགས་ཕུ་ཏྲ་
ཁྱོད། །སྐུ་མདོག་མཐིང་ནག་མེ་ཡི་འཁྲོ་འདྲ་ཅན། །ཧམ་པའི་སྟོབས་ཀྱིས་འཁྱིད་ཞིང་
ཤང་ལང་བསྒམས། །ཁྱིང་ཆེན་གདུག་པ་འདུལ་མཛད་ཁྱོད་ལ་བསྟོད། །ཅེས་བསྟོད།
མཆོད་སྦྱིན་གཏོར་མ་འདི་བཞེས་ལ། །ཞེས་སོགས་ཀྱིས་འཕྲིན་ལས་བཅོལ། ༈ འདིའི་
རྗེས་གནང་ནི། ཕུ་ཏྲ་མིང་སྲིང་གསུམ་གྱི་རྗེས་གནང་བྱས་པས། གནོད་སྦྱིན་ཡབ་
ཡུམ་གྱི་རྗེས་གནང་ཡང་ཞར་ལ་ཐོབ་པར་འགྱུར་བའི་ཕྱིར། རྗེས་གནང་(༦༥༨བ)
སྐབས་མིང་སྲིང་གསུམ་པོ་ཁོ་ནའི་ལུགས་སུ་མཛད་དེ། སློབ་མས་མཎྜལ་ཕུལ། དེ་
ནས། གསོལ་བ་བཏབ་པ་འདིའི་རྗེས་བློས་མཛོད་ཅིག་བྱས་ལ། ཀུན་མཁྱེན་ཡེ་ཤེ་
ཕུང་པོ་ཅན། །ཞེས་པ་ནས། གཙོ་བོས་བདག་ལ་བཀའ་དྲིན་བསྐུལ། །ཞེས་པའི་
བར་ལན་གསུམ་གྱིས་གསོལ་བ་བཏབ་ནས། རྒྱུན་བཤགས་སྔོན་དུ་འགྲོ་བའི་སེམས་
བསྐྱེད་པ་ནི། འདིའི་རྗེས་བློས་མཛོད་ཅིག་བྱས་ལ། དཀོན་མཆོག་གསུམ་ལ་བདག་
སྐྱབས་མཆི། །ཞེས་སོགས་བྱས་ནས། རིགས་ལྔའི་སྡོམ་པ་བཟུང་བ་འདིའི་རྗེས་བློས་
མཛོད་བྱས་ལ། སྲས་བཅས་སངས་རྒྱས་ཐམས་ཅད་དང་། །ཞེས་སོགས་ལན་གསུམ་

བྱ། ཐུན་མོང་མ་ཡིན་པའི་གསོལ་བ་བཏབ་པ་འདིའི་རྗེས་ཟློས་མཛོད་ཅིག་བྱས་ལ།
སངས་རྒྱས་ཐམས་ཅད་ཀྱི་ངོ་བོར་གྱུར་པ་བླ་མ་དམ་པས་བདག་ལ། ལས་ཀྱི་མགོན་
པོ་ཕྱུ་ཧྲ་མིང་སྲིང་གསུམ་གྱི་བྱིན་རླབས་དང་རྗེས་སུ་གནང་བ་བསྐུལ་དུ་གསོལ།
ཞེས་ལན་གསུམ་དང་། དེ་ནས། སློབ་དཔོན་ཡི་དམ་མདུན་བསྐྱེད་ཀྱི་སྙིང་གི་ནམ་
མཁའ་ལ་ཡང་ཡི་དམ། དེའི་འོག་ཏུ་གུར་གྱི་མགོན་པོ་ལྕམ་དྲལ། དེའི་བཀའ་སྡོད་
ཀྱི་ཚུལ་དུ་མིང་སྲིང་གསུམ་བཅས་དངོས་སུ་བཞུགས་འདུག་སྙམ་པར་མོས་ལ། སློབ་
མ་རྣམས་སྐད་ཅིག་གིས་གུར་གྱི་མགོན་པོ་སྐུ་མདོག་དུས་ཀྱི་སྨུན་པ་ལྟ་བུ་ཞལ་གཅིག་
ཕྱག་གཉིས་པ། གཡས་གྲི་གུག་དང་གཡོན་ཐོད་པ་ཁྲག་གིས་གང་བ་ཐུགས་ཀར་
སྙིང་འོག་ཏུ་འཛིན་པར་གྱུར། ཞེས་གུར་མགོན་ཉིད་དུ་སྐད་ཅིག་གིས་བསྐྱེད་དེ།
(༤༥༥ན)ཐུགས་ཀར་ཧཱུྃ་ཡིག་མཐིང་ནག་མེ་འབར་བ་ཆེན་པོ་ཞིག་བསྒོམས། སློབ་
དཔོན་གྱི་ཐུགས་ཀའི་ཧཱུྃ་ལས་འོད་ཟེར་འཕྲོས། མདུན་བསྐྱེད་གཙོ་འཁོར་རྣམས་ཀྱི་
ཐུགས་ཀར་ཕོག་པས། དེ་ཐམས་ཅད་ཀྱི་སྐུའི་ཆ་ཐམས་ཅད་ནས་ཕྱུ་ཧྲ་མིང་སྲིང་
གསུམ་གྱི་སྐུ་དཔག་ཏུ་མེད་པ་བྱུང་། འཇིག་རྟེན་གྱི་ཁམས་ཐམས་ཅད་ཁྱབ། དགྲ་
བགེགས་ཚར་གཅོད་པ་ལ་སོགས་པའི་འཕྲིན་ལས་མཛད། མདུན་བསྐྱེད་མིང་སྲིང་
གསུམ་ཉིད་ཀྱི་ཐུགས་ཀར་ཐིམ། ཡང་དེའི་ཐུགས་ཀ་ནས་བྱུང་། སློབ་མའི་སྙིང་
གའི་ཧཱུྃ་གི་ཞབས་ཀྱུ་ལ་ཐིམ་པར་མོས་སུ་བཅུག་ལ། ཨོཾ་ཤྲཱི་མཧཱ་ཀཱ་ལ་ཡ། ཤཱ་ས་ན
ཨུ་པ་ཞེས་སོགས་ཤཱ་ས་ན་དང་། ཐོད་སྔགས་བརྗོད། གུ་གུལ་གྱིས་བདུག་ཅིང་རོལ་
མོ་བྱ། སྐུའི་རྗེས་གནང་ངོ་། །གསུང་གི་རྗེས་གནང་ནི། སློབ་མའི་སྙིང་གའི་ཧཱུྃ་གི་
མཐའ་མར་ཤཱ་ས་ན། དེའི་མཐའ་མར་ཐོད་ཐད་བསད་གསུམ་གྱི་སྔགས་ཀྱིས་བསྐོར་
བར་དམིགས་པ་ལ། སློབ་དཔོན་གྱི་ཐུགས་ཀའི་ཧཱུྃ་ལས་འོད་ཟེར་འཕྲོས། མདུན་
བསྐྱེད་གཙོ་འཁོར་རྣམས་ཀྱི་ཐུགས་ཀར་ཕོག་པས། དེ་ཐམས་ཅད་ཀྱི་ཞལ་ནས་ཕྱུ་
ཧྲ་མིང་སྲིང་གསུམ་གྱི་སྔགས་འབྲུ་དཔག་ཏུ་མེད་པ་བྱུང་། འཇིག་རྟེན་གྱི་ཁམས་

ཐམས་ཅད་ཁྱབ། དགྲ་བགེགས་ཆར་གཅོད་པ་ལ་སོགས་པའི་འཕྲིན་ལས་མཛད། མདུན་བསྐྱེད་མིང་སྲིད་གསུམ་ཉིད་ཀྱི་ཐུགས་ཀར་ཐིམ། ཡང་དེའི་ཞལ་ནས་བྱུང་། སློབ་མའི་སྙིང་གའི་ཐོད་ཐད་བསད་གསུམ་གྱི་སྔགས་ལ་ཐིམ་པར་མོས་ལ། (༥༥༥བ) འདིའི་རྗེས་བཟློས་མཛོད་ཅིག་བྱས་ལ། ཨ་ལི་ཨ་ལི་མ་ཛཿཤཾ་ཤཾ་ལི་ཤི་དེད་ཨ་ཤྭ་དེད། ཨུ་རྒྱུགས་ཕུ་ཊ་ཨ་ལི་མ་ཛཿཛཿནག་མོ་ཤ་ལ་ཏུབ་ཛཿཛཿཕོའི་ཐོད་པའོ། །ཧྲིག་ཧྲིག །ཡ་དུ་པ་ཤ་ནི་སོད། ཧཱུྃ་ཤིག་ཨཱ་གཙྪ། མོན་བུ་ཨཱ་གཙྪ། ཡ་ཧྲེ་ཡ་ཧྲེ། མོན་བུ་ཛཿམོན་བུ་ཁྲག་འཛིབས། ཛ་ཐད་པའོ། །ཧྲེ་ན་ཐད། དུ་ན་ཐད། ཤི་ན་ཐད། ཤག་ཤིག་ཐད། ཊི་ཏ་ཐད། ཊི་ན་ཐད། མོན་བུ་ཕུ་ཊ་ཤཾ་ཐད། ཡཾ་རྒྱུགས་ལིཾ་འདུས། ཁཾ་ཤོད་པ་ཡ་མོ་ཛཿཨ་ནུ་ཀའི་དུས་པ་ལ་ཁྲོལ་ཁྲོལ་ཐད། གསེར་གྱི་སྦྲུ་གྲི་ཡཾ་ཐད། བསད་པའོ། །ཨོཾ་རི་ཏུ་རི་ཏུ་ཊི་ཙ་པ་ལ། ཨ་ཤུགླི་མ་རྦུ་མ་རྦྱུཿཛ་ཛཿམོའི་ཐོད་པའོ། །ཊག་རཀྴ་ཁ་སུན་ཊ་ཏུ་ལུ་ཏུ་ལུ། རཀྴ་སྙིང་ཁྲག་སྙིང་རྦྱུཿསྤུ་ཏ་སྤུ་ཏ་རྦྱུཿཤ་ཤ་ཊ་ཀ་ཊརྦོ་ཀྲ་པ་སྙིང་ཁྲག་ཊཀྵུ་ཊ་ཆེ་གེ་མོ་མ་ར་ཡ། ཐད་པའོ། །ཨོཾ་མཧཱ་རཀྴ་ཙིཏྟ་སྲོག་ཧཱུྃ་ཧཱུྃ། ཀ་མ་ལ་རཀྴ་ཙིཏྟ་སྲོག་ཧཱུྃ་ཧཱུྃ། གུ་ཧྱེ་རཀྴ་ཙིཏྟ་སྲོག་ཧཱུྃ་ཧཱུྃ། ཏི་བཾ་རཀྴ་ཙིཏྟ་སྲོག་ཧཱུྃ་ཧཱུྃ། མ་མ་ཙ་བུར་ཙིཏྟ་སྲོག་ཧཱུྃ་ཧཱུྃ། ཕུ་ཏུ་ཙ་ལྷུམ་ཙིཏྟ་སྲོག་ཧཱུྃ་ཧཱུྃ། བསད་པའོ། །སུ་ཊིག་རཀྴ་རྦྱུཿཐིབས་ཐིབས་ཙཀྲ་རྦྱུཿཐད་ཐད་ཊི་ན་ཤིག་ཤིག །སེ་ན་ཏུབས། ཁ་རག་ཐད། ཧཱུྃ་བོ་རྦྱུཿབཛྲ་ཙི་ཊི་རཀྴ། ཙ་ཏི་མི་ར་ཡ། ཐུན་མོང་གི་བསད་པ་རྣམས་རྗེས་བཟློས་བྱེད་དུ་བཅུག །གསུང་གི་རྗེས་གནང་ངོ་། །ཐུགས་ཀྱི་རྗེས་གནང་ནི། སློབ་དཔོན་གྱི་ཐུགས་ཀའི་ཧཱུྃ་ལས་འོད་ཟེར་འཕྲོས། མདུན་བསྐྱེད་གཙོ་འཁོར་རྣམས་ཀྱི་ཐུགས་ཀར་ཕོག་པས། དེ་ཐམས་ཅད་ཀྱི་ཐུགས་ཀ་ནས་ཕུ་ཊ་མིང་སྲིད་གསུམ་གྱི་ཕྱག་མཚན་(༥༥༦ན)ཤང་ལང་གི་གྲི་རིང་ཐོད་པ་ལ་སོགས་དཔག་ཏུ་མེད་པ་བྱུང་། འཇིག་རྟེན་གྱི་ཁམས་ཐམས་ཅད་ཁྱབ། དགྲ་བགེགས་ཆར་གཅོད་པ་ལ་སོགས་པའི་འཕྲིན་ལས་མཛད། མདུན་བསྐྱེད་མིང་སྲིད་གསུམ་ཉིད་ཀྱི་ཐུགས་ཀར་

ཐིམ། ཡང་དེའི་ཐུགས་ཀ་ནས་བྱུང་། སློབ་མའི་སྙིང་གའི་ཧཱུྃ་གི་ཞབས་ཀྱུ་ལ་བསྟིམ། གཏོར་མ་ལག་ཏུ་གཏད་ལ། ཕྱུ་ཏྲ་ཨུམ་དྲལ་འཁོར་དང་བཅས་པ་ཁྱེད་རྣམས་ཀྱིས་རྩ་བརྒྱུད་ཀྱི་དཔལ་ལྡན་བླ་མ་དམ་པ་རྣམས་ཀྱི་བཀའ་དང་དམ་ལས་མ་འདའ་བར་རྡོ་རྗེ་སློབ་མ་འདི་རྣམས་ཀྱི་ཕྱི་བཞིན་དུ་རྗེས་སུ་འབྲངས་ལ་ལུས་དང་གྲིབ་མ་བཞིན་དུ་འགྲོགས་ཏེ། འགལ་རྐྱེན་ཐམས་ཅད་སོལ། མཐུན་རྐྱེན་ཐམས་ཅད་བསྒྲུབས། དགྲ་བགེགས་ཐམས་ཅད་ཐུལ། ཇི་ལྟར་བཅོལ་བའི་ལས་ཐམས་ཅད་འགྲུབ་པར་མཛོད་ཅིག །ཅེས་བཀའ་ཉན་དུ་བཀའ་བསྒོ་དྲག་ཏུ་བྱ། དེ་ནས། གཏོར་མ་ནམ་མཁར་བཏེགས་ནས། རྡོ་རྗེ་འཆང་། ཀླུ་སྒྲུབ། པདྨ་འབྱུང་གནས། ཛྙཱ་པ་ལ། ལོ་ཆེན་རིན་བཟང་། བྲག་སྟེང་པ་ཡོན་ཏན་ཚུལ་ཁྲིམས། མལ་ལོ། ས་སྐྱ་པ་གོང་མ་ལྔ། ཨ་གཞན་དམ་པ། བདག་ཉིད་ཆེན་པོ་བཟང་པོ་དཔལ། དགའ་ལྡན་པ་ཀུན་བསོད། གན་པ་རིན་རྒྱལ། བླ་མ་དམ་པ། ཐེག་ཆེན་ཆོས་རྗེ་ཕྱུན་སུམ་ཀུན་དགའ་རྒྱལ་མཚན། པཎ་ཆེན་རིན་པོ་ཆེ། ཕྱྲད་ལུང་པ། རྗེ་བཙུན་གྲོལ་མཆོག །འཇམ་དབྱངས་ཀུན་དགའ་རྒྱལ་མཚན། རྗེ་བཙུན་ཏཱ་ར་ནཱ་ཐ། བྱམས་པ་བསོད་ནམས་ཕུན་ཚོགས། (༦༥༨བ)བྱམས་པ་ངག་དབང་ལྷུན་གྲུབ། རྗེ་བཙུན་མང་ཐོས་རྒྱ་མཚོ། རྗེ་བྱམས་པ་ངག་དབང་ཕུན་ཚོགས། རྗེ་བློ་བཟང་ཐབས་མཁས་རྒྱ་མཚོ། རྗེ་བློ་བཟང་སྐལ་གྲགས། རྡོ་རྗེ་འཆང་རྒྱ་མཚོ་མཐའ་ཡས། ཡོངས་འཛིན་རྡོ་རྗེ་འཆང་ཆེན་པོ་རྗེ་བཙུན་བློ་བཟང་བསྟན་འཛིན་དཔལ་བཟང་པོའི་ཞལ་སྔ་ནས་ལ་སོགས་པའི་རྩ་བརྒྱུད་ཀྱི་དཔལ་ལྡན་བླ་མ་དམ་པ་རྣམས་ཀྱིས་ཇི་ལྟར་བཀའ་བསྒོས་དམ་བཅའ་དྲན་པར་མཛོད་ལ། རྡོ་རྗེ་སློབ་མ་རྣམས་ཀྱི་འགལ་རྐྱེན་སོལ། མཐུན་རྐྱེན་བསྒྲུབས། དངོས་གྲུབ་ཐམས་ཅད་བསྩལ་དུ་གསོལ། ཞེས་བཀའ་བསྒོ་བརྗུས་པ་ཞིག་བྱས་ལ། ཐོད་ཐད་བསད་གསུམ་དྲག་ཏུ་བཟླས་པས། བླ་མ་ཡི་དམ་འཁོར་བཅས་འོད་དུ་ཞུ་ནས། སྤྱི་གཙུག་ནས་ཞུགས། སྙིང་གའི་ཧཱུྃ་ལ་ཐིམ། དེའི་ངང་དེར་

སྒྲོས་བྲལ་ལ་མཉམ་པར་འཇོག་ཏུ་བཅུག །མཇུག་ཆོག་སྤྱི་དང་འདྲ། །

༈ ཟླ་བདུད་གཤིན་རྗེ་ནག་པོ་ལ། མཆོད་གཏོར་ཚང་བར་བཤམས་ནས། ཁྲོ་བོའི་བདག་བསྐྱེད་སྔོན་དུ་འགྲོ་བས། མཆོད་གཏོར་བླ་མེད་ལྟར་བྱིན་གྱིས་བརླབས་ནས། རྟེན་རྣམས་བསངས་སྦྱངས། སྟོང་པའི་ངང་ལས། མི་ཀླུང་འབྲུགས་པའི་དབུས་སུ། བདུད་རྟ་གྲྭ་ནག་ཅུས་པའི་རྒྱན་ཅན། གོང་རྔེད་དུག་སྦྲུལ་གྱིས་བྱས་པ། སྣ་ལ་མི་ལྤགས་ཀྱི་གཡང་གཞི་གཡོགས་པའི་སྟེང་དུ། ཡ་ཡིག་ནག་པོའི་འཕྲོ་འདུ་ལས། ཟླ་བདུད་གཤིན་རྗེ་ནག་པོ་ཞལ་གཅིག་ཕྱག་གཉིས་པ། མི་སྡིག་འབྲུགས་པའི་སྤྱན་གསུམ་པ། དར་ནག་གསེར་རིས་ཅན་གྱི་འཇོལ་(༥༧ན)བར་གསོལ་ཞིང་། སྦྲུལ་གྱི་སྐེ་རགས་དང་། སག་ཧྲིའི་ལྷམ་གསོལ་བ། ཁྲམ་ཤིང་རྐེད་ལ་གཟེར་བ། གཡས་ཙུ་མཚོན་རྩེ་གསུམ་ནག་པོ་མགོ་རློན་བཞི་འཕྱང་བ་འཛིན་ཅིང་། གཡོན་དགྲ་སྙིང་ཁྲག་འཛག་པ་ལ་དུག་སྦྲུལ་ནག་པོ་གཉིས་ཀྱིས་འཛིངས་པ་དང་བཅས་པ་འཛིན་པ། རོལ་པའི་སྟབས་ཀྱིས་བཞུགས་པའི་མདུན་དུ། ལྷ་མོ་སྤྲུ་གྲི་མ་ཐལ་སྐྱ་ཁ་ནས་མེ་འབར་བ་ལག་གཉིས་ཀྱིན་དུ་གདེངས་པ་མི་དཔུང་རེ་ཐོགས་པ། གཅེར་མོ་རྒྱན་མེད་སྐྲ་གྲོལ་བ། ཙོག་པུའི་སྟབས་ཀྱིས་བཞུགས་ཤིང་གཙོ་བོ་ལ་བལྟ་བའོ། །ཡབ་ཡུམ་གྱི་དཔྲལ་བར་ཨོཾ། མགྲིན་པར་ཨཱཿ ཐུགས་ཀར་ཧཱུྃ། རང་གི་སྙིང་ག་ནས་འོད་ཟེར་འཕྲོས། ལྷོ་ཕྱོགས་རྒྱ་མཚོའི་འཁྲམ་ནས། ཡུམ་དྲལ་ལ་སྟེ་བརྒྱད་ཀྱིས་བསྐོར་བ་སྤྱན་དྲངས། ཛཿཧཱུྃ་བཾ་ཧོཿགཉིས་སུ་མེད་པར་བསྟིམ། སླར་ཡང་སྙིང་ག་ནས་འོད་ཟེར་འཕྲོས། དབང་གི་ལྷ་རྣམས་སྤྱན་དྲངས། དེ་བཞིན་གཤེགས་པ་རྣམས་ཀྱིས་བདག་ལ་མངོན་པར་དབང་བསྐུར་དུ་གསོལ། ཞེས་གསོལ་བ་བཏབ་པས། ཨོཾ་བཛྲ་ཱ་བྷི་ཥ་ཨ་ཙྪི་ཏི་ཧཱུྃ། ཞེས་དབང་བསྐུར། རྡོ་རྗེ་ཁྱེད་པ་རིས་དབུ་བརྒྱན་པར་གྱུར། ཨི་དཾ་བ་ལིཾ་ཏ་ཁ་ཁ་ཁཱ་ཧི་ཁཱ་ཧི། སརྦ་ཤ་ཏྲཱུམ། བིགྷྣཱན་ནཱ་ར་ཡ་ཧཱུྃ་ཕཊ། ཅེས་ལན་གསུམ་གྱིས་གཏོར་མ་ཕུལ། ཨརྒྷཾ་སོགས་ཀྱིས་ཕྱི་མཆོད་དང་། ཨོཾ་ཨཱཿཧཱུྃ་གིས་ནང་མཆོད་ཕུལ། ཧཱུྃ། ལྷོ་

ཕྱོགས་རྒྱ་མཚོའི་ཕ་རོལ་ན། །དུར་ཁྲོད་འབར་བའི་གླིང་དཀྱིལ་(༥༥༧བ)ན། །གཤིན་རྗེ་ནག་པོ་ཕྱུག་གཉིས་པ། །མཆོན་ཆས་དགྲ་བགེགས་སྒྲོལ་ལ་བསྟོད། །ཅེས་བསྟོད་མཆོད་སྦྱིན་གཏོར་མ་འདི་བཞེས་ལ། །ཞེས་སོགས་ཀྱིས་འདོད་དོན་གསོལ་བ་བཏབ། དེ་ནས། བཟླས་པའི་དམིགས་པ་གསལ་བཏབ་ལ། ཨོཾ་མཧཱ་ཀཱ་ལ་ཡཀྵ་ཨུཙྪ་ཀྲོ་ཧྲཱ། ཡ་མ་རཱ་ཛཱ། མ་རི་ཤ་མ། ཨུཙྪཱ་ཡ་ཕྱོ། ཞེས་ཅི་ནུས་སུ་བཟླའོ། ། ༈ རྗེས་གནང་བྱེད་ན། ཆོས་འབྱུང་ནག་པོ་གྲུ་གསུམ་གྱི་དབུས་སུ། ཏིལ་ནག་ཁྲག་གིས་སྦགས་པའི་ཚོམ་བུ་ཟུར་གསུམ་ཆེ་ཆུང་གཉིས་བཀོད། དེའི་སྟེང་དུ་མཐེ་ལ་གཏོར་མ་སྙིང་གཟུགས་མ་དང་། བཤོས་བུ་ཟུར་གསུམ་གཉིས་སྣོད་གཅིག་ཏུ་བཀོད། གཏོར་མའི་གཡས་སུ་ཟུ་མཆོན་དང་། ཁྲམ་ཤིང་དངོས་སུ་ཡོད་ན་འགོད་ཅིང་། མེད་ན་ཙག་ལི་ཚུན་ཆད་ཀྱང་བཤམས། མཐའ་མཆོད་གཏོར་གྱིས་བསྐོར། སྔོན་འགྲོ་གཏོར་མ་བཏང་། མཆོད་པ་བྱིན་རླབས་བྱ། བདག་མདུན་གོང་དུ་བཤད་པ་བཞིན་བསྒྲུབས་པའི་རྗེས་སུ། སློབ་མས་མཎྜལ་ཕུལ། བླ་མ་དཔལ་ལྡན་ནག་པོ་ཆེ། །དེ་རིང་བདག་ལ་དགོངས་སུ་གསོལ། །མངོན་སྤྱོད་འཕྲིན་ལས་བསྒྲུབ་པའི་ཕྱིར། །བྲན་བདུད་ནག་པོའི་བཀའ་གཏད་སྩོལ། །ཞེས་លན་གསུམ་གསོལ་བ་བཏབ། དཀོན་མཆོག་གསུམ་ལ་བདག་སྐྱབས་མཆི། །ཞེས་སོགས་རྒྱུན་བཤགས་བྱ། བླ་མ་རིན་པོ་ཆེས་བདག་ལ་སངས་རྒྱས་ཀྱི་བསྟན་པ་སྲུང་བའི་ཆེད་དུ་ནག་པོ་ཆེན་པོ་བྲན་བདུད་ཡབ་ཡུམ་གྱི་རྗེས་སུ་གནང་(༥༥༨ན)བ་མ་ལུས་པ་བསྩལ་དུ་གསོལ། ཞེས་ཁྱད་པར་གྱི་གསོལ་བ་བཏབ་ལན་གསུམ་བྱ། སློབ་མ་སྭ་བྷཱ་ཝས་སྟོང་པར་སྦྱངས། སྟོང་པའི་ངང་ལས། དུར་ཁྲོད་ཆེན་པོའི་དབུས་ན་དགྲ་བགེགས་མནན་པའི་སྟེང་དུ་པཾ་ལས་པདྨ། རཾ་ལས་ཉི་མའི་སྟེང་དུ་ཧཱུཾ་མཐིང་ནག་ལས་འོད་ཟེར་འཕྲོས། དགྲ་བགེགས་གདུག་པ་ཅན་ཐམས་ཅད་ཚར་བཅད། ཚུར་འདུས་ཡོངས་སུ་གྱུར་པ་ལས། རྡོ་རྗེ་ནག་པོ་ཆེན་པོ་དུས་ཀྱི་མུན་པ་ལྟ་བུའི་སྐུ་མདོག་ཅན་ཆེ་ཞིང་ཆེར་འབར་བ། ཞལ་གཅིག་ཕྱག

གཉིས་པ། གཡས་གྲི་གུག་དང་གཡོན་ཐོད་པ་ཁྲག་གིས་གང་བ་ཐུགས་ཀར་སྙིང་འོག་ཏུ་འཛིན་པ། ཕྱག་གཉིས་ཅར་གྱི་དབུས་ན་རྣམ་འཕྲུལ་གྱི་གཏྟི་བསྣམས་པ། སྤྱན་གསུམ་དང་ལྡན་པ། ཞལ་མཆེ་བ་གཙིགས་པ། དབུ་སྐྲ་སེར་པོ་གྱེན་དུ་བརྫེས་པ། མི་མགོ་སྐམ་པོ་ལྔའི་དབུ་རྒྱན་དང་། རློན་པ་ཁྲག་འཛག་པ་ལྔ་བཅུའི་དོ་ཤལ་ཅན། རུས་པའི་རྒྱན་དྲུག་དང་སྦྲུལ་གྱིས་བརྒྱན་པ། སྟག་གི་པགས་པའི་ཤམ་ཐབས་ཅན། དར་སྣ་ཚོགས་ཀྱི་ཅོད་པན་དང་ལྷབ་ལྷུབ་ཀྱིས་བསྒྲུབས་པ། མིའུ་ཐུང་འཁྱིལ་བའི་འདུག་སྟངས་ཀྱིས་རོའི་སྟེང་ན་བཞུགས་པ། ཞེས་སློབ་མ་ཀུར་གྱི་མགོན་པོར་བསྐྱེད། མདུན་དུ་ཕྱ་ཧཱུྃ་ཕས་སྟོང་པར་སྦྱངས། སྟོང་པའི་ངང་ལས་རང་གི་མདུན་དུ་མེ་རླུང་འཁྲུགས་པའི་དབུས་སུ། བདུད་ཧ་ཁྲ་ནག་རུས་པའི་རྒྱན་ཅན། གོང་རྒྱེད་དུག་སྦྲུལ་གྱིས་བྱས་པ། སྐྲ་ལ་མི་ལྤགས་ཀྱི་གཡང་གཞི་གཡོགས་(༦༥༢བ)པའི་སྟེང་དུ། ཡ་ཡིག་ནག་པོའི་འཁྲོ་འདུ་ལས་བྲན་བདུད་གཤིན་རྗེ་ནག་པོ་ཞལ་གཅིག་ཕྱག་གཉིས་པ། མེ་སྟག་འཁྲུག་པའི་སྤྱན་གསུམ་པ། དར་ནག་གསེར་རིས་ཅན་གྱི་འཇོལ་བེར་གསོལ་ཞིང་། སྦྲུལ་གྱི་སྐེ་རགས་དང་། སག་དྲིའི་ལྷམ་གསོལ་བ། ཁྲམ་ཤིང་རྐེད་ལ་གཟེར་བ། གཡས་རུ་མཚོན་རྩེ་གསུམ་ནག་པོ་མགོ་རློན་བཞི་འཕྱང་བ་འཛིན་ཅིང་། གཡོན་དགྲ་སྙིང་ཁྲག་འཛག་པ་ལ་དུག་སྦྲུལ་ནག་པོ་གཉིས་ཀྱིས་འཁྱིབས་པ་དང་བཅས་པ་འཛིན་པ། རོལ་པའི་སྟབས་ཀྱིས་བཞུགས་པའི་མདུན་དུ། ལྷ་མོ་སྲུ་གྲི་མ་ཐལ་སྐྱ་ཁ་ནས་མེ་འབར་བ། ལག་གཉིས་གྱེན་དུ་གདེངས་པ་མི་དཔུང་རེ་ཐོགས་པ། གཅེར་མོ་རྒྱན་མེད་སྐྲ་གྲོལ་བ། ཙོག་པུའི་སྟབས་ཀྱིས་བཞུགས་ཤིང་གཙོ་བོ་ལ་བལྟ་བའོ། །ཞེས་བྲན་བདུད་ཡབ་ཡུམ་དུ་བསྐྱེད། མདུན་གྱི་གཏོར་རྟེན་འདི་ཉིད་ཀྱང་ཁྱེད་རང་རྣམས་སྒོམ་པ་དང་འདྲ་བའི་བྲན་བདུད་གཤིན་རྗེ་ནག་པོ་ཡབ་ཡུམ་དངོས་སུ་བཞུགས་འདུག་སྙམ་པར་མོས་ལ། དེ་ནས། སློབ་དཔོན་གྱི་ཐུགས་ཀ་ནས་འོད་ཟེར་འཕྲོས། མདུན་བསྐྱེད་ཀུར་མགོན་གྱི་ཐུགས་རྒྱུད་བསྐུལ། ཐུགས་ཀ་ནས་བྲན་བདུད་

དཔག་ཏུ་མེད་པ་སྤྲུལ། མདུན་གྱི་ཐན་བདུད་ཀྱི་ཐུགས་ཀར་ཐིམ། དེའི་ཐུགས་ཀ་ནས་ཀྱང་ཐན་བདུད་ཀྱི་སྐུ་དཔག་ཏུ་མེད་པ་བྱུང་ནས། སློབ་མའི་སྙིང་གའི་ཧཱུྃ་གི་ཞབས་ཀྱུ་ལ་ཐིམ་པར་བསམས་ལ། སྤོས་རོལ་དང་བཅས། ཨོཾ་མནྡ་ཀྐྲ་ལ་ཡཀྐྵ་ཨུཙྪུ་ཀྲོ་དྷ་ཡ་མ་ནྟ་ཧྤ། མ་རི་ཤ་མ། (༦༥༡ན)ཨུཙྪུ་ཡ་ཕྱོཿ ཞེས་པའི་སྙིང་པོའི་མཐར། ཨ་བེ་ཤ་ཡ། ཨ་བེ་ཤ་ཡ། ཛཿཧཱུྃ་བཾ་ཧོཿཞེས་ཡང་ཡང་བརྗོད། སྐུའི་རྗེས་གནང་ངོ་། །ཡང་སློབ་དཔོན་གྱི་ཐུགས་ཀ་ནས་འོད་ཟེར་འཕྲོས། མདུན་བསྐྱེད་གུར་མགོན་གྱི་ཐུགས་རྒྱུད་བསྐུལ། ཐུགས་ཀ་ནས་ཐན་བདུད་དཔག་ཏུ་མེད་པ་སྤྲུལ། མདུན་གྱི་ཐན་བདུད་ཀྱི་ཐུགས་ཀར་ཐིམ། མདུན་གྱི་ཐན་བདུད་ཀྱི་ཞལ་ནས་སྔགས་འཕྲེང་བསམ་གྱིས་མི་ཁྱབ་པ་བྱུང་སྟེ། སློབ་མའི་ཧཱུྃ་གི་ཞབས་ཀྱུ་ལ་ཐིམ་པར་བསམས་ལ། སྤོས་རོལ་དང་བཅས། སྙིང་པོའི་མཐར། ཨ་བེ་ཤ་ཡ། ཨ་བེ་ཤ་ཡ། ཛཿཧཱུྃ་བཾ་ཧོཿ ཞེས་ཡང་ཡང་བརྗོད། གསུང་གི་རྗེས་གནང་ངོ་། །སློབ་དཔོན་གྱི་ཐུགས་ཀ་ནས་འོད་ཟེར་འཕྲོས། མདུན་བསྐྱེད་གུར་མགོན་གྱི་ཐུགས་རྒྱུད་བསྐུལ། ཐུགས་ཀ་ནས་ཐན་བདུད་དཔག་ཏུ་མེད་པ་སྤྲུལ། མདུན་གྱི་ཐན་བདུད་ཀྱི་ཐུགས་ཀར་ཏིམ། མདུན་གྱི་ཐན་བདུད་ཀྱི་ཐུགས་ཀ་ནས་ཀྱང་ཐན་བདུད་ཡབ་ཡུམ་གཉིས་སློབ་མའི་པང་དུ་ཕྱིན། སློབ་དཔོན་གྱི་ཐུགས་ཀ་ནས་གུར་གྱི་མགོན་པོའི་སྐུ་ཆེ་བ་གཟི་བརྗིད་དང་ལྡན་པ་ཕྱིན། སློབ་མ་དང་ཐན་བདུད་ཀྱི་སྤྱི་བོར་ཞབས་བཞག་སྟེ་བཞུགས་པ་ལ། མོས་གུས་དྲང་དྲང་བ་བྱས་པས་སྐུ་ལས་འོད་ཟེར་དཔག་ཏུ་མེད་པ་བྱུང་། ལུས་ཐམས་ཅད་ཁྱབ་པས་བར་ཆད་ཞི་ཞིང་། ནུས་མཐུ་མ་ལུས་པ་ཐོབ། མཐར་དེ་ཉིད་འོད་དུ་ཞུ་ནས། རང་ལ་ཐིམ་པར་བསམས་ལ། སྤོས་རོལ་དང་བཅས། སྙིང་པོའི་(༦༥༡བ)མཐར། ཨ་བེ་ཤ་ཡ། ཨ་བེ་ཤ་ཡ། ཛཿཧཱུྃ་བཾ་ཧོཿ ཞེས་ཡང་ཡང་བརྗོད། ཐུགས་ཀྱི་རྗེས་གནང་ངོ་། །ཏྲ་མཚོན་དང་ཁྲམ་ཞིང་། ས་ཧྣ་ཕས་སྟོང་པར་སྦྱངས། སྟོང་པའི་ངང་ལས། མེ་རླུང་འབྲུགས་པའི་དབུས་སུ། ཞེས་པ་ནས། རོལ་པའི་སྟབས་ཀྱིས་བཞུགས་པ།

ཞེས་པའི་བར་གོང་བཞིན་བྲན་བདུད་དུ་བསྐྱེད། དེ་ཞུ་བ་ལས་ཕྱག་མཚན་དུ་གྱུར། སྙིང་པོ་འདོན་ཞིང་ལག་ཏུ་གཏད་དེ། ཏུ་མཚོན་གཡུལ་ལས་རྣམ་པར་རྒྱལ་བ་དང་། མི་མགོ་བཞིས་བདུད་བཞི་བཅོམ་པ་དང་། ཁྲམ་ཤིང་དགྲ་བགེགས་ཚར་གཅོད་པའི་བརྡའ་ཡིན་ནོ། །ཞེས་བཤད། ཡོན་ཏན་གྱི་རྗེས་གནང་ངོ་། །དེ་ནས། སྔར་གྱུར་མགོན་གྱི་གཏོར་མ་བཤམས་ཡོད་ན། དེའི་མཐེབ་ཀྱུ་གཅིག་བྲན་བདུད་ཀྱི་གཏོར་མ་ལ་གསོལ་ནས། ནང་མཆོད་ཀྱིས་བྲན། ཨོཾ་ཨཱཿཧཱུྃ་གིས་བྱིན་གྱིས་བརླབས་ལ། ཨི་དཾ་བ་ལིཾ་ཏ་ཁ་ཁ་ཁཱ་ཧི་ཁཱ་ཧི། སརྦ་ཤ་ཏྲུན། བིགྷྣན་ཀླ་ར་ཡ་ཧཱུྃ་ཕཊ། ཅེས་ལན་གསུམ་གྱིས་གཏོར་མ་ཕུལ། ཨརྒྷཾ་སོགས་ཀྱིས་ཕྱི་མཆོད་དང་། འབྲུ་གསུམ་གྱིས་ནང་མཆོད་ཕུལ། སློབ་མའི་དོན་དུ་གསོལ་བ་འདེབས་པའི་ལག་ལེན་ཡང་གདའ། གང་ལྟར་ཡང་གཏོར་མ་ལག་ཏུ་གཏད་དེ། བྲན་བདུད་དང་རང་གི་སྤྱི་བོར་གྱུར་མགོན་དང་། དེའི་སྙིང་དུ་བླ་མ་ཡི་དམ་དུ་གསལ་བ་སོགས་བཞུགས་པར་བསམས་ནས། དཔལ་ལྡན་ནག་པོ་ཆེན་པོ་འཁོར་དང་བཅས་པ་ཁྱེད་རྣམས་ཀྱིས་རྩ་བརྒྱུད་ཀྱི་དཔལ་ལྡན་བླ་མ་དམ་པ་རྣམས་ཀྱི་བཀའ་དང་དམ་(༦༨༠ན)ལས་མ་འདའ་བར་རྡོ་རྗེ་སློབ་མ་འདིའི་ཕྱི་བཞིན་དུ་རྗེས་སུ་འབྲོངས་ལ་ལུས་དང་གྲིབ་མ་བཞིན་དུ་འགྲོགས་ཏེ། འགལ་རྐྱེན་ཐམས་ཅད་སོལ། མཐུན་རྐྱེན་ཐམས་ཅད་བསྒྲུབས། དགྲ་བགེགས་ཐམས་ཅད་ཐུལ། ཇི་ལྟར་བཅོལ་བའི་ལས་ཐམས་ཅད་འགྲུབ་པར་མཛོད་ཅིག ཅེས་དམ་བཞག་སྟོན་དུ་འགྲོ་བའི་བཀའ་བསྒོ་བྱེད་དེ། འཕྲིན་ལས་ཀྱི་རྗེས་གནང་ངོ་། །རྗེས་ཀྱི་བྱ་བ་རྣམས་སྤྱི་དང་འདྲའོ། །

༈ དཀར་མོ་ཉི་ཟླ་ལྷམ་དྲལ་ལ། ཤ་ཁྲག་གཙང་མ་དང་དཀར་གསུམ་སོགས་ཀྱིས་བརྒྱན་པའི་གཏོར་མ་འབྲང་རྒྱས་དཀར་པོ་གཅིག་དང་། གཡས་སུ་བཤོས་བུ་ནག་པོ་ཞིག་བཤམས། སྤང་སྤོས་དང་། སྤོས་དཀར་གྱི་བདུག་པ་སོགས་མཆོད་པའི་ཡོ་བྱད་གཞན་ཐམས་ཅད་ཀྱང་འཛོམས་པར་བྱས། རང་ཉིད་དཔལ་ཆེན་མོའམ། ཡེ་ཤེས་

ཁྲོ་བོ་གང་ཡང་རུང་བའི་བདག་བསྐྱེད་སྔོན་དུ་འགྲོ་བས། མཆོད་གཏོར་རྣམས་སྦྱི་དང་མཐུན་པར་བྱིན་གྱིས་བརླབས། མདུན་བསྐྱེད་བསངས་སྦྱངས། སྟོང་པའི་ངང་ལས། རང་གི་མདུན་དུ་པདྨ་ཉི་ཟླའི་གདན་ལ་ཧཱུྃ༔དཀར་པོ་དེ་ལས་འོད་ཟེར་འཕྲོས། དོན་གཉིས་བྱས། འདུས་ཡོངས་སུ་གྱུར་པ་ལས། དཀར་མོ་ཉི་ཟླ་སྟོང་གི་འཕྲེང་བ་ཅན་ཞལ་གཅིག་ཕྱག་གཉིས་མ། གཡས་རི་རབ་སྙོང་དུ་རྩེ་བ། གཡོན་སྙིང་བཞི་ཕྱོ་ཡོལ་མཛད་ཅིང་ཐུགས་ཀར་འཛིན་པ། ཉི་ཟླ་སྤེལ་བ་དགུ་བརྒྱ་དགུ་བཅུ་རྩ་དགུའི་དོ་ཤལ་བྱས་པ། ཉི་ཟླ་གཅིག་དང་ཐོད་པའི་འཕྲེང་བ་ཐོད་དུ་བཅིངས་(༦༨༠བ)པ། སྦྲུལ་དང་རིན་པོ་ཆེས་བརྒྱན་ཅིང་། སྟག་ལྤགས་ཀྱི་ཤམ་ཐབས་དང་། དར་དཀར་གྱི་སྟོད་གཡོགས་ཅན། མཁའ་འགྲོ་མ་བྱེ་བས་བསྐོར་བ། དེའི་གཡས་སུ་ཧཱུྃ་ཡིག་དེ་ལས་འོད་ཟེར་འཕྲོས། གདུག་པ་ཅན་ཐམས་ཅད་ཚར་བཅད་ཚུར་འདུས་ཡོངས་སུ་གྱུར་པ་ལས། བདུད་རྒྱལ་དཔའ་བོ་ཐོད་འཕྲེང་ཅན། སྐུ་མདོག་ནག་པོ་ཞལ་གཅིག་ཕྱག་གཉིས་པ། གཡས་མདུང་རིང་བ་དར་དང་བཅས་པ་འཕྱར་བ། གཡོན་མི་མགོའི་འཕྲེང་བ་འཛིན་པ། གོས་རྒྱན་ནག་པོ་ཅན། བདུད་རྟ་ནག་པོ་རྙིང་དཀར་ལ་ཆིབས་པ། བདུད་བྱེ་བའི་ཚོགས་ཀྱིས་བསྐོར་བ། རང་གི་སྙིང་ག་ནས་འོད་ཟེར་འཕྲོས། རང་བཞིན་གྱི་གནས་ནས་བསྒོམ་པ་དང་འདྲ་བའི་ཡེ་ཤེས་པ་དང་དབང་གི་ལྷ་རྣམས་སྤྱན་དྲངས། ཛཿཧཱུྃ་བཾ་ཧོཿགཉིས་སུ་མེད་པར་ཐིམ། དབང་གི་ལྷ་རྣམས་ཀྱིས་དབང་བསྐུར། ཧེ་རུ་ཀས་དབུ་བརྒྱན་པར་གྱུར། ཨོཾ་ཨརྒྷཾ་པྲ་ཏཱིཙྪ་ཧཱུྃ་སྭཱཧཱ་ནས། ཤབྡ་པྲ་ཏཱིཙྪ་ཧཱུྃ་སྭཱཧཱ། ཞེས་པའི་བར་གྱིས་མཆོད། དཔལ་ལྡན་དཀར་མོ་ཆེན་མོ་ནི། །ཉི་ཟླ་སྟོང་གི་འཕྲེང་བ་ཅན། །འདས་དང་མ་འདས་མཚམས་ན་བཞུགས། །ཁྱོད་ལ་བསྟོད་དེ་ཕྱག་ཀྱང་འཚལ། །བདུད་རྒྱལ་ཐོད་པའི་འཕྲེང་བ་ཅན། །དགྲ་བོའི་སྲོག་ལ་མངའ་མཛད་པ། །ཁྱོད་ནི་སྲོག་བདག་ཆེན་པོ་སྟེ། །ཁྱོད་ལ་བསྟོད་དེ་ཕྱག་ཀྱང་འཚལ། །ཞེས་བསྟོད། ཨོཾ་བཛྲ་ཤཀྟིཾ་པདྨ་ཀུ་རུ་ཧིཾ་ཧཱུྃ༔ ཨོཾ་སརྦ་མ་ར་

ཀྲིཥྚ་ཀ་པཱ་ལ་མཱ་ལ་ཧྲ་ར་ཧཱུྃ་ཕཊ། ཨི་དཾ་བ་ལིཾ་ཏ་ཁ་ཁ་ཁཱ་ཧི་ཁཱ་ཧི་སརྦ་བིགྷྣཱན་ཤ་ཧཱུྃ་མཱ་ར་ཡ་ཧཱུྃ་ཕཊ། ཅེས་(༨༦༧ན)ལན་བདུན་གྱིས་གཏོར་མ་ཕུལ། དེ་ནས། བཟླས་པའི་དམིགས་པ་གསལ་བཏབ་ལ། ཨོཾ་བཛྲ་ཤཀྟི་པདྨ་ཀུ་རུ་ཧཱིཾ་ཧྲཱུྃ༔ ཞེས་གཙོ་མོ་དང་། ཨོཾ་སརྦ་མཱ་ར་ཀྲིཥྚ་ཀ་པཱ་ལ་མཱ་ལ་ཧྲ་ར་ཧཱུྃ་ཕཊ། ཅེས་བདུད་རྒྱལ་གྱི་སྙིང་པོའོ། །མཱ་ར་ཡ་ཕྲཾ་ཤིག །མཱ་ར་ཡ་ཨ་མོ་བཾ། མཱ་ར་ཡ་སྙིང་རྩལ། སྟཾ་ཧྣ་ཡ་གསོད་གསོད། ཅེས་བདུད་རྒྱལ་གྱི་སྲོག་སྙིགས་རྣམས་ཀྱང་དྲག་ཏུ་བཟླ། མཐར་ཨརྒྷཾ་ལ་སོགས་པས་མཆོད། ཧཱུྃ་མ་ཧྲཱུྃ༔ དཔལ་ལྡན་དཀར་མོ་ཆེན་མོ་ནི། །ཉི་ཟླ་སྟོང་གི་འཕྲེང་བ་ཅན། །ཡེ་ཤེས་དབྱིངས་ཀྱི་རྗེ་མོ་སྟེ། །གཞན་དོན་འཇིག་རྟེན་པ་ཏུ་སྤྲུལ། །འཇིག་རྟེན་གནས་ཀྱང་མྱ་ངན་འདས། །འདས་དང་མ་འདས་མཚམས་ན་བཞུགས། །ཁྱོད་ལ་བསྟོད་དེ་ཕྱག་ཀྱང་འཚལ། །བདུད་རྒྱལ་ཐོད་པའི་འཕྲེང་བ་ཅན། །དགྲ་བོའི་སྲོག་ལ་མངའ་མཛད་པ། །ཁྱོད་ནི་སྲོག་བདག་ཆེན་པོ་སྟེ། ཁྱོད་ལ་བསྟོད་དེ་ཕྱག་ཀྱང་འཚལ། །མཆོད་སྦྱིན་གཏོར་མ་འདི་བཞེས་ལ། །བཅོལ་བའི་འཕྲིན་ལས་འགྲུབ་པར་མཛོད། །ཅེས་བརྗོད། ༈ འདིའི་རྗེས་གནང་གི་ཚོ་ག་ནི། མཎྜལ་ཆོས་འབྱུང་གྲུ་གསུམ་དཀར་པོའི་དབུས་སུ་འབྲུ་དཀར་པོའི་ཚོམ་བུ་བཀོད། སྟེང་དུ་འབྲང་རྒྱས་དཀར་པོ་ཕུག་རོན་གྱི་གཟུགས་དང་བཅས་པ་བཤམས། དེའི་གཡས་སུ་ཆོས་འབྱུང་གྲུ་གསུམ་ནག་པོ་ལ་འབྲུ་ནག་གི་ཚོམ་བུ་དང་། སྟེང་དུ་དམར་གཏོར་བཀོད། མཐའ་ལ་མཆོད་པ་ཅི་བདེར་བསྒྲིགས། དེ་ནས། གོང་དུ་བཤད་པ་ལྟར་ཉམས་(༨༦༧བ)སུ་བླངས་རྗེས། ༈ སློབ་མས་ཁྲུས་བྱས། མཎྜལ་ཕུལ། གང་གི་དྲིན་གྱི་བདེ་ཆེན་ཉིད། །ནས། རྡོ་རྗེ་ཅན་ཞབས་པད་ལ་འདུད། །ཞེས་པའི་བར་བྱ། སངས་རྒྱས་ཀུན་གྱི་རང་བཞིན་སྐུ། །སློབ་དཔོན་ལ་ཡང་ཕྱག་བྱའོ། །དང་པོར་མི་ཏོག་ཐོག་པ་ཡི། །དཀྱིལ་འཁོར་ལྷ་ཚོགས་རྣམས་ལ་འདུད། །དུས་གསུམ་སངས་རྒྱས་ཐམས་ཅད་ཀྱི་ངོ་བོ་བླ་མ་རིན་པོ་ཆེས། བདག་ལ་དཀར་མོ་ཉི་ཟླ་སྟོང་གི་འཕྲེང་བ་ཅན་དང་། བདུད་རྒྱལ་

ནག་པོ་ཐོད་པའི་འཕྲེང་བ་ཅན་གྱི་རྗེས་སུ་གནང་བ་བསྐུལ་ཏུ་གསོལ། ཞེས་ལན་གསུམ་གསོལ་བ་བཏབ། དངོས་གཞི་ལ། སློབ་མ་བསངས་སྦྱངས། སྟོང་པའི་ངང་ལས་པདྨ་ཉི་ཟླའི་གདན་ལ་ཁྱེད་རང་གི་སེམས་ཉིད་ཧཱུྃ༔དཀར་པོ་དེ་ལས་འོད་ཟེར་འཕྲོས། དོན་གཉིས་བྱས་ཚུར་འདུས་ཡོངས་སུ་གྱུར་པ་ལས། ཁྱེད་རང་རྣམས་དཀར་མོ་ཉི་ཟླ་སྟོང་གི་འཕྲེང་བ་ཅན་ཞལ་གཅིག་ཕྱག་གཉིས་མ། གཡས་རི་རབ་སྐོང་ཏུ་རྫེ་བ། གཡོན་སྙིང་བཞི་ཕྱོ་ཡོལ་མཛད་ཅིང་ཐུགས་ཀར་འཛིན་པ། ཉི་ཟླ་སྤྲེལ་བ་དགུ་བརྒྱ་དགུ་བཅུ་རྩ་དགུའི་དོ་ཤལ་བྱས་པ། ཉི་ཟླ་གཅིག་དང་ཐོད་པའི་འཕྲེང་བ་ཐོད་དུ་བཅིངས་པ། སྦྲུལ་དང་རིན་པོ་ཆེས་བརྒྱན་ཅིང་། སྟག་ལྤགས་ཀྱི་ཤམ་ཐབས་དང་། དར་དཀར་གྱི་སྟོད་གཡོགས་ཅན། མཁའ་འགྲོ་མ་བྱེ་བས་བསྐོར་བ། ཞེས་གོང་བཞིན་བསྐྱེད་དེ། སློབ་དཔོན་གྱི་ཐུགས་ཀ་ནས་འོད་ཟེར་འཕྲོས། མདུན་བསྐྱེད་ལ་ཕོག་སྟེ། ཐུགས་རྒྱུད་བསྐུལ་བས། མདུན་བསྐྱེད་ཀྱི་ཐུགས་ཀ་ནས་དཀར་མོ་ཉི་ཟླ་སྟོང་གི་འཕྲེང་བ་ཅན་གྱི་སྐུ་ཆེ་ཆུང་དཔག་ཏུ་(༩༧༢ན)མེད་པ་བྱོན་ཏེ། ཁྱེད་རང་རྣམས་ཀྱི་ལུས་ལ་ཆར་ཆེན་པོ་བབས་པ་བཞིན་དུ་སིབ་སིབ་ཐིམ་པར་མོས་པ་བྱས་ཤིག །རོལ་མོའི་སྒྲ་བཅས། ཛཿཧཱུྃ་བཾ་ཧོཿགཉིས་སུ་མེད་པར་ཐིམ། ཞེས་ཡེ་ཤེས་པ་བསྟིམ། སྐུའི་རྗེས་གནང་ངོ་། །བཟླས་ལུང་ནི། ཁྱེད་རང་གི་སྙིང་གར་པད་ཟླའི་གདན་ལ་ཧཱུྃ༔ཡིག་དཀར་པོ་འོད་ཟེར་འབར་བའི་རྣམ་པ་ཅན་དུ་བཞུགས་པར་མོས། སློབ་དཔོན་གྱི་ཐུགས་ཀ་ནས་འོད་ཟེར་འཕྲོས། མདུན་བསྐྱེད་ཀྱི་ལྷའི་ཐུགས་རྒྱུད་བསྐུལ། ཐུགས་ཀའི་སྔགས་འཕྲེང་ལས་སྔགས་འཕྲེང་གཉིས་པ་ཞིག་ཆད་དེ། ཞལ་ནས་ཐོན། ཁྱེད་རང་གི་ཁ་སྒོ་ནས་ཞུགས། སྙིང་གའི་ཧཱུྃ༔ཡིག་གི་མཐར་འཁོད་པའི་མོས་པ་མཛོད་ལ། འདིའི་རྗེས་ཟློས་མཛོད་ཅིག་བྱས་ལ། ཨོཾ་བཛྲ་ཤཀྟིཾ་པདྨ་ཀུ་ཎ་ཧིཾ་ཧཱུྃ༔ ཞེས་ལན་གསུམ་རྗེས་ཟློས་བྱེད་དུ་གཞུག །གསུང་གི་རྗེས་གནང་ངོ་། །གཏོར་མ་སྤྱི་བོར་བཞག་ལ། གཏོར་མ་ལྷ་མོར་གསལ་བ་ཁྱེད་རང་གི་སྤྱི་བོར་

བཞག་པ་ལ། མོས་གུས་དྲུང་དྲུང་བ་བྱས་པས། ལྷ་མོའི་སྤྲུལ་པ་ཕྱུག་རོན་དེས་ཁྱེད་རང་གི་ནད་གདོན་ཆགས་ཆེ་ཉམ་ང་ཐམས་ཅད་སྐད་ཅིག་ལ་ཁྱེར་ཏེ་རྒྱ་མཚོའི་མཐར་སོང་བར་བསམས་ལ། ཕྱུག་རོན་གྱི་གཟུགས་དེ་སློབ་མ་ལ་གཡས་སྐོར་དུ་ལན་གསུམ་བསྐོར་ནས་ཕྱིར་གཏོང་། དེ་རྗེས། རྡོ་རྗེ་འཆང་ནས་རྩ་བའི་བླ་མའི་བར། །ཇི་ལྟར་ཁས་བླངས་དམ་བཅའ་དྲན་མཛོད་ལ། །སྐལ་ལྡན་བུ་ཡི་འགལ་རྐྱེན་ཀུན་སེལ་ཞིང་། །མཐུན་རྐྱེན་མཆོག་(༦༨༢བ)མཐུན་དངོས་གྲུབ་མ་ལུས་སྩོལ། །ཞེས་བཀའ་སྐོ་བྱ། ཐུགས་ཀྱི་རྗེས་གནང་ངོ་། །དེའི་རྗེས་ཐོག་ཉིད་ལ། བདུད་རྒྱལ་ལ། སློབ་དཔོན་ཡི་དམ་དུ་གསལ་བའི་ཐུགས་ཀ་ནས་འོད་ཟེར་འཕྲོས། མདུན་བསྐྱེད་དཀར་མོ་ཉི་ཟླའི་ཐུགས་རྒྱུད་བསྐུལ། ཐུགས་ཀ་ནས་བདུད་རྒྱལ་དཔའ་བོ་དཔག་ཏུ་མེད་པ་སྤྲུལ། མདུན་གྱི་བདུད་རྒྱལ་དཔའ་བོའི་ཐུགས་ཀར་ཐིམ། དེའི་ཐུགས་ཀ་ནས་ཀྱང་སྐུ་དཔག་ཏུ་མེད་པ་བྱུང་ནས། སློབ་མའི་སྙིང་གའི་ཧྱཱུཾཿཡིག་གི་ཡ་ལ་ཐིམ་པར་བསམས་ལ། སྤོས་རོལ་དང་བཅས། ཨོཾ་སརྦ་ཏཱ་ར་ཀྲིཥྚ་ཀ་ཡཱ་ལ་ཏཱ་ལ་ཧྲ་ར་ཧཱུྃ་ཕཊ། ཅེས་པའི་སྙིང་པོའི་མཐར། ཨ་བེ་ཤ་ཡ། ཨ་བེ་ཤ་ཡ། ཛཿཧཱུྃ་བཾ་ཧོཿ ཞེས་ཡང་ཡང་བརྗོད། སྐུའི་རྗེས་གནང་ངོ་། །ཡང་སློབ་དཔོན་གྱི་ཐུགས་ཀ་ནས་འོད་ཟེར་འཕྲོས། མདུན་བསྐྱེད་དཀར་མོ་ཉི་ཟླའི་ཐུགས་རྒྱུད་བསྐུལ། ཐུགས་ཀ་ནས་བདུད་རྒྱལ་དཔའ་བོ་དཔག་ཏུ་མེད་པ་སྤྲུལ། མདུན་གྱི་བདུད་རྒྱལ་དཔའ་བོའི་ཐུགས་ཀར་ཐིམ། མདུན་གྱི་བདུད་རྒྱལ་དཔའ་བོའི་ཞལ་ནས་སྔགས་འཕྲེང་བསམ་གྱིས་མི་ཁྱབ་པ་བྱུང་སྟེ། སློབ་མའི་སྙིང་གའི་ཧྱཱུཾཿཡིག་གི་ཡ་ལ་ཐིམ་པར་བསམས་ལ། ཨོཾ་སརྦ་ཏཱ་ར་ཀྲིཥྚ་ཀ་ཡཱ་ལ་ཏཱ་ལ་ཧྲ་ར་ཧཱུྃ་ཕཊ། ཅེས་པའི་སྙིང་པོའི་མཐར། ཨ་བེ་ཤ་ཡ། ཨ་བེ་ཤ་ཡ། ཛཿཧཱུྃ་བཾ་ཧོཿ ཞེས་ཡང་ཡང་བརྗོད། གསུང་གི་རྗེས་གནང་ངོ་། །གཏོར་མ་ལག་ཏུ་གཏད་ལ། བདུད་རྒྱལ་དཔའ་བོ་ཁྱོད་ཀྱིས་རྩ་བརྒྱུད་ཀྱི་དཔལ་ལྡན་བླ་མ་དམ་པ་རྣམས་ཀྱི་བཀའ་(༦༨༣ན)དང་དམ་ལས་མ་འདའ་བར་རྡོ་རྗེ་

སློབ་མ་འདིའི་ཕྱི་བཞིན་དུ་རྗེས་སུ་འབྲངས་ལ་ལུས་དང་གྲིབ་མ་བཞིན་དུ་འགྲོགས་ཏེ། འགལ་རྐྱེན་ཐམས་ཅད་སོལ། །མཐུན་རྐྱེན་ཐམས་ཅད་བསྒྲུབས། དགྲ་བགེགས་ཐམས་ཅད་ཐུལ། ཇི་ལྟར་བཅོལ་བའི་ལས་ཐམས་ཅད་འགྲུབ་པར་མཛོད་ཅིག །ཅེས་བཀའ་བསྒོ་བྱ། ཐུགས་ཀྱི་རྗེས་གནང་ངོ་། །རྗེས་ཀྱི་བྱ་བ་སྤྱི་དང་མཐུན་ནོ། །སྒྲུབ་ཐབས་རིན་ཆེན་འབྱུང་གནས་ཀྱི་ལྷན་ཐབས་རིན་འབྱུང་དོན་གསལ་ལས་མགོན་པོ་ཞལ་དྲུག་དང་རིགས་མཐུན་གྱི་སྒྲུབ་ཐབས་བཤད་པའི་སྐབས་སོ། །

༄ རྒྱལ་པོ་ཆེན་པོ་བཞི་ལ། འོག་ནས་འབྱུང་བ་ལྟར་གཏོར་མ་རྒྱས་པའམ། དཀར་གཏོར་ཆེན་པོ་བཞིའམ། བཞི་སྒྲིལ་གྱི་གཏོར་མ་བཤམས། འཇིག་རྟེན་ལས་འདས་པའི་མཆོད་པ་ཚར་གཅིག་དང་། འཇིག་རྟེན་པའི་མཆོད་པ་ཇི་ལྟར་འོས་པ་བཤམས། ཡི་དམ་གང་ རུང་གི་བདག་བསྐྱེད་སྔོན་དུ་འགྲོ་བས། མཆོད་པ་བྱ་རྒྱུད་ལྟར་དང་། ཨོཾ་བཛྲ་སྤྲ་ཊ་ཁཾ། ཞེས་བྱིན་གྱིས་བརླབས་ནས། རང་གི་སྙིང་གའི་འོད་ཀྱིས་གསང་བའི་བདག་པོའམ། བཅོམ་ལྡན་འདས་ཤཱཀྱ་ཐུབ་པ་ལ་སངས་རྒྱས་དང་བྱང་ཆུབ་སེམས་དཔའི་ཚོགས་ཀྱིས་བསྐོར་བ་བཛྲ་ས་མཱ་ཛཿ མ་ལུས་སེམས་ཅན་སོགས་བརྗོད། ཨརྒྷཾ་ནས་ཤབྡའི་བར་གྱིས་མཆོད། དབུས་སུ་རིན་པོ་ཆེའི་གདན་ལ་བཞུགས་པར་གྱུར། སླར་ཡང་མཆོད་བསྟོད་ཚར་གཅིག་བྱས་ལ་སྙིང་པོ་ཙུང་ཟད་བཟླ། ཡི་དམ་གཞན་གྱི་མདུན་བསྐྱེད་དང་འབྲེལ་བའི་ཚེ་འདི་མི་དགོས་སོ། །མདུན་བསྐྱེད་(༩༤༣བ) ཨ་ཀྴི་ཏས་བསངས། སྭ་བྷཱ་ཝས་སྦྱངས། སྟོང་པའི་ངང་ལས་འཇིག་རྟེན་ལས་འདས་པའི་དཀྱིལ་འཁོར་གྱི་བྱང་ཕྱོགས་སུ། བཻ་ལས་རྒྱལ་པོ་རྣམ་ཐོས་སྲས་གསེར་མདོག་ནོར་བུས་མཚན་པའི་བེ་ཅོན་དང་། གཏེར་གྱི་ནེའུ་ལེ་འཛིན་པ། སྐུ་ལུས་སྒྲོམ་ཞིང་རབ་ཏུ་བཞད་པ། གཡས་གཡོན་ན་གཏེར་གྱི་བུམ་པ་དང་། རིན་པོ་ཆེའི་ཆུ་བོ་འབབ་པ། རིན་པོ་ཆེའི་ཁྲི་དང་སེང་གེ་ལ་བཞུགས་པ། ཤར་དུ་ཌྷྲི་ལས་རྒྱལ་པོ་ཆེན་པོ་ཡུལ་འཁོར་སྲུང་། སྐུ་མདོག་དཀར་ལ་ལྗང་བའི་མདངས་ཅན། པི་ཝང་བརྡུང་

ཞིང་ཞི་བའི་ཚུལ། རིན་པོ་ཆེའི་ཁྲི་དང་གླང་པོའི་གདན་ལ་གནས་པ། ལྷོ་ཏུ་ཝི་ལས་རྒྱལ་པོ་ཆེན་པོ་འཕགས་སྐྱེས་པོ། སྐུ་མདོག་སྔོ་བསངས་རལ་གྲི་འབར་བ་འཛིན་པ། ཅུང་ཟད་ཁྲོ་བའི་ཉམས་ཅན། རིན་པོ་ཆེའི་ཁྲི་དང་མ་ཧེའི་གདན་ལ་བཞུགས་པ། ནུབ་ཏུ་ཝཱ་ལས་རྒྱལ་པོ་ཆེན་པོ་མིག་མི་བཟང་། སྐུ་མདོག་དམར་པོ་འཇུམ་པ། ཕྱག་གཡས་པས་སྦྲུལ་ཞགས་དང་། གཡོན་པས་རིན་པོ་ཆེའི་མཆོད་རྟེན་འཛིན་ཅིང་དེ་ལ་གཟིགས་པ། སྤྱན་དམར་ཞིང་སྐྲ་སེར་འབར་བ་སྦྲུལ་མགོའི་གདེངས་ཀ་བདུན་དང་ལྡན་པ། རིན་པོ་ཆེའི་ཁྲི་དང་ཀླུའི་གདན་ལ་བཞུགས་པ། ཐམས་ཅད་ཀྱང་དར་དང་རིན་པོ་ཆེའི་རྒྱན་ཐམས་ཅད་ཀྱིས་རྣམ་པར་བརྒྱན་ཅིང་། དཔའ་ཞིང་བརྗིད་ལ་བཟོད་པར་དཀའ་བའི་གཟི་འོད་ཅན། རབ་ཏུ་དགྱེས་པའི་སྤྱན་ཧྲུམ་པོ་གདངས་པ། རིན་པོ་ཆེའི་ཡ་ལད་གསོལ་བ། ཡིད་བཞིན་ནོར་བུའི་ཏོད་པན་དང་བཅས་པའི་ཟེའུ་ཁ་ལ་སོགས་པ་འཁོར་ཡོས་བསྐྱར་བའི་ཆ་ལུགས་ཡོངས་སུ་རྫོགས་(༤༦༤ན)པའོ། །རང་གི་སྙིང་ག་ནས་འོད་ཟེར་འཕྲོས། རི་རབ་ཀྱི་བང་རིམ་ནས། རྒྱལ་པོ་ཆེན་པོ་བཞི་འཁོར་དང་བཅས་པ་བསྐུལ་ཞིང་སྤྱན་དྲངས་པར་གྱུར། ཨོཾ་བཻ་ཤྲ་མ་ཎ་ཡ། དྷྲི་ཏ་རཥྚ་ཡ། བི་རུ་ཌྷ་ཀ་ཡ། བི་རུ་པཀྵ་ཡ། ས་པ་རི་ཝཱ་ར་བཛྲ་ས་མ་ཛཿ ཞེས་སྤྱན་དྲངས། མཚན་ སྔགས་དེ་ཉིད་ལ་ཨརྒྷཾ་སོགས་སྦྱར་བས་མཆོད། དེད་དཔོན་ཆེན་པོ་གསེར་མདོག་ཅན། །བེ་ཅོན་དང་ནེ་ནེའུ་ལེ་འཛིན། །གནོད་སྦྱིན་ཚོགས་ལ་དབང་བསྒྱུར་བའི། །རྣམ་ཐོས་སྲས་ལ་ཕྱག་འཚལ་ལོ། །རྒྱལ་པོ་ཆེན་པོ་དཔལ་ལྡན་པ། །མཁྱད་མདོག་མཚུངས་པི་ཝཾ་འཛིན། །དྲི་ཟའི་ཚོགས་ལ་དབང་བསྒྱུར་བའི། །ཡུལ་འཁོར་སྲུང་ལ་ཕྱག་འཚལ་ལོ། །དཔའ་བོ་ཆེན་པོ་སྟོབས་པོ་ཆེ། །ཁ་དོག་སྔོན་པོ་རལ་གྲི་འཛིན། །གྲུལ་བུམ་ཚོགས་ལ་དབང་བསྒྱུར་བའི། །འཕགས་སྐྱེས་པོ་ལ་ཕྱག་འཚལ་ལོ། །མངའ་བདག་ཆེན་པོ་མཐུ་བོ་ཆེ། །ཁ་དོག་དམར་སེར་སྦྲུལ་ཞགས་འཛིན། །ཀླུ་ཡི་ཚོགས་ལ་མངའ་མཛད་པའི། །མིག་མི་བཟང་ལ་ཕྱག་འཚལ་ལོ། །ཞེས་བསྟོད།

ཨོཾ་བི་ཤྲ་ཝ་ཎ་ཡ་སོགས་མཚན་རྟགས་ཀྱི་མཐར། ས་མ་ཡ་སྟྭཾ། ཞེས་རྡོ་རྗེ་རྩེ་ལྔ་པའི་ཕྱག་རྒྱ་བསྣན་ཏེ་དམ་ལ་བཞག །མཚན་རྟགས་ཀྱི་མཐར། པདྨ་ཀ་མ་ལ་ཡེ་སྟྭཾ། ཞེས་བཞུགས་སུ་གསོལ། ཛཿཧཱུྃ་བཾ་ཧོཿགཉིས་སུ་མེད་པར་ཐིམ། སླར་ཡང་མཆོད་བསྟོད་གཅིག་བྱས་ནས། བཟླས་པའི་དམིགས་པ་གསལ་བཏབ་ལ། སོ་སོའི་(༩༨༨བ)མཚན་རྟགས་སམ། ཨོཾ་བཻ་སྭཱ་ཧཱ། ཨོཾ་དྷྲི་སྭཱ་ཧཱ། ཨོཾ་བི་སྭཱ་ཧཱ། ཨོཾ་ཀླཱ་སྭཱ་ཧཱ། ཞེས་ཅི་ནུས་བཟླ་བ་དང་། ལས་རེ་རེ་བསྒྲུབ་པའི་ཚེ། ཞི་བ་ལ་སྭཱཧཱའི་མཐའ་ཅན་དང་། རྒྱས་པ་ལ་ན་མཿདང་། དབང་ལ་ཝ་ཥཊ་དང་། དྲག་པོ་ལ་ཧཱུྃ་གི་མཐའ་ཅན་དུ་བྱེད། བཞི་ཆར་ཆ་མཉམ་དུ་བསྒྲུབ་ན། ཨོཾ་བཻ་ན་མཿཔོ་ཥཊ། ཨོཾ་དྷྲི་སྭཱ་ཧཱ་ཨོཾ། ཨོཾ་བི་མཱ་ར་ཡ་ཧཱུྃ་ཕཊ། ཨོཾ་ཀླཱ་ཝ་ཥཊ་ཧོཿ ཞེས་པ་རྣམས་བཟླའོ། །གཏོར་མ་བདག་བསྐྱེད་དང་མཐུན་པར་བྱིན་གྱིས་བརླབས་ལ། ཨོཾ་སརྦ་བིད་པཱུ་ར་པཱུ་ར་སོགས་ནམ་མཁའ་མཛོད་ཀྱི་ཕྱག་རྒྱ་ཆེར་སྤེལ། ཨོཾ་བཻ་ཤྲ་མ་ཎ་ཡ། ཨོཾ་ཨ་ཀཱ་རོ་མུ་ཁཾ་སརྦ་དྷརྨཱ་ཎཱཾ་ཨཱདྱ་ནུཏྤནྣ་ཏྭཱ་ད་ཨོཾ་ཨཱཿཧཱུྃ་ཕཊ་སྭཱ་ཧཱ། ཞེས་ལན་གསུམ་དང་། དེ་བཞིན་དུ་སྦྱར་ཏེ། ཨོཾ་དྷྲི་ཏ་རཥྚྲ་ཡ། ཨོཾ་ཨ་ཀཱ་རོ་སོགས་དང་། ཨོཾ་བི་རུ་ཌྷ་ཀ་ཡ་ཨོཾ་ཨ་ཀཱ་རོ་སོགས་དང་། ཨོཾ་བི་རུ་པཀྵ་ཡ། ཨོཾ་ཨཱ་ཀཱ་རོ་སོགས་ལན་གསུམ་གྱིས་ཕུལ། ཨོཾ་བཛྲ་ཡཀྵ་ཙི་གྲི་ཏ་ཏ་སྭཱ་ཧཱ། ཨོཾ་མ་ཐ་མ་ཐ་བཛྲ་གཀྵ་ཀྵ་ཧི་ད་ཡེ་སྭཱ་ཧཱ། ཨོཾ་ཁུ་ཁུ་ཙི་ཧྲི་ཏ་བ་ལིཾ་སྭཱ་ཧཱ། ཨོཾ་ཏ་ར་ཏ་ར་ནཱ་ག་བཛྲ་སྭཱ་ཧཱ། ཞེས་པ་རྣམས་ལ་ཨ་ཀཱ་རོ་བཏགས་ཏེ་ལན་གསུམ་གསུམ་གྱིས་འཁོར་རྣམས་ལ་ཕུལ། ཨོཾ་ཧྲ་ཕ་ཁྲ་ཏི་ཁྲ་ཏི། གྲིཧྣ་གྲིཧྣ་གྲིཧྣ་ཨོཾ་ཧཱུྃ། སརྦ་བྷཱུ་ཏ་བ་ལིཾ་སྭཱ་ཧཱ། ཞེས་ཉི་ཤུ་རྩ་གཅིག་གིས་འཁོར་འབྱུང་པོ་སྤྱི་ལ་ཕུལ། ཨོཾ་སརྦ་ཨ་མི་ཤི་བྷྱཿཕ་ཏ་རི་ཙེ་སྭཱ་ཧཱ། ཞེས་པས་འཚོལ་བའི་རིགས་རྣམས་ལ་རྗེ་གཏོར་སྦྱིན། མཆོད་བསྟོད། མཆོད་སྦྱིན་གཏོར་མ་འདི་བཞེས་(༩༨༩ན)ལ། །ཞེས་སོགས་ཀྱིས་འདོད་དོན་ལ་གསོལ་བ་བཏབ། ཡིག་བརྒྱ། བཟོད་གསོལ། གཤེགས་བསྡུ། སྨོན་ལམ་བཀྲ་ཤིས་རྣམས་སྤྱི་དང་འདྲ། ༈ འདིའི་བཀའ་གཏད་བྱ་བར་

འདོད་ན། གཏོར་མ་རྒྱས་པའི་ལུགས་བྱེད་དེ། དབུས་སུ་སྡིགས་བུ་མཐོ་བ་ལ་མཎྜལ་ཚོམ་བུར་བཅས་པ་མཆོད་པས་བསྐོར་བ་ཞིག་བཤམས། བྱང་དུ་གཏོར་མ་རི་རབ་གླིང་བཞིའི་རྣམ་པ་ཅན་ཤིང་ཏོག་དང་ནོར་སྣས་བརྒྱན་པ། ཤར་དུ་ཟླུམ་གཏོར་དྲི་སྣ་ཚོགས་ཀྱིས་བརྒྱན་ཅིང་། ཁྲག་སྣའི་མཆོད་ཡོན་ཅན། ལྷོར་གྲུ་གསུམ་ཉ་དང་ཤ་ཁྲག་ཅན། ནུབ་ཏུ་ཟླ་གམ་འོ་མ་དང་མེ་ཏོག་ཅན། སོ་སོར་མཐེབ་ཀྱུ་མང་པོས་བསྐོར་བ། འབྱུང་པོ་སྤྱིའི་གཏོར་མ་དང་། ཟན་གཏོར་ཆང་བུའི་ཚུལ་ཅན་བྱང་བཤམས། རེ་རེ་བཞིན་མཆོད་པ་ཆ་ཚང་རེ་ལས་མི་ཉུང་བར་བྱེད། གཏོར་མའི་རྩེ་མོ་ལ་སོ་སོའི་ཙག་ལི་རྣམས་བཙུགས། བགེགས་གཏོར་བཏང་། སྲུང་འཁོར་བསྒོམ། གནས་ཡོ་བྱིན་རླབས་བྱ། དེ་ནས། གོང་དུ་བཤད་པ་བཞིན་འདོད་དོན་གསོལ་བཏབ་ཡན་ཆད་སློབ་དཔོན་གྱིས་རྫོགས་པར་བསྒྲུབས། བུམ་པ་བཅས་ཏེ་ལྷ་མི་བསྐྱེད་པར་སོ་སོའི་སྔགས་བཟླ་བར་བྱའོ། ། ༈ སློབ་མས་མཎྜལ་ཕུལ། རྡོ་རྗེ་འཛིན་པ་དགོངས་སུ་གསོལ། །བདག་ནི་འགྲོ་ལ་ཕན་དོན་དུ། །གཙོ་ཆེན་ཁྱེད་ལ་གསོལ་བཏབ་ཀྱིས། །མ་ལུས་རྗེས་(༩༧༥བ)གནང་བསྩལ་དུ་གསོལ། །ཞེས་གསོལ་བ་བཏབ། སྐྱབས་འགྲོ་སེམས་བསྐྱེད་རྒྱས་བསྡུས་གང་རུང་རེ་འདོགས། དཀོན་མཆོག་གསུམ་ལ་བདག་སྐྱབས་མཆི། །ཞེས་སོགས་རྒྱུན་བཤགས་ཡན་ལག་བདུན་པ་བྱར་བཅུག །སློབ་མའི་བློ་ངོར་མདུན་བསྐྱེད་རྫོགས་པར་གསལ་འདེབས། སློབ་མ་ཉིད་ཡི་དམ་གང་རུང་གི་ངོ་བོར་གསལ་བཏབ། རོལ་མོའི་སྒྲ་བཅས་རྒྱལ་ཆེན་བཞི་སྤྱན་འདྲེན་པ་ནས། མཆོད་བསྟོད། གདན་འབུལ། དམ་ཡེ་བསྲེ་བའི་བར་གོང་བཞིན། ཇི་ལྟར་གཏམས་པ་ནས། དེ་བཞིན་བདག་གིས་དབང་བསྐུར་རོ། །ཨོཾ་བཛྲི་བྷ་ཝ་ཨ་བྷི་ཥིཉྩ་ཧཱུཾ། ཞེས་བུམ་པའི་ཆུས་དབང་བསྐུར། བཟླས་ལུང་སྦྱིན་པ་ནི། སློབ་དཔོན་གྱི་ཐུགས་ཀ་ནས་འོད་ཟེར་འཕྲོས། མདུན་བསྐྱེད་ཀྱི་ལྷའི་ཐུགས་རྒྱུད་བསྐུལ། ཐུགས་ཀའི་སྔགས་འཕྲེང་ལས་སྔགས་འཕྲེང་གཉིས་པ་ཞིག་བྱུང་། ཞལ་ནས་ཐོན། ཁྱེད་རང་རྣམས་ཡི་དམ་གྱི་

ལྷར་གསལ་བའི་ཞལ་དུ་ཞུགས། ཐུགས་ཀར་ཡི་དམ་གྱི་ས་བོན་ལ་སྙིང་པོས་བསྐོར་བ། དེའི་མཐར་སྔགས་འཕྲེང་འཁོད་པའི་མོས་པ་མཛད་ལ། འདིའི་རྗེས་ཟློས་མཛོད་ཅིག་བྱས་ལ། ཨོཾ་བཻ་ཤྲ་ཝ་ཎ་ཡ་སྭཱ་ཧཱ། ཨོཾ་དྷྲི་ཏ་ར་ཥྚ་ཡ་སྭཱ་ཧཱ། ཨོཾ་བི་རུ་ཌྷ་ཀ་ཡ་སྭཱ་ཧཱ། ཨོཾ་བི་རུ་པཀྵ་ཡ་སྭཱ་ཧཱ། ཞེས་ལན་གསུམ་གསུམ་རྗེས་ཟློས་བྱེད་དུ་བཅུག །སློབ་མས་ཕུལ་བར་མོས་ཏེ། གཏོར་མ་ཁ་གསོས་ལ་སོ་སོར་འབུལ། མཆོད་པའང་ཁ་གསོས་ཏེ་བྱིན་གྱིས་བརླབས་ལ། མཆོད་བསྟོད་བྱ། རེ་རེ་(༤༨༨ན)བཞིན་གཏོར་མ་ལག་ཏུ་རིམ་པས་གཏད་ལ། རྒྱལ་པོ་ཆེན་པོ་འཁོར་དང་བཅས་པ་ཁྱེད་རྣམས་ཀྱིས་རྩ་བརྒྱུད་ཀྱི་དཔལ་ལྡན་བླ་མ་དམ་པ་རྣམས་ཀྱི་བཀའ་དང་དམ་ལས་མ་འདའ་བར་རྡོ་རྗེ་སློབ་མ་འདིའི་ཕྱི་བཞིན་དུ་རྗེས་སུ་འབྲངས་ལ་ལུས་དང་གྲིབ་མ་བཞིན་དུ་འགྲོགས་ཏེ། འགལ་རྐྱེན་ཐམས་ཅད་སོལ། མཐུན་རྐྱེན་ཐམས་ཅད་བསྒྲུབས། དགྲ་བགེགས་ཐམས་ཅད་ཐུལ། ཇི་ལྟར་བཅོལ་བའི་ལས་ཐམས་ཅད་འགྲུབ་པར་མཛོད་ཅིག །ཅེས་བཀའ་བསྒོ་དྲག་ཏུ་བྱ། རྗེས་ཀྱི་བྱ་བ་སྤྱི་དང་མཐུན། །

༄ མཁའ་འགྲོ་སྡེ་ལྔ་ལ། བདག་ཉིད་གསང་སྔགས་ནང་གི་ཡི་དམ་གང་ཡང་རུང་བའི་བདག་བསྐྱེད་ལ་གནས་པ། རང་གི་མདུན་གྱི་ནམ་མཁར་ཧཱུཾ་ལས་བྱུང་བའི་སྲུང་འཁོར་དང་། ཆོས་འབྱུང་ནམ་མཁའི་ཁམས་ཀྱི་དབུས་སུ་གཞལ་མེད་ཁང་དངོས་གྲུབ་འབྱུང་བའི་དུར་ཁྲོད་དང་བཅས་པའི་དབུས་སུ་པདྨའི་གདན་ལྟེ་ཆོམ། དབུས་སུ་ཟླ་བ་ལ་ཨོཾ་ལས་སངས་རྒྱས་མཁའ་འགྲོ་མ་དཀར་མོ་རྣམ་སྣང་གི་དབུ་རྒྱན་ཅན། ཞི་བའི་ཉམས་ལྡན། ཤར་དུ་ཉི་མ་ལ་ཧཱུཾ་ལས་རྡོ་རྗེ་མཁའ་འགྲོ་མ་སྔོན་མོ་མི་བསྐྱོད་པའི་དབུ་རྒྱན་ཅན། ཁྲོ་བའི་ཉམས་ལྡན། ལྷོར་ཟླ་བ་སེར་པོ་ལ་ཏྲཱཾ་ལས་རིན་ཆེན་མཁའ་འགྲོ་མ་སེར་མོ་རིན་ཆེན་འབྱུང་ལྡན་གྱི་དབུ་རྒྱན་ཅན། དགྱེས་པའི་ཉམས་ལྡན། ནུབ་ཏུ་ཉི་མ་དམར་པོ་ཟེར་དང་བྲལ་བ་ལ་ཧྲཱིཿལས་པདྨ་མཁའ་འགྲོ་མ་དམར་མོ་འོད་དཔག་མེད་ཀྱི་དབུ་(༤༨༨བ)རྒྱན་ཅན། ཆགས་པའི་ཉམས་

ལྡན། བྱང་དུ་སྣ་ཚོགས་རྡོ་རྗེ་ལ་ཨཿལས་སྣ་ཚོགས་མཁའ་འགྲོ་མ་ལྗང་གུ་དོན་གྲུབ་ཀྱི་དབུ་རྒྱན་ཅན། ཕྱི་ཞིང་བཞད་པ་སོགས་ཉམས་སྣ་ཚོགས་པ། ཐམས་ཅད་ཀྱང་གཡས་ཅང་ཏེའུ་འཁྲོལ་ཞིང་། གཡོན་པས་ཐོད་པ་བདུད་རྩིས་གང་བ་ཐུགས་ཀར་འཛིན་པ། མི་མགོ་སྐམ་པོ་ལྔའི་དབུ་རྒྱན། རྣོན་པ་ལྔ་བཅུའི་དོ་ཤལ། རུས་པའི་ཕྱག་རྒྱ་ལྔ་དང་བཅས་པ། དབུ་སྐྲ་ནག་པོ་ཕྱེད་བཅིངས་སུ་གནས་པ། མཆན་ཁུང་གཡོན་དུ་ཐབས་ཀྱི་རང་བཞིན་གྱི་ཁ་ཊྭཱཾ་ག་ལ་རིམ་པ་བཞིན་དུ། འཁོར་ལོ། རྡོ་རྗེ། རིན་པོ་ཆེ། པདྨ། རལ་གྲི་རྣམས་ཀྱིས་མཚན་པ། འོད་ཟེར་སྣ་ལྔ་འབར་བའི་དབུས་ན་བཞུགས་ཤིང་། རང་མཚུངས་ཀྱི་མཁའ་འགྲོ་མ་གཙོ་མོ་འབུམ་དང་འཁོར་མཁའ་འགྲོ་གྲངས་མེད་པས་ཡོངས་སུ་བསྐོར་བའོ། །ཐམས་ཅད་ཀྱི་དཔྲལ་བར་ཨོཾ། མགྲིན་པར་ཨཱཿ ཐུགས་ཀར་ཧཱུྃ། རང་གི་སྙིང་ག་ནས་འོད་ཟེར་དཔག་ཏུ་མེད་པ་འཕྲོས། རང་བཞིན་གྱི་གནས་དང་ཕྱོགས་མཚམས་ཐམས་ཅད་ནས་གཙོ་མོ་ཡེ་ཤེས་མཁའ་འགྲོ་ལྔ་ལ་འཇིག་རྟེན་དང་འཇིག་རྟེན་ལས་འདས་པའི་མཁའ་འགྲོ་གྲངས་མེད་པས་བསྐོར་བ་བཛྲ་ས་མཱ་ཛཿ རྡོ་རྗེ་རྩེ་ལྔ་པའི་ཕྱག་རྒྱས་གཡབ་ཅིང་། ཨོཾ་ཤྲཱི་ཧེ་རུ་ཀ་མཧཱ་བཛྲ་ཨ་ཀརྵ་ཡ། ཨ་ཀརྵ་ཡ། སྤ་བེ་ཤ་ཡ། སྤ་བེ་ཤ་ཡ། བནྡྷ་ཡ། བནྡྷ་ཡ། ཏོ་ཥ་ཡ། ཏོ་ཥ་ཡ། སརྦ་བཛྲ་ཌཱ་ཀི་ནཱི། ཧྲི་ད་ཡཾ་ཧཱུྃ་ཧཱུྃ་ཕཊ་ཕཊ། ལན་གསུམ་གྱིས་སྤྱན་དྲངས། ཛཿཧཱུྃ་བཾ་ཧོཿ ལན་ལྔ། ཨརྒྷཾ་ནས་ཤབྡའི་བར་གྱིས་མཆོད། (༤༥༧ན)
ཨོཾ་ཧཱུྃ་ཧྲཾ་ཧྲཱི་ཨཿ ཨོཾ་ཨཱཿཧཱུྃ། དཔལ་ལྡན་རྡོ་རྗེ་མཁའ་འགྲོ་མ། །མཁའ་འགྲོ་མ་ཡི་འཁོར་ལོས་བསྒྱུར། །ཡེ་ཤེས་ལྔ་ལྡན་སྐུ་གསུམ་ཉིད། །འགྲོ་བ་སྐྱོབས་ལ་ཕྱག་འཚལ་ལོ། །ཇི་སྙེད་རྡོ་རྗེ་མཁའ་འགྲོ་མ། །ཀུན་ཏུ་རྟོག་པའི་འཆིང་གཅོད་ཅིང་། །འཇིག་རྟེན་བྱ་བར་རབ་འཇུག་མ། །དེ་སྙེད་རྣམས་ལ་ཕྱག་འཚལ་ལོ། །ཞེས་བསྟོད། དེ་ནས། བཟླས་པའི་དམིགས་པ་གསལ་བཏབ་ལ། ཨོཾ་བུདྡྷ་ཌཱ་ཀི་ནཱི་ཨཱཿཧྲི་ཨོཾ་ཧཱུྃ་ཕཊ་སྭཱཧཱ། ཨོཾ་བཛྲ་ཌཱ་ཀི་ནཱི་ཨཱཿཧྲི་ཧཱུྃ་ཧཱུྃ་ཕཊ་སྭཱཧཱ། ཨོཾ་རཏྣ་ཌཱ་ཀི་ནཱི་ཨཱཿཧྲི་ཧྲཾ་ཧཱུྃ་ཕཊ་སྭཱཧཱ།

ཨོཾ་པདྨ་ཌཱ་ཀི་ནཱི་ཨཱཿཧྲཱི་ཧྲཱིཿཧཱུཾ་ཕཊ་སྭཱཧཱ། ཨོཾ་ཀརྨ་ཌཱ་ཀི་ནཱི་ཨཱཿཧྲཱི་ཨཱཿཧཱུཾ་ཕཊ་སྭཱཧཱ། སྤྱི་དྲིལ་གྱི་སྔགས་ནི། ཨོཾ་ཨཱཿཨོཾ་ཧཱུཾ་སྭཱ་ཨ་ཧཱ་ཧཱུཾ་ཕཊ་སྭཱཧཱ། ཞེས་པ་རྣམས་བཟླས་པ་བྱ། མཆོད་གཏོར་བདག་བསྐྱེད་དང་མཐུན་པར་བྱིན་གྱིས་བརླབས་ནས། ཕུད་ཀྱི་དང་པོའི་གཏོར་མ། ཨོཾ་ཤྲཱི་ཧེ་རུ་ཀ་མཎྜ་བཛྲ་པྲ་ཏཱིཙྪ་ཨི་མཾ་བ་ལིཾ་ཧཱུཾ་ཕཊ། ཅེས་ལན་བདུན་གྱིས་ཕུལ། དེ་ནས། མཁའ་འགྲོ་འབུལ་བ་ནི། ཨོཾ་བུདྡྷ་ཌཱ་ཀི་ནཱི་པྲ་ཏཱིཙྪ་ཨི་མཾ་བ་ལིཾ་ཨོཾ་ཕཊ། ཨོཾ་བཛྲ་ཌཱ་ཀི་ནཱི་པྲ་ཏཱིཙྪ་ཨི་མཾ་བ་ལིཾ་ཧཱུཾ་ཕཊ། ཨོཾ་རཏྣ་ཌཱ་ཀི་ནཱི་པྲ་ཏཱིཙྪ་ཨི་མཾ་བ་ལིཾ་ཏྲཱཾ་ཕཊ། ཨོཾ་པདྨ་ཌཱ་ཀི་ནཱི་པྲ་ཏཱིཙྪ་ཨི་མཾ་བ་ལིཾ་ཧྲཱིཿཕཊ། ཨོཾ་བི་ཤྭ་ཌཱ་ཀི་ནཱི་པྲ་ཏཱིཙྪ་ཨི་མཾ་བ་ལིཾ་ཨཱཿཕཊ། ཨོཾ་སརྦ་ཌཱ་ཀི་ནཱི་པྲ་ཏཱིཙྪ་ཨི་མཾ་བ་ལིཾ་ཧོ་ཕཊ། ཅེས་ལན་གསུམ་གསུམ་སོགས་ཀྱིས་ཕུལ། རྒྱས་པར་ན་ཚིགས་བཅད་དང་བཅས་པ་དང་། བསྡུ་ན་སྔགས་ཙམ་གྱིས་ཕྱི་མཆོད་ནང་མཆོད་གསང་མཆོད་རྣམས་ཕུལ། མི་བསྐྱོད་རྡོ་རྗེ་(༨༦༧བ)ཡེ་ཤེས་ཆེ། །རྡོ་རྗེ་དབྱིངས་ནི་མཁས་པ་ཆེ། །རྡོ་རྗེ་གསུམ་མཆོག་དཀྱིལ་འཁོར་གསུམ། །གསང་བའི་དབྱངས་ལ་ཕྱག་འཚལ་ལོ། །རྣམ་པར་སྣང་མཛད་དག་པ་ཆེ། །རྡོ་རྗེ་ཞི་བ་དགའ་བ་ཆེ། །རང་བཞིན་འོད་གསལ་མཆོག་གི་མཆོག །སྟོན་པ་རྡོ་རྗེ་ཕྱག་འཚལ་ལོ། །རིན་ཆེན་རྒྱལ་པོ་རབ་ཏུ་ཟབ། །རྡོ་རྗེ་མཁའ་འདྲ་དྲི་མ་མེད། །རང་བཞིན་དག་པ་གོས་པ་མེད། །རྡོ་རྗེའི་སྐུ་ལ་ཕྱག་འཚལ་ལོ། །རྡོ་རྗེ་དཔག་མེད་རྒྱལ་པོ་ཆེ། །མི་རྟོག་ནམ་མཁའི་རྡོ་རྗེ་འཛིན། །འདོད་ཆགས་ཕ་རོལ་ཕྱིན་པ་བརྙེས། །རྡོ་རྗེའི་གསུང་ལ་ཕྱག་འཚལ་ལོ། །དོན་ཡོད་རྡོ་རྗེ་རྫོགས་སངས་རྒྱས། །བསམ་པ་ཐམས་ཅད་རྫོགས་བྱེད་པ། །དག་པ་ངོ་བོ་ཉིད་ལས་བྱུང་། །རྡོ་རྗེ་སེམས་དཔར་ཕྱག་འཚལ་ལོ། །ཞེས་པས་བསྟོད། ཆོས་རྣམས་གཟུགས་བརྙན་ལྟ་བུ་སྟེ། ཞེས་པ་ནས། སྐྱོབ་པ་སངས་རྒྱས་རིགས་སུ་སྐྱེ། །ཞེས་པའི་བར་བརྗོད། མཆོད་སྦྱིན་གཏོར་མ་འདི་བཞེས་ལ། །ཞེས་སོགས་ཀྱིས་འདོད་དོན་ལ་གསོལ་བ་བཏབ་པར་བྱའོ། ། ༈ འདིའི་གཏོར་དབང་ནི། ཆོས་འབྱུང་

གི་དབུས་སུ་ཚོམ་བུ་ལྔ་བཀོད། དེའི་སྟེང་དུ་གཏོར་མ་ལྔ་ལ་མཁའ་འགྲོ་སྡེ་ལྔའི་གཟུགས་སམ། སྔགས་བྱང་འཛུགས། སྟེགས་བུ་མཐོ་བ་ཞིག་ལ་ཕུད་གཏོར་ཆུང་བ་ཞིག་བཤམས། མཆོད་པ་རྣམས་ཅི་བདེར་བསྒྲིགས་ནས་གོང་བཞིན་ཉམས་སུ་བླངས་པས་སློབ་དཔོན་གྱི་བྱ་བ་གྲུབ་པ་ཡིན་ནོ། ། ༈ སློབ་མས་མཎྜལ་ཕུལ། ཀུན་མཁྱེན་ཡེ་ཤེས་ཕུང་པོ་ཅན། །ནས། གཙོ་བོས་བདག་ལ་(༩༨༢ན)བཀའ་དྲིན་སྩོལ། །ཞེས་པའི་བར་ལན་གསུམ་གྱིས་གསོལ་བ་བཏབ། དཀོན་མཆོག་གསུམ་ལ་བདག་སྐྱབས་མཆི། །ཞེས་སོགས་ཀྱིས་རྒྱུན་བཤགས་ཡན་ལག་བདུན་པ་བྱ། ཁྱེད་རང་གི་སྙིང་གའི་དབུས་སུ་ཟླ་བ་ལ་ཨོཾ་ལས་སངས་རྒྱས་མཁའ་འགྲོ་མ་དཀར་མོ་རྣམ་སྣང་གི་དབུ་རྒྱན་ཅན། ཞི་བའི་ཉམས་ལྡན། ཤར་དུ་ཉི་མ་ལ་ཧཱུྃ་ལས་རྡོ་རྗེ་མཁའ་འགྲོ་མ་སྔོན་མོ་མི་བསྐྱོད་པའི་དབུ་རྒྱན་ཅན། ཁྲོ་བའི་ཉམས་ལྡན། ལྷོར་ཟླ་བ་སེར་པོ་ལ་ཏྲཱཾ་ལས་རིན་ཆེན་མཁའ་འགྲོ་མ་སེར་མོ་རིན་ཆེན་འབྱུང་ལྡན་གྱི་དབུ་རྒྱན་ཅན། དགྱེས་པའི་ཉམས་ལྡན། ནུབ་ཏུ་ཉི་མ་དམར་པོ་ཟེར་དང་བྲལ་བ་ལ་ཧྲཱིཿལས་པདྨ་མཁའ་འགྲོ་མ་དམར་མོ་འོད་དཔག་མེད་ཀྱི་དབུ་རྒྱན་ཅན། ཆགས་པའི་ཉམས་ལྡན། བྱང་དུ་སྣ་ཚོགས་རྡོ་རྗེ་ལ་ཨཱཿལས་སྣ་ཚོགས་མཁའ་འགྲོ་མ་ལྗང་གུ་དོན་གྲུབ་ཀྱི་དབུ་རྒྱན་ཅན། ཁྲོ་ཞིང་བཞད་པ་སོགས་ཉམས་སྣ་ཚོགས་པ། ཐམས་ཅད་ཀྱང་གཡས་ཅང་ཏེའུ་འཁྲོལ་ཞིང་། གཡོན་པས་ཐོད་པ་བདུད་རྩིས་གང་བ་ཐུགས་ཀར་འཛིན་པ། མི་མགོ་སྐམ་པོ་ལྔའི་དབུ་རྒྱན། རྣོན་པ་ལྔ་བཅུའི་དོ་ཤལ། རུས་པའི་ཕྱག་རྒྱ་ལྔ་དང་བཅས་པ། དབུ་སྐྲ་ནག་པོ་ཕྱེད་བཅིངས་སུ་གནས་པ། མཚན་ཁྲུང་གཡོན་དུ་ཐབས་ཀྱི་རང་བཞིན་གྱི་ཁ་ཊྭཱཾ་ག་ལ་རིམ་པ་བཞིན་དུ། འཁོར་ལོ། རྡོ་རྗེ། རིན་པོ་ཆེ། པདྨ། རལ་གྲི་རྣམས་ཀྱིས་མཚན་པ། འོད་ཟེར་སྣ་ལྔ་འབར་བའི་དབུས་ན་བཞུགས་པ། དེ་ཐམས་ཅད་ཀྱི་དཔྲལ་བར་ཨོཾ། མགྲིན་པར་(༩༨༢བ)ཨཱཿ ཐུགས་ཀར་ཧཱུྃ། སློབ་དཔོན་གྱི་ཐུགས་ཀ་ནས་འོད་ཟེར་དཔག་ཏུ་མེད་པ་འཕྲོས། རང་བཞིན་གྱི་གནས་

དང་ཕྱོགས་མཚམས་ཐམས་ཅད་ནས་གཙོ་མོ་ཡེ་ཤེས་མཁའ་འགྲོ་ལྷ་ལ་འཇིག་རྟེན་དང་འཇིག་རྟེན་ལས་འདས་པའི་མཁའ་འགྲོ་གྲངས་མེད་པས་བསྐོར་བ་བཛྲ་ས་མ་ཛཿ ཛཿཧཱུྃ་བཾ་ཧོཿ ཇོ་ཛྲེ་ཅེ་ལྷ་པའི་ཕྱག་རྒྱས་གཡབ་ཅིང་། ཨོཾ་ཤྲཱི་ཧེ་རུ་ཀ་མནྟྲ་བཛྲ་ཨ་ཀཱཪྵ་ཡ། ཨ་ཀཱཪྵ་ཡ། པྲ་བེ་ཤ་ཡ། པྲ་བེ་ཤ་ཡ། བནྡྷ་ཡ། བནྡྷ་ཡ། ཧོ་ཥ་ཡ། ཧོ་ཥ་ཡ། སརྦ་བཛྲ་ཌཱ་ཀི་ནཱི། ཧྲི་ད་ཡཾ་ཧྲཱུྃ་ཧྲཱུྃ་ཕཊ་ཕཊ། ཞེས་ལན་གསུམ་གྱིས་སྤྱན་དྲངས། ཛཿཧཱུྃ་བཾ་ཧོཿ ལན་ལྔས་དམ་ཡེ་བསྲེ། ཨརྒྷཾ་ནས་ཤབྡའི་བར་གྱིས་མཆོད། དཔལ་ལྡན་རྡོ་རྗེ་མཁའ་འགྲོ་མ། །ཞེས་པ་ནས། དེ་སྙིང་རྣམས་ལ་ཕྱག་འཚལ་ལོ། །ཞེས་པས་དམིགས་པ་ཕོག །དེ་ནས་གཏོར་མ་ཁ་གསོས་ལ་བྱིན་གྱིས་བརླབས་ནས། ཨོཾ་བུདྡྷ་ཌཱ་ཀི་ནཱི་པྲ་ཏཱིཙྪ་ཨི་མཾ་བ་ལིཾ་ཨོཾ་ཕཊ། ཨོཾ་བཛྲ་ཌཱ་ཀི་ནཱི་པྲ་ཏཱིཙྪ་ཨི་མཾ་བ་ལིཾ་ཧྲཱུྃ་ཕཊ། ཨོཾ་རཏྣ་ཌཱ་ཀི་ནཱི་པྲ་ཏཱིཙྪ་ཨི་མཾ་བ་ལིཾ་ཏྲཾ་ཕཊ། ཨོཾ་པདྨ་ཌཱ་ཀི་ནཱི་པྲ་ཏཱིཙྪ་ཨི་མཾ་བ་ལིཾ་ཧྲཱིཿཕཊ། ཨོཾ་བི་ཤྭ་ཌཱ་ཀི་ནཱི་པྲ་ཏཱིཙྪ་ཨི་མཾ་བ་ལིཾ་ཨཿཕཊ། ཨོཾ་སརྦ་ཌཱ་ཀི་ནཱི་པྲ་ཏཱིཙྪ་ཨི་མཾ་བ་ལིཾ་ཧོ་ཕཊ། ཞེས་བརྗོས་ནས། གཏོར་མ་སྤྱི་བོར་བཞག་ལ། ཙ་བརྒྱུད་ཀྱི་དཔལ་ལྡན་བླ་མ་དམ་པ་རྣམས་ཀྱིས་བྱིན་གྱིས་རློབས་ཤིག །ཡི་དམ་དཀྱིལ་འཁོར་གྱི་ལྷ་ཚོགས་རྣམས་བྱིན་གྱིས་རློབས་ཤིག །སངས་རྒྱས་དང་བྱང་ཆུབ་སེམས་དཔའ་རྣམས་ཀྱིས་བྱིན་གྱིས་རློབས་ཤིག །དཔའ་བོ་དང་དཔའ་མོ་རྣལ་འབྱོར་མ་རྣམས་ཀྱིས་བྱིན་གྱིས་རློབས་ཤིག །དཔལ་མགོན་དམ་པ་ཆོས་སྐྱོང་སྲུང་མ་རྣམས་ཀྱིས་བྱིན་གྱིས་རློབས་ཤིག །(༥༦(ན))ཁྱད་པར་དུ་ཡང་མཁའ་འགྲོ་སྡེ་ལྔ་འཁོར་དང་བཅས་པ་རྣམས་ཀྱིས་བྱིན་གྱིས་རློབས་ཤིག །ཁྱེད་རྣམས་ཀྱིས་རྡོ་རྗེ་སློབ་མ་འདི་རྣམས་ཀྱི་ལུས་ཀྱི་ན་ཚ་སེམས་ཀྱི་སྡུག་བསྔལ་སོགས་འགལ་རྐྱེན་ཕྱི་ནང་གི་བར་གཅོད་ཐམས་ཅད་ཞི་བ་དང་། མཐུན་རྐྱེན་ལེགས་ཚོགས་ཐམས་ཅད་འཕེལ་ཞིང་རྒྱས་པ་དང་། མཆོག་དང་ཐུན་མོང་གི་དངོས་གྲུབ་ཐམས་ཅད་མྱུར་དུ་འགྲུབ་པར་མཛད་དུ་གསོལ། ཞེས་གསོལ་བ་བཏབ་པས། སློབ་མ་རྣམས་ཀྱི་སྤྱི་བོ་ནས་ཐིམ་པས་བྱིན་

གྱིས་བརླབས་པར་གྱུར། ཛཿཧཱུྃ་བཾ་ཧོཿ ཞེས་གཏོར་དབང་བསྐུར། རྗེས་ཀྱི་བྱ་བ་རྣམས་སྤྱི་དང་འདྲའོ། །

༄ **བཀྲ་ཤིས་ཚེ་རིང་མཆེད་ལྔ་ལ།** ལྷན་ཅིག་སྐྱེས་མ་ལ་སོགས་པ་གང་ཡང་རུང་བའི་བདག་བསྐྱེད་སྔོན་དུ་འགྲོ་བས། མཆོད་པ་དང་གཏོར་མ་བྱིན་རླབས་སྤྱི་དང་མཐུན་པར་བྱ། སྭ་བྷཱ་ཤས་སྦྱོང་བཅུད་སྟོང་པར་སྒྱུར་ངས། སྟོང་པའི་ངང་ལས་རང་གི་མདུན་དུ་གཙོ་མོ་བཀྲ་ཤིས་ཚེ་རིང་མ་སྐུ་མདོག་དཀར་མོ་འཛུམ་ཞིང་ཡིད་འཅམ་པྲོ་བ། ཞལ་གཅིག་ཕྱག་གཉིས་སྤྱན་གསུམ་མ། གཡས་གསེར་གྱི་རྡོ་རྗེ་རྩེ་དགུ་པ་འཕྱར་བ། གཡོན་བདུད་རྩིས་གང་བའི་བུམ་པ་ཐུགས་ཀར་འཛིན་པ། དུང་གི་ཐོར་ཚུགས་ཅན་སེང་གེ་དཀར་མོ་ལ་ཆིབས་པ། མདུན་དུ་མཐིང་གི་ཞལ་བཟང་མ་སྔོན་མོ། འཕྲུལ་གྱི་མེ་ལོང་དང་། ཁ་ནང་དུ་གཡོབ་པའི་བ་དན་དཀར་པོ་འཛིན་པ། ཨིནྡྲ་ནཱི་ལའི་ཐོར་ཚུགས་ཅན་རྐྱང་བུ་ཁ་དཀར་ལ་ཞོན་པ། གཡས་སུ་མི་(༩༨༤བ)གཡོ་བློ་བཟང་མ་སེར་མོ། གཡོན་ཟས་མཆོག་གིས་གང་བའི་སྣོད་འཛིན་ཅིང་། གཡས་པའི་མཐེབ་སྤྲིན་གྱིས་གཞན་ལ་སྟེར་བའི་ཚུལ་ཅན། གསེར་གྱི་ཐོར་ཚུགས་ཅན་སྟག་མོ་གྲུམ་མ་ལ་ཞོན་པ། རྒྱབ་ཏུ་ཅོད་པན་མགྲིན་བཟང་མ་དམར་མོ། ནོར་བུའི་སྒྲོམ་བུ་ནོར་སྣ་སྣ་ཚོགས་ཀྱིས་གང་བ་འཛིན་པ། བྱི་རུའི་ཐོར་ཚུགས་ཅན་ཤ་བ་ཡུ་མོ་ལ་ཞོན་པ། གཡོན་དུ་གཏད་དཀར་འགྲོ་བཟང་མ་ལྗང་གུ །དུར་བའི་ཚུན་པོ་དང་སྦྲུལ་ཞགས་འཛིན་པ། གཡུའི་ཐོར་ཚུགས་ཅན་གཡུ་འབྲུག་སྔོན་མོ་ལ་ཞོན་པ། གཙོ་འཁོར་གསུམ་ལྷ་མོ་དང་། གཉིས་མི་མོའི་རྣམ་པ་དར་དང་མན་ཧྲི་སྣ་ཚོགས་བརྒྱན་པའི་ན་བཟའ་ཅན། གསེར་གཡུ་སོགས་རིན་པོ་ཆེ་སྣ་ཚོགས་པའི་བོ་རྒྱུད་དང་། འཕྲེང་ཐོད་སོགས་རྒྱན་ཐམས་ཅད་ཀྱིས་བརྒྱན་པའོ། །དེ་ཐམས་ཅད་ཀྱི་དཔྲལ་བར་ཨོཾ། མགྲིན་པར་ཨཱཿ ཐུགས་ཀར་ཧཱུྃ། རང་གི་སྙིང་གའི་ཧཱུྃ་ལས་འོད་ཟེར་འཕྲོས། ཚེ་རིང་མཆེད་ལྔ་འཁོར་དང་བཅས་པ་བཛྲ་ས་མ་ཛཿ སྔོན་ཚེ་དུར་

ཁྲིད་བསིལ་ཚལ་དུ། །མཁའ་འགྲོ་སེང་གེའི་གདོང་ཅན་དང་། །བར་དུ་ཁ་ལ་རོང་
སོ་ཙ། །སློ་དཔོན་པདྨ་འབྱུང་གནས་དང་། །ཐ་མ་སྨན་ལུང་ཚུ་དབར་དུ། །དཔལ་
ལྡན་བཞད་པ་རྡོ་རྗེ་ཡི། །སྤྱན་སྔར་ཁས་བླངས་དམ་བཅས་པ། །མཁའ་འགྲོ་ལྷ་པ་
གནས་འདིར་གཤེགས། །ཕྱི་ལྟར་ལྷ་སྨན་ཆེན་མོ་ལྷ། །ནང་ལྟར་ཞིང་སྐྱོང་མཁའ་
འགྲོ་ལྷ། །གསང་ལྟར་རིགས་ཀྱི་ཡུམ་ཆེན་ལྷ། །མཆོད་པའི་གནས་འདིར་གཤེགས་
སུ་གསོལ། །ཨེ་ཨ་རལླཱི་ཧྲཱི་ཧྲི་ཛཿཛཿཧཱུྃ་བཾ་ཧོཿ དེ་ནས། འདོད་དོན་གསོལ་(༦༧༠ན)
བཏབ་དྲག་ཏུ་བྱ་ཞིང་། བྱ་ཁྱུང་གི་ཕྱག་རྒྱ་བཅའོ། །དེ་ནས་འདི་སྐད་ཅེས། ཉི་མ་
ནུབ་ཕྱོགས་ཕ་གི་ན། །གངས་དཀར་དགུང་དུ་རྩེ་མཐོ་བ། །མཐོ་ལ་གཉན་ནོ་ཆེ་
རིང་མ། །དེ་ལ་བརྟེན་པའི་ལྷ་མོ་ནི། །གཙོ་མོ་བཀྲ་ཤིས་ཚེ་རིང་མ། །འཁོར་དུ་
འཇིག་རྟེན་སྨན་མོ་བཞི། །ཚོད་པན་མགྲིན་བཟང་མ་དང་ནི། །མཐིང་གི་ཞལ་
བཟང་མ་དང་བཅས། །མི་གཡོ་བློ་བཟང་མ་དང་ནི། །གཏད་དཀར་འགྲོ་བཟང་
མ་དང་བཅས། །གཙོ་མོ་འཁོར་བཅས་ཐམས་ཅད་ནི། །སྐུ་ལ་དར་དཀར་ན་བཟའ་
གསོལ། །རྫུ་འཕྲུལ་ཆེན་པོ་མངའ་བ་རྣམས། །བསྟན་མ་བཅུ་གཉིས་འཁོར་དང་
བཅས། །དེ་རིང་གནས་འདིར་སྤྱན་འདྲེན་ན། །མཆོད་གཏོར་འདི་བཞེས་དངོས་
གྲུབ་སྩོལ། །ཨོཾ་བཛྲ་ས་མ་ཡ་ཛཿ་ཀཱི་ནཱི་པཉྩ་མ་མ་སཏྭ་ཀརྨ་སིདྡྷི་ཧྲཱྀ་ན་ཨི་དཾ་བ་ལིཾ་ཏ་
ཁ་ཁ་ཁཱ་ཧི་ཁཱ་ཧི། ཞེས་ལན་བདུན་གྱིས་དབུལ། ཧཱུྃ། རྡོ་རྗེ་གདན་གྱི་བྱང་ཕྱོགས་
ན། །བལ་བོད་གཉིས་ཀྱི་ས་མཚམས་ན། །གངས་དཀར་ཤེལ་གྱི་ཚོད་པན་ཅན། །ཕུ་
ཆུ་སྔོན་པའི་རྒྱུན་སྤྲ་ཅན། །ནགས་ལ་མེ་ཏོག་ཤམ་བུ་ཅན། །གཡའ་སྤང་གསེར་
གཡུའི་སྙེད་བཅིངས་ཅན། །གནས་མཆོག་དེ་འདྲའི་གཡོན་མགུལ་ན། །དར་དཀར་
གུར་གྱི་ནང་གཤེད་ན། །སྨན་མོ་བཀྲ་ཤིས་ཚེ་རིང་མ། །གདུང་བ་དྲག་པོས་ཁྱེད་
འབོད་ན། །དེ་རིང་བསྒྲུབ་པའི་གནས་མཆོག་འདིར། །ལྷབ་ལྷུབ་ན་བཟའ་རྒྱན་
དང་བཅས། །སིལ་སྙན་རོལ་མོའི་སྒྲ་དང་བཅས། །ནམ་མཁའི་མཐོངས་ནས་སྤྱན་

འདྲེན་ན། །འཁོར་དང་བཅས་ཏེ་གཤེགས་སུ་གསོལ། །(༦༧༠བ)ཁྱོད་ཀྱི་ཚེ་དང་འབྲང་
སློས་ན། །ཡབ་ནི་ལྷོ་ལྷ་འཐིངས་པོ་ཡིན། །ཡུམ་ནི་འབྲངས་ཡུམ་སྨན་གཅིག་མ། །
མིང་པོ་བདུན་ལ་སྲིང་མོ་ལྔ། །ལྔ་ཚོགས་དགུས་ཀྱི་གཙོ་མོ་སྟེ། །ཞལ་བཟང་ཟླ་བ་
ཉ་གང་འདྲ། །ལྷ་མོ་རྣམས་ཀྱང་ཐེལ་གྱིས་གནོན། །མགྲིན་པ་གཅིག་ལ་གླུ་ཧ་སྟོང་། །
ཚངས་པའི་དབྱངས་ཀྱང་ཐེལ་གྱིས་གནོན། །དབུ་སྐྲ་ཉག་མ་རེ་རེ་ལ། །གཡུ་ཕྲན་
སྟོང་སྟོང་ལན་ཚར་བཅས། །ན་བཟའ་དར་དཀར་གོས་སུ་གསོལ། །ཉིན་གསུམ་
གངས་དཀར་རྩེ་ལ་བཞུགས། །སྨན་མོ་རྣམས་དང་ལྷན་ཅིག་རོལ། །མཚན་གསུམ་
རྒྱ་གར་ཡུལ་དུ་བཞུགས། །ཤིན་ཏུ་འཇིགས་པའི་དུར་ཁྲོད་དུ། །ཌཱ་ཀི་རྣམས་དང་
ཚོགས་ལ་རོལ། །ཁྱོད་ལ་མཆོད་པ་འབུལ་བ་ནི། །བདུད་རྩི་སྨན་གྱི་རྩེ་ཕུད་དང་། །
མེ་ཏོག་ཡིད་འོང་མཛེས་པའི་ཚལ། །དྲི་ཞིམ་ཕུན་ཚོགས་བདུག་སྤོས་དང་། །འོད་
དང་དྲི་མཆོག་བཤོས་གཙང་དང་། །སྒྲ་སྙན་གསང་བའི་རོལ་ཆུང་རྣམས། །ཐུགས་
རྗེས་བསྐྱེར་དགོངས་བཞེས་ནས་ཀྱང་། །ཡིད་ལ་འདོད་པའི་དོན་གྲུབ་སྩོལ། །སྟོན་
ཚེ་དཔེན་གནས་ཡང་རྫོང་དུ། །དཔལ་ལྡན་བཞད་པ་རྗེ་རྗེ་ལ། །རང་རྟགས་སྤྲིག་
གི་སྙིང་པོ་ཕུལ། །བཀའ་འབངས་བགྱིད་པར་རྗེས་ལ་ཕབ། །དངོས་གྲུབ་སྟེར་བར་
གཡར་དམ་བཅས། །དེ་རིང་མོ་བཙུན་རྒྱལ་མོ་ལ། །མིང་པོས་གསོལ་བ་འདེབས་
ལགས་ན། །སྲིད་སྲུང་རིགས་རྒྱུད་དངོས་གྲུབ་དང་། །བང་མཛོད་ནོར་གྱི་དངོས་
གྲུབ་དང་། །སྣང་གསལ་པྲ་ཡི་དངོས་གྲུབ་དང་། །རྨ་གཡང་ཟས་ཀྱི་དངོས་གྲུབ་
ཀྱི། །ཁང་བཞི་དུད་འགྲོའི་དངོས་གྲུབ་དང་། །གཞན་ཡང་ཕྱི་ནང་གསང་བ་(༦༧༡ན)
ཡི། །དངོས་གྲུབ་ཐམས་ཅད་བདག་ལ་སྩོལ། །གཞན་ཡང་གསོལ་བ་འདེབས་པ་
ནི། །རྣལ་འབྱོར་བདག་གི་ལུས་མདངས་བསྐྱེད། །ནང་གི་ རླུང་སེམས་དབང་དུ་
བསྡུས། །ཕྱི་ཡི་སྣང་བ་དབང་དུ་གྱིས། །འཕྲིན་ལས་ཐབས་ཀྱིས་བསྟན་པ་སྤེལ། །ཚེ་
རིང་དཔལ་བསྐྱེད་འཁོར་གཡོག་སྐྱོངས། །བསྟན་ལ་སྡང་བའི་དགྲ་བོ་རྣམས། །

གཏོར་མ་འདི་དང་མཉམ་པོར་བཞེས། །བཅོལ་བའི་ལས་ཀྱི་འབྲས་བུ་དེ། །མཆིས་པར་མཛོད་ཅིག་མཐུ་རྩལ་ཅན། །ཞེས་བརྗོད་དེ། བསྟོད་པ་མཆོད་འཕྲེང་འཕྲིན་འཆོལ་ཐུགས་བསྐུལ་བ་རྣམས་དེ་ལ་ཚང་བ་ཡིན་ནོ། །བཟླས་པ་ནི། ཨོཾ་མ་མ་ཏུ་ཏུ་ཙིཏྟ་ཛྙ་ར་མེ་ཛུ་ཧི་ཧཱུྃ་ཕྚོཿཛ། ཨོཾ་བཛྲ་ཧྲི་ཀྲི་ཤུ་ཏ་ཧཱུྃ་ཕྚོཿཛ། ཨོཾ་བཛྲ་ཡ་ཀྵ་སེང་སེང་ཧཱུྃ་ཕྚོཿཛ། ཨོཾ་ཨ་ཕྲི་ར་ཎི་ཧཱུྃ་ཕྚོཿཛ། ཨོཾ་ས་རི་ཏིང་ཏིང་ཁ་ཏི་ཧླ་ན་ཧཱུྃ་ཕྚོཿཛ། ཞེས་པ་རྣམས་བཟླས་པའི་མཐར། ཨརྒྷཾ་ནས་ཤབྡའི་བར་གྱིས་མཆོད། མཁའ་འགྲོ་ཆེན་མོ་ལྷ་པོ་ནི། །རྫུ་འཕྲུལ་སྣ་ཚོགས་སྟོན་མཛད་པ། །ལས་རྣམས་ཐམས་ཅད་བསྒྲུབ་མཛད་མ། །འཁོར་དང་བཅས་ལ་ཕྱག་འཚལ་བསྟོད། །ཅེས་བསྟོད་ནས། བཟོད་གསོལ། གཤེགས་གསོལ། སྨོན་ལམ། བཀྲ་ཤིས་རྣམས་སྤྱི་དང་མཐུན་པར་བྱའོ། །

༈ འདིའི་རྗེས་གནང་བྱ་བར་འདོད་པས། ཡི་དམ་དང་འདི་ཉིད་ཀྱི་བྲིས་སྐུ་ཡོད་ན་བཀྲམས། དེའི་མདུན་དུ་རས་དཀར་པོའི་སྟེང་དུ་འབྲས་དཀར་གྱི་གཡུང་དྲུང་བྲིས། དེའི་སྟེང་དུ་མཆིལ་ལྷའི་ཁར་གཏོར་མ་སོ་སོའི་གདངས་རིའི་གཟུགས་ཅན་ནམ། ཟླུམ་གཏོར་བཞོས་བུ་རྩེ་རིང་ངམ། འབྲང་རྒྱས་(༦༧༡བ)ལྷ་ཚོམ་གྱི་རྣམ་པར་བྱས་ཀྱང་རུང་ངོ་། །སོ་སོའི་ཙཀ་ལི་ཡོད་ན་འང་བཙུགས། མཆོད་གཏོར་སྤྱི་དང་མཐུན་པར་བཤམས། གང་འོས་ཕྱོགས་སུ་བུམ་པ་མཚན་དང་ལྡན་པ་བཙུད་སྣ་ཚོགས་ཀྱིས་བཀང་བ་ཁ་རྒྱན་ཅན་ཞིག་དང་། དེའི་གཡས་སུ་ཚེ་རིལ། གཡོན་དུ་ཚེ་ཆང་། གཞན་ཡང་གསེར་གྱི་རྡོ་རྗེ། མེ་ལོང་། ཟས་མཆོག་གི་སྣོད་ནོར་བུས་བཀང་བའི་གཞོང་པ། རན་པ་སྨྱུ་གུ་དང་བཅས་པ་བཤམས་ལ། གོང་དུ་བཤད་པ་ལྟར་གྱི་བདག་བསྐྱེད་ནས་བརྩམས། འཕྲིན་ལས་བཅོལ་ཞིང་བསྐུལ་བའི་བར་དུ་བྱས་ལ། སྙིང་པོ་ཅི་འགྲུབ་བཟླའོ། །དེ་ཡང་། ཨོཾ་མ་མ་ཏུ་ཏུ་ཙིཏྟ་ཛྙ་ར་མེ་ཛུ་ཧི་ཧཱུྃ་ཕྚོཿཛ། ཨོཾ་བཛྲ་ཧྲི་ཀྲི་ཤུ་ཏ་ཧཱུྃ་ཕྚོཿཛ། ཨོཾ་བཛྲ་ཡ་ཀྵ་སེང་སེང་ཧཱུྃ་ཕྚོཿཛ། ཨོཾ་ཨ་ཕྲི་ར་ཎི་ཧཱུྃ་ཕྚོཿཛ། ཨོཾ་ས་རི་ཏིང་ཏིང་ཁ་ཏི་ཧླ་ན་ཧཱུྃ་ཕྚོཿཛ། ཞེས་པ་རྣམས་སོ། །དེ་

ལྟར་བཟླས་པ་ཟིན་པའི་རྗེས་སུ། བྲུཾ་ལས་བྱུང་བའི་བུམ་པའི་ནང་དུ་རྒྱལ་བ་ཚེ་དང་ཡེ་ཤེས་དཔག་ཏུ་མེད་པ་མཚན་ཉིད་ཐམས་ཅད་ཡོངས་སུ་རྫོགས་པ་བཞུགས་པར་གྱུར། དེ་ལ་དམིགས་ཏེ། ཨོཾ་ཨ་མ་ར་ཎི་ཛཱི་ཝནྟི་ཡེ་སྭཱཧཱ། ཞེས་ཅི་ནུས་བཟླ། ཚེ་དཔག་མེད་ཀྱི་སྐུ་ལས་བྱུང་བའི་བདུད་རྩིས་བུམ་པ་ཁེངས་ཤིང་ཆིལ་ཆིལ་ལུད་པ་ཀ་པཱ་ལའི་བདུད་རྩི་དང་འདྲེས། ཨོཾ་བཛྲ་ཨ་ཡུ་ཥེ་ཧཱུཾ་ན་ཨ་མ་ར་ཎི་ཛཱི་ཝནྟི་ཡེ་སྭཱཧཱ། ཞེས་པ་བརྒྱ་རྩའམ། ཉེར་གཅིག་ཙམ་བཟླ། ཚེ་རིལ་ཤ་ལྔ་བདུད་རྩི་ལྔའི་རང་བཞིན་ཡེ་ཤེས་ཀྱི་བདུད་རྩིའི་ངོ་བོར་གནས་པ། མཾ་ཨཾ་ཙཾ་ཨ་ཧཾ་ཞེས་པ་རྣམས་ཞུ་བ་ལས་བྱུང་བའི་བདུད་རྩིའི་རྒྱ་མཚོ་ཆེན་པོར་གྱུར། ཨོཾ་ཨཱཿཧཱུཾ། ལན་(༦༧༢ན)མང་དུ་བཟླས། ༈ དེ་ནས། སློབ་མ་རྣམས་མཎྜལ་འབུལ་དུ་བཅུག་ལ། གསོལ་གདབ་ནི། ཕུན་ཚོགས་དངོས་གྲུབ་མ་ལུས་པ། །མྱུར་དུ་ཐོབ་པར་བྱ་བའི་ཕྱིར། །བདག་ལ་ཚེ་རིང་མཆེད་ལྔ་ཡི། །རྗེས་སུ་གནང་བ་བསྩལ་དུ་གསོལ། །ཞེས་ལན་གསུམ། དཀོན་མཆོག་གསུམ་ལ་བདག་སྐྱབས་མཆི། །ཞེས་སོགས་མགུར་ནས་འབྱུང་བའི་ཡན་ལག་བདུན་པ་ཚར་གསུམ། དེ་ནས། སློབ་དཔོན་གྱིས་འདི་སྐད་ཅེས་བརྗོད་དེ། ཁྱེད་རང་རྣམས་སྐད་ཅིག་ཙམ་གྱིས་རྗེ་བཙུན་མ་ལྷན་ཅིག་སྐྱེས་མ་སྐུ་མདོག་དམར་མོ་ཞལ་གཅིག་ཕྱག་གཉིས་སྤྱན་གསུམ་སྲ་གྲོལ་བ། གཡས་ཀྱི་གྲུག་ནམ་མཁའ་ལ་འཕྱར་བ། གཡོན་ཐོད་ཁྲག་ཐུགས་ཀར་གཏོད་པ། མཆན་ཁུང་དུ་ཐབས་ཀྱི་རང་བཞིན་གྱི་ཁ་ཊྭཱཾ་ག་བཅུག་པ། ཞབས་གཡོན་བརྐྱང་བའི་གར་སྟབས་ཀྱིས་པད་ཉི་དང་མི་རོའི་གདན་ལ་འགྲིང་བ། གཅེར་བུ་ཐོད་སྐམ་གྱི་དབུ་རྒྱན། ཐོད་རློན་གྱི་དོ་ཤལ། ཅུས་པའི་ཕྱག་རྒྱ་ལྔས་བརྒྱན་པ། མེ་དཔུང་འབར་བའི་ཀློང་ན་བཞུགས་པའོ། །དེའི་སྤྱི་བོར་རང་གི་རྩ་བའི་བླ་མ་དང་རྗེ་བཙུན་མི་ལ་བཞད་པ་རྡོ་རྗེ་ངོ་བོ་དབྱེར་མི་ཕྱེད་པ་ཡིན་པ་ལ་རྣམ་པ་ཁྱེད་རང་རྣམས་སྒོམ་པ་དང་འདྲ་བའི་རྡོ་རྗེ་ཕག་མོ། དེའི་སྤྱི་བོར་བཅོམ་ལྡན་འདས་རྒྱལ་བ་ཚེ་དཔག་མེད་སྐུ་མདོག་དམར་པོ་མཉམ་

གཞག་གི་ཕྱག་རྒྱ་མཛད་པ། འཆི་མེད་ཡེ་ཤེས་ཀྱི་བདུད་རྩིས་གང་བའི་བུམ་པ་བསྣམས་པ། དར་དང་རིན་པོ་ཆེའི་རྒྱན་ཐམས་ཅད་ཀྱིས་བརྒྱན་པ་ཞིག(༦༧༢བ) བཞུགས་འདུག་པར་མོས། དེའི་ཐུགས་ཀར་ཟླ་བ་ལ་ཧྲཱིཿཡིག་གི་མཐར་སྔགས་ཀྱི་འཕྲེང་བས་བསྐོར་བ་ཞིག་མོས། དེ་རྣམས་ལ་མོས་གུས་དུང་དུང་བ་བྱས་པས། ས་བོན་སྔགས་འཕྲེང་དང་བཅས་པ་དེ་ལས་འོད་ཟེར་འཕྲོས། སངས་རྒྱས་བྱང་སེམས་ཐམས་ཅད་ཀྱི་ཐུགས་རྗེའི་བྱིན་རླབས་མ་ལུས་པ་ཐམས་ཅད་དང༌། ཁམས་གསུམ་སྣོད་བཅུད་ཐམས་ཅད་ཀྱི་སྙིག་མདངས་བཅུད་མི་ཤིགས་པ་ཐམས་ཅད་ཡེ་ཤེས་ཀྱི་བདུད་རྩིའི་རྣམ་པར་ཚུར་བསྡུས། ཕྱག་གི་བདུད་རྩིའི་བུམ་པར་ཞུགས། འཆི་མེད་ཡེ་ཤེས་ཀྱི་བདུད་རྩིར་གྱུར་པ་གཞིར་གནས་ཀྱི་བདུད་རྩི་དང་འདྲེས། བུན་ཆེལ་གྱིས་ལུད་པ། རྩ་བའི་བླ་མའི་ངོ་བོ་རྗེ་བཙུན་བཞད་པ་རྡོ་རྗེའི་དབུ་གཙུག་ནས་ཞུགས་སྐུ་ལུས་གང༌། བླ་མ་ཡི་དམ་མཐའ་དག་གི་བྱིན་རླབས་ཀྱི་ངོ་བོ་བདུད་རྩི་གསང་བའི་སྒོ་ནས་བྱུང༌། ཁྱེད་རང་རྣམས་དང་མདུན་བསྐྱེད་ལྷ་མོ་ལྷའི་སྤྱི་བོ་ནས་བཞུགས། ལུས་ཐམས་ཅད་གང་བའི་མོས་པ་མཛོད། བུམ་པའི་ཆུས་དབང་བསྐུར་བཞིན་དུ། ཇི་ལྟར་གཏམས་པ་ནས་སྐུ་ཁྲུས་གསོལ། ཨོཾ་ཨ་མ་ར་ཎིའི་མཐར། ཨཱ་ཡུར་པུཎྱེ་ཛྙཱ་ན་སིདྡྷི་ཧུཾ་མེ་ཧྲ་ཕ་ཨོཾ་ཧཱུཾ། ཞེས་བརྗོད། བཀྲ་ཤིས་ཚེ་ཟན་དཔལ་གྱི་ཟས། །སྙིང་པོ་བསྡུས་པའི་བཅུད་འདི་ནི། །དེ་རིང་བུ་ཡིས་བཟའ་བར་གྱིས། །འདི་བཟོས་སངས་རྒྱས་ཚེ་དཔག་མེད། །ཞལ་ཟས་བསྟེན་ན་ནད་ཀུན་ལས། །གྲོལ་འགྱུར་ཐེ་ཚོམ་བྱ་མི་དགོས། །ཞེས་པའི་མཐར། ཨོཾ་མཾ་ཨཾ་ཙཾ་ཨ་ཧཾ་ཞེས་(༦༧༣ན)བརྗོད་ལ་ཚེ་རིལ་སྦྱིན། ཨ་མ་ར་ཎིའི་སྔགས་ཀྱིས་ཚེ་ཆང་སྦྱིན། དེ་ལྟར་ཁྱེད་རང་རྣམས་ལ་དབང་བསྐུར་བས་རིགས་པ་མཐའ་དག་དབང་དུ་འདུས་པའི་ནུས་པ་ཐོབ། མདུན་བསྐྱེད་ལྷ་མོ་ལྷ་ལ་དབང་བསྐུར་བས་དམ་ལ་གནས་ཤིང༌། ཁྱེད་རང་རྣམས་ལ་སེམས་ཤིན་ཏུ་འདུན་པར་གྱུར་སྙམ་པའི་མོས་པ་མཛོད། དེ་ནས། གཙོ་མོའི་གཏོར་

མ་ཙཀ་ལི་དང་བཅས་པའམ། ཙཀ་ལི་ཁོ་ན་གཏད་དེ། ཛོ་མོ་བཀྲ་ཤིས་ཚེ་རིང་མ། །དཔལ་འབར་བཀྲ་ཤིས་གཟི་བརྗིད་ཆེ། །མི་འགྱུར་ཡོན་ཏན་ཀུན་རྫོགས་མ། །སྲིད་སྲུང་ཚེ་ཡི་དངོས་གྲུབ་སྩོལ། །ཞེས་བཀའ་བསྒོས་ཤིང་། དམ་ཚིག་གི་ལག་སྦྲེལ་བས་དབུས་ཀྱི་ལྷ་མོ་དེ་ཉིད་བཞེངས་ཏེ། སློབ་དཔོན་རྡོ་རྗེ་ཕག་མོ་ལྟར་ཅིག་སྐྱེས་མར་གསལ་བ་ལ་གུས་པ་ཆེན་པོས་གཡས་སྐོར་དུ་བསྐོར་བ་ལན་གསུམ་བྱས་ནས། ཁྱོད་རང་རྣམས་ཀྱི་ལག་ཏུ་རང་རྟགས་གསེར་གྱི་རྡོ་རྗེ་གཏད་ཅིང་དངོས་གྲུབ་འབུལ་བར་གཡར་དམ་བཅས་པའི་མོས་པ་མཛོད། རྡོ་རྗེ་སློབ་མའི་ལག་ཏུ་གཏད་ལ། བཤད་པ་རྡོ་རྗེའི་སྤྱན་སྔ་རུ། །ཇི་ལྟར་ཁས་བླངས་དམ་བཅས་བཞིན། །སྐལ་ལྡན་རིགས་ཀྱི་བུ་ཁྱོད་ལ། །སྲིད་སྲུང་ཚེ་ཡི་དངོས་གྲུབ་འབུལ། །ཨོཾ་མཎྜ་ལཾ་ཨཱ་ཡུར་པུཥྚི་ཨ་ཛ་ཧྲི་ར་སྭཱཧཱ། ཞེས་བརྗོད། ཤར་གྱི་ཙཀ་ལི་གཏད་ལ། ཛོ་མོ་མཐིང་གི་ཞལ་བཟང་མ། །དཔལ་འབར་བཀྲ་ཤིས་གཟི་བརྗིད་ཆེ། །མི་འགྱུར་ཡོན་ཏན་ཀུན་རྫོགས་མ། །སྣང་གསལ་པྲ་ཡི་དངོས་གྲུབ་སྩོལ། །ཞེས་(༦༧༣བ)བཀའ་བསྒོས་ཤིང་། དམ་ཚིག་ལག་སྦྲེལ་བས་ཤར་གྱི་ལྷ་མོ་བཞེངས་ཏེ། སློབ་དཔོན་རྡོ་རྗེ་ཕག་མོ་ལྟར་ཅིག་སྐྱེས་མར་གསལ་བ་ལ་གུས་པ་ཆེན་པོས་གཡས་སྐོར་དུ་བསྐོར་བ་ལན་གསུམ་དུ་བྱས་ནས། ཁྱོད་རང་རྣམས་ཀྱི་ལག་ཏུ་རང་རྟགས་མེ་ལོང་གཏད་ཅིང་དངོས་གྲུབ་འབུལ་བར་གཡར་དམ་བཅས་པའི་མོས་པ་མཛོད། མེ་ལོང་སློབ་མའི་ལག་ཏུ་གཏད་ལ། བཤད་པ་རྡོ་རྗེའི་སྤྱན་སྔ་རུ། །ཇི་ལྟར་ཁས་བླངས་དམ་བཅས་བཞིན། །སྐལ་ལྡན་རིགས་ཀྱི་བུ་ཁྱོད་ལ། །སྣང་གསལ་པྲ་ཡི་དངོས་གྲུབ་འབུལ། །ཨོཾ་ཨཾ་ཨིནྡྲ་ནཱི་ལ་མུ་ཁ་ཧྲ་དྲ་ཨ་ཛི་ཧྲ་ར་སྭཱཧཱ། ལྷོའི་ཙཀ་ལི་གཏད་ལ། ཛོ་མོ་མི་གཡོ་གླང་བཟང་མ། །དཔལ་འབར་བཀྲ་ཤིས་གཟི་བརྗིད་ཆེ། །མི་འགྱུར་ཡོན་ཏན་ཀུན་རྫོགས་མ། །ཟས་གཡང་ཟས་ཀྱི་དངོས་གྲུབ་སྩོལ། །ཞེས་བཀའ་བསྒོས་ཤིང་། དམ་ཚིག་གི་ལག་སྦྲེལ་བས་ལྷོའི་ལྷ་མོ་བཞེངས་ཏེ། སློབ་དཔོན་རྡོ་རྗེ་ཕག་མོ་ལྟར་ཅིག་སྐྱེས་མར་གསལ་

བ་ལ་གུས་པ་ཆེན་པོས་གཡས་སྐོར་དུ་བསྐོར་བ་ལན་གསུམ་དུ་བྱས་ནས། ཁྱེད་རང་རྣམས་ཀྱི་ལག་ཏུ་རང་རྟགས་ཟས་མཆོག་གི་སྣོད་གཏད་ཅིང་དངོས་གྲུབ་འབུལ་བར་གཡར་དམ་བཅས་པའི་མོས་པ་མཛོད། ཟས་མཆོག་གི་སྣོད་སློབ་མའི་ལག་ཏུ་གཏད་ལ། བཤད་པ་རྡོ་རྗེའི་སྤྲུན་ཟླ་ཏྲ། །ཇི་ལྟར་ཁས་བླངས་དམ་བཅས་བཞིན། ། སྐལ་ལྡན་རིགས་ཀྱི་བུ་ཁྱོད་ལ། །རྒྱ་གཡང་ཟས་ཀྱི་དངོས་གྲུབ་འབུལ། །ཨོཾ་ཨ་ཨ་ཙ་ལ་ཏ་ས་ཨ་ཪྻི་ཧྲ་ར་སྭཱ་ཧཱ། ནུབ་ཀྱི་ཙག་ལི་གཏད་ལ། མཁའ་འགྲོ་(༢༧༢ན)ཅོད་པན་མགྲིན་བཟང་མ། །དཔལ་འབར་བཀྲ་ཤིས་གཟི་བརྗིད་ཆེ། །མི་འགྱུར་ཡོན་ཏན་ཀུན་རྫོགས་མ། །བང་མཛོད་ནོར་གྱི་དངོས་གྲུབ་སྩོལ། །ཞེས་བཀའ་བསྒོས་ཤིང་། དམ་ཚིག་གི་ལག་སྦྲེལ་བས་ནུབ་ཀྱི་ལྷ་མོ་བཞེངས་ཏེ། སློབ་དཔོན་རྡོ་རྗེ་ཕག་མོ་ལྷན་ཅིག་སྐྱེས་མར་གསལ་བ་ལ་གུས་པ་ཆེན་པོས་གཡས་སྐོར་དུ་བསྐོར་བ་ལན་གསུམ་དུ་བྱས་ནས། ཁྱེད་རང་རྣམས་ཀྱི་ལག་ཏུ་རང་རྟགས་ནོར་གཞོང་གཏད་ཅིང་དངོས་གྲུབ་འབུལ་བར་གཡར་དམ་བཅས་པའི་མོས་པ་མཛོད། ནོར་གཞོང་སློབ་མའི་ལག་ཏུ་གཏད་ལ། བཤད་པ་རྡོ་རྗེའི་སྤྲུན་ཟླ་ཏྲ། །ཇི་ལྟར་ཁས་བླངས་དམ་བཅས་བཞིན། །སྐལ་ལྡན་རིགས་ཀྱི་བུ་ཁྱོད་ལ། །བང་མཛོད་ནོར་གྱི་དངོས་གྲུབ་འབུལ། །ཨོཾ་ཙ་མུ་ཀུ་ཏ་མ་ཧྱ་ར་ཧཱ་དྲ་ཨ་ཪྻི་ཧྲ་ར་སྭཱ་ཧཱ། བྱང་གི་ཙག་ལི་གཏད་ལ། ལྷ་མོ་གཏད་དཀར་འགྲོ་བཟང་མ། །དཔལ་འབར་བཀྲ་ཤིས་གཟི་བརྗིད་ཆེ། །མི་འགྱུར་ཡོན་ཏན་ཀུན་རྫོགས་མ། །ཚང་བཞི་འཕེལ་བའི་དངོས་གྲུབ་སྩོལ། །ཞེས་བཀའ་བསྒོས་ཤིང་། དམ་ཚིག་གི་ལག་སྦྲེལ་བས་བྱང་གི་ལྷ་མོ་བཞེངས་ཏེ། སློབ་དཔོན་རྡོ་རྗེ་ཕག་མོ་ལྷན་ཅིག་སྐྱེས་མར་གསལ་བ་ལ་གུས་པ་ཆེན་པོས་གཡས་སྐོར་དུ་བསྐོར་བ་ལན་གསུམ་དུ་བྱས་ནས། ཁྱེད་རང་རྣམས་ཀྱི་ལག་ཏུ་རང་རྟགས་རིན་པའི་རྒྱན་པོ་གཏད་ཅིང་དངོས་གྲུབ་འབུལ་བར་གཡར་དམ་བཅས་པའི་མོས་པ་མཛོད། རིན་པའི་རྒྱན་པོ་སློབ་(༢༧༢བ)མའི་ལག་ཏུ་གཏད་ལ། བཤད་པ་རྡོ་རྗེའི་

སྤྱན་སྔ་ཏྲ། །ཇི་ལྟར་ཁས་བླངས་དམ་བཅས་བཞིན། །སྐལ་ལྡན་རིགས་ཀྱི་བུ་ཁྱོད་ལ། །རྐང་བཞི་འཕེལ་བའི་དངོས་གྲུབ་འབུལ། །ཨོཾ་ཧྲིཾ་གཏད་ཧྲ་ཕ་ཛ་གད་ཧྲ་དྲ་ཨ་ཛི་ཧྲ་ར་སྭཱཧཱ། དེ་ནས་གཏོར་མ་ལག་ཏུ་གཏད་ལ། རོལ་མོའི་སྒྲ་དང་བཅས། ཉེ་མ་ཉུབ་ཕྱོགས་ཕ་གི་ན། །གངས་དཀར་དགུང་དུ་རྩེ་མཐོ་བ། །མཐོ་ལ་གཉན་ནོ་ཆེ་རིང་མ། །དེ་ལ་བརྟེན་པའི་ལྷ་མོ་ནི། །གཙོ་མོ་བཀྲ་ཤིས་ཚེ་རིང་མ། །འཁོར་དུ་འཇིག་རྟེན་སྨན་མོ་བཞི། །ཅོད་པན་མགྲིན་བཟང་མ་དང་ནི། །མཐིང་གི་ཞལ་བཟང་མ་དང་བཅས། །མི་གཡོ་བློ་བཟང་མ་དང་ནི། །གཏད་དཀར་འགྲོ་བཟང་མ་དང་བཅས། །གཙོ་མོ་འཁོར་བཅས་ཐམས་ཅད་ནི། །སྐུ་ལ་དར་དཀར་ན་བཟའ་གསོལ། །རྫུ་འཕྲུལ་ཆེན་པོ་མངའ་བ་རྣམས། །བསྟན་མ་བཅུ་གཉིས་འཁོར་དང་བཅས། །དེ་རིང་གནས་འདིར་སྤྱན་འདྲེན་ན། །སློབ་བུ་འདི་ཡིས་ཕྱི་བཞིན་འབྲངས། །ཕྱི་ནང་གསང་བའི་འགལ་རྐྱེན་སེལ། །སྤྱི་དང་ཁྱད་པར་དངོས་གྲུབ་སྩོལ། །བཅོལ་བའི་ལས་རྣམས་ཐམས་ཅད་བསྒྲུབས། །ཞེས་བཀའ་བསྒོ་བྱས་པའི་མཐར། ཨོཾ་མ་མ་ཏྲ་ཏྲ་ཙིཏྟ་ཧྲ་ར་མེ་ཧྲུ་ཧི་ཧཱུཾ་ཕྲོཿཛཿ། ཨོཾ་བཛྲ་ཛྙི་ཀྲི་ཤུ་ཏ་ཧཱུཾ་ཕྲོཿཛཿ། ཨོཾ་བཛྲ་ཡ་ཏྲ་སིང་སིང་ཧཱུཾ་ཕྲོཿཛཿ། ཨོཾ་ཨ་ཕྲི་ར་ནི་ཧཱུཾ་ཕྲོཿཛཿ། ཨོཾ་ས་རི་ཧིང་ཧིང་ཁ་ཧི་ཧྣ་ན་ཧཱུཾ་ཕྲོཿཛཿ། འཇུག་ཆོག་སྤྱི་དང་འདྲའོ། །སྒྲུབ་ཐབས་རིན་ཆེན་འབྱུང་གནས་ཀྱི་ལྷན་ཐབས་རིན་འབྱུང་དོན་གསལ་ལས། ཐ་མར་དགེ་བའི་དོན་དུ་ཉེར་མཁོའི་སྒྲུབ་(༨༧༥ན)ཐབས་འགའ་ཞིག་བཤད་པའི་སྐབས་སོ། །

༄ སྨྲས་པ། ཟུང་འཇུག་རིན་ཆེན་ནོར་བུས་གཙུག་ན་མཛེས་ཤིང་རིམ་གཉིས་མན་ངག་གདེངས་ཀས་བརྗིད། །ཆོས་དབྱིངས་དགའ་མའི་རྩེད་འཛོ་ལས་བྱུང་འགྱུར་མེད་ལྷན་སྐྱེས་མཆོག་གི་པད་ཀྱི་སྨྲས། །གཉིས་སྣང་འཁྲུལ་བའི་བདུད་དཔུང་མཐར་བསྐྲད་སྙིང་དབུས་མ་རིག་སྒོ་ངའི་སྦུགས་ཕྱེ་ཞིང་། །ལེགས་བཤད་ཆུ་འཛིན་སྤྲུག་པོའི་གློངས་ལས་མཆོག་མཐུན་དངོས་གྲུབ་ཆར་དུ་འབེབས་མཁས་པ། །མཁས་གྲུབ་བླ་

དབང་ཚོགས་ཀྱིས་བསྟེན་པའི་གནས། །རྒྱུད་གཞུང་མ་དྲོས་མཚོ་ཆེན་ལས་འོངས་
པའི། །མཐའ་ཡས་ཞི་ཁྲོ་རབ་འབྱམས་རིག་གཏད་ཀྱི། །བྱིན་རླབས་ཀླུང་ཆེན་བློ་ཡི་རྒྱ་
མཚོར་འབབས། །སྒྲོལ་མགོན་ལེགས་བཤད་མཁའ་དབྱིངས་མཛེས་མ་ལ། །ལག་ལེན་
མཐོང་ཐོས་འོད་ཟེར་རྩེད་དགའ་ཡི། །འཕྲུད་པས་རྒྱལ་བསྟན་འདབ་བརྒྱ་བཞད་པའི་
དཔལ། །སྟེར་བྱེད་ལྷན་ཐབས་ཉེན་བྱེད་དེང་འདིར་ཤར། །གནད་འགག་མ་ཚང་
ལོ་མའི་ཕང་ཕུང་དང་། །དོན་མེད་ཚིག་གི་འཁྲི་ཤིང་གིས་འཕྲུད་པར། །ལྷན་ཐབས་
དཔག་བསམ་ལྗོན་ཞེས་མིང་བཏགས་ཀྱང་། །གསལ་བྱས་སྟོང་པའི་རི་མོའི་མར་མེ་
བཞིན། །དེའི་ཕྱིར་དོན་གྱི་ཆ་ཤས་ཡོངས་རྫོགས་ཤིང་། །མི་ཤེས་ཚ་གདུང་སེལ་བའི་
འོད་སྟོང་ཅན། །རྒྱ་ཆེན་ཚིག་གི་རབ་རིབ་རི་དྭགས་གཟུགས། །སྤངས་པའི་སྟོན་
མེད་ཟླ་བ་གསར་པའང་ཡིན། །ཤིན་ཏུ་རྟོགས་དཀའི་རྒྱུད་དོན་ཟབ་བསྙིང་(༢༧༥བ)
མཁའ། །ཕྱིས་པའི་བློ་ཡི་བུག་པར་ཤོང་མིན་པས། །ཚུལ་འདིར་མ་རྟོགས་ལོག་རྟོག་
ཉོངས་པའི་ཚོགས། །ཅི་མཆིས་བླ་མ་མཁའ་འགྲོའི་ཚོགས་ལ་བཤགས། །ཡི་དམ་རྒྱ་
མཚོའི་སྒྲུབ་ཐབས་རིན་འབྱུང་གི །དཀའ་གནད་འགྲོལ་བྱེད་ལྷན་ཐབས་སུ་ཕ་ཊའི། །
འཁོར་ལོ་རྩིབས་སྟོང་འབར་འདི་བསྐྲུན་པའི་དགེས། །འགྲོ་ཀུན་སྟོབས་བཅུའི་དཔལ་
ལ་སྤྱོད་གྱུར་ཅིག ། ༈ ཅེས་སྒྲུབ་ཐབས་རིན་འབྱུང་ནས་བཤད་པའི་ལྷ་ཚོགས་རྣམས་ཀྱི་རྗེས་གནང་
བསྐུར་ཚུལ་གྱི་ལྷན་ཐབས་འདི་ལྟ་བུ་ཞིག་དགོས་ཞེས་ལུང་རིག་སྨྲ་བའི་དགེ་བའི་བཤེས་གཉེན་དཀའ་ཆེན་
ཡེ་ཤེས་བསམ་གཏན། དཀའ་ཆེན་བློ་བཟང་སྐལ་བཟང་། དཀའ་ཆེན་བློ་བཟང་དོན་གྲུབ། དཀའ་ཆེན་བློ་
བཟང་ཡོན་ཏན། དཀའ་ཆེན་སྐུ་སྐྱེ་དགེ་འདུན་གྲགས་པ། དཀའ་ཆེན་ཆོས་མཛད་ཡེ་ཤེས་བསྟན་འཛིན་
བཅས་མཚན་ཞབས་པ་རྣམས་ཀྱིས་བསྐུལ་བ་ལྟར། རྩ་བའི་སྒྲུབ་ཐབས་ཀྱི་དགོངས་པ་དང་མཐུན་ཞིང་
བསླགས་ལུང་གི་དཔེ་གཞན་དུ་འཚོལ་དགོས་རིགས་ཁ་བསྐངས། ཕྱག་ལེན་མཐོང་བ་བརྒྱུད་པས་ཀྱང་
བརྒྱན་ཏེ་བློ་དམན་པ་དག་གིས་ཀྱང་རྟོགས་སླ་བའི་ཆེད་དང་། ཆོས་ཚུལ་བཞིན་དུ་བསྒྲུབ་པར་འདོད་པ་
དག་གིས། དངོས་གྲུབ་སྩོལ་བའི་ཡི་དམ་དང་བར་གཅོད་སྲུང་བའི་ཆོས་སྐྱོང་རེ་ངེས་པར་བསྟེན་དགོས་

ཞིང་། དེ་དག་གི་བསྙེན་སྒྲུབ་ལ་བརྟེན་ནས་འདོད་དོན་སྒྲུབ་པ་ལ་ཡང་དབང་དང་ལྷའི་ཐུགས་རྒྱུད་ཀྱི་ཡེ་ཤེས་རང་རྒྱུད་ལ་སྐྱེ་བའི་རྟ་འདྲེན་བྱེད་རིག་གཏད་དམ་རྗེས་གནང་། སྒྲུབ་ཐབས་ཀྱི་ལུང་བཅས་ཐོབ་པ་ཞིག་ངེས་པར་དགོས་ཤིང་། དེ་ཡང་གདུལ་བྱ་མོས་པ་སྣ་ཚོགས་ཀྱི་ངོར་རྡོ་རྗེ་འཆང་གི་རྒྱུད་སྡེ་རྣམས་སུ། ཡི་དམ་ལྷའི་སྒྲུབ་ཐབས་མཐའ་ཡས་པ་ཞིག་གསུངས་པ་ལས་༸རྗེ་བཙུན་ཀུན་སྙིང་གིས་རྗེས་གནང་སྤྱི་ཟུར་གྱི་རྒྱུན་ཕལ་ཆེར་ཕྱོགས་གཅིག་ཏུ་བསྡུས་པས་ན་སྒྲུབ་ཐབས་འདི་ཉིད་ལྷ་གྲངས་མང་ཞིང་སྡེ་འཛོམས་པ་བཅས་རིས་སུ་མ་ཆད་པའི་འགྲོ་བ་རྣམས་ལ་ཕན་པར་མཐོང་ནས་༸ཤཱཀྱའི་དགེ་སློང་བློ་བཟང་དཔལ་ལྡན་བསྟན་པའི་ཉི་མ་ཕྱོགས་ལས་རྣམ་རྒྱལ་དཔལ་བཟང་པོས་སྒྲུར་བའོ། །འདིས་ཀྱང་ཁམས་གསུམ་ཆོས་ཀྱི་རྒྱལ་པོ་ཙོང་ཁ་པ་ཆེན་པོའི་མདོ་སྔགས་ཀྱི་བསྟན་པ་རིན་པོ་ཆེ་རྒྱ་མཚོའི་གོས་ཅན་གྱི་གཞི་ཐམས་ཅད་དུ་དར་ཞིང་རྒྱས་ལ་ཡུན་རིང་དུ་གནས་པར་བྱེད་ནུས་པར་གྱུར་ཅིག །མངྒ་ལཾ། །

༈ སྭསྟི། ཕན་བདེའི་འབྱུང་གནས་རྒྱལ་བསྟན་ཡོངས་འདུའི་ལྗོན། །རབ་རྒྱས་འགྲོ་ཀུན་ཐར་མཆོག་འབྲས་བཟང་ལ། །སྤྱོད་ཕྱིར་བཀྲ་ཤིས་ལྷུན་གྲུབ་ཆོས་གྲྭ་ཆེར། །ཆོས་སྦྱིན་འཛད་མེད་དལ་འགྲོའི་རྒྱུན་འདི་སྤེལ། །སརྦ་མངྒ་ལཾ།། །།

ཕོ་བྲང་པོ་ཏ་ལར་བཞུགས་པའི་དགེ་ལུགས་པའི་དཔེ་དཀོན་ཕྱོགས་བསྒྲིགས་འདོན་ཐེངས་དང་པོ།

༼༨༽

རྒྱུད་སྡེ་སྤྱིའི་སྐོར།

༄། །ཡི་དམ་རྒྱ་མཚོའི་སྒྲུབ་ཐབས་རིན་འབྱུང་དོན་གསལ། གླེགས་བམ་གཉིས་པ།

རྩོམ་པ་པོ།	པཎ་ཆེན་བསྟན་པའི་ཉི་མ།
རྩོམ་སྒྲིག་འགན་འཁུར་བ།	ཕུན་ཚོགས།
མཐའ་ཞུས་པ།	པ་སངས་དགྲ་འདུལ།
ཁ་ཤོག་རྒྱས་འགོད་པ།	སྐལ་ཚེ།
པར་སྒྲིག་པ།	སྔོན་བཟང་དཔེ་རྙིང་འཚོལ་བསྡུ་ཁང་།
	སེར་གཙུག་ནང་བསྟན་དཔེ་རྙིང་འཚོལ་བསྡུ་ཕྱོགས་སྒྲིག་ཁང་།
དཔེ་སྐྲུན་འགྲེམས་སྤེལ།	བོད་ལྗོངས་བོད་ཡིག་དཔེ་རྙིང་དཔེ་སྐྲུན་ཁང་།
པར་འདེབས་ཚན་པ།	ཁྲིང་ཏུའུ་ཤིན་ཁའི་ཅང་པར་འདེབས་ཚད་ཡོད་ཀུང་སི།
རེབ་ཚད།	787×1092 1/16
ཁྱོན་པར་ཤོག	93.5
ཡིག་གྲངས།	ཁྲི་48.8
པར་གྲངས།	01–2,000
པར་གཞི།	2024ལོའི་ཟླ་བཅུ་པར་པར་གཞི་དང་པོ་བསྒྲིགས།
པར་ཐེངས།	2024ལོའི་ཟླ་བཅུ་པར་པར་ཐེངས་དང་པོ་བཏབ།
དཔེ་རྟགས།	ISBN 978-7-5700-0943-5
རིན་གོང་།	སྒོར། 215.00 ཁྱོན་པོད་གཉིས།